भारत के महान वैज्ञानिक

शुभंकर मिश्र

लेखश्री पब्लिकेशन
सी-4/एस-2, ईस्ट ज्योति नगर
शाहदरा, दिल्ली-110093

परमपूज्यनीया माँ
श्रीमती त्रिपुरा मिश्र
एवं
परमादरणीय पिता
श्री तारा कांत मिश्र
को

ISBN : 978-81-905379-3-3

लेखश्री पब्लिकेशन
सी-4/एस-2, ईस्ट ज्योति नगर, शाहदरा,
दिल्ली-110093
द्वारा प्रकाशित

संस्करण : 2011

मूल्य : 60.00

जयभारत प्रिंटिंग प्रेस, शाहदरा, दिल्ली-110032
द्वारा मुद्रित

लेखश्री पब्लिकेशन, वाणी प्रकाशन की सहयोगी संस्था

कहाँ क्या है?

डॉ. जगदीश चंद्र बोस

डॉ. जगदीश चंद्र बोस विश्व के पहले ऐसे वैज्ञानिक थे जिन्होंने दुनिया को सर्वप्रथम बताया कि पेड़-पौधे और धातुओं में भी संवेदना होती हैं। उनके इस सिद्धांत से वनस्पति विज्ञान के क्षेत्र में चिंतन के एक नये अध्याय की शुरूआत हुई।

डॉ. जगदीश चंद्र बोस का जन्म 30 नवम्बर 1858 ईसवी को ढाका के राढ़ीखाल नामक गाँव में हुआ। जगदीश के पिता अंग्रेज़ सरकार में डिप्टी कलेक्टर थे। अतः इनका लालन-पालन बड़े शानो-शौकत के साथ किया गया। पिता बाबू भगवान चंद्र बोस एक चरित्रवान, निर्भीक और धार्मिक प्रवृत्ति के व्यक्ति थे। उनकी माता भी सरल स्वभाव वाली एक सुसंस्कृत घरेलू महिला थी। पिता एवं माता के इस सरल एवं सहज स्वभाव का बालक जगदीश पर काफी दूरगामी प्रभाव पड़ा। वे बचपन से ही एक गंभीर प्रकृति के बालक थे।

बालक जगदीश की आरंभिक शिक्षा गाँव के ही एक पाठशाला में हुई। उनके पिता चाहते थे कि उनका बेटा अंग्रेज़ी शिक्षा के उद्देश्यों के विपरीत प्रकृति से प्रेम करना सीखे एवं अपने गरीब सहपाठियों के

प्रति सरल व सहज भाव रखे। सचमुच, अपने पिता के इच्छा के अनुरूप ही जगदीश बचपन से ही सभ्य एवं सुसंस्कृत बालक के रूप में जाने जाते थे।

गाँव की आरंभिक शिक्षा समाप्त करने के बाद उनके पिता ने उन्हें आगे की शिक्षा प्राप्त करने के लिए कलकत्ता भेजा। वहाँ जगदीश ने सेंट जेवियर स्कूल में दाखिला लिया और वहीं से उन्होंने बी.ए. की परीक्षा प्रथम श्रेणी में उत्तीर्ण की।

उन दिनों अपने देश में विज्ञान में उच्च अध्ययन के लिए कोई समुचित व्यवस्था नहीं थी। अतः जब जगदीश ने विज्ञान में उच्च डिग्री अर्जित करने के लिए इगलैंड जाने की अपनी इच्छा पिता को बताई तो उनके पिता इस बात के लिए सहर्ष तैयार हो गए।

इगलैंड जाकर छात्र जगदीश ने लंदन मेडिकल कॉलेज में प्रवेश लिया। वहाँ उन्होंने भौतिकी, रसायन विज्ञान आदि का अध्ययन शुरू किया। पर दुर्भाग्य से जगदीश अपनी शारीरिक अस्वस्थता के कारण लंदन में अधिक दिनों तक नहीं रह पाए। उन्हें मजबूर होकर अपनी डॉक्टरी की पढ़ाई अधूरी छोड़नी पड़ी। उन्हें शीघ्र ही स्वदेश लौटना पड़ा। पर कुछ ही वर्षों बाद उन्होंने पुनः कैम्ब्रिज विश्वविद्यालय में दाखिला लिया। यहाँ उन्होंने प्रकृति-विज्ञान का विशेष अध्ययन किया।

उन दिनों विद्युत चुबंकीय तरंगों को लेकर वैज्ञानिक क्षेत्र में काफी हलचल मची थी। वैज्ञानिक इन तरंगों के गुणों के अध्ययन में जुटे थे। वे इन तरंगों के माध्यम से एक जगह से दूसरी जगह संदेश भेजने की संभावना पर विचार कर रहे थे। वैज्ञानिक बोस का भी ध्यान इस ओर आकृष्ट हुआ। वे बेतार के द्वारा संदेश भेजने की युक्ति ढूढ़ निकालने में सफल रहे।

पर इसे वैज्ञानिकों के समाज में मान्यता मिलना इतना आसान कहाँ? क्योंकि बोस पराधीन भारत के एक नागरिक जो ठहरे। इटली के एक वैज्ञानिक प्रो. मारकोनी इस क्षेत्र में बाजी मार गये। आज लोग मारकोनी को ही बेतार के अविष्कारक के रूप में जानते हैं।

कहते हैं कि कण-कण में भगवान मौजूद हैं। हमारे वेदों और उपनिषदों में भी यही कहा गया है। यहाँ जड़ और चेतन के बीच कोई भेदभाव नहीं बताया गया है। पर लोग धीरे-धीरे इसे भूलते चले गए। जड़ को अचेतन माना जाने लगा। जगदीश चंद्र बोस ने प्राचीन इस विस्मृत ज्ञान को एक बार पुनः वैज्ञानिक मंच पर उठाया और अपने प्रयोगों द्वारा यह प्रमाणित कर दिया कि पेड़-पौधे में भी जीवन हैं। उन्हें भी हम प्राणियों जैसे ही सर्दी-गर्मी व भूख-प्यास आदि लगती हैं। वे भी हमारी तरह सुख-दुख की अनुभूति रखते हैं। वे भी आराम करते हैं और अंत में मनुष्यवत ही मृत्यु को प्राप्त होते हैं।

डॉ. बोस का शोध ग्रंथ-'रिस्पांस इन दि लिविंग एंड नान लिविंग' जब प्रकाशित हुआ तो संपूर्ण विश्व में मानो हलचल मच गई। वैज्ञानिकों को सहसा इनकी बातों पर यकीन ही नहीं हो पा रहा था। लंदन के रायल सोसाइटी में इनके प्रयोग को देखने के लिए भारी भीड़ इकट्ठी हुई। डॉ. बोस ने यहाँ अपने प्रयोग को पुनः दुहराया। उन्होंने 'मैग्नेटिक कैस्कोग्राफ' द्वारा यह एक बार फिर सफलतापूर्वक प्रदर्शित कर दिया कि पेड़-पौधे में भी जीवन है। उनका यह प्रयोग त्रुटिरहित साबित हुआ। उन्होंने दिखाया कि विष-पान करने से जैसे मनुष्य के हृदय की धड़कन रूक जाती है वैसे ही यह वनस्पतियों के साथ भी घटता है। चीनी के घोल को वनस्पति की शिराओं में प्रवेश करवाने पर इनकी पत्तियाँ उठ जाती हैं। इस प्रयोग से वैज्ञानिक समुदाय में उनकी वाहवाही होने लगी। वे विश्वविख्यात हो गए।

डॉ. बोस आजीवन अपनी विज्ञान साधना में लगे रहे। अपने अंतिम दिनों में उन्होंने और भी कई महत्त्वपूर्ण खोज़े की। रामायण में वर्णित 'संजीवनी बूटी' पर भी उन्होंने कई वैज्ञानिक अनुसंधान किए। इसमें भी वे सफल रहे। हिमालय पर्वत पर पाई जाने वाली ऐसी ही एक बूटी के रस से उन्होंने मृतप्राय पौधों को फिर से जीवित कर दिखाया।

डॉ. बोस सच्चे अर्थों में एक सफल तथ्यान्वेषक थे। उन्होंने देश में विज्ञान के प्रचार-प्रसार के लिए एक विज्ञान मंदिर नामक संस्था की भी स्थापना की। यह संस्था देश के एक प्रमुख शोध-संस्थान के रूप में मानी जाती है। इसमें वैज्ञानिकों-विद्यार्थियों के लिए शोध संबंधी सभी आवश्यक सुविधाएँ उपलब्ध हैं।

23 नवबंर सन् 1937 ईसवीं में इस महान वैज्ञानिक का देहावसान हो गया।

डॉ. जगदीश चंद्र बोस सही अर्थों में वनस्पति विज्ञान के एक चमकीला सितारा हैं। उनकी मौलिकता, विलक्षणता व विविधता आज भी अद्वितीय मानी जाती है।

□□□

आचार्य प्रफुल्ल चंद्र रे

भारत के अग्रणी वैज्ञानिकों में डॉ. प्रफुल्ल चंद्र रे का नाम बड़े ही आदर से लिया जाता है। वे एक महान रसायन शास्त्री थे। उन्होंने अपना सारा जीवन रसायन शास्त्र के अभिनव प्रयोगों में उत्सर्ग कर दिया। आपने भारत में अनेक रसायन संबंधी उद्योगों की स्थापना कर भारतीय उद्योग-धंधे की प्रगति को शीर्ष पर पहुँचाया।

इस महान वैज्ञानिक का जन्म 02 अगस्त 1861 ईसवीं को बंगाल के खुलना जिले में हुआ था। 'ररूली कतिपरा' नामक गाँव को इस महान वैज्ञानिक के जन्मस्थान होने का गौरव प्राप्त है।

बालक प्रफुल्ल के पिता श्री हरिश्चंद्र रे बड़े ही सरल एवं सहज स्वभाव के व्यक्ति थे। वे फारसी के प्रतिष्ठित विद्वान थे। उनका पूरा परिवार समाज सेवा जैसे पवित्र कार्यों में हमेशा लगा रहता था। उन्होंने फारसी एवं अंग्रेज़ी शिक्षा के प्रचार-प्रसार के लिए अपने गाँव में ही एक मॉडल स्कूल खोला था। बालक प्रफुल्ल की आरंभिक शिक्षा भी इसी स्कूल में संपन्न हुई थी। विशुद्ध ग्रामीण वातावरण में मिली शिक्षा से प्रफुल्ल के जीवन में भी सरलता एवं सहजता आ गई थी। घमंड ने तो उसे छुआ तक न था।

गाँव के स्कूल से अपनी प्रारंभिक शिक्षा पूरी करने के पश्चात वे आगे की पढ़ाई के लिए कलकत्ता गये। वहाँ इनका दाखिला प्रतिष्ठित हेअर स्कूल में करवाया गया। यह हेअर स्कूल की ही शिक्षा का परिणाम था कि बालक प्रफुल्ल की रूचि, वैज्ञानिक विषयों की तरफ उत्पन्न होने लगी। दुर्भाग्य से प्रफुल्ल अपनी शारीरिक अस्वस्थता के कारण हेअर स्कूल में ज्यादा दिनों तक नहीं रह पाए। उन्हें अपनी पढ़ाई बीच में ही छोड़नी पड़ी। वे कई वर्षों तक बीमार रहे। बाद में स्वस्थ होने पर प्रफुल्ल को एल्बर्ट स्कूल में प्रवेश दिलवाया गया।

कॉलेज की शिक्षा प्रफुल्ल ने मेट्रोपालिटन इंस्टीट्यूट में ग्रहण की। यहाँ वे सुरेंद्रनाथ बनर्जी, आनंद मोहन बसु और केशव चंद्र सेन जैसे व्यक्तित्व के संपर्क में आए। यही कारण था कि किशोरावस्था से ही देश-प्रेम की भावना मानों उनमें कूट-कूटकर भर गई थी।

युवा प्रफुल्ल एक मेधावी छात्र थे। विज्ञान विषयों के अलावा वे विभिन्न भाषाओं को सीखने के लिए भी उत्सुक रहते थे। रसायन शास्त्र के अध्ययन के अलावा उनके पास जो थोड़ा-बहुत समय बचता था उसका सदुपयोग करते हुए उन्होंने कई विदेशी भाषाएँ जैसे-लैटिन, फ्रेंच आदि सीखी। इसके अतिरिक्त वे संस्कृत प्रेमी भी थे। उन्होंने एफ.ए. (इंटरमीडिएट) की परीक्षा के वैकल्पिक विषयों में एक पर्चा संस्कृत का भी रखा था। उन्होंने इस समय तक संस्कृत के अनेक ग्रंथों जैसे-कुमार संभवभ्, भट्टिकाव्य आदि का आधोपांत अध्ययन भी कर लिया था।

प्रफुल्ल का यह संस्कृत ज्ञान आगे चलकर उनके लिए काफी उपयोगी साबित हुआ। प्रायः ऐसा विरले ही होता है कि कोई विज्ञानवेत्ता संस्कृत के भी ज्ञाता हों। प्रफुल्ल ने अपनी इस खूबी का उपयोग भारतीय ज्ञान-विज्ञान की विशिष्टताओं को दुनिया के सामने

प्रदर्शित करने में किया। उन्होंने यह सिद्ध कर दिया कि प्राचीन काल का भारत ज्ञान-विज्ञान में दुनिया के अन्य देशों से काफी आगे था।

अपनी पढ़ाई पूरी करने के बाद डॉ. रे कलकत्ता के प्रेसीडेंसी कॉलेज में रसायन शास्त्र के प्राध्यापक बने। वहाँ वे डॉ. जगदीश चंद्र बोस के संपर्क में आए। डॉ. बोस के सान्निध्य ने रे की वैज्ञानिक साधना की मानो दशा और दिशा ही बदल दी। वे अपने शोधकार्यों में इस कदर डूब गए कि उन्हें बाहरी दुनिया का कोई ख्याल ही नहीं रहा। प्रेसीडेंसी कॉलेज में अध्यापन के समय में ही उन्होंने एक पुस्तक-'प्रेसीडेंसी कॉलेज में रसायन के अनुशीलन कार्य' नाम से लिखी। इस पुस्तक के प्रकाशन से लोग उनकी वैज्ञानिक गतिविधियों से अवगत होने लगे। उनकी गणना अच्छे वैज्ञानिकों के रूप में होने लगी।

डॉ. रे ने भारतीय ज्ञान-विज्ञान की उदात्त परंपरा को दुनिया के सामने लाते हुए 'हिंदू रसायन का इतिहास' नामक एक पुस्तक भी लिखी है। इस पुस्तक में भारत के प्राचीन ऋषियों के उदात्त चिंतन को सिलसिलेवार ढंग से प्रस्तुत करने का एक सफल प्रयास किया गया है।

डॉ. प्रफुल्ल चंद्र रे ने पारद के विभिन्न यौगिकों की खोज की थी। उन्होंने 'पारद नाइट्राइट-मरक्यूरस-नाइट्राइट' नामक यौगिक को खोजा था। उनकी इस वैज्ञानिक उपलब्धि की अपने देश में ही नहीं, बल्कि विदेशों में भी काफी सराहना हुई। उनके दर्जनों मौलिक शोध पत्र विभिन्न प्रतिष्ठित वैज्ञानिक पत्र-पत्रिकाओं में प्रकाशित हुए। इसके अलावा रसायन शास्त्र के क्षेत्र में उनकी और भी कई महत्त्वपूर्ण उपलब्धियाँ रही है। उन्होंने प्लेटिनमम गंधक और पारद आदि के संयोग से बनने वाले यौगिकों पर अपने कई सफल शोध

किए।

डॉ. प्रफुल्ल चंद्र रे का देहावसान 06 जुलाई 1944 में हुआ। इस समय उनकी उम्र 83 वर्ष की थी।

डॉ. प्रफुल्ल चंद्र रे हालांकि अब हमारे बीच नहीं है परंतु अपनी समाज सेवा एवं महत्त्वपूर्ण वैज्ञानिक उपलब्धियों के कारण वे आज भी भारतीय जनमानस के द्वारा विशेष श्रद्धा और सम्मान से याद किए जाते हैं। उनका उज्ज्वल व्यक्तित्व हमारे लिए किसी प्रेरणा स्रोत से कम नहीं है।

□□□

श्रीनिवास रामानुजन

श्रीनिवास रामानुजन एक असाधारण प्रतिभा के व्यक्ति थे। उनकी गणना एक महान गणितज्ञ के रूप में की जाती है। 27 वर्ष की छोटी सी उम्र में ही उन्होंने 'विशुद्ध गणित' के कई गंभीर सिद्धांतों के प्रतिपादन कर डाले। इससे युवा रामानुजन की चर्चा दूर-सुदूर देशों में होने लगी थी।

डॉ. रामानुजन का शोध, गणित के 'संख्या सिद्धांत' (theory of numbers) से संबंधित रहा है। उन्होंने इस सिद्धांत के अन्तर्गत विभिन्न संख्याओं के गुणधर्मों के बारे में विवेचन किया है। गणित के क्षेत्र में किए गए उनके इस अध्ययन ने मानों क्रांति ही ला दी।

रामानुजन का बचपन विपन्नता में बीता था। वे एक गरीब ब्राह्मण परिवार में पैदा हुए थे। उनका जन्म मद्रास के 'इरोद' नामक एक छोटे से गाँव में हुआ था। 'इरोद' श्री रामानुजन का ननिहाल था। उनका पैतृक स्थान 'कुंभकोणम्' था।

रामानुजन के पिता एक रूढ़िवादी कुलीन ब्राह्मण थे। वे अपने गाँव कुंभकोणम में ही एक कपड़े के व्यापारी के यहाँ मुनीम का काम करते थे। इस नौकरी से होने वाली आय परिवार के भरण-पोषण के

लिए पर्याप्त नहीं थी। अतः ज़ाहिर है कि रामानुजन का बचपन अभावों में बीता होगा।

बचपन से ही बालक रामानुजन बिल्कुल शांत एवं चिंतनशील प्रकृति के थे। पाँच वर्ष की अवस्था में उन्हें गाँव की ही पाठशाला में पढ़ने के लिए भेजा गया। आरंभिक पढ़ाई समाप्त होने के बाद उन्हें पास के ही हाईस्कूल में भेजा गया। रामानुजन की प्रतिभा से स्कूल के सभी अध्यापक उनसे विशेष स्नेह रखते थे। पर यहाँ भी उनके शांत एवं चिंतनशील स्वभाव में कोई परिवर्तन नहीं आया। वे प्रायः चुप-चुप ही रहते। यहाँ तक कि सहपाठियों से भी वे घुलने-मिलने से कतराते नहीं थे।

रामानुजन का शुरू से ही गणित के प्रति एक विशेष लगाव था। वे हमेशा गणित की पहेलियों एवं गुत्थियों को सुलझाने में लगे रहते थे। उन्हें हमेशा किताबों में लगे रहते देखकर उनके सहपाठी उनसे चिढ़ने लगे थे। वे रामानुजन को सनकी समझते थे। अध्यापक भी कई बार रामानुजन के द्वारा पूछे गए प्रश्नों की गंभीरता नहीं समझ पाते थे। वे कई बार उनके प्रश्नों को बेतुका कहकर टाल देते थे। उस समय उनके अध्यापक और सहपाठियों को इस बात का अदांजा कतई नहीं था कि गुमसुम व बेतुके प्रश्न पूछने वाला यह बालक आगे चलकर इस देश का नाम रोशन करेगा।

रामानुजन एक महान गणितज्ञ के रूप में जाने जाते हैं। उन्होंने 12 वर्ष की छोटी सी आयु में ही बी.ए. स्तर के त्रिकोणमिति के कई गंभीर प्रश्न, बातों ही बातों में हल कर डाले थे। गणित के इतिहास में श्रीरामानुजन का नाम स्वर्णाक्षरों में लिखा गया है।

रामानुजन के परिवार की माली हालत अच्छी नहीं होने के कारण उन्हें अपनी पढ़ाई पूरी करने में कई अड़चने आती रहीं। फिर छोटी

सी उम्र में ही उनकी शादी भी कर दी गई। रामानुजन के लिए यह आर्थिक संकट एक चुनौती बन गई। उन्हें इससे मुकाबला करने के लिए कई छोटी-मोटी नौकरियाँ करनी पड़ी।

पर कहते हैं कि जहाँ चाह हैं वहाँ राह भी। रामानुजन ने इन सब विपरीत परिस्थितियों का सामना करते हुए अपने गणित संबंधी अनुसंधान को ज़ारी रखा। अब तक उन्होंने गणित के कई महत्त्वपूर्ण गुत्थियों के समाधान ढूढ़ निकाले थे। यह एक असाधारण कार्य था। गणित के बड़े-बड़े विद्वान भी इनसे पहले इन गुत्थियों के हल ढूढ़ने में सफल नहीं हो पाए थे। रामानुजन की चर्चा दूर-दूर तक होने लगी। गणित के विद्वान भी उनके कार्यों को अब स्वीकार करने लग गए थे। उनके शोध-लेख, विभिन्न पत्र-पत्रिकाओं में पकाशित होने लगे। उनका ऐसा ही एक शोध लेख 'बरनौली की संख्याओं के कुछ गुण' शीर्षकें से गणित की एक प्रतिष्ठित पत्रिका में सन् 1911 ई. में प्रकाशित हुआ। इस निबंध के प्रकाशन से ही वे अन्तर्राष्ट्रीय ख्याति के विद्वान बन गए। अन्तर्राष्ट्रीय स्तर पर उनकी प्रतिभा का सम्मान होने लगा। लोग उनकी बुद्धि का लोहा मानने लगे थे।

अब उनकी आर्थिक तंगी भी जाती रही। मद्रास विश्वविद्यालय की तरफ से उनके इस महत्त्वपूर्ण कार्यों को देखते हुए उन्हें एक प्रतिष्ठित छात्रवृत्ति मिलने लगी। उन दिनों रामानुजन एक बंदरगाह में क्लर्क की नौकरी कर रहे थे। मद्रास विश्वविद्यालय की इस छात्रवृत्ति ने मानों उनके जीवन की दशा और दिशा ही बदल दी। उन्होंने क्लर्क की नौकरी से त्यागपत्र दे दिया और अपना सारा समय गणित की गूढ़ समस्याओं को सुलझाने में लगा दिया। इसके बाद से उनका शेष जीवन गणित के अनुशीलन में ही व्यतीत हुआ।

इसी बीच श्री रामानुजन इंगलैंड के ट्रिनिटी कॉलेज के फैलो व

सुप्रसिद्ध गणितज्ञ डॉ. एच. हार्डी के संपर्क में आए। डॉ. हार्डी रामानुजन की प्रतिभा से अत्यंत प्रभावित हुए। वे उन्हें इगलैंड बुलाना चाहते थे।

रामानुजन की स्वयं की भी इच्छा थी कि वे उच्च अध्ययन व अनुसंधान आदि कार्यों के लिए इगलैंड जाएं। डॉ. हार्डी के इस आमंत्रण ने मानो उनके मन की मुरादें पूरी कर दी। डॉ. रामानुजन इगलैंड सरकार की छात्रवृत्ति पर सन् 1914 से सन् 1917 तक इगलैंड में ही रहे। इगलैंड में अपने अध्ययन के दौरान रामानुजन ने गणित संबंधी अनेक मौलिक कार्य किए। उनके इस महत्त्वपूर्ण उपलब्धि को देखते हुए इंगलैंड की प्रसिद्ध वैज्ञानिक संस्था 'रायल सोसाइटी' ने उन्हें अपना फैलो मनोनीत किया। देखा जाए तो इतनी छोटी सी उम्र में ऐसी ऊँची प्रतिष्ठा अपने देश के कम ही वैज्ञानिकों को नसीब हुआ है। रामानुजन दूसरे भारतीय व्यक्ति थे जिन्हें इस प्रतिष्ठित सम्मान से अलंकृत किया गया था। इससे पहले यह सम्मान अर्देशर कर्सेटजी (1808-1877) को प्राप्त हुआ था। वे एक भारतीय-पारसी थे और पेशे से इंजीनियर थे।

रामानुजन का जीवन बड़ा ही सरल था। वे सादा जीवन उच्च विचार के समर्थक थे। धनसंचय एवं आमोद-प्रमोद की तरफ तो वे लेशमात्र भी आकर्षित नहीं हो पाए थे। उनके विनम्र स्वभाव की सर्वत्र तारीफ होती थी। उनका संपूर्ण व्यक्तित्व प्रभावी व आकर्षक था।

सन् 1919 में रामानुजन इगलैंड से स्वदेश लौटे। इस बीच शारीरिक अस्वस्थता के कारण वे कृशकाय हो गए थे। सभी संभव उपचारों के बावजूद भी उनकी हालत दिन पर दिन बिगड़ती ही जा रही थी। 26 अप्रैल 1920 ई. को यह महामानव हमें छोड़कर चला गया।

डॉ. श्रीरामानुजन के गणित संबंधी शोध विद्वानों की नज़र में सर्वथा मौलिक एवं अद्‌भुत थे। ये आज भी मील के पत्थर माने जाते हैं। कहा जाता है कि रामानुजन का जीवन यदि निर्धनता से मुक्त रहता तो निःसंदेह गणित के क्षेत्र में और भी अधिक प्रगति हुई होती।

सचमुच डॉ. श्रीरामानुजन भारत के एक महान गणितज्ञ थे। उनकी प्रतिभा के तेजपुंज से हम आज भी आलोकित हो रहे हैं।

□□□

डॉ. चंद्रशेखर वेंकट रमण

आदिकाल से ही भारत ऋषियों, मुनियों व महापुरुषों का देश रहा है। प्राचीन काल से लेकर अब तक सैकड़ों महापुरुष इस पावन धरती पर आए और अपनी आभा बिखेरकर हमें ज्ञान से आलोकित करते रहे। ऐसे महापुरुषों की श्रेणी में डॉ. चंद्रशेखर वेंकट रमण का नाम बड़े ही आदर और श्रद्धा से लिया जाता है।

डॉ. वेंकट रमण एक प्रसिद्ध भौतिक विज्ञानी थे। उन्हें अपने मौलिक वैज्ञानिक कार्यों के लिए सन् 1930 में नोबल पुरस्कार से सम्मानित किया गया था। इसके साथ ही भारत की अंग्रेज़ी सरकार ने आपको 'सर' की उपाधि भी प्रदान की थी। स्वतंत्रता के पश्चात राष्ट्र के पुनर्निर्माण एवं उत्थान में आपके बेशकीमती योगदान को देखते हुए स्वदेशी सरकार ने 'भारत रत्न' के सर्वोच्च नागरिक सम्मान से आपको विभूषित किया।

चंद्रशेखर वेंकट रमण का जन्म 07 नवम्बर सन् 1888 को त्रिचनापल्ली नगर के समीप बसे तिरुवालैक्क्वाल गाँव में एक जमीदार परिवार में हुआ था।

आपके पिता श्री चंद्रशेखर अय्यर हालाँकि एक धर्मनिष्ठ ब्राह्मण थे, परन्तु फिर भी वे अपना पैतृक गाँव छोड़कर शहर में आकर बस गए थे। इतना ही नहीं वे तत्कालीन मान्यताओं के विरूद्ध अंग्रेज़ी शिक्षा के भी पक्षधर थे। उन दिनों की सामाजिक मान्यता में विदेश गमन और अंग्रेज़ी अध्ययन पापतुल्य समझे जाते थे।

वेंकट रमण के जन्म के समय उनके पिता एक हाईस्कूल में अंग्रेज़ी के अध्यापक थे। वेंकट रमण की माता श्रीमती पार्वती अम्मल त्रिचनापल्ली के एक प्रतिष्ठित ब्राह्मण परिवार की कन्या थी। माता पार्वती अम्मल स्वयं भी एक पढ़ी-लिखी स्त्री थी। उनकी प्रतिष्ठा समाज में संस्कृत की एक परम विदुषी के रूप में थी। विनम्रता, धैर्य तथा पारिवारिक मर्यादा की भावना उनमें कूट-कूट कर भरी थी।

बालक रमण पर अपने इस पारिवारिक संस्कार का गहरा प्रभाव पड़ा। बालक रमन को जो उच्च कोटि का शैक्षिक और सांस्कृतिक परिवेश मिला उनसे आगे चलकर उन्हें अपने व्यक्तित्व को सँवारने में काफी मदद मिली। उन्होंने न केवल ज्ञान-विज्ञान में अपनी महारत हासिल की बल्कि संगीत की विभिन्न विद्याओं में भी अपनी कुशलता अर्जित की। उन्होंने आगे चलकर संगीत, वीणा और मृदंग आदि से संबंधित अनेक रोचक वैज्ञानिक अनुसंधान भी किए।

बचपन से ही चंद्रशेखर वेंकट रमण एक कुशाग्र बुद्धि के बालक थे। उनकी पढ़ाई-लिखाई में अत्यंत रूचि थी। वे इन कार्यों में कई बार इतने मशगूल हो जाते थे कि खाने-पीने की उन्हें कोई सुध ही नहीं रहती थी। इस अनियमितता की वजह से वे कई बार बीमार भी पड़ जाते थे। यह बीमारी उनकी पढ़ाई में जब-तब विघ्न डालती रहती थी। पर इसके बावजूद रमन की पढ़ाई-लिखाई की गति ज्यों की त्यों

बनी रही। उन्होंने 12 वर्ष की छोटी सी आयु में ही मैट्रिककुलेशन की परीक्षा अच्छे अंकों से उत्तीर्ण कर ली थी। इसी प्रकार वे आगे भी एफ. ए. (इंटरमीडिएट) एवं विश्वविद्यालय की परीक्षाओं में भी अव्वल रहे। मद्रास के प्रेसीडेंसी कॉलेज में छात्र व अध्यापक उनकी इस अद्‌भुत प्रतिभा के कायल थे। उनके इस विलक्षण प्रतिभा को देखते हुए मद्रास सरकार ने उन्हें आगे की पढ़ाई के लिए इगलैंड भेजने का विचार किया। पर यह दुर्भाग्य ही था कि विदेश जाने के समय की जानेवाली अनिवार्य डॉक्टरी परीक्षण में उन्हें छाँट दिया गया। डॉक्टरों की राय में रमण शारीरिक दृष्टि से कमज़ोर थे और इंगलैंड की सर्दी एवं लंबी समुद्री यात्रा से उनकी जान को खतरा हो सकता था।

विलायत नहीं जा पाने की वजह से रमण को आघात तो जरूर पहुँचा पर फिर भी वे हिम्मत नहीं हारे। उन्होंने स्वदेश में रहकर ही कुछ करने की ठानी। वे राजकीय उच्च सेवा की प्रतियोगिता परीक्षा की तैयारी करने लगे। इस परीक्षा के लिए उन्होंने साहित्य, इतिहास, राजनीति विज्ञान एवं संस्कृत का गंभीर अध्ययन किया। जल्दी ही उनकी मेहनत रंग लाई। वे इस परीक्षा में सफल घोषित किए गए। उन्हें भारत सरकार के आर्थिक विभाग में डिप्टी डायरेक्टर जनरल के पद पर नियुक्त किया गया।

परन्तु विज्ञान के प्रेमी को भला इस राजकीय सेवा के कार्यों में संतुष्टि कहाँ? वे तो विज्ञान की उपासना में लगना चाहते थे। अतः जैसे ही उन्हें कलकत्ता विश्वविद्यालय में भौतिक-विज्ञान पढ़ाने का अवसर मिला, तो उन्होंने आनन-फानन में अपनी लेखा संबंधी भारत सरकार की उस नौकरी से त्याग पत्र दे दिया।

इस समय रमण की उम्र यही कोई पच्चीस वर्ष की थी।

मनोनुकूल नौकरी मिलते ही वे बड़े उत्साह एवं लगन से वैज्ञानिक शोधकार्यों में संलग्न हो गए। शीघ्र ही संपूर्ण विश्व, उनकी वैज्ञानिक प्रतिभा को देखकर चकित रह गया।

रमण के अनुसंधान का विषय 'प्रकाश' था। यह 'प्रकाश भौतिकी' के क्षेत्र के अंतर्गत आता है। उनका पहला शोध समुद्र के पानी के नीले रंग पर था। उन्होंने सिद्धांत दिया कि तरल और पारदर्शी पदार्थों में प्रकाश का रंग विकीर्ण होकर अपना स्वभाव परिवर्तन कर लेता है। प्रकाश का यह रंग परिवर्तन का सिद्धांत 'रमन प्रभाव' के नाम से जाना जाता है। रमण के इसी शोध पर उन्हें स्वीडिश एकेडेमी का प्रतिष्ठित नोबेल पुरस्कार प्राप्त हुआ था।

रमण ने ध्वनि-विज्ञान संबंधी भी कुछ प्रयोग किए। उन्होंने कोलाहल और संगीत के स्वरों का वैज्ञानिक अध्ययन प्रस्तुत किया।

रमण भारत में वैज्ञानिक संस्थानों और शोध केंद्रों के संस्थापक के रूप में भी देखे जाते हैं। यहाँ तक कि उन्होंने अपने खर्चे से भी देश में कई प्रयोगशालाएँ स्थापित की।

अध्यापन कार्य से सेवा निवृत्त होने के पश्चात वे विज्ञान की प्रतिष्ठित संस्था 'इंडियन इन्स्टीटयूट ऑफ साइंस' के अध्यक्ष बनाए गए।

बचपन में रमण को धार्मिक ग्रंथ पढ़ने का बड़ा शौक था। उन्होंने छोटी सी उम्र में ही पूरी रामायण और महाभारत पढ़ डाली। इसके अतिरिक्त वे अन्य धार्मिक ग्रंथों को भी बड़े चाव से पढ़ते थे। प्रेंसीडेंसी कालेज में एक बार ऐतिहासिक काव्य निबंध प्रतियोगिता का आयोजन किया गया था। रमण उस समय वहाँ बी. ए. के छात्र थे। रमण ने भी इस प्रतियोगिता में भाग लिया। उन्हें प्रथम परितोषिक मिला। इससे रमण के उत्कृष्ट धार्मिक ज्ञान का पता चलता है।

देश-विदेश में रमण के वैज्ञानिक कार्यों की धूम मच गई थी। संपूर्ण विश्व के लोग उनके प्रयासों की मुक्तकंठ से प्रशंसा करने लगे थे। 1922 ईसवी में रमण को डी. एससी. की उपाधि प्रदान की गई। लंदन की रॉयल सोसाईटी ने भी उन्हें अपना 'फैलो' मनोनीत किया। इसके अलावा उन्हें और भी कई पुरस्कारों से सम्मानित किया गया था जिसमें फ्रेंकलिन पदक, लेलिन शांति पुरस्कार आदि कुछ प्रमुख हैं।

इतने ऊँचे पदों व प्रतिष्ठा के मालिक होने के बावजूद रमण में अहं का भाव लेशमात्र भी मौजूद नहीं था। आप विनम्रता, सादगी, सरलता व सहजता के प्रतिमूर्ति थे। आपकी दिनचर्या आजीवन संयमित और नियमित रही। सच्चे अर्थों में आप विज्ञान साधना में रत एक निस्पृह तपस्वी थे। आपके प्रयासों से अन्तर्राष्ट्रीय स्तर पर भारत को जो गौरव प्राप्त हुआ इस हेतु समस्त भारतीय जन आपके कृतज्ञ हैं।

□□□

डॉ. बीरवल साहनी

डॉ. बीरबल साहनी का जन्म 14 नवंबर 1891 ई. को पंजाब के शाहपुर जिले के 'भेड़ा' नामक एक छोटे से कस्बे में हुआ था। डॉ. साहनी एक प्रसिद्ध वनस्पतिशास्त्री थे। वनस्पति विज्ञान के अलावा उन्होंने पुरावनस्पति विज्ञान और भूविज्ञान के क्षेत्र में भी अनेक रूपों में अपना मौलिक योगदान दिया। देखा जाए तो डॉ. बीरबल साहनी प्राचीन वनस्पतियों पर अनुसंधान करने वाले भारत के प्रथम वैज्ञानिक थे। उन्होंने भारतीय गोंडवाना पौधे पर अध्ययन कर कई उल्लेखनीय खोजें की। उन्होंने अपने प्रयोगों में नये जीवाश्म पौधे तथा अनेक पुरानी प्रजातियों और उनकी भौगोलिक श्रेणी का वर्णन किया है।

बचपन से ही बालक साहनी प्रकृति के रहस्यों को जानने के लिए उत्सुक रहते थे। सौभाग्य से इनके पिता प्रो. रुचि राम साहनी भी एक प्रकृति प्रेमी थे। इसके साथ ही विज्ञान के अच्छे ज्ञाता भी थे। आदर्श माता और विज्ञान के मर्मज्ञ पिता के संरक्षण में उनमें विज्ञान एवं संस्कृति के प्रति लगाव पैदा होना स्वाभाविक ही था।

बीरबल साहनी का जन्मस्थान, भेड़ा गाँव सेंधा नाम पहाड़ों के

बिल्कुल समीप ही था। अतः बालक साहनी का लालन-पालन प्रकृति की मनोरम गोद में ही हुआ। यही वजह थी कि बचपन से ही वे पहाड़ों व प्रकृति के प्रति ज़्यादा आकर्षित रहने लगे।

बालक बीरबल को बचपन से ही एक बात जो बार-बार उसके मन को कुरेद रही थी वह यह कि पेड़-पौधे जब जमीन के नीचे दब जाते हैं तो आखिर पत्थर में कैसे बदल जाते हैं? संभवतः इसी उत्सुकता ने उन्हें आगे चलकर पुरावनस्पति विज्ञान के क्षेत्र में अनुसंधान करने के लिए प्रेरित किया।

बीरबल की आरंभिक शिक्षा-दीक्षा लाहौर के सेंट्रल मॉडल स्कूल में हुई। स्कूली शिक्षा समाप्त करने के बाद उन्होंने अपने कॉलेज की शिक्षा गर्वनमेंट लाहौर कॉलेज में प्राप्त की। यहाँ बीरवल को शिवराम कश्यप जैसे सुयोग्य अध्यापक का सान्निध्य प्राप्त हुआ। प्रो. कश्यप स्वयं भी एक प्रतिष्ठित वनस्पतिशास्त्री थे। गर्वनमेंट लाहौर कॉलेज से बी-एससी की परीक्षा उत्तीर्ण करने के पश्चात बीरबल साहनी वनस्पतिशास्त्र में उच्च अध्ययन के लिए इंगलैंड गए। वहाँ उन्होंने कैम्ब्रिज विश्वविद्यालय के इम्येनुअल कॉलेज में वनस्पतिशास्त्र का गंभीर अध्ययन किया।

भूकंप एवं ज्वालामुखी जैसी प्राकृतिक आपदाओं के कारण बड़े-बड़े वन जब पृथ्वी के नीचे दब जाते हैं तो वे पत्थर के कोयले में परिवर्तित हो जाते हैं। ऐसे चट्टानों के बीच में कभी-कभी जो प्राचीन छाप या अवशेष मिलते हैं, उसे ही जीवाश्म (फॉसिल) कहा जाता है।

डॉ. साहनी ने लंदनविश्वविद्यालय में अपनी पढ़ाई के क्रम में ऐसे ही जीवाश्मों पर अनुसंधान कार्य किया। उनका यह कार्य बेहद रोचक एवं स्तरीय पाया गया। उन्हें इस मौलिक अनुसंधान पर

डी-एससी की उपाधि प्रदान की गई।

डॉ. साहनी को शुरू से ही अनेक लब्धप्रतिष्ठ वनस्पतिशास्त्रियों के संपर्क में रहने का सौभाग्य प्राप्त हुआ। जर्मनी के सुप्रसिद्ध वनस्पतिशास्त्री प्रो. के. गोबेल ऐसे ही एक ख्यातिप्राप्त विद्वान थे। प्रो. गोबेल के सान्निध्य ने डॉ. साहनी के शोधकार्यों में मानों जान ही फूंक दी। उन्होंने कई मौलिक शोध कार्य संपन्न किए। इसमें उन्हें आशातीत सफलता एवं अप्रत्याशित ख्याति मिली। वे अपने उत्कृष्ट वैज्ञानिक कार्यों के लिए पूरे विश्व में विख्यात हो गए।

डॉ. साहनी को 1936 ईसवी में लंदन की रायल सोसाइटी ने अपना 'फैलो' मनोनीत किया। यह किसी भी वैज्ञानिक के लिए एक महत्त्वपूर्ण उपलब्धि मानी जाती है।

डॉ. साहनी ने स्वदेश को ही अपना कर्मक्षेत्र बनाया। वे यहाँ वनस्पतिशास्त्र के विकास के लिए निरंतर कार्य करते रहे। आपने लखनऊ विश्वविद्यालय में प्राध्यापक पद पर रहते हुए वनस्पतिशास्त्र के शोधकर्त्ताओं एवं छात्रों को नई दिशा एवं दृष्टि प्रदान की।

डॉ. साहनी के अथक प्रयासों से लखनऊ विश्वविद्यालय की वनस्पति-प्रयोगशाला सभी तरह के अन्वेषण संबंधी उपकरणों से सुसज्जित थे।

अन्तर्राष्ट्रीय प्रसिद्धि के असाधारण प्रतिभा वाले इस व्यक्तित्व का निधन मात्र 58 वर्ष की आयु में ही सन् 1949 में हो गया।

भारत सरकार ने इनकी स्मृति में बीरबल साहनी पुरस्कार की स्थापना की है। यह पुरस्कार विज्ञान के विभिन्न क्षेत्रों में उल्लेखनीय कार्य करने वाले वैज्ञानिकों को दिया जाता है।

इस श्रेष्ठतम भारतीय प्रतिभा को शतशः नमन।

□□□

डॉ. मेघनाथ साहा

डॉ. मेघनाथ साहा एक प्रसिद्ध भौतिकी वेत्ता थे। वे भौतिकशास्त्र में अपने कई महत्वपूर्ण नूतन अनुसंधानों के कारण जाने जाते हैं। उनकी वैज्ञानिक प्रतिभा की ख्याति देश में ही नहीं बल्कि विदेशों में भी फैली थी।

मेघनाथ साहा का जन्म 9 अक्तूबर 1893 ईसवी को ढाका जिले के सेवरा ताली नामक गाँव में हुआ था। यह क्षेत्र अब बांग्लादेश में पड़ता है।

उन दिनों यह क्षेत्र आर्थिक -शैक्षिक आदि दृष्टि से अत्यंत पिछड़ा हुआ था। गाँव के अधिकांश लोग निर्धन थे और खेती-बाड़ी करके जैसे-तैसे अपनी जीविका चलाते थे। शिक्षा-केंद्र के नाम पर यहाँ केवल एक प्राथमिक विद्यालय ही था। पढ़ने लिखने की कोई समुचित व्यवस्था नहीं होने के कारण यहाँ के लोग शैक्षिक दृष्टि से भी पिछड़े थे।

कहते हैं कि प्रतिभा आगे बढ़ने के लिए अपना रास्ता स्वयं ढूँढ लेती है। अतः घर की आर्थिक दशा अच्छी नहीं होने के बावजूद बालक साहा विपरीत परिस्थितियों का मुकाबला करते हुए बड़े ही धैर्य एवं

लगन के साथ निरंतर आगे बढ़ते ही रहे। वे 'मिडिल' की परीक्षा में अपने जिले में प्रथम आए। आगे की पढ़ाई को ज़ारी रखते हुए उन्होंने ढाका के कॉलेजिएट स्कूल में दाखिला लिया। यहाँ उनका संपर्क सुयोग्य अध्यापकों एवं कई प्रतिभावान छात्रों से हुआ। साहा इंटर की परीक्षा के बाद कलकत्ता चले आए और प्रतिष्ठित प्रेसीडेंसी कॉलेज में भर्ती हुए। ईश्वर से यहाँ भी उनको भरपूर सहयोग मिला। यहाँ युवा साहा को डॉ. प्रफुल्ल चंद्र राय एवं डॉ. जगदीशचंद्र बसु जैसे प्रख्यात वैज्ञानिक, अध्यापक के रूप में मिले। छात्र साहा को इनसे काफी प्रेरणा मिली। इस कॉलेज में रहकर उन्होंने अपने समय का भरपूर सदुपयोग किया। वे रसायन एवं भौतिकी जैसे क्लिष्ट विषयों में पारंगत हो गए। आगे चलकर इन्हीं विषयों में उन्होंने कई मौलिक शोध किए।

डॉ.साहा ने सांख्यिकी यांत्रिकी, परमाण्विक व आण्विक वर्णक्रमदर्शी आदि के साथ प्रवर वायुमंडल भौतिकी, नाभिकीय वर्गीकरण आदि के क्षेत्र में कई मौलिक अनुसंधान किए। उच्च तापमान आयनीकरण एवं तारकीय वायुमंडल तथा वर्णक्रमीय के क्षेत्र में डॉ. साहा अपने उल्लेखनीय योगदान के कारण विशेष रूप से चर्चित रहे हैं। राष्ट्रीय एवं अन्तर्राष्ट्रीय वैज्ञानिक जगत में आपके कार्यों की भूरि-भूरि प्रशंसा हुई। और आपके योगदानों को मानव सभ्यता के कल्याण के लिए एक उल्लेखनीय प्रयास के रूप में स्वीकार किया गया।

डॉ. साहा को देश-विदेश में अनेक सम्मान मिले। उन्हें सन् 1927 में लंदन की प्रतिष्ठित संस्था 'रायल सोसाईटी' ने अपना 'फैलो' मनोनीत किया। इटली के वैज्ञानिकों ने भी उनके कार्यों की प्रशंसा की थी। उन्हें वहाँ की सरकार से 'अन्तर्राष्ट्रीय भौतिक विज्ञान कांग्रेस में शामिल होने का न्यौता मिला। बंगाल की रायल एशियाटिक

सोसाईटी ने भी उन्हें अपना 'फैलो' निर्वाचित किया।

डॉ. साहा की असाधारण वैज्ञानिक प्रतिभा को देखते हुए भारत सरकार ने उन्हें 'न्यूक्लियर फिजिक्स संस्थान' की स्थापना की ज़िम्मेदारी सौंपी।

डॉ. साहा युवाओं में विज्ञान के साथ-साथ अपनी संस्कृति के प्रचार-प्रसार के लिए शुरू से ही कटिबद्ध थे। सन् 1935 में उन्होंने 'साइंस एंड कल्चर' नाम से एक शोध पत्रिका का संपादन भी शुरू किया। उनके प्रयत्नों से यह पत्रिका युवा एवं वैज्ञानिक जगत में काफी चर्चित रही।

डॉ. साहा का निधन 19 फरवरी 1956 को अचानक हृदय गति रुक जाने के कारण हो गया। निःसंदेह डॉ. मेघनाथ साहा का निधन हमारे लिए एक अपूरणीय क्षति है।

☐

डॉ. सर शान्ति स्वरूप भटनागर

डॉ. शांति स्वरूप भटनागर भारत के एक महान सपूत थे। देश के विकास और समृद्धि के लिए किए गए उनके अथक प्रयासों की सूची काफी लंबी है। अपनी प्रतिभा, परिश्रम एवं अदम्य उत्साह से उन्होंने देश का तो नाम रोशन किया ही साथ ही मानवता के कल्याण के लिए भी यथेष्ठ प्रयास किए।

शांति स्वरूप भटनागर का जन्म 21 फरवरी सन् 1894 को शाहपुर जिले के भेड़ा गाँव में हुआ। पंजाब का यह गाँव, एक तरह से देखा जाए तो अत्यंत भाग्यशाली है क्योंकि अन्तर्राष्ट्रीय ख्याति प्राप्त वैज्ञानिक डॉ. भटनागर के अलावा यह प्रसिद्ध वनस्पतिशास्त्री डॉ. बीरबल साहनी का भी जन्म स्थान है।

शांतिस्वरूप की उम्र यही कोई आठ माह की रही होगी कि तभी उनके सिर से पिता का साया उठ गया। शांतिस्वरूप का लालन-पालन उनकी माँ ने ही किया।

शांति स्वरूप की आरंभिक शिक्षा सिकंदराबाद में उनके नाना श्री प्यारेलाल के यहाँ हुई। आगे की पढ़ाई के लिए उन्हें यहीं से लाहौर भेजा गया। लाहौर में इनकी शिक्षा-दीक्षा लाला रघुनाथ सहाय के

संरक्षण में संपन्न हुई। लाला रघुनाथ सहाय एक सच्चे व नेकदिल इंसान थे। वे बालक शांति स्वरूप के पिता के निकटतम मित्रों में से एक थे।

बालक शांति स्वरूप बचपन से ही जिज्ञासु प्रवृत्ति के थे। वे अपनी कक्षा में बढ़-चढ़कर हिस्सा लेते थे। वे इतने कुशाग्र बुद्धि के थे कि उनके जटिल प्रश्नों की झड़ी से कक्षा के अध्यापक भी कई बार उन पर झुलझुला उठते थे। अध्यापक, जिज्ञासु शांति स्वरूप के प्रश्नों को कक्षा की गति में बाधक मानते थे। साथ ही वे यह भी सोचते थे कि शांति स्वरूप व्यर्थ में बाल की खाल निकालता है।

पर बालक शांति स्वरूप के प्रति अध्यापकों का यह दृष्टिकोण अधिक दिनों तक बना नहीं रह सका। वे इस छात्र के प्रति शीघ्र ही नरम पड़ गए जब शांति स्वरूप अपनी प्रतिभा प्रमाणित करते हुए आठवीं कक्षा की परीक्षा में सर्वप्रथम आए। उन्हें सरकार की तरफ से छात्रवृत्ति प्रदान किया गया। अब वे अपने अध्यापकों के चहेते बन गए थे।

शांति स्वरूप वैसे तो सभी विषयों में अच्छे थे, परंतु विज्ञान विषय उन्हें विशेष प्रिय था। उनका यह विज्ञान प्रेम कॉलेज जाकर और अधिक निखरने लगा। लाहौर के दयालसिंह कॉलेज में उनकी भेंट प्रख्यात वनस्पतिशास्त्री प्रो. जगदीश चंद्र बोस से हुई। डॉ. बोस के प्रेरणा से शांतिस्वरूप विज्ञान की गतिविधियों में और अधिक रूचि लेने लग गए। सच्चे अर्थों में यह डॉ. बोस की ही प्रेरणा थी कि लाहौर के दयालसिंह कॉलेज का यह छात्र एक दिन अन्तर्राष्ट्रीय ख्याति का वैज्ञानिक बन गया।

लंदन से डी.एससी. की उपाधि ग्रहण करने के पश्चात डॉ. भटनागर स्वदेश लौट आए। यहाँ आकर उन्होंने एक प्रतिष्ठित

विश्वविद्यालय में भौतिकी अध्यापन का कार्य शुरू किया।

प्राध्यापक भटनागर ने भौतिक रसायनशास्त्र (Physical Chemistry), चुंबकीय रसायन शास्त्र और 'इमल्सन के क्षेत्र में कई बहुमूल्य शोध कार्य किए। उनके कुछ वैज्ञानिक शोधों का उपयोग देश में उद्योग-धन्धे की स्थापना में भी किया गया। मोम को गंधहीन बनाने, मिट्टी तेल शोधन एवं पेट्रोलियम के अपशिष्ट पदार्थों के समुचित उपयोग हेतु उनके कई अनुसंधान, उद्योग जगत के लिए बेहद लाभकारी सिद्ध हुए।

विज्ञान की सेवा करने के अतिरिक्त डॉ. भटनागर को उर्दू कविताओं का भी शौक था। अपने कॉलेज के दिनों में वे अपनी उम्दा शायरी के लिए मशहूर थे। उन्हें हास्य रस की शायरी करने में महारत हासिल था।

भारत सरकार ने उनकी इस असाधारण प्रतिभा एवं उच्च संगठनात्मक गुणों को देखते हुए उन्हें पूरे देश में विज्ञान के प्रचार-प्रसार हेतु वैज्ञानिक प्रयोगशालाएँ स्थापित करने की ज़िम्मेदारी सौंपी। उनके द्वारा स्थापित अनुसंधानशालाओं में सभी प्रकार की सुविधाएँ उपलब्ध थी।

देश की सरकार ने उन्हें वैज्ञानिक एवं औद्योगिक अनुसंधान परिषद (सी.एस.आई.आर.) के निदेशक के पद पर नियुक्त किया। यह अनुसंधान परिषद देश की वैज्ञानिक और औद्योगिक समस्याओं को हल करने की दिशा एक रचनात्मक भूमिका अदा करती है।

डॉ. भटनागर को कई अन्तर्राष्ट्रीय पुरस्कारों से भी विभूषित किया गया है। वे विदेशी सरकार द्वारा विज्ञान की प्रतिष्ठित संस्था 'केमिकल सोसाइटी व रायल सोसाइटी के 'फैलो' के रूप में भी मनोनीत हुए। स्वदेशी सरकार ने उन्हें सन् 1964 में पद्मविभूषण

अलंकरण से सम्मानित किया।

इस महान वैज्ञानिक का देहावसान 01 जनवरी 1955 को हुआ। उनकी इस हठात मृत्यु से देश ही नहीं बल्कि संपूर्ण विश्व शोकाकुल हो उठा। इस महान वैज्ञानिक की मृत्यु से स्वतंत्र भारत के विकास की गति को एक प्रबल धक्का पहुँचा।

उनके महत्वपूर्ण योगदानों को देखते हुए उनकी स्मृति में एक पुरस्कार की स्थापना भी की गई है। यह पुरस्कार विज्ञान के क्षेत्र में मौलिक अनुसंधान कार्य हेतु प्रदान किया जाता है। यह पुरस्कार वैज्ञानिक एवं अनुसंधान परिषद द्वारा स्थापित किया गया है। डॉ. शांति स्वरूप भटनागर पुरस्कार विज्ञान के क्षेत्र में एक महत्वपूर्ण एवं सम्मानीय पुरस्कार माना जाता है।

□□□

डॉ. सत्येंद्र नाथ बोस

डॉ. सत्येंद्र नाथ बोस एक प्रसिद्ध भौतिकविद थे। वैज्ञानिक जगत में बोस की तुलना जर्मनी के प्रख्यात वैज्ञानिक अल्बर्ट आइन्सटीन से की जाती है। स्वयं आइन्स्टीन भी उनकी प्रतिभा के कायल थे। एक बार डॉ. बोस ने 'प्लैंक का नियम तथा प्रकाश क्वांटम परिकल्पना' विषयक अपना एक शोध लेख समीक्षा के लिए आइन्स्टीन को भेजा। आइन्स्टीन युवा वैज्ञानिक के इस असाधारण लेख को पढ़कर दंग रह गए। आइन्स्टीन बोस के इस लेख से इतना अधिक प्रभावित हुए कि उन्होंने इसका जर्मन में अनुवाद कर छपने के लिए एक प्रतिष्ठित जर्नल में भेज दिया। वैज्ञानिक डॉ. बोस के इस लेख से पूरे विश्व में सनसनी फैल गई। डॉ. सत्येंद्र नाथ बोस की गिनती अब अन्तर्राष्ट्रीय स्तर के वैज्ञानिकों में की जाने लगी।

सत्येंद्र नाम बोस का जन्म 01 जनवरी 1894 ई. को कलकत्ता में हुआ था। उनकी माँ आमोदिनी देवी धार्मिक विचारों वाली एक सुसंस्कृत महिला थी। पिता सुरेंद्र नाथ बोस रेलवे विभाग में एक अधिकारी थे।

सत्येंद्र नाथ बोस की आरंभिक शिक्षा कलकत्ता के हिंदू स्कूल में हुई। प्रारंभिक शिक्षा समाप्त करने के बाद उन्होंने आगे की पढ़ाई के लिए कलकत्ता के ही प्रसिद्ध प्रेसीडेंसी कॉलेज में दाखिला लिया। वे स्कूल और कॉलेज की सभी परीक्षाओं में शुरू से ही अव्वल आते रहे।

कलकत्ता विश्वविद्यालय के तत्कालीन उप कुलपति व प्रख्यात विद्वान डॉ. आशुतोष मुखर्जी ने बोस की इस असाधारण प्रतिभा को पहचान लिया था। अतः बोस की कॉलेज की पढ़ाई खत्म होते ही बिना किसी विलंब के डॉ. मुखर्जी ने उन्हें विश्वविद्यालय में भौतिक विज्ञान के प्राध्यापक के रूप में नियुक्त कर लिया।

कलकत्ता विश्वविद्यालय में प्राध्यापक के रूप में कार्य करते हुए बोस निरंतर नए-नए अनुसंधान कार्यों में संलग्न रहे। प्रख्यात भौतिकविद् डॉ. मेघनाथ साहा भी यहीं अध्यापन कार्य में लगे थे। बोस को एक सहकर्मी के रूप में मेघनाथ साहा का सान्निध्य मिलना, विज्ञान के हित में साबित हुआ। उनमें परस्पर विचारों के आदान-प्रदान होते रहने से भारत में भौतिक अनुसंधान को निःसंदेह एक सार्थक दिशा मिली। देश के ही नहीं बल्कि विदेशी विद्वानों ने भी इन दोनों भारतीय युवा वैज्ञानिकों के कार्य को काफी सराहा है।

डॉ. सत्येंद्र नाथ बोस ने सांख्यिकी यांत्रिकी, आयन मंडलीय विद्युत चुम्बकत्व, क्ष-किरण केलास विज्ञान और ताप संदीप्ति के क्षेत्र में अनेक मौलिक योगदान दिए हैं। उन्होंने आइन्स्टीन के प्रसिद्ध सिद्धांत 'यूनीफाइड फील्ड थ्योरी' के बारे में भी कई महत्वपूर्ण संशोधनों के सुझाव दिए। डॉ. बोस के ये सुझाव हालांकि पहले तो मान्यता प्राप्त नहीं हुए परंतु आगे चलकर वैज्ञानिकों ने जब इसे परखा तो वे दंग रह गए। सचमुच डॉ. बोस के सुझाव अत्यंत ही तार्किक और मौलिक थे। पूरे विश्व के विद्वानों ने उनके इस युक्तिपूर्ण

सुझावों की मुक्तकंठ से प्रशंसा की।

डॉ. बोस स्वभाव से बड़े ही विनम्र थे। बच्चों से उन्हें ख़ास लगाव था। विज्ञान की पेंचिदिगियों के अलावा उन्हें कला, संगीत, एवं साहित्य के प्रति भी अगाध प्रेम था। वे बहुभाषाविद् थे। बंगला, हिंदी, संस्कृत व अंग्रेज़ी के अलावा वे फ्रेंच, लैटिन आदि भाषाओं के भी अच्छे ज्ञाता थे। डॉ. बोस शिक्षा में स्वदेशी भाषाओं के प्रयोग के पक्षधर थे। उनके अनुसार बच्चों को उनकी प्रारंभिक शिक्षा उनकी ही मातृभाषा में दी जानी चाहिए।

डॉ. सत्येंद्र नाथ बोस भारत में विज्ञान के प्रचार-प्रसार के लिए आजीवन संलग्न रहे। उनकी असाधारण प्रतिभा एवं विज्ञान प्रेम को देखते हुए उन्हें सन् 1952 से 1958 तक राज्य सभा का सदस्य मनोनीत किया गया। 15 अगस्त 1958 को भारत सरकार ने उन्हें 'राष्ट्रीय आचार्य' के रूप में भी मनोनीत किया। जीवन के अंतिम वर्षों में वे विश्वभारती विश्व विद्यालय के उपकुलपति पद पर भी रहे। इस पद पर कार्य करते हुए वे इसके संस्थापक गुरुदेव रवींद्र नाथ ठाकुर के सपनों को साकार करने की दिशा में लगे रहे।

04 फरवरी 1974 ई. में इनका देहांत हुआ। उनकी मृत्यु से निःसंदेह हमने एक महान विद्वान, कलामर्मज्ञ एवं प्रख्यात वैज्ञानिक खोया है।

हमारी युवा पीढ़ी के लिए उनके पद्चिह्न आज भी अनुकरणीय हैं।

□□□

डॉ. होमी जहाँगीर भामा

डॉ. होमी जहाँगीर भामा एक बहुविध प्रतिभा संपन्न व्यक्ति थे। वे एक प्रख्यात वैज्ञानिक तो थे ही साथ ही एक उत्कृष्ट कलाकार भी माने जाते थे। 31 वर्ष की आयु में ही आपकी असाधारण वैज्ञानिक उपलब्धि को देखते हुए ब्रिटेन सरकार ने आपको एफ.आर.एस. सम्मान से विभूषित किया था। वहीं दूसरी ओर आपके व्यक्तित्व में उनके उत्कृष्ट कलात्मक गुण भी मौजूद थे। विश्व के अनेक प्रसिद्ध कला मर्मज्ञ आपके इन गुणों के कायल थे। इंग्लैंड के एक प्रसिद्ध कला समीक्षक रॉजर फ्राई ने आपके द्वारा बनाए गए चित्रों की मुक्तकंठ से प्रशंसा की थी। उनके अनुसार यदि भामा चित्रकला के प्रति समर्पण भाव से लगे रहें तो उनमें एक प्रख्यात चित्रकार बनने के सभी गुण मौजूद हैं। रॉजर फ्राई इंग्लैंड के एक सुप्रसिद्ध कला पारखी थे और चित्रकला में भाववादी चित्रों के प्रयोग के सूत्रधार थे।

ऐसी सर्वतोमुखी प्रतिभा के धनी होमी जहाँगीर भामा का जन्म 30 अक्तूबर सन् 1909 को बंबई के एक धनाढय पारसी परिवार में हुआ था। आपके पितामह डॉ. हुरमुस जी जहाँगीर भामा एक उदार शिक्षावादी के रूप में जाने जाते थे। आपके पिता बंबई के नामी-गिरामी

बैरिस्टरों में से एक थे। आपकी माता धार्मिक विचारों व प्राचीन परंपराओं को मानने वाली एक गृहिणी थी। विरासत में मिले इस संभ्रांत एवं सुसंस्कृत पारिवारिक वातावरण ने बालक भामा के व्यक्तित्व के विकास में एक अहम भूमिका अदा की। भामा बचपन से ही प्राचीन पारसी परंपराओं एवं भारतीय संस्कृति की बारीकियों से बखूबी अवगत थे।

चूँकि भामा औद्योगिक घराने से संबंधित थे अतः उनकी शिक्षा-दीक्षा में कभी कहीं कोई दिक्कत नहीं आई। भामा अपनी स्कूली शिक्षा के समाप्त होने पर आगे अध्ययन हेतु इंग्लैंड के कैम्ब्रिज विश्वविद्यालय में भेजे गए। उन दिनों कैम्ब्रिज गणित एवं विज्ञान विषयों के अध्ययन के लिए सबसे अच्छे विश्वविद्यालय के रूप में माना जाता था। कैम्ब्रिज में भामा ने वैसे तो इंजीनियरिंग की अपनी पढ़ाई पूरी की, पर उनका मन बचपन से ही भौतिक विज्ञान के प्रति झुका था। अतः इंजनीयरिंग की परीक्षा उत्तीर्ण होने के तुरंत बाद ही कैम्ब्रिज विश्वविद्यालय से ही उन्होंने सैद्धांतिक भौतिकी का भी अध्ययन किया।

डॉ. भामा ने भारत में विज्ञान की प्रगति में अपना बौद्धिक योगदान तो दिया ही है पर साथ ही वे समय-समय पर वैज्ञानिक प्रयोगों के लिए आर्थिक संसाधन भी उपलब्ध करवाते रहे।

डॉ. होमी जहाँगीर भामा एक महान परमाणु वैज्ञानिक थे। वे नाभिकीय ऊर्जा से ईंधन और बिजली के उत्पादन के प्रमुख समर्थक थे। डॉ. भामा देश के आण्विक ऊर्जा आयोग के अध्यक्ष बनाए गए। उन्होंने सभी प्रकार की सुविधाओं से संपन्न एक परमाणु अनुसंधान केंद्र की रूपरेखा तैयार की। ट्रॉम्बे बंबई में स्थापित यह संस्थान आगे चलकर इसी महान वैज्ञानिक की स्मृति में 'भामा परमाणु अनुसंधान केंद्र' के नाम से जाना गया। यह देश का एक महत्वपूर्ण शोध संस्थान है।

द्वितीय विश्वयुद्ध में अमेरिका द्वारा जापान पर आण्विक बम के प्रयोगों से हुए भीषण नरसंहार को देखकर भामा अत्यंत विचलित हो उठे। वे इसके दुरूपयोग से दुःखी थे। वे आण्विक ऊर्जा के शांतिपूर्ण उपयोग के पक्षधर थे। विनाशकारी कार्यों में इस विज्ञान के दुरूपयोग को रोकने के लिए उन्होंने संपूर्ण विश्व के वैज्ञानिकों एवं शोधकर्ताओं से अपील की कि इसका उपयोग भविष्य में विशुद्ध रूप से मानवता के कल्याण के हेतु ही किए जाएँ।

भामा भारत को एक परमाणु ऊर्जा संपन्न देश के रूप में देखना चाहते थे। उन्होंने इस हेतु भारत सरकार का प्रतिनिधित्व करते हुए कई विकसित देशों जैसे– संयुक्त राष्ट्र अमेरिका, कनाडा, फ्रांस आदि देशों के साथ आपसी सहयोग के लिए कई आधिकारिक अनुबंध भी किए। भामा के द्वारा सच्चे मन से मानव जाति के प्रति किए जा रहे इन कार्यों को देखते हुए उन्हें कई महत्वपूर्ण राष्ट्रीय-अन्तर्राष्ट्रीय पदों पर सुशोभित किया गया। वे अन्तर्राष्ट्रीय परमाणु ऊर्जा अभिकरण के गर्वनर नियुक्त किए गए। वे कुछ समय तक संयुक्त राष्ट्र महासचित के वैज्ञानिक सलाहकार समिति के सदस्य भी रहे थे।

भामा एक उत्कृष्ट वैज्ञानिक थे। उन्होंने अंतरिक्ष किरण भौतिकी, नाभिकीय भौतिकी और मेसॉन सिद्धांत पर कई मौलिक अनुसंधान किए। उनके सैकड़ों शोध प्रबंध प्रकाशित हैं। भारत के प्रधानमंत्री श्री जवाहर लाल नेहरू प्रतिभा के धनी भामा के इस व्यक्तित्व से अत्यंत प्रभावित थे। श्री नेहरू ने उन्हें अपना वैज्ञानिक सलाहकार नियुक्त कर लिया। कहते हैं कि भले लोग अल्पायु होते हैं। यहाँ भी कुछ ऐसा ही हुआ। तब जबकि भामा भारत को एक प्रभुत्वसंपन्न देश के रूप में अन्तर्राष्ट्रीय मानचित्र पर स्थापित करने के अपने प्रयासों में लगे

थे कि तभी 24 जनवरी 1966 के दिन विमान यात्रा करते समय उनका विमान दुर्घटनाग्रस्त हो गया। इस दुर्घटना में भामा की मृत्यु हो गई। उनके इस असामयिक निधन पर पूरा देश शोक संतप्त हो उठा। उनकी आकस्मिक मृत्यु से देश को जो अपूरणीय क्षति हुई, देखा जाए तो उसकी भरपाई अब भी कठिन ही है।

डॉ. भामा अपने देश-प्रेम की भावना के लिए आज भी हमारे मृध्य वंदनीय हैं।

□□□

डॉ. मोक्षगुंडम विश्वेश्वरैया

डॉ. विश्वेश्वरैया एक महान इंजीनियर थे। भारत के विकास एवं निर्माण की दृष्टि से यदि देखा जाए तो देश के प्रति इनके योगदानों की सूची बड़ी लंबी है। सरलता, सहजता एवं विनम्रता की प्रतिमूर्ति डॉ. विश्वेश्वरैया सच्चे अर्थों में एक कर्मयोगी थे। देश को ऐसे महान सपूत पर आज भी गर्व है।

डॉ. विश्वेश्वरैया का जन्म 15 सितंबर 1861 ईसवी को तत्कालीन मैसूर राज्य के मदनहल्ली नामक गाँव में हुआ था। अब यह कर्नाटक राज्य के अंतर्गत आता है।

बालक विश्वेश्वरैया बचपन से ही पढ़ने में अत्यंत मेधावी थे। परंतु पिता की आर्थिक तंगी के कारण उनकी पढ़ाई-लिखाई में बीच-बीच में कई व्यवधान आते रहते थे। कहते हैं कि जहाँ चाह है वहाँ राह भी। विश्वेश्वरैया शायद इस बात को अपने मन में गाँठ बाँधे थे। आखिर उन्हें एक दिन प्रख्यात वैज्ञानिक जो बनना था। तमाम संकटों के बावजूद वे कभी भी विचलित नहीं हुए। धैर्य एवं लगन के साथ जैसे-तैसे उन्होंने अपनी पढ़ाई ज़ारी रखी। हाईस्कूल की परीक्षा उन्होंने बैंगलोर से पास की। इस परीक्षा में वे अव्वल आए थे। उनकी

अद्‌भुत प्रतिभा को देखते हुए उनके एक अध्यापक ने उनका दाखिला पूना के साइंस कॉलेज में करा दिया। संयोग से यहाँ विश्वेश्वरैया को प्रतिभा छात्रवृत्ति भी मिलने लगी। उन्होंने यहाँ से इंजीनियरिंग की परीक्षा प्रथम श्रेणी में उत्तीर्ण की। सन् 1884 में सौभाग्य से उन्हें बंबई सरकार में सहायक इंजीनियर के पद पर एक नौकरी भी मिल गई।

अपनी आर्थिक चिंताओं से मुक्त होकर विश्वेश्वरैया बड़े मनोयोग से काम करने लगे। पक्की लगन और अदम्य उत्साह से काम करने की उनकी शैली ने उन्हें शीघ्र ही लोकप्रिय बना दिया। इंजीनियरिंग विभाग में रहते हुए उन्होंने जल वितरण एवं निकासी की समुचित व्यवस्था के लिए कई सफल प्रणालियों की खोज की और उन्हें अपनाया। अपने इस कार्य से शीर्घ ही वे पूरे देश में चर्चित हो गए।

इंजीनियर विश्वेश्वरैया के देश के विकास एवं निर्माण में कई बहुमूल्य योगदान हैं। तत्कालीन प्रमुख प्राकृतिक आपदा—बाढ़ से निबटने के लिए उन्होंने पूरे देश में कई बड़े-बड़े बाँध बनवाये। साथ ही उन्होंने अपार जलराशि के उचित प्रबंधन में भी अपना महत्वपूर्ण योगदान दिया। ऐसा ही उनका एक प्रसिद्ध कार्य-सक्कर बाँध का निर्माण करवाना था। यह बाँध सिंध प्रांत के रेगिस्तानी क्षेत्र में बनाया गया। उनके इस कठिन प्रयास से शीघ्र ही यह रेगिस्तानी क्षेत्र सिंचाई की सुविधा के कारण फसलों से लहलहा उठा।

कावेरी नदी पर कृष्ण राजसागर बाँध का निर्माण भी उन्होंने ही करवाया था। राज्य में समुचित सिंचाई एवं सस्ती बिजली पैदा करने की दृष्टि से यह बाँध अत्यंत उपयोगी समझा जाता है।

इंजीनियर विश्वेश्वरैया के कार्य की शैली निराली थी। वे सभी काम बड़े ही योजनाबद्ध तरीके से करते थे। सरकार व प्रशासन दोनों ही उनसे अत्यंत खुश थे। यही वजह थी कि तत्कालीन मैसूर राज्य की

सरकार ने उन्हें पूरे राज्य में उद्योग-धंधे स्थापित करने की ज़िम्मेदारी सौंपी। भद्रावती का प्रसिद्ध इस्पात कारखाना विश्वेश्वरैया के ही मार्गदर्शन में स्थापित हुआ था।

विश्वेश्वरैया कुछ वर्षों तक मैसूर राज्य के दीवान के पद पर भी कार्यरत रहे। इस पद पर रहकर उन्होंने देश के रचनात्मक विकास एवं निर्माण की तरफ ध्यान केंद्रित रखा। वे सच्चे अर्थों में एक देशभक्त थे। भ्रष्टाचार, जातिवाद एवं भाई भतीजावाद को वे विकास के मार्ग में बाधक मानते थे और इन सब बातों से नफरत करते थे।

डॉ. विश्वेश्वरैया धुन के बड़े ही पक्के और संयमी व्यक्ति थे। यहाँ तक कि दैनिक कार्यों को भी वे योजनाबद्ध तरीके से निपटाते थे। वे एक-एक क्षण का पूरा सदुपयोग करते थे। वे सफलता के इस मूलमंत्र को समझ गए थे कि समय का सदुपयोग करते हुए योजनाबद्ध तरीके से किए गए कार्यों से ही कोई व्यक्ति, समाज या देश महान बन सकता है।

डॉ. विश्वेश्वरैया को अपनी परंपरा एवं संस्कृति में अगाध विश्वास था। वे इसे अपने जीवन की अमूल्य थाती मानते थे। वे आजीवन शाकाहारी रहे। मदिरा सेवन एवं धूम्रपान जैसी गलत आदतों से वे कोसों दूर थे। अहंकार ने तो मानो उन्हें छुआ तक न था। विनम्र स्वभाव के विश्वेश्वरैया का पहनावा उनकी एक ख़ास पहचान बन गई थी। वे हमेशा अपनी परंपरागत स्वदेशी वेश-भूषा में ही रहते थे।

डॉ. विश्वेश्वरैया की मृत्यु 14 अप्रैल सन् 1962 में हुई। उस समय उनकी उम्र 100 वर्ष से भी अधिक थी। अपने इस लंबे जीवन के रहस्य के बारे में कभी पूछे जाने पर उन्होंने कहा था कि "सब काम समय पर करना। मैं समय पर काम करता हूँ। समय पर खाना खाता हूँ। समय पर सोता हूँ। समय पर नियमित रूप से सैर और व्यायाम

करता हूँ। क्रोध से कोसों दूर रहता हूँ। यहीं मेरे अच्छे स्वास्थ्य का रहस्य है।"

हमें डॉ. विश्वेश्वरैया के इस कथन से सीख लेनी चाहिए। वस्तुतः वही व्यक्ति अपने जीवन में सफल होता है जो समय का सम्मान करता है। देखा जाए तो यूँ ही समय को व्यर्थ नष्ट करना किसी एक बड़े पाप से कम नहीं है।

□□□

संदर्भ

- भारतीय वैज्ञानिक, दिलीप मधुकर सालवी
- प्राचीन भारत के वैज्ञानिक कर्णधार, स्वामी सत्यप्रकाश
- संसार के महान गणितज्ञ, गुणाकर मुले
- भारतीय वैज्ञानिक, प्रो. श्याम नारायण कपूर
- विश्व की महान वैज्ञानिक विभूतियाँ, कपिल शर्मा
- भाषा और प्रौद्योगिकी, डॉ. विनोद कुमार प्रसाद
- भारत में शास्त्रों का उद्भव और विकास, डॉ. पंढरीनाथ प्रभु
- प्राचीन भारत में रसायन शास्त्र का विकास, डॉ. सत्यप्रकाश
- हिंदी विश्वकोश, संपादक-नगेंद्र नाथ बसु
- विज्ञान और विज्ञान दर्शन, वीरेंद्र शेखावत
- Dictionary of Scientific Biography, Charles Scribner's Sons, New York.
- Macgraw Hill Encyclopaedia of Science and Technology.
- Encyclopaedia Britannica.
- Encyclopaedia Americana.
- Kotharies Year Book.
- Monorama Year Book 2002.
- Encyclopaedia dictionary of Mathematics, Japan. Vol I, II.
- History of Modern Mathematics, Edited, David R. Rowe and John Mccleary, American Press

□□□

कार्यात्मक लेखांकन

कार्यात्मक लेखांकन
(Functional Accounting)

डॉ० राजीव कुमार

अर्जुन पब्लिशिंग हाउस

कार्यात्मक लेखांकन

प्रथम संस्करण : 2011

ISBN 978-81-8330-237-1

प्रकाशक :

अर्जुन पब्लिशिंग हाऊस

4831/24, प्रह्लाद गली

अंसारी रोड, दरियागंज

नई दिल्ली—110002

फोन : 23272541, 23257835

फैक्स : 91-011-23257835

e-mail : arjunbooks2001@gmail.com

टाइपसेटिंग :

डिम्पल कम्प्यूटर्स

दिल्ली

प्रिन्टर्स :

रोशन आफसेट प्रिंटर्स

दिल्ली - 53

प्रस्तावना

लेखांकन का अन्तिम कार्य एक ऐसी व्यवस्था का निर्माण करना है जिससे विभिन्न वैधानिक आवश्यकताओं की पूर्ति सम्भव हो सके। वस्तुतः लेखांकन का मुख्य उद्देश्य उन महत्त्वपूर्ण सूचनाओं की प्रस्तुती है जो निर्णयन में महत्त्वपूर्ण भूमिका अदा करती है।

कार्यात्मक लेखांकन विषय पर प्रस्तुत इस पुस्तक की विषय-सामग्री में स्वकीय सन्तुलन एवं वर्गीय सन्तुलन प्रणालियाँ, दोहरा लेखा प्रणाली, विनियोग लेखांकन, बैंकिंग कम्पनियों के खाते, किस्त भुगतान लेखांकन, प्राप्ति भुगतान खाता एवं आय-व्यय खाता तथा अन्तिम खाते आदि विषयों पर महत्त्वपूर्ण एवं उपयोगी जानकारी प्रस्तुत की गई है।

पुस्तक की भाषा तथा विषय प्रस्तुति को बोधगम्य एवं स्पष्ट प्रस्तुतीकरण की दृष्टि से यथासम्भव उपयुक्त स्थानों पर रेखाचित्रों एवं ग्राफों का प्रयोग किया गया है। पुस्तक के आगामी संस्करण को अधिक उपयोगी बनाने के लिए रचनात्मक सुझावों का सदैव स्वागत है। पुस्तक के आकर्षक मुद्रण के लिए लेखक प्रकाशक के अत्यन्त आभारी है।

डॉ॰ राजीव कुमार

विषय-सूची

1

स्वकीय सन्तुलन एवं वर्गीय सन्तुलन प्रणालियाँ

(Self Balancing and Sectional Balancing Systems)

छोटे व्यवसायों में प्राय: थोड़े सौदे होते हैं जिन्हें एक खाता बही में सरलता से खताया जा सकता है। इस दशा में तलपट का बनाना और मिलान करना भी सरल होता है। यदि कभी तलपट न भी मिल रहा हो तो थोड़े प्रयत्न से सभी खातों की जाँच करके गलती को ढूँढ़ा जा सकता है। किन्तु एक बड़े व्यवसाय में यह सब सरल नहीं है। वहाँ बहुत बड़ी संख्या में सौदे होते हैं तथा सभी सौदों को एक ही खाता बही में खताना भी सम्भव नही होता है। इतनी बड़ी संख्या में व्यवहारों को लिखने के लिये कई खाता बहियों की आवश्यकता होती है। ऐसी परिस्थिति में इन खाता बहियों से तलपट बनाना तो कठिन होता ही है, साथ ही यदि किसी त्रुटि के कारण तलपट न मिले तो उस त्रुटि का पता लगाने के लिये सारी की सारी खाता बहियों की दुबारा जाँच करनी पड़ती है जो कि बहुत ही मेहनत का काम होगा। ऐसे बड़े व्यवसायों में त्रुटियों का पता लगाने के लिए स्वकीय सन्तुलित खाता बहियों की प्रणाली का प्रारम्भ हुआ।

स्वकीय सन्तुलित खाता बही की प्रणाली के अन्तर्गत खाता बहियाँ इस प्रकार तैयार की जाती हैं कि जब भी आवश्यकता हो उस समय प्रत्येक खाता बही में लिखे खातों के शेषों से उस खाता बही का तलपट बनाया जा सके। इस प्रणाली की सफलता के लिये खाता बहियों को सामान्यत: निम्न तीन वर्गों में बाँटा जाता है:

(1) देनदारों की खाता बही (Debtors Ledger) या विक्रय खाता बही (Sales Ledger)

(2) लेनदारों की खाता बही (Creditors Ledger) या क्रय खाता बही (Purchases Ledger)।

(3) सामान्य खाता बही (General Ledger)।

इस प्रकार, इस प्रणाली में एक खाता बही के उपर्युक्त तीन भाग कर दिये जाते हैं तथा प्रत्येक खाता बही में उससे सम्बन्धित खाते ही रखे जाते हैं, जैसे देनदारों की खाता बही में केवल उन व्यक्तियों के खाते रखे जाते हैं जिनको संस्था ने उधार माल बेचा है व लेनदारों की खाता बही में केवल उन व्यक्तियों के खाते होते हैं जिनसे संस्था ने उधार माल खरीदा है। ऐसे खाते जो उधार क्रय विक्रय से सम्बन्धित नहीं होते हैं (यथा पूँजी खाता, आहरण खाता, बैंक खाता, ऋण खाता आदि) सामान्य खाता बही में रखे जाते हैं। यदि किसी व्यवसाय में उधार माल खरीदने वाले ग्राहकों की संख्या अधिक हो तो वहाँ एक से अधिक देनदारों की खाता बहियाँ रखी जा सकती है। उन्हें वर्णाक्रम जैसे A-M तक के अक्षरों से शुरु होने वाले नामों के ग्राहकों के खाते एक खाता बही में तथा N-Z तक के अक्षरों से शुरू होने वाले नामों के ग्राहकों के खाते दूसरी देनदार खाता बही में रखे जा सकते हैं। कभी कभी खाता बही का विभाजन भौगोलिक आधार पर करना सुविधाजनक होता है, जैसे उत्तर भारत के ग्राहकों के लिये एक विक्रय खाता बही तथा दक्षिण भारत के ग्राहकों के लिये दूसरी खाता बही। इसी प्रकार, यदि क्रय खाता बही में भी खाते बहुत अधिक संख्या में हो तो इसका भी उपर्युक्त प्रकार से उपविभाजन किया जा सकता है। सामान्य खाता बही में प्रायः खातों की संख्या अधिक नहीं होती है। इसलिये इसका उप विभाजन करने की आवश्यकता नहीं पड़ती है। इस प्रकार, एक खाता बही के अनेक वर्ग (Sections) कर उनमें उनसे सम्बन्धित खाते ही खोले जाते हैं, अतः इसे वर्गीय सन्तुलन खाता प्रणाली कहा जाता है।

प्रारम्भिक लेखे की पुस्तकों (यथा क्रय-बही, विक्रय बही, क्रय वापसी बही, विक्रय वापसी बही, रोकड़ बही, देय बिल बहीं, प्राप्य बिल बही व जर्नल आदि) तथा खाता बही के उपविभाजन (यथा विक्रय खाता बही, क्रय खाता बही व सामान्य खाता बही) में अन्तर समझ लेना चाहिये। ये दोनों देखने में एक जैसे लगते हैं, अतः विद्यार्थी अक्सर इनमें अन्तर नहीं कर पाते हैं। प्रारम्भिक लेखे की पुस्तकें तो इसलिये रखी जाती हैं ताकि प्रत्येक व्यवहार की बार-बार जर्नल प्रविष्टि न करनी पड़े तथा लेखा काल के अन्त में केवल एक जर्नल प्रविष्टि से पूरी पुस्तक के योग को खताया जा सके। जबकि विक्रय खाता बही, क्रय खाता बही तथा सामान्य खाता बही तो एक खाता बही के तीन भाग मात्र है।

वर्गीय सन्तुलन खाता प्रणाली

(Sectional Balancing System)

यदि केवल एक या दो खाता बहियों को तो स्वसन्तुलक बना लिया जाये किन्तु बाकी की खाता बहियां परम्परागत तरीके से ही रखी जायें तो इस प्रणाली को वर्गीय सन्तुलन या अनुभागीय सन्तुलन खाता प्रणाली कहते हैं। यह प्रणाली स्वकीय सन्तुलन खाता प्रणाली का अपूर्ण रूप है। इस प्रणाली के अन्तर्गत प्रायः सामान्य खाता बही तो स्वसन्तुलक बना दी जाती है किन्तु क्रय बही तथा विक्रय खाता बही को नहीं।

वर्गीय सन्तुलन खाता प्रणाली की कार्यप्रणाली

जैसा कि पहले बताया जा चुका है क्रय खाता बही में केवल व्यापारिक लेनदारों के खाते खोले जाते हैं तथा विक्रय खाता बही में केवल व्यापारिक देनदारों के खाते खोले

जाते हैं। शेष समस्त व्यक्तिगत व अव्यक्तिगत खाते सामान्य खाता बही में खोले जाते हैं। क्रय खाता बही व विक्रय बही को आवश्यकतानुसार उपविभाजित भी किया जा सकता है।

जब सभी खातों को स्वसन्तुलक नहीं बनाया जाता है और संस्था के प्रबन्धक खातों की सत्यता परखना चाहते हैं तो इसके लिये सामान्य खाता बही को तो स्वसन्तुलक बना लिया जाता है तथा क्रय खाता बही तथा विक्रय खाता बही की सत्यता को परखने के लिये क्रमशः सामूहिक लेनदार खाता (Total Creditors Acctount) तथा सामूहिक देनदार खाता (Total Debtors Account) तैयार किया जाता है।

जब कोई सौदा होता है तो उसकी प्रविष्टि सबसे पहले सहायक पुस्तकों में होती है। सहायक पुस्तकों से समय-समय पर अलग-अलग खाता बहियों में उसकी खतौनी की जाती है। इन व्यवहारों में से कुछ की दोहरा लेखा प्रविष्टि सामान्य खाता बही में ही पूर्ण हो जाती है, जैसे वेतन दिया। इस व्यवहार में वेतन खाता डेबिट होगा व रोकड़ खाता क्रेडिट होगा। चूँकि दोनों, खाते सामान्य खाता बही में हैं, अतः इस व्यवहार की दोनों प्रविष्टियाँ सामान्य खाता बही में ही पूर्ण हो जायेंगी।

जो व्यवहार उधार क्रय व विक्रय से सम्बन्धित होते हैं उनकी प्रविष्टि दो खाता बहियों में होती है, जैसे उधार विक्रय होने पर उसकी प्रविष्टि विक्रय पुस्तक में होगी व क्रेता का खाता विक्रय खाता बही में खुलेगा। विक्रय पुस्तक का योग सामान्य खाता बही में खुले हुए विक्रय खाते में चला जायेगा। इस प्रकार उधार विक्रय की प्रविष्टि दोनों खाता बहियों में की जायेगी। जब देनदार से रुपया आता है तो उसकी प्रविष्टि भी सामान्य खाता बही में खुले हुए रोकड़ खाते में अथवा रोकड़ बही तथा विक्रय खाता बही में खुले ग्राहक के खाते में होती है। इसी प्रकार, उधार क्रय की प्रविष्टि भी क्रय खाता बही में तथा सामान्य खाता बही में खतौनी हो कर पूर्ण होती है।

विक्रय खाता बही व क्रय खाता बही में खतौनी की जाँच

सामान्यतः व्यापारी खाता बही में खतौनी की शुद्धता की जाँच करने के लिए तलपट बनाता है। तलपट के न मिलने का अर्थ यह होता है कि खर्तानी में कोई गलती हो गई है। समस्त खाता बहियों की जाँच करके त्रुटियों को ढूँढ़ निकालना बहुत ही कठिन कार्य है, विशेष रूप से तीन खाता बहियाँ रखने में तो यह कठिनाई और बढ़ जाती है। इस कठिनाई को दूर करने के लिये, वर्गीय सन्तुलन प्रणाली के अन्तर्गत, सामान्य खाता बही में दो स्मरणार्थ खाते बनाये जाते हैं। इन्हें सामूहिक देनदार खाता तथा सामूहिक लेनदार खाता कहते हैं। सामूहिक देनदार खाते से विक्रय खाता बही की खतौनी की शुद्धता की जाँच हो जाती है तथा सामूहिक लेनदार खाते से क्रय खाताबही की शुद्धता की जाँच की जाती है। इन खातों के सभी मद प्रारम्भिक लेखे की पुस्तकों से योग के रूप में लिये जाते हैं। अतः क्रय खाता बही के समस्त खातों के शेषों का योग सामूहिक लेनदार खाते के शेष के बराबर होना चाहिये। यदि इन दोनों में अन्तर है, तो क्रय खाता बही की खतौनी की जाँच कर लेनी चाहिये। इसी प्रकार, विक्रय खाता बही के समस्त खातों के शेषों का योग सामूहिक देनदार खाते के शेष से मिलना चाहिये। इसके मिलने का अर्थ यह होगा कि विक्रय खाता बही सही है। इसके बाद तलपट बनाया जा सकता है। इस तलपट का मिलान इस बात का प्रमाण है। कि खाते

गणितीय रूप से शुद्ध हैं। सामूहिक लेनदार खाता तथा सामूहिक देनदार खाता बनाने की विधि निम्न प्रकार से है:

सामूहिक देनदार खाता (Total Debtors Account)- यदि बही खाते वर्गीय सन्तुलन खाता प्रणाली के अनुसार रखे गये हैं तो विक्रय खाता बही की जाँच करने के लिये सामूहिक देनदार खाता बनाया जाता है। इस खाते को बनाने के लिये विभिन्न लेखा पुस्तकों से सूचना प्राप्त की जाती है। इस खाते को प्रारूप.देनदार के खाते की भांति होता है। सामूहिक देनदार खाते के निम्न प्रारूप से इसके विभिन्न मद तथा उनके स्रोत प्रकट होते हैं:

Total Debtors Account

Particulars	Amount Rs.	Particulars	Amount Rs.
To Balance b/d (Opening balance of Debtors)		By Balance b/d (Opening credit Balance)	
To Sales (To be taken from Saloo Day Book)		By Cash Received (As per special column or analysis of Cash Book)	
To Bill Dishonoured (To be taken from Bills Receivable Book)		By Discount Allowed (to be taken from Discount Column on Dr. side in Cash Book)	
To Transfer from ohter ledgers		By Bills Receivable Received (To be taken from Bills Receivable Book)	
To Cash Refunds		To Return Inwards to be taken from Returns Inward Book)	
To Sundry Charges		To Bad Debts to be taken from Bad Debts A/c.	
To Balance c/d (Credig Balance of a debtor a/c at the end of the year)		To Transfer to from other Ledgers	
		By Balance c/d (Closing balance)	

सामूहिक देनदार खाते के अनुसार प्राप्त देनदारों की रकम का देनदार खाता बही में दर्ज देनदारों के खातों के योग से मिलान किया जाता है। यदि यह दोनों राशियाँ एक ही है तो सामान्यत: यह माना जाता है कि देनदार खाता बही सही है।

सामूहिक लेनदार खाता (Total Creditors Account)- सामूहिक लेनदार खाता बना कर क्रय खाता बही की शुद्धता की जाँच की जाती है। इस खाते के निर्माण के लिये भी सूचना विभिन्न लेखा पुस्तकों से प्राप्त की जाती है। सामूहिक लेनदार खाते के निम्न प्रारूप में इसके विभिन्न मद तथा उन्हें प्राप्त करने के स्रोत दर्शाये गये है:

Dr. Total Creditors Account Cr.

Particulars	Amount Rs.	Particulars	Amount Rs.
To Balance b/d (Opening Debit Balance)		By Balance b/d (Opening Balance of Creditors)	
To Cash paid (As per special column or analysis of Cash Book)		By Purchases (To be taken from Purchases Day Book)	
To Dscount Received (To be taken from Discount Column on Cr. side of the Cash Book)		By Bills Dishonoured (To be taken from Bills Payable Book)	
To Bills Payable (As per Bills Payable Book)		By Transfer from other Ledgers	
To Returns Outwards (To be taken from Returns Outwards Book)		By Sundry Charges	
To Transfer to/from other Ledgers		By Balance c/d (Debit balance of a creditors a/c in Creditors Ledger)	
To Balance c/d			

यदि कुल लेनदार खाते का शेष क्रय खाता बही के विभिन्न खातों के अन्तिम शेषों के योग से मिल जाता है तो यह इस बात का सबूत है कि क्रय खाता बही में खतौनी ठीक हुई है।

यहां यह ध्यान रखना चाहिये कि सामूहिक खाते केवल देनदारों या लेनदारों की शुद्ध राशि दर्शाने वाले स्मरणार्थ खाते हैं। ये दोहरा लेखा प्रणाली पर आधारित खाते नहीं है।

विभिन्न सहायक पुस्तकों का प्रारूप)Proforma)- सामूहिक खातों के उपर्युक्त प्रारूपों में विभिन्न सहायक पुस्तकों से सूचना प्राप्त करने का निर्देश दिया गया है। वर्गीय सन्तुलन खाता प्रणाली के क्रियान्वयन के लिये इन सहायक पुस्तकों के प्रारूप में थोड़ा परिवर्तन कर दिया जाता है ताकि वांछित सूचना तत्काल मिल सके। विभिन्न सहायक पुस्तकों का परिवर्द्धित प्रारूप निम्न प्रकार का हो सकता है:

Cash Book (Debit Side)

Dr.

Date	Particulars	L.F.	Discount	Cash	Bank	Analysis		
						Sales Ledger	Purch-ases Ledger	General Ledger
			Rs.	Rs.	Rs.	Rs.	Rs.	Rs.

Cash Book (Credit Side)

Cr.

Date	Particulars	L.F.	Discount	Cash	Bank	Analysis		
						Sales Ledger	Purch-ases Ledger	General Ledger
			Rs.	Rs.	Rs.	Rs.	Rs.	Rs.

Journal Proper

Date	Particulars	L.F.	Amount	Analysis

			Dr.	Cr.	Sales Ledger	Purchases Ledger	General Ledger
			Rs.	Rs.	Rs.	Rs.	Rs.

यदि विक्रय खाता बही का उप-विभाजन किया हुआ हो तो उसके अनुसार खाने (Column) बढ़ा लेने चाहिये। दूसरी ओर, यदि व्यवसाय में एक ही विक्रय खाता बही रखी गई हो तो निम्न पुस्तकों में विश्लेषण का खाता (Analysis Column) बनाने की आवश्यकता नहीं है क्योंकि जो भी व्यवहार हुए हैं वे एक ही खाता बही में खताये जायेंगे।

देनदारों की खाता बही का उपविभाजन होने की दशा में विभिन्न पुस्तकों के प्रारूप निम्न प्रकार के बनाये जा सकते हैं:

Sales Day Book or Sales Returns Book

Date	Particulars	L.F.	Details	Total	Analysis	
					Sales Ledger A	Sales Ledger B
			Rs.	Rs.	Rs.	Rs.

Bills Receivable Books

Date	Particulars	Term	Due Date	L.F.	Amount	Analysis	
						Sales Ledger A	Sales Ledger B
				Rs.	Rs.	Rs.	Rs.

यदि व्यवसाय में बिल उधार विक्रय के सम्बन्ध में ही प्राप्त होते हैं तो प्राप्य बिल पुस्तक का उपर्युक्त प्रारूप ठीक है। यदि व्यापारिक बिलों के अतिरिक्त अनुग्रह बिल भी

व्यापार में प्रयोग में आते हैं तो विश्लेषण खाने में केवल व्यापारिक बिल विक्रय खाता बहियों में तथा अन्य बिलों को एक अतिरिक्त खाने सामान्य खाता बही का प्रयोग करना चाहिये।

इसी प्रकार, यदि व्यवसाय में एक ही क्रय खाता बही है तो क्रय पुस्तक, क्रय वापसी पुस्तक तथा देय बिल पुस्तक में विश्लेषण का खाना बनाने की आवश्यकता नहीं है क्योंकि इन पुस्तकों के समस्त व्यवहारों की खतौनी एक ही खाता बही में की जानी है। यदि व्यवहार अधिक होने के कारण क्रय खाता बही का उपविभाजन किया गया हो तो सम्बन्धित सहायक पुस्तकों में निम्न प्रकार से विश्लेषण खाता बना लेना चाहिये:

Purchases Day Book/Purchases Returns Book

Date	Particulars	L.F.	Details	Total	Analysis	
					Purchases Ledger A	Purchases Ledger B
			Rs.	Rs.	Rs.	Rs.

Bills Payable Books

Date	Particulars	Term	Due Date	L.F.	Amount	Analysis	
						Purchases Ledger A	Purchases Ledger B
				Rs.	Rs.	Rs.	Rs.

देय बिल पुस्तक में यदि केवल व्यापारिक बिल ही हो तो विश्लेषण का खाता बनाने की तभी आवश्यकता होगी जब एक से अधिक क्रय खाता बही प्रयोग में आ रही हो। यदि देय बिल पुस्तक में अनुग्रह बिल या अन्य बिल भी सम्मिलित हों तो ऐसे बिलों की प्रविष्टि की खतौनी सामान्य खाता बही में होगी, अतः इस दशा में विश्लेषण का एक खाता 'सामान्य खाता बही' और जुड़ जायेगा।

कुछ मदों को सामूहिक खातो में न ले जाना - व्यापार में कुछ व्यवहार ऐसे होते हैं जिनको हम सामूहिक खातो में नहीं ले जाते हैं। ये ऐसे व्यवहार होते हैं जो कि यद्यपि व्यापारिक देनदार व लेनदारों से सम्बन्धित तो होते हैं किन्तु उनके खातों को प्रभावित नहीं करते हैं। इस प्रकार के कुछ मद निम्नलिखित हैं:

1. डूबत ऋण की प्राप्ति (Bad Debts Recovered)- इस दशा में रोकड़ खाता डेबिट होता है तथा डूबत ऋण वूसली खाता क्रेडिट खाता होता है। ये दोनों ही खाते सामान्य खाता बही में होने के कारण इस प्रविष्टि की खतौनी सामान्य खाता बही में पूरी हो जाती है। इसलिए यह मद सामूहिक खातों तथा समायोजन खातों में नहीं आता है।

2. नकद क्रय (Cash Purchases)- इस दशा में क्रय खाता डेबिट होता है तथा रोकड़ खाता क्रेडिट होता है। ये दोनों ही खाते सामान्य खाता बही में खुले होते हैं, अत: इनकी खतौनी इसी खाता बही में पूरी हो जाती है। फलत: इस मद को सामूहिक खातों का समायोजन खातों में सम्मिलित नहीं करते हैं।

3. नकद विक्रय (Cash Sales)- इस व्यवहार की खतौनी रोकड़ खाते को डेबिट करके तथा विक्रय खाते को क्रेडिट करके की जाती है। ये दोनों खाते भी सामान्य खाता बही में ही खुलते हैं, अत: लेनदार व देनदारों को प्रभावित नहीं करते हैं। फलत: इस व्यवहार का भी सामूहिक खातों तथा समायोजन खातों पर कोई प्रभाव नहीं पड़ता है।

4. प्राप्य बिल का बट्टे पर भुनाना (Discounting of a B/R)- इस व्यवहार की कोई प्रविष्टि क्रय खाता बही अथवा विक्रय खाता बही में नहीं होती है, अत: इसका लेनदार अथवा देनदार पर कोई प्रभाव नही पड़ता है। इस कारण से इस व्यवहार का सामूहिक खातों अथवा समायोजन खातों पर भी कोई प्रभाव नहीं पड़ता है।

5. प्राप्य बिल की राशि की प्राप्ति (Receipt on Maturity of B/R)- इस व्यवहार का भी देनदारों के खाते पर कोई प्रभाव नहीं पड़ता है अत: यह मद सामूहिक खातों में नही आता है।

6. देय बिलों का भुगतान - इस व्यवहार का भी लेनदारों के खातो पर कोई प्रभाव नहीं पड़ता है, अत: यह सामूहिक खातों में सम्मिलित नहीं होता है।

7. एक ही खाता बही में अन्तरण प्रविष्टि - यदि एक ही खाता बही में एक खाते से दूसरे खाते में अन्तरण होता है तो उसका उस खाता बही के कुल शेष पर प्रभाव नहीं पड़ता है, फलत: यह मद सामूहिक खातों में सम्मिलित नहीं होती है।

8. अनुग्रह विपत्र (Accommodation Bills)- इसका भी व्यापारिक लेनदार व देनदारों से कोई सम्बन्ध नहीं होता है, अत: इन विपत्रों की सामूहिक खातों में कोई प्रविष्टि नहीं होती है।

9. डूबत ऋण संचय (Reserve for Bad Debts)- इस खाते में लाभ-हानि खाते से राशि अन्तरित करके इसे खोला जाता है। इस खाते में डूबत ऋणों की राशि को डेबिट करके अपलिखित किया जाता है। सामूहिक देनदार खाता इससे किसी भी प्रकार प्रभावित नहीं होता है।

अत: संक्षेप में यह कहा जा सकता है कि जो व्यवहार देनदारों या लेनदारों के खातों को प्रभावित करते हैं, केवल उन्हीं व्यवहारों की प्रविष्टि सामूहिक खातों या समायोजन खातों में होती है। इसके विपरीत, यदि किसी व्यवहार की देनदारों या लेनदारों के खातों में

प्रविष्टि नहीं होती हैं, तो ऐसे व्यवहारों को सामूहिक खातों तथा समायोजन में सम्मिलित नहीं करते हैं।

खाता बहियों में अन्तरण प्रविष्टियाँ

(Transfer Entries in Ledgers)

व्यवहार में ऐसे अवसर भी आते हैं जब एक ही व्यक्ति से माल खरीदा भी जाता है और उसी व्यक्ति को माल बेचा भी जाता है। सामान्य दशा में तो एक व्यक्ति का एक ही खाता खोला जाता है और उसी खाते में माल खरीदने व माल बेचने की प्रविष्टि कर दी जाती है। किन्तु जब खाता बहियाँ स्वकीय सन्तुलित प्रणाली के अनुसार रखी जाती हैं तो ऐसे ग्राहक का खाता दोनों खाता बहियों - क्रय खाता बही तथा विक्रय खाता बही - में खोला जायेगा। जब खातों का निपटारा करना होता है तो जिस खाता बही में उस व्यक्ति का कम शेष है उस शेष को दूसरी खाता बही में अन्तरित कर दिया जाता है तथा दूसरे खाते की शेष राशि का निपटारा भुगतान लेकर या देकर, जैसी भी स्थिति, हो, कर दिया जाता है। स्वकीय सन्तुलित खाता प्रणाली के अन्तर्गत प्रत्येक अन्तरण के लिये दो समायोजन प्रविष्टियाँ करनी पड़ती है। उदाहरणार्थ, नरेश से 500 रु. का माल खरीदा तथा नरेश को 800 रु. का माल बेचा। इस दशा में नरेश का खाता क्रय खाता बही में 500 रु. से क्रेडिट होगा व विक्रय खाता बही में 800 रु. से डेबिट होगा। नरेश से भुगतान प्राप्त करते समय या लेखा वर्ष के अन्त में क्रय खाता बही से नरेश के खाते का शेष विक्रय खाता वही में अन्तरित कर दिया जायेगा। इसके लिये निम्न प्रविष्टियाँ करनी होगी -

			Rs.	Rs.
	Naresh's Account (In Purchases Ledger)	Dr.	500	
	To Naresh's Account (In Sales Ledger)			500
	(Credit balance of Naresh's Account in Purchase Ledger transferred to his account in Sales Ledger)			

स्वकीय सन्तुलन प्रणाली की आवश्यकता की पूर्ति हेतु निम्न दो समायोजन प्रविष्टियाँ भी की जायेंगी :

(1)	Purchase Ledger Adjustment a/c (In General Ledger)	Dr.	500	
	To General Ledger Adjustment a/c (In Purchase Ledger)			500
	(Adjustment entries made to make the ledgers self-balancing)			
(2)	General Ledger Adjustment a/c (In Sales Ledger)	Dr.	500	
	To Sales Ledger Adjustment a/c			500

(In General Ledger).

(Adjustment entry made to make the ledgers self-balancing)

उपर्युक्त जर्नल प्रविष्टियाँ की खतौनी के पश्चात् दोनों खाता बहियों में नरेश के खाते की स्थिति निम्न प्रकार होगी:

In Purchase Ledger **Naresh's a/c**

To Naresh's a/c in Sales Ledger (Transfer)	Rs. 500	By Purchases	Rs. 500

In Sales Ledger **Naresh's a/c**

	Rs.		Rs.
To Sales	800	By Naresh's a/c in Purchase Ledger (Transfer)	500
		By Balance c/d`	300
	800		800

नरेश के खाते के शेष को क्रय खाता बही से विक्रय खाता बही में ले जाने पर ज्ञात होता है कि नरेश इस संस्था का 300 रु. से देनदार है। यदि कुछ और ग्राहकों से भी इसी प्रकार के व्यवहार हों तो उनके खातों का भी इस प्रकार अधिक शेष वाले खाते में अन्तरण कर दिया जायेगा।

विक्रय खाता बही से क्रय खाता बही में अन्तरण का उदाहरण - आदर्श को 1,000 रु. का माल बेचा। कुछ दिनों पश्चात् आदर्श में 1,500 रु. का माल उधार खरीदा। आदर्श का खाता अब विक्रय खाता बही में 1,000 रु. का डेबिट शेष दर्शायेगा तथा क्रय खाता बही में 1,500 रु. का क्रेडिट शेष। लेखा काल के अन्त में आदर्श का विक्रय खाता बही का डेबिट शेष क्रय खाता बही में अन्तरित कर दिया जायेगा (क्योंकि इसका शेष कम है)। इसके लिये निम्न प्रविष्टि करनी होगी:

		Rs.	Rs.
Adarsh's a/c in Purchase Ledger	Dr.	1,000	
To Adarsh's a/c in Sales Ledger			1,000
(Debit balance of Adarsh's a/c in Sales Ledger transferred to his account in Purchase Ledger)			

स्वकीय सन्तुलन प्रणाली की आवश्यकता पूर्ति हेतु निम्न दो समायोजन प्रविष्टियाँ और करनी होंगी:

Rs. Rs.

(1)	General Ledger Adjustment a/c (in Sales Ledger)	Dr.	1,000	
	To Sales Ledger Adjustment a/c (In General Ledger)			1,000
	(Adjustment entry made to make the ledgers self balancing)			
(2)	Purchase Ledger Adjustment a/c (In General Ledger)	Dr.	1,000	
	(To General Ledger Adjustment a/c (In Purchase Ledger)			1,000
	(Adjustment entry made to make the ledger self-balancing).			

उपर्युक्त जर्नल प्रविष्टियाँ करने के पश्चात् आदर्श के खाते की दोनों खाता बहियों में स्थिति निम्न प्रकार होगी:

Sales Ledger **Adarsh's a/c**

	Rs.		Rs.
To Sales	1,000	By Adarsh's a/c in Purchases Ledger (Transfer)	1,000

Purchase Ledger **Adarsh's a/c**

	Rs.		Rs.
To Adarsh's a/c in Sales Ledger To Balance c/d	1,000	By Purchases	1,500
	1,500		1,500

समायोजन खातों में अन्तरण की प्रविष्टि

पूर्व वर्णित दोनों उदाहरणों में बताई गई समायोजन प्रविष्टियों को समायोजन खातों में खताने पर ये खाते निम्न प्रकार से प्रकट होंगे:

In General Ledger

Sales Ledger Adjustment Account

	Rs.		Rs.
		By General Ledger Adj. a/c (In Sales Ledger)	500
		By General Ledger Adj. a/c (In Sales Ledger)	1,000

Purchase Ledger Adjustment Account

	Rs.		Rs.
To General Ledger Adj. a/c (In Purchase Ledger)	500		
To General Ledger Adj. a/c (In Purchase Ledger)	1,000		

In Sales Ledger

General Ledger Adjustment Account

	Rs.		Rs.
To Sales Ledger Adj. a/c (In General Ledger)	500		
To Sales Ledger Adj. a/c (In General Ledger)	1,000		

In Purchase Ledger

General Ledger Adjustment Account

	Rs.		Rs.
		By Purchase Ledger Adj. a/c (In General Ledger)	500
		By Purchase Ledger Adj. a/c (In General Ledger)	1,000

उपर्युक्त से स्पष्ट है कि अन्तरण चाहे क्रय खाता से विक्रय खाता बही में हो या विक्रय खाता बही से क्रय खाता बही में हो, उसकी प्रविष्टि और खतौनी एक ही प्रकार से होती है। इसका कारण यह है कि ये अन्तरण देनदार तथा लेनदार दोनों के शेष को कम करते

हैं, अतः इनके शेषों को कम करने की प्रविष्टि एक जैसी ही होगी। विद्यार्थियों को यह याद रखना चाहिये कि समायोजन खातों तथा सामूहिक खातों में अन्तरण के लिये (सामान्य खाता बही में) कुल देनदारों के खाते में क्रेडिट पक्ष में तथा कुल लेनदारों के खाते में डेबिट पक्ष में प्रविष्टि की जाती है, चाहे अन्तरण किसी भी खाता बही से किसी भी खाता बही में हो।

स्वकीय सन्तुलन प्रणाली

(Self-Balancing System)

इस प्रणाली को समझने के लिये यह आवश्यक हैं कि पहले लेखांकन के क्रम को समझा जाये जो कि प्रायः तीन चरणों में होता है - (1) सौदों को सहायक पुस्तकों में दर्ज करना, (2) सहायक पुस्तकों से खाता बहियों में खर्तानी करना, (3) अन्तिम खाते तैयार करना। इस क्रम में, स्वकीय सन्तुलन प्रणाली दूसरे चरण से लागू की जाती है। इस प्रणाली के अन्तर्गत भी सौदों की खतौनी पूर्व वर्णित तीन खाता बहियों में से परिस्थितियों के अनुसार किन्हीं दो में की जाती है। यह खर्तानी इस प्रकार की जाती है कि प्रत्येक खाता बही का अलग तलपट तैयार हो सके। इसके लिए इन बहियों के अन्त में एक समायोजन खाता (Adjustment Account) खोल लिया जाता है। खातों के स्वकीय सन्तुलन की विधि को निम्न प्रकार समझाया जा सकता है:

1. क्रय खाता बही (Purchases Ledger)- क्रय खाता बही या लेनदारों की खाता बही में केवल उन विक्रेताओं (सप्लायर्स) के व्यक्तिगत खाते होते हैं जिनसे संस्था ने उधार से माल खरीदा है। अन्य लेनदारों के खाते यथा उधार रुपया देने वाले का खाता, उधार सम्पत्ति क्रय करने पर विक्रेता का खाता या अन्य देनदारियों से सम्बन्धित लेनदारों के खाते इस बही में नहीं रखे जाते हैं। इस खाता बही में केवल व्यापारिक लेनदारों से सम्बन्धित व्यवहारों, जैसे, उधार क्रय, लेनदारों को भुगतान, लेनदारों के बिलों की स्वीकृति, क्रय वापसी, बट्टा आदि का ही लेखा किया जाता है।

उधार क्रय - उधार क्रय करने पर क्रय पुस्तक में लेखा किया जाता है। क्रय पुस्तक से खर्तानी दो बहियों में की जाती है। इस बही के योग से सामान्य खाता बही में क्रय खाते के डेबिट पक्ष में To Sundries as per Purchases Book के नाम से खतौनी की जाती है तो दूसरी ओर लेनदारों की खाता बही में प्रत्येक विक्रेता का व्यक्तिगत खाता खोला जावेगा तो उसके क्रेडिट पक्ष में By Purchases लिखकर लेखा किया जावेगा। इस प्रकार सामान्य खाता बही के क्रय खाते में डेबिट प्रविष्टि हो गई तथा क्रय खाता बही में खुले विक्रेता के खाते में क्रेडिट पक्ष में प्रविष्टि हो गई। अब यदि सामान्य खाता बही तथा क्रय खाता बही, इन दोनों को स्वःसन्तुलित बनाना है तो सामान्य खाता बही में एक क्रेडिट प्रविष्टि तथा क्रय खाता बही में एक डेबिट प्रविष्टि की जानी चाहिये। इस आवश्यकता की पूर्ति इन दोनों खाता बहियों में एक-एक समायोजन खाता खोल कर की जाती है, जिसके लिये निम्न प्रविष्टि करते है:

General Ledger Adjustment a/c Dr.
(In Purchase Ledger)
To Purchase Ledger Adjustment a/c

(In General Ledger)

(Adjustment entries made to make the Ledger self balancing).

लेनदारों को भुगतान - लेनदारों को भुगतान की जर्नल प्रविष्टि निम्न प्रकार होगी:

Creditors a/c Dr.
To Bank/Cash/a/c
(Payment made to Creditors)

इस प्रविष्टि को खताने पर क्रय खाता बही में खुले हुए लेनदार के खाते में डेबिट पक्ष में प्रविष्टि की जायेगी तथा रोकड़ बही में क्रेडिट पक्ष में प्रविष्टि की जायेगी। रोकड़ बही मे मासिक योग सामान्य खाता बही में हस्तान्तरित हो जाते हैं। इस प्रकार, इस व्यवहार की डेबिट प्रविष्टि क्रय खाता बही में तथा क्रेड़िट प्रविष्टि सामान्य खाता बही में हो गई। अब इन दोनों खाता बहियों को स्वकीय सन्तुलित होने के लिए सामान्य खाता बही में डेबिट पक्ष में तथा क्रय खाता बही में पक्ष में क्रेडिट प्रविष्टि चाहिए। इस आवश्यकता को अग्रलिखित समायोजन प्रविष्टि करके पूरा किया जाता है:

Purchase Ledger Adjustment a/c Dr.
(In General Ledger)
To General Ledger Adjustment a/c
(In Purchase Ledger)

(Adjustment entries made to make the Ledger self-balancing)

इस प्रकार, उंधार क्रय से सम्बन्धित विभिन्न व्यवहारों की प्रविष्टियाँ तथा उन खाता बहियों को स्वत: सन्तुलित बनाने के लिए की जाने वाली समायोजन प्रविष्टियों को निम्न तालिका में दिया गया है:

व्यवहार	सामान्य जर्नल प्रविष्टि	खाता बही के स्वीकार्य सन्तुलन हेतु समायोजन प्रविष्टि
1. उधार क्रय	Purchase a/c Dr. To Sundry Creditors a/c	General Ledger Adj. a/cDr. (In Purchase Ledger) (To Purchase Ledger Adj. a/c (In General Ledger)
2. लेनदारों को भुगतान करने पर	Sundry Creditors a/c Dr. To Cash./Bank/a/c	Purchase Ledger Adjustment a/c Dr. (In General Ledger) To General Ledger Adjustment a/c (In Purchase Ledger)

3. लेनदारों के बिल स्वीकार करने पर	Sundry Creditors a/c Dr. To Bills Payable a/c	उपर्युक्त
4. क्रय वापसी पर	Sundry Creditors a/c Dr. To Purchase Returns a/c	उपर्युक्त
5. लेनदारों से नकट बट्टा मिलने पर	Sundry Creditors a/c Dr. To Discount a/c	उपर्युक्त

व्यापारिक बट्टे (Trade Discount) की अलग से प्रविष्टि नहीं की जाती है। व्यापारिक बट्टे की राशि कुल मूल्य में से घटा कर ही क्रय मूल्य ज्ञात किया जाता है।

2. विक्रय खाता बही (Sales Ledger)- इस खाता बही में केवल ऐसे देनदारों के व्यक्तिगत खाते खोले जाते हैं जिनको उधार माल बेचा गया है। रुपया उधार देने या किसी सम्पत्ति को उधार बेचने या किसी अन्य कारण से यदि कोई व्यक्ति देनदार बन जाय तो उसका खाता विक्रय खाता बही में नहीं रखा जायेगा। इस खाता बही में व्यापारिक देनदारों से सम्बन्धित व्यवहारों, यथा उधार विक्रय, देनदारों से प्राप्ति, देनदारों पर बिल लिखना, विक्रय वापसी, बट्टा दिया, डूबत ऋण, आदि की प्रविष्टि की जाती।

उधार विक्रय (Credit Sales)- उधार माल बेचने पर विक्रेता अपनी पुस्तक में निम्न प्रविष्टि करता है:

Debtor's a/c Dr.
To Sales a/c

(Credit Sales Effected)

देनदार का खाता विक्रय खाता बही या देनदारों की खाता बही में डेबिट पक्ष में खताया जाता है। परन्तु सहायक पुस्तक में विक्रय की प्रविष्टि पहले विक्रय पुस्तक में की जायेगी। विक्रय पुस्तक (Sales Book) के मासिक योग सामान्य खाता बही में खुले हुए विक्रय खाते में क्रेडिट पक्ष में खतायें जाते हैं। तथा व्यक्तिगत खातों के डेबिट पक्ष में To Sales लिख कर लेखा किया जाता है। अब विक्रय खाता बही तथा सामान्य खाता बही को स्वकीय सन्तुलित बनाने के लिये अग्रांकित प्रविष्टि की जायेगी:

Sales Ledger Adjustment a/c Dr.

(In General Ledger)

To General Ledger Adjustment a/c

(In Sales Ledger)

(Adjustment entries made in Ledgers to make them self-balancing)

इसी प्रकार, उधार विक्रय से सम्बन्धित अन्य व्यवहारों की जर्नल प्रविष्टियाँ तथा उन खाता बहियों को स्वकीय सन्तुलित बनाने के लिये की जाने वाली समायोजन-प्रविष्टियों को निम्न तालिका में दिया जाता है:

व्यवहार	**सामान्य जर्नल प्रविष्टि**	**खातों के स्वकीय सन्तुलन हेतु समायोजन प्रविष्टि**
1. उधार विक्रय	Debtors a/c Dr. To Sales a/c	Sales Ledger Adj. a/c Dr. (In General Ledger) To General Ledger Adj. a/c (In General Ledger)
2. देनदारों से नकद प्राप्ति	Cash/Bank a/c Dr. To Debtor's a/c	General Ledger Adj. a/c Dr. (In Sales Ledgerr) To Sales Ledger Adj. a/c (In General Ledger)
3. बिल लिखने पर	Bills Receivable a/c Dr. To Debtor's a/c	उपर्युक्त
4. विक्रय वापसी	Sales Returns a/c Dr. To Debtor's a/c	उपर्युक्त
5. नकद बट्टा दिया	Discount a/c Dr. To Debtors a/c	उपर्युक्त

व्यापारिक बट्टे (Trade Discount) की कोई प्रविष्टि नहीं की जाती है। सकल बिक्री में से व्यापारिक बट्टा घटाकर ही विक्रय मूल्य ज्ञात किया जाता है और इस प्रकार गणना किये गये मूल्य से ही लेखा करते हैं.

3. सामान्य खाता बही (General Ledger)- व्यापारिक लेनदारों तथा व्यापारिक देनदारों के खातों के अतिरिक्त अन्य समस्त खाते सामान्य खाता बही में रखे जाते हैं। यदि हम सामान्य खाता बही में व्यापारिक लेनदारों व व्यापारिक देनदारों के शेष और सम्मिलित कर दें तो यह खाता बही भी स्वकीय सन्तुलित हो जायेगी। इस कमी की पूर्ति सामान्य खाता बही में दोनों समायोजन खाते खोलने से हो जाती है। हम पूर्व में वर्णन कर चुके हैं कि विक्रय खाता बही तथा क्रय खाता वही दोनों में एक एक समायोजन खाता खोलते हैं जिनमें क्रमशः इन बहियों के क्रेडिट पक्ष तथा डेबिट पक्ष की पूर्ति हो जाती है। इन्ही समायोजन खातों की विपरीत पक्ष में प्रविष्टि सामान्य खाता बही में खोले गये विक्रय खाता बही समायोजन खाते तथा क्रय खाता बही समायोजन खाते (Sales Ledger Adjustment Account) में करते हैं। ये दोनों समायोजन खाते (Purchase Ledger Adjustment Account) और कुछ नहीं केवल विक्रय खाता बही तथा क्रय खाता बही के व्यवहारों के सारांश मात्र होते हैं। इन खातो की सहायता से सम्बन्धित खाता बहियों की खतौनी की गणितीय शुद्धता की जाँच तलपट

बनाकर ज्ञात की जा सकती है। इस कारण से इन्हें नियन्त्रण खाते (Control Accounts) भी कहते हैं।

सामूहिक खातों तथा समायोजन खातों में अन्तर (Distinction between Total Accounts and Adjustment Accounts) – सामान्यत: ऐसा प्रतीत होता है कि ये दोनों खाते एक जैसे हैं क्योंकि इनमें दो ही मद सम्मिलित होते हैं। किन्तु इन दोनों में पर्याप्त अन्तर है, जो कि निम्न तालिका से स्पष्ट है:

आधार	सामूहिक खाते	समायोजन खाते
1. उद्‌गम	यह वर्गीय सन्तुलन प्रणाली के अन्तर्गत बनते हैं।	यह स्वकीय सन्तुलन प्रणाली के अन्तर्गत तैयार किये जाते है।
2. उद्देश्य	सामूहिक खाते बनाकर देनदारों व लेनदारों की कुल राशि ज्ञात की जाती है।	समायोजन खातों के बनाने का उद्देश्य विभिन्न खाताबहियों को स्वकीय सन्तुलित बनाना होता है। इन खातों से भी व्यवसाय के कुल देनदारों व कुल लेनदारों की राशि ज्ञात हो जाती है किन्तु इन राशियों को ज्ञात करना इन खातों को बनाने का उद्देश्य नहीं होता है।
3. प्रकृति	ये खाते स्मरणार्थ खाते होते हैं जो केवल लेनदारों व देनदारों के खातो के विभिन्न मदों को दर्शाते हैं।	ये खाते वित्तीय लेखों के भाग होते हैं। सामान्य खाता बही में खुले समायोजन खातों की उल्टे पक्ष में दूसरी खतौनी देनदार खाता बही तथा लेनदार खाता बही में खोल गये समायोजन खातों में होती है।
4. अशुद्धि सुधार	सामूहिक खातो में अशुद्धि होने पर उसे अंक परिवर्तन द्वारा सुधारा जा सकता है। इसके लिये जर्नल प्रविष्टि करने की कोई आवश्यकता नहीं है।	समायोजन खातों में हुई त्रुटि को जर्नल प्रविष्टि करके ही सुधारा जा सकता है क्योंकि समायोजन खाते दूहरी प्रविष्टि पद्धति पर आधारित होते है।

नियन्त्रण खाते (Control Accounts) : समायोजन खातों को नियन्त्रण खाते भी कहते हैं। समायोजन खातों की भांति ये भी निम्न चार खाते तैयार किये जाते हैं:

(1) क्रय खाता बही में : सामान्य खाता बही नियन्त्रण खाता (General Ledger Control Account)।

(2) विक्रय खाता बही मे : सामान्य खाता बही नियन्त्रण खाता (General Ledger Control Account)।

(3) सामान्य खाता बही में निम्न दो नियन्त्रण खाते खोले जाते हैं:

(अ) क्रय खाताबही नियन्त्रण खाता
(Purcase Ledger Control Account)।

(ब) विक्रय खाता बही नियन्त्रण खाता
(Sales Ledger Control Account)।

यदि विक्रय खाता बही और क्रय खाता बही का उपविभाजन भी हो रहा हो तो उतने ही नियन्त्रण खाते और बन जाते हैं।

नियन्त्रण खाते बनाने का उद्देश्य भी खाता बहियों को स्वसन्तुलक बनाना है। नियन्त्रण खाते बनाने के बाद सामूहिक खाते बनाने की आवश्यकता नहीं होती है। नियन्त्रण खाते भी दुहरा लेखा प्रणाली के अन्तर्गत जर्नल प्रविष्टियों के द्वारा बनाये जाते हैं।

स्वकीय सन्तुलित खाता बही प्रणाली का महत्त्व

(Importance)

जैसा कि पूर्व में बताया जा चुका है, यह प्रणाली उन बड़े-बड़े व्यापारिक गृहों में प्रयोग में आती है जहाँ बहुत अधिक संख्या में सौदे होते हैं। इसलिये, वर्तमान में इस प्रणाली का महत्त्व अधिकाधिक बढ़ता जा रहा है। इस प्रणाली का प्रयोग न केवल माल का क्रय विक्रय करने वाली संस्थाओं में ही किया जाता है अपितु ऐसी संस्थाएँ जहाँ बड़ी संख्या में रोज व्यवहार होते हैं, जैसे बैंक, बीमा कम्पनियाँ, वित्तीय संस्थाओं, बिजली घरों आदि में भी इसी प्रणाली का उपयोग किया जाता है। इस प्रणाली के अनुसार कार्य को विभाजित करके कर्मचारियों के बीच उनकी रूचि, योग्यता व पसन्द के आधार पर उसका बंटवारा किया जा सकता है। कार्य का उचित बँटवारा होने के कारण गलती या लापरवाही के लिये सरलता से दायित्व निर्धारित किया जा सकता है। इस विधि का प्रयोग मुख्यत: इसलिये किया जाता है ताकि गलती होने पर उसे सरलता तथा शीघ्रता से ढूँढ निकाला जाये। साथ ही इस प्रणाली का प्रयोग होने से गबन व धोखाधड़ी की सम्भावनाएँ भी कम हो जाती हैं क्योंकि कार्य का बंटवारा कुछ लोगों के बीच हो जाने के कारण उनके आपस में मिले बिना यह सब सम्भव नहीं होगा। यदि इस प्रणाली का कुशलतापूर्वक उपयोग किया जाये तो पूरे व्यवसाय में कुशलता लाई जा सकती है। जिन संस्थाओं में इस प्रणाली का उपयोग होता है वहाँ कर्मचारियों पर नैतिक प्रभाव पड़ता है तथा वे अच्छी प्रकार से कार्य करते हैं।

स्वकीय सन्तुलक खाता बही प्रणाली के गुण

(Advantages)

एक बड़ी व्यावसायिक संस्था में इस प्रणाली का उपयोग करने से निम्नलिखित लाभ प्राप्त किये जा सकते है:

1. अशुद्धि का शीघ्र पता लगना - यदि लेखांकन में कोई अशुद्धि हो जाय तो सम्बन्धित खाताबही का तलपट नहीं मिलेगा। केवल उस खाता बही की दुबारा जाँच करके अशुद्धि को सरलता से ढूँढा जा सकता है। जबकि परम्परागत रीति के अन्तर्गत रखे खातों में अशुद्धि ज्ञात करने के लिये पूरे बही खातों की जाँच करनी पड़ेगी जिसमे समय, परिश्रम व प्रयत्न अधिक लगेंगे।

2. तलपट शीघ्र बनना - इस विधि के अन्तर्गत सभी खाता बहियों व पूरे व्यवसाय का तलपट शीघ्र बनाया जा सकता है।

3. अन्तिम खाते शीघ्र तैयार होना - तलपट तुरन्त बन जाने के कारण अन्तिम खाते शीघ्र तैयार किये जा सकते है। अत: ऐसे व्यवसायों के लिये यह विधि बहुत अधिक उपयोगी है जहाँ अन्तिम खाते लेखाकंन काल की समाप्ति के तुरन्त बाद बनना आवश्यक हो।

4. उत्तरदायित्व का निर्धारण - इस विधि के अन्तर्गत खाता बहियों को विभाजित करके उनको तैयार करने का उत्तरदायित्व पृथक्-पृथक् व्यक्तियों का होता है। फलत: जिस व्यक्ति के कार्य में त्रूटि पाई जाती है उसके भविष्य के लिये आगाह किया जा सकता है।

5. छल-कपट पर नियन्त्रण - इस विधि से खाते रखने से छल कपट करना मुश्किल हो जाता है और यदि छल कपट हो भी जाये तो उसे पकड़ना आसान रहता है। छल कपट के लिये उत्तरदायी व्यक्ति का पता लगाकर उसके विरूद्ध आवश्यक कार्यवाही की जा सकती है।

6. आन्तरिक निरीक्षण - लेखांकन में स्व:सन्तुलक खाता प्रणाली अपना कर आन्तरिक निरीक्षण प्रणाली को सफल बनाया जा सकता है क्योंकि प्रत्येक खाता बही को नियन्त्रण खाते की सहायता से जाँचा जा सकता है।

7. अन्तरिम लेखे व ड्राफ्ट अन्तिम खाते तैयार करना - इस विधि से खाते रखने में व्यक्तिगत खाते उतारे बिना तलपट तैयार किया जा सकता है। इससे अन्तिम खाते तैयार करने व ड्राफ्ट अन्तिम खाते शीघ्रता से तैयार करने में सहायता मिलती है।

8. लेनदार व देनदारों की राशि का ज्ञान - लेनदारों व देनदारों के लिये अलग-अलग खाता बहियाँ होने के कारण, इनकी राशियों का ज्ञान सरलता व शीघ्रता से हो जाता है।

9. खर्तानी में सुविधा - विभिन्न सहायक पुस्तकों से एक ही समय में खाता बही तैयार करने का कार्य कई व्यक्ति एक साथ कर सकते हैं। इससे खर्तानी का कार्य शीघ्रता से एवं सुविधा से किया जा सकता है।

10. कर्मचारियों पर नैतिक प्रभाव - लेखा करने वाले क्लर्कों के कार्य पर नैतिक प्रभाव रहता है क्योंकि त्रुटियों के पकड़े जाने का प्रभाव उनकी निष्पति तथा कार्यकुशलता पर पड़ता है।

स्वकीय सन्तुलक खाता प्रणाली के दोष (Disadvantages)- इस प्रणाली के निम्न प्रमुख दोष निम्न है:

1. कठिन व जटिल - सामान्य प्रणाली की तुलना में स्वसन्तुलक खाता प्रणाली थोडी कठिन व जटिल है। इस प्रणाली का प्रयोग विशिष्ट योग्यताधारी व्यक्ति ही कर पाते हैं। फलत: ऐसे व्यवसायों में जहाँ विशिष्ट योग्यता वाले व्यक्ति नहीं हो वहाँ इस प्रणाली को अपनाना अपने लिए कठिनाई पैदा करना है।

2. लेखा कार्य में वृद्धि - इस विधि से खाते रखने में लेखा कार्य बढ़ जाता है।

3. खर्चीली - लेखा कार्य में वृद्धि होने तथा लेखा कार्य के लिये विशेष योग्य व अनुभवी व्यक्तियों की आवश्यकता होने के कारण यह प्रणाली काफी खर्चीली बन जाती है।

4. समन्वय न होने में देरी - लेखांकन कार्य करने वाले सभी व्यक्तियों के बीच उचित तालमेल न हो या वे एक दूसरे की आवश्यकताओं का ध्यान न रखते हों तो इससे कार्य में देरी हो जाती है जिससे इस प्रणाली की उपादेयता पर ही प्रश्न चिन्ह लग जाता है।

उपर्युक्त दोषों को देख कर यह कहा जा सकता है कि एक दोष को छोड़ कर बाकी सब दोष इस प्रणाली के दोष नहीं है अपितु इसके दोषपूर्ण क्रियान्वयन के परिणाम हैं। लेखा कार्य बढ़ जाना अवश्य इसका दोष है किन्तु बड़ी संस्थाओं के लिये लेखा कार्य व खर्चा बढ़ना महत्त्वहीन है। उन्हें तो सही व शुद्ध लेखे चाहिये।

वर्गीय व स्वकीय सन्तुलन प्रणाली में अन्तर (Distinction Between Sectional Balancing and Self-Balancing Systems)- वर्गीय सन्तुलन प्रणाली कोई स्वतन्त्र प्रणाली नहीं है अपितु स्वकीय सन्तुलन प्रणाली का ही अपूर्ण स्वरूप है। प्रणाली की अपूर्णता ही दोनों का मुख्य अन्तर है। व्यवहार में इन प्रणालियों के प्रयोग से इनके मध्य अग्रलिखित अन्तर प्रकट होता है:

1. वर्गीय सन्तुलन प्रणाली के अन्तर्गत देनदार खाता बही तथा लेनदार खाता बहियों में केवल देनदारों व लेनदारों के ही खाते खुलते हैं तथा सामान्य खाता बही में सामूहिक देनदार खाता तथा सामूहिक लेनदार खाता। जबकि स्वकीय सन्तुलन खाता प्रणाली के अन्तर्गत सामान्य खाता बही में देनदार खाता बही समायोजन खाता तथा लेनदार खाता बही समायोजन खाता नामक दो समायोजन खाते खुलते हैं। साथ ही इन दोनों खातों की विपरीत पक्ष में खर्तानी देनदार खाता बही तथा लेनदार खाता बही में खुले हुए सामान्य खाता बही समायोजन खातों में होती है।
2. वर्गीय सन्तुलन प्रणाली के अन्तर्गत, सामान्य खाता बही में जो सामूहिक देनदार खाता तथा सामूहिक लेनदार खाते बनाये जाते हैं, ये दोनों स्मरणार्थ खाते (Memorandum Accounts) होते हैं, अर्थात् इनकी दूसरी विपरीत प्रविष्टि नहीं होती है जबकि स्वकीय सन्तुलन प्रणाली के अन्तर्गत सामान्य खाता बही में जो दो समायोजन खाते खोले जाते हैं वे जर्नल प्रविष्टियों के आधार पर खोले जाते हैं तथा वित्तीय लेखों के भाग होते हैं।
3. वर्गीय सन्तुलन प्रणाली के अन्तर्गत सामूहिक देनदार खाता व सामूहिक लेनदार खाता खोल कर लेखों की गणितीय शुद्धता की जाँच की जाती है, जबकि स्वकीय सन्तुलन खाता प्रणाली के अन्तर्गत समायोजन खाते खोलने का उद्देश्य खातों की गणितीय शुद्धता की जाँच करना तथा खाता बहियों को स्वकीय सन्तुलित करना है।
4. वर्गीय सन्तुलन प्रणाली के अन्तर्गत विक्रय खाता बही तथा क्रय खाता बही के लिये अलग अलग तलपट नहीं बनाये जा सकते हैं। जबकि स्वकीय

सन्तुलन खाता प्रणाली के अन्तर्गत तीनों खाता बहियों के अलग-अलग तलपट बनाये जा सकते हैं।

5. वर्गीय सन्तुलन खाता प्रणाली के अन्तर्गत ऐसे कोई अलग खाते नहीं होते हैं जो कि दोहरा लेखा प्रणाली पर आधारित हों। जो सामूहिक खाते खोले जाते हैं वे मात्र स्मरणार्थ खाते होते हैं, फलतः उनमें त्रुटि होने पर उसके सुधार के लिए कोई जर्नल प्रविष्टि नही की जाती हैं जबकि स्वकीय सन्तुलन प्रणाली के अन्तर्गत त्रुटि होने पर उनका सुधार करने के लिए जर्नल प्रविष्टि करनी पड़ती है।

वर्गीय सन्तुलन प्रणाली के अन्तर्गत अशुद्धियों का सुधार

(Rectification of Errors Under Sectional Balancing System)

वर्गीय सन्तुलन खाता प्रणाली स्वतन्त्र लेखांकन प्रणाली नहीं है। इसका उपयोग सामान्य खाता बही को स्वकीय सन्तुलित बनाने के लिए होता है। इस प्रणाली के अन्तर्गत जो दो सामूहिक खाते बनाये जाते हैं वे दुहरा लेखा पणाली पर आधारित नहीं होते हैं। फलतः इस प्रणाली के अन्तर्गत त्रुटि सुधार के लिए कोई अतिरिक्त प्रविष्टि करने की आवश्यकता नहीं है। त्रुटियों का सुधार सामान्य सिद्धान्तों के आधार पर कर दिया जाता है।

स्वकीय सन्तुलन प्रणाली के अन्तर्गत अशुद्धियों का सुधार (Rectification of Errors in Self-Balancing System)- स्वकीय सन्तुलन प्रणाली के अन्तर्गत अशुद्धि का सुधार करने से पूर्व यह देखना होगा कि क्या अशुद्धि का प्रभाव समायोजन खातों पर पड़ा है? यदि नहीं, तो ऐसी अशुद्धियों का सुधार लेखांकन के सामान्य सिद्धान्तों के अनुसार कर दिया जायेगा। यदि उपर्युक्त प्रश्न का उत्तर हाँ में है तो पहले तो अशुद्धि का समायोजन खातों पर प्रभाव देखा जायेगा व फिर तदनुरूप ही उसका सुधार किया जायेगा। विभिन्न अशुद्धियों का समायोजन खातों पर प्रभाव अग्रलिखित प्रकार होगा-

(1) समायोजन खाते प्रारम्भिक लेखे की पुस्तकों के योग से बनाये जाते हैं, अतः यदि कोई अशुद्धि ऐसी है जो इन पुस्तकों के योग को प्रभावित करती है तो उसका समायोजन खातों पर प्रभाव पड़ेगा।

(2) यदि प्रारम्भिक लेखे की पुस्तकों में खाता बही में खतांनी करते समय कोई अशुद्धि हुई है तो ऐसी अशुद्धि का समायोजन खातों पर कोई प्रभाव नहीं पड़ेगा क्योंकि समायोजन खाते खाता बहियों से नहीं बनाये जाते हैं अपितु सीधे प्रारम्भिक लेखे की पुस्तकों के योग से बनते हैं।

(3) यदि प्रारम्भिक लेखे की पुस्तकों में कोई ऐसी अशुद्धि हो जाती है जो उस पुस्तक के योग को प्रभावित नहीं करती है तो ऐसी अशुद्धि का भी समायोजन खातों पर कोई प्रभाव नहीं पड़ेगा।

अशुद्धियों का सुधार - अशुद्धि का सुधार करते समय यह देखना चाहिये कि यह अशुद्धि किस स्तर पर हुई है तथा क्या यह अशुद्धि समायोजन खातों को प्रभावित करती है

और यदि हाँ तो किस प्रकार से। यदि कोई अशुद्धि प्रारम्भिक लेखे की पुस्तकों के योग को प्रभावित नहीं करती है तो ऐसी अशुद्धि को सुधारने के लिये समायोजन खातों के सम्बन्ध में कोई प्रविष्टि नहीं की जायेगी।

यदि अशुद्धि ऐसी है जिसके कारण प्रारम्भिक लेखे की पुस्तकों के योग प्रभावित हुए हैं तो यह देखना होगा कि इस अशुद्धि के कारण उस पुस्तक का योग घटा या बढ़ा। यदि अशुद्धि के कारण सम्बन्धित पुस्तक का योग कम लगा हो तो वह योग जिन समायोजन खातों में क्या होगा वहाँ भी उतनी कम राशि से खतौनी हुई होगी। इस अशुद्धि का सुधार करने के लिये योग में कमी की राशि से फिर वही प्रविष्टि कर देनी चाहिये जो समायोजन खाते बनाते समय उस योग को वहाँ अन्तरित करने के लिये की गई थी। उदाहरणार्थ, क्रय-पुस्तक का योग 100 रु. से कम लग गया। इस अशुद्धि के कारण सामान्य खाता बही में बनाये गये क्रय खाता बही समायोजन खाते के क्रेडिट में क्रय की राशि 100 रु. से कम दिखाई जायेगी। फलत: लेनदारों की राशि 100 रु. से कम होगी। इसी प्रकार, क्रय खाता बही में खोले गये सामान्य खाता बही समायोजन खाते के डेबिट में 100 रु. कम होंगे, क्योंकि इस खाते में क्रय की राशि डेबिट में आती है। अब इस अशुद्धि का सुधार करने के लिये निम्न जर्नल प्रविष्टि की जायेगी:

		Rs.	Rs.
General Ledger Adjustment Account (In Purchase Ledger)	Dr.	100	
To Purchase Ledger Adjustment Account (In General Ledger)			100
(Undercasting of Purchases Day book, now rectified)			

क्रय पुस्तक के जोड़ को समायोजन खातों में लाने के लिये भी यही प्रविष्टि की जाती है।

यदि अशुद्धि के कारण प्रारम्भिक लेखे की पुस्तक का योग बढ़ गया हो तो इसका समायोजन खातों पर प्रभाव यह होगा कि उस मद की इन खातों में अधिक राशि से खतौनी हो गई होगी। इस अशुद्धि को सुधारने के लिये, जो प्रविष्टि उस पुस्तक के योग को समायोजन खाते में लाने के लिये की गई थी, उसकी उल्टी प्रविष्टि की जायेगी ताकि समायोजन खाते में उस मद की राशि घट जाये। उदाहरणार्थ, यदि क्रय पुस्तक का योग 200 रु. से अधिक लग गया। इसका प्रभाव यह हुआ कि सामान्य खाता बही में लेनदार खाता बही समायोजन खाता 200 रु. अधिक से क्रेडिट हो गया। इस राशि को कम करने के लिये इस खाते को 200 रु. से डेबिट किया जाना चाहिये। क्रय पुस्तक के योग की दूसरी प्रविष्टि लेनदारों की खाता वहीं में खुले हुए सामान्य खाता बही समायोजन खाते के डेबिट में होती है। यहाँ यह खाता 200 रु. अधिक से डेबिट हो गया। इसे क्रेडिट करना होगा। अर्थात् इस अशुद्धि का सुधार पूर्व वर्णित प्रविष्टि की उल्टी प्रविष्टि करके किया जायेगा।

Rs. Rs.

Creditors Ledger Adjustment a/c in G.L. Dr. 100
To General Ledger Adjustment a/c in D.L.
(Overcasting of Purchases Day Book Rectified)

इसी प्रकार से अन्य पुस्तकों के योग की अशुद्धियों को भी सुधारा जा सकता है।

प्रश्न

1. खाता बहियों की वर्गीय सन्तुलन प्रणाली के अर्थ को समझाइये। खाता बहियों की स्वकीय सन्तुलन प्रणाली से यह किस प्रकार भिन्न हैं? इसके गुण एवं दोषों का वर्णन कीजिये।

   Explain the meaning of Sectional Balancing System of Ledgers. How does it differ from Self-Balancing System of Ledgers? Describe its merits and demerits.

2. वर्गीय सन्तुलन खाता बहियों की प्रकृति एवं उपयोगों की विवेचना कीजिये। एक देनदारों के नियन्त्रण खाते और एक लेनदारों के नियन्त्रण खाते में सम्मिलित होने वाली सामान्य मदों का उल्लेख कीजिये।

   Discuss the nature and uses of Sectional Balancing Ledgers. Give the items appearing in a Debtors Control Account and a Creditors Control Accounts?

3. खाता बहियों की स्वकीय सन्तुलन प्रणाली की कार्य विधि का उपयुक्त उदाहरणों सहित वर्णन कीजिये।

   Explain the working of Self-Balancing System of Ledgers with suitable examples.

4. खाता बहियों की स्वकीय सन्तुलन प्रणाली से आपका क्या आशय है?

   What do you mean by Self-Balancing System of Ledgers?

5. स्वकीय सन्तुलन बही खाते क्या हैं? बड़ी व्यापारिक संस्थाओं में उनकी उपयोगिता समझाइये।

   What are Self-Balancing Ledgers? Explain their utility in large business concerns.

6. विक्रय खाता बही नियन्त्रण खाता क्या है? यह सामान्य खाता बही समायोजन खाते से किस प्रकार भिन्न है?

   What is a Sales Ledger Control Account? How does it differ from the General Ledger Adjustment Account?

7. सामान्य किन खाता बहियों को स्वकीय सन्तुलित बनाया जाता है? विभिन्न खाता बहियाँ किस प्रकार स्वत: सन्तुलित बनती है?

   What are the usual Ledger that are made self-balancing? How do various ledgers become self-balancing?

8. यदि बही खाते स्वसन्तुलक प्रणाली के आधार पर रखे जाते हों तो क्या निम्नलिखित मद समायोजन खातों में प्रकट होंगे।

   (अ) प्राप्य बिल के परिपक्व होने पर प्राप्ति

   (ब) डूबत ऋण वसूली

   (स) नकद क्रय

   (द) स्वीकृत बट्टा बाद में अस्वीकार किया।

   (य) देय बिल का नवीनीकरण किया।

   Whether the following items will appear in Adjustment Accounts when the ledgers are kept on self-balancing system?

   (a) Payment Received on Maturity of B/R

   (b) Bad Debts Recovered

   (c) Cash Purchases

   (d) Discount Allowed Subsequently Disallowed

   (e) B/P Renewed

9. अन्तर कीजिये:

   (अ) सामूहिक खाते तथा समायोजन खाते

   (ब) स्वकीय सन्तुलन प्रणाली तथा वर्गीय सन्तुलन प्रणाली।

   Distinguish between:

   (a) Total Accounts and Adjustment Accounts;

   (b) Self-Balancing System and Sectional Balancing System.

□□□

2

दोहरा लेखा प्रणाली
(Double Entry System)

आशय
(Meaning)

दोहरा लेखा प्रणाली बहीखाते की प्रणाली है, जिसमें प्रत्येक व्यापारिक लेन-देन को दो खातों के विपरीत पक्षों-नामे तथा जमा में लिखा जाता है। प्रत्येक व्यवहार या सौदे के दो पक्ष होते हैं। इन दोनों का यथास्थान लिखने के लिये दो खातों में लेखा करना होता है, इसलिये इसे दोहरा लेखा प्रणाली कहते हैं। जैसे राम को रु. 5,000 का उधार माल बेचा तो इसका दो खातों पर प्रभाव पड़ेगा, एक राम के खाते पर तथा दूसरा विक्रय खाते पर।

दोहरा लेखा प्रणाली को विभिन्न विद्वानों ने निम्न प्रकार परिभाषित किया है -

विलियम पिकिल्स के अनुसार, ''दोहरा लेखा प्रणाली में प्रत्येक सौदे को दो भागों में लिखा जाता है - एक भाग पाने वाला होता है और दूसरा देने वाला अर्थात प्रत्येक सौदे में एक खाता पाने वाला, दूसरा देने वाला होता है। पाने वाले खाते का नाम (Debit) और देने वाले खाते को जमा (Credit) किया जाता है।''

स्पाइसर एण्ड पेगलर के अनुसार, ''बहीखाते की दोहरा लेखा प्रणाली सौदों को लिखने की वह प्रणाली है, जिसमें यह बात मानी गई है कि प्रत्येक सौदे के मुख्य दो रूप होते हैं - एक वह जिसमें एक खाते का मूल्य प्राप्त होता है और दूसरा वह जिसमें एक खाते को मूल्य देना पड़ता है। वह खाता जो कि मूल्य पाता है, नाम किया जाता है और दूसरा वाला खाता जमा किया जाता है।''

बॉटलीबाय के अनुसार, ''प्रत्येक सौदे के दो प्रभाव होते हैं और वह सौदा खातों को व्रिपरीत दशाओं में प्रभावित करता है .....। प्रत्येक सौदे के दोहरे प्रभाव को लिखने के कारण ही इस प्रणाली को दोहरा लेखा प्रणाली कहते हैं।''

विशेषताएँ

(Characteristics)

दोहरा लेखा प्रणाली की विशेषताएँ निम्नलिखित हैं -

1. व्यक्तिगत व अव्यक्तिगत पहलू का लेखा - दोहरा लेखा प्रणाली पूर्णतया वैज्ञानिक प्रणाली है, क्योंकि इस प्रणाली में व्यक्तिगत तथा अव्यक्तिगत दोनों ही पहलूओं का लेखा किया जाता है। इसमें ऐसा भी हो सकता है कि एक सौदे (लेन-देन) में दोनों पक्ष व्यक्तिगत या अव्यक्तिगत हों।

2. अंकगणित सम्बन्धी शुद्धता का ज्ञान - प्रत्येक सौदे के एक पक्ष को नाम और दूसरे पक्ष को जमा किया जाता है। अत: नाम पक्ष का योग जमा पक्ष के योग के बराबर होता है। तलपट के मध्यम से लेखों की अंकगणित सम्बन्धी शुद्धता का ज्ञान आसानी से किया जा सकता है।

3. निश्चित नियमों के आधार पर लेखा - इस प्रणाली में खातों के विकलन और समाकलन करने के निश्चित नियम हैं, जिनके आधार पर ही लेन-देन (सौदे) का लेखा, हिसाब की पुस्तकों में किया जाता है।

4. न्यायपूर्ण प्रणाली - चाहे वह क्रय विक्रय से सम्बन्धित हो या द्रव्य के लेन-देन से उसमें हमेशा दो पक्ष प्रभावित होते हैं। अर्थात् प्रत्येक लेन-देन के दो रूप होते हैं। इन दोनों रूपों का लेखा किया जाना न्यायसंगत है। यदि एक यप का लेखा किया गया जाय जो इकहरी प्रणाली अपनायी जाये, यह उचित न होगा।

दोहरा लेखा प्रणाली का सिद्धान्त (नियम)

(Principle or Rules of Double Entry System)

दोहरा लेखा प्रणाली का आधारभूत सिद्धान्त है कि प्रत्येक नाम पक्ष का एक जमा पक्ष होता है। इनमें एक पक्ष देने वाला (Giver) व दूसरा पक्ष प्राप्त करने वाला (Receiver) होता है। कौन सा पक्ष जमा व कौन सा पक्ष नामे होगा? यह बोध कराने वाली प्रक्रिया ही दोहरा लेखा प्रणाली के सिद्धान्त के नाम से जानी जाती है। यह प्रणाली इस बात को मानती है कि एक पक्ष लेने वाला होता है और इसके विपरीत दूसरा पक्ष देने वाला होता है। बिना लेने वाले के देने वाला नहीं हो सकता और बिना देने वाले के लेने वाला नहीं हो सकता। इस प्रकार यह खाता जो लाभ प्राप्त करता है **'डेबिट'** तथा वह खाता जो लाभ देने वाला होता है **'क्रेडिट'** किया जाता है।

इस प्रणाली में हिसाब की पुस्तकों में लेखा करने के मुख्य तीन उपाय हैं, जो व्यक्तिगत, वास्तविक तथा अवास्तविक खाते के आधार पर अलग-अलग दिखलाये गये हैं -

1. व्यक्तिगत लेखे (Personal Accounts)- ऐसे लेखे जो किसी संस्था, फर्म, कम्पनी अथवा व्यक्ति विशेष से सम्बन्धित व्यवहारों के लिए खोले जाते हैं, व्यक्तिगत लेखे

कहलाते हैं। जैसे-मुरारी बीज भण्डार का लेखा, शान्तिलाल एण्ड ब्रदर्स का लेखा, देना बैंक का लेखा, मालिकराम चेलाराम का लेखा, बाटा कम्पनी का लेखा आदि।

नियम - वस्तु, सेवा या राशि पाने वाला विकलन, वस्तु, सेवा या राशि देने वाला समाकलन "Debit to receiver, Credit to giver"

2. वास्तविक लेखे (Real Accounts)- व्यापार की सम्पत्ति से सम्बन्धित खाते 'वास्तविक खाते' कहलाते हैं। अर्थात् वस्तु एवं सम्पत्तियों से सम्बन्धित सभी लेखे वास्तविक लेखे कहलाते हैं। जैसे -क्रय लेखा, विक्रय लेखा, स्कंध लेखा, भूमि लेखा, भवन लेखा, मशीन लेखा, ख्याति लेखा आदि।

नियम - वस्तु या सम्पत्ति व्यापार में आने पर विकलन, वस्तु या सम्पत्ति व्यापार से जाने पर समाकलन "Debit what comes in, credit what goes out"

3. नाम मात्र लेखे (Nominal Accounts)- आय या व्यय अथवा लाभ या हानि से सम्बन्धित लेखे नाम मात्र लेखे कहलाते हैं। जैसे - किराया लेखा, ब्याज लेखा, वेतन लेखा अपहार लेखा आदि।

नियम - व्यय या हानि सम्बन्धित लेखे विकलित, आय या लाभ सम्बन्धी लेखे समाकलित "Debit all expenses and loss and credit all gains and income"

निष्कर्ष के रूप मे कहा जा सकता है कि द्वि-प्रविष्टि प्रणाली के एक सौदे का दो पक्षों पर प्रभाव पड़ता है। जो कि तीन सिद्धान्तों से और भी स्पष्ट हो जाता है कि एक पक्ष विकलन होगा तो दूसरा पक्ष समाकलन। इसी कारण इस पद्धति को तर्कयुक्त, वैज्ञानिक तथा न्यायपूर्ण माना जाता है।

दोहरा लेखा प्रणाली के गुण (लाभ)

(Advantages)

दोहरा लेखा प्रणाली के निम्नलिखित लाभ हैं -

1. वैज्ञानिक एवं पूर्ण प्रणाली - इस प्रणाली के सिद्धान्त निश्चित हैं, अतः यह एक वैज्ञानिक प्रणाली है। इसमें सब प्रकार के खाते रखे जाते हैं। इससे प्रत्येक खाते में उससे सम्बन्धित पूरा विवरण रहता है। आवश्यकता पड़ने पर खाते से सम्बन्धित सूचना पूर्ण रूप से और आसानी से ज्ञात की जा सकती है।

2. तलपट बनाना सम्भव - इसमें प्रत्येक सौदे का लेखा व्यापारी की पुस्तकों में दो खातों में विपरीत पक्षों में होता है। जितनी रकम एक खाते में नामे (डेबिट) की जाती है, उतनी ही रकम दूसरे खाते में जमा (क्रेडिट) की जाती है। इसीलिए खातों से तलपट या कच्चा आँकड़ा (Trial) आसानी से बनाया जा सकता है। जिससे हिसाब की गणित सम्बन्धी शुद्धता की जाँच हो जाती है।

3. लाभ-हानि की जानकारी - इनमें समस्त क्रय-विक्रय तथा आय-व्यय सम्बन्धी खातों का पूरा विवरण रहता है। अतः उनकी सहायता से किसी भी समय का लाभ हानि खाता (Profit and Loss A/c) तैयार किया जा सकता है। इससे व्यापारी को ज्ञात हो जाता है कि उसका व्यापार लाभ में चल रहा है या हानि में।

4. चिट्ठे से आर्थिक दशा का ज्ञान - वर्ष के अन्त में या अन्य किसी समय आवश्यकता पड़ने पर व्यापारी चिट्ठा (Balance Sheet) बनाकर यह जान सकता है कि उसके व्यापार की आर्थिक स्थिति कैसी है, उसने जो पूँजी व्यापार में लगाई थी उसमें वृद्धि हुई अथवा कमी और उसकी पूँजी किन-किन वस्तुओं में लगी हुई हैं।

5. जालसाजी की कम सम्भावना - इसमें प्रत्येक लेन-देन का हिसाब दो स्थानों पर अथवा दो खातों में लिखा जाता है। इससे किसी प्रकार की जालसाजी अथवा धोखेबाजी की सम्भावना नहीं रहती है। यदि किसी बड़े व्यापार गृह में कई कर्मचारी काम करते हैं तो व्यापारी उनके काम पर भली-भाँति नियन्त्रण रख सकता है।

6. तुलनात्मक अध्ययन की सुविधा - इसमें समय समय पर व्यापारिक परिणामों की तुलना की जा सकती है। आय-व्यय के ब्यौरे से व्यापारी जान सकता है कि उसकी आय पिछले वर्षों की तुलना में घटी है या बड़ी और उसका व्यय अधिक तो नहीं हो रहा है। यदि व्यय अधिक है तो वह उसे कम करके लाभ को बढ़ाने का प्रयत्न कर सकता है। पिछले वर्षों की स्थिति का तुलनात्मक अध्ययन करके वह बिक्री बढ़ाने के लिए भी प्रयत्न कर सकता है।

7. समायोजन करने की सुविधा - इस पद्धति द्वारा अन्तिम खाते बनाते समय पूर्व दत्त या अदत्त व्ययों से सम्बन्धित आवश्यक समायोजन (Adjustments) किए जा सकते हैं। इससे अन्तिम खाते व्यापार का वास्तविक लाभ या हानि बतलाते हैं और चिट्ठा व्यापार की वास्तविक आर्थिक स्थिति बतलाता है।

8. सम्पत्तियों की जानकारी - इस प्रणाली के अनुसार व्यापार की प्रत्येक सम्पत्ति के लिए अलग-अलग खाता रखा जाता है - जैसे भवन खाता, मशीन खाता आदि। एक ऐसी सूची बनाई जा सकती है, जो यह बतलाए कि व्यापार में कौन-सी सम्पत्ति कितनी-कितनी है। आवश्यकता पड़ने पर प्रत्येक सम्पत्ति का ही मूल्यांकन किया जा सकता है। बही-खातों में सम्पत्तियों का पूरा विवरण रहने से किसी सम्पत्ति के खाने का भय नहीं रहता है।

दोहरा लेखा प्रणाली के दोष
(Disadvantages)

दोहरा लेखा प्रणाली के दोष निम्नलिखित हैं -

1. केवल बड़े-बड़े व्यापारियों के लिए उपयुक्त - एक फुटकर या प्रथम श्रेणी के व्यापार के लिए दोहरा लेखा - प्रणाली एक बोझ बन जाती है क्योंकि उनके व्यवहार प्राय: सीमित ही रहते हैं।

2. विशिष्ट ज्ञान की आवश्यकता - इस प्रणाली के नियमों का ज्ञान प्राप्त करने के लिए व्यक्ति को शिथिल होना चाहिए और साथ ही साथ दक्षता प्राप्त करने के लिए प्रशिक्षण भी प्राप्त करना चाहिए अन्यथा इस प्रणाली का लाभ नहीं उठाया जा सकता।

3. मितव्ययिता का अभाव - व्यापारी यदि न्यूनतम एवं आवश्यक सामग्री (रजिस्टर, पुस्तकें, आदि) को ही कार्य में लेता है तो भी उसे काफी धन इन सब पर व्यय करना पड़ेगा। कर्मचारियों के वेतन पर भी पर्याप्त धन व्यय करना पड़ता है।

4. जटिल प्रक्रिया - दोहरी लेखा-प्रणाली के अन्तर्गत व्यवहारों को अन्तिम रूप प्रदान करने के लिये एक जटिल प्रक्रिया से होकर जाना होता है। अतः किसी प्रारम्भिक लेख के द्वारा ही व्यापारिक स्थिति का ज्ञान प्राप्त नहीं किया जा सकता।

5. नियन्त्रण का अभाव - व्यापारी को हिसाब-किताब रखने के लिए एकाधिक लिपिकों, लेखापालकों की नियुक्ति करनी होती है। यदि व्यापारी अशिक्षित एवं साधारण ज्ञान वाला है तो वह उनकी गलत गतिविधियों पर नियन्त्रण नहीं रख सकता।

उपर्युक्त कथित दोषों के आधार पर यह निष्कर्ष नहीं निकाल लेना चाहिए कि दोहरा लेखा-प्रणाली कोई दोषयुक्त प्रणाली है, बल्कि व्यावहारिकता यह है कि आर्थिक जगत में इस प्रणाली की मान्यता निरपेक्ष रूप से स्वीकार की जाती है।

तलपट से आशय
(Meaning)

व्यापारी अपने सभी लेन-देनों को सहायक बहियों से खाताबही में लिखने के पश्चात् यह जानना चाहता है कि उसने जो सहायक बहियों से खतौनी तैयार की है उसमें कोई अशुद्धि तो नहीं रह गयी है। यह जानने के लिए कि खाताबही (Ledger) में की गयी खतौनी (Posting) शुद्ध है अथवा नहीं, एक विवरण तैयार किया जाता है जिसे तलपट कहते हैं।

प्रो. एस. एल. कोठारी के अनुसार, ''परिक्षा सूची या तलपट प्रपंजी के समस्त लेखों तथा रोक पुस्तक के योग अथवा आधिक्यों से एक निश्चित तिथि को बनायी गयी एक सूची है, जिससे लेखा पुस्तकों की गणितीय शुद्धता की जाँच हो सके।

कार्टर के अनुसार, ''तलपट उन डेबिट व क्रेडिट बाकियों की एक अनुसूची या सूची है जो खाताबही के लेखों से निकाली जाती है, साथ ही इसमें रोकड़ पुस्तक की रोक व बैंक की शेष भी शामिल की जाती है।''

बाटलीबॉय के अनुसार, ''परीक्षा-सूची खाताबही के विकलन एवं समाकलन पक्षों को लेकर बनाया गया एक विवरण है, जिसका उद्देश्य बहियों की अंकगणितीय शुद्धता की जाँच करना है।''

उपरोक्त विभिन्न विद्वानों के विचारों से स्पष्ट होता है कि तलपट लेखाबही के लेखों का सारांश है, जो लेखांकन की अंकगणितीय शुद्धता ज्ञात करने के लिए तैयार किया जाता है और जो लाभ-हानि खाता और स्थिति विवरण बनाने का आधार प्रदान करता है।

तलपट क्यों बनाया जाता है अथवा उद्देश्य
(Object)

तलपट बनाने के निम्नलिखित मुख्य उद्देश्य हैं -

(1) गणितीय अशुद्धियों की जाँच - खाताबही की गणित सम्बन्धी अशुद्धियों की जाँच करना तलपट का मुख्य उद्देश्य है।

(2) खातों का संक्षिप्त विवरण - तलपट में खातों का संक्षिप्त विवरण होता है, अतः किसी भी खाते के सम्बन्ध में संक्षिप्त सूचना किसी भी समय जानी जा सकती है।

(3) अंतिम खातों का आधार - लाभ हानि खाता और स्थिति विवरण बनाने में सामग्री तलपट से मिलती है अतः तलपट अंतिम खातों का आधार कहा जा सकता है।

(4) समायोजनों का ज्ञान कराने में सहायक - तलपट हिसाब की जौच कराने वाले को इस बात का ज्ञान कराने में सहायक होता है कि खातों की गणित सम्बन्धी अशुद्धियों की जाँच करने के बाद उनमें कौन-कौन से समायोजन किये गये हैं।

विशेषतायें - (1) परीक्षा सूची एक सूची अथवा विवरण मात्र ही है, लेखा नहीं। (2) यह प्रपंजी लेखों तथा रोक पुस्तक की सहायता से तैयार की जाती है। (3) इसका निर्माण लेखों की अंकगणितीय शुद्धता की जाँच के लिए किया जाता है। (4) इसके आधार पर अन्तिम लेखे तैयार करने में सुविधा होती हैं। (5) यह एक निश्चित तिथि पर तैयार की जाती है।

विधियाँ (Methods) - परीक्षा सूची तैयार करने की निम्न चार विधियाँ हैं -

(1) योग विधि (Total Method), (2) आधिक्य या शेष विधि (Balance Method), (3) योग एवं आधिक्य विधि (Total and Balance Method), (4) समान योग वाले लेखों को छोड़कर अन्य लेखों की योग विधि (Total of Accounts)।

उपरोक्त विधियों का संक्षिप्त विवरण इस प्रकार है -

1. योग विधि (Total Method)- इस विधि में समस्त प्रपंजी लेखों के विकलन तथा समाकलन पक्ष के योग का उल्लेख परीक्षा सूची में किया जाता है। इस सूची के प्रथम कॉलम में प्रपंजी लेखों के नाम, द्वितीय में लेखों का प्रपंजी पृष्ठांकन तथा तृतीय स्तम्भ में उन लेखों के विकलन पक्ष की राशि का योग एवं चतुर्थ स्तम्भ में समाकलन पक्ष की राशि का योग लिखा जाता है और अन्त में विकलन व समाकलन पक्ष में दर्शायी गयी राशियों का योग कर परीक्षा सूची बन्द कर दी जाती है।

2. आधिक्य या शेष विधि (Balance Method)- इस विधि में परीक्षा सूची का निर्माण लेखों के आधिक्यों के आधार पर होता है। प्रथम दोनों स्तम्भ योग विधि की भाँति ही होते हैं। तृतीय स्तम्भ में विकलन आधिक्य की राशि तथा चतुर्थ स्तम्भ में समाकलन आधिक्य की राशि लिखी जाती है। अन्त में दोनों स्तम्भों का योग लिया जाता है। व्यवहार में यह विधि अधिक उपयुक्त होती है।

3. योग एवं आधिक्य विधि (Total and Balance Method)- इस विधि में प्रथम दो खाने तो जोड़ विधि की तरह ही होते हैं, परन्तु राशियों के लिए चार खाने बनाये जाते हैं। प्रथम खाना डेबिट जोड़ के लिए, दूसरा समाकलन जोड़ के लिए, तीसरा खाना विकलन बाकी के लिए और चौथा खाना समाकलन बाकी के लिए होता है।

4. बराबर जोड़ वाले खातों के जोड़ न लिखकर तलपट बनाने वाली विधि (Total of Accounts)- इस विधि में खाते उसी प्रकार बनाये जाते हैं, जैसे - जोड़ विधि में बनाये जाते हैं, परन्तु उन खातों का कोई विवरण नहीं दिया जाता है, जिनके विकलन व समाकलन के जोड़ बराबर होते हैं, क्योंकि इनका तलपट में मिलने पर कोई प्रभाव नहीं पड़ता है।

Illustration 1.

1 अप्रैल, 1976 को एक व्यापारी ने 7,500 रु. की पूँजी लगाकर व्यापार आरम्भ किया। उसके उस माह के लेन-देन निम्नलिखित थे:

On 1st April, 1976 a merchant started business with a capital of Rs. 7,500 and his transactions for the month were as follows:

1976	2 भवन खरीदा 4,000 रु. ।
अप्रैल	चौथमल से फर्नीचर खरीदा 100 रु.
,,	5 नकद माल खरीदा 2,000 रु.
,,	7 फकीर को माल बेचा 1,200 रु.
,,	8 फकीर से नकद रुपया मिला 1,175 रु. व 25 रु. बट्टा दिया।
,,	11. राम को राकेड़ से माल बेचा 900 रु.
,,	12. गनेश से 800 रु. का और हरि से 600 रु. माल खरीदा।
,,	15. गनेश को माल वापिस किया 60 रु.
,,	17. कृष्ण से 500 रु. का माल खरीदा।
,,	18. गाड़ी भाड़ा 15 रु. चुकाया।
,,	20. गनेश को 720 रु. नकद दिये व 20 रु. बट्टा मिला।
,,	22. कृष्णा से 700 रु. का माल खरीदा।
,,	24. हरी को 400 रु. चुकाये।
,,	25. 51 रु. नकद और 25 रु. का माल धर्मादे में दिया।
,,	26. फुटकर खर्चे चुकाये 50 रु.
,,	30. माह का वेतन चुकाया 250 रु.
,,	30. व्यापार ने अपने निजी खर्चे के लिए 200 रु. लिए।
,,	30. कृषण को 175 रु. का माल लोटाया।

उपरोक्त लेन-देनों को जर्नल में लिखिये, खाता बही में खताइये तथा तलपट भी बनाइये।

Solution:

Journal

Date	Particulars		L.F.	Dr. Amount Rs	Cr. Amount Rs
1976 April 1	Cash Account	Dr.		7,500	
	To Capital Account				7,500
	(Started Business with cash)				
" 2	Building Account	Dr.		4,000	
	To Cash Account				4,000
	(Building purchased for cash)				
" 3	Furniture Account	Dr.		100	
	To Chouthmal				100
	(Bought Furniture)				
" 5	Purchases Account	Dr.		2,000	
	To Cash Account				2,000
	(Purchases goods for cash)				
" 7	Fakir	Dr.		1,200	
	To Sales Account				1,200
	(Sold goods to Fakir)				
" 8	Cash Account	Dr.		1,175	
	Discount A/c	Dr.		25	
	To Fakir				1,200
	(Received cash and discount allowed to Fakir)				
" 11	Cash Account	Dr.		900	
	To Sales Account				900
	(Sold goods for cash)				
" 12	Purchases Account	Dr.		1400	
	To Ganesh				800
	To Hari				600
	(Bought goods)				

" 15	Ganesh Dr.		60	
	To Purchases Returns Account			60
	(Returned goods)			
" 17	Purchases Account Dr.		500	
	To Krishna			500
	(Bought goods)			
" 18	Carriage Account Dr.		15	
	To Cash Account			15
	(Carriage paid on Purchases)			
" 20	Ganesh Dr.		740	
	To Cash Account			720
	To Discount Account			20
	(Paid cash and discount received)			
" 22	Purchases Account Dr.		700	
	To Krishna			700
	(Goods Purchased)			
" 24	Hari Dr.		400	
	To Cash Account			400
	(Paid cash to Hari)			
" 25	Charity Account Dr.		76	
	To Cash Account			51
	To Purchases Account			25
	(Cash and goods given away in charity)			
" 26	Sundry Trade Expenses Account Dr.		50	
	To Cash Account			50
	(Paid Sundry trade expenses)			
" 30	Salary Account Dr.		250	
	Drawing Account Dr.		200	
	To Cash Account			450
	(Amount withdrawn by the proprietor & paid salaries)			
" 30	Krishna Dr.		175	
	To Purchses Returns Account			175
	(Goods returned)			
	Total		21,466	21,466

Ledger

Cash Account

Dr. Cr.

		Rs.				Rs.	
1976			1976				
April 1	To Capital a/c	7,500	April 2	ByBuilding a/c		4,000	-
" 8	To Fakir	1,175	" 5	By Purchase a/c		2,000	-
" 11	To Sales A/c	900	" 17	By Carriage a/c		15	-
			" 20	By Ganesh		720	-
			" 24	By Hari		400	-
			" 25	By Charity a/c		51	-
			" 26	By Sundry Trade Exp. a/c		50	-
				By Salaries a/c		250	-
				By Drawng a/c		200	-

Capital Account

		Rs.			Rs.	
			April 1	By Cash A/c	7,500	

Building Account

		Rs.			Rs.	
April 2	To Cash A/c	4,000				

Furniture Account

		Rs.			Rs.	
April 3	To Chouthmal	100				

Chouthmal

		Rs.			Rs.	
			April 3	By Furniture a/c	100	

Purchases Account

		Rs.			Rs.	
April 5	To Cash a/c	2,000	April 25	Charity A/c	25	
April 12	To Ganesh	800				
April 12	To Hari	600				
April 17	To Krishna	500				
April 22	To Krishna	700				

Fakir

			Rs.			Rs.
April 7	To Sales A/c		1,200	April 8 April 8	By Cash A/c By Discount A/c	1,175 25

Sales

			Rs.			Rs.
				April 7 April 7	By Fakir By Cash A/c	1,200 900

Discount Account

			Rs.			Rs.
April 8	To Fakir A/c		25	April 20	By Ganesh	20

Ganesh

			Rs.			Rs.
April 15 April 20	To Purchases Returns A/c To Cash A/c To Discount A/c		 60 720 20	April 12	By Purchses A/c	800

Hari

			Rs.			Rs.
April 24	To Cash a/c		400	April 12	By Purchses A/c	600

Purchases Returns Account

			Rs.			Rs.
				April 15 April 20	By Ganesh By Krishna	60 175

Krishna

			Rs.				Rs.
April 30	To Purchases Returns A/c		175	April 17	By Purchases A/c		500
				April 22	By Purchases A/c		700

Carriage Account

			Rs.				Rs.
April 18	To Cash A/c		15				

Charity Account

			Rs.				Rs.
April 25	To Cash A/c		51				
April 25	To Purchases A/c		25				

Sundry Trade ExpensesAccount

			Rs.				Rs.
April 26	To Cash A/c		50				

Salaries Account

			Rs.				Rs.
April 30	To Cash A/c		250				

Drawings Account

			Rs.				Rs.
April 30	To Cash A/c		200				

Trial Balance as at 30th April 1976

Ledger Accounts	L.F.	Debit Amount	Credit Amount
		Rs	Rs
Cash Account		9,575	7,686
Capital Accounts		—	7,500
Building		4,000	—
Furniture Account		100	—
Chouthmal		—	100
Purchases Account		4,600	25
Fakir		1,200	1,200
Sales Account		—	2,100
Discount Account		25	20
Ganesh		800	800
Hari		400	600
Purchases Returns Account		—	235
Krishna		175	1,200
Carriage Account		15	—
Charity Account		76	—
Sundry Trade Expenses Account		50	—
Salaries Account		250	—
Drawings Account		200	—
Total		21,466	21,466

नोट : जिन खातों के नाम व जमा पक्ष के योग बराबर हैं उनको भी तलपट में दिखाया गया है। यदि दोनों पक्षों के समान योग वाले खानों को छोड़ भी दिया जो तो भी तलपट का योग मिल जायगा।

यहाँ तलपट की रकमों के कोष्ठकों का समान योग आ जाना यह सिद्ध करता है कि खर्तानी ठीक है। इस ढंग से बनाने में तलपट का योगफल नकल बही के योग के बराबर होता है जिससे तलपट के बनाने में अगर कोई अशुद्धि हुई तो उसका पता लगाया जा सकता है। इस रीति का यही मुख्य लाभ है और इसलिए इस रीति का अधिकांश प्रयोग किया जाता है।

Trial Balance as at 30th April 1976

Ledger Accounts	L.F.	Debit Amount	Credit Amount
		Rs	Rs
Cash Account		9,575	7,686
Capital Accounts		—	7,500
Building		4,000	—
Furniture Account		100	—
Chouthmal		—	100
Purchases Account		4,600	25
Sales Account		—	2,100
Discount Account		25	20
Hari		400	600
Purchases Returns Account		—	235
Krishna		175	1,200
Carriage Account		15	—
Charity Account		76	—
Sundry Trade Expenses Account		50	—
Salaries Account		250	—
Drawings Account		200	—
Total		19,466	19,466

उपर्युक्त तलपट में फकीर और गणेश के खाते, जिनका दोनों ओर का जोड़ बराबर है, सम्मिलित नहीं किये गये हैं। तलपट को जोड़ नकल बही के जोड़ से भिन्न है। इसलिए तलपट के शुद्ध या अशुद्ध होने के बारे में हम निश्चित नहीं हो सकते। इस विधि का कोई विशेष लाभ नहीं है और इसलिये इसका प्रयोग बहुत कम किया जाता है।

Trial Balance as at 30th April 1976

Ledger Accounts	L.F.	Debit Amount	Credit Amount
		Rs.	Rs.
Cash Account		1,889	—
Capital Accounts		—	7,500
Building		4,000	—
Furniture Account		100	—
Chouthmal		—	100
Purchases Account		4,.575	—
Sales Account		—	2,100
Discount Account		5	—
Hari		—	200
Purchases Returns Account		—	235
Krishna		—	1,025
Carriage Account		15	—
Charity Account		76	—
Sundry Trade Expenses Account		50	—
Salaries Account		250	—
Drawings Account		200	—
Total		11,160	11,160

तलपट की महत्ता (Importance of Trial Balance)- खाता बही में खाता खोलने के बाद यह आवश्यक हो जाता है कि तलपट तैयार किया जाय। यह बहुधा एक साधारण पन्ने पर नकल बही के खाने खींच कर बनाया जाता है। इसमें या तो प्रत्येक खाते के दोनों ओर की रकम का जोड़ या केवल 'बाकी' लिखी जाती है। तलपट के मेल से यह सिद्ध हो जाता है कि खाता बही में गणित सम्बन्धी शुद्धता है। तलपट का मेल न खाना, खतौनी में त्रुटियां होने का द्योतक है जो अन्तिम खाते तैयार करने से पूर्व खोज कर सुधार लेनी चाहिए।

Illustration 2.

एक अनुभवहीन लेखापाल द्वारा निम्न तलपट तैयार किया गया है। इसे सही प्रारूप में पुनः बनाइये।

Trial Balance for the Year ending 31-12-1974

Moti Ram & Sons

	Cr. Balance Rs.	Dr. Balance Rs.
Opening Stock	6,000	
Capital		5,000
Machinery	4,000	
Furniture		500
Debtors	1,000	
Creditors		600
Bank Overdraft	500	
Purchases	8,000	
Discount Allowed	30	
Sales		13,000
Loan from Y		800
Carriage Inward	90	
Investments		1,000
Salaries	1,100	
Return Inward		300
Interest on Investment	50	
Return Outwards		100
Advertisement	400	
Insurance Premium		120
Interest on Y's Loan		10
Drawings	500	
Suspense Account		240
	21,670	21,670

Solution :

Trial Balance of Moti Ram & Sons as on 31st December, 1974

	L.F.	Cr. Balance Rs.	Dr. Balance Rs.
Opening Stock Account		6,000	
Capital Account			5,000
Machinery Account		4,000	
Furniture Account		500	
Debtors Account		1,000	
Creditors Account			600
Bank Overdraft Account			500
Purchases Account		8,000	
Discount Allowed Account		30	
Sales Account			13,000
Loan from Y Account			800
Carriage Inward Account		90	
Investments Account		1,000	
Salaries Account		1,100	
Return Inward Account		300	
Interest on Investment Account			50
Return Outwards Account			100
Advertisement Account		400	
Insurance Premium Account		120	
Interest on Y's Loan Account		10	
Drawings Account		500	
Suspense Account Account			3,000
		23,050	23,050

नोट : (1) तलपट बनाते समय शीर्षक में "For the year ended" के स्थान पर "As on" अथवा "As at" का प्रयोग किया जाता है।

(2) साधारणतया सम्पत्तियों से सम्बन्धित खाते एवं व्ययों से सम्बन्धित खातों का डेबिट शेष होता है। इसलिए इन्हें तलपट के पक्ष में दिखाया गया है। इनके अतिरिक्त व्यवसाय से सम्बन्धित जितने भी व्यक्तिगत खातो का डेबिट शेष होता है उन्हें भी डेबिट काल में दिखाते हैं।

(3) व्यवसाय में आय सम्बन्धी खाते तथा दायित्वों का क्रेडिट शेष होता है। अत: इन्हें तलपट के क्रेडिट पक्ष में दिखाया गया है।

(4) यदि तलपट के दोनों पक्षों का योग नहीं मिले तो अन्तर को उचन्त खाते (Suspense A/c) के नाम से छोटै पक्ष की ओर दिखायेंगे परन्तु यह कार्यवाही उस समय की करनी चाहिये जब कि ज्ञात समस्त खातों को तलपट में उनके निर्दिष्ट पक्षों में सही रूप से दिखाने के पश्चात् भी तलपट का योग नहीं मिलता है।

तलपट और स्थिति विवरण में अन्तर

(Difference)

अन्तर का आधार	तलपट	स्थिति विवरण
1. उद्देश्य	इसका उद्देश्य लेखाबही के लखों की अंकगणितीय शुद्धता की जाँच करना है।	इसका उद्देश्य व्यापारी की वित्तीय स्थिति की जानकारी प्राप्त करना है
2. अवधि	यह किसी भी अवधि के लिए तैयार किया जा सकता है।	यह व्यापारिक वर्ष के अन्त में ही तैयार किया जाता है।
3. लेखे का क्रम	इसमें लेखों की बाकियों को उसी क्रम में लिखा जाता है, जिस क्रम में खाताबही में खाते खुले होते हैं।	इसमें ऐसा नहीं होता, वरन् सम्पत्तियों एवं दायित्वों का लेखा एक विशेष क्रम के अनुसार लिखा जाता है।
4. अन्तिम रहतिया	इसे बनाने के लिए अन्तिम रहतिये का मूल्यांकन आवश्यक नहीं है।	इसे बनाने के लिए अन्तिम रहतिया का मूल्यांकन आवश्यक है।
5. अन्तिम लेखों का अंग होना	तलपट अन्तिम खातों का अंग नहीं है।	यह अन्तिम खातों का प्रमुख अंग है।
6. प्रमाण होना	यह न्यायलय में लेखाकर्म के सम्बन्ध में प्रमाण की तरह नहीं माना जाता।	इसे न्यायालय में प्रमाण की तरह माना जाता है।
7. प्रयोग	इसका प्रयोग सिर्फ व्यवसाय के स्वामी द्वारा अपने व्यक्तिगत सन्तोष के लिए किया जाता है।	चिट्ठे से व्यवसाय के स्वामी के अतिरिक्त अन्य व्यक्ति भी आवश्यक सूचनाएँ प्राप्त करते हैं।

8. एक-दूसरे का आधार	यह चिट्ठे के आधार पर नहीं बनाया जाता है।	यह तलपट के आधार पर बनाया जाता है।
9. सारांश	तलपट खाताबही के खातों का सारांश है।	यह पूरे लेखाकर्म का सारांश है।
10. समायोजन के लेखे	यह समायोजन के लेखे करने के पूर्व बनाया जाता है।	यह समायोजन के लेखे करने के बाद बनाया जाता है।

खाता बही की शुद्धता जाँचना तलपट

(Tested Accuracy of Ledger-Trial Balance)

जब जर्नल की सब प्रविष्ठियाँ खाों में खता ली जाती है, तब हमें यह मालूम करना चाहिए कि प्रत्येक लेन-देन खाताबही में दो बार और ठीक ठीक लिख दिया गया है या नहीं। यह तलपट बनाकर मालूम किया जाता है।

जैसा कि पहले लिखा जा चुका है कि दोहरा लेखा पद्धति के अनुसार प्रत्येक लेन-देन के लिए दो प्रविष्ठियाँ आवश्यक होती हैं। एक खाते के नाम से, दूसरी खाते के जमा मे। इसलिए यदि हम खातों में तमाम नाम और समस्त जमा की प्रविष्ठियों को अलग अलग जोड़ दे तो दोनों जोड़ बराबर होंगे। इस प्रकार खाताबही के खातों की यथार्थता की जाँच की जा सकती है। यदि दोनों जोड़ नहीं मिलते हैं तो यह निश्चित है कि कोई गलति हुई है। ऐसी दशा में बही खाते की दुबारा जाँच करना चाहिए और गलती मालूम करके हिसाब ठीक करना चाहिए।

तलपट में प्रकट होने वाली अशुद्धियाँ

(Errors Disclosed by a Trial Balance)

जैसा कि हम जानते हैं कि जब किसी व्यापारी के तलपट के दोनों पक्षों के योग नहीं मिलते तो यह निश्चित हो जाता है कि उसकी पुस्तकों में कुछ अशुद्धियाँ हैं। प्राय: निम्न अशुद्धियों का पता तलपट से लग जायेगा, क्योंकि इनके होने से तलपट के दोनों पक्षों का योग नहीं मिलेगा। तलपट से प्रकट होने वाली अशुद्धियाँ निम्नलिखित हैं -

(1) यदि प्रारम्भिक पुस्तकों में लिखी गई मदें खाते में नहीं खताई हों।

(2) रकमें गलत खता दी गई हों, जैसे 190 रु. के स्थान पर 196 रु. खता दिये जायें।

(3) रकमें खातों में गलत पक्ष में खता दी जायें।

(4) किसी मद की पूर्ण दोहरी प्रविष्टि न की हो।

(5) प्रारम्भिक पुस्तकों का योग करने में कोई गलती हो।

(6) खातों में तलपट का शेष हस्तांतरण (Transfer) करने में अशुद्धि हो जाना।

(7) किसी खाते का शेष तलपट में न लिखना।

(8) तलपट में ही शेष लिखने में गलती कर देना जैसे नाम शेष का जमा की ओर चढ़ा देना।

तलपट हिसाब-किताब की शुद्धता का अन्तिम प्रमाण नहीं है

तलपट से प्रकट न होने वाली अशुद्धियाँ - साधारणत: तलपट के मिल जाने से यह माना जाता है कि पुस्तकों में कोई अशुद्धि नहीं है। फिर भी तलपट पुस्तकों का शुद्धता का अन्तिम प्रमाण नहीं है क्योंकि तलपट के दोनों पक्ष मिल जाने पर भी कुछ अशुद्धियाँ रह जाती है। अतएव ऐसी अशुद्धियों का पता तलपट से नहीं चल पाता है।

वे अशुद्धियाँ, जो तलपट के मिल जाने पर भी रह जाती हैं, अर्थात् जिनक तलपट के मेल पर कोई प्रभाव नहीं पड़ता, निम्नलिखित हैं -

(1) **मूल अशुद्धियाँ** - किसी व्यवहार को प्रारम्भिक पुस्तक तथा खाताबही दोनों में न लिखना।

(2) **गलत खाते में खता देने की अशुद्धियाँ** - यदि कोई मद प्रारम्भिक पुस्तक के गलत खाते में परन्तु उसी (ठीक) पक्ष में खता दी जाये।

(3) **सैद्धान्तिक अशुद्धियाँ** - बही खाते के सिद्धान्त की गलतियों का भी इससे पता नहीं चल पाता, जैसे बाह्यत: वापसी विक्रय खाते में खता दी जाय या कोई आगम व्यय सम्पत्ति खाते के नाम लिख दिया जाय।

(4) **क्षतिपूरक अशुद्धियाँ** - क्षतिपूरक अशुद्धियाँ वे अशुद्धियाँ होती हैं जो एक दूसरे से कट जाती हैं। जैसे क्रय पुस्तक में 100 रु. अधिक लगा देने से योग बराबर हो जाता है।

अशुद्ध तलपट को शुद्ध करना

(Rectify the Incorrect Trail Balance)

कभी-कभी उपरोक्तानुसार अशुद्ध तलपट दे दिया जाता है, जिसके योग तो मिले होते हैं लेकिन रकमें गलत पक्ष में लिखी जाती हैं। सही करने के लिए निम्न नियमों का ध्यान रखें -

1. व्यापार व लाभ हानि खाते की Debit की मदें तलपट में भी Debit तथा Credit की मदें Credit में होती हैं। अत: तलपट को शुद्ध करते समय यह देखते हैं कि व्यापार तथा लाभ-हानि खाते के अनुसार खतौनी है या नहीं।
2. चिट्ठे के सम्पत्ति पक्ष की मदें तलपट में हमेशा Debit में तथा दायित्व पक्ष की मदें हमेशा Credit में होती हैं। अत: उक्त दोनों बातों का ध्यान रखते हुए उपरोक्तानुसार आसानी से तलपट शुद्ध कर सकते हैं।

आशय

(Meaning)

''एक व्यापार के किसी अवधि से सम्बन्धित ऐसे लेन-देनों को, जो लेखा-बहियों में लिखने से छूट गये हों लिखना असम्बन्धित को निकालना, अपूर्ण को पूर्ण करना तथा अशुद्धियों को शुद्ध करना ही समायोजन कहलाता है।

व्यापार की वास्तविक आर्थिक स्थिति जानने के लिए लाभ-हानि खाता एवं चिट्ठा तैयार किया जाता है। यदि व्यापार का चिट्ठा बनाते समय कुछ अशुद्धियाँ या भूले रह जाती हैं तो व्यापार की सही स्थिति का पता नहीं लगाया जा सकता। कुछ कार्य ऐसे भी होते हैं, जो अन्तिम खाते बनाते समय तक पुस्तकों में नहीं लिखे गयें हों या अपूर्ण लिखे गये हों, ऐसे लेखों को खाता पुस्तकों में प्रविष्ट कर देना ही समायोजन का मुख्य उद्देश्य होता है। समायोजन कई प्रकार के होते हैं किन्तु मुख्य निम्न प्रकार के हैं -

1. अदत्त या बकाया व्यय - ऐसे व्यय जिनका लाभ या सेवायें हिसाबी वर्ष में प्राप्त हो चुकी हैं किन्तु वर्ष के अन्त तक भुगतान नहीं किया गया है अदत्त व्यय कहलाते हैं। जैसे वेतन, किराया, मजदूरी आदि। इस प्रकार के अदत्त व्ययों की राशि लाभ-हानि खाते में सम्बन्धित मद में जोड़ दी जाती है। जैसे - यदि मजदूरी बाकी हैं तो इसकी प्रविष्टि इस प्रकार होगी -

Wages A/c Dr

To outstanding creditors A/c

2. पूर्णदत्त व्यय - व्यापारिक अवधि में कुछ व्यय ऐसे भी होते हैं जिनका अग्रिम भुगतान कर दिया गया है और ऐसे व्ययों का लाभ व्यापारिक अवधि के बाद प्राप्त हुआ। जैसे - अग्रिम बीमा कर, टेलीफोन आदि। इन्हें अग्रिम व्यय या असमाप्त व्यय भी कहते हैं। अतः असमाप्त अवधि की आनुपातिक रकम के लिए समायोजन किया जाता है। इसकी प्रविष्टि निम्न प्रकार होगी -

Prepaid expenses A/c Dr.

To Expenses A/c

3. उपार्जित आय - यह ऐसी आय होती है जो व्यापारिक अवधि में कमाली जाती है लेकिन अवधि के दौरान प्राप्त नहीं होती है इस प्रकार की आय इसी वर्ष से सम्बन्धित होती है इसलिए इसे उसी वर्ष के लाभ-हानि खाते में लिखा जाना चाहिए। चाहे उसका रुपया किसी भी वर्ष वसूल हुआ हो। जैसे - किसी माह का ब्याज आगामी वर्ष में प्राप्त होता है तो निम्न प्रविष्टि होगी -

Outstanding income A/c Dr.

To Interest A/c

4. अनुपार्जित आय - ऐसी आय जो अगले वर्ष से सम्बन्धित है, किन्तु उसका रुपया चालू वर्ष में ही प्राप्त हो गया है, ऐसी आय को चालू वर्ष के लाभ हानि खाते में नहीं लिखना चाहिए क्योंकि यह इस वर्ष से सम्बन्धित नहीं है।

Accrued income A/c Dr.

To Particular Income A/c

5. ह्रास या घिसावट - स्थायी सम्पत्तियों के व्यापार में लगातार उपयोग में आने से उसके मूल्य में कमी हो जाती है, इस कमी को ह्रास या घिसावट कहते हैं। इस प्रकार की कमी व्यापार के लिए हानी होती है। अत: प्रत्येक वर्ष इस कमी को पूरा करने के लिए षिसावट की राशि मालूम करके लाभ-हानि खाते में लिखना चाहिए।

Depreciation A/c Dr.

To Particular Assets A/c

6. पूँजी पर ब्याज - व्यापार में साझेदारों द्वारा लगाई गई पूँजी व्यापार के लिए एक ऋण होता है अत: व्यापार का सही लाभ जानने के लिए एक निश्चित दर से पूँजी पर ब्याज लगाया जाता है जो व्यापार के लिए हानि होती है। इसकी प्रविष्टि इस प्रकार होगी -

Interest A/c Dr.

To Partner's capital A/c

7. आहरण पर ब्याज - व्यापार के स्वामी या साझेदार के द्वारा निजी खर्च के लिए व्यापार से राशि निकाली जाती है उसे आहरण कहते हैं। जिस तरह व्यापारिक अवधि के दौरान कोई ऋण दिया जाता है तो उस पर ब्याज प्राप्त होता है, उसी तरह आहरण पर भी ब्याज लगाया जाता है।

Partner's capital A/c Dr.

To Interest A/c

8. डूबत ऋण - व्यापारिक अवधि में नकद एवं उधार सभी प्रकार के लेन-देन किये जाते हैं। इनमें से कुछ ऋणी की मृत्यु होने, दिवालिया होने या अन्य किसी कारण से वसूली योग्य नहीं है तो ऐसा ऋण डूबत ऋण कहलाता है। इन्हें अप्राप्य ऋण भी कहते हैं, यह व्यापार के लिए हानि है। अत: इसकी प्रविष्टि इस प्रकार है -

Bad Debts A/c Dr.

To Personal A/c (of the debtors)

9. संदेहास्पद ऋण - ऐसे ऋण जिनके वसूल होने की सम्भावना व्यापारिक अवधि में कम हैं या अनिश्चित हैं तो ऐसे ऋण को सन्देहास्पद ऋण कहते हैं। इसके लिए निम्न प्रविष्टि होगी -

Profit & Loss A/c Dr.

To Reserve for doubtful debts A/c

10. बट्टा कोष - व्यवसाय के देनदारों को वर्ष भर विक्रय पर कुछ विशेष छूट दी जाती है। यह कमी माल के खराब होने, मूल्यों में गिरावट आने आदि के कारण छूट देनी पड़ सकती है, ऐसे सम्भावित दायित्वों के लिए प्रावधान किया जाता है जिसे बट्टा कोष कहते हैं। इसकी प्रविष्टि इस प्रकार होगी -

Discount A/c Dr.

To Reserve for Discount on Debtors A/c

प्रश्न

1. (अ) तलपट क्या है? यह कब एवं क्यो बनाया जाता है? तलपट बनाने के विभिन्न तरीकों का विवेचन कीजिये।

   (ब) "तलपट का मिल जाना खाता बही की शुद्धता का अकाट्य प्रमाण नहीं है।" क्या आप सहमत है? अपने उत्तर के पक्ष में उदाहरण दीजिये।

   (a) What is a Trial Balance? When &why is prepared? Discuss the different methods of preparing Trial Balance.

   (b) "Agreement of a Trial Balance is not the conclusive proof of accuracy of the account book". Do you agree? Give illustration in support of your answer.

2. तलपट बनाने की उपयोगिता का विवेचन कीजिये। उन त्रुटियों का वर्णन कीजिये जो कि साधारणतया तलपट को मिलने से रोकती है। तरीका समझाइये, जिससे वह उसकी अशुद्धियों का पता लगा सके।

   Discuss the utility of preparing a Trial Balance. Describe the errors which usually prevent the agreement of a Trial Balance. Explain the procedure, he should follow to locate the errors therein.

3. X ने 1 जनवरी, 1975 को 10,000 रु. की पूंजी से अपना व्यापार प्रारम्भ किया। उसके जनवरी माह में निम्न व्यवहार रहे:

   X started his business on 1st January, 1975 with a capital of Rs. 10,000. The following Transactions took place during the month January.

1975	
Jan.2	Purchased goods from M of Rs. 4,000. Less 10% Trade discount.
Jan.5	Sold goods to P for Rs. 1,200
Jan.6	Sold goods to H for Rs. 800
Jan.7	Purchased goods from S for Rs. 3,000.
Jan.9	Paid to M Rs. 3,500 in his full settlement.
Jan.15	Returned goods to S for Rs. 500.
Jan.19	Sold goods to P for Rs. 2,400.
Jan.21	Received Cash from P Rs. 3,000.
Jan.25	Purchased Office furniture for Rs. 2,000.
Jan.28	Purchased goods for Cash Rs. 500.
Jan.30	Paid rent Rs. 150.
Jan.30	Sold goods for Cash Rs. 800.

उपरोक्त व्यवहारों को सम्बन्धित सहायक बहियों में लिखिये, खाता बही में खतौनी कीजिये। तलपट भी तैयार कीजिये।

Enter the above transactions into proper subsidiary books, post them in to ledger. Also prepare a Trial Balance.

5. प्रश्न को हल करते समय लो लेखे नकल बही में किये गये हैं, उनकी खाता बही में खताइये और फिर तलपट बनाइये।

1975 January		Rs.
Jan. 1.	रमेश ने व्यापार आरम्भ किया	5,000
Jan. 2.	शर्मा एण्ड कम्पनी से माल खरीदा	1,000
Jan. 4.	रोकड़ से बिक्री	300
Jan. 6.	रोकड़ से खरीदे	600
Jan. 7.	हरि को माल बेचा	500
Jan. 10.	शर्मा एण्ड कम्पनी को माल लौटाया	100
Jan. 13.	हरि से प्राप्त हुए	400
Jan. 15.	मोहन को रोकड़ से माल बेचा	200

Post into ledger the Journal Entries passed by you while solving and prepare the Trial Balance therefrom, use Balanceing method.

1975 January		Rs.
Jan. 1.	Ramesh started business with cash	5,000
Jan. 2.	Bought goods from Sharma & Co.	1,000
Jan. 4.	Cash Sales	300
Jan. 6.	Cash purchases	600
Jan. 7.	Sold goods to Hari	500
Jan. 10.	Returned goods to Sharma & Co.	100
Jan. 13.	Received from Hari	400
Jan. 15.	Goods sold to Mohan for Cash	200

Ans. Total of Trial Balance Rs. 7,000

5. प्रश्न को हल करते समय लो लेखे नकल बही में किये गये हैं, उनकी खाता बही में खताइये और फिर तलपट बनाइये।

1977 March		Rs.
Mar. 1.	पूंजी के लिए रोकड़ रुपया लाया गया	5,000
Mar. 2.	श्याम से माल खरीदा	800
Mar. 3.	उपरोक्त पर गाड़ी भाड़ा दिया	20
Mar. 5.	रोकड़ बिक्री	200
Mar. 6.	दुकान खरीदी	1,000
Mar. 7.	हरि को माल बेचा	300
Mar.10.	मोहन को उधार दिए	1,000
Mar.12.	रोकड़ से फर्नीचर खरीदा	200
Mar.13.	टाईप मशीन खरीदी	800
Mar.15.	माल बेचा	300

Post into ledger the Journal Entries passed by your while solving and prepare the Trial Balance therefrom.

1977 March		Rs.
Mar. 1.	Brought cash to serve as Capital	5,000
Mar. 2.	Purchased goods from Shyam	800
Mar. 3.	Paid carriage on the above	20
Mar. 5.	Cash Sales	200
Mar. 6.	Purchased shop	1,000
Mar. 7.	Sold goods to Hari	300
Mar.10.	Advanced to Mohan	1,000
Mar.12.	Purchased furniure for cash.	200
Mar.13.	Purchased Type writer	800
Mar.15.	Sold goods	300

Ans. Total of Trial Balance Rs. 6,600

6 प्रश्न को हल करते समय लो लेखे नकल बही में किये गये हैं, उनकी खाता बही में खताइये और फिर तलपट बनाइये।

1976 Feb.		Rs.
Feb. 1	गोपाल ने व्यापार आरम्भ किया	7,000
Feb. 2	रोकड़ से माल खरीदा	2,000
Feb. 3	रोकड़ से माल बेचा	1,200
Feb. 5	श्याम को उधार माल बेचा	1,000
Feb. 7	श्याम से प्राप्त हुए	500
Feb. 8	राम से उधार पर माल खरीदा	800
Feb. 10	हरी को रोकड़ से माल बेचा	500
Feb. 12	पोस्टकार्ड, लिफाफे इत्यादि खरीदे	50
Feb. 13	राम से माल खरीदा	300
Feb. 14	विज्ञापन के लिए दिये	100
Feb. 15	राम को हिसाब पेटे दिये	1,000

Post into ledger the Journal Entries passed by you while solving and prepare the Trial Balance therefrom.

1976 Feb.		Rs.
Feb. 1	Gopal commenced business with cash	7,000
Feb. 2	Furchased goods for cash	2,000
Feb. 3	Sold goods for cash	1,200
Feb. 5	Sold goods to Shyam on credit	1,000
Feb. 7	Received from Shyam	500
Feb. 8	Purchased goods from Ram on credit	800
Feb. 10	Sold to Hari for Cash	500
Feb. 12	Purchased postcards, envelopes etc.	50
Feb. 13	Bought goods from Ram	300
Feb. 14	Paid for Advertisement	100
Feb. 15	Paid Ram on account	1,000

Ans. Total Balance of Trial Rs. 9,800

7 प्रश्न को हल करते समय लो लेखे नकल बही में किये गये हैं, उनकी खाता बही में खताइये और फिर तलपट बनाइये।

1976 April		Rs.
April 1	व्यापार शुरु करने के लिए रामप्रसाद रोकड़ लाया	3,000
April 2	रोकड़ से माल खरीदा	500
April 3	रोकड़ से माल बेचा	200
April 5	हरि को उधार से माल बेचा	200
April 7	गणेश से माल खरीदा	300
April 11	रामेश्वर से रोकड़ से माल खरीदा	200
Ap ril 13	हरि से खाते पेटे प्राप्त हुए	100
April 15	खरीदे माल पर भाड़ा चुकाया	5
April 19	माल बेचा	150
April 23	हरि को माल बेचा	250
April 25	धर्मादा दिया	5
April 27	गुलाब को दुकान का किराया दिया	20
April 29	फर्नीचर खरीदा	100
April 31	मोहन को महीने का वेतन दिया	25

Post into ledger the Journal Entries passed by you while solving and prepare the Trial Balance therefrom.

1976 April		Rs.
April 1	Ram Prasad brought cash for starting business.	3,000
April 2	Purchased goods for cash	500
April 3	Sold goods for cash	200
April 5	Sold goods to Hari on credit	200
April 7	Purchased goods from Ganesh	300
April 11	Purchased goods from Rameshwar for cash	200
Ap ril 13	Received from Hari on account	100
April 15	Paid carriage on goods purchased	5
April 19	Sold goods	150
April 23	Sold goods to Hari	250
April 25	Paid for Charity	5
April 27	Paid for shop rent to Gulab	20
April 29	Purchased furniture	100
April 31	Paid Mohan Salary for the month	25

Ans. Total of Trial Balance Rs. 4,100

8. प्रश्न को हल करते समय लो लेखे नकल बही में किये गये हैं, उनकी खाता बही में खताइये और फिर तलपट बनाइये।

1976 May		Rs.
May 2	भगवती प्रसाद से खरीदा	1,500
May 3	रामप्रसाद को बेचा	900
May 4	रोकड़ी खरीद	2,000
May 6	रमेश को माल बेचा	800
May 8	रमेश से रोकड़ी प्राप्त हुए	790
May 8	छूट किये	10
May 10	हरी को मरम्मत के दिये	50
May 12	रामप्रसाद को माल बेचा	500
May 14	रामप्रसाद ने माल लौटाया (जो 12 मई को बेचा था)	50
May 15	रामप्रसाद ने 3 मई को बेचे हुए माल के दाम चुकाये	
May 17	फर्नीचर मार्ट से फर्नीचर खरीदा	900
May 22	पोस्टल स्टाम्प खरीदे	10
May 30	किराया चुकाया	200
May 31	वेतन चुकाया	100

Post into ledger the Journal Entries passed by you while solving and prepare the Trial Balance therefrom.

1976 May		Rs.
May 2	Bought from Bhagwati Prasad	1,500
May 3	Sold to Ram Prasad	900
May 4	Cash Purchases	2,000
May 6	Sold goods to Ramesh	800
May 8	Received cash from Ramesh	790
May 8	Discount allowed	10
May 10	Paid for repairs to Hari	50
May 12	Sold goods to Ram Prasad	500
May 14	Ram Prasad returned goods sold to him on 12th May	50
May 15	Ram Prasad paid the amount of goods sold to him on 3rd May	900
May 17	Bought furniture from Furniture Mart	10
May 22	Paid for postage stamps	200
May 30	Paid Rent	100
May 31	Paid Salaries	

Ans. Total of Trial Balance Rs. 14,600

9. प्रश्न को हल करते समय लो लेखे नकल बही में किये गये हैं, उनकी खाता बही में खताइये और फिर तलपट बनाइये।

1975 January		Rs.
Jan. 1.	रोकड़ से माल खरीदा	1,200
Jan. 2.	हरीराम को उधार माल बेचा	300
Jan. 3.	रोकड़ से माल बेचा	250
Jan. 4.	पोस्टल स्टाम्प खरीदे	10
Jan. 5.	बोथरा ब्रादर्स से माल खरीदा	350
Jan. 6.	अपने निजी खर्चे के लिये दौलतराज ने उठाया	100
Jan. 7.	हरीराम से खाते पेटे प्राप्त हुए	150
Jan. 18.	दौलतराज 8 जनवरी को माल खरीदने के लिये बम्बई गया और 18 जनवरी को वापिस आया उसने यात्रा इत्यादि पर खर्च किये।	120
Jan. 20.	हरीराम को उधार माल बेचा	20
Jan. 22.	बोथरा ब्रादर्स को चुकाये	200
Jan. 25.	मोहन को रोकड़ से माल बेचा	300
Jan. 31.	गणेश को वेतन दिया	25
Jan. 31.	मकान मालिक को किराया चुकाया	30

Post into ledger the Journal Entries passed by you while solving and prepare the Trial Balance therefrom.

1975 January		Rs.
Jan. 1.	Purchased cloth for cash	1,200
Jan. 2.	Sold goods on credit to Hari Ram	300
Jan. 3.	Sold goods for cash	250
Jan. 4.	Purchased postage stamps etc.	10
Jan. 5.	Purchased goods from Bothra Bros.	350
Jan. 6.	Daulat Raj withdrew cash for his personal purposes	100
Jan. 7.	Received on account from Hari Ram	150
Jan. 18.	Daulat Raj went to Bombay on 8th January to Purchase cloth and returned on 18th Jan. He spent on travelling etc.	120
Jan. 20.	Sold goods on credit to Hari Ram	20
Jan. 22.	Paid to Bothra Bros.	200
Jan. 25.	Goods Sold to Mohan for Cash	300
Jan. 31.	Paid to Ganesh as his salary for the month	25
Jan. 31.	Paid rent to Landlord	30

Ans. Total of Trial Balance Rs. 6,200.

10. प्रश्न को हल करते समय लो लेखे नकल बही में किये गये हैं, उनकी खाता बही में खताइये और फिर तलपट बनाइये।

1976 March		Rs.
Mar. 1.	रमेश ने 2,000 रु. की पुंजी बैंक में जमा कराई।	
Mar. 2.	बैंक से निकाले	1,200
Mar. 5.	रोकड़ से माल खरीदा	1,000
Mar. 6.	रोकड़ बिक्री	800
Mar. 7.	रामलाल को माल बेचा	300
Mar. 8.	10 प्रतिशत व्यापारिक कटौती पर महेश से माल खरीदा	800
Mar.9.	रामलाल ने माल लौटाया	50
Mar.10.	महेश को खरी कीमत का माल लौटाया	100 net
Mar.12.	2 प्रतिशत रोकड़ बट्टा काट कर रामलाल ने अपना खाता चुकता	
Mar.14.	हरि से उधार लिये	1,000
Mar.14.	रतन से रोकड़ी फर्नीचर खरीदा	100
Mar.14.	मजदूरी 20 रु. और वेतन 40 रु. चुकाये	
Mar.15.	हरि को आधा ऋण चुकाया	

Post into ledger the Journal Entries passed by you while solving and prepare the Trial Balance therefrom.

1976 March		Rs.
Mar. 1.	Mr. Ramesh deposited Rs. 2,000 in his Bank to serve him as his capital.	
Mar. 2.	Drew from Bank	1,200
Mar. 5.	Purchased goods for Cash	1,000
Mar. 6.	Sales for cash	800
Mar. 7.	Sold goods to Ram Lal	300
Mar. 8.	Purchased goods from Mahesh Subject to 10% trade discount	800
Mar.9.	Ram Lal returned goods	50
Mar.10.	Returned goods to Mahesh	100 net
Mar.12.	Ram Lal cleared his account less 2% cash discount	1,000
Mar.14.	Borrowed from Hari	100
Mar.14.	Purchased furniture from Ratan for Cash	
Mar.14.	Paid wages Rs. 20 and Salaries Rs. 40	
Mar.15.	Repaid half the loan of Hari	

Ans. Total of Trial Balance Rs. 4,320

11. प्रश्न को हल करते समय लो लेखे नकल बही में किये गये हैं, उनकी खाता बही में खताइये और फिर तलपट बनाइये।

1976 August		Rs.
Aug. 1	मोहन ने व्यापार प्रारम्भ किया	5,000
Aug. 2	रोकड़ खरीदे	3,000
Aug, 3	श्याम से माल खरीदा	500
Aug. 5	फर्नीचर खरीदा	200
Aug. 6	बैंक में जमा कराये	200
Aug. 7	गाड़ी भाड़ा दिया	30
Aug. 10	करनसिंह से रोकड़ प्राप्त हुए	70
Aug. 12	श्याम को चुकता हिसाब दिया	470
Aug. 17	मजदूरी चुकाई	200
Aug. 18	बैंक से उठाये	100
Aug. 20	कृष्णकान्त को माल बेचा	300
Aug. 22	कृष्णकान्त को माल लौटाया	50
Aug. 24	रमेश को माल बेचा	400
Aug. 27	गुप्ता ब्रादर्स से माल खरीदा	300
Aug. 28	रमेश दिवालिया हो गया और रुपये के पीछे 25 पैसे देकर हिसाब चुकता किया	
Aug. 29	गुप्ता ब्रादर्स को माल लौटाया	50
Aug. 30	फुटकर खर्चे दिये।	100

Post into ledger the Journal Entrial passed by you while solving and prepare the Trial Balance therefrom.

1976 August		Rs.
Aug. 1	Mohan commenced business with cash	5,000
Aug. 2	Cash purchases	3,000
Aug. 3	Goods purchased from Shyam	500
Aug. 5	Furniture purchased	200
Aug. 6	Paid into Bank	200
Aug. 7	Paid Carriage	30
Aug. 10	Cash received from Karan Singh	70
Aug. 12	Paid to Shyam in full settlement	470
Aug. 17	Wages paid	200
Aug. 18	Withdrew from Bank	100
Aug. 20	Goods sold to Krishna Kant	300
Aug. 22	Krishna Kant returned goods	50
Aug. 24	Goods sold to Ramesh	400
Aug. 27	Purchased goods from Gupta Bros.	300
Aug. 28	Ramesh became insolvent and paid only one fourth of the amount due in full settlement.	
Aug. 29	Returned goods to Gupta Bros.	50
Aug. 30	Paid Sundry expenses	100

□□□

3

विनियोग लेखांकन
(Investment Accounting)

पूँजी आधुनिक व्यावसायिक संरचना का मुख्य आधार है। इसका पूर्व नियोजन करना आवश्यक है। पूँजीगत बजटन के माध्यम से सही अनुमान लगाये जाते हैं। सामान्य शब्दों में, पूँजीगत व्ययों के सम्बन्ध में बजट बनाना ही पूँजीगत बजटन कहलाता है। पूँजीगत व्यय से तात्पर्य ऐसे व्यय से है जिसकी रोकड़ में वसूली में कई वर्ष लगने का अनुमान है। पूँजीगत बजटन ऐसी परियोजनाओं पर किये जाने वाले व्ययों का नियोजन है जिनका लाभ संस्था को भविष्य में कई वर्षों तक मिलता रहता है। पूँजीगत व्ययों के लाभदायक एवं सर्वाधिक लाभप्रद विनियोग के विकल्प का चुनाव भी इसी पर आधारित है।

पूँजीगत बजटन की परिभाषाएँ

पूँजीगत बजटन की कुछ महत्वपूर्ण परिभाषाएँ निम्नलिखित है:

चार्ल्स टी. हार्नग्रीन, "पूँजीगत बजटन प्रस्तावित पूँजीगत व्ययों के करने और अर्थ-प्रबन्धन का दीर्घकालीन नियोजन है।"

आर. एम. लिन्च, "पूँजीगत बजटन में संस्था की दीर्घकाल लाभप्रदता (विनियोग पर प्रत्याय) को अधिकतम करने के उद्धेश्य से उपलब्ध पूँजी के प्रविस्तार का नियोजन सम्मिलित है।"

रिचार्डस और **ग्रीनलॉ,** "पूँजीगत बजटन सामान्यतया दीर्घकालीन प्रत्यायों वाले आदानों को प्रत्याय की ओर संकेत करता है।"

स्पैन्सन और सीगलमैन, "पूँजीगत बजटन सम्पत्तियों के लिए व्ययों का नियोजन है जिनसे प्रत्यायें भावी समय अवधियों में प्राप्त होगी।"

आर. एन. एन्थोनी, ''पूँजीगत बजटन आवश्यक रूप से एक सूची है जिसे प्रबन्ध, नयी पूँजीगत सम्पत्तियों को प्रत्येक परियोजना की अनुमानित लागत के साथ प्राप्त करने के लिए उपयुक्त परियोजना मानता है।''

उपर्युक्त परिभाषाओं से स्पष्ट है कि पूँजीगत बजटन संस्था के वित्तीय साधनों (पूँजी) के दीर्घकालीन नियोजन से सम्बन्धित है। इसमें विभिन्न पूँजीगत प्रस्तावों की अनुमानित लागत की उनके अपने अपने सम्भावित लाभों में किसी उचित तरीके से तुलना करके सर्वाधिक लाभप्रद प्रस्ताव का चयन किया जाता है और व्यवसाय के लाभों को अधिकतम करने का प्रयास किया जाता है।

पूँजीगत बजटन की आवश्यकता

(1) पूँजीगत परियोजनाओं में दीर्घकालीन तथा पर्याप्त धन का विनियोग होता है, अतः उनका कुशल बजटन आवश्यक है जिससे उसकी लाभदेयता नापी जा सके।

(2) पूँजीगत विनियोग से संस्था की लाभप्रदता तथा वित्तीय स्थिति तुरन्त प्रभावित हो सकती है तथा प्रबन्ध अपनी संस्था के वित्तीय लोच के लिए भावी घटना पर आश्रित होता है।

(3) पूँजीगत परियोजनाएँ व्यवसाय के आने वाले वर्षों की अर्जनों को प्रभावित करती है।

(4) पूँजीगत विनियोगों में धन एक स्थायी बन्धन है। बिना हानि के इससे धन तुरन्त वापस नहीं लिया जा सकता है। अतः पूँजीगत बजटन आवश्यक है।

(5) दीर्घकालीन विनियोगों के निर्णयों की पेचीदगियाँ अल्पकालीन निर्णयों से अधिक जटिल एवं विस्तृत होती हैं क्योंकि इसकी शुद्धता का तुरन्त सही अनुमान नहीं लगाया जा सकता है।

(6) परियोजनाओं का प्रभाव आगामी बहुत वर्षों तक रहने के कारण इनमें अनिश्चितता व जोखिम भी अधिक होती है।

पूँजीगत बजटन का क्षेत्र

पूँजीगत बजटन के अन्तर्गत दीर्घकालीन विनियोगों से सम्बन्धित मामलों के सम्बन्ध में निर्णय लिया जाता है।

(1) इसमें सम्पत्ति को क्रय करने या पट्टे पर लेने के सम्बन्ध में निर्णय लिया जाता है, इसके लिए क्रय की लागत तथा पट्टे पर देय राशि की तुलना की जाती है, दोनों में जिसकी लागत कम होती है उसको अपनाया जाता है।

(2) इसके अन्तर्गत किसी विशेष कार्य के लिए सर्वश्रेष्ठ मशीन का चुनाव किया जाता है जिसका चुनाव मशीनों की लागत व उनकी लाभप्रदता की तुलना के आधार पर किया जाता है।

(3) विस्तार सम्बधी निर्णय जैसे इमारत या मशीन का क्रय, वर्तमान मशीनों या इमारत का विस्तार, किसी अन्य व्यवसाय का विलीनीकरण, आदि के सम्बन्ध में अध्ययन किया जाता है।

(4) वर्तमान मशीन के स्थान पर नयी मशीन का प्रतिस्थापन करना जिससे संचालन लागतों में कमी तथा उत्पादन की मात्रा में वृद्धि होती है। इसी आधार पर इसका निर्णय लिया जाता है।

(5) इसमें स्वास्थ्य एवं सुरक्षा परियोजनाएँ, सेवा विभाग परियोजनाएं, शिक्षा परियोजनाएँ परिस्थिति परियोजनाएँ, शोध व विकास परियोजनाएँ सम्मिलित की जाती है जिसका उत्पादन में अप्रत्यक्ष प्रभाव पड़ता है।

(6) इसमें वस्तु की किस्म में सुधार या उत्पादन की विधियों में परिवर्तन करके अतिरिक्त आय कमाने या लागत कम करने से सम्बन्धित मामलों पर निर्णय लिया जाता है।

पूँजीगत बजटन का महत्व

पूँजीगत बजटन की आवश्यकता ही उसके तत्त्व का द्योतक है, लेकिन फिर भी आधुनिक व्यावसायिक जगत में पूँजीगत बजटन का महत्व अधिक बढ़ रहा है जिसके मुख्य कारण निम्न हैं :

(1) दीर्घकालीन योजना व नीति निर्माण में सहायक होता है।

(2) रोकड़ पूर्वानुमान बजट के लिए आवश्यक होता है।

(3) सम्पत्ति पुनर्स्थापन व ह्रास के सम्बन्ध में एक ठोस नीति अपनाने में सहायक होता है।

(4) इसके आधार पर यह परीक्षण किया जा सकता है कि मानवीय श्रम के स्थान पर मशीन का प्रयोग लाभकर होगा या नहीं।

(5) यह ह्रास, बीमा व्ययों, प्रतिस्थापन व्यय और अन्य स्थायी व्ययों पर पूँजीगत लागत के पड़ने वाले प्रभाव की जाँच में सहायक होता है।

(6) लागत नियन्त्रण लागत कमी की विचारधाराओं पर विचार विमर्श में सहायक होता है।

(7) यह कार्यदशाओं या सुरक्षा सुविधाओं में सुधार की पूँजी लागत के अनुमान प्रस्तुत करता है वह श्रम कल्याण योजनाओं के निर्माण में भी सहायक होता है।

(8) पूँजीगत बजटन से पूँजी सम्पत्तियों के क्रय के लिए आवश्यक वित्त की पहले से ही उचित व्यवस्था की जा सकती है जिससे समग्र कार्य में वित्तीय कठिनाई की समस्या उत्पन्न न हो।

(9) स्थायी सम्पत्तियों का विस्तार भावी विक्रयों को ध्यान में रखते हुए किया जाता है। अतः यह विक्रय बजट में प्रदर्शित अतिरिक्त विक्रय राशि को पूरा करने के लिए उत्पादन सुगमताओं के सम्बर्द्धन की सम्भावनाओं पर प्रकाश डालता है।

(10) यह नष्टप्राय सम्पत्ति या प्रयोग विहीन सम्पत्ति के पुनर्स्थापन के लिए उपलब्ध विभिन्न वैकल्पिक सम्पत्तियों की तुलनात्मक स्थिति प्रकट करता है।

पूँजीगत बजटन की आवश्यकता के कारणों को भी महत्व के रूप में लिया जा सकता है।

प्रबन्धकीय निर्णयों में लाभप्रदता के अतिरिक्त अन्य ध्यान देने योग्य बातें

विनियोग प्रस्तावों पर प्रबधकीय निर्णयन एक बहुत कठिन व जटिल समस्या है। यद्यपि विनियोग की लाभप्रदता एक महत्वपूर्ण कारक होता है किन्तु इसे इन विषयों के लिए पूर्ण निर्धारण नहीं माना जा सकता। व्यवहार में ऐसे और बहुत से कारक है जो कि लाभप्रदता के आधार को गौण या कम महत्वपूर्ण बना देते हैं। ये कारक निम्नलिखित है:

(1) परियोजना की अपरिहार्यता : बहुत से विनियोग अपरिहार्यता के अनुसार किये जाते हैं। उदाहरण के लिए, यदि किसी कम्पनी में किसी कारण कोई मशीन नष्ट हो जाती है तो प्रबन्ध उस सम्बन्ध में मशीन के प्रतिस्थापन के लिए वैकल्पिक प्रस्ताव आमन्त्रित नहीं करता बल्कि कार्य के लिए उपयुक्त जो भी मशीन उपलब्ध होगी, वह क्रय की जायेगी जिससे कार्य रूक जाने से होने वाली हानि को दूर किया जा सके। अत: ऐसी स्थिति में अनिवार्यता न कि लाभप्रदता प्रबन्धकीय निर्णय का आधार होता है।

(2) उपलब्ध कोष - प्रत्येक कुशल प्रबन्धक संस्था के साधनों के अनुरूप ही कोई परियोजना क्रियान्वित करता है, अधिक प्रत्याय देने वाली परियोजनाओं को कभी कभी इसलिए छोड़ दिया जाता है क्योंकि इसके लिए आवश्यक धनराशि की व्यवस्था नहीं की जा सकती। यदि संस्था के कोषों में कमी है तो कम अदायगी वाली परियोजनाओं को चुना जाता है।

(3) कोषों का पूर्ण उपयोग - जब कम्पनी के पास विनियोग करने के बाद भी कोष बचता है तो प्रबन्धक बचे कोषों को भी परियोजना में विनियोग करना उचित समझते हैं। बेशक उस पर कम प्रत्याय लाभ प्राप्त हों क्योंकि इससे संस्था के कुल लाभ अधिकतम होंगें।

(4) अतिरिक्त कोषों की उपलब्धता - आपातकाल व भविष्य में अन्य विनियोगों के लिए अतिरिक्त कोषों की उपलब्धता भी प्रबन्धकीय निर्णयों को प्रभावित करती है। यदि भावी आवश्यकता के समय प्रबन्ध के लिए अतिरिक्त कोषों का जुटाना आवश्यक है तो वह संस्था के वर्तमान समस्त कोषों को पूँजी परियोजनाओं में लगा सकता है।

(5) अमूर्त कारक - कर्मचारियों का मनोबल, संस्था की प्रतिष्ठा, आदि कुछ कारक ऐसे हैं जिनका विनियोग की लाभप्रदता से कोई सम्बन्ध नहीं होता है, जैसे - कम्पनी का शानदार भवन, कर्मचारियों के कल्याणार्थ परियोजनाएँ, कानूनी परियोजनाएँ आदि।

(6) अप्रचलन से हानि - यद्यपि अप्रचलन से उत्पन्न होने वाली जोखिम का अनुमान लगाना कठिन हैं फिर भी यह एक महत्वपूर्ण कारक हैं। इस जोखिम को कम करने के लिए सबसे कम अदायगी अवधि वाली परियोजना चुनी जायेगी चाहे उसकी लाभप्रदता अन्य परियोजनाओं से कुछ कम ही क्यों न हो।

(7) शुद्ध आय की निश्चितता की मात्रा - यद्यपि भावी व्यावसायिक क्रियाएँ अनिश्चित होती हैं, लेकिन फिर भी यदि किसी विनियोग से आय के अनुमानों में अनिश्चितता की मात्रा अधिक है तो उसके स्थान पर किसी कम किन्तु निश्चित आय वाले विनियोगों को चुना जायेगा।

(8) अर्जनों की भावी प्रत्याशाएँ - यद्यपि भविष्य में अधिक लाभप्रद विनियोग किये जा सकते हैं तो प्रबन्ध वर्तमान समय में उस परियोजना को चुनेगा जिसका जीवनकाल कम हो। यदि भविष्य में विनियोगों पर प्रत्याय दर गिरने की सम्भावना है तो दीर्घकालीन परियोजना अच्छी मानी जायेगी चाहे उस पर प्रत्याय दर अल्पकलीन परियोजना से कम क्यों न हो।

पूँजीगत बजटन की सीमाएँ

पूँजीगत व्ययों की समस्याओं पर इन पद्धतियों के प्रयोग में अत्यन्त सावधानी अपनायी जानी चाहिए और परिणामों के अनुमानित कारणों पर आश्रित होने की मात्रा पर सदैव ध्यान देना चाहिए। पूँजीगत परियोजनाओं पर निर्णयों में प्रमुखतया तीन तत्व होते हैं जो निम्नांकित हैं :

(1) पूँजीगत विनियोग - विनियोग की राशि का माप पर्याप्त शुद्धता से किया जाना चाहिए। उदाहरण के लिए, मानव श्रम के स्थान पर मशीनों के प्रतिस्थापन पर निर्णय लेते समय मशीन के प्रयोग से श्रम मानव घण्टों में बचत, रख-रखाव लागत में वृद्धि या कमी, शक्ति के उपयोग पर प्रभाव, बीमा तथा सम्पत्ति कर की दर, आदि अनेक कारकों के अनुमान लगाये जाते हैं।

(2) प्रत्याय की दर - प्रत्याय कारक सदैव अनुमान पर आधारित होता है। किसी उत्पाद के सूत्रपात करने या नये बाजार में खोलने अथवा विज्ञापन कार्यक्रम में तेजी लाने के परिणामस्वरूप विक्रय मात्रा में वृद्धि होने पर अंशदान सीमा के अनुपात अतिपरिकल्पी होते हैं।

(3) विनियोग का आर्थिक या उपयोगी जीवनकाल - एक उत्पादनशील सम्पत्ति के भौतिक जीवन का अनुमान तो बहुत कुछ लगाया जा सकता है किन्तु प्रौद्योगिकी विकास और अप्रचलन की दर से अनुमान इस समस्या को जटिल बना देते हैं। नये उत्पाद का लाभ ग्राहकों की स्वीकृति और प्रतियोगिताओं की प्रक्रियाओं पर निर्भर करता है।

उपर्युक्त के अतिरिक्त ऐसे अनेक कारक हैं जो कि विनियोग निर्णयों को प्रभावित करते हैं किन्तु जिनका परिमाणात्मक माप सम्भव नहीं जैसे कर्मचारी मनोबल, देश का आर्थिक, सामाजिक और राजनीतिक वातावरण आदि। ये कार.ा भी पूँजीगत विनियोगों पर निर्णय को जटिल बनाते हैं।

पूँजी बजटन समस्या के पहलू अथवा प्रकृति

प्रो. जोयल डीन ने पूँजीगत बजटन समस्या के निम्न तीन पहलू बताये हैं :

(1) पूँजी की माँग - पूँजी की माँग का आशय पूँजीगत परियोजनाओं के लिए आवश्यक धनराशि का आकलन करना है, इसके लिए संस्था के विभिन्न विभागों में विनियोग

के अवसरों के आधार पर पूँजीगत परियोजनाओं की एक सूची तैयार की जाती है और उसके लिए अपेक्षित धन का अनुमान लगाया जाता है, संस्था में अच्छे विनियोग की खोज के लिए निरन्तर प्रयत्न चलते रहते है । संस्था के अनुसन्धान और इन्जीनियरिंग विभाग प्रबन्ध के सामने, ऐसे प्रस्ताव लाते है। जिनसे लागतों में कमी, उत्पादन की किस्म में सुधार तथा अधिक उत्पादन सम्भव हो सके। पूँजीगत व्ययों का उद्देश्य लाभों में वृद्धि करना है। अतः पूँजी की माँग विनियोग की सम्भावित लाभप्रदता के आधार पर की जा सकती है। यह विभिन्न वैकल्पिक विनियोग प्रस्तावों की लाभप्रदता के माप की समस्या है।

(2) पूँजी की पूर्ति - इसमें यह अनुमान लगाया जाता है कि विभिन्न परियोजनाओं के लिए विभिन्न स्रोतों से कुल कितना धन उपलब्ध हो सकेगा। एक कम्पनी की पूँजी की प्राप्ति दो स्रोतों से होती है - (अ) आन्तरिक स्रोत, (ब) बाह्य स्रोत । कम्पनी के आन्तरिक स्रोतों में ह्रास तथा प्रतिधृत लाभ ही प्रमुख होते हैं। कम्पनी के बाह्य स्रोतों में ऋणपत्र व दीर्घकालीन ऋण तथा अंश पूँजी ही प्रमुख होते हैं। अतः प्रत्येक योजना से इतनी आय अवश्य होनी चाहिए जिससे इन स्रोतों को न्यूनतम प्रत्याय मिल सके। न्यूनतम प्रत्याय प्रत्येक स्रोत की लागत पर निर्भर करती है।

(3) पूँजी का राशन - सीमित पूँजी को विभिन्न प्रतियोगी विनियोगों में इस प्रकार बाँटना कि उससे अधिक लाभ प्राप्त हो सके। पूँजी राशनिंग कहलाता है। विभिन्न परियोजनाओं के कोटिकरण द्वारा उन मे उन परियोजनाओं को छोड़ दिया जाता है जिन पर प्रत्याय पूँजी की लागत कम हो। शेष परियोजनाओं को उनकी लाभप्रदता के क्रम में रखकर प्राथमिकताएँ निर्धारित की जाती हैं। इससे संस्था के कोष सर्वाधिक लाभप्रद परियोजनाओं में ही लगते है। इसके लिए विभिन्न परियोजनाओं को उनकी लाभप्रदता के क्रम में कोटिकरण करना चाहिए और फिर फर्म में उपलब्ध पूँजी कोष के आधार पर अधिक प्रत्याय वाली परियोजनाओं में पूँजी विनियोजित करनी चाहिए।

पूँजी व्ययों पर नियन्त्रण

औद्योगिक इकाइयों में मशीनीकरण और संचालन के विस्तार से पूँजीगत व्ययों का नियन्त्रण बहुत महत्वपूर्ण हो गया है, पहले की तुलना में आजकल स्थायी सम्पत्तियों में विनियोग- बहुत बढ़ गया है। इसके नियन्त्रण के लिए प्रबन्ध लेखापाल व पूँजीगत व्ययों के नियन्त्रण की एक प्रणाली क्रियान्वित कर सकता है जिसकी मुख्य बातें निम्नलिखित होती हैं:

(1) नियोजित विकास - पूँजीगत सम्पत्तियों में विनियोग कम्पनी के प्रत्येक विभाग या इकाई के सन्तुलित विकास को ध्यान में रखते हुए किया जाये। पूँजीगत विनियोग प्रस्तावों के अनुमोदन और परिपालन के लिए एक सुदृढ़ संगठन स्थापित किया जाये तो कि प्रत्येक योजना की सुदृढ़ता व कम्पनी के सन्तुलित विकास के लिए उत्तरदायी हो। इसके लिए बजट विनियोजन समिति बनायी जा सकती है।

(2) प्रगाते अभिलेख - प्रत्येक स्वीकृत परियोजना के लिए पूँजीगत परियोजना पत्र रखा जाये जिस पर परियोजना का पूर्ण विवरण दिया गया हो, प्रस्तावित ह्यय की एक निश्चित अवधि के बाद तुलना की जाये और अतर ज्ञात किए जायें जिनकी सूचना नियमित रूप से सम्बन्धित विभाग को दी जाये। परियोजना की वास्तविक लागत मूल्य अनुमानों से

अधिक होगी तो प्रबन्ध को इस तथ्य से अवगत करना चाहिए। इसके लिए पूरक मंजूरी ली जाये या योजना में संशोधन कराया जाये।

(3) लाभप्रदता अंकेक्षण - जब किसी परियोजना का कार्य पूरा हो जाये तो प्रबन्ध लेखापाल को परियोजना की लाभप्रदता के सम्बन्ध में वास्तविक अंको की इसके अनुमानों से तुलना करनी चाहिए। इन अनुभवों से भविष्य में होने वाली गलतियों से बचा जा सकता है।

(4) पूँजीगत बजट - परियोजना के लिए रोकड़ की उपलब्धता और सम्पत्ति की प्राप्ति को निश्चित करने के लिए पूँजीगत विनियोगों और भुगतानों का पूर्व नियोजन आवश्यक है। अत: पूँजीगत बजट बनाने चाहिए।

(5) नयी पद्धतियों, प्रक्रियाओं और उत्पादों की खोज - पूँजी व्यवसाय के दीर्घकालीन विनियोग लाभप्रदता पर आधारित होते, अत: प्रबन्ध को वर्तमान पद्धतियों, प्रक्रियाओं तथा उत्पादों में सुधार के लिए सतत् प्रयत्नशील रहना चाहिए।

(6) फार्म और कार्य प्रणालि - पूँजीगत व्ययों के लिए एक निश्चित विधि होनी श्चाहिए। प्रत्येक पग पर एक निश्चित कार्यप्रणाली अपनायी जाये। इसके लिए प्रत्येक बड़ी कम्पनी में छपे हुए फार्म होते हैं। जिन्हें पूरा करके प्रबन्ध के समक्ष प्रस्तुत करना होता है जिससे कार्य-प्रणाली में सरलता आ जाती है।

(7) मूल्यांकन की युक्तिसंगत पद्धतियों का प्रयोग - पूँजीगत परियोजनाओं पर निर्णय कोषों की उपलब्धता के सम्बन्ध में अल्पकाल परिस्थितियों और दूरव्यापी पूँजीगत योजनाओं को ध्यान में रखते हुए करने चाहिए तथा विभिन्न वैकल्पिक प्रभावों की लाभप्रदता का एक या अधिक मूल्यांकन पद्धतियों से कोटिकरण करना चाहिए तथा इसके परिणामों के आधार पर विवेकपूर्ण निर्णय लेना चाहिए।

पूँजीगत बजटन : मूल्यांकन की रीतियाँ

(Capital Budgeting : Methods of Appraisal)

व्यावसायिक प्रबन्धकों को यह निर्णय लेना पड़ता है कि स्थिर सम्पत्तियों में पूँजी विनियोग के विभिन्न विकल्पों में से सर्वोत्तम विकल्प कौन सा है? जिसका चुनाव व्यवसाय के लिए सबसे अधिक उपयोगी एवं लाभदायक सिद्ध होगा। निर्णयन के लिए निम्न विधियों को अपनाना पड़ेगा:

I अपरिहार्यता रीति (Urgency Method)

II प्रत्यावर्तन अवधि रीति (Pay-Back Period Method)

III विनियोगों पर असमायोजित प्रत्याय रीति
(Unadjusted Return on Investment Method)

IV विनियोग पर समय समयोजित रीति
(Time Adjusted Return on Investment Method)

V वर्तॅगामन मूल्य रीति (Present Value Method)

I अपरिहार्यता रीति

(Urgency Method)

एक व्यावसायिक संस्था के जीवन में अनेक ऐसी अवस्थाएँ आती है, जबकि पूँजीगत खर्चों के सम्बन्ध में शीघ्र निर्णय लेना आवश्यक होता है। उदाहरण के लिए, यदि मशीन की खराबी के कारण कार्य ठप्प हो जाय तो उसे बदल दिया जाय जहाँ पूँजीगत खर्च आवश्यक हो, वहाँ निर्णय लागत वं लाभ की तुलना सिद्धान्त को भुला दिया जाना चाहिए लेकिन जब पूँजीगत खर्चें की रकम बड़ी हो और उसका दीर्घकालीन प्रभाव हो, वहाँ अपरिहार्यता का मापदण्ड उचित नहीं ठहराया जा सकता है।

इस पद्धति का मुख्य गुण सरलता है किन्तु अधिक विनियोग व दीर्घगामी प्रभावशाली योजनाओं में इस आधार नहीं बनाया जा सकता है। यदि कोई परियोजना स्थगित की जा सकती है तो इस विधि के अनुसार उस पर विचार नहीं हो सकता, चाहे वह कितनी ही लाभप्रद योजना क्यों न हो।

II प्रत्यावर्तन या अदायगी अवधि पद्धति

(Pay-Back Period Method)

इस पद्धति के अन्तर्गत यह देखा जा सकता है कि विनियोग की वास्तविक लागत उससे प्राप्त होने वाले नगद लाभों में से कितने वर्षों में पूरी हो सकेगी। इस विधि के दो पहलू हैं- प्रथम, सम्पत्ति जैसे- साज सज्जा, फर्नीचर, मशीन् प्लाण्ट आदि में विनियोजित राशि कितनी है और उससे सम्भावित वार्षिक अर्जन (Expected Annual Return) कितना है। दूसरा, कितने वर्षों में सम्पत्तियों में विनियोजित राशि, उसी के अर्जित लाभों में से वापस मिल सकेगी।

प्रत्यावर्तन अवधि की गणना

(Calculation of Pay-Back Period)

(A) **जब रोकड़ अन्तर्वाह प्रतिवर्ष समान है तो प्रत्यावर्तन अवधि निम्न सूत्र से निकाल सकते हैं:**

$$\text{Pay-Back Period} = \frac{\text{Net Investment}}{\text{Annual Cash Benefits or Annual Cash Flow}}$$

उदहारण के लिए, एक मशीन की लागत 50,000 रू. है, मशीन की जीवन काल 10 वर्ष तथा नकद लाभ (Cash benefit) 10,000 रूपये है तो प्रत्यावर्तन अवधि निम्न प्रकार निकाली जायेगी:

$$\text{Pay-Back Period} = \frac{\text{Net Investment}}{\text{Annual Cash Benefits}}$$

$$= \frac{50000}{10000} = 5 \text{ years}$$

इससे स्पष्ट होता है कि मशीन की लागत 50,000, पाँच वर्षों में पूरा हो सकेगी दूसरों शब्दों में, मशीन की लागत का 20 प्रतिशत पूरा (Recover)हो सकेगा।

नोट 1. यदि मशीन का अवशेष मूल्य (Scrap Value) या निस्तारण मूल्य (Salvage Value) दी है, तो उसे विनियोग की राशि में से घटा देगें। अवशेष मूल्य से तात्पर्य मशीन को प्रतिस्थापन या बेचने पर पुरानी मशीन से प्राप्त राशि से है।

2. नकद प्रवाह (Cash Flow) या नकद लाभ (Cash Benefit) से तात्पर्य ऐसे शुद्ध लाभ से है, जो कर देने के बाद लेकिन ह्रास व ब्याज लगाने से पहले हो। यदि शुद्ध लाभ निकालते समय ह्रास घटा दिया गया है अर्थात् ह्रास का प्रावधान किया जा चुका है तो (Cash Flow or Cash Benefits) निकालने के लिए शुद्ध लाभ में ह्रास जोड़ दिया जायेगा।

उदाहरण 1. नीचे दी गयी सूचनाओं के आधार पर प्रत्यावर्तन अवधि से संचालक कौन सा विकल्प चुनेंगें :

What alternative would be selected by the Director on the basis of forwarded informations by Pay-Back Period Method:

	Machine A	Machine B
मशीन की लागत	2,00,000 रू.	2,00,000 रू.
अनुमानित जीवन काल	10 वर्ष	10 वर्ष
शुद्ध लाभ	30,000 रू.	20,000 रू.
ह्रास	10,000 रू.	10,000 रू.
अवशेष मूल्य	20,000 रू.	20,000 रू.

Solution:

$$\text{Pay-Back Period} = \frac{\text{Investment excluding Salvage Value}}{\text{Annual Cash Benefits}}$$

$$\text{In Case of 'A' Machine} = \frac{200000 - 20000}{30000 + 10000}$$

$$= \frac{180000}{40000} = 5 \text{ Years}$$

$$\text{In Case of 'B' Machine} = \frac{200000 - 20000}{20000 + 10000}$$

$$= \frac{180000}{30000} = 6.7 \text{ Years}$$

संचालकों को दोनों विकल्पों में से A मशीन के विकल्प को चुनना पड़ेगा क्योंकि उस मशीन पर विनियोजित पूँजी 4-5 वर्ष में वापस मिल जायेगी, जबकि B मशीन में ऐसा करने से 1-5 वर्ष अधिक लगेंगें।

(B) **जब रोकड़ अन्तर्वाह प्रतिवर्ष समान न हो** - तो पत्यावर्तन अवधि को प्रत्येक वर्ष के रोकड़ अन्तर्वाहों का संचयी योग के आधार पर निकाला जाता है,

उदाहरण के लिए, किसी परियोजना में 24,000 रू. विनियोग करने से पहले, दूसरे, तीसरे, चौथें, पाँचवें वर्ष में क्रमश: 2,000 रू. 4,000 रू., 6,000 रू., 8,000 रू. और 12,000 रूपये आंकड़े अन्तर्वाह होता है तो प्रत्यावर्तन अवधि की गणना निम्न प्रकार होगी:

Year	Cash Inflow (Rs)	Cumulative Cash Inflow (Rs.)
1	2000	2000
2	4000	6000
3	6000	12000
4	8000	20000
5	12000	32000

$$\text{Pay-Back Period} = 4 \text{ Years} + \frac{(24000-20000)}{12000} \times 12 \text{ Months}$$

$$= 4 \text{ Years } 4 \text{ Months}$$

प्रत्यावर्तन अवधि के बाद की लाभदायता (Post-Pay back Profitability)- प्रत्यावर्तन अवधिक की परम्परागत उपागम में एक कमी यह है कि पे-बैंक पीरियड़ के बाद विनियोग की लाभदायकता को ध्यान में नहीं रखा जाता है। इस पद्धिति के अन्तगत्त प्रत्यावर्तन अवधि के बाद की होने वाली बचतों की गणना की जाये, ताकि उस परियोजना को प्राथमिकता दी जा सके जिसका प्रत्यावर्तन अवधि के बाद लाभ सबसे अधिक हो। पे-बैंक पीरियड़ के बाद के लाभ में अवशेष मूल्य (Scrap Value)जोड़ दिया जाता है। पे-बैंक पीरियड़ के बाद के लाभों की गणना निम्न सूत्र से की जा सकती है:

Post Pay back Profitability = Annual Cash Inflow
(Working Life-Pay back Profits)

नोट - उपयंक्त सूत्र तभी अपनायेंगें जब रोकड़ अन्तर्वाह प्रतिवर्ष समान हो।

Post Pay-back Profitability

or

= Total Cash Inflows- Investment Outlay

तुलना की दृष्टि से पे-बैंक पीरियड़ के बाद के लाभ को निर्देशांकों (Index numbers) में बदला जा सकता है। इस प्रकार सूत्र निम्न होगा।

Index No. of surplus saving

Or

$$\text{Index No. of Post pay back profit} = \frac{\text{Post pay back Profit}}{\text{Investment}} \times 100$$

उदाहरण 2. चन्द्रमोहन कम्पनी लिमिटेड़ तीन परियोजना तथा पर विचार कर रही है। उनके सम्बन्ध में निम्न विवरण है:

	परियोजना A	परियोजना B	परियोजना C
लागत (रूपयो में)	100,000	1,50,000	1,50,000
जीवन काल (वर्षो में)	10	12	10
वार्षिक बचत (रूपयों में)	15,000	25,000	20,000

आय कर को ध्यान न देते हुए निम्न को प्रयोग करते हुए उचित परियोजना की संस्तुति दीजिए:

(i) प्रत्यावर्तन अवधि

(ii) प्रत्यावर्तन अवधि के बाद का लाभ

(iii) प्रत्यावर्तन अवधि के बाद के लाभ का निर्देशांक

Chandra Mohan Co. Ltd. is considering three Project A, B and C. Following are the particulars in respect of them.

	Project A	Project B	Project C
Cost (in Rs.)	100000	150000	150000
Economic Life (in Yrs)	10	12	10
Annual Savings (in Rs.)	15000	25000	20000

Ignoring income tax, recommend the best of these Projects using:

(i) Pay-back Period

(ii) Post Pay-back Profit

(iii) Index No. of Post Pay back Profit

Solution:

	Project A	Project B	Project C
(1) Cost of Investment (NI)	100000	150000	150000
(2) Operating Savings (OS)	15000	25000	20000
(3) Pay-back Period (NI/OS)	6.67	6	7.5
(A) Ranking	II	I	III
(4) Economic Life (in yrs)	10	12	10

(5) B.E.P. (in yrs.)	6.67	6	7.5
(6) Surplus Life (in yrs.)	3.33	6	2.5
(7) Post pay-back Profit (Rs.)	49950	150000	50000
(Annual Saving x Surplus Life)			
(B) Ranking	III	I	II

(8) Index of Post Pay-back =

$\frac{49950}{100000} \times 100$ $\frac{150000}{150000} \times 100$ $\frac{50000}{150000} \times 100$

Profit = 49.95% 100% 33.33%

(C) II I III

इस प्रकार सभी रीतियों के अनुसार Project B ही अधिक अच्छी प्रतीत होती है।

प्रतवर्तन अवधि रीति के लाभ
(Advantages of Pay-back Period Method)

(1) इसकी गणना विधिकाफी सरल है, जिसके कारण इसका प्रयोग करना व इसे समझना आसान है।

(2) यह रीति अपरिहार्यतद्म रीति से सुदृढ़ है।

(3) इस अवधि का उन परियोजनाओं में काफी महत्व है जिसमें प्रबन्धन ऋण लेकर किया जाना है।

(4) प्रौद्योगिकी व तकनीकी विकसित उद्योगों में पे-बैंक पीरियड़ के आधार पर पूँजी खर्च के सम्बन्ध में निर्णय लिया जा सकता है।

(5) जब बचत की रकम चार वर्षो के बाद अनिश्चित है और पूँजी खर्च सम्बन्धि निर्णयों का ध्यान न रखना हो तो यह विधि ही लाभप्रद होगी।

(6) इस पद्धति के अन्तर्गत लागत वसूली की अवधि पर ही ध्यान दिया जाता है। अतः निष्कर्षों के सत्य होने की सम्भावना अधिक होती है।

प्रत्यावर्तन अवधि रीति के दोष या सीमाएँ

(Disadvantages or Limitations of Pay-back Period))

(1) इसमें प्रत्याय की दर मापी नहीं जा सकती, जिसके कारण यह विद्मि पूँजी खर्च योजना की उत्पादकता का उचित पता नहीं लगा सकती है।

(2) आर्थिक जीवन काल में अर्जित आय का पता इस विधि में नहीं लग सकता है।

(3) यह रीति (पूँजी की लागत) तत्व को भी ध्यान में नहीं रखती है जो विनियोग सम्बन्धी सही निर्णय आधार होता है।

(4) इस रीति में समय कारक को ध्यान में नहीं रखा जाता है।

(5) इस रीति में ब्याज कारण को भी ध्यान में नहीं रखा जा सकता है।

(6) इसमें विनियोजित कोषों की शीघ्र वापसी पर आवश्यकता से अधिक महत्व दिया जाता है।

(7) कम वर्षों वाले पे-बैंक पीरियड़ के आधार पर केवल निर्णय लेना कभी कभी अलाभकर हो सकता है।

III विनियोग पर असमायोजित प्रत्याय
(Unadjusted Return on Investments)

इस रीति को लेखांकन रीति (Accounting Method) या वित्तीय विवरण रीति (Financial Statement Method) या विनियोग पर पत्याग (Return on Investment) या औसत पत्याग बर (Average Return Rate) भी कहते हैं। यह रीति किसी परियोजना में विनियोग पर प्रत्याय की दर का मापन करती है। इस रीति में नवीन उत्पाद परियोजनाओं का तुलनात्मक अध्ययन सम्भव है लेकिन दीर्घकालीन परियोजनाओं की दशा में यह रीति सही एवं शुद्ध दृष्टिकोण प्रकट नहीं करती। इस दर की गणना के लिए निम्नलिखित सूत्र प्रयोग किये जा सकते हैं:

Rate of Return = Average Annual Net Income After Taxes/Average Investment x 100

नोट 1. यदि रोकड़ अन्तर्वाह (Cash Inflow) दिया है तो शुद्ध आय (Net Income) बनाने के लिए ह्रास की राशि घटानी पड़ेगी।

2. औसत वार्षिक शुद्ध आय से तात्पर्य विनियोग पर विभिन्न वर्षों की शुद्ध आय या बचत के योग में विनियोग के कार्य जीवन का भाग देकर आई रकम से है।

3. औसत विनियोग से तात्पर्य प्रारम्भिक विनियोग व शेष मूल्य (Scrap value) के योग के आधे से है।

$$\text{Average Investment} = \frac{\text{Initial Investment + Scrap Value}}{2}$$

उदाहरण 3. A और B दो परियोजनाप्र विनोद लिमिटेड के प्रबन्धकों के सामने विचार के लिए है। विवर.ा निम्न है:

Two Projects A & B before consideration of the management of Vinod Ltd. The particulars available are as follows:

	परियोजना A	परियोजना B
लागत (रूपये में)(Cost in Rs.)	20,000	20,000
आर्थिक जीवन (वर्षों में)	8	12
Economic Life (in Yrs)		
ह्रास में पूर्व की अर्जन		
Year 1	10,000	2000
2	8000	4000
3	6000	6000
4	2000	8000
5	—	10000
6	—	12000

किस परियोजना को प्राथमिकता दी जानी चाहिए? विनियोग पर असमायोजित प्रत्याय का प्रयोग करें।

Which project should be prepared ? Use unadjusted return on investment method.

Solution

	Project A (Rs.)	Project B (Rs.)
Total Earning	26000	42000
Economic Life (in Rs.)	8	12
Average Earnings	3250	3500
Annual Depreciation (NI/N)	2500	1667
Average Investment (NI/2)	10000	10000

$$\text{Rate of Return} = \frac{\text{Average Savings}}{\text{Average Investment}} \times 100$$

$$\text{Project A} = \frac{(3250\text{-}2500)}{10000} \times 100 = 7.50\%$$

$$\text{Project B} = \frac{(3250 - 1667)}{10000} \times 100 = 18.33\%$$

इससे स्पष्ट होता है कि परियोजना B को प्राथमिकता दी जानी चाहिए क्योंकि इस पर प्रत्याय की दर अधिकतम है।

विनियोग पर असमायोजित प्रत्याय की दर पद्धति के लाभ

(Advantages if Unadjusted Rate of Return Method)

(1) इसकी गणना सरल है जिसके कारण इसका प्रयोग करना व इसे समझना भी आसान है। इसलिए अधिकतर इसका प्रयोग किया जाता है।

(2) इसमें विनियोग के सम्पूर्ण अर्थिक जीवन को ध्यान में रखा जाता है।

(3) इसमें शुद्ध आय की विचारधारा को ध्यान में रखा जाता है। कुल आय में से पूँजीगत सम्पत्तियों पर ह्रास घटाया जाता है।

(4) विनियोग की लाभदायकता पर ध्यान दिया जाता है।

(5) इस रीति में नवीन व प्रतिस्पर्द्धात्मक परियोजनाओं का तुलनात्मक अध्ययन किया जाता है।

(6) इस रीति के द्वारा विनियोगों के सही अन्तर का पता लगाया जा सकता है जिनमें बचत की समय सारणी करीब एक समान होती है।

तिनियोग पर असमायोजित प्रत्याय की दर पद्धति के दोष या सीमाएँ

(Disadvantages or Limitations of Unadjusted Rate of Return Method)

(1) इस रीति में समय कारक पर ध्यान नहीं दिया जाता है अर्थात् विनियोगों के जीवन काल को ध्यान में नहीं रखा जाता।

(2) इसके ब्याज कारक को भी ध्यान में नही रखा जाता है।

(3) विनियोगों की उचित या न्यूनतम प्रत्याय दर ज्ञात करना कठिन है।

(4) व्यवसाय के कुल लाभों पर सूक्ष्म प्रभावों को मापने में यह रीति अक्षम सिद्ध होती है।

(5) यह रीति शुद्ध व सत्य अनुमान प्रस्तुत नहीं करती है।

(6) इस पद्धति में एक ही प्रस्ताव के लिए अलग अलग प्रत्याय दरें आती है।

(7) दीर्घकालीन परियोजनाओं के सम्बन्ध में यह रीति सही व शुद्ध दृष्टिकोण प्रस्तुत नहीं करती।

(8)प्रत्यक्ष दर के निर्धारण में कृत्रिमता या काल्पनिकता का भय रहता है।

(9) सूत्र में प्रयुक्त विभिन्न पदों का निर्वचन अलग हो सकता है।

(10) इस रीति का प्रमुख दोष यह भी है कि यह भविष्य में प्राप्त होने वाले रूपये को वर्तमान में प्राप्त एक रूपये के बराबर मान लेती है।

IV विनियोग पर **समय समायोजित प्रत्याय**

(Time Adjusted Return on Investment)

इस रीति को प्रत्याय की कटौती दर (Discounted Rate of Return) या प्रत्याय की आन्तरिक दर (Internal Rate of Return) भी कहते हैं। इसमें समस्त समायोजित उस प्रत्याय दर का मापन होता है, जिसकी आयों के द्वारा विनियोग प्राप्त करने की आशा की जा

सके। इसका प्रयोग उस समय किया जाता है, जब विनियोग की लागत व वार्षिक बचत मालूम हो तथा अज्ञात प्रत्याय की दर ज्ञात करनी हो। इसकी कार्यविधि निम्न प्रकार है:

(1) जब रोकड़ अन्तर्वाह प्रतिवर्ष समान हो - सबसे पहले विनियोग की लागत में वार्षिक रोकड़ अन्तर्वाह का भाग देकर दोनों के बीच अनुपात निकाला जाता है जिसे वर्तमान मूल्य कारक (Present Value Factor) कहते हैं।

$$\text{Present Value Factor} = \frac{\text{Net Investment}}{\text{Annual Cash Inflow}}$$

इसके बाद वार्षिक सारणी में बचतों के कुल वर्षों वाली पंक्ति में वर्तमान मूल्य कारक के बराबर कोई संख्या खोजते हैं। इस खाने में जो दर दर्शायी जाती है, वही समय समायोजित प्रत्याय दर होती है। उदाहरण के लिए, विनियोग की लागत 4,000 रू. है। और प्रतिवर्ष 1,000रू. पाँच वर्षो तक बचत होती है, इसलिए वर्तमान मूल्य कारक 4,000 / 1,000 = 4.000 होगा। अब संचयी वर्तमान सारणी को देखने पर 5 वर्ष की पंक्ति में एक संख्या 3.993 मिलती है, जो 4.000 के काफी करीब है तथा 8 प्रतिशत दर प्रदर्शित करती है। इस प्रकार समय समायोजित प्रत्याय दर 8 प्रतिशत होगी।

नोट - यदि वार्षिक बचत की रकम एकसमान हो तो भावी बचतों का वर्तमान मूल्य या तो वार्षिक सारणी से या निम्न सूत्र से निकाला जा सकता है:

$$V = \frac{a}{i} 1 - \frac{1}{(1-i^n)}$$

Here : V = Cost of Investment

a = Annual Cash Inflow

n = Number of Years

i = Required Earning Rate

उदाहरण 4 नरेश कम्पनी के इन्जीनियरिंग विभाग ने कार्यकरण पद्धतियों में एक परिवर्तन के लिए सुझाव दिया है, और आवश्यक उपकरण के लिए 2,60,000 रू. के बजट नियोजन के लिए माँग की है। वर्तमान और प्रस्तावित पद्धतियों की वार्षिक कार्यकरण लागतें निम्नलिखित हैं :

The Engineering Department of Naresh Co. has suggested a change in operating methods and has asked for a budget appropriation of Rs. 2,60,000 for the necessary equipment. Annual Operating Cost of the Present and Proposed Method are as follows:

	वर्तमान (Present) (Rs) रू.	प्रस्तावित (Proposed) (Rs) रू.
श्रम (Labour)	1,82,600	1,26,800
पर्यवेक्षण (Supervision)	15,000	15,000
शक्ति (Power)	1,90,600	1,78,000
क्षय (Waste)	10,600	3,000
मरम्मत व रखरखाव (Repairs and Maintenance)	6,400	4,600
	4,05,400	3,27,400

नये उपकरण का अनुमानित जीवन 10 वर्ष है, किसी अवशेष, वसूली की आशा नहीं है, आयकर की दर 50 प्रतिशत मानी जायेगी। यदि समायोजित प्रत्याय दर 10 प्रतिशत से अधिक हो तथा अदायगी अवधि 6 वर्ष से कम हो तो परियोजना अनुमोदित की जायेगी। क्या प्रार्थित नियोजन किया जाय?

The estimated life of the new equipment is 10 years; no scrap recovery is expected. An Income Tax of 50% will be assumed. The Project will be approved if the rate of Return of time adjusted exceeds 10% and if the Pay-back Period should be less than 6 years. Should the appropriation requested be approved?

Solution:

Calculation of Annual Cash inflow

	Rs.
Annual Operating Savine (405400-327400)	78000
Less: Annual Depreciation 2,60000/10	26000
Net Sacings before Tax	52000
Income Tax 50%	26000
Net Savings after Tax	26000
Add: Depreciation	26000
Annual Cash Inflow	52000

$$\text{Calculation of Pay-back Period} = \frac{\text{Net Investment}}{\text{Annual Cash Inflow}}$$

$$= \frac{260000}{52000} = 5 \text{ Years}$$

Calculation of Rate of Return by Time Adjusted Method

$$\text{P.V. Factor} = \frac{260000}{52000} = 5{,}000$$

वर्तमान मूल्य सारणी में 10 वे वर्ष वाली पंक्ति दें 5,000 के करीब 5.019 वाली संख्या दी हैं जो 15 प्रतिशत कर रही है इसलिए समय समायोजित प्रत्याय दर 15 प्रतिशत होगी।

इस प्रकार स्पष्ट होता है कि प्रबन्धकों को इस परियोजना की स्वीकृति दे देनी चाहिए क्योंकि इससे प्राप्त प्रत्याय दर 10 प्रतिशत से अधिक है तथा Pay-back Period 6 वर्ष से कम है।

(2) जब रोकड़ अन्तर्वाह प्रति वर्ष समान नहीं है - समय समायोजन प्रत्याय दर या प्रत्याय की आन्तरिक दर या प्रत्याय की कटौती दर उस समय भी ज्ञात की जा सकती है जब वर्षों की बचत असमान हो। इसमें सबसे पहले रोकड़ आगमन का औसत मालूम किया जाता है जिसे वर्तमान मूल्य कारक कहते हैं, फिर वर्तमान मूल्य के योग की विनियोग की लागत से तुलना करनी पड़ती है, यदि वर्तमान मूल्यों का योग विनियोग की लागत से अधिक है तो प्रयुक्त दर से उच्च दर पर पुनः अन्तर्गणना करना चाहिए। इसके विपरीत, कम दर पर अन्तर्गणन करना चाहिए।

उदाहरण-5. दो परियोजनाओं से सम्बन्धित निम्न विवरण हैं:

The following particulars relate to two Projects

	परियोजना Project I	परियोजना Project II
लागत (रूपये में)(Cost Rs.)	90,000	1,00,000
अनुमानित बचत (Estimated Saving)	15,000	20,000
आर्थिक जीवन (वर्षों में) Economic Life (in years)	10	8

समय समायोजित प्रत्याय दर की गणना कीजिए तथा बताइए कि दोनों परियोजनाओं में से कौनसी अच्छी है?

Compute time adjusted rate of return and state which of the two Projects in better?

Solution

	Project I	Project II
	Rs.	Rs.
Net Investment	90000	100000
Operating Savings	15000	20000
Present Value Factor (NI/OS)	6000	5000

Now for Project I closest present values to 6000 from cumulative P.V.Table for 10 years are:

P.V.	Rate
6.145	10%
5.650	12%

Thus, Time Adjusted Rate of Return will be between 10% and 12% Time Adjusted Rate of Return

$$= 10\% + \frac{.145}{.495}(12 - 10)$$

$$= 10\% + .6 = 10.6\%$$

For Project II closest present value to 5,000 from cumulative P.V Table for 8 years are:

P.V.	Rate
5.335	10%
4.968	12%

Thus, Time Adjusted Rate of Return will be between 10% and 12% Time Adjusted Rate of Return

$$= 10\% + \frac{.335}{.367}(12-10)$$

$$= 10\% + 1.8 = 11.8\%$$

इस प्रकार Project II सर्वोत्तम हैं।

विनियोग पर समय समायोजित प्रत्याय दर रीति के लाभ

(Advantages of Time Adjusted Return Rate Method)

(1) यह रीति लाभदायकता के सम्बन्ध में सही व उपयुक्त सूचना प्रदान करती है।

(2) परियोजना के सम्पूर्ण जीवन काल को ध्यान में रखा जाता है।

(3) समय समायोजित दर पर किसी घटना के समय का प्रभाव अपेक्षाकृत कम होता है।

(4) इसमें समय कारक व ब्याज कारक को ध्यान में रखा जाता है।

विनियोग पर समय समयोजित प्रत्याय दर रीति के दोष या सीमाएँ

(Disadvantages or Limitations of Time Adjusted Return Rate Method)

(1) ब्याज या छूट की दर तय करने में अनेक व्यावहारिक कठिनाइयाँ आती है।

(2) इस पद्धति की भावी रोकड़ अन्तर्वाहों के समय समायोजित प्रत्याय की दर पर पुन: विनियोजन की मान्यता ठीक नहीं है।

(3) इस पद्धति में गणना कार्य कठिन है।

V **वर्तमान मूल्य पद्धति**

(Present Value Method)

इस रीति में सबसे पहले विनियोगों की न्यूनतम दर निर्धारित की जाती है, फिर विनियोग से प्राप्त रोकड़ अन्तर्वाह का अपेक्षित अर्जनों की दर से वर्तमान मूल्य ज्ञात कियद्म जाता है। इसके बाद वर्तमान मूल्य में से विनियोग की लागत को घटाकर शुद्ध वर्तमान मूल्य निकाला जाता है। जब रोकड़ अन्तर्वाहों का वर्तमान मूल्य विनियोग की लागत से जितना अधिक होगा, वह विनियोग उतना ही अधिक अच्छा होगा। इसे सूत्रों में व्यक्त कर सकते हैं:

(i) Present Value= Annual Cash Inflow x Value Factor

(ii) Net Present Value = Present Value - Investment

इस प्रकार समान लागत वाली परियोजनाओं में सर्वोत्तम वह होती है, जिसका अधिक वर्तमान मूल्य (Excess Present Value) सबसे ज्यादा हो। यदि परियोजना भिन्न भिन्न है तो प्राथमिकता के क्रमबद्ध हेतु लाभदायकता निर्देशांक (Profitability Index) ज्ञात किया जाता है।

(i) $\text{Profitability Index} = \dfrac{\text{Present Value}}{\text{Cost of Investment}}$

(ii) $\text{Profitability Index} = \dfrac{\text{Excess Present Value}}{\text{Cost of Investment}}$

नोट - यदि हम पी 1 को प्रतिशत में मालूम करना चाहते हैं ह्ये उपर्युक्त सूत्रों में 100 से गुणा और कर देंगें।

Present Value can also be calculated on the basis of the following formula

$\dfrac{1}{1+i}^{n}$

Where i = Interest Rate,

n = Number of Years

वर्तमान मूल्य पद्धति के गुण

(Merits of Present Value Method)

(1) इस विधि की गणना सरल है क्योंकि इसमें जाँच एवं विभ्रम क्रिया विधि की जटिल क्रियाएँ नहीं पायी जाती है।

(2) इसमें समय कारक (Time Factor) पर ध्यान दिया जाता है।

(3) इसमें विनियोग के सम्पूर्ण जीवन काल को ध्यान में रखा जाता है।

(4) रोकड़ अन्तर्वाहों के समान या असमान होने का इस पर कोई प्रभाव नहीं पड़ता है।

(5) विनियोगों की लागत में अन्तर होने पर भी E.P.V.Index निकालकर तुलना करने में आसानी रहती है।

वर्तमान मूल्य पद्धति के दोष या सीमाएँ

(Demerits or Limitations of Present Value Method)

(1) इस रीति में इस प्रत्याय दर को नहीं दर्शाया जाता है। जिसे अर्जित करने का लक्ष्य बनाया गया है।

(2) यह स्थैतिक रीति है, जबकि व्यावसायिक परिस्थितियाँ वस्तुत: प्रावैगिक होती है।

(3) लागतों व आगमों में यह लेखांकन अवधारणाओं से मेल नहीं खाती।

उदाहरण 6- निम्नलिखित विवरण एक मशीन के सम्बन्ध में दिये गये हैं। 12 प्रतिशत अपलेखन की दर के आधार पर वर्तमान की गणना कीजिये एवं बताइये कि विनियोग लाभदायक होगा या नहीं।

The following data are given regarding a Machine. Calculate the present value on the basis of 12% discount rate and say whether investment will be worth it.

Investment in Machine	Rs. 12,000
Useful life (no residual value)	10 years
Annual Cash Inflows	Rs. 2,500

Solution:

उपरोक्त उदारण में विनियोग की राशि 12,000 रू. है जबकि 2,500 रू. प्रति वर्ष के हिसाब से 10 वर्षों में 12 प्रतिशत की दर से वर्तमान मूल्य = 2,500 रू.× 5.650* = 14,125 रू. है। इस प्रकार वर्तमान मूल्या 14,125 रू. विनियोग के मूल्य 12,000 रू. से अधिक है, अत: इस मशीन में विनियोग लाभदायक है।

उदाहरण 7- एरो लि. कम्पनी एक प्लाण्ट क्रय करने पर विचार कर रही है जिसके रोकड़ अन्तर्वाह इस प्रकार होंगे –

The Arrow Ltd. Company is considering the purchases of a plant that will produce cash inflows as follows:

Rs. 5,000, Rs. 3,000, Rs. 2,000, Rs. 1,000 and Rs. 500 Cost of Plant— Rs. 8,000, Life of Plant 5 years. Cost of Capital 10 percent.

रोकड़ अन्तर्वाहों का वर्तमान मूल्य ज्ञात कीजिये एवं विनियोग की लाभदायकता पर विचार दीजिये।

Calculate the present value of cash inflows and comment on the profitability of the investment.

Solution

Calculation of Present Value of Cash Inflows

Year	Cash Inflow Rs.	P.V. of Rs. 1 At 10% discounting Rate	Present Value Rs.
1	5,000	0.909	4,545
2	3,000	0.826	2,478
3.	2,000	0.751	1,502
4	1,000	0,683	683
5	500	0.621	311

Present Value	9,519
Initial Investment	8,000
Net Present Value	1,519

इस प्रकार वर्तमान मूल्य विनियोजित मूल्य से अधिक है अत: यह प्लान्ट क्रय करना कम्पनी के लिए लाभदायक रहेगा।

उदाहरण 7- एक फर्म का प्रबन्ध 75,000 रू. लागत की परियोजना में विनियोग करने का विचार कर रहा है। इसका 5 वर्ष के जीवनकाल के अंत में अवशिष्ट मूल्य 5,000 रू. होगा। यातायात व स्थापना व्यय क्रमश: 2,500 रू. तथा 12,500 रू. होने की सम्भावना है। यदि परियोजना को स्वीकार कर लिया जाता है तो 5,000 रू. के अतिरिक्त पूर्जो का स्कन्ध क्रय करना एवं रखना होगा। यह अनुमान है कि 5 वर्ष पश्चात् अतिरिक्त पुर्जो का अवशिष्ट मूल्य उनकी मूल लागत का 40 प्रतिशत होगा।

परियोजना से वार्षिक आगम 85,000 रू. होने की सम्भावना है तथा वार्षिक सामग्री श्रम, निरीक्षण व्यय क्रमशः 7,500 रू., 25,000 रू. तथा 2,500 रू. होंगे। 5 वर्षों के लिए ह्रास तथा कर की राशि निम्न प्रकार होगी :

The management of a firm is considering an investment project costing Rs. 75,000. It will have a scrap value of Rs. 5,000 at the end of its 5 years life. Transportation and installation charges are expected to be Rs. 2,500 and Rs. 12,500 respectively. If the project is accepted, a spare parts inventory of Rs. 5,000 must also be acquired and maintained. It is estimated that the spare parts will have an estimated scrap value of 40% of their initial costs after 5 years.

Annual revenue from the project is expected to be Rs. 85,000 and annual material, labour and supervision expenses are estimated to be Rs. 7,500, Rs. 25,000 and Rs. 2,500 respectively. The depreciation and taxes for each of the five years will be —

Year	1	2	3	4	5
Depreciation (Rs.)	36,000	21,600	16,200	20,800	400
Taxes (Rs.)	10,600	11,360	13,520	15,680	19,840

प्रत्येक वर्ष के लिए शुद्ध रोकड़ प्रवाहों तथा परियोजना लागत की गणना कीजिये। परियोजना का 12 प्रतिशत ब्याज दर पर मूल्यांकन कीजिये।

Calculate Net cash flows for each year and cost of the project. Evaluate the project at 12% rate of interest.

Note : The discount factors at 12% are —

Year	1	2	3	4	5
Factor	.9	.8	.7	.6	.57

Solution :

Cost of the Project/Cash outflows:	Rs.
Cost of the project	75,000
Transportation charges	2,500
Installation charges	12,500
Spare parts Inventory	5,000
	95,000

			Rs.
	Annual profits before depreciation and taxes:		
	Annual Income		85,000
Less:	Material	7,500	
	Labour	25,000	
	Supervision	2,500	35,000
	Income before tax and depreciation		50,000

Net cash Inflow and Present Value

Year	Income before tax & Dep.	Depreciation	Tax	After tax Profit	Add Back Profit	Net Cash Inflow	P.V. factor at 12%	Present Value
1	50,000	36,000	10,600	3,400	36,000	39,400	.9	35,460
2	50,000	21,600	11,360	17,040	21,600	38,640	.8	30,912
3	50,000	16,200	13,520	20,280	16,200	36,480	.7	25,536
4	50,000	20,800	15,680	13,520	20,800	34,320	.6	20,592
5	50,000	400	19,840	29,760	400	30,160	.57	17,191
	Scrap Value — Project					5,000	.57	2,850
	Scrap Value — Spare parts (40%)					2,00	.57	1,140
					Total	186,000		1,33,681

मूल्यांकन - परियोजना से प्राप्त कुल रोकड़ अंतर्वाह का वर्तमान मूल्य 1,33,681 रू. इसके रोकड़ बहिर्वाहों अर्थात् लागत (95,000 रू.) से अधिक है, अतः परियोजना को स्वीकृत करने की अनुशंसा की जाती है।

शुद्ध वर्तमान मूल्य - इसे भी कहते हैं। यह वर्तमान मूल्य एवं विनियोग के मूल्य का अन्तर होता है। यदि दो या अधिक परियोजनाओं में से किसी एक का चुनाव करना हो और सब में विनियोग समान हो तो जिस परियोजना का शुद्ध वर्तमान मूल्य ज्यादा होगा उसका चुनाव किया जायेगा।

उदाहरण -एवरग्रीन लिमिटेड एक मशीन खरीदने का विचार रखती है। दो मशीनें नं. 2 उपलब्ध हैं, जिनमें से प्रत्येक की लागत 60,000 रू. है। मशीनों की लाभदायकता की तुलना करने हेतु बट्टे की दर 10 प्रतिशत अनुमानित की गई है। कर के प्रावधान के बाद प्राप्तियाँ इस प्रकार से होंगी —

Evergreen Ltd. is considering the purchases of a machine. Two machine No. 1 and No. 2 are available, each costing Rs. 60,000. In comparing the profitability of the machines, a discount rate of 10% is to be used. Earnings after taxation are expected to be as follows:

Year	Machine No.1	Machine No. 2
	Rs.	Rs.
1	15,000	8,000
2	25,000	15,000
3	20,000	25,000
4	20,000	30,000
5	15,000	22,000

विनियोग प्रस्तावों में कौन-सी मशीन अधिक लाभप्रद होगी?

नोट : एक रुपये का वर्तमान मूल्य 10 प्रतिशत के बट्टे पर 1, 2, 3, 4 और 5 वर्ष के अन्त में क्रमशः 0.9091; 0.8264; 0.7513; 0.6830 और 0.6209 है।

Indicate which machine would be a more profitable investment.

Note : The present value of Re. 1 is ciscounted at 10% after the end of the 1, 2, 3, 4 and 5 years is 0.9091; 0.8264; 0.7513; 0.6830 and 0.6209 respectively.

Solution :

Calculation of Present Value

	Machine No. 1			Machine No.2		
Year	Cash Inflow Rs.	P.V. factor at 10%	P.V. Rs.	Cash Inflow Rs.	P.V. factor at 10%	P.V. Rs.
1	15,000	0.9091	13,637	8,000	0.9091	7,273
2	25.000	0.8264	20,660	15,000	0.8264	12,396
3	20,000	0.7513	15,026	25,000	0.7513	18,783
4	20,000	0.6830	13,660	30,000	0.6830	20,490
5	15,000	0.6209	9,313	22,000	0.6209	13,660
			72,296			72,602

इस प्रकार वर्तमान मूल्य के आधार पर मशीन नं. 2 अधिक लाभप्रद होगी क्योंकि मशीन नं. 2 का वर्तमान मूल्य 72,602 रू. मशीन नं. 1 के वर्तमान मूल्य 72,296 रू. से अधिक है।

नोट (अ) गणना निकटतम मूल्यों में की गई है।

(ब) कर के प्रावधान के बाद प्राप्तियों को ही रोकड़ अन्तर्वाह मान लिया गया है।

उदाहरण 9-एक कम्पनी दो परस्पर अपवर्जी विनियोग प्रस्तावों का मूल्यांकन करना चाहती है। कम्पनी का प्रबन्ध नये विनियोग प्रस्ताव के मूल्यांकन हेतु, शुद्ध वर्तमान मूल्य पद्धति काम में लेता है। कम्पनी को सलाह दीजिये कि कौन-सा प्रस्ताव स्वीकार करना चाहिए? ह्रास की सीधी रेखा पद्धति से काटा जाता है।

A Company is examining two mutually exclusive investment proposals. The Management uses net Present Value (NPV) method to evaluate new investment proposals. Advise the company which proposal should be taken up by it. Depreciation is charged at straight the method:

Year	Proposal A (Cash flow before tax) Rs.	Proposal B (Cash flow before tax) Rs.
1	19,000	19,000
2	19,000	23,000
3	19,000	25,000
4	19,000	19,000
Cost of Capital	10%	10%
Cost of Project	Rs. 23,000	Rs. 25,000
Life	4 Years	5 Years
Salvage value	Rs. 3,000	Rs. 5,000
Tax rate	50%	50%

Solution:

Calculation of Cash Inflow & Present Value

A	*Proposal A*						
Year	*Cash flow before tax*	*Tax*	*Cash flow after tax*	*Depreciation*	*Cash Inflow*	*P. Value factor at 10%*	*Present Value*
1	19,000	9,500	9,500	5,000	14,500	.909	13,180
2	19,000	9,500	9,500	5,000	14,500	.826	11,977
3	19,000	9,500	9,500	5,000	14,500	.751	10,890
4	19,000	9,500	9,500	5,000	14,500	.683	9,904
Salvage Value					3,000	.683	2,049
Total							48,000

Calculation of Cash Inflow & Present Value

A	*Proposal A*						
Year	*Cash flow before tax*	*Tax*	*Cash flow after tax*	*Depreciation*	*Cash Inflow*	*P. Value factor at 10%*	*Present Value*
1	19,000	9,500	9,500	4,000	13,500	.909	12,272
2	23,000	11,500	11,500	4,000	15,500	.826	12,803
3	25,000	12,500	12,500	4,000	16,500	.751	12,392
4	19,000	9,500	9,500	4,000	13,500	.683	9,220
Salvage Value					5,000	.683	3,415
Total							50,102

Present Value Index of A $= \frac{48000}{23000} = 2.09$

Present Value Index of B $= \frac{50102}{25000} = 2.00$

सलाह : प्रस्ताव A का वर्तमान मूल्य सूचकांक अधिक है अत: इसका ही चुनाव किया जाना चाहिए।

उदाहरण 10–भारत कम्पनी लिमिटेड के प्रबन्धक एक नवीन प्लान्ट को क्रय करने के प्रश्न पर विचार कर रहे हैं। 'अ' तथा 'ब' दो वैकल्पिक प्लान्ट उपलब्ध हैं। जिनमें से प्रत्येक की पूँजी की लागत 5,00,000 रू. है। प्रत्येक प्लान्ट का प्रत्याशित जीवन काल पाँच वर्ष है। उनका रोकड़ प्रवाह निम्न प्रकार से होने की आशा है :

The management of Bharat Company Ltd. is considering the purchases of a new plant. Two alternative plants A and B available, each costing Rs. 5,00,000. The expected life of each plant is 5 years. The cash flows are expected to be as follows :

Year	1	2	3	4	5
Cash Flows					
Plant A (Rs.)	40,000	1,20,000	1,60,000	2,40,000	1,60,000
Plant B (Rs.)	1,20,000	1,60,000	2,00,000	1,20,000	1,60,000

उपर्युक्त सूचनाओं के आधार पर : (अ) प्रत्यावर्तन अवधि; (ब) औसत प्रत्याय की दर; तथा (स) शुद्ध वर्तमान मूल्य विधियों का उपयोग करते हुए ज्ञात कीजिए कि कौन से प्लान्ट को अधिमान्यता प्रदान की जानी चाहिए।

उपर्युक्त (स) के अन्तर्गत रोकड़ प्रवाहों के वर्तमान मूल्यों की गणना 10 प्रतिशत डिस्काउन्ट दर के आधार पर कीजिये। एक रूपये का वर्तमान मूल्य 0.909 एक वर्ष; 0.826 दो वर्ष; 0.751 तीन वर्ष; 0.683 चार वर्ष तथा 0.621 पाँच वर्ष के लिए।

State which Plant will be more preferable using :

(i) Pay-back period (ii) Accounting rate of return

(iii) Net present value method

While calculating the present values of cash flows under (iii) above, use a discount rate of 10 per cent. Present value of Re. 1 @ 10% is 0.909 for one year; 0.826 for two years; 0.751 for three years; 0.683 for four years and 0.621 for five years.

Year	Plant A		Plant B	
	Annual Cash Inflow	Cumulative Cash Inflow	Annual Cash Inflow	Cumulative Cash Inflow
	Rs.	Rs.	Rs.	Rs.
1	40,000	40,000	1,20,000	1,20,000
2	1,20,000	1,60,000	1,60,000	2,80,000
3	1,60,000	3,20,000	2,00,000	4,80,000
4	2,40,000	5,60,000	1,20,000	6,00,000
5	1,60,000	7,20,000	1,60,000	7,60,000

(i) Pay-back Period :

Plant A 3.75 years $\left(\frac{180000}{240000}\right)$ Plant B 3.16 years $\left(\frac{20000}{120000}\right)$

(ii) Calculation of Average Rate of Return on Average Investment:

$$\text{Rate of Return} = \frac{\text{Annual Average Income}}{\text{AverageInvestment}} \text{ x } 100$$

Plant A:

	Rs.
Average Annual Income : Total Cash Inflows	7,20,000
Less: Total Depreciation	5,00,000
Total Income	2,20,000

Annual Average Income $= \frac{220000}{5} = 44,000$

Plant B:

	Rs
Total Cash Inflows	7,60,000
Less : Total Depreciation	5,00,000
	2,60,000

Annual Average Income $\frac{260000}{5} = 52,000$

Average Rate of Return on Plant A $= \frac{Rs.44000}{Rs.250000} \times 100 = 17.6\%$

on Plant B $= \frac{Rs.52000}{250000} \times 100 = 20.80\%$

	Plant A			Plant B		
Year	Cash Inflow Rs.	P.V. factor at 10%	P.V. Rs.	Cash Inflow Rs.	P.V. factor at 10%	P.V. Rs.
1	40000	0.909	36360	120000	0.909	109080
2	120000	0.826	99120	160000	0.826	132160
3	160000	0.751	120000	200000	0.751	150200
4	240000	0.683	163920	120000	0.683	81960
5	160000	0.621	99360	160000	0.621	99360
		Total P.V.	5,18,920			572760
		Less : Initial Investment	500000			500000
		Net Present Value	18920			72760

उदाहरण 11- एक्स लि. अपनी वर्तमान क्षमता को बढ़ाने के लिये नई मशीन को खरीदने के बारे में सोच रही है। मशीन 'A' एवं 'B' क्रमशः 70,000 रू. एवं 80,000 रू. के मूल्य पर उपलब्ध हैं। कम्पनी दो मशीनों में से कोई भी क्रय कर सकती है। कम्पनी की वांछित कट-ऑफ दर 20 प्रतिशत है। रोकड़ प्रवाह इस प्रकार अनुमानित किये गये हैं:

X Ltd. is planning to increase its present capacity and is considering the purchase of new machines. Machines A and B available at a price of Rs. 70,000 and Rs. 80000 respectively. The company can buy either of two machines. The cut off rate required by the company is 20%. Cash flows have been estimated as follows:

Cash Flows

Year	**Machine A**	**Machine B**
	Rs.	**Rs.**
1	22000	16000
2	30000	24000
3	40000	36000
4	32000	48000
5	16000	30000
	140000	154000

20 प्रतिशत अपलेखित दर पर एक रू. का वर्तमान मूल्य प्रथम पाँच वर्षों के लिये क्रमशः 0.833, 0.694, 0.579, 0.482 एवं 0.402 है। दोनों में से कौन-सी मशीन कम्पनी को क्रय करनी चाहिये एवं क्यों ?

Present value of Re. 1 at the discount rate of 20% p.a. for the first 5 years is 0.833, 0.684, 0.579, 0.482 and 0.402 respectively. Which of the two machines should the company buy and why ?

Solution :

Calculation of Net Present Value

	Plant A			Plant B		
Year	Cash Inflow Rs.	P.V. factor at 10%	P.V. Rs.	Cash Inflow Rs.	P.V. factor at 10%	P.V. Rs.
1	22000	0.833	18326	16000	0.833	13328
2	30000	0.694	20820	24000	0.694	16656
3	40000	0.579	23160	36000	0.579	20844
4	32000	0.482	15424	48000	0.482	23136
5	16000	0.402	6432	30000	0.402	12060
		Total P.V.	84162			86024
		Less : Initial Investment	70000			80000
		Net Present Value	14162			6024

$$\text{Net Present Value Index or Profitability Index} = \frac{NPV}{I} \times 100$$

$$A = \frac{14163}{70000} \times 100 = 20.23\% \qquad B = \frac{6024}{80000} \times 100 = 7.53\%$$

मशीन A का लाभदायकता निर्देशांक B के निर्देशांक से ज्यादा है, अतः मशीन को प्राथमिकता दी जानी चाहिये।

उदाहरण 12-: एक कम्पनी का प्रबन्ध तीन अपवर्जी परियोजनाओं पर विचार कह रहा है जिनमें से स्वतन्त्र रूप से किसी का भी चुनाव किया जा सकता है। कम्पनी के पास आवश्यक कोष हैं किन्तु एक से ज्यादा परियोजना नहीं ले सकती है। कम्पनी की पूँजी की सम्पूर्ण लागत 10 प्रतिशत है एवं परियोजनाओं से सम्भावित रोकड़ प्रवाह नीचे दिये गये है:

Company manager is considering three projects which are not at all mutually connected and any of them can independently be selected. The company has necessary funds but cannot take up more than one project. The overall cost of the capital of the company is 10% and expected cash flows from the projects are given below:

Cash flow (Income)

Project No.	Investment required now	Year I	Year II	Year III.	Year IV	Year V
1	10000	12000	3000	—	—	—
2	14000	—	—	10000	5000	7000
3	9000	—	4000	5000	5000	2000

आप प्रबन्ध को सलाह दीजिए कि उन्हें कौन सी परियोजना का चुनाव करना चाहिए। अपनी सलाह के कारण दीजिए

You are requested to advice the management as to which project they should take up. Give reasons for your advice.

Solution :

	Cash Inflow			P.V.	Present Value		
Year	Project 1	Project 2	Project 3	factor @ 10%	Project 1	Project 2	Project 3
1	12000	—	—	0.909	10908	—	—
2	3000	—	4000	0.826	2478	—	3304
3		10000	5000	0.751	—	7510	3755
4		5000	5000	0.683	—	3415	3415
5		7000	2000	0.621	—	4347	1242
				Total	13386	15272	11716

$$NPVI = \frac{\text{Net Present Value of Cash Inflow}}{\text{Present Value of Cash Outflow}} \times 100$$

Project A $\frac{3386}{10000} \times 100 = 33.86\%$

Project B $\frac{1272}{14000} \times 100 = 9.09\%$

Project C $\frac{2716}{9000} \times 100 = 30.18\%$

Conclusion : उपर्युक्त सभी परियोजनाओं के NPVI धनात्मक है, अतः सभी प्रस्ताव स्वीकार योग्य है। प्राथमिकता की दृष्टि से क्रमशः Project 1, 3, व 2 का चुनाव करना चाहिए।

उदाहरण 13- एक परियोजना जिसकी लागत 40 लाख रूपया है, के 10 वर्ष के जीवनकाल के अंत में सम्भावित अवशिष्ट मूल्य 4 लाख रूपया है। फर्म की कट ऑफ दर 12 प्रतिशत है। परियोजना से कम के पश्चात सम्भावित वार्षिक लाभ 4 लाख रू. है, ह्रास सीधी रेखा पद्धति पर चार्ज किया जाता है। 12 प्रतिशत वार्षिक दर पर, 10 वर्ष तक प्रतिवर्ष प्राप्त होने वाले एक रूपये का वर्तमान मूल्य 5650 तथा 10वें वर्ष के अन्त में प्राप्त एक रूपये का वर्तमान मूल्य 0.322 है।

परियोजना के शुद्ध वर्तमान मूल्य की गणना कीजिये व बतलाइये कि क्या परियोजना को स्वीकार करना चाहिए।

A Project costing Rs. 40 Lakhs has a life of 10 years at the end of which its scrap value is likely to be Rs. 4 lakhs. The firm's cut off rate is 12%. The Project is expected to yield an annual profit after tax of Rs. 4 Lakhs, depreciation being charged on straight line basis. At 12% p.a. the present value of one rupee received annually for 10 years is Rs. 5650 and the value of one rupee received at the end of 10th year is Rs. 0.322.

Ascertain the net present valve of the project and state whether we should go in for the project.

Solution :

Calculation of annual cash Inflow i.e. Project after tax, but before depreciation

	Rs.
Profit after tax given in the problem is	400000
Depreciation (Rs. 40 lac-4 lac/10 year Annual Cash Inflow)	360000
	760000
Present Value of annual inflows of Rs. 760000 for 10 years at the present value factor 5.650 = 7,60,000 x 5.650	4294000
Present value of the scrap value of Rs. 4 lakhs at the end of the 10th year at the present valve factor of 0.322 = 400000 x 0.322	128800
Total Present Value	4422800
Total Cash outflows	4000000
Total Present Value of the future Cash Inflows	4422800
Excess of the sum of the present values of inflows	422800

मूल्यांकन : परियोजना के रोकड़ अंतर्वाहों का वर्तमान मूल्य इसकी मूल लागत से अधिक है। अत: परियोजना लाभदायक है, जिसे स्वीकार कर लेना चाहिए।

उदाहरण 14- पाँच स्वतन्त्र विनियोग प्रस्तावों के महत्त्वपूर्ण वित्तीय बिन्दु इस प्रकार हैं:

The following is the summary of the important financial data in respect of five independent investment proposals—

Proposal	Initial Investment	Annual Cash flow	Life in years
A	60000	8000	15
B	88000	15000	22
C	2150	1000	3
D	20500	3000	10
E	425000	150000	20

प्रस्तावों का क्रम निर्धारण कीजिए :

Rank these proposals according to —

(1) Pay-back Period method, and

(2) Present value index method (Cost of Capital : 6%)

Solution

(i) Ranking according to pay back method

Proposal	Initial Investment	Annual Cash flow	Pay Back Period	Rank
A	60000	8000	7 year 6 months	5
B	88000	1500	5 year 10 mon. 12 day	3
C	2150	1000	2 year 1 months 9 day	1
D	20500	3000	6 year 10 months	4
E	425000	150000	2 year 10 months	2

(ii) Ranking According to Present Value Index Method

Proposal	Annual Cash flow	Pr.V. Factor	Life (in year)	Pr.V. of Total Cash flow	Initial Outlay	Present value Index (on Re.1)	Index method Rank
A	8000	9.712	15	77696	60000	1.29	3
B	15000	12.042	22	180630	88000	2.05	2
C	1000	2.673	3	2673	2150	1.24	4
D	3000	7.360	10	22080	20500	1.08	5
E	150000	11.490	20	1720500	425000	4.05	1

उदाहरण 15- एक पूँजी परियोजना के निम्नलिखित विवरणों से परिगणना कीजिये :

From the following particulars of a capital project find:

(i) Pay-back period.

(ii) Rate of return (ROI)

(iii) Present Value Index (Cost of Capital is 10%)

प्रारम्भिक पूँजी 12,000 रू. वार्षिक रोकड़ अन्तर्वाह 2,000 रू. जीवन काल 8 वर्ष, 8 वर्ष के लिए प्रतिवर्ष प्राप्त 1 रू., का वर्तमान मूल्य 5.3349 है।

Initial Capital Rs. 12,000, Annual Cash inflows Rs. 2,000, life in years 8, Present Value of Re. 1 received annually for 8 years is 5.3349.

Solution:

(i) Pay-back period :

$$= \frac{\text{Initial Outlay}}{\text{Annual Cash Inflows}} = \frac{\text{Rs.12000}}{\text{Rs.2000}} = 6 \text{ years}$$

(ii) Rate of Return:

$$\frac{\text{Average Annual Income}}{\text{Average Investment}} \times 100 = \frac{\text{Rs.500}}{\text{Rs.6000}} \times 100 = 8.33\%$$

Note:

Avg. Annual Income : Cash Inflow — Depreciation

$$= 2000 \ (-) \ (12000 \div 8)$$

$$= 2000 \ (-) \ 1{,}500 = \text{Rs. } 500$$

$$\text{Avg. Investment} = \frac{\text{Initial Investment + Scrap Value}}{2}$$

$$\frac{12000}{2} = \text{Rs. } 6{,}000$$

(iii) Present Value Index:

$$\frac{\text{Present value of Cash Inflow}}{\text{Initial Investment (Initial Cash Outflow)}}$$

$$\frac{\text{Rs.10659.8}}{\text{Rs.12000}} \text{ Rs. } 0.89$$

Calculation of Present value of Cash Inflows:

2,000 x 5.3349 = Rs. 10,659.8

उदाहरण 16- एक कम्पनी प्लान्ट क्रय करने की सोच रही है जिसके विवरण इस प्रकार है:

A company is considering the purchase of a plant for which the details are as follows:

Initial Investment Rs. 25,000;

Cash Inflows per year : 1. Nil; 2. Rs. 5,000; 3. Rs. 8,000; 4. Rs. 12,000; 5. Rs. 15,000 and 6. Rs. 15,000.

आन्तरिक प्रत्याय दर की गणना कीजिये। Calculate the Internal Rate of Return.

Solution

	First attempt at 18%			Second attempt at 20%	
Year	Cash Inflow Rs.	P.V. factor	P.V. Rs.	P.V. factor	P.V. Rs.
1	—	—	—	—	—
2	5,000	0.781	3,590	0.694	3,470
3	8,000	0.609	4,872	0.579	4,632
4	12,000	0.516	6,192	0.482	5,784
5	15,000	0.437	6,555	0.402	6,030
6	15,000	0.370	5,550	0.335	5,025
		Total P.V.	26,759		24,941
		Less : Initial Investment	25,000		25,000
		(Residue or Difference)	1,759		— 59

सर्वप्रथम हमने 18 प्रतिशत की दर प्रयुक्त की। इसमें P.V. 26,759 रू. Investment से अधिक है इसलिए ऊँची दर 20 प्रतिशत का प्रयोग किया। 20 प्रतिशत की दर से अपलेखित करने पर वर्तमान मूल्य 24,941 रू विनियोग से कम आया। किन्तु यह 25,000 रू. के अधिक नजदीक है अत: आन्तरिक प्रत्याय की दर 20 प्रतिशत कही जा सकती है। यदि हमें सही दर की गणना करनी हो तो यह 18 से ज्यादा किन्तु 20 प्रतिशत से कम होगी। अत: निम्नलिखित सूत्र द्वारा इसका अन्तर्गणन करके शुद्ध दर ज्ञात की जा सकती है:

$$r = LDR + \frac{\text{Residue of LDR}}{\text{Residue of LDR-Residue of HDR}} \times (HDR-LDR)$$

जबकि r = आन्तरिकत प्रत्याय की दर (Internal Rate of Return) LDR = Lower Discount Rate, HDR = Higher Discount Rate.

उपर्युक्त उदाहरण के मूल्य इस सूत्र में प्रतिस्थापित करने पर :

$$r = 18 + \frac{1759}{1759-(-59)} \times (20-18) = 18 + 1.93 = 19.93\%$$

इस प्रकार यह दर ठीक (exact) 19.93 प्रतिशत होगी।

उदाहरण 17 -एक कम्पनी दो परस्पर अपवर्जी परियोजनाओं में से एक परियोजना के चुनाव पर विचार कर रही है। कम्पनी की पूँजी लागत 10 प्रतिशत है तथा परियोजनाओं से कर पश्चात् शुद्ध रोकड़ प्रवाह इस प्रकार है:

A company is considering to select a project out of the two mutually exclusive projects. The company's cost of capital is 10% and net after tax cash flow of the project are as follows:

Year	0	1	2	3	4	5
Project 'P' (Rs.)	600000	105000	240000	270000	225000	60000
Project 'Q' (Rs.)	600000	655000	30000	25000	18000	10000

(i) प्रत्येक परियोजना का शुद्ध वर्तमान मूल्य (NPV) तथा आन्तरिक प्रत्याय दर (IRR) की गणना कीजिये।

Calculate the NPV and IRR of each project.

(ii) कारण सहित बताइये कि आप कौन-सी परियोजना की अनुशसा करेंगे?

State, with reasons, which project you would prefered.

The discount factors are as follows:

Year	0	1	2	3	4	5
Discount factor at 10%	1	0.91	0.83	0.75	0.68	0.62
Discount factor at 20%	1	0.83	0.69	0.58	0.48	0.41

Solution :

Calculation of NPV and IRR of Project 'P'

Year	Cash Inflow Rs.	Discount Factor at 10%	Present Value Rs.	Discount Factor at 20%	Present Value Rs.
1	105000	0.91	95550	0.83	87150
2	240000	0.83	199200	0.69	165600
3	270000	0.75	202500	0.58	156600
4	225000	0.68	153000	0.48	108000
5	60000	0.62	37200	0.41	24600
		Total P.V.	687,450		541950
		Less : Initial outlay	600000		600000
		Net Present Value	87450		(-) 58050

IRR 10% व 20% के मध्य हैं जिसकी गणना अन्तरगणन विधि से इस प्रकार की गई है :

$$IRR = LDR + \frac{P_1\text{-}Q}{P_1\text{-}P_2} \times (HDR\text{-}LDR)$$

$$= 10 + \frac{687450\text{-}600000}{687450\text{-}541950} \times (20\text{-}10)$$

$$= 10 + \frac{87450}{145500} \times 10$$

$$= 10 + 6.01 = 16.01\%$$

Calculation of NPV and IRR of Project 'Q'

Year	Cash Inflow Rs.	Discount Factor at 10%	Present Value Rs.	Discount Factor at 20%	Present Value Rs.
1	655000	0.91	596050	0.83	543650
2	30000	0.83	24900	0.69	20700
3	25000	0.75	18750	0.58	14500
4	18000	0.68	12240	0.48	8640
5	10000	0.62	6200	0.41	4100
		Total P.V.	658140		591950
		Less : Initial Investment	600000		600000
			58140		(-) 8410

IRR 10% और 20% के मध्य हैं जिसकी गणना अन्तरगणन विधि से इस प्रकार की गई है:

$$IRR = LDR + \frac{P_1\text{-}Q}{P_1\text{-}P_2} \times (HDR\text{ -}LDR)$$

$$= 10 + \frac{658140\text{-}600000}{658140\text{-}591590} \times (20 - 10)$$

$$= 10 + \frac{58140}{66550} \times 10$$

$$= 10 + 8.74 = 18.74\%$$

अनुशंसा : परियोजना P जिसका धनात्मक शुद्ध वर्तमान मूल्य अधिक है, के चयन की अनुशंसा की जाती है। यदि आन्तरिक प्रत्याय दर विधि का प्रयोग किया जाता है तो परियोजना 'Q' का चयन किया जाना चाहिए क्योंकि इसकी IRR 18.74% अधिक है। किन्तु निरपेक्ष रूप में प्रत्याय 6,87,450 रू. अधिक होने के कारण परियोजना P का ही चयन करना चाहिए।

उदाहरण 1{ – राघव कम्पनी दो परस्पर अपवर्जी परियोजनाओं पर विचार कर रही है। इस हेतु निम्नलिखित सूचनायें हैं :

Raghav Co. is considering two mutually exclusive projects. The following are the information for the same:

Initial outlay	Rs. 40,000
Life of the project (in year)	5
Required rate of return	10%
Tax rate	55%

परियोजना से शुद्ध रोकड़ अंतर्वाह, कर तथा ह्रास से पूर्व निम्न प्रकार है:

The net cash inflows before tax an depreciation are :

Year	1	2	3	4	5
Project 'X'	16000	16000	16000	16000	16000
Project 'Y'	16000	20000	8000	24000	16000

परियोजनाओं पर ह्रास सीधी रेखा पद्धति पर लगाया जाता है। आपको गणना करनी है:

(अ) प्रत्येक परियोजना की पुनर्भुगतान अवधि,

(ब) प्रत्येक परियोजना की औसत/प्रत्याय,

(स) प्रत्येक परियोजना का शुद्ध वर्तमान मूल्य तथा लाभदायकता सूचकांक,

(द) प्रत्येक परियोजना की आन्तरिक प्रत्याय दर।

किस परियोजना को चुना जाये और क्यों ?

The Project will be depreciated on straight line method. You are requested to calculate:

(a) The pay-back period of each project.

(b) The average rate of return for each project.

(c) The net present value and profitability index for each project.

(d) The internal rate of return for each project.

Which project should be accepted and why?

Solution :

Calculation of Cash Inflow after tax

Particulars	Project 'X' Equal for each Year	Project 'Y'				
	Rs.	1 Year Rs.	2 Year Rs.	3 Year Rs.	4 Year Rs.	5 Year Rs.
Cash Inflows before taxes and dep.	16000	16000	20000	8000	24000	16000
Less: Depreciation	8000	8000	8000	8000	8000	8000
Income before tax	8000	8000	12000	—	16000	8000
Less Tax @ 55%	4400	4400	6600	—	8800	4400
Net Income	3600	3600	5400	—	7200	3600
Add: Depreciation	8000	8000	8000	8000	8000	8000
Cash Inflow	11600	11600	13400	8000	15200	11600
Cumulative Cash Inflows	—	11600	25000	33000	48200	59800

(a) Pay-back Period:

$$\text{Project X} = \frac{\text{Initially outlay}}{\text{Annual cash Inflow}} = \frac{\text{Rs.}40000}{\text{Rs.}11600} = 3.45 \text{ years}$$

$$\text{Project Y} = 3 + \frac{40000 - 33000}{15200} = 3 + .46 = 3.46 \text{ years.}$$

(b) Average rate of return :

$$\text{ARR} = \frac{\text{Average annual Income after tax and dep}}{\text{Average Investment}} \times 100$$

$$\text{Project A} = \frac{3600}{20000} \times 100 = 18\%$$

$$\text{Project B} = \frac{3960}{20000} \times 100 = 19.8\%$$

Average Income = Rs. 3600 + 5400 + 0 + 7200 + 3600/5 = Rs. 3960

Average Investment = 1/2 x 40000 = Rs. 20000

(c) Net Present Value and Profitability Index :

Calculation of Net Present Value

	Cash Inflow		P.V. factor	Present Value	
Year	Project A Rs.	Project B Rs.	@ 10%	Project A Rs.	Project B Rs.
1	11600	11600	0.909	10,544	10544
2	11600	13400	0.826	9582	11068
3	11600	8000	0.751	8712	6008
4	11600	15200	0.683	7923	10382
5	11600	11600	0.621	7203	7204
Total Present Value				43964	45206

Net Present Value = Total P.V. Initial Outlay

Project 'X' = Rs. 43964 - Rs. 40000 = Rs. 3964

Project 'Y' = Rs. 45206 - Rs. 40000 = Rs. 5206

$$\text{Profitability Index} = \frac{\text{Present Value of Cash Inflows}}{\text{Present Value of Cash Outflows}}$$

$$\text{Project 'X'} = \frac{\text{Rs.}43964}{\text{Rs.}40000} = 1.099$$

$$\text{Project 'Y'} = \frac{45206}{\text{Rs.}40000} = 1.130$$

(d) Internal rate of return :

Project 'X' इस परियोजना की रोकड़ अंतर्वाहों की राशि प्रतिवर्ष समान है, अतः सर्वप्रथम वर्तमान मूल्य कारक या अदायगी अवधि की गणना की जायेगी।

$$\text{P.V. Factor} \frac{I}{C} = \frac{\text{Rs.}40000}{\text{Rs.}11600} = 3.448$$

संचयी वर्तमान मूल्य सारणी में परियोजना के जीवन काल अर्थात् 5 वर्ष वाली पंक्ति में इस वर्तमान मूल्य कारक पर प्रत्याय दर 12 प्रतिशत है। इस 12 प्रतिशत की दर पर संचयी मूल्य कारक 3.605 है जो कि 3.448 से अधिक है। अतः वास्तविक प्रत्याय दर 12 प्रतिशत व 14 प्रतिशत के मध्य होनी चाहिए। वास्तविक दर की गणना अन्तराल विधि द्वारा की गई है जो कि इस प्रकार है:

P.V. at 12% = Rs. 11,600 x 3.605 = Rs. 41,818

P.V. at 14% = Rs. 11,600 x 3.433 = Rs. 39,823

$$IRR = LDR + \frac{P_1 - Q}{P_1 - P_2} \times (HDR - LDR)$$

LDR = Lower Discount Rate

P_1 = Present Value at lower rate of Interest

P_2= Present Value at Higher Rate of Interest

Q = Net cash outlay

$$= 12 + \frac{41818 - 40000}{41818 - 39823} \times (14 - 12)$$

$$= 12 + \frac{1818}{1995} \times 2$$

$$= 12 + 1.82 = 13.82\%$$

Project 'Y' रोकड़ प्रवाह समान नहीं है, अतः भू एवं सुधार विधि का प्रयोग किया जायेगा। इसके लिए वर्तमान मूल्य की गणना इस प्रकार की गई है:

$$P.V.\ Factor = \frac{\text{Initial outlay}}{\text{Avg. Annual Cash Inflow}}$$

$$= \frac{Rs.40000}{Rs.59800/5}$$

$$= \frac{Rs.40000}{Rs.11960} = 3.34$$

संचयी वर्तमान मूल्य सारणी में 5 वर्ष की पंक्ति में इस मूल्य कारक (3.34) पर प्रत्याय दर लगभग 15 प्रतिशत है। अतः प्रत्याय दर पर विभिन्न वर्षों के रोकड़ अंतर्वाहों का वर्तमान मूल्य ज्ञात करके विनियोग लागत से तूलना की जायेगी।

Year	Cash Inflow	Trial 1		Trial 2	
	Rs.	P.V.Factor at 15%	P.V. Rs.	P.V.Factor at 14%	P.V. Rs.
1	11600	0.870	10092	0.877	10173
2	13400	0.756	10130	0.769	10305
3	8000	0.658	5264	0.675	5400
4	15200	0.572	8694	0.592	8998
5	11600	0.497	5765	0.519	6020
Total Present Value			39945		40896

चूँकि रोकड़ अंतर्वाहों का वर्तमान मूल्य 15 प्रतिशत प्रत्याय दर पर विनियोग लागत से कम है, अत: आगामी जाँच पर इससे नीची 15 प्रतिशत ली गई है। इस दर पर रोकड़ अंतर्वाहों का वर्तमान मूल्य विनियोग की लागत से अधिक है, अत: प्रत्याय दर 14 प्रतिशत से अधिक होगी। वास्तविक प्रत्याय दर 15 प्रतिशत व 14 प्रतिशत के मध्य होगी जिसकी गणना अर्न्तगणन के सूत्र से इस प्रकार की गई है:

$$IRR = LDR + \frac{P1\text{-}Q}{P1\text{-}P2} \times (HDR - LDR)$$

$$= 14 + \frac{Rs.40896 - Rs.40000}{Rs.40896 - Rs.39945} \times (15 - 14)$$

$$= 14 + \frac{896}{951} \times 1 = 14.94\%$$

Conclusion	*Project 'X'*	*Project 'Y'*
(a) Pay back Period	3.45	3.46
(b) ARR	18%	19.8%
(c) NPV	Rs.3,964	Rs. 5,206
(d) Profitability Index	1.099	1.130
(e) IRR	13.82%	14.94%

उदाहरण 19–संजय मिल्य लिमिटेड एक नई मशीन क्रय करने पर विचार कर रही है, जो ऐसे कुछ कार्य करेगी जो वर्तमान में श्रमिकों द्वारा किये जा रहे है। X और Y वैकल्पिक माँडल है, निम्नलिखित सूचना उपलब्ध है।

Sanjay Mills Ltd. is considering the purchase of a new machine which will carry out some operations which are at present being performed by labour X and Y are alternative models. The following information is available :

	Machine X	*Machine Y*
Cost of Machine	Rs. 15,000	Rs. 24,000
Estimated life of Machine	5 Years	6 Years
Estimated Savings in Scrap p.a.	Rs. 1000	Rs. 1500
Estimated Cost of Indirect Materials p.a.	Rs. 600	Rs. 800
Estimated Savings in Direct Wages p.a.	Rs. 9000	Rs. 12000
Additional Cost of Maintenance p.a.	Rs. 700	Rs. 1100
Additional Cost of Surpervision p.a.	Rs. 1200	Rs. 1600

ह्रास सीधी रेखा पद्धति पर लगाया जायेगा। कर की दर 50 प्रतिशत अनुमानित की गई है। दोनों विकल्पों का मूल्यांकन (अ) पुनर्भुगतान पद्धति; (ब) औसत विनियोग पर असमायोजित प्रत्याय; तथा (स) शुद्ध वर्तमान मूल्य सूचकांक पद्धति (पूँजी की लागत 8 प्रतिशत) के आधार पर कीजिये। 8 प्रतिशत की दर पर यदि 1 रू. वार्षिक 5 वर्ष तक प्राप्त होता रहे तो उसका वर्तमान मूल्य 3.993 रू. तथा 6 वर्ष तक यदि प्राप्त होता रहे तो वर्तमान मूल्य 4.623 रू. है।

Depreciation will be taken on a straight-line basis. A tax rate of 50% is assumed. Evaluate the two alternatives according to (i) The Pay-back Method, (ii) Unadjusted Return on Average Investment Method, and (iii) Net Present Value Index Method (Cost of Capital 8%). The Present Value of Re. 1 at 8% p.a. received annually for 5 years being 3.993 and for 6 years being 4.623.

Solution :

Profitability Statement

Particulars	Machine X	Machine Y
Savings Per annum	Rs.	Rs.
Wages	9000	12000
Scarp	1000	1500
Total Savings (A)	10000	13500
Additional Cash Cost Per annum:		
Indirect Materials	600	800
Maintenance	700	1100
Supervision	1200	1600
Total Additional Cost (B)	2500	3500
Cost Saving Per annum (A)- (B)	7500	10000
Less: Depreciaion	3000	4000
	4500	6000
Less : Income tax (50%)	2250	3000
Actual Savings per annuma (after tax)	2250	3000
Add : Depreciation	3000	4000
Annual Cash Inflow	5250	7000

Evaluation of two projects :

1. Pay back Period = $\frac{\text{Initial Investment}}{\text{Annual Cash Inflow}}$

For Machine X = $\frac{\text{Rs.15000}}{\text{Rs.5250}}$ = 2.86 years

For Machine Y = $\frac{\text{Rs. 24000}}{\text{Rs.7000}}$ = 3.43 years

यदि पुनर्भुगतान अवधि के आधार पर निर्णय लिया जाए तो मशीन X का क्रय करना लाभदायक होगा क्योंकि इसकी पुनर्भुगतान अवधि Y से कम है।

2. Unadjusted Rate of Return on Average Investment :

= $\frac{\text{Annual Average Income (after tax)}}{\text{Average Investment}}$ x 100

For Machine X = $\frac{\text{Rs.2250}}{\text{Rs.7500}}$ x 100 = 30%

For Machine Y = $\frac{\text{Rs.3000}}{\text{Rs. 12000}}$ x 100 = 25%

यदि निर्णय औसत विनियोग पर असमायोजित प्रत्याय दर के आधार पर लिया जाये तो X मशीन का क्रय करना लाभदायक होगा क्योंकि प्रत्याय दर इसी की ज्यादा है।

3. Net Present Value Indes:

	Macine X Rs.	Machine Y Rs.
Present Value		
For Machine X = Rs. 5250 x 3.993	20963	
For Machine Y = Rs. 7000 x 4.623		32361
Less : Initial Investment	15000	24000
Net Present Value	5963	8361

Net Present Value Index = $\frac{\text{Net Present Value}}{\text{Initial Investment}}$ x 100

For Machine X = $\frac{\text{Rs.5963}}{\text{Rs.15000}}$ x 100 = 39.75%

For Machine Y = $\frac{\text{Rs. 8361}}{\text{Rs. 24000}}$ x 100 = 34.84%

इसी प्रकार, यदि निर्णय शुद्ध वर्तमान मूल्य सूचकांक के आधार पर लिया जाय तो भी X मशीन की ही प्राथमिकता देंगे इसका सूचकांक Y मशीन के सूचकांक से ज्यादा है।

उदाहरण 20. निम्नलिखित विवरण दो मशीनों एक्स तथा वाई से सम्बन्धित हैं:

The following details are related to Machines X and Y :

		Machine X Rs.	Machine Y Rs.
Cost		56125	56125
Estimated life		5 years	5 years
Estimated Salvage Value		3000	3000
Working Capital Required in the beginning		10000	20000
Annual Income after tax and Depreciation :		Rs.	Rs.
	Year I	3375	11375
	Year II	5375	9375
	Year III	7375	7375
	Year IV	9375	5375
	Year V	11375	3375

मशीन एक्स पर तीसरे वर्ष अन्त में ओवर हालिंग चार्जेज नकद 25000 रू. होगा। ह्रास सीधी रेखा पद्धति से काटा गया है। कटौती दर 10 प्रतिशत है।

Overhauling charges at the end of 3rd year would be Rs. 25000 in case of Machine X. Depreciation has been charged at Straight Line Method. Discounting rate is 10%, P.V.F. at 10% for five years are :

Year	I	II	III	IV	V
P.V.F.	.909	0.826	0.751	0.683	0.621

वर्तमान मूल्य रीति का प्रयोग करते हुए सुझाव दीजिये कि किस मशीन को चुनना चाहिये।

Using Present Value Mothed suggest which machine should be chosen.

Solution:

Calculation of Cash Inflows & Present Value

	Cash Inflow				
Year	Profit after tax Rs.	Depreciation Rs.	Cash Inflows Rs.	P.V. Factor at 10%	Present Value Rs.
1	3375	10625	14000	0.909	12726
2	5375	10625	16000	0.826	13216
3	7375	10625	18000	0.751	13518
4	9375	10625	20000	0.683	13660
5	11375	10625	35000*	0.621	21735
Total					74855

* This figure includes scrap value of machine and release of working capital at the end of 5th year.

Calculation of Cash Inflows& Present Value

* This figure includes scrap value of machine and release of working capital at the end of 5th year.

Cash Outflows of Machines:

	Machine X Rs.	Machine Y Rs.
Cost of Machines	56125	56125
Working Capital	10000	20000
Present value of Overhauling Charges (Rs. 25000 x 0.751)	18775	—
Total	84900	76125

मशीन एक्स के रोकड़ अन्तर्वाहों का वर्तमान मूल्य 74,855 रू. है जबकि रोकड़ बहिर्वाह 84,900 रू. है अत: इस मशीन में विनियोग करना हानिप्रद होगा जबकि वाई मशीन के रोकड़ अन्तर्वाहों का वर्तमान मूल्य रोकड़ बहिर्वाह से अधिक है अत: वाई मशीन में विनियोग लाभदायक है।

उदाहरण 21. 6 वर्ष पहले 1,50,000 रू. में खरीदी गई एक मशीन का अपलिखित मूल्य 90,000 रू. है। इसका जीवन काल 15 वर्ष एवं अवशिष्ट मूल्य शून्य अनुमानित किया गया। एक नई मशीन की लागत 2,50,000 रू. होगी जिससे अगले 9 वर्षों में 30,000 रू. प्रतिवर्ष के हिसाब से संचालन लागत में कमी होगी। पुरानी मशीन को 50,000 रू. में बेचा जा सकता है। पूँजी की लागत 10 प्रतिशत है। नई मशीन पर (जिसका अवशिष्ट मूल्य 25,000 रू. होगा) 9 वर्षों में सीधे रेखा पद्धति से मूल्य ह्रास अपलिखित किया जायेगा। कम्पनी की कर की दर 50 प्रतिशत है। क्या पुरानी मशीन को पुनर्स्थापित किया जाना चाहिए।

प्रथम वर्ष से आठवें वर्ष के अन्त तक 22,500 रू. प्रतिवर्ष प्राप्त होते रहेंगे। नवे वर्ष के अन्त में 22,500 रू. + 25,000 रू. (अवशिष्ट मूल्य) = 47,500 रू. प्राप्त होंगे।

क्योंकि नई मशीन के रोकड़ अन्तर्वाहों का वर्तमान मूल्य रोकड़ बहिर्वाहों से कम है अत: पुरानी मशीन को पुनर्स्थापित नहीं किया जाना चाहिये।

उदाहरण 22. दो परियोजनाएँ ऐसी हैं जिनमें से प्रत्येक के लिए 1,500 रू. की धनराशि का विनियोग चाहिये। प्रत्येक की अनुमानित जीवन आयु पाँच वर्ष है। प्रत्येक के लिए सीधी रेखा पद्धति से मूल्य ह्रास लगाया जाता है। कर की दर 50 प्रतिशत है। प्रत्येक का अवशेष मूल्य शून्य है। पूँजी की लागत 9 प्रतिशत है। निम्नलिखित तालिका में वार्षिक सकल लाभ दर्शाए गए हैं। क्या इन परियोजनाओं को अपनाया जा सकता है? यदि हाँ, तो बताइये कि इनमें से कौन-सी अधिक अच्छी है?

इस परियोजना के रोकड़ अन्तर्वाह पूरे जीवन काल में समान हैं अत:

पुनर्भुगतान अवधि विधि के अनुसार परियोजना A में विनियोग करना लाभदायक होगा क्योंकि परियोजना B की पुनर्भुगतान अवधि से कम है।

औसत प्रत्याय दर के आधार पर परियोजना A अधिक लाभदायक है क्योंकि इसकी दर B की दर से अधिक है। वैसे दोनों ही परियोजनायें स्वीकार करने योग्य हैं क्योंकि दोनों में ही प्रत्याय पूँजी की लागत से अधिक है।

प्रश्न

1. पूँजी व्यय निर्णय क्या है? समझाइये तथा पूँजी-व्यय निर्णय की विभिन्न विधियों की विवेचना कीजिये।

   What is a capital expenditure decision? Explain and discuss the various techniques of capital expenditure decisions.

2. पूंजी बजटन क्या है? बट्टा रोकड़ प्रवाह विधि पूँजी बजटन सम्बन्धी निर्णयों में किस प्रकार उपयोगी होती है।

   What is capital budgeting? In what manner is the Discounted Cash Flow technique useful in making capital budgeting decisions?

3. पूँजी बजटन में कटौती किये गये रोकड़ प्रवाह के महत्व का वर्णन कीजिये। अपने उत्तर की पुष्टि में उपयुक्त उदाहरण दीजिये।

Discuss the significance of Discounted Cash Flow in capital budgeting. Give appropriate examples to support your answer.

4. विभिन्न विनियोग प्रस्तावों के मूल्यांकन अथवा वरीयता को किन उपायो से परखा जा सकता है? एक पूँजी व्यय प्रस्ताव को चुनने में आन्तरिक वापसी की दर विचारधारा तथा वर्तमान मूल्य विचारधारा का तुलनात्मक अध्ययन कीजिये।

Discuss the methods used for evaluating and ranking of investment proposals. Make a comparative study of the internal rate of return approach with the present value approach in choosing a capital expenditure project.

5. पूँजीगत व्यय निर्णय करने के लिए कौन-कौन सी सूचनाओं की आवश्यकता होती है? वैकल्पिक पूँजीगत व्यय प्रस्तावों का मूल्यांकन करने की विभिन्न रीतियों के नाम बताइये। इनमें से किन्हीं दो रीतियों को उदाहरण देकर स्पष्ट करिये।

What information are needed for taking a capital expenditure decision? Name the various methods for evaluating alternative capital expenditure proposals. Explain and illustrate any two of them.

□□□

4

बैंकिंग कम्पनियों के खाते
(Accounts of Banking Companies)

'आधुनिक युग में बैंक आर्थिक समाज में अत्यन्त अधिक महत्त्व है', वास्तव में, व्यापार, उद्योग एवं वाणिज्य का जो बृहत् विकास हमें दिखाई देता है, उसमें बैंकों का एक बहुत महत्त्वपूर्ण योगदान रहा है। यदि विश्व की सम्पूर्ण अर्थव्यवस्था में से बैंकों को महत्त्व कम दिया जाए तो यह विश्व आर्थिक दृष्टि से सदियों पीछे पहुँच जायेगा।

भारतीय बैंकिंग नियमन अधिनियम, 1949 (Indian Banking Regulation Act, 1949) में बैंकिंग की परिभाषा इस प्रकार दी हुई हैं - बैंकिंग से आशय जनता को उधार देने या विनियोग करने के लिए जनता से मुद्रा में निक्षेप स्वीकार करना है जो माँग पर अथवा धनादेश, ड्राफ्ट आदि द्वारा वापस किया जाता है।

इस परिभाषा में यह स्पष्ट रूप से समझ लेना चाहिए कि व्यापार या निर्माण कार्य करने वाली कोई कम्पनी यदि अपनी वित्तीय व्यवस्था के लिए जमाएँ स्वीकार करती है, तो वह एक बैंकिंग कम्पनी नहीं कहला सकती।

बैंकिंग अधिनियम
(Banking Act)

1936 से पूर्व भारतवर्ष में बैंकों का नियमन कम्पनी अधिनियम, 1913 के अन्तर्गत होता था। कम्पनी अधिनियम में विनियोगकर्त्ताओं को कोई विशेष सुरक्षा प्राप्त नहीं थी, इसलिए 1936 में इस अधिनियम में कुछ विशेष व्यवस्थाएँ की गयीं। लेकिन इतना पर्याप्त नहीं था। बैंकिंग कम्पनी की प्रकृति अन्य कम्पनियों से सर्वथा भिन्न है, इस बात को ध्यान में रखकर एक अलग अधिनियम की आवश्यकता का अनुभव हुआ। परिणामस्वरूप, 1949 में 'भरतीय बैंकिंग कम्पनीज अधिनियम (Indian Banking Companies Act, 1949)पारित किया गया। 1966 में कुछ परिवर्तन के साथ इस अधिनियम का नाम भी बदलकर 'भारतीय

बैंकिंग नियमन अधिनियम, 1949' (Indian Banking Regulation Act, 1949) कर दिया गया। कई बार इस अधिनियम में संशोधन भी किये गये हैं।

बैंकों का राष्ट्रीयकरण (Nationalisation of Banks)- 19 जुलाई, 1969 को एक अध्यादेश के द्वारा देश के 14 प्रमुख बैंकों का राष्ट्रीयकरण कर दिया गया। इस अध्यादेश के विरूद्ध सुप्रीम कोर्ट में अपील की गई। 10 फरवरी 1970 को सुप्रीमकोर्ट ने सरकार के विरूद्ध फैसला दिया और अध्यादेश को अवैध घोषित कर दिया। 14 फरवरी 1970 को राष्ट्रपति ने पुन: अध्यादेश जारी करके 14 बैंकों का राष्ट्रीयकरण कर दिया। ये बैंक अब राष्ट्रीयकृत बैंक कहलाते हैं। 1980 में 6 और बैंकों का भी राष्ट्रीयकरण किया गया। इस प्रकार अब स्टेट बैंक समूह के अतिरिक्त कुल 20 बैंक राष्ट्रीयकृत हैं।

बैंकों के प्रमुख कार्य
(Main Functions of Banks)

आधुनिक बैंक रुपया जमा करने व रुपया उधार देने के अतिरिक्त भी बहुत से कार्य करते हैं तथा अपने ग्राहकों को अनेक सेवा-सुविधाएँ प्रदान करते हैं। बैंकों के प्रमुख कार्य अग्रलिखित हैं:

1. बैंक का प्रमुख कार्य जनता के धन को जमा या निक्षेप के रूप में स्वीकार करना है। जनता अपनी सुविधानुसार इस धन को चैक, ड्राफ्ट आदि द्वारा बैंक से वापस ले सकती है। लोगों की भिन्न-भिन्न मनोवृत्ति को ध्यान में रखकर बैंकों ने अलग-अलग खातों में रुपया जमा करने की सुविधाएँ दी है। जो लोग एक लम्बे समय तक बैंक मे रुपया रख सकते हैं वे सावधि जमा खाता (Fixed Deposit a/c) खोल सकते हैं। व्यापारियों के लिए, जिन्हें दिन में कई-कई बार रुपया जमा करने व निकालने की आवश्यकता होती हैं, चालू खाते (Current a/c) की सुविधा की गई है। इसी प्रकार, कम व्यवहार करने वाले लोगों को सेविंग्स बैंक खाते की सुविधा प्राप्त है। आजकल कई बैंक जमाओं को बढ़ाने के लिए लॉटरी पद्धति पर खाते खोलने के लिए भी प्रेरित करती हैं - जिन पर ब्याज तो मिलता ही है, साथ में लॉटरी भी निकल सकती है।

इस प्रकार बैंक मुख्य रूप से निम्न खातों में लोगों का रुपया जमा करते हैं:

(1) सावधि जमा खाता (Fixed Deposit a/c),

(2) चालू खाता (Current a/c),

(3) सेविंग्स बैंक खाता (Saving Bank a/c),

(4) अन्य आकर्षक खाते (Other Attractive a/c), जैसे रिकरिंग खाता, आदि।

इन सब खातों में जो रुपया जमा होगा, वह बैंक के लिए दायित्व (liabilities) है। अ: ये खाते बैंक के चिट्ठे में दायित्व पक्ष में 'Deposits and Other Accounts' शीर्षक के अन्तर्गत लिखे जाते हैं। इन खातों पर बैंक जो ब्याज देगा, वह बैंक के लिए एक व्यय है और इसे बैंक के लाभ-हानि खाते के डेबिट पक्ष में दिखाया जायेगा। बहुत से बैंक चालू खाते पर ब्याज नहीं देते हैं।

2. बैंकों का दूसरा प्रमुख कार्य जनता को रुपया उधार या अग्रिम देना है। रुपया उधार देने से बैंक को ब्याज के रूप में आय होती है। बैंक निम्न रूपों में रुपया उधार देते हैं:

1. ऋण, नकद साख एवं अधिविकर्ष (Loans, Cash Credits and Overdrafts)
2. बिल भुनाना और खरीदना (Discounting and Purchase of Bills).

1. ऋण, नकद साख एवं अधिविकर्ष

(1) ऋण (Loans)- ऋण निर्धारित अवधि के लिए एक मुश्त (lumpsum) दिया जाता है। उसका भुगतान भी ब्याज सहित एक साथ करना होता है। बैंक प्रतिभूति लेकर या बिना प्रतिभूति के भी ऋण देते हैं।

(2) नकद साख (Cash Credits)- यह ऋण देने का एक सुधरा हुआ रूप है। इस पद्धति में बैंक ऋणी को ऋण की पूरी रकम एक साथ नहीं देता, बल्कि उसे यह अधिकार दे देता है कि अमुक सीमा तक वह अपनी आवश्यकतानुसार समय-समय पर धनराशि निकाल सकता है। इसका सबसे बड़ा लाभ यह है कि ऋणी को पूरे ऋण की राशि पर एक निश्चित अवधि तक का ब्याज नहीं देना पड़ता, बल्कि उसे केवल उस राशि पर उतने समय के लिए ब्याज देना पड़ता है जो राशि जितने समय तक उसने निकाली है। अत: वह उस रकम पर ब्याज देने से बच जाता है जो रकम उसने वास्तव में नही निकाली। इस पद्धति से बैंक को यह लाभ है कि उसे सारी राशि धीरे-धीरे करके देनी पड़ती है और उसकी वित्तीय स्थिति सुदृढ़ बनी रहती है।

(3) अधिविकर्ष (Overdrafts)- अग्रिम देने का यह रूप बहुत प्रचलित है। यह सुविधा केवल उन लोगों को मिलती है जिनका पहले से बैंक में चालू खाता (Current a/c) खुला हुआ है। अधिविकर्ष का अर्थ है जमा से अधिक निकालना। प्राय: व्यापारी का चालू खाते में जो धन जमा होता है, उसको माल खरीदने, बिल्टी छुड़ाने अथवा भुगतान, आदि करने के लिए उससे अधिक रुपये की आवश्यकता पड़ जाती है। अत: बैंक ग्राहक को जमा राशि से अधिक रुपया निकालने की सुविधा दे देता है, यही अधिविकर्ष (Overdraft) कहलाता है। कुछ ग्राहकों को एक सीमा (Limit) दे दी जाती है कि वे उस सीमा तक ही अधिविकर्ष ले सकते हैं। लेकिन, कुछ बड़ी और विश्वसनीय पार्टियों को बैंक कोई सीमा नहीं देता और उन्हें चाहे जितना अधिविकर्ष लेने की सुविधा रहती है। अधिविकर्ष की सुविध प्राय: अल्पकाल के लिए होती है। अधिविकर्ष पर भी बैंक ब्याज लेता है।

ऋण, नकद साख व अधिविकर्ष को चिट्ठे में एक साथ ही लिखा जाता है। इन मदों पर बैंक जो ब्याज लेगा वह बैंक के लिये आय है और उसे लाभ हानि खाते के क्रेडिट पक्ष में दिखाते हैं।

2. बिल भुनाना और खरीदना

(Discounting and Purchase of Bills)

व्यापार में जो बिल, हुण्डी, प्रतिज्ञा पत्र आदि लिखे जाते हैं उनकी भुगतान तिथि (due date) प्राय: कुछ समय बाद हुआ करती है। अत: बिल लिखने वाला यदि इस तिथि से

पूर्व ही भुगतान चाहता है, तो बैंक से वह बिल भुना लेता है। इस पर बैंक बट्टा (discount) लेता है। भुगतान तिथि आने पर बैंक बिल के स्वीकर्त्ता (drawee) से रुपया प्राप्त कर लेता है। यदि बिल अस्वीकार (dishonour) हो जाता है तो बैंक यह रकम बिल लिखने वाले से अर्थात् बैंक ने जिसे रुपया दिया था, उससे वसूल कर लेता है। बैंक बिलों को खरीद भी लेता है और ऐसा करने से भुनाने वाला अर्थात् बिल का लेखक अपने दायित्व से मुक्त हो जाता हैं और बिल के अनादरण की जोखिम बैंक को ही सहन करनी पड़ती है। इसी कारण, बिल को क्रय करने की दशा में बैंक बिल को भुनाने की अपेक्षा अधिक बट्टा लेता है। बिलों का क्रय करते समय बैंक को बिल के स्वीकर्त्ता (drawee) की वित्तीय स्थिति व ख्याति को विशेष रूप से देखना होता है।

ऋण, नकद साख एवं अधिविकर्ष, तथा भुनाये व खरीदे गये बिलों का योग (Advances) अग्रिम शीर्षक के अन्तर्गत चिट्ठे के सम्पत्ति पक्ष में दिखाया जाता है। इन पर प्राप्त ब्याज व बट्टे की राशि को लाभ-हानि खाते के क्रेडिट पक्ष में दिखाया जाता है।

भुनाये गये बिलों पर असमाप्त कटौती

(Rebate of Bills Discounted)

कभी-कभी बैंक के अन्तिम खाते बनाने की तिथि तक भुनाये हुए बिलों की भुगतान तिथि (due date) नही आती। अत: ऐसे बिलों पर लिया हुआ बट्टा अगले वर्ष के लिए भी चलता है। बट्टा का वह हिस्सा जो अगले वर्ष से सम्बन्धित है, 'भुनाये गये बिलों पर असमाप्त कटौती (Rebate on bills discounted or unexpired discount or discount received in advance) या अग्रिम कटौती' कहलाता है। उदाहरण के लिए, बैंक ने के 10,000 रु. के बिल को 300 रु. बट्टा लेकर 1 नवम्बर 1984 को भुनाया। यह बिल उसी तिथि को 3 माह की अवधि के लिए लिखा गया था। बैंक के अन्तिम खाते 31 दिसम्बर 1984 को बने। अत: उस बिल की भुगतान तिथि 1 फरवरी 1985 को पड़ेगी। स्पष्ट है कि एक माह का बट्टा अर्थात् 100 रु. अगले वर्ष से सम्बन्धित हैं। अगले वर्ष से सम्बन्धित यह 100 रु. 'Rebate of Bills Discounted' का बट्टा कहलायेगा।

भुनाये गये बिलों पर असमाप्त कटौती यदि तलपट मे दी हुई है तो उसे केवल दायित्व पक्ष में दिखाया जायेगा। यदि समायोजन में दी हुई है तो इसे दो स्थानों पर दिखाया जायेगा-एक तो लाभ हानि खाते के क्रेडिट में ब्याज, लाभांश व बट्टे शीर्षक में से घटाया जायेगा, तथा दूसरे चिट्ठे में दायित्व पक्ष में अन्य दायित्व शीर्षक में लिखा जायेगा। यदि प्रश्न में गतवर्ष और चालू वर्ष दोनों के लिए असमाप्त कटौती की रकम दी गयी हो, तो ब्याज, लाभांश तथा बट्टे में से घटायी जाने वाली असमाप्त कटौती की राशि दोनों वर्षों की रकम के अन्तर के बराबर होगी, परन्तु चिट्ठे में चालू वर्ष की पूरी रकम दर्शायी जायेगी। संक्षेप में, इस मद का लेखांकन वैसे ही होता है जैसे किसी भी अग्रिम प्राप्त आय या अनुपार्जित आय (income received in advance or uneared income)का किया जाता है।

3. सेवाएँ एवं सुविधाएँ प्रदान करना (Rendering Services and Facilities) आधुनिक बैंक जनता को निम्नलिखित महत्त्वपूर्ण सेवाएँ एवं सुविधाएँ प्रदान करते हैं:

(1) ग्राहकों की ओर से चैक, ड्राफ्ट, विनिमय-विपत्र, लाभांश, ब्याज, आदि का भुगतान एकत्रित करना,

(2) ग्राहकों के भुगतान सम्बन्धी आदेशों को पूरा करना, जैसे उनकी ओर से ब्याज, चन्दा, बीमे की किस्त, बिजली की बिल, आदि चुकाना,

(3) ग्राहकों की ओर से प्रतिभूतियों को खरीदना एवं बेचना,

(4) ग्राहकों की ओर से विनिमय पत्रों को लिखना, स्वीकार करना, पृष्ठांकन करना, आदि

(5) ग्राहकों को 'साख पत्र देना, जिससे वे देश विदेश में व्यापार कर सकें,

(6) ग्राहकों के कीमती जेवरातों, आदि की सुरक्षार्थ लॉकर्स की व्यवस्था करना आदि।

इन सेवाओं के बदले में बैंक जो कुछ भी चार्ज करता है, उसे कमीशन, विनिमय व दलाली के रूप में आय माना जाता है और इसे बैंक के लाभ-हानि खाते के क्रेडिट पक्ष में दिखाया जाता है।

4. अन्य कार्य

(Other Functions)

बैंकों के अन्य अनेक कार्य हैं, जैसे, नोट निर्गमित करना (यह कार्य देश के केन्द्रीय बैंक को सौंपा जाता है, भारत में भी देश का केन्द्रीय बैंक जो रिजर्व बैंक है, यह कार्य करता है), विदेशी विनिमय का क्रय-विक्रय करना, आन्तरिक तथा विदेशी व्यापार का अर्थ प्रबन्ध करना आदि।

बैंकों की पूँजी संरचना

(Capital Structure of Banks)

भारत में बैंकों की पूँजी संरचना के सम्बन्ध में निम्नलिखित नियम हैं:

(1) कोई भी कम्पनी भारत में तभी बैंकिंग व्यापार कर सकती है जब वह रिजर्व बैंक से आज्ञा पत्र ले ले। आज्ञा पत्र के लिए प्रार्थना करने वाली कम्पनी की न्यूनतम दत्त पूँजी 4 लाख रुपये से कम नहीं होनी चाहिये।

(2) एक बैंकिंग कम्पनी की प्रार्थिक पूँजी अधिकृत पूँजी के आधे से कम नहीं होनी चाहिए, तथा दत्त पूँजी प्रार्थित पूँजी के आधे से कम नहीं होनी चाहिए। उदाहरण के लिए, यदि बैंकिंग कम्पनी की की अधिकृत पूँजी 20 लाख रुपये हैं, तो उसकी प्रार्थित पूँजी कम से कम 10 लाख रुपये अवश्य होनी चाहिए। इसके अतिरिक्त, यदि प्रार्थित पूँजी 10 लाख रुपये हैं, तो दत्त पूँजी कम से कम 5 लाख रुपये होनी चाहिए।

(3) एक बैंकिंग कम्पनी की पूँजी केवल साधारण अंशों में विभक्त होनी चाहिए। लेकिन साथ में वे पूर्वाधिकारी अंश भी हो सकते हैं जो 1 अप्रैल 1944 से पहले निर्गमित किये गये थे।

(4) कोई भी बैंकिंग कम्पनी अपने निर्गमित अंशों के लिए कमीशन, दलाली या बट्टे के रूप में प्रत्यक्ष या अप्रत्यक्ष रूप से अंशों के चुकता मूल्य के 2.5 प्रतिशत से अधिक रकम नहीं दे सकती है।

(5) कोई भी बैंकिंग कम्पनी अपने अंशों पर तब तक लाभांश नहीं चुकायेगी जब तक समस्त पूँजीगत खर्चे, जैसे - प्रारम्भिक व्यय, प्रबन्ध व्यय, अंशों पर कमीशन, दलाली, हानि की राशि, आदि को पूर्ण रूप से अपलिखित नहीं कर दिया जाता। लेकिन, डूबत-ऋणों को अपलिखित किये बिना भी बैंकिंग कम्पनी लाभांश चुका सकती है, बशर्ते वह अंकेक्षक को इस बात से सन्तुष्ट कर दे कि इन डूबत ऋणों के लिए पर्याप्त आयोजन कर लिया गया है।

(6) बैंकिंग कम्पनी के किसी भी अंशधारी को कुल मतों के 5 प्रतिशत से अधिक मत देने का अधिकार नहीं होगा।

वैधानिक संचय कोष

(Statutory Reserve Fund)

भारत में समामेलित प्रत्येक बैंकिंग कम्पनी के लिए यह अनिवार्य है कि लाभांश घोषित करने से पूर्व वह लाभ-हानि खाते में प्रदर्शित लाभों का 20 प्रतिशत एक संचय कोष में हस्तान्तरित करे, जब तक कि केन्द्र सरकार उसे ऐसा करने से छूट न दे दे।

जब बैंकिंग कम्पनी अपने संचय कोष अथवा अंश प्रीमियम खाते से किसी रकम का नियोजन करे, तो उस नियोजन की तिथि के 21 दिन के अन्दर उसे रिजर्व बैंक को इस आशय की सूचना देनी होगी कि ऐसा नियोजन क्यों आवश्यक था।

वार्षिक खाते एवं अंकेक्षण

(Annual Accounts and Audit)

'भारतीय बैंकिंग नियमन अधिनियम, 1949 में बैंकिंग कम्पनियों के वार्षिक खातों, उनके अंकेक्षण तथा रिजर्व बैंक एवं रजिस्ट्रार के पास अन्तिम खातों की प्रतियाँ भेजने, आदि के सम्बन्ध में नियम दिये गये हैं, जिनका सारांश निम्न प्रकार है:

भारत में समामेलित प्रत्येक बैंकिंग कम्पनी भारत में किये गये व्यापार के लिए हर कैलेण्डर वर्ष के अन्त में (अर्थात् 31 दिसम्बर को) उस वर्ष से सम्बन्धित लाभ-हानि खाता तथा चिट्ठा बनायेगी। उन पर कम से कम तीन संचालकों के हस्ताक्षर होंगे, और यदि तीन से अधिक संचालक नहीं हैं, तो जितने भी संचालक हैं वे सभी हस्ताक्षर करेंगे।

यदि बैंकिंग कम्पनी का समामेलन भारत के बाहर हुआ है और वह भारत में व्यापार करती है, तो वह भी उस प्रकार अन्तिम खाते बनायेगी और उन पर भारत में स्थित उसके प्रधान कार्यालय का मैनेजर हस्ताक्षर करेगा।

बैंकिंग कम्पनी के लिए खातों का अंकेक्षण अनिवार्य है। अंकेक्षक की योग्यता, अधिकार, कर्त्तव्य एवं नियुक्ति के सम्बन्ध में वे सारें नियम लागू होंगे जो कम्पनी अधिनियम, 1956 के अन्तर्गत अन्य कम्पनियों में लागू होते हैं।

बैंकिंग कम्पनी के अपने अंकेक्षित लाभ-हानि तथा चिट्ठे की तीन प्रतियाँ, अंकेक्षक की रिपोर्ट सहित, रिजर्व बैंक को खाते बनाने की तिथि के तीन माह के अन्दर भेजनी होंगी। रिजर्व बैंक इस तीन माह की अवधि को और तीन माह आगे तक बढ़ा सकता है। रिजर्व बैंक बैंकिंग कम्पनी से अन्य सूचनाएँ भी माँग सकता है।

बैंकिंग कम्पनी को अपने अंकेक्षित लाभ-हानि खाते तथा चिट्ठे की तीन प्रतियाँ - अंकेक्षक की रिपोर्ट सहित - कम्पनियों के रजिस्ट्रार के पास ही भेजनी होगी। यदि रिजर्व बैंक ने अन्य कोई सूचना भी माँगी है तो उस सूचना की प्रति रजिस्ट्रार के पास ही भेजनी होगी।

प्रत्येक बैंकिंग कम्पनी को हिसाबी वर्ष के अन्त में 6 माह के भीतर अपने लाभ-हानि खाते, चिट्ठे एवं अंकेक्षण की रिपोर्ट किसी ऐसे समाचार पत्र में छपवानी होगी जो उस कम्पनी के प्रधान कार्यालय के प्रदेश में प्रचलित हो।

बैंकों की पर्ची पद्धति
(Slip System of Banks)

बैंक के व्यवहार अन्य व्यवसायों से भिन्न प्रकृति के होते हैं। बैंक के अनेकानेक ग्राहक होते हैं और उनके प्रतिदिन के व्यवहारों की संख्या बहुत अधिक होती है। प्रतिदिन के व्यवहारों से बनी अन्तिम स्थिति उसी दिन जानने की आवश्यकता होती है। इसलिए व्यवहारों को शीघ्रताशीघ्र लिखने एवं तुरन्त अन्तिम स्थिति जानने के लिए बैंकों में पर्ची पद्धति अपनायी जाती है। पर्ची पद्धति पुस्तपालन की कोई अलग पद्धति नहीं है, बल्कि दोहरा लेखा सिद्धान्त पर रखे गये खातों में शीघ्र पोस्टिंग करने की एक व्यवस्था है।

इस पद्धति के अनुसार बैंकों में लेखा पर्चियों के आधार पर किया जाता है। रूपया जमा करने के लिए एक फॉर्म होता है जिसे जमा की पर्ची कहा जाता है। रूपया निकालने के लिए Withdrawal From/Cheque होता है। कोई ग्राहक बैंक में किसी खाते में जब रुपया जमा करने जाता है तो उसे उस खाते से सम्बन्धित एक पर्ची भरनी होती है जिसे पे-इन-स्लिप कहते हैं। ये पर्चियाँ अलग-अलग खातों के लिए प्रायः अलग-अलग रंगों की बनायी जाती हैं। इसी प्रकार रुपया निकालने के लिए चैक काटना पड़ता है। चैक भी एक पर्ची है। ये सारी रंग बिरंगी पर्चियाँ ही बैंकों के खातों का आधार है।

जब पे-इन-स्लिप आती है तो खजांची रुपया लेकर तुरन्त प्राप्ति रोकड़ बही में लिख देता है। वह उस स्लिप का छोटा हिस्सा ग्राहक को हस्ताक्षर करके व मोहर लगाकर दे देता है जो इस बात का सबूत है कि ग्राहक के रुपये जमा हो गये हैं। फिर वह बड़े हिस्से को उस क्लर्क के पास भेज देता है जो ग्राहकों की खाता-बही को रखता है। वह व्यक्ति उस स्लिप को देखकर सम्बन्धित ग्राहक के खाते में रकम क्रेडिट कर देता है अर्थात् उसके खाते में जमा की पोस्टिंग कर देता है।

इसी प्रकार जब कोई व्यक्ति रुपया निकालने जाता है तो चैक काटकर देता है। पहले उस चैक को रजिस्टर में नोट करवाना पड़ता है। क्लर्क एक टोकन देता है। क्लर्क वह चैक एक अधिकारी के पास भेजता है जो चैक के हस्ताक्षरों का मिलान नमूने के हस्ताक्षरों से करता है। हस्ताक्षर मिल जाने पर अधिकारी उस चैक पर भुगतान करों लिखकर अपने

हस्ताक्षर कर देता है और उसे भुगतान के काउण्टर पर भेज देता है। भुगतान काउण्टर का खजांची ग्राहक से टोकर लेकर रुपया दे देता है और उससे चैक की पीठ पर एक बार फिर हस्ताक्षर ले लेता है। भुगतान से पूर्व ही वह भुगतान रोकड़ पुस्तक में उस राशि को लिख देता है। तत्पश्चात् वह उस चैक की पर्ची को उस क्लर्क के पास भेज देता है जो खाता बही रखता है। वह क्लर्क ग्राहक के खाते में चैक की राशि डेबिट में लिख देगा।

इस प्रकार रुपया करने या निकालने के तुरन्त बाद यह पता लग जाता है कि ग्राहक के उस समय तक कितने रुपये बैंक में जमा हैं अथवा उसकी ओर कितने का ओवरड्राफ्ट है।

ड्राफ्ट बनवाने के लिए भी अलग फार्म होता है। इन सभी फॉर्मो को ही पर्ची कहा जाता है और इनकी सहायता से सभी लेखे किये जाते हैं। उदाहरण के लिए, जब कोई ग्राहक अपना रूपया बैंक में जमा करना चाहता है तो उसे एक पर्ची रूपया जमा करने के लिए भरनी पडति है जिसे जमा की पर्ची कहते हैं इस पर्ची को भरने के बाद इसे सम्बन्धित अधिकारी को दिया जाता है वह अधिकारी इसके प्रतिपर्ण पर अपना हस्ताक्षर करता है और मोहर लगाकर इसे ग्राहक को वापस कर देता है। पर्ची का जो भाग अधिकारी अपने पास रख लेता है, उसे रोकड़िया के पास भेज दिया जाता है। रोकड़िया इसी आधार पर रोकड़ पुस्तक में लेखे करता है। रोकड़िया के पास से यह पर्ची खाताबहियाँ रखने वाले के पास भेजी जाती है। खाताबही में ग्राहक के लेखे को इस पर्ची के आधार पर क्रेडिट किया जाता है। खातापालक के पास से यह पर्ची उस क्लर्क के पास भेजी जाती है जो कि पासबुक्स में लेखे करता है। इसी के आधार पर पासबुक्स में लेखा किया जाता है। यह पद्धति एक खाते से दूसरे खाते में रकम हस्तान्तरित करने के लिए भी प्रयोग की जाती है।

पर्ची पद्धति के गुण
(Advantages of Slip System)

बैंक के व्यवहारों की संख्या अधिक होती है और प्रत्येक व्यवहार का लेखा कई पुस्तकों में करना होता है। पर्चियों को एक स्थान से दूसरे स्थान को सुगमता से स्थानान्तरित किया जा सकता है, जबकि लेखा पुस्तकों को इधर-धर पहुँचाने में काफी धन, समय और श्रम का व्यय होता है। पर्चियाँ ग्राहकों द्वारा भरी जाती है, इस कारण समय की बचत हो जाती है। पर्चियों के शीघ्र आदान-प्रदान द्वारा लेखे तुरन्त हो जाते हैं।

प्रत्येक दिन का कार्य उसी दिन पूरा हो जाता है, इसलिए अन्तिम स्थिति अलग से ज्ञात करने की आवश्यकता नहीं होती है।

पर्चियों के आधार पर बैंक के कर्मचारियों में कार्य एवं उत्तरदायित्व का निर्धारण करना आसान हो जाता है।

खातों में भूल होने की सम्भावना कम होती है क्योंकि प्रत्येक पर्ची का लेखा कई कर्मचारी अलग-अलग पुस्तकों में करते हैं। यदि भूल होती भी है तो आसानी से उसका पता चल जाता है।

पर्चियाँ स्वयं में एक प्रमाण पत्र होती हैं। अत: अंकेक्षक का कार्य सरल हो जाता है।

पर्चियों के कारण बैंक को जर्नल, आदि प्रारम्भिक लेखे की पुस्तकें रखने की आवश्यकता नहीं रहती।

पर्ची पद्धति के दोष

(Disadvantages of Slip System)

बैंक में प्रतिदिन सैकड़ों-हजारों पर्चियाँ आती है। उन्हें सावधानी, सुरक्षा एवं उचित क्रम से रखने में कठिनाई होती है। साथ ही, खुली तथा आकार में छोटी होने के कारण पर्चियों के खाने, चोरी होने तथा नष्ट होने का भी डर रहता है।

अनपढ़ व्यक्ति के लिए पर्ची भरना असम्भव होता है, उसे दूसरे की सहायता लेनी पड़ती हैं। फिर अलग-अलग कार्यों के लिए अलग-अलग प्रकार की पर्ची भरनी होती है। जब तक ग्राहक को अभयास न हो, उसे बैंक के ही कर्मचारियों से पूछना पड़ता है कि पर्ची में कहाँ पर क्या भरा जायेगा।

बेईमानी और गबन करने तथा प्रमाणों को समाप्त करने की दृष्टि से कोई भी व्यक्ति पर्चियों को नष्ट कर सकता है।

पर्ची पद्धति के उपरोक्त दोषों को आन्तरिक अंकेक्षण द्वारा बहुत कम किया जा सकता है। पर्ची पद्धति के लाभ उनके दोषों की तुलना में अधिक हैं। इसलिए बैंकों में पर्ची पद्धति का उपयोग किया जाता है।

आवश्यक पुस्तकें व लेखा पुस्तकें

(Books and Books of Account Required)

बैंकिंग व्यवसाय में आन्तरिक जाँच अत्यन्त महत्त्वपूर्ण होती है, अतः बैंकिंग कम्पनी में इस प्रकार की जाँच की पूर्ति हेतु अनेक पुस्तकें व लेखा-पुस्तकें रखी जाती है जिनमें से कुछ मुख्य इस प्रकार हैं-

1. रोकड़ पुस्तक (Cash Book)- इस पुस्तक के निम्न रूप होते हैं:

(1) प्राप्त क्षेप्य रोकड़ पुस्तक (Received Waste Cash Book)- यह रोकड़ पुस्तक बैंक के उस रोकड़िये द्वारा रखी जाती है, जो बैंक में रोकड़ प्राप्ति का कार्य करता है। इस पुस्तक में रकम जमा करने वाले का नाम, राशि, सिक्के आदि का उल्लेख किया जाता है।

(2) भुगतान क्षेप्य रोकड़ पुस्तक (Payment Waste Cash Book)- यह रोकड़ पुस्तक बैंक के उस रोकड़िये द्वारा रखी जाती है, जो बैंक में रोकड़ भुगतान का कार्य करता है। इस पुस्तक में रोकड़िया प्रत्येक लेन-देन के साथ क्रम संख्या, प्राप्तकर्त्ता का नाम, राशि, टोकन संख्या आदि का उल्लेख करता है।

(3) शुद्ध रोकड़ पुस्तक (Net Cash Book)- उक्त दोनों रोकड़ पुस्तकों का योग प्रतिदिन इस पुस्तक में लिखा जाता है। जमा-स्लिप व चैकों की सहायता से इसकी शुद्धता की जाँच की जाती है।

(4) रोकड़ शेष पुस्तक (Cash Balance Book)- इस पुस्तक में प्रतिदिन के अन्त में रोकड़ शेष की राशि का उल्लेख किया जाता है। विभिन्न प्रकार के नोटों और सिक्कों का विवरण भी दिया जाता है।

(5) सामान्य रोकड़ पुस्तक (General Cash Gook or Day Book)- इस पुस्तक में दिनभर के प्रत्येक लेन-देन के अलग-अलग योग से प्रविष्टि की जाती है। इसमें प्रविष्टियाँ विभिन्न रोकड़ पुस्तक, पंजी आदि प्रारम्भिक पुस्तकों की सहायता से की जाती है। रोकड़ लेन-देन के अलावा स्थानान्तरण, निकासी आदि का भी लेखा किया जाता है।

2. लेखा पुस्तकें (Books of Account)- सामान्यत: बैंक द्वारा निम्नलिखित लेखा पुस्तकें रखी जाती है:

(1) चालू खाता लेजर (Current Account Ledger)- इसमें चालू खाता में जमा करने वाले प्रत्येक ग्राहक का लेखा रखा जाता है।

(2) बचत बैंक खाता लेजर (Savings Bank Account Ledger)- इसमें बचत बैंक खाता में जमा करने वाले प्रत्येक ग्राहक का लेखा रखा जाता है।

(3) स्थायी जमा खाता लेजर (Fixed Deposit Account Ledger)- इसमें स्थायी जमा करने वाले प्रत्येक ग्राहक का लेखा रखा जाता है। इसमें प्रत्येक खाते में जमा की अवधि, राशि व ब्याज की दर आदि का भी उल्लेख रहता है।

(4) अल्प ऋण लेजर (Short Loans Ledger)- इसमें अल्प ऋण सम्बन्धी प्रविष्टियाँ की जाती है।

(5) विनियोग लेजर (Investment Ledger)- प्रत्येक बैंक आवश्यकता से अधिक उपलब्ध फण्ड का लाभदायक प्रतिभूतियों में विनियोजन करता है। इस लेजर में विनियोग से सम्बन्धित पूर्ण विवरण यथा अंकित मूल्य, विपणि मूल्य, ब्याज की दर, देय तिथि, आदि का उल्लेख होता है।

(6) भुनाये गये व खरीदे गये बिलों का लेजर -(Bills Discounted and Purchased Ledger) इसमें ग्राहकों के उन बिलों का उल्लेख किया जाता है जिन्हें बैंक ने भुना लिया है या खरीद लिया है।

(7) ग्राहकों का ऋण लेजर (Customers' Loan Ledger)- इसमें प्रत्येक ऋण लेने वाले ग्राहक का लेखा रखा जाता है। प्रत्येक ऋण के सम्बन्ध में पूर्ण विवरण दिया जाता है।

(8) ग्राहकों की स्वीकृति, बेचान व गारण्टी लेजर (Customers' Acceptances, Endorsements and Guarantee Ledger)- कभी कभी बैंक अपने ग्राहकों की तरफ से स्वीकृति या बेचान या गारण्टी प्रदान करता है। इन सभी का विवरण सहित उल्लेख इस लेजर में किया जाता है।

(9) सामान्य लेजर (General Ledger)- बैंकां का यह मुख्य लेजर होता है। इसमें उपर्युक्त लेजर के परिवर्तन की प्रविष्टियाँ होती हैं। यह स्वीकीय-सन्तुलन पद्धति पर

आधारित लेखा पुस्तक है जिसमें सकल चालू खाता, सकल बचत बैंक खाता, सकल ऋण खाता, आदि का सन्तुलन निकाला जाता है। इसी की सहायता से तलपट तैयार किया जाता है।

उपर्युक्त के अलावा बैंक निम्नलिखित रजिस्टर तथा स्मरण पुस्तिकायें रखता है:

(1) याचना ड्राफ्ट रजिस्टर,

(2) संग्रह के बिलों का रजिस्टर,

(3) अंश प्रतिभूति रजिस्टर,

(4) सुरक्षित संरक्षता रजिस्टर,

(5) जेवरात रजिस्टर।

बैंकों के अन्तिम खाते (Final Accounts of Banks)

भारतीय बैंकिंग नियमन अधिनियम, 1949 की तृतीय अनुसूची के Form A में चिट्ठे तथा Form B में लाभ-हानि खाते के नमूने दिये गये हैं। इन्हीं नमूनों के आधार पर बैंकिंग कम्पनी को अपना चिट्ठा व लाभ-हानि खाता बनाना होता है। केन्द्रिय सरकार को इन नमूनों में परिवर्तन करने का भी अधिकार है। वर्तमान में, संशोधित नमूने ही यहाँ प्रस्तुत किये गये हैं। यद्यपि अधिनियम से पहले चिट्ठे का नमूना दिया हुआ है और फिर लाभ हानि खाते का, तथापित अध्ययन की सुविधा के लिए हम पहले लाभ-हानि खाते और फिर चिट्ठे का अध्ययन करेंगे।

बैंक का लाभ हानि खाता

Form B

FORM OF PROFIT AND LOSS ACCOUNT

Profit and Loss Account for the year ended 31, December 20.......

Expenditure	Amount	Income (Less provision made during the year for bad and doubtful debts and other usual and necessary provisions)	Amount
1. Interest paid on deposits and borrowings.	Rs.	1. Inerest, Discount and Dividend.	Rs.
2. Salaries and Allowances or Establishment (showing separately salaries and allowances to managing director or manager)		2. Commission, Exchange and Brokerage.	
Contributions to Provident Fund.		3. Rents.	
3. Directors' fees and allowances Local Committee Members' fees and allowances.		4. Net profit on sale of investments, gold and silver, land, premises and other assets.	
4. Rent, Taxes, Insurance, Lighting etc.,		5. Net profit on revaluation of investments, gold and silver, land, premises and other assets.	
5. Law Charges		6. Income from Non-Banking assets, and Profit from sale of or dealing with such assets.	
6. Postage, Telegrams and Stamps.		7. Other receipts.	
7. Auditors fees		8. Loss (if any)	
8. Depreciation on Bank's Property.			
Repairs to Bank's Property.			
9. Stationery, Pringing, Advertisement etc.			
10. Loss from sale of or dealing with non-banking assets.			
11. Other Expenditure.			
12. Balance (Net Profit) subject to taxation.			
Total		Total	

बैंकों का व्यवसाय एक विशेष प्रकृति का होता है, जैसा कि उसके कार्यों के अन्तर्गत हम देख चुके हैं। अत:, बैंक के अन्तिम खाते बनाते समय विभिन्न मदों को उचित प्रकार से तथा उचित स्थान पर दिखाना चाहिए।

लाभ-हानि खाते की मदों का स्पष्टीकरण
(Explanation of the Items of P & L a/c)

डेबिट पक्ष

लाभ-हानि खाते के डेबिट पक्ष में बैंक के विभिन्न व्यय लिखे जाते हैं जो निम्न प्रकार है:

(1) जमा एवं लिये हुए ऋणें पर ब्याज (Interest Paid on Deposits and Borrowings)- बैंक ग्राहकों के विभिन्न जमा खातों जैसे सावधि खाता, चालू खाता, बचत बैंक खाता, आदि पर ब्याज देता है। साथ ही, रिजर्व बैंक या अन्य बैंकों से लिये हुए ऋणों पर भी बैंक को ब्याज देना होता है। ये दोनों प्रकार के ब्याज इस शीर्षक में लिखे जाते हैं। कुछ बैंक चालू खातों पर ब्याज लिया करते हैं। प्रश्न में, यदि स्पष्ट न किया गया हो, तो चालू खातों पर ब्याज बैंक द्वारा दिया गया समझना चाहिए।

(2) वेतन, भत्ता अथवा स्थापना-व्यय एवं प्रौविडेण्ट फण्ड में अंशदान (Salaries and Allowances or Establishment and Contributions to Provident Fund)- इस शीर्षक में, कर्मचारियों व प्रबन्धक या प्रबन्ध-संचालकों को दिया गया, वेतन, भत्ता, आदि अलग-अलग करके दिखाना चाहिए। वेतन, भत्ता तथा कार्यालय के अन्य सामान्य व्ययों को Establishment or Administration Expenses भी कहते हैं। कर्मचारियों के समूह को भी Establishment कहा जाता है।

बैंक अपने कर्मचारियों के लिए प्रॉविडेण्ट फण्ड भी बनाता है जिसमें प्रत्येक कर्मचारी का कुछ अंशदान रहता है और कुछ अंशदान बैंक का रहता है। प्रत्येक कर्मचारी को अवकाश प्राप्त करने पर अथवा सेवा निवृत्त होने पर उसके प्रौविडेण्ट फण्ड की कुल राशि मिल जाती है। मृत्यु हो जाने की दशा में यह राशि कर्मचारी के वैधानिक उत्तराधिकारी को दे दी जाती है। बैंक प्रति वर्ष जो राशि प्रौविडेण्ट फण्ड में डालता है वह उसके लिए व्यय है। इस राशि को इसी शीर्षक में लिखा जाता है। लेकिन, यदि तलपट के क्रेडिट पक्ष में एकत्रित प्रौविडेण्ट फण्ड की राशि दी है, तो वह बैंक के लिए दायित्व होगा और उसे चिट्ठे में दायित्व पक्ष में लिखेंगे।

(3) संचालकों एवं स्थानीय समिति के सदस्यों की फीस और भत्ते (Directors' and Local Committee Members' Fees and Allowances)- संचालकों एवं स्थानीय समिति के सदस्यों की फीस व भत्ते की राशि को अलग-अलग करके दिखाना चाहिए। स्थानीय समिति से आशय उस समिति से है जो बैंक द्वारा उस क्षेत्र की आर्थिक, सामाजिक, सांस्कृतिक गतिविधियों को बढ़ावा देने के उद्देश्य से बनायी जाती है। इसमें बैंक के अतिरिक्त उस क्षेत्र के कुछ गणमान्य व्यक्तियों को भी सदस्य बनाया जाता है। समिति की बैठकों में भाग लेने के लिए सदस्यों को फीस दी जाती है।

(4) किराया, कर, बीमा, बिजली आदि (Rent, Taxes, Insurance, Lighting, etc.)

(5) कानूनी व्यय (Law Charges)

(6) डाक-तार व्यय (Postage, Telegrams and Stamps)- जो डाक-टिकट प्रयोग में आ चुके हैं, वे व्यय होते हैं और उन्हें इस शीर्षक में दिखाया जाता है। लेकिन, जो टिकट वर्ष के अन्त में बच जाते हैं उन्हें चिट्ठे के सम्पत्ति पक्ष में अन्य सम्पत्तियों में दिखाया जाता है।

(7) अंकेक्षक की फीस (Auditors' Fees)

(8) बैंक सम्पत्तियों पर ह्रास एवं मरम्मत (Depreciation on and Repairs to Bank's Property)

(9) स्टेशनरी, छपाई, विज्ञापन आदि (Stationery, Printing, Advertisement, etc.)

(10) गैर-बैंकिंग सम्पत्तियों की बिक्री पर हानि (Loss from Sale of or Dealing with Non-Banking Assets)- ऋण की जमानत के रूप में बैंक के पास ग्राहक की जो सम्पत्ति होती है, वह ऋण न चुकाने की दशा में बैंक की सम्पत्ति हो जाती है। यह सम्पत्ति बैंक के लिए गैर-बैंकिंग सम्पत्ति मानी जाती है। गैर-बैंकिंग सम्पत्ति को सात वर्ष के अन्दर बेचना अनिवार्य होता है। इसे बेचने पर यदि कोई हानि होती है, तो लाभ-हानि खाते के डेबिट में वह हानि लिखी जाती है। यदि लाभ हो तो उसे क्रेडिट में लिखते हैं।

जब तक बैंक गैर-बैंकिंग सम्पत्ति को बेच नहीं देता, तब तक उसे चिट्ठे में सम्पत्ति पक्ष में ग्यारहवें स्थान पर लिखा जाता है। गैर-बैकिंग सम्पत्तियों को बाजार-मूल्य से अधिक पर नहीं दिखाना चाहिए।

(11) अन्य व्यय (Other Expenditure)- विनियोग, सोना-चाँदी, भूमि, भवन तथा अन्य सम्पत्तियों के विक्रय अथवा इन सम्पत्तियों के पुनर्मूल्यांकन से होने वाली हानि को इसी शीर्षक में दिखाते हैं। लेकिन, प्रायः इस हानि को क्रेडिट पक्ष में से घटा देते हैं। विनियोगों के पुनर्मुल्यांकन की हानि को विनियोग उच्चावचन फण्ड में भी हस्तान्तरित कर सकते हैं।

क्रेडिट पक्ष
(Credit Side)

लाभ-हानि खाते के क्रेडिट पक्ष में बैंक की आय व प्राप्तियाँ लिखी जाती हैं, जो निम्न हैं:

(1) ब्याज, बट्टा एवं लाभांश (Interest, Discount and Divident)- (अ) बैंक अपने ग्राहकों को ऋण, नकद साख एवं अधिविकर्ष के रूप में रुपया उधार देता है। वह इन पर ब्याज लेता है। यह बैंक की आय है। (ब) इसके अतिरिक्त, बैंक बिल भुनाकर या खरीदकर भी अपने ग्राहकों को अग्रिम देता है। इस पर वह बट्ठा लेता है। यह बट्टा भी

बैंक की आय है। (स) इसके साथ-साथ, बैंक ने यदि सरकारी या अन्य कम्पनियों के अंश खरीदे हुए हैं, तो उन पर मिलने वाला लाभांश भी बैंक की आय है।

ब्याज, बट्टा एवं लाभांश की आय को एक ही शीर्षक में दिखाया जाता है। इस आय में से निम्नलिखित राशियों को घटाया जाता है:

(1) भुनाये गये बिलों पर असमाप्त कटौती,

(2) डूबत ऋण तथा डूबत व संदिग्ध ऋणों के लिए आयोजन

(3) आयकर तथा आयकर के लिए आयोजन

(4) सम्पत्तियों के पुनर्मूल्यांकन अथवा विक्रय से होने वाली हानि व ऐसी हानि के विरूद्ध आयोजन - इस हानि को लाभ-हानि खाते के डेबिट में शीर्षक में भी दिखा सकते हैं।

(1) भुनाये गये बिलों पर असमाप्त कटौती - भुनाये गये बिलों पर असमाप्त कटौती से आशय उस बट्टे या कटौती से है जो खाते बन्द होने की तिथि तक बैंक ने प्राप्त तो कर ली है, लेकिन उपार्जित नहीं की है। हम जानते हैं कि बैंक बट्टा या कटौती लेकर ग्राहकों के बिल भुना देते हैं। व्यापार में जो बिल, हुण्डी, प्रतिज्ञा पत्र आदि, लिखे जाते हैं उनकी अवधि प्रायः कुछ महीनों की होती है। बिल का लेखक यदि इतनी अवधि तक प्रतीक्षा नहीं कर सकता तो वह अपने बैंक से उस बिल को बट्टे पर भुना सकता है। बिल भुनाने का आशय यह है कि बैंक कुछ बट्टा लेकर उस बिल की राशि लेखक को दे देगा और भुगतान तिथि पर स्वयं बिल के स्वीकर्ता से भुगतान ले लेगा। यदि स्वीकर्त्ता उस बिल का अनादरण कर देता है तो बैंक वह रकम लेखक से ही वसूल कर लेगा, लेकिन बट्टे की राशि वापस नहीं करेगा। जो बट्टा या कटौती बैंक ने ली है वह बिल की पूरी अवधि के लिए होती है, और प्रायः अन्तिम खाते बनाने की तिथि को समाप्त नहीं हो जाती अर्थात् अगले वर्ष भी कुछ समय तक चलती है। अतः कटौती का वह भाग जो अगले वर्ष से सम्बन्धित है, असमाप्त कटौती कहलाता है।

उदाहरण के लिए, A ने B पर 10,000 रु. का एक 3 माह की अवधि का बिल 1 नवम्बर, 1984 को लिखा जिसे B ने स्वीकार करके को दे दिया। A ने उसी दिन वह बिल बैंक से 300 रु. की कटौती पर भुना लिया अर्थात् 300 रु. बैंक को देकर 10,000 रु. प्राप्त कर लिये (या तो कहेंकि उसने शुद्ध 9,700 रु. प्राप्त किये)। ये 300 रु. की कटौती 31 जनवरी, 1985 तक के लिए है, क्योंकि बिल तीन माह की अवधि का है। अतः बैंक जब 31 दिसम्बर, 1984 को अन्तिम खाते बनायेगा, तो वह 300 रु. की कटौती या बट्टे की आय वर्ष 1984 के लिए नहीं दिखा सकता, क्योंकि इनमें 100 रु. तो अगले वर्ष से सम्बन्धित हैं। ये 100 रु. असमाप्त कटौती (Rebate on Bills Discounted) मानी जायेगी।

भुनाये गये बिलों पर असमाप्त कटौती का लेखा (Accounting for Rebate on Bills Discounted)- भुनाये गये बिलों पर असमाप्त कटौती का लेखा ठीक उसी प्रकार से किया जाता है, जैसे किसी भी अग्रिम प्राप्त या अनुपार्जित आय के सम्बन्ध में किया जाता है:

(क) यदि असमाप्त कटौती तलपट में ही दी हुई है तो उसे केवल चिट्ठे में दायित्व पक्ष में दिखाया जायेगा।

(ख) यदि असमाप्त कटौती तलपट से बाहर समायोजनों में दी हुई है तो उे दो स्थानों पर दिखाया जायेगा - एक तो लाभ-हानि खाते की क्रेडिट में ब्याज, बट्टा व लाभांश शीर्षक में से घटाया जायगा, और दूसरे, चिट्ठे में दायित्व पक्ष में अन्य दायित्व शीर्षक में लिखा जायेगा।

(ग) यदि असमाप्त कटौती की रकम चालू वर्ष और गत वर्ष दोनों अवधि के लिए दी गयी है, तो ब्याज, लाभांश तथा बट्टा में से घटायी जाने वाली रकम दोनों वर्षों की रकम के अन्तर के बराबर होगी। चालू वर्ष की रकम की चिट्ठे में दर्शाया जायेगा। यह ध्यान रहे कि चालू वर्ष में से गत वर्ष की रकम घटायी जाती है और शेष को ही चालू वर्ष के लिए असमाप्त कटौती माना जाता है।

कभी-कभी प्रश्न में मदें इस प्रकार दी होती है कि पता ही नहीं चलता कि तलपट दिया हुआ है या वैसे ही मदें लिखी हुई है। कभी तो बाकियाँ तलपट की भाँति सजाकर लिखी होती हैं जबकि वास्तव में वह तलपट नहीं होता है, और कभी तलपट को ऐसे तितर-बितर करके लिखा जाता है मानो वह तलपट ही न हो, जबकि वास्तव में वह तलपट होता है। अत: यह ज्ञात करने के लिए कि भुनाये गये बिलों पर असमाप्त कटौती तलपट में है या समायोजन में हम निम्नलिखित कसौटी बना सकते हैं:

(अ) जो बाकियाँ दी हुई हैं, वे सब नाममात्र खातों (Nominal a/c) की हैं अर्थात् आय और व्ययों की हैं और एक भी बाकी व्यक्तिगत खातों (Real a/cs) अथवा वास्तविक खातों (Personal a/cs) की नहीं है, अर्थात् स.पत्ति और दायित्व की नहीं है तो वह तलपट नहीं माना जायेगा। ऐसी स्थिति में, भुनाये गये बिलों की जो असमाप्त कटौती दी हुई है, उसे लाभ-हानि खाते की क्रेडिट में ब्याज, बट्टा व लाभांश शीर्षक में से घटाया जायेगा।

(ब) यदि नाम मात्र के खातों की बाकियों के साथ-साथ व्यक्तिगत तथा वास्तविक खातों की बाकियाँ भी दी हुई हैं तो वह तलपट होगा। ऐसी स्थिति में, जो असमाप्त कटौती दी हुई है, उसे केवल चिट्ठे में दायित्व पक्ष में दिखाया जायेगा।

(स) यदि तलपट स्पष्ट है, और असमाप्त कटौती एक समायोजन के रूप में है, तो उसे दो स्थानों पर दिखाएँगे - लाभ-हानि खाते की क्रेडिट में ब्याज, बट्टा व लाभांश में से घटाकर तथा चिट्ठे में दायित्व पक्ष में लिखकर, जैसा कि पहले समझाया जा चुका है।

(2) डूबत ऋण तथा डूबत व संदिग्ध ऋणों के लिए आयोजन (Bad Debts and Provision for Bad and Doubtful Debts)- बैंक की सफलता बहुत कुछ इस बात पर निर्भर करती है कि बैंक ने जनता का कितना विश्वास प्राप्त कर लिया है। लोगों का विश्वास बैंक में तभी जमता है जब उन्हें ऐसा प्रतीत हो कि उनका जमा किया हुआ धन सुरक्षित है और बैंक द्वारा उस धन में से दिये गये सभी ऋण श्रेष्ठ हैं तथा उनके डूबने की सम्भावना नहीं है। अत:, यदि बैंक अपने डूबत ऋणों तथा डूबत व संदिग्ध ऋणों के आयोजन को अन्य व्यवसायों की भाँति अपने वार्षिक खातों में प्रदर्शित करे, तो जनता का

विश्वास बैंक से उठ जायेगा और बैंक फेल हो सकता है। अत: अधिनियम द्वारा बैंकों को यह विशेष अधिकार दिया गया है कि वे डूबत ऋणों तथा डुबत व संदिग्ध ऋणों के आयोजन को लाभ-हानि खाते व चिट्ठे में कहीं पर भी प्रदर्शित न करें, लेकिन उनका समायोजन गुप्त रूप से इस प्रकार कर दें, कि जनता को इसका ज्ञान न हो सके।

इसके लिए यह रीति अपनायी जाती है कि लाभ-हानि खाते की क्रेडिट में यह लिख दिया जाता है कि क्रेडिट पक्ष में से डूबत व संदिग्ध ऋणों के लिए तथा अन्य सामान्य या आवश्यक आयोजनों को घटा दिया गया है:

Income (less provision made during the year for bad and doubtful debts and other usual or necessary provisions).

ब्याज, बट्टे व लाभांश शीर्षक में से डूबत ऋण तथा डूबत व संदिग्ध ऋणों के आयोजन को घटाकर केवल शेष को ही लाभ-हानि खाते की क्रेडिट में लिखा जाता है। चिट्ठे में भी डूबत ऋण व सम्बन्धित आयोजन को स्पष्ट नहीं किया जाता है, बल्कि सम्पत्ति पक्ष में पाँचवे स्थान पर अग्रिमों (Advanes) में से गुप्त रूप से कम कर दिया जाता है अथवा दायित्व पक्ष में तीसरे स्थान पर आकस्मिक खातों (Contingency a/cs) में शामिल कर लिया जाता है।

उपर्युक्त प्रक्रिया को अपनाने से जनता को मात्र यह संकेत मिल जाता है कि बैंक के कुछ डूबत ऋण तथा डूबत व संदिग्ध ऋणों के लिए आयोजन तो है, लेकिन उनकी राशि कितनी हैं, इसका संकेत नहीं मिल पाता।

(3) आयकर व आयकर के लिए आयोजन (Income Tax and Provision for Income Tax) - आयकर व आयकर के लिए बनाये गये आयोजन को भी जनता की जानकारी से गुप्त रखा जाता है। चुकाये गये आयकर की राशि को लाभ-हानि खाते की क्रेडिट में से गुप्त रूप से घटा दिया जाता है। आयकर के लिये बनाये गये आयोजन को भी लाभ-हानि खाते की क्रेडिट में से घटाया जाता है और चिट्ठे में 'Deposits and other Accounts' शीर्षक के अन्तर्गत 'Contingency a/cs' में सम्मिलित कर लिया जाता है। इस प्रकार, जनता को यह पता नहीं लग पाता कि बैंक द्वारा कितना आयकर चुकाया गया है। अथवा आयकर के लिए कितना प्रावधान किया गया है तथा आयकर चुकाने से पूर्व कितना लाभ था।

(4) सम्पत्तियों के पुनर्मूल्यांकन अथवा विक्रय से होने वाली हानि (Loss on Revaluation or Sale of Assets)- विनियोग, स्वर्ण तथा रजत, भूमि तथा भवन एवं अन्य सम्पत्तियों के पुनर्मूल्यांकन अथवा विक्रय से होने वाली हानि को भी सामान्यत: लाभ-हानि खाते की डेबिट में न दिखाकर उसे क्रेडिट पक्ष में 'Other Expenditure' से घटाया जाता है। इस हानि को क्रेडिट में शीर्षक में भी दिखा सकते हैं। लेकिन, गैर-बैंकिंग सम्पत्तियों की हानि को लाभ-हानि खाते की डेबिट में ही लिखा जाता है।

(5) कमीशन, विनिमय एवं दलाली (Commission, Exchange and Brokerage)- विभिन्न प्रकार की सेवाएँ करने के बदले में बैंक की कमीशन और दलाली के रूप में आय प्राप्त होती है। साथ ही, विदेशी मुद्रा को देशी मुद्रा में, अथवा देशी मुद्रा को विदेशी मुद्रा में बदलने के लिए बैंक कुछ रकम लेता है जिसे विनिमय कहते हैं।

कमीशन, विनिमय एवं दलाली को एक ही शीर्षक में दिखाते हैं:

(6) **किराया** (Rent)- बैंक अपने भवन का कुछ भाग किराये पर उठा सकता है। इसी प्रकार स्टाफ क्वार्टर्स से उसे किराया मिलता है। इसके अतिरिक्त, बैंक अपने लॉकर्स ग्राहकों को अपना कीमती सामान रखने के लिए किराये पर देता है। ये सब किराये इस शीर्षक में लिखे जाते हैं। लॉकर्स का किराया बैंक के लिए आय है, लेकिन लॉकर्स बैंक की सम्पत्ति हैं और उन्हें चिट्ठे में Furniture and Fixtures शीर्षक में दिखाया जाता है।

(7) **विनियोग, सोना-चाँदी, भूमि, भवन तथा अन्य सम्पत्तियों की बिक्री पर लाभ** (Net profit on sale of investments, gold and silver, land, premises and other assets)- इन सम्पत्तियों की बिक्री पर यदि लाभ होता है तो लाभ-हानि खाते के क्रेडिट में चौथे स्थान पर इस शीर्षक के अन्तर्गत उसे लिखा जाता है। यदि हानि होती है तो उसे डेबिट पक्ष में ग्यारहवें स्थान पर अन्य व्यय (other expenditure) में दिखाते हैं।

(8) **विनियोग, सोना-चाँदी, भूमि तथा अन्य सम्पत्तियों के पुनर्मूल्यांकन पर लाभ** (Net profit on revaluation of investments, gold and silver, land, premises and other assets)- इन सम्पत्तियों को संचालक कभी-कभी बाजार मूल्य पर पुनर्मूल्यांकित करते हैं। बाजार मूल्य यदि पुस्तक मूल्य से अधिक है तो लाभ होगा और उस लाभ को इस शीर्षक में दिखाया जायेगा। यदि बाजार मूल्य कम है तो हानि होगी और उसे डेबिट में अन्य व्यय के रूप में दिखायेंगे।

विनियोगों के पुनर्मूल्यांकन से होने वाले लाभ-हानि को प्रायः लाभ-हानि खाते में न लिखकर विनियोग उच्चावचन फण्ड (Investment Fluctuation Fund) में हस्तान्तरित कर देते हैं।

(9) **गैर-बैंकिंग सम्पत्तियों की आय** (Income from Non-Banking Assets)- गैर-बैंकिंग सम्पत्तियों को बेचने से, या उसको किराये आदि पर उठा देने से, या किसी अन्य उपयोग में लाने से होने वाली आय को इस शीर्षक के अन्तर्गत लिखते हैं। उदाहरण के लिए, किसी ऋणी ने अपनी भूमि बैंक के पास बन्धक रखकर ऋण लिया। वह ऋण चुकाने में असमर्थ रहा। अतः अब वह भूमि बैंक की गैर-बैंकिंग सम्पत्ति मानी जायेगी। उस भूमि को बेचने पर होने वाला लाभ, या किराये पर उठाने से मिलने वाला किराया इस शीर्षक में लिखेंगे। यदि बैंक न तो उस भूमि को बेचता है और न ही किराये पर उठाता है, बल्कि अपने पास रखता है, तो उस भूमि पर उगने वाली घास आदि को बेचने से प्राप्त होने वाली रकम इस शीर्षक में लिखी जायेगी। सात वर्ष के अन्दर गैर-बैंकिंग सम्पत्तियों को बेचना अनिवार्य होता है।

(10) **अन्य प्राप्तियाँ** (Other Receipts)- अंशों का हस्तान्तरण करने पर मिलने वाले हस्तान्तरण शुल्क (transfer fees) आदि को इस शीर्षक में दिखाते हैं।

बैंक के लाभ-हानि खाते की प्रमुख विशेषताएँ
(Salient Features of P & L a/c of a Bank)

एक बैंक का लाभ-हानि खाता बनाते समय निम्नलिखित महत्त्वपूर्ण बातों को ध्यान में रखना चाहिए:

(1) 'To' **व** 'By' **का प्रयोग** (Use of 'To' and 'By') - बैंक के लाभ-हानि खाते में 'To' व 'By' शब्दों का प्रयोग नहीं किया जाता है।

(2) आय पक्ष में से कुछ हानियों व आयोजनों का घटाना Deduction of certain losses and provisions from te income side)- कुछ हानियों व आयोजनों को लाभ-हानि खाते की डेबिट में न दिखाकर क्रेडिट पक्ष में से घटा दिया जाता है। ये मुख्यत: निम्नलिखित हैं:

1. भुनाये गये बिलों पर असमाप्त कटौती,
2. डूबत ऋण तथा डूबत व संदिग्ध ऋणों के लिए अयोजन,
3. आयकर व आयकर के लिए आयोजन,
4. विनियोग, स्वर्ण तथा रजत, भूमि तथा भवन एवं अन्य सम्पत्तियों के पुनर्मूल्यांकन तथा विक्रय से हुई हानि को लाभ-हानि खाते की डेबिट में अन्य व्यय शीर्षक के अन्तर्गत दिखाते हैं अथवा डेबिट में न लिखकर क्रेडिट पक्ष में से घटाया जाता है। लेकिन गैर-बैंकिंग सम्पत्तियों की व्यवस्था अथवा बिक्री से होने वाली हानि को डेबिट में ही लिखा जाता है।

(3) लॉकर का किराया व डाक-टिकट आदि (Lookers' Rent, Stamps, etc.) - लॉकर का किराया बैंक की आय होती है, अत: उसे लाभ-हानि खाते की क्रेडिट में लिखा जाता है। लेकिन, लॉकर्स को चिट्ठे के सम्पत्ति पक्ष में फर्नीचर व फिटिंग्स शीर्षक में दिखाया जाता है। जो डाक-टिकट, स्टेशनरी आदि वर्ष भर में प्रयोग हो चुकी है, उसे व्यय के रूप में लाभ हानि खाते की डेबिट में लिखते हैं, लेकिन जो डाक टिकट, स्टेशनरी आदि वर्ष के अन्त में बची रहती है, उसे चिट्ठे में अन्य सम्पत्तियाँ शीर्ष में दिखाया जाता है।

(4) संदिग्ध ऋणों पर ब्याज (Interest on doubtful debts)- यदि बैंक को यह सूचना मिलती है कि उसके किसी देनदार की वित्तीय स्थिति डॉवाडोल है, तो उसे दिया गया ऋण संदिग्ध हो जाता है। संदिग्ध ऋण पर प्राप्य ब्याज की राशि भी संदिग्ध हो जाती है। अत: संदिग्ध ऋणों पर अर्जित ब्याज की राशि को सम्बन्धित ग्राहक के ऋण खाते कें डेबिट किया जाता है, और ब्याज उचन्त खाता 'Interest Suspense a/c) में क्रेडिट किया जाता है अर्थात् उसे आय के रूप में नहीं मानते हैं। प्रविष्टि निम्न प्रकार की जाती है:

Customer a/c Dr.

To Interest Suspense a/c

जब ब्याज की राशि मिल जाती है, तब ब्याज की प्राप्त राशि ब्याज उचन्त खाते से ब्याज खाते को हस्तान्तरित कर दी जाती है:

Interest Suspense a/c Dr.

To Interest a/c

उपर्युक्त प्रक्रिया का उद्देश्य यह है कि ब्याज को तब तक आय नहीं मानना चाहिए, जबकि कि वह अनिश्चित है।

(5) प्रबन्ध अधिकारियों को वेतन तथा भत्ते (Salaries & Allowances to Management Executors)- प्रबन्ध संचालक, प्रबन्धक या मुख्य अधिशासी अधिकारी को प्रदत्त वेतन तथा भत्ते की रकम को अन्य कर्मचारियों को प्रदत्त वेतन तथा भत्ते से अलग दिखाया जाता है।

(6) लाभ-हानि का शेष (Balance of Profit or Loss)- बैंक की दशा में लाभ-हानि नियोजन खाता अलग से नहीं बनाया जाता है। लाभ-हानि खाते के शेष को सीधे चिट्ठे में दायित्व पक्ष की ओर ले जाया जाता है, जहाँ उसे गत वर्ष से लाये गये शेष में जोड़ा (या घटाया) जाता है। इस प्रकार से आये योग में से आवश्यक नियोजनों को घटाया जाता है।

उदाहरण 1

निम्नांकित विवरणों से नॉदर्न बैंक लि. का 31 मार्च, 2000 को समाप्त होने वाले वर्ष के लिए लाभ-हानि खाता तैयार करें:

	Rs.		Rs.
Interest on Loans	2,59,000	Rent and Taxes	18,000
Interest on Fixed Deposits	2,75,000	Interest on Overdrafts	54,000
Rebate on Bills Discounted	49,000	Directors and Auditors Fees	4,200
Commission charges to Customers	8,200	Interest on Saving Bank Deposits	68,000
Establishment	54,000	Postabe and Telegrams	1,400
Discount on Bills Discounted	95,000	Printing and Advertisement	2,900
Interest on Cash Credit Accounts	2,23,000	Sundry Charges	1,700
Interest on Current Accounts	42,000		

Solution:

Profit and Loss Account of Northern Bank Ltd.
for the year ended 31st March, 2000

(Rs. in Thousand)

	Schedule No.	Year ended 31-3-2000 (current year)	Year ended 31-3-1999 (previous year)
		Rs.	Rs.
I. Income:			
Interest Accrued	13	682.0	—
Other Income	14	8.2	—
Total		690.2	—
II. Expenditure:			
Interest Expended	15	385.0	—
Operating Expenses	16	82.2	—
Provision and Contingencies		Nil	
Total		467.2	—
III. Profit and Loss:			
Net Profit/Loss.. for the year		223.0	—
Profit/Loss (-) brought forward		Nil	—
Total		223.0[1]	—
IV. Appropriations			
Transfer to Statutory Reserves		44.6[2]	—
Transfer to Other Reserves		Nil	—
Transfer to Govt/Proposed Dividend		Nil	—
Balance carried over to Balance Sheet		178.4	—
Total		223.0	—

Working Notes:

1. Rs. 6,90,200 — Rs. 4,67,200 = Rs. 2,23,000
2. Net Profit Rs. 2,23,000

$\therefore$ 2,23,000 x $\frac{20}{100}$ = Rs. 44,600 (Statutory Reserve)

Schedule 13

Interest Earned

(000 omitted)

	Year ended 31-3-2000 (previous year)	Year ended 31-3-1999 (previous year)
	Rs.	Rs.
I. Interest/discount on Advances/bills	682[1]	—
II. Income on Investment	Nil	—
III. Interest on Balances with Reserve Bank of India and other Inter-bank Funds	Nil	—
IV. Others	Nil	—
Total	682	—

Working Note:

			Rs.	
1.	Interest on loans		2,59,000	
	Interest on cash credit		2,23,000	
	Interest on overdraft		54,000	
	Discount		1,95,000	
			7,31,000	
	Less: Rebate	(-)	49,000	
			682,000	or say 682 thousand

Schedule 14

Other Income

(000 omitted)

	Year ended 31-3-2000 (previous · year)	Year ended 31-3-1999 (previous year)
	Rs.	Rs.
I. Commission, Exchange and Brokerage	8.2	—
II. Profit on sale of investments	Nil	—
• Less: Loss on sale of investments	—	—
III. Profit on revaluation of investments	Nil	—
Less: Loss on revaluation of investments	—	—
IV. Profit on sale of land, buildings and other assets	Nil	—
Less: Loss on sale of land, buildings and other assets	—	—
V. Profit on exchange transactions	Nil	—
Less : Loss on exchange transactions	—	—
VI. Income earned by way of dividends etc. from subsidiaries/companies and/or joint ventures abroad	Nil	—
VII. Miscellaneous income	—	—
Total	8.2	—

Schedule 15

Interest Expended

(000 omitted)

	Year ended 31-3-2000 (previous year)	Year ended 31-3-1999 (previous year)
	Rs.	Rs.
I. Interest on Deposits		—
Fixed	275	
Current	42	
Savings	68	
II. Interest on R.B.I./Inter-bank Borrwings	Nil	—
III. Others	Nil	—
Total	385	—

Schedule 16

Interest Earned

(000 omitted)

		Year ended 31-3-2000 (previous year)	Year ended 31-3-1999 (previous year)
		Rs.	Rs.
I.	Payment to and Provisions for Employees	54	—
II.	Rent, Taxes and Lighting	18	—
III.	Printing and Stationery	2.9	—
IV.	Advertisement and Publicity	Nil	—
V.	Depreciation on Bank's Property	Nil	
VI.	Directors Fees, Allowances and Expenses	Nil	—
VII.	Auditors Fees and Expenses (including branch auditors fees and expenses)	4.2	—
VIII.	Law Charges	Nil	—
IX.	Postages, Telegrams, Telephones etc.	1.4	—
X.	Repairs, and Maintenance	Nil	—
XI.	Insurance	Nil	—
XII.	Other Expenses	1.7	
	Total	82.2	—

उदाहरण 2.

अभिनव बैंक लि. की 31 मार्च, 2000 तथा 1999 को समाप्त होने वाले वर्ष की निम्नलिखित बाकियाँ हैं:

	Year ended 31-3-2000 (previous year)	Year ended 31-3-1999 (previous year)
	Rs.	Rs.
Commission and Brokerage received	42,000	12,000
Discount on Bills discounted	12,60,000	10,00,000
Directors' Fees	20,000	15,000
Auditors's Fees	10,000	8,000
Printing and Stationery	18,000	16,000
Advertisement	12,000	8,000
Rent and Taxes	1,32,000	1,20,000
Establishment Expenses	3,60,000	3,10,000
Interest on Loans	16,80,000	14,00,000
Interest on Fixed Deposits	17,88,000	17,02,000
Interest on Cash Credits	14,40,000	13,10,000
Interest on Current Accounts	2,70,000	1,00,000
Interest on Overdrafts	3,60,000	3,20,000
Interest on Saving Bank Deposits	4,00,000	3,20,000
Interest on Recurring Deposits	32,000	22,000
Depreciation	40,000	36,000

निम्नांकित समायोजनाओं को ध्यान में रखकर लाभ–हानि खाता बनाइए:

(1) भुनाये हुए बिलों पर असमाप्त कटौती 3,30,000 रु.

(2) करों के लिए 1,00,000 रु. संचय कीजिए।

अनुसूचियों का पूर्ण विवरण आवश्यक नहीं है सिर्फ वर्किंग नोट दें।

Solution:

Profit and Loss Account of Northern Bank Ltd.
for the year ended 31st March, 2000

(Rs. in Thousand)

	Schedule No.	Year ended 31-3-2000 (current year)	Year ended 31-3-1999 (previous year)
		Rs.	Rs.
I. Income:			
Interest Accrued	13	4,410[1]	4,030[2]
Other Income	14	42	12
Total		4,452	4,042
II. Expenditure:			
Interest Expended	15	2,490[3]	2,144[4]
Operating Expenses	16	592[5]	513[6]
Provision and Contingencies		100	—
Total		3,182	2,657
III. Profit :			
Net Profit for the year (I-II)		1,270[7]	1,385[8]
Profit brought forward		1,108	—
Total		2,378	1,385
IV. Appropriations			
Transfer to Statutory Reserves		254[9]	277[10]
Transfer to Other Reserves		—	—
Transfer to Proposed Dividend		—	—
Balance carried over to Balance Sheet		2,124	1,108
Total		2,378	1,385

Working Notes:

Schedule 13 : Interest Earned

		1	2
	Interest on Loans	16,80,000	14,00,000
	Interest on Cash Credits	14,40,000	13,10,000
	Interest on Overdrafts	3,60,000	3,20,000
		34,80,000	30,30,000
Add:	Discounts on bills discounted	12,60,000	10,00,000
		47,40,000	40,30,000
Less:	Rebate on bills discounted	3,30,000	
		44,10,000	

or say, (i) Rs. 4,410 thousand, (ii) Rs. 4,030 thousand.

Schedule 14 : Other Income

	2000	**1999**
Commission & Brokerage	42,000	12,000

Schedule 15 : Interest Expended

	3	**4**
Interest on Fixed Deposits	17,88,000	17,02,000
Interest on Saving Bank Deposits	4,00,000	3,20,000
Interest on Current Accounts	2,70,000	1,00,000
Interest on Recurring Deposits	32,000	22,000
	24,90,000	21,44,000
or say,	2,490 thousand	2,144 thousand

Schedule 16 : Operating Expenses

		5	**6**
I.	Establishment Expenses	3,60,000	3,10,000
II.	Rend & Taxes	1,32,000	1,20,000
III.	Printing & Stationery	18,000	16,000

IV.	Advertisement	12,000	8,000
V.	Depreciation	40,000	36,000
VI.	Directors Fees	20,000	15,000
VII.	Auditors Fees	10,000	8,000
		5,92,000	5,13,000

7. 4,452 - 3,182 = 1,270 8. 4,042 - 2,657 = 1,385

9. $1,270 \times \frac{20}{100} = 254$ 10. $1,385 \times \frac{20}{100} = 277.$

Note : Establishment expenses relate to payments of salaries and allowances etc. and provisions for employees.

उदाहरण 3.

निम्नलिखित सूचनाओं से 31 मार्च, 2000 को समाप्त होने वाले वर्ष के लिए वसावी बैंक लि. का लाभ-हानि खाता बनाइए:

	रु. हजार में
Interest on Loans	300
Interest on Fixed Deposits	275
Commission	10
Exchange and Brokerage	20
Salaries and Allowances	150
Discount on Bills	152 (gross)
Interest on Cash Credits	240
Interest on Temporary Overdrafts in Current Accounts	30
Interest on Savings Accounts	87
Postae, Telegram & Accounts	10
Printing & Stationery	20
Rent	15
Tax & Licences	10
Audit Fees	10

Additional Information:

1. Rebate on Bills Discounted	Rs. 30,000
2. Salary of Managing Director	Rs. 31,000
3. Bad Debts	Rs. 44,000

4. Provision for income tax to be made @ 50%

Solution:

Profit and Loss Account of Vasavi Bank Ltd.

for the year ended 31st March, 2000

(Rs. in Thousand)

	Schedule No.	Year ended 31-3-2000 (current year)	Year ended 31-3-1999 (previous year)
		Rs.	Rs.
I. Income:			
Interest Accrued	13	648	—
Other Income	14	30	—
Total		678	—
II. Expenditure:			
Interest Expended	15	362	—
Operating Expenses	16	256	—
Provision and Contingencies		30[1]	—
Total		648	—
III. Profit :			
Net Profit/Loss for the year (I-II)		30[2]	—
Profit/Loss (-) brought forward		—	—
Total		30	—
IV. Appropriations			
Transfer to Statutory Reserves		6[3]	—
Transfer to Other Reserves		—	—
Transfer to Proposed Govt/Dividend		—	—
Balance carried over to Balance Sheet		24	—
Total		30	—

Working Notes:

1. $678 - 618 = 60; \frac{60 \times 50}{100} =$ Rs. 30 thousand.

2. $678 - 648 = 30$.

3. $30 \times \frac{20}{100} = 6$ (u/s 17).

Schedule 13

Interest Earned

(Rs. in thousand)

	Year ended 31-3-2000 (previous year)	Year ended 31-3-1999 (previous year)
	Rs.	Rs.
I. Interest/discount on Bills	648	—
II. Income on Investment	—	—
III. Interest on Balances with Reserve Bank of India and other Inter-bank Funds	—	—
IV. Others	—	—
Total	648	—

Working Note:

		Rs. (thousand)
1. Interest on Loans		300
Interest on Cash Credits		240
Interest on Temporary overdrafts in Current Acc.		30
Discount on Bills (gross)		152
		722
Less : Rebate on bills discounted	30	
Bad Debts	44	74
		648

Schedule 14

Other Income

(Rs. in thousand)

		Year ended 31-3-2000 (previous year)	Year ended 31-3-1999 (previous year)
		Rs.	Rs.
I.	Commission, Exchange and Brokerage	30[1]	—
II.	Profit on sale of investments	—	—
	Less: Loss on sale of investments	—	—
III.	Profit on revaluation of investments	—	—
	Less: Loss on revaluation of investments	—	—
IV.	Profit on sale of land, buildings and other assets	—	—
	Less: Loss on sale of land, buildings and other assets	—	—
V.	Profit on exchange transactions	—	—
	Less : Loss on exchange transactions	—	—
VI.	Income earned by way of dividends etc. from subsidiaries/companies and/or joint ventures abroad/in India	—	—
VII.	Miscellaneous income	—	—
	Total	30	—

1. 10 + 20 = 30

Schedule 15

Interest Expended

(Rs. in thousand)

		Year ended 31-3-2000 (previous year)	Year ended 31-3-1999 (previous year)
		Rs.	Rs.
I.	Interest on Deposits	362[1]	—
II.	Interest on R.B.I./Inter-bank Borrwings	—	—
III.	Others	—	—
	Total	362	—

	(Rs. 000)
1. Interest on F.D.	275
Interest on Savings Accounts	87
	362

Schedule 16

Operating Expenses

(Rs. in thousand)

		Year ended 31-3-2000 (previous year)	Year ended 31-3-1999 (previous year)
		Rs.	Rs.
I.	Payment to and Provisions for Employees	181	—
II.	Rent, Taxes and Lighting (15 + 10)	25	—
III.	Printing and Stationery	20	—
IV.	Advertisement and Publicity	—	—
V.	Depreciation on Bank's Property	—	—
VI.	Directors Fees, Allowances and Expenses	—	—
VII.	Auditors Fees and Expenses	10	—
VIII.	Law Charges	—	—
IX.	Postages, Telegrams, Telephones etc.	10	—
X.	Repairs, and Maintenance	—	—
XI.	Insurance	—	—
XII.	Other Expenses	10	—
	Total	256	—

बैंक का चिट्ठा

बैंकिंग नियमन अधिनियम की तृतीय अनुसूची में दिये गये चिट्ठे का नमूना निम्न प्रकार है:

Capital and Liabilities	Amount	Property and Assets	Amount
1. Capital Authorised capital: ... Shares of Rs.... each Issued Capital: ... Shars of Rs.... each Subscribed Capital: ... Shares of Rs... each Called up Capital: Amount called up at Rs...... per share Less : Calls unpaid Add: Forfeited Shares Paid up Capital 2. Reserve Fund & Other Reserves Statutory Reserve Fund Reserve Fund General Reserve Depreciation Reserve Sinking Fund Divident Equalisaion Reserve Investment Fluctuation Fund 3. Deposits and Other Accounts Fixed Deposits Savings Bank Deposits Current Accounts Other Deposits Accounts Contingency Accounts 4. Borrowing from other Bank, Agents etc.: (i) In India (ii) outside India 5. Bills Payable 6. Bills for Collection being Bills Reveivale as per contra (i) Payable in India (ii) Payable outside India	Rs.	1. Cash In hand and with Reserve Bank (including foreign currency notes) 2. Balance with other Banks (showing whether on deposits or current accounts): (i) in India (ii) outside India 3. Money at call and short notice 4. Investment (stating mode of valuation e.g., ost or makret value) (i) Securities of the central and state government. (ii) Shares (Classifying into preference, ordinary, defered and other classes of shares) (iii) Debentures or Bonds (iv) Other investments (to be classified under proper heads) (v) Gold 5. Advances (i) Loans, cash credits and overdrafts (other than bad and doubtful debts for which provision has been made to the satisfication of the auditors): (a) in India (b) outside India (ii) Bills discounted and purchased: (a) payable in India (b) payable outside India	Rs.

7. Ohter Liabilities (to be specified)
(a) Creditors
(b) Unclaimed Dividends
(c) Outstanding Expenses
(d) Rebate on Bills Discounted
(e) Letters of Credit and Cirular Notes
(f) Liabilities to Subsidiary Companies
(g) Branch Adjustments (Cr.)
(h) Staff Security Deposits
(i) Specifi Provisions such as:
Provision for Taxation
Insurance Fund
Gratuity Fund
Provident Fund
Medical Fund, etc.

8. Acceptances, Endorsements an other Obligations as per contra

9. Profit and Loss a/c
Balance of profit at the beginning
Add profit of the current year Less appropriation

Particulars of Advances:
(a) Debts considered good in respect of which the bank is fully secured.
(b) Debts considered good for which the bank holds no other security than the debtors personal security.
(c) Debts considered good, secured by the personal liabilities of one or more parties in addition to the personal security of the debtors.
(d) Debts considered doubtful or bad, not provided for
(e) Debts due by directors or officers of the bank or any of them either severally or jointly with any other person.
(f) Debts due by companies or firms in which the directors of the bank are interested as directors, partners or, in the case of private companeis, as members.
(g) Maximum total amount of loans, including temporary advances made at any time during the year to directors or managers or officers of the bank.
(h) Maximum total amount of loans including temporary advances granted during the year to the companies or firms in which the directors of the bank are interested as directors, partners or, in the case of private companies as members
(i) Due from banks.

6. Bills Receivable being Bills for Collection as per contra:
(i) Payable in India
(ii) payable outside India

7. Constituents Labilities for Acceptances, Endorsements and other Obligation as per contra

8. Premises less Depreciation
Original cost
Add further additions
Less Dep. of the last years
Less Dep. of the current year

9. Furniture and Fixtures
(same details as of Premises)

10. Contingent Liabilities (By way of notes)		10. Other Assets Library Silver Stamps in hand Stationery in hand Branch adjustments (Dr.) Investment in shares and Debentures of subsidiary companeis Discount on shares Preliminary expenses Development expenses Underwriting commission Prepaid expenses Accrued commission 11. Non-Banking Assets acquired in satisfaction of claims (stating mode of valuation) 12. Profit and Los a/c (if there is loss)	
Total		Total	

बैंक के चिट्ठे का संक्षिप्त रूप

(Short Form of Balance Sheet of a Bank)

बैंक के चिट्ठे का जो उपर्युक्त नमूना दिया गया है वह पूर्ण एवं विस्तृत है। इसको याद रखना कठिन है। इसलिए विद्यार्थियों को परीक्षा की दृष्टि से निम्नलिखित संक्षिप्त रूप का उपयोग करना चाहिए:

Capital and Liabilities	Amount	Property and Assets	Amount
1. Share Capital	Rs.	1. Cash in hand and with Reserve Bank	Rs.
2. Reserve Fund and other Reserves		2. Balance with other Banks	
3. Deposits and other Accounts		3. Money at call and short notice	
4. Borrowing from other Banks, Agens, etc.		4. Investments	
5. Bills Payable		5. Advances: (i) Loans, cash credits and overdrafts (ii) Bills discounted and purchased	
6. Bills for Collection being Bills Receivable as per contra		6. Bills Receivable being Bills for Collections as per contra	
7. Other Liabilities		7. Constituents' Liabilities for Acceptances, Endorsements and other Obligations as per contra	
8. Acceptances, Endorsements and other Obligations as per contra		8. Premises	
9. Profit & Loss Account (Profit)		9. Furniture and Fixtures	
10. Contingent Liabilities (By way of notes)		10. Other Assets	
		11. Non-Banking Assets	
		12. Profit & Loss Account (Loss	
Total		Total	

चिट्ठे की मदों का स्पष्टीकरण
(Explanation of Balance Sheet Items)

1. पूँजी एवं दायित्व पक्ष
(Capital and Liabilities Side)

(1) पूँजी - एक सामान्य कम्पनी की भाँति बैंक की पूँजी की भी अधिकृत निर्गमि, प्रार्थित, याचित एवं दत्त पूँजी के शीर्षकों में दिखाया जाता है। याचित पूँजी में से अदत्त याचना को घटा देने पर दत्त पूँजी आ जाती है।

बैंक की कुछ संचित पूँजी भी हो सकती है। संचित पूँजी वह पूँजी होती है जिसे केवल कम्पनी के समापन के समय ही माँगा जा सकता है। संचित पूँजी को चिट्ठे में पूँजी शीर्षक में सबसे नीचे एक टिप्पणी के रूप में दिखाना चाहिए।

(अ) संचय कोष एवं अन्य कोष - ये वे कोष होते हैं जो किसी बाहरी दायित्व के लिए नहीं बनाये जाते हैं, बल्कि बैंक की वित्तीय स्थिति को सुदृढ़ करने के लिए बनाये जाते हैं। ये सब कोष चिट्ठे में दायित्व पक्ष के दूसरे स्थान पर लिखे जाते हैं।

सामान्य कोषों के उदाहरण हैं - सामान्य कोष, वैधानिक कोष, लाभांश समता कोष आदि।

(ब) विशिष्ट कोष - ये वे कोष होते हैं जो किसी विशेष दायित्व की पूर्ति के लिए बनाये जाते हैं अर्थात् जो बैंक के किसी दायित्व को प्रदर्शित करते हैं। इन कोषों को बैंक के चिट्ठे में सातवें स्थान पर अन्य दायित्व शीर्षक में दिखाया जाता है।

विशिष्ट कोषों के उदाहरण हैं - भविष्य निधि, पेन्शन फण्ड, बीमा कोष, चिकित्सा कोष, ग्रेच्युटी कोष, करों के लिए आयोजन आदि।

(2)वैधानिक संचय कोष - जैसा कि पहले भी बताया जा चुका है, बैंकिंग नियमन अधिनियमन, 1949 की धारा 17 के अनुसार, प्रत्येक बैंकिंग कम्पनी को लाभांश घोषित करने से पूर्व अपने चालू वर्ष के शुद्ध लाभ का 20 प्रतिशत एक वैधानिक संचय कोष में हस्तान्तरित करना होता है जब तक कि यह कोष दत्त पूँजी के बराबर न हो जाए। वैधानिक संचय कोष को चिट्ठे के दायित्व पक्ष में दूसरे स्थान पर शीर्षक में दिखाया जाता है।

विद्यार्थियों को परीक्षा प्रश्न में यह स्वयं ही देखना चाहिए कि बैंक का वैधानिक कोष दत्त पूँजी के बराबर है अथवा नहीं। यदि नहीं है, तो प्रश्न में चाहे कहा गया हो या नहीं कहा गया हो, लाभांश देने से पूर्व चालू वर्ष के शुद्ध लाभ का 20 प्रतिशत वैधानिक संचय कोष में स्वयं ही हस्तान्तरित कर देना चाहिए और अन्त में एक नोट इस सम्बन्ध में दे देना चाहिए। यदि प्रश्न में वैधानिक संचय कोष में हस्तान्तरित करने के लिए विशेष राशि दी हुई है, तो वही राशि हस्तान्तरित करनी चाहिए। यह राशि 20 प्रतिशत से कम या अधिक भी हो सकती है।

(3) निक्षेप व अन्य खाते - इस शीर्षक में उन खातों को रकमें लिखी जाती है जिनमें ग्राहकों ने रुपया जमा किया है। ये जमाएँ तथा इन पर दिया जाने वाला ब्याज बैंक के लिए दायित्व है। सभी खातों की रकमें अलग-अलग दिखाई जाती हैं। ये खाते होते हैं -

सावधि खाता, बचत बैंक खाता, चालू खाता, तथा अन्य खाते। अन्य खातों के उदाहरण हैं - Recurring Deposit a/c, Prize Deposit a/c, Re-investment a/c, आदि।

आकस्मिक खाते (Contingency a/cs)- बैंक के सामान्य कोष दायित्व पक्ष में द्वितीय स्थान पर तथा विशिष्ट कोष सातवें स्थान पर लिखे जाते है जैसा कि पहले बताया जा चुका है। लेकिन कुछ कोष ऐसे भी होते हैं जो न तो सामान्य कोष की श्रेणी में आते हैं और न ही विशिष्ट कोष की श्रेणी में। इनको आकस्मिक खाते के नाम से जाना जाता है। बैंक को रुपये का लेन-देन करने तथा ग्राहकों को सेवा करने में अप्रत्याशित रूप से हानि हो सकती है। ऐसी हानि से बचने के लिए बैंक कोष बना लेता है, जिन्हें 'Contingency a/cs' के नाम से चिट्ठे के दायित्व पक्ष में तृतीय स्थान पर लिखा जाता है। यदि डूबत एवं संदिग्ध ऋणों के लिए कोई कोष बनाया गया है, तो उसे गुप्त रूप से लाभ हानि खाते में आय में से कम कर दिया जाता है एवं चिट्ठे के सम्पत्ति पक्ष में अग्रिम में से भी कम कर दिया जाता है। इसका एक तरीका यह भी है कि अग्रिम में से कम न किया जाये, तो डूबत एवं संदिग्ध ऋणों के कोष की राशि को गुप्त रूप से में शामिल करें। इस प्रकार, आयकर के आयोजन तथा सम्पत्तियों की बिक्री या पुनर्मूल्यांकन से होने वाली हानि के विरूद्ध बनाये गये आयोजन को भी 'Contingency a/cs' के अन्तर्गत शामिल किया जाता है।

(4) अन्य बैंकों एवं एजेन्टों आदि से ऋण - इस शीर्षक में वे रकमें दिखाई जाती है जो बैंक ने अन्य बैंकों, एजेन्टों अथवा वित्तीय संस्थाओं, आदि से उधार ली हैं। भारत में कितना ऋण लिया है और विदेशी संस्थाओं से कितना ऋण लिया है, यह अलग-अलग करके दिखाया जाता है। इसके साथ यह भी स्पष्ट करना आवश्यक होता है कि वे ऋण रक्षित या अरक्षित हैं।

(5) देय बिल - बैंक के देय बिल वैसे नहीं होते जैसे सामान्य व्यापार में प्राप्य बिल एवं देय बिल होते हैं। बैंक अपने ग्राहकों को एक स्थान से दूसरे स्थान को धन भेजने के लिए बैंक ड्राफ्ट व टेलीग्राफिक ट्रान्सफर की सुविधा देता है। टेलीग्राफिक ट्रान्सफर के अन्तर्गत बैंक अपनी दूसरी शाखा के स्थान को तार द्वारा यह आदेश देता है कि अमुक पार्टी को इतना धन दे दिया जाये। आजकल टेलीफोनिक ट्रान्सफर और टेलीप्रिन्टर की भी सुविधा दी जाने लगी है। इन सुविधाओं से हम धन एक स्थान से दूसरे स्थान को शीघ्रताशीघ्र भेज सकते हैं। बैंक धन लेने वाले से पहले रकम ले लेता है।

यह सम्भव है कि जिस तिथि को चिट्ठा बनाया जाये, उस तिथि तक कुछ बैंक ड्राफ़्ट, टेलीग्राफिक ट्रान्सफर आदि का भुगतान बैंक की शाखाओं ने न किया हो। अत: चिट्ठे की तिथि पर वह रकम बैंक के लिए एक दायित्व है। अत: बैंक के देय बिलों से आशय उन बैंक-ड्राफ्टों एवं टेलीग्राफिक ट्रान्सफरों से है जिसका भुगतान चिट्ठा बनाने की तिथि तक बैंक की किसी शाखा से नहीं किया गया है। इस प्रकार इन्हें देय बिल के शीर्षक से चिट्ठे में पाँचवे स्थान पर दिखाया जायेगा।

(6) संग्रह के लिए आये हुए बिल - व्यापार में चैक, बिल, हुण्डी, ड्राफ्ट आदि का बहुत प्रयोग होता है। लेकिन जिस व्यापारी को ये मिलते हैं उसके लिए स्वयं उनका भुगतान सम्बन्धित बैंक या अन्य पार्टी से लेने में बहुत कठिनाई होती है। माना कि आगरा के A को बम्बई के B ने कोई बिल स्वीकार करके भेजा। A उस बिल का भुगतान लेने बम्बई

नहीं जायेगा। यदि वह जायेगा भी तो धन व समय की बर्बादी होगी। अत: A वह बिल आगरा में स्थित अपने बैंक में संग्रह के लिए भेज देगा। उसका बैंक स्वयं बिल का भुगतान B से वसूल कर लेगां और प्राप्त धनराशि को A के खाते में जमा करा देगा। इसी प्रकार, यदि बैंक के पास A ने वह चैक जमा कराया है जो B से उसे मिला था, तो A का बैंक स्टेट बैंक के क्लीयरेन्स विभाग से उस चैक का रुपया मँगा लेगा और A के खाते में जमा कर देगा। इस कार्य के लिए बैंक अपने ग्राहक से कुछ कमीशन अवश्य लेता है। बैंक अपना कमीशन काटकर ही शेष रकम ग्राहक के खाते में जमा करेगा।

इस प्रकार बैंक के पास संग्रह के लिए बिल, चैक, आदि आते हैं। चिट्ठा बनाने की तिथि को बहुत से ऐसे चैक, बिल और हुण्डियाँ होती हैं, जो ग्राहकों ने संग्रहके लिए भेजी थी, लेकिन उनका धन-संग्रह बैंक द्वारा नहीं हो सका। ये बिल, आदि बैंक के लिए दायित्व होते हैं क्योंकि बैंक अपने ग्राहकों को उनका रुपया संग्रह करके चुकाने के लिए उत्तरदायी होता है। लेकिन साथ ही साथ ये बिल, आदि बैंक की सम्पत्ति भी हैं, क्योंकि इनका रुपया अन्य बैंकों या पक्षों से वसूल करना है। अत: संग्रह के लिए आये हुए बिलों को चिट्ठे में दोनों ओर लिखा जायेगा:

दायित्व पक्ष में छठे स्थान पर Bills for Collection being Bills Receivable as per contra- के शीर्षक से, तथा

सम्पत्ति पक्ष में छठे स्थान पर Bills Receivable being Bills for Collection as per contra के शीर्षक से।

तलपट में 'संग्रह के लिए आये हुए बिल' (Bills for Collection) क्रेडिट व डेबिट दोनो तरफ लिखे होंगे क्योंकि यह मद दायित्व व सम्पत्ति दोनों में जाती है। यदि यह मद तलपट के अन्दर नहीं है और समायोजन में दी हुई है, तो भी उसे दायित्व व सम्पत्ति दोनों में लिखेंगे।

संग्रह के लिए आये हुए बिलों की राशि को दो भागों में विभक्त करके लिखते हैं - भारत में देय राशि एवं भारत के बाहर देय राशि (Payable in India and Payable outside India)।

संग्रह के लिए आये हुए जिन बिलों का संग्रह चिट्ठे की तिथि तक बैंक द्वारा नहीं किया जा सका है, उनकी राशि के योग से बैंक निम्नलिखित प्रविष्टि करता है:

Bills Receivable being Bills for Collection a/c Dr.

To Bills for Collection being Bills Receivable a/c

(7) अन्य दायित्व - अन्य दायित्वों में मुख्यत: निम्नलिखित को सम्मिलित किया जाता है -

(अ) लेनदार - यहाँ उन लेनदारों को दिखाया जाता हैजिनसे बैंक ने कोई सम्पत्ति, आदि उधार खरीदी है। जो बैंक में रुपया जमा करते हैं वे भी बैंक के लेनदार होते हैं, लेकिन उन्हें 'Deposits and other Accounts' शीर्षक में दिखाया जाता है। इसी प्रकार

जिन बैंकों व संस्थाओं, आदि से बैंक ने ऋण लिया है, वे भी लेनदार हैं, लेकिन उन्हें 'Borrowings from other Banks, Agents, etc.' शीर्षक में दिखाया जाता है।

(ब) आयचित लाभांश - बैंक के अंशधारी चिट्ठे की तिथि तथा लाभांश की जितनी राशि नहीं लेने आये हैं, उसे यहाँ दिखाया जाता है।

(स) अदत्त व्यय - चिट्ठे की तिथि तक जो व्यय देय हो चुके हैं, लेकिन उनका भुगतान नहीं किया जा सका है, उन्हें यहाँ दिखाया जाता है।

(द) भुनाये गये बिलों पर असमाप्त कटौती - यदि यह तलपट के अन्दर लिखी हुई है तो उसे केवल चिट्ठे में दायित्व पक्ष में दिखाया जायेगा। यदि समायोजन में दी है तो उसे लाभ-हानि खाते की क्रेडिट में ब्याज, बट्टा एवं लाभांश शीर्षक में से घटाया जायेगा और साथ ही चिट्ठे में दायित्व पक्ष में लिखा जायेगा।

(8) साख पत्र एवं गश्ती पत्र - कोई भी व्यापारी जब देश-विदेश में माल खरीदने अथवा किसी अन्य कार्य से जाता है तो वह अपने साथ नकद धन ले जाने की जोखिम नहीं उठाना चाहता है। इसलिए, वह अपने बैंक से साख पत्र या गश्ती पत्र ले जा सकता है। साख पत्र एक प्रकार से प्रमाण पत्र है, जिसमें बैंक अपने ग्राहक की अच्छी साख होने के विषय में लिखता है और यह आश्वासन देता है कि उस व्यक्ति को अमुक धनराशि तक उधार दिया जा सकता है, और यदि ग्राहक ने उसका भुगतान नहीं किया तो बैंक उत्तरदायी होगा। इस प्रकार साख पत्र की राशि बैंक के लिए एक दायित्व है, जब तक ग्राहक अपने विक्रेता को भुगतान नहीं कर सकता।

गश्ती पत्र एक ऐसा पत्र हैं जिसमें बैंक यह लिखता है कि उसने अमुक व्यक्ति से अमुक धनराशि प्राप्त कर ली है और बैंक की किसी भी शाखा से यह व्यक्ति भुगतान पाने का अधिकारी है। गश्ती पत्र एक प्रकार से परिचय पत्र है जिसमें व्यक्ति का परिचय, फोटो, नमूने के हस्ताक्षर, आदि होते हैं। उसमें बैंक की शाखाओं का भी वर्णन होता है और प्राय: यह भी लिखा होता है कि एक शाखा से वह अधिकतम कितनी धनराशि ले सकता है। वह व्यक्ति जहाँ-जहाँ जाता है, अपनी इच्छा से लिखी हुई शाखाओं से धनराशि ले सकता है। भुगतान करने वाली शाखा उसका फोटों तथा हस्ताक्षर मिलाकर उसे रकम दे देगी और वह धनराशि उस गश्ती पत्र पर लिख देगी। भुगतान करने वाली अन्तिम शाखा भुगतान करके गश्ती पत्र अपने पास रख लेगी और फिर निर्गमित करने वाली शाखा को भेज देगी।

चिट्ठे की तिथि पर साख पत्र एवं गश्ती पत्र की वह धनराशि जो बैंक के लिए देय है, दायित्व पक्ष में सातवें स्थान पर दिखाई जायेगी।

(9) सहायक कम्पनियों के प्रति दायित्व - यदि किसी सहायक कम्पनी के प्रति कोई राशि देय है, तो उसे यहाँ दिखाया जायेगा। यदि सहायक कम्पनियाँ से कुछ राशि लेना शेष है, तो उसे सम्पत्ति पक्ष शीर्षक में दिखाया जायेगा। कोई बैंकिंग कम्पनी केवल निम्नलिखित उद्देश्यों के लिए ही अपनी सहायक कम्पनी बना सकती है:

(अ) ट्रस्ट कार्य के लिए,

(ब) किसी सम्पत्ति के प्रबन्ध के लिए,

(स) सुरक्षित जमा हेतु तहखाना बनाने के लिए, तथा

(द) किसी अन्य उद्देश्य के लिए, जो बैंकिंग व्यवसाय से सम्बन्धित हो और जिसके लिए रिजर्व बैंक ने अनुमति दे दी हो।

(य) शाखा समायोजन - प्रत्येक बैंक का एक मुख्य कार्यालय होता है एवं विभिन्न स्थानों पर अनेक शाखाएँ होती हैं। मुख्य कार्यालय तथा शाखाओं में लेन-देन चलते रहते हैं। वर्ष के अन्त में कुछ लेन-देन ऐसे होते हैं जिनका लेखा मुख्य कार्यालय में हो जाता है लेकिन शाखा में नहीं होता है, या शाखा में हो जाता है, मुख्य कार्यालय में नहीं होता। ऐसे लेखों के समूह को चिट्ठे की तिथि पर मुख्य कार्यालय की पुस्तकों में ब्रान्च समायोजन खाते में लिख दिया जाता है (बैंक के अन्तिम खाते मुख्य कार्यालय ही बनाता है)।

यदि शाखा समायोजन खाते का क्रेडिट शेष है तो उसे दायित्व पक्ष में सातवें स्थान पर अर्थात् 'Other Liabilities' मे लिखा जाता है, यदि डेबिट शेष होता है तो उसे सम्पत्ति पक्ष में दसवें स्थान पर 'Other Assets' शीर्षक में लिखा जाता है।

उदाहरण - A ब्रान्च ने अपने एक ग्राहक को 5,000 रु. का ड्राफ्ट मुख्य कार्यालय के लिए 1 दिसम्बर, 1984 को दिया। वह ड्राफ्ट 31 दिसम्बर 1984 तक मुख्य कार्यालय में भुगतान के लिए उपस्थित नहीं किया गया। अत: 31 दिसम्बर 1984 को A ब्रान्च तथा मुख्य कार्यालय के आपसी शेष नहीं मिलेंगे। अत: मुख्य कार्यालय 31 दिसम्बर 1984 को 5,000 रु. Branch Adjustment की क्रेडिट में लिख देगा और उसे चिट्ठे के दायित्व पक्ष में दिखायेगा।

उपर्युक्त उदाहरण में, यदि मुख्य कार्यालय ने ड्राफ्ट ब्रान्च के लिए दिया होता और वर्ष की अन्तिम तिथि तक ब्रान्च से भुगतान न लिया गया होता, तो मुख्य कार्यालय Branch Adjustment a/c की डेबिट में लिखेगा और उसे सम्पत्ति पक्ष में 'Other Assets' में दिखायेगा।

(र) कर्मचारियों द्वारा प्रतिभूति के रूप में की गयी सुरक्षा जमाएँ - बैंक के कैशियर अथवा किसी अन्य कर्मचारी की त्रुटि के कारण कभी-कभी किसी पार्टी को अधिक भुगतान हो जाता है। त्रुटि करने वाले कर्मचारी को अपनी जेब से क्षतिपूर्ति करनी पड़ती है। अत: बहुत से बैंक अपने कर्मचारियों से कुछ धनराशि प्रतिभूति के रूप में पहले ही ले लेते हैं, जिससे कि त्रुटि की दशा में, सम्बन्धित कर्मचारी की सुरक्षा जमा में से रकम काटी जा सके। ऐसी जमाओं का शेष बैंक के लिए दायित्व है।

(ल) विशिष्ट कोष - विशिष्ट उद्देश्यों के लिए बनाये गये कोष, जैसे - करों के लिए आयोजन, पेंशन कोष, बीमा कोष, ग्रेच्यूटी कोष, प्रॉविडेन्ट कोष, चिकित्सा कोष, आदि को इस शीर्षक में दिखाया जाता है। इन कोषों की प्रकृति बाहरी दायित्वों की भाँति होती है, जिनका उचित समय आने पर भुगतान किया जाता है।

(10) स्वीकृतियाँ, बेचान व अन्य अनुग्रह - बैंक द्वारा प्रदत्त सेवाओं में से एक महत्त्वपूर्ण सेवा यह भी है कि वह कमीशन के बदले अपने ग्राहकों के कुछ दायित्वों को अपने ऊपर ले लेता है, जिससे कि बाहरी पक्षकार उन ग्राहकों को बिना हिचकिचाहट के

माल अथवा धन उधार दे सकें। इस सेवा के निम्नलिखित तीन स्वरूप हो सकते हैं, जिन्हें एक ही शीर्षक में जोड़कर दिखाया जाता है:

(अ) स्वीकृतियाँ - प्राय: बाहर के व्यापारी, और विशेषकर विदेश के व्यापारी, किसी अपरिचित व्यक्ति को उधार माल देने में हिचकिचाते हैं। उनके लिए क्रेता द्वारा व्यक्तिगत रूप से भुगतान का आश्वासन कोई महत्त्व नहीं रखता। विक्रेता की दृष्टि से बैंक एक महत्त्वपूर्ण और प्रतिष्ठित व्यक्ति होता है। विक्रेता उधार माल बेचने के लिए तैयार हो जाता है, बशर्ते क्रेता का बैंक क्रेता पर लिखे हुए बिल को स्वीकार करे। बैंक द्वारा बिल स्वीकार कर लिए जाने पर विक्रेता इस बात के लिए आश्वस्त हो जाता है कि बैंक द्वारा भुगतान किया जायेगा।

(ब) बेचान - कभी-कभी क्रेता अपने बैंक के पक्ष में प्रतिज्ञा पत्र या विनिमय बिल इस दृष्टि से लिखता है कि बैंक उसका बेचान विक्रेता के पक्ष में कर दें, जिससे कि विक्रेता क्रेता को उधार माल दे सके। भुगतान-तिथि पर यदि क्रेता भुगतान नहीं करता है, तो बैंक द्वारा भुगतान किया जायेगा।

(स) अन्य अनुग्रह - अन्य अनुग्रह या उपकार से आशय बैंक द्वारा अपने ग्राहक के ऋणदाता को यह गारण्टी देना है कि यदि ग्राहक समय पर उसका भुगतान नहीं करता, तो बैंक उसका भुगतान करेगा।

ऊपर वर्णित स्वीकृतियों, बेचानों व अन्य अनुग्रहों के सम्बन्ध में यह स्पष्ट है कि ये सब बैंक के दायित्व हैं। लेकिन, इसके साथ ही यह भी स्पष्ट रूप से समझ लेना चाहिए कि बैंक इन सब दायित्वों की राशि अपने ग्राहक से वसूल करने का अधिकारी है। अत: दायित्वों के साथ-साथ ये सब बैंक की सम्पत्तियाँ भी हैं। इसीलिए इस शीर्षक को बैंक के चिट्ठे में दोनों ओर लिखा जाता है:

दायित्व पक्ष में आठवें स्थान 'Acceptances, Endorsement and other Obligations as per contra' - के शीर्षक से, तथा

सम्पत्ति पक्ष में सातवें स्थान पर 'Constituents' (or Customers') Liabilities for Acceptances, Endorsements and other Obligations as per contra' - के शीर्षक से।

तलपट में यह मद क्रेडिट व डेबिट दोनों और दी होती है। यदि तलपट के बाहर समायोजन में दी गई है, तब भी उसे चिट्ठे में दायित्व व सम्पत्ति, दोनों पक्षों में लिखेगें।

चिट्ठे की तिथि पर, उपर्युक्त वर्णित दायित्वों/सम्पत्तियों के शेष से, बैंक की पुस्तकों में अग्रलिखित प्रविष्टि की जाती है:

Constituents' Liabilities for Acceptances, Endorsement and other Obligations a/c Dr.

To Acceptance, Endorsements and other Obligations a/c

(9) लाभ-हानि खाता - बैंक की पुस्तकों में लाभ-हानि खाता और चिटठा बनाये जाते हैं, लेकिन लाभ-हानि नियोजन खाता नहीं बनाया जाता।

लाभ-हानि खाते के लाभ को चिट्ठे के दायित्व पक्ष में नवें स्थान पर लिखते हैं और वहीं पर उसमें से नियोजन करके दिखाया जाता है, अर्थात् लाभांश का भुगतान तथा कोषों को हस्तान्तरण (डूबत एवं संदिग्ध ऋणों के कोष को छोड़कर) दिखाया जाता है। यह सब निम्न प्रकार से किया जाता है:

Profit & Loss Account:		....
Balance of Profit at the beginning		....
Add Profit of the current year		______
Less Appropriation:	______	
Dividends	______	---------
Transfer to Reserve	______	---------
		______

(12) सम्भावित दायित्व - सम्भावित, संदिग्ध या आकस्मिक दायित्वों को चिट्ठे में दसवें स्थान पर लिखते हैं, लेकिन केवल नोट के रूप में, अर्थात् के खाने में कुछ भी नहीं लिखते हैं। सम्भावित दायित्वों से आशय बैंक के उन दायित्वों से है जो भविष्य में हो भी सकते हैं और नहीं भी अर्थात् जिनके होने की मात्र सम्भावना होती है।

सम्भावित दायित्वों के मुख्य उदाहरण निम्नलिखित हैं:

(1) बैंक के विरूद्ध वे दावे जो बैंक ने ऋण के रूप में स्वीकार नहीं किये हैं।

(2) पुन: छूट पर भुनाये गये बिलों पर दायित्व जिनकी देय तिथि आगामी वर्ष में आयेगी।

(3) बैंक के संचालकों या अधिकारियों की ओर से बैंक द्वारा दी गयी गारण्टी की राशि।

(4) आंशिक दत्त अंशों पर आयचित राशि।

(5) संचयी पूर्वाधिकार अंशों पर बकाया लाभांश।

(6) अदत्त भावी विनिमय अनुबन्ध।

2. सम्पत्ति पक्ष

(Property and Assets Side)

(1) हस्तस्थ रोकड़ व रिजर्व बैंक में जमा - प्रत्येक बैंकिंग कम्पनी को अपने पास तथा रिजर्व बैंक ऑफ इण्डिया के पास एक निश्चित रकम नकद रोकड़ के रूप में रखनी पड़ती है। बैंकिग नियमन अधिनियम, 1949 के अन्तर्गत यह नियम बना दिया गया है कि प्रत्येक बैंकिंग कम्पनी को अपनी माँग एवं सावधि जमा की कुल राशि का 3 प्रतिशत

रिजर्व बैंक ऑफ इण्डिया के पास जमा करना होगा। इस प्रकार, तरलता सम्बन्धी निजी आवश्यकता को पूरा करने के लिए एवं विधान में प्रदत्त नियमों का पालन करने हेतु बैंकिंग कम्पनी को सर्वप्रथम रोकड़ के रूप में रिजर्व बैंक के पास धन जमा रखना पड़ता है।

(2) अन्य बैंकों में जमा शेष - सामान्यत: एक बैंकिंग कम्पनी दूसरी बैंकिंग कम्पनी से लेन-देन करती रहती है। बैंक इन लेन-देनों के समाशोधन हेतु एक दूसरे के यहाँ चालू खाता खोलते हैं। इस शेष को बैंक के चिट्ठे में निम्न प्रकार दिखाया जाता है:

BALANCE SHEET (ASSETS SIDE)

2. Balance with other Banks:

(i) In India,

(ii) Outside India

(3) याचना तथा अल्पकाल की सूचना पर प्राप्य धन - नकद रोकड़ व अन्य बैंकों में जमा शेष के रूप में फण्ड का कुछ हिस्सा प्रयोग करने से तरलता की मात्रा सन्तोषजनक प्रतीत होने लगती है। अत: बैंकिंग कम्पनी इन दो मदों के बाद अपना रुपया ऐसी जगह लगाना चाहती है जहाँ पर तरलता के साथ-साथ कुछ आय की भी प्राप्ति हो सके। बैंकिंग कम्पनियाँ तरलता को ध्यान में रखकर आवश्यकता से अधिक उपलब्ध धनराशि का कुछ भाग ऐसे ग्राहकों को ऋण के रूप में प्रदान करती है कि आवश्यकता पड़ने पर उनसे याचना करने के 24 घण्टे के भीतर अथवा 7 दिनों की अल्प सूचना पर ऋण की रकम को बैंक वापस प्राप्त कर ले। सूचना के बाद 24 घण्टे के अन्दर प्राप्य राशि को याचना पर प्राप्य धन सूचना के बाद 7 दिन के अन्दर प्राप्य राशि को अल्पकालीन सूचना पर प्राप्य धन कहते हैं। इस प्रकार के ऋण दलालों, सटोरियों, स्टॉक एक्सचेंज के व्यापारियों, आदि को दिये जाते हैं। स्वाभाविक है कि इन पर ब्याज की दर बहुत कम होती है, परन्तु तरलता की दृष्टि से इस प्रकार के ऋण अच्छे माने जाते हैं। बैंकिंग कम्पनी के चिट्ठे में इस प्रकार के ऋणों को तीसरे स्थान पर शीर्षक के अन्तर्गत दर्शाया जाता है।

(4) विनियोग - पर्याप्त मात्रा में तरल सम्पत्तियों को रखने के बाद बैंकिंग कम्पनियों के लिए कई दृष्टियों से यह महत्त्वपूर्ण हो जाता है कि वे अपने फण्ड का कुछ भाग सरकारी तथा गैर सरकारी प्रतिभूतियों में विनियोजित करें। दीर्घकाल में इन प्रतिभूतियों को नकद धन में सरलतापूर्वक परिवर्तित किया जा सकता है। सरकारी प्रतिभूतियों में विनियोजन के द्वारा सरकार को विकास कार्यक्रमों के अर्थ-प्रबन्धन में पर्याप्त सहायता मिल जाती है। यही नहीं, रिजर्व बैंक ऑफ इण्डिया की साख नियन्त्रण नीति का सफल संचालन एवं क्रियान्वयन भी सरकारी प्रतिभूतियों में विनियोजन पर ही निर्भर करता है।

विनियोगों को प्राय: पुस्तक मूल्य पर दिखाते हैं और बाजार मूल्य को एक नोट के रूप में कोष्ठक में लिख देते हैं। यदि पुस्तक मूल्य की अपेक्षा बाजार मूल्य अधिक है और बैंक के संचालक विनियोगों को बाजार मूल्य पर दिखाना चाहते हैं तो सम्पत्ति पक्ष में विनियोगों को बाजार मूल्य पर अर्थात् बढ़े हुए मूल्य पर लिख देंगे, साथ ही दायित्व पक्ष में बाजार मूल्य व पुस्तक मूल्य के अन्तर को विनियोग फण्ड या विनियोग उच्चावचन फण्ड में लिख देंगे।

बैंक को अपने विनियोगों को चिट्ठे में उचित वर्गीकरण करके दिखाना चाहिए, यथा केन्द्रीय सरकार व राज्य सरकारों की प्रतिभूतियाँ, पूर्वाधिकारी एवं साधारण अंश, ऋण पत्र एवं बॉण्ड, अन्य विनियोग तथा स्वर्ण।

विनियोगों को चिट्ठे में अग्र प्रकार दिखाया जाता है:

BALANCE SHEET (Assets side)

4. Investments : (Stating mode of Valuation)

(i) Securities of the Central and State Governments.

(ii) Shares (classifying into preference, equity and other classes of shares).

(iii) Debentures and Bonds

(iv) Other Investments (to be classified under proper heads)

(v) Gold.

(5) अग्रिम - बैंक लोगों को निम्न दो रूपों में अग्रिम देते हैं:

(अ) ऋण, नकद साख तथा अधिविकर्ष,

(ब) भुनाये गये तथा क्रय किये गये बिल।

उपर्युक्त दोनों स्वरूपों का वर्णन विस्तार से बैंक के कार्यों के अन्तर्गत किया जा चुका है।

इन दोनों के योग को कुल उधार या कुल अग्रिम कहते हैं। अग्रिम शीर्षक में यह विवरण देना आवश्यक है कि कितने अग्रिम भारत में दिये गये हैं और कितने भारत के बाहर दिये गये है।

अग्रिमों का विवरण - प्रत्येक बैंक के लिए यह अनिवार्य है कि वह अपने अग्रिमों का पूर्ण विवरण या तो चिट्ठे में दे या एक अलग कागज पर परिशिष्ट में दे। यह परिशिष्ट चिट्ठे का ही एक अंग माना जाता है। अग्रिमों का विवरण 9 भागो में देना होता है। इनका वर्णन आगे किया गया है।

(6) संग्रह के लिए आये हुए बिल - इनका वर्णन दायित्व पक्ष में किया जा चुका है। ये बिल सम्पत्ति व दायित्व दोनों पक्षों में दिखाये जाते हैं।

(7) ग्राहकों की स्वीकृतियाँ, बेचान व अन्य अनुग्रह - इनका वर्णन भी दायित्व पक्ष में किया जा चुका है। इन्हें भी सम्पत्ति व दायित्व दोनों पक्षों में लिखा जाता है।

(8) भवन - इस शीर्षक में केवल वही भवन दिखाया जाता है जिसमें बैंक का कारोबार होता है। यदि बैंक के पास कोई अन्य भवन भी है जो बैंकिंग के कार्य में प्रयुक्त नहीं होता है, बल्कि किराये आदि पर उठा दिया गया है, तो उसे इस शीर्षक में न दिखाकर अन्य सम्पत्तियाँ शीर्षक में दिखाते हैं।

भवन को मूल लागत पर लिखकर उसमें अब तक हुई वृद्धि की राशि को जोड़ देते हैं और तत्पश्चात् पिछले वर्षों एवं चालू वर्ष के ह्रास को घटाकर दिखाया जाता है।

(9) फर्नीचर एवं फिक्सचर्स - बैंक के फर्नीचर एवं फिक्सचर्स में भी वहीं बातें लिखी जाती हैं जो भवन में लिखी जाती हैं, अर्थात् मूल लागत कितनी थी और उसमें अब तक कितनी वृद्धि हुई है। इस योग में से अब तक का ह्रास घटा दिया जायेगा। लॉकर्स भी बैंक के फर्नीचर व फिक्सचर्स में शामिल किये जाते हैं, जबकि उनसे प्राप्त किराये को लाभ-हानि खाते की क्रेडिट में दिखाया जाता है।

(10) अन्य सम्पत्तियाँ - अन्य सम्पत्तियों में बैंक की लाइब्रेरी, चाँदी, बची हुई डाक टिकटें, स्टेशनरी, ब्रांच समायोजन (डेबिट), सहायक कम्पनियों के अंशों व ऋण पत्रों में विनियोग तथा अदृश्य सम्पत्तियाँ दिखाई जाती है। अदृश्य सम्पत्तियों के उदाहरण हैं - अंशों पर छूट, प्रारम्भिक व्यय, विकास व्यय, अभिगोपन कमीशन, पूर्वदत्त व्यय एवं उपार्जित आय, आदि।

(11) गैर-बैंकिंग सम्पत्तियाँ - ऐसी सम्पत्तियाँ जो बैंकिंग व्यवसाय से सम्बन्धित नहीं है, गैर-बैंकिंग सम्पत्तियाँ कहलाती है। इस शीर्षक में प्राय: वे सम्पत्तियाँ आती हैं जो बैंक अपने देनदारों से ऋण न चुकाने की दशा में जब्त कर लेते हैं, जैसे भूमि, भवन, फर्नीचर, स्कूटर, रिक्शा आदि। बैंक प्राय: इन सम्पत्तियों को रहने या गिरवी रखकर रुपया उधार देता है। यदि ऋणी रुपया वापस नहीं करता है तो बैंक उनकी रहन या गिरवी की सम्पत्ति को जब्त कर लेता है। अचल सम्पत्ति का रहन होता है, तथा चल सम्पत्ति की गिरवी होती है।

गैर-बैंकिंग सम्पत्तियों को ऐसी सम्पत्ति बनने के बाद 7 वर्ष के अन्दर बेच देना अनिवार्य होता है। लेकिन रिजर्व बैंक इस अवधि में वृद्धि कर सकता है। ऐसी सम्पत्तियों से होने वाली आय या उनके बेचने पर होने वाले लाभ-हानि को लाभ-हानि खाते में अलग से दिखाते हैं। गैर-बैंकिंग सम्पत्तियों को बाजार मूल्य से अधिक पर नहीं दिखाना चाहिए। यहाँ यह स्मरण रखना आवश्यक है कि गैर-बैंकिंग सम्पत्तियों के अन्तर्गत उन्हीं सम्पत्तियों को शामिल किया जाता है, जिन्हें बैंक अपने बैंकिंग व्यवसाय के लिए नहीं रख सकता, जैसे स्कूटर, रिक्शा, गाय-भैंस, आदि। लेकिन, यदि जमानत-स्वरूप रखी हुई सम्पत्तियाँ ऐसी है, जिन्हें ऋण का भुगतान न मिलने की दशा में जब्त करके बैंकिंग व्यवसाय में प्रयोग किया जा सकता है, जैसे सरकारी प्रतिभूतियाँ, सोना, चाँदी आदि तो उन्हें गैर-बैंकिंग सम्पत्तियाँ नहीं माना जायेगा।

(12) लाभ-हानि खाता - लाभ हानि खाते की हानि को सम्पत्ति पक्ष में दिखाया जाता है। वैसे बैंक को हानि की सम्भावना बहुत कम होती है।

चिट्ठे की विशेषताएँ
(Salient Features of Balance Sheet)

एक बैंक के चिट्ठे की निम्नलिखित मुख्य विशेषताएँ होती हैं:

(1) बैंक के चिट्ठे में दायित्वों को स्थिरता के क्रम से दिखाया जाता है, अर्थात् सबसे स्थिर मद को सबसे पहले और सबसे कम स्थिर मद को सबसे बाद में दर्शाया जाता है। यही कारण है कि पूँजी (जो सबसे अधिक स्थिर है) को सबसे पहले दिखाया जाता है,

और ग्राहकों की ओर से स्वीकृतियाँ, बेचान व अन्य अनुग्रह (जो सबसे कम स्थिर है) को सबसे बाद में दिखाया जाता है।

(2) बैंक के चिट्ठे में सम्पत्तियों को तरलता के क्रम से दिखाया जाता है, अर्थात् जो सम्पत्ति सबसे अधिक तरल है उसे सबसे पहले व जो सबसे कम तरल है उसे सबसे अन्त में दर्शाया जाता है। तरलता से आशय यह है कि सम्पत्ति को नकद धन में दिखाया जाता है क्योंकि नकद रोकड़ स्वयं तरलता का ही प्रतीक है। गैर-बैंकिंग सम्पत्तियों को इसी कारण सबसे अन्त में लिखा जाता है, क्योंकि उनमें तरलता का तत्त्व सबसे कम होता है।

(3) विनियोगों की मूल्यांकन विधि के सम्बन्ध में सदैव एक टिप्पणी देनी चाहिए कि उन्हें लागत पर या बाजार मूल्य पर दिखाया गया है। विनियोगों को प्रायः लागत पर दर्शाया जाता है। लेकिन, यदि बाजार मूल्य लागत से अधिक है और संचालक उन्हें बाजार-मूल्य पर दिखाना चाहते हैं तो विनियोगों को बाजार मूल्य पर दिखाकर दायित्व पक्ष में बाजार मूल्य व लागत-मूल्य के अन्तर को के रूप में शीर्षक में दिखाना चाहिए।

(4) इस बात को विशेष रूप से ध्यान में रखना चाहिए कि स्वर्ण को विनियोग शीर्षक के अन्तर्गत दिखाया जाता है, जबकि रजत या चाँदी को अन्य सम्पत्तियों के शीर्षक में लिखा जाता है।

(5) अन्य कम्पनियों के अंशों व ऋण पत्रों में विनियोग को विनियोग शीर्षक में तथा सहायक कम्पनियों के अंशों व ऋण पत्रों में विनियोग को अन्य सम्पत्तियों के शीर्षक में लिखा जाता है।

(6) दायित्व पक्ष की छठी व आठवी मद को सम्पत्ति पक्ष में भी क्रमशः छठे व सातवें स्थान पर दिखाते हैं।

(7) बैंक के चिट्ठे में लाभ-हानि खाते के शेष को अन्य कम्पनियों की भाँति शीर्षक के अन्तर्गत नहीं दिखाया जाता है, बल्कि उसे सर्वथा अलग शीर्षक के रूप में दिखाया जाता है। यदि लाभ है तो उसे दायित्व पक्ष में नवें स्थान पर, और यदि हानि है तो उसे सम्पत्ति पक्ष में बारहवें स्थान पर दिखाते हैं। बैंक का लाभ-हानि नियोजन खाता नहीं बनाया जाता है, अतः सारे नियोजन चिट्ठे में ही विवरण वाले खाने में करके दिखाये जाते हैं।

(8) बैंक के चिट्ठे में दायित्व पक्ष के कुल दो (4 व 6) तथा सम्पत्ति पक्ष के कुल तीन (2,5 व 6) शीर्षकों के अन्तर्गत यह सूचना देना आवश्यक है कि भारत में व भारत के बाहर कितनी राशि का सम्बन्ध है। ये शीर्षक निम्नलिखित हैं:

Liabilities Side:

(4) Borrowing from other Banks, Agents etc.

(5) Bills for Collection being Bills Receivable as per contra.

Assets Side:

(2) Balance with other Banks.

(5) Advances.

(6) Bill Receivable being Bills for Collection.

अग्रिमों का विवरण
(Particulars of Advances)

बैंक के चिट्ठे में पाँचवे स्थान पर जो अग्रिम अथवा पुस्तक ऋण दिखाये जाते हैं, उनका पूर्ण विवरण देना आवश्यक है। यह विवरण या तो चिट्ठे के अन्दर ही दिया जाता है अथवा एक अलग सूची के रूप में देना होता है, जो चिट्ठे का ही एक अंग मानी जाती है।

अग्रिमों के विवरण में कुल 9 सूचनाएँ देनी होती है, जिन्हें हम 'A' और 'B' भागों में बाँट सकते हैं। 'A' भाग में व 'B' भाग में सूचनाएँ दी जाती है। 'A' भाग की चार मदों का योग लगाया जाता है, लेकिन 'B' भाग की पाँच मदों का योग नहीं लगाया जाता है।

'A' **भाग** —इस भाग में यह दिखाना होता है कि श्रेष्ठ ऋण कितने हैं और कैसी प्रतिभूतियों पर दिये गये हैं अर्थात् पूर्णतः सुरक्षित ऋण, देनदारों की व्यक्तिगत प्रतिभूति पर दिये गये ऋण, देनदारों की व्यक्तिगत प्रतिभूति के साथ किसी एक या अधिक पक्षों की प्रतिभूति पर दिये गये ऋण, तथा ऐसे ऋण जो संदिग्ध या अशोध्य समझे जाते हैं, लेकिन उनके लिए कोई आयोजन नहीं किया गया है (अर्थात् उन्हें भी श्रेष्ठ ऋणों की भाँति ही माना जा रहा है), कितने हैं।

उपर्युक्त चारों मदों का योग कुल शुद्ध अग्रिमों के बराबर होगा, जो कि चिट्ठे में पाँचवे स्थान पर दिखाया गया है7 जिन संदिग्ध या अशोध्य ऋणों के लिए आयोजन कर लिया जाता है। उन्हें गुप्त रूप से अग्रिमों में से घटाकर ही चिट्ठे में दिखाया जाता है।चिट्ठे में दिखाये गये अग्रिमों को ही कुल शुद्ध अग्रिम कहते हैं।

Total Net Advances = Total Advances - Provision for Bad and Doubtful Debts.

यदि किन्ही तीन मदों की राशि हमें दी गयी है, तो अज्ञात एक मद की राशि स्वतः निकल आयेगी, क्योंकि इसके लिए हम शुद्ध अग्रिमों की राशि में से दी गयी तीन मदों की राशियों के योग को घटा देंगे।

'B' **भाग** —इस भाग में यह दिखाना होता है कि बैंक ने अपने संचालकों व अधिकारियों को, उनके हित वाली कम्पनियों, साझेदारी संस्थाओं व निजी कम्पनियों को, तथा अन्य बैंकों को जो ऋण दिये हैं उनका शेष चिट्ठे की तिथि पर कितना है। इसके साथ ही यह भी दिखाना होता है कि वर्ष भर में किसी तिथि पर संचालकों व अधिकारियों की ओर तथा उनके हित वाली कम्पनियाँ, साझेदारी संस्थाओं व निजी कम्पनियों की ओर कितनी अधिकतम राशि थी।

इन सूचनाओं का उद्देश्य यह है कि सरकार व जनता को पता चल सके कि बैंक ने ऋणों का अधिकांश भाग गामान्य जनता को दिया है अथवा अपने ही संचालको व अधिकारियों तथा उनके हित वाली संस्थाओ को दिया है, अर्थात् कही अंधा बाँटै रेवड़ी, अपने अपने को दे वाली कहावत तो चरितार्थ नही की गयी है। इन सूचनाओं की राशि का योग नहीं लगाया जाता है।

अग्रिमों के विवरण की सूची अग्र प्रकार बनायी जाती है:

SCHEDULE OF ADVANCES OR BOOK DEBTS
attached to and forming a part of Balance Sheet

	Rs.
A Part:	
1. Debts considered good in respect of which the bank is fully secured.	
2. Debts considered good for which the bank holds no other security than the debtors personal security	
3. Debts considered good, secured by the personal liabilities of one or more parties in addition to the personal security of the debtors.	
4. Debts considered doubtful or bad, not provided for	
Total Net Advances Rs.	
B Part	
5. Debts due by directors or officers of the bank or any of them either severally or jointly with any other persons.	
6. Debts due by companies or firms in which the directors of the bank are interested as directors, partners or, in the case of private companies, as members.	
7. Maximum total amount of advances, including temporary advances made at any time durig the year to directors or managers or officers of the bank or any of them either severally or jointly with any other persons.	
8. Maximum total amount of advances, including temporary advances, granted during the year to the companies or firms in which the directors of the bank are interested as directors, partners or, in the case of private companies, as members.	
9. Due from banks	

अग्रिमों की सूची का हिन्दी रूपान्तरण – परीक्षा में, यदि विद्यार्थी अग्रिमों की सूची को अंग्रेजी में न दिखा सकें, तो वे हिन्दी में निम्न प्रकार से लिख सकते हैं:

अग्रिमों अथवा पूस्तक ऋणाों की सूची

जो चिट्ठे के साथ संलग्न और चिट्ठे का एक अंग है

भागः	रु.
1. वे ऋण जो श्रेष्ठ हैं तथा जिनके सम्बन्ध में बैंक पूर्णतः सुरक्षित है।	
2. वे ऋण जो श्रेष्ठ है तथा जिनके लिए बैंक के पास देनदारों की व्यक्तिगत प्रतिभूति के अतिरिक्त कोई अन्य प्रतिभूति नहीं है।	
3. वे ऋण जो श्रेष्ठ हैं तथा देनदारों को व्यक्तिगत प्रतिभूतियों के अतिरिक्त एक या अधिक पक्षों की व्यक्तिगत प्रतिभूतियों द्वारा सुरक्षित हैं।	
4. वे ऋण जो संदिग्ध अथवा अप्राप्य हैं, लेकिन जिनके लिए अभी तक कोई आयोजन नहीं किया गया है।	
कुल शुद्ध अग्रिम	
भाग	
5. वे ऋण जो बैंक के संचालकों या अधिकारियों या उनमें से किसी के द्वारा व्यक्तिगत रूप से अथवा किसी अन्य के साथ संयुक्त रूप से देय है।	
6. वे ऋण जो ऐसी कम्पनियों या फर्मों द्वारा देय हैं जिनमें बैंक के संचालकों का संचालकों, साझेदारों, अथवा निजी कम्पनियों की दशा में, सदस्यों की भाँति हित है।	
7. अग्रिमों की अकितम कुल राशि, अस्थायी अग्रिमों सहित, जो वर्ष में किसी भी समय बैंक के संचालकों, प्रबन्धकों या अधिकारियों को व्यक्तिगत रूप से अथवा किसी अन्य के साथ संयुक्त रूप से दी गयी थी।	
8. अग्रिमों की अधिकतम कुल राशि, अस्थायी अग्रिमों सहित, जो वर्ष में किसी भी समय ऐसी कम्पनियों या फर्मों को दी गयी थी, जिनमें बैंक के संचालकों का संचालकों, साझेदारों, अथवा निजी कम्पनियों की दशा में, सदस्यों की भाँति हित है।	
9. बैंकों की ओर ऋण	

नोट : अग्रिमों के विवरण में दी गई मद संख्या 5 और 7 तथा 6 और 8 आपस में सम्बन्धित हैं। पाँचवी मद में यह लिखना होता है कि बैंक के संचालकों व अन्य अधिकारियों की और चिट्ठा बनाने की तिथि पर कुल कितना ऋण था। सातवीं मद में यह दिखाना होता है कि संचालकों तथा अधिकारियों ने वर्ष में किसी एक समय पर अधिकतम कितना ऋण लिया था। अतः, यदि प्रश्न में काल्पनिक अंक भरने को कहा जाये, तो सातवीं मद का अंक पाँचवी मद के अंक के बराबर या उससे अधिक लिखना चाहिए।

छठी मद में यह लिखना होता है कि चिट्ठा बनाने की तिथि पर उन कम्पनियों तथा फर्मों की ओर बैंक का कितना ऋण था जिनमें बैंक के संचालकों का हित है। आठवीं मद में यह दिखाना होता है कि ऐसी कम्पनियों और फर्मों ने वर्ष में किसी एक समय पर अधिकतम कितना ऋण लिया था। अतः यदि प्रश्न में काल्पनिक अंक भरने को कहा जाये, तो आठवी मद का अंक छठी मद के अंक के बराबर या उससे अधिक लिखना चाहिए।

ग्राहक का खाता एवं ब्याज उचन्त खाता

(Customer Account and Interest Suspense a/c)

बैंक जब किसी ग्राहक को रुपया उधार देता है, तो उसके खाते में यह रकम डेबिट में लिख देता है। बैंक उस ऋण के ब्याज को भी प्रतिवर्ष अथवा प्रति अर्द्ध वर्ष ग्राहक के खाते में डेबिट में लिखता जाता है। कभी-कभी ऐसा होता है कि बैंक को ग्राहक की आर्थिक स्थिति के खराब होने की सूचना मिलती है। ऐसी स्थिति में बैंक को ब्याज की रकम मिलने में भी सन्देह होने लगता है। अत: वह ग्राहक के खाते में Interest a/c को डेबिट में न लिखकर Interest Suspense a/c (ब्याज उचन्त खाते) को डेबिट में लिखता है।

लेकिन यह आवश्यक नहीं है कि ब्याज की पूरी रकम ही डूब जाये। जो रकम बैंक को मिल जाती है, उससे वह Interest Suspense a/c को डेबिट करके Interest a/c को क्रेडिट कर देता है।

ब्याज की जो राशि हिसाब साफ करने के तिथि (Date of Settlement of Account) तक बैंक को नहीं मिल पाती है, उस राशि से Interest Suspense a/c को डेबिट कर दिया जाा है और ग्राहक के खाते Customer a/cको क्रेडिट कर दिया जाता है।

ये प्रविष्टियाँ निम्नलिखित हैं:

1.	ग्राहक की खराब आर्थिक स्थिति की सूचना मिलने पर	Customer a/c To Interest Suspense a/c	Dr.
2.	ब्याज की कुछ राशि मिल जाने पर (प्राप्त राशि से)	Interest Suspense a/c To Interest a/c	Dr.
3.	ब्याज की न मिली हुई राशि के लिए (अप्राप्त राशि से)	Interest Suspense a/c To Customer a/c	Dr.

इस प्रकार Interest Suspense a/c स्वत: ही बन्द हो जायेगा।

संयुक्त ऋण (Joint Loan) - कभी-कभी दो या दो से अधिक व्यक्ति मिलकर बैंक से ऋण लेते हैं। यह संयुक्त ऋण कहलाता है। और इसमें बैंक के लिए ऐसे सभी ऋणी व्यक्तिगत रूप से व संयुक्त रूप से उत्तरदायी होते हैं। ऐसे ऋण के लिए बैंक जो प्रतिभूति (security) लेता है, उसका मूल्य ऋण की राशि से कम होने की दशा में, बैंक शेष राशि का भुगतान सभी संयुक्त ऋणियों से या किसी भी ऋणी से माँग सकता है। यदि कोई संयुक्त ऋणी दिवालिया हो जाता है, तो बैंक को इस कारण हानि नहीं उठानी पड़ेगी, क्योंकि वह ऋण गैर दिवालिया ऋणियों से वसूल किया जा सकता है। यदि सभी संयुक्त ऋणी दिवालिया हो जाते हैं तो न वसूल होने योग्य राशि को डूबत ऋण माना जाता है। बैंक के पास रखी हुई प्रतिभूति का पूनर्मूल्यांकन किया जाता है और उसी के आधार पर यह देखा जाता है कि सभी संयुक्त ऋणियों के दिवालिया होने की दशा में कितनी राशि को डूबत ऋण माना जाये। सबके दिवालिया हो जाने की तिथि के बाद ब्याज की गणना आय के रूप में न करके उचन्त ब्याज (Interest Suspense) के रूप में की जाती है।

संग्रह हेतु आये बिल (Bills of Collection)- पिछले पृष्ठों में हम देख चुके हैं कि बैंक का एक महत्त्वपूर्ण कार्य यह भी होता है कि वह अपने ग्राहकों के बिलों को उनकी धनराशि संग्रह करने के लिए स्वीकार करता है। संग्रह के लिए आये हुए बिल बैंक के चिट्ठे में दोनों पक्षों में दिखाये जाते हैं - सम्पत्ति में इसलिए कि इनकी राशि किसी से वसूल करनी है, तथा दायित्व में इसलिए कि इनकी राशि ग्राहक को देनी है।

संग्रह के लिए आए बिलों के लिए बैंक अपने यहाँ खोलता है और वर्ष के अन्त में इसके शेष को चिट्ठे में दर्शाता है। यह खाता एक सम्पत्ति व एक दायित्व के रूप खोला जाता है।

भुनाये गये बिलों पर असमाप्त कटौती खाता (Rebate on Bills Discounted Account)- इस मद के सम्बन्ध में पूर्ण जानकारी पहले दी जा चुकी है। लेखा सम्बन्धी मुख्य नियम इस प्रकार हैं:

(1) वर्ष के प्रारम्भ में जो असमाप्त कटौती है, वह चालू वर्ष में आय के रूप में मानी जाती है, अत: उसे ब्याज व कटौती खाता में जमा कर दिया जाता है। अर्थात्

Rebate on Bills Discounted a/c Dr.

To Interest and Discount a/c

(2) वर्ष के दौरान जितने बिल भुनाये जाते हैं, उन पर प्राप्त कटौती की सम्पूर्ण रकम से निम्न लेखा होगा:

Cash a/c Dr.

To Interest and Discount a/c

या

Bills Discounted a/c Dr.

To Customer's a/c

To Interest and Discount a/c

(3) वर्ष के अन्त में प्राप्त कटौती में से कुछ कटौती अगले वर्ष की अवधि से सम्बन्धित हो सकती है। ऐसी कटौती की रकम से निम्न लेखा होगा:

Interest and Discount a/c Dr.

To Rebate on Bills Discounted a/c

(4) उक्त (3) की प्रविष्टि के बाद ब्याज तथा कटौती खाता का शेष वर्ष की शुद्ध आय होगी जिसे लाभ-हानि खाता में हस्तान्तरित किया जाता है:

Interest and Discount a/c Dr.

To P & L a/c

उदाहरण 4.

भारत कमर्शियल बैंक लि. की पुस्तकों से निम्नांकित विवरण 31 मार्च, 2000 को प्रदर्शित थे:

	Rs.
Cash with Reserve Bank of India	10,06,100
Share Capital	2,00,00,000
Reserve Fund	7,50,000
Current Accounts	10,95,15,302
Fixed Deposits	6,93,34,590
Debts due to Bank and Agents	1,54,82,760
Rebate on Bills Discounted	19,595
Branch Adjustment (Cr.)	89,85,604
Acceptance for Customers	1,14,93,662
Bills for Collection	67,05,927
Profits and Loss Account	19,51,635
Cash-in-hand	1,63,55,112
Cash with other banks	2,59,90,409
Silver	35,00,000
Investment at cost (Market price 13,05,00,000)	12,81,40,626
Interest accrued on Investments	9,03,215
Cash Credit and Demand Advances	6,74,37,651
Buildings	2,29,540
Dead Stock	9,92,188
Saving Bank Accounts	6,00,03,000
Loans	1,30,10,305
Money at Call and Short Notice	10,50,000

निम्नलिखित सूचनाओं को ध्यान मे रखते हुए 31 मार्च, 2000 का चिट्ठा बनाइये:

(अ) कम्पनी की अधिकृत पूँजी 5 करोड़ रुपये हैं जो 100 रु. वाले अंशों में विभक्त है। 4 लाख अंश निर्गमित किये गये जिन पर 50 रु. प्रति अंश माँगा गया तथा भुगतान किया गया।

(ब) बैंक के विरूद्ध 3,45,000 रु. का दावा है जिसे बैंक ने ऋण की तरह नहीं माना है।

Solution

Balance Sheet of Bharat Commercial Bank Ltd.

as on 31st March, 2000

	Schedule No.	Year ended 31-3-1999 (previous year)
Capital and Liabilities:		
Capital	1	2,00,00,000
Reserve and Surplus	2	27,01,635
Deposits	3	23,88,52,892
Borrowings	4	1,54,82,760
Other Liabilities and Provision	5	90,05,199
Total		28,60,42,486
Assets:		
Cash and Balance with Reserve Bank of India	6	1,73,61,212
Balance with Banks and Money at Call and Short Notice	7	2,70,40,409
Investments	8	12,81,40,626
Advances	9	10,78,75,296
Fixed Assets	10	12,21,728
Other Assets	11	44,03,215
Total		28,60,42,486
Contingent Liabilities		1,18,38,662
Bills for Collection	12	67,05,927

Schedule 1 : Capital

	Rs.
Authorised Capital: 5,00,000 Shares of Rs. 100 each	5,00,00,000
Issued Capital: 4,00,000 Shares of Rs. 100 each	4,00,00,000
Subscribed Capital: 4,00,000 Shares of Rs. 100 each	4,00,00,000
Called up Capital: 4,00,000 Shares of Rs. 100 each Rs. 50	2,00,00,000

Schedule 2: Reserve and Surplus

	Rs.
I. Reserve Fund	7,50,000
II. Profit and Loss Account	19,51,635
Total	27,01,635

Schedule 3 : Deposits

	Rs.
I. Demand Deposits	10,95,15,302
II. Savings Bank Deposits	6,00,03,000
III. Term Deposits	6,93,34,590
Total	23,88,52,892

Schedule 4 : Borrowings

	Rs.
I. Borrowings in India Debts due to Bank and Agents	1,54,82,760
Total	1,54,82,760

Schedule 5 : Other Liabilities and Provisions

	Rs.
I. Branch Adjustments	89,85,604
II. Rebate on Bills Discounted	19,595
Total	90,05,199

Schedule 6 : Cash and Balances with R.B.I.

	Rs.
I. Cash in Hand	1,63,55,112
II. Balance with R.B.I.	10,06,100
Total	1,73,61,212

Schedule 7: Balances With Banks and Money at Call & Short Notice

	Rs.
I. In India	
(i) Balances with Bank	2,59,90,409
(ii) Money at Call and Short Notice	10,50,000
Total	2,70,40,409

Schedule 8 : Investments

	Rs.
I. Investments in India (At Cost) (Market Price Rs. 13,05,00,000)	12,81,40,626
Total	12,81,40,626

Schedule 9: Advances.

	Rs.
I. Bills Purchased and Discounted	2,74,27,651
II. Cash Credit and Demand Advances	6,74,37,340
III. Terms Loans	1,30,10,305
Total	10,78,75,296

Schedule 10: Fixed Assets

	Rs.
I. Buildings	2,29,540
II. Dead Stock	9,92,188
Total	12,21,728

Schedule 11: Other Assets

	Rs.
I. Interest Accrued on Investments	9,03,215
II. Silver	35,00,000
Total	44,03,215

Schedule 12: Contingenet Liabilities

	Rs.
I. Claims against the Bank not acknowledged as debts	3,45,000
II. Acceptances for Customers	1,14,93,662
Total	1,18,38,662

Working Notes:

1. Current Accounts को Schedule 3 में Demand Deposits दिखाया गया है तथा Fixed Deposits को इसी सूची में Term Deposits में दिखाया गया हैं

2. Debts Due to Bank and Agents को Schedule 4 : Borrowings में दिखाया गया है।

3. Bills for Collection को Balance Sheet के बाहर Schedule 12 के नीचे दिखाया गया है।

4. P & L A/c 19,51,635 दिया हुआ है जिसमें पिछले वर्षों का लाभ भी सम्मिलित है और चालू वर्ष का लाभ भी सम्मिलित है। चालू वर्ष का लाभ अलग से ज्ञात नहीं है अत: 20% Statutory Reserve नहीं बनाया जा सकता।

5. Investments को लागत मूल्य तथा बाजार मूल्य में से जो कम हो, उसी मूल्य पर दिखाया जाता है।

उदाहरण 5.

आप निम्नलिखित शेषों से जो देना बैंक लिमिटेड की पुस्तकों से लिये गये हैं, 31 मार्च, 2000 को (अ) चिट्टा और (ब) लाभ –हानि खाता बनाइए:

	Rs.
Share Capital (Authorised and Issued) - 10,000 shares of Rs. 100 each, Rs. 50 paid	5,00,000
Reserve Fund	3,50,000
Fixed Deposit Accounts	9,50,000
Savings Bank Deposits	30,00,000
Current Accounts	80,00,000
Money at Call and short notice	3,00,000
Investment at cost	30,00,000
Interest accrued and paid	2,00,000
Salaries (including salary of General Manager Rs. 24,000 and Directors' fees Rs. 5,000)	80,000
Rent	20,000
General Expenses including stationery Rs. 5,000 and Auditors' Fees Rs. 2,000	10,000
Profit and Loss Account (Cr.) on Ist April, 1999	2,10,000
Dividend Paid	50,000
Premises (after depreciation upto 31st March, 1999 Rs. 1,00,000)	12,00,000
Cash in hand	60,000
Cash with Reserve Bank	15,00,000
Cash with other Banks	13,00,000
Borrowed from Banks	7,00,000
Interest and Discounts	7,50,000
Bills Discounted and Purchased	6,00,000
Bills Payable	8,00,000

Loans, Overdrafts and Cash Credits	70,00,000
Unclaimed dividends	30,000
Sundry Creditors	30,000
Bills for Collection	1,40,000
Acceptances and endorsements on behalf of customers	2,00,000

भुनाए हुए और क्रय किये गये बिलों पर असमाप्त कटौती 5,000 रु। भवन की कुल लागत पर 5 प्रतिशत ह्रास लगाइए। संदिग्ध ऋणों के लिए 30,000 रु. का आयोजन कीजिए। आयकर हेतु 1,00,000 रु. का आयोजन बनायें। बैंक का भारत के बाहर कोई व्यापार नहीं है।

Solution

Dena Bank Ltd.
Profit and Loss Account
for the year ended 31st March, 2000

	Schedule No.	Rs.
I. Income:		
Interest Accrued	13	7,45,000
Other Income	14	—
Total		7,45,000
II. Expenditure:		
Interest Expended	15	2,00,000
Operating Expenses	16	1,75,000
Provision and Contingencies		1,30,000
Total		5,05,000
III. Profit :		
Net Profit for the year		2,40,000
Profit brought forward		2,10,000
Total		4,50,000
IV. Appropriations		
Transfer to Statutory Reserves (20% of 2,40,000)		48,000
Transfer to Other Reserves		50,000
Transfer to Proposed Dividend Balance carried over to Balance Sheet (4,50,000 - 48,000 - 50,000)		3,52,000
Total		4,50,000

Balance Sheet of Dena Bank Limited

as on 31st March, 2000

	Schedule No.	As on 31-3-2000
Capital and Liabilities:		
Capital	1	5,00,000
Reserve and Surplus	2	7,50,000
Deposits	3	1,19,50,000
Borrowings	4	7,00,000
Other Liabilities and Provision	5	9,65,000
Total		1,48,65,000
Assets:		
Cash and Balance with Reserve Bank of India	6	15,60,000
Balance with Banks and Money at Call and Short Notice	7	16,00,000
Investments	8	30,00,000
Advances	9	75,70,000
Fixed Assets	10	11,35,000
Other Assets	11	—
Total		1,48,65,000
Contingent Liabilities	12	2,00,000
Bills for Collection		1,40,000

Schedule 1 : Capital

	Rs.
Authorised, Issued and Subscribed Capital: 10,000 Shares of Rs. 100 each	10,00,000
Called up and Paid up Capital 10,000 Shares of Rs. 100 each Rs. 50 paid up	5,00,000
Total	5,00,000

Schedule 2: Reserve and Surplus

	Rs.
I. Statutory Reserves	48,000
II. Reserve Fund	3,50,000
II. Balance Profit and Loss Account	3,52,000
Total	7,50,000

Schedule 3 : Deposits

	Rs.
I. Demand Deposits	80,00,000
II. Savings Bank Deposits	30,00,000
III. Term Deposits	9,50,000
Total	1,19,50,000

Schedule 4 : Borrowings

	Rs.
Borrowings in India From Other Banks	7,00,000
Total	7,00,000

Schedule 5 : Other Liabilities and Provisions

	Rs.
I. Bills Payable	8,00,000
II. Others (See Note 3)	1,65,000
Total	9,65,000

Schedule 6 : Cash and Balances with R.B.I.

	Rs.
I. Cash in Hand	60,000
II. Balance with R.B.I.	15,00,000
Total	15,60,000

Schedule 7: Balances With Banks and Money at Call & Sho t Notice

	Rs.
(i) Balances with Bank	13,00,000
(ii) Money at Call and Short Notice	3,00,000
Total	16,00,000

Schedule 8 : Investments

	Rs.
I. Investments in India (At Cost)	30,00,000
Total	30,00,000

Schedule 9: Advances.

	Rs.
I. Bills Purchased and Discounted	6,00,000
II. Cash Credit Overdrafts and Loans Payable on Demand	69,70,000
Total	75,70,000

Schedule 10: Fixed Assets

	Rs.
Premises : At cost as on 31st March of the Preceding Year 12,00,000 Less : Depreciation (5% on original cost of 13,00,000) 65,000	11,35,000
Total	11,35,000

Schedule 11: Other Assets

	Rs.
I. Interest Accrued	—
II. Non Banking Assets	—

Schedule 12: Contingenet Liabilities

	Rs.
Acceptances Endorsements and Other Obligations	2,00,000
Total	2,00,000

Schedule 13: Interest Earned

	Rs.
Interest and Discount (See Note 1)	7,45,000

Schedule 14: Other Income

	Rs.
Commission, Exchange and Brokerage	—

Schedule 15: Interest Expended

	Rs.
Interest on Deposits	2,00,000
Total	2,00,000

Schedule 16: Operating Expenses

		Rs.
I.	Payment to and Provision for Employees (24,000 + 51,000)	75,000
II.	Rent, Taxes and Lighting	20,000
III.	Printing and Stationery	5,000
IV.	Depreciation on Bank's Property	65,000
V.	Directors' Fees	5,000
VI.	Auditors' Fees	2,000
VII.	Other Expenditure	3,000
	Total	1,75,000

Working Notes:

		Rs.
(1)	Interest and Discount	7,50,000
	Less: Rebate on Bills Discounted	5,000
		7,45,000
(2)	Provisions and Contingencies:	
	Provision for Doubtful Debts	30,000
	Provision for Tax	1,00,000
		1,30,000

(3) Other Liabilities:

Unclaimed Dividends	30,000
Snndry Creditors	30,000
Rebate on bills discounted	5,000
Provision for Tax	1,00,000
	1,65,000

(4) Current Accounts को Schedule 3 में Deposits के अन्तर्गत दिखाया गया है।

(5) Fixed Deposits को Schedule 3 में Term Deposits के अन्तर्गत दिखाया गया हैं

(6) Acceptance and Endorsements को Contingent Liabilities-Schedule 12 में शामिल किया जाता है परन्तु Bills for Collection को Balance Sheet में Schedule 12 के नीचे लिखा जाता है।

(7) Provision for Doubtful Debts Rs. 30,000 को Schedule 9 में Cash Credits and Overdrafts में से घटाया गया है।

उदाहरण 6

31 मार्च 2000 को इन्दौर बैंक लि. की निम्नांकित बाकियाँ हैं:

	Rs.
Paid up Share Capital (7,000 shares of Rs. 100 each)	7,00,000
Interest received	1,42,000
Discount	39,000
Commission	1,55,000
Locker's Rent	4,000
Exchange	3,000
Dividend received less Tax	84,000
Reserve	4,84,000
Current Accounts	24,80,000
Fixed Deposits	6,90,000
Saving Accounts	1,00,000

Balance of Profit and Loss A/c on Ist April, 1999		1,20,000
Endorsement for Customers		1,60,000
Acceptances for Customers		1,70,000
Cash in hand	2,40,000	
Cash with Reserve Bank of India	7,20,000	
Money at Call & Short Notice	1,80,000	
Bills Discounted	9,30,000	
Overdraft to Customers	13,40,000	
Liability of Customers for Endorsement	1,60,000	
Liability of Customers for Acceptance	1,70,000	
Bank Premises	3,91,000	
Investment	10,35,000	
Balances with other Banks	20,000	
Interest paid	20,000	
Management Expenses	1,25,000	
	53,31,000	53,31,000

समायोजनाएँ

(अ) भुनाये हुए बिलों पर असमाप्त कटौती 3,000 रु.।

(ब) करों के लिए 30,000 रु. का संचय कीजिए।

(स) संचालक चाहते हैं कि विनियोग चिट्ठे में 31 मार्च, 2000 को बाजार मूल्य 10,70,000 रु. पर दिखाये जायें। लाभ-हानि खाता एवं चिट्ठा बनाइए।

Solution:

Indore Bank Ltd.
Profit and Loss Account
for the year ended 31st March, 2000

(000 omitted)

	Schedule No.	Year ended 31-3-2000 (current year)	Year ended 31-3-1999 (previous year)
		Rs.	Rs.
I. Income:			
Interest Accrued	13	178	—
Other Income	14	281	—
Total		459	—
II. Expenditure:			
Interest Expended	15	20	
Operating Expenses	16	125	
Provision and Contingencies		30	
Total		175	—
III. Profit :			
Net Profit for the year		284[3]	—
Profit brought forward		120	—
Total		404	—
IV. Appropriations			
Transfer to Statutory Reserves		56.8[4]	—
Transfer to Other Reserves		—	—
Transfer to other Reserve			
Proposed Dividend		—	—
Balance carried over to Balance Sheet		347.2	—
Total		404	—

3. $459 - 175 = 284$

4. $\frac{284 \times 20}{100} = 56.8$

Schedule 13

Income Earned

(000 omitted)

	Year ended 31-3-2000 (previous year)	Year ended 31-3-1999 (previous year)
	Rs.	Rs.
I. Interest/discount on Advances/Bills	178[1]	—
II. Income on Investments	—	—
III. Interest on Balances with Reserve Bank of India and other Inter-bank Funds	—	—
IV. Others	—	—
Total	178	—

Schedule 14

Other Income

(000 omitted)

	Year ended 31-3-2000 (previous year)	Year ended 31-3-1999 (previous year)
	Rs.	Rs.
I. Commission, Exchange and Brokerage	158[2]	—
II. Profit on sale of investments Less: Loss on sale of investments	—	—
III. Profit on revaluation of investments Less: Loss on revaluation of investments	35	—
IV. Profit on sale of land, buildings and other assets Less: Loss on sale of land, buildings and other assets	—	—
V. Profit on exchange transactions Less : Loss on exchange transactions	—	—
VI. Income earned by way of dividends etc. from subsidiaries/companies and/or joint ventures abroad/in India	84	—
VII. Miscellaneous income	4	—
Total	281	—

		Rs.
1.	Interest received	1,42,000
	Discount	39,000
		1,81,000
	Less : Rebate on Bills Discounted	3,000
		1,78,000

2. 1,55,000 + 3,000 = Rs. 1,58,000

Schedle 15

Interest Expended

(000 omitted)

	Year ended 31-3-2000 (previous year)	Year ended 31-3-1999 (previous year)
	Rs.	Rs.
I Interest on Deposits	20	—
II. Interest on R.B.I./Inter-bank Borrwings	—	—
III. Others	—	—
Total	20	—

Schedule 16

Operating Expenses

(000 omitted)

	Year ended 31-3-2000 (previous year)	Year ended 31-3-1999 (previous year)
	Rs.	Rs.
I. Payment to and Provisions for Employees	—	—
II. Rent, Taxes and Lighting	—	—
III. Printing and Stationery	—	—
IV. Advertisement and Publicity	—	—
V. Depreciation on Bank's Property	—	
VI. Directors Fees, Allowances and Expenses	—	—
VII. Auditors Fees and Allowances & Expenses	—	—
VIII. Law Charges	—	—
IX. Postages, Telegrams, Telephones etc.	—	—
X. Insurance	—	—
XI. Other Expenditure	125	—
Total	125	—

प्रश्न

1. एक बैंक के कौन-कौन से मुख्य कार्य हैं? प्रत्येक का संक्षेप में वर्णन कीजिये।

   What are the main functions of a Bank? Describe each one of them briefly.

2. बैंक पुस्त-पालन में पर्ची पद्धति को भली भाँति समझाइए। इस पद्धति के गुण-दोष क्या हैं? बैंक में इस पद्धति की कार्य प्रणाली को संक्षेप में बतलाइए।

   Explain the slip system of Bank book-keeping. What are its advantages and disadvantages? Describe in brief its working in a bank.

3. बैंकों की पूँजी संरचना एवं वैधानिक कोष को समझाइए।

   Explain the Capital Structure and Statutory Reserve of a bank.

4. एक भारतीय बैंक के चिट्ठे का एक खाका कल्पित अंकों सहित दीजिए।

   Give a proforma of a Balance Sheet of an Indian Bank with imaginary figures.

5. बैंक के चिट्ठे के सम्पत्ति पक्ष का एक खाका काल्पनिक अंकों सहित दीजिए। विशेष रूप से पुस्तक ऋणों का वर्गीकरण बैंकिंग रेगूलेशन एक्ट के अनुसार दिखाइए।

   Give a proforma of Assets side of Bank Balance Sheet with imaginary figures, showing particularly the classification of its book debts in accordance with Banking Regulation Act.

6. बैंक के देनदारों का संस्थापन किन मदों द्वारा होता है? भारतीय बैंकिंग नियमन अधिनियम के प्रावधानानुसार उनका चिट्ठे में किस प्रकार वर्गीकरण किया जाता है? काल्पनिक अंकों से एक नमूने का विवरण तैयार कीजिये।

   What items constitute the book debts of a bank? How are they required to be classified in its Balance Sheet to comply with the provisions of the Indian Banking Regulation Act? Give a specimen statement with imaginary figures.

7. बैंकिंग कम्पनी के प्रकाशित खातों में सामान्यतः दिखाई गई निम्न मदों को स्पष्ट रूप से समझाइए।

   Explain clearly the following items usually appearing in the published accounts of a banking company:

1. भुनाये हुए बिलों पर असमाप्त कटौती (Rebate on bills discounted),
2. स्वीकृतियों तथा बेचानों के लिए ग्राहकों के दायित्व (Liabilities of customers for acceptances and endorsements)
3. संग्रह के लिए बिल (Bills for collection),
4. शाखा समायोजन (Branch adjustments),
5. गैर-बैंकिंग सम्पत्तियाँ (Non-banking assets),
6. हस्तस्थ एवं बैंकों में रोकड़ (Cash in hand and at banks),
7. देय बिल (Bills payable)
8. विनियोग (Investments)
9. सम्भावित दायित्व (Contingent Liabilities0
10. माँग एवं अल्प सूचना पर ऋण (Money at call and short notice)
11. साख पत्र व गश्ती पत्र (Letters of credit and circular notes)
12. नकद साख (Cash credits)
13. विनियोग उच्चावचन कोष (Investments fluctuation fund)
14. अन्य सम्पत्तियाँ (Other assets)
15. अन्य दायित्व (Other liabilities).

□□□

5

किस्त भुगतान लेखांकन
(Instalment Payment Accounting)

आशय

(Meaning)

किराया क्रय पद्धति उपभोक्ता की सेवा के उठाया गया एक सार्थक कदम है। यह पद्धति माल के क्रय विक्रय की एक विशेष प्रणाली है। इस प्रणाली के अनुसार क्रय-विक्रय का कार्य एक अनुबन्ध के माध्यम से सम्पन्न होता है। इस अनुबन्ध के अनुसार एक पक्षकार (क्रेता) दूसरे पक्षकार (विक्रेता) को माल की कीमत का भुगतान किस्तों में करने का वचन देता है। ये किस्तें एक निर्धारित अवधि की होती हैं जिसके भीतर इन किसतों का भुगतान करने की शर्त होती है। किराया क्रय अनुबन्ध एक प्रकार का निक्षेप अनुबन्ध है। इस अनुबन्ध के अनुसार माल क्रेता को सुपूर्द कर दिया जाता है किन्तु इस पर स्वामित्व विक्रेता क ही बना रहता है चूँकि माल क्रेता को मिल जाता है, इसलिए क्रेता माल का प्रयोग (उपभोग) करने का अधिकारी हो जाता है और जब तक वह इस माल की अन्तिम किस्त नहीं चुका देता, वह माल का वास्तविक स्वामी नहीं बन सकता है। यदि क्रेता माल की किस्त का भुगतान नहीं कर पाता तो विक्रेता को माल को वापस लेने का अधिकार होता है। क्रेता के द्वारा अब तक चुकायी गयी किस्तें माल के प्रयोग करने का किराया मान ली जाती है, इसीलिए इस पद्धति को किराया क्रय पद्धति कहा जाता है। किराया क्रय पद्धति में मिलती जुलती माल बेचने की एक अन्य पद्धति भी है जो कि किस्त भुगतान पद्धति के नाम से प्रसिद्ध है। इस पद्धति में क्रेता को माल की पूरी रकम का भुगतान एक साथ नहीं करना पड़ता है वरन् किस्तों द्वारा करना पड़ता है, किन्तु माल का स्वामित्व क्रेता पर तुरन्त हस्तान्तरित हो जाता है।

परिभाषायें

विषय-वस्तु के अध्ययन की सुविधा के लिए किराया क्रय पद्धति की परिभाषाओं को निम्नांकित तीन शीर्षकों में विभाजित किया जाता है:

1. किराया क्रय अधिनियम, 1972 के अनुसार, 2. भारतीय लॉ कमीशन के अनुसार, 3. विभिन्न विद्वानों के अनुसार।

1. किराया क्रय अधिनियम, 1972 के अनुसार

किराया क्रय सम्बन्धी व्यवहारों को नियमित एवं नियन्त्रित करने के लिए किराया क्रय अधिनियम, 1972 भारत की संसद में 31 मई, 1972 को पारित हुआ एवं 8 जून, 1972 से समूचे देश में किराया क्रय अधिनियम, 1972 के नाम से लागू किया गया है।

किराया क्रय अनुबन्ध अधिनियम, 1972 की धारा 2 (C) के अनुसार, "किराया क्रय अनुबन्ध से आशय एक ऐसे अनुबन्ध से है जिसके अन्तर्गत माल किराये पर दिया जाता है और किरायेदार को अनुबन्ध की शर्तों के अनुसार माल क्रय करने का विकल्प रहता है तथा अनुबन्ध में यह शामिल रहता है-

(1) माल के स्वामी द्वारा माल की सुपुर्दगी क्रेता को इस शर्त पर दी जाती है कि वह (क्रेता) अनुबन्धित राशि का भुगतान सामयिक किस्तों में करेगा।

(2) माल के स्वामित्व का हस्तान्तरण ऐसे व्यक्ति (क्रेता) को अन्तिम किस्त के भुगतान पर प्राप्त होगा।

(3) ऐसे व्यक्ति (क्रेता) को माल के स्वामित्व के हस्तान्तरण से पूर्व अनुबन्ध भंग करने का अधिकार होगा।"

2. भारतीय लॉ कमीशन के अनुसार

भारतीय लॉ कमीशन के अनुसार, "किराया क्रय ठहराव एक प्रकार का निक्षेप है, किरायेदार को कुछ शर्तों पर माल क्रय करने का अधिकार दिया जाता है, क्रय करना उसकी इच्छा पर निर्भर करता है, उसका उत्तरदायित्व नहीं होता, यदि वह क्रय पर ठहराव की शर्तें पूरी करता है तो माल पर स्वामित्व प्राप्त कर लेता है, यदि वह ठहराव की शर्तों पूरी नहीं करता तो उसे ठहराव की शर्तों के अनुसार लौटाना होता है और ठहराव समाप्त हो जाता है।"

3. विभिन्न विद्वानों के अनुसार

प्रो. विलियम पिकिल्स के अनुसार, "किराया क्रय पद्धति से आशय उस पद्धति से है जिसमें सम्पत्ति की प्राप्ति किस्तों में भुगतान द्वारा होती है, किस्तों की अवधि में सम्पत्ति पर स्वामित्व विक्रेता का होता है, अन्तिम किस्त भुगतान से पूर्व प्राप्त होने वाले भुगतान किराया स्वरूप माने जाते हैं तथा सम्पत्ति का स्वामित्व क्रेता को तब तक प्राप्त नहीं होता, जब तक कि अन्तिम किसत का भुगतान न कर दिया जाय।"

एल. सी. कॉपर के अनुसार, "विक्रेता के दृष्टिकोण से इस पद्धति के अन्तर्गत स्टॉक को ऐसे देनदारों में बदलना है जो किस्तों द्वारा भुगतान करें। क्रेता के दृष्टिकोण से इस विधि के अन्तर्गत एक ऐसी सम्पत्ति प्राप्त होती है जिसका क्रय मूल्य उसके ऊपर एक ऋण की तरह है जिसका उसे भुगतान करना है।"

कार्टर के अनुसार, ''किस्त भुगतान पद्धति के अन्तर्गत माल का स्वामित्व तुरन्त क्रेता पर हस्तान्तरित हो जाता है अथवा माल पर उसका वास्तविक स्वामित्व हो जाता है, यद्यपि उसे उस पर भुगतान कई वर्षों में करना पड़ता है। यदि क्रेता द्वारा किस्त का भुगतान नहीं किया जाता है तो विक्रेता माल को वापस नहीं ले सकता है, यह केवल बाकी रकम के लिए दावा कर सकता है।''

3. जे. आर. बाटलीबॉय के अनुसार, ''किस्त भुगतान पद्धति के अन्तर्गत माल क्रय किये जाने में माल क्रेता की सम्पत्ति उसी समय हो जाती है जबकि उसे माल की सुपुर्दगी मिलती है।''

उपरोक्त विद्वानों की परिभाषाओं के अध्ययन से यह पता चलता है कि, ''किराया क्रय पद्धति क्रय विक्रय की एक विशेष प्रणाली है जिसका जन्म अनुबन्ध से होता है। अनुबन्ध के अनुसार क्रेता विक्रेता को माल का भुगतान निर्धारित सामयिक किस्तों में करने का वचन देकर माल के प्रयोग करने का अधिकार प्राप्त कर लेता है और अन्तिम किस्त के भुगतान के साथ माल पर स्वामित्व भी प्राप्त कर लेता है किन्तु यदि वह किस्त भुगतान करने में असमर्थ रहता है तो उसके द्वारा भुगतान की गयी सभी किस्तें माल के प्रयोग करने का किराया मान ली जाती है और माल भी उससे विक्रेता द्वारा वापस ले लिया जाता है। इसीलिए इस पद्धति को किराया क्रय पद्धति कहकर पुकारा जाता है।

किस्त भुगतान पद्धति की विशेषताएँ
(Characteristics)

किस्त भुगतान पद्धति की निम्नांकित विशेषताएँ हैं-

1. उधार बिक्री होना - क्रेता को साख सुविधा उपलब्ध कराने की दृष्टि से किराया क्रय पद्धति का जन्म हुआ है। माल क्रय करते समय माल की पूरी कीमत का भुगतान नहीं किया जाता बल्कि भुगतान किस्तों में किया जाता है। इस प्रथा के अन्तर्गत माल की बिक्री तो होती है और इसकी सुपुर्दगी क्रेता को दी जाती है, परन्तु इसका पूर्ण भुगतान बिक्री के समय नहीं होता है, इसलिए यह बिक्री उधार बिक्री है।

2. भुगतान किस्तों में होना - इस प्रणाली में क्रेता को सबसे अधिक सुविधा यही है कि उसे माल की कीमत किस्तों में भुगतान करनी पड़ती है। माल क्रय करते समय माल की पूरी कीमत का भुगतान नहीं किया जाता बल्कि भुगतान किस्तों में किया जाता है। अनुबन्ध की शर्तों के अनुसार किस्त की राशि एवं अवधि निर्धारित कर दी जाती है। किस्तों की राशि तथा इसके भुगतान का समय क्रेता व विक्रेता के आपसी ठहराव द्वारा तय किया जाता है।

3. माल की सुपुर्दगी क्रेता को होना - बिक्री प्रसंविदा होते ही माल की सुपुर्दगी क्रेता को हो जाती है। किराया क्रय अनुबन्ध के अन्तर्गत जैसे ही क्रेता द्वारा पहली किस्त का भुगतान विक्रेता को कर दिया जाता है, विक्रेता उसे माल सुपुर्द कर देता है और क्रेता को माल के प्रयोग का अधिकार प्राप्त हो जाता है। यह अधिकार तब तक बना रहता है जब तक कि क्रेता द्वारा भुगतान में किसी प्रकार की त्रुटि या अनियमितता न की जाय।

4. सौदा होते ही स्वामित्व का हस्तान्तरण - क्रेता को बिक्री प्रसंविदा के बाद ही तुरन्त माल का स्वामित्व प्राप्त हो जाता है।

माल की अन्तिम किस्त के भुगतान के साथ ही माल पर क्रेता को स्वामित्व प्राप्त होता है। यही कारण है कि विधानतः उसे माल के अनुचित प्रयोग का अधिकार नहीं होता। यथोचित प्रयोग के प्रवाह में यदि माल की टूट-फुट होती हैं तो मरम्मत का दायित्व विधानतः विक्रेता का रहता है। यदि पूरी किस्त चुकाये बिना ही माल क्रेता द्वारा अन्य पक्ष को बेच दिया जाये तो अन्य पक्ष को माल पर श्रेष्ठ स्वत्वाधिकार प्राप्त नहीं होता।

5. किस्त के भुगतान में त्रुटि होने पर विक्रेता को दावा करने का अधिकार होना - क्रेता द्वारा किसी भी किस्त का भुगतान न किये जाने पर विक्रेता उसके ऊपर दावा कर सकता है। माल के किराया क्रय क्रेता द्वारा यदि नियत देय तिथि पर किस्त का भुगतान करने में लापरवाही की जाती है तो ऐसी दशा में विक्रेता को माल वापस लेने का अधिकार होता है क्योंकि विधानतः माल पर स्वामित्व अन्तिम किस्त के भुगतान के पूर्व तक विक्रेता का ही बना रहता है।

6. किस्त के भुगतान में त्रुटि होने पर भुगतान की हुई किस्तों का विक्रेता द्वारा जब्त न करना - यदि क्रेता ने किसी भी किस्त के भुगतान करने का त्रुटि की है तो विक्रेता को यह अधिकार नहीं है कि वह क्रेता द्वारा उस समय तक भुगतान की हुई किसतों को जब्त कर ले और पूरे मूल्य के लिए क्रेता पर दावा करे। वह पूरे मूल्य में से इस भुगतान की हुई किस्तों की राशि काटकर शेष किस्तों के लिए दावा कर सकता है। ऐसा इसलिए है कि माल का स्वामित्व क्रेता पर हस्तान्तरित हो जाता है।

7. विक्रेता द्वारा बिक्री करने या गिरवीं रखने पर दूसरे व्यक्ति को श्रेष्ठ स्वत्वाधिकार प्राप्त होना - यदि क्रेता इसके अन्तर्गत माल क्रय करने के बाद किसी अन्य व्यक्ति को माल बेचता है या गिरवी रखता है तो इस अन्य व्यक्ति को श्रेष्ठ स्वत्वाधिकार प्राप्त होता है।

8. किस्तों का विक्रेता द्वारा हरण करना - क्रेता द्वारा देय तिथि पर निर्धारित किस्तों के भुगतान में त्रुटि किये जाने की दशा में विक्रेता को न केवल माल वापस पाने का अधिकार होता है वरन् उसे क्रेता द्वारा अब तक दत्त सभी किस्तें, माल के प्रयोग का किराया मानते हुए जब्त करने का भी अनुबन्धतः अधिकार होता है।

9. प्रत्याभूति-दाता से राशि का वसूल किया जाना - किराया क्रय अनुबन्ध में क्रेता के पक्ष में यदि कोई प्रतिभूत है जिसने क्रेता के द्वारा किये गये भुगतान का उत्तरदायित्व लिया है और किस्तों का भुगतान समय पर नहीं हुआ है एवं रकम वसूल करने की सभी कार्यवाही असफल हो गयी है, तब विक्रेता इस रकम को प्रत्याभूति-दाता से वसूल करने का अधिकारी होता है।

किराया क्रय पद्धति से लाभ

किराया क्रय पद्धति से लाभों को सुविधानुसार तीन भागों में विभक्त कर स्पष्ट किया जा सकता है:

1. क्रेता को लाभ, 2. विक्रेता को लाभ, 3. अन्य लाभ।

1. क्रेता को लाभ

इस पद्धति से क्रेता को प्राप्त लाभ निम्नानुसार हैं:

1. इस पद्धति में वस्तुओं का मूल्य सुविधानुार किस्तों में चुकाना सम्भव होता है जिससे क्रेता मूल्यवान वस्तुओं का उपयोग सरलतापूर्वक कर पाता है।

2. इस पद्धति में क्रेता वस्तु की उपयोगिता कम होने पर अगली किस्त के भुगतान के पूर्व वस्तु विक्रेता को वापस कर अनुबन्ध रद्द कर सकता है।

3. अन्तिम किस्त के भुगतान के पूर्व वस्तु पर स्वामित्व विक्रेता का होता है अत: क्रेता को सामान्य टूट-फुट होने पर नि:शुल्क मरम्मत की सुविधा प्राप्त होती है।

4. इस पद्धति में वस्तु का पूरा मूल्य एक साथ नहीं चुकाया जाता वरन् क्रेता एवं विक्रेता के मध्य हुए समझौते के अनुसार किस्तों में चुकाया जाता है। फलस्वरूप क्रेता के लिए भुगतान सुविधाजनक होता है।

5. इस पद्धति में अन्तिम किस्त के भुगतान के पूर्व वस्तु वापस पाने का अधिकार विक्रेता का होता है। वस्तु वापस जाने का डर क्रेता में मितव्ययिता को बढ़ावा देता है तथा वह किस्त भुगतान के लिए अधिक से अधिक बचत पर ध्यान देता है।

6. कभी-कभी परिस्थितिवश क्रेता के लिए वस्तु का क्रय आवश्यक हो जाता है। क्रय मूल्य का भुगतान एक साथ आवश्यक न होने के कारण उसे अन्य व्यक्तियों से तत्काल ऋण लेने की आवश्यकता नही होती।

2. विक्रेता को लाभ

इस पद्धति से विक्रेता को प्राप्त लाभ निम्नानुसार हैं:

1. इस पद्धति में वस्तु के मूल्य का भुगतान किस्तों में सम्भव होने के कारण ऐसे व्यक्ति भी वस्तु का क्रय कर पाने में सफल हो जाते हैं जिनके पास धन का अभाव हो। अधिक व्यक्तियों द्वारा क्रय सम्भव होने से विक्रय में वृद्धि होती है।

2. वस्तु वापस ले जाने के भय से क्रेता किस्तों का भुगतान नियमित रूप से करते हैं अत: विक्रेता को किस्त की राशि एकत्रित करने में कठिनाई नही होती।

3. इस पद्धति में विक्रेता को वस्तु के नकद मूल्य के साथ ही ब्याज के रूप में अतिरिक्त राशि प्राप्त होती है।

4. किस्त भुगतान के लिए क्रेता के बार-बार आने से उसकी दृष्टि विक्रेता की अन्य वस्तुओं पर पड़ती है जिसने अन्य वस्तुओं के विक्रय की सम्भावना बढ़ जाती है।

5. बार-बार क्रेता एवं विक्रेता का सम्पर्क दोनों पक्षकारों में विश्वास उत्पन्न कर मधुर सम्बन्ध बढ़ाता है जिससे भविष्य में अन्य वस्तुओं के विक्रय की सम्भावना बढ़ जाती है।

3. अन्य लाभ

1. अधिक वस्तुओं का क्रय एवं उपयोग सम्भव होने के कारण यह पद्धति समाज में व्यक्तियों के जीवन स्तर को बढ़ाने में सहायक होती है।

2. इस पद्धति से विक्रय में वृद्धि होती है परिणामस्वरूप उत्पादन वृद्धि को बढ़ावा मिलता है। उत्पादन में वृद्धि से रोजगार के अवसरों में वृद्धि होती है।

3. यह पद्धति समाज के मध्यमवर्गीय परिवारों को जीविका का साधन उपलब्ध कराने में सहायता पहुँचाती है जिससे उन व्यक्तियों के रोजगार एवं आय में वृद्धि होती है, जैसे - सिलाई मशीन, कम्प्यूटर्स आदि का क्रय।

किराया क्रय पद्धति से हानियाँ

किराया क्रय पद्धति से हानियों को निम्न तीन भागों में विभक्त कर स्पष्ट किया जा सकता है:

1. क्रेता को हानियाँ, 2. विक्रेता को हानियाँ, 3. अन्य हानियाँ

1. क्रेता को हानियाँ

1. इस पद्धति में क्रेता को वस्तु के नकद मूल्य के साथ ही साथ ब्याज की राशि का भुगतान करना पड़ता है। अतः उसे वस्तु का अधिक मूल्य चुकाना होता है।

2. इस पद्धति में अन्तिम किस्त के भुगतान के पूर्व वस्तु पर स्वामित्व विक्रेता का होता है। स्वामित्व के अभाव में क्रेता वस्तु बेचने अथवा गिरवीं रखने के अधिकार का प्रयोग नहीं कर पाता।

3. इस पद्धति में किस्त भुगतान में त्रुटि करने पर वस्तु विक्रेता को वापस प्राप्त करने पर वस्तु की वापसी तथा किस्त की राशि जब्त हो जाने का भय बना रहता है।

4. सुविधानुसार भुगतान की सुविधा कभी-कभी क्रेता को अनावश्यक वस्तुएँ क्रय करने में प्रोत्साहन प्रदान करती है जिससे उसकी आर्थिक स्थिति एवं कार्यक्षमता प्रभावित होती है।

2. विक्रेता को हानियाँ

1. वस्तु के क्रय मूल्य का भुगतान तत्काल करने तथा विक्रय मूल्य किस्तों में प्राप्त होने से इस पद्धति में विक्रेता को अधिक पूँजी की आवश्यकता होती है जो सभी विक्रेताओं के लिए सम्भव नहीं हो पाता।

2. वस्तु के क्रेता से समय-समय पर किस्त की राशि प्राप्त करने में कठिनाई होती है तथा क्रेता से अनावश्यक विवाद का सामना करना पड़ता है।

3. सैद्धान्तिक रूप से किस्त का भुगतान प्राप्त न होने पर विक्रेता को वस्तु वापस लेने का अधिकार होता है किन्तु व्यवहार में क्रेता से वस्तु सरलतापूर्वक प्राप्त नहीं हो पाती।

4. क्रेता से वस्तु वापस लेने पर अवक्षयण की क्षति विक्रेता को वहन करनी पड़ती है।

5. इस पद्धति में अन्तिम किस्त के भुगतान तक वस्तु की मरम्मत का दायित्व विक्रेता पर होता है। कभी-कभी क्रेता द्वारा वस्तु के गलत प्रयोग से हुई क्षति की राशि विक्रेता को वहन करनी पड़ती है तथा मरम्मत न करने पर अनावश्यक विवाद को बढ़ावा मिलता है।

6. इस पद्धति में लेखांकन प्रविष्टियाँ एवं पत्र व्यवहारों की संख्या अधिक होती है, अतः खर्चीली पद्धति है।

3. अन्य हानियाँ

1. यह पद्धति शीघ्र नाश्वान वस्तुओं के लिए अनुपयुक्त है। अन्तिम किस्त के भुगतान तक वस्तु का अस्तित्व में होना आवश्यक है।

2. क्रेता द्वारा समय पर किस्तों का भुगतान न करने से सामाजिक अशांति को बढ़ावा मिलता है।

3. यह पद्धति अनावश्यक मुकद्दमेंबाजी को प्रोत्साहित करती है।

किराया क्रय पद्धति और किस्त भुगतान पद्धति में अन्तर

अन्तर का आधार	किराया-क्रय पद्धति	किस्त भुगतान पद्धति
1. प्रसंविदे का स्वभाव	इस प्रसंविदे का स्वभाव एक किराया प्रसंविदे की तरह है, यद्यपि यह बाद में बिक्री हो जाता है।	इस प्रसंविदे का स्वभाव प्रारम्भ से ही एक बिक्री का प्रसंविदा है।
2. स्वामित्व का हस्तान्तरण	इस प्रसंविदे मे अन्तिम किस्त के भुगतान होने पर स्वामित्व का हस्तान्तरण क्रेता पर हो जाता है अर्थात् स्वामित्व का हस्तान्तरण अन्त में होता है।	इसमें क्रेता पर स्वामित्व का हस्तान्तरण क्रेता और विक्रेता के आपसी समझौते द्वारा बिक्री के समय ही हो जाता है, अर्थात् स्वामित्व का हस्तान्तरण प्रारम्भ से ही होता है।
3. माल की वापसी	क्रेता द्वारा किस्त के भुगतान न किये जाने पर विक्रेता को कुछ विशेष दशाओं में माल वापस लेने का अधिकार होता है।	क्रेता द्वारा किस्त का भुगतान न करने पर विक्रेता को माल वापस लेने का अधिकार नहीं होता है।
4. वादा करने का अधिकार	क्रेता द्वारा किस्त के भुगतान न किये जाने पर विक्रेता उपर्युक्त अधिकार के अतिरिक्त न चुकायी हुई किस्त के लिए दावा कर सकता है।	क्रेता द्वारा किस्त का भुगतान न करने पर विक्रेता शेष राशि के लिए दावा कर सकता है। यदि प्रसंविदे में कोई भिन्न शर्त न दी हुई हो।

5. श्रेष्ठ स्वत्वाधिकार	अन्तिम किस्त भुगतान करने के पहले यदि किसी भी समय क्रेता द्वारा माल गिरवी रखा जाता है या बेचा जाता है तो यह दूसरा व्यक्ति इस माल पर श्रेष्ठ स्वत्वाधिकार नहीं पाता है।	इसमें, इस दशा में, दूसरा व्यक्ति श्रेष्ठ स्वत्वाधिकार पाता है।
6. माल की मरम्मत का दायित्व	अन्तिम किस्त के भुगतान के पहले तक का दायित्व यदि क्रेता ने माल को सावधानी के साथ रखा है और फिर भी उसमें कुछ टूट फूट हो जाती है तो इसकी मरम्मत का उत्तरदायित्व विक्रेता पर रहता है क्योंकि वही इसका इस अवधि में असली मालिक होता है।	इसमें विक्रेता पर मरम्मत आदि का कोई उत्तरदायित्व नहीं होता है।
7. निक्षेप	क्रेता निक्षेपगृहीता होता है।	क्रेता निक्षेपगृहीता नहीं होता है।
8. जोखिम	अन्तिम भुगतान तक जोखिम विक्रेता पर रहती है।	जोखिम सदैव क्रेता पर रहती है।
9. क्रेता की पुस्तकों में लेखा	क्रेता की पुस्तकों में सम्पत्ति अर्जित विधि या ऋण उधार क्रय विधि में से किसी एक विधि के अनुसार लेखे किये जा सकते है।	यहाँ केवल उधार क्रय विधि के अनुरूप ही क्रेता की पुस्तकों में लेखे किये जाते है।
10. अदेय राशि	विक्रेता की पुस्तकों में अदेय राशि को किराये पर बाहर जमा माल की तरह माना जाता है।	इस विधि में अदेय राशि को विक्रेता की पुस्तकों में पुस्तकीय ऋण माना जाता है।
11. अशोध्य ऋण के लिए प्रावधान	यहाँ अशोध्य ऋण के लिए प्रावधान करने की प्रायः आवश्यकता नहीं होती है क्योंकि विक्रेता को माल वापस लेने का अधिकार होता है।	यहाँ अशोध्य ऋण के लिए प्रावधान करने की आवश्यकता होती है।

12. ब्याज उचन्त खाता	यहाँ ब्याज उचन्त खाता नहीं बनाया जाता है।	यहाँ ब्याज उचन्त खाता बनाया जाता है।
13. विक्रेता का शेष या देय राशि	सम्पत्ति की ओर सम्पत्ति से घटाकर दिखाया जाता है।	विक्रेता को देय राशि दायित्व की ओर ब्याज उचन्त खाते की बाकी घटाकर प्रकट की जाती है।
14. चिट्ठा	क्रेता की पुस्तकों में सम्पत्ति की ओर सम्पत्ति में से ह्रास घटाकर आने वाली राशि से विक्रेता को देय राशि घटायी जाती है।	क्रेता की पुस्तकों में क्रय की गयी सम्पत्ति को चिट्ठे में सम्पत्ति की ओर ह्रास घटकर दिखाया जाता है।
15. ब्याज का खाता	इसमें क्रेता व विक्रेता दोनो की पुस्तकों में ब्याज खाता अवश्य खोला जाता है।	इसमें कभी-कभी कुछ लोग प्रतिवर्ष की ब्याज की राशि के लिए ब्याज खाता नहीं खोलते हैं वरन् ब्याज उचन्त खाते से इसे सीधा लाभ हानि खाते में हस्तान्तरित कर देते हैं। परन्तु बहुधा ब्याज खाता यहाँ भी खोला जाता है।

किश्त भुगतान प्रणाली में लेखा करने की रीति

किश्त प्रणाली पर माल बेचने पर क्रेता व विक्रेता की लेखा पुस्तकों में की जाने वाली प्रविष्टियाँ उसी प्रकार होगी जैसे उधार माल बेचने पर की जाती है। अन्तर केवल इतना है कि किस्त प्रणाली में न चुकाये गये मूल्य पर ब्याज की प्रविष्टि भी करनी होती है। चूँकि किस्त में कभी कभी ब्याज सम्मिलित होता है इसलिये विश्लेषण तालिका (Analysis Table) बनाकर ब्याज व मूलधन को पृथक्-पृथक् कर लेना चाहिये। अगर किस्त में ब्याज सम्मिलित नहीं है तो ब्याज की गणना कर उसे किस्त की राशि के अतिरिक्त देना चाहिये।

क्रेता की पुस्तकों में लेखा

किस्त भुगतान पद्धति के अन्तर्गत क्रेता की पुस्तकों में लेखा करते समय निम्नलिखित महत्त्वपूर्ण बिन्दुओं को ध्यान में रखना आवश्यक है:

1. क्रेता समझौते अथवा प्रसंविदे की तिथ से ही सम्पत्ति का स्वामी हो जाता है। अत: वह उस तिथि से ही विक्रेता को अपनी ऋणी मान लेता है।

2. क्रेता सम्पत्ति खाते को सम्पत्ति के रोकड़ी मूल्य से ही डेबिट करेगा क्योंकि सम्पत्ति का सही व वास्तविक मूल्य उसका रोकड़ी मूल्य ही होता है।

3. समस्त किस्तों पर देय कुल राशि तथा रोकड़ी मूल्य का अन्तर ही कुल ब्याज की राशि होता है। यह कुल ब्याज की राशि प्रसंविदा तिथि को देय नहीं होती बल्कि यह कई वर्षों में देय होती है अतः सम्पूर्ण ब्याज की राशि को प्रसंविदे की तिथि को ही ब्याज उचित खाते में डेबिट कर देते हैं। विभिन्न किस्तों पर देय होने वाली ब्याज की राशि को उस समय विक्रेता के खाते में क्रेडिट न करके ब्याज उचंति खाते को क्रेडिट कर देते हैं।

4. किस्त भुगतान पद्धति में माल को वापस करने या लेने का विकल्प नहीं होता है इसलिए समस्त किस्तें चुकानी ही पड़ती है। अत: विक्रेता के खाते को कुल बिक्री की राशि (रोकड़ी मूल्य + कुल ब्याज) से क्रेडिट किया जावेगा।

निम्नलिखित विवेचन में किस्त प्रणाली पर किये गये सौदों को क्रेता व विक्रेता की पुस्तकों में लिखने की विधि को विस्तार से समझाया गया है।

क्रेता की पुस्तकों में पंजी प्रविष्टियाँ

(Journal Entries in the Books of Buyer)

किस्त भुगतान प्रणाली के अन्तर्गत क्रेता में निम्न पंजी प्रविष्टियाँ करना चाहिये-

सौदे की प्रकृति	**पंजी प्रविष्टियाँ**	**Journal Entries**
1. किस्त प्रणाली पर विक्रय का सौदा होने पर	सम्पत्ति खाता डे. ब्याज संदे खाता डे. विक्रेता खाता से (किस्त प्रणाली पर सम्पत्ति क्रय की)	Assets A/c Dr. Interest suspense A/c Dr. To Seller A/c (Asset purchsed on instament System)
2. अनुबन्ध की तिथि को भुगतान करने पर	विक्रेता खाता डे. रोकड़ या बैंक खाता से (माल की सुपुर्दगी के समय नकद/चैक दिया)	Seller A/c Dr. To Cash/Bank (Cash paid on delivery)
3. ब्याज देय होने पर वर्ष के अन्त में बकाया रकम पर	ब्याज खाता डे. विक्रेता खाते से या ब्याज या संदेह खाता से (शेष राशि पर ब्याज)	Interest A/c Dr. To Seller A/c or To Interest suspense A/c (Interest due on balance)
4. किस्त का भुगतान करने पर	विक्रेता खाता डे. रोकड़ या बैंक खाता से (किस्त का भुगतान किया)	Seller A/c Dr. To Cash/Bank A/c (Instalment paid)

5. सम्पत्ति पर घटौती लगाने पर	घटौती खाता डे. सम्पत्ति खाते से (घटौती अपलिखित किया)	Depreciation A/c Dr. To Assets A/c (Depreciation written off)
6. ब्याज व घटौती के अन्तरण के लिए ब्याज व घटोती का अन्तरण	लाभ-हानि खाता डे. ब्याज खाता से घटोती खाता से (ब्याज व घटौती का अन्तरण)	P & L. A/c Dr. To Interest A/c To Depreciation A/c (Transfer of interest)

ध्यान दें - प्रविष्टि क्रमांक 1 व 2 सौदा होने की तिथि पर की जायेगी। जबकि प्रविष्टि क्रमांक 3, 4, 5 और 6 प्रत्येक वर्ष के अन्त में की जायेगी।

चिट्ठें में निरूपण

1. क्रेता के चिट्ठे में प्रथम वर्ष में खरीदी गई सम्पत्ति को क्रय मूल्य (रोकड़ी मूल्य) पर सम्पत्ति पक्ष की ओर मूल्य ह्रास को हटाकर दिखाया जावेगा। इसके पश्चात् प्रत्येक अगले वर्ष के अन्त में सम्पत्ति को अपलिखित मूल्य में से ह्रास घटाकर दिखाया जायेगा।

2. विक्रेता को देय रकम चिट्ठे में दायित्व पक्ष की ओर दिखाई जायेगी।

3. ब्याज उचन्ती खाते के शेष को सम्पत्ति पक्ष की ओर दिखाया जायेगा।

क्रेता की खाता बही में खाते (Ledger Accounts)

क्रेता की खाता बही में किस्त भुगतान के सौदों के सम्बन्ध में निम्नलिखित खाते खोलना चाहिये-

(अ) सम्पत्ति खाता (जैसे मशीन खाता, रेफ्रीजिरेटर खाता आदि) (Asset Account)

(ब) ब्याज सन्देह खाता (Interest Suspense Account)

(स) विक्रेता का खात (Seller's Account)

(द) ब्याज खाता (Interest Account)

क्रेता के चिट्ठे में किस्त भुगतान सौदों से सम्बन्धित खातों को दिखाना

क्रेता के चिट्ठे में किस्त प्रणाली के अन्तर्गत क्रय की गई सम्पत्ति खाते को और अन्य खातों इस प्रकार दर्शाया जायेगा-

क्रेता का चिट्ठा (Balance Sheet)

देयता (Liabilities)	Rs.	सम्पत्ति (Assets	Rs.
लेनदार (Creditors) (किस्त प्रणाली पर माल के विक्रय के खाते का शेष)		मशीनरी खाता (क्रय मूल्य) (Assets A/c) घटाइये : घटौती (Depreciation) ब्याज सन्देह खात (Interest Suspense A/c) (इस खाते की शेष राशि से)	

विक्रेता की पुस्तकों में पंजी प्रविष्टियाँ

(Journal Entries in the Books of Seller)

इस पद्धति के अन्तर्गत विक्रेता की पुस्तकों में लेखा करते समय निम्न बिन्दुओं को ध्यान में रखना है:

1. इस पद्धति में क्रेता से सम्पत्ति का रोकड़ मूल्य ही नहीं बल्कि कुल मूल्य (रोकड़ी मूल्य + कुल ब्याज) लिया जाता है। अत: क्रेता के खाते को कुल मूल्य से डेबिट करेगें।

2. विक्रय खाते को रोकड़ी मूल्य से क्रेडिट करेंगे, क्योंकि यह वास्तविक विक्रय राशि है।

3. क्रेता की तरह ही विक्रेता भी सम्पूर्ण ब्याज की राशि को ब्याज उचन्ती खाते में क्रेडिट करेगा क्योंकि सम्पूर्ण ब्याज एक वर्ष का न होकर कई वर्षों के लिये हैं।

प्रत्येक वर्ष के अन्त में प्राप्य ब्याज की रकम का ब्याज उचन्ती खाते से ब्याज खाते में स्थानान्तरण कर दिया जाता है।

किस्त भुगतान प्रणाली के अन्तर्गत बेचे गये माल की विक्रेता की पंजी में निम्नलिखित प्रविष्टियाँ करना चाहिये-

सौदे की प्रकृति	पंजी प्रवृष्टि	Journal Entry
1. किस्त प्रणाली पर विक्रय का अनुबन्ध होने पर	क्रेता खाता डे. सम्पत्ति खाते से/विक्रय खाते से ब्याज संन्देह खाता से (किस्त प्रणाली पर सम्पत्ति बेची)	Purchaser A/c Dr. To Assets A/c/Sales A/c To Interest suspense A/c (Asset sold on instalment basis)

2. अनुबन्ध की तिथि पर भुगतान प्राप्त होने पर	बैंक खाता/रोकड़ खाता डे. क्रेता खाते से (माल की सुपुर्दगी पर प्राप्त राशि)	Bank A/c Dr. To Purchaser (Cash received on delivery)
3. ब्याज प्राप्य होने पर (वर्ष के अन्त में)	क्रेता खाता या डे. ब्याज सन्देह खाता डे. ब्याज खाता से (शेष देय राशि पर अर्जित ब्याज)	Purchaser A/c or Dr. Interest Suspense A/c Dr. To Interest A/c (Interest accured on balance due)
4. किस्त की राशि प्राप्त होने पर (वर्ष के अन्त में)	रोकड़/बैंक खाता डे. क्रेता खाते से (प्रथम किस्त प्राप्त)	Cash/Bank A/c Dr. To Purchaser A/c (First Instalment Received)
5. ब्याज की राशि लाभ-हानि खाते को अन्तरित करने पर	ब्याज खाता डे. लाभ-हानि खाते से (अर्जित ब्याज लाभ-हानि खाते को अन्तरित)	Interest A/c Dr. To P & L. A/c (Transfer of Interest Earned to P & L. A/c)
6. विक्रय खाते को ब्याजपार खाते में अन्तरित करने हेतु	विक्रय खाता डे. व्यापार खाते से (विक्रय खाते का व्यापार खाते में अन्तरण)	Sales A/c Dr. To Trading A/c (Transfer of sales account)

नोट : प्रविष्टि क्रमांक 1, 2, व 6 केवल प्रथम वर्ष में की जायेगी। शेष प्रविष्टियाँ वर्ष के अन्त में की जायेंगी।

विक्रेता की पुस्तकों में खाते (Ledger Accounts)

विक्रेता की खाता-बही में किस्त भुगतान प्रणाली से बेचे गये माल का लेखा करने के लिये निम्नलिखित खाते खोले जायेगे-

(1) विक्रय खाता (Sales Account)

(2) क्रेता का खाता (Purchaser's Account)

(3) ब्याज सन्देह खाता (Interest Suspense Account)

(4) ब्याज खाता (Interest Account)

विक्रेता के चिट्ठे में किस्त भुगतान से सम्बन्धित खातों को दिखाना

विक्रेता के चिट्ठे में किस्त भुगतान प्रणाली के अन्तर्गत बेची गई सम्पत्ति से सम्बन्धित खातो को इस प्रकार दर्शाया जायेगा-

विक्रेता का चिट्ठा (Balance Sheet of Seller)

देयता (Liabilities)	Rs.	**सम्पत्ति** (Asset)	Rs.
ब्याज सन्देह खाता (Interest Suspense Account) इस खाते की शेष राशि से		देनदान (Debtors) (किश्त प्रणाली पर बेचे गये माल के क्रेता के खाते का शेष	

Illustration 1.

The Mopeds Limited sold a motor cycle on instalment payment system to Electrical Limited. The Cash Price was Rs. 7,450. Rs. 2,000 were to be paid on delivery and the balance in three instalments of Rs. 2,000 each at the end of each year The Mopeds Limited charge interest at the rate of 5% per annum.

Write up the journal entries in the books of the buyer and the seller. Open necessary accounts in the books of both the parties. Buyer depreciates the assets at 10% per annum on the reducing instalment basis.

मापेड्स लिमिटेड ने किस्त भुगतान पद्धति पर इलेक्ट्रिकल्स लिमिटेड को एक मोटर साईकिल का विक्रय किया। रोकड़ी मूल्य 7,450 रु. था। सुपुर्दगी पर 2,000 रु. की राशि देय थी तथा शेष तीन किस्तों में 2,000 रु. प्रति किस्त की दर से प्रत्येक वर्ष के अन्त में देय थी। मोपेड्स लिमिटेड 5 प्रतिशत प्रति वर्ष की दर से ब्याज वसूल करती है।

क्रेता और विक्रेता की पुस्तकों में जर्नल प्रविष्टियाँ कीजिए। दोनों ही पक्षों की पुस्तकों में आवश्यक खाते खोलिये। क्रेता प्रति वर्ष क्रमागत ह्रास पद्धति के आधार पर 10 प्रतिशत प्रति वर्ष की दर से सम्पत्ति पर ह्रास अपलिखित करता है।

Solution:

विश्लेषण तालिका (Analytical Table)

किस्त संख्या 1	रोकड़ी मूल्य का शेष 2	भुगतान की जा रही कुल रकम 3	ब्याज 4	पूँजीगत मूल्य (3 – 4) 5	शेष रोकड़ी मूल्य जो देना है। (2 – 5) 6
	रु.	रु.	रु.	रु.	रु.
रोकड़ी मूल्य तुरन्त जमा	7,450.00 2,000.00	2,000	—	2,000	5,450.00
	5,450.00				

प्रथम किस्त	1,727.50	2,000	272.50	1,727.50	3,722.50
	3,722.50				
द्वितीय किस्त	1,813.87	2,000	186.13	1,813.87	1908.63
	1,908.63				
तृतीय किस्त	1,908,64	2000	91.37	1,908.63	—
	Nil	8,000	550.00	7,450.00	

1. 4 रु. 06 पैसे का ब्याज में समायोजन है।

Journal Entries in the Books of Electricals Limited

			Rs.	Rs.
Ist Year Date of Agreement	Motor Cycle a/c	Dr.	7,450.00	
	Interest Suspense a/c		550.00	
	To Mopeds Limited			8,000.00
	(Motor Cycle purchased on Instalment payment system)			
Down Payment	Mopeds Limited's a/c	Dr.	2,000.00	
	To Bank a/c			2,000.00
	(Immediate deposit paid)			
End of the Year	Interest a/c	Dr.	272.50	
	To Interest Suspense a/c			272.50
	(Interest due)			
	Depreciation a/c	Dr.	745.00	
	To Motor Cycle a/c			745.00
	(Depreciation charged)			
	Profit and Loss a/c	Dr.	1,017.50	
	To Interest a/c			272.50
	To Depreciation a/c			745.00
	(Balances transferred)			
	Mopeds Limited's a/c		2,000,00	
	To Bank			2,000.00
	(First Instalment paid)			
End of 2nd Year	Interest a/c	Dr.	186.13	
	To Interest Suspense a/c			186.13
	(Interest due)			

	Depreciation a/c To Motor Cycle a/c (Depreciation charged)	Dr.		670.50	 670.50
	Profit and Loss a/c To interest a/c To Depreciation a/c (Balance transferred)	Dr.		856.63	 18613 670.50
	Mopeds Limited's a/c To Bank (Second instalment paid)	Dr.		2,000.00	 2,000.00
End of 3rd Year	Interest a/c To Interest Suspense a/c (Interest due)	Dr.		91.37	 91.37
	Depreciation a/c To Motor Cycle a/c (Depreciation charged)	Dr.		603.45	 603.45
	Profit & Loss a/c To Interest a/c To Depreciation a/c (Balance transferred)	Dr.		694.82	 91.37 603.45
	Mopeds Limited's a/c To Bank (Last instalment paid)	Dr.		2,000.00	 2,000.00

Ledger Accounts: **Motor Cycle Account**

		Rs.			Rs.
1st Year	To Mopeds Ltd	7,450.00	End of 1st Year	By Dep. a/c By Balance c/d	745.00 6,705.00
		7,450.00			7,450.00
2nd year	To Balance b/d	6,705.00	End of 2nd year	By Dep. a/c By Balance c/d	670.50 6,034.50
		6,705.00			6,705.00

3rd Year	To Balance b/d	6,034.50	End of 3rd Year	By Dep. a/c By Balance c/d	603.45 5,431.05
		6,034.50			6,034.50

Interest Suspense Account

		Rs.			Rs.
1st Year	To Mopeds Ltd	550.00	End of 1st Year	By Interest a/c By Balance c/d	272.50 27750
		550.00			550.00
2nd year	To Balance b/d	277.50	End of 2nd year	By Interest a/c By Balance c/d	186.13 91.37
		277.50			277.50
3rd Year	To Balance b/d	91.37	End of 3rd Year	By Interest a/c	91.37
		91.37			91.37

Mopeds Limited's Account

		Rs.			Rs.
Down Payment	To Bank	2,000.00	1st Year	By Motor Cycle a.c	7,450.00
End of 1st year	To Bank To Balance c/d	2,000.00 4,000.00		By Interest Suspense a/c	550.00
		8,000.00			8,000.00
End 2nd year	To Bank To Balance c/d	2,000.00 2,000.00	2nd year	By Balance b/d	4,000.00
		4,000.00			4,000.00
End 3rd Year	To Bank	2,000.00	3rd Year	By Balance b/d	4,000.00
		2,000.00			2,000.00

Interest Account

		Rs.			Rs.
End of 1st year	To Interest Suspense a/c	272.50	End of 1st year	By P & L a/c	272.50
2nd Year	To Interest Suspense a/c	186.13	2nd year	By P & L a/c	186.13
3rd Year	To Internest Suspense a/c	91.37	3rd year	By P & L a/c	91.37

Depreciation Account

		Rs.			Rs.
End of 1st year	To Motor Cycle a/c	745.50	End of 1st year	By P & L a/c	745.50
2nd Year	To Motor Cycle a/c	670.50	2nd year	By P & L a/c	670.50
3rd Year	To Motor Cycle a/c	603.45	3rd year	By P & L a/c	603.45

In the Books of Mopeds Limited Journal Entries

			Rs.	Rs.
Ist Year Date of Agreement	Electricals Limited Dr To Sales a/c To Interest Suspense a/c (Sales on Instalment Payment System)		8,000.00	 7,450.00 550.00
	Bank a/c Dr. To Electricals Limited (Immediate deposit money received)		2,000.00	 2,000.00
End of 1st Year	Interest Suspense a/c Dr. To Interest a/c (Interest due)		272.50	 272.50
	Bank a/c Dr To Electricals Limited (First Instlament received)		2,000.00	 2,000.00

	Sales a/c Dr. To Trading a/c (Balance transferred)		7,450.00	7,450.00
	Interest a/c Dr. To Profit & Loss a/c (Balance transferred)		272.50	272.50
End of 2nd Year	Interest Suspense a/c Dr. To Interest a/c (Interest due)		186.13	186.13
	Bank a/c Dr. To Electricals Limited (Second instalment received)		2,000.00	2,000.00
	Interest a/c Dr. To Profit & Loss a/c (Balance transferred)		186.13	186.13
End of 3rd year	Interest Suspense a/c Dr. To Interest a/c (Interest due)		91.37	91.37
	Bank a/c Dr. To Electricals Limited (Third instalment received)		2,000.00	2,000.00
	Interest a/c Dr. To Profit & Loss a/c (Balance transferred)		91.37	91.37

Ledger Accounts:

Electricals Limited's Account

		Rs.			Rs.
1st year	To Sales a/c To Interest Suspense a/c	7,450.00 550.00	End of 1st year	By Bank a/c By Bank a/c By Balance c/d	2,000.00 2,000.00 4,000.00
		8,000.00			8,000.00

2nd year	To Balance c/d	4,000.00	End of 2nd year	By Bank a/c By Balance c/d	2,000.00 2,000.00
		4,000.00			4,000.00
3rd year	To Balance b/d	4,000.00	End of 3rd year	By Bank a/c	2,000.00

Interest Suspense Account

		Rs.			Rs.
End of 1st year	To Interest a/c To Balance c/d	272.50 277.50	Ist year	By Electrical Ltd.	550.00
		550.00			550.00
End of 2nd year	To Interest a/c To Balance c/d	186.13 91.37	2nd year	By Balance b/d	277.50
		277.50			277.50
End of 3rd year	To Interest a/c	91.37	3rd year	By Balance b/d	91.38

Sales Account

		Rs.			Rs.
End of 1st year	To Trading a/c	7.450	Ist year	By Electricals Ltd.	7.450

Interest Account

		Rs.			Rs.
End of 1st year	To P & L a/c	277.50	End of 1st year	By Interest Suspense a/c	277.50
2nd year	To P & L a/c	186.13	2nd Year	By Interest Suspense a/c	186.13
3rd Year	To P & L a/c	91.37	3rd year	By Interest Suspense a/c	91.37

Illustration 2.

X acquired a motor car on instalments payment system from the A.B.C. Motors Ltd. on 1st January 1985. The car can be purchased by cash for Rs. 10,050 or by instalments as follows: - Rs. 2,000 on delivery, Rs. 3,000 after 3 months Rs. 4,000 after six months and Rs. 2,000 after 12 months.

Make the necessary accounts in the books of X, after ascertaining the rate of interest per annum which the company is charging on selling the car on the above system.

1 जनवरी, 1985 को एक्स ने ए बी सी मोटर्स लिमिटेड से एक मोटर कार किस्त भुगतान पद्धति पर खरीदी। इस कार को 10,050 रु. नकद देकर अथवा निम्न प्रकार से किस्तों का भुगतान करके खरीदा जा सकता है:

सुपुर्दगी पर 2,000 रु., 3 माह बाद 3,000 रु., 6 माह बाद 4,000 रु. तथा 12 माह बाद 2,000 रु.।

उपर्युक्त विधि से कार को बेचने पर कम्पनी द्वारा वसूल की जाने वाली प्रति वर्ष ब्याज की दर को ज्ञात करने के पश्चात् एक्स की पुस्तकों में आवश्यक खाते बनाइये।

Solution:

कुल ब्याज = कुल किस्तों की राशि – रोकड़ी मूल्य

= 11,000 – 10,050 रु.

= 950 रु.

प्रत्येक किस्त में सम्मिलित ब्याज की राशि की गणना क्रमागत वृद्धि प्रणाली (Progression Method) द्वारा निम्न प्रकार से की जा सकती है=

किस्त संख्या	अदेय किराया क्रय मूल्य रु.	कितने माह तक	गुणनफल	ब्याज रु.
सुपुर्दगी पर	11,000	0	0	0
प्रथम किस्त	9,000	3	27,000	$\frac{27000 \times 950}{57000} = 450$
द्वितीय किस्त	6,000	3	18,000	$\frac{18000 \times 950}{57000} = 300$
तृतीय किस्त	2,000	6	12,000	12000 x 950,57000) = 200
योग			57,000	

प्रत्येक किस्त में सम्मिलित ब्याज की राशि ज्ञात कर लेने के पश्चात् अग्रांकित प्रकार से यह ज्ञात किया जायेगा कि विभिन्न भुगतानों के समय ब्याज की दर क्या रही:

किस समय पर बकाया	बकाया रोकड़ी मूल्य	ब्याज की राशि	अवधि जिसके लिये ब्याज लगाया गया	ब्याज की दर प्रतिवर्ष
तुरन्त जमा के समय	रु. 10,050	कुछ नही		
प्रथम भुगतान के समय	8,050	450	3 माह	$\frac{450 \times 100 \times 12}{8050 \times 3} = 22.36\%$
द्वितीय भुगतान के समय	5,500	300	3 माह	$\frac{300 \times 100 \times 12}{5500 \times 3} = 21.82\%$
तृतीय भुगतान के समय	1,800	200	6 माह	$\frac{200 \times 100 \times 12}{1800 \times 6} = 22.22\%$

उपर्युक्त गणना की गई तीनों दरों का औसत लेने पर (22.36 + 21.82 + 22.22/3) = 22.13 प्रतिशत वार्षिक दर आती है। अत: कम्पनी ने किस्त भुगतान पद्धति पर 22.13 प्रतिशत प्रति वर्ष की दर से ब्याज वसूल किया है।

Books of X **Motor Car Account**

		Rs.			Rs.
1985 Jan.1	To ABC Motor Ltd.	10,050	1985 Dec.31	By Balance c/d	10,50

Interest Suspense Account

		Rs.			Rs.
1985 Jan.1	To ABC Motor Ltd.	950	1985 Mar.31	By Interest a/c	450
				By Interest a/c	300
				By Interest a/c	200
		950			950

ABC Motors Ltd.'s Account

		Rs.			Rs.
1985			1985	By Motor Car a/c	10,050
Jan.1	To Bank a/c	2,000	Jan. 1	By Interest Suspense a/c	950
Mar.31	To Bank a/c	3,000			
June 30	To Bank a/c	4,000			
De. 31	To Bank a/c	2,000			
		11,000			11,000

नोट : प्रथम भुगतान के समय बकाया रोकड़ी मूल्य = 10,050 − 2,000 = 8,050 रु.

द्वितीय भुगतान के समय बकाया रोकड़ी मूल्य = 8,050 − 2,550 रु. = 5,500 रु.

तृतीय भुगतान के समय बकाया रोकड़ी मूल्य = 5,500 − 3,700 = 1,800 रु.

Illustration 3.

On 1st January, 1983 Ram purchased a machine from Prem at a cash price of Rs. 2,00,000 on instalment payment system. The cash price is payable as to Rs. 32,000 immediately and the balance in three yearly instalments of Rs. 56,000 eac. The instalment due on 31st December, each year is paid on 1st January of the next year. Prem charges interest @ 10% and insurance premium at 1% in addition to cash price instalment. The Vendor creates a provision for doubtful debts at 5% on debtors.

Prepare necessary accounts in the books of Ram and Prem.

1 जनवरी, 1983 को राम ने प्रेम से 2,00,000 के रोकड़ी मूल्य पर एक मशीन किस्त भुगतान पद्धति पर खरीद। रोकड़ी मूल्य में से 32,000 रु. तुरन्त देय हैं तथा शेष राशि 56,000 रु. वाली तीन वार्षिक किस्तों में चुकानी है। प्रति वर्ष 31 दिसम्बर को देय किस्त का भुगतान अगले वर्ष 1 जनवरी को दिया जाता है। प्रेम रोकड़ी मूल्य सम्बन्धी किस्त के अतिरिक्त 10 प्रतिशत की दर पर ब्याज तथा 1 प्रतिशत की दर पर बीमा प्रीमियम वसूल करता है। विक्रेता लेनदारों पर 5 प्रतिशत की दर पर संदिग्ध ऋण के लिये आयोजन करता है।

राम और प्रेम की पुस्तकों में तीन वर्ष के लिये आवश्यक खाते खोलिये।

Solution:

Ledger of Ram

Machine Account

		Rs.			Rs.
1985 Jan.1	To Prem	2,00,000	1983 Dec.31	By Balance c/d	2,00,000
1984 Jan.1	To Balance b/d	2,00,000	1984 Dec.31	By Balance c/d	2,00,000
1985 Jan.1	To Balance b/d	2,00,000	1985 Dec.31	By Balance c/d	2,00,000

Prem's Account

		Rs.			Rs.
1983			1983	By Machine a/c	2,00,000
Jan.1	To Bank	32,000	Jan.1	By Interest a/c	16,800
Dec.31	To Balance c/d	1,86,480	Dec.31	By Insurance	
			Dec.31	Charges a/c	1,680
		2,18,480			2,18,480
1984	To Bank		1984		
Jan.1	(56000 +		Jan.1	By Balance b/d	1,86,480
	16800+1680)	74,480	Dec.31	By Interest a/c	11,200
Dec.31	To Balance c/d	1,24,320	Dec.31	To Insurane	
				Charges a/c	1,120
		1,98,800			1,98,800
1985	To Bank		1985	By Balance b/d	1,24,320
Jan.1	(56000+11200		Jan.1	By Interest a/c	5,600
	+1120)	68320	Dec.31	By Insurance	
Dec.31	To Balance c/d	62,160	Dec.31	Charges a/c	560
		1,30,480			1,30,480
1986	To Bank		1986	By Balance b/d	62,160
Jan.1	(56000+5600+		Jan.1		
	560)	62,160			

Interest Account

		Rs.			Rs.
1983 Dec.31	To Prem's a/c	16,800	1983 Dec.31	By P & L a/c	16,800
1984 Dec.31	To Prem'sa/c	11,200	1984 Dec.31	By P & L a/c	11,200
1985 Dec.31	To Prem's a/c	5600	1985 Dec.31	By P & L a/c	5600

Insurance Charges Account

		Rs.			Rs.
1983 Dec.31	To Prem	1,680	1983 Dec.31	By P & L a/c	1,680
1984 Dec.31	To Prem	1,120	1984 Dec.31	By P & L a/c	1,120
1985 Dec.31	To Prem	560	1985 Dec.31	By P & L a/c	560

Ledger's of Prem:

Ram's Account

		Rs.			Rs.
1983			1983		
Jan.1	Tto Sales	2,00,000	Jan.1	By Bank	32,000
Dec.31	To Insurance a/c	16,800	Dec.31	By Balance c/d	1,86,480
Dec.31	To Insurance premium a/c	1,680			
		2,18,480			2,18,480
1984			1984		
Jan.1	To Balance c/d	1,86,480	Jan.1	By Banka/c	74,480
Dec.31	To Interest a/c	11,200	Dec.31	By Balance c/d	1,24,320
Dec.31	To Insurance premium a/c	1,120			
		1,98,800			1,98,800
1985			1985		
Jan.1	To Balance b/d	1,24,320	Jan.1	By Bank a/c	68,320
Dec.31	To Interest a/c	5,600	Dec.31	By Balance c/d	62,160
Dec.31	To Insurance Premium a/c	560			
		1,30,480			1,30,480
1986 Jan.1	To Balance b/d	62,160	1986 Jan.1	By Bank a/c	62.160

Sales Account

		Rs.			Rs.
1983 Dec.31	To Trading a/c	2,00,000	1983 Jan.1	By Ram's a/c	2,00,000

Interest Account

		Rs.			Rs.
1983 Dec.31	To P & L a/c	16,800	1983 Dec.31	By Ram's a/c	16,800
1984 Dec.31	To P & L a/c	11,200	1984 Dec.31	By Ram's a/c	11,200
1985 Dec. 31	To P & L a/c	5,600	1985 Dec.31	By Ram's a/c	5,600

Provision for Doubtful Debts Account

		Rs.			Rs.
1983 Dec.31	To Balance c/d	9,324	1983 Dec.31	By P & L a/c (5% of 1,86,480)	9,324
		9,324			9,324
1984 Dec.31 Dec.31	To P & L a/c To Balance c/d (5% of 1,24,320)	3,108 6,216	1984 Jan.1	By Balance b/d	9,324
1985 Dec.31 Dec.31	To P & L a/c To Balance c/d	3,108 3,108	1985 Jan.1	By Balance b/d	6,216
		6,216			6,216
1986 Dec.31	To P & L a/c	3,108	1986 Jan.1	By Balance b/d	3,108

नोट : Insurance Premium a/cपूर्ण सूचना के अभाव में नहीं बनाया गया।

Illustration 4.

K. Ltd.acquired a tractor for Rs. 1,10,000 on 1st January, 1983. The Rajasthan Finance Corporation financed the purchase. K. Ltd, pays them Rs. 20,000 on 1st January, 1983 and instalments (inclusive of interest) of Rs. 30,000 at the end of each year. On 1st Jan., 1985, the tractor was sold for Rs. 50,000 only. The debt of Rajasthan Finance Corporation was discharged on that date. Show the Tractor Account and the Account of Rajasthan Finance Corporation in the Ledger of K Ltd. Allow depreciation at the rate of 10 per cent per annum on the diminishing balance method and assume interest @ 5% per annum.

के लि. ने एक ट्रेक्टर 1 जनवरी, 1983 को 1,10,000 रु. में खरीदा। राजस्थान फाइनेन्स कॉर्पोरेशन ने इस क्रय के लिये वित्त प्रदान किया। के लि. ने उनको 20,000 रु. 1 जनवरी, 1983 को दिए और प्रत्येक वर्ष के अन्त में 30,000 रु. की किस्तें (ब्याज सहित) दी। 1 जनवरी, 1985 को ट्रेक्टर 50,000 रु. में बेच दिया गया। उसी तिथि को राजस्थान फाइनेन्स कॉर्पोरेशन का भुगतान कर दिया गया। के लि. की पुस्तकों में ट्रेक्टर खाता और राजस्थान फाइनेन्स का खाता खोलिये। ह्रास, क्रमागत ह्रास पद्धति से 10 प्रतिशत प्रतिवर्ष की दर से लगाना है तथा ब्याज दर 5 प्रतिशत मान ली जावे।

Solution:

Calculation of Interest

Cash Price Rs.	Interest	Cash Price in Instalment Rs.
1,10,00 - 20,000		
90,000 - 25,500	$90{,}000 \times \frac{5}{100} = 4{,}500$	30,000 4,500
64,500	$\frac{64500 \times 5}{100} = \text{Rs. } 3{,}225$	25,500

In the Books of K Limited

Tractor Account

		Rs.			Rs.
1983 Jan.1	To Rajasthan Finance Corporation Ltd.	1,10,000	1983 Dec.31 Dec.31	By Dep. a/c By Balance c/d	11,000 99,000
		1,10,000			1,10,000

1984 Jan.1	To Balance b/d	99,000	1984 Dec.31 Dec.31	 By Dep. a/c By Balance c/d	 9,900 89,100
		99,000			99,000
1985 Jan.1	To Balance b/d	89,100	1985 Jan.1 Dec.31	 By Bank By P & L a/c	 50,000 38,100
		89,100			89,100

Rajasthan Finance Corporation's Account

		Rs.			Rs.
1983 Jan.1 Dec.31 Dec.31	 To Bank a/c To Bank a/c To Balance c/d	 20,000 30,000 64,500	1983 Jan.1 Dec.31	 By Tractor a/c By Interest a/c	 1,10,000 4,500
		1,14,500			1,14,500
1984 Dec.31 Dec.31	 To Bank a/c To Balance c/d	 30,000 37,725	1984 Jan.1 Dec.31	 By Balance b/d By Interest a/c	 64,500 3,225
		67,725			67,725
1985 Jan.1	To Bank a/c	37,725	1985 Jan.1	By Balance b/d	37,725

ब्याज निलम्बित खाता (या) ब्याज सन्देह खाता (या) ब्याज उचन्त खाता
(Interest Suspense Account)

जब माल किस्त प्रणाली पर बेचा जाता है तो क्रेता वस्तु का मूल्य धीरे धीरे किश्तों में भुगतान करता हैं। परिणामस्वरूप वस्तु के मूल्य का एक बड़ा भाग अदत्त रह जाता है। विक्रेता इस अदत्त मूल्य पर ब्याज वसूल करता है और इस ब्याज का लेखा करने की दो विधियाँ हैं–

(1) पहली विधि के अनुसार क्रेता से विभिन्न वर्षों में प्राप्त होने वाले ब्याज को अनुबन्ध के समय ही ब्याज उचन्त खाते (Interest Suspense Account) के क्रेडिट पक्ष में लिखकर क्रेता के खाते को डेबिट कर देते हैं। जब प्रत्येक किस्त का ब्याज देय होता है तो उस समय उस वर्ष ब्याज की राशि से ब्याज उचन्त खाते को डेबिट और ब्याज खाते को

क्रेडिट करते हैं। इस प्रकार अन्तिम किस्त के भुगतान की तिथि को ब्याज उचन्त खाता बन्द हो जाता है।

क्रेता भी शेष क्रय मूल्य पर ब्याज का लेखा करने के लिये जअ अपनी लेखा - पुस्तकों में ब्याज उचन्त खाता खोलकर सभी वर्षों में देय ब्याज की राशि से विक्रेता के खाते को क्रेडिट ब्याज उच्न्त खाते को डेबिट करेगा। बाद में जब प्रत्येक किश्त का ब्याज देय होता तब ब्याज की राशि में ब्याज खाते को डेबिट और ब्याज उचन्त खाते को क्रेडिट करना चाहिये। इस प्रकार अन्तिम किश्त की तिथि को ब्याज उचन्त खाता बन्द हो जाता है।

(2) दूसरी विधि के अनुसार समस्त किश्तों पर ब्याज का लेखा अनुबन्ध के समय नहीं किया जाता है। बल्कि जब प्रत्येक किश्त के साथ अदत्त राशि पर ब्याज देय होता है तो क्रेता की पुस्तकों में उस वर्ष देय ब्याज की राशि से ब्याज खाता डेबिट और विक्रेता का खाता क्रेडिट किया जाता है। जब ब्याज का भुगतान किया जाता है तो विक्रेता खाता डेबिट और रोकड़ या बैंक खाता क्रेडिट किया जाता है। ऐसी प्रविष्टियाँ प्रत्येक किस्त के समय की जाती है। वर्ष के अन्त में ब्याज खाते का शेष लाभ-हानि खाते को अन्तरित करके ब्याज खाता बन्द कर दिया जाता है।

विक्रेता भी अपनी लेखा-पुस्तकों में किस्त के साथ अदत्त राशि पर देय ब्याज की रकम से क्रेता का खाता डेबिट और ब्याज खाता क्रेडिट करता है। जब ब्याज की रकम प्राप्त होती है तब रोकड़ या बैंक खाता डेबिट और क्रेता का खाता क्रेडिट करता है। ऐसी प्रविष्टियाँ प्रत्येक किस्त के समय की जाती हैं। ब्याज खाते का शेष लाभ-हानि खाते को अन्तरित करके ब्याज खाता बन्द कर दिया जाता है।

प्रश्न

1. (अ) किस्त भुगतान पद्धति क्या है? पूर्णरूप से समझाइये।

   (ब) किराया क्रय पद्धति और किस्त भुगतान पद्धति में क्या अन्तर है?

   (a) What is Instalment Payment System? Explain fully.

   (b) What is the difference between Hire-Purchase System and Instalment Payment System?

2. क्रेता और विक्रेता की पुस्तकों में कौन-सी जर्नल प्रविष्टियाँ की जाती हैं जबकि माल किस्त भुगतान पद्धति के आधार पर बेचा जाता है?

   What journal entries are made in the books of buyer and seller when goods are sold on Instalment Payment System?

3. 1 जनवरी, 1983 को हरीश एण्ड सन्स ने 5 पंखे किस्त भुगतान पद्धति पर खरीदे। एक पंखे का रोकड़ी मूल्य 149 रु. था। समझौते पर हस्ताक्षर करते समय उन्होंने 200 रु. दिये तथा शेष राशि 200 रु. वाली तीन वार्षिक किस्तों में प्रत्येक वर्ष के अन्त में देय थी। विक्रेता 5 प्रतिशत प्रतिवर्ष की दर से ब्याज वसूल करता है। क्रेता ने क्रमागत ह्रास पद्धति के आधार पर 10

प्रतिशत प्रतिवर्ष की दर से मूल्य ह्रास काटने का निश्चय किया है। दोनों पक्षों की पुस्तक में जर्नल प्रविष्टियाँ दीजिये तथा आवश्यक खाते खोलिये।

On 1st January, 1983, Harish & Sons purchased five fans on the Instalment Payment System. The cash price of a fan was Rs. 149. Rs. 200 were paid on signing of the agreement and the balance in 3 instalment of Rs. 200 each at the end of each year. Interest is charged at 5% p.a. by the seller. The purchaser has decided to charge depreciation at the rate of 10% annually on the diminishing balance method. Make the entries and open the necessary accounts in the books of both the parties.

Ans. Interest Rs. 27.25, Rs. 18.61 and Rs. 9.14, Balance of Fans a/c on 31st Dec. 85 Rs. 543.11.

4. 1 जनवरी, 1984 को एक्स कुछ माल दो वर्ष की अवधि में 1,600 रु. की छमाही किस्तों के द्वारा चुकाने का प्रबन्ध करते हुए क्रय करता है। माल देने वाली कम्पनी 6 प्रतिशत वार्षिक ब्याज लगाती है। माल का वर्तमान रोकड़ी मूल्य 5,948 रु. है। एक्स की पुस्तकों में खाते बनाइये।

X Purchases on 1st January 1984 some goods arranging to pay for the same over a period of two years by half-yearly instalments of Rs. 1600. The company supplying the goods charges interest at the rate of 6% per annum and the present cash value of the goods is Rs. 5,948. Prepare the ledger accounts in the books of X.

Ans. Interest Rs. 178.44, Rs. 135.79, Rs. 91.87 and Rs. 45.90, Interest Suspense Rs. 452.

5. गणेशन ने 1 जनवरी, 1982 को एक प्लान्ट किस्त भुगतान पद्धति पर क्रय किया। इसका रोकड़ी का मूल्य 25,000 रु. है। 10,000 रु. तुरन्त दिये गये। शेष राशि 5,000 रु. वाली तीन वार्षिक किस्तों में भुगतान करनी है। प्रतिवर्ष 31 दिसम्बर को देय किस्त का भुगतान अगले वर्ष की 1 जनवरी को किया जाता है। शंकर किश्त राशि के अतिरिक्त 10 प्रतिशत की दर से ब्याज और 2 प्रतिशत की दर से बीमा प्रीमियम गणेश से लेता है। शंकर देनदारों पर 10 प्रतिशत की दर से डूबत एवं संदिग्ध ऋण के लिए प्रावधान करता है। शंकर की पुस्तकों में आवश्यक खाते बनाइये।

Ganesh purcased a plant from Shanker on Instalment Payment System on 1st Jan., 1982. Its cash price is Rs. 25,000, Rs. 10,000 were paid immediately. Balance of the amount was payable in three yearly instalments of Rs. 5,000 each. The instalment due on 31st December each year is paid on 1st January of the next yer. Shanker charges interest at 10% per annuam and insurance premium @ 2% p.a. in addition to the amount of instalment from Ganesh. Shanker makes a provision of 10% for bad & doubtful debts. Prepare necessary accounts in the books of Shanker.

Ans. Insurance Premium Rs. 300, Rs. 200 and Rs. 100 Balance of Provision, for Bad & Doubtful Debts, Rs. 1,680, Rs. 1,120 and Rs. 560.

6. मैसर्स लोहिया मशीनस लिमिटेड किस्त भुगतान पद्धति पर एक स्कूटर गोविन्द को बेचते हैं। भुगतान की शर्तें निम्न प्रकार से है - 2,000 रु. सुपुर्दगी पर, 2080 रु. प्रथम वर्ष के अन्त में 1,920 रु. द्वितीय वर्ष के अन्त में तथा 1,760 रु. तीसरे वर्ष के अन्त में, इनमें ब्याज शामिल है। विक्रेता की पुस्तकों में आवश्यक जर्नल प्रविष्टियाँ दीजिए।

M/s Lohia Machines Ltd., sells one scooter to Govind on the Instalment payment basis. The terms of payment are Rs. 2,000 on delivery,Rs. 2,080 at the end of the first year, Rs. 1,920 the end of the second year and Rs. 1,760 at the end of the third year, including interest. Give necessary journal entries in the books of the seller.

Ans. Cash Price Rs. 6,800, Interest in each instalment of Rs. 480, Rs. 320 and 160 respectively.

7. 1 जनवरी 1983 को अ एक ट्रेक्टर ब को किस्त भुगतान पद्धति पर निम्नलिखित शर्तों पर बेचता है:

(अ) ट्रैक्टर का रोकड़ी मूल्य 2,00,000 हैं।

(ब) यह राशि अ को चार बराबर की वार्षिक किस्तों में अदत्त बाकी पर 12 प्रतिशत प्रति वर्ष ब्याज के साथ देय है। प्रथम किस्त बिक्री की तिथि पर देय है।

(स) ब 1 जनवरी 1983 से 6,000 रु. मासिक किराये पर अ को ट्रेक्टर किराये पर देगा। किराये की राशि प्रत्येक वर्ष के अन्त में उस राशि से समायोजित की जावेगी जो कि अ को मूलधन और ब्याज के रूप में देय होती है। ऐसा करने से यदि कोई बाकी बचती है तो इसका भुगतान नकदी में अगले वर्ष की प्रथम तारीख को किया जावेगा।

ब प्रतिवर्ष ट्रैक्टर पर क्रमागत ह्रास पद्धति से 20 प्रतिात ह्रास काटता है। सभी भुगतान समझौते के अनुसार कर दिये जाते हैं। 1 जनवरी, 1986 को ब 30,000 रु. में ट्रैक्टर नकद से अ को बेच देता है।

ब की पुस्तकों में ट्रैक्टर खाता, ब्याज उचन्ती खाता, ब्याज खाता और किराया चार्जेज खाता बनाइये।

On 1st January, 1983, A sells a Tractor to B on the instalment payment system on the following conditions:

(a) Cash price of the Tractor is Rs. 2,00,000.

(b) The amount is payable to A in four equal annual instalments along with 12% interest per annum on the outstanding balance, the first instalment being payable on the date of sale.

(c) B, in turn hires out the tractor to A on a hire of Rs. 6,000 per month from 1st January, 1983. The hire charges are to be adjusted at the end of each year, against the amount due to A on account of Principal and interest, any difference being settled in cash on the first day of the next year.

B charges 20% depreciation on written down value method on the tractor. All payments are made as per the agreement. On 1st January 1986, the tractor is sold by B to A for Rs. 30,000 in cash.

Show in B's books the tractor Account, A's Account, Interest Suspense Account, Interest Account and Hire Charges Account.

Ans. Loss on sale of tractor to B 72,400, Cash received by B from A in the years 1984, 1985 and 1986 Rs. 4,000, Rs. 10,000 and Rs. 46,000 respectively.

□□□

6

प्राप्ति-भुगतान खाता एवं आय-व्यय खाता (Receipt & Payment and Income & Expenditure Account)

प्राप्ति -भुगतान खाते से आशय (Meaning)

गैर-व्यापारिक संस्थाओं के लेन-देन पूर्णतया नकद होने के कारण इनकी हिसाब की सबसे मुख्य पुस्तक रोकड़ बही होती है। वर्ष के अन्त में इस रोकड़ बही का एक सारांश (Summary) बनाई जाती है। इसे ही प्राप्ति भुगतान खाते या आगम शोधन खाते के नाम से पुकारा जाता है।

प्राप्ति भुगतान खाता रोकड़ बही का सार है, जिसमें प्राप्त किया गया रोकड़ी रुपया नाम (Dr.) पक्ष की ओर एवं भुगतान की गई रकम जमा (Cr.) पक्ष की ओर लिखी जाती है तथा इसका अन्तिम शेष ज्ञात कर लिया जाता है।

कार्टर के शब्दों में, "यह खाता रोकड़ पुस्तक की ही भांति रोकड़ी व्यवहारों का संक्षिप्त विवरण है जो विभिन्न शीर्षकों में वर्गीकृत किया जाता है, जिसमें प्रारम्भिक एवं अन्तिम रोकड़ शेष सम्मिलित रहता है।"

विशेषताएँ (Characteristics)

उपरोक्त परिभाषा से प्राप्ति एवं भुगतान खाते के निम्नलिखित प्रमुख लक्षण स्पष्ट हैं:

1. यह खाता रोकड़ बही का सारांश है। अत: इसमें केवल रोकड़ लेन देन को ही लिखा जाता है।

2. यह खाता रोकड़ बही एवं खाता बही के आधार पर बनाया जाता है।
3. यह खाता वर्ष के अन्त में बनाया जाता है।
4. यह खाता एक विवरण के रूप में अलग कागज पर बनाया जाता है।
5. इस खाते में समस्त रोकड़ प्राप्तियाँ नाम पक्ष में लिखी जाती हैं।
6. इस खाते में समस्त रोकड़ भुगतान जमा पक्ष में लिखे जाते हैं।
7. इस खाते में पूँजीगत एवं आगम दोनों प्रकार की प्राप्तियों को लिखा जाता है। उसी प्रकार पूँजीगत एवं आगम दोनों भुगतानों को भी लिखा जाता है।
8. इस खाते को पारमार्थिक संस्थाएँ या पेशेवर व्यक्ति ही बनाते हैं, जो रोकड़ पद्धति से अपना लेखा रखते हैं।
9. इस खाते में उन समस्त रोकड़ प्राप्तियों को एवं रोकड़ भुगतानों को लिख लिया जाता है जो इस वर्ष हुए हों, चाहे उनका सम्बन्ध पिछले वर्षों या आगामी वर्षों से क्यों न हो। अर्थात् इसमें पूर्व प्राप्त आय (Unearned Income) एवं पूर्वदत्त व्यय (Prepaid Expenses) का भी लेखा किया जाता है।
10. इसमें अदत्त व्ययों (Outstanding Expenses) एवं अप्राप्त आय (Accrued Income) का लेखा नहीं किया जाता क्योंकि ये रोकड़ी लेन-देन नहीं हैं।

प्राप्ति भुगतान खाता बनाने की विधि

प्राप्ति भुगतान खाता बनाने की विधि इस प्रकार है:

1. इस खाते के शीर्षक में संस्था का नाम, प्राप्ति भुगतान खाता एवं वर्ष समाप्ति की तिथि लिखना चाहिये।

2. प्राप्ति भुगतान खाता एक खाते के प्रारूप में बनाया जाता है। अत: इसके नामें व जमा दो पक्ष होते हैं। नामे पक्ष में प्राप्तियाँ एवं जमा पक्ष में भुगतान लिखना चाहिये। हाँ, खाते की भाँति इसमें तारीख का कॉलम नहीं होता है।

3. सर्वप्रथम इस खाते के नाम (Dr.) पक्ष में वर्ष के प्रारम्भ में जो रोकड़ शेष और बैंक शेष होता है उसे लिखना चाहिये।

4. वर्ष भर में प्राप्त रोकड़ रकम नाम पक्ष में विभिन्न मदों में लिखना चाहिये। चाहे ये प्राप्तियाँ पूँजी स्वभाव की हों या आगम स्वभाव की ओर चाहे पूर्व प्राप्त आय ही क्यों न हों।

5. वर्ष भर में भुगतान की गई रकमें जमा (Cr.) पक्ष में विभिन्न मदों के नाम से लिखना चाहिये, चाहे ये भुगतान पूँजीगत हों या आगमगत और चाहे पूर्वदत्त व्यय ही क्यों न हो।

6. इस खाते में जमा (Cr.) पक्ष की अन्तिम मद इस खाते का बेलेन्स होती है। यह उस अवधि के अन्तिम दिन की रोकड़ व बैंक शेष होती है।

7. इस खाते में अदत्त व्यय (Outstanding Expenses) एवं अप्राप्त आय (Accrued Income) को नहीं लिखना चाहिये।

8. इसके साथ चिट्ठा नहीं बनाया जाता क्योंकि इसमें पूँजीगत व आगम दोनों प्रकार के प्राप्ति व भुगतान लिखे जाते हैं।

9. साधारणतया इस खाते का नाम शेष (Debit Balance) होता है, परन्तु बैंक अधिविकर्ष (Bank Overdraft) होने पर, इस खाते का क्रेडिट बेलेन्स भी हो सकता है।

10. इस खाते में घटौती, अशोध्य ऋण आदि का समायोजन नहीं किया जाता है।

आय-व्यय खाते से आशय

(Meaning)

रोकड़ बही एवं प्राप्ति भुगतान खाते से एक निश्चित अवधि की आय व्यय एवं बचत के परिणाम ज्ञान नहीं हो सकते हैं और न ही सही आर्थिक स्थिति जानी जा सकती है, अतः इस कमी को दूर करने के लिए आय-व्यय खाता तैयार किया जाता है।

1. **श्री बाटलीबॉय** के अनुसार, ''यह एक आयगत खाता है जो गैर-व्यापारिक संस्थाओं द्वारा बनाया जाता है, जैसे शिक्षण संस्थाएँ, अस्पताल आदि और एक निश्चित अवधि में अर्जित समस्त आय को सम्मिलित करता है।''

2. **श्री डावर** के अनुसार, ''आय व्यय खाता वास्तव में लाभ हानि खाता है, परन्तु गैर व्यापारिक संस्थाएँ लाभ या हानि प्रदर्शित नहीं कर सकती, अतः उनके खाते को आय एवं व्यय खाता कहा जाता है।''

संक्षेप में वर्ष के अन्त में पेशेवर व्यक्ति एवं गैर-व्यापारिक संस्थाओं द्वारा अपनी एक निश्चित अवधि की आय-व्यय एवं बचत जानने के लिए जो खाता बनाया जाता है, उसे आय व्यय खाता कहते हैं।

विशेषताएँ

(Characteristics)

उपरोक्त परिभाषाओं से आय-व्यय खाते के निम्न लक्षण स्पष्ट होत हैं:

1. **अव्यापारिक संस्थाओं द्वारा बनाना** - आय-व्यय खाता अव्यापारिक संस्थाओं (Non-Trading Concerns) एवं पेशेवर व्यक्तियों (Professional Persons) द्वारा ही बनाया जाता है।

2. **वार्षिक विवरण** - आय-व्यय खाता एक विवरण (Statement) के रूप में अलग कागज पर बनाया जाता है। इसमें केवल एक वर्ष के आगम आय (Income) तथा आगम व्ययों (Expenses) को ही लिखा जाता है।

3. **आधिक्य या घाटे को जानना** - आय-व्यय खाता बनाने का मूल उद्देश्य यह जानना है कि सम्बन्धित वर्ष में व्यय से आय अधिक रही (याने आधिक्य रहा) या आय से व्यय अधिक हुआ (याने घाटा रहा)।

4. पूँजीगत आय एवं व्यय नहीं लिखना - आय-व्यय खाते में पूँजीगत आय एवं पूँजीगत व्यय को नहीं लिखा जाता है।

5. समायोजन करना - आय व्यय खाते में पूर्वदत्त, पूर्व प्राप्य, अदत्त व अप्राप्य आय एवं व्ययों का तथा घटौती, संदिग्ध ऋण कोष आदि समस्त समायोजन करने के पश्चात् ही वर्ष का आधिक्य या घाटा ज्ञात किया जाता है।

आय-व्यय खाता बनाने की विधि

(Method of Preparation)

आय-व्यय खाता एक लाभ-हानि सम्बन्धी खाता (Nominal Account) है। अत: आय-व्यय खाता उसी तरह बनाया जाता है जिस तरह लाभ-हानि खाता तैयार किया जाता है। आय-व्यय खाते में दो पक्ष होते हैं-डेबिट पक्ष तथा क्रेडिट पक्ष। इसमें एक वर्ष से सम्बन्धित समस्त आय और व्यय लिखे जाते हैं, चाहें वे रोकड़ी हुए हों या नहीं। इस खाते को तैयार करते समय निम्नलिखित बातें ध्यान में रखनी चाहिए-

(1) सर्वप्रथम खाते का शीर्षक इस प्रकार लिखना चाहिये- आय-व्यय खाता 31 दिसम्बर 1989 को समाप्त वर्ष का।

(2) समस्त आगम आय (Revenue Income) जमा (Credit) की तरफ तथा समस्त आगम व्यय (Revenue Expenses) नामे (Debit) की तरफ लिखना चाहिए।

(3) इसमें निश्चित अवधि के समस्त आय एवं व्ययों को लिखना चाहिए, अर्थात् पूर्व प्राप्त आय (Un-earned Income) को घटा देना चाहिए और अदत्त व्यय (Outstanding Expenses) को जोड़ देना चाहिए। उसी तरह अर्जित आय (Earned Income or Accrued Income) को जोड़ देना चाहिए और पूर्वदत्त व्यय (Prepaid Expenses) को व्यय में से घटा देना चाहिए, ताकि केवल चालू वर्ष की आगम आय तथा व्यय (Revenue Income and Expenditure) को ही इस खाते में लिखा जा सके।

(4) पूंजीगत प्राप्ति एवं पूँजीगत भुगतान को इस खाते में नहीं लिखना चाहिए।

(5) इस खाते में प्रारम्भिक तथा अन्तिम रोकड़ शेष नहीं लिखना चाहिए, क्योंकि यह रोकड़ बही नहीं है। इस खाते में केवल चालू वर्ष की आय व खर्च ही लिखना चाहिए।

(6) इस खाते के साथ चिट्ठा भी बनाना चाहिए क्योंकि आय-व्यय खाते में कोई सम्पत्ति व देनदारी नहीं दिखाई जाती है। अतएव संस्था की आर्थिक स्थिति का ज्ञान कराने के लिए चिट्ठा बनाना आवश्यक होता है।

(7) इस खाते में सम्पत्ति की घटौती (Depreciation) , संदिग्ध ऋण कोष (Reserve for Doubtful Debts) आदि समायोजन का भी लेखा करना चाहिए।

(8) इस खाते का डेबिट शेष घाटा (Deficit) और क्रेडिट शेष आधिक्य (Surplus) सूचित करता है। इस शेष को पूँजी संचय खाते (Capital Reserve Account) में अन्तरित करना चाहिये।

(9) इस खाते को नीचे लिखे प्रारूप (Form) में बनाना चाहिए।

Students Club
Income and Expenditure Account for the Year Ended
31st December, 2000

Expenditure	Rs.	Income	Rs.
To General Expenses	....	By General Donations	....
" Repairs & Renewals	....	" Subscription	....
" Salaries & Wages	....	" Life Membership	....
" Rent, Rates & Telegrams	....	" Prepaid Expenses	....
" Annual Dinner	....	" Miscellaneous Receipts	....
" Sundry Expenses	....	" Earned Income	....
" News Papers	....	" Balance-Excess of Expenditure over Income	....
" Depreciation	....	" (Transferred to Capital Reserve Account	....
" Outstanding expenses	....		....
" Reserve Account	....		....
" Balance Excess of income over expenditure (Transferred to Capital Reserve Account)	....		....
Total	....	Total	....

प्राप्ति एवं भुगतान खाते को आय-व्यय खाते में बदलना

प्राप्ति एवं भुगतान खाते से किसी एक निश्चित काल में प्राप्त हुई आय और भुगतान किये गये व्ययों का ज्ञान नहीं हो सकता, क्योंकि इसमें हर प्रकार की प्राप्ति एवं भुगतानों को एक साथ लिख लिया जाता है। इससे संस्था की आर्थिक स्थिति का ज्ञान नहीं हो सकता है, क्योंकि इसके साथ चिट्ठा (B/S) नहीं बनाया जाता है। अतएव यह खाता केवल उन व्यक्तियों एवं संस्थाओं के लिए उपयोगी हो सकता है, जिनके सभी व्यवहार रोकड़ी में होते हैं और जिनके पास स्थायी सम्पत्ति नहीं होती है। यदि इन संस्थाओं को अपने चालू वर्ष के आय व्यय की जानकारी प्राप्त करनी होती है तो उन्हें अपने प्राप्ति भुगतान खाते को आय-व्यय खाते में बदलना होता है।

विधि - "प्राप्ति एवं भुगतान खाते" को आय-व्यय खाते में बदलने की निम्नलिखित रीति हैं-

(1) प्राप्ति एवं भुगतान खाते के प्रारम्भिक एवं अन्तिम रोकड़ शेष को छोड़ देना चाहिए।

(2) पूँजीगत प्राप्ति व पूँजीगत भुगतान को भी छोड़ देना चाहिए।

(3) जो खर्चें आगामी वर्ष के सम्बन्ध में (Prepaid) किये गये हों, उन्हें खर्च की रकम में से घटा देना चाहिए। उसी प्रकार आगामी वर्ष के लिये प्राप्त आय को आय में से घटा देना चाहिए।

(4) ऐसे व्ययों को भी आय-व्यय खाते में नहीं लिखना चाहिये, जिनके लिये विशेष कोष बनाये गये हों। जैसे, छात्रवृत्ति कोष यदि है तो छात्रवृत्ति कोष पर किया गया व्यय छात्रवृत्ति कोष में लिखा जावेगा न कि आय व्यय खाते में।

(5) ऐसी आय एवं व्यय को भी छोड़ देना चाहिये जो पिछले वर्ष से सम्बन्धित हो।

(6) चालू वर्ष के सम्बन्ध में जो खर्च किये गये हो, परनतु जिनका भुगतान नहीं हुआ हो, उनको खर्च में जोड़ देना चाहिए अर्थात् अदत्त व्यय (Outstanding Expenses) का समायोजन कर लेना चाहिए।

(7) चालू वर्ष की समस्त आय को आय व्यय खाते के जमा (Cr.) की तरफ और चालू वर्ष के समस्त खर्चों को आय व्यय खाते के नामे (Dr.) की तरफ अलग अलग मदों में लिखना चाहिए।

(8) शुद्ध लाभ पर प्रभाव डालने वाली मदों जैसे - ऋण, घटौती आदि के लिए समायोजन कर लेना चाहिए अर्थात् उन्हें खर्च में जोड़ देना चाहिए।

(9) ऐसी आय जो वर्ष के अन्त तक प्राप्त हो जानी चाहिए, परन्तु अभी तक प्राप्त न हुई हो उसे आय में सम्मिलित कर लेना चाहिए अर्थात् अर्जित आय का लेखा कर लेना चाहिए।

(10) चालू वर्ष से सम्बन्धित आय यदि गत वर्ष प्राप्त हो गई हो तो उसे इस वर्ष की आय में जोड़ दें।

(11) चालू वर्ष से सम्बन्धित व्यय यदि गत वर्ष भुगतान कर दिये गये हों तो उन्हें इस वर्ष के व्यय में जोड़ दें।

प्राप्ति भुगतान खाता एवं आय-व्यय खाते में अन्तर

आधार	प्राप्ति भुगतान खाता	आय-व्यय खाता
1. सहायता	यह रोकड़ बही की सहायता से बनाया जाता है। रोकड़ बही का सार है।	यह प्राप्ति भुगतान खाते की सहायता से बनाया जाता है। लाभ-हानि खाते के समान होता है।
2. पक्ष	इस खाते में प्राप्ति की रकम नाम (Dr.) पक्ष में बायीं ओर तथा भुगतान की जमा (Cr.) पक्ष में दायीं ओर लिखी जाती है।	इस खाते में आय की रकम जमा (Cr.) पक्ष में दायीं ओर तथा व्यय की रकम नाम (Dr.) पक्ष में बायी ओर लिखी जाती है।

3. शेष	यह रोकड़ बही का सार है, इसमें रोकड़ बही का प्रारम्भिक एवं अन्तिम शेष लिखा रहता है।	यह लाभ हानि खाते के समान होने से इसमें प्रारम्भिक एवं अन्तिम शेष लिखने की आवश्यकता नहीं रहती है।
4. मदें	इस खाते में सभी प्रकार की पूँजीगत एवं आगमगत प्राप्तियाँ एवं भुगतान की रकमें लिखी जाती है।	इसमें केवल आयगत मदें ही लिखी जाती हैं, पूँजीगत नहीं।
5. वर्ष	इस खाते में चालू वर्ष में किये गये समस्त रोकड़ी प्राप्तियों एवं भुगतानों का लेखा किया जाता है भले ही वे गत वर्ष के हों या चालू वर्ष के या आगामी वर्ष के।	इसमें केवल चालू वर्ष के ही लेन देनों का लेखा किया जाता है।
6. समायोजन	इसमें पूर्वदत्त (Prepaid) अदत्त (Outstanding) व्यय एवं उपार्जित, अनुपार्जित आय, ह्रस, डूबत ऋण आदि के समायोजन नहीं किये जाते हैं।	इसमें निर्देशानुसार, पूर्वदत्त अदत्त व्यय, उपार्जित, अनुपार्जित आय, ह्ास अशोध्य ण आदि समायोजन किया जाता है।
7. परिणाम	प्राप्ति भुगतान खाते का अन्तिम शेष संस्था के पास कितनी रोकड़ हैं, बतलाता है।	आय-व्यय खाते का शेष संस्था की बचत (Surplus) या घाटा बतलाता है।
8. स्थानान्तर	इसके अन्तिम शेष को आगामी वर्ष के प्राप्ति भुगतान खाते में स्थानान्तरित कर दिया जाता है एवं चिट्ठे में सम्पत्ति की ओर लिखा जाता है।	इस खाते में अन्तिम शेष को पूँजी खाते में स्थानान्तरित कर दिया जाता है।
9. चिट्ठा	इसके साथ चिट्ठा नहीं बनाया जाता है।	इसके साथ चिट्ठा बनाया जाता है।
10. खाता	यह वास्तविक खाता (Real A/c) है।	यह नाम मात्र का खाता (Nominal A/c) है।
11. महत्त्व	यह बहीखाते का आवश्यक अंग नहीं है।	यह द्वि-प्रविष्टि प्रणाली का आवश्यक अंग है।

प्राप्ति –भुगतान खाता तथा रोकड़ खाता में अन्तर

अन्तर का आधार	प्राप्ति भुगतान खाता	रोकड़ खाता
1. लेखन	यह वर्ष में एक ही बार बनाया जाता है।	इसे निरन्तर तिथिवार लिखा जाता है।
2. राशि	इसमें वर्ष भर की समस्त प्राप्तियाँ एवं भुगतान को विभिन्न शीर्षकों में बाँटते हुए एकत्रीकरण करके लिखा जाता है।	समस्त प्राप्तियों एवं भुगतान को विस्तारपूर्वक प्रतिदिन लिखा जाता है।
3. सारांश	यह रोकड़ बही का सारांश है।	यह किसी का सारांश नहीं है।
4. शीर्षक	इसमें संस्था का नाम, शीर्षक एवं तैयार करने की तिथि लिखी जाती है इ	समें बार–बार संस्था का नाम एवं तैयार करने की तिथि नहीं दी जाती है।
5. खाता	इसमें आय व्यय खाता बनाया जाता है।	इससे प्राप्ति एवं भुगतान खाता बनाया जाता है।
6. शेष ज्ञात करना	इसमें वर्ष में एक बार ही शेष निकाला जाता है।	इसमें प्रतिदिन या माह के अन्त में कभी भी अन्तिम शेष निकाला जाता है।
7. समय	इसमें कुल प्राप्ति एवं भुगतान का पता एक ही दृष्टि में लग जाता है।	इसमें कुल प्राप्ति एवं भुगतान ज्ञात करने हेतु पूरे पृष्ठों का अवलोकन करना पड़ता है।
8. संस्थाएँ	प्राप्ति भुगतान खाता केवल गैर–व्यापारिक संस्थाओं एवं पेशेवर व्यक्तियों द्वारा तैयार किया जाता है।	यह सभी व्यापारिक एवं गैर व्यापारिक संस्थाओं द्वारा रखी एवं तैयार की जाती है।

रोकड़ी लेन-देन खाते को आय-व्यय खाते में परिणत करना

ऊपर दिए गए अन्तरों को ध्यान से अध्ययन करने पर ज्ञात होता है कि रोकड़ी लेन–देन खाते से यह पता नहीं लगाया जा सकता कि उस अवधि में वास्तव में आय अधिक हुई या व्यय। इस उद्देश्य की प्राप्ति के लिए रोकड़ी लेन–देन खाते से आय–व्यय खाता तैयार करना पड़ता है और इसके लिये निम्नलिखित बातें ध्यान में रखनी पड़ती है:

(1) 'रोकड़ी लेन–देन खाते' के शुरु और अन्त के शेष (Balances) को बिल्कुल ही छोड़ दिया जाय।

(2) जितने भी पूँजीगत लेन-देन हों उन्हें भी छोड़ दिया जाय।

(3) जो लेन-देन उस अवधि से सम्बन्धित न हों उन्हें भी छोड़ दिया जाय।

(4) उस अवधि से सम्बन्धित वह आय जो कमाई जा चुकी है, पर प्राप्त नही हुई है और वह खर्चा जिसका भुगतान नहीं किया जा चुका है, आय-व्यय खाते की उपर्युक्त मदों में समायोजित की जाय।

(5) वे आय और खर्चे जो पहले या आगामी अवधि से सम्बन्धित हैं, उन्हें उपर्युक्त मदों में से घटा दिया जाये।

(6) घटौती, डूबत ऋण इत्यादि की उपर्युक्त रकमें आयोजित कर दी जायें।

इस प्रकार जो खाता बनेगा वह आय-व्यय खाता होगा और उसके दोनों तरफ के योगों का अन्तर उस अवधि की अधिक आय या अधिक व्यय होगा। अगर चिट्ठा बनाना है तो बाकी की रकमों से बना लिया जाएगा। चिट्ठा बनाने के लिए शुरू की पूँजी निकालनी पड़ेगी। इसके लिए जो सम्पत्ति और ऋण अवधि के शुरू होने पर थे, उनका अलग अलग योग निकाल कर अन्तर निकाल लेना चाहिए और वहीं पूँजी होगी।

गैरव्यापारिक संस्थाओं से सम्बन्धित कुछ मदें एवं उनका लेखा

1. उत्तरदान (Legacy) - यह वह राशि है जो कि इच्छा पर गैर-व्यापारिक संस्था को दी जाती है। यह एक प्रकार का दान है। यह प्राप्ति एवं भुगतान खाते में प्राप्ति पक्ष की ओर दिखाया जाता है लेकिन इसे आय के रूप में नहीं माना जाता है क्योंकि यह बार-बार प्राप्त होने की प्रकृति की नहीं होती है। हालांकि उत्तरदान की छोटी राशि को आय माना जा सकता है और आय-व्यय खाते में आय पक्ष में दिखाया जा सकता है।

2. दान (Donations)- दान वह राशि है जो कि किसी व्यक्ति, फर्म, कम्पनी या अन्य किसी संस्था से भेंट के रूप में प्राप्त होती है। इसे प्राप्ति वाले वर्ष में एवं भुगतान खाते के प्राप्ति पक्ष में दिखाते हैं। इसे आय-व्यय खाते में दिखाना इसकी प्रकृति पर निर्भर करता है। इसे निम्न दो भागो में विभक्त कर सकते हैं:

(अ) विशिष्ट दान (Specific Donation)- जब दान किसी विशिष्ट उद्देश्य के लिए प्राप्त हो, जैसे भवन के लिए चन्दा, पुस्तकालय के लिए चन्दा, इसे पूँजीगत किया जावेगा और चिट्ठे के दायित्व पक्ष में बतायेंगे।

(ब) सामान्य दान (General Donation)- यह प्राप्ति एवं भुगतान खाते में प्राप्ति पक्ष में होता है। यह दो प्रकार का हो सकता है:

(क) बड़ी रकम का सामान्य दान, और

(ख) छोटी रकम का सामान्य दान।

इसमें पहले वाले (बड़ी रकम वाले दान) को चिट्ठे में दायित्व पक्ष में ले जाते हैं और आय नहीं माना जाता है क्योंकि बड़े दान बार-बार प्राप्त होने की प्रकृति के नहीं होते। बाद वाले दान (छोटी रकम के दान) को आय माना जाता है क्योंकि इस प्रकार की छोटी रकमों के दान प्रतिवर्ष प्राप्त होने की आशा रहती है:

संक्षेप में निम्न निष्कर्ष निकाला जा सकता है:

(1) छोटी या बड़ी रकम के विशिष्ट दान चिट्ठे में दायित्व पक्ष में दिखाते हैं। दूसरे शब्दों में, विशिष्ट चन्दे हमेशा पूंजीगत होते हैं।

(2) बड़ी रकम के सामान्य दान पूंजीगत होते हैं।

(3) छोटी रकम के सामान्य दान आय माने जाते हैं।

किस रकम को छोटी अथवा बड़ी मान जावे, यह तथ्यों एवं परिस्थितियों पर निर्भर करता है।

3. प्रवेश शुल्क (Entrace Fees)- यह प्राप्ति एवं भुगतान खाते में प्राप्ति पक्ष में होता है। लेखाकर्म में इसके व्यवहार के बारे में काफी मतभेद है। दोनों ही पक्ष में तर्क हैं:

पूँजीगत के पक्ष में तर्क - कई लोगों का यह सोचना है कि सदस्य द्वारा प्रवेश शुल्क हमेशा के लिए एक ही बार दिया जाता है, यह बार-बार प्राप्त होने की प्रकृति का नही है अत: आय नही मानना चाहिये। दूसरा तर्क जो कि प्रवेश शुल्क को पूँजीगत करने के पक्ष में दिया जाता है वह यह है कि नये सदस्य द्वारा दिया गया प्रवेश शुल्क एक प्रकार का प्रीमियम है जो कि पुराने सदस्यों द्वारा क्लब को सुव्यवस्थित रूप से चलाने के लिए पूंजी लागत है।

आय मानने के पक्ष में तर्क - यह तर्क दिया जाता है कि यद्यपि प्रत्येक सदस्य प्रवेश शुल्क एक ही बार देता है तब भी क्लब इसे प्रतिवर्ष प्राप्त करता है क्योंकि कुछ कारणों से सदस्यता में परिवर्तन होते रहते हैं। और कोई भी चीज जो कि अनुमानित नियमित रूप से प्राप्त होती है, आयगत प्राप्ति है और आय-व्यय खाते में आय पक्ष में दिखाना चाहिए।

विशिष्ट निर्देशों के अभाव में विद्यार्थी उपरोक्त में से किसी एक प्रकार को मान सकता है और उसके संदर्भ में संक्षिप्त टिप्पणी दे दे।

Illustration 1.

राजस्थान क्लब का प्राप्ति एवं भुगतान खाता 31 दिसम्बर, 1974 को समाप्त होने वाले वर्ष के लिए निम्नलिखित जानकारी देता है-

The Receipts and Payments Account of Rajasthan Club for the year ending 31st December, 1974 gives you the following information:

प्राप्ति चन्दा प्राप्त हुआ	रुपयें	भुगतान बकाया खर्चे दिये:	रुपये
1973 वर्ष के लिए	800	गतवर्ष के लिए	400
1974 वर्ष के लिए	8,400	चालू वर्ष के लिए	2,600
1975 वर्ष के लिए	600	अगले वर्ष के लिए	500
योग	9,800	योग	3,500

उपरोक्त के सन्दर्भ में अतिरिक्त जानकारी इस प्रकार है:

1. चालू वर्ष का चन्दा 400 रुपये गत वर्ष प्राप्त हुआ।

2. अभी भी 40 सदस्यों का 15 रुपये प्रति सदस्य से चन्दा बकाया है।

3. गत वर्ष 200 रुपये पूर्वदत्त खर्चा था।

4. चालू वर्ष का बकाया खर्च 800 रुपये था।

आप आय-व्यय खाता तथा चिट्ठा बनाते समय उपरोक्त को किस प्रकार दिखायेंगे?

Receipts Subscription received	Rs.	Payments Pending Expenditure paid:	Rs.
For the year 1973	800	For last year	400
For the year 1974	8,400	For current year	2,600
For the year 1975	600	For next year	500
	9,800		3,500

The further informations in respect of the above are as follows:

1. Subscriptions of the current year received last year Rs. 400.

2. Subscriptions remain outstanding for 40 members at Rs. 15 each.

3. The prepaid expenses at the end of last year was Rs. 200.

4. The outstanding expenses of the current year was Rs. 800.

How will you deal with the above while preparing Income & Expenditure account and Balance Sheet.

Solution:

Income & Expenditure Account of Rajasthan Club for the year ending 31st December, 1974

Expenditure	Rs.	Income	Rs.
To Expenditure	2,600	By Subscription	8,400
Add Prepaid Exp. of last year	200	Add received last year	400
Add Outstanding Expenses	800	Add Outstanding	600
	3,600		9,400

Balance Sheet of Rajasthan Club as on 31st December, 1974

Liabilities	Rs.	Assets	Rs.
Subscription Received in Advance	600	Accoured Subscription	600
Outstanding Expenses	800	Prepaid Expenses	500

Illustration 2.

निम्नलिखित सूचनाओं की सहायता से यूथ क्लब, ब्यावर का 31 दिसम्बर, 1974 को समाप्त होने वाले वर्ष के लिए आय-व्यय खाता तथा उसी दिन का चिट्ठा बनाइये:

प्राप्तियाँ - शेष 1.1.1974 को 2,400 रु., चन्दे 20,000 रु. प्रवेश शुल्क 1,000 रु. तरणताल के लिए दान 18,000 रु., आजीवन सदस्यता शुल्क 5,000 रु., ब्याज 600 रु., तथा टिकटों की बिक्री 3,000 रु.।

भुगतान - वेतन एवं मजदूरी 8,000 रु., अंकेक्षण शुल्क 500 रु., विद्युत 600 रु., छपाई एवं लेखन सामग्री 1,000 रु., कार्यालय व्यय 3,000 रु., विज्ञापन 900 रु., खेल यन्त्र एवं सामग्री 8,000 रु., 6 प्रतिशत स्थायी जमा 1.4.1974 को 20,000 रु., बीमा शुल्क 1,600 रु. और शेष 31.12.1974 को 6,400 रु.।

एक जनवरी 1974 को क्लब के पास निम्न सम्पत्तियाँ थीं- भवन 30,000 रु. खेल यन्त्र व सामग्री 10,000 रु., तरणताल कोष 20,000 रु. एवं पूंजी कोष 22,000 रु.।

अतिरिक्त सूचनाएँ जो उपलब्ध थी - चन्दे गत वर्ष के अन्त में 700 रु. के बकाया थे और चालू वर्ष के अन्त में 1,000 रु.। चन्दे 1973 में 1974 के लिए 600 रु. प्राप्त किये गये और 1975 के लिए अग्रिम प्राप्त चन्दे 900 रु. है, इस वर्ष के प्रारम्भ में वेतन के 500 रु. बकाया थे और इस वर्ष के अन्त में 800 रु.। बीमा शुल्क का भुगतान 31 मार्च, 1975 तक के लिए किया गया है। प्रवेश एवं आजीवन सदस्यता शुल्कों का पूँजीकरण करना है। ह्रास खेल यन्त्र एवं सामग्री पर 20 प्रतिशत काटिये।

From the following informations relating to Youth Club, Beawar, prepare Income & Expenditure Account for the year ended 31st December, 1974 and a Balance Sheet as on that date:

Receipt : Balance on 1-1-74 Rs. 2,400; Subscription Rs. 20,000; Entrace fee Rs. 1,000; Donation for Swiming pool Rs. 18,000; Life membership contribution Rs. 5,000; Interest Rs. 600; and Sales of Tickets Rs. 3,000.

Payments : Salaries and wages Rs. 8,000; Audit fee Rs. 500; Electricity Rs. 600; Printing and Stationery Rs. 1,000; Office expenses Rs. 3,000; Advertisement Rs. 900; Games Equipment and material Rs. 8,000;

Fixed deposit (6%) on 1-4-74 Rs. 20,000; Insurance Premium Rs. 1,600; Balance on 31-12-74 Rs. 6,400.

On 1st January, 1974, the Club had the following assets—Building Rs. 30,000; Games Equipment & materials Rs. 10,000. Swiming Pool fund Rs. 20,000; Capital fund Rs. 22,000.

Further information available was subscription due at the end of last year Rs. 700 and that the end of current year Rs. 1,000. Subscription received in 1973 for 1974 amounted to Rs. 600 and Subscription received in advance for 1975 was Rs. 900. Salaries due at the beginning of the current year was Rs. 500 and outstanding at the end of current year Rs. 800. Insurance premium has been paid up to 31st March, 1975. Entrance and life membership fee are to be capitalised. Depreciate Games & Equipment Materials by 20%.

Solution:

Income and Expenditure Account of Youth Club, Beawar for theyear ended 31st December, 1974

Expenditure		Rs.	Income		Rs.
To Salaries & Wages	8,000		By Subscription	20,000	
Add Outstanding at the end	800		Add Outstanding at the end	1,000	
Less Outstanding at beginning	500	8,300	Add Received in advance in 1973-74	600	
To Audit Fees		500	Less Outstanding at the beginning	700	
To Electricity		600			
To Printing & Stationery		1,000	Less received in advance for 1974	900	20,000
To Office Expenses		3,000	By Interest	600	
To Insurance Premium	1,600		Add Accrued	300	900
Less Prepaid	400	12,00	By Sale of Tickets		3,000
To Advertising		900			
To Depreciation on Games E uipment & Material		3,600			
To Excess of Income Over Expenditure		4,800			
		23,900			23,900

Balance Sheet as on 31st December, 1974

	Rs.		Rs.
Outsanding Salaries	800	Cash in Hand	6,400
Advance Subscription	900	Fixed Deposit	20,000
Swimming Pool Rs.		Accrued Interest	300
Fund 20,000		Prepaid Insurance	400
Add Donation 18,000	38,000	Accrueding Subscription	1,000
Capital Fund 22,000		Games Equipment & Rs.	
Add Entrace Fee. 1,000		Material 18,000	
Add Life Member ship Contribution 5,000		Less Depreciation 3,600	14,400
Add Surplus 4,800	32,800	Buildings	30,000
	72,500		72,500

Illustration 3.

भरतपुर नर्सिंग होम का 31 दिसम्बर, 1974 को समाप्त होने वाले वर्ष का प्रप्ति एवं भुगतान खाता निम्नलिख्ति है:

प्राप्ति	रुपये	भुगतान	रुपये
बैंक शेष (1.1.1974)	20,100	नर्सों का वेतन	6,560
चन्दा	11,150	बोर्ड लाउन्ड्री एवं गृह सहायता	3,800
असदस्यों से शुल्क	2,700	किराया एवं दरें	2,000
नगर परिषद सहायता	10,000	कार	20,000
भवन के लिए दान	15,600	कार के खर्चे	8,400
ब्याज	380	दवाई एवं अन्य खर्चे	6,700
		शेष	12,470
	52,930		59,930

घर के अधिकार में 80,000 रु. की स्वकीय भूमि है जिस पर नर्सिंग होम का भवन बनाया जाना था।

भवन के लिए 1,000 रु. का दान चन्दे में सम्मिलित कर लिया गया। 1,1290 रु. के एक दवाइयों के बिल का भुगतान नहीं किया गया।

31 दिसम्बर, 1974 को समाप्त होने वाले वर्ष का आय-व्यय खाता और उसी तिथि का चिट्ठा बनाइये।

The following is the Receipts and Payments a/c of Bharatpur Nursing Home to the year ending on 31st December, 1974.

Receipts	Rs.	Payment	Rs.
Bank Balance (1-1-1974)	20,100	Salaries of Nurses	6,560
Subscription	11,150	Board Laundry & Home Aid	3,800
Fees from Non-members	2,700	Rent & Rates	2,000
Municipal Aid	10,000	Car	20,000
Donation for Building	15,600	Expenses of Car	8,400
Interest	380	Medical & Other Expenses	6,700
		Balance	12,470
	59,930		59,930

There was a free-hold land worth-Rs. 80,000 in the possession of the home on which the building of the Nursing Home was to be built.

Donations of Rs. 1,000 for Building was included in Subscription A bill for medical for Rs. 1,290 is unpaid.

Prepare Income & Expenditure Account for the year ending 31st December, 1974 and also the Balance Sheet as on that date.

Solution:

Income & Expenditure Account of Bharatpur Nurshing Home for the year ending on 31st December, 1974

Expenditure	Rs.	Income	Rs.
To Salaries of Nurses	6,560	Rs.	
To Board Laundry & Home Aid	3,800	By Subscription 11,150	
To Rent & Rates	2,000	Less Donation Included 1,000	10,150
To Expenditure on Car	8,400	By Fees from Non-members	2,700
To Medicines & Other Rs. Exenses 6,700		By Municipal Aid	10,000
Add bill unpaid 1,290	7,990	By Interest	380
		By Excess of Expenditure over Income	5,520
	28,750		28,750

Balance Sheet as on 31st December, 1974

		Rs.		Rs.
	Rs.		Cash in Hand	12,470
Outstanding bill of Medicine'		1,290	Car	20,000
Donation for Building		16,600	Freehold Land	80,000
Capital Fund	1,00,100			
Less Deficiate	5,520	94,580		
		1,12,470		1,12,470

नोट : 1. Capital Fund की राशि गत वर्ष की Balance Sheet बनाकर (Free-hold land तथा Bank Balance on 1-1-74) ज्ञात की गई है।

2. चन्दा भवन निर्माण हेतु विशिष्ट उद्देश्य के लिए प्राप्त हुआ है इसलिए आय नहीं होगा, अतः चिट्ठे में दायित्व पक्ष में दिखाया जायेगा।

Illustration 4.

निम्नलिखित सूचना से 31 दिसम्बर, 1974 को समाप्त होने वाले वर्ष का आय-व्यय खाता तथा उस तिथि को चिट्ठा तैयार कीजिए:

प्राप्ति	रुपये	भुगतान	रुपये
गतवर्ष का शेष:		वेतन	18,000
बैंक में रोकड़	2,200	किराया	3,000
हस्तस्थ रोकड़	350	छपाई एवं स्टेशनरी	750
चन्दा	15,000	डाक व्यय	100
विनियोग पर ब्याज	7,500	साइकिलें खरीदी	1,450
बैंक ब्याज	50	बॉण्ड्स	2,400
साइकिलों का विक्रय	1,250	शेष:	
		रोकड़ शेष	150
		बैंक शेष	500
	26,350		26,350

चन्दे में 600 रु. 1973 के और 1,000 रु. 1975 के सम्मिलित है। किराये में 250 रुपये दिसम्बर 1973 के है। 1974 वर्ष का चन्दा 750 रुपये अभी भी इकट्ठे करना है। दिसम्बर 1974 का किराया 250 रुपये और 150 रुपये एक स्टेशनरी के बिल के अभी देने

हैं। बची गयी साइकिलों का पुस्तक मूल्य 1,600 रु. था। विनियोगों की लागत 1,50,000 रुपये है।

From the following information, prepare an Income and Expenditure Account for the year 31st December, 1974 and the Balance Sheet as on that date;

Receipts and Payments a/c

Receipts	Rs.	Payments	Rs.
To Balance b/d:		By Salaries	18,000
Cash at Bank	2,200	By Rent	3,000
Cash in hand	350	By Printing & Stationery	750
To Subscription	15,000	By Postage	100
To Interest on Investment	7,500	By Bicycles Purchased	1,450
To Bank interest	50	By Bonds	2,400
To Sale of Bicycles	1,250	By Balance c/d	
		Cash in hand	150
		Cash at Bank	500
	26,350		26,350

Subscription includes Rs 600 for 1973 and Rs. 1,000 for 1975. Rent includes Rs. 250 for December, 1973. Subscription amounting to Rs. 750 is still to be collected for the year 1974. Rent Rs. 250 for December, 1974 has still to be paid and Rs. 150 outstanding against a bill for stationery. The book value of the Cycles sold was Rs. 1,600. Cost of investments is Rs. 1,50,000.

Solution:

Income & Expenditure Account for the year ended 31st December, 1974

	Rs.		Rs.
To Salaries Rs.	18,000	Rs.	
To Rent 3,000 Less related to 1973 250 2,750 Add Outstanding 250	3,000	By Subscription 15,000 Less Related to 1973 600 to 1975 1,000 1,600 13,400 Add Outstanding 750	14,150
To Printing & Stationery 750 Add Outstanding 150	900	By Interest on Investments	7,500
To Postage	100	By Bank Interest	50
To Loss on Sale of Bicycles	350	By Excess of Expenditure over Income	650
	22,350		22,350

Balance Sheet as on 31st December, 1974

Liabilities	Rs.	Assets	Rs.
Subscription advance received	1,000	Cash in Hand	150
		Cash at Bank	500
Outstanding Rent	250	Subscription Outstanding	750
Outstanding Stationery	150	Bicycles	1,450
Capital Fund Rs. 1,54,500		Investments	1,50,000
Less Excess of Expenditure Over income Rs. 650	1,53,850	Bonds	2,400
	1,55,250		1,55,250

नोट : Capital Fund ज्ञात करने हेतु निम्न Balance Sheet बनाई गई है:

Balance Sheet as on 1st January, 1974

Liabilities	Rs.	Assets	Rs.
Outstanding Rent	250	Cash at Bank	2.200
Capital Fund (Balancing Figure)	1,54,500	Cash in Hand	350
		Bicycles	1,600
		Investments	1,50,000
		Subscription Outstanding	600
	1,54,750		1,54,750

Illustration 5.

नीचे अजमेर क्लब का 31 दिसम्बर, 1974 को समाप्त वर्ष के लिए प्राप्ति एवं भुगतान खाता और आय-व्यय खाता दिया हुआ है।

Given below are the Receipt & Payments Account and Income & Expenditure a/c of Ajmer Club for the year ended 31st December, 1974.

Receipts and Payments A/c

	Rs.		Rs.
To Balance b/d	4,000	By Salaries	6,000
To Donation for Building	2.000	By Advertisement	1,200
To Subscription	10,200	By Tinned Provision	6,800
To Entrance fee	800	By Printing & Stationery	700
To Life Membership	1,300	By Fixed Deposit	1,000
To Entertainment	4,000	By Sports Material	2,800
To Sale of Furniture (Cost of Rs. 800)	700	By Creditors (1973)	1,300
		By 4% Investments at 9% on 1-7-73	1.920
		By Balance c/d	1,280
	23,000		23,000

Income and Expenditure A/c

	Rs.		Rs.
To Loss on Sale of Furniture	100	By Subscription	10,000
To Salaries	6,700	By Entrade fee	400
To Advertisement	1,000	By Int. on Investment	80
To Audit Fee	300	By Entertainment	4,000
To Tinned Provision	6,000	By Excess of Expenditure over Income	2,370
To Printing & Stationery	750		
To Sports Material	2,000		
	16,850		16,850

Prepare Opening and Closing Balance Sheets.

प्रारम्भिक एवं अन्तिम चिट्ठा बनाइये।

Solution:

Opening Balance Sheet of Ajmer Club as on 1st January, 1974

	Rs.		Rs.
Creditors for Investment*	1,920	Cash in Hand	4,000
Creditors	1,300	Investment*	1,920
Capital Fund (Balancing Figure)	3,500	Furniture	800
	6720		6,720

Closing Balance Sheet of Ajmer Club as on 31st December, 1974

Liabilities		Rs.	Assets	Rs.
Outstanding Salaries		700	Cash in Hand	1,280
Audit Fees Outstanding		300	Investments	1,920
Printing & Stationery		50	Fixed deposit in Bank	1,000
Donation for Building		2,000	Advertisement Prepaid	200
Subscription in Advance		200	Stock of tinned Provision	800
Entrace Fees		400	Stock of Sports Material	800
Life Membership Fees		1,300	Interest Accrued	80
Capital Fund	3,500			
Less Deficiate	2,370	1,130		
		6080		6,080

नोट : * हालांकि विनियोग 1 जुलाई, 1973 को क्रय कर लिये गये, अत: 1 जनवरी, 1974 को समाप्ति थी तथा इसी का भुगतान 1974 के Receipt & Payment Account में दिखाया गया है। अत: 1973 में भुगतान नहीं किया गया और ये Creditors for Investment के रूप प्रदर्शित किये गये हैं।

Illustration 6.

डॉ. मेहता ने अपना व्यवसाय 1 जनवरी, 1972 को प्रारम्भ किया। वे आपको 1974 का निम्नलिखित प्राप्ति एवं भुगतान खाता देते हैं।

Dr Mehta commenced practice on 1st Jan. 1972. He gives you the following Receipts & Payments Account for the year 1974.

Receipts and Payments Account

	Rs.		Rs.
To Cash introduced	5,000	By Furniture	2,000
To Visits	16,000	By Equipment	2,500
To Receipts from dispensing	10,000	By Purchase of Drugs	3,000
To Miscellaneous Receipts	100	By Salaries	2,000
		By Rent	1,500
		By Convenyance	1,000
		By Stationery	100
		By Journals	400
		By Drawings	12,000
		By Balance c/d	6,600
	31,100		31,100

रोगियों को देखने जाने के एवं दवाइयों के अभी भी क्रमश: 1,000 रु. एवं 600 रु. प्राप्य बकाया हैं। सहायकों का वेतन 200 रु. अभी भी देय है। कन्वेन्स का 40 प्रतिशत घरेलू कार्य मानना है।

हस्तगत दवाइयाँ 800 रु.। खरीदाी गई दवाइयों के लिए 200 रुपये देय है। फर्नीचर एवं यन्त्रों पर 10 प्रतिशत मूल्य-ह्रास करना है।

31 दिसम्बर, 1974 को समाप्त वर्ष के लिए प्राप्ति एवं खर्च खाता तथा उस दिन का चिट्ठा बनाइये।

Amounts still receivable on accounts of visits and dispensing are Rs. 1,000 and Rs. 600 respectively. Salary of assistants still payable Rs. 200; 40% conveyance charges are treated for domestic purpose.

Stock of drugs on hand Rs. 800. Amount payable for purchaes Rs. 200. Furniture and Equipments are subject to depreciation 10%.

Prepare the Receipts and Expenditure Account for the year ended 31st Dec., 1974 and his B/S on that date.

Solution:

Receipt & Expenditure Account of Dr. Mehta for the year ending 31st December, 1974

		Rs.		Rs.
To Depreciation on Furniture		200	By Visits	16,000
To Depreciation on Equipment		250	By Receipts from Dispensing	10,000
To Drugs used	Rs.		By Miscellaneous Receipts	100
purchased	3,000			
Add Outstanding	200			
	3,200			
Less Closing Stock	800	2,400		
To Salaries	2,000			
Add Outstanding	200	2,200		
To Rent		1,500		
To Conveyance	1,000			
Less Personal	400	600		
To Stationery		100		
To Journals		499		
To Excess of Income over Expenditure		18,450		
		26,100		26,100

Balance Sheet of Dr. Mehta as on 31st December, 1974

	Rs.		Rs.
Outstanding Salary	200	Cash in Hand Rs.	6,600
Outstanding Purchases Rs.	200	Furniture 2,000	
Capital Introducted 5,000		Less Depreciation 200	1,800
Add Surplus 18,450		Equipment 2,500	
23,450		Less Depreciation 250	2,250
Less Drawings 12,400		Stock of Drugs	800
Less Conveyance 400			
12,400	11,050		
	11,450		11,450

नोट : पेशेवर व्यक्तियों के द्वारा आय-व्यय खाते के स्थान पर प्राप्ति एवं व्यय खाता बनाया जाता है। क्योंकि इनके द्वारा रोकड़ पद्धति पर हिसाब-किताब रखा जाता है तथा Income पक्ष में उस आय को दिखाया जाता है जे वास्तव में नगद में प्राप्त हो चुकी है, बकाया राशि को डूबत मानते हुए आय में सम्मिलित नहीं किया जाता है। यदि आय माना भी जाता है तो उतनी ही राशि का Provision बना लिया जाता है जबकि व्यय में यह नियम लागू नहीं होता है। बकाया व्यय भी व्यय में शामिल किये जाते है।

Illustration 7.

अजमेर स्पोर्ट्स क्लब का 31 दिसम्बर, 1974 को समाप्त वर्ष का आय-व्यय खाता तथा 31 दिसम्बर, 1973 एवं 31 दिसम्बर, 1974 को बनाये गये चिट्ठे इस प्रकार हैं:

The Income & Expenditure Account of Ajmer Sports Club for the year ended 31st December, 1974 and the Balance Sheets prepared on 31st Dec., 1973 and 31st Dec., 1974 are as follows:

Income & Expenditure Account

	Rs.		Rs.
To Salaries to Coach	900	By Donations & Subscriptions	5,100
To Wages	1,000	By Bar Room Receipts (Net)	100
To Ground Rent	500	By Interest on Savings Account	100
To Printing & Stationery	520	By Drama Receipts (Net)	960
To Repairs	900		
To Honorarium to Secretary	1,200		
To Depreciation on Equipments	940		
To Surplus	300		
	6,260		6,260

B/S (on 31-12-73)

	Rs.		Rs.
Outstanding	200	Cash in Hand	200
Prnting & Stationery	800	Cash at Bank	4,660
Secretary's Honorarium	160	Outstanding Subscription	300
Advance Subscription	5,600	Equipment	1,600
Capital Fund			
	6,760		6,760

B/S (on 31-12-74)

		Rs.		Rs.
Outstanding Printing & Stationery		160	Cash in Hand	100
			Cash at Bank	4,420
Wages		400	Outstanding Subscription	200
Honorarium		1,200	Equipment	3,500
Advance Subscription		60		
Captal Fund	5,600			
Entrance Fee	500			
Surplus	300	6,400		
		8,220		8,220

31 दिसम्बर, 1974 को समाप्त वर्ष का प्राप्ति एवं भुगतान खाता बनाइये।

Prepare Receipts and Payments Account for the year ended 31st Dec., 1974.

Solution :

Receipts and Payments Account of Ajmer Sports Club

Receipts	Rs.	Payments	Rs.
To Balance b/d		By Salaries to Rs.	
Cash in Hand	200	Coach	900
Cash at Bank	4,660	By Wages 1,000	
		By Less Outstanding 400	600
To Entrance Fee	500	By Ground Rent	500
To Bar Room Receipts	100	By Printing &	
To Interest on Savings a/c	100	Statinery 520	
To Drama Receipts (Net)	960	Less Outstanding	
		of 1974 160	
To Donation & Rs.		360	
Subscription 5,100		Add Outstanding	
Less Advance		of 1973 200	560
Subscription for 1973 160			
4,960		By Repairs	900
Add Advance		By Honorarium to	
Subscritption for 1975 60		Secretary 1,200	
		Add Paid for 1974 800	
5,000		2,000	
Add Outstanding		Less Outstanding	
Subscription 1973 300		for 1974 1,200	800
5,300		By Purchase of Equipment	2,840
Less Outstanding			
for 1974 200	5,100	By Cash in Hand	100
		By Cash at Bank	4,420
	11,620		11,620

Illustration 8.

एक क्लब के 31 मार्च, 1975 को समाप्त वर्ष के लिए निम्नलिखित आय व्यय खाते एवं साथ की सुचनाओं से 31 मार्च, 1975 को समाप्त वर्ष का प्राप्ति एवं भुगतान खाता तथा उस दिन का चिट्ठा बनाइये।

From the following Income & Expenditure A/c of a Club for the year ending 31st March, 1975 and accompanying notes you are required to prepare Receipts & Payments A/c for the yeai ending 31st March, 1975 and the Balance Sheet as on that date:

Income & Expenditure A/c for the year ending 31st March, 1975

Expenditure	Rs.	Income	Rs.
To Lawn Maintenance	4,060	By Subscription	10,500
To Rates	500	By Admission Fees	600
To Stationery (Dep.)	150	By Sports Material (Sale of second-hand Material)	100
To Dep. on Sports Material	2,200	By Entertainment	600
To Homorarium	440		
To Excess of Income over Expenditure	4,450		
	11,800		11,800

अतिरिक्त सूचना (Additional Information):

	On 1 - 4 - 1974	On 1- 4 - 1975
	Rs.	Rs.
Cash at Bank	6,000	—
Stock of Sports Material	3,000	—
Tournament Fund (after decudting Tournament Exp. of Rs. 1,400)	—	600
Donation for Building	—	20,000
Subscription due	1,000	1,500
Stationery Stock (Stationery was written off by 25% and sports material by 50%)	400	

Solution:

Receipts and Payments Account for the year ending 31st March, 1975

Receipts		Rs.	Payments	Rs.
To Balance (given)		6,000	By Lawn Maintenance	4.060
To Subscription	10,500		By Rates	500
Less Outstanding at the end	1,500		By Stationery[1]	200
	9,000		By Sports Material[2]	1,400
Add Outstanding			By Honorarium	440
in the beginning	1,000	10,000	By Tournament Expenses	1,400
To Admission Fees		600	To Balance c/d	31,300
To Sports Material (Sale of used material)		100		
To Entertainment		600		
To Tournament Fund		2,000		
To Donation for Building		20,000		
		39,300		39,300

नोट : 1. वर्ष के दौरान क्रय की गई स्टेशनरी की गणना निम्न प्रकार की गई है:

Depreciation on Stationery at 25% Rs. 150

Total Stationery should be $\frac{100}{25}$ x 150 = Rs. 600

Total Stationery Rs. 600

Less Stock of Stationery at beginning Rs. 400

Stationery Purchased during the year Rs. 200

2. खेल सामग्री के क्रय की राशि निम्न प्रकार ज्ञात की गई है:

Since Depreciation at 50% is Rs. 2,200

Therefore total sports material should be $\frac{100}{50}$ x 2,200 = Rs. 4,400

Total Sports material Rs. 4,400

Less Stock of material in the beginning Rs. 3,000

Purchased during the year Rs. 1,400

Balance Sheet as on 1st Aprial, 1975

Liabilities	Rs.	Assets	Rs.
Capital Fund (Balancing Figure)	10,400	Cash at Bank	6,000
		Stock of Sports Material	3,000
		Subscription Outstanding	1,000
		Stock of Stationery	400
	10,400		10,400

नोट : उपरोक्त Balance Sheet Capital Fund ज्ञात करने हेतु बनाई गई है।

Balance Sheet as on 31st March, 1975

Liabilities		Rs.	Assets		Rs.
Tournament Fund:	Rs.		Cash at Bank	Rs.	31,300
Collection	2,000		Subscription Outstanding		1,500
Less Spent	1,400	600	Stock of Stationery:		
Donation for Building		20,000	Balance on 1-4-74	400	
Capital Fund:			Add Purchased	200	
Balance	10,400			600	
Add Income	4,450	14,850	Less Dep.	150	450
			Stock of Sports Material:		
			Balance on 1-4-74	3,000	
			Add Purchased	1,400	
				4,400	
			Less Depreciation	2,200	2,200
		35,450			35,450

Illustration 9.

एक क्लब के 31 दिसम्बर, 1974 को समाप्त वर्ष के प्राप्ति एवं भुगतान खाता तथा आय-व्यय खाता निम्नलिखित है:

Following are the Receipts & Payments a/c and the Income & Expenditure a/c of a Club for the year ending 31st December, 1974:

Receipts and Payments a/c

Receipts	Rs.	Payments	Rs.
To Balance c/d	1,000	By Ground Maintenance	1,200
To Subscription: Rs. 1973 400 1974 10,300 1975 500	11,200	By Salary & Honorarium (Indluding salary of 1973 Rs 700)	1,800
		By Water & Electricity	350
To Legacy	800	By Books out of Donation	3,000
To Donation for Library	7,000	By Fixed Deposit (Out of Donation for Library)	4,000
To Match Fund	3,300		
To Sale of Furniture (Cost Price Rs. 800)	500	By Match Expenses	2,200
		By Crockery	1,000
		By Food	2,000
		By Entertainment	2,000
		By Sports-Material	2,000
		By Balance c/d	4,250
	23,800		23,800

Income & Expenditure a/c

Expenditure	Rs.	Income	Rs.
To Ground Maintenance	1,200	By Subscription	10,400
To Salary & Honorarium	1,800		
To Entertainment	2,000		
To Loss on Sale of Furniture	300		
To Electricity & Water	350		
To Sports material used: 3% of the total stock in hand during the year	2,010		
To Food Consumed: 80% of the total food stock in hand	1,500		
To Excess of Income over Expenditure	1,240		
	10,400		10,400

अतिरिक्त सूचना (Additional Information) :

1. Subscription outstanding on 31st December, 1973 Rs. 550; estimated at Rs. 500.

2. Subscription outstanding on 31st December, 1974 Rs. 120.

3. Furniture on 31st December, 1973 Rs. 3,000.

4. Crockery on 31st December, 1974 Rs. 2,500.

You are required to prepare Balance Sheet both on 1st January, 1974 and 31st December, 1974.

आप 1 जनवरी, 1974 को और 31 दिसम्बर, 1974 को दोनों चिट्ठे बनाइये।

Solution:

Balance Sheet as on 1st January, 1974

Liabilities	Rs.	Assets	Rs.
Salary Outstanding	700	Cash in Hand	1,000
Capital Fund (Balancing Figure)	5,980	Subscription Outstanding	500
		Furniture	3,000
		Crockery[1]	1,500
		Stock of Sport Material[2]	680
	6,680		6,680

Notes: 1. Crockery on 31st December, 1974 (given) Rs. 2,500

Less Purchased during the year Rs. 1,000

Crockery as on 1st January, 1974 Rs. 1,500

2. Sports Material used is 75% of the total therefore,

Sports Material available for use $= \frac{100}{75} \times 2010 = 2680$

Less Purchased during the year Rs. 2000

Balance as on 1st January, 1974 Rs. 680

Balance Sheet as on 31st December, 1973

Liabilities		Rs.	Assets		Rs.
Subscription paid in advance	Rs.	500	Cash in Hand	Rs.	4,250
			Fixed Deposit		4,000
Match Fund	3,300		Crockery		2,500
Less Match Expenses	2,200	1,100	Furniture	3,000	
Lagacy		800	Less Sold	800	2,200
Donation for Library		7,000	Stock of Food		375
Outstanding for Salary		700	Prepaid for Food[1]		125
Capital Fund	5,980		Subscription Outstanding[2] (for 1973)		100
Add Income	1,240	7,220	Books		3,000
			Stock of Sports Material:		
			Balance	680	
			Add Purchased	2,000	
				2,680	
			Less Spent	2,010	670
		17,320			17,320

Notes: 1. Food : Total stock $\frac{100}{80} \times 1500 =$ Rs. 1,875

Payment during the year Rs. 2,000

Prepaid on 31st December, 1974 Rs. 125

There is no stock of food on 31-12-1973. Against the payment of Rs. 2,000 made during the year, food of Rs. 1,875 has been received of which 80% i.e., Rs. 1,500 has been spent. Remaining food of Rs. 375 i.e. (Rs. 1,875 - Rs. 1,500) will appear as stock of food on 31st December, 1974.

2. Subscription outstanding : Since the income on account of subscription is Rs. 10,400 (given) and receipts on that account for 1974 are Rs. 10,300, therefore, outstanding must be Rs. 100 only. As question states that outstanding subscription is Rs. 120, therefore, it may be safely assumed

that actually outstanding was Rs. 120 but it was estimated at Rs. 100. this tendency is clear for the information given for the last year's subscription.

Illustration 10.

एक क्लब के निम्नलिखित आय एवं व्यय खाते की आलोचना कीजिये जो कि एक नये लेखापाल द्वारा तैयार किया गया है। सही प्राप्ति एवं भुगतान खाता, आय एवं व्यय खाता और 31 दिसम्बर, 1974 का चिट्ठा बनाइये:

Criticise the following Income and Expenditure a/c of a Club, prepared by a new accountant. Give correct Receipt and Payments a/c, Income and Expenditure a/c and Balance Sheet as on 31 December, 1974.

Income and Expenditure a/c as on 31st December, 1974.

Expenditure		Rs.	Income		Rs.
To Balance b/d		2,000	By Salaries Paid	Rs.	4,000
To Subscription Received:			By Stationery used	720	
	Rs.		Add Stock	80	
For 1973	100		To Stationery Purchased		800
For 1974	4,500				
For 1975	200	4,800	To Telephone Expenses paid including paid for last year Rs. 30		200
To Interest Received at 6% on Rs. 40,000 Investment (made on 1-1-1974)		1,200	By Balance c/f		3,000
		8,000			8,000

अतिरिक्त सूचना (Additional Information) :

(1) On 31st Dec., 1973 Building stood at Rs. 20,000 and it is required to write off depreciation as 4% p.a.

(2) Telephone rent outstanding on 31st Dec., 1974 was Rs. 200.

(3) Subscription in arrear for 1974 Rs. 400.

Solution:

It is necessary to prepare:

(a) Balance Sheet in the beginning to calculate Capital Fund in the beginning;

(b) Receipt and Payment Account to know Cash Balance at the end;

(c) Income and Expenditure Account to know excess of Income or Expenditure for the year; and

(d) Balance Sheet at the end.

The following are the criticism:

(1) Income and Expenditure Account is always dated as "for the year ending 31st December, 19..." and not as "as on 31st December 19...."

(2) It never starts with the balance in the beginning.

(3) Expenditure is never shown on the credit side, none incomes are shown on debit side;

(4) Expenses and income are shown on mercantile system (i.e. on accrual basis) but in this case, Telephone charges, interest received, stationery expenses are not correctly shown.

(5) Depreciation on building has been completely left out.

Balance Sheet as on 31st December, 1973

Liabilities	Rs.	Assets	Rs.
Telephone Rent Outstanding	30	Building	20,000
		Investments	40,000
Capital Fund (Balancing figure)	62,070	Subscription Outstanding	100
		Cash in Hand	2,000
	62,100		62,100

Receipts and Payments Account
for the year ending 31st December, 1974

Receipts		Rs.	Payments	Rs.
To Balance b/d	Rs.	2,000	By Salaries	4,000
To Subscription:			By Stationery	800
1973	100		By Telephone Exp.	200
1974 4,500				
Less in arrear 400	4,100		By Balance c/d	2,600
1975	200	4,400		
To Interest		1,200		
		7,600		7,600

Income and Expenditure Account
for the year ending 31st December, 1974

Expenditure		Rs.	Income	Rs.
To Salaries	Rs.	4,000	By Subscription	4,500
To Stationery		720	By Interest	2,400
To Telephone Rent				
Paid	200			
Less for last year	30			
	170			
Add Outstanding	200			
To Depreciation on building		800		
To Excess of Income over Expenditure		1,010		
		6,900		6,900

Balance Sheet as on 31st December, 1974

Liabilities		Rs.	Assets		Rs.
Outstanding Telephone Rent		200	Building	Rs. 20,000	
			Less Dep.	800	19,200
Subscription Received in Advance		200	Investments		40,000
Capital Fund:	Rs.		Accrued Interest		1,200
Balance	62,070		Subscription Outstanding		400
Add Income	1,010	63,080	Stock of Stationery		80
			Cash in Hand		2,600
		63,480			63,480

प्रश्न

1. आप प्राप्ति एवं भुगतान खाता और आय एवं व्यय खाता कब बनाते हैं? दोनों के बीच अन्तर को पूर्णतया समझाइये।

   When do you prepare Receipts & Payments and Income & Expenditure Accounts? Explain fully the distinction between the two.

2. 'प्राप्ति एवं भुगतान खाता रोकड़ बही का संक्षिप्त सारांश है। समझाइये और यह भी बताइये कि यह आय एवं व्यय खाते से किस प्रकार भिन्न है।

   'Receipts and Payments Accounts is a short summary of Cash Books'. Explain and state how it differs from Income and Expenditure Account.

3. आप एक दिये गये प्राप्ति एवं भुगतानं खाते से आय एवं व्यय खाता और इसके विपरीत किस प्रकार तैयार करेंगे?

   How would you prepare and Income and Expenditure a/c from a given Receipts and Payments a/c and vice versa?

4. निम्नलिखित में से किन्हों दो पर संक्षिप्त टिप्पणियाँ लिखिये : (1) चन्दा, (2) उत्तरदान, (3) गैर-व्यापारिक संगठन एवं उनकी लेखांकन पद्धति, (4) सामन्य कोष, (5) प्रवेश शुल्क एवं आजीवन सदस्यता चन्दा।

   Write short notes on any two of the following:

   (a) Subscription

   (b) Legacy

   (c) Non-trading organisations and their accounting system,

   (d) General Fund,

   (e) Treatement of Entrance Fees and Life Membership Subscriptions.

5. निम्नलिखित रोकड़ी व्यवहार भारत मित्र मण्डल के 31 दिसम्बर, 1967 को समाप्त होने वाले वर्ष के हैं, जिनसे आय-व्यय खाता तथा स्थिति विवरण तैयार करों:

प्राप्ति	रुपये	भुगतान	रुपये
गतवर्ष का शेष	2,100	भाड़ा, कर आदि	2,680
प्रवेश शुल्क	2,550	मजदूरी	2,170
चन्दा	16,000	वक्ताओं का शुल्क	4,350
दान	2,650	पुस्तकें	2,130
जीवन सदस्यता शुल्क	2,500	कार्यालय व्यय	4,500
ब्याज	230	विनियोग	8,000
मनोरंजन पर लाभ	420	रोकड़ शेष	2,620
	26,450		26,450

वर्ष के आरम्भ में मण्डल के पास 20,000 रु. की इमारत (Building) और 500 रु. की पुस्तकें (Books) थी। वर्ष के प्रारम्भ में चन्दा 250 रु. लेना बाकी था और अन्त में 450 रु. लेना बाकी रहा। (Subscription outstanding at the beginning were Rs. 350 and at the end were Rs 450) मारत पर 3 प्रतिशत व पुस्तकों पर 6 प्रतिशत ह्रास अपलिखित करो। (Charge Depreciation on Building at 3% and books at 6%.

Ans. Surplus Rs. 9,722.20; Total of B/S Rs. 37,172.20.

6. वर्ष के आरम्भ में पुस्तकालय में 3,000 रु. की पुस्तकें व 1,000 रु. का फर्नीचर था। चन्दे के बकाया 75 रु. थे तथा अन्त में 60 रु. थे। किराया वर्ष के आरम्भ में 40 रु. देना बाकी था तथा अन्त में भी इतनी ही रकम देनी बाकी थी।

From the following Receipts and Payments A/c of the Literary Club, prepare Income & Expenditure A/c for the year ending 31st Dec., 1973 and a Balance Sheet as on that date:

Receipts	Rs.	Payments	Rs.
Cash Balance 1-1-73	1,920	Rent	200
Entrance Fees	315	Electricity Exp.	80
Subscription	2,100	Books	1,000
Interest	20	Newspapers	500
		Office Expenses	650
		Fixed Deposit at 4% from 1-1-73	1,600
		Cash in hand	325
	4,355		4,355

फर्नीचर पर 50 रु. तथा पुस्तकों पर 10 प्रतिशत ह्रास काटना है। अभी तक स्थाई निक्षेप पर कोई ब्याज नहीं आया है।

At the beginning of the year, the Club had books worth Rs. 3,000 and Furniture worth Rs. 1,000. Subscription in arrears at the beginning of the year amounted to Rs. 75 and at the end of the year Rs. 60. Rent is arrear at the beginning of the year was Rs. 40 and the same amount was in arrear at the end of the year.

Depreciate Furniture by Rs. 50 and books by 10%. No interest has been received on Fixed Deposit so far.

Ans. Surplus Rs. 572; B/S Total Rs. 6,567.

7. प्रवेश शुल्क एवं दान की राशि से एक पूँजीकोष बनाया गया है। 1973 वर्ष के लिए वेतन के 90 रु. बकाया हैं। 1972 का छपाई व स्टेशनरी का बिल अभी तक चुकाना बाकी है। 1973 वर्ष के लिए अंकेक्षण शुल्क 180 रु. अदत्त हैं। 1973 के चन्दे के 100 रु. प्राप्त नहीं हुए हैं जबकि 60 रु. चन्दा 1974 वर्ष के लिए पेशगी प्राप्त हुआ है। फर्नीचर पर 5 प्रतिशत ह्रास काटो।

From the following Assets and Liabilities of a Club as at 31st Dec., 1972 and the Receipts & Payments Account for the year 1973, you are required to prepare an Income & Expenditure Account for the year ended 31st December, 1973 and a Balance Sheet as at that date, after taking into account the following informations.

Assets (सम्पत्तियाँ) : Furniture Rs. 800, Land and Building Rs. 18,000; Investments Rs. 20,000; Outstanding subscription for 1972 Rs. 80; Balance at Bank Rs. 800.

Liabilities (दायित्व) : Salaries outstanding Rs. 120; Printing & Stationery outstanding Rs. 40; Audit Fee outstanding Rs. 120, Subscription for 1973 received in advance Rs. 40; Income & Expenditure A/c Cr. Balance Rs. 4,360.

Receipts & Payments Account for the year ending on 31st Dec. 1973

Receipts	Rs.	Payments	Rs.
To Balance 1-1-1973	800	By Salaries	1,960
To Subscriptions	3,240	By Taxes	120
To Donations	600	By Printing & Stationery	120
To Entrances Fees	1,000	By Repairs	380
To Interest on Investments	600	By Entertainment	220
		By Audit Fees	120
		By Bank Fixed Deposit	1,000
		By Balance c/d 31-12-73	2,312
	6,240		6,240

A Capital Fund is being built up from donations & entrance fees. Salaries for 1973 outstanding Rs. 90. Printing & Stationery for 1972 still remains unpaid. Audit Fees outstanding for 1973 Rs. 180. Rs. 100 being subscriptions for 1973 were not received and Rs. 60 subscriptions for 1974 were received in advance. Depreciate furniture by 5%.

Ans. Surplus Rs. 842; B/S Total Rs 42,172.

7

अन्तिम खाते
(Final Accounts)

अन्य व्यापारिक संस्थाओं के सदृश प्रत्येक कम्पनी द्वारा भी लेखा वर्ष (Accounting Year) जिसे वित्तीय वर्ष (Financial Year) भी कहा जाता है, के अन्त में अपना लाभ-हानि खाता तथा चिट्ठा बनाया जाता है। एकल व्यापार व साझेदारी संस्था में इस प्रकार के अन्तिम खाते बनाना वांछनीय अवश्य है परन्तु अनिवार्य नहीं है, जबकि प्रत्येक कम्पनी को कम्पनी अधिनियम, 1956 की धारा 209 के अनुसार कुछ पुस्तकें रखना अनिवार्य है- तथा धारा 210 के अन्तर्गत कम्पनी अन्तिम खाते बनाने हेतु आवश्यक निर्देश दिये गयें हैं। लाभ-हानि खाते से कम्पनी द्वारा अर्जित शुद्ध लाभ अथवा उसके द्वारा उठाई गई हानि तथा चिट्ठे में उसकी वास्तविक आर्थिक स्थिति ज्ञात हो जाती है। यदि कम्पनी लाभ अर्जित करती है, तो कम्पनी का संचालक मण्डल कम्पनी अधिनियम के प्रावधानों एवं कम्पनी के अन्तर्नियमों के अनुसार लाभों का नियोजन एवं बँटवारा करता है। इसका प्रमुख कारण यह है कि कम्पनी की आन्तरिक वित्तीय स्थिति को सुदृढ़ बनाना तथा इसे विकास और विस्तार के पक्ष पर ले जाना संचालक मण्डल का ही उत्तरदायित्व है। इस उद्देश्य को दृष्टिगत रखकर सामान्यत: संचालक मण्डल द्वारा उपलब्ध लाभों का नियोजन विभिन्न संचयों - पूँजीगत और आयगत संचयों - एवं कोषों का निर्माण करने तथा लाभांशें का भुगतान करने के लिए किया जाता है। ध्यान रहे कि संचालक मण्डल उपलब्ध लाभों में से विभिन्न संचयों एवं कोषों में आव्श्यक एवं उचित धनराशियाँ स्थानान्तरण करने के बाद ही लाभांश का भुगतान करने या न करने का निर्णय लेता है। जिन उपलब्ध लाभों में से संचालक मण्डल या कम्पनी को लाभांश बाँटने का वैधानिक अधिकार होता है, उन्हें विभाजन योग्य लाभ कहते हैं। कोई भी अंशधारी संचालक मण्डल को उपलब्ध लाभों में से लाभांश देने के लिए बाध्य नहीं कर सकता। संचालक मण्डल द्वारा लाभांश का भुगतान करने की सिफारिश किये जाने पर ही अंशधारियों की वार्षिक साधारण सभा लाभांश घोषित कर सकती है। इस सभा में भी अंशधारी संचालक मण्डल की सिफारिश एवं उसके सुझाव के अनुसार प्रस्तावित लाभांश को कम करने का निर्णय ले सकते हैं, परन्तु उन्हें उसमें वृद्धि करने का अधिकार नहीं है।

लाभ या हानि ज्ञात करना

प्रत्येक कम्पनी अपने व्यापारिक लाभ या हानि को ज्ञात करने के लिए कम्पनी अधिनियम, 1956 की छठी अनुसूची (Schedule VI) के द्वितीय भाग में दी गई आवश्यकताओं को ध्यान में रखकर लाभ हानि खाता तैयार करती है। यद्यपि कम्पनी अधिनियम की छठी अनुसूची के द्वितीय भाग में लाभ-हानि खाते का कोई प्रारूप (Form) निर्धारित नहीं किया गया है, फिर भी प्रत्येक कम्पनी से यह अपेक्षा की जाती है कि वह इस खाते के अन्तर्गत सूचनाओं का विवरण इस प्रकार दे जिससे कि लाभ-हानि खाते का अवलोकन एवं अध्ययन करने से समस्त महत्त्वपूर्ण सूचनाएँ प्राप्त हो सकें। यदि गत वर्षों के सन्दर्भ में इस वर्ष कोई महत्त्वपूर्ण परिवर्तन हो, जैसे - स्टॉक के मूल्यांकन की विधि में परिवर्तन, ह्रास की तिथि में परिवर्तन आदि- स्पष्ट रूप से उल्लेखित हो। इस भाग में निर्धारित मदों को सुविधाजनक शीर्षकों के अन्तर्गत दिखलाना भी आवश्यक है। उसमें दिखलाई जाने वाली आय तथा व्यय सम्बन्धी मदें निम्नलिखित हैं:

1. आय पक्ष की मदें

(Items of Incomes or Credit Items)

(1) विक्रय राशि अथवा प्रदान की गई सेवाओं के प्रतिफल के रूप में प्राप्त कुल आय, (2) व्यापार तथा अन्य विनियोगों से प्राप्त आय, (3) विनियोगों के विक्रय पर लाभ, (4) प्राप्त ब्याज की राशि, (5) सहायक कम्पनियों से प्राप्त लाभांश, (6) विविध आय, जैसे अंश हस्तान्तरण शुल्क, (7) असामान्य लाभ : ऐसे लाभ जो असामान्य परिस्थितियों में किये गये व्यवहारों के कारण उदय या प्राप्त हुए हों, (8) कच्चे माल, निर्मित माल तथा चालू कार्य का अन्तिम स्टॉक, (9) संचय व प्रावधानों में स्थानान्तरित की जाने वाली राशियाँ आदि।

2. व्यय पक्ष की मदें

(Itemss of Expenses or Debit Items)

1. कच्चे माल, निर्मित माल तथा चालू कार्य का प्रारम्भिक स्टॉक,

2. कच्चे पदार्थ अथवा निर्मित माल का क्रय।

3. अन्य व्यय

(1) स्टोर तथा पुर्जों का उपयोग, (2) शक्ति ईधन, (3) किराया, (4) भवन की मरम्मत, (4) मशीन की मरम्मत, (6) बीमा, (7) दर तथा कर (आय कर को छोड़कर), (8) विवधि व्यय।

4. कर्मचारियों के पारिश्रमिक तथा अनुलाभ

(1) वेतन, मजदूरी तथा बोनस, (2) भविष्य निधि, पेन्शन फण्ड तथा अन्य निधियों में अंशदान, (3) श्रमिकों तथा कर्मचारियों के कल्याण के लिए किया गया व्यय, तथा

5. अन्य मदें

विक्रय अभिकर्त्ता का कमीशन, दलाली तथा बिक्री पर बट्टा, ऋण पत्रों तथा अन्य स्थायी ऋणों पर ब्याज, ह्रास के लिए आयोजन, विनियोगों की बिक्री पर हानि, विशेष दायित्वों, आकस्मिक व्यय आदि के लिए किया गया आयोजन, संचय तथा आयोजन, प्रस्तावित किये गये एवं भुगतान किये गये लाभांश, अंकक्षकों की फीस का आयोजन, ऐसे व्यवहारों के सम्बन्ध में हानियाँ जो सामान्य परिस्थितियों में किये गये हों, आय कर (Income-Tax) और राजनैतिक चन्दे।

उक्त मदों को लाभ-हानि खाते में व्यवस्थित ढंग से रखने तथा सही एवं उचित लाभ अथवा हानि ज्ञात करने के लिए व्यवहार में कम्पनी के लाभ हानि खाते को प्राय: तीन भागों में तैयार किया जाता है। प्रथम भाग व्यापार खाता कहलाता है। इस भाग में प्रारम्भिक स्टॉक, क्रय, प्रत्यक्ष व्यय, विक्रय तथा अन्तिम स्टॉक आदि मदें दिखाई जाती हैं, जिनके आधार पर सकल लाभ या सकल हानि ज्ञात करते हैं। द्वितीय भाग लाभ हानि खाता कहलाता है, जिसमें सम्बन्धित वर्ष की समस्त आयगत आयों तथा व्ययों की मदों का लेखा किया जाता है। इस भाग में लाभ-हानि के प्रथम भाग, अर्थात् व्यापार खाते से ज्ञात सकल लाभ अथवा सकल हानि लाकर व्यापार का शुद्ध लाभ अथवा हानि ज्ञात की जाती है। तृतीय भाग को लाभ हानि नियोजन खाता (Profit and Loss Appropriation Account) कहते हैं, जिसमें दूसरे भाग, अर्थात् लाभ-हानि खाते का शेष शुद्ध लाभ अथवा शुद्ध हानि अन्तरित करके उसका संचय एवं कोष का निर्माण तथा लाभांश वितरण के लिए नियोजन एवं बँटवारा किया जाता है।

लाभ-हानि खाते के प्रथम दो भागों तथा प्रत्येक भाग में दिखाई जाने वाली आय व व्यय की मदों का सही ज्ञान प्राप्त करने के लिए लाभ-हानि खाता होता है। लाभ-हानि खाते के प्रत्येक पक्ष में रकम के दो खाने बनाये जाते हैं- एक खाना गत वर्ष के लिए तथा दूसरा खाना चालू वर्ष के लिए। आय व व्यय की प्रत्येक मद के सामने गत वर्ष तथा चालू वर्ष दोनों की ही रकमें लिखी जाती है जिससे कि विभिन्न वर्षों में किये गये व्ययों तथा प्राप्त आयों का तुलनात्मक अध्ययन एवं विश्लेषण किया जा सके।

Figures for the previoua year ending	Particulars	Amount Rs.	Figures for the previoua year ending	Particulars	Amount Rs.
	To Opening Stock:			By Sales	
	Finished Goods			*Less :* Return	
	Work-in Progress			Inwards	
	Raw Material			By Closing Stock:	....
	To Purchases of			Finished Goods	
	Materials			Work in Progrss	
	Less: Purchases			Ratw Material...	
	Returnsn			By *Gross Loss c/d*	
	To Wages	....		(If no Gross Profit)	
	To Power and Fuel	....		By *Gross Profit b/d*	....
	To Other Direct Expenses	....		By Interest on	....
	To *Gross Profit c/d*	....		Investments	
	To *Gross Loss b/d*	....		*Add:* Accrued....	....
	(if any)	....		By Other Interests	
	To Salaries	....		By Other Interests	....
	To Depreciation:			By Miscellaneous...	
	Machinery			Receipts, Transfers	
	Building etc....			Fees etc,	
				Dividends received....	
		....		Rent received etc...	
	To Repars to Puildings			By Profit on Sale of	....
	To Repairs to Machinery	....		Investments	....
	To Insurance	....		By *Net Loss, if there*	....
	To Rent	....		*is no Net Profit*	
	To Rates & Taxes	....		*carried over to Profit*	
	To General Expenses			*& Loss Appropriation*	
	To Interest on Deb.	....		*a/c*	
	Add: Outstanding,..	....			

	To Provision for specific liabilities and contigencies e.g., Proviion for Bad and Doubtful Debts	....			
	To Contribution to Provident and Pension Fund	....			
	To Stationary, Printing and Postage	....			
	To Commission Brokerage and Discounts	....			
	To Loss on Sale of Investments	....			
	To Discount on Debentures *(Written off)*	....			
	To Auditor's Fees	....			
	To Director's Fees	....			
	To Director's Fees	....			
	To Director's Commission	....			
	To Provision for Taxation	....			
	To *Profit, carried over to Profit and Loss Appropriation a/c*	....			

लाभ-हानि खाते (अनुसूची VI के भाग II) में अतिरिक्त सूचनाओं के उल्लेख सम्बन्धी प्रावधान

1. विक्रय के सम्बन्ध में (Turnover)- कम्पनी द्वारा की गई बिक्री की कुल राशि के सम्बन्ध से उक्त समस्त वस्तुओं के प्रत्येक वर्ग के सम्बन्ध में विक्रय की राशि तथा मात्रा का उल्लेख करना होगा।

2. निर्माणी कम्पनियों की दशा में (In Case of Manufacturing Companies)- उपयोग में लाये गये प्रत्येक प्रकार के कच्चे माल का विवरण तथा उसकी मात्रा का उल्लेख करते समय समस्त महत्तवपूर्ण मूल कच्चे माल की मदों को अलग-अलग दिखाना होगा। यदि किसी वस्तु के उत्पादन या निर्माण प्रक्रिया में अन्य उत्पादकों से क्रय

किये गये माल का उपयोग किया जाता है तथा उनका अलग-अलग मूल्य कुल उपयुक्त कच्चे माल के 10 प्रतिशत से अधिक नहीं है, तो ऐसे समस्त माल की उपर्युक्त शीर्षकों के अन्तर्गत वर्गानुसार रखा जायेगा और यदि प्रत्येक ऐसे मद का मूल्य कुल उपयुक्त कच्चे माल के 10 प्रतिशत से अधिक होगा तो उनको भी अलग अलग उनकी किस्म एवं मात्रा के अनुसार ही दिखाया जायेगा।

3. प्रारम्भिक तथा अन्तिम स्टॉक (Opening and Closing Stock)- प्रत्येक प्रकार की उत्पादित वस्तु के प्रारम्भिक तथा अन्तिम स्टॉक की किस्म तथा उनकी मात्रा का उल्लेख करना भी आवश्यक होगा। निर्मित वस्तुओं का व्यापार करने वाली संस्थाओं की दशा में क्रय की गई वस्तुओं, उनके प्रारम्भिक तथा अन्तिम स्टॉक की किस्म एवं मात्रा के अनुसार दिखाना होगा। उन कम्पनियों की दशा में जो मात्रा के अनुसार सेवाएँ प्रदान करती हैं, प्रदान की गई सेवाओं अथवा सेवाओं की आपूर्ति से सकल आय का उल्लेख करना ही यथेष्ट होगा।

टिप्पणी - (1) कच्चे माल, क्रय, स्टॉक व विक्रय का परिमाणात्मक आधार (Quantitative denomination)पर सामान्यत: क्रय व विक्रय किया जाता है, अत: उन्हें अनेक परिणामों एवं मात्रा में दिखाया जायेगा।

(2) यदि कोई कम्पनी किसी वस्तु के उत्पादन हेतु कच्चे माल अथवा यदि कोई व्यापारिक संस्था निर्मित वस्तु के बेचने हेतु अलग-अलग औद्योगिक लाइसेन्स रखती है, तो प्रत्येक लाइसेन्स में वर्णित वस्तु एक अलग वर्ग की वस्तु मानी जायेगी। परन्तु यदि किसी कम्पनी के पास विभिन्न स्थानों पर एक ही वस्तु के उत्पादन के लिए अविा अपनी अधिकृत क्षमता के लिए अलग अलग लाइसेन्स हैं तो इन सभी लाइसेन्सों ने वर्णित समस्त वस्तुओं को एक ही वर्ग में रखा जायेगा। व्यापारिक संस्थाओं की दशाओं में आयातित मदों के वर्ग आयात एवं निर्यात के प्रमुख नियन्त्रक द्वारा आयात के लिए लाइसेन्स देते समय निर्धारित वर्गीकरण के आधार पर निश्चित किये जायेंगे।

(3) ऐसे मदों, जैसे वं जिनकी सूची बहुत बड़ी है और जिनको विभिन्न श्रेणियों में उल्लेखित करना कठिन है, उनके क्रय, स्टॉक एवं विक्रय को, यदि प्रत्येक मद का मूल्य उनके कुल मूल्य के 10 प्रतिशत से अधिक है, अलग-अलग शीर्षकों में उनकी मात्रा दिखलाना आवश्यक होगा।

4. विविध व्यय के सम्बन्ध में (Miscellaneous Expenses)- इस शीर्षक के अन्तर्गत यदि किसी व्यय की मद की राशि कम्पनी की कुल आय के 1 प्रतिशत या 5,000 रु. है। (दोनों में से जो अधिक है) तो वह उपर्युक्त मद के खाते के नाम से दिखायी जायेगी और इस शीर्षक के अन्तर्गत किसी अन्य मद के साथ नहीं जोड़ी जायेगी।

5. परिमाणात्मक सूचनाएँ (Quantitative Informations)- निर्माणी कम्पनियों की दशा में, निर्मित वस्तुओं के प्रत्येक वर्ग के सम्बन्ध में लाभ-हानि खाते के सम्बन्धित वर्ष की अन्तिम तिथि को एक टिप्पणी के रूप में अग्रलिखित अतिरिक्त परिमाणात्मक सूचनायें दी जायेगी:

(अ) लाइसेन्स द्वारा प्रदत्त क्षमता (Licensed Capacity),

(ब) संस्थापित क्षमता (Installed Capacity), तथा

(स) वास्तविक उत्पाद (Actual Production)।

वास्तविक उत्पादन के सम्बन्ध में विक्रय योग्य तैयार माल तथा ऐसे अर्द्धनिर्मित माल का, जिनका विक्रय भी कम्पनी द्वारा किया जाता है, अलग-अलग विवरण दिया जायेगा।

6. अन्य सूचनाएँ (Other Information)- लाभ-हानि खाते के अन्त में टिप्पणी के रूप में निम्नलिखित अतिरिक्त सूचनाएँ भी प्रदान की जायेगी:

(अ) कम्पनी द्वारा वित्तीय वर्ष में आयातित कच्चे माल, पूँजीगत वस्तुओं आदि का C.I.F. आधार पर मूल्य

(ब) वित्तीय वर्ष में रॉयल्टी, तकनीकी ज्ञान, पेशे सम्बन्धी शुल्क (Professional Fees), ब्याज आदि के सम्बन्ध में विदेशी मुद्रा में किये गये व्यय,

(स) वित्तीय वर्ष में अनिवासी व्यक्तियों को विदेशी मुद्रा में भेजे गये लाभांश, ऐसे अंशधारियों के नाम, उनके द्वारा क्रय किये गये अंशों की संख्या तथा ऐसे अंशों पर जिन वर्षों से सम्बन्धित लाभांश देय है, उनका विवरण, तथा

(द) निम्नलिखित शीर्षकों के अन्तर्गत उपार्जित विदेशी विनिमय के विवरण

(1) निर्यात की गई वस्तुओं का F.O.B. आधार पर मूल्य,

(2) रॉयल्टी, तकनीकी ज्ञान आदि के लिए दिया गया शुल्क,

(3) ब्याज का लाभांश, तथा

(4) अन्य कोई आय, उसकी प्रकृति एवं उसका विवरण।

टिप्पणी - लाभ हानि खाते में उपरोक्त सूचनाओं को आवश्यकतानुसार देना इस आधार पर अनिवार्य कर दिया गया है जिससे कि अन्तिम अथवा वार्षिक खाते, जिन्हें वित्तीय विवरण (Financial Statements)भी कहते हैं, अंशधारियों, विनियोजकों, लेनदारों, वित्तीय संस्थाओं, स्टॉक एक्सचेंज, सरकार तथा अनुसंधानकर्त्ताओं को कम्पनी के व्यवसाय से सम्बन्धित अधिक से अधिक सूचनाएँ प्रदान कर सकें। कम्पनी के आन्तरिक प्रबन्ध एवं नियंत्रण, विशेषकर लागत नियन्त्रण की दृष्टि से भी लाभ-हानि खाते में अथवा उसके साथ टिप्पणी के रूप में दी जाने वाली अतिरिक्त सूचनाओं को प्रस्तुत करना आवश्यक समझा गया है, क्योंकि इनके अभाव में लागत अंकेक्षण (Cost Audit), जो एक प्रकार से कुछ निर्धारित निर्माणी कम्पनियों के लिए अनिवार्य हो गया है, सम्भव नहीं हो सकता।

उपर्युक्त कारणों से ही लाभ-हानि खाते में या उसके साथ जिन अतिरिक्त सूचनाओं को देने के लिए कम्पनी अधिनियम की अनुसूची VI में विशेष संशोधन की विशेष व्यवस्था की गई है, उसके स्पष्टीकरण में यह स्पष्ट रूप से व्यक्त कर दिया गया है कि इन सूचनाओं को देने के निर्मित अतिरिक्त नई हिसाब की पुस्तकों का रखना आवश्यक नहीं होगा, वरन् जो हिसाब किताब अब तक रखे जाते हैं उनसे ही इन अतिरिक्त सूचनाओं को एकत्र करके उन्हें वार्षिक सभा में प्रस्तुत किये जाने वाले चिट्ठे एवं लाभ हानि खाते में समाविष्ट किया जाय। इन अतिरिक्त सूचनाओं का 31 दिसम्बर, 1973 को अथवा उसके बाद प्रस्तुत किये वाले वार्षिक खातों में समाविष्ट करना अनिवार्य सा हो गया है। विशेष परिस्थितियों में इस सम्बन्ध में सरकार द्वारा ही कोई छूट दी जा सकती है।

विभाजन योग्य लाभ
(Divisible Profits)

विभाजन योग्य लाभ का अर्थ

सामान्यत: विभाजन योग्य लाभों का आशय कम्पनी के उन लाभों से है जिनमें से कम्पनी को लाभांश का वितरण एवं भुगतान करने का वैधानिक अधिकार होता है। परन्तु विभाजन योग्य लाभ की यह धारणा अत्यधिक जटिल है। इस जटिलता को दूर करने के उद्देश्य से ही कम्पनी अधिनियम की धारा 205 के अन्तर्गत विभाजन योग्य लाभ पर समुचित प्रकाश डाला गया है। यह धारा इस तथ्य पर आधारित है कि लाभांश, लाभों से ही दिया जाना चाहिए, न कि पूँजी में से। इस आधार पर विभाजन योग्य लाभ का आशय लाभ की उस राशि से है जो अंशधारियों में वितरण के लिए उपलब्ध होती है ताकि पूँजी में से कोई भूगतान न हो सके। वितरण के लिए उपलब्ध लाभों का निर्धारण करने वाले सिद्धान्त अब कम्पनी अधिनियम की धारा 205 द्वारा शासित होते हैं। इन सिद्धान्तों के अन्तर्गत (अ) लाभांश के स्रोत (Sources of Dividend), (2) चालू मूल्य ह्रास, (3) अशोधित ह्रास, अर्थात् मूल्य ह्रास की गत वर्षों की बकाया राशि, तथा (4) पिछली हानियों का विस्तृत वर्णन है।

1. लाभांश के स्रोत (Sources of Dividend)- एक कम्पनी किसी वर्ष के लिए निम्न स्रोतों में से किसी भी एक से लाभांश घोषित कर सकती है अथवा उनका भुगतान कर सकती हैं। (1) उस वर्ष के लाभ में से, अथवा (2) गत वर्षो के लाभ में से, अथवा (3) उपर्युक्त (अ) और (ब) के योग में से, अथवा (4) लाभांश वितरण के लिए केन्द्रीय सरकार या किसी राज्य सरकार द्वारा दी गई गारण्टी के अन्तर्गत सरकार से प्राप्त गारण्टी राशि में से।

2. उपर्युक्त साधनों में से प्रथम तीन में से ह्रास योग सम्पत्तियों (Depreciable Assets) पर निर्धारित विधियों के अनुसार चालू वर्ष का मूल्य ह्रास तथा मूल्य ह्रास की बकाया राशि (अशोधित ह्रास) का प्रावधान करने के पश्चात ही शेष लाभ का लाभांश के रूप में वितरण किया जा सकता है। दूसरे शब्दों में, ऐसा प्रावधान न केवल चालू वर्ष के ह्रास के लिए ही करना आवश्यक है, बल्कि यदि गत वर्षो की मूल्य ह्रास की राशि बकाया है, तो उसके लिए भी प्रावधान करने के पश्चात् ही शेष लाभ लाभांश के रूप में वितरित किया जा सकता है।

3. कम्पनी (संशोधन) अधिनियम, 1960 के अनुसार 28 दिसम्बर, 1960 से पहले के वित्तीय वर्ष या वर्षों में उपार्जित लाभों को उनमें से किसी ह्रास के लिए प्रावधान किये बिना ही लाभांश के लिए प्रयोग किया जा सकता है।

4. 28 दिसम्बर, 1960 के पश्चात् यदि किसी गत वर्ष या वर्षों में से ह्रास योग्य सम्पत्तियों पर मूल्य ह्रास का प्रावधान करने के पश्चात् हानि हुई है तो उस वर्ष या उन वर्षों के बाद के वर्षों के लाभों (चालू वर्ष की ह्रास की राशि घटाने के बाद) में से गत वर्ष की हानि या गत वर्ष की ह्रास की राशि (दोनों में जो कम हो) घटाने के बाद जो शेष होगा, वही लाभांश के रूप में वितरित किया जा सकता है।

5. 28 दिसम्बर, 1960 के पश्चात् उपार्जित लाभों के सम्बन्ध में केन्द्रीय सरकार कम्पनी को ह्रास का प्रावधान किये बिना लाभांश वितरण की अनुमति दे सकती है।

स्पष्टीकरण : (1) विभाजन योग्य लाभों से आशय कम्पनी द्वारा उपार्जित ऐसे लाभों से है जिन्हें लाभांश वितरण के लिए प्रयोग करने का कम्पनी को वैधानिक अधिकार होता है।

(2) विभाजन योग्य लाभ आयगत लाभों अथवा पूँजीगत लाभों अथवा दोनों ही प्रकार के लाभों से निर्मित हो सकता है। अन्य शब्दों में, आयगत लाभों का वह भाग जो लाभांश के रूप में बाँटा जा सकता है, विभाजन योग्य लाभ कहलाता है। इसी प्रकार वे पूँजीगत लाभ जो लाभांश के रूप बाँटे जा सकते हैं, विभाजन योग्य लाभ माने जाते हैं।

(3) आयगत लाभों में से निम्न प्रावधान तथा नियोजन (Provisions and Appropriation) करने के बाद जो शेष रहता है, वह शेष ही विभाजन योग्य लाभ माना जाता है:

(अ) 28 दिसम्बर, 1960 के पश्चात् के लाभों में से ह्रास योग्य सम्पत्तियों पर चालू वर्ष के लिए मूल्य ह्रास तथा गत वर्षों की मूल्य ह्रास की बकाया के लिए प्रावधान,

(ब) 28 दिसम्बर, 1960 के पश्चात् के वर्षों के लाभों में से ह्रास योग्य सम्पत्तियों पर चालू वर्ष के लिए ह्रास की राशि घटाने के बाद, गत वर्षों की हानि की राशि अथवा मूल्य ह्रास की राशि दोनों में जो भी कम हो।

(स) संचालकों द्वारा संचयों अथवा कोषों में स्थानान्तरित राशियाँ।

कम्पनी अधिनियम द्वारा स्वीकृत ह्रास की पद्धतियाँ निम्नलिखित हैं:

(1) जिन सम्पत्तियों पर आय कर अधिनियम द्वारा ह्रास स्वीकृत है उन पर निम्नलिखित दो में से कोई सी एक रीति से ह्रास लगाया जा सकता है:

(क) क्रमागत ह्रास पद्धति, जैसा कि आय कर अधिनियम में स्वीकृत है, या

(ख) सीधी रेखा पद्धति : आय कर अधिनियम की दरों के आधार पर 'निर्धारित अवधि' में प्रति वर्ष इस प्रकार एक समान दर से अपलिखित की जाये कि निर्धारित अवधि के अन्त में सम्पत्ति की लागत का 95 प्रतिशत अपलिखित हो जाय।

(2) जिन सम्पत्तियों पर आय कर अधिनियम के अन्तर्गत ह्रास स्वीकृत नहीं है, उनके लिए केन्द्रीय सरकार द्वारा स्वीकृत अन्य कोई पद्धति जिसके द्वारा सम्पत्ति की लागत का 95 प्रतिशत भाग निर्धारित समय में अपलिखित हो जाय।

यदि कोई सम्पत्ति किसी वित्तीय वर्ष में बेची जाती है, नष्ट हो जाती है अथवा उसे उपयोग से हटा दिया जाता है तो उन सम्पत्तियों पर हुई हानि को उसी वित्तीय वर्ष के लाभ में से अपलिखित करना होगा।

लाभांश (Dividends)

लाभांश कम्पनी के लाभों का वह भाग है जो अंशधारियों में वितरित किया जाता है, अर्थात् इसका अभिप्राय लाभों के उस भाग से है जो किसी वित्तीय वर्ष के लिए कम्पनी के चालू वित्तीय वर्ष या पिछले वर्ष या वर्षों के लाभों में से चालू वर्ष के ह्रास अथवा पिछले वर्षों के बकाया ह्रास मूल्य (अशोधित ह्रास) के लिए प्रावधान करने के पश्चात् शेष बचता है। लाभ के ऐसे भाग का वितरण एवं भुगतान नकद लाभांश के अतिरिक्त अन्य रूप में नहीं किया जा सकता है। परन्तु इस प्रावधान का उद्देश्य कम्पनी द्वारा किसी अन्य प्रकार से लाभांश घोषित करने के अधिकार को प्रतिबन्धित करना नहीं है। कम्पनी यदि चाहे तो पूर्णदत्त बोनस अंश (Fully paid-up bonus shares) अथवा कम्पनी के सदस्यों द्वारा क्रय किये गये आंशिक दत्त (Partly paid-up) अंशों पर बकाया राशि की पूर्ति करने हेतु अपने लाभों या संचयों (Reserves) का पूँजीकरण (Capitalisation) कर सकती है।

लाभांश घोषणा सम्बन्धी नियम प्रायः कम्पनी के अन्यर्नियमों में दिये रहते हैं। परन्तु लाभांश का वितरण एवं भुगतान करने से सम्बन्धित नियम कम्पनी अधिनियम की धाराओं 205–208 द्वारा शासित होते हैं। इन धाराओं के अधीन तथा विभिन्न न्यायालयों के अनुसार लाभांश के वितरण एवं भुगतान से सम्बन्धित महत्त्वपूर्ण नियम निम्नलिखित हैं:

(1) लाभांश के सम्बन्ध में सबसे महत्त्वपूर्ण नियम यह है कि इसका वितरण एवं भुगतान विभाजन-योग्य लाभों में से ही किया जा सकता है। पूँजी में लाभांश का भुगतान कम्पनी के अधिकारों के बाहर माना जाता है, चाहे पार्षद सीमा-नियम अथवा अन्तर्नियम ऐसा करने की अनुमति ही क्यों न देते हों।

प्रतिबन्ध : 6 जुलाई, 1974 को कम्पनी लाभांश पर अस्थायी प्रतिबन्ध अध्यादेश (Temporary Restrictions on Dividends Act, 1974) – जारी होने के पश्चात् लाभांश की घोषणा पर प्रतिबन्ध लगा दिया गया है। इस अध्यादेश के अनुसार कोई ऐसी कम्पनी (1) जिसमें जनता का सारवान हित हो, (2) जिसकी पूँजी का कम से कम 75 प्रतिशत भाग पुण्यार्थ कार्य हेतु भारत में स्थापित किसी संस्था या कोष के पास हो, अथवा बिजली उत्पादन करना हो, (4) जो एक ऐसी भारतीय कम्पनी हो जिसकी पूँजीगत सम्पत्तियों में पलांट या मशीन का मूल्य (कार्यालय उपकरण सड़क परिवहन सम्बन्धी सम्पत्तियों को छोड़ कर) वित्तीय वर्ष के अन्त में 50 लाख रुपये या इससे अधिक हो, (5) जिसको आयकर अधिनियम की धारा 104 (3) के अन्तर्गत इसके प्रभाव से मुक्त कर दिया गया हो, 6 जुलाई, 1974 से दो वर्ष की अवधि में चालू वर्ष के लाभों में से ही लाभांश की घोषणा या भुगतान कर सकती है और ऐसे लाभांश की कुल राशि किसी भी परिस्थिति में उसके विभाजन योग्य लाभ से अधिक नहीं होगी।

इस अध्यादेश या अधिनियम के अनुसार ही:

(अ) वितरण योग्य लाभों (Divisible Profits) से आशय (1) कम्पनी के शुद्ध लाभों के एक तिहाई भाग, तथा (2) कम्पनी के अधिनियम अंशों पर देय लाभांश तथा सामान्य अंशों के अंकित मूल्य पर 12 प्रतिशत लाभांश की राशियों के योग से है: तथा

(ब) शुद्ध लाभ (Net Profit) से आशय कम्पनी अधिनियम, 1956 की धारा 349 के अनुसार ज्ञात किये गये लाभ में से (1) ऐसे लाभों पर देय आयकर व कम्पनी (लाभ) सरटैक्स, तथा (2) धारा 205 के प्रावधानों के अनुसार मूल्य ह्रास घटाने के पश्चात् शेष लाभों से है।

यदि कोई ऐसी कम्पनी, जिस पर यह अधिनियम लागू होता है। 6 जुलाई, 1974 से दो वर्ष की अवधि में अपने वितरण योग्य लाभो से अधिक लाभांश का वितरण एवं भुगतान कर देती है, तो वितरण योग्य लाभों से अधिक वितरित लाभाश विवर्जतीय माना जावेगा। कम्पनी को ऐसे अधिक वितरित लाभांश की राशि को अंशधारियों से वसूल करने का अधिकार होगा। यदि कम्पनी के लिए ऐसा करना सम्भव न हो, तो इस राशि का समायोजन अगले वित्तीय वर्ष के लिए देय लाभांशों से कर लिया जावेगा। केन्द्रीय सरकार ने 3 जुलाई, 1976 को एक सरकारी विज्ञप्ति प्रकाशित करके इन स्थायी प्रतिबन्धों को 6 जुलाई, 1976 से हटा दिया है। अत: अब 6 जुलाई, 1976 से लाभांश की घोषणा व वितरण पर अस्थायी प्रतिबन्ध लागू नहीं होंगे।

(2) प्राय: अधिमान अंशों पर लाभांश की घोषणा एवं भुगतान करने का अधिकार संचालकों को कम्पनी के अन्तर्नियमों द्वारा प्रदान किया जाता है। परन्तु सामान्य अंशों के सम्बन्ध में लाभांश की प्रतिशत दर प्रस्तावित करने का अधिकार संचालकों को ही होता है। लाभांश की घोषणा कम्पनी अपनी वार्षिक साधारण सभा में ही कर सकती है। इस सभा में घोषित लाभांश की राशि किसी भी परिस्थिति में संचालकों द्वारा सिफारिश की गयी राशि से अधिक नहीं हो सकती, अर्थात् साधारण सभा में सदस्य एवं अंशधारी प्रस्तावित लाभांश दर से अधिक लाभांश के लिए प्रस्ताव पास नहीं कर सकते।

(3) लाभांश की सिफारिश करने से पूर्व संचालक मण्डल कम्पनी के लाभों में से निश्चित उद्देश्यों तथा स्वीकृत कार्यों की पूर्ति करने के लिए किसी भी धन को संचयों एवं कोषों में नियोजित कर सकते हैं।

(4) कपट की दशा को छोड़ कर, कम्पनी के पास पर्याप्त लाभ होते हुए भी यदि संचालक लाभांश घोषित नहीं करना चाहते हैं, तो कम्पनी के सदस्य एवं अंशधारी लाभांश का भुगतान करने के लिए बाध्य नहीं हो सकते।

(5) कम्पनी के संचालक किसी वर्ष लाभों का नियोजन किये बिना ही उन्हें लाभ हानि नियोजन खाते के शेष के रूप में आगे ले जा सकते हैं।

(6) जहाँ कुछ अंशों पर अधिक तथा कुछ अंशों पर कम राशि प्रदत्त (PAID UP) है, वहाँ कम्पनी, यदि उसके अन्तर्नियम ऐसा अधिकार प्रदान करते हों, प्रत्येक अंश पर दिये गये धन के अनुपात में लाभांश दे सकती है।

(7) लाभांश का भुगतान नकद में या चैक द्वारा किया जाना चाहिए। एक अंशधारी उसके बदले में अंश अथवा ऋण पत्र लेने के लिए बाध्य नहीं है। चैक अथवा लाभांश अधिपत्र (Dividend Warrant) अंशधारी के रजिस्टर्ड पते पर भेजना चाहिए। संयुक्त अंशधारियों की दशा में, चैक अथवा लाभांश अधिपत्र सदस्यों के रजिस्टर में जिस अंशधारी का नाम पहले दिया हुआ है, उसी के रजिस्टर्ड पते पर भेजा जाना चाहिए।

(8) लाभांश का भुगतान रजिस्टर्ड अंशधारी अथवा उसके आदेशित व्यक्ति या बैंकर को अथवा यदि अंश अधिपत्र (Share Warrant) निर्गमित किया जा चुका है, तो ऐसे अधिपत्र के वाहक को अथवा उसके बैंकर को ही किया जा सकता है, किसी अन्य को नहीं।

(9) लाभांश का भुगतान लाभांश की घोषणा की तिथि से 42 दिनों के भीतर कर देना चाहिए और इस अवधि के चैक अथवा लाभांश अधिपत्र देना आवश्यक होगा।

(10) जिस तिथि पर लाभांश घोषित किया जाता है, वह उसी तिथि से कम्पनी पर एक ऋण हो जाता है तथा कम्पनी द्वारा देय हो जाता है। एक अंशधारी कम्पनी द्वारा देय लाभांश प्राप्त करने के लिए वाद प्रस्तुत कर सकता है।

लाभांश के भुगतान करने की विधि

1. लाभांश सूची तैयार करना - लाभांश के लिए वार्षिक साधारण सभा में सदस्यों की स्वीकृति प्राप्त हो जाने के बाद लाभांश सूची तैयार की जाती है, जिसमें प्रत्येक अंशधारी के नाम के आगे उसके द्वारा उस समय धारण किये हुए अंशो की प्रविष्टि की जाती है तथा प्रत्येक को दिया जाने वाला लाभांश तथा उसमें से घटाये जाने वाले आय कर का ब्यौरा दिया जाता है।

2. लाभांश अधिपत्र भेजना (Share Warrant)- लाभांश सूची के आधार पर लाभांश सूचना पत्र तथा लाभांश अधि पत्र तैयार किये जाते हैं जो अंशधारियों के रिजस्टर्ड पते पर भेज दिये जाते हैं। इसका ऊपर का भाग अंशधारी को भेजे जाने वाले एक पत्र के रूप में होता है। जिसमें कम्पनी द्वारा देय लाभांश की धनराशि की सूचना दी जाती है। दूसरा भाग चैक के रूप में होता है जिसमें बैंक के लिए आदेश होता है कि वह उसमें लिखित धनराशि का भुगतान कर दे।

3. लाभांश का भुगतान - बैंक द्वारा लाभांश के भुगतान की व्यवस्था करने पर कम्पनी के बैंक में लाभांश घोषित करने की तिथि से 7 दिन के अन्दर एक विशेष बैंक खाता खोला (Special Bank Account) जाता है और उस खाते में लाभांश के रूप में दी जाने वाली पूरी रकम (आयकर काट कर) जमा कर दी जाती है। इस कार्य के लिए एक अलग पास बुकरखी जाती है। कम्पनी का बैंकर लाभांश अधिपत्र प्रस्तुत किये जाने पर लाभांश का भुगतान कर देता है जिसकी प्रविष्टि उक्त खाते में की जाती है। बैंक भुगतान किये गये लाभांश के सम्बन्ध में कम्पनी को समय समय पर सूचना देता रहता है।

4. न भुगतान किया गया अथवा न माँगा गया लाभांश (Unpaid and Uncalled Dividend)- यदि वर्ष के अन्त तक कुछ अंशधारियों द्वारा लाभांश बैंक से ही नहीं माँगा जाता है और इस कारण निर्गमित लाभांश अधिपत्र अदत्त रहते हैं, तो ऐसे बनाये गये अधिपत्रों की लाभांश राशि को न माँगा गया लाभांश अथवा न भुगतान किया गया लाभांश कहते हैं। ऐसे लाभांशों को चिट्ठे के दायित्व पक्ष की ओर दिखाया जाता है।

यदि कम्पनी के अन्तर्नियमों में लाभांश के दावे (Claim) के लिए कोई अवधि निश्चित कर दी जाती है और उस अवधि में लाभांश नहीं माँगा जाता है तो अवधि समाप्त होने पर इस रकम को जब्त कर लिया जाता है। यदि अन्तर्नियमों में इस सम्बन्ध में कोई

नियम नहीं दिया हुआ है तो लाभांश चूँकि कम्पनी पर ऋण है, अत: Debts Limitation Act के अन्तर्गत 6 वर्ष तक न माँगे जाने पर वह अदेय हो जाता है तथा उस पर कम्पनी का अधिकार हो जाता है। इस अवधि के समाप्त होने पर यह रकम सामान्य संचय खाते (General Reserve Account) में अन्तरित कर दी जाती है।

प्रस्तावित संशोधन

कम्पनी (संशोधन) अधिनियम, 1974 में यह व्यवस्था की गई है कि लाभांश की घोषणा करने की तिथि से 42 दिनों के अन्दर यदि अंशधारी को घोषित लाभांश का भुगतान नहीं किया हो, अथवा अंशधारियों को लाभांश अधिपत्र नहीं भेजा गया है तो कम्पनी को चाहिए कि वह इस 42 दिन की अवधि के समाप्त होने की तिथि से 7 दिन के अन्दर न भुगतान किये गये लाभांश की सम्पूर्ण रकम किसी अनुसूचित बैंक (Scheduled Bank) में एक विशेष खाते "Unpaid Dividend Account of .....Company Limited/Company (Private) Limited" में जमा करा दे। यदि किसी कम्पनी द्वारा घोषित लाभांश की पूर्ण अथवा आंशिक राशि का भुगतान छ: माह तक नहीं किया गया हो तो उसे ऐसे न भुगतान किये गये लाभांश की राशि को भी उक्त खाते में जमा कराना होगा। ऐसा न करने पर कम्पनी 12: वार्षिक की दर से ब्याज देने के उत्तरदायी होगी।

इस अधिनियम में यदि Unclaimed Dividend की राशि 'Unpaid Dividend Account of ...... Co. Limited' खाते में स्थानान्तरण हो जाने के पश्चात अंशधारी द्वारा 3 वर्ष तक नहीं माँगी जाती है तो इसे केन्द्रीय सरकार के सामान्य रेवेन्यू खाते (General Revenue Account) में स्थानाँन्तरित कराना होगा और सम्बन्धित अंशधारी को केन्द्रीय सरकार के उक्त खाते में से लाभांश कि राशि प्राप्त करने का अधिकार होगा।

कम्पनी को न भुगतान किये गये अथवा न माँगे गये लाभांश की राशि को सरकार के सामान्य रेवेन्यू खाते में आन्तरित करते समय केन्द्रीय सरकार द्वारा नियुक्त अधिकार को एक निर्धारित फॉर्म पर आन्तरित की जाने वाली राशियों के सम्बन्ध में समस्त विवरण, जैसे उनकी प्रकृति, लाभांश प्राप्त करने वाले प्रत्येक अधिकारी, अंशधारी का नाम व पता तथा उसको देय राशि एवं अन्य आवश्यक विवरण, प्रस्तुत करना होगा।

ऐसे लाभांशों की राशियों को भारत सरकार के 'सामान्य रेवेन्यू खाते' में जमा कराने पर कम्पनी को रिजर्व बैंक से एक रसीद प्राप्त होगी जो ऐसे लाभांशों के सम्बन्ध में उसके दायित्व की मुक्ति के प्रमाण पत्र का कार्य करेगी।

भारत सरकार के 'सामान्य रेवेन्यू खाते' में उक्त राशि के स्थानान्तरित हो जाने के बाद, यदि लाभांश प्राप्त करने का अधिकारी व्यक्ति प्राप्य लाभांश की राशि की माँग करने के लिए भारत सरकार को आवेदन पत्र देता है, तो कन्द्रीय सरकार, कम्पनी द्वारा उस व्यक्ति को दिये गये प्रमाण पत्र अथवा अन्य किसी प्रकार से कोई प्रतिभूति (जो वह आवश्यक समझे) लेने के बाद, उस लाभांश की राशि के भुगतान करने हेतु आदेश दे सकती है।

अन्तरिम लाभांश

(Interim Dividend)

प्रायः सभी कम्पनियों को अन्तर्नियमों द्वारा संचालकों को वर्ष के बीच में अन्तिम खाते तैयार होने से पहले ही किसी समय लाभांश देने का अधिकार होता है। इस प्रकार वर्ष के मध्य भविष्य में होने वाले लाभ की आशा में संचालकों द्वारा घोषित एवं भुगतान किये गये लाभांश को अन्तरिम लाभांश कहते हैं। इस प्रकार के लाभांशों को घोषित करने के लिए संचालकों को अंशधारियों की स्वीकृति प्राप्त करने की आवश्यकता नहीं पड़ती है। संचालकों द्वारा इस प्रकार का लाभ वितरण कम्पनी की साख तथा ख्याति स्थापित करने के लिए किया जाता है। जब संचालकों को यह विश्वास होता है कि कम्पनी का व्यापार बहुत ही सफलतापूर्वक चल रहा है और वर्ष के अन्त में पर्याप्त लाभ होगा, तब वे अन्तरिम लाभांश की घोषणा कर देते हैं। इस विषय में संचालकों का बहुत भारी उत्तरदायित्व रखा गया है। इस प्रकार के लाभांश की घोषणा करने के पूर्व संचालकों को काफी सतर्क रहना आवश्यक है, क्योंकि अन्तरिम लाभांश का वितरण करने के बाद यदि वर्ष के अन्त में यह ज्ञात होता है कि कम्पनी का लाभ इस प्रकार भुगतान किये गये अन्तरिम लाभांश से भी कम है अथवा कम्पनी को हानि हुई है, तो लाभांश का भुगतान पूँजी में से हुआ माना जायेगा जो कम्पनी अधिनियम के अन्तर्गत वर्जित है। ऐसी स्थिति में अन्तरिम लाभांश के रूप में जितनी रकम दी गई है, वह सब संचालकों को अपने पास से लौटानी पड़ेगी।

प्रतिबन्ध : 6 जुलाई 1974 को जारी किये गये कम्पनी (लाभांश अस्थायी प्रतिबन्ध) अध्यादेश 1974 द्वारा यह प्रतिबन्ध लगा दिया गया था कि कोई भी कम्पनी जिस पर यह अध्यादेश लागू होता है, केन्द्रीय सरकार की पूर्व अनुमति के बिना तथा उसके द्वारा निर्धारित शर्तों एवं मर्यादाओं के अन्तर्गत ही अन्तरिम लाभांश का भुगतान या वितरण कर सकती है। यदि किसी कम्पनी ने 6 जुलाई, 1974 के पूर्व ही अन्तरिम लाभांश का भुगतान कर दिया था अथवा घोषित कर दिया था, तो इस अन्तरिम लाभांश की राशि कुल लाभांश की राशि में सम्मिलित कर दी जायेगी। यदि अन्तरिम लाभांश की राशि वितरण योग्य लाभों से अधिक है, तो उस वित्तीय वर्ष के लिए कम्पनी द्वारा अतिरिक्त लाभांश नहीं दिये जायेगें।

प्रतिभूति लाभांश

(Scrip Dividend)

कम्पनी अधिनियम की धारा 205 बनने के पूर्व कुछ कम्पनियाँ अपने लाभांश की घोषणा करने के बाद लाभांश का वितरण दूसरी कम्पनियों के ऐसे अंशों के रूप में करती थी जिनमें इनकी धनराशि विनियोजित होती थी। ऐसे अंशों में भुगतान किये हुए लाभांश को प्रतिभूति लाभांश कहा जाता था। परन्तु अब धारा 205 के अन्तर्गत लाभांश का भुगतान केवल नकदी में या चैक द्वारा ही किया जा सकता है।

अधिमान अंशों पर लाभांश

(Dividend on Preference Shares)

अधिमान अंशधारी को निर्धारित दर पर लाभांश सामान्य अंशों (Equity Shars) पर लाभांश दिये जाने के पहले पाने का अधिकार है। परन्तु ये अंशधारी भी संचालक मण्डल

को लाभांश के लिए बाध्य नही कर सकते हैं। जब संचालक मण्डल निर्धारित दर पर लाभांश देने की सिफारिश करे तथा अंशधारियों की साधारण सभा प्रस्ताव पारित कर लाभांश घोषित करे तभी ये अंशधारी लाभांश ले सकते हैं।

असंचयी अधिमान अंश (Non-Cumulative Preference Shares) पर चालू वर्ष का लाभांश न दिया जाये तो उसे पाने का अधिकार समाप्त हो जाता है। परन्तु संचयी अधिमान अंश (Cumulative Preference Shares) पर किसी वर्ष लाभांश न दिया जाये तो निर्धारित दर पर बकाया लाभांश भविष्य में पाने का अधिकार सुरक्षित रहता है। संचयी अधिमान अंशों का बकाया लाभांश देने के बाद ही किसी चालू वर्ष का लाभांश घोषित किया जा सकता है। संचयी अधिमान अंशों पर बकाया लाभांश की कोई प्रविष्टि नहीं की जाती। इसे चिट्ठे में टिप्पणी (नोट) के तौर पर सम्भाव्य दायित्व (Contingent Liability) के रूप में दिखाया जाता है। वहाँ यह भी स्पष्ट कर दिया जाता है कि उक्त लाभांश कितने वर्षों का बकाया है। जब तक स्पष्टतः कुछ न लिखा गया हो तब तक अधिमान अंश संचयी माना जायेगा।

यदि किसी कम्पनी के अधिमान अंश (Preference Shares) 1 अप्रैल, 1960 से पूर्व के निर्गमित हैं तो अधिमान अंश (लाभांश नियन्त्रण) अधिनियम, 1960 के अन्तर्गत उन पर देय लाभांश की राशि को निम्नलिखित प्रतिशत से बढ़ा कर लाभ हानि नियोजन खाता (Profit & Loss Appropriation Account) डेबिट किया जायेगा:

(अ) यदि अधिमान अंश कर मुक्त (Tax-free) हैं तो लाभांश की राशि को 30 प्रतिशत से बढ़ाया जायेगा।

(ब) यदि अधिमान अंश कर योग्य (Taxable) हैं तो लाभांश की राशि को 11 प्रतिशत बढ़ाया जायेगा।

लाभ हानि नियोजन खाता

(Profit & Loss Appropriation Account)

कम्पनी अधिनियम की अनूसूची VI के भाग II में लाभ हानि नियोजन खाता तैयार करने के सम्बन्ध में कोई उल्लेख नहीं है। परन्तु इस खाते का स्वयं में अपना विशेष महत्त्व होने के कारण प्रत्येक कम्पनी यह खाता तैयार करती है। इस खाते को अलग से तैयार करना इसलिए भी आवश्यक है कि बहुत सी ऐसी मदें, जिनका व्यवहार संचालन में कोई भी महत्त्व नहीं है, व्यापारिक आय व व्यय के वर्ग में नही रखी जा सकती है। यदि उन मदों को लाभ हानि खाते में दिखाया जाय, तो शुद्ध लाभ अथवा हानि सही एवं उचित नहीं होगी। वस्तुतः ये मदें शुद्ध लाभ के नियोजन (Appropriation) से सम्बन्धित होती हैं, जैसे लाभ के होने पर उसके एक भाग का सामान्य कोष या संचय या विशिष्ट कोषों अथवा संचयों में अन्तरण तथा शेष भाग में से लाभांश वितरण आदि। इन मदों के लिए आवश्यक नियोजन उपलब्ध लाभों में से ही किया जा सकता है। अतः लाभों के नियोजन को व्यक्त करने के लिए एक अन्य खाता, जिसे लाभ हानि नियोजन खाता कहते हैं, बनाना आवश्यक हो जाता है। इस प्रकार लाभ हानि नियोजन खाता (1) विभिन्न संचयों में अन्तरित राशियों, तथा (2) भुगतान किये गये लाभांशों के सम्बन्ध में आवश्यक सूचनाएँ प्रदान करता है। इन मदों में से

उपलब्ध लाभों में से आवश्यक राशियों का नियोजन एवं व्यवस्था करने के पश्चात् भी यदि इस खाते में शेष रहता है, तो उसे कम्पनी के चिट्ठे में दायित्व पक्ष में दिखलाया जाता है।

लाभ-हानि नियोजन खाते के डेबिट में आने वाली कुछ प्रमुख मदों के बारे में जानकारी आवश्यक है। अतः इन्हें संक्षेप में स्पष्ट किया गया है:

1. लाभांश समानीकरण संचय (Dividend Equalisation Fund)- संचालक वर्ग सदैव यह प्रत्यन करते हैं कि प्रत्येक वर्ष लाभांश की दर समान रहे, ताकि कम्पनी की साख पर बुरा प्रभाव न पड़े तथा अंशों में सट्टे की प्रवृत्ति को प्रोत्साहन न मिले। ऐसा करने के लिए वे जिन वर्षों में अधिक लाभ होते हैं, उन वर्षों के लाभों का कुछभाग इस कोष में हस्तान्तरित करते रहते हैं। कम लाभ होने पर आवश्यक रकम इस कोष में से लाभ व हानि नियोजन खाते के क्रेडिट पक्ष में अन्तरित करके लाभांश की दर को गिरने से रोक दिया जाता है।

2. विकास सम्बन्धी छूट संचय (Development Rebate Reserve)- ऐसी मशीनों पर जो पूर्णतः व्यवसाय में काम आती है, आय कर विधान द्वारा उनकी लागत का एक निश्चित प्रतिशत विकास छूट के नाम से कटौती के रूप में मिलता है। छूट लेने के लिए आवश्यक है कि विकास की राशि का 75 प्रतिशत भाग लाभों में से विकास सम्बन्धी छूट संचय में हस्तान्तरित कर दिया जाये। इस संचय की रकम का उपयोग, जिस वर्ष यह संचय बनाया जाये उसके अगले आठ वर्षों तक लाभांश देने के लिए नहीं किया जा सकता है। कुछ विशेष परिस्थितियों को छोड़कर अब यह छूट समाप्त कर दी गई है।

3. विनियोग सम्बन्धी छूट संचय (Investment Rebate Reserve)- आय कर अधिनियम के अन्तर्गत नये विनियोग के क्रय का 25 प्रतिशत विनियोग भत्ते के नाम से छूट दी जाती है, लेकिन यह छूट तब ही दी जावेगी जबकि वास्तविक भत्ते का 75 प्रतिशत विनियोग भत्ते कोष में हस्तान्तरित कर दिया गया हो। ध्यान रहे इस राशि का उपयोग 10 वर्ष तक केवल नई मशीन क्रय करने में ही लिया जावेगा, लाभांश देने के लिए इसका उपयोग नहीं किया जा सकता।

4. सामान्य संचय (General Reserve)- इस संचय का उद्देश्य भावी अनिश्चितता के कारण होने वाली हानियों से रक्षा करना है। इसे स्वतन्त्र संचय (Free Reserve) भी कहते हैं। इसमें से किसी भी सामान्य क्षति को पूरा किया जा सकता है तथा लाभांश वितरण के लिए भी इसे काम में लिया जा सकता है। इस संचय का एक और उद्देश्य यह भी है कि कम्पनी की आर्थिक स्थिति को सुदृढ़ बनाया जाये।

यदि अन्तर्नियमों के अन्तर्गत संचालक मण्डल को केवल सिफारिश करने का अधिकार है, तो ऐसी अवस्था में इसमें हस्तान्तरित की जाने वाली राशि का भी अनुमोदन साधारण वार्षिक सभा में अंशधारियों द्वारा किया जाना आवश्यक है।

5. ऋण पत्र शोधन कोष (Debenture Redemption Fund or Sinking Fund for Repayment of a Liability)- ऋण पत्रों का भुगतान सुविधापूर्वक करने के लिए कम्पनी लाभों में से कुछ राशि प्रति वर्ष इस संचय में हस्तान्तरित करती है। इस कोष की रकम व्यापार से बाहर विनियोजित कर दी जाती है। ऋणपत्रों के भुगतान की अवधि पर इन विनियोगों को बेचकर ऋण पत्रों का भुगतान आसानी से कर दिया जाता है।

Profit and Loss Appropriation Account

Last year's figures Rs.	Particulars	Amount Rs.	Last year's figures Rs.	Particulars	Amount Rs.
	To Balance c/f *(Dr. Balance from the last years)*			By Balance b/f *(Cr. Balance from the last year)*	....
	To Profit and Loss Account *(If loss of current year)*	....		By Profit and Loss Account *(If profit of the current year)*	....
	To Transfers to Reserves (Reserve Fund or General Reserve and other reserves or funds of general nature)	....		By Transfer from Reserve *(If any)*	....
	To Special Reserve: Divid. Equalisation Fund Debenture Sinking Fund			By Adjustments relating to past years	....
	To Investment Rebate Res.	....		*By Balance c/d (If any)*	....
	To Investment Fluctuation Fund	....			
	To Adjustment relating to past years: Arrears of Depreciation	....			
	To Interim Dividend	....			
	To Proposed Dividends	....			
	To Balance c/d (If profit, shown in the Balance Sheet of the Current Year)	....			
		....			

6. विनियोग उच्चावचन कोष (Investment Fluctuation Fund)- विनियोग की बाजार मूल्य में गिरने की सम्भावना में इसप्रकार के कोष का निर्माण कई बार कुछ कम्पनियों द्वारा कर लिया जाता है। यदि विनियोग की राशि ऐसी सम्पत्तियों में है जो स्थायी प्रकृति के हैं, तो ऐसा करने का प्रावधान पूँजीगत संचय की श्रेणी में आता है तथा लाभांश हेतु इनका उपयोग पूँजीगत कोष के नियमों के आधार पर ही हो सकता है। लेकिन ऐसे कोष का निर्माण चालू सम्पत्तियों के मूल्यों की सम्भावित कमी के लिए किया गया है और यदि ऐसी सम्पत्ति सम मूल्य अथवा अधिक मूल्य पर क्रय की गई है तो इसका उपयोग चालू लाभ के तरीके से वर्तमान लाभांश के लिए किया जाना उचित रहेगा।

7. ह्रास कोष (Depreciation Reserve)- साधारण ह्रास के आयोजन का दूसरा नाम ह्रास कोष होता है। कभी कभी कम्पनी सामान्य ह्रास के नियम के अतिरिक्त यदि ह्रास का प्रावधान करती है तो उस अतिरिक्त राशि को ह्रास कोष में अन्तरित देती है। ऐसी राशि का उपयोग भी लाभांश के वितरण के लिए किया जाना उचित नहीं है क्यों कि यह वास्तव में प्राप्त हुआ लाभ नहीं है।

8. विभाजन योग्य लाभ (Divisible Profits)- इनके अन्तर्गत अन्तरिम लाभांश, प्रस्तावित लाभांश बोनस आदि के रूप में कम्पनी के लाभों का वितरण किया जाता है।

उपर्युक्त शीर्षकों के अन्तर्गत लाभ का नियोजन करने पर लाभ व हानि नियोजन खाता (Profit and Loss Appropriation Account) पिछले पेज पर दिये गये चार्ट के अनुसार तैयार किया जावेगा

लाभ नियोजन सम्बन्धी लेखा प्रविष्टियाँ

(Accounting Entries Relating to Appropriation of Profits)

उपर्युक्त लाभ हानि नियोजन खाते में उपलब्ध लाभों में आवश्यक नियोजन करने हेतु अग्रांकित लेखा प्रविष्टियाँ की जाती है।

अन्तरिम लाभांश का भुगतान	Interim Dividend a/c To Bank a/c (Interim Dividend paid)	Dr.	वर्ष के मध्य अन्तरिम लाभांश की भुगतान की गई वास्तविक राशि से
वर्ष के अन्त में अन्तिम खाते बनाते समय	Profit and Loss Appropriation a/c To Interim Dividend a/c (Interim Dividend transferred to Profit & Loss Appropriation Account)	Dr.	कुल लाभांश की राशि से

वर्ष के अन्त में शुद्ध लाभ में से संचयों एवं कोषों में हस्तान्तरण

जब कम्पनी के अन्तर्नियमों में कम्पनी के संचालकों को यह अधिकार दे दिया जाता है कि वे चालू लेखा वर्ष के लाभ का अंश विभिन्न संचयों एवं कोषों में बिना अंशधारियों की स्वीकृति के अन्तरिम कर सकते हैं, तब विभिन्न संचयों एवं कोषों मं भी

अन्तरित रकमें उसी वर्ष के लाभ हानि नियोजन खाते में दिखलायी जावेगी। इसके लिए निम्न जर्नल प्रविष्टि की जायेगी

Profit & Loss Appropriation a/c To..... Reserve or Fund a/c (Amount Transferred to Reserves or Fund)	Dr.	संचय या कोष में अन्तरित राशि से।

यदि संचालकों को केवल सिफारिश करने का ही अधिकार हो, तो लेखा वर्ष के अन्त में संचालकों द्वारा अपनी रिपोर्ट से संचयों एवं कोषों में अन्तरित की जाने वाली रकमों के सम्बन्ध में जो सिफारिश की जाती है तथा जिसके लिए वार्षिक साधारण सभा में प्रस्ताव रखना है, उस सिफारिश या प्रस्ताव पत्र के आधार पर ही वर्ष की अन्तिम तिथि पर लाभ हानि नियोजन खाते में विभिन्न संचयों एवं कोषों में की जाने वाली प्रस्तावित वृद्धि का लेखा निम्न जर्नल प्रविष्टि द्वारा कर देना चाहिए:

Profit & Loss Appropriation a/c To Proposed Addition to Reserves a/c (Proposal made for additions to various reserves)	Dr.	विभिन्न संचयों में प्रस्तावित वृद्धि के योग से

जब प्रस्ताव पारित हो जाय तब निम्न प्रविष्टि की जायेगी:

Proposed Addition to Reserves a/c To .... Reserve a/c (Proposed addition transferred to Reserve Account on proposal being accepted)	Dr.	विभिन्न संचयों में अन्तरित राशियों के योग में प्रत्येक संचय में अन्तरित की जाने वाली राशि से

संचालक मण्डल द्वारा लाभांश की सिफारिश करने पर निम्नलिखित प्रविष्टि की जावेगी:

Profit & Loss Appropriation a/c To Proposed Dividend a/c (Dividend proposed by the Board of Directors)	Dr.

टिप्पणी : प्रस्तावित लाभांश (Proposed Dividend) की रकम चिट्ठे 'Current Liabilities and Provisions' में शीर्षक के अन्तर्गत दिखाई जाती है।

लाभांश की घोषणा तथा भुगतान

(Declaration and Payment of Dividend)

वार्षिक साधारण सभा में लाभांश घोषित हो जाने पर निम्न प्रविष्टि की जायेगी।

Proposed Dividend a/c To ..... Dividend a/c (Proposal for declaration of dividend accepted)	Dr.	स्वीकृत लाभांश की राशि से

लाभांश समानीकरण अथवा सामान्य संचय से लाभ हानि नियोजन खाते में आवश्यक धनराशि का अन्तरण

Dividend Equalisation Reserve a/c	Dr.	(अन्तरित राशि से)
OR./and		
General Reserve a/c To Profit and Loss Appropriation a/c (Amount transferred to Profit & Loss Appropriation Account)	Dr.	(अन्तरित राशि से) (अन्तरित राशियों के योग से)

लाभांश का भुगतान (Payment of Dividend)

लाभांश के भुगतान के लिए बैंक खाता खोलने पर : लाभांश के भुगतान की व्यवस्था करने के लिए कम्पनी अपने बैंक खाते में से देय लाभांश के बराबर राशि एक अन्य खाते में, जिसे लाभांश बैंक खाता (Dividend Bank Account) कहते हैं, जमा करा देती है। ऐसा करने पर निम्न प्रविष्टि की जाती है:

Dividend Bank a/c To Bank a/c (Amount set aside for paying dividends)	Dr.	आयकर काट कर शेष दी जाने वाली लाभांश की रकम से

लाभांश का भुगतान करने पर:

.... Dividend a/c To Dividend Bank a/c (Dividend paid	Dr.	भुगतान किये गये लाभांश की राशि से

लाभांश भुगतान की निश्चित अवधि समाप्त होने पर न माँगे गये लाभांश (Unclaimed Dividend)

निर्धारित समय के अन्दर लाभांश के न माँगे जाने पर कम्पनी ऐसे लाभांश की रकम न माँगे गये लाभांश खाते (Unclaimed Dividend Account) में अन्तरित कर देती है। अंशधारियों को यह रकम भविष्य में कुछ निर्धारित वर्षों के भीतर माँगने का अधिकार होता है। अत: कम्पनी न माँगे गये लाभांश के बराबर धनराशि लाभांश बैंक खाते से न माँगे गये लाभांश जमा खाते (Unclaimed Dividend Deposit Account) में अन्तरित कर देती है। इस सम्बन्ध में निम्न दो प्रविष्टियाँ की जाती है:

(1) समय पर न माँग गये लाभांश का अन्तरण करने पर	Dividend a/c To Unclaimed Dividend a/c	Dr.	न माँगी गई लाभांश की राशि से

टिप्पणी : वर्ष के अन्त में न माँगे गये लाभांश खाते (Unclaimed Diviend) का शेष कम्पनी के चिट्ठे में चालू दायित्व एवं आयोजन (Current Liabilities and Provisions) शीर्षक के अन्तर्गत दिखलाया जायेगा।

(2) ऐसे लाभांश के बराबर राशि को लाभांश बैंक खाते में अन्तरित करने पर	Unclaimed Dividend Deposit a/c To Dividend Bank a/c	Dr.	न माँगी गयी लाभांश की राशि से
(3) पिछले वर्षों में कभी न माँगे गये लाभांश की माँग की जासने पर न माँगे गये लाभांश जमा खाते से भुगतान करने पर	Unclaimed Dividend a/c To Dividend a/c (Dividend claim transferred) Dividend a/c To Unclaimed Dividend Deposit a/c (Dividend claimed and paid).	Dr. Dr.	

टिप्पणी – यदि Unclaimed Dividend Deposit Account न खोला जाये तो Dividend Bank Account का शेष Bank Account में अन्तरित किया जायेगा तथा भविष्य में भुगतान भी Bank Account से ही किया जायेगा।

(4) निश्चित वर्षों के भीतर न माँगे गये लाभांश का दावा न किये जाने के कारण भुगतान न होने पर:

Unclaimed Dividend a/c Dr.
To Unpaid Dividend Account of .... Co. Ltd.
(Unclaimed dividend amount transferred to General Reserve Account of Central Government)

अधिलाभांश या बोनस (Bonus)

बोनस का अर्थ अतिरिक्त लाभांश से होता है। वास्तव में इसका तात्पर्य लाभ में से ऐसे भुगतान से है जिसकी नियमित पुनरावृत्ति की कोई गारन्टी नहीं होती है। इस आधार पर यह कहा जाता है कि बोनस अस्थायी प्रकृति का होता है, क्योंकि यह आवश्यक नहीं है कि कम्पनी को प्रत्येक वर्ष अतिरिक्त लाभ और उसे लाभांश के रूप में अंशधारियों को वितररित कर दिया जाय। कम्पनी तथा अंशधारियों का हित इसी में है कि लाभांश की दर को स्थायी रखा जावे तथा बोनस के रूप में अतिरिक्त लाभांश देकर अंशधारियों में असन्तोष की सम्भावना को दूर किया जाय। अतः यदि कम्पनी के पास वितरण के लिए लाभ अधिक होता है, तो वह उसे बोनस के रूप में वितरित करती है। बोनस निम्नलिखित में से दिया जा सकता है:

(1) चालू वर्ष के लाभ में से (Current Years' Profit)- यदि किसी वर्ष कम्पनी को अधिक लाभ होता है और संचालक उस अधिक लाभ को किसी कार्य विशेष के लिए रोकना नहीं चाहते हैं, तो वे उसे बोनस के रूप में अंशधारियों को वितरित करने की सिफारिश कर सकते हैं।

(2) संचित लाभ में से (Accumulated Profit)- प्रत्येक वर्ष विभाज्य लाभ का कुछ अंश संचालक संचित करते रहते हैं। जितना लाभ संचित कर लिया जाता है, अंशधारियों का लाभांश उतना ही कम हो जाता है। अतएव यह न्यायसंगत है कि अंशधारियों के द्वारा गत वर्ष में किये गये त्याग के बदले में लाभ का संचय आवश्यकता से अधिक हो जाने पर उसका अधिक भाग अंशधारियों में वितरित कर दिया जाय। प्राय: कम्पनियाँ अपने सामान्य संचय (General Reserve) का प्रयोग बोनस देने के लिए करती है।

(3) सिंकिंग फण्ड अथवा ऋण पत्र शोधन कोष में से (बशर्तें ऋण पत्रों का भुगतान किया जा चुका हो तथा इस खाते का शेष सामान्य संचय खाते में अन्तरित कर दिया गया हो) : जब इस खाते का शेष सामान्य संचय खाते में अन्तरित कर दिया जाता है, तब सामान्य संचय से बोनस के वितरण की व्यवस्था की जा सकती है।

(4) पूँजीगत लाभों में से, जैसे (अ) पूँजी शोधन कोष में से जिसका निर्माण शोधनीय पूर्वाधिकार अंशों के लिये लाभों मे से किया गया हो, (ब) अंश प्रीमियम खाते की रकम से, आदि। पूँजी शोधन कोष तथा अंश प्रीमियम खाते का उपयोग केवल पूर्णदत्त बोनस अंश देने के लिए ही किया जा सकता है।

पूँजीगत लाभ

(Capital Profit)

पूँजी लाभ में वे लाभ शामिल किये जाते हैं जो व्यापार के सामान्य व्यवहारों से उत्पन्न नही होते हैं, वरन् कुछ विशेष दशाओं में उदय होते हैं जैसे (अ) अंशों के निर्गमन पर प्राप्त प्रीमियम, (ब) ऋण पत्रों के निर्गमन पर प्राप्त प्रीमियम, (स) हरण किये गये अंशों को बट्टे अथवा सममूल्य पर पुनर्निर्गमन करने के बाद अंश हरण खाते का शेष, (द) व्यापार क्रय करने पर लाभ, (य) स्थायी सम्पत्तियों को बेचने पर लाभ, (र) समामेलन के पूर्व का लाभ, (ल) ऋण पत्रों के शोधन पर बट्टे के रूप में लाभ।

यदि कम्पनी अधिनियम की धारा 205 पूँजीगत लाभों में वितरण पर कोई रोक नहीं लगाती है, तथापि अन्य धाराओं के अन्तर्गत यह निर्देशित किया गया है कि निम्न पूँजी लाभ किसी भी दशा में लाभांश के रूप में वितरित नहीं किये जा सकते:

(अ) **अंशों के निर्गमन पर अंश प्रीमियम खाता** (Share Premium Account)- धारा 78 के अधीन अंश प्रीमियम खाते का प्रयोग लाभांशवितरण के लिए नहीं किया जा सकता है। यदि ऐसा किया जाता है, तो यह माना जायेगा कि पूँजी का वितरण करके उसे कम कर दिया गया है।

(ब) **पूँजी शोधन संचय खाता** (Capital Redemption Reserve Account)- शोध्य अधिमान अंशों का शोधन लाभो में से करने पर खोले

गये इस खाते का प्रयोग धारा 80 के अनुसार, लाभांश वितरण के लिए नहीं किया जा सकता है। इससे केवल बोनस अंश ही निर्गमित किये जा सकते हैं।

(स) पूँजीगत संचय में स्थानान्तरित पूँजी लाभ - यदि कोई पूँजीगत लाभ पूँजीगत संचय खाते में स्थानान्तरित कर दिया जाता हैं, तो उसे भी लाभांश के रूप में वितरित नहीं किया जा सकता है, जैसे हरण किये गये अंशों का पुनर्निर्गमन करने के बाद अंश हरण खाते का शेष, समामेलन के पूर्व का लाभ, तथा व्यापार क्रय करने पर लाभ। ये सभी लाभ पूँजी संचय खाते (Capital Reserve Account) में अन्तरित कर दिये जाते हैं। एक बार इन पूँजी लाभों को पूँजी संचय में अन्तरित कर देने परउनका प्रयोग लाभांश के रूप में नहीं किया जा सकता।

वैधानिक रूप से उक्त पूँजीगत लाभों को छोड़कर अन्य पूँजीगत लाभों का लाभांश वितरण के लिए प्रयोग तभी किया जा सकता है, जबकि (1) ये लाभ नकद वसूल हुए हों, (2) समस्त सम्पत्तियों का पुनर्मूल्यांकन करने के बाद आधिक्य हो, (3) कम्पनी के अन्तर्नियम इनको लाभांश के रूप में बाँटने का विरोध न करते हों उन पूँजी लाभों का, जो नकद वसूल नहीं होते हैं, प्रयोग बोनस अंशों का निर्गमन करने के लिए किया जा सकता है।

बोनस वितरण की प्रक्रिया

(Procedure for Bonus Distribution)

संचालकों द्वारा यह निश्चित करने के पश्चात् कि बोनस कौन से लाभ या कोष में से वितरित किया जावे, इस आशय का एक-एक प्रस्ताव संचालक मण्डल द्वारा साधारण सभा के समक्ष बोनस वितरण सम्बन्धी अपनी सिफारिश के साथ प्रस्तुत किया जाता है। संचालक मण्डल के प्रस्ताव की पुष्टि के पश्चात् सरकार द्वारा अनुमति प्राप्त कर बोनस की घोषणा सम्बन्धी विज्ञप्ति दे दी जाती है। प्रस्ताव में नकद बोनस, अंशों द्वारा बोनस का भुगतान अथवा माँग की राशि में बोनस की राशि के समायोजन के बारे में पूर्ण स्पष्टीकरण होता है। अंशधारियों को तत्त्वसम्बन्धी सूचना देने के प्रश्चात् आवश्यक रिजस्टरों में प्रविष्टियों दर्ज कर दी जाती है तथा नये अंश जारी करने की दशा में अंधशारियों को आवंटन पत्र भेज दिये जाते हैं। यह ध्यान देने योग्य बात है कि बोनस अंशों का निर्गमन पूँजी शोधन कोष अथवा अंश प्रीमियम खाते में से किया जावे तो ऐसे अंश पूर्ण प्रदत्त ही निर्गमित किये जावेंगे।

बोनस वितरण के सम्बन्ध में प्रस्ताव प्रस्तुत एवं पारित करने पर निम्न प्रविष्टियाँ की जावेंगी:

(1) यदि बोनस की घोषणा चालू वर्ष के लाभों में से प्रस्तावित की गई है:

(अ) बोनस सम्बन्धी प्रस्ताव प्रस्तुत करने पर:

Profit and Loss Appripriation a/c Dr. To Proposed Bonus to Shareholders a/c (Proposal made for the declaration of Bonus)		(बोनस की प्रस्तावित राशि से)

(ब) बोनस सम्बन्धी प्रस्ताव साधारण सभा में स्वीकृति हो जाने पर:

Proposed Bonus to Shareholders Dr. (स्वीकृत बोनस की राशि
To Bonus to Shareholders a/c से)
(Proposal for Bonus to Shareholders
approved as per Shareholders'
resolution dated...)

(2) यदि बोनस की घोषणा के लिए प्रस्ताव संचित लाभ या सामान्य संचय में से किया गया है:

(अ) बोनस सम्बन्धी प्रस्ताव करने पर:

General Reserve a/c Dr.
To Proposed Bonus to Shareholders a/c
(Proposal made for declaration to Bonus out of General Reserve)

(ब) बोनस सम्बन्धी प्रस्ताव साधारण सभा में स्वीकृत हो जाने पर:

Proposed Bonus to Shareholders a/c Dr.
To Bonus to Shareholders a/c
(Proposal for Bonus approved by the Shareholders)

बोनस का भुगतान (Payment of Bonus)

बोनस के भुगतान करने की निम्न विधियाँ अपनायी जा सकती हैं:

(1) नकद भुगतान करके : यदि कम्पनी के पास नकद धन आवश्यकता से अधिक होता है तो बोनस का भुगतान रोकड़ में किया जा सकता है। ऐसी स्थिति में इसे नकद बोनस (Cash Bonus) कहते हैं। भुगतान नकद किये जाने पर निम्न प्रविष्टियाँ की जाती है:

बोनस का रोकड़ में भुगतान किये जाने पर:

Bonus to Shareholders a/c Dr. (बोनस के लिए वास्तविक
To Bank a/c नकद भुगतान से)
(Bonus paid in cash)

न माँगा गया बोनस (Unclaimed Bonus):

निर्धारित समय में बोनस का भुगतान न माँगे जाने पर अंशधारियों के बोनस खाते में जो शेष रहता है, उसे अदत्त (Unpaid) अथवा न माँगा गया बोनस (Unclaimed Bonus) कहा जाता है। ऐसे बोनस की राशि न माँगे गये बोनस खाते में निम्न प्रविष्टि द्वारा अन्तरित कर दी जाती है:

Bonus to Shareholders a/c Dr.
To Unclaimed Bonus a/c
(Being the transfer made)

लाभांश के नकद भुगतान के लिए जिस प्रकार लाभांश बैंक खाता (Dividend Bank a/c) खोला जाता है, उसी प्रकार बोनस के भुगतान के लिए बैंक खाते से देय बोनस के बराबर राशि बोनस बैंक खाते (Bonus Bank Account) में जमा करा दी जाती है।

(2) अंशतः प्रदत्त अंशों (Partly paid-up shares) **की पूर्णदत्त अंश** (Fully paid-up shares) **बनाकर** - जब कम्पनी अपने धन को कार्यशील पूँजी के रूप में सुरक्षित रखना चाहती है, तब वह बोनस की राशि को अंशतः प्रदत्त अंशों को पूर्णदत्त बनाने के लिए प्रयोग करती है। ऐसे बोनस को अंश बोनस (Share Bonus) कहते हैं।

अंशतः प्रदत्त अंशों को पूर्णदत्त बनाने के लिए बोनस का प्रयोग किये जाने पर सर्वप्रथम अंशतः प्रदत्त अंशों पर पहले अब तक न माँगी हुई शेष पूँजी (Uncalled Capital) की माँग की जाती है तथा माँग देय सम्बन्धी लेखा किया जाता है।

Share..... Call a/c	Dr.	(देय माँग की राशि प्रति अंश × अंशों की संख्या में)
To Share Capital a/c		
(Share..... call money due @ Rs... per share)		

बोनस की राशि काप्रयोग देय माँग की पूर्ति करने पर:

Bonus to Shareholders a/c	Dr.
To Share .... Call a/c	
(Bonus applied toward share ..... call)	

(3) अंशधारियों को नये पूर्णदत्त अंश (Fully paid-up shares) **उनका मूल्य लिये बिना निर्गमित करके** : कम्पनी अपने कनद धन को कार्यशील पूँजी के रूप में सुरक्षित रखने के लिए बोनस का भुगतान पूर्णदत्त अथवा अंशतः प्रदत्त अंश को सममूल्य (at par) अथवा प्रीमियम (at a premium) पर निर्गमन द्वारा कर सकती है। इस प्रकार अंशों के निर्गमन द्वारा बोनस के भुगतान को भी अंश बोनस (Share Bonus) कहते हैं। इसके लिए निम्न जर्नल प्रविष्टि की जाती है:

(i) Profit or Loss a/c or General Reserve a/c	Dr.
Or	
Capital Redemption Reserve a/c	Dr
Or	
Share Premium a/c or Capital Reserve a/c	Dr.
To Bonus to shareholders a/c	
(Bonus declared)	

(2) अंशों को सममूल्य पर निर्गमित करने पर:

Bonus to Shareholders a/c	Dr.
To Share Capital a/c	
(Bonus Shares issued at par in lieu of payment of bonus in cash)	

अंशों के प्रीमियम पर निर्गमन करने पर

Bonus to Shareholders a/c Dr.

To Share Capital a/c

To Share Premium a/c

(Bonus Shares issued at premium of
Rs...... per share in lieu of payment of Bonus)

लाभ अथवा संचय का पूँजीकरण

बोनस के भुगतान की उपर्युक्त विधियों से स्पष्ट है कि जब अतिरिक्त लाभ अथवा सामान्य संचय में से बोनस दिया जाता है और उसका भुगतान पूर्णदत्त अथवा अंशत: प्रदत्त अंशों का निर्गमन करके अथवा अंशत: अंशों को पूर्णदत्त करके किया जाता है, तो इस क्रिया को लाभों का पूँजीकरण (Capitalisation of Profits) कहते हैं, क्योंकि व्यापारिक लाभों में से अंशों का निर्गमन करके उसे पूँजी में परिवर्तित कर दिया जाता है। कम्पनी को लाभों के पूँजीकरण से यह लाभ होता है कि कम्पनी के एकत्रित लाभों की रकम व्यापार में ही रह जाती है और इससे कम्पनी को व्यापार में वृद्धि करने में सहायता मिलती है, बोनस अंशों के निर्गमन से पूँजी में वृद्धि हो जाती है और लाभांश की दर घट जाती है। अंशधारियों को भी इससे कोई हानि नहीं होती है, क्योंकि यदि वे चाहे तो बोनस अंशों को बेचकर रोकड़ प्राप्त कर सकते हैं।

पूँजीगत बोनस के लाभ : (1) कम्पनी की सम्पत्तियों को हस्तान्तरित किये बिना ही लाभों का अंशधारियों में बाँटना सम्भव हो जाता है और कम्पनी की स्थायी तथा चल सम्पत्तियाँ अप्रभावित रहती है।

(2) यदि लाभों को स्थायी सम्पत्तियों में लगा दिया गया है, तो बोनस अंश के निर्गमन के कारण पूर्णदत्त पूँजी तथा स्थायी विनियोग के बीच की दूरी कम हो जाती है।

(3) कम्पनी की शक्ति के अनुरूप अर्जित लाभांश की दर स्थापित हो जाती है।

(4) इसके द्वारा अंशधारियों को लाभांश की दर बढ़ाये बिना अधिक लाभ मिल जाते हैं और श्रमिक वर्ग में असन्तोष नहीं फैलता है।

पूँजीगत बोनस से हानियाँ : (1) यदि भविष्य में कम्पनी के लाभ समुचित मात्रा में नहीं बढ़तें है, तो ऐसी स्थिति में लाभांश की दर में भारी कटौती होने की आशंका रहती है और इसके परिणामस्वरूप कम्पनी की प्रतिष्ठा गिरने का भी भय बना रहता है।

(2) अंशों का बाजार मूल्य प्राय: लाभांश की दर पर निर्भर करता है। जब लाभांश दर गिरती है, तो अंशों के बाज़ार मूल्य में भी गिरावट आ जाती है जिसके कारण अंशधारियों में असन्तोष फैलता है।

(3) बोनस अंशों के कारण कम्पनी के अंशों मे सट्टे को प्रोत्साहन मिलता है।

वार्षिक खातों का प्रस्तुतीकरण
(Presentation of Annual Accounts)

प्रत्येक कम्पनी के संचालक मण्डल अंशधारियों की वार्षिक साधारण सभा में सम्बन्धित वित्तीय वर्ष की समाप्ति के दिन उसकी आर्थिक स्थिति व्यक्त करने वाला चिट्टा तथा उस वित्तीय वर्ष के लिए तैयार किया गया लाभ हानि खाता जिन्हें वित्तीय विवरण पत्र (Financial Statements) कहते हैं, प्रस्तुत करना पड़ता है। इन विवरण पत्रों को प्रस्तुत करने के पूर्व इनका अंकेक्षण भी करा लिया जाता है और अंकेक्षक की रिपोर्ट उनके साथ संलग्न कर दी जाती है। साथ ही में संचालक मण्डल की रिपोर्ट भी संलग्न होती है।

संचालक मण्डल की रिपोर्ट में कम्पनी की वित्तीय स्थिति को प्रभावित करने वाले उन महत्त्वपूर्ण परिवर्तनों तथा अनुबन्धों का भी, यदि कोई हों, उल्लेख किया जाा है जो वित्तीय वर्ष के अन्त तथा संचालक मण्डल के प्रतिवेदन की तिथि के मध्य किये गये हों।

संचालक मण्डल के प्रतिवेदन में एक ऐसा विवरण भी सम्मिलित किये जाने की व्यवस्था की गई है जिसमें प्रत्येक ऐसे कर्मचारी का नाम होगा, (अ) जिसने यदि गत पूरे वित्तीय वर्ष में किया है तो उसका कुल औसत वार्षिक पारिश्रमिक जो 36,000 रु. से कम नहीं था, अथवा (ब) यदि उसने गत वित्तीय वर्ष के किसी आंशिक भाग में ही कार्य किया हो, तो उसका उस आंशिक अवधि का कुल औसत पारिश्रमिक 3,000 रु. प्रति माह से कम नहीं था। इसी विवरण में जिन अन्य तथ्यों का संकेत करना भी आवश्यक होगा वे इस प्रकार हैं: (1) उक्त कोई कर्मचारी कम्पनी के किसी संचालक या प्रबन्धक का सम्बन्धी है या नहीं, और यदि हैं, तो ऐसे संचालक का नाम, तथा (2) अन्य कोई विवरण जो इस अधिनियम के अन्तर्गत निर्धारित किये गये हैं।

कम्पनी, वार्षिक खाते अपने लेखा वर्ष के सम्बनध में तैयार करती है, जिसकी अविध 12 महीने से कम या अधिक भी हो सकती है, परन्तु यह अवधि 15 महीने से अधिक नहीं हो सकती। कम्पनियों का रजिस्ट्रार विशेष परिस्थितियों में इस अवधि को 18 महीने तक बढ़ा सकता है।

कम्पनी के वार्षिक खातों को लेखा वर्ष की समाप्ति के 6 माह के भीतर ही अंशधारियों या सदस्यों की वार्षिक साधारण सभा में प्रस्तुत कर देना चाहिए। इस स्थिति में भी रजिस्ट्रार द्वारा वार्षिक साधारण सभा की 6 माह की अवधि को बढ़ा दिये जाने पर, वार्षिक खातों को प्रस्तुत करने की अवधि भी बढ़ जाती है।

वार्षिक खाते संचालकों व प्रबन्ध संचालक अथवा प्रबन्धक, अथवा सचिव द्वारा प्रामाणित किये जाते हैं तथा उन पर उनके हस्ताक्षर होते हैं। बैंकिंग कम्पनी के चिट्ठे वे लाभ हानि खाते पर तीन संचालकों के हस्ताक्षर होते हैं तथा वे उनके द्वारा ही प्रमाणित किये जाते हैं।

कम्पनी के सचिव द्वारा वार्षिक खातों तथा उसके साथ संलग्न अन्य समस्त विवरण पत्रों की प्रतियाँ वार्षिक साधारण सभा होने से कम से कम 21 दिन पूर्व प्रत्येक सदस्य, प्रत्येक रजिस्टर्ड ऋण पत्रधारी तथा अन्य सम्बन्धित व्यक्तियों को सूचनार्थ भेज दी जाती है। सर्वसाधारण की सूचना हेतु इनका समाचार पत्रों आदि में प्रकाशन भी करा लिया

जाता है। इसी कारण इन्हें प्रकाशित वार्षिक रिपोर्ट (Published Annual Reports) भी कहते हैं। कुछ कम्पनियाँ इन प्रकाशित रिपोर्टों के साथ अध्यक्षीय भाषण (Chairman's Speech) भी प्रकाशित करा देती है।

वार्षिक साधारण सभा में सदस्यों द्वारा संचालक मण्डल द्वारा प्रस्तुत किये जाने वाले वार्षिक खातों पर विचार विमर्श किया जाता है। विचार विमर्श के बाद सदस्यों द्वारा संचालक मण्डल के प्रस्ताव एवं सुझाव सामान्यत: स्वीकार कर लिये जाते हैं अथवा वार्षिक खातों को कारण सहित अस्वीकार भी किया जा सकता है।

जो वार्षिक खाते कम्पनी की वार्षिक साधारण सभा में प्रस्तुत किये जा चुके होते हैं, उनकी तीन प्रतियाँ साधारण सभा की तिथि से तीन दिन के भीतर कम्पनी रजिस्ट्रार के पास भेजना पड़ता है। यदि वार्षिक साधारण सभा में वार्षिक खातों को अस्वीकार कर दिया गया हो, तो ऐसी अस्वीकृति के कारणों एवं तथ्यों की एक प्रति भी रजिस्ट्रार को भेजना पड़ता है। रजिस्ट्रार कम्पनी से इस सम्बन्ध में कोई भी अन्य सूचना एवं स्पष्टीकरण की माँग की जा सकती है और कम्पनी को माँगी गई सूचना व स्पष्टीकरण भेजना अनिवार्य होगा।

प्रश्न

1. एक कम्पनी के वार्षिक खातों से आप क्या समझते हैं? भारतीय कम्पनी अधिनियम, 1956 के उन विभिन्न प्रावधानों का उल्लेख कीजिए, जिनके अनुसार एक कम्पनी द्वारा वार्षिक खाते तैयार तथा प्रस्तुत किये जाते हैं।

   What do you understand by 'Annual Account' of a Company? Describe in brief the various provisions of the Indian Companies Act, 1956 regarding the preparation and presentation of Annual Accounts by a company

2. लाभ एवं हानि नियोजन खाता क्या है? क्या एक कम्पनी के लिए यह खाता तैयार करना अनिवार्य है? सामान्यत: इस खाते में कोई-सी मदें दिखाई जाती है?

   What is Profit and Loss Appropriation Account? Is it compulsory for a company to prepare this account? What items are usually shown in this Account?

3. संक्षिप्त टिप्पणियाँ लिखिए

   (1) लाभांश समानीकरण कोष

   (2) कर के लिए आयोजन

   Write short notes on:

   (a) Dividend Equalisation,

   (b) Provision for Taxation.

4. एक कम्पनी के विभाजन योग्य लाभ से आप क्या समझते हैं? एक कम्पनी के शुद्ध लाभ तथा विभाजन योग्य लाभ में क्या अन्तर है?

What do you mean by divisible profits of a company? What is the difference between net profit and divisible profit of a company?

5. कम्पनी के विभाजन योग्य लाभ क्या होते हैं? क्या पूँजीगत लाभ लाभांश के लिए उपलब्ध होते हैं? लाभांश के भुगतान सम्बन्धी मुख्य नियम बताइये।

What are divisible profits of a company? Are capital profits available for dividends? State the broad principles regarding dividend payment.

6. विभाजन योग्य लाभ सम्बन्धी वैधानिक स्थिति क्या है? क्या अपनी सम्पत्तियों के ह्रास के लिए समुचित व्यवस्था किये बिना अपने चालू लाभ को लाभांश के रूप में बाँटने के सम्बन्ध में कम्पनी पर कोई वैधानिक प्रतिबन्ध हैं?

What is the legal position as regards divisible profits? Is there any legal bar on a company against distribution of its current profit by way of dividends without providing for depreciation on its fixed assets?

7. क्या एक कम्पनी लाभांश घोषित कर सकती है

(अ) पिछली हानियों को अपलिखित किये बिना चालू लाभों मे से,

(ब) पूँजीगत लाभो में से, तथा

(स) पिछली तथा चालू वर्ष की हानियों को अपलिखित किये बिना पिछले एकत्रित लाभों में से?

Can a company declare dividend (a) out of current profits before writing off past losses; (b) out of Capital Profits; and (c) out of accumulated profits without making good the past losses and the loss of the current year?

□□□

समकालीन हिंदी उपन्यासों में स्त्री-विमर्श

समकालीन हिन्दी उपन्यासों
में
स्त्री-विमर्श

डॉ. स्नेहलता

Raj PUBLICATIONS

राज पब्लिकेशन्स

नई दिल्ली- 110002

समकालीन हिन्दी उपन्यासों में स्त्री-विमर्श

2019

₹ 1295

आई.एस.बी.एन. 978-93-82281-04-7

प्रकाशक : **राज पब्लिकेशन्स**
108, 4855/24, अंसारी रोड़,
दरियागंज, नई दिल्ली- 110002
दूरभाष- 011-23250939, 09811010939
ई मेल- rajpublications@yahoo.co.in

शब्द संयोजक : अंकिता ग्राफिक्स, दिल्ली - 110084

मुद्रक : बालाजी आफसेट प्रिन्टर्स, दिल्ली- 110052

भारत से मुद्रित

विषयानुक्रम

भूमिका

हिंदी में पुस्तक लिखना मेरा सपना था- आज मैं अपने सपने को साकार करने जा रही हूँ- मैंने "समकालीन हिंदी उपन्यासों में 'स्त्री-विमर्श'" विषय को चुना-

मेरी माँ किताब कौर हमेशा से मेरी आदर्श, मेरी प्रेरणा रही है- उन्होंने जीवन के हर मोड़ को संघर्षपूर्ण जीया है- पर कभी, स्त्री होने का दुःख नहीं माना- स्त्री जीवन को सार्थक बनाया है- 'स्व' की पहचान बनाई है- आत्मनिर्भर हो 'स्व' के मूल्यों पर चली- परिस्थिति परिवेश में साहस के साथ आगे ही आगे दृढ़ता के साथ बढ़ती रही- अपने बच्चों का भविष्य बनाने में अड़िग रही, सफल बनाने में सार्थक भी रही- यही रूप मैंने मेरी सास, बहनों में भी देखा- शायद स्त्री का 'कथा सत्य' ही स्त्री-विमर्श है-

स्त्री-विमर्श स्त्री जीवन की व्यथा-कथा के रूप में चित्रित हुआ है- स्त्री-विमर्श ऐसी चर्चित संकल्पना रही है जो स्त्री जीवन एवं उसके अस्तित्व को लेकर कई प्रश्न खड़े करती है- मैं ने स्त्री-विमर्श के इन प्रश्नों को पाश्चात्य, भारतीय, साहित्यिक एवं हिंदी उपन्यसों के दृष्टिकोणों में तलाशने की कोशिश की है- स्त्री-विमर्श के हर प्रश्न, तथ्य, विचार हर

देश में एक जैसे दृष्टिगत होते हैं- थोड़ा-हेर-फेर जरूर दिखाई देता है पर केंद्रित एक ही बिंदु पर होते हैं 'स्त्री'- स्त्री तथ्यों की जटिलता तोड़ने के लिए कई वाद-विवाद सिद्धांतों का जन्म हुआ- जिनमें समय-समय पर स्त्री व्यथा-कथा का निरीक्षण भी हुआ- पर स्त्री समस्या तो समयानुसार परिवर्तित होने वाली लहर है जो बहती ही जाती है- नये प्रश्नों नये दृष्टिकोणों को लेकर- स्त्री प्रश्नों, तथ्यों, दृष्टिकोणों को लेकर लेखिकाओं ने प्रारंभिक काल से आज तक अपनी रचनाओं में स्त्री के कई संदर्भों में विचार-विमर्श किया है जो समय, युगों के साथ बदलते भी गये, परिवर्तित भी होते गये- लेखिकाओं ने समयानुसार, संदर्भानुसार स्त्री परिस्थिति, व्यवस्था-कथा को जाना और नये दृष्टिकोणो नयी प्रयोगधर्मिता में स्त्री-विमर्श का विवेचन अपने उपन्यासों में करती रही-

अंतिम दशक के उपन्यासों में हम देख सकते हैं कि स्त्री-लेखन में लेखिकाओं ने अपनी अनुभूति और अभिव्यक्ति के प्रस्तुतीकरण में नये प्रयोग एवं विविधता को दर्शाया है- स्त्री के प्रश्नों में, व्यथा-कथा में, स्थिति-व्यवस्था में कई परिवर्तन, सोच में विस्तार, प्रगतिशीलता, चेतनात्मक दृष्टिकोण, चिंतनपरक सोच-विचार और भाषा के नवीनीकरण का उद्घाटन किया है- लेखिकाओं ने स्त्री संबंधित जीवन संघर्ष की विकृतियों एवं विद्रुपताओं का चित्रण कर संभावनाओं का प्रयास किया है-

प्रस्तुत पुस्तक को मैंने छः अध्यायों में विभक्त किया है- ये छः अध्याय निम्नलिखित हैं-

प्रथम अध्याय में "स्त्री-विमर्श का सैद्धांतिक परिदृश्य" को पाँच भागों में यथा-विमर्श:अर्थ एवं परिभाषा, स्त्री-विमर्श : अर्थ एवं परिभाषा, स्त्री-विमर्श का सैद्धांतिक परिदृश्य, स्त्री-विमर्श की परंपरा व इतिहास: पाश्चात्य, स्त्री-विमर्श की परंपरा व इतिहास:भारतीय दृष्टिकोण में विभाजित कर उसका विवेचना किया है-

द्वितीय अध्याय में "'स्त्री-विमर्श' का साहित्यिक परिदृश्य" के अंतर्गत स्त्री-विमर्श:विविध चरण, हिंदी उपन्यासों में स्त्री-विमर्श के आधार बिंदु:पुरुष लेखन के संदर्भ में तथा आधार बिंदु स्त्री-लेखन के

संदर्भ में विवेचन करने का प्रयास है-

तृतीय अध्याय में "अंतिम दशक के हिंदी उपन्यासों में स्त्री-विमर्श:सृजन के नये संदर्भ" के अंतर्गत अंतिम दशक के हिंदी उपन्यास:सृजन के नये तेवर, लेखिकाओं के चिंतन के परिवर्तनकामी आयाम पर विचार किया गया है- अंतिम दशक की लेखिकाओं में जिन्होंने इस अवधि में स्त्री-विमर्श पर अपनी रचना की है वे हैं-कृष्णा सोबती, मैत्रेयी पुष्पा, चित्रा मुद्‌गल, मृदुला गर्ग, चंद्रकांता, प्रभा खेतान, अलका सारावगी, गीतांजलि श्री, मीना शर्मा, नमिता सिंह, सूर्यबाला कृत उपन्यासों की चर्चा की है- साथ ही स्त्री-विमर्श के सभी तथ्यों का विवेचन करने का प्रयास है जिनमें स्त्री जीवन के विविध आयाम जैसे स्त्री को पारिवारिक, सामाजिक, वैवाहिक जीवन को लेखिकाओं ने उभारा है-

चतुर्थ अध्याय में "अंतिम दशक के हिंदी उपन्यासों में स्त्री-विमर्श (पितृसत्तात्मक व्यवथा, स्त्री घुटन:विविध संदर्भ और पुनरुत्पत्ति के संदर्भ में)" पितृसत्तात्मक व्यवस्था के अंतर्गत स्त्री की वास्तविक लड़ाई, पितृसत्ता व्यवस्था में सामाजिक जीवन, स्त्री घुटन:विविध संदर्भ के अंतर्गत अनमेल विवाह, अकेलापन, दहेज, बलात्कार, रखैल-प्रताड़ित, उपेक्षित, जाति, प्रेम, पुनर्विवाह, आडंबर, अंधविश्वास तथा पुनरुत्पत्ति के अंतर्गत स्त्री की जैविक प्रक्रिया, लिंग में भेदभाव, स्त्री अधिकार, मातृत्व भावना, प्रजनन क्रिया के संदर्भ में चर्चा की गई है-

पंचम अध्याय "अंतिम दशक के हिंदी उपन्यासों में स्त्री-विमर्श (आत्मनिर्भरता, स्वावलंबन, मानवीय संवेदना और स्त्री सशक्तीकरण के संदर्भ में)" है- इसके अंतर्गत आत्मनिर्भरता, स्वावलंबन, प्रगतिशील स्त्री, समान अधिकार, स्वतंत्र चेतना, मानवीय संवेदना, पारिवारिक जीवन, जीवन घुटन भरा, तलाक:एक अभिशाप, विवाह का पुनर्निर्माण, स्त्री सशक्तीकरण में चेतित स्त्री आदि संदर्भों का विवेचन किया गया है-

षष्ठम अध्याय में "अंतिम दशक के हिंदी उपन्यास:अभिव्यक्ति के विविध रूप स्त्री-विमर्श के संदर्भ में" भाषा के अंतर्गत बोलचाल की भाषा, प्रतीक, बिंब, सांकेतिक भाषा, चित्रात्मक भाषा, स्त्री चेतनात्मक

भाषा तथा चिंतन परक भाषा पर विचार करते हुए लेखिकाओं की भाषा में नये प्रयोग तथा भाषा की अभिव्यक्ति को सटीक रूप से दर्शाया गया है उनकी चर्चा करने का प्रयास किया गया है-

निष्कर्ष में पुस्तक की उपलब्ध संभावनाओं को प्रस्तुत किया है- अंत में आधार-ग्रंथ एवं संदर्भ ग्रंथ एवं सहायक सूची दी गई है-

पुस्तक की मौलिकता

"प्रस्तुत पुस्तक स्त्री लेखिकाओं द्वारा लिखे गये उपन्यासों में केंद्रित स्त्री-विमर्श है-

"प्रस्तुत पुस्तक में स्त्री लेखिकाओं की औपन्यासिक कृतियों को वह भी स्त्री-विमर्श संबंधी विषयों का ही अध्ययन के केंद्र में रखा जाने का कारण स्त्री दृष्टि की प्रामाणिकता और स्त्री लेखन की सार्थकता को स्त्री-विमर्श में स्थान देना है-

"अंतिम दशक के हिंदी उपन्यासों को अध्ययन का विषय बनाकर सन् 1990 से 2000 तक के स्त्री-विमर्श संबंधी स्त्री लेखिकाओं द्वारा लिखे गये महत्वपूर्ण उपन्यासों पर यह कार्य संपन्न हुआ है- हिंदी अनुसंधान क्षेत्र में यह कार्य प्रथम बार संपन्न हुआ है-

"यह अध्ययन विशेष कालखंड़ अंतिम दशक के प्रतिनिधि स्त्री लेखिकाओं के उपन्यासों को लेकर संपन्न हुआ- इसमें हिंदी की ग्यारह लेखिकाओं की औपन्यासिक कृतियों का स्त्री-विमर्श की दृष्टि से अध्ययन किया गया है-

"अंतिम दशक के हिंदी उपन्यासों में चित्रित स्त्री सशक्तीकरण, आत्मनिर्भरता, स्वावलंबन, मानवीय संवेदना के संदर्भ में इस प्रबंध में अत्यन्त सहजता से प्रथम बार विवेचित एवं विश्लेषित कर अनुसंधान क्षेत्र में मौलिक योगदान देने का प्रयास है-

"अंतिम दशक के हिंदी उपन्यासों में स्त्री विमर्श, पितृात्तात्मक व्यवस्था, स्त्री घुटन: विविध संदर्भ, पुनरुत्पत्ति के संदर्भ में विचार-विमर्श

किया गया है- यह भी अनुसंधान के क्षेत्र में मौलिक योगदान देने का प्रयास किया गया है-

"अंतिम दशक के उपन्यासों में भाषा की अभिव्यक्ति का प्रयोग कर लेखिकाओं की भाषा दृष्टि' का सक्ष्मता से विवेचन एवं विश्लेषण किया गया है-

प्रस्तुत पुस्तक को संपन्न बनाने में जिन लेखकों, विद्वानों तथा ग्रंथालयों ने मेरी सहायता की है सबके प्रति मैं आभार व्यक्त करना चाहूँगी-

सर्वप्रथम मैं आदरणीय सर प्रो.वी.कृष्ण जी, केंद्रीय विश्वविद्यालय, हैदराबाद के प्रति हृदयपूर्वक आभार व्यक्त करना चाहूँगी- जिन्होंने हमेशा मुझे अपना अमूल्य समय और सुझाव देकर मेरा मार्गदर्शन किया-

आदरणीय प्रो.शशि मुदिराज जी, प्रो.नूरजहाँ बेगम जी तथा डॉ.गरिमा श्रीवास्तव जी केंद्रीय विश्वविद्यालय, हैदराबाद के प्रति विशेष आभार व्यक्त करना चाहूँगी- जिन्होंने समय-समय पर मुझे अपना समय और सुझाव देकर मुझे समझाया- मैं प्रो.रविरंजन जी, अध्यक्ष, केंद्रीय विश्वविद्यालय, हैदराबाद के प्रति भी आभारी हूँ-

अगर किसी भी लड़की को शादी के बाद अच्छी मानसिकता वाला पति, उससे प्यार, प्रोत्साहन, सहयोग मिल जाए तो वह अपने सपनों को साकार कर सकती है- सफलता की ऊँचाइयों तक पहुँच सकती है- मैं अपने आपको सौभाग्यशाली मानती हूँ कि मुझे शादी के बाद अच्छी मानाकिता वाला पति मिला जिससे प्यार, प्रोत्साहन, सहयोग मिला- मैं आभारी हूँ मेरे पति श्री राजू डिंग्या की जिनकी प्रेरणा, सहयोग हमेशा मेरे साथ रहा- जिनके साथ एवं प्रोत्साहन से आज मैं अपना सपना साकार करने जा रही हूँ- इनके प्रति मैं हृदयपूर्वक आभार व्यक्त करती हूँ- साथ ही मेरे माता-पिता, सास-ससुर, मेरी बड़ी बहन मंजू श्री का जिनका आशीर्वाद और सहयोग हमेशा बना रहा-

मेरी प्यारी ननंद रजनी, राजेश्वरी और मेरी प्यारी बहन उपासना के प्रति मैं विशेष आभार व्यक्त करती हूँ जिन्होंने पुस्तक का कार्य

करते समय मेरे दोनों बच्चों की देखभाल की और उन्हें बड़े लाड़-प्यार से संभाला- साथ ही मेरी बड़ी बहन संजू श्री के प्रति जिसने इस पुस्तक की आवश्यक सामग्री संकलन में मेरी सहायता की-

मैं अपने नन्हें बच्चों की आभारी हूँ, जिनको मैं पुस्तक के कारण सही समय न दे पायी- जिनकी नन्हीं मुस्कान मुझे काम करने की प्रेरणा देते हैं- उनकी छोटी-छोटी बातें मन को प्रफुल्लित करती हैं-वैभव कहता है-"मम्मी जल्दी काम कम्प्लीट कर लो मेरे बड्डे तक-" श्रीनिधि मेरे ही स्टडी पैड पर बैठ कर कहती है-"आप लिखो, मैं पढ़ूंगा"- सुजल कहता है-"मम्मी तुम हमेशा पढ़ती रहती हो... आपके एक्जाम कब हैं" अतः अत्यधिक अनमोल प्यार के साथ मन से आभार व्यक्त करती हूँ-

और मेरी राधा दीदी जिनकी वजह से इस पुस्तक का अत्यन्त महत्वपूर्ण काम संपन्न हुआ- इतनी व्यस्तता एवं समयाओं के बावजूद अत्यन्त तत्परता के साथ कार्य करके पुस्तक प्रस्तुति के लिए उचित योगदान दिया- अतः मैं उनका विशेष आभार व्यक्त करती हूँ-

केंद्रीय विश्वविद्यालय, हैदराबाद की लाइब्रेरी को अपना विशेष आभार व्यक्त करती हूँ जहाँ से मैंने संपूर्ण पस्तुक की सामग्री संकलित की है- साथ ही उस्मानिया विश्वविद्यालय की लाइब्रेरी जहाँ से भी कुछ आवश्यक सामग्री संकलित की है-

अंत में विवेच्य कालखंड़ की लेखिकाओं के प्रति अपना आभार व्यक्त करती हूँ जिनकी रचनाओं से मैं अपना कार्य संपन्न कर पायी- इस पुस्तक को प्रस्तुत करने के लिए जिन ग्रंथों की सहायता मिली उन सभी विद्वानों के प्रति कृतज्ञता व्यक्त करती हूँ-

और उन सबको जिन्होंने इस पुस्तक को संपन्न बनाने के लिए हर संभावित मेरी सहायता की उन सबके प्रति में हार्दिक कृतज्ञता प्रकट करती हूँ और इस पुस्तक को विद्‌वतजनों के समक्ष विनम्रतापूर्वक प्रस्तुत करती हूँ-

---- स्नेहलता

1

स्त्री-विमर्श का सैद्धांतिक परिदृश्य

बीसवीं सदी के हिंदी उपन्यासों में स्त्री-विमर्श स्त्री के सर्वांग चिंतन का विषय है जिसमें स्त्री जीवन की समस्याओं, उसके संघर्षों का चित्रण हुआ है। स्त्री-विमर्श का मूल उद्देश्य स्त्री दलन के अनुभवों की अभिव्यक्ति ही है। जिसमें 'स्त्री-विमर्श' से संबंधित प्रसंगों पर विषय-विशेषज्ञों के व्याख्यानों से उभरने वाले निष्कर्षों तथा उपन्यासकारों की रचनाओं में किया गया विवेचन है। स्त्री-विमर्श पारंपरिक ज्ञान और दर्शन को चुनौती देता है। ऐतिहासिक दृष्टि से देखा जाए जो हम पुरुष प्रधान समाज में रहते आये हैं जहाँ स्त्री ज्ञाता नहीं बल्कि ज्ञान की विषय-वस्तु है। हर युग में स्त्री प्रसंगों को लेकर समाज चिंतकों ने अपने-अपने दृष्टिकोण से इस विषय पर चिंतन किया है। स्त्री संबंधित चिंतन का विचार-विनिमय स्त्री आलोचकों के स्त्री प्रसंगों पर केंद्रित विमर्श श्रृंखला है। स्त्री-विमर्श यानी सह अस्तित्व की भावना, स्त्री-संदर्भ या स्त्री मुक्ति। स्त्री मुक्ति यानी स्त्री को समानता का, बराबरी का दर्जा दिया जाए। दो शताब्दियों से भी कुछ अधिक समय के दौरान पूरी दुनिया में स्त्री की सामाजिक स्थिति और पुरुष वर्चस्ववाद के दर्शन, अर्थशास्त्र, राजनीति एवं संस्कृति, सिद्धांत पर स्त्री प्रसंगों को विविध

आयामों पर तथा स्त्रीमुक्ति परियोजना के विभिन्न प्रारूपों-प्रकल्पों पर जो कुछ महत्वपूर्ण लिखा गया है उसे स्त्री-विमर्श के परिदृश्य में देखने से पहले विमर्श पर थोड़ा सा ध्यान केंद्रित करना चाहूँगी।

विमर्श : अर्थ एवं परिभाषा

विमर्श का शाब्दिक अर्थ है "विचार-विवेचना, आलोचना, परीक्षा जाँच, परामर्श आदि। संस्कृत हिंदी कोश के अनुसार 'वमर्श' वि+मृश+धञ' के योग से बना है जिसका अर्थ विचार-विनिमय, सोच विचार, परीक्षण, चर्चा, तर्कना, विपरीत निर्णय, संकोच, संदेह आदि।"[1]

बृहद् संस्कृत-हिंदी कोश के अनुसार-"विमर्श-वि+मृश+घञ के योग से बना है जिसका अर्थ विचार, विचार-विनिमय है।"[2]

अंग्रेज़ी में विमर्श को Deliberation, Consultation कहते हैं। जिसका अर्थ विचार-विवेचन या परामर्श होता है। 'Deliberation means discussion or thinking about something in details' यानी विस्तृत विचार विमर्श।"[3] या 'The quality of being very slow and careful in what you say and do' यानी सावधानी, सतर्कता, धैर्यपूर्वक सोच-विचार करना।"[4]

'Consultation'-'A discussion between people before a decision is taken' यानी निर्णय लेने से पहले विचार-विमर्श। 'Meeting somebody to get information or advice or looking for it in a book' यानी जानकारी लेने या परामर्श करने की क्रिया को अंग्रेज़ी में consultation कहेंगे।"[5]

किसी भी तथ्य की खोज के लिए उससे संबंधित जानकारी पर निर्णय लेने से पहले सावधानी, सतर्कता से उस तथ्य का विस्तृत अध्ययन कर विचार-विवेचन करना ही विमर्श है। सुधीश पचौरी के विचार में "ये दिन आलोचना के 'विमर्श' में बदल जाने के दिन हैं। विमर्श जो 'अर्थ' का 'उत्पादन' ही नहीं करते उन्हें संगठित भी करते हैं और अनिवार्यतः

सत्रात्मक होते हैं। 'विमर्श' वस्तुतः आलोचनों का विखंडन है, इसीलिए आलोचना से आगे है।"[6] यानी किसी भी आलोचना की पुनःआलोचना हो सकती है। नया विचार-विमर्श पुरानी आधुनिक शक्ति संतुलन को अपने ढंग से बदलने को उद्यत है। विमर्श में किसी भी तथ्य के अतीत को पुनर्व्याख्या कर उसे अपने अनुकूल बना सकने की सामर्थता होती है। तथा विचारों की समग्रता की जगह आंशिकता संभव करता है, रचना को विज्ञापन बनाता है, समीक्षा को प्रायोजित बनाता है। समूचे ढांचे पर पुनर्विचार मांगता है। साथ ही हमारे अवचेतन और प्रकृति को भी नियंत्रित करने में संलग्न है। स्पष्ट है कि यहाँ विमर्श समाप्त नहीं हो जाता बल्कि नए ढंग से भविष्य में जाता है। "नए ढंग को पूंजीवाद का विकल्प पुराने ढंग का समाजवाद नहीं हो सकता। वह नए ढंग का ही हो सकता है।"[7] कहने का तात्पर्य यह है कि विमर्श किसी भी तथ्य की पुनर्व्याख्या है। विमर्श में विचारित तथ्य अपनी संपूर्ण व्याख्या खुद बनाता है। किसी भी नये की पुनर्व्याख्यान को आलोचक ज्ञान के माध्यम से तथ्य का विचार-विमर्श करते हैं। 'आलोचक' स्वयंभू हे स्वयंज्ञानी है। वह आत्मनियंत्रित है। बाहर की किसी भी शक्ति पर निर्भर नहीं है, वह ज्ञान पर निर्भर है, ज्ञानी और स्वयंभू आधुनिक मनुष्य की ये दो चरित्रगत विशेषताएँ हैं।"[8]

विमर्श अध्ययन का अर्थ है- किसी विशिष्ट सामाजिक, सांस्कृतिक दृश्यफलक पर संप्रेषण विश्लेषण कार्य। साहित्यिकार, आलोचक, लेखक, सिद्धांतकार किसी भी तथ्य की खोज के लिए विमर्शगत अध्ययन करते हैं। विचारक जब तथ्यों का विमर्शगत अध्ययन करता है। मूल तथ्य को ही केंद्रित कर उससे संबंधित वस्तुओं, संदर्भित चीज़ों को नए सिरे से नये ढंग से पुर्नव्याख्या करता है। विमर्श से संबंधित तथ्यों को देखने-परखने के साथ-साथ विचारक केवल उन संदर्भों को ही नहीं जाँचते-परखते जिनमें वह विमर्श उत्पन्न हुआ है। परंतु उन सांस्कृतिक, राजनैतिक, सामाजिक, परिवेशजन्य, परिस्थितिजन्य, आर्थिक, संवाद की एवं बुद्धिगम्य प्रक्रिया की भी जांच करता है जो तथ्य विषय में

अवगत कराते हैं। विमर्श में केवल भाषा, वाणी, बोली और लेखक ही नहीं आते, बल्कि इसके क्षेत्र में अवाक् दृश्यमान विद्युत संप्रेषण तथा मिथक प्रयोजन एवं विधि-विधानों का भी समावेश हो सकता है।

वर्तमान समय विमर्शों का युग है। साहित्यिक विमर्श, सामाजिक विमर्श, राजनीतिक विमर्श, धार्मिक विमर्श, दलित विमर्श, सांस्कृतिक विमर्श, ऐतिहासिक विमर्श और स्त्री-विमर्श। सब विमर्श एक दूसरे में घुल-मिलकर एक नये विमर्श का गठन करते हैं। ये विमर्श पुनः अनेक उपविमर्शों में विभाजित हो जाते हैं। विमर्श से संबंधित तथ्य की छोटी से छोटी चीज़ की परीक्षा करना, विचार करना, नया विमर्श बन जाता है। जैसे किसी कृति में स्त्री-विमर्श न हो पर स्त्री उपस्थिति हो तो स्त्री-विमर्श का प्रसंग बन सकता है। और उसकी अनुपस्थिति भी स्त्री-विमर्श का केंद्र बन सकती है।

विमर्श में किसी भी तथ्य की खोज उस तथ्य की पुनर्व्याख्या है। पुराने विचार-विनिमय को नये विचार-विनिमय में परिवर्तित करना ही विमर्श है। यानी तथ्य को पुनर्व्याख्यायित करना है। विमर्श में मूल तथ्य से संबंधित संदर्भों को जाँचते-परखते हैं जिनसे वह विमर्श उत्पन्न हुआ है। आज का युग विमर्श का युग है जिसमें एक विमर्श, नया विमर्श बन जाता है और पुनः अनेक उपविमर्शों में विभाजित हो जाता है।

स्त्री-विमर्श : अर्थ एवं परिभाषा

स्त्री-विमर्श एक ऐसी चर्चित संकल्पना रही है जो स्त्री-जीवन एवं उसके अस्तित्व, उसकी पहचान को लेकर कई प्रश्न खड़े करती है। स्त्री विश्व की जनसंख्या का आधा भाग है। पर विडंबना यह है कि आज भी स्त्री दमित, शोषित, प्रताड़ित है। पुरुष का हर प्रकार से सहयोग करने से भी, उसके कंधे से कंधा मिलाकर चलने पर भी उसे पुरुषों के समान अधिकार प्राप्त नहीं है। स्त्री जाति क्षुब्ध है उसे हर समय, कदम-कदम पर प्रताड़ित, अपमानित किया जाता है। आज भी उसे कुछ पुरुष हीन दृष्टि से देखते हैं। उसे दूसरी दुनिया की सदस्य ही मानते हैं।

"समाज में स्त्रियों की स्थिति समाज की प्रगति का सूचक होती है। स्त्रियों को समाज में सामाजिक व्यवस्था का निर्माता माना जाता है। भारत में स्त्रियों को प्रेम बलिदान तथा विनम्रता के प्रतीक के रूप में सराहा गया है। इसके बावजूद यह एक विडंबना है कि स्त्रियों को, जिन्होंने अपने परिवार तथा समाज के विकास के लिए स्वयं को मिटा दिया। उन्हें सामाजिक व्यवस्था में सही-सही स्थान नहीं मिला। समानता के लिए स्त्रियों के संघर्ष का इतिहास अतीत में स्त्रियों की स्थिति का प्रमाण है वह सर्वाधिक उपेक्षित है उसे अपने वास्तविक रूप में आने और अपनी पूर्ण क्षमता दिखाने का मौका नहीं दिया गया। सामाजिक, आर्थिक, सांस्कृतिक तथा सामाजिक-मूल्य समाज में स्त्रियों की भूमिका तथा स्थिति का निर्धारण करते हैं। पुरुष-प्रधान समाज ने काफी हद तक अपनी घिसी-पिटी मान्यताओं को मजबूत कर स्त्रियों की मानसिकता को नियंत्रित किया है। स्त्रियों के समक्ष आ रही अनेकानेक समस्याओं को समझने तथा चुनौतियों का मुकाबला करने के लिए स्त्रियों की स्थिति संबंधी ऐतिहासिक परिदृश्य की समीक्षा करना अत्यधिक आवश्यक और अनिवार्य है।

स्त्री का मुक्त होना मानव भविष्य के स्वस्थ विकास के लिए आवश्यक है। स्त्री-विमर्श का साहित्य स्त्री को व्यवस्था की गुलामी से मुक्त कर उसे व्यक्ति रूप में स्थापित करना चाहता है। स्त्री को मानवीय बनाना ही स्त्री-विमर्श साहित्य का महत्वपूर्ण उद्देश्य है 'स्त्री-विमर्श' लेखन का भविष्य उज्ज्वल है। नयी संवेदना और क्रांति की भावना से युक्त स्त्री का साहित्य, विश्वसाहित्य में नया मोड़ लायेगा। ऐसा विश्वासपूर्वक कहा जा सकता है।

'स्त्री-विमर्श' को समझने के लिए कुछ परिभाषाओं को केंद्रित करना चाहूँगी। 'स्त्री-विमर्श' का आधार वह विद्रोह है जो परंपरागत तरीकों से होते आये शोषण का विरोध करने के लिए स्त्री के मन जन्म लेता है।"[9]

"स्त्रीवादी विमर्श न मज़ाक है न अपवाद। वह एक ही समय हमारे देशकाल और पूरी दुनिया से जुड़ा है। वह हमारे समय की जरूरत तथा समग्र आर्थिक, राजनीतिक, सामाजिक, भाषिक और सांस्कृतिक

विमर्श है।"[10]

स्त्री-विमर्श स्त्री के अस्तित्व की मांग है उसके संपूर्ण जीवन की गाथा है।

"मेरी वॉल्सटनक्राफ्ट' (Mary Waltstnone Craft) के शब्दों में-पुरुष के ही समान नारी को भी नागरिक अधिकार तथा शैक्षिक सुविधा रहनी चाहिए।"[11]

कैरोलीन रामाजेग्लु ने अपनी पुस्तक में कहा है कि "परिभाषा का स्थिर रूप कहीं भी देखने को नहीं मिलता क्योंकि स्त्री की आज़ादी का अर्थ हज़ारों वर्षों से विभिन्न अर्थों में प्रयुक्त होता रहा है।"

कैरोलिन ने अपनी पुस्तक 'फेमेनिज्म एण्ड द कांट्रॉडिक्शन ऑफ आपरेशन' में स्त्री-विमर्श के संबंध में कहा है कि-मेरा मानना है कि स्त्री अपने लिंग के कारण असमानता झेलती है। "अतः नारियों ने स्वास्थ्य सुधार, समान शिक्षाधिकार, समान नागरिक अधिकार, समान तन्ख्वाह तथा लोकतांत्रिक राजनीति में बराबर के हक के लिए आंदोलन किए।"[12] कैरोलिन स्त्री के स्वास्थ्य और अधिकारो पर विचार करती है।

बार्बरा रयान ने अपनी पुस्तक 'फेमिनिज्म एंड द विमेन्स मूवमेंट' में 1980 के दशक के शुरूआत में प्रचलित स्त्री-विमर्श पर चार्लेट बंच के विचार को उद्धृत किया है-"नारीवाद स्त्रियों की स्वतंत्रता के लिए चलाया गया आंदोलन है क्योंकि स्त्री हर जगह शोषित है। अतः पूरे समाज के रूपांतरण के लिए यह आंदोलन आवश्यक है। रयान के विचार में शोषण के खिलाफ आंदोलन आवश्यक है।

एन स्निटोव के विचार में-"नारीवाद एक ऐसा पहलू है जिसे स्त्री के साथ उसकी परिस्थिति, उसका संघर्ष, उसकी शक्ति जिसमें वो जीती है, इनको जोड़ कर देख सकते हैं कि हम उसी तरह शोषित हैं जिस तरह कोई और शोषित समूह।"

"यत्र नार्यस्तु पूज्यंते, रमंते तत्र देवता'-भले ही आज भी प्रासंगिक

हो किंतु आज नारी न 'देवी' बनना चाहती है न 'दासी' रहना चाहती हे, उसे बराबरी का मानवाधिकार चाहिए जो संविधान प्रदत्त है किंतु समाज उसे देना स्वीकार नहीं करता।"[13]

इन परिभाषाओं में स्त्री-विमर्श स्त्री जीवन की व्यथा-कथा के रूप में चित्रित हुआ है। इस चित्रण में स्त्री जीवन से जुड़ी समस्याओं, संघर्ष, अधिकार चेतना, स्वावलंबन एवं आत्मनिर्भरता, अस्मिता, स्त्री उत्थान आदि स्त्री विमर्श के तथ्य हैं। उनके शोषण, अधिकार, आज़ादी, सुविधा, विरोध को उभारा गया है।

विमर्श और स्त्री-विमर्श में अंतर

प्रस्तुत अर्थ एवं परिभाषाओं के आधार पर विमर्श और स्त्री-विमर्श के अंतर को केंद्रित करना चाहूँगी-

विमर्श	स्त्री-विमर्श
1. विमर्श का अर्थ विचार-विनिमय, परामर्श, आलोचना। यानी तथ्यों की पुनर्व्याख्या - करना है।	1. स्त्री-विमर्श का अर्थ स्त्री से संबंधित विचार, विवेचना, परामर्श, चर्चा है। स्त्री विमर्श यानी स्त्री के जीवन संघर्ष एवं अस्तित्व की चर्चा करना।
2. विमर्श किसी भी तथ्य की खोज के लिए उससे संबंधित जानकारी पर निर्णय लेने से पहले सावधानी, सतर्कता से उस तथ्य का विस्तृत अध्ययन कर विचार विवेचना करना है।	2. स्त्री-विमर्श में केवल स्त्री संबंधित तथ्यों पर विचार -विमर्श कर स्त्री संबंधित स्थिति, मुद्दों, प्रसंगों का अध्ययन करना है।
3. विमर्श में किसी भी प्राकृतिक, सामाजिक, अप्राकृतिक, असामाजिक,	3. स्त्री-विमर्श में स्त्री संबंधित प्राकृतिक, सामाजिक, अप्राकृतिक,

यानी किसी भी तथ्य का विस्तृत अध्ययन कर विचार-विमर्श करना है।	असामाजिक तथ्यों की खोज करना है।
4. अंग्रेज़ी में विमर्श को Deliberation consultation कहते हैं।	4. अंग्रेज़ी में स्त्री-विमर्श को women discourse कहते हैं।
5. विमर्श वस्तुतः आलोचना का खंडन है, इसीलिए आलोचना से आगे है।	5. स्त्री-विमर्श आलोचना का प्रसंग है जिनकी व्याख्या, पुनर्व्याख्या स्त्री-प्रसंगों में की जाती है।
6. विमर्श=वि+मृश+घञ, के योग से बना है।	6. स्त्री-विमर्श=स्त्री+विमर्श के योग से बना है।

स्पष्ट है कि विमर्श में तथ्यों की पुनर्व्याख्या की जाती है और स्त्री-विमर्श में स्त्री संबंधी तथ्यों की पुनर्व्याख्या होती है।

स्त्री-विमर्श का सैद्धांतिक परिदृश्य

स्त्री-विमर्श में स्त्री की समस्याएँ, चर्चित बहस, स्त्री शोषण, दासता, उत्पीडन, विसंगतिपूर्ण वातावरण, प्रताड़ना की टीस, परंपरागत चलता समाज, इतिहास, भेद-भाव, जकड़बंधी की दासता इन सब तथ्यों पर लड़ी जा रही लड़ाई को स्त्री-विमर्श के केंद्र का बिंदु मानते हैं। समय-समय पर लड़ी जा रही लड़ाइयों ने वाद-विवाद, सिद्धांत का रूप ग्रहण किया है। इन सिद्धांतों ने समय-समय पर विसंगतिपूर्ण व्यवस्था को बदलने का प्रयास किया है। जितना प्रयास किया जाता है उतना ही गहरे गर्त में समस्याओं को उलझा पाया जाता है क्योंकि पुरानी सभ्यता, संस्कृति, सड़ी-गली मान्यताएँ, पुरुष प्रधान रूढ़िबद्धता, पितृसत्तात्मक बाधाएँ सामने आ खड़ी हो जाती हैं। जिन पर आंदोलन तो किये जाते हैं पर समस्या का समाधान होने के लिए सदियाँ बदल जाती हैं। समय के

साथ ही स्त्री-विमर्श बदलता है। स्त्री-विमर्श के साथ परिभाषा को, संदर्भ को, सोच-विचार को, विमर्श को और कार्यक्षेत्र को भी परिस्थिति के अनुकूल चलना पड़ता है। ये विषय ऐतिहासिक संदर्भ और सांस्कृतिक तथ्यों की वास्तविकता पर आधारित होते हैं।

स्त्री-विमर्श पर विचार करने पर कई सवाल अनायास ही खडे हो जाते हैं-क्या? स्त्री पैदा होते ही दमित, शोषित, उत्पीड़ित और प्रताड़नाओं के अधिकार अपने साथ लेकर आती है। या समाज ने, परंपरागत चलते नियमों ने, पितृसत्तात्मक व्यवस्था ने, संस्कृति भाषा, सभ्यता, सामाजिक व्यवस्था, ने उसे अपनी संपत्ति और हक समझ कर ये सारी विडंबनाएँ, विसंगतिपूर्ण तथ्यों को उसे पूर्वजों की संपत्ति, धरोहर के रूप में प्रदान किये हैं। जिसे वह शताब्दी-दर-शताब्दी, दशक-दर-दशक निभाती आयी है।

पाश्चात्य और भारतीय स्त्रियों की स्थितियों में काफी अंतर नज़र आता है। उनके रहन-सहन, रीति-रिवाज, परिवेश, संस्कृति, सभ्यता, परंपरा, सामाजिकता में अत्यधिक भिन्नता नज़र आती है। जिस प्रकार पाश्चात्य देशों की स्त्रियों ने समय-समय पर होते आए शोषण के खिलाफ आंदोलन किये हैं। भारत में इस प्रकार की स्थिति कम नजर आती है या यूँ कहें कि प्रचार-प्रसार के माध्यम से प्रेरित होकर ही इस प्रकार के आंदोलन किये हैं। जहाँ पाश्चात्य स्त्रियों ने समानता के लिए सदियों से आंदोलन किये वहाँ पर भारतीय स्त्री को मात्र आज़ादी के 5 वर्षों में समानता का अधिकार प्राप्त हो गया। भारतीय स्त्रियों ने कभी पुरुषों के विरुद्ध अधिकारों की लड़ाई नहीं लड़ी, भारतीय मनीषियों ने ही स्त्री-मुक्ति संघर्ष में सहयोगी और मार्गदर्शक की भूमिका निभाई है, सार्वजनिक, राजनैतिक, सामाजिक क्षेत्रों में स्त्रियों को पुरुष वर्ग ने ही प्रेरित व प्रोत्साहित किया है राष्ट्रवादियों ने स्त्री को प्रेरणा दी की वे भी राष्ट्र के दायित्वों को समझें और स्वतंत्रता संग्राम में भाग ले। स्वतंत्रता संग्राम में स्त्रियों का योगदान प्रशंसनीय रहा है। स्त्रियों ने समय-समय पर दासता से छुटकारे के लिए, स्वतंत्रता संग्राम के आंदोलनों में बढ़-चढ़ कर सहयोग दिया है।

स्त्री-विमर्श के सैद्धांतिक परिदृश्य में समय के अनुसार स्त्री के प्रति होनेवाले शोषण के खिलाफ आवाज़ उठाई है। साथ ही समाज में व्याप्त विसंगतिपूर्ण व्यवस्था को बदलने का प्रयास किया गया है। समय-समय पर कई सिद्धांतों का प्रादुभाव हुआ है जिसने पुरुष प्रधान रूढ़िबद्धता को तोड़ने के लिए कई आंदोलन किए हैं। इन आंदोलनों ने स्त्री के मानवीय पक्ष को उभारने का प्रयास किया है।

स्त्री-विमर्श की परंपरा व इतिहास : पाश्चात्य

पाश्चात्य देशों में स्त्री की परिस्थिति प्राचीनकाल से कुछ अधिक सुदृढ़ नहीं थी जितना अनुमान लगाया जाता है। पाश्चात्य देशों में आरंभ में प्राचीन काल में स्त्रियाँ समानता और स्वतंत्रता के अधिकारों से वंचित थी।

प्राचीन यूनानी और रोमन साम्राज्य में स्त्रियों को पुरुष की संपत्ति, उसकी धरोहर ही समझा जाता था। सुकरात ने 'स्त्री के प्यार को पुरुष की घृणा से अधिक भयावह माना है' और अरस्तु के विचार में 'स्त्री की तुलना में पुरुष श्रेष्ठ समझा जाता है' और त्रिवन के विचार में "स्त्री अनुसरण और आज्ञा पालन के लिए आजीवन अभिशप्त थी। स्त्री में बुद्धि और विवेक की कोई अपेक्षा नहीं की जाती थी। यूनान के अभिजात्य वर्ग का विचार था कि वेश्याएँ उनका मनोरंजन करती हैं, उपपत्नियाँ दैनंदिन स्वास्थ्य रक्षण करती हैं और पत्नियाँ उनके वैध संतानों को जन्म देने के साथ ही स्वामिभक्त गृहस्वामिनी होती थीं।"[14]

"प्राचीन जापान में स्त्रियाँ प्रार्थनाओं तथा अन्य धार्मिक अधिकारों से पूर्णतः वंचित थीं। प्राचीन चीन में भी उन्हें देवालय में प्रवेश का अधिकार नहीं था। स्पेन के लोग संकल्प लेते थे कि वे दुष्ट स्त्रियों से बचेंगे, और सुंदर स्त्रियों के मोहपाश में नहीं बंधेंगे। इटली के प्राचीन निवासी कहा करते थे कि जैसे घोड़े को काबू में करने के लिए ऐंड लगना जरूरी है वैसे ही स्त्री चाहे अच्छी हो या बुरी उसकी ताड़ना आवश्यक होती है। स्त्रियों के प्रति प्राचीन अरबवासियों का दृष्टिकोण

और भी क्रूरतापूर्ण था। अरब समाज में पुत्री का जन्म अशुभ माना जाता था और वहाँ के लोग प्रायः पुत्रियों को जीवित दफन कर देते थे।"[15]

पाश्चात्य दृष्टिकोण से देखा जाए तो स्त्री को उनके पैरों की जूती ही समझा जाता था। उनके अनुसार स्त्री कोई मानव न होकर एक वस्तु है जिसका जैसा चाहे इस्तेमाल करें जो चाहे संदर्भ उन पर लागू किए जाएं, मनचाहे वाक्यों में पिरोया जाए। स्त्रियों को किसी भी तरह के मानवीय अधिकार, स्वतंत्र अधिकार प्राप्त न थे। वह एक कठपुतली मात्र थी जब चाहा, जैसा चाहा नचाना शुरू कर दिया, जहाँ चाहा, वहाँ व्याख्यायित करना शुरू कर दिया। पारंपरिक नैतिक मूल्यों को उन पर थोपा जाता था। पितृसत्तात्मक व्यवस्था में नैतिक मूल्यों एवं रूढ़िगत परंपराओं के चलते स्त्री की मानसिकता भी पुरुष सत्ता के अनुकूल थी। इस अनुकूलता के चलते स्त्री घर की चारदीवारी में अपने आपको पूर्ण एवं संतुष्ट मानती थी। स्त्री को विवाह और संतान उत्पत्ति के सिवाए दूसरे कोई अधिकार प्राप्त न थे। सामाजिक नियमों के अनुसार स्त्रियों को वे किसी भी सार्वजनिक कार्यों में अपना हिस्सेदार न बनाते थे और न ही इसमें हस्तक्षेप करने का उनको अधिकार ही होता था। स्त्री अपनी मानसिकता से, अपने आचार-व्यवहार से, पारंपरिक नैतिक मूल्यों की जकड़बंधी से, निकलने में असमर्थ थी। सामाजिक दृष्टिकोण से स्त्री पूर्ण रूपेण दासी मात्र थी जिसका कार्य घर का काम करना, बच्चों को संभालना, सारी प्रताड़नाओं को मुह बंद करके सहना, अपने उत्पीड़न, समस्याओं को बिना शिकायत करे सहते रहना उनका नैतिक नियम बन चुका था। उसने प्राचीन काल से ही पुरुष के अधीन रहना सीखा था, पुरुष ही उसके लिए सर्वहारा था, पुरुष प्रधान समाज में और स्त्री के दिलोदिमाग में ये बातें घर कर गई थीं कि स्त्री पुरुष के वश में रहने के लिए बाध्य है। स्त्री को बचपन से ये ही संस्कार दिये जाते थे कि उनको पुरुष के वश में रहना है। अमेरिका, फ्रांस, यूरोप, जर्मन, रोमन, ईसाई अन्य पाश्चात्य देशों में अनेक कारणों से स्त्री ने अपनी इस जकड़बंधी और अधीनस्थता की परिस्थिति को समान रूप से अपनाया है। ये परिस्थितियाँ यह बतलाती हैं कि पुरुष से स्त्री को हीन और पुरुष को स्त्री से श्रेष्ठ घोषित किया गया था।

पुरुष की सामंती संरचना पर स्त्री उपेक्षिता में सीमोन द बोउवार मुस्लिम समाज के कुरान शरीफ की घोषणा को उद्धृत करती हैं कि- "पुरुष औरत से उन गुणों के कारण श्रेष्ठ है, जो अल्लाह ने उसे उत्कृष्ठ रूप से दिए और अपनी इस श्रेष्ठता के कारण पुरुष औरत के लिए दहेज जुटा पाता है।"[16] यानी किसी भी तरह देखा जाए तो स्त्री को पुरुष के गुणों, व्यवहार से कम बताया गया है।

स्त्री की दासता हमेशा सामंती समाज में ही अधिक नज़र आती है जहाँ उसकी स्वयं की संपत्ति नहीं थी। वहाँ उसे पुरुषों जैसा समानाधिकार भी प्राप्त नहीं था। "मिश्र के प्राचीन समाज में स्त्री देवी, माँ, पत्नी होकर भी अपनी पूर्ण गरिमा रख नहीं पाती थी क्योंकि जमीन का स्वामी केवल राजा हुआ करता था, ऐसी विशिष्ट स्थिति में भी स्त्री पुरुष के बराबर नहीं थी। फराह, धर्मगुरु तथा योद्धा पुरुष ही थे। व्यक्तिगत जीवन में स्त्री से यह अपेक्षा रखी जाती थी कि वह निष्ठावान बनी रहे। विधवा हो जाने तथा किसी पुरुष वारिस के न रहने पर बहुधा स्त्री का पुनर्विवाह कुल के वरिष्ठ पुरुष के साथ कर दिया जाता था, चाहे वह कितना ही बूढ़ा क्यों न हो।"[17] मिश्र में पूरी तरह से पुरुष वर्चस्व स्थापित था।

प्राचीन ग्रीक में ऐसी स्त्रियों का अंकन हुआ है जो बुद्धिमती, सुसंस्कृत एवं कलात्मक रुचि संपन्न होती थी। पुरुष उन्हें व्यक्ति में ही देखते थे। उनकी संपत्ति स्त्री थी। इस दृष्टिकोण से देखा जाए तो स्त्री गुलाम मात्र थी। उसकी अपनी कोई पहचान न के बराबर थी।

एथेंस तथा स्पार्टी के समाज में स्त्री को पुरुष के बराबर अधिकार प्राप्त थे। बच्चों का पालन सामूहिक था। स्त्री को अनेक पुरुषों से संपर्क करने की आज़ादी थी। उनकी न कोई निजी संपत्ति थी और न विशिष्ट वंश परंपरा इसलिए स्त्री का काम बच्चे पैदा करना था और पुरुष का युद्ध करना था। मध्यकालीन कैथोलिक स्त्री को अशुद्ध व अपवित्र मानते रहे हैं। यह अपवित्रता का भाव वितृष्णा को जन्म देता है। पुरुष पौरूषीय के साथ बड़ा होता है जबकि स्त्री अपने में संकुचित रहती है। अपने दायित्वों का भाव ढोती हुई आगे बढ़ती है।

स्त्री विमर्श के प्रारंभिक दृष्टिकोण में स्त्रियों के लिए समानता का समर्थन करने के बावजूद हमेशा की तरह यह धारणा जड़ें पकड़े हुए थी कि कई प्राकृतिक कारणों से स्त्रियाँ पुरुषों से अलग और कमजोर शक्ति और विचारों की है उनकी बुद्धि पुरुष से कम है। वह बुद्धि से कम होने के कारण पुरुष के समान काम नहीं कर सकती। ऐसे विचारों और नियमों ने स्त्रियों को बचपन से उसके स्वभाव और मानसिकता से अपने प्रतिकूल बनाने की कोशिश की है। जिससे वह हमेशा दासत्व, सेवा, त्याग, कर्तव्य और संयम जैसे गुणों को बरकरार रखती है और उसने अपने जीने के ढंग को समाज के अनुकूल स्थापित कर दिया है। हर देश में स्त्री की मानसिकता उसके आचरण, व्यवहार, सोच-विचार के विकास की सच्चाई सभी देशों में एक ही जैसी है जिससे बाहर निकलने के लिए वह छटपटाती रहती है। यही दासता हमें विश्व के हर देश के सामाजिक परिदृश्य, उसके इतिहास में नज़र आती है।

कानून न तो उसके अधिकारों को निर्धारित करता है और न ही सैद्धांतिक रूप से उसे कोई अधिकार देना चाहता है। बल्कि यह घोषणा कर देता है कि स्त्री को जितना मिला है उतना उसके लिए अधिक है उसी में उसे संतुष्ट होना चाहिए। आज्ञाकारिता, आदेश, सामाजिक नियम, पारंपरिक स्थिति में जीना ही उसकी दुर्भाग्यपूर्ण अवस्थाएँ हैं।

रोमन सभ्यता और ईसाई धर्म के कुछ सिद्धांतों के प्रभाव से इस प्रकार की रूढ़िग्रस्त मान्यताएँ, भेदभाव को खत्म करने का प्रयास किया गया है। देशों ने यह घोषणा कर दी कि मानव अधिकार ही सर्वोपरि है जिसमें किसी का कोई लिंग, वर्ग व सामाजिक प्रतिष्ठा नहीं सब समान और अपने आप में श्रेष्ठ और सर्वोपरि है।

स्त्री-विमर्श:पाश्चात्य

स्त्री-विमर्श को किसी एक सिद्धांत में नहीं बांधा जा सकता और न ही उसका एक बाद या सीमित परिधि है जिसको नापा जा सके। जब स्त्री की समानता और अधिकार का विचार आता है तो कई सिद्धांत, कई वाद

अपना रूप ग्रहण करते हैं। इन सिद्धांतों में स्त्री की स्थिति और उसकी मांगों को उठाया गया।

पाश्चात्य देशों में स्त्री विमर्श पर कई सिद्धांतों का प्रादुर्भाव हुआ है। ये सिद्धांत समय के हिसाब से बदलते रहे और स्त्री की व्यवस्था, उसकी स्थिति, मुक्ति, मांग, अधिकारों को साहित्यिक माध्यमों से सामाजिक परिवर्तनों से, स्त्री संबंधी समस्याओं को सुलझाने का प्रयत्न किया गया।

पाश्चात्य दृष्टिकोण में देखा जाए तो अनेक आलोचकों ने स्त्री-विमर्श पर विवेचना की है जिनका ऐतिहासिक, सैद्धांतिक, परिदृश्य अपने आपमें एक-दूसरे से पृथक है। पृथक होते हुए भी कुछ तथ्यों में समानता रखते हैं। इनका केंद्र बिंदु स्त्री है। उससे जुड़े तमाम तथ्य जिनसे वह निजाद पाना चाहती है।

बुर्जुवा, समाजवादी, उदारवादी, उग्रवादी, विद्रोही ब्लाकवादी, तीसरी दुनिया का दृष्टिकोण इत्यादि। प्रत्येक दृष्टिकोण का अपना एक सैद्धातिक ढांचा है, उसकी अपनी विचारधारा है, उनकी अपनी उपलब्धियाँ, अपनी अलग पहचान है। स्त्री विमर्शीय दृष्टिकोण स्त्री की सामाजिक समानता, उसके स्वतंत्रता की पहचान के साथ जुड़ी हुई है। इन सिद्धांतों के माध्यम से स्त्री-मुक्ति, स्त्री अधिकारों से संबंधित विचार-विमर्श किया गया है। स्त्री-विमर्श के सभी तथ्यों पर इन सिद्धांतों ने विचार कर स्त्री संबंधी जकड़बंधिता को तोड़ने में सफलता भी अर्जित की है। स्त्रियों को कानूनी अधिकार के साथ स्वतंत्रता का अधिकार भी प्राप्त करवाने में कई सिद्धांतकार सफल हुए है। स्त्री-विमर्श के विचार को हम इन सिद्धांतों के माध्यम से देखने का प्रयत्न करेंगे।

बुर्जुआ: दृष्टिकोण

स्त्रियों के सामाजिक अधिकार और स्त्री-पुरुष के समानाधिकार की मांग सबसे पहले बुर्जुआ क्रांतियों की पूर्व बेला में प्रबोधनकाल (Age of Enlightenment) के दौरान केंद्रित हुई। प्राचीन काल में

स्त्री शोषण के विरुद्ध, उसके यौन-उत्पीड़न, उसके सम्मान, उसके अधिकार, सभी तथ्यों के विरुद्ध एक बगावत मात्र थी। केवल पुरुषसत्ता के खिलाफ एक संघर्ष मात्र था। बुर्जुआ सिद्धांत की कोई सुनिश्चित पृष्ठभूमि नहीं थी केवल पुरुष सत्ता के खिलाफ एक संघर्ष मात्र था।

"'मनुष्य और नागरिक के अधिकारों की घोषणा' के मॉडल पर ओलिम्पी द गूजे (1748-93) ने 'स्त्री और स्त्री नागरिक के अधिकारों की घोषणा' तैयार की और उसे 1791 की राष्ट्रीय असेंबली में प्रकट किया। स्त्री-पुरुष के बीच सामाजिक, राजनीतिक, समानता की मांग को उठाया गया था।"[18]

यूरोप में 18 वीं सदी के ज्ञान-प्रसार आंदोलन में बुद्धिवाद चिंतन केंद्र में था। इस आंदोलन के कुछ विचारक मानते थे कि "स्त्री अपनी प्राकृतिक संरचना से पुरुषों से हीन है।" इसी मानसिकता के कारण उनके समानाधिकार के विरोधी थे। बुद्धिवाद के सिद्धांतकारों ने परंपरागत चली आ रही संस्थाओं को चुनौतियाँ दीं।

बौद्धिक व्यक्तिवाद मानव अधिकार को केवल पुरुष अधिकार ही मानते थे। इनकी दृष्टि में स्त्री अपूर्ण और असमर्थ थी। दिदेरी, मान्टेस्क्यू तथा रूसो जैसे विचारक स्त्री को भावनाओं और आवेग की उपज मानते थे। इनके विचार में-"वे सभी स्त्रियों को मूलतः भावनाओं और आवेग की उपज समझते थे, जो पत्नियों और माताओं के रूप में एक महत्वपूर्ण भूमिका अदा करती है, लेकिन सार्वजनिक क्षेत्र के लिए सार्वजनिक कारणों से ही वे उपयुक्त नहीं है।"[19] इससे स्पष्ट होता है कि स्त्री की भूमिका उसके रूपों को महत्व देती है, उसके सार्वजनिक हस्तक्षेप को नहीं।

इसी काल में अमरीकी क्रांतियाँ और फ्रांसीसी क्रांतियाँ हुई थीं। इन क्रांतियों ने स्त्री आंदोलन शुरू किया था। 'स्वतंत्रता की अमरीकी घोषणा' (1776) और फ्रांसीसी घोषणा (1779) स्वतंत्रता और मानवता के अधिकार सामाजिक दृष्टिकोण से होने लगे थे। इसका प्रभाव स्त्रियों के अधिकार के प्रशन पर भी केंद्रित होने लगा था।

जाँ आँतुआँ कोन्दोर्से (1743-94) स्त्रियों की समानता का प्रबल पक्षधर था। इनके विचार में-"स्त्रियों के बारे में मौजूद गहरे पूर्वग्रह उनकी असमानतापूर्ण सामाजिक स्थिति का बुनियादी कारण है। वह कानूनी समानता और शिक्षा के जरिए स्त्रियों की मुक्ति को संभव मानता था।"[20] इन्होंने सामाजिक श्रेणियों का विरोध कर, राजनीतिक समानता का उत्कट समर्थन किया है।

अमरीकी क्रांति के दौरान मर्सी वारेन और एबिगेल एडम्स के नेतृत्व में स्त्रियों ने मताधिकार और सम्पति के अधिकार के साथ सामाजिक समानता की मांग को उठाया था जिसे स्त्रीवाद की शुरुआत मानते हैं।

फ्रांसीसी क्रांति ने पूरे यूरोप को उद्वेलित कर दिया था जिससे इंग्लैंड का बुद्धिजीवी समाज भी बच न सका। इसी क्रांति से यूरोप में स्त्री आंदोलन की शुरुआत हुई। स्त्रियाँ इस समय जन-प्रदर्शन कर रही थी, राजनीतिक कामों में भागीदारी ले रही थी। स्त्रियों के क्रांतिकारी क्लबों के रूप में स्त्रियों के संगठन अस्तित्व में आए। संगठनों के माध्यम से सामंतवाद-विरोध संघर्षों में स्त्रियों ने भाग लिया और मांग की कि आज़ादी, समानता और भातृत्व के सिद्धांतों को किसी लिंग, भेद-भाव को न मानते हुए सार्विक रूप से लागू किया जाना चाहिए।

रिचर्ड प्राइम ने फ्रांसीसी क्रांति की प्रशंसा मुक्त कंठ से की और यह कहा कि-"फ्रांसीसियों की तरह ब्रिटिश जनता को भी यह न्यायसंगत अधिकार है कि वह एक बुरे राजा को सिंहासन से हटा दे।"[21] इस वचन से रूढ़िवादी अंग्रेज़ी समाज पागल सा हो गया था।

बुर्जुआ समाज में स्त्रियों की सामाजिक स्थिति के प्रति एक अंतर्विरोध स्थापित था। इस अंतर्विरोध के चलते पूंजीवाद उत्पादन प्रक्रिया ने ऐसी परिस्थिति बना दी जिसके अंतर्गत सामाजिक उत्पादन में स्त्री मज़दूरों और अन्य नौकरीपेशा स्त्रियों की हिस्सेदारी बढ़ती रही जिसके फलस्वरूप यौन-भेद, उत्पीड़न के नये परिणाम सामने आये, यौनिक आधार पर शोषण के नये परिणाम तथा पुरुषसत्ता की सांस्कृतिक,

सामाजिक मूल्यों का समाज में एक नया तंत्र विकसित हुआ।

बुर्जुआ क्रांतियों के समय सर्वप्रथम 18 वीं शताब्दी में इंग्लैंड में मेरी वोल्सटन क्राफ्ट (1759-1797) यूरोपीय बुद्धिजीवी वर्ग की उस पीढ़ि की सदस्या थी जिसका मानस प्रबोधनकालीन दार्शनिकों के क्रांतिकारी विचारों के आत्मिक परिवेश में निर्मित हुआ था। स्त्री-आंदोलन का सबसे महत्वपूर्ण दस्तावेज इनकी पुस्तक-"स्त्री के अधिकारों का औचित्य-साधन" (A vindication of the rights of women) प्रकाशित हुई यह पुस्तक 'ओलिम्पी दि गुजे' के दस्तावेज के प्रतिपादनों को ही उन्नत और विस्तृत करती है। 19 वीं शताब्दी के बुर्जुआ क्रांतिकारी स्त्री-अधिकार आंदोलन और 20 वीं शताब्दी के नारीवादी आंदोलन की बुनियादी रूपरेखा देखने को मिलती है। इस पुस्तक को आधुनिक काल में स्त्रीवादी विचारों की सबसे महत्वपूर्ण सशक्त पुस्तक के रूप में स्वीकारा है।

बीसवीं शताब्दी में जिस बुर्जुआ स्त्रीवाद का जन्म और विकास हुआ, वह पुरुष-वर्चस्ववादी और यौनिक आधार पर भेदभाव सहित स्त्री-प्रश्न के सभी पहलुओं को किसी-न-किसी रूप में समाज विकास की ऐतिहासिक प्रक्रिया से और सामाजिक संरचना के आर्थिक मूलाधार से विच्छिन्न करके देखता रहा है। वह स्त्री-मुक्ति के प्रश्न को समस्त शोषित-उत्पीड़ित जनों की मुक्ति की परियोजना का एक अंग मानने के बजाय एक स्वतंत्र-स्वायत्त प्रश्न मानता रहा है।"[22]

सामाजिक परिवेश से जो खाई स्त्री-पुरुष के बीच विद्यमान थी उसको मिटाने के लिए क्राफ्ट ने समान शिक्षा, समानाधिकार की मांग को केंद्रित किया है। ये स्त्री के अधिकारों के प्रति आवाज़ उठाती है। सामाजिक परिस्थितियों में अदम्य साहस दिखाकर आज भी ये स्त्री-मुक्ति आंदोलन की सूत्रधार मानी जाती है।

क्राफ़्ट यह स्वीकार नहीं करती कि-"स्त्रियाँ बुद्धि के मामले में पुरुषों से कमजोर है अथवा छुईमुइपन, नाजुकता तथा सतहीन उनका नैसर्गिक गुण है। रूसो को चुनौती देती हुई वह कहती है-'मैंने संभवतः जे.जे.रूसो की तुलना में कहीं ज्यादा संख्या में लड़कियों को उनके शैशवकाल से

देखा है।'"[23]

आगे वे कहती हैं वह स्वतंत्र मानुषी है जो बौद्धिक शिक्षा पाने में समर्थ तथा उसकी अधिकारी भी है। स्त्री-विमर्श के चिंतन में उनका विचार-"स्त्रियाँ सुविधाजनक गुलाम हो सकती है, लेकिन यह गुलामी मालिक को और उसके अधम गुलाम को लगातार नीचे गिराने का काम करती रहेगी।"[24]

मेरी क्राफ़्ट ने परंपरागत शिक्षा प्रणाली, नैतिक सामाजिक मान्यताओं में स्त्री की दशा को केंद्र बनाया है उनका मानना है कि-"स्त्रियों को 'अज्ञान और दासों जैसी निर्भरता' की स्थिति में बनाए रखने में इनकी विशेष भूमिका होती है।"[25] यह व्यवस्था एक बुनियादी कारक है।

इस कथन पर थाम्पस ने सिर्फ स्त्रियों के लिए स्त्री अधिकार, राजनीतिक अधिकारी, बौद्धिक क्षमताओं के साथ-साथ स्त्रियों को शारीरिक दृष्टि से पुरुषों से कहीं अधिक श्रेष्ठ माना है। उनके विचार में स्त्री आंदोलनों को नये दृष्टिकोण से समानाधिकार अनिवार्य रूप से सामाजिक संबंधों, उत्पादन संबंधों के साथ जोड़ कर दिखाया गया। "उत्पादन या निजी संपत्ति के संबंध में श्रेष्ठता हमेशा आदमी के कामों में औरतों की तुलना में कहीं ज्यादा महत्वशाली होने की अतार्किक भावनाओं को गुजारती रहेगी।"[26]

जेम्स मिल के विचार में-"चूँकि महिलाओं का अपने पिता या पति से अलग कोई हित नहीं होता, इसलिए उनके स्वतंत्र राजनीतिक प्रतिनिधित्व की कोई जरूरत नहीं है।"[27]

थाम्पस आगे कहते हैं स्त्रियों की आर्थिक स्वतंत्रता उनकी वास्तविक स्वतंत्रता के लिए जरूरी है जिससे वे अपने आप को स्वतंत्र समझें और समाज में सही ढंग से बिना किसी नियम के, अड़चन के खुली सांस ले सके। अपने दायित्वों को निभाते हुए अपना जीवन सार्थकता से व्यतीत करे।

समाजवादी : दृष्टिकोण

समाजवादी दृष्टिकोण से देखा जाए तो स्त्रीवादी चिंतन सबसे समग्र

रूप से मेविलियन थाम्पसन (1775-1844) की प्रसिद्ध पुस्तक "Appeal of one half of Human race women, against the pretension of the other half, men to retain them in political and hence civil and domestic slavery" सामने आयी। प्रसिद्ध समाजवादी अध्यापक अन्ना व्हिलर (Anna Wheelar) के साथ मिल कर थाम्पसन ने यह पुस्तक लिखी थी जिसमें इन्होंने स्त्री-मुक्ति को पूरे समाज की मुक्ति का सूचक बताते हुए कहा-"जिस प्रकार और गुलामी ने आज़ादी को अज्ञानता और निष्ठुरता के क्षेत्रों में जकड़ रखा है, उसी प्रकार उसकी मुक्ति से आदमी को ज्ञान, स्वतंत्रता और सुख का पुरस्कार मिलेगा।"[28]

चार्ल्स फूरिये की तो यह मान्यता थी कि किसी समाज में आज़ादी का एक बुनियादी पैमाना यह है कि उस समाज विशेष में स्त्रियाँ किस हद तक आज़ाद हैं। इनके विचार में स्त्री की आज़ादी पर ही समाज की स्वतंत्रता टिकी हुई है। समाज स्वस्थ्य तभी होगा जब स्त्री स्वतंत्रत होगी।

थाम्पसन के विचारों और परंपरा को आगे ले जाने वाले सदस्य-'जान स्टुअर्ट मिल' थे जिन्होंने स्त्रियों के विषय में विश्व प्रसिद्ध पुस्तक 'ऑन द सब्जेक्शन आफ वुमेन' (On the subjection of women) को समाज, साहित्य में प्रस्तुत किया। इस पुस्तक को उदारवादी स्त्री-विमर्श की प्रमुख अभिव्यक्ति माना गया है, जिसमें स्त्री की सामाजिक स्थिति को केंद्र बिंदु बनाकर समाज में स्त्री की स्थिति का सूचक माना है। जिसमें स्त्री से संबंधित विचार-विमर्श को आंका गया है उसकी समस्या का समाधान ढूँढ़ने का प्रयास किया गया है।

स्त्री संबंधी विचारों को समाज में केंद्रित किया है जिसमें स्त्री की परिस्थिति, परंपरावादी दृष्टिकोण को उभारा गया है। मार्क्सवादी विचारधारा भी इन्हीं सब तथ्यों पर टिकी हुई है। मार्क्सवाद मानव इतिहास, समाज को तथ्यात्मक विश्लेषणों का विवेचन करनेवाली एक विचारधारा है, जिसमें आधुनिक स्त्री-विमर्श के दर्शन भी मिलते हैं। एंगेल्स की पुस्तक 'परिवार निजी संपत्ति और राज्य की उत्पत्ति' को स्त्री-विमर्श के सिद्धांत का महत्वपूर्ण बिंदू माना जाता है जिसमें इन्होंने लुईस मार्गन

की पुस्तक के आधार पर आरंभिक कबिलाई समाज से लेकर वर्तमान काल के परिवार के उदय के पूरे इतिहास को केंद्र में रखा है।

मार्क्स और एंगेल्स ने स्त्री-विमर्श के सिद्धांतों में स्त्री से संबंधित सभी तथ्यों को उनके स्रोत और ऐतिहासिक आशय की पहचान को जागृत किया है। ये स्त्री-विमर्शक चिंतक नहीं थे फिर भी इनके सिद्धांत में स्त्री-विमर्श के सैद्धांतिक पक्षों का विवेचन मिलता है। एंगेल्स के विचार में यह कमी दिखाई देती है कि वे स्त्री-पुरुष के बीच विरोध को वर्ग-संघर्ष से नापते हैं। ठीक है कि स्त्री-पुरुष का संघर्ष वर्ग-संघर्ष का ही प्रतिरूप है पर दोनों संघर्षों को एक रूप में देखना संगत नहीं लगता क्योंकि दोनों अपने आप में अलग है वर्ग संघर्ष का कोई जैविक आधार नहीं है जबकि सामूहिक जीवन में स्त्री-पुरुष का स्वार्थ प्रायः एक होता है। इनकी वर्ग सिद्धांत की समीक्षा (critique of class theory) प्रकाशित हुई जिसमें स्त्रियों को अधिकारण, भौतिक और अर्थव्यवस्था के बारे में विवेचन किया गया है। **'Women oppression is essentially a by-product of class society and that full equality will only be achieved when capitalism is replaced by genuine socialism. Both these approaches use existing male theories and apply them to the situation of women."**[29] एंगेल्स स्त्री-मुक्ति जैसी सामाजिक स्थिति को जागृत करने का प्रयास करते हैं। मार्क्सवाद एक भौतिकवादी विचारधारा है। जिसमें अस्तित्व उसकी चेतना का मुख्य कारक तत्व होता है। मार्क्स के विचार में सामाजिक परिस्थितियों से जुड़ी भौतिक और आत्मिक दोनों स्वरों से मानव मुक्त आवश्यक है।

समाजवादी समाज के उत्पादन को ही समाज का चरित्र मानते हैं। मार्क्सवादी उत्पादन की परिस्थितियों में परिवर्तन से स्त्री-पुरुष संबंध में परिवर्तन लाया जा सकता है। ये श्रम के लैंगिक विभाजन से पुरुषों का और स्त्रियों का भेद मिटा सकते हैं-मार्क्सवाद सिद्धांत मानता है कि परिवार की संरचना से स्त्री के घर के कार्यों का संचालन होता है। परिवार कैसे बना? स्त्रियों के पारिवारिक काम कैसे संचालित हों, स्त्री द्वारा

कार्यों का लैंगिक विभाजन कैसे हुआ इन सब सामाजिक तथ्यों पर ही इन विचारकों का ध्यान केंद्रित रहता है। आगे वे कहते हैं-"मानव अपना इतिहास स्वयं बनाते हैं पर अपने मनचाहे ढंग से नहीं। वे उसे अपनी मनचाही परिस्थितियों में नहीं अपितु ऐसी परिस्थितियों में बनाते हैं जो उन्हें अतीत से प्राप्त और अतीत द्वारा संप्रेषित होती है और जिनका उन्हें सीधे-सीधे सामना करना पड़ता है।"[30]

ब्रिटेन में सबसे पहले समाजवादी सिद्धांत का अध्ययन हुआ। Juliet, Mitchell, Sheila, Rowbotha, Michela Barrett इस अध्ययन में समाजवादी अवधरणा के अनुसार स्त्रियों की परिस्थिति की जाँच की। लिंग और अर्थव्यवस्था को समझा सही ढंग से उसके संबंधों का परिचय दिया। समाजवादियों ने स्त्री के परंपरागत जकड़बंधी की उपेक्षा की है उसका ये खंडन करते हैं।

Juliet Mitchelli की पुस्तक "Women! The longest Revalution" (1940) इसमें आधुनिक गर्भ निरोध के द्वारा उत्पादन के पुनरुत्पादन में किस प्रकार परिवर्तन हुआ है इसका विवेचन करती है। स्त्रियों के पुनरुत्पादन की प्रक्रिया को उत्कृष्ट समाज की विसंगतिपूर्ण तत्व मानती है पुनरुत्पादन, उत्पादन, बच्चों का सामाजीकरण और लैंगिकता, ये तत्व सामाजिक संरचना में आये परिवर्तन हैं जो स्त्री को हर प्रकार से शोषित करती है। समाजवादी दृष्टिकोण इन तथ्यों को दूर करने का प्रयत्न करते हैं।

अमरीकी अगस्त बेबेल (1904) की पुस्तक 'नारी और समाजवाद' (Women and socialism) स्त्री-विमर्श पर मार्क्सवादी दृष्टिकोण को व्याख्यायित करने तथा वैज्ञानिक समाजवाद के सिद्धांतों पर आधारित सर्वहारी स्त्री आंदोलनों को प्रमुखता देने में ऐतिहासिक भूमिका निभाई है। इस पुस्तक ने जर्नंनी के साथ-साथ यूरोप पर भी प्रभाव डाला। विश्व की प्रसिद्ध स्त्री नेताओं जैसे क्लारा, जेटकिन, रोजा लुक्सम वर्ग आदि स्त्रियों ने स्त्री-मुक्ति के कई संघर्ष और क्रांतिकारी वातावरण के कई ढांचे तैयार किये। जच्चा-बच्चा बीमा, कामगर स्त्री सुरक्षा, स्त्रियों

की राजनीतिक शिक्षा, स्त्री के उत्पीड़न, जकड़बंधी संबंधी तथ्यों के विकास के लिए राजनीतिक संगठनों का विकास किया। अमरीकी Socialist Party के सदस्यों द्वारा 'द न्यु रिव्यु मासिक पत्रिका' में स्त्रीवाद और समाजवाद के संदर्भों में विमर्श किये हैं।

केरोलिन रमाजेनोग्लु की पुस्तक 'फेमिनिज्म एण्ड द क्रांट्रडिक्शन ऑफ आपरेशन' में कहा-मेरा मानना है कि स्त्री अपने लिंग के कारण असमानता झेलती है। अतः नारियों के स्वास्थ्य सुधार, समान शिक्षा अधिकार, समान नागरिक अधिकार, समान तन्ख्वाह तथा लोकतांत्रिक राजनीति में बराबर के हक के लिए आंदोलन किए।"[31] ये मार्क्सवाद और स्त्रीवाद को परंपरा विरोधी मानते हुए कहती है-"मार्क्सवादी नारीवाद स्वभाव से अतिवादी नारीवाद का परस्पर विरोधी है समाजवाद एक विशेष वर्ग की रुचि के लिए एक विशेष ऐतिहासिक मानव विकास के स्तर को उठाने का संघर्ष है। इसलिए फेमिनिस्टों ने प्रतिकूल स्थिति में स्त्री की रुचि के लिए संघर्ष की वचनबद्धता, वर्ग की लापरवाही, आर्थिक रुचि, साथ ही शोषित वर्ग के हितों के लिए संघर्ष की वचनबद्धता पर बल दिया।"[32] ये स्त्री पर होने वाले अत्याचार पर विवेचन करती है।

बार्बरा रयान की पुस्तक - 'Feminism and the women movement' में "नारीवाद स्त्रियों की स्वतंत्रता के लिए चलाया गया आंदोलन है क्योंकि स्त्री हर जगह शोषित है। अतः पूरे समाज के रूपांतरण के लिए यह आंदोलन आवश्यक है।"[33] ये सोचते हैं स्त्री से संबंधित तथ्य समाज से जुड़े हुए हैं इसलिए इसके शोषण का संबंध समाज से है तो आंदोलन होना जरूरी हो जाता है। ये आगे मार्क्सवादी स्त्रीवाद के बारे में कहते हैं-"मार्क्सवाद नारीवाद वाम से अपने संबंधों को बिना खराब किए ही स्त्री की स्वतंत्रता के लिए प्रश्न उठाता है।"[34]

उदारवादी : दृष्टिकोण

उदारवाद स्त्रीवाद ने सामाजिक दृष्टिकोण से न जाते हुए सीधे स्त्री के प्रश्न पर ध्यान दिया है। वे स्त्री के अधिकारों और उसकी समानता

पर अधिक बल देते हैं। इस सिद्धांत में लिंग-भेद पर होने वाले शोषण पर अधिक बल दिया है।

मेरी वोल्सटनक्राफ्ट की पुस्तक "ए विण्डिकेशन ऑफ दि राइट्स ऑफ विमेन" (1792) से ही उदारवादी स्त्रीवाद का प्रारंभ मानते हैं। ये मानती है कि मनुष्य जैसे ही स्त्री को नागरिक अधिकार शिक्षा मिलनी चाहिए वे सारी सुविधाएँ स्त्री को प्राप्त होनी चाहिए जो पुरुष को प्राप्त है।

उदारवादी स्त्रीवाद में बेट्टी फ्राइडन, जर्मन ग्रीयर, एन ओकाली इन लेखिकाओं ने स्त्री अधिकार एवं स्थिति पर अपनी पुस्तकों में आवाज़ बुलंद की। 'बेट्टी फ्राइडन' की 'नारी रहस्य कथा' (The Femine Mystique-1963) में स्त्री से जुड़े तमाम तथ्यों को पेश कर यह सिद्ध किया कि पुरुष प्रधान समाज में मनोवैज्ञानिक दबाव डाल कर स्त्रियों की वासना पूर्ति का साधन माना और माँ, गृहिणी तथा रमणी की भूमिकाएँ ही स्वीकार करने को विवश किया है।[35] इस पुस्तक ने पाश्चात्य देशों में स्त्री मुक्ति को जन्म दिया और यह पुस्तक काफी चर्चित व लोकप्रिय हुई।

बेट्टी फ्राइडन ने नाऊ (Now) (नेशनल आर्गेनाइजेशन आफ वीमेन) नामक संगठन की स्थापना की और ये इसकी अध्यक्ष भी थी। इसमें अमरीकी समाज की स्त्रियों से संबंधित तथ्यों पर विचार होता था। इसे दुनिया का सबसे बड़ा संगठन माना जाता है। बेट्टी फ्राइडन ने नोऊ में अपने विचार व्यक्त करते हुए कहा है-"We aim... to take action to bring women in to full participation in the main stream of America society now, exercising all the priviliges and responsibilities theory in truly equal partnership with men."[36] यानी स्त्री को सामाजिक, राजनैतिक में खुल कर भाग लेना चाहिए। स्त्रियों का वृत्तियों में और उच्च शिक्षा में समान प्रवेश होना चाहिए। स्त्री एक समान सामाजिक समूह के तरह बनी है तो सचेत होकर सब कार्यों में भाग लेना होगा।

'वोगेल' के विचार में 'फ्राइडन' के 'नाऊ' को उदारवादी विमर्श माना है। इसमें स्त्री-मुक्ति के कई आंदोलन हुए जिसमें उदारवादी राज्य

द्वारा अधिकार व अवसर के वादों से मुकरने को स्त्री के उत्पीड़न के कारण के रूप में पहचाना था। वैधानिक उपायों और सरकारी कदमों के माध्यम से समानता को हासिल करने की कोशिश की थी।

जर्मन ग्रीयर की 'फीमेल यनेक' पुस्तक में स्त्री के शारीरिक सर्वेक्षण के द्वारा स्त्री के अवयव संबंधी मिथकों को तोड़ने का प्रयास किया और कहा कि-"हमें क्रांति लानी है, कोई सुधारवादी आंदोलन नहीं चलाना है।"[37]

उदारवादी स्त्रीवाद लिंग भेदभाव को स्वीकार नहीं करता, ये लिंग से संबंधित परंपरागत चलती आ रही पितृसत्तात्मक रूप को नहीं मानते हैं, ये व्यक्तिवादी होते हैं व्यक्ति से संबंधित विचार करते हैं और विवाह जैसे संबंध को भी अस्वीकारते हैं। ये समान अवसर के लिए विरोध और संघर्ष करते हैं। उदारवादी स्त्रीवाद के आंदोलन तथा 1917 की सोवियत क्रांति और समाजवाद ने स्त्रियों को जो कानूनी अधिकार प्राप्त कराये, उसके साथ ही परिवार के बदलते हुए रूप, घरेलू कामकाजों में नई-नई मशीनों के प्रयोग ने समाज के लिए नया माहौल और साथ ही नयी चुनौतियाँ भी प्रस्तुत कीं।

उग्रवादी : दृष्टिकोण

उदारवादी स्त्री-विमर्श ने कानूनी समानता, राजनैतिक, आर्थिक, सामाजिक अधिकारों को केंद्र में रखा था। इसके विपरीत उग्रवादी स्त्री-विमर्श ने पुनरुत्पादन और अनुभव को केंद्र में रखा है। दोनों स्त्री-विमर्शों का केंद्र बिंदु स्त्री ओर उससे संबंधित विमर्श है। उग्रवादी स्त्री-विमर्श पितृसत्तात्मक समाज के खिलाफ एक जबर्दस्त आंदोलन है, जिसमें नये स्त्री-विमर्श के दर्शन दिखाई देते हैं। उग्रवाद ने पूरी दुनिया में आंदोलन फैलाने का सशक्त काम किया है इसमें पुरुषों के समान ही स्त्रियों ने राजनीति में हिस्सा लेना प्रारंभ किया है।

कैरोलिन ने उग्रवादी स्त्री-विमर्श पर विचार करते हुए कहाँ-"जहाँ उदारवादियों ने स्त्रियों के अधिकारों के लिए आंदोलन चलाए वहीं अतिवादी नारीवादियों ने पुरुष प्रधान समाज पर प्रहार किया। इनके

अनुसार स्त्री-पुरुष संबंधी राजनीतिक रूप से भी समस्या प्रधान है। इन्होंने हर उस वैध सामाजिक व्यवस्था पर प्रश्नचिह्न लगाया, जिसमें पुरुषों द्वारा स्त्रियों पर हो रहे दमन को जारी रखा है।"[38] उग्रवादियों ने पहली बार बलात्कार जैसे शोषण, यौन उत्पीड़न पर आवाज़ उठाई। इस विषय पर सुसेन ग्रीफन की 'The Politics of Rape (1970) पुस्तक काफी चर्चित है। उग्रवादियों में मुख्य भूमिका निभाने वाले विचारक हैं- 'शुभामिथ फायरस्टोन', 'एस.ब्राउन मिलब्ट', 'एम.डाली' तथा 'केट मिलेट'।

'केट मिलेट'-ने 'Sexual Politics' 1770 में 'Second Wave Feminism' या उग्र स्त्री-विमर्श को बहुत ही प्रभावित किया है। इन्होंने पुरुष सत्ता के उग्र विरोध के साथ यौन क्रांति का आह्वान किया है। उग्रवादी सिद्धांत के शुरू होने से पुनरुत्पादित लैंगिकता के बारे में विमर्श प्रस्तुत किया।

'कमला चमोला' ने 'केट मिलेट' को संबोधित करते हुए अपने एक लेख में लिंग भेद के संदर्भ में कहा है-"हमारी सामाजिक परिस्थितियों के कारण पुरुष और स्त्रियाँ वास्तव में दो संस्कृतियाँ हैं उनके जीवन अनुभव बिलकुल भिन्न हैं। यह बात महत्वपूर्ण है बचपन से लेकर होनेवाले लिंग अस्मिता के विकास में अभिरुचियों, सामाजिक स्थिति, औकात, मुद्रा और अभिव्यक्ति के संदर्भ में दोनों लिंगों के लिए क्या संगतिपूर्ण हैं।"[39]

इसी विषय में 'केट मिलेट' की पुस्तक 'सेक्सुअल पॉलिटिक्स' में "पुरुष प्रधान समाज के उग्र विरोध के साथ यौन क्रांति का आह्वान किया और फ्रीसेक्स तथा लेस्बियन का समर्थन किया साथ ही उन्होंने स्त्रियों की एकजुटता में कमी पर भी विचार किया जो पुरुषों की अपेक्षा स्त्रियों में कम पाया जाता है।"[40] आगे शुलमिथ फायरस्टोन की 'द डायलिटिक्स आफ सेक्स' (1970) में ये बताती है कि अधीनता उसकी प्रजनन शक्ति पर निर्भर है जो कि जैविक सत्य है।

सेक्सुअल पॉलिटिक्स में आत्मिक सामाजिक परिवेश द्वारा पुरुष

प्रधान परिवार की स्थापना बताई है जिसमें पुरुषत्व के शाब्दिक सामाजिक, ऐतिहासिक, कल्पनाओं को संश्लेषित किया है। इसके मूलभूत विचार स्त्रियों के अत्याचार, शोषण, उनके जैविक से न होकर सामाजिकता के निर्माण पर टिका है इसमें राजनीति, सामाजिकता, प्रतिमानों को दर्शाया है। सामाजिक, लैंगिक, व्यक्तियों के दृष्टिकोण शिक्षित कर सामाजिक बुराइयों उनमें छिपी टिंस विसंगतिपूर्ण हिंसा को नियंत्रण करने का प्रयास दिखाया गया है।

सुसान ब्राउन मिलर ने अपनी पुस्तक-"Against our will, men, women and Rape' (1975) में उग्रवादी दृष्टिकोण के मुख्य लक्ष्यों को केंद्र में रखा है। जिसमें स्त्रियों के पुनरुत्पादित भूमिकाओं को शारीरिक और मानसिक अत्याचार के बीच के संबंध को समझ सकना बताया है। आगे वे कहते हैं-लैंगिक हिंसा मुख्य रूप से बलात्कार अथवा बलात्कार की धमकी, पुरुषों का स्त्रियों पर नियंत्रण कर देते हैं। सारी स्त्रियाँ इससे प्रभावित होती हैं क्योंकि यह धमकी स्त्रियों को वशीकरण करके उनके द्वारा पुरुष को लाभ देती है।

सुसान ग्रीफन 'उग्रनारीवाद' में सामाजिक निर्माण अथवा सरल प्रयोग से आक्रमणशील की तरह पुरुष में स्थित आत्मकला के स्त्री-पुरुष में नफरत का अध्ययन है जिसमें ग्रीफन का विचार है कि प्रकृति पर समाज द्वारा आक्रमण को स्त्री पर होनेवाले अत्याचारों को केंद्र में रखती है स्त्री के पुनरुत्पादन शक्ति से स्लेतन सत्ता स्थापित करती है।

उग्रवादी सिद्धांत में स्त्री अपने सामाजिक परिवेश के खिलाफ, पुरुष प्रधान समाज में अपनी अस्मिता की खोज करती नज़र आती है। ये स्त्री से जुड़े हर तथ्यों को वैज्ञानिक सार्थकता की दृष्टि से परखने का प्रयास करती नज़र आती है। इनका चिंतन केवल भेदभाव के अंतर में निहित है। इस वाद ने किसी प्रकार की राजनैतिक, आर्थिक सामाजिक शक्ति की तुलना नहीं की। ये भी कांग्रेस के नरमदल की भांति सिर्फ प्रस्तावों के माध्यम से क्रांति में बदलाव लाना चाहती थी जिसका समाधान भी सीमित परिधि में था। परंपरागत पुरुष प्रधान समाज को केंद्र में रख उससे

बाहर आने की कल्पना नहीं करते। समाज में स्त्री की स्थिति के सुधार के बारे में विवेचना चलती रही उससे बाहर आने की कोशिश नहीं की।

स्पष्ट है कि उग्रवादी दृष्टिकोण में पुनरुत्थान, पुनरुत्पादन की अनुभव शक्ति को केंद्र में रख कर पुनरुत्पादित लैंगिकता के विषय में विचार विमर्श किया गया है।

विद्रोही: दृष्टिकोण

विद्रोही दृष्टिकोण से देखा जाए तो स्त्री हर छोटी-बड़ी समस्या पर विरोध करती नज़र आती है जो कानूनी नियम बनाये जाते हैं। उन पर भी वे विद्रोह की तीव्र दृष्टि रखती है। ये स्त्री समस्या को विरोध के माध्यम से हासिल करने की मांग करती है। इस विद्रोही सिद्धांत का आधार उदारतावादी सिद्धांत है। इसकी मांग भी स्त्री के समान अधिकार, राजनीतिक अधिकार पर ही केंद्रित है। विद्रोही स्त्री कोई भी दुर्भाग्यजनक बात को आसानी से नहीं मानती। वे पुरुषों के बनाये हितों को, उनके दृष्टिकोण को, नहीं अपनाना चाहती। क्योंकि इनके विचार में पुरुष जो नियम बनाते हैं उस नियम में पुरुष का ही हित निहित होता है।

स्त्री के उत्पीड़न की औपचारिक समानता की ओट में न्यायोचित करार देंगे, सिर्फ कानून बनाने से स्त्रियों की वास्तविक स्थिति नहीं सुधरेगी उस पर अमल लाना होगा। अंत में स्त्रियों का यह दृष्टिकोण लैंगिक भेद पर जाकर सिमट जाता है, स्त्रियों की यौन स्वतंत्रता को मुक्ति मान लिया गया इसका प्रभाव स्त्रियों की मानसिकता पर पड़ा और वे भी पुरुषों की भांति अपने साथी को बदलना, किसी के साथ भी पूर्ण सुख की कामना, ये सारी बातें स्त्री मुक्ति की खोखली तस्वीर बन कर रह गयी।

यूरोप में विद्रोही स्त्री-विमर्श स्त्रीवादी और समाजवादी स्त्रीवाद का जिक्र होने लगा। ये स्त्रियाँ मार्क्सवादी विचारों को वर्गीय समाज की उपज मानती है और आर्थिक संघर्ष के साथ पितृसत्तात्मक मूल्यों और नैतिकताओं के विरुद्ध संघर्ष को स्त्री उत्पीड़न ही मानती है। घर के

कामों और पारिवारिक संघर्ष को मुख्य केंद्र बनाया गया है।

विद्रोही स्त्रीवाद का विचार है कि जो पितृसत्तात्मक मूल्य है उसी में परिवार निहित है जिसमे घर से ही स्त्रियों का शोषण शुरू होता है। इस प्रकार की मिथ्याओं, रूढ़ियों को तोड़ने की प्रक्रिया विद्रोहणीया करती है। घर के कार्यों को करना, घर की जिम्मेदारी का पूरा भार ढोना, इस कार्य के लिए कोई तनख्वा भी नहीं मिलती। उस पर प्रताड़नाएँ, उत्पीड़न, शोषण ही हाथ आता है। इसके साथ यौन-शोषण, प्रजनन आदि विषयों को भी जोड़ती है। इस विचार में फायरस्टोन कहती है-"वर्तमान समाज में सिर्फ बच्चों का लालन-पालन नहीं, बल्कि प्रेम महिलाओं के उत्पीड़न का सबसे बड़ा कारण है, क्योंकि पितृसत्तात्मक समाज में प्रेम समानता पर आधारित नहीं हो सकता। उसके अनुसार प्रेम महिलाओं की आर्थिक और सामाजिक निर्भरशीलता को प्रतिबिंबित करती है, ताकि महिलाएँ अपनी गुलामी के विरुद्ध आवाज न उठा सकें।"[41]

इनके विचार में प्रेम स्त्री को पंगु बना देता है जिससे वह सोचते-समझते हुए भी अपनी अस्मिता पर ताला लगा देती है न आवाज़ उठेगी, न ही विद्रोह होगा। जिससे वह अपनी आत्मीयता को मार कर जीवित रहती है।

विद्रोही स्त्रीवाद में बच्चों की परवरिश में, लालन पालन में पुरुषों को समान दायित्व निभाने की मांग करती है। जिससे पुराने ढांचे को तोड़ा जा सकता है। इस प्रक्रिया से आनेवाली पीढ़ी सचेत होगी अपनी पूरी जिम्मेदारी और दायित्वों को बिना किसी लिंग भेद के निर्वाह करेगी। नयी दृष्टि से नये दृष्टिकोण से परिवार पारिवारिक संस्कार, आचरण, सामाजिक परिवेश को नये ढंग से उठाया गया है। इनके विचार में स्त्रियों की मुख्य गुलामी के तत्व धर्म, संस्कृति, संस्कार, भाषा और ज्ञान पर टिकी है। पुरुषों का इन सभी परिदृश्यों पर नियंत्रण है।

स्त्री को पुरुष जैसा चाहे वैसा बनाता है। पाश्चात्य दृष्टि में-"नारियाँ ही नारी जीवन की सच्चाई को व्यक्त कर सकती है तथा वह भी तभी जब वह

पुरुष प्रधान समाज द्वारा लाद दी गयी नैतिकता, संस्कार और भाषा से अपने को पूरी तरह मुक्त कर ले।"[42] पाश्चात्य विद्रोही स्त्रीवाद भी अपने अंत में, बाज़ारवाद की एक बिकाऊ वस्तु बन कर रह गयी है। आज पश्चिमी पत्र-पत्रिकाओं में स्त्री को जिस प्रकार यौन के प्रतीक के रूप में उछाला जा रहा है उसके मूल में विद्रोही स्त्रीवाद का काफी बड़ा हाथ है।

पाश्चात्य देशों में द्वितीय विश्वयुद्ध के बाद पूंजीवादी देशों ने उपभोक्तावाद की नयी तकनीक तैयार की जिसमें सामग्री को नयी शक्ल मिली जिससे स्त्री को भी नया विचार मिला जिससे वह नये प्रकार के आदर्शों में जीने लगी। इन वस्तुओं के प्रचार के लिए स्त्री को मुख्य रूप से इस्तेमाल किया गया। जिसमें उपभोग की वस्तु साधन न होकर साध्य रूप प्रचारित होने लगा। इस प्रकार के प्रचार ने स्त्री के घरेलू संख्या को कम से कम किया है।

शिक्षा के विस्तार, विकसित अधिकार, नयी चेतना, नये उत्पादन, नयी तकनीक से मध्यवर्गी स्त्रियों के साथ मजदूर स्त्रियों के परिवार में बहुत असर पड़ा है। इन वर्गों में स्त्री के जीवन में कई परिवर्तन हुए हैं। घरेलू स्त्री की जकड़बंधी का दमन हुआ है। नये संदर्भों में नया दृष्टिकोण स्त्रियों ने अर्जित किया है। जो सवाल स्त्रियों ने उठाये थे समाज के नैसर्गिक अंग बन गये हैं। आज के परिवेश में पाश्चात्य स्त्री की परिस्थिति समाज में काफी भिन्न है सुधार के साथ-साथ स्त्री का विनाश और पतन भी नज़र आता है। अत्यधिक विद्रोह का कारण विस्फोट ही होता है जिससे पतन निश्चित होता है। अत्यधिक विद्रोही होते हुए स्त्रियाँ अपने अस्तित्व को भूल चुकी हैं।

इसमें स्त्री के उत्पीड़न के औपचारिक कानूनी अधिकारों पर अमल लाने की बात को उठाया गया है।

ब्लॉक: दृष्टिकोण

रंग-भेद पर सबसे पहले आवाज़ उठाने वाले व्यक्ति नलसन मनडेला

थे। अफ्रीका देश में जो आर्थिक रूप से पिछड़े और रंगभेद के शोषण से सदियों से पीड़ित एवं दलित हैं, उन देशों में 70 के दशक में राष्ट्रीय मुक्ति आंदोलन के साथ ही स्त्री-मुक्ति आंदोलन की लहर भी दौड़ पड़ी थी। दासत्व समाज, सामंती समाज की पितृसत्तात्मक गुलामी के लंबे अरसे से इस व्यवस्था के खिलाफ राष्ट्रीय मुक्ति आंदोलन और युद्धों के विस्फोट में अधिक से अधिक स्त्रियों ने भाग लिया था। यहाँ की स्त्रियाँ दोहरे रूप से शोषित थी एक रंग-भेद दूसरा स्त्री होना। इनकी समस्या भी भिन्न थी क्योंकि ये देश हाल में ही दासता से मुक्त हुए हैं। आर्थिक रूप से सामाजिक व्यवस्था से डामाडोल थे। इनकी सामाजिक परिस्थिति पिछड़ी हुई थी। सामाजिक व्यवस्था के कारण यहाँ के नागरिक भुखमरी, पोषण ठीक न था, कमाने के लिए कोई साधन न थे तो दास बनना पड़ा। इन सारी समस्याओं से जूझते हुए ये आंदोलन कर रहे थे।

दो शताब्दी पूर्व अमेरिका में दक्षिण गुलामों और काली नीग्रो स्त्रियों पर अत्यधिक जुल्म, अत्याचार किया जाता था। मुफ्त में काम करने के लिए गुलाम संतानों की आवश्यकता थी इसकी पूर्ति के लिए ये नीग्रो स्त्रियों का इस्तेमाल करते थे। अमेरीकन इन स्त्रियों का बलात्कार करते थे उनको बंधी बनाकर मजदूरी करवाते थे। बंधी स्त्रियों को ये अपनी संपत्ति समझते थे इसका इस्तेमाल जब चाहे, जहाँ चाहे उनके अनुरूप करते थे। उन पर दोहरा अत्याचार किया जाता था। इन स्त्रियों के पास शोषण से बचने के लिये कोई कानूनी अधिकार नहीं थे। मालिक के वहशी जुल्मों का शिकार होना पड़ता था। साथ ही मालकिन की घृणा को भी सहना पड़ता था। ये अगर थोड़ा-सा भी विरोध करती नज़र आयी तो उसकी शामत आ जाती है कभी कोड़ो की मार, चाकू से गोदना या फिर गोली से खतम करना।

गुलाम ब्लाक स्त्रियों का कार्य मालिको के लिए मजदूरी करना और उनके बच्चे पैदा करना मात्र था। इन बच्चों पर इनका कोई अपना ही अधिकार था न हि कानूनी। मालिकों को उन बच्चों पर सारे अधिकार प्राप्त थे ओर वे उन बच्चों को 'वर्जीनिया' जो व्यापार का बड़ा केंद्र था

वहाँ बेच देते थे और इन बच्चों से 8 वर्ष की आयु में ही कठोर कामों को करवाया जाता था। अगर इनसे कोई सुंदर और गोरी लड़की हुई तो उन्हें वे 'फैंसी गर्ल्स' के नाम पर विश्व के वेश्यावृत्ति जगहों पर बेच दिया जाता था। गोरे इनके पिता होने पर भी ये बच्चे संपत्तिहीन और पितृत्व का कोई प्रश्न नहीं था। इसके विपरीत इनसे मजदूरी करवा कर हमेशा के लिए गुलाम बना लिया जाता था। इनसे बिना तनख्वाह के भारी-भारी कठिन कामों को करवाया जाता था। यहाँ दास प्रक्रिया चलती थी।

'70' के प्रारंभिक वर्षों में पत्र प्रकाशित हुए जिनमें स्त्रियों की गुलामी के साथ काली स्त्री और मजदूर स्त्रियों के शोषण की गाथा को केंद्र में रखा। उनके उत्पीड़न, प्रताड़नाएँ, शोषण और घर की जकड़बंधी से मुक्ति के आंदोलन स्त्रियों ने किए इसमें मालिकों के अत्याचार, घर के अत्याचारों के बचाव के लिए अनेक नई संस्थाओं की स्थापना की गयी। जिसमें स्वास्थ्य केंद्र निकट संबंधियों द्वारा शारीरिक हमलों के बचाव की होटलाइन, बलात्कार संबंधी मामलों के केंद्र, खोले गये जिसमें गरीब स्त्रियों को भी लाभ मिला।

फ्रेंच समीक्षक 'सीमोन द बोउवा' अपनी पुस्तक 'द सेकेंड सेक्स' में कहती हैं-"स्त्री को अमीर हो या गरीब श्वेत हो या काली अपनी लड़ाई खुद लड़नी होगी।" इस विचार ने विश्व की स्त्रियों को बहुत प्रभावित किया। इसकी प्रेरणा से बहुत सी स्त्रियों ने अपनी लड़ाई खुद लड़ने के लिए आवाज़ उठाने का प्रयत्न किया। कुछ सफल हुए, कुछ असफल रहीं। पर आंदोलन करना नहीं छोड़ा किसी-न-किसी संदर्भ में आंदोलन करती रही।

Bellhook's के विचार में-"Black women felt they were asked to choose between a black movement that primarily served the interest of black male. Patriarchs, and a women's movement which primarily served the interest of racist white women."[43] स्पष्ट है कि ब्लाक स्त्रियों पर जो आंदोलन किया गया था वे केवल पश्चिमी श्वेत स्त्रियों के अनुभवों पर ही निर्भर था। ये आंदोलन केवल

श्वेत स्त्रियों तक ही सीमित थे। ब्लाक स्त्रियों पर विचार-विमर्श करनेवाली कुछ स्त्रियों जैसे Angela Davis, Andrelorde, Bellhooks ब्लाक स्त्री की स्थिति, प्रश्नों पर विचार-आलोचना कर रही है। ब्लाक स्त्री आज भी समाज में असुविधाजनक, दमित, शोषित जैसी दारुण स्थितियों से गुजर रही है। समाज में पुरुष सत्ता स्त्री पर आज भी यथा-स्थिति अपना अधिकार जमाए हुए है।

ब्लॉकवादी दृष्टिकोण में देखा जाए तो स्त्रियों के दोहरे शोषणों के मानदंडों को उजागर किया गया है।

तीसरी दुनिया और स्त्री-विमर्श

तीसरी दुनिया में ज्यादातर वे देश आते हैं जो हाल में ही स्वतंत्र हुए हैं। तथा हाल में ही विकासोन्मुख की दिशा में अग्रसर हुए हैं। उद्योग के माध्यम से विकासशील देशों में जिनको गिना जाने लगा है जो सदियों से गुटबाजी, शीतयुद्ध, गुलामी आदि संक्रामिक युद्धों से मुक्त हुए हैं। इन देशों में आज भी सामाजिक व्यवस्था डामाडोल है जिसकी आर्थिक व्यवस्था भी ठीक नहीं है। जहाँ समाज में बुर्जुआ सामंतवाद, नये उपनिवेशवाद का वर्चस्व आज भी तथा-कथित बना हुआ है।

भारत और एशिया के अनेक देश तीसरी दुनिया के देशों में आते हैं। भारत और एशिया के देश हाल ही में स्वतंत्र होने के कारण सामाजिक व्यवस्था पिछड़ी हुई होने से इन देशों में स्त्री मुक्ति के आंदोलन राष्ट्रीय संघर्ष के साथ ही शुरू हो गये थे। इन देशों में राजनीतिक, सामाजिक और आर्थिक अधिकारों से बहुत बड़ी आबादी आज भी वंचित है। स्वतंत्रता क्या है? वे शायद इससे भी वंचित हैं। इन तथ्यों को देखा जाए तो तीसरी दुनिया के सभी देशों में साम्राज्यवाद, नवउपनिवेशवाद, व्यवस्था, उद्योगीकरण व्यवस्था तथा पूँजीवाद के विरुद्ध एक राष्ट्रीय जनवादी क्रांति की जरूरत है जिससे जुड़े तमाम स्त्री मुक्ति आंदोलन के तथ्यों का भविष्य तय होगा। क्योंकि स्त्री समस्याओं को समाज के ताने-बाने से हटाकर अलग नहीं रखा जा सकता है। समाज से जुड़ी हुई

स्त्री समस्याएँ हैं उनसे ही वास्तविक मुक्ति कहलाएगी।

भारतीय समाज के अब तक के इतिहास से पता चलता है कि भारत समाज में क्रांति का यह अधूरापन इस दौर की खासियत नहीं है अपितु असाध्य रोग में शुरू से ही आधे-अधूरेपन ने हमारे समाज को ग्रस्त रखा है। यह स्थिति एशियाई देशों की है जो तीसरी दुनिया के देश कहलाते हैं। मार्क्स के विचार में -"यूरोपीय पृष्ठभूमि में आदिम साम्यवादी समाज, दास समाज, सामंती समाज और पूंजीवादी समाज के जिन स्पष्ट ऐतिहासिक चरणों का सामाजिक विकास की प्रक्रिया में उल्लेख किया था, वैसा स्पष्टता उन्हें एशियाई समाजों में नहीं दिखाई दी थी। उन्होंने एशियाई समाजों के सिलसिले में उत्पादन की एशियाई पद्धति में ग्रामीण सामुदायिक अर्थव्यवस्था, दास-प्रथा,. बर्बर समाज के साथ ही साथ गणित ओर कलाओं में पारंगत तीक्ष्ण बुद्धिसंपन्न भारतीय मेधाओं, मुद्रा व्यवस्था, माल-उत्पादन और वाणिज्य के विकास आदि सबकों जैसे एक साथ विद्यमान एक खास किस्म की एशियाई संरचना में देखा था।"[44]

कामरेड ई.एम.एस.नम्बूदिरिपाद ने 'द मार्क्सिस्ट' के दूसरे भाग में 'भारत में वर्ग संघर्ष' में विचार किया है कि-"किस प्रकार एक जमीन में सारी मानव सभ्यता का केंद्र-स्थल समझा जाने वाला समाज, मार्क्स ने जिसे दुनिया की तमाम भाषाओं और धर्मों के जनक के रूप में देखा था, बाद में अपने से अपेक्षाकृत पिछड़े हुए यूरोपीय समाज में दास-प्रथा, सामंतवाद और पूंजीवाद की तरह के लंबे-लंबे ठगों के साथ हुई प्रगति के सामने पिछड़ता चला गया। ...एशियाई समाज, दास-प्रथा, सामंवाद और पूंजीवाद के रूप में व्यक्त किया था, वहीं बाद में अपने अंतिम निष्कर्षों में, एशियाई समाज की संरचना को उन्होंने पूर्व पूंजीवादी संरचनाओं की संज्ञा दी अर्थात् ऐसी सामाजिक संरचना जिसमें पूंजीवाद के पहले के अन्य सभी समाजों के तत्व विद्यमान हो। इसी आधार पर उन्होंने एशियाई संरचनाओं में आधुनिक पूंजीवाद के रूप में भी मानव समाज की प्रगति की एक अवधारणा दी थीं।"[45]

एशियाई समाज में सामाजिक व्यवस्था प्राचीन काल से सामंती युग तक के प्रवृत्तियाँ उत्पादन व्यवस्था, हर संभव रूप में अपने अस्तित्व को तथा-कथा बनाये रखा है। जिससे यहाँ कि स्त्री सामाजिक व्यवस्था के कारण आज भी मुक्ति के लिए संघर्ष कर रही है। वास्तविक परिस्थितियों के कारण स्त्री की स्थिति आज भी ऐसी बनी हुई है।

स्त्री-विमर्श की परंपरा व इतिहास पाश्चात्य दृष्टि से देखा जाए तो स्त्री हर देश में दमित, कुंठित थी। उसे घर की चार दीवारी में ही सीमित रखा जाता था। स्त्री को कई संदर्भों से व्याख्यायित किया जाता है। प्राचीन रोमन, यूनानी साम्राज्य में स्त्रियाँ पुरुष की संपत्ति मात्र थी। जापान में स्त्रियाँ धार्मिक अधिकारों से वंचित थी, चीन, स्पेन, इटली अरबवासियों की धारणा में स्त्री पुरुष के पैरों की जूती से ज्यादा कुछ नहीं थी। इस समय स्त्री पारंपरिक जकड़बंदी से निकलने में असमर्थ थी। उन्हें पुरुष की मानसिकता के अनुरूप चलना पड़ता था।

स्त्री विमर्श की परंपरा व इतिहास : भारतीय

भारतीय दृष्टिकोण में स्त्री समाज के केंद्र में निहित है। स्त्री को यहाँ सदियों से आदर सम्मान और श्रद्धा के साथ देखने की चर्चाएँ नज़र आती हैं पर स्त्री का अनेक रूपों नें, अनेक दृष्टिकोणों से, भिन्न स्तरों पर, शोषण नज़र आता है। स्त्री शोषण की दासता विश्व के हर क्षेत्र में निहित है। जिसकी छटपटाहट से उसने कई आंदोलन किये हैं जिसका असर प्रचार-प्रसार माध्यम से भारतीय स्त्रियों पर भी पड़ा।

भारतीय पुरुष प्रधान समाज में स्त्री को देवी जैसे सम्मान तो दिया, पर परंपरागत ढाँचे से निकले नहीं दिया। माँ रूपी स्त्री को आदरणीय सम्मान प्राप्त है पर अन्य स्त्रियों को शोषण से ग्रस्त रखा है। संविधान ने समान अधिकार दिये, पर सामाजिक दृष्टिकोण से उनको परंपरागत चलते नैतिक मूल्यों के तहत बंदी बना कर वैसा ही रखा जैसे सदियों से उसकी स्थिति है। पितृसत्तामक समाज ने स्त्रियों की मानसिकता को अपने अनुरूप ही बनाया है। पुरुषों के बनाये नियमों का वह विरोध

कभी कर नहीं पायी। समाज ने स्त्री की परिस्थिति सुधारने के काफी प्रयत्न किये। उसकी सुरक्षा के कई संगठन तैयार किये गये पर अपनी मानसिकता को बदल ना पाये। 'स्त्री सुरक्षा' के कई संगठन है पर क्या उनकी सुरक्षा हो पा रही है। शिक्षित समाज भी अंध-श्रद्धा में फंसा हुआ है। समाज की अच्छाइयों-बुराइयों जैसे विसंगतिपूर्ण वातावरण से वह पथ-भ्रष्ट होती चली जा रही है जिससे वह अपने लस की लीक से हटती जा रही है। स्वतंत्रतापूर्व की स्त्री चारदीवारी को लाँघ नहीं पायी क्योंकि परंपरागत मूल्य, पितृसत्तात्मक नैतिकता उसके आड़े आते गये। सुशिक्षित पुरुष सत्ता ने आज भी स्त्री को अधिकारों से वंचित रखा है। आज भी स्त्री अपने परिवार, समाज के सामने कठपुतली की तरह नाचती नज़र आती है।

"स्त्री जिस परंपरा का शिकार है, वह सदियों से हज़ारों शाखाओं, प्रशाखाओं, कटती, बंटती, संकुचित परिवर्तित संवर्द्धित होती इस मुकाम तक आई है। उसे गुरुओं, पिताओं, पतियों, भाइयों और बेटों में ही नहीं, माओं, दादियों, परदादियों ने भी बनाया है एक पूरी की पूरी जीवनगत सामूहिकता जिसने स्त्री के वर्तमान को गढ़ा है।"[46]

भारतीय समाज में स्त्री की सबसे बड़ी समस्या भौतिक दरिद्रता और आर्थिकता है जो सांस्कृतिक दरिद्रता के साथ मिलकर अनेक प्रकार के दुःखों को जन्म देती है। कुछ हद तक आर्थिक समस्याओं का निवारण भी हो सकता है। पर उसकी आंतरिक छटपटाहट की समस्या और भी गहरी होती जाती है।

आर्थिक और सांस्कृतिक उन्नति कोई वास्तविक अंतर्विरोध नहीं है पर सामाजिकता के तथ्य इसी पर टिके हुए हैं। औद्योगिक क्रांति ने समाज के मनुष्य को जितना मुक्त किया है वह उससे कहीं ज्यादा कटु भी बनता गया है। स्त्री-पुरुष के अंतर्विरोध को कोई भी सभ्यता, विकास, दिशा, जीवन शैली, परिवर्तन या फिर परिस्थितियाँ खत्म नहीं कर सकतीं। क्योंकि स्त्री सभ्यता के शुरू से ही शांत-सम्मोहक की भूमिका निभाती आयी है जिसमें पुरुष ने उसे देवी की, माँ की छवि को एक रहस्यपूर्ण

स्थिति में रखा है। कभी वह उसकी पूजा करता है कभी उसका दमन किया जाता है। स्त्री कभी भी अपने आपको अनावृत्त नहीं कर पायी क्योंकि समाज, परिवार, सांस्कृतिक स्थिति, पारंपरिक नैतिकता, सामाजिक परिवेश यथा-तथा बना पड़ा रहा। सभ्यता का स्तर जितना ऊँचा होता गया स्त्री पर उतनी पाबंदी, उतना ही अंकुश लगता गया जिसमें उसकी जीवन शैली अधिक से अधिक कठोर होती गयी।

वास्तविक परिस्थितियों के इस परिदृश्य में समाज में स्त्रियों और उसकी वास्तविकताओं, उसकी परिस्थिति तथा उसके मुक्ति संघर्षों पर आंदोलन का विचार किया जिसमें उसके देवी और चंडी के रूप से लेकर अबला, असहाय जीवन की वास्तविक परिदृश्य के तत्वों को प्राचीनकाल में मध्यकाल, आधुनिककाल तथा स्वतंत्रतापूर्व, स्वतंत्रता के बाद तथा 21वीं सदी तक के बदलते परिवेश में स्त्री की भिन्न-भिन्न परिस्थितियों का विचार-विमर्श स्त्री के सामाजिक जीवन के उतार-चढ़ाव उसके शोषण, अत्याचार, दमन की वास्तविकता को प्रस्तुत करने का प्रयास किया है।

प्राचीनकाल

भारतीय प्राचीन समाज के वैदिक युग की स्त्री के संबंध में जो स्त्री अधिकार और समानता की मान्यताएँ समाज में प्रचलित हैं वे वास्तविक सत्य नहीं लगती क्योंकि एक तरफ उन्हें मातृसत्तामूलक समाज में स्त्रियों के विकसित और सम्मानित दृश्य को दर्शाया गया है और दूसरी ओर स्त्री की भूमिका गौण नज़र आती है। एक तरफ तो आचार्यों द्वारा स्नातकों की मातृ देवो भव, पितृ देवो भव, आचार्य देवो भव जिसमें माता का स्थान गुरु और पिता से श्रेष्ठ और ऊँचा माना गया है वहीं दूसरी ओर कन्या, बहन और अन्य रूपो में निम्नतर माना गया। बिना पिता और भाई के उसका कोई निजी व्यक्तित्व नहीं वह उन पर ही आश्रित है बताया गया है। एक ओर तो मनुस्मृति में मनु ने स्त्री की गरिमा को मानते हुए कहा-

**"यत्र नार्यस्तु पूज्यंते रमंते तत्र देवताः।
यत्रैतास्तु न पूज्यंते सर्वास्त त्रा फलाः क्रियाः।।**[47]

मनु के अनुसार जहाँ स्त्रियों का आदर सम्मान होता है वहाँ देवता बसते हैं और जहाँ पर स्त्रियों का निरादर होता है वहाँ सब काम निष्फल ही रहते हैं और जिस देश में स्त्रियाँ कष्ट पाती हैं वहाँ का शासन असफल माना जाता है। दूसरी ओर मनु स्त्री के स्वतंत्र अस्तित्व को खत्म करते हुए आदेश जारी करता है कि-स्त्री कभी स्वतंत्र नहीं रह सकती, बचपन में उसे पिता का आश्रय चाहिए, युवावस्था में पति का, वृद्धावस्था में पुत्रों का आश्रय चाहिए। इससे यह ज्ञात होता है। स्त्री हमेशा किसी-न-किसी पुरुष के ही अधीन होती है। बिना पुरुष के उसका जीवन चल ही नहीं पाता। आश्रित होना उसकी नियति बन गई थी। वैदिक युग में स्त्री को मानव न समझकर सामग्री से संबोधित किया जाता था। सामग्री यानी एक प्रकार से वस्तु ही समझा जाता था। इस युग में स्त्री को गृहस्थी के कामों से ही सम्मानित किया जाता था। स्त्री के प्रति सम्मान की भावना अतीत का एक प्रतिबिंब मात्र थी। इस युग में स्त्री अपने वक्त की श्रेष्ठतम कलाओं में पारंगत थी। विद्या और बुद्धि में पुरुषों से किसी भी प्रकार से कम नहीं थी अपितु उनसे एक कदम आगे ही थी। पर पितृसत्तात्मक समाज के नियमानुसार यह घोषणा थी कि स्त्री की स्वतंत्र भूमिका नहीं है और उसकी स्वतंत्र भूमिका को स्वीकारा भी नहीं जाएगा। और वे इस मान्यता के साथ चलते थे कि स्त्री के बिना पुरुष का जीवन अपूर्ण है जैसे प्रकृति के बिना जीवन यापन करना। इस तथ्य को जानते हुए भी सामाजिक व्यवस्था उनके अनुकूल ही बनाई गई थी। 'शतपथ ब्राह्मण' में हम इस तथ्य को देख सकते हैं-

**"अर्धो ह वा एष आत्मनो सज्जाया तस्माधा वज्जयां
न विदन्ते नेव तावत्प्राजायते असर्वोहिता वल्दवति
अय यदैव जायां विन्दतेडथ प्रजायते तर्हिसर्वो भवति।।"**[48]

अर्थात् पत्नी को वे अपनी आत्मा का आधा भाग मानते हैं और व्यक्ति जब तक पत्नी और उससे उत्पन्न संतान को प्राप्त नहीं करता

अधूरा कहलाता है। जब वह पत्नी और संतान को प्राप्त कर लेता है तो पूर्ण हो जाता है। इससे यह पता चलता है कि पुरुष स्त्री के बिना अधूरा, अकेला, अपूर्ण है जिसके बिना उसका जीवन सार्थकता से आगे नहीं बढ़ सकता फिर क्यों पुरुष इतने अहम में जीता है।

वैदिक युग में स्त्री को स्वयंवर चुनने की आज़ादी थी। पर वह भी पिता द्वारा लाये गये पुरुषों से। जिन पुरुषों को पिता द्वारा सभा में बुलाया जाता था कन्या उनमें से ही अपने योग्य वर को ढूँढ़ती थी। अपना वर ढूँढ़ने की स्वतंत्रता और गौरव उसे प्राप्त था। इस पर प्रेमचंद अपने विचार व्यक्त इस प्रकार करते हैं-"स्त्री प्रेम में काफी छानबीन करती थी। पहले भी तो स्वयंवर से पुरुषों की परीक्षा होती थी। वह मनोवृत्ति अब भी मौजूद है, चाहे उसका रूप कुछ बदल गया है।"[49] इस युग के इतिहास में शिक्षित स्त्रियों का उल्लेख मिलता है जो उच्च ब्राह्मण वर्ग से संबंधित थी पर उनका सामाजिक कार्य में कोई महत्व न के बराबर ही था। ये स्त्रियाँ वैदिक ऋचाओं की रचयित्री भी थी, लोपामुद्रा, रोमांस, छोषा, अपाला, विर्लामी, चर्मा, वाग्भणी, विश्वंभरा आदि ऋषिकाओं और ब्रह्मचारिणी, ब्राह्मणियों का उल्लेख मिलता है। इस तथ्य का बार-बार उल्लेख किया जाता है क्योंकि वैदिक युग में स्त्री की श्रेष्ठ, सम्माननीय, आदरणीय सिद्ध करने का प्रयास किया जाता था। ये सारी स्त्रियाँ उच्च वर्ग की थी निम्न वर्ग की स्त्रियों का कोई महत्व इन ऋचाओं में नहीं दिखाया गया है। सामान्य स्त्री का कोई उल्लेख इस युग में नहीं मिलता।

ऋग्वेद में माँ और पत्नी को सर्वोच्च स्थान प्राप्त था पर बेटी, पुत्री या बहन को उतना महत्व नहीं दिया जाता था। पुत्रियाँ अपने पिता या भाई पर निर्भर रहती थी। घर का काम-काज किया करती थी। अगर किसी पुत्री का विवाह सफल न हुआ तो वह अपने पिता के घर छोड़ दी जाती थी। अगर विवाह के पश्चात उसे संतान के रूप में पुत्र को जन्म नहीं दिया तो वह पिता के घर भेज दी जाती थी और पति को दूसरा विवाह करने का अधिकार प्राप्त था।

"स्त्री का पहला कर्तव्य है, पुत्र संतान को जन्म देना।"[50] निःसंतान पत्नी को विवाह के दस वर्ष बाद त्याग दिया जाता था, जो स्त्री कन्या-संतान को जन्म देती है उसे बारह वर्ष बाद त्याग दिया जाता था, जिस स्त्री को संतान हो पर वह जीवित न रहे तो उसे पंद्रह वर्ष बाद त्याग दिया जाता था, जो स्त्री कलह परायण थी उसे तुरंत त्यागने का रिवाज था।"[51] इस युग में स्त्री की स्थिति निम्न से निम्नतर हो गई थी। स्त्रियों को अधिकार और महत्व नहीं था।

इस युग में सामाजिक नियम ऐसे थे कि विवहा के अनुष्ठानों में स्त्री को वस्तु या सामग्री की तरह ही ग्रहण किया जाता था। उसका कोई स्वतंत्र अस्तित्व नहीं था। वह पुरुष की अनुगामिनी थी। स्वयं पर उसका कोई अधिकार नहीं था। पुरुष की सत्ता सर्वत्र थी।

ऐतरेक ब्राह्मण में-"उसी स्त्री को उत्तम समझा जाता है जो अपने पति को संतुष्ट करती है। पुत्र संतान को जन्म देती है, पति से किसी भी मामले में बहस नहीं करती है।"[52] विवाह के अनुष्ठान में पति को कहना पड़ता था-"आओ हम एक हो जायें, हमारी संतान पुत्र हो, जिस संतान द्वारा संपत्ति वृद्धि हो, इसके साथ प्रार्थना की जाती थी "पुत्र, पौत्र, दास, शिष्य, वस्त्र, कंबल, धातु बहुभार्या, राजा अन्न और सुरक्षा की।"[53] और शतपथ ब्राह्मण में पति के बाद पत्नी को खाने की बात कही गई है। "भुक्तवाच्छिष्ट वैयैव ददात।" यानी की जूठन स्त्री को देना।"[54] इसमें पुराने कपड़े शूद्र को देने का, और पति का जूठा पत्नी को खाने का रिवाज़ था। 'आपस्तम्रा धर्म सूत्र' में स्त्री को जानवरों और गिद्धों के साथ जोड़कर देखते थे यानी उसकी तुलना जानवरों से की जाती थी। "काली चिड़िया, गिद्ध, नेवला, छछूंदर और कुत्ते की हत्या एवं शूद्र हत्या करने पर जो प्रायश्चित्त करना पड़ता है स्त्री की हत्या करने पर भी वही प्रायश्चित करना पड़ता है एक दिन का कष्टदायक व्रतालाप करना पड़ता था।"[55] इनकी मान्यता के अनुसार स्त्री भी नेवला, कुत्ता, गिद्ध, काली चिड़िया और शूद्र जैसी है। इन्हीं मान्यताओं के तहत स्त्री को समाज में सम्मान प्राप्त था। यानी जीव-जंतु और स्त्रियों में कोई

भेदभाव नहीं है।

इन सभी तथ्यों से यही पता चलता है कि स्त्री अस्तित्वहीन थी। पुत्र संतान को जन्म देने से ही समाज में सम्मान प्राप्त था, नहीं तो उसका बहिष्कार किया जाता था। अगर वह पति के मार्गपर न चले तो कुल्टा समझा जाता था। उसकी तुलना जानवरों से की जाती थी। पति का जूठा खाने की उसकी नियति थी। इन्हीं सब संस्कारों का पालन करना वरना उसको निम्न से निम्नतर रखा जाता था।

वैदिक युग के द्वितीय चरण में बहु-विवाह प्रथा का प्रचलन आरंभ हुआ जिसमें दास प्रथा ने स्थान लिया। युद्धों में स्त्रियों का हरण कर उसे दासी बनाया जाता था। फिर उन दासियों से विवाह कर लिया जाता था। इन्हें सार्वजनिक और धार्मिक अनुष्ठानों में भागीदारी नहीं दी जाती थी। जो पहली आर्या पत्नी होती थी उन्हीं की भागीदारी संभव थी। इस युग के परिदृश्य को देखा जाए तो पुरुष विलासी और निहायत ही स्वार्थी प्रवृत्ति का हो गया था जिसमें पुरुष स्वार्थों के कारण अंततः स्त्रियों के स्थायी बंधन रूढ़ होते गये। जिससे स्त्री-पुरुष के नैतिक नियम निम्नतर गिरते चले गए, उनको निभा पाना भिन्न हो गया। इस युग में सती प्रथा नहीं थी, जो विधवा स्त्री होती थी उसको दूसरा विवाह करने की अनुमति समाज द्वारा प्राप्त थी। मनुस्मृति में 'स्त्री को पुनर्विवाह की स्वीकृत थी। पति के शव के पास रोती पत्नी को उद्बोधन से उठाया जाना, हे नारी, उठो और पुनः सांसारिक जीवन को अपनाओ। इस निष्प्राण शरीर के पास रहना व्यर्थ है। उठो और जो तुम्हारा हाथ पकड़ने को तैयार है, जो तुम से स्नेह रखता है, उसे नए पति के रूप में स्वीकार करो।"[56] इसमें उसका नया पति, उसका देवर, प्रेमी या कुल का श्रेष्ठ पुरुष या अन्य कोई योग्य पुरुष हो सकता था।

धर्म सूत्रों में भी स्त्री की स्थिति का अंकण हुआ है। यहाँ पर भी विधवा विवाह को मान्यता प्राप्त थी। गौतम बुद्ध के अनुसार "विधवा अगर संतान कामना रखती हो तो उसके देवर के साथ सहवास कर संतान उत्पन्न कर सकती थी। इसके साथ विधवा का रहन-सहन सादा

होना चाहिए। परिवार के बड़े व्यक्ति के आदेशानुसार ही वह पुत्र या संतान को पा सकती थी। इस युग में स्त्रियों की निर्वाण प्राप्ति के लिए उसे विवश करते थे। जातकों में भी स्त्रियों के दो समुदाय थे-पहला वर्ग ब्राह्मणवादिनी तथा दूसरा वर्ग सद्योवदू थी। ब्राह्मणवादिनी भिक्षुणी हुआ करती थी। और सद्योवधू गृहस्थ जीवन को अपनाती थी।

पुराणों में भी स्त्री की स्थिति लगभग इसी प्रकार की थी। वाल्मीकि रामायण में स्त्री की सर्वस्तरीय महत्ता थी। 'उत्तर रामचरित' में महाकवि भवभूति ने अपनी वाणी से जनक के द्वारा ब्रह्मविद् कर्मयोगी से वनवासिनी स्वदुहिता सीता के प्रति ये वाक्य कहलाये हैं-"तुम मेरी कन्या हो या शिष्या, यह ध्यान देने की बात नहीं तुम्हारा आचरण अपनी पूर्ण परिणति को पहुँचा हुआ है जिससे मुझमें तुम्हारे प्रति विशेष श्रद्धा है। स्त्री रूपिणी अथवा अवस्था में कम होने पर भी तू जगद्‌बंध है, क्योंकि गुणियों का आदर उनके गुणों से होता है न कि जाति (लिंग) या अवस्था भेद से।"[57]

इसमें पिता ने अपनी पुत्री को स्त्री रूपी और अवस्था में कम होने पर बात की है यानी पुरुष से कम शक्ति की होने पर भी अत्यधिक गुणों से संपन्न बताया गया है। आगे कहते हैं कि लिंग भेद से कुछ नहीं होता गुणियों का आदर उसके गुणों को देख कर ही किया जाता है। समाज में स्त्री के यथार्थ रूप को दिखाया गया है। वहीं आदर्श समाज व्यवस्था में तुलसीदास ने जहाँ 'ढोल गँवार शूद्र पशु नारी' को दंड देने का विधान था। यानी स्त्री पशु समान दण्ड योग्या है। रामायण के युग में कन्याएँ जो विवाह योग्य हो जाती थी माता-पिता के लिए चिंता का विषय बन जाती थी।"[58]

"कन्या पितृत्व दुख हि सर्वेषा मानकाक्षिणाभ।"

इसमें पुत्री के विवाह पर धन देने की प्रथा मिलती है, कन्यादान पिता के लिए पूज्य का काम था जिसमें पिता कन्यादान को अपना सौभाग्य समझता था। जो विवाहित स्त्रियाँ थीं अपने परिवार में सम्मान की पात्र थीं वे अपने घर गृहस्थी को संभालने के साथ-साथ सास-ससुर, देवर,

ननद, पुत्रवधु के साथ स्नेह का व्यवहार करना था। सीता, कौशल्या, तारा ये शिक्षित स्त्रियाँ थीं जो कर्मकाण्ड और शास्त्र ज्ञान को प्राप्त करने में सक्षम थी। गृहस्थी की व्यवस्था पर पत्नियों का एकाधिकार था।

रामायण के समान ही महाभारत में पुत्रियों को अनेक प्रकार की शिक्षा-दीक्षा प्राप्त थी। इसमें स्त्री का प्रधान गुण उसका चरित्र और व्यवहार माना जाता था। ये पुरुषों की वास्तविक संगिनी थी। विवाहित स्त्री का माता-पिता के घर पर रहना निंदनीय माना जाता था। इसमें वैचारिक विषमता इतनी बढ़ गयी थी कि समाज में स्त्री के विविध रूप दिखाई पड़ते हैं। मत्स्यगांधा (सत्यवति), कुंती आदि स्त्रियों में विवाह से पूर्व संतान उत्पन्न का उल्लेख मिलता है तो दूसरी ओर अहल्या, सावित्री जैसी पतिव्रता स्त्रियों का भी उल्लेख हुआ है। ऋषि-मुनियों का तप भंग करने हेतु रंभा, ऊर्वशी, मेनका जैसी स्त्रियों का भी उल्लेख हुआ है।

इस प्रकार रामायण, महाभारत में स्त्रियों का वर्णन विदूषियों के रूप में कम, तप, त्याग, नम्रता, पति सेवा परायण आदि वशीभूत गृहस्वामिनी के रूप में अधिक दिखाया गया है। इस युग में पति सेवा और आज्ञा पालन ही स्त्रियों का प्रमुख गुण हो गया। महाभारत में पांडवों द्वारा द्रौपदी को जुएँ में दाँव पर लगा देना और राम ने सीता को वनवास देना एक धोबी द्वारा संदेह व्यक्त करने पर अग्नि परीक्षा करवाना, पत्नी पर पति के मनमाने अधिकारों की पुष्टि करता है। पुरुष सत्ता को व्यक्त किया गया है जिसमें स्त्री उपभोग की वस्तु बन कर रह गई। स्त्री को धार्मिक संस्थानों के लिए अयोग्य घोषित किया गया। महाभारत में इस प्रकार के अनेक उदाहरण मिलते हैं जैसे-नस्त्री स्वतंत्रता महिति, भीष्म ने युधिष्ठिर से कहा-"नारी से बढकर अशुभ और कुछ भी नहीं, नारी के प्रति पुरुष के मन में कोई स्नेह या ममता रहना उचित नहीं, पिछले जन्म के पाप के लिए इस जन्म में स्त्री बन कर पैदा हुई हे, त्रिभुवन में ऐसी कोई स्त्री नहीं जो स्वतंत्रता पाने योग्य है, नारी जन्म की चरम सार्थकता पति को संतुष्ट करने एवं संतान धारण करने में है स्त्री के लिए विवाह ही उपनयन, पतिग्रह में वास करना ही गुरुगृह में वास करना है।"[59]

मौर्यकाल में स्त्रियों की सामाजिक स्थिति में ह्रास के लक्षण दिखाई देते हैं। इस युग में स्वतंत्रता, स्वच्छंदता, सम्मानजनक ये सारी बातें परतंत्रता और संकीर्णता में बदल गयी थीं। इस युग में भी बहु विवाह प्रथा प्रचलित थी। विवाहित स्त्रियों के लिए आमोद-प्रमोद के लिए घर में ही व्यवस्था कर के रखी जाती थी। कौटिल्य के अनुसार "पुरुष कितनी ही स्त्रियों से विवाह कर सकता है, स्त्रियाँ संतान उत्पन्न करने के लिए है।"[60] इस काल में दहेज प्रथा भी प्रचलित थी। उस समय तलाक जैसे नियम भी थे। स्त्री अगर अपने वैवाहिक जीवन से संतुष्ट न हो तो मोक्ष के रूप में तलाक ले सकती थी। मोक्ष शब्द तलाक को केंद्रित करता है। कौटिल्य के शब्दों में-"मोक्ष के अधिकारी पति व पत्नी दोनों थे, व्यभिचारी, प्रवासी, पतित, स्त्रियों को पति परित्याग कर सकता था। राजद्रोही, खूनी, नपुंसक पतियों का स्त्री परित्याग कर सकती थी।"[61]

"नीचत्व परदेशं वा प्रास्थितो राज किल्विषी।
प्राणभिहन्ता पतितस्त्वाज्यः क्लीवोपि वा पतिः।"

गुप्त काल में भी स्त्री शिक्षा का प्रचलन था। इस युग में स्त्रियाँ वेद-मंत्रों की भी शिक्षा प्राप्त करती थी। शीलाभट्टारिका एक योग्य और विद्वान महिला का उल्लेख मिलता है जिसे 'पांचाली रीति' की एक विदुषी माना गया है।

"शब्दार्थयोः समो गुम्फः पाँचाली रीतिरिप्यते।
शिलाभट्टरिका वाचि वावेक्तिषु य सा यदि।।"

स्त्री रूप के उतार-चढ़ाव, स्त्री शिक्षा, सामाजिक परिवेश और उसकी अवस्था का प्राचीन काल में अंकन हुआ है। देखा जाए तो स्त्रियों को इतनी स्वतंत्रता नहीं थी, न ही सुरक्षित ही नज़र आती है। उसे कुछ रूपों में आदरणीय सम्मान प्राप्त है पर अन्य रूपों में उसकी दशा और दिशा एक ही नज़र आती है। इस युग में स्त्री किसी भी रूप में विद्रोहिणी और आक्रोशी या प्रतिशोधी नज़र नहीं आती बल्कि शांत, आज्ञाकारी, अनुगामी, रूढ़िवादी, सामाजिक, नैतिकता के मूल्यों को बनाये रखने

में सहयोगी साबित हुई है। इनकी स्थिति शोषिता की ही यथा-तथा नज़र आती है।

मध्यकाल में स्त्री

यूनानियों और शकों के भारत पर आक्रमण के बाद मध्यकालीन समाज व्यवस्था में स्त्री सुरक्षा गिरती चली गई। इस काल में स्त्री को कई बंधनों में बांधा गया जिसमें वह प्रताड़ित, अपमानित और शोषण के घेरों से घिरती गयी। समाज में ऐसी रीति-रिवाजों ने स्थान लिया जिससे आज तक भी स्त्री छुटकारा पाने में असमर्थ है। बाल-विवाह, पर्दा-प्रथा, बलात्कार, सती प्रथा इन सारी सामाजिक बुराइयों ने अपने पैरों को जमाना आरंभ किया जिसकी जकड़बंधी सामाजिक व्यवस्था को विसंगतिपूर्ण वातावरण में बदल दिया। गुप्तों के स्थान पर हूण, गुर्जर, अहिर आये जो युद्ध क्षमता में कमजोर थे। इसी कारण से वे अपनी स्त्रियों की रक्षा करने में असमर्थ साबित हुए। ये कन्या के जन्म होते ही मार देते थे। ये परंपरा भारत ने भी अपना ली। साथ में सती-प्रथा, जौहर प्रथा ने भी इस काल में जन्म लिया। "आठवीं शताब्दी से अट्ठारहवीं शताब्दी के आरंभ यानी मुहम्मद बिन-कासिम के आक्रमण से लेकर मुगल साम्राज्य के पतन तक भारत में मुस्लिम हमले व मुस्लिम राज्य के प्रभाव से हिंदु स्त्रियों पर अनेकानेक सामाजिक बंधन लगे, ... इसके परिणामस्वरूप पुरुष नारी के सहधर्मिणी, सहकर्मी रूप से वंचित हो गया और समाज उसकी सहभागिता से वंचित हो नीति, नियम व चारित्रिक निष्ठा में गिर गया।"[62]

इस काल में स्त्री का सामाजिक स्तर कम होता गया जिसका कारण आज भी स्त्रियाँ अपने स्तर को ऊपर उठाने में लगी हुई हैं। मुगल राज्य में भारतीय स्त्रियों को कोठों तक पहुँचा दिया कुछ को वैश्यावृत्ति पर उतार दिया। स्त्रियों ने वैश्यालय का मुँह इसी काल में देखा। मानिये, सामान्य स्त्रियों का सुंदर होना पाप समझा गया। सुंदर होना बर्बादी का कारण बन गया। "रानी पद्मिनी पर अलाउद्दीन की नज़र पड़ने से सैकड़ों

राजपुतानियों के जौहर में जल मरने का कारण बना।"[63] स्त्रियों को पर्दे में रहने के लिए बाध्य किया गया। कई कोठों का निर्माण हुआ जिसमें मीना बाजार था। इस 'मीना बाजार' में राजा, नवाब तथा जागीरदार जाया करते थे जिसमें सामाजिक परिस्थिति डांवाडोल हो गई थी। पुरुष अत्यधिक विलासी प्रवृत्ति के हो गये थे जिसके कारण वह स्त्री का अपमान, शोषण करने लगे। स्त्रियों को वे निरादपूर्ण देखते थे। राजा, नवाबी की देखा-देखी सामंतों का आचरण भी विलासमय हो गया जिसके कारण वे सुंदर स्त्रियों का अपहरण करवाते थे, उनके क्षेत्र में काम करनेवाली ग्वालिनों, मालिनों, खेतिहर मजदूरनियों पर ये अपना अधिकार मानते थे। इस काल में स्त्री-शोषण दिन-रात-दिन बढ़ता चला गया। सामंत और जागीरदार सामाजिक व्यवस्था के प्रतिष्ठित और शक्ति का प्रतीक बन बैठे थे। इन्हीं सब कारणों से बाल-विवाह, विधवा-विवाह, सती-प्रथा, पर्दा प्रथा उन दिनों की आवश्यकता बन गई। इस काल में स्त्रियों का दमन ही नज़र आता है जो विलासपूर्ण है। वे क्या देश की और स्त्रियों की रक्षा कर पायेगी। इस काल में विधवा स्त्रियों को बलपूर्वक चिता में धकेल दिया जाता था। कुछ का मंगलकार्यों में आना मना था। सती प्रथा में मासूम स्त्रियों को चिता में झोंक दिया, पर्दा-प्रथा से स्त्रियाँ शिक्षा से वंचित होने लगीं। समाज में अनेक आडंबर और विडंनाओं ने जन्म लिया जिससे स्त्री शिक्षा विहीन, अंधविश्वासों में जकड़ती चली गई। पुरुष सत्ता के अधीन स्त्री होती चली गई। उसकी मानसिकता और व्यवहार को दासता, शोषण का शिकार बनना पड़ा।

पूरे भारत को विदेशी आक्रमणों ने घेरा जिससे दक्षिण भारत भी बच न पाया जिसके कारण सामाजिक कुरीतियाँ, अंधविश्वास, आडंबरों, स्त्री विडंबनाओं ने विसंगतिपूर्ण वातावरण को प्रारंभ किया। पुरुषों के अधीन स्त्रियाँ होने लगीं। जकड़बंधी ने स्त्री को कैद कर लिया। घर की चारदीवारी में ही वह सिमट कर रह गई। सामाजिक, राजनीतिक, आर्थिक, सांस्कृतिक, भूमिकाओं से वह अनभिज्ञ ही रह गई। इस स्थिति ने स्त्री की मानसिकता को कुंठित किया जिसकी छटपटाहट से बाहर निकलने में वह असमर्थ रही। उसके व्यक्तिगत रूप को छिन्न-भिन्न कर दिया।

भारत में निजी संपत्ति के उदय, दास-प्रथा और सामंतवाद में स्त्री की स्थिति मातृ-सत्ता की समाप्ति से शुरू हुई है। स्त्री की पराधीनता की परिस्थिति मनुस्मृति में नज़र आती है जिसमें "स्त्रियों को वर्णों में विभाजित किया गया। इस व्यवस्था में निम्नतम वर्णों, वैश्य और शूद्र के साथ ही पापा योनी वाली वर्ण में रखा गया है।"[64] सामंती सामाजिक व्यवस्था संबंध को घृणित, मानसिकता के भौतिक आधार प्रदान करता है।

मध्यकाल के भक्ति आंदोलन ने स्त्री को धार्मिक कार्यों में शामिल किया गया पर इससे भी स्त्रियों की स्थिति में कोई परिवर्तन नहीं आया। भिक्षुणियों को सामान्य जनता अलग प्रकार से देखते और व्यवहार करते हैं। "इस्लाम के कुरान शरीफ में स्त्रियों को समान अधिकार दिये जाने की बात की जाती है। पर कुरान की आयतों की जब व्याख्याएँ की गईं तो यह स्पष्ट हो गया कि स्त्रियों का दर्जा काफी निम्न है, स्त्री न मस्जिद में नमाज पढ़ सकती है न मुल्ला या इमाम बन सकती है। स्त्रियों की पवित्रता पर निगाह रखने के लिए घरों में जनानाखाने व बुरका पहनने के नियम बनाये गए।"[65] यह प्रथा उच्च वर्ग में ही सीमित थी। पर निम्न वर्ग के व्यक्ति अपने आप को उच्च वर्ग, श्रेष्ठ और ऊँची जाति के कहलाने के लिए इन धारणाओं को अपनाने लगे। इसी प्रकार ईसाई धर्म में भी स्त्री को पुरुषों को आकर्षित व पथभ्रष्ट करने वाले तत्व के रूप में बाइबल में चित्रित किया गया है।

धार्मिक विश्वासों के अंधविश्वासों में बदलने पर स्त्री शोषण की दृष्टि से देवदासी प्रथा भी भारतीय समाज में कलंक सिद्ध हुई। 8 वीं सदी तक के देशवासियों के प्रति लोगों की पवित्र भावना थी। उसमें किसी अनैतिकता की भावना नहीं थी। किंतु मध्यकालीन सांस्कृतिक ह्रास के साथ राजाओं, सामंतों, पुजारियों, जमींदारों ने मिलकर इस प्रथा में व्यभिचार का बीजारोपण किया। इस युग में देव-नर्तकियाँ, देव दासियाँ बन गईं। और देवदासी वैश्या का पर्याय बन कर रह गया। धर्म और भगवान के नाम पर बचपन से ही वेश्या-वर्ग में प्रवेश कराने के लिए तैयार किया जाता था। इस परिदृश्य में देखा जाए तो स्त्री पर

अत्याचारों से उसका भोग्या रूप ही उभर कर आता है।

मध्यकालीन स्थिति पर आशा रानी व्होरा के विचार इस प्रकार हैं- "इस प्रकार अब तक हमने देखा, प्राचीन भारत की अस्त्र, शस्त्रधारी घुड़सवार वीर नारी किस तरह घोड़े से उतरकर पालकी और परदे में आयी। शास्त्रार्थ करनेवाली विदुषी महिला धीरे-धीरे अशिक्षा के अंधकार में डूबती चली गई। आम स्त्री स्वतंत्र प्रेम व चुनाव का अपना अधिकार खोकर मानसिक गुलामी और शारीरिक शोषण का शिकार हुई।"[66] इसमें आशाजी ने स्त्री के बदलते रूप की व्याख्या की है और किस प्रकार स्त्री समय-समय पर गुलामी के शिकंजे में फंसती गई उसके शोषण का चित्रण किया गया है। "विदेशी आक्रांताओं, विशेषकर मुसलमानों के आक्रमण के परिणामस्वरूप पहले उत्तर भारत में और फिर दक्षिण भारत में भी मुस्लिम संस्कृति के प्रसार और प्रभाव के कारण पर्दे की प्रथा का जन्म हुआ और पालकी युग की शुरुआत हुई। संभ्रांत परिवारों की लड़कियाँ और महिलाएँ एक जगह से दूसरी जगह जाने के लिए पालकियों का उपयोग करने लगीं। मजाल था कि उनके किसी अंग भर का दर्शन किसी पुरुष को हो जाए। कभी-कभी तो पालकी के ऊपर भी पर्दा डाल दिया जाता था कि कहीं परछाई तक नज़र न आ जाए।"[67]

मध्यकाल में भी शास्त्र से लेकर शस्त्र तक के सैद्धांतिक व व्यावहारिक ज्ञान से मंडित विदुषियों, वीरांगनाओं के उदाहरणक कम नहीं हैं। अपने-अपने राज्यों की सीमा-रक्षा के लिए तथा देश की आज़ादी की लड़ाई में हिंदू-मुस्लिम रानियाँ दुर्गावती, चाँदबीबी, झाँसी की रानी लक्ष्मीबाई, बेगम हजरत महल एक ही ध्येय को लेकर साँझी लड़ाई लड़ रही थीं।"[68]

निष्कर्ष रूप से कहें तो विदेशी आक्रमण और पराधीनता की जकड़बंधी से भारतीय स्त्री का स्वरूप मानसिक गुलामी और शारीरिक शोषण का शिकार हुआ।

आधुनिक काल में स्त्री

"प्राचीन काल में पुरुष की पूर्णता समझी जानेवाली स्त्री अथवा

मध्यकाल में पुरुष की संपत्ति समझी जाने वाली स्त्री आधुनिक युग में व्यक्ति-स्वतंत्रता के लाभ से लाभान्वित होकर पुरुष की दासता से बिल्कुल मुक्त स्वतंत्रत अस्तित्व रखनेवाली हो गई। आधुनिक काल में भी सामंतवाद का प्रचंड तांडव यथा-तथा केंद्र में ही था। इस काल में सामंती संबंधों को मिटाने के बजाय उनको अत्यधिक प्रबलता, प्रमुखता दी गई।"[69] "एक अर्थ विकसित, अर्थ सामंती समाज से आर्थिक स्वतंत्रता वाले, आधुनिक, औद्योगिक राष्ट्र में रूपांतरण से तात्पर्य केवल मौजूदा कारखानों की संख्या में वृद्धि होना, अथवा नये बड़े पैमाने के यंत्रीकृत कारखानों का कायम हो जाना ही नहीं है इसके लिए नये सामाजिक संबंध, नई आदतें और जीवन की नई पद्धति अपेक्षित है..... विचारधारा के क्षेत्र में भी विज्ञान और जनतंत्र के आधुनिक विचारों के साथ-साथ गणचिह्नवाल सर्वात्मवाद और जादू-टोनों के पंथी का सहअस्तित्व है।"[70] जहाँ तक स्त्री स्वतंत्रता का विचार है सदियों से स्त्रियों में त्याग, सहनशीलता, आत्मपीड़न की प्रक्रिया हम यथा-तथा देखते आ रहे हैं। आधुनिक काल में रूढ़ियों की श्रृंखलाओं में जकड़ी स्त्री अशिक्षित, बाल-विवाह, बेमेल-विवाह, वेश्यावृत्ति ऐसी सामाजिक स्थितियों से ग्रस्त है। परिवार में आर्थिक अधिकार हीन, महत्वहीन इन्हीं सभी कारणों से स्त्री के स्वास्थ्य और मानसिकता पर गहरा प्रभाव पड़ा है। पूंजीपतियों की वस्तु बन कर स्त्री पराधीनता की जकड़बंधी में फंसती जा रही है। शिक्षा से वंचित स्त्री की सामाजिक, राजनीतिक भूमिकाएँ अंधविश्वास, रूढ़िवादिता, निरक्षरता और अज्ञानता में डूबी हुई है। एंगेल्स ने आधुनिक वैयक्तिक परिवार के मूल रूप का वर्णन करते हुए विचार किया है- "आधुनिक वैयक्तिक परिवार नारी की खुली और छिपी हुई घरेलू दासता पर आधारित है।" आधुनिक समाज वह समस्या है जो वैयक्तिक परिवारों के अणुओं से मिलकर बना है। आज अधिकतर परिवारों में, कम से कम मिथकीय वर्णों में पुरुष को जीविकोपार्जन करना पड़ता है और परिवार का पेट पालना पड़ता है। इससे परिवार के अंदर उसका आधिपत्य कायम हो जाता है।"[71] इस स्थिति में स्त्री को निम्नतर बना देता है जिसका कार्य घर के कामकाज तक ही सीमित हो जाता है।

भारत में स्त्री की स्थिति, उसकी नैतिकता समय सापेक्ष रही है। इसकी झलक हम प्राचीन और मध्यकाल में देख चुके हैं। उसकी परंपरा, संस्कार, दायित्व, सामाजिक व्यवस्था विभिन्न धर्मों, वर्गों, समुदायों में कहीं समान तो कहीं भिन्न नज़र आती है। हमारे समाज में कुरीतियाँ, अंधविश्वास, रूढ़ियाँ, कट्टरपंथी, आडंबर हर वर्ग की स्त्री में समाहित हैं। जो उसे धार्मिक अनुष्ठानों से प्राप्त हुए हैं। आधुनिक काल में इन सब कुरीतियों को देख कर ही नवजागरण काल का उदय हुआ। नवजागरण काल के वाहक भारतेंदु हरिश्चंद्र ने कई पत्र-पत्रिकाओं का संपादन किया जिसमें एक विशेष पत्रिका स्त्री केंद्रित थी-"बाल-बोधिनी जिसमें रवींद्रनाथ के काव्य में अभिव्यक्त काव्य के अनेक तत्वों के साथ स्त्री समता और स्त्री मुक्ति का शक्तिशाली स्वर ध्वनित होता है। इसी प्रकार के विचार रवींद्रनाथ टैगोर द्वारा 1839 में स्थापित तत्वबोधिनी सभा के सदस्यों द्वारा भी व्यक्त किए गए। नवजागरण काल के सुधारक पुरुषों ने इस तथ्य को जाना और वे स्त्री शिक्षा, कुरीति-निवारण व समाज-सुधार के कार्यक्रम लेकर सामने आए। राजा राममोहन राय, ईश्वरचंद्र विद्यासागर, केशवचंद्र सेन, महर्षि दयानंद, महात्मा फूले, महर्षि कर्वे, स्वामी विवेकानंद, महात्मा गांधी के अलावा और भी अनेक नाम हैं जिन्होंने स्त्री जागरण का शंख-उद्घोष किया। इनके साथ उनकी देशी-विदेशी साथिनों व शिष्याओं-डॉ.ऐनी बेसेंट, सरोजिनी नायुडू, मार्गरेट कजिंस, भगिनी निवेदिता, सरला देवी चौधरानी, मीरा बेन, दुर्गाबाई देशमुख, कमला देवी चटोपाध्याय जैसी अग्रणी स्त्री-वेताओं ने और फिर इनकी दूसरी-तीसरी पीढ़ी की नेत्रियों ने बागडोर संभाली। आज़ादी के सत्याग्रही-संघर्ष और क्रांतिकारी संघर्ष में स्त्री-पुरुष ही साथ-साथ नहीं रहे, उच्च-मध्य निम्न वर्गों की स्त्रियाँ भी वर्गीय, प्रांतीय, जातीय, भाषीय भेदभाव भूलकर साथ-साथ लड़ीं।"[72]

ब्रह्म समाज के प्रवर्तक राजा राममोहन राय थे। समाज की संकीर्णताओं और रूढ़ियों को समाप्त करना इनका उद्देश्य था। इन्होंने स्त्री उत्पीड़न की सामाजिक विसंगतियों की जैसे सती प्रथा, विधवा-विवाह को समाप्त

करने के लिए कानून बनाने की मांग को उठाया। 1815 में उन्होंने स्त्रियों की शिक्षा पर बल दिया। सती प्रथा के विरुद्ध आंदोलन सर्वप्रथम इन्होंने ही किया। 1818 में बंगाल के तत्कालीन प्रांतीय गवर्नर विलियम बैंटिक ने प्रांत में सती प्रथा पर रोक लगा दी। 1829 में सती निर्मूलन एक्ट पास किया और कहा-"सती होना आवश्यक नहीं और यह भी कि वह कोई मान्यता प्राप्त धार्मिक गतिविधि नहीं है।"[73]

समाज सुधारक ईश्वरचंद्र विद्यासागर ने 1850 में विधवा पुनर्विवाह पर लगे प्रतिबंध की समाप्ति के लिए आंदोलन चलाए। इनकी बंग्ला पुस्तिका में कहा विधवा पुनर्विवाह शास्त्र-सम्मत है। इस विचार पर सूमंत बनजी कहते हैं- "विधवा की आवाज़' में तथा यह बताने की कोशिश की कि विधवाएँ अपने वैधव्य से निकलकर पुनर्विवाह के लिए तैयार थीं और उनकी खुशी का इजहार इन गीतों में किया गया है।"[74] जिस बहस को अखबारों में गीतों द्वारा उजागर किया गया। प्रार्थना समाज के महादेव रानाड़े ने "अंतराष्ट्रीय विवाह मनुष्य की समानता तथा स्त्री शिक्षा पर अधिकाधिक बल दिया।"[75]

आर्य समाज के दयानंद सरस्वती के अनुसार आर्य भारत में कोई सामाजिक बुराई नहीं थी जैसे बहुपत्नीत्व, बाल-विवाह तथा स्त्री बहिष्कार जैसी कोई प्रथा विद्यमान नहीं थी। इनके विचार में स्त्री-पुरुष को समान अधिकार प्राप्त हैं। इनकी पुस्तक 'सत्यार्थ प्रकाशन' में "वैदिक भारत में शिक्षित स्त्री तथा पुरुष एक समान हैं। लड़कियाँ जनेऊ के लिए अधिकृत हैं तथा उनको भी यज्ञोपवीत संस्कार किया जा सकता है।"[76] 1880 में आर्य समाज स्त्री शोषण के कार्यों में आगे आया। इसमें समाचार पत्र में विज्ञापन पद्धति का विकास हुआ जिसमें स्त्री के शोषण और पुनर्विवाह पर आंकडे प्रकाशित होने लगे। अमृतसर का आर्य समाज इस कार्य में अधिक संलग्न था।

ज्योतिबा फुले ने स्त्रियों की दशा के सुधार किए उन्होंने ऐसे गृह का निर्माण किया जिसमें विधवा और अविवाहित स्त्रियाँ अपने अवैध संतान को

जन्म दे सके और बाद में उसे गोद ले ले। इन्होंने कई कन्या पाठशालाओं को लागू किया-इनके विचार में-"काफी परिपक्व सोच विचार के पश्चात मैं इस नतीजे पर पहुँचा हूँ कि कन्या पाठशालाओं की स्थापना, विद्यालयों से अधिक महत्वपूर्ण तथा आवश्यक है क्योंकि शिक्षा की जड़ें सामान्यतया स्त्रियों में अधिक गहरी होती हैं। इसलिए वे अपने बच्चों को दूसरे तीसरे वर्ष से ही शिक्षित करना शुरू कर देती है।"[77]

सरला देवी घोषाल, जिन्होंने 'भारती' के संपादक के रूप में 1891 के रूप में पद ग्रहण किया था ये राष्ट्रवादी, पुनरुत्थानवादी, उग्रवादी एक समाज सुधारक थे। इन्होंने भारतीय स्त्री महामंडल की स्थापना की। सरोजिनी नायुडु के नेतृत्व में प्रतिनिधि मंडल का गठन आयरलैंड के तत्कालीन भारत प्रवासी नागरिक एम.ई.कूजिंस द्वारा किया गया था जिसमें चौदह स्त्रियाँ शामिल थीं। प्रतिनिधिमंडल ने मांग की कि-"स्त्रियों के लिए बेहतर शैक्षणिक सुविधाएँ उन्नत स्वास्थ्य तथा प्रसूति सेवाएँ और उनके भाइयों के समान ही वोट देने के अधिकार दिये जाएँ।"[78] इन्होंने युवाओं को 'भौतिक संस्कृति' में लिप्त होने के तथा अपनी स्त्रियों का अंग्रेज़ सिपाहियों द्वारा गालियों तथा थानों में बलात्कार किये जाने से रक्षा करने के लिए प्रेरित किया। इसी तरह की एक अपील एक महिला संवाददाता द्वारा 'संजीवनी' नामक पत्रिका में भी की गई बलात्कार को सामाजिक व राष्ट्रीय गौरव को अपमानित किये जाने के रूप में राष्ट्रवादियों ने केंद्रित किया। स्वर्णकुमारी देवी 1886 में 'सारवी समिति' नामक महिला संगठन शुरू किया जिसका उद्देश्य विधवाओं को पढ़ने के लिए प्रशिक्षण देना था जिसके माध्यम से वे आत्मनिर्भर होकर शिक्षा के प्रसार में सहायता कर सकें। वहीं हम पाते हैं कि सन् 1910 के बाद में उग्र राष्ट्रवादी स्त्रियों ने महिला अधिकारों की मांग उठाई, अधिकार और समानता के मुद्दे पर होनेवाले आंदोलन अत्यधिक सक्रिय हुई। सुश्री मार्गरिट कूंजिस "वीमंस इंडिया एसोसिएशन की संस्थापक, सचिव तथा 'स्त्री-धर्म' नामक पत्रिका की संपादक थी। इन्होंने एक पत्र लिखा, जिसे अनेक महिला संगठनों और प्रमुख व्यक्तियों को

भेजा जिसमें "देश की स्त्रियों को स्त्री शिक्षा के विषय में चर्चा करने के लिए बुलाया गया। निस्संदेह ही महिलाओं के लिए अब यह आवश्यक हो गया है कि वे भारत में लड़कियों तथा लड़कों, विशेष रूप से लड़कियों को वर्तमान में दी जानेवाली शिक्षा पर अपना मत स्पष्ट करें। अगर इन विचारों को एक मेमोरैंडम की शक्ल दी जा सके तो यह निश्चय ही भविष्य के प्रति स्त्रियों की सेवा तथा युवा भारत के शैक्षणिक भाग्य के निर्माण के लिए उत्तरदायी व्यक्तियों की सहायता मानी जाएगी।"[79]

1905 के बंग-भंग के समय लगभग पूरे देश की स्त्रियाँ स्वदेशी आंदोलन में कूद पड़ी थीं। डॉ.ऐनी बेसेंट ने स्त्री उत्थान के कार्य किये थे। एक स्त्री दृढ़ता तथा शक्ति का स्रोत थी। इन्होंने मार्गरेट कजिंस और मार्गरेट नोबल (भगिनी निवेदिता) के साथ मिलकर 'वेक अप इंडिया' नाम से एक आंदोलन का सूत्रपात किया जो बाद में 'होमरूल' लीग में परिणत हो गया था। कुजिंस के हिसाब से यह नारी जागृति का नूतन आयाम है।

पूरे देश में महिला संगठनों की संख्या बढ़ी साथ ही स्वयं सेवा संघ बने। 1900 से 1903 के बीच मैसूर तथा मद्रास सहित पूरे देश में विधवाओं को अध्यापिकाओं के रूप में प्रशिक्षित करने की योजना लागू की गई। भारत भगिनी की संपादक श्रीमती हरदेव रोशनलाल ने दृढ़तापूर्वक कहा-"राष्ट्रीय सामाजिक सम्मेलन कांग्रेस से अधिक महत्वपूर्ण संगठन है क्योंकि यह इस बात पर जोर देता है कि स्त्रियों का सरोकार, पुरुषों के साथ ही है, साथ-साथ दोनों उठते या गिरते हैं, वामन या ईश्वर की तरह, बंधन युक्त या उन्मुक्त।"[80]

स्वयं सेवा संघ ऐसे संगठन थे जिसमें स्त्री श्रमिकों की मांग को उठाया गया, जिसमें प्रसूति छुट्टी तथा उसके लाभ की मांग को केंद्र में रखा गया। 1920 में नारी वादियों ने प्रतिनिधित्व के विचार पर स्त्रियों को समाज के निर्माण एवं उसे संगठित होने पर ध्यान दिया। स्त्रियों ने 'नारी सक्रियता' जैसी विचारधारा का निर्माण किया।

स्वतंत्रता के बाद संवैधानिक अधिकारों के तहत स्त्री को स्वतंत्रता व समानता के अवसर मिले। शिक्षा, रोजगार, वैयक्तिक जीवन में उसे पुरुष के समान अधिकार और अवसर मिले। परंपरागत मध्यवर्ग की स्त्री ने नौकरी करना आरंभ किया। पर उसकी स्थिति घर के बाहर एक आधुनिक, सोसायटी वुमन और घर के अंदर पारंपरिक स्त्री। ये स्थिति परंपरा को बराबर बनाए रखती है। शिक्षा से स्त्री में आत्मविश्वाास, आत्मसम्मान और आत्म निर्भरता का भाव उत्पन्न हुआ है। जो पुरुष वर्चस्व समझे जाते थे उन सभी क्षेत्रों में स्त्री ने कदम रखा है। पंचवर्षीय योजना में स्त्री के विकास हेतु शिक्षा एवं उसके व्यक्तित्व विकास पर विशेष ध्यान दिया। अनेक कमीशनों द्वारा स्त्रियों की बेहतरी हेतु बहुमूल्य सुझाव दिया, विश्वविद्यालय शिक्षा समिति, नारी-शिक्षा की राष्ट्रीय समिति, केंद्रीय सलाहकार समिति ने, कोठारी कमीशन, राष्ट्रीय शिक्षा नीति परीक्षण ने स्त्री शिक्षा के प्रचार-प्रसार उसकी गुणवत्ता में सुधार हेतु सुझावों के साथ-साथ स्त्री शिक्षा की ओर आकर्षित करने का सुझाव दिया। "वर्तमान प्रतिस्पर्धा की स्थितियों में हम जिस शिक्षा को उपलब्ध करा रहे हैं वे उन्हें विकास के क्या अवसर उपलब्ध करा रहे हैं। बड़े सपने देखनेवाली लड़कियों के सामने अवसर कितने हैं और उनका उपयोग कर पाने के लिए स्थितियाँ कैसी हैं। ... रोजगार के सीमित साधनों के बीच आर्थिक विकास के अवसर पारंपरिक शिक्षा नहीं जुटा पातीं। गैर पारंपरिक उच्च रोजगारोन्मुख शिक्षा की उपलब्धता स्थान व साधन की दृष्टि में अति सीमित है।"[81] स्त्री शिक्षा के साथ आत्मनिर्भरता का तत्व इसलिए नहीं जुड़ पाता क्योंकि आज भी स्त्री का सबसे सुरक्षित कैरियर विवाह माना जाता है। स्त्री आत्मनिर्भर होने पर भी जब तक विवाह नहीं करती, तब तक पूरे मानवीय अधिकार तथा संपूर्ण मानवीय गरिमा नहीं प्राप्त कर सकती। बेटे के साथ भविष्य में परिवार के पोषण की भावना जुड़ी होती है। अतः लड़की जो विवाह उपरांत किसी दूसरे घर के पोषण में अपनी कमाई खर्च कर देगी। लड़कियों के विवाह पर होनेवाला खर्च अक्सर अभिभावकों को उनकी शिक्षा पर खर्च करने से रोकता है, परिणामस्वरूप शिक्षा अथवा विवाह

के खर्च में वे विवाह पर खर्च के विकल्प को ही चुनते हैं।

स्त्रियों के लिए शिक्षा और नौकरी में बढ़ते आरक्षण के परिणामस्वरूप भी स्त्री शिक्षा पर ध्यान दिया जाने लगा है। यह परिवर्तन प्रारंभिक स्थिति में है। आत्मनिर्भरता, आत्मसम्मान, समाज में उच्च वरीयता और पुरुषों की समकक्षता की कामना ने स्त्रियों में शिक्षा के प्रति रुझान में वृद्धि करना चाहा है, स्त्री ने शिक्षा के क्षेत्र में अपने लिए स्थान सुरक्षित करना चाहा है, उच्च शिक्षा के लिए घर से बाहर निकलने के अवसर बढ़े हैं, शेष विश्व से संपर्क के अवसर उपलब्ध हुए हैं। शिक्षा के अवसरों ने और उनके उपयोग ने स्त्री के व्यवसाय, व्यापार के अवसर भी उपलब्ध कराए हैं। शिक्षा के प्रसार-प्रचार और राष्ट्रीय आंदोलन में स्त्रियों की सक्रिय भागीदारी ने स्त्री को घर की चारदीवारी से निकलना संभव बना दिया था। स्थितियाँ स्त्रियों के पक्ष में जाने लगीं परंतु जैसा हमेशा होता आया है। आपात स्थितियाँ स्त्री को बाहर के क्षेत्र सम्भालने का अवसर देती हैं और अवसर बीतते ही उन्हें सप्रयास घरों में सुरक्षित खोली में वापिस भेज दिया जाता है।"[82] परिवार के परिवेश और स्त्री की आर्थिक हैसियत की भिन्नता ने स्त्री को परिवार में भिन्न-भिन्न भूमिकाएँ सौंपी हैं और उसका दर्जा निर्धारित हुआ है। बदलती हई परिस्थितियों ने भी अपनी महत्वपूर्ण भूमिका अदा की है। सामान्यतया परिवार और विवाह के प्रश्न पर कामकाजी स्त्रियों को दोहरा संघर्ष करना पड़ता है। एक ओर पारिवारिक दायित्वों को निभाना स्त्री जीवन में प्रथम स्थान और कार्यस्थल पर जगह बनाने की कशमकश ने स्त्री को दोहरे दायित्वों में बांधा है। "पारंपरिक, विवाहिता और स्वावलंबी बने रहने में स्त्री पर जिम्मेदारियों में वृद्धि होती है, बदले में उसे तनाव व थकान मिलती है। पुरुष प्रधान परिवेश में परवरिश स्त्री से "अधिकारों का त्याग मांगता है और स्वावलंबन अधिकारों की चाह। इन दोनों के बीच बँटी हुई स्त्री निरतंर तनाव झेलती है और टुकड़ा-टुकड़ा जीती है।"[83] स्त्री की स्थिति में खास परिवर्तन नहीं आया। उसके तनाव और दबाव बढ़े हैं। स्त्री को बोलने का अधिकार मिला है पर

फैसले का अधिकार अब भी परिवार के पुरुषों के पास सुरक्षित है। स्त्री ने कामकाजी होकर भी अपने दायित्वों को निभाया है। पर सांस्कृतिक पृष्ठभूमि रीति-रिवाज, सामाजीकरण की प्रक्रिया के फलस्वरूप पुरुष स्त्रियों को निम्न स्थिति में ही समझता है।

1970 तक स्त्रीवादी कार्यकलापों में शांति बनी रही जैसे ही लिंग समानता की बात में कानूनी लापरवाही नज़र आयी तो स्त्री आंदोलन तेज़ी से बढ़ने लगा। इस समय स्त्रीवाद और मार्क्सवाद, स्त्रीवाद तथा सांप्रदायिकता विरोधी और स्त्रीवादी तथा जातिवाद विरोधी संगठनों का निर्माण किया गया। इस विषय पर 'मैडम कामा' तथा 'सरोजनी नायुडु' ने मातृशक्ति का बयान करते हुए कहा-"याद रखो जो हाथ पालना झुलाते हैं वही दुनिया पर राज करते हैं।"[86] इस दशक के स्त्रीवादियों ने वर्ग-जागरूकता के साथ भारत के स्त्री-पुरुष, स्त्री-स्त्री के बीच बढ़ती असमानता, जाति, कबीला भाषा धर्म और वर्ग के बीच की खाई को चर्चित किया है। स्त्रियों द्वारा अपने निजी जीवन पर उसके स्वयं के नियंत्रण के अधिकार को लेकर स्त्रियाँ आगे आयी है। इसके साथ ही स्त्री के स्वयं निर्णय लेने के अधिकारों को उठाया गया। 1970 में चिपको आंदोलन, शराब-विरोधी एवं मूल्यवृद्धि स्त्री आंदोलनो ने जमकर अभियान चलाए हैं।

1971 के दशक के उत्तरार्द्ध में मजदूर आंदोलनों में महिलाओं की उपस्थिति अत्यधिक थी क्योंकि मजदूर स्त्रियों पर होनेवाले शोषण, उनके कार्यों का समय और उनके वेतन को लेकर चर्चाएँ अत्यधिक संगठनों के माध्यम से केंद्रित की गईं। इस समय अनेक महिला ट्रेड यूनियन नेता थी जिन्होंने स्त्रियों में महिला कामगारों में संगठित होने की जागरूकता उत्पन्न की।

समाज सुधारकों में जहाँ स्त्री की आत्मबलिदानी प्रकृति को संस्कारात्मक दबावों के चलते कष्टप्रद रूप में देखा वहीं पुनरुत्थानवादियों ने महिलाओं के संस्कारात्मक बलिदान को हिंदु स्त्री के गौरव की संज्ञा

दी, लेकिन महात्मा गांधी ने स्त्री के आत्मबलिदानी स्वभाव को हिंदु संस्कारों से इतर माँ के रूप में भारतीय स्त्रीत्व के विशेष गुणों को परिभाषित किया। स्त्रियों के सार्वजनिक, व्यावसायिक क्षेत्रों में डॉक्टरी, अध्यापिकाओं और समाज सेविकाओं के रूप में सम्मान प्राप्त किया इसके साथ किसान, मजदूर आंदोलनों में राजनीतिक ख्याति प्राप्त करने पर गांधी ने अपने विचार व्यक्त किये-"स्त्रियाँ उदासीनता को त्यागकर सुधार के सकारात्मक उद्देश्य की ध्वजवाहिका बन गई है।"[84] भारतीय स्त्रियों ने परदा फाड़कर फेंक दिया। और राष्ट्र के काम के लिए बाहर आ गई। "उन्होंने महसूस किया कि देश उनकी घरेलू देखभाल की जिम्मेदारी के अलावा कुछ और अधिक करने की मांग कर रहा है।"[85]

1980 में भारतीय स्त्री आंदोलन में व्यापक चर्चा का विषय लिंग आधारित भेद को सख्ती से उठाया गया। जिसमें समानता की इच्छानुसार भेदभाव के विरोध को हटाने और स्त्रियों को सम्माननीय अधिकार देने की चर्चाएँ दिखाई दी। इन आंदोलनों में भी पुरुषों का वर्चस्व अत्यधिक था पर अनेक स्त्रियों को भी भारी संख्या में शामिल किया। स्वाधीनता तिंभागा एवं तेलंगाना आंदोलन में स्थितियों के चित्रित के साथ 'महिला सरोकार' जैसे स्त्री की भूमिका एक गृहिणी के रूप में सीमित होकर रह गई जिसे घर के लिए जल, खाना बनाने तथा गर्म करने के ईंधन, भोजन, भोजन के लिए धन इत्यादि की व्यवस्था करनी थी। इन सब समस्याओं के माध्यम से स्त्रियों ने समूहों या संगठन के रूप में एकजुट होकर कार्य करना आरंभ किया। इन संगठनों में स्त्रियों ने शराबखोरी विरोधी, पानी, उत्पीड़न विरोधी तथा दहेज विरोधी, बलात्कार विरोधी, अभियानों में जमकर भाग लिया और स्त्रियों ने पुरुष अभियुक्तों के मुँह पर कालिख पोतकर समाज में सार्वजनिक तौर पर उन्हें प्रताड़ित किया। पुरुषों को प्रताड़ित करने का स्त्रियों का एक ही तात्पर्य था कि वे अपने अत्याचारों, स्त्री शोषण, घरेलू हिंसा का सबक पुरुष को सिखाएँ पुरुष के विरुद्ध उनका कोई जाति तौर पर बेर नहीं था। उनका तात्पर्य पुरुष को एहसास दिलाना था कि स्त्री भी उन्हीं की तरह मानव है, इन्सान है जो अपने सम्मान, अधिकार और स्वस्थ्य जीवन जीने की अधिकारी है।

स्त्री-मुक्ति आंदोलन

वैदिक काल से ही स्त्रियों की मुक्ति की छटपटाहट उनकी स्थितियों में नज़र आती है। पर जैसे-जैसे स्त्री की परिस्थितियों में ह्रास होने लगा उसने जीवन की सार्थकता मानकर इस नियति को लगभग स्वीकार किया। मध्यकाल से नवजागरण काल तक हमें स्त्री का यही रूप दृष्टिगोचर होता है। भारतीय दृष्टिकोण में देखा जाए तो स्त्री ने कभी पुरुष सत्ता से मुक्ति की मांग नहीं की। उसने तो राष्ट्रीय आंदोलनों में पुरुष का साथ दिया है। राष्ट्र समस्याओं को पुरुषों के साथ मिलकर सुलझाया है। 1857 के प्रथम स्वतंत्रता संग्राम की झाँसी की रानी, बेगम हजरत महल, जमानी बेगम, देवी चौधरानी, किबूर की गनी चेनम्म, जैसी वीरांगनाएँ हुई हैं जिन्होंने समय-समय पर राष्ट्रीय चेतना का परिचय दिया है।

भारतीय स्त्री का मुक्ति संघर्ष उन्नीसवीं शताब्दी के प्रारंभ से माना जाता है। जब सामाजिक पुनर्जागरण और राष्ट्रीय चेतना का विकास हुआ। इस समय देश में अज्ञानता, गरीबी, शोषण, दासता और आडंबर, परंपरागत मूल्यों ने सिर उठाना शुरू कर दिया था। सामाजिक व्यवस्था के साथ आर्थिक, राजनीतिक व्यवस्था भी अस्त-व्यस्त थी। इस समय स्त्री ने पुरुषों के साथ इन सभी विसंगतियों से मुक्ति आंदोलन शुरू किया। इस कार्य के लिए बंगाल में ब्रह्म समाज, बंबई में प्रार्थना समाज, उत्तर भारत और पंजाब में आर्य समाज के सुधारकों एवं राष्ट्रवादियों ने स्त्री की स्थिति को परखा और उसकी परंपरागत जकड़ बंधी से मुक्ति का मार्ग प्रशस्त किया। उन्होंने स्त्री शिक्षा, सती-प्रथा, विधवा विवाह, प्रजातीय विवाह, बाल-विवाह जैसी सामाजिक विसंगतिपूर्ण व्यवस्था में सुधारने हेतु अपने कदम उठाये। 1829 में सती प्रथा कानूनी तौर पर खत्म कर दिया। 1856 में विधवा-विवाह, पुनर्विवाह को कानूनी मान्यता प्राप्त करवाई। स्त्री शिक्षा पर अत्यधिक ध्यान दिया। "ईश्वरचंद्र विद्यासागर ने 19 वीं शताब्दी में महिला महाविद्यालय, बेडले कॉलेज, कलकत्ता में स्थापित हुआ। बीसवीं शताब्दी के आरंभिक चरण में मार्गरेट नोबेल (भगिनी

निवेदिता) ने भारतीय स्त्री शिक्षा को आगे बढ़ाने के कदम उठाए। इस समय शिक्षा से तात्पर्य विदेशी शासन की दासता के विरुद्ध जागरण मात्र था। इसके बाद ऐनी बेसेंट ने स्त्री जागरण के मुद्दे को आगे बढ़ाया। इन्होंने 'होम रूल लीग' की स्थापना की। और 1917 में कलकत्ता अधिवेशन में भारतीय राष्ट्रीय कांग्रेस का अध्यक्ष पद प्राप्त किया और देश के राजनीतिक प्रक्रिया में स्त्रियों के मताधिकार का प्रस्ताव पास कराया। इसी समय मद्रास में कजिन्स ने अखिल भारतीय महिला संगठन 'इंडियन विमेन्स ऐसोसिएशन' स्थापित किया। राजनीतिक व्यवस्था में सक्रिय सहायता देने के लिए सरोजनी नायुडू के नेतृत्व में भारतीय स्त्रियों ने महिलाओं के मताधिकार की मांग का पहला प्रयत्न किया। जिसका सफल प्रयास यह था कि 1925 में सरोजनी नायुडु कांग्रेस की पहली स्त्री अध्यक्षा बनी। स्त्रियों में राष्ट्रवादियों ने राजनीतिक चेतना के लिए 1927 में बाल विवाह निषेध अधिनियम पास किया। जिसके फलस्वरूप स्त्री की सामाजिक स्थिति में कुछ हद तक सुधार नज़र आया। स्त्री शिक्षा में वृद्धि, स्त्री के व्यक्तिगत रूप के विकास में कार्य हुए।

भारतीय स्त्रियों ने जैसे कस्तूरबा गांधी, अरुणा, आसफ अली, सुचेता कृपलानी, सरोजनी नायुडु, रेणुकारे, अम्मुस्वामी नायर, राधाबाई सुब्रह्मण्यम, राजकुमारी, अमृत कौर, दुर्गाबाई देशमुख इन स्त्रियों ने भारत छोड़ो आंदोलन के साथ वैधानिक क्षेत्र में भी महिलाओं का प्रतिनिधित्व नज़र आता है। जिन्होंने संविधान निर्माण में भी अपना योगदान दिया है। आज ऐसा कोई क्षेत्र नहीं जहाँ स्त्री ऊंचे पद पर आसीन नहीं। पर विडंबना की बात यही है की स्त्री का ना ही सामाजिक स्थितियों में परिवर्तन आया है न ही राजनैतिक आर्थिक दृष्टि से स्त्री स्वतंत्र नज़र आती है। कई राष्ट्रव्यापी महिला संस्थाओं की स्थापनाएँ हुईं, शैक्षणिक उत्थान हुए, स्त्री एवं बाल-कल्याण की दिशा में सक्रिय प्रयत्न हुए हैं पर स्त्री दासता वहीं-की-वहीं नज़र आती है।

स्वतंत्रता प्राप्ति के बाद स्त्री मुक्ति आंदोलन एक नये मोड़ पर खड़ा नज़र आता है। बाज़ारवाद, खुली अर्थव्यवस्था में स्त्री-पुरुष के

आपसी संबंधों को प्रभावित करना प्रारंभ कर दिया है। आज़ादी के संग्राम में राजनीति, सांस्कृतिक, आर्थिक हर क्षेत्र में स्त्री ने जमकर आंदोलन किए हैं। साठ के दशक के पश्चात भारतीय समाज व्यवस्था में स्त्री जीवन की परिस्थितियों में अत्यधिक परिवर्तन नज़र आता है। स्त्री का व्यक्तिगत रूप पहले से अधिक सजग और सक्रिय हो गया है। आर्थिक रूप से स्त्री की मानसिकता में व्यापक परिवर्तन हुआ है। जिसमें 'स्त्री चिंतन' मुक्ति की नयी राह खोजती नज़र आ रही है। स्त्री समस्या आज भी देश में अपनी परंपरा निभा रही है। जैसे अशिक्षित, बाल-विवाह, दहेज प्रथा, अनमेल विवाह, लड़की का बोझ माना जाना, विधवा स्त्री का शोषण, बलात्कार, पारिवारिक शोषण, कार्यालयों में शोषण, घरेलू हिंसा में मारपीट, स्त्री का कार्यालयों में शोषण, स्त्री को घर में कैद करना ये पितृसत्तात्मक स्थिति यथा-तथा आज भी विद्यमान है। आज की स्त्री दोहरे भार को लेकर अपना जीवन यापन करती है। बाहर नौकरी करना, घर की पूरी जिम्मेदारी संभालना। नौकरी और व्यवसाय के माध्यम से पुरुष मानसिकता को झेल रही है। पुरुष दृष्टि में स्त्री आज भी भोग की वस्तु है, चाहे वह कितनी ही विकासमान, परिवर्तनशील क्यों न हो। "आज देश में जो महिला संगठन कार्यरत है उनमें केंद्रीय समाज कल्याण बोर्ड, महिला बाल कल्याण परियोजनाएँ, कस्तूरबा स्मारक निधि, भारतीय ग्रामीण महिला संघ, अखिल भारतीय महिला परिषद की विभिन्न शाखाएँ नारी रक्षा समिति, बाई.डब्ल्यू.सी.ए. वीर नारी संगठन 'वार.वी.ए. ऐसोसिएशन' आदि प्रमुख हैं।"[87] स्त्रियों के कल्याण और सुधार के लिए इन संगठनों का निर्माण हुआ है। सामाजिक स्थिति में सुधार लाने के लिए इन संगठनों के माध्यम से समय-समय पर स्त्री मुक्ति आंदोलन हुए हैं। कई योजनाएँ बनीं, कुछ नये कानूनी संशोधन भी हुए। वर्तमान समय में समाज का जो रूप दिखाई देता है वह आर्थिक और नैतिक दृष्टि से खोखला नज़र आता है। जिसमें नियम कानून तो हैं पर कोई एक्शन नहीं है। "आज शासन राजनीति, विज्ञान, शिक्षा, समाज-कल्याण, संस्कृति, ट्रेड यूनियनों, व्यापार, सभी जगह स्त्रियाँ महत्वपूर्ण और दायित्वपूर्ण पद संभाले हुए है। पर इनकी दूसरी लड़ाई

अभी शेष है। यह लड़ाई है, सामाजिक भेदभाव और सामाजिक अन्याय दूर करने की। संयुक्त राष्ट्र संघ के प्रस्तावों और 'अंतर्राष्ट्रीय श्रम संगठन' के नियमानुसार स्त्रियों को सभी क्षेत्रों में समानाधिकार प्राप्त हैं। पर व्यवहार में भेदभाव हर स्थान पर विद्यमान है। आपसी व्यवहार में, वेतन में, शिक्षा में, नौकरी के अवसरों में, शिक्षा के समानाधिकार की बात" 'यूनेस्को' के आंकड़ों में एक व्यंग्य सी लगती है। सामाजिक शोषण से मुक्त न हो पाने का कारण नारी का स्वभावगत दुर्बलता ही है। समस्या की जड़ वास्तव में नारी के भीतर छिपी असुरक्षा की भावना है।"[88] आज भी भारतीय स्त्री अपने रूढ़ एवं परंपराओं के जाल से मुक्त होने में असमर्थ है। आज भी स्त्री शोषण समाज और परिवार में निहित है। आज भी स्त्री अपने स्वतंत्र व्यक्तित्व की स्थापना के लिए संघर्षरत है।

स्त्री मुक्ति आंदोलन पहले जैसी विचारधारा नहीं रही। स्त्रीवादी सोच वर्तमान समय में बदल चुकी है। स्त्री में इंसान की तरह अच्छाई-बुराई का समावेश नज़र आता है। वह अपेक्षाकृत अत्यधिक गतिशील और व्यवाहारिक बन गई है। इस तथ्य पर प्रगति सक्सेना विचार व्यक्त करते हैं- "हमें पुरुषों से दुगुना तिगुना काम इसलिए करना पड़ता है कि हम सिद्ध कर सकें कि हम महज सुंदर और मूर्ख (बिंब) नहीं हैं। हमारे पास भी दिमाग है, बुद्धि है और जब यह साबित हो जाता है, तो जाने क्यों, हमारे पुरुष सहकर्मियों को इसे स्वीकारना अपमानजनक लगता है।"[89] सामाजिक स्थितियों में स्त्रीवाद की छवि अच्छाई और बुराई दोनों के समावेश पर टिकी हुई है। इस स्थिति में स्त्री व्यावहारिक भी है और विश्वसनीय भी। समाज के अनुकूल ही धारणा और सोच है। नाओमी का कथन है-"मैं अकेली हूँ, बुरी भी, शोषक भी हूँ और आक्रामक भी, रचयिता हूँ तो विनाश्क भी, मैं शोषित नहीं हूँ, संत नहीं हूँ, बल्कि एक इंसान हूँ जो दोस्तों के लिए स्नेहमयी है और शत्रुओं के लिए खतरनाक।"[90]

बीसवीं सदी को 'महिला-जागरण का युग' कहा गया। स्त्रियों के संगठित आंदोलन हर क्षेत्र में हो रहे हैं। अपने नागरिक अधिकारों के

लिए प्रयत्नशील रही है। राष्ट्रीय और अंतर्राष्ट्रीय समस्याओं के समाधान में स्त्रियों की भागीदारी की उन्नति के लिए 1975 का वर्ष 'अंतर्राष्ट्रीय महिला वर्ष' के रूप में मनाया गया। सन् 1985 तक महिला उत्थान के विशेष कार्यक्रमों के लिए अंतर्राष्ट्रीय महिला दशक मनाया गया है। क्या? महिला जागरण, महिला वर्ष और महिला उत्थान के विषयों ने स्त्री को मुक्त किया है या एक ढकोसला बन कर रह गया है।

स्त्री-मुक्ति के संदर्भ में मृणाल पांडे के विचार इस प्रकार हैं-"पहले नारीवाद उग्र रूप में था तथा बिखरा हुआ था। लेकिन अब फेमिनिज़म एक इंटिग्रेड रूप में आ रहा है जिसके तहत नारी मुक्ति एवं चेतना को समग्रता की दृष्टि से देखती है।"[91] प्रभा खेतान के विचार में "आंदोलन कैसे किया जाए हम पुरुष वर्ग से यह सीखना भी चाहती हैं किंतु उन सिद्धांतों को ओढना नहीं चाहती, जो हमारी अपनी स्त्री मानस की उपज नहीं है। साथ ही अब तक जो कुछ उपलब्ध किया है उसे खोना नहीं चाहती।"[92] आज स्त्री मुक्ति आंदोलन स्त्री जाति की सभी स्थितियों को समाहित करके आगे बढ़ना चाहती है। शिक्षित, उच्च वर्ग, मध्यम वर्ग सभी समुदायों की स्त्रियों ने मुक्ति के लिए संघर्ष किये हैं।

आज के संदर्भ में देखा जाए तो 'बलात्कार' और 'दहेज' दो सामाजिक बुराइयाँ देश में अत्यधिक बढ़ गई हैं। 'दहेज' एक ऐसी बीमारी है जिसने पता नहीं कितनी मासूम लड़कियों को मौत के घाट उतार दिया है। कितनी ही लड़कियों की जिंदगी से खिलवाड़ किया है। कितने ही चाहें अनचाहें व्यक्तित्व को उभारा है। "भारत में इस प्रकार का 'पारिवारिक झगड़ा' लगभग सभी जातियों, वर्गों, धर्मों एवं समुदायों में सामान्य बात है। वास्तविकता यह है कि दहेज की शर्त पत्नी-उत्पीड़न का पर्याय बन गया है। यह इतनी जानी-पहचानी करतूत हो गई है कि स्त्रयों के विरुद्ध इस प्रकार की हिंसा महिला आंदोलन का प्रमुख मुद्दा बन गई है।"[93] सबसे पहले ये विरोध हैदराबाद में हुआ। जो 1975 में प्रगतिशील महिला संगठन द्वारा दर्ज कराया गया। दहेज उत्पीड़न और हत्या के विरुद्ध दिल्ली, पंजाब, महाराष्ट्र, कर्नाटक, गुजरात, मध्यप्रदेश,

पश्चिम बंगाल के साथ पूरे भारत में दहेज संबंधी अपराधों के खिलाफ आंदोलन हुए। 'नारीवादी आंदोलन' में 'महिला दक्षता समिति' पहली महिला संस्था थी जिसने दहेज एवं दहेज उत्पीड़न के मुद्दे को उठाया। परंतु स्त्री संघर्ष द्वारा दहेज हत्या की चर्चा घर-घर में फैल गई। महिला दक्षता समिति ने दिल्ली में दहेज विरोधी प्रदर्शन आयोजित किया तथा मुद्दे पर एक पुस्तिका भी प्रकाशित की।"[94] "दहेज मौतों के प्रति न्यायिक रवैया बदलने लगा। 1983 में अपराध कानून (दूसरा संशोधन) पास हुआ जिसमें 498-ए धारा के अंतर्गत पत्नी के विरुद्ध अत्याचार की गैर-जमानती संज्ञेय अपराध माना गया।"[95] दहेज हत्या को पूंजीवाद से उपजी समस्या से जोड़कर देखा जाए तो इस आंदोलन में पितृसत्ता विरोधी, पूंजीवादी विरोधी, स्त्रियों ने आंदोलन किये। वास्तविकता यह है कि कितने ही आंदोलन हों कानून बनें, संगठनों का निर्माण हो पर इस बीमारी का कोई इलाज नहीं क्योंकि खुद परिवारवाले, समाज, राज्य और देश इस व्यवस्था को बदलना नहीं चाहती। डाइरेक्ट या इनडाइरेक्ट आज भी दहेज का लेन-देन चल रहा है। जब तक लेन-देन चलता रहेगा, दहेज-उत्पीड़न हत्याएँ लगातार होती रहेंगी। जितना ऊँचा, शिक्षित, पढ़ा-लिखा व्यक्ति उतना अधिक दहेज। पहले जमीन-जायदाद पर कम रूपों में चलता था। आज करोड़ों में यह व्यापार चलता है। यानी जितनी आदमी की हैसियत, अहोदा है उतना दहेज समाज की मांग है। कोई हज़ारों में तो कोई लाखों में, तो कोई करोड़ों में, इस व्यवस्था को बनाए हुए है।

भारतीय स्त्री का संघर्ष पुरुष के खिलाफ न होकर उस व्यवस्था के खिलाफ है जिसे वह बदलने की कोशिश में है। भारत में स्त्री-मुक्ति सामाजिक स्थिति है, कोई नारा नहीं है। समाज में परिवर्तन सामाजिक विसंगतियों में सुधार, विश्लेषण, बौद्धिक स्तर पर विकास से संभव है। "भारत में नारी मुक्ति आंदोलन की विफलता का कारण पश्चिमी आंदोलन की नकल ही है। साथ ही आंदोलन का अपना शैशवकाल से ही सनसनी खेज पत्रकारिता, महिला संस्थाओं की आपसी राजनीति और किन्हीं मामलों में अति प्रचार से झूडे प्रचार तक शिकार हो जाना है।"[96]

आज भी स्त्री स्वतंत्रता का उपयोग करने में असमर्थ है। रूढ़ियों, कुप्रथाओं, आडंबरों में जीवन यापन करते हुए सामाजिक, आर्थिक पारंपरिक व्यवस्था में दासता की जकड़बंधी में फंसी हुई है। स्वतंत्रता के बाद भारतीय स्त्री की स्थिति में क्रांतिकारी परिवर्तन और संवैधानिक दृष्टि से समानता का अधिकार स्वीकारा है। पर घरों में परिवार में उसे आज भी बोझ माना जाता है। पराये धन से संबोधित किया जाता है। "आज भी ऐसे दृश्य देखने में आते हैं जब विवाह के अवसर पर शहनाई के स्वर श्रृंगार की तरह विहाग गाने लगते हैं जब हंसी और कहकहों का माहौल बदल जाता है। और उसका स्थान ले लेती है सिसकियाँ और आहें। दहेज प्रथा के अभिशाप के कारण आज भी अनेक लड़कियों को आजीवन कुमारी रहना पड़ता है या फिर गले में फाँसी लगाकर अपने आप को मारना पड़ता है। आज भी सुदूर दक्षिण में धर्म और परंपरा के नाम पर विधवा का मुंडन होता है। शादी कराने या जीविका देने के बहाने लश्वार, बेनस, भोली-भाली युवतियों को बहलाने-फुसलाने वाले तस्करों का व्यापार आज भी धड़ल्ले के साथ चल रहा है। औरत आज भी जिस्म की तरह बिक रही है।"[97] 1987 से 91 के बीच पुलिस के पास महिलाओं के विरुद्ध हिंसाके जो मामले दर्ज हुए, उनसे पता चलता है कि भारत में हर सातवें मिनट पर महिलाओ के विरुद्ध कोई-न-कोई अपराध होता है। हर 26 मिनट पर छेड़खानी की घटना होती है 54 मिनट पर किसी-न-किसी महिला के साथ बलात्कार होता है हर 45 मिनट पर एक महिला का अपहरण होता है तथा हर 102 मिनट पर एक दहेज हत्या होती है 87 सेवा के बीच पुलिस के पास दर्ज कराये गये तथ्यों का हिसाब है लेकिन अनगिनत मामले बिना दर्ज हुए ही रह जाते हैं। उसके अलावा आज के खुले बाजार के उपभोक्तावादी दौर में यही संख्या किस हद तक बढ़ चुकी होगी, इसका हिसाब अभी आना बाकी है।"[98] स्त्री के प्रति अपराधों को देखते हुए उसकी असमानता के तथ्य और उसके संघर्षपूर्ण पूंजीवादी अर्द्ध सामंती उत्पादन संबंधों के, सामाजिक व्यवसाय में पितृसत्ता, जातिवाद तथा धार्मिक तत्ववाद के परंपरागत विचारधारा कठिन तथा हिंसा की जटिलता में व्यक्त हुआ है।

निष्कर्ष

विमर्श में किसी भी तथ्य की खोज उस तथ्य की पुनर्व्याख्या है। पुराने विचार-विनिमय को नये विचार-विनिमय में परिवर्तित करना ही विमर्श है। यानी तथ्य को पुनर्व्याख्यायित करना है। विमर्श में मूल तथ्य से संबंधित संदर्भों को जाँचते-परखते हैं जिनसे वह विमर्श उत्पन्न हुआ है। आज का युग विमर्श का युग है जिसमें एक विमर्श, नया विमर्श बन जाता है और पुनः अनेक उपविमर्शों में विभाजित हो जाता है।

स्त्री-विमर्श स्त्री जीवन की व्यथा-कथा के रूप में चित्रित हुआ है। इस चित्रण में स्त्री जीवन से जुड़ी समस्याओं, संघर्ष, अधिकार चेतना, स्वावलंबन एवं आत्मनिर्भरता, अस्मिता, स्त्री उत्थान आदि स्त्री विमर्श के तथ्य हैं। उनके शोषण, अधिकार, आज़ादी, सुविधा, विरोध को उभारा गया है।

स्पष्ट है कि विमर्श में तथ्यों की पुनर्व्याख्या की जाती है और स्त्री-विमर्श में स्त्री संबंधी तथ्यों की पुनर्व्याख्या होती है।

स्त्री-विमर्श के सैद्धांतिक परिदृश्य में समय के अनुसार स्त्री के प्रति होनेवाले शोषण के खिलाफ आवाज़ उठाई है। साथ ही समाज में व्याप्त विसंगतिपूर्ण व्यवस्था को बदलने का प्रयास किया गया है। समय-समय पर कई सिद्धांतों का प्रादुभाव हुआ है जिसने पुरुष प्रधान रूढ़िबद्धता को तोड़ने के लिए कई आंदोलन किए हैं। इन आंदोलनों ने स्त्री के मानवीय पक्ष को उभारने का प्रयास किया है।

बुर्जुआ दृष्टिकोण के अंतर्गत नागरिकों के अधिकारों की घोषणा के साथ स्त्री पुरुष के बीच सामाजिक, राजनीतिक समानता की मांग को केंद्र में रखकर स्त्री की समान मानवीय अधिकार और परंपरागत चले आ रहे नैतिक मूल्यों को चुनौतियाँ दी गयी है।

समाजवादी दृष्टिकोण में स्त्री की सामाजिकता की मांग को उठा कर स्त्री की सामाजिक व्यवस्था का स्वास्थ्य और स्वतंत्रता निर्भर की घोषणा कर, स्त्री की सामाजिक व्यवस्था को सुधारने का प्रयत्न किया गया है।

उग्रवादी दृष्टिकोण में पुनरुत्थान, पुनरुत्पादन की अनुभव शक्ति को केंद्र में रख कर पुनरुत्पादित लैंगिकता के विषय में विचार विमर्श किया गया है। इसमें स्त्री के उत्पीड़न के औपचारिक कानूनी अधिकारों पर अमल लाने की बात को उठाया गया है।

ब्लॉकवादी दृष्टिकोण में देखा जाए तो स्त्रियों के दोहरे शोषणों के मानदंडों को उजागर किया गया है।

स्त्री-विमर्श की परंपरा व इतिहास पाश्चात्य दृष्टि से देखा जाए तो स्त्री हर देश में दमित, कुंठित थी। उसे घर की चार दीवारी में ही सीमित रखा जाता था। स्त्री को कई संदर्भों से व्याख्यायित किया जाता है। प्राचीन रोमन, यूनानी साम्राज्य में स्त्रियाँ पुरुष की संपत्ति मात्र थी। जापान में स्त्रियाँ धार्मिक अधिकारों से वंचित थी, चीन, स्पेन, इटली अरबवासियों की धारणा में स्त्री पुरुष के पैरों की जूती से ज्यादा कुछ नहीं थी। इस समय स्त्री पारंपरिक जकड़बंदी से निकलने में असमर्थ थी। उन्हें पुरुष की मानसिकता के अनुरूप चलना पड़ता था।

भारतीय दृष्टि से देखा जाए तो स्त्री का पतन और उस पर हिंसा वैदिक काल में ही आरंभ हो गयी थी। महाभारत में स्त्री को स्वयं संपत्ति मानकर जुए की बाजी में दांव पर लगा दिया। उसके साथ बुरे से बुरा व्यवहार किया गया। मध्यकाल के आक्रमणों ने उसे कई विषमताओं में घेर लिया उसे पर्दा-प्रथा, बाल विवाह, सती प्रथा, जोहार प्रथा नाम से स्त्री शोषणों ने अपने पैरों को सामाजिक व्यवस्था में जमा लिए जिसमें उसे शिक्षा से वंचित घर की चारदीवारी में दमघोंटू स्थिति में पड़ी रहने को बाध्य किया। शारीरिक, मानसिक, बौद्धिक दुर्बलता के चलते स्त्री कुंठा ने समाज में निम्न स्थिति तक पहुँचा दिया। स्त्री का दर-ब-दर पतन होना पितृसत्तात्मक व्यवस्था, सामाजिक परिस्थितियों के कारण आज भी यथा-तथा बना हुआ है।

प्रभा खेतान ने पितृसत्ता के संबंध में कहा है कि 'पितृसत्ता' वह विचार है, सिद्धांत है, आदर्श हे जो अपने से या अपने समूह से भिन्न

प्रत्येक व्यक्ति पर नियंत्रण चाहती है। सवर्णी होने का अहंकार भी उसी पितृसत्ता की देन है। स्त्री विशिष्टता का भ्रम पाल सकती है किंतु वह विशिष्ट कभी नहीं हुई।'

स्त्री मुक्ति की मांग प्राचीन समय से लेकर आज तक की यात्रा अत्यधिक संघर्षमयी रही है। शिक्षा के माध्यम से उसकी स्थिति में विस्तार हुआ है। उसे स्वयं के निर्णय लेने तक सार्थक बनाया है। देखा जाये तो पितृसत्तामक व्यवस्था, सामाजिक वातावरण, आर्थिक असमानता, पूंजीवाद परंपरा ने उस पर शोषण किये। सुरक्षा के नाम पर बंदी बनाकर घर की चारदीवारी में बांधे रखा। आज स्त्री अपनी जरूरतों को महसूस करती है। उनको पूरा करने के लिए कार्यरत भी है। जागृति और पूर्णरूपेण उसे आगे बढ़ाया है जिससे वह अधिक कुंठित, संत्रास लगती है। समानता की होड़ में अपने अस्तित्व को नया रूप देने में उतारू हो गई है। इस प्रतिस्पर्धा में स्त्री-पुरुष के पारिवारिक जीवन में अत्यधिक गहरी होती खाई नज़र आती है।

संदर्भ सूची

1 संस्कृत हिंदी कोश- वामन शिवराम आप्टे, मौतिलाल बनारसीदास पब्लिकेशन, 1986 आवृत्ति

2 बहद संस्कृत-हिंदी शब्द कोश, उदयचंद जैन, न्यू भारतीय बुक कार्पोरेशन, प्र.सं.2006

3 **Oxford English English-Hindi dictionary, Dr.Suresh Kumar, Dr.Ramanath Sahai-p.312**

4 **Oxford English English-Hindi dictionary, Dr.Suresh Kumar, Dr.Ramanath Sahai-p.252**

5 **Oxford English English-Hindi dictionary, Dr.Suresh Kumar, Dr.Ramanath Sahai-p.252**

6 आलोचना से आगे, सुधीश पचौरी, फ्लैप पेज से उद्धृत

7 आलोचना से आगे, सुधीश पचौरी-पृ.8

8 आलोचना से आगे, सुधीश पचौरी-पृ.14

9 सूरज पालीवाल-स्त्री विमर्श : सब कुछ ठीक है मगर? 98-वागर्थ, जनवरी 05

10 क्षमा शर्मा, स्त्रीवादी विमर्श : समाज और साहित्य, दस्तावेज़ 104/ जुलाई, 2004

11 A Vindication of the rights of women

12 Feminism and the contradition of oppression carline Ramozonglo-p.11

13 सुमन कृष्णकांत, इक्कीसवीं सदी की ओर-पृ.34

14 स्त्री चिंतन की चुनौतियाँ, रेखा कस्तवार-पृ.52

15 स्त्री चिंतन की चुनौतियाँ, रेखा कस्तवार-पृ.53

16 स्त्री उपेक्षिता, सीमोन द बोउवार, The Second Sex का हिंदी रूपांतरण, प्रभा खेतान-पृ.60

17 स्त्री उपेक्षिता, सीमोन द बोउवार, The Second Sex का हिंदी रूपांतरण, प्रभा खेतान-पृ.60

18 सरला माहेश्वरी, नारी प्रश्न-पृ.14

19 मेरी वोल्सटन क्राफ्ट, स्त्री अधिकारों का औचित्य-साधन, अनु मीनाक्षी-पृ.15

20 मेरी वाल्सटन क्राफ्ट, स्त्री अधिकारों का औचित्य साधन, अनु मीनाक्षी- पृ.15

21 मेरी वाल्सटन क्राफ्ट, स्त्री अधिकारों का औचित्य साधन, अनु मीनाक्षी- पृ.18

22 स्त्री-अधिकारों का औचित्य-साधन, मेरी वोल्सटन क्राफ्ट, अनु.मीनाक्षी- पृ.13

23 A vindication of the right of women-p.129

24 मेरी वाल्सटन क्राफ्ट, स्त्री अधिकारों का औचित्य साधन-पृ. 21

25 मेरी वाल्सटन क्राफ्ट, स्त्री अधिकारों का औचित्य साधन-पृ. 20

26 सरला माहेश्वरी, नारी प्रश्न-पृ.17

27 सरला माहेश्वरी, नारी प्रश्न-पृ.17

28 अपील, थाम्पसन-पृ.213

29 Feminist Theory :A critic of idealogy- Feminism, Marxism method and state, Edited by Nanner O. Keohane- p.11

30 मार्क्स-एंगेल्स संकलित रचनाएँ, लूई बोनापति की 18 वीं ब्रूमेर भाग-1, प्रगति प्रकाशन मास्को-पृ.133

31 Feminism and the contradiction of oppression, Carline Ramozonylo-p.11

32 Feminism and the contradiction of oppression, Carline Ramozonylo- p.13

33 Barbara Ryan, Feminism and the women movement-p.23

34 Barbara Ryan, Feminism and the women movement-p.23

35 The Women Mistic- Betty Fridan-34

36 The Feminist, Challenge, David Bouchier, Macmillan London-1983-p.218

37 Female Uniq-जर्मन ग्रीयर-पृ.36

38 Feminism and the Women's movement, Barbara Ryan-p.49

39 अंधेरी सुरंग का मुहाना, कमला चमोला-पृ.49, हंस जनवरी 1995

40 Sexual Politics, Kate Millet-p.38

41 नारी प्रश्न, सरला माहेश्वर-पृ.46-47

42 नारी प्रश्न, सरला माहेश्वरी-पृ.53-54

43 IA women? Black women and feminism, Bell hook's (Ain't)-p.76

44 नारी प्रश्न, सरला माहेश्वरी-पृ.79

45 नारी प्रश्न, सरला माहेश्वरी-पृ.79

46 आधुनिक कथा साहित्य में नारीःस्वरूप और प्रतिमा, बजी सेठ-पृ.1

47 मनुस्मृतिः5/136/1147-उद्धृत

48 अथर्ववेद-11/5/17, उद्धृत नारीःअंतदर्पण व समाज से

49 गोदान, प्रेमचंद-पृ.490

50 आपस्तम्रा धर्मसूत्र 1/10-51-51

51 बोधायन धर्म सूत्र, 2/4/6

52 ऐतरेय ब्राह्मण-3/24/27

53 हिरण्यकेशी गृहम सूत्र, 1/6/12/14

54 गृह्य सूत्र-1/4/11, उद्धृत औरत के हक़ से

55 आपस्तम्रा धर्म सूत्र-1/9/23/45, उद्धृत नारीःअंतदर्पण व समाज से

56 नारी शोषणःआइने और आयाम, आशारानी व्होरा-पृ.6

57 रामायण 7/9/1, नारीःअंतदर्पण व समाज से उद्धृत

58 रामायण 7/9/10, नारीःअंतदर्पण व समाज से उद्धृत

59 महर्षि व्यास, महाभारत-12/40/1, नारीःअंतदर्पण व समाज से उद्धृत

60 अर्थशास्त्र-91, नारीःअंतदर्पण व समाज से उद्धृत

61 अर्थशास्त्र-17, नारीःअंतदर्पण व समाज से उद्धृत

62 नारी शोषणःआईने और आयाम, आशारानी व्होरा-पृ.15

63 नारी शोषणःआईने और आयाम, आशारानी व्होरा-पृ.15

64 डी.डी.कोशाम्बी, मिथक और यथार्थ-पृ.18

65 महिला उपन्यासकारों के उपन्यासों में नारीवादी दृष्टि, अमर ज्योति-पृ.20

66 नारी शोषण:आयने और आयाम, आशारानी व्होरा-पृ.18

67 इक्कीसवीं सदी की ओर, शीला झूनझूनवाला, सं.सुमन कृष्णकांत-पृ. 24

68 स्त्री सरोकार, आशारानी व्होरा-पृ.85

69 नारी:अंतदर्पण व समानता, चंद्रमोहन अग्रवाल-पृ.278

70 भारतीय चिंतन परंपरा, के.दामोदरन-पृ.505-506

71 नारी प्रश्न, सरला माहेश्वरी-पृ.85

72 स्त्री सरोकार, आशारानी व्होरा-पृ.33

73 स्त्री संघर्ष का इतिहास, राधा कुमार-पृ.27

74 स्त्री संघर्ष का इतिहास, राधा कुमार-पृ.37

75 हिंदी साहित्य युग और प्रवृत्तियाँ, डॉ.शिवकुमार शर्मा-पृ.411

76 स्त्री संघर्ष का इतिहास, राधा कुमार-पृ.41

77 धनंजय वीर, महात्मा ज्योतिबा फूले, फादर ऑफ आवर सोशेल रिवॉल्यूशन, बंबई, 1965-पृ.40

78 स्त्री संघर्ष का इतिहास, राधा कुमार-पृ.121

79 स्त्री संघर्ष का इतिहास, राधा कुमार-पृ.135

80 स्त्री संघर्ष का इतिहास, राधा कुमार-पृ.121

81 स्त्री चिंतन की चुनौतियाँ, रेखा कस्तवार-पृ.88

82 स्त्री चिंतन की चुनौतियाँ, रेखा कस्तवार-पृ.90

83 स्त्री चिंतन की चुनौतियाँ, रेखा कस्तवार-पृ.93

84 स्त्री संघर्ष का इतिहास, राधा कुमार-पृ.175

85 स्त्री संघर्ष का इतिहास, राधा कुमार-पृ.177

86 स्त्री संघर्ष का इतिहास, राधा कुमार-पृ.13
87 महिला उपन्याकारों के उपन्यासों में नारीवादी दृष्टि, अमर ज्योति- पृ.23
88 महिला उपन्याकारों के उपन्यासों में नारीवादी दृष्टि, अमर ज्योति-पृ.24
89 इक्कीसवीं सदी का नारीवाद, हंस-पृ.73
90 इक्कीसवीं सदी का नारीवाद, हंस-पृ.77
91 परिधि पर स्त्री, मृणाल पांडे-पृ.11
92 दुर्ग द्वार पे दस्तक, कात्यायनी-पृ.57
93 स्त्री संघर्ष का इतिहास, राधा कुमार-पृ.240-241
94 स्त्री संघर्ष का इतिहास, राधा कुमार-पृ.245
95 स्त्री संघर्ष का इतिहास, राधा कुमार-पृ.255
96 महिला उपन्यासकारों के उपन्यासों में नारीवादी दृष्टि, अमर ज्योति-पृ.24
97 इक्कीसवीं सदी की ओर, सुमन कष्णकांत-पृ.26
98 नारी प्रश्न, सरला माहेश्वरी-पृ.95

2

'स्त्री-विमर्श' का साहित्यिक परिदृश्य

'साहित्य' में समाज के बदलते स्वरूप, रुचियों, परिस्थितियों और प्रतिस्पर्धी व्यवस्था का चित्रण होता है। साहित्य समय सापेक्ष है जिसके अंतर्गत सामाजिक स्थितियाँ, मूल्य एवं मान्यताएँ समय-समय पर अपना रूप ग्रहण करती है। साहित्य की अनेक विधाओं में समाज की प्रवृत्तियों, व्यवस्था तथा परिस्थितियों का अंकन सटीक रूप से किया जाता है। साहित्य में राजनैतिक, आर्थिक, सामाजिक गतिविधियों का अंकन विधाओं के माध्यम से अभिव्यक्त होता है। कहना न होगा कि साहित्य भी कई बार सामाजिक परिवर्तन, परिवेशों का उत्प्रेरक बन जाता है और समाज की गतिविधियों में प्रत्यक्ष या परोक्ष रूप में अपना हस्तक्षेप करता है।

साहित्य अजस्त्र विकसित होनेवाली धारा है जिसमें मानव मन की संकल्पना, अनुभूति, भावना, कल्पना का संचित भंडार समाहित है। मानव ने ज्ञान, बुद्धि, अनुभवों को लिखित और लिपिबद्ध रूप से साहित्य में प्रतिष्ठित किया है। यह मानव की उपलब्धियों का सर्वोच्च साधन है

जिसके माध्यम से जीवन और संसार के गत्यात्मक साधनों को सौंदर्य की भावमयी अभिव्यक्ति नये प्रयोगों, नये ढंग, नयी सोच को व्याख्यायित किया जाता है। ज्ञान के साथ-साथ मानव की मनोवृत्तियों को हर क्षेत्र में गतिमान और परिवर्तनशील बनाता है। "साहित्य में मानवीय चेतना की प्रक्रिया और उसका धरातल और अतींद्रिय जगत को, मानव किस प्रकार देखता है। इसका स्पष्ट आभास उसके साहित्य में मिलता है। मानव की एक स्पष्ट परिकल्पना साहित्य में अंतर्निहित होती है।"[1]

मानव मन की सभी चेष्टाओं और भावनाओं का साहित्य में समावेश, परिलक्षित होता है। प्रेमचंद के विचार में-"साहित्य उसी रचना को कहेंगे जिसमें कोई सच्चाई प्रकट की गई हो, जिसकी भाषा प्रौढ़ परिमार्जित और सुंदर हो, और जिसमें दिल-दिमाग पर असर डालने का गुण हो और साहित्य में यह गुण रूप से उसी अवस्था में उत्पन्न है जब उसमें जीवन की सच्चाइयाँ और अनुभूतियाँ व्यक्त की गई हों।"[2] साहित्य में मानव जीवन की संपूर्ण गाथा, अनुभूतियाँ, व्यथा-कथा का अंकन होता है।

"आदमी ने जीवन में जो कुछ देखा, अनुभव किया और चिंतन किया, हम सभी के आज और आनेवाले दीर्घकालीन हितों को लेकर जिन संवेदनाओं से साक्षात्कार किया, वह उसकी मार्मिक लिखित वृत्तांत है। इस प्रकार, वह मूल रूप से भाषा के ज़रिए जीवन की ही अभिव्यंजना है...।"[3] साहित्य में मानव जीवन की परिपूर्ण जीवन गाथा का समावेश परिलक्षित होता है।

साहित्य अखंड आनंद का स्रोत है, व्यावहारिक ज्ञान का अक्षर भंडार है, लोक शिक्षा का विरल प्रवाह है, लोकहित का अनंत सिंधु है और साद्य पर विवृत्ति का शाश्वत मंदिर है। साहित्य की शीलता स्रोतस्विनी में अवगाहन करने से रजस और तम् से विमुक्ति मिलती है, भौतिक कष्टों से छुटकारा मिलता है।"[4] साहित्य ऐसा माध्यम है जिसके द्वारा मानव मन की अतल गहराइयों के साथ समाज की व्यवस्था, उसके गुण-दोष जैसे तत्वों का ज्ञान भी होता है। राजशेखर साहित्य को "राष्ट्र और अर्थ के यथायोग्य और सहयोग वाली विद्या ही साहित्य विद्या है।"[5]

महावीर प्रसाद द्विवेदी की दृष्टि में साहित्य-"ज्ञानराशि के संचित कोष का नाम साहित्य।"[6] 'साहित्य' शीर्षक ग्रंथ में रवींद्रनाथ टैगोर कहते हैं-साहित्य शब्द से साहित्य की उत्पत्ति हुई है, अतएव धातुगत अर्थ करने पर साहित्य शब्द में मिलन का एक भाव दृष्टिगोचर होता है। वह केवल भाव का भाव, भाषा का भाषा, ग्रंथ का ग्रंथ का मिलन ही नहीं वरन यह भी बतलाता है कि मनुष्य का मनुष्य, अतीत के साथ वर्तमान का, दूर के साथ निकट मिलन कैसे होता है इन तथ्यों का साहित्य में समावेश ही साहित्य है। इससे यह दृष्टिगत होता है कि साहित्य मानव के समान और असमान तत्वों का समावेश ही नहीं अपितु तथ्यों का सामांजस्य भी स्थापित करता है। साहित्य में भाव पक्ष की आत्मा एवं अनुभूति तथा कलापक्ष की बाह्य अभिव्यक्ति समाहित है। जो बुद्धि, ज्ञान, कल्पना, भाव, भाषा, शैली, कला जैस तत्वों को एक साथ समेटे रखता है। साहित्य की अनेक विधाएँ हैं जैसे काव्य, नाटक, कहानियाँ, एकांकी और उपन्यास। उपन्यास विधा का आगमन 19 वीं शताब्दी से माना जाता है। जीवन के रंगमंच पर स्त्री-पुरुष की उपस्थिति जिस तरह अनिवार्य समझी जाती है उसी प्रकार प्राचीनकाल से लेकर आधुनिक कालीन साहित्य के विविध विधाओं में विविध रूपों में पुरुष और स्त्री का चित्रण समान रूप से होता आ रहा है। युगीन वातावरण के प्रभाव से प्रत्येक काल में चित्रण, दृष्टि में अंतर स्पष्ट दिखाई देता है। साहित्य की अन्य विधाओं की तरह ही उपन्यासों में स्त्री-जीवन का चित्रण विविध प्रकार से उपलब्ध है। आगे हम स्त्री का साहित्यिक परिदृश्य देखेंगे। साहित्य की रचनाओं में स्त्री का योगदान किस प्रकार का है उसका विवेचन करने का प्रयास करूँगी।

स्त्री विमर्श : विविध चरण

भारतीय साहित्यधारा का उद्गम वेदों से माना जाता है। यह साहित्य धारा रामायण और महाभारत में से होती हुई स्मृति पुराण तथा बौद्ध ग्रंथों से समाहित होती गयी। संस्कृत भाषा हमारे देश की वर्तमान भाषाओं की जननी है। "संस्कृत सिंधु जल से शब्द-संपदा ग्रहण कर

आज की भारतीय भाषाएँ परिपुष्ट होती आयी हैं। इसमें जनजीवन के प्राचीन इतिहास के विलोभनीय प्रतिबिंब झिलमिलाते हैं नारी जीवन का चित्रण भी उसी में समाहित हुआ है।"[7]

साहित्यिक निर्माण में प्राचीनकाल से ही स्त्री-लेखन का योगदान रहा है। स्त्री जीवन की व्यथा-कथा को रचनात्मक धरातल पर स्त्री लेखिकाओं ने कुछ मात्रा में साहित्यिक रचना की है। इन लेखिकाओं ने अनुभूति और काल्पनिक धरातल पर स्त्री जीवन को व्याख्यायित किया है। "समसामयिक परिस्थिति का प्रभाव साहित्य पर परिलक्षित होता है तथा साहित्य में अभिव्यक्त विचारों का प्रभाव, जीवन में परिवर्तन ला सकता है युगीन परिस्थिति का समालोचन इसीलिए आवश्यक है।"[8] इसलिए सामाजिक परिस्थिति, सांस्कृतिक परिवेश, आर्थिक व्यवस्था, धार्मिक कट्टरता आदि का विवेचन साहित्य में दृष्टिगोचर होता है। पुरुष लेखकों ने भी स्त्री जीवन के अनेक तथ्यों का अपने साहित्य में अपनी रचनाओं के माध्यम से उद्घाटन किया है। उसके स्त्री-प्रश्नों को भी सटीक और सार्थक ढंग से व्याख्यायित किया है पर स्त्री ने स्त्री की समस्याओं, उनके प्रश्नों को अत्यधिक सटीक और स्त्री के व्यक्तिपरखता को सार्थक ढंग से अपनी रचनओं में विश्लेषण किया है। क्योंकि कहीं-न-कहीं स्त्री-प्रश्न, समस्याएँ और संघर्ष उसका अपना भोगा हुआ सत्य नज़र आता है। अपनी व्यक्तिपरकता, अस्तित्व की पहचान की छटपटाहट उसने स्वयं महसूस की है। स्त्री-विमर्श को स्त्री से बेहतर शायद पुरुष रचनाकार नहीं जान सकता है। स्त्री की मानवीय संवेदनाओं, परिस्थितियों, उसके सहज रूप को साहित्य में उद्भव काल से ही अंकन हुआ है। स्त्री-विमर्श स्रष्टा रूप में कम तथा प्रेरणा रूप में अधिक साहित्य में प्रतिपादित हुआ है।

साहित्य की अधिकांश विषयवस्तु स्त्री समुदाय के यथार्थ जीवन की विशिष्टताओं से ही तथ्यों को उजागर करती है और इसी को लेकर वह अन्य साहित्य सर्जक से विशिष्ट हो जाती है। इन्हीं तथ्यों का विचार हम प्राचीनकालीन स्त्री लेखन, मध्यकालीन स्त्री लेखन तथा आधुनिक कालीन स्त्री लेखन में देख सकते हैं।

प्राचीनकाल

इस काल में ऋग्वेद में स्त्रियों की स्थिति समाज में श्रेष्ठ और सम्मानपूर्ण थी जो शिक्षित और वेद-ऋचाओं की ज्ञाता भी थी। इन विदुषियों को अस्त्र-शस्त्र का ज्ञान भी प्राप्त था। ये विदुषियाँ धार्मिक कार्यक्रमों में भी अपना सक्रिय सहयोग दिया करती थीं। इनको पुरोहितों एवं ऋषिकाओं का सम्मान और दर्जा प्राप्त था। ऋग्वेद के अनेक मंत्रों और सूत्रों की व्याख्या से संबंधित थी। ब्रह्मवादियाँ और ऋषिकाएँ विदुषियों की चर्चा साहित्य में मिलती है पर सामान्य स्त्री या लेखिकाओं का योगदान कहीं भी दृष्टिगत नहीं होता है। ऋग्वेद और सामवेद की ऋचाओं में अपना सहयोग और योगदान देनेवाली ब्रह्मवादिनियों तथा ऋषिकाओं में प्रमुख है-लोपामुद्रा, धोषा, माधवी, अपाला, बेमसा, इड़ा, श्रद्धा, कामायनी, इंद्राणी आदि उल्लेखनीय है। "ऋग्वेद और सामवेद में ऐसे कुल 21 महिला नाम मिलते हैं। सूर्या सावित्री ने प्रसिद्ध 'सूर्यासूक्त' की रचना की। यह विवाह संस्कार के समय गाया जाता है। 21 वीं पौलोमी ने ऋग्वेद के दसवें मंडल में 154 वें सूक्त की रचना की। इस मंडल में 39, 40 सूक्त घोषा काशीवती द्वारा रचे गये। 'गृहद्देवता' में थमी, गोधा, माधवी, इंद्राणी, लोपामुद्रा आदि का उल्लेख मिलता है। 'ऐतरेय ब्राह्मण' में कुमारी गंधर्व का नाम उल्लेखनीय है।"[9] उत्तर वैदिक काल में शास्त्रार्थ करनेवाली कवयित्रियों का उल्लेख मिलता है-मैत्रेयी, गार्गी, सुलभा है इन्होंने 'आश्वलायन गृहसूत्र' की रचना की है।

साहित्य के वीरगाथाकाल में स्त्री गौरव के प्रतिम में दृष्टिगत हुई है जिसने युद्ध की प्रेरणा दी है और प्रेरक के साथ-साथ स्त्री शौर्य के दर्शन भी दिखाए हैं। इसके विपरीत राजघरानों में उसकी दयनीय स्थिति का सहज रूप ही दृष्टिगोचर होता है। "बौद्धकाल में पाली भाषा में लिखा गया पाँच सो से अधिक कविताओं का काव्य-संग्रह 'थेरी गाथा' 13 भिक्षुणियों ने मिलकर लिखा था। जैन काल में कन्नड़ भाषा की कवयित्रियों 'अक्कादेवी' और 'भद्रा' ने जैन-भिक्षुणियों के रूप में समर्पित भाव के भक्ति गीत लिखे। इस काल में अधिकतर भक्तिगीत ही लिखे गए, पर

होनम्मा नामक एक शूद्र स्त्री इसका अपवाद भी रही। अनुपमा द्वारा भी काव्य-रचना का उल्लेख मिलता है।"[10]

प्राचीनकाल में स्त्री शिक्षित होने के कारण साहित्य लेखन कर सकी। पर वे ही स्त्री विदुषी थी जो ब्राह्मण कुल की थी या ऋषिकाएँ, या फिर श्रेष्ठ कुल की। सामान्य स्त्री लेखिकाओं को दर-किनार कर दिया जाता था जैसे होनम्मा शूद्र स्त्री इसका उदाहरण है। कुछ ही विदुषी और कवयित्रियों का उल्लेख मिलता है। जिन्होंने साहित्य रचना में अपना योगदान दिया है। स्पष्ट है कि नाम मात्र के लिए ही इन लेखिकाओं और कवयित्रियों को प्राचीन काल के ऋग्वेद में चर्चा की जाती है।

मध्यकाल

मध्यकालीन भारतीय संस्कृति में परंपरागत, अंधविश्वास तथा बौद्धिक चिंतन के अभाव के दोष दृष्टिगोचर होने लगे। वैदिक युग की शिक्षित स्त्री इस युग में आते-आते लुप्त हो रही थी। धार्मिक कट्टरपंथी ने सिर उठाना प्रारंभ किया था। धार्मिक मान्यताओं के कारण बाह्याडंबर तथा कर्मकांडों में सामान्य जन जीवन उलझने लगा था। इस प्रकार के आडंबरों और कर्मकांडों का खुलकर विरोध कश्मीर की भक्त कवयित्री 'लल्लेश्वरी' ने अपनी रचनाओं में किया। इन्होंने समाज में व्याप्त भ्रष्टाचार, पाखंड, दोहरी नीतियों के विरुद्ध अपनी आवाज़ साहित्यिक माध्यम से उठाई थी।

तमिल की प्रथम भक्तिगीत लेखिका 'कोधई आंडाल' का उल्लेख मिलता है "रामानुज की भक्ति-धारा पर आधारित उनके 'तिरनभीली' और 'तिरुप्पावई' नामक दोनों ग्रंथ तमिल साहित्य में बहुत प्रसिद्ध हैं। प्राकृत तथा संस्कृत भाषा में प्रभुदेवी, मदालसा, शीला, सुभद्रा आदि उल्लेखनीय कवयित्री हैं जिन्होंने स्त्री जीवन की सुंदर अभिव्यक्ति की है। हिंदी व ब्रजभाषा में मीराबाई के गीत उल्लेखनीय हैं। मीरा ने राज-पाठ राजकुल की मर्यादाओं को त्याग कर वैरागिनी बन कर भक्ति परख गीत लिखे हैं। मीराबाई के पद-चिन्हों पर चलने वाली छत्रकुंवरिबाई,

प्रताप कुवरिबाई, राधाबाई, कृष्णाबाई, दिवालीबाई तथा मुस्लिम कवयित्री ताज इन सभी ने भक्तिपरक रचनाएँ लिखी हैं। इन सब में 'राग गोविंद' की रचयिता मीराबाई के कृष्ण के प्रति समर्पित गीत और भजन लिखकर साहित्य को अमूल्य निधि दी है। मराठी में संत मद्धम्बा, उडिया में चैतन्य देवी, अनेक कवयित्रियों का योगदान साहित्य लेखन में दृष्टिगत होता है। सामाजिक विसंगति का अपने समय में खुलकर विरोध किया जिसके कारण इनको अपमानित, शोषित तथा अनेक अत्याचारों का शिकार बनना पड़ा। इस काल में काव्य, गद्य का ही प्रादुर्भाव नज़र आता है। गद्य रचना में स्त्री लेखन शून्य ही प्रतिपादित होता है।

"अनुभूति की तीव्रता और भावुकता ही इनकी लोकप्रियता और सार्वजनीनता के कारण हैं। कुछ अन्य नाम भी उल्लेखनीय हैं-11 वीं शती में राजा भोज की सभा में सीता नामक कवयित्री थी। 14 वीं शताब्दी में गंगा देवी ने 'वीर चरित्र' लिखा। 17 वीं शताब्दी में बैजयंती ने 'आनंदलतिका' लिखी और त्रिवेणी ने काव्य, नाटक दोनों में ख्याति प्राप्त की।"[11]

साहित्य में 18 वीं शताब्दी में कुछ गिने-चुने उपन्यासों की चर्चा मिलती है। तेलुगु की प्रख्यात लेखिका 'मुदुपलानी' का नाम उल्लेखनीय है जिन्होंने 'राधिका संतवानम्' तथा 'अष्ठपदी' नामक रचनाएँ लिखीं। बंगला में स्वर्ण कुमारी देवी ने सामाजिक उपन्यासों की रचना की जिससे "प्रथम भारतीय महिला उपन्यास लेखिका"[12] होने का गौरव प्राप्त किया। आपने राष्ट्र आंदोलन में भाग लिया, स्वतंत्रता संग्राम की भी भागीदार रही और कहानीकार, नाटककार, पत्रकार तथा समाज सेविका के रूप में प्रख्यात हुई।" 'भारती' पत्रिका का टैगोर से पूर्व सात साल तक संपादन कर शायद उन्होंने इस क्षेत्र में भी पहल की थी।"[13] बंगाल की मानकुमारी बासु, कुसुम कुमारी, सीता देवी आदि उल्लेखनीय लेखिका है जो उच्च परिवार से, श्रेष्ठ कुल से संबंधित थी जो शिक्षा-दीक्षा में परिपूर्ण थी। जिसके कारण संस्कृति, मान्यताओं, परंपराओं को साहित्य में आगे बढ़ाने का दायित्व निभाया।

साहित्य में स्त्री जितनी प्रेरणा के रूप में उपस्थित हुई है शायद स्वयं का सृजन लेकर नहीं। स्त्री ने समय-समय पर अपनी कलम को उठाया है। स्त्री-विमर्श के तथ्यों को सही दिशा देने में असमर्थ नज़र आती है।

आधुनिककाल

आधुनिक साहित्य में स्त्री लेखन में सुधार दृष्टिगत हुआ है। इस काल की लेखिकाओं ने स्त्री की सामाजिक स्थिति के संबंध में अनेक सुधारवादी भावनाओं का विकास किया है। स्त्री प्रश्न को लेखिकाओं ने नये ढंग से व्याख्यायित किया है। इनकी रचनाओं में स्त्री रूप के कई तथ्यों का बड़े ही मार्मिक ढंग से चित्रण किया गया है। साहित्य में वर्तमान परिस्थितियों में असंतोष, सामाजिक विसंगतिपूर्ण वातावरण, राष्ट्रीय भावना, विद्रोह के स्वर, मानसिक दृष्टिकोण सभी तथ्यों को लेखिकाओं ने अपनी रचनाओं में दर्शाया है।

कविता क्षेत्र में पुरानी परंपरा पर रचना करनेवाली कवयित्रियाँ हैं-गिरिराजकुंवरी, रामप्रिया, जुगल प्रिया तथा परंपरा के साथ कुछ नये प्रयोग चंद्रकलाबाई,सरस्वती देवी तथा हेमंत कुमारी प्रसिद्ध थीं। सुभद्राकुमारी चौहान ने राष्ट्रप्रेम तथा राष्ट्रीय जागरण की कविता लिखी- 'झांसी की रानी' इनके साथ राष्ट्र भावना की कविता तोरन देवी शुक्ल, विद्यावती, रामेश्वरी देवी गोयल ने की। छायावाद की प्रमुख कवयित्री महादेवी वर्मा जी अपनी रचनाओं के लिए प्रख्यात और अग्रणीय है। "स्त्रियों की स्थिति को लेकर बीसवीं सदी के मध्य में जैसा महादेवी वर्मा ने लिखा, वैसा शायद ही किसी और ने नहीं लिखा। महादेवी तब स्त्रियों के बारे में जैसा लिख रही थीं वैसा तब अंग्रेज़ी भाषा में दिखाई नहीं देता। उनकी सारी औरतें बेहद कर्मठ, निम्न जातियों और विपत्ति की नारी हुई हैं। विधवा और परित्यक्ता है। इसलिए समाज सिर्फ उन्हें लांछन देता है।"[14] रूमानी गीतिकाव्य में सुमित्राकुमारी सिन्हा और चंद्रमुखी ओझा का नाम प्रसिद्ध है। गद्य काव्य में दिनेश नंदिनी, नई चेतना की आधुनिक कवयित्रियों में शकुंता माथुर, ज्ञानवती सक्सेना,

अमृता भारती, सरोजिनी प्रीतम आदि उल्लेखनीय हैं।"[15]

कहानी क्षेत्र में बंग महिला का नाम अग्रणी है। इनका वास्तविक नाम 'राजेंद्रबाला घोष' है जिन्होंने हिंदी साहित्य को पहली कहानी के रूप में 'दुलाई वाली' की रचना की। ये 1907 में 'सरस्वती' में प्रकाशित हुई थी। शिवरानी देवी, सुभद्राकुमारी चौहान, हेमवती देवी, उषादेवी मित्रा, कंचनलता सब्बरवाल ने कहानियों में स्त्री समस्याओं को अपना विषय बनाया है। साहित्यिक भाषा की पकड़, कल्पना, अलंकृत काव्यमयता को कहानियों में अंकन किया है। आधुनिक स्त्री के उच्च मध्यवर्ग की स्थितियों को रजनी पनीकर ने अपनी कहानियों में कामकाजी रूप को उठाया है जिसमें कार्यशील स्त्री की पीड़ा व शिकायत को स्वर दिया है। इनके अतिरिक्त, शशिप्रभा शास्त्री, दीप्ति खंडेलवाल, राजी सेठ ने भी कहानियों में स्त्री रूप को सशक्त अभिव्यक्ति प्रदान की है।

आशा रानी व्होरा, सरला महेश्वरी, क्षमा शर्मा, कात्यायनी, मृणाल पाण्डे साहित्य में स्त्री प्रश्नों, स्त्री विमर्श, उनकी दशा और दिशा, स्थिति-परिस्थितियों को लेकर स्त्री संबंधित विचार-विमर्श का रचनात्मक सृजन किया है। जिसमें स्त्री रूपों को विभिन्न दृष्टिकोणों से देखा-परखा और समझा है।

आशा रानी व्होरा साहित्य की सभी विधाओं में प्रमुख सशक्त साहित्यकार हैं जो कवयित्री, कथाकार, निबंधकार, संस्कृति-चिंतक, समाजशास्त्री, बाल-किशोरी साहित्यकार और महिला-विषय की विशेषज्ञ के रूप में स्त्री की सभी दिशाओं में दृष्टि रखकर प्रचुर लेखन कार्य किया है। स्त्री परिदृश्य में देखा जाये तो आशा जी ने 'साहित्य परिप्रेक्ष्य में भारतीय नारीः दशा दिशा', 'भारतीय नारी अस्मिता और अधिकार', 'नारी शोषणः आयने और आयाम', 'नारी विद्रोह के भारतीय मंच' के बाद 'स्त्री-सरोकार स्त्री विषयक' संबंधी समस्याओं, योगदान तथा उनकी परिस्थितियों का विलेषण किया है। यहाँ विजयेंद्र स्नातक के विचार दृष्टव्य हैं-

"श्रीमती आशारानी व्होरा एक ऐसी प्रमुख साहित्यकार हैं, जो नारी-

अस्मिता के बोध को सार्वजनिक बनाकर पिछले चालीस वर्षों से अपनी सधी कलम का प्रयोग कर रही हैं। उन्होंने नारी जाति की अंतरंग और बहिरंग समस्याओं का ध्यान रखकर अनेक पुस्तकें लिखी हैं। उनके लेख विभिन्न पत्र-पत्रिकाओं में निरंतर प्रकाशित होते रहते हैं।"[16]

भारतीय नारी:दशा-दिशा में स्त्री लेखिकाओं का साहित्य में योगदान दर्शाया है। भारतीय नारी:अस्मिता और अधिकार में स्त्री प्रश्नों के आलोक में स्त्री जाति अपने स्वत्व, ममत्व, अस्मिता और अधिकारों की पहचान को प्रशस्त करने की मांग को उठाया गया है। नारी शोषण:आयने और आयाम में सदियों से चले आ रहे स्त्री शोषण की दासता को भारतीय परिप्रेक्ष्य में उभारा है। नारी जागरण की मशाल को साहित्य में जलाया है। "'स्त्री-सरोकार' में आधुनिक स्त्री की सभी समस्याओं को समेटते हुए एक संतुलित दृष्टि से उनके समाधान प्रस्तुत किए गए हैं।"[17]

उपन्यास साहित्य में सर्वप्रथम उषादेवी मित्रा का नाम अग्रणीय है। उषा प्रियंवदा, मन्नु भंडारी, रजनी पनिकर, मेहरुन्निसा परवेज, मृदुला गर्ग, मंजुल भगत, मालती जोशी, कृष्ण अग्निहोत्री, शशिप्रभा शास्त्री, मृणाल पाण्डे, सभी लेखिकाओं ने स्त्री संदर्भों को अपनी रचनाओं में विश्लेषण किया है। आधुनिक संदर्भों को स्त्री माध्यम से सशक्त रूप में उठाया है। बदलती हुई युगीन परिस्थितियों की, स्त्री के आंतरिक, बाह्य धरातल को साहित्य में प्रतिबिंबित किया है।

साहित्यिक क्षेत्र में कृष्णा सोबती, चित्रा मुद्गल, प्रभा खेतान, अलका सारावगी, मृदुला गर्ग स्वतंत्रता के बाद लेखन में सर्वाधिक मान्यता प्राप्त लेखिकाएँ हैं जिन्होंने वर्तमान युग की पुरुष प्रधान संस्कृति से विमुक्त होकर पुरुष से पीड़ित स्त्री का आक्रोश, कुंठा, संत्रास, संवेदना, व्यथा, तनाव को अपनी रचनाओं में अभिव्यक्त किया है।

क्षमाशर्मा ने भी स्त्री विषयक संबंधों को लेकर साहित्यिक सृजन किया है। इनका स्त्रीवादी विमर्श:समय और साहित्य, हिंदी साहित्य में होनेवाली बहसों ने एक महत्वपूर्ण मोड़ लिया है। स्त्रीत्ववादी विमर्श को

अपने रचनात्मक और चिंतनपरक लेखन के माध्यम से आगे आनेवाली लेखिका क्षमा शर्मा का नाम उल्लेखनीय है। इन्होंने कहानी, उपन्यासों, लेखों-टिप्पणियों, समीक्षाओं के माध्यम से समय-समय पर स्त्री की त्रासदी को उजागर करने का कार्य साहसपूर्वक किया है। इनके औरतें और आवाज़ें, परछाई, अन्नपूर्णा, स्त्री का समय, मेरा औरत होना में स्त्री की त्रासदी को उजागर किया है। स्त्री पर होनेवाले शोषण, उत्पीड़न, अत्याचार, अपमान, असमानता का खुलकर उपन्यासों में विद्रोह किया है। इनका उद्देश्य स्त्री को मानवपूर्ण बनाना है।

साहित्य के सृजन में स्त्री लेखिकाओं ने स्त्री को केंद्र में रखा है। काव्य में स्त्री रूप को उभारा, कहानियों में उसे सार्थकता दी तथा उपन्यास में स्त्री जीवन को मानव बनाने का उद्देश्य परिलक्षित किया। हर विधा में स्त्री विमर्श के भावुक, रोमांटिक, संवेदनशील रूप को उभारा तथा उसके प्रश्नों के समाधान को तथ्यपरख रूप से सुलझाने का प्रयास किया गया।

हिंदी उपन्यासों में स्त्री-विमर्श के आधार बिंदु : पुरुष लेखन के संदर्भ में

हिंदी उपन्यासों में आरंभ से ही स्त्री किसी न किसी रूप में वर्णन का विषय रही है। आरंभ में स्त्री का चित्रण वास्तविकता के धरातल से कोसों दूर नज़र आता है। उपन्यासों में स्त्री की परिस्थिति हमेशा समय के अनुकूल रही है। युगीन परिस्थितियों के अनुसार ही उपन्यासों ने स्त्री जीवन के तथ्य और सत्य को चित्रित किया है। प्रारंभिक उपन्यासों में स्त्री का चित्रण होते हुए भी नहीं के बराबर था। प्रारंभिक उपन्यासकार स्त्री रूप को उपदेशात्मक धरातल पर व्याख्यायित कर रहे थे, समस्याओं का निरूपण कर रहे थे पर समाधान का कोई अता-पता दृष्टिगत नहीं होता था। इस प्रकार देखा जाए तो सामाजिक समस्याओं की तरह ही स्त्री समस्याओं की उपदेशात्मक दृष्टि से उपन्यासों की रचना की। जैसे-जैसे स्त्री की समस्याओं, द्वंद्वों, प्रश्नों का उद्घाटन हुआ वैसे-वैसे स्त्री का साहित्यिक परिदृश्य में उपन्यासों के माध्यम से प्रभावशाली,

संघर्षमयी, सुदृढ़ प्रतिभा संपन्न सार्थक चित्रण होने लगा। उपन्यासकारों ने प्रत्येक युग के अनुसार स्त्री समस्याओं, प्रश्नों को समकालीन परिदृश्य से चित्रण किया गया है।

इन सभी तथ्यों को युगों के अनुसार विवेचन करने का प्रयास किया जाएगा। स्त्री-विमर्श को हिंदी उपन्यासों के परिदृश्य में प्रारंभिक, मध्य और आधुनिक काल के उपन्यासों में चर्चा करेंगे। अध्ययन की दृष्टि से प्रेमचंद पूर्व, प्रेमचंद युग तथा प्रेमचंदोत्तर काल में उपन्यासों में स्त्री-विमर्श का विवचेन किया जाएगा।

प्रेमचंद पूर्व हिंदी उपन्यास

प्रेमचंद पूर्व हिंदी उपन्यासों में स्त्री-विमर्श का आधार स्तंभ नहीं था। स्त्री पात्रों का चित्रण किया जाता था, केवल ऐय्यारी, तिलस्मी के लिये उन्हें कटपुतली मात्र दर्शाया जाता था। इस युग में देश परतंत्र था देश की आर्थिक, सामाजिक, धार्मिक स्थिति ढावाडोल थी। भारत देश की परिस्थितियों के अनुसार ही स्त्री का कोई अस्तित्व नज़र नहीं आता। इस युग के साहित्यकार भी अपनी संकीर्ण दृष्टि स्त्री जाति के प्रति बनाये हुए थें। स्त्री का किसी भी रचना में स्वतंत्र रूप दिखाई नहीं देता। उसे दबी, कुचली, दमित तथा घर कि चारदीवारी में कैद को ही दर्शाया है। इस युग के रचनाकारों ने तिलस्मी, जासूसी, ऐय्यारी, ऐतिहासिक, पौराणिक तथा सामाजिक परिदृश्य को ही उपन्यासों में स्थान दिया। मध्यकालीन स्त्री की जो परिस्थिति थी उसी को ही अपनी रचना में स्थान दिया। इस युग की स्त्री साहित्य में निर्जीव और व्यक्ति विहीन थी जो एक के बाद एक ऐय्यार के हाथ की कटपुतली मात्र थी। इस युग में उपन्यासों के नाम स्त्री पात्रों पर ही रखे जाते थे जैसे देवकीनंदन खत्री कृत 'नरेंद्र मोहिनी, कुसुमकुमारी, चंद्रकांता, चंद्रकांता संतति' किशोरीलाल गोस्वामी कृत तारा, चपला, रजिया बेगम एवं तरुण तपस्विनी आदि का उल्लेख मिलता है जिनमें पुरुष प्राधनता, ऐतिहासिक, सामाजिक व्यवस्था का ही चित्रण मिलता है। स्त्री पात्रों के केवल मनोरंजन

के लिए या वैश्या रूपी अधिकार देने के लिए ही चित्रण होता था। इन उपन्यासों में स्त्री को कहीं देवी कहा गया, कहीं कुलटा, कहीं उसका अपहरण दर्शाया गया, कहीं उसे सामाजिक दायित्वों को निभाते हुए वैश्या बनाया गाय। कहीं उसे किसी-न-किसी पुरुष पात्र के अधीन दर्शाया गया तो कहीं मनोरंजन तथा प्रसन्नता की कटपुतली के रूप में दर्शाया गया। स्त्री साहित्यिक परिदृश्य में गुलाम मात्र नज़र आती है। उसका कोई अपना 'स्व' का रूप कहीं भी दृष्टिगोचर नहीं होता है।

प्रेमचंद पूर्व के उपन्यासों में स्त्री अशिक्षित अधिक थी। इस कारण से वह परंपरागत मूल्यों, कुप्रथाओं, आडंबरों तथा अंधविश्वासों में अधिक ध्यान देती थी। स्त्री अपने मानवीयता से कोसों दूर थी। यथार्थ से उसका कोई सरोकार नहीं था। वह केवल प्रेयसी, सुंदरी, मृदुभाषिनी, आनंदविलास की सामग्री मात्र थी। यही इस युग की स्त्री रूप का चित्रण है।

भारतेंदु हरिशचंद्र के 'चंद्र प्रभा पूर्ण प्रकाश' उपन्यास में अनमेल विवाह जैसी सामाजिक विसंगति के दुष्परिणामों को दर्शाया है। समस्या को उठाने में हरिश्चंद्र सार्थक सिद्ध हुए पर समाधान प्रस्तुत करने में असमर्थ क्योंकि इस समय समाज में स्त्री की इन्हीं समस्याओं पर सभी समाजसेवियों, राष्ट्रवादियों, समाज सुधारकों का ध्यान केंद्रित था। इसी समय वैश्यावृत्ति से बचने के प्रयास किये गये। विधवाओं के पुनर्विवाह की योजनाएँ बनाई गईं। दहेज प्रथा का बोलबाला था पर कहीं भी समाधान प्रस्तुत नहीं किया। इसी लीक पर चलने वाले उपन्यासकार हैं-लज्जाराम शर्मा कृत-'सुशीला विधवा', गोपालराम गहमरी कृत 'सांस पतोहु', कार्तिक प्रसाद खत्री कृत 'दलित कुसुम', किशोरी लाल गोस्वामी कृत 'स्वर्गीय कुसुम' जिन्होंने सामाजिक विसंगति के दुष्परिणामों को उपन्यासों में व्याख्यायित किया पर अपनी रूढ़ परंपरागत मूल्यों को नहीं छोड़ा। जिसमें स्त्री अपने नैतिक मूल्यों का त्याग नहीं करती, घर, परिवार, पति की सेवा ही अपना भाग्य समझती है। स्त्री का परंपरागत सती-साध्वी रूप ही अधिक चित्रित हुआ है।

प्रेमचंद पूर्व हिंदी उपन्यासों में स्त्री केंद्र में थी पर किसी भी

उपन्यासकार ने स्त्री जीवन की विडंबनाओं का चित्रण अपनी रचनाओं में नहीं किया। कुछ गिनी चुनी स्त्री लेखिकाएँ हैं जिन्होंने भी स्त्री के आदर्शोन्मुख रूप का ही उद्‌घाटन किया है। स्त्री के यथार्थपरक रूप की कहीं भी व्याख्या नहीं हुई है। स्त्री विमर्श पर चर्चा करने वाला पहला उपन्यास 'श्रद्धाराम फुलौरी' कृत 'भाग्यवती' (1877) है जिसमें स्त्री शिक्षा विषय पर ध्यान दिया गया है। इस उपन्यास की नायिका शिक्षित है। इसी कारण से पति उसे त्याग देता है। वह जीवनयापन तथा अर्थोपार्जन के लिए अध्यापिका बनती है। आत्मनिर्भर बन कर जीवन बिताती है। इससे यह स्पष्ट होता है कि शिक्षित होना एक शाप है जिससे पारिवारिक जीवन में, दांपत्य जीवन में विघटन होता है। दाम्पत्य जीवन की विषम परिस्थिति से नायिका अकेलापन भुगतती है। इस उपन्यास में भी पुरुष सत्ता को ही दर्शाया है जिसमें पुरुष अहम और उसके व्यक्तिपरकता को ही दर्शाया गया है।

लाला श्रीनिवासदास कृत 'परीक्षा गुरु' (1882) में स्त्री का सनातनी रूप ही चित्रित किया गया है। इस काल में वैश्या वृत्ति के उन्मूलन के प्रयास किये गये हैं। साथ ही विधवाओं के पुनर्वास की भी कल्पनाएँ की जाने लगी। इस काल में सांस्कृतिक, राष्ट्रीय पुनरुत्थान का स्वर तेज़ी से बढ़ने लगा था जिससे सामाजिक चेतना का अभ्युदय होने लगा। उपन्यास प्रधानतः सुधारवादी एवं उपदेशवादी प्रवृत्ति से परिचालित थे और उनका मुख्य उद्देश्य मनोरंजन ही माना जाता था। इसी कारण स्त्री विमर्श का सनातनी रूप ही इन उपन्यासों में दृष्टिगोचर होता है।

प्रेमचंदकालीन हिंदी उपन्यास

हिंदी उपन्यासों का विकास साहित्य में प्रेमचंद युग से ही माना जाता है। इस युग के उपन्यासों में स्त्री-विमर्श विषयक दृष्टिकोण दृष्टिगत होता है। इस युग के उपन्यासकारों ने अपनी रचनाओं के माध्यम से स्त्री की दशा, स्थिति, सुधारने का प्रयत्न किया है। इस युग में सामाजिक विसंगतियों ने प्रचंड मचा रखा था, जिसका निवारण उपन्यासों में दिखाई देता है। जैसे-बाल विवाह, सती प्रथा, पर्दा प्रथा, वेश्या समस्या, विधवा-

विवाह, विधवा समस्या आदि उल्लेखनीय हैं। प्रेमचंद काल में कथा-साहित्य ने नया मोड़ लिया, जिसमें भारतीय स्त्री की वास्तविकता को आदर्शोन्मुख यथार्थवादी धरातल पर साहित्य में अंकित किया गया। उपन्यासकारों ने अपनी गंभीर दृष्टि से सामाजिक व्यवस्था और जर्जर रूढ़ियों को तोड़ने का प्रयास किया।

इस युग के प्रमुख उपन्यासकार-प्रेमचंद, प्रसाद, विश्वंभरनाथ शर्मा कौशिक, आचार्य चतुरसेन शास्त्री, प्रतापनारायण श्रीवास्तव, पांडेय बेचैन शर्मा 'उग्र', वृंदावनलाल वर्मा प्रमुख हैं जिन्होंने अपने उपन्यासों के माध्यम से स्त्री की नई चेतना को स्पष्ट दिखाया है। इस युग में स्त्री-शिक्षा का महत्व अधिक होने लगा था जिससे वे आर्थिक धरातल पर स्वावलंबी बनने लगी थी। उनमें परंपरागत तथा नैतिक मूल्यों के प्रति विशेष चेतना जागृत होने लगी थी जिससे स्त्री के स्वतंत्र व्यक्तित्व का विकास हुआ।

प्रेमचंद और उनके युग के उपन्यासकारों ने स्त्री संबंधी विषयों पर अनेकों उपन्यासों की रचना की। प्रेमचंद कृत-वरदान, सेवासदन, प्रतिज्ञा, निर्मला, कायाकल्प, गबन, कर्मभूमि, जयशंकर प्रसाद कृत कंकाल, तितली, सूर्यकांत त्रिपाठी निराला कृत अपसरा, अलका, निरुपमा, प्रभावती कौशिक कृत-भिखारिणी, माँ, 'उग्र' जी कृत शराबी, भगवती प्रसाद चतुर्वेदी कृत-पतित की साधना, भगवती चरण वर्मा कृत-तीन वर्ष, उषा देवी मित्रा कृत-जीवन की मुस्कान, धनीराम प्रेम कृत-वेश्या का ह्दय, तेजरानी दीक्षित कृत-ह्दय का काँटा, वृंदावनलाल वर्मा कृत-कुण्डली चक्र आदि उल्लेखनीय उपन्यास हैं जिनमें स्त्री समस्या किसी न किसी रूप में दिखाई देती है। परंतु इन समस्याओं का कोई समाधान इन उपन्यासों में दिखाई नहीं देता।

'सेवासदन' में विवाह से जुड़ी समस्याओं जैसे दहेज प्रथा, कुलीनता का प्रश्न, पत्नी का स्थान, अनमेल विवाह, वैश्या समस्या से संबंधित समस्याओं का चित्रण हुआ है। 'वरदान' में हिंदु समाज की वैवाह्कि समस्या का चित्रण किया गया है। अनमेल विवाह का दुष्परिणाम और विधवा जीवन का अभिशाप सामाजिक समस्याओं की दृष्टि से मुख्य

प्रतिपाद्य विषय है।"[18] प्रतिज्ञा मध्यवर्गीय सामाजिक परिस्थितियों के साथ विधवा समस्या को उठाया है। "प्रेम, कर्तव्य और विधवा जीवन की समस्याओं पर पूरे उपन्यास का ढांचा खड़ा कर दिया है।"[19] निर्मला में दहेज प्रथा और अनमेल विवाह की समस्या, सामाजिक विषमताओं का चित्रण यथार्थवादी दृष्टि से परिलक्षित होता है। घटनाएँ मार्मिक एवं हृदयस्पर्शी हैं जो मनोविज्ञान की दृष्टि पर भी खरी उतरी है। 'कायाकल्प' में स्त्री समस्या और बहु विवाह प्रथा तथा सांप्रदायिक प्रश्नों को उठाया गया है। इसमें निष्काम प्रेम और कर्तव्य को मनोरमा के माध्यम से व्याख्यायित किया है। 'गबन' में स्त्रियों के आभूषण प्रेम के दुष्परिणामों का चित्रण किया है। इसमें वैयक्तिक समस्याओं को उठाया गया है। जिसमें प्रेम व्यक्ति के उत्थान-पतन और संस्कार-निर्माण के साथ वैश्या जीवन के पुनरुत्थान की कथा है। प्रेमचंद के उपन्यासों में स्त्री वर्ग के प्रति उनका दृष्टिकोण है शोषित, प्रताड़ित एवं सामाजिक बंधनों में जकड़ी हुई स्त्रियों पर उन्होंने काफी लिखा है। साथ ही स्त्रियों के प्रति सहानुभूतिपूर्ण दृष्टि अपनाकर स्त्री पात्रों के माध्यम सेआदर्शोन्मुखी व्यक्तित्व का अन्वेषण किया है। स्त्री जीवन की विडंबनाओं का जीता-जागता चित्रण प्रेमचंद के उपन्यासों में दिखाई देता है। सेवा सदन की पात्र सुमन शोषण और पाखंड के विरुद्ध विद्रोह करती है। पति से विद्रोह करके वैश्या वृत्ति अपनाती है। पारिवारिक विद्रोह ही नहीं बल्कि समाज से भी विद्रोह करती है। वह अन्याय के सामने झुकना नहीं जानती। उसके आत्मसम्मान को कोई ठुकराता है तो उसे वह आड़े हाथ लेती है। सामाजिक बुराइयों और पति द्वारा उपेक्षा उसे वेश्या बनाती है। इसके निवारण के लिए "सुमन को वैश्यालय पहुँचा कर उन्होंने ये संदेश दिया कि उनके उद्धार के लिए सेवासदन की स्थापना करनी चाहिए।"[20] इस पर 'अपर्णजिगे' अपने विचार प्रकट करती हैं-"प्रेमचंद अपने पूर्ववर्ती लेखकों से भिन्न दृष्टिकोण से वैश्या समस्या पर विचार करते हैं,वे वेश्याओं के प्रति घृणा नहीं बल्कि सहानुभूति प्रकट करते हैं, घृणा के पात्र वेश्या नहीं बल्कि समाज है जो यह अनैतिक व्यवस्था ग्रहण करने के लिए बाध्य करता है।"[21]

बेचेन शर्मा 'उग्र' कृत 'शराबी' उपन्यासों में वेश्यावृत्ति का निराकरण विवाह द्वारा दर्शाया गया है। जवाहर नामक वेश्या का विवाह मानिक नामक पात्र से संपन्न करवाकर लेखक ने सुधारवादी दृष्टि अपनाई है। इनके उपन्यासों की विषयवस्तु व्यभिचार, वेश्यालय, मदिरालय, रोमांस तक ही सीमित है। कौशिक जी कृत 'भिखारणी', 'माँ' उपन्यासों में उन्होंने अंतर्जातीय विवाह की समस्या तथा मध्यमवर्गीय परिवार का चित्रण करते हुए वेश्यालयों के वातावरण को प्रस्तुत किया है। उषा देवी मित्रा कृत 'जीवन की मुस्कान' में वेश्यावृत्ति के कारणों को उठाया गया है। आर्थिक संपन्नता के अभाव के कारण परिवार के जीविकोपार्जन के लिए वेश्यावृत्ति अपनाने की विवशता दिखाई है-"पूरबी के माध्यम से वेश्या समस्या उठाने पर है। उसके मायम से व्यक्ति और समाज को इस विषय में सोचने के लिए विवश करने पर है।"[22]

सूर्यकांत त्रिपाठी 'निराला' के उपन्यासों-अप्सरा, प्रभावती, निरुपमा। इनमें स्त्री समस्याओं को उठाया गया है और उनके निवारण का निरूपण प्रमुख रूप से किया गया है। इन सभी रचनाओं में वैश्या वृत्ति को आदर्श के धरातल पर ही प्रस्तुत किया गया है।

विधवा समस्या और दहेज प्रथा पर भी इस युग के उपन्यासकारों ने अपनी दृष्टि रखकर विधवा स्त्रियों की दुर्दशा का चित्रण किया है। प्रेमचंद कृत 'वरदान, कर्मभूमि, प्रतिज्ञा', प्रसाद कृत कंकाल, तितली, तेजरानी दीक्षित कृत-हृदय का कांटा, चंद्रशेखर कृत-विधवा के पत्र, चतुरसेन शास्त्री कृत-आत्मदाह, अमर अभिलाषा आदि उपन्यासों में विधवा की समस्याओं को उठाया गया। पर किसी ने भी समस्या का समाधान प्रस्तुत नहीं किया। प्रेमचंद ने 'प्रेमा' में पूर्णा व प्रेमा के वैधव्य जीवन में पुनर्विवाह जैसे तथ्यों को प्रस्तुत कर समस्या का समाधान प्रस्तुत करने का प्रयत्न किया है। प्रतिज्ञा में भी समस्या विधवा विवाह की है। विधवा आश्रम का सुझाव प्रस्तुत किया साथ ही प्रेमचंद ने यह घोषणा की-"विधवाओं का उद्धार करने के लिए उनसे विवाह करना चाहिए और वनिताश्रम की स्थापना की जानी चाहिए।"

उपन्यासकारों ने विधवा की समस्याओं को पुनर्विवाह, विवाह से जोड़कर समाधान प्रस्तुत करने का प्रयास किया है। पर मुझे नहीं लगता कि विधवा समस्या का समाधान विवाह है। वह समाज में स्वस्थ और मानव बन कर जीना चाहती है न कि फिर से विवाह के बंधन में बंध कर जीवन भर उपेक्षाओं, यातनाओं, घृणाओं में अपना जीवन जीना चाहे। खुले वातावरण में खुली सांस लेकर स्वस्थ जीवन यापन करना ही विधवा स्त्री की परिकल्पना तथा मनोकामना है।

दहेज प्रथा सामाजिक कुरीतियों को आज भी बढ़ावा देती नज़र आती है। प्रेमचंद युग में भी इस कुरीति को अपने उपन्यासों में महत्वपूर्ण स्थान दिया है। सेवासदन, निर्मला, प्रतिज्ञा, कुंडली चक्र में दहेज प्रथा के दुष्परिणामों को प्रस्तुत किया गया है। इस प्रथा के कारण ही अनमेल विवाह जैसे विसंगति समाज में पनपी है। दहेज के अभाव के कारण पिता अपनी बेटी की शादी किसी बूढ़े व्यक्ति, भद्र, कमज़ोर, विकलांग ये भी करने के लिए तत्पर हो जाते हैं। इन उपन्यासों में इस समस्या का विकराल रूप दर्शाया गया है। सुमन का विवाह एक प्रोढ़ व्यक्ति से होता है जिसका परिणाम वह वैश्या बन जाती है यानी अनमेल विवाह का दुष्परिणाम वैश्या बनना है। इस युग के रचनाकार इन समस्याओं का समाधान करने में भी असमर्थ नज़र आते हैं। इन उपन्यासों में स्त्री पात्रों में कहीं-कहीं विद्रोह भी नज़र आता है। रंगभूमि की सोफिया, गबन की जालपा, कर्मभूमि की सुखदा और गोदान की मालती, तेजस्वी विद्रोहिणी स्त्रियाँ हैं जो अंत में परंपरागत आदर्शों की शिकार होकर सामाजिक परिस्थितियों के अंतर्गत आदर्श की प्रतिमा मात्र बन जाती है-प्रेमचंद के स्त्री पात्र अपनी सामाजिक स्थिति के कारण बैचेन है पर वे विद्रोह की दिशा में बहुत दूर तक नहीं जा सकते। अतः प्रेमचंद अपने स्त्री विषयक विजन में अंतर्विरोध के शिकार हैं। "इस काल के हिंदी उपन्यासों में स्त्री द्वारा विद्रोह बहुत कम चित्रित हुआ है। ये स्त्रियाँ अपने प्रति सचेत तो है परिस्थितियों की विषमता की शिकार भी है। पारंपरिक आदर्शों से युक्त, स्त्री की सेवा भावना, सहिष्णुता एवं त्यागनिष्ठा समर्पण भावना ही दिखाई

देती है। यहाँ तक कि वे स्वतंत्रता संग्राम में भाग भी लेती है पर रूढ़िग्रस्त बंधनों में फंसी दिखाई देती है। इस काल के लेखन में स्त्री को अंत में हृदय परिवर्तन और गलतियों के एहसास और पश्चाताप से सुधार की संभावना दिखाई है। "आदर्शोन्मुख यथार्थवाद का समर्थन करते हुए स्त्री पात्रों की रचना की है जिसमें आदर्श और यथार्थ का समन्वय करते हुए उसका दृष्टिकोण अस्वाभाविक आदर्शवाद यथार्थवाद और अति यथार्थवाद पर आकर केंद्रित हो जाता है।"[23]

इस युग के उपन्यासों में निम्न वर्ग की स्त्री को अधिक कर्मठ और जुझारू चित्रित किया गया है। स्त्री जीवन के आर्थिक पक्ष को भी उभारा गया है। पराधीनता के प्रति विद्रोह, स्त्री जागरण, सम्मलित परिवारों का विघटन भी दृष्टिगत होता है। स्त्री के चेतित एवं स्वतंत्र विचारों को प्रेमचंद ने 'गबन' में जालपा के माध्यम से दर्शाया है-वे एक संदर्भ में कहती हैं- "अगर मेरी जबान में इतनी ताकत होती कि सारे देश में उसकी आवाज़ पहुँचती तो मैं सब स्त्रियों से कहती बहनों किसी सम्मिलित परिवार में विवाह मत करना और अगर करना तो जब तक अपना घर अलग न बना लो, चैन की नींद मत सोना।"[24] पात्रा द्वारा समाज की सभी स्त्रियों को चेतित होने का आह्वान प्रस्तुत किया गया है।

प्रेमचंदोत्तर हिंदी उपन्यास

प्रेमचंदोत्तर उपन्यासों में मनोवैज्ञानिक, यथावस्तु, यथातथ्यवाद घोर नग्न-यथार्थवाद, अवचेतनवाद तथा प्रतीकवाद जैसे अनेक नये प्रयोगों का समावेश हुआ है। पाश्चात्य साहित्य ने इस काल के उपन्यासकारों को प्रभावित किया है। मार्क्सवाद और फ्रायडवाद से प्रभावित होकर इस युग के लेखकों ने अपने उपन्यासों में नया परिवर्तन दर्शाया है। मार्क्सवादी विचारधारा से प्रभावित यशपाल, नागार्जुन, भैरवप्रसाद गुप्त ने अपनी कृतियों में वर्ग संघर्ष, वर्ग चेतना, वर्ग वैषम्य जैसे विषय को प्रस्तुत किया। वहीं दूसरी ओर फ्रायडीय विचारधारा से प्रभावित जैनेंद्र, अज्ञेय, इलाचंद्र जोशी, भगवती चरण वर्मा आदि लेखकों ने काम,

अचेतन, स्वप्न जैसे विषयगत रूप अपनी कृतियों में दर्शाया। स्त्री पुरुष संबंधों को नया रूप, नया दृष्टिकोण, नैतिकता के नये मानदंडों को मनोवैज्ञानिक धरातल पर उभारा गया। इस काल में व्यक्तिवादी मानसिकता की विसंगति, संबंधों की विषमता सहज ही इन उपन्यासों में परिलक्षित होती है।

इस काल में स्त्री की विभिन्न समस्याओं के साथ विभिन्न स्वरूपों को भी मनोवैज्ञानिक दृष्टि से प्रस्तुत किया गया है। स्त्री के बाह्य एवं आंतरिक मानदंडों को बदलते हुए स्त्री स्वयं के अस्तित्व के सामाजिक, पारिवारिक, व्यक्तिगत धरातल पर खोजती दिखाई देती है। इस संदर्भ में डॉ.उमाशुक्ल के विचार दृष्टव्य हैं-"मैं कामायनी की श्रद्धा नहीं इडा हूँ, भावना नहीं प्रज्ञा हूँ, मात्र स्पंदमयी नहीं, तर्कमयी भी हूँ, मात्र समर्पिता नहीं अधिकारमयी भी।" इस से यह स्पष्ट होता है कि स्त्री में अपने 'स्व' के प्रति नई दृष्टि तथा नयी मानसिकता का उदय हुआ है। इस युग में व्यक्ति सापेक्ष दिखाई देता है और समाज गौण रूप में। इस तथ्य को इन लेखकों की रचना में देख सकते हैं-अज्ञेय कृत 'शेखर: एक जीवनी', जैनेंद्र कृत 'परख', सुनीता, त्यागपत्र, सुखदा, इलाचंद्र जोशी कृत 'पर्दे की रानी' निर्वासित आदि उल्लेखनीय हैं जो व्यक्ति प्रधानता को उजागर करते हैं। इस युग के उपन्यासों को मनोविश्लेषणवादी, प्रगतिवादी, आंचलिक, प्रयोगवाद या आधुनिक बोध की विषयवस्तु पर रखते हुए स्त्री-विमर्श की चर्चा करने का प्रयास करूँगी।

मनोविश्लेषणवाद

मनोविश्लेषणवादी उपन्यासकारों में जैनेंद्र, इलाचंद्र जोशी तथा अज्ञेय उल्लेखनीय हैं। जैनेंद्र कृत परख (1929), सुनीता (1935), त्यागपत्र (1937), कल्याणी (1939), सुखदा (1952), विवर्त (1953), व्यतीत (1953) में नई दृष्टि प्रदान की है। लेखक ने उपन्यासों में विभिन्न स्त्री पात्रों की मन की उलझनों, गुत्थियों एवं शंकाओं का निरूपण कथ्य के माध्यम से किया है। स्त्री पात्रों की परिकल्पना में लेखक अपेक्षाकृत

अधिक जागरूक सचेत और प्रगतिशील दिखाई देते हैं। स्त्री पात्रों की संकल्पना उसकी मानसिक स्थिति के अनुकूल प्रस्तुत की है। सुनीता ऐसी स्त्री हैं जिसका पुरुष के बिना कोई अस्तित्व नहीं। वह घर परिवार और पति को ही प्रधानता देती है। त्यागपत्र की मृणाल ऐसी पात्र है जिसका जीवन अतृप्त और करुणामयी है। मृणाल स्त्री विषयक परंपरागत रूढ़ियों की जंजीर को तोड़कर स्त्री का प्रतिनिधित्व करती है। स्त्री की अतृप्त जीवन की करुणा की कथा 'कल्याणी' की है जो आधुनिक स्त्री का प्रतिपादन करती है। इस काल की स्त्री मानसिक द्वंद्वों से उत्तेजित और जागृत हुई उसे वास्तविक रूप में प्रधानता देने का प्रयास किया गया है। भौतिक सुख की कामना तथा पारिवारिक विघटन को दर्शाया है। मनोवैज्ञानिक तथ्यों से संचालित नयी सामाजिक मान्यताओं की स्थापना का युग है।

मनोविश्लेषणवादी धरातल पर स्त्री चार रूपों में प्रस्तुत हुई है- 1. विद्रोही, 2. विवाहित स्त्रियाँ, 3. पतिव्रता स्त्रियाँ, 4. आदर्श और त्यागशील।

विद्रोहिणी जो विद्रोह करती हुई आत्मपीड़न की शिकार है जैसे जैनेंद्र कृत 'सुखदा' की सुखदा जो अपने पति से कहती है-"सुनते हैं आप! मैं आपकी और इस घर की गुलाम नहीं हूँ। बाहर बहुत काम पड़ा है।"[25] विद्रोही होते हुए भी सामाजिक परंपरा को तोड़ने में असमर्थ दिखाई देती है। सुखदा जैसी ही मृणाल, कल्याणी, इलाचंद्र जोशी की वसुंधरा, शारदा परंपरागत रूढ़ियों, आडंबरों के प्रति स्त्री का विद्रोह रूप है उसको प्रस्तुत किया गया है। पर ये विद्रोहिणी समय के साथ आदर्श भावना के धरातल पर सिमट कर रह जाती है।

विवाहित स्त्रियाँ हैं जिनका पूर्व प्रेमियों के साथ विवाह के बाद भी आकर्षण दिखाई देता है। सुनीता, सुखदा, अनिता, नीलिमा पत्नीत्व और प्रेयसीत्व के अंतर्द्वंद्व में उलझी प्रतीत होती है। सुनीता के संदर्भ में जैनेंद्र स्वयं कहते हैं- "निस्संदेह जो 'घर और बाहर' में है वही सुनीता में भी है वही समस्या है किंतु घर और बाहर में परस्पर सम्मुखता ही देखता हूँ।"[26]

पतिव्रता स्त्रियाँ-जिनका अस्तित्व पति धर्म पर है ही टिका हुआ है।

जो अपना धर्म, कर्म, पूर्णता, सौभाग्य पति में ही समझती है। सुख-दुःख सारी मानवीय संभावनाएँ पति से शुरू पति पर ही खत्म होती हैं। इस पर राजश्री कहती हैं-"धरमपत्नी कभी गिनती के लिए नहीं हुआ करती है, उसका धरम पति के साथ ही होता है।"[27]

आदर्श और त्यागशील प्रेमिकाओं के रूप में परख की कट्टी तथा विंन की तिन्नी प्रस्तुत हुई है। दोनों प्रेम की आस्था में लीन है, अपना सारा जीवन प्रेमार्पण में ही बिता देती है। दोनों प्रेम में असफलता के कारण आत्मोत्सर्ग कर देती है। इन उपन्यासों में त्याग और समर्पण को एक तरफ दिखाया गया है जिसमें स्त्री ही बली चढ़ती दिखाई देती है। भोग्या रूप का ही निरूपण किया गया है। मनोवैज्ञानिक ढंग से भी स्त्री का रूप दर्शाया गया है जो प्रेमचंद और उससे पूर्व युग की स्त्री का था-सहयोगिनी, सहचरिणी, भोग्या, त्यागमयी आदि। ये पात्र लेखक की कोरी कल्पना की निजी मौलिक सृजन है। स्त्री की वैयक्तिकता, अहमतता, सामाजिक परंपराओं का विद्रोह केवल भावना की उपज है उसका कोई निवारण नहीं। इस पर स्वयं जैनेंद्र कहते हैं-"मैं यह नहीं मानता हूँ कि परिस्थितियों को तोड़ने में जो एक मुक्ति समझी जाती है.. वह मुक्ति नहीं, उसको मैं मुक्ति नहीं मानता हूँ। जहाँ व्रिदोह अधिक है मैं समझता हूँ कि वहाँ फड़फड़ाहट तो है लेकिन उसका फल मुक्ति नहीं है। इसलिए मेरा पात्र परिस्थितियों को धक्का देकर तोड़ने में उतना उद्धत नहीं मालूम होता। परिस्थितियों में मिसमिसाता दिखता है, लड़ता झगड़ता है।"[28]

इससे स्पष्ट होता है कि लेखक की दृष्टि में स्थिति जैसी है वैसी रहे उसे बदलने में कोई फायदा नहीं। लेखक परंपरागत चलते आ रहे पुरुष सत्ता के ही पक्षधर दिखाई देते हैं। इनके पात्र आत्मपीड़ा, मानव-मन की अंतर्निहित अदम्य कामनाओं, अतृप्तियों, कुंठाओं और घात-प्रतिघात के द्वंद्वात्मक परिसीमा में उलझ कर रह जाते हैं। स्त्री का कोई 'स्व' का अस्तित्व नहीं, वह मनोविज्ञान धरातल पर नाचती कठपुतली दिखाई देती है।

इलाचंद्र जोशी भी इसी परंपरा के उपन्यासकार है। इनकी कृति-संयासी (1941) पर्दे की रानी (1941), प्रेत और छाया (1945) में

मानव मन की कुंठाओं एवं ग्रंथियों का ही विश्लेषण हुआ है। इनका विषय भी प्रेम एवं रोमांस ही है। अज्ञेय कृत शेखर एक जीवनी (1941) भी मनोविश्लेषण परक उपन्यास है।

प्रगति या मार्क्सवाद

प्रगतिवादी लेखक मार्क्सवादी विचारधारा का आधार ग्रहण करके उपन्यासों का चित्रण करता है। यशपाल, राहुल सांकृत्यायन, रांगेय राघव, भैरव प्रसाद इसी कोटि के उपन्यासकार हैं। इन्होंने सामाजिक चेतना को जागृत करने का प्रयास किया। जिसमें स्त्री समस्याओं को सामाजिक मान्यताओं में स्थापना की। स्त्री के प्रगतिशील रूप का चित्रण इस युग के उपन्यासों में आरंभ हुआ, सर्वप्रथम स्त्री प्रश्नों के प्रति जागरूकता को इन्हीं उपन्यासों में दर्शाया। भारतीय सामाजिक जीवन में परिवर्तन, स्त्री-पुरुष संबंधों का नया दृष्टिकोण इन उपन्यासों में प्रस्तुत हुआ जिससे स्त्री के विभिन्न रूप को भी नयी दृष्टि मिली है। विवाह के प्रति भी इस युग में अविश्वास, अनिष्ठा दिखाई देती है। 'यशपाल' कृत 'दादा कामरेड' के हरीश की दृष्टि में स्त्री की पूर्ण स्वतंत्रता का अर्थ है विवाह की प्रथा को दूर कर देना, अश्क कृत 'गिरती दीवारें' उपन्यास में विवाह के स्थान पर स्वच्छंद प्रेम को प्रोत्साहन दिया गया है। 'तट के बंधन' में प्रभाकर ने विवाह जैसी व्यवस्था को नकारा है।

यशपाल की स्त्री-विषयक दृष्टि "दादा कामरेड" (1943) तथा 'देशद्रोही' (1993) के माध्यम से होती हुई 'दिव्या' (1945) में विस्तार ग्रहण करती है। यशपाल ने स्त्री की पुरानी व्यवसथा को नये ढंग से 'दिव्या' में व्यक्त किया है-'दिव्या' ब्राह्मण कुल की कन्या है जो दासपुत्र से प्रेम करती हे ओर कुंवारी माँ बनती है जिससे समाज अपने नियमों का उल्लंघन मान कर उसे समाज से बहिष्कृत करता है। यहाँ से उसे कई अत्याचारों, उत्पीड़न, उपेक्षाओं का शिकार बनना पड़ता है। इन सभी बुराइयों के चलते वह आत्महत्या करने की ठान लेती है। पर संभल जाती है और अपनी असफलता के कारण अंत में वैश्या बन जाती है जिसमें

वह स्वतंत्रता का अनुभव करती है। इसमें भी स्त्री रूप को घिसी-पिटी मान्यताओं के बीच रख कर प्रस्तुत किया है। इन उपन्यासों में स्त्री या तो आत्महत्या करती है या फिर वैश्या बन जाती है। इसके सिवाय लेखकों ने स्त्री पात्रों को दूसरा मार्ग नहीं सुझाया। जिसमें वह अपने 'स्व' को पहचानती हुई अपने जीवन को सार्थकता, व्यक्तिपरक, आत्मनिर्भर होकर व्यतीत करे। इस कोटि के अन्य लेखक हैं-राहुल सांकृत्यायन, रांगेय राघव, अमृत राय। स्त्री रूप को स्वतंत्र प्रेम की भवभूमि पर संसार की सृष्टि करना चाहा है विवाह संबंधी नैतिकता के प्रति भी नयी दृष्टि का प्रयास किया है। परंतु चले अपनी पुरानी लीक पर ही।

आधुनिक बोध

आधुनिक बोध या प्रयोगवादी उपन्यासों को नवीनतम धारा कहा जा सकता है। जिसमें भारतीय स्त्री के दो महत्वपूर्ण पक्ष उद्‌घाटित हुए हैं-पहला जिसमें स्त्री जीवन की आर्थिक सामाजिक और पारिवारिक परिस्थितियों का विश्लेषण किया गया है। दूसरा पुरुष के साथ संबंध, दाम्पत्य जीवन की विषमताओं का विश्लेषण हुआ है। औद्योगीकरण, बदलते हुए परिवेश, भ्रष्ट व्यवस्था, महानगरीय जीवन के परिणाम से आज स्त्री जीवन में तनाव, विश्रृंखलता, अकेलापन, निराशा, कुंठा ने अपना स्थाई स्थान बना लिया है। संत्रास, असुरक्षा की भावना स्त्री जीवन में घर कर गई है। यौन विसंगतियों, विद्रोह, मूल्यों का ह्रास आज के उपन्यासों की विषयवस्तु बन गये हैं। इन उपन्यासों में 'सेक्स' एवं रोमानियत को अधिक स्थान दिया गयी है। बदलते परिवेश के कारण प्राचीन मानदंडों की अवहेलना हो रही है। आधुनिक बोध में पिछड़ी स्त्री वैचारिक धरातल पर चेतन हो गयी है। शिक्षित बन गई है, आत्मनिर्भर होकर अर्थाजन करने लगी है। इन उपन्यासों के विषयों में विविधता को उपन्यासकारों ने दर्शाया है जिनमें शैलीगत विभिन्नता भाषायिक विभिन्नता, संवादिक विभिन्नता दृष्टिगत होती है।

मन्नू भंडारी कृत 'आपका बंटी' (1971) में मानसिक यातना,

शारीरिक यंत्रणा, जीवन की विरसता के कारण दाम्पत्य संबंधों में विच्छेद के कारण बंटी पर पड़नेवाले दुष्परिणाम और बच्चे पर पड़नेवाले दुष्प्रभाव को दर्शाया गया। तलाक के बाद माता-पिता दूसरा विवाह कर लेते हैं। इस पर बंटी की प्रतिक्रिया उसकी मानसिक स्थिति सोचनीय हो जाती है। 'महाभोज' (1971) में भी स्त्री जीवन की व्याख्या की गई है। राजकमल चौधरी के 'मछली मरी हुई' में समलैंगिक यौन सुख में लिप्त स्त्रियों का चित्रण हुआ है। उषा प्रियंवदा के 'रुकेगी नहीं राधिका' एवं 'पचपन खंबे लाल दीवारें' में कार्यशील अविवाहित स्त्रियों की बाहरी व आंतरिक परिस्थितियों एवं उनके जीवन संघर्षों का चित्रण हुआ है। ये स्त्रियाँ पारिवारिक जिम्मेदारी निभाते हुए नौकरी पेशा है और अपने परिवार के दायित्वों के प्रति सजग है जिससे जीवन भर अविवाहित रहना पड़ता है। इनके आंतरिक मन में कई उतार-चढ़ाव आते हैं। सबको दबा कर अपनी जिम्मेदारियों के प्रति साहसिक भूमिका निभाती है। 'जिंदगी नामा' में भी स्त्री जीवन की समस्याओं को दर्शाया गया है। रजनी पनिक्कर, मीरा माहादेवन और शशि प्रभा शास्त्री आदि उल्लेखनीय लेखिकाएँ हैं जिन्होंने स्त्री संदर्भों को अपनी कृतियों में सजगता और सुदृढ़ता से चित्रित किया है। स्त्री जीवन की आधुनिक समस्याओं को दर्शा कर स्त्री जीवन की व्यथा-कथा, केंद्रित की है। इसी प्रकार मृदुला गर्ग कृत 'चित्तकोराब' में उन्मुख यौन चित्रण है। श्रीकांत वर्मा कृत 'दूसरी बार' में स्त्री के सामने पुरुष की हीन भावना को दर्शाया है। कृष्णा सोबती की 'सूरजमुखी अंधेरे के' में रतिका नामक लड़की की काम कुंठाओं की समस्याओं को दर्शाया है जिसमें बचपन में ही वह इस विसंगति का शिकार बन जाती है। और इसी कुंठा को मन में पाले रखती है। 'मित्रों मरजानी', 'यारों के यार' भी इसी श्रेणी के उपन्यास हैं।

अमृतलाल नागर आधुनिक बोध की समस्याओं को उद्‌घाटित करते है। 'नाच्यो बहुत गोपाल' आधुनिकता की भाव-भूमि की उपज है जिसमें आज की स्त्रियों की व्यवस्था, सोच-विचार, मानसिकता, अंतरजातीय विवाह के दुष्परिणाम को, काम वासना को दर्शाया गया है। इस कृति में

दैहिक शोषण का चित्रण किया गया है। नागार्जुन कृत 'इमरतिया' भी इसी प्रकार का उपन्यास है जिसमें धर्म के नाम पर स्त्री शोषण, यौन शोषण से उत्पीड़ित स्त्री का रूप दर्शाया गया है। राजेंद्र यादव भी स्त्री-विमर्श के सशक्त पक्षधर माने जाते हैं। इनकी कहानियों और उपन्यासों में स्त्री केंद्रित रहती है। इनकी रचनाओं में स्त्री जीवन की निजी समस्याओं, पारिवारिक विघटन, सामाजिक विसंगति, आर्थिक एवं मनोवैज्ञानिक समस्याओं से जूझती स्त्री जीवन के विभिन्न पक्षों को उद्घाटित किया है। 'सारा आकाश' में परिवार की एक स्त्री ही दूसरी स्त्री के व्यक्तित्व में कैसे बाधा बनती है दर्शाया गया है। मध्यमवर्गीय स्त्री की आत्मपीड़ाओं, जीवन भर ससुराल के सदस्यों द्वारा प्रताड़ना, उपेक्षा और तिरस्कार का जीता-जागता चित्रण प्रस्तुत किया है। "राजेंद्र यादव की कहानियाँ आज़ादी के बाद तेज़ी से विघटित हो रहे मानव मूल्यों, स्त्री-पुरुष संबंधों, बदलती हुई सामाजिक और नैतिक परिस्थितियों तथा पैदा हो रही एक नई दृष्टि को रेखांकित करती है। उन्होंने व्यक्तिगत माध्यम से समाज को समझाने की लगातार कोशिश की है। यही कारण है कि उनकी कहानियों में रूपायित व्यक्ति चेतना, सामजिक चेतना से विरत या निरपेक्ष नहीं है, क्योंकि एक अनुभूति सामाजिक यथार्थ ही उनका यथार्थ है।"[29] यही तथ्य और यथार्थ उनके उपन्यासों में भी परिलक्षित होता है। उन्होंने आधुनिक दृष्टिकोण से स्त्री-पात्रों को उनकी यथार्थ परिस्थितियों में दिखाने का प्रयास किया है। स्त्री का विश्लेषण निकटता एवं सूक्ष्मता के साथ प्रस्तुत किया है। इसी संदर्भ में पंकज विष्ट के विचार हैं कि- "इसी कारण राजेंद्र यादव के पात्र अधिकांशतः मध्यवर्ग से संबंधित हैं। संभवतः इसीलिए उनमें एक विशिष्ट किस्म की बौद्धिक ऊर्जा का भास है। यह वह वर्ग है, जो अपने कार्य-कलाप और मानसिकता से बदलते यथार्थ का गहरा अहसास ही नहीं कराता, बल्कि इस बात का भी संकेत देता है कि यह समाज आखिर जाने-वाला किस दिशा में है।"[30]

आधुनिक बोध के हिंदी उपन्यासों के परिदृश्य में स्त्री शोषण स्त्री जीवन के प्रश्न, उत्पीड़न, समस्याओं को अपना केंद्रीय विषय बनाने वाले उपन्यासकार निम्नलिखित हैं-फणिश्वरनाथ रेणु (मैला आंचल,

परती-परिकथा), शैलेश मटियानी (चौथी मट्ठी), रामदरश मिश्र (पानी के प्राचीर), नागार्जुन (रतिनाथ की चाची, बलचनमा), कमलेश्वर (डाक बंग्ला), राजेंद्र यादव (अनदेखे अनजाने पुल, सारा आकाश, कुल्टा), मन्नू भंडारी (आपका रांटी) ममता कालिया (नरक-दर-नरक), उषा प्रियंवदा (पचपन खंभे लाल दीवारें), शिवानी (भैरवी), मंजुल भगत (अनारो), राजी सेठ (तत्सम), शशि प्रभा शास्त्री (नावें) आदि उल्लेखनीय हैं। जिनमें उपन्यासकारों ने स्त्री-विमर्श दृष्टि से उपन्यासों की रचना की है।

आंचलिकता

स्वातंत्र्योत्तर हिंदी उपन्यासों में 'आंचलिक' उपन्यास एक महत्वपूर्ण उपलब्धि है। वे उपन्यास जिनमें किसी विशेष अंचल का चित्रण कथानक के द्वारा किया जाता है। इन उपन्यासों में पिछड़े हुए वर्ग का उद्घाटन हुआ है जो अपनी समग्रता में संकीर्ण विचारों एवं मान्यताओं में घिरा हुआ आज प्रगति की खोज में भटक रहा है। अविकसित जातियों के जीवन में शोषण, रूढ़ियों के प्रति विद्रोह, नैतिक मूल्यों के पतन तथा स्वच्छंद जीवन प्रवृत्ति जन जागृति युग-युग से घर की चारदीवारों में पिसती हुई स्त्री की नवीन चेतना, धार्मिक पाखंडों एवं अंधविश्वासों में मानव की अनास्था का स्वर जीवन का आशाजनक प्रगतिशील मानवतावादी दृष्टिकोण लेकर मुखरित हुआ है, जो आंचलिक जीवन में जन-जागरण का संदेश देता है।

फणीश्वरनाथ रेणु कृत 'मैला आंचल' (1954) तथा 'परती परिकथा' (1957) उपन्यासों में स्त्री पात्र आंचलिक परिदृश्य में उभरी है। ये उन्हें अपना चरित्र और व्यथा, संघर्ष को उजागर करने के लिए प्रेमचंद की तरह आदर्शोन्मुख यथार्थवादी भावभूमि तैयार नहीं करते बल्कि मुख्य स्त्री पात्र अपनी उपस्थिति को अपने महत्व को स्वयं ही पूरी तरह अभिव्यक्त कर देती है। रेणु ने अशिक्षा, कुरीति, स्त्री के शोषण, नैतिक मूल्यों, शहरी और ग्रामीण अंचल में स्त्रियों के भेद को उभारा है। स्त्री पात्रों को सामाजिक, नैतिक मूल्यों की परछाई में न रखते हुई उनमें रागात्मक,

जागृति का समावेश, उनकी भौतिक आवश्यकताओं तथा भावनात्मक द्वंद्वों को दर्शाया है। भाव पक्ष के साथ-साथ उनकी चारित्रिक विशेषताओं, गुणों, शारीरिक दुर्बलताओं को उभारने का प्रयास किया गया है। इस वर्ग के उपन्यासकारों में नागार्जुन (रतिनाथ की चाची, बलचनमा), उदयशंकर भट्ट (सागर लहरें और मनुष्य) आदि उल्लेखनीय हैं।

इन उपन्यासों में पवित्रता का नवीन दृष्टिकोण, पतित स्त्रियों के प्रति उदारवादी, स्त्री-पुरुष समानता, आधुनिक स्त्री के विचार, धन-वैभव की लालसा, स्त्री-पुरुष के संबंधों की स्वाभाविकता, प्रेम विवाह, नैतिक मूल्यों का विघटन, स्त्री का पुनर्विवाह, विधवा विवाह का नया दृष्टिकोण, स्त्री की स्वतंत्र चेतना का विकास, अतृप्ति, प्रेम के नये दृष्टिकोणों, संदर्भों से अंचल विशेष पर स्त्री को दर्शाया गया है।

आरंभिक उपन्यास साहित्य में जीवन के यथार्थ बोध से मुक्त, अलौकिक व जिज्ञासावर्धक कार्य-व्यापारों को प्रबल प्रवृत्ति मिली है। प्रेमचंद पूर्व उपन्यासों में सामाजिक उपन्यासों के अंतर्गत उपन्यासकारों ने पतिव्रता धर्म, पारिवारिक धर्म, विधवा-धर्म, सदाचार, नियमों के प्रति निष्ठा को महत्व दिया है। जिसमें प्राचीन मान्यताओं के आधार पर जीवन को आदर्श की दृष्टि पर रख कर परिवर्तन करनेवाली स्त्री-शिक्षा, सामाजिक विसंगतियों को उपस्थित किया गया है। सांस्कृतिक पुनरुत्थान का स्वर मुखरित हुआ है सामाजिक चेतना का अभ्युदय कहीं भी नहीं दर्शाया गया। स्त्री का प्राचीन रूप ही इन उपन्यासकारों की रचनाओं में दिखाई देता है। स्त्री के व्यक्ति रूप की शून्य तथा उपदेशात्मकता को अधिक प्रदर्शित किया गया है।

हिंदी उपन्यासों में स्त्री-विमर्श के आधार बिंदु : स्त्री-लेखन के संदर्भ में

स्त्री लेखन के संदर्भ में स्वतंत्रतापूर्व हिंदी उपन्यासों में, स्वातंत्र्योत्तर उपन्यासों में साठोत्तरी हिंदी उपन्यासों में तथा सातवें, आठवें, नवें दशक के हिंदी उपन्यासों में स्त्री लेखिकाओं ने विवेच्य उपन्यासों में

आर्थिक समस्याओं, पारिवारिक जिम्मेदारियों तथा दाम्पत्य जीवन की विषमताओं, विसंगतियों, वैश्यावृत्तियों को दर्शाया गया है। स्वतंत्रता पूर्व उपन्यासों में अर्थार्जन करनेवाली स्त्री को दर्शाया है जिसमें उसकी व्यक्तिगत, सामाजिक, पारिवारिक समस्याओं को सहज रूप में दर्शाया गया है। स्वतंत्रता के बाद पारिवारिक विघटन, दाम्पत्य विषमता तथा स्त्री के आंतरिक उद्धेग को दर्शाया है।

स्वतंत्रतापूर्व हिंदी उपन्यास

19 वीं सदी के अंत से ही स्त्री लेखिकाओं ने स्त्री-विमर्श पर अपनी लेखनी चलाई है।

प्रारंभिक काल में हिंदी कथा साहित्य के लेखन क्षेत्र में लेखिकाओं का पदार्पण बंग महिला से माना जाता है, पर उपन्यास क्षेत्र में लेखन की दृष्टि से "रुक्मणी देवी का 'मेम साहब' (1819), साध्वी पतिप्राण, अखला का 'सुहासिनी' (1890), सरस्वती गुप्ता का 'राजकुमार' (1898), प्रियंवदा देवी का 'लक्ष्मी' (1905), हेमंत कुमारी चौहान का आदर्शमाता (1911), ब्रह्म कुमारी भगवान देवी दुबे का सौंदर्य कुमारी (1925) उल्लेखनीय है।"[31] इन लेखिकाओं ने भारतीय समाज की कुरीतियों के निराकरण एवं स्त्री के त्याग, बलिदान, पति-भक्ति को महत्व दिया है साथ ही स्त्री करुणा पर प्रकाश डाला है। इन उपन्यासों में लेखिकाओं की दृष्टि समाज केंद्रित थी जिसमें उन्होंने स्त्री रूप को उपदेशात्मक ही दर्शाया है। जिसमें स्त्री का चरित्र-चित्रण शून्य के बराबर है। इस संदर्भ में डॉ.सुलोचना के विचार दृष्टव्य हैं-"ये नारी पात्र अपरिपक्व और अविकसित है। पाठकों को अनायास ही आकर्षित करने वाली किसी प्रकार की चारित्रिक विशेषताएँ नारी में नहीं हैं और न ऐसी पीड़ा, वेदना या करुणा ही इन चरित्रों में है, जो पढ़कर आँसू बहाएँ आगे वे कहती है-इस समय की महिला उपन्यासकारों का ध्यान उपदेश देने और समाज में विधवा की स्थिति कैसी है? और उसकी पीड़ा का चित्रण करने की ओर था। इसलिए इस समय के उपन्यासों का साहित्य में कोई स्थायी मूल्य नहीं हैं।"[32] "ये

लेखिकाएँ उपदेशात्मक उपन्यासों द्वारा नारी जीवन में सुधार लाना चाहती थीं।"[33] समाज केंद्रित तथा उपदेशात्मक स्त्री रूप को उभारने का प्रयास स्त्री के वैयक्तिक रूप में असमर्थता परिलक्षित होती है।

स्वातंत्र्योत्तर हिंदी उपन्यास

हिंदी साहित्य में उपन्यास स्त्री लेखन स्वतंत्रता पूर्व से ही प्रारंभ हो गया था। स्वतंत्रता पूर्व उषा देवी मित्रा का नाम सर्वप्रथम उपन्यास लेखन में उल्लेखनीय है। "हिंदी की सर्वप्रथम उपन्यास लेखिका बनने का गौरव निर्विवाद रूप से उषा देवी मित्रा को ही प्राप्त है। कई विद्वानों ने एक मत होकर यह स्वीकार किया है।"[34] "स्वतंत्रता पूर्व काल की अन्य लेखिकाओं में कुटंब प्यारी देवी (हृदय का ताप), ज्योतिर्मयी ठाकुर (मधुबन), तेजरानी दीक्षित (हृदय का काँटा 1928) और श्रीमती पूर्ण शिशिदेवी (रात के बादल) महत्वपूर्ण हैं।"[35] कंचनलता सब्बारवाल, रजनी पनिकर के नाम भी उल्लेखनीय हैं। इनकी रचनओं में स्त्री पात्रों का कोई महत्व दिखाई नहीं देता जिससे उनके उपन्यासों का साहित्य क्षेत्र में कोई स्थायी मूल्य दृष्टिगत नहीं होता है। उषा देवी मित्रा का आगमन हिंदी उपन्यासों के क्षेत्र में सन् 1936 में माना जाता है। इनकी रचनाओं में 'वचन के नील', 'पिया', 'जीवन की मुस्कान', 'नष्ट नीड', 'साहनी' में प्रेम के त्यागमय स्वरूप का चित्रण अधिक किया है। इनकी रचनाएँ सामाजिक समस्याओं को स्पर्श करने वाली कृतियाँ हैं जिनमें इन्होंने युग की बदलती हुई स्त्री का चित्रण किया है। उन्होंने अपने उपन्यासों के माध्यम से कामकाजी स्त्रियों का भी चित्रण किया है। 'जीवन की मुस्कान' यह उपन्यास सामाजिक समस्याओं को उद्घाटित करनेवाला उपन्यास है जिसमें स्त्री जीविकोपार्जन और अर्थार्जन की समस्याओं को उभारा गया है। मुख्य पात्र सविता और पूरबी है। सविता जो पति द्वारा उपेक्षिता दर्शायी गई है वह पढ़ी-लिखी होने के कारण दुःखी नहीं होती अपने-आपको व्यस्त रखती हुई भूकंप पीड़ितों की सेवा करती है। दूसरी पात्र पूरबी है शिक्षा न होने के कारण वह वेश्यावृत्ति अपनाती है। अपने परिवार के दायित्वों को निभाने के लिए अपना सर्वस्व खो बैठती है।

आर्थिक अभाव के कारण वेश्या बनना, वेश्या समस्या को लेखिका ने उभारा है। इस समस्या के कारण सामाजिक एवं आर्थिक कारणों का विश्लेषण किया गया है।

इनके 'पथचारी' उपन्यास में आर्थिक संपन्नता का अभाव तथा बेकारी की समस्या का चित्रण हुआ है। इसकी पात्र गुलाबी जो शादी शुदा है पति का उत्तरदायित्वहीन होने से आर्थिक मजबूरी से वेश्या बनती है। अपने पति और तीन बच्चों का पेट भरने के लिए ये काम करती है।

"उषा देवी मित्रा अपने युग की प्रतिनिधि उपन्यासकार है। उनके आलोच्य उपन्यास की नारियाँ अशिक्षित हैं। वे आर्थिक संकटों से, कुछ काम न मिलने की विवशता से अपने परिवार को चलाने के लिए वेश्या बनती हैं। पूरबी और गुलाबी इसके उदाहरण हैं, पूरबी अविवाहित है, अपने भाई-बहनों के भरण-पोषण के लिए पतन के मार्ग पर आकर कमाती है। गुलाबी की स्थिति अलग है। वह विवाहित है। अपने पति की उत्तरदायित्वहीनता के कारण वेश्यावृत्ति अपनाकर घर चलाती है।"[36] उषा जी ने प्रेमचंद की तरह ही सामाजिक समस्याओं को उठाया है और स्त्री को वेश्या समस्याओं से जूझते दर्शाया है। इनकी पात्र भी अशिक्षित होने के कारण वैश्या मार्ग ही चुनती हैं। शायद इस समय के सारे उपन्यासकार एक ही सोच को लेकर इस युग में आये हैं।

कंचनलता सब्बरवाल कृत 'मूक प्रश्न' (1944), संकल्प (1947) इन उपन्यासों में असफल दाम्पत्य जीवन और अविवाहित स्त्री को उजागर किया गया है। दहेज प्रथा को उजागर करते हुए कंचनलता ने 'संकल्प' में समाधान प्रस्तुत करने का प्रयास किया है। इसकी नायिका पढ़ी-लिखी है पर दहेज के कारण अनमेल विवाह की विषमता को झेल रही है। मूकप्रश्न में अशिक्षित, आर्थिक समस्याओं के कारण किस प्रकार नायिका को मजबूरन वैश्या बनना पड़ता है उसे दर्शाया गया है। इनके उपन्यासों में भी आर्थिक समस्या सभी समस्याओं को उत्पन्न करने का कार्य है उसे सटीक ढंग से लेखिका ने दर्शाया है।

स्वतंत्रता पूर्व उपन्यासों में आर्थिक समस्याओं, सामाजिक बुराइयों

को लेखिकाओं ने अपनी रचनाओं में दर्शाया है। इनकी स्त्री पात्र किस प्रकार वेश्या बनती है उन्हीं तथ्यों को उठाकर निवारण करने का प्रयत्न किया गया है।

साठोत्तर हिंदी उपन्यास

इसी युग में स्वातंत्र्योत्तर काल में कंचनलता सब्बरवाल कृत अनचाहा (1950) तथा अनजानी राहें (1960) रजनी पनिकर कृत पानी की दीवार (1954) मोम के मोती (1955), जाडे की धूप (1958), ठोकर, प्यारे बादल, शिवानी कृत मायापुरी, चौदह फेरे (1960), इंदिरा नूपुर, सपने गान और हठ, वह कौन थी, कृष्णा सोबती का डार से बिछुड़ी (1958) आदि उल्लेखनीय लेखिकाएँ हैं जिन्होंने समस्या और निवारण के समावेश से स्त्री-विमर्श को दर्शाया है। समाज की विषमताओं को आर्थिक संपन्नता के अभाव का कारण माना है। इनकी स्त्री शिक्षित, अशिक्षित, कामकाजी है। जिन्होंने अपने घर परिवार के दायित्वों को निभाते हुए अपने जीवन के संघर्षों को स्वाभिमान, स्वावलंबन, आत्मनिर्भरता के साथ निभाए हैं।

'अनचाहा' में दहेज के दुष्परिणाम के कारण मन्नू अविवाहित रहती है। आर्थिक परिस्थितियों के कारण पारिवारिक पोषण के लिए नौकरी करती है। दहेज का विरोध करने पर अविवाहित रह जाती है। अनजानी राहें में मध्यमवर्गीय स्त्री की संघर्षमय परिस्थिति को उठाया गया है।

इस युग की मूर्धन्य उपन्यासकार के रूप में 'रजनी पनिकर' का नाम उल्लेखनीय है जिन्होंने अपनी रचनाओं में शिक्षित पात्रों के माध्यम से पारिवारिक जीवन की उथल-पुथल, उसके व्यक्तित्व की तथा उसके मन के उद्धलेखों की उथल-पुथल को दर्शाया है। 'मोम के मोती' में स्त्री का पारिवारिक जिम्मेदारी संभालने का दायित्व, नौकरीपेशा स्त्री के आंतरिक एवं बाहरी संघर्षों का उद्घाटन दिखाया गया है। सब के साथ होते हुए अकेलेपन का एहसास उसके जीवन में त्रासदी ला देता है। "इसकी पात्रा माया एक कर्मशील नारी है, जिसका जीवन बाहर से 'मोम

के मोती' की तरह चमकता है, किंतु यथार्थ में उसका जीवन शोभा रहित है संघर्ष से भरा हुआ है। वह बहन की शादी करती है और भाई को पढ़ा लिखाकर नौकरी के लिए भेजती है।"[37] इस कृति में स्त्री की इच्छाओं, आकांक्षाओं को दबाते हुए स्त्री किस प्रकार अपनी जिम्मेदारियों को निभाती है यह दर्शाया गया है।

'जाड़े की धूप' में दाम्पत्य जीवन की विषमताओं और स्त्री जीवन की विडंबना को दर्शाया है। भारती जो विवाहित स्त्री है तनावग्रस्त दाम्पत्य जीवन की असफलता के कारण अपने सहकर्मी से प्रेम करती है पति द्वारा उपेक्षित होने पर भी त्यागने पर भी अपनी सांस को संभालती है। प्रेमी और पति के सामंजस्य के बीच अंत में पति को ही चुनती है। आंतरिक संघर्षों के चलते हुए अपनी संस्कृति और पवित्रता की सीमा लांघती नहीं। भारतीय आदर्श स्त्री का निरूपण करती है "इसमें लेखिका ने यह दिखाने का प्रयत्न किया है कि भारती आत्मनिर्भर स्त्री होते हुए भी अपनी संस्कृति और पवित्रता की सीमाओं की दीवार नहीं तोड़ सकती।"[38] इनके उपन्यासों में स्त्री के नये रूप की व्याख्या हुई है जो संघर्षशील है, आत्मनिर्भर है पर अपने नैतिक मूल्यों के प्रति सजग है।

कृष्णा सोबती कृत 'डार से बिछुड़ी' उपन्यास में पंजाब क्षेत्र की खास मिट्टी से बनी नायिका है जो अपनी त्वचा और रंगों में बहते खून के प्रति सच्च और ईमानदार है कृष्णा जी की नायिका अपनी आत्मा और देह से परिचित है वे अपनी आंतरिक आंकाक्षाओं को दबाती नहीं बल्कि सामाजिक विषमताओं का जोखिम एवं भर्त्सनाओं, उपेक्षाओं को झेलकर भी अपनी इच्छाओं, आकांक्षाओं की अभिव्यक्ति करने में समर्थ है।

शिवानी ने अपनी नायिकाओं के माध्यम से संवेदनशील स्त्री को दर्शाया है जिसमें वास्तविकता के धरातल पर अनुभवों का चित्रण हुआ है जिसमें स्त्री समाज से विद्रोह करती दिखाई देती है। इनकी स्त्री सुशिक्षित जागृत भी दिखाई देती है। इनके चर्चित उपन्यासों में 'मायापूरी', 'कृष्णकली', 'विषकन्या', 'श्मशन चम्पा', 'चौदह फेरे' उल्लेखनीय है। मायापूरी में शोभा के माध्यम से कार्यशील स्त्री के जीवन संघर्ष का

चित्रण मिलता है तथा 'चौदह फेरे' में अहल्या के माध्यम से पारिवारिक जीवन के साथ कार्यक्षेत्र का भी चित्रण मिलता है। "शोभा आत्मनिर्भर बनने के लिए नौकरी करती है तो अहल्या जीवन से ऊबकर।"[39]

साठोत्तर पूर्व की स्त्री लेखिकाओं ने अपने उपन्यासों में आत्मा सार्थकता की तलाश के लिए कोई भाव-भूमि तलाश नहीं की क्योंकि इस युग में आर्थिक, सामाजिक, राजनैतिक, परिस्थितियों में अनेक विषमताएँ, आडबर तथा विसंगतियों का बोल-बाला था। समाज की आर्थिक विषमता के कारण स्त्री अनैतिक रूप ग्रहण करती नज़र आती है। शिक्षित है तो नौकरी करती है अशिक्षित हो तो वेश्या बन जाती है इसके सिवाय विवेच्य उपन्यासों में स्त्री का 'स्व' के प्रति कोई दृष्टिकोण नज़र नहीं आता है। स्वतंत्रता पूर्व स्त्री अशिक्षित रूप में दर्शायी गयी है। जिसे वैश्या बनने के सिवाय दूसरा कोई मार्ग नहीं दिखाया। स्वतंत्रता के बाद स्त्री को शिक्षित की अवधारणा में खड़ा किया जो आत्मनिर्भर, स्वाभिमानी और सजग है। इन उपन्यासों में अनमेल विवाह, दाम्पत्य विषमता, नौकरीपेशा स्त्री का संघर्ष दर्शाया गया है। "हिंदी में स्वातंत्र्योत्तर काल के महिला लेखन में स्त्री-पुरुषों के संबंधों को, दाम्पत्य संबंधों से परे नये संदर्भों एवं मान्यताओं के साथ परखा गया है। वैयक्तिक आक्रोश, अजनबीपन, कुंठाओं आदि की अभिव्यक्ति भी इनमें हुई है। इन लेखिकाओं ने नारी को सहज मानव के रूप में स्थापित किया है। इन्होंने अपनी कृतियों में सामाजिक दायित्वों के निर्वाह के साथ ही आर्थिक प्रसंगों एवं राजनीतिक स्थितियों को भी प्रमुखता प्रदान की है।"[40]

विवेच्य उपन्यासों में स्त्री त्यागमयी, जागृत, मर्यादित और सुशिक्षित, आदर्शोन्मुख भारतीय संस्कृति संपन्न आदि रूपों को दर्शाया गया है।

सातवें दशक के उपन्यास

सातवें दशक में स्त्री को अपने 'स्व' का परिचय हो गया था। इस दशक के उपन्यासों में संवेदना, नयी विचारधारा को समय के अनुकूल दर्शाया गया है। इस दशक में स्त्री ने शोषण के खिलाफ एक जुट होकर

अपनी आवाज़ उठाई है। अन्याय-अत्याचार का डटकर विरोध किया है। लेखिकाओं ने अपनी रचनाओं में स्त्री-चेतना, स्त्री-प्रश्न, पुरुष सत्ता से पीड़ित स्त्री का आक्रोश, संघर्ष, व्यथा-कथा, संवेदना, तनाव को अभिव्यक्त किया है। शोषण, अपमान, अत्याचारों को अपने उपन्यासों की विषयवस्तु बनाकर विरोध किया है। "नारी मुक्ति केवल शब्द नहीं बल्कि उसे व्यवहार में लाना भी अनिवार्य समझा, नारी का अपना जीवन है, और उसे भी सिर्फ महिमा पंडित होकर जीना नहीं, अपितु मानव प्राणी मात्र बनकर ही जीना है। इसी तथ्य को महिला लेखिकाओं ने समझा और उसी का चित्रण किया। इनका लेखन, बहुस्तरीय, सच्चा, ईमानदार है।"[41] "सातवें दशक की स्त्री विभिन्न कार्य क्षेत्रों में, प्रमुखता सम्मान और सफलता के शिखरों को छूनेवाली भारतीय स्त्री पारिवारिक और सामाजिक धरातल पर शोषित एवं अन्यायग्रस्त दिखाई पड़ती है यही असंगति ध्यान देने योग्य है।"[42]

सातवें दशक में स्त्री लेखिकाओं ने स्त्री पात्रों को शिक्षिता के रूप में दर्शाया है साथ ही उसके आत्मपीड़न, अजनबीपन, अकेलापन जैसे विषयों पर भी अपनी दृष्टि जमाई है। आर्थिक विपन्नता, स्त्री-पुरुषों के नये संबंधों, पारिवारिक विघटन, दाम्पत्य जीवन की विषमताओं को नये ढंग से दर्शाने का प्रयत्न किया है। "साठोत्तर विचारधारा के फलस्वरूप उत्पन्न परिवेश में मानव मूल्यों और मर्यादाओं को नई दिशा से ग्रहण किया है। जो पश्चिम का अंधानुकरण ही लगता है। उनके द्वारा निहित परिस्थितियों से आरोपित और झूठी प्रतीत होती है।"[43] "साठोत्तर युग में व्यक्ति जीवन के प्रभावित किया है। इस युग को देखा जाए तो उसमें अनेक समस्याएँ थी-भ्रष्ट-व्यवस्था, स्वार्थनीति, पाखंड का बोलबाला आदि अनेक परिस्थितियों के कारण व्यक्ति अपने से अजनबी होकर घुटन महसूस करने लगा। ये घुटन दूर करने के लिए उससे अपने अस्तित्व के लिए संघर्ष योजना, नारी आंदोलन चलाए गए। यहाँ तक कि नारी भी अपने अस्तित्व के लिए संघर्षशील बनी।"[44]

"सातवें दशक के कुछ उपन्यासकारों ने समाज में स्त्री के प्रति होनेवाले अत्याचार और उत्पीड़न का गहरी संवेदनशीलता के साथ

अंकन किया।"[45] इस दशक में आर्थिक दृष्टि से स्वावलंबी होने पर भी स्त्री पुरुष सत्ता की संस्कारजन्य कुंठाओं की शिकार होती हुई अपनी मुक्ति के लिए परिस्थितियों से संघर्ष, उसकी दुर्धर्ष जीवनी शक्ति और अपने लक्ष्य पर पहुँचने की ज़िद आज की उभरती स्त्री शक्ति का लेखकिाओं ने अपनी कृतियों में दर्शाया है। पुरुष उसे मानसिक और शारीरिक रूप से प्रताडित करना अपना अधिकार मानता था। जिसके प्रतिरूप में स्त्री संघर्ष अनिवार्य हो गया। स्त्री इस दशक में विश्वास, धैर्य, सहनशीलता की सजीव मूर्ति से हटकर संघर्षमयी, विद्रोही, अपने मूल्यों के प्रति सजग रूप में चित्रित हुई है।

सूनीता जैन-बोज्यू, सफर के साथी, कृष्णा सोबती (मित्रो मरजानी-1967), मेहरुन्निसा परवेज (आखों की दहलीज-1969), उषा प्रियंवदा (पचपन खंभे लाल दिवारें-1961), (रुकोगी नहीं राधिका-1967), रजनी पनिकर (एक लड़की दो रूप-1961), (भैरवी-1969), शशि प्रभा शास्त्री (अमलताश-1968) आदि उल्लेखनीय लेखिकाएँ हैं जिन्होंने अपनी कृतियों में स्त्री-विमर्श के आधुनिक तथ्यों को उजागर कर के उनकी संभावनाओं की कोशिश की है। इन लेखिकाओं की नायिका मध्यवर्गीय सामान्य पढ़ी-लिखी स्त्री है जो अपने आर्थिक और पारिवारिक संघर्षों को दायित्वपूर्ण निभाती नज़र आती है।

उषा प्रियंवदा कृत 'पचपन खंभे लाल दीवारें' (1961) में सुषमा एक ऐसी नायिका है जो आधुनिक शिक्षित, नौकरीपेशा है। इस कृति में सुषमा वैयक्तिक स्वतंत्रता एवं आत्मनिर्भरता के लिए नौकरी करती है। इस उपन्यास का केंद्र बिंदु लड़कियों का एक होस्टल है जिसमें पचपन खंभे और लाल दीवारों वाली यह विशाल इमारत अपनी भव्यता के बावजूद, रूढ़ियों, प्रवादों एवं बंधनों की प्रतीक है। सीमित आय वाले परिवार में शिक्षित सुषमा अपनी जिम्मेदारियों को निभाते हुए किन तनावों एवं संघर्षों से गुजरती है लेखिका ने प्रवाहपूर्ण अंकन किया है। उसका परिवेश ऐसा है कि उसे समाज, घर-परिवार प्यार करने की इजाजत तक नहीं देता। परंपरागत बद्ध समाज में युवामन की

आकांक्षाओं, वर्जनाओं के तनाव को सुषमा के माध्यम से लेखिका ने सफल प्रयास किया है-"परंपराग नैतिक-सामाजिक मूल्यों के तड़कने की पीड़ा को भी लेखिका ने गहरी संवेदनशीलता के साथ व्यक्त किया है। इसके साथ जुड़ी प्रेमकथा में एक रूढ़िग्रस्त, नैतिक वर्जनाओं से ग्रस्त समाज में शिक्षित युवती की अपने कम उम्र के प्रेमी से विवाह न कर पाने की विवशता और तनाव का जो जितना बाहरी है उतना ही आंतरिक भी, प्रभावशाली चित्रण हुआ है।"[46]

'रुकोगी नहीं राधिका' (1967) में आधुनिक स्त्री की जटिल मानसिकता, भटकाव, पीड़ा, संत्रास और विद्रोह को दर्शाया गया है। लेखिका ने आधुनिकता बोध का गहरा रूप उभरा है। राधिका स्त्री का रूप है जो भारतीय परिवेश और विदेशी संस्कृति के बीच सामंजस्य स्थापित करने में अपने आप को अनफिट समझती है। यही स्थिति उसको अकेलेपन तक पहुँचा देती है वह स्वयं को परिवेश से कटा हुआ मानती है। अनिश्चितता तथा सारहीनता का बोध उपन्यास का केंद्र है। "उषा प्रियंवदा ने आधुनिकता तथा भारतीय संस्कारों के मध्य सूक्ष्म द्वंद्व को सफलतापूर्वक चित्रित किया है नारी मन के द्वंद्व तथा उसके जीवन की विसंगतियों का सफल चित्रण किया है।"[47] उनमें परंपरागत नारी संहिता और संस्कारों के प्रति विद्रोह का भाव पैदा हुआ। इसके चलते वह भटकाव की भी शिकार हुई है। राधिका का आधुनिक स्त्री का प्रतिनिधित्व करती है जो परंपरागत मूल्यों और नैतिक तथा आचरणगत विधान को स्वीकार नहीं कर सकती है। अविवाहित अवस्था में ही पुरुषों के साथ रहने पर वो कुंठा या अपराध बोध से ग्रस्त नहीं होती। रुकोगी नहीं राधिका में अनेक बाधाओं के बीच निरंतर मुक्ति के मार्ग पर अग्रसर हो रही आधुनिक नारी की कथा कहना ही लेखिका का उद्देश्य है।"[48]

रजनी पनिकर कृत एक लड़की दो रूप (1961) तथा महानगर की मीता (1969) में प्रेम संबंधों और स्त्री जीवन की आधुनिक समस्याओं को केंद्र में रखा है। इनके उपन्यासों में कामकाजी स्त्री का चित्रण हुआ है। एक लड़की दो रूप की नायिका 'माला' आधुनिक विचारधारा वाली

स्त्री है जो पारिवारिक दायित्वों का भरण-पोषण तथा अपनी आवश्यकताओं के प्रति सजग है। वह एक संदर्भ में कहती है-"मैं नौकरी इसीलिए नहीं करती कि जितना कमाऊ उतना ही खर्च कर डालूं या मेरा घर सज जाए और मेरे पास साड़ियाँ अधिक हो जाएँ। मैं तो काम इसलिए कर रही हूँ कि घर की आवश्यकताएँ पूरी हो जाएं। परिवार के दोन्नों समय का भोजन चल सके।"[49]

इस उपन्यास में लेखिका ने मध्यमवर्गीय स्त्री की मानसिकता को उठाया है जिसमें वह केवल आर्थिक विपन्नता के कारण नौकरी करती है। घर-परिवार का सही समय पेट भर जाये इसी धारणा को लेकर चलती है। नायिका की दृष्टि में भौतिक सुख की कोई मान्यता नहीं है वह परिवार और उसके दायित्वों के प्रति सजग, निष्ठावान प्रतीत होती है। इनकी प्रमुख प्रवृत्ति स्त्री को मनोवैज्ञानिक विश्लेषण की ओर अधिक रही है।

शिवानी कृत 'भैरवी' (1969) उपन्यास में लेखिका ने स्त्री का संवेदनशील रूप और वास्तविकता को दर्शाया है। लेखिका ने स्त्री के सौंदर्य के कटु अनुभवों को दर्शाया है तो कहीं समाज से टक्कर लेती हुई अपने व्यक्तित्व के विभिन्न पहलुओं को उजागर करती स्त्री का। इस उपन्यास में अनमेल विवाह की समस्या को दर्शाया गया है। नायिका किसी से प्रेम करती है समाज का विद्रोह कर उसके साथ भाग जाती है पर पिता अपनी प्रतिष्ठा के लिए उसे उठा कर लाते हैं और उसे बंदी बनाकर किसी भद्र, प्रौढ़ हलवाई से उसका विवाह कर देते हैं। प्यार करने की सजा अनमेल विवाह में परिवर्तित हो जाती है। शादी के बाद उसे ऐसा पति मिलता है जो शंकालू प्रवृत्ति का है। और उम्र में उससे कहीं बड़ा व्यक्ति है। समय से पहले ही वह विधवा बन जाती है और अपनी जीविका के लिए शिक्षण का मार्ग ढूँढ़कर पहले स्कूल खोलती है और फिर कॉलेज की स्थापना करती है। जिसमें वह प्राध्यापिका बन जाती है। "इस रचना में स्त्री की ऊब, उत्पीड़न, अकेलेपन को दर्शाया गया है जिसमें वह जीवनयापन और अर्थार्जन के लिए प्राध्यापिका बनती है। आत्मसम्मान से समाज से टक्कर लेती है।"[50]

सुनीता जैन ने भी लगभग इसी प्रकार के उपन्यास लिखे हैं-बोज्यू (1965), सफर के साथी (1966) में लेखिका ने पाश्चात्य परिवेश में आधुनिक स्त्री के नैतिक मूल्य, संकट, दाम्पत्य जीवन की विषमता, स्त्री-पुरुष के सामंजस्य की समस्या को इन उपन्यासों में दर्शाया है। "हिंदी उपन्यासों में ऐसी स्त्रियों का चित्रण होने लगा है जो शिक्षित और आर्थिक दृष्टि से स्वावलंबी होने पर भी पुरुष की संस्कारजन्य कुंठाओं की शिकार होती हैं।"[51]

मेहरुन्निसा परवेज़ कृत 'आँखों की दहलीज' (1969) में मातृत्व क्षमता से रहित एक टूटी-हारी मुसलमान युवती अनचाही परिस्थितियों में एक विवाहित युवक से संबंध स्थापित करती है जिससे वह मानसिक कुंठा के अवसाद की शिकार होती है। युवक बेदाग बच जाता है पर स्त्री को अनेक यातनाओं, वर्जनाओं से गुजरना पड़ता है और अंत में वह मर जाती है। इस उपन्यास में सामाजिक रूढ़ियों, कट्टरता को उजागर किया गया है जिसमें स्त्री पुरुष द्वारा छली जाती है। पुरुष सत्ता को उजागर किया गया है जिसमें स्त्री को सदियों से ही उत्पीड़ित, उपेक्षित ही दर्शाया गया है। इस उपन्यास में भी मध्यमवर्गीय स्त्री का रूप ही केंद्रित है जिसमें शोषण और उपेक्षा को संजीदगी के साथ दर्शाया गया है।

कृष्णा सोबती का 'मित्रो मरजानी' (1967) में पुराने मूल्यों को जागृत करते हुए मध्यमवर्गीय परिवार में एक विस्फोटक प्रतिक्रियाओं वाली नायिका के उथल-पुथल मचा देनेवाले आचरण को दर्शाया है, "एक पुराने मूल्यों को जीते हुए मध्यवर्गीय पंजाबी परिवार का चित्रण किया, पर इसकी मुख्य विशेषता इस परिवार की एक स्त्री, मित्रो का विद्रोह है। मित्रो नारी संहिता को उन सारी धाराओं को ध्वस्त कर देती है जिसके कारण किसी स्त्री का जीवन नरक हो जाता है।"[52] "कृष्णा सोबती ने नारी की दमित वासनाओं ओर कुंठाओं को अपनी कृतियों में चित्रित किया है। "उन्होंने प्रेम के उस स्वरूप को उजागर किया है जो काम तक सीमित हो जाता है।"[53]

शशि प्रभा शास्त्री कृत अमलतास (1968) में प्रस्तुत उपन्यास का

"वैशिष्ट्य यह है कि मीदिपुर के विलय और ध्वस्त होने के साथ-साथ कामदा के माध्यम से नारी मात्र की भावनाओं संवेदनाओं उनके अरमानों और लालसाओं का प्रतिबिंबन और उनका विलयन भी साथ-साथ उचित किया गया है। कामदा उपन्यास की नायिका जहाँ एक सामान्य नारी के सदृश विभिन्न कामनाओं को संजोये चलती है वहाँ समय आने पर एक विशिष्ट नारी की भूमिका का निर्वाह भी उसने बड़ी निपुणता से किया है।"[54]

विवेच्य उपन्यासों में लेखिकाओं ने मध्यवर्गीय जन जीवन में स्त्री के रूप को उभारा है जिसमें नौकरीपेशा स्त्री आर्थिक संपन्नता के अभाव के कारण उसे घर और बाहर की परिस्थितियों का सामना करते हुए चित्रित हुई है। व्यवस्थाओं के कारण स्त्री स्वाभिमानी, स्वावलंबी तथा पारिवारिक दायित्वों को निष्ठा और लगन से निभाती है। अविवाहित नौकरी पेशा स्त्री अपनी जिम्मेदारियों के प्रति निष्ठावान है जो अपनी इच्छाओं आकांक्षाओं को दबा कर पारिवारिक सुख में ही अपना सुख समझती है। जो विवाहित है वे भी संघर्षरत दिखाई देती है। इन उपन्यासों में स्त्री की स्वाधीनता को लेकर चिंता प्रकट हुई है। जिसमें पाश्चात्य और भारतीय मूल्यों में स्त्री सामंजस्य निभाती दिखाई देती है। आधुनिक बोध का निरूपण भी लेखिकाओं ने किया है। जिसमें उसके जीने का तरीका ही बदल दिया है। सामाजिक रूढ़िगत वर्जनाओं, जटिल संस्कारों और उसकी जीवन प्रणाली को बदलने के लिए स्वतंत्र व्यक्तित्व की स्थापना के लिए संघर्षरत स्त्री को दर्शाया है। सामाजिक, आर्थिक, पितृसत्तात्मक तथा धार्मिक ऊहापोहों के बीच पिसते हुए अपने अस्तित्व की रक्षा के लिए संघर्ष करते हुए भारतीय स्त्री रूप का ही द्वंद्वात्मक दृष्टिकोण लेखिकाओं ने अपनाया है।

आठवें, नवें दशक के हिंदी उपन्यास

आठवें दशक तक स्त्री-लेखिकाओं का साहित्य चरम सीमा तक पहुँच गया था। इनके उपन्यासों में स्त्री विविध रूपों में चित्रित हुई है। "सत्तरोत्तर परिवेश भारतीय एवं राजनीतिक दृष्टि से निश्चित ही

अपूर्व मानना होगा इसमें एक ओर परिस्थितियों ने अपूर्व रूप से करवटें बदलना शुरू किया तो दूसरी ओर एक ऐसा माहौल मौजूद हुआ जिसने तरक्की के लिए काफी गुंजाइश छोड़ दी और नई-नई चुनौतियाँ भी खड़ी कीं। इस परिवेश के परिणामस्वरूप ही लेखन के क्षेत्र में इने-गिने नाम ही चर्चा में रहे। वस्तुतः आज़ादी के बाद शिक्षा से प्रभावित और लाभान्वित समाज की महिला वर्ग का सही अर्थ में साहित्य के प्रति अपूर्व आकर्षण बढ़ता गया। कहना सही होगा कि नारी लेखिकाओं ने नारी लेखन का प्रबल प्रवाह सत्तरोत्तर कालखंड में ही अधिक व्यापक होता गया। अब उँगलियों पर गिनने लायक नाम नहीं बल्कि सैकड़ों की संख्या में लेखक से जुड़ी हुई नारियाँ उभरती गयीं। आठवें तथा नवें दशक को नारी लेखन की दृष्टि से अपूर्व कहना होगा।"[55] शताब्दी का चौथी चरण स्त्री लेखन की संपूर्णता का चरण है इस चरण में स्त्रियों ने अपनी दृष्टि का विस्तार किया है तथा एक ऐसी सम्भावना का पता दिया है जो अब तक उनके लेखन में नहीं पायी गयी। यह चरण हिंदी महिला उपन्यासों में महिला लेखन के विकास और उनकी नयी संभावनाओं के लिए भी याद किया जाएगा... परंपरागत नारी चिंताओं और प्रश्नों से मुक्त होकर लेखिकाओं ने कथा साहित्य को नयी भूमि दी है। यह भूमि राजनीति, मानवीय संबंध, सामाजिक व्यवस्था, स्त्री-निर्यात और शोषण जैसे अनेक प्रश्नों से निर्मित हुई है, इसलिए आँसू खोजना यहाँ व्यर्थ सिद्ध होगा।"[56]

स्त्री लेखिकाओं ने अपने उपन्यासों में स्त्री के विविध रूपों को विविध दृष्टिकोणों से चित्रित किया है। जो आज की स्त्रीवादी चेतना का पूर्ण वहन करती दिखाई देती है। अपने मूल्यों के प्रति सजग दिखाई देती है। आठवें दशक के मध्य से हिंदी के उपन्यास लेखन में सामाजिक व्यवस्था दृष्टिगत होती है। जो नये मूल्यों, नये स्त्री निर्यात और शोषण को नये बौद्धिकता के साथ दृष्टिगत करता है। स्त्री रूप का मनोवैज्ञानिक धरातल पर चित्रण किया गया है, जिसमें वह अपने अस्तित्व के प्रति कभी-कभी अतिक्रमण करती हुई दिखाई देती है। इन दशकों में मध्यमवर्गीय स्त्री समस्याओं को बौद्धिकता की तारकिक दृष्टि से दर्शाया है।

स्त्री-चेतना, जागरण, प्रश्नों एवं संघर्षों को अत्यन्त प्रभावपूर्ण ढंग से चित्रित करने वाली स्त्री लेखिकाओं में प्रमुख हैं। कृष्णा सोबती, शिवानी, सूर्यबाला, मन्नु भंडारी, मृदुला गर्ग, कृष्णा अग्निहोत्री, अंसल कुसुम, ममता कालिया, दीप्ति खंडेलवाल, मंजुल भगत, कांता भारती, शशि प्रभा शास्त्री, सुनीता जैन, सुभा वर्मा, मृणाल पांडे, मालती जोशी, चंद्रकांता, नासिरा शर्मा, राजी सेठ, रंजनी पनिकर, इला डालमिया, उषा प्रियंवदा, निरुपमा सेवती, मधूलिका, महेरुन्निसा परवेज़, दिनेशनंदनी डालमिया।

इन लेखिकाओं ने अपनी रचनाओं में अनेक संघर्षशील स्त्रीवादी नायिकाओं को गढ़ा जो आज की विषम एवं जटिल सामाजिक परिस्थितियों में अपने स्त्री-प्रश्नों, व्यक्तित्व, जीवन की सभी विषमताओं में संघर्ष करने में समर्थ है। इन लेखिकाओं की दृष्टि मानवीय संवेदनाओं के धरातल पर अधिक व्यावहारिक एवं मानवतावादी रही है।

रजनी पनिकर कृत दो लड़कियाँ (1973) में स्त्री मुक्ति का प्रश्न और उससे उत्पन्न चेतना उपन्यास की नायिका रंजना में दिखाई देती है। वह एक संघर्षशील पात्र है जो पारंपरिक और नये मूल्यों के द्वंद्वों में जकड़ी हुई है। पारिवारिक दायित्वों के प्रति सजग है। परिवार के लिए सामाजिक वर्जनाओं को तोड़ती है।

कृष्णा सोबती कृत 'सूरजमुखी अंधेरे के' (1972) जिंदगीनामा (1979) इन उपन्यासों में लेखिका ने "अतीत की स्मृतियों की पड़ताल की है और उसमें मानवीय भावों को खोजा है, वहीं स्त्री को उसका अर्थ दिया है। यह अर्थ नियति और लिंग भेद की रूढ़ि से स्त्री को शक्ति देने का कार्य किया है। चाहे वह समाज की जर्जर व्यवस्था में निकट पाये पर याचना और दीनता की जिंदगी उसे स्वीकार्य नहीं। वह पुरुषों से दो-दो हाथ कर सकती है, उसकी अमानवीयता को चुनौती दे सकती है, पर वह उसे विलीन करके मनमानी करता रहे, यह उसे कतई मंजूर नहीं है।"[57] लेखिका ने स्त्री की दमित वासनाओं और कुंठाओं को अपनी कृतियों में चित्रित किया है जो काम तक सीमित हो जाती है। इनकी नायिका मध्यवर्गीय

परिवार से संबंधित होती है जो स्त्री-संहिता की सभी धाराओं को तोड़ देती है और विद्रोहिनियाँ बन जाती हैं उन्हें किसी संसार, परिवार का कोई महत्व नहीं रहता।

मंजुल भगत कृत अनारो (1977), टूटा हुआ इंद्रधनुष (1976), लेडीस क्लब (1976), बेगाने घर में (1978), खातुल (1983), तिरछी बोछारें (1984) इनके उपन्यासों में स्त्री विशिष्ट व्यक्तितत्व एवं विविधता प्रधान है। निम्न वर्ग से लेकर, उच्च वर्ग तक की स्त्रियों की संवेदनाओं का अंकन हुआ है। आपने स्त्री जीवन के पक्ष को उभारा है। इनकी नायिका अधिकतर बुद्धिजीवी शिक्षित और अशिक्षित भी है जो अपनी भावनओं, संवेदनाओं के साथ यथार्थ जीवन में भी विश्वाास रखती है। 'तिरछी बौछारें' में स्त्री शिक्षित है, आर्थिक रूप से भी संपन्न है। स्त्री का आत्मनिर्भर होना दाम्पत्य जीवन की विषमता बन जाती है। जिसमें स्त्री 'वस्तु' बन कर रह जाती है और पति उसे नीचा दिखाने के लिए शारीरिक, मानसिक रूप से प्रताड़ित, उद्वेलित करता है।

महानगरीय परिवेश में स्त्री विमर्श को मंजुल भगत ने लेडीज क्लब (1976) में दर्शाया है। अभिजात वर्गीय स्त्रियों के आत्मप्रदर्शन, झूठी जिंदगी, कृत्रिम आचरण और उनके मानिसक अंतर्विरोधों का अंकन हुआ है।

'अनारों' और 'बेगाने घर' की स्त्रियाँ अशिक्षित हैं। ये निम्नवर्ग की चौका-बर्तन करनेवाली स्त्री है। ये स्वाभिमानी, परंपरावादी, कर्मठ तथा जटिल परिस्थितियों में परिवार का दायित्व संभालने का प्रतीक है। ये बौद्धिकता के विषय में भी सभी शिक्षितों से कहीं आगे निकलने में समर्थ है। इनके उपन्यासों में दाम्पत्य जीवन की विषमताओं को भी दर्शाया है। स्त्री के मनोविज्ञान, विकृतियों, आत्मपीड़न, कुंठा इन सभी तथ्यों के माध्यम से स्त्री-चित्रण किया है।

शशि प्रभा शास्त्री ने स्त्री समस्याओं और दाम्पत्य जीवन की विसंगतियों का मनोवैज्ञानिक ढंग से चित्रण किया है। मानव मन की अतल गहरायियों को दर्शाया है। 'नावें, सीढ़ियाँ, कर्क रेखा, परछाइयों

के' इनके प्रमुख स्त्री-विमर्श संबंधी उपन्यास हैं। जिनमें लेखिका ने स्त्री-जीवन की संवेदनशीलता के अनेक जटिल प्रश्नों के विश्लेषण का प्रयत्न किया है।

लेखिका के विचार में-"नारी की पीड़ा की कहानी, उसके उत्सर्ग और संघर्ष की कहानी किसी भी युग में मिट सकेगी, इससे संदेह है।"[58]

नोवें उपन्यास की मालती अविवाहित मातृत्व की स्थिति को सहज स्वीकारती है, अपराध बोध की भावना उसमें दृष्टिगत नहीं होती। इस पर उसके विचार में माँ बनने के लिए शादी की कोई अहमियत नहीं है। इसके माध्यम से स्त्री के बौद्धिक एवं मानसिकत रूप को दर्शाया है।

मन्नू भंडारी कृत आपका बंटी (1971), महाभोज (1989) एक इंच मुस्कान उपन्यास में स्त्री केंद्रित है। आपका बंटी में दाम्पत्य जीवन की विषमताओं को उभारा गया है। माता-पिता के विघटन से उत्पन्न बालक की मनःस्थिति का चित्रण तथा त्रिकोणात्मक संबंधों का चित्रण सफलतापूर्वक हुआ है। महाभोज में मन्नु जी ने समाज के सर्वाधिक शोषित वर्ग हरिजन की त्रासदी को व्यक्त करते हुए सामाजिक, राजनैतिक स्थितियों पर भी प्रकाश डाला है। इनका लेखन नये विषयगत मूल्यों का है। प्रेम-जीवन के संवेद्य पक्षों पर सफलतापूर्वक अर्थहीन होने की प्रक्रिया के बीच स्त्री की यातना, संघर्ष और उसके स्वप्न भंग की संजीदगी को दर्शाया है। आधुनिक स्त्री की जटिल जिंदगी, दाम्पत्य संबंध का विघटन और नये सिरे से नये संबंध बनाकर जीने का आग्रह प्रस्तुत किया है जिसमें समस्या चुनौतिपूर्ण और त्रासद हो जाती है।

मालती जोशी कृत पाषाण युग, निष्कासन, सहचारिणी, समर्पण का सुख इनमें परंपरा का निर्वाह और आधुनिकता का समन्वय परिलक्षित होता है। इन्होंने मध्यवर्गीय परिवार के टूटते-बिखरते संबंधों को, प्रेम और विवाह की उलझनों को स्त्री के माध्यम से दर्शाया है। आधुनिक भावभूमि पर नायिकाओं का चित्रण किया है। इनके उपन्यासों में स्त्री संघर्ष के अनेक उलझनों को प्रस्तुत किया गया है।

मृदुला गर्ग एक सशक्त लेखिका है। अपने लेखन में आधुनिक स्त्री की जटिल मानसिकता तथा अस्मिता का संघर्ष दर्शाया है। उसके हिस्से की धूप (1975), वंशज (1976), चित्तकोबरा (1979), अनित्य (1980), मैं और मैं (1984), आदि उपन्यास हैं।

'उसके हिस्से की धूप' में आधुनिक स्त्री के प्रेम का त्रिकोणात्मक संघर्ष नये दृष्टिकोण से दर्शाया है। जिसमें परंपरागत मूल्यों एवं भावुकता को पूरी तरह से नकार दिया है चित्तकोबरा विवाहित स्त्री संबंधी उपन्यास है जिसे 'बोल्डनेस' का नाम दिया गया है। डॉ.गोपाल राय के अनुसार "वास्तव में यह उपन्यास यौनावेगों एवं यौन अराजकता को ही बढ़ावा देता है। इसके केंद्र में एक संवेदनशील लेखिका के नीरस, प्रेरणारहित ऊब भरी, पति और बच्चों वाली दुनिया में एक ऐसे व्यक्ति का प्रवेश होता है जो उसके सर्जनात्मकता का विकास करता है। इसमें आधुनिक नारी के विखंडित व्यक्तित्व, दोहरी जिंदगी के तनाव एवं रति कर्म का बहुत ही साहस पूर्ण ढंग से खुला चित्रण है।"[59] मैं और मैं (1984) में लेखिका स्त्री की अस्मिता के संघर्ष को अभिजात वर्ग संदर्भों में अंकित करती है। स्त्री की सामाजिक और आर्थिक आजादी के बिना इस तरह उसके स्वतंत्र और अस्मिता का संघर्ष एक विशेष वर्ग का स्त्री के संदर्भ में उपन्यास है।

मेहरुन्निसा परवेज कृत 'उसका घर' (1972), 'कोरजा' (1977), 'अकेला पलाश' (1981) इन उपन्यासों में निम्न मध्यवर्गीय स्त्री जीवन की त्रासदी का केंद्र विषय है। जो प्रेम, त्याग, विवाह, तलाक, पतियों का निकम्मापन, अवैध संबंध का अत्याचार सौतेली माँ का अत्याचार, परित्यक्ता का अकेलापन, स्त्री जीवन के अनेक तथ्यों को लेखिका ने बड़े मार्मिक ढंग से चित्रित किया है।

चंद्रकांता कृत 'अर्धान्तर' और 'अंतिम साक्ष्य', बाकी सब खैरियत है (1983) हैं। अर्धांतर एक संवेदनशील स्त्री की भावनात्मक भटकन और बेचैनी का विश्वसनीय अंकन है। पर अंतिम साक्ष्य कथ्य और कथासंसार दोनों ही बिखराव के शिकार हो गये हैं। बाकी सब खैरियत है (1983)

में पारिवारिक संबंधों की, जो मध्यवर्गीय मूल्यधर्मिता, परंपरावादिता, अंधविश्वास और व्यक्तिगत स्वार्थ और विदेशी मानसिकता ग्रस्त आधुनिकता दृष्टियों के द्वंद्व का भी लेखिका ने इस उपन्यास में अंकन किया है। इन उपन्यासों के माध्यम से चंद्रकांता समर्थ उपन्यासकार के रूप में सामने आती हैं। मध्यवर्गीय जीवन की विडंबनाओं को व्यक्त करने में चंद्रकांता को विशेष सफलता मिली है।

कृष्णा अग्निहोत्री-निष्कृति (1987), अभिषेक (1984), नीलोफर (1988), बात एक औरत की (द्वितीय संस्करण 1982)। इन उपन्यासों में पुरुष सत्ता और स्त्री की भोगवादी प्रवृत्ति से पीड़ित स्त्री की मूल चीतकार, आधुनिक बोध की विडंबनाओं, भ्रष्टाचार एवं अवैधिक पारिवारिक जीवन के कारण स्त्री के बिखराव का अंकन यथार्थपरक हुआ है। नीलोफर उपन्यास में गुलामगिरी के कारण शहनाज और इब्राहीम बिछड़ जाते हैं। यह आदिवासियों के जीवन पर आधारित नवीनतम आंचलिक उपन्यास है। जाति भेद, पारिवारिक समस्याओं का उद्घाटन है। मानवीयता को केंद्र में रखा गया है।

अभिषेक उपन्यास के माध्यम से स्त्री की सामाजिक चेतना स्पष्ट हुई है। परंपराओं की जकड़बंदी के कारण पति के अन्याय और अत्याचार को सहती है। पति मरने के बाद विधवा बनने पर विद्रोह करती है और कहती है-"मुझे आपकी इस दौलत से लोभ नहीं। आज भी पढ़-लिख कर अपने पैरों पर खड़ी होना चाहूँगी और छोटे-से जीवन को अच्छे संस्कारों से ही काटूँगी।"[60] विधवा प्रथा का विरोध करते हुए आगे वह कहती है-"जो हो गया मैं समझ सकती हूँ ये श्रृंगार चढ़ाकर पुनः उतारने की प्रथा से ही मैं विधवा नहीं होऊँगी।"

'बात एक औरत की' में घूँघट परदा प्रथा का विरोध है। साथ ही जाति भेद भाव को उजागर किया गया है। दांपत्य जीवन की असमर्थता है जिसमें पति-पत्नी के विचार दृष्टिकोण अलग हैं जिससे उनमें पारिवारिक बंटवारा हो जाता है। पारिवारिक अन्याय-अत्याचार ने ही

स्त्री को विद्रोही बनाया है। विवेच्य उपन्यासों में स्त्री अपने पारिवारिक जीवन को समेटना चाहती है। परंतु अनेक ज्यादतियों, अन्याय-अत्याचारों के कारण विद्रोही बन जाती है।

नासिरा शर्मा कृत ठीकरे की मंगनी (1989), शाल्मली (1987), जिंदा मुहावरे (1984), शाल्मली उपन्यास की नायिका शाल्मली है जो उच्च पद पर सुशिक्षित उम्दा प्रवृत्ति की एक विवेकशील अफसर है। लेखिका ने इसके दाम्पत्य संबंधों में तनाव को दर्शाया है। सात नदियाँ एक समुंदर (1984), ठीकरे की मंगनी, जिंदा मुहावरे सभी उपन्यासों में शर्मा जी ने स्त्री के अधिकारों के समक्ष आ रहे समाज, धर्म, परिवार, विवाह संस्कारों की जकड़बंधी को तोड़ने का प्रयास किया है साथ ही स्त्री प्रश्न को स्वतंत्रता के धरातल पर आगे बढ़ने की संभावनाएँ प्रस्तुत की हैं। ये प्रगतिशील विचारधारा की लेखिका हैं। ये मनुष्यता को धर्म, संप्रदाय से कहीं उच्च मानती हैं। शाल्मली और ठीकरे की मंगनी आधुनिक भारतीय स्त्री की स्थिति पर आधारित उपन्यास है। जिसमें परिवार, संवेदना, अनुभव को चिंतन का विषय बनाया है। "मेरा विश्वास न घर छोड़ने पर है न अपने को किसी एक के लिए स्वाह करने में। मैं तो घर के साथ औरत के अधिकार की कल्पना भी करती हूँ और विश्वास भी यह वह नारी दृष्टि है, जो नासिरा शर्मा के कथा-लेखन को परिचालित करती है।"[61] नासिरा शर्मा ने नारी की राह चुनने की आज़ादी की चेतना को सार्थक ढंग से रूपायित किया है। मुस्लिम परिवार की अंदरूनी उनके रीति रिवाज, सामाजिक समस्याओं तथा विश्वविद्यालयीन जीवन की विडंबनाओं को भी लेखिका ने अच्छी तरह से उभारा है।"[62]

राजी सेठ कृत तत्सम (1983) उपन्यास में आधुनिक स्त्री के पुनर्विवाह की समस्या को गहरे संवेदनात्मक स्तर पर प्रस्तुत किया है। राजी सेठ नवें दशक की एक सशक्त और उल्लेखनीय लेखिका है। इनका उपन्यास आधुनिक स्त्री के जीवन की विडंबना है जिसमें नायिका सही-गलत का फैसला करने में असमर्थ है। "वसुधा इसकी पात्र है जो मध्यवर्ग की विधवा स्त्री है पति मरने के बाद संवेदनशील स्त्री के लिए

द्वितीय सहयात्री या पति के चुनाव का प्रश्न मनोवैज्ञानिक परिप्रेक्ष्य में प्रस्तुत करने का प्रयास लेखिका ने किया है।" इसमें राजनीतिक सांस्कृतिक, धार्मिक और आर्थिक समस्या नहीं है बल्कि इस उपन्यास में सामाजिक समस्या को उभारा गया है। बहु विवाह, विधवा विवाह, तलाक, दहेज प्रथा, पुनर्विवाह आदि सामाजिक समस्याओं के अंतर्गत आती है।"[63]

इस उपन्यास की समस्या पुनर्विवाह की है। जो आज की रूढ़ समस्या प्रतीत नहीं होती है पर लेखिका ने इस समस्या को बड़े ही संवेदनशीलता के साथ उभारा है। स्त्री के लिए दूसरे पति का चुनाव करना सहज नहीं होता। परंतु लेखिका ने यह सवाल मनोवैज्ञानिक दृष्टि से उभारा है। वसुधा परंपरागत संस्कारों के दबाव और अपनी मानसिकता के तनाव में इस प्रकार उलझी हुई है कि वह अपने आनेवाले समय में सही निर्णय नहीं कर पाती। इस उपन्यास में भावना और संवेग का सामंजस्य है। जीवन की उथल-पुथल को स्त्री के माध्यम से दर्शाया है। लेखिका की दृष्टि जीवन के प्रति सार्थक दृष्टिगोचर होती है। इसमें सामाजिक रूढ़ियों, विसंगतियों और स्त्री-संघर्ष की विषमताओं और समस्याओं का चित्रण हुआ है। स्त्री पात्र नये युग बोध का समर्थन करती है। आधुनिक बोध के बौद्धिक और मनोवैज्ञानिक का समोवश लेखिका ने इस उपन्यास में प्रस्तुत किया है।

सुनीता जैन कृत अनुगूँज, मरणातीत (1977) आदि उपन्यासों में पश्चात्य परिवेश में आधुनिक स्त्री की पीड़ा, संकट, दांपत्य जीवन की विषमताओं की समस्या को बहुत मार्मिक रूप में प्रस्तुत किया है। स्त्री की अभिशप्त नियति संकोच, कुंठा आदि अपराध बोध से ग्रस्त आधुनिक स्त्री की कथा उपन्यासों में चित्रित किया है। "सुनीता जैन ने प्रेम के बदले स्वरूप को अभिव्यक्त किया है उनका लेखन भावों को लेकर चलता है। मन की सतह के नीचे प्रेम की धारा को अपनी कोमल, भावुक दृष्टि से कृतियों में चित्रित किया है।"[64]

ममता कालिया कृत बेघर (1971) नरक दर नरक (1975) उपन्यासों में मध्यवर्गीय संस्कारों, उनके नैतिक मूल्यों को सहती हुई स्त्री की नियति

का चित्रण किया है। परंपरागत चलते धार्मिक अनुष्ठान उनकी संहिताएँ और मध्यवर्गीय दाम्पत्य जीवन की त्रासदी का अंकन है। जिसमें स्त्री जीवन नरक बन जाता है। इसी तथ्य का अंकन लेखिका ने किया है।

निरुपमा सेवती कृत पतझड़ की आवाजें, बटता हुआ आदमी, मेरा नरक अपना है, इनके उपन्यासों में महानगरीय जीवन में ही स्त्री संघर्षों को ढूढ़ने का प्रयास किया है। इनकी नायिका शोषण की विषमताओं तथा विवशताओं को तोड़ने का प्रयास करती है जो अपने अस्तित्व की तलाश में अतिभावुक एवं संवेदनशील है। लेखिका ने स्त्री रूप को उसके अस्तित्व के प्रश्नों के साथ महानगरीय परिवेश में संघर्षों का सामना करती नायिका का चित्रण किया है।

दीप्ति खंडेलवाल कृत प्रिया, वह तीसरा, कोहरे में स्त्री-पुरुषों के मनोभावों से उत्पन्न विकृति और विषमता को उभारा गया है। आधुनिक परिवारों के बिगड़ते दाम्पत्य जीवन की संवेदना तथा रिश्तों में पड़ी गहराई को अपने उपन्यासों का विषय बनाया है। संबंधों के प्रति स्त्री की मानसिकता का, उसके आंतरिक उत्पीड़न और परिस्थितियों की विवशता को दर्शाया गया है।

शुभा वर्मा कृत 'कोई एक' (1978), एक और की जिंदगी (1978), फ्री-लान्सर (1981), मोहतरमा (1983), अनाम रिश्तों के नाम (1985), सुभान तेरी कुदरत (1987), हड़ताल (1987), कटमंगूर (1989) आदि उल्लेखनीय उपन्यास हैं। इनके उपन्यासों में स्त्री चेतना को उभारा है साथ ही स्त्री पुरुष के नये दृष्टिकोण को केंद्र में रखा है। इनके आपसी द्वंद्व स्वतंत्र चेतना, स्वावलंबी और मुक्तिकांक्षी स्त्री का चित्रण हुआ है। स्त्री-विमर्श के सभी तथ्यों को इनकी कृतियों में देखा जा सकता है। इनकी पात्र सभी समस्याओं से जूझती और मुक्ति के मार्ग को तलाशती दिखाई देती है। फ्री-लान्सर की शाहना विषम परिस्थितियों का निड़रतापूर्वक सामना करती है। इस कृति में बदलते हुए सामाजिक परिवेश में स्त्री की आत्मरक्षा और सम्मान का चित्रण हुआ है। 'एक औरत की जिंदगी' की रती एक विवाहित पुरुष से प्यार

करती है। लेखिका ने प्रेम समर्पण के नये मानदंडों को उभारा है। ये स्त्रियाँ परंपरागत नैतिक मूल्यों का विद्रोह करती हैं। पुरानी रूढ़ियों का खंडन कर मुक्ति चाहती है। "शुभा वर्मा की 'फ्री-लान्सर' व 'एक औरत की जिंदगी' परंपरागत नैतिक बंधनों को समाप्त कर नये स्त्री समाज की कल्पना प्रस्तुत करती है।"[65] इनकी स्त्रियों का प्रेम वास्तविकता के साथ आत्मिक न होकर शारीरिक धरातल पर केंद्रित हुआ है। "मूल-विघटन और नैतिकता की निरर्थकता को शुभा वर्मा के 'मोहतरमा, फ्री-लान्सर, एक औरत की जिंदगी' में देखा जा सकता है। 'मोहतरमा' में शहल सामाजिक प्रतिरोधों की परवाह न करते हुए नैतिकादर्शों को नकारती है। "फ्री-लांसर की शाहना भी रूढ़ियों की दीवार पार कर खड़ी होती है। कोई एक की रानी प्रेम की सनातनी मान्यताओं पर गहरा आघात करके अपने प्रेम प्रसंग में क्षणिक सत्य को कही बताती है।"[66] इनके उपन्यासों में स्त्री का बदलता रूप दिखाई देता है जो सामर्थ्यवान, स्वाभिमानी और स्वावलंबी है ये स्त्रियाँ धर्म और संघर्ष के महत्व को उजागर कर स्वयं के स्वतंत्र और मुक्ति की आकांशा को उजागर करती है।

सूर्यबाला कृत दीक्षांत (1984), मेरी संधी पत्र, सुबह के इंतजार तक उल्लेखनीय उपन्यास कृतियाँ हैं। लेखिका स्त्री जीवन के अनेक पक्षों पर जटिल प्रश्नों के विश्लेषण को अभिव्यक्त करती है। तथा भारतीय, सामाजिक जीवन के विविध पहलुओं पर भी स्त्री रूप को दर्शाया है। इन्होंने स्त्री की आंतरिक एवं बाहरी मानसिकता के संबंधों को उजागर किया है। स्त्री लेखन की पारंपरिक लीक से लेखिका ने मुक्त होने का सशक्त प्रयास किया है।

अंसल कुसुम कृत उसकी पंचवटी, उस तक, अपनी-अपनी यात्रा इनके मुख्य उपन्यास हैं जिसमें लेखिका ने स्त्री के मनोवैज्ञानिक पक्ष को केंद्र में रखकर स्त्री शोषण की ज्वलंत विषमताओं को अपनी रचनाओं में स्त्री समस्याओं को दर्शाया है। दाम्पत्य जीवन की नीरसता, खोखलेपन तथा सामाजिक विसंगतियों से भरी विडंबनाओं का चित्रण किया है। स्त्री परिस्थितियों से जूझते हुए संवेदनशील तथा सहानुभूतिपूर्ण दिखाई देती है।

दिनेश नंदिनी डालमिया कृत मुझे माफ करना (1974) में मारवाडी परिवारों में स्त्री की दशा, उनकी नियति, सामाजिक आडंबरों को विविध स्तरों तक जाति हुई व्यवस्था और इस व्यवस्था में स्त्री का संघर्ष दर्शाया है।

मृणाल पांडे कृत 'विरोध' है। मृणाल पाण्डे ने स्त्री जीवन की समस्याओं को कौटुंबिक एवं ग्रामीण परिदृश्य में दर्शाया है। स्त्री की जटिल विषमताओं को हृदयगायी प्रस्तुत किया है।

कान्ता भारती कृत 'रेत की मछली' (1976) में त्रिकोणात्मक प्रेम कहानी है। स्त्री जीवन और उसके परिवेश को मानवीय संदर्भों से जोड़कर लेखिका ने आधुनिक भाव-भूमि को तैयार किया है जिसमें पति को खलनायक रूप में चित्रित किया। स्त्री के कामकाजी रूप को दर्शाया है। स्त्री के प्रति गहरी सहानुभूति दिखाई है। तलाक के बाद स्त्री कितनी यातनाओं से गुजरती है उसके अकेलेपन को दर्शाया है।

उषा प्रियंवदा कृत 'शेषयात्रा' आधुनिक युग की स्त्री का चित्रण हुआ है। आधुनिक तथा भारतीय संस्कारों के बीच सूक्ष्म द्वंद्व को दर्शाने का सफल प्रयास किया है। स्त्री मन को मनोवैज्ञानिक धरातल पर चित्रित किया है। स्त्री के अंतर्द्वंद्वों के चलते जीवन की विषमताओं का सफल चित्रण लेखिका ने किया है।

मधुलिका, इला डालमिया, इंदिरा नुपूर, बसंत प्रभा, इंदुबाली आदि उल्लेखनीय नाम है जिन्होंने स्त्री-विमर्श, उसके संघर्ष, स्त्री-प्रश्नों, स्त्री-समस्याओं को अपने उपन्यासों में दर्शाया है। इन लेखिकाओं ने दांपत्य संबंधों के टकराव, तनाव, कुण्ठा, सामाजिक विषमताओं और पारिवारिक उलझनों, प्रेम और विवाह की दुविधा में ग्रस्त भावुक और संवेदनशील स्त्री को दर्शाया है।

नवें दशक के समाप्त होते-होते स्त्री-विमर्श ने हिंदी उपन्यासों में एक प्रमुख स्थान ग्रहण किया है। स्त्री-विमर्श विषय को लेखिकाओं ने अपने उपन्यासों का केंद्र बिंदु बनाया है। इस प्रकार हम कह सकते हैं कि प्रारंभिक

काल से लेकर नवें दशक तक स्त्री लेखन ने सशक्त उपन्यासों को रचा है। लेखिकाओं ने स्त्री रूपों को तीन अवस्थाओं में व्याख्यायित किया है। प्रारंभिक अवस्था में स्त्री सदियों से चला आ रहा शोषण और अत्याचार की स्थितियों की शिकार है। मध्यम अवस्था में स्त्री नयी परिस्थितियों से पैदा हुई समस्याओं से जूझ रही है। और अंतिम अवस्था में स्त्री का रूप आर्थिक दृष्टि से स्वावलंबी होने, परंपरागत स्त्री संहिता की जकड़ने को चुनौती देने और राजनीतिक दृष्टि से सबलीकरण की दिशा में अग्रसर होने के लिए संघर्षरत, विद्रोही, दर्शाया गया है। लेखिकाओं ने स्त्री के सभी संदर्भों जैसे सामाजिक, पारिवारिक, वैयक्तिक, मनोवैज्ञानिक, आर्थिक, धार्मिक एवं नैतिक आदि विषयों का अपने उपन्यासों में विश्लेषण किया है।

आधुनिक हिंदी साहित्य के उपन्यासों की विकास यात्रा में अनेक देशों से प्रभावित होकर स्त्री-मुक्ति की लहर समाज में फैल गई। किंतु हमारा राष्ट्र धर्म संस्कृति के क्षेत्र में स्त्री को सम्माननीय पक्ष देने का पक्षधर रहा है। त्याग, सेवा, प्रेम, समर्पण आदि गुणों से स्त्री की पहचान हो जाती थी। बीसवीं सदी के साठोत्तर पूर्व, छठें, सातवें, आठवें, नब्बे दशक में स्त्रियों पर आधारित लिखा हुआ साहित्य उसकी उत्पीड़न की दासता किसी-न-किसी रूप में मिल जाती है। प्राचीन काल से आज तक स्त्री किसी-न-किसी रूप में शोषित रही है और शोषण का विरोध सदियों से करती आयी है।

निष्कर्ष

प्रेमचंदकालीन उपन्यासों में अर्थाभाव जन्य समस्याओं को प्रस्तुत किया है। जैसे-अनमेल विवाह, दहेज प्रथा, विधवा समस्या, निम्नस्तरीय परिवार में विवाह, पराधीनता, पारिवारिक विघटन, वैमनस्य, स्त्री जीवन का संघर्ष तथा आत्मनिर्भरता का दृष्टिकोण प्रस्तुत किया है। इस काल की स्त्रियाँ कर्मठ और संघर्षशील हैं। अन्याय-अत्याचार का विरोध करती है। परंतु अंत में आदर्शोन्मुख यथार्थपरक की दृष्टि से साहस नहीं

दिखा पाती। सामाजिक बंधनों और रूढ़ियों को तोड़ने में असमर्थ ही दिखाई देती है। स्त्री की अनेक समस्याओं को केंद्र में रखा है परंतु स्त्री की वास्तविक छवि पर कोई केंद्र नहीं है।

प्रेमचंदोत्तर काल अनेक नये प्रयोगों और परिवर्तनों का युग है जिसमें कई विचारधाराओं सिद्धांति ने जन्म लिया है। मार्क्सवादी, प्रगतिवादी, प्रयोगवादी, आंचलिक, आधुनिक बोध आदि प्रमुख हैं जिनमें स्त्री-विमर्श को इन सिद्धांतों के माध्यम से व्याख्यायित, विश्लेषित किया गया है। इनमें पाश्चात्य साहित्य चिंतन का प्रभाव परिलक्षित होता है। स्त्री की सामाजिक व व्यक्तिगत समस्याओं को मनोवैज्ञानिक व्यक्तित्वपरक ढंग से प्रस्तुत किया गया है।

बीसवीं सदी के उपन्यासों की विकास-यात्रा में अनेक प्रतिभाशाली रचनाकारों का महत्वपूर्ण योगदान रहा है। उपन्यासों को सही दिशा देने तथा मानवीय सरोकार से जोड़ने का काम हुआ है। आधुनिकता से साक्षात्कार करते हुए हमारे उपन्यासकार आदिम युग से लेकर निकट अतीत के भूले-बिसरे चित्रों तक अतीत को चौकन्नी दृष्टि से देख रहे हैं। उपन्यासों को वर्तमान संदर्भों से जोड़कर देखना तथा महाकाव्यीय विराटता प्रदान करने का प्रयास हो रहा है।

स्त्री पर होनेवाली चर्चाओं ने अब साहित्य में केंद्र बिंदु का स्थान ले लिया है। स्त्री को केंद्र में रखकर होनेवाले चिंतन ने अब निर्णायक स्थिति अख्तियार या अपना ली है। सदियों से हाशिये पर पड़े हुए ये स्त्री वर्ग अब चर्चा में हैं। और अपना महत्व सुनिश्चित कर चुके हैं। साहित्य के नवें दशक तक महिला लेखिकाओं का साहित्य चरम सीमा तक पहुँच गया है। इनकी कहानी, उपन्यास, विधा ने स्त्री को विविध रूपों में चित्रित किया है। सामाजिक, राजनैतिक स्थितियों पर प्रकाश डाला गया है। स्त्रीवादी विमर्श को अपने रचनात्मक और चिंतन परख लेखन के माध्यम से आगे बढ़ाने का कार्य स्त्री रचनाकारों ने समय-समय पर उपन्यासों के माध्यम से किया। स्त्री की त्रासदी को उजागर करने का कार्य साहसपूर्वक

किया है। लेखिकाओं ने छठे दशक से नवें दशक तक मध्यवर्गीय परिवार में स्त्री की उत्पीड़न, त्रासदी को, उसके अकेले होने की नियति को, समाज में एक नौकरीपेशा स्त्री की उपस्थिति और तरक्की पर उठते हुए संदेह को विचलित कर देनेवाला चित्र खींचा है। बचपन के टूटते विवाहों के मंजर, महिला-पुरुष में भेदभाव, स्त्री का स्टेटस, पत्रकारिता में महिलाओं की स्थिति, विज्ञापन और सशक्तिकरण में साहित्य की भूमिका आदि विषयों पर उसने जरूरी सवाल उठाये हैं। लेखिकाओं ने अपने लेखों और कृतियों के माध्यम से पुरुष समाज में नारी के उत्पीड़न और शोषण पर अपने लेखों से गहरे व्यंग्य भरे कटाक्ष किये हैं। स्त्री विमर्श को साहित्य में एक नई दृष्टि से श्रेष्ठ बनाया है। स्त्री व्यथा को सही अर्थों में एक स्त्री ही सही ढंग से समझ सकती है और उसकी अपनी भावनाओं के अनुकूल अभिव्यक्त कर सकती है। क्योंकि उस व्यथा, पीड़ा, उत्पीड़न, संत्रास, संघर्ष को उसने प्रत्यक्ष रूप से भोगा हो सकता है। पर ऐसा नहीं कि पुरुष द्वारा स्त्री दुःख या पीड़ा को सशक्तता से अंकित नहीं किया जा सकता है। हम देख सकते हैं कि लेखकों नें स्त्री-जीवन की त्रासदी, संत्रास, उत्पीड़न को समझा और उसकी जीवन गाथा, व्यथा-कथा को अपने साहित्य में व्यापकता से चित्रित किया है।

आधुनिक समय में पिछड़ी वैचारिक धरातल पर स्त्री चेतन हो गयी। शिक्षित, आत्मनिर्भर होकर पुरुष के बराबर अर्थार्जन करने के लिए कंधे से कंधा मिला दिया, पुरुष प्रधान संस्कृति से विमुक्त होकर पुरुष से पीड़ित स्त्री का आक्रोश, संघर्ष, व्यथा, संवेदना और तनाव को अभिव्यक्ति मिली है। स्त्री चेतना से जागृत है मुक्ति के प्रश्न उठाने लगी है वह वस्तु नहीं बल्कि मानव के रूप में जीवन जीना चाह रही है। हर क्षेत्र में अपनी पात्रता सिद्ध कर रही है। स्त्री पर होनेवाले अपमान तथा अपने हक के लिए लड़ना आदि विषयों का चित्रण साहित्य में हुआ है। स्त्री संबंधित समस्याओं को उठाना उनका समाधान प्रस्तुत करना स्त्रीवादी साहित्य की भूमिका रही है। लेखिका ही स्त्री की पक्षधर रही है। पुरुष प्रधान समाज का चेहरा कितना भयावह तथा विद्रूप है यही दिखाना

स्त्रीवादी साहित्य का उद्देश्य है। स्त्री की अस्मिता को स्थापित करने में ये अग्रसर रहे हैं। परंपरागत मूल्यों को तोड़, रूढ़ियों को तोड़ा और यथार्थ के सूक्ष्म गहरे दृष्टिकोण को पहचानने का प्रयास कर अपने दायित्वों से परिचित स्थितियों, विसंगतियों और भ्रष्टाचार को अपने लेखन में चित्रित किया। स्त्रीवादी स्त्री साहित्यकारों ने साहस के साथ नये यथार्थ सामाजिक मूल्यों की प्रतिष्ठा की है। प्रेम विवाह, दांपत्य जीवन, दहेज, विधवा बाल विवाह, अर्थात् सामाजिक आर्थिक स्थितियाँ उपेक्षित नहीं रही। वर्तमान में स्त्री लेखिकाओं ने नये विषयक समस्याओं पर लिखा। परिवार की बदलती परिस्थितियों पर, स्त्री उत्थान एवं स्त्री जीवन की पृष्ठभूमि में स्त्री शोषण, निजी पारिवारिक समस्या, सामाजिक, आर्थिक मनोवैज्ञानिक समस्याओं से जूझते स्त्री जीवन के विविध रूप उभरे हैं। धर्म के नाम पर यौन शोषण, विकास में बाधा, दायित्वों के दायरे में स्त्री को विवश होकर किस प्रकार अपने अरमानों का गला घोंटना पड़ता है। स्त्री अस्मिता उसके संत्रास, पीड़ा की जद्दोजहद को प्रस्तुत किया है।

संदर्भ सूची

1 परंपरा, इतिहास बोध और संस्कृति-पृ.154-160

2 साहित्य का उद्देश्य-पृ.7

3 गुजराती दलित साहित्य में नारी, हरबंस पटेल-पृ.179

4 साहित्यिक निबंध-पृ.421

5 साहित्य का स्वरूप-पृ.17

6 साहित्य का स्वरूप-पृ.17

7 हिंदी मराठी नाटकों में नारी, डॉ.वसुधा जोशी-पृ.17

8 हिंदी मराठी नाटकों में नारी, डॉ.वसुधा जोशी-पृ.19

9 भारतीय नारीःदशा और दिशा, आशारानी व्होरा-पृ.49

10 भारतीय नारीःदशा और दिशा, आशारानी व्होरा-पृ.49

11 भारतीय नारी: दशा और दिशा, आशारानी व्होरा-पृ.50

12 भारतीय नारी: दशा और दिशा, आशारानी व्होरा-पृ.51

13 भारतीय नारी: दशा और दिशा, आशारानी व्होरा-पृ.51

14 स्त्रीत्ववादी विमर्श-समाज और साहित्य, क्षमाशर्मा-पृ.103

15 भारतीय नारी: दशा और दिशा, आशारानी व्होरा-पृ.51

16 स्त्री सरोकार, आशारानी व्होरा-पृ.8

17 स्त्री सरोकार, आशारानी व्होरा-पृ.8

18 भारतीय साहित्य: तुलनात्मक अध्ययन, शंभुनाथ पाण्डेय-पृ.24

19 भारतीय साहित्य: तुलनात्मक अध्ययन, शंभुनाथ पाण्डेय-पृ.24

20 महिला उपन्यासकारों के उपन्यासों में नारीवादी दृष्टिकोण, डॉ.अमर ज्योति- पृ.29

21 प्रेमचंद के उपन्यासों में नारी, अपर्णा जिगे पाटील, संचारिका-2006-पृ. 41

22 उषा देवी मित्रा, व्यक्तित्व एवं कृतित्व, प्रभा सक्सेना-पृ.2

23 समस्यामूलक उपन्यसकार प्रेमचंद, महेंद्र भटनागर-पृ.51

24 महिला उपन्यासकारों के उपन्यासों में नारीवादी दृष्टि, अमर ज्योति- पृ. 30

25 सुखदा, जैनेंद्र कुमार-पृ.41

26 सुखदा, जैनेंद्र कुमार-पृ.41

27 साहित्य का श्रेय और प्रेय, जैनेंद्र-पृ.113-114

28 साहित्य का श्रेय और प्रेय, जैनेंद्र-पृ.79

29 राजेंद्र यादव की प्रतिनिधि कहानियाँ, मोहन गुप्त-भूमिका

30 राजेंद्र यादव की कहानियाँ वहाँ तक पहुँचने की दौड़, पंकज विष्ट-भूमिका

31 भारतीय समाज में कार्यशील महिलाएँ, डॉ.सुलोचना श्रीहरी देशपांडे-पृ.38

32 भारतीय समाज में कार्यशील महिलाएँ, डॉ.सुलोचना श्रीहरी देशपांडे-पृ.38

33 हिंदी के समकालीन महिला उपन्यासकार, डॉ.एम.वेंकटेश्वर-पृ.29

34 हिंदी के समकालीन महिला उपन्यासकार, डॉ.एम.वेंकटेश्वर-पृ.29

35 हिंदी के समकालीन महिला उपन्यासकार, डॉ.एम.वेंकटेश्वर-पृ.30

36 भारतीय समाज में कार्यशील महिलाएँ, डॉ.सुलोचना श्रीहरि देशपांडे-पृ.53

37 भारतीय समाज में कार्यशील महिलाएँ, डॉ.सुलोचना श्रीहरी देशपांडे-पृ.49

38 भारतीय समाज में कार्यशील महिलाएँ, डॉ.सुलोचना श्रीहरी देशपांडे-पृ.51

39 भारतीय समाज में कार्यशील महिलाएँ, डॉ.सुलोचना श्रीहरी देशपांडे-पृ.53

40 हिंदी के समकालीन महिला उपन्यासकार, डॉ.एम.वेंकटेश्वर-पृ.30

41 संचारिका-2006-21-स्त्रीवादी साहित्य पर विचार विमर्श, सविता कीर्ति

42 महिला उपन्यासकारों के उपन्यासों में नारीवादी दृष्टि, डॉ.अमर ज्योति-पृ.40

43 हिंदी के समकालीन महिला उपन्यासकार, एम.वेंकटेश्वर-पृ.23

44 साठोत्तर हिंदी नाटकों में दलित चेतनाःसामाजिक समस्याओं के संदर्भ में, प्रतिभाजावले-पृ.38

45 हिंदी उपन्यास का इतिहास, गोपाल रॉय-पृ.419

46 हिंदी उपन्यास का इतिहास, गोपाल रॉय-पृ.420

47 हिंदी के समकालीन महिला उपन्यासकार, एम.वेंकटेश्वर-पृ.31

48 हिंदी उपन्यास का इतिहास, गोपाल रॉय-पृ.420-421

49 एक लडकी दो रूप, रजनी पनिकर-पृ.6

50 हिंदी के समकालीन महिला उपन्यासकार, एम.वेंकटेश्वर-पृ.30

51 हिंदी उपन्यास इतिहास, गोपाल रॉय-पृ.421

52 हिंदी उपन्यास का इतिहास, गोपाल रॉय-पृ.409

53 हिंदी के समकालीन महिला उपन्यासकार, एम.वेंकटेश्वर-पृ.31

54 अमलताश शशिप्रभा शास्त्री, भूमिका

55 आठवें तथा नवें दशक के हिंदी उपन्यासों में नारी, डॉ.वंदना सोपानराव मोहिते-प्रारंभ पेज

56 उपन्यास की समकालीनता, ज्योतिष जोशी-पृ.110

57 उपन्यास की समकालीनता, ज्योतिष जोशी-पृ.111

58 अमलताश, डॉ.शशिप्रभा शास्त्री-भूमिका

59 गोविंद मिश्र के उपन्यासों (कोहरे में कैद रंग) तथा धूल पौधों पर में स्त्री-विमर्श, शिल्पी गुप्ता, 2009-पृ.44

60 कृष्णा अग्निहोत्री, अभिषेक-पृ.47

61 हिंदी उपन्यास का इतिहास, गोपाल रॉय-पृ.380

62 हिंदी उपन्यास का इतिहास, गोपाल रॉय-पृ.381

63 हिंदी उपन्यास का इतिहास, गोपाल रॉय-पृ.379

64 हिंदी के समकालीन महिला उपन्यासकार, एम.वेंकटेश्वर-पृ.34

65 हिंदी के समकालीन महिला उपन्यासकार, एम.वेंकटेश्वर-पृ.122

66 हिंदी के समकालीन महिला उपन्यासकार, एम.वेंकटेश्वर-पृ.124

3

अंतिम दशक के हिंदी उपन्यासों में स्त्री-विमर्श : सृजन के नये संदर्भ

अंतिम दशक के हिंदी उपन्यास : सृजन के नये तेवर

अंतिम दशक के हिंदी उपन्यासों में युगीन सामाजिक, सांस्कृतिक, राजनीतिक, आर्थिक परिस्थितियों का बड़े ही रोचक ढंग से सुंदर चित्रण किया गया है। अंतिम दशक के उपन्यासों में तनाव, कुंठा, अमानवीय व्यवहार, असंतोष, मन की मानसिकता और छटपटाहट, क्रूर वातावरण, मानसिक अभिव्यक्ति को उजागर किया है। उपन्यासों में परिवेश के प्रति दुख, यथार्थ की पीड़ा, भयानक परिस्थिति में टूटते-बिखरते, पनपते, असंगति, अनास्था, अकेलापन, घृणा, स्वार्थपरायणता, कुंठा, स्त्री जवीन की समस्याओं का यथार्थ चित्रण मार्मिक ढंग से किया गया है।

अंतिम दशक की लेखिकाओं ने मनुष्य को नये ढंग से समझने की कोशिश की है। आधुनिकता के संदर्भ में पूर्ण निर्मित रूप तोड़कर नये रूप की स्थापना करना साधारण कार्य नहीं है। एक ओर परंपरा की जकड़ है, दूसरी ओर नए युग की यांत्रिक विवशता, जिसमें स्त्री की

स्थिति और भी दयनीय हो गयी है। अतः इस समस्या का समाधान अतीत के प्रयुक्त उपायों से संभव नहीं है। नए भाव स्तर पर ही स्त्री को पहचानना एवं उसकी सही स्थिति को जाना जा सकता है।

अंतिम दशक के उपन्यासों में स्त्री की सामंतीय स्थिति और आधुनिक बनने की होड़ में फंसे मन की अस्त-व्यस्त स्थिति को दर्शाया गया है तथा स्त्री की वास्तविक पहचान क्या है उसका बोध कराया गया है। अंतिम दशक की लेखिकाओं ने ऐतिहासिक परिक्षण तथा वर्तमांन संदर्भ में स्त्री की तत्कालीन परिस्थिति के साथ-साथ उसके गंतव्य का बोध भी कराया गया है। वर्तमान संदर्भ में स्त्री रूढ़िगत चेतना से मुक्त है। अपने मानवीय मूल्यों के प्रति सजग दिखाई देती है।

संसार की सामाजिक, आर्थिक, राजनैतिक स्थितियों से लेकर विभिन्न प्रदेशों की अनेक समस्याएँ, अंतिम दशक के उपन्यासों में घटित हुई हैं। व्यक्तियों की आकांक्षाओं से लेकर सामाजिक जीवन की चेतना के विकास विभिन्न चरणों तक पिछले दस सालों में सामाजिक जीवन में संपन्न कई परिणामों का चित्रण इस दशक के उपन्यासों में हुआ है। व्यक्ति से लेकर समाज तक सारी चेतना को नियंत्रित करनेवाले अनेक आयामों को इसी दशक में अभिव्यक्त किया गया है। इस क्रम में दबी पड़ी जनता की अनेक श्रेणियाँ स्वतंत्र रूप से सोचने लगी है। इसके पहले जनता की ये श्रेणियाँ व्यापक राजनैतिक आचरण या सामाजिक आदर्शों के विविध स्वरों से जुड़ी हुई थीं। समाज संपन्न और गरीब, मध्यवर्गीय, निम्नकोटियों की जनता में 1990 के बाद अपने अस्तित्व, उसकी पहचान की चेतना जागी। पिछड़ी निम्न कोटि की जनता में अपने व्यापक अस्तित्व में अपना अस्तित्व ढूंढने की कोशिश दिखाई देती है। अंतिम दशक के उपन्यासों में जनता का हर वर्ग और जाति अपनी और अपने देश की समस्याओं को समझकर उसको अभिव्यक्त करने लगा है। आज की जनता अपने महत्व को समझने लगी है।

स्त्री के जीवन की समस्याओं को लेकर पितृसत्तात्मक, पुरुषवादी दमन का विश्लेषण करते हुए इस दशक में उपन्यासों का प्रणयन हुआ

है। बचपन से ही स्त्री को घर की चार दीवारी में बांधे रखना और उसके जीवन को नियंत्रित करनेवाली स्थिति परिवार और समाज में दिखाई देती है। इन बंधनों के प्रति आज की स्त्री आक्रोश और विरोध व्यक्त करती नज़र आती है। आज की स्त्री के हृदय में समानता की भावना पायी जाती है। जागरण के इस युग में स्त्री अपने अधिकारों के प्रति सचेत हुई है तथा वह पुरुष के समान ही आर्थिक राजनैतिक, सामाजिक क्षेत्रों में समानता की माँग करने लगी है। वह सामाजिक वातावरण में निस्पंद गतिहीन जीवन जीना नहीं चाहती है। उसका जीवन क्षेत्र विशाल और व्यापक हो गया है। वह स्वतंत्र होकर जीवन बिताना चाहती है।

आज वह पति के साथ व्यक्तित्वहीन नहीं रहना चाहती है। शिक्षित स्त्री बंधन मुक्ति की प्रबल भावना से सामाजिक कुरीतियों का विरोध करने लगी है। समाज में स्त्री जाति की दो कोटियाँ हैं, एक वह जो पति की प्रवृत्ति से समन्वय पाकर समरस का जीवन बिताती है। दूसरी जो अपने पति से विलग प्रवृत्ति रखती है। ऐसी स्त्री पुरुष से समानता की माँग करती है। जीवन के हर क्षेत्र में सुख अनुभव करना, नौकरी करने तथा समाज में मुक्त होकर फिरने, सभा में प्रवेश करने, राजनीति में भाग लेने, अमान्य व्यवसायों में, पुरुषों के समान अपना जीवन चलाना चाहती है। जटिल परिस्थितियों में भी वह साहस, बल और शक्ति से उसका सामना करके समस्याओं का निराकरण करती है। स्त्री पुरुष की संपत्ति मात्र न बनकर उसकी सहभागिनी होकर जीवन व्यतीत करना चाहती है।

"स्त्री लेखन ने स्त्री की उन अनुभूतियों को स्वर दिया है जो अब तक किसी अकेले कोने में पड़ी उदास थी। स्त्री लेखन में स्त्रीवादी लेखन से परे जाने और विविध विषय क्षेत्रों में स्थापित होने की क्षमता है तो पुरुष लेखन में स्त्री चेतना सम्पन्न साहित्य रचने की संभावना भी है।"[1]

आज के उपन्यासों में स्त्री का आक्रोश और विरोध नज़र आता है। अलग स्वभाव वाले पतियों के अनुरूप पत्नियों के द्वारा अपनाए जानेवाले समझौते के रास्तों का चित्रण, पुरुषवादी पितृसत्तात्मक समाज के विरुद्ध स्त्री का आक्रोश स्त्री की मानवतापूर्ण बनने की आकांक्षा की अभिव्यक्ति,

स्त्रियों की पराधीनता, स्वयं निर्णय लेने के अधिकार, स्त्रीवादी उपन्यासों में परिवार व्यवस्था, जाति, लिंग, मानव-संबंध, नैतिक मूल्य इन सबका मनोवैज्ञानिक दृष्टि से विश्लेषण किया गया है। स्त्री-पुरुष के संबंधों के बीच फैले हुए अमानवीय अंशों की चर्चा करते हुए मानव व्यवहार और प्रवृत्तियों के परिदृश्य में सक्रिय सामाजिकता की खोज इन उपन्यासों में की गई है।

स्त्री स्वयं अपने लिए क्या सोचती है? स्त्री के विषय में स्वयं उसकी अपनी दृष्टि, धारणा, विचार क्या है? समाज के विषय में उसके अनुभव कैसे है? स्त्री को व्यक्ति रूप में प्रस्थापित करना तथा उसके अस्तित्व के प्रति जागरूकता का निर्माण किया है।

स्त्री-विमर्श के इन बिंदुओं को यदि उपन्यास के विशेष संदर्भ में देखना है तो स्त्री लेखिकाओं का एक विपुल वर्ग है जो निरंतर उपन्यास लेखन में अत्यन्त सक्रिय सहयोग दे रही है। इन लेखकाओं ने पुरुष लेखकों से बेहतर अत्यत्न संवदेनशीलता के साथ स्त्री के मन की टोह ली है। अपनी पीड़ा को, अनुभूतियों को, संघर्ष को लेखिकाएँ अत्यन्त तकलीफके साथ भी प्रस्तुत कर रही है। कामकाजी स्त्री की समस्या, स्त्री का दोहरे स्तर पर संघर्ष, आधुनिक स्त्री की बदलती हुई परिस्थति, मानसिकता, उससे उत्पन्न नयी समस्याएँ, पारिवारिक एवं दाम्पत्य जीवन के बनते-बिगड़ते संदर्भों को उपन्यासों में लेखिकाओं ने अत्यन्त सूक्ष्मता के साथ दर्शाए हैं।

प्रभा खेतान के शब्दों में स्त्री न स्वयं गुलाम रहना चाहती है और न ही पुरुष को गुलाम बनाना चाहती है। वह चाहती है मानवीय अधिकार। दलित और पीड़ित स्त्रियों की मानसिक समस्याओं को लेकर रचे गये उपन्यास में धोखा खानेवाली स्त्रियों और उनके संघर्ष, स्वाभिमान, त्याग, प्रेम की शक्ति का परिचय मिलता है। मध्यवर्गीय स्त्रियों के जीवन में आनेवाले वास्तविक परिणामों के प्रति ध्यान देते हुए स्त्री-पुरुष संबंधों में आनेवाले वांछनीय और अवांछनीय पारस्परिक और आधुनिक शुभ

और अशुभ परिणामों का चित्रण हुआ है। मध्यवर्गीय जीवन संकट में पड़ गया है। सम्मिलित परिवार टूट गए हैं। पीढ़ियों के बीच व्यवधान बढ़ गया है। नौकरी करनेवाली विवाहित, अविवाहित स्त्री तरह-तरह की समस्याओं का सामना कर रही है। माँ-बाप, सास-ससुर, रिश्तेदार, मित्र, सांस्कृतिक विरासत, अधिकार आदि प्रत्यक्ष या परोक्ष रूप से स्त्रियों के जीवन पर प्रभाव दिखा रहे हैं। जाति, धर्म, दहेज, सुंदरता, ओहदा, उपभोक्ताआदि मध्यवर्गीय व्यक्तियों में उथल पुथल मचा रहे हैं। मानव संबंधों में बेचैनी का, पालन पोषण, विवाह, प्रेम, दाम्पत्य जीवन से सब प्रबंध शास्त्र की सीमाओं में आ गए हैं। अब परिवार की समस्याओं के संदर्भ में उठनेवाली शिकायतों को लेकर नई परिभाषा सामने आने लगी है। इसी दृष्टि के बल पर इन सब उपन्यासों में वर्तमान शिक्षित स्त्रियों पर शोषण, मध्यवर्गीय पारिवारिक जीवन और स्त्री समस्याओं का चित्रण बहुत सूक्ष्म ढंग से किया गया है। स्त्री के सशक्तिकरण का चित्रण, आज के परिवेश में स्त्री का समझौतापूर्ण जीवन, पारिवारिक त्रासदी, उसके अकेले होने की नियति को, समाज में नौकरीपेशा स्त्री की उपस्थिति और उसकी तरक्की पर उठते हुए संदेह को विचलित कर देने वाले चित्र खींचे गए हैं। स्त्री की अस्मिता की खोज, स्त्री सिर्फ कामना की वस्तु नहीं है बल्कि एक व्यक्ति और अपने बारे में समाज से खुली बहस चाहती है। स्त्री वस्तु नहीं, मानवी बनना चाहती है। आज की स्त्री विद्रोहिणी, पारिवारिक संदर्भों से जुड़ी, संघर्षमयी, नई चुनौतियों को स्वीकार करनेवाली, नई राह बनानेवाली, विद्रोह-तत्वों की खोज ऐसे चित्रण को लेखिकाओं ने अपने उपन्यासों में खींचा है। स्त्री पर होनेवाले अन्याय एवं अत्याचार का लेखिकाओं ने स्त्री में जागी चेतना शक्ति का चित्रण किया है। स्त्री-पुरुष में स्पर्धा, प्रतियोगिता को दार्शाया गया है।

प्रतियोगिता की यह भावना जब मन में घर करने लगती है तब असंतुष्टि के बीज स्वाभाविक रूप से अपनी जड़ें जमाने लगते हैं। परिवार नरक बन जाताहै। शिक्षा बुद्धिमार्ग, प्रेम, सब कुछ एक कोने में मुँह छिपाकर बैठ जाते हैं। परिवार टूटने लगते हैं, आपसी संबंध बिगड़ने

लगते हैं। जीवन से 'रस' लुप्त हो जाता है। केवल 'सम' बचता है। आनेवाली पीढ़ी पर भी इसका बुरा असर पड़ता है। इससे बचना बहुत ही आवश्यक है। यही स्त्री विमर्श है कि स्त्री सोच सकती है कि हम किसलिए जीते हैं, किसलिए मरते हैं। हमें क्या करना है क्या नहीं करना है।

'स्त्री विमर्श' उपन्यासों में स्त्री समस्याओं का अंकन हुआ है। उसकी पीड़ा, संत्रास, उत्पीड़न शिक्षित होने पर भी दबी हुई, समझौतों का सामना करनेवाली, अपनी अस्मिता, अस्तित्व को बचाने की कामना शक्ति और आत्मनिर्भरता, स्वाभिमान, आत्मसम्मान की होड़ में स्त्री आधुनिक मानदंडों को अपना रही है।

"स्त्री-लेखन ने स्त्रियों के दृष्टिकोण से जीवन को देखा और दर्शाया है। इस क्रम में अनेक ऐसी अनुभूतियों ने साहित्य को समृद्ध किया है, जो अब तक अछूती थी। यह अपने आप में एक बड़ी उपलब्धि है। स्वानुभूति अब सहानुभूति का आसरा छोड़कर अपनी राह और मंजिल खुद पाना चाहती है। क्योंकि वह सहानुभूति के खतरों को पहचानती है जो स्त्री-वर्ग में भेद करती है।"[2]

अंतिम दशक के उपन्यासों में अत्यधिक आधुनिकता के कारण स्त्री कई समस्याओं का उद्घाटन कर चुकी है। जिसके कारण स्त्री के जीवन में आमुलाग्र परिवर्तन हुआ है। इस दशक में भी परंपरागत चलती आ रही पुरुष सत्ता यथा-तथा बनी हुई है। संदर्भ जरूर बदल गये हैं। पुरुष प्रधान संस्कृति के दाम्पत्य जीवन, पारिवारिक जीवन तथा वैवाहिक जीवन की विषमताओं को नये ढंग से, नये दृष्टिकोण से नये प्रश्नों के साथ उभारा गया है। स्त्री का स्वतंत्र व्यक्तित्व आज भी दिशाहीन, कुंठाग्रस्त, उपेक्षित है। दिन-ब-दिन बढ़ रहे अन्याय, अत्याचार, शोषण से स्त्री वर्तमान समय में भी जूझ रही है। स्त्री लेखिकाओं ने 'स्त्री-विमर्श' में स्त्री समस्याओं को, उनकी स्वतंत्रता की छटपटाहट को नये दृष्टिकोण से अपने उपन्यासों में चित्रण किया गया है। स्त्री के आत्मसम्मान, आत्मनिर्भरता के प्रश्नों को उपन्यासों में स्वानुभूति तथा सहानुभूति के साथ प्रस्तुत किया गया है।

स्त्री जीवन के चित्रण में स्त्री लेखिकाओं ने अपना सशक्त योगदान दिया है। अविवाहित मातृत्व की समस्या, अनमेल विवाह, प्रेम-विवाह, असफल विवाह का चित्रण कर विवाह विच्छेद को आवश्यक माना है। स्त्री जीवन के नये तथ्यों को प्रस्तुत कर उनके सुधारों की संभावनाओं को नये परिवर्तनों के साथ उपन्यासों का विषय बनाया है। अंतिम दशक के उपन्यासों में स्त्री का नया, बदलता हुआ स्वरूप, परिवर्तनशील सामाजिक संदर्भ में स्त्री जीवन की विषमताओं का चित्रण हुआ है। स्त्री अब दब्बू बनकर जीना नहीं चाहती अपनी स्वतंत्रता को महसूस करना चाहती है। परंपरा ने जो उसके माथे पर सहनशील-त्यागमयी, दब्बू का लेबल चिपका रखा है उसे उखाड़ फेंकने को तत्पर है। आज की स्त्री कुछ हद तक सहन करती है जब सहनशीलता अतिक्रमण करने लगती है तो उसे तोड़ने में भी आज की स्त्री संकोच नहीं करती है। नये मूल्यों नयी राहों पर चलने को अड़िग है। शोषण, समस्याओं का सामना कर अपने 'स्व' को पहचानने में लगी हुई है।

लेखिकाओं के चिंतन के परिवर्तनकामी आयाम

अंतिम दशक के उपन्यासों में लेखिकाओं ने स्त्री-जीवन के नये तथ्यों, नये संदर्भों तथा जटिल प्रश्नों से मुठभेड़ करने की प्रवृत्ति अपनायी है। लेखिकाओं ने पारंपरिकता के विरुद्ध पात्रों को खड़ा कर नये युग में, नये समय में स्त्री के प्रति नयी जीवन-दृष्टि की मांग को उठाते हुए कई चुनौतियाँ प्रस्तुत की हैं। स्त्री को पुरुष नहीं विवेकवान, व्यक्तित्ववान स्त्री बनना है।

"बीसवीं शताब्दी का अंतिम दशक अगर इसलिए याद किया जाये कि उसमें हिंदी के महिला उपन्यास-लेखन ने अपनी 'संपूर्ण दृष्टि' पा ली है तो कोई आश्चर्य की बात नहीं होगी। इस अवधि में चंद्रकांता, मैत्रेयी पुष्पा, मृदुला गर्ग, गीतांजलि श्री, अलका सरावगी और संजना कौल का परिदृश्य पर एक चमक के साथ प्रकट होना महत्वपूर्ण घटना बन गया। मृदुला गर्ग, चित्रा मुद्गल, मैत्रेयी पुष्पा, प्रभा खेतान और

राजी सेठ जैसी लेखिकाएँ नयी नहीं है। पर उनका नया रूप पहले से अधिक आश्वस्तकारी और महत्वपूर्ण लगता है। शेष तीन महिला लेखिकाओं में गीतांजलि श्री, अलका सरावगी और संजना कौल इसी दशक की खोज हैं जिन्होंने न केवल लीक से हटकर विलक्षण प्रयोग किये हैं, वरन् पुरुष लेखकों के लिए भी एक सृजनात्मक चुनौती बनी है।"[3] अंतिम दशक के हिंदी उपन्यासों में स्त्री लेखन एक महत्वपूर्ण पहचान के साथ अधिक सफल हुआ है जिसमें लेखिकाओं की संवेदना अत्यधिक दृष्टिगोचर होती है। लेखिकाओं के चिंतन में, प्रेम का नया दृष्टिकोण, विवाह के प्रति नयी सोच, संबंधों की नयी व्याख्या, मनोवैज्ञानिक दृष्टि से स्त्री का चित्रण, स्वतंत्रत अस्तित्व, व्यक्तित्व की खोज सभी तथ्यों को सरलता और सजगता से अभिव्यक्त किया गया है। ये लेखिकाएँ अपनी विशेषताओं के साथ नये दृष्टिकोण से स्त्री पात्रों का विश्लेषण उपन्यासों में कर रही है।

"स्त्री स्वभाव को समझना 'स्त्री-विमर्श' की सबसे बड़ी चीज़ है।"[4] "स्त्री-विमर्श स्पेस को बल देता है। पुरुष की उदारता पर बल देता है। ढेर सारी चीज़ें उससे बंधी हुई हैं। यह बहस का विषय उतना नहीं है, जितना जागृति का।"

अंतिम दशक के उपन्यासों में 'स्त्री-विमर्श' के प्रश्नों को अपने उपन्यासों में उठाने वाली निम्नलिखित लेखिकाएँ हैं-कृष्णा सोबती, मैत्रेयी पुष्पा, चित्रा मुद्गल, मृदुला गर्ग, चंद्रकांता, प्रभा खेतान, अलका सारावगी, गीतांजलि श्री, सूर्यबाला, नमिता सिंह, मीना शर्मा। इन्होंने स्त्री-विमर्श के मुद्दों को नये परिप्रेक्ष्य में नये दृष्टिकोण से, नयी सोच के साथ, आधुनिक संदर्भों में नये तथ्यों का विवेचन किया है।

स्त्री-लेखन पर विचार करते हुए लेखिकाओं ने स्त्री से जुड़े महत्वपूर्ण मूलभूत प्रश्नों को उठाते हुए अपने उपन्यासों में 'स्त्री-पक्ष' को रेखांकित किया है। इनके विचार में-"स्त्री-विमर्श का प्रमुख सरोकार स्त्री का अपने पक्ष में खुद लड़ना और खुद खड़े होना रहा है, जब तक यह लड़ाई

अपनी ओर से नहीं लड़ी जाएगी स्त्री के पक्ष में नहीं जाएगी।"[5] स्त्री को 'स्व' के लिए सचेत होना होगा, अपनी जरूरतों को महसूस करना होगा तभी वह अपने पक्ष के बारे में सोच सकती है। "स्त्री-विमर्श स्त्री के जीवन के अनछुए अनजाने पीड़ा जगत के उद्‌घाटन के अवसर उपलब्ध कराता है परंतु उसका उद्देश्य साहित्य एवं जीवन में स्त्री के दोयम दर्जे की स्थिति पर आँसू बहाने और यथास्थिति बनाए रखने के स्थान पर उन कारकों की खोज से है जो स्त्री की इस स्थिति के लिए जिम्मेदार है। वह स्त्री के प्रति होनेवाले शोषण के खिलाफ संघर्ष है।"[6] "स्वयं चेती हुई स्त्री के स्वाधिकार स्त्री-विमर्श के सरोकार हैं।"[7] "स्त्री की सृजनात्मक क्षमता स्त्री-विमर्श की सबसे प्रश्ननीय जमीन है।"[8] स्वयं के अधिकारों के प्रति सचेत स्त्री तथा उसकी सृजनात्मक शक्ति ही स्त्री की अपनी जमीन है जिस पर वह अपनी और भावी पीढ़ी की जिम्मेदारियों को खुद समझ कर, आनेवाली पीढ़ी को भी समझा सकती है।

स्त्री लेखन पर मृदुला गर्ग जी कहती हैं-"स्त्रीवादी लेखन का संबंध लिंग से नहीं भावबोध, जीवन दृष्टि और चेतना से है। स्त्री चेतना संपन्न कथा-साहित्य स्त्री-पुरुष दोनों रच सकते हैं।"[9] मृदुला जी के लेखन में जीवन दृष्टि तथा मानसिकता का सामंजस्य स्थापित है। यह तटस्थता साहित्यिक मूल्य का दर्जा पाती है। प्रभा खेतान जी के अनुसार स्त्री लेखन-"विश्लेषणात्मक प्रणाली और नियोजित प्रतिमान कहीं स्त्री लेखन को उभरने नहीं देते। प्रतिमान शाश्वत नहीं उन्हें बदलना होगा। स्त्री केवल प्रकृति नहीं वह हर प्रकार से समर्थ है। वह इतिहास में हस्तक्षेप कर सकती है उसे मोड़ दे सकती है।"[10] प्रभा खेतान पारंपरिक लीक से हट कर नये दृष्टिकोण को अपनाने की पक्षधर हैं।

स्त्री चिंतन के प्रति लेखिकाएँ अधिक स्पष्ट रूप में दिखाई देती हैं। स्त्री लेखिकाओं में चिंतन प्रणाली के साथ उनकी प्रतिबद्धता भी अधिक ईमानदार तथा समाजपरक रही है। चित्रा जी इस संदर्भ में कहती है- "लेखन मेरे लिए आत्मरति नहीं समाज की जड़ स्थितियों पर प्रहार की तरह है। अपने समय के समाज पर वह मेरा लेखकीय हस्तक्षेप है।

हस्तक्षेप से भी कहीं ज्यादा वह मेरी चेतना का दायित्व है, सामाजिक दायित्व। लेखन आत्माभिव्यक्ति का केवल माध्यम ही नहीं मेरे लिए सर्वोपरि है। "अपनी रचनाओं में अपने लेखन की मौजूदगी के विषय में मेरा यह मानना है वह मेरी समग्र रचनाओं में दृष्टि के रूप में उपस्थित होता है।"[11] आगे वह कहती है-"स्त्री की क्षमता को उसकी देह से ऊपर उठाकर स्वीकार न करनेवाले रूढ़ रुग्ण समाज को बोध करना आखिर किन कंधों का दायित्व होगा।"[12] "लेखक की उपस्थिति को लेखन दृष्टि के रूप में ही लिया जाना चाहिए।"[13] स्त्री पक्ष के प्रश्नों को लेखिकाओं ने भारतीय स्त्री के विडंबनापूर्ण जीवन परिस्थितियों तथा उससे संबंधित प्रत्येक संघर्ष को अपने उपन्यासों में दर्शाया गया है। स्त्री के व्यक्तित्व के प्रति समाज का ध्यान आकर्षित करने का सफल प्रयत्न किया गया है।

इन लेखिकाओं ने अपनी रचनाओं में स्त्री-जीवन के सभी पक्षों को अत्यधिक सजीव तथा प्रभावशाली ढंग से चित्रित किया है। शैल रस्तोगी कहती है-"पुरुष स्त्री स्वभाव का केवल दृष्टा मात्र है दर्शन केवल देखी-सुनी बातों का ही वर्णन कर सकता है। अनुभूति का अभाव होने के कारण उसके चित्रों में वह तन्मयता नहीं आ सकती, जो स्त्री के स्त्री चरित्रों में आनी संभव है।"[14] स्त्रीवादी लेखन का प्रमुख नारा है 'पर्सनल इज़ पोलिटिकल' यह नारा स्त्री के संघर्षों, व्यक्तिगत अनुभवों और सत्य का खुलासा स्त्री की जुबानी करने का पक्षधर है ताकि उसकी त्रासदी स्थितियों का बोध समाज को हो सके।"[15]

लेखिकाओं के लेखन में सामाजिक दायित्वों को निभाते हुए स्त्री संघर्षों, उसके व्यक्तिगत अनुभवों के साथ आत्माभिव्यक्ति समग्र दृष्टि के रूप में उपस्थित होती है। ये स्त्री पक्ष की पक्षधर है इनके उपन्यासों में आंसू और वेदना के आलाप गायब हो रहे हैं। इनकी रचनाओं में संपूर्ण लेखन की धारा फूट पड़ी है। उसमें स्त्री संघर्ष, प्रश्नों, समस्याओं के साथ-साथ समय, समाज और नियति की चिंताएँ समग्र होने लगी हैं। लेखिकाएँ बीसवीं सदी के अंतिम दशक की सशक्त उपलब्धि मानी जानी चाहिए जिन्होंने सामाजिक, आर्थिक, पारंपरिक, धार्मिक, ऐतिहासिक,

सांस्कृतिक सभी पक्षों को अपने उपन्यासों का माध्यम बनाया है जिसमें स्त्री इन सभी तथ्यों से जूझती, जुझारू होती दिखाई देती है। स्त्री-पक्ष को केंद्र में रख कर इन सभी पक्षों को बड़े ही संवेदनशील ढंग से चित्रण स्त्री-लेखिकाओं ने अपनी रचनाओं में किया है। स्त्री-विमर्श के सभी तथ्यों का विवेचन इनकी रचनाओं में किया जाएगा।

स्त्री लेखन के सार्थक हस्ताक्षर: कृष्णा सोबती

कृष्णा सोबती ने इन उपन्यासों में स्त्री जीवन की नयी व्याख्या प्रस्तुत की है। आधुनिक परिप्रेक्ष्य में स्त्री जीवन के संपूर्ण व्यवस्था को समेटा गया है। परंपरा और आधुनिक सोच का सामंजस्य स्थापित किया गया है। "कृष्णा जी अपनी संयमित अभिव्यक्ति और सुथरी रचनात्मकता के लिए जानी जाती है। कम लिखने को वे अपना परिचय मानती हैं। जिसे स्पष्ट इस प्रकार किया जा सकता है-'कि उनका कम लिखना' दरअसल विशिष्ट लिखना है।"[16] कृष्णा जी ने अपने उपन्यासों में नयी विचारधारा को अपनी क्षमताओं के साथ बौद्धिक उत्तेजना, आलोचनात्मक धरातल पर साहित्य में नये संसार को उत्पन्न किया है। उनकी सामाजिक और नैतिक अनुगूंज उनके पाठकों में हमेशा बनी रहती है। कृष्णा जी ने विलक्षण ताजगी के साथ भाषा-संस्कार के घनत्व, जीवंत प्रांजलता और संप्रेषण की मानवीय स्वातंत्र्य और नैतिक उन्मुक्तता के लिए प्रभावित व प्रेरित किया है। वे कहती हैं-"मैंने अपने जीवन में जो सिद्ध किया वह मेरी स्वायत्तता है, लेकिन इसके लिए मुझे बहुत बड़ी कीमत चुकानी पड़ी है।"[17]

कटु अनुभवों का दस्तावेज : ऐ लड़की

'ऐ लड़की' कृष्णा जी का एक लघु उपन्यास है इसके संदर्भ में कुछ आलोचक लघु उपन्यास तथा कुछ लंबी कहानी मानते हैं। "ऐ लड़की उद्दाम जिजीविषा की कहानी है। अम्मू के माध्यम से वे एक सामान्य मध्यवर्गीय भारतीय परिवार की स्त्री की नियति को पारिभाषित करती है शिल्प की दृष्टि से यह कहानी कथा साहित्य में नये प्रयोगों की प्रतिभा

है।"[18] यह उपन्यास आधुनिक काल के स्त्री-विमर्श को हमारे सामने प्रस्तुत करता है जिसमें पितृसत्तात्मक समाज के मूल्यों, मान्यताओं, वर्जनाओं पर संदेह करता है। स्त्रियों ने पिछली सदी के अंत में, सदियों से चली आ रही स्वत्वहीनता के मौन को तोड़ा तथा अपनी चुप्पी को गहरे मानवीय अर्थ दिये। सदी के अंतिम दशक के इसी दौर की प्रतिनिधि रचना है 'ऐ लड़की'।"[19]

यह प्रयोगात्मक उपन्यास है जिसमें कृष्णा जी ने स्मृतियों में जीती हुई 'माँ' तथा उसकी बेटी में हार्दिक संवादों का चित्रण किया गया है। यह जीवन यात्रा का कच्चा-चिट्ठा ही नहीं बल्कि समग्र स्त्री जीवन को केंद्रित करता है। जिसमें स्त्री जीवन की इच्छा, जिजीविषा और जुगुप्सा, ऐंद्रिय तृष्णाओं की स्वीकृति तथा उसके प्रश्नों, अस्मिता की खोज का सुंदर एवं सजीव अभिव्यक्ति के साथ चित्रण मिलता है। जिसमें परंपरागत कथानक से हटकर अपना अलग वैशिष्ट्य लेखन में दर्शाया गया है। कात्यायनी के शब्दों में-"कृष्णा जी का स्त्रीवाद उग्र है,अनुभववादी है पर सर्वनिषेधवादी नहीं। यह परिवार और समाज में स्त्री के स्थान को लेकर चिंताएँ अधिक वैचारिक हो उठी है।"[20]

ऐ लड़की लघु कलेवर में स्त्री जीवन की महागाथा है। इस उपन्यास की नायिका एक वृद्ध स्त्री है 'अम्मु' जिसका जीवन मृत्यु के निकट है। उसे पल-पल लगता है कि अभी प्राण पखेरू बन कर उड जाएंगे। मृत्यु से पहले अम्मू जीवन को पूरी तरह से जीना चाहती है क्योंकि वह मानती है कि मृत्युलोक तो उसका पराया घर है। वह मरने से नहीं घबराती पर जीने की गहरी जिजीविषा है। अम्मू अपने जीवन अनुभवों को अपनी बेटी से बांटती है। यहाँ एक माँ अपनी बेटी को संबोधित कर आने वाली पूरी पीढ़ी को संबोधित कर रही है। पूरा उपन्यास इनके आपसी संवादों पर चलता है। जिसमें मध्यवर्गीय परिवार की स्त्री संबंधित कष्टों, दायित्वों का निर्वाह करती हुई अम्मू अपनी अविवाहित बेटी के ऐकाकिपन से परेशान है। अकेलेपन से उभारने के लिए अम्मू बेटी को जीवन जगत

की बातों का साक्षात्कार करवाती है। इसमें अम्मू के माध्यम से स्त्री की पीड़ा जनक स्थिति का बोध होता है। लेखिका ने जीवन की सच्चाइयों को संवादों के माध्यम से स्त्री जीवन को केंद्र में रखा है। इस कृति में स्त्री के बदलते दृष्टिकोण को बौद्धिक स्तर पर प्रस्तुत किया गया है।

सामंती मूल्यों का खोखलापन : दिलो दानिश

'दिलो-दानिश' कृष्णा सोबती का एक महत्वपूर्ण उपन्यास है जिसमें सामंती मूल्यों का खोखलापन दृष्टिगत होता है। 'दिलो दानिश' में सामंती जीवन-दृष्टि और जीवन शैली की अमानवीयता और स्त्री की इच्छा और मानवीय अनुभूतियों का चित्रण मिलता है। "सामंती परिवेश और सामंती जीवन-शैली में स्त्री के पास अपना कुछ भी नहीं होता है। यह ऐसा परिवेश है जहाँ स्त्री के ऊपर अनेक प्रतिबंध होते हैं। प्रतिबंधों के कारण जीवन शून्य हो जाता है। जरा-जरा-सी इच्छाओं के लिए उसे लांछित होना पड़ता है।"[21]

स्त्री की अस्मिता की खोज तथा स्वयं को पहचानने की कोशिश है। लड़ाई चाहे पत्नी की हो या दूसरी औरत (रखैल) की दोनों ही पुरुष सत्ता की शिकार हैं। अपनी पहचान पाने के लिए वह कौन सा रास्ता अपनाती है वह उसकी निजी बात है। लेखिका ने स्त्री के पूरे व्यक्तित्व और इतिहास को बड़े ही मानवीय ढंग से प्रस्तुत किया है। यह उपन्यास मानव की अस्मिता, उसके अस्तित्व तथा उससे संबंधित सामाजिक मूल्यों, स्त्री संदर्भों में स्त्री की पहचान के प्रश्नों को प्रमुखता देता है। पात्रों के आपसी त्रिकोणीय द्वंद्वों तथा उनके अंतःसंघर्षों को दर्शाया गया है।

यह उपन्यास स्त्री स्वतंत्रता और स्त्री मुक्ति के प्रश्नों को बीसवीं सदी के समय को समेटता है। अपने में सामंती मूल्यों एवं स्त्री चेतना को उभारते हुए भारतीय मिट्टी से जोड़कर देखा है। समूचे सामाजिक परिप्रेक्ष्य में स्त्री की अनिवार्यता को अंकित किया गया है। इसमें स्त्री अपने अधिकारों एवं परिस्थितियों के लिए उग्र रूप धारण कर लड़ती हुई दिखाई देती है। फिर भी स्त्री के इस उग्र रूप को हम उसके आरंभिक

रूप में ही पाते हैं।

"स्त्री के सेक्स, संपत्ति, घर और संतान की समस्या को ऐतिहासिक परिप्रेक्ष्य में तलाशने की कोशिश की है। हवेली और फराशतखाना का द्वार मध्यकालीन सामंती मानसिकता से बहुत गहरे जुड़ा हुआ था। हवेली की अपनी संहिता होती है। जिसमें व्यक्ति की निजी भावनाओं के लिए कोई स्थान नहीं था। पुरुष का अपनी प्रेमिका के बच्चों का बाप बन जाने पर संपत्ति को लेकर पारिवारिक संघर्ष तो होता ही था फ़राशतखाने की औरत रईस के बच्चों की माँ होकर भी उसकी कानूनी पत्नी और हवेली का अंग नहीं हो पाती थी। दिलोदानिश में विवाहेतर काम-संबंध और संतान की स्वीकृति का प्रश्न अपनी सारी जटिलताओं और तीखेपन के साथ विद्यमान है।"[22] इसमें दिल्ली के परिदृश्य को केंद्रित किया गया है। 19 वीं शताब्दी के अंत तथा बीसवीं शताब्दी के शुरुआती दिल्ली के परिदृश्य में मानवीय संबंधों को सार्थकता देने का प्रयास किया गया है। इस उपन्यास में पारिवारिक तनाव तथा प्रेम संबंधों के बीच स्त्री को संपूर्णता में केंद्रित करने का प्रयत्न किया गया है। जिसमें परपत्नी को 'रखैल' कहा जाता था। उसके आंतरिक और बाह्य समस्याओं को, संघर्ष को दर्शाया गया है। 'दिलो-दानिश' 19 वीं 20 सदी के दरम्यान एक खानदानी रईस और वकील कृपानारायण के हवेली के भीतर की दुनियाँ (उसकी माँ, पत्नी, बेटी, बहन आदि) और हवेली के बाहर की दुनियाँ (दूसरी औरत, महकबानो, उसका बेटा और बेटी) के रिश्तों ओर टकरावों के माध्यम से तत्कालीन सामंती समाज में औरत की सामाजिक स्थिति और चेतना को समझने की एक जोखिम भरी रचनात्मक कोशिश है।"[23] इसमें ऐसे व्यक्ति के आसपास के व्यक्तियों के इर्द-गिर्द पिरोया गया है जो वकील कृपानाराण अपने व्यक्तित्व को दिल और दानिश में बंटा हुआ पाता है अपनी दानिशमंदी का शिकार है। इसमें ब्याहता पत्नी कुटुंबप्यारी को और रखैल महकबानो को पुरुष सत्ता की शिकार और शोषण के खिलाफ आवाज़ उठाते दिखाया गया है इसमें कथा की सोच सदी पुरानी है फिर भी इसमें जो प्रश्न उठाये गये हैं वे

आज के समाज के समक्ष उसी प्रकार ताजे हैं। पारंपिरक पारिवारिक मध्यवर्गीय स्त्रियों की जो स्थिति है उसी को सटीक ढंग से दर्शाया गया है। "इस परिवार की कथा का दूसरा ध्रुव प्रेम पर नहीं टिकता है। कृपानारायण वकील साहब थोड़ी देर के लिए यह जरूर महसूस कर लेते हैं लेकिन फर्क चाहने में नहीं चाहत में है।

इस प्रकार कृष्णा सोबती ने अपनी रचनाओं में अतीत की स्मृतियों की पड़ताल की है और उसमें मानवीय तथ्यों की खोज की है, वहीं स्त्री को उसका 'स्व' पहचानने का अर्थ दिया है। यह सोच-विचार स्त्री को शक्ति देने और समाज की जर्जर व्यवस्था में डटकर विद्रोह करने के लिए सचेत किया है।

स्त्री संघर्ष की नयी जमीन : मैत्रेयी पुष्पा

मैत्रेयी पुष्पा कृत 'बेतवा बहती रही' (1993), 'इदन्नमम' (1994), 'चाक' (1997), 'झूला नट' (1999), 'अल्मा कबूतरी' (2000) आदि बहुचर्चित लोकप्रिय उपन्यास हैं। इन रचनाओं ने हिंदी के उपन्यास साहित्य को काफी प्रभावित किया है। इन उपन्यासों का महत्व अपने आप में महत्वपूर्ण भूमिका निभा रहा है। "इन उपन्यासों का महत्व इस बात में नहीं है कि यहाँ स्त्री के संघर्ष को नयी जमीन मिली और वे समाज को ललकार उठी हैं बल्कि इस बात में है कि यहाँ जीवन का संपूर्ण जगत मुखरित हो उठा है। विन्ध्य अँचल मैत्रेयी पुष्पा की रचनाओं का क्षेत्र है जिसे उन्होंने अन्य उपन्यासों की तरह ही 'इदन्नमम' और 'चाक' में उठाया है और पूरे कौशल के साथ उस अँचल को उसकी सारी विद्रुपताओं के साथ उपस्थित कर दिया है।"[24] स्त्री के सभी संघर्षों को विभिन्न पहलुओं के साथ कथावस्तु बनाकर लेखिका ने स्त्री विषयक उपन्यासों की रचना की है। स्त्री द्वारा प्रताड़ना से ग्रसित अपने जीवन की साधनापूर्वक लक्ष्य तक पहुँचाने वाले विभिन्न उपन्यासों में स्त्री रूप की सरलता से प्रस्तुत किया गया है। "अपने उपन्यास लेखन का आरंभ स्मृति दंश से किया फिर इनका लघु उपन्यास 'बेतवा बहती रही' प्रकाशित

हुआ।"[25] दोनों ही 'कथा' की दृष्टि से बहुत 'मार्मिक' है, किसी भावुक पाठक की आँखों को अश्रुपूरित कर देने वाले। दोनों ही उपन्यासों में परंपरागत पुरुष समाज द्वारा स्त्री पर होने वाले अत्याचार का अंकन किया गया है। पर "औपन्यासिक विजन और यथार्थ की गहरी समझ की दृष्टि से इनका विशेष महत्व नहीं है।"[26]

लेखिका को अपनी रचनाओं पर अनेक पुरस्कार और सम्मान प्राप्त हैं। 'सार्क लिटरेरी अवार्ड' और 'द हंगर प्रोजेक्ट' द्वारा दिये गये 'सरोजिनी नायुडू पुरस्कार' के अतिरिक्त अनेक राष्ट्रीय एवं प्रादेशिक पुरस्कारों से सम्मानित है, हिंदी अकादमी द्वारा साहितय कृति सम्मान। कथा पुरस्कार (फैसला कहानी पर)। बेतवा बहती रही का प्रेमचंद सम्मान, 1995 उत्तर प्रदेश साहित्य संस्थान द्वारा मिला। इन्हें उनके बहुचर्चित लोकप्रिय उपन्यास 'इदन्नमम' के लिए वर्ष 1996 को शाश्वती संस्थान द्वारा नंजनागुडु तिरुमालंबा पुरस्कार, प्रेमचंद सम्मान एवं 1996 में मध्यप्रदेश साहित्य परिषद द्वारा 'वीरसिंह देव' सम्मान द्वारा सम्मानित किया गया। इनका स्वतंत्र लेखन अपने आप में अनोखा, सराहनीय, सटीक है।

स्त्री नियति की गहरी छटपटाहट : बेतवा बहती रही

'बेवता बहती रही' में ऊर्वशी के माध्यम से स्त्री की यंत्रणाओं को उजागर किया गया है। "एक बेवता! ... एक मीरा! ... एक उर्वशी। नहीं-नहीं अनेक ऊर्वशियों, अनेक मीराओं, अनेक बेतवाओं की कहानी है... शोषण के सतत प्रवाह में डूबा समाज। एक अनोखा समाज, अनेक प्रश्नों, प्रश्नचिह्नों से घिरा... प्राचीन रूढ़ियाँ हैं जहाँ सनातन। अंधविश्वास है अंतहीन। अशिक्षा का गहरा अंधियारा। शताब्दियों से चली आ रही अमानवीय यंत्रणाएँ... उर्वशी का दुःख है कि वह उर्वशी है। साधारण में भी असाधारण। इसलिए सब तरह से अभिशप्त रही तिल-तिल मिटती रही चुपचाप... प्रेम, वासना, हिंसा, घृणा से भरी एक हृदयद्रावक अछूत कहानी। पूरे एक अंचल की व्यथा-कथा।"[27] उर्वशी

की यह कथा उसी की क्या, किसी भी ग्रामीण कन्या की व्यथा हो सकती है। विपन्नता का अभिशाप-शोषण और सनातन संघर्ष। एक विवश यातनामय नारकीय जीवन। ... मगर सच है। क्योंकि वह औरत है, औरत सदैव रहती है-सहने के लिए, झेलने के लिए और जूझने के लिए..."[28] मैत्रेयी जी ने बेतवा नदी के किनारे बसने वाली छोटी बस्तियों का अंकन किया है जिसमें उस समाज की विषमताओं को दर्शाया गया है।

अस्तित्व की तलाश : इदन्नमम

'इदन्नमम' इनका उत्कृष्ठ उपन्यास है जिसके माध्यम से लेखिका को नयी पहचान मिली है। "जिसमें एक विजन है जो लेखिका के बुंदेलखंडी जीवन के प्रामाणिक और अंतरंग अनुभव, पहाड़ी अंचल की धरती और बीहड़ पहाड़ के जीवन के सामाजिक यथार्थ तथा गहरी मानवीय संवेदना से संपन्न है। अपने पूर्ववर्ती उपन्यासों में मैत्रेयी पुष्पा ने बुंदेलखंड की अहीर कन्याओं की करुण नियति कथा, जो किसी न किसी रूप में नारी पात्र की नियति कथा है, गहरी संवेदना के साथ प्रस्तुत की है। पर इदन्नमम में यह कथा करुणा की सीमा का अतिक्रमण करती हुई 'जुझारू' हो गयी है।"[29] गहरी संवेदना और भावनात्मक लगाव से लिखी गई यह कहानी बदलते, उभरते 'अंचल' की यातनाओं, हार-जीतों की एक निर्व्याज गवाही है... पठनीय और बेचक"[30]

इस उपन्यास में "नारी की संपत्ति को पुरुष के द्वारा हथियाना और नारी अधिकार चेतना का भाव स्पष्ट होता है, उपन्यास में स्त्री की तीन पीढ़ियाँ अपने जीवन संदर्भों को लेकर प्रश्नांकित मुद्रा में खड़ी है। उपन्यास के रत्नयादव के जिंदगी की मंजिल नारियों को बहला फुसला कर अपहरण करके उसकी संपत्ति को हड़प लेना है।"[31]

महानगरीय मध्यवर्ग की स्त्री जो अस्तित्व की तलाश में मंदाकिनी एक अजीब निष्कवच, निश्छल, निरीह, संकल्प-दृढ़ स्त्री का व्यक्तित्व लेकर केंद्रित हुई है जो वास्तविक अर्थों में एक जुझारू तथा चेतित स्त्री है। वह समाज और परिवार द्वारा स्त्री के लिए बने बंधनों का खंडन ही

नहीं करती, उस शोषण के विरुद्ध भी तनकर खड़ी हो जाती है जो आज के नेताओं तथा ठेकेदारों द्वारा आदिवासियों, निम्न जातियों तथा ग्रामीण समाज को सहना और भोगना पड़ता है। लेखिका ने पात्रों के माध्यम से जीवंत यथार्थ, परंपरागत नियति और स्त्री व्यथा की संवेदनशीलता को दर्शाया है। इसके साथ ही पुरुष सत्ता को निभाते हुए राजनीतिक नेताओं और ठेकेदारी के चरित्र को भी पर्याप्त मात्रा में अंकित किया गया है।

सामाजिक यथार्थ का दर्पण : चाक

'चाक' उपन्यास में लेखिका ने खेती-किसान से जुड़े जाटों का सजीव चित्रण किया है। इसमें स्त्री-जीवन को केंद्र में रखकर उसकी नियति, विडंबना और संघर्ष का चित्रण किया है। यह उपन्यास ग्रामीण परिदृश्य में चेतित स्त्री को दर्शाता है। स्त्री विमर्श के माध्यम से सामाजिक यथार्थ का दर्पण दिखाने का लेखिका ने सशक्त प्रयास किया है।

चाक उपन्यास की कथा निम्न मध्यवर्गीय किसान जीवन में उभरे नये दृष्टिकोण, परिवेश, विचारों के संघर्ष, सांस्कृतिक विघटन तथा सामाजिक व्यवस्था में परिवर्तन के कारणों को दर्शाती है। 'चाक' से अभिप्राय कुलालचक्र से है जिससे कुम्हार मिट्टी के बर्तन बनाता है। लेखिका ने चाक को गतिशील कालचक्र के प्रतीक के रूप में संपूर्ण परिवर्तनशील समाज की संहिताओं को दर्शाया है। यह सामाजिक यथार्थ का अविकृत दर्पण है जिसमें अनेक समस्याओं से टकराती, स्त्री जीवन है जो समय की गतिमानता में चाक की तरह ऊपर नीचे, कभी दबती, कभी तनती, कभी रोती, गरजती, दहाड़ती स्त्री को सारंगी के रूप में व्यक्त किया है। इसमें स्त्री के चरित्रगत आयामों को दर्शाया गया है।

किस प्रकार जाट समाज से उसके नैतिक संहिताओं का खंडन स्त्री करती है और यह रूढ़िग्रस्त समाज उल्लंघन करने पर स्त्री से जीने का अधिकार छीन लेते हैं और हत्या को समाज हल्की सी चर्चा के साथ समाप्त कर देते हैं। इसमें स्त्री नियति का चित्रण कर चौकाने वाली दृष्टि को प्रस्तुत किया है। प्यार करने की सजा यदि रेशम की हत्या की जाती

है तो गुलकंदी को जिंदा जलाया जाता है। पिछड़ी जाति की स्त्री हो या दलित स्त्री हो या समाज के किसी भी श्रेणी की स्त्री उसे अपना जीवन स्वयं जीने तथा प्यार करने के अधिकार से वंचित किया जाता है। समाज का कोई भी पुरुष ऐसे अमानवीय दृश्य के विरोध खड़ा नहीं हो सकता क्योंकि ये नियम उसके ही बनाये हुए हैं। इस उपन्यास की नायिका सारंग जो बहुत पढ़ी लिखी तो नहीं है, पर जिसमें संकल्प की गजब की दृढ़ता है। सारंग में शोषण से लड़ने, आततायियों का मुकाबला करने, स्त्री अधिकारों के लिए अपने आपको स्वाहा करने की हिम्मत और दृढ़ता है। उसमें गहरी संवेदनशीलता, विवेक ओर संगठन क्षमता है। वह स्त्री संहिता की समस्त मान्यताओं को चुनौती देती है। ग्राम पंचायत के चुनाव में प्रधान पद के लिए खड़ी हो जाती है जिसका विरोध पूरा गाँव, साब पुरुष समाज यहाँ तक कि उसका पति भी करता है। इसमें लेखिका ने स्त्री की सत्ता से संघर्ष करने के लिए उसे चुनाव में खड़ा किया है। और "वह अपने खुद के निर्मित नारी-संगठन के बल पर पुरुष सत्ता को चुनौती देने का साहस भरा कदम उठाती है। इससे यह विचार उभरता है कि जब तक सत्ता स्त्री के हाथ में नहीं आती, पुरुष समाज द्वारा उसका शोषण और उस पर होने वाला अत्याचार समाप्त नहीं हो सकता।"[32]

समय से आगे जाने का प्रयास, चौखटे तोड़ने की तड़प और अपनी बात को कहने की निर्भीकता का साहस चाक को उन महत्वपूर्ण कृतियों की श्रेणी नें ला खड़ा करता है जो अगली शताब्दी का कथा-साहित्य तय करने की महत्वपूर्ण भूमिका निभाएँगे।

मानसिक उद्वेग : झूला नट

'झूला नट' मैत्रेयी पुष्पा का एक विशिष्ट उपन्यास है। जिसका विषय भी जाट समाज की पारिवारिक स्थिति, संबंधों के उलझनों में फंसे मानसिक उद्वेग का चित्रण करता है। इसकी नायिका शीलो जो परंपरागत मूल्यों को चुनौती देने तथा स्त्री-नियति को नकारते हुए विद्रोहिणी का रूप धारण करती है। "गाँव की साधारण सी ओरत है

शीलो-न बहुत सुंदर और न बहुत सुधड-लगभग अनपढ़-न उसने मनोविज्ञान पढ़ा है, न समाजशास्त्र जानती है। राजनीति और स्त्री-विमर्श की भाषा का भी उसे पता नहीं है। पति उसकी छाया से भागता है मगर तिरस्कार, अपमान और उपेक्षा की यह मार न शीलो को कुएँ-बावडी की ओर धकेलती है और न आग लगाकर छुटकारा पाने की ओर। वशीकरण के सारे तीर-तरकश टूट जाने के बाद उसके पास रह जाता है जीने का निःशब्द संकल्प और श्रम की ताकत-एक अडिग धैर्य और स्त्री होने की जिजीविषा... उसे लगता है कि उसके हाथ की छठी अंगुली ही उसका भाग्य लिख रही है... उसे ही बदलना होगा।"[33]

इस उपन्यास की कथा में सास-बहू, माँ-बेटे, पति-पत्नी तथा देवर-भाभी के संदर्भों के संबंधों को दर्शाया है। इसमें न वक्तव्य है न भाषण पात्रों के माध्यम से जीवन और परिवेश को नाटकीय रूप को दर्शाया है। जिसमें बालकिशन को माँ और शीलो जो उसकी पत्नीवत भौजाई है दोनों के बीच पिसते हुए उसके मानसिक उद्वेग को दर्शाया है। आपसी संबंधों की जटिलताओं और विषमताओं को शीलो के माध्यम से सहज विविधता से लेखिका ने जाने कितनी स्थितियों, प्रसंग और घटनाओं के चक्रव्यूह को दर्शाया गया है। "झूला नट की शीलो हिंदी उपन्याम के कुछ न भूले जा सकने वाले चरित्रों में एक है। बेहद आत्मीय, पारिवारिक सहजता के साथ मैत्रेयी ने इस जटिल कहानी की नायिका शीलो की कहानी के साथ 'स्त्री-शक्ति' को फोकस किया है।"[34] "शीलो में सारंग की तरह अद्‌भुत जिजीविषा, अपना भाग्य स्वयं लिखने का संकल्प, और समाज से अकेले ही लोहा लेने की क्षमता है।"[35]

'कज्जा और कबूतरों' की मुठभेड : अल्मा कबूतरी

अल्मा कबूतरी नयी और सशक्त रचना है जिसमें बुंदेलखंड क्षेत्र में बसनेवाली कबूतरा जाति के जीवन को केंद्रित किया गया है। हमारे देश में आज भी कुछ ऐसी पिछड़ी, जनजातियाँ हैं जो स्वतंत्रता का अर्थ तक नहीं जानती। कभी-कभी सड़कों, गलियों में घूमते या अखबारों

की अपराध-सुर्खियों में दिखाई देनेवाले करज, साँसी, नट, मदारी, सपेरे, पारदी, हाबूडे, बनजारे, बाबटिया, कबूतरे न जाने कितनी ही जन-जातियाँ हैं"[36] उनके पास न जमीन है, ठिकाने का घर-बार। जो सभ्य समाज के हाशियों पर डेरा लगाये सदियां गुजार देती है। "मैत्रेयी पुष्पा ने अल्मा कबूतरी में इस कटु यथार्थ को गहरी संवेदना और जबरदस्त सर्जनात्मकता के साथ प्रस्तुत किया है। उनके अपमान, विवशता और पीड़ा भी जिंदगी के जीवंत पात्रों के अद्‌भुत कथासंसार में बदल दिया है। इसके साथ ही लेखिका ने समानांतर 'सभ्य' समाज से, जिन्हें वे कज्जा कहकर पुकारते हैं। उनके टकराव, संघर्ष और पराजय का भी अत्यन्त विश्वसनीय और मार्मिक रूप में प्रस्तुत किया है। 'कज्जा' और कबूतरा समाज की मुठभेड़ और द्वंद्व ही अल्मा कबूतरी का केंद्रीय विषय है।"

भूरी उसका बेटा रामसिंह और उसकी बेटी अल्मा के इर्द-गिर्द कथा को रचा गया है। पर मुझे इस उपन्यास की कथावस्तु कदमबाई मंसाराम और राणा के इर्द-गिर्द घूमती नज़र आई है। भूरी 'कज्जा' समाज से टक्कर लेती है। अल्मा की कथा स्त्री के विद्रोह की कहानी है। कुवारी माँ बनती है। समाज की विषमताओं को साहस के साथ झेलती है। जानवरों से भी बदतर जीवन जीती है। अंत में विधान सभा चुनाव में प्रत्याशी बनती है। इसमें लेखिका ने स्त्रीवाद को उठाया है जिसमें स्त्री अपने प्रश्नों और अधिकारों के लिए सचेत, चेतित दृष्टिगत होती है। इसमें एक स्त्री लेखक का 'बोल्डनेस' तो है, जो कृष्णा सोबती, मृदुला गर्ग आदि के प्रसंग में कभी उछाला भी गया था, पर इसका कोई सौंदर्यशास्त्रीय औचित्य भी है, यह संदिग्ध है। अधिक से अधिक इसे नारी संहिता के प्रति आधुनिक स्त्री का विद्रोह ही माना जा सकता है।"[37] परमानंद श्रीवास्तव के शब्दों में मैत्रेयी में मानवीय भावों के सघन अंतरंगता और संबंधों की जटिलता को चित्रित करने की अनोखी क्षमता मौजूद है।

लेखिका ने सभी उपन्यासों में विन्ध्य और ब्रज-अंचलों के यथार्थ-चित्रण में स्त्री जीवन को केंद्रित किया है। इनकी नायिका ग्रामीण और निम्नवर्गीय स्त्रियाँ हैं जो सरल, आत्मीय, पारिवारिक, सहजता,

संवेदनशील, विद्रोही, स्त्री-संहिताओं को चुनौती देनेवाली, समाज की विषमताओं, विसंगतियों का डटकर सामना करनेवाली, अपना भाग्य स्वयं लिखने तथा समाज से अकेले ही लोहा लेने का संकल्प की क्षमता रखती है लेखिका ने स्त्री नियति की विडंबना और उसके संघर्ष का चित्रण किया है। डॉ.प्रभा खेतान अपने लेख में मैत्रेयी पुष्पा के बारे में कहती है-"वो जब लिखती है तो अपने उपन्यास की नायिका के साथ एक है। संवाद सहज है। चित्रण सजीव है, इसलिए नहीं कि ग्रामीण परिप्रेक्ष्य है, बल्कि इसलिए कि वह स्त्री-लेखिका है।" इदन्नमम की बऊ, प्रेमा, मंदा इन स्त्रियों के माध्यम से तीन पीढ़ियों की संघर्षपूर्ण कथा को प्रस्तुत करती है। 'चाक' में सारंग के साहसपूर्ण संघर्ष और चुनौतीपूर्ण व्यवहार को दर्शाया गया है। जिसमें वह समाज की विषमताओं का खंडन करती तथा अपने 'स्व' अस्तित्व की लड़ाई लड़ती दर्शायी गयी है। बेतवा बहती रही की विधवा उर्वशी, झूला नट की शीलो, अल्मा कबूतरी की अल्मा, भूरी के माध्यम से चेतित, जागृत स्त्रियों का अंकन किया गया है। मैत्रेयी स्वयं कहती है-"इदन्नमम में नारी मन की पीड़ा और दर्द, द्वेष, तिस पर सामंती समाज के हिंसक अंतर्विरोध आदि का बीजारोपण है। इदन्नमम जो नारी की समाज में सम्मानजनक प्रतिष्ठापना की भूख मेरे प्रत्येक पात्र में मौजूद है चाहे वह इदन्नमम की कुवारी मंदाकिनी हो, बेतवा बहती रही की विधवा उर्वशी हो या 'चाक' की विवाहिता सारंग हो।"[38]

चेतना की संवाहिका : चित्रा मुद्गल

चित्रा मुद्गल कृत 'एक जमीन अपनी' (1990) और 'आवाँ' (1999) मुख्यतः स्त्री विमर्श पर आधारित उपन्यास हैं।

चित्रा मुद्गल आधुनिक कथा-साहित्य की बहुचर्चित और सम्मानित रचनाकार है। प्रखर चेतना की संवाहिका चित्रा जी के पास अनुभवों का विपुल भंडार है। उन्होंने समाज के विभिन्न समुदायों विशेषकर दलित-शोषितों के बीच बैठ कर काम किया है। आंदोलनमुख संगठनों से इनका गहरा नाता है। यही कारण है कि इनकी मान्यता है कि सामाजिक

परिवर्तनों की दिशा में आंदोलनों की निर्णायक भूमिका है। समकालीन यथार्थ को वह जिस अद्‌भुत भाषिक संवेदना के साथ अपनी कथा रचनाओं में परत-दर-परत अनेक अर्थछवियों में अन्वेषित करती है, चकित कर देनेवाला है।"[39] इस पर लेखिका कहती है कि "लेखन आत्माभिव्यक्ति का जरिया है लेकिन मेरे लिए वह आत्माभिव्यक्ति भर नहीं है, मेरे लिए सर्वोपरि है। मेरे पाठक आत्माभिव्यक्ति मैं अपने लिए नहीं, पाठकों के लिए करती हूँ। लेखन मेरे लिए आत्मरति नहीं समाज की जड़ स्थितियों पर प्रहार की तरह है। अपने समय के समाज पर वह मेरा लेखकीय हस्तक्षेप है। हस्तक्षेप से भी दो कदम आगे एक तरह से वह मेरे चेतना का दायित्व है, सामाजिक दायित्व।"[40]

सामाजिक दायित्वों को समझाने के लिए लेखिका ने रूढ रुग्ण समाज को झगझोरकर जगाने का प्रयास किया है। स्त्री के स्त्रीत्व पर की गई चोट, उसके सम्मान पर किया जानेवाले आघात को महसूस करते हुए कहती है कि-"स्त्री क्षमता को उसके देह से ऊपर उठकर स्वीकार न करने वाले रूढ़, रुग्ण समाज को बोध कराना आखिर किन कंधों का दायित्व होगा?"[41]

आवां पर सहस्राष्टि का पहला अंतर्राष्ट्रीय 'इंदु शर्मा कथा सम्मान' लंदन (इंग्लैंड) से प्राप्त हुआ। दिल्ली के हिंदी अकादमी द्वारा 'साहित्यकार सम्मान तथा विकास' काया फाउंडेशन द्वारा सामाजिक कार्यों के लिए विदुला सम्मान और उत्तर प्रदेश हिंदी संस्थान द्वारा 'साहित्य भूषण सम्मान' प्राप्त हुआ है। ये अपने स्वतंत्र लेखन एवं सामाजिक कार्य के लिए हमेशा इसी प्रकार सम्मानित तथा उल्लेखनीय रहेंगी।

जड़ों की खोज : एक जमीन अपनी

'एक जमीन अपनी' विज्ञापन की उस दुनिया की कथा है जहाँ समाज की इच्छाओं को पैना करने के लिए औजार रूप में स्त्री का प्रयोग किया जाता है। यह कथा बंबई के महानगरीय परिदृश्य में विज्ञापन-जगत् के ग्लैमर, मूल्यहीन प्रतियोगिता, तिकड़म, देह व्यापार के बीच स्त्री विमर्श

के माध्यम से स्वयं सत्ता-प्रतिष्ठान में स्त्री अपनी देह और प्रकृति के माध्यम से बजार के लुभावने संदेशों को ही उपभोक्त तक नहीं पहुँचाती, बल्कि परदे के पीछे एक बड़ी तर्क-फोर्स भी स्त्रियों से ही बनती है।"[42] इस परिवेश में वह चाहे कितनी योग्य एवं प्रतिष्ठावान हो पर उसे भोग्य की वस्तु बनना पड़ता है। इसमें आधुनिक स्त्री की स्थिति की त्रासदी को दर्शाया गया है। पत्नी और प्रेयसी के रूप को चित्रा मुद्गल ने गहरी संवेदनशीलता के साथ उसकी दयनीय स्थिति तथा स्त्री के अधिकारों की मांग को दर्शाया है। साथ ही "स्त्री के उस संघर्ष की भी जो स्त्री इस मायावी दुनिया में अपनी रचनात्मक क्षमता की पहचान अर्जित करने के लिए और सिर्फ देह-भर न बने रहने के लिए करती है। एक ओर पारिवारिक संस्कारों से उर्ज्वसित उपन्यास की नायिका अंकिता है, और दूसरी ओर विज्ञापनों की चकाचौंध-भरी दुनिया में आशा-निराशा झेलती, अपनी मादक देह के तिलस्म में उलझी नीता। ... इन दोनों युवतियों को ही मूलतः केंद्र में रखकर रोचक कथा के माध्यम से अनेक प्रश्न उठाए गए हैं। नारी आखिर किस तरह की स्वाधीनता के लिए युद्धरत है? वह अपने लिए किस तरह की जमीन और किस तरह का समाज चाहती है? जिस संभ्रांत और दिखनौटे समाज के कुचक्र में फंसकर वह अपने अस्तित्व के मूल प्रश्नों में टकरा रही है, वह उसे कहाँ ले जा रहा हे? ऐसा तो नहीं कि वह अनजाने ही एक सुनियोजित धोखे में अपने को डालकर जिस तरह साहस और संघर्ष का प्रदर्शन कर रही है, वे उसकी नासमझी से स्वयं उसे ही दांव पर लगा रहे हों?"[43] लेखिका ने स्त्री-नियति के प्रति असंतोष प्रकट किया है। "स्त्री के संघर्ष का गहरा विमर्श है जो महानगरीय जीवन में सिर्फ भोग की वस्तु रह गयी है। उपन्यास की सर्जनात्मकता प्रभावित करती है और उसे एक बेहतर रचना रानाती है।"[44] "जिसमें स्त्री अपनी क्षमता साबित करने हेतु उसने कड़ी मेहनत की है और अपनी क्षमता को मात्र स्त्री से भिन्न 'व्यक्ति' के रूप में स्थापित करने हेतु जी-तोड़ मेहनत की है। समाज में पुरुष से समानता की आकांक्षी इस स्त्री ने अपने लिए जगह बनानी चाही है।"[45]

रिश्तों का खुलासा : आवां

'आवाँ' व्यास सम्मान से सम्मानित चित्र मुद्‌गल का बृहत, प्रसिद्ध उपन्यास है। 'स्त्री की स्थिति', गति की चर्चा परिवार में सुरक्षा के यथार्थ और परिवार के बाहर स्वतंत्रता के अर्थों के संदर्भ में रिश्तों का खुलासा किया गया है। पितृसत्तात्मक सामाजिक संस्कारों वाले परिवार के मध्य आज की स्त्री की परंपरागत स्थिति एवं परिवर्तन का रेखांकन 'आवाँ' के माध्यम से संभव हो सकता है।"[46] बीसवीं सदी के अंतिम प्रहार में एक मजदूर की बेटी के मोहभंग पलायन और वापसी के माध्यम से उपभोक्तावादी वर्तमान समाज को कई स्तरों पर अनुसंधानित करता, निर्ममता से उधेड़ता, तहें खोलता, चित्रा मुद्‌गल का सुविचारित उपन्यास 'आवां' अपनी तरल, गहरी संवेदनात्मक पकड़ और भेदी पड़ताल के अंतर्याप्त रचना कौशल से जिन बिंदुओं पर पाठकों को आत्मालोचन के कटघरे में ले, जिस विवेक की मांग करता है वह चुनौती झेलना क्या आज की अनिवार्यता नहीं।"[47] स्त्री प्रश्नों को लेकर उसकी विडंबना और स्त्री की वस्तुपरकता को स्पष्ट करता यह उपन्यास प्रभावी ढंग से पात्रों को अंकित करता है। इस कथा की केंद्रीय पात्र नमिता पांडेय है जो स्वतंत्रता के लिए कटिबद्ध संघर्षशील है और अपने 'स्वयं' की राह पर वहाँ पहुँचती है जहाँ उसे नहीं पहुँचाना चाहिए था। स्थितियाँ उसे ऐसा बनने पर मजबूर करती हैं न वो स्वयं की रह पाती है और न घर परिवार की।

केंद्रीय विषय एक नौजवान लड़की का जीवन संघर्ष है, जो एक पारंपरिक रूढ़िग्रस्त, घुटन भरे मध्यवर्गीय परिवार की लड़की है। भेदभाव के परिवेश में बड़ी होती है। परिस्थितियों के चलते अपने-आप को संघर्षों से लड़ने के लिए तैयार करती है। इन्हीं कारणों से उपन्यास का शीर्षक 'आवां रखा गया है। इसके साथ ही उपन्यास के परिदृश्य के रूप में मजदूर संघों के कार्यकलापों तथा उनकी आंतरिक राजनीति, उठापटक आदि का भी चित्रण सरलता से उभारा गया है। नमिता का जीवन संघर्ष पुरुष के साथ अवैध संबंधों को लेकर भी प्रस्तुत किया गया है। साथ ही मजदूर संघों की शक्ति, संभावनाओं और कमजोरियों को पूरी तरह

तटस्थता के साथ उभारा गया है। लेखिका ने ममता गौतमी और स्मिता जैसे पात्रों के माध्यम से परिवेश से उभरी स्त्री-शक्ति, स्त्रीवादी स्त्रियों को दर्शाया है। जो परंपरागत चलती स्त्री-नियति को जड़ से ठुकराने तथा स्वतंत्र जीवन व्यतीत करने को तैयार है। इसी के साथ मजदूर नेता के पारिवारिक जीवन का चित्रण और पुरानी रीति रिवाज़ों में जकड़ी कुटिल, खेल और परले दर्जे की स्वार्थी स्त्रियों का चित्रण भी किया गया है।

नमिता अपनी परिस्थितियों के चलते दृढ़ हो जाती है। उसकी मानसिक स्थिति स्वच्छ और सहज कृतज्ञ है। इसी सहजता के कारण वह अंजना वासवानी से छली जाती है और संजय कनोई उसकी कृतज्ञता का गलत फायदा उठाता है। ब्याह का झाँसा देता है, प्यार के झूठे जाल में फंसा कर अपनी क्षुद्र वासना का शिकार बनाता है। 'आवां' नमिता के माध्यम से जिस स्त्री-विमर्श को प्रस्तुत करता है उसका सूत्र आसानी से 'सिमोन द बोउवा' के 'द सेकेंड सेक्स' और महादेवी वर्मा की श्रृंखला की कडियाँ से जुड़ता है। नारीवाद अपने को समर्थ बनाने के काम आये तो वरेण्य है, केवल नारे उछालने भर से स्त्री की सामाजिक स्थिति नहीं बदल सकती। परिवार, समय, समाज और राष्ट्रहित के दायित्वों से विमुखता और निरंतर वैयक्तिक सुखों की खातिर स्वतंत्रता का अतिक्रमण ही यदि नारीवाद का घोषित उद्देश्य है तो 'आवाँ' की नमिता अपने आचरण में उसका निषेध करती है। दूसरे शब्दों में कहें तो 'आवां' की यह एक उपलब्धि है।"[48]

चित्रा मुद्गल ने निश्चल ही कार्य के लिए अथक परिश्रम किया है और बड़े मनोयोग से चरित्रों के भीतर की दुनिया को प्रत्यक्ष किया है। हाल के वर्षों में ऐसे उपन्यास लगभग नहीं के बराबर लिखे गये हैं जिनमें स्त्रियों की इतनी सूक्ष्म जाँच दिखायी देती हो और परिवार तथा समाज की प्रगति-दुर्गति में उनकी भूमिका को आलोचनात्मक ढंग से परखा गया हो।"[49] 'आवाँ' उपन्यास में स्त्री विमर्श का यह स्वर निश्चय ही सकारात्मक है और व्यावहारिक स्तर पर प्रशंसनीय भी। एक संस्कृति की कथा है जो भारतीय सामाजिक जीवन के समानांतर बन रही है जिसमें जीवन का अर्थ भौतिक तुष्टि है। पर दुःखद बात यह है कि

इससे जीवन बोझिल बनता जाता है। जितनी मनोकामनाएँ, मनोइच्छाएँ मानव मन में पनपेगी, उतना ही अत्यधिक दुःख त्रासदी उसके जीवन में घटेंगे। क्योंकि अत्यधिक मांग मनुष्य को पंगु बना देता है और उससे वह बुरे कामों में अपना ध्यान देने लगता है। लेखिका ने ऐसे तथ्यों को सजीव करने का प्रयास किया है।

सर्वांग शोषण की सशक्त वाणी : मृदुला गर्ग

इनकी सभी कृतियों में आधुनिक स्त्री की जटिल मानसिकता और अस्मिता का संघर्ष देखा जा सकता है। स्त्री विषयक संदर्भ में इन्होंने महानगरीय परिवेश का प्रयोग किया है। परंपरागत स्त्री-संहिता और संस्कारों के प्रति विद्रोह का भाव, अनेक समस्याओं के बीच निरंतर मुक्ति का मार्ग ढूंढ़ती आधुनिक स्त्री की कथा जिसमें उसका भटकाव, पीड़ा विद्रोह का चित्रण लेखिका ने किया है। स्त्री की अस्मिता से जुड़े प्रश्नों को गहरी संवेदनशीलता और तर्क के साथ प्रस्तुत करने का प्रयास किया है। इन्होंने पाश्चात्य स्त्री के संघर्षों का भी चित्रण किया है। किस प्रकार वह अपने पति और सहयोगियों द्वारा छली जाती है यानी स्त्री कहीं की भी हो किसी भी देश-विदेश की, किसी भी धर्म-जाति की, किसी भी वर्ग की, उसका संघर्ष, पीड़ा, संत्रास, संवेदना एक ही कोण पर आकर रुक जाता है। उसकी छटपटाहट से निकलने के प्रयत्न में वह पूरा जीवन दांव पर लगा देती, वैध हो चाहे अवैध वह पुरुष द्वारा ठगी जरूर जाती है। शायद उसकी यही नियति है जिसके कारण वह विद्रोह तक करती है पर उसे न ही स्वतंत्रता प्राप्त होती हे न ही 'स्वयं जीने का सार्थक अधिकार।

संघर्ष का नया संदेश : कठगुलाब

'कठगुलाब' में मृदुला गर्ग का नारी विषयक निष्कर्ष यह है कि स्त्री चाहे भारत की हो या अमेरिका की, उच्च वग्र की हो या निम्न वर्ग की, पुरुष द्वारा श्रम और सेक्स दोनों रूपों में देह-शोषण उसकी नियति है।

फिर नारी-मुक्ति की दिशा क्या है? यह सवाल आज की समस्त महिला लेखकों के सामने है। क्या यह मुक्ति उग्र नारी में है जहाँ स्त्री पुरुष को 'नर सुअर' के रूप में देखती है या नारी के उस स्वाभिमान और स्वावलंबन के मार्ग में जहाँ वह आर्थिक और सामाजिक दृष्टि से अपने पैरों पर पूरी तरह से खड़ी रहकर भी अपना संतुलन नहीं खोती और उन मूल्यों की रक्षा करती है। जो मनुष्य मात्र को सहज जीवन प्रदान करते हैं। लेखिका कदाचित दूसरे विकल्प की ओर झुकी हुई है।"[50] स्त्री-नियति के प्रश्नों को गंभीरता से उठाया गया है केंद्रीय विषय शिक्षित कार्यशील स्त्रियों का है जिसमें मध्यवर्गीय परिवेश की नियति के धर्म, जाति, यौन, उत्पीड़न को उठाया गया है। भोगवादी दृष्टि, स्त्री की शारीरिक कमजोरी, गर्भ-धारण की विवशता आदि से स्त्री संहिता का परिचय दिया है। आधुनिक स्त्री में पारंपरिक स्त्री नियति को नकारने, आर्थिक स्वावलंबन के साथ स्वतंत्रत जीवन जीने तथा जीवन व्यतीत करने के लिये मानसिकता को चुनौती देने के साहस को दर्शाया गया है। यह उपन्यास विभिन्न समाजों, राष्ट्रों और वर्गों की स्त्रियों की नियति से साक्षात्कार कराता है। डॉ.चंद्रकांत बांदिवडेकर के मतानुसार-"कठगुलाब एक प्रौढ़ चिंतनपरक रचना है, जो नारी के लगभग सर्वांग शोषण को सशक्त वाणी देती हुई नारी की प्राकृतिक सामर्थ्य का प्रभावपूर्ण रेखांकन करती है।"[51] इसमें स्त्री विद्रोहों को पात्रों के माध्यम से उभारा गया है। स्त्री-जाति की पनपती वेदना को मनोविश्लेषणात्मक चिंतन के साथ प्रस्तुत किया है। इस उपन्यास में स्मिता, मारियान, नर्मदा, असीमा, विपिन, नमिता, असीमा की माँ आदि पात्रों के माध्यम से बौद्धिक, चिंतनशील, शिक्षित, आर्थिक स्वावलंबी तथ्यों को उभारा गया है। उन्होंने स्त्री पात्रों के माध्यम से पुरानी परंपराओं को तोड़कर नये युग की नई परंपराओं, परिकल्पनाओं का चित्रण किया है। भारतीय परंपरागत मान्यताओं को तोड़कर पाश्चात्य सभ्यता के आलोक में स्त्री में आये बदलाव को रेखांकित किया है।

मृदुला गर्ग ने स्त्री जाति की वेदना, संत्रास, कुंठा को दर्शाया गया है जिससे स्त्री चेतना को जागृति मिली है। इसमें नयी सोच के प्रश्नों को उभारा गया है जो मातृत्वविहीन स्त्री किसी प्रकार विद्रोह करती है और

उसका संघर्ष उसे किस मोड़ पर ले जा रहा है ये सब बातें उपन्यास में विचारणीय हैं। बंजर भूमि और स्त्री के साम्य को उजागर करने का प्रयत्न किया गया है जिसमें स्त्री वैध-अवैध किसी भी रूप में संतान और उसके सुख का अनुभव करती है। इस उपन्यास की एक पात्र मारियान जो मातृत्व सुख के लिए अपनी रचनाएँ पति को दे देती है उसे पता है कि उसका पति उसके साथ छलाव कर रहा है। फिर भी उसे मातृत्व सुख के सामने कोई भी सुख कम लगता है। जब दूसरे पति से भी मातृत्व की उपलब्धि की संभावना नष्ट हो जाती है जिसमें उसे अपना जीवन खत्म होते दिखाई देता है, नये जीवन की राह उसे मातृत्व में दिखाई देती हैं वह कहती है-"हाँ, मैं एकदम पारंपरिक, जाहिल गंवार प्राकृत औरत हूँ। औरत हूँ मैं। औरत हूँ तो? क्यों न हूँ औरत मैं चिल्ला-चिल्ला कर कहती हूँ, मैं एक बच्चा पालना चाहती हूँ मैं उसका पहला शब्द सुनना चाहती हूँ। पहला कदम संभालना चाहती हूँ, अपनी आँखों के सामने अपने पर निर्भर बच्चे को आत्मनिर्भर बनते देखना चाहती हूँ। उसे आत्मनिर्भर बनाने में इनवेस्ट करना चाहती हूँ। मैं पालना-पोसना, सहेजना-सँवारना चाहती हूँ। मैं एक सर्जक होना चाहती हूँ।"[52] जीवन के सभी दुखों का निवारण करने के लिए इस उपन्यास की पात्राएँ जीवन को सार्थकता देने के लिए बच्चे चाहती है। एक बच्चे के लिए वे सभी को माफ करने के लिए तैयार है। समय के साथ उसका दृष्टिकोण बदल जाता है। "दुख, पीड़ा में डूबे जीवन के महत्वपूर्ण लम्हें सृजन की गरिमा से लहलहा उठते हैं। भविष्य कुछ भी हो पर अपने पर विश्वास, सृजन के संदर्भ खोजती मारियान स्त्रियों के लिए विकल्प सौंपती है। वह कहती भी है कि क्या वाकई एक वक्त था जब वह एक बच्चे के खातिर अपनी जिंदगी के हजारों-लाखों लम्हें बेमानी करने पर आमादा हैं। मृदुला गर्ग स्त्री के इस भ्रम को तोड़ने में सफल होती है कि मातृत्व ही एकमात्र सृजन है और औरत अकेले सृजन नहीं कर सकती। स्त्री को अपने अकेले की सृजन क्षमता पर विश्वास करना ही होगा। मारियान आज भले ही न पहचानी जाए, उसका संघर्ष लंबा और सघन है। पर

रास्ता यहां से भी है, मृदुला गर्ग का संकेत है।"[53] उपन्यास में अनेक स्त्रियाँ हैं जो अपने-अपने स्तर पर जीवन को जीने का साहस करती हैं। नीरजा, नमिता, असीमा, स्मिता, नर्मदा तथा मारियान की कथा से उपन्यास स्त्री संवेदना की उन बीहड़ स्थितियों तक पहुँचने का यत्न करता है जिसमें स्त्रीत्व कोई लज्जाजनक या हास्यास्पद भेद नहीं रहता। स्त्री अपनी चेतना में दायित्व और संघर्ष के ऐसे बिंदु पर जा पहुँचती है जहाँ उसका जीवन ही एक 'धर्म' बन जाता है और व्यवहार ही 'दायित्व'।"[54] 'कठगुलाब' की स्त्रियों में स्त्री-चेतना, स्त्री-विद्रोह, प्रतिशोध की भावना को लेखिका ने केंद्रित किया है। पुरुष शोषण के खिलाफ आवाज़ उठाना, स्त्री को बलात्कार की समस्या से जूझते हुए दिखाना, स्त्री का स्वावलंबी बन कर आत्मनिर्भर होना, पुरुष के अत्याचार को मुहतोड़ जवाब देना, इन सभी स्थितियों के माध्यम से स्त्री के अंतर्मन को उजागर किया तथा बाल-मजदूरी स्त्री शिक्षा, अकेलेपन की पीड़ा आदि के स्वरूप को उभारा गया है। नर्मदा के माध्यम से बाल-मजदूरी को निम्नवर्गीय परिदृश्य को दर्शाया गया है। स्मिता, मारियान के माध्यम से दो-दो विवाह के उपरांत भी अकेलेपन की समस्याओं को उभारा गया है। नीरजा, नमिता तथा असीमा और उसकी माँ की दशा और अंतर्मन को दर्शाया गया है। इन सभी पात्रों में स्वयं के लिए संघर्ष एवं स्वावलंबी स्वभाव तथा आत्मनिर्भर होने की नियति को उभारा गया है। इस उपन्यास में फेमिनिज्म की स्वर-ध्वनि प्रमुख रूप से दिखाई देती है। मृदुला जी ने स्त्री समस्याओं को इसके मद्देनज़र उठाया और समाधान भी प्रस्तुत किया है।

संवेदनशीलता की चितेरी : चंद्रकांता

चंद्रकांता कृत अपने-अपने कोणार्क (1995) उपन्यास है जिसमें माध्यवर्गीय जीवन की विडंबनाओं को व्यक्त करने में चंद्रकांता को विशेष सफलता मिली है।

अंतरंग सपनों की तलाश : अपने-अपने कोणार्क

'अपने-अपने कोणार्क' उपन्यास को हरियाणा साहित्य अकादमी

द्वारा 1997 में चंद्रकांता को पुरस्कार प्राप्त हुआ। इनकी रचनाओं पर इन्होंने अलग-अलग अकादमी द्वारा पुरस्कार प्राप्त किये हैं। "अपने-अपने कोणार्क : यानी कश्मीर से उड़ीसा का सफर। कश्मीर की सरसरजवादी मेरी जन्मभूमि है। वहाँ का विशिष्ट परिवेश और वहां के लोकरंग मेरे मन में बसे हैं, मेरी सोच और मेरे संस्कारों का हिस्सा है। लेकिन फिर भारत के अनेक प्रांतों में रहने-बसने का अवसर मुझे मिला- आंध्र प्रदेश, उड़ीसा, राजस्थान, उत्तर प्रदेश आदि की जीवन शैली लोकरंगों और परंपराओं की महक मैंने महसूस की है और उनके विशिष्ट परिवेश को तहेदिल से जिया भी है।"[55]

उड़ीसा की सांस्कृतिक धरोहर कोणार्क के शिल्पियों से प्रभावित लेखिका ने कोणार्क के संपूर्ण जीवन को ऐतिहासिक एवं भौगोलिक परिदृश्य के साथ वर्तमान की सच्चाइयों के साथ जोड़कर अपने-अपने कोणार्क की रचना की। इस उपन्यास की पात्र कुनी के रूप में एक ऐसी स्त्री की नियति का चित्रण किया है जो शिक्षित है आर्थिक दृष्टि से स्वावलंबी तथा आत्मनिर्भर है। इस पात्र के बारे में लेखिका कहती हैं-"संयोग से मुझे वहाँ कुनी मिली, उसने मुझे काया प्रवेश करने की इजाज़त दी। वह माध्यम बनी आम ओड़िया जन को उसके विगत और वर्तमान के साथ प्रस्तुत करने के लिए। 'मोर गौरव जगन्नाथ' में विश्वास करता आम ओड़िया जन अपने पारंपरिक आलोक से मुग्ध, रक्षणशील एवं संस्कारवान भी है और हम सबकी तरह अंधविश्वासी एवं रूढ़ मानसिकता से ग्रस्त भी। ... कुनी ऐसे ही एक रक्षणशील परिवार की बड़ी बेटी है- हजारहा दायित्वों की साँकलों में कैद।"[56] क्योंकि वह उन्हें साँकले समझती नहीं। "वह अपनी लीक आप बनाती, वक्त की सच्चाइयों के रू-ब-रू होते अपने भीतर को जानने और पाने की कोशिश करती है।"[57]

इस उपन्यास में मध्यवर्गीय उड़ीसा परिवार के नैतिक मूल्यों को दर्शाया गया है। इसकी नायिका नौकरीपेशा है। घर की जिम्मेदारियों के प्रति सजग है तथा अपने दायित्वों को पारंपरिक ढंग से निभाती है। पुरानी लीक से हटने की उसने कोशिश नहीं की क्योंकि उसकी मानसिकता

में रूढिग्रस्त वातावरण ने घर कर लिया था। लेखिका ने "एक ऐसी स्त्री की पीड़ा भरी स्थिति प्रस्तुत की है, जो पढ़ी-लिखी और आर्थिक दृष्टि से स्वावलंबी होने पर भी रूढ़िवादी संस्कारों से ग्रस्त परिवार, तिलक दहेज की प्रथा, अपने स्वाभिमान और परिवार की स्वयं ओडी, जिम्मेदारियों के चलते बड़ी उम्र तक अविवाहित रह जाती है। उसके सामने भी अपनी जिंदगी को व्यवस्थित करने की समस्या है, जो अंततः हल भी होती है पर इस बीच उसे जिन असह्य पीड़ादायक स्थितियों से गुजरना पड़ता है, उनका अंकन चंद्रकांता ने प्रभावशाली रूप में किया है।"[58] कुनी बढ़ती उम्र तथा एकाकीपन और अनिर्णय की मानसिकता में अपना समय बिता रही है। सिद्धार्थ के परिचय से उसे स्त्री होने तथा एकाकी होने का एहसास होता है। वह उससे प्रेम करने लगती है। पर रूढ़िग्रस्त वातावरण तथा अप्रत्याशित परिस्थितियों के कारण यह संबंध समाप्त हो जाता है। उस पर उसकी भाभी की उपेक्षा उसे हमेशा सहनी पड़ती है। वह ननद की आज्ञा से चलना खुद का अपमान समझती है और हमेशा कोई-न-कोई हंगामा खड़ा करती है। घर में तनाव निर्माण करना उसकी आदत बन चुकी थी। एक दिन वह कहती है-"नानी को अब शादी कर ही लेनी चाहिए। बाद में तो कोई दुहाजू भी नहीं मिलेगा। ... दीदी बूढ़ी हो जाएँगी तो हमें ही देखना पड़ेगा न?"[59] अंत में उसका विवाह अनिरुद्ध से हुआ जो विधुर था। उसके दो बच्चे थे। स्थितियों को मद्देनज़र रखते हुए कुनी ने अनिरुद्ध के साथ उसके बच्चों को भी अपना लिया। "पुरुष स्त्री को आदर दे, प्यार और विवेक से उसे उसकी जगह दे, तो औरत भी पूरे समर्पण से उसके इर्द-गिर्द बेल-सी लिपट जाती है। मैं भी अनिरुद्ध की पत्नी बनकर उसकी अपनी हो गई।"[60] कुनी ने सामाजिक दायित्व तथा पारिवारिक जिम्मेदारियों के बीच अपने अंतरंग सपनों को अपने में ही समाहित रखा और नये जीवन को सार्थकता देने के लिए आगे बढ़ी। इस उपन्यास में अधिक उम्र की कामकाजी स्त्री की समस्याओं को उठाया गया है जिसमें नायिका अपनी पारंपरिक लीक से नहीं हटती, बढ़ती उम्र को देख कर एक दुहाजू से शादी कर लेती है। अपने जीवन को उसके अनुरूप

ढाल लेती है। दो बच्चों के पिता डॉ. अनिरुद्ध को अपने जीवन-साथी के रूप में स्वीकार कर अपने जीवन को सार्थकता प्रदान करती है।

अद्‌भुत जीवट स्त्री : प्रभा खेतान

प्रभा खेतान कृत आओ पेपे घर चलें (1990), छिन्नमस्ता (1993), अपने-अपने चेहरे (1994), पीली आँधी (1996) आदि स्त्री-विमर्श संबंधी बहुचर्चित उपन्यास हैं। अंतिम दशक के स्त्री-लेखन में प्रभा खेतान विशेष स्थान रखती हैं। इन्होंने बदलते परिवेश में बदली स्त्री की मानसिकता के साथ जुड़ी हुई मारवाड़ी स्त्री समस्याओं के साथ-साथ अमरीकी, चीनी, पाश्चात्य, भारतीय स्त्री को केंद्र में रखा है। यानी विश्व की सभी स्त्रियों की समस्या, संघर्ष एक ही है। शायद थोड़ा हेर-फेर हो वे ज्यादा बोल्ड आत्मविश्वासी लगती हैं। हमारे देश की स्त्री आज भी कई दायरों में उनसे पीछे की कतार में ही दिखाई देती है। ये भी बोल्ड है आत्मविश्वासी है फिर भी कहीं कुछ खाइयाँ हैं जो उन्हें उभारने में असमर्थ है।

प्रभा खेतान ने बदलते परिवेश में बदलती स्त्री की मानसिकता, समस्याएँ, उनके संघर्षों का चित्रण मारवाडी स्त्री के माध्यम से औपन्यासिक सृजन किया है। "मारवाडी शब्द सुनते ही कंजूस मारवाडी की छवि जेहन में उभरती है और उनकी औरतें अनपढ़, अंधविशवसी व्रत भजन में गर्क अनाकर्षक मादाओं से अधिक नहीं समझी गयी हों... ऐसे वर्ग विशेष की नारी का बदलता रूप उसका आत्मविश्वास एवं विद्रोह, अपनी अस्मिता की पहचान में दिसावरी करती अद्‌भुत जीवट वाली नारी के ये तमाम नवीन रूप उपन्यासों में दृष्टिगोचर होते हैं। इन सबको प्रभा जी ने ऐतिहासिक परिप्रेक्ष्य में रखकर देखा और चित्रित किया है जिससे न ही संबंध जीवन की लांछना आयी और न ही ग्लोरिफीकेशन।"[61] इनकी ज्यादातर नायिका मारवाडी परिदृश्य से उभर कर आयी है जो अनेक मुश्किलों से भी अपने जीवन का मार्ग खोज लेती है। लाचार बने हुए अपना जीवन नहीं जीती। स्त्री की दिशा का संपूर्ण साक्षात्कार इनके उपन्यासों में परिलक्षित होता है।

विश्वव्याप्त त्रासदी का मार्मिक चित्रण : आओ पेपे घर चलें

आओ पेपे घर चलें प्रभा जी का पहला उपन्यास है। यह प्रमुखतः स्त्री केंद्रित उपन्यास है जिसमें अमेरीकी परिदृश्य में अमरीकी स्त्री के जीवन की सच्चाइयों को उजागर करता है। इसमें लेखिका ने अमरीकी स्त्री के एकाकी जीवन, उसके अकेलेपन की दासता को बड़े ही संवेदनशीलता के साथ प्रस्तुत किया है। आइलिन, मिसेज डी.हेल्गा, केथरीन, मरील सभी पात्र आर्थिक स्वतंत्रता को जीने की आवश्यकता मानती है। सभी संपन्न स्त्रियाँ हैं फिर भी कहीं-न-कहीं वे दुखी हैं। इनके मन में कुंठा, संत्रास भरा हुआ है। अपने शोषण तथा आत्मपीड़न के प्रति आइलिन कहती है-"औरत कहाँ नहीं रोती और कब नहीं रोती? वह जितना भी रोती है, उतनी ही औरत होती जाती है।"[62] इसमें लेखिका ने स्त्री विषयक संवेदना को अभिव्यक्त करते हुए उसके शोषण, दमन तथा औरत होने की नियति से निजात पाने का सवाल उठाया गया है। भोग-विलास में डूबी अमरीकी स्त्री के आंतरिक संत्रास, उसके अकेलेपन, असहायता, पीड़ित होने को दर्शाया गया है। आइलिन दो पतियों तथा पाँच प्रेमियों को छोड़ कर कुत्ते पेपे को बेटा बनाकर जीवन के दुखों को भुलाना चाहती है। कुत्ते में आदमी को दखेती हुई खुद को प्रेम करती है।

दाम्पत्य जीवन की विषमता के कारण बच्चों का भटकाव मरील की बेटी द्वारा दर्शाया गया है। इसी विषमता के कारण मिसेज डी दाम्पत्य जीवन में असफल होती है। घर को टूटने से बचाने के लिए वह हर प्रयास करती है पर अंत में तलाक ले लेती है। हैल्गा को लगता है दुनिया में प्यार शब्द एक मजाक मात्र है। केथरीन पति के पैसों पर नाज कर ऐशो आराम की जिंदगी जीना चाहती है। इस प्रकार पाश्चात्य परिदृश्य में स्त्री की नियति को पहचानने और उद्‌घाटित करने का लेखिका ने सर्जनात्मक प्रयास किया है। इसके साथ ही लेखिका का स्वयं देखा अमरीकी समाज की तसवीर भी है। स्त्री जीवन के अंतर्विरोध, तनाव, संबंध विच्छेद, दिखावटी जीवन, दाम्पत्य जीवन की टकराहट तथा बिखरते बच्चों की मानसिकता, भोगविलास के पीछे पागल अंधी दौड़, आर्थिक समृद्धि के

साथ संवेदनशून्यता की पीड़ा को गहरी अनुभूति को वैश्विक स्तर पर स्त्री जीवन की भयावह सच्चाइयों को दर्शाया गया है।

नैतिक मूल्यों का संवाहक : छिन्नमस्ता

यह स्त्री-विमर्श पर केंद्रित मारवाडी परिदृश्य का उपन्यास है। इस कृति में स्त्री चिंतन और संवेदना को मनोवैज्ञानिक परंपरा के आत्म कथात्मकता को केंद्र में रखा गया है।

'छिन्नमस्ता' (1993) प्रभा खेतान का बहुचर्चित उपन्यास है। मारवाडी परिदृश्य में स्त्री-विमर्श के चिंतन और संवेदना का मनोवैज्ञानिक धरातल पर आत्म कथात्मक विश्लेषण है। इसमें प्रिया की भोगी व्यथा-कथा का चित्रण है। स्त्री के शोषण, दमन और उपेक्षा में ना सिर्फ पुरुष है बल्कि पूरा परिवार समाज भी शामिल है। आधुनिक युग में भी स्त्री के प्रति पारिवारिक, सामाजिक दृष्टिकोण यथा-तथा बना हुआ है। स्त्री अपनी लड़ाई खुद लड़ रही है। जागरूक है। संघर्ष शक्ति से कर रही है। फिर भी भोगनेवाले छोर पर ही खड़ी है। प्रिया बचपन से ही उपेक्षा, अपमान, दुतकार और फटकार की पीड़ा के साथ बड़ी हुई है। पिता मरने पर बड़े भाई की वासना का शिकार बनने से वह और भी सहमी, डरी, उपेक्षित रही है। समय के साथ वह विद्रोह करना सीख लेती है। आधुनिक स्त्री की त्रासदी का उसके संकल्प का लेखा-जोखा जिसमें "स्त्री अपना अधिकार हासिल करने के लिए अपना भाग स्वयं निर्मित करने के लिए संघर्ष की राह पर है। यही छिन्नमस्ता का विषय है।"[63]

छिन्नमस्ता का विषय प्रिया जैसी संवेदनशील आधुनिक स्त्री के लिए बहुत सार्थक मिथक है, जो अपना कटा सिर हाथ में लेकर, पुरुष समाज से संघर्ष कर रही है। फिर भी शून्य में जीती हुई अकेलेपन से भयभीत है।

प्रिया के माध्यम से लेखिका ने सदियों से शोषित-पीड़ित स्त्री की संवेदनशीलता और उसके जीवन की सार्थकता जहाँ प्रश्न भी है समाधान

भी। समाज और परंपरा के जड़ मूल्यों को चुनौती देने का साहसिक प्रयास किया है।

रिश्तों का द्वंद्व : अपने-अपने चेहरे

अपने-अपने चेहरे प्रभा खेतान का मारवाड़ी परिवार की तरंग कथा का दस्तावेज है। इसमें प्रभा जी स्त्री नियति और उसके दूसरे पहलू को केंद्रित करती है। इसमें स्त्री अस्तित्व के बोध, प्रश्न तथा निष्कर्ष को गहरी संवेदना के साथ दर्शाया गया है। इसमें स्त्री पहचान पुरुष की तलाश मात्र नहीं है। उसका अपना अस्तित्व है, अपनी स्वयं की पहचान तथा सार्थकता है। उपन्यास की रमा सोचती है-"वह प्यार तो एक बार करती है बस एक बार एक पुरुष से। कभी शादी के बाद कभी शादी के पहले इसके बाद तो वह अपने आपको झेलना सीखती है।"[64] सही अर्थों में इसे प्रभा खेतान की आत्मकथा का अधूरा अंश माना जाता है। इसकी नायिका 'रमा' है। इस उपन्यास में विवाह, प्रेम, पति, बच्चे आदि से अलग हटकर प्रभा खेतान ने 'स्त्री-अस्तित्व' को पहचानने की कोशिश की है। उन्होंने यह बतलाने की कोशिश भी की है कि स्त्री द्वारा की जानेवाली खोज में मात्र पुरुष ही नहीं है, उसे स्वयं को भी खोजना है।"[65]

रमा एक विवाहित पुरुष से प्रेम करती है जो बाल-बच्चों वाला व्यक्ति है जिसकी पत्नी फूहड और गँवार है। उसे पढ़ी-लिखी संभ्रांत आधुनिक स्त्री चाहिए थी जो रमा के रूप में मिल जाती है। रमा अपने कला कौशल से बिजनेस के साथ उसे भी संभालती है। पर उसे समाज 'दूसरी औरत' होने की वजह से हेय दृष्टि से देखती है। विडंबना यह है कि न ही पत्नी सुखी है और न ही प्रेमिका खुश रह पाती है। "रमा के रूप में 'दूसरी औरत' की पीड़ा अंतर्द्वंद्व और आत्म-मंथन ही इस उपन्यास का केंद्रीय विषय है जिसमें वह हारती, टूटती तार-तार होती है।"[66] सामाजिक और पारिवारिक मनोदशा को इसमें दर्शाया गया है। 'दूसरी स्त्री' होने की पीड़ा को सजीवता के साथ चित्रित किया गया है। जिसमें टूटती, बिखरती हुई रमा फिर से जीने की कोशिश करती है। लेखिका

ने समाज की सभी स्त्रियों को चाहे वह मारवाडी हो या और किसी वर्ग-समुदाय की उसकी आत्मकथा का अंकन किया है। स्त्री की व्यथा-कथा का विश्लेषण किया है। "पुरुष प्रधान समाज में हर वर्ग की स्त्री को अंततः उपेक्षित, आहत और अपमानित होना पड़ता है। अगर स्त्री इस सामाजिक जाल से मुक्त होना चाहती है तो इसमें हर्ज क्या है? इस उपन्यास का सच एक परिवार में होने वाली समस्याओं का दर्शनशास्त्र है। मानो प्रभा जी ने इस कृति के बहाने तमाम अमीर परिवारों, उनके मुखिया, उनकी स्त्रियों के निजी संसार को बेबाकी के साथ कह डाला हो।"[67]

पीढ़ियों का संघर्ष तथा स्त्री पीड़ा : पीली आँधी

इस उपन्यास में भी लेखिका ने मारवाडी पृष्ठभूमि को रेखांकित किया है। यह भी सर्वाधिक चर्चित उपन्यास है। इसमें प्रौढ़ अनुभव के साथ परिपक्व चिंतन, व्यवस्थित कथा भाषा में लेखिका को यशस्वी बनाने में अधिक सहायक बनाया है। 1932 से 1940 की अवधि में राजाओं और सामंतों के अत्याचारों से मारवाड़ी बनिये अपनी जमीन छोड़कर बंगाल तथा बिहार की ओर पलायन करने लगे थे। "वास्तव में पीली आंधी संयुक्त परिवार को न टूटने देने की जिद में घर की स्त्रियों की आंतरिक घुटन और आंतरिक कलह से उपजी क्रिया प्रतिक्रिया की कथा है। इसमें मारवाड़ की सामंतीय व्यवस्था के उत्पीड़न और अकाल से त्रस्त मारवाड़ी जाति का कलकत्ता आने और इस बेगानी धतरी पर अनेक अवरोधों-विरोधों के बावजूद अपने श्रम एवं व्यापार-कुशलता के बल पर व्यवस्थित और समृद्ध होने का अत्यन्त विश्वसनीय चित्रण किया गया है। यही नहीं, इस पूरे दौर में समय के साथ इस जाति की मानसिकता एवं जीवन-शैली में होने वाले परिवर्तनों तथा आधुनिकता के दबाव से उदीयमान स्त्री चेतना का सूक्ष्म विश्लेषण इस उपन्यास की बड़ी उपलब्धि है।"[68]

संयुक्त परिवार को जोड़कर रखने की जिद्द घर की स्त्रियों के सड़ते-गलते संबंधों की गाथा तथा पारंपरिक आत्म संघर्ष में छटपटाती स्त्री शक्ति अपनी मुक्ति के लिए अब नई पहचान बना रही है। एक तरह से

पीली आंधी मुक्ति कामी स्त्री की पहचान तथा मुक्ति संघर्ष का आधुनिक परिदृश्य प्रस्तुत किया गया है। तीन-तीन पीढ़ियों की स्त्रियों का आत्मसंघर्ष दर्शाया गया है। "सभी मिलकर लगभग डेढ़ सौ साल की यात्रा करती हुई अपनी-अपनी पीढ़ी की कथा कहती हुई वर्तमान समय तक पहुँचती है। पारिवारिक संरचना, विचार और मुक्ति कामी स्त्री के व्यक्तित्व, समाजशास्त्र ओर अर्थशास्त्र को समझने और समझाने की दिशा में 'पीली आंधी' एक उल्लेखनीय उपन्यास है।" विस्तृत और वैविध्यपूर्ण कथाफलक के कारण मारवाड़ी समाज के संघर्ष और पीड़ा का महाकाव्य बन गया है। 'पीली आंधी' प्रतीक है, सब कुछ उजड़ जाने का इस पीली आंधी के बाद कैसे एक छोटा-सा अंकुर फूटता है और वह फलने फूलने लगता है, यही इस उपन्यास का केंद्रीय वस्तु है। इस वस्तु में सोमा पुरानी लीक को तोड़ती हुई पारंपरिक रूढ़िता का विद्रोह करके मातृत्व के लिए करोड़पति का घर छोड़ कर प्रोफेसर के घर रहती है। इसमें नायिका अपनी अस्मिता की पहचान के लिए आर्थिक स्वतंत्रता तथा मातृत्व के लिए भविष्य का सपना सार्थक करती है। अपना समाज बनाने का प्रयत्न करती है। जिसमें लेखिका ने तीनों पीढ़ियों की स्त्रियों के संघर्ष को दर्शाया गया है।

युवा पीढ़ी की सार्थक प्रतिनिधि :अलका सारावगी

अलका सारावगी ने कलकत्ता विश्वविद्यालय से डॉ. शंभुनाथ के निर्देशन में रघुवीर सहाय पर शोध कार्य किया। साथ ही जर्नलिज़्म में डिप्लोमा किया है। आरंभिक लेखन के समय वह डॉक्टर ट्रीटमेंट के कनेक्टेड और नारी समस्याओं पर लेख लिखा करती थीं। लेखिका ने आरंभ समय में जर्नलिस्टिक लेख लिखती रहीं। इसलिए कि जर्नलिज़म में डिप्लोमा किया है। खासकर Doctors Treatment का Connected Issues पर लिखना आरंभ किया। लेखिका बनने की शुरुआत यहीं से हुई। इन्होंने पहली कहानी का शीर्षक रखा 'आप की हंसी' वर्तमान साहित्य के विशेषांक में प्रथम रचना के रूप में छपा था। 'आपकी हंसी' रघुवीर सहायक की कविता है, जो अलका को बहुत पसंद है।

इन्होंने एम.फिल. के बाद लिखना आरंभ किया। इनको लगा कि वह जीवन से बहुत असंतुष्ट हैं, इसलिए कि जीवन बिताने का तरीका यह नहीं है, किताबों की दुनिया से धक्का मार कर इस तरह की जिंदगी में डाल दिया कि उनके लिए बच्चों की परिवरिश करना कठिन था।

आत्मकेंद्रित समाज की पराधीन प्रवृत्ति : कलिकथा:

वाया बाईपास

अलका सारावगी कृत 'कलि-कथा वाया बाइपास' इनका पहला उपन्यास है। इस उपन्यास में स्वतंत्रता के पचास वर्षों के समय का अपने ढंग से किया गया विश्लेषण है। यह विश्लेषण ऐतिहासिक परिदृश्य में उपनिवेषवाद के उस समय शुरू होता है जब 18 वीं सदी में ब्रितानी सरकार भारत में अपनी जड़ें जमा रही थीं और अपने लिए एक समर्थ वर्ग तैयार कर रही थी। यहाँ से शुरू हो कर यह उपन्यास भारत की स्वतंत्रता की लड़ाई के कुछ संदर्भों को छूते हुए आज तक पहुँचता है और सवाल करता है कि जिन मूल्यों और सपनों को लेकर यह संघर्ष किया गया उन संघर्षों का क्या हुआ? 50 सालों में जो हमारा मध्यवर्ग तैयार हुआ है, क्या उसकी इच्छाएँ, आकाँक्षाएँ वही हो गई जो उपनिवेषवाद के आरंभिक समय में उस वर्ग की थी, जो विदेशियों के साथ मिलकर अपने स्वार्थों की पूर्ति कर रहा था। यह कृति स्वतंत्रता संग्राम के दौरान उपजे आत्मनिर्भरता और धर्मनिरपेक्षता जैसे मूल्यों के संदर्भ में आज के मध्यवर्ग की आलोचना करता है।

प्रभा खेतान ने पीली आंधी में जिस प्रकार मारवाड़ी समाज की तीन पीढ़ियों के जीवन संघर्ष तथा स्त्री पीड़ा को केंद्र में रखा था। उसी प्रकार अलका सरावगी ने मावाड़ी परिवार की पाँच पीढ़ियों की संघर्ष कथा तथा स्त्री संघर्ष को प्रस्तुत किया है। उपन्यास में लगभग तीन सौ वर्षों की मारवाड़ी समाज की अनेक छवियाँ सामने आती हैं।

इस उपन्यास में प्लासी युद्ध (1757) में अंग्रेजी का साथ निभाने

वाले अमीचंद से लेकर बाबरी ढाँचा विध्वंस होने तक को कहानी के साथ लालू, राबड़ी, सोनिया और बहुराष्ट्रीय कंपनियों तक के संदर्भों को लिया गया है। प्रौढ़ दृष्टि और शिल्प के नये कौशल के कारण चर्चित उपन्यास है।

मारवाड़ी औरत की पीड़ा को उपन्यास में संवेदनात्मक मार्मिक रूप में उभरती है, वह पीड़ित है, शोषित है, परंतु विद्रोह का प्रयास कहीं नहीं दिखाई देता। बाजारवाद की भोगवादी मानसिकता के जकड़े हुए मारवाड़ी समाज की नयी पीढ़ी की असंवेदनशीलता को उपन्यास में दर्शाया गया है। "अलका सरावगी के इस उपन्यास में कथ्य का संयोजन बहुत कलात्मक ढंग से हुआ है। उपन्यास के केंद्र में एक पूरा मारवाड़ी वर्ग है जो समग्र भारतीय जनता का प्रतिनिधित्व करता है। इस वर्ग के अतीत और वर्तमान तथा आदर्श और यथार्थ का ऐसा विलक्षण मेल किसी भी अन्य उपन्यास में ऐसी तन्मयता से शायद ही मिले। यहाँ स्त्री का एकल जीवन नहीं है। वह अपनी पूरी पारिवारिकता के साथ आती है। किशोर की भाभी यानी ललित की विधवा पत्नी को अगर लक्ष्य करें तो उसके प्रेम, समर्पण और मारवाड़ी परिवार में उसकी नियति को अलका सरावगी ने जीवंतता के साथ प्रस्तुत किया है।"[69] मुख्य कथा की पृष्ठभूमि में स्वाधीनता संघर्ष, बंगाल की दयनीय स्थिति, 1943 का अकाल, सुभाषचंद्र बोस, महात्मा गाँधी की हत्या, सांप्रदायिक हिंसा के प्रसंग गहरी संवेदना के साथ अंकित होने पर भी अलग-अलग झलकियों जैसे प्रतीत होते हैं। ... इस व्यापक और वैविध्यपूर्ण कथ्य की प्रस्तुति के लिए अलका सरावगी ने रामकिशोर बाबू के बाइपास सर्जरी के कारण विक्षिप्त होकर अतीत को जीने की जिस प्रविधि का आविष्कार किया है, वह चमत्कारपूर्ण है और उपन्यास की चर्चा का कारण भी। इस प्रविधि के साथ रामकिशोर बाबू की डायरी का उपयोग करके सरावगी ने अपने कथाशिल्प को चमत्कारपूर्ण ही नहीं, कथ्य के लिए आवश्यक भी बना दिया है।"[70]

अलका सरावगी ने कलकत्ता शहर को केंद्र में रखा है। इसमें मध्यवर्गीय परिवार से संबंधित 70 वर्षीय किशोर बाबू के इर्द-गिर्द

घूमती है। कथा की शुरूआत किशोर बाबू की बाईपास सर्जरी शुरू होकर अतीत से वर्तमान तक का साक्षात्कार होता है। साथ-साथ सामाजिक, आर्थिक, राजनीतिक, घटनाओं को लेखिका ने खास संदर्भों के रूप में उठाए हैं। इसमें 300 वर्षों से दबी, प्रताड़ित, उपेक्षित शोषित स्त्री का चित्रण मिलता है जो समय-समय पर अपने असहाय होने की दासता बताती है। मन-ही-मन कुढ़ती रहती है पर विद्रोह नहीं कर पाती। उपन्यास की कथावस्तु मुख्य रूप से 'फ्लैश बैक' पद्धति में दिखाई देती है। पूरा उपन्यास वर्तमान में चलते-चलते अतीत में झांकने लगता है।

मारवाड़ी समाज की स्त्रियों की स्थिति, उनका पिछड़ापन, आत्मकेंद्रित मारवाडी समाज, रामविलास और शांता भाभी का अकेलेपन की पीड़ा स्त्रियों की पराधीन प्रवृत्ति, स्त्री की अशिक्षा, पिछड़ापन और पराधीनता, भेदभाव, पारिवारिक टूटन, अकाल की भयावहता, सांप्रदायिक फसाद की भयंकरता, गर्भजल परीक्षा, टेस्ट ट्यूरा बेबी आदि पर प्रकाश डालना इस उपन्यास का प्रमुख उद्देश्य है। इसके साथ बहुत सारे नारीतर विषयों का चित्रण किया है।

अंतिम दशक की खोज : गीतांजलि श्री

गीतांजलि श्री ने इतिहास में एम.ए., एम.फिल. पी-एच.डी. जवाहरलाल नेहरू विश्वविद्यालय, दिल्ली और सयाजीराव यूनिवर्सिटी बड़ौदा से किया। इनका शोध ग्रंथ 'बिटवीन टू वर्ल्ड्सः एन इंटेक्चुअल बायोग्राफ़ी ऑफ प्रेमचंद' है। वे कहानियों, उपन्यास आदि लिखती हैं। इंदु शर्मा कथा सम्मान, हिंदी अकादमी का साहित्यकार सम्मान, भारत सरकार के संस्कृति मंत्रालय की सीनियर फ़ेलोशिप, जापान फाउंडेशन की फेलोशिप तथा चार्ल्स वालेस ट्रस्ट की फेलोशिप मिली है। माई के अंग्रेज़ी अनुवाद को साहित्य अकादमी पुरस्कार से सम्मानित किया गया है।

मोहभंग का तीव्र एहसास : माई

गीतांजलि श्री कृत 'माई' (1993) उपन्यास में नयी पीढ़ी का पुरानी

से मोहभंग, स्त्री की परंपरागत दृष्टि, नई नैतिकता के माध्यम से व्यक्तित्व को उभारना, पितृसत्ता के बीच स्त्री की अपने लिए नयी जगह खोजने का प्रयास, सामाजिक व्यवस्था में स्त्री की पहचान का संकट, स्त्री-विमर्श का महत्वपूर्ण बिंदु है।

इस उपन्यास में नयी पीढ़ी का पुरानी पीढ़ी से मोह भंग का एहसास है। इस पर प्रभा खेतान के विचार दृष्टिगत हैं-"मोहभंग तो तभी होता है, जब किसी परम सत्य की अवधारणा का विखंडन हो या इस परम सत्य के चारों ओर लिपटे हुए धुंध के हटाने की कोशिश हो या शास्त्रो को चुनौती देने वाले तर्कों का इस्तेमाल हो।"[71]

जिसमें लेखिका ने नई नैतिकता के परिप्रेक्ष्य में 'नई स्त्री' के व्यक्तित्व तथा उसकी अस्मिता को पहचान देने का प्रयास किया है। "पिछली पीढ़ी की स्त्री को हम आज भी भूमिकाओं में परिभाषित करते और रिश्तों में जीते हैं। 'माई' में यह प्रश्न शिद्दत से उठाया और विचारा गया है।"[72] माई को समझने की कोशिश रिश्तों में बाँधकर की गई है। बाबू की पत्नी, दादा-दादी की सेवा करनेवाली आज्ञाकारी, सुबोध, सुनैना की 'माई' को इसी रूप में देखा गया है। रज्जो के रूप में उसकी कोई पहचान नहीं है। उसके व्यक्तिगत रूप की कोई पहचान नहीं है। सिर्फ "माई को हमेशा उसकी भूमिकाओं के 'धड़' से पहचानने की कोशिश की गई उसके सिर को (व्यक्तिगत, पहचान, अस्मिता), उसके धड़ से जोड़ने की कोशिश नहीं की गई।"[73] यह उपन्यास "एक ऐसी औरत की गाथा है जो घर को संभालती और सहेजती है। खपती जाती है, पर उसकी आत्मा को पहचानने की जरूरत कोई नहीं समझता... परिवार के बीच एक मजबूत धुरी बनी औरत किन-किन स्थितियों से गुजरती है और खामोश होकर अपने को विसर्जित करती जाती है। मूक बनी सब कुछ सहते जाने की यह प्रवृत्ति भारतीय औरत की नियति है और यह नियति को गीतांजलि श्री ने बखूबी उद्घाटित किया है।"[74] माई द्वारा पुराने मूल्यों का वहन करते दर्शाया गया है। इसके विपरीत 'माई' की बेटी सुनैना के माध्यम से पुरानी लीक से हटकर पुराने नैतिक मूल्य का अतिक्रमण करते हुए

दर्शाया गया है। "अपनी समरूपा उत्पन्न करना माँ के लिए बड़ा महत्त्वकारी है। पुण्य है। बेटी के पैदा होते ही माँ सदा जीवा हो जाती है। वह कभी नहीं मरती। हो उठती है वह निरंतरा। वह आज भी है कल भी बेटी के रूप में रहेगी। हमेशा जीवित रहेंगे बेटी से बेटी तथा उसकी भी बेटी में" पर इस उपन्यास की सुनैना 'माई' नहीं बनना चाहतीं। वह कहती है- मुझे माई नहीं बनना, मैं माई वैसे भी नहीं बनूँगी... मैं चाहूँ भी तो माई नहीं बन सकती, वह सिफत नहीं मुझमें, मैं माई को झकझोर के झटक देती हूँ। अलग, मुझे त्याग बुरा लगता है, क्योंकि वहीं माई का बोझिल इतिहास है... मुझे उसकी तरह नम्रता और उदारता को अपराध नहीं बना देना है, उसके इतिहास से लड़ना हे, उसे नकारना है, और इसीलिए लेना है, लेके पाना है..." हर नई पीढ़ी का पुरानी पीढ़ी से यह द्वंद्व दिखाई देता है। माँ सब कुछ खोने के लिए तत्पर रहती है। बेटी सब कुछ पाने के लिए उत्साहित रहती है। माँ बेटी का यही द्वंद्व इस उपन्यास में दिखाई देता है।

सांप्रदायिक वैमनस्य : हमारा शहर उस बरस

इनका 'हमारा शहर उस बरस' (1998) चर्चित उपन्यास है जिसमें हिंदू सांप्रदायिकता का चित्रण किया गया है। उपन्यास के केंद्र में एक शहर है, जहाँ एक 'मठ' है और एक विश्वविद्यालय दोनों संस्थाएँ सांप्रदायिकता को बढ़ावा देते हैं। रहस्यपूर्ण आतंक शहर में छा जाता है जिसका तनाव एक असामान्य स्थिति एक मुस्लिम पात्र को अकेले होने तथा उसकी मानसिकता का चित्रण किया गया है। इसमें सांप्रदायिकता की भयावहता को दर्शाया गया है। इसकी नायिका श्रुति है जो हनीफ से विवाह करती है। विवाह के बाद भी अपने धर्म को नहीं बदलती, हनीफ भी ऐसा ही करता है। धर्म को भूलकर सूखी दाम्पत्य जीवन बिताते हैं। श्रुति का एक संवेदनशील तथा विवेकशील स्त्री गुण उभारा गया है, जिसमें वह राष्ट्रीय एकता की गवाही देती है।

हिंदी की प्रतिष्ठित कथा लेखिका : सूर्यबाला

सूर्यबाला हिंदी साहित्य की प्रतिष्ठित लेखिका मानी जाती हैं।

रचनाकार के लिए हर रचना एक चुनौती होती है। इन चुनौतियों को झेल जाने के दौरान रोमांचक अनुभूतियाँ उसका सर्वोपरि सुख है। और इस उपन्यास को लिखने के दौरान हर एक कदमों के बाद चेतन-अवचेतन के तमाम सूत्र आ-आ कर उलझते रहते हैं। साहित्य के क्षेत्र में अपनी रचनाओं से सूर्यबाला महत्वपूर्ण लेखिका मानी जाती हैं।

दाम्पत्य जीवन का विघटन : यामिनी कथा

'यामिनी कथा' (1991) में दाम्पत्य जीवन का विघटन तथा पारिवारिक जीवन में असफल पत्नी तथा असफल माँ के रूप में यामिनी का चित्रण किया गया है। नये सिरे से नये संबंध बनाकर रहने का आग्रह, आधुनिक जीवन की एक सच्चाई है जिसमें आर्थिक और सामाजिक सहारे के लिए आधुनिक स्त्री की जटिलता को लेखिका ने उभारा है। "सूर्यबाला ने यामिनी कथा में पुनर्विवाह और संतान की समस्या को एक दूसरे कोण से प्रस्तुत किया है। उन्होंने इस उपन्यास में एक विभक्त माँ और विभक्त पत्नी के मानसिक तनाव और अनेकस्तरीय यातना तथा वर्तमान पति और पूर्व पति और पूर्व पति से उत्पन्न संतान के प्रति निष्ठाओं के बीच तनाव झेलती स्त्री का बेहद झकझोरने वाला चित्रण किया है।"[75] उसके जीवन संघर्षों के निर्माण को दर्शाया गया है। इसमें विधवा जीवन की त्रासदी है। समाज के नियमों को ठुकरा कर निखिल से पुनर्विवाह करती है जिससे समाज के व्यंग्य बाणों का उसे शिकार बनना पड़ता है।

संवेदनशील लेखिका : नमिता सिंह

नमिता सिंह ने लखनऊ विश्वविद्यालय से एम.एस.सी. (रसायन विज्ञान) तथा अलीगढ़ विश्वविद्यालय से पी-एच.डी. की उपाधि प्राप्त की।

खुले आकाश के नीचे, राजा का चौक, नीलगाय की आँखें तथा जंगल-गाथा, अपनी सलीबें आदि उनकी चर्चित रचनाएँ हैं। संप्रति वे विभागाध्यक्ष, रसायन विज्ञान, टीकाराम कन्या महाविद्यालय, अलीगढ़ में कार्यरत हैं। आप आज हिंदी जगत की जानी-मानी लेखिका हैं एवं

ज़नवादी महिला संघ की सदस्या भी हैं। आपकी लेखनी अथवा रचनात्मकता का प्रमाण आपके कृतित्व से लगाया जा सकता है जो वाकई काबिले तारीफ है।

मन के अंतर्द्वंद्व : अपनी सलीबें

'अपनी सलीबे' (1995) में स्त्री मन के अंतर्द्वंद्वों को उजागर किया गया है। इस उपन्यास की नायिका नीलिमा है जो अपने अहम के कारण दाम्पत्य जीवन में कटुता लाती है सिर्फ जाति से छोटे होने पर पति को बिना बताये उसे छोड़ देती है। उसे लगता है पति का उसकी जाति छुपाने उसको धोखा देना है। सिर्फ मुझे नहीं, हम दोनों को झूठ बोला उसने।"[76] इस पर माँ परेशान होकर पूछती है क्या वह पहले से शादी-शुदा था, या उसने किसी और से संबंध बढ़ा लिये थे। इन प्रश्नों में नीलिमा घिर जाती है और कहती है नहीं माँ-"वह हमारे बराबर का नहीं अम्मा! वह ठाकुर नहीं है लेकिन वह ब्राह्मण भी नहीं है। वह बहुत छोटे लोगों में से है जिनके हाथ का पानी तुम गाँव में शायद आज भी न पी सको। उसने हमेशा हमें धोखे में रखा अम्माँ"[77] इस पर माँ कहती है ईशु समझदार, सीधा-सादा भला इंसान है। उससे कहीं ज्यादा वह तुमसे बहुत प्यार करता है और हमेशा तुम्हारा ख्याल रखत्ता है। तुम्हारी मर्जी बगैर कुछ नहीं करता। आगे कहती है-"तो! इतनी सारी बातें एक तरफ और सिर्फ एक बात कि वह जाति का छोटा आदमी है, एक तरफ! तुमने दोनों पलड़े बराबर कर दिए। बल्कि सारी अच्छाइयाँ खत्म करके तराजू पर सिर्फ उसकी जाति रख दी।"[78] क्या नहीं था तुम्हारे पास। लायक पति। पद-सम्मान। अधिकार और प्रतिष्ठा सबसे महत्वपूर्ण बात पति के हृदय की संपूर्ण स्वामिनी। केवल खानदान की बात पर उसे अकेले छोड़ आयी किस खानदान की बात करती हो शराबी, जुआरी और ऐयाशों के जहाँ औरतें अपने पति की शक्लें देखे मुद्दत हो जाति थी। वह केवल हवेली की सामग्री बन कर बेजान हिस्सा बन कर रह जाती थी। इसमें नमिता सिंह ने अम्माँ के माध्यम से यथार्थ का दर्शन उसकी ठोस जमीन का, तथा जिंदगी के सख्त रास्तों का जीवन दर्शन

दिखाया गया है। पुराने मूल्यों को तोड़कर नये मूल्यों को जगाने की कोशिश की है। नीलिमा नौकरीपेशा स्त्री है जो पति को छोड़कर अकेले जीवन यापन कर रही है। अपने आत्मनिर्भर तथा आत्मसम्मान से जीवन से संघर्षरत है। अपने 'स्व' के लिए 'स्वाहा' हो जाती है। यह उपन्यास "नीलिमा नामक युवती के संघर्षों का उपन्यास है। नीलिमा बौद्धिक रूप से सचेत है अपने भीतर से मजबूत भी, पर कुछ स्मृतियाँ हैं जो लगातार उसका पीछा करती है। ईशू की चाहत की स्मृतियाँ साकार भी होती हैं जब ईश्वरचंद्र के रूप में एक अधिकारी होकर नीलिमा का हाथ थामता है फिर दोनों में जाति के बीच में आने से संबंध बिगड़ता हे और घटनाक्रम के बदलते ही ईश्वर मृत्यु के हाथों छीन लिया जाता है। नीलिमा अंदर से टूटती है, पर त्रासदी को सहने का उसमें अपार धीरज है जो उसे जिंदा रखता है। नमिता ने उपन्यास को संवेदनात्मक ऊँचाई दी है और स्त्री-परुष के बदलते संदर्भों को गहराई से आंका है।"[79] जिसमें अकेलेपन की समस्या, दाम्पत्य जीवन की कटुता, आर्थिक संपन्नता की ऊँचाई, बलात्कार की समस्या, दहेज की समस्या, जाति भेद, अपने 'स्व' को बनाने की एकरसता, खानदानी ठाकुर, जमींदारों का आज भी वर्चस्व, मिथ्या लोकलाज ओर कुटुंब-परिवार की आलोचना तथा सुमित्रा देवी द्वारा स्वावलंबी, आत्मविश्वास, दबी घुटी जिंदगी को नकारना, पात्रों के माध्यम से बौद्धिकता का परिचय दिया है। "नमिता सिंह की कहानियों में जीवन को सही अर्थों में सार्थक बनाने की कोशिश पूरी शिद्दत के साथ मिलती है। आज बदलती, सामाजिक राजनीतिक और आर्थिक परिस्थितियों में एक ओर रूढ़िगत पूर्वाग्रहों और संस्कार तथा दूसरी ओर यथार्थ और मानवीय संवेदनाओं के संघर्ष और उनके अंतर्द्वंद्व से उपजी यह कृति अपने समय को समझने के लिए एक कलात्मक हस्तक्षेप है। सामाजिक सरोकार, संवेदना और शिल्प के अनूठे सामंजस्य को संजोये यह उपन्यास नमिता सिंह की कथा-यात्रा का अलग पड़ाव है।"[80]

आधुनिक स्त्री की प्रतिनिधि : मीना शर्मा

मीना शर्मा ने दिल्ली विश्वविद्यालय से 1981 में स्नातक की उपाधि

प्राप्त की। आपकी चर्चित रचनाएँ अनाम प्रसंग, लगभग एक दर्जन कहानियाँ हैं। आप 16 वर्ष से एक प्रतिष्ठित प्रकाशन संस्थान में विभिन्न पदों पर कार्य, वर्तमान में निदेशक के रूप में कार्यरत हैं।

सात्विक प्रसंग : अनाम प्रसंग

मीना शर्मा कृत 'अनाम प्रसंग' (1995) में लेखिका ने प्रगतिशील नायिका का चित्रण किया है। वह अपनी इच्छा, रुचि को महत्व देती है और वह स्कूलिंग के बाद ही नौकरी करना चाहती है। आर्थिक रूप से आत्मनिर्भर हो जाने के कारण उसका व्यक्तित्व आत्मविश्वास से भर जाता है तथा वह अपनी इच्छानुसार जीती है। पारिवारिक दायित्व उस पर न होने से निश्चिंत रहती है। अपनी इच्छा से प्रेम करती है। उसके साथ जीवन जीना चाहती है बिना किसी शर्त के। ममता में काम करने का प्रकृतिजन्य गुण विद्यमान है जिससे वह एकनिष्ठा और लगन से कार्यक्षेत्र में काम करती है जिससे प्रकाश अंकल, संतुष्ठ थे। उनके बाद उनके बेटे तथा बॉस अभय साथ ही स्टाफ के सभी कार्यकर्ता उसकी तारीफ करते थे। "वह खूब लगन और मेहनत से काम करती है।"[81] ऑफिस को उसने अपने घर सा ही समझा था। अपनी उम्र के कीमती साल इसी आफिस की देखरेख में बिता दिये थे।"[82] दफ्तर की मीटिंग का नियोजन वह स्वयं करती थी। उसकी सुंदर व्यवस्था से सभी प्रसन्न होते और उसे बधाई देते थे। उसकी ईमानदारी और निष्ठा को देखकर अभय उससे प्रेम करने लगा था। ममता का सहानुभूतिपूर्ण स्वभाव उसे बहुत पसंद था। ममता भी अभय से प्रेम करती है। परंतु अभय शादीशुदा था जिससे घर वाले से उसने विद्रोह करना पड़ा। जीवन में तूफान आ जाता है। फिर भी वह अभय को चाहती है उसके साथ जीवन बिताना चाहती है। ममता कहती है-"अभय मैं तुम्हारे पत्नी और बच्चों का बुरा नहीं चाहती। मैं तो चाहती हूँ कि उन्हें उनके पूरे अधिकार मिले, लेकिन अभय में अब तुम्हारे बिना रह नहीं सकती। मुझे तुम्हारी पत्नी के अधिकार में से थोड़ा-सा प्यार का हिस्सा चाहिए बस।"[83] ये एक दूसरे से मन से

प्यार करते हैं और ममता समझती है कि अभय को छोड़कर वह नहीं जी सकेगी क्योंकि प्यार बड़ी से बड़ी मुसीबत सह सकता है पर जुदाई नहीं सह सकता।"[84] अभय का दाम्पत्य जीवन विषमताओं से भरा हुआ था। उसकी पत्नी पारिवारिक जिम्मेदारियों को नकार कर अपने ही किसी ऐश्वर्य लोक में जीति थी। पति क्या करता है? कहाँ जाता है? क्या खाता है? उसे कोई चिंता नहीं थी। ऐसे में ममता का प्रवेश उसके जीवन को ताजा बनाता है-"ममता किसी एक व्यक्ति के प्रति ही नहीं, पूरी सृष्टि के प्रति स्त्रीयोचित ममता, कर्तव्यपरायणता और विवेक से संपन्न होती है। ऐसी ही नायिकाएँ अपने दांपत्य का नरक भुगत रहे नायकों को अपने स्नेहिल स्पर्श का मरहम लगाकर जीने का संबल प्रदान करती हैं, वरना वे कब के इस संसार को अलविदा कर चुके होते। किसी युगल के बीच आयी दूसरी स्त्री हमेशा से इस संसार में आकर्षण का केंद्र रही है, विष पीकर उस स्त्री ने प्रायः ही संसार को अमृत और 'अभय' प्रदान किया है, मगर समाज इससे अधिकांशतः भयभीत ही हुआ है और ऐसी स्त्री को उसने क्रॉस पर चढ़ा दिया है। ममता और अभय की यह कथा वस्तुतः इसी त्रास और क्रॉस की कथा है।"[85]

निष्कर्ष

उक्त सभी लेखिकाओं ने स्त्री से जुड़ी सभी समस्याओं का उद्घाटन अपनी पुस्तकों में संवेदना के साथ स्त्री-प्रश्नों, उसकी समस्याओं, संघर्षों, उत्पीड़न, कुंठा, शोषण तथा अमानवीय व्यवहार, अत्याचार, उपेक्षाओं को केंद्र में रखा है। इन सभी तथ्यों से ये संभावनाओं की तलाश करती दृष्टिगत होती है।

अंतिम दशक के हिंदी उपन्यासों में स्त्री विमर्श : सृजन के नये संदर्भ के अंतर्गत अंतिम दशक के उपन्यास में नये चिंतन के आयाम को स्त्री लेखन समर्थ उपस्थिति के साथ दृष्टिगोचर होता है। लेखिकाओं ने उपन्यासों में केवल स्त्री-संघर्षों का जीवन ही नहीं दर्शाया बल्कि पूरे समाज व्यवस्था की अनेक झांकियाँ भी दर्शायी हैं। सामाजिक विषमताओं को उजागर

किया गया है। लेखिकाओं ने संवेदनशील भोगे हुए यथार्थ का चित्रण तथा जीवन की अनुभूतियों को व्याख्यायिक किया गया है। इन उपन्यासों में भावुकता कम तार्किकता अधिक दिखाई देती है। अस्तित्व, अस्मिता की खोज, स्वाभिमान, आत्मविश्वास का संबल तथा अपनी समस्याओं, संघर्षों के प्रति सचेत रहते हुए पात्रों को दर्शाया गया है।

स्त्री उत्पीड़न में भारतीय समाज की ऐसी ही विडंबनापूर्ण वास्तविकताओं को वस्तुपरक रूप में प्रस्तुत करने का प्रयास स्त्री लेखिकाओं ने किया है। इसमें थोथी आधुनिकता, दाम्पत्य जीवन की विसंगतियों, देह-व्यापार के बदलते स्वरूप, घटते स्त्री अनुपात, पारिवारिक परिस्थितियों, स्त्री-शोषण, मीडिया द्वारा स्त्री के चित्रण इन सबसे संभावित उत्पीड़न को तर्कपूर्ण और वस्तुपरक रूप में दर्शाया गया है। व्यवहार की शालीनता, संबंधों की पवित्रता एवं निर्णय की वस्तुनिष्ठा से परे आज की स्त्री में भड़काऊपन, व्यवहार में बनावटीपन, संबंधों में स्वार्थपरक, आदतों में पश्चिमीकरण, मर्यादाओं का खंडन, परंपराओं से मुक्ति, मान्यताओं का खंडन आज की स्त्री नियति इन उपन्यासों में नज़र आती हैं। जो अपने आतमगौरव, सम्मान, आत्मनिर्भरता के प्रति सजग है। पर अपने अमूल्य गुणों का त्याग कर रही है। 'स्व' के लिए 'स्वाहा' होती जा रही है।

संदर्भ सूची

1 स्त्री-विमर्श:विविध पहलू, डॉ.कल्पना वर्मा-पृ.112

2 स्त्री विमर्श:विविध पहलू, डॉ.कल्पना वर्मा-पृ.110

3 उपन्यास की समकालीनता, ज्योतिष जोशी-पृ.113

4 स्त्री विमर्श:विविध पहलू, डॉ.कल्पना वर्मा-पृ.40

5 स्त्री चिंतन की चुनौतियाँ, रेखा कस्तवार-फ्लैप पेज से

6 स्त्री चिंतन की चुनौतियाँ, रेखा कस्तवार-पृ.25

7 स्त्री चिंतन की चुनौतियाँ, रेखा कस्तवार-पृ.27

8 कठगुलाब से गुजरते हुए, राजी सेठ-कथादेश-जून 1998-पृ.63

9 हंस-मार्च, 1993-पृ.34

10 प्रभा खेतान का औपन्यासिक संसार, डॉ.उषा कीर्ति राणावत-पृ.36-37

11 एक जमीन अपनी, चित्रा मुद्‌गल-पृ.7

12 आवां, चित्रा मुद्‌गल-पृ.9

13 एक जमीन अपनी, चित्रा मुद्‌गल-पृ.8

14 हिंदी उपन्यासों में नारी, शैल रस्तोगी-पृ.294

15 स्त्री चिंतन की चुनौतियाँ, रेखा कस्तवार-पृ.234

16 ऐ लड़की, कृष्णा सोबती-भूमिका

17 स्त्री चिंतन की चुनौतियाँ, रेखा कस्तवार-पृ.234

18 ऐ लड़की में नारी चेतना, डॉ.गरिमा श्रीवास्तव-पृ.70

19 ऐ लड़की में नारी चेतना, डॉ.गरिमा श्रीवास्तव-भूमिका

20 उत्तर प्रदेश साहित्य वार्षिक-1997-पृ.25

21 स्त्री अस्मिताःसाहित्य और विचारधारा, जगदीश्वर चतुर्वेदी, सुधा सिंह-पृ.319

22 हिंदी उपन्यास का इतिहास, गोपाल रॉय-पृ.427

23 उत्तर प्रदेश, साहित्यिक वार्षिकी 1997-पृ.25

24 राकेश कुमार, हंस-जनवरी-1994-पृ.95

25 उपन्यास की समकालीनता-ज्योतिष जोशी-पृ.113

26 हिंदी उपन्यास का इतिहास, गोपाल रॉय-पृ.387

27 बेतवा बहती रही, मैत्रेयी पुष्पा-फ्लैप पेज से

28 बेतवा बहती रही, मैत्रेयी पुष्पा-पृ.6, 8

29 हिंदी उपन्यास का इतिहास, गोपाल रॉय-पृ.387

30 इदन्नमम, मैत्रेयी पुष्पा-भूमिका (राजेंद्र यादव के कथन से) 31 हिंदी साहित्य में स्त्री-विमर्श, संजीव कुमार नरवाडे-पृ.32, संचारिका 2006

32 हिंदी उपन्यास का इतिहास, गोपाल रॉय-पृ.388

33 झूला नट, मैत्रेयी पुष्पा-द्वितीय फ्लैप से

34 झूला नट, मैत्रेयी पुष्पा-भूमिका

35 हिंदी उपन्यास का इतिहास, गोपाल रॉय-पृ.388-389

36 अल्मा कबूतरी, मैत्रेयी पुष्पा-फ्लैश बैक

37 हिंदी उपन्यास का इतिहास, गोपाल रॉय-पृ.390

38 हिंदी उपन्यास का इतिहास, गोपाल रॉय-पृ.390

39 एक जमीन अपनी, चित्रा मुद्‌गल, द्वितीय फ्लाप से

40 एक जमीन अपनी, चित्रा मुद्‌गल, द्वितीय फ्लाप से

41 आवाँ, चित्रा मुद्‌गल-पृ.9 (भूमिका)

42 एक जमीन अपनी, चित्रा मुद्‌गल-भूमिका

43 चित्रा मुद्‌गल, एक जमीन अपनी-भूमिका से

44 उपन्यास की समकालीनता, जोतिष जोशी-पृ.112

45 स्त्री-चिंतन की चुनौतियाँ, रेखा कस्तवार-पृ.92

46 स्त्री-चिंतन की चुनौतियाँ, रेखा कस्तवार-पृ.189

47 आवाँ, चित्रा मुद्‌गल-भूमिका (फ्लाप पेज)

48 उपन्यास की समकालीनता, ज्योतिष जोशी-पृ.172

49 उपन्यास की समकालीनता, ज्योतिष जोशी-पृ.173

50 हिंदी उपन्यास का इतिहास, गोपाल रॉय-पृ.423

51 अक्षरा, आलोचना विशेषांक, संपादक गोविंद मिश्र-पृ.77

52 कठगुलाब, मृदुला गर्ग-पृ.104

53 स्त्री चिंतन की चुनौतियाँ, रेखा कस्तवार-पृ.185

54 उपन्यास की समकालीनता, ज्योतिष जोशी-पृ.114

55 अपने-अपने कोणार्क, चंद्रकांता-भूमिका (क)

56 अपने-अपने कोणार्क, चंद्रकांता-भूमिका (ख)

57 अपने-अपने कोणार्क, चंद्रकांता-कवर पेज

58 हिंदी उपन्यास का इतिहास, गोपाल रॉय-पृ.422

59 अपने-अपने कोणार्क, चंद्रकांता-पृ.95

60 अपने-अपने कोणार्क, चंद्रकांता-पृ.197

61 प्रभा खेतान का औपन्यासिक संसार, डॉ.उषा कीर्ति राणावत- फ्लैप पेज

62 आओ पेपे घर चलें, प्रभा खेतान-पृ.35

63 हिंदी उपन्यास का इतिहास, गोपाल रॉय-पृ.384

64 प्रभा खेतान का औपन्यासिक संसार, डॉ.उषा कीर्ति राणावत- पृ. 44

65 प्रभा खेतान का औपन्यासिक कृतित्व, निमिषा रॉय-दस्तावेज़ 108/ जुलाई-सितंबर 2005-पृ.40

66 हिंदी उपन्यास का इतिहास, गोपाल रॉय-पृ.385

67 प्रभा खेतान का औपन्यासिक कृतित्व, निमिष रॉय-दस्तावेज़ 108/ जुलाई-सितंबर 2005-पृ.41

68 प्रभा खेतान का औपन्यासिक कृतित्व, निमिष रॉय-दस्तावेज़ 108/ जुलाई-सितंबर 2005-पृ.41

69 उपन्यास की समकालीनता, ज्योतिष जोशी-पृ.118

70 हिंदी उपन्यास का इतिहास, गोपाल रॉय-पृ.397

71 स्त्री-अस्मिता : साहित्य और विचारधारा, जगदीश्वर चतुर्वेदी, सुधा सिंह-पृ.351

72 स्त्री चिंतन की चुनौतियाँ, रेखा कस्तवार-पृ.168

73 स्त्री चिंतन की चुनौतियाँ, रेखा कस्तवार-पृ.169

74 उपन्यास की समकालीनता, गोपाल रॉय-पृ.116

75 हिंदी उपन्यासों का इतिहास, गोपाल रॉय-पृ.422

76 अपनी सलीबे, नमिता सिंह-पृ.216

77 अपनी सलीबें, नमिता सिंह-पृ.217

78 अपनी सलीबें, नमिता सिंह-पृ.218

79 उपन्यास की समकालीनता, ज्योतिष जोशी-पृ.118

80 अपनी सलीबें, नमिता सिंह, द्वितीय फ्लैप से

81 अनाम प्रसंग, मीना शर्मा-पृ.13

82 अनाम प्रसंग, मीना शर्मा-पृ.15

83 अनाम प्रसंग, मीना शर्मा-पृ.71

84 अनाम प्रसंग, मीना शर्मा-पृ.121

85 अनाम प्रसंग, मीना शर्मा, द्वितीय फ्लैप से

4

अंतिम दशक के हिंदी उपन्यासों में स्त्री-विमर्श

(पितृसत्तात्मक व्यवस्था, स्त्री घुटन और पुनरुत्पति)

पितृसत्तात्मक व्यवस्था

पितृसत्ता का अर्थ है 'पुरुष की सत्ता'। यह एक सामाजिक व्यवस्था है जिसमें पुरुष को उत्तम माना जाता है। इस व्यवस्था में निर्णयों व संसाधनों पर पुरुषों का अधिक नियंत्रण होता है। उत्पादन या श्रम शक्ति पर, पुननरुत्पादन या प्रजनन शक्ति पर, यौनिकता पर, गतिशीलता पर, संसाधनों पर नियंत्रण जैसे आर्थिक, राजनैतिक, धार्मिक और सामाजिक संस्थाएँ तथा परिवार, धर्म, शिक्षा आदि पर पुरुषों का नियंत्रण होता है। पुरुष का बाहुल्य होता है वो पितृसत्ता का स्वामित्व होता है।

प्रभा खेतान के विचार में "पितृसत्ता एक सामाजिक घटना है। हजारों साल से चली आयी ऐसी व्यवस्था है, जिसमें स्त्री को अधीनस्थता सर्वविदित है। पितृसत्ता ने स्त्री को अपने ज्ञान की वस्तु बनाया, उसे

साधन के रूप में प्रयुक्त किया उसके नाम, रूप, जाति, गोत्र सब अपने संदर्भ में परिभाषित किए।"[1]

स्त्रीवादी साहित्य चिंतन के क्षेत्र में पितृसत्तात्मक की व्याख्या और पुनर्व्याख्या की लंबी परंपरा है। पितृसत्तात्मक मूल्यों के साथ समाज का कई हजार वर्षों का अभ्यास उन्हें सहज, सुबोध एवं सर्वमान्य बना देता है। ऐसा महसूस होता है कि पितृसत्तात्मक विभाजन सदा-सर्वदा के लिए स्वीकृत विभाजन है, इसे बदला नहीं जा सकता। पितृसत्तात्मक दृष्टिकोण की यह विशेषता है कि वह स्त्री और पुरुष में विभाजन करता है। स्त्रियाँ सामाजिक नियमों का पालन करती हैं। समाज में जब सब नियमों के तहत होता है तब पितृसत्तात्मकता का अंग ही होता है। जब नियमों का उल्लंघन होने लगता है तब पितृसत्तात्मक व्यवस्था ढहने लगती है। समाज में पितृसत्ता से भिन्न दृष्टिकोण व्यक्त होता है। पर स्त्री की सामाजिक स्थिति एवं सामाजिक चेतना में कोई बदलाव नहीं आता। स्त्री पवित्रता और संयम ये दोनों पितृसत्तात्मकता से जुड़े हैं। पितृसत्तात्मक व्यवस्था में स्त्री को घर सौंपा जाता है जहाँ स्त्री पर अनेक शोषण होते हैं। पितृसत्तात्मकता पर विचार करें तो लैंगिक समानता और असमानता पर भी सोचें। "लैंगिक समानता का अर्थ है स्त्री और पुरुष जनता की सामाजिक गतिविधियों के बारे में निर्णय ले, ध्यान रहे यह प्रक्रिया किसी-न-किसी रूप में नियंत्रण में भी अभिव्यक्त होती है।"[2]

स्त्री-विमर्श के अंतर्विरोध में प्रभा खेतान कहती हैं-"पितृसत्ता वह विचार है, सिद्धांत है, आदर्श है जो अपने से या अपने समूह से भिन्न प्रत्येक व्यक्ति पर नियंत्रण चाहती है। "पितृसत्तात्मक समाज ने हमेशा स्त्री को एक वस्तु रूप में देखा है। हालाँकि पितृसत्ता शब्द की आज अपनी समस्याएँ हैं और अंतर्विरोध हैं। पितृसत्ता दलन के उन वैश्विक और ऐतिहासिक तरीकों का इस्तेमाल करती रही है, जो स्त्री को उसकी जैविक, अधीनस्थ स्थिति से बार-बार परिचित कराती है। पितृसत्ता के नियमित ढाँचे और आकार हैं जिसमें किसी भी प्रकार का वैरियेशन

(बदलाव) स्वीकृत नहीं और न ही इनके अलग रहने वाली शांति से रहने ही दिया जाता है। पितृसत्तात्मक समाज स्त्री के मुद्दे पर सोचना ही नहीं चाहता। न यह स्वीकारना चाहता है कि "ऐतिहासिक विकास के दौरान आधुनिक स्त्री ने अपने लिए अलग से कुछ भी हासिल किया है।"[3]

"हजारों सालों से ऐतिहासिक विकास के दौरान पितृसत्ता नित नए नामों से दलन की प्रक्रिया को जारी रखती आई है। पितृसत्ता की औपनिवेशिक मानसिकता, स्त्री को भूगोल को कैसे अधिकृत रख सके, इसी में उलझी हुई है।"[4]

स्त्री की वास्तविक लड़ाई

अंतिम दशक के उपन्यासों में पितृसत्ता की परंपरा और पराधीन की समस्या को दर्शाया गया है। स्त्री का जीवन घुटन भरा, पीड़ा ग्रस्त तथा दमित दिखाई देता है। इन उपन्यासों में परंपरागत विचारों वाली माँ, बेटी, पत्नी, सास भाभी ऐसी नायिकाओं का चित्रण हुआ है जो इस नियम को तोड़ नहीं सकती और परंपरा की परिधि में रह कर अपना जीवन पराधीन तथा घुटन भरा बना लेती है। "माँ लड़की को अपने संरक्षण में अपनी ही तरह बनाने में पूरी तरह से जुटी रहती है।"[5] माँ, सास अपनी बहु बेटी पर परंपरा का बोझ लादने की कोशिश में लगी है। पति अपनी पत्नियों को अपने अधीन में रखना चाहता है। पितृसत्तात्मक परंपरा की आड़ में पुरुष ही स्त्री को दमित, शोषित, उपेक्षित नहीं करता बल्कि स्त्री-स्त्री को भी दमित, शोषित, अधीन, उपेक्षित करती है।

इस संदर्भ में चित्रा मुद्गल अपने उपन्यास 'एक जमीन अपनी' में अंकिता और तिलक के संवादों के माध्यम से बताती है-"न मानिए... पर आपके मानने, न मानने से सचाई बदल जाएगी स्त्री-समाज की? स्त्री-स्वातंत्र्य की आड़ में स्त्री व्यर्थ ही पुरुष वर्ग को शोषक बनाकर 'मरो', 'मारो' का हल्ला मचा रही है। स्त्री की वास्तविक लड़ाई तो स्त्री से है- उसकी शत्रु स्त्री ही है। कहीं वह सास बनकर शोषण कर रही है तो कहीं माँ बनकर चौकीदारी तो कहीं ननद बनकर जासूसी, तो कहीं प्रेमिका

बनकर सीनाजोरी। इसके बीच में ही सारे घपले घट रहे हैं... आंदोलन करना है, तो स्त्री को स्त्री की संकीर्णताओं और क्षुद्रताओं के विरुद्ध करना चाहिए। उसकी सामाजिक स्थिति में तभी परिवर्तन आ सकता है... इस पर अंकिता कहती है-किसी हद तक तिलक, लेकिन उसके लिए भी स्त्री नहीं, व्यवस्था दोषी है, जो उसे समाज ने दी है और उस व्यवस्था को बनाया पुरुष ने ही है।"[6]

'छिन्नमस्ता' की प्रिया को पितृसत्तात्मक परंपरा की आड़ में पराधीनता की समस्या का शिकार होना पड़ा है। प्रिया की माँ 'कस्तूरी' पारंपरिक माँ के रूप में चित्रित हई है। जो मारवाड़ी समाज की परंपरा, रीति रिवाज को निभाती है। अपनी ही बेटी को उपेक्षित अपमानित करती है। प्रिया को बचपन से ही पराधीन रखा जाता है। "ठीक से चलो, क्या पैरों की धम-धम आवाज करती चलती हो? शऊर से बैठ... कूबड क्यों निकाल लेती हो? क्या खो-खो लगा रखी है? खाँस रही हो तो खाँसे ही जा रही हो... और यदि मैं खाँसी दबाने की कोशिश करती तो, क्या गया कि इस तरह गरगरा रही है...?"[7] प्रिया को उसका बचपन असहाय और अनाथ लगता था वह सोचती कि अम्मा मेरा अपराध क्या है, अजीब सी आत्मग्लानि, अपराधबोध यंत्रणा। क्या यही मेरा बचपना है। उसे माँ के नियमों के अनुसार रहना पड़ता है। पराधीनता के कारण न तो उसे खाने को ढंग से मिलता है और न ही किताबें खरीदने के लिए पैसे। उसे दस रुपये के लिए भी तरसना पड़ता है। अपनी माँ की परंपरावादी विचारधारा को देख कर प्रिया सोचती है-"इस परंपरा की जड़ें शरीर के रेशों में समाई है सदियों की इस अमानवीय परंपरा को किस बीमारी का नाम दूँ जहाँ मेरी जैसी विद्रोही लड़कियाँ भी समर्पित पत्नी और माँ बन जाने को विवश होती जाती है।"[9]

"स्त्री अपना अधिकार प्राप्त करने के लिए संघर्ष के मार्ग पर है।"[10] प्रिया भी इसी मार्ग पर चलने का प्रयत्न करती है। प्रिया पराधीन होना नहीं चाहती। वह स्वतंत्र जीवन बिताना चाहती है। प्रिया रूढ़िग्रस्त परंपरा के खिलाफ कदम उठाती है तो समाज की उपेक्षा का पात्र बनती है।

प्रिया की बड़ी भाभी भी परंपरागत विचार रखती है उसे कुर्ता पहनकर घूमना, लिपिस्टिक लगाना, सलवार-कमीज पहनना अच्छा नहीं लगता। परंतु पति के कहने पर उसे सब करना पड़ता है। अपने परंपरावादी विचारों के कारण पराधीन तथा घुटनभरी जिंदगी जीना पड़ता है। पति का शराब पीना, आधुनिक विचार रखना, अय्याशीपन उसे असहनीय और अपमानित लगता है। जिसके कारण घुट-घुट कर वह मर जाती है।

शादी के बाद भी वह पराधीन हैं पति नरेन्द्र उसे हमेशा अपने अधिन रखना चाहता है। प्रिया व्यवसाय के लिए लंदन जाने वाली होती है तो नरेंद्र उसे रोकने की कोशिश करते हुए कहता है-"ईमानदारी, वफादारी, प्यार, समर्पण इन सभी को तुम ठुकराकर जा रही हो, इस पर प्रिया कहती है-हम सभी तो अपनी-अपनी सुविधानुसार वायदों को तोड़ते-मरोड़ते रहते हैं-कुछ नहीं। सच कहूँ नरेंद्र ये शब्द भ्रम है। औरत को यह सब इसलिए सिखाया जाता है कि वह इन शब्दों के चक्रव्यूह से कभी नहीं निकल पाए ताकि युगों से चली आती आहूति की परंपरा को कायम रखे।"[12] प्रिया परंपरा और पराधीनता की स्थितियों को तोड़कर आगे बढ़ना चाहती है। नरेंद्र ने उसे कितनी बार उपेक्षित किया अपमानित किया जिसकी छटपटाहट से वह अपने जीवन मूल्यों को जीना चाहती है न कि अधीनस्थता में घुट-घुट कर मरना।

पारंपरिक आडंबर के कारण दूसरी स्त्री को घर की चारदीवारी में नहीं लाया जाता, न ही किसी सामाजिक या पारिवारिक रीति-रिवाज में शामिल किया जाता है। प्रिया की सास छोटी माँ जो प्रिया के ससुर की दूसरी पत्नी थी, उसे भी परिवार के किसी भी शुभ-अशुभ कामों में शरीक नहीं किया जाता था। समाज और परिवार उसकी उपेक्षा करता था। उसके ससुर की मृत्यु पर सामाजिक कर्मकांड को देख कर प्रिया सोचती है उसकी सास को सभी सांत्वना देते हैं पर छोटी माँ (रखैल सास) के बारे में कोई नहीं सोचता। उन पर क्या बीत रही होगी, किसी का ध्यान नहीं जाता। वह अकेली पति मरने के बाद बाबूघाट पर स्नान

करने जाती है। "बाबूघाट पर छोटी माँ अकेले नहाती दिखी... चूड़ियाँ तोड़ रही थी, मांग का सिंदूर मिटाया था अकेले बिल्कुल अकेले। फिर भीड़ से चुपचाप निकल गई। ओह! मेरी सास को तो दस-दस औरतें थामे हुए थीं। सब पत्थर दिल। पर मैं किसको गालियाँ दे रही थी व्यक्ति को? समाज को? परंपरा को, पता नहीं। या सिर्फ इस निष्क्रिय मौन स्वीकृति के लिए छोटी माँ स्वयं जिम्मेदार थी।?"[11]

प्रिया की माँ, भाभी, सास, छोटी माँ, दाई माँ सभी परंपरावादी हैं जिसके कारण पराधीनता की समस्याओं से गुजर रही है। प्रिया इन सब कर्मकांड, अंधविश्वास, रीति-रिवाज का खंडन करती है। उसने भी 15 वर्षों तक सब कुछ सहा है। पति के कहे पर कटपुतली की तरह नाची है। उसे क्या मिला, ऑडर भरे शब्द, अपमान, उपेक्षा, अवमानना जिसकी वजह से वह विद्रोह बन कर सारे पारंपरिक दायरों को तोड़ कर अकेले व्यवसाय कर अपना जीवन बिताती है। इसमें इस बात का स्पष्टीकरण हुआ है कि "स्त्री का विरोध प्रमुख रूप से पुरुष के विरुद्ध अर्थात् पितृसत्तामक सामाजिक व्यवस्था के विरुद्ध आंदोलन के रूप में शुरू हुआ है।"[13]

कलिकथाःवाया बाईपास में परंपरागत चलते मारवाड़ी समाज के अंधविश्वास, रूढ़िग्रस्त वातावरण के कारण स्त्रियाँ परंपरा की जकड़बंधी में छटपटा रही है। परिवार के अधीन रह कर पराधीनता को महसूस करती है। सांस्कृतिक परिवेश में विधवा स्त्री को मनचाहे कपड़े पहनने का भी हक नहीं है। मारवाड़ी स्त्री के शोषण की समस्या के कई चित्र इस उपन्यास में लेखिका ने उभारे हैं। किशोर की बड़ी भाभी सोलह वर्ष की अवस्था में ही विधवा हो जाती है और ताउम्र किशोर के घर में ही अपनी कुंठाग्रस्त जिंदगी जीती है। घर के तीज-त्यौहार, फंक्शनों पर भी उसे मनचाहा पहनने की इजाजत नहीं देते। अगर वो पहन भी ले तो परिवार वाले उसकी उपेक्षा करते हैं। बंदिश की स्थिति घर की बेटियों की भी है। घर में परंपरा और पराधीनता इतनी छाई रहती है कि उन्हें घर से बाहर नहीं जाने दिया जाता है। घर की बंदिश में ही छटपटाते हुए रहना पड़ता है। इस संदर्भ में किशोर की छोटी बेटी अपनी बड़ी माँ से कहती

है-"बड़ी माँ! तुम बताओ कि पापा इस तरह क्यों सोचते हैं लड़कियों के बारे में? हम क्यों नहीं खेल सकते बगल के मकान की लड़कियों से? हम क्यों नहीं खड़े हो सकते बरामदे में? हम क्यों नहीं जा सकते अपनी सहेलियों के घर? हम क्यों कैद हैं पिंजरे बंद चिड़ियों की तरह? तुम क्यों कैद हो बड़ी माँ? तुमने क्या पाया ऐसा जीवन जीकर? किसके लिए जीवन जिया तुमने ऐसा? तुम क्यों सहती हो हर बात पर पापा की मरजी।"[14] वह अपनी बड़ी माँ की पराधीनता की स्थिति देख कर परंपरा से विद्रोह करना चाहती है। परंतु समाज स्त्रियों की यह सोच उभरने नहीं देता बाहरी दबाव इस विद्रोह को वाणी देने नहीं देता है। किशोरबाबू की माँ कुंती चुनिया, रामविलास की पत्नी की मौसी, बड़ी भाभी, बड़ी मामी ये सारी स्त्रियाँ मारवाड़ी समाज की चौखट में उपेक्षित एवं प्रताड़ित हैं।

पितृसत्तात्मक सत्ता ही वह मूल कारण है जिसने समाज में स्त्रियों की अधीनता को स्थापित करते हुए उसे दोयम दर्जे का नागरिक बना दिया। पितृसत्तात्मक व्यवस्था इस व्यवस्था पर आधारित होती है कि स्त्रियाँ पुरुषों से हीन हैं और पुरुष उनसे श्रेष्ठ हैं। इसलिए स्त्रियों पर पुरुषों का नियंत्रण जायज है। "यही स्थिति अलका सारावगी ने अपने उपन्यास कलिकथाःवाया बाईपास में दर्शाया गया है।"[15]

और किशोर की बेटी के माध्यम से पुरानी पीढ़ी की छटपटाहट को दर्शाया गया है। साथ ही नयी पीढ़ी अपनी पहचान के लिए, स्वतंत्र अस्तित्व के लिए जागरूक सचेत दिखाई देती है जो पुरानी परंपराओं का खंडन कर नयी व्यवस्था की स्थापना में विद्रोही का रूप धारण किये हुए है। "आज स्त्री अस्मिता की लड़ाई आधी दुनिया को मनुष्य का दर्जा दिलाने की लड़ाई है।"[16]

'एक जमीन अपनी' में अंकिता की माँ परंपरावादी है अंकिता जब प्रेम विवाह करती है तो माँ परंपरा की आड़ में मान-मर्यादा तथा प्रतिष्ठा के कारण आवेश में धतूरा पीसकर खा लेती है और अंकिता को कोसती हुई कहती है-"कुलच्छिन! भोगेगी... जरूर भोगेगी अपने करमन को

कुलबोरन। उससे जिनसे हमारी जाति बिरादरी नहीं मिलती... खानपान नहीं मिलता... हुँआ बियाव-शादी नहीं टिकती अऊर टिकेगी भी नहीं...।"[17] कुछ समय बीतने पर अपने आपसे समझौता कर लेती है बेटी के विवाह को अपना भी लेती है पर बेटी के घर का खाना-पीना अपनी पारंपरिक प्रतिष्ठा के खिलाफ मानती है। बेटी के घर का पानी पीना भी उसे नरक भोगने जैसा ऐहसास होता है।

अभिषेक दुबे के विचार में-"सदियों से स्त्री पुरुष समाज के शोषण और दमन की शिकार बनती रही है।"[18] अंकिता के दोस्त मेहता की बहन वंदना भी परंपरा की जकड़बंदी के कारण न चाहते हुए भी एक साधारण क्लर्क हरीश से विवाह करने को राजी हो जाती है। मेहता की पत्नी कोकिला घर में आत्महत्या करती है जिसके कारण वंदना के लिए रिश्ते मिलना मुश्किल हो जाता है। वंदना की शादी में बाधा आने के कारण उसकी माँ सोचती है-आखिर हमारा समाज है ही कितना बड़ा... कोई यह भी नहीं सोचता कि बहू के आत्मघात से वंदना के ब्याह का क्या लेना-देना वंदना कैसे दोषी हो गई उस सबके लिए।"[19] माँ न चाहते हुए भी बेटी की शादी मामूली क्लर्क के साथ तय कर देती है-कुटुंब की प्रतिष्ठा के लिए सौदा किया है... वंदना और हरीश का रिश्ता सिर्फ इसलिए स्वीकार किया है कि वे कोकिला की आत्महत्या के कलंक को परिवार के माथे पर पोंछ सके। मुक्त कर सके उस अभिशाप से सभी को...। वे बिरादरी को मुँह-तोड़ जवाब देने के लिए इस शादी को स्वीकार कर रही हैं कि देखो, तुम क्या समझते हो, तुम्हारी लगाई-बुझाई के चलते मेरे घर में ब्याह-शादी नहीं होगी? मेरी बेटी कुंआरी बैठी रहेगी जीवनपर्यंत यही पीड़ा है... यही।"[20] सामाजिक मान-मर्यादा, पारिवारिक परंपरा के कारण न चाहते हुए भी वंदना और उसकी माँ को रिश्ता स्वीकारना पड़ता है। माँ बेटी के लिए एक योग्य वर की कल्पना करती है। अंकिता की जिंदगी भी पराधीनता की समस्याओं के कारण टूट जाता है। पति उस पर अपना हर समय अधिकार जताना चाहता है। उसे कठपुतली की तरह नचाना चाहता है। हमेशा उपेक्षित-अपमानित करता

रहता है जिसके कारण दोनों का संबंध विच्छेद हो जाता है।

'आओ पेपे घर चलें' की प्रभा पर उसकी माँ के परंपरावादी विचार समाहित है। अमेरिका जाने पर बाल कटवाने से भी डरती है। वह सोचती हे "यहाँ अमेरिका में हो ना इसलिए ऐसी बातें कर रही हो, वहाँ चलो हिंदुस्तान में और वह भी जन्मों किसी मारवाड़ी सेठिया परिवार में, तो पता चल जाएगा।"[21] यहाँ स्त्री में परंपरागत जकड़ी संस्कृति को दर्शाया गया है पर स्त्री की जकड़बंदी पराधीनता की समस्या भारत में ही नहीं पूरे विश्व में एक जैसी है। यही लेखिका ने अमेरिका की कैथी द्वारा उदाहरण प्रस्तुत किया है-"कि क्या पता चल जायेगा? बंदिश? वे हम लोगों के जीवन में क्या नहीं है? फिर एलिजा क्यों रोती है? क्यों मेरी माँ ने आत्महत्या की? क्यों मेरी आण्टी का नाम तक नाना के परिवार में लिया नहीं जाता।"[22] इससे यह स्पष्ट होता है कि स्त्री के प्रति पारंपरिक विचारधारा हर देश में एक जैसी ही है चाहे तो अमेरिका ही क्यों न हो। स्त्री वहाँ भी रूढ़िवादी व्यवस्था के शोषण की शिकार होती है।

स्त्री की दमित स्थिति को देख कर उपन्यास की एक पात्र आइलिन का कथन है-"औरत कहाँ नहीं रोती और कब नहीं रोती, वह जितना भी रोती है उतनी ही औरत होती जाती है।"[23]

इस कथन से प्रभा खेतान का नारी-दर्शन स्पष्ट मुखरित होता है। प्रभा खेतान को नारी का यह रूप और उसका निरंतर, औरत होते जाना स्वीकार नहीं है। हिंदी उपन्यास में स्त्री की पीड़ा का चित्रण हम बहुत सारे उपन्यासों में देख सकते हैं। परंतु अमरीकी स्त्री के जीवन-सत्य को चित्रित करने वाला यह हिंदी का पहला उपन्यास है।

'दिलो-दानिश' में स्त्रियों को परंपरा की आड़ में ठगा जाता है। स्त्री को परंपरा की जकड़बंधी से कई समस्याओं का सामना करना पड़ता है। कृपानारायण की बहन छुन्ना बीबी के माध्यम से असमय विधवा बनी युवती की दयनीय दशा की समस्या, विधवा की जमीन-जायदाद हड़प करने की समस्या को दर्शाया गया है। विधवा होने पर

छुन्ना अपने मायके रहती है। यहाँ पर उसे अपने परिजनो की उपेक्षा का पात्र बनना पड़ता है। घर के शुभ कामों से उसे दूर रखा जाता है। यहाँ तक कि उसकी भाभी कुटुंबप्यार हमेशा उसकी उपेक्षा करती है। उसे विधवा जैसा जीवन बिताने को सूझाती है। घर में बढ़ी-बूढ़ी विधवाओं की तरह सफेद साड़ी पहनने खाना-पीना, रहना, ओढ़ना-पहनना, सभी विधवा की परिधि में रहकर करना होगा। रूढ़िग्रस्त रीति-रिवाज, परंपरा के कारण छुन्ना पराधीनता महसूस करती हुई सोचती है-"गफ़लत और काहिली में या तो पत्ते खेलती रहो, सिलाई-बुनाई करती रहो। दिल लगाने को गज़ल गुनगुनाती रहो, सुबह-शाम पूजा-आरती करती रहो, नहीं तो मरो विधवा की मौत। छुन्ना पराधीन नहीं रहना चाहती इसी कारण सबको मुहतोड़ जवाब देती है। इस पर सभी घरवाले कहते हैं छुन्ना की किसी से नहीं बनती हमेशा दूसरे के खिलाफ। खिलाफत का झंडा उठा रखती है... यह लड़की किसी की सगी नहीं। छुन्ना बीबी को तो खब्त हो गया। जिस-तिस का पर्दाफाश करने की कसम उठा रखी है।"[24] खानदानी मान-मर्यादा, पारिवारिक प्रतिष्ठा के कारण, परंपरागत चलती रूढ़ि व्यवस्था के कारण कृपानारायण की दूसरी औरत (रखैल) महकबानो को घर में आने तथा यहाँ के रीति रिवाजों में शामिल होने का हक नहीं है। उसे हमेशा एक बंद कमरे में रहना पड़ता है। अपने और उसके बच्चों के लिए कृपानारायण के सहारे की आवश्यकता पड़ती है। समाज रखैल के बच्चों को तो अपनाना चाहता है पर उसे नहीं। "लेखिका साफ़ जाहिर करती है कि उनके शोषण होने और समाज पर प्रभाव न जमाने का सबसे बड़ा कारण स्त्रियों की स्वयं की जड़ता के साथ-साथ पुरुषवादी मानसिकता है।"[25]

इन्हीं रूढ़ी परंपराओं को ढोने के कारण उसका जीवन अधीन, पराधीन हो गया है। इस अमानवीय व्यवस्था में उसे घुट-घुट कर जीवन बिताना पड़ता है। इसी छटपटाहट को वह घुट-घुट कर सहती है। यहाँ तक कि उसकी बेटी की शादी में खानदानी प्रतिष्ठा के कारण उसे आने से मना किया जाता है।।

स्त्री अपनी शरीर-संरचना और स्थितियों के कारण स्त्री है। पितृसत्ता व्यवस्था में स्त्री हमेशा पुरुष के अधीन रही है। "औरत की स्थिति प्राकृतिक मान ली जाए तो यह बदलाव की संभावना से परे हो जाती है। औरत अपने आपको एक ऐसी अनावश्यक वस्तु मानती है जो कभी अनिवार्य नहीं हो सकती। इसीलिए औरत स्वयं इस परिवर्तन को लाने में असमर्थ रही है।"[27]

'यामिनी कथा' की यामिनी भी पितृसत्तात्मक परंपरावादी विचार वाली स्त्री है। वह पति द्वारा की गई उपेक्षा, अपमान तथा अन्याय को अपना धर्म मान कर सहती रहती है। वह सोचती है पति के लिए सिंगार, उसे आकर्षित करना, पति को अपने मोह-जाल में बांधे रखना, पति चाहे कितना भी धुतकारे, उपेक्षा करे पति के पैरों की धूल माथे पर सजाना पड़ता है। उसके लिए साज सिंगार आवश्यक होता है। पति का प्यार उसे नहीं मिलता है जिसके कारण उसकी मानसिकता खराब हो जाती है। जीवन घुटन भरा हो जाता है। पति मरने पर यामिनी प्यार की तलाश में दूसरा विवाह करना सोचती है। पर परंपरावादी सास की उपेक्षा की पात्र बनती है। सास बेटे की मृत्यु के बाद यामिनी को कहती है विधवा होने पर दूसरे पुरुष का विचार करना पाप है। यामिनी सामाजिक तथा आर्थिक विपन्नता के कारण पुनर्विवाह करने की ठान लेती है। इस पर सास नाराज़ हो जाती है और यामिनी से कहती है-"एक बात तुम्हें बता दूँ कि मैं अपने ही घर में, अपने बेटे की जगह किसी अजनबी को नहीं देख सकूँगी। इसलिए ऐसी कोई भी बात हो तो पहले ही बता देना सुधा (उसकी भतीजी) के पास चली जाऊँगी।"[28] परंपरावादी सास को यह कतई मनजूर नहीं कि उसकी बहू घर की मान मर्यादा का खंडन करे और खानदान की प्रतिष्ठा को भट्टी में झोंके।

इदन्नमम की बऊ परंपरागत मूल्यों को निभाती है इसमें विधवा स्त्री की दयनीय स्थिति दर्शायी गयी है-बऊ अपने परिवार तथा खानदान की प्रतिष्ठा के लिए अपनी इच्छाओं-आकांक्षाओं को दफन कर देती है। खानदान की जमीन-जायदाद तथा अपने बेटे के कारण अपना जीवन

दाव पर लगा देती है।

बऊ मंदा से कहती है। "राँड-विधवा तो हम भी हुए थे बेटा। और चढ़ती उमर में हुए थे। जनी के लान आसनाई करनेवालों की कमी नहीं होती। पर हम जानते थे ऊँच-नीच। बात को परखने की बुद्धि नहीं खोई थी हमने। जाहिर थी यह बात कि उन दुष्टों की आँख हमारी देह और जायदाद पर थीं। कैसे-कैसे कपटी-अन्यायियों को झेला है हमने। कैसे-कैसों से जड ली है। इतनी जिंदगानी ऐसे ही नहीं काढ़ी। हँसी-खेल नहीं है विधवा जनी का इज्जित-आबरू से रहना, अपनी देहरी की नाक को सुधी रखना। ... बिन्नु वे जमाने तो सतियों के थे। कायदा से तो सती हो जाना चाहिए था, पर हमारी बाह में महेंद्र की कच्ची किलकार आ गई। वेद-पुरान में भी यही बताया है कि बाल-बच्चा की माता सती पाछे है, माता पहले। और फिर अपने ससुर की, अपने पति की वंसबेल की चिंता। सो बिटिया गद्दर उमर का हिंसा देह तकाजे जरा ठारे जई देहरी के होम कुंठ में।"[30] परंपरा के दायित्वों को निभाने के कारण बऊ ने जीवन संघर्षपूर्ण जीया है।

'अपनी सलीबे' की नीलिमा पितृसत्तात्मक रूढ़िग्रस्त परंपराओं को निभाने वाली नायिका है। पति जो छोटी जाति का है, उसे छोड़ कर अकेले जीवन यापन करती है। नीलिमा परंपरा की आड़ में काबिल पति को त्याग कर अपने खानदानी-जमीनदार अहम को दर्शाती है और जीवन भर पछतावे का बोझ ढोती रहती है।

'बेतवा बहती रही' की उर्वशी, मीरा की दादी, दादी की जिठानी आजी, उर्वशी की माँ, भाभी सभी स्त्रियाँ पितृसत्तात्मक व्यवस्था में घुटन भरा जीवन बिताने पर विवश है। ये सभी स्त्रियाँ परंपरा की जकड़बंधी के कारण शोषण का शिकार होती है। कोई अपने बेटे के अत्याचार-अन्याय की शिकार है। कोई अपने भाई बंधुओं के शोषण का शिकार है सभी परंपरा, मान-मर्यादा की आड़ में मुँह बंद कर अपनी इज्जत को बचाने के लिए पराधीनता की समस्याओं से जूझ रही है।

उर्वशी को भी परंपरा के चलते अनेकानेक समस्याओं का सामना करना पड़ता है। विवाह से पहले भी भाई की जकड़बंधी में रहती है। भाभी का हुकुम मानती है। माँ-बाप ने उसे यही सिखाया है कि बड़ों के सामने लड़कियों को अपनी जुबान काबू में रखनी चाहिए। ऊर्वशी भी अपने भाई की बात नहीं टालती थी। विवाह के बाद विधवा होने पर भाई की जबर्दस्ती और पितृसत्त मानसिकता के कारण ससुराल छोड़ना पड़ता है। भाभी की उपेक्षा की पात्र बनती है। आस-पड़ोसी के अपमान भरे शब्दों का शिकार होती है। ऊर्वशी अपनी पराधीनता की समस्या की दासता अपनी सहेली मीरा से कहती है-"सिरसा छौड़ो तो उनके कहे पर। छाती से चिपटो नन्हा बालक त्याग दऔ-हिरदय के टूक-टूक कर डाले, दाऊ (जेठ) की मोह ममता को अनदेखा करके राजगिरी आ गये। उनके कहने पर ही राजगीरी छोड़ दी... परंपरा ने माँ, बाप ने जो चुप रहना सिखाया था। बड़ों से तर्क-वितर्क नहीं करना चाहिए उसी राह पर चले वही किया जो भाई चाहता था। पर भाई ने कभी बहन को बहन ना समझा उसके लिए रुपया बन कर रह गई केवल कागज के कुछ नोट।"[31] उर्वशी का जीवन पितृसत्ता समाज की परंपरा के ढांचे में ढल कर पराधीनता के कारण छटपटाता रहा। और उसने अपना सब कुछ दाव पर लगा दिया। परंपरा की राह पर चलते आत्मपीड़ा को झेलती रही। अंत में प्राणों को भी त्याग दिया। यहाँ पितृसत्ता की एकनिष्ठा पर परंपरागत चलते समाज की रूढ़िग्रस्त व्यवस्था को दर्शाया गया है जिसमें स्त्री तिल-तिल मरती रहती है। अपनी मर्यादाओं का बोझ ढोती हुई प्राणों की आहुति दे देती है।

"कुछ परंपरागत बेटियाँ अपने माता-पिता, घर-परिवार में विरोध करने से डरती हैं। आर्थिक विषमता तथा विवशता के कारण घर की जिम्मेदारी तथा दायित्वों को निभाती हैं।"[32] 'अपने-अपने कोणार्क' की कुनी भी घर की बड़ी संतान है और आर्थिक तंगी तथा अपने पिता का हाथ बटाने के कारण नौकरी करती है। घर की जिम्मेदारी तथा छोटे भाई बहनों की देखभाल करती है। कुनी परंपरावादी विचार रखती है। वह अपने से कम उम्र के सिद्धार्थ से प्रेम करने लगती है। पर अपना

प्रस्ताव न उसके सामने रख पाती है न घरवालों के समक्ष। वह इस रिश्ते को सबके सामने रखने से घबराती है और वह सोचती है कि- "परंपरा के चलते मैं अब तक भीतर चलती ग्रंथियों से मुक्त नहीं हो पाई थी, बदलाव की प्रक्रिया हालाँकि शुरू हो चुकी थी। नैतिकता का जो रूढ़ अर्थ मेरे जेहन में भरा था उसे बदले बिना मैं सिद्धार्थ को अपना नहीं सकती थी क्योंकि मेरे रूढ़िवादी परिवार के मानदंडों पर हमारा रिश्ता खरा नहीं उतरता था।"[33] यही विचार कुनी की छोटी बहन प्रीति सोचती है और अपनी बहन के पूछने पर बताती है "बप्पा नहीं मानेंगे। वे लोग ब्राह्मण नहीं हैं... वे मारवाडी हैं। कई पीढ़ियों से कटक में बस गए हैं वहीं गोल्डस्मिथ की दुकान है। लड़का (बसंत) भी व्यापार करता है।"[34] परंपरावादी विचार के कारण परिवार के सदस्य जाति तथा प्रेम विवाह को इजाजत नहीं देते। और ऐसे रिश्ते को अपनाना पसंद नहीं करते जो सामाजिक प्रतिष्ठा को ठेस पहुँचाए। परंपरा को निभाने के लिए कुनी अधिक उमर होने पर परिवार की मर्जी के हिसाब से अनिरुद्ध से विवाह कर लेती है जो पहले ही शादीशुदा होता है और दो बच्चों का पिता भी। 'आवां' की नमिता भी घर की बड़ी बेटी है और आर्थिक तथा सामाजिक विषमाओं के कारण अपने घर की जिम्मेदारियों के लिए नौकरी करती है। पिता के बीमार होने पर घर के दायित्वों का वहन करती है। माँ परंपरावादी है जो बेटी की हमेशा उपेक्षा करती है, गाली देती है, यहाँ तक कि मारना-पीटना भी करती है।

माँ के उत्तरादियत्व से भी महत्वपूर्ण है माँ का व्यक्तित्व। माँ का व्यक्तित्व ही संतान के चरित्र का निर्माण करता है। यदि माँ स्वार्थी हो, चरित्रहीन हो, संतान के प्रति चिंता न करती हो, ऐसी माँ के प्रति संतान संवेदनशून्य होती है।"[35] इसी प्रकार माँ का हमेशा उपेक्षात्मक व्यवहार देख नमिता भी माँ के प्रति संवेदनशून्य हो जाती है। और घर की बड़ी संतान की समस्याओं को झेलती हुई सोचती है-"आर्थिक विषमता, परिवार के आंतरिक संकटों की विवशता तथा घर में बड़ी संतान का दायित्व कांटों-भरा किरीट ठहरा।"[36] जीवन-मरण के बीच प्रति क्षण

संघर्ष करते रहना अपना सब कुछ दाव पर लगा देना यही सब समस्याएँ हैं जिन्हें नमिता ढोते हुए संघर्ष कर रही है।

'अपने-अपने चेहरे' की रमा भी सामाजिक परंपरा के चलते अनेक संघर्षों का सामना करती है। विवाहित पुरुष गोयनका से प्रेम करती है जिसके कारण उपेक्षा का पात्र बनती है। समाज में उसे हेय दृष्टि से देखा जाता है। जिसके कारण वह अकेलेपन की समस्या को झेलती है। राजेंद्र गोयनका भी रमा से प्रेम करता है पर पहली पत्नी के होते वह रमा से विवाह नहीं कर सकता। उसे आत्म ग्लानि महसूस होती है। अपने को गुनेहगार समझता है। रमा के लिए कुछ करना चाहिए यह सोच कर कई नये ट्रस्टों का निर्माण करता है। और इन ट्रस्टों में रमा को अपनी तसल्ली के लिए सभी में ट्रस्टी बना देता है। इस पर रमा सोचती है क्या एक स्त्री पुरुष की दोस्त नहीं हो सकती? क्या कोई पुरुष दोस्त, स्त्री दोस्त को कुछ देने के लिए छिपाकर देना होगा? और आगे वह सोचती है-"क्या परिवार वालों को मुझ पर इतना विश्वास है... क्या राजेंद्र के बाद कोई मेरे पास झाँकने भी आएगा? या ट्रस्ट से रिटायरमेंट के कागजों पर सही करना होगा...सड़े और उबाऊ पच्चीस साल के इस संबंध को क्या नाम दूँ-प्यार, आनर्सेशन, आदत?"[37] या फिर परंपरा या फिर पराधीनता जो सामाजिक रूढ़िग्रस्त व्यवस्था के अनुकूल स्त्री को जीना पड़ता है। दूसरी औरत जिसे समाज परिवार अपनाता नहीं उसकी उपेक्षा करता है उस पर तरह-तरह के शोषण करता है स्त्री इस अवस्था में कई समस्याओं का सामना करती है। और आत्मसम्मान से जीवन जीने के लिए आत्मनिर्भर बनती है। अकेले अपना जीवन अपने मूल्यों पर जीती है।

पीली आँधी में विधवा पद्मावती पितृसत्तात्मक व्यवस्था में परंपराओं की जकड़बंधी में छटपटाती असमय विधवा हुई स्त्री की दासता है। जो पारिवारिक जिम्मेदारियों को निभाते हुए उसके मुनीम सुराणा जी से प्रेम करने लगती है। पर अपनी सीमाओं के दायरे में रहती है। पद्मावती परंपराओं तथा समाज में प्रदत्त मर्यादाओं को तोड़ना नहीं चाहती वह अपने संस्कारों को निभाये चलती है और सुराणा जी को भी

मर्यादा में रहने को कहती... "सुराणा जी आप मुझे इतना प्यार नहीं दीजिए कि मैं बड़े बाबू को भूल जाऊँ... मैं विधवा हूँ किसी पराए पुरुष का ख्याल भी गलत है।" इन सभी बातों से परंपरावादी विचार झलकते हैं कि विधवा स्त्री को प्रेम करने तथा दूसरे विवाह के बारे में सोचना पाप है। वह आत्मपीड़ा के साथ जीवन जीना चाहती है।

'झूला नट' की शीलो भी परंपरा तथा पराधीनता की समस्या से गुजरती है। शीलो की सास कहीं-कहीं परंपरावादी तथा कहीं-कहीं परंपरा मुक्त नज़र आती है। शीलो परंपरामुक्त स्त्री का चित्रण है जो अपने नियमों के हिसाब से चलती है। देवर से संबंध बना कर उससे विवाह नहीं करना चाहती क्योंकि उसके विचार में परंपरा से विवाह होने पर उसे कुछ हासिल नहीं हुए। जब सुमेर उसे समाज के समक्ष, सात फेरों के साथ-साथ लाया था अपनी अर्धांगिनी बना कर और रूप रंग को देखकर त्याग कर चला गया जब इस जाति, समाज, परिवार ने क्या किया। वह सास से कहती है परंपरा के आड़ में सब बकवास है। वह सामाजिक व्यवस्था की उपेक्षा करती है। कहती है-"अजस गठरिया मत बाँधे मेरे सिर, हाँ... अम्मा जी, रीत-रसम लिखा हुआ रुक्का तो नहीं होता... तन-मन का ब्याह किया है... तीसरा कौन होता हे हमारे बीच?"[38] शीलो पुराने रीति रिवाज को नहीं मानती। वह पुनर्विवाह के खिलाफ समाज, आस-पड़ोस तथा जाति-बिरादरी के नियमों का खंडन करती है। उसे किसी की परवाह नहीं। वह आत्मसम्मान से जीना चाहती है। वह पति को ठुकरा कर देवर बाल किशन से प्रेम करती है। उसी के साथ रहती है। सामाजिक तथा जाति के नियमों को ठुकरा कर।

पितृसत्तात्मक व्यवस्था में सामाजिक जीवन

आलोच्य उपन्यासों के आधार पर स्त्री का सामाजिक जीवन असुरक्षित तनावग्रस्त, भयभीत दृष्टिगत होता है। सामाजिक व्यवस्था के भय के कारण वह पति से शोषण, उपेक्षा, अपमान तथा पति के अन्याय-अत्याचार, वैहशी रूप को सहती है। समाज में स्त्री का कोई भी

रूप हो शोषित होता अवश्य है। समाज में विधवा हो, शादीशुदा, अविवाहित, तलाशशुदा, नौकरीपेशा हो उसकी ओर देखने का दृष्टिकोण समाज का अलग है। उसे आज भी वही उपेक्षाएँ, उत्पीड़न, शोषण, उपहास, अत्याचार सहना पड़ता है।

भारतीय समाज में परिवर्तन परिवेश के अनुसार तेज गति से बढ़ता है। समाज में संयुक्त घर तथा सम्मिलित परिवार व्यवस्था का विघटन एक महत्वपूर्ण सामाजिक परिवर्तन है। 'बेतवा बहती रही' में समाज के इस परिवर्तन को दर्शाया गया है। "बड़ी बखरी ही कभी संयुक्त घर थी। पूरा परिवार उसी में रहता था। दादी उसी घर ब्याहकर आयी थीं। फिर विधवा होने के बाद भी वहीं... आजी ने छोटी बहन का-सा प्यार दिया था-वही लाड़-दुलार। कहने को दादी की जेठानी थी आजी, पर दादी को पुत्रीवत रखतीं।"[39] बेटा बड़ा होने पर संयुक्त परिवार को तोड़ देता है। उसमें न बड़ों की मर्यादा का खयाल था न ही किसी को मान-सम्मान देना और न शिष्ट आचरण का रखता था। सम्मिलित परिवार टूटने पर दादी परिवार के अनेक अवसरों पर पारिवारिक दायित्वों को निभाती है। बेटे की उपेक्षा पूर्ण व्यवहार का सामना करते हुए अपनी इज्जत को बनाये रखने के लिए चुप रहती है।

समाज में पुरुष के चहुँमुखी उत्पीड़न को उर्वशी के शोषण द्वारा प्रस्तुत किया गया है। समाज में पुरुषों के स्वार्थ और छलना की शिकार इस उपन्यास में उर्वशी, गजरा, उर्वशी की माँ, दादी, आजी ऐसी अनेक स्त्री पात्र प्रत्यक्ष देखी जा सकती हैं।

दादी बेटे के विषैले घूँट पीने में ही भलाई समझती थी। पुत्र कही? जो मुह में आए बक न दे उन्हें बेआबरू कर दे इज्जत की मारी दादी बेटे के सारे शोषण सह लेती। घुटन भर गई थी, भारी बोझिल मन को सांतवना "कभी देवरानी-जिठानी ने एक देहरी को पूजा था एक ही पितर जिंवाये थे, घर की चौखट के समान स्नेह-तंतु लपेटे थे। अंतर को रिश्तों में समेटा था... पर वे आस्थाएँ क्यों कच्ची मिट्टी की मूरत-सी

टूट-फूट गयीं संस्कार क्यों संज्ञाहीन हो उठे? उनसे कहाँ गलती हुई? जिज्जी के दर्शन की आज्ञा अपने ही पुत्र से। अपनी इच्छा, अपना हक कुछ भी नहीं... यह कैसी विडंबना। कैसी त्रासदी।"[40] अपने ही घर में दुबकी-सहमी पड़ी रही। पति होते तो दबंग बनकर सब कुछ कह देती। अपनी राय दृढ़ होकर जताती-पर पुत्र के आंगन में कैसी बेबस खड़ी थी-बंदिगी सी।"[41] यहाँ विधवा माँ की स्थिति को दर्शाया गया है। किस प्रकार वह अपनी इच्छाओं, आकांक्षाओं का दमन कर उनकी मानसिकता का हनन करती रहती है।

'अपने-अपने कोणार्क' में अविवाहित स्त्री की त्रासदी को दर्शाया गया है। कुनी घर की बडी बैटी है। अपने परिवार तथा भाई-बहनों के दायित्वों को निभाने में अपना आधा जीवन बिता देती है। समाज में नौकरी करनेवाली अविवाहित स्त्री को किन-किन समस्याओं से जूझना पड़ता है, अपनी इच्छाओं को मार कर घर-परिवार की जिम्मेदारियों को निभाना पड़ता है। छोटे भाई बहनों की शादी करके समाज में कहीं-न-कहीं उसे उसके दायित्वों को निभाने की निष्ठा से तारीफ तो मिलती है पर दूसरी ओर समाज का दृष्टिकोण अलग हो जाता है। समाज को लगता है जन्म अंत तक वह अविवाहित ही रहेगी। समाज में अकेली स्त्री की विवशता से फायदा उठाने वाले राक्षसों की कमी नहीं है। डॉ.त्रिपाठी ने इलाज के बहाने उसे भोगने की कोशिश की। "कुनी, यू आर ए लोनली एण्ड ब्यूटिफुल वोमेन जैसे वाक्य संपूर्ण समर्पण की उम्मीद से कहे थे।"[42] समाज में कुवारी लड़की वह भी तीस पार की सब की नज़र ललचाने लगती है। "दोष मेरी उम्र में नहीं, जितना कुंवारी होने में था। लोनली वुमन।"[43] ये सब समाज में आम तोर पर जवान लड़की के साथ घटता रहता है। भाइयों की शादी के बाद बहुएँ आईं तो माँ ने बहुओं को कुनी के आदर्शों पर चलने को कहा तो कुनी माँ से कहती है-"मैं उनकी ननद हूँ सास नहीं। वे उन घरों से आई हैं जहाँ लड़कियों की तरह मायके में नहीं होती। उनकी गति, दुर्गति जो भी होनी हो, सास-ससुर और पति के घर में लिखी होती है। मुझे वे कब तक सह लेंगी।"[44] सामाजिक नियम ही

ऐसे हैं कि लड़कियों का घर ससुराल में रहता है। वह 'पराया धन' जैसी सामग्री से संबोधित होती है। मायके में हस्तक्षेप परिवार वाले को कोंधता है। कुनु की छोटी भाभी कावेरी को भी कुनी का अधिकार अच्छा नहीं लगता तो हमेशा उसकी शादी की चिंता जताती रहती है। "सदा मौजूद दीदी की जगह को स्वीकारना कावेरी के लिए मुमकिन नहीं था। इसे वह कई बार संकेतों से बता चुकी थी। कल दीदी बूढ़ी हो जाएंगी तो हमें ही देखना पड़ेगा ना।"[45]

घर में ही नहीं बाहर भी बढ़ती उम्र की चर्चा होने लगी-फोन आने की बात पर मिसेज पंडा ने वीणापाणि को टोका और कहा-"तुम भी क्या बात पूछ रही हो। अरे होगा कोई दोस्त। राह-चलते हमसे ही कितने टकराते हैं, फिर ये तो कुंवारी है, मूख-सीरत से भी अच्छी। अच्छी तो है परंतु यानी कि उम्र कितनी हो गई। कोई मिला होता तो अभी तक बैठी रहती?"[46]

अंत में अनिरुद्ध से विवाह कर लेती है। वह डॉक्टर है पत्नी मर गई है। दो बच्चे भी हैं। समाज और परिवार की मानसिकता को देखकर कुनी शादी के लिए तैयार हो जाती है। अपनी मौसी से कहती है-"छोड़ो मौसी, विवाहित-अविवाहित की बात। मैं भी अब कौन सोलह साल की किशोरी हूँ। सच मानो तो मैं अब इस विवाह के पचड़े से दूर ही रहना चाहती थी। तभी तो घर से दूर चली गई। इस विवाह-प्रसंग में मुझे काफी घसीटा गया मौसी।मैं जख्मी हो गई। अभी तो थोड़ा सम्हली हूँ।"[47] समाज की सोच में छोड़ा परिवर्तन अवश्य हुआ है परंतु भारतीय स्त्री पूरी तरह से प्राचीन परंपराओं, रूढ़ियों, नैतिक मूल्यों से मुक्त नहीं हो पायी है। इसका उदाहरण कुनी में साफ नज़र आता है। उसके आंतरिक एवं बाह्य संघर्षशील समस्या को भी इस उपन्यास में चंद्रकांता ने दर्शाया है।

मैत्रेयी पुष्पा कृत अल्मा कबूतरी उपन्यास में कबूतरी समाज का विसंगतिपूर्ण वातावरण तथा कज्जा समाज का कबूतरी स्त्रियों पर शोषण को दर्शाया गया है। किस प्रकार कज्जा समाज कबूतरी स्त्रियों का जोर जबर्दस्ती से शोषण करते हैं। उनको भोग्य के रूप में देखते हैं। उनका इस्तेमाल कर गंदी-गंदी गालियाँ देते हैं। उनकी हवस का शिकार बनाते

हैं। फिर लात मार कर हटा देते हैं। कबूतरी स्त्री इनकी भूख का शिकार होने से नहीं बच पाती। इनका समाज भी ऐसा करने के लिए उन्हें शारीरिक तथा मानसिक रूप से तैयार करता रहता है। समाज की नियति को वह आँख मूंद कर मानती है। "कबूतरी समाज सभ्य समाज के हाशिये पर डेरा डाले सदियाँ गुजार देत हैं। ...उनके लिए हम हैं कज्जा... हमारे लिए वे ऐसे छापामार गुरिल्ले हैं जो हमारी असावधानियों की दरारों से झपट्टा मारकर वापस अपनी दुनिया में जा छिपते हैं। कबूतरी पुरुष या तो जंगल में रहता है या जेल में... स्त्रियाँ शराब की भट्टियों परया हमारे बिस्तरों पर।"[48] भूरी बेटे के भविष्य के लिए इन कज्जाओं का शिकार बनी थी। भूरी बेटे रामसिंह को पढ़ा-लिखा कर कबूतरी समाज से बाहर निकालना चाहती थी। "बस्ती की सबसे पहली माँ थी भूरी, जिसने बेटे को कुल्हाड़ी डंडा न थमाकर पोथी-पाटी पकड़ाई थी। और मन कागज की तरह हल्का कर लिया। माना कि मद के प्यारे लोग उसका ईमान छीनते और वह धरती पर लेटी सरग के तारो में रामसिंह को सितारे की तरह टाँक देती। कबूतरी के लिए कज्जा लोगों को 'न' कहना भारी पड़ रहा था। पर कबूतरा जीवन का बोझ बेटा न ढोए, इसीलिए भूरी बदनामी का वजन ढोने को तैयार हो गई।"[49] बेटे का उज्जवल भविष्य बिरादरी के लिए हानिकारक सिद्ध होने लगा। बिरादरी भूरी को छूत की बीमारी मान कर उसे मौत के घाट उतारने को तैयार थे। "जिद को तोड़ा बिरादरी ने। बदकार औरत। सजा दो। रिवाज टूट जाएंगे तो बिरादरी का क्या मतलब। हत्या करो नहीं तो बिरादरी के लिए शेरनी की तरह खुँखार हो उठेगी।"[50] "रामसिंह के लिए इज्जत खरीदनेवाली माँ बेहिचक बेइज्जत होती रही।"[51]

कदमबाई भी बिरादरी के लिए सोचती है। जब राणा पैदा होता है तो-"पर तू कज्जा है या कबूतरा? सोचती हूँ मंसाराम बदनाम हो जाएगा तो तू अमाटा हो जाएगा। बिरादरी भी कम बेदर्द नहीं, भरम बना रहे तो तू पल जाएगा। मैं कितने मोर्चों पर बचा पाती हूँ तुझे।"[52] कदम बेटे राणा को कबूतरा समाज के रहन-सहन तौर तरीकों को सिखाना चाहती थी। पर राणा का मन कहीं और ही उड़ा रहता। उसे पढ़ने की लालसा

जागी। वह कहती है "हमारी बिरादरी का कारोबार, दारू बेचना, चोरी करना, यही है, राणा रे लाठी भाँज, गुलेल चला, कुल्हाडी का वार करना सीख मेरा बेटा बहादुरी से चोरी करेगा।"[53] राणा तू इनकी संगत में रहकर अपने धंधे की ईमानदारी से भी जाएगा। तू करन के साथ रह कर कज्जा नहीं बन सकता। हमारी जिंदगी खरपतवार, कज्जा लोग उखाड़ने को तत्पर रहते हैं। पुलिस पीटने आ जाती है, ठेकेदार बिना वजह खदेड़ते हैं। पर हम भी कम नहीं भूखे प्यासे तोपखाने लूटने से बाज नहीं आते।

'छिन्नमस्ता' की प्रिया न घर में ही सुरक्षित है न ही समाज में। समाज ने उसको सदा से शोषित किया है। प्रिया सोचती है कि जख्मी होने का एहसास क्यों हर समय मुझे रुलाता रहता है। छिः मुझे नफरत है इस समाज से, नफरत है उससे जो मासूम, छोटी, नादान लड़की को भी नहीं छोड़ता। हर समाज में इनसेस्ट प्रेम पर इतना भयानक टैबू क्यों हैं? क्यों सहज प्रकृति का मृत्यु धर्म इनसेस्ट प्रेम पर लागू होता है। नहीं तो जन्म से औरत असहाय औरत। उसे न पिता छोड़ता है न भाई। न समाज। स्त्री अपनी देह में, स्वयं में क्षत-विक्षत होकर रह जाती है। पर क्या समाज स्त्री की रक्षा करता है? क्या पुरुष की वासना के शिकार से मासूम लड़कियाँ बच पाती हैं। कब और कहाँ नहीं मुझ पर आक्रमण हुआ? वह कैसा बचपन था। केवल भाई ने बल्कि एक नौकर ने भी अपनी गोद में बिठाया था। मार्केट जाते समय "ठसाठस भीड़। कंधों से कंधों की टकराहट और मेरे साथ मेरे पीछे एक आदमी पैंट के बटन खोले पुरुष का रुग्ण, प्रदर्शन... और मेरी हिम्मत नहीं हो रही थी कि भैया से या सरोज से कहूँ। क्यों? मैं क्यों इतनी दब्बू? इतनी कायर? क्या दाई माँ के कारण भय का संस्कार पनपा? या अम्मा की उपेक्षा में या फिर हमारे समाज की हजारों लाखों स्त्रियों के साथ ऐसा ही घटता रहा है।"[54] एम.ए. पढ़ते समय उसे प्रोफेसर मुकर्जी से प्रेम हो जाता है। "हाँ, मैंने प्यार किया था, पूरी ईमानदारी के साथ अपने को समर्पित किया था, बिना किसी शर्त के, बिना किसी से कुछ पूछे।"[55] प्रोफेसर ने धोख दिया केवल उसे भोग्या के रूप में ही देखा। इस घटना से उसका आत्मबल, विश्वास टूट जाता है। वह समाज के किसी भी पुरुष से संबंध नहीं रखना

चाहती। विवाह, सेक्स, प्रेम उसे सदियों पुराने घिसे शब्द लगते हैं। लड़की के लिए समाज में कोई सुरक्षा नहीं है। नौकरीपेशा स्त्री को समाज सहजता से स्वीकारता नहीं है। वह कहती है-"पत्नी की भूमिका में मेरा असफल होना, तुम्हारे समाज की नजर में मुझे औरत होना ही नहीं चाहिए था... एक वक्त ऐसा भी आया जब समाज की नजर केवल सलीब की ओर थी। वे चाहते थे कि ऐसी घरफोड औरत को सजा मिलनी चाहिए, क्योंकि कहीं-न-कहीं समाज को मेरी सफलताओं से भय था। शायद ये मठाधीश सोचते हों कि एक औरत लड़कर कुछ हासिल कर लेती है तो दूसरी औरतें भी तो उन्हीं रास्तों पर चलेंगी।"[56] समाज में दूसरी औरत को हीन दृष्टि से देखा जाता है। उसे किसी शादी-ब्याह या किसी भी सामाजिक कार्यों में हिस्सेदार नहीं बनाया जाता। परिवार के साथ समाज की उपेक्षा का पात्र बन कर रह जाती है। प्रिया सोचती है-"निष्ठुर, यह दुनिया मासूमों के प्रति इतनी निष्ठुर क्यों है।"[57] समाज स्त्रियों को असंख्य अन्याय-अत्याचार शोषण, उपेक्षाओं के बोझ के नीचे दबा देता है।

'अपने-अपने चेहरे' उपन्यास की रमा एक विवाहित मिस्टर गोयनका से प्यार करती है। उसके उद्योग के साथ-साथ उसे भी संभालती है। स्त्री किसी पुरुष से दोस्ती करे वह भी शादीशुदा तथा बच्चों वाले व्यक्ति से तो वह समाज की उपेक्षा की पात्र बन जाती है। हर सामाजिक व्यक्ति उसके प्रति हेय दृष्टिकोण रखता है। पारंपरिक समाज में दूसरी स्त्री स्वीकार्य नहीं। पहली पत्नी या विवाहित पत्नी चाहे पति का प्यार या इज्जत ना पाये फिर भी समाज की आदर पात्र तथा उसके सर पर सिंदूर समाज में सदा चमकता रहता है। दूसरी औरत इस प्रकार के सम्मान से वंचित के साथ उपेक्षित रहती है। गोयनका शादीशुदा होने के कारण रमा से विवाह नहीं कर सकता क्योंकि समाज पहली पत्नी के होते दूसरा विवाह नहीं करने देता। साथ ही अपने प्यार को छोड़ भी नहीं सकता, रमा उसकी मानसिक स्थिति को जानते हुए किसी प्रकार का अधिकार नहीं माँगती, वह सोचती है उसका प्रेम सच्चा प्रेम है-"प्रेम करनेवाला अधिकार की लड़ाई नहीं लड़ सकता और जो अधिकार के लिए लड़ता

है वह प्रेम करना नहीं जानता।"[58] अपने प्यार और सामाजिक कट्टरता को देखते हुए वह अकेले जीवन जीती है। गोयनका से दोस्ती भरा व्यावसायिक संबंध से जीवन बिताती रहती है।

'दिलो-दानिश' की महकबानो को पुरुष सत्ता का शिकार होना पड़ता है। महकबानो जो दूसरी औतर है सामाजिक व्यवस्था उसे नहीं अपनाती। उसके बच्चों को भी अलग दृष्टि से देखती है। जाति-बिरादरी में उसे निम्न दर्जा ही दिया जाता है। पुरुष दो पत्नियों को शान से रखता है पर पत्नी को समाज में घर, सम्मान, परवरिश सही ढंग से नहीं दे सकता। इन सब के बीच समाज की परंपराओं का बड़ा बेड़ा आगे आ जाता है। स्वयं माँ होते हुए महक बानो को शादी में आने की इजाजत नहीं दी जाती। इस पर वह कहती है-"बेटा हमेशा से ही आपका है अब बेटी को भी गोद लिया जा रहा है।"[59] अतः दूसरी स्त्री को रखैल कहकर संबोधित किया जाता है और उसका जीवन केवल भोग्या के रूप में ही देखा जाता है। सामाजिक रूढ़िगत व्यवस्था बंधनों के कारण उसका जीवन हमेशा उपेक्षित, घुटन भरा हो जाता है।

भारतीय समाज में विधवाओं का जीवन अत्यन्त उपेक्षित एवं तिरस्कृत माना जाता है। समाज उन्हें अशुभ मानकर मंगल कार्यों तथा कोई भी शुभ काम में घृणात्मक दृष्टि रखते हैं। समाज में उनकी अमानवीय दशा पर निर्मम ढंग से शोषण किया जाता है। मैत्रेयी पुष्पा कृत इदन्नमम में विधवा बऊ की दुःखद स्थितियों का चित्रण किया गया है। बऊ की जमीन-जायदाद को गोविंद सिंह, अभिलाख, रतनसिंह यादव हड़प लेते हैं। प्रेमा भी विधवा स्त्री है जब वह सामाजिक परंपरागत मूल्यों को त्याग कर जीजा के साथ भाग जाने पर गाँव की स्त्रियाँ परंपरामुक्त जवान विधवा स्त्री की आलोचना करती हुई कहती है-"देखो तो मोंडी सिहर उठी। कैसे कठकरेज मतारी हती की छोड़ गई पुतरिया-सी-बिटिया को। चेरइया-परेबा तक नहीं छोड़ते अपने अंडी बच्चा।"[60] यानी समाज स्त्री को प्रेम करने का भी हक नहीं देता। उसे किसी के साथ जाने तथा रहने का भी हक नहीं है।

'यामिनी कथा' में भी विधवा जीवन की त्रासदी का चित्रण हुआ है। यामिनी जब विधवा होती है तो उसे समाज का डर लगता है। समाज अकेली, विधवा को बुरी दृष्टि से देखता है। इसी वजह से वह "सबसे पहले हमें सहारे की जरूरत है, आर्थिक सहारे की।"[6] वह निखिल से पुनर्विवाह कर लेती है। फिर भी समाज उसे सही ढंग से जीने नहीं देता। अपने व्यंग्य बाणों से उसे पीड़ित करता रहता है।

चित्रा मुद्गल कृत 'आवाँ' उपन्यास में स्त्री पात्रों की संख्या बहुत अधिक है जिनका सामाजिक जीवन बिखरा पड़ा है। इस उपन्यास में भारतीय समाज में स्त्री की नियति और हैसियत का एक मुकम्मल ग्राफ तैयार है। समाज में स्त्री शोषण के विविध आयाम दृष्टिगत होते हैं। इस समाज से स्त्री अपने को रूढ़ एवं परंपराओं के जाल से मुक्त नहीं कर पाई है। लड़की के ज़न्म के साथ ही सामाजिक तथा पारिवारिक दोनों स्तरों पर भेंद किया जाता है। नमिता की माँ इसका अच्छा उदाहरण है। वह बेटी के साथ सौतेला व्यवहार करती है। हमेशा बेटी के स्थान पर बेटे की परिकल्पना करती रहती है। समाज में स्त्री में इतने परिवर्तन आने पर भी माँ बेटी के साथ किस तरह का भेदभाव रखती है यह सामाजिक कट्टरपंथी का ही नतीजा है। नमिता सामाजिक भेडियों का शिकार होती है। पहले उसके मौसा, फिर अन्ना साहब के, फिर संजय कनोई के। संजय कनोई नमिता की पारिवारिक स्थितियों का लाभ उठाकर अपने स्वार्थ के लिए उसका उपयोग करता है। नमिता को प्रेम की साजिश दिखाकर बाप बनना चाहता है। उसका प्रेम नमिता की कोख खरीदने के लिए था। छल द्वारा बाप बनने की अवमानना आज के युग की देन है। आवां में बीसवीं सदी के अंतिम दशक के इस सामाजिक यथार्थ को चित्रा जी ने बड़े सहज ढंग से अभिव्यक्त किया है।

समाज में गरीबों की हालत देखने लायक है जो धनी लोग अपने कपड़ों में मांड़ देते हैं। उसी मांड़ से गरीब बच्चों का पेट भरता है। पर धनी लोगो को अपने कपड़ों की फिक्र है गरीब के पेट की फिक्र नहीं जो उनके घरों में दिन भर काम करते हैं। समाज में यह ऊँच-नीच की स्थिति

आज की बात नहीं, यह खाई पहले से ही समाज में मौजूद है। ये गरीब स्त्रियाँ सामाजिक विसंगतियों का भी शिकार होती हैं।

पुरुष प्रधान समाज में आज भी पुरुष स्त्री चेतना को उभरने नहीं देते। समाज नही चाहता कि अपने अधिकारों के लिए लड़े। उन्हें समान अधिकार प्राप्त हों। वे स्त्रियों को वही दोयम दर्जे का मानते हैं। आवां उपन्यास की सुनंदा की इसी कारण हत्या होती है कि वह अपने अधिकारों के लिए लड़ती है। समाज को ठुकराती है। समाज की पारंपरिक मर्यादाओं को तोड़ती है। सुनंदा चेतना संपन्न स्त्री थी उसके सामाजिक सरोकार प्रबल थे जिसके कारण उसकी हत्या हो जाती है। 'आवां' एक जलती हुई भट्टी है। समाज में व्याप्त विसंगतियों की या यू कहूँ मानवीय जीवन की ज्ञात-अज्ञात विषमताओं का चित्रण है जिन्हें आज समाज के प्रत्येक व्यक्ति के मुखौटे के अंदर देख सकते हैं।

मृदुला गर्ग कृत 'कठगुलाब' में सामाजिक विसंगतियाँ अत्यधिक दृष्टिगत होती हैं। स्मिता के जीजा द्वारा स्मिता का बलात्कार करना, नमिता को लातों-घूसों से पीटना, पुरुष प्रधान समाज में स्त्रियों को बहकाना इस पर नमिता कहती है। "कितना आसान है औरत को बहकाना नालायक से नालायक बेटे को जायदाद देने के लालच में तरह-तरह के प्रपंच करके बेटी को बेदखल कर दिया जाता है।"[62] स्त्री का सामाजिक जीवन अर्थहीन दिखाई देता है। स्त्री पर शोषण खुल कर होता है। स्त्री को बलात्कार की समस्या से जूझना, अकेलेपन की पीड़ा उसके अंतर्मन की स्थिति से जूझना, पुरुष के अत्याचार का अतिक्रमण दृष्टिगत होता है। कठगुलाब में स्त्री की सामाजिक स्थिति पर दृष्टि डाली गयी है। स्त्री जाति की उभरती वेदना को मनोविश्लेषणात्मक चिंतन के साथ उपन्यास की स्मिता, मरियान, नर्मदा, असीमा आदि स्त्री पात्र का चित्रण किया गया है।

ये कैसा समाज है जिसमें स्त्री अपने और पराए सभी द्वारा ठगी जाती है। समाज में उसे भोग्य की वस्तु ही माना जाता है। कहीं वह अपने मौसा का शिकार है कहीं सौतेले भाई का कहीं अधाडी के अन्ना साहब का तो

कहीं करोडपति संजय कनोई जैसे व्यक्ति का उसका सामाजिक अस्तित्व शून्य है। वह न ही घर में आजादी का सांस ले सकती है न ही बाहर स्वतंत्रता से जी सकती है। हर प्रकार का शोषण, प्रताड़ना, उपेक्षित होना पड़ता है, घर में, समाज में पूरी दुनिया में। स्त्री किसी भी वर्ग की हो शोषण उसका पीछा नहीं छोड़ता। अपने आत्मबल, आत्मनिर्भरता, स्वाभिमान तथा व्यक्तिगत पहचान को बनाने के लिए स्त्री हमेशा से संघर्षरत है। पर रुग्न समाज उसे खुली सांस खुला स्वतंत्र, खुला स्वास्थ्य देने में असमर्थ है।

स्त्री का वैवाहिक जीवन

'झूला नट' (मैत्रेयी पुष्पा) की शीलो का वैवाहिक जीवन पति के कारण घुटन भरा हो गया है। पति उसकी छाया से भागता है उसका तिरस्कार, अपमान, उपेक्षा ही करता है। इन सब कारणों से भी शीलो हार नहीं मानती है। न ही आत्महत्या करने की ठानती है। उसके पास रह जाता है जीने का निशब्द संकल्प और श्रम की ताकत एक अडिग धैर्य और स्त्री होने की जिजीविषा-उसे लगता है कि उसके हाथ की छठी अंगुली ही उसका भाग्य बदल सकती है। उसे काट कर फेंक देती है।

'छिन्नमस्ता' (प्रभा खेतान) की प्रिया का वैवाहिक जीवन पति के कारण तहस-नहस हो गया है। उसका पति उससे नहीं उसके शरीर से प्रेम करता था। इस प्रवृत्ति के कारण उसके वैवाहिक जीवन में घबराहट निर्मित हो गई थी। वह कहती है-"केवल रात के प्रहर में ही नहीं बल्कि रात में, दिन में, शाम को वक्त-बेवक्त कभी भी पार्टी के लिए तैयार होकर हम निकलने वाले होते कि वह मुझे वापस कमरे में घसीट लेता।"[63] वैवाहिक जीवन में वह एक कठपुतली के समान जी रही थी। पति-पत्नी में आपसी कोई लगाव नहीं। इसी कारण संघर्ष उत्पन्न हुआ। बात यहाँ तक आ जाती है कि प्रिया एक दिन पति पर चप्पल मार देती है। उसका यह विद्रोह वैवाहिक जीवन तोड़ देता है। उसका पति विश्वासघाती होता है। दूसरी स्त्रियों के साथ भी संबंध रखता है। प्रिया का वैवाहिक जीवन बिखर जाता है। सारे पैसे, गहने चुपचाप लेकर हजम कर लेता है।

अल्मा कबूतरी (मैत्रेयी पुष्पा) में आनंदी का वैवाहिक जीवन पति मंसाराम तथा कदमबाई के संबंधों के कारण "ड़गमगाता रहता है। मंसाराम कभी आनंदी के तरफ उन्नमुख होता है कभी कदमबाई की तरह। मंसाराम हमेशा कदमबाई के पास भागने की कोशिश करता है। उससे मिलने का एक छोटा-सा लम्हा खोजते रहते थे। जब कदमबाई के पति जंगलिया की मौत हो जाती है तो मंसाराम कबूतरा बस्ती कभी नहीं गय धर्म को निभाने की कोशिश की जिस "स्त्री से ब्याह का गठबंधन जुड़ा, उसे पूरी तरह निभाया। वंशबेल के रूप में जोधा और करन दो बेटे। परिवार की परंपरा नहीं तोड़ी। कुल-पितरों का तर्पण किया।"[64] उन दिनों पत्नी भी उनके साथ तपस्या पर जुटी थी। मंसाराम का तप ईश्वर अराधना था तो आनंदी की साधना पति सेवा थी।"[65] वह आनंदी से कहना चाहता था-तू मेरा विश्वास करना। पर राणा के पैदा होने के बाद वह कदमबाई से मिले बगैर रह नहीं पाया। उसके लिए पालना लेकर सीधा कबूतरा-बस्ती चला गया। आनंदी ने इसी खुन्स के चलते राणा को अपने पालतू कुत्ते से बुरी तरह कटवा डाला। जब मंसाराम इन्जेक्शन का प्रबंध करने के लिए सोचते रहते हैं आनंदी व्यंग्य में कहती है-"साँप के सपेलुए भी छोड़े नहीं जाते।"[68] आगे कहती है-"हमें अब अपनी छाया पर भी भरोसा नहीं। करन को तुमने बगल में दे लिया है, काये से कि तुम्हें जोधा से टक्कर लेनी है। अपनी आसनाई की खातिर भइया-भइया फाँक डाल दी। इस जमाने में मंथरा लुगाई के रूप में नहीं, मर्द बनकर अवतार ले रही है।"[69] अपने अकेलेपन और असुरक्षा के कारण उसका मानसिक बल क़म होता रहता है। वह जोधा को साथ लेकर पति की उपेक्षा, अपमान करके उसे घर से बाहर निकलने पर उतारू हो जाती है। कहती है "जोधा, अब इस घर में तेरा बाप रहेगा या हम, काये से कि घर की पटरानी बनने कदमबाई कबूतरी आ रही है"[70] समाज में आनंदी को सब ताना मारते हें जिसके कारण उसे शर्मिंदा होना पड़ता है। वह अपने आपको अकेला महसूस करती है। पति की मनमानियों से तंग आकर एक दिन आत्महत्या करने में असफल होती है। आनंदी का वैवाहिक जीवन पति के कारण बिखरा हुआ है असफल है।

प्रभा खेतान कृत 'आओ पेपे, घर चलें' उपन्यास में एलिजा का वैवाहिक जीवन पति के कारण बिगड़ता है। वह तो पति से बेहद प्रेम करती है। परंतु पति क्लारा ब्राउन के साथ रहता है। विदेशी संस्कृति के अनुसार वह अन्य पुरुषों में रुचि नहीं चाहती क्योंकि जार्ज से ही उसने बेहद प्रेम किया है। अपने होते हुए वह दूसरी स्त्री को बर्दाश्त भी नहीं कर सकती। इसी उपन्यास की पात्र मरील का वैवाहिक जीवन भी बिखर गया है। क्योंकि मरील पति के होते हुए भी बॉय-फ्रेन्ड के साथ रहती है। उसकी आदत ही यह है कि किसी एक पुरुष के साथ वह साल भर भी नहीं रह पाती। अतः यहाँ मरील के कारण ही वैवाहिक जीवन बिगड़ गया है। मिसेज बेरी भी वैवाहिक जीवन से खुश नहीं है। वह पति से बदला लेने के लिए वैवाहिक जीवन को दफना देती है। उसका कहना है कि पति उसे प्यार नहीं करता। केवल दया दिखाता है। यदि ये प्यार करते तो आज इस प्रकार का प्रश्न निर्मित ही नहीं हो सकता। वह कहती है-"वह एक दयालु इंसान है। बहुत ही भले पर प्रेम? नहीं, इस दुनिया में प्रेम कोई करता ही नहीं।"[71] इसी के कारण उसका वैवाहिक जीवन निराशामयी बन गया है। वह इजराइल जाने का विचार करती है और परिवार ही उखड़ जाता है। पति उससे माफी माँगता है। परंतु वह उसे कभी भी माफ नहीं करती और किम्बूत जाती है। अतः अपने निश्चय पर अटल रहने के कारण वैवाहिक जीवन बरबाद हो जाता है।

'अपने-अपने चेहरे' (प्रभा खेतान) में श्रीमती गोयनका का वैवाहिक जीवन डगमगाने लगता है। जब उसका पति गोयनका उसकी सेक्रेटरी रमा से प्यार करने लगता है। जिससे उसे यातना सहनी पड़ती है। अनपढ़, गवार होने के कारण दकियानूस और असंवेदनशील परिवार की यातनाएँ झेलनी पड़ती है। आर्थिक दृष्टि से स्वावलंबी होने के लिए वह संघर्ष करती है।

'आवां' (चित्रा मुद्गल) उपन्यास में उर्मिला का वैवाहिक जीवन उसकी अपनी कडवाहट से बिखरा हुआ है। वह कभी पति से सही ढंग से नहीं रहती। उर्मिला के कर्कश स्वभाव के कारण उन दोनों के बीच हमेशा खाई बनी रहती है। अपनी बेटी से भी तीस का आकड़ा रखती है। वह हमेशा

जिम्मेदारियों के प्रति अपना अनिष्ठावान स्वभाव ही रखती है। बच्चों में फर्क रखती है बेटा आगे भविष्य में उसका सहारा होगा सोच कर उसे ही ठीक ढंग से पलने की कोशिश में रहती है। वह सोचती है पति जब काम करते थे कामगार अधाडी में तो वहाँ के वर्क्स को उनकी चिंता में ही समय बिताते थे। बीमार होने पर अपनी ही दुनिया में जीवन जी रहे हैं। पति मृत्यशय्या पर होने पर भी वह अपनी बहन से पति की निष्कृष्ठा की बात ही कहती है। वह कहती है-"कौन राजपाट छोड़े जा रहे बिन्नो, जिसके खाने-पीने के मंजीर बजाऊँ कि छाती कूटूँ... चिंता इकलौते पेट पोंछना छुन्नुवा की हो रही।"[72] पति मरने पर भी उर्मिला को कोई फर्क नहीं पड़ता। कुंती के साथ ठहाके मार कर हंसने पर नमिता रोकती है, इस पर उर्मिला (माँ) कहती है-"अपना जीवन जीकर जिसे जाना था, सिधार गया। उसके मरे मैं भी मर लूँ, ऐसी सती सावित्री मैं नहीं। जब तक जांगर चलेगा अधाकर जिऊँगी। ... लावारिस कुकुरों की भांति इस घर को खंमा बनाया रात-दिन मूतते यूनियन वालों ने? अनपढ़ आई थी तो क्या और नहीं थी? जा तू अपना काम देख। टंगडी लगाने की जरूरत नहीं मेरे-उठे-बैठे, हंसे-बोले।

पति द्वारा नीरसता तथा हमेशा कामगार अधाड़ी में व्यस्त रहने के कारण तथा युनियन वाले की चिंता में घर-परिवार पर ध्यान न देने के कारण उर्मिला इतनी कठोर बन गयी थी कि उसने अपने वैवाहिक जीवन में सुख को नहीं देखा। उसकी आशाएँ, इच्छाओं का दमन के कारण, उसके कट्टर व्यवहार के कारण उसके वैवाहिक जीवन संघर्षपूर्ण तथा दुःखी है। इसी व्यवहार के कारण वह अपने बच्चों को भी दुःखी रखती है। हमेशा उनकी उपेक्षा करना, डांटना, प्रताड़ित करने में ही संलग्न रहती है।

'एक जमीन अपनी' (चित्रा मुद्गल) उपन्यास में अंकिता का वैवाहिक जीवन पति के कारण बरबाद हो जाता है। शादी के तीन सालों में ही पति उसकी उपेक्षा तथा उसमें कमी ढूँढ़ने लग जाता है। हमेशा उसे प्रताड़ित करना, घर में जुआ अड्डा बनाना, दोस्तों के साथ मटरगस्ती करने में ही समय निकाल देता है। उसे मानसिक एवं शारीरिक दोनों तरह से तनाव

देता है। उसे उसकी इच्छा के अनुरूप ढालना चाहता है। इन सभी ज्यादतियों को अंकिता सहन नहीं कर पाती। विद्रोह करती है तो पति उसे मारता हे, शारीरिक अत्याचार के साथ मानसिक तनाव भी देता है। इन सबके चलते अंकित रिश्ता खत्म कर देती है और वह कहती है-मुझे तुमसे घृणा है... घृणा... तुम्हारी ऐयाशियों और ज्यादतियों को सती-साध्वी बनी, मांग में सजाए झेलती जाना... इस मुगालते में रहना कि मैं स्त्रीत्व की पूर्णता का भ्रम जीती रहूँगी-लो, इसी वक्त यह रिश्ता खत्म। उसने अपनी कलाइयों की चूड़ियाँ झन्न से फर्श पर उछाल दी थी और पैरों के बिछुए लोढ़े से कुचल दिये थे।"[75] अंकिता अपने विवाहित जीवन के असफलता के कारण दुबारा इस पचडे में पड़ना नहीं चाहती। स्वतंत्रता के साथ नौकरी करके जीवन यापन करती है।

जरीना जो मि.गुहा की पत्नी है, इनका भी वैवाहिक जीवन सफल नहीं है। मि.गुहा की अविवाहित पत्नी बाबी ठाकुर के कारण पति द्वारा उपेक्षित और परित्यक्त हुई। जरीना वैवाहिक जीवन की असफलता के कारण हिंदी फिल्मों में चरित्र अभिनेत्री का काम करने लगती है। एक अंग्रेजी दैनिक को दिए गए अपने विवादास्पद साक्षात्कार में उन्होंने बाबी ठाकुर को किसी का बना-बनाया घर उजाड़ने वाली 'गली की कुतिया' जैसे विशेषणों से भी विभूषित किया। बाबी ठाकुर को उन्होंने सरेआम चुनौती दी कि वह किसी प्रकार के गुमान में न रहे, उनके नाटक प्रेमी रसिक पति को मंच पर ही अभिनय करने और करवाने का शौक नहीं है, निजी जीवन में भी वे मंजे हुए अभिनेता हैं। विवाहित जीवन को टूटता हुआ देख आगे कहती है-"पति पत्नी में अगर नहीं पटती तो मात्र दिखाने के लिए मृत संबंधों को ढोने से बेहतर है तत्काल अलग हो जाना... कि यह किसी के द्वारा किसी के अधिकारों के शोषण का प्रश्न नहीं है, अपितु जीवन जीने की बुनियादी शर्त है, जिसे हमारे समाज में पूरे साहस के साथ स्वीकार किया जाना चाहिए...।"[76] बाबी ठाकुर ने बहुत सोच-समझकर योजनाबद्ध तरीके से उनके समृद्ध और प्रतिष्ठित पति को अपने प्रेमजाल में फंसाया है। यहाँ दूसरी स्त्री के कारण, सुरक्षा के कारण, प्रतिष्ठित जीवन व्यतीत करने के कारण वैवाहिक जीवन में असफलता परिलक्षित

होती है। स्त्री चाहे कितनी ही समृद्ध हो जानी, मानी हो उसे कहीं न कहीं किसी-न-किसी रूप में उपेक्षा का पात्र पति द्वारा होना ही पड़ता है।

कोकिला भी वैवाहिक जीवन में असफल रही क्योंकि मेहता उसकी आकांक्षाओं, इच्छाओं को समझने में असमर्थ था। पति उसे यौन संतुष्टि नहीं दे पाता। जिसके कारण कामांध कोकिला अपने ही देवर पर आसक्त होती थी। पर जैसे ही देवर की शादी की बात तय हुई तो कोकिला विमुख होने लगी। साथ ही देवर रुचिरा से भावात्मक लगाव जीने लगा है। देवर का मन कोकिला की ओर से विरक्त होते देख कोकिला सारी हदें पार कर गयी। जिसके कारण उसने आत्महत्या कर ली। यह भी वैवाहिक जीवन को नष्ट करने के लिए पति ही कारण है।

दिलो-दानिश (कृष्णा सोबती) में कुटुंब प्यारी का वैवाहिक जीवन सुखी नहीं है। पति का दूसरा घर है। पति की दूसरी पत्नी और दो बच्चे भी हैं। कुटुंब प्यारी न महक को बर्दिश करती है न उसके बच्चों का हवेली आना। 'दूसरी औरत' को लेकर घर में हमेशा कुटुंब प्यारी तथा कृपानारायण के बीच बहस चलती रहती है। वह कहती है-"फिर ऐसा क्या है वहाँ जो आप उसे दूसरा घर बनाए हैं?"[77] कुटुंबप्यारी सोचती है कि अगर वहाँ कोई नाचने गाने वाली होती तो कोई फर्क नहीं पड़ता। पर वहाँ तो पति ने दूसरा घर बसा रखा है। दूसरे घर की चिंता से उसका वैवाहिक जीवन कष्ठमय हो गया है। वह अपने जीवन को असफल मानती हुई हमेशा दुखी रहती है। यहाँ भी पति के कारण ही वैवाहिक जीवन में दरार पड़ी है। स्त्री के सेक्स, संपत्ति, संतान की वस्तुपरकता से स्त्री जीवन के वैवाहिक संबंध में कडुवाहट आ गई है।

'यामिनी कथा' (सूर्यबाला) की यामिनी का वैवाहिक जीवन बिखरा हुआ है। पति का प्यार उसे सही ढंग से नहीं मिल पाता। पति घर से बाहर काम करता है।उसे पति से मानसिक प्रेम नहीं मिलता। शारीरिक प्रेम का उसके जीवन में कोई महत्व नहीं। बेटा होने पर भी उसके जीवन में कोई परिवर्तन नहीं आता। जीवन में घुटन भरे एहसास से वह अपनी व्यथा स्पष्ट करती है। "इस व्यक्ति ने मुझे कितना तरसाया है। सब कुछ

था इसके पास। सब कुछ दे सकता था यह... लेकिन नहीं दिया। सिर्फ शरीर की सतह पर फिसलाकर दुत्कार दिया करता था। तृप्ति की एक अमृत-बूँद के लिए तरस गई थी मैं। न मन लिया, न मन दिया।"[78] जीवन भर पति के प्यार के लिए तरसती रही। फिर भी पति सुख से वंचित रही। पति मर जाने पर वह दूसरा विवाह करती है। ये वैवाहिक जीवन भी इसे नौटंकी लगता है क्योंकि इसका दूसर पति केवल यामिनी से प्यार करते हैं। इसके पहले बेटे को दुतकारता है। इनकी दूसरी संतान होने पर दूसरा पति अपने ही बेटे को चाहता है। यामिनी को डर लगता हे कि यह भी वैवाहिक बंधन अधूरा न रह जाए। पुतुल के कारण वह पति के साथ आनंदित नहीं रह पाती है। एक दिन पति को कहती है- "अगर पुतुल तुम्हारा बेटा होता, तब भी क्या तुम उसके प्रति मेरे आग्रह को दुष्टि से देखते?"[79] इन सभी कारणों से वह संघर्ष करते हुए भेदभाव के चलते दूसरे पति निखिल के साथ वैवाहिक जीवन सुखी नहीं कर पाती। यामिनी का वैवाहिक जीवन असफल सिद्ध होता है।

'बैतवा बहती रही' की गजरा का वैवाहिक जीवन डगमगाता रहता है। पति हरींदर (बैरागी) यादव पुत्र थे। जिनका विवाह बचपन में ही गजरा के साथ हो गया था। गजरा कद से छोटी तथा सांवली लड़की थी जिसके कारण पति उसे त्याग कर बैरागी बन जाता है। गजरा पै नजर पड़त ही भाग लेत है जैसे ततैया-बर्र ने काटा हो। जे बिचारी दिन-भर काम धंधे में लगी रहत है, सबकी सेवा-टहल करत है। बा नासमिटें के पूजा-पाठ कौ समान तैयार करके धर देत, और अलग को हट जात।"[83] पति को उसके चाह की पत्नी नहीं मिली तो संन्यासी बन गया। और गजरा का वैवाहिक जीवन घुटन भरा, अकेलेपन, संत्रास, पति के व्यवहार की टीस हमेशा दुःख भरा जीवन बिता रही थी। अर्द्धांगिनी होने के अधिकार की गरुहता पर टिकी है गजरा।"[84] भावनाओं, इच्छा-आकांक्षाओं का दमन कर अपने वैवाहिक जीवन का भार मूक बनी ढो रही थी सोचती थी कभी तो दिन फिरेंगे दहली तक आ ही गये हैं कभी तो जीवन में भी प्रवेश कर ही लेंगे। इसी आस-विश्वास में जीती रहती है।

'अपनी सलीबे' की नीलिमा अहम तथा जाति भेद के कारण अपने वैवाहिक जीवन में कटुता लाती है। प्रेम विवाह करने पर भी उसका वैवाहिक जीवन उसी के कारण असफल हो जाता है। इनके संबंधों में विषमता का मुख्य कारण जाति के छोटे होने तथा उसका अहम आडे आ जाता है। नीलिमा को जब पता चलता है कि उसका पति छोटी जाति का है गांव में ऐसी जाति के हाथों से पानी तक नहीं पीते, उसके छुए को हाथ लगाने से भी पाप होता है। वह मेरा पति है। उसने मुझे धोखा दिया है। इसी कटुता को पालते हुए वह अपने आप घर छोड़ देती है। वह कहती है-"तुमने छिपाया अपने बारे में। अपने घर, परिवार, अपनी जात के बारे में... हम लोगों के संस्कार होते हैं सामाजिक मान्यताएँ, नियम होते हैं। लोगों को मालूम होगा तो क्या मुँह दिखाऊँगी।"[85] और इन सब बातों को सोच कर वह हंसते-खेलते जीवन में अपने आप विषमता उत्पन्न कर देती है। और ईशु को छोड़कर अकेले नौकरी करके जीवन जीने लगती है।

'चाक' (मैत्रेयी पुष्पा) उपन्यास की सारंग का भी वैवाहिक जीवन सफल नहीं है। सारंग में अन्याय से लड़ने की क्षमता, आततायों का मुकाबला करने की दृढ़ता तथा स्त्री अधिकारों के लिए अपने आप को खत्म करने की हिम्मत है। वह स्त्री संहिता की समस्त मान्यताओं को चुनौती देती है। समाज में हो रहे स्त्री पर अन्याय को सह नहीं सकती जिसका विरोध, गाँव, समाज तथा पति भी करता है। पति का हस्तक्षेप उसे सही नहीं लगता। पति उसके कामों में विघ्न डालता है और स्त्री संहिता को चुनौती देने पर पुरुष अहम के कारण पत्नी का विरोध करता है जिसके कारण उनके वैवाहिक जीवन में दरार पड़ जाती है। संबंध डगमगाने से वैवाहिक जीवन असफल बन जाता है। स्त्री-पुरुष की सोच-विचार में फर्क वैवाहिक संबंधों को खत्म कर देते हैं। कोई भी पति समाज में स्त्री को उसके नियमों के हिसाब से चलते ही खुश होता है। जैसे ही स्त्री सभी संहिताओं को तोड़ती है अपने हक के लिए सजग होती है तो पति ही क्या पूरा समाज भी सहन नहीं कर पाता। उसके विरुद्ध हो जाता है। इस उपन्यास

में भी ऐसा ही दर्शाया गया है।

'कलि-कथा:वाया बाइपास' (अलका सारावगी) में ललित की मामी का वैवाहिक जीवन डगमगाता रहता है। उसका पति किसी रखैल से संबंध रखता है। मामी बड़े खानदान की सुंदर सुशील लड़की है। वह राजघरानों की रानी की तरह लगती है। फिर भी पति बहूबाजार की मैना ठकुरानी के पास जाकर उसे अपनी रखैल बनाता है। उसके लिए अलग मकान की व्यवस्था भी करता है। यह सब देख कर उसे यक्ष्मा की बीमारी हो जाती है। घर के बड़े-बूढ़े भी कुछ नहीं कहते ऊपर से नाना जी उसे समझाते हुए कहते हैं-"पति को कोई शौक हो तो पत्नी को समझना चाहिए।"[86] वह पति का दूसरी स्त्री से संबंध हटाने के लिए चोर को पकड़ने का करतब दिखाने वाली बर्मन की माँ के पास भी जाती है पर इन सब प्रयत्नों से कुछ भी हाथ नहीं आता। इस घुटन भरे जीवन की स्थितियों से हारकर एक दिन मामी की मृत्यु हो जाती है। इस उपन्यास में भी पति के कारण जीवन घुटन भरा, असहाय, चिंता पूर्ण है। जिसके चलते एक मारवाडी परिदृश्य में स्त्री की असहाय नियति को परिलक्षित किया गया है। जो सब कुछ सहती हुई घुट-घुट कर जीवन त्याग देती है। विद्रोही नहीं बन पाती। यहाँ पर मारवाडी समाज की रूढ़िगत परंपरा को उजागर किया गया है। जिसमें पुरुष जो भी कुछ करता है उसमें उसका सुख मानकर पत्नी को उसका साथ देकर जीवन को चलाना पड़ता है। यानी जीवन जीना नहीं चलाना, घसीटना पड़ता है। अपनी आत्मा को त्याग कर खुशी में खुश होना पड़ता है।

इदनमम' (मैत्रेयी पुष्पा) में कुसुमा का वैवाहिक जीवन उसके क्रूर पति यशपाल के कारण ऊब जाता है। पति से संबंध विच्छेद को वह यशपाल की क्रूरता, बेरहमी का कारण मानती है। उसने उसके जीवन को झुलसा के रख दिया। उस पर अत्याचार किये, उपेक्षा, मारपीट से उसका जीवन उजाड़ होने लगा। वह पति के रहते उसकी क्रूरता से बदला लेने के लिए दाऊजू (असर सिंह) से यौन-संबंध स्थापित करती है। वह गर्भवती होने पर यशपाल क्रोधित होकर उसे पीटता है। उसको प्रताड़ित करता है। वह सारी मान-मर्यादा त्यागकर विद्रोही होकर कहती

है-"ओ नकीले, खैर मना कि बच्चा दाऊजू का है। नहीं तो यह किसी का भी होता, जात का आन जात का। गैल चलते आदमी का। तुम्हें क्या हक... कुत्ता की जात, नहीं मानते हम तुम्हें।"[87] कुसुमा अपने वैवाहिक जीवन से इतनी अतृप्त है कि उसकी तृप्ति के लिए वह कैसा भी क़दम उठाने को तैयार है। अत्यधिक शोषण स्त्री को विद्रोही बना देता है। यशपाल ने कुसुमा के अहम को ठेस पहुँचाई थी। उसकी उपेक्षा तथा प्रताड़ना से ही कुसुमा का वैवाहिक जीवन डगमगा जाता है।

स्त्री घुटन : विविध संदर्भ

विवेच्य उपन्यासों में स्त्री सामाजिक आधार पर कई समस्याओं का शिकार हुई दिखाई देती है। सामाजिक अधिकारों के साथ मानसिक अधिकारों की समस्या का स्त्री को सामना करना पड़ता है। वह आज भी अंधविश्वास, धार्मिक रूढ़ियों का शिकार हुई है। घर-परिवार में बंदिनी तथा सामाजिक विसंगतियों को सहना पड़ा है। अधिकार हीन तथा महत्वहीन जीवन के कारण ही स्त्री शारीरिक, मानसिक दोनों स्तरों पर शोषण का शिकार हुई। तलाकशुदा, विधवा, परित्यक्ता, कुँवारी स्त्रियों को लेकर ही सामाजिक समस्या का निर्माण हुआ है। इस समस्या से स्त्री सहजता से नहीं निकल पाती क्योंकि इस समस्या का केंद्र स्त्री के भीतर छिपी असुरक्षा की भावना तथा उसके आश्रित होने की नियति में है। यही वजह है कि शोषित स्त्रियाँ आज भी उन्हीं विसंगतियों की शिकार है जो वर्षों से समाज में व्याप्त है। नौकरी के क्षेत्र में भी स्त्री को सामाजिक शोषण का शिकार होना पड़ता है। शिक्षित होते हुए भी वह सामाजिक भय के कारण पति से अलग होने से संकोच करती है। इसी कारण उसे पति से छुटकारापाने के लिए 10-15 वर्ष लग जाते हैं। तलाक होने पर समाज का दृष्टिकोण बदल जाता है। वे सामाजिक, उपेक्षा की विषमता की शिकार बन जाती है। अकेली स्त्री को देख पुरुष उस पर लाँछन लगाता है, उसकी तरफ वासना की दृष्टि से देखता है। अंतिम दशक की लेखिकाओं ने स्त्री के इस शोषित स्थिति को अपने उपन्यासों में बेबाकी से चित्रित किया है।

अनमेल विवाह

विवाह एक ऐसा अटूट बंधन है जिसमें स्त्री-पुरुष में वैचारिक समानता अत्यधिक आवश्यक है। नहीं तो ये बंधन अप्रिय, बोझ, ढकोसला बनकर रह जाता है। मैत्रेयी पुष्पा कृत 'झूला नट' उपन्यास में 'शीलो' का विवाह बालकिशन के बड़े भाई सुमेर से होता है जो उसकी उपेक्षा करता है और माँ के समझाने पर कहता है "तुम यश नामवरी की चाहना छोड़ दो, फिर सोचो कि तुम्हें अपेन बेटे की खुशियाँ कुचल देने में भी गुरेज नहीं ऐसी माँ... जो अपनी औलाद का मन ही न समझे।" "ठीक है, मैं तो अज्ञान हूँ बेटा"

"आपे से बाहर मत होओ। ठंडे दिमाग से सोचो, तुम्हारी छः उँगलियों वाली कल्लू बहू मेरे दोस्त को रोटी परोसने ही आ जाती, वह कल के दिन मुझे बोलने न देता। काले गोरे दो रंग... पर तुम्हारी बहू तो नीली है, बैंगनी।"[88] शीलो, अपने रंग रूप तथा हाथ में छः उंगली होने के कारण अनमेल विवाह की शिकार होती है और जीवन की नीरसता से जीती रहती है। इस उपन्यास में स्त्री के रूप को दर्शाया गया है जो रंग रूप के कारण शीलो पति द्वारा अपमानित, प्रताडित होती है। पति उसकी छाया से भी दूर भागता है। वह सोचती है-उसके हाथ की छठी अंगुली ही उसका भाग्य लिख रही है-और उसे ही बदलना होगा।"[89]

'बेतवा बहती रही' में 'गजरा' का बाल विवाह हुआ था। पाँच साल बाद गोना हुआ। बैरागी उसका पति था जो सपनों में रूप सी अप्परा के मधुर सम्मिलन की आस रखता था। गजरा उसके सपनों के विपरीत नज़र आयी-"चने के पेड़-सी बौनी। सीधे हाथ में पाँच की जगह छः उंगलियाँ ऊपर से अमावसी रंग... यार-दोस्त हँसने लगे। खूब खिल्ली उड़ी। जिधर भी बैरागी पाँव धरते, उन्हें देखते ही लोग पत्नी की चर्चा छोड़ देते। रोजाना दो-चार वाक्य कानों को छेद ही जाते।"[90] बैरागी (हरींदर) गजरा को छोड़कर सन्यासी बन जाता है। गजरा माँ-बाप की शिक्षा के कारण पति का घर नहीं छोड़ सकती, सास-ससुर की निष्ठा से सेवा करती है। "गजरा किसी असंभव तरल पल की बाट जोह रही थी।

पति की एक झलक पाने को तरसती रहती। कभी बैरागी का झूठे से भी आँगन-चाँके में सामना हो जाता तो निहाल हो उठती। क्षीण-सी आशा जाग उठी थी मन में, अंधियारे पक्ष में तारों की रोशनी को प्रकाश जैसी-जो घर तक लौट आया है, वह कभी निकट भी आ जायेगा। दिन भर सास-ससुर की टहल-चाकरी में लगी रहती। ससुराल की चौखट के भीतर सिमटी अपने को धन्य समझ रही थी। ऊपर से माता-पिता के उपदेशों की अमोघ दीक्षा पल्ले के छोर से बंधी थी। "... बाप के द्वरे से पालकी उठी है गजरा, अर्थी ससुर की देहरी से उठै बिटिया। मताई-बाप की लाज राखियो।"[91] अनमेल विवाह के कारण गजरा को पति का अपमान, उपेक्षा सहना पड़ा तथा उसके वियोग में वह अकेलेपन की पीड़ा को सहती रही। अनमेल विवाह शोषण को जन्म देता है।

'एक जमीन अपनी' की कोकिला का अनमेल विवाह होने के कारण वह देवर से संबंध बना लेती है। जब देवर की शादी की बात उठती है तो वह आत्महत्या कर लेती है। जिसके कारण उसकी ननद पर इसका असर पड़ता है। वंदना के विवाह में बाधा आ जाती है और वह सामाजिक प्रतिष्ठा, पारिवारिक मान मर्यादा के लिए अनमेल विवाह करने को राजी हो जाती है।

'अपने अपने चेहरे' की श्रीमती गोयना भी अनमेल विवाह के शोषण की शिकार है। राजेंद्र गोयना का सुंदर, सजीला, ऊँची कद काठी का स्मार्ट व्यक्ति बी.ए. पास घर के खाते-पीते परिवार का बड़ा बेटा। उसको ठींगने कद की सांवली कुरूप पत्नी मिली। पहली रात को ही पति ने उसे नापसंद कर दिया था। पत्नी अनपढ़ घरेलू पिछड़ी किस्म की स्त्री थी वह जानती है पति उसका नहीं है इसी कारण वह कटु बनती गयी। "पारंपरिक शादियों में अनमेल जोड़े जीवन भर एक दूसरे को ढोने पर विवश होते हैं।"[92] इसलिए ये प्रेम की तलाश में बाहर भटकते रहते हैं। बेटी रीतू का भी शादी के बाद यही हाल था। पति कुणाल की सपनों की रानी रति अग्निहोत्री जैसी प्रेमिका थी, पर पत्नी उसके विपरीत 'मोटी बदसूरत, अनस्मर्ट' जिसके कारण कुणाल उससे कतराता है और हमेशा रीतू के मोटे होने के कारण उसका अनाकर्षक दिखने के कारण उसकी उपेक्षा करता है।

'पीली आँधी' की पद्मावती 13 वर्ष की उम्र में उससे दुगनी उम्र के माधो के साथ आर्थिक तंगी के कारण ब्याह दी गई। अनमेल विवाह के कारण पति की मृत्यु हो गई और वह जीवन भर निसंतान रही। इसी उपन्यास की सोमा भी इसी समस्या की पीड़ा से त्रस्त है। विलासी और बेकार पति को छोड़कर प्रोफेसर सेन से मन-विचार या शारीरिक संबंध बनाती है। उसे बच्चा चाहिए जो पति दे नहीं सकता। वह रुंगटा परिवार की मान मर्यादा, सामाजिक लोकोपवाद की चिंता छोड़ कर गर्भ धारण करती है। पूरे परिवार की प्रताड़ना और पति से मिली, शारीरिक तथा मानसिक यंत्रणा से तंग आकर सुजीत के घर हमेशा के लिए चली जाती है। इसी प्रकार अनमेल विवाह भी स्त्री के जीवन को भयानक रूप से शोषित करते हैं।

अकेलापन

तलाकशुदा, विधवा, परित्यक्ता, अविवाहित, नौकरीपेशा स्त्रियों को अकेलेपन की समस्या से जूझना पड़ता है। समाज में वे उपेक्षा की पात्र बनती है। अकेलेपन की कुंठा से त्रस्त होकर मानसिक तनाव को उत्पन्न कर लेती है। विधवा स्त्रियों का जीवन अत्यन्त दुःख भरा, करुणामय तथा यातनामय हो जाता है। पति की मृत्यु स्त्री को नितांत अकेला, असहाय निराश्रित बना देता है। सामाजिक कट्टरता और रूढ़ियाँ उसके जीवन को दूभर कर देते हैं। अपने शेष जीवन को असहनीय पीड़ा, वेदना, कष्टमयी के साथ बिताने को मजबूर हो जाती है। समाज में अकेली स्त्री का जीवन अभिशप्त, अधिकारहीन हो जाता है। अंतिम दशक की स्त्रियाँ अपने वैधव्य के अकेलेपन को दूर करने के लिए विद्रोही बन गई है। कुछ विद्रोह नहीं कर पायी तो जीवन भर दुःख को साथ ढोए रहती है। यामिनी कथा की यामिनी आर्थिक अभाव के कारण पुनर्विवाह कर लेती है। 'बेतवा बहती रही' की उर्वशी विधवा के अकेलेपन की त्रासदी से गुजरती है। इदन्नमम की बऊ जीवन भर वैधव्य के अकेलेपन को ढोती रहती है। बऊ की बहु प्रेम विद्रोह कर रतन यादव के साथ भाग जाती है। 'छिन्नमस्ता' की प्रिया अपनी

ननद नीना से कहती है-"नहीं नीना। कभी अकेलेपन से खौफ खाकर मैंने गलत समझौते किए थे। परिणाम भी मुझे भोगने पड़े। किए गए समझौतों ने मुझे और अकेला बनाया, जबकि आज? यों देखो, मेरे पास कोई नहीं फिर भी दो-चार लोग जरूर ऐसे हैं, जिन पर मैं सच में भरोसा कर सकती हूँ। आदमी के प्रति यह आस्था ही तो हमें जिलाए रखती है।"[93]

नौकरी पेशा, तलाकशुदा, परित्यक्ता स्त्रियाँ भी अकेलेपन की पीड़ा को झेल रही है। 'छिन्नमस्ता' की प्रिया, 'एक जमीन अपनी' की अंकिता, 'कठगुलबा' की स्मिता, मारियान, 'ऐ लड़की' की बेटी, 'अपने-अपने कोणार्क' की कुनी, 'झूला नट' की शीलो सभी नायिकाएँ अकेलेपन की समस्या से पीड़ित है। प्रिया सोचती है-मेरा यह निजी कोना काम की व्यवस्थाओं के मुखौटों के पीछे छुपा हुआ था। लेकिन अब यों खुद को छलने से फायदा? अकेले होने की पीड़ा, त्रासदी, आतंक में क्या नाम दूँ इसको? पर इतना प्रभाव तो मेरे मन पर पड़ा ही है। आँसुओं को मैं तेज रफ्तार से दौड़ते हुए सुखाती रही। पिछले दस वर्षों से काम की व्यस्तताओं में उलझकर इस प्रश्न को मैंने बार-बार पीछे ढकेला है-अगर काम न होता... भाग दौड़ न होती तो क्या मैं जी पाती?"[94] फिर सोचती है-"नहीं मैं आज अकेली नहीं, पहले कभी भी।"[95]

समाज में नौकरीपेशा, तलाकशुदा, परित्याग स्त्रियों को अकेले जीवन बिताना पड़ता है। ऐसी स्थिति में वे अनेक प्रकार के शोषण का शिकार बनती है। उन्हें हर समय असुरक्षा की भावना परेशान करती है। पुरुषों की वासना भरी दृष्टि उनका हमेशा पीछा करती है। एक तरफ तो परिवार से अलग रहने की विवशता उस पर असुविधाओं को झेलना। नौकरी करते हुए जीवन में अप्रिय तथा असुविधाजनक स्थिति में बिताने को बेबस हो जाती है।

कठगुलाब की स्मिता, मारियान, अकेलेपन की समस्याओं से जूझ रही है। दोनों 'रिलीफ फॉर एब्यूज्ड वुमेन', 'रॉ' में काम करती है। दोनों ही "पुरुष के हाथों विकराल मर्माघात सह चुकी थी और उससे उबरने के बाद, बाकी औरतों की मरहम-पट्टी में लग गयी थी।"[96] मारियान अकेलेपन से

दूर होने के लिए स्वयं का बच्चा चाहती थी। पर प्रकृति ने उससे वो हक भी छीन लिया था। वह बच्ची को गोद लेना चाहती है पर उसके दूसरे पति ने मना कर दिया था। स्मिता भी अकेलेपन की त्रासदी से पीड़ित है। उसे काटने को आती है-"जबरदस्ती खाली वक्त ढूँढ़कर ट्यूशनें पढ़ाती रही, सच, व्यस्तता और थकान से बढ़कर नेमत, दुनिया में नहीं है। हर चीज़ पर हावी हो जाती है... किसे बहका रही हूँ?"[97] नर्मदा, असीमा, सभी अकेलेपन को भरने के लिए एक बच्चे की चाह रखती है। सभी सामाजिक शोषण का शिकार हुई है। नर्मदा अकेले होने ,र कहती है-"छुँछी की छूँछी, इकली अनाथ न बालक भया न भर्तार।"[98] नमिता जब स्मिता से अकेले होने की बात करती है तो नर्मदा कहती है-"तुम काहे बात की इकली हो, बीबी। हम बाँझ औरतों में एक तुम्हीं बाल बच्चेदार हो बेटा-बेटी, दोनों हैं तुम्हारे। तुम काहे टिसुए बहाओगी। रोना तो हमें चाहिए मुझे असीमा बीबी को और तुम्हारी इस मेम बहन को भी, जिनका ना बालक हुआ ना भर्तार रहा।"[99]

'अपनी सलीबें' की नौकरीपेशा अविवाहित, परित्यक्त, स्त्रियों अकेलेपन की समस्या से जूझ रही है। नीलिमा पति को छोड़कर अकेले जीवन यापन कर रही है। महिला कॉलेज में पढ़ाती है और टीचर क्वाटर्स में रहती है। जब वह नयी-नयी क्वार्टर में आयी तो उसे "कई दिनों तक नींद नहीं आई। नई जगह अकेले रहना, पूरे कमरे में अकेले सोना।"[100] अकेले रहती स्त्री की सभी उपेक्षा करते है। उसके सामने कुछ नहीं करते पर पीछे जरूर बातें करते हैं। "अरे एक ही ऐज ग्रूप की हैं। फिर अकेली हैं तीनों (रत्ना, शोभना, नीलिमा) न कोई जिम्मेदारी न कोई बोझ। जहाँ चाहे जाएँ, घूमें। जितना दिल चाहे बोले-हँसे।"[101] नीलिमा को हमेशा सन्नाटे, अंधेरे और अकेलेपन से डर लगता था। वह हमेशा उजाले की तलाश में अकेलेपन से भागती रहती थी। अविवाहित मिस कुमार भी बढ़ती उम्र में अकेलेपन से पीड़ित थी। वहीं दूसरी ओर कॉलेज के प्राइमरी विभाग में हेड मिस्ट्रेस प्रभा वर्मा ने नौकरी करते हुए पूरा जीवन बिता दिया। उनके साथ उनकी अधेड़ावस्था में छोटी बहन विभा दोनों अकेलेपन के कारण उनकी आँखों की उदासी और सूनापन दिन-

पर-दिन आँखों के नीचे बन रहे काले घेरों को गहरा करता जाता है। विवशता भरी मुस्कुराहट चेहरे पर छा रही है। झुर्रियों की हमजोली बन रही है।"[102] इस स्थिति से ये दोनों सनकी बन गई हैं। किसी भी पुरुष को घर के भीतर आने नहीं देती। सतीत्व रक्षा की दोनों बहनों को चिंता रहती है। सभी स्त्रियाँ किसी-न-किसी समस्या से जूझ रही हैं। किसी की अविवाहित होने की किसी की बढ़ती उम्र की तो किसी की परित्यक्ता की अकेले जीना दूभर बन गया है। काम करते समय दिन कट जाता है। पर जब रात हो या छुट्टी का दिन हो तो समय काटने आ जाता है। मानसिक स्थिति खराब हो जाती है। सोच-विचार के घेरे उन्हें किन-किन खड्डों में ढकेलता है। उन्हें किन-किन मानसिक तनावों से गुजरना पड़ता है। अकेले होने की पीड़ा से वे त्रस्त हैं। मजबूर है इस पीड़ा से उबरने के लिए।

चित्रा मुद्गल के 'एक जमीन अपनी' उपन्यास के अनुसार स्त्री का सामाजिक जीवन प्राचीन काल से बंधनों से मुक्त नहीं है। सामाजिक व्यवस्था जो पुरुष ने बनायी है उसने स्त्री को सदियों से कमरे में बंद रखा है। सामाजिक व्यवस्था ने ही स्त्री के स्थान को निकम्मा बनाया है। तलाकशुदा स्त्री को समाज में क्या स्थान है यह अंकिता के माध्यम से स्पष्ट होता है। अंकिता की ओर देखने का हरिंद्र की पत्नी सविता का दृष्टिकोण अलग ही रहता है। जब अंकिता हरिंद्र के गुणों की प्रशंसा करती है तो हरिंद्र ही उसे बताता है कि ये पत्नी के सामने अच्छा नहीं। तभी अंकिता सोचती है-"एक तलाकशुदा स्त्री की किसी के पति के विषय में उसके गुणों को आत्मीय सहयोग ही साधिकार चर्चा, उनके संबंधों को संदिग्ध बनाती है।"[103] अतः स्त्री के विचार कितने भी अच्छे हों परंतु जब वह तलाकशुदा है उसे सामाजिक सम्मान बिलकुल नहीं मिलता। नौकरी के कारण जब वह अकेली रहती है तो मकान मालकिन की दृष्टि से उसकी ओर साशंक बनी रहती है। उसे ऐसा लगता था कि यह औरत मेरे पति को कब्जे में न कर ले। अतः ऐसी औरतों का जीवन समाज में तनावपूर्ण रहता है। मकान मालिक भी उसकी ओर वासना की दृष्टि से देखता है।

अकेली औरत को रहना एक मुसीबत ही बन गई है। अंकिता कहती है-"शाम होती और वह आया होता तो हाथ जोड़-जोड़कर मुसीबतें रोने लगता, पाँव पकड़कर कसमें खाता और अपनी मांग पूरी न होने पर रौद्ररूप धर उसे देख लेने की धमकी देने से भी न हिचकिचाता।"[104] अतः इस प्रकार तलाकशुदा या अकेली स्त्री को समाज में निर्मम बनकर ही रहना आवश्यक है।

एक अकेली लड़की अगर अकेला और निर्द्वंद्व जीवन जीती है तो समाज के 'भलेमानुस' को यह अच्छा नहीं लगता, वे मौक़े की तलाश में रहते हैं कि कुछ-न-कुछ ऐसा घटे कि वे चटखारे लें। इस देश में सहज निर्मल आनंद का इतना अभाव है कि लोग केवल मज़े की तलाश में रहते हैं और वह भी विकृत कुंठित मज़े की।"[105] इस उपन्यास में तिलक भी ऐसा ही भला मानुस है जो हमेशा मौके की तलाश में रहता है कि उसे किसी स्त्री के निजी प्रसंगों पर घटी घटनाओं का समाचार मिले और वह सगर्व अपने सहकर्मियों को चटखारे ले-लेकर बताए। तिलक जब नीता और बाबी ठाकुर की बातें केवल मजे की तलाश में सारे आम लांछित करता रहता है। अंकिता को तिलक के छद्म व्यक्तित्व से बड़ी चिढ़ होती है और अंकिता उसे पछाड़े हुए कहती है। "यहाँ आपकी नैतिकता की ठेकेदारी इसलिए चल रही है मि.तिलक कि कोई नहले का दहला मौजूद नहीं... चटखारे लेने वाले अलबत्ता मौजूद हैं और इसलिए आप बड़ी आसानी से हर लड़की की गोपनीय रपट अरेआम लिखते रहते हैं... यह और कुछ नहीं, पुरुष की बीमार मानसिकता ही है, जिसकी विरासत अब भी आप जैसे ओछी मनोवृत्ति वाले पुरुष ढो रहे हैं और मौका पाते ही दूसरों पर उल्टी करने लगते हैं।"[106]

दहेज

दहेज-समस्या जिसने आज व्यापक सामाजिक समस्या का रूप ले लिया है। "आज स्थिति यह है कि लड़की चाहे निरक्षर हो या उच्च शिक्षित, सुंदर या साधारण, नौकरी पेशा हो या गैर-नौकरीपेशा।"[107] दहेज के दुष्परिणाम

को भोग रही है। आज के समाज में नया रूप ग्रहण किया है। कुछ धनवान परिवार उपहार के रूप में अपनी बेटी को दहेज देते हैं। इस पर आशारानी व्होरा अपने विचार इस प्रकार व्यक्त करती है-"नये-नये मुखौटे लगाकर दहेज नये-नये रूपों में सामने आ रहा है। दहेज की 'गिफ्ट चैक' के रूप में स्वीकार करना व 'गिफ्ट टैक्स' देकर कानून से बच जाना ऐसा ही एक नया रूप है।"[108]

यानी पैसों वाले समाज में दहेज लेना देना आपसी उपहार के रूप में विद्यमान है। भारतीय परिवेश में मध्यवर्गीय सामाजिक व्यवस्था को दहेज की समस्या सदियों से खोखला बनाती रही है। दहेज मध्यवर्गीय परिवार के जीवन की एक ऐसी विडंबना है जिसके कारण लड़कियाँ बढ़ती उम्र तक अविवाहित रह जाती हैं। शिक्षित हो या अशिक्षित, कमाऊ हो या घरेलू, लड़कियों का विवाह सामान्य माता-पिता के लिए बोझ बन जाता है। लड़कियाँ बढ़ती उम्र के कारण किसी दुहाजू से भी विवाह करने को विवश हो जाती है। एक तो परिवार की आर्थिक कठिनाई दूसरे सामाजिक उपेक्षा। दोनों कारणों से लड़कियाँ कई शोषणों, समस्याओं का शिकार होती है। उसका मानसिक संतुलन बिगड़ जाता है। इन सब झनझटों से दूर वह अकेले जीवन जीना चाहती है। यही स्थिति 'अपने-अपने कोणार्क' की कुनी की है जो नौकरी पेशा स्त्री है। घर-परिवार के दायित्वों को निष्ठा से निभाती है। कुनी दहेज की विषमता के कारण बढ़ती उम्र में भी अविवाहित रहती है। उसके लिए रिश्ते आते हैं पर दहेज को लेकर लड़के वाले बखेड़ा खड़ा करते हैं। एक बार रतिनाथ अपने बेटे का रिश्ता लाता है और दहेज में 'कार' की मांग करता है। इस पर कुनी के पिता सोच में पड़ जाते हैं-"रतिनाथ की माँगे काफी ऊँची थी... इतना गहना-गुरिया, इतना नकद साजो समान, रंगीन टी.वी. और कार। ... स्कूटर तक तो ठीक था। थोड़ा इधर-उधर से ले-देकर रकम पूरी कर देते, प्रॉविडेंट फंड का पैसा भी रखा है लेकिन कार? कहाँ से आएगी कार? चार बेटियों का पिता, रिटायर्ड, कहाँ से लाऐगी कार?"[109] पिता की स्थिति देख कर, वह शादी करने से मना कर देती है।

पिता का अनुनय-विनय करना उसके स्वाभिमान को ठेस पहुँचाता है। उसके आत्मसम्मान पर तीखी चोट करता है। वह माँ से कहती है-"बोऊ मैं यह शादी नहीं करूँगी, मैं बिकाऊ नहीं हूँ। मेरा मोल नहीं लगेगा।"[110] सब स्थितियों के चलते कुनी अपने छोटे-भाई बहनों को पढ़ा-लिखा कर उनकी शादी ब्याह भी करवा देती है। खुद के विवाह के बारे में नहीं सोचती अपनी जिम्मेदारी को ही महत्व देती है। पर खुद के परिवार वालों की उपेक्षा, आस-पड़ोसी की छीटा-कसी, सामाजिक दृष्टिकोण तथा उपेक्षा के कारण बढ़ती उम्र में भी विवाह न होने पर घर से बाहर जाकर नौकरी करना सोचती है। आर्थिक विपन्नता तथा दहेज की समस्या से उत्पन्न स्त्री की यातना का चित्रण है। इसी प्रकार नमिता सिंह ने 'अपनी सलीबें' में इस समस्या को नीलिमा की माँ सुमित्रा देवी के माध्यम से उठाया है। बेटी पढ़ी-लिखी है। पर आर्थिक तंगी के कारण वह बेटी के प्रेम विवाह को अपना लेती है और एक दिन नीलिमा से कहती है-"हाँ बेटी, समझदारी ही तो थी। वर्ना हमारे पास क्या धरा था। मामूली सी जमीन की काश्त-उसके पीछे भी मुझ औरत जात का खटना। रही एक हवेली, तो उस खंडहर से मैं क्या दे देती तुम्हें। एक पढ़ा-लिखा कलक्टर पति कहाँ मिल जाता तुम्हें। कहाँ से लाती मैं आज के दस लाख... पंद्रह लाख।"[111] इसमें एक अकेली माँ की स्थिति का वर्णन किया गया है जो विधवा है अकेले होने के कारण बेटी के विवाह के लिए दहेज जुटाने में असमर्थ है। दूसरी तरफ है नौकरी करनेवाली लड़कियों की समस्याएँ जो आर्थिक विपन्नता के कारण जीवन भर अविवाहित होने पर उपेक्षा की पात्र बनती है।

बढ़ती उम्र के कारण अपनी साज-सज्जा पर अत्यधिक ध्यान देती है। स्टाफ की स्त्रियाँ उनका मजाक उड़ाती है। मिस सुजाता कुमार चालीस के ऊपर होने पर भी उम्र का लिहाज नहीं रखती। कॉलेज में अत्यधिक मेकअप करके गुड़िया की तरह सजधज के आती है। रत्ना उसका मजाक उड़ाती है तो नीलिमा को अच्छा नहीं लगता वह कहती है-"सिर्फ भाई-भाभी तो है इनके क्यों लाख रुपया दहेज देने लगे वे लोग।"[112]

इस पर रत्न कहती है-"नहीं देंगे न। मैं इसीलिए मजाक उड़ाती हूँ

कि ये औरतें अपने खोल से बाहर आने की हिम्मत क्यों नहीं करतीं। अरे पढ़ी-लिखी हो-नौकरी करती हो। अपनी मर्जी से शादी करो। क्या धरा है जात-पॉत में वर्ना रोज बाल रंगो। मुँह रंगो इतरा-मतराकर बोलो... बनो सबके लिए मजाक की चीज।"[113] नीलिमा कहती है-तुम क्या समझती हो। इंटरकास्ट में भी अब लोग एतराज नहीं करते, अगर लड़की मोटा दहेज ला रही हो। सारी प्रॉब्लम तो दहेज की है, जो बढ़ती जा रही है। बीमारी है यह भयंकर।"[114] परिवार की आर्थिक विफलता के कारण और सिर पर माता-पिता का सहारा न होने के कारण मिस कुमार बढ़ती उम्र में अविवाहित दहेज के कारण रह जाती है। दहेज की विडंबना में उसकी सभी उपेक्षा करते हैं। पढ़ी-लिखी होने के बावजूद नौकरीपेशा होने के बावजूद उसे दहेज की भयंकर बीमारी ने जकड़ कर रखा है। जिसके कारण वह कई समस्याओं का सामना करती है। सामाजिक शोषण का शिकार बनती है।

उसी प्रकार पीली आँधी की पद्मावती भी गरीब माँ-बाप की लड़की है। पिता ने गरीबी के कारण 13 वर्ष में ही पद्मावती की शादी उससे दुगने उम्र के माधोसिंह से की जो पहले ही शादीशुदा था। पद्मावती पीहर से एक बक्सा लाती है। चाची सास ने उसे यह कह कर टांड पर रखवा दिया कि गरीब बाप ने क्या दहेज दिया होगा। गरीब पद्मावती ने चाची सास के अन्याय, अत्याचार को विनम्रता से सहा। देवर के बच्चों को अपना मान कर जीवन भर निसंतान रही। दहेज के शोषण से सोमा भी पीड़ित है। पिता श्री अग्रवाल की तीन बेटियाँ थीं सोमा बड़ी बेटी थी। सोमा की शादी गौतम से इसलिए की जाती है कि पिता के पास दहेज के लिए मोटी रकम नहीं थी। परिवार में कोई बेटा नहीं था जो कमाके लाए। पढ़ी-लिखी सोमा को गौतम पसंद नहीं था फिर भी पिता की आर्थिक विषमता के कारण स्वीकार करना पड़ा। दहेज का सामान ताई सास को पसंद नहीं आया। पिता ने रईसी ताकझांक देख कर उसे वहाँ बांध दिया। जहाँ पति उसे मार-पीट, शारीरिक, मानसिक, अत्याचार के सिवाए कुछ नहीं देता। सोमा शिक्षित प्रगतिशील विचारों वाली युवती थी। वही

रुगटा परिवार में वैभव की चकाचौंध के सिवाए कुछ नहीं था। दकियानूसी परंपरा, रीति-रिवाज, आडंबर, इनमें जीना उसके लिए असहनीय था तथा सास, ननद एवं जिठानियों के बीच भी सोमा स्वयं केा अकेला पाती थी। दहेज की समस्या, अनमेल विवाह की समस्या उत्पन्न करते हैं। बेमेल विवाह जिसके कारण पति-पत्नी को छोड़ कर जल्दी ही मर जाता है। जिससे स्त्री बाल विधवा बन कर जीवन भर शोषण का शिकार होती है। दकियानूसी, आडंबरों को ढोते हुए जीवन बिताती रहती है।

'बेतवा बहती रही' में भी इस जड़ समस्या को लेखिका ने उठाया है। उर्वशी अत्यधिक सुंदर, सुशील, बड़ों का आदर करनेवाली युवती है। घर में कंगाली थी रोटी का जुगाड़ भी नहीं हो पाता था। भाई अजीत को घर के गहने गुरिया बेच कर पढ़ाया था। बेटी बड़ी होने पर माँ-बाप चिंता में पड़ जाते हैं कि उर्वशी का विवाह ऐसी निर्धनता में कैसे होगा। उर्वशी की माँ उसके पिता से कहती है-"अब लडका देखो मोंडी के लाने। अब ही से देखौगे तबन साल-दो-साल में संबंध तै हो पाहै। तुम्हें कछू सोच-फिक्र नहीं है। अरे बिटिया जनमत ही से बाप ब्याही की सोचन लगत। दहेज जोडन लगत।"[115] पर घर की हालत तोदो जून रोटी जुटाने की भी नहीं थी। "उर्वशी के ब्याह का वजन उनके सीने पर भारी पत्थर-सा लदा था। उसेक जन्म से ही वे ऋणी होने की अनुभूति से दबे थे। दहेज का ख्याल आते ही कंगाली और दारिद्रय की खाई में जा गिरते तल में डूब जाता।"[116] कई रिश्ते ढूँढ़ने लगे। "उनका आत्मविश्वास टूटने लगा, बेटी की बात। कछु ऊँच-नीच हो जाये तो पूरी जिंदगी खराब। सादी-ब्याह का मामला ठहरा।"[117] आगे वे सोचते हैं बेटा अजीत पढ़ा-लिखा है। होशियार भी है। वो ही संभालेगा इस कार्य को। पिता ने बेटी की शादी के लिए बेटे पर आस बंधाई। पर बेटा ऐसा कि अपने सिवाय दूसरे के बारे में सोचता नहीं था। बहन के लिए ऐसे रिश्ते ढूँढ़ता जो बिना दहेज के भविष्य में काम आनेवाले हों। दहेज के प्रश्न उठते ही अजीत घराब जाता। "बिना दहेज के भी लोग राजी हुए पर उनकी खातिरदारी से भी अजीत पीछे हट गया। इस पर पिता कहते हैं-"दान-दहेज नहीं माँग रहे, जे क्या कम है? खातिर-खुशामद तो

करनै ही पड़े है। अपने द्वारे आये बराती का भूखे भगा देहौ?"[118] पर अजीत तो चाहता था ऐसा रईस मिले जो भविष्य में काम आ सके। "अजीत ऐसे दुहाजु को खोज निकालता है जो चार बच्चों का पिता। जिसमें अजीत की कौड़ी भी खर्च न हो ओर आर्थिक कठिनाइयों को भी सहारा मिले। दहेज के बुलंद झंडों के नीचे उर्वशी का कोरा कन्यादान अंगेजने को कोई तैयार नहीं होगा।"[119] आर्थिक विपन्नता के कारण परिवार के सदस्य सुंदर लड़की के लिए भी अंधा, काणा, दुहाजू, चोर, उच्छके तलाशते हैं दान-दहेज से बचने के कारण उसे किसी के भी हाथ मे सोपने को तैयार है।

'छिन्नमस्ता' की प्रिया भी दहेज की समस्या से गुजरती है। बढ़ती उम्र के कारण, उसके रूप के कारण कोई भी उसे नापसंद करके चला जाता है। इस पर उसकी माँ हमेशा खीजती रहती है। सोचती है पता नहीं इसे कोन ब्याह कर ले जाएगा। पिता मरने के बाद घर की आर्थिक स्थिति ठीक नहीं थी। फिर भी माँ ने घर को संभाल कर रखा था। पारंपरिक रीति-रिवाज को, शान-शौकत को टूटने नहीं दिया था। प्रिया लॉं के फाइनल ईयर में थी, इतनी पढ़ाई के बाद लड़का आसानी से नहीं मिलता। लेकिन अग्रवाल परिवार से रिश्ते की बात चलती है। नरेंद्र को प्रिया पसंद आ जाती है। प्रिया के ससुर की एक रखैल थी जिसके कारण उनके परिवार में कोई अपनी लड़की नहीं देना चाहता था। लेकिन आर्थिक विपन्नता के कारण और प्रिया की बढ़ती उम्र के कारण माँ और भाई यह रिश्ता मनजूर कर लेते हैं। प्रिया की बहन सरला उसकी माँ से शादी के समय कहती है-"अम्मा सुनते हैं उनके घर का वातावरण अच्छा नहीं, किसी बंगालन को रख रखा है... सुनते हैं उस औरत से एक लड़की भी है, इस पर माँ कहती है-तू भी सल्लो दो बच्चों की माँ हो गई, लेकिन अब भी बचपने की बात करती है। अगले में कुछ कमी है तभी न अपने यहाँ कर रहा है, फिर अपनी ओर की कमजोरी भी तो पहचानो... अम्मा का इशारा दहेज की ओर था।"[120] आर्थिक कठिनाई एवं दहेज के अभाव के कारण स्त्री का जीवन विसंगतियों का शिकार हो जाता है।

मार्कण्डेय के विचार में-"दहेज एक बड़ी समस्या है। यदि आप सही मायने में हिंदुस्तान में स्त्री विमर्श चाहते हैं तो अपने बच्चों, खास तौर पर लड़कियों को ऐसा तैयार कीजिए कि वे अपने पैरों पर खड़े हो सकें। रोजी रोटी कमान लायक बनें।"[121] यदि वे पति पर निर्भर होंगी तो निश्चित रूप से उनके साथ अनाचार, अत्याचार हो सकता है।

बलात्कार

बलात्कार की समस्या से स्त्री जीवन भर अपराध-बोध से पीड़ित रहती है। स्त्री इस घिनौनी सामाजिक तथा नैतिक अपराध के कारण मानसिक यंत्रणा की शिकार हो जाती है। बलाात्कार को सर्वाधिक घृणास्पद माना जाता है। यहाँ तक कि कुछ स्त्रियों को बलात्कार और हत्या के बीच चुनने की छूट दी जाये, तो वे हत्या को ही चुनेंगी।"[122] उसका व्यक्तित्व कुंठित हो जाता है। स्त्री पर यह एक अत्यन्त भयावह एवं घिनौना शोषण है। 'छिन्नमस्ता' की प्रिया का माई और प्रोफेसर ऐसे ही अतृत्व व्यक्तित्व संपन्न व्यक्ति है। प्रिया बाल्यावस्था में ही अपने सगे भाई की वासना का शिकार होती है। युवावस्था में प्रोफेसर प्रेम जाल में फांस कर उसे ठगता है।

बलात्कारी पुरुषज्यादातर वे होते हैं, जिनका यौन जीवन अतृप्त होता है या जो शोषण करने की स्थिति में है।"[123]

यह घटना उसकी मानसिकता को असामान्य बना देती है। अपने भीतर पनपने वाले अपराध बोध के कारण जीवन भर अविवाहित रहना चाहती है। पर विवाह होता है। पति भी ऐसा कि वासना का शिकारी, उसको हमेशा भोगने के सिवाए और कुछ नहीं करता। प्रिया को भोग्य की वस्तु ही मानता है। 'कठगुलाब' की स्मिता भी एक कुंठित पात्र है। उसकी कुंठा का कारण उसके साथ हुए बलात्कार की घटना है। स्मिता उसके जीजा की वासना का शिकार होती है। इसका प्रभाव स्मिता की मानसिकता को असामान्य बना देता है। उसे तेज रोशनी से, आदमकदशिशे से डर लगता है। इस घटना के बाद वह कभी-भी आयना नहीं देखती। इलाज करवाने के लिए मनोविश्लेषज्ञ के पास जाती है। वह उसे केस समझ कर शादी करता है। अपना उल्लू सीधा

करने के लिए, उस पर अपराधबोध का एक्सपर्मेंट करना चाहता है। पर स्मिता को किसी अपराधबोध की शिकार न पाकर उस पर अत्याचार करता है, मारता है, पीटता है, गालियाँ देता है। उसे एक्पर्मेंट करते हुए भोगना चाहता है। स्मिता पर शारीरिक,मानसिक अत्याचार के कारण कुंठा उत्पन्न होती है। इसी प्रकार 'आवां' उपन्यास की नमिता पांडे, गौतमी तथा स्मिता की बड़ी बहन अपने ही परिजनों की वासना की शिकार होती है। नमिता बचपन में अपने मौसा की विकृत यौन मानसिकता का शिकार बनती है। उसके बाद मजदूर आंदोलन से जुड़ने के बाद नवयुवती के रूप में अपने नेता, पिता की उम्र वाले अन्ना साहब के विकृत यौनाचार के दायरे में आती है। नमिता जागरूक और सजग होते हुए भी निम्नमध्यवर्गीय संस्कारबद्धता और दब्बूपन के चलते न केवल उस शोषण पर चुप रहती है, आक्रांत होने पर भी आक्रांत के खिलाफ उठ नहीं पाती। यहाँ तक कि नमिता संजय कोन्नाई के प्रेमजाल में फंसकर उसके अवैध बच्चे की माँ बनने को भी तैयार हो जाती है। जब नमिता का मिस्स क्यारेज हो जाता है तो संजय कनोई तथा उसकी उद्धारक समझे जानेवाली मैडम वासवानी की हकीकत उसके सामने आ जाती है। गौतमी भी अपने सौतेले भाई की हवस की शिकार बनती है। वहीं दूसरी ओर स्मिता की बड़ी बहन स्वयं के पिता के शोषणों से पीड़ित है। पिता मटकाकिंग है। वैहशीपन से घर की सुख-शांति भंग करके रहता है। उसकी इसी वैहशी भूख का शिकार उसकी अपनी बेटी बनती है। अपने-अपने कोणार्क की कुनी भी इस प्रकार के शोषण का शिकार होते होते बचती है। इलाज के लिए डॉक्टर के पास जाती है वहाँ पर डॉक्टर उसे लोलनी वूमन कहकर सम्बोधित करता है। तुम्हें एक पुरुष की आवश्यकता है और उसे भोगने की कोशिश करता है। पर कुनी बच निकलती है। 'इदन्नमम' की मंदा भी मास्टर की यौन मानसिकता का शिकार होती है। मंदा कैलास मास्टर को मामा कहकर बुलाती है। पर कैलास किसी भी रिश्ते को अहमियत न देकर मंदा को अपनी हवस का शिकार बनाता है।

'अल्मा कबूतरी' की अल्मा को जाति के कारण इस शोषण का शिकार

होना पड़ता है। कज्जा समाज के अन्याय, अत्याचार तथा वासना की शिकार होकर पशुओं से भी बदतर जिंदगी जीने को बाध्य होती है। राजनेता अपनी प्रतिष्ठा और पद बढ़ाने के लिए अल्मा को सिनियर व्यक्तियों के लिए चारा बनाते हैं। उनकी वासना की शिकार होने के लिए कैद कर के रखते हैं। इसी प्रकार जाति की छोटी होने पर 'अपनी सलीबें' की मीना जो चमारों की लड़की है। गाँव में टॉयलेट की सुविधा न होने के कारण गाँव की लड़कियों को खेतों में या जंगलों में जाकर शौच करना पड़ता था। मीना को उस रात दस्त हो गए थे। उसे बार-बार शौच के लिए उठना पड़ रहा था। दो बार उसकी माँ साथ गई पर माँ को सोते देख मीना अकेली खेतों में चली गई। वहाँ रात में तीन-चार लोगों ने बलात्कार किया और फिर उसकी हत्या कर दी। नीलिमा के साथ महिला समिति की मेंबर अग्रवाल भी आयी थी। मीना पर हुए शोषण की वजह गाँव में टायलेट न होना बताते हुए अग्रवाल कहती हैं-"इस ट्रेजडी की वजह "आजादी के इतने सालों बाद भी टायलेट जैसी जरूरी चीज़ लोगों को मुहैया नहीं है। टट्टी पेशाब के लिए आज भी लोगों को, हमारी औरतों को बाहर, खुले मैदानों में जाना पड़ता है।"[124] गाँव के जमीनदारों का इसमें हाथ होने की संभावना से नीलिमा कहती है-"मीना के साथ जो हुआ, उस दरिंदगी, उसकी हत्या... गाँव के बड़े लोग द्वारा उसकी हत्या, क्या औरत होना पाप है... अगर आज कोई जातपात की बीना पर वहशीपन दिखाता है-दूसरों को जानवर समझता है, उसे जिंदा रहने का हक नहीं। वह समाज के लिए बेकार है... ऐसे लोग पापी हैं... नरक में जगह नहीं मिलेगी उन्हें।"[125]

रखैल प्रताड़ित-उपेक्षित

रखैल स्त्री समाज में पत्नी का हक नहीं पाती। हमेशा 'दूसरी औरत' ही रहती है। कानून कोई सुरक्षा नहीं देता। पति के मरने पर या पति रहने पर भी ये औरतें गैर शादी के किसी एक ही पुरुष की पनाह पाकर जीवन बिताती हैं। उन्हें रखैल स्त्रियाँ कहते हैं। ये स्त्रियाँ परपुरुष के सान्निध्य में उसे ही अपना पति मानकर जीवन यापन करती हैं। अंतिम दशक में

भी ऐसी स्त्रियों का चित्रण हुआ है जो रखैल स्त्री के संबंध में है-'दिलो-दानिश' की महकबानो, 'छिन्नमस्ता' की तिलोत्तमा, 'अपने-अपने चेहरे' की रमा, 'कलिकथा: वाया बाइपास' की मैना "ठकुरानी, 'इदन्नम्म' की लीला राऊतिन, 'अल्मा कबूतरी' की कदमबाई ये सारी स्त्रियाँ उपेक्षा, प्रताड़ना तथा चरित्रहीनता की समस्या से ग्रस्त हैं। रखैल की स्थिति 'न घर की न घाट की' जैसी हो जाती है। समाज व परिवार किसी भी तरह उन्हें पत्नी का दर्जा नहीं देने देता। वह समाज में घृणा की पात्र बन जाती है। इनको किसी भी शुभ कार्यों में, शादी-ब्याह में, तीज-त्यौहार पर सम्मिलित होने नहीं दिया जाता। इन सभी उपन्यासों में रखैल की समस्या के चित्रण के साथ उसकी व्यथा भी स्पष्ट हुई है।

'छिन्नमस्ता' में तिलोत्तमा एक पढ़ी-लिखी स्त्री है जिन्होंने कलकत्ता के लॉरेंटो कॉलेज से अंग्रेज़ी में बी.ए. आनर्स किया है। तिलोत्तमा के पिता कलकत्ता हाईकोर्ट के प्रसिद्ध बैरिस्टर थे और प्रिया के ससूर उनके मुवक्किल थे। पिता के पास केस के सिलसिले में आने-जाने से दोनों में प्यार हो गया है और कालीघाट जाकर ब्याह कर लिया। पिता ने बेटी को घर से निकाल दिया। इस पर तिलोत्तमा सोचती है-"बाबा मुझे कभी माफ नहीं कर सके, मैं तो उनके लिए कलंक थी। बैरिस्टर समाज में बाबा सर उठाकर कभी चल ही नहीं पाए।"[128] न पीहर वालों ने अपनाया न ही ससुराल में स्थान प्राप्त कर सकी। यहाँ तक कि अपने सौतेले बेटे नरेंद्र की शादी में भी शामिल हो नहीं सकी। जाति-बिरादरी के सामाजिक बंधन के कारण अपने मन को मार लेती है। जब प्रिया उससे मिलने आती है तो उससे कहती है-"तेरे ब्याह पर मैं जा नहीं सकी। नीना तो बहुत रोती रही थी पर समाज में किस-किस का मुँह बंद किया जाए?"[129] उसकी बेटी नीना को भी समाज अपनाना नहीं चाहता जिसके कारण नीना में पिता और उसके परिवार के खिलाफ कुंठा पनपने लगती है। वह कहती है-"भाभी क्या मुझे उनकी इच्छा-अनिच्छा का ख्याल करना चाहिए। भाभी, मुझे पता है कि मैं एक नाजायज संतान हूँ। मम्मी कितना भी मांग में सिंदूर लगाएँ, उस लाल रंग में थोड़ी कालिख

धुली हुई है? इसलिए तो मम्मी का सिंदूर चमकता नहीं।"[130] रखैल स्त्री पति के साथ तो रहती है पर उसे सामाजिक और पारिवारिक सम्मान नहीं मिल पाता। इस पर प्रिया सोचती है-"क्या चुटकी-भर सिंदूर से ही पत्नी कहलाने का हक मिल जाता है और बीस वर्ष बिना सात फेरे के संबंध को यों ही नकार दिया जा सकता है।"[131] कि उसे अपने पोते से भी मिलने नहीं दिया जाता, न ही पति मरने पर कोई सांत्वना ही देता है। वह अकेले ही बाबूघाट पर स्नान कर लेती है। अपने आप ही चूड़ियाँ तोड़ लेती है, मांग का सिंदूर मिटा देती है। यहाँ स्पष्ट होता है कि समाज में रखैल स्त्री और उसकी संतान उपेक्षित, प्रताड़ित है।

'दिलो दानिश' में रखैल तथा उसके बच्चों की समस्या को दर्शाया गया है। महकबानो की माँ के वकील कृपानारायण थे। केस के सिलसिले में आना जाना था। माँ ने महक की जिम्मेदारी कृपानारायण पर सौंप रखी थी। देखभाल के चलते दोनों एक दूसरे से बंध जाते हैं और रखैल की समस्या शुरू हो जाती है। वकील की पत्नी कुटुंबप्यारी उसे डाँटती है, दुत्कारती, उपेक्षा, अपमानित करती है फिर भी महक सब कुछ सहन कर लेती है। कुटुंब प्यारी उसे कई कड़ुवी बातें कहती है-"दलाल माँ-बेटियाँ मुकदमें की फीस न देकर शुक्राना में इनके सामने जा लेटी। नचनिया। कमीनी।"[132] इस पर भी महक शांत रहती है। यहाँ तक कि सास द्वारा दिया गया कंगन भी कुटुंब प्यारी चालाकी से यह कहकर वापस ले लेती है कि खानदानी जेवर खानदान में ही रहना चाहिए। महक कुछ न कह सुन कर कंगन भी लौटा देती है। यहाँ तक कि बच्चे बड़े होने पर उनके शादी ब्याह के लिए महक से अलग किये जाते हैं। इस पर महक घुटते हुए कहती है- "बेटा हमेशा से आपका है। अब बेटी को गोद लिया जा रहा है। अहा- हमसे जो पैदा हुए। वकील साहिब, इन बिचारे लावारिसों को खानदानी जामा पहनाना जरूरी है।"[133] जब उसे बेटी के ब्याह में भी आने के लिए रोका जाता है तो महक घुटते-घुटते विद्रोही बन जाती है और वकील कृपानारायण से अपनी माँ के दिये जेवर की संदुकची मांगती है। न मिलने पर अंजाम अच्छा न होगा तक कहती है। विद्रोह में कहती है-

"हम लोग! तुम लोग कौन? किसी कातिल ठेरेदारन नचनिया के नवासे।"[134] आगे कहती है मुझे शादी से कुछ लेना-देना नहीं मुझे सिर्फ माँ के गहने चाहिए। अनेक अन्याय, उपेक्षा, अपमान को सहते-सहते वह केवल ममता के छिनने पर ही विद्रोही बनती है। उसका विद्रोही रूप खुद के बच्चे छिन जाने के ठर से उजागर होता है। याने रखैल होने की सजा उसे किसी पर भी अधिकार नहीं है। समाज, परिवार यहाँ तक कि खुद के बच्चों द्वारा भी उपेक्षित हुए बिना नहीं रहती।

'अपने अपने चहरे' की रमा जो मिस्टर गोयनका के बच्चों की टीचर बनकर आती है फिर पढ़ी-लिखी होने पर तथा उद्योग का ज्ञान होने पर गोयनका की सेक्रेट्री बन जाती है। दोनों एक दूसरे से प्रेम करने लगते हैं। जिसे समाज और परिवार अपनाता नहीं। उनकी उपेक्षा करते हैं। गोयनका उससे विवाह नहीं कर सकता क्यों कि समाज पहली पत्नी के होते ऐसे रिश्ते को नहीं मानते। गोयनका शादी नहीं कर सकता है न ही प्यार के जाल से निकल सकता है। रमा उससे बेहद प्यार करती है पर कानूनी तौर पर उसे कोई अधिकार नहीं मिलता। वह सोचती है-"स्त्री प्यार तो एक बार करती है, बस एक बार। एक ही पुरुष से। कभी शादी से पहले, कभी शादी के बाद इसके बाद तो वह अपने आप को झेलना सीखती है।"[135] उसे किसी सामाजिक अधिकार एवं प्रतिष्ठा की आवश्यकता नहीं है। वह प्रेम को ही श्रेष्ठ मानती है। "प्रेम करनेवाला अधिकार की लड़ाई नहीं लड़ सकता और जो अधिकार के लिए लड़ता है वह प्रेम करना नहीं जानता।"[136] जब समाज और परिवार उसकी उपेक्षा करते हैं उनके संबंधों की छिटाकसी करते हैं। परिवार में उसका होना कलह को उत्पन्न करता है। तब वह गोयनका के साथ दोस्त बनकर जीवन बिताती है। गोयनका उसे परिवार से छिपाकर कुछ देना सोचता है वह इन्कार कर देती है। और कहती है-"क्या मैं स्त्री होने के कारण आपकी दोस्त नहीं हो सकती और दोस्त को छिपाकर देने की क्या जरूरत है।"[137] वह समाज और उसकी बनाई संहिताओं की चिंता नहीं करती। समाज का दृष्टिकोण उसके प्रति क्या है उसे परवाह नहीं। वह प्रेम और दोस्ती को ही महत्त्व देती है।

गोयनका के परिवार के लिए अपना सब कुछ न्योछावर कर देती है। बेटों को समझाती है, बेटी ससुराल से आने के बाद उसे बिजनेस करवाती है। परिवार की संतुष्ठि एवं संतोष को बनाने के लिए कई संघर्षों का सामना करती है। इतना करने पर भी "पच्चीस साल के संबंध के बाद भी वह परिवार की नहीं थी।"[138] इस पर रमा सोचती है-"इस सड़े उबाऊ पच्चीस साल के इस संबंध को क्या नाम दूँ-प्यार, आबर्सेशन आदत?"[139] जीवन को यूँ ही दूसरी औरत के नाम से बिता देती है।

'इदन्नमम' में लीला राऊतिन रखैल के रूप में चित्रित हुई है। वह अभिलाख की रखैल है। रखैल होने का पूरा फायदा उठाती है। वह अभिलाख जैसे षडयंत्री, हड़पनीति में माहिर, मजदूर स्त्रियों की आबरू से खेलने वाले व्यक्ति को अपने दबाव में तथा दिन-रात अपने चंगुल में फंसा के रखती है। संज सवरकर, नटनी की तरह रहती है। पूरे गांव पर अपना डाक जमाती है। गाँव के किसानों के ट्रेक्टर बिकवाने का रौब झाड़ती है। इस स्थिति पर गाँव वाले कहते हैं-"अभिलाख ने अपनी खास स्त्री को तो धोखा देने से बख्शा ही नहीं। उसकी जगह लीला राऊतिन को राखे है कुकरम नहीं है या अधरम नहीं है?"[140] लीला राऊतिन पूरी राऊतों पर राज चला रही है। यहाँ ऐसी रखैल का चित्रण हुआ है जो अपने ऐशो-आराम, मौज मस्ती में रहती है। जिस पर शोषण नहीं होता वो ही दूसरों पर शोषण, अत्याचार करती है। उनके सामने उन्हें कोई कुछ नहीं कहता। पर पीठ पीछे जी भर कर कोसना, उपेक्षा करना भद्दी गालियाँ देना नहीं छोड़ते।

दूसरी है तुलसीन जो गनेसी दद्दा की रखैल है। जो पहाड़ का ठेकेदार है। तुलसी की बेटी है अहिल्या, गनेसी दद्दा अहिल्या को अपनी धरम बेटी मानते हैं। जगेसर ठेकेदारों की रखैल रखने की प्रवृत्ति पर कहते है-"लीला के खातिर अभिलाख नहीं हो गये घर से बेघर। उसने नहीं छोड़ा कुटुंब परिवार कि तुलसीन के लिए गनेसी दद्दा ने नहीं छोड़ा सर्वस्व?"[141] यहाँ पर जागीरदार तथा ठेकेदारों की अनीति, अमानवीय, रखैल रखने की प्रवृत्ति को दर्शाया गया है।

'कलिकथा : वाया बाइपास' में मैना ठकुरानी रखैल के रूप में दर्शायी गयी है जो ललित के मामा की रखैल है। मामा ने सुंदर, संस्कारवान पत्नी को छोड़कर मैना ठाकुर को रखैल बनाकर रखा हुआ है। मैना की वजह से घर में असंतोष, आपसी कलह उत्पन्न हुआ है। जिसके कारण मामी उपेक्षा की पात्र बनती है और घुट-घुट कर बीमारी की शिकार हो जाती है। इस पर परिवार वाले मामी को ही समझाते हैं-"पति को कोई शौक हो तो पत्नी को समझना चाहिए।"[142] यानि पुराने जमाने में रखैल रखना पुरुषों के लिए आम बात होती थी।और पत्नियों को इस आदत को स्वीकारना पड़ता था चाहे अंदर ही अंदर घुट कर मरना पड़े।

'अल्मा कबूतरी' की कदमबाई भी दूसरी औरत के रूप में चित्रित हुई है। जाति की कबूतरी होने के कारण ऐसे संबंध बनाना इन स्त्रियों के लिए सहज ही दर्शाया है। मंसाराम जो जाति के कज्जा है। कदमबाई से प्रेम करते हैं। कदमबाई शादीशुदा स्त्री है। पति कबूतरा समाज के पेशे में माहिर है। चोरी करना, कुल्हाडी चलाना, डाका डालना, खेतों से अनाज चुराना यही सब कबूतराओं का व्यवसाय है। जीविका का आधार है जिसके कारण एक दिन उसकी मौत हो जाती है। जिस दिन जंगलिया मारा जाता है उसी दिन दोनों अपना संबंध बनाते हैं। और उनसे 'राणा' पैदा होता है। इनके आपसी संबंधों का पता जब आनंदी को चलता है तो घर का वातावरण खराब हो जाता है। दोनों के दाम्पत्य जीवन में हलचल, बहस, नोकझोंक, उपेक्षा बढ़ने लगती है जिसके कारण आनंदी का दाम्पत्य जीवन घुटन भरा हो जाता है। बेटे को देख कदम सोचती है... तू कज्जा है या कबूतरा? जो भी हो, कहीं मेरा ही मन बेईमान हो जाता है। सोचती हूँ मंसाराम बदनाम हो गया तो तू अनाथ हो जाएगा। बिरादरी भी कम बेदर्द नहीं, भरम बना रहे तो तू पल जाएगा। मैं कितने मोर्चों पर बचा पाती हूँ तुझे...।"[143] कदम बेटे के कारण किसी से कुछ नहीं कहती वहीं दूसरी ओर आनंदी पति को कदम से मिलने से रोकती है न मानने पर आग में जलने की धमकी देती है। इस पर कदम सोचती है-"नहीं पता था कि पतिव्रता औरत के सुहाग पर उसने डाका

डाला है। पति को दोष कौन देती है? डंकिनी कदमबाई ही, करन की माँ की छाती पर मूँग दल रही है।"[144] आनंदी ने कदम का क्रोध 'राणा' पर उतारा। उसके खूंखार कुत्ते से राणा को कटवाँ, नुचवा डाला और मंसाराम को इलाज के लिए इंजैक्शन भी लाने नहीं दिया। कदम ने बेटे के इलाज के लिए इंजेक्शन की चोरी भी करनी पड़ी। कदमबाई कबूतरी है तो क्या औरत नहीं? उसका आदमी मर गया, बस्ती ने बहिष्कृत कर दी, बेटा अभी किसी लायक नहीं? उसका कौन है संसार में।"[145]

मंसाराम का बड़ा बेटा भी कदमबाई की उपेक्षा करता है। इसी वजह से पिता का अपमान, उपेक्षा तथा मार डालने की भी धमकी दे देता है। मंसाराम इन सब अवमाननाओं से ऊब कर हमेशा के लिए कदम के पास चला जाता है। मंसा का कदम के पास आने पर-"जोधा ने पाँव पकड़ लिए जोधा की माँ ने कदमबाई के सामने पल्ला फैला दिया-मेरे सुहाग की भीख दे दे। मेरे बच्चे का पिता लौटा दे।"[146] कदम समाज से,परिवार से और मंसाराम के खानदान वालो की उपेक्षा की पात्र बन जाती है। उसने अपने और अपने बेटे के लिए कितने ही अत्याचार, शोषण, अवमानना सही है।

जाति

समाज में जाति के भेदभाव से भी कई समस्याएँ उत्पन्न होती हैं। जाति भेद को लेकर अपमानित उपेक्षित किया जाता है। जो समाज, जाति, वर्ग और लिंग के आधार पर टिकी हुई असमानताओं से भरा हुआ है, उसमें औरतों के प्रति समानता और न्याय पर टिका हुआ व्यवहार हासिल करना एक लंबे संघर्ष की अपेक्षा रखता है।"[147]

आवां उपन्यास में सुनंदा जातिभेद के कारण अपमानित तथा मौत के घाट उतार दी जाती है। वह हिंदु मुसलमान लड़के से प्यार करती है। प्रेम करते समय तो कोई शर्त नहीं रखी जाती। पर विवाह के समय इस्लाम ग्रहण करने पर जोर दिया जाता है। वह इस्लाम ग्रहण नहीं करना चाहती जिसके कारण सांप्रदायिक फसाद में मार दी जाती है। स्पष्ट है कि जाति

की समस्या के कारण सुनंदा को शोषण का शिकार बनना पड़ा। इसी प्रकार 'अपनी सलीबे' की नीलिमा पढ़ी-लिखी होने के बावजूद भी पति का जाति से छोटा होने के कारण उसे हमेशा के लिए छोड़ देती है और अकेले होने की समस्या का सामना करती है। हमारे समाज में फैली हुई विषमताएँ उत्पीड़ित और शोषित जातियों की औरतों की स्थिति को बहुत ही कठिन बनाये हुए है।"[148] यह स्थिति 'अल्मा कबूतरी' में भी दर्शायी गई है। उसी प्रकार 'अल्मा कबूतरी' की कदम भी जाति के कारण कई समस्याओं, शोषणों से संघर्ष करती है। इसी उपन्यास की अल्मा को तो जाति के कारण उपेक्षिता का जीवन जीना पड़ा, पशुओं से भी बदतर जीवन जीना पड़ा। 'एक जमीन अपनी' की अंकिता को भी इस समस्या का शिकार होना पड़ा। पति दूसरी बिरादरी का था जिसके कारण आपसी तालमेल न जम पाया और विवाहित जीवन झटके के साथ टूट गया। जीवन भर अकेलेपन की समस्या से जूझती रहती है।

प्रेम

प्रेम को भी समाज नहीं अपनाता, समाज की रूढ़िग्रस्त मान्यताएँ प्रेम की भावनाओं को नहीं मानते। स्त्री को प्रेम की समस्या का भी शिकार होना पड़ता है। जाति भेद के कारण हो, लड़कियों का विवाहित पुरुष से प्रेम हो, विधवा का प्रेम हो, सभी स्त्रियाँ उपेक्षा की पात्र बनती हैं। 'चाक' में गुलकंदी को प्रेम की सजा मौत के घाट उतार दिया जताा है। गांव की मान-मर्यादा और प्रतिष्ठा के लिए उसे आग में जिंदा जला दिया जाता है। 'आवां' में सुनंदा सुहैल से प्रेम करती है। लेकिन सफल नहीं हो पाती क्योंकि इस्लाम बीच में आ जाता है यानी जाति भेद के कारण इनका प्रेम सफल न हुआ। जाति-भेद के कारण प्रेमी से शादी नहीं हो पाई। 'अपने-अपने चेहरे' की रमा विवाहित गोयनका से प्रेम करती है जिसके कारण उसे कई संघर्षों का सामना करना पड़ा। प्रेमी चाहते हुए भी उससे शादी नहीं कर सकता। रमा प्रेम को ही श्रेष्ठ मानती है और जीवन भर अकेली रह जाती है। समाज इनके रिश्ते को अपनाना पसंद नहीं करता जिसके कारण रमा जीवन भर कई समस्याओं का शिकार होती है। रमा सोचती है-"ओह प्यार...

इस एक शब्द के साथ कितने हजार साल की परंपरा जुड़ी है। और स्त्री? इसे इतनी सम्मोहित क्यों हो जाती है, कि जब प्यार चुक भी जाए तब भी खाली जगह में कल्पना के रंग भरती रहे।"[149] पीली आँधी में विवाहेतर प्रेम संबंध दिखाई देता है। पद्मावती तथा सुराणा का मानवीय, कोमल, सच्चा प्रेम प्रसंग है जिसमें पद्मावती विधवा स्त्री है और सुराणा मुनीम है, जो उसकी जायदाद की देखभाल करता है। दोनों में प्रेम हो जाता है पर दोनों अपनी मर्यादाओं में रहते हैं। ये बात देवर को पता चलने पर देवर सुराणा को जलती आग में धकेल देता है। सोमा भी संतान पाने की खातिर प्रोफेसर सेन से प्रेम करती है और उसके बच्चे की माँ भी बनती है। जब उसके पति गौतम को पता चलता है तो वह उसे प्रताड़ित एवं शारीरिक दंड देता है। उसे गर्भपात करवाने को कहता है। सोमा को गौतम ने मार-पीट, गालियों, मानसिक एवं शारीरिक अत्याचार के सिवाए कुछ नहीं दिया जिससे ऊबकर वह प्रोफेसर सेन के घर चली जाती है। प्रेम पाने के लिए रुगंटा मारवाडी परिवार की मान-मर्यादा को ठोकर मारती है।

कुछ लड़कियाँ प्रेम के कारण विद्रोही बन जाती हैं जो अपने परिवार, माता-पिता से भी विद्रोह करती हैं। अपना प्रेम पाने के लिए आत्महत्या करने तक नहीं चूकती। 'अनाम प्रसंग' की ममता भी विद्रोही बेटी के रूप में चित्रित हुई है। ममता अपने ही बॉस विवाहित अभय से प्रेम करती है। उसके बिना जी नहीं सकती, उसके लिए अपने माता पिता से विद्रोह करती है। वह अभय से किसी अधिकार की मांग नहीं करती केवल प्रेम चाहती है। उसके दिल में थोड़ी जगह चाहती है। वो अभय से कहती है- "अभय में तुमहारी पत्नी और बच्चों का बुरा नहीं चाहती। मैं तो चाहती हूँ कि उन्हें उनके पूरे अधिकार मिले, लेकिन अभय मैं अब तुहारे बिना रह नहीं सकती। मुझे तुम्हारी पत्नी के अधिकार में से थोड़ा-सा प्यार का हिस्सा चाहिए बस।"[150] अभय विवाहित है इसी वजह से उसके पेरंटस दुःखी हैं और उसे घर में बंद करके रखते हैं। किसी अच्छे, उसके लायक लड़के से शादी करना चाहते हैं। पर ममता अपने पेरेंट्स की बात नहीं मानती। उनके विरुद्ध जाती है। अभय को छोड़कर वह जिंदा नहीं रहना चाहती। "प्यार में बड़ी-से-बड़ी मुसीबतें सह सकती है पर जुदाई नहीं

सह सकती।"[151] प्रेम को पाने के लिए वह घर से भी चली जाती है। अपने-अपने कोणार्क की कन्नु भी सिद्धार्थ से प्रेम करती है। लेकिन परिवार की परंपराओं के खिलाफ नहीं जा पाती जिससे उसका प्रेम असफल हो जाता है। 'इदन्नमम' की मंदा भी मकरंद से प्रेम करती है। मकरंद से विवाह न होने पर जीवन भर कुवारी रहना पसंद करती है।

पुर्नविवाह

अगर किसी का पति मर जाता है तो उसे जीवनपर्यंत विधता के रूप में समाज, परिवार और आम जनता से तिरस्कृत एवं यातना दुःखी जीवन व्यतीत करना पड़ता है।"[152]

समाज में आज भी इस समस्या को मान्यता प्राप्त नहीं है। विधवा स्त्री अगर पुनर्विवाह के बारे में सोचती है तो परिवार वाले उसे ऐसा करने से रोकते हैं। इस संदर्भ में आशारानी व्होरा अपने विचार व्यक्त करते हुए कहती है- "विधवाओं के पुनर्विवाह को समाज में अच्छी नज़रों से नहीं देखा जाता।"[153]

अंतिम दशक के उपन्यासों में इस समस्या को दर्शाया गया है जिसमें स्त्री विद्रोही बन कर अपने जीवन को घुट-घुट कर व्यर्थ नहीं करना चाहती। सूर्यबाला ने परंपरा का खंडन कर यामिनी का गठन किया। यामिनी कथा की यामिनी पति मरने पर पुनर्विवाह करना चाहती है। आर्थिक एवं सामाजिक सहारे के लिए वह दूसरा विवाह करने की सोचती है तो सास उसकी उपेक्षा करती है। और कहती है शर्म कर अपने बेटे का तो ध्यान कर इस पर यामिनी विद्रोही बन कर कहती है-"अब तक की सारी जिंदगी मैंने सबका ध्यान ही रखते हुए बिताई है माँजी और अपनी ड्यूटी से अलग अपने सुख-दुःख नाम की भी कोई चीज़ होती है, कभी ध्यान ही नहीं आया।"[154] यामिनी रूढ़ि परंपरा में फंसकर विधवा जीवन नहीं जीना चाहती। वह स्वयं के बारे में सोचकर पुनर्विवाह करना चाहती है। और निखिल से विवाह कर लेती है। दुबारा विवाह करने के बाद भी वह सुखी नहीं रहती। पति उसके पहले बेटे को प्यार नहीं दे पाता अपनी खुद की संतान को ही प्यार करता है जिसके कारण पति और बेटे के बीच पिस कर अकेली हो जाती है। 'आवाँ' में

गौतमी की माँ पति के अत्याचारों, शोषण से तंग आकर तलाक लेती है और पुनर्विवाह करती है। पर दूसरा पति जल्द ही मर जाता है जिसके कारण गौतमी की माँ फिर अकली हो जाती है और अंत में गौतमी के साथ रहती है। 'इदन्नमम' की प्रेमा पति मरने पर वैधव्य की संहिताओं को तोड़ कर अपनी बेटी मंदा को छोड़कर रतन यादव के साथ भाग जाती है। 'दिलो दानिश' की छून्ना बीबी भी पारिवारिक, सामाजिक अवमान झेलती है और बाद में किसी की परवा न करते हुए पुनर्विवाह कर लेती है। ये परपंरामुक्त स्त्री है जो अपने जीवन मूल्यों को श्रेष्ठता देती है। रूढ़ि परंपरा के खिलाफ जाकर कई समस्याओं तथा शोषण का शिकार होती है। समाज इनके विद्रोही प्रवृत्ति के कारण उपेक्षित प्रताड़ित तथा शोषण करता है। अवमानना से इनका जीवन दूभर बना देता है।

आडंबर और अंधविश्वास

अंतिम दशक के उपन्यासों में अंधविश्वास, आडंबरों का भी चित्रण मिलता है। 'कलिकथा : वाया बाइपास' में ललित का मामा जब मैना ठकुरानी के साथ रहने लगता है तब मामी मामा को उसके चंगुल से छुड़वाने के लिए जादू-टोटके में विश्वास करती है। वह अपने पति को छुड़ाने के लिए राधेश्याम बर्मन की माँ जो ऐसे प्रयत्नों में माहिर है उसके पास जाती है। बर्मन की माँ चोर पकड़ने के लिए अनाज फटकने का एक सूप कैची में अटकाकर रखती है, जिसे दो आदमी पकड़े रहते हैं। जब चोर का नाम आता है तभी सूप घूमता है।"[155] ऐसे कई प्रयत्नों के बाद भी मामा मैना ठकुरानी से छूट न सकें। 'दिलो दानिश' में कुटुंब प्यारी भी अंधविश्वास आडंबरों में जीती है। पति कृपानारायण को महकबानो से छुटकारा पाने के लिए कुटुंब की भाभी सुझाती है-"हमारी मानो तो किसी साधु-महात्मा से पूछ देखो। कंटक निकाल बाहर करना उनके लिए क्या मुश्किल। आगे कहती है-"फसीलवाले भैरों बाबा का नाम तो तुमने भी सुना होगा। वह अपने स्वरूप की बहु आए दिन हाड़ तुड़वाती थी घरवालों से। भैरों बाबा ने वशीकरण दिया और उम्र-भर के जंजाल खत्म हो गए।

अब ज्यों मुरारी बाबू का यह हाल कि आँखों से बीवी को यूँ देखा करते हैं ज्यों उस पर जान छिड़काव करते हों। ... अपनी शकुन भी वही के चक्कर काट रही है। तीन तो बेटियाँ हो चुकी हैं दोनों को बेटे की ललक।"[156] भाभी की बात मानकर कुटुंब भी भैरो बाबा के चक्कर काटती है। वकील साहब का महक के पास आना कम होने पर महक सोचती है-कभी बेताबी से इंतजार किया करते थे हम। आज लगता है, पुराने सिलसिले का कोई निशाँ ही बाकी नहीं... इनसे क्या कहें। उतरता है कोई वक्त तो हाथ से सारे रंग समेट लेता है। इन्हें क्या खराब उस ज़लील किस्से की। भैरों बाबा और भभूतियों के पाश! हमारा दिल ही मर गया।"[157] महक सोचती है कि बाबा की भभूतियों के कारण कृपा का प्यार उसकी तरफ कम हो गया और वह कहती है-दुल्हन कैसी हैं। अब तो घर में अमन-चैन होगा... बहुजी का मिज़ाज कुछ बदला? सुनते हैं कई चालीहे कर चुकी हैं भैरों बाबा के यहाँ खेचरी लेकर आई थीं।"[158] उसे शक हो जाता है कि कुटुंब के टोटके से कृपानारायण दूर होते जा रहे हैं। छुन्ना सोचती है कि इस घर में इतना अंधविश्वास कि विधवा को उनके मूल्यों के हिसाब से चलना होगा "अपने से उम्मीद यही की जाती है कि पूजा-ध्यान में दिल लगाएँ। व्रत करें। तीर्थों को जाएँ। अपने अंदर-बाहर की तरंगों को शांत कर भक्ति-भाव से विधवा बन जाएँ। पहनने-ओढ़ने की मुमानियत। हम अड़े हैं कि कुछ भी कहिए हम बिना किनोर की सफेद धोती न पहनेंगे। जो हुआ सो अपने हाथ में न था। संन्यासिन बनकर मथूराजी में बैठने से रहे।"[159] अंधविश्वास और आडंबरों के चलते कोई विधवा स्त्री सुख चैन से जी नहीं सकती। छुन्ना इसका विरोध करती है जिसके कारण परिवारवालों की उपेक्षा, अवमानना की पात्र बनती है।

'अल्मा कबूतरी' में भी अंधविश्वास और आडंबर भरा पड़ा है। किसी भी काम के लिए देवों को पूजा जाता है। अपने कार्यों के सफल बनने के लिए भगवानों को भोग लगाया जाता है। मनोतियाँ मांगी जाती हैं। राणा जब कबूतराओं के रिवाज अनुसार चोरी चकारी करने से मना करता है, खून देख कर बेहोश हो जाता है। बीमार होने पर राणा बुदबुदाने लगा-

"जमुनी-जमुनी, भजनी ने सुनते ही हाय देवी माता, जमुनी चुडैल ने घर दबाया।"[160] राणा के सर से जमुनी का भूत भगाने के लिए गुनियाँ को बुलाया गया। गुनियाँ ने वीरदेव की स्थापना की। लिखी हुई चबूतरी पर बेर के पत्ते, पान का पत्ता, गुड़ और बकरी का खून चढ़ाया। रोटी का चूरमा और लाल कपड़ा। मद और तेल पास में रखा। ... मंत्र पढ़ने लगा... ह ह ह ह वीर देवता तोरी असवारी हं हं हं हं बडे पिशाच तोरी अरवारी हं हं हं हं कुननी की संतान तोरी असवारी... गुनियों ने भोग कबूला और कहा बोल दारी तू कैसे आई। गुनियाँ सिर हिला-हिलाकर झूमता है। अचानक चिंघाड़कर सवाल करता है। खुद ही जवाब दे लेता है राणा बीमारी के कारण दौड भी नहीं पा रहा था। उसे इन सब से कुछ लेना देना नहीं था। गुनियाँ ने बीच में जलती आग में तेल और मिर्च डाल दिए। राणा कमजोरी के कारण सिर तक हिलाने में असमर्थ... गुनिया किचकिची माकर राणा की गर्दन पकड़ कर-बोल, जाएगी कि नहीं। गुनियाँ आग में और मिर्च डालता है। राणा को धसका लगता है। आँखें निकली जा रही हैं। उस पर सिर में झाडू मारी। वह तड़पा ज्यों सिर चटक गया हो। राणा काँपने लगा थर-थर धुआँ-खाँसी झाडू की मार-सिर में कड़कन। राणा ने बचाव के कारण जोर से गुनियाँ को लात मारी जिससे सब आडंबर खत्म हुआ। देख कर गुनिया कहता है-"असगुन! मनहूस लड़का, और सारे मिलकर राणा को पीटने लगे।"[161] अंधविश्वास और आडंबर के कारण राणा पर अत्याचार और शारीरिक शोषण किया जाता है।

'झूला नट' में बालकिशन आडंबरों को मानता है। वह पूजा-पाठ करना, देवों का मनाना पूजना सभी काम निष्ठा से करता है। जब सुमेर शीलो को त्याग कर चला जाता है तब शीलो की सास बेटे को वापस बुलाने के लिए शीलो से व्रत पूजा करवाती है। बहु से कहती है-"बेटी पढ़ा-लिख लड़का... कौन से बैरी ने घात धरा दी। मोरे महादेव बुद्धि फरेंगे तो सही ... चंपादास बैद दवा और दुआ-दोनों जानते हैं।"[162] चंपादास आडंबर को अपनी रोजी रोटी बनाए हुए है। स्त्रियों को ही अपने जाल में फंसाता है कहता है-"अबकी बार भी मेरे बताए जतन पर चलो, तो मजाल है कि ... बहू से महामहि के मंदिर तक और मंदिर

से शिवाले तक ब्रह्म बेला में पेड़ भरवाओ (पेट के बल लेट लेटकर पहुँचना) पाँच गाय, तीन कुत्तों को रोटी नित नियम से निकाली जाएँ तुलसी का चौरा और पीपल का पेड़ ढारे। घर में सुंदर कांड का पाड करे। साला सुमेर क्या, सुमेर का बाप चला आएगा पर लोक से। तप की माया, देवी देवता का सिंहासन हिला दे, आदमी की क्या बिसात।"[163] शीलो ने पूरी निष्ठा के साथ आडंबर, कर्मकांड किये, पूजा-पाठ, व्रत, पूजा फिर भी उसे कुछ हाथ नहीं आया-बीमारी, लाचारी, घुटन भरी जिंदगी के सिवाय। "जनी की जिंदगी... और फिर अपने आदमी की आँखों से उतरी औरत? हे मेरे संकर महादेव, दुस्मन की गति न करना ऐसी।"[164] 'चाक' में भी अंधविकास और आडंबर को मनोहर की बहू की स्थिति और व्यथा में दर्शाया गया है। बच्चे न होने पर उसकी मानसिकता खराब हो जाती है। उसकी दशा को देख कर गाँव वाले उस पर चुड़ैल चढ़ी औरत का खिताब देते हैं और बिन पैसों का नंगा नाच देखते हैं।

पुनरुत्पत्ति

पुनरुत्पत्ति अंग्रेज़ीमें इसे 'Reproduction' कहते हैं। "The process of producing babies or young यानी संतान उत्पन्न करने की प्रक्रियाःप्रजनन, संतानोत्पत्ति Sexual reporudction."[165]

पुनरुत्पत्ति को पुनरुत्पादन भी कहते हैं जिसका अर्थ उदाहरण, प्रतिलिपि, प्रतिकृति या पुनः प्रस्तुतीकरण, पुनःप्रस्तुति कहते हैं।

पुनरुत्पादन-"यह कार्य दो तरह का होता है-एक जैविक और दूसरा सामाजिक। जैविक पुनरुत्पादन है प्रजनन या नए मानवों को जन्म देना, यह कार्य केवल स्त्रियाँ कर सकती हैं। सामाजिक पुनरुत्पादन में ऐसे कार्य हैं जिनके बगैर मनुष्य का जीना मुश्किल होता है और जिसके लिए कोई पैसे खर्च नहीं करने पड़ते अर्थात् संभालने या पालने का कार्य। इसमें घर संभालना, परिवार के सदस्यों को पालना, खाना बनाना, सफाई करना व बीमारों की देखभाल करना आदि कार्य शामिल है। ये कार्य जीवन के लिए अति महत्वपूर्ण है पर इन्हें आर्थिक गतिविधियों में

शामिल नहीं किया जाता इसलिए ये अदृश्य, अवैतनिक और महत्वहीन लगते हैं। ये कार्य स्त्रियों द्वारा किए जाते हैं।"[166] यानी देखा जाए तो सामाजिक दायित्व स्त्री के अंतर्गत आता है। पुरुष केवल आर्थिक दायित्वों, सामाजिक प्रतिष्ठा को निभाने के अंतर्गत अपनी पुरुष सत्ता को बनाये रखता है। स्त्री घर के कामों में खटती रहती है, पारिवारिक जिम्मेदारियों को निष्ठा से निभाती है। फिर भी उसे अपने कार्य का आर्थिक लाभ नहीं, समाज, परिवार ने उसके ऊपर 'स्व' के दायित्व का लेबल चिपका दिया है।

जन विज्ञान समता के अध्यक्ष कार्यकर्ता ब्रह्म रेड्डी जी ने रवींद्र भारती, हैदराबाद में मार्च 2011 को हुए 'महिला अधिकार आख्यान (Women Right) के संदर्भ में कहा था कि समाज के हर क्षेत्र में आज भी स्त्री को स्वेच्छा नहीं है। आज भी स्त्री पूरी तरह स्वतंत्र नहीं है। जन्म से ही स्त्री दमित है। उसकी परवरिश में भेदभाव है। स्त्री को अपनी मानसिकता बदलनी होगी। उसे चाहिए कि अपने मन में छिपे विचार 'मैं पुरुष से कम हूँ निकाल देना चाहिए। स्त्री सुबह 6 बजे से 10 बजे यानी पूरे 14 घंटे मानसिक तथा शारीरिक श्रम में व्यस्त है। उसे किसी प्रकार का श्रमिक वेतन नहीं मिलता है जिससे उसका स्वास्थ्य खराब रहता है। स्त्री स्वास्थ्य की समस्या आज भी वैसी ही है या यूँ कहें कि उससे तीव्र हो गई है। आगे वे कहते हें-"रसोई स्त्रियों की जेल है, स्त्रियों का इस जेल से निकलना असंभव है। समता के लिए आज भी प्रासंगिक है कि समस्या स्त्री की है उसमें पुरुषों का क्या काम? पर सबको मिलकर उसका परिष्कार करना होगा।

पुनरुत्पादन या प्रजनन प्रक्रिया हमारे समाज में विवाह उपरांत मानी जाती है। यह भी पुरुष सत्ता के नियमों के अनुसार ही है कि स्त्री की शादी होगी या नहीं, कब व किसके साथ होगी। अगर शादी हो जाती है तो बच्चे होंगे या नहीं, और होंगे तो कब और कितने यानी स्त्री को इतना भी अधिकार नहीं कि वह स्वयं के बारे में कुछ भी सोच-समझ सके। ये सारी बातें पुरुष तय करते हैं कि स्त्री को किस समय क्या करना है क्या नहीं करना है। अगर विवाह के बाद पुरुष को बच्चा नहीं चाहिए होता है तो गर्भ निरोधकों का प्रयोग स्त्रियों के लिए ही होते हैं, पुरुषों के

लिए गर्भ-निरोधकों का प्रयोग न के बराबर है। गर्भनिरोध की जिम्मेदारी स्त्री की होती है। इस अवस्था में भी पुरुष की ही मनमानी चलती है।

स्त्री के पुनरुत्पत्ति के मुद्दों को अंतिम दशक की लेखिकाओं ने अपने उपन्यासों में चित्रित किया है। लिंग में भेदभाव, स्त्री का अधिकार नहीं अपनी ही यौनिकता पर, मासिक धर्म एक अभिशाप, मातृत्व भावना:विवाह का खंडन, प्रजनन क्रिया, विवाहेतर व विवाहपूर्ण यौन संबंध आदि तथ्यों का विवचेन किया गया है।

स्त्री की जैविक प्रक्रिया

स्त्री को आज भी समाज में एक गर्भ के सिवाए कुछ नहीं माना जाता। उसे प्रजनन प्रक्रिया का एक हिस्सा ही माना गया है। सीमोन द बुउवार के विचार में-"औरत? औरत के लिए कोई स्वप्न-द्रष्टा एक बड़ा ही सीधा फार्मूला उचरित है। औरत? औरत एक गर्भ है, अंडाशय है और एक औरत है ये शब्द काफी है, उसको परिभाषिक करने के लिए। स्त्री पुरुष दो प्रकार के प्राणी हैं, जो मानव-जाति में प्रजनन की प्रक्रिया के आधार पर विभाजित होते हैं। फिर स्त्री क्यों एक गर्भ की प्रक्रिया के आधार पर विभाजित होते हैं। फिर स्त्री एक गर्भ कैसे हो गई वह तो उसकी प्राकृतिक क्षमता है। यही क्षमता पुरुष में भी विद्यमान है। 'स्पर्म' के रूप में यानी पुरुष के स्पर्म से ही स्त्री गर्भ धारण की क्षमता पाती है। वर्तमान समय की आधुनिकाए पुरुष को 'स्पर्म' से ज्यादा और कुछ नहीं मानती। मृदुला गर्ग ने 'कठगुलाब' में इस प्रकार के संदर्भ को पात्रों के माध्यम से उठाया है। उदाहरण देखिए-"विपिन कहता है "मैं तुम्हारे लिए स्पर्म से ज्यादा कुछ नहीं हूँ- इस पर नीरजा कहती है-मिस्टर विपिन मजूमदार, असीमा ने आपको जरूर बतलाया होगा कि कोई भी मर्द इससे ज्यादा कुछ नहीं होता।"[167]

"प्रजनन की प्रक्रिया के संबंध में यह निश्चित रूप से कहा जा सकता है कि निष्क्रियता की अवधारणा एक अवैज्ञानिक अवधारणा है। यह समझा जा चुका है कि युग्मक के योग से ही नए जीवन का निर्माण होता है। प्रजनन प्रक्रिया से और पुरुष से ही नए जीवन का निर्माण होता

है। प्रजनन प्रक्रिया स्त्री और पुरुष के संयोग से ही संभव होती है।"[168] फिर क्यों बच्चों के लालन-पालन का दायित्व माँ पर छोड़ दिया जाता है। पुरुष को भी मिलकर अपने बच्चों का लालन-पालन करना चाहिए।

सीमोन द बुउवार के विचार में-"स्त्री को केवल उत्पादक शक्ति मानना बिलकुल असंभव है। वह अन्या है, जिसके माध्यम से पुरुष अपने आपको खोजता है। स्त्री को वस्तु न मानकर मानव मानना ही चाहिए। स्त्री केवल भोग्या की वस्तु नहीं एक मानव है। इस संदर्भ में उदाहरण प्रस्तुत हैं-"स्त्री प्राकृतिक संरचना नहीं बल्कि सत्ता की एक सामाजिक संरचना है।"[169]

स्त्री दलन के संदर्भ में स्त्री वास्तव में जन्म से स्त्रीकरण का शिकार है। स्त्री होने के लिए उसे पुरुष सत्ता का वर्चस्व स्वीकारना पड़ता है। आवश्यकता है कि स्त्रीकरण की इस यौनवादी व्यवस्था को रूपांतरित किया जाये। स्त्री को आमूल रूप से स्वयं को बदलना होगा। "पुरुष सत्ता द्वारा स्त्री कामना का निर्धारण यौन जीवन में स्त्री को किस-किस प्रकार से उत्पीड़न एवं हिंसा का शिकार होना पड़ता है। बलात्कार अश्लील साहित्य, अवैच्छिक मातृत्व तथा जन्म निरोध एवं बाध्यकारी इतरलिंगी कामुकता जैसे मुद्दों को उठाने से स्पष्ट हुआ कि यौन जीवन के प्रसंग में स्त्री को पुरुष की इच्छा के अधीन रहना पड़ता है।"[170]

प्रजनन का काम केवल स्त्री कर सकती है। प्रजनन एक जैविक प्रक्रिया है जिसमें स्त्री मातृत्व का भार वहन करती है। मातृत्व के भार को वहन करने के लिए स्त्री जीवन में किसी मूलगत परिवर्तन की अपेक्षा नहीं रखता। इसी वजह से स्त्री एवं पुरुष में जैविक दृष्टिकोण से परस्पर आकर्षण को हम सहज स्वीकार भी करें, तब भी यह किन्हीं अन्य स्तर पर यौन-प्रताड़ना तथा बलात्कार के औदित्य को भी स्थापित करता है।

लिंग में भेदभाव

स्त्रियों से संबंधित कई मुद्दों पर बहस हुई है जैसे मातृत्व, बालपोषण,

महिला सेक्स इत्यादि। परंतु सबसे महत्वपूर्ण एवं निर्णायक बहसें लिंग भेद (जेंडर वायस) को लेकर हुई है।

लिंग-वर्तमान समय में लिंग शब्द को सामाजिक संदर्भ में एक व्यापक अर्थ में देखा जा सकता है। जेंडर शब्द का अर्थ है समाज स्त्री पुरुष को किस प्रकार देखता है। जैसे बच्चे को जनम देना व बच्चे को दूध पिलाना केवल स्त्रियों का काम है। उसी प्रकार गर्भ देना केवल पुरुष ही कर सकता है। ये प्राकृतिक या जैविक कार्य है। जो स्त्री पुरुष के काम, व्यवहार और अधिकारों की स्थापना करते हैं।

एक लडकी और लड़के या स्त्री-पुरुष की सामाजिक-सांस्कृतिक परिभाषा को जंडर कहते हैं।"[171]

लिंग और सेक्स में अंतर

लिंग एक सामाजिक अर्थ वाला शब्द है। परंतु अक्सर लिंग व सेक्स की अवधारणाओं में दुविधा पैदा हो जती है। लिंग और सेक्स क्या है। इन धारणाओं को भी चुनौती दी जा सकती है। लिंग और सेक्स दो अलग चीज़ें हैं। यह माना गया है कि लिंग सामाजिक है और सेक्स प्राकृतिक। लिंग सेक्स से भिन्न श्रेणी का है। सेक्स शारीरिक भेद से संबंध रखता है, जबकि लिंग सामाजिक भेद है।

लेकिन हिंदी भाषा में 'लिंग' की इस अवधारणा के लिए कोई अलग शब्द नहीं है। लिंग शब्द का प्रयोग जेंडर व सेक्स दोनों के लिए प्रयोग किया जाता है। इन दोनों के अंतर को बनाए रखने के लिए इस क्षेत्र में कार्य करनेवाले आलोचकों ने दो नए शब्दों का विकास किया है-'सेक्स' को प्राकृतिक लिंग और 'जेंडर' को सामाजिक लिंग का नाम दिया है। छोटे रूप में सामाजिक लिंग को सालिंग और प्राकृतिक लिंग को प्रालिंग कहा जा कसता है। इन नए शब्दों से जेंडर व सेक्स का अंतर एकदम स्पष्ट हो जाता है।

लिंगानुपात का संतुलन बने रहना प्रकृतिक के नियमानुकूल है।

पुरुष स्त्री के अनुपात के संबंध में अभी तक जितने अध्याय हुए हैं उनके अनुसार लिंगानुपात में संतुलन कायम रखने में प्रकृति की निर्णायक भूमिका है। प्रकृति का नियम है कि गर्भस्त शिशुओं में बालक शिशुओं की संख्या बालिक शिशुओं की संख्या से अधिक होती है। किंतु कुछ वर्षों बाद ही बालिक शिशुओं की संख्या बालकों से अधिक हो जाती है। आशा रानी व्होरा ने उपर्युक्त संदर्भ के विषय में अपने विचारों को प्रस्तुत करते हुए कहा है-"प्राकृतिक भिन्नता के बावजूद नारी पुरुष से कमजोर है, यह धारणा गलत है। भारतीय मनीषियों के अनुसार, शारीरिक बल के ऊपर नैतिक बल लेकर और पुरुष का मातृ पद पाकर स्त्री पुरुष से ऊँची व श्रेष्ठ ठहरती है, आधुनिक मेडिकल सर्वेक्षणों ने तो उसे शारीरिक रूप से भी पुरुष से अधिक सशक्त सिद्ध कर दिया है। गर्भपात के मामलों में सौ शिशु बालिकाओं के मुकाबले 150 शशु बालक गिरते हैं। जुड़वा बच्चे होने की स्थिति में लड़कियाँ अपेक्षाकृत अधिक जिंदा रहती हैं। इसका अर्थ है, लड़कियाँ गर्भकाल से ही लड़कों की अपेक्षा अधिक मजबूत व सुदृढ़ होती हैं।"[172]

लिंग शब्द का उदय क्यों हुआ क्योंकि उत्पीड़न अधिक हो गया है। स्त्रियों को पुरुषों से कमजोर समझा जाता है इस भेदभाव को रोकने के लिए लिंग शब्द का उदय माना जाता है। परंतु क्या वाकई स्त्रियाँ अपनी शारीरिक बनावट के कारण कमजोर हैं? और यदि ऐसा है, तो इसे बदला नहीं जा सकता क्योंकि शारीरिक रचना प्राकृतिक है। और इसीलिए स्थाई है। प्रकृति ने स्त्री पुरुष में भेद किया है पर भेदभाव नहीं पर समाज में इनमें भेदभाव चलता रहा है। आज भी विद्यमान है।

अंतिम दशक की लेखिकाओं ने ऐसे मुद्दों को उठाया है जो स्त्री-पुरुष के भेदभाव की व्याख्या करते हैं। पितृसत्तात्मक व्यवस्था ने स्त्री को कमजोर माना है। उसे हमेशा से किसी पुरुष के अधीन रहने की सीख दी है। जिसके कारण स्त्री के मन में असुरक्षा की भावना पनपी है। प्राकृतिक लिंग के आधार पर विवेच्य कालखंड के उपन्यासों में लड़का-लड़की में भेदभाव

को दर्शाया है जिसका असर सामाजिक लिंग पर भी पड़ता है। इन्हीं तथ्यों से बचने के लिए लेखिकाओं ने पुनरुत्पत्ति की मांग उठाई है।

चित्रा मुद्गल कृत आवां उपन्यास में नमिता की माँ के माध्यम से बच्चों में फर्क को दर्शाया है। नमिता की माँ बेटा-बेटी में फर्क मानती है उसी सोच के चलते बेटे को अंग्रेज़ी माध्यम में दाखिला दिलवाती है और बेटी कां अंग्रेजी स्कूल से निकाल कर हिंदी माध्यम में डाल देती है। नमिता सोचती है कि-"मोटी फीस के चलते माँ ने बहन को अंग्रेज़ी स्कूल से निकाल कर हिंदी स्कूल में डाल दिया। पढ़ाई छुटाई नहीं, यही गनीमत है।"[173] पर नमित को माँ का यह निर्णय अव्यावहारिक लगा था। जो लड़की क्लास में हमेशा अव्वल आती है थी माध्यम की कठिनाई के कारण मुश्किल से पास होती है। इससे मुनिया दुःखी हो जाती है। पर माँ को उसके दुःख से, उसकी व्यथा से कोई फर्क नहीं पड़ता। ऊपर से माँ कहती है-कोन आसमान फट पड़ा। जो हुआ सो ठीक ही हुआ, पास तो हो गई न। अब काहे सूतक-सा रोना पीटना मनाए बैठी घर में मनहूसियत फैला रही। अगले दफे अव्वल हो लेना।"[174]

नमिता बड़ी बेटी होने के कारण घर की सभी जिम्मेदारियों को निष्ठा से निभा रही है। नौकरी कर घर की आर्थिक जिम्मेदारी भी निभा रही थी फिर भी माँ को बेटे की कमी महसूस होती है। वह कहती है-"नमी की जगह आज हमारा जवान बेटा होता तो आपद-विपदा का सहारा होता मान लिया, लड़की कमा थमा रही है-लड़कों के बराबर कमा रही, मगर ठहरी चार दिन की चाँदनी।"[175] नमिता के पैदा होने पर भी माँ खुश नहीं हुई थी बेटी होने की खबर सुन कर नमिता से मुँह फेर लिया था। नमिता के पिता की मृत्यु पश्चात् अंतिम संस्कार के क्रियाकर्म लिए तथा मुखाग्नी के लिए बेटे की कमी महसूस करती है। समाज में बेटा होने पर माँ-बाप खुश होते हैं कि हमारी मुक्ती कायम है। चाहे बड़ा होकर बेटा निकम्मा, नाकारा, नालायक ही क्युं न निकले। पर बेटी होने पर दुःखी होते हैं। पराया धन मानते हैं चाहे वह बड़ी होकर कितनी ही सुशील, कर्मठ, कामयाब, होनहार हो माँ-बाप का निष्ठुर व्यवहार उसके प्रति बना रहता है।

अपनी ही बेटी के साथ। इस उपन्यास में चित्रा जी ने पुनरुत्पत्ति के दो संकेत दिये हैं। एक लड़की मृतक की अर्थी को कंधा दे सकती है। दूसरे अपने पिता को मुखाग्नी, दाह संस्कार कर सकती है। सामाजिक रूढ़ियों का खंडन कर व्यवस्था की संहिताओं को ये दो उदाहरण प्रस्तुत कर ठुकाराया है। सुनंदा की मय्यत को कंधा दुस्साहस विमला बेन के माध्यम से प्रस्तुत किया है। "पहली बार संभवतः किसी और ने मय्यत को कंधा देने का दुस्साहस दिखाया होगा। हो सकता है, मय्यत को कंधा देनेवाली विमला बेन देश की पहली हठी महिला हो।"[176] सुनंदा की मय्यत को कंधा देने पर खड़े हुए सभी व्यक्ति इस हिम्मत की उपेक्षा करते हैं। उपेक्षा करने पर वह कहती है-"मैं कंधा किसी औरत की मय्यत को नहीं दे रही, उस स्त्री चेतना को दे रही हूँ जिसका गला घोंटने की कोशिश हत्या के बहाने हुई है। मैं हर जाति, धर्म, वर्ण की स्त्रियों का आह्वान करती हूँ कि वे सबकी सब श्मशान चलें और बारी-बारी से सुनंदा की मय्यत को कंधा दें।"[177] इसी प्रकार नमिता के पिता की मृत्यु पर अंतिम संस्कार के क्रिया कर्म में नमिता-"विधि-विधान में छोटे भाई के संग बैठ पंडितजी के निर्देशानुसार तर्पण किया... घुनी वाली हंडिया निःसंकोच उसने लटका ली और छुन्नू की उंगली धर घर की सीढ़ियाँ उतरने लगी।"[178]

इस प्रकार चित्रा मुद्‌गल ने स्त्री रूपों की नयी व्याख्या की है। मानसिकता का पुनरुत्पादन किया है।

'प्रभा खेतान' कृत 'छिन्नमस्ता' में मारवाडी समाज की कट्टर रूढ़िवादी व्यवस्था में पितृसत्ता का ही अतिक्रमण दृष्टिगत होता है। प्रिया मारवाडी परिवार की बेटी होने पर घृणित पात्र है। इस कथा में प्रिया के जन्म पर माँ दुखी होती है। अपनी बीमारी का कारण प्रिया को मानती है। इस पर दादी कहती है-"आ पडी ऊपर से... भाया साँवर अभी तो दो को ब्याह बाकी है... या तीसरी और तैयार होगी। तेरे तो खर्चों ही खर्चो है।"[179] यदि स्त्री का जन्म हुआ है तो फिर क्यों वह स्त्री जाति और नारी जाति कहकर मानव जाति से अलग एक जाति के रूप में परिचित होगी? मानो स्त्रियाँ मानव से बाहर हैं, मानो स्त्री मनुष्य ही नहीं है। वह अलग जाति, अलग समाज की

है।"[180] यानी पराया धन है जिससे घृणा, उपेक्षा के सिवाय कुछ नहीं किया जा सकता। ये सोच बदलनी होगी। पर समाज की पढ़ी-लिखी प्रबद्ध स्त्री भी लड़की के जन्म पर दुःखी होती है। पेशे से डॉक्टर अमृता यह सोच कर दुःखी होती है कि लड़की होने पर उसकी प्राक्टिस खराब हो जाएगी। इसलिए वह दाई को यह सूचना देने को कहती है-"डॉ. अमृत ने मुझे देखते ही दाई माँ से कहा तुम्ही जाकर सेठ जी से कहो कि लड़की हुई है। हम बोलेगा तो हमारी प्राक्टिस खराब हो जाएगा। सब कहेंगे कि डॉ.अमृता से जापा करवाने से लड़की ही होती है।"[181] यानी एक डॉक्टर होने पर भी वह पितृसत्तात्मक व्यवस्था की मानसिकता में जी रही है। ये कैसा प्रोफेशन है जिसमें लड़की होने पर 'प्रेक्टिस' खराब हो जाती है। प्राकृतिक तथा जैविक प्रक्रिया से भली भांति परिचित भी ऐसी दकियानूसी बात सोच सकता है। इस प्रकार की मानसिकता को बदलना होगा तभी स्त्री की पुनरुत्पत्ति यानी स्वस्थ्य पुनरुत्पत्ति हो जायेगी। नहीं तो पुरानी परंपराओं की गली-सड़ी पितृसत्ता में ही स्त्री दम घोंटू जीवन जीने के लिए छटपटाती रहेगी।

प्रिया के जन्म के बाद कस्तूरी का शरीर इतना कमजोर हो जाता है कि उसे पलंग से उठने के लिए 3 महीने लगते हैं। माँ कहती है-"क्या करूँ, मुझे न ही सुहाती यह जबसे जनमी है, मेरा तो शरीर ही टूट गया। खाट पकड़ ली मैंने।"[182] इन्हीं मानसिकताओं को बदलने के लिए प्रभा खेतान ने उपन्यास में पुनरुत्पत्ति का संकेत दिया है।

यौनिकता

पुरुष सत्ता का ध्यान हमेशा स्त्रियों, उनके शरीर और उनकी यौनिकता को नियंत्रण करने की ओर रहता है। इस प्रकार की अमानवीयता का खंडन स्त्री-विमर्श के सभी मुद्दों ने किया है। साथ ही स्त्री को पुरुष से हीन मानने की मान्यता को ठुकराते हुए पितृसत्तात्मक समाज को चुनौती दी है। इनके विचार में स्त्री-पुरुष की शारीरिक भिन्नता प्राकृतिक है। परंतु उसमें विभाजन करना सामाजिक देन है। समाज में स्त्री-पुरुष सांस्कृतिक उत्पाद हैं। "किंतु मौलिक रूप से यहाँ पर स्त्री के संबंध में पारंपरिक दृष्टिकोण

की पुनस्थापना है, जो स्त्री को पुरुष द्वारा महज देखे जाने लायक एक वस्तु रूप में रखती है, अतः स्त्री पुरुष से भिन्न जरूर है, मगर 'वस्तु' है। यह एक प्रकार से बहुलता की आड़ में आर्य संस्कृति के वर्चस्व का दावा है।"[183]

स्त्रियों की यौनिकता पर भी पुरुषों का नियंत्रण होता है। हमारे समाज में लगभग सभी धर्मों में विवाह के संबंध के बाहर स्त्रियों का यौनिकता के लिए कोई जगह नहीं है। ऐसा माना जाता है कि स्त्रियों को पुरुषों की इच्छा व जरूरत के अनुसार यौनिक सुख देना चाहिए। समाज के, धर्म के, कानून कुछ ऐसे हैं कि स्त्रियों को यौनिकता के साथ-साथ उसके रहन-सहन, पहनावे, पोशाक, खाना-पीना, पर संबंधों आदि सभी वस्तुओं पर नियंत्रण रखते हैं। धर्म और समाज स्त्री की यौनिकता और रूढ़िवादिता के मुद्दों पर अधिकाधिक विभाजित होता जा रहा है।

अधीनस्थ रहना स्त्री का स्वभावगत 'गुण' बन गया है। स्त्री मात्र के कुछ अनुभव ऐसे हैं, जो जाति या वर्ग की दूरियों के बावजूद इन सीमा रेखाओं से परे है। हर स्त्री पुरुष द्वारा जीन्स या जानवर की तरह प्रयुक्त होने से पीड़ित है सारी दुनिया में स्त्री की स्थिति एक सी है। वह अधीनस्थ स्थिति में रहने के लिए बाध्य है। "बलात्कार स्त्री के प्रति हिंसक प्रहार, मार-पीट, छीटाकशी और रीति-रिवाज में अहेतु की हिंसा सभी वर्ग की स्त्रियों को झेलनी पड़ रही है।"[184]

स्त्रियों का पुरषों की इच्छा व जरूरत के अनुसार यौनिक सुख देना चाहिए। नहीं तो पुरुष उस पर अत्याचार करता है। उसे मानसिक एवं शारीरिक यातनाएँ देता है। उस पर तरह-तरह के शोषण करता है। 'औरत के हक' में तसलीमा मसरीन एक लड़की की दास्ता इस प्रकार लिखती है। रतन नामक अट्ठारह वर्ष की लड़की की शादी परिवार वाले अपने हिसाब से कर देते हैं। शादी के बाद से उसका पति चौबीस घंटे में पाँच-छह बार उससे शारीरिक सुख चाहता है। लेकिन लड़की को इतनी बार यौनिक सुख अच्छा नहीं लगता। उसके यौनांग में काफी दर्द होता है तो वह विरोध करती है। विरोध करने की सजा उसे बिजली के तार से बने चाबूक से पति की मार खानी पड़ती है। पति द्वारा पिटे जाने पर भी वह उसे

छोड़कर नहीं जाती और कहती है-"पीटने की बात तो हदीस में लिखी है। (हदीस में लिखा है अगर पति यौनिक सुख चाहता है और पत्नी इनकार करती है तो पति को पूरा हक है पत्नी को पीटे।"[185]) यानी स्त्री को पितृसत्ता, सामाजिक व्यवस्था तथा धर्म के मिले-जुले शोषणों का शिकार होना पड़ता है। न चाहते हुए भी पुरुष को यौनिक सुख देना पड़ता है।

प्रभा खेतान कृत छिन्नमस्ता में नरेंद्र के माध्यम से पुरुष की जरूरत व इच्छा को उजागर किया गया है। नरेंद्र हमेशा प्रिया से शारीरिक सुख की मांग करता है। प्रिया के मना करने पर उसे गुस्सा आता है और वह प्रिया की उपेक्षा करने लगता है। प्रिया को प्रेम चाहिए और नरेंद्र को सेक्स। नरेंद्र सेक्स को ही प्रेम मानता है। इस पर प्रिया सोचती है- "नरेंद्र की वहशी भूख से मैं सच में घबड़ा उठी थी और बाद में तो उसकी यह सेक्सुअल भूख बढ़ती ही गयी। केवल रात के प्रथम प्रहर में ही नहीं, बल्कि रात में, दिन में, शाम को वक्त-बे-वक्त कभी भी पार्टी के लिए तैयार होकर हम निकलनेवाले होते कि वह मुझे वापस कमरे में घसीट लेता। प्रिया नहीं तुम मेरी चीज़ हो... लोग इतनी अच्छी चीज़ को देखकर लार टपकाएँ, इसके पहले मुझे स्वाद चखने दो।"[186] प्रिया विरोध करने पर उपेक्षा के सिवाय कुछ हाथ नहीं लगता। नरेंद्र के वहशी उन्माद की शिकार हो जाती। यानी प्रिया कोई व्यक्ति न होकर वस्तु है। और नरेंद्र इस वस्तु को अपने हिसाब से जब जी चाहे इस्तेमाल कर सकता है।

उषा राणावत ने "प्रभा खेतान का औपन्यासिक संसार में" यौनिकता की राजनीति पर प्रभा खेतान के विचारों को प्रस्तुत किया है। प्रभा जी के विचार में स्त्री देह के संदर्भ में स्त्री स्वयं अपनी देह के प्रति नया दृष्टिकोण निर्धारित करे। अपनी देह के संसाधन का महत्व पहचाने और वह स्वयं को कामना की वस्तु न बनाए। समलिंगी यौगिकता का सबसे सबल सशक्त पक्ष है गहरी संवदेना इसी दैहिकता के आधार पर वह प्रकृति के इतने करीब है उसमें अंतर्ज्ञान की क्षमता है।"[187]

चित्रा मुद्गल कृत 'आवां', 'एक जमीन अपनी' में पुरुष के इसी

प्रकार के वहशी उन्माद और वहशी भूख को चित्रित किया है। नमिता, स्मिता की बहन, गौतमी, इसी वहशी उन्माद की शिकार अपने ही परिवार वालों, परिजनों, परिचितों में हुई है। दस साल की उम्र में नमिता सगे मौसा की हवस का शिकार होती है। कामगार अगाड़ी में काम करते समय अन्ना साहब की वहशी भूख का शिकार बनती है। अपनी वहशी उन्माद को मिटाने के लिए अन्ना साहब नमिता को कहते हैं-"साफ कहूँ तुमसे साफ कहने का मैं आदी हूँ। देखो, दोस्त की बेटी हो तुम, बेटी नहीं हो मेरी। पिता समान हूँ, मैं तुम्हारा पिता नहीं हूँ... रिश्ते के इस गहन अंतर्सूक्ष्मता को महससू कर लोगी तो संबंध से स्वयं को शोषित अनुभव नहीं करोगी। न छुड़ाने की कोशिश करो, न उठने की... कहा न पिता नहीं हूँ, पिता समान हूँ।"[188]

आभूषण व्यापारी संजय कनोई के प्रेम जाल में फंस कर उसकी अमानवीय नियतियों की शिकार होती है। इसी प्रकार गौतमी अपने सौतेले भाई की भूख का चारा बनती है। स्मिता की बहन खुद के पिता के वहशी उन्माद को सहते हुए मानसिक सतुंलन खो बैठती है। 'एक जमीन अपनी' की नीता प्रेम जाल में फंस कर अमानवीय वहशी भूख का शिकार बनती है। मानसिकता खराब होने पर आत्महत्या कर लेती है।

अल्मा कबूतरी की अल्मा, अपने-अपने कोणार्क की कुनी, कठगुलाब की स्मिता, नर्मदा, बेतवा बहती रही की उर्वशी, इदन्नमम की मंदा, सभी नायिकाएँ किसी-न-किसी रूप में पुरुष की वहशी उन्माद की शिकार हुई है।

मासिक धर्म : एक अभिशाप

अंतिम दशक के उपन्यास में स्त्री के हर पक्ष, हर समस्याओं को लेखिकाओं ने बेधड़क चित्रित किया है। पहले की लेखिकाएँ स्त्री के कुछ पक्षों को संकेत मात्र देकर छोड़ देती थी। पर आज के संदर्भ में लेखिकाएँ स्त्री के गूढ़ विषयों का भी खुलासा बेबाक ढंग से कर रही हैं। लड़कियों का मासिक धर्म शुरू होना, उसकी प्रतिक्रिया समस्याओं का उठाया जा रहा है। "मासिक धर्म समाज या परिवार द्वारा अब भी सहजता से स्वीकार नहीं। यह एक दाग है जो औरत को हीन और अपूर्ण वर्ग में रख देता है।

बराबरी के अधिकारों से वंचित होना औरत के ऊपर एक बोझ है। वह मानवीय गरिमा से वंचित होती है। सामाजिक, धार्मिक, पारिवारिक व्यवस्था बचपन से ही स्त्री के मन में ये बातें भर देती है कि मासिक धर्म के कारण स्त्री सारी वर्जनाओं से कम है पर वंचना का यह भाव तब दूर हो सकता था, जब औरत के अपने अस्तित्व को अतिक्रमण के अन्य सारे रास्ते पुरुष की बराबरी में खुले होते हैं।"[189] स्त्री की यह पूर्व निर्धारित हीनता उसके अतीत और बचपन से सामाजिक परिवेश और जन्म से ही उस पर आरोपित नियति है। आज के उपन्यासों में मासिक धर्म के तथ्यों को Biological दृष्टिकोण से चित्रित किया गया है।

प्रभा खेतान कृत छिन्नमस्ता में प्रिया के माध्यम से मासिक धर्म की व्यवस्था एवं इससे उत्पन्न स्थितियों का चित्रण किया गया है। प्रिया सोचती है-"समझ में आया कि पीरियड्स हो गए है। हाय! अभी यदि अम्मा को जाकर बोलूँगी तो वापस चार बोल और सुनने को मिलेंगे। पर एक राहत थी कि चलो आज का दिन पहला दिन कहलाएगा और परसों को तीसरा दिन सर से नहा लूँगी। कुल मिलाकर कल का ही दिन तो अलग बैठना होगा? "ब्लीडिंग बंद होने में कभी सात दिन, कभी आड दिन लग जाते। बीच में बीस दिन शांति से बीतते और फिर टाँगों की टूटन, पेट में हल्का दर्द, पीरियड होने के दो दिन पहले सर में भयंकर दर्द, अजीब-सी उदासी, खाने में अरुचि और पाँच-सात दिन का यह सारा कर्मकांड, यों ही दहशत में बीतता। कभी रात को ज्यादा ब्लीडिंग हो गई, नींद नहीं टूटी तो सुबह उठकर देखती तो बिस्तर में बड़ा-सा लाल धब्बा लगा मिलता।"[190]

इस पर प्रिया सोचती है... इसमें मेरा अपराध क्या है... पर बिना अपराध के भी अपराधबोध और यह कैसी निर्मम सजा मुझे मिल रही है। "क्या महीने के महीने टांगो के बीच रिसता हुआ खून मुझे अच्छा लगता है? और इसके कारण कैसी अजीब सी आत्मग्लानि, अपराधबोध, यंत्रणा... दाई माँ। यह मेरे शरीर से हर महीने खून क्यों निकलता है? ... तू जब जल्दी बड़ी हो गई बिटिया। प्रिया उसके बड़े भाई द्वारा दस साल की उम्र में बलात्कार की शिकार होती है जिसके कारण उसे जल्दी ही मासिक

धर्म शुरू हो जाता है। वह सोचती है... उस दिन की उस घटना से भी तो पैाटी में खून लगा था। हाँ उसी के दो महीने बाद तो यह चक्कर शुरू हो गया था। तो मेरे इस दुर्भाग्य के कारण हैं बड़े भइया।"[191] समय से पहले संभोग से यौनिक छिल्ली फंट जाती है जिससे यह प्रक्रिया आरंभ हो जाती है। और मासिक धर्म शुरू होने के साथ-साथ स्त्री के शारीरिक अवयवों में भी परिवर्तन होने लगता है। प्रिया के शारीरिक उभार को बढ़ते देख माँ चिंतित हो जाती है और अपनी बड़ी बेटी सरला से कहती है-"सल्लो यह तो साढे दस की उमर में ही चौदह की लगने लगी।" उसका शारीरिक उभार समाज-परिवार में अभी से न दिखाई दे। इसके लिए उसको समीज पहनने को दी जाती है ताकि असमय उभार को छिपाया जा सके। यह कैसी अमानवीय स्थिति है जहाँ लड़कियों को सही ढंग से बढ़ने भी नहीं दिया जाता।

पीरियड्स होने पर छुआछूत और कपड़े के इस्तेमाल पर प्रिया, सरोज के साथ मिलकर विद्रोह करती है। और अपनी टीचर का सहारा लेकिर सैनिटरी नैपकिन का प्रयोग सुलभ करवाती है। "मुझे बहुत ही शर्म आती है। सैनिटरी नैपकिन के बदले कपड़े की पट्टी लगाना और वह भी फिर धोना-सुखाना... इस प्रकार ही कपड़े का दुबारा व्यवहार करने से संक्रामक रोग का भय रहता है। ... पुराने जमाने में स्त्री इस समय अपनी साड़ी ही दबा कर कोने में बैठी रहती थी यह हमारा कैसा बेहूदा समाज है।"[192] सैनिटरी नैपकिन से राहत मिली। "भीतर की ग्लानि और अपराधबोध ने, माइग्रेन तथा पीरियड से पहले दिन पेट में भयंकर दर्द तथा डिप्रेशन ने स्थायी रूप ले लिया था।"[193] इसके साथ ही बारह वर्ष की किशोरी यौवन का उभार।

चित्रा मुद्गल कृत 'आवां' में भी नमिता पाण्डे का दसवें वर्ष मौसा द्वारा बलात्कार होने पर मासिक धर्म शुरू हो जाता है। माँ को मौसी ने बताया कि नमिता को महीना शुरू हो गया। दसवाँ लगा है उसे...अभी से? नमिता अपनी माँ से मौसा की हरकतें बताती है माँ इस पर उसको ही डरा धमका कर चुप करवा देती है। बेटी से ज्यादा माँ को अपनी बहन

और उसके पति की प्रतिष्ठा की फिक्र होती है।

मातृत्व भावना: विवाह का खण्डन

पुनरुत्पत्ति के श्रम में लगी स्त्री पुरुष सत्ता का कभी विरोध नहीं करती। पितृसत्ता द्वारा प्रतिपादित विवाह संस्था को इसलिए सहर्ष स्वीकारती है कि सुरक्षित रहे। परंतु अंतिम दश्क की लेखिकाओं ने पुनरुत्पत्ति को इस श्रम में लगी हुई स्त्रियों को पुरुष सत्ता के खिलाफ खड़ा कर विरोध किया है। वे मातृत्व के लिए विवाह को अनिवार्य नहीं मानती। इन उदाहरणों को हम आवां, एक जमीन अपनी, चाक, माई, अल्मा कबूतरी में देख सकते हैं।

मातृत्व भावना के कारण विवेच्य कालखंड की स्त्रियाँ विवाह जैसी सामाजिक व्यवस्था का खंडन करती है। आवां उपन्यास में नमिता संजय कनौई के अवैध बच्चे की माँ बनने के लिए तैयार हो जाती है। वह विवाह को महत्व नहीं देती। प्रेम को ही श्रेष्ठ मानकर संजय के बच्चे की माँ बनने को तैयार हो जाती है। उसी प्रकार 'एक जमीन अपनी' में नीता भी अविवाहित माँ बनती है। कठगुलाब की नीरजा मातृत्व भावना के कारण विवाह जैसे नियमों का खंडन करती है और विपिन के साथ अविवाहित रहती है। असीमा को भी मातृत्व की भावना माँ की मृत्यु के बाद जागती है। असीमा सोचती है-कितना अच्छा होता अगर हर माँ अपनी बेटी की बेटी बनकर पुनर्जन्म ले पाती। तब बुद्धि से ही नहीं, मन से भी मुझे अहसास हो सकता कि हाँ, आत्मानित्य होती है। पर कैसे? मुझे तो बच्चा हो नहीं सकता। समय निकल चुका पचास साल की हो चली। अब मर्द बनकर जी सकती हूँ यही कहा था न डॉक्टर ने। जब मासिक धर्म का समापन होने पर, उसके पास गयी थी। उसी प्रकार माई की सुनैना माई की मृत्यु के बाद मातृत्व के महत्व को महसूस करती है।

वहीं मारियान कठगुलाब में मातृत्व की समस्या से गुजरती है। माँ बनने के लिए पति द्वारा छली जाती है। पति उसे झांसे में लाकर उसके सारे जरनल को अपने उपन्यास के लिए इस्तेमाल कर उनको नष्ट कर

देता है। मारियान इसका विरोध करने पर मानसिक रोगी कहकर तलाक ले लेता है। मारियान मातृत्व भावना के लिए इतनी ग्रस्त है कि वह अपना स्वयं के बच्चे की अभिलाषा से पति द्वारा ठगी जाती है। तलाक के बाद दूसरा विवाह कर लेती है। लेकिन प्रकृति उसे धोका दे जाती है। फिर बच्चे को गोद लेना चाहती है तो पति मना कर देता है। मरियान अपनी वेदना को स्मिता के सामने प्रकट करती है-"नहीं। मुझे खुद का अपना बच्चा चाहिए। मैं उसे अपने आँगन में खेलता-बढ़ता देखना चाहती हूँ। अपने घर की दीवारों के बीच गूँजती, शनैः-शनैः दृढ़ होती आवाज़ सुनना चाहती हूँ। हाँ मैं एकदम पारंपरिक, जाहिल, गंवार, प्रकृति औरत हूँ। औरत हूँ मैं। तो? क्यों न हूँ औरत? मैं चिल्ला-चिल्लाकर कहती हूँ, मैं एक बच्चा पालना चाहती हूँ।"[194] नर्मदा भी मातृत्व भावना से ग्रस्त है। वह नमिता को कहती है। तुम काहे बात की इकली हो, बीबी। हम बाँझ औरतों में एक तुम्ही बाल बच्चेदार हो। बेटा-बेटी, दोनों है तुम्हारे। तुम काहे टसुए बहाओगी। रोना तो हमें चाहिए। मुझे, असीमा बीबी को और तुम्हारी इस मेम बहन (स्मिता) को भी जिनका ना बालक हुआ, न भर्तार रहा, आगे वह कहती है बाँझ औरतों को रोना जरूर चाहिए। ना रोओ तो अगले जनम में भी कोख वीरान जावे है।"[195] कठगुलाब की सभी स्त्रियाँ मातृत्व की समस्या से ग्रस्त हैं।

'अपने-अपने कोणार्क' की कुनी अपनी बहन मती के बेटे बाबला को देखकर सोचती है-गोल-मटोल गदबदा नन्हा बाबला आश्चर्य और उत्सुकता से चारों तरफ टुकुर-टुकुर ताकता, चुंरानी और गलराहियों से भिंचता रहा। मेरा मन करता था इसे अपनी छातियों से सटा लूँ। नन्हें होंडों की छुअन महसूस कर मीठी गुदगुदी से पूरे जिस्म में कंपकंपी सी महसूस की। अजीब-अचीन्ह-सा सुख... एक नन्हें मासपिंड को अपने भीतर उगते और बढ़ते देखने की अदम्य लालसा, एक नन्हीं जान को कोख में पालने का गर्व। गुलाब की पत्तियों-जैसे होंडों की छुअन ने मेरे भीतर के मातृत्व को अजीब-सी चुनौती दी थी और भीतर-ही-भीतर ठह गई थी।"[196] अविवाहित होने के कारण अपने मातृत्व भावना

को अपने भीतर ही समाप्त कर देती है।

सेगोरेट मदर, खरीदी गई कोख

"विज्ञान के विकास और समाज की जरूरत ने रिश्ते की एक नई दुनिया विकसित की है। यह दुनिया है सेरोगेट मदर्स की। यह एक बिल्कुल नए किस्म की माँ है। यह माँ सिर्फ पैसों के लिए किसी अन्य के भ्रूण को अपनी कोख में पालती है और बच्चे के जन्म लेते ही कीमत देनेवाले व्यक्ति को उसे सौंप देती है। सेरोगेट मदर माँ का व्यापारिक रूप है, जिसे लोग अपने फायदे के आधार पर उपयोग करते हैं।"[197]

आवां उपन्यास में हम सरोगेट मदर्स की भूमिका में गौतमी को देख सकते हैं जो पैसों के लिए व्यापारिक रूप में चित्रित हुई हैं। संजय कनोई गौतमी के बारे में नमिता को बताता है-"जूठी कोख है गौतमी। जिस ठाठ-बाट से वह जी रही है केवल प्रतिभा के बूते वहाँ तक पहुँचने में उसे बीस साल लग जाते। जिस आलीशान फ्लैट में रह रही वह जानती हो किसका भेंट किया हुआ है? नामी-गिरामी उद्योगपति छेड़ा साहब का। जापान में उनके संग ड़ेढ़ साल रही गौतमी छेड़ा साहब की पत्नी मुंबई लौटी तो अपनी सूनी गोद में बेटा लेकर व्यवसाई समाज में उन्होंने झूठा उठा रखा था कि मिसेज छेड़ा गर्भवती है। दुनिया का कोई इलाज मिसेज छेड़ा को माँ नहीं बना सकता था।"[198] गौतमी ने उसे यह सौभाग्य दिया।

व्यवसायी समाज में अपनी प्रतिष्ठा के लिए संजय कनोई भी नमिता को खुद के बच्चे के लिए धोके से प्रेमजाल में फंसा कर उसे इस्तेमाल करता है। नमिता संजय कनोई की बेइमानियों से अंजान रहती है। प्रेम को सच मानकर उसके बच्चे की अविवाहित माँ बनने को भी तैयार हो जाती है। पर अचानक मानसिक तनाव के कारण गर्भपात हो जाता है तो संजय कनोई उसकी उपेक्षा करते हुए कहता है-"झूठी... प्राण ले लूँगा मैं तुम्हारे... मुझे मेरा बच्चा चाहिए... बच्चा? जानती हो? बाप बनने के लिए मैंने तुम्हारे ऊपर कितना खर्च किया? उस अंजना वासवानी की औकात है कि तुम्हारे ऊपर पैसा पानी की तरह बहा सके? उसका जिम्मा

सिर्फ इतना-भर था कि वह मेरे पिता बनने में मेरी मदद करे और सौदे के मुताबिक अपना कमीशन खाए। ... मुझे सिर्फ उस लड़की से औलाद चाहिए थी जो पेशेवर न हो... पवित्र हो, जो मुझ से प्रेम कर सके। सिर्फ मेरे लिए माँ बन। सिर्फ मुझसे सहवास करे... हमारा मिशन सफल रहा... तेरह वर्ष बाद मैं बाप बना... अपने बच्चे का बाप। उस औरत से जिसे मैं सचमुच प्यार करने लगा। उसी ने... उसी ने मुझे धोखा दिया? ऐशो आराम से रह सकती थीं... क्योंकि मैं... मैं तुम्हारे बगैर नहीं रह सकता।"[199] यानी अपनी जरूरतों के लिए स्त्री का प्रयोग धोके से किया गया है। संजय के लिए नमिता एक कोख के सिवाए कोई माईने नहीं रखती। संजय ने खुद के बच्चे के लिए नमिता की कोख का प्रयोग किया है।

प्रजनन क्रिया से बिगड़ा स्त्री स्वास्थ्य

प्रजनन क्रिया अगर सावधानी से, स्वास्थ्य का ध्यान रख कर पूरी डॉक्टरी जाँच से हो तो स्त्री को कोई शारीरिक आघात नहीं पहुँचता। प्रसूति के समय सावधानियों के प्रयोग से स्त्री का शरीर स्वस्थ रहता है। लेकिन अगर कोई भी छोटी सी भी असावधानी बरते तो उसके समक्ष बहुत सारी कठिनाइयाँ आ सकती हैं। पहले कम उम्र की लड़कियों की शादी हो जाने से, अशिक्षित होने के कारण एक के बाद एक बच्चे पैदा करने से उनका स्वास्थ्य बिगड़ जाता था। वे कई असावधानियों के चलते मृत्यु दर तक पहुँच जाती थी पर आज स्थिति बदल गई है। स्त्रियों के लिए कई स्वास्थ्य केंद्र, सलाह केंद्र है फिर भी स्त्री प्रजनन क्रिया से बिगड़ते स्वास्थ्य की समस्या का सामान कर रही हैं। अंतिम दशक की लेखिकाओं ने अपने उपन्यासों में इस व्यवस्था को उद्घाटित किया है। अधिक बच्चों के प्रजनन से माँ का स्वास्थ्य बिगड़ सकता है। प्रसूति के समय सही इलाज न होने पर उसके समक्ष कई कठिनाइयाँ आ रही हैं। गर्भपात से भी स्त्री भयानक क्षति का सामना करती है।

प्रजनन क्रिया

प्रजनन क्रिया में यदि बच्चों में अंतर न हो तो स्त्री का स्वास्थ्य पूरी

तरह से खराब हो सकता है। इस समस्या को प्रभा खेतान ने छिन्नमस्ता उपन्यास में उठाया है। प्रिया की माँ कस्तूरी का विवाह चौदह वर्ष में हुआ अट्ठाईस वर्ष तक आते-आते छः बच्चों की माँ बन गई। साल-साल बच्चे पैदा होने के कारण कस्तूरी का शारीरिक एवं मानसिक संतुलन बिगड़ गया था वह अपने आप में कमजोरी महसूस करने लगी थी। और शरीर कमजोर हो जाने पर उनके मन में कुंठा का उत्पन्न हो जाना सहज ही प्रतिलक्षित होता है। प्रिया सोचती है-"अम्मा को जिंदगी में क्या मिला? हर दसवें महीने बच्चे ही तो पैदा करती रही। बच्चों के कारण औरत का शरीर खोखला हो जाता है।"[200]

प्रिया के जन्म के समय माँ का शरीर इतना कमजोर हो जाता है कि "पलंग से नीचे पैर रखने में उन्हें तीन महीने लगे।"[201] लड़की होने के कारण उनकी मानसिकता भी बदल जाती है। अपनी बीमारी की वजह वह बेटी को मानती है-"क्या करूँ, मुझे नहीं सुहाती यह। जबसे जनमी है मेरा तो शरीर ही टूट गया। खाट पकड़ ली मैंने।"[202] सुना कि मेरे पैदा होने के बाद माँ को तीन महीने तक ब्लीडिंग होती रही थी। बंद न होने पर इलाज करवाने से पता चला गर्भाशय में खराबी है। और उन दिनों शायद गर्भाशय को निकालना जोखिम का ऑपरेशन माना जाता था।"[203] "उनके इलाज के लिए 'रेडियो थेरेपी' का प्रयोग किया गया जिससे ब्लीडिंग बंद हो गई लेकिन नई बीमारी उत्पन्न हो गई। उनके टानसिल बढ़ गये थे।"[204] जिसके कारण जीवन भर साइको थेरापिस्ट डॉ.गांगुली के सहारे जीना पड़ा। पीड़ा और त्रासदी, क्या उन्हें इन्हीं में सुख मिलता है अपनी मानसिकता के कारण हमको अपनी त्रासदी का भागीदार बनाती थी। कभी अपने को सताती तो कभी बेहद परपीड़न पर उतर आती। मानसिक उद्वेग के कारण आक्रामकता के शब्दों के चाबुक बनाकर सर पर तड़ाक-तड़ाक पीड पर मारती रहती।

गर्भपात के कारण

गर्भपात के कारण भी स्त्री का स्वास्थ्य बिगड़ जाता है। एक से अनेक

बार गर्भपात होने पर स्त्री के (युट्रेस) गर्भाशय में फाइब्रायड्स बढ़ने पर स्त्री के स्वास्थ्य के भारी क्षति पहुँचती है। युट्रेस की क्षति पर स्त्री आजीवन मातृत्व भावना से वंचित हो जाती है। कठगुलाब की मारियान जो लेखिका है और रॉ संस्थान में कार्यरत भी है उसके पति ईविन ने अपने फायदे के लिए उसका गर्भपात करवाया था जिसकी वजह से प्रकृति ने फिर उसे माँ बनने का मौका न दिया। पति द्वारा धोखा खाने पर वह उससे तलाक लेकर गोरी नामक व्यक्ति से दुबारा विवाह कर लेती है। मारियान अपनी इस प्राकृतिक क्षति को स्मिता को बताते हुए कहती है-"मेरा इरादा पाँच साल में तीन बच्चों को जन्म देना था... अपनी योजना के तहत में पहले पाँच सालों में तीन बार गर्भवती भी हुई जरूर थी पर तीनों बार मेरा गर्भपात हो गया था। पहला गर्भपात मैंने अपनी मर्जी से (यानी इर्विंग की मर्जी से) करवाया था... इसलिए प्रकृति ने बदला लेने के लिए उसी को माध्यम बनाया। पुरुष डॉ. से मिलने पर डॉक्टर ने बताया कि-"दिस इस द रिवैंज ऑफ द वूम्ब... गर्भाशय का प्रतिशोध ... महिला डॉक्टर से मिलने पर वह बताती है कि हैबिचुअल गर्भपात की बीमारी, ज्यादातर कामकाजी और खासकर फेमिनिस्ट औरतों को होती है।"[205] "मैंने... कब चाहा था, अपने गर्भ को सूना रखना?"[206] उसने जान बूझकर मेरे बच्चे को सेबोटाज किया। तीन साल के लंबे प्रसव के बाद खाली हाथ, डॉक्टर के पास लौटी तो बहुत देर हो चुकी थी। फायब्रायडस इतने बढ़ चुके थे कि उन्हें निकालकर गर्भ रखवाने की संभावना खत्म हो चुकी थी। कैंसर के हमले से बचने के लिए वूम्ब निकलवाना जरूरी हो गया था। मैं सब तरह से रिक्त हो गयी। कोई विकल्प नहीं बचा तो पिछले बरस मैंने वह घातक सर्जरी करवा ली।"[207]

गर्भपात होने से स्त्री की मानसिकता पर भी भारी आघात पहुँचता है। इसी मानसिकता के चलते वह अपने आप को कमजोर मानकर कोसने लगती है।

कभी-कभी मानसिक आघात से, या शरीर पर हुए अत्यधिक प्रहार से किसी नाजुक जगह मार पड़ने पर गर्भपात हो सकता है। स्मिता के

साथ भी ऐसा ही होता है। जब जीम उसे केस समझ कर अपराधबोध करने की कोशिश करता है और स्मिता अपने आप कोई अपराधबोध महसूस नहीं करती इस पर जीम चिढ़ कर उसकी उपेक्षा करते हुए अपने बेल्टों से उस पर लगातार प्रहार करता है। स्मिता अपने पर हो रहे अत्याचार के प्रति सचेत होकर जिम का बेल्ट छिनकर उसकी अच्छी तरह पिटाई करके उसे हमेशा के लिए छोड़कर रॉ ऑफिस आ जाती है वहाँ से उसे मारियान मिलती है और स्मिता को अपने घर ले जाती है। "सुबह उसके लिविंग-रूम के सोफे पर मुझे तेज दर्द के साथ मेरे बदन से खून गिरना शुरू हुआ। मारियान मुझे अस्पताल ले गयी पता चला कि मेरा गर्भपात हो गया। जिम की रौल्ट का आकस्मिक प्रहार किसी नाजुक जगह जा लगा था। मैं जानती भी नहीं थी कि मैं गर्भवती थी। जब पता चला, सब खाली हो चुका था। ... डॉक्टर ने कहा, सफाई कर दी, तो मेरे मुँह से एक प्रचंड चीख निकली। फिर एक बलात्कार पहले अस्मिता पर, अब शिशु पर। मेरी चीख ने अस्पताल के दबे-दरवाजे हिला दिये। बचपन के बंधे-रुंधे बलात्कार के क्षण से, आंतों में घुटी जो पड़ी थी।"[208]

मानसिक तनाव तथा आंतरिक उद्वेग के कारण आवां की नमिता का भी गर्भपात हो जाता है। जब वह कामगार अघाड़ी के अन्ना साहब की मृत्यु की खबर सुनते ही... "बस ऐसी हौक समाई पेट में कि दर्द की चीरती हुई लहरें सी उठने लगी एकाएक... खड़ी नहीं रह पाई मैं। अपने को घसीटते-घसीटते बिस्तर तक ले गई। बिस्तर पर लेटी कि भल-भल खून रिसने लगा।"[209] इस प्रकार उसका गर्भपात हो जाता है।

स्त्री के दाम्पत्य जीवन की आपसी कलह के कारण पुरुष के शोषण एवं अत्यकिध बढ़ते अत्याचार को सहन करने की क्षमता खतम होने पर स्त्री की मानसिकता पर गहरा असर होता है। जिसके कारण वह अपने शरीर को क्षति पहुँचाती है। कई कारणों से गर्भपात हो जाता है। स्त्री की मानसिकता के साथ-साथ शरीर पर भी अकसमात घातक आघात होता है। एक जमीन अपनी की अंकिता के साथ भी यही होता है। दाम्पत्य जीवन की कडुवाहट को महससू करते हुए कहती है-मैं घर को जीना

चाहती हूँ बरदाश्त करना नहीं... सुधांशु पगलाए सांड सा टूट पड़ा था। उस पर... वह क्षुब्ध हो दीवार पर अपना माथा पटक बैठी थी और भयंकर तनाव के क्षणों में विक्षिप्त-सी हो अक्सर पटकने लगी थी।"[210] जिसके कारण उसका गर्भपात हो जाता है।

'अल्मा कबूतरी' में अल्मा का भी गर्भपात होता है। जब उसके साथ सामूहिक बलात्कार होता है। समाज की निर्मम व्यवस्था में स्त्री को न चाहते हुए भी अपने ऊपर शारीरिक, मानसिक अत्याचार को सहना पड़ता है। कारण जो भी हो पुरुष सत्ता के वर्चस्व के कारण स्त्री के साथ अमानवीय घटना घटती है। पुरुष स्त्री के भावी जीवन से जाने-अनजाने खिलवाड़ करता है। प्राकृतिक रूप से या शारीरिक रूप से उसकी आत्मा से उसके आत्मसम्मान तथा उसकी मानसिकता से पुरुष खिलवाड़ करता रहता है। स्त्री की मानसिकता खराब होने पर उसके शरीर में तरह-तरह के रोग उत्पन्न हो जाते हैं। पुरुष उसे नाना प्रकार के रोगों से ग्रस्त कर देते हैं जिसके कारण उसे जीवन भर अस्वस्थ रहना पड़ता है और कुछ केसों में स्त्री मर भी जाती है। छिन्नमस्ता की प्रिया की भाभी भी रोग ग्रस्त थी। प्रिया सोचती है-"भाभी को जो पुराने संस्कारों के कारण भैया के चरित्र को लेकर विक्टोरिया नैतिकता से ग्रस्त घुटन भरे जीवन के कारण ब्लड प्रेशर बढ़ गया जिसके कारण अधिक सोचने से हार्ट एनलार्ज्ड हो गया साथ ही थायराइड काम नहीं कर रहा था... पेट में बच्चा होने के कारण अधिक बीमार रहने लगी सारे दिन उल्टियाँ करती रहती कमजोरियों के कारण बेहोश होकर गिर जाती है। ब्लड प्रेशर चेक होने पर डॉ.अमृता कौर ने कहा-"तुरंत एबार्शन करवाना होगा नहीं तो माँ की जान बचनी मुश्किल है... भाभी जी छः महीने के भ्रूण की हत्या का पाप सर पर नहीं लेना चाहती थी, चाहे प्राण भले ही चले जाएँ। पर भौया की जिद् के सामने उनकी एक न चली। गर्भपात हुआ, पर भाभी जी ने हमेशा के लिए खाट पकड़ ली। हमेशा उल्टियाँ यूँ ही होती रहीं।"[211] और अंत में मृत्यु हो गई।

विवाहेतर और विवाहपूर्व काम संबंध

अंतिम दशक के उपन्यासों में विवाहेतर तथा विवाह पूर्व काम

संबंधों के मुद्दों को रेखांकित किया गया है। स्त्री सेक्स को अपनी आवश्यकता मानती है। इसकी इच्छा पूर्ति के लिए वह कोई भी कदम उठाने को तैयार है।

विवाह पूर्व संबंध

विवाह पूर्व यौन संबंध को अंतिम दशक की लेखिकाओं ने अत्यधिक आधुनिकताओं के संदर्भ में चित्रित किया है। इन आधुनिकताओं को ऐसे यौन संबंध से न पाप बोध होता है न वे अपने आपसे से घृणित होती हैं। न ही उन्हें किसी बात का पश्चाताप होता है। प्रेमजाल में फंस कर धोखा जरूर होता है। ये स्त्रियाँ अपेन सुख के लिए मान्यता नहीं देती। परंपरा का खंडन कर समाज को चुनौतियाँ देती हैं। स्मिता गौतमी ऐसी ही आधुनिकाएँ हैं जो अपने सुख के लिए बॉयफ्रेंड बदलती रहती हैं। स्मिता पहले शरत को अपना दोस्त बनाती है। फिर विक्रम को। चित्रा मुद्‌गल ने आधुनिकता में पथभ्रष्ट होती मानसिकता का चित्रण स्मिता के माध्यम से किया है। स्मिता एक ऐसी लड़की है जो 'विवाहपूर्व दैहिक संबंधों का निषेध नहीं करती, ऐसे कार्य को पाप नहीं सकझती।' लेकिन सावधानियों का पूरा ख्याल रखती है इसलिए कि इससे उसके जीवन के लिए स्वयं एक समस्या न खड़ी हो जाए। सहवास से गर्भ न ठहर जाए या कोई रोग न लग जाए। जब कि पुरुष गर्भ धारण के दायित्व से मुक्त रहता है। गर्भ धारण स्वयं में एक गंभीर वैयक्तिक ही नहीं सामाजिक दायित्व भी है।"[212] फिल्म स्टार खुशबू मानती है कि लड़कियों के लिए विवाह पूर्व सेक्स में कोई बुराई नहीं है बशर्ते वे इसकी सावधानी बरते कि उन्हें गर्भ न ठहरने पाए और वे किसी यौन रोग की शिकार न बने।"[213] स्मिता शरत के साथ सहवास करना चाहती है ओर उसे अपनी सावधानी के लिए 'कंडोम का पैकेट साथ लाना न भूलना' समझाती है। पर शरत कहता है उसे कंडोम का इस्तेमाल नहीं आता और सारे काम आते हैं इस पर स्मिता कहती है- "परेशानी मुझे होगी। इसलिए होगी गधे की औलाद कि मैं तेरे बच्चे की कुंआरी माँ नहीं बनना चाहती और जो लड़का कंडोम इस्तेमाल करना नहीं जानता वह मेरा प्रेमी होने के काबिल नहीं। बैठ घर में।"[214] स्मिता

को स्थितियों ने ऐसा बनाया है उसके घर का वातावरण इतना दूषित है कि उसे यौन सुख, यौन दुःख तथा उसे घटने वाली सारी घटनाओं से परिचित है। इसलिए वह कोई भी लापरवाई नहीं बरतना चाहती है। कोई भी लड़की अपने जीवन को स्वस्थ एवं स्वच्छ रखना चाहती है। "शायद स्थिति के परिष्करण के संयोग के चलते तब जब अभावों की गिरफ्त से मुक्त होने को छटपटाता व्यक्ति अपने खड़े रहने के लिए गज-भर आधार बनाने में सफल हो जाता है।"[215]

छिन्नमस्ता की प्रिया, एक जमीन अपनी की नीता, आवां की नमिता, अल्मा कबूतरी की अल्मा, अनाम प्रसंग की ममता, अपने-अपने चेहरे की रमा, सभी नायिकाएँ विवाहपूर्व संबंध बनाती हैं और ऐसे संबंध को बुरा नहीं मानती।

अंतिम दशक के उपन्यासों में पुनरुक्ति के लेखिकाओं ने कई तथ्य खोज निकाले हैं जिनके कारण स्त्री अपने जीवन को सही ढंग से व्यवस्थित कर सके। पुनरुक्ति में लैंगिक समानता, सुरझा तथा प्रजनन प्रक्रिया के मुद्दे उठा कर उनमें नवनिर्माण का संकेत छोड़ा है। आधुनिक धरा में बहती आधुनिकताओं को सचेत किया है कि कोई भी काम करो सोच समझ कर सावधानी से करो। तथा आत्मसम्मान को ठेस न पहुँचे।

विवाहेतर संबंध

चाक की सारंग इसका अच्छा उदाहरण है। वह विवाहित है और उसके प्रेमी श्रीधर से संबंध बना लेती है। क्योंकि उसके पति रंजित ने उसकी जमकर पिटाई की थी तो सारंग उस पिटाई का मुआवजा या भरपाई के लिए बेझिझक, बिना घृणित महसूस किये श्रीधर से संबंध राना-लेती है। "जैसा कि आधुनिकता के कुछ रूपों में हो रहा है। यह यौन उच्छृंखलता या एक प्रकार का षडयंत्र है, जिसके द्वारा विवाह के मूल्यों को टकराने की कोशिश की जाती है।"[216] लेकिन इसलिए तो 'चाक' द्वारा उठाया गया यह सवाल महत्वपूर्ण है कि क्या स्त्री-पुरुष

रिश्तों में इतनी स्वाधीनता नहीं होनी चाहिए कि विवाह के बाहर भी संबंध बन जायें, तो इसकी उदार छूट हो?"[217] विधवा होने पर रेशम भी अपनी मर्जी से किसी से प्रेम कर दैहिक संबंध बनाती है। जिसके कारण वह गर्भवती बन जाती है। और विधवा का गर्भवती होना न परिवार स्वीकार करता है न समाज, उसे मौत के घाट उतार देते हैं।

आवां की गौतमी भी विवाहेतर संबंध को पाप नहीं समझती। जीवन की जरूरतों का एक हिस्सा मानती है और नमिता को गोतमी कहती है कि स्थितियों ने इतना रूढ़ बना दिया है कि-"एक वक्त था, दोस्त! जिंदगी की शर्तों पर जीती थी मैं-घिसट-घिसट। आज मेरी शर्तों पर जिंदगी जीती है। जैसा मैं चाहती हूँ... पति को घर की वस्तु से ज्यादा कुछ नहीं मानती... मैं क्या हूँ, कहां जाती हूँ, किसके साथ रहती हूँ, किसके साथ सोती हूँ... कोई मतलब नहीं उससे। घर मेरा है। अशोक को रहना है रहे , न रहना हो छोड़कर चला जाए।"[218] पीली आंधी की सोमा पति के अत्याचारों से तंग आकर पति के मानसिक, शारीरिक शोषण से ऊब कर मि.सेन से प्रेम कर उससे अपने संबंध बना लेती है और उसके बच्चे की माँ भी बनती है। पति को हमेशा के लिए छोड़ कर मि.सेन के साथ रहने लग जाती है।

अल्मा कबूतरी की कदमबाई और भूरी जो कबूतरी समाज की स्त्रियाँ हैं ऐसे समाज में विवाहेतर संबंध को बुरा नहीं मानते। साथ ही पति उनको कभी-कभी ऐसा करने की सलाह देते हैं। आर्थिक विपन्नता दूर करने के लिए। कदमबाई मंसाराम से प्रेम करती है और उससे संबंध बनाती है। भूरि अपने बेटे के भविष्य के लिए ऐसे संबंध बढ़ाने के लिए मजबूर हो जाती है।

कठगुलाब की नमिता, नर्मदा विवाहेतर दैहिक संबंध बनाते हैं। नमिता असीमा के भाई असीम से तथा नर्मदा नमिता के पड़ोसी से। स्पष्ट है कि अंतिम दशक की सभी नायिकाएँ विवाहेतर संबंध को पाप न समझकर यौन सुख की एक मांग है, समझती हैं।

निष्कर्ष

अंतिम दशक के छिन्नमस्ता की प्रिया उसकी माँ, सास, छोटी माँ, आओ पेपे घर चले की प्रभा अन्य स्त्री पात्र 'यामिनी कथा' की यामिनी उसकी सास बेतवा बहती रही की उर्वशी अन्य स्त्री पात्र, अपने-अपने कोणार्क की कुनी, पीली आँधी की स्त्री इदनम्म की बऊ, कलि-कथा वाया बाइपास की बड़ी माँ, एक जमीन अपनी की अंकिता की माँ, दिलो-दानिश की कुटुंबप्यारी, अपने सलीबे की नीलिमा सभी पात्र पितृसत्तात्मक व्यवस्था के नियमों को निभाती हुई पराधीनता की समस्या से गुजर रही हैं। वह परंपरामुक्त पराधीनता की जकड़बंधी को तोड़कर नया जीवन बिताना चाह रही है। समाज की संहिता को तोड़ अपने अस्तित्व के लिए विद्रोह बन समाज के नियमों का खंडन कर रही है। इदन्नमम की प्रेम परंपरा मुक्त विधवा का चित्रण प्रस्तुत है जिसमें प्रेम परंपरागत वैधव्य की चौखट को पूर्णतः नष्ट कर देती है। छिन्नमस्ता की प्रिया भी परंपरा तथा पराधीनता की समस्या से ग्रस्त है और विद्रोही बन कर पति को छोड़ देती है। झूला नट की शीलो परंपरा मुक्त स्त्री का चित्रण ० जो देवर से संबंध तो रखती है पर उससे विवाह नहीं करना चाहती। शीलो ने परंपरा के सभी हद पार कर विद्रोही बन गई है। अपने जीवन को अपने हिसाब से जीना चाहती है।

स्त्री का सामाजिक जीवन अर्थहीन है। सामाजिक कुरीतियों का शिकार है। समाज की विसंगतिपूर्ण वातावरण से कुछ स्त्रियाँ विद्रोह करती हैं जिसका नतीजा उन्हें मौत के घाट उतार देता है। कुछ स्त्रियाँ ऐसी भी हैं जो सामाजिक भय के कारण पति की उपेक्षा सहती हैं। अन्याय-अत्याचार को सहत हुई उनसे बिछुड़ना नहीं चाहती। समाज में आज भी स्त्री पूरी स्वतंत्रता के साथ स्वस्थ जीवन जीने में असमर्थ है। सामाजिक व्यवस्था में अब भी स्त्री का जीवन अनुकूल नहीं है। कहीं बलात्कार की शिकार है, कहीं धोखे, कहीं छेड़छाड़, भेड़ियों की दृष्टि से बचने में वह असमर्थ है। कहीं दहेज के शोषण से पीड़ित है। विधवा, अकेलापन, नौकरीपेशा स्त्री, दहेज, अमानुषता का व्यवहार, स्त्री के सामाजिक जीवन को डावाडोल कर देता है। इन विसंगतिपूर्ण विषमताओं का शिकार स्त्री हमेशा से

रहती आई है और शायद आगे भी रहती रहेगी। चाहे कितनी भी आधुनिकता समाज में आ जाए स्त्री की स्थिति में कहीं कोई सुधार नहीं। शायद संदर्भ बदल अवश्य गये हों।

इन उपन्यासों में कारण कैसा भी हो, जो भी हो पति द्वारा ही स्त्री का वैवाहिक जीवन साररहित हो गया है। नीरस जीवन से स्त्री ऊबकर विद्रोहिणी बन गयी है। पुरुष ने उसे हर पल छला है। उसे अपमानित, प्रताड़ित, उपेक्षित किया जिसके कारण वह वैवाहिक जीवन को सफल बनाने में असमर्थ रही है। उसका वैवाहिक जीवन पति के कारण अस्त-व्यस्त हो गया है। अन्याय, अत्याचार, मानसिक तथा शारीरिक तनाव के कारण स्त्री ने संबंध विच्छेद किये हैं जिसने नहीं किये घुट-घुट कर मर गयी।

विवेच्य उपन्यासों में युवतियाँ अपने ही परिजनों, पिता, भाई, जीजी, मौसा, मामा के शोषणों का शिकार होती है। उनकी वासना, विकृत यौन मानसिकता की शिकार होती है। समाज में बलात्कार एक प्रकार का दंश है जो स्त्री के लिए जीवन भर कुण्ठा, संत्रास तथा असहनीय अपमानजनक हो जाता है। स्त्री समाज के अतातियों से ही नहीं परिवारजनों, परिजनों की हवस का शिकार बनती है। अपने जीवन को प्रगति के लिए समर्पित कर समाज में बलात्कृत स्त्री को शोषित, कुंठा, आत्मग्लानी, अपराधबोधी अवस्था में ही अपना जीवन व्यतीत करना पड़ता है।

विवेच्य उपन्यासों में रखैल की स्थितियो का चित्रण हुआ है। 'दिलो दानिश' की रखैल परंपरा नवाबी वातावरण की देन है जिसमें ये परंपरागत अनुकरण करते हैं और उनसे जन्मे संतानों को उनका सही हक देने का प्रयत्न करते हैं। अवैध संतानों के प्रति उनकी आत्मीयता पर विचार किया गया है। 'इदन्नमम', 'अल्मा कबूतरी', 'कलिकथा : वाया बाइपास' की रखैल परंपरा पूँजीवादी, युग की देन है। जिसमें रखैलों की आर्थिक विपन्नता का फायदा उठाया जाता है। ये स्त्रियाँ अपनी आर्थिक कमजोरी के कारण इनसे जुड़ी रहती है। और धनिकों की रखैल बन कर रह जाती है। कहीं-कहीं प्यार के जाल में फांस कर उन्हें सामाजिक

उपेक्षा, पारिवारिक अवमानना का शिकार बनाते हैं। इनमें पढ़ी-लिखी स्त्रियाँ हैं जो प्रेम जाल में फंस कर जीवन भर दूसरी औरत बन गई है- 'अपने अपने चेहरे' की रमा, 'छिन्नमस्ता' की तिलोत्तमा, 'दिलो दानिश' की महकबानो इसके उदाहरण हैं।

विवेच्य उपन्यासों में स्त्री के प्रेम की समस्या को उद्घाटित किया है हुई है। स्त्री प्रेम करती है पर सफल नहीं बन पाती। अगर सफल हो भी जाय तो विवाह के बाद अंत तक टिक नहीं पाती जैसे अंकिता इसका उदाहरण है। प्रेम की समस्या लड़कियों को ज्यादा विद्रोही बनाती है। क्योंकि माता-पिता, अपनी परंपराओं से युक्त रहते हैं। ममता एवं कनु इसके उदाहरण हैं। कुछ विवाहित स्त्रियाँ, पति, परिवार के रुष्ठ, अवमानना भरे वातावरण से ऊब कर प्रेम करती है सोमा इसका उदाहरण है। 'चाक' की गुलकंदी को प्रेम की सजा मीत मिलती है। कारण कौन सा भी हो स्त्री को प्रेम की समस्या से जूझना पड़ता है। इस प्रकार के शोषण का शिकार बनना पड़ता है।

विवेच्य उपन्यासों में अंधविश्वास और आडंबर की समस्या को उठाया गया है स्त्री जिसके चपेट में आती है। सभी स्त्री पात्र इस घेरे में फंसी हुई हैं। कोई पति को रखैल कें चुंगल से बचाने के लिए भैरो बाबा के पास जाती है। कोई बेटे का भूत उतारने के लिए गुनियाँ जैसे ओझा का सहारा लेती है तो कोई बेटे की अवमानना के लिए चंपादास जैसे वैद के चंगुल में धंस जाती है। सभी स्त्रियाँ अंधविश्वास और आडंबर, रीति-रिवाज के कर्मकांठों से युक्त हैं।

अंतिम दशक के उपन्यासों में पुनरुक्ति के लेखिकाओं ने कई तथ्य खोज निकाले हैं जिनके कारण स्त्री अपने जीवन को सही ढंग से व्यवस्थिंत कर सके। पुनरुक्ति में लैंगिक समानता, सुरक्षा तथा प्रजनन प्रक्रिया के मुद्दे उठा कर उनमें नवनिर्माण का संकेत छोटा है। आधुनिक धरा में बहती आधुनिकताओं को सचेत किया है कि कोई भी काम करो सोच समझ कर सावधान से करो। तथा ऐसे करो जिससे आत्मसम्मान को ठेस न पहुँचे और अपने व्यक्त्तिव का बनाये रखे।

संदर्भ सूची

1 उपनिवेश में स्त्रीः मुक्ति कामना की दस वार्ताएँ, 39/दस्तावेज-68, जुलाई 1995

2 स्त्री अस्मिता-साहित्य और विचारधारा, जगदीश्वर चतुर्वेदी, सुधा सिंह-पृ.336

3 स्त्री विमर्श के अंतर्विरोध, प्रभा खेतान-पृ.359-360

4 उपनिवेश में स्त्रीः मुक्ति कामना की दस वार्ताएँ-39, दस्तावेज-68/जुलाई 1995

5 स्त्री उपेक्षिता, सीमोन द बोउवार, डॉ.प्रभा खेतान-पृ.136

6 एक जमीन अपनी, चित्रा मुद्गल-पृ.110-111

7 छिन्नमस्ता, प्रभा खेतान-पृ.44

8 छिन्नमस्ता, प्रभा खेतान-पृ.91

9 स्त्री-विमर्श, विविध रूप, डॉ.कल्पना वर्मा-पृ.216

10 छिन्नमस्ता, प्रभा खेतान-पृ.151

11 छिन्नमस्ता, प्रभा खेतान-पृ.12

12 समाकलीन लेखनः स्त्री का समाजशास्त्र, डॉ.कमलेश कुमार सिंह-पृ.202

13 कलिकथाः वाया बाइपास अलगा सारावगी-पृ.58

14 समाकलीन लेखनः स्त्री का समाजशास्त्र, डॉ.कमलेश कुमार सिंह-पृ.202

15 वही

16 एक जमीन अपनी, चित्रा मुद्गल-पृ.19

17 स्त्री-विमर्शः विविध पहलु, डॉ.कल्पना वर्मा-पृ.216

18 एक जमीन अपनी, चित्रा मुद्गल-पृ.138

19 एक जमीन अपनी, चित्रा मुद्गल-पृ.202

20 आओ पेपे घर चलें, प्रभा खेतान-पृ.116

21 आओ पेपे घर चलें, प्रभा खेतान-पृ.116-117

22 स्त्री विमर्श : विविध पहलु, डॉ.कल्पना वर्मा-पृ.216

23 दिलो दानिश, कृष्णा सोबती-पृ.139-140

24 सीमंतगी उपदेश : स्त्री मुक्ति-चेतना का आख्यान, राठोड पुंडलिक-पृ.55

25 दिलो दानिश, कृष्णा सोबती-पृ.171

26 स्त्री : उपेक्षिता, सीमोन द बोउवार, अनुवादिका प्रभा खेतान-पृ.24

27 यामिनी कथा, सूर्यबाला-पृ.62-63

28 इदन्नमम, मैत्रेयी पुष्पा-पृ.306-307

29 बेतवा बहती रही, मैत्रेयी पुष्पा-पृ.140

30 भारतीय समाज में कार्यशील महिलाएँ, डॉ.सुलोचना श्रीहरी देशपांडे-पृ.112-113

31 अपने-अपने कोणार्क, चंद्रकांता-पृ.129

32 अपने-अपने कोणार्क, चंद्रकांता-पृ.146

33 भारतीय समाज में कार्यशील महिलाएँ, डॉ.सुलोचना श्रीहरी देशपांडे-पृ.174

34 आवां, चित्रा मुद्गल-पृ.358

35 अपने-अपने चेहरे, प्रभा खेतान-पृ.74

36 झूला नट, मैत्रेयी पुष्पा-पृ.75

37 बेतवा बहती रही, मैत्रेयी पुष्पा-पृ.56

38 बेतवा बहती रही, मैत्रेयी पुष्पा-पृ.86

39 बेतवा बहती रही, मैत्रेयी पुष्पा-पृ.86

40 अपने-अपने कोणार्क, चंद्रकांता-पृ.70

41 अपने-अपने कोणार्क, चंद्रकांता-पृ.71

42 अपने-अपने कोणार्क, चंद्रकांता-पृ.79

43 अपने-अपने कोणार्क, चंद्रकांता-पृ.95
44 अपने-अपने कोणार्क, चंद्रकांता-पृ.117
45 अपने-अपने कोणार्क, चंद्रकांता-पृ.196
46 अल्मा कबूतरी, मैत्रेयी पुष्पा, फ्लेप बैक पेज से
47 अल्मा कबूतरी, मैत्रेयी पुष्पा-पृ.75
48 अल्मा कबूतरी, मैत्रेयी पुष्पा-पृ.76
49 अल्मा कबूतरी, मैत्रेयी पुष्पा-पृ.77
50 अल्मा कबूतरी, मैत्रेयी पुष्पा-पृ.32
51 अल्मा कबूतरी, मैत्रेयी पुष्पा-पृ.37
52 छिन्नमस्ता, प्रभा खेतान-पृ.119-120
53 छिन्नमस्ता, प्रभा खेतान-पृ.123
54 छिन्नमस्ता, प्रभा खेतान-पृ.206
55 छिन्नमस्ता, प्रभा खेतान-पृ.144
56 अपने-अपने चेहरे, प्रभा खेतान-पृ.92
57 दिलो-दानिश, कृष्णा सोबती-पृ.171
58 इदन्नमम, मैत्रेयी पुष्पा-पृ.14
59 यामिनी कथा, सूर्यबाला-पृ.64
60 कठगुलाब, मृदुला गर्ग-पृ.215
61 प्रभा खेतान, छिन्नमस्ता-पृ.134
62 अल्मा कबूतरी, मैत्रेयी पुष्पा-पृ.26
63 अल्मा कबूतरी, मैत्रेयी पुष्पा-पृ.27
64 अल्मा कबूतरी, मैत्रेयी पुष्पा-पृ.40
65 अल्मा कबूतरी, मैत्रेयी पुष्पा-पृ.87
66 अल्मा कबूतरी, मैत्रेयी पुष्पा-पृ.87

67 अल्मा कबूतरी, मैत्रेयी पुष्पा-पृ.88

68 प्रभा खेतान, छिन्नमस्ता-पृ.134

69 आंवा, चित्रा मुद्गल-पृ.331

70 आंवा, चित्रा मुद्गल-पृ.342

71 आंवा, चित्रा मुद्गल-पृ.404

72 एक जमीन अपनी, चित्रा मुद्गल-पृ.51

73 दिलो-दानिश, कृष्णा सोबती-पृ.81

74 यामिनी कथा, सूर्यबाला-पृ.49

75 यामिनी कथा, सूर्यबाला-पृ.93

76 बेतवा बहती रही, मैत्रेयी पुष्पा-पृ.52-53

77 बेतवा बहती रही, मैत्रेयी पुष्पा-पृ.63-64

78 अपनी सलीबे, नमिता सिंह-पृ.182

79 कलिकथा : वाया बाइपास, अलका सरावगी-पृ.67

80 इदन्नमम, मैत्रेयी पुष्पा-पृ.124

81 झूला नट, मैत्रेयी पुष्पा-पृ.37

82 झूला नट, मैत्रेयी पुष्पा-भूमिका से (cover page)

83 बेतवा बहती रही, मैत्रेयी पुष्पा-पृ.20

84 बेतवा बहती रही, मैत्रेयी पुष्पा-पृ.21-22

85 अपने-अपने चेहरे, प्रभा खेतान-पृ.176

86 छिन्नमस्ता, प्रभा खेतान-पृ.221

87 छिन्नमस्ता, प्रभा खेतान-पृ.22-23

88 छिन्नमस्ता, प्रभा खेतान-पृ.25

89 कठगुलाब, मृदुला गर्ग-पृ.65

90 कठगुलाब, मृदुला गर्ग-पृ.25

91 कठगुलाब, मृदुला गर्ग-पृ.161-162

92 कठगुलाब, मृदुला गर्ग-पृ.207

93 अपनी सलीबें, नमिता सिंह-पृ.7

94 अपनी सलीबें, नमिता सिंह-पृ.17

95 अपनी सलीबें, नमिता सिंह-पृ.31

96 एक ज़मीन अपनी, चित्रा मुद्गल-पृ.41

97 एक जमीन अपनी, चित्रा मुद्गल-पृ.49

98 और के हक में, तसलीमा नसरीन-पृ.19

99 औरत के हक में, तसलीमा नसरीन-पृ.19

100 स्त्री-अस्मिता: साहित्य और विचारधारा, जगदीश्वर चतुर्वेदी-पृ. 432

101 नारी शोषण आइने और आयाम, आशा रानी व्होरा-पृ.46

102 अपने-अपने कोणार्क, चंद्रकांता-पृ.127

103 अपने-अपने कोणार्क, चंद्रकांता-पृ.127

104 अपनी सलीबें, नमिता सिंह-पृ.221

105 अपनी सलीबें, नमिता सिंह-पृ.22

106 अपनी सलीबें, नमिता सिंह-पृ.23

107 अपनी सलीबें, नमिता सिंह-पृ.23

108 बेतवा बहती रही, मैत्रेयी पुष्पा-पृ.24

109 बेतवा बहती रही, मैत्रेयी पुष्पा-पृ.25

110 बेतवा बहती रही, मैत्रेयी पुष्पा-पृ.25

111 बेतवा बहती रही, मैत्रेयी पुष्पा-पृ.25

112 बेतवा बहती रही, मैत्रेयी पुष्पा-पृ.27

113 छिन्नमस्ता, प्रभा खेतान-पृ.137

114 स्त्री विमर्श के विविध पहलू, डॉ.कल्पना वर्मा-पृ.132

115 स्त्री-पुरुष:कुछ पुनर्विचार, राजकिशोर-पृ.107
116 स्त्री-पुरुष:कुछ पुनर्विचार, राजकिशोर-पृ.110
117 अपनी सलीबें, नमिता सिंह-पृ.67
118 अपनी सलीबें, नमिता सिंह-पृ.74
119 छिन्नमस्ता, प्रभा खेतान-पृ.55
120 इदन्नमम, मैत्रेयी पुष्पा-पृ.106
121 छिन्नमस्ता, प्रभा खेतान-पृ.141
122 छिन्नमस्ता, प्रभा खेतान-पृ.142
123 छिन्नमस्ता, प्रभा खेतान-पृ.144-145
124 छिन्नमस्ता, प्रभा खेतान-पृ.146
125 दिलो दानिश, कृष्णा सोबती-पृ.127
126 दिलो दानिश, कृष्णा सोबती-पृ.204
127 दिलो दानिश, कृष्णा सोबती-पृ.206
128 अपने-अपने चेहरे, प्रभा खेतान-पृ.181
129 अपने-अपने चेहरे, प्रभा खेतान-पृ.92
130 अपने-अपने चेहरे, प्रभा खेतान-पृ.141
131 अपने-अपने चेहरे, प्रभा खेतान-पृ.215
132 अपने-अपने चेहरे, प्रभा खेतान-पृ.107
133 इदन्नमम, मैत्रेयी पुष्पा-पृ.230
134 इदन्नमम, मैत्रेयी पुष्पा-पृ.240
135 इदन्नमम, मैत्रेयी पुष्पा-पृ.240
136 अल्मा कबूतरी, मैत्रेयी पुष्पा-पृ.32
137 अल्मा कबूतरी, मैत्रेयी पुष्पा-पृ.83
138 अल्मा कबूतरी, मैत्रेयी पुष्पा-पृ.90

139 अल्मा कबूतरी, मैत्रेयी पुष्पा-पृ.167

140 नारी-प्रश्न, सरला माहेश्वरी-पृ.97

141 नारी-प्रश्न, सरला माहेश्वरी-पृ.97

142 अपने-अपने चेहरे, प्रभा खेतान-पृ.74

143 अनाम प्रसंग, मीना शर्मा-पृ.71

144 अनाम प्रसंग, मीना शर्मा-पृ.121

145 मानवाधिकार और महिलाएँ, डॉ.निशांत सिंह-पृ.108

146 नारी शोषण आइने और आयाम, आशारानी व्होरा-पृ.34

147 यामिनी कथा, सूर्यबाला-पृ.62

148 कलिकथाःवाया बाइपास, अलका सारावगी-पृ.67

149 दिलो दानिश, कृष्णा सोबती-पृ.87-88

150 दिलो दानिश, कृष्णा सोबती-पृ.177

151 दिलो दानिश, कृष्णा सोबती-पृ.180-181

152 दिलो दानिश, कृष्णा सोबती-पृ.65

153 अल्मा कबूतरी, मैत्रेयी पुष्पा-पृ.50

154 अल्मा कबूतरी, मैत्रेयी पुष्पा-पृ.51

155 झूला नट, मैत्रेयी पुष्पा-पृ.41

156 झूला नट, मैत्रेयी पुष्पा-पृ.42

157 झूला नट, मैत्रेयी पुष्पा-पृ.45

158 Oxford-English-English-Hindi Dictionary-Dr.Suresh Kumar, Dr.Ramanath Sahai-p.1011

159 जेंडर व पितृसत्ता पर प्रशिक्षण कार्यशाला-क्रिया-पृ.13

160 कठगुलाब, मृदुला गर्ग-पृ-250

161 स्त्री उपेक्षिता, सीमोन द बोउवर, समीक्षा प्रभा खेतान-पृ.31

162 अतीत होती सदी और स्त्री का भविष्य, राजेंद्र यादव-पृ.190

163 अतीत होती सदी और स्त्री का भविष्य, राजेंद्र यादव-पृ.186

164 जेंडर व पितृसत्ता पर प्रशिक्षण कार्यशाला-क्रिया-7

165 नारी शोषणःआइने और आयाम, आशारानी व्होरा-पृ.260

166 आवां, चित्रा मुद्गल-पृ.20

167 आवां, चित्रा मुद्गल-पृ.26

168 आवां, चित्रा मुद्गल-पृ.241

169 आवां, चित्रा मुद्गल-पृ.153

170 आवां, चित्रा मुद्गल-पृ.153

171 आवां, चित्रा मुद्गल-पृ.400

172 छिन्नमस्ता, प्रभा खेतान-पृ.26

173 औरत के हक में, तसलीमा नसरीन-पृ.77

174 छिन्नमस्ता, प्रभा खेतान-पृ.26

175 छिन्नमस्ता, प्रभा खेतान-पृ.28

176 स्त्री-विमर्श के अंतर्विरोध, प्रभा खेतान-57/हंस/सितंबर, 96

177 स्त्री-विमर्श के अंतर्विरोध, प्रभा खेतान-58/हंस/सितंबर, 96

178 तसलीमा नसरीन, औरत के हक में-पृ.34

179 छिन्नमस्ता, प्रभा खेतान-पृ.134

180 प्रभा खेतान का औपन्यासिक संसार, डॉ.उषा कीर्ति राणावत- पृ.37

181 आवां, चित्रा मुद्गल-पृ.136

182 स्त्री-उपेक्षित, सीमोन द बोउवार, समीक्षा प्रभा खेतान-पृ.146

183 छिन्नमस्ता, प्रभा खेतान-पृ.72

184 छिन्नमस्ता, प्रभा खेतान-पृ.50

185 छिन्नमस्ता, प्रभा खेतान-पृ.80

186 छिन्नमस्ता, प्रभा खेतान-पृ.81

187 कठगुलाब, मृदुला गर्ग-पृ.112

188 कठगुलाब, मृदुला गर्ग-पृ.207

189 अपने-अपने कोणार्क, चंद्रकांता-पृ.78

190 मई मातृ दिवस माँएँ ये भी हैं पर जब हटकर हैं, सपना वाजपेयी मिश्रा-पृ.106

191 आवां, चित्रा मुद्गल-पृ.540

192 आवां, चित्रा मुद्गल-पृ.541

193 छिन्नमस्ता, प्रभा खेतान-पृ.45

194 छिन्नमस्ता, प्रभा खेतान-पृ.27

195 छिन्नमस्ता, प्रभा खेतान-पृ.28

196 छिन्नमस्ता, प्रभा खेतान-पृ.31

197 छिन्नमस्ता, प्रभा खेतान-पृ.32

198 कठगुलाब, मृदुला गर्ग-पृ.104

199 कठगुलाब, मृदुला गर्ग-पृ.105

200 कठगुलाब, मृदुला गर्ग-पृ.106

201 कठगुलाब, मृदुला गर्ग-पृ.59-60

202 आवाँ, चित्रा मुद्गल-पृ.538

203 एक जमीन अपनी, चित्रा मुद्गल-पृ.24

204 छिन्नमस्ता, प्रभा खेतान-पृ.79-80

205 महिलाःविवाहेतर संबंधों का सहजीवन पर उठते सवाल, डॉ. राधेश्याम शुक्ल-पृ.98

206 वही-पृ.95

207 आवां, चित्रा मुद्गल-पृ.205

208 आवां, चित्रा मुद्गल-पृ.206

209 स्त्री पुरुष:कुछ पुनर्विचार, राजकिशोर-पृ.141

210 स्त्री पुरुष:कुछ पुनर्विचार, राजकिशोर-पृ.142

211 आवां, चित्रा मुद्गल-पृ.361

5

अंतिम दशक के हिंदी उपन्यासों में स्त्री-विमर्श

(आत्मनिर्भरता, स्वावलंबन, मानवीय संवेदना और सशक्तिकरण के संदर्भ में)

आत्मनिर्भरता

अंतिम दशक के उपन्यासों में स्त्री अपने स्वावलंबन एवं आत्मनिर्भरता के प्रति सजग दिखाई देती है। विवेच्य उपन्यासों की नायिकाएँ विवाहित हों, अविवाहित हों, तलाकशुदा या परित्यक्ता हों, विधवा हों, नौकरीपेशा हों, सभी रूपों में स्वावलंबन के प्रति सजग एवं विद्रोही नज़र आती हैं। अपने-अपने दृष्टिकोणों से लेखिकाओं ने स्त्री के स्वावलंबन रूप को चित्रित किया है। स्त्री के स्वावलंबन पर राजी सेठ अपने विचार व्यक्त करती है कि-"स्त्री की चिंता आत्मनिर्भरता, आत्मसम्मान के लिए होनी चाहिए न कि सामाजिक स्थिति के अभिशाप को एक बचाव की तरह इस्तेमाल करके करुणा बटोरने की। कहना न होगा कि आत्मनिर्भर होने पर, सामाजिक स्तर पर उसकी भूमिका स्वतः बदल जाती है क्योंकि जो ढांचा उसके पराधीन होने की वास्तविकता पर खड़ा है वह स्वतः ढह जाता है और वह उनकी मर्यादाओं को अपने आप

लांघ जाती है जो एक पराधीन मानसिकता के कारण पनपती रही है, यह अतिक्रमण ही बड़े एहसासों से जुड़ने की जमीन है और नारी लेखन के बेहतर भविष्य की भी।"[1] स्त्री स्वावलंबन एवं आत्मनिर्भरता के कारण अपनी वास्तविकता समाज में स्थापित करने में सहज दिखाई देती है।

"आज समाज बदला है, स्त्री भी बदली है। समाज का स्त्री के प्रति दृष्टिकोण बदल गया है। आधुनिक स्त्री परंपरागत दासता को तोड़कर वैयक्तिक एवं सामाजिक विकास में अपनी सार्थकता स्थापित करने का प्रयास कर रही है।"[2] स्व के लिए अपनी अस्मिता के लिए पहले से ज्यादा सतर्क दिखाई देती है। "अपनी स्वाधीनता के लिए किया जानेवाला उसका संघर्ष वस्तुतः किसी राष्ट्रवादी क्रांति से भिन्न नहीं है। आत्मनिर्भरता एवं स्वाधीनता के लिए किया जानेवाला उसका यह संघर्ष किसी राजनीतिक क्रांति से कम रोमांचक और जोखिम भरा नहीं है। इसमें उसे अनेक स्थापित सामाजिक संस्थाओं और विचार सारणियों से टकराना पड़ा है।"[3] और वह नियमित रूप से टकरा भी रही है। स्त्रियाँ अपनी अनिवार्यता तथा अंतरंग भूमिका पर जोर दे रही है। विवेच्य कालखंड की लेखिकाओं ने स्त्री के मानवीय रूप को चित्रित किया है। उसके अस्तित्व को नयी पहचान देने का प्रयत्न किया है। "यह ऐतिहासिक संयोग ही कहा जाएगा कि एक खास किस्म की हिंदी लेखिका का जन्म हुआ है जो पिछले लेखिका से थोड़ी भिन्न है।"[4]

आत्मनिर्भरता, आत्मसम्मान का नारा, आर्थिक स्वतंत्रता, समानता के नाम पर कुछ हद तक चारित्रिक स्वच्छंदता अपने स्वास्थ्य, अपनी कमाई के बारे में सोचना है। प्रभा खेतान के विचार में "स्त्री सिर्फ कामना की वस्तु नहीं है बल्कि एक व्यक्ति और अपने बारे में समाज से खुली बहस चाहती है। वह आत्मनिर्भर बन कर समाज में परिवर्तन लाना चाहती है। आर्थिक विकास ही स्वावलंबन का आधार है। इसी को आधार बनाकर स्त्रियाँ अपनी विमुक्ति का रास्ता ढूँढ़ सकती है। आज स्त्री घर, परिवार, समाज की जर्जर परंपराओं एवं मूल्यों-आदर्शों को त्यागकर तथा नये जीवन एवं मानव-मूल्यों को अपनाकर अपनी विपन्नता को

मिटाने के लिए बाहर निकली है आधुनिक शिक्षा ग्रहण कर।"[5] अब उसकी हर क्षेत्र में घुसपैठ हो चुकी है जिससे वह स्वावलंबी बनी है। स्वावलंबन आत्मनिर्भरता के लिए स्त्री ने अनेक संघर्ष भी किये हैं। उन्हें आत्मनिर्भरता के साथ-साथ साहसी बनना होगा नहीं तो पुरुष वर्ग उन्हें फिर घर की चारदीवारी में बंद कर देगा। इस तथ्य पर तसलीमा नसरीन के विचार प्रस्तुत हैं-"चरित्र एक बेहद मूल्यवान वस्तु है पुरुष के लिए उसे संभाले रखने की जरूरत भले ही न हो, स्त्री के लिए होती है।" अगर स्त्री बाहर नौकरी करने जाती है तो पुरुष उसे चरित्रहीन कहने से नहीं चूकेगा। स्त्री को चाहिए कि वह दृढ़ता के साथ, आत्मविश्वास के साथ स्वावलंबी बने। इस पर तसलीमा नसरीन के विचार हैं-"तुम लड़की हो, तुम बहुत अच्छी तरह याद रखना, तुम जब घर की दहलीज़ पार करोगी, लोग पीछा करेंगे, सीटी बजाएँगे। तुम जब गली पार कर मुख्य सड़क पर पहुँचोगी, लोग तुम्हें चरित्रहीन कहकर गाली देंगे। अगर तुम निर्जीव हो, तो तुम पीछे लौटोगी, वरन, जैसे जा रही हो, जाओगी।"[6] हर संघर्ष का सामना करते हुए अपनी बनाई हुई राह पर चलते जाना, यही निर्णय स्त्री की स्वतंत्रता, आत्मनिर्भरता, सुरक्षा और विकास का मूलमंत्र है। स्त्री का आर्थिक आधार पर निर्भर है। इससे स्त्री-समाज को उभरना पड़ेगा।

"आत्मनिर्भर होने की परिभाषा है स्वयं के बुद्धि-विवेक का उपयोग न कि पुरुषों के समक्ष आर्थिक सक्षमता।"[7] और स्त्री स्वतंत्रता पर केंद्रित करता है। विश्वविख्यात फ्रेंच लेखिका सीमोन द बोउवर के विचार में- "स्त्री-स्वाधीनता का अर्थ हुआ कि स्त्री पुरुष से जिस पारंपरिक संबंध को निभा रही है उससे मुक्त हो। हम स्त्री पुरुष के बीच घटनेवाले संबंध को नहीं नकार रहे। उसका अपना स्वतंत्र अस्तित्व होगा और वह पुरुष की होकर भी जीएगी। दोनों अपनी-अपनी स्वतंत्रता में दूसरे का अनन्य रूप भी देखेंगे। संबंधों की पारस्परिकता और अन्योन्याश्रितता से, चाह, अधिकार, प्रेम और आमोद प्रमोद के अर्थ समाप्त नहीं हो जाएंगे और नहीं समाप्त होंगे दो संवेगों के बीच के शब्द देना, प्राप्त करने,

मिलन होना, बल्कि दासत्व जब समाप्त होगा और वह भी आधी मानवता का, तब व्यवस्था का यह साब ढोंग समाप्त हो जाएगा। स्त्री-पुरुष के बीच का विभेद वास्तव में एक महत्वपूर्ण नई सार्थकता को अभिव्यक्त करेगा।"[४]

अस्तित्व एवं आत्मसम्मान

अंतिम दशक के उपन्यासों में लेखिकाओं ने ऐसी नायिकाओं का चित्रण किया है जो आत्मसम्मान के लिए आत्मनिर्भर रहते हुए अपने अस्तित्व एवं अस्मिता को बनाए रखने का प्रयत्न करते हुए कई संघर्षों का सामना करती है।

आत्मनिर्भर स्त्री को अनेक समस्याओं का सामना करना पड़ता है। परिवर्तित समाज तथा आर्थिक विफलता के कारण परिवार का दायित्व निभाने के लिए स्त्री नौकरी पेशा हो रही है। आधुनिक युग में भौतिक सुख समृद्धि के लिए मनुष्य, मानवीय मूल्यों की उपेक्षा करने लगा जिससे उसका पतन हो रहा है। आपसी संबंधों में खोखलेपन और अकेलेपन तथा कुंठा ने स्थान ले लिया है। आज मध्यवर्गीय परिवारों में घर की स्त्रियाँ कामकाज के साथ घर के दायित्वों को भी निभा रही है। परिवार में बढ़ते हुए आर्थिक दबाव ने स्त्री की मानसिकता को बदला है। अंतिम दशक की स्त्री अर्थोपार्जन के लिए कई समस्याओं का शिकार होती है। अकेले नौकरी करते समय आवास की समस्या, विवाहित स्त्री को पति की उपेक्षा का शिकार होना पड़ता है। नौकरी करते समय आवा जाई तथा छिटाकसी की समस्या, विधवा होने पर बच्चों के पालन-पोषण की समस्या के साथ ही परिवार उससे यह भी उपेक्षा करता है कि वह अपने घरेलू दायित्वों का भी पूर्ण निर्वाह करे। स्त्री को परिवार के प्रति दोहरे कर्तव्य को पूरा करना पड़ता है। स्त्री घर तथा बाहर दोनों मोर्चों पर सक्रिय और व्यस्त रहती है। उसे आराम नहीं मिल पाता। विवेच्य उपन्यासों में स्त्री पढ़ी-लिखी नौकरी पेशा तथा उद्योगशील भी चित्रित हुई है। वह अपने परिवार की मदद के लिए नौकरी करती है। इन उपन्यासों में स्त्री की स्थिति आर्थिक चेतना से जागृत है। वह अपने आत्मसम्मान,

आत्मनिर्भरता, कैरियर के लिए, अपनी स्वयं के अस्तित्व-अस्मिता के लिए स्वानुभूति, स्वाभिमान के लिए, जीविका के लिए आर्थिक समस्याओं का सामना कर रही है।

कृष्णा बिहारी के विचार में-"वर्तमान परिवेश में शादी से बढ़कर स्त्री आर्थिक सुरक्षा चाहती है, जिससे वह जिंदगी की विकट-से-विकट समस्या पर दो टूक निर्णय ले सके, अपेन नीचे एक पक्की जमीन पा सके, अपने स्वाभिमान की रक्षा कर सके।"[9]

'छिन्नमस्ता' में प्रिया आत्मनिर्भर होने के लिए नौकरी करना चाहती है। प्रिया व्यवसाय कर, परिवार की मदद करना चाहती है। मारवाड़ी समाज नौकरी की अपेक्षा व्यवसाय, कारोबार में अपना लक्ष्य केंद्रित करते हैं। प्रिया भी मारवाड़ी परिवार से संबंधित होने के कारण चमड़े का व्यवसाय करती है। वह अपने काम में इतनी व्यस्त हो जाती है कि घर परिवार पर ध्यान नहीं दे पाती है। अपने कारोबार को बढ़ाने के लिए निष्ठा से काम करती है। पति नरेंद्र को उसका कारोबार बढ़ाना अच्छा नहीं लगता। वह सीमित परिधि में ही उसे कारोबार करने की हिदायत देता है। पत्नी की प्रतिभा देखकर पति ईर्ष्यालु हो जाता है। पत्नी के विकास को अवरुद्ध कर, स्त्री को विजयी होते देख नहीं सकता। पर प्रिया अपने आपको आत्मनिर्भर कर आत्मसम्मान, स्वानुभूति, स्वाभिमान के साथ जीविका जीना चहाती है। पति उसकी उपेक्षा करता है उसके कारोबार में विघ्न डालने की कोशिश करता है। जब प्रिया व्यवसाय के लिए शिकागो की प्रदर्शनी के लिए विदेश जानेवाली होती है तो नरेंद्र उसे रोकने की कोशिश करता है। प्रिया का आत्मनिर्भर होना उसे बर्दाश्त नहीं होता। उसकी उपेक्षा करते हुए कहता है-"दरअसल तुम्हें इतनी खुली छूट देने की गलती मेरी ही थी। मुझे पहले ही चिड़िया के पंख काट डालने चाहिए थे। पर मैं तुम्हारी बातों में आ गया तुम्हारे इस भोले चेहरे के पीछे एक मक्कार औरत का चेहरा है... तुम केवल मन लगाने के लिए आत्मविश्वास की कमी के लिए काम करना चाहती थी।"[10] प्रिया कहती है-"नरेंद्र मैं व्यवसाय रुपये के लिए नहीं कर रही

हूँ, चार साल पहले जब मैंने पहले-पहल काम शुरू किया था, मुझे रुपयों की भी जरूरत थी। पर आज मेरा व्यवसाय मेरी आइडेंटिटी है।"[11] "क्या महत्वाकांक्षी होना अपराध है। ... जिंदगी जीने के लिए अपनी लड़ाई लड़नी पड़ती है। यदि औरत व्यवस्था के बाहर कदम बढ़ाती है तो उसे ज्यादा बड़ी कीमत चुकानी पड़ेगी।"[12] स्त्री का कोई स्वाभिमान नहीं? अपनी आइठेंटिटी, व्यक्तित्व के विकास के लिए प्रिया अपना व्यवसाय बढ़ाती है जिसके कारण प्रिया का दाम्पत्य जीवन हमेशा के लिए टूट जाता है। नरेंद्र प्रिया के आत्मसम्मान को अहं की संज्ञा देता है। प्रिया व्यवसाय के लिए पारंपरिक सीमाओं को तोड़ती है। सोचती है- "स्त्री यदि सीमाएँ लाँघ जाए तो वह पारंपरिक समाज उसके लिए खत्म हो जाता है।"[13] और अपने अस्तित्व के लिए समाज परिवार से विद्रोह करना पड़ता है। प्रिया आत्मनिर्भरता के लिए कई समस्याओं का सामना करती है। अपने अस्तित्व की रक्षा के लिए पारिवारिक, सामाजिक शोषण की शिकार भी बनती है।

'आओ पेपे घर चलें' की प्रभा भी आत्मनिर्भरता के लिए अमेरिका चली जाती है। प्रभा की माँ प्रभा के आत्मनिर्भरता की चेतना को देख उसका विवाह उसकी बड़ी बहन से पहले करना चाहती है। बड़ी बहन डॉक्टर है इसी कारण माँ उस पर फक्र करती है। प्रभा को घर में मान-सम्मान नहीं मिलता। कलकत्ता नौकरी करने के लिए सोचती है-"आर्थिक स्वतंत्रता मेरी पहली जरूरत है। कलकत्ता लौटकर अपने पैरों पर खड़ा होना है। हेल्थ क्लिनिक खोलूँगी, पर कैसे? पहले ट्रेनिंग तो पूरी करूँ।"[14]

घर की आर्थिक विपन्नता के कारण प्रभा आर्थिक दृष्टि से स्वतंत्र एवं आत्मनिर्भर होना चाहती है। पिता की मृत्यु के बाद आर्थिक दशा और भी खराब हो जाती है। पैसे कमाने के लिए वह अमेरिका जाती है। समाज में स्त्री दोहरे विचार से ग्रस्त रहती है। प्रभा की स्थिति भी ऐसी ही है।

'अपने-अपने कोणार्क' की कुन्नी आत्मनिर्भर स्त्री है। अपने परिवार को संभालती है। परिवार की आर्थिक कमजोरी के कारण वह अपने आप पर भी ध्यान नहीं देती। आत्मनिर्भर बन अपने भाई-बहनों को

पढ़ा-लिखा कर उनका विवाह भी संपन्न करवा देती है। अपने जीवन तथा विवाह के प्रति ध्यान नहीं देती।

'कठगुलाब' की सभी स्त्रियाँ आत्मनिर्भर हैं। ये शिक्षित एवं स्वावलंबी हैं। आत्मनिर्भरता के कारण विद्रोही भी हैं और अपने जीवन को आत्मसम्मान से जीना चाहती हैं।

शिक्षा और आत्मनिर्भरता के कारण स्त्री की मानसिकता में भी परिवर्तन होता है। वह स्वतंत्र होने की दिशा में प्रेरित होती है। इसी स्वतंत्रता की भावना ने स्त्री को आत्मनिर्भर बनाया है। वह अब पारंपरिक रूढ़िगत मान्यताओं को स्वीकार नहीं करती साथ ही सामाजिक रिश्तों-नातों को भी ठुकराती है जैसे स्मिता, मरियान, अमेरिका में 'रॉ' में लांछित, प्रताड़ित स्त्रियों के लिए काम करती हैं। इन्होंने स्वानुभूति, स्वाभिमान के लिए 'गोधड' को अपना कार्यक्षेत्र चुना है। असीमा भी नौकरी के साथ-साथ गोधक का कार्यभार संभालती है।

असीमा की माँ अपने पति से अलग रहकर आत्मनिर्भर बनती है। असीमा की माँ आधुनिक फैशन परस्ती को नहीं अपनाती जिसके कारण उसका पति उसे छोड़कर चला जाता है। उससे उसे कोई फर्क नहीं पड़ता क्योंकि वह आत्मनिर्भर रहती है। आत्मनिर्भर होने के कारण अपने बच्चों के परिवेश के लिए पति से किसी प्रकार का आर्थिक सहारा भी नहीं चाहती। वह कहती है-"मेरे सिद्धांत मुझे ऐसे पति से एक पैसा लेने की इजाजत नहीं देते, जो किसी और का पति बन चुका हो।"[15] वह अपने आत्मविश्वास से 'सलीका' नामक बुटीका की मालकिन बनती है।

इस उपन्यास की नर्मदा जो अशिक्षित है, माँ के मरने के बाद आर्थिक सहारे के लिए चूड़ी के कारखाने में नौकरी करती है। और पहले असीमा की माँ का कपड़े सीलने में हाथ बंटाती है। ये स्त्रियाँ आत्मनिर्भर और आर्थिक क्षमता के लिए मेहनती और परिश्रमी हैं। जिन्होंने सामाजिक, पारिवारिक शोषण को सहते हुए विद्रोह किया है। अपनी आत्मपीड़ा को झेलते हुए आत्मसम्मान का जीवन बिताने की कोशिश की है।

'एक जमीन अपनी' की अंकिता आत्मनिर्भर स्त्री है। नौकरी के लिए उसे अकेले रहना पड़ा है। अकेले रहते समय उसे कई सामाजिक, आर्थिक समस्याओं का सामना करना पड़ा है। आर्थिक समस्या के कारण अंकिता चार-पाँच ट्यूशन्स लेती है। इसी कारण वह फिल्मरस में भी आती जाती रहती है। आर्थिक प्राप्ति के लिए वह घर परिवार से भी दूर रहती है। आर्थिक अभाव के कारण ये स्त्रियाँ आर्थिक समस्याओं का शिकार हो गई है।

'आवां' में नमिता आत्मनिर्भर बनने के लिए कई संघर्ष करती है। नौकरी की तलाश में भटकती है। उसकी माँ भी शाहबेन के श्रमजीवा संस्था में पापड़ बेलती है। आर्थिक अभावों की जिम्मेदारी नमिता पर सौंप कर किनारे हो लेती है। नमिता के पिता लकवा ग्रस्त हैं। उसकी माँ उसके पैसों से संबंध रखती है। हमेशा उसकी उपेक्षा करना, झिड़कियाँ, भर्त्सना, चेतावनियाँ, सुनते, झेलते जीवन का अनिवार्य अंग बन जाता है। शोषण के ये चित्रण मध्यवर्गीय परिवार में अक्सर दिखाई देते हैं। परिवार में बढ़ते हुए आर्थिक दबाव के कारण स्त्री की मानसिकता भी बदल जाती है। मानसिक तनाव स्त्री के व्यक्तित्व को नष्ट कर देता है। यही समस्या नमिता की माँ की है जिसका व्यक्तित्व मानसिकता के कारण कटु, कुंठित, त्रासद हो गया है।

'ऐ लड़की' की सूसन आत्मनिर्भर स्त्री है वह अम्मू की देखभाल के लिए नर्स बन के आती है। और आत्मनिर्भर रहने के लिए नर्सिंग में दाखिला लेना चाहती है। अपनी कमाई से माता-पिता को पैसे भेजती है। भाई राहनों को पढ़ा-लिखा कर उनकी शादी करवा देती है। अपने विवाह के बारे में नहीं सोचती। आर्थिक समस्या के कारण सूसन घर से बाहर नौकरी करती है। अम्मू कहती है-"अपने लिए कोई लड़का नज़र में है? ढूँढ़ने का काम तुम्हें खुद करना होगा। नहीं अम्माजी अभी नहीं। मैं नसिंग में दाखिला लूँगी।"[16] नौकरी करने वाली युवतियों के समक्ष विवाह की समस्या खड़ी हो जाती है। परिवार वाले भी आर्थिक अभाव के कारण इस दिशा में सोचते नहीं कि लड़की अविवाहित है और उसकी उम्र बढ़ रही है। ऐसी युवतियों को स्वयं ही वर तलाशना पड़ता है।

अम्मु सूसन को विवाह के बाद रहने की सीख देती है-"सूसन शादी के बाद किसी के हाथ का झुनझुना नहीं बनना। अपनी ताकत बनाने की कोशिश करना।"[17] आत्मनिर्भरता के साथ स्वाभिमान को भी बनाने की बात करती है अम्मु।

स्वावलंबन

स्वावलंबी स्त्री के प्रति समाज का दृष्टिकोण सहज नहीं होता। पुरुष सत्ता समाज स्त्री की प्रगति नहीं चाहता। उसे हमेशा की तरह वंशानुसार दमित, शोषित, उपेक्षित, प्रताडित, अपमानित करते रहना चाहता है। परंपरा, आडंबर, अंधविश्वास की आड़ में कई समस्याओं को उत्पन्न कर देता है जिससे वह जूझती हुई विद्रोही बन जाती है। स्वावलंबन की राह में चलते हुए स्त्री कहीं-कहीं समाज-परिवार के साथ-साथ अपने आप का भी नुकसान कर बैठती है। परंपरागत चलते रूढ़िग्रस्त संस्कारों का विरोध करती हुई, स्वतंत्र चेतना रखनेवाली, घर-परिवार को, पति को छोड़कर स्वतंत्र जीवन बितानेवाली स्त्रियाँ स्वावलंबन तथा विद्रोही स्त्री के अंतर्गत आती हैं। अंतिम दशक की स्त्रियाँ आधुनिक रूप में व्याख्यायित हुई है। ये स्त्री संहिताओं को तोड़कर नयी राहों पर चल पड़ी है। आधुनिक स्त्री दोहरी समस्याओं का सामना कर रही है। पहले वह घर के कामकाज में ही पिसती थी आज के युग में नौकरी करते हुए अपने परिवार की जिम्मेदारियों को निभाते हुए पिस रही है। अंतिम दशक की स्त्रियाँ नौकरीशील हैं जो बाहर तथा घर की समस्याओं से जूझ रही हैं। ये स्त्रियाँ अपने स्वानुभूति तथा आत्मनिर्भरता के लिए कोई भी कदम उठाने के लिए तैयार है। अपने विचारों को अपने जीवन पर हावी न कर विद्रोही बनती हैं।

प्रगतिशील स्त्री

'छिन्नमस्ता' की प्रिया स्वावलंबी स्त्री है शादी के पंद्रह साल बाद भी पति का व्यवहार, उसके प्रति हीन तथा उपेक्षा भरा रहता है। वहीं दमित रखने का स्वभाव, अपमान, प्रताड़ना, इन सबसे प्रिया ऊब जाती

है और नरेंद्र से तलाक लेकर व्यापार करने विदेश चली जाती है। दाम्पत्य जीवन में शारीरिक ही नहीं मानसिकत रूप से भी जुड़ना आवश्यक हो जाता है। पति ने केवल उसे भोग्या एवं वस्तु ही समझा जिसके कारण प्रिया स्वतंत्र जीवन जीना चाहती है। वह कहती है-"आज मेरा व्यवसाय मेरी आइठेंटिटी है। यह आए दिन की विदेशों की उड़ान... यह मेरी जिंदगी के कैनवस को बड़ा करती है। नित्य नये लोगों से मिलना-जुलना जीवन के कार्यजगत को समझना। मुझे जिंदगी उद्देश्यहीन नहीं लगती।"[18] प्रिया की माँ कस्तूरी के भी स्वावलंबी विचार स्पष्ट होते हैं। पति की मृत्यु के बाद कस्तूरी दुःखी होती है। वह बच्चों के लिए पति मारे जाने पर कोर्ट-कचहरी के चक्कर लगाना बेकार समझती है। वह अपने देवर से कहती है-"मैं अब अपने बच्चें का पेट भरूँ याफिर घर-द्वार रोचकर मामला-मुकदमा लड़ूँ? ... मामला-मुकदमा के लिए भी तो रुपए चाहिए? मैं घराने की बेटी हूँ कोई, देहातन नहीं। मुझे अपने बच्चों को पालना है। मेरा अनमोल रतन लौटेगा तो नहीं? कसाइयों से बदला लेने के लिए मुझे कोट-कचहरी में पैसा नहीं फुँकना।" स्वावलंबन के कारण कस्तूर प्रगतिशील विचार रखती है। प्रिया की छोटी सास की बेटी नीना भी स्वावलंबन की विचारधारा रखती है। वह आत्मनिर्भर होकर शादी करना चाहती है। प्रिया भी तलाक होने के बाद बेटे संजु को नरेंद्र के पास ही छोड़ आती है और सोचती है "केवल स्त्री ही अपनी आहुति दे सकी है। मगर क्यों? किसलिए! इसलिए कि आदिकाल से देती आई है? लेकिन ओह! मैं क्या करूँ? मेरे संस्कार अलग हैं। मैं संजू के सहारे जिंदगी नहीं बिता सकती। न ही पति या बेटा या प्रेम ही, जिंदगी के सहोर हो सकते हैं।"[19] एक स्त्री को स्वावलंबी बनते देख समाज उसे हीन भाव से देखता और समाज, परिवार, सभी उसे गुनाहों के बोझ से लाद देते हैं।

आधुनिक युग में स्त्री के प्रति सामाजिक दृष्टिकोण में परिवर्तन तो अवश्य आया और साथ ही स्त्री स्वयं ही अपनी लड़ाई की संकल्पना शक्ति से भरी हुई है। किंतु अभी भी यह जागरूकता और संघर्ष प्रारंभिक दौर में ही है और कुल मिलाकर आज की स्त्री को भोगवादी दृष्टि में ही

देखा जाता है। आधुनिक स्त्री अपना अधिकार प्राप्त करने के लिए संघर्ष के मार्ग पर है।"[20]

'आओ पेरे घर चले' में कैथी स्वावलंबी विचार वाली स्त्री है। वह माँ बनने पर विचार करते हुए कहती है-"नहीं, अभी तो नहीं। आदमी अपने-आप को जब जैसा चाहे आत्मसम्मोहित करके जी सकता है।"[21] इसी तरह 'माई' की सुनैना माँ बनना नहीं चाहती। वह कहती है नहीं मैं कभी माँ नहीं बनूँगी। वह अपनी माँ जैसा घुटन भरा जीवन जीना नहीं चाहती है। 'एक जमीन अपनी' की अंकिता प्रेम-विवाह करके भी सफल नहीं हो पाती है। पति का व्यवहार उपेक्षा भरा रहता है। मारपीट उपेक्षा के कारण तथा अपने स्वावलंबी व्यक्तित्व के कारण तलाक का रास्ता अपना लेती है। वह रोती गिड़गिड़ाती नहीं। परंपराओं की जंजीरों को तोड़कर स्वावलंब का जीवन जीती है। 'ऐं लड़की' की अम्मू स्वावलंबी विचारों को अपनी बेटी पर जाहिर करती है। माँ के विचार बेटी को भी स्वावलंबी बनाते हैं। अम्मु अपनी बेटी से कहती है-तुम किसी के अधीन नहीं। स्वाधीन हो। लड़की यह ताकद है। सामर्थ्य। शक्ति। समझ रही हो न?"[23] आगे अम्मू कहती है-अपने लिए दुःख नहीं मनाना। निराशा को परे ही रखना। तुम्हारे लिए निश्चिंत हूँ। न तुम सताई जा सकती हो और न किसी को सताती हो। हाँ सोचकर बताओ कि जरूरत पड़ने पर आवाज़ किसे दोगी?"[24] इस पर रोटी के स्वावलंबी विचार दिखाई देते हैं। वह कहती है-"मैं किसी को नहीं पुकारती। जो मुझे आवाज़ देगा, मैं उसे जवाब दूँगी। अम्मू अब तो तसल्ली है।"[25] अम्मु तथा बेटी स्वावलंबी विचारधारा रखती है आत्मनिर्भरता से जीवन जीना चाहती है।

'आवां' में सुनंदा स्वावलंबी विचार वाली युवती है। वह एक मुसलमान युवक सुहैल से प्रेम करती है। उसके बच्चे की माँ भी बनती है विवाह करने के लिए धर्म-परिवर्तन करना नहीं चाहती। इसी वजह से सांप्रदायिक फसाद का कारण बनती है। कई विषमताओं का शिकार होना पड़ता है। नमिता जब उससे कहती है-"सुहैल को तुम प्यार करती थीं, इस्लाम कबूल कर लेने में क्या दिक्कत थी।"[28] इस पर सुनंदा कहती

है-"प्रश्न यह था दीदी, कि मैं औरों का सुख से तुष्टि के लिए अपने सच को घोंट दूं या अपने 'स्व' के संरक्षण के लिए उसके उगने को देह धरने दूँ, उसे एक पूरी की पूरी काया ग्रहण करने दूं... सुहैल ने प्रेम करने के समय तो कोई शर्त नहीं रखी? ब्याह करना होगा तो उससे नहीं, इस्लाम से करना होगा... या उसे हिंदुत्व से? और वह कहती है-स्पष्ट कहा था मैंने-माँ को मना लूंगी चलो, हम कोर्ट मैरिज कर लें, दोनों ओर के आडंबरों से मुक्त। माना नहीं, जो शर्त पहले शर्त नहीं थी, बाद में क्यों शर्त बने। समझौते को मैं भी राजी नहीं हुई। मुझे लगा, दीदी, समझौते 'आदि' तो होते हैं, 'अंत' नहीं।"[29] आगे वह कहती है-कुंआरी माँ की जचकी का हक लड़ने से पहले वे सांप्रदायिक उन्माद को खत्म करने की लड़ाई लड़े वरना सब बरबाद हो जाएगा। खोली-खोली के भीतर घुसकर हिंदु-मुसलमान औरतों को इतना जागरू कर दें कि वे अपने घरों में उन्मादी मर्दों के हाथों से उनकी कटारें छीन लें। उनकी संदिग्ध गतिविधियों को चेतावनी दे दें कि अगर उन्होंने भड़का-भड़काई के माहौल में हिस्सा लिया तो ध्यान रखें-अपने घर-परिवार से हाथ धो रौडेंगे-बच्चों समेत वे आत्मदाह करेगी।"[30] इसमें सुनंदा का धर्म-परिवर्तन न करना, सांप्रदायिक फसाद को मिटाना, कुवारी माँ बनना, अपने 'स्व' के सक्षण के लिए अपना अस्तित्व मिटाना सभी बातों में प्रगतिशील विचार दृष्टिगत होते हैं। नमिता भी आधुनिक विचार रखती है वह भी प्रेम को श्रेष्ठ मान कर कुंवारी संजय कनोई के बच्चे की माँ बनने को तैयार हो जाती है। और पिता के अंतिम संस्कार के समय समाज से परिवार से विद्रोह कर पिता की अंतिम इच्छा को पूरा करने के लिए विधि-विधान से अंतिम संस्कार के कार्यक्रम को निभाती है। पिता को मुखाग्नी देती है।

'अल्मा कबूतरी' की अल्मा ने परंपराओं की जकड़बंधी को तोड़कर स्वावलंबन की राह पर चलने के लिए कई संघर्षों का सामना करना पड़ा। शिक्षित होने पर भी कज्जा तथा कबूतराओं के संघर्ष का चारा बनी। पिता मरने के बाद उसे जानवरों से भी बेहतर जीवन जीना पड़ा। अल्मा समाज की अमानवीय विषमताओं का शिकार बनी। राजनेता अपनी प्रतिष्ठा के लिए उसे इस्तेमाल करना चाहते हैं। शारीरिक, मानसिक

अत्याचार, मानसिक उत्पीड़न तथा तरह-तरह के शोषणों का शिकार हो कर अल्मा अपने मन-मस्तिष्क को कटु बना लेती है। शोषणों तथा समस्याओं से जूझती हुई अंत में प्रदेश के समाज कल्याण मंत्री श्रीराम शास्त्री से विवाह कर उसका बांया हाथ बन जाती है। श्रीराम शास्त्री की हत्या होने पर अल्मा स्वयं पति को मुख्याग्नी देती है जिससे समाज, पंडित, जमा हुई जनता अवाक् रह जाती है उसे कई उपेक्षाओं से नवाजा जाता है। "श्रीराम शास्त्री के निधन के कारण खाली हुई बवीना विधान सभा सीट के लिए सत्तारूढ, पार्टी की ओर से श्रीराम शास्त्री की निकटतम सहयोगी और निष्ठावान गाइड अल्मा उम्मीदवार होंगी।"[31]

अल्मा प्रदेश के समाज कल्याण मंत्री के पद की उम्मीदवार बन जाती है। "अल्मा रथ में बैठी अपने इच्छा मार्ग पर जा रही है।"[32] "...सोच रही है मेरे भीतर आस का एक नन्हा सा पंछी फड़फड़ाया करता है कितनी बार पंख कटे, कितनी बार घायल हुआ, वह मरता नहीं। फिर-फिर फड़फड़ाता है। और उठने की कोशिश करता है। ऊँचे से ऊँचा उठने की। यह ठरता भी नहीं।" अल्मा सामान्य से ऊँचाई तक पहुँचने का प्रयास करती दृष्टिगत होती है। इस दशक की स्त्री समस्याओं से डर कर आत्मदाह नहीं करती उन परिस्थितियों का सामना कर जीती है। यही स्थिति कठगुलाब में दर्शायी गयी है। स्त्री बलात्कार से पीड़ित पति से ठगी गई स्त्रियाँ, धोका खानेवाली स्त्री हमारे भारतीय समाज में ही नहीं पाश्चात्य समाज एवं संस्कृति में भी अनेकानेक स्त्रियाँ पुरुष सत्ता द्वारा शोषित हुई है, मारियान भी ऐसी ही पात्र है जो पति से ठगी, छली गई है वह उसे छोड़कर अपनी राह स्वयं बनाती है। अपनी आकांक्षाओं, इच्छाओं को सफल बनाने में रिलीफ फॉर एब्यूज्ड विमेन 'रा' नाम की संस्था से जुड़ कर अपनी तरह ठगी, अपमानित, उपेक्षित-प्रताड़ित स्त्रियों को सहयोग देती है। यही कार्य स्मिता, असीमा गोदड संस्था से जुड़ कर अपनी जैसी स्त्रियों को शिक्षा देती है। सामाजिक कट्टरता से, विषमताओं से, लड़ने का साहस जुटाती है।

'झूला नट' की शीलो गाँव की तथा जाट समाज की स्त्री है फिर भी

वह स्वावलंबी विचारधारा वाली है। गाँव की गवार, संस्कारवान परंपरा का खंडन कर प्रगति की राह पर चलती है विद्रोही बनती हैं। शीलो आधुनिक युग की स्वावलंबी स्त्री का रूप है जो शोषण अत्याचार के कारण आत्महत्या नहीं करती। अपने भाग्य को ही बदल डालती है। नव-विवाहित शीलो को पति त्यागकर शहर में अपना दूसरा घर बसा लेता है ओर उसकी उपेक्षा करता है जिसके कारण शीलो को दुःख होता है वह घूट-घूट कर जीने भी लगती है पर सास के प्रोत्साहन से सभी परिस्थितियों का सामना करने के लिए विद्रोही बन जाती है। हालात को देखते हुए देवर बालकिशन से संबंध बना लेती है और सास जब दुबारा ब्याह करने के लिए कहती है तो वह साफ इन्कार कर देती है। "न। बछिया-मछिया कुछ नहीं।"[33] सास से कहती है-"अम्मा जी सात भाँवरे, आंगिन साच्छी और बरातियों के आगे वचन भरकर संगी मुझे त्याग गया तो अछिया-बछिया का क्या विश्वास करूँ?"[34] शीलो कहती है बछिया नहीं हुई तो क्या ब्याह नहीं रचा गया। गाँव, समाज जाति त्यागी हुई का पुनर्विवाह करना चाहते हैं। बछिया का पात खाना चाहते हैं ये समाज कोन होता है। गठबंधन करने वाला। झूठी परंपरा, झूठी मान-मर्यादा इन को ढोने से क्या मिला, अपमान, फब्ती और गालियाँ। छोड़ देती है बिरादरी, त्याग देती है पूरा पड़ोसी। खारिज कर देती है गाँव। सिर्फ प्रेम की अन्नत माया में खो जाती है और समस्याओं से डटकर संघर्ष करती है।

ये स्त्रियाँ - इस बात में विश्वास रखती हैं कि मन का संतोष प्राप्त करने के लिए विवाह भी यदि बाधक बने तो उसे निःसंकोच तोड़ देना चाहिए क्योंकि देखा गया है कि विवाह प्रायः स्त्रियों की महत्वाकांक्षाओं की पूर्ति में बाधक बनता है। जो स्त्रियाँ स्वतंत्र विकास करना चाहती हैं, उनके लिए विवाह उसी प्रकार बाधक होता है, जैसे कि कागजों को स्वतंत्र उड़ने से रोकने के लिए पेपरवेट।"[35] शीलो इसका अच्छा उदाहरण है।

परिवार समाज, जाति किसी की परवाह नहीं। इन सब का खंडन कर शीलो स्वावलंबन की राह पर चलती है अपने आत्मसम्मान के लिए

किसी से भी भीड़ जाने को तैयार रहती है। अपने स्वयं के बनाये नियमों पर चलती है। आधुनिक विचारधारा वाली शीलो बालकिशन को भी आधुनिक बनने को कहती है-"बुरे की बात नहीं। मैं तो यह कहती हूँ कि हल हाँकते हो, इसका मतलब यह तो नहीं कि बूढ़े हो गए। धोती-कुर्ता ही पहनोगे... चिनगांव से कमीज-पैंट काहे नहीं सिलवा लाते। और देखो, मूँड पर उस्तरा फिरवाने की जरूरत नहीं। हमें नहीं सुहाती घुटी मुढ़ी। तिरछी माँग काडकर जुल्फें..."[37]

'यामिनी कथा' की यामिनी स्वावलंबी विचारों वाली है। यामिनी रूढ़ि-परंपरा में फँसकर अपना विधवा जीवन नहीं बिताना चाहती है। वह समाज की विषमता तथा आर्थिक विपन्नता के कारण दुबारा विवाह कहना चाहती है। विधवा स्त्री की समस्या चिंताजनक होती है। उसके पास किसी प्रकार का आर्थिक स्रोत न हो तो उसकी स्थिति और भी सोचनीय हो जाती है। उस समय उसके पास साहस के साथ संघर्ष करते हुए आर्थिक दृष्टि से स्वावलंबी बनना मुश्किल हो जाता है। यामिनी अशिक्षित होने पर वह अपनी आर्थिक विपन्नता के कारण दूसरा विवाह करने की सोचती है और पारिवारिक, सामाजिक उपेक्षा के बाद भी निखिल से विवाह कर लेती है। इस प्रकार स्त्री आत्मचेतना से सजग और आत्म-निर्णय से युक्त होकर, न केवल सामंती परिवेश और बंधी मर्यादाओं के गठ को तोड़ती है अपितु साथ ही सकारात्मक तरीके से अपने व्यक्तित्व की रचना भी करती है।"[39]

'अनाम प्रसंग' की ममता भी स्वावलंबी विचारधारा रखती है। ममता अपने परिवार से सुख की चिंता न करके अपनी इच्छा, रुचि को प्राधान्य देती है और वो स्वच्छंदी रहती है। ममता स्कूली शिक्षा के बाद नौकरी करना चाहती है। घर में कोई आर्थिक तंगी नहीं होती फिर भी अपनी इच्छानुसार नौकरी करती है और नौकरी करते समय अपने बॉस अभय से प्रेम करने लगती है। वह प्रेम को पाने के लिए घरवालों से विद्रोह करती है। अभय शादीशुदा है। इसी कारण परिवार इस रिश्ते को नहीं मानते बेटी के भावी जीवन की चिंता रहती है। पर ममता अपने

प्यार को पाने के लिए परिवार से विद्रोह करती है। वह नींद की गोलियाँ खा लेती है। मरने की कोशिश करती है। परंतु वह बच जाती है और अंत में माता-पिता की मर्जी के खिलाफ अभय से मिलती रहती है। खाली समय में एक उपन्यास भी लिख लेती है। यहाँ पर माता-पिता की इच्छा के खिलाफ जाना, अपनी इच्छानुसार नौकरी करना तथा प्रेम की खातिर घर वालों से विद्रोह करना, एक स्वावलंबी बेटी तथा विद्रोही बेटी के रूप में चित्रित हुई है।

'कठगुलाब' के सभी पात्र स्वावलंबी तथा विद्रोही स्त्रियों का चित्रण हुआ है।

स्मिता, मरियान, असीमा, नर्मदा, असीमा की माँ, नीरजा सभी स्वावलंबी विचारवाली स्त्रियाँ हैं। ये स्त्रियाँ किसी-न-किसी रूप से शोषित हैं। कोई परित्यक्ताएँ हैं कोई तलाकशुदा, कोई पति द्वारा छली गई स्त्री है, ये सभी अपनी-अपनी समस्याओं का सामना कर विद्रोही बन जाती हैं। असीमा की माँ पति द्वारा त्यागी गई स्त्री है। अपने बच्चों के पालन पोषण के लिए कपड़े सीती है। और कई आर्थिक, सामाजिक, मानसिक शोषणों का शिकार होती है। असीमा इन्हीं सब व्यवस्था को देख विद्रोही बन जाती है। वह अपने पिता को हरामी नं.1 तथा भाई को हरामी नं.2 का खिताब देती है और जितने भी बेईमान, शोषक पुरुष हैं उनको हरामी का खिताब देती जाती है। स्मिता, मरियान पति द्वारा छली जाती हैं। पति उनकी उपेक्षा, अपमान करते हैं जिसके कारण वे विद्रोही बन कर उन्हें ही सबक सिखाने के लिए उनकी बेल्टों से पिटाई करती हैं। उपेक्षा भरे शब्दों से अपमानित कर तलाक ले कर स्वतंत्रता के साथ आत्मनिर्भरता से जीती हैं। वहीं नर्मदा अपने जीजा और बहन के शोषण का शिकार होती है। बहन साजिश से उसका विवाह अपने ही पति से करवा देती है। बहन और उसके पति ने मिलकर नर्मदा के घर और जेवर हड़पने के लिए यह चाल चली थी।

पति के शोषण से तंग आकर विद्रोहिणी बनती है। और जीजा की अवमानना पर उसे पछाड़ती हुई उसको मौत की धमकी भी देती है। कहती

है-"फिर कभी इस घर में आने की हिम्मत की तो दोनों टाँगें तोड़ के सड़क पर फेंक दूँगी। भडुवे, जा अपनी बीवी के पल्लू में जाके सो। मैं तेरी रखैल ना थी, तू मेरी रखैल था। कमा-कमा के तुझे खिलाया मुस्टंडे, इसलिए, कि तू और तेरी बीवी मिलके मेरा हक मारो। जा, नामर्द समझ के अपना हिस्सा माफ किया। पर याद रख, एक दिन आके वसूल कर लूँगी। वह मेरी बहन ना दुसमन है, पहले जान लेती तो तुम दोनों की बोटी-बोटी काट के चील-कौवों को खिला देती। हिम्मत हो तो आ मेरे सामने।"[40]

स्मिता ने मनोवैज्ञानिक पति जिम जानविस की बेल्टों से पिटाई की थी। जिम उसे "ईडियट, बेवकूफ, पागल, साइकोपेथ कहता है। बेल्टों से उसकी पिटाई करता और कहता है-तुम एकदम आत्मकेंद्रित औरत हो, इसीलिए तुम्हारे अंदर अपराधबोध नहीं पनपता। ... तुम वहशी पागल हो। गलती करने पर तुम्हें ग्लानी नहीं होती।"[41] स्मिता मनोविश्लेषण के नाम पर ठगी गई थी। वह मन ही मन हँसती और अपमान, अवमान व निर्मम स्थिति को झेल लेती पर जब अत्यधिक अत्याचार बढ़ गया और जिम फाहश गालियाँ बकते हुए, वह उसके ऊपर उछला और बेल्ट की चपेट से उसे नीचे गिरा दिया। फिर बेल्ट से उस पर वार करने लगा। "... इस बार वह बंधनमुक्त थी। उसने जिम को पटकनी देकर जमीन पर गिरा दिया। उसकी बेल्ट छीन ली। और अच्छी तरह उसकी धुलाई करके रख दी।"[42]

उसी प्रकार मारियान के पति इर्विंग ने उसे धोखे से छला था। उसके जरनल लेकर भाषा की हेराफेरी करके उपन्यास अपने नाम से छपवाया। सारी सामग्री उसने जुटाई थी। सामग्री के लिए ईर्विंग ने उसे कहाँ-कहाँ नहीं दौड़ाया था। मारियान से उसने कहा था "यह उपन्यास हम दोनों ने लिखा है। हम दोनों के नाम से छपेगा। पर रचना को अपने नाम से छपवा लिया। कहता है तथ्य जुटा लेने से उपन्यास नहीं लिखा जाता।"[43] इस पर मारियान सोचती है "इस रचना में मैंने सिर्फ बीज नहीं डाला था, गर्भ भी धारण किया था और शिशु का प्रसव भी किया था। इर्विंग ने केवल उसे जमा पहनाकर, उसकी चोरी की थी। वह मेरे

शिशु का अपहरण था। कपटी, धूर्त, नामर्द बास्टर्ड ... पूरा-का-पूरा मेरा जरनल टीपकर छपवा लिया। यह सरासर चोरी है। कमीने, मैं कभी तुम्हें माफ नहीं करूँगी, इसका बदला लेकर रहूँगी। ... यू सन ऑफ बिच, यू इम्पोटें' बास्टर्ड। कमीज का कॉलर पकड़कर उसे झकझोर डाला, समझे क्या हो तुम... मैं तुम्हें छोड़ूँगी नहीं। प्लेजियरिज्म के चार्ज पर जेल भिजवाकर रहूँगी। इस उपन्यास की बिक्री भी तभी होगी जब इस पर मेरा नाम रहेगा, समझे।"[44] उसकी अस्मिता का आधार था उसका जरनल उसके छपते ही मारियान विद्रोही बन जाती है।

'अपनी सलीबें' की नीलिमा की माँ सुमित्रा देवी स्वावलंबी माँ के रूप में चित्रित हुई है। जो अपनी बेटी को जीवन दर्शन समझाती है। सुमित्रा परिस्थिति के अनुसार अपनी संतान को सही मार्ग दिखाती है। उसके पक्ष में हितकारक बदलाव चाहती है। सुमित्रा देवी के विचार स्वावलंबी हैं जो नीलिमा को पुरानी परंपरा पर चलने नहीं देती। नीलिमा को पढ़ने की, विवाह की अपने पैरों पर खड़े होने की स्वतंत्रता देती है। मिथ्या लोकलाज और कुटुंब परिवार की आलोचना को न मानते हुए अपनी बेटी के भविष्य के लिए रिश्ते-नातेदारों को दूर रख कर अपने बलबूते पर नीलिमा को शिक्षा का पूरा अवसर देती है। बेटी को प्रेम विवाह करने की भी स्वतंत्रता देती है। "स्वावलंबन के इसी आत्मविश्वास से नीलिमा को पूरी पढ़ाई करवाई और उसे अपने पैरों पर खड़े होने को प्रोत्साहित किया। यही उनका जीवन का ध्येय था और इसे इन्होंने पूरा किया।"[45] नीलिमा जब पति को छोड़ देती है और पति के आखिरी समय में भी उससे अजनबियों जैसा व्यवहार करती है। तो माँ उसे समझाते हुए कहती है-इशु सीधा-सादा आई.ए.एस. है। तुम्हारा ख्याल रखता है, तुम्हारी मर्जी के सिवाए कुछ नहीं करता। तुमसे अपने से ज्यादा प्यार करता है। कलक्टर बनने पर उसके समक्ष अनेक लड़कियाँ आ सकती थी पर उसने तुम्हें चुना क्योंकि वह तुमसे बहुत प्यार करता है। आगे कहती है-"बेटी, ईशु के पास पद है। सम्मान है। उसके मन में तुम्हारे लिए जो मान हे, उसकी तुमने कोई परवाह नहीं की। एक ज़िंदगी-सिर्फ एक जिंदगी

मिलती है मानुस जात को जीने के लिए। उसे भी कोई जाति-पाँत धरम-बेधरम, छोटा-बड़ा के चक्कर में गुजार दे और सारी जिंदगी रीती रह जाए, इसमें क्या अकलमंदी है। तू तो पढ़ी-लिखी है, नए जमाने की है नई रोशनी देखी है तुमने। हम तो पुराने खंजड़ हो गए हैं। गिरते खंडहर हैं हम। हम तो तुमसे सीखेंगे... मैंने समझा था कि तुमने सब देख सुनकर, सारे हालात समझते हुए फैसला लिया है। मुझे मालूम नहीं था कि तुम इतनी नासमझ हो... इतनी नादान हो।"[47] सुमित्रा देवी की बातों से प्रगतिशील माँ की छवि झलकती है जो अपनी बेटी के कारण विद्रोही भी बनती है। बेटी को भी प्रगतिशील राह पर चलने की सीख देती है।

'चाक' की सारंग स्वावलंबी विचारवाली है। सारंग को स्वावलंबी राह पर अनेक यातनाओं से गुजरना पड़ता है। सारंग यथास्थितियों के चलते परंपरागत जीवन की मान्यताओं को तोड़ती है। जातीय संघर्ष, रीति-रिवाज, उत्सव-पर्व, नृशंसता-प्रतिहिंसा, प्यार-ईर्ष्या, अंधविश्वास, कर्मकांड के बीच संघर्ष करती है। जमींदारों की अमानवीयता को मुँहतोड़ जवाब देती है। सारंग वेदना और रुदन को त्यागकर विद्रोही बनती है। अपनी बहन रेशम की मौत का बदला विद्रोहिणी बन कर लेती है और प्रण लेती है-"जब तक हथियारे को हथकड़ी नहीं लग जाती, अपने बाल नहीं समेटूँगी।"[48] रेशम के हत्यारे को हथकड़ी लगवा कर ही रहती है और शोषक पुरुषों को सजा दिलवाने में पीछे नहीं हटती। सारंग चुनाव में भी पद के लिए लड़ती है।

रेशम भी स्वावलंबी विचारवाली स्त्री है। पति मरने पर दूसरे से संबंध रखती है। पति की मौत के पाँच महीने बाद गर्भ धारण करके दिलेरी से उसका ऐलान करके विद्रोही होने का सबूत देती है। वह किसी रीति-रिवाज, शास्त्र-पुराण, घर-गाँव को नहीं मानती क्योंकि ये सामाजिक व्यवस्था उसे इंसान न मानकर एक विधवा मानते हैं। सारे अंधवश्वास, कर्मकांड उस पर लादते हैं। जिनका रेशम विरोध करती है। सास द्वारा उपेक्षित होने पर कहती है-"तुम्हारे पूत की चिता ठंडी हो जाने से क्या मेरे देह की आग बुझ जाती। बेटे के संग मैं भी मरी मान

ली। आज तुम्हारा बेटा मेरी जगह होता तो पूछती कि तू किसके संग सोया था। ... मेरे पीछे तेरहवीं तक का सब्र न करता और ले जाता दूसरी। तुम खुश हो रही होती कि पूत की उजड़ी जिंदगी बस गई पर मेरा फजीता करने पर तुली हो।"[49] रेशम का यह विद्रोह सामाजिक कुकर्मी तथा कर्मकांड से है जो स्त्री को, स्त्री न मानकर उससे उसके जीवन का आधार छीन लेता है। इस विद्रोह के कारण उसकी हत्या कर दी जाती है। जिसका बदला सारंग लेती है। सारंग का विद्रोह यौन-नैतिकता के दोहरे-मानदंड से है। पुरुष के द्वेषों के विरुद्ध है। पति द्वारा मिलने वाली प्रताड़ना, उपेक्षा, अपमान से है। सामाजिक विसंगति से है।

'हमारा शहर उस बरस' में श्रुति एक स्वावलंबी युवती है जो एक मुसलमान युवक हनीफ से विवाह कर लेती है। दोनों में धर्म-संस्कृति के नाम पर कभी मतभेद नहीं रहता है। वे मानवता को श्रेष्ठ मानते हैं और आधुनिक विचारधारा रखते हैं। हिंदु-मुसलमान के सांप्रदायिक दंगों के कारण इनकी सोच-विचार में कोई फर्क नहीं पड़ता क्योंकि ये जाति को महत्व न देकर भानवता को महत्व देते हैं। श्रुति का किसी भी तरह मानसिक, आर्थिक, नैतिक गुलाम न बनना, श्रुति एक संवेदनशील, विवेकशील स्त्री है जो विवाह के बाद अपना नाम नहीं बदलती न धर्म बदलती है। इन्हीं सब तथ्यों में श्रुति की प्रगतिशील विचारधारा परिलक्षित होती है।

सामाजिक, विसंगतियों, विषमता की शिकार होने पर भी स्वावलंबन की राह पर चलती है। बलात्कार, अन्याय-अत्याचार, धोका, उपेक्षा, उत्पीड़न, आत्मग्लानी, आत्मपीड़ा, सभी प्रकार के शोषण से ग्रस्त स्त्री पारंपरिक रूढ़िग्रस्त मान्यताओं का खंडन कर आत्मसम्मान तथा आत्मनिर्भर बनती है। ये स्त्रियाँ अपनी इच्छा, आकांक्षानुसार परिस्थिति की माँग कर अपने संस्कारों से स्त्री संहिताओं को तोड़ने-छोड़ने में भी हिचकिचाती नहीं। ये स्त्रियाँ स्वावलंबी के साथ-साथ विद्रोही भी है।

समान अधिकार

अंतिम दशक के उपन्यासों में स्त्री समानाधिकार की समस्याओं से

जूझती है। जन्म से ही स्त्री-पुरुष में भेदभाव किया जाता है। बेटी होने पर गहरी निराशा व्यक्त की जाती है। स्त्री आज शिक्षित है। आत्मनिर्भर है, फिर भी पुरुष के समान अधिकार से वंचित है। विधवा होने पर दूसरे विवाह की मान्यता स्त्री को प्राप्त नहीं है। स्वयं एक स्त्री भी बेटी होने पर भेदभाव रखती है। 'छिन्नमस्ता' की कस्तूरी तथा 'आवां' की उर्मिला इसका सजग उदाहरण है। जो अपनी बेटी के जन्म पर खुश नहीं होती और बेटा-बेटी में भेदभाव रखती है। बेटी को बहुत सारे बंधनों में रखना चाहती है और बेटे को खुली छूट देती है। अपनी बेटियों को अच्छी शिक्षा से भी वंचित रखती है। इसी सामाजिक व्यवस्था का पुरुष फायदा उठाता है और अपनी बहन, बेटी, पत्नी पर अपना रौब जमाना चाहता है। पर आज की स्त्री अपने अधिकारों के प्रति सजग हो गई है। उसमें स्वतंत्र चेतना जागृत होने लगी है जिससे वह अपने समानाधिकार प्राप्ति के लिए विद्रोही भी बन जाती है।

'आवां', 'एक जमीन अपनी', 'कलिकथाःवाया बाईपास', 'छिन्नमस्ता', 'ऐ लड़की', 'कठगुलाब', सभी में स्त्री किसी न किसी रूप में समानाधिकार की समस्याओं से जूझ रही है।

'आवां' उपन्यास में उर्मिला बेटा-बेटी में फर्क मानती है। वह बेटे को अंग्रेज़ी स्कूल में दाखिला दिलवाती है और बेटी को हिंदी माध्यम से पढ़ने को भेजती है। पति के अपाहिज होने पर बड़ी बेटी की पढ़ाई भी रुकवा देती है। उसके ऊपर परिवार के दायित्वों का बोझ डालती है। पति की मौत के बाद जब विधि विधान से क्रिया कर्म की बात पंडित जी करते हैं तो वह छोटे बेटे को आगे कर कहती है कि बेटा है बेटा ही करेगा। बच्चे की उम्र देखकर पंडित पूछ बैठते हैं कि बड़ा बेटा नहीं है। इस पर नमिता की माँ कहती है-"होता तो फिर रोना ही काहे को था, पंडित जी। माथे पर हथेली पटक माँ ने मानो भाग्य को धिक्कारा।"[50] इस पर नमिता कहती है-"क्रियाकर्म मैं करूँगी, पंडित जी, मुखाग्नि भी मैं ही दूँगी। मैं पांडे जी की बेटी हूँ। छुन्नु बच्चा है। बच्चे के हाथ से क्रियाकर्म करवाना उचित नहीं। बाबूजी जिंदा थे तो अक्सर कहा करते

थे-"मरने पर तू ही मेरा क्रियाकर्म करेगी। तू मेरी समर्थ बेटी है। दस बेटों के बराबर।"[51] सदियों से चली आ रही रीति तथा रूढ़ियों को तोड़ने की कोशिश की गई है। बेटा ही नहीं बेटी भी समानाधिकार की हकदार है। पहले जमाने में लड़कियाँ ससुराल में रहा करती थीं। इन सब कार्यक्रमों से वंचित थीं। स्त्रियों के लिए "शास्त्रियों ने लिख दिया... पोंगापंथियों ने लगा दिया ठप्पा की स्त्रियों के लिए मुखाग्नि देना वर्जित है। नमिता का अनाधिकार हस्तक्षेप माँ को नागवार गुजरा।"[52] नमिता की स्वतंत्र चेतना दृष्टिगत होती है। वह अपने अधिकार के लिए दृढ़ है जो अधिकार हासिल करना चाहती है। विद्रोह, दृढ़ निश्चय से हासिल कर लेती है चाहे समाज, परिवार उसकी कितनी ही उपेक्षा करे।

'कठगुलाब' में भी समानाधिकार की समस्या को रेखांकित किया गया है। स्मिता पढ़ाई करना चाहती है। नौकरी के लिए आत्मनिर्भरता के लिए वह शादी नहीं करना चाहती। मारियान समानाधिकार के लिए पति के छल धोके को सजा देना चाहती है। उसके पति ने उसे ठगा था। उसके जरनल का भाषायी हेर-फेर कर उपन्यास के लिए इस्तेमाल करके नष्ट कर दिया था। 'वुमेन ऑफ द अर्थ' उपन्यास को अपने नाम से छपवा लिया था। इस पर मारियान विद्रोह कर उसे जेल भेजने की धमकी देती है। पर उल्टा इर्विंग अदालत में तलाक लेने के लिए अर्जी देता है कि उसकी पत्नी हिस्टीरिया या मानसिक विकार की शिकार है और तलाक हो जाता है। मारियान-"प्रलाप से बेदन और बेदन से प्रलाप के बीच झूलती, धोखेबाजी से पार पाने में नाकाम, फेमिनिज बाइल्स से मुक्त एक तुच्छ स्त्री।"[53] मारियान समान अधिकार की मांग कतरी है तो पति द्वारा उपेक्षित, प्रताड़ित तथा तलाक ही मिलता है। सामाजिक उपेक्षा, आलोचना की हास्यास्पद विवाद ही हासिल हुआ और कुछ नहीं।

'कलिकथा वाया बाईपास' में मारवाड़ी परिवार की आधुनिक लड़कियाँ भी समानता की मांग पर संघर्षरत हैं। वे अपनी माँ, ताई, भाभी की घुटनभरी जिंदगी को देख कर उनसे सवाल करती हैं कि क्यूँ वे इस तरह के शोषण को सहती हैं। क्यूँ वे अंधविश्वास, आडंबर,

अत्याचार, कुंठा, संत्रास से बाहर नहीं निकलती। क्यूँ नहीं वे स्वतंत्रता की सांस लेती हैं। अपने जीवन को घुट-घुट कर रीति-रिवाज के दायरे में अपनी आत्मपीड़ा के लिए जीती है। किशोर की छोटी बेटी पिता के व्यवहार पर सोचती है क्यों पिताजी बाहर जाने नहीं देते, बाल्कनी में खड़े होने पर मना करते हैं। सहेलियों को घर आने-जाने नहीं देते, आस-पड़ोसी से मिल नहीं सकते हैं। ये कैसी कैद का जीवन है वह पुरुष के समान स्वतंत्र जीवन जीना चाहती है। पारिवारिक परंपरा का खंडन कर मारवाड़ी स्त्री चेतना की जागृति का संकेत देती है। अपनी और अपनी बड़ी माँ की बंदिस्त स्थिति पर अपना प्रगतिशील विचार प्रकट करती है।

'इदन्नमम' में प्रेमा को समानता के लिए उपेक्षित होना पड़ा। वह पति मरते ही रतन यादव के साथ भाग जाती है और अपने वैधव्य के नियमों का खंडन करती है। इसी कारण उसे सास की, जाति की, गाँव की उपेक्षा का सामना करना पड़ता है। मंदा अपने पिता के अधूरे सपने को पूरा करती है। वह सोनपुर गाँव में अस्पताल का नवनिर्माण करती है तथा आयतीत सामाजिक विसंगति का, विषमताओं का खंडन करती है। गाँव में जाकर समाज-प्रबंधन, जन-जागृति करना तथा सरकारी दफ्तरों में जाकर भ्रष्ट नीति को नंगा करना, अभिलाख जैसे शोषकों को सबक सिखाना, मजदूरों में चेतना भरना, समानता की मांग पर विद्रोही बन शोषणों का विरोध कर उनको अंजाम देना मंदा और प्रगतिशील राह पर चलती है। जो अंधविश्वास, रूढ़ि-प्रथा परंपरा को तोड़ती है।

'एक ज़मीन अपनी' उपन्यास में समानाधिकार की समस्या को स्पष्ट किया है। इसी को लेकर अंकिता अपना मत स्पष्ट करते हुए कहती है- "मैं स्त्री और पुरुष की समान साझीदारी की पक्षधर हूँ। किंतु उसमें अहंवादी शोषण स्वरूप की नहीं... पुरुष को उसे बाडे से मुक्त कर बराबरी का दर्जा देना होगा..."[55] अतः स्पष्ट है कि सुशिक्षित स्त्री समान अधिकार के लिए लड़ती-झगड़ती है। परंतु उसे पूर्ण रूप से समान अधिकार नहीं मिलता। यदि स्त्री को समान अधिकार मिल जाएंगे तो पुरुष का अतिरिक्त स्वातंत्र्य का हक छिन जाने का डर पुरुष को लगा

रहता है, इस वजह से पुरुष स्त्री को समान अधिकार नहीं देता। अंकिता को बेटी होने के नाते माँ की मृत्यु के बाद माँ की जायदाद में हिस्सा नहीं मिलता। वंदना की माँ भी बेटा-बेटी में समान अधिकार नहीं दे पाती। स्त्री समानता के बारे में नीता के विचार इस प्रकार हैं-"ये रूढ़ि विचार ही स्त्री-स्वतंत्रता में बाधक हैं... मैं इस बात को सचमुच जीना चाहती हूँ... इसी समाज में पुरुष सर्वदा अपने मन को जीता आया है.. आज भी जी रहा है... पुरुष अपने मन से जी सकता है, स्त्री नहीं?"[56] इसी संदर्भ में नीता की सहेली अंकिता कहती है कि स्त्री को मर्द बनकर समाज में समानता की चाह नहीं करनी चाहिए। स्त्री रह कर ही समान अधिकारों को प्राप्त करना चाहिए।

'ए लड़की' उपन्यास में लड़का-लड़की को समान अधिकार देने के विचार स्पष्ट हुए हैं। माँ अपनी लड़की को शिक्षा देते हुए कहती है- "अपने दिल से, पूछा कभी तुम भाई-बहनों में कोई भेदभाव किया गया। "[58] अतः यहाँ तो माँ जो मृत्यु की राह देख रही है वह अपनी बेटी को बढ़िया सीख देती है। फिर भी अम्मु अंतिम संस्कार के लिए बेटे कों याद करती है।

'छिन्नमस्ता' उपन्यास पारिवारिकर भेदभाव की वजह से प्रिया को माँ का प्यार नहीं मिलता है। उसे परिवार में समान अधिकार नहीं मिलता। शादी के बाद भी प्रिया को समान अधिकार नहीं प्राप्त होता। वह सोचती है कि-"स्त्री-पुरुष का संबंध मालिक और गुलाम का? भोक्ता और भोज्य का? व्यक्ति और वस्तु का? कब तक यह द्वंद्व चलेगा?"[60] अतः स्त्री को गुलाम बनाकर पुरुष प्रधान संस्कृति उस पर रौब जमाती है। फलस्वरूप यह समस्या निर्मित हो गई प्रिया पति से ज्यादा कमाने होने पर भी उसे स्वतंत्र रूप से जीने नहीं देता। समानाधिकार के बारे में कहा है-"एक पुरुष पैसे कमाता है और दो चार लोगों को पाल लेता है, लेकिन स्त्री यदि सीमाएँ लाँघ जाए तो वह पारंपरिक समाज उससे खत्म हो सकता है।"[61] स्पष्ट है कि स्त्री के लिए मान-मर्यादाओं का पालन आवश्यक बन गया है। प्रिया की सौतेली ननद भी इसी समस्या का

शिकार हुई है। प्रिया पति और बेटे को छोड़कर व्यापार हेतु लंदन चली जाती है। प्रिया अपने अधिकारों की प्राप्ति के लिए सजग व सचेत है।

विवेच्य उपन्यासों में समान अधिकार की समस्या विविध रूपों में चित्रित है। माँ अपेन ही बेटे-बेटियों को समान अधिकार नहीं देती। पत्नी को भी समान अधिकारों से वंचित रहना पड़ता है। जो स्त्री पढ़ी-लिखी है वह समान अधिकार के लिए संघर्ष करती हुई दिखाई देती है। विधवा पुनर्विवाह के लिए बाधा डाली जाती है तो विधुर के लिए छूट दी जाती है। अतः स्वाभिमानी स्त्री को समाज सहारा नहीं देता बल्कि उस पर लाँछन ही लगाता है।

स्वतंत्र चेतना

स्त्री के स्वतंत्र व्यक्तित्व में स्वावलंबन का विकास अत्यधिक किया जा रहा है। स्त्री के संदर्भ में महिला लेखन इस दिशा में अत्यधिक सक्रिय है। आज के युग में स्त्री हो या पुरुष दोनों ही अपने स्वतंत्र चेतना का विकास करने लगे हैं। पति-पत्नी अपने व्यक्तित्व को लेकर अधिक जागृत हो गये हैं। जिस प्रकार समाज में पुरुष का स्थान है स्त्री भी चाहती है कि समाज में उसकी अपनी पहचान हो। वह अपनी स्वायत्ता स्थापित करना चाहती है। गलि-सड़ी रूढ़िवादी सामाजिक संस्कारों, आडंबर युक्त मान्यताओं के प्रति स्त्री जागृत चेतित हो गई है। आत्माभिव्यक्ति की आकांक्षा और परिवार तथा समाज में अपनी अस्मिता की पहचान उसके लिए महत्वपूर्ण हो गयी है। आज की स्त्री अपने अधिकार और अत्याचार के प्रति आवाज़ उठाने लगी है। स्वावलंबी होकर जीवन बिताना चाहती है। अंतिम दशक के उपन्यासों में स्त्री अन्याय, अत्याचार तथा शोषण के खिलाफ स्वतंत्रता के साथ विद्रोह के लिए खड़ी हुई है। बदलते जमाने में स्त्री का चेतना रूप समाज-जीवन के लिए आवश्यक है।

'इदन्नमम' उपन्यास में स्त्री की संपत्ति को पुरुष के द्वारा हथियाना और स्त्री का अधिकार चेतना का भाव स्पष्ट होना दिखाया गया है। इस उपन्यास में स्त्री की तीन पीढ़ियाँ अपने जीवन संदर्भों को लेकर स्वतंत्रता

की चेतना की मुद्रा में खड़ी है। उपन्यास की पात्र मंदा अपने अधिकार के लिए लड़ाई लड़ती हुई पुरुष प्रधान संस्कृति, अत्याचार, शोषण के विरुद्ध खड़ी होती है। उसके समानता के अधिकारों को समाज और न्याय व्यवस्था तक स्वीकार करेगी। वह स्वतंत्र चेतना से जागृत होती है। बऊ (दादी) प्रेम (माँ) और मंदा ये तीन रूपों में स्वातंत्र्य की चेतना उभर कर आई है।

'छिन्नमस्ता' में प्रिया एक ऐसी स्त्री का चित्रण हुआ है जो स्वावलंबन की चेतना रखती है स्त्री की अस्मिता की खोज में वह अपना पूरा जीवन बिता देती है। मारवाड़ी समाज के स्त्री-शोषण के चक्रव्यूह को छेदकर प्रिया की स्त्री-स्वातंत्रता को उजागर किया गया है।

प्रिया पारिवारिक शोषण के कारण पीड़ित है। उसका पति व्यापार में अड़चने पैदा करने की कोशिश करता है पर प्रिया अपनी स्वतंत्र स्वावलंबी चेतना के कारण विरोध करती है। प्रिया कहती है-"सारे जुल्मों के सामने... सलीब पर लटकते मैंने पाया कि मैं पूरी तरह चुनौतियों का सामना करने के लिए तैयार हूँ।"[63] इसमें प्रिया की अस्तित्व भावना जागृत होती है। शिकागो में आयोजित प्रदर्शनी में शामिल होने के लिए जाने वाली प्रिया को जब नरेंद्र रोकता है। प्रिया विद्रोह करती है और कहती है-"तुम साल में एक करोड़ कमाते हो, जबकि मैं पाँच से सात लाख! क्या तुम सभा-सोसायटी के मंच पर बैठकर गले में हार नहीं पहनते।"[64] नरेंद्र सोचता है कि उसे व्यावसायिक जलन हो रही है। पर इसमें जलन जैसी कोई बात नहीं है। वह तो स्वतंत्र चेतना उसमें जाग गयी है। प्रिया केवल आत्मनिर्भर बनना चाहती है। शादी से पहले भी वह अपनी दायी माँ को कहती थी-"औरत को अपने पैर पर खड़ा होना चाहिए। देखो तो तुम नहीं कमाती तो तुम्हारे बच्चे का क्या होता।"[65]

इस उपन्यास की नीना नरेंद्र के पिताजी की रखैल तिलोत्तमा की अवैध संतान है। अवैध संतान होने के कारण उसमें लघुत्व की ग्रंथी पनपने लगती है। वह चेतित होकर अपनी माँ की सौभाग्यवती बनने की

प्रवृत्ति पर व्यंग्य करती है। "माँ कितना भी मांग में सिंदूर लगाए, उस लाल रंग में थोड़ी कालिख धूली हुई है? इसलिए तो मम्मी का सिंदूर चमकता नहीं।"[66] नीना के मन में कड़ुवाहट उभरती जा रही है। वह अपनी लड़ाई स्वयं लड़ना चाहती है। जो उसका पिता पैसे देता है उसको स्वीकार नहीं करती है। पिता को एक बुजदिल, कमजोर इंसान मानती है। जूडी से नीना के बारे में प्रिया बताती है-"नीना हर तूफान का हँसकर स्वागत करती है।" और निर्भय होकर हँसती है वह प्रिया की सहायता से जर्मन लड़के से शादी करती है। इसमें स्वतंत्रता का बोध होता है। अपने स्वतंत्रता के लिए कितनी चेतना भर रही है।

'इदन्नमम' में परंपरागत वैधव्य का सम्मान करनेवाली बऊ, परंपरागत वैधव्य की सम्मानित चौखट को तोड़नेवाली महेंदर की विधवा पत्नी प्रेम, सोनपुरा के जमींदार महेंद्र की बेटी, मंदा, क्रूर पति यशपाल की पत्नी कुसुमा ये सारी औरतें चेतित नारियाँ हैं जो परिवेश के खिलाफ, ग्रामीण अनीति, हड़पनीति परंपरा के खिलाफ संघर्ष करके जनमानस में अन्याय-अत्याचार के खिलाफ जनजागृति करती है। मंदा द्वारा जन संगठन का बड़ा प्रशंसनीय कार्य करके माफिया ठेकेदारों को ठिकाने पर लगाया जाता है। 'कठगुलाब' की स्मिता, नमिता, नर्मदा, असीमा, नीरजा आदि स्त्री पात्र पुरुष प्रधान समाज के कठगुलाब को उखाड़ना चाहती हैं। ये सारी स्त्रियाँ अपने पति, जीजा आदि से शोषित हैं और अपने शोषण का उनसे बदला लेना चाहती है। ये स्त्रियाँ स्वतंत्रता के लिए चेतित नज़र आती हैं। समाज के बाह्य दबाव में उसकी चेतना दब गई है। इन उपन्यासों में स्वतंत्र चेतना उभरकर नज़र आती है।

विवेच्य उपन्यासों में स्वतंत्रता की चेतना उभर कर आयी है। इदन्नमम, कठगुलाब, छिन्नमस्ता, कलि कथाःवाया बाइपास' आदि उपन्यासों के जरिये स्वतंत्र चेतना को उभारा गया है। अंतिम दशक के हिंदी उपन्यासों में स्त्री के सामने अनेक पड़ाव आये हैं जिनको स्त्री स्वतंत्रता से पूरा करना चाहती है।

मानवीय संवेदना

अंतिम दशक के उपन्यास स्त्री की संवेदना को सामने लाता है। ऐसी स्त्री संवेदना जो लगातार संघर्ष कर रही है, संघर्ष करते हुए ऐसे बिंदु पर पहुँचना चाहती है जो स्त्री के व्यक्तित्व को स्थापित करता है। ऐसी स्त्री संवेदना इन उपन्यासों मं है जो सारे समाज के सामने चुनौती है। यहाँ स्त्री लड़ाई भी लड़ती है, तलाक भी मांगती है, सत्ता में आने के लिए प्रयत्नशील भी है। अपने विचारों को पूरे राष्ट्रीय गौरव से जोड़ती है। एक तरह से भारतीय यथार्थवाद को, स्त्री के निजत्व को, उसकी अस्मिता को स्त्री-विमर्श को इन उपन्यासों के माध्यम से लेखिकाएँ हमारे सामने लाती हैं।स्त्री स्वयं अपने लेखन में स्त्री के स्वभाव को जितनी गहराई से समझकर लिखती है, वह गहराई ही उसकी विशेषता बन जाती है। चाहे वह रंगमंच के माध्यम से हो या कहानी के, या उपन्यास के उसमें लेखिकाओं ने स्त्री की पूर्णता का सवाल उठाया है।

प्रो.गिरीश रस्तोगी के विचार में-"स्त्री विमर्श पुरुष विरोधी नहीं है। मूल दृष्टि यह है कि स्त्री को स्त्री की दृष्टि से देखो। स्त्री के लिए मानवाधिकार जरूरी है कि उसे मनुष्य की तरह माना जाए। उसे पुरुष की तुलना में न देखें। दृष्टिकोण अतिव्यापक है। स्त्री के मातृत्व पर पत्नीत्व पर, रिश्तों पर, घर बाहर के संबंधों पर होनेवाली सारी बातें विमर्श पक्ष से जुड़ जाती हैं।"[67] स्त्री स्वभाव को समझना स्त्री-विमर्श की सबसे बड़ी चीज़ है।

ऐसा स्त्रीत्व जिसका अपना अस्तित्व हो, अपना एक अहम हो, स्वयं का गौरव हो। समाज में स्त्री-पुरुष के संबंधों का आधार मानवीय प्रेम, सम्मान ओर सहयोग होता है। अगर स्त्री-पुरुष में मानवीय भावना उत्पन्न हो सकेगी तो दुनिया में जितनी विषतमाएँ हैं उन्हें मिटाया जा सकेगा। स्त्रियों का भी स्वतंत्र व्यक्तित्व हो जिसमें वे अपने जीवन का उद्देश्य समाज में स्थापित कर सकें। आज की स्त्री पारंपरिक रूढ़ियों का खंडन कर संपूर्ण मानव बनने और चेतना को संघर्षरत रखने के लिए प्रयत्नशील है। "स्त्री रूप से उठकर मानवी रूप में प्रतिष्ठित करने का प्रयत्न ही सब समस्याओं का निदान है, उपचार है।"[69] मानवीय मन की नितांत उलझी

हुई चाहत और जीवन भरे संघर्ष का दस्तावेज है जो आदर्शों की भव्यता से अलग हटकर सत्य के निरूपण की अवधारणा सत्य कथा है जिसका सत्य कभी मरता नहीं।"[70]

"आज जरूरत है उस तलाश की, उस जीवंत जिज्ञासा की, जो स्त्री के जीवन, उसकी अनुभूति, उसकी सृजनात्मक शक्ति को अभिव्यक्त करनेवाले माध्यम को समाने लाए।"[72] विवेच्य कालखंड की लेखिकाओं ने स्त्री की जरूरत एवं तलाश को अपने उपन्यासों में चित्रित किया है।

पारिवारिक जीवन

विवेच्य उपन्यास में मानवीय संवेदना का चित्रण हुआ है। आवां उपन्यास में नमिता के मानवीय संवेदनाओं को उभारा गया है। सामाजिक, पारिवारिक दृष्टि से नमिता का जीवन बिखरा हुआ है। नमिता एक घुटन भरे मध्यवर्गीय परिवार में पैदा हुई है। महानगर के परिवेश में संघर्ष कर रही है। 'नमिता' सामाजिक कुरीतियों का शिकार है। घर और बाहर उसे सुरक्षित समाज नहीं मिला। आज के समाज में भी स्त्री के प्रति पुरुष का दृष्टिकोण बदला नहीं है। चित्रा मुद्‌गल कहती है कि स्त्री के चेतन संपन्न व्यक्तित्व की कल्पना ही हमारे समाज के लिए मुश्किल है। मानकर ही चला जाता है कि पुरुष पर निर्भर हुए बिना स्त्री-जीवन में कुछ हासिल ही नहीं कर सकती। आधुनिक युग में बदलती परिस्थितियों का कारण मानवीय संबंधों में परिवर्तन तथा बढ़ती बेरोजगारी ने मानव और उसके स्वभाव को संकटमय स्थिति में जकड़ दिया है। जीवन में फैली निराशा कुंठा का प्रभाव पारिवारिक जीवन पर स्पष्ट रूप से दिखाई देने लगता है। पुराने संबंध टूटने और नये संबंध बनने पर पारिवारिक जीवन में तनाव बढ़ जाता है। इसका उदाहरण हम नमिता की माँ में देख सकते हैं। बेरोजगारी के कारण बच्चों में फर्क करती है। "बेटे को अंग्रेज़ी माध्यम में डालती है।" नमिता भी पारिवारिक दशा देख कर पढ़ाई छोड़ देती है। नमिता को अपने परिवार में ही अनेक मुसीबतों का सामना करना पड़ता है। उसके लिए घर होते हुए भी घर का वजूद नहीं मिलता।

माँ नमिता को अपमानित और उत्पीड़ित करने का एक भी अवसर नहीं जाने देती। माँ कहती है-"नमी की जगह आज हमारा जवान बेटा होता तो आपद-विपद का सहारा होता। मान लिया, लड़की कमा-धमा रही-लड़कों के बराबर कमा रही मगर ठहरी चार दिन की चांदनी। दफ्तर में किसी से लप्पा-डुग्गी हुई नहीं कि मिनट-खांड नहीं लगेगा प्रेम में अनारर्क बनते। लड़के की बात जुदा। सलीम बन भी जाए तो अनारकली आती तो अपने ठिंयां-ठिकाने। कलेजे की फटन मुंह को आती है। छुनुआ जब तक मुँह में पानी डालने लायक बनेगा, यमराज टांग खींच लेंगे यमलोक।"[73] लड़की पराया धन है जो भी करेंगे। बाहर ही जाना पड़ेगा। पर लड़का तो अपना है जैसे भी काम करे वापस घर ही लौट आयेगा। माँ के लिए नमिता को मानवीय सरोकार की आवश्यकता नहीं है। इस प्रकार नमिता घर में ही अनेक प्रकार की समस्याओं का सामना करती है।

नमिता की दोस्त स्मिता का भी पारिवारिक जीवन अस्त व्यस्त है। उसके पिता के कारण घर में अशांति, वैशीपन छाया रहता है। उसके पिता मटका किंग हैं। हमेशा पत्नी पर अत्याचार करते रहते हैं। बेटी को बेअी न मानकर एक प्रकार से उसी की संपत्ति मानकर उस पर अत्याचार करते हैं। स्मिता की बड़ी बहन पिता के होने पर अकेले रहने से भी घबराती है। "पिता की पियक्कड़ी ने किस कदर घर का सुख-चैन छीन रखा है। मिट्टी का तेल उड़ेलकर आई (माँ) ने स्वयं को इस नरक से मुक्त करने की दो बार कोशिश की। हम दोनों बहनों ने उन्हें मुक्त नहीं होने दिया।"[74]

आगे वह कहती है कि "शराब से हम सब लड़ सकते हैं, शैतान से नहीं। वह अधिक नृशंस है। जो हर रोज आई-ताई को रोलर सा कूटता, भूरकुस बनाता उनकी शक्लें उनसे छीन रहा। 'ताई' राक्षस के साथ अकेली घर में रहने से ठरती है।"[75] जानती हो अक्सर मैं क्या सोचती हूँ-"मैं राक्षस के जबड़े के नीचे घुट रहे अपने परिवार की कोई और तसवीर बनाना-देखना चाहती हूँ। दूरदर्शन पर दिखने वाले 'बोर्नविटा' या 'हॉर्लिक्स' के सुखी संतुष्ट परिवारों की भाँति... जिस दिन नौकरी

मिल जाएगी मुझे, नमी, बाप-रूपी इस राक्षस को मैं सीढ़ियों से ढकेल स्वाभाविक मौत मरने पर विवश कर दूँगी।"[76]

आर्थिक अभाव के कारण स्मिता पारिवारिक शोषण सह रही है। उसका पारिवारिक जीवन पिता के कारण डावाडोल है। पिता को मार कर वह सुखी परिवार की परिकल्पना करती है।

गौतमी का भी पिता के कारण पारिवारिक जीवन संघर्षमयी है। उसके पिता के कारण माँ कभी सुखी नहीं रह पायी। "शराबी व्यभिचारी पुलिस अधिकारी पति के मानसिक दैहिक उत्पीड़न से त्रस्त गौतमी की माँ ने लंबी कानूनी लड़ाई लड़ने के उपरांत जैसे-तैसे उससे मुक्ति पाई।"[77] माँ ने पुनर्विवाह किया पेशे से सुप्रसिद्ध शिल्पकार से उसके दो बेटे थे। उसके सौतेले भाई विनोद ने गौतमी को अपनी हवस का शिकार बनाया जिससे वह गर्भवती हो गई। गौतमी माँ से सब कुछ विनोद के बारे में बताना चाहती थी। पर "आडे आ खड़ा होता माँ के जीवन का कष्टमय इतिहास। माँ के उत्पीडन की साक्षी बेटी ठिठक जाती।" वह आत्महत्या करने का निर्णय करती है। और हमेशा के लिए घर छोड़ देती है। गौतमी का पारिवारिक जीवन कष्टमयी, संघर्षमयी है। उसे हर समय पुरूष समाज ने ठगा है। जिसके कारण वह आत्महत्या तक उतारू हो जाती है।

नमिता की माँ का भी पारिवारिक जीवन सुखी नहीं है। पति लकवे का मरीज है। घर की सारी जिम्मेदारियों को उसे और नमिता को देखना पड़ता है। स्वभाव की कड़वी है। हमेशा पति और नमिता को कोसती रहती है। घर चलाने के लिए शाहबेन के यहाँ पापड बेलने का काम करती है। पति जब अस्पताल में भर्ती थे तब नमिता की मौसी माँ से कहती है- अभी एक हाथ तो काम कर रहा जीजाजी का। मकान के कागज अपने नाम करवा लो-माँ कहती है... छोटी, यह तो उनके सोचने की बात थी, मेरे कहने की नहीं... कौन राजपाट छोड़े जा रहे बिन्नो, जिसके खाने-पाने में मंजीरे बजाऊँ कि छाती कूटूँ। लड़कियाँ पल गईं, पल जाएंगी। खैर-ठिकाने के दिन भी बहुरेंगे। चिंता इकलौते पेटपोंछन छुन्नुवा की हो रही... गुप चुप एक दो काम करवा दे, बिन्नो।"[78] आर्थिक अभाव

मनुष्य को कमजोर बना देता है। उसकी मानसिकता कहीं अंधेरे में खो जाती है। आर्थिक अभाव स्त्री हो या पुरुष से अनित्य, चोरी तक करवा डालने में पीछे नहीं रहते। नमिता की माँ भी सास की करधनी चुरा लेती है। आर्थिक अभाव और लकवे से बीमार पति के कारण नमिता की माँ का जीवन असंतुष्ठ था। जिसे वह नीरसता, मजबूरी से निर्वाह कर रही थी।

आवां की सभी पात्र मानवीय सवंदेनाओं की विषमता की शिकार हैं। पुरुष द्वारा शोषित, उत्पीड़ित, प्रताड़ित हैं। उनका जीवन संघर्षमयी है।

सूर्यबाला कृत 'यामिनी कथा' उपन्यास में यामिनी का मानसिक जीवन डगमगाता रहता है। शादी के बाद सास की स्वार्थी बातें यामिनी को पसंद नहीं है। वह बेटे से प्यार करती है। बहू को केवल संतान उत्पत्ति का साधन व माध्यम मानती है। यामिनी सास को कहती है- "यानी घर बनाने नहीं, किसी को घर लाने का साधन बनने आई हूँ मैं।"[79] यामिनी आदर्श बहू, आदर्श पत्नी बनना चाहती थी। पर पति के कटु व्यवहार ने उसे विद्रोही बना दिया। पति का प्यार, विश्वास उसे कभी नहीं मिला। वह असफल पत्नी और माँ के रूप में जीती रही। जीवन में प्यार भरी थपकी या आश्वस्ति के न रहने से जीवन घुटन भरा हो जाता है। वह सोचती है-"तुमने तो कहा था-मुझे कभी किसी बात की कमी नहीं होगी न। फिर अपनी बात रखते क्यों नहीं? क्यों मुझे प्यार नहीं दे पा रहे हो तुम?"[80] बेटा होने पर भी पारिवारिक जीवन में उथल-पुथल ही रहती है। उसको जीवन में विश्वास और अपनेपन की कमी है। पति की मृत्यु के बाद वह सामाजिक तथा आर्थिक सहारे के लिए पुनर्विवाह करती है। यहाँ भी बच्चों में भेदभाव के कारण जीवन नाटकीय और दुःखी लगता है। उसके जीवन में पारिवारिक संघर्ष ही अत्यधिक है। वह पहले बेटे पुतुल को पूर्ण रूप से प्यार नहीं दे पाती। चुनचुन और पुतुल के प्यार में बंटवारा हो जाता है जिससे असफल माँ का रूप ही परिलक्षित होता है।

'माई' उपन्यास की माई का जीवन पुरानी मान्यताओं को झेलते

रहने तथा पुरानी पीढ़ी की लीक पर चलने तक ही सीमित रहता है। माई अपनी घुटन भरी जिंदगी से मुक्ति तथा ऐसे वातावरण से निकलने की छटपटाहट कभी जाहिर नहीं होने देती। अपनी बेटी के माध्यम से नई पीढ़ी नये मूल्यों को जीने का मार्ग तलाशती है। समाज में स्त्री की कोई अपनी पहचान तथा अपना अस्तित्व नहीं होता है। उसका अपना रूप क्या है कहीं माँ का कहीं बेटी तो कहीं बहू का फलाने की पत्नी, फलाने की चाची, ताई, सभी रूपों को समेटे रहती है। उसका 'स्व' का क्या रूप है उसको जानने की न तो उसे जरूरत महसूस होती है न ही इच्छा। इस सामाजिक समस्या को लेखिका ने 'माई' की बेटी के माध्यम से उठाई है। वह माँ की मृत्यु के बाद सोचती है-"अब कहाँ से फिर शुरू करें माई के संग जीना कि वह हमारे नहीं, अपने ही रूप में हमें दिखाई दें? एक अलग माई न बाबू दादा की गठी, न हमारी गडी। अपनी ही साँसों में भीजी-भीजी।"[81] उसकी तय भूमिका में ही की गई है। बाबू की पत्नी, दादा-दादी की सेवारत न बोलनेवाली बहु और सुबोध, सुनैना की बेहद कमजोर 'माई' है, रज्जो नहीं। "भूमिका से मुक्त किए बिना सुनैना 'माई' को ठ्योढी से मुक्त करना चाहती है, सुनैना माई को 'माई' के रूप में पहचानती है। 'रज्जो' के रूप में नहीं।"[82] समाज में स्त्री के देह को पहचाना जाता है न कि उसके अस्तित्व को। रज्जो को तलाशा जाए "माई की पहचान उसकी अपनी पहचान के फेर में।"[83] व्यक्ति के स्थान पर रिश्तों में बदल दी गई है स्त्री। उसके रूप और संदर्भों में स्त्री को नहीं पहचान पाना ही माई को न समझने का महत्वपूर्ण कारण है। पितृसत्तात्मक व्यवस्था के दबाव में जीती स्त्री अपनी बेटी के लिए नया रास्ता बनाती है। परंतु परंपरागत चलते नियमों से अलग नहीं है माई। "हो सके तो यहाँ एक साथ इस तरह मत रहा करो।"[84] पारिवारिक व्यवस्था से बेटी को निकालने का संघर्ष करती है पर खुद व्यवस्था से बाहर नहीं निकल पाती। यह माई की मानवीय संवेदना है जिसे सुनैन महसूस करना चाहता है।

जीवन घुटन भरा

विवाहित स्त्री के प्रति शोषण के विविध रूप अंतिम दशक के

उपन्यासों में दृष्टिगत होते हैं। लेखिकाओं ने समाज तथा परिवार की अमानवीय स्थिति को अपने उपन्यासों में दर्शाया है। विवाहित स्त्री के शोषण में पति ही नहीं सास भी शामिल होती है। वह स्त्री हो कर स्त्री पर अत्याचार, शोषण करती है। उसकी उपेक्षा किये बगैर उसे चैन नहीं आती। 'यामिनी कथा' की यामिनी की सास ऐसी ही पात्र है जो यामिनी को केवल सामग्री के रूप में तथा वारिस (बेटा) लाने का माध्यम मानती है। उसके प्रति हमेशा घृणा का दृष्टिकोण ही बनाये रखती है। वहीं दूसरी ओर 'झूला नट' की शीलो की सास है जो बहु के जीवन के बारे में सोचती है बेटा जब उसे अपनाता नहीं तो बेटे से कहती है-"बेटा, ब्याह चलाय की बात और थी। बहू से नहीं बोला-बतलाया न सही, मगर अब तो ब्याह को ढाई-तीन-साल ... बहू की जवाबदार हूँ मैं... कनास, तेरा मन ठहरा, उस अभागिन की जिंदगी डूबी जा रही है।"[85] अम्मा के चलते सती बहुत पति के क्रोध की आँधी में तिनके-सी बोली तो गला भरा था, 'बेटी पढ़ा-लिखा लड़का... कौन से बैरी ने घात धर दी। मोरे महादेव बुद्धि फेरेंगे तो सही। आज नहीं, तो कल। सबर का फल मीठा होता है। सुख नहीं रहा तो दुख भी नहीं रहेगा।"[86] यहाँ सास जीवन दर्शन बताती है बहू को उसके भले के लिए बालकिशन का हाथ सौंप देती है। जैसे-जैसे शीलो विद्रोही बनती जाती है सास का बर्ताव भी सक्त होता जाता है। वह शीलो की उपेक्षा करने लगती है। एक दिन कह उठती है-"तू ही न दलिद्दिर होती, तो यह घर ऐसे न उजड़ता। लै, देख लै नखरा! खसम जू तों काग उड़ा करे है, रानी फुलमती रूठ के दिखा रही हैं।"[87] छिननमस्ता की प्रिया की सास भी बेटे के पक्ष में ही रहती है। वह बहु के आगे बेटे को ही महत्व देती है। भारतीय सास ऐसी है जो बेटा कपूत है निकम्मा हो बेकार हो, पर उसकी ममता के आगे सारे कुकर्म बेकार हो जाते हें। वह हर हालत में बेटे के प्यार के आगे झुक जाती है और बेटे का ही साथ देती है। उसी के हक की बात करती है। बहू उसके आगे उपेक्षित मात्र बन कर रह जाती है।

अंतिम दशक के उपन्यासों में स्त्री का वैवाहिक जीवन पति के

कारण घुटन भरा हो गया है। पति ऐसा कोई भी मौका नहीं छोड़ता जिससे पत्नी उपेक्षित, प्रताड़ित न हो। उसे शारीरिक और मानसिक दोनों रूपों से अपमानित, उपेक्षित किया जाता है। पत्नी की गलती हो या न हो उसे मारना, पीटना, शारीरिक अत्याचार किया जाता है। मानसिक रूप से उपेक्षित करना हर छोटी बात पर गाली देना उसे नीचे दिखाना उस पर अपने आधिपत्य का बोध करना पुरुष का नियम बन जाता है। विवाहित स्त्री की समस्याओं को लेखिकाओं ने अपने उपन्यासों में चित्रित किया है। झूला नट की शीलो भी पति की उपेक्षा, अपमान का शिकार होती है। जब से ब्याह कर आती है पति उसे एक नज़र भी नहीं देखता। क्योंकि वह उसकी पसंद की नहीं थी। उसने तो शहर में दूसरा घर बसा लिया था। सुमेर-शीलो की छाया से भी दूर भागने की कोशिश करता है। सुमेर की माँ जब विवाह के दायित्वों को निभाने की बात करती है और कहती है-"दूसरी जनी... अपनी गिरिस्ती बसा बैठा सहर में बज्जुर पटक दिया इस घर पर।"[88] इस पर सुमेर कहता है-"तुम्हारी छः उंगलियों वाली कल्लू बहू मेरे दोस्त को रोटी परोसने ही आ जाती, तो वह कल के दिन मुझे बोलने न देता। काले गोरे दो रंग पर तुम्हारी बहू तो नीली है, बैंगनी।"[89] "सुनो अम्मा, मैं तमाशा करना नहीं चाहता नहीं तो अभी हाल इस साली की चुटिया पकड़कर चौखट के बाहर तक घसीट लाता।"[90] इस पर माँ कहती है "ठीक है, मैं तो अज्ञान हूँ बेटा... तेरी जिंदगानी इतनी कच्ची निकली कि करिया-गोरे रंग में ही डूबने लगी। अरे सुमेर खुद को देख, नासपिटे, तू कहाँ का चंगा है, सो सिंघलदीप की पदमिनी चाहिए।"[91] इन सब बातों का सुमेर पर कोई असर नहीं होता। वह तो हमेशा तिरस्कार, अपमान, उपेक्षा ही करता रहता है। हमेशा गाली और अपमान सहकर भी शीली चुप रहती। पत्नी धर्म निभाने के लिए पूजा पाठ करती। अनमेल विवाह के कारण शीलो का विवाह दुःख में बदल जाता है। पर इससे शीलो हारती नहीं, विद्रोही बन कर परिवार का समाज का डटकर सामना करती है। वह सोचती है उसके दुर्भाग्य का कारण उसके हाथ की छटी उंगली है उसे ही अपने हाथ से काट कर फेंक देती है। न किसी कुएँ में जा कर प्राण देती है न ही आत्महत्या करती है।

जीवन की जिजीविषा से संघर्ष कर जीवन जीती है।

'छिन्नमस्ता' की प्रिया भी विवाहित है। प्रिया का दांपत्य जीवन टूटने का कारण उसके पति का आचरण है। प्रिया का घर में कोई स्वतंत्र अस्तित्व नहीं। पंद्रह साल तक प्रिया पशुवत आचरण करनेवाले नरेंद्र को झेलती रहती है। नरेंद्र कहता है-"मैं पुरुष हूँ, इस घर का कर्ता, यहाँ मेरी मर्जी चलेगी, हाँ सिर्फ मेरी।"[92] नरेंद्र हमेशा मालिक का भाव रखता है। प्रिया क्या चाहती है उसे कोई फर्क नहीं पड़ता।

डॉ.नीलिमा सिंह अपने विचार व्यक्त करती है-मनुष्य के लिए स्त्री एक रहस्य हैं, वह क्या चाहती है जानना कठिन है। हमारे यहाँ कहा गया है कि पुरुष का भाग्य और स्त्री का चरित्र देवता भी नहीं जानते-मनुष्य की क्या बिसात। स्त्री क्या चाहती है, यह इसीलिए स्पष्ट नहीं हो पाया है क्योंकि अपनी मर्जी से चाहने की छूट उसके लिए एक सर्वथा अपरिचित अनुभव है। यह एक मात्र ऐसी जाति है जो कई हजार वर्षों से पराधीन है इसीलिए स्त्री को अंतिम उपनिवेश कहा गया है।"[93]

पत्नी का स्थान दाम्पत्य में सिर्फ सेविका, परिचायिका, अभिभाविक अथवा दासी का न होकर समानधर्मी, सहमानव का होना चाहिए। यही लेखिका ने दर्शाने की कोशिश की है। स्त्री अब इस सर्वकालिक सत्य को जानने लगी है। जिससे वह विद्रोही भी कहीं-कहीं नज़र आती है। प्रिया भी इसका उदाहरण है जो त्याग, संयम, समर्पण, सेवा को महसूस करती है। पर अपने अस्तित्व को घुटता हुआ नहीं देख सकती। वह कहती है-"वैवाहिक जीवन को निभाना, दोनों की बराबर जिम्मेदारी है और कहीं कुछ गलत घटता है तब क्या हम दोनों ही अपराधी हुए? हाँ, यह मेरी गलती थी कि मैंने गुलामी स्वीकारी... गुलाम बने रहने की नियति को अपना भाग्य समझा... कोई एक घटना हो तो उसका विश्लेषण करूँ। हमारे वैवाहिक जीवन का कोई एक पक्ष कमजोर होता तो चलो मैं उस फालिज को स्वीकार कर लेती, पर जब बात पूरे अस्तित्व पर आ जाए, तब?"[95] स्त्री का आदर नरेंद्र नहीं जानता-"तुम कटखनी बिल्ली,

कमीनी औरत, बेवकूफ जैसे अपशब्द उसके लिए कहे जाते। मारना, चीजें उठाकर मुँह पर फेंकना, मुँह पर थूकना, कितना निर्लज होता है सब सहना, "एक व्यवस्था जिसमें अपनी पूरी ईमानदारी के बावजूद मैं मिसफिट हो रह गई।"

'यामिनी कथा' की यामिनी भी पति की उपेक्षा की पात्र है। इनके जीवन में भी विचारों, भावनाओं की कमी है। पति बाहर नौकरी करता है। जिसके कारण उसकी इच्छाओं की पूर्ति नहीं हो पाती। पति न उसे खुश रख पाता है और न ही उसके मन को पूछता है जिसके कारण जीवन घुटन भरा हो जाता है। पति से वह प्रेम की आशा रखती है। पर पति शारीरिक सुख को ही महत्व देता है। यामिनी वैवाहिक जीवन में घुटन को स्पष्ट करते हुए कहती है-"मैं तड़पड़ाती, घुटती, डूबती चली जा रही हूँ। किसने कहा है मुझसे इस भंवर में घुटते चले जाने को? यामिनी जीवन से संतुष्ट नहीं है। वह सोचती है-तुमने तो कहा था कि मुझे किसी बात की कमी नहीं होगी।"[96] पर वह पति को कभी बोल नहीं पाती अपूर्ण पत्नी के रूप में रहती है। असंतुष्ट होकर पति से कहती है-"तो मेरी बड़ी विडंबना यही है कि मैं आपके जीवन में तब आई जब आपके पास देने-लेने के लिए कुछ है ही नहीं।"[97] इस घुटन भरे जीवन को झेलते हुए वह तलाक लेने की भी सोचती है। पर ले नहीं पाती। आड़े आ जाता है उसका विश्वास और सामाजिक दायित्व। आर्थिक विपन्नता और बेटे का विचार। यामिनी का विवाहित जीवन घुटन भरा है पति और उसकी नौकरी के कारण।

'दिलो दानिश' में भी पति द्वारा शोषित पत्नी की आत्मपीड़ा को दर्शाया गया है। (पति) कृपानारायण (पत्नी) कुटुंब प्यारी को मानसिक तनाव से शोषित करता है। कुटुंब का वैवाहिक जीवन संतुष्ट नहीं है। क्योंकि पति दूसरा घर बसाए हुए है। पति की दूसरी औरत महकबानो है। उसके दो बच्चे भी हैं। इस बात को लेकर दोनों में हमेशा तकरार और बहस होती रहती है। वह पति को दूसरे घर जाने के लिए हमेशा रोकती है। पर वह कोई-न-कोई बहाना बना कर चला जाता है। जिससे

उसका वैवाहिक जीवन दुःखी, घुटन भरा हो जाता है। पति को कोसती हुई सोचती है अगर वहाँ कोई नाचने वाली होती तो दूसरी बात थी। पर वहाँ तो पति ने दूसरा घर बसा रखा है और पति से कहती है-"फिर ऐसा क्या है वहाँ जो आप उसे दूसरा घर बनाए हैं? अगर फराशखानेवाला घर किसी नाचने-गानेवाली के कोठे-सा होता तो न हम रोते और न ही तड़पते-कलपते।"[98] पर वहाँ तो दूसरी पत्नी और बच्चे हैं। वहाँ की मुहब्बत से आपको हमारे लिए फुरसत कहाँ है। "हम तो निगाहे चले जा रहे हैं। अपने तई यह मजे में है। जान छिड़के हुए है उन पर।"[99] पति की मनमानियों पर विद्रोह बन जाती है। हमेशा तड़पना, खिजना, कुढ़ती रहना, सोचते रहना। इस प्रकार के मानसिक तनाव के कारण कठोर बन जाती है। चिड़चिड़ापन उत्पन्न होने के कारण न पति की उपेक्षा करती है, साथ ही सास-ननंद घरवाले सभी सदस्यों को नहीं छोड़ती।

आवाँ की 'उर्मिला' नमिता की माँ अपने विवाहित जीवन से संतुष्ट नहीं है। उसकी इच्छाओं के अनुसार उसका परिवार नहीं है। पति-पत्नी के सोच-विचार मेल नहीं खाते। उनके स्वभावों में काफी अंतर है। पति हमेशा 'कामगार आघाठी' के कामों में व्यस्त रहता है। इन कामों के सिलसिले में यूनियन के सदस्यों को घर भी ले आता है। इस पर उर्मिला सोचती है-"लावारिस कुकरों की भांति इस घर को खंभा बनाए रात-दिन मूतते यूनियन वालों ने? अनपढ़ आई थी तो क्या औरत नहीं थी?"[101] पति से हर बात पर खिजती रहती है। पति को लगवा मारने पर घर की जिम्मेदारी कुछ दिनों तक तो संभालती है 'श्रमजीवी संस्था' में पापड़ बेलने का काम करती है। पर जल्द ही ऊब जाती है बेटी को घर के दायित्वों को निभाने के लिए कहती है-"कहाँ-कहाँ मरूँ और क्या-क्या करूँ? जिसे देखा डिप्टी कलेक्टर बनने में अधिया रहा। मूठ़ने को बच गई मैं अनपढ़ गंवार ... जरखरीदी बांदी।"[102] अपनी इस मानसिकता के चलते बेटी पर भी अत्याचार करती है। अपनी कुंठा संत्रास, आर्थिक विपन्नता को बेटी के माध्यम से निकालती है। यहाँ आर्थिक तंगी के कारण स्त्री अपनी कुंठा के कारण संघर्षरत है।

स्मिता की माँ का जीवन पति 'मटका किंग' के कारण घुटन भरा दमित है। घर में अत्याचार, अमानवीय व्यवहार, जानवरों से भी गया गुजरा जीवन जीती है। पति अपनी हवस का शिकार बेटी को बनाता है। विद्रोह करने पर मारना-पीटना, उपेक्षित-प्रताड़ित करना, गाली-गलोच यह सब दिन-प्रति दिन चलता रहता है। शराबी, हवसी पति के आगे वह निसाह-कमजोर हो जाती है। वहशी भूख, अपमान, अमानवीय व्यवहार से लज्जित होती है। पर कभी डटकर पति का सामना नहीं करती। इसी प्रकार गौतमी की माँ भी पति के कारण अपमानित, उपेक्षित, प्रताड़ित शोषण का शिकार है। इन्हीं सब दमन के कारण एक दिन "शराबी व्यभिचारी पुलिस अधिकारी पति के मानसिक दैहिक उत्पीड़न से त्रस्त गौतमी की माँ ने तलाक ले लिया।"[103]

'अपनी सलीबें' की नीलिमा और 'कठगुलाब' की स्मिता, नमिता, मारियान, असीमा की माँ, नर्मदा सभी पात्र पति के कारण किसी-न-किसी समस्या से जूझ रहे हैं। कोई अकेले होने की समस्या से ग्रस्त है कोई मातृत्व की, कोई आर्थिक विपन्नता की कोई सामाजिक दायित्वों की, कोई जाति की तो कोई अपने ही आत्मनिर्भरता की। नीलिमा जाति की समस्या से जूझ रही है। शादी के पाँच साल बाद जब उसे पता चलता है कि उसका पति निम्न वर्ग की जाति का है तो उसके पैरों तले जमीन खिसक जाती है। नीलिमा एक राज़पूत जमींदार घराने की बेटी है। राजपूत होने के अहंकार के कारण शादी को 'धोखा' मान कर पति से झगड़ा करती है और कहती है-"तुम झूठे और धोखेबाज हो। जाल साज ... तुमने अपनी जाति छिपाई। तुम रिजर्व कोटा के हो... मैं तुम्हारी शक्ल एक मिनट के लिए भी नहीं देखना चाहती। मैं कल ही चली जाऊँगी यहाँ से। बेईमान..."[104] अपने खानदान के अहंकार के कारण प्रेम और जाति में भेद नहीं कर पाती। पति को हमेशा के लिए छोड़ आती है। नीलिमा की समस्या जाति की है।

कबूतरा समाज में ऐसी विषमता थी कि कज्जा समाज उन पर कहर ढाते थे। कबूतरा समाज में स्त्री जीवन घुटन भरा तथा बेबस

दृष्टिगत होता है स्त्री ऐसे समाज में दोहरे शोषण से ग्रस्थ है जो अपनी मानवीय संवेदना को मारकर जीवन व्यतीत करती है। जब होली के समय सारे आदमी मौज मस्ती कर रहे थे तब पुलिस ने हमला बोल दिया पूरे कबूतरा समाज में दहशत फैल गई। पुलिस का नंगानाच, जमुनी पेट से थी। पुलिस उसे देख उसकी उपेक्षा करता है। कहता है "साली बेचो दारू, पिलाओ मद और कहाँ माँ? कहाँ बेटा? कहाँ भाई? कहाँ पिता? औरतों को आदमी खींचने लगे। रिश्ते आँखों में चुभ रहे हैं।"[105] जमुनी मर गयी गाँव के लाठी-कुल्हाडी चलाने वाले मर्द घायल ढोर से लाचार और हम जैसी औरतें नंगी गोपिका-सी छिपने को बेबस... औरतें लाश कैसे फूँके? धर्म में मनाही है। उस पर ठेकेदार का बेरा। हम हमारी और अपनी बेटियों की इज्जत ढगने को असहाय। बच्चे गाँव के घरों के कचरे से गंदे कपड़े लाये। चिथड़ों को डेरों में फेंक दिये। समाज के ठेकेदार ऐसी जाति के प्रति रुग्ण बन जाते हैं। कबूतरा समाज की औरतें समाज के हर शोषण से पीड़ित हैं। उसे उपेक्षित, प्रताड़ित, हर समय किया जाता है। वह समाज और जीवन से समझौता करती हुई खुद बेइज्जत हो जाती है।

चित्रा मुद्‌गल कृत 'एक जमीन अपनी' में मानवीय संवेदनाओं के मूल्यों को दर्शाया गया है। पुरुष द्वारा बनाई गयी सामाजिक व्यवस्था हमेशा उसे चारदीवारी में रखने को तत्पर है। परंपरागत रूढ़ियाँ उसे बंधन मुक्त नहीं होने देता। "दुःख तो यह है-आज का अधिकांश पढ़ा-लिखा विचारशील होने का दावा करता हुआ स्त्री-समाज, स्त्री-स्वातंत्र्य, स्त्री समानता और उसके अधिकारों की लड़ाई लड़ता हुआ भी नहीं जानता कि वे अधिकार वस्तुतः हैं क्या। कैसे होने चाहिए? किस रूप में चाहिए? उसकी सामाजिक छवि कैसी हो? दृष्टि परिमार्जित करनी है। तभी केवल तभी वह समाज में मनुष्य की तरह जीवित रह सकती है। जिस प्रकार पुरुष अपनी सारी वर्जना हीनता के साथ गर्व से रहता है स्त्री क्यों नहीं मुक्त होती इन फरेबी मर्यादाओं से? जिस दिन वह कुंठाओं से मुक्त होगी, उसके सारे कष्ट कट जाएंगे-स्त्री की सामाजिक छवि को

दूषित करने के लिए स्त्री भी जिम्मेदार है। पुरुष को मांग में सजाकर बैठाए रखने को इतनी आतुर क्यों होती है पुरुष से स्वतंत्र होना हो तो पहले उन्हें सिंदूर पोंछना होगा। बिछुए त्यागने होंगे। दासीत्व के प्रतीक चिह्न। यह इस्तेमाल अधिक खतरनाक है। उससे तो पहले मुक्त कर लो उन्हें।"[106] सामाजिक व्यवस्था में ही स्त्री के स्थान को कमजोर बनाया गया है।

कोई अपनी आकांक्षाओं के कारण कोई पति के अपमान-अत्याचारों के कारण समस्याओं से जूझ रही है। सभी की समस्या का कारण पति है जिसके कारण विवाहित जीवन दुःखी, घुटनभरा, नरक बन गया है जिससे निकलने के लिए स्त्री छटपटाती नज़र आती है। अपने जीवन से संघर्षित दृष्टिगत होती है।

परंपरा की जकड़बंधी के कारण, पति के अधीन रहने के कारण, सास अन्य परिजनों से उपेक्षित होने के कारण स्त्री विवाहित होने पर अनेक समस्याओं का सामना कर रही है। पति के व्यभिचार, अत्याचार, अवमानना, मानसिक तनाव के कारण शोषण का शिकार है। याने विवाहित स्त्री का जीवन घुटन भरा, उपेक्षित है।

तलाक : एक अभिशाप

अंतिम दशक के हिंदी उपन्यासों में तलाक पीड़ित स्त्रियों का चित्रण हुआ है। जब पति लगातार पत्नी पर शोषण करता है शारीरिक और मानसिक तनाव लगातार देता है, तब इस जंजाल से छुटकारा पाने का एक ही सहारा होता है 'तलाक'। पति से छुटकारा मिल जाता है पर परिवार, समाज से उपेक्षित-प्रताड़ित होती है। 'कठगुलाब' की मारियान का उत्पीड़न पति द्वारा छल से परिपूर्ण है। इस उपन्यास में प्रगति और परंपरा का संघर्ष है आंतरिक उत्पीड़न की पीड़ा है। स्मिता भी पति के पुरुषी अहम और उसके अमानवीय व्यवहार, उपेक्षा, प्रताड़ना को झेल नहीं पाती, तलाक लेती है।'छिन्नमस्ता' की प्रिया को विवाह के बाद पति से उपेक्षा एवं प्रताड़ना मिली, नरेंद्र में हमेशा पुरुष सत्ता का अहम

जागृत देख, उसमें काम भावना की अति को सहन न कर पाने की स्थिति को देख उससे दूर होती गई। ऐसे घुटन भरे जीवन से ऊब कर आत्मनिर्भर बन कर व्यवसाय करना चाहती है। पति अनेक अवरोध अड़चन पैदा करता है। इन सब तनावों के निर्माण से दोनों में बंधन विच्छेद हो जाते हैं। प्रिया 'तलाक' ले लेती है। 'एक जमीन अपनी' की अंकिता भी तलाक पीड़ित स्त्री है। अंकिता भी पति की उपेक्षा, अपमान, अन्याय को एक हद तक सहती है। पर अति होने पर तलाक लेती है। 'आओ पेपे घर चलें' में भी तलाक की समस्या को दर्शाया गया है।

समाज में तलाकशुदा स्त्री को देखने का दृष्टिकोण बहुत ही भद्दा है। परिवार में समाज में स्त्री कई समस्याओं का सामना करती है। उसकी पहली समस्या अकेलेपन की होती है। दूसरी आर्थिक, और तीसरी मकान मिलने की। क्योंकि सभी सामाजिक मानव, तलाक पीड़ित स्त्री के हेय दृष्टि से देखता है। उस पर अपना अधिकार जमाने की कोशिश करता है। इन सभी सामाजिक विसंगतियों को देखते हुए प्रिया सोचती है-"कभी क्षोभ, कभी दुख और पीड़ा, कभी अधैर्य निषेधक भावनाओं के थपेड़े खाती मैं जिंदगी को विधेयक कैसे बनाऊँ... नैतिक विवाद का विषय नहीं... कैसी जिंदगी मैं जी रही हूँ? यह कैसी तस्वीर है और इसे कैसे सजाऊँ, ताकि व्यवस्था की निगाह बदले और वह मेरी तस्वीर को स्वीकार करे? पर यह अंधी जिद! असंभव कल्पना और सामाजिक व्यवस्था से चुनौती... नहीं मैं हार नहीं मानूँगी, और बड़ी कीमत दूँगी... बड़ी आहुति। पर अपने को बचाने में लगा स्वयं के आत्मसम्मान पर यह परिवार और समाज के कई प्रश्नों को ढोती-शिकायतें और चारों ओर शिकायतें-प्रश्न पूछती हुई आँखें, व्यंग्य से देखती हुई आँखें, घृणा से जलती हुई आँखें? ... इस औरत को हम कैसे अपने घर बुलाएँ? कैसे सम्मान दें? कल हमारी भी बहू-बेटियाँ ऐसे ही कदम उठाएँगी। गलत उदाहरण है बिल्कुल गलत। मैंने समाज के एक प्रतिष्ठित खंभे पर हाथ उठाया था।"[108] सामाजिक और पारिवारिक व्यवस्था से जूझती प्रिया की समस्या उसके आत्मसम्मान को आत्मनिर्भरता को कमजोर

बनाने पर तुली है जिससे प्रिया सोचती है-"प्रिया, क्या तुम कोने में घुसती जा रही हो? ... यह मैं कैसा निष्कासन झेल रही हूँ? खुला अपमान, सीधे-सपा' लांछन, लोगों के ताने व्यंग्य... समाज के ये फिकरे कि नरेंद्र की पत्नी आवारा हो गई है... बहिष्कृत जिंदगी... मेरे परिवारवालों, नाते-रिश्तेदारों, यहाँ तक कि मिलनेवालों के चेहरों पर एक अजीब भाव होता... नहीं, तुम भीतर मत जाओ, तुम हमारा परिवार नहीं, परिवार का कलंक हो। ... एक पूरी हीनग्रंथ, खंडित आत्म-तस्वीर, एक टूटा हुआ अक्स, जिसमें मुझे कभी मेरा चेहरा साफ नहीं दिखा।"[109] सामाजिक, पारिवारिक विषमता के चलते तलाकशुदा स्त्री के आत्मसम्मान को ठेस पहुँचती है। हिंसक आक्रोश के कारण आत्मग्लानि के कारण भगवान से भीख मांगने लगती है। तलाकशुदा स्त्री पर दोहरे रूप से शोषण चलता है जिसके कारण वह जीवन को त्याग देना चाहती है।

'आओ पेपे, घर चलें!' की एलिजा भी तलाकशुदा स्त्री है जिसे तलाक से उत्पन्न समस्याओं का शिकार होना पड़ा है। पति क्लारा ब्राऊन के साथ प्रेम करता है तो एलिजा उसे बर्दाश्त नहीं कर पाती। वह पति से अत्यधिक प्यार करती है जिसके कारण तलाक लेना नहीं चाहती। पर हालात ऐसी पैदा हो जाती है कि उसे मजबूरी के कारण तलाक पत्र पर दस्तखत करने पड़ते हैं। चलती समस्याओं के कारण पति से तलाक लेना आवश्यक बन जाता है। इस प्रकार स्त्री के लिए तलाक एक बड़ी समस्या है जिसके कारण स्त्री अपनी व्यथा पर रोती है निराश होती है, तड़पती है पर हाथ कुछ नहीं आता। अकेले जीवन बिताने के सिवाय।

'एक ज़मीन अपनी' की अंकिता भी इसी विषम समस्या से जूझ रही है। पति उस पर अपना पूर्ण अधिकार मानकर उस पर अपनी मर्जी लादना चाहता है। पति के अनुसार चलने पर मजबूर करता है। चाहे वह सही हो या गलत। विरोध करने पर अपमान, उपेक्षा, अत्याचार। इन सब स्थितियों से ऊब कर अंकिता तलाक ले लेती है। तलाक लेने के बाद उसे समाज में बहुत से संकटों का सामना करना पड़ता है। तलाकशुदा स्त्री की तरफ देखने की समाज की दृष्टि अच्छी नहीं रहती। यही समस्या

अंकिता की भी है-"औरत की स्वतंत्रता उसकी सबसे बड़ी दुश्मन है, दुश्चरित्रता का प्रमाण पत्र। सुधांशु से तलाक लेने पर आस-पड़ोस ने ही नहीं, पूरे शहर ने छींटाकशी की थी... नौकरी करनेवाली लड़की कहीं घर में बंद होकर टिक सकती है? अरे, इसका तो अपने फुफेरे भाई के साथ पुराना चक्कर था, दुल्हे ने रंगेहाथ पकड़ा तो...?"[110] तलाक हो गयी खुरचते हुए। लोगों की नज़रों का एहसास बल्लम की नोक जैसा काम करते हैं। जिसके कारण जीवन जीया नहीं जा सकता। अकेले होने का फायदा हर कोई उठाना चाहता है। मि.सक्सेना भी पार्टी में अंकिता से छेड़छाड़ करता है। उसके व्यवहार से अंकिता तिलमिला उठती है। घृणा और वितृष्णा से भर उसकी उपेक्षा करती है। "वह सुअर का बच्चा सक्सेना... पीने के बाद होश गंवा बैठा... उसने कंधे पर ही हाथ नहीं रखा था... पार्टी की बात थी नहीं तो चप्पल उतार लेती... सिखाती लड़कियों से पार्टियों में कैसा सुलूक किया जाता है।"[111] समाज की शादीशुदा स्त्री तलाक शुदा स्त्री को शंका की दृष्टि से देखती है। हरींद्र अंकिता की मदद करता है। तो अंकिता उसकी अच्छाइयों की तारीफ करती है। इस पर हरिंद्र पत्नी के समक्ष अच्छाइयों का गुणगान करने पर मना करता है क्योंकि वह अंकिता को शक की नजर से देखती है। इस पर अंकिता सोचती है "यूँ भी कि एक तलाकशुदा स्त्री का किसी के पति के विषय में उसके गुणों और आत्मीय सहयोग की साधिकार चर्चा, उनके संबंधों को संदिग्ध बनाती है। ऐसी स्त्रियों को आत्मदया और आत्मप्रताड़ना में जीने का सुख मिलने लगता है वे ... संदर्भानुसार देखने-समझने में ही विश्वास रखते हैं। ऐसे लोगों की कुंद दृष्टि अपने पार के संसार को न देखना चाहती है, न उसे गहरे पैठ कर छूना।"[112] जो स्त्री पति से अलग जीवन जीती है, उसके साथ दाल में कुछ काला है, चाहे पति के साथ रहते हुए वह पूरी दाल को ही काला-पीला करती हो। सामाजिक आड़ में सब नैतिक। तलाकशुदा स्त्री कितनी भी पवित्र हो, समाज उसे जीने नहीं देता, अकेली रहने पर तो समाज में जीना और भी हानिकारक, समस्याओं से घिरा हो जाता है।" तलाकशुदा स्त्री सामाजिक और नैतिक रूप से स्वतंत्र नहीं है। वह आज भी परंपरागत मान्यताओं से जुड़ी है।

विषम परिस्थितियों में भी पति के साथ रहने का प्रयास करती है। पर शोषण के अतिक्रमण से हताश होकर तलाक लेती है। कारण दाम्पत्य जीवन में संघर्ष या मतभेद, असामंजस्य स्थिति विवाह विच्छेद कर लेते हैं। बाह्य रूप से पुरुष कितना ही प्रगतिवादी, उदार बनने का आडंबर रचता रहे, किंतु आंतरिक रूप से आज भी वह नारी के स्वतंत्र अस्तित्व के प्रति सजगता को देखना नहीं चाहता।"[113] तलाक के बाद स्त्री अपने पिता के घर जाती है पर अंतिम दशक के उपन्यासों में तलाक के बाद स्त्री अपने पिता के घर भी नहीं जा सकती क्योंकि परिवार वाले उसके फैसले से समर्थ नहीं रहते, पुरानी परंपरा पर चलते हैं। प्रिया इसका अच्छा उदाहरण है। कठगुलाब की स्मिता भी इस समस्या की शिकार है। मारियान भी इसी स्थिति से गुजरती है। य सभी नायिकाएँ आर्थिक रूप से स्वावलंबी बन कर नौकरी कर अपना जीवन बिताती है। अकेले ही जीवन जीती है।

तलाकशुदा स्त्री अकेलेपन, आर्थिक अभाव, सामाजिक पारिवारिक उपेक्षा, सामाजिक अवमानना की शिकार है। उसे जीवन घुटन भरा निरस लगता है। कई बार वह अपनी ऊब के कारण आत्महत्या करने तक की ठान लेती है।

विधवा की स्थिति

आज भी भारतीय समाज में विधवाओं का जीवन अटूट बंधनकारी है। उसे समय-समय पर तिरस्कृत, उपेक्षित किया जाता है। विधवा को शुभ कार्यों में हस्तक्षेप तथा मंगलकार्यों में उसकी उपस्थिति घृणात्मक मानी जाती है। विधवा की समाज में होनेवाली अमानवीय दशा में अंतिम दशक के उपन्यासों में परिवर्तन लाने का प्रयत्न किया गया है। विधवा का पुनर्विवाह का समर्थन देकर इस समस्या पर उपाय तलाशा है। पर समाज की परंपरागत रूढ़ियाँ इसका समर्थन नहीं करती। आज भी परंपरा का पालन अत्यधिक सतर्कता एवं कठोरता से किया जाता है। विधवाओं की जमीन जायदाद हड़पना उन पर दोहरा शोषण करना, विधवा समस्या आज भी पुरानी लीक पर चल रही है। 'इदन्नमम' की

बऊ विधवा है बऊ की दुःखद स्थितियों का चित्रण किया गया है। बऊ की दयनीय कथा है, गोविंद सिंह, अभिलाख, रतनसिंह जैसें पुरुष सत्ताधारी भेड़िये बऊ की जमीन जायदाद हड़प लेते हैं। बेटे को मौत के घाट उतार देते हैं। विधवा बहू प्रेम रतनसिंह के साथ भाग जाती है। बऊ असहाय होकर अपनी पोती मंदा को दादा पंचमसिंह की पनाह में श्यामली ले आती है। जहाँ से उसका जीवन-संघर्ष शुरू होता है। गाँव छोड़ने पर भी रतनसिंह उनका पीछा नहीं छोड़ता। बऊ को मिट्टी में मिलाने का निश्चय करता है। बऊ का बहू के कारण गांव, घर छोड़ने पर दर्द होता है। क्रोधित होकर मंदा को कहती है-"लिवाकर लाएगी?.. उस ठगिनी को? उसी के कारण तो छूटा है घर-गाँव। उसी बेहया के कारण भेजना पड़ा था हमें यहाँ संदेश। माँगनी पड़ी सरन और भीख लेनी पड़ी प्रानों की। नहीं तो हम दम-में-दम रहते अपनी चौखट न छोड़ते।"[114] यहाँ बऊ परंपरागत विधवा स्त्री है जो अपनी परंपरा के हिसाब से चलती है। प्रेमा इसके विपरीत विधवा है जिसने परंपरागत बेड़ी को तोड़ा है। पति की मृत्यु के बाद जवान विधवा प्रेम की ऐयाशी, बेटी की तरफ दुर्लक्ष अवैध यौन-संबंध स्थापित करने की और आकर्षक सभी बातें यहाँ प्रेम के वैधव्य की मर्यादाओं का उल्लंघन करती है। प्रेम का चित्रण यहाँ "व्यक्ति नहीं, सिर्फ वस्तु है, भोग्या और पुरुष की संपत्ति, बस।"[115] यहाँ पर पुरानी परंपरागत विधवा स्त्री बऊ और परंपरागत मुक्त आधुनिक विधवा स्त्री प्रेम के बीच का जानलेवा संघर्ष दर्शाया गया है। मंदा को किसी भी हालत में प्रेम को देना नहीं चाहती बऊ, जमीन जायदाद को हड़पे जाने की बेबसी। इन सब समस्याओं से जूझते बऊ जोगन बनने की सोचती है-एक मन में तो आता है कि लूहर में जाए सब जमीन-जायदाद। आग लगै। हम तो जोगिन-बाविन होंके निकर जाएँ किताऊँ।"[116] बऊ सभी प्रकार से समस्याओं से घिर जाती है। बहु प्रेम बऊ पर केस करती है मंदा को लेने के लिए। जमीन जायदाद के लिए वारिस की आवश्यकता होती है तो मकरंद को गोद लेना चाहती है। इस उपन्यास में विधवा किन-किन समस्याओं से गुजरती है उसे दर्शाया गया है।

'यामिनी कथा' की यामिनी को भी विधवा की समस्या से जूझते

दर्शाया गया है। वह अपने आर्थिक एवं भावी जीवन के लिए पुनर्विवाह करना चाहती है। पर समाज उसे अपना जीवन अकेले ही गुजारने के लिए बाध्य करता है। आर्थिक एवं सामाजिक सहायता के लिए वह विवाह करने की सोचती है। पर सास उसका साथ नहीं देती। उसकी उपेक्षा करती है। उस पर शक करती है। कहती है तुम्हें तुम्हारे बेटे का तो ख्याल रखना चाहिए। यामिनी इन सब पर ध्यान नहीं देती। निखिल से विवाह कर लेती है। सोचती है सामाजिक बंधन तो केवल स्त्री के लिए होते हैं। पुरुष के लिए कोई सामाजिक नियम नहीं होता। विधवा को समाज में रहना मुश्किल हो जाता है। यामिनी ने तो सामाजिक बंधनों को तोड़कर सास की और दुर्लभ्य करके विवाह किया हे और सास को कहती है-"अब तक की सारी जिंदगी मैंने सबका ध्यान ही रखते हुए बिताई है माँ जी और अपनी ड्यूटी बजाने में कभी कोई किसी तरह की लापरवाही भी नहीं बरती... यहाँ तक इस ड्यूटी से अलग अपने सुख-दुःख नाम की भी कोई चीज़ होती है कभी ध्यान ही नहीं आया।"[117] "इतने वर्षों से उदास रहते-रहते, निरंतर जूझते-जूझते मैं थक गई हूँ पुतुल। और अब सबसे पहले हमें एक सहारे की जरूरत है, आर्थिक सहारे की भी।"[118] यहाँ यामिनी ने आर्थिक सहारे के कारण निखिल से पुनर्विवाह कर लिया है। नौकरीपेशा न होने के कारण दुबारा शादी करना चाहती है। यामिनी के माध्यम से स्त्री को सचेत किया गया है कि स्त्री के लिए आर्थिक सहारे के लिए नौकरी, व्यवसाय, उद्योग महत्वपूर्ण है जिसके सहारे तो अपने बच्चों की परवरिश, पालन-पोषण अपने बलबूते पर कर सके। अपना व्यक्तित्व कायम रख सके। इसलिए विधवा स्त्री के लिए शिक्षा और नौकरी अत्यधिक आवश्यक है।

'छिन्नमस्ता' की प्रिया की माँ कस्तूरी विधवा होने पर परिवार की जिम्मेदारियों को निभाने में कई समस्याओं का सामना करती है। "जो भी हो, जैसी भी हो... अम्मा मजबूत नहीं रहती तो चाचा लोग हमें रास्ते पर बैठा देते। कुल मिलाकर एक ओर भोली संवेदना थी, कोई लाग-लपेट नहीं, कोई स्वार्थ नहीं तो दूसरी ओर परिवार की इज्जत

और आन-बान बनाए रखने में जी जान से संघर्ष करती हुई... क्या मिला... उन्होंने कब दुनिया देखी? एक-एक पैसा जोड़कर घर चलाती हई चार-चार बेटियों की माँ-आय थोड़ी, खरच घणों...।"[119] अपने दायित्वों को निभाने के कारण साड़ी में थिगली लगाकर पहनने में भी संकोच नहीं करती। बहु के इलाज के लिए पानी की तरह रुपया बहाती है, बेटी सल्लो को ससुराल जाते समय बहुत सारा सामान-पैसे देती है बेटे-बहू को ऐरोपलैन का खर्च दिया था, बेटियों का बच्चे होने पर खिचड़ी का नेग कखाती है कहाँ से आता है पैसा-"क्यों तुम हमेशा अपनी आहुति देती रहती हो। परिवार की एकनिष्ठा, श्रद्धा, तिलतिल कर स्वयं छोटे-छोटे सुखों का गला घोंटते जाना।"[120] अकेलेपन में लिपटी विधवा की स्थिति को दर्शाया गया है। जो रात को अपनी वेदना में तड़पती हुई रोती रहती है। प्रिया ने एक दिन रात को देखा, "अम्मा धीरे-धीरे सुबक रही थी, प्रिया दाई माँ को बताती है अम्मा रो रही है. तो दाई माँ कहती है-अरे बिटिया, कैसे नहीं रोएँ बहूजी। ई दुःख को कउन औरत बरदाश्त कर पाए? ... अरे बहुजी का कलेजा मरद का कलेजा है। बड़ा बाबूजी के जाने के बाद एकौ रात नाहीं ठीक से सो पावत, पर कहत रहत है, चमेलिया की माँ। मैं रोऊँगी तो मेरे बच्चों का क्या होगा? उनका बना-बनाया घर कैसे बिखेर दूँ?"[121] एक विधवा स्त्री अपनी इच्छाओं आकांक्षाओं को मार कर अपने बच्चों तथा परिवार की जिम्मेदारियों को निभाती है।

छिन्नमस्ता की दाई माँ भी विधवा स्त्री है। अपने बच्चों के पालन-पोषण के लिए गाँव छोड़कर गुप्ता हाऊस में नौकरानी का काम करती है। पति मरने के बाद अपने बच्चों को गाँव में छोड़ कर दाई माँ प्रिया के घर काम करती है। प्रिया कहती है-"देखो, तुम नहीं कमाती तो तुम्हारे बच्चों का क्या होता।" इस पर दाई माँ कहती है... अरे हम कौन खुशी से कमाने निकली? हमारा भतार नहीं था, तभी ना?"[122] पति के न होने पर बच्चों की जिम्मेदारी माँ पर आ जाती है। दाई माँ ने भी अपने बच्चों की खातिर काम किया। समाज में विधवा को अच्छा खाने-पीने तथा

अच्छा ओढ़ने-पहनने का भी अवसर नहीं रहता। जब प्रिया भाई की शादी में दाई माँ को लाल साड़ी पहनने को कहती है तब दाई माँ कहती है-"हरे राम! राम! ई बात हमार लिए जिन बोल बिटिया... हम विधवा मानुस। आज हमार भतार होत... एक ठंडी साँस।"[123] इस उपन्यास में विधवा का पारंपरिक रूप ही दृष्टिगत होता है। जो परंपरा के दायित्वों को स्त्री निभाती चली जाती है।

'बेतवा बहती रही' की उर्वशी, मीरा की दादी, दादी की जिठानी आजी। सभी विधवा स्त्री हैं और अपनी त्रासदियों के चलते शोषण को सह रही हैं। "विधवा के लिए पितृसत्तात्मक समाज में सम्मान से जीने का कोई रास्ता नहीं बनाया गया है।"[124] दादी तो बेटे के अत्याचारों, उपेक्षा और अपमान के कारण अपना वैधव्य जीवन मन मार कर जी रही है। बेटे के कारण आजी से मिलना और अपने हिसाब से जीना दूभर हो गया था। दादी जब आजी से मिलती है तो बेटा दादी की उपेक्षा करता है कहता है-"काय बाई, हमारी तो दिन-रात की दुसमनी चल रही, कोर्ट-कचहरी हो रही और तुमें मिलन-भेंट न सूझ रहै। प्यार विपरीत नहीं दुसमनों से।"[125] इस पर दादी बहुत कुछ बोलना चाहती थी पर मन में बोझ लेकर घुटती रही अपनी इज्जत के मारे विवश रही-सोचती है-"एक ही रकत-खून को किसने अलग किया है लला-तुमने। तुम्हारे स्वार्थ, तुम्हारी हवस ने-पति होते तो दबंग बनकर सब कुछ कह देती। अपनी राय दृढ़ होकर जतातीं। पर पुत्र के आंगन में कैसी बेबस खड़ी थी-बंदिनी सी। ... जिज्जी के दर्शन की आज्ञा अपने ही पुत्र से। अपनी इच्छा, अपना हक कुछ भी नहीं... यह कैसी विडंबना। कैसे त्रासदी।"[126] परपंरागत चलती त्रासदी को दादी के माध्यम से दर्शाया गया है।

उर्वशी भी इसी लीक पर चल रही है। जब वह विधवा होती है तो उसका सगा भाई उस पर अनेक अत्याचार करता है। उसे न ससुराल में ढंग से रहने देता है और न पीहर में चैन की सांस लेने देता है। पैसों के लालच में उसका दूसरा विवाह करना चाहता है। जेठ-बहू के पवित्र रिश्ते पर दाग लगाता है। उर्वशी विधवा होने पर भाभी की उपेक्षाओं

की पात्र बन जाती है, सब बातों को अनसुनी कर उपेक्षा-अवहेलना को अनदेखा कर घर के कामों में जुटी रहती। पर समाज में विधवा की उपेक्षा आस-पड़ोस की स्त्रियाँ भी करने से नहीं चूकती। "दइया! का हाल हो गऔ मोंठी को। अब बेटा, तुमारे भाग में तो जे ही बदौ है, न यहाँ कछु, न वहाँ... परमेसुर की अजब लीला है। पड़ौसिन काकी ताई एक स्वर में कहती।"[127] उर्वशी इन सबकी तरस की भागीदार बन जाती। जब उसके जेठ उर्वशी को बुलाने भेजते और उर्वशी जाने के लिए तैयार होती तो भाभी टोक देती-"इतनी जल्दी तौ अपनौ आदमी होत तबहू नहीं करी जात। इतै जेठ के बुलउआ पर कितनी उतावली चली है बिन्नू कों, जैसे खसम बैठे हों।"[128] विधवा की कोई रक्षा करे उसे बेटी की तरह समझे पर समाज में विधवा के आंचल पर अवैध संबंध की छिटा कसी अपने-पराये सभी करते हैं। यही हालत भाभी का भी है। पवित्र रिश्ते को अपवित्र का नाम दे रही है इसका दोष नहीं है सामाजिक व्यवस्था ही ऐसी है। मीरा भाई की शादी में उर्वशी को तैयार होने के लिए कहती है पर वह सफेद साड़ी में ही रहती है। बहुत हट करने पर मीरा को दच्चिन काकी समझाती है-बेटा मीरा, काहे को कह रही बेर-बेर। उनें अब का तैयारी करने है, जैसी बैठीं हैं वैसी ही लिवायें चली जाओ। टिकुली बेंदी महावर कहाँ धरो बिटिया, उनके भाग में... ऐसी सीता जी सरी खौ रूप... पर खोटो करम लिखाके लाई थीं, सो जोगिन-बैरागिन बनी फिर रही।"[129] विधवा को मंगलकार्यों में हस्तक्षेप नहीं करेन देते अपसगुण मानते हैं। नयी बहू आने पर मीरा उर्वशी से भाभी को ढोली से उतार लाने के लिए कहती है। तब उर्वशी सोचती है। "कैसी पागली है मीरा! समझती ही नहीं। सगुन-सात की बेराँ कैसे जाय वह? कोई टोक धरे तब? मीरा नहीं जानती कि सुहाग-भाग में उसके जाने पर निषेधाज्ञा है।"[130] पुरुष का दृष्टिकोण विधवा के प्रति ठीक नहीं रहता। वह उसे अपनी हवस का शिकार बनाने की कोशिश में लगा रहता है। मीरा के पिता ने भी एक बार उर्वशी को अपनी भूख का शिकार बनाना चाहा था। वह बड़ी मुश्किल से अपना वैधव्य बचा कर भाग जाती है। इस पर मीरा सोचती है-वीभत्सा तो उस दिन उर्वशी अपने वैधव्य की

कठिन तपस्या को भंग करने वाले नर-पशु से जूझकर आयी थी। उखड़ती साँसें संघर्ष की साक्षी थी कि वह किस संघर्ष के पश्चात् मुक्त हो सकी है। उर्वशी कई समस्याओं से जूझती हुई संघर्ष कर रही थी। समाज से घर परिवार से अपने-आपसे।

"स्त्री की संवेदना को, उसकी पीड़ा और संघर्ष को क्या कोई पुरुष उतनी ही तीव्रता से महसूस कर सकता है, जितनी तीव्रता से एक स्त्री महसूस करता है। कहा तो यहाँ तक गया है कि नारी की सवंदेना को एक पुरुष तो क्या, वह स्त्री भी ठीक से व्यक्त नहीं कर सकती जो कभी उस तरह के अनुभवों से गुजरी ही नहीं। दरअसल यह एक अंतहीन बहस का विषय होकर कर गया है।"[131]

कलि-कथा:वाया बाइपास में मारवाड़ी समाज की विधवाओं की घुटन भरी जिंदगी को उजागर किया गया है। परंपरा की आड़ में किस प्रकार अपनी आत्मपीड़ा से जूझ रही है मारवाड़ी विधवा स्त्रियाँ। किशोर की माँ कुंती परंपरागत विधवा है जो पति मरने पर अपने बच्चों की देखभाल, पालन पोषण अपने आप करना चाहती है। ससुराल में ही रहकर बच्चों को घर देना चाहती है। कुंती के पिता साथ चलने को कहते हैं तो कुंती कहती है-"मैं चलती तो हूँ बाबूजी। लेकिन लौट आऊँगी यह मेरा घर है बाबूजी। मैंने आपके जवाई के चले जाने के बाद भी आप से यही कहा था। इन दो बच्चों ललित और किशोर को मैं कम-से-कम अपना घर तो दे ही सकती हूँ।"[132] पति की मृत्यु के बाद अंदर-ही-अंदर घुट-घुट कर रोना, बच्चों की परवरिश पर ध्यान देना, अपने वैधव्य के गम के बारे में किशोर को समझाती है-"जो होना था, हो गया सब ठीक हो जाएगा जब तू बड़ा होगा।"[133] विधवा होते हुए भी आत्मविश्वास से जीती है।

किशोर के भाई ललित की बहू भी असमय ही विधवा हो जाती है। किशोर उसका ध्यान रखता है। पर समाज और कुल की मर्यादा का खंडन होते देख भी बर्दाश्त नहीं करता। किशोर की भाभी घर में हुई पार्टी में खुशनुमा रंग की किनारों वाली साड़ी पहनने पर किशोर क्रुद्ध

होकर कहता है-"तुम्हारा दिमाग क्या एक दम ही खराब हो गया है। उम्र बढ़ने के साथ आदमी की अक्ल कम होने लगी है-कुछ तो मर्यादा रखी होती समाज में।"[134] विधवा स्त्री को अच्छा खाने-पहनने की भी समाज में इजाजत नहीं है। विधवा स्त्री अकेलेपन से ऊब जाती है शुभ-अशुभ में नहीं जाती। उसकी पीड़ा दर्द को कोई नहीं समझता। विधवा का लेबल चिपका कर उसे सामाजिक, पारिवारिक, सभी कार्यों से निषेध कर दिया जाता है। इसमें विधवा स्त्रियों का अकेलापन, असहाय व्यक्तित्व अखरने लगता है तो परंपरा की आड़ में पीड़ा, दुःख देता है।

'दिलो दानिश' में कृपा नारायण की बहन छून्ना बीबी को विधवा रूप में चित्रित किया गया है। छून्ना बीबी को भी पारिवारिक, सामाजिक समस्याओं से गुजरना पड़ता है। परिवार वाले जब उसकी उपेक्षा करते हें तो सब को वह आड़े हाथ लेती है किसी के सामने अपने को कमजोर नहीं पड़ने देती। ताई का कहना यह लड़की किसी की सगी नहीं, बंसी कहता हे छुन्ना बीबी को तो खब्त हो गया है हर किसी का पर्दाफाश करने की कसम खाई हुई है। मालती भाभी पारो भाभी का संदेश लेकर आती है कि ज्योति के विवाह के काम में कोई खलल न डाले। अच्छा न होगा। इस पर छुन्ना कहती है-"क्या मामला दीवानी अदालत में ले जाने का इरादा है। भाभी कहती है इतनी उम्र हो गई है आदत बदलिए। इस पर छुन्ना कहती है-"आप लोगों का हमसे बेगाना है ही, पर हम भी तो अपनों में पराए हुए रहते हैं भाभी, हमें तो आपने तक़दीर का रुतबा अता कर दिया ऐसा क्या है जो हमारे चाहने से होगा-जाइए काम में तवज्जो दीजिए। जमुनाजी के स्थान जाते समय घर के आगे से न जाकर पिछवाड़े से निकलिएगा।"[135] इन सब संवादों के बाद माँ कहती है-तकदीर की मारी को कहीं चैन नहीं क्यों उलझती रहती हो? इस पर छुन्ना कहती है-"हम न किसी से कुछ पूछने गए और न कहने। जाने क्या से क्या कहानी गढ़ रही है। एक नाम धर दिया हमारा विधवा। वह तो हम सगुण शास्त्र से बाहर, उस पर इनकी सब ख़ामियी-नाकामियों के जिम्मेवार भी हमीं... इनके लिए दुबारा से निकाल के बिछुए और टिकुली। हद है अंधविश्वास की। ... माँ कहती है-जो अच्छा हो सो

उनके भाग का और जो बुरा सो हमारे कपाल का... यह कतइयन न तुम्हारे हाथ में न हमारे। कलाइयाँ सूनी हो जाएँ तो उम्र-भर को लानत-मलामत-इन बातों का बुरा नहीं मनाया जाता। खुर्रेपन से तो खुशसीरती कहीं अच्छी।"[136] अकेलेपन को झेलने के लिए पत्ते खेलना, भगवान का भजन, सिलाई कढाई करना और फिर विधवा की मौत मरना। यहाँ परंपरागत और परंपरा से मुक्त के सामंजस्य में स्त्री फंसी हुई है। परंपरा को निभाये चलने पर समाज परिवार खुश होता है 'बेचारी किस्मत की मारी' खिताब मिलता है। वहीं परंपरा से मुक्ति की बात करें तो अपमान, उपेक्षा, अवहेलना करते हैं। परिवार वाले।

छून्ना को भी सामाजिक दायरे के हिसाब से कपड़े पहनने होंगे, जीना होगा, भाई इनके लिए सफेद धोती लाते हैं। इस पर भाभी सोचती है-"लो साहब, बहन के लिए हमदर्दी हो रही है अब तक तो सभी कह-कहकर हार गए। देखे अपने दादा की बात कैसे टालती है। विधवा हैं तो पहनेंगी ही।"[137] यानी सारे नियम, कायदे विधवा स्त्री के सर-दिये जाते हैं। कृष्णा जी ने विधवा की समस्या को उजागर किया है किस प्रकार से समाज, परिवार, विधवा स्त्री को वैधव्य का जीवन जीने पर मजबूर किया जाता है। उससे समाज और परिवार वालों की सोच से निजाद दिलानी होगी।

"किसी भी स्त्री को एक मानव होने मात्र से मान-सम्मान का जन्म से ही अधिकार है और किसी को इसका हनन करने का अधिकार नहीं है। अगर किसी भी व्यक्ति के मानव अधिकार का हनन होता है तो हम सभी को उसके खिलाफ आवाज़ उठाने का भी हक है।"[138]

'अल्मा कबूतरी' की कदमबाई भी विधवा होकर अपने बेटे की जिम्मेदारी स्वयं निभाना चाहती है। माना की मंसाराम से उसके अवैध संबंध हैं दोनों एक दूसरे से प्रेम करते हैं। पर समाज के लिए जाति-बिरादरी के नियमों का हमेशा पालन करती, विधवा की त्रासदी और समाज में किस प्रकार समस्याओं का सामना करना पड़ता है उसे दर्शाया गया है। बिरादरी के नियम अनुसार चोरी करना, कुल्हाडी चलाना, डकैती

डालना, गुलेल चलाना, बंदूक दागना बेटे को सिखाती है। ताकि कबूतरा जाति में उसे रहने दिया जाए। पर बेटा राणा तो इन सबसे दूर भागता है। कदमबाई राणा को मजबूर करती है। यह सब करने के लिए जबर्दस्ती दारू पिलाती है। शिकार करने के तरीके सिखाती है। पर राणा को पढ़ाई से लगाव हो जाता है। कदमबाई बेटे से कहती है "राणा रे... लाठी भाँज, गुलेल चला। कुल्हाडी का वार करना सीख। मेरा बेटा बहादुरी से चोरी करेगा। सोने की मूर्ति किसी के जरिए नहीं, कज्जा लोगों पर मरघट की राख डालकर लूट लाएगा। राणा को मैंने ऐसे ही गर्भ में नहीं रखा, लोग उसके करताबों से थर्राने लगेंगे। ऐसे ही दहल जाएँगे, जैसे मैं थर्रा गई थी जंगलिया की मौत पर।"[139] राणा कहता है "अम्मा, तू सबकी बात मान लेती है।"[140] इस पर कदमबाई कहती है "तुझे सब इसलिए करना है कि मुखिया चाहता है, बस्ती के लोग चाहते हैं, कज्जा लोग भी चाहते हैं। उनका चाहा करता रहेगा तो वे मुझे और तुझे माफी देते रहेंगे।"[141] पर राणा नहीं मानता। इस पर कदमबाई सोचती है-"जंगलिया होता तो बचा लेता। बाप के अधिकार से बेटे पर सख्ती करता, धंधा सौंपकर मानता।"[142] राणा की जिद्द कदमबाई को धंधे से बेदखल कर देते हैं। सरमन मुखिया कहता है-"राणा ने बिरादरी को नहीं, कबूतरा धरम को धोखा दिया है। अपनी हड के चलते विरासत पर लात मार रहा है। हजारों का नुकसान... कदमबाई की जिंदगी बेगार करे, तब भी भरपाई होगी?"[143] यह लड़का बिरादरी से गद्दारी कर रहा है-धंधे से निकाल फेंका निरमोहियो ने... धंधा ही तो बिरादरी का आधार होता है-जंगलीया होता तो 500 रुपये की जगह 1000 मूह पर दे मारता बिरादरी के मुँह पर। कदमबाई हर मुसीबत के समय पति जंगलिया को याद करती है। भूरी भी अपने बेटे रामसिंह के लिए अपना सब कुछ दाँव पर लगा देती है। वह बेटे की पढ़ाई, भविष्य के लिए विधवा होकर अपने आत्मसम्मान को बेच देती है। बेटे के लिए बिरादरी में शेरनी की तरह खूंखार हो उठती है-जाति को तोड़ देना चाहती है-"माते, पुजारी, सिपाही मास्टरों के जरिए रामसिंह के लिए इज्जत खरीदनेवाली माँ बेहिचक बेइज्जत होती रही।"[144] बिरादरी का शोषण सहा विधवा होकर गर्भ न

रहने के लिए रुखरी चबाया करती थी ताकि बेटा का जीवन सफल हो जाए। अपनी जिंदगी तो गुजर गई। उपेक्षा, अन्याय, अत्याचार, शोषण भूरी ने बेटे के लिए बिरादरी से सहा।

आधुनिक विधवाएँ परंपरागत चली रूढ़िगत व्यवस्था को तोड़ने का प्रयत्न करती है। जो विधवा स्त्री परंपरात मूल्यों पर चलती है समाज उसके साथ कई बंधन जोड़ देता है। उसे उपेक्षित लांछन भरा जीवन जीने पर मजबूर करता है। समाज के मंगल कार्यों, अच्छा पहनने तथा रूढ़ी नियमों के कारण उसका जीवन घुटनभरा हो जाता है। वह हर समय ऊबने लगती है अकेलापन उसे काटने को दौड़ता है। वहीं दूसरी ओर आधुनिक विचारवाली परंपरामुक्त विधवा अपने भावी जीवन के लिए पुनर्विवाह करने का प्रयास करती है या वैध हो या अवैध किसी पुरुष से संबंध बना कर जीवन बिताती है। अपने जीवन को अपने तरीके से जीना चाहती है। उसे समाज, परिवार की अवमानना, अपमान, उपेक्षा की कोई चिंता नहीं होती। कोई कितना अपमान करे लांछन लगाये वह अपने 'रो' में ही चलती है।

कली कथा: वाया बाईपास की किशोर की माँ कुंती, भाभी, इदन्नमम की बऊ, छिन्नमस्ता की प्रिया की माँ, कस्तुरी, दाई माँ, बेतवा बहती रही की उर्वशी, मीरा की दादी, दादी की जिठानी आजी, सभी परंपरागत विधवा स्त्री हैं। वहीं दूसरी ओर 'इदन्नमम' की प्रेमा, 'यामिनी कथा' की यामिनी, 'अल्मा कबूतरी' की कदमबाई, भूरी, 'अपनी सलीबें' की सुमित्रा, 'दिलो-दानिश' की छून्ना, सभी आधुनिक विधवा स्त्री के रूप में चित्रित हुई हैं जो अपना जीवन अपने तरीके, अपने नियमों के अनुसार चलाना चाहती है। परंपरा से मुक्त होकर पुरानी लीक को तोड़ने की कोशिश करती है। स्त्री संबंधित अनेक संघर्षों पर हुए आंदोलनों ने स्त्री में अन्याय-अत्याचार, शोषण का विरोध करने का साहस भर स्त्री को चेतित किया है-"परिणामस्वरूप आधुनिक विधवा अब जीवन की सहज स्वाभाविक रूप से जीने का अवसर पाने की स्थिति में आ रही है।"[145] विधवाओं का सामाजिक, आर्थिक, भावात्मक, सभी प्रकार की समस्याओं

से जूझना पड़ता है। परंपरागत तथा परंपरामुक्त सामंजस्य के बीच फंस कर संघर्ष का सामना करना पड़ता है। विधवा को अपने बच्चों के लिए पिता की भूमिका भी निभानी पड़ती है। कभी-कभी वह असमर्थ भी हो जाती है। उन पर आर्थिक विषमता सामाजिक, पारिवारिक अवमानना को सहना पड़ता है। अपमान, अमानवीय के चलते वह विद्रोही बन जाती है। जिसके कारण उसकी भावना, विचारों में परिवर्तन आ जाता है। ये स्त्रियाँ कुंठित, पतित, पराधीन, दुःखित न रहकर आत्मविश्वास के साथ आत्मसम्मान का जीवन बिताना चाहती है।

विवेच्य उपन्यासों में स्त्री के मानवीय संवेदनाओं का चित्रण हुआ है। स्त्री के शोषण को केंद्रित किया गया है किस प्रकार सामाजिक व्यवस्था स्त्री का दलन करती है। विवाहित स्त्री के घुटन भर जीवन को व्याख्यायित किया गया है। पति पत्नी पर अपना सा अधिकार जताना चाहता है जिसके कारण उसे शोषित जैसा जीवन जीना पड़ता है। वह अत्यधिक शोषण के कारण उसमें मानवीय संवेदना उत्पन्न होती है। उसी प्रकार जब तलाकशुदा स्त्री का दमन समाज के साथ-साथ पुरुष प्रधान परिवार भी अनेक अत्याचार अन्याय करता है तो उसे अपना जीवन घुटन भरा लगता है। अपने इस रूप को मानवीय बनाना चाहती है। विधवा स्त्री की स्थिति आज भी वैसी ही है जैसे सदियों पुरानी थी। पर लेखिकाओं ने विधवा को पुनर्विवाह का संकेत अपने उपन्यासों में दिया है जिससे उसके जीवन में अमूलाग्र परिवर्तन आए। लेखिकाएँ विधवा जीवन की घुटन भरी, उपेक्षित परिस्थितियों को उभारना चाहती है उन्हें मानवीय रूप में व्याख्यायित करना चाहती है।

स्त्री सशक्तीकरण

स्त्री-सशक्तीकरण का अर्थ स्त्री को समाज से अलग करना नहीं है। समाज के सभी क्षेत्रों में स्त्री के अस्तित्व को मनुष्य के रूप में स्वीकृति प्राप्त करवाना है। स्त्री और पुरुष की ऐसी समानता जिसमें स्त्री को दूसरे दर्जे की न मान कर उसके अनिवार्य रूप को स्वीकार करे। स्त्री का सशक्त

रूप मानवीय होना स्वीकारता है। स्त्री में भी पुरुष की तरह शक्तियाँ और दुर्बलताएँ दोनों विद्यमान हैं। सशक्त सित्रयाँ समाज द्वारा थोपी गई रूढ़ि मान्यताओं को नकार कर स्वस्थ समाज का निर्माण करने में सक्षम होगी। अपनी अस्मिता और व्यक्तित्व को जागरूक कर स्त्री-सशक्तीकरण को मजबूत बनाएगी। "सृजन स्त्री का प्राकृतिक स्वभाव है, घर उसका अपना आविष्कार है। स्त्री भी सशक्तता और घर एक-दूसरे के विरोधी नहीं हैं। लेकिन घर, परिवार और विवाह को बनाए रखने की एकपक्षीय जिम्मेदारी केवल स्त्री पर नहीं डाली जा सकती। झूठी मर्यादा के नाम पर स्त्री से हर तरह के बलिदान की मांग करना और पुरुष होने के नाते छूट देना न्यायसंगत नहीं है।"[146]

समाज की मानिकसता में परिवर्तन अपेक्षित है। इसके लिए आर्थिक, आत्मनिर्भरता ही काफी नहीं है, स्त्री में शिक्षा और उसमें सामाजिक चेतना को, स्वाधीनता को उजागर करना भी आवश्यक है। "स्त्री-स्वाधीनता का अर्थ हुआ कि स्त्री पुरुष से जिस पारंपरिक संबंध को निभा रही है, उससे मुक्त हो। हम स्त्री-पुरुष के बीच घटने वाले संबंध को नहीं नकार रहे। उसका अपना स्वतंत्र अस्तित्व होगा और वह पुरुष की होकर भी जिएगी।"[147]

सन् 2001 में महिला सशक्तीकरण वर्ष घोषित हुआ जिसमें 'महिला-नीति' घोषित कर केंद्र सरकार द्वारा सभी राज्यों के महिला-हित में नए कानून विधेयक तक लाने के निर्देश दिए गए। पर समाज में स्त्रियों की स्थिति पर कोई बदलाव नहीं आया। 'महिला वर्ष' व 'महिला दर्शकों' की तरह 'महिला सशक्तीकरण वर्ष' भी सपनों को साकार किए बिना निकल गया।

आशा रानी व्होरा के शब्दों में-"स्त्री-सशक्तीकरण सरकारी घोषणाओं और कार्यक्रमों से संभव नहीं है। स्वयं स्त्री शक्ती को अपने पूरे संगठन बल से आगे आना होगा और सभी क्षेत्रों में संतुलित सोच वाली योग्य व सक्षम स्त्रियों को नेतृत्व संभावना होगा साथ ही अपने

व्यक्तिगत व जातीय, दोनों रूपों में सशक्तीकरण की इस तैयारी में ही अपनी शक्तियों को केंद्रित करें। इक्कीसवीं सदी में 'महिला युग' की शुरुआत इसी राह संभव है।"[148]

स्त्री-शक्ति का अर्थ है-'स्त्रियों का आत्म-निर्णय।' आत्म-निर्णय यानी पितृसत्तावादी समाज की विसंगतियों, अवमाननाओं का खंडन कर स्त्री एक सुनिश्चित व्यवस्था का चुनाव करने का दावा कर पाएगी जो कि नैतिक कर्म की पहली शर्त है। हो सकता है कि खुद अंतिम लक्ष्य को न देख पाए, क्योंकि समाज का तानाबाना एक जीवन में नहीं सुलझता, लेकिन वह इसे अपना विश्वास घोषित करने उससे आशान्वित हो सकती है।

'आत्म-निर्णय' स्त्रियों के हित-अहित, समस्याओं, व्यथा शोषणों, स्थितियों-परिस्थितियों के मुद्दों पर विचार करे सही गलत की जांच परख स्वयं स्त्रियों को अपनी सशक्ति से करना होगा। हमारी निर्णय क्षमता हमारे स्वावलंबन पर आधारित है।

"स्त्री सशक्तीकरण स्त्री जागरूकता का प्रसार करने के लिए एक कारगर औजार है।"[149] "संसार के पुनर्वर्गीकरण में शायद यह होगा कि तमाम झूठी भावनाओं और वितृष्णा से मुक्त युवक और युवती एक दूसरे को ढूँढ़ेंगे, विपरीतों की तरह नहीं, बंधु-बांधती की तरह, पड़ोसी की तरह और मनुष्यों की तरह मिल जाएँगे।"[150]

स्त्री अधिकार और सशक्तीकरण की चर्चा, स्त्रियों के अपने अधिकारों की कानूनी लड़ाई के प्रति है। स्त्री अधिकारों की चर्चा करते समय एक शब्द लैंगिक न्याय (Gender Justice) प्रयोग होता है। इसके अंतर्गत लिंग के आधार पर भेदभाव को मिटाना, स्त्रियों के साथ न्याय, उनके सशक्तीकरण जहाँ स्त्रियों को व्यक्ति माना जाए सभी तथ्य सामने आते हैं। जैसे-विवाह संबंधी अपराध की रोकथाम, घरेलू हिंसा अधिनियम, यौन अपराध, दहेज संबंधी कानून, समानता, स्वतंत्रता, एकांतता, व्यक्ति शब्द का अर्थ, आत्मनर्भिरता, आत्मसम्मान का नारा, आर्थिक स्वतंत्रता, समानता के नाम पर कुछ हद तक चारित्रिक स्वच्छंदता, अपने स्वास्थ्य, अपनी कमाई के बारे में सोचना सभी स्त्री सशक्तीकरण के मानदंड हैं।

"स्त्रियों को आजादी बाहर से नहीं, अपने भीतर से खोजनी होगी, भीतरी शक्ति यानी आंतरिक शक्ति की ओर था। स्त्रियों में आंतरिक शक्ति का विकास कर उनमें आत्मविश्वास जगाना, उनकी क्षमताओं और विलक्षणताओं का प्रकाश करना तथा उन्हें राष्ट्र के संवर्द्धन से जोड़ना है।"[151] आंतरिक शक्ति से अभिप्राय स्त्रियों की मानसिकता की ओर संकेत करते हैं। स्त्री की मानसिकता जब ठीक होगी, तो वह अपनी आंतरिक शक्ति को मजबूत बना सकती है।

मार्कण्डेय के विचार में- "स्त्री की समस्या जब तक वश में नहीं आ सकती जब तक लड़कियाँ स्वयं को सशक्त न बनायें... यही रास्ता है सशक्तीकरण का। सशक्तीकरण के रास्ते ही स्त्रियाँ तमाम झंझटों से मुक्ति पा सकती है। यदि आप यही मायने में हिंदुस्तान में स्त्री-विमर्श चाहते हैं, तो अपने बच्चों, खास तौर पर लड़कियों को ऐसे तैयार कीजिए कि वे अपने पैरों पर खड़ी हो सकें, रोजी कमाने लायक बनें। यदि वे पति पर निर्भर होंगी तो निश्चित रूप से उनके साथ अन्याय, अनाचार, अत्याचार हो सकता है। स्त्री सशक्तीकरण का मतलब यह होता है। अपने पैरों पर खड़े हो, मेहनत करो, पढ़ो, लड़कों को पीछे करो। होगा सिर्फ ताकतवर बनने से। मतलब यह कि बड़ी से बड़ी मुसीबत भी टल जाती है जरा आप सशक्त हों। जब आप आगे बढ़ेंगे तो निश्चित रूप से सशक्तीकरण हो जाएगा।"[152]

प्रो.अलका अग्रवाल के विचार में-"स्त्री सशक्तीकरण यानी स्त्री चेतना, स्त्री जागरण या स्त्री स्वावलंबन कह सकते हैं। स्त्री चिंतन से हमारा तात्पर्य है कि यह कोई संघर्ष का, लड़ाई का मुद्दा नहीं है। अपने लिए हम स्पेस बनायें। स्पेस तभी बनेगा, जब हममें आत्मविश्वास होगा। जब अपने बड़े होने तक हम यह अहसास करना शुरू करेंगे कि हम हीन नहीं हैं, हम कमजोर नहीं हैं। हम फेयर सेक्स नहीं हैं।"[153] स्त्री को अपनी शक्ति के अनुरूप समाज, परिवार को बदलना है। अपने आत्मविश्वास को जगा कर स्त्री तब ही शक्तिशाली बन पाएगी जब वह आत्मविश्वास के साथ अपने कार्य की अभिव्यकित करेगी। स्त्री

सशक्तीकरण का सबसे बड़ा मुद्दा शिक्षा और रोजगार है।

5 मार्च 2011 रवींद्र भारती में हुई महिला अधिकार आख्यान तथा 8 मार्च को महिला वर्ष के 100 वर्षगांठ पर रवींद्र भारती लकड़ी का पूल में हुए सेमिनार में स्त्री सशक्तीकरण पर श्रीमती चंदा चक्रवर्ती, साईन्टिस्ट ने अपने विचार व्यक्त किए हैं। "स्त्रियाँ हर क्षेत्र में कार्यरत हैं पर विडंबना यह है कि शोषित है। समस्या वही है। 50% पापुलेशन स्त्रियों का है। पर आज भी स्त्री को समानता का अधिकार प्राप्त नहीं है। स्त्री हर क्षेत्र में कार्यरत है फिर भी उसकी समस्या संघर्ष, पीड़ा वैसे ही है जैसे हजारों सालों पहले थी।

स्त्री के चार तथ्यों का स्पष्टीकरण करते हुए कहती है-

- स्त्री आर्थिक परिपूर्ण है, पर उसके पास आर्थिक स्वतंत्रता नहीं।
- क्या स्त्री को पूर्ण स्वतंत्रता प्राप्त है घर से, बाहर से।
- क्या उसे अपने स्वास्थ्य की स्वतंत्रता है।
- आज भी कितनी स्त्रियों को घरेलू हिंसा हो रही है। वह कहती है कि 68% विवाहित स्त्री घरेलू हिंसा से पीड़ित है। पीड़ा को सह रही है पर उसका विरोध करने में असमर्थ है।

हर आदमी को इन समस्याओं को समझना है और समाधान को प्रस्तुत करना है। इसके विचार में सरकार का इन तथ्यों पर विचार करना असमर्थ है। अगर इन सब समस्याओं को सरकार पर छोड़ दो तो कभी भी समाधान नहीं निकलेगा। प्रत्येक प्राणी को इसे समझ कर समाधान तलाशना होगा।

स्त्री सशक्तीकरण में चेतित स्त्री

स्त्री सामाजिक, आर्थिक, राष्ट्रीय, सांस्कृतिक, धार्मिक रूप से जागृत दिखाई देती है। जागृति के कारण स्त्री पर हो रहे अन्याय, अत्याचार तथा शोषण के खिलाफ चेतित स्त्री विद्रोह के लिए खड़ी हो रही है।

बदलते सामाजिक परिवेश के कारण स्त्री का जागृत होना अत्यधिक आवश्यक है। अंतिम दशक की स्त्री शोषण को दब्बू बनकर सहन नहीं करती बल्कि उस शोषण का विरोध भी करती है। स्त्री में उसका अस्तित्वबोध जागा है जिसके कारण वह अन्याय, अत्याचार को न्याय में बदलना चाहती है। स्त्री पारंपरिक रूढ़िग्रस्तता से मुक्त होकर चेतित जागृत हुई है। लेखिकाओं ने अपने उपन्यासों में चेतित स्त्री का रूप दर्शाया है। लेखिकाओं ने स्त्री चेतना की जागृत की संभावनाओं को उभारा है।

"मर्दनेपन में इतने दोष हैं कि आज मर्दानापन ही भुगत रहे हैं हम तो स्त्री ही ठीक है। स्त्री ही रहेंगे। जब अपनी चेतना को विकसित करें, सोचें कि हमने कहाँ गलती कर दी। इस पर सोचें तो हम मर्दों से लाख गुना बेहतर हो सकते हैं। अब हम बस चेतित हो रहे हैं, स्वतंत्रा चाहते हैं उसके खतरे भी बहुत हैं जब हम चौखट लांघ कर बाहर आये हैं तो देखिए क्या हाल हुआ है।"[154]

'ऐ लड़की' में अम्मु चेतित स्त्री के रूप में चित्रित हुई है। अम्मू अपनी बेटी को जीवन की सच्चाई समझाने की कोशिश करती है। स्त्री मुक्ति विषयक विचार अम्मु बेटी के समक्षक रखकर स्त्री-चेतना को जगाना चाहती है। वह लड़की के अस्तित्व को सुरक्षित रखने की सलाह देती हुई कहती है-"तुम किसी के अधीन नहीं। स्वाधीन हो। लड़की यह ताकत है। सामर्थ्य। शक्ति।"[155] "... तुम अपने आप में आप हो... लड़की अपने आप में आप होना परम है, श्रेष्ठ है।"[156] "अपने लिए दुःख नहीं मनाना। निराशा को परे ही रखना तुम्हारे लिए निश्चिंत हूँ। न तुम सताई जा सकती हो और न किसी को सताती हो।"[157] तुम तो अपने में आज़ाद हो। तुम पर किसी की रोक-टोक नहीं। जो चाहो, कर लो। अम्मु अपनी नर्स सूसेन को शादी के लिए सुनियोजित वर की तलाश और विवाह पश्चात आत्मसम्मान का जीवन जीने के लिए कहती है-"शादी के बाद किसी के हाथ का झुनझुना नहीं बनना, अपनी ताकत बनाने की कोशिश करना।"[158] लेखिका ने चेतित स्त्री के रूप का चित्रण कर भावी पीढ़ी को चेतित होने की संभावना प्रस्तुत की है।

'दिलो दानिश' में महकबानो और कुटुंबप्यारी दोनों स्त्रियाँ चेतित रूप में दर्शायी गयी हैं। दोनों अपने-अपने हक के लिए जागृत होती हैं। कुटुंबप्यारी सामंती एवं नवाबी रखैल रखने की परंपरा के खिलाफ आवाज़ उठाती है। पति कृपानारायण और उसकी रखैल महकबानो के खिलाफ चेतित बनती है। आज तक नवाबों की, सामंतों की रखैल रखने की प्रवृत्ति पर पत्नियाँ चुप रहकर घुटती रहती थीं। पति के खिलाफ कोई आपत्ति नहीं उठाई जाती थी। पर अंतिम दशक में आधुनिक सभ्यता में पली कुटुंबप्यारी पति के खिलाफ विद्रोह करती है। पति को रखैलमुक्त करवाने के लिए भैरो बाबा के पास तक जाती है। कुटुंबप्यारी में गहरी चेतना उभरी है। वह पति की हमेशा उपेक्षा करती है। एक दिन जब कृपानारायण गजरे लेकर कुटुंबप्यारी के पास जाते हैं तो कुटुंब चेतित होकर कहती है-"रज्जो की कसम, जो आपने मुझे छुआ।" उसे ताना मारते हुए कहती है-"जिस दिन से ब्याह कर आए, हमने खानदान की खिदमत की, इनकी इज्जत सिर पर उठाई पर आपने हमें दुखियारा करके ही दम लिया, बिरादरी भर में बदनाम किया।"[159] "आपकी मर्दानगी के पीछे खानदान की इज्ज-आबरू खाक में मिलती जा रही है।"[160] इसी कारण वह परिवार वालों से खिजी-खिजी रहती है। सास-ननद, देवरानी-जेठानी पर अपना क्रोध उतारती है। कुटुंब हमेशा महक की उपेक्षा करती है और उसके बच्चों को अपने बच्चों में मिलना, खानदानी जामा पहनाना पंसद नही करती है। पति से कहती है-"हम आपकी जगह होते तो सैर सपाटे के बहाने दोनों बच्चों को भूली भटियारन के तालाब में गुम करवा देते।"[161] और आगे कहती है-"उस छबीली महक को जमुनाजी में बहा आइए। हम आपके नाम से मथुराजी में रसोई करवा आएंगे। सब अगले-पिछले पाप धुल जाएंगे।"[162] पति की मनमानियों पर कुटुंब 'दूसरी औरत' महक को उसके बच्चों को तालाब में छोड़ने तथा जमुनाजी में बहाने की बात करती है। कुटुंब पति को महक के पास जाने से रोकती हुई कहती है-"आपको रज्जो की कसम जो आप आज घर से निकले। कहे देते हैं आज हमें छोड़ कर आप कहीं नहीं जाएंगे...

चौबिसों घंटे महबूब बने फिरते हैं। आप यह बताइए कि तैयार कहाँ को हो रहे थे। वहीं न जहाँ आप गिरवी पड़े हैं। औलाद कंधों तक पहुँच गई, अब भी आशिक बने घूमते हैं।"[163] कुटुंब चेतित होकर पति की उपेक्षा करती है। उसकी मनमानी पर रोकने-टोकने का भरसक प्रयास करती है।

महकबानो भी अंत में चेतित स्त्री का रूप ले लेती है। कुटुंब जब भैरो बाबा के पास जाकर पति को छुड़ाने के लिए मनौती मांगती है जिससे कृपा महक से मिलने महिनो तक नही आता और वह विरह में दिन काटती रहती है। वह बिना बताए अजमेर के शरीफ ख्वाजासाहिब की ड्योटी के दर्शन करने जाती है। ये बात कृपानारायण को पसंद नहीं आती है और कृपा के मन में शंका पैदा होने पर वह जहर खाकर खुदकुशी करने की कोशिश करने पर महक उससे चेतित होकर कहती है-"जहर तो हमें खाना चाहिए। कलेजा ऐसा छलनी हो चुका है कि कोई रफू-गर-रफू न कर सके।"[164] इन्हें क्या खबर उस ज़लील क़िस्से की। भैरों बाबा और भभूतियों के पाश। हमारा दिल ही मर गया।"[165] "...बहुजी (कुटुंब) का मिज़ाज कुछ बदला सुनते हैं कई चालीहे कर चुकी हैं। भैरों बाबा के यहाँ से खेचरी लेकर आई थीं। यह आवाजावी तो पान की जड़ समझिए। एक बार उग जाए तो छुटकारा पाना मुश्किल है।"[166] जब वकील साहब दो महीने के बाद महक से मिलने आते हैं महक तनावपूर्ण स्थिति में चेतित होकर कहती है-"साहिब, इस नाते-रिश्ते का कोई नाम तो न हुआ। दिल की ललक-लालसा ही तो। आपके लिए छत सिर पर पड़ी है। सो न सरकते बने, न आगे बढ़ते।"[167] "हम तो अपने को ही समझाकर सब्र कर लिया करते हैं कि दिन-रात मुक़द्दमों की तैयारी, इतने बड़े कुनबे की जिम्मेदारी तुम्हारा नंबर तो आखिर में लगा पड़ा है महक बानो। तुम्हारी बारी जल्दी कैसे आएगी।"[168] कृपानारायण बेटी मासूमा की शादी में महक को आने से मना करते हैं तो महक क्रोधित होती है और उसके पास कुछ न होने के कारण ऐसी मजबूरी झेलनी पड़ रही है अगर मेरे पास भी कुछ होता तो क्या बेटी के विवाह में जाने की किसी से इजाजत लेनी पड़ती। वे चेतित होकर वकील से अपनी माँ द्वारा दिए

गए गहनों की माँग करती है। बच्चों के भविष्य की चिंता में अपने आप में परिवर्तन लाती है। इस पर महक कहती है-"हमारे बच्चों के इस बेदरेगी से छीन लेने का भला क्या हक़ है आपको?"[169] वह चेतित बनकर अपने हक और कर्तव्यों के प्रति सजगता दिखाती है और अपनी माँ के गहने मांगती है। "हमारी माँ के जेवर हमें आज शाम तक मिल जाने चाहिए। आप अम्मी के वकील रहे, अब हम आपकी मुवक्किल की बेटी हैं, जिसे उन पर पूरा हक है।"[170] वह अपनी ज़िद पर अटक जाती है। कहती है शादी ब्याह बाद में होते रहेंगे पहले गहने चाहिए और वकील साहब पर गहनों की प्राप्ति के लिए बैरिस्टर अन्वर खाँ की तरफ से मुकदमा दायर करती है। बेटा बदरन ऐसी बेरुखी अब्बू के साथ न करिए कहने पर महक कहती है-"हक माँगना अगर लड़ाई है तो दूसरों का हक मारना भी बेइंसाफी है।"[171]

स्पष्ट है कि जब बात बर्दाश्त से बाहर होती है तो विद्रोह ही जन्म लेता है। महक भी बर्दाश्त करने की सारी सीमाएँ पार कर विद्रोही बन कर दुर्बल से सबल बनकर अपने हक़ की माँग करती है। वकील उसको भोगता है उसकी माँ के गहने हड़पता है। अंत में उससे उसके बच्चे भी छीन लिए जाते हैं। जब महक से मातृत्व छीना जाता है तब विद्रोही बन कर अपना हक वकील से छीन लेने में कामयाब हो जाती है। यहाँ अपने हक के लिए महक चेतित बनती है जिसके आगे वकील को झुकना पड़ता है।

स्त्री में जब आत्मशक्ति उत्पन्न होती है तो स्त्री अपने हक़ और आत्म निर्णय से जागृत होती है।

'झूला नट' की शीलो में आत्मशांति दिखाई देती है। प्रगतिशील विचारों वाली शीलो को पति सुमेर द्वारा त्यागे जाने के बाद देवर बालकिशन से संबंध बनाती है। सास दोनों का विवाह करना चाहती है इस पर शिलो मना करती है। कहती है हमारा मन का ब्याह हुआ है। इसमें बछिया का क्या काम, दूबारा विवाह करने से क्या होगा। सामाजिक व्यवस्था के अनुसार ब्याह करने पर, पूरे रीति-रिवाज से बंधन में बंधने पर क्या हुआ पति छोड़ के चला गया। गांव, जाति-बिरादरी,

आस-पड़ोसी सब कहते हैं बछिया (बछिया यानी बछिया दान कर दूबारा ब्याह करना) करने को कहते हैं। बछिया की पात खाने को कहते हैं। शीलो किसी की बात नहीं सुनती, उसे किसी गाँव, जाति-बिरादरी, आस-पड़ोस की परवाह नहीं है। चेतित होकर सबका सामना डटकर करती है। गाँव की काकी जब उसे शादी करने का सुझाव देती है तब शीलो उसे आड़े हाथ लेती है-"ऐ काकी जी, पुलिसिया बेटा की बछिया की पाँत खाली: पूछा नहीं कि बरकट्टो (बाल कटी) ब्याही है या रखैल? बेटों के चलते रसम-रीत भूलकर बहुओं की पीडों के लिए कोड़े लिए फिरती हो तुम बूढ़ी जनी।"[172] अब तक शीलो ने बहुत दुत्कारें सही थी-"रखैल से बदतर... रंडी। रद्द की हुई औरत अब बिरादरी से रद्द। चुड़ैल राक्षसी बदकार।"[173] इन सब से शीलो को कोई फर्क नहीं पड़ता। उसे सौ भद्दी गालियाँ भी कमजोर नहीं बना सकती-गाँव, समाज, जाति किसी को शीलो महत्व नहीं देती। यहाँ तक कि सास की भी उपेक्षा करने से नहीं चूकती। सुमरे धोके से जमीन हड़पने के बहाने शीलो को मीठी बातों में फंसाना चाहता है। "शीलो शहर में रहना-बसना हमारी मजबूरी हो गया है... मैंने उससे (नई पत्नी से) कहा था कि शीलो जैसी औरत धरती पर बहुत नहीं जनमती। रग-रग में त्याग, दया भरे वह विरली ही है। दिल बहुत बड़ा। ... वैसे, बात कुछ भी नहीं, अपने हिस्से की जमीन का सवाल है, उसे आनाकानी क्यों होगी? ... सच्ची बात तो यह है कि घर वसीले के लिए जमीन बेचना तो बहना है, मैं तुम्हारी राह का काँटा बनना नहीं चाहता। तुमने जो किया, बुद्धि विचार से किया। अक्लमंद कदम।"[174] इस पर शीलो चेतित होकर सुमेर का जवाब देती है-बालकिशन से हमारा क्या नाता? ... इस नाते को बड़ा मानते हो तुम... काये के पति-पत्नी, बाबूजी? वह अबोध मन का अच्छा है, सो बस... तुम्हारी ब्याहता होने के बाद भी... पर छोड़ो उस बात को। बालकिशन तो ऐसे ही है हमारे लिए, जैसे तुम्हारे लिए तुम्हारी दूसरी औरत। बिनब्याही, मनमर्जी की। सच मानो, बालू भी इससे ज्यादा कुछ नहीं।" ... जमीन-जायदाद की बात रहने दो कि यह मामला तो अब भी हमारे-तुम्हारे बीच ही है। बालू अपने हिस्से का मालिक है। वह कोन होता है

हमारे-तुम्हारे हिस्से में टाँग अड़ाने वाला? बिल्कुल ऐसे ही, जैसे तुम्हारी वह बिचारी कोई नहीं होती हमारे-तुम्हारे बीच, ये जर-जोरू के मामले बड़े-बेड़े (कठिन) हैं, बाबूजी... तुम पढ़े लिखे हाकिम ऐलकार सब समझ गए होंगे।"[175] शीलो का यह रूप जागृत हुआ दर्शाया गया है। इन वाक्यों में चेतित स्त्री जागृत हुई है जो अपने हक को यूं ही नहीं जाने देती। अपने खेतों में रुचि लेती है। जमीन की रखवाली स्वयं करती है। उसे किसी आदमी पर भरोसा नहीं। वह अपने खेतों में तरह-तरह की हर साल फसल उगाती है-गेहूँ, मटर, चना, मसूर ग्राम सेवक की बातों पर खेती करती है-"फसल चक्र अपनाओ, खेत में पैदावार चौगुनी हो जाएगी।"[176] सास खेती की तासीर बदलने पर बाल किशन कि माँ उसे मारने दौड़ती है। इस पर शीलो कहती है-"अम्मा जी, गुस्सा पी जाओ। बूढ़े जमाने उखडेंगे नहीं, तो नया बखत आएगा कैसे? अपने इस रेंगटा को रेत में नहीं, सड़क पर चलना सीखने दो। शुरू में पाँव छिलेंगे जरूर, पर मोटर की तरह दौड़ना आ जाएगा।"[177]

शीलो बालकिशन को कहती है-"बुरे की बात नहीं मैं तो यह कहती हूँ कि हल हाँकते हो, इसका मतलब यह तो नहीं कि बूढ़े हो गए। धोती-कुर्ता ही पहनोगे। चिरगाँव से कमीज-पैंट काहे नहीं सिलवा लाते।"[178] और अपने कमाए हुए पैसों को बैंक में रखने की सलाह देती हुई कहती है। "अपनी मेहनत की कीमत जो नहीं जानता, उसे लोग भी नहीं चीन्हते।"[179] शीलो आधुनिक विचारधारा वाली चेतित स्त्री का प्रतिरूप है जो अपनी जागृति से सबको सचेत करना चाहती है। जीवन मूल्यों को नये ढंग से जीना चाहती है।

'इदन्नमम' की बऊ, मंदा और कुसुमा को चेतित स्त्री के रूप में दर्शाया गया है। गाँव की क्रूरता, अनीति, अवमानना, हडपनीति के खिलाफ ये तीनों स्त्रियाँ जागृत होकर गाँव की क्रूरता का डटकर सामना करती हैं। बऊ बेटे की मौत का जिम्मेदार अभिलाख को मानकर कहती है-"अभिलाख यार दोस्त ही तो था महेंदर के, पर नहीं देखी गई महेंदर की बड़ी-बडां। देखते-देखते दुश्मन हो गए। विरोधी पाल्टी में जा मिले।"[180] यहाँ

राजनीति की दोहरी नीति पर चेतित बऊ अभिलाख के विरोध में आलोचना करती है। वहीं बहु भागने पर भी वह चेतित होकर पोती मंदा को अपने भरोसे पालती-पोसती है। बहू की उपेक्षा करते हुए कहती है-"ज्वानी तो मार रही थी रंडी की तो मोंडी के सामने ही बनहोई के संग।"[181] जब प्रेमा बेटी को पाने के कोर्ट में अर्जी देती है। अदालत में मुकदमा दायर होने पर बऊ झाँसी की अदालत में चीफ साहब को चेतित होकर कहती है-"चीफ तुम फिकीर जीन करो। लड़ने दो उस कंजरी को... जब तक इस काया में पिरान हैं, लड़ेंगे हम भी। पूरी जिंदगानी हमने लड़ाई लड़ी है हँसी-खेल नहीं है। जिमिंदारीन बने रहना।"[182] राऊ किसी भी हालात में प्रेम को मंदा नहीं देना चाहती। वह अपने बेटे की आखरी निशानी को खोना नहीं चाहती है। कुसुमा भी चेतित स्त्री हे जो पति के शोषण के खिलाफ आवाज़ उठाती है। कुसुमा पति के अन्याय अत्याचार से इस प्रकार बदला लेती है। वह पति के रहते अमर सिंह (दाऊजु) से संबंध बनाती है। उसके बच्चे को अपनाना चाहती है। यशपाल अवैध बच्चा नहीं चाहता। इस पर कुसुमा चेतित होकर कहती है-"ओ नकीले, खैर मना कि बच्चा दाऊजू का है। नहीं तो यह किसी का भी होता, जात का आन जात का। गैल चलते आदमी का तुम्हें क्या हक... कुत्ता की जात, नहीं गिनते हम तुम्हें।"[183]

यशपाल कुसुमा की बेरहमी से पिटाई करता है। मार खाने के बाद भी वह दाऊजु के अवैध संतान को जन्म देती है। और घर परिवार की उपेक्षा के बाद भी दाऊजु से जुड़े रहना पसंद करती है। जब मंदा का कैलाश मास्टर बलात्कार करता है तो कुसुमा उसकी जमकर पिटाई करती है। उसके हाथ-पाँव तोड़ देती है। उसकी उपेक्षा करते हुए कहती है-"अरे तेरी नास हो जाए। "ठरी बंधै तुम्हारी। हुलकी परै तुम पै... मोरी मतारी, जे कैलसवा! कैलास मास्टर! तब तोय नहीं छोड़ेंगे हम। उसकी पाँवों की हड्डियाँ तोड़ डालती है। उसे गाली देती है-कीरा परे तुम्हारे। मंदा मामा कहके टेरती है, सो भी नहीं ख्याल किया? फिर काहे को बहन-भान्जि मानने का स्वाँग भरते हो? बच्छत। कुकरमी। अधरमी।"[184] कुसुमा चेतित शेरनी की तरह कैलास पर टूट पड़ती है और मंदा को

सहानुभूति के साथ समझाती है। "बिन्नु, अपने मन में तनिक भी भय मत लाना। ... जिंदगी में अच्छा-बुरा घट जाता है बिटिया..., जो तुमने किया ही नहीं, उसके लिए अपने को दोसी क्यों मानना? उस कुकरम की भागीदारी मंदा तुम तो बिल्कुल नहीं।"[185] कुसुमा का पति के खिलाफ आवाज़ उठाना, कैलाश की पिटाई करना, खुलेआम दाऊजु से संबंध रखना, मंदा को समझाना चेतित स्त्री के लक्षण दृष्टिगत होते हैं।

मंदा के विवाह की चिंता बऊ को होने पर मंदा कहती है-"यदि कभी ब्याह हुआ भी तो मकरंद से ही होगा।"[186] सोनापुर आने के बाद मंदा में जागृति आती है। अभिलाख से संघर्ष करना, पिता का सपना पूरा करना, गाँव में अस्पताल बनाना, भ्रष्टाचार के खिलाफ विद्रोही बनना, गाँव के विकास पर ध्यान देना, विस्थापित किसानों के लिए आंदोलन करना, सोनपुरा के गाँववालों तथा मज़दूरों को संगठित कर उनमें चेतना भरना, अभिलाख के शोषणों का खात्मा करना,उसे चुनौती देना कि-"जिस धरती से तुम पैसा खुदवा रहे हो, उस पर हम पसीना बहा लें बस। बेघर होने से बच जाएँगे, अपनी जड़ों से जुड़ी रहकर हरे भरे बने रहेंगे, इस गाँव के लोग।"[187] मंदा गाँव पर हो रहे शोषण, अन्याय, अत्याचार के खिलाफ चेतित होकर आवाज़ उठाती है। डॉ.गोपाल राय के विचारों में-"इदन्नमम की मंदाकिनी वास्तविक अर्थों में एक जुझारू युवती है जो केवल परिवार और समाज द्वारा स्त्री के लिए निर्मित बंधनों को ही नहीं तोड़ती वरन् उस शोषण के विरुद्ध भी बनकर खड़ी होती है जो आज के नेताओं और माफिया ठेकेदारों द्वारा आदिवासियों और अन्य ग्रामीणों पर कहर के रूप में बरसा जा रहा है।"[188]

'कठगुलाब' के सभी पात्र चेतित रूप धारण किए हुए हैं। किसी न किसी रूप में स्त्री चेतित नज़र आती है। इस उपन्यास की स्त्रियाँ अनवरत शोषण एवं प्रताड़ना से उकताकर प्रतिशोध और विद्रोह की मुद्रा में खड़ी हैं। स्मिता पारिवारिक तथा सामाजिक शोषण का शिकार होकर चेतित बनती है। जीजा द्वारा बलात्कार करना, पीड़ित-प्रताड़ित होकर घर छोड़कर आत्मनिर्भर बनकर अमरीका चली जाना, वह जिम जो

मनोविश्लेषक से विवाह करती है जिम स्मिता को मानसिक रोगी के सिवाय कुछ नहीं मानता। उसे प्रताड़ित करता है। उपेक्षा-प्रताड़ना से तंग स्मिता एक दिन बेल्टों से उसी की पिटाई कर घर से चली जाती है और उससे तलाक ले लेती है। जीजा के मरने पर उसे दुःख होता है क्योंकि वह उससे प्रतिशोध न ले पाई। स्मिता सोचती है-"वह दरिंदा इंतकाम का मौका दिए बगैर मर गया। अब वह जिम जारविस को फरार होने का मौका नहीं देना चाहती।"[189]

स्मिता अपमानित करनेवालों से प्रतिशोध लेना चाहती है। अंत में गोधड़ में उपेक्षित, प्रताड़ित स्त्रियों का मार्गदर्शन करती है। उपन्यास में स्मिता जीवन के उतार-चढ़ाव से चेतित हुई है। उसे आत्मनिर्भरता, आत्मसम्मान से जीना चाहिए ऐसी अपने भीतर जागृति जगाती है।

नमिता की चेतना पति को लकवा मारने पर जागती है। नमिता के पति द्वारा अपनी बेटी की उपेक्षा करके बेटे के नाम पर जायदाद चढ़ाना, तरह-तरह के प्रपंच करके बेटी को बेदखल करना, नमिता को मारना, पीटना, नमिता अपने पति की क्रूरता का बदला लेन चाहती है। प्रतिहिंसा के लिए पति के बाल खींचकर उसे ठिकाने पर लाना चाहती है। मारियान ने उपन्यास 'वूमैन ऑफ द अर्थ' पर अपने जरनल दिये, पूरे शोध के लिए सामग्री इकट्ठी की पूरे जरनल तैयार करके उपन्यास में बीज डाले, प्रारूप तैयार किए और इरविन ने उसे भाषा का हेर-फेर करके अपने नाम से छपवा लिया, पति ने मानो उसके उपन्यास का अपहरण कर लिया। इस पर मारियान पति की उपेक्षा करती है, अपशब्द बोलती है-कपटी, धूर्त, नामर्द, बास्टर्ड तुमने मुझे धोखा दिया है, धोके से छला है। चेतित होकर घृणा करती है, गुस्से में उसका मुँह नोच डालती है।

असीमा में परिस्थितियों के कारण पुरुष से बदला लेने की भावना अधिक चित्रित हुई है। वह पुरुषों को सबक सिखाने के लिए कराटे सीखती है। नमिता के क्रूर पति को सबक सिखाने के लिए कराटे का दाँव-पेंच आजमा कर उसे मूर्छित कर देना, स्त्री का शक्ति रूप तथा स्त्री अपनी लड़ाई स्वयं लड़ना उसे पसंद आना। नर्मदा के जीजा के शोषण का

सबक उसे पुलिस स्टेशन तक ले जाना, पिता और भाई तथा शोषक पुरुष को हरामी का खिताब देना, उन्हें देखते ही पिटाई करना, ये सारी बातों से असीमा की स्त्री चेतना जागृत हुई है। इस उपन्यास की निम्न वर्ग की नर्मदा जो घर-घर जाकर काम करती है, चूड़ियों के कारखाने में काम करके परिवार का पोषण करती है। बहन और बहन के पति द्वारा धोखा देने पर जागृत होती है। जायदाद के लिए साजिश से नर्मदा की शादी जीजा से होना, ये हकीकत मालूम होने पर नर्मदा उनकी उपेक्षा करती है। और विद्रोही बन जाती है। जिस भाई के लिए उसने शोषण सहा था वह उसे छोड़कर चला जाता है। तब वह कहती है-"कैसा भाई कौन भरतार।"[190] जीजा के अत्याचार, शोषणों से तंग आकर उसे एक दिन-"टाँगें तोड़कर सड़क पर फेंक दूँगी। तू मेरी रखैल थी। कमा-कमाकर खिलाया तुझे मुस्टंडे।"[191] भांजों का ख्याल आ गया, वरना दुसमन बहन के सुहाग की तो मुझे राई-रत्तो परवा बाकी ना थी।"[192] "परिस्थिति से उत्पन्न सभी स्त्रियाँ चेतित दृष्टिगत होती हैं।

'छिन्नमस्ता' में प्रिया पारिवारिक संत्रास के कारण शोषित है। पति द्वारा व्यापार का विरोध करने पर सोचती है-"सारे जुल्मों के सामने... सलीब पर लटकते मैंने पाया कि मैं पूरी तरह चुनौतियों का सामना करने के लिए तैयार हूँ।"[193] प्रिया अपने अस्तित्व के प्रति चेतित हुई है। प्रिया आत्मनिर्भर बनना चाहती है। अपने आपको स्वावलंबन रखना चाहती है। यही बात वह दाई माँ से कहती है-"औरत को अपने पैर पर खड़ा होना चाहिए। देखो तो तुम नहीं कमाती तो तुम्हारे बच्चो का क्या होता।"[194] प्रिया परंपरागत स्त्री जैसा जीवन बिताना नहीं चाहती। वह विवाह भी नहीं करना चाहती थी क्योंकि उसे अपने माँ, बहन, भाभी जैसा परंपरागत, आडंबरयुक्त, रूढ़िग्रस्त जीवन जीना पसंद नहीं है। "सदियों की इस अमानवीय परंपरा को किस बीमारी का नाम दूँ, जहाँ मेरी जैसी विद्रोही लड़कियाँ भी समर्पिता पत्नी और माँ बन जाने में विवश हो जाती है? मैंने अपनी जिंदगी का एक लंबा समय अम्मा जैसी न हो जाने के संघर्ष में लगा दिया। नहीं मैं औरत नहीं होना चाहती...

अम्मा! तुम्हारी जैसी, जीजी लोगों जैसी जिंदगी मैं नहीं स्वीकारना चाहती, भाभी की तरह घुट-घुटकर नहीं मरना चाहती।"[195] प्रिया मारवाडी जाति की स्त्रियों की घुटन से बाहर निकलना चाहती है। वह समझती है। मारवाडी स्त्रियाँ शोषण के खिलाफ मुँह नहीं खोलती दब्बू बनकर सब कुछ सहती रहती हैं। विवाह के बाद भी प्रिया शोषण का शिकार होती है। पति उसे भोग्या के सिवाए कुछ नहीं समझता। प्रिया अपनी योग्यता को घरेलू काम-काज में बंद नहीं करना चाहती है। "ओ नो, अब नहीं सारी जिंदगी में बस टेबल सजाती रहूँगी? बर्तनों को संभालती रहूँगी... सब कुछ कितना नीरस है... गृहस्थी के झमेले कभी शांत न होने वाली लहरें... क्या इसी को संसार सागर कहा जाता है? ... यह ढाँचा नहीं बदलेगा।"[196] नरेंद्र में मानवीय संवेदना जैसी कोई बात नहीं थी। वह जीवन को पैसा, अच्छा खाना, सेक्स समझता था। पति द्वारा उपेक्षा, मारपीट सबको सहन करना, उसके व्यक्तित्व को खंडित करता है। वह सोचती है-"सुरक्षा का मोह, व्यवस्था की स्वीकृति... इन स्याह गुफाओं से तुम कब निकलोगी? मन कह रहा था-'सहन-करो'। पर क्या सहन करूँ? गाली-गलौज, मारपीट और उसके बाद दमन का समर्थन करते हुए घरवालों के उपदेश।"[197] प्रिया की चेतना अस्तित्वबोध की लड़ाई है, जिसके लिए वह पीहर और ससुराल में संघर्ष करती है। प्रिया का संघर्ष चेतित स्त्री की जागृत का संदेश है।

प्रिया के ससुर की रखैल तिलोत्तमा की बेटी नीना परिस्थिति के कारण चेतित हुई है। अवैध संतान की समस्या से नीना संघर्ष करती है। पिता के पैसे भी स्वीकारना उसे पसंद नहीं। वह अपनी लड़ाई स्वयं लड़ना चाहती है। वह समझती है-"अपने पैरों पर खड़ी स्त्री का कोई निरादर नहीं कर सकता।"[198]

'अपने-अपने चेहरे' की रमा एक संवेदनशील स्त्री है। वह विवाह, पति, बच्चे आदि से परे स्त्री के अस्तित्व को महत्व देती है। रमा मिस्टर गोयनका से प्रेम करती है। उसके साथ जीवन भर दोस्त बनकर अकेले जीवन बिताती है। वह किसी अधिकार, मान्यता, सामाजिक व्यवस्था

आदि से परे स्त्री की अपनी आत्मनिर्भरता तथा आत्मसम्मान के साथ जीवन जीना चाहती है। रमा का गोयनका से प्रेम और उसे सामाजिक मान्यता न मिलने पर केवल बिना किसी शर्त के दोस्त बने रहना, सभी बातें चेतित स्त्री का रूप है।

'पीली आँधी' की सोमा भी पारंपरिक संहिता का खंडन कर पति के शोषण, अन्याय, अत्याचार का विरोध करती है। वह आधुनिक स्त्री का रूप है जो प्रेम की तलाश में पति को भी त्याग जाती है। सोमा मारवाड़ी समाज के आडंबर, रीति रिवाज, रूढ़िग्रस्त नियमों का खंडन कर मि.सेन से प्रेम कर उसके अवैध बच्चे को जन्म देना चाहती है। पति इस पर उसका शारीरिक एवं मानसिक शोषण करता है। सोमा इन शोषणों को सह कर भी प्रेम की तलाश एवं मातृत्व भावना के कारण प्रोफेसर सेन के घर हमेशा के लिए चली जाती है। सोमा का चित्रण एक प्रगतिशील, आधुनिक स्त्री का दर्शाया गया है जो अपने अस्तित्व, मान-सम्मान को महत्व देती है। पुरानी परंपराओं का खंडन कर चेतित स्त्री बनती है।

'अल्मा कबूतरी' की अल्मा, कदम, आनंदी, भूरी भी चेतित स्त्री के रूप में दर्शायी गयी हैं। जो सामाजिक, पारिवारिक, बिरादरी के शोषण, अन्याय, अत्याचार के खिलाफ विद्रोह कर चेतित बनी हैं। आनंदी पति का रखैल रखने पर, पति मंसाराम की उपेक्षा करना, पति को घर-जमीन से बेटे द्वारा बेदखल करवाना, रखैल के बेटे राणा को कुत्ते से कटवाना, आग में जलने की धमकी देना एक जुझारू चेतित स्त्री दिखाई देती है। वही कदमबाई, बेटे के कारण समाज, बिरादरी से टक्कर लेना, मंसाराम को राणा उसका बेटा होने पर भी न बताना, बेटे को पढ़ाना, रामसिंह के पास शिक्षा के लिए भेजना, अन्याय, अत्याचार, उपेक्षा, प्रताड़ना रहने पर भी अड़िग रहकर जीवन जीना, गाँव में दारू की भट्टी लगाने पर बिरादरी वालों में चेतना भरना आदि कदम की चेतना के संकेत हैं। अल्मा भी एक जुझारू पात्र है। वह अविवाहित ही राणा के बच्चे की माँ बनती है। राणा को बच्चे से मर्द बनाती है। कई सामाजिक शोषणों का शिकार बनती है। पुरुष के अमानवीय अत्याचारों का शिकार

बन कर, पशु से भी बदतर जीवन जीकर भी अपने जीवन को समाप्त नहीं करती। सामाजिक विसंगतियों से हार नहीं मानती। 'भूरी' जागृत स्त्री है जो कबूतरा होकर कज्जा से टक्कर लेती है। बेटे के भविष्य एवं पढ़ाई के लिए अपने शरीर का सौदा करती है। भूरी बेटे को योग्य बनाकर समाज में सम्मान का जीवन देना चाहती है। वह बिरादरी से भी टक्कर लेती है। बिरादरी के खिलाफ बेटे को गुलेल, कुल्हाड़ी, चोरी-चकारी के बजाए बुक, कलम, पेंसिल थमाती है। पति का सपना पूरा करना चाहती है। बेटे के कारण समाज की विसंगतियों का शिकार होकर भी बेटे के भावी जीवन की मनोकामना करती है। भूरी एक विद्रोही, चेतित स्त्री के रूप में चित्रित हुई है।

'चाक' की सारंग भी सामाजिक विसंगति, शोषण का शिकार होती है। वह अपनी बहन रेशम के हत्यारे को जेल की सलाकों में भिजवाती है। सारंग अन्याय से लड़ने, आततातियों से दृढ़ता से मुकाबला करने, स्त्री सम्मान, अधिकारों के प्रति सजग होना, सारंग स्त्री संहिताओं की सभी मान्यताओं को दृढ़ता एवं हिम्मत से चुनौती देती है। वह परंपरा से चलते आए पुरुष सत्ता को चुनौती देती है। अंत में ग्राम पंचायत के चुनाव में प्रत्याशी के रूप में प्रधान पद के लिए खड़ी होती है। सारंग सामाजिक शोषण, अन्याय, अत्याचार, पुरुष सत्ता के खिलाफ चुनौती बनकर खड़ी होती है। सारंग आधुनिक युग की प्रगतिशील चेतित स्त्री का चित्रण है।

'कलिकथा:वाया बाइपास' की किशोर की छोटी बेटी में मारवाड़ी स्त्री के परिवार की छटपटाहट और पारंपरिक घुटन भरी जिंदगी के प्रति गहरी संवेदना है। वह अपनी बंदिनी अवस्था पर सोचते हुए अपनी बड़ी माँ से कहती है-"बड़ी माँ हम क्यों नहीं खेला करते बगल के मकान की लड़कियों से? हम क्यों खड़े नहीं हो सकते बरामदे में? हम क्यों नहीं जा सकते अपनी सहेलियों के घर? हम क्यों कैद हैं पिंजरे में बंद चिड़ियों की तरह? तुम क्यों कैद हो? पिंजरे में बंद चिड़िया की तरह? तुम क्यों कैद हो बड़ी माँ? तुमने क्या पाया ऐसा जीवन जीकर? किसके लिए

जीवन जिया तुमने ऐसा? तुम क्यों सहती हो हर बात पर पापा की मरजी।"[199] मारवाड़ी स्त्री की पराधीनता की स्थिति पर छोटी बेटी चिंतित है। उसमें इस परंपरा के विरुद्ध स्त्री चेतना जागृति की कामना है जिसमें मारवाड़ी रूढ़िग्रस्त व्यवस्था से स्त्री मुक्ति का संकेत है।

'एक जमीन अपनी' की अंकिता का चित्रण चेतित स्त्री के रूप में हुआ है। वह सामाजिक व्यवसथा के बने नियमों का खंडन करती है। वह विज्ञापन जगत के ग्लैमर, मूल्यहीन प्रतियोगिता, तिकड़म, देह-व्यापार का विरोध करते हुए इस ग्लैमर में फंसी नीता का विज्ञापन में कम कपड़े पहनने पर विरोध करते हुए कहती है-"आखिर इस सीमा तक कपड़े कम करने की कौन सी विवशता टकरा गई तुमसे? तुम खूबसूरत हो, सेक्सी हो, यह कपड़ों के बावजूद छिप नहीं पाता... जरूरी है रातों रात नंबर वन का दर्जा हासिल करने के लिए वह सब करना जो एक स्त्री के लिए ही नहीं संपूर्ण स्त्री समाज के लिए भी अशोभनीय और लज्जा का विषय है।"[200] वह नीता के जरिए पूरे समाज को जागृत करना चाहती है। स्वतंत्रता का अर्थ शरीर का प्रदर्शन नहीं है। इस प्रकार के आधुनिकता को अस्वीकार करना चाहिए। तलाकशुदा, नौकरीपेशा स्त्री समाज में अकेली रहती है तो समाज उसकी उपेक्षा करता है। दूसरी स्त्रियाँ शक की दृष्टि से देखती हैं। वह इसका विरोध करती है-जो स्त्री पति से अलग हो गई है, उसके साथ दाल में कुछ काला है। भले पति के साथ रहते हुए पूरी दाल ही काली क्यू न हो... मगर सामाजिक आड़े में सब नैतिक है।" अंकिता समाज में स्त्री पुरुष की दृष्टि परिमार्जित करना चाहती है। लिंग के भेद को मिटाने की बात सोचती है। इस भावना से स्त्री को स्वयं मुक्त होना है। फरेबी मर्यादाओं से, कुंठाओं से मुक्त होना है। तभी आत्मविश्वास से परिपूर्ण होकर निर्भीक विचरण कर सकेगी। स्त्री अपनी अस्तित्व की रक्षा करते हुए जीवन को सार्थक बना सकेगी।

बीसवीं सदी के अंतिम दशक के उपन्यासों में लेखिकाओं ने स्त्री सशक्तीकरण के प्रसंगों के अंतर्गत स्त्री की विशिष्टताओं को और उनकी क्षमताओं को विकसित करने का प्रयास किया गया है। स्त्री परिस्थितिजन्य

शोषणों के खिलाफ चेतित बनकर संघर्ष करती है।

निष्कर्ष

अंतिम दशक के उपन्यासों में लेखिकाएँ आत्मनिर्भर स्त्री की हर समस्या का चित्रण करने में सजग दिखाई देती हैं। कृष्णा सोबती अम्मु के माध्यम से कहलवाती है-"स्त्री का वक्त तब सुधरेगा जब वह अपनी जीविका आप कमाने लगेगी।" यानी स्त्री जब आत्मनिर्भर होगी तभी सभी समस्याओं का अंत होगा।

अंतिम दशक की स्त्री लेखिकाओं के विवेच्य उपन्यासों में स्वावलंबी विद्रोही नायिकाओं का चित्रण हुआ है। ये नायिकाएँ परंपरागत मान्यताओं को तोड़कर अपने व्यक्तित्व के आधार पर नयापन प्रदर्शित करती है। बदलती हुई परिस्थितियों के प्रभाव से स्त्रियों में विद्रोही रूप दिखाई देता है। 'छिन्नमस्ता' की प्रिया, 'अनाम प्रसंग' की ममता, 'ऐ लड़की' की बेटी, 'कठगुलाब' की स्मिता, नमिता, मरियान, असीमा, नर्मदा, नीरजा सभी पात्र, 'आवां' की नमिता पाण्डेय, स्मिता, गौतमी, 'एक जमीन अपनी' की अंकिता, नीता, 'झूला नट' की शीलो, 'अपनी सलीबें' की सुमित्रा, 'दिलो-दानिश' की छुन्ना बीबी, 'अल्मा कबूतरी' की अल्मा, कदमबाई, 'आपने-अपने कोणार्क' की कुन्नी, प्रीति, कावेरी, 'चाक' की सारंग, 'यामिनी कथा' की यामिनी, 'अपने-अपने चेहरे' की रमा, 'हमारा शहर उस बरस' की श्रुति, 'माई' की सुनैना, सभी पात्र प्रगतिशील स्त्रियों के रूप में दर्शायी गई हैं जिन्होंने इस राह पर चलते हुए विद्रोह किया है और अपने-आपको उपेक्षाओं के कटघरे में खड़ा किया है।

विवेच्य उपन्यासों में समान अधिकार की समस्या विविध रूपों में चित्रित है। माँ अपने ही बेटे-बेटियों को समान अधिकार नहीं देती। पत्नी को भी समान अधिकारों से वंचित रहना पड़ता है। जो स्त्री पढ़ी-लिखी है वह समान अधिकार के लिए संघर्ष करती हुई दिखाई देती है। विधवा पुनर्विवाह के लिए बाधा डाली जाती है तो विधुर के लिए छूट दी

जाती है। अतः स्वाभिमानी स्त्री को समाज सहारा नहीं देता बल्कि उस पर लाँछन ही लगाता है।

विवेच्य उपन्यासों में स्त्री के मानवीय संवेदनाओं का चित्रण हुआ है। स्त्री शोषण को केंद्रित किया गया है किस प्रकार सामाजिक व्यवस्था स्त्री का दलन करती है। विवाहित स्त्री के घुटन भरे जीवन को व्याख्यायित किया गया है। पति पत्नी पर अपना सा अधिकार जताना चाहता है जिसके कारण उसे शोषित जैसा जीवन जीना पड़ता है। अत्यधिक शोषण के कारण उसमें मानवीय संवेदना उत्पन्न होती है। उसी प्रकार जब तलाकशुदा स्त्री का दमन समाज के साथ-साथ पुरुष प्रधान परिवार भी अनेक अत्याचार अन्याय करता है तो उसे अपना जीवन घुटन भरा लगता है। अपने इस रूप को मानवीय बनाना चाहती है। विधवा स्त्री की स्थिति आज भी वैसी ही है जैसे सदियों पुरानी थी। पर लेखिकाओं ने विधवा को पुनर्विवाह का संकेत अपने उपन्यासों में दिया है जिससे उसके जीवन में अमूलाग्र परिवर्तन आए। लेखिकाएँ विधवा जीवन की घुटन भरी, उपेक्षित परिस्थितियों को उभारना चाहती है उन्हें मानवीय रूप में व्याख्यायित करना चाहती है।

विवेच्य उपन्यासों में लेखिकाओं ने स्त्री सशक्तीकरण के प्रसंगों के अंतर्गत स्त्री की विशिष्टताओं को और उनकी क्षमताओं को विकसित करने का प्रयास किया गया है। स्त्री परिस्थितिजन्य शोषणों के खिलाफ चेतित बनकर संघर्ष करती है। 'दिलो दानिश' में पत्नी, कुटुंब, रखैल महक सामंती और नवाबी परिवेश की चेतित स्त्रियाँ हैं जो अपने-अपने अस्तित्व बोध के लिए जागरूक हैं। 'इदन्नमम' की स्त्रियाँ सामाजिक व्यवस्था के खिलाफ, ग्रामीण अनीति, हड़पनीति परंपरा के खिलाफ संघर्ष कर जनमानव के अन्याय, अत्याचार के खिलाफ जन जागृत करती है। मंदा जनसंगठन में प्रशंसनीय कार्य करती है। माफिया ठेकेदारों को ठिकाने लगवाती है। 'कठगुलाब' की स्मिता, नमिता, नर्मदा, असीमा, नीरजा सभी सचेत जागृत स्त्रियाँ हैं। ये सभी पुरुष प्रधान संस्कृति को खत्म करने का प्रयत्न करती हैं। 'छिन्नमस्ता' की प्रिया अपने अस्तित्व

की लड़ाई स्वयं लड़ती है। 'कलिकथा:वाया बाइपास' में छोटी बेटी को आधुनिक प्रगतिशील चेतित बेटी, चेतित स्त्री को वाणी देने का प्रयास करती है। 'झूला नट' की शीलो, 'चाक' की सारंग, 'अल्मा कबूतरी' की अल्मा, भूरी, 'अपने-अपने चेहरे' की रमा, रीतू, 'पीली आंधी' की सोमा सभी स्त्रियों ने पारंपरिक रूढ़िग्रस्त मान्यताओं को चुनौती दी है। स्त्री संहिताओं का खंडन कर चेतित हुई हैं। अन्याय, अत्याचार, शोषण, उपेक्षा, अवमानना, पुरुष के अमानवीय व्यवहार के विरुद्ध विद्रोह किया है। स्त्री संहिताओं की सभी मान्यताओं को दृढ़ता और साहस के साथ चुनौती दी है। सभी स्त्रियों में चेतना जागृत हुए हैं। अपने अधिकार, सम्मान, आत्मनिर्भरता के लिए, अपनी अस्मिता, अस्तित्वबोध के लिए, अपने स्वाभिमान के लिए। 'ऐ लड़की' की अम्मू, 'अपनी सलीबे' की सुमित्रा देवी, 'एक जमीन अपनी की माँ सभी स्त्रियाँ अपनी बेटी के भावी जीवन के लिए चेतित हुई हैं। उनके भविष्य के लिए चिंतित नज़र आती हैं।

संदर्भ सूची

1 स्त्री, सृजन और अस्मिता बोध-राजी सेठ-हंस, मार्च 2000-पृ.32

2 भारतीय समाज में कार्यशील महिलाएँ, डॉ.सुलोचना श्रीहरी देशपांडे-पृ.25

3 स्त्री-विमर्श की दिशाएँ, मधूरेश, समीक्षा अप्रैल-जून 2005

4 उत्तर आधुनिक साहित्य विमर्श, सुधीश पचौरी-पृ.119

5 औरत के हक में, तसलीमा नसरीन-पृ.81

6 औरत के हक़ में, तसलीमा नसरीन-पृ.82

7 आवां, चित्रा मुद्गल-पृ.129

8 स्त्री-उपेक्षित, सीमोन द बोउवर, प्रभा खेतान-पृ.386

9 कृष्णबिहारी मिश्रु, आधुनिक सामाजिक आंदोलन और आधुनिक हिंदी साहित्य-पृ.28

10 छिन्नमस्ता, प्रभा खेतान-पृ.11-12

11 छिन्नमस्ता, प्रभा खेतान-पृ.10

12 छिन्नमस्ता, प्रभा खेतान-पृ.188

13 छिन्नमस्ता, प्रभा खेतान-पृ.210

14 आओ पेपे घर चलें, प्रभा खेतान-पृ.160

15 कठगुलाब, मृदुला गर्ग-पृ.167

16 ऐ लड़की, कृष्णा सोबती-पृ.53

17 ऐ लड़की, कृष्णा सोबती-पृ.53

18 छिन्नमस्ता, प्रभा खेतान-पृ.10-11

19 छिन्नमस्ता, प्रभा खेतान-पृ.170-171

20 बीसवीं शताब्दी के अंतिम दो दशकों के उपन्यासों में चित्रित स्त्री-विमर्श, अभिषेक दुबे-पृ.216

21 आओ पेपे घर चलें, प्रभा खेतान-पृ.106

23 ऐ लड़की, कृष्णा सोबती-पृ.50

24 ऐ लड़की, कृष्णा सोबती-पृ.49

25 ऐ लड़की, कृष्णा सोबती-पृ.49

28 आवां, चित्रा मुद्गल-पृ.111-112

29 आवां, चित्रा मुद्गल-पृ.112

30 आवां, चित्रा मुद्गल-पृ.112

31 अल्मा कबूतरी, मैत्रेयी पुष्पा-पृ.390

32 अल्मा कबूतरी, मैत्रेयी पुष्पा-पृ.382

33 झूला नट, मैत्रेयी पुष्पा-पृ.75

34 झूला नट, मैत्रेयी पुष्पा-पृ.114

35 स्त्री सशक्तिकरण के विविध आयाम, डॉ.ऋषभदेव शर्मा, डॉ.गोपाल शर्मा-पृ.170

37 झूला नट, मैत्रेयी पुष्पा-पृ.89

39 बीसवीं शताब्दी के अंतिम दो दशकों के उपन्यासों में चित्रित स्त्री-विमर्श-पृ.219

40 कठगुलाब, मृदुला गर्ग-पृ.55

41 कठगुलाब, मृदुला गर्ग-पृ.94

42 कठगुलाब, मृदुला गर्ग-पृ.95

43 कठगुलाब, मृदुला गर्ग-पृ.95

44 कठगुलाब, मृदुला गर्ग-पृ.96-97

45 अपनी सलीबें, नमिता सिंह-पृ.49

47 अपनी सलीबें, नमिता सिंह-पृ.219, 220, 221

48 चाक, मैत्रेयी पुष्पा-पृ.209

49 चाक, मैत्रेयी पुष्पा-पृ.209

50 आवां, चित्रा मुद्गल-पृ.399

51 आवां, चित्रा मुद्गुल-पृ.399

52 आवां, चित्रा मुद्गल-पृ.400

53 कठगुलाब, मृदुला गर्ग-पृ.98

55 एक जमीन अपनी, चित्रा मुद्गल-पृ.102

56 एक जमीन अपनी, चित्रा मुद्गल-पृ.146

58 ए लड़की, कृष्णा सोबती-पृ.56

60 छिन्नमस्ता, प्रभा खेतान-पृ.210

61 छिन्नमस्ता, प्रभा खेतान-पृ.210

63 छिन्नमस्ता, प्रभा खेतान-पृ.10

64 छिन्नमस्ता, प्रभा खेतान-पृ.14

65 छिन्नमस्ता, प्रभा खेतान-पृ.66

66 छिन्नमस्ता, प्रभा खेतान-पृ.144-145

67 स्त्री-विमर्शःविविध पहलू, डॉ.कल्पना वर्मा-पृ.39

68 स्त्री-विमर्शःविविध पहलू, डॉ.कल्पना वर्मा-पृ.47

69 भारतीय नारीःअस्मिता की पहचान, उमा शुक्ल-पृ.62, 67

70 भारतीय नारीःअस्मिता की पहचान, उमा शुक्ल-पृ.67

72 औरतःअस्तित्व और अस्मिता, अरविंद जैन-पृ.26

73 आवां, चित्रा मुद्गल-पृ.240-241

74 आवां, चित्रा मुद्गल-पृ.42-43

75 आवां, चित्रा मुद्गल-पृ.43-44

76 आवां, चित्रा मुद्गल-पृ.43

77 आवां, चित्रा मुद्गल-पृ.322

78 आवां, चित्रा मुद्गल-पृ.331

79 यामिनी कथा, सूर्यबाला-पृ.22

80 यामिनी कथा, सूर्यबाला-पृ.21

81 माई, गीतांजलि श्री-पृ.150

82 स्त्री चिंतन की चुनौतियाँ, रेखा कस्तवार-पृ.168

83 माई, गीतांजलि श्री-पृ.146

84 स्त्री चिंतन की चुनौतियाँ, रेखा कस्तवार-पृ.172

85 झूला नट, मैत्रेयी पुष्पा-पृ.36-37

86 झूला नट, मैत्रेयी पुष्पा-पृ.41

87 झूला नट, मैत्रेयी पुष्पा-पृ.51

88 झूला नट, मैत्रेयी पुष्पा-पृ.61

89 झूला नट, मैत्रेयी पुष्पा-पृ.37

90 झूला नट, मैत्रेयी पुष्पा-पृ.50

91 झूला नट, मैत्रेयी पुष्पा-पृ.37

92 छिन्नमस्ता, प्रभा खेतान-पृ.13

93 सैद्धांतिकता से यथार्थता के धरातल पर अग्रसर, डॉ.नीलिमा सिंह-पृ.199,स्त्री विमर्शःविविध पहलु से उद्धृत

95 छिन्नमस्ता, प्रभा खेतान-पृ.153

96 यामिनी कथा, सूर्यबाला-पृ.21

97 यामिनी कथा, सूर्यबाला-पृ.24

98 दिलो दानिश, कृष्णा सोबती-पृ.95

99 दिलो दानिश, कृष्णा सोबती-पृ.80

101 आवां, चित्रा मुद्गल-पृ.404

102 आवां,, चित्रा मुद्गल-पृ.25

103 आवां, चित्रा मुद्गल-पृ.322

104 अपनी सलीबें, नमिता सिंह-पृ.102

105 अल्मा कबूतरी, मैत्रेयी पुष्पा-पृ.44

106 एक जमीन अपनी, चित्रा मुद्गल-पृ.126-127

108 छिन्नमस्ता, प्रभा खेतान-पृ.200

109 छिन्नमस्ता, प्रभा खेतान-पृ.201

110 एक जमीन अपनी, चित्रा मुद्गल-पृ.31

111 एक जमीन अपनी, चित्रा मुद्गल-पृ.40

112 एक जमीन अपनी, चित्रा मुद्गल-पृ.47

113 साठोत्तर हिंदी साठोत्तर हिंदी उपन्यासों में नारी के विविध रूप, डॉ.निर्मला-पृ.73

114 इदन्नमम, मैत्रेयी पुष्पा-पृ.48

115 औरतःअस्तित्व और अस्मिता, अरविंद जैन-पृ.103

116 इदन्नमम, मैत्रेयी पुष्पा-पृ.112

117 यामिनी कथा, सूर्यबाला-पृ.62

118 यामिनी कथा, सूर्यबाला-पृ.64

119 छिन्नमस्ता, प्रभा खेतान-पृ.65

120 छिन्नमस्ता, प्रभा खेतान-पृ.68-69

121 छिन्नमस्ता, प्रभा खेतान-पृ.42

122 छिन्नमस्ता, प्रभा खेतान-पृ.66

123 छिन्नमस्ता, प्रभा खेतान-पृ.34

124 औरतःअस्तित्व और अस्मिता, अरविंद जैन-पृ.104

125 बेतवा बहती रही, मैत्रेयी पुष्पा-पृ.85

126 बेतवा बहती रही, मैत्रेयी पुष्पा-पृ.86

127 बेतवा बहती रही, मैत्रेयी पुष्पा-पृ.71

128 बेतवा बहती रही, मैत्रेयी पुष्पा-पृ.72

129 बेतवा बहती रही, मैत्रेयी पुष्पा-पृ.89

130 बेतवा बहती रही, मैत्रेयी पुष्पा-पृ.92

131 रचनाकार के लिए हर रचना एक चुनौती होती है, सूर्यबाला-कृति विमर्श-पृ.18

132 कलि-कथाःवाया बाइपास, अलका सरावगी-पृ.16

133 कलि-कथाःवाया बाइपास, अलका सरावगी-पृ.16

134 कलि-कथाःवाया बाइपास, अलका सरावगी-पृ.61

135 दिलो दानिश, कृष्णा सोबती-पृ.141-142

136 दिलो दानिश, कृष्णा सोबती-पृ.143

137 दिलो दानिश, कृष्णा सोबती-पृ.145

138 घरेलू हिंसा, मेरी या किसी और की समस्या, E-mail:Crea@vsnl.net, website:www.crea.com

139 अल्मा कबूतरी, मैत्रेयी पुष्पा-पृ.37

140 अल्मा कबूतरी, मैत्रेयी पुष्पा-पृ.62

141 अल्मा कबूतरी, मैत्रेयी पुष्पा-पृ.53

142 अल्मा कबूतरी, मैत्रेयी पुष्पा-पृ.65

143 अल्मा कबूतरी, मैत्रेयी पुष्पा-पृ.77

144 अल्मा कबूतरी, मैत्रेयी पुष्पा-पृ.77

145 साठोत्तर हिंदी उपन्यासों में नारी के विविध रूप, डॉ.विमल वर्मा-पृ.82

146 स्त्री सशक्तीकरण के विविध आयाम, डॉ.ऋषभदेव शर्मा, डॉ.गोपाल शर्मा-पृ.7

147 स्त्री सशक्तीकरण के विविध आयाम, डॉ.ऋषभदेव शर्मा, डॉ.गोपाल शर्मा-पृ.106

148 स्त्री-सरोकार, आशा रानी व्होरा-पृ.126-127

149 महिला लेखन की पूर्व पीठिका, सुधा अरोडा, हिंदी प्रचार वाणी-पृ.11

150 बधिया स्त्री, जर्मन ग्रीयर अनु.मधुबी जोशी

151 स्त्री घोष, कुमुद शर्मा-पृ.149

152 स्त्री विमर्श:विविध पहलू, डॉ.कल्पना वर्मा-पृ.30-31

153 स्त्री विमर्श:विविध पहलू, डॉ.कल्पना वर्मा-पृ.32

154 त्रिया चरित्र हमारी रणनीति, 23, मैत्रेयी पुष्पा (स्त्री-विमर्श:विविध पहलू से उद्धृत)

155 ऐ लड़की, कृष्णा सोबती-पृ.50

156 ऐ लड़की, कृष्णा सोबती-पृ.57

157 ऐ लड़की, कृष्णा सोबती-पृ.49

158 ऐ लड़की, कृष्णा सोबती-पृ.58

159 दिलो दानिश, कृष्णा सोबती-पृ.53

160 दिलो दानिश, कृष्णा सोबती-पृ.54

161 दिलो दानिश, कृष्णा सोबती-पृ.54

162 दिलो दानिश, कृष्णा सोबती-पृ.42

163 दिलो दानिश, कृष्णा सोबती-पृ.155-156

164 दिलो दानिश, कृष्णा सोबती-पृ.132

165 दिलो दानिश, कृष्णा सोबती-पृ.177

166 दिलो दानिश, कृष्णा सोबती-पृ.181

167 दिलो दानिश, कृष्णा सोबती-पृ.150

168 दिलो दानिश, कृष्णा सोबती-पृ.154

169 दिलो दानिश, कृष्णा सोबती-पृ.203

170 दिलो दानिश, कृष्णा सोबती-पृ.204

171 दिलो दानिश, कृष्णा सोबती-पृ.207

172 झूला नट, मैत्रेयी पुष्पा-पृ.80

173 झूला नट, मैत्रेयी पुष्पा-पृ.84

174 झूला नट, मैत्रेयी पुष्पा-पृ.110-111

175 झूला नट, मैत्रेयी पुष्पा-पृ.111-112

176 झूला नट, मैत्रेयी पुष्पा-पृ.114

177 झूला नट, मैत्रेयी पुष्पा-पृ.115

178 झूला नट, मैत्रेयी पुष्पा-पृ.89

179 झूला नट, मैत्रेयी पुष्पा-पृ.115

180 इदन्नमम, मैत्रेयी पुष्पा-पृ.17

181 इदन्नमम, मैत्रेयी पुष्पा-पृ.27

182 इदन्नमम, मैत्रेयी पुष्पा-पृ.77

183 इदन्नमम, मैत्रेयी पुष्पा-पृ.124

184 इदन्नमम, मैत्रेयी पुष्पा-पृ.106

185 इदन्नमम, मैत्रेयी पुष्पा-पृ.107

186 इदन्नमम, मैत्रेयी पुष्पा-पृ.151

187 इदन्नमम, मैत्रेयी पुष्पा-पृ.198

188 हिंदी उपन्यास का इतिहास, डॉ.गोपाल रॉय-पृ.387

189 कठगुलाब, मृदुला गर्ग-पृ.45

190 कठगुलाब, मृदुला गर्ग-पृ.135

191 कठगुलाब, मृदुला गर्ग-पृ.189

192 कठगुलाब, मृदुला गर्ग-पृ.155

193 छिन्नमस्ता, प्रभा खेतान-पृ.10

194 छिन्नमस्ता, प्रभा खेतान-पृ.66

195 छिन्नमस्ता, प्रभा खेतान-पृ.91

196 छिन्नमस्ता, प्रभा खेतान-पृ.141

197 छिन्नमस्ता, प्रभा खेतान-पृ.147

198 छिन्नमस्ता, प्रभा खेतान-पृ.145

199 कलिकथाःवाया बाइपास, अलका सारावगी-पृ.58

200 जमीन अपनी, चित्रा मुद्गल-पृ.124

6

अंतिम दशक के हिंदी उपन्यास: अभिव्यक्ति के विविध रूप स्त्री विमर्श

भाषा

बीसवीं सदी के अंतिम दशक के उपन्यासों में नये प्रयोग, नया सृजन भाषा में दिखाई देता है। भाषा समाज में विचार-विनिमय का सशक्त साधन है। जो मनुष्य की भावनाओं और अर्जित अनुभूतियों का शब्दमय रूप है। भाषा की संरचना पर ही लेखक की सफलता टिकी रहती है। रोज के विचार में-"उपन्यासकार का माध्यम भाषा है। वह उपन्यासकार की हैसियत से जो कुछ करता है, भाषा में तथा भाषा के माध्यम से करता है।"[1] इसलिए विचारों की सफल अभिव्यक्ति के लिए उचित भाषा का होना आवश्यक है। लेखक भाषा के प्रयोग से ही सामाजिक, सांस्कृतिक, साहित्यिक यथार्थ को दर्शाता है। सामाजिक परिवर्तन के साथ ही भाषा की संरचना में भी परिवर्तन होता है। जीवन के विविध संदर्भों और आयामों की सार्थक अभिव्यक्ति के लिए भाषा ही विशिष्ट माध्यम होती है योग्य भाषा ही प्रभावी प्रयुक्त, भाव विचार संप्रेषण के

लिए आवश्यक है। कथ्य को प्रभावशाली ढंग से संप्रेषित करने में समर्थ भाषा से ही कोई भी औपन्यासिक रचना सार्थक बनती हैं। साथ ही, रचना में वास्तविकता एवं कलात्मकता तब तक नहीं आती जब तक भाषा और कथा विषय एक दूसरे के अनुकूल नहीं होते।"[2] अंतिम दशक की लेखिकाओं ने युग भाषा का प्रयोग अपनी रचनाओं में किया है। इन्होंने इतिवृत्तात्मकता एवं स्थूलता को त्याग कर प्रत्येक शब्द को उसके संदर्भ में प्रस्तुत करने का प्रयास किया है। डॉ.सुरेश सिंहा के विचार में-"विकलांग भाषा किसी उपन्यास के कथ्य को न तो समर्थ बना सकती है, न किसी संवेदनशीलता की प्रतीति ही दिला सकती है। वह मानवीय संदर्भों को कोई सार्थक संज्ञा भी नहीं दिला पाती। अपनी सूक्ष्मतः पैनेपन एवं काव्यात्मक व्यंजनाओं से ही उपन्यासों की भाषा आज अर्थवान हो सकती है।"[3]

अंतिम दशक के हिंदी उपन्यासों में भाषा नए सृजन और प्रयोगधर्मिता में मूल्यवान तत्व के रूप में दृष्टिगत हुई है। लेखिकाएँ भाषा की अत्याधुनिक तलाश में लगी हुई है। इन उपन्यासों की भाषा स्वतंत्र परिस्थिति में मध्यवर्ती हो गई है। अतः भाषा को उपन्यास का मूल्यवान सर्जक तत्व माना गया है-"भाषा की गहनता, व्यंजना, विस्फोटन तथा विविधता ने एक नए कीर्तिमान नए उपन्यासों में स्थापित किया है। सर्जनात्मक भाषा के इतने अधिक सर्जनात्मक रूप इनमें उभरकर सामने आए हैं कि वे समीक्षा से स्वतंत्र मूल्यांकन की माँग कर रहे हैं। उपन्यासकार की गहन एवं जटिल अनुभूति, संवेदना और उद्देश्य के तीव्र संप्रेषण के लिए आधुनिक भाषा संगठन एवं संयोजन का स्थान अनन्य साधारण है।"[4] अंतिम दशक की लेखिकाओं के उपन्यासों में भाषा संबंधी विविधता है। शब्दों के विविध रूपों का विधान, भाषा में सौंदर्य लाने के लिये विविध उपकरणों का प्रयोग, मुहावरों, लोकोक्तियों की समन्विति वाक्यों की कलात्मक योजना तथा भाषा की युगानुरूप अभिव्यक्ति आदि के कारण लेखिकाओं के उपन्यासों की भाषा में सहजता और सौंदर्य की प्रयोग धर्मिता अनायास ही परिलक्षित होती है। पात्रों के मन में उठने वाले अंतर्द्वंद्व और उनसे उत्पन्न खंडित प्रतिक्रियाओं को छोटे-छोटे

स्वतंत्र वाक्यों में अभिव्यक्त करने की अद्‌भुत शक्ति का परिचय दिया है साथ ही प्राकृतिक, ऐतिहासिक सौंदर्य को शब्द चित्रों में बांधने की सामर्थ्य अभिव्यक्ति भी मिलती है। उपन्यासों के परिवेश तथा स्थितियों को पूर्ण प्रभावशालिता और अर्थवत्ता के साथ पाठकों के समक्ष उजागर करती है। इनकी भाषा पात्रानुकूल सूक्ष्म, सांकेतिक एवं पैनेपन से भरी भाषा अपने कथ्य को संप्रेषित करने में पूरी तरह सक्षम है। जहाँ तक शब्द प्रयोग का संबंध है, इनके उपन्यासों में खड़ी बोली के ही शब्द नहीं है, बल्कि पात्रों उनकी परिस्थितियों, अनुभूतियों एवं विचारों के अनुरूप देशी-विदेशी आदि स्रोतों से शब्दों का चयन हुआ है।

अंतिम दशक के हिंदी उपन्यासों में लेखिकाओं ने कहाँ तक विचार-विमर्श किया है उसका विवेचन करेंगे।

बोलचाल की भाषा

अंतिम दशक की लेखिकाओं ने सरल, सहज प्रवाहमयी भाषा का प्रयोग अपने उपन्यासों में किया है। इनके उपन्यासों का परिवेश एवं कथावस्तु सामाजिक समस्याओं से ओतप्रोत है। इनके निर्मित पात्र भी सामाजिक समस्याओं से संघर्षरत हैं। लेखिकाओं ने मध्यवर्गीय, सामाजिक जनजीवन को उपन्यासों में चित्रित किया है। इसी कारण इनकी भाषा में सहजता, सर्जनात्मकता का चित्रण मिलता है। साथ ही बोलचाल की भाषा तथा बोलचाल के शब्द प्रयोगों का अच्छा चित्रण मिलता है। सामान्य व्यक्ति सरल भाषा का प्रयोग अपने जीवन में रोज करता है।

उपन्यासों की विषय-वस्तु मानव जीवन के विविध तथा व्यापक क्षेत्रों तक व्याप्त है।"[5] मैत्रेयी पुष्पा की विशेषता यह है कि इन्होंने उन क्षेत्रों के पात्रों की स्थिति के अनुकूल भाषा का प्रयोग किया। इसी कारण इनके उपन्यासों में बोलचाल की भाषा के वाक्यों एवं शब्दों का उपयोग करना योग्यता के अनुसार उनके पात्र करते हैं।

"लेखक का प्रयास ही 'बोलचाल' की भाषा को भी साहित्य में बदल देता है। बोलचाल के शब्द आम इस्तेमाल के स्तर से उठकर कुछ

और हो जाते हैं, उनका अर्थ संदर्भ भी बदल जाता है और उनमें दोहरी शक्ति समाने लगती है, उनकी बदलती हुई ध्वनि और ध्वनि को बदलने के साथ ही उनका तत्काल बदलता है मानसिक प्रभाव।"[6]

'मैत्रेयी पुष्पा' के उपन्यासों में ग्रामीण परिवेश है और इनके उपन्यासों में बुंदेली तथा ब्रज भाषा का प्रयोग हुआ है। गाँव के व्यक्ति की बोली बहुत ही सरल, सहजतापूर्ण सीदी सादी होती है। बोलचाल में प्रयुक्त कुछ वाक्यों के, शब्दों के प्रयोग इस प्रकार है-'चाक' उपन्यास में ब्रज भाषा का प्रयोग हुआ है। रंजीत कहता है-"पर मुझे सहन नहीं था, असली बात तो यही थी कि मैंने अपने दादा के वाक्य सुना दिए चेयरमैन को-थूकता हूँ मैं इस जलालत पर। साली नौकरी है कि आधबटाई? मातहतों की मातहती। अपने घर की खेती देखेंगे और इससे दस गुणा कमाएंगे, पैंट पहनकर इगलास-हाथरस ही घूमने मन करेगा तो अपने नाज-पानी को बेचने और खली बिनौले लेने चले आएँगे।"[7]

खड़ी बोली में प्रयुक्त न होने वाली ग्रामीण क्रियाओं का प्रयोग भी हम देख सकते हैं। बोलचाल की भाषा में स्त्री के मानसिक उद्वेग का चित्रण किया है। गाँव की स्त्री की भाषा देखिए-

"हमारी दसा धौरी गाय से बेहतर नहीं।"[8] "रिसते-टीसते घाव भर आए, बिरधा छानबीन, दो-चार घड़ी, रात-बिरात, खुंखार क्या पेट से पैदा होता है।"[9] आदि अनेक बोलचाल के वाक्य एवं शब्दों का प्रयोग हुआ है।

'इदन्नमम' की बऊ की भाषा में बोलचाल की भाषा का प्रयोग मिलता है। "आग लगै मोरी बूढ़ी छाती को पथरा पर गए बुद्धि पर। ऐसी सिर्रिन बावरी हो गई।"[10] गाँव की औरतों की भाषा देखिए-"कैसी कठकरेज मतारी हती कि छोड़ गई पुतरिया सी बिटियाँ को। चिरइया-परेबा तक नहीं छोड़ते अपने अंडी-बच्चा।"[11] इस उपन्यास में बुंदेली बोलचाल के शब्दों का प्रयोग भी अत्यधिक हुआ है। जैसे-हौंस, हुलस, लरका, हिरदय, निपट, टपरियों, रात के, बिरयाँ, खरोंटो, आए-होय, बैन, दिलिद्दरों, बिरानी माटी आदि।

'झूला नट' में बोलचाल की भाषा का प्रयोग शीलो की सास द्वारा बोले गये हैं। जैसे-"पराई जाई के लिए इतने दुक्ख, गाँव के नर-नारी, बेपैसे का तमाशा... बेभाव का दया-तरस।"[14] शीलो की भाषा में- "अजस गठरिया मत बाँधे मेरे सिर हाँ"[15] गाँव की स्त्रियों की बोली- "मुँह-सोहिली उठाऊँ। काय री, इनकी बछिया कब होगी?"[16] "आय हाय पूरी न पापरी, अछिया, न बछिया।"[17] "सोई है मेरा पुत सतजुगी आदि अनेक वाक्य बोलचाल की भाषा में प्रयोग हुए हैं। यह हम सामान्य बोलचाल के शब्दों को भी देखेंगे जैसे-अघाने रहो, बरकट्टो, कहाएगी, खिसियानी, बिलबिला, आठ-परदा, पाँव, साँची, बेलाज, पीपरा आदि अनेक बुंदेली बोली के शब्द प्रयुक्त हुए हैं।

'बेतवा बहती रही' में "जो हमारे भाग में बदौ है अम्मा, उसे कौन पलट सकता है। वह तो होके ही रहने है।"[18] "... चलो घरै चलो, वहीं करियो बेटा। देर-अबेर कोई जान जिनावर आ जाय, तो पिशनन के लाले। ... रोउती काहे कों हौ बिन्नू, कछू सोची हीं छुइये तुम्हारे भइया ने। पहाड़-सी जिंदगानी...। अरौ लड़कपन है तुमारो, तुम्हारे का जानौ दुनियादारी? उमर ही कितेक है अरौ फिर कौन-कौन को मों रोकत फिरे। अपने संगै दाऊ को लिपटता। रहीं इसौ हेज पिरान देत है, का कोऊ समझता नइयाँ।"[19] गाँव की बुजुर्गों की भाषा-"नहीं कुँअरजू, हम पानी कैसे पियें जा गाँव कौं कन्यादान लये हैं न।"[20] मीरा केहै बेटा? को उतरो मोटर में से। का कैरयी वे, बोलत काहें नहीं है मोंठी ऐसे काहे डाडी।"[21] पतौ है तुम्हें कछु, कहाँ से खा रही? भूखन मरोगी तब, बच्चा तड़प है, कर्की नीलमी... घर बार सब खतम।"[22] तो, वामे, पतै है, अपनौ दई, बितै, परोकारी, ठठरी बंधे, कुधरी आदि भाषा में बोलचाल के वाक्यों और बोलचाल के शब्दों का प्रयोग हुआ है।

अल्मा कबूतरी में मैत्रेयी पुष्पा ने पात्रों के माध्यम से बोलचाल के वाक्यों को सहजता से बुलवाये हैं। कदमबाई उसके बेटे राणा से कहती है-"पगले, गाय बैंस, बसावटें की निशानी होती है, और हमारी जिंगदी खरपतवार, कज्जा लोग उखाड़ने पर आमाद रहते हैं। देखता नहीं,

पुलिस पीटने आ जाती है। ठेकेवाले बेबात ही हमें खदेड़ते हैं। पर बेटा हम भी कम नहीं, भूखे-प्यासे भी तोपखाने लूटने से बाज नहीं आते।"[23] जब कबूतराओं पर पुलिस हमला करते हैं तो वहां के लोग किस तरह आपस में संकेत देते हैं-"भाँतू रे भाँतू भाग लाल कुत्ती आई रे।"[24] झिड़की देती आपस की बोली-"अरी चल! तू आई चमक चौदस बनकर।"[25] सामान्य बोली में कबूतरी कज्जा स्त्री की उपेक्षा कैसे करती है उसका उदाहरण-"धंधे पर लाल मारती है कज्जिने, क्योंकि खुद पेट भर रोटी खाकर अच्छे लत्ते पहनकर खसम की दी हुई छत के नीचे आराम से रहती है न? सभी दिक्कतें कबूतरियों पर है, फिर भी पेट नहीं भरता?"[26] "कलजुगी! अभी से और लेता है।"[27] बोलचाल के शब्दों के उदाहरण देखिए-"छिरिया, बँधेगी, मूरी भैंस, खसम-लुगाई, सिट्टी-पिट्टी, भर्राजाए, रिता, खील-मखाने"[28] सरबज्ञानी[29], जूतमपौतार[30]। मैत्रेयी पुष्पा ने अपने उपन्यासों में बोलचाल की भाषा में सामान्य वाक्यों एवं शब्द प्रयोगों का चित्रण किया है।

गीतांजलि श्री कृत माई उपन्यास में भी साधारण बोलचाल की भाषा का प्रयोग मिलता है। दादी के बोली में उत्तर प्रदेश की भाषा का नमूना इस प्रकार है-"ई त जवानिए में ऐसन बाड़ी, हमारा उमर तक आवत आवत त इनकर रंग अउरि दबि जाई, हम त आजुओं इनका से गोर रानी!"[31] ... ऊत बहरा घूमेला, धामा में, एही से रंग दब गइल बा। बइस हूँ लइका ठहरल लइक, घी क लडुवा टेढ़ऊ भला।"[32] ... ओह हो हो, देखत न बिमा गदही, दूध उबले क गिर गईले, इहाँ तक महक आवत बा, कम से कम नाहीं त एक रुपया जब दिहलस।"[33] "अपनों का विश्वास बाद में करेंगे, दुनिया भर का पहले।"[34] "जाओ, अपना काम करते नहीं हो, दूसरों को भी नहीं करने देते।"[35] यहाँ सामान्य बोलचाल की हिंदी का प्रयोग किया गया है।

प्रभा खेतान के उपन्यासों में मारवाड़ी भाषा-बोली के प्रयोग मिलते हैं। बीच-बीच में बंगाली, बिहारी भाषा का प्रयोग किया गया है। इनके उपन्यासों में नौकरों की भाषा-बोली में बिहारी के वाक्यों का प्रयोग

मिलता है। जैसे छिन्नमस्ता की दाई माँ की बोली बिहारी है-"हरे राम! राम ई बात हमार लिए जिन बोल बिटिया। हम विधवा मानुस आज हमार भतार होत।"[36] "उठो जल्दी करो ह मोर बचवा, सात बज गईल।"[37] "हम तोहके छोड़कर कहीं नहं जाउब, बड़ा अनर्थ हो गईल, हमार देवता जैसन मालिक नाहीं रहिले... अरे भगवान! ई का जुलुम करिलेई।"[38] डॉ.गांगुली के माध्यम से हम बंगाली बोली को देख सकते हैं- "किच्छु कोरेना शुधु गान करें आर कोबिता लेखे।"[39] "शादी के बाद तो आप सब लोग मोटा हो जाता... ओ तो श्यामा माँ का रंग भी कालो। हम बंगाली लोग चोख नाक देखता, सफेद मयदा का रास्ता नहीं। ... शॉब माँ काली का मोर्जी... ओरे माँ जी। हम तो अभी सुई लेगाया भी ने ही आऊर, आप कोउन-सा दर्द से चिलाया है?"[40] ... अरे भाई सॉवोर बाबू! हमको ई आप किया खेला दिया? कठोर लाड्डू... मा गो पेटे गोठ़ गोठ़ कोरछे...दादा आपनि तो जानने और शोरीर कतो नोगेम।"[41]

इनके सभी उपन्यासों में मारवाडी परिवेश है तो जाहिर है मारवाड़ी वाक्यों एवं शब्दों का प्रयोग मिलेगा। घर की बूढ़ी स्त्रियाँ इस बोली का प्रयोग करती हैं। प्रिया के पैदा होने पर उनकी दादी प्रिया के पिता को कहती है-"आ पड़ी ऊपर से... भाया सॉवर, अभी तो दो को ब्याह बाकी है... या तीसरी और तैयार होगी।"[42] प्रिया की माँ बीमार होने पर दादी उपेक्षा करती हुई कहती है-"साँवर भाया तेरा तो सारा रुपिया लुगाई के ऊपर खरच होवे जाव! म्हे भी तो सात-सात पैदा किया... इकई ज्यादा नखरो ह। तंजू जित्तो सहारगो बित्तो ही या नखरानली नार तने नचावगी।"[43]

प्रिया जब अपनी नानी से अधिक प्रश्न पूछती है तो उसकी नानी चिढ़ कर कहती हे-"कस्तूरी! तेरी यह छोरी तो भोत ही माथो खा जाव।"[44] "... प्रिया की माँ जब उपेक्षा करती है तो सामान्य बोलचाल की भाषा में कहती है-"कुछ नहीं बेटा... या राधली रॉठ तो टिके ही नहीं और तुम लोगों को टाबरी (बच्चे) चैन नहीं लेने देते, खा जाते हैं। मेरे तो सर में दर्द हो रहा है। जी भी घबरा रहा है।"[45] प्रिया की सास भी मारवाड़ी बोली में प्रिया को कहती है-"बिणनी! जीम तो ले, सबेर से कुछ खाई कोनी।"[46]

'पीली आँधी' में बोलचाल की भाषा का प्रयोग हुआ है। जैसे-"ऐसा रूप तो झरोखे से झाँके तो चील झपटकर ले जाए? ... नौवें महीने तो बेटा तैयार फिर मेरे साँवर के टाबरी को माधो थोडे ही पूछेगा, मारवाड़ी समाज में घर की स्त्रियों को बाहर की स्त्रियों से दोस्ती करने नहीं दिया जाता। वे दोस्तों को घर का भेदी लंका ढाए जैसा मानते हैं। इस उपन्यास में दोस्तों को घर आने नहीं दिया जाता। स्त्रियाँ सोचती हैं-"भायली घर खायली, खावगी घरि खुलवागी।"[47] इसी उपन्यास की ताई बहू को कहती है-"चुपचाप जो बना है खा लो। समझी बीणनी।"[48] इस उपन्यास की भाषा सहजता और स्वाभाविक है। जैसे माधो की पत्नी विधवा होने पर सुराणा जी से कहती है-"सुराणाजी आपके कहने से चुनड़ी तो मैंने आढ़ ली, लेकिन माँग कैसे भरूँ? सूराणाजी सिंदूर का दाग इतनी जल्दी तो मिटेगा नहीं।"[49] तालाबंधी उपन्यास में पत्नी द्वारा बोलचाल की भाषा का प्रयोग देखिए। "जी मेरे को न हीरा चाहिए, न ही इम्पोर्टेड सामान। भगवान के लिए आग से मत खेलिए। कहीं आपका ब्लड प्रेशर बढ़ गया, कोई और बात हो गई तो।"[50]

कृष्णा सोबती कृत 'दिलो दानिश' में महक के संवादों में बोलचाल के शब्द प्रस्तुत हैं। जैसे-"साहिरा, आनी-जानी, सुकून,[51] बाल-बच्चे, रोने धोने, धौंस-धमाका, घर भर, आँकी-बाँकी, अरजी-परचे[52] आदि अनेक शब्दों में सामान्य बोलचाल के शब्द दृष्टिगत होते हैं।

'ऐ लड़की' में कृष्णा जी ने बोलचाल की भाषा का प्रयोग किया है। इस पर गरिमा श्रीवास्तव के विचार दृष्टव्य हैं-"कृष्णा सोबती ने इस बोलचाल की भाषा को अपनाकर जन-सामान्य से अपनी एकात्मता स्थापित की है। उनकी रचनाओं की लोकप्रियता का बहुत बड़ा कारण है कि बोलचाल की भाषा में ही अपने अनुभवों का संप्रेषण करती हैं।"[53] जैसे-जल्दी से जाकर दरवाजा खोलो, बेटी के कान में मुरकी, बेटे की कमर पर तड़ागी, बच्चे के होटों पर मुस्कुराहट, छोटे-मोटे दर्द को तो मैं सहन कर लेती हूँ, ठंडा दो तो नीबू पानी, नहीं तो गरम-गरम चाय। सभी सामान्य बोलचाल की भाषा के प्रयोग हैं।

इस दशक के अधिकांश उपन्यासों में सरल, सामान्य बोलचाल की भाषा का प्रयोग हुआ है। देखा जाए तो अशिक्षित बड़े बूढ़ों, नौकरों तथा अनपढ़ पात्रों के माध्यम से बोलचाल की भाषा का अधिक प्रयोग हुआ है।

प्रतीक, बिंब, संकेत

अंतिम दशक के हिंदी उपन्यासों में प्रतीक, बिंब, संकेतों का प्रयोग लेखिकाओं ने किया है।

वास्तव में बिंब तथा प्रतीक की एकात्मकता का आधार गणितात्मक प्रयोग है। पश्चिम के अनेक प्रतीकवादियों ने तथा समीक्षकों ने स्वीकार किया है कि बिंब, बहुरूपिया होता है, वह कभी-कभी रूपक का रूप भी ग्रहण कर लेता है, किंतु बिंब जब बार-बार प्रस्तुत तथा अप्रस्तुत रूप में दुहराया जाता है, तरा वह प्रतीक बन जाता है।"[54]

प्रतीक और बिंब योजना के संबंध की मूलभूत व्याख्या यह है कि रचनात्मक अभिव्यक्ति में प्रतीक और बिंब कभी भी एकदम पृथक सत्ता धारण किए हुए नहीं रहते। उनका मिला-जुला रूप रहता है, जिसका अर्थ यह होता है कि उनके अस्तित्व का सही रूप सामने न आकर रचना की अनुभूतियाँ या भावनाओं का प्रतीकात्मक वर्णन सामने आता है।"[55]

प्रतीक या बिंब भाषा की अभिव्यक्ति के लिए सर्वस्व नहीं है। परंतु शिल्प विधान में इनका महत्वपूर्ण स्थान है। ये विधान अमूर्त अनुभूतियों को मूर्त बनाने में सहायक बनते हैं। अंतिम दशक की लेखिकाओं ने वर्तमान संदर्भ में अनुभूतियों को व्यक्त करने के लिए इनका प्रयोग किया है। विवेच्य उपन्यासों में प्रतीक बिंब संकेतों का प्रयोग कैसे है देखेंगे।

"भावों एवं विचारों की सफल एवं आकर्षक अभिव्यक्ति में ही रचना की सार्थकता निहित होती है। भावों और विचारों को प्रकट करने के लिए भाषा का सुंदर होना आवश्यक है। प्रतीकों, बिंबों, संकेतों के प्रयोग से ही भाषा सुंदर हो करती है।"[56] अंतिम दशक की लेखिकाओं

ने सुंदर एवं प्रभावशाली अभिव्यक्ति के लिए प्रतीक, बिंब लेकर नये प्रयोग किये हैं। ये प्रयोग केवल भाषा की सुंदरता के लिए ही नहीं है, बल्कि इनमें अतिरिक्त अर्थ सामर्थ्य भी भरी गई है। लेखिकाओं ने भी इसी तरह के विविध प्रयोगों से अभिव्यक्ति को सार्थकता प्रदान की है।

'कृष्णा सोबती' के उपन्यासों में प्रतीक-बिंब, संकेतों के चित्रण मिलते हैं। कृष्णा जी ने संदर्भों के अनुसार प्रतीक, बिंब, संकेतों का सहारा लेकर उपन्यासों की संवेदना को संप्रेषित करने का प्रयास किया है। भाषा के ये उपकरण उनकी कल्पना शक्ति को श्रोता के साथ सहज ही सरलता से जोड़ देती है। 'ऐ लड़की' में प्रतीक, बिंब संकेतों के प्रयोग मिलते हैं। जैसे-'ऐ लड़की' में आत्मीय भाव है। यह एक आत्मा की पुकार है, जिसमें जीजीविषा का प्रतीक है। मृत्यु की बाट देखती हुई अम्मू अपने बीते हुए जीवन को मरने से पहले याद करती है। जीवन को गठरी मानना मौत को मानवीय रूप देना, मरने से पहले अम्मू अपनी पूरी जिंदगी को याद करती हुई बेटी को सचेत करती है। जैसे-"यह मौत बड़ी कटखनी है। अगल पिछला सब वसूल लेती है।"[57] यह उदाहरण अम्मू की मानवीयता का संकेत देती है। समाज और परिवार में स्त्री की परिस्थितियों के संकेत इन उदाहरणों में देख सकते हैं। "शादी के बाद औरत पूरे परिवार के लिए शिकारे की माँझी बन जाती है। औरत दिन-रात जो खटती है वह बेगार के खाते में ही न!"[58] "गृहस्थ में पाँव रखकर स्त्री का जो मंथन-मर्दन होता है, वह भूचाल के झटके से कम नहीं होता। औरत सहन कर लेती है, क्योंकि उसे सहन करना पड़ता है।"[59] "माँ को प्योसर गाय या धाय बनाकर रखे रहते हैं। पैदा करती है... पाल-पोसकर बड़ा करती है। ... खटती रहे। सुख देती रहे। ... फिर उसकी की कुर्बानी। उसका काम इतना ही है बच्चों के लिए मात्र घर की व्यवस्था करने वाली।"[60] इनमें स्त्री की नियतियों का संकेत मिलता है।

इस उपन्यास की भाषा बिंब प्रधान भी है। कृष्णा जी ने बिंबों को जीवन के धरातल से चुना है। इसके उदाहरण आस-पास की प्रकृति तथा अम्मू के जीवानुभूतियों से देख सकते हैं। "पिछले बरसों को

फलाँगती जाती हूँ, जैसे कोई गाड़ी भागी जा रही है।"[66] "जीवन हिरण है हिरण।[67] "जी भी सुलगता है और वर्षा भी घुल जाती है। धूप हिरनी नहीं कि कुलाँचे ही भरती फिरे।"[68] "मेरी मछली तड़प रही है।"[69] "लगे चीड़ का ऊँचा पेड़ ही मेरे अंदर उग आया है।"[70] कृष्णा जी ने प्रतीक, बिंब विधान को उपन्यासों में दर्शाया है।

इसी प्रकार कृष्णा सोबती के दिलो-दानिश में वकील कृपानारायण की उदारता, दानिशता, वसीयतनामे के बंटवारे की साम्यवादी विचारधारा का प्रतीक तलाशना दर्शाया गया है। प्रसंगानुकूल प्रतीकों, बिंबों का भी प्रयोग सरलता से किया गया है। कुछ उदाहरण जैसे-"पास लेटे, शख्त, पर एक नज़र डाली तो लगा कोई गोश्त और पोस्त का आदमी न हो, तहखाना हो, जिसमें बरसों पुरानी मिसलों के ढेर लगे हों।"[61] "हमारा रिज़क जिससे बंधा है उस कानून से भी क्या शिकायत। और इंसान से ही क्या। जिंदगी का खेल है साहिब, खेला जरूर जाएगा।"[62] "... कबीले की मर्यादा ने घेर रखा है जिंदगी को। कोठों, छज्जों और डेरों को भला घर का नाम कैसे दीजिएगा... चल रही है क्यों चल निकली थी। खेल हैं सितारों के। सांकेतिक भाषा में समाज में स्त्री की नियति को रेखांकित किया है-"आप औरत हैं और आपको गृहस्थी बनाने चलाने को ही ऊपरवाले ने बनाया है।"[63] "... न सरदी न गरमी हवा में पेड़ झूमते हैं, पात झूलते हैं। ऐसी ऋतु में कोई दिल के तक़ाजों का भी क्या करें।"[64] इस उपन्यास में काव्यात्मक भाषा का प्रयोग हुआ है जिसमें बिंब विधान दृष्टिगोचर होता है। गीतात्मक भाषा में, पहेलियों में, कहावतों में उदाहरण प्रस्तुत हैं। जैसे-"कभी इस बात का तौबा, कभी उस बात का तौबा, आप चाहें तो जिंदगी से ही तौबा कर लो।"[65] "...कौन सा ऐसा सितम है जो न हम पर हो गया, जो न होना था वह सब कुछ, आज हम पर हो गया। इस प्रकार कृष्णा जी की भाषा में प्रतीक-बिंब संकेतों को प्रसंगानुकूल चित्रित किया गया है।

'प्रभा खेतान' के उपन्यासों में प्रतीक-बिंब-संकेत के उदाहरण एक ही संदर्भ में देखने को मिल जाते हैं। इसका उदाहरण 'आओ पेपे

घर चलें' में प्रतीक-बिंब संकेत का मिश्रण हुआ-"जिंदगी इतनी रहम दिल नहीं हुआ करती। तब प्रभाजी उसे खोजती आई थी जिमी, काली, टॉमी और पेपे की जमघट के बीच वह आइलिन को खोज नहीं पाई। उनके बीच बैठी आइलिन कुत्तों को सीरियल खिला रही थी। प्रभा को देखते ही वह बोली, है जीसू इस लड़की को सद्बुद्धि दे यह आदमी में जानवर और जानवरों में आदमी को देखना सीखे।"[71]

'छिन्नमस्ता' में प्रिया का सपना-"सपने में स्वयं को एक बड़े कमरे में बंद पाती है। वहाँ कोई उसकी ओर झपटता है। वह एक छलांग में कमरे में बाहर लॉबी में भागती चली जा रही हूँ। अचानक मुझे एक्जिट दिखता है। मैं धड़धड़ाती हुई घुमावदार सीढ़ियाँ उतरती चली जा रही हूँ, मानों दसों मंजिलें एक मिनट में मैंने तय कर लीं। बुरी तरह हाँफ रही हूँ नींद में भी गहरी पीड़ा। लगता है जैसे सीने को कोई रस्सियों से बाँध रहा हो। ... फिर एक स्वीमिंग पूल... नहीं, यह तो गंगा नदी है। नहीं पद्मा में पहुँच जाती है। पछाड़ खाती हुई लछे तेज बहाव... चार-पाँच साल की छोटी लड़की डुबकियाँ ले रही हैं-मैं उसे तैरना सिखा रही हूँ... अब वह खिलखिलाकर हँसती है, आँटी! देखो मैं तैर रही हूँ। मुझे एक अद्भुत आनंद मिलता है। सुख की एक सांस लेकर कहती हूँ, हाँ बेटे! ऐसे ही तैरा जाता है, तुम पहले गलत तैर ही थी।"[72] इस सपने में प्रिया के अतीत के संकेत वहीं दूसरी ओर महाशक्ति के रूप में डूबती बच्ची को बचानेवाली प्रिया को दर्शाया गया है।

'पीली आँधी' प्रतीक है, सब कुछ उजड़ जाने का इस पीली आँधी के बाद कैसे एक छोटा-सा अंकुर फूटता है और वह फलने फूलने लगता है। यही इस उपन्यास की केंद्रीय वस्तु है। जहाँ सब कुछ आँधी आने से उजड़ जाता है फिर निर्माण होता है।नया फूलना नया अंकुर फूटना प्रतीक है। जीवन के नवनिर्माण का। साहस से जीवन को जीने का।

'अलका सरावगी' कृत 'कलिकथाःवाया बाइपास' में 'बाइपास' मूल समस्या से बचकर बाजू से रास्ता निकालने का प्रतीक है। यह बाइपास प्रतीक युगधर्म की ओर संकेत करता है। किशोर बाबू के बाइपास ऑपरेशन

के जरिए अलका जी ने इस युगधर्म की विडंबना को चित्रित किया है। ऑपरेशन के पश्चात किशोर कलकत्ता शहर की पैदल यात्रा करते हैं। यहाँ किशोर की यात्रा एक वर्तुलाकार कालचक्र है जिसमें अतीत, वर्तमान और किशोर अपेन मारवाडी व्यवस्था के पुरुषों के समाज में जा पहुँचते हैं। वे अपने दादा रामविलास बाबू की दुनिया में लौटकर मारवाड़ी जाति और कलकत्ता शहर के परिवेशजन्य विशेषताओं पर प्रकाश डालते हैं। कलिकथा कलियुग की कथा का प्रतीक है।

मृदुला गर्ग के 'कठगुलाब' में शुरू से अंत कर प्रतीकात्मकता के चित्रण मिलते हैं। प्रतीकात्मकता के आधार पर मृदुला जी स्पष्ट करती हें कि जीवन की राह आसान नहीं है। उन पर चलना ओर सफलता हासिल करना संधर्षपूर्ण है। इसी संघर्षपूर्ण जीवन के कारण "उपन्यास में जितने भी प्रमुख पात्र आए हैं वे सभी मानों किसी कठगुलाब को उगाने के लिए प्रयत्नशील हैं और उसी के लिए पूरी शक्ति भी दाँव पर लगा देते हैं।[73] कठगुलाब एक तरह से फांतासी है। इसमें भारतीय, पाश्चात्य, प्रगतिशील, परंपरागत, परंपरामुक्त, आधुनिक, बूढ़ी, युवा, उच्च, मध्य, निम्न वर्ग की सभी स्त्रियाँ शोषण से पीड़ित हैं। सामाजिक, पारिवारिक, शोषण, उपेक्षा, प्रताड़ना से ऊबकर प्रतिशोध और विद्रोह करती दिखाई देती है। कठगुलाब का यथार्थ नंगे जख्म पर उंगलियाँ रखने वाला यथार्थ है। तिलमिलाने वाला कटु सत्य है। यहाँ स्त्रीवाद का समर्थन होते हुए भी अंधानुकरण नहीं है। आधुनिक विचारधारा वाली नीरजा एवं असीमा को दर्शाया है। गोधड़ का सुधारवाद पूरे उपन्यास को प्रेमचंदीय आश्रमों या सेवासदनों की तरफ मोड़ता दिखाई देता है।[74] बिंबात्मक भाषा का प्रयोग प्रस्तुत है-"हम मिट्टी से पैदा हुए, मिट्टी में मिल जाएंगे। भारतीय दर्शन में मिट्टी के महत्व को हम होश संभालते ही समझने लगते हैं। दर्शन की जरूरत कहाँ है, यह तो सर्वत्र फैला सत्य है। जग-जाहिर। मिट्टी ही सर्वव्यापी, एकमात्र सच्चाई है। ईश्वर, धरणी, प्रकृति, सृष्टि, पार्थिव शरीर, मिट्टी, राख। जलाओ तो राख। दफनाओ तो मिट्टी। दोनों का विस्तार निस्सीम है, आगमन निर्बाध।"[75]

'मैत्रेयी पुष्पा' का 'चाक' समय चक्र का प्रतीक लगता है। 'चाक' का दूसरा नाम है समय-चक्र। "चक्र घूमेगा नहीं तो कुछ बनाएगा भी नहीं घूमेगा और मिट्टी को बिगड़कर नया बनाएगा, नए रूप में ढालेगा।"[76] यह चाक नवनिर्माण का प्रतीक है। इस उपन्यास में अतरपूर गांव को उसमें रहनेवाली किसान-पत्नी सारंग को भी ढालकर नया बना रहा है, चाक लेकिन बनाना एक यातना से गुजरना भी तो है। "न चाहते हुए भी सारंग निकल पड़ी है 'ढाले' जाने की इस यात्रा पर।"[77]

'चाक' की सारंग को इस नवनिर्माण में कई यातनाओं, शोषणों से गुजरना पड़ता है। न चाहते हुए भी सारंग नवनिर्माण की यात्रा में 'ढलने' निकल पड़ी है। रेशमी की हत्या के बाद सारंग सोचती है-"मेरी बहन कबूतर और हिरन की तरह ही भरमाकर मौत के घाट उतार दी।"[78] रेशम विधवा होने पर अपने अतृप्त जीवन के बारे में सोचती है-"मैं दिन-रात का भेद मानूँ तो कितने दिन गिनूँ? मैं तो पल-छिन गिनती हूँ। जितनी संग रहूँ, अंग लगूं, घड़ी छोटी ही पड़ती जाती है प्यासा आदमी गागर भर पानी पी भी ले अब क्या दूसरे दिन ... तपझड़ में जिंदा पेड़ की पत्तियाँ जिस तेजी से गिरती हैं, बसंत में कोंपलें उससे ज्यादा तेज रफ्तार से फूटती हैं। कोंपले फूटीं, फूटकर हरिया आई। मचलने लगीं-हवा में, बारिश में।"[79] मैत्रेयी पुष्पा ने संदर्भों के माध्यम से प्रतीक, बिंब, संकेतों का प्रयोग अपने उपन्यासों में किया है।

'बेतवा बहती रही' में बेतवा नदी जिस प्रवाहमयी, ऊबड-खाबड, आंधी-तूफान में बहती रहती है। उसी प्रकार उर्वशी की नियति भी सब कुछ उजड़ जाने के बाद भी नदी की तरह बहती रहती है। जीवन के ऊबड़-खाबड़ स्थिति में भी सब कुछ सहन करके जीवन जीति हुई उग्र में शांत हो जाती है। उर्वशी को एक स्त्री को नदी का प्रतीक माना गया है। एक बेतवा। एक मीरा। एक उर्वशी। नहीं-नहीं, यह अनेक उर्वशियों, अनेक मीराओं, अनेक बेतवाओं की कहानी है। ... प्राचीन रूढ़ियाँ हैं जहाँ सनातन। अंधविश्वास है अंतहीन। अशिक्षा का गहरा अंधियारा। शताब्दियों से चली आ रही अमानवीय यंत्रणाएँ फिर जीने के लिए कोई

किंचित डौर खोजे भी तो कहाँ। हाँ, इन अंधेरी खोहों ओर खाइयों में कभी-कभी मुट्ठी-भर किरणों के प्रतिबिंब का अहसास भी कितना कुछ नहीं दे जाता।उर्वशी का दुःख है कि वह उर्वशी है। साधारण में भी असाधारण। इसीलिए सब तरह से अभिशप्त रही। तिल-तिल मिटती रही चुपचाप-प्रेम, वासना, हिंसा, घृणा से भरी एक हृदयद्रावक अछूत कहानी। मगर सच है। क्योंकि वह औरत है, औरत सदैव रहती है-सहने के लिए, झेलने के लिए और जूझने के लिए।"[80] इस उद्धारण में प्रतीक, बिंब, संकेत सभी विधान विद्यमान हैं।

'अपने-अपने कोणार्क' में कोणार्क ऐतिहासिक परंपरा और विजय-स्तंभ का प्रतीक है। जो अपनी रूढ़िग्रस्त पारंपरिकता को सदियों साथ लेकर चलते हैं। जिनका ध्वंस नहीं होता। वे पूरी तरह ढह नहीं जाते। "कोणार्क नहीं ढहते। खंडित भले हों, कोई मूर्ति, कोई पत्थर उसमें जरूर बचा रहता है, वक्त की गाथा कहने के लिए। कोई काला पहाड़ उसे जड़ से उखाड़ नहीं सकता।"[81] यही सब सामाजिक, सांसारिक जीवनानुभूतियों के साथ होता है। मनुष्य अपनी परंपराओं को मान्यताओं को महंदी के रंग की तरह अपने जीवन में रचाए बसाए रहते हैं। उन सच्चाइयों को पूरी तरह नकार नहीं सकते। कुछ छूटता है ठहता है पर पूरी तरह खत्म नहीं होता। इस उपन्यास की नायिका कुनी भी पारंपरिक सांकलों में कैद अपने पारंपरिक आलोक से मुग्ध रक्षणशील एवं संस्कारवान भी है। और हम सब की तरह अंधविश्वासी एवं रूढ़ मानसिकता से ग्रस्त भी, ... इन तमाम हदबंदियों के बावजूद मन में चाह का उगना रोक नहीं पाई। और यही उसके अवस्थावादी सोच में दरार पड़ गई। सच क्या है और झूठ क्या? अंतरंग और बहिरंग दोनों को खँगालकर वह किस सच तक पहुँच पाई? कुनी की यह कहानी सच की तलाश है[82]... उसे अस्तित्व की पहचान, उसके मानव बनने का प्रतीक। देर-सबेर जीवन में हम सब अपने मनों में एक कोणार्क अवश्य बनाते हैं। प्रेम, उल्लास, आशा और उजास का मंदिर। उसमें सूर्य का तेज और मिथुनरत मूर्तियों का प्रेमोन्माद होता है। हर दिशा नर्तकिया की तरह उस संगीतमय अहसास पर चिरकती है। कुनी। यह हमारे होने

का प्रमाण है। कोणार्क चाहे जितने बनाओ, ढहना उसकी नियति है। इस कोणार्क की तरह ही मन के कोणार्क ढहकर भी निःशेष नहीं होते।"[83] "नई सृष्टि के जन्म लेने से पहले पुरानी दुनिया का ढहना जरूरी था और वह ढहने लगी थी। मैं जो नदी बनकर बहना चाहती हूँ रुकी हुई पोखरी बनकर सडाँध नहीं देने लगूँगी? मैं खुद को नए खतरे उठाने के लिए तैयार कर रही थी। बंदगोभी की परतों की तरह मेरी ऊपरी परतें अलग हो रही थीं।"[84] (मेरे मन में पता नहीं किन आशंकाओं ने सिर उठाना शुरू कर दिया था। आस्थावादी हूँ न। मेरे मन में तमाम निष्ठा से, आकांक्षा और प्यार का जो कोणार्क बनाया है, उसे किसी का शाप न लेगा उस ढहने से बचाना। ... आँखें मूँदकर मैंने जुगनुओं के प्रकाश से सूर्य की रोशनी का उजास महसूस किया था। मेरे लिए उतना ही बहुत था। बिना मांगों ही मेरी झोली में जो मुट्ठी भर तारे आ गिर थे। मैंने उन्हें कंजूस की तरह संजोकर मन के भीतर तहखाने में छिपा लिया था।"[85] लेखिका ने संदर्भानुसार प्रतीक, बिंब, संकेतों का प्रयोग सहजतापूर्ण किया है।

'गीतांजली श्री' के 'हमारा शहर उस बरस' में एक शहर, एक मठ एक विश्वविद्यालय और एक परिवार है। यहाँ 'मठ' हिंदु सांप्रदायिकता का प्रतीक लगता है। इस उपन्यास की नायिका श्रुति है जो मुसलमान लड़के हनीफ से प्रेम-विवाह करती है। हिंदु-मुस्लिम के भेद को नकारकर दोनों सुखमय दाम्पत्य जीवन बिताते हैं। ये किसी सांप्रदायिक फसाद को नहीं मानते हैं। श्रुति किसी भी तरह मानसिक, आर्थिक, नैतिक गुलामगिरी का शिकार नहीं होती है। श्रुति एक संवेदनशील और विवेकशील स्त्री का प्रतीक दर्शायी गयी है। जो पुरानी परिपाटी और सामाजिक व्यवस्था को न मानते हुए अपने बनाये नियमों, मूल्यों, अपनी पहचान को साथ लेकर चलती है।

चित्रा मुद्गल का 'आवां' एक जलती भट्टी का प्रतीक है। समाज में व्याप्त विषमताओं की, मानवीय जीवन की उन ज्ञात-अज्ञात विसंगतियों की जिन्हें हम प्रत्येक मुखौटे के भीतर देख सकते हैं। आवां की बनावट में प्रत्यक्ष ज्ञान और नैतिक ज्ञान का समन्वय किया है। चित्रा मुद्गल ने

इस उपन्यास में तथ्यात्मक और तत्वात्मक दोनों पक्षों में वस्तु योजना को प्रभावी बनाया है। "स्वयं से तिरोहित, सदियों-सदियों पूर्व की महारानियों, देवदासियों, श्रेष्ठ-पत्नियों, गृहिणियों में परकाया-प्रवेश कर जब उस काल में जा खड़ी होती है तो हमारी आंखों के सामने वह कालखंड अपनी कला संस्कृति के वैभव के साथ पुनर्प्रतिष्ठित हो उठता है।"[86] "... जिंदगी के उजाड़ मौसम में बसंत ने पहली बार दस्तक दी है। शायद बसंत रास्ता भूला गया हो। या उसने सोचा हो-सूखी-सिड़ी मजदूर की लड़की से उसका रिश्ता? उसके अपाहिज-से घिसट रहे घर में भला उसे क्या हासिल होगा, जहाँ घास के तिनके तक मामूली हरियाहर से वंचित, सूखे, प्राणहीन हो रहे। अपने अस्तित्व के लिए उसे जो जीवित डालें चाहिए।"[87] इस प्रकार चित्रा जी ने सांकेतिक भाषा का प्रयोग किया गया है।

'एक जमीन अपनी' में "... अपनी तरह से जीवन जीने का और उसे चुनने का अधिकार सभी को है। यानी आत्कथात्मकता में अपनी तरह के भाव की विशेष भूमिका है। ऐसे में यह मान लिया जाता है कि उस पात्र का अपने समय-समाज से टकराना या दबावों में घुटना-पिसना और पिस कर टूटकर निहत्थे होते चले जाना उसकी निजी त्रासदी है। स्वयं चुनी हुई। मुझे लगताहै कि यह आचरण एक किस्म का पलायन है। व्यवस्था के पड़ताल के दायित्वों से मुंह मोड़ना। साथ ही साथ उस पात्र को चेतना की अगुवाई से भी वंचित कर देना है।"[88] "अंकिता स्त्री जीवन के दाम्पत्य संदर्भ में सोचती है ... वही सहसा टीसों के खंदक को कुरेद देताहै, जिसे ढकते-तोपते उसे बरसों लग गए और जब वह उस खंदक को तोप पाई तो लगा था कि अब वह जी भी सकती है... जीना भी चाहती है... यह जो अपने आपको उसने पुनर्जन्म दिया है, अपने गर्भ में अपने जन्म की प्रसव-पीड़ा झेली है।"[89] अपने आपको पुनर्जन्म देना अपने अस्तित्व को बनाने का प्रतीक है। बिंबात्मक भाषा के प्रयोग भी संदर्भानुसार चित्रित हुए हैं। जैसे-"मौसम में रह-रहकर टपकते फलों की भांति आन पड़ी मुसीबतों का रोना अलग।"[90] स्त्रियों की सामाजिक नियतियों पर चित्रा जी संकेत करते हुए हरींद्र के माध्यम से ये उदाहरण प्रस्तुत करती हैं-"स्त्रियाँ तुम्हें ऐसी भी मिलेंगी, जो परंपरागत दमन

और संकीर्णता की सड़न के खिलाफ विद्रोह के चलते ज्यादतियों का प्रतिवाद नहीं कर पातीं... मगर वे जब किसी स्त्री को अपने पति के अमानवीय व्यवहार के विरुद्ध मोर्चे बांधते पाती हैं तो खूब उत्प्रेरित होती हैं। उनकी प्रशंसा करते नहीं अघातीं, क्येंकि वे उन स्त्रियों के संघर्ष में अपनी लड़ाई को मूर्त होता पाती हैं। यानी अभी हमारी स्त्री को रूढ़ मानसिकता से मुक्त होना शेष है।"[91]

अंतिम दशक के हिंदी उपन्यासों में लेखिकाओं ने प्रसंगानुसार प्रतीकों, बिंबों, संकेतों का प्रयोग कर अपने-अपने दृष्टिकोण प्रस्तुत किए हैं। कई प्रतीक साम्यवादी दृष्टिकोण रखते हैं। जैसे दिलो दानिश, हमारा शहर उस बरस, कलिकथा:वाया बाइपास उपन्यासों के शीर्षक से यह साफ नज़र आता है। कलिकथा:वाया बाइपास में कलिकथा कलियुग का प्रतीक है। तो बाइपास बगल से गुजरकर मूल समस्यों से बचने का प्रतीक है। मृदुला गर्ग के कठगुलाब में कठगुलाब दुःखद स्थिति का प्रतीक माना गया है। चाक में चाक समय चक्र का, नवनिर्माण का प्रतीक है। बेतवा बहती रही में बेतवा स्त्री की नियतियों का प्रतीक है। अपने-अपने कोणार्क में कोणार्क मन की इच्छाओं तथा विजय-स्तंभ का प्रतीक है। एक जमीन अपनी में 'स्व' की जमीन तलाशने की चाह और राह का प्रतीक है। स्त्री अस्मिता-अस्तित्व की पहचान की तलाश है 'जमीन'। आवां में स्त्री के अस्तित्व के लिए जलती हुई भट्टी का प्रतीक है स्त्री। इन सभी प्रतीकों में लेखिकाओं की प्रयोगशीलता प्रतिलक्षित होती है। उसी प्रकार जीवन की अनुभूतियों के बिंबों की तथा संकेतों की अभिव्यक्ति हुई है।

चित्रात्मक भाषा

उपन्यास पढ़ते समय जिन चित्रों का साक्षात अनुभव होता है ऐसे चित्रों को चित्रित करने की भाषा को चित्रात्मक भाषा कहते हैं। अंतिम दशक की लेखिकाओं के उपन्यासों में चित्रात्मक भाषा का प्रयोग कहीं-कहीं दिखाई देता है। लेखिकाओं के अनुभवों की अभिव्यक्ति चित्रात्मक भाषा में दर्शायी गयी है।

'कृष्णा सोबती' के उपन्यासों में चित्रात्मक भाषा के प्रयोग मिलते हैं। 'ऐ लड़की' में एक माँ (अम्मू) के माध्यम से उसकी बेटी को फ्लैशकबैक शैली में जो बातें बताई गई हैं उनको पढ़कर वे दृश्य साक्षात मन में उभरने लगते हैं। जैसे अम्मू शिमला, कालक, जाखू राउंडवाली की चढ़ाई का वर्णन करती है। "कालका से छोड़ी गाड़ी में बैठी तो खिड़की से बाहर ही देखती रही। पहाड़ों के सिलसिले और ऊँचे घने पेड़ बुरुस के फूल तो ऐसे ज्यों पताकाएँ लहराती हों।"[92] "गिरजा मैदान वाली सड़क ओर शिमला वाले घर का बड़ा कमरा। बर्फों में दिन-रात अंगीडी जलती रहती।"[93] "सरदियों में बानर सेना जाखू से उतरकर सड़कों पर फैल जाती हैं।"[94] "चाँद घाट पर खाई कुल्फी पंछी जब चहचहाते हैं उषा की ललाई में, तो पूरी सृष्टि गूंज उडती है।"[95] अम्मू अपनी बेटी को अपने देवर के बारे में पूर्व दीप्ति में बातें बताती हुई कहती है-"मैं ब्यहकर आई तो छोटा-सा था। चार-पाँच का रहा होगा। किसी नटखट लड़की ने मेरी गोद में बिठा दिया... नन्हा सा मेरा देवर... मैंने सहलाकर चूम लिया बड़ी मनभावन घड़ी थी... मेरी गोद सगुणों से भर गई। नारियल, बादाम, छुहारे।"[96] अम्मू की बातों से साक्षात छोटा बच्चा गोद में बैठा नज़र आता है। उसी प्रकार-"उस दिन मूलसलाधार बारिश बरस रही थी। शाम होने में कुछ देर थी, वह कामकाज निपटा खिड़की में खड़े-खड़े पहाडों को निहार रही थी। बादलों की गरज और बिजली। टीन के छत से परनाले बहने लगे।"[97] इस चित्रण में सही भी बारिश होने का चित्र सामने आ जाता है। "तुम्हारे पिता साक्षात दीख गए हैं मुझे। गोदी में लिटा बच्चे को कभी शहद चटा रहे हैं। कभी अंगूर का रस टपका रहे हैं। कभी अनार का एक दाना ओंठों पर ऐसे छुआ रहे हैं ज्यों दुनिया में इस लीला के आगे कुछ और नहीं।"[98] आदि इन उदाहरणों में चित्रात्मक भाषा का प्रयोग सामान्य बोलचाल की भाषा में हुआ है।

'दिलो दानिश' में कुटुंबप्यारी-महकबानों के आपसी संघर्ष, बदरू-दम्मों के बीच की लड़ाई, कृपानारायण-कुटुंबप्यारी का महक को लेकर आपसी बहस, संघर्ष, महक एवं कृपानारायण के आपसी संवादों में घटनाओं में एवं प्रसंगों का चित्रण चित्रात्मक भाषा के नमूने लगते हैं।

"तड़ाक से बदरू के गाल पर तमाचा पड़ा-चुप बे मुसलमानी के।"[99] "दिलो-दिमाग पर फैली ओंधी-सीधी परछाइयाँ जाने किस ऊहापोह में एक-दूसरे को पटकने-झपटने पर लगी हैं। आमने-सामने पसरी पड़ी हैं दो बिछौनों की दो औलादें। औलादें भी क्या। दो किस्में। दो मिज़ाजा दो गिरोह।"[100] "न सरदी न गरमी। हवा में पेड़ झूमते हैं, पात झूमते हैं। ऐसी ऋतु में कोई दिल के तकाजों का भी क्या करे।"[101] दिल्ली शहर का वर्णन देखिए-"बाहर जाकर मौसम और शहर का मज़ा लीजिए। शहर का शहर बिछा पड़ा है। जगमगाहट और झनझनाहट में डूबा हुआ इंसानी बरकतों से गुंजान। चाँदनी चौक अपने पूरे शबाब पर। क्या रौनकें। क्या हमहमा क्या उमंगें। इलाही, इंसान को भी खुदा में क्या से क्या नहीं बख्शा यह मौसम, यह जलवे, यह हंगामें।"[102]

छुन्ना अपने भाई कृपा से शादी मे आई महक के रुप का वर्णन इस प्रकार करती है- "बग्घी में से कोई सजी संवरी परी-सी उतरी। सलमें-सितारों से जड़ा संदली जोड़ा और ऊपर झिलमिलाती पूरे जाल की भारी ओढ़नी। बड़े-बड़े झुमकोंवाला वह चेहरा और उस पर उस नाक-नक्श की फबन। सच कहैं, हवेली की सजावट, बरात, बतियों, हंडे सब फीके लगने लगे।"[103] "बात करने की वह अदा, वह हुस्न और वह जडाऊ जेवर।"[104] आदि उदाहरणों में चित्रात्मक भाषा के प्रयोग मिलते हैं जिसमें जीवन संदर्भों के खट्टे-मीठे अनुभवों का चित्रण हुआ है।

अलका सरावगी ने 'कलिकथाःवाया बाइपास' में मारवाडी समाज के परिवेश को, उसमें फैले आडंबर, अंधविश्वास का चित्रण तथा इस समाज में विधवा स्त्रियों की पारंपरिक चलती पीड़ा का जीता जागता उदाहरण चित्रात्मक भाषा में किया है। स्वतंत्रता के नाम पर दो पीढ़ियों में संघर्ष, अंग्रेज़ों के आगमन के बाद कलकत्ता में हुई मिश्रित खून की बढ़ोत्तरी बंगाल के अकाल की भयावहता,[105] सांप्रदायिक फसाद के रूप में द ग्रेट कलकत्ता किलिंग आदि में चित्रात्मक भाषा के प्रयोग मिलते हैं।

'प्रभा खेतान' के उपन्यासों में चित्रात्मक भाषा के प्रयोग देखते ही पाठक उस दृश्य में खोने लगता है। 'पीली आंधी' का उदाहरण प्रस्तुत

है-"लेकिन कुआँ तो अंधा हो ही गया। अब तो पानी लाने के लिए पाँच कोस सात कोस आना-जाना पड़ता है। गाय बछड़ों की ओर तो देखा नहीं जाता, उनकी पीठ पर जगह-जगह घाव हो गये हैं। उस पर घोलती गाय तो उठ कर खड़ी नहीं हो पा रही है। घाव पर मक्खियाँ भिनभिनाती रहती हैं। बिना चारे-पानी के वह कितने दिन जिएंगी। उसकी पूँछ में ताकत ही कहाँ बची होगी कि भिनभिनाती मक्खियों को परे सरकाए।"[106] इस संदर्भ में राजस्थान में दो बूंद पानी के लिए तरसते बच्चे, बूढ़ों, गाय-बछड़ों वहाँ के जीवन की छटपटाहट का वर्णन चित्रात्मकता का नमूना है। इसमें यहाँ की परिस्थिति तथा राजस्थान में पानी से होने वाली त्रासदी का चित्रण हुआ है।

'छिन्नमस्ता' में स्त्री शोषण, दाम्पत्य जीवन की विषमता, पुरुष की अवमानना, प्रिया और नरेंद्र के बीच संघर्ष, मारवाडी समाज की परंपरा को ढोती मारवाडी स्त्री की स्थिति, सभी उदाहरणों में चित्रात्मक भाषा के यथार्थ का वर्णन मिलता है। "उतरती हुई पीली शाम नीली समुद्री लहरों के साथ घुलकर हरी होती जा रही है। अभी, बस अभी कुछ ही क्षणों में यह सारा परिदृश्य काला हो जाएगा। ... इस जादुई माहौल में डूयब्रवनिक की यह काली समुद्री रातें इतनी खूबसूरत लग रही हें। दूर नारंगी रोशनी में डूबती हुई लहरें। होटल की डेकी से बंधे हुए पाँच-छह मोटरबोट, लहरों की गोद में मचलते हुए।"[107] "सुरक्षा का मोह? व्यवस्था की स्वीकृति? मैं खुद से पूछती, प्रिया! सच कहो प्रिया! इन स्याह गुफाओं से तुम कब निकलोगी? मन कह रहा था सहन करो। पर क्या सहन करूँ। गाली-गलौज, मारपीट और इसके बाद दमन का समर्थन करते हुए घरवालों के उपदेश।"[108] इसमें स्त्री के विवाहित जीवन तथा दांपत्य जीवन के कटु सत्य का चित्रण किया गया है। सामाजिक विषमता का चित्रण-"छोटी माँ घाट पर अकेले, अपनी चूड़ियाँ तोड़ रही थीं। माँग का सिंदूर मिटाया था और अकेले।"[109] इसमें दूसरी स्त्री की स्थिति का चित्रण हुआ है जो समाज से हमेशा उपेक्षित रहती है। प्रभा खेतान ने चित्रात्मक भाषा का प्रयोग संदर्भानुसार किया है।

मृदुला गर्ग के 'कठगुलाब' में हम चित्रात्मक भाषा के प्रयोग को देख सकते हैं। इस उपन्यास में स्मिता पर हुए शोषण, मारीयान पर हुए मानसिक आगाध, पति द्वारा छल, धोका, नमिता के दाम्पत्य जीवन के संघर्षों के अत्याचार, पुरुष प्रधान संस्कृति में स्त्रियों को सदा से बहकाना, धोका देना, छलना चित्रात्मक भाषा के उदाहरण हो सकते है। स्मिता पर हुए शोषण के बारे मं सोचती है-"प्रतिशोध लेना चाहती है-पर जो भगवान मेरी अस्मिता नहीं बचा पाया वह मेरा बदला क्यों ले। भगवान का भी इसमें क्या दोष? कमजोर तो मैं थी, जो हवाई किलों पर हमले करके संतुष्ट होती रही, करने के नाम पर सिफर। उस आत्म-धिक्कार को मैंने इतना साधा कि रोशनी के डर से कुछ मुक्ति पा ली।"[111] यहाँ असीमा का विद्रोह, नर्मदा का भाई के खिलाफ, पति के खिलाफ विद्रोह, सभी चित्रात्मक भाषा का सुंदर नमूना हो सकता है। नर्मदा का विद्रोह देखिए जब पति की ज्यादतियाँ बढ़ गईं तथा उसे छोड़ नर्मदा विद्रोही बनी और असीमा के घर ना आने की धमकी देती हुई चाकू तक निकाल लेती है-"फिर कभी इस घर में आने की हिम्मत की तो दोनों टाँगें तोड़ के सड़क पर फेंक दूँगी। भडुवे जा अपनी बीवी के पल्लू में जाके सो। मैं तेरी रखैल ना थी, तू मेरी रखैल था। कमा-कमा के तुझे खिलाया मुस्टंडे, इसलिए कि तू और तेरी बीवी मिलके मेरा हक मारो। जा, नार्मद समझ के अपना हिस्सा माफ किया। पर याद रख एक दिन आके वसूल कर लूँगी। वह मेरी बहन ना दुसमन है, पहले जान लेती तो तुम दोनों की बोटी-बोटी काट के चील-कौवों को खिला देती। हिम्मत हो तो आ मेरे सामने।"[112] इस उपन्यास की स्त्रियाँ किस प्रकार, किन स्थितियों में विद्रोही बनी हैं उसका चित्रण चित्रात्मक भाषा में किया गया है। सामाजिक विषमताओं पुरुष सत्तात्मक अत्याचारों का खुल कर विद्रोह इन नायिकाओं के माध्यम से दर्शाया गया है।

मैत्रेयी पुष्पा के उपन्यासों में भी स्त्री संहिताओं को तोड़ती स्त्री का विद्रोह, सामाजिक विषमताओं का पारस्परिक दायित्वों को निभाती, तोड़ती स्त्रियों का चित्रण चित्रात्मक भाषा के माध्यम से दर्शाया गया है। 'इदन्नमम' में बुंदेलखंड के ओरछा के पहाड़ी भूभाग, इस अंचल में रह

रही बऊ का, मंदा के जीवन संघर्ष का, कुसुमा का स्त्री संहिता को तोड़ना, विद्रोह बनने का, प्रेमा वैधव्य के नियम को नकारना, सामाजिक रूढ़ियों का खंडन करना, स्त्री की परिस्थितियों का, उनके जीवन संघर्षों को मैत्रेयी पुष्पा ने चित्रात्मक भाषा में चित्रण किया है। बऊ अपने बेटे की मृत्यु का वर्णन चित्रात्मक भाषा में करती है-"उस दिन अस्पताल का उद्घाटन था। गाँव में नई हवा चलने लगी थी। अस्पताल को घेरकर एक सफेद तंबू तनवाया था।"[113] मंतरी जी उद्घाटन के लिए आने वाले थे। महेंदर ने लोगों को अस्पताल की आवश्यकता बताई। "उद्घाटन के दिन भीड़ हुई थी। अचानक मार-पीट शुरू हुई। भागम-भाग मचने लगी। उसी समय महेंदर के सिर पर किसी ने ठंडा मारा। महेंदर बेहोश होकर गिर गया। भगदड़ में कुचल कर दो बच्चे मर, अंत में महेंदर को गोली मारी, तोता की तरह उड़ गये उसके प्राण, अस्पताल अनाथ हुआ। सब मोह-माया छोड़ चल बसा मेरा महेंदरा।"[114] इस प्रकार के संदर्भ सच में चित्रात्मक भाषा का प्रत्यक्ष रूप लगता है। कुसुमा का दाऊजी से प्रेम संबंध का चित्रण, मंदा का प्रेमा से मिलने का संदर्भ, मंदा द्वारा गाँव के अस्तपाल का पुनर्निर्माण, राउत मजदूरों में चेतना भरना सारी घटनाएँ चित्रात्मक भाषा के अच्छे उदाहरण हैं।

'झूला नट' में शीलो का देवर से संबंध बनाना, सास का बेटों के प्रति झुकाव, शीलो द्वारा बछिया की बात न मानना, गव-समाज, जाति का विरोध करना, अपने हाथ की छटी उंगली को काट कर नये भाग्य का निर्माण करना, पति जब मीठी बातों में फंसा कर जमीन हड़पने की कोशिश करता है तो उसे उसकी औकात दिखाते हुए पछाड़ना, खेतों में नयी किस्म की हर साल फसल उगाने का प्रयत्न करना, सभी चित्रात्मक भाषा के अच्छे नमूने हैं।

'चाक' उपन्यास में भी मैत्रेयी पुष्पा ने चित्रात्मक भाषा के अच्छे नमूने प्रस्तुत किए हैं। इस उपन्यास की नायिका सारंग द्वारा स्त्री संहिताओं को तोड़ना, सामाजिक अवमाननाओं का खंडन करना, पति से विद्रोह कर श्रीधर से संबंध बनाना, बहन रेशम की हत्या का आततायियों से

बदला लेना, स्त्रियों पर हो रहे अन्याय-अत्याचारों का विरोध करना, स्त्री अधिकारों के लिए जान देने तक की हिम्मत रखना, दृढ़ता, संवेदनशीलता, विवश और संगठन क्षमता के गुणों के बनाए रखते हुए स्त्री संहिता की सभी मान्यताओं को चुनौती देना, सभी चित्रात्मक भाषा में प्रयोग किये गये हैं। कुछ उदाहरण प्रस्तुत हैं-"मेरी बहन कबूतर और हिरन की तरह ही भरमाकर मौत के घाट उतार दी।"[115] "सारंग अतरपूर के विकास के बारे में सोचती है-सन् 1980 से 90 तक आते-आते अतरपुर में विकास का मूर्तिमान रूप दिखाई देने लगा। चकरोड ने गाँव को सड़क से जोड़ दिया। ट्यूबवेल के बहाने बिजली आई। इन दिनों यहाँ दीयों-ढिबरियों के साथ-साथ बल्ब भी जल उठते हैं। गर्मियों में जो लोग बिजली के पंखे मंगा लेते हैं उनके घर फरीटेदार हवा भी चलती है। रेडियो बजता है। गाँव के प्रधान फतेसिंह के घर जल्दी ही टेलीविजन आनेवाला है।"[116]

"करबन नदी... जो बरसात में समुद्र हो जाती है। गर्मियों में पोखरा रह जाती है। पानी में बगुला, सारस, बतरव और कीचड़ में भैंसें, सुअर... शीतल सतह के नीचे जहरीले जंतु जो गायें भैंसों, बकरी को मार देते हैं।"[117] यहाँ गांव की सामाजिक, भौगोलिक परिवेश का चित्रण चित्रात्मक भाषा में किया गया है। "जिस घर की मिट्टी का रेशा-रेशा मेरे हाथों सजा-संवरा है, जिसके आंगन में मेरे पावों के निशान जीवित हैं, विश्वास नहीं होता रंजीत कि एक पल में ही वह मुझसे कैसे छिन गया? तुम्हारा कोई नया सूत्र खुलता है और मुझे कुम्हार के डोरे की तरह चाक से काट ले जाता है, न तुम्हारा अहंकार इतना पैना है कि मेरे औरत होने की लाचारी का गीलापन...।"[118] दाम्पत्य जीवन की कटुता और सामाजिक व्यवस्था पर प्रहार करते हुए चित्रात्मक भाषा का प्रयोग मिलता है।

'अल्मा कबूतरी' कदमबाई का सपना-कदमबाई सपने मं भूरी को ही देख रही है। एक चौड़ी-सी नदी। अथाह पानी। भूरी चप्पू चलाकार नाव खेती चली जा रही है। सन से सफेद बालों वाली बुढ़िया की पीठ

दिखती है, बाहें दिखती हैं, चेहरा दिखाई नहीं देता। कदम अपनी नाव उसके पीछे दौड़ा रही है। बराबरी में आकर उसका चेहरा देखना चाहती है। दूर तक निगाह जाती है, घाट पर कोई नहीं। आसमान में तारों के झुंड जमा हैं। सपने में कदमबाई भूरी को देखना अपना आदर्श मानती है। रामसिंह द्वारा राजा को कबूतराओं का इतिहास बताना-सिंहलद्वीप की कथा का चित्रण, मंसाराम के दोस्त कहर का आना, दोनों मिलकर गाँव में बार खोलना, कबूतरों का जीवन ठेका लगने से सामान्य होना। रामसिंह का बेटा सिंह के रूप में मारा जाना। अल्मा का दर-दर भटकना, राजनेताओं के हाथ का खिलोना बनना, राणा का अल्मा से बिछड़ कर पागल होना, धीरज का राजनेता को धोका देने पर उसके साथ अमानवता का व्यवहार करना पुरुष, पुरुष का बलात्कार करना, राजनेताओं की दलिंदरी बताना, बदमाशखोरी का चित्रण करना, अल्मा का श्री रामशास्त्री से विवाह करना। राणा से सपनों में विवाह तथा देव-देवता पूजना, अल्मा की मानसिकता दोहरे रूप में चलना अंत में श्री राम शास्त्री की मृत्यु की व्याख्या का चित्रण करना, अल्मा को पति मरने पर प्रदेश के समाज कल्याण मंत्री की विधान सभा सीट के लिए उम्मीदवार बनने का चित्रण चित्रात्मक भाषा में किया गया है।

गीतांजलि श्री कृत 'माई', 'हमारा शहर उस बरस' में चित्रात्मक भाषा के प्रयोग दिखाई देते हैं। सांप्रदायिक दंगों में, एक हिंदू लड़की श्रुति और मुसलमान लड़के हनीफ का प्रेम विवाह, उनके दांपत्य जीवन में सांप्रदायिक भेद नहीं है, इसका चित्रण, मठ जो हिंदु के सांप्रदायिकता का प्रतीक दर्शाया गया है। हिंदू युवती का मुस्लिम युवक एवं बुद्धिजीवी युवक से विवाह करके राष्ट्रीय एकता की दृढ़ बुनियाद को ढालना, विश्वविद्यालयीन स्तर पर पद-प्राप्ति के लिए ओछी एवं गंदी हरकतें करना, छोटी-छोटी बातों के कारण सांप्रदायिक फसाद खड़े करना, इसमें हिंदु-मुसलमान की अपेक्षा मानवता को श्रेष्ठ दर्शाना आदि अनेक विषयों की चर्चा चित्रात्मक भाषा में हुई है। सांप्रदायिक एवं सामंती व्यवस्था का उदाहरण-"एक जमाना था, पूरी तरह बीता हुआ नहीं, राजाओं,

जमींदारों, नवाबों का सामंती उसूलों का जिनके तौर-तरीकों में शामिल था। अपने जोर और जमीन बढ़ाने के लिए दूसरों की जमीन पर कब्जा करना, वहाँ लूट मचाना, पैसों की, औरतों की, गुलामों की, हिंदु-मुसलमान सामंती ताकत के दौर में मजहब, लूट का सियासत हथियार भी, बहाना भी बना, अमन के दौर भी-दान, इनाम, आराम, इज्जत, दोनों कौम के प्रशासकों ने अपनी अवाम के हर मज़हबवाले को दिए।"[119] इस संदर्भ में सामंती व्यवस्था का चित्रण चित्रात्मक भाषा में हुआ है। "शहर के बारे में, मठ के बारे में राष्ट्र प्रेम की भावना-मिली-जुली संस्कृति, हमारी तहज़ीब, जो हर मैदान में है-संगीत, साहित्य, आर्किटेक्चर, फलसफ़ा, नाच, खान-पान, पहनावा कहाँ नहीं? ... वहाँ भी यही सारी मिलाले मिलेंगी, जो साथ और सद्भावना जतलाती है।"[120] शहर के बारे में-और शहरों जैसा ही है। हमारा शहर। "स्टेशन की इमारत पुरानी है और पिछली बार वहाँ के वेटिंग रूम में अंग्रेज़ों के वक्त की आदमकद आर्मचेयर रखी थी, अब का नहीं कह सकती। दुकानें हैं खाने-पीने की। ... यूनिवर्सिटी भी है, पुरानी गुम्बदों की, जो दूर से नज़र आती है और जिन पर कबूतरों के ठेरे हैं। कबूतर और कव्वे बहुत हैं इस शहर में। लोग भी बहुत हैं।"[121] शहर, स्टेशन, यूनिवर्सिटी की व्यवस्था से साक्षात सामने चित्र उभर आये हैं। जैसे ये हमारे समक्ष हमारी दृष्टि के सामने लहरा रहे हों।

'माई' में बच्चों का अपनी माँ के बारे में चिंतित होना, उसे पुरानी परिपाटी से, परंपरा से बाहर निकालने की कोशिश करने का प्रयत्न, नई नैतिकता के परिप्रेक्ष्य में 'नई स्त्री' ने अपने व्यक्तित्व अपनी अस्मिता को पहचान देने का प्रयत्न, पिछली पीढ़ी की स्त्री को नयी भूमिकाओं में परिभाषित करने का प्रयत्न करना चित्रात्मक भाषा में चित्रण मिलता है। पीढ़ी-दर-पीढ़ी स्त्री की नियतियों का चित्रण-"माई ने कहा था दादी और उसकी जात एक है, हमजात को वह ठुकरा नहीं सकती। और मैं अपने रूप में उन दोनों की छवि पाकर एक अजीब-सी कमजोरी महसूस करती हूँ। कोस नहीं पाती उन्हें जिनकी शक्ल-सूरत मेरे चेहरे और बदन पर झलकती है।"[123] इसमें जाती से तात्पर्य 'स्त्री' है। स्त्री-स्त्री की समस्या,

संघर्ष को समझती है। उस पर जो बीतता है, वह स्वयं भी महसूस करती है। मेडिकल भाषा में चित्रात्मक प्रयोग-"स्पाइनल कौलम में रीढ़ों को जोड़नेवाला डिस्क कुशन बिगड़ गया है। बाहर की ओर ऐन्यूलस फाइब्रोसस, भीतर को नर्म जेलाटिनस तत्व है, न्यूक्लीयस पल्पोसस। इसी कुशन के सहारे स्पाइन में फ्लैक्सिबिलिटी आती है। पर गलत मुद्रा में बैठने, खड़े होने से और ज्यादा काम करने से, स्ट्रेन करने से डिस्क घिस जाती है और रीढ़ की हड्डी अपनी सही जगह से हटकर तिरछी होकर नसों पर दबने लगती है।"[125] पूरा दिन झुक कर काम करने तथा शरीर को आराम न मिलने पर माई की रीड की हड्डी अपनी सही जगह से होकर तिरछी हो गई। यहाँ मेडिकल भाषा का प्रयोग चित्रात्मक भाषा में सहजता से किया गया है।

चित्रा मुद्गल के 'एक ज़मीन अपनी', 'आवां' में महानगरीय परिवेश का चित्रण चित्रात्मक भाषा में किया गया है। 'एक जमीन अपनी' में विज्ञापन-जगत् के ग्लैमर, मूल्यहीन प्रतियोगिता, देह-व्यापार, तिकड़म, स्त्री की स्थिति, चाहे वह कितनी ही योग्य हो उसे भोग्य वस्तु के रूप में ही देखा जाता है। स्त्री की सामाजिक, पारिवारिक व्यवस्था और दाम्पत्य जीवन की विषमताओं का चित्रण-"हरगिज अलग न होती, अगर मुझे कोल्हू का बैल समझकर, आंखों पर पट्टी बांधे रहने पर मजबूर न किया जाता। मेरे लिए घर की व्यवस्था का अर्थ है... अब भी है। विश्वास करो, अपने सामर्थ्य और सहिष्णुता की अंतिम सीमा तक मैं घर बचाने के लिए हाथ-पांव मारती रही। सहन नहीं हुआ तो अलग हो गई। सुधांशु की निरंकुश प्रवृत्ति। उसकी निरंकुशताएँ घर के अर्थ को भ्रष्ट करने लगी थीं...।[126] आधुनिक स्त्री की मान्यताओं और संघर्ष का चित्रण, अकेली स्त्री की समस्या, आर्थिक, सामाजिक शोषण, स्त्री संहिता का खंडन सभी उदाहरण चित्रात्मक भाषा में चित्रित हुए हैं।

'आवां' में मध्यवर्गीय परिवार की स्थिति इसमें जन्मी लड़की नमिता का जीवन संघर्ष, महानगर के जलते हुए परिवेश में जलते मध्यवर्गीय परिवार का संघर्ष, नमिता का पुरुष की अवमानना, वासना का शिकार

होना, परंपरागत स्त्री संहिताओं का खंडन कर नमिता, संजय कोनई का अनचाहा गर्भ धारण करने का चित्रण, कामगार अघाड़ी मजदूर संघों, कार्यकलापों, उनके पूँजीपतियों और उद्योगपतियों से मजदूरों के अधिकार दिलाने के निमित्त किये गये संघर्षों तथा उनकी आंतरिक राजनीति, उठापटक आदि का चित्रण"[127] आधुनिक परिस्थिति में उभरी स्त्री जो परंपरागत स्त्री संहिता को ठुकरा कर स्वतंत्र जीवन जीना चाहती है-ममता, गौतमी, स्मिता आदि का चित्रण मजदूर नेता के पारिवारिक जीवन, आर्थिक विपन्नता का चित्रण, सभी तथ्य चित्रात्मक भाषा के सच्चे नमूने लगते हैं।

'अपनी सलीबें' में नमिता सिंह ने सामान्य बोलचाल की भाषा में चित्रात्मक भाषा का प्रयोग किया है। नीलिमा का पति को जाति के छोटी होने पर छोड़ना... तुमने छिपाया अपने बारे में। अपने घर, परिवार, अपनी जात के बारे में, तुम झूठे और धोकेबाज हो जालसाज हो। ... नीलिमा की सोचने-समझने की सारी ताकत बिलकुल खत्म हो गई थी। उसकी चेतना अंधे सूरज की तरह काली पड़ गई थी। जिसमें सिर्फ भार होता है, असहनीय भार। इसमें मीना के बलात्कार का चित्रण, इशु के कलक्टर बनने का चित्रण, माँ का दार्शनिक रूप, नीलिमा और उसकी माँ के संवादों का चित्रण, ईशु के जाति का छोटे होने पर संघर्षों का चित्रण, महिला कॉलेज की स्त्री स्टाफ का चित्रण, अकेले होने पर संघर्षों का चित्रण, ईशु का नीलिमा की माँ से ट्रेन में मिलने का चित्रण, दहेज की समस्या का चित्रण सभी घटनाओं को चित्रात्मक भाषा में पिरोया गया है। संदर्भानुसार चित्रात्मक भाषा के प्रयोग मिलते हैं।

अंतिम दशक के उपन्यासों में लेखिकाओं ने संदर्भानुसार, विषयानुसार, प्रसंगानुसार, चित्रात्मक भाषा का प्रयोग किया है। लेखिकाओं ने अनुभूति और संवेदना को चित्रात्मक भाषा में पात्रानुकूल, परिस्थिति परिवेशानुकूल दर्शाया है। लेखिकाओं ने पात्रों के आपसी संघर्ष, घटनाओं एवं प्रसंगों का चित्रण अपने उपन्यास में चित्रात्मक भाषा के रूप का प्रभावी ढंग से वर्णन किया है। ये वर्णन साक्षात चित्र

पाठकों के सामने खड़े हो जाते हैं।

स्त्री चेतनात्मक भाषा

अंतिम दशक के उपन्यासों में स्त्री-विमर्श स्त्री केंद्रित विषय है। इस विषय में उन्हीं उपन्यासों को लिया गया है जिसमें स्त्री विषयक विमर्श को केंद्रित किया है। लेखिकाओं ने अपने इन उपन्यासों के माध्यम से स्त्री चेतना के लिए भी भाषा का प्रयोग किया है। जिससे दूसरी स्त्री में भी चेतना जगा सके।

"लेखिका अपने समय में स्त्रियों की स्थिति के खिलाफ़ कलम चलाती है, वह अपने ही अनुभव को समाज की स्त्रियों का अनुभव बना देती है, तब उसकी वाणी साधरणीकरण की स्थिति को छू लेती है। उसकी यही दृष्टि आगे चलकर अनेक स्त्रियों को चेतना प्रदान करती है।"[128]

स्त्री की सामाजिक, आर्थिक, वैवाहिक समस्याओं का चित्रण कर इन समस्याओं से छुटकारा पाने का रास्ता खोजा है। स्त्री चेतनात्मक भाषा के उदाहरण विवेच्य उपन्यासों में ढूँढ़ने का प्रयत्न किया गया है।-

कृष्णा सोबती कृ त 'ऐ लड़की' में अम्मू सूसन को समझाती है- "सूसन शादी के बाद किसी के हाथ का झुनझुना नहीं बनना। अपनी ताकत बनाने की कोशिश करना।"[129] अम्मू अपनी बेटी को 'स्व' की पहचान का बोध करते हुए कहती है-"तुम प्राचीन गाथा से बाहर हो, न पति, बच्चे, परिवार फिर भी तुम अपने आप में आप हो... अपने आप में आप होना परम है, श्रेष्ठ है।"[130] तुम तो अपने में आज़ाद हो... अपने से भी आज़ादी चाहिए देती हो कभी। ... जो हाथ अर्जित करता है, वही मनचाहा वितरण भी करता है। ... इस उपन्यास में स्त्री चेतनात्मक भाषा का प्रयोग हुआ है। जिसमे एक माँ अपनी बेटी के भावी जीवन, की परिकल्पना कर उसे सचेत करती है।

मैत्रेयी पुष्पा के 'झूला नट' में शीलो की भाषा चेतनात्मक है। बाल किशन से संबंध बनने के बाद सास दूबारा विवाह करने को कहती

है तो शीलो मना करते हुए कहती है-"न। बछिया-मछिया कुछ नहीं... अजस गठरिया मत बाँधे मेरे सिर, हाँ। ... रीत-रसम लिखा हुआ रुक्का तो नहीं होती... तन-मन का ब्याहा तीसरा कोन होता है हमारे बीच? ... अम्मा जी सात भाँवरे, आँगिन साच्छी और बरातियों के आगे वचन भरकर संगी मुझे त्याग गया, तो अछिया-बछिया का क्या विश्वास करूँ।"[131] शीलो किसी जात, बिरादीर, गाँव, आस-पड़ोसियों की परवा नहीं करती अपने जीवन को अपने तरीके से जीना सीखता है।

अपनी सास से कहती है-"अम्मा जी, गुस्सा पी जाओ। बूढ़े जमाने उखड़ेंगे नहीं, तो नया बखत आएगा कैसे? अपने इस रेंगटा (बालकिशन) को रेत में नहीं सड़क पर चलना सीखने दो। शुरू में पाँव छिलेंगे जरूर पर मोटर की तरह दौड़ना आ जाएगा। ... बालकिशन को खेती के बारे में ज्ञान देती है। फसल चक्र अपनाओ, खेत में पैदावार चौगुनी हो जाएगी, नहीं तो उबण्टा रोग। कमाए पैसों की कदर करने के लिए कहती है-जो अपनी मेहनत की कीमत जो नहीं जानता, उसे लोग भी नहीं चीन्हते... अपने पैसों को बैंक में रखो।"[132]

शीलो की सास की भाषा में चेतनात्मक रूप दिखाई देता है। वह सते की माँ से कहती है-"सते की अम्मा। बुरा लगे, तो मेरे मुँह पर कहना, बूह से मारपीट हाय। बताओ तो, कहाँ का न्याय है? चार-छः महीना पीछे तुम नौकरी से आओ, जनी मिलने का मोह करे और तुम रुतबा बताओ। मैं तो कुत्ता की जात मानती हूँ ऐसे मर्द को।"[133] इस संदर्भ में पुरुष सत्ता की नियति को उधेड़ा है अम्मा ने।

इदन्नमम में 'बऊ' की भाषा में चेतनापूर्ण भाषा दृष्टिगत होती है। बऊ कहती है-"आदमी बड़ा बेबस जीव है। वह आदमी के हाथों ही मारा जाता है। स्यार जिनावर तक अपनी जाति का शिकार नहीं करते, मगर आदमी केवल आदमी को ही खाना चाहता है। उसी को मिटाने पर तुला रहता है बुद्धिमान होकर भी बुद्धिहीन साबित होता है।"[134] यहाँ पर बऊ मनुष्य की आमनुवता पर प्रहार करती है कि एक आदमी ही दूसरे आदमी का दुष्मन है।

अपने हक के लिए सतर्क रहने के लिए बऊ मंदा से कहती है-"जब तक इस काया में पिरान बाकी हैं, लडेंगे हम भी। पूरी जिंदगानी हमने लड़ाई लड़ी है। हँसी-खेल नहीं है जिमींदारिन बने रहना। वैसा ही बैब-रुतबा रखना आनबान से रहना।"[135]

मंदा का बलात्कार होने पर कुसुमा उसे सांत्वना देते हुए समझाती है-"इतनी बड़ी जिंदगी में अच्छा-बुरा घट जाता है बिटिया, उसके कारण मन में गाँठ लगाने से क्या फायदा? जो तुमने किया ही नहीं उसके लिए अपने को दोसी क्यों मानना?"[136] दोसी तो वे हैं जो छल-बल से धोका देते हैं वे और उनकी जात (पुरुष) जो हम पर धोके से करते हैं हमला।

एक सास अपनी बहू को सामजिक व्यवस्था के बारे में समझते हुए... मन मैला न करो हिम्मित राखे। तुम्हें तो बहुतों का सामना करना है, मूक बछिया कब तक बनी रहोगी।"[137] देवगढ़वारी ककिया सास कुसुमा को समझाती है जब कुसुमा बेटे को लेकर ससुराल वापस जाती है।

इस उपन्यास के महाराज जो ज्ञानी है ज्ञान के प्रवचन देते हैं गाँव में चेतनात्मक भाषा का प्रयोग करते हुए अपना वक्तव्य प्रस्तुत करते हैं।

"मेल और संवेदना बड़ा ही शुभ लक्षण है। लेकिन साथ में आपदाओं से लड़ने का जुझारूपन भी तो चाहिए। बिना साहस की संवेदना रीढ़विहीन देह की तरह हुई।"[138] आगे महाराज व्यवस्था, समाज की नियति के बारे में मंदा से कहते हैं-"तुम क्या सोच रही हो, अस्पताल चलने, डॉक्टर आ जाने से मिट जाएँगे सारे दर्द? आदमी हो जाएगा निरोग। बिटिया, रुग्ण तो आदमी की आत्मा भी है, उसके निवारण की दवा कहाँ खेजोगी? रोगी हमारी व्यवस्था है, उसे भी संभालोगी? क्षयग्रस्त हमारा समाज है, सुधारने का यत्न करोगी? ... नौकरशाह और राजनेताओं के हाथ का खिलौना हो गया है हमारा जीवन। यहाँ प्रजातंत्र नहीं, शोषणतंत्र लागू हैं।" आगे वे कहते हैं-"जब गुहार-पुकार भी नहीं सुनी जाती तो किसी भी तरह अपने बचाव में खड़ा हो जाता है। उचित-अनुचित, सही गलत को ताक पर रखकर संघर्ष करने लगता है।"[139]

काम चलता है तो जीवन चलने का अहसास रहता है। साँसें चलने की अनुभूति होती है। "संसार क्रियाशील और चबचर लगता है।"[140] "बिखरोगे तो टूट जाओगे, हार जाओगे। मित्रता बाहर से नहीं, भीतर से पैदा होती है। उजली लकीर की तरह ज्योतिमान। मन विशाल और बृहद बनता है। मित्र-भाव से। जीवन के ऊबड़-खाबड़ रास्ते स्वयं सुगम होते जाते हैं। सहयोग से, संगठन से।"[141] बिना चिनगारी नहीं निकलता धुआँ। इस प्रकार स्पष्ट होता है कि इन उदाहरणों से चेतनात्मक भाषा का प्रयोग हुआ है।

'अल्मा कबूतरी' उपन्यास में चेतनात्मक भाषा के उदाहरण इस प्रकार है-कदमबाई कबूतरा जाति की स्त्री कज्जा मंसाराम से प्रेम करती है और वह अपने बेटे का न कज्जा न कबूतरा पर एक अच्छा इंसान बनाना चाहती है। वह सोचती है-"उस रात गेहूँ के पौधों की हरियाली सेज के ऊपर आसमान में तारे झमक रहे थे। बिरवा रोपा जा रहा था। रोपनेवाला न जंगलिया था न मंसाराम। धरती-सी-हरी-भरी एक औरत थी, वह जिसका भी अंश साधना चाहती थी साध लिया। समय बताएगा कि यह बच्चा न कज्ज है न कबूतरा। आदमी है, बस।"[142] होली के समय कबूतरों पर पुलिस हमला होने पर सब इतर-बितर हो जाता है। पुलिस कबूतरों को बेपर्दा कर चले जाते। इस हादसे में जमुनी मर जाती है जिस खेत में जमुनी पड़ी थी वहाँ का मालिक किसान डेरों पर आ कर गलियाँ बकता है अपमानित करता है-कदमबाई बुदबुदाई-डरे... रपट से कौन सा नया कहर टूट पड़ेगा? सब तो गुजर गया। लाठी-कुल्हाड़ी चलोन में माहिर हमारे मर्द घायल डोरे से लाचार और हम जैसी औरतें नंगी गोपिका-सी छिपने को बेबस... अगर भीखम गोतम ओर राणा गुदडै-चिथड़े बीनकर अब तक आ गए होते तो हम तुझे पहले फूल का मद पिलाकर मार न डालते और जमुनी के संग ही फूँक देते।"[143] ...कदमबाई भजनी को कहती है-"जिज्जी, हमारे पास न मरों को कफन, न जिंदों को लत्ता। दो घंटे में ही तबाह हो गए।"[144] "कज्जा लोग भी पूरे बाजीगर... एक भूखों मारेगा तो दूसरा लालच देगा।"[145] 'भूरी' आजाद मन की स्त्री कहती है-"गालियाँ और गुलाल मारने से किसी की

जिंदगानी में अंतर आया है? फेंकने-उछालने वाली चीज़ें आदमी के ऊपर से निकल जाती हैं। ... हाथ की लकीरों को देखने से क्या होगा, खींचों तो पत्थर की लकीर खोंचों कि मिटाए न मिटे।"[146] 'भूरी' नेता को देखने के लिए झांसी जाने के लिए साड़ी पहनती है। साड़ी पहनने पर गाँव की स्त्रियाँ हंस पड़ी। इस पर वह कहती है-"जैसे देश वैसा भेस। मुखिया अज्ञानी-चिल्लाया-डाँढ़ लगेगी। कज्जाओं के कपड़े पहन लिए। भूरी कहती है-वहाँ कबूतरी कहकर पुलिस हैरान करे तो तुझे अच्छा लगेगा? यह भेद बदलना नहीं, संकट से बचना है।"[147] यानी भूरी के मन में हर शोषण को सहने की ताकत है। जीवन को स्व के लिए जीना चाहती है। पति मर जाने पर भूरी बेटे को पढ़ाने उसके भावी जीवन के बारे में सोचती हुई कहती है-"पतिविरता लुगाई अपने आदमी के संग सती होती है। मैं अपने मर्द की ब्याहता खुद को तब मानूँगी, जब रामसिंह को पढ़ा-लिखाकर इसी कचहरी के दरवाजे खड़ा कर दूँगी। भले इस सफर में मुझे दस मर्दों के नीचे से गुजरना पड़े... जिस दिन रामसिंह ने बाप का लाल खून नीली स्याही में बदलकर अपने हक में चार आँक लिख लिए, समझूँगी मुझमें राई भर कलंक नहीं। विद्या रतन के आगे देह का खजाना कुछ भी नहीं।"[148] "...कितनों में कबूत है कि अपनी मनचाही दुनिया बसा लें और बिरादरी से टक्कर लें?"[149]

कदमबाई सोचती है कि-आदमी जब तक हारता है, जिंदा रहता है। जीतते ही मर जाता है। राणा प्यास से लड़ते-लड़ते हार गया होगा, इसीलिए चोरी से नल चलाकर पानी पी लिया होगा। मंसाराम राणा को कुछ जमीन देना चाहते हैं। इस पर आनंदी चेतीत होकर कहती है-"सुई की नोक भर धरती भी दी तो उस बेड़िनी को नंगी करके बल्लम पर टँगवा दूँगी।"[150] पत्नी की उपेक्षा अपमान पर मंसाराम सोचता है-"सामाजिक प्रतिष्ठा कुछ नहीं होती। घर में इतना अपमान होता है कि प्रतिष्ठा की धज्जियाँ उड़ जाती हैं, और हम उसे भी सिल जोड़कर दुशाले की तरह ओढ़ लेते हैं। इज्जत चाहिए, सम्मान चाहिए, तब फिर कहीं-न-कहीं इंसानियत से नीचे आना होगा।"[151] "...जिनके पास गुस्सा नहीं होता उनके पास अपना कहने के लिए कुछ नहीं। दया, रहम, करुणा तो

सिर्फ दूसरों के होते हैं।"[152] औरत पानी की तरह ही तो संकरी से संकरी जगह में अपने आपको रमा देती है। इस प्रकार इस उपन्यास में और भी ऐसे उदाहरण हैं जिनमें स्त्री की चेतनात्मक भाषा उभर कर आई है।

'चाक' में सारंग पुरुष सत्ता के बारे में सोचती है-"ये पुरुष-महापुरुष शाबाशी के पात्र हैं या धिक्कार के? इनकी लाज लिहाज हम क्यों करते हैं? हम सारी अवस्था शीश झुकाकर काट देते हैं। इनके सम्मान में, क्यों? ये लोग हमारी हत्याओं के गवाह नहीं, तमाशबीन बनकर क्यों रह जाते हैं? अन्याय के नाम पर ये गूँगे हो जानेवाले हमारे संरक्षक...?" [153] सारंग की बहन रेशम असमय विधवा बन जाती है। रोते हुए कहती है-"बीच राह में धोखा देनेवाले से ज्यादा धोखेबाज कौन होगा? वह करमवीर को गालियाँ देती-दगाबाज! लाम ही क्या कम थी कि मौत-सौत के संग लगा चला गया। रेशम स्त्री-धर्म को तोड़कर वैधव्य सहिता का खंडन करती है। और किसी से गर्भधारण करती है। इस पर सास झल्ला कर उसकी उपेक्षा करती है। इस पर रेशम कहती है-"अम्माँ, तुम तो बिरथा ही दाँत किटकिटा रही हो। तुम्हारे पूत की चिता ठंडी हो जाने से क्या मेरी देह की आग बुझ जाती? जीतों-मरतों का भेद भी भूल गई तुम? बेटा के संग मैं भी मरी मान ली? ... बिरथा ही छानबीन करने में लगी हो। आज को तुम्हारा बेटा मेरी जगह होता तो पूछती कि तू किसके संग सोया था? अब उसकी बाँह गह ले। मेरे मरे पीछे तेरहीं तक का भी सबर न करता और ले आता दूसरी। तुम खुश हो रही होती कि पूत की उजड़ी जिंदगी बस गई। पर मेरा फजीता करने पर तुली हो।"[154] "... हाड़-मांस की बनी लुगाई, जिसके पेट में बालक है, उस पर या तो जल-दूध डारेंगे या फिर... अपनी नाँद पर चरती गाय-भैंसों से भी गई बीती करके मान रहे हो मुझे। रंडी सास अपने पूत को तो रोती है, और मेरे बालक की हत्या पर उतारू है।"[155] "सभ्य कहे जानेवाले लोगों के यहाँ आदमी से ज्यादा पकड़े-लत्ते की कीमत होती है।"[156] रेशम ने सामाजिक रूढ़ी परंपरा और रीति रिवाज के कटु सत्य पर महार किया है। स्त्री से हिताओं का खण्डन किया है।

अंधविश्वास पर स्त्री के साथ अमानवीय व्यवहार करते हैं। लोग! इस पर श्रीधर सोचता है-"मनोहर की बहू की दुर्दशा। अमानवीय यंत्रणा। हर स्त्री छटपटाती होगी, मगर कुछ कहती नहीं। नहीं तो एक भी औरत उन मर्दों की तरह हंस क्यों नहीं रही थी? कामुक हँसी। ... यह विडंबना असाध्य रोग की तरह हर गाँव में किसी-न-किसी रूप में मिलेगी। क्या इस दारुण कथा का अंत संभव नहीं? यदि अपने औरतपन के लिए औरत लड़ने लगे तो वह चुड़ैल। मैं सचमुच ही मनोहर की बहू से मिलना चाहता हूँ। उसके बनाए हुए वे छोटे-छोटे कपड़े देखना चाहता हूँ जिन्हें देखकर वह अपने कपड़े फाड़ने लगती है।"[159] "... इसी प्रकार लैंगसिरी बीबी राममूर्ति का जीवन मनोहर की बहू जैसा हो, नहीं चाहती- वह कहती है-नहीं चाहिए जिरौलीवाली को अपनी जिंदगी। यह जिंदगी जानवरों से भी बदतर... क्या होगा राममूर्ति का भविष्य? ऐसे ही छिपती फिरेगी? बचेगी भी?" [160]

श्रीधर सारंग को समझाते हुए कहता है। यही प्रताड़ना देखकर तुम्हारे बीच से कोई मंझा उठेगी सारंग... तुम्हारे मन में विक्षोभ की एक चिनगारी छिटकी, यह क्या काम है? लपटें भी उठेंगी, जो छीन लेंगी अपने हक को, इन वीर्यवर्द्धक जड़ी-बूटी और शिलाजीत खानेवाले मर्दों से... सारंग जब तक स्त्री का अपमान होता रहेगा, ऊसर भूमि ऐसे ही जलती रहेगी। फसल को वीराने में बदल देगी। मंझा स्त्री थी, स्त्री की पीर जानती थी, तभी तो साधु-महात्मा से एक चावल नहीं, अपनी जैसी बाँझपन भोगती हुई सौ बनियों के लिए सौ चावल लाई थी। चंदना की पुकार भी यही कहती है-"बेटियों को मार-काटकर कोई हरित क्रांति नहीं कर सकता। हमारा जीवन... हमारा हक... चंदना पुकारती है।"[161] ... पुरुष में एकाधिकार की भावना होती है, क्योंकि उसके संस्कार ऐसे ही होते हैं तभी तो वो पत्नी को सिर्फ उसका ही अधिकार मान कर अपना पूरा रौब और हक जताना चाहता है।

स्त्री मान मर्यादा जानती है पर जब कोई हद से ज्यादा अत्याचार करे तो उसे सहन नहीं होता-देवीस्पन की बहु भी ऐसे ही मिजाज की है।

जब दादी सांस रोज ताने मारे, गाली दे तो उसे बर्दाश्त नहीं होता और वह उसकी खटिया घर के बाहर डाल देती है और पति से कहती है... मैंने इतना सब करके दोनों बूढ़ों को उनकी औकात बता दी कि आगे कभी... पाँव की जूती नहीं हूँ मैं कि अम्मा चाहे जब फटफटाएं।"[163]

इसी प्रकार सारंग जिद्दी है हठी है किसी बात पर अड़ जाए तो पीछे नहीं हटती, पति की ज्यादतियों को फटकार कर कहती है-"आज मुझे जिंदगी का एक और सत्य मालूम हो गया रंजीत। एक पेच और खुल गया। मेरी इच्छा का मोल कितना है, यह मुझे बार-बार मत समझाओ। इससे तुम्हारे लिए बनाए हुए भरोसे की चूड़ियाँ टूटने लगती हैं... प्रधानजी की साजिश को सरंजाम देनेवाले तुम पारमाबरदार सिपाही...बहुत ऊँचे तो उड़ना नहीं चाहा कि डोर प्रधान को पकड़ानी पड़ी? भटको मत रंजीत, मैं खत्म हो जाऊँगी। ऊँचाइयाँ न सही, जमीन तो है। मैं तो यह भी सोच रही थी कि मास्टर के साथ चलने को तुम कहोगे, जैसी कि तुम्हारी आदत है और तुम ऐसा करके मेरी निगाहों में कई गुना ऊपर उठ जाते।"[164]

"कभी सुना था कि औरत अपने मर्द से भारी पड़ेगी? वह भी मर्दों की दुनिया में, अब तक हम मरने के लिए जीते रहे हैं, अब जीने के लिए मरेंगे। ... जब घर परिवार में औरतों का दखल हो सकता है, तो राजकाज में क्यों नहीं... तुम कब तक औरत के पत्नी होने की दुहाई देती रहोगी, मैं निमित्त बनाने तुम्हारे खडे होने का। भले कितने ही रोको। उसी तरह का निमित्त जैसे कुम्हार घड़ा बनाने का होता है। तुम्हें प्रधान बनना होगा हर हालत में।"[166]

तुम्हारी जैसी दृढ़ स्त्री का अनुसरण पूरी औरत-जाति करेगी। सतियों के सिंहासन पर देवी की तरह पथराई जा सकती हो, लेकिन पुरुषों की बराबरी में जगह पाना असंभव। 'बराबरी' शब्द खतरों की ईंटों से बना है, इसे हासिल करना, मेरे ख्याल में साहस दुनिया की अमूल्य चीज है। गरीब को धन के लिए, निर्बल को बल के लिए और अज्ञानी को ज्ञान के लिए संघर्ष करना पड़ता है।"[167] जो आग में तपना सीख लेता है, वह कुंदन हो जाता है। इस प्रकार मैत्रेयी पुष्पा ने कई स्त्री

चेतनात्मक भाषा का प्रयोग किया है। जहाँ स्त्री सदियों से अन्याय, अत्याचार, अपमान, अमानवीय व्यवहार को सहन करती है और विद्रोह करने पर कई आततायियों के शोषण का शिकार बनती है। फिर भी निड़र की तरह अपने मनसूबों को हासिल करने के लिए संघर्षित रहती है।

'बेतवा बहती रही' में उर्वशी कई संघर्षों से, अन्याय, अत्याचारों से गुजर चुकी है। विधवा के असहाय व्यक्तित्व को समाज, परिवार किस प्रकार खंडित करते हैं से भोग चुकी है। भाई पैसे के लालच में उर्वशी का विवाह मीरा के पिता से करवा देता है। उर्वशी अपनी ही बचपन की सहेली की माँ बन जाती है। जब अजय की मृत्यु होती है और बहु विधवा हो जाती है तो उर्वशी विद्रोही बन जाती है। उर्वशी विधवा के जीवन संघर्ष से गुजर चुकी है। वह नहीं चाहती अजय की अबोध बहु भी इसी रास्ते चले। वह छोटे बेटे उदय को समझाती है कि अजय की बहु से विवाह करने के लिए वह मान जाता है पर पति को यह सहनीय नहीं। वह उदय का रिश्ता ऊंचे खानदान में पैसे वाले परिवार में करना चाहता है। वह पत्नी उर्वशी को अपमानित करते हुए कहता है- "कौन जनम कौ बदलो लओ हमसे? अपनी खेती-पाती फूँक बार के, जाके लाने लाये थे तुम्हें... इस पर उर्वशी उपेक्षा करते हुए कहती है- कह लई सब? तुम हमें काहे के लाने लाये, सो हमें जानने की जरूरत नहीं है। बस तुम इतनी सुन लनो कि हम काहे के लाने आये है-अन्याय हम नहीं होने देंगे। ... लेकिन हमारे बिजय की बहू कहाँ जाएगी वह? कौन ब्याहने आयेगा उसे? तुमने कबहुँ सोची जे बात? केसे कटेगी उसकी जिंदगानी... बेटा नहीं रहौ तो बहू बिरानी हो गयी। धक्का मारदओ वायःहमारे रहते जा अनरथ नहीं हो सकता... एक से हजार तक नहीं..." आपका लड़का है ही उसके जोग। आपके घर की बहू है वह। इज्जत-आबरू है इतै के सुख-दुःखों की हकदार, हिस्सेदार है वह। उदय राजी न होते तो महामाई कौ कौल, हम कछु न कहते। पर अब हम नहीं चाहते कि वह भी कहीं हमारी तरह ही..."[168] आगे वह कहती है-तुम नहीं जाओगे तो बड़ी बखरी से गजराज दादा जायेंगे... वे भी नहीं जायेंगे तो हम जायेंगे, गाँव के लोग जायेंगे। जा घर के सब काम दादी

नहीं संभाल रही हम नहीं उठा रहे? फिर ब्याह भी सही। यह कारण तो करना ही है।"[169]

प्रभा खेतान के उपन्यासों में चेतनात्मक भाषा का प्रयोग मिलता है। इनकी सभी नायिकाएँ किसी-न-किसी शोषण की शिकार नज़र आती हैं। संघर्षपूर्ण जीवन व्यतीत कर अनेक समस्याओं का सामना करती है। स्त्री स्त्री के अत्याचार को सहती है। मारवाड़ी समाज की स्त्रियों की दुर्दशा के चित्रण इनके उपन्यासों में दर्शाया गया है। ये अपनी नायिकाओं के माध्यम से जूझती स्त्री की परिस्थितियों का अंकन कर स्त्री को जागरूक बनाती है। छिन्नमस्ता की प्रिया, पीली आंधी की सोमा, अपने अपने चेहरे की रमा, आओ पेपे घर चले की प्रभा और अन्य इनसे जुड़ी पात्र संघर्षों से जूझती हुई चेतना जागृत करती हैं। इनकी भाषा में चेतनात्मक भावना प्रतिलक्षित होती है। इनका पूरा औपन्यासिक संसार स्त्री चेतनात्मक भाषा को उजागर करता है।

'छिन्नमस्ता' में प्रिया नीना की भाषा चेतनात्मक है। व्यवस्था के बारे में स्त्री नियतियों के बारे में प्रिया का साक्षात्कार करने का प्रयत्न करती है। प्रिया सोचती है-"मैंने दुःख झेला, पीड़ा सही, संत्रास में झुलसी रही... पर जिस दिन मैंने त्रासदी को ही अपने होने की शर्त समझी तभी चेतना जागृत हुई... सारे जुल्मों के सामने सलीब पर लटकते मैंने पाया कि मैं अब पूरी तरह जिंदगी की चुनौतियों का सामना करने के लिए तैयार हूँ।"[170]

जुड़ी प्रिया को लिखने को प्रोत्साहित करते हुए कहती है-"जब लिखोगी तब अपनी जैसी हजारों-लाखों के साथ संवाद स्थापित कर पाओगी। तुम्हें क्या पता कि तुम्हारे शब्दों को पढ़कर कौन-कौन अपने घावों को सहलाएगा? किस औरत की गूंगी जुबान अचानक बोल उठेगी-हाँ, हाँ यह सच है, बिल्कुल सच है मेरे साथ भी ऐसा ही घटा है।"[171] प्रिया के कॉलेज के सर प्रिया को समझाते हैं-प्रिया पहले अपने स्त्री होने की गुलामी को समझो... स्त्री होना कोई अपराध नहीं है पर नारीत्व की

आँसू भरी नियति स्वीकारना बहुत बड़ा अपराध है। अपनी नियति बदलो तो वह एकलव्य की गुरुदक्षिणा होगी।"[172]

प्रिया की माँ दाई माँ को हमेशा प्रिया के खिलाने-पिलाने पर टोकती रहती है। दाई माँ को यह बर्दाश्त नहीं होता। वह कहती है-"ऐ बहुजी। हमसे अब ई नौकरी नहीं होइबे... खावत हुआ बचुआ क मुँह पर तोहार जो मर्जी सो बालत जा हो। इस पर माँ कहती है-अब वे पहलेवाले दिन हैं क्या? इस पर दाई माँ झल्ला जाती है। कहती है-वैसन दिन नाहीं, तो हमसे अब तौहार नौकरी भी नाहीं होइबे।"[173] प्रिया सोचती है अन्याय को सहते हुए दाई माँ बागी हो गई है।

नीना अपनी माँ जो प्रिया की रखैल सास की बेटी है और माँ के इस संबंध के प्रति विद्रोही बन कर कहती है-"भाभी! क्या मुझे उनकी इच्छा-अनिच्छा का ख्याल करना चाहिए? भाभी, मुझे पता है कि मैं एक नाजायज संतान हूँ। मम्मी कितनी भी माँग में सिंदूर लगाएँ, उस लाल रंग में थोड़ी कालिख घुली हुई है? इसीलिए तो मम्मी का सिंदूर चमकता नहीं। जिंदा रहने और अपनी लड़ाई स्वयं लड़ने के लिए यह जरूरी हो जाता है कि हम अपमान और वंचना को भी याद रखें। मुझे आप ये चुप-चुप रहो वाली बातें न सिखलाएँ तो।"[174] क्यों सहा माँ ने क्यों नहीं अपना हक माँगा?"[175] प्रिया के दाम्पत्य जीवन संघर्ष पर जुड़ी कहती है-"अपने स्वार्थों पर चोट पड़ने से कमोबेश सभी लोगों की प्रतिक्रिया इतनी ही हिंसक होती है, क्योंकि हमारी आज की पूरी सभ्यता हिंसा और प्रमाद पर ही टिकी हुई है ऐसा नहीं कि औरत ही चोट खाती है कहीं पुरुष भी मरता है। यह व्यक्ति की अपनी-अपनी संवेदनशीलता है-एम्पैथी-दूसरे के दर्द को अपना समझ पाने की क्षमता... पर तुम्हारा और नरेंद्र का संबंध बड़ा नेगेटिव रूप ले चुका था, जहाँ दोनों एक-दूसरे को मारने पर उतारू हो रहे थे... नहीं, में तुम्हें बुरा नहीं कह रही... पर हट जाना ज्यादा अच्छा होता है। बनिस्बत एक दूसरे पर निर्मम प्रहार करते चले जाओ।"[176] एक रास्ता और भी सही, चुनाव तुम्हें करना होगा प्रिया...

तुम्हें अपनी मदद खुद करनी होगी। ... ऐसी मानसिक त्रासदी में कौन-सा आनंद है-"तिल-तिल मरता आदमी खुशी से नाचे-गाए-क्रूर तुम्हारे भीतर बैठा हजारों साल की परंपरा से ग्रसित एक रुग्ण मानस है जो तुम्हें कभी चैन नहीं लेने देता, तुम्हारी उपलब्धियों से खुश नहीं होता। तुम अपने प्रति इतनी आक्रामक क्यों हो प्रिया? क्यों सलीब पर लटककर खुद की हथेलियों में कीलें टोकती रहती हो? क्या मिलता है इस आत्मपीड़न से?"[177] यानी स्त्री-पुरुष का संबंध वही मालिक और गुलाम का? कब तक यह द्वंद्व चलेगा?"[178]

स्त्री का कोई स्वाभिमान नहीं? पर अपने पैरों पर खड़ी स्त्री के लिए अपनी पारंपरिक सीमाओं को तोड़ना आसान भी तो होता है... लेकिन स्त्री यदि सीमाएँ लाँघ जाए तो वह पारंपरिक समाज उसके लिए खत्म हो सकता है। पर मानव समाज तो बहुत बड़ा है। औरत होकर मैं जो समाज को दे सकती हूँ, वह नरेंद्र पुरुष होकर कभी नहीं दे सकता। हर व्यक्ति अपने आप में एक इकाई अवश्य होता है पर उसमें सच्चे स्त्री और पुरुष वही हो पाते हैं जो पुरुषप्रधान समाज की सीमाओं को पार करके अपने स्वभाव में स्त्री की करुणा को संचित कर पाते हैं, वे ही जीवन का सच्चा सृजन कर पाते हैं, सुख सृजन में है, 'स्व' के विलयन में है। लेकिन मेरा अपना काम, जिसमें मुझे सृजन और अभिव्यक्ति का सुख मिला है, मेरा सबसे बड़ा आलंबन है।"[179]

'अपने अपने चेहरे' की रमा विवाहित पुरुष से प्रेम करती है। जल्द ही उसे अपनी भूल का ऐहसास होता है। वह सोचती है... मैं क्या हूँ, राजेंद्र के संदर्भ में... अपने पैरों पर खड़ी स्वावलंबी स्त्री...? प्रेमिका की भूमिका कुछ समय के लिए होती है। जीवन भर नहीं... मैं कैसी जिंदगी में जी रही हूँ क्या है मेरा परिचय-किसकी पत्नी, किसकी माँ, कर घर की बहु। न मैं सधवा, न विधवा।" दूसरी औरत होने का दुःख उसे हर समय खलता रहता है। वह सोचती है-वह प्यार तो एक बार करती है बस एक बार। एक ही पुरुष से कभी शादी से पहले, कभी शादी के बाद। इसके बाद तो वह अपने आपको झेलना सीखती है। प्यार

शाश्वत नहीं। कम से कम जैविक धर्म पर आधारित स्त्री पुरुष का प्यार तो नहीं।"[181] वह गोयनका से कहती है।"क्या मैं स्त्री होने के कारण आपकी दोस्त नहीं हो सकती और दोस्त को छिपाकर देने की क्या जरूरत है।"[182] गोयना उसे सुझाव देता है कि वह किसी अन्य पुरुष से विवाह किस ले। उसे यह प्रस्ताव समझ में नहीं आता और वह कह उडती है-"क्या बिना पुरुष के औरत इतनी अधूरी है? क्या सारे अस्तित्व का संदर्भ केवल पुरुष है? अपने आप में वह कुछ भी नहीं, यानी उसकी अपनी कोई भूमिका नहीं।"[183] वह सामाजिक व्यवस्था उसके बारे में क्या सोचती है उसे चिंता नहीं वह अपने 'स्व' को पहचानने की कोशिश में रहती है। क्या समाज केवल स्त्री-पुरुष का एक ही संबंध स्थापित करना जानता है उसकी मानसिकता बदलनी होगी। सामाजिक व्यवस्था को नया प्रारूप बनाना होगा।

'पीली आँधी' की सोमा पुरानी रीति-रिवाज का खंडन करते हुए अपनी ताई सास को पूछती है-"ताईजी आप इतने नियम आचरण के बावजूद कैसे विधवा हो गई।"[184] सोमा कहना चाहती है कि ये सारे कर्मकाण्ड, अंधविश्वास मनुष्य के जीवन को नरक बना देते हैं। इसमें सोमा की जिठानी लता विद्रोह करती है। जब उसके गहने सोमा को दिये जाते हैं वह सास से कहती है-"हमारे माँ बाप सोचेंगे कि बेटी के पास बीस लाख का गहना है और यहां कुछ भी अधिकार नहीं गहना दिखाकर उनसे आप दहेज ऐंठते हैं।"[185] सामाजिक कार्मकांड़, दहेज पर गहरी चिंता के साथ प्रहार किया जाता है।

'आओ पेपे घर चलें' की प्रभा अस्तित्व की स्थापना देश छोड़कर आर्थिक विपन्नता की पुष्टी के लिए वह सोचती है आर्थिक स्वतंत्रता को जीना हो तो क्रियाशील हो जाओ। स्त्री अस्तित्व की पहचान के लिए उसे कामकाजी होना तथा हमेशा उसकी जेब भरी रहना जरूरी है। प्रभा के साथ-साथ अमेरिकी की अन्य स्त्रियाँ भी अपनी अस्तित्व की पहचान के लिए कार्यरत हैं। उपन्यास की कैथी माँ बनना चाहती है। वह कहती है-"नहीं, अभी तो नहीं। आदमी अपने-आप को जब जेसा चाहे आत्मसम्मोहित करके जी

सकता है।"[186] वह सोचती है कि माँ बनने से वह अपनी सार्थकता को खो बैठेगी। कैथी का दाम्पत्य जीवन सुखी नहीं है। पति के निष्ठुर व्यवहार पर आत्महत्या करना जीवन से धोका देना मानी है। वह कहती है-"एक ब्रैडी जाएगा तो मुझे दस मिलेंगे, पर काम करने के लिए जीसस ने मुझे एक बार आदमी का शरीर दिया है। मेरे बीते हुए वर्ष लौटेंगे क्या?" [187]

प्रभा जी के विचार में स्त्री स्वतंत्रता का अर्थ बेलाग हो जाना नहीं है। स्त्री अपने कर्तव्यों एवं जिम्मेदारियों के साथ ही स्वतंत्र होती है। स्त्री ने अपनी स्वतंत्रता एवं 'स्व' की पहचान के लिए संघर्ष किये हैं। प्रभाजी की नायिका 'छिन्नमस्ता' की प्रिया, 'पीली आँधी' की सोमा, 'अपने-अपने चेहरे' की रमा तथा 'आओ पेपे घर चले' की प्रभा सभी ने अपनी प्रतिभा और संकल्पशक्ति से नई शक्ति और चुनौती के रूप में दर्शायी गई है। ये सभी समाज परिवार से संघर्ष करते हुए अपनी आत्मपीड़न से टकराकर, अपनी भावनाओं को लहुलुहान करते हुए अपने अस्तित्व को नये ढंग से परिभाषित करती है। ये नायिका स्त्री स्वतंत्रता के मार्ग पर चलते हुए भी प्रेम एवं स्वतंत्रता के बीच द्वंद्व को मिटाने में सफल रही है।

मृदुला गर्ग के 'कठगुलाब' में स्त्री चेतनात्मक भाषा शुरू से अंत तक चित्रित हुई है। इस उपन्यास की पात्र संघर्षरत है और अनेक शोषणों की शिकार होने के कारण विद्रोहिणी रूप में दर्शायी गयी है। लेखिका ने पात्रों के माध्यम से स्त्री पर हो रहे अन्याय, अत्याचार का खंडन करते हुए स्त्री चेतनात्मक भाषा का प्रयोग किया है। स्मिता अपनी बहन नमिता के घर रहती है। जीजा विवाह करने की सोचते हैं तो वह कहती है-"मैं शादी करना नहीं चाहती। न अधेड़ से, न जवान से। मैं पढ़ना चाहती हूँ।"[188] नमिता बहन को कहती हे-"तू आगे पढ़। अपने पैरों पर खड़ी हो। हमारे भरोसे मत रह। काम-धाम करेगी तो एक नहीं, अनेक दोस्त मिलेंगे। अपनी मनपसंद शादी करना। मेरी तरह भिखारिन मत बनना। इसी प्रकार असीमा स्मिताको अपने बलबूते सब करने की सीख देती है। "किसी की दया मत स्वीकारो, अपने पर भरोसा रखो, केवल अपने पर।"[189]

मारियान को स्मिता समझाते हुए कहती हे-"जब तुम लोग अच्छी

तरह जानते हो कि आदर्श और टिकाऊ प्रेम जैसी कोई चीज़ नहीं होती तो उसके पीछे भागने में अपनी जिंदगी क्यों बरबाद करते हो।"[190] मारियान लेखक है और स्त्री पर काम करती है। वह जानती है कि 'हर औरत एक पूरे समय और समाज का प्रतिनिधित्व करती है। पर हाड़-माँस के शरीरवाली मारियान नाम की औरत यह भी जानती थी कि उसकी तरह हर औरत, औरों से कुछ अलग, एक विशिष्ट प्राणी है, चाहे वह कितनी अपूर्ण और मामूली क्यों नहो। अपूर्ण है तभी तो इन्सान है, अलग है, विशिष्ट है।"[191] मारियान का पति छल से, धोखे से उसके जरनल का उपयोग कर उपन्यास बनाता है आँसुओं के नमक, काफी की गंध, कसीदेकारी और अनथक काम की जगह उसकी अस्मिता का आधार था, उसका जरनल और कहा जाता है आवाज़ न उठाऊँ।"[192] वह उपन्यास की बिक्री होने देना नहीं चाहती। इस पर स्मिता उसे समझाती है-"तुम यह क्यों नहीं सोचती तुम्हारे साथ चाहे जितना अन्याय हुआ है 'वुमेन ऑफ द अर्थ' के छपने से तुम्हारी अस्मिता को अभिव्यक्ति मिली है। वह तुम्हारी रूह की आवाज़ है, लोग उसे पढ़ते हें तो तुम्हारी आवाज़ सुनते हैं। इर्विंग मात्र माध्यम है वह तुम्हारा है, तुम्हारा ही रहेगा, किसी और के नाम का ठप्पा लगने से तुम्हारे सृजन का महत्व और उससे मिलनेवाला आनंद कम नहीं हो जाता है।"[193]

मारियान स्त्री की स्थिति को विडंबना मानती है। वह संवेदनहीन होना नहीं चाहती। "मैं मर्द नहीं सर्जक होना चाहती हूँ... अक्षरों की उस नयी दुनिया में, मैं, तुझे अपने खुद को, कितनी-कितनी औरतों को दूबारा जन्म देना चाहती हूँ। मैं मर्द नहीं होना चाहती। मैं दर्द बाँटना चाहती हूँ।"[194]

नर्मदा जो चूड़ी के कारखाने में काम कर अपना और अपनी बहन जीजा और भाई का पेट पालती है। फिर भी उपेक्षा का पात्र बनती है। बहन धोके से अपने ही पति के साथ नर्मदा का विवाह करवाती है। भाई विवाह के बाद मुड कर भी नहीं देखता। सब अपने जरूरतों को पूरा करने की मशीन मानते हैं नर्मदा को। वह सोचती है-"कैसा भाई और कौन भर्तार? मेरा तो कोई अपना न हुआ।"[195] नर्मदा काम करके भी

जीना और बहन पर आधारित हूँ समझती है। इस पर असीमा कहती है-"मर्दों के मुकाबले औरतें ज्यादा अनाज पैदा करती हैं। कभी कि जब तक औरत यह समझी रहेगी कि मर्द ही असल कमाऊ होता है, उसकी कमाई को अनदेखा किया जाता रहेगा। कभी कि हर औरत को मार-पीट करना आना चाहिए, तभी मर्दों को बस में रख सकती है।"[196] असीमा बच्चों की समान शिक्षा पर जोर देते हुए कहती है-"मैं तो कहती हूँ, तमाम परिलक स्कूल बंद कर दिये जाने चाहिए। सबके लिए अमीर हो चाहे गरीब, स्थानीय स्कूलों में शिक्षा लेना अनिवार्य होना चाहिए। तब अमीर लोग पूरा ख्याल रखेंगे कि स्कूल बढ़िया चलें। तभी साधारण बच्चों को ढंग की शिक्षा मिल पाएगी। सबको एक जैसी स्कूली शिक्षा मिलेगी तो पूरे देश में अवसर की समानता होगी। फिर किसी को आरक्षण की जरूरत नहीं रहेगी।"[197] स्त्री की सृजनात्मक क्षमता की संभावनाओं के विविध आयामों और अवरोधों की मानसिकताओं पर विचार मृदुला जी ने इस उपन्यास में किया है। स्त्री की सृजन क्षमता को उसके मातृत्व से जोडकर देखा गया है। स्त्री के पास सृजन के अन्य विकल्प भी हो सकते हैं, इसे विपिन द्वारा दर्शाया गया है-"संतान पैदा न कर पाने से कोई बंजर नहीं हो जाता और बहुत कुछ है जिसका सृजन हम कर सकते हैं। तुम भी और मैं भी।"[198] मृदुला गर्ग स्त्री के इस भ्रम को तोड़ने में सफल हुई है कि मातृत्व ही एकमात्र सृजन है और औरत अकेले सृजन नहीं कर सकती, स्त्री को अपने अकेले की सृजन क्षमता पर विश्वास करना ही होगा।"[199]

चित्रा मुद्‌गल के उपन्यासों में स्त्री की चेतनात्मक भाषा का प्रयोग मिलता है। स्त्री मध्यवर्गीय परिवार की मानसिकता तथा सामाजिक व्यवस्था से संघर्ष कर 'स्व' की पहचान के लिए समस्याओं से जूझ रही है। स्त्री की अस्मिता-अस्तित्व की रक्षा के लिए युद्धरत है।एक जमीन अपनी में चित्रा जी कहती हैं-"स्त्री आखिर किस तरह की जमीन तथा किस तरह की स्वाधीनता के लिए युद्धरत है और वह किस तरह का समाज चाहती है? जिस संभ्रांत और दिखनौटे समाज के कुचक्र में फंसकर वह अपने अस्तित्व के मूल प्रश्नों से टकरा रही है, वह उसे कहाँ ले जा

रहा है? ऐसा तो नहीं कि वह अनजाने ही एक सुनियोजित धोखे में अपने को डालकर जिस तरह साहस और संघर्ष का प्रदर्शन कर रही है, वे उसकी नासमझी से स्वयं उसे ही दांव पर लगा रहे हों।"[200] 'स्व' की पहचान के लिए अंकिता सोचती है-"क्यों जुड़ जाती है? क्यों जीने लगती है किसी के साथ को? क्यों उसे अपना मानने-समझने लगती है? वही... वही सहसा टीसों के खंदक को कुरेद देता है, जिसे ढकते-तोपते उसे बरसों लग गए और जब वह उस खंदक को तोप पाई तो लगा था कि अब वह भी भकती है... जीना भी चाहती है... यह जो अपने आपको उसने पुनर्जन्म दिया है, अपने गर्भ में अपने जन्म की प्रसव-पीड़ा झेली है, वह सिर्फ अंकिता है-अंकिता छाबड़ा नहीं।"[201] ... अंकिता का दांपत्य जीवन समाप्त होने पर समाज, बिरादरी, परिवार उसके प्रति घृणा रखते हुए उपेक्षा करते हैं। इस पर अंकिता की माँ कहती है-"उसकी! उसकी क्या बिसात? मेरी बेटी ही छोड़ आई उसे। क्यों घुटती जीवन भर उसके साथ? पढ़ी-लिखी है। अपने पांवों पर खडी रह सकती है... यह तो तैयार ही नहीं होती वरना कल करवा दूँ दूसरा विवाह। कौन कमी है हमारी बिट्टी में?"[202] अंकिता सोचती है-"मैं घर को जीना चाहती हूँ, बरदाश्त करना नहीं... और औरत की स्वतंत्रता उसकी सबसे बड़ी दुश्मन है, दुश्चरित्रता का प्रमाण-पत्र।"[203]

स्त्री का आज के संदर्भ में उसकी सहनशक्ति और उसका जीवन दर्शन बदल गया है। इस पर मि.गुहा की पहली पत्नी अपने विचार व्यक्त करती है-"अगर पति-पत्नी में समझौता नहीं होता तो मात्र दिखावे के लिए मृत संबंधों को ढोने से बेहतर है तत्काल अलग हो जाना। "ऐसे पुरुषों जो किसी स्त्री को मात्र जिन्स समझते हैं, औरत को स्वयं उन्हें ठुकराकर यह जता देना चाहिए कि वह भी आत्मसम्मान रखती हैं।"[205] अंकिता सोचती है कि क्यों तलाकशुदा स्त्री के प्रति दूसरी स्त्री की मानसिकता रूढ़ हो जाती है। इस पर हरींद्र कहता है-"उनकी अपनी ग्रंथियाँ हैं। उन्हें लगता है कि जो स्त्री पति से अलग हो गई है, उसके साथ दाल में कुछ काला है। भले पति के साथ रहते हुए वह दाल को चाहे जितना काला-पीला करती रहे .. मगर उस सामाजिक आड़ में सब नैतिक

है। ... औरत के जुझारू व्यक्तित्व के समक्ष स्वयं को बौना महसूस करती है। स्त्रियाँ तुम्हें ऐसी भी मिलेंगी जो परंपरागत दमन और संकीर्णता की सड़न के खिलाफ विद्रोह तो करना चाहती है, मगर आत्मविश्वास की कमी या अन्य निजी मजबूरियों के चलते ज्यादतियों का प्रतिवाद नहीं कर पातीं... मगर वे जब किसी स्त्री को अपने पति के अमानवीय व्यवहार के विरुद्ध मोर्चा बांधते पाती हैं तो खूब उत्प्रेरित होती है। उनकी प्रशंसा करते नहीं अघाती, क्योंकि वे उन स्त्रियों के संघर्ष में अपनी लड़ाई को मूर्त होता पाती है। यानी अभी हमारी स्त्री को रूढ़ मानसिकता से मुक्त होना शेष है।"[206]

सामाजिक संगठनों की स्त्रियों के बारे में नीता कहती है-"स्त्री की अस्मिता की चिंता में दुबली होती ये भगिनियाँ-घरों में अपनी हुकूमत का भ्रम पोसे रहने के लिए न जाने किन-किन संबंधों के मुखौटों में स्त्री को वे सामान्य मानवीय अधिकारों से वंचित रखने से नहीं हिचकिचाती, हम अपनी संकीर्णताओं से मुक्त नहीं होंगे-स्त्री की इज्जत-प्रतिष्ठा मोम की भांति मामूली सी आंच पाकर पिघलती रहेगी...।" [207] इस पर अंकिता कहती है-"स्त्री के अस्तित्व की तलाश जब तक पूरी नहीं होगी, जब तक वह वर्गों में बंटकर, स्वार्थों और सुविधाओं में उलझी, विभाजित होकर जीती रहेंगे।"[208] स्त्री अपने मन से जीये पर मर्द बनकर नहीं। जीवन में हम जब भी कोई निर्णय लें, सामाजिक सरोकारों से कटकर नहीं। जीवन-मूल्यों को निजी तौर पर ध्वस्त करना आसान है, मगर उन्हें संशोधित करना चुनौती भरा संघर्ष।"[209] तलाक के बहुत दिनों बाद सुधांशु अंकिता से हरींद्र के घर मिलता हे और सुधांशु अंकिता से कहता है-"तुम मेरे बारे में दुबारा नहीं सोच सकी... इस पर अंकिता कहती है, "सुधांशुजी औरत बोनसाई का पौधा नहीं है... जब जी चाहा, उसकी जड़ें काटकर उसे वापस गमले में रोप लिया। वह बौना बनाए रखने की इस साजिश को अस्वीकार भी तो कर सकती है।"[210] धैर्य जवाब दे रहा है। आत्मसम्मान आहत हो, विद्रोह पर उतर आया। सब कुछ बरदाश्त है उसे-अविश्वास नहीं।"[211] इसमें स्त्री के सामाजिक

आर्थिक, पारिवारिक, दाम्पत्य पक्षों पर मृदुला जी ने चेतनात्मक भाषा का प्रयोग किया है।

'आवां' में सुनंदा अविवाहित माँ बनती है और अपने हक के लिए जो बातें करती है उसमें चेतनात्मक भाषा का प्रयोग मिलता है। जब अविवाहित माँ बनने के कारण से कामगर अघाडी में सुविधा नहीं मिलती तो वह कहती है-"सुविधा का प्रावधान गर्भवती स्त्री और उसके बच्चे को लेकर है, न कि कुंआरी माँ या ब्याहता माँ के विशेषणों के लिए... माँ बनना किसी के निजी मामले की बजाय कंपनी का मामला कैसे हो गया।"[212] "मैं आत्मनिर्भर हूँ... अपनी बच्ची की परवरिश स्वयं कर सकने में समर्थ। मेरा मातृत्व ब्याह के टुच्चे प्रमाणपत्र का मोहताज नहीं।"[213] स्त्री की आत्मनिर्भर बनने को लेखिका प्रेरित करती है-"आत्मनिर्भर होने की परिभाषा है, स्वयं के बुद्धि विवेक का उपयोग, न कि पुरुषों के समकक्ष आर्थिक सझमता। ... स्वालंबन ने स्त्री को संरक्षक की आवश्यकता से मुक्त कर दिया।"[214] लेखिका ने देवीशंकर के माध्यम से व्यवस्था तथा व्यावहारिक बनने के बारे में नमिता को सच्चाई से साक्षात्कार करवाया है। "समय परखता है व्यक्ति के मनोबल को। उसकी संकल्पबद्धता को। छोटे-छोटे अवसरों में उपलब्ध हो। हो सकता है, अपनी कसौटी पर कस रहा है वह तुम सबको। मुश्किल एक नहीं, अनेक हैं। अनुकूलताओं के संकेत चूक हम प्रतिकूलताओं को आसानी से ग्रहण कर उसी तक सीमित हो जाते हैं।"[215] जीवन में व्यावहारिक होना बहुत फायदेमंद है। कामगार अघाडी के अन्ना साहब और नमिता के पिता देवीसंकर मजदूर संघ के अनेक मुद्दों को लेकर-"अनेक असहमतियों के बावजूद दोनों इस मुद्दे पर एकमत थे-समाज में व्याप्त आर्थिक विषमता ही सामाजिक असमानता का मूलाधार है। आम जन का जीवन-स्तर उठाए बिना समाज का उत्कर्ष संभव नहीं।"[216]

नमिता सोचती है मध्यवर्गीय लड़की अपने अभावों के चलते किस प्रकार एक जमीन तलाशने को संघर्षरत है। वह सोचती है-"स्थिति के परिष्करण के संयोग के चलते तब जब अभावों की गिरफ्त से मुक्त

होने को छटपटाता व्यक्ति अपने खड़े होने के लिए गज-भर आधार बनाने में सफल हो जाता है।"[217] पिता समझाते हैं नमिता को कि "जि़स व्यक्ति में आक्रोश नहीं वह अनीति से नहीं लड़ सकता।"[218] वह द्वंद्व किस काम का जो व्यक्ति को कोई परिणति न दे सके। आगे वे सांसारिक नियम के बारे में बताते हैं-"इस संसार में जिसमें जड़ और चेतन पदार्थ दोनों ही हैं, कुछ भी अनश्वर नहीं। सदा-सर्वदा कोई रहने वाला नहीं। प्रत्येक वस्तु को किसी न किसी समय नष्ट होना है। उसका नामोनिशान मिटना ही है। इस भ्रांति मिटने को मृत होना कहते हैं। और सच तो यह है अन्ना साहब। जिनमें जीने की योग्यता है-वे ही मृत्यु के योग्य होंगे।"[219] इन सभी उदाहरणों में चित्रा जी ने चेतनात्मक भाषा का प्रयोग किया है।

'अपने अपने कोणार्क' की कुनी सोचती है-"मैं क्या पारंपरिक शील संकोच के नाम पर अपने भीतर की आवाज़ को अनसुना कर तमाम संभावनाओं को खत्म कर दूँ? ऐसा करने से लाभ भी किसे होगा? मैं जो नदी बनकर बहना चाहती हूँ रुकी हुई पोखरी बनकर सडाँध नहीं देने लगूँगी? मैं खुद को नए खतरे उठाने के लिए तैयार कर रही थी। लेकिन मजबूत दीवारोंवाला किला सुरक्षा देने के बदले अब मुझमें घुटन का अहसास पैदा कर रहा था। फिर भी यह सच है कि मैं अभी तक लक्ष्मण-रेखाओं को लाँघने की हिम्मत बटोर नहीं पा रही थी। प्रकट में तो नहीं... नई सृष्टि के जन्म लेने से पहले पुरानी दुनिया का ढहना जरूरी था और वह ढहने लगी थी।"[220] इस पर सिद्धार्थ कहता है-"अपने लिए सोचना गुनाह नहीं होता। आखिर हम खुद अपने बारे में न सोचें तो दूसरा क्योंकर सोचेगा? आप भी अपने लिए सोचना सीखिए।"[221] कुनी अपनी परंपरा से मुक्त होना चाहती है। स्वयं को जीने की इच्छा उसमें जागृत होती है। वह सोचती है-पड़ाव-दर-पड़ाव जिंदगी जीती रही। आज खुद से अलग होकर खुद को देखने की चाह जागी है। आत्मावलोकन? खुद को समझने की खातिर? या कि अपने से जुड़े तमाम जनों की मानसिकता को जानने के लिए? शायद जी चुके वक्त की सच्चाइयों में अपनी अर्थवत्ता खोजने के लिए। जीवन में जो भी निर्णय मैंने लिए,

फिर से उन्हें जी लूँ तो क्या वे निर्णय दूसरे होंगे।"[222] जीने और सोचने का ढंग समय के साथ, परिस्थितियों के साथ बदलता है। कुनी की सोच में भी कायापलट एक दिन में संभव नहीं हुआ। उसे काफी समय लगा। अपने बारे में सोचने विचारने के लिए। "सत्य की दुनिया का कोई मार्ग नहीं है। प्रत्येक व्यक्ति को अपने सत्य को स्वयं ही खोजना होता है। ... बिते हुए वक्त पर "हार जाना जिंदगी के बेशकीमती पलों का अनादन करना नहीं होगा... अतीत को ताकत बनाकर बेहतर जिंदगी की चुनौतियों को हासिल करना होगा।" चंद्रकांता ने कुनी को एक जुझारू युवती के रूप में उपन्यास में चित्रित किया है। जो समय के साथ समझौता करते हुए अपने जीवन मूल्यों पर चलने की कोशिश करती है।

'यामिनी कथा' की यामिनी अपने जीवन से समझौता नहीं करती। अपने जीवन को सार्थक बनाने के लिए परिवार से समाज से युद्धरत रहती है। पर सामाजिक व्यवस्था, पारिवारिक नियतियाँ उसे सफल बनने नहीं देते। पति जहाज पर कार्यशील है। एक्सपोर्ट-इम्पोर्ट के कार्य में व्यस्त रहता है। यामिनी को समय दे नहीं पाता। जहाजी जीवन के मज़े करता है। यामिनी को मानसिक प्यार नहीं दे पाता। विवाह को सामाजिक बंधन के सिवाय कुछ नहीं समझता। इस विषय पर सूर्यबाला ने नायिका के माध्यम से अत्यन्त शूक्ष्म बात कही है-"माना कि विवाह की सामाजिक प्रथा कहीं-न-कहीं व्यक्ति की मुक्ति में चारों ओर एक रेखा खींचती है। लेकिन प्यार सामाजिक बंधन न होत हुए भी एक बंधन नहीं है क्या?" [223] यामिनी पति से असंतुष्ठ होकर कहती है-"तो मेरी सबसे बड़ी विडंबना यही है कि मैं आपके जीवन में जब आई जब आपके पास देने लेने के लिए कुछ है ही नहीं।"[224] पति की मृत्यु के पश्चात यामिनी आर्थिक एवं सामाजिक सहारे के लिए वह निखिल से विवाह कर लेती है। कुछ समय पश्चात जब दूसरा बेटा होता है तो आपसी आंतरिक कलह शुरू होता है। पुतुल को लेकर (पुतुल पहला बेटा) निखिल अपने बेटे और यामिनी के पहले बेटे में भेदभाव करना आरंभ करता है। इस स्थिति को यामिनी सह नहीं सकती। वह सोच में पड़ जाती है-

"देखा यामिनी। संपूर्णता के इस दावे के तहत तुम कभी निखिल को एक संपूर्ण पत्नी नहीं दे पाओगी, न पुतुल को उसकी माँ ही।"[226] आर्थिक सहारे के लिए वह पुनर्विवाह करती है। पर असफल हो जाती है। अपना व्यक्तित्व बनाने के लिए अगर वह नौकरी करती तो किसी का सहारा न बन अपने बलबूते पर अपना व्यक्तित्व बना सकती थी।

विवेच्य उपन्यासों में लेखिकाओं ने पात्रो के माध्यम से स्त्री चेतनात्मक भाषा का प्रयोग किया है। स्त्री चेतना पर सभी ने अपने-अपने दृष्टिकोण से भाषा का प्रयोग किया है। स्त्री को सामाजिक, आर्थिक, राजनैतिक, पारिवारिक सभी तथ्यों पर विचारने के लिए चेतनात्मक भाषा का प्रयोग करने में सफल हुई है। अपने अस्तित्व की पहचान की अभिव्यक्ति का नमूना प्रस्तुत किया है।

चिंतन परक भाषा

अंतिम दशक की लेखिकाओं ने पात्रों के अंतर्मन को अत्यन्त विश्लेषणात्मक तरीके से भाषा के माध्यम से प्रस्तुत किया है। जो उपन्यासों को सहज ही ऊंचे आसन पर बिठाता है। लेखिकाओं ने उच्च चिंतनशील परिप्रेक्ष्य में उपन्यासों की रचना की है।

"स्त्री-चिंतन में आत्मनिर्णय को महत्वपूर्ण रूप में प्राथमिकता दी गयी है। ... स्त्रियों की स्वतंत्रता निर्भर करेगी उनके आंतरिक एवं बाह्य जीवन के योग्य सामंजस्य पर। अपने आंतरिक हृदय के अनुसार बाह्य आचरण करना स्वतंत्रता का एक लक्षण है।"[227]

लेखिकाएँ स्त्री होने के नाते स्त्री समस्या को बहुत अच्छे ढंग से समझती हैं और उनकी समस्याओं को हृदयंगम करती हैं। लेखिकाओं ने चिंतनपरक भाषा में स्त्री के सामाजिक, आर्थिक, व्यावहारिक, पारिवारिक, मानसिक उद्वेगों, स्त्री के आंतरिक, बाह्य संघर्षों का चित्रण किया है। किस प्रकार एक स्त्री इन सभी घटनाओं का सफलता से समाधान कर पाती है उसके प्रत्यक्ष उदाहरण प्रस्तुत किये गये हैं।

'चाक' में स्त्री की स्थिति और व्यथा पर चिंतन किया गया है। "स्त्रियाँ जिंदगी के गीतों, संस्कारजन्म उत्सवों और रोजमर्रा की जरूरतों के चलते अपने-आपको प्राकृतिक लीला में उतार रही है। या कि भीतर से उमड़ते करुण खूंखार हाहाकार को पीकर महाविनाश को चुनौती देती हुई जीने की अदम्य चेष्टा कर रही है। शायद पिए हुए समस्त विष को अपनी मुस्कानों में ढालकर अमृत कर देना चाहती है। नहीं शाश्वत सत्य की तरह उजागर होती हुई अनहोनी को पहचानते हुए भी अनजान बने रहने का ढोंग।"[228] स्त्री बेबस है अपने हक से जीने के लिए क्योंकि- "गृहस्थ ने कमजोर कर दिया है मुझे, जो सुरक्षा पर सुरक्षा ढूँढ़ती हूँ।"[229] बड़े घर की बड़ी बहू उस देहरी के ये दस्तूर जानती थी कि उसका फर्ज सिर्फ दूसरों को खुश करना है। जिनके चलते हम लोग गाँव की औरतों की तरह हाथ पीट पीटकर सहज रूप से लड़ नहीं पाए अच्छे खाने-कपड़ों की बदौलत मुँह सीकर रहना हमारी लाचारी थी। खूंखार क्या कोई पेट से पैदा होता है।[230] मन के किसी कोने में साथ-साथ छोटे-बड़े शूलों की तरह बीते जीवन में मिली उपेक्षा भी सिर उठाने लगती है। "वे नुकीले कोने मन में गड़े हैं, जो ऊपर से संभ्रांत, सौम्य और दयावान नज़र आता है।"[231] इस में स्त्री की व्यथा के दर्शन होते हैं।

रंजीत, सारंग को स्त्री की समाज में क्या स्थिति है उसे व्यक्त करता है-"कि तुम यह बात समझ लो कि मर्द की भूल को तो आई-गई कर देते हैं लोग, क्योंकि वह दस दरवाजे झाँकने के बाद भी घुला-पूँछा सा लौट आता है अपने घर मगर औरत? उसके अच्छे होने की निशानी ही केवल उसका पवित्र चाल चलन है।"[232] इस पर सारंग कहती है- "तुम्हारी गलती नहीं। तुम भी क्या करो पुरुष की मानसिकता को बदल नहीं सकते नई-नई बातें अपनाना चाहता है। पर पुराने चरखे को तोड़कर फेंकना नहीं चाहता।"[233] यह विडंबना असाध्य रोग की तरह हर गाँव में किसी-न-किसी रूप में मिलेगा। पुरुष में एकाधिकार की भावना होती है, क्योंकि उसके संस्कार ऐसे ही होते हैं। "जानवरों के बाद अगर किसी को खूँटे से बाँधा जाता है तो वे हैं आँगन लीपती, घर सहेजती, खेतों

में काम करती औरतें।[234] जो आज भी बंधन मुक्त नहीं हैं। घर की जकड़बंधी की कसावटों में जीती हैं। उनके लिए पतिधर्म नहीं, इन सीमा धर्म है-मानवधर्म है जिसके चलते वो सारी मुसीबतों का सामना मुँह बंद करके करती है।

इसमें लेखिका ने किसान की समस्या, अफसरों की नियतियों, जुझारू किसान किस प्रकार अपनी जरूरतों को पूरा करने में असमर्थ है, तथा गाँव का निचना वर्ग आज भी कुचला, दबोचा जाता है इस पर चिंतन किया है। "यह दीगर बात है कि छोटी जातियाँ बड़ी कौम की सेवा करने के बाद भी अपना वर्चस्व कायम न कर सकीं। उलटे उसी दबाव में रहीं, जिसमें पहले थीं।"[235]

"सभ्य क्या नौकरपेशा लोग होते हैं, खेती करनेवाला इन्सान असभ्य और मूर्ख ही क्यों मान लिया जाता है? हम दिखा देंगे कि गाँव का पढ़ा-लिखा किसान ऊँचे-से-ऊँचे सरकारी अफसर से ज्यादा योग्य और सज्जन होता है।[236]

रंजीत कहता है-"असल में अनुभव और ज्ञान-विज्ञान के जरिए नए किसान का जन्म होगा, धरती को नया जीवन मिलेगा।"[237] "अफसरों की नियति के बारे में श्रीधर कहता है कि अफसर लोग समझते हैं, सरकारी कुर्सियों के नीचे आसर्फिय दबी रहती है। खुदाई करते जाओ मालामाल हो जाओगे। शिक्षा विभाग में ही क्या, हर विभाग में ऐसा हो रहा है। सुधार के कई तमाशे करते हैं करते कुछ नहीं समय पूरा होने से पहले संधित लोग अपने-अपने थैलों के मुँह खोल देते हैं और भर-भरकर ढो ले जाते हैं।"[238] इन उदाहरणों से स्पष्ट होता है कि मैत्रेयी जी ने सामाजिक, किसान, व्यवस्था, स्त्री, राजनीति पर चिंतापरक भाषा का प्रयोग सहज ढंग से किया है।

'झूला नट' की 'शीलो' की भाषा भी चिंतनपरक है। वह खेती, फसल, जमापूंजी पर चिंतन करती है। साथ ही समाज में स्त्री की स्थिति उसके व्यथा पर सोचती है। उखटा रोग से बचने के लिए शीलो फसल चक्र

अपनाने की बात करती है-"अब की बेर चना, फिर गेहूँ, फिर मटर। जानते नहीं ग्रामसेवक जी क्या बताते हैं, फसल चक्र अपनाओ, खेत में पैदावार चौगुनी हो जाएगी। नहीं तो उखटा रोग... बूढ़े जमाने उखड़ेंगे नहीं, तो नया बखत आएगा कैसे... रेत में नहीं सड़क पर चलना सीखने दो शुरू में पाँव छिलेंगे जरूर, पर मोटर की तरह दौड़ना आ जाएगा।"[239] शीलो विचार करती है, और जिस प्रकार पुरुष किसी से भी संबंध बना कर रख सकता है स्त्री क्यों नहीं रख सकती। वह पति को एक संदर्भ में कहती है- जिस प्रकार तुम्हारी तो बेचारी बिन ब्याही, मनमर्जी की दूसरी औरत उसी प्रकार बालकिशन भी इससे ज्यादा कुछ नहीं। पति की अवसरवादी प्रवृत्ति एवं लालची भावना को भाँप कर उसे अपने हक की जमीन नहीं हड़पने देते। जमीन लेने आए सुबेर को पछाड़ कर वापस भेज देती है। जिस कमजोरी के चलते पति उसकी उपेक्षा करता है उसी को जड़ से उखाड़ देती है। पुराना चोला उतार-कर नये रंग रूप में अततायियों का सामना करती है। जाति बिरादरी, आस-पड़ोस, गाँव के नियमों का खंडन कर जुझारू स्त्री के रूप में चित्रित हुई है शीलो।

'बेतवा बहती रही' में विधवा की परिस्थितियों पर लेखिका ने चिंता की है। सदियों से स्त्री संहिताओं के मानदंड पर चलती स्त्री जो बेतवा की तरह मुंह बंद किये बहती चली जाती है। परंपरागत मूल्यों को ढोती हुई पारिवारिक, सामाजिक व्यवस्था के ढांचे में ढलती स्त्री अनेक शोषणों, समस्याओं से जूझ रही स्त्री पर चिंतन व्यक्त किया है। स्त्री जो बचपन से ही मान-मर्यादाओं में रहना, बड़ों की आज्ञा का पालन करना, बेटियों को जबान काबू में रखना तथा जिसका जहाँ जी चाहे उसे अपने मनचाहे घूंटे से बांध देना। सदियों से चलती आ रही स्त्री की मानसिकता को कुचला जाना, पुरुष सत्ता का यथा-स्थिति बना रहना दर्शाया गया है- उर्वशी अपने पर हुए अत्याचार, शोषण के खिलाफ आवाज़ नहीं उठाती बल्कि वह नहीं चाहती उसकी बहू भी इन्हीं रास्तों पर भटके इसलिए वह छोटे बेटे उदय से उसका विवाह करवा देती है। उर्वशी नहीं चाहती जो जीवन उसने जीया हे आनेवाली पीढ़ी ऐसा जीवन व्यतीत करे जिसमें

मानसिक, शारीरिक पीड़ा, संत्रास, उत्पीड़न के सिवाए कुछ न हो।

'इदन्नमम' में स्त्री की स्थितियों पर चिंता की गई है। उनके दाम्पत्य जीवन के घुटन भरे कड़ुवाहट को दर्शाया गया है। स्त्री की व्यवस्था एवं घुटन को सहती हुई कुसुमा पति रहते हुए दाऊजू से संबंध रानाती है और इस प्रकार के प्रेम संबंध को बुरा न सोचते हुए मंदा से कहती है- "कोई नदी, भरी नदी ज्यों तरबंध तोड़कर राह छूटी हो अथाह जाल फैल रहा हो और हम डूब रहे हों उसमें। अपनी इच्छा से, पूरे समरपन से डूबे जा रहे हैं। इसका तंत लिखा है तुम्हारी किताब में? हमारे जाने नहीं लिखा। भीतर से छलकती होंस रुकती ही नहीं... यह जल निरमल है या मैला? पवितर है या पाप का? इमरत है कि बिसा नहीं जानते हम। तुम्हारी रामायन में लिखा भी होगा तो लिखनेवाला यह नहीं जानता कि आदमी जब प्यासा होता है, प्यार से मर रहा होता है, तो कहाँ देखता है, कहाँ सोचता है, कहाँ करता है कोई भेद? कोई अंतर? सौ बातों की एक बात है, नाते संबंध का नाम बताएँ, गढें सो बेकार है। साँचा नाता तो प्यार और पानी का है जनी के घायल दरप-मान को लिए फिर रहे थे सो दया और तरस की केंचुली फेंककर परगट हो गई दूसरी कुसुमा। और उसी के चलते दाऊजू की बाहों में समा गई हमारी अधकुचली चाह।"[240] स्त्री की परिस्थिति और व्यथा का चित्रण किया गया है।

गाँव की उजाड़ स्थिति को देख कर, चिंता व्यक्त करती है मंदा- "अंधेरा-ही-अंधेरा है बऊ। एक तो अपने गाँव के आदमी ही हिम्मतवार नहीं, दूसरे सरकार बहरी है। तीसरे रावण-राज हो रहा है इस गाँव में। जगेसर और अभिलाख सिंह जैसे लोगों का बोलबाला।"[241] "राजकाल में तेजी लाना अपने हाथ की बात नहीं। वे लोग अपने तरीके से कहते हैं हर काम। नौकरशाह और राजनेताओं के हाथ का खिलौना हो गया है हमारा जीवन। यहाँ प्रजातंत्र नहीं, शोषणतंत्र लागू है। हाँ गाँव का जीता-जागता जीवन हमारे अपने हाथ में है। कच्ची मिट्टी की तरह मुलायम इसे संवारा जा सकता है। बार-बार गढ़ा जा सकता है। अनुपम रूप दिया जा सकता है। अपने अनुरूप ढाला जा सकता है।"[242]

शोषण के अंत के लिए मंदा जागृत होकर गाँव के हर व्यक्ति को जागृत करन चाहती है। "नहीं तो इस शोषण का अंत नहीं होनेवाला। सदियों से खड़ा यह पुरखे-सा पहाड़ अपने नीचे बसे किसानों को ही खाने लगा है। गाँव में सुख-शंति से दो वक्त की रोटी खाते हुए लोग तबाह कर डाले। चूल्हों की आग को बजरी डालकर बुझा दिया। व्यापारियों को हडपनीति पीढ़ी-दर-पीढ़ी खत्म कर देगी मजदूरों को उनके वारिसों को। बचने-बचाने को जूझना होगा। अमीर-गरीब, शत्रु-मित्र सबको शामिल होना होगा इस यज्ञ में। समय पड़े तो समिधा-सामग्री भी बनना होगा बात होम की है। बात आंदोलन की है।"[243] "शरीर से, मन से, पइसा-टका से, कहते हें न कि तन-मन-धन से जुटता है संगठन और तब ही होता है सफल।"[244] "यही भावना बनी रहे, ऐसा ही मेलजोल से जीवन के ऊबड़-खाबड़ रास्ते स्वयं सुगम होते जाते हैं सहयोग से, संगठन से।"[245] इसमें विधवा की स्थिति पर, रखैल की स्थिति पर भी मैत्रेयी जी ने चिंतन किया है। किस प्रकार समाज विधवा स्त्री का शोषण करता है। उसकी जमीन हड़प लेता है, उसे दर-दर भटकने पर मजबूर रता है। रखैल तो व्यापारियों की सेठ ठेकेदारों की मौज-मस्ती की वस्तु है। जब तक जी चाहा इस्तेमाल किया जी भर गया तो मरने-तड़पने के लिए छोड़ दिया। भगवान भरोसे, अहिल्या इसका अच्छा उदाहरण है।

'अल्मा कबूतरी' में कबूतरों के जीवन की व्यथा को चित्रित किया गया है। वे किस तरह अत्याचार, शोषण, अमानवीयता सहते हैं कज्जा समाज की। कबूतरी स्त्रियों की स्थिति तो दोहरी दर्शायी गयी है। एक तो शोषण सहती है ऊपरसे उनकी इज्जत-आबरू को जानवरों जैसे नोचा-खसोटा जाता है। इस स्थिति से गुजरी अल्मा सोचती है-"बप्पा तुमने क्यों पढ़ाया लिखाया? पढ़ाई-लिखाई सोचने पर मजबूर करती है। यह सोचने का समय नहीं, मरने-मारने की घड़ी है। मैं सबेरे से साँझ तक, साँझ से सबेरे तक कितनी जिंदगियाँ जीती हूँ, कितनी मौतें मरती हूँ... बेटासिंह, सूरज भान और श्रीराम शास्त्री की फौजें सामने खड़ी

हैं। मेरे साथ न गोरा न बादल, न दासी न सखियाँ, न सैनिक न बढ़ई-लुहार। कौन लड़ेगा छावनियों में, कौन तंबुओं में मार-काट मचाएगा? बंद किलों की बंदिनी तुम्हारी बेटी... कितनी दीवारें फलाँगे?"[246] कज्जा बनने की कोशिश में रामसिंह बेटी को पढ़ाता-लिखाता है पर समाज उसे उसी अंधेरे कोणों में धकेल देती है-"इंसान इंसान से कभी नहीं हारता, वह कुदरत से हारता है।"[247] राणा अपने कबूतरों की जीवन गाथा की व्यथा के बारे में सोचता है कि हमारी बिरादरी कितनी पिछड़ी हुई है उसकी दिनचर्या में कोई हेरबदल नहीं आया। "डेरों पर पिता पुलीस से पिट कर आते हैं। जमकर दारू पी जाते हैं। गालियों की आँधी आ जाती है। पत्नियों को पीटते हैं। औरतें भी लात घूँसा चलने लगती है। ज्यादा झगड़ा हुआ तो गांव के कज्जा जैसे बड़े आदमी मंसाराम को बुलाते हैं। बिरादरी का मुखिया होते हुए भी सरमन पुलिस से डर के जंगल भाग जाता है। जाति की स्त्रियाँ पुलिस, ठेकेदारी की वासना की शिकार होती है। अपमानित उपेक्षित प्रताड़ित फिर भी आवाज़ नहीं उठाती। शोषण अत्याचार को सहती रहती है। बच्चे कमाके न लाए तो माँ रोटी नहीं देती। भले भूखे रहकर मर जाएं। वह रो लेगी, मगर बेटी नहीं जुटा पाएगी। स्त्रियों के होंठ ऐसे हो गए हैं, जैसे सदा खार खाए रहती हों। कभी हँसती है तो अजीब सी लगती है। कबूतरा पुरुष जेल से आकर जालिम हो जाते हैं। खुद अत्याचार सहते हैं फिर भी अपनी पत्नी-बच्चों पर शोषण करने से नहीं चूकते।"[248] कबूतरा, कज्जा बनने की कोशिश करे तो उसे जान से हाथ धोना पड़ता है। क्योंकि समाज निम्न जाति को ऊपर उठते नहीं देख सकते उनेक भीतर अपनी असुरक्षा का भाव सदा बना रहता है। मैत्रेयी ने चिंतन परक भाषा का प्रयोग किया है। कबूतरों के जीवन पर "कबूतरा पुरुष या तो जंगल में रहता है या जेल में... स्त्रियाँ शराब की भट्टियों पर या हमारे बिस्तरों पर।"[249]

'छिन्नमस्ता' में प्रभा खेतान ने स्त्री की मनःस्थिति को चिंतनपरक भाषा प्रदान की है। वही पुरुष के अंतर्मन को उजागर करने में कोई कसर नहीं छोड़ी है। भारतीय स्त्री की मनोदशा को व्यक्त किया है। "प्रिया नामक एक ऐसी स्त्री का आख्यान किया है जो निरंतर शोषित है-समाज

की जर्जर मान्यताओं से, पुरुष की वासना भरी भूख से। वह समाज में चुनौती पूर्ण जीवन जीती है। अपनी खोई हुई अस्मिता को फिर से प्राप्त करके एक सबक स्त्री के रूप में उपस्थित होती है।"[250] वह सोचती है- "मैंने अपने आपको बचाया है, अपने मूल्यों को जीवन में संजोया है। हाँ, टूटी हूँ, बार बार टूटी हूँ, पर कहीं तो चोट के निशान नहीं दुनिया के पैरों तले रौंदी गई, पर मैं मिट्टी के लोंदे में परिवर्तित नहीं हो पाई हूँ।"[251] प्रिया अस्मिता के लिये अपने-आपसे जूझती रही पर 'स्व' की पहचान को खोने नहीं दिया। समाज में वैवाहिक परंपरा पर प्रिया चिंतन करती है।

"नहीं, मैं औरत होना नहीं चाहती। अम्मा। तुम्हारी जैसी, जीजी लोगों जेसी, बड़ी भाभी जैसी जिंदगी मैं नहीं स्वीकारना चाहती। जिसमें पल-पल घुटन हो, में घुट-घुटकर नहीं मरना चाहती। सदियों की इस अमानवीय परंपरा को किस बीमारी का नाम दूँ जहाँ मेरी जैसी विद्रोही लड़कियाँ भी समर्पित पत्नी और माँ बन जाने को विवश हो जाती है।"[252] प्रेम, विवाह इन शब्दों के पीछे की दीवानगी और आदिकाल से चली आ रही परंपराओं का चेहरा सिर्फ औरत के आँसुओं से तरबतर है। अपने गीले चेहरे को स्त्री अपनी हथेलियों से पोंछती हुई मुस्कुराते रहने की चेष्टा भी करती है।"[253] विवाहित स्त्री की घुटन भरी व्यवस्था से उभरकर प्रिया सोचती है क्या सारी जिंदगी मैं टेबल सजाती रहूँगी, बर्तनों को संहालती रहूँगी... एक ही अनुभव का बार-बार घटना-घटते चले जाना, सब कुछ कितना नीरस लगने लगता है। गृहस्थी के झमेले कभी शांत न होनेवाली लहरें, क्या इसी को संसार-सागर कहा गया है?"[254]

दूसरी औरत पर भी चंतन किया गया है। प्रिया अपनी छोटी माँ और छोटी नानी के बारे में सोचती है कि किस प्रकार समाज इन औरतों को समान अधिकार नहीं देते। समाज में, परिवार में ये स्त्रियाँ उपेक्षा की पात्र रहती हैं। पति के लिए मर मिटने को तैयार घृणित पात्र रह कर रह जाती हैं। यहाँ तक कि उन्हें पति मरने पर भी अंतिम संस्कार पर भी दूर रखा जाता है।

यही स्थिति अपने-अपने चोहरे की रमा की है जो प्रेम तो कर सकती हे पर अधिकार के लिए लड़ाई नहीं कर सकती। वह सोचती है- "प्रेम करनेवाला अधिकार की लड़ाई नहीं लड़ सकता और जो अधिकार के लिए लड़ता है वह प्रेम करना नहीं जानता।"[256] पिछले पंद्रह वर्षों से इनके बीच केवल मैत्री का रिश्ता है। यहाँ पर प्रभा खेतान ने स्त्री के दोस्त रूप को उभारा है। जो न पत्नी न, रखैन लेवल दोस्ती के रिश्ते पर चिंतन किया है। रमा कहती है-"क्या मैं स्त्री होने के कारण आपकी दोस्त नहीं हो सकती।"[257] समाज मुझे किस दृष्टि से देखती है। मुझे चिंता नहीं लेकिन अपनी नज़र में मेरी पहचान क्या है? इसके बारे में सोचना होगा। क्या हम इस संबंध का प्रारूप नहीं बदल सकते? क्या स्त्री पुरुष में दोस्ती नहीं हो सकती।"[258]

प्रिया सोचती है-"निष्ठुर, यह दुनिया मासूमों के प्रति इतनी निष्ठुर क्यों है?"[259] समाज में तलाक शुदा स्त्री के प्रति घृणा-"प्रश्न पूछती हुई आँखें, व्यंग्य से देखती हुई आँखें, घृणा से जलती हुई आँखें। इस औरत को हम कैसे अपने घर बुलाएँ।"[260] "समाज की नजर केवल सलीब की ओर थी। वे चाहते थे कि ऐसी घरफोड औरत को सजा मिलनी चाहिए, क्योंकि कहीं न कहीं उन्हें मेरी सफलताओं से भय था।"[261]

"पर अपने पैरों पर खड़ी स्त्री के लिए अपनी पारंपरिक सीमाओं को तोड़ना आसान भी नहीं होता है... लेकिन स्त्री यदि सीमाएँ लांघ जाए तो वह पारंपरिक समाज उसके लिए खत हो सकता है।"[262]

इस प्रकार प्रभा खेतान ने स्त्री की सामाजिक, आर्थिक, पारिवारिक व्यवस्था पर चिंतन किया है और पात्रों के माध्यम से अपने चिंतन को चिंतनपरक भाषा में प्रस्तुत किया है। स्त्री का वैवाहिक, नौकरीपेशा, स्त्री की समस्या, तलाकशुदा स्त्री की समस्या, दूसरी स्त्री की समस्या तथा दाम्पत्य जीवन की विषमता का असर उनके बच्चों में कैसा पड़ता है उसका चित्रण किया है। इन उपन्यासों की पात्र चिंतन परक भाषा से अपनी व्यथा को उजागर करती है।

'ऐ लड़की' में अम्मू जीवन की, संसार की सच्चाई पर चिंतन प्रकट करती है-"देह तो एक वरण है। पहना तो इस लोक में चले आए। उतार दिया तो परलोक।"[263] अम्मू सोचती है यह शरीर मिट्टी का बना हुआ है। मिट्टी में ही मिल जायेगा। अम्मू प्राकृतिक संपदा पर भी विचार करती हुई कहती है-"वायु बडी शक्तिवान है। आँधी बनकर पुराने पेड़ों को उखाड़ती है... आगे कहती है-बेटे, मुझ जैसों को अगर जीती-जागती हालत में चाँद पर भेज दिया जाए और वहीं उनका खाद बनती रहे तो कैसा। एक-न-एक दिन तो वहाँ भी इन्सान पैदा हो सकता है।"[264] अम्मू बड़े दार्शनिक तरीके से बेटी को स्त्री से स्त्री होना सृष्टि का जन्म होना बताती है-"अपनी समरूपा उत्पन्न करना माँ के लिए बड़ा महत्वकारी है। पुण्य है। बेटी के पैदा होते ही माँ सदाजीवी हो जाती है। वह कभी नहीं मरती है हो उडती है वह निरंतरा। वह आज है, कल भी रहेगी। माँ से बेटी तक बेटी से उसकी बेटी, उसकी बेटी से भी अगली बेटी। अगली से भी अगली। वह सृष्टि का स्रोत है।"[265] माँ बेटी तो माँ बेटी रहेगी। रहती दुनिया तक। अम्मू ने गूढ़ बात कही है। "मुक्ति की राह तो मैं देख रही हूँ पर शरीर का क्षय होता है आत्मा का नहीं। पानी सूख जाता है पर रक्त नहीं। बहता रहता है बच्चों के बच्चों में, उनके भी बच्चों में।"[266] अम्मू स्त्री की परंपरागत स्थितियों पर भी विचार करती है। स्त्री का अपना वक्त एवं समय सुधारना है तो-"उसे अपनी जीविका आप कमानी होगी, आत्मनिर्भर होना होगा।"[267] आगे वह कहती है-"गृहस्थ में पाँव रखकर स्त्री का जो मंथन-मर्दन होता है, वह भूचाल के झटकों से कम नहीं होता। औरत सहन कर लेती है, क्योंकि उसे सहन करना पड़ता है।"[268] अम्मू जीवन के सारे पड़ाव पार कर चुकी है। विवाह, गृहस्थी, परिवार, बच्चे, बच्चों के बच्चे, जीवन के सभी खट्टे-मीठे अनुभवों को जीया है। वह चिंतित है अपने बेटी के भावी जीवन के लिए। अम्मू की भाषा में चेतनापरक दृष्टिकोण है। अम्मू एक जुझारू स्त्री है जो अपनी बेटी में भी चेतना लाने का प्रयास करती है। मृत्यु द्वार पर खड़ी अम्मू को जीवन से गहरी जिजीविषा है।

'आवां' मध्यवर्गीय स्त्री तथा मध्यवर्गीय परिवार की स्थिति पर

चिंतन किया गया है। समाज में किस प्रकार मध्यवर्गीय लड़की सामाजिक, आर्थिक, पारिवारिक शोषण को सहती है उसका विरोध तक नहीं कर पाती, पुरुष के अमानवीय व्यवहार को, शोषण को, अत्याचार तथा वासना भरे व्यक्तित्व को मुँह बंद कर स्वीकार करती है। सहती है, उनकी अवमानना, अपमान तथा वहशी भूख। समाज स्त्री को केवल भोग्य की वस्तु ही मानता है। इस पर लेखिका कहती है-"स्त्री की क्षमता को उसकी देह से ऊपर उठाकर स्वीकार न करने वाले रूढ़ रुग्ण समाज को बोध कराना आखिर किन कंधों का दायित्व होगा?"[269] मध्यवर्गीय परिवार की बड़ी बेटी पर परिवार की जिम्मेदारी आ जाती है। जिसके कारण वह अपनी पढ़ाई-लिखाई छोड़कर नौकरी की तलाश में भटकती है। परिवार में लड़कियों को नांम मात्र के लिए पढ़ाया जाता है। लड़कों को घर के उद्धार करने के लिए अच्छे-से-अच्छे स्कूल में पढ़ाया जाता है ताकि बड़ा होकर वह घर की आर्थिक विपन्नता को दूर करेगा।

इस उपन्यास में पुरुष की विलासिता किस कदर छाई रहती है कि वह अपनी बेटी को भी "अपनी वासना का शिकार बनाने से नहीं चूकता। इस स्थिति को देख कर स्मिता माँ और बहन के शोषण का बदला अपने पियक्कड बाप को सीढ़ियों से धक्का देकर मार डालने तक सोचती है। "पिता की पियक्कडी ने किस कदर घर का सुख चैन लील रखा है... जिस दिन नौकरी मिल जाएगी मुझे, नमी, बाप-रूपी इस राक्षस को मैं सीढ़ियों से ढकेल स्वाभाविक मौत करने पर विवश कर दूँगी।"[270]

वह आर्थिक विपन्नता के कारण पिता का शोषण सहने पर मजबूर है। एक दिन स्मिता सही भी पिता के अत्याचारों से तंग आकर उसकी हत्या कर स्वाभाविक मौत में परिवर्तित कर देती है। मध्यवर्गीय लड़की की मानसिकता पर चिंतन किया गया है जो हालात के शिंकजे से निकलने के लिए विद्रोही बन जाती है। श्रमिक स्त्रियों पर चिंतन व्यक्त करते हुए पवार सोचता है कि "विडंबना यह है कि इतने वर्षों बाद आज भी महिला श्रमिकों में चेतना का वही अभाव नज़र आता है जो आठ-दस वर्ष पहले था। आज भी वे अपने मूलभूत अधिकारों के प्रति उपेक्षित पड़े। उस

ब्लैकबोर्ड की भांति हैं जिस पर कोई ककहरा अंकित नहीं किया गया... मुश्किल अनपढ़ श्रमिकों की ही नहीं। शिक्षितों की भी है।"[271] पवार नमिता को कहता है-"तुम्हें इस मुहिम का अगुवा बनना होगा। ताकि उसमें चेतना जागे और वह भेद-भावपूर्ण व्यवहार के षडयंत्र को समझे, उसकी कूटनीति से स्वयं को सचेत करे।"[272] इस पर नमिता सोचती है- "गीले बेसन की पकौड़ी-सी तेल में छितरती वह स्वयं अपने तई झेपी। बी.ए. फाइनल-भर नहीं दे पाई। वह कितनी जागरूक है। जो इन ऐसी स्त्रियों में चेतना जागृत करेंगे।

स्त्री के 'स्व' की पहचान के लिए नमिता चेतनापरक है भाषा का प्रयोग करती है। सामाजिक व्यवस्था स्त्रियों के विवेक को खुरच देता है। जिस औरत की अस्मिता की रक्षा के लिए उनके घरों के मर्द उन्मादी तांडव मचाने को आतुर हो रहे हैं, जब वे उस स्त्री का मन तो टटोलकर देखें? सहमत है वह उनसे? क्या वह अपने 'स्व' की लड़ाई कट्टपंथियों और धर्मांधों के कंधों पर चढ़कर लड़ना चाह रही है? सुनंदा ने सुहैल से ब्याह करने से इनकार नहीं किया-गौर करने की बात है। उसने मुसलमान बनने से इनकार किया। वह हिंदू होकर मुसलमान से ब्याह करने को राजी थी, क्योंकि हिंदु-मुस्लिम एकता को धर्म से ऊपर देखना चाह रही थी। छोटी बात है यह? इस संदर्भ में लेखिका ने नमिता के माध्यम से जाति पर, सांप्रदायिक व्यवस्था पर तथा अविवाहित माँ बनी स्त्री के शोषण पर विचार-चिंतन किया है।

लेखिका ने अर्थी को कंधा देने के विषय में भी चिंता व्यक्त की है कि हमारे या किसी भी समाज में स्त्री को इस प्रकार के हक से वंचित किया गया है। लेखिका ने विमला बेन द्वारा इस कार्य को करने की संभावना प्रस्तुत की है कि-"पहली बार संभवतः किसी औरत ने मय्यम को कंधा देने का दुस्साहस दिखाया होगा। हो सकता है, मय्यत को कंधा देने वाली विमला बेन देश की पहली हठी महिला हो। उनके आचरण ने लोगों में कुनमुनाहट भर दी। विमला बेन चिंतनपरक भाषा में लोगों की बेचैनी को दूर करती हुई कहती है-"कूपमंडूक पुरुषों से हमें सीखना

होगा कि स्त्रियों के लिए क्या शास्त्र सम्मत है, क्या नहीं? निर्दोष स्त्री की नृशंस हत्या करना शास्त्र-सम्मत है, पालिट? नहीं, तो पूछा अपने हृदय से कि क्यों हमसे किसी ने उसके प्राण ले लिए? मैं कंधा किसी औरत की मय्यत को नहीं दे रही, उस स्त्री चेतना को दे रही हूँ जिसका गला घोंटने की कोशिश हत्या के बहाने हुई है। मैं हर जाति, धर्म, वर्ण की स्त्रियों का आवाहन करती हूँ कि वे सबकी सब श्मशान चलें और बारी-बार से सुनंदा की मय्यत को कंधा दें।"[273]

इस पर नमिता सोचती है-"क्या सचमुच औरतें अपनी बंद खोहों से निकल पाएंगी या अपना ही शव ढोती हुई उसी खोह में पलट पडेंगी।"[274] नमिता भी बड़ी बेटी होने के कारण पिता के अंतिम संस्कार के नियम निभाती है और पिता को मुख्याग्नि देती है।

चित्रा जी ने मध्यवर्गीय परिवार की लड़कियों के शोषणों से उत्पन्न समस्याओं का चित्रण किया है जिसमें वह कई पुरुषों से धोका खाती है। पुरुष समाज स्त्री को केवल भोग्य की वस्तु ही मानता है। उसे जब चाहे छल से, बल से, फुसलाकर, इस्तेमाल करता है। स्त्री की भावनाओं के साथ खिलवाड़ करता है। संजय कनोई ने भी नमी को छल तथा प्रेम जाल में फंसाकर केवल बाप का पट्टा गले में लटकाने के लिए उसका इस्तेमाल किया था।

'एक जमीन अपनी' में स्त्री की अकेले होने की समस्या, तलाकशुदा, नौकरीपेशा स्त्री की समस्या, पारिवारिक तथा सामाजिक, आर्थिक समस्याओं का चिंतन किया गया है। इन समस्याओं से जूझ रही है जीविका के लिए। नौकरी करने पर तरह-तरह की समस्याओं का सामना करती हैं। अपने 'स्व' की पहचान, अपनी अस्तित्व रक्षा के लिए जुझारू बनी हुई नज़र आती है।

एक माँ तलाकशुदा बेटी के भावी जीवन पर चिंता व्यक्त करती है कि माँ है जब तक दूसरा विवाह कर लो क्योंकि माँ जब तक है घर कि देहरी बेटी के लिए बनी रहती है। बाद का कोई भरोसा नहीं और अंकिता

को चिंतनपरक भाषा में समझाती है कि-"होनी क गटई का फंदा बनाय के न पहिने रहव... तुम कोहुक पसंद कई लेओ, बिट्टी। जात-बिरादरी ही म कौन लपकौरे धरे है? फिर करौ तक महतारी-बाप जियत है... अऊर अब तो महतारी-ही-महतारी बची है।"[275] पुरुषों की अवमानना पर अंकिता तिलक की उपेक्षा करती हुई कहती है-"यहाँ आपकी नैतिकता की ठेकेदारी इसलिए चल रही है, मि.तिलक कि कोई नहले का दहला मौजूद नहीं है... घोर अनैतिक है... आप सामाजिक मर्यादाओं का उल्लंघन कर रहे हैं... यह और कुछ नहीं, पुरुष की बीमार मानसिकता ही है, जिसकी विरासत अब भी आप जैसे ओछी मनोवृत्ति वाले पुरुष ढो रहे हैं और मौकापाते ही दूसरों पर उलटी करने लगते हैं।"[276] इस संदर्भ में चिंता व्यक्त की गई है कि स्त्री पर पुरुष मनमाने ढंग से उनकी अनाधिकार भावनाओं को खुले आम उड़ा सकता है। स्त्री की समस्या को सबके बीच हंसी में उड़ा सकता है।

स्त्री का अत्यधिक आधुनिक बनना भी चिंता का विषय है। स्त्री आधुनिक विचारधारा के चलते स्वयं अपने आप को धोका दे रही है और अपने आपको जान-बूझकर मगरमच्छों के हवाले कर रही है। पुरुष उसे क्या दे रहा है, वह किन चीजों की हकदार है-यह कटोरा लेकर भिक्षाप्त से नहीं प्राप्त होगा। उसे सबसे पहले अपने भीतर की कुंठाओं से मुक्त होना है। ... दृष्टि परिमार्जित करनी है-यानी सेक्स से पवित्र-अपवित्र होने की भावना से स्वयं मुक्त होना है। तभी केवल तभी वह समाज में मनुष्य की तरह जीवित रह सकती है-बराबरी पर। आखिर इसी समाज में पुरुष तो वर्जनाहीन जीवन जीकर भी कभी बिसूरता नहीं कि वह नष्ट हो गया। किसी को मुँह दिखाने के लायक नहीं रहा-समाज में अब उसका कोई स्थान नहीं। स्त्री क्यों नहीं मुक्त होती इन फरेबी मर्यादाओं से? जिस दिन वह कुंठाओं से मुक्त होगी, उसके सारे कष्ट कट जाएंगे। वह नए आत्मविश्वास से परिपूर्ण होगी। निर्भीक विचरण कर सकेगी। यह हौवा जब उसके मन-मस्तिष्क से दूर हो जाएगा, पुरुष के हाथों से वे सारे काडसी निकल जाएंगे, जिनके बूते पर वह स्त्री को

घर,खेत, खलिहान, गली, मोहल्ले, स्कूल, दफ्तर अथवा समाज में दबोचने को उद्दत रहता है। जीवन के हर क्षेत्र में उसे दोयम दर्जे की मानसिकता में जिलाया है, बस इतना होने की भयंकर जरूरत है, तुम पाओगी पुरुष अपनी औकात पर पहुँच गया है।"[277] स्त्री की व्यवस्था पर चित्रा मुद्गल ने अंकित के माध्यम से चिंतनपरक भाषा का प्रयोग किया है। आगे वह कहती है-"स्त्री के अस्तित्व की तलाशं तब तक पूरी नहीं होगी नीता, जब तक वह वर्गों में बंटकर, स्वार्थों और सुविधाओं में उलझी, विभाजित होकर जीती रहेगी।"[278]

स्त्री आधुनिक विचारधारा रखे पर स्त्री होने की नियति को समझे। अस्तित्व बनाए, न कि पुरुष की होड़ में स्वयं की पहचान को खत्म कर दे। समाज में लड़कियों की स्थिति पर अंकिता सोचती है कि लड़की को समाज में परिवार में पराया धन न मानकर, उसे अपना कर्तव्य समझा कर चलते हैं। "लड़की समाज में इसीलिए उपेक्षित, निरीह रही है, क्योंकि अपने घर में वह मात्र कर्तव्य होती है-कर्तव्य से ऋण हो उसे पराया मान लिया जाता है... मगर जीवन-संघर्ष में आत्मविदग्ध होकर भी मैं इसलिए बच गई, क्योंकि अम्मा ने... इस घर ने मुझे कभी कर्तव्य से उऋण नहीं समझा... हर उस लड़की का आत्मबल प्रखर होता है, जिसे मायकेवाले पराया नहीं मान लेते, लेकिन आज..."[279] सामाजिक सुरक्षा की परिभाषा है-"आत्मनिर्भरता। स्त्री आत्मनिर्भर होती तो आज सुरक्षा की परिभाषा उसके हिस्से में कुछ और ही होती। ... आत्मनिर्भर होकर ही तो आत्मसम्मान की रक्षा हो सकती है।"[280]

आगे वह चिंता व्यक्त करती है कि स्त्री अपने मन को महत्व देना चाहिए, लेकिन मर्द बन कर नहीं, मर्द बनकर वह समानता अर्जित नहीं करती। बल्कि उल्टे अनैतिक, अमानवीय, दुराचरण और निरंकुशताएँ झेलती है जो उसकी आत्मरक्षा तथा आत्मनिर्भरता को ठेस पहुंचाते हैं। इन्हीं उच्छृंखलताओं और अनुशासनहीनता की चाह से उसे कष्ट और नष्ट ही भोगना पड़ता है।"[281] स्त्री को स्त्री बनकर ही समानता अर्जित करनी होगी। स्त्रीत्व के गुणों को बरकरार रखते हुए। "चेतना की जरूरत

है... स्त्री की स्त्रीत्व से मुक्ति नहीं... रूढ़ियों, वर्जनाओं, पुरुष की पिपासा से मुक्ति चाहिए अपनी भावनाओं, मान्यताओं को जीने के लिए मनोद्वंद्व से मंडित होना होगा।"[282] जीवन-मूल्यों को निजी तौर पर ध्वस्त करना आसान हे, मगर उन्हें संशोधन करना चुनौती-भरा संघर्ष।"[283]

आधुनिक समाज की स्त्रियाँ किस गहरे गर्त में जा रही हैं उस पर चिंता व्यक्त की है। विज्ञापन जगत की चकाचौंध में अपने 'स्व' को मिटाई आधुनिकाओं की परिस्थिति पर चिंतन व्यक्त है कि उन्हें अपने स्त्रित्व की रक्षा करते हुए वर्जनाहीन समाज में अपने आपको बचाना होगा। पुरुष को हाथ का झूनझूना बन कर बजते रहने के बजाए उन्हें अपनी रक्षा करनी होगी।

'कठगुलाब' में अकेली स्त्री की समस्याओं पर चिंतन हुआ है। किस प्रकार माँ-बाप न रहने पर लड़की स्मिता को सामाजिक, पारिवारिक शोषणों का शिकार होना पड़ता है। उसकी मानसिकता पर ठेस पहुँचती है। वह अपनी कुंठाओं, वर्जनाओं में जीती आत्मग्लानि महसूस करती है। अपनी पढ़ाई एम.एस.सी. होम साइंस पूरा करने के लिए आर्थिक तंगी को महसूस करती है। आत्मनिर्भर होना चाहती है। मर्दों की दुनिया में रहने के लिए होम साइंस नहीं, कराटे की आवश्यकता है। "किसी की दया मत स्वीकारो, अपने पर भरोसा रखा, केवल अपने पर।"[284]

बलात्कार होने पर स्मिता अपराधबोध महसूस नहीं करती और सोचती है-"मैं खुद को दूषित, पापी क्यों नहीं मानती? खुदकुशी करने को मेरा जमीन मुझे क्यों नहीं उकसाता? मेरा मन मुझे धिक्कारता था तो सिर्फ इसलिए कि मैंने प्रतिशोध नहीं लिया। भगोड़ों की तरह पलायन क्यों किया? पर क्या एक बेहतर जिंगदी जीने का ख्याल देखना, बुजदिली है? मैं खेद को दोषी मानकर प्रायश्चित करना नहीं चाहती।"[285] जो मैंने किया नहीं उसके लिए मैं दोषी कैसे हो गई। आत्म-धिक्कार को मैंने इतना साधा कि रोशनी के डर से कुछ मुक्त पा ली।

मारियान जानती थी कि हर औरत एक पूरे समय और समाज का

प्रतिनिधित्व करती है और हर औरत, औरों से कुछ अलग, एक विशिष्ट प्राणी है। चाहे वह कितनी अपूर्ण और मामूली क्यों न हो। अपूर्ण है तभी तो इंसान है, अलग है विशिष्ट है। एक व्यक्ति है जो समाज को जन्म देती है।"[286] उसे सृष्टि का निर्माता बनना है ना कि मर्द बनना है। औरत होकर वह दर्द बांटना और दर्द कम करना चाहती है। औरत, औरत के साथ अन्याय क्यों करती है, वह सोच रही थी, क्या उसके मूल में पुरुष ईर्ष्या नहीं रहती... वह पुरुष होना चाहती है, इसलिए, समर्थ होते ही, दूसरी स्त्रियों पर अपने आधार के पौरुष का रौब जमाने लगती है। स्व का न जानने वाली स्त्रियाँ मर्द बनना चाहती हैं। वही उसकी महत आकांक्षा होती है तभी तो वह बराबरी के हक की माँग करती है तो पुरुष से। आजादी की गुहार मचाती है तो मर्द से। समाज, इतिहास और मानव-जाति की सड़ी-गली, युगों से चली आ रही मान्यताओं से नहीं। पर मारियान? वह क्या चाहती थी। मैं मर्द नहीं सर्जक होना चाहती हूँ। एक बार अपना सब छिनवा चुकी, अब नहीं छीनने दूँगी। अक्षरों की उस नयी दुनिया में, मैं, मुझे, अपने खुद को, कितनी-कितनी औरतों को दुबारा जन्म देना चाहती हूँ। मारियान और स्मिता स्त्री व्यवस्था की स्थिति के बारे में चिंतन व्यक्त कर रही है।

नर्मदा के माध्यम से निम्न स्तर की स्त्री की समस्याओं का चिंतन किया गया है। जहाँ निम्न स्तर की स्त्रियाँ चौका बर्तन करके फैक्टरियो में मजदूरी करके, अपना अपने परिजनों का पोषण करती हैं। ये स्त्रियाँ मालिकों की, तथा परिवार वालों के शोषण से त्रस्त रहती हैं। काम पर मालिकों की उपेक्षा सहना, उत्पीड़न सहना, घर पर परिवार के पुरुषों के पाँव की जूती बन कर रहना। शारीरिक एवं मानसिक रूप से इन स्त्रियों का शोषण किया जाता है। नर्मदा भी चूड़ी के कारखाने में काम करके अपना एवं छोटे भाई तथा बहन जीजा, बहन के बच्चों की परवरिश करती है। इस पर भी जीजा उसकी उपेक्षा करता है। अपने सास-ससुर को सतता है। पुरुष होने का अभिमान जताते हुए कहता है-"मानो तो पूत नहीं तो पाप है तो मरदजात ना। पढ़-लिख कर कमाई करेगा तो

हमीं को खिलाएगा।"[287] इस पर नर्मदा चिंता करती हे कि-"दोनों बहनें जो कमाई कर रही थीं उससे भी मरदजात का ही पेट भर रहा था। जीजा का भकोस कर कहाँ जी रहे थे वे लोग। तीनों तो अपनी कमाई का खा रहे थे। बल्कि उसी के भरोसे, जीजा के मरद बच्चे भी पल-पुस रहे थे।"[288] अकेली स्त्री अपने जीवन में एक बच्चे की कल्पना करती है। इस उपन्यास के सभी पात्र 'एक बच्चे' की अभिलाषा रखते हैं। जीवन जीने के लिए नर्मदा भी सोचती है।"एक बालक हो जाता तो आज अपने कहने को कोई होता। दुनिया से न डरती मैं, इसी कुठरिया में छाती डोककर पाल पोस लेती। और फिर आगे सोचती है-औरत को कमजोर बच्चे बनावे हैं। मेरे बच्चे होते, तो मैं इस कमीने को कभी ना छोड़ पाती।"[289]

असीमा, नर्मदा के कहे गये वाक्यों पर सोचती है-"अगर मर्द-औरत के बीच का रिश्ता शोषक-शोषित का रिश्ता है, तो क्या उसका विकल्प लैज्बिथनिज्म है?.. क्या लैज्बियन के मन में बच्चा जनने की इच्छा नहीं होती? क्या औरत मर्द से सिर्फ इसलिए आकर्षित होता है, क्योंकि वह उसे बच्चा दे सकता है? अगर औरत मर्द के बिना, स्पर्म दान द्वारा, बच्चा पैदा कर सके तो क्या औरत-मर्द के बीच का आकर्षण समाप्त हो जाएगा? इस प्रकार के प्रश्नों का समाधान शायद सामान्यकृत नहीं है।"[290] असीमा, नर्मदा, नमिता, स्मिता, मारियान, विपिन सभी स्त्री के तथ्यों को लेकर चिंतित एवं चिंतनपरक भाषा का प्रयोग करते हैं।

'माई' उपन्यास में बच्चे अपनी माँ के व्यक्तित्व के बारे में चिंतित हैं। "कितने सायों तले। माई के साए के ऐन नीचे। पर उसी साए के अस्तित्व से ये बेखबर।"[291]

वे माँ को पुरनी परिपाटी से निकालने का प्रयत्न करते हैं। पर असफल हो जाते हैं। पुराने रीति-रिवाज, चारदीवारी में फंसी स्त्री की छटपटाहट, पर्दा प्रथा तथा पीढ़ी-दर-पीढ़ी चलती आ रही स्त्री की मानसिकता, आंतरिक द्वंद्व, स्त्री नियतियों के चलते 'रज्जो' के बच्चे सुनैना और सुबोध माँ के घर काम जो वो झुकके करती है उस पर चिंता

करते हैं-"धोना, पीसना, बेलना, सेंकना... दादा-दादी-बापू की आज्ञाकारी बहू जो उनके किसी भी संदेश की अवज्ञा नहीं करती पर्दे के अंदर से हामी भर सब काम निबटाती रही। जिसे देख सुनैना कहती है-जो हो सो हो पर पर्दा हम नहीं करेंगे, नहीं करेंगे।"[292] पीढ़ी-दर-पीढ़ी स्त्री पुरुष के शोषण का शिकार होते आयी है। इसका अपवाद दादी भी है। इसलिए माई 'दादी' का हर कहा मानती है। क्योंकि वे दादी की कुंठा, संत्रास, द्वंद्व से परिचित है। "'माई' की रज्जो किंचित भिन्न है, माई अधिक समकालीन और आधुनिक है वह 'हमजात' होने के नाते जहाँ अपनी सास की गलतियों को माफ करती है वहीं अपनी बेटी के लिए शिक्षा से सहजीवन तक के पतली गली से रास्ते खोलती है।"[294] सुनैना त्याग के महिमामंड़न के बहाने होनेवाले शोषण की सच्चाई जानती है, उस शोषण से माई को भी आज़ाद करना चाहती है। सामाजिक व्यवस्था में स्त्री पर हो रहे षडयंत्र की वास्तविकता को वह अच्छी तरह जानती है। परिवेश, व्यवस्था, परंपरा उसे भी इसी राह में ढकेला चाहता है। पर सुनैना 'माई' जैसी बनना नहीं चाहती। "एक निरीह, कमजोर, प्रताड़ित बेचारी, जिसने अपने अंदर से अपना अलग हर कुछ निकलाके रख दिया है और खुली और खाली हो गई है। चाहे दूसरे उसमें जो चाहें भरें।"[295] उसने खुद को इतना दुर्बल बना रखा है। असली लड़ाई तो उन्हीं से करनी है... असल अपराध उसी का है... जुल्म सहनेवाला जुल्मी बनाता है। जाए लड़े खुद अब अपनी लड़ाई।"[296] सुनैना ने नई नैतिकता के परिप्रेक्ष्य में 'नई स्त्री' के अपने व्यक्तित्व अपनी अस्मिता को पहचान देने के प्रयत्न में चिंतन व्यक्त किया है।

स्त्री की अस्मिता की खोज के लिए चिंतनपरक भाषा का प्रयोग अपनी सलीबें में जाति की विडंबना पर, बलात्कार पर, नौकरीपेशा स्त्री के जीवन पर, अकेली स्त्री के छटपटाहट पर, अधिक उम्र की स्त्री पर, माँ की चिंता बेटी के लिए, दहेज की समस्या पर नमिता सिंह ने चिंतन किया है। अकेले नौकरी करते हुए अकेलेपन की समस्या से जूझ रही नीलिमा सोचती है-"कॉलेज हॉस्टल में रहनेवाली अकेली औरत...

जिस पर शादीशुदा। ... पति का कोई पता नहीं... आदमियों के मुँह में लार पैदा करने के लिए इतना परिचय तो बहुत है।"[297] शाम होने पर ज्यों-ज्यों अंधेरा गहराता, एक अजीब मनहूसियत पूरे वातावरण में छा जाती।

दहेज की समस्या के कारण अनेक नौकरीपेशा स्त्रियाँ कुवारी ही रह जाती है। बढ़ती उम्र के कारण न चाहते हुए भी उपेक्षा की पात्र बन जाती है। इस पर रत्ना, नीलिमा को कहती है कि ये स्त्रियाँ पढ़ी लिखी है क्यों ना इंटरकास्ट विवाह कर ले। 'दहेज' नहीं देंगे न... ये औरतें अपने खोल से बाहर आने की हिम्मत क्यों नहीं करती। अरे पढ़ी-लिखी हो नौकरी करती हो। अपनी मर्जी से शादी करो। क्या धरा है जात-पाँत में। नीलिमा कहती है कि सारी प्रॉब्लम तो दहेज की है, जो बढ़ती जा रही है। बीमारी है यह भयंकर।"[298]

जाति की समस्या पर सुमित्रा देवी अपनी बेटी नीलिमा को जो जाति के कारण पढ़े-लिखे, समझदार, उससे प्यार करने वाले ईशु को छोड़ आती है। उसे समझाते हुए चिंता व्यक्त करती है-"ईशु के पास पद है सम्मान है उसके मन में तुम्हारे लिए जो मान है, उसकी तुमने कोई परवाह नहीं की। एक जिंदगी-सिर्फ एक जिंदगी मिलती है मानुस जात को जीने के लिए। उसे भी कोई जाति-पाँत, धरम-बेधरम, छोटा-बड़ा के चक्कर में गुजार दे और सारी जिंदगी रीती रह जाए, इसमें क्या अकलमंदी है। तुम तो बहुत पढ़ी-लिखी समझदार हो बेटी। बड़े-बड़े लोगों, विद्वानों के बीच उठना-बैठना है तुम्हारा।"[299] किस खानदान की बात करती हो शराबी, जुआरी और ऐयाशों के खानदान की? जहाँ औरतें उस हवेली के किवाड़, फर्नीचर, बर्तन, जेवर और कालीनों की तरह एक बेजान हिस्सा बन कर रह जाती थीं।"[300] "क्या था हमारे पास मामूली-सी जमीन की काश्त-उसके पीछे भी मुझ औरत जात का खटना। रही एक हवेली, तो उस खंडहर से मैं क्या देती तुम्हें। एक पढ़ा-लिखा कलक्टर पति कहाँ मिल जाता तुम्हें। कहाँ से लाती मैं आज के दस लाख... पंद्रह लाख।"[301] सुमित्रा देवी ने अकेली स्त्री की समस्या तथा पारंपरिक स्त्री की व्यवस्था, बेटी के भावी

जीवन पर चिंतापरक भाषा में बेटी को आज की सच्चाई समझाती है।

विवेच्य उपन्यासों में लेखिकाओं ने पात्रों के माध्यम से स्त्री की पारंपरिक स्थिति पर, सामाजिक व्यवस्था में स्त्री के स्थान पर तथा स्त्री की अस्मिता, अस्तित्व, 'स्व' की पहचान पर चिंतनपरक भाषा का प्रयोग पाठकों के समक्ष प्रस्तुत किया है। लेखिकाओं की चिंता स्त्री-पक्ष में निहित दृष्टिगत होती है।

निष्कर्ष

अंतिम दशक के उपन्यासों में भाषा की अभिव्यक्ति के लिए लेखिकाओं ने अपने उपन्यासों में नये प्रयोग, नया सृजन तथा प्रयोग धर्मिता की नवीन प्रस्तुति भाषा के माध्यम से दर्शायी है।

भाषा समाज के विचार-विनिमय का साधन है तथा लेखिकाओं ने अपनी भावनाओं की अभिव्यक्ति के लिए भाषा को माध्यम बनाया है।

बोलचाल की भाषा का प्रयोग लेखिकाओं ने परिवेशजन्म एवं कथावस्तु को आगे बढ़ाने के लिए प्रयोग किया है। स्पष्ट है कि गाँव के लोगों की, सामान्य जन की, अशिक्षित व्यक्तियों तथा स्त्रियाँ सामान्य रूप से बातचीत करते समय बोलचाल के वाक्यों, शब्दों का प्रयोग करती हैं। इनके आपसी संवादों, संदर्भों में हम बोलचाल की झलक देख सकते हैं जो सरल, सरस, प्रवाहमयी हो जाती है।

विवेच्य उपन्यासों में प्रसंगानुकूल भाषा में चित्रात्मकता के दर्शन भी होते हैं। किसी संदर्भ का चित्रण करते समय लेखिकाएँ वातावरण, स्थिति, परिवेश, कुछ घटित उदाहरणों को प्रस्तुत करती है जिनको पढ़ने पर पाठक के मन में स्थिति, परिवेश का बोध हो जाता है। ऐसी भाषा रूपों को चित्रात्मक भाषा कहते हैं। विषयानुसार अनुभूतियों की अभिव्यक्ति लेखिकाओं ने चित्रात्मक भाषा के माध्यम से प्रस्तुत किया है।

भावों की अभिव्यक्ति के लिए लेखिकाओं ने प्रतीक, बिंब, सोंकतिक

भाषा का प्रयोग किया है। कलिकथा : वाया बाइपास, हमारा शहर उस बरस, आवां, चाक, कठगुलाब आदि उपन्यासों में प्रतीकात्मकता को सुंदर रूप में ढाला है। यह समयचक्र का प्रतीक है चाक, आवां, एक जलती भट्टी का प्रतीक है। कठगुलाब स्त्री जाति की उभरती वेदना का प्रतीक है। स्पष्ट है कि ये प्रतीक आज की स्थिति, युग धर्म, जीवन में संघर्षरत स्त्री का प्रयत्नशील रूप उजागर करते हैं। लेखिकाओं ने बिंबों को आस-पास की प्रकृति तथा जीवन संदर्भों के भोगे यथार्थ से ग्रहण किया है। समस्याओं के समाधान के लिए अनेक संकेतों को प्रस्तुत किया है। लेखिकाओं ने अपने भाव, विचार को सांकेतिक प्रयोजन द्वारा दर्शाया है।

स्त्री-विमर्श स्त्री केंद्रित विषय है। लेखिकाओं ने स्त्री की परिस्थिति, सामाजिक व्यवस्था में स्त्री का स्थान, पारंपरिकता की आड़ में स्त्री पर शोषण, अत्याचार, आडंबरों का चित्रण, चेतनात्मक भाषा एवं चिंतनपरक भाषा में उदाहरणों के साथ प्रस्तुत किये हैं। चेतनात्मक भाषा के माध्यम से स्त्री के अस्तित्व का बोध कराया गया है। स्त्री की सदियों से चली आ रही स्थिति और वर्तमान में स्त्री की बदलती सोच पर चिंता व्यक्त की है। स्त्री को स्त्री बने रहने तथा अपनी स्व की पहचान को बनाने के विषय में चिंता की है।

संदर्भ सूची

1 लिंगविस्टिक्स एंड द नावेल, रोज पाउलट

2 पांडुलिपि, डॉ.ब्रह्मदेव मिश्र-पृ.302

3 पांडुलिपि, डॉ.ब्रह्मदेव मिश्र-पृ.302

4 नए उपन्यासों में नए प्रयोग, डॉ.दंगल झाल्टे-पृ.132-133

5 पांडुलिपि, डॉ.ब्रह्मदेव मिश्र-पृ.303

6 ऐ लड़की में नारी चेतना, गरिमा श्रीवास्तव-पृ.70

7 चाक, मैत्रेयी पुष्पा-पृ.44

8 चाक, मैत्रेयी पुष्पा-पृ.71

9 चाक, मैत्रेयी पुष्पा-पृ.69

10 इदन्नमम, मैत्रेयी पुष्पा-पृ.11

11 इदन्नमम, मैत्रेयी पुष्पा-पृ.16

14 झूला नट, मैत्रेयी पुष्पा-पृ.56

15 झूला नट, मैत्रेयी पुष्पा-पृ.66

16 झूला नट, मैत्रेयी पुष्पा-पृ.75

17 झूला नट, मैत्रेयी पुष्पा-पृ.76

18 बेतवा बहती रही, मैत्रेयी पुष्पा-पृ.116

19 बेतवा बहती रही, मैत्रेयी पुष्पा-पृ.117

20 बेतवा बहती रही, मैत्रेयी पुष्पा-पृ.68

21 बेतवा बहती रही, मैत्रेयी पुष्पा-पृ.20

22 बेतवा बहती रही, मैत्रेयी पुष्पा-पृ.118

23 अल्मा कबूतरी, मैत्रेयी पुष्पा-पृ.38

24 अल्मा कबूतरी, मैत्रेयी पुष्पा-पृ.43

25 अल्मा कबूतरी, मैत्रेयी पुष्पा-पृ.107

26 अल्मा कबूतरी, मैत्रेयी पुष्पा-पृ.63

27 अल्मा कबूतरी, मैत्रेयी पुष्पा-पृ.178

28 अल्मा कबूतरी, मैत्रेयी पुष्पा-पृ.354

29 अल्मा कबूतरी, मैत्रेयी पुष्पा-पृ.354

30 अल्मा कबूतरी, मैत्रेयी पुष्पा-पृ.356

31 माई, गीतांजलि श्री-पृ.22

32 माई, गीतांजलि श्री-पृ.85

33 माई, गीतांजलि श्री-पृ.85

34 माई, गीतांजलि श्री-पृ.133

35 माई, गीतांजलि श्री-पृ.137

36 छिन्नमस्ता, प्रभा खेतान-पृ.34
37 छिन्नमस्ता, प्रभा खेतान-पृ.35
38 छिन्नमस्ता, प्रभा खेतान-पृ.19
39 छिन्नमस्ता, प्रभा खेतान-पृ.33
40 छिन्नमस्ता, प्रभा खेतान-पृ.75
41 छिन्नमस्ता, प्रभा खेतान-पृ.95
42 छिन्नमस्ता, प्रभा खेतान-पृ.26
43 छिन्नमस्ता, प्रभा खेतान-पृ.32
44 छिन्नमस्ता, प्रभा खेतान-पृ.56
45 छिन्नमस्ता, प्रभा खेतान-पृ.46
46 छिन्नमस्ता, प्रभा खेतान-पृ.174
47 पीली आँधी, प्रभा खेतान-पृ.213
48 पीली आँधी, प्रभा खेतान-पृ.183
49 पीली आँधी, प्रभा खेतान-पृ.218
50 दिलो दानिश, कृष्णा सोबती-पृ.113
51 दिलो दानिश, कृष्णा सोबती-पृ.87
52 तालाबंदी, प्रभा खेतान-पृ.55
53 ऐ लड़की में नारी चेतना, डॉ.गरिमा श्रीवास्तव-पृ.71
54 साहित्य चिंतन की नयी दिशाएँ, डॉ.लक्ष्मीकांत पाण्डेय-पृ.51
55 साहित्य चिंतन की नयी दिशाएँ, डॉ.लक्ष्मीकांत पाण्डेय-पृ.48
56 पांडुलिपि, ब्रह्मदेव मिश्र-पृ.307
57 ऐ लड़की, कृष्णा सोबती-पृ.38
58 ऐ लड़की, कृष्णा सोबती-पृ.56
59 ऐ लड़की, कृष्णा सोबती-पृ.73
60 ऐ लड़की, कृष्णा सोबती-पृ.74

61 दिलो दानिश, कृष्णा सोबती-पृ.17

62 दिलो दानिश, कृष्णा सोबती-पृ.48

63 दिलो दानिश, कृष्णा सोबती-पृ.96

64 दिलो दानिश, कृष्णा सोबती-पृ.115

65 दिलो दानिश, कृष्णा सोबती-पृ.96

66 ऐ लड़की, कृष्णा सोबती-पृ.74

67 ऐ लड़की, कृष्णा सोबती-पृ.43

68 ऐ लड़की, कृष्णा सोबती-पृ.40

69 ऐ लड़की, कृष्णा सोबती-पृ.38

70 ऐ लड़की, कृष्णा सोबती-पृ.69

71 आओ पेपे घर चलें, प्रभा खेतान-पृ.26

72 छिन्नमस्ता, प्रभा खेतान-पृ.40-41

73 महिला उपन्यासकार (21 वीं सदी की पूर्व संध्या के संदर्भ में), डॉ.मधु संधु-पृ.97

74 महिला उपन्यासकार (21 वीं सदी की पूर्व संध्या के संदर्भ में), डॉ.मधु संधु-पृ.107

75 कठगुलाब, मृदुला गर्ग-पृ.10

76 चाक, मैत्रेयी पुष्पा, फ्लैप पेज से

77 चाक, मैत्रेयी पुष्पा, फ्लैप पेज से

78 चाक, मैत्रेयी पुष्पा-पृ.25

79 चाक, मैत्रेयी पुष्पा-पृ.18

80 बेतवा बहती रहे, मैत्रेयी पुष्पा, फ्लैप पेज से

81 अपने-अपने कोणार्क, चंद्रकांता-पृ.163

82 अपने-अपने कोणार्क, चंद्रकांता, फ्लैप पेज

83 अपने-अपने कोणार्क, चंद्रकांता-पृ.140

84 अपने-अपने कोणार्क, चंद्रकांता-पृ.101

85 अपने-अपने कोणार्क, चंद्रकांता-पृ.152-153

86 आवां, चित्रा मुद्गल-पृ.214

87 आवां, चित्रा मुद्गल-पृ.199

88 एक जमीन अपनी, चित्रा मुद्गल-पृ.7

89 एक जमीन अपनी, चित्रा मुद्गल-पृ.23

90 एक जमीन अपनी, चित्रा मुद्गल-पृ.43

91 एक जमीन अपनी, चित्रा मुद्गल-पृ.59

92 ऐ लड़की, कृष्णा सोबती-पृ.16

93 ऐ लड़की, कृष्णा सोबती-पृ.22

94 ऐ लड़की, कृष्णा सोबती-पृ.21

95 ऐ लड़की, कृष्णा सोबती-पृ.21

96 ऐ लड़की, कृष्णा सोबती-पृ.9-10

97 ऐ लड़की, कृष्णा सोबती-पृ.39

98 ऐ लड़की, कृष्णा सोबती-पृ.40-41

99 दिलो दानिश, कृष्णा सोबती-पृ.29

100 दिलो दानिश, कृष्णा सोबती-पृ.43

101 दिलो दानिश, कृष्णा सोबती-पृ.115

102 दिलो दानिश, कृष्णा सोबती-पृ.115-116

103 दिलो दानिश, कृष्णा सोबती-पृ.218

104 दिलो दानिश, कृष्णा सोबती-पृ.220

105 कलिकथाःवाया बाइपास, अलका सारावगी-पृ.149

106 पीली आँधी, प्रभा खेतान-पृ.6

107 छिन्नमस्ता, प्रभा खेतान-पृ.35

108 छिन्नमस्ता, प्रभा खेतान-पृ.147

109 छिन्नमस्ता, प्रभा खेतान-पृ.151

111 कठगुलाब, मृदुला गर्ग-पृ.39

112 कठगुलाब, मृदुला गर्ग-पृ.189-190

113 इदन्नमम, मैत्रेयी पुष्पा-पृ.28

114 इदन्नमम, मैत्रेयी पुष्पा-पृ.30

115 चाक, मैत्रेयी पुष्पा-पृ.25

116 चाक, मैत्रेयी पुष्पा-पृ.26

117 चाक, मैत्रेयी पुष्पा-पृ.26

118 चाक, मैत्रेयी पुष्पा-पृ.309

119 हमारा शहर उस बरस, गीतांजलि श्री-पृ.29

120 हमारा शहर उस बरस, गीतांजलि श्री-पृ.15

121 हमारा शहर उस बरस, गीतांजलि श्री-पृ.15

122 माई, गीतांजलि श्री-पृ.126

123 माई, गीतांजलि श्री-पृ.36

124 माई, गीतांजलि श्री-पृ.17

125 माई, गीतांजलि श्री-पृ.85

126 एक जमीन अपनी, चित्रा मुद्‌गल-पृ.215

127 हिंदी उपन्यास का इतिहास, गोपाल राय-पृ.391

128 सीमंतनी उपदेशःस्त्री-मुक्ति चेतना का आख्यान-बडोड पुंडलिक-पृ.55

129 ऐ लड़की, कृष्णा सोबती-पृ.53

130 ऐ लड़की, कृष्णा सोबती-पृ.57

131 झूला नट, मैत्रेयी पुष्पा-पृ.114

132 झूला नट, मैत्रेयी पुष्पा-पृ.115

133 झूला नट, मैत्रेयी पुष्पा-पृ.79

134 इदन्नमम, मैत्रेयी पुष्पा-पृ.19-20

135 इदन्नमम, मैत्रेयी पुष्पा-पृ.88

136 इदन्नमम, मैत्रेयी पुष्पा-पृ.107

137 इदन्नमम, मैत्रेयी पुष्पा-पृ.107

138 इदन्नमम, मैत्रेयी पुष्पा-पृ.205

139 इदन्नमम, मैत्रेयी पुष्पा-पृ.206

140 इदन्नमम, मैत्रेयी पुष्पा-पृ.215

141 इदन्नमम, मैत्रेयी पुष्पा-पृ.257

142 अल्मा कबूतरी, मैत्रेयी पुष्पा-पृ.35

143 अल्मा कबूतरी, मैत्रेयी पुष्पा-पृ.47

144 अल्मा कबूतरी, मैत्रेयी पुष्पा-पृ.48

145 अल्मा कबूतरी, मैत्रेयी पुष्पा-पृ.50

146 अल्मा कबूतरी, मैत्रेयी पुष्पा-पृ.72

147 अल्मा कबूतरी, मैत्रेयी पुष्पा-पृ.73

148 अल्मा कबूतरी, मैत्रेयी पुष्पा-पृ.74

149 अल्मा कबूतरी, मैत्रेयी पुष्पा-पृ.81

150 अल्मा कबूतरी, मैत्रेयी पुष्पा-पृ.95

151 अल्मा कबूतरी, मैत्रेयी पुष्पा-पृ.116

152 अल्मा कबूतरी, मैत्रेयी पुष्पा-पृ.369

153 चाक, मैत्रेयी पुष्पा-पृ.14

154 चाक, मैत्रेयी पुष्पा-पृ.19

155 चाक, मैत्रेयी पुष्पा-पृ.21

156 चाक, मैत्रेयी पुष्पा-पृ.65

159 चाक, मैत्रेयी पुष्पा-पृ.214

160 चाक, मैत्रेयी पुष्पा-पृ.214

161 चाक, मैत्रेयी पुष्पा-पृ.215

162 चाक, मैत्रेयी पुष्पा-पृ.156

163 चाक, मैत्रेयी पुष्पा-पृ.246

164 चाक, मैत्रेयी पुष्पा-पृ.309

165 चाक, मैत्रेयी पुष्पा-पृ.322

166 चाक, मैत्रेयी पुष्पा-पृ.400

167 चाक, मैत्रेयी पुष्पा-पृ.401

168 बेतवा बहती रही, मैत्रेयी पुष्पा-पृ.142-143

169 बेतवा बहती रही, मैत्रेयी पुष्पा-पृ.144

170 छिन्नमस्ता, प्रभा खेतान-पृ.10

171 छिन्नमस्ता, प्रभा खेतान-पृ.23

172 छिन्नमस्ता, प्रभा खेतान-पृ.117

173 छिन्नमस्ता, प्रभा खेतान-पृ.126

174 छिन्नमस्ता, प्रभा खेतान-पृ.144-145

175 छिन्नमस्ता, प्रभा खेतान-पृ.163

176 छिन्नमस्ता, प्रभा खेतान-पृ.168

177 छिन्नमस्ता, प्रभा खेतान-पृ.184

178 छिन्नमस्ता, प्रभा खेतान-पृ.189

179 छिन्नमस्ता, प्रभा खेतान-पृ.211-212

181 अपने-अपने चेहरे, प्रभा खेतान-पृ.126

182 अपने-अपने चेहरे, प्रभा खेतान-पृ.141

183 अपने-अपने चेहरे, प्रभा खेतान-पृ.181

184 पीली आंधी, प्रभा खेतान-पृ.183

185 पीली आंधी, प्रभा खेतान-पृ.202

186 आओ पेपे घर चलें, प्रभा खेतान-पृ.106

187 आओ पेपे घर चलें, प्रभा खेतान-पृ.149

188 कठगुलाब, मृदुला गर्ग-पृ.15

189 कठगुलाब, मृदुला गर्ग-पृ.20

190 कठगुलाब, मृदुला गर्ग-पृ.73

191 कठगुलाब, मृदुला गर्ग-पृ.81-82

192 कठगुलाब, मृदुला गर्ग-पृ.97-99

193 कठगुलाब, मृदुला गर्ग-पृ.100

194 कठगुलाब, मृदुला गर्ग-पृ.114

195 कठगुलाब, मृदुला गर्ग-पृ.135

196 कठगुलाब, मृदुला गर्ग-पृ.141

197 कठगुलाब, मृदुला गर्ग-पृ.196

198 कठगुलाब, मृदुला गर्ग-पृ.259

199 स्त्री चिंतन की चुनौतियाँ, रेखा कस्तवार-पृ.185

200 एक जमीन अपनी, चित्रा मुद्गल, फ्लैप पेज से

201 एक जमीन अपनी, चित्रा मुद्गल-पृ.23

202 एक जमीन अपनी, चित्रा मुद्गल-पृ.31

203 एक जमीन अपनी, चित्रा मुद्गल-पृ.30

205 एक जमीन अपनी, चित्रा मुद्गल-पृ.54

206 एक जमीन अपनी, चित्रा मुद्गल-पृ.58-59

207 एक जमीन अपनी, चित्रा मुद्गल-पृ.125

208 एक जमीन अपनी, चित्रा मुद्गल-पृ.128

209 एक जमीन अपनी, चित्रा मुद्गल-पृ.216

210 एक जमीन अपनी, चित्रा मुद्गल-पृ.235

211 एक जमीन अपनी, चित्रा मुद्गल-पृ.243

212 आवां, चित्रा मुद्गल-पृ.110

213 आवां, चित्रा मुद्गल-पृ.111

214 आवां, चित्रा मुद्गल-पृ.129

215 आवां, चित्रा मुद्गल-पृ.50

216 आवां, चित्रा मुद्गल-पृ.50

217 आवां, चित्रा मुद्गल-पृ.206

218 आवां, चित्रा मुद्गल-पृ.239

219 आवां, चित्रा मुद्गल-पृ.398

220 अपने-अपने कोणार्क, चंद्रकांता-पृ.116

221 अपने-अपने कोणार्क, चंद्रकांता-पृ.123

222 अपने-अपने कोणार्क, चंद्रकांता-पृ.7

223 यामिनी कथा की व्यथा, सूर्यकांत नागर-कृति विमर्श-पृ.17

224 यामिनी कथा, सूर्यबाला-पृ.24

226 यामिनी कथा, सूर्यबाला-पृ.43

227 सीमंती उपदेशःस्त्री-मुक्ति-चेतना का आख्यान, बडोड पुंडलिक-पृ.55

228 चाक, मैत्रेयी पुष्पा-पृ.7

229 चाक, मैत्रेयी पुष्पा-पृ.22

230 चाक, मैत्रेयी पुष्पा-पृ.68

231 चाक, मैत्रेयी पुष्पा-पृ.169

232 चाक, मैत्रेयी पुष्पा-पृ.209

233 चाक, मैत्रेयी पुष्पा-पृ.226

234 चाक, मैत्रेयी पुष्पा-पृ.345

235 चाक, मैत्रेयी पुष्पा-पृ.25

236 चाक, मैत्रेयी पुष्पा-पृ.27

237 चाक, मैत्रेयी पुष्पा-पृ.194

238 चाक, मैत्रेयी पुष्पा-पृ.178

239 झूला नट, मैत्रेयी पुष्पा-पृ.114-115

240 इदन्नमम, मैत्रेयी पुष्पा-पृ.93-94

241 इदन्नमम, मैत्रेयी पुष्पा-पृ.202

242 इदन्नमम, मैत्रेयी पुष्पा-पृ.207

243 इदन्नमम, मैत्रेयी पुष्पा-पृ.224

244 इदन्नमम, मैत्रेयी पुष्पा-पृ.236

245 इदन्नमम, मैत्रेयी पुष्पा-पृ.264

246 इदन्नमम, मैत्रेयी पुष्पा-पृ.369

247 इदन्नमम, मैत्रेयी पुष्पा-पृ.105

248 अल्मा कबूतरी, मैत्रेयी पुष्पा-पृ.134

249 अल्मा कबूतरी, मैत्रेयी पुष्पा, फ्लैप बैक पेज

250 छिन्नमस्ता, प्रभा खेतान, फ्लैप बैक पेज

251 छिन्नमस्ता, प्रभा खेतान-पृ.25

252 छिन्नमस्ता, प्रभा खेतान-पृ.91

253 छिन्नमस्ता, प्रभा खेतान-पृ.124

254 छिन्नमस्ता, प्रभा खेतान-पृ.141

256 छिन्नमस्ता, प्रभा खेतान-पृ.200

257 छिन्नमस्ता, प्रभा खेतान-पृ.206

258 अपने-अपने चेहरे, प्रभा खेतान-पृ.92

259 छिन्नमस्ता, प्रभा खेतान-पृ.144

260 अपने अपने चेहरे, प्रभा खेतान-पृ.141

261 अपने अपने चेहरे, प्रभा खेतान-पृ.200

262 छिन्नमस्ता, प्रभा खेतान-पृ.210

263 ऐ लड़की, कृष्णा सोबती-पृ.12

264 ऐ लड़की, कृष्णा सोबती-पृ.33

265 ऐ लड़की, कृष्णा सोबती-पृ.43

266 ऐ लड़की, कृष्णा सोबती-पृ.44

267 ऐ लड़की, कृष्णा सोबती-पृ.56

268 ऐ लड़की, कृष्णा सोबती-पृ.73

269 आवां, चित्रा मुद्गल-पृ.9

270 आवां, चित्रा मुद्गल-पृ.43

271 आवां, चित्रा मुद्गल-पृ.97

272 आवां, चित्रा मुद्गल-पृ.98

273 आवां, चित्रा मुद्गल-पृ.153

274 आवां, चित्रा मुद्गल-पृ.154

275 एक जमीन अपनी, चित्रा मुद्गल-पृ.20

276 एकजमीन अपनी, चित्रा मुद्गल-पृ.54

277 एक जमीन अपनी, चित्रा मुद्गल-पृ.126

278 एक जमीन अपनी, चित्रा मुद्गल-पृ.128

279 एक जमीन अपनी, चित्रा मुद्गल-पृ.182

280 एक जमीन अपनी, चित्रा मुद्‌गल-पृ.201
281 एक जमीन अपनी, चित्रा मुद्‌गल-पृ.214
282 एक जमीन अपनी, चित्रा मुद्‌गल-पृ.215
283 एक जमीन अपनी, चित्रा मुद्‌गल-पृ.216
284 कठगुलाब, मृदुला गर्ग-पृ.20
285 कठगुलाब, मृदुला गर्ग-पृ.34
286 कठगुलाब, मृदुला गर्ग-पृ.82
287 कठगुलाब, मृदुला गर्ग-पृ.135
288 कठगुलाब, मृदुला गर्ग-पृ.139
289 कठगुलाब, मृदुला गर्ग-पृ.190
290 कठगुलाब, मृदुला गर्ग-पृ.190
291 माई, गीतांजलि श्री-पृ.17
292 माई, गीतांजलि श्री-पृ.16
294 स्त्री चिंतन की चुनौतियाँ, रेखा कस्तवार-पृ.172
295 माई, गीतांजलि श्री-पृ.126
296 माई, गीतांजलि श्री-पृ.128
297 अपनी सलीबें, नमिता सिंह-पृ.46
298 अपनी सलीबें, नमिता सिंह-पृ.23
299 अपनी सलीबें, नमिता सिंह-पृ.219
300 अपनी सलीबें, नमिता सिंह-पृ.220
301 अपनी सलीबें, नमिता सिंह-पृ.221

निष्कर्ष

समाज में स्त्रियों की स्थिति समाज की प्रगति का सूचक मानी जाती है। पर विडंबना यह है कि आज भी स्त्री शोषणों का शिकार है। सामाजिक व्यवस्था तथा पारिवारिक परिवेश में अनेक अन्याय, अत्याचारों को, मानसिक एवं शारीरिक उत्पीड़न को, भ्रष्टाचार, अवमानना को सह रही है। स्त्री-विमर्श में स्त्री को केंद्र का बिंदु मानते हैं। स्त्री-विमर्श के कई दृष्टिकोणों में स्त्री की स्थिति, प्रश्न, व्यथा-कथा का वर्णन किया गया है जैसे पाश्चात्य, भारतीय, साहित्यिक तथा हिंदी उपन्यासों में स्त्री की स्थिति पर व्याख्या की गई है। इन दृष्टिकोणों में स्त्री संबंधी लड़ाइयों ने कई वाद-विवाद, सिद्धांत का रूप ग्रहण किया है। इन सिद्धांतों ने समय-समय पर विसंगतिपूर्ण व्यवस्था को बदलने का प्रयास किया है। जितना प्रयास किया जाता है उतने ही गहरे गर्त में समस्याओं को उलझा पाया जाता है। क्योंकि पुरानी सभ्यता, संस्कृति, सड़ी गली रूढ़िग्रस्त मान्यताएँ, पितृसत्त्तात्मक बाधाएँ सामने आ खडी होती हैं। जिन पर आंदोलन किये जाते हैं, पर समस्या का समाधान होने के लिए सिदयाँ बदल जाती हैं। समय के साथ ही स्त्री-विमर्श बदलता है। उसकी

परिभाषा, संदर्भ, विचार-विमर्श और कार्यक्षेत्र को भी परिस्थिति के अनुकूल चलना पड़ता है। ये विषय ऐतिहासिक संदर्भ और सांस्कृतिक तथ्यों की वास्तविकता पर आधारित होते हैं।

स्त्री-विमर्श पर विचार करने पर कई विचार मन में उठने लगते हैं कि स्त्री जन्म से ही दमित शोषित, उत्पीड़न तथा प्रताड़नाओं का पट्टा अपने गले में बांध कर आती है या समाज, परंपरा, परिवार, स्त्री संहिताएँ, सारी विडंबनाएँ, विसंगतियों के तथ्यों ने इन विषमताओं को उसे पूर्वजों की संपत्ति, धरोहर के रूप में प्रदान किया है। जिसे वह शताब्दी-दर-शताब्दी, दशक-दर-दशक निभाती आयी है।

स्त्री-विमर्श को किसी एक सिद्धांत, वाद की परिसीमा में रखा नहीं जा सकता। क्योंकि जब स्त्री की समानता और अधिकार का विचार आता है तो कई सिद्धांत, कई वाद अपना रूप ग्रहण कर लेते हैं। इन सिद्धांतों में स्त्री की स्थिति और उसकी मांगों को उठाया जाता है। समानता के लिए स्त्रियों के संघर्ष का इतिहास अतीत में स्त्रियों की स्थिति, व्यथा-कथा का प्रमाण है।

आज स्त्री जीवन को केंद्र में रखकर हिंदी साहित्य में अनेक स्त्री लेखिकाओं ने साहित्य-सृजन में अपना योगदान दिया है। स्त्री द्वारा लिखी गयी रचनाओं का दायरा साहित्य में विस्तृत होकर समग्र प्रयोगधर्मिता को अपने आप में समेटता जा रहा है। लेखिकाओं ने स्त्री के परिप्रेक्ष्य में अपने काल की परिस्थितियों का चित्रण अपने साहित्य में किया है।

अंतिम दशक की लेखिकाओं ने स्त्री के वास्तविक रूप को साकार किया है। इनके उपन्यास आज की स्त्री को प्रोत्साहन एवं प्रेरणा देनेवाले उपन्यास हैं। आज की स्त्री शिक्षित, नौकरीपेशा, सभी संदर्भों में पारंगत है फिर भी पुरुष सत्ता उसकी प्रगति की राह में रोड़े अटकाता रहता है। इस प्रकार के वास्तविक संदर्भों को लेखिकाओं ने अपने उपन्यासों में चित्रित कर साहस का कार्य किया है। बीसवीं सदी के अंतिम दशक की स्त्री लेखिकाओं के उपन्यास स्त्री-विमर्श को केंद्र में रखकर स्त्री की व्यथा

कथा का सजीव चित्रण तथा स्त्री संबंधी जीवन संघर्ष की विकृतियों एवं विषमताओं का चित्रण कर संभावनाओं का प्रयास प्रस्तुत करते है।

पाश्चात्य दृष्टिकोण में देखा जाए तो स्त्री की स्थिति प्राचीन काल से ही दमित, कुंठित थी। समानता, स्वतंत्रता के अधिकारों से वंचित थी। स्त्री में बुद्धि, विवेक की कोई उपेक्षा नहीं की जाती थी। स्त्री को पुरुष के पैरों की जूती ही समझा जाता था। इनके अनुसार स्त्री मानव न होकर केवल वस्तु मात्र थी जिसका जैसा चाहे इस्तेमाल किया जा सके। प्राचीन काल की स्थितियों में स्त्री के रूप की चर्चा तथा इतिहास में उसकी स्थितियों का वर्णन हुआ है कि... कई प्राकृतिक कारणों से स्त्रियाँ पुरुषों से अलग है। उनकी बुद्धि, स्वभाव, विचार पुरुष से कम है। इस प्रकार के अमानवीय व्यवहार से सचेत होकर पाश्चात्य देशों की स्त्रियों ने सदियों से होते आये शोषण के खिलाफ आवाज़ समय-समय पर उठाई है। उसने कई संघर्ष किये हैं। स्त्री-मुक्ति, समानता के लिए आंदोलन किये हैं। इन परिस्थितियों के चलते कई पाश्चात्य देशों में कई प्रकार के वाद, सिद्धांतों का जन्म हुआ। जैसे बुर्जुआ, समाजवाद, उदारवाद, उग्रवाद, विद्रोह, स्त्रीवादी सिद्धांतों ने समय-समय पर स्त्री की स्थिति पर विचार-विमर्श किया गया।

बुर्जुआ: दृष्टिकोण के अंतर्गत नागरिक अधिकारों की घोषणा के साथ स्त्री पुरुष के बीच सामाजिक, राजनीतिक समानता की मांग को केंद्र में रख कर स्त्री की समान मानवीय अधिकार और परंपरागत चले आ रहे नैतिक मूल्यों को चुनौतियाँ दी गयी हैं।

समाजवादी दृष्टिकोण में स्त्री की सामाजिकता की मांग को उठा कर स्त्री से ही समाज का स्वास्थ्य और स्वतंत्रता निर्भर है की घोषणा कर, स्त्री की सामाजिक व्यवस्था को सुधारने का प्रयत्न किया गया है।

उदारवादियों ने स्त्री की कानूनी समानता, राजनैतिक, आर्थिक, सामाजिक अधिकारों को केंद्र में रखकर स्त्री-मुक्ति के विचार को जन्म दिया है। वहीं उग्रवादियों ने पुनरुत्थान, पुनरुत्पादन की अनुभव शक्ति को केंद्र में रखकर पुनरुत्पादित लैंगिकता के विषय में विचार-विमर्श किया है।

विद्रोहियों ने दृष्टिकोण में स्त्री के उत्पीड़न के औपचारिक कानूनी अधिकारों पर अमल लाने की बात को उठाया गया है। ब्लॉकवादी दृष्टि में स्त्रियों के दोहरे शोषणों के मानदंडों को उजागर किया गया है। तीसरी दुनिया का स्त्रीवाद में साम्राज्यवाद, नवउपनिवेशवाद व्यवस्था, उद्योगीकरण व्यवस्था तथा पूंजीवाद के विरुद्ध एक राष्ट्रीय जनवादी क्रांति के साथ स्त्री-मुक्ति आंदोलन के तथ्यों को दर्शाया गया है। जिसमें स्त्री सामाजिक व्यवस्था के कारण आज भी मुक्ति के लिए संघर्ष कर रही है। वास्तविक परिस्थितियों के कारण स्त्री की स्थिति आज भी ऐसी ही बनी हुई है। ये सिद्धांत समय-समय पर बदलते रहे हैं। स्त्री की व्यवस्था, उसकी स्थिति, मुक्ति मांग, अधिकारों को साहित्यिक माध्यमों से, सामाजिक परिवर्तनों से उसका समाधान करने का प्रयत्न किया गया है।

भारतीय दृष्टिकोण में स्त्री का इतिहास प्राचीन काल से गुलामी की जंजीरों में जकड़ा नज़र आता है। भारतीय इतिहास में स्त्री को कई रूपों में विभाजित किया गया है। हर रूप में उसका आदर, सम्मान, व्यवस्था अलग है। स्त्री की स्थिति भी उसके रूप पर आधारित है। भारतीय स्त्री का रहन-सहन, रीति-रिवाज, परिवेश, संस्कृति, सभ्यता, परंपरा, नैतिक मूल्य, सामाजिक व्यवस्था, पाश्चात्य स्त्रियों से काफी अलग है। भारतीय स्त्रियों को कभी भी पुरुषों के खिलाफ समानता और स्वतंत्रता की लड़ाई नहीं करनी पड़ी क्योंकि भारतीय स्त्री का संघर्ष पुरुष के खिलाफ न होकर उस व्यवस्था के खिलाफ है जिसे वह बदलने की कोशिश में है। भारत में स्त्री-मुक्ति सामाजिक स्थिति है, कोई नारा नहीं है। भारतीय पुरुषों ने ही स्त्री को राष्ट्रीय संग्रह के साथ उसके अधिकार और स्त्री मुक्ति के संघर्ष का मार्ग दिखाया था। राष्ट्रीयवादियों ने ही स्त्रियों को प्रोत्साहित, प्रेरित किया था कि वे स्वतंत्रता संग्राम में अपना सहयोग दे।

प्राचीन काल में स्त्री को देवी जैसा सम्मान दिया, पर रखा पारंपरिक मूल्यों के हिसाब से। माँ, पत्नी रूपी को आदर दिया वहीं अन्य स्त्री रूपों को आश्रित एवं अधीन रखा गया। पुरुष सत्ता का विचार था कि उनके बिना स्त्रियों का कोई स्वयं का अस्तित्व नहीं है। स्त्री को गिद्द, जानवर

जैसी उपमा दी गई थी। शूद्र से उसकी तुलना की गई थी। कई अपशब्दों से प्रताड़ित, अपमानित किया गया था। पुराणों में स्त्री को संपत्ति मानकर जुए के दाव पर लगा दिया गया था, स्त्री को कमजोर, निम्न जाति, लिंग जैसे संर्दभों से व्याख्यायित किया गया था।

मध्यकाल में आक्रमणों के फलस्वरूप स्त्री को नयी विषम परिस्थितियों से गुजरना पड़ा। पर्दा-प्रथा, बाल विवाह, विधवा विवाह, जोहार प्रथा, सती प्रथा, अनेक ऐसी कुप्रथाओं ने जन्म लिया जिसके शिकंजे से आज तक की भारतीय स्त्री निकलने में असमर्थ है। शिक्षा से वंचित रखा गया, जिससे वह अंधविश्वास, आडंबरों के जाल में फंसती चली गई। सामाजिक व्यवस्था ऐसी बनी कि स्त्री को घर की चारदीवारी में दमघोंटू स्थिति में छटपटाते हुए रहना पड़ा। शारीरिक, मानसिक, बौद्धिक दुर्बलताओं के चलते स्त्री में कुंठा, संत्रास ने जन्म लिया। स्त्री का दमन पितृसत्तात्मक व्यवस्था, सामाजिक वातावरण, आर्थिक परिस्थितियों के कारण आज भी परंपरागत मूल्यों में स्थित है।

आधुनिक काल में स्त्री व्यक्ति स्वतंत्रता के लाभ से लाभान्वित होकर पुरुष की दासता से बिलकुल मुक्त स्वतंत्र अस्तित्व रखनेवाली हो गई। आधुनिक काल में भी सामंतवाद का प्रचंड तांडव यथा-तथा केंद्र में ही था। इस काल में रूढ़ियों की श्रृंखलाओं में जकड़ी स्त्री अशिक्षित, बाल-विवाह, बेमेल विवाह, वेश्यावृत्ति ऐसी महत्वहीन सामाजिक स्थितियों से ग्रस्त थी। हमारे समाज में कुरीतियाँ हर वर्ग की स्त्री में समाहित हैं। इन आडंबर को खत्म करने के लिए नवजागरण काल का उदय हुआ। स्त्री समता और स्त्री-मुक्ति, स्त्री-शिक्षा पर ध्यान दिया।

स्वतंत्रता पूर्व की स्त्री चारदीवारी को लाँघ नहीं पायी क्योंकि परंपरागत मूल्य, पितृसत्तात्मक नैतिकता उसके आड़े आते गये। सुशिक्षित पुरुष सत्ता ने आज भी स्त्री को अधिकारों से वंचित रखा है। आज भी स्त्री अपने परिवार, समाज में कठपुतली की तरह नाच रही है। स्त्री जिस परंपरा का शिकार है वह सदियों से हजारों शाखों से बनी है जिसे पुरुष के साथ स्त्री ने भी बनाया है। एक पूरी जीवनगत सामूहिक व्यवस्था जिसमें स्त्री

का वर्तमान भी समाहित है। स्त्री कभी भी अपने आपको अनावृत्त नहीं कर पायी क्यों समाज, परिवार, सांस्कृतिक स्थिति, पारंपरिक नैतिकता, सामाजिक परिवेश यथा-तथा बना पड़ा रहा है। सभ्यता का स्तर जितना ऊँचा होता गया स्त्री पर उतनी पाबंदी, उतना ही अंकुश लगता गया, जिसमें उसकी जीवन शैली अधिक से अधिक कठोर होती गयी।

वास्तविक परिस्थितियों के इस दृष्टिकोण में समाज में स्त्रियों और उसकी वास्तविकताओं, उसकी परिस्थिति तथा उसके मुक्ति संघर्षों पर आंदोलन का विचार किया जिसमें उसके देवी और चंडी के रूप से लेकर अबला, असहाय जीवन की वास्तविक दृष्टिकोण के तत्वों को प्राचीनकाल में, मध्यकाल में, आधुनिक काल में तथा स्वतंत्रतापूर्व, स्वतंत्रता के बाद तथा इक्कीसवीं सदी तक के बदलते परिवेश में स्त्री की भिन्न-भिन्न परिस्थितियों का विचार-विमर्श स्त्री के सामाजिक जवीन के उतार-चढ़ाव, उसके शोषण, अत्याचार, दमन की वास्तविकता को प्रस्तुत करने का प्रयास किया गया है।

भारतीय स्त्री मुक्ति की मांग प्राचीन समय से लेकर आज तक की यात्रा अत्यधिक संघर्षमयी रही है। शिक्षित हो स्त्री अपनी जरूरतों के प्रति जागरूक हुई है। जागृति और पूर्ण रूपेण ने उसे आगे बढ़ाया है। जिससे वह अधिक कुंठित, पीड़ित नज़र आती है। समानता की इस प्रतिस्पर्धा में स्त्री-पुरुष के पारिवारिक जीवन में अत्यधिक गहरी होती खाई नज़र आती है। जिससे उभरना स्त्री के लिए और भी संघर्षमयी हो गया है।

साहित्यिक दृष्टिकोण में समाज के बदलते स्वरूप, रुचियों, परिस्थितियों, प्रतिस्पर्धी व्यवस्था का चित्रण होता है। साहित्य की अनेक विधाओं में समाज की प्रवृत्तियों, व्यवस्था तथा परिस्थितियों का चित्रण सटीक रूप से दर्शाया गया है। साहित्य में भावपक्ष की आत्मा एवं अनुभूति तथा कलापक्ष की बाह्य अभिव्यक्ति समाहित रहती है। साहित्य में उपन्यास का प्रादुर्भाव 19 वीं शताब्दी में हुआ है। जीवन के रंगमंच पर स्त्री-पुरुष की उपस्थिति जिस प्रकार अनिवार्य समझी जाती है उसी प्रकार प्राचीनकाल

से लेकर आधुनिक कालीन साहित्य में कई विधाओं में स्त्री-पुरुष का चित्रण समान रूप से होने लगा है। साहित्यिक दृष्टिकोण में साहित्य की रचनाओं में स्त्री का योगदान किस प्रकार और किन-किन तथ्यों को लेकर सामने आया है उसका विवरण किया गया है।

साहित्यिक निर्माण में स्त्री लेखिकाओं का प्राचीनकाल से ही योगदान रहा है। स्त्री जीवन की व्यथा-कथा का आंशिक मात्र में वर्णन मिलता है। लेखिकाओं ने अनुभूति और काल्पनिक धरातल पर स्त्री जीवन को इस काल में व्याख्यायित किया है। साहित्य की अधिकांश विषय वस्तु स्त्री समुदाय के यथार्थ जीवन की विशिष्टताओं के ही तथ्यों को उजागर करती है। इन्हीं तथ्यों का विचार प्राचीन, मध्य, आधुनिक कालीन स्त्री लेखन में देखा जा सकता है।

प्राचीनकाल में स्त्री शिक्षित होने के कारण साहित्य लेखन कर सकी। वे ही स्त्रियाँ साहित्य लेखन में सक्रिय रहीं जो विदुषी, ऋषिकाय थी। सामान्य जन की स्त्री केवल प्रेरणा के रूप में ही उपस्थित थी। स्वयं का सृजन लेकर नहीं। इस काल की स्त्रियों ने लेखन किया पर स्त्री-विमर्श के तथ्यों को सही दिशा न दे पाईं। मध्यकाल में स्त्री जीवन का ह्रास दृष्टिगत होता है। उसे आक्रामक स्थिति का शिकार होना पड़ा। आधुनिक काल में स्त्री लेखन सुधार की दिशा में दिखाई देता है। इस काल में स्त्री की सामाजिक, वर्तमान परिस्थितियों, विसंगतिपूर्ण वातावरण, राष्ट्रीय भावना, विद्रोह के स्वर आदि तथ्यों को लेखन का माध्यम बनाया गया है। स्त्री प्रश्नों के मानसिक, शारीरिक दृष्टिकोणों, सामाजिक विषमताओं जैसे तथ्यों को लेखिकाओं ने अपनी रचनाओं में स्त्री विचार को नये ढंग से व्याख्यायित किया। साहित्य सृजन में स्त्री लेखिकाओं ने स्त्री को केंद्र में कर रखा है। स्त्री के संवेदनशील रूप को उभार कर, उसके प्रश्नों के समाधान को तथ्यपरक रूप से सुलझाने का प्रयास किया गया है।

हिंदी उपन्यासों में स्त्री नाम मात्र के लिए चित्रित होती थी। स्त्री किसी-न-किसी रूप में वर्णन का विषय रही थी। यह वास्तविकता के

धरातल से कोसों दूर नज़र आती थी। उपन्यासों में स्त्री की परिस्थिति हमेशा से समयानुकूल रही है। युगीन परिस्थितियों के अनुसार ही उपन्यासों ने स्त्री जीवन के तथ्य और सत्य को चित्रित किया है। स्त्री के तथ्य और सत्य का विवरण हिंदी उपन्यासों के दृष्टिकोण में प्राचीन, मध्य, आधुनिक काल के उपन्यासों में चर्चा की गई है। अध्ययन की दृष्टि से प्रेमचंदपूर्व, प्रेमचंद युग तथा प्रेमचंदोत्तर काल के उपन्यासों में स्त्री-विमर्श का विवेचन किया गया है।

प्रेमचंदपूर्व स्त्री को अशिक्षित, गंवार, पारंपरिक मूल्यों में जीनेवाली स्त्री के रूप में चित्रित किया है। अशिक्षित, गंवार होने के कारण वह परंपरागत मूल्यों, रूढ़ि-नीतियों, कुप्रथाओं, आडंबरों तथा अंधविश्वासों में अधिक ध्यान देती थी। स्त्री का मानवीयता से कोई सरोकार नहीं था। यथार्थ से कोसों दूर थी। स्त्री रूप इन उपन्यासों में प्रेयसी, सुंदरी, मृदुभाषिणी, वेश्या, रूप में चित्रित हुआ था। स्त्री का सामग्री मात्र सनातनी रूप ही इन उपन्यासों में दृष्टिगत होता है।

प्रेमचंदकालीन उपन्यासों में स्त्री-विमर्श विषयक कई तथ्यों को उजागर किया गया है। इस युग के उपन्यासकारों ने स्त्री की दशा-स्थिति तथा सामाजिक विषमताओं का निवारण करने का प्रयास किया है। स्त्री की वास्तविकताओं को, आदर्शोन्मुख यथार्थवादी धरातल पर साहित्य में केंद्रित किया गया है। सामाजिक व्यवस्था और जर्जर मान्यताओं को तोड़ने का प्रयास किया गया है। स्त्री के सामाजिक, पारिवारिक पक्ष के साथ आर्थिक पक्ष को भी दर्शाया गया है। पराधीनता के प्रति विद्रोह, स्त्री जागरण, सम्मिलित परिवारों का विघटन, दाम्पत्य जीवन की विषमताओं जैसे तथ्यों का चित्रण सहज रूप में किया गया है।

प्रेमचंदोत्तर काल में स्त्री की विभिन्न समस्याओं के साथ विभिन्न स्वरूपों को मनोवैज्ञानिक दृष्टि से प्रस्तुत किया गया है। स्त्री के बाह्य एवं आंतरिक मानदंडों के बदलते हुए संदर्भों का, स्त्री के अस्तित्व की खोज का, सामाजिक, पारिवारिक, व्यक्तिगत धरातल पर खोजती हुई स्त्री का चित्रण दिखाई देता है। आधुनिक बोध के हिंदी उपन्यास में स्त्री शोषण,

स्त्री जीवन के प्रश्न, उत्पीड़न समस्याओं को अपना केंद्रीय विषय बनाया है। फिर भी लेखक परंपरागत चलते आ रहे पुरुष सत्ता के ही पक्षधर दिखाई देते हैं। घुमा-फिराकर पुरुष सत्ता का ही गुणगान दर्शाया गया है।

19 वीं सदी के अंत से ही स्त्री लेखिकाओं ने स्त्री-विमर्श पर अपनी लेखनी चलाई है। स्वतंत्रता पूर्व लेखिकाओं ने उपदेशात्मक उपन्यासों की रचना की। पर ये उपन्यास समाज में स्त्री रूप को वैयक्तिकता प्रदान न कर सके। साठोत्तर पूर्व हिंदी उपन्यास लेखिकाओं ने सामाजिक समस्याओं को उद्‌घाटित करनेवाले उपन्यास लिखे। जिसमें स्त्री जीविकोपार्जन और अर्थोपार्जन की समस्याओं को उभारा गया है। स्त्री को उसकी सही पहचान देने में ये लेखिका असमर्थ नज़र आती हैं क्योंकि इनकी नायिका जीविका के लिए वेश्या बनती हैं, नहीं तो आत्महत्या करती हैं। छठे दशक में यानी स्वतंत्रता के बाद वैश्या प्रवृत्ति का निवारण, आर्थिक विपन्नता, सामाजिक व्यवस्था के कटु पहलुओं का चित्रण किया गया है। इस दशक की स्त्री जागरूक हुई है। परिवार के दायित्वों को निष्ठा से निभाती हुई कामकाजी रूप में चित्रित हुई है। जो अपने जीवन संघर्षों को स्वाभिमान, स्वावलंबन, आत्मनिर्भरता के साथ निभाए हुए है। सातवें दशक में स्त्री को अपने 'स्व' का परिचय हो गया है। शिक्षित होने पर स्त्री जागृत हुई है। उसने मुक्ति की लहर पाश्चात्य साहित्य से अपनाई है। इस दशक में स्त्री ने शोषण के खिलाफ एकजुट होकर अपनी आवाज़ उठाई है। स्त्री-प्रश्नों, स्त्री-मुक्ति के लिए सजग दिखाई देती है। मध्यवर्गीय स्त्रियों के जीवन को लेखिकाओं ने अंकित किया है। इस दशक में भी अस्तित्व रक्षा के लिए संघर्ष कर भारतीय स्त्री रूप का ही द्वंद्वात्मक दृष्टिकोण लेखिकाओं ने अपनाया है। आठवें दशक की स्त्री लेखिकाओं का साहित्य चरम सीमा तक पहुँच गया है। स्त्री लेखन की दृष्टि से अपूर्ण है। स्त्री लेखिकाओं ने स्त्री रूप की ही व्याख्या अपनी रचनाओं में अनेक दृष्टिकोणों से दर्शायी है। जो आज की स्त्रीवादी चेतना का पूर्ण वहन करती हुई दिखाई देती है। नये मूल्यों, प्रश्नों को लेकर स्त्री की व्यथा-कथा का चित्रण हुआ है। अपने उपन्यासों में अनेक स्त्रीवादी नायिकाओं को गढ़ा है! जो आज की विषम एवं जटिल समस्याओं, संघर्षों, व्यथाओं,

व्यक्तित्व की पहचान के लिए संवेदनाओं के धरातल पर आधारित व्यावहारिक एवं मानवतावादी रही हैं।

अंतिम दशक के उपन्यासों में स्त्री-विमर्श में स्त्री लेखिकाओं का लेखन सर्वोपरि है। इस दशक के उपन्यासों का प्रयास स्त्री के सामंतीय संस्कारों से मुक्ति और वैज्ञानिक दबाव से छुटकारा तथा इनमें फंसे उसके अस्त-व्यस्त मन को वास्तविकता का बोध कराना है। लेखिकाओं ने ऐतिहासिक परीक्षण तथा वर्तमान संदर्भ से स्त्री का तत्कालीन स्थिति की केवल पहचान ही नहीं बल्कि उन्हें गंतव्य का बोध भी कराया गया है।

विवेच्य उपन्यासों में स्त्री-विमर्श के अंतर्ग आत्म निर्भरता, स्वावलंबन, मानवीय संवेदना, स्त्री सशक्तीकरण के संदर्भ में विचार-विमर्श हुआ है।

विवेच्य उपन्यासों में आत्मनिर्भर स्त्री की हर समस्या का चित्रण करने में सजग दिखाई देती हैं। कृष्णा सोबती अम्मु के माध्यम से कहलवाती है-"स्त्री का वक्त तब सुधरेगा जब वह अपनी जीविका आप कमाने लगेगी।" यानी स्त्री जब आत्मनिर्भर होगी तभी सभी समस्याओं का अंत होगा।

स्त्री लेखिकाओं के विवेच्य उपन्यासों में स्वावलंबी विद्रोही नायिकाओं का चित्रण हुआ है। ये नायिकाएँ परंपरागत मान्यताओं को तोड़कर अपने व्यक्तित्व के आधार पर नयापन प्रदर्शित करती है। बदलती हुई परिस्थितियों के प्रभाव से स्त्रियों में विद्रोही रूप दिखाई देता है। 'छिन्नमस्ता' की प्रिया, 'अनाम प्रसंग' की ममता, 'ऐ लड़की' की बेटी, 'कठगुलाब' की स्मिता, नमिता, मरियान, असीमा, नर्मदा, नीरजा सभी पात्र, 'आवां' की नमिता पाण्डेय, स्मिता, गौतमी, 'एक जमीन अपनी' की अंकिता, नीता, 'झूला नट' की शीलो, 'अपनी सलीबें' की सुमित्रा, 'दिलो-दानिश' की छुन्ना बीबी, 'अल्मा कबूतरी' की अल्मा, कदमबाई, 'आपने-अपने कोणार्क' की कुन्नी, प्रीति, कावेरी, 'चाक' की सारंग, 'यामिनी कथा' की यामिनी, 'अपने-अपने चेहरे' की रमा, 'हमारा शहर

उस बरस' की श्रुति, 'माई' की सुनैना, सभी पात्र प्रगतिशील स्त्रियों के रूप में दर्शायी गई हैं जिन्होंने इस राह पर चलते हुए विद्रोह किया है और अपने-आपको उपेक्षाओं के कटघरे में खड़ा किया है।

विवेच्य उपन्यासों में समान अधिकार की समस्या विविध रूपों में चित्रित है। माँ अपने ही बेटे-बेटियों को समान अधिकार नहीं देती। पत्नी को भी समान अधिकारों से वंचित रहना पड़ता है। जो स्त्री पढ़ी-लिखी है वह समान अधिकार के लिए संघर्ष करती हुई दिखाई देती है।

विवेच्य उपन्यासों में स्त्री के मानवीय संवेदनाओं का चित्रण हुआ है। किस प्रकार सामाजिक व्यवस्था स्त्री का दलन करती है। विवाहित स्त्री के घुटन भरे जीवन को व्याख्यायित किया गया है। पति पत्नी पर अपना सा अधिकार जताना चाहता है जिसके कारण उसे शोषित जैसा जीवन जीना पड़ता है। अत्यधिक शोषण के कारण उसमें मानवीय संवेदना उत्पन्न होती है। उसी प्रकार जब तलाकशुदा स्त्री का दमन समाज के साथ-साथ पुरुष प्रधान परिवार भी अनेक अत्याचार अन्याय करता है तो उसे अपना जीवन घुटन भरा लगता है। अपने इस रूप को मानवीय बनाना चाहती है। विधवा स्त्री की स्थिति आज भी वैसी ही है जैसे सदियों पुरानी थी। पर लेखिकाओं ने विधवा को पुनर्विवाह का संकेत अपने उपन्यासों में दिया है जिससे उसके जीवन में अमूलाग्र परिवर्तन आए। लेखिकाएँ विधवा जीवन की घुटन भरी, उपेक्षित परिस्थितियों को उभारना चाहती है उन्हें मानवीय रूप में व्याख्यायित करना चाहती है।

विवेच्य उपन्यासों में लेखिकाओं ने स्त्री सशक्तीकरण के प्रसंगों के अंतर्गत स्त्री की विशिष्टताओं को और उनकी क्षमताओं को विकसित करने का प्रयास किया गया है। स्त्री परिस्थितिजन्य शोषणों के खिलाफ चेतित बनकर संघर्ष करती है। 'दिलो दानिश' में पत्नी, कुटुंब, रखैल महक सामंती और नवाबी परिवेश की चेतित स्त्रियाँ हैं जो अपने-अपने अस्तित्व बोध के लिए जागरूक हैं। 'इदन्नमम' की स्त्रियाँ सामाजिक व्यवस्था के खिलाफ, ग्रामीण अनीति, हड़पनीति परंपरा के खिलाफ

संघर्ष कर जनमानव के अन्याय, अत्याचार के खिलाफ जन जागृत करती है। मंदा जनसंगठन में प्रशंसनीय कार्य करती है। माफिया ठेकेदारों को ठिकाने लगवाती है। 'कठगुलाब' की स्मिता, नमिता, नर्मदा, असीमा, नीरजा सभी सचेत जागृत स्त्रियाँ हैं। ये सभी पुरुष प्रधान संस्कृति को खत्म करने का प्रयत्न करती हैं। 'छिन्नमस्ता' की प्रिया अपने अस्तित्व की लड़ाई स्वयं लड़ती है। 'कलिकथाःवाया बाइपास' में छोटी बेटी को आधुनिक प्रगतिशील चेतित बेटी, जो चेतित स्त्री को वाणी देने का प्रयास करती है। 'झूला नट' की शीलो, 'चाक' की सारंग, 'अल्मा कबूतरी' की अल्मा, भूरी, 'अपने-अपने चेहरे' की रमा, रीतू, 'पीली आंधी' की सोमा सभी स्त्रियों ने पारंपरिक रूढ़िग्रस्त मान्यताओं को चुनौती दी है। स्त्री संहिताओं का खंडन कर चेतित हुई हैं। अन्याय, अत्याचार, शोषण, उपेक्षा, अवमानना, पुरुष के अमानवीय व्यवहार के विरुद्ध विद्रोह किया है। स्त्री संहिताओं की सभी मान्यताओं को दृढ़ता और साहस के साथ चुनौती दी है। सभी स्त्रियों में चेतना जागृत हुए हैं। अपने अधिकार, सम्मान, आत्मनिर्भरता के लिए, अपनी अस्मिता, अस्तित्वबोध के लिए, अपने स्वाभिमान के लिए। 'ऐ लड़की' की अम्मू, 'अपनी सलीबे' की सुमित्रा देवी, 'एक जमीन अपनी की माँ सभी स्त्रियाँ अपनी बेटी के भावी जीवन के लिए चेतित हुई हैं। उनके भविष्य के लिए चिंतित नज़र आती हैं।

विवेच्य उपन्यासों की सभी पात्र पितृसत्तात्मक व्यवस्था के नियमों को निभाती हुई पराधीनता की समस्या से गुजर रही हैं। पराधीनता की जकड़बंधी को तोड़कर नया जीवन बिताना चाह रही है। समाज की संहिता को तोड़ कर अपने अस्तित्व के लिए विद्रोही बन समाज के नियमों का खंडन कर रही है। इदन्नमम की प्रेम परंपरा मुक्त विधवा स्त्री है जिसने परंपरागत वैधव्य की चौखट को पूर्णतः नष्ट कर दिया। छिन्नमस्ता की प्रिया भी परंपरा तथा पराधीनता की समस्या से ग्रस्त है और विद्रोही बन कर पति को छोड़ देती है। झूला नट की शीलो परंपरा मुक्त स्त्री का चित्रण है जो देवर से संबंध तो रखती है पर उससे विवाह नहीं करना चाहती। शीलो परंपरा के सभी हद पार कर विद्रोही बन गई

है। अपने जीवन को अपने हिसाब से जीना चाहती है।

स्त्री का सामाजिक जीवन अर्थहीन है। समाज की विसंगतिपूर्ण वातावरण से कुछ स्त्रियाँ विद्रोह करती हैं जिसका नतीजा उन्हें मौत के घाट उतार दिया जाता है। कुछ स्त्रियाँ ऐसी भी हैं जो सामाजिक भय के कारण पति की उपेक्षा सहती हैं। अन्याय-अत्याचार को सहती हुई उनसे बिछुड़ना नहीं चाहती। समाज में आज भी स्त्री पूरी स्वतंत्रता के साथ स्वस्थ जीवन जीने में असमर्थ है। सामाजिक व्यवस्था में अब भी स्त्री का जीवन अनुकूल नहीं है। कहीं बलात्कार की शिकार है, कहीं धोखे, कहीं छेड़छाड़, भेड़ियों की दृष्टि से बचने में वह असमर्थ है। कहीं दहेज के शोषण से पीड़ित है। विधवा, अकेलापन, नौकरीपेशा स्त्री, दहेज, अमानुषता का व्यवहार, स्त्री के सामाजिक जीवन को डावाडोल कर देता है। इन विसंगतिपूर्ण विषमताओं का शिकार स्त्री हमेशा से रहती आई है और शायद आगे भी रहती रहेगी। चाहे कितनी भी आधुनिकता समाज में आ जाए स्त्री की स्थिति में कहीं कोई सुधार नहीं। शायद संदर्भ बदल अवश्य गये हों।

विवेच्य उपन्यासों में कारण कैसा भी हो, जो भी हो पति द्वारा ही स्त्री का वैवाहिक जीवन साररहित हो गया है। नीरस जीवन से स्त्री ऊबकर विद्रोहिणी बन गयी है। पुरुष ने उसे हर पल छला है। उसे अपमानित, प्रताड़ित, उपेक्षित किया जिसके कारण वह वैवाहिक जीवन को सफल बनाने में असमर्थ रही है। उसका वैवाहिक जीवन पति के कारण अस्त-व्यस्त हो गया है। अन्याय, अत्याचार, मानसिक तथा शारीरिक तनाव के कारण स्त्री ने संबंध विच्छेद किये हैं जिसने नहीं किये घुट-घुट कर मर गयी।

विवेच्य उपन्यासों में युवतियाँ अपने ही परिजनों, पिता, भाई, जीजी, मौसा, मामा के शोषणों का, उनकी वासना, विकृत यौन मानसिकता की शिकार होती है। छिन्नमस्ता की प्रिया अपने भाई से कठगुलाब की स्मिता अपने जीजा के आवां की नमिता अपने मौसा और अपने सलीबे की मीना गांव के जमींनदारो के शोषण का शिकार होती है।

समाज में बलात्कार एक प्रकार का दंश है जो स्त्री के लिए जीवन भर कुण्ठा, संत्रास तथा असहनीय अपमानजनक हो जाता है। स्त्री समाज के अतातियों से ही नहीं परिवारजनों, परिजनों की हवस का शिकार बनती है। अपने जीवन को प्रगति के लिए समर्पित कर समाज में बलात्कृत स्त्री को शोषित, कुंठा, आत्मग्लानी, अपराधबोधी अवस्था में ही अपना जीवन व्यतीत करना पड़ता है।

विवेच्य उपन्यासों में रखैल की प्रवृत्ति का चित्रण हुआ है। 'दिलो दानिश' की रखैल परंपरा नवाबी वातावरण की देन है जिसमें ये परंपरागत अनुकरण करते हैं और उनसे जन्मे संतानों को उनका सही हक देने का प्रयत्न करते हैं। अवैध संतानों के प्रति उनकी आत्मीयता पर विचार किया गया है। 'इदन्नमम', 'अल्मा कबूतरी', 'कलिकथा:वाया बाइपास' की रखैल परंपरा पूँजीवादी, युग की देन है। जिसमें रखैलों की आर्थिक विपन्नता का फायदा उठाया जाता है। ये स्त्रियाँ अपनी आर्थिक कमजोरी के कारण इनसे जुड़ी रहती है। और धनिकों की रखैल बन कर रह जाती है। कहीं-कहीं प्यार के जाल में फांस कर उन्हें सामाजिक उपेक्षा, पारिवारिक अवमानना का शिकार बनाते हैं। इनमें पढ़ी-लिखी स्त्रियाँ हैं जो प्रेम जाल में फंस कर जीवन भर दूसरी औरत बन गई है- 'अपने अपने चेहरे' की रमा, 'छिन्नमस्ता' की तिलोत्तमा, 'दिलो दानिश' की महकरानो इसके उदाहरण हैं।

विवेच्य उपन्यासों में स्त्री के प्रेम की समस्या उत्पन्न हुई है। स्त्री प्रेम करती है पर सफल नहीं बन पाती। अगर सफल हो भी जाय तो विवाह के बाद अंत तक टिक नहीं पाती जैसे अंकिता इसका उदाहरण है। प्रेम की समस्या लड़कियों को ज्यादा विद्रोही बनाती है। क्योंकि माता-पिता, अपनी परंपराओं से युक्त रहते हैं। ममता एवं कनु इसके उदाहरण हैं। कुछ विवाहित स्त्रियाँ, पति, परिवार के रुष्ठ, अवमानना भरे वातावरण से ऊब कर प्रेम करती है सोमा इसका उदाहरण है। 'चाक' की गुलकंदी को प्रेम की सजा मौत मिलती है। कारण कौन सा भी हो स्त्री को प्रेम की समस्या से जूझना पड़ता है। इस प्रकार के शोषण का शिकार बनना पड़ता है।

विवेच्य उपन्यासों में पुनरुत्पत्ति के विषय में लेखिकाओं ने कई तथ्य खोज निकाले हैं जिनके कारण स्त्री अपने जीवन को सही ढंग से व्यवस्थित कर सके। पुनरुत्पत्ति में लैंगिक समानता, सुरक्षा तथा प्रजनन प्रक्रिया के मुद्दे उठा कर उनमें नवनिर्माण का संकेत छोड़ा है। आधुनिक धरा में बहती आधुनिकताओं को सचेत किया है कि कोई भी काम करो सोच समझ कर सावधानी से करो। तथा ऐसे कामी से आत्मसम्मान को ठेस न पहुँचे। अपने जीवन को स्त्री से सम्पूर्णता से जीये।

विवेच्य उपन्यासों में भाषा की अभिव्यक्ति के लिए लेखिकाओं ने अपने उपन्यासों में नये प्रयोग, नया सृजन तथा प्रयोगधर्मिता की नवीन प्रस्तुति भाषा के माध्यम से दर्शायी है।

भाषा समाज के विचार-विनिमय का साधन है तथा लेखिकाओं ने अपनी भावनाओं की अभिव्यक्ति के लिए भाषा को माध्यम बनाया है।

बोलचाल की भाषा का प्रयोग लेखिकाओं ने परिवेशजन्म एवं कथावस्तु को आगे बढ़ाने के लिए किया है। स्पष्ट है कि गाँव के लोगों की, सामान्य जन की, अशिक्षित व्यक्तियों तथा स्त्रियाँ सामान्य रूप से बातचीत करते समय बोलचाल के वाक्यों, शब्दों का प्रयोग करती हैं। इनके आपसी संवादों, संदर्भों में हम बोलचाल की झलक देख सकते हैं जो सरल, सरस, प्रवाहमयी हो जाती है।

विवेच्य उपन्यासों में प्रसंगानुकूल भाषा में चित्रात्मकता के दर्शन भी होते हैं। किसी संदर्भ का चित्रण करते समय लेखिकाएँ वातावरण, स्थिति, परिवेश, कुछ घटित उदाहरणों को प्रस्तुत करती है जिनको पढ़ने पर पाठक के मन में स्थिति, परिवेश का बोध हो जाता है। ऐसी भाषा रूपों को चित्रात्मक भाषा कहते हैं। विषयानुसार अनुभूतियों की अभिव्यक्ति लेखिकाओं ने चित्रात्मक भाषा के माध्यम से प्रस्तुत किया है।

भावों की अभिव्यक्ति के लिए लेखिकाओं ने प्रतीक, बिंब, सोंकतिक भाषा का प्रयोग किया है। कलिकथाःवाया बाइपास, हमारा शहर उस बरस, आवां, चाक, कठगुलाब आदि उपन्यासों में प्रतीकात्मकता को

सुंदर रूप में ढाला है। चाक, यह समयचक्र का प्रतीक है। चाक, आवां, एक जलती भट्टी का प्रतीक है। कठगुलाब स्त्री जाति की उभरती वेदना का प्रतीक है। स्पष्ट है कि ये प्रतीक आज की स्थिति, युग धर्म, जीवन में संघर्षरत स्त्री का प्रयत्नशील रूप उजागर करते हैं। लेखिकाओं ने बिंबों को आस-पास की प्रकृति तथा जीवन संदर्भों के भोगे यथार्थ से ग्रहण किया है। समस्याओं के समाधान के लिए अनेक संकेतों को प्रस्तुत किया है। लेखिकाओं ने अपने भाव, विचार को सांकेतिक प्रयोजन द्वारा दर्शाया है।

लेखिकाओं ने स्त्री की परिस्थिति, सामाजिक व्यवस्था में स्त्री का स्थान, पारंपरिकता की आड़ में स्त्री पर शोषण, अत्याचार, आडंबरों का चित्रण, चेतनात्मक भाषा एवं चिंतनपरक भाषा में उदाहरणों के साथ प्रस्तुत किये हैं। चेतनात्मक भाषा के माध्यम से स्त्री के अस्तित्व का बोध कराया गया है। स्त्री की सदियों से चली आ रही स्थिति और वर्तमान में स्त्री की बदलती सोच पर चिंता व्यक्त की है। ये स्त्री को स्त्री बने रहने तथा अपनी स्व की पहचान को बनाने के विषय में चिंता प्रस्तुत करती है।

संदर्भ ग्रंथ सूची

आधार ग्रंथ

1 अल्मा कबूतरी, मैत्रेयी पुष्पा, किताब घर, रजकमल प्रकाशन, नई दिल्ली, प्र.सं.2000, दूसरी आवृत्ति, 2009

2 अपने-अपने कोणार्क, चंद्रकांता, राजकमल प्रकाशन, नई दिल्ली, 1995 पेपर बैक्स, प्र.सं.2006

3 अपने-अपने चेहरे, प्रभा खेतान, राजकमल प्रकाशन, नई दिल्ली, प्र.सं.1995

4 अपनी सलीबें, नमिता सिंह, वाणी प्रकाशन, नई दिल्ली, प्र.सं.1995, पेपर बैक्स, 2008

5 अनाम प्रसंग, मीना शर्मा, राधाकृष्ण प्रकाशन, नई दिल्ली, प्र.सं. 1995, पेपर बैक्स, 2008

6 आवां, चित्रा मुद्‌गल, सामयिक प्रकाशन, नई दिल्ली, प्र.सं. 2000, संस्करण 2008

7 आओ पेपे घर चलें, प्रभा खेतान, सरस्वती विहार, जी.टी. रोड, नई दिल्ली, प्र.सं.1990

8 इदन्नमम, मैत्रेयी पुष्पा, किताब घर, राजकमल प्रकाशन, नई दिल्ली, प्र.सं.1994, राजकमल पेपर बैक्स, 2006

9 एक जमीन अपनी, चित्रा मुद्‌गल, सामयिक प्रकाशन, नई दिल्ली, प्र.सं.1990, चौथा आवरण, 2009

10 ऐ लड़की, कृष्णा सोबती, राजकमल प्रकाशन, नई दिल्ली, प्र.सं.1991, राजकमल पेपर बैक्स, पहली आवृत्ति, 2010

11 कठगुलाब, मृदुला गर्ग, भारतीय ज्ञानपीठ, सामयिक प्रकाशन, नई दिल्ली, प्र.सं.1996, पांचवां सं.2009

12 कलिकथाः वाया बाईपास, अलका सारावगी, आधार प्रकाशन, हरियाणा, प्र.सं.1998

13 चाक, मैत्रेयी पुष्पा , किताब घर, राजकमल प्रकाशन, नई दिल्ली, 1997, तीसरी आवृत्ति, 2009

14 छिन्नमस्ता, प्रभा खेतान, राजकमल प्रकाशन, नई दिल्ली, प्र.सं.1991, पेपर बैक्स, चौथा आवरण, 2006

15 झूला नट, मैत्रेयी पुष्पा, किताब घर, राजकमल प्रकाशन, नई दिल्ली, प्र.सं.1999

16 तालाबंधी, प्रभा खेतान, सरस्वती विहार, जी.टी.रोड, नई दिल्ली, प्र.सं.1991

17 दिलो दानिश, कृष्णा सोबती, राजकमल प्रकाशन, नई दिल्ली, प्र.सं.1993

18 पीली आंधी, प्रभा खेतान, राजकमल प्रकाशन, नई दिल्ली, प्र.सं.1995

19 बेतवा बहती रही, मैत्रेयी पुष्पा, किताब घर, राजकमल प्रकाशन, नई दिल्ली, प्र.सं.1993, 2007

20 माई, गीतांजलि श्री, राजकमल प्रकाशन, नई दिल्ली, प्र.सं.1993

21 हमारा शहर उस बरस, गीतांजलि श्री, राजकमल प्रकाशन, नई दिल्ली, प्र.सं.1998, पेपर बैक्स 2007

22 यामिनी कथा, सूर्यबाला, ज्ञानगंगा, 205, सी चावडी बाजार, नई दिल्ली, प्र.सं.1991

संदर्भ एवं सहायक ग्रंथ

1 अनुवाद समीक्षा, डॉ.सी.अन्नपूर्णा ,चर्क प्रकाशन, नल्लकुंटा, हैदराबाद, प्र.सं.1998

2 अतीत होती सदी और स्त्री का भविष्य, बृजेंद्र वर्मा, अक्षर प्रकाशन, प्र.सं.2001

3 अनुवाद विज्ञान, भोलानाथ तिवारी, शब्दकार प्रकाशन, दिल्ली, 2002

4 अमलताश, शशि प्रभा शास्त्री, वाणी प्रकाशन, 1993

5 आलोचना के आगे, सुधीश पचौरी, राधाकृष्ण प्रकाशन, दिल्ली, प्र.सं.2000

6 आधुनिक हिंदी काव्य की प्रवृत्तियाँ, डॉ.ओमप्रकाश शर्मा, बोहरा प्रकाशन, जयपुर, 1989

7 आधुनिक काव्य में नारी, उमा शुक्ल,अरविंद प्रकाशन, बंबई, 1996

8 आख्यान महिला विश्वास का, हरिश्चंद्र व्यास,आर्य प्रकाशन मंडल, दिल्ली, प्र.सं.1995

9 आधुनिक कविता के नए मूल्य, डॉ.महेंद्र कार्तिकेय, विद्या प्रकाशन मंदिर, प्र.सं.1984

10 आधी आबादी, इंदु भारती, अनामिका पब्लिशर्स, 2005

11 आठवें तथा नवें दशक के हिंदी उपन्यासों में नारी, डॉ.वंदना सोपानराव मोहिते, अन्नपूर्णा प्रकाशन, कानपुर, 2007

12 औरतः अस्तित्व और अस्मिता अरविंद जैन, भूमिका प्रभा खेतान, राजकमल प्रकाशन, प्र.सं.2001, द्वि.सं.2009

13 औरत के हक में, तसलीमा नसरीन, वाणी प्रकाशन, नई दिल्ली, 2007

14 इक्कीसवीं सदी की ओर, सुमन कृष्णकांत, राजकमल प्रकाशन, नई दिल्ली, प्र.सं.2001

15 उत्तर-आधुनिक साहित्यिक विमर्श, सुधीश पचौरी, वाणी प्रकाशन, प्र.सं.2006

16 उपनिवेश में स्त्री, प्रभा खेतान, राजकमल प्रकाशन, नई दिल्ली, प्र.सं.2003

17 उपन्यासों की समकालीनता, ज्योतिष जोशी, भारतीय ज्ञानपीठ, नई दिल्ली, प्र.सं.2007

18 उषा देवी मित्रा व्यक्तित्व एवं कृतित्व, प्रभा सक्सेना, पंचशील प्रकाशन, प्र.सं.1984

19 ऐ लड़की में नारी चेतना, डॉ.गरिमा श्रीवास्तव, संजय प्रकाशन, दिल्ली, प्र.सं.2003

20 घरेलू हिंसा वैश्विक संदर्भ, विभा देवसरे, आर्य प्रकाशन मंडल, दिल्ली, प्र.सं.2008

21 जहाँ औरत गढ़ी जाती है, मृणाल पाण्डे, राधाकृष्ण प्रकाशन, 2006

22 जेंडर व पितृसत्ता पर प्रशिक्षण कार्यशाला समुदाय आधारित नेतृत्व कार्यक्रम, 2/14, दूसरी मंजिल, शांति निकेतन, नई दिल्ली-110021

23 दुर्ग द्वार पर दस्तक, कात्यायनी परिकल्पना प्रकाशन, कानपुर, 1994

24 धनंजय वीर, महात्मा ज्योतिबा फूले फादर ऑफ आवर सोशल रेवॉल्यूशन, बंबई, 1965

25 नए उपन्यासों के नए प्रयोग, दंगल झालटे, प्रभात प्रकाशन, नई दिल्ली, प्र.सं.1996

26 नारी चिंतन की नयी चुनौतियाँ, डॉ.राजकुमारी गडकर, अन्नपूर्णा प्रकाशन, कानपुर, प्र.सं.2004

27 नारी शोषणःआईने और आयाम, आशारानी व्होरा, नेशनल पब्लिक हाउस, दिल्ली, प्र.सं.1982

28 नारी प्रश्न, सरला माहेश्वरी, राधाकृष्ण प्रकाशन, नई दिल्ली, प्र.सं.1998, आवृत्ति 2007

29 परिधि पर स्त्री, मृणाल पांडे, राधाकृष्ण प्रकाशन, नई दिल्ली, प्र.सं.1996

30 पांडुलिपि, डॉ.ब्रह्मदेव मिश्र, संकल्प प्रकाशन, बंबई, प्र.सं.1993

31 प्रेमचंद और उनका युग, डॉ.रामविलास शर्मा, राजकमल प्रकाशन, प्र.सं.1993

32 बीसवी सदी के अंतिम दशक के हिंदी उपन्यासों में प्रवृत्तिमूलक अनुशीलन, डॉ.क्षितिज यादवराव धुमाल, अन्नूपर्णा प्रकाशन, 2006, साकेत नगर, कानपुर

33 भारतीय साहित्यः तुलनात्मक अध्ययन, ब्रजेश्वर शर्मा, केंद्रीय हिंदी संस्थान, आगरा, प्र.सं.2001

34 भारतीय समाज में कार्यशील महिलाएँ, डॉ.सुलोचना श्रीहरी देशपांडे, श्रुति पब्लिकेशन, जयपुर, प्र.सं.2006

35 महिला उपन्यासकारों में नारीवादी दृष्टि, डॉ.अमर ज्योति, अन्नूपर्णा प्रकाशन, 1999

36 मार्क्स-एंगेल्स संकलित रचनाएँ, लूई बोनापति, 18 वीं ब्रमेर भाग-1, प्रगति प्रकाशन, मास्के

37 मानवाधिकार और महिलाएँ, डॉ.निशांत सिंह, राधा पब्लिकेशन, नई दिल्ली-110002, प्र.सं.2008

38 साहित्य का श्रेय और प्रेय, जैनेंद्र कुमार, सर्वोदय प्रकाशन, दिल्ली, प्र.सं.1953

39 साहित्य चिंतन की नयी दिशाएँ, डॉ.लक्ष्मी कांता पाण्डेय,साहित्य रत्नालय, प्र.सं.1995, सत्रहवां संस्करण

40 साठोत्तर हिंदी उपन्यासों में नारी के विविध रूप, डॉ.विमल वर्मा,संगम प्रकाशन, इलाहाबाद, 1987

41 स्त्री-सरोकार, आशा रानी व्होरा, आर्य प्रकाशन मंडल, दिल्ली, सं.2006

42 स्त्री-संघर्ष का इतिहास,राधा कुमार, वाणी प्रकाशन, दरियागंज, नई दिल्ली, प्र.सं.2007

43 स्त्रियों की पराधीनता, जॉन स्टुअर्ट मिल, हिंदी अनूदित, राजकमल प्रकाशन, 2002

44 स्त्री सशक्तीकरण के विविध आयाम, ऋषभदेव शर्मा,गीता प्रकाशन, हैदराबाद, प्र.सं.2004

45 स्त्रीत्ववादी विमर्श:समाज और साहित्य, क्षमा शर्मा, राजकमल प्रकाशन, दिल्ली, प्र.सं.2002

46 स्त्रीत्व धारणाएँ एवं यथार्थ, प्रो.कुसुमलता, प्रो.रामेश्वर प्रसाद मिश्र, विश्वविद्यालय प्रकाशन, प्र.सं.2004

47 स्त्री चिंतन की चुनौतियाँ, रेखा कस्तवार, राजकमल प्रकाशन, नई दिल्ली, प्र.सं.2006

48 स्त्री उपेक्षिता, सीमोन द बोउवर, अनू.प्रभा खेतान हिंदी पॉकिट बुक्स, 2002

49 स्त्री अधिकारों का औचित्य साधन, मेरी वोल्सटन क्रॉफ्ट अनू- मीनाक्षा, राजकमल प्रकाशन, प्र.सं.2003, आवृत्ति 2009

50 स्त्री अस्तित्वः साहित्य और विचारधारा, जगदीश्वर चतुर्वेदी सुधा सिंह, आनंद प्रकाशन, प्र.सं.2004

51 स्त्री विमर्श :विविध पहलू, डॉ.कल्पना वर्मा, लोकभारती प्रकाशन, प्र.सं.2009

52 स्त्री-पुरुष कुछ पुनर्विचार, राजकिशोर, वाणी प्रकाशन, दिल्ली, आवृत्ति 2007

53 हिंदी उपन्यासों में नारी, शैल रस्तोगी, वि.भू.प्रकाशन, नई दिल्ली, प्र.सं.1977

54 हिंदी के समकालीन महिला उपन्यासकार, डॉ.एम.वेंकटेश्वर, अन्नपूर्णा प्रकाशन, कानपुर, प्र.सं.2002

55 हिंदी भाषा साहित्य का इतिहास, डॉ.बृजेश्वर प्रसाद, चतुर्वेदी लखनऊ प्रकाशन

56 हिंदी मराठी नाटकों में नारी, डॉ.वसुधा जोशी,चंद्रलोक प्रकाशन, कानपूर, प्र.सं.2001

57 हिंदी के प्रतीक नाटक, रमेश गौतम, नचिकेतन प्रकाशन, नई दिल्ली, 1980

58 हिंदी उपन्यास का इतिहास, गोपाल रॉय, राजकमल प्रकाशन, नई दिल्ली, 2002

59 हिंदी की महिला उपन्यास कोश की मानवीय संवेदना, उषा यादव, राधाकृष्ण प्रकाशन, 1999

अंग्रेज़ी

1. A Vindication of the rights of women-Mery Wollstone craft, Chelsea station, New york, 1792

2. A wormen? Black women and feminism Bell hook's Anint, Soushend press, Briston pub. 1996

3. Feminism and the contradictions of oppression, Carline Roomozoogle-II, West 35th street, New York, 1994

4. Feminist theory:A critic of Ideogogy, Feminist Maxicon method and state Ed.Nannerl.O.Kehane, Michelle Z.Rosaldo and Barbara C.Gelpi, London, Pub-1998

5. Feminism and the women movement, Barbara Ryan, Aninprint of Routledge, New York-1992

6. Female eanuch Germaine Greer, London-Paladin-1970

7. Sexual politics, Kate Millet-Avon Book, New York, 1973

8. The Feminine Mystique, Betty Friden, Penguin Book, U.S.A.

9. The feminist challenge-David Bouchier Machmillon, London-1983

पत्र-पत्रिकाएँ

1. अक्षरा आलोचना विशेषांक, संपा गोविंद मिश्र
2. इक्कीसवीं सदी का नारीवाद, हंस
3. उत्तर प्रदेश साहित्य वार्षिक, 1997
4. कथादेश, जून 1998
5. गुजराती दलित साहित्य में नारी, हरबंस पटेल
6. दस्तावेज, निमिष राय, जुलाई-सितंबर 2005
7. दस्तावेज, जुलाई 2004
8. नारी दलित कुछ और मुद्दे प्रभा खेतान, हंस 1996
9. प्रेमचंद के उपन्यासों में नारी, अपर्णा जिगे पाटिल संचारिका, 2006
10. राकेश कुमार, हंस/जनवरी/1994
11. सूरज पालीवाला- स्त्री-विमर्श
12. सब कुछ ठीक है मगर, 98, वागर्थ जनवरी, 2005
13. संचालिका, अपर्णा जिर्ग पाटील, 2006
14. संचालिका, संजीव कुमार नारवाडे, 2006
15. स्त्रीःअंतिम उपनिवेश, प्रभा खेतान, 75, हंस/सितंबर/2003
16. स्त्री-विमर्श के अंतर्विरोध, प्रभा खेतान, 57/हंस/सितंबर-96, 57/हंस/सितंबर-96
17. स्त्री विमर्श की दिशाएँ, मधूरेश, समीक्षा/हंस/अप्रैल/जून 2005
18. साहित्य की पत्रिका से उद्धत मार्च 2011

19. साहित्यिक चिंतन की नयी दिशाएँ, डॉ.लक्ष्मी कांता पाण्डेय, साहित्य रत्नालय, प्र.सं.1995

20. हंस, मार्च, राजेंद्र यादव, 1993, अगस्त 1996

21. हंस/मार्च/1993

22. हंस, जनवरी, 1994

23. हिंदी मराठी नाटकों में नारी, डॉ.वसुधा जोशी

कोश

1. गोविंद चावक, आधुनिक हिंदी शब्द कोश, तक्षशिला, प्र.सं.1986

2. मनुस्मृति, अध्याय 3.56-57

3. चातक गोविंद, आधुनिक हिंदी शब्दकोश, प्रकाशक-अ.ज.प्रभु, प्रथमावृत्ति 1970

4. संस्कृत हिंदी कोश, वामन शिवराम आप्टे, मोतीलाल बनारसीदास पब्लिकेशन, प्र.सं.196, आवृत्ति-1996

5. श्रीमद्भागवत गीता मुख पृष्ठ-गीता प्रेस, गोरखपुर

6. Oxford English-English-Hindi Dictionary, Dr.Suresh Kumar, Dr.Ramanath Sahai, Oxford University Press, 2008

* * *

Carola Frieß

Das aktienrechtliche Entsendungsrecht im Lichte nationalen Gesellschaftsrechts und europarechtlicher Grundfreiheiten

Carola Frieß

Das aktienrechtliche Entsendungsrecht im Lichte nationalen Gesellschaftsrechts und europarechtlicher Grundfreiheiten

Tectum Verlag

Meinen Eltern

Vorwort

Die vorliegende Untersuchung wurde bei der EBS Universität für Wirtschaft und Recht im Fachbereich Rechtswissenschaften im Herbst 2016 als Disseratation vorgelegt. Literatur und Rechtsprechung konnten bis einschließlich September 2016 berücksichtigt werden.

Während der Entstehung dieser Arbeit haben mich zahlreiche Personen in vielfältiger Weise unterstützt und begleitet. Bei ihnen möchte ich mich aufrichtig bedanken.

Mein ganz besonderer Dank gilt zunächst meinem Doktorvater, Herrn Professor Dr. Markus Ogorek, der diese Arbeit über die Jahre mit großem Engagement betreut hat.

Frau Professorin Dr. Barbara Grunewald möchte ich herzlich für die Erstellung des Zweitgutachtens und Herrn Professor Dr. Michael Nietsch für sein Mitwirken in der Prüfungskommission danken.

Der Studienstiftung des deutschen Volkes verdanke ich nicht nur eine großzügige finanzielle Unterstützung in Form eines Promotionsstipendiums, sondern auch viele interessante Seminare und unbezahlbare Erfahrungen.

Bedanken möchte ich mich auch bei linklaters LLP (Standort Düsseldorf), dort insbesondere bei Herrn Professor Dr. Hans-Ulrich Wilsing und dem gesamten Corporate-Team für die großzügige Zuverfügungstellung eines Arbeitsplatzes, den wertvollen inhaltlichen Austausch und die vielen netten Pläuschchen.

Ganz herzlicher Dank gebührt zudem meinen Freunden und meiner Familie, durch die ich meine Promotionszeit als eine vielseitige, herausfordernde, lehrreiche, schöne und einzigartige Lebensphase in Erinnerung behalten werde. Mein größter Dank gilt dabei meinen Eltern, die mich jederzeit vorbehaltlos unterstützt und ermutigt haben. Ohne sie wäre diese Arbeit wohl nicht entstanden. Die folgende Untersuchung ist daher ihnen gewidmet.

München, im März 2018 Carola Frieß

Inhaltsübersicht

Inhaltsverzeichnis

Abkürzungsverzeichnis

a.A.	andere Ansicht
a.Anf.	am Anfang
a.E.	am Ende
a.F.	alte Fassung
a.M.	am Main
ABl.	Amtsblatt der Europäischen Gemeinschaften Amtsblatt der Europäischen Union
Abs.	Absatz
AcP	Archiv für die civilistsiche Praxis
ADHGB	Allgemeines Deutsches Handelsgesetzbuch
AEUV	Vertrag über die Arbeitsweise der Europäischen Union
AG	Die Aktiengesellschaft
AktG	Aktiengesetz
Alt.	Alternative
AmtlBegr.	amtliche Begründung
Anh.	Anhang
Anm.	Anmerkung
AöR	Archiv des öffentlichen Rechts
Art.	Artikel
Aufl.	Auflage
BayObLG	Bayerisches Oberstes Landesgericht
BB	Betriebs-Berater
Bd.	Band
Begr.	Begründer
BegrGesEnt	Begründung Gesetzentwurf
BegrRegE	Begründung Regierungsentwurf
BGB	Bürgerliches Gesetzbuch
BGBl.	Bundesgesetzblatt
BGH	Bundesgerichtshof
BGHZ	Entscheidungen des Bundesgerichtshofs in Zivilsachen
BHO	Bundeshaushaltsordnung
BKR	Zeitschrift für Bank- und Kapitalmarktrecht
bspw.	beispielsweise
BT-Drucks.	Bundestagsdrucksache

BVerfG	Bundesverfassungsgericht
BVerfGE	Entscheidungen des Bundesverfassungsgerichts
BWGO	Gemeindeordnung für Baden-Württemberg
bzw.	beziehungsweise
CLJ	Cambridge Law Journal
CMLR	Common Market Law Review
Colum. J.Eur. L.	Columbia Journal of European Law
DB	Der Betrieb
ders.	derselbe
dies.	dieselbe/dieselben
Diss. jur.	juristische Dissertation
DNotZ	Deutsche Notar-Zeitschrift
DöV	Die öffentliche Verwaltung
DrittelbG	Gesetz über die Drittelbeteiligung der Arbeitnehmer im Aufsichtsrat
DStR	Deutsches Steuerrecht
DStRE	Deutsches Steuerrecht – Entscheidungsdienst
DVBl.	Deutsches Verwaltungsblatt
ECFR	European Company and Financial Law Review
ECL	European Company Law
EGAktG	Einführungsgesetz zum Aktiengesetz
EGV	Vertrag zur Gründung der Europäischen Gemeinschaft
EGV (Amsterdam)	Vertrag zur Gründung der Europäischen Gemeinschaft (Amsterdam konsolidierte Fassung)
ehem.	ehemals
ELRev	European Law Review
EuGH	Europäischer Gerichtshof
EuGRZ	Europäische Grundrechte-Zeitschrift
EuZW	Europäische Zeitschrift für Wirtschaftsrecht
EUV	Vertrag über die Europäische Union
EuR	Zeitschrift Europarecht
EWG	Vertrag zur Gründung der Europäischen Wirtschaftsgemeinschaft
EWS	Europäisches Wirtschafts- und Steuerrecht
f.	folgende

FamFG	Gesetz über das Verfahren in Familiensachen und in den Angelegenheiten der freiwilligen Gerichtsbarkeit
ff.	fortfolgende
FGG	Gesetz über die Angelegenheiten der freiwilligen Gerichtsbarkeit
Fn.	Fußnote
GA	Generalanwalt
gem.	gemäß
GenG	Gesetz betreffend die Erwerbs- und Wirtschaftsgenossenschaften
ggf.	gegebenenfalls
GLJ	German Law Journal
GmbHG	Gesetz betreffend die Gesellschaften mit beschränkter Haftung
GmbHR	Die GmbH-Rundschau
GPR	Zeitschrift für Gemeinschaftsprivatrecht
GVG	Gerichtsverfassungsgesetz
GWR	Gesellschafts- und Wirtschaftsrecht
h.M.	herrschende Meinung
HessGO	Hessische Gemeindeordnung
HessLHO	Hessische Landeshaushaltsordnung
HGB	Handelsgesetzbuch
HRefG	Gesetz zur Neuregelung des Kaufmanns- und Firmenrechts und zur Änderung anderer handels- und gesellschaftsrechtlicher Vorschriften
Hrsg.	Herausgeber
HRV	Verordnung über die Einrichtung und Führung des Handelsregisters
i.d.F.	in der Fassung
i.E.	im Ergebnis
i.H.v.	in Höhe von
i.S.	im Sinne
i.S.d.	im Sinne des
IStR	Internationales Steuerrecht
i.S.v.	im Sinne von
i.U.	im Übrigen

i.V.m.	in Verbindung mit
IWF	Internationaler Währungsfond
insbes.	insbesondere
JuS	Juristische Schulung
JZ	Juristenzeitung
KG	Kammergericht
KGaA	Kommanditgesellschaft auf Aktien
KonTraG	Gesetz zur Kontrolle und Transparenz im Unternehmensbereich
LG	Landgericht
lit.	Litera
m.w.N.	mit weiteren Nachweisen
MgVG	Gesetz über die Mitbestimmung der Arbeitnehmer bei einer grenzüberschreitenden Verschmelzung
MitbestG	Gesetz über die Mitbestimmung der Arbeitnehmer
Montan-MitbestErgG	Gesetz zur Ergänzung des Gesetzes über die Mitbestimmung der Arbeitnehmer in den Aufsichtsräten und Vorständen der Unternehmen des Bergbaus und der Eisen und Stahl erzeugenden Industrie
Montan -MitbestG	Gesetz über die Mitbestimmung der Arbeitnehmer in den Aufsichtsräten und Vorständen der Unternehmen des Bergbaus und der Eisen und Stahl erzeugenden Industrie
n.F.	neue Fassung
NJOZ	Neue Juristische Online-Zeitschrift
NJW	Neue Juristische Wochenschrift
NJW-RR	Neue Juristische Wochenschrift Rechtsprechungs-Report Zivilrecht
Nr.	Nummer
NRWGO	Gemeindeordnung für das Land Nordrhein-Westfalen
NRWLHO	Landeshaushaltsordnung für das Land Nordrhein-Westfalen
NVwZ	Neue Zeitschrift für Verwaltungsrecht
NZG	Neue Zeitschrift für Gesellschaftsrecht
OECD	Organisation for Economic Co-operation and Development
OLG	Oberlandesgericht

OLGE	Die Rechtsprechung der Oberlandesgerichte auf dem Gebiete des Zivilrechts: OLGZE, OLGE; OLGRspr
OLGZ	Entscheidungen der Oberlandesgerichte in Zivilsachen
RG	Reichsgericht
RGBl.	Reichsgesetzblatt
RGZ	Entscheidungen des Reichsgerichts in Zivilsachen
RIW	Recht der Internationalen Wirtschaft
RL	Richtlinie
Rn.	Randnummer
RNotZ	Rheinische Notar-Zeitschrift
S.	Seite
SCEVO	Verordnung (EG) Nr. 1435/2003 des Rates vom 22. Juli 2003 über das Statut der Europäischen Genossenschaft (SCE)
SächsGO	Gemeindeordnung für den Freistaat Sachsen
SchlAnt	Schlussantrag
SE	Socieatas Europaea
SEAG	Gesetz zur Ausführung der Verordnung (EG) Nr. 2157/2001 des Rates vom 8. Oktober 2001 über das Statut der Europäischen Gesellschaft (SE)
SEVO	Verordnung (EG) Nr. 2157/2001 des Rates vom 8. Oktober 2001 über das Statut der Europäischen Gesellschaft (SE)
Slg.	Sammlung
sog.	sogenannt
st.Rspr.	ständige Rechtsprechung
u.	und
u.a.	und andere
UmwG	Umwandlungsgesetz
v.	von/vom
Var.	Variante
verbSchlAnt	verbundene Schlussanträge
vgl.	vergleiche
Volkswagen AG	Volkswagen Aktiengesellschaft
VW-Gesetz	Gesetz über die Überführung der Anteilsrechte an der Volkswagenwerk Gesellschaft mit beschränkter Haftung in private Hand (VWGmbHÜG)

VW-Satzung	Satzung der Volkswagen Aktiengesellschaft
WM	Wertpapier-Mitteilungen
WpUG	Wertpapiererwerbs- und Ubernahmegesetz
ZEuS	Zeitschrift für Europarechtliche Studien
ZG	Zeitschrift für Gesetzgebung
ZGR	Zeitschrift für Unternehmens- und Gesellschaftsrecht
ZHR	Zeitschrift für das gesamte Handels- und Wirtschaftsrecht
ZIP	Zeitschrift für Wirtschaftsrecht
ZPO	Zivilprozessordnung
ZVglRWiss	Zeitschrift für Vergleichende Rechtswissenschaft

Erster Teil

Einleitung

A. Das aktienrechtliche Entsendungsrecht – Bedeutung in Rechtsprechung, Literatur und Praxis

Im deutschen Aktienrecht ist der Aufsichtsrat neben Hauptversammlung und Vorstand eines der konstituierenden Organe der Aktiengesellschaft.[1] Auch in den der Aktiengesellschaft nachempfundenen Gesellschaftsformen der KGaA[2] und der dualistischen SE[3] kommt dem Aufsichtsrat (bzw. dem Aufsichtsorgan) eine tragende Rolle zu. Der Aufsichtsrat fungiert primär als Repräsentativorgan der Aktionäre.[4] Innerhalb des Organgefüges der Aktiengesellschaft ist er Mittler zwischen Hauptversammlung und Vorstand und übernimmt dabei die Funktion[5] eines Organisations-[6], Überwachungs-[7] und Informationsorgans[8].

Der Aufsichtsrat der Aktiengesellschaft setzt sich in erster Linie gem. § 96 Abs. 1 AktG a.E. aus Vertretern der Aktionäre zusammen. Diese werden grundsätzlich gem. § 101 Abs. 1 Satz 1 Halbsatz 1 AktG von den Aktionären durch Wahl in der Hauptversammlung bestellt. Ausnahmsweise kann eine Bestellung der Aktionärsvertreter auch durch Entsendung gem. § 101 Abs. 1 Satz 1 Halbsatz 2, Abs. 2 AktG erfolgen, soweit dies in der Satzung vorgesehen ist. Eine Entsendung von Arbeitnehmervertretern ist seit der Abschaffung des Entsendungsrechts zugunsten der Spitzenorganisationen der Gewerkschaften gem. § 7 MontanMitbestErgG[9] nicht mehr möglich. Auch in der KGaA[10] sowie in der SE[11] können Aktionärsvertreter in den Aufsichtsrat entsandt werden.

---

[1] *Hoffmann-Becking*, in: MünchHdbGesR-AG, § 29 Rn. 1; *Schiedermair/Kolb*, in: Müller/Rödder, BeckHdbAG, § 7 Rn. 1.

[2] Vgl. § 278 Abs. 3 AktG.

[3] Vgl. Art. 38 lit. b) Alt. 1 SEVO; siehe dazu *Steinfort*, Entsendungsrechte, S. 55 f.

[4] *Schiedermair/Kolb*, in: Müller/Rödder, BeckHdbAG, § 7 Rn. 2; *Hoffmann-Becking*, in: MünchHdbGesR-AG, § 29 Rn. 17.

[5] Für einen Überblick über die Aufgaben des Aufsichtsrats insgesamt siehe *Habersack*, in: MünchKomm-AktG, Vor § 95 Rn. 2 f., *Hoffmann-Becking*, in: MünchHdbGesR-AG, § 29 Rn. 1 ff.; *Lieder*, Der Aufsichtsrat im Wandel der Zeit, S. 647 ff.

[6] Vgl. §§ 77 Abs. 2 Satz 1, 84, 111 Abs. 3, 124 Abs. 3 Satz 1 AktG.

[7] Vgl. §§ 111 Abs. 1, 89, 114, 115 AktG.

[8] Vgl. § 171 Abs. 2 AktG.

[9] Geändert durch Art. 2 Nr. 3 des Gesetzes zur Änderung des Montan-Mitbestimmungsgesetzes und des Mitbestimmungsergänzungsgesetzes v. 21.5.1981, BGBl. I 1981, S. 441, 442 mit Wirkung zum 1.7.1981.

Entsendungsrechte finden sich vor allem in gemein- oder gemischtwirtschaftlichen Unternehmen des Staates und sonstiger öffentlich-rechtlicher Körperschaften.[12] Sie sind jedoch auch bei Familienunternehmen zur Sicherung des Einflusses verschiedener Familienstämme oder zugunsten der Unternehmensgründer (bspw. in Vorbereitung eines Börsengangs), in Gemeinschaftsunternehmen zur Sicherung des Einflusses gering beteiligter Partner sowie bei Start-up-Unternehmen oder fremdfinanzierten Aktiengesellschaften zugunsten der (fremd-)kapitalgebenden Gesellschafter anzutreffen.[13] In börsennotierten Gesellschaften sind sie hingegen äußerst selten auszumachen.[14] Entsendungsrechte

---

[10] Gem. §§ 278 Abs. 3, 101 Abs. 1 und 2 AktG, vgl. *Perlitt*, in: MünchKomm-AktG, § 278 Rn. 322; *Herfs*, in: MünchHdbGesR-AG, § 79 Rn. 58; *Bachmann*, in: Spindler/Stilz, AktG, § 278 Rn. 49.

[11] Gem. Art. 40 Abs. 2 Satz 3, 47 Abs. 4 SEVO; vgl. *Reichert/Brandes*, in: MünchKomm-AktG, Art. 40 SEVO Rn. 35, Art. 47 SEVO Rn. 4; *Drygala*, in: Lutter/Hommelhoff, SE-Komm, Art. 40 SEVO Rn. 6; *Paefgen*, in: KölnKomm-SEVO, Art. 40 Rn. 40; *Giedinghagen*, in: Müller/Rödder, BeckHdbAG, § 19 Rn. 82. Gemäß § 28 Abs. 2 SEAG können auch Mitglieder des Verwaltungsrates der monistischen SE im Wege der Entsendung bestellt werden; vgl. BegrRegE, BT-Drucks. 15/3405, S. 38; *Eberspächer*, in: Spindler/Stilz, AktG, Art. 47 SEVO Rn. 9; *Reichert/Brandes*, in: MünchKomm-AktG, Art. 43 SEVO Rn. 38, Art. 47 SEVO Rn. 4; *Teichmann*, in: Lutter/Hommelhoff, SE-Komm, Anh. Art. 43 SE-VO (§ 28 SEAG) Rn. 7 f.; *Siems*, in: KölnKomm-SEVO/SEBG, Art. 47 SEVO Rn. 35.

[12] BGH v. 29.1.1962 – II ZR 1/61, BGHZ 36, 296, 307 = NJW 1962, 864, 866; zu gemischtwirtschaftlichen Unternehmen bereits Erläuternde Bemerkungen des Reichsjustizministeriums zum Entwurf eines Gesetzes über Aktiengesellschaften und Kommanditgesellschaften auf Aktien (1931), abgedruckt bei *Schubert/Hommelhoff*, Die Aktienrechtsreform am Ende der Weimarer Republik, S. 913 sowie BegrRegE, abgedruckt bei *Kropff*, Aktiengesetz 1965, S. 138; *Simons*, in: Hölters, AktG, § 101 Rn. 24; *Spindler*, in: Spindler/Stilz, AktG, § 101 Rn. 49; *Henssler*, in: Henssler/Strohn, GesellschaftsR, § 101 AktG Rn. 7; *Hopt/Roth*, in: Großkomm-AktG, § 101 Rn. 102 f.; *Godin/Wilhelmi*, AktG, § 101 Anm. 3 S. 553; *May*, Die Sicherung des Familieneinflusses auf die Führung der börsengehandelten Aktiengesellschaft, S. 127 ff.; *Möslein*, AG 2007, 770, 771; kritisch *M. Roth*, Anwaltsblatt 2008, 580, 585; *Wymeersch*, Verhandlungen des 67. Deutschen Juristentages, Bd. II/1, S. N 97; dagegen *Krieger*, Verhandlungen des 67. Deutschen Juristentages, Bd. II/1, S. N 35 f.

[13] Vgl. *Hopt/Roth*, in: Großkomm-AktG, § 101 Rn. 102; *Siems*, in: KölnKomm-AktG, Art. 47 SEVO Rn. 33; *May*, Die Sicherung des Familieneinflusses auf die Führung der börsengehandelten Aktiengesellschaft, S. 127 ff.; *Möslein*, AG 2007, 770, 771.

[14] *Göckeler*, in: Müller/Rödder, BeckHdbAG, § 21 Rn. 298; *Möslein*, AG 2007, 770, 772.

dienen dazu, den Einfluss der Unternehmensgründer auch bei Verlust der Kapitalmehrheit dauerhaft zu sichern[15] oder Sonderleistungen einzelner Gesellschafter zu honorieren[16]. Aufgrund ihrer kapitalmachtreduzierenden Wirkung können sie zudem als Mittel zur Abwehr von Unternehmensübernahmen eingesetzt werden.[17]

Obgleich aktienrechtliche Entsendungsrechte in der Praxis bisweilen eine selten anzutreffende Ausnahmeerscheinung darstellen, bot sich der deutschen wie der europäischen Rechtsprechung und Literatur in jüngster Zeit vermehrt die Gelegenheit, zu Zulässigkeit, Voraussetzungen und Reichweite von Entsendungsrechten Stellung zu nehmen. Für europaweite Aufmerksamkeit sorgte zunächst im Jahr 2007 die Entscheidung des EuGH[18] zum Sonderentsendungsrecht des Landes Niedersachsen in den Aufsichtsrat der Volkswagen AG nach dem VW-Gesetz[19]. Nach Auffassung des EuGH – vor allem in Anlehnung an dessen „Goldene Aktien"-Rechtsprechung – verstieß das Entsendungsrecht zugunsten des Landes Niedersachsen gegen die Kapitalverkehrsfreiheit gem. Art. 63 Abs. 1 AEUV[20]. Auch die im Anschluss an diese Entscheidung erfolgten Abänderungen des VW-Gesetzes[21] waren in den Augen der Kommission nicht mit den Grundfreiheiten zu vereinbaren, so dass der EuGH Ende 2013

---

[15] *Hopt/Roth*, in: Großkomm-AktG, § 101 Rn. 7; *Drygala*, in: Schmidt/Lutter, AktG, § 101 Rn. 1; *Mertens/Cahn*, in: KölnKomm-AktG, § 101 Rn. 49.

[16] *Henssler*, in: Henssler/Strohn, GesellschaftsR, § 101 AktG Rn. 7; *Möslein*, AG 2007, 770, 771.

[17] *Möslein*, AG 2007, 770, 772 m.w.N.; *Seeling/Zwickel*, BB 2008, 622; *Verse*, ZIP 2008, 1754; *Thiel*, in: Semler/Volhard, ArbHdb Übernahme, § 54 Rn 97; *Schlitt/Ries*, in: MünchKomm-AktG, § 33 WpÜG Rn. 280; siehe aber zur fakultativen europäischen Durchbrechungsregel (§ 33b WpÜG) bei Übernahmeangeboten nach § 14 WpÜG *Schlitt/Ries*, in: MünchKomm-AktG, § 33b WpÜG Rn. 84 ff.; *Steinmeyer*, in: Steinmeyer, WpÜG, § 33b Rn. 14 insbes. Fn. 26; *Kiem*, in: Baums/Thoma, WpÜG, § 33b Rn. 54; *Harbarth*, ZGR 2007, 37, 57 f.; *Armbüster*, JuS 2003, 224, 227; *Krause*, AG 2002, 133, 142.

[18] EuGH v. 23.10.2007 – C-112/05, Slg. 2007, I-8995 – Kommisson/Bundesrepublik Deutschland.

[19] Gesetz über die Überführung der Anteilsrechte an der Volkswagenwerk Gesellschaft mit beschränkter Haftung in private Hand (VWGmbHÜG) v. 21.7.1960, BGBl. I 1960, S. 585. Der EuGH hatte über die Fassung v. 1.1.1964 zu befinden.

[20] Ehem. Art. 56 EGV.

[21] Gesetz zur Änderung des Gesetzes über die Überführung der Anteilsrechte an der Volkswagenwerk Gesellschaft mit beschränkter Haftung in private Hand v. 8.12.2008, BGBl. I 2008, S. 2369. § 2 u. § 4 Abs. 1 VW-Gesetz sowie § 101 Abs. 2 Satz 5 AktG wurden augehoben.

erneut über das abgeänderte VW-Gesetz zu entscheiden hatte. Dieses Mal hielt es einer Überprüfung jedoch stand[22] – allerdings lediglich im Rahmen des engen Prüfungsmaßstabs gem. Art. 260 Abs. 2 AEUV und nach Streichung der Entsendungsrechte. In Deutschland hatten das OLG Hamm[23] im Jahr 2008 und im Rahmen der darauffolgenden Nichtzulassungsbeschwerde der BGH[24] im Jahr 2009 über die Zulässigkeit von Entsendungsrechten[25] zugunsten der Alfried Krupp von Bohlen und Halbach-Stiftung[26] in den Aufsichtsrat der ThyssenKrupp AG zu entscheiden. Im Vor- wie im Nachgang zu beiden Entscheidungen setzten sich sowohl die deutsche wie auch die europäische rechtswissenschaftliche Literatur mit dem Institut des Entsendungsrechts auseinander.[27]

---

22 EuGH v. 22.10.2013 – C-95/12, EuZW 2013, 946.

23 OLG Hamm v. 31.3.2008 – 8 U 222/07, NZG 2008, 914.

24 BGH v. 8.6.2009 – II ZR 111/08, DStR 2009, 2547; die gegen den Beschluss des BGH eingelegte Verfassungsbeschwerde wurde vom BVerfG (1 BvR 1892/09) am 30.10.2009 ohne Begründung zurückgewiesen, vgl. ZIP 2010, 36.

25 Vgl. § 9 Abs. 1 Satzung ThyssenKrupp AG i.d.F. v. 6.2.2014.

26 Im Folgenden „Krupp-Stiftung".

27 Vgl. bspw. *Krause*, NJW 2002, 2747 ff.; *Van Bekkum/Klossterman/Winter*, ECL 5 (2008), 6 ff.; *Möslein*, AG 2007, 770 ff.; *Neumann/Ogorek*, NZG 2008, 892 ff.; *Parleani*, Revue des sociétés 2007, 874 ff.; *Ringe*, CMLR 45 (2008), 537 ff.; *Ders.*, CLJ 69 (2010), 378, 385 ff.; *Rammeloo*, ECL 4 (2007), 118; *Vossestein*, ECFR 2008, 115 ff.; *Sanders*, Colum. J. Eur. L. 14 (2008), 359 ff.; *Verse*, ZIP 2008, 1754 ff.; *Zumbansen/Saam*, GLJ 8 (2007), 1027, 1034 ff.

B. Sonderfall: Entsendungsrechte zugunsten der öffentlichen Hand

In der Praxis werden Entsendungsrechte vor allem zur Absicherung des Einflusses der öffentlichen Hand auf die Geschicke gemischt- oder gemeinwirtschafltlicher Unternehmen genutzt. Oft fällt dabei die Wahl der entsendungsberechtigten Körperschaft auf den Träger eines politischen Mandats; in kommunalen Einrichtungen in der Rechtsform der Aktiengesellschaft werden bspw. in der Regel Ratsmitglieder entsandt. Der entsandte Mandatsträger befindet sich in der Folge im Spannungsfeld zwischen den Grundsätzen der freien Ausübung politischer Mandate und den auf das Unternehmenswohl zielenden aktienrechtlichen Anforderungen an Organwalter.

Problematisch erscheinen in diesem Zusammenhang zum einen die Anforderungen an die Verschwiegenheitspflicht von Aufsichtsratsmitgliedern gem. §§ 116, 93 Abs. 1 Satz 2 AktG. Zwar existiert mit § 394 AktG eine Sondervorschrift zugunsten von Gebietskörperschaften; fraglich ist jedoch, ob diese Ausnahmeregelung bei entsandten Mandatsträgern unter Berücksichtigung des Grundsatzes der freien Mandatsausübung auszuweiten ist. Konfliktpotenzial bergen zum anderen bundes- und landesrechtliche Vorschriften, die eine wirtschaftliche Betätigung öffentlich-rechtlicher Körperschaften in Privatrechtsform zur Absicherung demokratischer Legitimation und Kontrolle nur unter der Bedingung zulassen, dass die öffentliche Hand einen „angemessenen Einfluss, insbesondere im Aufsichtsrat oder einem entsprechenden Überwachungsorgan erhält“.[28] Zur Absicherung dieses Einflusses sollen weisungsgebundene Vertreter in das entsprechende Aufsichtsorgan der privatrechtlichen Gesellschaften entsandt werden,[29] soweit Vorschriften des Gesellschaftsrechts der Weisungsgebundenheit nicht entgegenstehen[30] bzw. soweit durch Gesetz nichts anderes bestimmt ist[31]. Die Weisungsgebundenheit entsandter Aufsichtsratsmitglieder konfligiert dabei jedoch mit

[28] Vgl. § 65 Abs. 1 Nr. 3 BHO; § 65 Abs. 1 Nr. 3 HessLHO; § 65 Abs. 1 Nr. 3 NRWLHO; § 122 Abs. 1 Satz 1 Nr. 3 HessGO; § 108 Abs. 1 Satz 1 Nr. 6 NRWGO; § 96 Abs. 1 Nr. 2 SächsGO; § 103 Abs. 1 Satz 1 Nr. 3 BWGO.

[29] Vgl. § 113 Abs. 1, Abs. 3 NRWGO; § 125 Abs. 1 und Abs. 2 HessGO; § 104 Abs. 1 Satz 2 und 3, Abs. 3 BWGO.

[30] Vgl. § 125 Abs. 1 Satz 3 Halbsatz 2 HessGO.

[31] Vgl. § 113 Abs. 1 Satz 4 NRWGO.

dem Grundsatz der selbstständigen und eigenverantwortlichen, ausschließlich auf das Unternehmensinteresse verpflichteten Aufsichtsratstätigkeit[32]. Handelt es sich bei dem Entsandten zudem um ein gewähltes Rats- bzw. Parlamentsmitglied, steht einer Weisungsgebundenheit unter Umständen zusätzlich der Grundsatz der freien Mandatsausübung entgegen. Darüber hinaus stellt sich je nach Zulässigkeit bzw. Intensität einer möglichen Weisungsgebundenheit und Lockerung der Verschwiegenheitspflicht die Frage, ob öffentlich-rechtliche Erwerbstätigkeit durch aktienrechtliche Anteilseignerschaft und Entsendung von Aufsichtsratsmitgliedern den Anforderungen an eine ununterbrochene demokratische Legitimationskette gerecht wird.

Zu diesen Konfliktfeldern ist in der Literatur bereits umfangreich Stellung bezogen worden.[33] Deshalb soll dieser Problemkreis hier der Vollständigkeit halber nur angesprochen werden; auf eine weitergehende Darstellung und Analyse wird hingegen verzichtet.

---

[32] BGH v. 29.1.62 – II ZR 1/61, BGHZ 36, 296, 306 = WM 1962, 236.

[33] Monographisch durch *Gersdorf*, Öffentliche Unternehmen im Spannungsfeld zwischen Demokratie- und Wirtschaftlichkeitsprinzip: eine Studie zur verfassungsrechtlichen Legitimation der wirtschaftlichen Betätigung der öffentlichen Hand; *Lieschke*, Die Weisungsbindungen der Gemeindevertreter in Aufsichtsräten kommunaler Unternehmen: ein Beitrag zur Beseitigung von Widersprüchen bei der Auslegung des Gesellschafts-, des Kommunal- und des Beamtenrechts; *Maier*, Beamte als Aufsichtsratsmitglieder der öffentlichen Hand in der Aktiengesellschaft: weisungsgebundene Werkzeuge des öffentlichen Gesellschafters?; *Mann*, Die öffentlich-rechtliche Gesellschaft: zur Fortentwicklung des Rechtsformenspektrums für öffentliche Unternehmen; *Schäfer/Roreger*, Kommunale Aufsichtsratsmitglieder; *Möller*, Die rechtliche Stellung und Funktion des Aufsichtsrats in öffentlichen Unternehmen der Kommunen; in der Aufsatzliteratur durch *Schwintowski*, NJW 1990, 1009; *Fischer*, AG 1982, 85; *Lutter/Grunewald*, WM 1984, 385; *Heidel*, NZG 2012, 48.

C. Gang der Untersuchung

Gegenstand dieser Untersuchung ist das aktienrechtliche Entsendungsrecht im Hinblick auf Vertreter der Aktionäre in den Aufsichtsrat der Aktiengesellschaft gem. § 101 Abs. 2 AktG. Ziel der Arbeit ist es, Voraussetzungen, Wirkungsweise und Grenzen des aktienrechtlichen Entsendungsrechts im Mikrokosmos des deutschen Gesellschaftsrechts wie auch im Makrokosmos der europäischen Rechtsordnung zu erörtern. Dabei soll – soweit zu einem profunden Verständnis des aktienrechtlichen Entsendungsrechts erforderlich – auch auf grundlegende gesellschaftsrechtliche und grundfreiheitliche Fragestellungen eingegangen werden.

I. Aktienrechtliche Vorgaben

Im zweiten Teil dieser Arbeit werden die aktienrechtlichen Vorgaben des Entsendungsrechts unter Bezugnahme auf gesellschaftsrechtliche Prinzipien erläutert, um das Entsendungsrecht in seiner aktienrechtlichen Prägung zu begreifen und eine Grundlage für die spätere europarechtsbezogene Untersuchung zu schaffen.

Dazu werden zunächst übersichtsartig Funktion, Zusammensetzung und Rechtsstellung des Aufsichtsrats in der Aktiengesellschaft erläutert. Daraufhin wird die rechtshistorische Entwicklung des aktienrechtlichen Entsendungsrechts umrissen, um daran im weiteren Verlauf der Untersuchung argumentativ anknüpfen zu können.

Anschließend werden die Voraussetzungen zur Begründung von Entsendungsrechten untersucht und die Rechtsfolgen fehlerhafter Begründung analysiert. Ein besonderer Fokus wird dabei auf die Nichtigkeitsregelungen des Aktiengesetzes sowie die daran anschließende Problematik geltungserhaltender Reduktion, register- und aktienrechtlicher Korrektur sowie Heilung und Umdeutung nichtiger Entsendungsrechte gelegt. Darüber hinaus wird in Anlehnung an die Lehre von der fehlerhaften Gesellschaft die Aufrechterhaltung nichtiger Entsendungsrechte als fehlerhafte Strukturänderung diskutiert. Abschließend wird die Zulässigkeit von Stimmbindungsverträgen über die Begründung von Entsendungsrechten erläutert.

Sodann wird die Ausübung von Entsendungsrechten unter formellen wie materiellen Gesichtspunkten behandelt und darauffolgend Ursachen und

Auswirkungen des Erlöschens von Entsendungsrechten untersucht. Im Anschluss daran werden unter dem Gesichtspunkt der Amtszeit entsandter Aufsichtsratsmitglieder ihre reguläre Amtszeit sowie verschiedene Möglichkeiten zu ihrer Abberufung diskutiert. Anschließend werden die bereits an verschiedenen Stellen punktuell angesprochenen Ursachen und Auswirkungen einer fehlerhaften Entsendung in einem eigenen Abschnitt übersichtsartig dargestellt. Zuletzt werden die Rechtsverhältnisse der Beteiligten (Entsender, Entsandter, Gesellschaft) erörtert.

II. Grundfreiheitliche Grenzen

Daraufhin wendet sich die Untersuchung der Schnittstelle von Entsendungsrechten und europäischem Recht zu. Aktienrechtliche Entsendungsrechte wirken auf in- wie ausländische Investoren bei Investitionsentscheidungen potenziell abschreckend und stellen damit möglicherweise einen Verstoß gegen die Niederlassungsfreiheit (Art. 49 AEUV)[34] bzw. gegen die Kapitalverkehrsfreiheit (Art. 63 AEUV)[35] dar. Zwar haben deutsche Gerichte zur Vereinbarkeit von aktienrechtlichen Entsendungsrechten mit der Kapitalverkehrsfreiheit bereits Stellung bezogen[36], eine grundlegende Entscheidung des EuGH steht jedoch noch aus.

Im dritten Teil der Untersuchung wird das aktienrechtliche Entsendungsrecht deshalb zunächst in den europarechtlichen Kontext der Grundfreiheiten eingeordnet und die für diese Arbeit relevante europarechtliche Fragestellung herausgearbeitet. Dazu wird vorab die allgemeine unmittelbare Wirkung der Grundfreiheiten in groben Zügen erläutert und sodann die „Goldene-Aktien"-Rechtsprechung des Europäischen Gerichtshofs übersichtsartig zusammengefasst. Schließlich werden Gegenstand und Gang der grundfreiheitlichen Untersuchung des aktienrechtlichen Entsendungsrechts dargelegt.

Die darauffolgende Bearbeitung gliedert sich in zwei Abschnitte. Zunächst werden aktienrechtliche Entsendungsrechte zugunsten des Staates auf ihre Vereinbarkeit mit den europarechtlichen Grundfreiheiten untersucht. Dazu wird die grundsätzliche Eröffnung grundfreiheitlicher Schutzbereiche im Hinblick auf binnenmarktbezogenes Verhalten in

[34] Ehem. Art. 43 EGV.

[35] Ehem. Art. 56 EGV.

[36] Vgl. oben unter A. Fn. 23 u. 24.

Zusammenhang mit aktienrechtlichen Entsendungrechten diskutiert und das Konkurrenzverhältnis der einschlägigen Grundfreiheiten erläutert. Daraufhin wird überprüft, ob aktienrechtliche Entsendungsrechte zugunsten des Staates marktbezogenes Verhalten in rechtfertigungsbedürftiger Weise beschränken. Dazu wird auf die allgemeine Definition des Beschränkungsbegriffs i.S.d. „Dassonville"-Formel sowie ihre Modifikation durch die „Keck"-Rechtsprechung eingegangen, um anschließend einen teleologisch begrenzten Beschränkungsbegriff zu entwickeln. Danach wird analysiert, wann eine beschränkende Maßnahme im Allgemeinen als staatlich zu qualifizieren ist und unter welchen Bedingungen aktienrechtliche Entsendungsrechte im Besonderen diesen Qualifikationsanforderungen entsprechen. Zuletzt wird kursorisch auf eine mögliche Rechtfertigung grundfreiheitlicher Beschränkung durch aktienrechtliche Entsendungsrechte zugunsten des Staates eingegangen.

Der letzte Untersuchungsabschnitt befasst sich sodann mit der Grundfreiheitskonformität aktienrechtlicher Entsendungsrechte zugunsten Privater. Dazu werden zunächst Bestand und Umfang einer unmittelbaren Drittwirkung der Grundfreiheiten unter Berücksichtigung der Rechtsprechung des EuGH erläutert. Daraufhin wird überprüft, ob die Grundfreiheiten im Zusammenhang mit aktienrechtlichen Entsendungsrechten unmittelbare Drittwirkung zwischen Privaten entfalten.

III. Ergebnis

Abschließend werden die in der vorangegangenen Untersuchung herausgearbeiteten Ergebnisse thesenartig zusammengefasst.

Zweiter Teil

Aktienrechtliche Vorgaben

A. Der Aufsichtsrat in der Aktiengesellschaft

I. Funktion des Aufsichtsrats in der Aktiengesellschaft

In dem dreigliedrigen Organgefüge der Aktiengesellschaft, bestehend aus Hauptversammlung, Aufsichtsrat und Vorstand, wird der Aufsichtsrat treuhänderisch zugunsten der Aktionäre im Interesse des Unternehmenswohls als Organisations-, Überwachungs- und Informationsorgan tätig.

Obwohl von der operativen Unternehmensführung selbst gem. § 111 Abs. 4 Satz 1 AktG strikt ausgeschlossen, übt der Aufsichtsrat über seine Personalkompetenz zur Bestellung und Abberufung des Vorstands gem. § 84 AktG mittelbar erheblichen Einfluss auf die Geschäftsführung aus.[37] Darüber hinaus kann der Aufsichtsrat nach § 77 Abs. 2 Satz 1 AktG eine Geschäftsordnung für den Vorstand erlassen und dadurch wiederum mittelbar auf das operative Geschäft der Aktiengesellschaft einwirken. Im Fall eines Zustimmungsvorbehalts bei bestimmten Arten von Geschäften gem. § 104 Abs. 4 Satz 2 AktG nimmt der Aufsichtsrat sogar unmittelbaren, rechtlich verbindlichen Einfluss auf die Unternehmensführung.[38] Zudem vertritt der Aufsichtsrat die Gesellschaft gegenüber dem Vorstand gem. § 112 AktG gerichtlich und außergerichtlich und ist somit zur gesellschaftsinternen Willensbildung im rechtsgeschäftlichen Verkehr zwischen Gesellschaft und Vorstand berufen.[39] Rechtsgeschäftlicher Verkehr zwischen Vorstand und Gesellschaft findet z.B. durch Kreditgewährung der Gesellschaft an Vorstandsmitglieder gem. § 89 AktG oder im Fall der Geltendmachung von Schadensersatzansprüchen der Gesellschaft gegenüber einzelnen Vorstandsmitgliedern gem. § 93 Abs. 2 AktG statt. Zudem vertritt der Aufsichtsrat gemeinsam mit dem Vorstand die Gesellschaft im Falle von Beschlussmängelklagen gem. §§ 246 Abs. 2 Satz 1, 250 Abs. 3 Satz 1 AktG. Aufsichtsratskompetenzen zur gesellschaftsinternen Organisation ergeben sich bspw. aus der Pflicht zur Einberufung einer außerordentlichen Hauptversammlung gem. § 111 Abs. 3

---

[37] Vgl. BVerfG v. 1.3.1979 – 1 BvR 532, 533/77, 419/78, 1 BvL 21/78, BVerfGE 50, 290, 323 = NJW 1979, 699 – Mitbestimmungsgesetz; *Lutter/Krieger*, Rechte und Pflichten des Aufsichtsrats, Rn. 331.

[38] Vgl. *Vetter*, in: Marsch-Barner, Hdb börsennotierte AG, § 23 Rn. 22.

[39] Vgl. *Koch*, in: Hüffer, AktG, § 112 Rn. 2 ff.; *Habersack*, in: MünchKomm-AktG, § 112 Rn. 20 f.; *Henssler*, in: Henssler/Strohn, GesellschaftsR, § 112 AktG Rn. 7.

AktG und der Pflicht, gem. § 124 Abs. 2 AktG Beschlussvorschläge zu den Tagesordnungspunkten der Hauptversammlung zu machen.

Die Überwachung des Vorstands durch den Aufsichtsrat gem. § 111 Abs. 1 AktG erfolgt vornehmlich mittels der Berichtspflicht des Vorstands gegenüber dem Aufsichtsrat bzw. spiegelbildlich formuliert mittels des Auskunftsrechts des Aufsichtsrats gegenüber dem Vorstand gem. § 90 AktG. Komplettiert wird dieses Informations- und Kontrollsystem durch das Einsichts- und Prüfungsrecht des Aufsichtsrats im Hinblick auf Bücher, Schriften und Vermögensgegenstände der Aktiengesellschaft gem. § 111 Abs. 2 Satz 1 AktG. Gegenstand der Überwachungspflicht des Aufsichtsrats ist nicht bloß eine vergangenheitsbezogene Ergebniskontrolle, sondern zudem eine zukunftsorientierte Beratung des Vorstands i.S. einer Präventivkontrolle der geplanten Geschäftspolitik.[40]

In seiner Mittlerrolle zwischen Hauptversammlung und Geschäftsführung obliegt dem Aufsichtsrat darüber hinaus gem. § 171 Abs. 2 Satz 1 AktG die Pflicht zur konkreten Berichterstattung über die Prüfung des Jahresabschlusses, des Lageberichts, des Vorschlags für die Verwendung des Bilanzgewinns und ggf. des Konzernabschlusses. Erfolgt eine Prüfung des Jahresabschlusses durch einen Abschlussprüfer, hat der Aufsichtsrat gem. § 171 Abs. 2 Satz 3 AktG auch Stellung zu dem Ergebnis der Abschlussprüfung zu nehmen. Zudem ist der Aufsichtsrat verpflichtet, gegenüber der Hauptversammlung gem. § 171 Abs. 2 Satz 2 AktG schriftlich Rechenschaft über Art und Umfang seiner Überwachungstätigkeit im Hinblick auf die Geschäftsführung durch den Vorstand abzulegen.

II. Zusammensetzung des Aufsichtsrats

Der Aufsichtsrat setzt sich gem. § 96 AktG aus Vertretern der Aktionäre und – wenn die Gesellschaft der Arbeitnehmermitbestimmung unterliegt – den Vertretern der Arbeitnehmer und u.U. sogenannten weiteren Mitgliedern[41] zusammen. In mitbestimmungsfreien Gesellschaften besteht der Aufsichtsrat gem. § 95 Satz 1 und 4 AktG in Abhängigkeit vom Grundkapital aus mindestens drei und höchstens 21 Mitgliedern. In

---

[40] *Semler*, Leitung und Überwachung der Aktiengesellschaft, Rn. 249, 253 f.; *Vetter*, in: Marsch-Barner/Schäfer, Hdb börsennotierte AG, § 23 Rn. 23; *Lutter/Krieger*, Rechte und Pflichten des Aufsichtsrats, Rn. 103.

[41] Vgl. §§ 4 Abs. 1 Satz 1 lit. c), 8 Abs. 1 MontanMitbestG; § 5 Abs. 1 Satz 2 lit. c), Abs. 3 MontanMitbestErgG.

mitbestimmten Gesellschaften, die nicht dem DrittelbG unterfallen, gelten anzahlmäßige Untergrenzen von 12 (§ 7 Abs. 1 Satz 1 Nr. 1 MitbestG), 11 (§ 4 Abs. 1 Satz 1 MontanMitbestG) und 15 (§ 5 Abs. 1 Satz1 MontanMitbestErgG) Aufsichtsratsmitgliedern. Im Fall einer grenzüberschreitenden Verschmelzung richtet sich die Anzahl der mitbestimmungsrechtlich zu bestellenden Aufsichtsratsmitglieder gem. § 4 MgVG grundsätzlich nach den Mitbestimmungsregelungen des Mitgliedstaates, in welchem die aus der Verschmelzung hervorgegangene Gesellschaft ihren Sitz hat. Abweichungen können sich jedoch aus einer Vereinbarung über die Mitbestimmung gem. §§ 5, 22 Abs. 1 Nr. 3 MgVG oder bei Eingreifen der Mitbestimmung kraft Gesetz gem. §§ 23, 24 Abs. 1 Satz 2 MgVG ergeben.

Arbeitnehmervertreter werden nach den Regeln des jeweiligen Mitbestimmungsregimes[42] unmittelbar von den Arbeitnehmern oder mittelbar unter Einschaltung von Delegierten oder der Hauptversammlung gewählt.[43] Aufsichtsratsmitglieder der Aktionäre werden grundsätzlich – außer im Fall des ersten Aufsichtsrats gem. § 30 Abs. 1 AktG – von der Hauptversammlung gem. §§ 101 Abs. 1, 119 Abs. 1 Nr. 1, 133 Abs. 1 Satz 1 AktG mit einfacher Mehrheit der abgegebenen Stimmen gewählt, es sei denn, sie sind gem. §§ 119 Abs. 1 Nr. 1, 101 Abs. 2 AktG zu entsenden. Eine Bestellung der Aktionärsvertreter durch Entsendung ist sowohl in mitbestimmungsfreien als auch in mitbestimmten Gesellschaften möglich.[44]

Subsidiär kann gem. § 104 AktG auf Antrag eine gerichtliche Bestellung der Aufsichtsratsmitglieder erfolgen, wenn der Aufsichtsrat in Ermangelung einer ausreichenden Anzahl bestellter Aufsichtsratsmitglieder gem. § 108 Abs. 2 AktG nicht beschlussfähig ist, länger als drei Monate unterbesetzt bleibt oder wenn ein dringender Fall von Unterbesetzung bereits vor Ablauf von drei Monaten vorliegt. Andere als die in § 101 Abs. 1 Satz 1

---

[42] Vgl. § 5 Abs. 1 DrittelbG: unmittelbare Wahl durch die Arbeitnehmer nach den Grundsätzen der Mehrheitswahl; § 9 Abs.1 und 2 MitbestG: in Abhängigkeit von der Arbeitnehmeranzahl unmittelbare Wahl durch Arbeitnehmer oder mittelbare Wahl durch Delegierte; ebenso gem. § 7 Abs. 1 und 2 MontanMitbestErgG; § 6 MontanMitbestG: Wahl durch Hauptversammlung unter Bindung an Wahlvorschläge der Betriebsräte.

[43] Vgl. *Simons*, in: Hölters, AktG, § 101 Rn. 1; *Habersack*, in: MünchKomm-AktG, § 96 Rn. 4 ff.; *Hoffmann-Becking*, in: MünchHdbGesR-AG, § 28 Rn. 9 ff.

[44] Vgl. § 8 Abs. 2 MitbestG; § 5 MontanMitbestG.

und § 104 AktG genannten Bestellungsformen (Wahl durch die Hauptversammlung, unmittelbare oder mittelbare Wahl der Arbeitnehmervertreter durch die Arbeitnehmer nach dem jeweiligen Mitbestimmungsregime, Entsendung von Aktionärsvertretern durch Aktionäre, gerichtliche Bestellung) sind gem. § 23 Abs. 5 Satz 1 AktG unzulässig.[45]

Stehen Wahlen zum Aufsichtsrat an, so hat die Gesellschaft in der Bekanntmachung der Tagesordnung gem. § 124 Abs. 2 Satz 1 AktG anzugeben, nach welchen gesetzlichen Bestimmungen sich der Aufsichtsrat zusammensetzt und ob die Hauptversammlung an Wahlvorschläge gebunden ist. Gem. § 124 Abs. 3 Satz 1 und 3 AktG hat nur der Aufsichtsrat, nicht der Vorstand, Beschlussvorschläge für die Wahl der Aktionärsvertreter im Aufsichtsrat zu machen. Im Vorfeld der Hauptversammlung bei der Gesellschaft eingegangene Wahlvorschläge der Aktionäre sind gem. §§ 127, 126 Abs. 1, 125 Abs. 1-3 AktG zugänglich zu machen. Auch in der Hauptversammlung selber steht es den Aktionären frei, Wahlvorschläge zur Besetzung des Aufsichtsrats zu unterbreiten.[46] Vorbehaltlich besonderer Satzungsregelungen der Gesellschaft (§ 133 Abs. 2 AktG) oder Geschäftsordnungsregelungen der Hauptversammlung (§ 129 Abs. 1 Satz 1 AktG) entscheidet der Versammlungsleiter unter Berücksichtigung des § 137 AktG nach pflichtgemäßem Ermessen über den Ablauf der Wahl.[47]

Mitglied des Aufsichtsrats kann gem. § 100 Abs. 1 Satz 1 AktG nur eine natürliche, unbeschränkt geschäftsfähige Person sein. Betreute, beschränkt geschäftsfähige, geschäftsunfähige und juristische Personen sind mithin von einer Bestellung zum Aufsichtsratsmitglied ausgeschlossen. Die §§ 100 Abs. 2 Satz 1, 105 Abs. 1 AktG sehen weitere Beschränkungen im Hinblick auf die Person bestellbarer Aufsichtsratsmitglieder vor.

---

[45] *Hopt/Roth*, in: Großkomm-AktG, § 101 Rn. 6.

[46] *Hopt/Roth*, in: Großkomm-AktG, § 101 Rn. 70; *Bürgers/Israel*, in: Bürgers/Körber, AktG, § 101 Rn. 5; *Hoffmann-Becking*, MünchHdbGesR-AG, § 30 Rn. 45; *Vetter*, in: Marsch-Barner/Schäfer, Hdb börsennotierte AG, § 25 Rn. 25.

[47] *Hopt/Roth*, in: Großkomm-AktG, § 101 Rn. 74; *Spindler*, in: Spindler/Stilz, AktG, § 101 Rn. 45 f.; *Bürgers/Israel*, in: Bürgers/Körber, AktG, § 101 Rn. 5; *Vetter*, in: Marsch-Barner/Schäfer, Hdb börsennotierte AG, § 25 Rn. 25.

III. Rechtsstellung von Aufsichtsratsmitgliedern

Mit Annahme der Bestellung tritt das Aufsichtsratsmitglied in ein korporationsrechtliches Rechtsverhältnis zur Gesellschaft ein.[48] Sich daraus ergebende Rechte und Pflichten treffen alle Aufsichtsratsmitglieder gleichermaßen[49] und bestehen lediglich zwischen dem individuellen Aufsichtsratsmitglied und der Gesellschaft, nicht hingegen gegenüber dem Aufsichtsrat als Gesamtorgan[50] oder im Verhältnis zu den Aktionären der Aktiengesellschaft.[51] Das Aufsichtsratsmandat ist ein eigenverantwortliches und gem. § 111 Abs. 5 AktG ein höchstpersönliches Mandat. Das einzelne Aufsichtsratsmitglied kann sich in seiner organschaftlichen Funktion deshalb nicht vertreten lassen[52] und unterliegt keinen Weisungen.[53] Bei der Wahrnehmung seiner organschaftlichen Aufgaben ist das Aufsichtsratsmitglied zur Wahrung des Unternehmensinteresses verpflichtet.[54]

IV. Entsendung von Aufsichtsratsmitgliedern gem. § 101 Abs. 2 AktG

Nach § 101 Abs. 2 Satz 1 AktG kann durch Satzung zugunsten bestimmter Aktionäre oder zugunsten des jeweiligen Inhabers bestimmter Aktien das Recht eingeräumt werden, Mitglieder in den Aufsichtsrat zu entsenden. Entsendungsrechte sind jedoch anzahlmäßig beschränkt; sie können gem. § 101 Abs. 2 Satz 4 AktG insgesamt höchstens für ein Drittel der Aufsichtsratsmitglieder der Aktionäre eingeräumt werden. Sollen Entsendungsrechte zugunsten des jeweiligen Inhabers bestimmter Aktien geschaffen werden, ist dies nur im Fall von vinkulierten Namensaktien möglich. Die Einräumung von Entsendungsrechten wird von § 101 Abs. 2

---

[48] *Habersack*, in: MünchKomm-AktG, § 101 Rn. 67; *Hopt/Roth*, in: Großkomm-AktG, § 101 Rn. 91, 97; *Bürgers/Israel*, in: Bürgers/Körber, AktG, § 101 Rn. 2; *Vetter*, in: Marsch-Barner/Schäfer, Hdb börsennotierte AG, § 29 Rn. 1.

[49] *Habersack*, in: MünchKomm-AktG, Vor § 95 Rn. 14; *Schiedermair/Kolb*, in: Müller/Rödder, BeckHdbAG, § 7 Rn. 241.

[50] *Hopt/Roth*, in: Großkomm-AktG, § 101 Rn. 97.

[51] *Hopt/Roth*, in: Großkomm-AktG, § 101 Rn. 98, 99.

[52] *Vetter*, in: Marsch-Barner/Schäfer, Hdb börsennotierte AG, § 29 Rn. 8 f.; *Schiedermair/Kolb*, in: Müller/Rödder, BeckHdbAG, § 7 Rn. 242.

[53] *Schiedermair/Kolb*, in: Müller/Rödder, BeckHdbAG, § 7 Rn. 244.

[54] *Habersack*, in: MünchKomm-AktG, Vor § 95 Rn. 13; *Schiedermair/Kolb*, in: Müller/Rödder, BeckHdbAG, § 7 Rn. 246.

AktG also einerseits ermöglicht, gleichzeitig aber nach Art und Umfang begrenzt.[55] Eine Bestellung von Aufsichtsratsmitgliedern durch Entsendung kann gem. § 101 Abs. 1 Satz 1 AktG nur im Hinblick auf Aufsichtsratsmitglieder der Aktionäre erfolgen. Entsendungsrechte verdrängen mithin das Recht der Hauptversammlung zur Bestellung von Aufsichtsratsmitgliedern, vgl. § 101 Abs. 1 Satz 1 Halbsatz 1 AktG.

§ 101 AktG gilt gem. § 278 Abs. 3 AktG auch für die KGaA. Die Entsendung von Organmitgliedern ist darüber hinaus gem. Art. 40 Abs. 2 Satz 3, 47 Abs. 4 SEVO im Hinblick auf das Aufsichtsorgan der dualistischen SE und gem. § 28 Abs. 2 SEAG zur Besetzung des Verwaltungsrates der monistischen SE möglich.

55 *Habersack*, in: MünchKomm-AktG, § 101 Rn. 1 f.

B. Rechtshistorische Entwicklung

I. Allgemeines Deutsches Handelsgesetzbuch 1861

Im Gegensatz zum heutigen Aktiengesetz von 1965 (§§ 30, 95 ff. AktG) sah das Allgemeine Deutsche Handelsgesetzbuch von 1861[56] (Art. 207 ff. ADHGB) den Aufsichtsrat noch nicht als obligatorisches Gesellschaftsorgan der Aktiengesellschaft vor. Vielmehr stand es den Gründungsgesellschaftern frei, ob sie neben der Generalversammlung und dem Vorstand ein weiteres Organ schaffen und wie dieses besetzt werden sollte. Unter dem ADHGB i.d.F. von 1861 war es den Gründungsgesellschaftern also möglich, im Zuge privatautonomer Ausgestaltung des Gesellschaftsvertrages den Aufsichtsrat und das bei seiner Bestellung anzuwendende Verfahren –mitunter also auch Entsendungsrechte[57] – nach ihren Vorstellungen zu implementieren.[58]

II. Aktienrechtsnovelle 1870 und 1884

Mit Abschaffung des Konzessionssystems unter gleichzeitiger Einführung des Normativsystems[59] durch die Aktienrechtsnovelle 1870[60] wurde der Aufsichtsrat zu einem obligatorisch einzurichtenden Organ der Aktiengesellschaft. Im Zuge der Aktienrechtsnovelle 1884[61] wurde schließlich das Recht zur Bestellung von Aufsichtsratsmitgliedern ausdrücklich und exklusiv der Generalversammlung überantwortet, um einen Missbrauch der statutarischen Gestaltungsfreiheit zu verhindern und der Sicherung eines unlauteren Einflusses durch die Gründungsgesellschafter entge-

---

56 Siehe Anlage C zum Gesetz v. 5.6.1869, BGBl. des Norddeutschen Bundes 1869, Nr. 32, S. 420 ff.

57 Vgl. insbes. Art. 225 ADHGB.

58 Vgl. – auch zum Wesen des Aufsichtsrats unter dem ADHGB – *Lieder*, Der Aufsichtsrat im Wandel der Zeit, S. 78 ff.

59 Dazu *Lieder*, Der Aufsichtsrat im Wandel der Zeit, S. 93 ff.

60 Vgl. Art. 209 Nr. 6, 225 ff., 191 f. ADHGB i.d.F. v. 11.6.1870, teilweise eingefügt bzw. geändert durch § 1 des Gesetzes, betreffend die Kommanditgesellschaften auf Aktien und die Aktiengesellschaften v. 11.6.1870, BGBl. des Norddeutschen Bundes 1870, Nr. 21, S. 375 (Aktienrechtsnovell 1870).

61 Vgl. Art. 209 f, 224, 191 ADHGB i.d.F. v. 18.7.1884, geändert durch § 1 des Gesetzes, betreffend die Kommanditgesellschaften auf Aktien und die Aktiengesellschaften v. 18.7.1884, RGBl. 1884, Nr. 22, S. 123 (Aktienrechtsnovelle 1884). Zu den Streitigkeiten über das zuständige Wahlorgan nach der Aktienrechtsnovelle 1870 siehe *Lieder*, Der Aufsichtsrat im Wandel der Zeit, S. 108 f., 145 f.

genzuwirken.[62] Statutarische Entsendungsrechte waren mithin unzulässig geworden.[63]

III. Aktiengesetz 1937

Bereits das Aktiengesetz 1937[64] sah jedoch ausdrücklich die Möglichkeit zur satzungsmäßigen Schaffung von Entsendungsrechten zugunsten bestimmter Aktionäre oder zugunsten von Inhabern bestimmter Aktien in § 88 AktG 1937[65] vor. Die Abs. 1-3 des § 88 AktG 1937 wurden mit der

---

[62] Vgl. Begründung zum Entwurf der Aktienrechtsnovelle 1884 v. 7.3.1884, S. 287, abgedruckt bei *Schubert/Hommelhoff*, Hundert Jahre modernes Aktienrecht, S. 458.

[63] RG v. 9.10.1936 – II 43/36, RGZ 152, 273, 275.

[64] Gesetz über Aktiengesellschaften und Kommanditgesellschaften auf Aktien (Aktiengesetz) v. 30.1.1937, RGBl. I 1937, S. 107, in Kraft getreten mit Wirkung zum 1.10.1937.

[65] Entsendung von Mitgliedern in den Aufsichtsrat

(1) Die Satzung kann bestimmten Aktionären oder den jeweiligen Inhabern bestimmter Aktien das Recht einräumen, Mitglieder in den Aufsichtsrat zu entsenden. Die Gesamtzahl der entsandten Mitglieder darf den dritten Teil aller Aufsichtsratsmitglieder nicht übersteigen.

(2) Das Entsendungsrecht kann nur den Inhabern solcher Aktien eingeräumt werden, die auf Namen lauten und deren Übertragung an die Zustimmung der Gesellschaft gebunden ist.

(3) Die Aktien, deren Inhabern das Entsendungsrecht zusteht, gelten nicht als besondere Gattung.

(4) Die entsandten Aufsichtsratsmitglieder können von den Entsendungsberechtigten jederzeit abberufen und durch andere ersetzt werden. Liegt in der Person eines entsandten Mitglieds ein wichtiger Grund vor, so kann das Gericht auf Antrag einer Minderheit, deren Anteile zusammen den zehnten Teil des Grundkapitals erreichen, das Mitglied abberufen.

(5) Sind die in der Satzung bestimmten Voraussetzungen des Entsendungsrechts weggefallen, so kann die Hauptversammlung das entsandte Mitglied mit einfacher Stimmenmehrheit abberufen.

Siehe auch die erläuternden Bemerkungen des Reichsjustizministeriums zu § 74 Abs. 5 des Entwurfs v. 1930, abgedruckt bei *Schubert*, Quellen zur Aktienrechtsreform der Weimarer Republik (1926-1931), S. 942 f. sowie die sich daran anschließenden kommissarischen Beratungen, S. 999 f.; Erläuternde Bemerkungen des Reichsjustizministeriums zu § 77 des Entwurfs eines Gesetzes über Aktiengesellschaften und Kommanditgesellschaften auf Aktien (1931), abgedruckt bei *Schubert/Hommelhoff*, Die Aktienrechtsreform am Ende der Weimarer Republik, S. 907, 913; vgl. auch *Lieder*, Der Aufsichtsrat im Wandel der Zeit, S. 297 ff., 368 ff.

Aktienrechtsnovelle 1965[66] nahezu wortgleich in § 101 Abs. 2 Satz 1-4 AktG 1965 übernommen. Die Abs. 4 und 5 des § 88 AktG 1937 wurden in § 103 Abs. 2 AktG 1965 überführt.

IV. Mitbestimmungsrechtliche Änderung

1985 wurde der Verweis in § 101 Abs. 2 Satz 1 AktG[67] auf das Entsendungsrecht der Spitzenorganisationen der Gewerkschaften gem. § 7 MontanMitbestErgG gestrichen,[68] nachdem das mitbestimmungsrechtliche Entsendungsrecht bereits 1981[69] abgeschafft worden war.

V. Sonderregelung zugunsten der Volkswagen AG

Bereits durch das Mitbestimmungsgesetz 1976 wurde § 101 Abs. 2 Satz 5 AktG[70] als Sonderregelung zugunsten der Volkswagen AG eingefügt.[71] Abweichend von der gesetzlichen Höchstanzahl an Entsendungsrechten gem. § 101 Abs. 2 Satz 4 AktG waren die Bundesrepublik Deutschland

---

66 Aktiengesetz v. 6.9.1965, BGBl. I 1965, S. 1089, mit Wirkung zum 1.1.1966.

67 I.d.F. v. 6.9.1965, BGBl. I 1965, S. 1089 „Ein Recht, Mitglieder in den Aufsichtsrat zu entsenden, kann, soweit es nicht Spitzenorganisationen der Gewerkschaften nach dem Mitbestimmungsergänzungsgesetz zusteht, nur durch die Satzung und nur für bestimmte Aktionäre oder für die jeweiligen Inhaber bestimmter Aktien begründet werden."

68 Durch Art. 2 Nr. 11 des Gesetzes zur Durchführung der Vierten, Siebenten und Achten Richtlinie des Rates der Europäischen Gemeinschaften zur Koordinierung des Gesellschaftsrechts (Bilanzrichtlinien-Gesetz – BiRiLiG) v. 19.12.1985 mit Wirkung zum 1.1.1986, BGBl. I 1986, S. 2355, 2390.

69 Durch Art. 2 Nr. 3 des Gesetz zur Änderung des Montan-Mitbestimmungsgesetzes und des Mitbestimmungsergänzungsgesetzes v. 21.5.1981, BGBl. I 1981, S. 441.

70 § 101 Abs. 2 Satz 5 AktG zuletzt i.d.F. v. 21.12.2006 :„§ 4 Abs. 1 des Gesetzes über die Überführung der Anteilsrechte an der Volkswagenwerk Gesellschaft mit beschränkter Haftung in private Hand vom 21. Juli 1960 (Bundesgesetzbl. I S. 585), zuletzt geändert durch das Zweite Gesetz zur Änderung des Gesetzes über die Überführung der Anteilsrechte an der Volkswagenwerk Gesellschaft mit beschränkter Haftung in private Hand vom 31. Juli 1970 (Bundesgesetzbl. I S. 1149), bleibt unberührt."

71 Durch § 35 Nr. 6 lit. c) des Gesetzes über die Mitbestimmung der Arbeitnehmer v. 4.5.1976, BGBl. I 1976, S. 1153, 1162 mit Wirkung zum. 1.7.1976; zur bloß klarstellenden Funktion von § 101 Abs. 2 Satz 5 AktG im Verhältnis zum VW-Gesetz als lex specialis zum AktG *Kömpf*, Staatseinfluss auf die Volkswagen AG, S. 302 Fn. 1642; zur Einordnung des VW-Gesetzes als verbotenes Einzelfallgesetz i.S.d. Art. 19 Abs. 1 GG *Dies.*, Staatseinfluss auf die Volkswagen AG, S. 296 f.

sowie das Land Niedersachsen gem. § 4 Abs. 1 VW-Gesetz a.F.[72], § 12 VW-Satzung[73] zur Entsendung von je zwei Mitgliedern in den Aufsichtsrat der Volkswagen AG – und damit von mehr als einem Drittel der Anteilseignervertreter – befugt. Im Zuge von Privatisierungsbemühungen auf Bundesebene in den 80er Jahren sank der Anteilsbesitz des Bundes an der Volkswagen AG im Jahr 1986 zunächst durch eine Kapitalerhöhung von 20 % auf 16 % und wurde 1988 insgesamt liquidiert. Das Entsendungsrecht der Bundesrepublik Deutschland war damit gegenstandslos geworden.[74] Nachdem der EuGH[75] im Jahr 2007 das Entsendungsrecht zugunsten des Landes Niedersachen wegen Verstoßes gegen die Kapitalverkehrsfreiheit als europarechtswidrig befunden hatte, wurde § 4 Abs. 1 VW-Gesetz aufgehoben[76] und § 101 Abs. 2 Satz 5 AktG ersatzlos gestrichen[77].

Seitdem ist § 101 Abs. 2 AktG in der jetzigen Fassung vom 8.12.2008 mit Wirkung zum 11.12.2008 gültig.

---

[72] § 4 Abs. 1 VW-Gesetz i.d.F. v. 1.1.1964: „Die Bundesrepublik Deutschland und das Land Niedersachsen sind berechtigt, je zwei Aufsichtsratsmitglieder in den Aufsichtsrat zu entsenden, solange ihnen Aktien der Gesellschaft gehören."

[73] „Die Bundesrepublik Deutschland und das Land Niedersachsen sind berechtigt, je zwei Aufsichtsratsmitglieder in den Aufsichtsrat zu entsenden, solange ihnen Aktien der Gesellschaft gehören." So noch die Volkswagen-Satzung Stand März 2009. Vgl. zur erneuten Einführung von Entsendungsrechten auf der außerordentlichen Hauptversammlung der Volkswagen AG am 3.12.2009 § 11 Abs. 1 Satz 2 Volkswagen-Satzung Stand März 2011: „Das Land Niedersachsen ist berechtigt, zwei Mitglieder in den Aufsichtsrat zu entsenden, solange dem Land Niedersachsen unmittelbar oder mittelbar mindestens 15 Prozent der Stammaktien der Gesellschaft gehören.", diese sind weiterhin in der aktuellen Satzung Stand April 2016 enthalten.

[74] Vgl. BegrGesEnt der Fraktionen CDU/CSU und FDP zu Art. 3 des Gesetzes für kleine Aktiengesellschaften und zur Deregulierung des Aktienrechts, BT-Drucks. 12/6721, S. 12.

[75] EuGH v. 23.10.2007 – C-112/05, Slg. 2007, I-8995 = NZG 2007, 942 – Kommission/Deutschland – VW-Gesetz.

[76] Geändert durch Art. 1 Nr. 2 Gesetzes zur Änderung des Gesetzes über die Überführung der Anteilsrechte an der Volkswagenwerk Gesellschaft mit beschränkter Haftung in private Hand v. 8.12.2008, BGBl. I 2008, S. 2369 mit Wirkung zum 11.12.2008; zur Neufassung des VW-Gesetzes siehe *Rapp-Jung/Batosch*, BB 2009, 2210 ff.

[77] Durch Art. 2 des Gesetzes zur Änderung des Gesetzes über die Überführung der Anteilsrechte an der Volkswagenwerk Gesellschaft mit beschränkter Haftung in private Hand v. 8.12.2008, BGBl. I 2008, S. 2369 mit Wirkung zum 11.12.2008.

C. Begründung von Entsendungsrechten

Bei Begründung und Ausgestaltung von Entsendungsrechten sind die Gesellschafter der Aktiengesellschaft nicht absolut frei, sondern im Hinblick auf die Art der rechtlichen Verankerung, den Umfang und den Kreis der Begünstigten an die Zulässigkeitsschranken des § 101 Abs. 2 AktG gebunden. Innerhalb dieser Grenzen können sie das Entsendungsrecht jedoch in formeller wie materieller Hinsicht weitgehend frei ausgestalten.[78]

I. Rechtsnatur des Entsendungsrechts

Das Entsendungsrecht ist ein satzungsmäßiges Vorzugsrecht zugunsten eines bestimmten Aktionärs oder zugunsten des jeweiligen Inhabers bestimmter Aktien. Es ermächtigt den Entsendungsberechtigten dazu, Aufsichtsratsmitglieder mit für die Organe der Gesellschaft bindender Wirkung zu bestellen.[79]

1. Organqualität des Entsendungsberechtigten

Das Entsendungsrecht kann entweder originär in der Gründungssatzung durch Übereinkunft der Gründungsgesellschafter oder zeitlich später durch Satzungsänderung gem. § 179 AktG von der Hauptversammlung eingeräumt werden.[80] „Soweit“[81] Entsendungsrechte in der Satzung verankert sind, ist nicht (mehr) die Hauptversammlung, sondern der Entsendungsberechtigte für die Bestellung bestimmter Aufsichtsratsmitglieder zuständig. Da die Hauptversammlung neben Aufsichtsrat und Vorstand eines der drei konstituierenden Organe der Aktiengesellschaft ist

---

78 Vgl. § 100 Abs. 4 AktG; *Spindler*, in: Spindler/Stilz, AktG, § 101 Rn. 50; *Drygala*, in: Schmidt/Lutter, AktG, § 101 Rn. 14; *Habersack*, in: MünchKomm-AktG, § 101 Rn. 58; *Henssler*, in: Henssler/Strohn, GesellschaftsR, § 101 AktG Rn. 11; *Hopt/Roth*, in: Großkomm-AktG, § 101 Rn. 10, 122; *Mertens/Cahn*, in: Köln-Komm-AktG, § 101 Rn. 58; *Bürgers/Israel*, in: Bürgers/Körber, AktG, § 101 Rn. 15; *Hoffmann-Becking*, in: MünchHdbGesR-AG, § 30 Rn. 49; zu detaillierten Gestaltungsmöglichkeiten vgl. *Pühler*, in: Happ, AktienR, Mustertext 1.03 Rn. 20.1 ff., Mustertext 1.04 Rn. 10.1 ff.

79 *Spindler*, in: Spindler/Stilz, AktG, § 101 Rn. 64.

80 *Hopt/Roth*, in: Großkomm-AktG, § 101 Rn. 108.

81 Vgl. § 101 Abs. 1 Satz 1 Halbsatz 2 AktG.

(sog. Organtrias)[82], werden mit Einräumung des Entsendungsrechts also prima facie Organkompetenzen von der Hauptversammlung auf den Entsendungsberechtigten verlagert. Infolgedessen könnte auch der Entsendungsberechtigte als Gesellschaftsorgan bzw. das Entsendungsrecht als organschaftliche Kompetenz zu qualifizieren sein.[83]

a. *Definition des Organbegriffs*

Mit Blick auf die Funktion von Gesellschaftsorganen im Allgemeinen (Handlungsbefähigung der Gesellschaft) und die gesetzlich festgeschriebenen Organeigenschaften im Speziellen (bspw. Verhaltenszurechnung zur Gesellschaft) hat sich – mit Abweichungen im Detail – folgende Organdefinition herausgebildet: Organ ist jede Person oder Personenmehrheit, die nach der auf Gesetz und Satzung basierenden Verfassung der Gesellschaft deren Handlungsfähigkeit begründet,[84] indem sie an Willensbildungs-, Leitungs- oder Aufsichtstätigkeiten teilnimmt[85] und dabei auf die Förderung des Verbandsinteresses verpflichtet ist[86].

---

[82] *Kubis*, in: MünchKomm-AktG, § 118 Rn. 8; *Kort*, in: Großkomm-AktG, Vor § 76 Rn. 2; *Raiser/Veil*, Recht der Kapitalgesellschaften, § 13 Rn. 8; *Koch*, in: Hüffer, AktG, § 118 Rn. 3; *Mülbert*, in: Großkomm-AktG, Vor §§ 118–147 Rn. 19 ff.; *Zöllner*, in: KölnKomm-AktG, § 118 Rn. 4; *Spindler*, in: Schmidt/Lutter, AktG, § 118 Rn. 10; *Hoffmann*, in: Spindler/Stilz, § 118 Rn. 6; *May*, Die Sicherung des Familieneinflusses auf die Führung der börsengehandelten Aktiengesellschaft, S. 55 ff.; *Schürnbrand*, Organschaft im Recht der privaten Verbände, S. 30 f.; siehe aber auch S. 148 f. zur Zwitterstellung der Hauptversammlung als Gesamtorgan der Gesellschaftsmitglieder.

[83] Ablehnend *Hopt/Roth*, in: Großkomm-AktG, § 101 Rn. 162, 15; *Semler*, in: MünchKomm-AktG (2. Aufl.), § 101 Rn. 70; *Schürnbrand*, Organschaft im Recht der privaten Verbände, S. 68, 72 ff.; siehe auch *Steinbeck*, Vereinautonomie und Dritteinfluss, S. 74 (i.E. gegen Organstellung von Sonderrechtsinhabern); wohl auch *Habersack*, in: MünchKomm-AktG, § 101 Rn. 45, 48, 61; siehe auch *Mertens/Cahn*, in: KölnKomm-AktG, § 101 Rn. 71, 82, die von einer bloß „vergleichbaren Organfunktion" des „»Kreationsorgan«" in Person des Entsendungsberechtigten sprechen; a.A. wohl *Bürkle*, Rechte Dritter in der Satzung der GmbH, S. 43 f., 131; wohl auch *Feine*, in: Ehrenberg, Hdb HandelsR, S. 474 f. zu Sonderrechtsinhabern in der GmbH als „Kreationsorgane".

[84] *Hadding*, in: Soergel, BGB, § 26 Rn. 3; *Flume*, Die juristische Person, § 11 I S. 377; *Semrau*, Die Dritteinflussnahme auf die Geschäftsführung von GmbH und Personengesellschaften, S. 42 ff., 88, 114 f.

[85] *Ulmer/Schäfer*, in: MünchKomm-BGB, § 705 Rn. 256; vgl. auch *K. Schmidt*, Gesellschaftsrecht, § 14 II 1 S. 414 f.

[86] *Wiedemann*, Gesellschaftsrecht I, § 4 II 3 a S. 212 a.E.; *Schürnbrand*, Organschaft im Recht der privaten Verbände, S. 37 f., 148 f., 223; *Müller/Wolff*, NZG

b. Argumente pro Organqualität

Für die Organqualität des Entsendungsberechtigten spricht zunächst, dass er mit der Bestellung von Aufsichtsratsmitgliedern originäre Funktionen der Hauptversammlung an deren Stelle wahrnimmt. § 101 Abs. 1 Satz 1 AktG formuliert die Bestellungskompetenzen von Hauptversammlung, Entsendungsberechtigtem und Arbeitnehmern parallel und damit als gleichwertig. Das Entsendungsrecht ist mithin keine derivative, von der Hauptversammlung als primäres Bestellungsorgan auf den Entsendungsberechtigten übertragene Kompetenz, sondern eine kraft Satzung dem Entsendungsberechtigten originär zugewiesene Bestellungsmacht.[87]

c. Argumente contra Organqualität

Gegen die Organqualität des Entsenders spricht, dass er im Gegensatz zu Vorstand, Aufsichtsrat und Hauptversammlung keine die Aktiengesellschaft konstituierende Stelle,[88] sondern eine auf statutarischer Regelung beruhende Ausnahmeerscheinung ist. Anders als die Hauptversammlung ist der Entsender bei der Bestellung von Aufsichtsratsmitgliedern im Wege der Entsendung zudem nicht auf ein gesetzlich zwingendes bzw. unter der Regie eines Versammlungsleiters durchzuführendes Prozedere festgelegt, sondern nur an mögliche satzungsmäßige Vorgaben sowie die gesellschaftsrechtliche Treupflicht gebunden.[89] Darüber hinaus wäre es inkonsequent, den Entsendungsberechtigten aufgrund seiner Bestellungsmacht als Gesellschaftsorgan einzustufen, die nach dem jeweiligen Mitbestimmungsregime zur Bestellung von Aufsichtsratsmitgliedern berufenen Arbeitnehmer bzw. deren Delegierte hingegen nicht.[90] Auch mit Blick auf den Grundsatz der Fremdorganschaft steht das Entsendungsrecht einem mitgliedschaftlichen Vorzugsrecht näher als einer

---

2003, 751, 752; wohl auch *Ulmer*, in: FS Wiedemann (2002), S. 1197, 1305; *Herfs*, Einwirkung Dritter auf den Willensbildungsprozeß der GmbH, S. 63 ff.; *Beuthien/Gätsch*, ZHR 156 (1992), 459, 468.; siehe auch *Steinbeck*, Vereinautonomie und Dritteinfluss, S. 76 f.

[87] Vgl. *Hoffmann-Becking*, in: MünchHdbGesR-AG, § 29 Rn. 23; *Hopt/Roth*, in: Großkomm-AktG, § 101 Rn. 21.

[88] Vgl. § 30 AktG sowie die Überschriften des AktG Erstes Buch, Vierter Teil, 1., 2. und 4. Abschnitt.

[89] *Schürnbrand*, Organschaft im Recht der privaten Verbände, S. 74; zur Treupflichtbindung bei der Ausübung von Entsendungsrechten siehe auch unten unter D. II. 3. b.

[90] Das Schrifttum schweigt zu dieser Frage.

Organkompetenz: Im Kapitalgesellschaftsrecht können Organe im Gegensatz zum Personengesellschaftsrecht (auch) mit Nichtgesellschaftern besetzt werden; § 101 Abs. 2 AktG sieht jedoch zwingend die Einräumung von Entsendungsrechten ausschließlich zugunsten von Aktionären vor. Vor allem aber gilt es zu bedenken, dass der Entsender bei Ausübung seines Entsendungsrechts nicht primär auf das Unternehmensinteresse verpflichtet ist, sondern – bis zur Grenze der Treuwidirgkeit bzw. der §§ 117 AktG, 826 BGB – wie auch die Aktionäre bei Ausübung ihres Stimmrechts in der Hauptversammlung eigene Interessen verfolgen darf.[91] Im Ergebnis bildet der Entsender bei Ausübung des Entsendungsrechts also nicht den Beschluss der Hauptversammlung nach und übernimmt deren Aufgaben als Gesellschaftsorgan. Vielmehr trifft er anstelle eines jeden in der Hauptversammlung versammelten Einzelaktionärs eine Wahlentscheidung. Dies rechtfertigt es, den Entsendungsberechtigten in erster Linie als privilegierten Aktionär einzustufen und nicht als ausschließlich dem Unternehmensinteresse verpflichtetes Willensbildungsorgan der Gesellschaft.

d. Auswirkungen einer möglichen Qualifikation als Gesellschaftsorgan

Allerdings ergeben sich aus einer möglichen Qualifikation des Entsendungsberechtigten als Gesellschaftsorgan grundsätzlich ohnehin keine materiell-rechtlichen Konsequenzen: Der entsendungsberechtigte Aktionär steht bereits aufgrund seiner Aktionärseigenschaft in einem korporationsrechtlichen Rechtsverhältnis zur Gesellschaft, innerhalb dessen er aufgrund der gesellschaftsrechtlichen Treupflicht zur Rücksichtnahme auf die Interessen der Gesellschaft und Mitgesellschafter verpflichtet ist. Unter Haftungsgesichtspunkten besteht also – anders als ggf. beim Abschlussprüfer[92] oder im Hinblick auf den Versammlungsleiter[93] – kein

[91] Vgl. *Spindler*, in: Spindler/Stilz, AktG, § 101 Rn. 17; *Hopt/Roth*, in: Großkomm-AktG, § 101 Rn. 23; *Drygala*, in: Schmidt/Lutter, § 101 Rn. 4; *Mertens/Cahn*, in: KölnKomm-AktG, § 101 Rn. 25; siehe auch *Schürnbrand*, Organschaft im Recht der privaten Verbände, S. 148 f.

[92] BGH v. 15.12.1954 – II ZR 322/53, BGHZ 16, 17 = NJW 1955, 499, 500; v. 24.3.1980 – II ZR 88/79, BGHZ 76, 338, 342 = NJW 1980, 1689, 1690.

[93] Für Organeigenschaft *Mülbert*, in: Großkomm-AktG, Vor §§ 118-147 Rn. 85 f.; *Zöllner*, in: KölnKomm-AktG, § 136 Rn. 61; *Heidel*, in: Heidel, AktG, Vor §§ 129-132 Rn. 18; *Schürnbrand*, NZG 2014, 1211, 1212; siehe auch *Martens*, Leitfaden für die Leitung der Hauptversammlung einer Aktiengesellschaft, S. 39 f.; ablehnend *Kubis*, in: MünchKomm-AktG, § 119 Rn. 184; *Ziemons*, in: Schmidt/Lutter,

Bedarf, zusätzlich ein organschaftliches Treupflichtverhältnis gegenüber der Aktiengesellschaft zu konstruieren.[94] Darüber hinaus entfaltet die Entsendungserklärung des Entsandten bereits aufgrund der gesetzlichen Regelung in § 101 Abs. 2 AktG in Verbindung mit der statutarischen Verankerung des Entsendungsrechts unmittelbar korporationsrechtlich bindende Wirkung, ohne dass es einer Vollstreckung bedürfte.[95] Auch mit Blick auf die Rechtsfolgen der Entsendung macht es folglich keinen Unterschied, ob der Entsender als Gesellschaftsorgan oder bloß als privilegierter Aktionär tätig wird.[96]

e. Ergebnis

Der Entsendungsberechtigte nimmt bei der Bestellung von Aufsichtsratsmitgliedern zwar eine der Hauptversammlung vergleichbare organschaftliche Funktion wahr,[97] wird dadurch jedoch nicht selbst zum Gesellschaftsorgan. Er weist mithin keine Organqualität auf. Daraus ergeben sich allerdings keine materiell-rechtlichen Konsequenzen.

2. Qualifikation als gattungsbegründendes Vorzugsrecht (§ 11 AktG) vs. Einordnung als gesellschaftsrechtliches Sonderrecht (§ 35 BGB)

Durch das Entsendungsrecht wird dem entsendungsberechtigten Aktionär eine im Verhältnis zu anderen Aktionären privilegierte Rechtsstellung zuteil. Das Entsendungsrecht ist zwingend an die Verbandsmitgliedschaft gekoppelt und satzungsmäßig zu verankern. Darüber hinaus wirkt sich die Einräumung des Entsendungsrechts unmittelbar korporativ auf die Organisation der Gesellschaft aus und ist deshalb als mitgliedschaftliches Vorzugsrecht zu qualifizieren.

AktG, § 129 Rn. 62; *von der Linden*, NZG 2013, 208, 210; zum Versammlungsleiter der GmbH siehe *Schindler*, in: BeckOK GmbHG, § 48 Rn. 42.

94 *Habersack*, in: MünchKomm-AktG, § 101 Rn. 48; *Schürnbrand*, Organschaft im Recht der privaten Verbände, S. 74.

95 Vgl. BGH v. 25.2.1965 – II ZR 287/63, BGHZ 43, 261, 263 f. = NJW 1965, 1378, zu einem bei Pattsituationen in einer GmbH-Gesellschafterversammlung zur Entscheidung berufenen „Schiedsgericht".

96 Vgl. *Habersack*, in: MünchKomm-AktG, § 101 Rn. 48.

97 *Habersack*, in: MünchKomm-AktG, § 101 Rn. 45; *Hopt/Roth*, in: GroßkommAktG, § 101 Rn. 162; *Schürnbrand*, Organschaft im Recht der privaten Verbände, S. 74.

a. Qualifikation als gattungsbegründendes Vorzugsrecht

Die Aktien des Entsendungsberechtigten könnten deshalb mit Blick auf seine Vorzugsstellung als eigene Aktiengattung gem. § 11 AktG und das Entsendungsrecht folglich als gattungsbegründendes mitgliedschaftliches Vorzugsrecht zu qualifizieren sein.

Aktien derselben Gattung gewähren gleiche Mitgliedschaftsrechte oder belasten mit gleichen Mitgliedschaftspflichten.[98] Die Aktien einer Gesellschaft sind in mehrere Aktiengattungen unterteilt, wenn Aktien mit unterschiedlichen Rechten bzw. Pflichten ausgegeben werden. Eine Gattung kann auch bereits aus bloß einer einzigen mit abweichenden Mitgliedschaftsrechten ausgestatteten Aktie bestehen.[99] Über den Gattungsbegriff werden mitgliedschaftliche Vorzugsrechte im Aktiengesetz spezialgesetzlich gem. §§ 11, 179 Abs. 3, Abs. 2 AktG geschützt, so dass der Sonderrechtsschutz gem. § 35 BGB verdrängt wird.[100]

Das aktiengebundene Entsendungsrecht ist an die Inhaberschaft der entsendungsrechtsvermittelnden Aktien gebunden. Mithin gewährt gerade die Aktie das Vorzugsrecht (vgl. § 11 AktG), weshalb aktiengebundene Entsendungsrechte grundsätzlich gattungsbegründend wirken.[101] Das personengebunde Entsendungsrecht hingegen knüpft nicht an die Inhaberschaft bestimmter Aktien an. Es setzt zwar die Aktionärsstellung des Berechtigten voraus, wird jedoch im Unterschied zum aktiengebundenen Entsendungsrecht gerade nicht i.S.d. § 11 AktG durch das Aktieneigentum selber vermittelt und wirkt deshalb nicht gattungsbegründend.[102]

Aufgrund der gesetzlichen Fiktion gem. § 101 Abs. 2 Satz 3 AktG gelten Aktien des Entsendungsberechtigten jedoch insgesamt – also sowohl

---

[98] *Heider*, in: MünchKomm-AktG, § 11 Rn. 28; *Vatter*, in: Spindler/Stilz, AktG, § 11 Rn. 3; *Koch*, in: Hüffer, AktG, § 11 Rn. 7.

[99] *Vatter*, in: Spindler/Stilz, AktG, § 11 Rn. 3; *Heider*, in: MünchKomm-AktG, § 11 Rn. 29; *Solveen*, in: Hölters, AktG, § 11 Rn. 14.

[100] Vgl. *Koch*, in: Hüffer, AktG, § 11 Rn. 6; *Heider*, in: MünchKomm-AktG, § 101 Rn. 16; *Vatter*, in: Spindler/Stilz, AktG, § 11 Rn. 4; *Solveen*, in: Hölters, AktG, § 11 Rn. 7; *Rieckers*, in: MünchHdbGesR-AG, § 17 Rn. 7.

[101] Abweichend *Godin/Wilhelmi*, AktG, § 101 Anm. 3 S. 556.

[102] *Habersack*, in: MünchKomm-AktG, § 101 Rn. 43; *Hopt/Roth*, in: Großkomm-AktG, § 101 Rn. 121; *Semler*, in: MünchKomm-AktG (2. Aufl.), § 101 Rn. 74; *Simons*, in: Hölters, AktG, § 101 Rn. 30; *Geßler*, in: Geßler/Hefermehl/Eckardt/Kropff, AktG, § 101 Rn. 88; *Steinfort*, Entsendungsrechte, S. 28.

beim aktiengebundenen als auch beim personengebundenen Entsendungsrecht – nicht als besondere Gattung.[103]

b. Qualifikation als gesellschaftsrechtliches Sonderrecht i.S.d. § 35 BGB

Das Entsendungsrecht könnte deshalb als Sonderrecht gem. § 35 BGB zu qualifizieren sein.

(1) Abgrenzung von regulären Mitgliedschaftsrechten und schuldrechtlichen Ansprüchen

Sonderrechte i.S.d. § 35 BGB sind von allgemeinen, jedem Aktionär aufgrund seiner Verbandsmitgliedschaft zustehenden Mitgliedschaftsrechten einerseits sowie schuldrechtlichen Ansprüchen gegen die Gesellschaft oder gegen Mitaktionäre andererseits abzugrenzen. Als Vorzugsrechte stehen sie nur einem bestimmten Aktionär oder einer abgrenzbaren Gruppe von Aktionären zu.[104] Sie wirken in der korporativen Sphäre der Gesellschaft und heben sich damit von bloß relativ wirkenden schuldrechtlichen Ansprüchen ab.[105] Insoweit erfüllt das Entsendungsrecht als korporatives Vorzugsrecht die Anforderungen an Sonderrechte.

---

[103] *Vatter*, in: Spindler/Stilz, AktG, § 11 Rn. 4, 15; *Koch*, in: Hüffer, AktG, § 11 Rn. 6; siehe auch *Brändel*, in: Großkomm-AktG, § 11 Rn. 7; *K. Schmidt*, Gesellschaftsrecht, § 19 III 3 bb) S. 559; *Brändel*, in: Großkomm-AktG, § 11 Rn. 7 f. qualifiziert grundsätzlich alle aktienrechtlichen Vorzugsrechte als Sonderrechte i.S.d. § 35 BGB, unabhängig von ihrer gattungsbegründenden Wirkung; vgl. zu den Unterschieden zwischen Sonderrechten und Organkompetenzen *Herfs*, Einwirkung Dritter auf den Willensbildungsprozeß der GmbH, S. 44 ff.; *Semrau*, Die Dritteinflussnahme auf die Geschäftsführung von GmbH und Personengesellschaften, S. 34 f.; *Bürkle*, Rechte Dritter in der Satzung der GmbH, S. 157.

[104] *Hadding*, in: Soergel, BGB, § 35 Rn. 2, 6, 11; *Verse*, in: Henssler/Strohn, GesellschaftsR, § 14 GmbHG Rn. 50; *Raiser*, in: Ulmer/Habersack/Löbbe, Großkomm-GmbHG, § 14 Rn. 27; *Seibt*, in: Scholz, GmbHG, § 14 Rn. 19; *Ebbing*, in: Michalski, GmbHG, § 14 Rn. 77; *Stöber/Otto*, Handbuch zum Vereinsrecht, Rn. 210; *Flume*, Die juristische Person, § 8 II S. 271 f.; *Reichert*, Vereins- und Verbandsrecht, Rn. 856 ff.; *Zöllner*, Die Schranken, S. 109 f.

[105] *Hadding*, in: Soergel, BGB, § 35 Rn. 4 f.; *Verse*, in: Henssler/Strohn, GesellschaftsR, § 14 GmbHG Rn. 53; vgl. auch *Seibt*, in: Scholz, GmbHG, § 14 Rn. 19; *Ebbing*, in: Michalski, GmbHG, § 14 Rn. 78.

(2) Wesentliches Charakteristikum: Unentziehbarkeit

Zum Sonderrecht i.S.d. § 35 BGB werden mitgliedschaftliche Vorzugsrechte jedoch erst dann, wenn sie unentziehbar ausgestaltet sind,[106] d.h., wenn sie grundsätzlich nur mit Zustimmung des Sonderrechtsinhabers entzogen oder beeinträchtigt werden können.[107] Im Folgenden wird deshalb untersucht, ob zur Entziehung von Entsendungsrechten (stets) die Zustimmung des Entsendungsberechtigten erforderlich ist.

(a) Zwingende Qualifikation als gesellschaftsrechtliches Sonderrecht

Bereits der gesetzlich angeordnete Ausschluss von Entsendungsrechten aus dem speziell aktienrechtlichen Schutzregime mitgliedschaftlicher Vorzugsrechte (§§ 11, 179 AktG) könnte zu dem Schluss zwingen, das Entsendungsrecht werde stets durch seinen Sonderrechtscharakter i.S.d. § 35 BGB geschützt und sei deshalb grundsätzlich unentziehbar bzw. nur mit Zustimmung des Sonderrechtsinhabers verkürzbar.[108]

Bei einer derartigen Schlussfolgerung würde die Vorfrage nach der Entziehbarkeit von Vorzugsrechten an sich jedoch unzulässigerweise vermengt mit der nachgeordenten Frage nach den zur Entziehung grundsätzlich unentziehbarer Vorzugsrechte erforderlichen Mehrheiten. Die grundsätzliche Zusammenfassung von Vorzugsaktien in Gattungen gem. § 11 AktG führt dazu, dass eine Beeinträchtigung des Vorzugsrechts nur mit Zustimmung von drei Viertel der betroffenen Vorzugsrechtsinhaber

---

[106] *Verse*, in: Henssler/Strohn, GesellschaftsR, § 14 GmbHG Rn. 56; *Ebbing*, in: Michalski, GmbHG, § 14 Rn. 81; *Pentz*, in: Rowedder/Schmidt-Leithoff, GmbHG, § 14 Rn. 32; *Hadding*, in: Soergel, BGB, § 35 Rn. 11; *Wolany*, Rechte und Pflichten des Gesellschafters einer GmbH, S. 180.

[107] Zur Einordnung der „Unentziehbarkeit" von Sonderrechten i.S.d. § 35 BGB als Definitionsmerkmal oder Rechtsfolge siehe *Raiser*, in: Ulmer/Habersack/Löbbe, Großkomm-GmbHG, § 14 Rn. 28; *Hadding*, in: Soergel, BGB, § 35 Rn. 11; *Brändel*, in: Großkomm-AktG, § 11 Rn. 7.

[108] So *Wagner*, in: Heidel, AktG, § 11 Rn. 10; *Koch*, in: Hüffer, AktG, § 101 Rn. 10; *Simons*, in: Hölters, AktG, § 101 Rn. 27; *Bürgers/Israel*, in: Bürgers/Körber, AktG, § 101 Rn. 10; *Koch*, in: Hüffer, AktG, § 101 Rn. 10; *Geßler*, in: Geßler/Hefermehl/Eckardt/Kropff, AktG, § 101 Rn. 61; *Schlegelberger/Quassowski*, AktG 1937, § 88 Rn. 17; *Wahlers*, Die Satzung der kleinen Aktiengesellschaft, S. 113; *Steinfort*, Entsendungsrechte, S. 28; wohl auch *Drygala*, in: Schmidt/Lutter, AktG, § 101 Rn. 14; *Dauner-Lieb*, in: KölnKomm-AktG, § 11 Rn. 17; *Simons*, in: Hölters, AktG, § 101 Rn. 27; widersprüchlich *Hopt/Roth*, in: Großkomm-AktG, § 101 Rn. 108, 134; *Mertens/Cahn*, in: KölnKomm-AktG, § 101 Rn. 51, 61; *Habersack*, in: MünchKomm-AktG, § 101 Rn. 31, 57; *Spindler*, in: Spindler/Stilz, AktG, § 101 Rn. 50, 67; a.A. *Godin/Wilhelmi*, AktG, § 101 Anm. 3 a.Anf. S. 553.

in Form eines Sonderbeschlusses erfolgen darf (§ 179 Abs. 3, Abs. 2 AktG). Eines Sonderbeschlusses der Vorzugsrechtsinhaber bedarf es jedoch überhaupt nur dann, wenn das Vorzugsrecht unentziehbar bzw. vorbehaltlos eingeräumt wurde.[109] Die §§ 11, 179 Abs. 2, Abs 3 AktG regeln damit nur, welche Mehrheiten im Fall der Beeinträchtigung vorbehaltlos gewährter Vorzugsrechte erforderlich sind. Ob Vorzugsrechte überhaupt unentziehbar gewährt wurden, ist eine auf vorgelagerter Ebene zu diskutierende und durch Auslegung zu beantwortende Vorfrage.

§ 101 Abs. 2 Satz 3 AktG ordnet lediglich eine Abweichung von den §§ 11, 179 Abs. 3, Abs. 2 AktG an und eröffnet damit die Möglichkeit, bei unentziehbar gewährten Entsendungsrechten von den zur Beeinträchtigung von Aktiengattungen erforderlichen Mehrheitserfordernissen abzuweichen. § 101 Abs. 2 Satz 3 AktG trifft hingegen keine Aussage darüber, ob die gewährten Vorzugsrechte in unentziehbarer Weise zu gewähren sind. Ziel der gesetzlichen Fiktion ist es mithin nicht, die Gestaltungsfreiheit der Hauptversammlung dahingehend zu beschränken, dass Entsendungsrechte nur in unentziehbarer Form i.S.d. § 35 BGB eingeräumt werden können. Die gesetzliche Fiktion lässt sich vielmehr damit erklären, dass der Gesetzgeber aktiengebundenes und personengebundenes Entsendungsrecht trotz ihrer unterschiedlichen gattungsbegründenden Wirkung auf gleiche Weise schützen wollte.[110] Anderennfalls bedürfte es bei einer Beeinträchtigung vorbehaltlos gewährter, aktiengebundener Entsendungsrechte eines mit Dreiviertelmehrheit gefassten Sonderbeschlusses gem. § 179 Abs. 2, 3 AktG, während vorbehaltlos gewährte, personengebundene Entsendungsrechte nur mit Zustimmung aller Sonderrechtsinhaber gem. § 35 BGB beeinträchtigt werden könnten. Mit Blick auf die engen Grenzen, innerhalb derer der Gesetzgeber die Ein-

---

[109] *Stein*, in: MünchKomm-AktG, § 179 Rn. 194; *Holzborn*, in: Spindler/Stilz, AktG, § 179 Rn. 192; siehe auch OLG Karlsruhe v. 27.1.1922, OLGE 42 (1922), 215, 216; vgl. auch *Heider*, in: MünchKomm-AktG, § 11 Rn. 15 sowie *Solveen*, in: Hölters, AktG, § 11 Rn. 7.

[110] Sowohl die Materialien zur Aktienrechtsreform 1937 (abgedruckt bei *Schubert*, Quellen zur Aktienrechtsreform der Weimarer Republik (1926-1931) u. bei *Schubert/Hommelhoff*, Hundert Jahre modernes Aktienrecht) als auch die Begründung zur Aktienrechtsreform 1965 (BegrRegE, abgedruckt bei *Kropff*, Aktiengesetz 1965) geben keine näheren Hinweise auf die Motivation des Gesetzgebers. Siehe auch *Godin/Wilhelmi*, AktG, § 101 Anm. 3 S. 556, die darauf abstellen, dass sowohl personengebundenes als auch aktiengebundenes Entsendungsrecht aufgrund der Vinkulation mit der Person des Entsendungsberechtigten verbunden seien.

räumung von Entsendungsrechten zulässt,[111] wäre es zudem widersinnig anzunehmen, Entsendungsrechte könnten von Gesetzes wegen nur vorbehaltlos bzw. in unentziehbarer Weise gewährt werden.

Statutarische Entsendungsrechte können deshalb nicht ohne Weiteres als unentziehbare Sonderrechte gem. § 35 BGB qualifiziert werden.

(b) Sonderrechtscharakter abhängig von Ausgestaltung des Entsendungsrechts

Ob ein mitgliedschaftliches Vorzugsrecht als unentziehbares Sonderrecht gewährt wird, ist durch Auslegung der entsprechenden Satzungspassage zu ermitteln.[112]

Mit der Schaffung von Entsendungsrechten wird primär das Ziel verfolgt, bestimmten Aktionären unabhängig von ihrem Anteilsbesitz einen gegen die Hauptversammlungsmehrheit durchsetzbaren, dauerhaften Einfluss auf die Besetzung des Aufsichtsrats zukommen zu lassen. Entsendungsrechte in Form entziehbarer Vorzugsrechte wären diesem Ziel nur mäßig dienlich. Zwar würde dem Entsendungsberechtigten so die Möglichkeit eröffnet, seinen Einfluss auf die Besetzung des Aufsichtsrats im konkreten Bestellungsfall auch gegen den Willen der Hauptversammlung durchzusetzen. Die Hauptversammlung ihrerseits wäre jedoch in der Lage, das Entsendungsrecht mit (satzungsändernder)[113] Mehrheit gegen den Willen des Entsendungsberechtigten insgesamt zu beseitigen. Deshalb ist grundsätzlich davon auszugehen, dass Entsendungsrechte als unentziehbare Sonderrechte eingeräumt werden,[114] soweit sie keinem ausdrücklich in der Satzung niedergelegten Vorbehalten[115] unterworfen sind.

---

[111] Satzungsmäßige Verankerung; nur zugunsten von Aktionären; Personenbindung des Entsendungsrechts oder Verbindung mit vinkulierten Namensaktien; Höchstanzahl; siehe unten unter C. II.-V.

[112] *Brändel*, in: Großkomm-AktG, § 11 Rn. 7; *Hadding*, in: Soergel, BGB, § 35 Rn. 8; vgl. *Koch*, in: Hüffer, AktG, § 11 Rn. 6 a.E.; *Reichert*, Vereins- und Verbandsrecht, Rn. 854 f.

[113] Siehe unten unter E. I. 1.

[114] Vgl. BGH v. 10.10.1988 – II ZR 3/88, NJW-RR 1989, 542, 543 (zur Auslegung eines Vorschlagsrechts zur Geschäftsführerbestellung in der GmbH als unentziehbar).

[115] *Hopt/Roth*, in: Großkomm-AktG, § 101 Rn. 134; Vgl. *Spindler*, in: Spindler/Stilz, AktG, § 101 Rn. 67; *Habersack*, in: MünchKomm-AktG, § 101 Rn. 57; *Semler*, in:

c. Ergebnis

Entsendungsrechte sind mitgliedschaftliche Vorzugsrechte. Sie wirken nicht gattungsbegründend i.S.d. § 11 AktG, sind deshalb aber nicht zwingend als Sonderrechte i.S.d. § 35 BGB zu qualifizieren. Sonderrechtscharakter weisen sie nur auf, wenn sie vorbehaltslos gewährt werden. Dies ist durch Auslegung der Satzung zu ermitteln und – soweit dort keine ausdrücklichen Vorbehalte formuliert werden – in der Regel zu bejahen.

3. Abgrenzung von (unzulässigen) Wahlfreiheitsbeschränkungen

Statutarische Entsendungsrechte sind darüber hinaus von Satzungsregelungen abzugrenzen, die lediglich auf eine (ggf. unzulässige)[116] Beschränkung der Wahlfreiheit der Hauptversammlung bei Wahlen zum Aufsichtsrat abzielen, die Besetzung des Aufsichtsrats durch die Hauptversammlung jedoch nicht durch Entsendung ersetzen wollen.[117]

Die Wahlfreiheit der Hauptversammlung wird bspw. durch bindende Vorschlagsrechte zugunsten von Aktionären oder Dritten sowie durch die Begrenzung wählbarer Aufsichtsratsmitglieder beeinträchtigt.[118] Entsendungsrechte i.S. einer die Hauptversammlung ersetzenden, die Gesellschaft und ihre Organe bindenden Bestellungsmacht werden dadurch allerdings nicht begründet. Maßgebliches Differenzierungsmerkmal ist also, ob die Bestellung im Ergebnis durch Wahlbeschluss der Aktionäre

MünchKomm-AktG (2. Aufl.), § 101 Rn. 120; *Mertens/Cahn*, in: KölnKomm-AktG, § 101 Rn. 61; vgl. auch *Reichert*, Vereins- und Verbandsrecht, Rn. 867; *Fastrich*, in: Baumbach/Hueck, GmbHG, § 14 Rn. 19; *Wilhelmi*, in: BeckOK GmbHG, § 14 Rn. 45; zur Annahme von Unentziehbarkeit bei fehlender Einschränkung siehe auch *Brändel*, in: Großkomm-AktG, § 11 Rn. 7.

[116] Vgl. *Hopt/Roth*, in: Großkomm-AktG, § 101 Rn. 21; *Drygala*, in: Schmidt/Lutter, AktG, § 101 Rn. 4; *Hoffmann-Becking*, in: MünchHdbGesR-AG, § 30 Rn. 33; *Mertens/Cahn*, in: KölnKomm-AktG, § 101 Rn. 24; *Bollweg*, Die Wahl des Aufsichtsrats in der Hauptversammlung der Aktiengesellschaft, S. 113 ff.; *May*, Die Sicherung des Familieneinflusses auf die Geschäftsführung der börsengehandelten Aktiengesellschaft, S. 134 f., 89 ff.

[117] Zu Auslegungskriterien in diesem besonderen Fall siehe RG v. 12.10.1940 – II 33/40, RGZ 165, 68, 74 ff.

[118] *Koch*, in: Hüffer, AktG, § 100 Rn. 20; *Mertens/Cahn*, in: KölnKomm-AktG, § 101 Rn. 24; *Schiedermair/Kolb*, in: Müller/Rödder, BeckHdbAG, § 7 Rn. 204; *Bollweg*, Die Wahl des Aufsichtsrats in der Hauptversammlung der Aktiengesellschaft, S. 113 ff.

in der Hauptversammlung oder durch formlose Entscheidung eines oder mehrerer privilegierter Aktionäre erfolgt.

II. Regelung in Satzung

Entsendungsrechte können nur in der Satzung, nicht hingegen durch einfachen Hauptversammlungsbeschluss[119] oder Vertrag[120] eingeräumt werden.

1. Ratio des Satzungserfordernisses

Das Satzungserfordernis dient zum einen dem Schutz der Minderheitsgesellschafter: Satzungsmäßige Entsendungsrechte können in der Gründungssatzung nur bei Einstimmigkeit der Gründungsgesellschafter und im Falle einer späteren Satzungsänderung gem. §§ 119 Abs. 1 Nr. 5, 179 Abs. 2 Satz 1 AktG grundsätzlich nur mit Zustimmung einer Mehrheit von drei Viertel des bei der Beschlussfassung vertretenen Grundkapitals gewährt werden. Zum anderen garantiert die mit Eintragung der Satzung(sänderung) zwingend einhergehende registergerichtliche Zulässigkeitskontrolle gem. §§ 38 Abs. 1, 181 Abs. 3 AktG ein Mindestmaß an Rechtssicherheit. Eine satzungsmäßige Verankerung von Entsendungsrechten schafft zudem Transparenz zugunsten der Kapitalmärkte bzw. zugunsten potenzieller Investoren.

2. Einräumung durch Satzungsänderung

Werden Entsendungsrechte durch spätere Satzungsänderung eingeführt,[121] sind der Wortlaut der vorgeschlagenen Satzungsänderung gem. § 124 Abs. 2 Satz 2 AktG sowie diesbezügliche Beschlussvorschläge des Aufsichtsrats und des Vorstands gem. § 124 Abs. 3 Satz 1 AktG mit der Tagesordnung in der Einberufung der Hauptversammlung bekanntzumachen und der Beschluss der Hauptversammlung gem. § 130 Abs. 1 AktG notariell zu beurkunden.

Zur Einräumung von Entsendungsrechten qua Satzungsänderung bedarf es lediglich der für Satzungsänderungen erforderlichen Beschlussmehrheit von in der Regel mindestens drei Viertel des bei Beschlussfassung

---

[119] *Simons*, in: Hölters, AktG, § 101 Rn. 27.

[120] *Spindler*, in: Spindler/Stilz, AktG, § 101 Rn. 50.

[121] Zum Erfordernis einer „Satzungsänderung“ auch bei erstmaliger Begründung von Entsendungsrechten siehe *Zöllner*, in: KölnKomm-AktG, § 179 Rn. 76.

vertretenen Grundkapitals (§ 179 Abs. 2 AktG) sowie zusätzlich der einfachen Mehrheit der abgegebenen Stimmen (§ 133 Abs. 1 AktG). Anders als bei der Schaffung von gattungsbegründenden Vorzugsrechten[122] ist die Zustimmung sämtlicher (benachteiligter) Aktionäre zur Schaffung von Entsendungsrechten nicht erforderlich,[123] da mit der Einräumung von Entsendungsrechten nach dem ausdrücklichen Wortlaut des Gesetzes gerade keine neue Aktiengattung geschaffen wird (§ 101 Abs. 2 Satz 3 AktG). Darüber hinaus handelt sich bei der nachträglichen Schaffung von Entsendungsrechten gerade um eine gesetzlich gestattete Ungleichbehandlung,[124] so dass auch mit Blick auf das grundsätzliche Verbot von Aktionärsungleichbehandlungen (§ 53a AktG) die Zustimmung aller benachteiligten Aktionäre nicht einzuholen ist.

Die beschlossene Satzungsänderung ist gem. § 181 Abs. 1 AktG vom Vorstand zum Handelsregister anzumelden. Zur Wirksamkeit gelangt die Satzungsänderung gem. § 181 Abs. 3 AktG erst mit ihrer Eintragung in das Handelsregister.

Werden Entsendungsrechte nicht schon im Gründungsstadium, sondern erst nach Entstehung der Aktiengesellschaft eingeräumt, ist der Aufsichtsrat in der Regel durch Wahlbeschluss der Gründer (§ 30 AktG) oder einer bereits durchgeführten Hauptversammlung (§§ 30 Abs. 3, 101 Abs. 1, 133 AktG) vollständig besetzt. Für eine Besetzung von Aufsichtsratsposten durch Entsendung ist dann solange kein Raum, bis die Amtszeit der gewählten Aufsichtsratmitglieder abgelaufen ist. Weichen die Amtszeiten der gewählten Aufsichtsratmitglieder voneinander ab, muss aus der Satzung ersichtlich sein, für welche Aufsichtsratsposten Nachfol-

---

122 Vgl. zum Zustimmungserfordernis sämtlicher Aktionäre bei Schaffung neuer Gattungen *Brändel*, in: Großkomm-AktG, § 11 Rn. 25; *Heider*, in: MünchKomm-AktG, § 11 Rn. 43; *Wagner*, in: Heidel, AktG, § 11 Rn. 4; *Godin/Wilhelmi*, AktG, § 11 Anm. 9; a.A. noch *Schlegelberger/Quassowski*, AktG 1937, § 11 Rn. 6 a.E.

123 Anders wohl *Schlitt/Ries*, in: MünchKomm-AktG, § 33 WpÜG Rn. 280 jedoch lediglich mit Verweis auf Ausführungen zur nachträglichen Schaffung von Vorzugsaktien bzw. Mehrstimmrechtsaktien bei *Brändel*, in: Großkomm-AktG, § 11 Rn 25 f. und bei *Kraft*, in: KölnKomm-AktG (2. Aufl.), § 11 AktG Rn 37 f.; ausdrücklich für reguläre satzungsändernde Mehrheitserfordernisse *Adolff/Meister/Randell/Stephan*, Public Company Takeovers in Germany, S. 212; wohl auch *Simons*, in: Spindler/Stilz, AktG, § 101 Rn. 27 sowie *Dauner-Lieb*, in: KölnKomm-AktG, § 11 Rn. 17.

124 OLG Hamm v. 31.3.2008 – 8 U 222/07, NZG 2008, 914, 915; siehe auch im Anschluss BGH v. 8.6.2009 – II ZR 111/08, DStR 2009, 2547; *Verse*, ZIP 2008, 1754, 1756 ff.

ger durch Wahl und für welche Aufsichtsratsposten Nachfolger durch Entsendung bestellt werden.

3. Stimmverbot zulasten des Entsendungsberechtigten

Aufgrund einer möglichen Interessenkollision erscheint es prima facie problematisch, wenn der durch das einzuräumende Entsendungsrecht Begünstigte bei der Abstimmung über die satzungsmäßige Einräumung des Entsendungsrechts mit abstimmt.

a. Gesamtanalogie zu gesetzlichen Stimmverboten

Zwar stellt die Beteiligung des Begünstigten an der Abstimmung keinen Verstoß gegen das ausdrückliche Stimmverbot gem. § 136 Abs. 1 Satz 1 AktG dar: Der zukünftige Entsender wird weder entlastet noch von einer Verbindlichkeit gegenüber der Gesellschaft befreit; auch wird nicht über die Geltendmachung eines Anspruchs der Gesellschaft gegenüber dem zukünftigen Entsender entschieden. Jedoch könnte § 136 Abs. 1 AktG als Ausprägung eines allgemeinen Stimmverbots in Fällen potenzieller Interessenkonflikte verstanden werden. In Gesamtanalogie zu den gesellschaftsrechtlichen Stimmverboten (§§ 34, 712 Abs. 1 BGB, §§ 117, 127, 140 HGB, § 136 Abs. 1 AktG, § 47 Abs. 4 GmbHG, § 43 Abs. 6 GenG) wäre ein Aktionär von der Ausübung des Stimmrechts dann ausgeschlossen, wenn er als Richter in eigener Sache tätig werden würde bzw. – unter zusätzlichem Rückgriff auf den Rechtsgedanken des Verbots des Insichgeschäfts gem. § 181 BGB – ein Rechtsgeschäft zwischen ihm und der Gesellschaft unter seiner Beteiligung abgeschlossen werden würde.[125] Eine Gesamtanalogie muss jedoch dann ausscheiden, wenn § 136 Abs. 1 AktG bereits eine abschließende, kasuistische Ausprägung gesetzlich geregelter Interessenkonflikte darstellt, die mangels Regelungslücke keinen Raum für eine Analogie lässt.[126]

---

[125] *K. Schmidt*, Gesellschaftsrecht, § 21 II 2 a) und b) S. 608 ff., § 28 IV 4 b) dd) S. 850 f.; *Wilhelm*, Rechtsform und Haftung bei der juristischen Person, S. 66 ff; *Ders.*, JZ 1976, 674 ff.

[126] So OLG Karlsruhe v. 23.5.2000 – 8 U 233/99, NZG 2000, 30, 31; *Koch*, in: Hüffer, AktG, § 136 Rn. 3, 18; *Schröer*, in: MünchKomm-AktG, § 136 Rn. 20; *Rieckers*, in: Spindler/Stilz, AktG, § 136 Rn. 15; *Hirschmann*, in: Hölters, AktG, § 136 Rn. 7; *Grundmann*, in: Großkomm-AktG, § 136 Rn. 40; *Zöllner*, in: Köln-Komm-AktG (1. Aufl.), § 136 Rn. 26; *Spindler*, in: Schmidt/Lutter, AktG, § 136 Rn. 29; *Hoffmann-Becking*, in: MünchHdbGesR-AG, § 39 Rn. 41; *Zimmermann*, in: FS Rowedder (1994), S 593, 598 f.; *Zöllner*, Die Schranken, S. 263 f.

Die Stimmabgabe des zukünftigen Entsenders bei Beschluss über die satzungsmäßige Einräumung des Entsendungsrechts wäre jedoch noch nicht einmal im Fall einer zulässigen Gesamtanalogie unwirksam. Denn bei der Einräumung von Entsendungsrechten handelt es sich zum einen nicht um einen Fall des Richtens in eigener Sache: Es findet keine organschaftliche Verhaltensbewertung im Hinblick auf den Entsendungsberechtigten statt. Darüber hinaus wird auch kein Rechtsgeschäft zwischen der Gesellschaft und dem Entsendungsberechtigten abgeschlossen, an welchem der entsendungsberechtigte Gesellschafter wie ein gesellschaftsfremder Dritter beteiligt ist. Die Einräumung des Entsendungsrechts stellt vielmehr einen gesellschaftsinternen Organisationsakt dar, an dem alle Aktionäre in ihrer Funktion als Gesellschafter notwendigerweise mitwirken.[127] So wie jeder Aktionär befugt ist, über die Wahl seiner Person zum Aufsichtsrat abzustimmen,[128] ist auch der potenzielle Entsender nicht von der Abstimmung über die Einräumung des Entsendungsrechts allein deshalb ausgeschlossen, weil ihm aufgrund der Beschlussfassung ein gesellschaftsorganisationsrechtlicher Vorteil zuteil wird.[129]

Es bedarf deshalb keiner weiteren Klärung, ob eine planwidrige Regelungslücke besteht, die ggf. im Wege einer Gesamtanalogie geschlossen werden könnte.

b. Ergebnis

Der zukünftige Entsender ist mithin nicht gem. oder analog § 136 Abs.1 Satz 1 AktG an der Ausübung seines Stimmrechts bei Beschlussfassung über die Einräumung von Entsendungsrechten gehindert.

---

[127] OLG Hamm v. 31.3.2008 – 8 U 222/07, NZG 2008, 914; *K. Schmidt*, Gesellschaftsrecht, § 21 II 2 a) aa) S. 609; vgl. *Renkl*, Der Gesellschafterbeschluss, S. 62 f.; siehe auch *van Look*, NJW 1991, 152.

[128] Vgl. BGH v. 9.12.1968 - II ZR 57/67, BGHZ 51, 209 = NJW 1969, 841, 844 zur Bestellung des GmbH-Geschäftsführers und § 47 Abs. 4 Satz 2 GmbHG; *Simons*, in: Hölters, AktG, § 101 Rn. 11; *Schröer*, in: MünchKomm-AktG, § 136 Rn. 21; *Flume*, Die juristische Person, § 7 V 6 S. 230 f.

[129] So im Ergebnis OLG Hamm v. 31.3.2008 – 8 U 222/07, NZG 2008, 914; *Drygala*, in: Schmidt/Lutter, AktG, § 101 Rn. 14; *Mertens/Cahn*, in: KölnKomm-AktG, § 101 Rn. 51; *Habersack*, in: MünchKomm-AktG, § 101 Rn. 31; *Simons*, in: Hölters, AktG, § 101 Rn. 27; *Bürgers/Israel*, in: Bürgers/Körber, AktG, § 101 Rn. 10; *Henssler*, in: Henssler/Strohn, GesellschaftsR, § 101 AktG Rn. 9; *Zöllner*, Die Schranken, S. 231 ff.; siehe auch Anmerkung zu BGH v. 8.6.2009 – II ZR 111/08 von *Goette*, DStR 2009, 2547.

4. Keine Inhaltskontrolle

Der satzungsändernde Hauptversammlungsbeschluss über die Einräumung von Entsendungsrechten unterliegt keiner Inhaltskontrolle,[130] d.h. er bedarf keiner sachlichen Rechtfertigung.[131] Werden Entsendungsrechte bereits in der Ursprungssatzung eingeräumt, nimmt das Registergericht (§ 38 Abs. 4 AktG) deshalb im Hinblick auf eingeräumte Entsendungsrechte auch keine Inhaltsprüfung vor.

III. Kreis der Entsendungsberechtigten

Entsendungsberechtigt können nur Aktionäre der Aktiengesellschaft sein.[132] Für die Dauer ihrer Aktionärseigenschaft können deshalb sowohl natürliche Einzelpersonen und Personengruppen als auch teilrechtsfähige Personengesellschaften und juristische Personen zur Entsendung von Aufsichtsratsmitgliedern berechtigt sein.[133] Gesellschaftsfremden Dritten kann mithin kein Entsendungsrecht gewährt werden.

1. Entsendungsberechtigte Mehrheit von Aktionären

Steht das Entsendungsrecht mehreren Aktionären zu (persönliches Entsendungsrecht) oder ist es an mehrere vinkulierte Namensaktien mit je unterschiedlichen Eigentümern gebunden (aktiengebundes Entsendungsrecht), bilden diese Personengruppen vorbehaltlich satzungsmäßiger Regelungen eine Bruchteilsgemeinschaft[134] gem. §§ 741 ff. BGB.[135]

---

130 *Habersack*, in: MünchKomm-AktG, § 101 Rn. 31; a.A. *Möslein*, AG 2007, 770, 773 ff. (der für eine aus der Kapitalverkehrsfreiheit (dazu unten unter Dritter Teil) herzuleitende Inhaltskontrolle eintritt).

131 Vgl. *Kubis*, in: MünchKomm-AktG, § 119 Rn. 60; *Deilmann*, in: Hölters, AktG, § 293 Rn. 15.

132 Kommanditaktionäre der KGaA, die gleichzeitig Komplementäre der Gesellschaft sind, sind entsprechend § 285 Abs. 1 Satz 2 Nr. 1 AktG von der Ausübung des Entsendungsrechts ausgeschlossen, siehe dazu *Habersack*, in: MünchKomm-AktG, § 101 Rn. 32; vgl. auch OLG München v. 13.8.2003 – 7 U 2927/02, NZG 2004, 521, 526; im Anschluss daran offen gelassen vom BGH v. 5.12.2005 – II ZR 291/03, NZG 2006, 138, 141.

133 Vgl. *Hopt/Roth*, in: Großkomm-AktG, § 101 Rn. 119.

134 Vgl. dazu bspw. *K. Schmidt*, in: MünchKomm-BGB, § 741 Rn. 1 ff.

135 *Spindler*, in: Spindler/Stilz, AktG, § 101 Rn. 56; *Mertens/Cahn*, in: KölnKomm-AktG, § 101 Rn. 57; *Hopt/Roth*, in: Großkomm-AktG, § 101 Rn. 119; *Habersack*, in: MünchKomm-AktG, § 101 Rn. 35; *Drygala*, in: Schmidt/Lutter, AktG, § 101 Rn. 19.

Eine Gesellschaft bürgerlichen Rechts gem. §§ 705 ff. BGB liegt mangels Vertragsschlusses und gemeinsamer Zweckverfolgung nicht vor.[136] Über die Ausübung des gemeinschaftlichen Entsendungsrechts entscheiden die entsendungsberechtigten Aktionäre deshalb gem. § 745 Abs. 1 BGB mit einfacher Stimmenmehrheit, es sei denn, das Entsendungsrecht ist in der Satzung anders ausgestaltet.[137] Die Entsendungserklärung ist von allen Gemeinschaftsmitgliedern gemeinsam[138] oder von einem Bevollmächtigten abzugeben.[139]

Steht die entsendungsberechtigende Aktie (aktiengebundes Entsendungsrecht) im Eigentum mehrerer Berechtigter, ist das Entsendungsrecht durch einen gemeinsamen Vertreter gem. § 69 Abs. 1 AktG auszuüben.[140] Auf das Innenverhältnis der Personenmehrheit finden wiederum die Regelungen zur Bruchteilsgemeinschaft gem. §§ 741 ff. BGB Anwendung, soweit die das Entsendungsrecht gewährende Satzung keine anderweitigen Vorgaben macht.[141]

---

136 Vgl. *Spindler*, in: Spindler/Stilz, AktG, § 101 Rn. 56; a.A. *May*, Die Sicherung des Familieneinflusses auf die Führung der börsengehandelten Aktiengesellschaft, S. 129.

137 *Spindler*, in: Spindler/Stilz, AktG, § 101 Rn. 56; *Hopt/Roth*, in: GroßkommAktG, § 101 Rn. 119; *Habersack*, in: MünchKomm-AktG, § 101 Rn. 35; *Drygala*, in: Schmidt/Lutter, AktG, § 101 Rn. 18; a.A. *Meyer-Landrut*, in: GroßkommAktG (3. Aufl.), Anm. 14: Einstimmigkeit.

138 Vgl. *Gehrlein*, in: Bamberger/Roth, BGB, § 745 Rn. 13.

139 A.A. *Geßler*, in: Geßler/Hefermehl/Eckardt/Kropff, AktG, § 101 Rn. 72: § 69 Abs. 1 AktG analog bei aktiengebundenem Entsendungsrecht zugunsten der Inhaber mehrerer Aktien; zur Außenwirkung bzw. Vertretungsermächtigung des Mehrheitsbeschlusses auch zulasten der überstimmten Bruchteilsminderheit siehe BGH v. 29.3.1971 – III ZR 255/68, BGHZ 56, 47 = NJW 1971, 1265 (für die Erbengemeinschaft); *Eickelberg*, in: Staudinger, BGB, § 745 Rn. 33 ff.; *Hadding*, in: Soergel, BGB, § 745 Rn. 10; *K. Schmidt*, in: MünchKomm-BGB, § 745 Rn. 31; *Gehrlein*, in: Bamberger/Roth, BGB, § 745 Rn. 8.

140 *Spindler*, in: Spindler/Stilz, AktG, § 101 Rn. 61; *Habersack*, in: MünchKomm-AktG, § 101 Rn. 40; *Hopt/Roth*, in: Großkomm-AktG, § 101 Rn. 118; *Drygala*, in: Schmidt/Lutter, AktG, § 101 Rn. 19; *Mertens/Cahn*, in: KölnKomm-AktG, § 101 Rn. 57; *Bürgers/Israel*, in: Bürgers/Körber, AktG, § 101 Rn. 12.

141 *Spindler*, in: Spindler/Stilz, AktG, § 101 Rn. 61; *Habersack*, in: MünchKomm-AktG, § 101 Rn. 40; *Bürgers/Israel*, in: Bürgers/Körber, AktG, § 101 Rn. 12.

2. Entsendungsrechte zugunsten von Verwaltungsmitgliedern

In ihrer Funktion als Aktionäre können auch Mitglieder des Aufsichtsrats oder des Vorstands entsendungsberechtigt sein.[142]

a. *Entsendungsrechte zugunsten von Aktionären in Vorstandsverantwortung*

Das führt allerdings dazu, dass der Vorstand im Wege der Entsendung Einfluss auf die Besetzung des ihn kontrollierenden Aufsichtsorgans nehmen kann und die Kompetenzverteilung in der Aktiengesellschaft damit in personeller Hinsicht mittelbar durchbrochen wird.[143] Aufgrund dessen könnte geschlussfolgert werden, dass Entsendungsrechte zugunsten von Mitgliedern des Vorstands während ihrer Organtätigkeit automatisch ruhen.[144]

Dies ist i.E. jedoch abzulehnen. Zum einen besteht für die Aktiengesellschaft keine dem § 285 Abs. 1 Satz 2 Nr. 1 AktG vergleichbare Regelung.[145] Anders als bei Wahlen zum Aufsichtsrat der KGaA können Vorstandsmitglieder in der Aktiengesellschaft in ihrer Funktion als Aktionär ihr Stimmrecht bei Wahlen zum Aufsichtsrat ausüben und mithin auf

---

142 *Habersack*, in: MünchKomm, § 101 Rn. 32, 39, 59; *Spindler*, in: Spindler/Stilz, AktG, § 101 Rn. 49; *Mertens/Cahn*, in: KölnKomm-AktG, § 101 Rn. 58; *Simons*, in: Hölters, AktG, § 101 Rn. 25; *Hopt/Roth*, in: Großkomm-AktG, § 101 Rn. 109, 125; *Bürgers/Israel*, in: Bürgers/Körber, AktG, § 101 Rn. 15; *Semler*, in: MünchKomm-AktG (2. Aufl.), § 101 Rn. 73; *Geßler*, in: Geßler/Hefermehl/Eckardt/Kropff, AktG, § 101 Rn. 63.

143 *Habersack*, in: MünchKomm-AktG, § 101 Rn. 32, 5; vgl. auch *Ulmer*, AcP 202 (2002), 143, 161; zur Kompetenzverteilung in der AG vgl. §§ 76 Abs. 1, 111 Abs. 1 AktG sowie *Hoffmann-Becking*, in: MünchHdbGesR-AG, § 29 Rn. 11; *Habersack*, in: MünchKomm-AktG, Vor § 95 Rn. 2; *Schiedermair/Kolb*, in: Müller/Rödder, BeckHdbAG, § 7 Rn. 61 ff.

144 So *Hopt/Roth*, in: Großkomm-AktG, § 101 Rn. 109, 125; *Henssler*, in: Henssler/Strohn, GesellschaftsR, § 101 AktG Rn. 9 (Ruhen sogar auch bei entsendungsberechtigtem Aufsichtsratsmitglied); *Mertens/Cahn*, in: KölnKomm-AktG, § 101 Rn. 58; a.A. (für Aufrechterhaltung des Entsendungsrechts) *Habersack*, in: MünchKomm-AktG, § 101 Rn. 32; *Meyer-Landrut*, in: Großkomm-AktG (3. Aufl.), § 101 Anm. 9; *Seeling/Zwickel*, BB 2008, 622, 624.

145 *Habersack*, in: MünchKomm-AktG, § 101 Rn. 32. Zu dem Verbot von Entsendungsrechts zugunsten von Kommanditaktionären gem. § 285 Abs. 1 Satz 2 Nr. 1 AktG siehe BGH v. 5.12.2005 - II ZR 291/03, BGHZ 165, 192 = NJW 2006, 510, 513 Rn. 24 („allenfalls auf dem Wege einer Analogie zu § 285 I 2 Nr. 1 AktG"); *Mertens/Cahn*, KölnKomm-AktG, § 285 Rn. 13; *Assmann/Sethe*, in: Großkomm-AktG, § 285 Rn. 26.

diese Weise Einfluss auf die Besetzung des Aufsichtsrats nehmen. Die Aktiengesellschaft ist folglich offen für einen – wenn auch begrenzten – Einfluss von Vorstandsmitgliedern auf die Besetzung des Aufsichtsrats. Zum anderen können die Gesellschafter einem möglichen Interessenkonflikt des entsendungsberechtigten Vorstands dadurch entgegenwirken, dass sie bereits präventiv in der Satzung ein Ruhen des Entsendungsrechts für den Fall einer Organtätigkeit des Entsendungsberechtigten anordnen.[146] Das Unternehmenswohl wird darüber hinaus bereits ausreichend durch die gesetzlich angeordnete Inkompatibilität von Vorstands- und Aufsichtsratsmandat gem. § 105 Abs. 1 Var. 1 AktG geschützt: Das entsendungsberechtigte Vorstandsmitglied kann sich selbst gerade nicht in den Aufsichtsrat entsenden. Ferner gilt es zu bedenken, dass das entsandte Aufsichtsratsmitglied nicht an Weisungen des Entsenders gebunden, sondern vielmehr auf das Unternehmensinteresse verpflichtet ist.[147] Es kann zwar nicht ausgeschlossen werden, dass sich der Entsandte trotzdem faktisch an den Interessen des entsendungsberechtigten Vorstandsmitglieds orientiert; dadurch wird die Überwachungstätigkeit des Aufsichtsrats aber nicht in größerem Umfang gefährdet als es bei einem dem Mehrheitsaktionär zurechenbaren Aufsichtsratsmitglied der Fall ist.

b. Entsendungsrechte zugunsten von Aktionären in ihrer Eigenschaft als Verwaltungsmitglied

Unzulässig ist es jedoch, die Entsendungsberechtigung gerade von der Zugehörigkeit zu Aufsichtsrat oder Vorstand abhängig zu machen,[148] da ansonsten die Wahlfreiheit von Hauptversammlung und Aufsichtsrat in unzulässiger Weise beeinträchtigt werden würde.

Die Hauptversammlung wäre faktisch dazu gezwungen, von einer Wahl des potenziell Entsendungsberechtigten Abstand zu nehmen, da sie mit der Wahl der gewünschten Person das Entsendungsrecht erst zum Entstehen bringen und ihre Stimmrechtsmacht dadurch in Zukunft mittel-

---

[146] Vgl. *Habersack*, in: MünchKomm-AktG, § 101 Rn. 59; *Drygala*, in: Schmidt/Lutter, AktG, § 101 Rn. 14; *Mertens/Cahn*, in: KölnKomm-AktG, § 101 Rn. 58; *Hopt/Roth*, in: Großkomm-AktG, § 101 Rn. 125

[147] Siehe unten unter H. II. 2.

[148] *Spindler*, in: Spindler/Stilz, AktG, § 101 Rn. 51; *Habersack*, in: MünchKomm-AktG, § 101 Rn. 59; *Mertens/Cahn*, in: KölnKomm-AktG, § 101 Rn. 58; *Hopt/Roth*, in: Großkomm-AktG, § 101 Rn. 125; *Drygala*, in: Schmidt/Lutter, AktG, § 101 Rn. 14.

bar beschneiden würde.[149] Es käme mithin zu einer unzulässigen Wahlfreiheitsbeschränkung zulasten der Hauptversammlung.[150]

In gleicher Weise würden auch die Mitglieder des Aufsichtsrats durch eine Koppelung des Entsendungsrechts an die Zugehörigkeit zum Vorstand bei der Vorstandsbestellung mittelbar unzulässig beeinträchtigt.[151]

3. Persönliches Entsendungsrecht

Im Fall eines persönlichen[152] Entsendungsrechts ist eine konkrete Person oder Personenmehrheit zur Entsendung berechtigt. Das persönliche Entsendungsrecht ist grundsätzlich weder rechtsgeschäftlich übertragbar noch vererblich;[153] es besteht ausschließlich in der Person des Entsendungsberechtigten für die Dauer seiner Aktionärseigenschaft. Auch durch Satzungsregelung kann eine rechtsgeschäftliche Übertragung des Entsendungsrechts (an andere Aktionäre) nicht zugelassen werden.[154] Dies würde dem Erfordernis einer hinreichend bestimmten satzungsmäßigen Bezeichnung des Entsendungsberechtigten, mithin der Rechtssicherheit zuwiderlaufen und den durch § 101 Abs. 2 AktG gesetzten Schutzstandard zugunsten der Hauptversammlung unterschreiten: Die Hauptversammlung muss wissen, auf welchen Entsender sie sich einlässt. Ein Wechsel in der Person des Entsendungsberechtigten soll nur bei aktiengebundenen Entsendungsrechten in Form von vinkulierten Namensaktien möglich sein; d.h. eine Übertragung soll dem Entsendungsberechtigten nur unter der erschwerenden Voraussetzung der Zustimmung der Gesellschaft offen stehen. Aufgrund des Zustimmungserfordernisses können die Gesellschaft bzw. ihre Aktionäre kontrollieren,

---

[149] Mit abweichender Begründung *Spindler*, in: Spindler/Stilz, AktG, § 101 Rn. 51.

[150] Dazu siehe oben unter C. I. 3.

[151] *Habersack*, in: MünchKomm-AktG, § 101 Rn. 59.

[152] Auch aktionärsgebundenes oder personengebundenes Entsendungsrecht genannt, siehe *Habersack*, in: MünchKomm-AktG, § 101 Rn. 33, 34; *Hopt/Roth*, in: Großkomm-AktG, § 101 Rn. 109; *Drygala*, in: Schmidt/Lutter, AktG, § 101 Rn. 17.

[153] *Spindler*, in: Spindler/Stilz, AktG, § 101 Rn. 55, 57; *Habersack*, in: MünchKomm-AktG, § 101 Rn. 33, 37; *Hopt/Roth*, in: Großkomm-AktG, § 101 Rn. 110; *Mertens/Cahn*, in: KölnKomm-AktG, § 101 Rn. 52 f.; zur Vererblichkeit siehe auch unten unter E. II. 4. b.

[154] *Hopt/Roth*, in: Großkomm-AktG, § 101 Rn. 110; *Spindler*, in: Spindler/Stilz, AktG, § 101 Rn. 55; *Simons*, in: Hölters, AktG, § 101 Rn. 25; a.A. *Möhring/Schwartz*, Die Aktiengesellschaft und ihre Satzung, S. 129.

welcher Aktionär das inhabergebundene Entsendungsrecht innehat. Bei einer rechtsgeschäftlichen Übertragung des persönlichen Entsendungsrechts stünden der Gesellschaft bzw. ihren Aktionären allerdings keine derartigen Kontrollmittel zur Verfügung, weshalb eine rechtsgeschäftliche Übertragung des persönlichen Entsendungsrechts nicht möglich ist. Im Gegensatz zum aktiengebundenen Entsendungsrecht ist das persönliche Entsendungsrecht allerdings unabhängig von der Gattung der entsendungsberechtigenden Aktien.[155]

4. Aktiengebundenes Entsendungsrecht

Soll das Entsendungsrecht nicht an einen individualisierten Inhaber von Aktien gebunden werden, so kann es gem. § 101 Abs. 2 Satz 2 AktG als aktiengebundenes[156] Entsendungsrecht nur im Wege vinkulierter Namensaktien für den jeweiligen Inhaber bestimmter Aktien eingeräumt werden. Aufgrund ihrer Zusammengehörigkeit geht mit Übertragung des Aktieneigentums auch das Entsendungsrecht auf den Erwerber über.[157] Die Wirksamkeit eines bereits erfolgten Entsendungsakts wird von der Veräußerung entsendungsberechtigender Aktien jedoch nicht berührt; das durch Entsendung begründete Aufsichtsratsmandat bleibt weiterhin bestehen.[158]

Ziel der gesetzlich zwingenden Vinkulierung ist es, rein spekulative Anleger aus dem Kreis potenziell Entsendungsberechtigter fernzuhalten[159] bzw. den Aufsichtsrat frei von unerwünschten Aktionären zu halten[160].

---

[155] *Habersack*, in: MünchKomm-AktG, § 101 Rn. 34.

[156] Auch inhabergebundenes Entsendungsrecht genannt, siehe *Habersack*, in: MünchKomm-AktG, § 101 Rn. 33; *Henssler*, in: Henssler/Strohn, GesellschaftsR, § 101 AktG Rn. 9; *Hopt/Roth*, in: Großkomm-AktG, § 101 Rn. 109; *Drygala*, in: Schmidt/Lutter, AktG, § 101 Rn. 18.

[157] *Simons*, in: Hölters, AktG, § 101 Rn. 26; *Spindler*, in: Spindler/Stilz, AktG, § 101 Rn. 60; *Habersack*, in: MünchKomm-AktG, § 101 Rn. 33, 39; *Henssler*, in: Henssler/Strohn, GesellschaftsR, § 101 AktG Rn. 9; *Hopt/Roth*, in: Großkomm-AktG, § 101 Rn. 115; *Bürgers/Israel*, in: Bürgers/Körber, AktG, § 101 Rn. 12.

[158] *Simons*, in: Hölters, AktG, § 101 Rn. 32; *Drygala*, in: Schmidt/Lutter, AktG, § 101 Rn. 25; *Mertens/Cahn*, in: KölnKomm-AktG, § 101 Rn. 71; *Habersack*, in: MünchKomm-AktG, § 101 Rn. 66.

[159] AmtlBegr zu § 88 AktG 1937, abgedruckt bei *Klausing*, Aktiengesetz 1937, S. 76; *Habersack*, in: MünchKomm-AktG, § 101 Rn. 39; *Hopt/Roth*, in: Großkomm-AktG, § 101 Rn. 115; *Drygala*, in: Schmidt/Lutter, AktG, § 101 Rn. 18; *Simons*, in: Hölters, AktG, § 101 Rn. 26.

[160] *Koch*, in: Hüffer, AktG, § 68 Rn. 10.

Durch das Zustimmungserfordernis bestimmen die Gesellschaft bzw. ihre Aktionäre, welcher Aktionär zur Entsendung berechtigt ist, so dass ein Gleichlauf mit dem persönlichen Entsendungsrecht hergestellt wird.

a. Zustimmungserfordernis

Vinkulierte Namensaktien können gem. 68 Abs. 2 Satz 1 AktG nur mit Zustimmung der Gesellschaft übertragen werden. Erwerbe im Wege (partieller) Gesamtrechtsnachfolge sind in Ermangelung eines rechtsgeschäftlichen Übertragungsaktes vom Zustimmungserfordernis jedoch ausgenommen. Kommt es bei dem Entsendungsberechtigten zur Erbfolge (§ 1922 BGB) oder zur Gründung einer Gütergemeinschaft (§ 1416 BGB) bzw. bei entsendungsberechtigen Gesellschaften zur Verschmelzung (§ 20 UmwG), Spaltung (§ 123 UmwG), Vermögensübertragung (§ 174 UmwG) oder Mehrheitseingliederung (§ 320a AktG), geht das entsendungsberechtigende Aktieneigentum inklusive Entsendungsrecht deshalb ohne Zustimmung der Gesellschaft auf den Erwerber über.[161]

b. Erteilung der Zustimmung durch die Gesellschaft

Die Entscheidung über die Erteilung der Zustimmung zur Aktienübertragung wird in der Regel vom Vertretungsorgan der Gesellschaft, mithin vom Vorstand, gem. § 68 Abs. 2 Satz 2 AktG gefasst.

(1) Ungeschriebene Ausnahme von der Regelzuständigkeit wegen Interessenkonflikts

Entscheidet jedoch der Vorstand über die Zustimmung zur Aktienübertragung und damit einhergehender Übertragung des Entsendungsrechts, geht damit faktisch eine Entscheidung über die Besetzung des ihn kontrollierenden Aufsichtsorgans einher.[162] Ausnahmsweise könnte deshalb der Vorstand entgegen § 68 Abs. 2 Satz 2 AktG von der Zustimmung zur

[161] *Lutter/Drygala*, in: KölnKomm-AktG, § 68 Rn. 109; *Bayer*, in: MünchKomm-AktG, § 68 Rn. 52; *Merkt*, in: Großkomm-AktG, § 68 Rn. 282; *Lutter/Drygala*, in: KölnKomm-AktG, § 68 Rn. 6; *Habersack*, in: MünchKomm-AktG, § 101 Rn. 41; a.A. *Godin/Wilhelmi*, AktG, § 103 Anm. 3 S. 566 f. (zur Fusion); abweichend *Koch*, in: Hüffer, AktG, § 68 Rn. 11 (demzufolge zwar das Aktieneigentum ohne Zustimmung der Gesellschaft übegeht, der gleichzeitige Übergang besonderer Satzungsrechte sich aber erst mittels Auslegung der Satzung ergebe).

[162] *Spindler*, in: Spindler/Stilz, AktG, § 101 Rn. 60; *Habersack*, in: MünchKomm-AktG, § 101 Rn. 39; vgl. auch *Simons*, in: Hölters, AktG, § 101 Rn. 26.

Übertragung vinkulierter Aktien ausgeschlossen und vielmehr der Aufsichtsrat oder die Hauptversammlung zuständig sein.[163]

So ließe sich argumentieren, es widerspreche dem Wesen der Aktiengesellschaft, wenn der Vorstand Einfluss auf die Besetzung des ihn überwachenden Aufsichtsorgans nehme.[164] Der Vorstand verstoße damit gegen seine Pflicht zur Neutralität.[165] Zwar ist zuzugeben, dass sich der Vorstand bei der Entscheidung über die Zustimmung zur Übertragung der entsendungsberechtigenden Aktien in einem nicht unerheblichen Interessenkonflikt befinden kann. Deshalb ist aber nicht zwingend eine ungeschriebene Ausnahme von der gesetzlich normierten Zuständigkeitsverteilung in der Aktiengesellschaft zu bemühen.

Zum einen ist es fernliegend, dass der Gesetzgeber in § 101 Abs. 2 Satz 2 AktG die Vinkulierung ausdrücklich anspricht, gleichzeitig aber übersehen hat, für die Übertragung entsendungsrechtsvermittelnder Aktien eine Ausnahme von der Regelzuständigkeit des Vorstands gem. § 68 Abs. 2 Satz 2 AktG zu formulieren. Die Vorstandszuständigkeit widerspricht auch angesichts der geringen, nur mittelbaren Einflussmöglichkeit auf die Besetzung des Aufsichtsrats nicht dem Wesen der Aktiengesellschaft. Zudem wird der eigentliche Zweck der Vinkulierung, den „rein [spekulativen] Aktienbesitz von der Einflußnahme [auszuschließen]“[166], bei Erteilung der Zustimmung durch den Vorstand nicht gefährdet. Wortlaut, Telos und Historie der Norm sprechen deshalb dafür, dass es bei der grundsätzlichen Zuständigkeit des Vorstands zur Erteilung der Zustimmung der Gesellschaft auch im Fall vinkulierter, entsendungsberechtigender Namensaktien bleibt.

(2) Ausgestaltung in der Satzung

In der Satzung kann die Zustimmung zur Übertragung vinkulierter Namensaktien an zusätzliche Voraussetzungen geknüpft werden oder unter bestimmten Voraussetzungen eine Zustimmungspflicht der Gesellschaft

[163] *Semler*, in: MünchKomm-AktG (2. Aufl.), § 101 Rn. 91; *Hopt/Roth*, in: Großkomm-AktG, § 101 Rn. 115 a.E.; a.A. *Spindler*, in: Spindler/Stilz, AktG, § 101 Rn. 60.

[164] *Semler*, in: MünchKomm-AktG (2. Aufl.), § 101 Rn. 91.

[165] Vgl. *Hopt/Roth*, in: Großkomm-AktG, § 101 Rn. 115 a.E.

[166] AmtlBegr zu § 88 AktG 1937, abgedruckt bei *Klausing*, Aktiengesetz 1937, S. 76.

etabliert werden.[167] Um den Vorstand von vornherein nicht dem Verdacht eigennützigen Verhaltens auszusetzen, ist es ratsam, von der Möglichkeit des § 68 Abs. 2 Satz 3 AktG Gebrauch zu machen und den Aufsichtsrat oder die Hauptversammlung zur Entscheidung über die Erteilung der Zustimmung zu ermächtigen.[168] Die Erteilung selber obliegt dann jedoch weiterhin – allerdings nun ohne inhaltliche Entscheidungskompetenz – dem Vorstand aufgrund seiner Befugnis zur Vertretung der Aktiengesellschaft gegenüber Dritten gem. § 78 Abs. 1 AktG.[169]

5. Koppelung von persönlichem und aktiengebundenem Entsendungsrecht

Persönliches und aktiengebundenes Entsendungsrecht können zudem derart miteinander verbunden werden, dass ein bestimmter individualisierter Aktionär nur im Falle der Inhaberschaft bestimmter vinkulierter Namensaktien zur Entsendung berechtigt ist.[170] Das persönliche Entsendungsrecht kann jedoch auch an den Besitz anderer Arten von Aktien geknüpft werden.[171]

6. Bestimmtheitsanforderungen

a. Hinreichende Individualisierung des Entsendungsberechtigen

Der Kreis der Entsendungsberechtigten muss in der Satzung hinreichend bestimmt sein; d.h. der entsendungsberechtigte Aktionär bzw. die mit einem Entsendungsrecht versehenen Aktien müssen hinreichend konkret in der Satzung bezeichnet werden.[172] Für das aktiengebundene Entsen-

---

[167] *Hopt/Roth*, in: Großkomm-AktG, § 101 Rn. 116; *May*, Die Sicherung des Familieneinflusses auf die Führung der börsengehandelten Aktiengesellschaften, S. 130.

[168] *Simons*, in: Hölters, AktG, § 101 Rn. 26; *Spindler*, in: Spindler/Stilz, AktG, § 101 Rn. 60; *Habersack*, in: MünchKomm-AktG, § 101 Rn. 39; *Hopt/Roth*, in: Großkomm-AktG, § 101 Rn. 115; *Bürgers/Israel*, in: Bürgers/Körber, AktG, § 101 Rn. 12.

[169] *Koch*, in: Hüffer, AktG, § 68 Rn. 15; *Bayer*, in: MünchKomm-AktG, § 68 Rn. 87.

[170] *Spindler*, in: Spindler/Stilz, AktG, § 101 Rn. 63; *Habersack*, in: MünchKomm-AktG, § 101 Rn. 42; *Hopt/Roth*, in: Großkomm-AktG, § 101 Rn. 114.

[171] *Hopt/Roth*, in: Großkomm-AktG, § 101 Rn. 114.

[172] *Koch*, in: Hüffer, AktG, § 101 Rn. 10; *Simons*, in: Hölters, AktG, § 101 Rn. 27; *Spindler*, in: Spindler/Stilz, AktG, § 101 Rn. 54; *Habersack*, in: MünchKomm-AktG, § 101 Rn. 34; *Hopt/Roth*, in: Großkomm-AktG, § 101 Rn. 115; *Koch*, in: Hüffer, AktG, § 101 Rn. 10.

dungsrecht bedeutet dies, dass in der Satzung Angaben zu Gattung, Nummer und ggf. Serie der Aktien erfolgen müssen.[173] Beim personengebundenen Entsendungsrecht sind Vor- und Nachname des entsendungsberechtigten Aktionärs anzugeben.

b. Fortwährende Kenntnis im Hinblick auf die Person des Entsendungsberechtigen

Um sicherzustellen, dass die Gesellschaft auch nach Einräumung des Entsendungsrechts hinreichend und rechtzeitig Kenntnis vom Erlöschen (beim personengebundenen Entsendungsrecht i.d.R. mit Verlust der Aktionärsstellung) oder von der Übertragung der entsendungsberechtigenden Aktien (im Falle eines aktiengebundenen Entsendungsrechts) erhält, kann die Satzung die Hinterlegung der entsendungsberechtigenden Aktien bei der Gesellschaft unter Vereinbarung der Unabtretbarkeit des Rückforderungsanspruchs vorsehen oder bei Rücknahme der Aktien aus der Hinterlegung das Erlöschen des Entsendungsrechts anordnen.[174]

Auf diese Weise wird verhindert, dass der ehemals entsendungsberechtigte Aktionär das aktiengebundene Entsendungsrecht allein aufgrund seiner fortbestehenden Eintragung im Aktionärsregister als Legitimationsaktionär gem. § 67 Abs. 2 Satz 1 AktG ausübt.

Im Fall eines personengebundenen Entsendungsrechts ist gewährleistet, dass die Gesellschaft über das Erlöschen des Entsendungsrechts und damit über den Eintritt der Voraussetzungen des Abberufungsrechts (§ 103 Abs. 2 Satz 2 AktG) sowie das Wiedererstarken der Bestellungskompetenz (§ 101 Abs. 1 AktG) zugunsten der Hauptversammlung informiert wird.[175]

---

[173] *Hopt/Roth*, in: Großkomm-AktG, § 101 Rn. 115; *Drygala*, in: Schmidt/Lutter, AktG, § 101 Rn. 18; *Godin/Wilhelmi*, AktG, § 101 Anm. 3 S. 553; *Geßler*, in: Geßler/Hefermehl/Eckardt/Kropff, AktG, § 101 Rn. 69; vgl. *Pühler*, in: Happ, AktienR, Mustertext 1.04 §§ 5 Abs. 2, 9 Abs. 2 und Rn. 10.1 ff.

[174] *Spindler*, in: Spindler/Stilz, AktG, § 101 Rn. 63; *Habersack*, in: MünchKomm-AktG, § 101 Rn. 42; *Hopt/Roth*, in: Großkomm-AktG, § 101 Rn. 114; *Mertens/Cahn*, in: KölnKomm-AktG, § 101 Rn. 52; *Godin/Wilhelmi*, AktG, § 101 Anm. 3 S. 555 f.

[175] Siehe dazu unten unter F. III.

IV. Zustimmung des zukünftigen Entsenders

1. Grundsatz: Keine Zustimmung erforderlich

Nach weit überwiegender Ansicht ist die Zustimmung des zukünftigen Sonderrechtsinhabers zur Einräumung mitgliedschaftlicher Sonderrechte grundsätzlich nicht erforderlich.[176] Deshalb können Entsendungsrechte auch grundsätzlich ohne Zustimmung des zukünftigen Entsenders eingeräumt werden. Mit der Sonderrechtsstellung gehen nämlich lediglich zusätzliche Rechte, nicht hingegen zusätzliche Pflichten einher.[177] Derartige Gestaltungen zugunsten, aber ohne Zustimmung Dritter erkennt das Privatrecht bspw. auch beim echten Vertrag zugunsten Dritter i.S.d. § 328 Abs. 1 BGB an.

2. Ausnahme: Verknüpfung mit Sonderpflichten

Sollten dem Entsender in der Satzung jedoch mit dem Recht zur Entsendung von Aufsichtsratsmitgliedern gleichzeitig statutarische Sonderpflichten – bspw. die Pflicht zur Ausübung des Entsendungsrechts[178] – auferlegt werden, bedarf es zur Wirksamkeit des Entsendungsrechts ausnahsmweise zusätzlich der Zustimmung des zukünftigen Entsenders, abzugeben gegenüber der Gesellschaft, vertreten durch den Vorstand.[179] Denn bei einer derartigen Gestaltung wird der Entsendungsberechtigte nicht nur privilegiert, sondern darüber hinaus mit Pflichten belastet.

[176] Vgl. zu Sonderrechten i.S.d. § 35 BGB *Weick*, in: Staudinger, BGB, § 35 Rn. 8; i.E. auch *Arnold*, in: MünchKomm-BGB, § 35 Rn. 6, *Stöber/Otto*, Handbuch zum Vereinsrecht, Rn. 209; wohl auch *Heider*, in: MünchKomm-AktG, § 11 Rn. 43; *Stein*, in: MünchKomm-AktG, § 179 Rn. 185; *Vatter*, in: Spindler/Stilz, AktG, § 11 Rn. 26 ff.; *Solveen*, in: Hölters, AktG, § 11 Rn. 12; *Brändel*, in: Großkomm-AktG, § 11 Rn. 25; *Holzborn*, in: Spindler/Stilz, § 179 Rn. 183; *Koch*, in: Hüffer, AktG, § 179 Rn. 43; *Sailer-Coceani*, in: MünchHdbGesR-AG, § 13 Rn. 12; *Maul*, in: Müller/Rödder, BeckHdbAG, § 3 Rn. 68; *Lettl*, AcP 203 (2003), 149, 189; a.A. *Hadding*, in: Soergel, BGB, § 35 Rn. 9; wohl auch *Schöpflin*, in: BeckOK-BGB, § 35 Rn. 5; *Reichert*, Vereins- und Verbandsrecht, Rn. 864.

[177] Zum Eingreifen der gesellschaftsrechtlichen Treupflicht bei Ausübung des Entsendungsrechts siehe unten unter D. II. 3. b.

[178] Zur Ausübungspflicht siehe unten unter D. I. 2.

[179] Vgl. zu mitgliedschaftlichen Sonderpflichten allgemein *Arnold*, in: MünchKomm-BGB, § 35 Rn. 12; *Hadding*, in: Soergel, BGB, § 35 Rn. 21; *Reichert*, Vereins- und Verbandsrecht, Rn. 953; *Stöber/Otto*, Handbuch zum Vereinsrecht, Rn. 211.

Rechtsgeschäfte zulasten Dritten sind jedoch nur mit Zustimmung des Dritten wirksam.[180]

V. Anzahlmäßige Begrenzung

Die Anzahl der entsendbaren Aufsichtsratsmitglieder ist auf ein Drittel der Sitze der Aktionärsvertreter begrenzt.

1. Ermittlung der Höchstanzahl

„Weitere Mitglieder" des Aufsichtsrats gem. § 96 Abs. 1 AktG gehören nicht zu den Vertretern der Anteilseigner und bleiben deshalb bei der Ermittlung der Höchstgrenze unberücksichtigt.[181] Die Beschränkung bezieht sich auf die gesetzliche oder satzungsmäßige Soll-Anzahl von aktionärsvertretenden Aufsichtsratsmitgliedern, nicht die möglicherweise geringere faktische Ist-Anzahl.[182] Auch wenn die Hauptversammlung die von ihr zu bestellenden Aufsichtsratsmitglieder nur teilweise beruft, können eingeräumte Entsendungsrechte deshalb trotzdem in vollem Umfang ausgenutzt werden.[183]

2. Ratio der Höchstanzahl

Ziel der anzahlmäßigen Begrenzung von Entsendungsrechten ist es, den Einfluss der Gesamtheit der Aktionäre auf die Zusammensetzung des Aufsichtsrats zu sichern bzw. die Entkoppelung von Einfluss und Aktienbesitz umfangmäßig zu begrenzen und somit einer Dominanz gering beteiligter Aktionäre entgegenzuwirken.[184] Der Aufsichtsrat soll seinen Charakter als „Vertrauensorgan aller Aktionäre"[185] nicht verlieren.

---

[180] Vgl. BGH v. 9.3.1972 – VII ZR 178/70, BGHZ 58, 216 = NJW 1972, 942, 944; *Stadler*, in: Jauernig, BGB, § 328 Rn. 7.

[181] *Spindler*, in: Spindler/Stilz, AktG, § 101 Rn. 65; *Habersack*, in: MünchKomm-AktG, § 101 Rn. 54.

[182] *Simons*, in: Hölters, AktG, § 101 Rn. 29; *Spindler*, in: Spindler/Stilz, AktG, § 101 Rn. 65; *Habersack*, in: MünchKomm-AktG, § 101 Rn. 54; *Hopt/Roth*, in: Großkomm-AktG, § 101 Rn. 131; *Drygala*, in: Schmidt/Lutter, AktG, § 101 Rn. 21; *Bürgers/Israel*, in: Bürgers/Körber, AktG, § 101 Rn. 14.

[183] *Hopt/Roth*, in: Großkomm-AktG, § 101 Rn. 131; *Habersack*, in: MünchKomm-AktG, § 101 Rn. 54.

[184] Vgl. BegrRegE, abgedruckt bei *Kropff*, Aktiengesetz 1965, S. 138 f.; *Koch*, in: Hüffer, AktG, § 101 Rn. 11; *Simons*, in: Hölters, AktG, § 101 Rn. 29; *Habersack*, in: MünchKomm-AktG, § 101 Rn. 30, 53; *Hoffmann-Becking*, in: MünchHdb-GesR-AG, § 30 Rn. 50; *Spindler*, in: Spindler/Stilz, AktG, § 101 Rn. 65; *Hopt/*

Werden Entsendungsrechte jedoch in der (paritätisch) mitbestimmten Gesellschaft zugunsten von Minderheitsaktionären eingeräumt, verliert der Mehrheitsaktionär trotz der Höchstgrenze entsendbarer Aufsichtsratmitglieder seine beherrschende Stellung und kann unter anderem die Besetzung des Vorstands nicht mehr maßgeblich beeinflussen.[186] In einer derartigen Konstellation erhöht sich also das relative Stimmgewicht entsandter Aufsichtsratsmitglieder im Verhältnis zu Aufsichtsratsmitgliedern des Mehrheitsaktionärs über die Ein-Drittel-Grenze hinaus.

VI. Rechtsfolgen bei anfänglichem Verstoß gegen gesetzliche Voraussetzungen

Werden Entsendungsrechte zugunsten von Nicht-Aktionären eingeräumt oder im Fall inhabergebundener Entsendungsrechte nicht mit vinkulierten Namensaktien verbunden oder wird die zulässige Höchstanzahl von Entsendungsrechten bei erstmaliger bzw. erneuter Einräumung überschritten[187], verstößt der satzungsändernde Hauptversammlungsbeschluss bzw. die entsprechende Satzungsbestimmung der Ursprungssatzung entgegen § 23 Abs. 5 AktG bereits anfänglich gegen zwingendes Aktienrecht (§ 101 Abs. 2 AktG).

1. Nichtigkeit des satzungsändernden Hauptversammlungsbeschlusses bzw. der Satzungsbestimmung in der Ursprungssatzung

a. Nichtigkeit gem. § 23 Abs. 5 AktG

Bereits der Verstoß gegen zwingendes Aktienrecht könnte nach § 23 Abs. 5 AktG zur Nichtigkeit der entsprechenden Satzungsregelung in der

---

Roth, in: Großkomm-AktG, § 101 Rn. 7, 130; *Drygala*, in: Schmidt/Lutter, AktG, § 101 Rn. 21; *Jaeger*, in: Nirk/Ziemons/Binnewies, Hdb AG, Bd. 1 Rn. 9.75.

185 *Schlegelberger/Quassowski*, AktG 1937, § 88 Rn. 13.

186 *Habersack*, in: MünchKomm-AktG, § 101 Rn. 53; *Hopt/Roth*, in: Großkomm-AktG, § 101 Rn. 130; *Mertens/Cahn*, in: KölnKomm-AktG, § 101 Rn. 50; *Simons*, in: Hölters, AktG, § 101 Rn. 29; *Henssler*, in: Henssler/Strohn, GesellschaftsR, § 101 AktG Rn. 10.

187 Zu den Rechtsfolgen bei nachträglichem Überschreiten der ursprünglich eingehaltenen anzahlmäßigen Beschränkung auf das ursprünglich gesetzeskonform eingeräumte Entsendungsrecht aufgrund von Verkleinerung des Aufsichtsrats siehe unten unter E. II. 1.

Ursprungssatzung bzw. zur Nichtigkeit der durch Hauptversammlungsbeschluss initiierten Satzungsnorm führen.[188]

(1) Regelungsgehalt § 23 Abs. 5 AktG

Eine derartige Rechtsfolgenanordnung liegt jedoch außerhalb des Regelungsbereichs von § 23 Abs. 5 AktG. Die Norm bestimmt lediglich, was gesetzmäßig Inhalt der Satzung einer Aktiengesellschaft sein kann; sie regelt hingegen nicht, welche Folgen ein Verstoß gegen zwingendes Aktienrecht nach sich zieht.[189]

(2) Widerspruch zu Systematik des Beschlussmängelrechts

Wollte man § 23 Abs. 5 AktG einen selbstständigen Nichtigkeitsgrund über seinen Wortlaut hinaus entnehmen, würde dies zudem der von § 241 AktG bezweckten Rechtssicherheit im Hinblick auf die nur ausnahmsweise anzunehmende Nichtigkeit fehlerhafter Hauptversammlungsbeschlüssen zuwiderlaufen. Neben explizit die Nichtigkeit anordnenden Normen des Aktiengesetzes[190] sollen Hauptversammlungsbeschlüsse nur unter den ausdrücklich in § 241 AktG genannten Voraussetzungen jeglicher Wirksamkeit entbehren. In allen anderen Fällen soll die Rechtswirkung von Hauptversammlungsbeschlüssen allein durch Anfechtung gem. § 243 AktG beseitigt werden können.[191] Auch die fehlerhafte Einräumung von Entsendungsrechten durch satzungsändernden Hauptversammlungsbeschluss soll mithin nur ausnahmsweise nichtig sein.

---

188 So *Pentz*, in: MünchKomm-AktG, § 23 Rn. 162; *Göz*, in: Bürgers/Körber, AktG, § 241 Rn. 15; *Koch*, in: Hüffer, AktG, § 23 Rn. 43; *Würthwein*, in: Spindler/Stilz, AktG, § 241 Rn. 202; *Röhricht*, in: Großkomm-AktG, § 241 Rn. 202 f.; *Geßler*, ZGR 1980, 427, 444; wohl auch *K. Schmidt*, Großkomm-AktG, § 241 Rn. 56.

189 *Hüffer*, AktG, § 241 Rn. 15; *Ders.*, in: MünchKomm-AktG, § 241 Rn. 52; *Englisch*, in: Hölters, AktG, § 241 Rn. 55; *Schwab*, in: Schmidt/Lutter, AktG, § 241 Rn. 1; i.E. wohl auch *Zöllner*, in: KölnKomm-AktG, § 241 Rn. 115 f.

190 Vgl. §§ 250 (Nichtigkeit der Wahl von Aufsichtsratsmitgliedern), 253 (Nichtigkeit des Beschlusses über die Verwendung des Bilanzgewinns), 256 (Nichtigkeit des festgestellten Jahresabschlusses).

191 *Hüffer*, AktG, § 241 Rn. 15, 1; *Ders.*, in: MünchKomm-AktG, § 241 Rn. 6; *Englisch*, in: Hölters, AktG, § 241 Rn. 2 f., 55; Vgl. auch *Casper*, Die Heilung nichtiger Beschlüsse im Kapitalgesellschaftsrecht, S. 208 f.

(3) Nichtigkeit von Satzungsregelungen der Ursprungssatzung analog § 241 AktG

Die §§ 241 ff. AktG regeln prima facie allerdings lediglich Nichtigkeit und Anfechtbarkeit gesetzes- bzw. satzungswidriger Hauptversammlungsbeschlüsse. Es scheint mithin so, als ob § 23 Abs. 5 AktG (analog) zumindest im Hinblick auf gesetzeswidrige Satzungsregelungen der Ursprungssatzung als Nichtigkeitsnorm fungieren könnte. Werden Entsendungsrechte nämlich bereits in der Ursprungssatzung unter Verstoß gegen die gesetzlichen Anforderungen des § 101 Abs. 2 AktG eingeräumt, wird der Gesetzesverstoß gerade nicht durch einen Hauptversammlungsbeschluss begründet. Gegen eine zwischen ursprünglichen Satzungsregelungen und nachträglichen Satzungsänderungen differenzierende Anwendung von § 23 Abs. 5 AktG bzw. der §§ 241 ff. AktG spricht jedoch, dass die Wirksamkeit von Satzungsregelungen nicht vom Zeitpunkt ihres Erlasses abhängen kann. Vielmehr müssen bereits ursprünglich enthaltene und nachträglich hinzugefügte Satzungspassagen im Hinblick auf ihre Wirksamkeit stets anhand desselben Maßstabs beurteilt werden.[192]

Die Nichtigkeit von Satzungspassagen, die durch Hauptversammlungsbeschluss zustandegekommen sind, richtet sich nach dem unterschiedslos für alle Hauptversammlungsbeschlüsse geltenden Maßstab des § 241 AktG. Einen ausdrücklich normierten Nichtigkeitsmaßstab für bereits in der Ursprungssatzung enthaltene, gesetzeswidrige Satzungsbestimmungen enthält das Aktiengesetz nicht. Deshalb ist auch im Fall von bereits in der Ursprungssatzung enthaltenen, gesetzeswidrigen statutarischen Regelungen auf die in § 241 AktG niedergelegten Nichtigkeitsgründe zurückzugreifen.

Keinesfalls kann aus dem Fehlen einer ausdrücklichen Nichtigkeitsregelungen im Hinblick auf die Ursprungssatzung der gegenteilige Schluss gezogen werden, dass bereits ursprünglich gesetzeswidrige Satzungspassagen gem. §§ 23 Abs. 5 AktG, 134 BGB nichtig seien und – zur Herstellung eines Gleichlaufs – deshalb auch nachträglich gesetzeswidrige Satzungsänderungen durch Hauptversammlungsbeschluss den §§ 23 Abs. 5 AktG, 134 BGB unterfielen.[193] Eine derartige Gesetzesanwendung würde verkennen, dass das Aktiengesetz für satzungsändernde Hauptversammlungsbeschlüsse in § 241 AktG gerade eine ausdrückliche Regelung zur

[192] So auch *Würthwein*, in: Spindler/Stilz, AktG, § 241 Rn. 202.

[193] So aber *Würthwein*, in: Spindler/Stilz, AktG, § 241 Rn. 202.

Nichtigkeit getroffen hat. Diese kann nicht durch eine vermeintlich implizite Nichtigkeitsregelung gem. § 23 Abs. 5 AktG (134 BGB) verdrängt werden.

(4) Ergebnis

Die Wirksamkeit bereits in der Ursprungssatzung fehlerhaft eingeräumter Entsendungsrechte wie auch die Wirksamkeit erst durch Satzungsänderung geschaffener Entsendungsrechte sind allein anhand von § 241 AktG (analog) zu beurteilen.[194] Auch eine bereits in der Ursprungssatzung vorhandene, gesetzeswidrige Regelung ist daher nicht allein wegen Verstoßes gegen und gem. § 23 Abs. 5 AktG nichtig.

Im Folgenden wird deshalb auch nicht mehr explizit zwischen der anfänglich fehlerhaften Einräumung von Entsendungsrechten durch Satzungsbestimmungen der Ursprungssatzung und der anfänglich fehlerhaften Einräumung durch satzungsändernden Hauptversammlungsbeschluss unterschieden. Der Einfachheit halber beziehen sich Ausführungen zu fehlerhaften Entsendungsrechten aufgrund satzungsändernden Hauptversammlungsbeschlusses daher – soweit nicht ausdrücklich anders angegeben – immer auch auf bereits in der Ursprungssatzung enthaltene, fehlerhafte Entsendungsrechte.

b. Nichtigkeit wegen Verstoßes gegen zwingendes Aktienrecht gem. §§ 23 Abs. 5, 241 Nr. 3 AktG

Ein Verstoß gegen zwingendes Aktienrecht i.S.d. § 23 Abs. 5 AktG könnte jedoch stets einen Verstoß gegen Vorschriften darstellen, die ausschließlich oder überwiegend zum Schutze der Gläubiger der Gesellschaft oder sonst im öffentlichen Interesses gegeben sind, bzw. stets unvereinbar mit dem Wesen der Aktiengesellschaft sein, vgl. § 241 Nr. 3 AktG. Ein Verstoß gegen die gesetzlich zwingenden Anforderungen an Entsendungsrechte und damit ein Verstoß gegen § 23 Abs. 5 AktG würde dann immer zur Nichtigkeit der jeweiligen Satzungsregelung führen.

---

194 Vgl. BGH v. 19.6.2000 – II ZR 73/99, NJW 2000, 2819, 2820 (ausdrücklich jedoch nur zur analogen Anwendung der Heilungsmöglichkeit gem. § 242 Abs. 2 Satz 1 AktG auf nichtige Regelungen der Ursprungssatzung); das Urteil so interpretierend auch *Englisch*, in: Hölters, AktG, § 241 Rn. 58 und *Emde*, ZIP 2000, 1753, 1754; Siehe auch *Hüffer*, in: MünchKomm-AktG, § 241 Rn. 52.

(1) Keine pauschale Unvereinbarkeit mit dem Wesen der Aktiengesellschaft

Verstöße gegen zwingendes Aktienrecht gem. § 23 Abs. 5 AktG sind jedoch nicht pauschal und in jedem Fall unvereinbar mit dem Wesen der Aktiengesellschaft.[195] Die Beschränkung der Nichtigkeitsfolge auf Beschlüsse, die mit dem Wesen der Aktiengesellschaft unvereinbar sind, verdeutlicht gerade, dass nicht jeder Verstoß zur Nichtigkeit führen soll. Das Wesen der Aktiengesellschaft wird nicht durch jede zwingende Norm konstitutiert, sonder vielmehr durch einen Kernbestand aktienrechtlicher Normen umschrieben, die der Aktiengesellschaft ihr besonderes Gepräge als publikumsfähige Kapitalgesellschaft verleihen. Hätte der Gesetzgeber jede Abweichung von zwingenden gesetzlichen Vorgaben mit der Nichtigkeit der jeweiligen Bestimmung sanktionieren wollen, hätte es der Beschränkung auf das Wesen der Aktiengesellschaft nicht bedurft.

Zudem ist § 241 Nr. 3 Var. 1 AktG als Auffangtatbestand für solche Verstöße konzipiert, die nicht schon unter § 241 Nr. 3 Var. 2 und 3 AktG fallen.[196] Dies ergibt sich vor allem aus der Entstehungsgeschichte der Norm[197] sowie der Abstraktheit des Wesensbegriffs.[198] Dieser Regelungssystematik würde es zuwiderlaufen, unterfielen dem für Ausnahmefälle

---

[195] *Englisch*, in: Hölters, AktG, § 241 Rn. 56; *Hüffer*, AktG, § 241 Rn. 16 a.E.; *Ders.*, in: MünchKomm-AktG, § 241 Rn. 51; *Semler*, in: MünchHdbGesR-AG (3. Aufl.), § 41 Rn. 15; i.E. auch *Casper*, Die Heilung nichtiger Beschlüsse im Kapitalgesellschaftsrecht, S. 208 f.; abweichend *Koch*, in: Hüffer, AktG, § 101 Rn. 16; a.A. *Würthwein*, in: Spindler/Stilz, AktG, § 241 Rn. 202; *Röhricht*, in: Großkomm-AktG, § 241 Rn. 203; *Göz*, in: Bürgers/Körber, § 241 Rn. 15; *Austmann*, in: MünchHdbGesR-AG, § 42 Rn. 25; *Geßler*, ZGR 1980, 427, 444; *Huber*, in: FS Coing (1982) Bd. 2, S. 167, 184.

[196] *Englisch*, in: Hölters, AktG, § 241 Rn. 56; *Hüffer*, AktG, § 241 Rn. 16, 21; *Ders*, in: MünchKomm-AktG, § 241 Rn. 49 f.; *Zöllner*, in: KölnKomm-AktG, § 241 Rn. 97; *Würthwein*, in: Spindler/Stilz, AktG, § 241 Rn. 190 ff.; a.A. *Schwab*, in: Schmidt/Lutter, AktG, § 241 Rn. 24; *K. Schmidt*, in: Großkomm-AktG, § 241 Rn. 54 ff.

[197] Siehe *Hüffer*, in: MünchKomm-AktG, § 241 Rn. 50; vgl. § 135 Entwurf I zum AktG 1937 (1930), abgedruckt bei *Schubert*, Quellen zur Aktienrechtsreform der Weimarer Republik (1926-1931), Bd 2, S. 890 sowie § 136 Entwurf II zum AktG 1937 (1931), abgedruckt bei *Schubert/Hommelhoff*, Hundert Jahre modernes Aktienrecht, S. 875; zur Entstehungsgeschichte allgemein siehe auch *Geßler*, ZGR 1980, 427, 430 ff.; *Huber*, in: FS Coing (1982) Bd. 2, S. 167, 171 ff.

[198] Siehe *Englisch*, in: Hölters, AktG, § 241 Rn. 50; *Hüffer*, in: MünchKomm-AktG, § 241 Rn. 51.

gedachten Auffangtatbestand alle Verstöße gegen zwingendes Aktienrecht, da diese wohl am häufigsten vorkommen. Der nur zur hilfsweisen Unterstützung gedachte Auffangtatbestand würde zum Regelfall werden.

Zudem würde die von § 241 AktG insgesamt verfolgte Zielsetzung, die Nichtigkeit von Hauptversammlungsbeschlüssen auf ein Mindestmaß zu begrenzen, unterlaufen, wenn jeder Verstoß gegen eine der vielzähligen zwingenden aktienrechtlichen Normen stets zur Nichtigkeit führen würde.[199]

(2) Kein automatischer Verstoß gegen Gläubigerschutzvorschriften bzw. Vorschriften im öffentlichen Interesse

Verstöße gegen zwingendes Aktienrecht können auch nicht automatisch mit Verstößen gegen Vorschriften gleichgesetzt werden, die gem. § 241 Nr. 3 Var. 2 und 3 AktG ausschließlich oder überwiegend zum Schutze der Gläubiger der Gesellschaft oder sonst im öffentlichen Interesse gegeben sind.[200]

Zwingendes Aktienrecht hat vielerlei Funktionen, die nicht allesamt auf Gläubiger- oder Öffentlichkeitsschutz zielen, sondern auch dem Schutz der Aktionäre dienen (z.B. § 53a AktG). Öffentlichkeitsschutz gem. § 241 Nr. 3 Var. 3 AktG ist dabei als Oberbegriff zum Gläubigerschutz zu verstehen, was durch die Formulierung „oder sonst" deutlich wird.[201]

Aufgrund sprachlicher Ungenauigkeit kann aus dem Wortlaut der Norm jedoch nicht zweifelsfrei geschlossen werden, ob sich das Schwerpunkterfordernis („ausschließlich oder überwiegend") auch auf die dritte Variante bezieht. Mit Blick auf die Historie der Norm ist dies jedoch zu bejahen: Seit der Aktienrechtsreform 1965 entspricht § 241 AktG nahezu wortgleich der Vorgängerregelung des § 195 AktG 1937. Der Entwurf von 1931 sah vor, dass ein Beschluss nichtig ist, wenn er „Vorschriften verletzt, die ausschließlich oder überwiegend im öffentlichen Interesse gegeben sind".[202] Die Aufnahme der Tatbestandsvariante „Verstoß gegen Gläubi-

---

199 Vgl. *Hüffer*, in: MünchKomm-AktG, § 241 Rn. 51, 66; a.A. *Huber*, in: FS Coing (1982) Bd. 2, S. 167, 187.

200 *Englisch*, in: Hölters, AktG, § 241 Rn. 57.

201 *Geßler*, ZGR 1980, 427, 437.

202 § 136 des Entwurfs eines Gesetzes über Aktiengesellschaften und Kommanditgesellschaften auf Aktien (1931), abgedruckt bei *Schubert/Hommelhoff*, Die Aktienrechtsreform am Ende der Weimarer Republik, S. 875.

gerschutzvorschriften“ gem. § 195 Nr.3 Var. 2 AktG 1937[203] präzisiert die bereits im Entwurf 1931 vorgesehene Nichtigkeit wegen Verstoßes gegen ausschließlich oder überwiegend öffentlichkeitsschützende Normen lediglich; eine inhaltliche Änderung bzw. Aufweichung der dritten Variante ging damit aber nicht einher.[204]

Die Gläubiger der Gesellschaft sind also Teil der durch aktienrechtliche Vorschriften geschützten „Öffentlichkeit“. § 23 Abs. 5 AktG für sich genommen – ohne Bezug zu der konkret verletzten, zwingenden aktienrechtlichen Norm bzw. dem durch den Gesetzesverstoß gefährdeten Personenkreis – dient jedoch nicht ausschließlich oder überwiegend dem Schutz öffentlicher Interessen bzw. dem Schutz der Gesellschaftsgläubiger.[205]

(3) Ergebnis

Obgleich die Einräumung von Entsendungsrechten zugunsten von Nicht-Aktionären, inhabergebundene Entsendungsrechte ohne Bindung an vinkulierte Namensaktien oder die Einräumung von Entsendungsrechten für mehr als ein Drittel der Anteilseignervertreter einen Verstoß gegen gegen zwingendes Aktienrecht (§§ 101 Abs. 2, 23 Abs. 5 AktG) darstellt, führt dies für sich genommen noch nicht zur Nichtigkeit fehlerhaft eingeräumter Entsendungsrechte.

c. *Nichtigkeit gem. § 241 Nr. 3 AktG*

Vielmehr muss sowohl bei Einräumung von Entsendungsrechten durch satzungsändernden Hauptversammlungsbeschluss gem. § 241 AktG als auch bei einer bereits in der Ursprungssatzung enthaltenen Entsendungsrechtsregelung analog § 241 AktG geprüft werden, ob § 101 Abs. 2 AktG ausschließlich oder überwiegend zum Schutze der Gläubiger der Gesellschaft (§ 241 Nr. 3 Var. 2 AktG) oder sonst im öffentlichen Interesse gegeben ist (§ 241 Nr. 3 Var. 3 AktG) oder aber (hilfsweise)[206] ob eine

---

[203] Abgedruckt bei *Klausing*, Aktiengesetz 1937, S. 172 f.

[204] Vgl. *Hüffer*, in: MünchKomm-AktG, § 241 Rn. 56; vgl. auch die AmtlBegr zu § 195 AktG 1937, abgedruckt bei *Klausing*, Aktiengesetz 1937, S. 174; i.E. auch *Geßler*, ZGR 1980, 427, 437 f.

[205] Vgl. *Huber*, in: FS Coing (1982) Bd. 2, S. 167, 178.

[206] Zum Verhältnis der Tatbestandsalternativen untereinander siehe oben unter C. VI. 1. b. (1).

gegen § 101 Abs. 2 AktG verstoßende Satzungsregelung mit dem Wesen der Aktiengesellschaft unvereinbar ist (§ 241 Nr. 3 Var. 1 AktG).

(1) Verstoß gegen Gläubigerschutzvorschrift gem. § 241 Nr. 3 Var. 2 AktG

§ 101 Abs. 2 AktG ist offenkundig keine Gläubigerschutzvorschrift, da dort lediglich die personale Binnenorganisation, nicht jedoch die Finanzverfassung[207] der Gesellschaft geregelt wird, so dass die Einräumung von Entsendungsrechten unter Verstoß gegen gesetzliche Zulässigkeitsanforderungen nicht nach § 241 Nr. 3 Var. 2 AktG nichtig ist.

(2) Verstoß gegen Vorschrift zum ausschließlichen oder überwiegenden Schutz öffentlicher Interessen gem. § 241 Nr. 3 Var. 3 AktG

Es könnte sich bei § 101 Abs. 2 AktG jedoch um eine Vorschrift zum ausschließlichen oder überwiegenden Schutz öffentlicher Interessen handeln, § 241 Nr. 3 Var. 3 AktG. Öffentliche Interessen sind vor allem die Interessen der Allgemeinheit bzw. gesellschaftsfremder Dritter – auch zukünftiger Aktionäre –,[208] die sich gegen einen gesetzeswidrigen Hauptversammlungsbeschluss mangels Anfechtungsbefugnis gerade nicht mithilfe der Anfechtungsklage wehren können.

Gleichwohl kann auch die Einhaltung von Normen zum Schutz gegenwärtiger Aktionäre im öffentlichen Interesse liegen, wenn der Schutz gegenwärtiger Aktionäre lediglich Folge des Schutzes öffentlicher Interessen ist bzw. es gerade im öffentlichen Interesse liegt, den gegenwärtigen Aktionären die gesetzlich vorgesehene Rechtsposition zukommen zu lassen. Mit anderen Worten: Wenn die gesetzlich zugewiesene Rechtspo-

---

207 Vgl. *Hüffer*, in: MünchKomm-AktG, § 241 Rn. 54 f.; *Schwab*, in: Schmidt/Lutter, § 241 Rn. 27; *Würthwein*, in: Spindler/Stilz, AktG, § 241 Rn. 210 f.

208 *Schwab*, in: Schmidt/Lutter, AktG, § 241 Rn. 28; *Hüffer*, in: MünchKomm-AktG, § 241 Rn. 59; *A. Hueck*, Anfechtbarkeit und Nichtigkeit von Generalversammlungsbeschlüssen bei Aktiengesellschaften, S. 75 ff.; *Zöllner*, Die Schranken, S. 64 f.; vgl. auch *Geßler*, ZGR 1980, 427, 438; siehe auch AmtlBegr zu § 195 AktG 1937, abgedruckt bei *Klausing*, Aktiengesetz 1937, S. 173 f. sowie § 135 Entwurf I zum AktG 1937 (1930), abgedruckt bei *Schubert*, Quellen zur Aktienrechtsreform der Weimarer Republik (1926-1931), Bd 2, S. 890 und § 136 Entwurf II zum AktG 1937 (1931), abgedruckt bei *Schubert/Hommelhoff*, Hundert Jahre modernes Aktienrecht, S. 875; gegen die Einbeziehung auch zukünftiger Aktionäre *Würthwein*, in: Spindler/Stilz, AktG, § 241 Rn. 221, *Zöllner*, in: MünchKomm-AktG, § 241 Rn. 115.

sition aus Gründen des Gemeinwohls nicht zur Disposition der Aktionäre steht.[209]

Dies ist insbesondere dann der Fall, wenn durch die in Rede stehende Satzungsnorm Aktionärsrechtspositionen betroffenen sind, die gerade die korporative Struktur der Aktiengesellschaft als Publikumsgesellschaft mit beschränkter Haftung ausmachen[210] bzw. durch die fragliche Satzungsnorm das Kompetenz- und Kontrollgefüge zwischen den Organen der Aktiengesellschaft nicht nur unerheblich gestört wird[211].

Die Besetzung des Aufsichtsrats gehört zu den Kernkompetenzen der Hauptversammlung. Sie ist das zentrale Machtinstrument der in der Hauptversammlung versammelten Aktionäre in ihrer Funktion als Anteilseigner bzw. Haftungskapitalgeber, um auf die Kontroll- und Organisationstätigkeit des Aufsichtsrats und damit mittelbar auf die Geschicke der Aktiengesellschaft einzuwirken.

(a) Verstoß gegen anzahlmäßige Begrenzung

§ 101 Abs. 2 AktG eröffnet der Hauptversammlung zwar die Möglichkeit, das Wahlrecht der Hauptversammlung durch die Einräumung von Entsendungsrechten quantitativ einzuschränken. Werden jedoch entgegen § 101 Abs. 2 Satz 4 AktG unzulässig viele Entsendungsrechte eingeräumt, wird die gerade nur ausnahmwseise und unter engen Voraussetzungen zulässige Beschneidung des Wahlrechts der Hauptversammlung überdehnt. Durch Überschreitung der anzahlmäßigen Begrenzung von Entsendungsrechten kommt es zu einer strukturgefährdenden Verschiebung im Kompetenzgefüge der Aktiengesellschaft zulasten der in der Hauptversammlung versammelten Gesamtheit der Aktionäre. Deshalb ist § 101

---

[209] Vgl. *Schwab*, in: Schmidt/Lutter, AktG, § 241 Rn. 28; *Zöllner*, KölnKomm-AktG, § 241 Rn. 111; *Geßler*, ZGR 1980, 427, 439; i.E. auch *Englisch*, in: Hölters, § 241 Rn. 62; so schon die AmtlBegr zu § 195 AktG 1937, abgedruckt bei *Klausing*, Aktiengesetz 1937, S. 173 f.; vgl. auch § 135 Entwurf I zum AktG 1937 (1930), abgedruckt bei *Schubert*, Quellen zur Aktienrechtsreform der Weimarer Republik (1926-1931), Bd 2, S. 890 und § 136 Entwurf II zum AktG 1937 (1931), abgedruckt bei *Schubert/Hommelhoff*, Hundert Jahre modernes Aktienrecht, S. 875; siehe auch *Würthwein*, in: Spindler/Stilz, AktG, § 241 Rn. 215; 218 ff., 222.

[210] Vgl. *Englisch*, in: Hölters, AktG, § 241 Rn. 64; *Würthwein*, in: Spindler/Stilz, AktG, § 241 Rn. 216; *Hüffer*, in: MünchKomm-AktG, § 241 Rn.58.

[211] Vgl. *Schwab*, in: Schmidt/Lutter, AktG, § 241 Rn. 25.

Abs. 2 Satz 4 AktG als Norm zu qualifizieren, die zumindest überwiegend im öffentlichen Interesse gegeben ist.

Erschwerend kommt hinzu, dass nicht nur die gegenwärtigen Aktionäre, sondern auch zukünftige Aktionäre durch die übermäßige Einräumung von Entsendungsrechten in ihrem Wahlrecht dauerhaft in unzulässigem Ausmaß beschnitten werden. Satzungsänderungsbeschlüsse, durch die Entsendungsrecht für mehr als ein Drittel der Anteileignervertreter eingeräumt werden, sind deshalb gem. § 241 Nr. 3 Var. 3 AktG grundsätzlich nichtig.[212]

Werden Entsendungsrechte wiederholt durch mehrere Einräumungsakte begründet, sind diese im Hinblick auf eine mögliche Nichtigkeit[213] getrennt voneinander in chronologischer Reihenfolge von alt zu jung zu untersuchen. Wird die zulässige Höchstanzahl erst durch späteren Einräumungsakt überschritten, ist lediglich der spätere Einräumungsakt (teil-)nichtig, während die vorherige gesetzeskonforme Satzungsbestimmung weiterhin in Kraft bleibt. [214]

(b) Verstoß gegen Gebot vinkulierter Namensaktien

Könnten inhabergebundene Entsendungsrechte wirksam ohne Verbindung mit vinkulierten Namensaktien eingeräumt werden (vgl. § 101 Abs. 2 Satz 2 AktG), ginge das Entsendungsrecht mit Übertragung der entsendungsrechtsvermittelnden Aktien automatisch und ohne Mitwirkung von Gesellschaft bzw. Hauptversammlung auf den Erwerber über. Mangels Vinkulierung hätten die Gesellschaft und damit mittelbar die Anteilseigner keine Kontrolle mehr darüber, an wen sie bis zu einem Drittel ihrer Bestellungsmacht abgeben. Auf diese Weise käme es zwar nicht wie bei Überschreitung der zulässigen Höchstanzahl zu einer quantitativ unzumutbaren Kompetenzverlagerung; allerdings könnte die

---

[212] So i.E., jedoch ohne Begründung *Koch*, in: Hüffer, AktG, § 101 Rn. 9; *Mertens/Cahn*, in: KölnKomm-AktG, § 101 Rn. 60; *Hopt/Roth*, in: Großkomm-AktG, § 101 Rn. 131; *Henssler*, in: Henssler/Strohn, GesellschaftsR, § 101 AktG Rn. 7; *Habersack*, in: MünchKomm-AktG, § 101 Rn. 55; *Drygala*, in: Schmidt/Lutter, AktG, § 101 Rn. 21; allein auf § 243 Nr. 3 Var. 1 AktG verweisend (gemeint ist wohl § 241 Nr. 3 Var. 1 AktG) *Simons*, in: Hölters, AktG, § 101 Rn. 55.

[213] Zur Möglichkeit einer geltungserhaltenden Reduktion siehe unten unter C. VI. 2.

[214] *Habersack*, in: MünchKomm-AktG, § 101 Rn. 55; *Drygala*, in: Schmidt/Lutter, AktG, § 101 Rn. 21; *Mertens/Cahn*, in: KölnKomm-AktG, § 101 Rn. 60; *Simons*, in: Hölters, AktG, § 101 Rn. 55.

Hauptversammlung letztlich ein Drittel ihrer Bestellungsmacht an einen „unerwünschten" Aktionär verlieren. Eine derartige Kompetenzverlagerung ist deshalb qualitativ unzumutbar. Sie stört das aktienrechtliche Kompetenzgefüge erheblich und verletzt damit öffentliche Interessen.

Inhabergebundene Entsendungsrechte, die nicht an vinkulierte Namensaktien gebunden sind, sind deshalb gem. § 241 Nr. 3 Var. 3 AktG nichtig.[215]

(c) Verstoß gegen Gebot der Aktionärseigenschaft

Wird durch die Einräumung von Entsendungsrechten mitgliedschaftliche Bestellungsmacht von der Hauptversammlung nicht nur übermäßig (entgegen § 101 Abs. 2 Satz 4 AktG) oder unkontrollierbar (entgegen § 101 Abs. 2 Satz 2 AktG) auf einzelne Aktionäre der Gesellschaft verlagert, sondern sogar auf gesellschaftsfremde Dritte ausgelagert, stellt dies erst recht eine fundamentale Störung des innergesellschaftlichen Kompetenzgefüges und damit einen Verstoß gegen öffentliche Interessen dar. Entsendungsrechte zugunsten von Nichtsaktionären sind folglich nichtig.[216]

(d) Verstoß gegen Gebot statutarischer Regelung

Werden Entsendungsrechte noch nicht einmal durch Übereinkunft der Gründungsgesellschafter in der Ursprungssatzung oder durch satzungsändernden Hauptversammlungsbeschluss, sondern außerhalb der Satzung – bspw. durch schuldrechtlichen Vertrag mit der Gesellschaft – eingeräumt, verstößt dies gegen Grundprinzipien des Gesellschaftsrechts und hat keine organisationsrechtlichen Folgen für die Gesellschaft.

Rechts- und handlungsfähig wird eine Gesellschaft als autonomer Zweckverband natürlicher Personen erst dadurch, dass die Gesellschafter in der Gesellschaftssatzung Organzuständigkeiten und Mitgliedschaftsrechte bzw. –pflichten festlegen. Diese organisationsrechtlichen, unmittelbar das Verbandsleben regelnden Bestimmungen können ausschließ-

---

[215] So i.E auch *May*, Die Sicherung des Familieneinflusses auf die Führung der börsengehandelten Aktiengesellschaft, S. 132.

[216] So – wiederum ohne Begründung – auch *Habersack*, in: MünchKomm-AktG, § 101 Rn. 32; *Simons*, in: Hölters, AktG, § 101 Rn. 25 (Verweis auf § 241 Nr. 3 AktG); *Hopt/Roth*, in: Großkomm-AktG, § 101 Rn. 113; *Spindler*, in: Spindler/Stilz, AktG, § 101 Rn. 49; *Semler*, MünchKomm-AktG (2. Aufl.), § 101 Rn. 71; *Geßler*, in: Geßler/Hefermehl/Eckardt/Kropff, AktG, § 101 Rn. 63.

lich in der Satzung, nicht hingegen durch schuldrechtliche Vereinbarungen aufgestellt werden.[217] Außerhalb der Satzung im Hinblick auf den Verband getroffene Vereinbarungen sind deshalb auf korporativer Ebene bereits aus rechtssystematischen Gründen wirkungslos. Schuldrechtlich eingeräumte Entsendungsrechte sind deshalb keine mitgliedschaftlichen Vorzugsrechte i.S.d. § 101 Abs. 2 AktG und entfalten keine korporative Wirkung.

Eine Anwendung von § 241 Nr. 3 AktG auf außerhalb der Gesellschaftssatzung eingeräumte Entsendungsrechte scheidet schon deshalb aus, weil schuldrechtlich eingeräumte Entsendungsrechte gerade nicht durch Hauptversammlungbeschluss bzw. (analog § 241 AktG) in der Ursprungssatzung eingeräumt werden.

(3) Ergebnis

Entgegen den gesetzlichen Voraussetzungen gem. § 101 Abs. 2 AktG eingeräumte Entsendungsrechte sind gem. bzw. analog § 241 Nr. 3 Var. 3 AktG grundsätzlich wegen Verstoßes gegen eine Vorschrift, die zumindest überwiegend zum Schutz öffentlicher Interessen gegeben ist, nichtig.

2. Sonderfall: Verstoß gegen zulässige Höchstanzahl

Während Entsendungsrechte zugunsten von Nichtaktionären und inhabergebundene Entsendungsrechte ohne Bindung an vinkulierte Namensaktien bereits ihrem Inhalt nach insgesamt nichtig sind, liegt bei bei Überschreitung der gesetzlichen Höchstgrenze von Entsendungsrechten lediglich ein relativer, kein absoluter Verstoß gegen aktienrechtliche Vorgaben vor: Mitgliedschaftliche Vorzugsrechte wurden in grundsätzlich zulässiger Qualität, jedoch in übermäßiger Quantität eingeräumt.

In der Literatur wird deshalb verbreitet die Auffassung vertreten, die fehlerhafte Satzungsbestimmung bzw. der fehlerhafte, satzungsändernde Hauptversammlungsbeschluss seien nicht insgesamt nichtig und deshalb nicht ganz und gar rechtsfolgenlos, sondern grundsätzlich i.S. einer gel-

---

[217] *Pentz*, in: MünchKomm-AktG, § 23 Rn. 40; *Limmer*, in: Spindler/Stilz, AktG, § 23 Rn. 4; *Wicke*, in: MünchKomm-GmbHG, § 3 Rn. 102; *Wiedemann*, in: Großkomm-AktG, § 179 Rn. 35, 38; *Sickinger*, in: Schüppen/Schaub, MünchAnwHdb-AktR, § 11 Rn. 7; *K. Schmidt*, Gesellschaftsrecht, § 5 I 1 d S. 78 f.

tungserhaltenden Reduktion auf das zulässige Höchstmaß an Entsendungsrechten zu reduzieren.[218]

Die folgenden Erörterungen gehen daher der Frage nach, ob eine derartige geltungserhaltende Reduktion übermäßig eingeräumter Entsendungsrechte möglich ist, welche Auswirkungen dies auf die konstitutive Eintragung von Entsendungsrechten hat und ob die fehlerhafte Eintragung übermäßig vieler Entsendungsrechte nachträglich korrigiert werden kann.

a. Geltungserhaltende Reduktion

Der Begriff „geltungserhaltende Reduktion" bezeichnet indes – anders als es die oben genannten Literaturnachweise vermuten lassen – kein spezielles juristisches Instrumentarium, sondern beschreibt vielmehr das Ergebnis einer irgendwie gearteten Rechtsanwendung:[219] Nämlich die unter dem Eindruck einer zu weitgehenden Nichtigkeitsfolge erstrebte Aufrechterhaltung eines grundsätzlich nichtigen Rechtsgeschäft in (noch) zulässigem Umfang.[220] Um dieses Ziel zu erreichen, wird teilweise auf eine normzweckorientierte Auslegung der Nichtigkeitnorm[221] oder

[218] So ohne weitere Erläuterung *Habersack*, in: MünchKomm-AktG, § 101 Rn. 55: „[Reduzierung] auf das gesetzlich zulässige Maß"; *Mertens/Cahn*, in: KölnKomm-AktG, § 101 Rn. 60: „[Aufrechterhaltung] bis zur gesetzlichen Höchstzahl"; *Hopt/Roth*, in: Großkomm-AktG, § 101 Rn. 131: „nur insoweit nichtig, als die Zahl der [...] Entsendungsrechte die [...] zulässige Höchstzahl übersteigt"; *Simons*, in: Hölters, AktG, § 101 Rn. 55: „geltungserhaltende Reduktion des nichtigen Beschlusses"; *Drygala*; in: Schmidt/Lutter, AktG, § 101 Rn. 21: „geltungserhaltende Reduktion auf das gesetzlich zulässige Maß"; *Spindler*, in: Spindler/Stilz, AktG, § 101 Rn. 66: „[Reduzierung] auf die gesetzliche Höchstzahl"; *Bürgers/Israel*, in: Bürgers/Körber, AktG, § 101 Rn. 14 (Anzahl der Entsendungsrechte ist „auf das zulässige Maß zurückzuführen"); a.A. wohl *Henssler*, in: Henssler/Strohn, GesellschaftsR, § 101 AktG Rn. 7; *Koch*, in: Hüffer, AktG, § 101 Rn. 11; *Geßler*, in: Geßler/Hefermehl/Eckardt/Kropff, AktG, § 101 Rn. 76.

[219] Vgl. LG Köln v. 4.4.2001 – 26 O 130/00, NJW-RR 2002, 703; *Roth*, in: Staudinger, BGB, § 139 Rn. 3.

[220] Vgl. exemplarisch BGH v. 21.3.1977 – II ZR 96/75, NJW 1977, 1233, 1234; v. 29.1.1996 – II ZR 286/94, NJW-RR 1996, 741, 742; für weitere Bespiele aus der Rechtsprechung vgl. *Ellenberger*, in: Palandt, BGB, § 139 Rn. 13; siehe auch *Alpmann/Brockhaus*, Fachlexikon Recht, S. 1380 zum „Verbot geltungserhaltender Reduktion"; vgl. *Busche*, in: MünchKomm-BGB, § 157 Rn. 36; *Roth*, JZ 1989, 411; *Cahn*, JZ 1997, 8, 14. *Häsemeyer*, in: FS Ulmer (2003), S. 1097, 1101.

[221] Wohl BGH v. 17.3.1969 – III ZR 188/65, BGHZ 52, 17 = NJW 1969, 1343, 1345 ff. (teilweise sittenwidriges Geliebtentestament); *Roth*, JZ 1989, 411, 413, 417; Vgl. auch *Armbrüster*, in: MünchKomm-BGB, § 134 Rn. 105 f., § 138 Rn. 161;

auf eine (analoge) Anwendung von § 139 BGB[222] zurückgegriffen, teilweise wird die (erläuternde oder ergänzende) Vertragsauslegung[223] oder die Umdeutung gem. § 140 BGB[224] herangezogen. Anlass all dieser Rechtsoperationen ist die Einsicht, dass die Parteien eines unzulässigen Rechtsgeschäfts grundsätzlich ein schützenswertes Interesse an dessen Aufrechterhaltung in gesetzeskonformer Gestalt haben.[225]

Um Entsendungsrechte ggf. in noch zulässiger Anzahl aufrechtzuerhalten, ist rechtssystematisch zwingend als Erstes zu untersuchen, inwieweit die fehlerhafte Satzungsnorm überhaupt nichtig ist. Erst im Anschluss daran kann geprüft werden, ob neben dem nichtigen Teil des Rechtsgeschäfts ein Restgeschäft zurückbleibt, dessen (Teil-)Wirksamkeit sich nach § 139 BGB richtet,[226] oder aber ob sich eine statutarische Regelungslücke auftut, die im Wege ergänzender Vertragsauslegung zu schließen ist, oder aber ob das Rechtsgeschäft insgesamt nichtig ist, so dass eine Umdeutung gem. § 140 BGB[227] in Betracht zu ziehen wäre.

Canaris, in: FS Steindorff (1990), S. 519, 536 ff., 541 ff.; *Cahn*, JZ 1997, 8, 16; *Damm*, JZ 1986, 913; kritisch *Häsemeyer*, in: FS Ulmer (2003), S. 1097, 1099, 1103 ff.

222 Vgl. BGH v. 31.01.1973 – VIII ZR 131/71, BeckRS 1973, 31125553 (überlanger Bierlieferungsvertrag); v. 16./17.9.1974 – VIII ZR 116/72, NJW 1974, 2089, 2090 (überlanger Bierlieferungsvertrag); v. 13.3.1979 – KZR 23/77, NJW 1979, 1605, 1606 (überlanges Wettbewerbsverbot) i.E. ablehnend; v. 5.6.1989 – II ZR 227/88, NJW 1989, 2681, 2682 (Ausschluss eines Gesellschafters nach freiem Ermessen); v. 14.11.2000 – XI ZR 248/99, NJW 2001, 815, 817 (finanzielle Überforderung durch Mithaftungsabrede); v. 7.5.2007 – II ZR 281/05, NJW-RR 2008, 1256, 1258 Rn. 24 (überlanges Kündigungsrecht); vgl. auch *Roth*, JZ 1989, 411, 412; *Busche*, in: MünchKomm-BGB, § 139 Rn. 25 ff.; *Mansel*, in: Jauernig, BGB, § 139 Rn. 7.

223 Vgl. LG Köln v. 4.4.2001 – 26 O 130/00, NJW-RR 2002, 703; *Roth*, JZ 1989, 411, 412; *Hager*, Gesetzes- und sittenkonforme Auslegung und Aufrechterhaltung von Rechtsgeschäften, S. 31 ff., 53 ff., 158 ff.

224 Vgl. KG v. 29.9.1989 – 15 U 327/89, NJW-RR 1990, 91, 92; *Roth*, JZ 1989, 411, 419; *Hager*, Gesetzes- und sittenkonforme Auslegung und Aufrechterhaltung von Rechtsgeschäften, S. 115 ff. 154 ff.

225 Vgl. *Thomas*, Die Haftungsfreistellung von Organmitgliedern, S. 211.

226 Vgl. zum Verhältnis von Nichtigkeitsnorm und § 139 BGB *Ellenberger*, in: Palandt, BGB, § 139 Rn. 2; *Roth*, in: Staudinger, § 139 Rn. 1, 3 ff.; *Busche*, in: MünchKomm-BGB, § 139 Rn. 8.

227 Vgl. *Arnold*, in: Erman, BGB, § 140 Rn. 5; *Roth*, in: Staudinger, BGB, § 140 Rn. 2, 14; *Busche*, in: MünchKomm-BGB, § 140 Rn. 12; *Hefermehl*, in: Soergel, BGB, § 140 Rn. 28.

(1) Normzweckorientierte Auslegung der Nichtigkeitsnorm

Dem Wortlaut der Nichtigkeitsnorm zufolge (ggf. analog § 241 AktG) bezieht sich die Nichtigkeit auf den Hauptversammlungsbeschluss an sich. Eine Beschränkung der Nichtigkeitsfolge auf den die Nichtigkeit begründenden Teil enthält die Norm prima facie nicht.

(a) Teilnichtigkeit objektiv teilbarer Hauptversammlungsbeschlüsse

In Rechtsprechung und Literatur ist jedoch allgemein anerkannt, dass nur ein Teil eines mangelbehafteten Hauptversammlungsbeschlusses nichtig ist, wenn und soweit er mehrere Regelungsgegenstände beeinhaltet, der Mangel sich jedoch nur auf einen abtrennbaren Regelungsgegenstand bezieht.[228]

Diese Beschlusssituation liegt im Fall von zuviel eingeräumten Entsendungsrechten jedoch grundsätzlich nicht unmittelbar vor. Mit Blick auf die sprachliche Formulierung werden Entsendungsrechte in der Regel innerhalb eines einheitlichen Regelungskomplexes als einheitlicher Regelungsgegenstand beschlossen, nämlich durch Einräumung von Entsendungsrechten in der vorgesehenen Anzahl. Dieser Regelungsgegenstand lässt sich lediglich fiktiv in die Einräumung mehrerer Einzelentsendungsrechte zerlegen.

(b) Teilnichtigkeit bloß quantitativ teilbarer Hauptversammlungsbeschlüsse

Die Reichweite des Nichtigkeitsverdikts hinge mithin im Ergebnis davon ab, wie die Einräumung von Entsendungsrechten systematisch und sprachlich abgefasst worden ist. Es ist jedoch sachlich nicht zu rechtfertigen, einerseits Entsendungsrechte innerhalb eines einheitlichen Regelungsgegenstands insgesamt für nichtig zu erklären und andererseits

---

[228] RG v. 22.1.1935 – II 198/34, RGZ 146, 385, 394; BGH v. 25.1.1988 – II ZR 148/87, NJW 1988, 1214; OLG Oldenburg v. 17.3.1994 – 1 U 151/93, NJW-RR 1995, 1313, 1314; OLG München v. 27.8.2008 – 7 U 5678/07, NJOZ 2010, 1099, 1105; *Koch*, in: Hüffer, § 241 Rn. 33; *Hüffer*, in: MünchKomm-AktG, § 241 Rn. 90 ff.; *K. Schmidt*, in: Großkomm-AktG, § 241 Rn. 27; *Würthwein*, in: Spindler/Stilz, AktG, § 241 Rn. 75 ff.; *Zöllner*, in: KölnKomm-AktG, § 241 Rn. 62 f.; *Englisch*, in: Hölters, § 241 Rn. 96 ff.; so auch schon *A. Hueck*, Anfechtbarkeit und Nichtigkeit von Generalversammlungsbeschlüssen bei Aktiengesellschaften, S. 221 f.; vgl. bspw. zu nichtigen Kapitalerhöhungsbeschlüssen *Koch*, in: Hüffer, AktG, § 212 Rn. 4 a.E.; *Arnold*, in: MünchKomm-AktG, § 212 Rn. 17; *Fock/Wüsthoff*, in: Spindler/Stilz, AktG, § 212 Rn. 6.

Entsendungsrechte, die innerhalb einer Gesellschafterversammlung ausnahmsweise als voneinander unabhängige Regelungsgegenstände beschlossen werden, in zulässigem Umfang aufrechtzuerhalten.

Die Einräumung von Entsendungsrechten im Rahmen einer Haupt- bzw. Gesellschafterversammlung ist deshalb stets – unabhängig von ihrer sprachlichen oder systematischen Ausgestaltung – als mehrteiliger, nämlich quantitativ teilbarer Regelungsgegenstand zu begreifen.[229]

(c) Zweck der Nichtigkeitsnorm

Mit der anzahlmäßigen Begrenzung von Entsendungsrechten (§ 101 Abs. 2 Satz 4 AktG) soll der Einfluss der Gesamtheit der Aktionäre auf die Zusammensetzung des Aufsichtsrats gesichert und einer Dominanz gering beteiligter Aktionäre entgegengewirkt werden.[230] Bei Verstoß ist die entsprechende Satzungsregelung nichtig (§ 241 Nr. 3 Var. 3 AktG), da anderennfalls das Kompetenzgefüge in der Aktiengesellschaft in strukturgefährdender Weise zulasten der in der Hauptversammlung versammelten Gesamtheit der Aktionäre verschoben und infolgedessen öffentliche Interessen verletzt werden würden.[231]

Eine strukturgefährdende Kompetenzverschiebung zulasten der Aktionäre ist jedoch bereits dadurch hinreichend sicher abgewendet, dass allein die überschießenden Entsendungsrechte nichtig sind. Zur Erreichung des Normzwecks ist es hingegen nicht erforderlich, sämtliche und damit auch die anzahlmäßig zulässigen Entsendungsrechte dem Nichtigkeitsverdikt zu unterwerfen. Eine normzweckorientierte Auslegung der §§ 241 Nr. 3 Var. 3, 101 Abs. 2 Satz 4 AktG ergibt mithin, dass grundsätzlich nur die Entsendungsrechte nichtig sind, welche die gesetzliche Höchstanzahl überschreiten.

---

[229] Vgl. zu Fällen quantitativer Teilnichtigkeit die BGH-Rechtsprechung in Fn. 223; siehe auch *Flume*, Das Rechtsgeschäft, § 32 2 d); wohl i.E. ablehnend *Zöllner*, in: KölnKomm-AktG, § 241 Rn. 62, § 248 Rn. 41 f.; siehe auch *Hager*, Gesetzes- und sittenkonforme Auslegung und Aufrechterhaltung von Rechtsgeschäften, S. 75 ff., 104 ff., 147 f., 169 ff.; *Pierer von Esch*, Teilnichtige Rechtsgeschäfte, S. 56 ff.; für eine grundsätzliche sachgemäßen Beschränkung von Nichtigkeitsfolgen siehe *H. Hübner*, in: FS Wieacker (1978), S. 399 ff.

[230] Siehe oben unter C. V. 2.

[231] Siehe oben unter C. VI. 1. c. (2) (a).

(d) Teilnichtigkeit nur bei Entsendungsrechten in einer Hand

Eine derartige geltungserhaltende Reduktion fehlerhaft eingeräumter Entsendungsrechte durch Begrenzung der Nichtigkeitsfolge ist gleichwohl nur möglich, wenn Entsendungsrechte zugunsten lediglich eines Anteilseigners bzw. einer einheitlichen Gruppe von Anteilseignern eingeräumt wurden. Denn nur dann kann auch im vergleichsweise heranzuziehenden Fall mehrerer Einzelentsendungsrechte objektiv orientiert am Zweck der Nichtigkeitsnorm bestimmt werden, welche Entsendungsrechte zuviel und damit nichtig sind.[232]

(e) Widerspruch zu Registerrecht

Dieses Ergebnis mag mit Blick auf den durch die Registereintragung bewirkten Vertrauensschutz zugunsten des Rechtsverkehrs irritieren: Die aus dem Handelsregister hervorgehende Rechtslage stimmt nicht mit der tatsächlichen, im Wege geltungserhaltender Reduktion ermittelten Rechtslage überein.

Doch darf nicht übersehen werden, dass das Vertrauen des Rechtsverkehrs bereits aufgrund der (ausnahmsweise eingetretenen) Nichtigkeit der Satzungsnorm enttäuscht wird: Auch bei Gesamtnichtigkeit der Satzungsnorm entspräche die tatsächliche Rechtslage nicht der vom Rechtsverkehr erwarteten. Die geltungserhaltende Reduktion der Satzungsnorm auf die noch zulässige Anzahl von Entsendungsrechten intensiviert den Vertrauensbruch zulasten des Rechtsverkehrs deshalb nicht. Sie mildert ihn sogar ab, da die vom Rechtsverkehr erwartete Rechtslage auf

[232] So i.E. auch *Hopt/Roth*, in: Großkomm-AktG, § 101 Rn. 131; *Mertens/Cahn*, in: KölnKomm-AktG, § 101 Rn. 60; *Spindler*, in: Spindler/Stilz, AktG, § 101 Rn. 66; *Habersack*, in: MünchKomm-AktG, § 101 Rn. 55; wohl auch *Simons*, in: Hölters, AktG, § 101 Rn. 55; vgl. zur Aufrechterhaltung gesetzeswidriger Satzungsbestimmungen im noch zulässigen Umfang bspw. zum unzulässigen Ausschluss der Umwandlung *Diekmann*, in: Semler/Stengel, UmwG, § 65 Rn. 16; *Simon*, in: KölnKomm-UmwG, § 65 Rn. 13; *Grunewald*, in: Lutter, UmwG, § 65 Rn. 7; zum unzulässigen Ausschluss von Satzungsänderungen *Kock*, in: Hüffer, AktG, § 179 Rn. 3; *Wiedemann*, in: Großkomm-AktG, § 179 Rn. 4; *Zöllner*, in: KölnKomm-AktG, § 179 Rn. 169; zur unzulässig langen Ermächtigungsfrist bei Schaffung eines genehmigten Kapitals *v. Dryander/Niggemann*, in: Hölters, AktG, § 202 Rn. 40; *Krieger*, in: MünchHdbGesR-AG (3. Aufl.), § 58 Rn. 3; zur unzulässig langen Bestelldauer von Aufsichtsratsmitgliedern zur Vertretung von Vorstandsmitgliedern *Habersack*, in: MünchKomm-AktG, § 105 Rn. 30; *Spindler*, in: Spindler/Stilz, AktG, § 105 Rn. 28; *Lutter/Krieger*, Rechte und Pflichten des Aufsichtsrats, Rn. 461.

diese Weise zumindest teilweise – wenn auch in geringerem Umfang – bewirkt wird.

(f) Missbrauchsgefahr

Auch der mögliche Einwand, durch geltungserhaltende Reduktion nichtiger Hauptversammlungsbeschlüsse werde dem Missbrauch von Stimmrechtsmacht in der Hauptversammlung Tür und Tor geöffnet, verfängt grundsätzlich nicht. Zwar ist zuzugeben, dass die Gesellschafterversammlung bzw. die den satzungsändernden Beschluss fassende Hauptversammlungsmehrheit trotz Gesetzesverstoß keine negativen Konsequenzen fürchten muss und deshalb faktisch risikolos über das gesetzlich zulässige Maß hinausgehen kann. Durch geltungserhaltende Reduktion wird dem gesetzeswidrigen, nichtigen Beschluss nämlich nicht jedwede Rechtswirksamkeit abgesprochen, sondern zur Geltung im rechtlich noch zulässigen Maße verholfen.

Allerdings ist zu bedenken, dass die gesetzlichen Zulässigkeitsschranken aktienrechtlicher Satzungsnormen und die bei Verstoß ggf. eintretende Nichtigkeitsfolge gem. bzw. analog § 241 Nr. 3 AktG grundsätzlich nicht die Sanktionierung des gesetzwidrigen Abstimmungsverhaltens bezwecken, sondern dem Schutz der überstimmten Aktionärsminderheit bzw. dem Schutz der Öffentlichkeit sowie dem Schutz außenstehender Dritter dienen. Dieser Zweck wird bereits durch bloße Teilnichtigkeit der Satzungsnorm erreicht.[233]

Gesetzeswidrige Satzungsnormen müssten allerding dann stets für gesamtnichtig erklärt werden, wenn der Gesetzgeber mit der Nichtigkeitsnorm Abschreckungs- und Präventionziele verfolgen würde. Dies ließe sich jedoch nur schlüssig argumentieren, wenn die Nichtigkeitsnorm neben den objektiven Tatbestandsmerkmalen zudem als subjektives Element Kenntnis des Gesetzesverstoßes fordern würde. Andernfalls bliebe die subjektive Vorstellung der abstimmenden Aktionäre unberücksichtigt und eine Prävention bzw. Abschreckung könnte überhaupt nicht erreicht werden. § 241 Nr. 3 AktG enthält jedoch ausschließlich objektive Tatbestandsmerkmale und dient damit nicht der Abschreckung oder Prävention gesetzeswidriger Abstimmungen.

---

[233] Vgl. *Roth*, JZ 1989, 411, 417.

(g) Ergebnis

Die Anordnung von Gesamtnichtigkeit ginge über das vom Telos der Nichtigkeitsnorm Gebotene hinaus und würde einen unverhältnismäßigen Eingriff in die privatautonome Entscheidung der Hauptversammlung darstellen.

Unter Verstoß gegen die anzahlmäßige Begrenzung eingeräumte Entsendungsrechte sind deshalb nicht zwingend insgesamt nichtig. Eine normzweckorientierte Auslegung der Nichtigkeitnorm ergibt vielmehr, dass sich die Nichtigkeit grundsätzlich nur auf einen Teil des Rechtsgeschäfts – also die überzähligen Entsendungsrechte – bezieht, sofern die eingeräumten Entsendungsrechte in einer Hand liegen.

(2) Teil- oder Gesamtnichtigkeit gem. § 139 BGB?

Daran anknüpfend stellt sich die Frage, ob der von der Nichtigkeitsfolge nicht betroffene Teil des Hauptversammlungsbeschlusses im Übrigen aufrechterhalten werden kann.

Eine Antwort darauf kann sich wiederum aus der Nichtigkeitsnorm selber ergeben, wenn diese unter Berücksichtigung des Normzwecks gerade die Aufrechterhaltung des teilnichtigen Rechtsgeschäfts in der verbleibenden Form verlangt.[234]

Macht die Nichtigkeitsnorm – wie im Fall von § 241 Nr. 3 AktG – jedoch keine derartigen Vorgaben und wird der nichtige Teil eines Rechtsgeschäfts[235] nicht durch zwingendes Recht aufgefüllt, bleibt Raum, den Willen der am Rechtsgeschäft Beteiligten im Hinblick auf die Weitergeltung des Restgeschäfts zu berücksichtigen.[236] Für diesen Fall gibt § 139 BGB vor, dass im Zweifel das Rechtsgeschäft insgesamt nichtig ist, wenn nicht anzunehmen ist, dass es auch ohne den nichtigen Teil vorgenommen sein würde.

---

234 *Mansel*, in: Jauernig, BGB, § 139 Rn. 14; *Ellenberger*, in: Palandt, § 139 Rn. 18; *Cahn*, JZ 1997, 8, 17 f.; *Roth*, JZ 1989, 411, 415; *Ulmer*, in: FS Steindorff (1990), S. 799, 803 ff.

235 Zur Einordnung eines Hauptversammlungsbeschlusses als Rechtsgeschäft siehe die Nachweise unten unter C. VI. 2. a. (2) (b) sowie unter C. VI. 3. a. (1).

236 *Damm*, JZ 1986, 913, 916; *Flume*, Das Rechtsgeschäft, § 32 4; *Hager*, Gesetzes- und sittenkonforme Auslegung und Aufrechterhaltung von Rechtsgeschäften, S. 78 ff.; *Pierer von Esch*, Teilnichtige Rechtsgeschäfte, S. 95 f.

(a) Anwendbarkeit von § 139 BGB

Zur Bestimmung der Wirksamkeit von Satzungen in Kapitalgesellschaften findet § 139 BGB allerdings grundsätzlich keine Anwendung, da die §§ 275 ff. AktG bzw. §§ 75 ff. GmbHG abschließend regeln, unter welchen Voraussetzungen sich die Nichtigkeit einer Satzungsregelung auf die Wirksamkeit der Gesamtsatzung auswirkt.[237]

Im Fall zuviel eingeräumter Entsendungsrechte wird § 139 BGB jedoch nicht herangezogen, um die Wirksamkeit der Gesamtsatzung zu bewerten, sondern um die Gesamt- oder Teilnichtigkeit einer einzelnen unzulässigen Satzungsbestimmung für sich genommen zu ermitteln. Im Hinblick auf diese Rechtsfrage stellen die §§ 275 ff. AktG mithin keine vorrangige Sonderregelung dar.

(b) Rechtsgeschäft

Satzungsnormen sind Ergebnis des Errichtungsvertrags bzw. eines satzungsändernden Hauptversammlungsbeschlusses und damit Rechtsgeschäft[238], so dass § 139 BGB zur Bestimmung der Wirksamkeit einer einzelnen Satzungsnorm grundsätzlich Anwendung findet.[239]

(c) Einheitliches, teilbares, teilweise nichtiges Rechtsgeschäft

Die teilweise Aufrechterhaltung eines Rechtsgeschäfts gem. § 139 BGB setzt zudem voraus, dass es sich um ein einheitliches, aber teilbares Rechtsgeschäft handelt, das teilweise nichtig ist.

---

[237] *Hefermehl*, in: Soergel, BGB, § 139 Rn. 12; *Ellenberger*, in: Palandt, BGB, § 139 Rn. 3; *Roth*, in: Staudinger, BGB, § 139 Rn. 11, 19.

[238] Vgl. zur Rechtsnatur von Hauptversammlungsbeschlüssen und Satzungsbestimmungen *Koch*, in: Hüffer, AktG, § 133 Rn. 2 ff.; *Schröer*, in: MünchKomm-AktG, § 133 Rn. 3 f.; *Austmann*, in: MünchHdbGesR-AG, § 40 Rn. 1 ff.; *Heider*, in: MünchKomm-AktG, § 2 Rn. 35 ff; *Limmer*, in: Spindler/Stilz, AktG, § 23 Rn. 3 f.; *Pentz*, in: MünchKomm-AktG, § 23 Rn. 38.

[239] *Würthwein*, in: Spindler/Stilz, AktG, § 241 Rn. 76; *Hüffer*, in: MünchKomm-AktG, § 241 Rn. 91; *Englisch*, in: Hölters, AktG, § 241 Rn. 96; *K. Schmidt*, in: Großkomm-AktG, § 241 Rn. 27; *Heidel*, in: Heidel, AktG, § 241 Rn. 16; *Schwab*, in: Schmidt/Lutter, AktG, § 241 Rn. 47; vgl. auch zum rechtsgeschäftlichen Charakter der Ursprungssatzung *Heider*, in: MünchKomm-AktG, § 2 Rn. 35 ff. sowie *Limmer*, in: Spindler/Stilz, AktG, § 23 Rn. 3 und *Roth*, in: Roth/Altmeppen, GmbHG, § 2 Rn. 10.

(i) Einheitliches Rechtsgeschäft

Für sich genommen stellt die Satzungsnorm – bzw. die sie begründende Klausel des Errichtungsvertrags bzw. des satzungsändernden Hauptversammlungsbeschlusses – ein einheitliches, selbstständiges Rechtsgeschäft dar.

(ii) Teilbares Rechtsgeschäft

Allerdings lassen sich die zuviel eingeräumten Entsendungsrechte in der Regel nicht durch Streichung von Sätzen oder Satzteilen von der Satzungsnorm im Übrigen objektiv bzw. sprachlich abteilen. Vielmehr trägt die Formulierung insgesamt den Gesetzesverstoß in sich. Es handelt sich also um eine quantitative Nichtigkeit aufgrund gesetzeswidrigem Übermaßes, welche nur durch eine Inhaltsänderung bzw. Umformulierung der betreffenden Satzungsnorm korrigiert werden kann. Mangels sprachlicher Teilbarkeit findet § 139 BGB deshalb keine direkte Anwendung.[240]

Allerdings entspricht es Sinn und Zweck der Norm, nichtige Rechtsgeschäfte bei entsprechendem Willen der Parteien in weitestgehendem Maße aufrechtzuerhalten,[241] unabhängig davon, ob sie formal sprachlich teilbar sind. Auf quantitativ teilnichtige Rechtsgeschäfte findet § 139 BGB findet deshalb analoge Anwendung.[242]

(d) Wille des Satzungsgebers

Die Aufrechterhaltung des Rechtsgeschäfts im Übrigen hängt zuletzt davon ab, ob es auch ohne den nichtigen Teil vorgenommen worden wäre. Die Herabsetzung der Entsendungsrechte auf das noch zulässige Maß müsste deshalb dem tatsächlichen oder hypothetischen Willen des Satzungsgebers – also grundsätzlich dem Willen der Gründungsgesellschafter bzw. der satzungsändernden Hauptversammlungsmehrheit – zum Zeitpunkt des Satzungserlasses entprechen.[243]

---

240 BGH v. 19.9.1988 – II ZR 329/87, NJW 1989, 834, 835 f.; *Hefermehl*, in: Soergel, BGB, § 139 Rn. 29.

241 *Hefermehl*, in: Soergel, BGB, § 139 Rn. 29.

242 Vgl. *Mansel*, in: Jauernig, BGB, § 139 Rn. 10; *Busche*, in: MünchKomm-BGB, § 139 Rn. 25.

243 Vgl. *Mansel*, in: Jauernig, BGB, § 139 Rn. 12; *Busche*, in: MünchKomm-BGB, § 139 Rn. 25 ff.; *Flume*, Das Rechtsgeschäft, § 32 5; *Pierer von Esch*, Teilnichtige Rechtsgeschäfte, S. 72 ff.

Haben sich die Parteien bei Abschluss des Rechtsgeschäfts keine tatsächlichen Gedanken über die Fortgeltung des Rechtsgeschäft bei einer möglichen Teilnichtigkeit gemacht – was grundsätzlich der Fall sein wird –, so kommt es auf ihren hypothetischen Willen an.[244] Dieser ist gem. §§ 133, 157 BGB anhand objektiver Merkmale des Rechtsgeschäfts sowie der sie begleitenden Umstände unter Berücksichtigung von Treu und Glauben sowie der Verkehrssitte zu ermitteln.[245] Bei Satzungsnormen kommt es allerdings aus Verkehrsschutzgründen zu einer verstärkten Objektivierung des Auslegungsstandards,[246] so dass der hypothetische Wille der Parteien aus der Satzungsnorm selber, ggf. in systematischem Zusammenhang mit der Gesamtsatzung zu ermitteln ist.

Liegen sämtliche Entsendungsrechte in der Hand eines entsendungsberechtigten Aktionärs bzw. einer einheitlichen Gruppe von Aktionären, sind übermäßig eingeräumte Entsendungsrechte in der Regel auf das noch zulässige Höchstmaß zu reduzieren.[247] Das Ziel, einen Aktionär bzw. eine Aktionärsgruppe durch Entsendungsrechte zu begünstigen, wird auch bei Einräumung von Entsendungsrechten zu ihren Gunsten in geringerem Umfang erreicht. Grundsätzlich wird es dem Satzungsgeber auch nicht darauf ankommen, gerade und ausschließlich eine (unzulässig) hohe Anzahl von Entsendungsrechten zu gewähren.

(3) Ergebnis

Bei Verstoß gegen die zulässige Höchstanzahl von Entsendungsrechten sind grundsätzlich nur die überschießenden Entsendungsrechte nichtig, wenn die eingeräumten Entsendungsrechte in einer Hand liegen. Im Übrigen wird die Einräumung von Entsendungsrechten in noch zulässigem Umfang aufrechterhalten, da dies regelmäßig dem hypothetischen Willen des Satzungsgebers entspricht.

---

[244] *Ulmer*, in: FS Steindorff (1990), S. 799, 806.

[245] *Ellenberger*, in: Palandt, BGB, § 139 Rn. 14; *Hefermehl*, in: Soergel, BGB, § 139 Rn. 34; *Flume*, Das Rechtsgeschäft, § 32 5; *Hager*, Gesetzes- und sittenkonforme Auslegung und Aufrechterhaltung von Rechtsgeschäften, S.151 ff.

[246] *Wiedemann*, in: Großkomm-AktG, § 179 Rn. 38; *Zöllner*, in: KölnKomm-AktG, § 179 Rn. 29, 49; *Ulmer/Löbbe*, in: Ulmer/Habersack/Löbbe, Großkomm-GmbHG, § 2 Rn. 191 ff.; *Grunewald*, ZGR 1995, 68, 71 f., 84.

[247] So i.E. auch *Hopt/Roth*, in: Großkomm-AktG, § 101 Rn. 131; *Mertens/Cahn*, in: KölnKomm-AktG, § 101 Rn. 60; *Spindler*, in: Spindler/Stilz, AktG, § 101 Rn. 66; *Habersack*, in: MünchKomm-AktG, § 101 Rn. 55; wohl auch *Simons*, in: Hölters, AktG, § 101 Rn. 55.

Stehen die Entsendungsrechte allerdings verschiedenen Anteilseigner bzw. Aktieninhabern zu, ist eine am Normzweck orientierte Anwendung der Nichtigkeitsnorm auf die übermäßig eingeräumten Entsendungsrechte mangels objektiver Teilbarkeit nicht möglich. Bei einem derartigen Verstoß sind die eingeräumten Entsendungsrechte gem. §§ 241 Nr. 3 Var. 3, 101 Abs. 2 Satz 4 AktG insgesamt nichtig[248], so dass eine teilweise Aufrechterhaltung des teilnichtigen Rechtsgeschäfts von Anfang an nicht in Betracht kommt.

b. Registerverfahren

Im Fall übermäßig viel eingeräumter Entsendungsrechte besteht also stets die Möglichkeit, die fehlerhaft eingeräumten Entsendungsrechte unter Umständen auf das noch zulässige Höchstmaß zu reduzieren. Dies hat das Registergericht bei Eintragung der Gesellschaft bzw. bei Eintragung des satzungsändernden Hauptversammlungsbeschlusses zu berücksichtigen.

(1) Gründungsprüfung

Werden bereits in der Ursprungssatzung zu viele Entsendungsrechte eingeräumt, darf das Registergericht die Eintragung der Gesellschaft trotz des reduzierten Prüfungsumfangs gem. § 38 Abs. 4 AktG zunächst nicht vornehmen,[249] da es sich bei überschüssigen Entsendungsrechten um eine (teil-)nichtige Satzungsbestimmung handelt, die i.S.d. § 38 Abs. 4 Nr. 2 Var. 3 AktG eine Vorschrift verletzt[250], die im öffentlichen Interesse gegeben ist (§ 101 Abs. 2 Satz 4 AktG).[251] Durch Zwischenverfügung ist dem Anstragsteller eine Frist zur Behebung des Satzungsmangels gem. §§ 382 Abs. 4 Satz 1 FamFG, 25 Abs. 1 Satz 3 HRV zu setzen

---

248 Siehe oben unter C. VI. 2. a. (2) (d).

249 Vgl. OLG Dresden v. 9.2.2001 – 15 W 129/01, NZG 2001, 756, 757 a.E. (zu teilnichtigem Kapitalerhöhungsbeschluss).

250 Zur Nichtigkeit überschießender Entsendungsrechte gem. § 241 Nr. 3 Var. 3 AktG siehe oben unter C. VI. 1. c. (2) (a).

251 Vgl. *Koch*, in: Hüffer, § 38 Rn. 14; *Döbereiner*, in: Spindler/Stilz, AktG, § 38 Rn. 10; *Pentz*, in: MünchKomm-AktG, § 38 Rn. 79; *Solveen*, in: Hölters, AktG, § 38 Rn. 14; a.A. jedoch im Hinblick auf das Verhälnis von § 38 Abs. 4 Nr. 1 zu Nr. 2 AktG *Döbereiner*, in: Spindler/Stilz, AktG, § 38 Rn. 10; *Hüffer*, AktG, § 38 Rn. 14.

und bei erfolglosem Verstreichen der Frist die Eintragung durch Beschluss gem. § 382 Abs. 3 FamFG abzulehnen.[252]

Wird die Gesellschaft gleichwohl ohne Beanstandung der nichtigen Satzungsnorm eingetragen, ändert dies an der (Teil-)Nichtigkeit der überschüssigen Entsendungsrechte grundsätzlich nichts.[253]

(a) Gesamtnichtigkeit

Sind die eingeräumten Entsendungsrechte insgesamt nichtig, kann der Satzungsmangel nur durch materiell-rechtliche Abänderung des Gründungsvertrags seitens der Gründungsgesellschafter beseitigt werden: Die Gründungsgesellschafter müssen darüber beschließen, zugunsten welcher Aktionäre Entsendungsrechte in zulässigem Umfang eingeräumt werden sollen.

(b) Teilnichtigkeit

Liegt hingegen Teilnichtigkeit vor, stimmt lediglich der zum Handelsregister eingereichte Wortlaut der Satzung (vgl. § 37 Abs. 4 Nr. 1 AktG) nicht mit der tatsächlichen, im Wege geltungserhaltender Reduktion ermittelten Rechtslage hinsichtlich der Anzahl eingeräumter Entsendungsrechte überein. In diesem Fall ist der Satzungsmangel durch erneute Feststellung der Satzung (§ 23 AktG) mit Entsendungsrechten in zulässiger Anzahl zu beseitigen.

(2) Registerverfahren bei satzungsänderndem Hauptversammlungsbeschluss

(a) Gesamtnichtigkeit

Bei der Einräumung von Entsendungsrechten durch satzungsändernden Hauptversammlungsbeschluss gem. § 179 AktG hat das Registergericht nach Anmeldung und Einreichung der erforderlichen Unterlagen gem. § 181 AktG sowohl das Eintragungsverfahren als auch den einzutragenden Beschluss selbst vollumfänglich auf seine Rechtmäßigkeit hin zu

---

[252] *Solveen*, in: Hölters, AktG, § 38 Rn. 15; *Koch*, in: Hüffer, AktG, § 38 Rn. 16; *Döbereiner*, in: Spindler/Stilz, AktG, § 38 Rn. 12.

[253] Vgl. *Solveen*, in: Hölters, AktG, § 23 Rn. 38; *Hüffer*, in: MünchKomm-AktG, § 275 Rn. 33; *Peres*, in: Schüppen/Schaub, MünchAnwHdb-AktR, § 14 Rn. 64 a.E.; *Zätzsch/Maul*, in: BeckHdbAG, § 2 Rn. 377.

überprüfen[254] und die Eintragung im Fall gesamtnichtiger, überschüssiger Entsendungsrechte insgesamt abzulehnen.[255]

(b) Teilnichtigkeit

Fraglich ist, welche Handlungsoptionen dem Registergericht offenstehen, wenn nur der überschießende Teil der Entsendungsrechte nichtig ist.

Auch wenn nur ein Teil eines Hauptversammlungsbeschlusses nichtig ist, darf das Registergericht den Gesamtbeschluss nicht eintragen.[256] Allerdings hat das Registergericht von Amts wegen zu prüfen, ob der mangelfreie Teil gem. § 139 BGB im Übrigen Bestand hat, und diesen ggf. einzutragen.[257] Entsendungsrechte werden jedoch als fakultativer Bestandteil der Satzung anders als Angaben gem. § 39 AktG nicht unmittelbar in das Handelsregister eingetragen.[258] Vielmehr wird in Spalte 6 des Registerblatts lediglich vermerkt, dass und bzgl. welchen Satzungsgegenstands[259] eine Satzungsänderung beschlossen wurde, vgl. §§ 181 Abs. 2 AktG, 43 Nr. 6 lit. a HRV. Der Inhalt der Satzungsänderung erschließt sich erst unter Zuhilfenahme des mit der Anmeldung beim Register einzureichenden, neugefassten Satzungswortlauts, vgl. §§ 181 Abs. 1, Abs. 2 AktG. In der Regel sind die eingeräumten (teilnichtigen) Entsendungsrechte jedoch in einer Satzungsklausel zusammengefasst, so dass im Register nur

---

[254] *Haberstock/Greitemann,* in: Hölters, AktG, § 181 Rn. 15; *Stein,* in: MünchKomm-AktG, § 181 Rn. 38.

[255] *Haberstock/Greitemann,* in: Hölters, AktG, § 181 Rn. 17; *Holzborn,* in: Spindler/Stilz, AktG, § 181 Rn. 23; *Koch,* in: Hüffer, AktG, § 181 Rn. 16; *Stein,* in: MünchKomm-AktG, § 181 Rn. 55.

[256] Vgl. OLG Dresden v. 9.2.2001 – 15 W 129/01, NZG 2001, 756, 757 a.E. (zu teilnichtigem Kapitalerhöhungsbeschluss); siehe auch *Koch,* in: Hüffer, AktG, § 212 Rn. 4 a.E.; *Arnold,* in: MünchKomm-AktG, § 212 Rn. 17.

[257] *Koch,* in: Hüffer, AktG, § 181 Rn. 16; *Haberstock/Greitemann,* in: Hölters, AktG, § 181 Rn. 17; *Seibt,* in: Schmidt/Lutter, AktG, § 181 Rn. 25; *Stein,* in: MünchKomm-AktG, § 181 Rn. 55; *Holzborn,* in: Spindler/Stilz, AktG, § 181 Rn. 23; *Körber,* in: Bürgers/Körber, AktG, § 181 Rn. 17; a.A. (stets Ablehnung des gesamten Beschlusses) OLG Karlsruhe v. 12.10.1993 – 11 Wx 48/93, AG 1994, 283 Rn. 12; *Würthwein,* in: Spindler/Stilz, AktG, § 241 Rn. 117; *Wiedemann,* in: Großkomm-AktG, § 181 Rn. 23; *Godin/*Wilhelmi, AktG, § 181 Anm. 7.

[258] *Zöllner,* in: KölnKomm-AktG (1. Aufl.), § 181 Rn. 21; *Wiedemann,* in: Großkomm-AktG, § 181 Rn. 14 f., 37.

[259] In der Regel durch Angabe der Ordnungsnummer des jeweiligen Satzungsgegenstands; bspw. „§", „Absatz" oder „Nummer".

ein Verweis auf die Änderung einer einzelnen Satzungspassage eingetragen wird. Mangels Teilbarkeit der beantragten Eintragung scheidet eine teilweise Eintragung des teilnichtigen Hauptversammlungsbeschlusses deshalb aus.

Um den teilnichtigen Entsendungsrechten zur Eintragung und damit zur Wirksamkeit zu verhelfen, kommt höchstens in Betracht, dass der Vorstand den Satzungswortlaut ohne den überschüssigen, nichtigen Teil – also mit Entsendungsrechten in zulässiger Anzahl – in notariell bescheinigter Form erneut beim Registergericht einreicht.[260] Es bedarf mithin einer Umformulierung der entsendungsberechtigenden Satzungsnorm, da – anders als im Regelfall objektiver Teilbarkeit – bei überschießenden Entsendungsrechten der nichtige vom wirksamen Teil des Hauptversammlungsbeschlusses gerade nicht durch Herausstreichen isoliert werden kann.

Der äußeren Form nach greift der Vorstand mit einer Umformulierung der beschlossenen teilnichtigen Satzungsbestimmung im Hinblick auf die Anzahl der eingeräumten Entsendungsrechte in die Satzungsänderungskompetenz der Hauptversammlung ein. Der Sache nach handelt es sich aber lediglich um die Anpassung der in der Hauptversammlung formulierten Satzungsänderung an die tätsächlich wirksam beschlossene. Ein Kompetenzübergriff findet also nicht statt.

Das Registergericht hat den Vorstand durch Zwischenverfügung gem. § 382 Abs. 4 Satz 1 FamFG zur Beibringung des korrigierten Satzungswortlauts in notariell bescheinigter Form aufzufordern und bis dahin die Eintragung der Satzungsänderung zu verweigern.[261]

3. Korrektur zu Unrecht eingetragener (teil-)nichtiger Entsendungsrechte

Sind nichtige Entsendungsrechte trotz Verstoßes gegen § 101 Abs. 2 AktG in das Handelsregister eingetragen, vertraut der Rechtsverkehr aufgrund der Publizität des Registers und der vorangegangenen Kontrolle durch das Registergericht auf die Wirksamkeit der eingeräumten Entsendungsrechte. Die durch das Register ausgewiesene Rechtslage entspricht je-

---

[260] Vgl. *Stein*, in: MünchKomm-AktG, § 181 Rn. 29; *Koch*, in: Hüffer, AktG, § 181 Rn. 9; *Wiedemann*, in: Großkomm-AktG, § 181 Rn. 17; *Seibt*, in: Schmidt/Lutter, § 181 Rn. 17; *Körber*, in: Bürgers/Körber, AktG, § 181 Rn. 10.

[261] Vgl. *Stein*, in: MünchKomm-AktG, § 181 Rn. 29.

doch nicht der tatsächlichen. Um diese Disparität zu beseitigen, ist eine Korrektur der nichtigen Satzungsnorm erforderlich. Insbesondere mit Blick auf die bei Entsendungsrechten ausnahmsweise zu berücksichtigende Möglichkeit quantitativ teilnichtiger Satzungsnormen wird deshalb im Folgenden untersucht, wie die registerliche mit der tatsächlichen Rechtslage in Einklang gebracht werden kann. Sowohl Aktien- als auch Registerrecht stellen verschiedene Korrekturmöglichkeiten zur Verfügung, wobei teilweise zwischen Mängeln der Ursprungssatzung und Satzungsmängeln durch späteren Hauptversammlungsbeschluss zu differenzieren ist.

a. Registerrechtliche Korrekturverfahren

Im Registerrecht gilt der Grundsatz der Erhaltung der Eintragung; d.h. gegen die Eintragung selber steht ein Rechtsmittel nicht zur Verfügung, vgl. § 383 Abs. 3 FamFG.[262] Unzulässige Eintragungen können deshalb nur im Rahmen eigenständiger Verfahren beseitigt werden.

(1) Löschung der Gesellschaft gem. §§ 275 AktG, 397, 399 FamFG

Gegen anfängliche wie auch nachträgliche Satzungsmängel kann zum einen mit der Klage auf Nichtigerklärung der Gesellschaft gem. § 275 AktG, zum anderen mit der Amtslöschung der Gesellschaft gem. § 397 FamFG oder der Amtsauflösung gem. § 399 FamFG vorgegangen werden. Diese Verfahren greifen jedoch nur ein, wenn die Satzung nicht einmal (mehr) die erforderlichen Mindestinhalte gem. § 23 Abs. 3 Nr. 2 und 3 AktG (vgl. §§ 275 AktG, 397 FamFG) bzw. gem. § 23 Abs. 3 Nr. 1, 4–6 AktG (vgl. § 399 FamFG) aufweist. Zudem zielen sie auf die Beseitigung der Gesellschaft insgesamt, nicht hingegen auf Berichtigung nichtiger Einzelbestimmung.

Zur Korrektur (teil-)nichtiger Entsendungsrechte können diese Verfahren deshalb nicht herangezogen werden.

[262] OLG München v. 22.2.2010 – 31 Wx 162/09, NZG 2010, 474, 475; *Krafka*, in: MünchKomm-FamFG, § 383 Rn. 11; *Heinemann*, in: Keidel, FamFG, § 383 Rn. 22, § 395 Rn. 1, § 398 Rn. 3; *Holzer*, in: Prütting/Helms, FamFG, § 383 Rn. 11 ff.

(2) Amtslöschung gem. §§ 395, 398 FamFG

Die speziellere[263] Amtslöschung gem. § 398 FamFG findet grundsätzlich nur auf eingetragene Hauptversammlungsbeschlüsse Anwendung. Sie kann also lediglich für eine Korrektur nichtiger Entsendungsrechte herangezogen werden, die durch späteren Hauptversammlungsbeschluss eingeräumt wurden. Auf nichtige Entsendungsrechte in der Ursprungssatzung findet § 398 FamFG mithin keine Anwendung, so dass grundsätzlich auf die allgemeine Löschungsnorm des § 395 FamFG zurückzugreifen ist.[264]

Die Amtslöschung nichtiger Hauptversammlungsbeschlüsse (§ 398 FamFG) erfolgt gem. § 44 HRV durch Nichtigkeitsvermerk in denjenigen Spalten des Registerblatts, in denen der nichtige Beschluß eingetragen war.[265] Des Weiteren ist bei der Amtslöschung gem. § 398 FamFG die Rechtsgrundlage der Löschung sowie „Von Amts wegen eingetragen" zu vermerken (§ 19 Abs. 2 Satz 1 HRV).[266] Darüber hinaus sind sowohl die als nichtig gelöschte Eintragung des Hauptversammlungsbeschlusses als auch der Nichtigkeitslöschungsvermerk selbst rot zu unterstreichen (§ 16 Abs. 1 Satz 3 HRV). Mit Eintragung des Löschungsvermerks ist der Hauptversammlungsbeschluss selbst dann nichtig, wenn zuvor kein Nichtigkeitsgrund vorlag (§ 241 Nr. 6 AktG).

Löschungen im allgemeinen Amtslöschungsverfahren gem. § 395 FamFG erfolgen durch Eintragung des Vermerks „Von Amts wegen gelöscht", jedoch im Gegensatz zur Einragung des Nichtigkeitslöschungsvermerks

---

263 Zum Spezialitätsverhältnis von § 398 FamFG zu § 395 FamFG siehe BayObLG v. 18.07.1991 – 3 Z 133/90, GmbHR 1992, 304, 305; OLG Frankfurt a.M. v. 29.10.2001 – 20 W 58/01, NZG 2002, 91; *Holzer*, in: Prütting/Helms, FamFG, § 398 Rn. 3; *Heinemann*, in: Keidel, FamFG, § 398 Rn. 4; abweichend *Nedden-Boeger*, in: Schulte-Bunert/Weinreich, FamFG, § 398 Rn. 2 f.; *Krafka*, in: MünchKomm-FamFG, § 395 Rn. 4, § 398 Rn. 6; *Munzig*, in: BeckOK FamFG, § 395 Rn. 10 f., § 398 Rn. 3; *Englisch*, in: Hölters, AktG, § 241 Rn. 87; *Krafka/Kühn*, Registerrecht, Rn. 459; zweifelnd auch BVerfG v. 9.12.2009 – 1 BvR 1542/06, NJW-RR 2010, 1474, 1476 Rn. 22 ff.

264 Zur analogen Anwendung von § 398 FamFG auf Mängel der Ursprungssatzung siehe unten unter C. VI. 3. a. (2) (c).

265 *Krafka*, in: MünchKomm-FamFG, § 398 Rn. 16; *Munzig*, in: BeckOK FamFG, § 398 Rn. 32; *Heinemann*, in: Keidel, FamFG, § 398 Rn. 27.

266 Vgl. den Formulierungsvorschlag bei *Melchior/Schulte/Schneider*, HRV, § 44 Rn. 3 (noch zur Vorgängernorm § 144 Abs. 2 FGG): „Der Beschluss der Hauptversammlung (...) vom (...) wird als nichtig gelöscht. Von Amts wegen eingetragen gemäß § 144 Abs. 2 FGG.".

(§§ 398 FamFG, 19 Abs. 2 HRV) ohne Hinweis auf die gesetzliche Grundlage der Löschung (§ 19 Abs. 1 HRV).[267] Die gelöschte Eintragung sowie der Löschungsvermerk sind wiederum zu röten (§ 16 Abs. 1 Satz 3 HRV).

Sowohl die Eintragung des Löschungs- als auch des Nichtigkeitslöschungsvermerks ist den Beteiligten bekanntzugeben und zu veröffentlichen (§ 383 Abs. 1, Abs. 2 FamFG). Mit Löschung der Eintragung entfallen deren Rechtswirkungen grundsätzlich ex tunc.[268]

(a) Amtslöschung nichtiger Entsendungsrechte bei Einräumung durch satzungsändernden Hauptversammlungsbeschluss gem. § 398 FamFG

Gem. § 398 FamFG kann nur die Eintragung selbst bzw. der im Register eingetragene Hauptversammlungsbeschluss gelöscht werden. Bei einer Satzungsänderung durch satzungsändernden Hauptversammlungsbeschluss wird jedoch nicht der Beschlussinhalt selber eingetragen, sondern lediglich der Umstand, dass und bzgl. welchen Satzungsgegenstands eine Satzungsänderung vorgenommen worden ist, vgl. § 43 Nr. 6 lit. a HRV a.E.

(i) Gesamtnichtigkeit

Sind die durch den Hauptversammlungsbeschluss eingeräumten Entsendungsrechte insgesamt nichtig, kann das Register bereits durch Löschung der Beschlusseintragung berichtigt werden – also durch Nichtigkeitslöschungsvermerk mit Hinweis auf die rechtliche Grundlage sowie die amtswegige Eintragung und anschließender Rötung.

(ii) Teilnichtigkeit

Fraglich ist allerdings, wie bei bloßer Teilnichtigkeit der eingeräumten Entsendungsrechte vorzugehen ist. Werden Entsendungsrechte unter Verstoß gegen § 101 Abs. 2 Satz 4 AktG für mehr als ein Drittel der Aufsichtsratsmitglieder der Aktionäre eingeräumt und liegen sämtliche Entsendungsrechte in einer Hand, ist grundsätzlich nur der überschießende

---

[267] Vgl. den Formulierungsvorschlag bei *Melchior/Schulte/Schneider*, HRV, § 19 Rn. 3 (noch zur Vorgängernorm § 142 FGG): „Die Eintragung vom ... wird von Amts wegen gelöscht."

[268] *Nedden-Boeger*, in: Schulte-Bunert/Weinreich, FamFG, § 395 Rn. 134; *Heinemann*, in: Keidel, FamFG, § 398 Rn. 28; *Krafka*, in: MünchKomm-FamFG, § 398 Rn. 17.

Teil der Entsendungsrechte bzw. des Hauptversammlungsbeschlusses nichtig.[269] Die Registereintragung kann mithin nur durch eine Teillöschung korrigiert werden; eine Gesamtlöschung der Eintragung würde der tatsächlichen Rechtslage nicht gerecht werden. Bei Teilnichtigkeit eines Hauptversammlungsbeschlusses ist im Nichtigkeitslöschungsvermerk deshalb anzugeben, im Hinblick auf welche Bestimmung bzw. Regelung der betroffene Hauptversammlungsbeschluss gelöscht wird.[270] Während der Nichtigkeitslöschungsvermerk weiterhin insgesamt zu röten ist, darf im Hinblick auf den Hauptversammlungsbeschluss nur der nichtige Teil des Beschlusses (vgl. § 16 Abs. 3 Satz 1 HRV) gerötet werden.[271] Andernfalls – bei Gesamtrötung – würde der eingetragene Hauptversammlungsbeschluss insgesamt gelöscht und deshalb nicht mehr im aktuellen Ausdruck aus dem Registerblatt erscheinen (§ 30a Abs. 4 Satz 4 HRV). Sollte durch eine Teilrötung allerdings die Verständlichkeit der Eintragung und des aktuellen Ausdrucks beeinträchtigt werden, ist die Eintragung des Hauptversammlungsbeschlusses insgesamt zu röten und ihr noch gültiger Teil in verständlicher Form zu wiederholen (§ 16 Abs. 3 Satz 2 HRV). Die wiederholende Eintragung gibt dann als Teil des aktuellen Ausdrucks den letzten Stand der Eintragungen wieder (§ 30a Abs. 4 Satz 3 HRV).[272]

Bei Einräumung zu vieler Entsendungsrechte handelt es sich in der Regel jedoch um einen Fall quantitativer Teilnichtigkeit: Die einzuräumenden Entsendungsrechte werden in dem betroffenen (nichtigen) Hauptversammlungsbeschluss nicht getrennt voneinander benannt, sondern unter

[269] Siehe dazu oben unter C. VI. 2.

[270] Vgl. zur Amtslöschung bei Teilnichtigkeit den Formulierungsvorschlag bei *Melchior/Schulte/Schneider*, HRV, § 44 Rn. 3 (noch zur Vorgängernorm § 144 Abs. 2 FGG): „Der Beschluss vom (...) (Sofern nur teilweise nichtig: (...) betreffend die Bestimmung über (...)) wird als nichtig gelöscht.“.

[271] Zur Teilrötung siehe *Melchior/Schulte/Schneider*, HRV, § 16 Rn. 4; *Krafka/Kühn*, Registerrecht, Rn. 69 ff.

[272] Während eine wiederholende Eintragung i.S.d. § 16 Abs. 3 Satz 2 HRV eine gerötete und damit gelöschte Eintragung in ihrer reduziert fortgeltenden Form wiederholt, handelt es sich bei einer wiederholenden Eintragung i.S.d. § 16a HRV um die Wiederholung einer nicht geröteten Eintragung und damit um eine Redundanz bzw. einen Übergangstext, vgl. *Krafka/Kühn*, Registerrecht Rn. 73. Da eine wiederholende Eintragung i.S.d. § 16 Abs. 3 Satz 2 HRV keine Redundanz darstellt, findet § 16a HRV auf sie keine Anwendung. Wiederholungen aufgrund einer andernfalls unverständlichen Teilrötung erscheinen deshalb im aktuellen Ausdruck.

einem Zahlwort zusammengefasst. Aufgrund der unteilbaren Formulierung der Anzahl eingeräumter Entsendungsrechte kann der nichtige Teil des Hauptversammlungsbeschlusses sprachlich nicht von dem wirksamen Teil isoliert werden. Im Nichtigkeitslöschungsvermerk kann der quantitativen Teilnichtigkeit des Hauptversammlungsbeschlusses dadurch Rechnung getragen werden, dass der Beschluss ausdrücklich nur im Hinblick auf die anzahlmäßig zu bennenenden, zuviel eingeräumten Entsendungsrechte als nichtig gelöscht wird. Eine Teilrötung des teilnichtigen Hauptversammlungsbeschlusses scheidet jedoch mangels sprachlicher Teilbarkeit aus. Eine vollständige Rötung bloß teilnichtiger Eintragungen und anschließende Wiederholung des fortgeltenden Eintragungsinhalts sieht § 16 Abs. 3 Satz 2 HRV allerdings nur für den Fall vor, dass eine Teilrötung die Verständlichkeit der Eintragung beeinträchtigt. Dies muss jedoch erst recht gelten, wenn eine Teilrötung nicht nur verständnishindernd, sondern sogar faktisch unmöglich ist.

Bei quantitativer Teilnichtigkeit eingetragener Entsendungsrechte hat das Registergericht deshalb zu vermerken, dass (1.) der Hauptversammlungsbeschluss im Hinblick auf die zu viel eingeräumten Entsendungsrechte unter Angabe der konkreten Anzahl der überschießenden Entsendungsrechte teilnichtig ist (§ 44 HRV), (2.) dass die Eintragung des Nichtigkeitsvermerks aufgrund von § 398 FamFG von Amts wegen erfolgt (§ 19 Abs. 2 HRV), (3.) sowohl den Nichtigkeitslöschungsvermerk als auch den teilnichtigen Hauptversammlungsbeschluss insgesamt rot zu unterstreichen und (4.) den weiterhin gültigen Inhalt des teilnichtigen Hauptversammlungsbeschlusses – also die tatsächlich eingeräumte Anzahl von Entsendungsrechten – zu wiederholen (§ 16 Abs. 3 Satz 2 HRV). Es empfiehlt sich, in den Eintragungserläuterungen (vgl. § 16a HRV) anzugeben, dass es sich um eine Korrektur des Handelsregisters wegen Teilnichtigkeit des Satzungsänderungsbeschlusses handelt.

(b) Amtslöschung nichtiger Entsendungsrechte in der Ursprungssatzung gem. § 395 FamFG

Sind nichtige Entsendungsrechte bereits in der Ursprungssatzung enthalten, findet die Spezialnorm § 398 FamFG mangels Hauptversammlungsbeschlusses grundsätzlich keine Anwendung, so dass dem Grunde nach auf das allgemeine Amtslöschungsverfahren gem. § 395 FamFG zurückgegriffen werden kann. Allerdings kann auch im Rahmen des allgemeinen Löschungsverfahrens nur die Registereintragung selbst gelöscht werden. Die Ursprungssatzung selbst wird jedoch (mit Ausnahme der Angaben nach § 39 AktG) nicht in das Register eingetragen, sondern vielmehr bei diesem als separate Urkunde hinterlegt. Es fehlt also bereits an einem im Register eingetragenen Umstand, an den die Löschung bzw. Rötung anknüpfen könnte. Eine Korrektur einzelner, selbst nicht einzutragender Passagen der Ursprungssatzung im Wege der Amtslöschung ist deshalb grundsätzlich bereits aus technischen Gründen nicht möglich.

(c) Amtslöschung nichtiger Entsendungsrechte in der Ursprungssatzung analog § 398 FamFG

Nichtige Passagen der Ursprungssatzung können also grundsätzlich nicht im Wege der Amtslöschung als nichtig kenntlich gemacht werden, obwohl sie keine materiellen Rechtsfolgen zeitigen.[273] Das Gesetz beschränkt die Handlungsmöglichkeiten des Registergerichts im Hinblick auf nichtige Bestimmungen der Ursprungssatzung darauf, die Gesellschaft insgesamt zu beseitigen. Und dies auch nur dann, wenn ausnahmsweise Mindestangaben gem. § 23 Abs. 3 AktG nichtig sind[274] und zudem nur mit Wirkung für die Zukunft durch Liquidation der Gesellschaft.[275] Unter Verkehrsschutzgesichtspunkten ist dieses Ergebnis äußerst unbefriedigend.

Es stellt sich deshalb die Frage, ob das Registergericht nichtige Entsendungsrechte in der Ursprungssatzung nach Eintragung der Gesellschaft zumindest analog §§ 398 FamFG[276] löschen kann.[277]

---

273 Zu einer möglichen temporären Aufrechterhaltung siehe unten unter C VI 6.

274 Im Hinblick auf die Amtslöschung gem. §§ 397 FamFG, 275 AktG bei Fehlen bzw. Nichtigkeit von Angaben gem. § 23 Abs. 3 Nr. 2 und 3 AktG; hinsichtlich der Amtsauflösung gem. §§ 399 FamFG, 262 AktG bei Fehlen bzw. Nichtigkeit von Angaben gem. § 23 Abs. 3 Nr. 1, 4-6 AktG.

275 Vgl. §§ 397 FamFG, 275, 277 AktG (Amtslöschung) bzw. §§ 399 FamFG, 264 AktG (Amtsauflösung).

276 Zur grundsätzlichen Unanwendbarkeit der §§ 395, 398 FamFG auf nichtige Satzungsbestimmungen der Ursprungssatzung siehe oben unter C. VI. 3. a. (2) u. C. VI. 3. a. (2) (b).

277 So i.E. auch *Baums*, Eintragung und Löschung von Gesellschafterbeschlüssen, S. 148 f.; *Casper*, Die Heilung nichtiger Beschlüsse im Kapitalgesellschaftsrecht, S. 304; *Geßler*, ZGR 1980, 427, 453.

(i) Vergleichbare Interessenlage

Abgesehen davon, dass bereits in der Ursprungssatzung eingeräumte Entsendungsrechte nicht auf einem Hauptversammlungsbeschluss beruhen, entspricht die Situation im Fall nichtiger Einzelbestimmungen der Ursprungssatzung der von § 398 FamFG geforderten Situation: Zuviel eingeräumte Entsendungsrechte beruhen auf einer Willensäußerung der Gesellschafter; sie sind Teil der Gesellschaftssatzung und verletzten eine Vorschrift (§ 101 Abs. 2 Satz 4 AktG), die ausschließlich oder überwiegend im öffentlichen Interesse gegeben ist (§ 241 Nr. 3 Var.3 AktG). Anders als bei eintragungsbedürftigen Tatsachen besteht im Hinblick auf die bloß hinterlegte Satzung zwar keine positive Registerpublizität (vgl. § 15 Abs. 3 HGB). Allerdings vertraut der Rechtsverkehr aufgrund der präventiven Satzungskontrolle durch das Registergericht (§ 38 Abs. 4 Nr. 2 AktG) verstärkt auch auf die Wirksamkeit einzelner, nicht eingetragener Satzungsklauseln. Daher besteht in der Regel (vor allem aufgrund der Nichtigkeit) auch ein öffentliches Interesse[278] an ihrer registerrechtlichen Beseitigung.

Es liegt mithin kein sachlicher Grund vor, nichtige Bestimmungen der Ursprungssatzung registerrechtlich anders zu behandeln als Satzungspassagen, die im Wege eines nichtigen Hauptversammlungsbeschlusses in die Satzung eingeführt wurden. Deshalb bietet sich eine Analogie zu § 398 FamFG an.

(ii) Planwidrige Regelungslücke

§ 398 FamFG stellt eine Ausnahme vom Grundsatz der Erhaltung der Eintragung dar: Aufgrund der Publizität des Handelsregisters und des damit einhergehenden Vertrauens des Rechtsverkehrs soll eine einmal erfolgte Eintragung grundsätzlich nicht bzw. nur in eng begrenzten Fällen zum Schutze öffentlicher Interessen wieder gelöscht werden können.[279] Weder in den Gesetzesmaterialien zum FGG[280] noch zum Fa-

[278] Zur Bedeutung des „öffentlichen Interesses" im Rahmen von § 398 FamFG siehe die unterschiedlichen Standpunkte von *Hüffer*, in: MünchKomm-AktG, § 241 Rn. 78; *Casper*, in: Spindler/Stilz, AktG, § 242 Rn. 23; *Zöllner*, in: KölnKomm-AktG (1. Aufl.), § 241 Rn. 138 einerseits sowie *K. Schmidt*, in: Großkomm-AktG, § 241 Rn. 77, 85 f.; *Baums*, Eintragung und Löschung von Gesellschafterbeschlüssen, S. 115 ff.

[279] Vgl. *Krafka*, in: MünchKomm-FamFG, § 383 Rn. 11; *Heinemann*, in: Keidel, FamFG, § 383 Rn. 22, § 395 Rn. 1, § 398 Rn. 3; *Holzer*, in: Prütting/Helms, FamFG, § 383 Rn. 11 ff.

mFG[281] findet sich jedoch eine Begründung für die registerrechtlich unterschiedliche Behandlung nichtiger Bestimmungen der Ursprungssatzung im Vergleich zu nichtigen Satzungsänderungsbeschlüssen. Für das Gründungsstadium scheint der Gesetzgeber den Fokus auf den Erhalt der Gesellschaft an sich gelegt und dabei die Behandlung nichtiger Einzelbestimmungen der Satzung übergangen zu haben: Sobald der Rechtsverkehr aufgrund der Eintragung auf die rechtliche Existenz der Gesellschaft vertraut, soll diese nur im Ausnahmefall und dann auch nur für die Zukunft wieder beseitigt werden können. Auf diese Weise wird vermieden, dass ein Verband trotz Teilnahme am Wirtschaftsleben als ex tunc nichtig betrachtet werden muss und es zu fundamentalen Rückabwicklungsproblemen kommt. Übersehen wurde dabei allerdings, dass auch Einzelbestimmungen der Ursprungssatzung nichtig sein können, die zwar nicht zum Mindestinhalt gem. § 23 Abs. 3 AktG zählen, deren registerliche Verankerung in Form der Hinterlegung zum Schutze des Rechtsverkehrs aber ebenso einer Korrektur bedarf wie nichtige Angaben gem. § 23 Abs. 3 AktG. Vieles spricht deshalb für eine ungeplante Regelungslücke.

(iii) Bedenken wegen reduzierter registergerichtliche Kontrolldichte bei Gründungsprüfung

Gegen die Amtslöschung von Satzungspassagen der Ursprungssatzung analog § 398 FamFG könnte möglicherweise sprechen, dass die registergerichtliche Kontrolldichte im Gründungsverfahren (§ 38 Abs 4 AktG) seit seiner Neuregelung[282] anders als bei Beschlusseintragungen derart reduziert ist, dass ein schützenswertes Vertrauen des Rechtsverkehrs gar nicht erst entstehen kann.[283] Allerdings ist das Registergericht gem. § 38 Abs. 4 Nr. 2 AktG auch im Gründungsverfahren dazu verpflichtet, die Satzung auf Nichtigkeit i.S.d. § 241 Nr. 3 (zumindest Var. 2 und 3) AktG

---

280 Vgl. dazu Denkschrift zu dem Entwurf eines Gesetzes über die Angelegenheiten der freiwilligen Gerichtsbarkeit, abgedruckt bei *Hahn/Mugdan*, Materialien zum FGG, S. 33, 70.

281 Vgl. BegrRegE zum FamFG v. 7.9.2007, BT-Drucks. 1663/08 S. 288.

282 Durch Art. 8 Nr. 2 des Gesetzes zur Neuregelung des Kaufmanns- und Firmenrechts und zur Änderung anderer handels- und gesellschaftsrechtlicher Vorschriften (Handelsrechtsreformgesetz – HRefG) v. 22.6.1998, BGBl. I, 1998, S. 1474, 1478.

283 Vgl. *Goette*, FS Röhricht (2005), S. 115, 126 f. (noch zum inhaltsgleichen § 38 Abs. 3 AktG); dagegen *Casper*, in: Spindler/Stilz, AktG, § 242 Rn. 29.

zu überprüfen, so dass ein ähnlich schützenswertes Vertrauen durchaus entstehen kann.[284]

Eine analoge Anwendung von § 398 FamFG auf nichtige Bestimmungen der Ursprungssatzung kommt also grundsätzlich in Betracht.

(iv) Rückschlüsse aus Heilung nichtiger Passagen der Ursprungssatzung analog § 242 AktG

Auch die höchstrichterliche Rechtsprechung[285] und herrschende Lehrmeinung [286] zur Heilung nichtiger Satzungsbestimmungen der Ursprungssatzung analog § 242 Abs. 2 Satz 1-3 AktG sprechen für eine analoge Anwendung von § 398 FamFG auf Passagen der Ursprungssatzung.[287] Sowohl der BGH als auch die herrschende Lehre wenden § 242 AktG nicht nur auf nichtige Hauptversammlungsbeschlüsse und darauf beruhende Satzungsänderungen, sondern analog auch auf nichtige Bestimmungen der Ursprungssatzung an. Zur Begründung verweisen sie darauf, dass sich eine unterschiedliche Behandlung von Satzungsbestimmungen der Ursprungssatzung einerseits und durch Hauptversammlungsbeschluss geänderten Satzungsbestimmungen andererseits weder rechtsdogmatisch noch rechtssystematisch rechtfertigen lasse.[288] Unter Verkehrsschutzgesichtspunkten seien beide Situation im Wesentlichen gleich. Eine Heilung nichtiger Satzungsklauseln der Ursprungssatzung sei auch deshalb gerechtfertigt, weil selbst nach Heilung eine Amtslöschung gem. § 398 FamFG weiterhin möglich ist. Der BGH sowie die herrschende Lehre gehen folglich inzident davon aus, dass § 398 FamFG (analog) auch auf nichtige Bestimmungen der Ursprungssatzung Anwendung findet.

(v) Analoge Anwendung der Amtslöschung

In Rechtsprechung und Lehre unbeantwortet bleibt allerdings die Frage, wie die technischen Probleme einer Korrektur nicht unmittelbar einge-

---

[284] Vgl. *Casper*, in: Spindler/Stilz, AktG, § 242 Rn. 29. Siehe auch BegrRegE zu Art. 9 Nr. 2 HRefG (Einschränkung der Gründungsprüfung durch Einfügen von § 38 Abs. 4 AktG, ehem. § 38 Abs. 3 AktG), BT-Drucks. 13/8444, S. 74, 77 f.

[285] BGH v. 19.6.2000 – II ZR 73/99, NJW 2000, 2819, 2820.

[286] Siehe *Hüffer*, in: MünchKomm-AktG, § 242 Rn. 31 sowie *Casper*, Die Heilung nichtiger Beschlüsse im Kapitalgesellschaftsrecht, S. 297 ff. m.w.N.

[287] Dazu siehe unten unter C. VI. 4.

[288] BGH v. 19.6.2000 – II ZR 73/99, NJW 2000, 2819, 2820.

tragener, sondern lediglich beim Register hinterlegter Satzungsbestimmungen der Ursprungssatzung zu lösen sind.[289] Mangels unmittelbarer Niederschrift von Einzelbestimmungen der Ursprungssatzung im Register kann eine reguläre Amtslöschung durch Nichtigkeitslöschungsvermerk in der Spalte der nichtigen Eintragung und anschließende Rötung (§§ 44, 16 HRV) – anders als bei von § 398 FamFG unmittelbar erfassten und im Register selbst eingetragenen Satzungsänderungsbeschlüssen – keine Abhilfe verschaffen.[290]

Die §§ 44, 16 HRV können deshalb im Rahmen einer analogen Anwendung von § 398 FamFG ebenfalls lediglich sinngemäß angewendet werden. Denkbar ist bspw., statt eines Vermerks, der den eingetragenen Beschluss als nichtig bezeichnet, in diejenigen Spalten des Registerblatts, in die der nichtige Beschluss eingetragen war (vgl. § 44 HRV), im Register einzutragen, dass und welche Bestimmung der Satzung (teil-)nichtig ist. Anschließend wäre diese Eintragung zu röten. Bei quantitativer Teilnichtigkeit müsste der weiterhin gültige Teil der Satzungsklausel aus Klarstellungsgründen darüber hinaus wiederholt werden. Die Eintragung könnte analog § 43 Nr. 6 lit. a) HRV in Spalte 6 unter Buchstabe a erfolgen, da dort allgemein Änderungen in Bezug auf die Satzung einzutragen sind.

(vi) Ergebnis

Nichtige Bestimmungen der Ursprungssatzung können analog § 398 FamFG gelöscht werden, wenn auch unsicher ist, wie eine derartige Löschung im Register nachvollzogen werden soll.

---

[289] Auch in der BGH-Entscheidung (NJW 2000, 2819) zur analogen Anwendung von § 242 AktG auf Bestandteile der Ursprungssatzung ging es um eine nicht-eingetragene und nicht-eintragungsfähige Abfindungsklausel im Fall der Einziehung von Geschäftsanteilen. Wegen dieser technischen Probleme eine analoge Anwendung von § 398 FamFG ablehnend *Bachmann*, in: Spindler/Stilz, AktG, § 275 Rn. 12.

[290] Eine Analogie zu § 242 Abs. 2 AktG hinsichtlich der Heilung nichtiger Bestimmungen der Ursprungssatzung deshalb ablehnend *Peres*, in: Schüppen/Schaub, MünchAnwHdb-AktR, § 14 Rn. 96; *Bachmann*, in: Spindler/Stilz, AktG, § 275 Rn. 12 hingegen bejaht eine analoge Anwendung von § 242 Abs. 2 AktG auf die Ursprungssatzung, lehnt eine analoge Anwendung von § 398 FamFG jedoch ab.

(d) Nachteile der Amtslöschung

(i) Korrektur des Satzungswortlauts

Im Gegensatz zur Eintragung selber kann der beim Handelsregister im Zuge der Gesellschaftsgründung (§ 37 Abs. 4 Satz 1 AktG) bzw. der (teil)nichtigen Satzungsänderung hinterlegte Wortlaut der Satzung (vgl. § 181 Abs. 1 Satz 2 AktG) mangels gesetzlicher Grundlage[291] im Amtslöschungsverfahren nicht korrigiert werden. Die tatsächliche Rechtslage lässt sich deshalb nur bei einer Zusammenschau von Registereintragungen und Satzungswortlaut ersehen.

(ii) Amtswegiges Verfahren

Weiterhin ist zu bedenken, dass das registergerichtliche Verfahren nach § 398 FamFG grundsätzlich von Amts wegen betrieben wird. Ein Antragsrecht steht nur den berufsständischen Organen i.S.d. § 380 FamFG zu. Dritte – also auch die Gesellschaft, ihre Organe und Aktionäre – können eine registergerichtliche Überprüfung der Eintragung lediglich anregen (§ 24 Abs. 1 FamFG).[292] Trotz fehlender Antragsberechtigung steht ihnen allerdings ein Anspruch auf sachgemäße Prüfung ihrer Anregung zu.[293] Über die Einleitung und Durchführung des Amtslöschungsverfahrens hat das Registergericht also nach pflichtgemäßem Ermessen zu entscheiden.[294]

Gegen eine ablehnende Entscheidung des Registergerichts steht anregenden Aktionären jedoch kein Rechtsmittel zur Verfügung.[295] Allein der Antragsteller (§§ 398, 395 Abs. 2 Satz 1, 7 Abs. 1 FamFG) und die Gesellschaft (§§ 398, 395 Abs. 2 Satz 2, 394 Abs. 2 Satz 1 FamFG) sowie der durch das Löschungsverfahren unmittelbar in seinem Entsendungsrecht betroffene entsendungsberechtigte Aktionär (§§ 398, 395 Abs. 2 Satz 1, 7 Abs. 2 Nr. 1 FamFG) sind widerspruchs- bzw. beschwerdeberechtigt (§ 59

---

291 Vgl. etwa für die Korrektur auch des Satzungswortlauts im Anschluss an eine erfolgreiche Nichtigkeitsklage §§ 249 Abs. 1 Satz 1, 248 Abs. 2 AktG.

292 *Holzer*, in: Prütting/Helms, FamFG, § 398 Rn. 24; *K. Schmidt*, in: GroßkommAktG, § 241 Rn. 91 (noch zu § 144 Abs. 2 FGG).

293 *Krafka/Kühn*, Registerrecht, Rn. 445/446.

294 *Heinemann*, in: Keidel, FamFG, § 395 Rn. 27, § 398 Rn. 20; *Holzer*, in: Prütting/Helms, FamFG, § 398 Rn. 24.

295 *Holzer*, in: Prütting/Helms, FamFG, § 398 Rn. 24; *Heinemann*, in: Keidel, FamFG, § 395 Rn. 27.

FamFG).[296] Die übrigen Aktionäre sind vom Löschungsverfahren folglich grundsätzlich ausgeschlossen.[297]

b. Aktienrechtliche Korrekturverfahren

(1) Nichtigkeitsklage gem. § 249 AktG

Sowohl der entsendungsberechtigte Aktionär als auch alle übrigen Aktionäre sowie der Vorstand und seine Mitglieder wie auch Mitglieder des Aufsichtsrats können den satzungsändernden Hauptversammlungsbeschluss – auch teilweise bzw. im Hinblick auf seine quantitative Nichtigkeit – mit der Nichtigkeitsklage gem. § 249 AktG angegreifen.

(a) Nichtige Entsendungsrechte aufgrund nichtigen satzungsändernden Hauptversammlungsbeschlusses

Stellt das Gericht die (Teil-)Nichtigkeit des Hauptversammlungsbeschlusses zur Einräumung von Entsendungsrechten fest, ist dieses Urteil in das Handelsregister einzutragen (§§ 249 Abs. 1 Satz 1, 248 Abs. 1 Satz 3 AktG, 44 HRV) und der vollständige Wortlaut der Satzung, wie er sich nun unter Berücksichtigung des Urteils ergibt, mit notarieller Bescheinigung durch den Vorstand zum Handelsregister einzureichen (§§ 249 Abs. 1 Satz 1, 248 Abs. 2 AktG). Die Eintragung des Urteils erfolgt wiederum durch Nichtigkeitslöschungsvermerk in der jeweiligen Spalte, in die der Beschluss eingetragen war (§ 44 HRV),[298] unter Nennung der Rechtsgrundlage und mit Verweis auf die amtswegige Eintragung (§ 19 Abs. 2 HRV) sowie Rötung (§ 16 Abs. 1 Satz 3 HRV). Bei Teilnichtigkeit bedarf es zudem einer klarstellenden Wiederholung des weiterhin gültigen Beschlussinhalts (§ 16 Abs. 3 Satz 2 HRV).

(b) Nichtige Entsendungsrecht bereits in der Ursprungssatzung

Auf Gründungsmängel findet § 249 AktG hingegen grundsätzlich keine Anwendung, da sich die Norm ausdrücklich nur auf Hauptversamm-

---

[296] Vgl. *Nedden-Boeger*, in: Schulte-Bunert/Weinreich, FamFG, § 395 Rn. 109 i.V.m. Rn. 87 f.; *Heinemann*, in: Keidel, FamFG, § 398 Rn. 22 ff., § 395 Rn. 43 ff. Zum Ausschluss der Beschwerdeberechtigung nach Heilung gem. § 242 AktG siehe BGH v. 15.7.2014 – II ZB 18/13, NJW-RR 2015, 162 ff.

[297] *Nedden-Boeger*, in: Schulte-Bunert/Weinreich, FamFG, § 395 Rn. 110, 118; *Würthwein*, in: Spindler/Stilz, AktG, § 241 Rn. 249.

[298] Vgl. *Zöllner*, in: KölnKomm-AktG (1. Aufl.), § 248 Rn. 50; *Hüffer* in: MünchKomm-AktG, § 248 Rn. 30; *Dörr*, in: Spindler/Stilz, § 248 Rn. 32.

lungsbeschlüsse bezieht.[299] Die Nichtigkeit einzelner Bestimmungen der Ursprungssatzung kann infolgedessen lediglich im Wege der allgemeinen Feststellungsklage gem. § 256 ZPO geltend gemacht werden.[300] Im Gegensatz zur aktienrechtlichen Nichtigkeitsklage gem. §§ 249, 248 AktG entfaltet ein derartiges Feststellungsurteil allerdings lediglich Bindungswirkung interpartes und wird infolgedessen nicht in das Handelsregister eingetragen.[301] Mangels Interpartes-Wirkung kann durch Erhebung der allgemeinen (Nichtigkeits-)Feststellungklage darüber hinaus auch nicht die Heilung nichtiger Satzungsbestimmungen analog § 242 hinausgezögert werden.[302] Werden Entsendungsrechte also bereits in der Ursprungssatzung unter Verstoß gegen § 101 Abs. 2 AktG eingeräumt, kann dagegen nicht mithilfe der Nichtigkeitsklage gem. § 249 AktG vorgegangen werden.

(2) Nichtigkeitsklage analog § 249 AktG

Demzufolge verbliebe dem Vorstand und seinen Mitgliedern wie auch den Mitgliedern des Aufsichtsrats und insbesondere dem einzelnen Aktionär zur effektiven (interomneswirkenden und registerrechtlich erfassten) Beseitigung der nichtigen Entsendungsrechte nur die Möglichkeit, ein Amtslöschungsverfahren analog § 398 FamFG anzuregen. Dies scheint jedoch mit Blick auf die Nachteile der Amtslöschung keine adä-

---

[299] Wohl h.M.; a.A. *Zätzsch/Maul*, in: Müller/Rödder, BeckHdbAG, § 2 Rn. 380; wohl auch *Casper*, Die Heilung nichtiger Beschlüsse im Kapitalgesellschaftsrecht, S. 303 u. 304.

[300] *Kraft*, in: KölnKomm-AktG (1. Aufl.), § 275 Rn. 9; *Hüffer*, in: MünchKomm-AktG, § 275 Rn. 33; *Bachmann*, in: Spindler/Stilz, AktG, § 275 Rn. 12; *Koch*, in: Hüffer, AktG, § 275 Rn. 18; *Peres*, in: Schüppen/Schaub, MünchAnwHdb-AktR, § 14 Rn. 85.

[301] Vgl. *Hüffer*, in: MünchKomm-AktG, § 249 Rn. 6; *K. Schmidt*, in: Großkomm-AktG, § 249 Rn. 41; *Dörr*, in: Spindler/Stilz, AktG, § 249 Rn. 26; *Englisch*, in: Hölters, AktG, § 249 Rn. 8; *Peres*, in: Schüppen/Schaub, MünchAnwHdb-AktR, § 14 Rn. 85 a.E.; auch eine Heilung gem. § 242 AktG ist deshalb trotz festgestellter Nichtigkeit weiterhin möglich, vgl. *Schwab*, in: Schmidt/Lutter, AktG, § 249 Rn. 12.

[302] *Koch*, in: Hüffer, AktG, § 242 Rn. 4; *Drescher*, in: Henssler/Strohn, GesellschaftsR, § 242 AktG Rn. 5; *Hüffer*, in: MünchKomm-AktG, § 242 Rn. 8; *Casper*, in: Spindler/Stilz, AktG, § 242 Rn. 8; *K. Schmidt*, in: Großkomm-AktG, § 242 Rn. 12; *Englisch*, in: Hölters, AktG, § 242 Rn. 6; *Göz*, in: Bürgers/Körber, AktG, § 242 Rn. 5; *Casper*, Die Heilung nichtiger Beschlüsse im Kapitalgesellschaftsrecht, S. 123 f.; a.A. *Schwab*, in: Schmidt/Lutter, AktG, § 242 Rn. 7; *Zöllner*, in: KölnKomm-AktG (1. Aufl.), § 242 Rn. 37.

quate alternative Vorgehensweise zu sein. Vor allem aber droht die nichtige Entsendungsrechtsklausel zulasten der nicht-entsendungsberechtigten Aktionäre mit Ablauf von drei Jahren nach Eintragung der Gesellschaft analog § 242 AktG geheilt zu werden. Damit wäre die Stimmrechtsmacht der Aktionäre in der Hauptversammlung bei Wahlen zum Aufsichtsrat trotz Verstoßes gegen die Anforderungen gem. § 101 Abs. 2 AktG auf Dauer beschränkt. Die Nichtigkeitsklage könnte deshalb analog § 249 AktG auch auf nichtige Bestandteile der Ursprungssatzung Anwendung finden.

Eine analoge Anwendung der Nichtigkeitsklage gem. § 249 AktG setzt voraus, dass die Interessen der Betroffenen – insbesondere der Aktionäre – im Fall nichtiger Entsendungsrechte der Ursprungssatzung vergleichbar sind mit den Interessen der Betroffenen bei Einräumung nichtiger Entsendungsrechte durch satzungsändernden Hauptversammlungsbeschluss. Eine Analogie kommt des Weiteren nur in Betracht, wenn das Gesetz bisher keine abschließend geregelten Angriffsmittel gegen nichtige Bestandteile der Ursprungssatzung bereit hält und diese Regelungslücke zudem planwidrig ist.[303]

(a) Vergleichbare Interessenlage

Sowohl Bestimmungen der Ursprungssatzung als auch Satzungsklauseln, die erst durch späteren Hauptversammlungsbeschluss Bestandteil der Gesellschaftsatzung werden, sind korporative Normen; d.h. sie determinieren dauerhaft die Grundlagen des Verbandslebens.

Die Gesellschaft und ihre Aktionäre, aber auch gesellschaftsfremde Dritte sowie zukünftige Aktionäre vertrauen berechtigterweise auf die Wirksamkeit sowohl ursprünglicher als auch nachträglich eingefügter Satzungsbestimmungen, da beide vor Eintragung der Gesellschaft (§ 38 Abs. 4 AktG) bzw. des satzungsändernden Hauptversammlungsbeschlusses (§ 181 AktG) einer präventiven registergerichtlich Kontrolle unterzogen werden.

Die Nichtigkeit von Satzungsbestimmungen richtet sich darüber hinaus in beiden Fällen nach § 241 AktG (analog).[304] Nichtige Satzungsbestand-

---

303 Zu den Voraussetzungen einer Analogie vgl. *Röhl/Röhl*, Allgemeine Rechtslehre, S. 633 ff.; *Canaris/Larenz*, Methodenlehre, S. 199 ff.

304 Siehe oben unter C. VI. 1. a. (3).

teile, die auf einen nichtigen Hauptversammlungsbeschluss zurückgehen, können im Wege der Nichtigkeitsklage mit Interomnes-Wirkung und anschließender Registerkorrektur beseitigt werden. Dadurch soll Rechtsklarheit und Rechtssicherheit im Hinblick auf die Gesellschaftssatzung gewährleistet werden.[305] Dieses Bedürfnis besteht allerdings nicht nur bei später geschaffenen Satzungsbestimmungen, sondern in gleicher Weise bei bereits in der Ursprungssatzung niedergelegten Satzungsnormen. Die Gesellschaft und die Aktionäre wie auch der Rechtsverkehr insgesamt vertrauen in beiden Fällen gleichermaßen auf die Wirksamkeit der nichtigen Satzungsbestimmung. Zu ihrem Schutz muss den Aktionären deshalb ein effektives Rechtsmittel an die Hand gegeben werden, um die Nichtigkeit der jeweiligen Satzungsbestimmung mit Wirkung gegenüber jedermann klarzustellen und das unrichtige Handelsregister zu korrigieren.

Insbesondere mit Blick auf die mit Eintragung und Fristablauf drohende Heilung nichtiger Satzungsklauseln analog § 242 AktG sind insbesondere die Aktionäre, aber auch Vorstand und Aufsichtsrat auf ein wirkungsvolles Mittel zur allgemeingültigen Feststellung der Nichtigkeit nichtiger Satzungsbestimmungen der Ursprungssatzung angewiesen. Andernfalls wäre es ihnen unmöglich, die Heilung nichtiger Satzungsbestimmungen abzuwehren. Sie wären mithin schutzlos dem Erstarken gesetzeswidrigen Satzungsrechts ausgeliefert.[306] Die Perpetuierung einer gesetzeswidrigen Satzungsbestimmungen zulasten der Aktionäre ist jedoch nur gerechtfertigt, wenn ihnen bzw. Vorstand und Aufsichtsrat zuvor die Möglichkeit zur rechtzeitigen Beseitigung der nichtigen Satzungsbestimmungen gegeben wurde.

Eine vergleichbare Interessenlage ist somit gegeben.

(b) Planwidrige Regelungslücke

Die nicht-entsendungsberechtigten Aktionäre haben mithin aufgrund des drohenden Verlusts von Stimmrechtsmacht ein berechtigtes Interesse daran, dass auch die Nichtigkeit von Satzungsbestimmungen der Ur-

---

[305] *K. Schmidt*, in: Großkomm-AktG, § 249 Rn. 1; *Hüffer*, in: MünchKomm-AktG, § 249 Rn. 2; *Dörr*, in: Spindler/Stilz, AktG, § 249 Rn. 1; *Englisch*, in: Hölters, AktG, § 249 Rn. 1; *Koch*, in: Hüffer, AktG, § 249 Rn. 1.

[306] Vgl. *Zätzsch/Maul*, in: Müller/Rödder, BeckHdbAG, § 2 Rn. 380; *Casper*, Die Heilung nichtiger Beschlüsse im Kapitalgesellschaftsrecht, S. 303.

sprungssatzung mit Interomnes-Wirkung festgestellt und registerlich publiziert wird. Ebenso muss es Vorstand und Aufsichtsrat möglich sein, im Interesse der Gesellschaft nichtige Satzungsklauseln effektiv zu korrigieren. Diesen Anforderungen könnte nur die Nichtigkeitsklage analog § 249 AktG gerecht werden. Wenn und soweit die Aktionäre bzw. Vorstand und Aufsichtsrat gegen nichtige Entsendungsrechte der Ursprungssatzung jedoch vergleichbar effektiv mithilfe anderer Verfahren vorgehen können, liegt keine planwidrige[307] Regelungslücke vor, die im Wege einer Analogie zu schließen wäre.

(i) Unzulänglichkeit der allgemeinen Feststellungsklage

Nichtige Bestimmungen der Ursprungssatzung können zwar im Rahmen der allgemeinen Feststellungsklage (§ 256 ZPO) auf ihre Nichtigkeit hin überprüft werden. Ein stattgebendes Urteil hat jedoch keine Interomnes-Wirkung und findet darüber hinaus keinen Niederschlag im Handelsregister. Mit der allgemeinen Feststellungsklage können nichtige Entsendungsrecht mithin nicht aus der Ursprungssatzung entfernt und dadurch Rechtsklarheit und Rechtssicherheit gewährleistet werden.

(ii) Unzulänglichkeit der allgemeinen Leistungsklage auf Mitwirkung an Satzungsänderung

Diese Defizite der allgemeinen Feststellungsklage können allerdings unter Umständen mit Blick auf die gesellschaftsrechtliche Treupflicht[308] der Aktionäre untereinander auf ein annehmbares Maß reduziert werden.

Im Einzelfall sind Aktionäre aufgrund der gesellschaftsrechtlichen Treupflicht dazu verpflichtet, durch positive Stimmabgabe in der Hauptversammlung an Satzungsänderungen mitzuwirken.[309] Im Anschluss an ein allgemeines Feststellungsurteil oder auch unabhängig davon wäre es den Aktionären folglich möglich, gegen die übrigen Aktionäre – mithin auch

[307] Zur Planwidrigkeit vgl. *Casper*, Die Heilung nichtiger Beschlüsse im Kapitalgesellschaftsrecht, S. 300 sowie oben unter C. IV. 3. a. (2) (c) (ii).

[308] Für nähere Erläuterungen zur Treupflicht siehe unten unter D. I. 2. a.

[309] *Stein*, in: MünchKomm-AktG, § 179 Rn. 46 ff.; *Casper*, in: Spindler/Stilz, AktG, § 242 Rn. 25 sowie *Würthwein*, § 243 Rn. 162; *Koch*, in: Hüffer, AktG, § 179 Rn. 30; *Englisch*, in: Hölters, AktG, § 243 Rn. 37 je m.w.N.; *Goette*, in: FS Röhricht (2005), S. 115, 121 f. (zur Mitwirkungspflicht an Satzungsänderungen in der GmbH sogar nach Heilung der nichtigen Bestimmung analog § 242 AktG).

gegen den Inhaber nichtiger Entsendungsrechte – Leistungsklage auf Mitwirkung an einer Satzungsänderung zur Beseitigung der nichtigen Entsendungsrechtsklausel zu erheben. Auf diese Weise würde die Satzung interomnes durch Eintragung des satzungsändernden Hauptversammlungsbeschlusses im Handelsregister abgeändert.

Mit einer derartigen Leistungsklage können nichtige Entsendungsrechte allerdings nicht in einer der Nichtigkeitsklage gem. § 249 AktG vergleichbar effektiven Weise aus der Ursprungssatzung entfernt werden. Im Rahmen der Nichtigkeitsklage tritt die Interomnes-Wirkung bereits mit Rechtskraft des Nichtigkeitsurteils ein. Bei erfolgreicher Leistungsklage bedarf es hingegen zusätzlich noch der Durchführung eines in der Regel aufwendigen und zeitintensiven Satzungsänderungsverfahrens einschließlich der Eintragung des satzungsändernden Hauptversammlungsbeschlusses. Unter Umständen muss das Leistungsurteil zudem gegen sich widersetzende Aktionäre vollstreckt werden. Hinzu kommt, dass die Personalia der Aktionäre bei Inhaberaktien regelmäßig unbekannt sind. Mithin bestünde Unsicherheit, gegen wen eine Leistungsklage auf Mitwirkung an Satzungsänderungen überhaupt zu richten ist. Darüber hinaus umfasst der Aktionärskreis der Aktiengesellschaft als Massengesellschaft in der Regel eine große Anzahl von Mitgliedern. Um eine Satzungskorrektur im Wege der Leistungsklage zu erreichen, müssten korrekturwillige Aktionäre daher eine unzumutbare Vielzahl von Rechtsstreitigkeiten angestrengen; Vorstand und Aufsichtsrat wäre diese Möglichkeit mangels Treupflichtbindung der Aktionäre ihnen gegenüber insgesamt verwehrt.

Auch die allgemeine Leistungsklage auf Mitwirkung an einer Satzungsänderung eröffnet mithin keinen vorrangig zu beschreitenden Klageweg im Verhältnis zur aktienrechtlichen Nichtigkeitsklage analog § 249 AktG.

(iii) Unzulänglichkeit der Amtslöschung

Neben der allgemeinen Feststellungs- und Leistungsklage haben Aktionäre, Vorstand und Aufsichtsrat die Möglichkeit, ein Verfahren zur amtswegigen Löschung nichtiger Bestimmungen der Ursprungssatzung analog § 398 FamFG anzuregen. Im Amtslöschungsverfahren kommt ihnen allerdings grundsätzlich keine Beteiligtenstellung zu (vgl. § 7 FamFG). Demzufolge sind sie darauf angewiesen, dass das Registergericht über die Eröffnung des Verfahrens nach pflichtgemäßem Ermessen entscheidet. Mangels Beteiligtenstellung sind anregende Aktionäre zudem vom weiteren Verfahrensgang ausgeschlossen. Vorstand und Aufsichtsrat können ihre Interessen nur im Wege des Widerspruchsrechts der Gesellschaft gem. §§ 398, 395 Abs. 2 Satz 2, 394 Abs. 2 Satz 1 FamFG verfolgen. Eine effektive Beeinflussung der registergerichtlichen Entscheidung ist ihnen mithin nicht möglich.

Darüber hinaus sind die Voraussetzungen der Amtslöschung (wenn auch nur geringfügig) strenger als die Voraussetzungen eines Nichtigkeitsfeststellungsurteils. Die Amtslöschung analog § 398 FamFG setzt zum einen voraus, dass die fragliche Satzungsnorm ihrem Inhalt nach nichtig ist, und bezieht sich damit insbesondere auf die Nichtigkeitsgründe gem. § 241 Nr. 3 und Nr. 4 AktG. Im Gegensatz zur Nichtigkeitsklage kann die Amtslöschung mithin nicht auf formelle Nichtigkeitsgründe (§ 241 Nr. 1 und Nr. 2 AktG) gestützt werden.[310] Zum anderen tritt mit „dem öffentlichen Interesse" im Rahmen der Amtslöschung ein zusätzliches Tatbestandsmerkmal neben die (inhaltliche) Nichtigkeit, auf das es im Rahmen der Nichtigkeitsklage hingegen nicht ankommt. Zwar ist das öffentliche Interesse an einer Amtslöschung in der Regel durch die Nichtigkeit der Satzungsbestimmung indiziert, kann jedoch – insbesondere mit zunehmender Eintragungsdauer – davon abweichen.[311] Demzufolge beschränkt sich der Anwendungsbereich der Amtslöschung im Vergleich zur aktienrechtlichen Nichtigkeitklage auf eine geringere Anzahl von Nichtigkeitsgründen und ist zudem abhängig vom öffentlichen Interesse.

Mithin stellt auch die Möglichkeit zur Anregung einer Amtslöschung analog § 398 FamFG für die übrigen Aktionäre kein geeignetes Mittel dar, um nichtige Entsendungsrechte aus der Ursprungssatzung zu entfernen.

(iv) Vorrang der Nichtigkeitsklage gem. § 275 AktG

Eine planwidrige Regelungslücke läge jedoch dann nicht vor, wenn und soweit der Gesetzgeber die klageweise Geltendmachung von Gründungsmängeln mit der Nichtigkeitsklage gem. § 275 AktG abschließend geregelt hätte.

---

310 *Krafka*, in: MünchKomm-FamFG, § 398 Rn. 8; *Heinemann*, in: Keidel. FamFG, § 398 Rn. 11 f.; *Nedden-Boeger*, in: Schulte-Bunert/Weinreich, FamFG, § 395 Rn. 58; *Munzig*, in: BeckOK FamFG, § 398 Rn. 11.

311 *Heinemann*, in: Keidel. FamFG, § 398 Rn. 17; *Munzig*, in: BeckOK FamFG, § 398 Rn. 16; *Krafka*, in: MünchKomm-FamFG, § 398 Rn. 9.

Allerdings kann mit der Nichtigkeitsklage nach § 275 AktG nur die Gesellschaft insgesamt vernichtet werden, während Ziel der Nichtigkeitsklage analog § 249 AktG die Beseitigung lediglich einzelner Bestimmungen der Ursprungssatzung ist. Darüber hinaus ist das Verfahren gem. § 275 AktG auf die Überprüfung fundamentaler Gründungsmängel beschränkt. Abschließende Regelungen enthält § 275 AktG deshalb nur im Hinblick auf die Behandlung der wenigen, dort aufgegriffenen Gründungsmängel sowie bzgl. der Auswirkungen von Gründungsmängeln auf den Bestand der Gesellschaft an sich.[312]

Damit trifft die Vorschrift keine Aussage darüber, ob und wie anderweitige Gründungsmängel sich auf die Wirksamkeit einzelner Satzungsbestimmungen auswirken (vgl. § 241 AktG analog) und wie deren Nichtigkeit geltend gemacht werden kann. Es bleibt mithin Raum, nichtige Entsendungsrecht der Ursprungssatzung mit der Nichtigkeitsklage analog § 249 AktG anzugreifen.

(v) Ergebnis

Allein mit der Nichtigkeitsklage analog § 249 AktG können die Aktionäre, der Vorstand bzw. seine Mitglieder sowie die Mitglieder des Aufsichtsrats in zumutbarer Weise effektiv gegen nichtige Satzungsbestimmungen der Ursprungssatzung vorgehen. Eine planwidrige Regelungslücke liegt deshalb vor.

(c) Gleichlauf von Beschlussmängel- und Gründungsmängelrecht

Mit einer Ausweitung der Nichtigkeitsklage analog § 249 AktG auf nichtige Einzelbestimmungen der Ursprungssatzung wird zudem die Übertragung wesentlicher Normen des Beschlussmängelrechts auf Gründungsmängel konsequent fortgeführt.[313]

Die Interessenlage der Gesellschaft, ihrer Aktionäre sowie außenstehender Dritter ist im Hinblick auf ursprünglich geschaffenes und nachträglich eingefügtes Satzungsrecht größtenteils vergleichbar. Deshalb richtet sich sowohl die Nichtigkeit von Beschluss- als auch von Gründungsmängeln nach § 241 AktG (analog); nichtige Satzungsbestandteile werden mit

---

[312] Vgl. *Casper*, Die Heilung nichtiger Beschlüsse im Kapitalgesellschaftsrecht, S. 299 f.

[313] Vgl. *Zätzsch/Maul*, in: Müller/Rödder, BeckHdbAG, § 2 Rn. 380; *Casper*, Die Heilung nichtiger Beschlüsse im Kapitalgesellschaftsrecht, S. 303.

Eintragung und Ablauf der Dreijahresfrist unabhängig von ihrem Entstehungsprozess geheilt (§ 242 AktG (analog)) und können bis zu ihrer Heilung durch Erhebung der Nichtigkeitsklage (§ 249 AktG (analog)) mit Interomnes-Wirkung beseitigt werden.

(d) Ergebnis

Sowohl nachträglich beschlossene, nichtige Satzungsbestimmungen als auch nichtige Satzungsbestimmungen der Ursprungssatzung belasten die Aktionäre der Aktiengesellschaft in erheblichem Ausmaß. Allerdings steht ihnen bzw. Vorstand und Aufsichtsrat gegen nichtige Bestimmungen der Ursprungssatzung kein gesetzlich geregeltes Abwehrmittel zur Verfügung. Deshalb ist der Anwendungsbereich der Nichtigkeitsklage gem. § 249 AktG auch auf nichtige Bestimmungen der Ursprungssatzung auszuweiten. Auf diese Weise wird das Gründungsmängelrecht sinnvoll um eine weitere Norm aus dem Beschlussmängelrecht ergänzt.

(3) Satzungsänderung gem. § 179 Abs. 1 Satz 1 AktG

Die registerliche Unstimmigkeit kann darüber hinaus durch erneute Satzungsänderung bereinigt werden. Der Hauptversammlung steht es frei,[314] durch satzungsändernden Beschluss gem. § 179 Abs. 1 Satz 1 AktG die nichtige Entsendungsrechtsklausel der Satzung insgesamt zu streichen oder unter Beachtung der gesetzlichen Voraussetzungen gem. § 101 Abs. 2 AktG in eine wirksame abzuändern. Dazu bedarf es auch ausnahmsweise nicht der grundsätzlich erforderlichen Zustimmung des Entsendungsberechtigten als Sonderrechtsinhaber gem. § 35 BGB,[315] da ihm Entsendungsrechte insgesamt (bei Gesamtnichtigkeit) bzw. in der über das gesetzliche Höchstmaß hinausgehenden Anzahl (bei Teilnichtigkeit) nie wirksam eingeräumt worden sind.

(4) Fassungsänderung gem. § 179 Abs. 1 Satz 2 AktG

Soweit es sich bei einer derartigen Satzungsänderung lediglich um eine Fassungsänderung handeln sollte, könnte diese – bei entsprechender Ermächtigung durch die Hauptversammlung – auch durch Beschluss des Aufsichtsrats gem. §§ 179 Abs. 1 Satz 2, 107, 108 AktG herbeigeführt werden.

---

314 Zur Mitwirkungspflicht bei Satzungsänderungen aufgrund der Treupflicht siehe oben unter C. VI. 3. b. (2) (b) (ii).

315 Zum Zustimmungserfordernis siehe unten unter E. I. 2.

Eine Satzungsänderung im Wege der Fassungsänderung scheint sogar vorzugswürdig: Aus Verkehrsschutzgründen ist es geboten, die durch die Registereintragung hervorgerufenen Fehlvorstellung des Rechtsverkehrs über die Einräumung bzw. die Höhe eingeräumter Entsendungsrechte rasch zu korrigieren. Diesem Bedürfnis wird eine Abänderung der Satzung mittels Hauptversammlungsbeschluss nicht gerecht, da die gesetzlichen Anforderungen an die Einberufung einer Hauptversammlung einen gewissen zeitlichen Vorlauf verlangen und eine Hauptversammlung zudem mit erheblichen Kosten verbunden ist.[316] Eine Korrektur der (teil-)nichtigen Satzungsnorm durch Aufsichtsratsbeschluss kann hingegen im Rahmen einer regulären Aufsichtsratssitzung erfolgen.[317]

(a) Abgrenzung zur Inhaltsänderung

Eine derartige Satzungsänderung setzt jedoch voraus, dass es sich dabei um eine Fassungsänderung handelt. Fassungsänderungen beziehen sich in Abgrenzung zur Inhaltsänderung lediglich auf Wortlaut oder Gliederung der Satzung, ohne den Regelungsgehalt der Satzung zu verändern.[318] Auch Umformulierungen können bloße Fassungsänderungen darstellen, solange der materielle Gehalt der Satzung nicht berührt wird.[319]

(Teil-)Nichtige Satzungsnormen sind von Anfang nichtig, d.h. Entsendungsrechte wurden entweder gar nicht oder im Fall zuviel eingeräumter Entsendungsrechte ggf. nur in zulässigem Umfang (wenn alle Entsendungsrechte in einer Hand liegen) wirksam begründet. Zur Richtigstellung des Registers muss die Satzungsnorm deshalb entweder insgesamt gestrichen oder die ausgewiesene Anzahl von Entsendungsrechten auf das zulässige Maß reduziert werden.

Durch eine derartige Umformulierung der Satzung findet jedoch lediglich eine Anpassung der Klausel an die tatsächliche bzw. im Wege geltungserhaltender Reduktion erzielte Rechtslage statt; mithin erfolgt eine reine Fassungs-, aber keine Inhaltsänderung. Die fassungsändernde Korrektur

[316] Vgl. *Holzborn*, in: Spindler/Stilz, AktG, § 179 Rn. 107.

[317] Vgl. *Stein*, in: MünchKomm-AktG, § 179 Rn. 174 f.; *Holzborn*, in: Spindler/Stilz, AktG, § 179 Rn. 112.

[318] *Haberstock/Greitemann*, in: Hölters, AktG, § 179 Rn. 39; *Koch*, in: Hüffer, AktG, § 179 Rn. 11; *Stein*, in: MünchKomm-AktG, § 179 Rn. 159.

[319] *Holzborn*, in: Spindler/Stilz, AktG, § 179 Rn. 8.

bereits anfänglich (teil-)nichtiger Satzungsbestimmungen durch Streichung bzw. Umformulierung ist deshalb vergleichbar mit dem als Fassungsänderung anerkannten Fall der Streichung von Satzungsnormen, die erst nachträglich durch Gesetzesänderung unwirksam geworden sind:[320] In beiden Fällen nimmt der Aufsichtsrat eine Anpassung der Satzung an die tatsächliche Rechtslage vor. Eine Korrektur des Handelsregisters kann deshalb auch durch den Aufsichtsrat im Wege der Fassungsänderung vorgenommen werden.

(b) Vorrang der Nichtigkeitsklage gem. § 249 AktG

Gegen ein derartiges Vorgehen könnte jedoch sprechen, dass den Mitgliedern des Aufsichtsrats mit der Nichtigkeitsklage gem. bzw. analog § 249 AktG ein vorrangig anzuwendendes Mittel an die Hand gegeben wurde.

(i) Unterschiede zwischen Fassungsänderung und Nichtkeitsklage

Die Nichtigkeitsklage ist gerichtet auf die Feststellung der eo ipso eingetretenen Nichtigkeit von Hauptversammlungsbeschlüssen bzw. analog von Satzungsklauseln der Ursprungssatzung.[321] Der Vorstand hat die Erhebung der Klage und den Termin zur mündlichen Verhandlung unverzüglich in den Gesellschaftsblättern bekanntzumachen (§§ 249 Abs. 1 Satz 1, 246 Abs. 4 Satz 1 AktG), um den Rechtsverkehr über eine mögliche Nichtigkeit von Satzungsbestimmungen zu informieren und den Aktionären die Möglichkeit zur Nebenintervention zu geben.[322] Auch die Beendigung des Nichtigkeitsprozesses ist in gleicher Weise bekanntzumachen (§§ 249 Abs. 1 Satz 1, 248a AktG). Ein stattgebendes Urteil entfaltet Interomnes-Wirkung[323] und ist in das Handelsregister einzutragen

[320] *Koch*, in: Hüffer, AktG, § 179 Rn. 11; *Körber*, in: Bürgers/Körber, AktG, § 179 Rn. 28.

[321] *Zöllner*, in: KölnKomm-AktG (1. Aufl.), § 249 Rn. 25; *Hüffer*, in: MünchKomm-AktG, § 249 Rn. 3 f.; *Schwab*, in: Schmidt/Lutter, AktG, § 249 Rn. 1; *Koch*, in: Hüffer, AktG, § 249 Rn. 10; *Englisch*, in: Hölters, AktG, § 249 Rn. 2; a.A. *K. Schmidt*, in: Großkomm-AktG, § 249 Rn. 1 ff.

[322] Vgl. *Schwab*, in: Schmidt/Lutter, AktG, § 246 Rn. 35; *Zöllner*, in: KölnKomm-AktG (1. Aufl.), § 249 Rn. 48, § 246 Rn. 98; *K. Schmidt*, in: Großkomm-AktG, § 246 Rn. 48; *Hüffer*, in: MünchKomm-AktG, § 246 Rn. 77, § 249 Rn. 21; *Englisch*, in: Hölters, AktG, § 246 Rn. 53; *Koch*, in: Hüffer, AktG, § 246 Rn. 40.

[323] *K. Schmidt*, in: Großkomm-AktG, § 249 Rn. 31; *Zöllner*, in: KölnKomm-AktG (1. Aufl.), § 249 Rn. 40 ff.; *Hüffer*, in: MünchKomm-AktG, § 249 Rn. 25; *Englisch*, in: Hölters, AktG, § 249 Rn. 29; *Koch*, in: Hüffer, AktG, § 249 Rn. 17.

(§ 248 Abs. 1 AktG). Darüber hinaus schaffen die mit dem Nichtigkeitsprozess einhergehenden Bekanntmachungspflichten hinreichend Publizität und Einwirkungsmöglichkeiten zugunsten Dritter, so dass die Inte-romnes-Wirkung des Feststellungsurteils gerechtfertigt ist.[324]

Auch im Fall einer durch den Aufsichtsrat initiierten Fassungsänderung kommt es aufgrund der Registereintragung faktisch zu einer inter-omnes-Wirkung, wenngleich fehlerhafte Fassungsänderungen nichtig sind[325] und weiterhin im Wege der regulären Feststellungsklage gem. § 256 ZPO – mangels Hauptversammlungsbeschluss nicht im Wege der Nichtigkeitsklage gem. § 249 AktG – oder durch Anregung zur Amtslöschung gem. § 395 FamFG[326] beseitigt werden können. Im Gegensatz zum Nichtigkeitsprozess findet im Fassungsänderungsverfahren jedoch zum einen keine Vorabinformation des Rechtsverkehrs statt. Zum anderen haben die Aktionäre – anders als durch Nebenintervention bei Nichtigkeitsklagen – keine Möglichkeit, auf das Ergebnis des Eintragungsverfahrens Einfluss zu nehmen.[327]

Das registerrechtliche Verfahren bei Fassungsänderungen entspricht dem Verfahren bei Satzungsänderungen gem. § 181 AktG: Der Vorstand hat die Fassungsänderung beim Handelsregister anzumelden[328] und die erforderlichen Unterlagen[329] zum Register einzureichen. Das Registergericht prüft[330] die Rechtmäßigkeit der Eintragung und trägt ein, dass eine Satzungsänderung vorgenommen wurde. Der Inhalt der geänderten

---

324 Vgl. *Zöllner*, in: KölnKomm-AktG (1. Aufl.), § 249 Rn. 42.

325 *Holzborn*, in: Spindler/Stilz, AktG, § 179 Rn. 113; *Wiedemann*, in: Großkomm-AktG, § 179 Rn. 111; *Koch*, in: Hüffer, § 179 Rn. 12; *Stein*, in: MünchKomm-AktG, § 179 Rn. 177.

326 *Wiedemann*, in: Großkomm-AktG, § 181 Rn. 55.

327 Vgl. zum Ablauf des Eintragungsverfahrens *Krafka/Kühn*, Registerrecht, Rn. 140 ff., insbesondere Rn. 145 d.

328 *Stein*, in: MünchKomm-AktG, § 179 Rn. 176.

329 Insbesondere den Wortlaut der geänderten Satzung sowie die Niederschrift des Aufsichtsratsbeschlusses über die Fassungsänderung, vgl. *Zöllner*, in: Köln-Komm-AktG (1. Aufl.), § 181 Rn. 6 ff.; *Wiedemann*, in: Großkomm-AktG, § 181 Rn. 11, 14; *Seibt*, in: Schmidt/Lutter, AktG, § 181 Rn. 2, 14 ff.

330 Zur Prüfungspflicht und zum Prüfungsumfang des Registergerichts siehe *Stein*, in: MünchKomm-AktG, § 181 Rn. 38 ff.; *Holzborn*, in: Spindler/Stilz, AktG, § 181 Rn. 20 ff.; *Koch*, in: Hüffer, AktG, § 181 Rn. 12 ff.; *Krafka/Kühn*, Registerrecht, Rn. 153 ff.

Satzung ergibt sich wiederum aus dem der Anmeldung beizufügenden notariell bescheinigten Wortlaut der Satzung.

Beteiligte im registerrechtlichen Satzungsänderungsverfahren ist in der Regel ausschließlich die Gesellschaft, vertreten durch den Vorstand.[331] Im Fall der Streichung bzw. Herabsetzung von Entsendungsrechten ist lediglich der Entsendungsberechtigte gem. § 7 Abs. 2 Nr. 1 FamFG als Beteiligter hinzuzuziehen, da seine Rechte durch das Eintragungsverfahren unmittelbar betroffen werden. Die übrigen Aktionäre werden hingegen nicht beteiligt.

(ii) Benachteiligung von Aktionären und Dritten im Fassungsänderungsverfahren

Angesichts der weitreichenden Bedeutung einer Fassungsänderung im Fall von (teil-)nichtigen Satzungsnormen könnte die fehlende Beteiligung der Aktionäre bei Fassungsänderung sowie die fehlende Publizität im Hinblick auf das Fassungsänderungsverfahren insgesamt für eine Spezialität der Nichtigkeitsklage sprechen.

Dagegen ist jedoch einzuwenden, dass § 249 Abs. 1 Satz 2 AktG die Geltendmachung der Nichtigkeit in anderer Weise gerade ausdrücklich vorsieht.[332] Zudem ist zu bedenken, dass auch bei Löschung von Satzungsnormen im Wege der Amtslöschung gem. §§ 395, 398 FamFG keine dem Verfahren bei Nichtigkeitsklagen vergleichbare Publizität hergestellt wird. Zudem sind Aktionäre – mit Ausnahme des von der Löschung unmittelbar betroffenen entsendungsberechtigten Aktionärs – keine Beteiligte im Amtslöschungsverfahren, so dass ihnen auch dort jedwede Einwirkungsmöglichkeit fehlt.

(iii) Ergebnis

Die Nichtigkeitsklage ist mithin kein spezielleres, die Fassungsänderung verdrängendes Verfahren. Der Aufsichtsrat kann die in der Satzung genannten überschießenden Entsendungsrechte deshalb im Wege der Fassungsänderung auf das zulässige Höchstmaß korrigieren.

---

331 Vgl. *Stein*, in: MünchKomm-AktG, § 181 Rn. 8 ff.

332 Die Kommentarliteratur nennt als Beispiele anderweitiger Geldtendmachung jedoch lediglich die außerprozessuale Berufung auf Nichtigkeit oder die Klärung der Nichtigkeit als Vorfrage im Prozess, vgl. *K. Schmidt*, in: Großkomm-AktG, § 249 Rn. 2; *Zöllner*, in: KölnKomm-AktG (1. Aufl.), § 249 Rn. 5.

(c) Vorrang der Amtslöschung gem. § 398 FamFG

Auch die Möglichkeit, ein Amtslöschungsverfahren gem. §§ 24, 398 FamFG[333] anzuregen, schließt eine Korrektur des Registers durch den Aufsichtsrat im Wege der Fassungsänderung nicht aus.

(i) Einleitung des Amtslöschungsverfahrens

Zum einen steht dem Aufsichtsrat die Möglichkeit zur Anregung einer Amtslöschung unmittelbar gar nicht zur Verfügung, da es grundsätzlich Sache des Vorstands ist, die registerrechtlichen Angelegenheiten im Namen der Gesellschaft gegenüber dem Registergericht zu besorgen.[334] Der Aufsichtsrat könnte den Vorstand höchstens im Rahmen seiner Überwachungskompetenz zu einer Anregung beim Registergericht veranlassen und so mittelbar auf die registerrechtliche Lage einwirken.

(ii) Registergerichtliche Ermessensentscheidung

Auch die Besonderheiten des Amtslöschungsverfahrens sprechen nicht gegen ein alternatives Vorgehen im Wege der Fassungsänderung. Zwar kann das Registergericht bei Amtslöschung gem. § 398 FamFG auch bei Vorliegen der Löschungsvoraussetzungen nach pflichtgemäßem Ermessen über Löschung oder Erhaltung der Eintragung entscheiden[335], während es im Fassungsänderungsverfahren auf Antrag des Vorstands (§ 181 AktG) hin verpflichtet ist, bei Rechtmäßigkeit der Eintragung[336] einzutragen.[337] Dies ist in Wahrheit jedoch nur ein formaler, aber kein sub-

---

[333] Zu einer möglichen analogen Anwendung von § 398 FamFG auf Mängel der Ursprungssatzung siehe oben unter C. VI. 3. a. (2) (c).

[334] Vgl. bspw. die Kompetenzzuweisung gem. § 181 AktG.

[335] *Wiedemann*, in: Großkomm-AktG, § 181 Rn. 64; *Holzer*, in: Prütting/Helms, FamFG, § 398 Rn. 8; *Heinemann*, in: Keidel, FamFG, § 395 Rn. 28; *Krafka*, in: MünchKomm-FamFG, § 395 Rn. 12; *Munzig*, in: BeckOK FamFG, § 395 Rn. 32; a.A. *Koch*, in: Hüffer, AktG, § 181 Rn. 30, § 241 Rn. 28; *Hüffer*, in: MünchKomm-AktG, § 241 Rn. 80; *Würtwein*, in: Spindler/Stilz, AktG, § 241 Rn. 270; *Englisch*, in: Hölters, AktG, § 241 Rn. 86; *Wertenbruch*, in: MünchKomm-GmbHG, Anhang § 47 Rn. 71, 75; *Baums*, Eintragung und Löschung von Gesellschafterbeschlüssen, S. 116 f.

[336] Zur Prüfungspflicht und zum Prüfungsumfang des Registergerichts siehe *Stein*, in: MünchKomm-AktG, § 181 Rn. 38 ff.; *Holzborn*, in: Spindler/Stilz, AktG, § 181 Rn. 20 ff.; *Koch*, in: Hüffer, AktG, § 181 Rn. 12 ff.

[337] *Zöllner*, in: KölnKomm-AktG (1. Aufl.), § 181 Rn. 15; *Wiedemann*, in: Großkomm-AktG, § 181 Rn. 21 ff.; *Seibt*, in: Schmidt/Lutter, AktG, § 181 Rn. 22; *Koch*, in: Hüffer, AktG, § 181 Rn. 13 f.

stanzieller Unterschied beider Verfahren. Die Amtslöschung setzt voraus, dass die Beseitigung der Eintragung im öffentlichen Interesse ist. Wenn jedoch bereits diese Voraussetzung erfüllt ist, liegt in der Regel auch eine Ermessensreduktion auf Null vor, so dass das Registergericht trotz grundsätzlichen Ermessensspielraums in der Regel zur Amtslöschung verpflichtet ist.[338]

(iii) Tatbestandsvoraussetzungen

Fassungsänderungs- und Amtslöschungsverfahren unterscheiden sich jedoch nicht nur im Bezug auf den Ermessenspielraum des Registergerichts lediglich pro forma, sondern auch hinsichtlich ihrer Tatbestandsvoraussetzungen: Während Ersteres die Nichtigkeit einer Bestimmung der Ursprungssatzung bzw. des satzungsändernden Hauptversammlungsbeschlusses erfordert, greift Letzteres, wenn (1.) der Beschluss (§ 398 FamFG) bzw. der Satzungsbestandteil (§ 398 FamFG analog)[339] durch seinen Inhalt zwingende gesetzliche Vorschriften verletzt und (2.) seine Beseitigung im öffentlichen Interesse erforderlich erscheint. Nichtige Satzungsbestandteile verstoßen stets gegen zwingende gesetzliche Vorschriften, so dass Fassungsänderungs- und Amtslöschungsverfahren jedenfalls insoweit übereinstimmen.[340] Das von § 398 FamFG zusätzlich geforderte öffentliche Interesse an der Beseitigung der Eintragung deckt sich dem Grunde nach zwar nicht vollständig mit dem im Rahmen der Nichtigkeitsprüfung[341] zu berücksichtigenden öffentlichen Interesse,[342] entspricht diesem jedoch in der Regel faktisch. Angesichts der gesetzgeberischen Intention, Gesetzesverstöße nur bei zwingenden Allgemeinin-

---

[338] So auch *Krafka*, in: MünchKomm-FamFG, § 398 Rn. 9; *Heinemann*, in: Keidel, FamFG, § 398 Rn. 17.

[339] Zur analogen Anwendbarkeit von § 398 FamFG auf nichtige Satzungsbestandteile der Ursprungssatzung siehe oben unter C. VI. 3. a. (2) (c).

[340] Vgl. OLG Hamm v. 8.12.1993 – 15 W 291/93, OLGZ 1994, 415, 418 = AG 1994, 376; *Englisch*, in: Hölters, AktG, § 241 Rn. 82; *Hüffer*, in: MünchKomm-AktG, § 241 Rn. 76; *Koch*, in: Hüffer, AktG, § 241 Rn. 27; *Würthwein*, in: Spindler/Stilz, AktG, § 241 Rn. 264; *Casper,* Die Heilung nichtiger Beschlüsse im Kapitalgesellschaftsrecht, S. 236 f.

[341] Vgl. insbes. § 241 Nr. 3 AktG.

[342] H.M.: *Zöllner*, in: KölnKomm-AktG, § 241 Rn. 138; *Koch*, in: Hüffer, AktG, § 241 Rn. 27; *Englisch*, in: Hölters, AktG, § 241 Rn. 83 f.; *Würthwein*, in: Spindler/Stilz, AktG, § 241 Rn. 267 ff.; *Hüffer*, in: MünchKomm-AktG, § 241 Rn. 78; *Heinemann*, in: Keidel, FamFG, § 398 Rn. 17; a.A. *K. Schmidt*, in: GroßkommAktG, § 241 Rn. 77, 86; *Baums*, Eintragungen und Löschung, S. 116 f.

teressen ausnahmsweise mit Nichtigkeit zu ahnden, sind kaum Fälle denkbar, in denen eine Satzungsbestimmung zwar nichtig ist, ihre Löschung aber nicht im öffentlichen Interesse liegt.[343]

(iv) Rechtsfolgen

Zudem bleibt die Fassungsänderung in ihrer Wirkung weit hinter den Rechtsfolgen der Amtslöschung zurück: Die Amtslöschung wirkt ex tunc[344], die Satzungs(fassungs)änderung hingegen grundsätzlich nur ex nunc[345]. Vor allem aber stellt die rechtskräftige Amtslöschung gem. § 241 Nr. 6 AktG einen eigenständigen Nichtigkeitsgrund dar und führt damit ggf. eine Änderung der materiellen Rechtslage herbei,[346] während eine Fassungsänderung lediglich eine formale Anpassung an die materiell tatsächlich vorhandene Rechtslage zu bewirken vermag. Geht der Aufsichtsrat zu Unrecht davon aus, dass eine Satzungsnorm nichtig ist, und beschließt er deshalb eine Fassungsänderung, so ist dieser Beschluss nichtig[347] und hat selbst bei Eintragung keine Wirkung auf die materielle Rechtslage.[348]

(v) Ergebnis

Ein Konkurrenz- bzw. Spezialiätsverhältnis zwischen Fassungsänderung und Anregung zur Amtslöschung besteht deshalb von vornherein nicht. Die Eintragung unzulässig vieler Entsendungsrechte kann deshalb auch

---

343 Vgl. *Englisch*, in: Hölters, AktG, § 241 Rn. 83; *Hüffer*, in: MünchKomm-AktG, § 241 Rn. 79; *Zöllner*, in KölnKomm-AktG, § 241 Rn. 138; *Heinemann*, in: Keidel, FamFG, § 398 Rn. 17.

344 *Englisch*, in: Hölters, AktG, § 241 Rn. 88; *Koch*, in: Hüffer, AktG, § 241 Rn. 30; *Hüffer*, in: MünchKomm-AktG, § 241 Rn. 86; *Würthwein*, in: Spindler/Stilz, AktG, § 241 Rn. 254.

345 *Zöllner*, in: KölnKomm-AktG, § 179 Rn. 67 ff.; *Koch*, in: Hüffer, AktG, § 179 Rn. 27 f.; *Stein*, in: MünchKomm-AktG, § 181 Rn. 74 ff.; *Wiedemann*, in: Großkomm-AktG, § 179 Rn. 163 ff.

346 *Wiedemann*, in: Großkomm-AktG, § 181 Rn. 66; *Hüffer*, in: MünchKomm-AktG, § 241 Rn. 85; *Würthwein*, in: Spindler/Stilz, § 241 Rn. 247, 254; *Koch*, in: Hüffer, AktG, § 241 Rn. 30; *Englisch*, in: Hölters, AktG, § 241 Rn. 78, 89.

347 *Holzborn*, in: Spindler/Stilz, AktG, § 179 Rn. 113; *Wiedemann*, in: Großkomm-AktG, § 179 Rn. 111; *Koch*, in: Hüffer, § 179 Rn. 12; *Stein*, in: MünchKomm-AktG, § 179 Rn. 177.

348 *Zöllner*, in: KölnKomm-AktG (1. Aufl.), § 181 Rn. 29; *Wiedemann*, in: Großkomm-AktG, § 181 Rn. 46; *Stein*, in: MünchKomm-AktG, § 179 Rn. 177; *Seibt*, in: Schmidt/Lutter, AktG, § 181 Rn. 39; *Koch*, in: Hüffer, AktG, § 181 Rn. 26.

im Wege der Fassungsänderung durch den Aufsichtsrat korrigiert werden.

c. Zusammenfassung

Werden Entsendungsrechte entgegen § 101 Abs. 2 Satz 4 AktG für mehr als ein Drittel der Aktionärsvertreter im Aufsichtsrat durch satzungsändernden Hauptversammlungsbeschluss eingeräumt, ist dieser Beschluss (teil-)nichtig. Wird der Beschluss in das Handelsregister eingetragen, kann dies durch das Registergericht im Wege der Amtslöschung gem. § 398 FamFG korrigiert werden. Vorstand, Aufsichtsrat und Aktionäre der Gesellschaft können eine Amtslöschung lediglich anregen (§ 24 FamFG). Ihnen steht es jedoch frei, gegen die Eintragung des (teil)nichtigen Beschlusses mithilfe der Nichtigkeitsklage (§ 249 AktG) vorzugehen. Der Aufsichtsrat kann – sofern durch die Hauptversammlungs dazu ermächtigt – auf seine Fassungsänderungskompetenz (§ 179 Abs. 1 Satz 2 AktG) zurückgreifen; Aktionären ist es zusätzlich möglich, die unrichtige Eintragung durch erneuten Satzungsänderungsbeschluss in der Hauptversammlung zu beseitigen (§ 179 Abs. 1 Satz 1 AktG).

Werden zu viele, (teil-)nichtige Entsendungsrechte bereits in der Ursprungssatzung eingeräumt, steht dem Registergericht auch hier die Möglichkeit der Amtslöschung analog § 398 FamFG zur Verfügung. Der Aufsichtsrat kann sich wiederum seiner Fassungsänderungskompetenz bedienen. Zudem können Vorstand, Aufsichtsrat und Aktionäre gegen nichtige Entsendungsrechte der Ursprungssatzung nicht nur mit der allgemeinen Feststellungsklage (§ 256 ZPO), sondern analog § 249 AktG auch im Wege der Nichtigkeitsklage vorgehen.

4. Heilung nichtiger Entsendungsrechte

Nichtige Hauptversammlungsbeschlüsse können durch Eintragung und Fristablauf gem. § 242 Abs. 2 AktG geheilt werden. Auch nichtige Entsendungsrechte (§ 241 Nr. 3 Var. 3, 101 Abs. 2 AktG) der Ursprungssatzung bzw. Entsendungsrechte, die durch satzungsändernden Hauptversammlungsbeschluss in die Satzung eingeführt wurden, könnten deshalb ggf. durch Heilung nach § 242 Abs. 2 AktG in Wirksamkeit erwachsen.[349]

---

349 Die Möglichkeit der Heilung auch eines bloß nichtigen Teils eines Hauptversammlungsbeschlusses ausdrücklich bejahend *Casper*, in: Spindler/Stilz, AktG,

a. Heilung nichtiger Hauptversammlungsbeschlüsse gem. § 242 Abs. 2 AktG

Werden Entsendungsrechte unter Verstoß gegen die gesetzlichen Anforderungen (§ 101 Abs. 2 AktG) durch satzungsändernden Hauptversammlungsbeschluss eingeräumt, ist dieser gem. § 241 Nr. 3 Var. 3 AktG nichtig. Nach Eintragung und Ablauf der Dreijahresfrist kann die Nichtigkeit gem. § 242 Abs. 2 Satz 1 AktG allerdings nicht mehr geltend gemacht werden. Gemeint ist damit eine materielle Heilung des (teil-)nichtigen Hauptversammlungsbeschlusses, so dass der Beschluss ex tunc wirksam wird.[350]

b. Heilung nichtiger Satzungsänderung

Mit Blick auf den Wortlaut von § 242 Abs. 2 AktG scheint die Heilung sich jedoch nur auf den Hauptversammlungsbeschluss selber, nicht hingegen auch auf die daraus hervorgegangene Satzungsänderung zu beziehen. Ob und wie sich die Heilung des Hauptversammlungsbeschlusses auf eine dadurch abgeänderte bzw. neu implementierte Satzungsbestimmung auswirkt, findet keinen Niederschlag in der Vorschrift.

Für einen engen, auf den Hauptversammlungsbeschluss an sich begrenzten Anwendungsbereich der Norm könnte sprechen, dass Satzungsänderungen gravierende Auswirkungen sowohl in qualitativer als auch in zeitlicher Hinsicht haben:[351] Satzungsänderungen prägen die korporative Verfassung der Gesellschaft; sie weisen einen grundsätzlich zukunftsbezogenen Regelungsgehalt auf und können wiederum nur durch Satzungsänderung beseitigt werden. Einer derart folgenreichen, gesetzeswidrigen Maßnahme könnte eine Heilung generell zu verwehren sein.

---

§ 242 Rn. 15; *Ders.*, Die Heilung nichtiger Beschlüsse im Kapitalgesellschaftsrecht, S. 165.

[350] *Koch*, in: MünchKomm-AktG, § 242 Rn. 7; *Englisch*, in: Hölters, AktG, § 242 Rn. 13; *Hüffer*, in: MünchKomm-AktG, § 242 Rn. 3; *K. Schmidt*, in: Großkomm-AktG, § 242 Rn. 13; *Casper*, in: Spindler/Stilz, AktG, § 242 Rn. 12 f.; *Schwab*, in: Schmidt/Lutter, AktG, § 242 Rn. 14; *Casper*, Die Heilung nichtiger Beschlüsse im Kapitalgesellschaftsrecht, S. 145 ff.; a.A. *Heidel*, in: Heidel, AktG, § 242 Rn. 5; *Emde*, ZIP 2000, 1753, 1756 f.; zu möglichen Restitutionsansprüchen im Hinblick auf eine Abänderung der geheilten Satzungsnorm siehe *Casper*, in: Spindler/Stilz, AktG, § 242 Rn. 25; *K. Schmidt*, in: Großkomm-AktG, § 242 Rn. 8, § 243 Rn. 50; *Emde*, ZIP 200, 1753, 1755 ff.; *Goette*, in: FS Röhricht (2005), S 115, 121 f.

[351] Vgl. *Stein*, ZGR 1994, 472, 476 ff.; *Goette*, in: FS Röhricht (2005), S. 115, 126.

Danach würde lediglich der satzungsändernde Hauptversammlungsbeschluss, nicht aber die Satzungsänderung selbst geheilt.

Dagegen spricht jedoch zum einen der Wortlaut der §§ 179, 181 AktG, wonach die Hauptversammlung durch Beschluss Satzungsänderungen vornimmt (§ 179 AktG) und gerade die Satzungsänderung in das Handelsregister einzutragen ist (§ 181 AktG). Beschluss und Satzungsänderung fallen also grundsätzlich in einem Akt der Hauptversammlung zusammen; lediglich zur korporativen Wirksamkeit des satzungsändernden Beschlusses bedarf es noch der Eintragung. Der Hauptversammlungsbeschluss ist also identisch mit der (einzutragenden) Satzungsänderung.[352] Auch im Rahmen von § 242 Abs. 2 AktG ist deshalb der Hauptversammlungsbeschluss mit der Satzungsänderung gleichzusetzen.

Dieses Ergebnis ist auch nicht angesichts der möglicherweise weitreichenden Folgen einer Satzungsänderung abzulehnen; vielmehr rechtfertigen sie eine Anwendung von § 242 Abs. 2 AktG gerade auch auf Satzungsänderungen. § 242 Abs. 2 AktG bezieht sich ausschließlich auf eintragungspflichtige Beschlüsse.[353] Eintragungspflichtige Beschlüsse unterliegen dem Eintragungserfordernis gerade wegen ihrer besonderen Bedeutung für die Aktiengesellschaft sowie für Dritte. Die Heilung soll nur im Fall eintragungspflichtiger – ergo bedeutsamer – Beschlüsse überhaupt möglich sein, da der Rechtsverkehr im Allgemeinen und die Aktionäre im Besonderen gerade im Hinblick auf diese Beschlüsse ein schützenswertes Vertrauen entwickeln. Gerade im Fall eintragungspflichtiger Beschlüsse muss deshalb nach einer gewissen Zeit Rechtssicherheit durch Heilung eintreten.[354]

Darüber hinaus verweist § 242 Abs. 2 Satz 1 AktG vorbehaltlos auch auf solche Beschlüsse, die gem. § 241 Nr. 3 AktG dem Wesen der Aktiengesellschaft oder dem öffentlichen Interesse zuwiderlaufen. Einen derartigen Effekt weisen in der Regel gerade Grundlagenentscheidungen der Hauptversammlung und damit Satzungsänderungen auf.[355]

---

352 Vgl. *Geßler*, ZGR 1980, 427, 452 f.

353 *Zöllner*, in: KölnKomm-AktG (1. Aufl.), § 242 Rn. 6; zu bloß eintragungsfähigen Beschlüssen vgl. *Casper*, Die Heilung nichtiger Beschlüsse im Kapitalgesellschaftsrecht, S. 98 f.

354 BGH v. 15.12.1986 – II ZR 18/86, BGHZ 99, 211 = NJW 1987, 902, 903.

355 BGH v. 15.12.1986 – II ZR 18/86, BGHZ 99, 211 = NJW 1987, 902, 903; *Zöllner*, in: KölnKomm-AktG (1. Aufl.), § 242 Rn. 23.

Die folgenreichen Auswirkungen der Heilung werden zudem dadurch auf ein annehmbares Maß abgemildert, dass eine Amtslöschung gem. § 398 FamFG auch nach Eintragung und Fristablauf weiterhin möglich ist.[356] Damit werden auch Satzungsänderungen, die auf einem nichtigen, satzungsändernden Hauptversammlungsbeschluss beruhen, durch Eintragung und Fristablauf gem. § 242 Abs. 2 AktG geheilt.[357]

c. *Heilung nichtiger Bestimmungen der Ursprungssatzung analog § 242 AktG*

Problematisch erscheint weiter, ob auch nichtige Bestandteile der Ursprungssatzung nach § 242 Abs. 2 AktG geheilt werden können. Hier kommt höchstens eine analoge Anwendung in Betracht: Zwar beschreiben die Begriffe „Hauptversammlungsbeschluss" und „Satzungsänderung" den gleichen Vorgang und können deshalb im Kontext des § 242 Abs. 2 AktG synonym verwendet werden; Normen der Urspungssatzung gehen jedoch aus dem Errichtungsvertrag der Gründer hervor und sind damit nicht identisch mit einem Beschluss der Hauptversammlung.

(1) Planwidrige Regelungslücke

Das Aktiengesetz kennt keine Regelung zur Heilung nichtiger Bestandteile der Ursprungssatzung. Eine Regelungslücke ist also gegeben. Diese ist mit Blick auf die historische Entwicklung des Aktiengesetzes auch planwidrig.[358]

(2) Vergleichbare Interessenlage

Darüber hinaus wäre es widersinnig, wenn nachträgliche Satzungsänderungen aus Gründen der Rechtssicherheit in Wirksamkeit erwachsen können, bereits in der Ursprungssatzung enthaltene Satzungsnormen

---

[356] BGH v. 15.12.1986 – II ZR 18/86, BGHZ 99, 211 = NJW 1987, 902, 903; *K. Schmidt*, in: Großkomm-AktG, § 242 Rn. 8; kritisch *Stein*, ZGR 1994, 472, 478 f. sowie *Goette*, in: FS Röhricht (2005), S. 115, 119 f.

[357] BGH v. 15.12.1986 – II ZR 18/86, BGHZ 99, 211 = NJW 1987, 902, 903; *Koch*, in: MünchKomm-AktG, § 242 Rn. 7; *Hüffer*, in: MünchKomm-AktG, § 242 Rn. 6; *K. Schmidt*, in: Großkomm-AktG, § 242 Rn. 8; *Zöllner*, in: KölnKomm-AktG (1. Aufl.), § 242 Rn. 6, 23; *Casper*, in: Spindler/Stilz, AktG, § 242 Rn. 19; *Schäfer*, Die Lehre vom fehlerhaften Verband, S. 294 f.; vgl. auch *Schwab*, in: Schmidt/Lutter, AktG, § 242 Rn. 22; a.A. *Säcker*, JZ 1980, 82, 84; kritisch *Lange*, NZG 2000, 635, 640; differenzierend *Stein*, ZGR 1994, 472, 481 ff.

[358] Dazu *Casper*, Die Heilung nichtiger Beschlüsse im Kapitalgesellschaftsrecht, S. 300; a.A. *Goette*, in: FS Röhricht (2005), S. 115, 123 ff.

hingegen nicht. Beide Fallkonstellationen unterscheiden sich lediglich in Bezug auf den jeweiligen Urheber der Satzungsbestimmung (einerseits die Gründungsgesellschafter, andererseits die Hauptversammlung). Im Hinblick auf eine mögliche Heilung von Satzungsbestimmungen kann es jedoch keinen Unterschied machen, ob bereits die Gründungsgesellschafter im Gründungsstadium gesetzeswidrige Satzungsnormen verabschieden oder erst die Hauptversammlung nach Eintragung der Gesellschaft gesetzeswidrige Beschlüsse fasst. In beiden Fällen ist das Vertrauen des Rechtsverkehrs sowie der (zukünftigen) Aktionäre in die Wirksamkeit eingetragener Satzungsbestimmung schützenswert, so dass auch eine vergleichbare Interessenlage zu bejahen ist.[359]

Auf nichtige Bestandteile der Ursprungssatzung findet § 242 Abs. 2 AktG deshalb analoge Anwendung.[360] Bereits in der Ursprungssatzung eingeräumte, nichtige Entsendungsrechte können deshalb durch Eintragung und Fristablauf geheilt werden.

(3) Fristbeginn

Fraglich ist allerdings, wie der Fristlauf bei Satzungsklauseln der Ursprungssatzung zu bestimmen ist. Während satzungsändernde Hauptversammlungsbeschlüsse stets unmittelbar in das Handelsregister eingetragen werden, finden bei Errichtung der Gesellschaft nur die in § 39 AktG genannten Satzungsregelungen unmittelbaren Niederschlag im Handelsregister. Der Gesamtwortlaut der Satzung ergibt sich deshalb erst unter Zuhilfenahme der beim Register mit der Anmeldung einzureichenden Unterlagen (vgl. § 37 Abs. 4 AktG). Entsendungsrechte zählen nicht zu den einzutragenden bzw. eintragungsfähigen Satzungsregelungen nach § 39 AktG. Im Fall nichtiger Entsendungsrechte kann für den Beginn der Dreijahresfrist daher nicht parallel zum nichtigen Beschluss auf die Eintragung der nichtigen Satzungsklausel abgestellt wer-

---

359 Vgl. *Emde*, ZIP 2000, 1753, 1754; *Geßler*, ZGR 1980, 427, 453.

360 BGH v. 19.6.2000 – II ZR 73/99, BGHZ 144, 365 = NJW 2000, 2819, 2820 1. Leitsatz; *Koch*, in: Hüffer, AktG, § 23 Rn. 43, § 242 Rn. 1; *Hüffer*, in: MünchKomm-AktG, § 242 Rn. 31; *Schwab*, in: Schmidt/Lutter, AktG, § 242 Rn. 24; *Semler*, in: MünchHdbGesR-AG, § 40 Rn. 40 (3. Aufl.); *Casper*, in: Spindler/Stilz, § 242 Rn. 29; *Röhricht*, in: Großkomm-AktG, § 241 Rn. 204; *Geßler*, ZGR 1980, 427, 453; *Emde*, ZIP 2000, 1753; a.A. *Goette*, in: FS Röhricht (2005), S. 115, 127; *K. Schmidt*, AG 1996, 385, 388; *Stein*, ZGR 1994, 472 ff.; kritisch auch *Zöllner*, DNotZ 2001, 868, 874 f.

den. Anzuknüpfen ist deshalb an den Tag, an dem die Gesellschaft in das Handelsregister eingetragen wurde.[361]

d. Ergebnis

Nichtige Entsendungsrechte, die bereits in der Ursprungssatzung enthalten sind oder durch späteren Hauptversammlungsbeschluss eingeräumt werden, können gem. bzw. analog § 242 Abs. 2 AktG mit materieller Wirkung für die Zukunft geheilt werden.

5. Umdeutung nichtiger Satzungsnormen gem. § 140 BGB

Ein nichtiges Rechtsgeschäft kann zudem gem. § 140 BGB in ein anderes, den gesetzlichen Erfordernissen entsprechendes Rechtsgeschäft umgedeutet werden, wenn dessen Geltung bei Kenntnis der Nichtigkeit gewollt gewesen wäre. Sind Entsendungsrechte wegen Verstoßes gegen gesetzliche Anforderungen (§§ 241 Nr. 3 Var. 3, 101 Abs. 2 AktG) nichtig, kann dem satzungsändernden Hauptversammlungsbeschluss bzw. der entsprechenden Satzungsnorm der Ursprungssatzung ggf. im Wege der Umdeutung zu Rechtswirksamkeit verholfen werden.

Im Folgenden wird deshalb der Frage nachgegangen, ob die Einräumung nichtiger Entsendungsrechte in ein anderes, wirksames Rechtsgeschäft umgedeutet werden kann. Dazu werden zunächst die Voraussetzungen der Umdeutung abstrakt erläutert, um anschließend – getrennt nach Art des Verstoßes gegen § 101 Abs. 2 AktG – mögliche Ersatzgeschäfte auszuloten.

a. Voraussetzungen der Umdeutung

Die Umdeutung setzt zunächst ein durch Abgabe von Willenserklärungen grundsätzlich zustandegekommenes, im Ergebnis aber nichtiges Rechtsgeschäft voraus. In diesem nichtigen Ursprungsgeschäft müssen die formellen wie materiellen Wirksamkeitsvoraussetzungen eines anderen Rechtsgeschäfts (Ersatzgeschäft) enthalten sein, das dem Ursprungsgeschäft im Hinblick auf seine Wirkungen im Wesentlichen entspricht,

---

[361] Vgl. *Hüffer*, in: MünchKomm-AktG, § 242 Rn. 31; *Koch*, in: Hüffer, AktG, § 23 Rn. 43 a.E.; zur Fristenregelung allgemein siehe *K. Schmidt*, in: Großkomm-AktG, § 242 Rn. 11 ff.; *Zöllner*, in: KölnKomm-AktG (1. Aufl.), § 242 Rn. 31 ff.; *Schwab*, in: Schmidt/Lutter, AktG, § 242 Rn. 6 ff.

über dieses jedoch nicht hinausgeht.[362] Eine Umdeutung kommt darüber hinaus nur in Betracht, wenn dies dem tatsächlichen oder hypothetischen Willen der Parteien entspricht. Zur Umdeutung bedarf es keiner (gerichtlichen) Rechtsumgestaltung oder Geltendmachung; sie tritt vielmehr von Getzes wegen ein.[363]

(1) Rechtsgeschäft

Rechtsgeschäft ist ein Tatbestand, der aus einer oder mehreren Willenserklärungen besteht, die allein oder in Verbindung mit anderen Tatbestandsmerkmalen eine Rechtsfolge herbeiführen, weil sie gewollt ist.[364] Sowohl die aus dem Gründungsvertrag hervorgegangene Ursprungssatzung als auch der satzungsändernde Hauptversammlungsbeschluss sind Rechtsgeschäfte[365] und damit grundsätzlich einer Umdeutung zugänglich.[366]

(2) Nichtigkeit

Nichtig ist ein Rechtsgeschäft, wenn es die beabsichtigte Rechtsfolge von Anfang an nicht herbeiführen kann.[367] Davon zu unterscheiden sind (schwebend) unwirksame Rechtsgeschäfte. Sie sind zwar zunächst rechtsfolgenlos, können aber durch nachträgliche Erfüllung der gesetzlichen Wirksamkeitserfordernisse die angestrebte Rechtswirkung entfalten.[368] Mit Vervollständigung des gesetzlichen Wirksamkeitstatbestands

---

362 Siehe *Roth*, in: Staudinger, BGB, § 140 Rn. 9 ff.; *Hefermehl*, in: Soergel, BGB, § 140 Rn. 2 ff.; *Ellenberger*, in: Palandt, § 140 Rn. 2 ff.

363 *Busche*, in: MünchKomm-BGB, § 140 Rn. 34; *Wendtland*, in: Bamberger/Roth, BGB, § 140 Rn. 14; *Mansel*, in: Jauernig, BGB, § 140 Rn. 1.

364 *Ellenberger*, in: Palandt, BGB, Überbl v § 104 Rn. 2; *Mansel*, in: Jauernig, BGB, Abschnitt 3. Rechtsgeschäfte Vorbemerkungen Rn. 1; *Wendtland*, in: Bamberger/Roth, BGB, § 133 Rn. 1.

365 Zur Rechtsnatur von Hauptversammlungsbeschlüssen als mehrseitiges Rechtsgeschäft sui generis siehe *Hirschmann*, in: Hölters, AktG, § 133 Rn. 3; *Koch*, in: Hüffer, AktG, § 133 Rn. 3; *Austmann*, in: MünchHdbGesR-AG, § 40 Rn. 1; *K. Schmidt*, Gesellschaftsrecht, § 15 I 2 S. 436.

366 Vgl. (zur Umdeutung statutarischer Satzungsänderungsverbote) *Wiedemann*, in: Großkomm-AktG, § 179 Rn. 4; *Zöllner*, in: KölnKomm-AktG, § 179 Rn. 169; *Koch*, in: Hüffer, AktG, § 179 Rn. 3; *Stein*, in: MünchKomm-AktG, § 179 Rn. 58 f.; *Holzborn*, in: Spindler/Stilz, AktG, § 179 Rn. 27.

367 *Roth*, in: Staudinger, BGB, § 140 Rn. 14; *Ellenberger*, in: Palandt, BGB, Überbl v § 104 Rn. 27; *Alpmann/Brockhaus*, Fachlexikon Recht, S. 925 zu „Nichtigkeit".

368 *Ellenberger*, in: Palandt, BGB, Überbl v § 104 Rn. 31 f.

wird das schwebend unwirksame Rechtsgeschäft dann – ggf. ex tunc (bspw. durch Genehmigung gem. § 108 BGB) – wirksam. Können die gesetzlichen Wirksamkeitsvoraussetzungen nachträglich nicht mehr erfüllt werden, wird das schwebend unwirksame Rechtsgeschäft endgültig unwirksam. Im Anwendungsbereich von § 140 BGB werden nichtige und endgültig unwirksame Rechtsgeschäfte allerdings gleich behandelt: Beide sind einer Umdeutung zugänglich.[369]

(3) Wirksames Ersatzgeschäft

Die Umdeutung setzt des Weiteren voraus, dass der von den Parteien mit dem nichtigen Rechtsgeschäft verfolgte wirtschaftliche Zweck auch bzw. zumindest in ähnlicher Weise im Rahmen eines anderen Rechtsgeschäfts erreicht werden kann und dass die Wirksamkeitsvoraussetzungen dieses Ersatzgeschäfts bereits in dem nichtigen Rechtsgeschäft enthalten sind. Im Vergleich zum Ursprungsgeschäft kann das Ersatzgeschäft inhaltlich mithin auch ein Aliud darstellen, es darf in seinen Rechtswirkungen allerdings nicht über die Rechtswirkungen des Ursprungsgeschäfts hinausgehen.[370]

(4) Wille der Parteien

Das Ersatzgeschäft ist jedoch nur dann wirksam, wenn anzunehmen ist, dass die Parteien dessen Geltung bei Kenntnis der Nichtigkeit gewollt hätten. Es ist also auf den (in der Regel nicht ermittelbaren) wirklichen und hilfweise auf den hypothetischen Willen der Beteiligten abzustellen.[371]

(5) Keine Umdeutung bei noch möglicher Heilung

Eine Umdeutung nichtiger bzw. unwirksamer Rechtsgeschäfte scheidet jedoch aus, solange das Rechtsgeschäft noch geheilt werden kann,[372] da

---

369 *Busche*, in: MünchKomm-BGB, § 140 Rn. 13; *Wendtland*, in: Bamberger/Roth, BGB, § 140 Rn. 6; *Faust*, in: AnwKomm-BGB, § 140 Rn. 11; *Arnold*, in: Erman, BGB, § 140 Rn. 8; *Larenz/Wolff/Neuner*, Allgemeiner Teil des Deutschen Bürgerlichen Rechts, § 57 Rn. 2 f.

370 *Busche*, in: MünchKomm-BGB, § 140 Rn. 15 ff; *Wendtland*, in: Bamberger/Roth, BGB, § 140 Rn. 5 ff.

371 *Mansel*, in: Jauernig, BGB, § 140 Rn. 5; *Busche*, in: MünchKomm-BGB, § 140 Rn. 20 f.; *Wendtland*, in: Bamberger/Roth, BGB, § 140 Rn. 13.

372 *Roth*, in: Staudinger, BGB, § 140 Rn. 14; *Busche*, in: MünchKomm-BGB, § 140 Rn. 12; *Wendtland*, in: Bamberger/Roth, BGB, § 140 Rn. 7 (der fälschlicherweise

durch Heilung im Gegensatz zur Umdeutung dem Willen der Parteien insgesamt zu Wirksamkeit verholfen werden kann. Mit einer vorherigen Umdeutung würde ihnen dieser Weg abgeschnitten werden.[373]

Für eine Umdeutung nach § 140 BGB ist deshalb kein Raum, solange der satzungsändernde Hauptversammlungsbeschluss im Handelsregister eingetragen bzw. die Ursprungssatzung mit der fehlerhaften Entsendungsklausel beim Handelsregister hinterlegt ist.

Unmöglich wird die Heilung nichtiger Entsendungsrechte allerdings dann, wenn der Hauptversammlungsbeschluss aus dem Register gelöscht (bspw. im Anschluss an eine erfolgreiche Nichtigkeitsklage) oder die fehlerhafte Satzung(sklausel) aus der Hinterlegung entnommen wird (bspw. im Anschluss an eine Fassungsänderung). Im Folgenden wird deshalb auf mögliche Ersatzgeschäfte im Fall nichtiger Entsendungsrechte eingegangen. Je nach Gesetzesverstoß ergeben sich dabei unterschiedliche Umdeutungsmöglichkeiten.

b. Verstoß gegen Gebot der Aktionärseigenschaft

Als erstes soll auf eine mögliche Umdeutung nichtiger Entsendungsrechte bei Verstoß gegen das Gebot der Aktionärseigenschaft eingegangen werden. Entsendungsrechte zugunsten von Nichtaktionären sind insgesamt nichtig. Da – mit Ausnahme der Arbeitnehmermitbestimmung – gesellschaftsfremden Dritten jeglicher korporativ wirkender Einfluss auf Bestellungsentscheidungen innerhalb der Aktiengesellschaft verwehrt ist (vgl. §§ 23 Abs. 5, 101 AktG), scheidet eine Umdeutung in ein anderes, wirksames korporatives Rechtsgeschäft von vornherein aus.[374]

„heilbar" mit „nichtig" gleichsetzt); *Faust*, in: AnwKomm-BGB, § 140 Rn. 11 (der allerdings fälschlicherweise auf BGH WM 1970 1023 f. verweist, wo es sich um ein schwebend unwirksames Rechtsgeschäft handelte); vgl. auch *Arnold*, in: Erman, BGB, § 140 Rn. 8 (ausschließlich zur Heilung formnichtiger Rechtsgeschäfte); *Medicus*, Allgemeiner Teil des BGB, Rn. 518; a.A. *Hefermehl*, in: Soergel, BGB, § 140 Rn. 3 (ausdrücklich jedoch nur zur Heilung durch spätere Erfüllung).

373 So wohl auch *Arnold*, in: Erman, BGB, § 140 Rn. 8 („(…) § 140 [kommt] nicht in Betracht (…)"); *Medicus*, Allgemeiner Teil des BGB, Rn. 518 („§ 140 passt nicht"); siehe auch *Roth*, in: Staudinger, BGB, § 140 Rn. 14.

374 Zu (unzulässigen) Einschränkungen der Wahlfreiheit der Hauptversammlung siehe oben unter C. I. 3.; zur Schaffung fakultativer Bestellungsorgane in der GmbH siehe unten unter C. VI. 4. d. (4) (d) (ii).

In Betracht kommt höchstens die Umdeutung der nichtigen korporativen, echten Satzungsnorm in ein schuldrechtliches Rechtsgeschäft (unechte Satzungsnorm),[375] welches dem Entsendungsrecht zumindest vergleichbare Wirkung entfaltet.

Unechte Satzungsnormen sind schuldrechtliche Vereinbarungen der Gesellschafter untereinander, die zwar formell in der Satzung enthalten sind, materiell aber nicht die korporative Organisationsstruktur der Gesellschaft oder die mitgliedschaftliche Rechtsstellung der Gesellschafter regeln. Sie sind vielmehr als multilateraler Vertrag der Gesellschafter untereinander einzuordnen, durch den schuldrechtliche Rechte und Pflichten der Gesellschafter bzw. Rechte zugunsten Dritter, nicht hingegen Pflichten zulasten der Gesellschaft begründet werden können.[376]

(1) Umdeutung des satzungsändernden Hauptversammlungsbeschlusses

Die Umdeutung eines nichtigen, satzungsändernden Hauptversammlungsbeschlusses in einen multilateralen Vertrag der Gesellschafter untereinander zugunsten eines Nichtaktionärs scheidet jedoch bereits aufgrund der Rechtsnatur von Hauptversammlungsbeschlüssen aus.

Ein Hauptversammlungsbeschluss ist zwar ein mehrseitiges Rechtsgeschäft. Anders als ein mehrseitiger Vertrag beruht er jedoch gerade nicht auf kongruenten Willenserklärungen der Beteiligten. Er spiegelt lediglich den Willen der Hauptversammlungsmehrheit wider und kommt deshalb im Gegensatz zu Verträgen auch gegen den Willen der überstimmten Aktionäre zustande.[377] Ein multilateraler Vertrag der Aktionäre untereinander ist deshalb nicht als Minus in einem Hauptversammlungsbeschluss der Aktionäre enthalten.

Fehlerhafte Entsendungsrechte zugunsten von Nichtaktionären, die durch nichtigen satzungsändernden Hauptversammlungsbeschluss ein-

---

[375] Zur Unterscheidung zwischen echten und unechten bzw. materiellen und formellen bzw. korporativen und nichtkorporativen Satzungsbestandteilen siehe *Koch*, in: Hüffer, AktG, § 23 Rn. 3 f.; *Pentz*, in: MünchKomm-AktG, § 23 Rn. 40 f.; *Wiedemann*, in: Großkomm-AktG, § 179 Rn. 34 ff.; *Limmer*, in: Spindler/Stilz, AktG, § 23 Rn. 4; *Wicke*, in: MünchKomm-GmbHG, § 14 Rn. 102 ff.; *Sickinger*, in: Schüppen/Schaub, MünchAnwHdb-AktR, § 11 Rn. 7 f.; *K. Schmidt*, Gesellschaftsrecht, § 5 I d S. 78 f.; *Priester*, DB 1979, 681 ff.

[376] *Wicke*, in: MünchKomm-GmbHG, § 3 Rn. 110; *Priester*, DB 1979, 681.

[377] Siehe *Hirschmann*, in: Hölters, § 133 Rn. 3; *K. Schmidt*, Gesellschaftsrecht, § 15 I 2 S. 436.

geräumt wurden, können deshalb nicht in eine vertragliche Abrede der Aktionäre untereinander zugunsten eines Nichtaktionärs umgedeutet werden.

(2) Umdeutung der Ursprungssatzung

In die Ursprungssatzung finden Entsendungsrechte hingegen nur mit Zustimmung aller Gründungsgesellschafter Eingang. Nichtige Entsendungsrechte können deshalb dem Grunde nach in einen Vertrag der Gesellschafter untereinander zugunsten eines Nichtaktionärs umgedeutet werden.

Fraglich ist allerdings, ob dadurch der mit der Einräumung von Entsendungsrechten angestrebte rechtliche Erfolg in zumindest vergleichbarer Weise bewirkt werden kann. Durch Entsendungsrechte wird dem Entsender die Möglichkeit eröffnet, anstelle der Hauptversammlung den Aufsichtsrat mit Personen seiner Wahl zu besetzten.

Gesellschaftsfremden Dritten kann eine ähnliche, wenn auch schwächere, bloß mittelbare Bestellungsmacht durch Stimmbindungsverträge mit den Gesellschaftern vermittelt werden. Sofern man Stimmbindungsverträge zugunsten gesellschaftsfremder Dritter für zulässig hält,[378] könnte die statutarische, aber unechte Entsendungsrechtsklausel also in einen echten Vertrag zugunsten Dritter (§ 328 BGB) umgedeutet werden, in welchem sich die Gesellschafter untereinander und zugunsten des Dritten verpflichten, ihr Stimmrecht bei Wahlen zum Aufsichtsrat entsprechend den Weisungen des Dritten oder in Abhängigkeit von dessen Zustimmung auszuüben. Ein derartiger Vertrag würde allerdings aufgrund seiner schuldrechtlichen Natur nur die Gründungsgesellschafter, nicht hingegen künftige Aktionäre binden.

c. *Verstoß gegen anzahlmäßige Begrenzung*

(1) Teilnichtigkeit

Werden übermäßig viele Entsendungsrechte eingeräumt und liegen alle eingeräumten Entsendungsrechte in einer Hand, ist bloß ein Teil der Satzungnorm bzw. des satzungsändernden Hauptversammlungsbeschlusses nichtig. Im Rahmen der gesetzlich vorgesehenen Höchstanzahl wird die Satzungsnorm bzw. der Hauptversammlungsbeschluss aufrecht-

[378] Siehe unten unter C. VII. 1. c.

erhalten. Bei Teilnichtigkeit und Aufrechterhaltung des Rechtsgeschäfts im Übrigen kann – höchstens[379] – der nichtige Bestandteil des Rechtsgeschäfts umgedeutet werden. Bei geltungserhaltender Reduktion übermäßig vieler Entsendungsrechte kommt deshalb nur eine Umdeutung der zuviel eingeräumten Entsendungsrechte in Betracht.

Eine Umdeutung in ein der Wirkung von Entsendungsrechten vergleichbares, korporatives Rechtsgeschäft scheidet wiederum aus. Eine Umdeutung des satzungsändernden Hauptversammlungsbeschlusses in einen schuldrechtlichen Vertrag der Gesellschafter untereinander kommt mangels übereinstimmender Willenserklärungen der abstimmenden Aktionäre abermals nicht in Betracht. Lediglich die Entsendungsklausel der Ursprungssatzung ist einer Umdeutung zugänglich. In Betracht kommt eine Umdeutung der übermäßig viel eingeräumten Entsendungsrechte wiederum in einen Stimmbindungsvertrag der Gesellschafter untereinander, dieses Mal jedoch zugunsten eines Mitgesellschafters.[380]

(2) Gesamtnichtigkeit

Die Entsendungsklausel der Ursprungssatzung bzw. der satzungsändernde Hauptversammlungsbeschluss sind allerdings insgesamt nichtig, wenn Entsendungsrechte zugunsten verschiedener Entsender eingeräumt werden und die Nichtigkeitsfolgen deshalb nicht objektiv, gemessen am Zweck der Nichtigkeitsnorm auf nur einen Teil des Rechtsgeschäfts angewendet werden können.

Es kommt jedoch eine Umdeutung des gesamtnichtigen Rechtsgeschäfts in Entsendungsrechte in noch zulässiger Anzahl in Betracht. Dies setzt insbesondere voraus, dass eine derartige Umdeutung von den Gesellschaftern gewollt war bzw. ihrem hypothetischen Willen entspricht. Mithin kommt es darauf an, ob sich anhand objektiver, in der Satzung zumindest angedeuteter Umstände ermitteln lässt, dass und welchem Entsender die Haupt- bzw. Gründerversammlung Vorrang gegenüber anderen Entsendern hätte zukommen lassen, wenn sie um die Nichtigkeit der Entsendungsrechte gewusst hätte. Im Gegensatz zur geltungserhaltenden

[379] Zum Meinungsstand bzgl. der Anwendbarkeit von § 140 auf den teilnichtigen Bestandteil eines Rechtsgeschäft vgl. *Roth*, in: Staudinger, BGB, § 140 Rn. 14; *Hefermehl*, in: Soergel, BGB, § 140 Rn. 28; *Krampe*, Die Konversion des Rechtsgeschäfts, S. 285.

[380] Zur grundsätzlichen Zulässigkeit von Stimmbindungsverträgen mit Aktionären und ihren Grenzen siehe unten unter C. VII. 1.

Reduktion durch normzweckorientierte Auslegung der Nichtigkeitsnorm kommt es bei der Umdeutung also nicht auf eine objektive, quantitative Teilbarkeit des nichtigen Rechtsgeschäfts an. Es steht vielmehr der hypothetische Parteiwille im Vordergrund. Lässt sich nicht ermitteln, ob die Hauptversammlungmehrheit bzw. die Gründungsgesellschafter Entsendungsrechte nur für einen Teil der ursprünglich Entsendungsberechtigten hätten einräumen wollen, scheidet eine Umdeutung in ein anderes korporatives Rechtsgeschäft aus.

Möglich bleibt dann wiederum die Umdeutung von Entsendungsklauseln der Ursprungssatzung – nicht des nichtigen Hauptversammlungsbeschlusses – in Stimmbindungsverträge der Gesellschafter zugunsten des jeweiligen entsendungsberechtigten Gesellschafters im Umfang seiner jeweils anvisierten Entsendungsmacht.

d. Verstoß gegen Gebot vinkulierter Namensaktien

Inhabergebundene Entsendungsrechte, die nicht mit vinkulierten Namensaktien verbunden sind, sind insgesamt nichtig. Sie können möglicherweise jedoch in persönliche Entsendungsrechte umgedeutet werden.

Beim inhabergebundenem wie auch beim persönlichen Entsendungsrecht handelt es sich um korporative, mit der Verbandsmitgliedschaft verbundene Sonderrechte. Beide setzen mithin eine Übereinkunft der Gründungsgesellschafter bzw. einen positiven, satzungsändernden Hauptversammlungsbeschluss voraus. In ihren formellen wie materiellen Voraussetzungen stimmen beide Rechtsgeschäfte mithin überein.

Darüber hinaus dürfte das persönliche Entsendungsrecht in seinen Rechtswirkungen nicht über die des inhabergebundenen Entsendungsrechts hinausgehen. Beide Vorzugsrechte vermitteln dem privilegierten Aktionär eine alle Gesellschaftsorgane bindende Bestellungsmacht im Hinblick auf die Besetzung des Aufsichtsrats. Während das inhabergebundene Entsendungsrechte jedoch mit Übertragung des Aktieneigentums auf den Erwerber übergeht, steht das persönliche Entsendungsrecht grundsätzlich nur dem aktuellen Entsender zu und kann nicht übertragen werden. In der Regel erlischt es, sobald der Entsendungsberechtigte seine Aktionärsstellung verliert.[381] Die Rechtswirkungen des

---

[381] Zu einer möglichen Übertragung im Wege der Gesamtrechtsnachfolge siehe unten unter E. II. 4. b.

persönlichen Entsendungsrechts gehen folglich nicht nur nicht über diejeniegen des inhabergebundenen Entsendungsrechts hinaus, sondern bleiben in Teilaspekten sogar dahinter zurück.

Ergibt eine verobjektivierte Auslegung der Entsendungsklausel bzw. des satzungsändernden Hauptversammlungsbeschlusses zudem, dass der Satzungsgeber bei Kenntnis von der Nichtigkeit des inhabergebundenen Entsendungsrechts ein persönliches Entsendungsrecht geschaffen hätte, kann die Entsendungsklausel entsprechend umgedeutet werden.

e. Verstoß gegen Gebot statutarischer Regelung

Schuldrechtliche Vereinbarungen, durch die korporative Entsendungsrechte begründet werden sollen, entfalten von Anfang an keine korporative Wirkung. Mangels Eintragung scheidet eine Heilung gem. § 242 Abs. 2 AktG von vornherein aus. Schuldrechtliche Entsendungsrechtsvereinbarung sind also stets einer Umdeutung – wiederum in einen Stimmbindungsvertrag – zugänglich.

f. Ergebnis

Nichtige Entsendungsrechte können in inhaltlich gleichartige Rechtsgeschäfte umgedeutet werden. Dies jedoch nur, wenn eine Heilung gem. bzw. analog § 242 nicht (mehr) in Betracht kommt. Dabei ist nach Art des Verstoßes gegen § 101 Abs. 2 AktG sowie nach Art des Einräumungsaktes zu unterscheiden.

6. Aufrechterhaltung nichtiger Entsendungsrechte

Werden fehlerhaft eingeräumte Entsendungsrechte gem. § 242 Abs. 2 AktG geheilt, war der Entsender von Anfang an zur Entsendung von Aufsichtsratsmitgliedern berechtigt und der zunächst fehlerhaft Entsandte wird ex tunc wirksam bestelltes Mitglied des Aufsichtsrats.[382] Ist jedoch (noch) keine Heilung eingetreten oder aber eine Heilung unmöglich geworden, wurden Aufsichtsratsmitglieder ohne wirksame satzungsmäßige Grundlage entsandt, so dass ihre Entsendung und die dadurch er-

[382] Vgl. *Casper*, in: Spindler/Stilz, AktG, § 242 Rn. 15.

folgte Besetzung des Aufsichtsrats grundsätzlich von Anfang an unwirksam sind.[383]

Aus der Ex-tunc-Nichtigkeit des Entsendungsrechts und der darauf basierenden nichtigen Bestellung von Aufsichtsratsmitgliedern ergeben sich jedoch gravierende Rückabwicklungsprobleme. Obgleich das entsandte Aufsichtsratsmitglied nie wirksam zum Organ bestellt wurde und damit von Anfang an kein rechtlich wirksames Organverhältnis zwischen ihm und der Gesellschaft bestand, ist es gleichwohl faktisch als Organ tätig geworden. Der fehlerhaft Entsandte hat Personal-, Überwachungs-, Organisations-, Zustimmungs- und Mitwirkungskompetenzen[384] des Aufsichtsrats wahrgenommen und dadurch die korporativen Innenverhältnisse der Gesellschaft mitgestaltet. Aber auch auf die Außenrechtsbeziehungen der Gesellschaft hat er im Rahmen der (wenigen) Vertretungsbefugnisse des Aufsichtsrats Einfluss genommen. Mangels wirksamen Bestellungsakts war er dabei allerdings weder an Sorgfalts- oder Treu-, noch an Verschwiegenheitspflichten gebunden. Ohne rechtliche Bindung wäre die Gesellschaft einem möglichen Fehlverhalten des Entsandten schutzlos ausgeliefert. Zudem bestünde die Gefahr, dass insbesondere die Bestellung von Vorstandsmitgliedern (§ 84 AktG), Zustimmungsbeschlüsse (§ 111 Abs. 4 AktG), Jahresabschlüsse (§§ 171, 172 AktG) und darauf basierende Gewinnverwendungsbeschlüsse (§ 174 AktG), Maßnahmen zur Vorbereitung der Hauptversammlung (§§ 111 Abs. 3, 124 Abs. 3 AktG) sowie deren Leitung von der fehlerhaften Aufsichtsratsbestellung infiziert werden und diese Aufsichtsratsmaßnahmen ex tunc als unwirksam betrachtet werden müssten.[385]

a. Aufrechterhaltung nach der Lehre vom fehlerhaften Organ

Um derartige Rückabwicklungsprobleme zu vermeiden, könnte auf die Lehre vom fehlerhaften Organ zurückgegriffen werden. Danach ist ein fehlerhaft bestelltes Organ, das seine Bestellung angenommen und sein

383 *Habersack*, in: MünchKomm-AktG, § 101 Rn. 68; *Simons*, in: Hölters, AktG, § 101 Rn. 55; *Spindler*, in: Spindler/Stilz, AktG, § 101 Rn. 66; *Henssler*, in: Henssler/Strohn, GesellschaftsR, § 101 AktG, Rn. 7.

384 Zu Aufgaben des Aufsichtsrats vgl. *Habersack*, in: MünchKomm-AktG, § 116 Rn. 17 ff.; *Koch*, in: Hüffer, AktG, § 111 Rn. 2 ff.; *Hambloch-Gesinn/Gesinn*, in: Hölters, AktG, § 111 Rn. 2; *Hoffmann-Becking*, in: MünchHdbGesR-AG, § 29 Rn. 1 ff.

385 Vgl. *Happ*, in: FS Hüffer (2010), S. 293, 298 ff.

Mandat tatsächlich ausgeübt hat, bis zur Beendigung seiner Organstellung als wirksam bestelltes Organ zu behandeln.[386] Während dieser Lösungsansatz bei fehlerhafter Vorstandsbestellung nach allgemeiner Ansicht zur Vermeidung von Rückabwicklungsproblemen generell heranzuziehen ist,[387] ist seine Anwendung auf fehlerhafte Aufsichtsratsbestellungen hingegen umstritten.

(1) Restriktive Haltung des BGH

In der obergerichtlichen Rechtsprechung[388] und weiten Teilen der Literatur[389] wird die Lehre vom fehlerhaften Organ auch auf fehlerhaft bestellte Aufsichtsratsmitglieder angewendet. Der BGH[390] und verschiedene Stimmen im Schrifttum[391] lehnen eine – im Ergebnis zumindest umfassende – Anwendung der Lehre vom fehlerhaften Organ auf Aufsichts-

[386] Dazu *Habersack*, in: MünchKomm-AktG, § 101 Rn. 68 ff; *Koch*, in: Hüffer, AktG, § 84 Rn. 12 f.; *Simons*, in: Hölters, AktG, § 101 Rn. 48 ff.; *Hopt/Roth*, in: Großkomm-AktG, § 101 Rn. 216 ff.; *Stein*, Das faktische Organ, S. 100 ff.; *Wiesner*, in: MünchHdbGesR-AG, § 20 Rn. 40; *Schürnbrand*, Organschaft im Recht der privaten Verbände, S. 267 ff.; *Bayer/Lieder*, NZG 2012, 1, 2 ff.

[387] *Spindler*, in: MünchKomm-AktG, § 84 Rn. 237 ff.; *Weber*, in: Hölters, AktG, § 84 Rn. 29 ff.; *Koch*, in: Hüffer, AktG, § 84 Rn 12; *Fleischer*, in: Spindler/Stilz, AktG, § 84 Rn. 20 ff.; *Wiesner*, in: MünchHdbGesR-AG, § 20 Rn. 38 ff.

[388] OLG Frankfurt a.M. v. 20.10.2010 – 23 U 121/08, ZIP 2011, 24, 27; sympathisierend auch OLG Köln v. 23.2.2011 – 2 Wx 41/11, NZG 2011, 507, 510 (II. 2. d)).

[389] *Drygala*, in: Schmidt/Lutter, AktG, § 101 Rn. 35 ff.; *Habersack*, in: MünchKomm-AktG, § 101 Rn. 69 ff.; *Spindler*, in: Spindler/Stilz, § 101 Rn. 116; *Happ*, in: FS Hüffer (2010), S. 293, 305 ff.; *Schürnbrand*, Organschaft im Recht der privaten Verbände, S. 289 ff.; *Ders.*, NZG 2008, 609; 610; *Ders.*, NZG 2013, 481, 482 ff.; *Priester*, GWR 2013, 175, 176 f.; *Bayer/Lieder*, NZG, 2012, 1, 6 f.; *Rieckers*, AG 2013, 383, 385; *Kort*, Der Aufsichtsrat 2011, 84 f.; *Zöllner*, AG 2004, 397, 404; i.E. auch *Koch*, in: Hüffer, AktG, § 101 Rn. 22; wohl auch *Stein*, Das faktische Organ, S.119 f. u. *Schäfer*, Die Lehre vom fehlerhaften Verband, S. 474 Fn. 210, S. 481 ff.

[390] BGH v. 19.2.2013 – II ZR 56/12, NJW 2013, 1535, 1537. Der BGH spricht insoweit lediglich von einer Anwendung der „Grundsätze der fehlerhaften Bestellung“, vgl. vorstehend Rn. 19 sowie BGH v. 3.7.2006 – II ZR 151/04, NJW-RR 2006, 1410, 1413.

[391] *K. Schmidt*, in: Großkomm-AktG, § 250 Rn. 31; *Hopt/Roth*, in: Großkomm-AktG, § 101 Rn. 216 ff. (die jedoch zwischen Anfechtbarkeit und Nichtigkeit unterscheiden, vgl. Rn. 228); *Mertens/Cahn*, in: KölnKomm-AktG, § 101 Rn. 107 ff.; *Stilz*, in: Spindler/Stilz, AktG, § 250 Rn. 21; *Semler*, in: MünchHdbGesR-AG (3. Aufl.), § 41 Rn. 112; *Vetter*, in: Marsch-Barner/Schäfer, Hdb börsennotierte AG, § 25 Rn. 73 ff.; *Ders.*, ZIP 2012, 701, 704 ff.; wohl auch *Marsch-Barner*, in: FS K. Schmidt (2009), S. 1109, 1124 ff.

ratsmitglieder hingegen ab: Zwar soll das fehlerhaft bestellte Aufsichtsratsmitglied den Pflichten und damit einhergehend auch der Haftung gem. §§ 116, 93 AktG unterliegen,[392] während ihm im Gegenzug ein Anspruch auf Vergütung gem. § 113 AktG zugestanden wird;[393] zudem sollen auch für das fehlerhafte Organ die Restritkionen gem. § 114 AktG gelten.[394] Im Hinblick auf eine tatsächlich erfolgte Stimmabgabe soll das fehlerhaft bestellte Aufsichtsratsmitglied hingegen wie ein Nichtmitglied behandelt werden.[395] Aufsichtsratsbeschlüsse sind dieser restriktiven Ansicht nach deshalb unwirksam, wenn der Aufsichtsrat ohne das fehlerhafte Organ beschlussunfähig war oder die erforderliche Stimmenmehrheit nicht erreicht wurde.[396] Außenstehende Dritte würden mitunter hinreichend über Vertrauensgrundsätze geschützt.[397]

Zur Begründung dieser restriktiven Haltung wird vorgebracht, dass die in § 250 Abs. 1 AktG festgelegte Ex-Tunc-Nichtigkeit vollends ausgehöhlt werden würde, wenn die Tätigkeit des fehlerhaft bestellten Aufsichtsratsmitglieds insgesamt als wirksam anerkannt werden würde.[398] Zudem könnten sich andere Organe andernfalls nicht auf die Nichtigkeit der

---

392 BGH v. 19.2.2013 – II ZR 56/12, NJW 2013, 1535, 1537 (Rn. 19); *Hopt/Roth*, in: Großkomm-AktG, § 101 Rn. 216 f.; *K. Schmidt*, in: Großkomm-AktG, § 250 Rn. 29.; *Mertens/Cahn*, in: KölnKomm-AktG, § 101 Rn. 108; *Vetter*, ZIP 2012, 701, 708; *Marsch-Barner*, in: FS K. Schmidt (2009), S. 1109, 1125 f.

393 *Hopt/Roth*, in: Großkomm-AktG, § 101 Rn. 219; *Mertens/Cahn*, in: KölnKomm-AktG, § 101 Rn. 109.

394 BGH v. 3.7.2006 – II ZR 151/04, NJW-RR 2006, 1410, 1413; *Mertens/Cahn*, in: KölnKomm-AktG, § 101 Rn. 109.

395 BGH v. 19.2.2013 – II ZR 56/12, NJW 2013, 1535, 1537; *Hopt/Roth*, in: Großkomm-AktG, § 101 Rn. 216, 220 ff.; *Bürgers/Israel*, in: Bürgers/Körber, AktG, § 101 Rn. 3; *Mertens/Cahn*, in: KölnKomm-AktG, § 101 Rn. 111; *K. Schmidt*, in: Großkomm-AktG, § 250 Rn. 31; *Simons*, in: Hölters, AktG, § 101 Rn. 51 f.; *Vetter*, ZIP 2012, 701, 707 f.; zumindest die Argumentation des BGH befürwortend *Koch*, in: Hüffer, AktG, § 101 Rn. 22.

396 *Hopt/Roth*, in: Großkomm-AktG, § 101 Rn. 222. Zu Rückausnahmen von diesem Grundsatz vgl. BGH v. 19.2.2013 – II ZR 56/12, NJW 2013, 1535, 1537 (Rn. 25); *Koch*, in: Hüffer, AktG, § 101 Rn. 20 m.w.N. auch zur Gegenansicht; *Marsch-Barner*, in: FS K. Schmidt (2009), S. 1109, 1126 ff.; *Priester*, GWR 2013, 175, 176; *Vetter*, ZIP 2012, 701, 708 ff.

397 BGH v. 19.2.2013 – II ZR 56/12, NJW 2013, 1535, 1537 (Rn. 19); *Hopt/Roth*, in: Großkomm-AktG, § 101 Rn. 221; *Vetter*, ZIP 2012, 701, 709 f.

398 BGH v. 19.2.2013 – II ZR 56/12, NJW 2013, 1535, 1537 (Rn. 20); *Koch*, in: Hüffer, AktG, § 101 Rn. 22.

Bestellung berufen und dadurch schützenswerte Interessen oder sogar organschaftliche Pflichten nicht hinreichend wahrnehmen.[399]

(2) Hinreichend zurechenbare Willensäußerung

Im Sonderfall fehlerhafter Aufsichtsratsbestellung aufgrund nichtiger Entsendungsrechte stellt sich jedoch nicht nur die Frage, ob die Lehre vom fehlerhaften Organ im Hinblick auf fehlerhafte Aufsichtsratsbestellungen überhaupt Anwendung findet. Darüber hinaus ist fraglich, ob die Aufrechterhaltung der Organbesetzung bei fehlerhafter Entsendung überhaupt durch eine der Gesellschaft hinreichend zurechenbare Willensäußerung gerechtfertigt ist.[400]

Der Entsandte wird aufgrund der Bestellung durch den vermeintlich Entsendungsberechtigten tätig. Die satzungsmäßige Einräumung von Entsendungsrechten ist jedoch nichtig, so dass der Entsender noch nicht einmal satzungsmäßig berufenes Bestellungsorgan, sondern insgesamt unzuständig ist. Ob die Lehre vom fehlerhaften Organ auch bei Bestellung durch ein für die Bestellung grundsätzlich nicht zuständiges Organ eingreift, wird unterschiedlich beurteilt.[401] Bei Bestellung durch Entsendung kommt noch erschwerend hinzu, dass der Entsendungsberechtigte – wenn man ihn denn als (Quasi-)Gesellschaftsorgan anerkennt[402] – mangels wirksamer Begründung von Entsendungsrechten nicht nur unzuständiges Organ, sondern überhaupt kein (Quasi-)Gesellschaftsorgan ist. Bei der Bestellung von Aufsichtsratsmitgliedern wird er deshalb als „Nichtorgan“ tätig.

Wendet man sich ab von einer rein formal auf Zuständigkeitsgesichtspunkte abstellenden Betrachtungsweise hin zu materiellen Aspekten,[403]

---

[399] BGH v. 19.2.2013 – II ZR 56/12, NJW 2013, 1535, 1537 (Rn. 23).

[400] Zum Erfordernis einer fehlerhaften Willensäußerung bzw. eines fehlerhaften Beschlusses *Weber*, in: Hölters, AktG, § 84 Rn. 29, 32; *Stein*, Das faktische Organ, S. 121 f.; *Baums*, Der Geschäftsleitervertrag, S. 158 ff.; *Wiesner*, in: MünchHdbGesR-AG, § 20 Rn. 40.

[401] Dagegen *Hopt/Roth*, in: Großkomm-AktG, § 93 Rn. 363; *Stein*, Das faktische Organ, S. 121; dafür *Baums*, Der Geschäftsleitervertrag, S. 158; *Schürnbrand*, Organschaft im Recht der privaten Verbände, S. 275; *Bayer/Lieder*, NZG 2012, 1, 3; Vgl. auch BGH v. 20.2.1995 – II ZR 143/93, BGHZ 129, 30, 32 = NJW 1995, 1290, 1291.

[402] Zur Organqualität des Entsendungsberechtigten siehe oben unter C. I. 1.

[403] Vgl. *Schürnbrand*, Organschaft im Recht der privaten Verbände, S. 275 f.; *Bayer/Lieder*, NZG 2012, 1, 3.

könnte man auch im Fall der Bestellung mittels Entsendung durch ein „Nichtorgan“ zu dem Schluss gelangen, dass der vermeintliche Bestellungsakt der Gesellschaft hinreichend zurechenbar ist. Denn die fehlerhafte Entsendung geht auf eine fehlerhafte Einräumung von Entsendungsrechten zurück, welche wiederum Folge eines fehlerhaften Hauptversammlungsbeschlusses bzw. eines fehlerhaften Gründungsvertrags ist. Im weitesten Sinn kann also von einer – mittelbaren – Zurechenbarkeit gesprochen werden, so dass eine Aufrechterhaltung der fehlerhaften Bestellung aufgrund nichtiger Entsendungsrechte nicht bereits mangels hinreichend zurechenbarer Willensäußerung ausscheidet.

(3) Kein Fall fehlerhafter Organbestellung

Bei dem Sonderfall der fehlerhaften Bestellung von Aufsichtsratsmitgliedern aufgrund nichtiger Entsendungsrechte handelt es sich jedoch insgesamt nicht um einen Fall „bloß“ fehlerhafter Organbesetzung. Die Lehre vom fehlerhaften Organ findet hier deshalb von vornherein keine Anwendung.

Die wesentliche Ursache für die Fehlerhaftigkeit der Organbestellung liegt nämlich nicht im Bestellungsakt an sich; sie ist vielmehr zwangsläufige Folge der bereits fehlerhaften satzungsmäßigen Bestellungskompetenzverlagerung von der Hauptversammlung auf den Entsendungsberechtigten. Die Fehlerquelle ist also unmittelbar in der Satzung und damit auf einer viel grundlegenderen, korporativen Ebene zu verorten. Deshalb erschöpft sich der gesetzeswidrige Akt im Fall fehlerhaft eingeräumter Entsendungsrechten – anders als beim „fehlerhaften Organ“ – gerade nicht in einer einmaligen Bestellung; vielmehr determiniert die nichtige Satzungsnorm dauerhaft die zukünftige organisatorische Verfasstheit der Gesellschaft und wird durch die – ggf. wiederholte – Entsendung und die anschließende organschaftliche Tätigkeit des entsandten Aufsichtsratsmitglieds stetig aufs Neue vollzogen. Müsste die Entsendung und damit die gesamte organschaftliche Tätigkeit fehlerhaft entsandter Aufsichtsratsmitglieder als unwirksam betrachtet werden, würde die Wirksamkeit der Aufsichtsratsaktivitäten nicht nur innerhalb eines Bestellungszyklusses, sondern schlimmstenfalls über mehrere Besetzungsperioden hinweg in Frage gestellt.

Die fehlerhafte Entsendung aufgrund nichtiger Entsendungsrechte unterscheidet sich von der bloß fehlerhaften Organbestellung deshalb nicht nur im Hinblick auf ihre Ursache, sondern auch bzgl. ihrer Auswirkungen. Sie weist mithin eine wesentlich höherere Fehlerqualität und aufgrund dessen eine stärker ausgeprägte Rückabwicklungsproblematik auf.

Deshalb ist es erforderlich und gerechtfertigt, die fehlerhafte Bestellung von Aufsichtsratsmitgliedern aufgrund nichtiger Entsendungsrechte vom Anwendungsbereich der Lehre vom fehlerhaften Organ auszunehmen. Vielmehr sind die Wertungen der Lehre von der fehlerhaften Gesellschaft[404] fruchtbar zu machen und die daraus – wenn bisher auch nur fragmentarisch – entwickelten Grundsätze fehlerhafter Strukturänderungen[405] auch auf die fehlerhafte Einräumung von Entsendungsrechten anzuwenden.

b. Aufrechterhaltung nach der Lehre von der fehlerhaften Gesellschaft

Die Lehre von der fehlerhaften Gesellschaft ist in Rechtsprechung und Lehre dem Grunde nach allgemein anerkannt, wenn auch im Hinblick auf ihre dogmatische Begründung sowie Anwendungsvoraussetzungen und Rechtsfolgen im Detail weiterhin Uneinigkeit besteht.[406]

---

[404] Grundlegend BGH v. 24.10.1951 – II ZR 18/51, BGHZ 3, 285 = NJW 1952, 97; zusammenfassend BGH v. 29.6.1970 – II ZR 158/69, BGHZ 55, 5 = NJW 1971, 375, 377; *Ulmer/Schäfer*, in: MünchKomm-BGB, § 705 Rn. 323 ff.; *Roth*, in: Baumbach/Hopt, HGB, § 105 Rn. 75 ff.; *Schäfer*, Die Lehre vom fehlerhaften Verband, S. 120 ff.; *K. Schmidt*, Gesellschaftsrecht, § 6 S. 136 ff.; zur Entwicklung der Lehre von der fehlerhaften Gesellschaft siehe *Schäfer*, Die Lehre vom fehlerhaften Verband, S. 71 ff.; *Kort*, Bestandsschutz fehlerhafter Strukturänderungen im Kapitalgesellschaftsrecht, S. 5 ff.; *Flume*, Die Personengesellschaft, § 2 III S. 13 ff.

[405] Vgl. BGH v. 14.12.1987 – II ZR 170/87, BGHZ 103, 1 = NJW 1988, 1326 f.; v. 11.11.1991 – II ZR 287/90, BGHZ 116, 37 = NJW 1995, 505 (beide Male zum fehlerhaften Beherrschungs- und Gewinnabführungsvertrag); OLG Frankfurt a.M. v. 7.7.2009 – 5 U 152/08, NZG 2010, 185, 186; v. 5.11.2007 – 5 W 22/07, BeckRS 2007, 18779; *K. Schmidt*, in: Großkomm-AktG, § 248 Rn. 7; *Göz*, in: Bürgers/Körber, § 248 Rn. 9; *Hüffer*, in: MünchKomm-AktG, § 248 Rn. 12 ff., 18 ff.; *Heidel*, in: Heidel, AktG, § 248 Rn. 5; *Koch*, in: Hüffer, AktG, § 248 Rn. 7a; *Schürnbrand*, Organschaft im Recht der privaten Verbände, S. 269; *Schäfer*, Die Lehre vom fehlerhaften Verband, S. 289 ff; *Kort*, Bestandsschutz fehlerhafter Strukturänderungen im Kapitalgesellschaftsrecht, S. 98 f.; *Ders.*, DStR 2004, 185 f.; Zu weiteren Facetten der Lehre von der fehlerhaften Gesellschaft siehe bspw. *Zöllner*, AG 1993, 69, 74 f. sowie *Kort*, ZGR 1994, 291, 306 ff. (beide zur fehlerhaften Kapitalerhöhung); Abweichend *Hommelhoff*, ZHR 158 (1994), 11 ff.

[406] Überblick über dogmatische Grundlagen bei *Ulmer/Schäfer*, in: MünchKomm-BGB, § 705 Rn. 347 ff.; *Wiesner*, Die Lehre von der fehlerhaften Gesellschaft, S. 42 ff.; *Kort*, Bestandsschutz fehlerhafter Strukturänderungen im Kapitalgesell-

Anlass für ihre Entwicklung sind die tatsächlichen wie rechtlichen Probleme, mit denen die (vermeintlichen) Gesellschafter sowie außenstehende Dritte bei der Rückabwicklung einer fehlerhaften, aber in Vollzug gesetzten (Personen-)Gesellschaft konfrontiert sind.[407]

Für Kapitalgesellschaften stellt sich die Frage nach einer Vermeidung von Rückabwicklungsproblemen wegen fehlerhafter Gesellschaftsgründung erst gar nicht:[408] Dort haben Gründungsmängel insgesamt keinen Einfluss auf die Wirksamkeit des Gesellschaftsvertrags bzw. die Errichtung der Gesellschaft als solche. Nur bestimmte, besonders gravierende Satzungsmängel können mit Wirkung nur für die Zukunft im Wege der Nichtigkeitsklage[409] gem. §§ 275-277 AktG, 75-77 GmbHG geltend gemacht werden und so zur Auflösung der Gesellschaft ex nunc führen. Dieser Mechanismus – Aufrechterhaltung der Gesellschaft für die Vergangenheit mit Auflösungsmöglichkeit für die Zukunft – wird durch der Lehre von der fehlerhaften Gesellschaft aufgegriffen und auf das Personengesellschaftsrecht übertragen.

Zur Begründung[410] der Lehre von der fehlerhaften Gesellschaft wird zum einen vorgebracht, dass eine Rückabwicklung der Gesellschaft praktisch wie rechtlich schwierig, wenn nicht gar unmöglich sei und deshalb sowohl die Gesellschafter (Bestandsschutz) als auch der Rechtsverkehr (Verkehrsschutz) ein schützenswertes Interesse an der Aufrechterhaltung der Gesellschaft haben.[411]

---

schaftsrecht, S. 6 ff.; *Schäfer*, Die Lehre vom fehlerhaften Verband, S. 121 ff.; *Goette*, DStR 1996, 266 ff.

407 Vgl. ausführlich dazu *Schäfer*, Die Lehre vom fehlerhaften Verband, S. 22 ff.

408 Dazu *Schäfer*, Die Lehre vom fehlerhaften Verband. S. 18 f.; *Wiedemann*, Gesellschaftsrecht I, § 3 I 2 a S. 148 f.; *Kort*, Bestandsschutz fehlerhafter Strukturänderungen im Kapitalgesellschaftsrecht, S. 24 ff.

409 Siehe auch die registerrechtlichen Parallelvorschriften zur registergerichtliche Nichtigkeitslöschung gem. § 397 FamFG bzw. zur Gesellschaftsauflösung durch Feststellung eines Satzungsmangels gem. §§ 399 FamFG, 262 Abs. 1 Nr. 5 AktG.

410 Zu weiteren, teilweise überholten Begründungsansätzen siehe *Wiesner*, Die Lehre von der fehlerhaften Gesellschaft, S. 42 ff.

411 *Schultze-v. Lasaulx*, in: Soergel, BGB (10. Aufl.), § 705 Rn. 91; *Hadding/Kießling*, in: Soergel, BGB, § 705 Rn. 70, 85; *Schäfer*, in: Großkomm-HGB, § 105 Rn. 317; siehe auch m.w.N. *Kort*, Bestandsschutz fehlerhafter Strukturänderungen im Kapitalgesellschaftsrecht, S. 10 ff.

Zum anderen wird alternativ[412] oder kumulativ[413] zur Rückabwicklungsproblematik die Doppelnatur des Gesellschaftsvertrags als schuldrechtlicher und organisationsrechtlicher Vertrag betont.[414] Die Gesellschafter gingen mit Abschluss des Gesellschaftsvertrags nicht nur schuldrechtliche Beziehungen untereinander ein, sondern würden zudem eine eigenständige, überindividuelle Organisations- und Handlungseinheit schaffen. Indem der Gesellschaftsvertrag die Beziehungen der Gesellschafter untereinander regele, weise er einerseits schuldrechtliche Merkmale auf. Andererseits habe er organisationsrechtlichen Charakter, da er ein von den Gesellschaftern verschiedenes Rechtssubjekt zum Entstehen bringe.[415] Die gemeinen zivilrechtlichen, ex tunc-wirkenden Anfechtungs- und Nichtigkeitsgründe seien jedoch mit Blick auf rein relativ-schuldrechtlich wirkende Rechtsbeziehungen geschaffen worden. Auf fehlerhafte Gesellschaftsverträge mit schuldrechtlich-organisationsrechtlicher Doppelnatur würden sie deshalb nicht passen und in der Folge bei unbesehener Anwendung zu untragbaren Rückabwicklungsproblemen führen.

Sobald (1.) eine auf hinreichend zurechenbarer Willensäußerung basierende, (2.) fehlerhafte Gesellschaft (3.) in Vollzug gesetzt ist,[416] können Gründungsmängel deshalb nur mit Wirkung für die Zukunft geltend gemacht werden, es sei denn, (4.) höherrangige Interessen[417] der Allgemeinheit oder Einzelner stehen einer Aufrechterhaltung der Gesellschaft

---

412 Wohl für einen Antagonismus beider Begründungsansätze *Koch*, in: Hüffer, AktG, § 275 Rn. 3; *Roth*, in: Baumbach/Hopt, HGB, § 105 Rn. 76; *Schäfer*, in: Großkomm-HGB, § 705 Rn. 326; *Oetker*, Das Dauerschuldverhältnis und seine Beendigung, S 430; *Paschke*, ZHR 155 (1991), 1, 5 f.

413 *Kort*, Bestandsschutz fehlerhafter Strukturänderungen im Kapitalgesellschaftsrecht, S. 18 ff., 24, 29; *Hadding/Kießling*, in: Soergel, BGB, § 705 Rn. 88; wohl auch *Westermann*, in: Erman, BGB, § 705 Rn. 74.

414 *Schäfer*, in: Großkomm-HGB, § 105 Rn. 326; *Koch*, in: Hüffer, AktG, § 275 Rn. 3; *Wiedemann*, ZGR 1996, 286 ff.; *Wiesner*, Die Lehre vom fehlerhaften Verband, S. 89 ff.; *Flume*, Die Personengesellschaft, § 2 I S. 11 ff.;

415 *Wiesner*, Die Lehre von der fehlerhaften Gesellschaft, S. 81 ff.

416 Zu unterschiedlichen Subsumtionsansätzen bzgl. „Invollzugsetzung" siehe *Wiesner*, Die Lehre von der fehlerhaften Gesellschaft, S. 117 ff.

417 A.A. *Schäfer*, in: Großkomm-HGB, § 105 Rn. 337; *K. Schmidt*, Gesellschaftsrecht, § 6 III 3 S. 149 ff.

für die Vergangenheit entgegen.[418] Die Geltendmachung der Fehlerhaftigkeit erfolgt bei Personengesellschaften durch außerordentliche Kündigung gem. § 723 Abs. 1 Satz 2 BGB bzw. bei Personenhandelsgesellschaften im Wege der Auflösungsklage gem. §§ 133, 131 Abs. 1 Nr. 4 HGB mit anschließender Liquidation der Gesellschaft gem. §§ 730 ff. BGB oder durch Ausschließungsklage gem. § 140 HGB. [419]

Da sich ähnliche Rückabwicklungsprobleme nicht nur bei Gründungsfehlern, sondern auch bei späteren fehlerhaften Änderungen des Gesellschaftsvertrags mit organisationsrechtlicher Wirkung[420] stellen, wird die Lehre von der fehlerhaften Gesellschaft auch auf derartige verbandsrechtliche Maßnahmen erstreckt.[421]

c. *Aufrechterhaltung als fehlerhafte Strukturänderung*

In Anlehnung an die Lehre von der fehlerhaften Gesellschaft haben Rechtsprechung und Literatur[422] das Schema von vergangenheitsbezoge-

---

418 *K. Schmidt,* in: MünchKomm-HGB, § 105 Rn. 234 ff.; *Ulmer/Schäfer,* in: MünchKomm-BGB, § 705 Rn. 327 ff.; *Hadding/Kießling,* in: Soergel, BGB, § 705 Rn. 71; *Wiedemann,* Gesellschaftsrecht II, § 2 V 3 S. 155 ff.

419 *Ulmer/Schäfer,* in: MünchKomm-BGB, § 705 Rn. 345; *K. Schmidt,* in: MünchKomm-HGB, § 105 Rn. 245 ff.; *Wiesner,* Die Lehre von der fehlerhaften Gesellschaft, S. 126 ff., 163; *Schäfer,* Die Lehre vom fehlerhaften Verband, S. 173 ff.; zu den unterschiedlichen Ansichten bzgl. der Qualität eines „wichtigen Grundes" siehe einerseits BGH v. 24.10.1951 – II ZR 18/5,1 BGHZ 3, 285 = NJW 1952, 97; *Hadding/Kießling,* in: Soergel, BGB, § 705 Rn. 78; *Westermann,* in: Erman, BGB, § 705 Rn. 83; *Habermeier,* in: Staudinger, BGB, § 705 Rn. 67. andererseits *Flume,* Die Personengesellschaft, § 2 III S. 21 f.

420 Bspw. fehlerhafter Beitritt zur Gesellschaft; fehlerhaftes Ausscheiden.

421 Restriktiv BGH v. 10.12.1973 – II ZR 53/72, BGHZ 62, 20, 29 = NJW 1974, 498, 501; v. 14.4.1969 – II ZR 142/67, NJW 1969, 1483 (Verträge betreffend den „Status der Gesellschaft"); großzügiger *K. Schmidt,* in: MünchKomm-HGB, § 105 Rn. 248 ff., 252 (bejahend für alle Vertragsänderungen mit materiellem Gehalt); vgl. auch *Hadding/Kießling,* in: Soergel, BGB, § 705 Rn. 91 (entscheidend sei, „ob die fehlerhafte Änderung sich auf die Organisation der Gesellschaft [...] ausgewirkt hat"); *Schäfer,* in: Großkomm-HGB, § 105 Rn. 353 ff.; *Wiesner,* Die Lehre von der fehlerhaften Gesellschaft, S. 138 ff.; *Wiedemann,* Gesellschaftsrecht II, § 2 V 5 S. 161 ff.

422 *Kort,* Bestandsschutz fehlerhafter Strukturänderungen im Kapitalgesellschaftsrecht, S. 95 f., 123 ff.; *Wiedemann,* Gesellschaftsrecht I, § 3 I 3 S. 154 ff.; siehe auch *Ders.,* Gesellschaftsrecht II, § 2 V 5. S. 161 (Übertragung der Lehre von der fehlerhaften Gesellschaft für „alle verbandskonstituierenden Beschlüsse, also [...] Änderungen der Organisation (Einrichtung von Organen und Zuständigkeitsverteilung)" jedoch wohl mit Blick auf Personengesellschaften).

ner Bestandskraft und zukunftsorientierter Fehlergeltendmachung auch auf fehlerhafte Strukturänderungen in Kapitalgesellschaften angewandt.

(1) Übertragung der personengesellschaftsrechtlichen Argumentation

Für eine derartige Beschränkung von Nichtigkeitsfolgen auch im Kapitalgesellschaftsrecht spricht, dass sowohl Wirksamkeitsvoraussetzungen als auch Auswirkungen fehlerhafter verbandsrechtlicher Organisationsakte mit denen einer fehlerhafter Gesellschaftsgründung im Grunde übereinstimmen: Zum einen handelt es sich in beiden Fällen um einen Akt gemeinschaftlicher Willensbildung, durch den ein über die schuldrechtlichen Beziehungen der Gesellschafter hinausgehendes, von ihnen zu unterscheidenes korporatives Gebilde geschaffen bzw. in seinen prägenden Strukturen verändert wird; zum anderen ergeben sich aufgrund der Invollzugsetzung der Gesellschaft wie auch der Strukturänderung tatsächliche wie rechtliche Rückabwicklungsprobleme.

(2) Vorrang kapitalgesellschaftsrechtlicher Spezialregelungen

Zwar hat der Gesetzgeber mit den §§ 241 ff. AktG[423] bereits ein von den allgemeinen zivilrechtlichen Anfechtungs- und Nichtigkeitsnormen abweichendes, speziell auf die Bedürfnisse des Kapitalgesellschaftrechts zugeschnittenes System zur Regelung von Auswirkungen und Geltendmachung von Beschlussmängeln geschaffen.[424] Dieser Befund steht der Annahme einer gesetzlichen Regelungslücke und Schließung derselben im Hinblick auf eine mögliche Bestandskraft fehlerhafter Strukturänderungen für die Vergangenheit unter Rückgriff auf die Lehre von der fehlerhaften Gesellschaft allerdings nicht entgegen.

Die §§ 241 ff AktG enthalten zwar Sonderregeln für Beschlussmängel im Allgemeinen, eine Differenzierung zwischen verschiedenen Arten von Beschlüssen bzw. Beschlüssen mit verschieden intensiver korporativer Wirkung und damit einhergehender Rückabwicklungsproblematik findet

---

423 Zu nennen sind hier insbesondere die fristgebundene Anfechtungsklage sowie die fristungebundene Nichtigkeitsklage (§§ 246, 249 AktG), die Einschränkung der Geltendmachung von Informationsmängeln (§ 243 Abs. 4 AktG), die Verweisung von Streitigkeiten über die angemessene Höhe von Ausgleichs- und Abfindungszahlungen in das Spruchverfahren (bspw. §§ 304 Abs. 3, 305 Abs. 5 AktG, 320 lit. b Abs. 2 AktG, 327 lit. a AktG), die Überwindung der faktischen Registersperre mittels Durchführung eines Freigabeverfahrens (§ 246a AktG) sowie die Möglichkeit der Heilung nichtiger Hauptversammlungsbeschlüsse (§ 242 AktG).

424 Vgl. *Wiesner*, Die Lehre von der fehlerhaften Gesellschaft, S. 141.

jedoch nicht statt. Unterschiedslos werden einfache Gesellschafterbeschlüsse, unwesentliche Satzungsänderungen und Strukturänderungen unter dem Begriff des „Hauptversammlungsbeschlusses" abgehandelt, ohne auf die Besonderheiten fehlerhafter Strukturänderungen einzugehen.[425] Von einer erschöpfenden gesetzlichen Regelung der Bestandskraft bzw. Ex-tunc-Nichtigkeit fehlerhafter Hauptversammlungsbeschlüsse in Form der Strukturänderung kann also nicht die Rede sein.[426]

So sah es schon der historische Gesetzgeber bei erstmaliger Normierung des Beschlussmängelrechts mit der Aktienrechtsnovelle 1884:

„Insbesondere läßt sich nicht eine allgemeine Bestimmung darüber aufstellen, welche Wirkungen die Ungültigkeitserklärung des Beschlusses auf die in der Folge desselben etwa schon zur Ausführung gelangten Rechtshandlungen habe, ob sie auch die letzteren ungültig mache, und ob deren Ungültigkeit als von Anfang an eingetreten zu behandeln sei."[427]

Auch mit Blick auf die kapitalgesellschaftsrechtlichen Sonderregeln zum Bestandsschutz fehlerhafter Gesellschaftsgründungen (§§ 275 ff. AktG, 75 ff. GmbHG) liegt es nahe, fehlerhafte Strukturänderungen unter Rückgriff auf die Lehre von der fehlerhaften Gesellschaft ebenso mit Bestandsschutz auszustatten: Sowohl Gesellschaftsgründung wie auch Strukturänderungen bedürfen im Kapitalgesellschaftsrecht zu ihrer Wirksamkeit der Registereintragung und unterliegen zuvor der registergerichtlichen Kontrolle. Der Gesetzgeber misst beiden Vorgängen also eine derart hohe Bedeutung für den Bestand der korporativen Einheit bei, dass er sie einer präventiven registergerichtlichen Kontrolle unterzieht und anschließend an der registerlichen Publizität teilhaben lässt.

Zu beachten ist weiterhin, dass Rechtsprechung und Literatur im Personengesellschaftsrecht nicht nur fehlerhaften Gründungsakten, sondern auch fehlerhaften Strukturänderungen weitgehend Bestandsschutz zukommen lassen.[428] Wenn aber schon fehlerhafte Strukturänderungen im

---

425 So auch *Kort*, Bestandsschutz fehlerhafter Strukturänderungen im Kapitalgesellschaftsrecht, S. 96.

426 *K. Schmidt*, in: Großkomm-AktG, § 248 Rn. 6; *Heidel*, in: Heidel, AktG, § 248 Rn. 5; *Hüffer*, in: MünchKomm-AktG, § 248 Rn. 17; *Kort*, Bestandsschutz fehlerhafter Strukturänderungen im Kapitalgesellschaftsrecht, S. 96; vgl. auch *Hommelhoff*, ZHR 158 (1994), 11, 31.

427 Vgl. Begr. zur Aktienrechtsnovelle 1884, abgedruckt bei *Schubert/Hommelhoff*, Hundert Jahre modernes Aktienrecht, S. 468 f.

428 Siehe oben unter C. IV. 6. b.

Personengesellschaftsrecht Bestand haben sollen, so muss dies erst recht im Kapitalgesellschaftsrecht gelten: Durch eine Aufrechterhaltung fehlerhafter Strukturmaßnahmen werden Gesellschafter von Personengesellschaften aufgrund ihrer tendenziell intensiven persönlichen Beziehung untereinander wie auch zur Gesellschaft in weitaus größerem Maße belastet, als dies in tendenziell als Publikumsgesellschaft ausgestalteten Kapitalgesellschaften der Fall ist.

(3) Meinungsstand in Literatur und Rechtsprechung

Eine Ausweitung des Bestandsschutzgedankens auf fehlerhafte Strukturänderungen im Kapitalgesellschaftsrecht ist deshalb insgesamt gerechtfertigt. Stimmen in der Literatur sprechen denn auch bereits davon, die Grundsätze der Lehre von der fehlerhaften Gesellschaft hätten sich zu einem übergeordenten Prinzip des Verbandsrechts verdichtet und seien auf sämtliche mit Rückabwicklungsproblemen belastete Strukturänderungen im Personen- wie im Kapitalgesellschaftsrecht anzuwenden.[429]

Zumindest für den Fall fehlerhafter Kapitalmaßnahmen wird eine Übertragung der Grundsätze der Lehre von der fehlerhaften Gesellschaft weit überwiegend bejaht.[430] In der Rechtsprechung des BGH finden sich Ansätze zu einer Ausweitung der Grundsätze der fehlerhaften Gesellschaft

---

429 *Hüffer*, in: MünchKomm-AktG, § 248 Rn. 22; *Göz*, in: Bürgers/Körber, § 248 Rn. 9; *K. Schmidt*, in: Großkomm-AktG, § 248 Rn. 7; *Ders.*, Gesellschaftsrecht, § 6 IV S. 154 ff.; *Happ*, in: FS Hüffer (2010), S. 293, 305; *Kort*, Bestandsschutz fehlerhafter Strukturänderungen im Kapitalgesellschaftsrecht, S. 98 f.; *Ders.*, DStR 2004, 185 f.; *Schäfer*, Die Lehre vom fehlerhaften Verband, S. 137 ff., 289 ff.; siehe auch *Ders.*, in: Großkomm-HGB, § 105 Rn. 327; *Schürnbrand*, Organschaft im Recht der privaten Vebände, S. 269; siehe auch *K. Schmidt*, in: MünchKomm-HGB, § 105 Rn. 252, der die Lehre von der fehlerhaften Gesellschaft auf sämtliche fehlerhaften Änderungen des Gesellschaftsvertrags mit materiellem Gehalt erstrecken will; vgl. auch *Ulmer/Schäfer*, in: MünchKomm-BGB, § 705 Rn. 356; siehe auch *Koch*, in: Hüffer, AktG, § 248 Rn. 7a; siehe auch *Schultz*, Die Behebung einzelner Mängel von Organisationsakten in Kapitalgesellschaften, S. 151 ff., der von einem (umfassenderen) gesellschaftsrechtlichen Kontinuitätsprinzip ausgeht.

430 *Wiedemann*, in: Großkomm-AktG, § 189 Rn. 34 ff.; *Koch*, in: Hüffer, AktG, § 248 Rn. 7a; *K. Schmidt*, Gesellschaftsrecht, § 6 IV 3. S. 156; *Zöllner*, AG 1993, 68 ff.; *Krieger*, ZHR 158 (1994), 35, 47 ff.; *Kort*, ZGR 1994, 311 ff.; *Paschke*, ZHR 155 (1991), 1, 12 f.

auf kapitalgesellschaftsrechtliche Strukturmaßnahmen bisher nur – aber immerhin – im Hinblick auf fehlerhafte Unternehmensverträge.[431]

d. Die Einräumung von Entsendungsrechten als fehlerhafte Strukturänderung

Die Grundsätze der Lehre von der fehlerhaften Gesellschaft sind deshalb mit Blick auf den Meinungsstand in der Literatur und entsprechenden Ansätzen in der Rechtsprechung grundsätzlich auch auf fehlerhaft eingeräumte Entsendungsrechte anzuwenden. Trotz Nichtigkeit wegen Verstoßes gegen §§ 241 Nr. 3 Var. 3 AktG, 101 Abs. 2 AktG könnten Entsendungsrechte demnach bis zur Geltendmachung ihrer Nichtigkeit wirksam begründet werden.

(1) Keine Umgehung des Beschlussmängelrechts

Eine grundsätzliche Ausweitung der Lehre von der fehlerhaften Gesellschaft auf Sturkturmaßnahmen insgesamt darf jedoch nicht dazu führen, dass das speziell auf Kapitalgesellschaften zugeschnittene, gesetzlich normierte System zum Umgang mit Beschlussmängeln insgesamt in Frage gestellt wird.

(a) Einzelfallabhängige Aufrechterhaltung

Mit den §§ 241 ff. AktG hat sich der Gesetzgeber zur Bewältigung von Rückabwicklungsproblemen für eine erweiterte, nicht aber absolute Bestandskraft fehlerhafter Gesellschaftsverträge bzw. Hauptversammlungsbeschlüsse entschieden.[432] Die Grundsätze der Lehre von der fehlerhaften Gesellschaft können deshalb lediglich zum Ausgleich unzumutbarer Rechtsfolgen im Einzelfall herangezogen werden, dürfen jedoch nicht zu einer Verkehrung des gesetzlich vorgesehenen Regel-/Ausnahmeverhältnisses führen.

---

[431] BGH v. 14.12.1987 – II ZR 170/87, BGHZ 103, 1 = NJW 1988, 1326 (mit Betonung des organisationsrechtlichen Charakters von Unternehmensverträgen); v. 11.11.1991 – II ZR 287/90, BGHZ 116, 37 = NJW 1992, 505; siehe auch OLG Frankfurt a.M. v. 7.7.2009 – 5 U 152/08, NZG 2010, 185, 186; v. 5.11.2007 – 5 W 22/07, BeckRS 2007, 18779 jeweils zur Aufrechterhaltung nichtiger Satzungsbestimmungen bzgl. der Einladung zur Hauptversammlung.

[432] Kritisch *Wiedemann*, Gesellschaftsrecht I, § 3 I 2 S. 152.

(b) Orientierungspunkt: Begriff der Strukturänderung

Um dies zu vermeiden, ist bei dem Begriff der Strukturänderung anzusetzen: Dieser muss restriktiv und mit Rücksicht auf die Besonderheiten der jeweiligen Gesellschaftsmaßnahme angewendet werden. Zur Begriffsbestimmung kann insbesondere die Zielsetzung der Aufrechterhaltung von „Strukturänderungen" – nämlich die Vermeidung von Rückabwicklungsproblemen – herangezogen werden. Eine Rückabwicklung fehlerhafter Gesellschafterbeschlüsse bereitet nur dort Probleme, wo Beschlüsse in die Verfassung oder Organisation der Gesellschaft eingreifen.[433] Dies ist insbesondere auch bei Änderungen der Organzuständigkeit der Fall.[434] Gesellschafterbeschlüsse mit korporativer Wirkung bedürfen aufgrund ihrer Bedeutung für Gesellschafter und außenstehende Dritte grundsätzlich der Eintragung und damit einhergehend präventiver registergerichtlicher Kontrolle.[435] Auch an diesen formalen Kriterien ist die Einordnung eines Gesellschafterbeschlusses als Strukturänderung deshalb zu messen, zumal Gesellschafter (Bestandsschutzinteresse) und Rechtsverkehr (Verkehrsschutz) erst durch registergerichtliche Prüfung

---

433 Vgl. *Schäfer*, Die Lehre vom fehlerhaften Verband, S. 290 („[...] eine Maßnahme [...], welche die Identität (Verschmelzung, Aufspaltung), den Gesellschaftszweck (Liquidation, Konzernierung), die Rechtsform (Formwechsel), die Kapitalstruktur oder die Zuständigkeit oder Besetzung von Organen der Gesellschaft verändert. Gemeinsame Kennzeichen dieser Akte sind der Eingriff in Verfassung oder Organisation des Verbands und das Erfordernis einer rechtgeschäftlichen Legitimation mindestens durch einen Gesellschafterbeschluß."); *Kort*, Bestandsschutz fehlerhafter Strukturänderungen im Kapitalgesellschaftsrecht, S. 1 („[...] Maßnahmen der Reorganisation der verfaßten Korporation [...], die eine grundlegende Änderung der Verfassung der betroffenen Gesellschaft bewirken."); *Wiedemann*, Gesellschaftsrecht I, § 3 I 3 S. 154 („alle Gesellschafterbeschlüsse, die unter Wahrung der Identität des Verbands seine Zielsetzung oder Organisation neu festlegen"); *K. Schmidt*, in: Großkomm-AktG, § 248 Rn. 7 („Satzungsänderungen"); *Krieger*, ZHR 158 (1994), 35, 55 („Änderung [...], die die bisherige Organisationseinheit so nachhaltig umgestaltet, daß es im Interesse des Verkehrs oder im Interesse der Gesellschafter angemessen ist, diese Satzungsänderung aufrechtzuerhalten"); siehe auch die Literaturübersicht bei *Vocke*, NZG 2010, 1249, 1250 f.

434 *Wiedemann*, in: Großkomm-AktG, § 179 Rn. 45 („Maßnahmen [...], die [...] die Organzuständigkeit ändern"); vgl. auch *Wiedemann*, Gesellschaftsrecht II, § 2 V 5 S. 164 (bzgl. „Änderung von Sonderrechten einzelner Mitglieder, z.B. auf Tätigkeit in der Geschäftsführung oder auf Beteiligung in einem Beirat", allerdings zu Personengesellschaften).

435 Vgl. *Kort*, Bestandsschutz fehlerhafter Strukturänderungen im Kapitalgesellschaftsrecht, S. 3; *Schäfer*, Die Lehre vom fehlerhaften Verband, S. 149 ff., 155.

und Eintragung ein schützenswertes Vertrauen in den Bestand der Strukturänderung entwickeln.

Eine nach den Grundsätzen der Lehre von der fehlerhaften Gesellschaft grundsätzlich aufrechtzuerhaltende Strukturänderung ist also ein (1.) auf Gesellschafterbeschluss basierender Organisationsakt, der (2.) die korporative Struktur der Gesellschaft prägt, (3.) zu seiner Wirksamkeit der konstitutiven Eintragung in das Handelsregister bedarf und (4.) vor Eintragung in formeller wie materieller Hinsicht einer registergerichtlichen Kontrolle unterzogen wird.[436]

(2) Subsumption von Entsendungsrechten unter den Begriff der Strukturänderung

(a) Strukturprägender Organisationsakt

Durch die Einräumung von Entsendungsrechten wird die Zuständigkeit der Hauptversammlung zur Wahl von Aufsichtsratsmitgliedern teilweise von der Hauptversammlung auf den Entsendungsberechtigten verlagert. Es findet mithin eine dauerhafte Übertragung von Organzuständigkeiten statt, wodurch die korporative Struktur der Gesellschaft nachhaltig verändert wird.

Die (fehlerhafte) Einräumung von Entsendungsrechten wirkt sich zwar unmittelbar nur verbandsintern auf die Besetzung des Aufsichtsrats aus. Deshalb könnte argumentiert werden, dass die von der Lehre von der fehlerhaften Gesellschaften angeführten Verkehrsschutzgesichtspunkte[437] als Rechtfertigung für die Aufrechterhaltung fehlerhafter Entsendungsrechte ausscheiden. Dabei würde jedoch übersehen, dass der Rechtsverkehr zwar nicht unmittelbaren, wohl aber mittelbaren (Fern-)Wirkungen eines fehlerhaft besetzten Aufsichtsrats bzw. fehlerhafter Entsendungsrechte ausgesetzt sein kann. Dies ist bspw. der Fall, wenn ausnahmsweiese der Aufsichtsrat zur Vertretung der Gesellschaft mit unmittelbarer Außenwirkung berufen ist (§ 112 AktG) oder der Auf-

---

436 Vgl. *Kort*, Bestandsschutz fehlerhafter Strukturänderungen im Kapitalgesellschaftsrecht, S. 95.; zur Registereintragung vgl. *Schäfer*, Die Lehre vom fehlerhaften Verband, S. 149 ff., 155.

437 Zur Ratio der Lehre von der fehlerhaften Gesellschaft unter Verkehrsschutzgesichtspunkten siehe *Wiesner*, Die Lehre von der fehlerhaften Gesellschaft, S. 46 f.; bzgl. der Lehre von der fehlerhaften Strukturänderung vgl. *Dörr*, in: Spindler/Stilz, AktG, § 248 Rn. 14.

sichtsrat den Abschlussprüfer oder sonstige Sachverständige beauftragt (§ 111 Abs. 2 Satz 2).[438] Zudem nimmt der Aufsichtsrat mittelbar über Beschlüsse Einfluss auf das Außenverhältnis der Gesellschaft zu Dritten, wenn er Zustimmungs- und Mitwirkungskompetenzen wahrnimmt. Fehlerhafte Bestellungsakte aufgrund fehlerhafter Entsendungsrechte haben mithin auch Einfluss auf den Rechtsverkehr. Eine Aufrechterhaltung ist deshalb auch zum Schutze des Rechtsverkehrs erforderlich.

Im Innenverhältnis wirkt sich eine fehlerhafte Aufsichtsratsbestellung aufgrund fehlerhafter Entsendungsrechte auf die Organisations- und Mitwirkungstätigkeit des Aufsichtsrats aus, bspw. bei Wahlvorschlägen für die Hauptversammlung (§ 124 Abs. 3 Satz 1 AktG), bei der Mitwirkung an der Feststellung des Jahresabschlusses (§ 171 AktG) oder bei satzungsmäßiger Hauptversammlungsleitung durch den Aufsichtsratsvorsitzenden.

Vielfach ist eine Rückabwicklung[439] der Tätigkeit fehlerhaft bestellter Aufsichtsratsmitglieder im tatsächlichen Sinne zudem gar nicht möglich: Im Hinblich auf einen möglicherweise erfolgten Leistungsaustausch kann der status quo ante zwar annähernd wiederhergestellt werden, bzgl. situationsbezogener Organaktivitäten ist dies jedoch bereits durch Zeitablauf unmöglich. Organaktivitäten sind nicht bzw. zumindest nicht in substanziell vergleichbarer Weise wiederholbar und damit auch nicht rückabwickelbar. Eine Rückabwicklung der Organtätigkeit als solcher scheidet also schon aufgrund ihrer Natur als eine in gesellschaftsrechtliche und soziale Situationen eingebettete, pro- und reaktive Tätigkeit aus.

(b) Konstitutive Registereintragung, registergerichtliche Prüfung

Darüber hinaus wird die Einräumung von Entsendungsrechten infolge der konstitutiven Handelsregistereintragung allgemein publik, so dass der Rechtsverkehr und die Gesellschafter – vor allem aufgrund der regis-

---

[438] Vgl. für am Einzelfall orientierte, insgesamt aber undogmatische Lösungen des BGH *Werner*, WM 2014, 2207, 2208 ff.

[439] Vgl. *Schäfer*, Die Lehre vom fehlerhaften Verband, S. 70 f., 141 ff. (zu Rückabwicklungsschwierigkeiten bei fehlerhafter Gründung von Kapitalgesellschaften), S. 86 ff. (allgemein); *Zöllner,* AG 1993, 69, 73 (zur Anwendung der Lehre von der fehlerhaften Gesellschaft auf fehlerhafte Kapitalerhöhungen); siehe auch *Krieger*, ZHR 158 (1994), 35 ff. (zur Anwendung der Lehre von der fehlerhaften Gesellschaft auf weitere Strukturmaßnahmen).

tergerichtlichen Prüfung – besonderes Vertrauen in ihre Wirksamkeit setzen.

(c) Ergebnis

Die Einräumung von Entsendungsrechten ist mithin eine eintragungspflichtige, registergerichtlich überprüfte Maßnahme, die die Struktur der Gesellschaft auf Dauer prägt und zu Rückabwicklungsproblemen führt. Sie ist deshalb als Strukturänderung zu qualifizieren[440] und – soweit deren Voraussetzungen erfüllt sind – nach den Grundsätzen der Lehre von der fehlerhaften Gesellschaft bis zur Geltendmachung der Fehlerhaftigkeit als wirksam zu betrachten.

(3) Fehlerhafte Entsendungsrechte in der Ursprungssatzung als Strukturänderung

Von einer Struktur*änderung* kann dem Wortsinn nach jedoch nur bei späterer Einräumung von Entsendungsrechten durch satzungsändernden Hauptversammlungsbeschluss gesprochen werden. Werden Entsendungsrechte hingegen bereits in der Ursprungssatzung eingeräumt, wird damit keine bereits vorhandene Verbandsstruktur abgeändert, sondern eine bisher inexistente erstmalig geschaffen.

Allerdings stellt sich bei der Rückabwicklung fehlerhafter, strukturprägender Satzungsnormen der Ursprungssatzung die gleiche Problematik wie im Fall späterer Strukturänderungen durch satzungsändernden Hauptversammlungsbeschluss: Durch Eintragung bzw. Hinterlegung der Satzung beim Handelsregister wird die Einräumung von Entsendungsrechten publik, Gesellschafter sowie Dritte vertrauen auf ihre Wirksamkeit, Aufsichtsratsmitglieder werden im Wege der Entsendung fehlerhaft bestellt und auf diese Weise die gesamte Aufsichtsratstätigkeit mit dem Satzungsmangel infiziert.

Der rein zufällige Umstand, ob Entsendungsrechte bereits in der Ursprungssatzung oder erst später durch satzungsändernden Hauptver-

---

440 Vgl. hinsichtlich der fehlerhaften Begründung des Rechts zur Bestellung des Geschäftsführers in der GmbH bejahend *K. Schmidt*, AG 1996, 385, 387; hinsichtlich der Begründung von Sonderrechten allgemein bejahend *K. Schmidt*, Gesellschaftsrecht, § 6 IV 2. S. 155; bzgl. einer Änderung der Organzuständigkeit bejahend *Wiedemann*, in: Großkomm-AktG, § 179 Rn. 45 sowie *Schäfer*, in: Großkomm-HGB, § 105 Rn. 355; bejahend für Vertragsänderungen betreffend die Gesellschaftsorganisation *Ulmer*, in: FS Flume (1978), S.301, 319 f.

sammlungsbeschluss eingeräumt werden, kann jedoch nicht maßgeblich dafür sein, ob die Grundsätze der Lehre von der fehlerhaften Gesellschaft zur Anwendung kommen. Deshalb ist es geboten, auch fehlerhafte strukturprägende Bestandteile der Ursprungssatzung in den Anwendungsbereich dieser Lehre mit einzubeziehen[441] und bereits in der Ursprungssatzung enthaltene fehlerhafte Entsendungsrechte dem Grunde nach aufrechtzuerhalten.

(4) Willensäußerung der Gesellschafter

Werden Entsendungsrecht in gesetzeswidriger Weise eingeräumt, geht dies auf eine tatsächlich erfolgte, wenn auch im Ergebnis inhaltlich fehlerhafte Willensäußerung der Hauptversammlung mittels Beschluss[442] bzw. der Gründungsgesellschafter in Form des Gesellschaftsvertrags zurück. Die Strukturänderung bzw. Strukturschaffung ist der Hauptversammlung bzw. den Gründungsgesellschaftern also hinreichend zurechenbar.[443]

(5) Invollzugsetzung

Die Lehre von der fehlerhaften Gesellschaft setzt des Weiteren voraus, dass die Gesellschaft bereits in Vollzug gesetzt wurde[444] und keine höherrangigen, schutzwürdigen Interessen[445] Einzelner oder der Allgemeinheit

---

[441] Vgl. i.E. abweichend *Wiesner*, Die Lehre von der fehlerhaften Gesellschaft, S. 124 f.; auch i.S.d. dargestellen Ergebnisses interpretierbar *Ulmer/Schäfer*, in: MünchKomm-BGB, § 705 Rn. 344.

[442] Zur Unterscheidung zwischen Beschluss und Nichtbeschluss *siehe* Schäfer, Die Lehre vom fehlerhaften Verband, S. 369 ff.

[443] Dazu *Röhricht*, in: Großkomm-AktG, § 23 Rn. 228 ff.; *Ulmer*, in: FS Flume (1978), S. 301, 313 f.; *Schäfer*, Die Lehre vom fehlerhaften Verband, S. 161 ff., 202 ff.; *Wiesner*, Die Lehre von der fehlerhaften Gesellschaft, S. 94 ff; vgl. auch *Ulmer/Schäfer*, in: MünchKomm-AktG, § 705 Rn. 327; zur Zurechenbarkeit bei Mehrheitsentscheidung siehe *Schäfer*, Die Lehre vom fehlerhaften Verband, S. 330 f., 342, 352 f., 361 f., 371 ff.

[444] Vgl. *Ulmer/Schäfer*, in: MünchKomm-BGB, § 705 Rn. 331; *Roth*, in: Baumbach/Hopt, HGB, § 105 Rn. 82; *K. Schmidt*, Gesellschaftsrecht, § 6 III. 1. b) S. 148, a.A. *Wiesner*, Die Lehre von der fehlerhaften Gesellschaft, S. 117 ff.

[445] Bspw. BGH v. 24.10.1951 – II ZR 18/51, BGHZ 3, 285 = NJW 1952, 97; siehe auch *Kort*, Bestandsschutz fehlerhafter Strukturänderungen im Kapitalgesellschaftsrecht S. 33 ff.; *Wiesner*, Die Lehre von der fehlerhaften Gesellschaft, S. 130 ff.; *Hommelhoff*, ZHR 158 (1994), 11, 18 ff.; vgl. auch *Ulmer/Schäfer*, in: MünchKomm-BGB, § 705 Rn. 332 ff.; *Roth*, in: Baumbach/Hopt, HGB, § 105 Rn. 83; abweichend *Schäfer*, Die Lehre vom fehlerhaften Verband, S. 257 ff, 286,

einer Aufrechterhaltung der Gesellschaft für die Vergangenheit entgegenstehen.

Das Erfordernis der Invollzugsetzung findet seinen Grund in der Zielsetzung der Lehre von der fehlerhaften Gesellschaft, nämlich der Natur einer Gesellschaft als überindividuelle Zweckgemeinschaft gerecht zu werden bzw. eine aufwendige und mit tatsächlichen wie rechtlichen Unsicherheiten belastete Rückabwicklung der Gesellschaft zu vermeiden und dadurch Gesellschafter und Rechtsverkehr in ihrem Vertrauen auf die Wirksamkeit der Gesellschaft zu schützen.[446] Vertrauen und Rückabwicklungsprobleme können zwangsläufig jedoch erst dadurch entstehen, dass die Gesellschaft als Organisation betätigt und rechtlich relevante Vorgänge getätigt wurden.[447]

Strukturänderungen im Kapitalgesellschaftsrecht – wie auch die Kapitalgesellschaft selber – gelangen mit konstitutiver Eintragung zur Existenz. Auch Entsendungsrechte entstehen erst durch Eintragung. Eine hinreichende korporative Wirkung und damit ein Vollzug der Strukturänderung könnte deshalb schon in dem Akt der Eintragung zu sehen sein.[448]

Allerdings ist zu berücksichtigen, dass Entsendungsrechte zwar mit Eintragung zur Existenz gelangen, allein ihre Existenz aber – anders als bspw. die Eintragung des Bestehens eines Unternehmensvertrags[449] – keine weiteren, mit Rückabwicklungsproblemen behafteten Auswirkungen im korporativen Innenbereich der Gesellschaft und schon gar nicht im Außenbereich herbeiführt. Erst, wenn die Strukturänderung tatsächlich betätigt wird, kann von einem ggf. rückabzuwickelnden Vorgang und damit von Vollzug gesprochen werden.[450] Über seine bloße Existenz hin-

388 ff.; a.A. *K. Schmidt*, Gesellschaftsrecht, § 6 III 3 S. 149 ff.; *Grunewald*, Gesellschaftsrecht, § 1 Rn. 174; *Schwintowski*, NJW 1988, 937, 941 f.

446 Abweichend *Wiesner*, Die Lehre von der fehlerhaften Gesellschaft, S. 117 ff.

447 Vgl. *Krieger*, ZHR 158 (1994), 35, 41, 49 (zur Invollzugsetzung bei fehlerhaftem Beherrschungsvertrag und Kapitalerhöhung); *Schäfer*, Die Lehre vom fehlerhaften Verband, S. 157 f., 252 ff.; siehe auch *Ulmer*, in: FS Flume (1978), S. 301, 311.

448 Zur Eintragung als frühstmöglicher Vollzugszeitpunkt vgl. *Schäfer*, Die Lehre vom fehlerhaften Verband, S. 154 f.

449 *Krieger*, ZHR 158 (1994), 35, 41 (Vollzug mit Eintragung, weil schon mit Eintragung automatisch die Verlustübernahme durch das herrschende Unternehmen beginnt).

450 Vgl. zum parallelen Erfordernis des „Geschäftsbeginns" bei fehlerhafter Gründung von Gesellschaften *Schäfer*, Die Lehre vom fehlerhaften Verband, S. 160 f.

ausgehende Rechtswirkungen entfaltet das Entsendungsrecht jedoch erst dann, wenn es nicht mehr nur abstrakt, für eine zukünftig zu tätigende Bestellung besteht, sondern wenn es konkret zur Besetzung von Aufsichtsratsposten eingesetzt wird.

Aber auch dann, wenn der Entsendungsberechtigte sein konkret bestehendes Entsendungsrecht bei einer anstehenden Bestellung nicht wahrnimmt, zeitigt das Entsendungsrecht über seinen bloßen Bestand hinausgehende Rechtswirkungen. Die Wahlzuständigkeit der Hauptversammlung wird nämlich unabhängig von der Ausübung des Entsendungsrechts beschnitten. Bei Nichtausübung bestehender Entsendungsrechte fällt die Bestellungskompetenz nicht etwa zurück an die Hauptversammlung; vielmehr bleiben Aufsichtsratsposten unbesetzt und müssen ggf. im Wege der gerichtlichen Bestellung besetzt werden.[451]

Die Eintragung fehlerhafter Entsendungsrechte ist damit eine notwendige[452], nicht aber hinreichende Vollzugsbedingung. Hinzutreten muss die konkrete Wahrnehmung des Entsendungsrechts durch Entsendung bzw. der Verzicht auf Entsendung trotz konkret bestehender Entsendungsmöglichkeit.

(6) Kein Verstoß gegen höherrangige Interessen

Allerdings wird mit der Einräumung gesetzeswidriger Entsendungsrechte gegen § 101 Abs. 2 AktG und damit gegen eine i.S.d. § 241 Nr. 3 Var. 3 AktG im öffentlichen Interesse gegebene Vorschrift verstoßen. Eine Aufrechterhaltung der fehlerhaften Gesellschaft und damit auch eine Aufrechterhaltung fehlerhafter Strukturmaßnahmen scheidet jedoch ausnahmsweise aus, wenn schützenswerte Interessen Einzelner oder der Allgemeinheit an einer Ex-Tunc-Nichtigkeit der Strukturänderung die berechtigten Interessen der Gesellschaft, ihrer Aktionäre oder Gläubiger an einer Aufrechterhaltung der Strukturmaßnahme bis zur Fehlergeltendmachung überwiegen.

---

[451] Siehe unten unter D. I. 3.

[452] Vgl. *Dörr*, in: Spindler/Stilz, AktG, § 248 Rn. 16 (für Beherrschungs- und Gewinnabführungsvertrag sowie Eingliederung); *Kort*, Bestandsschutz fehlerhafter Strukturänderungen im Kapitalgesellschaftsrecht, S. 30 ff. (zur Gründung fehlerhafter Kapitalgesellschaften); wohl auch *K. Schmidt*, in: Großkomm-AktG, § 248 Rn. 7 sowie *Schäfer*, Die Lehre vom fehlerhaften Verband, S. 374 ff.

(a) Pauschaler Verstoß gegen höherangige Interessen bei Nichtigkeit gem. § 241 Nr. 3 Var. 3 AktG

Bei Verstoß gegen eine „im öffentlichen Interesse gegebene Vorschrift" scheint das Interesse der Allgemeinheit an einer Ex-tunc-Nichtigkeit prima facie stets gewichtiger:[453] Derartige Gesetzesverstöße sanktioniert der Gesetzgeber nämlich nicht nur mit bloßer Anfechtbarkeit des Hauptversammlungsbeschlusses, wodurch die Korrektur des gesetzeswidrigen Zustands – sogar zeitlich beschränkt – in die Verantwortung der Aktionäre und Gesellschaftsorgane gestellt wäre. Vielmehr erachtet er den Gesetzesverstoß und die damit einhergehende Beeinträchtigung öffentlicher Interessen ausnahmsweise für derart gravierend, dass er der Strukturänderung jegliche Rechtswirkung versagt und sie eo ipso und ex tunc für nichtig erklärt. Nichtige Strukturänderungen könnten deshalb im Ergebnis von Grund auf aus dem Anwendungsbereich der Lehre von der fehlerhaften Gesellschaft ausgeschlossen sein.[454]

Dagegen spricht jedoch zum einen, dass der Gesetzgeber selbst im Hinblick auf die gesetzlich angeordnete Bestandskraft umwandlungsrechtlicher Strukturänderungen gem. § 20 Abs. 2 UmwG nicht zwischen anfechtbaren und nichtigen Beschlüssen unterscheidet.[455] Auch einschlägige Nichtigkeitsgründe lassen also die Wirkungen der Eintragung von Umwandlungsbeschlüssen – im Unterschied zur Lehre von der fehlerhaften Gesellschaft sogar mit Wirkung für die Zukunft – unberührt.

Zum anderen bringt der Gesetzgeber mit der Heilungsmöglichkeit auch nichtiger Hauptversammlungsbeschlüsse (und analog nichtiger Satzungsregelungen der Ursprungssatzung)[456] gem. § 242 Abs. 2 AktG zum Ausdruck, dass Verkehrs- und Bestandsschutzinteressen an einer Auf-

---

[453] *Hommelhoff*, ZHR 158 (1994), 11, 18 ff., 22; *Schultz*, Die Behebung einzelner Mängel von Organisationsakten in Kapitalgesellschaften, S. 170; wohl auch *Koch*, in: Hüffer, AktG, § 241 Rn. 32 (bei nichtigen Hauptversammlungsbeschlüssen bestehe grundsätzlich kein Vertrauensschutz).

[454] Für Anwendbarkeit der Lehre von der fehlerhaften Gesellschaft auch auf nichtige – nicht nur auf anfechtbare – Strukturänderungen OLG Frankfurt a.M. v. 7.7.2009 – 5 U 152/08, NZG 2010, 185; *Krieger*, ZHR 158 (1994), 35, 38; *Schäfer*, Die Lehre vom fehlerhaften Verband, S. 388 ff. m.w.N. zur Gegenansicht; differenzierend und teilweise ablehnend *Kort*, Bestandsschutz fehlerhafter Strukturänderungen im Kapitalgesellschaftsrecht, S. 174 f.; *Hommelhoff*, ZHR 158 (1994), 11, 18 ff.

[455] *Schäfer*, Die Lehre vom fehlerhaften Verband, S. 395.

[456] Siehe oben unter C. VI. 4.

rechterhaltung die von der nichtigkeitsbegründenden Verbotsnorm geschützen öffentlichen Interessen dem Grunde nach überwiegen können.[457] Wenn nichtige Hauptversammlungsbeschlüsse bzw. Satzungsnormen also sogar einer Heilung mit Wirkung für Vergangeheit und Zukunft zugänglich sind, muss auf sie erst Recht die Lehre von der fehlerhaften Gesellschaft mit grundsätzlich lediglich vergangeheitsbezogener Wirkung Anwendung finden.

Es kann deshalb nicht die Rede davon sein, dass im Fall nichtiger Hauptversammlungsbeschlüsse bzw. nichtiger Satzungsnormen öffentliche Interessen einer Aufrechterhaltung stets entgegenstehen. Mithin kommt es auf eine konkrete Interessenabwägung im Einzelfall an.

(b) Verstoß gegen anzahlmäßige Begrenzung

Durch die übermäßige Einräumung von Entsendungsrechten wird übermäßig viel Bestellungsmacht von der Hauptversammlung auf Einzelaktionäre verlagert und damit das korporative Kompetenzgefüge in der Gesellschaft empfindlich gestört. Dadurch werden insbesondere die im Rahmen der satzungsändernden Beschlussfassung überstimmten Aktionäre belastet. Eine Rückabwicklung der fehlerhaften Entsendung und die damit potenziel einhergehende Funktionsunfähigkeit des Aufsichtsrats gingen allerdings auch zu ihren Lasten. Eine Aufrechterhaltung der fehlerhaften Strukturänderung liegt deshalb grundsätzlich auch in ihrem Interesse.

Zudem verstößt die übermäßige Einräumung von Entsendungsrechten lediglich in quantitativer Hinsicht gegen die gesetzlichen Vorgaben. Im Übrigen entsprechen die derart eingeräumten Vorzugsrechte dem gesetzlichen Leitbild eines Entsendungsrechts i.S.d. § 101 Abs. 2 AktG. In qualitativer Hinsicht handelt es sich also trotz anzahlmäßiger Überschreitung immer noch um ein gesetzlich erlaubtes Rechtsinstitut.

Mithin ist nicht ersichtlich, dass einzelne Aktionäre oder die Allgemeinheit durch die Aufrechterhaltung einer derart fehlerhaften Sturkturänderung für die Vergangenheit ausnahmsweise unzumutbar belastet werden würden. Übermäßig eingeräumte Entsendungsrechte können deshalb bis zur Geltendmachung ihrer Nichtigkeit aufrechterhalten werden.

---

457 *Schäfer*, Die Lehre vom fehlerhaften Verband, S. 395 f.

(c) Verstoß gegen Gebot vinkulierter Namensaktien

Ein Verstoß gegen das Gebot, Inhaberentsendungsrechte mit vinkulierten Namensaktien zu verbinden, führt stets zu einem Kontrollverlust zulasten der Gesellschaft bzw. der Hauptversammlung: Das entsendungsberechtigende Aktieneigentum und damit auch das Entsendungsrecht kann ohne Zustimmung der Gesellschaft auf Dritte übertragen werden.

Hat der ursprünglich entsendungsberechtige Aktionär das entsendungsberechtigende Aktieneigentum allerdings (noch) nicht übertragen, besteht kein schützenswertes Interesse der Gesellschaft bzw. ihrer Aktionäre an einer Ex-tunc-Nichtigkeit des Entsendungsrechts bzw. der Entsendung. Gerade der von der Hauptversammlung zur Entsendung berufene Aktionär hat das Entsendungsrecht (bisher) ausgeübt. Das aufgrund der fehlenden Vinkulierung bestehende Kontrolldefizit hat sich also (noch) nicht realisert.

Darüber hinaus weicht ein Inhaberentsendungsrecht ohne Bindung an vinkulierte Namensaktien nicht grundsätzlich vom gesetzlichen Leitbild des Entsendungsrechts ab. Benachteiligte Aktionäre oder die Allgemeinheit werden durch eine zeitweilige Aufrechterhaltung fehlerhafter Inhaberentsendungsrechte mithin nicht über Gebühr belastet. Die Lehre von der fehlerhaften Gesellschaft findet somit Anwendung.

(d) Verstoß gegen Gebot der Aktionärseigenschaft

Werden Entsendungsrechte allerdings zugunsten von Nichtaktionären eingeräumt, entspricht das derart geschaffene Bestellungsrecht nicht mehr der gesetzgeberischen Grundkonzeption von Entsendungsrechten i.S.d. § 101 Abs. 2 AktG. Danach soll korporative Bestellungsmacht von der Hauptversammlung lediglich auf privilegierte Gesellschafter, nicht hingegen auf außenstehende Dritte übertragen werden können.

Bei Aufrechterhaltung von Entsendungsrechten zugunsten von Nichtaktionären würde gesellschaftsfremden Dritten mithin ein grundsätzlich unentziehbares, unmittelbar korporativ wirkendes Recht zur (bedingt) eigennützigen Ausübung eingeräumt, ohne dass sie selbst Teil der Korporation sind. Dadurch würde nicht nur gegen aktienrechtliche Kompetenzregelungen (§§ 23 Abs. 5 AktG, 101 Abs. 1 und 2 AktG) verstoßen, sondern auch das verbandsrechtliche Grundprinzip der Verbandsautonomie verletzt. Danach obliegt es ausschließlich dem Verband bzw. seinen Mitgliedern, in freier Selbstbestimmung das Verhältnis der Verbandsmitglieder zum Verband sowie die innere Organisation des Verbands durch Selbstgesetzgebung und Selbstverwaltung zu regeln.[458] Im Rahmen dieses Selbstbestimmungsrechts steht es dem Verband zwar grundsätzlich frei, sich autonom für eine Beschneidung seiner Autonomie zu entscheiden und Fremdeinfluss zuzulassen;[459] er kann sich seiner Selbstbestimmung jedoch nicht insgesamt entledigen. Die Grenze zwischen zulässiger Autonomiebeschneidung und unzulässiger Fremdbestimmung ist – trotz unterschiedlicher Grenzziehung im Hinblick auf andere Parameter[460] – zumindest dann überschritten, wenn gesellschaftsfremden Dritten unentziehbare Mitbestimmungsrechte im Hinblick auf das Verbandsleben eingeräumt werden, wenn sich die Mitgliederversammlung gegenüber dem Dritten also ihrer Kompetenzkompetenz begibt.[461] Die Verbandsautonomie wird auch nicht dadurch gewahrt, dass unentziehbare Sonderrechte i.S.d. § 35 BGB zumindest bei Vorliegen eines wichtigen Grundes beeinträchtigt bzw. entzogen werden können.[462] Denn von einer hinreichend effektiven Selbstbestimmung des Verbands durch seine Mitglieder kann nur gesprochen werden, wenn die Gesellschafterversammlung stets

---

[458] Siehe *K. Schmidt*, Gesellschaftsrecht, § 5 I 3 S. 79 ff.; *Priester*, in: FS Werner (1984), S. 657, 659 ff.; *Flume*, Die juristische Person, § 7 I S. 189 ff.; *Wiedemann*, in: FS Schilling (1973), S. 105, 111 ff.; *Teichmann*, Gestaltungsfreiheit in Gesellschaftsverträgen, S. 189 ff., 217 ff.; *Herfs*, Einwirkung Dritter auf den Willensbildungsprozeß der GmbH, S. 53 ff.; *Semrau*, Die Dritteinflussnahme auf die Geschäftsführung von GmbH und Personengesellschaften, S. 171 ff.; *Steinbeck*, Vereinsautonomie und Dritteinfluss, S. 19 ff.; *Teubner*, ZGR 1986, 565, 567 ff.; vgl. zur unterschiedlichen Herleitung des Grundsatzes *Steinbeck*, Vereinsautonomie und Dritteinfluss, S. 33 ff. m.w.N.

[459] Vgl. BVerfG v. 5.2.1991 – 2 BvR 263/86, BVerfGE 83, 341, 359 = NJW 1991, 2623 ff.; *Steinbeck*, Vereinsautonomie und Dritteinfluss, S. 31 ff.

[460] Zu Möglichen Parametern siehe *Semrau*, Die Dritteinflussnahme auf die Geschäftsführung von GmbH und Personengesellschaften, S. 178 ff.; *Steinbeck*, Vereinsautonomie und Dritteinfluss, S. 54 ff., 83.

[461] Vgl. *Altmeppen*, in: Roth/Altmeppen, GmbHG, § 6 Rn. 59; *U. H. Schneider*, in: Scholz, GmbHG, § 52 Rn. 225; *Fastrich*, in: Baumbach/Hueck, GmbHG, § 6 Rn. 31; *Steinbeck*, Vereinsautonomie und Dritteinfluss, S. 102 ff., 107, 109 f.; *Flume*, Die juristische Person, § 7 2 S. 191; *Semrau*, Die Dritteinflussnahme auf die Geschäftsführung von GmbH und Personengesellschaften, S. 189 ff.; *Priester*, in: FS Werner (1984), S. 657, 665; *Beuthien/Gätsch*, ZHR 156 (1992), 459, 475 ff., 479; *Dies.*, ZHR 157 (1994), 483, 494 f.

[462] Zur Beeinträchtigung bzw. Entzug von Sonderrechten aus wichtigem Grund siehe unten unter E. I. 2. b.

– und eben nicht nur in selten vorkommenden Extremsituationen – in der Lage ist, die Satzung nach ihren Vorstellungen zu gestalten.[463]

Fraglich ist allerdings, ob die Aktionäre durch die vorläufige Aufrechterhaltung fehlerhafter Entsendungsrechte zugunsten von Nichtaktionären und den damit einhergehenden temporären Verlust der Verbandsautonomie unter Abwägung mit den Nachteilen einer Ex-tunc-Nichtigkeit des Entsendungsrechts in unzumutbarer Weise beeinträchtigt werden würden. Einerseits verstoßen unentziehbare, korporativ wirkende Entsendungsrechte zugunsten von Nichtaktionären gegen den Grundsatz der Verbandsautonomie und damit gegen wesentliche Ordnungsprinzipien des Verbandsrechts. Andererseits gilt es zu bedenken, dass die Aktionäre dem Dritteinfluss nicht schutzlos ausgeliefert sind: Jedenfalls bei Vorliegen eines wichtigen Grundes kann die Hauptversammlung das entsandte Aufsichtsratsmitglied abberufen (§ 103 Abs. 3 AktG) bzw. dem Nichtaktionär das Sonderrecht durch Satzungsänderung entziehen. Dadurch wird die Verbandsautonomie zwar nicht wiederhergestellt; der Verstoß wird aber zumindest derart abgemildert, dass eine Aufrechterhaltung von Entsendungsrechten zugunsten von Nichtaktionären für die Vergangenheit die Aktionäre nicht mit unzumutbaren Nachteilen belastet. Im Ergebnis überwiegen deshalb auch bei Verstoß gegen das Gebot der Aktionärseigenschaft die Vorteile einer Aufrechterhaltung der fehlerhaften Strukturänderung die damit verbundenen Nachteile.

(e) Verstoß gegen Gebot statutarischer Regelung

Werden Entsendungsrechte hingegen außerhalb der Satzung durch schuldrechtliche Abrede vereinbart, liegt noch nicht einmal ein korporatives Rechtsgeschäft und damit noch nicht einmal eine kapitalgesellschaftsrechtliche Strukturänderung vor.

Eine Aufrechterhaltung als Korporationsakt scheidet deshalb von vornherein aus.

[463] Vgl. zu den Anforderungen an eine hinreichend effektive Kompetenzkompetenz *Steinbeck*, Vereinsautonomie und Dritteinfluss, S. 103 ff., 134 f.

(7) Rechtsfolge: Aufrechterhaltung

(a) Rechtsfolgen nach der Lehre von der fehlerhaften Gesellschaft

Liegen die Voraussetzungen der Lehre von der fehlerhaften Gesellschaft vor, können Mängel des Gesellschaftsvertrags nur mit Wirkung für die Zukunft geltend gemacht werden. Für die Vergangenheit werden Nichtigkeitsfolgen dahingehend teleologisch reduziert, dass der Vertrag trotz Fehlerhaftigkeit wirksam ist.[464]

(b) Übertragung auf fehlerhafte Strukturänderung

Übertragen auf fehlerhafte Sturkturänderungen bedeutet dies: Die der Strukturänderung zugrundeliegende Willensäußerung der Hauptversammlung bzw. der Gründungsgesellschafter – also Hauptversammlungsbeschluss oder Gründungsvertragsklausel – ist zwar fehlerhaft, bis zur Geltendmachung der Fehlerhaftigkeit jedoch wirksam. Fehlerhaft eingeräumte Entsendungsrechte können also allein durch Geltendmachung ihrer Fehlerhaftigkeit im Rahmen der grundsätzlich zur Korrektur nichtiger Satzungsnormen zur Verfügung stehenden Verfahren[465] und lediglich mit Wirkung für die Zukunft beseitigt werden. In Betracht kommen also insbesondere[466] Amtslöschung[467] (gem. bzw. analog § 398 FamFG), Nichtigkeitsklage (gem. bzw. analog § 249 AktG) und allgemeine Feststellungsklage (§ 256 ZPO).

---

464 *Ulmer/Schäfer*, in: MünchKomm-BGB, § 705 Rn. 343 (kritisch aber zur dogmatischen Anknüpfung Rn. 350); *Flume*, Die Personengesellschaft, § 2 III S. 17, siehe dort auch Fn. 18; *Wiesner*, Die Lehre von der fehlerhaften Gesellschaft, S. 41, 117; *K. Schmidt*, Gesellschaftsrecht, § 6 III 2. S. 148 („ [...] nicht Rechtsschein oder Fiktion, denn eine Gesellschaft, die als rechtswirksam »behandelt« wird, *ist* rechtswirksam", Hervorhebungen aus Original übernommen).

465 Siehe oben unter C. VI. 3.

466 Vgl. *Schäfer*, Die Lehre vom fehlerhaften Verband, S. 377 ff. Natürlich führt auch eine Änderung der aufrechterhaltenen Satzungspassage durch Hauptversammlungsbeschluss gem. § 179 Abs. 1 Satz 1 AktG zu dem gewünschten Ergebnis. Bei einer Fassungsänderung gem. § 179 Abs. 1 Satz 2 AktG ist zwar aufgrund der formellen und materiellen Prüfungspflicht des Registergerichts sichergestellt, dass auf Antrag des Aufsichtsrats eine neutrale Instanz die Nichtigkeit der Entsendungsrechte beurteilt; allerdings muss registerrechtlich sichergestellt werden, dass die Fassungsänderung nur für die Zukunft gilt, da es sich im Spezialfall nichtiger, aber aufrechterhaltener Entsendungsrechte gerade nicht um eine bloße inhaltliche Klarstellung des Satzungstextes handelt.

467 Zur Amtslöschung mit ausnahmsweise erzielter Ex-Nunc-Wirkung siehe *Casper*, Die Heilung nichtiger Beschlüsse im Kapitalgesellschaftsrecht, S. 242 ff.

(c) Unterscheidung zwischen Willensäußerung und Strukturänderung

Entgegen verschiedentlich vertretener Ansicht[468] ist auch nicht zwischen der Wirksamkeit der die Strukturänderung konstituierenden Willensäußerung (hier: Hauptversammlungsbeschluss bzw. Gründungsvertragsklausel) und der Wirksamkeit der darauf basierenden Strukturänderung selbst (Entsendungsrecht) zu differenzieren. Beide Akte können ihre Rechtswirksamkeit durch Fehlergeltendmachung lediglich mit Wirkung für die Zukunft verlieren.[469]

Unzutreffend wäre es, allein die Strukturänderung für die Vergangenheit aufrechtzuerhalten, der Willensäußerung aber bereits von Anfang an jegliche Wirksamkeit zu versagen. Die grundsätzliche Ex-Tunc-Wirkung der Amtslöschung[470] bzw. des (Nichtigkeits-)Feststellungsurteils[471] wird gerade durch die Grundsätze der fehlerhaften Gesellschaft modifiziert. Es wäre inkonsequent und widersinnig, einerseits Tatbestandsmerkmale und Rechtsfolgen der Lehre von der fehlerhaften Gesellschaft auf fehlerhafte Strukturänderungen zu übertragen, andererseits ihre Rechtsfolgen nur auf die tatsächliche Strukturänderung und nicht schon auf die der Strukturänderung zugrundeliegende Willensäußerung zu erstrecken. Es sind keine Gründe dafür ersichtlich, im Fall fehlerhafter Strukturänderungen von den regulären Rechtsfolgen der Grundsätze der fehlerhaften Gesellschaft abzuweichen und erst bei der Strukturänderung an sich anzusetzen.

Dagegen spricht auch nicht, dass nun die Reichweite des Nichtigkeitsurteils davon abhängt, ob die Strukturänderung schon vollzogen worden

---

[468] OLG Frankfurt v. 5.11.2007 – 5 W 22/07, BeckRS 2007, 18779; *Dörr*, in: Spindler/Stilz, § 248 Rn. 8; *K. Schmidt*, in: Großkomm-AktG, § 248 Rn. 5 ff.; *Hüffer*, in: MünchKomm-AktG, § 248 Rn. 17, 21; *Koch*, in: Hüffer, AktG, § 248 Rn. 7a; wohl auch *Zöllner*, in: KölnKomm-AktG (1. Aufl.), § 248 Rn. 9, 17.

[469] *Hommelhoff*, ZHR 158 (1994), 11, 25; *Schäfer*, Die Lehre vom fehlerhaften Verband, S. 379 f.; *Kort*, Bestandsschutz fehlerhafter Strukturänderungen im Kapitalgesellschaftsrecht, S. 173 f. (im Zusammenhang mit Beherrschungs- und Gewinnabführungsverträgen); wohl auch *Zöllner*, in: *Baumbach/Hueck*, GmbHG, Anhang nach § 47 Rn. 178.

[470] *Heinemann*, in: Keidel, FamFG, § 398 Rn. 28; *Krafka*, in: MünchKomm-FamFG, § 398 Rn. 17; *Casper*, Die Heilung nichtiger Beschlüsse im Kapitalgesellschaftsrecht, S. 244 f.; *Schäfer*, Die Lehre vom fehlerhaften Verband, S. 397 f.

[471] Vgl. *Hüffer*, in: MünchKomm-AktG, § 249 Rn. 4; *Dörr*, in: Spindler/Stilz, AktG, § 249 Rn. 2 ff.; *Englisch*, in: Hölters, AktG, § 249 Rn. 2.

ist.[472] Diese Zäsur ist der Lehre von der fehlerhaften Gesellschaft gerade immanent.

Sowohl die Nichtigkeit des Hauptversammlungsbeschlusses bzw. der Entsendungsklausel des Gründungsvertrags als auch die Nichtigkeit der Entsendungsrechte selbst können deshalb nur für die Zukunft, nicht jedoch für die Vergangenheit erklärt werden.[473]

(d) Auswirkungen auf Wirksamkeit der Entsendung

Fraglich ist weiterhin, welche Auswirkungen die Aufrechterhaltung nichtiger Entsendungsrechte auf darauf basierende Entsendungen hat und wie sich eine mögliche Fehlergeltendmachung auf bereits erfolgte Entsendungen auswirkt.

(i) Bestellungsakt

Aufsichtsratsmitglieder, die aufgrund einer für die Vergangenheit als wirksam zu behandelnden Entsendungsermächtigung entsandt wurden, sind wirksam bestellt.[474]

(ii) Fehlergeltendmachung

Werden während ihrer Aufsichtsratszugehörigkeit die ihrer Bestellung zugrunde liegenden Entsendungsrechte für die Zukunft für nichtig erklärt, hat dies zunächst keinen Einfluss auf die Wirksamkeit ihrer Bestellung: Zum Bestellungszeitpunkt lagen die Bestellungsvoraussetzungen vor. Zudem folgt aus § 103 Abs. 2 Satz 2 AktG, dass ein nachträglicher Wegfall der Voraussetzungen des Entsendungsrechts bzw. ein nachträgli-

---

[472] Für eine derartige Argumentation vgl. *Dörr*, in: Spindler/Stilz, AktG, § 248 Rn. 8.

[473] Vgl. *Schäfer*, Die Lehre vom fehlerhaften Verband, S. 381; gegen Aufrechterhaltung der Entsendungsrechte insgesamt wohl *Habersack*, in: MünchKomm-AktG, § 101 Rn. 68 („Die Entsendung ist nichtig, wenn [...] dem Entsender ein Entsendungsrecht gar nicht zustand"); *Simons*, in: Hölters, AktG, § 101 Rn. 55 („die auf dieser [nichtigen Satzungs-]Grundlage Entsandten werden nicht Mitglied des Aufsichtsrats"); *Spindler*, in: Spindler/Stilz, AktG, § 101 Rn. 66 („Über die zulässige Zahl hinaus entsandte Aufsichtsratsmitglieder sind nicht bestellt worden."); *Henssler*, in: Henssler/Strohn, GesellschaftsR, § 101 AktG Rn. 7 („eine darauf [auf nichtiger Satzungsgrundlage] beruhende Ernennung ist unwirksam").

[474] A.A. *Simons*, in: Hölters, AktG, § 101Rn. 55; *Habersack*, in: MünchKomm-AktG, § 101 Rn. 55; *Mertens/Cahn*, in; KölnKomm-AktG, § 101 Rn. 65.

cher Wegfall des Entsendungsrechts an sich[475] keinen Einfluss auf die Organstellung des Entsandten hat.

Allerdings können die (zuviel) entsandten, nun nicht mehr entsendbaren Aufsichtsratsmitglieder von der Hauptversammlung mit einfacher Stimmenmehrheit abberufen werden (§ 103 Abs. 2 Satz 2 AktG), sobald die Nichtigkeit der Entsendungsrechte für die Zukunft festgestellt worden ist.

Dies ist allerdings problematisch, wenn Entsendungsrechte wegen eines Verstoßes gegen die gesetzliche Höchstanzahl nur teilweise nichtig sind. Dann ist nämlich fraglich, welche der entsandten Aufsichtsratsmitglieder aufgrund der fehlerhaften Entsendungsrechte entsandt wurden und deshalb von einer möglichen Abberufung durch die Hauptversammlung betroffen sind. Dafür kann es nicht darauf ankommen, an welchen Aufsichtsratsmitgliedern der Entsendungsberechtigte nach seinen subjektiven Wünschen festhalten möchte bzw. für welche Aufsichtsratsmitglieder er die wirksamen Entsendungsrechte beansprucht und welchen er den nichtigen Teil der Entsendungsrechte zuordnet. Andernfalls wäre die Abberufung durch die Hauptversammlung faktisch erst nach Konsultation des Entsendungsberechtigten möglich. Ein solches Abstimmungsprozedere ist in § 103 Abs. 3 Satz 2 AktG jedoch nicht vorgesehen und würde die Abberufung unzulässig erschweren und verzögern.

Um auf einen objektiv nachvollziehbaren Standard zurückzugreifen, ist deshalb auf die zeitliche Reihenfolge der verschiedenen Bestellungsakte im Hinblick auf ihr jeweiliges Wirksamwerden abzustellen: Nicht der Abberufung unterfallen all jene durch Entsendung besetzten Aufsichtsratsmandate, die bis zum Erreichen der auch in Zukunft wirksamen Anzahl von Entsendungsrechten bestellt worden sind. Zeitlich später entsandte Aufsichtsratsmitglieder können hingegen von der Hauptversammlung abberufen werden.

e. Zusammenfassung

Nichtige Entsendungsrechte stellen keinen Fall fehlerhafter Organbestellung, sondern fehlerhafter Strukturänderung dar. Als solche werden sie in Anlehnung an die Lehre von der fehlerhaften Gesellschaft bis zu ihrer

---

[475] Vgl. *Spindler*, in: Spindler/Stilz, AktG, § 103 Rn. 24; *Habersack*, in: MünchKomm-AktG, § 103 Rn. 29; *Koch*, in: Hüffer, AktG, § 103 Rn. 8; *Simons*, in: Hölters, AktG, § 103 Rn. 25.

Fehlergeltendmachung als wirksam aufrechterhalten, da es sich bei Entsendungsrechten um einen auf Gesellschafterbeschluss basierenden, strukturprägenden, eintragungspflichtigen und registergerichtlich überprüften Organisationsakt handelt. Ihre Einräumung ist den (Gründungs-)Gesellschaftern hinreichend zurechenbar. Sie werden durch Eintragung und Entsendung bzw. Verzicht auf eine konkret anstehende Entsendung in Vollzug gesetzt. Ihre Aufrechterhaltung verstößt auch nicht gegen höherrangige Interessen, so dass ihre Fehlerhaftigkeit nur mit Wirkung für die Zukunft durch Amtslöschung (§ 398 FamFG (analog)), Nichtigkeitsklage (§ 249 AktG (analog)), allgemeine Feststellungsklage (§ 256 ZPO), Satzungs- oder Fassungsänderung (§ 179 Abs. 1 AktG) geltend gemacht werden kann. In der Zwischenzeit entsandte Aufsichtsratsmitglieder sind wirksam bestellt und verbleiben auch nach erfolgreicher Fehlergeltendmachung im Aufsichtsrat; dann können sie allerdings unter erleichterten Bedingungen von der Hauptversammlung abberufen werden (§ 103 Abs. 2 Satz 2 AktG).

VII. Stimmbindungsverträge über Begründung von Entsendungsrechten

Mit der Begründung von Entsendungsrechten werden die Einflussmacht des entsendungsberechtigten Aktionärs in der Hauptversammlung gestärkt und die Machtstellung der übrigen Aktionäre – ggf. auch zulasten eines Mehrheitsaktionärs – reduziert. Der zukünftige Entsender hat deshalb regelmäßig ein großes Interesse daran, die Einräumung von Entsendungsrechten bereits vorab durch Stimmbindungsverträge über die Begründung von Entsendungsrechten abzusichern. Der Abschluss eines derartigen Stimmbindungsvertrags kann sowohl zwischen Aktionären untereinander als auch zwischen Aktionären und gesellschaftsfremden Dritten sinnvoll sein; Letzteres vor allem dann, wenn in der Gesellschaft bisher gar kein oder nur ein personengebundenes Entsendungsrecht besteht, ein außenstehender Dritter Aktien jedoch nur unter der Voraussetzungen erwerben will, dass er einen gesicherten Einfluss auf die Besetzung des Aufsichtsrats ausüben kann.

Stimmbindungsverträge sind schuldrechtliche Verträge zwischen Aktionären untereinander oder zwischen Aktionären und Dritten über die Ausübung bzw. das Ruhenlassen von Stimmrechten in der Hauptversammlung im Hinblick auf die Stimmabgabe insgesamt oder bzgl. eines bestimmten Beschlussgegenstands bzw. bzgl. einer bestimmten Kategorie von Beschlussgegenständen.[476] Die Intensität der Stimmbindung variiert von der Einräumung eines im Einzelfall noch zu konkretisierenden, generellen Weisungsrechts bis hin zur Verpflichtung auf ein bereits konkret festgelegtes Abstimmungsverhalten.[477]

1. Grundsätzliche Zulässigkeit und Grenzen von Stimmbindungsverträgen

In Abhängigkeit von Gegenstand und Vertragsparteien sind Stimmbindungsverträge als Ausfluss der Abstimmungsfreiheit des Aktionärs[478] allgemein als zulässig anerkannt.[479] Zulässigkeitsschranken ergeben sich einerseits unmittelbar aus dem Gesetz sowie andererseits aus allgemei-

---

[476] Vgl. *Hüffer*, AktG, § 133 Rn. 25; *Riekers*, in: Spindler/Stilz, AktG, § 136 Rn. 45; *Semler*, MünchHdbGesR-AG (3. Aufl.), § 38 Rn. 41; *Zöllner*, in: KölnKomm-AktG (1. Aufl.), § 136 Rn. 83; *Schröer*, in: MünchKomm-AktG, § 136 AktG Rn. 59; *Zöllner*, ZHR 155 (1991), 168 Fn. 1; zu Ausgestaltungsmöglichkeiten insgesamt siehe *Lübbert*, Abstimmungsvereinbarungen, S. 76 ff.

[477] *Zöllner*, in: KölnKomm-AktG (1. Aufl.), § 136 Rn. 83; *Semler*, in: MünchHdb-GesR-AG (3. Aufl.), § 38 Rn. 41; *Bollweg*, Die Wahl des Aufsichtsrats in der Hauptversammlung der Aktiengesellschaft, S. 424.

[478] *Schröer*, in: MünchKomm-AktG, § 136 AktG Rn. 64; kritisch *Priester*, in: FS Werner (1984), S. 657, 671 f.; *Zöllner*, ZHR 155 (1991), 168, 170 ff.

[479] So schon RG v. 19.6.1923 – II 53/23, RGZ 107, 67, 70; v. 10.1.1928 – II 173/27, RGZ 119, 386, 388; v. 11.6.1931 – II 398/29, RGZ 133, 90, 93, f.; BGH v. 29.5.1967 – II ZR 105/66, BGHZ 48, 163, 166 (zur GmbH) = NJW 1967, 1963;1964 f.; v. 25.9.1986 – II ZR 272/85, NJW 1987, 890, 891; *Hopt/Roth*, in: Großkomm-AktG, § 101 Rn. 26 ff.; *Drygala*, in: Schmidt/Lutter, AktG, § 101 Rn. 5 ff.; *Habersack*, in: MünchKomm-AktG, § 101 Rn. 13; *Mertens/Cahn*, in: KölnKomm-AktG, § 101 Rn. 26 ff.; *Zöllner*, in: KölnKomm-AktG (1. Aufl.), § 136 Rn. 84; *Riekers*, in: Spindler/Stilz, AktG, § 136 Rn. 48; *Schröer*, in: MünchKomm-AktG, § 136 Rn. 64; *Semler*, in: MünchHdbGesR-AG (3. Aufl.), § 38 Rn. 42; *Spindler*, in: Spindler/Stilz, AktG, § 101 Rn. 23; *Teichmann*, Gestaltungsfreiheit in Gesellschaftsverträgen; S. 226 ff.; *Noack*, Gesellschaftervereinbarungen bei Kapitalgesellschaften, S. 66; *Rodemann*, Stimmbindungsvereinbarungen, S. 24 ff.; *Priester*, in: FS Werner (1984), S. 657, 658; *Odersky*, in: FS Lutter (2000), S. 557, 559; *A. Hueck*, in: FS Nipperdey (1965), S. 401, 403; *Habersack*, ZHR 164 (2000), 1, 8 ff.; *Zöllner*, ZHR 155 (1991), 168, 170; zur Entwicklung der Rechtsprechung siehe *Lübbert*, Abstimmungsvereinbarungen, S. 97 ff.; vgl. auch BegrRegE, abgedruckt bei *Kropff*, Aktiengesetz 1965, S. 138, 139; einschränkend auf Wahlvereinbarungen mit Aktionären *Hüffer*, AktG, § 133 Rn. 27 (anders nun aber *Koch*, in: Hüffer, AktG, § 133 Rn. 27); *Habersack*, in: MünchKomm-AktG, § 101 AktG Rn. 14; zu darüber hinausgehend vertretenen Einschränkungen siehe Nachweise bei *Spindler*, in: Spindler/Stilz, AktG, § 101 Rn. 23 Fn. 75; *K. Schmidt*, Gesellschaftsrecht, § 21 II 4a cc S. 617.

nen Rechtsgrundsätzen.[480] Liegt eine wirksame Stimmbindungsvereinbarung vor, ist die Pflicht zur entsprechenden Stimmabgabe einklagbar und gem. § 894 ZPO vollstreckbar.[481] Erfolgt die Stimmabgabe in der Hauptversammlung unter Verstoß gegen eine wirksame schuldrechtliche Stimmbindungsabrede, hat dies allerdings keinen Einfluss auf die Wirksamkeit des korporativen Abstimmungsakts.[482] Dem pflichtwidrig handelnden Aktionär drohen jedoch Schadensersatzforderungen wegen Nichterfüllung gem. § 280 Abs. 1 BGB[483] oder eine Vertragsstrafe[484].

a. *Aktienrechtliche Zulässigkeitsanforderungen*

Ausdrückliche aktienrechtliche Zulässigkeitsschranken finden sich in § 136 Abs. 2 AktG sowie in § 405 Abs. 3 Nr. 6 und Nr. 7 AktG.

Gem. § 136 Abs. 2 Satz 1 AktG kann sich ein Aktionär nicht wirksam verpflichten, sein Stimmrecht in der Hauptversammlung nach Weisung der Gesellschaft, des Vorstands, des Aufsichtsrats oder eines abhängigen Unternehmens auszuüben. Auch eine Verpflichtung zur Stimmabgabe zugunsten der jeweiligen Vorschläge von Vorstand oder Aufsichtsrat ist

---

480 Vgl. *Drygala*, in: Schmidt/Lutter, AktG, § 101 Rn. 6, *Lübbert*, Abstimmungsvereinbarungen, S. 114 ff.

481 BGH v. 29.5.1967 – II ZR 105/66, BGHZ 48, 163, 166 (zur GmbH) = NJW 1967, 1963;1965 f.; *Hopt/Roth*, in: Großkomm-AktG, § 101 Rn. 36; *Odersky*, in: FS Lutter (2000), S. 557, 561; zur Entwicklung der Rechtsprechung siehe *Lübbert*, Abstimmungsvereinbarungen, S. 126 ff. sowie zur Literatur S. 176 ff.; kritisch *Zöllner*, in: KölnKomm-AktG (1. Aufl.), § 136 Rn. 112 f. sowie *Zöllner*, ZHR 155 (1991), 168, 186 f.; a.A. noch RG v. 20.11.1925 – II 576/24, RGZ 112, 273, 279, f. (zur GmbH); v. 10.1.1928 – II 173/27, RGZ 119, 386, 389 f.; v. 11.6.1931 – II 398/29, RGZ 133, 91, 95; *Eckardt*, in: Geßler/Hefermehl/Eckardt/Kropff, AktG, § 136 Rn. 56; *Teichmann*, Gestaltungsfreiheit in Gesellschaftsverträgen; S. 228 ff.; *Bollweg*, Die Wahl des Aufsichtsrats in der Hauptversammlung der Aktiengesellschaft, S. 428.

482 RG v. 10.1.1928 – II 173/27, RGZ 119, 386, 388 f.; *Drygala*, in: Schmidt/Lutter, AktG, § 101 Rn. 8; *Hopt/Roth*, in: Großkomm-AktG, § 101 Rn. 35; *Mertens/Cahn*, in: KölnKomm-AktG, § 101 Rn. 33; *Koch*, in: Hüffer, AktG, § 133 Rn. 26; *Odersky*, in: FS Lutter (2000), S. 557, 559; *A. Hueck*, in: FS Nipperdey (1965), S. 401, 406. Eine Ausnahme macht der BGH allerdings bei einer Stimmbindungsvereinbarung, der sich sämtliche Gesellschafter angeschlossen haben; dann sei ein dem Inhalt der Stimmbindungsvereinbarung widersprechender Beschluss anfechtbar, BGH v. 20.1.1983 – II ZR 243/81, NJW 1983, 1910, 1911; kritisch dazu *Happ*, ZGR 1984, 168 ff.

483 RG v. 10.1.1928 – II 173/27, RGZ 119, 386, 388 f.; *Drygala*, in: Schmidt/Lutter, AktG, § 101 Rn. 8; *Mertens/Cahn*, in: KölnKomm-AktG, § 101 Rn. 34.

484 *Hopt/Roth*, in: Großkomm-AktG, § 101 Rn. 35.

gem. § 136 Abs. 2 Satz 2 AktG unwirksam. Ziel dieser Stimmbindungsbeschränkungen ist es, das Abstimmungsergebnis in der Hauptversammlung frei von einer möglichen Beeinflussung durch die Gesellschaft bzw. durch ihre Organe zu halten.[485]

Gem. §§ 405 Abs. 3 Nr. 6, Nr. 7 AktG, 134 BGB sind darüber hinaus Vereinbarungen über einen Stimmenverkauf oder –ankauf gegen Gewährung besonderer Vorteile wegen des damit verbundenen Schädigungsrisikos[486] zulasten der Gesellschaft nichtig. Der Begriff des „besonderen Vorteils" ist dabei jedoch restriktiv auszulegen.[487] Wegen Umgehung des Stimmverbots gem. § 136 Abs. 1 AktG ist eine Stimmbindung zugunsten eines anderen Aktionärs auch dann unwirksam, wenn dieser gem. § 136 Abs. 1 AktG von der Abstimmung ausgeschlossen ist.[488]

b. *Allgemeine zivilrechtliche Zulässigkeitsanforderungen*

Die Wirksamkeit von Stimmbindungsverträgen im Allgemeinen und ihre rechtliche Bindungswirkung im Einzelfall werden zudem durch die gesellschaftsrechtliche Treupflicht des Aktionärs[489] bzw. den Grundsatz von

---

485 Vgl. BegrRegE, abgedruckt bei *Kropff*, Aktiengesetz 1965, S. 201; *Koch*, in: Hüffer, AktG, § 136 Rn. 25; *Zöllner*, in: KölnKomm-AktG (1. Aufl.), §136 Rn. 98 ff.; *Schröer*, in: MünchKomm-AktG, § 136 Rn. 74; *A. Hueck*, in: FS Nipperdey (1965), S. 401, 403.

486 Vgl. *Schröer*, in: MünchKomm-AktG, § 136 AktG Rn. 66; *Rodemann*, Stimmbindungsvereinbarungen, S. 61.

487 Vgl. *Hopt/Roth*, in: Großkomm-AktG, § 101 Rn. 29; *Mertens/Cahn*, in: KölnKomm-AktG, § 101 Rn. 29; *Schröer*, in: MünchKomm-AktG, § 136 AktG Rn. 66; *Koch*, in: Hüffer, AktG, § 133 Rn. 28; *Bollweg*, Die Wahl des Aufsichtsrats in der Hauptversammlung der Aktiengesellschaft, S. 424 f.

488 *Schröer*, in: MünchKomm-AktG, § 136 Rn. 66; *Riekers*, in: Spindler/Stilz, AktG, § 136 Rn. 45; *Koch*, in: Hüffer, AktG, § 133 Rn. 28; *Zöllner*, in: KölnKomm-AktG (1. Aufl.), § 136 Rn. 92; *Ders.*, Die Schranken, S. 283; zu einer möglichen Unwirksamkeit wegen Umgehung von Vinkulierungen siehe *Lutter/Grunewald*, AG 1989, 109 m.w.N. sowie *Lübbert*, Abstimmungsvereinbarungen, S. 118 ff., 154 ff.

489 RG v. 11.6.1931 – II 398/29, RGZ 133, 90, 96; *Hopt/Roth*, in: Großkomm-AktG, § 101 Rn. 30; *Drygala*, in: Schmidt/Lutter, AktG, § 101 Rn. 6; *Riekers*, in: Spindler/Stilz, AktG, § 136 Rn. 48; *Mertens/Cahn*, in: KölnKomm-AktG, § 101 Rn. 30; *Habersack*, in: MünchKomm-AktG, § 101 Rn. 13; *Habersack*, ZHR 164 (2000), 1, 9; kritisch *Zöllner*, ZHR 155 (1991), 168, 173 ff.; *Noack*, Gesellschaftervereinbarungen bei Kapitalgesellschaften, S. 146 f.; *Priester*, in: FS Werner (1984), S. 657, 670; *A. Hueck*, in: FS Nipperdey (1965), S. 401, 406; zur Treupflicht der Aktionäre allgemein siehe *Dreher*, ZHR 157 (1993), 150 ff. sowie *Marsch-Barner*, ZHR 157 (1993), 172 ff.

Treu und Glauben[490] gem. § 242 BGB begrenzt.[491] Auch ein Verstoß gegen die guten Sitten kann gem. § 138 BGB zur Unwirksamkeit von Stimmbindungsverträgen führen.[492] Gegenstand einer Stimmrechtsvereinbarung kann weiter nicht sein, was dem mehrheitsfesten Kernbereich der Mitgliedschaft zuzuordnen ist.[493]

c. *Sonderfall: Stimmbindungsverträge zugunsten gesellschaftsfremder Dritter*

Besonders kontrovers diskutiert wird, ob Stimmbindungsverträge auch mit bzw. zugunsten von gesellschaftsfremden Dritten geschlossen werden können. Dies wird teilweise wegen des Verbots der Abspaltung des Stimm- vom Mitgliedschaftsrecht[494] sowie mit Verweis auf eine mögliche Verwässerung der Treupflicht des Aktionärs[495] oder wegen Verletzung der Verbandssouveränität[496] verneint.[497] Teilweise wird zwischen einer

---

490 RG v. 11.6.1931 – II 389/29, RGZ 133, 90, 95 f.; *Hopt/Roth*, in: GroßkommAktG, § 101 Rn. 30; *Drygala*, in: Schmidt/Lutter, AktG, § 101 Rn. 6; *Mertens/Cahn*, in: KölnKomm-AktG, § 101 Rn. 30; *Schröer*, in: MünchKomm-AktG, § 136 Rn. 65; *Spindler*, in: Spindler/Stilz, AktG, § 101 Rn. 25; *Zöllner*, in: KölnKomm-AktG (1. Aufl.), § 136 Rn. 91; *A. Hueck*, in: FS Nipperdey (1965), S. 401, 413.

491 Siehe auch Zusammenfassung bei *Bollweg*, Die Wahl des Aufsichtsrats in der Hauptversammlung der Aktiengesellschaft, S. 425 ff.

492 Vgl. dazu die Fallgruppen bei *Lübbert*, Abstimmungsvereinbarungen, S. 162 ff.; siehe auch *Herfs*, Einwirkung Dritter auf den Willensbildungsprozeß der GmbH, S. 330 f.; kritisch *Rodemann*, Stimmbindungsvereinbarungen, S. 30 ff.

493 *Schäfer*, in: MünchKomm-BGB, § 717 Rn. 24, § 709 Rn. 91; *Hadding/Kießling*, in: Soergel, BGB, § 709 Rn. 35; *Enzinger*, in: MünchKomm-HGB, § 119 Rn. 37; *Habersack*, ZHR 164 (2000), 1, 10.

494 *Hüffer*, AktG, § 133 Rn. 27; *Schäfer*, in: MünchKomm-BGB, § 717 Rn. 25; dagegen *Schröer*, in: MünchKomm-AktG, § 136 Rn. 71; *Hopt/Roth*, in: GroßkommAktG, § 101 Rn. 26; *Hadding/Kießling*, in: Soergel, BGB, § 709 Rn. 36; *Zöllner*, ZHR 155 (1991), 168, 181; *Rodemann*, Stimmbindungsvereinbarungen, S. 37 f.; zur Herleitung des Abspaltungsverbots siehe *Ostler*, Stimmrecht ohne Beteiligungsinteresse, S. 115 ff.

495 *Hüffer*, AktG, § 133 Rn. 27; *Flume*, Die juristische Person, § 7 VI S. 242; *Habersack* ZHR 164 (2000), 1, 11 f.; abweichend *Herfs*, Einwirkung Dritter auf den Willensbildungsprozeß der GmbH, S. 344 ff.; relativierend *Rodemann*, Stimmbindungsvereinbarungen, S. 27 ff.; dagegen *Zöllner*, ZHR 155 (1991), 168, 172.

496 *Habersack*, in: MünchKomm-AktG, § 101 Rn. 14; *Priester*, in: FS Werner (1984), S. 657, 662 ff., 665 ff.; siehe auch *Herfs*, Einwirkung Dritter auf den Willensbildungsprozeß der GmbH, S. 321 ff.; kritisch *Zöllner*, ZHR 155 (1991), 168, 182; dagegen *A. Hueck*, in: FS Nipperdey (1965), S. 401, 417.

Stimmbindung im Hinblick auf satzungs- bzw. strukturändernde Beschlüsse einerseits und Stimmbindungsvereinbarungen bei Abstimmungen über Geschäftsführungsmaßnahmen andererseits unterschieden.[498]

Grundsätzlich als zulässig anerkannt sind Stimmbindungsvereinbarungen mit Dritten ausnahmsweise für den Fall, dass sie dem Ausgleich wirtschaftlicher Risikoanomalien[499] dienen[500] oder inhaltlich derart präzise gefasst sind, dass die Stimmbindung als vorweggenomme Abstimmung des Aktionärs betrachtet werden kann und der Aktionär die Entscheidung über die Ausübung des Stimmrechts damit faktisch selbst getroffen hat[501].

2. Zulässigkeit von Stimmbindungsverträgen über die Begründung von Entsendungsrechten

Im Folgenden wird deshalb untersucht, ob, in welcher Form und gegenüber wem sich Aktionäre schuldrechtlich zur satzungsmäßigen Begründung von Entsendungsrechten durch entsprechende Stimmabgabe in der

---

497 So i.E. *Habersack*, in: MünchKomm-AktG, § 101 Rn. 14; *Hüffer*, AktG, § 133 Rn. 27; *Flume*, Die juristische Person, § 7 VI S. 242; *Habersack*, ZHR 164 (2000) 1, 11 f.; a.A. BGH v. 29.5.1967 – II ZR 105/66, BGHZ 48, 163, 166 ff; *Schröer*, in: MünchKomm-AktG, § 136 Rn. 70 ff., in Rn. 73 jedoch einschränkend bei inhaltlich unbestimmter Bindung bzgl. Satzungsänderungen; *Hopt/Roth*, in: Groß-komm-AktG, § 101 Rn. 26; *Riekers*, in: Spindler/Stilz, AktG, § 136 Rn. 50; *Zöllner*, in: KölnKomm-AktG (1. Aufl.), § 136 Rn. 93; *Ders.*, ZHR 155 (1991), 168, 179 ff.; differenzierend auch *A. Hueck*, in: FS Nipperdey (1965), S. 401, 416 ff. (zur Personenhandelsgesellschaft); *Ostler*, Stimmrecht ohne Beteiligungsinteresse, S. 138 ff.; für grundätzliche Zulässigkeit *Koch*, in: Hüffer, AktG, § 133 Rn. 27; *Hirschmann*, in: Hölters, AktG, § 133 Rn. 41.

498 Vgl. *Lutter/Grunewald*, AG 1989, 109, 111; *Priester*, in: FS Werner (1984), S. 657, 570; *A. Hueck*, in: FS Nipperdey (1965), S. 401, 416 ff.; *Rodemann*, Stimmbindungsvereinbarungen, S. 27 ff., 38 ff.

499 Z.B. bei Treuhandverhältnissen zwischen materiell berechtigtem Anteilseigner und eingetragenem Legitimationsaktionär sowie im Fall der Sicherungsübereignung von Aktieneigentum, aber auch bei Nießbrauch oder Pfandrechten an Gesellschaftsanteilen.

500 Vgl. BGH v. 29.5.1967 - II ZR 105/66, NJW 1967, 1963, 1964 f.; *Schäfer*, in: MünchKomm-BGB, § 717 Rn. 25; *Hadding/Kießling*, in: Soergel, BGB, § 709 Rn. 36; *Priester*, in: FS Werner (1984), S. 657, 672 f.; *Rodemann*, Stimmbindungsvereinbarungen, S. 41; einschränkend *Flume*, Die juristische Person, § 7 IV S. 243 f.; *Ostler*, Stimmrecht ohne Beteiligungsinteresse, S. 140 ff.

501 Vgl. *Priester*, in: FS Werner (1984), S. 657, 675; *Ostler*, Stimmrecht ohne Beteiligungsinteresse, S. 138 f.; *Rodemann*, Stimmbindungsvereinbarungen, S. 41; *Herfs*, Einwirkung Dritter auf den Willensbildungsprozeß der GmbH, S. 324.

Hauptversammlung im Wege von Stimmbindungsverträgen verpflichten können.

a. *Unmittelbarer Verstoß gegen aktienrechtliche oder allgemein zivilrechtliche Zulässigkeitsanforderungen*

Im Hinblick auf ihren Vertragsgegenstand steht einer derartigen Stimmbindungsvereinbarung grundsätzlich nichts im Wege: Die geschriebenen Zulässigkeitsschranken der §§ 136, 405 AktG, 134, 138 BGB werden nicht tangiert; vor allem mit Blick auf die ausdrückliche gesetzliche Autorisierung zur Einräumung von Entsendungsrechten gem. § 101 Abs. 2 AktG ist auch ein Treupflichtverstoß oder eine unzulässige Beeinträchtigung des mitgliedschaftlichen Kernbereichs zulasten der zurückgesetzten Aktionäre grundsätzlich nicht erkennbar. Stimmbindungsverträge über die Einräumung von Entsendungsrechten verstoßen mithin nicht unmittelbar gegen aktienrechtliche oder allgemein zivilrechtliche Zulässigkeitsanforderungen.

b. *Umgehung der Voraussetzungen gem. § 101 Abs. 2 AktG*

Allerdings sind Stimmbindungsverträge über die Begründung von Entsendungsrechten nicht nur an den regulären Stimmbindungsbeschränkungen zu messen, sondern zusätzlich anhand der durch § 101 Abs. 2 AktG normierten Voraussetzungen zur Begründung von Entsendungsrechten zu überprüfen.

Direkt findet § 101 Abs. 2 AktG zwar nur auf die satzungsmäßige Einräumung von Entsendungsrechten an sich Anwendung. Um einer Umgehung der im Verhältnis zwischen Aktionären und Gesellschaft gesetzlich zwingenden Voraussetzungen entgegenzuwirken, sind die Anforderungen an die satzungsmäßige Begründung von Entsendungsrechten aber auch im Rahmen von schuldrechtlichen, der eigentlichen Begründung von Entsendungsrechten vorgelagerten Stimmbindungsverträgen im Verhältnis der Aktionäre untereinander bzw. im Verhältnis von Aktionären zu außenstehenden Dritten zu berücksichtigen. Andernfalls könnte ein annähernd gleicher Rechtserfolg (Begründung von Entsendungsrechten) auf eine gesetzlich nicht vorgesehene bzw. ggf. unzulässige Weise (Stimmbindung) bewirkt werden.[502]

[502] *Bausch*, NZG 2007, 574, 575 f.; zur Unwirksamkeit von Rechtsgeschäften wegen Umgehung siehe *Armbrüster*, in: MünchKomm-BGB, § 134 Rn. 11 ff.; *Flume*, Das

(1) Gebot statutarischer Regelung

§ 101 Abs. 2 Satz 1 AktG fordert zunächst die satzungsmäßige Begründung von Entsendungsrechten. Ratio dieser Vorgabe ist es, die mit der Begründung von Satzungsnormen bzw. mit einer Satzungsänderung einhergehenden, aktienrechtlichen Anforderungen an Gesellschafter- bzw. Hauptversammlungsbeschlüsse in Gang zu setzen, eine registergerichtliche Kontrolle der beabsichtigten Regelung zu ermöglichen und durch Eintragung der Satzungsnorm Publizität zugunsten des Rechtsverkehrs zu schaffen. Diese Ziele werden durch Stimmbindungsvereinbarungen über die Begründung von Entsendungsrechten nicht vereitelt oder beeinträchtigt, da das Entsendungsrecht erst mit Beschluss in der Gesellschafter- bzw. Hauptversammlung und anschließender Eintragung Existenz erlangt.

(2) Gebot der Aktionärseigenschaft

§ 101 Abs. 2 Satz 1 AktG setzt zudem voraus, dass nur Aktionäre der Gesellschaft zur Entsendung berechtigt werden können. Auch dieses Erfordernis wird durch Stimmbindungsverträge nicht umgangen, da von Gesetzes wegen Entsendungsrechte sowieso nur zugunsten von Aktionären begründet werden können. Selbst wenn ein anderslautender Beschluss in der Hauptversammlung gefasst werden würde, wäre dieser eo ipso nichtig.[503] Eine Umgehungsgefahr besteht deshalb von vornherein nicht.

(3) Gebot statutarischer Regelung durch Entscheidung der Hauptversammlung

Stimmbindungsvereinbarungen über die Begründung von Entsendungsrechten könnten jedoch dem in § 101 Abs. 2 Satz 1 und 2 AktG zum Ausdruck kommenden Willen des Gesetzgebers zuwiderlaufen, dass allein die in der Hauptversammlung versammelten Aktionäre Einfluss auf die Einräumung von Entsendungsrechten an sich sowie auf die Auswahl der Person des Entsendungsberechtigten nehmen können sollen.

Rechtsgeschäft, § 17 5. S. 350 f.; *Medicus*, Allgemeiner Teil des BGB, Rn. 660; *Teichmann*, Die Gesetzesumgehung, passim; *Lutter*, in: FS Stiefel (1987), S. 505, 510 ff. (zur Umgehung von Sacheinlagevorschriften); *Lutter/Grunewald*, AG 1989, 109, 110 ff. (zur Umgehung von Vinkulierungen).

503 Vgl. Argumentation zur Nichtigkeit bei anzahlmäßiger Überschreitung oben unter C. VI. 1. c. (2) (a).

Durch die Einräumung von Entsendungsrechten zugunsten eines bestimmten Aktionärs oder zugunsten des jeweiligen Inhabers bestimmter Aktien wird die Besetzung von Aufsichtsratsposten teilweise der Bestimmungsmacht der übrigen Aktionäre entzogen. Mit der Schaffung von Entsendungsrechten geht deshalb auch immer eine quantitative Beschränkung des Stimm- bzw. Wahlrechts der Aktionäre in der Hauptversammlung und damit eine – ausnahmsweise gesetzlich gestattete – Beeinträchtigung des Kernbereichs der Mitgliedschaft[504] einher.[505] Werden Entsendungsrechte bereits in der Ursprungssatzung verankert, bedeutet dies einen faktischen Teilverzicht auf Stimmrechtsmacht durch die nicht-entsendungsberechtigten Gründungsgesellschafter. Erfolgt die Einräumung von Entsendungsrechten durch späteren satzungsändernden Hauptversammlungsbeschluss, geht damit ein faktischer Teilentzug von Stimmrechtsmacht durch qualifizierte Mehrheitsentscheidung zulasten der nicht-entsendungsberechtigten Aktionäre einher. Entgegen den Grundsätzen der Kernbereichslehre ist die Zustimmung jedes einzelnen vom Stimmrechtsentzug betroffenen Aktionärs zur Einräumung von Entsendungsrechten wegen der für diesen Sonderfall bestehenden gesetzlichen Gestattung (§ 101 Abs. 2 AktG) ausnahmsweise jedoch nicht erforderlich.[506]

(a) Stimmbindung gegenüber Dritten

Aufgrund der Kernbereichsbeeinträchtigung erlaubt das Gesetz den faktischen Teilverzicht auf Stimmrechtsmacht durch die Gründungsgesellschafter bzw. den faktischen Teilentzug von Stimmrechtsmacht durch Mehrheitsentscheidung der Hauptversammlung jedoch nur in engen Grenzen: Es bedarf entweder der Zustimmung aller Gründungsgesellschafter oder eines mit satzungsändernder Mehrheit gefassten Hauptversammlungsbeschlusses. Die Entscheidung über die Einräumung von Entsendungsrechten und die damit einhergehende Beschneidung des Wahlrechts soll mithin ausschließlich von den Gesellschaftern bzw. den

---

504 Zur Kernbereichslehre siehe *Enzinger*, in: MünchKomm-HGB, § 119 Rn. 64 ff.; *Schäfer*, in: MünchKomm-BGB, § 709 Rn. 91 ff.; *Born*, in: Joost/Strohn, HGB, § 109 Rn. 17 ff.; *Verse*, in: Henssler/Strohn, GesellschaftsR, § 14 GmbHG Rn. 58 ff.; *Löffler*, NJW 1989, 2656 ff.

505 Zum Stimmrecht als Bestandteil des Kernbereichs der Mitgliedschaft siehe *Enzinger*, in: MünchKomm-HGB, § 119 Rn. 70, 75; *Schäfer*, in: MünchKomm-BGB, § 709 Rn. 93; *Ders.*, ZGR 2013, 237, 250 ff.

506 Siehe auch oben unter C. II. 2.

Aktionären getroffen werden, nicht von Dritten. Könnten sich Gesellschafter gegenüber Dritten jedoch wirksam zur Einräumung von Entsendungsrechten verpflichten, würden sie sich im Hinblick auf ihre Wahlfreiheit dauerhaft einer Fremdbestimmung unterwerfen, die mit den Grundsätzen der Kernbereichslehre nicht zu vereinbaren ist.

Stimmbindungsverträge mit außenstehenden Dritten über die Einräumung von Entsendungsrechten sind deshalb grundsätzlich unzulässig.

(b) Stimmbindung gegenüber Mitaktionären

Wegen der Kernbereichsbeeinträchtigung kann sich ein Gesellschafter jedoch grundsätzlich auch nicht gegenüber Mitgesellschaftern wirksam zur Begründung von Entsendungsrechten und damit zu einem Teilverzicht auf sein Wahlrecht in der Hauptversammlung verpflichten: Das Stimmrecht bei Wahlen zum Aufsichtsrat ist als Teil des Kernbereichs der Mitgliedschaft jeglicher – also auch durch Mitaktionäre ausgeübter – Fremdbestimmung entzogen.[507]

(4) Gebot personen- oder inhabergebundener Entsendungsrechte

Zusätzlich zur exklusiven Entscheidungskompetenz der Gesellschafter bzw. der Aktionäre über das „Ob“ der Einräumung von Entsendungsrechten implizieren die strengen Voraussetzungen des § 101 Abs. 2 AktG, dass auch die Entscheidung über die Person des zukünftigen Entsenders ausschließlich von Aktionären getroffen und vor jeglichem Fremdeinfluss geschützt werden soll.[508]

Der Gesetzgeber formuliert, dass das personengebundene Entsendungsrecht nur einem bestimmten Aktionär zukommen kann, bei dessen Tod es grundsätzlich erlischt. Das aktiengebundene Entsendungsrecht wiederum kann zwar zugunsten des jeweiligen Inhabers bestimmter Aktien eingeräumt werden. Ein Übergang des Aktieneigentums ist jedoch auf-

---

[507] Vgl. zur möglichen gesellschaftsvertraglichen Entziehbarkeit des Stimmrechts BGH v. 14.7.1954 – II ZR 342/53, BGHZ 14, 264 = NJW 1954, 1563 (zur GmbH); v. 14.5.1956 – II ZR 229/54, BGHZ 20, 363 = NJW 1956, 1198, 1199 f (zur KG); v. 24.5.1993 – II ZR 73/92,. NJW 1993, 2100 f. (zur GmbH & Co. KG); *Enzinger*, in: MünchKomm-HGB, § 119 Rn. 75; *Wiedemann,* Gesellschaftsrecht I, § 7 II 1 S. 366 ff.; *K. Schmidt,* Gesellschaftsrecht, § 16 III S. 472; *Lockowandt,* Stimmrechtsbeschränkungen im Recht der Personengesellschaften, Kernbereichslehre und Stimmrechtsausschluß, S. 114 ff.

[508] Vgl. *Bausch,* NZG 2007, 574, 576.

grund der Vinkulierung stets an die Zustimmung der Gesellschaft gem. § 68 Abs. 2 AktG gebunden, so dass die Aktionäre je nach Ausgestaltung der Vinkulierung zumindest mittelbar weiterhin die Inhaberschaft des Entsendungsrechts kontrollieren. Das Gesetz bezweckt also, die Aktionäre davor zu schützen, dass „unerwünschte" Personen durch das gem. § 35 BGB grundsätzlich unentziehbare Sonderrecht entscheidenden Einfluss auf die Besetzung des Aufsichtsrats und damit auf das Schicksal der Gesellschaft insgesamt gewinnen.

Dieses Schutzziel kann aber nur dann erreicht werden, wenn die Entschließungsfreiheit der Aktionäre im Hinblick auf die Person des Entsendungsberechtigten nicht durch Stimmbindungsvereinbarungen mit Dritten oder – wegen der Nähe zum Kernbereich – mit Mitgesellschaftern beeinträchtigt wird.

(5) Ausnahme: Hinreichend konkrete Stimmbindungsvereinbarung

Eine schutzzielwidrige Beeinträchtigung des Stimmrechts als Teil des mitgliedschaftlichen Kernbereichs ist jedoch dann ausgeschlossen, wenn sich der Aktionär lediglich dazu verpflichtet, für die Schaffung von Entsendungsrechten zugunsten einer konkret benannten Person zu stimmen. In diesem Fall nimmt der sich bindende Aktionär bestimmenden Einfluss darauf, ob überhaupt und zugunsten welcher Person das Entsendungsrecht eingeräumt wird.[509]

Damit wird zwar hingenommen, dass der gebundene Aktionär seine Entscheidung bis zur Beschlussfassung nicht mehr revidieren kann; es steht aufgrund der allgemeinen Erfahrung jedoch grundsätzlich sowieso nicht zu erwarten, dass Aktionäre ihr geplantes Abstimmungsverhalten aufgrund von Redebeiträgen und Diskussionen in der Hauptversammlung noch abändern.[510] Eine derart fixe Vereinbarung kann deshalb sowohl von Aktionären untereinander als auch mit einem gesellschaftsfremden Dritten wirksam getroffen werden. Stimmbindungsvereinbarung über die Einräumung von Entsendungsrechten, durch welche sich ein Aktionär den noch unbestimmten Weisungen eines anderen Aktionärs oder eines Dritten unterwirft, sind jedoch weiterhin unzulässig. Durch derartige Verpflichtungen würde der gebundene Aktionär jegli-

[509] Vgl. *Schäfer*, in: MünchKomm-BGB, § 717 Rn. 24 a.E.

[510] Vgl. *Ostler*, Stimmrecht ohne Beteiligungsinteresse, S. 138; *Schröer*, in: MünchKomm-AktG, § 136 Rn. 72; *Koch*, in: Hüffer, AktG, § 133 Rn. 27.

chen Einfluss auf die Bestimmung der Person des zukünftigen Entsenders verlieren, so dass das Schutzregime von § 101 Abs. 2 AktG umgangen werden würde.[511]

Gegen die Stimmbindung im Hinblick auf einen konkret benannten zukünftigen Entsendungsberechtigten bestehen auch dann keine Bedenken, wenn sie weit im Vorhinein zur eigentlichen Einräumung der Entsendungsrechte getroffen wird. Zwar steigt mit zunehmender Dauer der Bindung die Wahrscheinlichkeit, dass sich für den gebundenen Gesellschafter entscheidungserhebliche Umstände ändern, so dass er eine Stimmbindung zur Begründung von Entsendungsrechten zugunsten des vereinbarten Entsendungsberechtigten zu einem späteren Zeitpunkt nicht mehr eingehen würde. Allerdings gilt es zu bedenken, dass auch das Entsendungsrecht selber als unentziehbares Sonderrecht i.S.d. § 35 BGB eine grundsätzlich unaufhebbare Bindung der Aktionäre bzw. eine grundsätzlich irreversible (quantitative) Beschneidung ihrer Wahlfreiheit in der Hauptversammlung bewirkt. Es macht jedoch keinen substanziellen Unterschied, ob diese Beschränkung erst mit satzungsmäßiger Einräumung des Entsendungsrechts oder vorgelagert durch eine entsprechende Stimmbindung eintritt. Da der Gesetzgeber eine auf Dauer angelegte Beschränkung der Wahlfreiheit in § 101 Abs. 2 AktG also ausdrücklich erlaubt, ist auch eine auf Dauer angelegte Stimmbindung über die Einräumung von Entsendungsrechten zulässig.

3. Ergebnis

Stimmbindungsverträge über die Begründung von Entsendungsrechten sind wegen Umgehung des Gebots statutarischer Regelung (§ 101 Abs. 2 Satz 1 Halbsatz 1 AktG) sowie des Gebots personen- oder inhabergebundener Entsendungsrechte (§ 101 Abs. 2 Satz 1 Halbsatz 2 AktG) grundsätzlich unzulässig. Ausnahmsweise zulässig sind Stimmbindungsverträge über die Begründung von Entsendungsrechten allerdings, wenn die Person des zukünftigen Entsenders bereits bei Abschluss des Stimmbindungsvertrags konkret benannt wird.

---

[511] Vgl. *Bausch*, NZG 2007, 574, 576; a.A. wohl *Mertens/Cahn*, in: KölnKomm-AktG, § 101 Rn. 54.

VIII. Entsendung von Ersatzmitgliedern

Für den Fall, dass der Entsandte vor Ablauf seiner Amtszeit wegfällt, können Ersatzmitglieder bestellt werden (§ 101 Abs. 4 AktG). Sie können jedoch nur durch den Entsendungsberechtigen und nur gleichzeitig mit Entsendung der Aufsichtsratsmitglieder bestellt werden.[512] Es steht dem Entsendungsberechtigten frei, ob er Ersatzmitglieder entsendet. In der Satzung kann die Bestellung von Ersatzmitgliedern weder vorgeschrieben noch untersagt werden.[513]

---

512 *Habersack*, in: MünchKomm-AktG, § 101 Rn. 77 f.; *Simons*, in: Hölters, AktG, § 101 Rn. 36 ff.; *Spindler*, in: Spindler/Stilz, AktG, § 101 Rn. 84 ff.; *Mertens/Cahn*, in: KölnKomm-AktG, § 101 Rn. 85, 87; a.A. wohl *Hopt/Roth*, in: Großkomm-AktG, § 101 Rn. 168 a.E., 181 (Durch Satzungsregelung könne die Hauptversammlung für die Bestellung von Ersatzmitgliedern entsandter Aufsichtsratsmitglieder zuständig sein); ebenso *Möhring/Schwartz*, Die Aktiengesellschaft und ihre Satzung, S. 130 f.

513 *Mertens/Cahn*, in: KölnKomm-AktG, § 101 Rn. 85; *Spindler*, in: Spindler/Stilz, AktG, § 101 Rn. 84; *Koch*, in: Hüffer, AktG, § 101 Rn. 13; *Habersack*, in: MünchKomm-AktG, § 101 Rn. 75; a.A. *Hopt/Roth*, in: Großkomm-AktG, § 101 Rn. 168 a.E., 181.

D. Ausübung von Entsendungsrechten

Im Gegensatz zur Begründung von Entsendungsrechten enthält das Aktiengesetz zur Ausübung von Entsendungsrechten keine ausdrücklichen Vorgaben. Da es sich bei dem Entsendungsrecht jedoch um ein außerordentliches mitgliedschaftliches Sonderrecht handelt, können die Gründungsgesellschafter bzw. die Hauptversammlung die Ausübung des Entsendungsrechts in der Satzung innerhalb der Grenzen des aktienrechtlich Zulässigen formellen wie materiellen Anforderungen unterwerfen.[514] Schweigt die Satzung, ist auf allgemeine aktienrechtliche Grundsätze zurückzugreifen.[515]

I. Formelle Voraussetzungen

1. Entsendungserklärung durch den Entsendungsberechtigten

a. Regulärer Erklärungsempfänger

Das Entsendungsrecht wird durch formlose Erklärung[516] des Entsendungsberechtigten[517] gegenüber der Aktiengesellschaft, vertreten durch den Vorstand, ausgeübt.[518] Der Aufsichtsratsvorsitzende ist entgegen vereinzelt vertretener Ansicht nicht zusätzlich zum Vorstand empfangs-

[514] *Simons*, in: Hölters, AktG, § 101 Rn. 28; *Spindler*, in: Spindler/Stilz, AktG, § 101 Rn. 50; *Hopt/Roth*, in: Großkomm-AktG, § 101 Rn. 122; *Bürgers/Israel*, in: Bürgers/Körber, AktG, § 101 Rn. 15; *Mertens/Cahn*, in: KölnKomm-AktG, § 101 Rn. 58.; *Drygala*, in: Schmidt/Lutter, AktG, § 101 Rn. 14.

[515] *Habersack*, in: MünchKomm-AktG, § 101 Rn. 44.

[516] *Hopt/Roth*, in: Großkomm-AktG, § 101 Rn. 137; *Drygala*, in: Schmidt/Lutter, AktG, § 101 Rn. 23; *Simons*, in: Hölters, AktG, § 101 Rn. 30; *Hoffmann-Becking*, in: MünchHdbGesR-AG, § 30 Rn. 51.

[517] Zur Person des Erklärenden bei mehreren Entsendungsberchtigten bzw. bei mehreren Inhabern entsendungsberechtigender Aktien siehe oben unter C. II. 1.

[518] *Koch*, in: Hüffer, AktG, § 101 Rn. 12; *Spindler*, in: Spindler/Stilz, AktG, § 101 Rn. 69; *Habersack*, in: MünchKomm-AktG, § 101 Rn. 44; *Henssler*, in: Henssler/Strohn, GesellschaftsR, § 101 AktG Rn. 12; *Hopt/Roth*, in: Großkomm-AktG, § 101 Rn. 136; *Mertens/Cahn*, in: KölnKomm-AktG, § 101 Rn. 66; *Schiedermair/Kolb*, in: Müller/Rödder, BeckHdbAG, § 7 Rn. 212; *Vetter*, in: Marsch-Barner/Schäfer, Hdb börsennotierte AG, § 25 Rn. 28; siehe auch den Formulierungsvorschlag bei *Messerschmidt*, in: BeckFB AktR, H. II.; a.A. *Natzel*, AG 1959, 93, 99 (noch zu § 88 AktG 1937).

zuständig,[519] da Erklärungsgegner die Gesellschaft, nicht ihre Organe sind. Nach der korporationsinternen Aufgabenverteilung ist der Vorstand zur Vertretung der Aktiengesellschaft berufen,[520] es sei denn, das Aktiengesetz ordnet etwas anderes an. In Ermangelung einer solchen Anordnung ist der Aufsichtsrat(svorsitzende) mithin nicht zur Entgegennahme der Entsendungserklärung im Namen der Gesellschaft befugt.[521]

Erfolgt die Entsendungserklärung dessen ungeachtet gegenüber dem Aufsichtsrat(svorsitzenden), so ist dieser als Erklärungsbote des Entsenders gegenüber der Gesellschaft einzuordnen,[522] so dass die Erklärung erst nach Übermittlung des Aufsichtsrats(vorsitzenden) an den Vorstand bei der Gesellschaft zugeht.[523]

Auch eine Entsendungserklärung lediglich gegenüber dem Entsandten reicht aus den oben genannten Gründen nicht aus.[524]

b. Erklärungsempfänger bei Entsendung in den ersten Aufsichtsrat

Im Gegensatz zu späteren Entsendungen ist die Entsendungserklärung bei Bestellung des ersten Aufsichtsrats entsprechend § 30 Abs. 1 Satz 2 AktG notariell zu beurkunden. Da die Aktiengesellschaft mangels Eintragung noch nicht entstanden ist, kommt sie als Erklärungsempfängerin bei Entsendung in den ersten Aufsichtsrat nicht in Betracht.

Möglicherweise könnte auf die Vor-AG[525], vertreten durch ihren Vorstand, den Vor-AG-Vorstand selber oder den Vor-AG-Aufsichtsrat als

---

519 So aber ohne Begründung *Godin/Wilhelmi,* AktG, § 101 Anm. 3 S. 553; *Meyer-Landrut*, in: Großkomm-AktG (3. Aufl.), § 101 Anm. 17.

520 Vgl. *Spindler*, in: Spindler/Stilz, AktG, § 101 Rn. 10; *Koch*, in: Hüffer, AktG, § 101 Rn. 7; *Hopt/Roth*, in: Großkomm-AktG, § 101 Rn. 83; *Habersack*, in: MünchKomm-AktG, § 101 Rn. 62.

521 Vgl. *Koch*, in: Hüffer, AktG, § 101 Rn. 10; *Simons*, in: Hölters, AktG, § 101 Rn. 31; *Spindler*, in: Spindler/Stilz, AktG, § 101 Rn. 10, 69; *Habersack*, in: MünchKomm-AktG, § 101 Rn. 44; *Mertens/Cahn*, in: KölnKomm-AktG, § 101 Rn. 66; *Bürgers/Israel*, in: Bürgers/Körber, AktG, § 101 Rn. 10.

522 Vgl. *Ellenberger*, in: Palandt, § 130 Rn. 9 a.E.; *Wendtland*, in: Bamberger/Roth, BGB, § 130 Rn. 18; *Schramm*, in: MünchKomm-BGB (6. Aufl.), Vorbemerkungen zu §§ 164-181 Rn. 58.

523 *Hopt/Roth*, in: Großkomm-AktG, § 101 Rn. 136, 139; *Geßler*, in: Geßler/Hefermehl/Eckardt/Kropff, AktG, § 101 Rn. 94; vgl. *Drygala*, in: Schmidt/Lutter, AktG, § 101 Rn. 13, 23; *Spindler*, in: Spindler/Stilz, AktG, § 101 Rn. 10, 69.

524 *Simons*, in: Hölters, AktG, § 101 Rn. 31; *Seeling/Zwickel*, BB 2008, 622, 625.

Erklärungsempfänger zurückgegriffen werden. Allerdings sind die Organe der Vor-AG identisch mit denen der in Gründung befindlichen Aktiengesellschaft.[526] Sie sind mithin nach den gleichen gesetzlichen und statutarischen Regeln zu bestellen. Auch der Aufsichtsrat der Vor-AG ist deshalb im Umfang der begründeten Entsendungsrechte durch Entsendung zu besetzen. Er scheidet deshalb als Empfänger einer Entsendungserklärung aus, die ihn selbst gerade erst besetzten soll. Auch die Vor-AG, vertreten durch ihren Vorstand, oder der Vor-AG-Vorstand selbst kommen als Erklärungsempfänger nicht in Betracht, da der Vor-AG-Aufsichtsrat vor erfolgreicher Entsendung noch nicht (vollständig) besetzt ist und ein Vor-AG-Vorstand dementsprechend noch nicht berufen wurde.

Zu erwägen ist deshalb, im Hinblick auf die Entgegennahme der Entsendungserklärung auf die Gründerversammlung zurückzugreifen, die bei Bestellung des ersten Aufsichtsrats im Gründungsstadium grundsätzlich an die Stelle der späteren Hauptversammlung tritt.[527] Zur Bestellung des ersten Aufsichtsrats ist allerdings gem. § 30 Abs. 1 AktG lediglich ein Beschluss der Gründer erforderlich; dieser muss gerade nicht zwingend in einer Gründerversammlung gefasst werden.[528] Auch die Gründerversammlung ist damit kein Vor-AG-Organ, welches bereits zwingend vor Besetzung des Aufsichtsrats bzw. vor Entsendung vorhanden und damit in jedem Fall zur Entgegennahme der Entsendungserklärung geeignet ist.

---

[525] Zu den verschiedenen Gründungsstadien einer Aktiengesellschaft und den Unterschieden zwischen Vorgründungsgesellschaft und Vor-Gesellschaft siehe *K. Schmidt*, in: Großkomm-AktG, § 41 Rn. 18 ff.; *Arnold*, in: KölnKomm-AktG, § 41 Rn. 8 ff.; *Koch*, in: Hüffer, AktG, § 41 Rn. 3 f.; *Pentz*, in: MünchKomm-AktG, § 41 Rn. 22 ff.; *Solveen*, in: Hölters, AktG, § 41 Rn. 6 ff.; *Heidinger*, in: Spindler/Stilz, AktG, § 41 Rn. 18 ff.; *Drygala*, in: Schmidt/Lutter, AktG, § 41 Rn. 2 ff.; *Flume*, in: FS Geßler (1971), S. 3 ff.; *Weimar*, AG 1992, 69 ff.; zur organschaftlichen Binnenstruktur der Vor-AG siehe *Pentz*, in: MünchKomm-AktG, § 41 Rn. 32 ff.

[526] Vgl. *Pentz*, in: MünchKomm-AktG, § 41 Rn. 32; *Heidinger*, in: Spindler/Stilz, AktG, § 41 Rn. 48 ff.; *Koch*, in: Hüffer, AktG, § 41 Rn. 6; *Solveen*, in: Hölters, AktG, § 41 Rn. 8.

[527] *Pentz*, in: MünchKomm-AktG, § 30 Rn. 11; *Koch*, in: Hüffer, AktG, § 30 Rn. 2; *Solveen*, in: Hölters, AktG, § 30 Rn. 3; *Bayer*, in: Schmidt/Lutter, AktG, § 30 Rn. 4.

[528] *Gerber*, in: Spindler/Stilz, AktG, § 30 Rn. 7; *Pentz*, in: MünchKomm-AktG, § 30 Rn. 11, 13, *Solveen*, in: Hölters, AktG, § 30 Rn. 4.

Außerhalb einer Gründerversammlung kann der erste Aufsichtsrat mangels anderweitiger Regelungsquellen denklogisch nur dann bestellt werden, wenn der Gründungsvertrag ein entsprechendes Verfahren regelt. Dieses muss zwangsweise auch Bestimmungen darüber enthalten, wer für die Entgegennahme der Wahlentscheidung jedes einzelnen Gründers bei Beschlussfassung über die Bestellung des ersten Aufsichtsrats zuständig ist. Dabei wird in der Regel auf den Notar zurückgegriffen werden, der auch mit der Beurkundung der einzelnen Wahlentscheidungen[529] betraut ist. Enthält der Gründungsvertrag Zuständigkeitsregeln zur Entgegennahme von Wahlentscheidungen, liegt es nahe, diese vorbehaltlich ausdrücklicher Bestimmungen zum Entsendungsrecht analog auf die Entsendungserklärung anzuwenden: Zum einen enthält der Gründungsvertrag eine Regelungslücke im Hinblick auf die Entgegennahme der Entsendungserklärung. Zum anderen sind sowohl die Wahlentscheidungen der einzelnen Gesellschafter als auch die Entsendungsentscheidung des Entsendungsberechtigten auf Bestellung des ersten Aufsichtsrats gerichtet und bedürfen der notariellen Beurkundung. Wahl- und Entsendungserklärung sind mithin auch materiell hinreichend vergleichbar, so dass die Zuständigkeitsregelungen des Gründungsvertrags über die Entgegennahme von Wahlerklärungen analog auf die Entsendungserklärung angewendet werden können.

Finden sich im Gründungsvertrag insgesamt keine Regelungen zur Beschlussfassung über die Bestellung des ersten Aufsichtsrats, hat diese zwangsweise in einer Gründerversammlung zu erfolgen. Dann sind die in der Gründerversammlung versammelten Gesellschafter für die Entgegennahme der Entsendungserklärung zuständig.

2. Pflicht zur (fristgemäßen) Ausübung des Entsendungsrechts

a. Grundsatz: Keine Entsendungspflicht, keine Entsendungsfrist

Im Kapitalgesellschaftsrecht besteht grundsätzlich keine Pflicht der Gesellschafter zur Ausübung von Verwaltungsrechten.[530] Auch das Entsendungsrecht ist ein (wenn auch außerordentliches Sonder-)Mitglied-

---

[529] Zum Beurkundserfordernis siehe *Pentz*, in: MünchKomm-AktG, § 30 Rn. 13; *Gerber*, in: Spindler/Stilz, AktG, § 30 Rn. 7; *Solveen*, in: Hölters, AktG, § 30 Rn. 5; *Bayer*, in: Schmidt/Lutter, § 30 Rn. 6.

[530] *Reichert/Weller*, in: MünchKomm-GmbH, § 14 Rn. 131; *Pentz*, in: Rowedder/Schmidt-Leithoff, GmbHG, § 14 Rn. 25.

schaftsrecht, mittels dessen der Entsendungsberechtigte an der Verwaltung der Gesellschaft mitwirkt. Er ist deshalb grundsätzlich nicht zur Ausübung des Entsendungsrechts bzw. zur Ausübung des Entsendungsrechts innerhalb einer bestimmten Frist verpflichtet.[531]

Eine Ausübungspflicht könnte sich höchstens aus der gesellschaftsrechtlichen Treupflicht ergeben, da Mitgliedschaftsrechte stets – reguläre und außerordentliche gleichermaßen – mit Rücksicht auf die berechtigten Interessen der Gesellschaft und der Mitgesellschafter auszuüben sind.[532] Durch die Nichtausübung des Entsendungsrechts erleidet die Gesellschaft allerdings keine unzumutbaren Nachteile, die aufgrund der Treupflicht abzuwenden wären.[533] Unterbleibt die Entsendung, wird der Aufsichtsrat zwar nicht vollständig bestellt. Es findet auch kein automatischer Übergang des Entsendungsrechts oder automatischer Rückfall der Bestellungskompetenz an die Hauptversammlung statt, da die Wahlkompetenz der Hauptversammlung mit satzungsmäßiger Einräumung des Entsendungsrechts bis zu dessen Erlöschen korporativ verkürzt wor-

[531] *Hopt/Roth*, in: Großkomm-AktG, § 101 Rn. 167; *Simons*, in: Hölters, AktG, § 101 Rn. 24, 31; *Habersack*, in: MünchKomm-AktG, § 101 Rn. 44; *Koch*, in: Hüffer, AktG, § 101 Rn. 12; *Spindler*, in: Spindler/Stilz, AktG, § 101 Rn. 71; *Bürgers/Israel*, in: Bürgers/Körber, AktG, § 101 Rn. 10; *Mertens/Cahn*, in: KölnKomm-AktG, § 101 Rn. 80; *Geßler*, in: Geßler/Hefermehl/Eckardt/Kropff, AktG, § 101 Rn. 91; *Godin/Wilhelmi*, AktG, § 101 Anm. 3 S. 553.

[532] BGH v. 9.6.1954 – II ZR 70/53, BGHZ 14, 25, 38 (Treupflicht der Aktionäre gegenüber der Gesellschaft); v. 1.2.1988 – II ZR 75/87, BGHZ 103, 184 = NJW 1988, 1579, 1581 – Linotype (Treupflicht auch zwischen den Aktionären); v. 20.3.1995 – II ZR 205/94, BGHZ 129, 136, 142 = NJW 1995, 1739, 1741 – Girmes (Treupflicht unabhängig vom im Einzelfall personalistischem Charakter einer Kapitalgesellschaft, Treupflicht auch auf seiten des Minderheitsaktionärs); *Bungeroth*, in: MünchKomm-AktG, Vorbemerkung § 53 a Rn 18 ff.; *Henze/Notz*, in: Großkomm-AktG, Anh § 53 a Rn 1 ff.; *Cahn/v. Spannenberg*, in: Spindler/Stilz, AktG, § 53a Rn. 36 ff.; *Pentz*, in: Rowedder/Schmidt-Leithoff, GmbHG, § 13 Rn. 35 ff.; *Weitemeyer*, in: Oetker, HGB, § 109 Rn. 21 ff.; *Ulmer/Schäfer*, in: MünchKomm-BGB, § 705 Rn. 221 ff.; *K. Schmidt*, in: MünchKomm-HGB, § 105 Rn. 188 ff.; *Wiedemann*, Gesellschaftsrecht II, § 3 II 3 S. 191 ff.; *Ders.*, WM Sonderbeilage 7/1992 zu Heft Nr. 51/52, 17 ff. (zum Personengesellschafsrecht); *Henze*, ZHR 162 (1998), 186 ff.; *Ders.*, BB 1996, 489 ff.; *Lutter*, ZHR 153 (1989), 446 ff.; *Ders.*, ZHR 162 (1998), 164 ff.; *Marsch-Barner*, ZHR 157 (1993), 172 ff.; kritisch zur aktienrechtlichen Treupflicht *Martens*, in: Rechtsdogmatik und Rechtspolitik, S. 251 ff.

[533] Vgl. zur Handlungspflicht aufgrund der Treupflicht *Henze/Notz*, in: Großkomm-AktG, Anh § 53 a Rn 82; *Cahn/v. Spannenberg*, in: Spindler/Stilz, AktG, § 53a Rn. 38; *Bungeroth*, in: MünchKomm-AktG, Vorbemerkung § 53a Rn. 28 f.; *Henze*, BB 1996, 489, 493.

den ist, vgl. § 101 Abs. 1 Satz 1 AktG. [534] Die Wahlzuständigkeit der Hauptversammlung besteht also nur solange und soweit, wie keine Entsendungsrechte eingeräumt werden.[535] Allerdings können die vakanten Aufsichtsratsposten im Wege gerichtlicher Notbestellung gem. § 104 AktG besetzt werden, so dass die Funktionsfähigkeit des Aufsichtsrats hinreichend gesichert ist.[536] Auch unter Treupflichtgesichtspunkten ist der Entsendungsberechtigte also nicht zur (fristgemäßen) Ausübung des Entsendungsrechts verpflichtet.[537]

b. Statutarische Entsendungspflicht

Eine Entsendungspflicht kann in der Satzung geregelt werden.[538] Da es sich bei der Entsendungserklärung nicht um eine inhaltlich festgelegte Willenserklärung, sondern um eine unvertretbare Auswahlentscheidung handelt, kann die Entsendungspflicht im Streitfall nicht durch Fiktion

---

[534] Allgemeine Ansicht: BegrRegE, abgedruckt bei *Kropff*, Aktiengesetz 1965, S. 138; *Koch*, in: Hüffer, AktG, § 101 Rn. 12; *Spindler*, in: Spindler/Stilz, AktG, § 101 Rn. 52, 71; *Habersack*, in: MünchKomm-AktG, § 101 Rn. 44; *Hoffmann-Becking*, in: MünchHdbGesR-AG, § 30 Rn. 51; *Hopt/Roth*, in: Großkomm-AktG, § 101 Rn 106, 168; *Drygala*, in: Schmidt/Lutter, AktG, § 101 Rn. 28; *Mertens/Cahn*, in: KölnKomm-AktG, § 101 Rn. 1, 80; *Geßler*, in: Geßler/Hefermehl/Eckardt/Kropff, AktG, § 101 Rn. 89. Unter dem Aktiengesetz 1937 war dies noch strittig, vgl. *Schmidt/Meyer-Landrut*, in: Großkomm-AktG 1937, § 88 Anm. 10.

[535] BegrRegE, abgedruckt bei *Kropff*, Aktiengesetz 1965, S. 138; *Hopt/Roth*, in: Großkomm-AktG, § 101 Rn 106; *Mertens*, in: KölnKomm-AktG (2. Aufl.), § 101 Rn. 1, 66; *Godin/Wilhelmi*, AktG, § 101 Anm. 3 S. 556.

[536] *Simons*, in: Hölters, AktG, § 101 Rn. 31; *Spindler*, in: Spindler/Stilz, AktG, § 101 Rn. 71; *Habersack*, in: MünchKomm-AktG, § 101 Rn. 44, 60; *Hopt/Roth*, in: Großkomm-AktG, § 101 Rn. 106, 168; *Hoffmann-Becking*, in: MünchHdbGesR-AG, § 30 Rn. 51; *Hüffer*, AktG, § 101 Rn. 12.

[537] *Hopt/Roth*, in: Großkomm-AktG, § 101 Rn. 167; wohl a.A. *Mertens/Cahn*, in: KölnKomm-AktG, § 101 Rn. 80 (die jedoch das gerichtliche Bestellungsverfahren gem. § 104 AktG für „[näherliegend]" halten).

[538] *Hüffer*, AktG, § 101 Rn. 12; *Spindler*, in: Spindler/Stilz, AktG, § 101 Rn. 52, 71; *Drygala*, in: Schmidt/Lutter, AktG, § 101 Rn. 28; *Habersack*, in: MünchKomm-AktG, § 101 Rn. 44, 60; *Henssler*, in: Henssler/Strohn, GesellschaftsR, § 101 AktG Rn. 12; *Hopt/Roth*, in: Großkomm-AktG, § 101 Rn 106, 167; *Mertens/Cahn*, in: KölnKomm-AktG, § 101 Rn. 58, 80 f.; *Bürgers/Israel*, in: Bürgers/Körber, AktG, § 101 Rn. 10; *Jaeger*, in: Nirk/Ziemons/Binnewies, Hdb AG, Bd. 1 Rn. 9.76; *Hoffmann-Becking*, in: MünchHdbGesR-AG, § 30 Rn. 51; *Pühler*, in: Happ, AktienR, Mustertext 1.03 Rn. 20.3 a.E.

der Entsendungserklärung gem. § 894 ZPO vollstreckt werden.[539] Der Entsendungsberechtigte kann höchstens durch Zwangsgeld oder Zwangshaft gem. § 888 ZPO zur Abgabe der Entsendungserklärung angehalten werden.

In der Satzung kann und sollte deshalb bestimmt werden, dass das Bestellungsrecht des Entsendungsberechtigten bei Nichtausübung innerhalb einer bestimmten Frist entweder temporär oder auf Dauer an die Hauptversammlung zurückfällt[540] bzw. ruht.[541] Fällt die Bestellungskompetenz an die Hauptversammlung zurück oder erfolgt eine Bestellung durch das Gericht, sind mögliche satzungsmäßige Vorgaben bzgl. der Bestellung durch Entsendung[542] allerdings unbeachtlich.[543]

c. *Ausnahme: Entsendungspflicht bei Bestellung des ersten Aufsichtsrats*

Entsendungsrechte können bereits bei Bestellung des ersten Aufsichtsrats (§ 30 AktG) greifen. Dann verdrängt das Entsendungsrecht – spiegelbildlich zur Verdrängung der Bestellungskompetenz der Hauptversammlung bei Bestellung späterer Aufsichtsräte, vgl. § 101 Abs. 1 Satz 1 AktG – die grundsätzliche Bestellungskompetenz der Gründer.[544] Dies gilt selbst dann, wenn der entsendungsberechtigte Gründer das Entsendungsrecht nicht ausübt bzw. auf seine Ausübung verzichtet.[545] Anders als bei Entsendung in eine bereits bestehende Aktiengesellschaft ist eine gerichtliche Notbestellung bei Bestellung des ersten Aufsichtsrats allerdings nicht möglich.[546] Bleibt die Bestellung des Aufsichtsrats mangels

---

[539] *Pukall*, in: Saenger, ZPO, § 894 Rn. 4; *Stürner*, in: BeckOK ZPO, § 894 Rn. 6a; *Gruber*, in: MünchKomm-ZPO, § 894 Rn. 4.

[540] *Hopt/Roth*, in: Großkomm-AktG, § 101 Rn. 168; *Pühler*, in: Happ, AktienR, Mustertext 1.04 § 9 Abs. 2; *Luther*, in: FG Hengeler (1972), S. 167, 173 f.

[541] *Spindler*, in: Spindler/Stilz, AktG, § 101 Rn. 52; *Mertens*, in: KölnKomm-AktG (2. Aufl.), § 101 Rn. 46; *Hopt/Roth*, in: Großkomm-AktG, § 101 Rn. 124.

[542] Bspw. bestimmte Anforderungen an die Person des Entsandten, siehe unten unter D. II. 2.

[543] *Hopt/Roth*, in: Großkomm-AktG, § 101 Rn. 168.

[544] *Pentz*, in: MünchKomm-AktG, § 30 Rn. 15; *Koch*, in: Hüffer, AktG, § 30 Rn. 2 f.; *Gerber*, in: Spindler/Stilz, AktG, § 30 Rn. 6; *Röhricht*, in: Großkomm-AktG, § 30 Rn. 4; *Arnold*, in: KölnKomm-AktG, § 30 Rn. 7; *Bayer*, in: Schmidt/Lutter, AktG, § 30 Rn. 7; *Solveen*, in: Hölters, AktG, § 30 Rn. 3.

[545] Zu den Rechtsfolgen eines Ausübungsverzichts siehe unten unter D. I. 3.

[546] *Solveen*, in: Hölters, AktG, § 30 Rn. 3; *Koch*, in: Hüffer, AktG, § 30 Rn. 2.

Ausübung des Entsendungsrechts unvollständig und damit hinter der gesetzlichen oder satzungsmäßigen Soll-Anzahl von Mitgliedern zurück, kann die Gesellschaft nicht eingetragen werden (vgl. § 36 Abs. 1 AktG).[547] Dies würde bedeuten, dass der Entsendungsberechtigte durch Nichtausübung des Entsendungsrechts die Entstehung der Gesellschaft als Aktiengesellschaft dauerhaft verhindern könnte.[548]

Allerdings könnte der entsendungsberechtigte Gründer ausnahmsweise aufgrund der gesellschaftsrechtlichen Förder-[549] bzw. Treupflicht[550] dazu verpflichtet sein, das Entsendungsrecht auszuüben oder zumindest einer Streichung des Entsendungsrechts durch einstimmige Abänderung des Gesellschaftsvertrags[551] zuzustimmen. Mit Abschluss des Gesellschaftsvertrags werden die Gründer zu Gesellschaftern einer sog. Vor-AG.[552] Auch in der Vor-AG als Gesellschaft sui generis sind die Gesellschafter zur Förderung[553] des Gesellschaftszwecks – im Vor-AG-Stadium ist dies vor allem die Eintragung und damit die Entstehung der Gesellschaft als Aktiengesellschaft[554] – sowie zur Rücksichtnahme[555] auf die berechtigten

---

547 Vgl. *Pentz*, in: MünchKomm-AktG, § 36 Rn. 9; *Döbereiner*, in: Spindler/Stilz, AktG, § 36 Rn. 12; *Koch*, in: Hüffer, AktG, § 36 Rn. 3a; *Solveen*, in: Hölters, AktG, § 36 Rn. 8.

548 So *Arnold*, in: KölnKomm-AktG, § 30 Rn. 7; *Bayer*, in: Schmidt/Lutter, AktG, § 30 Rn. 7; *Pentz*, in: MünchKomm-AktG, § 30 Rn. 15.

549 Zum Verhältnis von Förderpflicht und allgemeiner gesellschaftsrechtlicher Treupflicht siehe *Cahn/v. Spannenberg*, in: Spindler/Stilz, AktG, § 53a Rn. 43 f.; *Heider*, in: MünchKomm-AktG, § 2 Rn. 49; *Koch*, in: Hüffer, AktG, § 53a Rn. 13, 16; *Bungeroth*, in: MünchKomm-AktG, Vorbemerkung § 53a Rn. 28; *Wiesner*, in: MünchHdbGesR-AG (3. Aufl.), § 17 Rn. 17; *Lutter*, AcP 180 (1980), 84, 102 ff.

550 Vgl. oben unter D. I. 2. a.

551 Zum Einstimmigkeitserfordernis im Vor-AG-Stadium in Abgrenzung zu den Mehrheitserfordernissen bei Satzungsänderung der AG gem. § 179 AktG *K. Schmidt*, in: Großkomm-AktG, § 41 Rn. 126 f.; *Arnold*, in: KölnKomm-AktG, § 41 Rn. 36; *Pentz*, in: MünchKomm-AktG, § 41 Rn. 39; *Koch*, in: Hüffer, AktG, § 41 Rn. 7; *Heidinger*, in: Spindler/Stilz, AktG, § 41 Rn. 46; *Solveen*, in: Hölters, AktG, § 41 Rn. 8; *Wardenbach*, in: Henssler/Strohn, GesellschaftsR, § 41 AktG Rn. 5.

552 Zur Vor-AG siehe oben unter D. I. 1. b.

553 *K. Schmidt*, in: Großkomm-AktG, § 41 Rn. 55; *Pentz*, in: MünchKomm-AktG, § 36 Rn. 14; *Koch*, in: Hüffer, AktG, § 36 Rn. 5; *Heidinger*, in: Spindler/Stilz, AktG, § 41 Rn. 64; *Arnold*, in: KölnKomm-AktG, § 41 Rn. 38.

554 *K. Schmidt*, in: Großkomm-AktG, § 41 Rn. 51; *Pentz*, in: MünchKomm-AktG, § 41 Rn. 28 ff.; *Heidinger*, in: Spindler/Stilz, AktG, § 41 Rn. 47; *Arnold*, in: Köln-Komm-AktG, § 41 Rn. 25; *Solveen*, in: Hölters, AktG, § 41 Rn. 7.

Interessen von Mitgesellschaftern und (Vor-)Gesellschaft verpflichtet. Da die Eintragung der Gesellschaft entscheidend vom Verhalten des entsendungsberechtigten Gründers abhängt, hat er entweder durch Ausübung des Entsendungsrechts oder durch Zustimmung[556] zur Streichung desselben aus der Satzung an der Besetzung eines vollständigen Aufsichtsrats und damit mittelbar an der Entstehung der Gesellschaft mitzuwirken.

Aufgrund der Besonderheiten im Gründungsstadium besteht bei Entsendung in den ersten Aufsichtsrat mithin ausnahmsweise eine Pflicht zur Ausübung des Entsendungsrechts, wenn auch alternativ zu der Möglichkeit einer einstimmigen Streichung des Entsendungsrechts.

3. Verzicht auf Ausübung des Entsendungsrechts

Nach bisher unbestrittener Ansicht kann der Entsendungsberechtigte auf die Ausübung des Entsendungsrechts gegenüber der Gesellschaft, vertreten durch den Vorstand, ausdrücklich verzichten und auf diese Weise die Bestellung der grundsätzlich zu entsendenden Aufsichtsratsmitglieder zeitweilig der Hauptversammlung überantworten.[557] Der genaue rechtliche Wirkmechanismus einer solchen Verzichtserklärung und ihre

---

555 Vgl. *K. Schmidt*, in: Großkomm-AktG, § 41 Rn. 55; *Pentz*, in: MünchKomm-AktG, § 41 Rn. 41; *Heidinger*, in: Spindler/Stilz, AktG, § 41 Rn. 64.

556 Vgl. zur Mitwirkungspflicht von Gesellschaftern an Satzungsänderungen BGH v. 7.7.2003 – II ZR 235/01, BGHZ 155, 329 = NZG 2003, 867, 868 (zur GmbH); *K. Schmidt*, in: Großkomm-AktG, § 41 Rn. 55; *Arnold*, in: KölnKomm-AktG, § 41 Rn. 38; *K. Schmidt*, Gesellschaftsrecht, § 5 IV S. 126 ff.

557 *Spindler*, in: Spindler/Stilz, AktG, § 101 Rn. 71 (Ersatzwahlrecht der Hauptversammlung; ausdrücklich kein Übergang des Entsendungsrechts); *Henssler*, in: Henssler/Strohn, GesellschaftsR, § 101 AktG Rn. 12 (Übergang des Entsendungsrechts); *Hopt/Roth*, in: Großkomm-AktG, § 101 Rn. 168; *Drygala*, in: Schmidt/Lutter, AktG, § 101 Rn. 28 („Ersatzwahlrecht der Hauptversammlung"); *Mertens/Cahn*, in: KölnKomm-AktG, § 101 Rn. 80 (Übergang des Entsendungsrechts); *Godin/Wilhelmi*, AktG, § 101 Anm. 3 S. 556 a.E. (Übergang des Entsendungsrechts auf die Hauptversammlung; die Autoren gehen sogar davon aus, dass bei unterlassener Entsendung an sich schon grundsätzlich ein Verzicht anzunehmen sei); *Semler*, in: MünchKomm-AktG (2. Aufl), § 101 Rn. 69; *Seeling/Zwickel*, BB 2008, 622, 626 f.; a.A. nur *Geßler*, in: Geßler/Hefermehl/Eckardt/Kropff, AktG, § 101 Rn. 90 (der einen endgültigen Verzicht auf das Entsendungsrecht fordert und beim Inhaberentsendungsrecht die Möglichkeit eines Verzichts „im Interesse der Rechtssicherheit für spätere Erwerber der Aktie" insgesamt ablehnt); gegen Möglichkeit eines Verzichts wohl auch *Habesack*, in: MünchKomm-AktG, § 101 Rn. 44 Fn. 147.

Rechtswirkungen insgesamt werden in der einschlägigen Literatur jedoch gar nicht[558] oder nur unzureichend[559] erläutert. Unklar bleibt deshalb, ob ein Verzicht lediglich schuldrechtliche[560] oder auch korporative[561] Wirkung entfaltet, in welchem Umfang ein Verzicht zulässig[562] ist und ob sich die Verzichtserkläung auch auf die Rechtsstellung von Rechtsnachfolgern des Entsendungsberechtigten auswirkt.[563]

a. Verzichtserklärung gegenüber der Gesellschaft vertreten durch den Vorstand

Zunächst soll untersucht werden, ob der Entsendungsberechtigte sich schuldrechtlich zur Nichtausübung des Entsendungsrechts gegenüber der Gesellschaft, vertreten durch den Vorstand, verpflichten kann. Dagegen scheint prima facie zu sprechen, dass der Vorstand dadurch mittelbar Einfluss auf die Besetzung des ihn kontrollierenden Aufsichtsorgans nehmen könnte und so das Kompetenzgefüge der Aktiengesellschaft durchbrochen werden würde. Durch Vertretung der Gesellschaft beim

---

558 *Mertens/Cahn*, in: KölnKomm-AktG; § 101 Rn. 80; *Drygala*, in: Schmidt/Lutter, AktG, § 101 Rn. 28; *Henssler*, in: Henssler/Strohn, GesellschaftsR, § 101 AktG Rn. 12; *Hopt/Roth*, in: Großkomm-AktG, § 101 Rn. 168; *Simons*, in: Hölters, AktG, § 101 Rn. 31; *Drygala*, in: Schmidt/Lutter, AktG, § 101 Rn. 28; *Semler*, in: MünchKomm-AktG (2. Aufl), § 101 Rn. 69; *Godin/Wilhelmi*, AktG, § 101 Anm. 3 S. 556 a.E.; *Geßler*, in: Geßler/Hefermehl/Eckardt/Kropff, AktG, § 101 Rn. 90.

559 *Spindler*, in: Spindler/Stilz, AktG, § 101 Rn. 71; *Seeling/Zwickel*, BB 2008, 622, 626 f.

560 So ausdrücklich *Seeling/Zwickel*, BB 2008, 622, 626; in diese Richtung wohl auch *Spindler*, in: Spindler/Stilz, AktG, § 101 Rn. 71.

561 So wohl die Autoren, die von einem „Übergang des Entsendungsrechts" auf die Hauptversammlung sprechen, vgl. *Mertens/Cahn*, in: KölnKomm-AktG; § 101 Rn. 80; *Henssler*, in: Henssler/Strohn, GesellschaftsR, § 101 AktG Rn. 12; *Godin/Wilhelmi*, AktG, § 101 Anm. 3 S. 556 a.E.

562 Vgl. *Mertens/Cahn*, in: KölnKomm-AktG, § 101 Rn. 80 (allgemeiner und zeitweiliger Verzicht möglich); *Hopt/Roth*, in: Großkomm-AktG, § 101 Rn. 168 (zeitweiliger und endgültiger Verzicht möglich); *Simons*, in: Hölters, AktG, § 101 Rn. 31 (Verzicht „allgemein, für eine bestimmte Zeit oder einen bestimmten Einzelfall" möglich); *Geßler*, in: Geßler/Hefermehl/Eckardt/Kropff, AktG, § 101 Rn. 90 (Rückfall der Bestellungskompetenz gerade nur bei endgültigem Verzicht möglich); *Seeling/Zwickel*, BB 2008, 622, 627 (dauerhafter und unwiderruflicher Verzicht wegen „formfreier Satzungsänderung" nicht möglich).

563 Bejahend und auf kaufrechtliche Mängelgewährleistung verweisend *Hopt/Roth*, in: Großkomm-AktG, § 101 Rn. 168; abweichend *Geßler*, in: Geßler/Hefermehl/Eckardt/Kropff, AktG, § 101 Rn. 90, siehe auch Fn. 511 a.E.

Abschluss einer Nichtausübungsvereinbarung gewinnt der Vorstand allerdings keine substanzielle Gestaltungsmacht im Hinblick auf die konkrete Besetzung des Aufsichtsrats.[564] Er entscheidet nicht darüber, welche konkrete Person zu seiner Kontrolle bestellt wird, sondern lediglich, dass der Entsendungsberechtigte nicht mehr über die Besetzung des Kontrollorgans bestimmt und – nach bisher allgemeiner Ansicht – die Bestellungsmacht an die Hauptversammlung als originär zuständiges Bestellungsorgan zurückfällt. Gegen die Zulässigkeit einer schuldrechtlichen Verzichtserklärung des Entsendungsberechtigten gegenüber der Gesellschaft, vertreten durch den Vorstand, ist deshalb nichts einzuwenden.

b. Dauer des Verzichts

Allerdings kann sich der Entsendungsberechtigte (schuldrechtlich) nicht endgültig bzw. unwiderruflich zur Nichtausübung des Entsendungsrechts verpflichten,[565] da es andernfalls zu einer faktischen Änderung der korporativen Rechtslage durch schuldrechtliche Vereinbarung käme. Ein endgültiger Verzicht auf die Ausübung des Entsendungsrechts entspricht mit Blick auf seine Wirkung nahezu einer Vernichtung des Entsendungsrechts an sich. Die beim Handelsregister hinterlegte Satzung wäre faktisch unrichtig, so dass der Rechtsverkehr in seinem berechtigten Vertrauen auf den Bestand ausübbarer Entsendungsrechte enttäuscht werden würde. Eine Beseitigung des Entsendungsrechts ist deshalb nur durch Satzungsänderung möglich.[566] Mit einem endgültigen Ausübungsverzicht würde deshalb das gesetzliche Erfordernis einer Satzungsänderung in unzulässiger Weise umgangen.[567]

---

564 Vgl. dagegen die Situation bei (unzulässigen) Entsendungsbindungsvereinbarungen zugunsten des Vorstands unten unter D. I. 6. a. (1).

565 *Seeling/Zwickel*, BB 2008, 622, 627; a.A. *Mertens/Cahn*, in: KölnKomm-AktG; § 101 Rn. 80 (allgemeiner und zeitweiliger Verzicht möglich); *Hopt/Roth*, in: Großkomm-AktG, § 101 Rn. 168 (zeitweiliger und endgültiger Verzicht möglich); *Simons*, in: Hölters, AktG, § 101 Rn. 31 (Verzicht „allgemein, für eine bestimmte Zeit oder einen bestimmten Einzelfall" möglich); *Geßler*, in: Geßler/Hefermehl/Eckardt/Kropff, AktG, § 101 Rn. 90 (Rückfall der Bestellungskompetenz gerade nur bei endgültigem Verzicht möglich).

566 Dazu siehe unten unter E. I.

567 *Seeling/Zwickel*, BB 2008, 622, 627.

c. *Wirkung des Verzichts*

(1) Korporative Wirkung des Verzichts

Korporative Wirkung entfaltet die schuldrechtliche Verzichtsvereinbarung jedoch nicht. Das Entsendungsrecht ist als mitgliedschaftliches Vorzugsrecht in der Satzung verankert und kann deshalb – als actus contrarius zu seiner Begründung – auch nur durch Satzungsänderung wieder vernichtet werden.[568] Materiell besehen ist der Entsendungsberechtigte weiterhin zur Entsendung berechtigt.

Deshalb kann ein Verzicht gegenüber der Gesellschaft auch nicht dazu führen, dass die Bestellungskompetenz des Entsendungsberechtigten an die Hauptversammlung zurückfällt und diese die grundsätzlich durch Entsendung zu besetzenden Aufsichtsratsposten durch Wahl i.S.d. § 101 Abs. 1 AktG besetzen kann.[569] Andernfalls würde man einer schuldrechtlichen Vereinbarung korporative Wirkung zugestehen. Die Bestellungskompetenz der Hauptversammlung wird mit Einräumung von Entsendungsrechten durch den korporativen Akt der Satzungsänderung quantitativ beschränkt, vgl. § 101 Abs. 1 Satz 1 AktG.[570] Ein Kompetenzrückfall setzt deshalb ebenfalls eine Rechtsänderung auf korporativer Ebene – also durch Satzungsänderung – voraus. Diesen Anforderungen wird eine bloß schuldrechtliche Verzichtsvereinbarung nicht gerecht.

---

568 So auch die Befürworter eines Rückfalls der Bestellungskomptenz an die Hauptversammlung, siehe *Hopt/Roth*, in: Großkomm-AktG, § 101 Rn. 108; *Mertens/Cahn*, in: KölnKomm-AktG, § 101 Rn. 31; *Drygala*, in: Schmidt/Lutter, AktG, § 101 Rn. 14; *Simons*, in: Hölters, AktG, § 101 Rn. 27; *Spindler*, in: Spindler/Stilz, AktG, § 101 Rn. 50; *Henssler*, in: Henssler/Strohn, GesellschaftsR, § 101 Rn. 12; *Seeling/Zwickel*, BB 2008, 622, 626 f.; so auch *Habersack*, in: MünchKomm-AktG, § 101 Rn. 31.

569 So aber *Hopt/Roth*, in: Großkomm-AktG, § 101 Rn. 168; *Mertens/Cahn*, in: KölnKomm-AktG, § 101 Rn. 80; *Drygala*, in: Schmidt/Lutter, AktG, § 101 Rn. 28; *Simons*, in: Hölters, AktG, § 101 Rn. 31; *Spindler*, in: Spindler/Stilz, AktG, § 101 Rn. 71; *Henssler*, in: Henssler/Strohn, GesellschaftsR, § 101 AktG Rn. 12; *Semler*, in: MünchKomm-AktG (2. Aufl), § 101 Rn. 69; *Geßler*, in: Geßler/Hefermehl/Eckardt/Kropff, AktG, § 101 Rn. 90; *Godin/Wilhelmi*, AktG, § 101 Anm. 3 S. 556.; *Seeling/Zwickel*, BB 2008, 622, 626 f.

570 *Hopt/Roth*, in: Großkomm-AktG, § 101 Rn. 168; *Mertens/Cahn*, in: KölnKomm-AktG, § 101 Rn. 80; *Drygala*, in: Schmidt/Lutter, AktG, § 101 Rn. 28; *Simons*, in: Hölters, AktG, § 101 Rn. 31; *Spindler*, in: Spindler/Stilz, AktG, § 101 Rn. 71; *Henssler*, in: Henssler/Strohn, GesellschaftsR, § 101 AktG Rn. 12; *Semler*, in: MünchKomm-AktG (2. Aufl), § 101 Rn. 68; *Geßler*, in: Geßler/Hefermehl/Eckardt/Kropff, AktG, § 101 Rn. 89; *Godin/Wilhelmi*, AktG, § 101 Anm. 3 S. 556.

Wünscht die Gesellschaft bzw. der Vorstand eine Kompetenzrückverlagerung auf die Hauptversammlung, kann der Vorstand der Hauptversammlung entsprechende Beschlussvorschläge unterbreiten und so die zur Rückübertragung der Bestellungsmacht erforderliche Satzungsänderung einleiten. Bis dahin können die mangels Entsendung nicht besetzten Aufsichtsratsposten durch gerichtliche Bestellung gem. § 104 AktG besetzt werden, so dass die Funktionsfähigkeit des Aufsichtsrats weiterhin gesichert ist. Auch dem Entsendungsberechtigten entstehen durch seine fortbestehende Bestellungskompetenz keine Nachteile: Da er – vorbehaltlich abweichender Satzungsgestaltung – nicht zur Ausübung des Entsendungsrechts verpflichtet ist, begeht er auch bei dauerhafter Nichtausübung des Entsendungsrechts keine Pflichtverletzung.

(2) Keine Verwirkung durch Verzicht

Der Entsendungsberechtigte muss auch nicht befürchten, dass er das Entsendungsrecht wegen dauerhafter Nichtausübung gem. § 242 BGB verwirkt und an die Hauptversammlung verliert. Eine Verwirkung würde mitunter voraussetzen, dass der andere Teil – beim Entsendungsrecht wohl die Gesellschaft – sich aufgrund des Verhaltens des Entsendungsberechtigten darauf eingestellt hat und einstellen durfte, dass er das Entsendungsrecht auch in Zukunft nicht mehr ausüben wird.[571] Es sind jedoch keine Dispositionen denkbar, die die Gesellschaft oder ihre Organe im Vertrauen auf die Nichtausübung des Entsendungsrechts treffen könnten, und die bei wiedereinsetzender Ausübung des Entsendungsrechts dann in unzumutbarer Weise entwertet werden würden.[572] Darüber hinaus hat eine Verwirkung von Rechten lediglich zur Folge, dass Rechte nicht mehr ausgeübt werden können.[573] Auch bei Verwirkung käme es somit nicht zum Erlöschen des Entsendungsrechts, weshalb ein Rückfall der Bestellungskompetenz an die Hauptversammlung wiederum ausgeschlossen wäre.

---

[571] BGH v. 16.6.1982 – IV b ZR 709/80, BGHZ 84, 281 = NJW 1982, 1999; *Roth/Schubert*, in: MünchKomm-AktG, § 242 Rn. 329; *Mansel*, in: Jauernig, BGB, § 242 Rn. 54; *Sutschet*, in: Bamberger/Roth, BGB, § 242 Rn. 131.

[572] Vgl. *Mansel*, in: Jauernig, BGB, § 242 Rn. 62; *Sutschet*, in: Bamberger/Roth, BGB, § 242 Rn. 141 f.

[573] *Roth/Schubert*, in: MünchKomm-AktG, § 242 Rn. 63, 346; *Sutschet*, in: Bamberger/Roth, BGB, § 242 Rn. 144.

Um jedoch zu vermeiden, dass Teile des Aufsichtsrats wiederholt durch gerichtliche Bestellung besetzt werden müssen, sollte dem Entsendungsberechtigten bei Einräumung des Entsendungsrechts eine fristgebundene Ausübungspflicht auferlegt werden oder aber die Nichtausübung des Entsendungsrechts innerhalb einer bestimmten Frist als auflösende Bedingung formuliert werden. Anderenfalls ist ein Rückfall der Bestellungskompetenz an die Hauptversammlung jedoch ausgeschlossen.

d. Auswirkungen auf Rechtsnachfolger

Da eine Verzichtsvereinbarung nur auf schuldrechtlicher Ebene möglich ist, hat sie keine Auswirkungen auf die Entsendungsberechtigung möglicher Rechtsnachfolger des Entsenders bei Nachfolge in das Aktieneigentum. Aufgrund der Relativität der Schuldverhältnisse ist der Rechtsnachfolger noch nicht einmal schuldrechtlich gebunden. Bei einem personengebunden Entsendungsrecht stellt sich die Frage nach den Auswirkungen einer Verzichtserklärung auf Rechtsnachfolge von vornherein nicht, da das personengebundene Entsendungsrecht mit Übertragung des Aktieneigentums grundsätzlich erlischt.

e. Ergebnis

Der Entsendungsberechtigte kann sich schuldrechtlich zur Nichtausübung des Entsendungsrechts für eine begrenzte Zeit verpflichten. Für Erwerber entsendungsberechtigender Aktien ergeben sich daraus jedoch grundsätzlich keine Rechtsfolgen. Zudem haben schuldrechtliche Verzichtsvereinbarungen keine materiellen Auswirkungen auf Bestand und Umfang des korporativen Entsendungsrechts: Die Bestellungskompetenz des Entsendungsberechtigten fällt nicht an die Hauptversammlung zurück und kann auch nicht durch wiederholte Nichtausübung des Entsendungsrechts verwirkt werden.

4. Zeitpunkt der Entsendung

a. Entsendung in den ersten Aufsichtsrat

Bestehen Entsendungsrechte bereits bei Besetzung des ersten Aufsichtsrats, ist der Entsendungsberechtigte als Gründungsvertragspartner aufgrund der gesellschaftsrechtlichen Treupflicht dazu verpflichtet, an der Eintragung der Gesellschaft und deshalb auch an der Besetzung des Aufsichtsrats mitzuwirken.[574] Er ist deshalb – alternativ zur Mitwirkung an einer Streichung des Entsendungsrechts durch Abänderung des Gesellschaftsvertrags – zu einer raschen Ausübung des Entsendungsrechts verpflichtet. In Anlehnung an § 121 AktG wird man eine unverzügliche, also ohne schuldhaftes Zögern vorgenommene Entsendung fordern müssen. So verbleibt dem Entsendungsberechtigten einerseits ausreichend Bedenkzeit, um eine besonnene Auswahlentscheidung zu treffen. Die Mitgründer können andererseits mit einer raschen Ausübung des Entsendungsrechts und daraus folgend mit einer zeitnahen Eintragung der Gesellschaft rechnen.

b. Entsendung bei späterer Einräumung des Entsendungsrechts

Werden Entsendungsrechte erst nach Gründung der Gesellschaft durch Satzungsänderung eingeräumt, ist eine Entsendung erst mit Ablauf der Amtszeit derjenigen gewählten Aufsichtsratsmitglieder möglich, deren Nachfolger durch Entsendung bestellt werden sollen. Die Entsendungserklärung kann selbstverständlich schon vor dem Ausscheiden der betroffenen gewählten Aufsichtsratsmitglieder abgegeben werden; korporative Wirkung entfaltet sie dann jedoch erst mit deren Amtsende.

c. Wiederholte Ausübung des Entsendungsrechts

Vorbehaltlich anders lautender Satzungsregelungen erschöpft sich das Entsendungsrecht nicht in einem einmaligen Bestellungsvorgang. Nach Amtszeitende (§ 102 Abs. 1 AktG)[575] oder Abberufung (§ 103 Abs. 2 Satz 1 AktG) des entsprechenden Aufsichtsratsmitglieds kann der Entsendungsberechtigte zu jedem beliebigen Zeitpunkt den freigewordenen Aufsichtsratsposten erneut durch Entsendung besetzen.

5. Annahme der Entsendung durch den Entsandten

a. Annahmeerklärung

Zur Vollendung des korporationsrechtlichen Bestellungsakts bedarf es darüber hinaus zusätzlich der Annahme der Bestellung seitens des Entsandten gegenüber der Gesellschaft vertreten durch den Vorstand.[576]

---

[574] Siehe oben unter D. I. 2. c.

[575] Siehe unten unter F. I.

[576] *Simons*, in: Hölters, AktG, § 101 Rn. 21, 31; *Koch*, in: Hüffer, AktG, § 101 Rn. 12, 8; *Spindler*, in: Spindler/Stilz, AktG, § 101 Rn. 74; *Hopt/Roth*, in: Großkomm-

Dies folgt aus der mit dem Eintritt in das Organverhältnis einsetzenden Pflichtenbindung des Organwalters.[577] Die Annahmeerklärung ist eine einseitige, empfangsbedürftige Willenserklärung, mit der der Entsandte ausdrücklich oder konkludent zu verstehen gibt, die Aufsichtsratstätigkeit zu übernehmen.[578] Die Annahme kann auch bereits vor Entsendung erklärt werden, ist jedoch bis dahin frei widerruflich.[579]

Zur Absicherung einer reibungslosen Entsendung empfiehlt es sich, die Annahme des Entsandten bereits vorab einzuholen. Dann tritt der Entsandte bereits mit Zugang der Entsendungserklärung seitens des Entsendungsberechtigten bei der Gesellschaft in das korporationsrechtliche Organverhältnis ein.[580] Die Satzung kann weitere Annahmemodalitäten vorsehen.[581]

b. Annahmefrist

Vorbehaltlich abweichender Satzungsregelungen oder Konkretisierungen in der Entsendungserklärung[582] des Entsenders ist dem Entsandten eine angemessene Bedenkzeit zur Annahme zu gewähren; er hat die Annahme der Bestellung jedoch nach Aufforderung innerhalb angemessener Frist

---

AktG, § 101 Rn. 138; *Meyer-Landrut*, in: Großkomm-AktG (3. Aufl.), § 101 Anm. 17; *Geßler*, in: Geßler/Hefermehl/Eckardt/Kropff, AktG, § 101 Rn. 94.

577 *Hopt/Roth*, in: Großkomm-AktG, § 101 Rn. 138; vgl. *Drygala*, in: Schmidt/Lutter, AktG, § 101 Rn. 13; *Mertens/Cahn*, in: KölnKomm-AktG, § 101 Rn. 36.

578 *Hopt/Roth*, in: Großkomm-AktG, § 101 Rn. 140.

579 Vgl. *Spindler*, in: Spindler/Stilz, AktG, § 101 Rn. 10; *Hopt/Roth*, in: Großkomm-AktG, § 101 Rn. 140; *Mertens/Cahn*, in: KölnKomm-AktG, § 101 Rn. 36; *Habersack*, in: MünchKomm-AktG, § 101 Rn. 61.

580 Vgl. *Spindler*, in: Spindler/Stilz, AktG, § 101 Rn. 10.

581 *Spindler*, in: Spindler/Stilz, AktG, § 101 Rn. 11; vgl. *Drygala*, in: Schmidt/Lutter, AktG, § 101 Rn. 13.

582 Vgl. *Drygala*, in: Schmidt/Lutter, AktG, § 101 Rn. 13; *Mertens/Cahn*, in: Köln-Komm-AktG, § 101 Rn. 37 f.

zu erklären.[583] Eine nach Fristablauf erklärte Annahme ist wirkungslos,[584] so dass das Entsendungsrecht weiterhin ausgeübt werden kann.

Fraglich ist, wer zur Fristsetzung gegenüber dem Entsandten berechtigt ist, wenn weder in der Satzung noch in der Entsendungserklärung eine Frist zur Annahme gesetzt wurde. Bei gewählten Aufsichtsratsmitgliedern fällt dies in den Zuständigkeitsbereich des Vorstands.[585] Könnte der Vorstand allerdings auch entsandten Aufsichtsratsmitgliedern eine Frist zur Annahme der Bestellung setzen, würde er damit im Ergebnis über die Wirksamkeit der Entsendung disponieren. Allein der Entsendungsberechtigte soll jedoch über das Ob und Wie der Entsendung und damit auch über die Annahmefrist als letzte zu nehmende Hürde auf dem Weg zu einer vollwirksamen Entsendung entscheiden. Anders als bei Wahl durch die Hauptversammlung existiert mit dem Entsendungsberechtigten neben dem Vorstand auch dauerhaft eine Stelle, die dem Entsandten eine Frist zur Annahme setzen kann. Das berechtigte Rechtssicherheitsbedürfnis der Gesellschaft kann dadurch befriedigt werden, dass die Satzung eine Frist zur vollwirksamen Ausübung des Entsendungsrecht (Entsendungserklärung des Entsendungsberechtigten und Annahme durch den Entsandten) bestimmt oder eine gerichtliche Notbestellung gem. § 104 AktG veranlasst wird.

c. *Regulärer Erklärungsempfänger*

Unklar ist, gegenüber wem der Entsandte die Annahme zu erklären hat. Zur Empfangszuständigkeit im Falle der Annahmeerklärung des Entsandten werden – wie auch bei der Annahmeerklärung seitens gewählter Aufsichtsratsmitglieder – verschiedene Ansichten vertreten.

---

583 Vgl. *Hopt/Roth*, in: Großkomm-AktG, § 101 Rn. 85; *Habersack*, in: MünchKomm-AktG, § 101 Rn. 63; *Drygala*, in: Schmidt/Lutter, AktG, § 101 Rn. 13; a.A. *Semler*, in: MünchKomm-AktG (2. Aufl.), § 101 Rn. 145 („unverzüglich“); so wohl auch *Spindler*, in: Spindler/Stilz, AktG, § 101 Rn. 11. Unverzüglich i.S. „ohne schuldhaftes Zögern“ gem. § 121 Abs. 1 BGB wird in der Regel jedoch einer angemessenen Frist entsprechen.

584 *Spindler*, in: Spindler/Stilz, AktG, § 101 Rn. 11; *Habersack*, in: MünchKomm-AktG, § 101 Rn. 63.

585 *Habersack*, in: MünchKomm-AktG, § 101 Rn. 63. *Spindler*, in: Spindler/Stilz, AktG, § 101 Rn. 12; *Drygala*, in: Schmidt/Lutter, AktG, § 101 Rn. 13; *Mertens/Cahn*, in: KölnKomm-AktG, § 101 Rn. 38; *Hoffmann-Becking*, MünchHdb-GesR-AG, § 30 Rn. 46.

Überwiegend wird die Gesellschaft, vertreten durch den Vorstand, als Erklärungsempfänger bezeichnet.[586] Teilweise wird auf eine zusätzliche Zuständigkeit des Aufsichtsrats, vertreten durch den Aufsichtsratsvorsitzenden, verwiesen.[587] Letzteres ist jedoch aus den den gleichen Gründen abzulehnen, die bereits gegen eine Empfangszuständigkeit des Aufsichtsrats(vorsitzenden) im Fall der Entsendungserklärung durch den Entsender sprechen.[588]

Vereinzelt wird auch der Entsender selbst als empfangszuständig angesehen, wenn die Annahme vor der oder in unmittelbarem Anschluss an die Entsendungserklärung erfolgt.[589] Dafür spricht, dass bei der Bestellung durch Wahl in der Hauptversammlung nach ganz herrschender Meinung auch die Hauptversammlung in ihrer Funktion als Bestellungsorgan als zuständig für die Entgegennahme der Annahmeerklärung des zukünftigen Organwalters erachtet wird.[590] Angewandt auf den Fall der Bestellung durch Entsendung wäre zuständiges „Wahl- und Empfangsorgan“ der Entsendungsberechtigte. Dagegen vorgebrachte Bedenken im Hinblick auf einen Verlust an Rechtssicherheit[591] sind jedoch nicht von der Hand zu weisen. Anders als bei einer Annahmeerklärung gegenüber der Hauptversammlung erfährt die Annahme gegenüber dem Entsender

---

[586] *Hopt/Roth*, in: Großkomm-AktG, § 101 Rn. 139; *Koch*, in: Hüffer, AktG, § 101 Rn. 8; *Drygala*, in: Schmidt/Lutter, AktG, § 101 Rn. 23; *Habersack*, in: MünchKomm-AktG, § 101 Rn. 62; *Spindler*, in: Spindler/Stilz, AktG, § 101 Rn. 10; *Koch*, in: Hüffer, AktG, § 101 Rn. 12; *Hoffmann-Becking*, in: MünchHdbGesR-AG, § 30 Rn. 51.

[587] *Godin/Wilhelmi*, AktG, § 101 Anm. 3 S. 553; *Baumbach/Hueck*, Aktiengesetz, § 101 Rn. 13, 7; wohl auch *Meyer-Landrut*, in: Großkomm-AktG (3 Aufl.), § 101 Anm. 17.

[588] Siehe oben unter D. I. 1. a; insbesondere *Hopt/Roth*, in: Großkomm-AktG, § 101 Rn. 139; *Drygala*, in: Schmidt/Lutter, AktG, § 101 Rn. 13, 23.

[589] *Semler*, in: MünchKomm-AktG (2. Aufl.), § 101 Rn. 144; *Natzel*, AG 1959, 93, 99 (noch zu § 88 AktG 1937).

[590] *Koch*, in: Hüffer, AktG, § 101 Rn. 8; *Spindler*, in: Spindler/Stilz, AktG, § 101 Rn. 10; *Hopt/Roth*, in: Großkomm-AktG, § 101 Rn. 83; *Drygala*, in: Schmidt/Lutter, AktG, § 101 Rn. 13; *Mertens/Cahn*, in: KölnKomm-AktG, § 101 Rn. 36; abweichend *Habersack*, in: MünchKomm-AktG, § 101 Rn. 62 und *Hoffmann-Becking*, in: MünchHdbGesR-AG, § 30 Rn. 46 (der Versammlungsleiter sei die in der Hauptversammlung zuständige Stelle).

[591] *Drygala*, in: Schmidt/Lutter, AktG, § 101 Rn. 23; *Hopt/Roth*, in: Großkomm-AktG, § 101 Rn. 139; siehe auch *Spindler*, in Spindler/Stilz, AktG, § 101 Rn. 74; a.A. *Natzel*, AG 1959, 93, 99 (noch zu § 88 AktG 1937); möglicherweise ebenso *Hüffer*, AktG, § 101 Rn. 7, 10.

keine dem Rechtsverkehr zugängliche Dokumentation.[592] Erklärt der Entsandte die Annahme der Bestellung gegenüber dem Entsender, ist der korporationsrechtliche Bestellungsakt deshalb erst mit Weiterleitung der Annahmeerklärung an den Vorstand der Gesellschaft wirksam.[593]

d. Erklärungsempfänger bei Entsendung in den ersten Aufsichtsrat

Bei Entsendung in den ersten Aufsichtsrat stehen weder die Aktien- bzw. Vor-Gesellschaft, vertreten durch den Vorstand, noch der Aufsichtsrat als Erklärungsempfänger zur Verfügung.[594] Die Annahme der Entsendung – wie auch schon die Entsendung selber – kann deshalb nur gegenüber den in der Gründerversammlung versammelten Gesellschaftern oder gegenüber der zur Entgegennahme der Einzelwahlentscheidungen bestimmten Stelle erfolgen. Ist die Gründerversammlung bereits beendet und auch keine zur Entgegennahme der Annahmerklärung zuständige Stelle bestimmt, muss der Entsandte gegenüber jedem Gründungsgesellschafter die Annahme der Entsendung erklären.

e. Keine Annahmepflicht

Eine (korporative) Pflicht zur Annahme der Entsendung besteht nicht.[595] Dies schließt jedoch eine aufgrund eines Auftrags- oder Geschäftsbesorgungsverhältnisses zwischen Entsender und Entsandtem bestehende, vertragliche Annahmeverpflichtung nicht aus. Verweigert der Entsandte die Annahme pflichtwidrig, macht er sich ggf. schadensersatzpflichtig.[596] Korporative Auswirkungen hat eine pflichtwidrige Annahmeverweigerung allerdings nicht.

---

592 *Hopt/Roth*, in: Großkomm-AktG, § 101 Rn. 139; i.E. auch *Habersack*, in: MünchKomm-AktG, § 101 Rn. 62.

593 *Habersack*, in: MünchKomm-AktG, § 101 Rn. 62.

594 Siehe oben unter D. I. 1. b.

595 *Habersack*, in: MünchKomm-AktG, § 101 Rn. 64; *Spindler*, in: Spindler/Stilz, AktG, § 101 Rn. 11; *Hopt/Roth*, in: Großkomm-AktG, § 101 Rn. 87.

596 Vgl. *Spindler*, in: Spindler/Stilz, AktG, § 101 Rn. 11; *Mertens/Cahn*, in: Köln-Komm-AktG, § 101 Rn. 39; *Habersack*, in: MünchKomm-AktG, § 101 Rn. 64; *Hopt/Roth*, in: Großkomm-AktG, § 101 Rn. 88.

6. Satzungsmäßige Bindung an Dritte: Zustimmungs-, Veto- oder Vorschlagsrechte bei der Ausübung von Entsendungsrechten

Der Entsender ist im Rahmen einer pflichtgemäßen Ermessensausübung grundsätzlich frei, in welchem Verfahren er sich für die Person des Entsandten entscheidet. Es erscheint allerdings denkbar, dass der Willensbildungsprozess des Entsendungsberechtigten durch satzungsmäßige Zustimmungs-, Veto- oder Vorschlagsrechte Dritter geleitet wird.

a. Zugunsten von Gesellschaftsorganen

(1) Zugunsten des Vorstands

Dem Vorstand bzw. seinen Mitgliedern ist nach allgemeiner Ansicht eine Einflussnahme auf die Ausübung von Entsendungsrechten in Form von statutarischen Zustimmungsvorbehalten, Veto- oder Vorschlagsrechten verwehrt, da auf diese Weise das Kontrollgefüge der Aktiengesellschaft umgangen wird.[597] Ist ein Vorstandsmitglied jedoch gleichzeitig Aktionär der Gesellschaft, ist eine Entsendungsbindungsvereinbarung mit dem Vorstandsmitglied in seiner Funktion als Aktionär grundsätzlich denkbar.[598]

(2) Zugunsten des Aufsichtsrats

Das dreigliedrige Struktur- und Kontrollprinzip der Aktiengesellschaft gibt zudem Anlass für Zweifel an der Zulässigkeit einer Bindung der Ausübung von Entsendungsrechten an Vorschläge, Zustimmung oder Veto des Aufsichtsrats.

---

[597] *Habersack*, in: MünchKomm-AktG, § 101 Rn. 60; *Mertens/Cahn*, KölnKomm-AktG, § 101 Rn. 58; *Spindler*, in: Spindler/Stilz, AktG, § 101 Rn. 52; *Bürgers/Israel*, in: Bürgers/Körber, AktG, § 101 Rn. 15; *Drygala*, in: Schmidt/Lutter, AktG, § 101 Rn. 14; *Hopt/Roth*, in: Großkomm-AktG, § 101 Rn. 126; *Pühler*, in: Happ, AktienR, Mustertext 1.03 Rn. 20.3; *Godin/Wilhelmi*, AktG, § 101 Anm. 3 S. 555; *May*, Die Sicherung des Familieneinflusses auf die Geschäftsführung der börsengehandelten Aktiengesellschaft, S. 133.

[598] Vgl. *Habersack*, in: MünchKomm-AktG, § 101 Rn. 60; *Bürgers/Israel*, in: Bürgers/Körber, AktG, § 101 Rn. 15. Siehe auch unten die Ausführungen zur Zulässigkeit von Entsendungsbindungsvereinbarungen mit Aktionären D. I. 7. und oben die Ausführungen zur Einräumung von Entsendungsrechten unmittelbar zugunsten eines Vorstandsmitglieds unter C. III. 2.

Kann der Entsendungsberechtigte das Entsendungsrecht nur in Rücksprache mit dem Aufsichtsrat bzw. – mangels Rechtsfähigkeit des Aufsichtsrats als solchem – der Gesamtheit seiner Mitglieder[599] ausüben, beeinflusst der Aufsichtsrat mittelbar seine eigene Zusammensetzung.[600] Allerdings verwehrt das Aktiengesetz dem Aufsichtsrat – im Gegensatz zum Vorstand – nicht jeglichen Einfluss auf die Besetzung des Aufsichtsrats: Der Aufsichtsrat ist sogar verpflichtet, der Hauptversammlung Beschlussvorschläge im Hinblick auf die Besetzung des Aufsichtsrats zu unterbreiten (§ 124 Abs. 3 Satz 1 Halbsatz 2 AktG), während der Vorstand zur Wahl der Aufsichtsratsmitglieder gerade keine Beschlussvorschläge abgeben darf.[601] Dies könnte dafür sprechen, dass auch die Ausübung des Entsendungsrechts durch den Aufsichtsrat im Wege von Zustimmungs-, Vorschlags- oder Vetorechten beeinflusst werden kann.[602]

Mit Blick auf § 136 Abs. 2 AktG ist diese Argumentation jedoch nicht haltbar: Der Aufsichtsrat soll der Hauptversammlung zwar Beschlussvorschläge hinsichtlich der Wahl von Aufsichtsratsmitgliedern unterbreiten, die Aktionäre sollen ihr Stimmverhalten aber gerade nicht wirksam an Weisungen des Aufsichtsrats oder an dessen Beschlussvorschläge binden können. Diese Regelung verdeutlicht, dass die Gesellschaftsverwaltung insgesamt – also sowohl Vorstand als auch Aufsichtsrat – keinen rechtlich bindenden Einfluss auf das Stimmverhalten in der Hauptversammlung erlangen soll.[603] Da die Entsendung von Aufsichtsratsmitgliedern aber funktional der Aufsichtsratswahl durch die Hauptversammlung

---

599 Siehe *Schröer*, in: MünchKomm-AktG, § 136 Rn. 77; *Hirschmann*, in: Hölters, AktG, § 136 Rn. 41; *Riekers*, in: Spindler/Stilz, AktG, § 136 Rn. 53; *Koch*, in: Hüffer, AktG, § 136 Rn. 26.

600 *Spindler*, in: Spindler/Stilz, AktG, § 101 Rn. 52; *Semler*, in: MünchKomm-AktG (2. Aufl.), § 101 Rn. 131.

601 *Kubis*, in: MünchKomm-AktG, § 101 Rn. 30;*Simons*, in: Hölters, AktG, § 101 Rn. 10.

602 So i.E. *Mertens/Cahn*, in: KölnKomm-AktG, § 101 Rn. 58; *Habersack*, in: MünchKomm-AktG, § 101 Rn. 60; *Bürgers/Israel*, in: Bürgers/Körber, AktG, § 101 Rn. 15; *Godin/Wilhelmi*, AktG, § 101 Anm. 3 S. 555; *Simons*, in: Hölters, AktG, § 101 Rn. 28; a.A. *Spindler*, in: Spindler/Stilz, AktG, § 101 Rn. 52; *Semler*, in: MünchKomm-AktG (2. Aufl.), § 101 Rn. 131.

603 BegrRegE, abgedruckt bei *Kropff*, Aktiengesetz 1965, S. 200 f.; *Schröer*, in: MünchKomm-AktG, § 136 Rn. 74; *Rieckers*, in: Spindler/Stilz, AktG, § 136 Rn. 51; *Koch*, in: Hüffer, AktG, § 136 Rn. 25; *Hirschmann*, in: Hölters, AktG, § 136 Rn. 39; siehe auch *Bollweg*, Die Wahl des Aufsichtsrats in der Hauptversammlung der Aktiengesellschaft, S. 423 f.

entspricht,[604] ist der Aufsichtsrat auch von einer Einflussnahme auf die Entsendung ausgeschlossen.

Es erscheint jedoch wiederum denkbar, eine Ausnahme vom Beeinflussungsverbot für den Fall zuzulassen, dass der Entsendungsberechtigte im Vorhinein auf die Entsendung einer konkreten Person festgelegt wird. § 136 Abs. 2 AktG zielt aber nicht nur darauf ab, zu verhindern, dass Stimm- bzw. Entsendungsrechte nach Weisungen der Verwaltung ausgeübt werden. Darüber hinaus sollen von diesem Verbot „alle Möglichkeiten der Verwaltung, das Abstimmungsergebnis zu beeinflussen“ [605], erfasst werden, weshalb auch eine Bindung an (konkrete) Beschlussvorschläge der Verwaltung gem. § 136 Abs. 2 Satz 2 AktG unzulässig ist. Daraus folgt gleichzeitig, dass Stimmbindungsvereinbarungen[606] sowie Entsendungsbindungen auch dann nichtig sind, wenn sie den Aktionär auf ein im Vorhinein konkret festgelegtes Abstimmungs- bzw. Entsendungsverhalten verpflichten. Entsendungsbindungen zugunsten des Aufsichtsrats sind deshalb insgesamt unzulässig.[607]

(3) Zugunsten der Hauptversammlung

An den Willen der Hauptversammlung kann die Ausübung des Entsendungsrechts hingegen wirksam gebunden werden, [608] da gerade die Hauptversammlung innerhalb des Organgefüges der Aktiengesellschaft das grundsätzlich zur Besetzung des Aufsichtsrats berufene Organ ist.

---

[604] Vgl. oben unter C. I. 1.

[605] BegrRegE, abgedruckt bei *Kropff*, Aktiengesetz 1965, S.201.

[606] *Schröer*, in: MünchKomm-AktG, § 136 Rn. 80; *Otto*, AG 1991, 369, 376 f.; a.A. wohl *Zöllner*, ZHR 155 (1991), 168, 183 f.

[607] I.E. auch *Spindler*, in: Spindler/Stilz, AktG, § 101 Rn. 52; *Geßler*, in: Geßler/Hefermehl/Eckardt/Kropff, AktG, § 101 Rn. 86; a.A. *Habersack*, in: MünchKomm-AktG, § 101 Rn. 59; *Bürgers/Israel*, in: Bürgers/Körber, AktG, § 101 Rn. 15; *Hopt/Roth*, in: Großkomm-AktG, § 101 Rn. 126; *Mertens/Cahn*, in: KölnKomm-AktG, § 101 Rn. 58; *Godin/Wilhelmi*, AktG, § 101 Anm. 3 S. 555; *May*, Die Sicherung des Familieneinflusses auf die Geschäftsführung der börsengehandelten Aktiengesellschaft, S. 133.

[608] *Hopt/Roth*, in: Großkomm-AktG, § 101 Rn. 126; *Drygala*, in: Schmidt/Lutter, AktG, § 101 Rn. 14; *Habersack*, in: MünchKomm-AktG, § 101 Rn. 60; *Simons*, in: Hölters, AktG, § 101 Rn. 27; *Mertens/Cahn*, in: KölnKomm-AktG, § 101 Rn. 58; *Koch*, in: Hüffer, AktG, § 101 Rn. 10; *Godin/Wilhelmi*, § 101 Anm. 3 S. 555; *May*, Die Sicherung des Familieneinflusses auf die Führung der börsengehandelten Aktiengesellschaft, S. 133; a.A. *Semler*, in: MünchKomm-AktG (2. Aufl.), § 101 Rn. 131; *Geßler*, in: Geßler/Hefermehl/Eckardt/Kropff, AktG, § 101 Rn. 86.

Der Entsendungsberechtigte leitet seine Besetzungsbefugnis zudem nur derivativ von der Hauptversammlung ab.

Dagegen kann auch nicht eingewandt werden, durch eine derartige Bindung würde das Entsendungsrecht in unzulässiger Weise entwertet.[609] Zwar ist zuzugeben, dass das Entsendungsrecht auf diese Weise faktisch beinahe einem bloßen Vorschlags- bzw. Vetorecht zugunsten des Entsendungsberechtigten gleichkommt;[610] aktienrechtliche Grundsätze stehen dem jedoch nicht entgegen.[611] Vielmehr lässt § 101 Abs. 2 AktG der Satzung gerade weitgehenden Spielraum bei der inhaltlichen Ausgestaltung und eben auch der Begrenzung des Entsendungsrechts.[612] Zudem ist das Entsendungsrecht grundsätzlich ein unentziehbares Sonderrecht i.S.d. § 35 BGB und damit qualitativ höher anzusiedeln als satzungsmäßige Zustimmungs-, Vorschlags- oder Vetorechte, die im Wege der Satzungsänderung bereits mit qualifizierter Mehrheit beseitigt werden können.[613] Durch Bindung der Ausübung des Entsendungsrechts an die Hauptversammlung findet mithin keine vollständige Entwertung des Entsendungsrechts statt.

Bestellt der Entsendungsberechtigte unter derartiger Mitwirkung der Hauptversammlung Aufsichtsratsmitglieder, gelten diese jedoch nach wie vor als durch den Entsendungsberechtigten entsandte, nicht durch die Hauptversammlung gewählte Aufsichtsratsmitglieder.[614] Dem Entsendungsberechtigten steht deshalb weiterhin die Möglichkeit der jederzeitigen Abberufung gem. § 103 Abs. 2 Satz 1 AktG offen.

b. Zugunsten von anderen Aktionären

Vorschlags-, Zustimmungs- oder Vetorechte zugunsten anderer Aktionäre bei der Ausübung des Entsendungsrechts scheinen zunächst mit Blick auf die Voraussetzungen der Einräumung von Entsendungsrechten unzulässig: Die Hauptversammlung bzw. die Gesellschafterversammlung hat

---

[609] So aber *Spindler*, in: Spindler/Stilz, AktG, § 101 Rn. 52; *Semler*, in: MünchKomm-AktG (2. Aufl.), § 101 Rn. 131.

[610] Vgl. *Habersack*, in: MünchKomm-AktG, § 101 Rn. 60; *Godin/Wilhelmi*, AktG, § 101 Anm. 3 S. 555.

[611] *Godin/Wilhelmi*, AktG, § 101 Anm. 3 S. 555; a.A. *Spindler*, in: Spindler/Stilz, AktG, § 101 Rn. 52; *Semler*, in: MünchKomm-AktG (2. Aufl.) § 101 Rn. 131.

[612] Vgl. oben unter C. I. 1.

[613] Vgl. *Hopt/Roth*, in: Großkomm-AktG, § 101 Rn. 126.

[614] *Hopt/Roth*, in: Großkomm-AktG, § 101 Rn. 126.

sich mit qualifizierter Mehrheit bzw. einstimmig gerade bewusst für diesen Aktionär bzw. diesen Inhaber bestimmter Aktien als Entsendungsberechtigten entschieden und damit gegen andere Aktionäre als Sonderrechtsinhaber.

Bei einer derartigen Argumentation würde jedoch verkannt, dass die Haupt- bzw. Gesellschafterversammlung bei satzungsmäßiger Bindung des Entsendungsrechts gerade auch die Entscheidung über die Bindung des Entsendungsrechts bzw. den durch die Bindung privilegierten Aktionär gefällt hat und somit die Entscheidung für einen bestimmten, entsendungsberechtigten Aktionär nicht umgangen wird. Eine Bindung der Entsendungsrechtsausübung an andere Aktionäre ist deshalb grundsätzlich zulässig.

Faktisch entspricht eine derartige Bindung der Einräumung von Entsendungsrechten zugunsten mehrerer Personen, wobei dem zustimmungs-, veto- oder vorschlagsberechtigten Aktionär jedoch eine geringere Entscheidungsmacht zukommt als dem eigentlichen Entsendungsberechtigten. Er wird mithin zum Quasi-Entsendungsberechtigten mit komplementärer Entscheidungsbefugnis.

Dagegen bestehen auch mit Blick auf die Voraussetzungen des § 101 Abs. 2 AktG keine Bedenken: Zum einen entscheiden die gesetzlich dazu befugten Gesellschaftsorgane über die Bindung bzw. den durch die Bindung Begünstigten; zum anderen schafft die Bindung aufgrund ihrer satzungsmäßigen Verankerung hinreichend Transparenz gegenüber dem Rechtsverkehr. Aufgrund der faktischen Nähe zum Entsendungsrecht ist eine derartige Bindung an andere Aktionäre jedoch nur für die Dauer ihrer Aktionärseigenschaft zulässig.

c. *Zugunsten von außenstehenden Dritten*

Außenstehenden Dritten ist bei der Ausübung des Entsendungsrechts wie auch bei dessen Einräumung[615] grundsätzlich jeglicher Einfluss verwehrt: Das Gesetz lässt Entsendungsrechte ausdrücklich nur zugunsten

615 Zur Zulässigkeit von Stimmbindungsvereinbarung über die Einräumung von Entsendungsrechten siehe oben unter C. VII.; siehe auch *May*, Die Sicherung des Familieneinflusses auf die Führung der börsengehandelten Aktiengesellschaft, S. 133.

von Aktionären zu. Eine Bindung der Entsendungsrechtsausübung an außenstehende Dritte würde dieses Erfordernis umgehen.[616]

Wie bei der Begründung von Entsendungsrechten könnte eine Bindung der Ausübung des Entsendungsrechts an Dritte jedoch ausnahmsweise dann zulässig sein, wenn die Bindung inhaltlich so ausgestaltet ist, dass der Entsendungsberechtigte die Entsendungsentscheidung faktisch selbst getroffen hat, so dass sich die Entsendung weiterhin als selbstständige Willensbetätigung des Entsenders – nicht des außenstehenden Dritten – darstellt. Eine derart enge Bindung i.S. einer durch den Entsender vorweggenommenen Entscheidung können statutarische Zustimmungs-, Vorschlags- oder Vetorechte zugunsten Dritter jedoch gar nicht leisten. Andernfalls würde bereits in der Satzung bei Einräumung des Entsendungsrechts das zukünftig zu entsendende Aufsichtsratsmitglied festgelegt und dem Entsendungsberechtigten i.E. jedwede Entscheidungsautonomie genommen.

d. Ergebnis

Durch statutarische Regelung kann die Ausübung des Entsendungsrechts nicht von Vorschlägen, Zustimmung oder Veto des Vorstands, des Aufsichtsrats oder außenstehender Dritter abhängig gemacht werden. Zulässig ist allerdings eine Entsendungsbindung an die Hauptversammlung oder andere Aktionäre für die Dauer ihrer Aktionärseigenschaft.

7. Schuldrechtliche Bindung an Dritte: Entsendungsbindungsverträge über die Ausübung von Entsendungsrechten

In Anlehnung an Stimmbindungsverträge von Aktionären im Hinblick auf die Ausübung ihrer Stimmrechte bei Wahlen zum Aufsichtsrat in der Hauptversammlung erscheint es denkbar, dass sich auch der Entsendungsberechtigte im Hinblick auf die Ausübung des Rechts zur Entsendung von Aufsichtsratsmitgliedern vertraglich verpflichtet, um so eigene Interessen mit den Interessen anderer Aktionäre oder gesellschaftsfremder Dritter zu koordinieren.

---

616 *Habersack*, in: MünchKomm-AktG, § 101 Rn. 60; *Hopt/Roth*, in: Großkomm-AktG, § 101 Rn. 126; a.A. wohl *Godin/Wilhelmi*, AktG, § 101 Anm. 3 S. 555.

a. Zugunsten von Gesellschaftsorganen

Eine vertragliche Bindung zwischen Entsendungsberechtigtem einerseits und Vorstand, Aufsichtsrat oder Hauptversammlung andererseits scheidet bereits mangels Rechtspersönlichkeit dieser Gesellschaftsorgane aus.

b. Zugunsten von anderen Aktionären oder außenstehenden Dritten

Die funktionale Vergleichbarkeit von Entsendung in den Aufsichtsrat und Wahlen zum Aufsichtsrat spricht vordergründig für eine grundsätzliche Zulässigkeit von Entsendungsbindungsvereinbarungen zwischen dem Entsender und anderen Aktionären bzw. Dritten: So wie Aktionäre kraft ihrer Abstimmungsfreiheit[617] grundsätzlich über ihr Stimmrecht in der Hauptversammlung disponieren und Stimmbindungsvereinbarungen eingehen können, muss es auch dem Entsender gestattet sein, über die Ausübung des Entsendungsrechts zu verfügen und dieses zum Gegenstand vertraglicher Verpflichtungen zu machen.[618]

Dagegen spricht jedoch, dass das Stimmrecht ein dem Aktionär kraft seiner Verbandsmitgliedschaft originär zustehendes Verwaltungsrecht darstellt, wohingegen das Entsendungsrecht lediglich ein durch die Gründungsgesellschafter bzw. durch eine qualifizierte Hauptversammlungsmehrheit verliehenes Sonderrecht ist. Könnte der Entsender über die Ausübung dieses Sonderrechts vertraglich verfügen und die Entscheidung über die Person des Entsandten einem anderen überlassen, würde dies dem erklärten und von § 101 Abs. 2 AktG geforderten Willen der Hauptversammlung widersprechen, Entsendungsrechte nur zugunsten eines bestimmten, namentlich genannten Aktionärs bzw. zugunsten eines über das Eigentum an bestimmten Aktien identifizierbaren Aktionärs einzuräumen. Anders als bei Stimmbindungsvereinbarungen über die Ausübung des Stimmrechts von Aktionären untereinander oder zwischen Aktionären und Dritten[619] wird die Zulässigkeit von Entsendungsbindungsvereinbarungen mit Aktionären bzw. Dritten vom Gesetz deshalb nicht implizit vorausgesetzt[620], sondern vielmehr implizit verneint.

---

617 Siehe *Schröer*, in: MünchKomm-AktG, § 136 Rn. 64 m.w.N.

618 So *Mertens/Cahn*, in: KölnKomm-AktG, § 101 Rn. 82; *Hopt/Roth*, in: Großkomm-AktG, § 101 Rn. 170; *Spindler*, in: Spindler/Stilz, AktG, § 101 Rn. 70, 23 ff.; *Habersack*, in: MünchKomm-AktG, § 101 Rn. 45; i. E. auch *Simons*, in: Hölters, AktG, § 101 Rn. 31.

619 Siehe oben unter C. VII. 1.

620 Vgl. § 136 Abs. 2 AktG.

Stimmbindungsvereinbarungen über die Ausübung des Entsendungsrechts sind deshalb wegen Umgehung der personellen Begrenzung des § 101 Abs 2 AktG sowohl mit Aktionären[621] als auch mit außenstehenden Dritten[622] unzulässig.

Anders als im Fall einer Stimmbindungsvereinbarung über die Einräumung von Entsendungsrechten ist eine Stimmbindungsvereinbarung im Hinblick auf die Ausübung von Entsendungsrechten auch nicht ausnahmsweise dann zulässig[623], wenn die Vereinbarung inhaltlich derart präzise gefasst ist, dass die Stimmbindung einer vorweggenommenen Entsendungsentscheidung durch den Entsender selbst entspricht.[624] Zwar nimmt der Entsendungsberechtigte durch eine derart konkrete Stimmbindungsvereinbarung auch hier entscheidenden Einfluss auf die Person des Entsandten. Es muss ihm jedoch – anders als den das Entsendungsrecht einräumenden Aktionären[625] – möglich sein, seine Auswahlentscheidung jederzeit abzuändern, da die Aktionäre ihre Wahlfreiheit in der Hauptversammlung gerade in dem Vertrauen darauf beschränkt haben, dass der Entsendungsberechtigte eine dynamische, den jeweiligen Umständen entsprechende Entsendungsentscheidung treffen wird.

Stimmbindungsvereinbarungen über die Ausübung des Entsendungsrechts zwischen dem Entsendungsberechtigten und Aktionären bzw. außenstehenden Dritten sind deshalb stets unzulässig. Auch die in der Literatur aufgeworfene Frage[626] nach der Zulässigkeit von Stimmbin-

---

621 A.A. *Spindler*, in: Spindler/Stilz, AktG, § 101 Rn. 70; *Habersack*, in: MünchKomm-AktG, § 101 Rn. 45; *Hopt/Roth*, in: Großkomm-AktG, § 101 Rn. 170; *Mertens/Cahn*, in: KölnKomm-AktG, § 101 Rn. 82; *Simons*, in: Hölters, AktG, § 101 Rn. 31; wohl auch *Bürgers/Israel*, in: Bürgers/Körber, AktG, § 101 Rn. 10, 9.

622 So auch *Habersack*, in: MünchKomm-AktG, § 101 Rn. 45, 60; *Simons*, in: Hölters, AktG, § 101 Rn. 31; einschränkend *Hopt/Roth*, in: Großkomm-AktG, § 101 Rn. 170; a.A. wohl *Mertens/Cahn*, in: KölnKomm-AktG, § 101 Rn. 82; *Godin/Wilhelmi*, § 101 Anm. 3 S. 555; zur gesetzlichen Begrenzung von Entsendungsrechten vgl. auch *Hopt/Roth*, in: Großkomm-AktG, § 101 Rn. 9.

623 So wohl *Hopt/Roth*, in: Großkomm-AktG, § 101 Rn. 170.

624 Siehe zur Zulässigkeit quasi vorweggenommener Entscheidungen oben unter C. VII. 2. b. (5).

625 Siehe zur zulässigen Dauer einer Stimmbindungsvereinbarung über die Einräumung von Entsendungsrechten oben unter C. VII. 2. b. (5).

626 I.E. ablehnend *Habersack*, in: MünchKomm-AktG, § 101 Rn. 45; *Mertens/Cahn*, in: KölnKomm-AktG, § 101 Rn. 71, 82; *Hopt/Roth*, in: Großkomm-AktG, § 101 Rn. 170; wohl auch *Drygala*, in: Schmidt/Lutter, AktG, § 101 Rn. 25;

dungsverträgen mit dem zu Entsendenden selbst ist deshalb zu verneinen.

c. Ergebnis

Der Entsendungsberechtigte kann sich durch Entsendungsbindungsverträge sowohl gegenüber Gesellschaftsorganen als auch gegenüber Mitaktionären oder außenstehenden Dritten nicht wirksam zur Ausübung seines Entsendungsrechts in einer bestimmten Weise verpflichten.

8. Zusammenfassung

Die Entsendung erfolgt durch Entsendungserklärung des Entsenders gegenüber der Gesellschaft, vertreten durch den Vorstand. Bei Entsendung in den ersten Aufsichtsrat ist abweichend grundsätzlich die Gründerversammmlung, subsidiär die im Gründungsvertrag zur Entgegennahme von Wahlentscheidungen vorgesehene Stelle oder wiederum subsidiär alle Gründungsgesellschafter zuständig, wobei dann eine Erklärung gegenüber jedem Gründungsgesellschafter erfolgen muss. Die Entsendung hat vorbehaltlich statutarischer Regelungen ohne schuldhaftes Zögern zu erfolgen, sobald die Besetzung eines Aufsichtsratspostens durch Entsendung konkret ansteht.

Eine Entsendungspflicht besteht nur bei Entsendung in den ersten Aufsichtsrat oder bei statutarischer Regelung. Ein Verzicht auf die Ausübung des Entsendungsrechts ist (auch gegenüber der Gesellschaft, vertreten durch den Vorstand) möglich, hat aber nur schuldrechtliche Wirkung und kann nicht endgültig erklärt werden.

Die Entsendung wird erst mit Annahme des Entsandten gegenüber der Gesellschaft, vertreten durch den Vorstand, wirksam. Bei Entsendung in den ersten Aufsichtsrat ist zuständig, wer zur Entgegennahme der Entsendungserklärung im Hinblick auf den ersten Aufsichtsrat zuständig ist. Eine Frist zur Annahme besteht vorbehaltlich statutarischer Regelungen oder Fristsetzung seitens des Entsenders nicht.

Die Entsendung kann statutarisch nur an Zustimmung, Veto oder Vorschlag von Aktionären oder der Hauptversammlung gebunden werden.

---

vgl. auch *Habersack*, in: MünchKomm-AktG, § 101 Rn. 14 (der bereits die Wirksamkeit von Wahlabreden mit Dritten, insbesondere mit dem zu wählenden Kandidaten, insgesamt ablehnt).

Der Entsender kann sich schuldrechtlich nicht wirksam zu einer bestimmten Entsendung verpflichten.

II. Materielle Voraussetzungen

Das Aktiengesetz selbst fordert für eine materiell wirksame Ausübung des Entsendungsrechts nur, dass der Entsendungsberechtigte zum Zeitpunkt der Ausübung des Entsendungsrechts Aktionär (beim aktiengebundenen Entsendungsrecht: Aktionär vinkulierter Namensaktien) der Gesellschaft ist. Da das Entsendungsrecht jedoch ein über reguläre Mitgliedschaftsrechte hinausgehendes, außerordentliches Sonderrecht ist, können in der Satzung weitere Anforderungen an den Entsender und den Entsandten sowie an außerhalb dieser Personen liegende Umstände formuliert werden, vgl. §§ 100 Abs. 4, 103 Abs. 2 Satz 2 AktG.[627] Spiegelbildlich dazu ist es auch möglich, dass die Satzung Umstände benennt, bei deren Eintritt das Entsendungsrecht erlischt oder zeitweilig nicht ausgeübt werden kann.[628] Begrenzt wird die Gestaltungsfreiheit des Satzungsgebers wiederum durch allgemeine aktienrechtliche Grundsätze, insbesondere durch den Gleichbehandlungsgrundsatz gem. § 53a AktG sowie die gesellschaftsrechtliche Treupflicht.

1. Materielle Voraussetzungen im Hinblick auf den Entsendungsberechtigten

a. Mögliche Gestaltungen

Zulässige satzungsmäßige Anforderungen an den Entsender sind bspw. ein gewisser Mindestbesitz an Aktien,[629] eine bestimmte Familienzuge-

---

[627] *Habersack*, in: MünchKomm-AktG, § 101 Rn. 59; *Hopt/Roth*, in: Großkomm-AktG, § 101 Rn. 123; *Spindler*, in: Spindler/Stilz, AktG, § 101 Rn. 51; vgl. dazu weitere Beispiele bei *Pühler*, in: Happ, AktienR, Mustertext 1.03 § 11 Abs. 2, Mustertext 1.04 § 9 Abs. 2; *Wahlers*, Die Satzung der kleinen Aktiengesellschaft, S. 114; *Wälzholz*, DStR 2004, 779, 780.

[628] *Hopt/Roth*, in: Großkomm-AktG, § 101 Rn. 124; *Mertens/Cahn*, in: KölnKomm-AktG, § 101 Rn. 58; *Meyer-Landrut*, in: Großkomm-AktG (3. Aufl.), § 101 Anm. 9.

[629] *Habersack*, in: MünchKomm-AktG, § 101 Rn. 59; *Simons*, in: Hölters, AktG, § 101 Rn. 28; *Bürgers/Israel*, in: Bürgers/Körber, § 101 Rn. 15; *Hopt/Roth*, in: Großkomm-AktG, § 101 Rn. 123, 129; *Mertens/Cahn*, in: KölnKomm-AktG, § 101 Rn. 58; *Drygala*, in: MünchKomm-AktG, § 101 Rn. 13.

hörigkeit[630] oder ein bestimmter Beruf[631]. Wegen Verstoßes gegen das aktienrechtliche Kompetenzgefüge kann das Entsendungsrecht jedoch nicht an die Zugehörigkeit des Entsendungsberechtigten zu Vorstand oder Aufsichtsrat gekoppelt werden. Die Satzung kann auch regeln, dass das Entsendungsrecht unter bestimmten Umständen (bspw. wenn der Entsendungsberechtigte Mitglied des Vorstands oder Aufsichtsrats wird) dauerhaft entfällt oder währenddessen vorrübergehend ruht.[632] Steht eine Neubesetzung grundsätzlich zu entsendender Aufsichtsratsmitglieder während einer Ruhephase an, lebt automatisch die Bestellungskompetenz der Hauptversammlung wieder auf, weil soweit (akut) kein Entsendungsrecht besteht (vgl. § 101 Abs. 1 Satz 1 AktG).

b. Rechtsfolgen bei anfänglichem Fehlen materieller Voraussetzungen im Hinblick auf den Entsendungsberechtigten

(1) Entscheidungserheblicher Zeitpunkt

Erfüllt der Entsendungsberechtigte die zusätzlichen Voraussetzungen zum Zeitpunkt der Entsendung nicht, ist er nicht zur Entsendung berechtigt. Maßgeblicher Zeitpunkt, zu dem der Entsender gesetzliche wie satzungsmäßige Voraussetzungen erfüllen muss, ist allerdings erst die Vervollständigung des Bestellungstatbestands, nicht schon Abgabe oder Zugang der Entsendungserklärung. Eine durch Entsendung erfolgte Bestellung tritt erst in Kraft, wenn (1.) der Entsendungsberechtigte gegenüber der Gesellschaft eine Entsendungserklärung im Hinblick auf (2.) einen vakanten, durch Entsendung zu besetzenden Aufsichtsratsposten abgibt und (3.) der Entsandte die Bestellung zum Aufsichtsratsmitglied durch Erklärung gegenüber der Gesellschaft annimmt. Dabei kann die zeitliche Reihenfolge der verschiedenen Tatbestandsmerkmale variieren.

---

[630] *Mertens/Cahn*, in: KölnKomm-AktG, § 101 Rn. 58; *Hopt/Roth*, in: Großkomm-AktG, § 101 Rn. 123; *Drygala*, in: Schmidt/Lutter, AktG, § 101 Rn. 14; *Spindler*, in: Spindler/Stilz, AktG, § 101 Rn. 52; *Simons*, in: Hölters, AktG, § 101 Rn. 28; *Habersack*, in: MünchKomm-AktG, § 101 Rn. 59; *Hoffmann-Becking*, in: MünchHdbGesR-AG, § 30 Rn. 49.

[631] *Simons*, in: Hölters, AktG, § 101 Rn. 28; *Bürgers/Israel*, in: Bürgers/Körber, AktG, § 101 Rn. 15; *Hopt/Roth*, in: Großkomm-AktG, § 101 Rn. 123, 129; *Mertens/Cahn*, in: KölnKomm-AktG, § 101 Rn. 58.

[632] *Habersack*, in: MünchKomm-AktG, § 101 Rn. 59; *Drygala*, in: Schmidt/Lutter, § 101 Rn. 14; *Mertens/Cahn*, in: KölnKomm-AktG, § 101 Rn. 58; *Bürgers/Israel*, in: Bürgers/Körber, AktG, § 101 Rn. 15.

Bspw. können Entsendungs- und Annahmeerklärung bereits vor Eintritt einer Vakanz im Aufsichtsrat abgegeben werden.

(2) Auswirkungen auf das Entsendungsrecht

Weist der Entsendungsberechtigte gesetzlich und satzungsmäßig geforderte Eigenschaften bei Vollendung des Bestellungstatbestands nicht, nicht mehr oder noch nicht auf, ist er nicht zur Entsendung berechtigt und eine gleichwohl erfolgte Entsendung von Aufsichtsratsmitgliedern nichtig.[633]

(3) Auswirkungen auf die Wirksamkeit der Entsendung

Allerdings kommt eine Aufrechterhaltung der Organbestellung nach den Grundsätzen der Lehre vom fehlerhaften Organ in Betracht.[634] Anders als im Fall nichtiger Entsendungsrechte wurde das Entsendungsrecht wirksam eingeräumt und steht dem Entsendungsberechtigten dem Grunde nach zu; er erfüllt bloß die zusätzlichen Voraussetzungen (ggf. temporär) nicht. Es handelt sich also nicht um eine fehlerhafte Strukturänderung;[635] die Ursache des fehlerhaften Bestellungsakts liegt vielmehr im Bestellungsvorgang selber, da das grundsätzlich zuständige Organ in der konkreten Situation unzuständig war.[636]

Mit der Mehrheit der Literaturstimmen[637] sowie der obergerichtlichen Rechtsprechung[638] wäre die Entsendung deshalb nach der Lehre vom fehlerhaften Organ bis zur Geltendmachung der Fehlerhaftigkeit durch allgemeine Feststellungsklage (§ 256 ZPO)[639] als wirksam zu betrachten.

---

633 *Mertens/Cahn*, in: KölnKomm-AktG, § 101 Rn. 65; *Habersack*, in: MünchKomm-AktG, § 101 Rn. 58; *Hopt/Roth*, in: Großkomm-AktG, § 101 Rn. 127.

634 Zur Lehre vom fehlerhaften Organ siehe oben unter C. VI. 6. a.; a.A. *Hopt/Roth*, in: Großkomm-AktG, § 101 Rn. 127; *Mertens/Cahn*, in: KölnKomm-AktG, § 101 Rn. 65.

635 Siehe oben unter C. VI. 6. c.

636 Zur Anwendbarkeit der Lehre vom fehlerhaften Organ bei Bestellung durch eine unzuständige Stelle siehe oben unter C. VI. 6. a.

637 Siehe oben unter C. VI. 6. a. (1) Fn. 389.

638 Siehe oben unter C. VI. 6. a. (1) Fn. 390.

639 Vgl. BGH v. 5.12.2005 – II ZR 291/03, BGHZ 165, 192, 196 = NJW 2006, 510, 511; *Simons*, in: Hölters, AktG, § 101 Rn. 31; *Habersack*, in: MünchKomm-AktG, § 101 Rn. 45 a.E., 58; *Hopt/Roth*, in: Großkomm-AktG, § 101 Rn. 128; *Stilz*, in: Spindler/Stilz, AktG, § 250 Rn. 6; *Godin/Wilhelmi,* AktG, § 101 Anm. 3 S. 555; *Jaeger*, in: Nirk/Ziemons/Binnewies, Hdb AG, Bd. 1 Rn. 9.76a.

Aber auch der BGH, der die Anwendung der Lehre vom fehlerhaften Organ auf die Stimmabgabe fehlerhaft bestellter Aufsichtsratsmitglieder verneint,[640] könnte bei fehlerhafter Bestellung aufgrund fehlerhafter Entsendung ausnahmsweise zu einem anderen Ergebnis gelangen. Schwerpunktmäßig begründet der BGH die Ablehnung einer umfassenden Aufrechterhaltung fehlerhafter Organbestellungen im Hinblick auf den Aufsichtsrat mit der Regelungsanordnung der §§ 250 Abs. 1, 241 Nr. 5 AktG.[641] Danach sind Wahlbeschlüsse, sobald sie für nichtig erklärt werden, ex tunc nichtig. Mit dieser Nichtigkeitanordnung ist laut BGH eine Aufrechterhaltung der fehlerhaften Organbestellung von Aufsichtsratsmitgliedern für die Vergangenheit und eine Reduzierung der Wahlanfechtungswirkung auf eine bloße Ex-Nunc-Nichtigkeit nicht zu vereinbaren. Dieses Argument greift bei einer Bestellung durch Entsendung jedoch gerade nicht, da sich die §§ 250 Abs. 1, 241 Nr. 5 AktG ausdrücklich nur auf die Bestellung durch Wahl in der Hauptversammlung, nicht durch Entsendung beziehen. Bei fehlerhafter Bestellung aufgrund fehlerhafter Entsendung sprechen die besseren Argumente also insgesamt dafür, die fehlerhafte Bestellung nach der Lehre vom fehlerhaften Organ aufrechtzuerhalten.[642]

(4) Fehlende Voraussetzungen nur im Hinblick auf einen Teil einer entsendungsberechtigten Gruppe

Steht das Entsendungsrecht mehreren gemeinschaftlich zu und erfüllt nur ein Teil der Entsendungsberechtigten die zusätzlichen Anforderungen nicht, ist durch Auslegung der Satzungsbestimmung zu ermitteln,[643] ob das Entsendungsrecht insgesamt entfällt bzw. ruht oder zumindest diejenigen Entsendungsberechtigten zur Abstimmung über die Ausübung des Entsendungsrecht befugt sind, die die zusätzlichen Anforderungen erfüllen.[644]

---

640 Siehe oben unter B II 4 b) (9) (i); BGH v. 19.2.2013 – II ZR 56/12, NJW 2013, 1535, 1537.

641 BGH v. 19.2.2013 – II ZR 56/12, NJW 2013, 1535, 1537 Rn. 20.

642 Zur Abberufung fehlerhaft aber wirksam bestellter Aufsichtsratsmitglieder siehe unten unter F. III. 1. d.

643 *Habersack*, in: MünchKomm-AktG, § 101 Rn. 35.

644 *Spindler*, in: Spindler/Stilz, AktG, § 101 Rn. 56; *Habersack*, in: MünchKomm-AktG, § 101 Rn. 35; abweichend *Hopt/Roth*, in: Großkomm-AktG, § 101 Rn. 120 (stets Entsendungsrecht zugunsten der Verbleibenden); ebenso *Godin/Wilhelmi*,

c. *Rechtsfolgen bei nachträglichem Wegfall materieller Voraussetzungen im Hinblick auf den Entsendungsberechtigten*

(1) Auswirkungen auf das Entsendungsrecht

Fallen ursprünglich vorhandene Anforderungen an die Person des Entsendungsberechtigten nach Einräumung des Entsendungsrechts weg, ist durch Auslegung der Satzung zu ermitteln, ob das Entsendungsrecht endgültig erlischt oder ausnahmsweise bis zum Wiedereintritt der zusätzlichen Voraussetzungen vorübergehend ruht.[645] Während der Ruhephase kann das Entsendungsrecht allerdings stets ohne Zustimmung des Entsendungsberechtigten aufgehoben werden.[646]

(2) Auswirkungen auf die Wirksamkeit der Entsendung

Hat der Entsendungsberechtigte vor Erlöschen oder Ruhen des Entsendungsrechts bereits Gebrauch von seiner Bestellungsmacht gemacht, bleibt die Rechtsstellung des Entsandten davon zunächst unberührt.[647] Er kann jedoch von der Hauptversammlung mit einfacher Stimmenmehrheit abberufen werden, § 103 Abs. 2 Satz 2 AktG.[648]

2. Materielle Voraussetzungen im Hinblick auf den Entsandten

Die Auswahl des Entsandten steht grundsätzlich im pflichtgemäßen Ermessen des Entsendungsberechtigten.[649] Einschränkungen können sich jedoch aus Gesetz und Satzung ergeben.

AktG, § 103 Anm. 3 S. 566; wohl auch *Mertens/Cahn*, in: KölnKomm-AktG, § 101 Rn. 57.

645 *Spindler*, in: Spindler/Stilz, AktG, § 101 Rn. 57.

646 *Spindler*, in: Spindler/Stilz, AktG, § 101 Rn. 57; zur Aufhebung von Entsendungsrechten siehe unten unter E. I.

647 *Habersack*, in: MünchKomm-AktG, § 101 Rn. 35; *Mertens/Cahn*, in: Köln-Komm-AktG, § 101 Rn. 57; *Spindler*, in: Spindler/Stilz, AktG, § 101 Rn. 55.

648 *Habersack*, in: MünchKomm-AktG, § 101 Rn. 35; zur Abberufungsmöglichkeit bei bloßem Ruhen des Entsendungsrechts siehe unten unter F. III. 1. c.

649 *Simons*, in: Hölters, AktG, § 101 Rn. 31.

a. Gesetzliche Voraussetzungen

(1) Grundsätzliche Geltung der §§ 100, 105 AktG

Von Gesetzes wegen greifen die allgemein für Aufsichtsratsmitglieder bestehenden Bestellungsvoraussetzungen und -hindernisse gem. §§ 100 und 105 AktG.[650]

(2) Insbesondere: „Cooling-off Periode" gem. § 100 Abs. 2 Nr. 4 AktG

Dies gilt auch für die sog. zweijährige cooling-off Periode ehemaliger Vorstandsmitglieder gem. § 100 Abs. 2 Nr. 4 AktG,[651] da sich das Bestellungsverbot auf sämtliche Aufsichtsratsmitglieder unabhängig von der Art ihrer Bestellung bezieht.[652]

Für gewählte Aufsichtsratsmitglieder sieht das Gesetz allerdings eine Ausnahme vom grundsätzlichen Bestellungsverbot vor, wenn die Wahl auf Vorschlag von Aktionären mit mehr als 25 Prozent der Stimmrechte erfolgt. Nach allgemeiner Ansicht gilt der Ausnahmevorbehalt jedoch auch bei gerichtlicher Bestellung gem. § 104 AktG, wenn der Antrag von Aktionären mit mehr als 25 % der Stimmrechte unterstützt wird.[653] Dies ist gerechtfertigt, da es Ziel der Ausnahmeregelung ist, einen zeitnahen Wechsel vom Vorstand in den Aufsichtsrat dann zu gestatten, wenn „wesentliche Eigentümer"[654] dies befürworten. Ob der Wechsel durch Wahl in der Hauptversammlung oder durch gerichtliche Bestellung vollzogen wird, ist vor diesem Hintergrund irrelevant.[655] Dann kann es aber auch keinen Unterschied machen, ob die Bestellung durch Entsendung erfolgt.

---

650 *Habersack*, in: MünchKomm-AktG, § 101 Rn. 45; *Hopt/Roth*, in: Großkomm-AktG, § 101 Rn. 128; *Mertens/Cahn*, in: KölnKomm-AktG, § 101 Rn. 65; *Godin/Wilhelmi*, AktG, § 101 Anm. 3 S. 554.

651 *Mertens/Cahn*, in: KölnKomm-AktG, § 101 Rn. 65; *Habersack*, in: MünchKomm-AktG, § 100 Rn. 39; abweichend *Drygala*, in: Schmidt/Lutter, AktG, § 100 Rn. 20 (grundsätzliche Beachtung, aber zugleich stets Eingreifen der Ausnahmeregelung); vgl. auch *Vetter*, in: FS Maier-Reimer (2010), S. 795, 817; a.A. *Simons*, in: Hölters, AktG, § 101 Rn. 31, § 100 Rn. 26a.

652 Anders jedoch *Simons*, in: Hölters, AktG, § 101 Rn. 31, § 100 Rn. 26a.

653 *Habersack*, in: MünchKomm-AktG, § 100 Rn. 39; *Drygala*, in: Schmidt/Lutter, AktG, § 100, Rn. 20; *Simons*, in: Hölters, AktG, § 104 Rn. 28; *Krieger*, in: FS Hüffer (2010), S. 521, 530; *Vetter*, in: FS Maier-Reimer (2010), S. 795, 817.

654 Beschlussempfehlung und Bericht des Rechtsausschusses, BT-Drucks. 16/13433, S. 11.

655 *Krieger*, in: FS Hüffer (2010), S. 521, 530; *Vetter*, in: FS Maier-Reimer (2010), S. 795, 817.

Mit Blick auf die Gesetzesbegründung greift die Ausnahmeregelung deshalb auch bei Bestellung von Aufsichtsratsmitgliedern durch Entsendung ein.[656] Ehemalige Vorstandsmitglieder können also bereits vor Ablauf der Karenzzeit in den Aufsichtsrat entsandt werden, wenn der Entsendungsberechtigte mehr als 25 % der Stimmrechte innehat[657] oder Aktionäre mit mehr als 25 % der Stimmrechte der Entsendung zustimmen[658].

Entgegen teilweise vertretener Ansicht rechtfertigt allein die Inhaberschaft des Entsendungsrechts jedoch noch keine Ausnahme vom Bestellungshindernis an sich,[659] da es dem Gesetzgeber bei Schaffung des Bestellungshindernisses um die Bekämpfung des „[systematischen] Kontrolldefizits durch die Eigentümergesamtheit“[660] ging. Allein die Konzentration von Bestellungsmacht in den Händen eines – ggf. relativ gering beteiligten – Entsendungsberechtigten beseitigt hingegen nicht das Kontrolldefizit der Eigentümer*gesamtheit*. Die – umfangmäßig beschränkte – Kontrollmacht des Entsendungsberechtigten macht die „cooling-off Periode“ deshalb nicht entbehrlich.

b. Satzungsmäßige Voraussetzungen

Daneben kann die Satzung die Entsendung an zusätzliche Voraussetzungen in der Person des Entsandten knüpfen oder weitere Ausschlussgründe vorsehen, vgl. § 100 Abs. 4 AktG.[661] Dem Entsendungsberechtigten kommt allerdings – anders als der Hauptversammlung[662] – nicht der

---

656 Dem Grunde nach bejahend, jedoch abweichend hinsichtlich der Rechtsfolgen *Habersack*, in: MünchKomm-AktG, § 100 Rn. 39; *Mertens/Cahn*, in: KölnKomm-AktG, § 101 Rn. 65; *Drygala*, in: Schmidt/Lutter, AktG, § 100 Rn. 20.

657 *Mertens/Cahn*, in: KölnKomm-AktG, § 101 Rn. 65; *Habersack*, in: MünchKomm-AktG, § 100 Rn. 39; a.A. *Drygala*, in: Schmidt/Lutter, AktG, § 100 Rn. 20.

658 *Habersack*, in: MünchKomm-AktG, § 100 Rn. 39; a.A. wohl *Mertens/Cahn*, in: KölnKomm-AktG, § 101 Rn. 65.

659 So aber *Drygala*, in: Schmidt/Lutter, AktG, § 100 Rn. 20; vgl. auch *Simons*, in: Hölters, AktG, § 101 Rn. 31.

660 Beschlussempfehlung und Bericht des Rechtsausschusses, BT-Drucks. 16/13433, S. 11.

661 *Hopt/Roth*, in: Großkomm-AktG, § 101 Rn. 123, 129; *Bürgers/Israel*, in: Bürgers/Körber, AktG, § 101 Rn. 15; *Hoffmann-Becking*, MünchHdbGesR-AG, § 30 Rn. 32 f.; *May*, Die Sicherung des Familieneinflusses auf die Geschäftsführung der börsengehandelten Aktiengesellschaft, S. 135 ff.

662 Zur Wahlfreiheit der Hauptversammlung siehe *Hopt/Roth*, in: Großkomm-AktG, § 100 Rn. 103 ff.; *Habersack*, in: MünchKomm-AktG, § 100 Rn. 54; *Mer-*

Grundsatz der Wahlfreiheit zu Gute, da das Entsendungsrecht erst durch Einräumung in der Satzung in der dort bestimmten Form begründet wird, während das Wahlrecht der Hauptversammlung bereits a priori von Gesetzes wegen zusteht.[663]

Bei der Bestimmung zusätzlicher persönlicher Voraussetzungen für zu entsendende Aufsichtsratsmitglieder ist die Haupt- bzw. Gründerversammlung deshalb wesentlich freier als bei Besetzung durch Wahl. Zulässig ist insbesondere, den Kreis entsendbarer Aufsichtsratsmitglieder auf Angehörige bestimmter Gruppen (z.B. zu bestimmten Familien oder Berufen) zu beschränken[664] oder bestimmte Personen aus dem Kreis potenziell entsendbarer Aufsichtsratsmitglieder auszuschließen.[665] Die Satzung kann auch bspw. die Wiederbestellung bereits entsandter Aufsichtsratsmitglieder untersagen.[666]

c. *Rechtsfolge bei anfänglichem Fehlen materieller Voraussetzungen im Hinblick auf den Entsandten*

(1) Anfängliches Fehlen gesetzlicher Voraussetzungen im Hinblick auf den Entsandten

Weist der Entsandte bereits bei Amtsantritt[667] nicht die von Gesetzes wegen geforderten persönlichen Eigenschaften auf, ist die Bestellung –

---

tens/Cahn, in: KölnKomm-AktG, § 101 Rn. 46 f.; *Bollweg*, Die Wahl des Aufsichtsrats in der Hauptversammlung der Aktiengesellschaft, S. 113 ff.

663 *Hopt/Roth*, in: Großkomm-AktG, § 101 Rn. 124; 129; § 100 Rn. 102; *Habersack*, in: MünchKomm-AktG, § 101 Rn. 58; *Mertens/Cahn*, in: KölnKomm-AktG, § 101 Rn. 46; *Geßler*, in: Geßler/Hefermehl/Eckardt/Kropff, AktG, § 100 Rn. 43; *Hoffmann-Becking*, in: MünchHdbGesR-AG, § 30 Rn. 32, 49.

664 *Spindler*, in: Spindler/Stilz, AktG, § 101 Rn. 51; *Habersack*, in: MünchKomm-AktG, § 101 Rn. 58; *Hoffmann-Becking*, in: MünchHdbGesR-AG, § 30 Rn. 33 *Koch*, in: Hüffer, AktG, § 101 Rn. 19; *Hopt/Roth*, in: Großkomm-AktG, § 101 Rn. 123, 129; *Bürgers/Israel*, in: Bürgers/Körber, AktG, § 101 Rn. 15; *Simons*, in: Hölters, AktG, § 101 Rn. 28; *Mertens/Cahn*, in: KölnKomm-AktG, § 101 Rn. 58; *Pühler*, in: Happ, AktienR, Mustertext 1.03 Rn. 20.3.

665 *Habersack*, in: MünchKomm-AktG, § 101 Rn. 58 (nicht der Entsendungsberechtigte selbst oder ein naher Angehöriger); *Hopt/Roth*, in: Großkomm-AktG, § 101 Rn. 129 (kein Wettbewerber, nicht der Entsendungsberechtigte selbst).

666 *Hopt/Roth*, in: Großkomm-AktG, § 101 Rn. 154.

667 Vgl. *Habersack*, in: MünchKomm-AktG, § 100 Rn. 55; *Hopt/Roth*, in: Großkomm-AktG, § 100 Rn. 108; *Spindler*, in: Spindler/Stilz, AktG, § 100 Rn. 43, 69; *Mertens/Cahn*, in: KölnKomm-AktG, § 100 Rn. 48; *Drygala*, in: Schmidt/Lutter, AktG, § 100 Rn. 37.

wie auch bei Wahl durch die Hauptversammlung – gem. §§ 100 Abs. 1, Abs. 2, 105 AktG nichtig.[668] Geltend gemacht werden kann die Nichtigkeit mangels Wahl nicht durch Anfechtungs- oder Nichtigkeitsklage (§§ 246, 249 AktG), sondern lediglich durch Feststellungsklage gem. § 259 ZPO.[669]

Obwohl der Gesetzgeber Verstöße gegen §§ 100, 105 AktG als derart gravierend ansieht, dass er sie mit Nichtigkeit ahndet, kommt eine Aufrechterhaltung der fehlerhaften Bestellung nach der Lehre vom fehlerhaften Organ[670] trotzdem grundsätzlich in Betracht.[671] Da derartige Verstöße aber in der Regel evident oder besonders schwerwiegend sind, ist besonderes Augenmerk auf die Interessenabwägung im Einzelfall zu legen.

(2) Anfängliches Fehlen satzungsmäßiger Voraussetzungen im Hinblick auf den Entsandten

Werden Aufsichtsratsmitglieder unter Missachtung satzungsmäßiger Anforderungen (§ 100 Abs. 4 AktG) von der Hauptversammlung gewählt, ist die Wahl gem. §§ 251, 250 AktG wirksam, aber anfechtbar.[672] Für den

---

[668] *Hopt/Roth*, in: Großkomm-AktG, § 101 Rn. 128; *Simons*, in: Hölters, AktG, § 100 Rn. 45; *Habersack*, in: MünchKomm-AktG, § 100 Rn. 59; *Mertens/Cahn*, in: KölnKomm-AktG, § 101 Rn. 65, § 100 Rn. 6, 48, 52; vgl. *Hopt/Roth*, in: Großkomm-AktG, § 101 Rn. 12; *Schiedermair/Kolb*, in: Müller/Rödder, BeckHdbAG, § 7 Rn. 226; zum Priotitätsgrundsatz bei § 105 AktG siehe *Habersack*, in: MünchKomm-AktG, § 105 Rn. 18 ff. m.w.N.

[669] BGH v. 5.12.2005 – II ZR 291/03, BGHZ 165, 192 = NJW 2006, 610, 511 Rn. 10; *Habersack*, in: MünchKomm-AktG, § 100 Rn. 59, § 101 Rn. 45; *Mertens/Cahn*, in: KölnKomm-AktG, § 100 Rn. 48; *Hopt/Roth*, in: Großkomm-AktG, § 101 Rn. 128; *Spindler*, in: Spindler/Stilz, AktG, § 101 Rn. 107; *Simons*, in: Hölters, AktG, § 101 Rn. 55.

[670] Dazu siehe oben unter C. VI. 6. a.

[671] *Bayer/Lieder*, NZG 2012, 1, 7; differenzierend *Kort*, Der Aufsichtsrat 2011, 84, 85; siehe auch Argumentation zur Anwendbarkeit der Lehre von der fehlerhaften Gesellschaft auf nichtige Hauptversammlungsbeschlüsse oben unter C. VI. 6. c.; a.A. *Habersack*, in: MünchKomm-AktG, § 100 Rn. 55, § 101 Rn. 72; *Schürnbrand*, Organschaft im Recht der privaten Verbände, S. 290 f.; *Drygala*, in: Schmidt/Lutter, AktG, § 100 Rn 37; *Happ*, in: FS Hüffer (2010), S. 293, 307 f.; in diese Richtung auch OLG Frankfurt a.M. v. 20.10.2010 – 23 U 121/08, ZIP 2011, 24, 27; v. 7.9.2010 – 5 U 187/09, AG 2011, 631, 635 Rn. 88 f.

[672] *Hopt/Roth*, in: Großkomm-AktG, § 100 Rn. 117; *Simons*, in: Hölters, AktG, § 100 Rn. 48; *Habersack*, in: MünchKomm-AktG, § 100 Rn. 57; *Mertens/Cahn*, in: KölnKomm-AktG, § 100 Rn. 49; *Spindler*, in: Spindler/Stilz, AktG, § 100 Rn. 70; *Vetter*, in: Marsch-Barner/Schäfer, Hdb börsennotierte AG, § 25 Rn. 15.

Fall, dass satzungsmäßige Anforderungen an Aufsichtsratsmitglieder bei Entsendung außer Acht gelassen werden, enthält das Aktiengesetz jedoch keine Rechtsfolgenregelungen.[673] In Ermangelung einer § 250 AktG vergleichbaren Sanktionsnorm[674] ist die Entsendung deshalb trotz Verstoßes gegen die Satzung wirksam.[675] Mangels Wahlaktes in der Hauptversammlung kann der satzungswidrige Zustand auch nicht durch Anfechtungsklage, sondern allein durch gerichtliche Abberufung des fehlerhaft entsandten Aufsichtsratsmitglieds aus wichtigem Grund gem. § 103 Abs. 3 Satz 2 AktG[676] korrigiert werden.[677]

Dieses Ergebnis überzeugt vor allem, wenn man eine Parallele zu den Rechtsfolgen einer gegen satzungsmäßige Anforderungen verstoßenden Aufsichtsratswahl in der Hauptversammlung zieht.[678] Auch die Bestellung durch Wahl ist trotz des Satzungsverstoßes bis zur Geltendmachung des Fehlers im Anfechtungsprozess wirksam. Nach Ablauf der Anfechtungsfrist kann der Fehler sogar überhaupt nicht mehr geltend gemacht werden. Nach dem Willen des Gesetzgebers sollen lediglich Verstöße gegen gesetzliche Bestellungsvoraussetzungen mit Nichtigkeit geahndet werden. Da es keinen Unterschied machen kann, ob durch Entsendung oder durch Wahl gegen statutarische Bestellungsvoraussetzungen verstoßen wird, ist auch das satzungswidrig entsandte Aufsichtsratsmitglied wirksam bestellt.

---

673 BGH v. 5.12.2005 – II ZR 291/03, BGHZ 165, 192 = NJW 2006, 610, 511 Rn. 10; *Hölters*, in: AktG, § 101 Rn. 55; *Spindler*, in: Spindler/Stilz, AktG, § 101 Rn. 107.

674 Vgl. *Dose*, Die Rechtsstellung einzelner Vorstandsmitglieder, S. 29 f.

675 *Hopt/Roth*, in: Großkomm-AktG, § 101 Rn. 127; *Mertens/Cahn*, in: KölnKomm-AktG, § 101 Rn. 65; a.A. *Habersack*, in: MünchKomm-AktG, § 100 Rn. 59, 68; § 101 Rn. 58; *Godin/Wilhelmi*, AktG, § 101 Anm. 3 S. 555; wohl auch *Simons*, in: Hölters, AktG, § 101 Rn. 55; zur ähnlichen Problematik bei Bestellung des Vorstands durch den Aufsichtsrat unter Missachtung von satzungsmäßigen Anforderungen an den Vorstand siehe *Spindler*, in: MünchKomm-AktG, § 84 Rn. 36; *Kort*, in: Großkomm-AktG, § 76 Rn. 277; *Thüsing*, in: Fleischer, HdbVorstR, § 4 Rn. 18; *Dose*, Die Rechtsstellung einzelner Vorstandsmitglieder, S. 22, 28 ff.

676 Zu den Unterschieden einer Abberufung entsandter Aufsichtsratsmitglieder nach § 103 Abs. 2 und Abs. 3 siehe unten unter F. II., F. III. und F. IV.

677 So *Hopt/Roth*, in: Großkomm-AktG, § 101 Rn. 127; *Mertens/Cahn*, in: Köln-Komm-AktG, § 101 Rn. 65; siehe auch unten unter F. IV.; zur Möglichkeit der Abberufung durch die Hauptversammlung bei Fehlen satzungsmäßiger Voraussetzungen im Hinblick auf den Entsandten siehe unten unter F. III. 1. d.

678 Vgl. zur Argumentation bei fehlerhafter Vorstandsbestellung *Dose*, Die Rechtsstellung einzelner Vorstandsmitglieder, S. 30.

d. Rechtsfolgen bei nachträglichem Wegfall materieller Voraussetzungen im Hinblick auf den Entsandten

(1) Nachträglicher Wegfall gesetzlicher Voraussetzungen im Hinblick auf den Entsandten

Entfallen gesetzliche Bestellungsvoraussetzungen im Laufe der Amtszeit wirksam entsandter Aufsichtsratsmitglieder, erlischt das Aufsichtsratsmandat gem. §§ 100 Abs. 2 bzw. Abs. 2, 105 AktG[679] automatisch ex nunc mit Verlust der gesetzlich geforderten Eigenschaft.[680] Die Nichtigkeit ist wiederum im Wege der Feststellungsklage gem. § 256 ZPO geltend zu machen.[681]

Wenn jedoch bereits anfänglich fehlerhafte Organbestellungen nach der Lehre vom fehlerhaften Organ aufrechterhalten werden können, muss dies erst recht für nachträglich fehlerhaft gewordene Organbestellungen gelten. Auch bei nachträglichem Wegfall gesetzlicher Bestellungsvoraussetzungen ist die dadurch fehlerhaft gewordene Entsendung deshalb ggf. erst mit Rechtskraft eines Nichtigkeitsfeststellungsurteils unwirksam.[682]

(2) Nachträglicher Wegfall satzungsmäßiger Voraussetzungen im Hinblick auf den Entsandten

Da schon das anfängliche Fehlen satzungsmäßiger Voraussetzungen im Hinblick auf den Entsandten keine Auswirkungen auf die Wirksamkeit der Entsendung hat, verbleibt der Entsandte auch bei nachträglichem Entfallen satzungsmäßiger Voraussetzungen in seinem Amt.[683] Er kann auch nicht von der Hauptversammlung gem. § 103 Abs. 2 Satz 2 AktG,

---

679 Zur Rechtsfolgenanordnung von § 100 AktG siehe Simons, in: *Hölters*, AktG, § 100 Rn. 47.

680 *Habersack*, in: MünchKomm-AktG, § 100 Rn. 60, 62; *Spindler*, in: Spindler/Stilz, AktG, § 100 Rn. 71; *Mertens/Cahn*, in: KölnKomm-AktG, § 100 Rn. 52; *Simons*, in: Hölters, AktG, § 100 Rn. 47; *Drygala*, in: Schmidt/Lutter, AktG, § 100 Rn. 39; *Hopt/Roth*, in: Großkomm-AktG, § 100 Rn. 119, 124.

681 *Mertens/Cahn*, in: KölnKomm-AktG, § 100 Rn. 53; *Hopt/Roth*, in: Großkomm-AktG, § 100 Rn. 126.

682 Siehe oben unter C. VI. 6. a.

683 *Habersack*, in: MünchKomm-AktG, § 100 Rn. 59, 63, § 101 Rn. 58; *Spindler*, in: Spindler/Stilz, AktG, § 100 Rn. 72; *Koch*, in: Hüffer, AktG, § 100 Rn. 27; *Simons*, in: Hölters, AktG, § 100 Rn. 50; *Mertens/Cahn*, in: KölnKomm-AktG, § 100 Rn. 54; *Drygala*, in: Schmidt/Lutter, AktG, § 100 Rn. 39; *Hopt/Roth*, in: Großkomm-AktG, § 100 Rn. 128, § 101 Rn. 129; *Hoffmann-Becking*, in: MünchHdb-GesR-AG, § 30 Rn. 49, 79.

sondern nur bei Vorliegen eines wichtigen Grundes gem. § 103 Abs. 3 AktG gerichtlich abberufen werden.[684]

3. Sonstige materielle Voraussetzungen

a. Bedingung und Befristung

Darüber hinaus kann das Entsendungsrecht in der Satzung an Umstände außerhalb der Person des Entsenders bzw. des Entsandten geknüpft werden, z.B. durch zeitliche Bedingung oder Befristung.[685] Mit Ablauf eines bestimmten Zeitpunkts oder Eintritt eines bestimmten Ereignisses erlischt das Entsendungsrecht dann oder wird dadurch (erstmals oder erneut) aktiviert. Liegen derartige Voraussetzungen zum Zeitpunkt der Entsendung nicht vor, ist der Entsender aktuell nicht zur Entsendung berechtigt. Eine gleichwohl erfolgte Entsendung ist grundsätzlich nichtig,[686] nach der Lehre vom fehlerhaften Organ jedoch bis zur Geltendmachung der Fehlerhaftigkeit wirksam.[687]

b. Treupflicht

Zwar sind Aktionäre bei der Ausübung von (Sonder-)Mitgliedschaftsrechten im Allgemeinen bzw. bei der Ausübung von Wahl- und Entsendungsrechten im Besonderen grundsätzlich nicht dazu verpflichtet, ihre Entscheidung ausschließlich am Unternehmenswohl zu orientieren. Deshalb ist es dem Entsendungsberechtigten auch gestattet, mit der Entsendung vor allem eigene, sogar den Interessen der Mitaktionäre zuwiderlaufende Interessen zu verfolgen.[688] Begrenzt wird die grundsätzlich freie Ausübung von Mitgliedschaftsrechten allerdings

---

[684] *Habersack*, in: MünchKomm-AktG, § 100 Rn. 59, 63; *Spindler*, in: Spindler/Stilz, AktG, § 100 Rn. 72; *Koch*, in: Hüffer, AktG, § 100 Rn. 27; Näheres zur Abberufung gem. § 103 Abs. 2 Satz 2 AktG sowie zu den Voraussetzungen eines „wichtigen Grundes" unten unter F. III. und F. IV.

[685] *Habersack*, in: MünchKomm-AktG, § 101 Rn. 60; *Hopt/Roth*, in: Großkomm-AktG, § 101 Rn. 124; *Mertens/Cahn*, in: KölnKomm-AktG, § 101 Rn. 58; *Spindler*, in: Spindler/Stilz, AktG, § 101 Rn. 52; *Möhring/Schwartz*, Die Aktiengesellschaft und ihre Satzung, S. 128.

[686] Vgl. oben unter D. II. 1. c.

[687] Vgl. oben unter C. VI. 6. a.

[688] Vgl. zur Wahl von Aufsichtsratsmitgliedern BGH v. 7.6.1962 – II ZR 131/61, WM 1962, 811 Rn. 14; vgl. *Drygala*, in: Schmidt/Lutter, AktG, § 101 Rn. 4; *Mertens/Cahn*, in: KölnKomm-AktG, § 101 Rn. 18; *Hopt/Roth*, in: Großkomm-AktG, § 101 Rn. 23.

durch das gesellschaftsrechtliche Treupflicht- und Rücksichtnahmegebot[689], weshalb der Entsendungsberechtigte bei der Entsendung schützenswerte Belange von Gesellschaft und Mitgesellschaftern zu berücksichtigen und bei unzumutbaren Nachteilen zulasten von Gesellschaft oder Mitgesellschaftern die Entsendung zu unterlassen hat.[690]

Eine treuwidrige Entsendung liegt bspw. vor, wenn der Entsender mit der Entsendung gesellschaftsfremde Sondervorteile verfolgt (§ 243 Abs. 2 Satz 1 AktG)[691] oder einen zur pflichtgemäßen Mandatswahrnehmung offensichtlich ungeeigneten Kandidaten[692] zum Aufsichtsratsmitglied bestellt.

Wie auch im Fall treuwidriger Stimmabgabe bei Beschlussfassung in der Hauptversammlung[693] ist die treuwidrige Entsendung allerdings nicht nichtig.[694] Der treuwidrig Entsandte kann jedoch gem. § 103 Abs. 3 AktG aus wichtigem Grund gerichtlich abberufen werden.[695] Eine Abberufung durch die Hauptversammlung mit einfacher Stimmenmehrheit (§ 103 Abs. 2 Satz 2 AktG) scheidet wiederum aus, da die treuwidrige Ausübung des Entsendungsrechts im Einzelfall seine Voraussetzungen bzw. sein Bestehen insgesamt nicht berührt.[696]

---

689 Zur Treupflicht siehe oben unter D. I. 2.

690 RG v. 12.10.1949 – II 33/40, RGZ 165, 68, 79; *Simons*, in: Hölters, AktG, § 101 Rn. 31; *Spindler*, in: Spindler/Stilz, AktG, § 101 Rn. 70; *Hopt/Roth*, in: Großkomm-AktG, § 101 Rn. 107; *Habersack*, in: MünchKomm-AktG, § 101 Rn. 45, 48.

691 Vgl. RG v. 12.10.1949 – II 33/40, RGZ 165, 68, 79; *Hopt/Roth*, in: Großkomm-AktG, § 101 Rn. 23, 107; *Mertens/Cahn*, in: KölnKomm-AktG, § 101 Rn. 25; *Drygala*, in: Schmidt/Lutter, AktG, § 101 Rn. 4; vgl. auch *Habersack*, in: MünchKomm-AktG, § 101 Rn. 45; *Bürgers/Israel*, in: Bürgers/Körber, AktG, § 101 Rn. 4.

692 Vgl. RG v. 12.10.1949 – II 33/40, RGZ 165, 68, 79 ff. (zur Entsendung des Vertreters eines Konkurrenzunternehmens); *Habersack*, in: MünchKomm-AktG, § 101 Rn. 45.

693 BGH v. 1.2.1988 – II ZR 75/87, BGHZ 103, 184 = NJW 1988, 1579, 1581 Rn. 4 – Linotype; v. 18.4.2005 – II ZR 151/03, NZG 2005, 551 (zur GmbH); v. 26.2.1996 – II ZR 77/95, BGHZ 132, 84, NJW 1996, 1756 (zur Genossenschaft).

694 Vgl. *Habersack*, in: MünchKomm-AktG, § 101 Rn. 45; *Simons*, in: Hölters, AktG, § 101 Rn. 31; *Hopt/Roth*, in: Großkomm-AktG, § 101 Rn. 107, 129; *Mertens/Cahn*, in: KölnKomm-AktG, § 101 Rn. 65.

695 *Habersack*, in: MünchKomm-AktG, § 101 Rn. 45; *Hopt/Roth*, in: Großkomm-AktG, § 101 Rn. 107, 129; *Mertens/Cahn*, in: KölnKomm-AktG, § 101 Rn. 65.

696 *Hopt/Roth*, in: Großkomm-AktG, § 101 Rn. 107; *Mertens/Cahn*, in: KölnKomm-AktG, § 101 Rn. 65.

E. Erlöschen von Entsendungsrechten

Das Entsendungsrecht erlischt entweder mit Wegfall seiner gesetzlichen oder statutarischen Voraussetzungen oder durch Entzug kraft Satzungsänderung.

I. Entzug kraft Satzungsänderung

1. Satzungsänderung

Aufgrund seiner satzungsmäßigen Verankerung kann das Entsendungsrecht allein im Wege der Satzungsänderung durch Aufhebung der zur Entsendung berechtigenden Satzungsregelung entzogen werden.[697] Der bloße (schuldrechtliche) Verzicht des Entsendungsberechtigten auf die Ausübung des Entsendungsrechts genügt zu dessen Aufhebung also nicht.[698]

2. Mit Zustimmung des Entsendungsberechtigen

a. Grundsatz: Zustimmung erforderlich

Vorbehaltlich abweichender Satzungsregelungen[699] ist eine das Entsendungsrecht entziehende Satzungsänderungen aufgrund des Sonderrechtscharakters von Entsendungsrechten gem. § 35 BGB grundsätzlich nur mit Zustimmung des Entsendungsberechtigten wirksam.[700] Auch Sat-

---

[697] *Drygala*, in: Schmidt/Lutter, AktG, § 101 Rn. 14; *Spindler*, in: Spindler/Stilz, AktG, § 101 Rn. 50; *Henssler*, in: Henssler/Strohn, GesellschaftsR, § 101 AktG Rn. 11; *Mertens/Cahn*, in: KölnKomm-AktG, § 101 Rn. 51; *Koch*, in: Hüffer, AktG, § 101 Rn. 10; *Habersack*, in: MünchKomm-AktG, §101 Rn. 31.

[698] *Drygala*, in: Schmidt/Lutter, AktG, § 101 Rn. 14; *Mertens/Cahn*, in: Köln-Komm-AktG, § 101 Rn. 51; *Habersack*, in: MünchKomm-AktG, § 101 Rn. 31; *Spindler*, in: Spindler/Stilz, AktG, § 101 Rn. 50; *Bürgers/Israel*, in: Bürgers/Körber, AktG, § 101 Rn. 10; *Henssler*, in: Henssler/Strohn, GesellschaftsR, § 101 AktG Rn. 11; siehe auch oben unter D. I. 3.

[699] *Spindler*, in: Spindler/Stilz, AktG, § 101 Rn. 51, 67; *Hopt/Roth*, in: Großkomm-AktG, § 101 Rn. 134; *Habersack*, in: MünchKomm-AktG, § 101 Rn. 57; dazu siehe auch oben unter C. I. 2. b. (2).

[700] *Simons*, in: Hölters, AktG, § 101 Rn. 27; *Habersack*, in: MünchKomm-AktG, § 101 Rn. 57; *Mertens/Cahn*, in: KölnKomm-AktG, § 101 Rn. 51; *Hopt/Roth*, in: Großkomm-AktG, § 101 Rn. 108, 134, 169; *Harrer*, in: Müller/Rödder, BeckHdbAG, § 22 Rn. 134; *Hoffmann-Becking*, in: MünchHdbGesR-AG, § 30 Rn. 33; *Vetter*, in: Marsch-Barner/Schäfer, Hdb börsennotierte AG, § 25 Rn. 27; zur Rechtslage bei Anwendung der europäischen Durchbrechungsregel nach § 33b

zungsänderungen, die das Entsendungsrecht lediglich einschränken oder seine Ausübung erschweren, bedürfen zu ihrer Wirksamkeit grundsätzlich der Zustimmung des Entsendungsberechtigten.[701] Führt die Satzungsänderung hingegen zu einer Erleichterung des Entsendungsrechts bzw. zu einer Herabsetzung der Anforderungen an seine Existenz und Ausübung, ist die Zustimmung des Entsendungsberechtigten nicht erforderlich.[702]

Der Entsendungsberechtigte kann die Zustimmung zum Entzug des Entsendungsrechts formfrei und auch konkludent gegenüber der Gesellschaft, vertreten durch den Vorstand, erklären.[703]

b. Ausnahme: Zustimmung entbehrlich bei wichtigem Grund

Die Zustimmung des Entsendungsberechtigten zu Maßnahmen, welche das Entsendungsrecht beeinträchtigen oder gar insgesamt beseitigen, könnte jedoch entbehrlich sein, wenn die Maßnahme im Interesse von Gesellschaft oder Mitgesellschaftern aus wichtigem Grund erforderlich ist.

(1) Rechtslage im Vereinsrecht

Im Vereinsrecht wird eine Ausnahme vom Zustimmungserfordernis bei der Beeinträchtigung korporativer Sonderrechte mit unterschiedlicher Begründung und unterschiedlicher Reichweite nur für den Fall anerkannt, dass sich das Sonderrecht auf eine Organbestellung bezieht.[704] Zur Begründung wird verbreitet auf § 27 Abs. 2 BGB verwiesen, wonach der Widerruf der Bestellung zum Vereinsvorstand grundsätzlich bzw. zumin-

---

WpÜG siehe oben unter Erster Teil Einleitung A. Fn. 17 sowie *Steinfort*, Entsendungsrechte, S. 58 ff.

701 *Habersack*, in: MünchKomm-AktG, § 101 Rn. 31; *Simons*, in: Hölters, AktG, § 101 Rn. 28; *Hopt/Roth*, in. Großkomm-AktG, § 100 Rn. 102; *Geßler*, in: Geßler/Hefermehl/Eckardt/Kropff, AktG, § 100 Rn. 43.

702 Vgl. *Habersack*, in: MünchKomm-AktG, § 101 Rn. 42; *Spindler*, in: Stilz/Spindler, AktG, § 101 Rn. 63; *Hopt/Roth*, in: Großkomm-AktG, § 101 Rn. 114.

703 Vgl. *Weick*, in: Staudinger, BGB, § 35 Rn. 21; *Arnold*, in: MünchKomm-BGB, § 35 Rn. 9; *Schöpflin*, in: Bamberger/Roth, BGB, § 35 Rn. 9; *Hadding*, in: Soergel, BGB, § 35 Rn. 17.

704 *Arnold*, in: MünchKomm-BGB, § 35 Rn. 10; *Hadding*, in: Soergel, BGB, § 35 Rn. 18; *Schöpflin*: in: Bamberger/Roth, BGB, § 35 Rn. 9; a.A. *K. Schmidt*, Gesellschaftsrecht, § 16 III 3. B) aa) S. 471 sowie *Wiedemann*, Gesellschaftsrecht I, § 7 III 1 S. 382 (Entzug von Sonderrechten aus wichtigem Grund stets möglich).

dest bei Vorliegen eines wichtigen Grundes stets möglich bleibt. Daraus wird teilweise gefolgert, das Bestellungssonderrecht könne aus wichtigem Grund insgesamt entzogen werden,[705] während anderenorts lediglich eine Beeinträchtigung des Entsendungsrechts durch Abberufung des bestellten Organmitglieds für möglich erachtet wird[706]. Teilweise wird auch die Regelung des § 117 HGB herangezogen,[707] wonach einem Gesellschafter die Geschäftsführungsbefugnis aus wichtigem Grund entzogen werden kann. Daraus wird abgeleitet, dass der Gesetzgeber bei Vorliegen eines wichtigen Grundes den Entzug eines Sonderrechts dem Gesellschaftsausschluss vorziehe und deshalb a maiore ad minus auch Sonderrechte aus wichtigem Grund entzogen werden können.

(2) Rechtslage im GmbH-Recht

Im Recht der GmbH ist es hingegen – mit unterschiedlicher Begründung – allgemeine Ansicht, dass die Zustimmung des Sonderrechtsinhabers zum Entzug des Sonderrechts bei Vorliegen eines wichtigen Grundes unabhängig vom Inhalt des Sonderrechts stets entbehrlich ist.[708] Teilweise wird aus den Vorschriften zum Widerruf von Organbestellungen (§§ 712 Abs. 1 BGB, 117, 127 HGB, 38 GmbHG) ein allgemeiner, gesellschaftsrechtlicher Grundsatz gewonnen, wonach korporative Einzel(sonder)befugnisse aus wichtigem Grund entzogen werden können.[709]

---

[705] *Hadding*, in: Soergel, BGB, § 35 Rn. 18, der allerdings BGH WM 1962, 201 angesichts der besonderen Umstände des entschiedenen Falls fehlinterpretiert, vgl. BGH NJW 1969, 131 sowie die Differenzierungen bei *Seibt*, in: Scholz, GmbHG, § 14 Rn. 27.

[706] Vgl. BGH v. 30.11.1961 – II ZR 137/60, WM 1962, 201; v. 4.11.1969 – II ZR 63/67, NJW 1969, 131; OLG Hamm v. 8.7.1985 – 8 U 295/83, ZIP 1986, 1188, 1194; *Schöpflin*, in: Bamberger/Roth, BGB, § 35 Rn. 9.

[707] *Arnold*, in: MünchKomm-BGB, § 35 Rn. 10.

[708] *Reichert/Weller*, in: MünchKomm-GmbHG, § 14 Rn. 110, *Verse*, in: Henssler/Strohn, GesellschaftsR, § 14 GmbHG Rn. 54; *Altmeppen*, in: Roth/Altmeppen, GmbHG, § 14 Rn. 21; *Pentz*, in: Rowedder/Schmidt-Leithoff, GmbHG, § 14 Rn. 36; *Ebbing*, in: Michalski, GmbHG, § 14 Rn. 85, 87; *Wilhelmi*, in: BeckOK GmbHG, § 14 Rn. 45; *Fastrich*, in: Baumbach/Hueck, GmbHG, § 14 Rn. 19; *Seibt*, in: Scholz, GmbHG, § 14 Rn. 27; *Raiser*, in: Ulmer/Habersack/Löbbe, Großkomm-GmbHG, § 14 Rn. 34.; *Herfs*, Einwirkung Dritter auf den Willensbildungsprozeß der GmbH, S. 113; *Rücker*, Die Entziehung von Sonderrechten, S. 90 ff.; *Waldenberger*, GmbHR 1997, 49, 54; vgl. auch *Wiedemann*, Gesellschaftsrecht I, § 7 II 1 S. 382.

[709] *Reichert/Weller*, in: MünchKomm-GmbHG, § 14 Rn. 111; *Pentz*, in: Rowedder/Schmidt-Leithoff, GmbHG, § 14 Rn. 36; *Seibt*, in: Scholz, GmbHG, § 14 Rn. 27; kritisch *Waldenberger*, GmbHR 1997, 49, 54 (der „eine Verweigerung der

Teilweise wird (mitunter ergänzend) aus der Wertung der §§ 712 Abs. 2 BGB, 140 HGB bzw. der Möglichkeit des GmbH-Gesellschafterausschlusses aus wichtigem Grund geschlussfolgert, dass der allgemein zivilrechtliche Grundsatz der Kündbarkeit von Dauerschuldverhältnissen (§ 314 BGB) auch auf korporative Dauerrechtsbeziehungen und dementsprechend auch auf dauerhaft verliehene, korporative Sonderrechte Anwendung finde.[710] Darüber hinaus wird vereinzelt darauf verwiesen, dass die Preisgabe des Zustimmungserfordernisses in der Regel einen geringeren Eingriff in Mitgliedschaftsrechte darstelle als ein unter Umständen gleichfalls möglicher Gesellschafterausschluss aus wichtigem Grund und deshalb vorzugswürdig sei.[711]

(3) Rechtslage im Aktienrecht

Im aktienrechtlichen Schrifttum werden Ausnahmen vom Zustimmungserfordernis dagegen bisher nicht diskutiert.[712] Dies ist indes darauf zurückzuführen, dass mitgliedschaftliche Sonderrechte im Aktienrecht in der Regel eine Aktiengattung (§ 11 AktG) begründen und die Voraussetzungen einer Beeinträchtigung gattungsbegründender Sonderrechte in

---

Zustimmung" bei Vorliegen eines wichtigen Grundes wegen Treupflichtverstoß für „unbeachtlich" hält).

710 *Raiser*, in: Ulmer/Habersack/Löbbe, Großkomm-GmbHG, § 14 Rn. 34; vgl. *Ebbing*, in: Michalski, GmbHG, § 14 Rn. 85, 87; *Reichert/Weller*, in: MünchKomm-GmbHG, § 14 Rn. 111; *Seibt*, in: Scholz, GmbHG, § 14 Rn. 27; *Rücker*, Die Entziehung von Sonderrechten, S. 97.

711 *Altmeppen*, in: Roth/Altmeppen, GmbHG, § 14 Rn. 21; wohl auch *Rücker*, Die Entziehung von Sonderrechten, S. 100, 105 ff.; kritisch *Seibt*, in: Scholz, GmbHG, § 14 Rn. 27; siehe auch *Fastrich*, in: Baumbach/Hueck, GmbHG, § 14 Rn. 19; *Ebbing*, in: Michalski, GmbHG, § 14 Rn. 87; *Pentz*, in: Rowedder/Schmidt-Leithoff, GmbHG, § 14 Rn. 36; *Waldenberger*, GmbHR 1997, 49, 54.

712 So auch *Verse*, in: Henssler/Stroh, GesellschaftsR; § 14 GmbHG Rn. 54; zum Sonderfall des Zustimmungserfordernis zugunsten des Entsendungsberechtigten bei Kapitalherabsetzung siehe *Habersack*, in: MünchKomm-AktG, § 101 Rn. 57 (entbehrlich, weil Kapitalherabsetzung in der Regel bedeutende Maßnahme); *Spindler*, in: Spindler/Stilz, AktG, § 101 Rn. 67 f. (wegen Treupflicht Zustimmung in der Regel entbehrlich); ähnlich *Drygala*, in: Schmidt/Lutter, AktG, § 101 Rn. 22 (aus Treupflicht ergibt sich Zustimmungspflicht); *Seeling/Zwickel*, BB 2008, 622, 625 (Zustimmung erscheint entbehrlich); *Hopt/Roth*, in: Großkomm-AktG, § 101 Rn. 135 (Treuplicht scheint Ausnahme vom Zustimmungserfordernis zu begründen); *Geßler*, in: Geßler/Hefermehl/Eckardt/Kropff, AktG, § 101 Rn. 82 (Zustimmung entbehrlich, wenn wirtschaftlich notwendige Maßnahme); ebenso *Semler*, in: MünchKomm-AktG (2. Aufl.), § 101 Rn. 118; *Mertens/Cahn*, in: KölnKomm-AktG, § 101 Rn. 61 (Zustimmung entbehrlich, allerdings ohne Begründung).

§ 179 Abs. 3, Abs. 2 AktG speziell geregelt sind. Danach bedürfen Satzungsänderungsbeschlüsse stets der gesonderten Zustimmung einer Dreiviertel-Kapitalmehrheit sowie einfacher Stimmenmehrheit der in einer Gattung zusammengefassten Aktionäre, wenn die mit einer Gattung verbundenen Rechte durch die Satzungsänderung beschränkt oder beseitigt werden. Mit dem Erfordernis von Sonderbeschlüssen erleichtert das Aktiengesetz im Ergebnis Eingriffe in gattungsbegründende Sonderrechte, da andernfalls die Zustimmung eines jeden benachteiligten Gattungsaktionärs erforderlich wäre.[713] Die zur Beeinträchtigung von Sonderrechten erforderlichen Mehrheiten werden also von vollständiger Individualzustimmung auf eine qualifizierte Gruppenzustimmung herabgesetzt.[714] Ausnahmsweise können (Gattungs-)Aktionäre jedoch aufgrund der gesellschaftsrechtlichen Treupflicht dazu verpflichtet sein, an einer Satzungsänderung mitzuwirken, wenn dies im Interesse der Gesellschaft oder der Mitgesellschafter dringend geboten und mit Rücksicht auf die Interessen der beeinträchtigten Aktionäre zumutbar ist.[715]

Übertragen auf das Entsendungsrecht würde dies bedeuten, dass auch der Entsendungsberechtigte dazu verpflichtet sein kann, einer Beeinträchtigung seiner Sonderrechtsposition zuzustimmen,[716] wenn der Fortbestand des Entsendungsrechts (ggf. lediglich in der bisherigen Form) unter Berücksichtigung schützenswerter Interessen der Gesellschaft oder

---

713 *Wiedemann*, in: Großkomm-AktG, § 179 Rn. 138; *Seibt*, in: Schmidt/Lutter, AktG, § 179 Rn. 48.

714 Vgl. *Seibt*, in: Schmidt/Lutter, AktG, § 179 Rn. 48; *Wiedemann*, in: Großkomm-AktG, § 179 Rn. 138.

715 Vgl. BGH v. 20.3.1995 – II ZR 205/94, BGHZ 129, 136, 142 = NJW 1995, 1739, 1743 unter A II 2 – Girmes; *Haberstock/Greitemann*, in: Hölters, AktG, § 179 Rn. 68; *Wiedemann*, in: Großkomm-AktG, § 179 Rn. 157; *Seibt*, in: Schmidt/Lutter, AktG, § 179 Rn. 45; *Koch*, in: Hüffer, AktG, § 179 Rn. 30; *Stein*, in: MünchKomm-AktG, § 179 Rn. 216 ff.; *Lutter*, ZHR 153 (1989), 446, 467 f.; *Marsch-Barner*, ZHR 157 (1993), 172, 179 ff.; siehe auch *Harbarth*, in: MünchKomm-GmbHG, § 53 Rn. 113 ff. sowie *Hoffmann*, in: Michalski, GmbHG, § 53 Rn. 109 ff. zur GmbH sowie *Wertenbruch*, in: Joost/Strohn, HGB, § 105 Rn. 103 und *Ulmer/Schäfer*, in: MünchKomm-BGB, § 705 Rn. 232 (zum Personengesellschaftsrecht).

716 Zur Problematik „Zustimmungspflicht oder bloße Enthaltungspflicht aufgrund Treupflicht“ siehe *Zöllner*, in: KölnKomm-AktG, § 179 Rn. 213 f.; *Stein*, in: MünchKomm-AktG, § 179 Rn. 219; *Schäfer*, in: FS Hommelhoff (2012), S. 939, 954 f. m.w.N.

der Mitgesellschafter unzumutbar ist.[717] Dadurch würde die Zustimmung des Entsendungsberechtigten jedoch nicht insgesamt entbehrlich, wie es im GmbH-Recht bei Vorliegen eines wichtigen Grundes der Fall ist. Bei treupflichtwidriger Zustimmungsverweigerung wäre die Gesellschaft grundsätzlich darauf verwiesen, die Abgabe der Zustimmung im Wege der Leistungsklage einzuklagen[718] und ggf. durch Fiktion gem. § 894 ZPO zu vollstrecken.[719]

Für den Fall einer Zustimmungspflicht von Aktionären zu Beschlüssen der Hauptversammlung wird allerdings teilweise vertreten, der Versammlungsleiter könne bei dringend erforderlichen Hauptversammlungsbeschlüssen die treupflichtwidrig vorenthaltene Zustimmung durch positive Beschlussfeststellung fingieren.[720] Übertragen auf das Entsendungsrecht wäre die Zustimmung des Entsendungsberechtigten in besonders dringenden Fällen ausnahmsweise nicht bloß einklagbar; sie würde sogar fingiert und wäre damit faktisch gänzlich entbehrlich.

(4) Übertragung der Argumente aus dem GmbH-Recht auf das Entsendungsrecht

Allerdings gelten Aktien des Entsendungsberechtigten kraft ausdrücklicher gesetzlicher Anordnung nicht als Gattung, § 101 Abs. 2 Satz AktG. Das Entsendungsrecht wird als aktienrechtliches Vorzugsrecht folglich bei vorbehaltloser Gewährung nicht durch das Erfordernis eines Sonderbeschlusses gem. § 179 Abs. 3, Abs. 2 AktG geschützt, sondern – wie im GmbH-Recht – über das Zustimmungserfordernis gem. § 35 BGB. Die Frage, ob die Zustimmung des Entsendungsberechtigten bei Vorliegen eines wichtigen Grundes entbehrlich ist, ist also mangels spezialgesetzlicher Regelung unter Heranziehung allgemein zivil- und gesellschaftsrechtlicher Wertungen und nicht durch Übertragung aktiengattungsspezifischer Regelungen und Ansichten zu beantworten.

---

717 Kritisch zur Zustimmungspflicht des Sonderrechtsinhabers unter Treupflichtgesichtspunkten in der GmbH *Rücker*, Die Entziehung von Sonderrechten, S. 92 ff.

718 Vgl. BGH v. 28.4.1975 – II ZR 16/73, BGHZ 64, 253, 258 = NJW 1975, 1410, 1411 f.; *Maul*, in; Müller/Rödder, BeckHdbAG, § 4 Rn. 85.

719 Vgl. *Harbarth*, in: MünchKomm-GmbHG, § 53 Rn. 121; *Wertenbruch*, in: Joost/Strohn, HGB, § 105 Rn. 108; *Schöne*, in: BeckOK-BGB, § 705 Rn. 107; *Ulmer/Schäfer*, in: MünchKomm-BGB, § 705 Rn. 239.

720 *Schäfer*, in: FS Hommelhoff (2012), S. 939, 955 ff.; *Ulmer/Schäfer*, in: MünchKomm-BGB, § 705 Rn. 241.

Wie für das GmbH-Recht kann mithin auch für aktienrechtliche Fragestellungen aus den §§ 712 Abs. 1 BGB, 117, 127 HGB, 38 GmbHG, 103 AktG ein gesellschaftsrechtlicher Grundsatz der Entziehung korporativer Sonderbefugnisse aus wichtigem Grund gewonnen werden.

Zudem ist inzwischen auch im Aktienrecht die Möglichkeit eines Gesellschafterausschlusses aus wichtigem Grund neben den ggf. ausdrücklich statutarisch[721] oder gesetzlich geregelten Ausschlusstatbeständen[722] anerkannt.[723] Der allgemeine zivilrechtliche Grundsatz der Kündbarkeit von Dauerschuldverhältnissen aus wichtigem Grund gilt folglich auch im Aktienrecht.[724] Er lässt sich auf gesellschaftsrechtliche Sonderrechte unmittelbar anwenden, wenn man bereits das Sonderrecht für sich genommen als korporative Dauerrechtsbeziehung zwischen Gesellschaft und Sonderrechtsinhaber begreift. Mag man dieser Einordnung einzelner mitgliedschaftlicher Sonderrechte als eigenständige Dauerrechtsbeziehung nicht folgen, bietet sich eine a maiore ad minus Argumentation an: Wenn schon das mitgliedschaftliche Dauerschuldverhältnis insgesamt aus wichtigem Grund beendet werden kann, müssen Einzel(sonder)-

---

[721] Dazu *Oechsler*, in: MünchKomm-AktG, § 237 Rn. 52 ff.; *Grunewald*, Der Ausschluß aus Gesellschaft und Verein, S. 125 ff.; *Friedewald*, Die personalistische Aktiengesellschaft, S. 55 ff.

[722] Kaduzierung gem. § 34 AktG, Zwangseinziehung von Aktien gem. § 237 AktG, Mehrheitseingliederung gem. §§ 320 ff., Squeeze-out gem. §§ 327a ff. AktG.

[723] *Fleischer*, in: Großkomm-AktG, Vor §§ 327a-f Rn. 38; *Haberstock/Greitemann*, in: Hölters, AktG, § 237 Rn. 40; *Schnorbus*, in: Schmidt/Lutter, AktG, Vor §§ 327a-327f Rn. 17; *K. Schmidt*, Gesellschaftsrecht, § 28 I 5 S. 803; *Lutter*, in: KölnKomm-AktG, § 237 Rn. 118 ff.; *Scholz*, in: MünchHdbGesR-AG, § 63 Rn. 56; *Raiser/Veil*, Recht der Kapitalgesellschaften, § 12 Rn. 1, § 40 Rn. 81 ff.; *Habersack*, in: Emmerich/Habersack, Konzernrecht, § 327a Rn. 8; *Grunewald*, Der Ausschluss aus Gesellschaft und Verein, passim, insbesondere S. 57 f.; *Reinisch*, Der Ausschluß von Aktionären aus der Aktiengesellschaft, passim; *Baums*, Ausschluss von Minderheitsaktionären, S. 99 ff.; *Schwenzer*, in: MünchAnwHdb-AktR, § 45 Rn. 39, 41 ff.; *Becker*, ZGR 1986, 383 ff.; *Habersack*, ZIP 2001, 1230; *Hommelhoff*, ZHR 151 (1987), 493, 515 f.; siehe auch *Fleischer*, ZGR 2002, 757, 759; *Röhricht*, AcP 189 (1989), 386, 388 f.; kritisch *Oechsler*, in: MünchKomm-AktG, § 237 Rn. 56 ff.; ausdrücklich offen gelassen von BGH v. 1.2.1988 – II ZR 75/87103, BGHZ 103, 184, 195 = NJW 1988, 1579, 1581; a.A. (wohl aufgegeben) BGH v. 1.4.1953 – II ZR 235/52, BGHZ 9, 157, 163 = NJW 1953, 780, 781 (mit ausdrücklicher Anerkennung des Gesellschafterausschlusses aus wichtigem Grund für die GmbH); *Wiedemann*, Gesellschaftsrecht I, § 7 III 2 a) S. 383; *Flume*, Die juristische Person, § 8 II S. 273; *Kraft*, in: KölnKomm-AktG (2. Aufl.), § 11 Rn. 33.

[724] Vgl. *Reinisch*, Der Ausschluß von Aktionären aus der Aktiengesellschaft, S. 35 ff.

rechte innerhalb der Dauerrechtsbeziehung erst Recht aus wichtigem Grund beeinträchtigt oder beseitigt werden können.

Trotz vorbehaltloser Gewährung können Entsendungsrechte deshalb ausnahmsweise auch ohne Zustimmung des Entsendungsberechtigten und auch ohne vorherige Klage auf Abgabe der treupflichtwidrig verweigerten Zustimmung beeinträchtigt oder beseitigt werden, wenn dies aus wichtigem Grund im Interesse der Gesellschaft oder der Mitgesellschafter erforderlich ist.[725]

(5) Wichtiger Grund

Ein wichtiger Grund, der den Entzug des Entsendungsrechts im Interesse von Gesellschaft oder Mitgesellschaftern erforderlich macht, darf jedoch nicht vorschnell angenommen werden, da andernfalls die grundsätzlich unentziehbare Rechtsposition des entsendungsberechtigten Aktionärs ungerechtfertigterweise entwertet werden würde. Es müssen mithin persönliche, wirtschaftliche oder organisatorische Umstände in oder außerhalb der Person des Entsendungsberechtigten vorliegen, aufgrund derer der (unveränderte) Fortbestand des Entsendungsrechts für die Gesellschaft bzw. Mitgesellschafter unter Abwägung der Bedeutung des Sonderrechts für den Sonderrechtsinhaber mit den schützenswerten Interessen von Gesellschaft bzw. Mitgesellschaftern unzumutbar ist.[726]

Derartige Fälle werden praktisch sehr selten vorkommen. In Betracht kommt höchstens, dass die Gesellschaft in einer existenzgefährdenden Situation auf neue Investoren angewiesen ist, die ihr finanzielles Engagement von der Beseitigung des Entsendungsrechts abhängig machen.[727] Ein Zwangsentzug wäre ggf. auch denkbar, wenn der Entsendungsberechtigte wiederholt satzungsmäßige Anforderungen an den Entsandten ignoriert und die Abberufung aus wichtigem Grund gem. § 103 Abs. 3

[725] Vgl. *Weick*, in: Staudinger, BGB, § 35 Rn. 21 a.E.; so auch *K. Schmidt*, Gesellschaftsrecht, § 16 III 3 b) aa) S. 471 (für unterschiedslos alle Sonderrechte i.S.d. § 35 BGB).

[726] Vgl. *Raiser*, in: Ulmer/Habersack/Löbbe, Großkomm-GmbHG, § 14 Rn. 35; *Reichert/Weller*, in: MünchKomm-AktG, § 14 Rn. 112; *Verse*, in: Henssler/Strohn, GesellschaftsR, § 14 GmbHG Rn. 55; *Seibt*, in: Scholz, GmbHG, § 14 Rn. 27.

[727] Vgl. BGH v. 20.3.1995 – II ZR 205/94, BGHZ 129, 136 = NJW 1995, 1739 – Girmes.

Satz 2 AktG kein probates Mittel darstellt, um die Funktionsfähigkeit des Aufsichtsrats auf Dauer zu sichern.[728]

(6) Entzug durch Hauptversammlungsbeschluss

Da es sich beim Entsendungsrecht um ein statutarisches Vorzugsrecht handelt, bedürfen Beeinträchtigung und Entzug stets – auch bei Vorliegen eines wichtigen Grundes – einer Satzungsänderung. Mit Eintragung (§ 181 AktG) der Satzungsänderung existiert das Entsendungsrecht insgesamt bzw. in seiner bisherigen Form nicht mehr.

(7) Zusätzlich Entzug durch Gerichtsentscheidung

Beim Entzug von Organsonderbefugnissen aus wichtigem Grund in der Personenhandelsgesellschaft (§§ 117, 127 HGB) sowie beim Gesellschafterausschluss aus Personenhandels- und Kapitalgesellschaft[729] aus wichtigem Grund muss zur Wirksamkeit der korporativen Maßnahme zusätzlich eine präventive gerichtliche Entscheidung über die Rechtmäßigkeit des Entzugs eingeholt werden. Auch beim Entzug von Sonderrechten in der Aktiengesellschaft könnte deshalb ggf. zusätzlich zum satzungsändernden Hauptversammlungsbeschluss eine gerichtliche Entscheidung erforderlich sein.[730]

Zwar besteht grundsätzlich auch beim Entzug aktienrechtlicher Sonderrechte aus wichtigem Grund Unsicherheit darüber, ob ein wichtiger Grund tatsächlich objektiv vorliegt. Im Gegensatz zur Situation bei Personenhandelsgesellschaften wird dadurch jedoch keine unzumutbare Rechtsunsicherheit hervorgerufen. Während fehlerhafte Gesellschafterbeschlüsse im Recht der Personenhandelsgesellschaften grundsätzlich

---

[728] Vgl. *Becker*, ZGR 1986, 383, 399.

[729] Zum Ausschluss aus der Personenhandelsgesellschaft vgl. § 140 HGB; zum Ausschluss aus der Kapitalgesellschaft vgl. *Lutter*, in: KölnKomm-AktG, § 237 Rn. 124; *Oechsler*, in: MünchKomm-AktG, § 237 Rn. 58; *Scholz*, in: MünchHdb-GesR-AG, § 63 Rn. 56; *Raiser/Veil*, Recht der Kapitalgesellschaften, § 12 Rn. 1, § 40 Rn. 81 ff.; *Grunewald*, Der Ausschluß aus Gesellschaft und Verein, S. 110 ff., 116 f.; *Reinisch*, Der Ausschluß von Aktionären aus der Aktiengesellschaft, S. 113 ff.; *Becker*, NZG 1986, 383 ff.

[730] Vgl. das Erfordernis einer gerichtlichen Entscheidung beim Sonderrechtsentzug im GmbH-Recht ablehnend *Raiser*, in: Ulmer/Habersack/Löbbe, Großkomm-GmbHG, § 14 Rn. 35 a.E.; *Seibt*, in: Scholz, GmbHG, § 14 Rn. 27 a.E.; *Ebbing*, in: Michalski, GmbHG, § 14 Rn. 89; a.A. *Rücker*, Die Entziehung von Sonderrechten, S. 119 ff.

keine Wirkung entfalten, sind fehlerhafte Gesellschafterbeschlüsse im Kapitalgesellschaftsrecht in der Regel nur anfechtbar, nicht aber unwirksam. Deshalb können bspw. Geschäftsführer in der GmbH (§ 38 GmbHG) sowie Aufsichtsratsmitglieder in der Aktiengesellschaft (§ 103 Abs. 1 AktG) anders als bei OHG und KG (§§ 117, 127) ohne vorherige gerichtliche Entscheidung abberufen werden. Aktionäre, deren Mitgliedschaftsrechte durch (fehlerhafte) Gesellschafterbeschlüsse möglicherweise verletzt werden, sind hinreichend durch die Möglichkeit zur Erhebung von Anfechtungs- bzw. Nichtigkeitsklage geschützt.

Im Gegensatz zum Ausschluss aus der Gesellschaft wird dem betroffenen Aktionär bei Entzug des Entsendungsrechts lediglich ein irreguläres Vorzugsrecht entzogen, nicht jedoch die Mitgliedschaft insgesamt. Angesichts dieser weitaus gravierenderen Auswirkung bedarf es deshalb im Fall eines Gesellschafterausschlusses aus wichtigem Grund auch im Kapitalgesellschaftsrecht zusätzlich präventiver Kontrolle durch gerichtliches Ausschlussurteil. Kapitalgesellschaftsrechtliche Sonderrechte wie das Entsendungsrecht können jedoch weiterhin ohne gerichtliche Entscheidung durch satzungsändernden Hauptversammlungsbeschluss entzogen werden.

3. Stimmverbot zulasten des Entsendungsberechtigten

Stimmt der Entsendungsberechtigte dem Sonderrechtsentzug zu, befindet er sich bei der Abstimmung über die zusätzlich erforderliche Satzungsänderung naturgemäß nicht in einem potenziell gesellschaftsschädlichen Interessenkonflikt, dem durch Stimmverbot zu begegnen wäre, da er die korporative Maßnahme sowieso befürwortet.

Wird das Entsendungsrecht allerdings ausnahmsweise gegen oder zumindest ohne entsprechende Willensäußerung des Entsendungsberechtigten aus wichtigem Grund entzogen, besteht die Gefahr, dass der Entsendungsberechtigte sein Stimmrecht bei Beschluss über den Entzug des Entsendungsrechts aus wichtigem Grund zu seinem Vorteil und damit zum Nachteil der Gesellschaft ausübt. Um dies zu verhindern, könnte der Entsendungsberechtigte gem. oder entsprechend § 136 Abs. 1 Satz 1 AktG von der Beschlussfassung über den Entzug des Entsendungsrechts aus wichtigem Grund ausgeschlossen sein.

a. Stimmverbot bei Sonderrechtsentzug im GmbH-Recht

Im GmbH-Recht ist allgemein anerkannt, dass der betroffene Sonderrechtsinhaber nicht mit über Beeinträchtigung oder Entzug des Sonderrechts abstimmen kann,[731] da eine derartige Beschlussfassung ein – wenn auch korporatives[732] – (einseitiges) Rechtsgeschäft gegenüber einem Gesellschafter betrifft, vgl. § 47 Abs. 4 Satz 2 Alt. 1 GmbHG.

b. Stimmverbot bei Sonderrechtsentzug im Aktienrecht

(1) Stimmverbot gem. § 136 Abs. 1 Satz 1 AktG

Im Gegensatz zum GmbHG kennt das AktG jedoch kein Stimmverbot zulasten von Aktionären bei der Vornahme von Rechtsgeschäften gegenüber ihren Aktionären.[733] Während mit § 252 Abs. 3 HGB a.F.[734] seinerzeit ein derartiges Stimmverbot auch in der Aktiengesellschaft galt, wurde bei Erlass des Aktiengesetzes 1937 bewusst darauf verzichtet.[735] Nach § 136 Abs. 1 Satz 1 AktG bestehen Stimmverbote in der Aktiengesellschaft deshalb nur noch bei Beschlussfassung über Entlastungen, über die Befreiung von Verbindlichkeiten sowie bei Beschlussfassung über die Geltendmachung von Ansprüchen. Bei Beschlussfassung über Rechtsgeschäfte gegenüber Aktionären und damit auch bei Beschlussfassung über

---

731 *Reichert/Weller*, in: MünchKomm-GmbHG, § 14 Rn. 114 und *Raiser*, in: Ulmer/Habersack/Löbbe, Großkomm-GmbHG, § 14 Rn. 35 (die fälschlicherweise auf § 47 Abs. 3 GmbHG verweisen); *Verse*, in: Henssler/Strohn, GesellschaftsR, § 14 GmbHG Rn. 55; *Seibt*, in: Scholz, GmbHG, § 14 Rn. 27 a.E.; *Ebbing*, in: Michalski, GmbHG, § 14 Rn. 89, § 47 Rn. 238 ff.; vgl. auch *Hillmann*, in: Henssler/Strohn, GesellschaftsR, § 47 GmbHG Rn. 68; *Schindler*, in: BeckOK GmbHG, § 47 Rn. 118.

732 Zur restriktiven Auslegung des Begriffs „Rechtsgeschäft" im Zusammenhang mit korporativen Rechtsgeschäften siehe *Zöllner*, in: Baumbach/Hueck, GmbHG, § 47 Rn. 80; *Hillmann*, in: Henssler/Strohn, GesellschaftsR, § 47 GmbHG Rn. 62; *Schindler*, in: BeckOK GmbHG, § 47 Rn. 115; *Römermann*, in: Michalski, GmbHG, § 47 Rn. 225 ff.

733 Vgl. *Drescher*, in: MünchKomm-GmbHG, § 47 Rn. 152; *Römermann*, in: Michalski, GmbHG, § 47 Rn. 212.

734 In der Fassung v. 10.5.1897, RGBl. 1897, Nr. 23, S. 241.

735 AmtlBegr zu § 114 AktG 1937, abgedruckt bei *Klausing*, Aktiengesetz 1937, S. 101; *Schlegelberger/Quassowski*, AktG 1937, § 114 Rn. 20; *Rieckers*, in: Spindler/Stilz, § 136 Rn. 15, 17; *Zöllner*, in: KölnKomm-AktG (1. Aufl.), § 136 Rn. 26; *Spindler*, in: Schmidt/Lutter, AktG, § 136 Rn. 21; *Matthießen*, Stimmrecht und Interessenkollision im Aufsichtsrat, S. 94 ff.

den Entzug von Entsendungsrechten besteht mithin grundsätzlich kein Stimmverbot.[736]

(2) Stimmverbot mittels Gesamtanalogie zu gesellschaftsrechtlichen Stimmverboten

Im Aktienrecht existiert auch kein im Wege einer Gesamtanalogie zu gesellschaftsrechtlichen Stimmverboten[737] herleitbarer Grundsatz, wonach Aktionäre als „Richter in eigener Sache" bzw. i.S.d. § 181 BGB bei Mitwirkung an Rechtsgeschäften zwischen ihnen und der Gesellschaft von der Beschlussfassung ausgeschlossen wären.[738]

(3) Stimmverbot mittels Einzelanalogie zu § 136 Abs. 1 Satz 1 AktG

Zu denken wäre höchstens an eine Einzelanalogie zu einem der in § 136 Abs. 1 Satz 1 AktG ausdrücklich genannten Fälle.[739] In Betracht kommt ggf. eine Einzelanalogie zum Stimmverbot bei Beschlussfassung über Entlastungen. Mit Blick auf die enge, kasuistische Ausnahmeregelung des § 136 Abs. 1 AktG ist eine Einzelanalogie jedoch nur in wenigen, der Entlastung nach Art der Fallgestaltung und Schwere der Interessenkollision im Wesentlichen vergleichbaren Sonderfällen möglich.[740]

(a) Schwere des Interessenkonflikts

Sowohl bei Entlastung als auch beim Sonderrechtsentzug besteht die Gefahr, dass der betroffene Aktionär sein Stimmrecht zu seinem eigenen Vorteil in gesellschaftsschädlicher Weise ausübt.[741] Allerdings ist der Sonderrechtsinhabers bei drohendem Entzug einem deutlich intensiveren Interessenkonflikt ausgesetzt, als es der Organwalter bei drohender

---

[736] Zur Einordnung von Gesellschafterbeschlüssen als Rechtsgeschäft siehe oben unter C. VI. 5. a. (1).

[737] Vgl. §§ 34, 712 Abs. 1 BGB, §§ 117, 127, 140 HGB, § 136 Abs. 1 AktG, § 47 Abs. 4 GmbHG, § 43 Abs. 6 GenG.

[738] Siehe oben unter C. II. 3.

[739] Zur Zulässigkeit von Einzelanalogien zu § 136 Abs. 1 AktG siehe *Schröer*, in: MünchKomm-AktG, § 136 Rn. 22 ff.; *Koch*, in: Hüffer, AktG, § 136 Rn. 18 ff.; *Riekers*, in: Spindler/Stilz, AktG, § 136 Rn. 16 ff.; *Hirschmann*, in: Hölters, AktG, § 136 Rn. 8 ff.

[740] Vgl. *Schröer*, in: MünchKomm-AktG, § 136 Rn. 22; *Rieckers*, in: Spindler/Stilz, AktG, § 136 Rn. 16; *Hirschmann*, in: Hölters, AktG, § 136 Rn. 8; *Zöllner*, in: KölnKomm-AktG (1. Aufl.), § 136 Rn. 28; *Zöllner*, Die Schranken, S. 263 f.

[741] Vgl. *Schröer*, in: MünchKomm-AktG, § 136 Rn. 5.

Entlastungsverweigerung ist. Wird die Entlastung verweigert, hat dies keine unmittelbaren rechtlichen Konsequenzen für den betroffenen Organwalter.[742] Mit Entzug des Sonderrechts hingegen verliert der Entsendungsberechtigte seine privilegierte Stellung; ein Rückerwerb ist nur durch erneute Einräumung mittels Satzungsänderung möglich. Im Hinblick auf die Schwere des Interessenkonflikts sind Entlastung und Sonderrechtsentzug also nicht nur vergleichbar; Letzterer wiegt sogar deutlich schwerer.

(b) Art der Fallgestaltung

Durch Entlastungserteilung bzw. -verweigerung beurteilen die abstimmenden Akionäre die korporative Tätigkeit der Organwalter. Auch beim Entzug des Entsendungsrechts aus wichtigem Grund kann an das (Fehl-)Verhalten des Sonderrechtsinhabers angeknüpft werden; dies muss aber nicht zwingend der Fall sein. Gründe, die den Sonderrechtsentzug im Interesse von Gesellschaft oder Mitgesellschaftern erforderlich machen, können auch außerhalb der Person des Entsendungsberechtigten liegen.[743] Der Entzug des Entsendungsrechts ist deshalb nicht stets auch eine Verhaltensbeurteilung im Hinblick auf den Entsendungsberechtigten. Deshalb sind Entlastung und Sonderrechtsentzug zwar im Hinblick auf die Schwere der Interessenkollision, nicht hingegen in Bezug auf die Art der Fallgestaltung vergleichbar. Eine Ausweitung des Stimmverbots im Wege der Einzelanalogie scheidet folglich aus.

(c) Parallele zu ähnlich gelagerten Fallkonstellationen

Für das gefundene Ergebnis spricht zudem, dass eine Analogie zu § 136 Abs. 1 Satz 1 AktG nach überzeugender Ansicht auch in anderen Konstellationen verneint wird, die dem Entzug von Entsendungsrechten im Hinblick auf die Intensität des Interessenkonflikts und die Art der Fallgestaltung grundsätzlich vergleichbar sind. Bspw. soll das betroffene Aufsichtsratsmitglied in der Aktiengesellschaft mangels ausdrücklich gesetzlicher Anordnung bei der Beschlussfassung über seine Abberufung aus wichtigem Grund nicht an der Abgabe seiner Stimme als Aktionär in

[742] *Kubis*, in: MünchKomm-AktG, § 120 Rn. 35; *Koch*, in: Hüffer, AktG, § 120 Rn. 16; *Bungert*, in: MünchHdbGesR-AG, § 35 Rn. 36.; *Hoffmann*, in: Spindler/Stilz, AktG, § 120 Rn. 31 ff.; *Drinhausen*, in: Hölters, AktG, § 120 Rn. 29.

[743] Siehe Beispiel oben unter E. I. 2. b. (5).

der Hauptversammlung gehindert sein.[744] Gleiches soll bei einem statutarisch vorgesehenen Ausschluss von Aktionären aus wichtigem Grund gem. § 237 AktG gelten.[745]

c. *Ergebnis*

Dem Entsendungsberechtigten verbleibt also die Möglichkeit, über sein Stimmrecht in der Hauptversammlung mittelbar auf den Entzug des Entsendungsrechts einzuwirken, obwohl seine Zustimmung zum Sonderrechtsentzug ggf. aus wichtigem Grund gerade ausnahmsweise entbehrlich ist.

Dieses Ergebnis mag auf den ersten Blick widersprüchlich erscheinen. Dabei würde jedoch übersehen, dass zwischen der Abkehr vom Zustimmungserfordernis einerseits und einem Stimmverbot andererseits erhebliche Unterschiede bestehen. Ist ausnahmweise die Zustimmung des Entsendungsberechtigten nicht erforderlich, wird dadurch lediglich das einseitige Sondervetorecht des Entsendungsberechtigten beseitigt. Durch ein zusätzliches Stimmverbot würde jedoch darüber hinaus der kapitalgesellschaftsrechtliche Grundsatz der Mehrheitsherrschaft außer Acht gelassen und in ein mitgliedschaftliches Kernrecht eingegriffen, was zusätzlicher Rechtfertigung bedürfte.

---

744 Vgl. auch die ablehnende Haltung zum ähnlich gelagerten Fall des Stimmverbots zulasten von Aufsichtsratsmitgliedern bei ihrer eigenen Abberufung aus wichtigem Grund gem. § 103 AktG bei *Koch*, in: Hüffer, AktG, § 103 Rn. 4; *Schröer*, in: MünchKomm-AktG, § 136 Rn. 24; *Holzborn*, in: Bürgers/Körber, AktG, § 136 Rn. 10; *Riekers*, in: Spindler/Stilz, AktG, § 136 Rn. 19; differenzierend *Spindler*, in: Schmidt/Lutter, AktG, § 136 Rn. 30; a.A. *Heller*, NZG 2009, 1170, 1171; *Zöllner*, in: KölnKomm-AktG (1. Aufl.), § 136 Rn. 28; *Ders.*, Die Schranken, S. 236 ff.

745 Überzeugend *Oechsler*, in: MünchKomm-AktG, § 237 Rn. 79; *Koch*, in: Hüffer, AktG, § 237 Rn. 23a; *Sethe*, in: Großkomm-AktG, § 237 Rn. 87; a.A. *Lutter*, in: KölnKomm-AktG, § 237 Rn. 83; *Veil*, in: Schmidt/Lutter, AktG, § 237 Rn. 27; *Marsch-Barner*, in: Spindler/Stilz, AktG, § 237 Rn. 24; *Terbrack*, in: Heidel, AktG, § 237 Rn. 52; *Ders.*, RNotZ 2003, 90, 112; *Krieger*, in: MünchHdbGesR-AG (3. Aufl.), § 62 Rn. 17; das Stimmverbot bei ungeschriebenem Ausschluss aus wichtigem Grund bejahend *Grunewald*, Der Ausschluß aus Gesellschaft und Verein, S. 117 a.E., 108 (durch Analogie zu §§ 737 BGB, 140 HGB); *Becker*, ZGR 1986, 383, 405 (durch Anwendung von § 136 Abs. 1 Satz 1 Fall 3 AktG: Geltendmachung eines Anspruchs); so auch *Schwenzer*, in: MünchAnwHdb-AktR, § 45 Rn. 47.

Insgesamt bestehen deshalb keine rechtlichen Bedenken, wenn der Entsendungsberechtigte an der Beschlussfassung über den Entzug des Entsendungsrechts (aus wichtigem Grund) teilnimmt.

4. Zusammenfassung

Entsendungsrechte können nur durch satzungsändernden Hauptversammlungsbeschluss und grundsätzlich nur mit Zustimmung des Entsendungsberechtigten beseitigt werden.

Aus wichtigem Grund kann die Zustimmung des Entsendungsberechtigten jedoch ausnahmsweise entbehrlich sein. Auch dann genügt zum Entzug des Entsendungsrechts allerdings ein satzungsändernder Hauptversammlungsbeschluss; einer zusätzlichen gerichtlichen Entzugsentscheidung bedarf es nicht.

Bei Beschlussfassung über den Entzug des Entsendungsrechts in der Hauptversammlung ist der entsendungsberechtigte Aktionär nicht an der Ausübung seines Stimmrechts gehindert.

II. Wegfall gesetzlicher Voraussetzungen

Als außerordentliches Sonderrecht kann das Entsendungsrecht nur unter den engen Voraussetzungen des § 101 Abs. 2 AktG eingeräumt werden. Es muss in der Satzung verankert werden, ist als persönliches Entsendungsrecht an die Aktionärseigenschaft des Entsenders geknüpft oder als inhabergebundenes Entsendungsrecht nur im Fall vinkulierter Namensaktien zulässig. Zudem kann es höchstens für ein Drittel der Aufsichtsratsmitglieder der Anteilseigner eingeräumt werden.

Werden diese Voraussetzungen nach wirksamer Begründung des Entsendungsrechts nicht mehr erfüllt, ist fraglich, welche Auswirkungen dies auf Bestand und Umfang des Entsendungsrechts hat. Angesichts seines Sonderrechtscharakters gilt es zudem zu untersuchen, ob Maßnahmen, welche auf die genannten Voraussetzungen des Entsendungsrechts einwirken und das Entsendungsrecht in der Folge in Bestand und Umfang beeinträchtigen, zu ihrer Wirksamkeit der Zustimmung des Entsendungsberechtigten bedürfen.

1. Überschreitung der anzahlmäßigen Begrenzung gem. § 101 Abs. 2 Satz 4 AktG

Wegen Wegfalls gesetzlicher Voraussetzungen erlöschen Entsendungsrechte (zumindest partiell)[746] unter anderem dann, wenn entgegen § 101 Abs. 2 Satz 4 AktG die zulässige Höchstanzahl von einem Drittel entsendbarer Aufsichtsratsmitglieder der Aktionärsvertreter nachträglich überschritten wird.

Keinen nachträglichen, sondern einen bereits anfänglichen Verstoß stellt es allerdings dar, wenn die zulässige Höchstanzahl erst durch die Einräumung zusätzlicher Entsendungsrechte überschritten wird. Ursache eines nachträglichen Verstoßes ist hingegen eine nachträgliche Reduzierung der Aufsichtsratssitze, entweder unmittelbar im Wege einer Abänderung der Satzungsbestimmung zur Größe des Aufsichtsrats durch Hauptversammlungsbeschluss (§§ 95 Satz 2, 179 AktG), mittelbar durch satzungsändernde Strukturmaßnahme in Form der Kapitalherabsetzung (§§ 222 ff., 95 Abs. 1 Satz 4 AktG) oder faktisch durch zwingende gesetzliche Vorgaben ohne vorausgehenden Hauptversammlungsbeschluss.[747] Wirksamkeit und Auswirkungen einer nachträglichen Verringerung der Aufsichtsratsmandate auf den Bestand sodann überschießender Entsendungsrechte sind je nach Ursache der Verringerung unterschiedlich zu beurteilen.

a. Umittelbar statutarische Verkleinerung des Aufsichtsrats

(1) Grundsatz: Zustimmung erforderlich

Ist die Verringerung der Aufsichtsratssitze Folge einer unmittelbar statutarischen Verkleinerung des Aufsichtsrats und wird dadurch die zulässige Maximalanzahl von Entsendungsrechten nachträglich überschritten, bedarf die Satzungsänderung nach § 35 BGB – vorbehaltlich abweichender Satzungsregelungen – der Zustimmung des Entsendungsberechtigten.[748] Die Hauptversammlung greift unmittelbar auf eine gesetzliche

---

[746] Zur geltungserhaltenden Reduktion bei (anfänglich) überschießenden Entsendungsrechten siehe oben unter C. VI. 2.; zu den Rechtsfolgen bei nachträglichem Überschreiten siehe unten unter E. II. 1.

[747] Vgl. *Simons*, in: Hölters, AktG, § 95 Rn. 12.

[748] *Spindler*, in: Spindler/Stilz, AktG, § 101 Rn. 67; *Drygala*, in: Schmidt/Lutter, AktG, § 101 Rn. 22; *Habersack*, in: MünchKomm-AktG, § 101 Rn. 57; *Simons*, in: Hölters, AktG, § 101 Rn. 29; *Bürgers/Israel*, in: Bürgers/Körber, AktG, § 101

Voraussetzung des Entsendungsrechts zu und ist deshalb an das Zustimmungserfordernis des § 35 BGB gebunden. Bereits bei Einräumung des Entsendungsrechts kann das Zustimmungserfordernis in der Satzung jedoch ausgeschlossen werden, um einer damit verbundenen Erschwerung des Satzungsänderungsprozesses vorzubeugen.[749]

(2) Ausnahme: Wichtiger Grund

Für eine Verkleinerung des Aufsichtsrats kann zwar ein gesellschaftsrelevantes Bedürfnis bestehen, so dass im Hinblick auf die grundsätzliche Zumutbarkeit des Zustimmungserfordernisses für Gesellschaft und Gesellschafter Zweifel angebracht sein könnten. Für das Wohl der Gesellschaft wird eine Verkleinerung des Aufsichtsrats in der Regel jedoch nicht derart von Bedeutung sein, dass das Erfordernis der Zustimmung des Entsendungsberechtigten eine Lähmung oder gar Bestandsgefährdung der Gesellschaft befürchten lassen würde. Sollte die Verkleinerung des Aufsichtsrats ausnahmsweise von überaus wichtiger Bedeutung sein, liegt im Zweifel gleichzeitig ein „wichtiger Grund“ vor, so dass die Zustimmung des Entsendungsberechtigten ohnehin entbehrlich ist.

(3) Auswirkung fehlender Zustimmung

Wird der Hauptversammlungsbeschluss trotz Zustimmungserfordernis ohne Zustimmung des Entsendungsberechtigten gefasst, ist er nichtig.[750] Entsendungsrechte bestehen weiterhin in unveränderter Form fort.

Rn. 14; *Mertens/Cahn*, in: KölnKomm-AktG, § 101 Rn. 61; *Hopt/Roth*, in: Großkomm-AktG, § 101 Rn. 134; auch schon *Meyer-Landrut*, in: Großkomm-AktG (3. Aufl.), § 101 Anm. 13; *Semler*, in: MünchKomm-AktG (2. Aufl.), § 101 Rn. 120; *Geßler*, in: Geßler/Hefermehl/Eckardt/Kropff, AktG, § 101 Rn. 81; *Seeling/Zwickel*, BB 2008, 622, 625.

749 *Habersack*, in: MünchKomm-AktG, § 101 Rn. 57; *Spindler*, in: Spindler/Stilz, AktG, § 101 Rn. 67; *Mertens/Cahn*, in: KölnKomm-AktG, § 101 Rn. 61; *Semler*, in: MünchKomm-AktG (2. Aufl.), § 101 Rn. 120; *Geßler*, in: Geßler/Hefermehl/Eckardt/Kropff, AktG, § 101 Rn. 81.

750 *Hopt/Roth*, in: Großkomm-AktG, § 101 Rn. 134; a.A. zu § 35 BGB (schwebend unwirksam bis zur Genehmigung beziehungsweise Verweigerung der Genehmigung durch den Entsendungsberechtigten) *Mansel*, in: Jauernig, BGB, § 35 Rn. 3; *Schöpflin*, in: Bamberger/Roth, BGB, § 35 Rn. 10; *Arnold*, in: MünchKomm-BGB, § 35 Rn. 11; *Hadding*, in: Soergel, BGB, § 35 Rn. 19.

(4) Auswirkung zulässiger Verkleinerung auf Bestand und Umfang von Entsendungsrechten

(a) Grundsatz: Erlöschen sämtlicher Entsendungsrechte

Erfolgen die Verkleinerung des Aufsichtsrats und die damit einhergehende Überschreitung der zulässigen Höchstanzahl mit der erforderlichen Zustimmung eines bzw. mehrerer Entsendungsberechtigter, erlöschen grundsätzlich alle Entsendungsrechte.

Eine teilweise vertretene, automatische Reduktion der Entsendungsrechte auf das zulässige Höchstmaß erscheint zwar i.S. einer möglichst geringen Beeinträchtigung vorzugswürdig,[751] erweist sich bei konkreter Betrachtung jedoch als grundsätzlich ungeeignet und unzulässig.[752] Sind mehrere Entsendungsrechte zugunsten unterschiedlicher Aktionäre bzw. Aktieninhaber eingeräumt, bliebe unklar, welche Entsendungsrechte erlöschen und welche aufrechterhalten bleiben sollen.

Diese Unsicherheit kann auch nicht dadurch beseitigt werden, dass – wie teilweise vertreten – die Entsendungsberechtigten untereinander ausmachen, wessen Entsendungsrechte in welchem Umfang erhalten bleiben.[753] Wurde der Aufsichtsrat mit Zustimmung der Entsendungsberechtigten wirksam verkleinert, können die durch Entsendung zu bestellenden Anteilseignervertreter solange nicht bestellt werden, bis die bisherigen Entsendungsberechtigten zu einer Übereinkunft gelangen. Insbesondere in paritätisch mitbestimmten Gesellschaften führt dies in Anbetracht der Einflussmacht des Aufsichtsrats auf die Geschicke der Aktiengesellschaft und seine umfassende Überwachungspflicht zu unerträglichen Zuständen zulasten der Funktionsfähigkeit des Aufsichtsrats und dem Repräsentationsbedürfnis der Anteilseigner.[754] Bei kleinen Aufsichtsräten wäre zudem – zumindest bis zur gerichtlichen Bestellung gem. § 104 AktG – die Handlungsfähigkeit des Aufsichtsrats gefährdet.[755] Auch würde eine Vereinbarung der Entsendungsberechtigten untereinander mangels

---

[751] So *Hopt/Roth*, in: GroßkommAktG, § 101 Rn. 134 (die jedoch bei einer gesetzlich zwingenden Verkleinerung des Aufsichtsrats wiederum von einem grundsätzlichen Erlöschen aller Entsendungsrechte ausgehen, siehe Rn. 133).

[752] *Mertens/Cahn*, in: KölnKomm-AktG, § 101 Rn. 63; *Semler*, in: MünchKomm-AktG (2. Aufl.), § 101 Rn. 119.

[753] So aber *Hopt/Roth*, in: Großkomm-AktG, § 101 Rn. 134.

[754] *Mertens/Cahn*, in: KölnKomm-AktG, § 101 Rn. 63.

[755] *Semler*, in: MünchKomm-AktG (2. Aufl.), § 101 Rn. 119.

Eintragung in das Handelsregister keine Transparenz zugunsten von Aktionären oder Investoren schaffen und mithin das Satzungserfordernis gem. § 101 Abs. 2 Satz 1 AktG umgehen. Zudem ist es ausschließlich der Hauptversammlung vorbehalten, über die Person des Entsendungsberechtigten zu bestimmen (§ 101 Abs. 1 Satz 1 AktG). Eine Einigung der (ehemaligen) Entsendungsberechtigten untereinander würde dem zuwiderlaufen.

(b) Ausnahme: Aufrechterhaltung in reduziertem Umfang

Befinden sich hingegen sämtliche Entsendungrechte in einer Hand oder ist in der Satzung bzw. dem satzungsändernden Hauptversammlungsbeschluss eine Rangfolge der Entsendungsrechte vorgesehen, bleiben Entsendungsrechte in reduziertem, zulässigem Umfang erhalten.[756]

In diesen Fällen ist zum einen sichergestellt, dass es keiner weiteren, unter Umständen zeitraubenden Zwischenschritte zur Bestimmung der verbleibenden Entsendungsberechtigten bedarf. Zudem ist durch Eintragung der Satzung bzw. des satzungsändernden Hauptversammlungsbeschlusses im Handelsregister für jedermann erkennbar, dass und welcher Aktionär in welchem Umfang (weiterhin) entsendungsberechtigt ist. Bei dieser Vorgehensweise wird darüber hinaus der Wille der Hauptversammlung hinreichend respektiert: Entweder hat die Hauptversammlung bereits bei Einräumung von Entsendungsrechten lediglich einen Aktionär privilegiert, der auch weiterhin nach Verkleinerung des Aufsichtsrats – dann in reduziertem Umfang – zur Entsendung berechtigt ist; oder die Hauptversammlung hat bereits bei Einräumung oder späterem Entzug der Entsendungsrechte konkret festgelegt, wessen Entsendungsrechte in welchem Umfang erhalten bleiben sollen.

b. Verkleinerung des Aufsichtsrats aufgrund zwingender gesetzlicher Vorschriften

(1) Zustimmungserfordernis gem. § 35 BGB

Kommt es hingegen aufgrund zwingender gesetzlicher Vorschriften, die nicht erst im Zuge eines Hauptversammlungsbeschlusses zur Anwen-

---

756 *Hopt/Roth*, in: Großkomm-AktG, § 101 Rn. 134; *Spindler*, in: Spindler/Stilz, AktG, § 101 Rn. 67; *Semler*, in: MünchKomm-AktG (2. Aufl.), § 101 Rn. 117, 119; *Simons*, in: Hölters, AktG, § 101 Rn. 29; *Henssler*, in: Henssler/Strohn, GesellschaftsR, § 101 AktG Rn. 7.

dung gelangen – z.B. bei einer mitbestimmungsrechtlichen Statusänderung gem. §§ 97 ff. AktG oder einer Änderung der gesetzlich festgelegten mitbestimmungsrechtlichen Untergrenzen bezüglich der Aufsichtsratsgröße –, zu einer Verkleinerung des Aufsichtsrats, erlöschen unabhängig von einer Zustimmung des Entsendungsberechtigten grundsätzlich sämtliche Entsendungsrechte.[757] Die Verkleinerung erfolgt nämlich nicht im Zuge einer korporativen Maßnahme der Gesellschaft, sondern ist vielmehr eine zwangsläufige Folge gesetzlicher Anordnungen.

(2) Auswirkung auf Bestand und Umfang von Entsendungsrechten

Entsendungsrechte bleiben jedoch in reduziertem, zulässigem Umfang erhalten, wenn die Satzung eine Rangfolge formuliert oder sämtliche Entsendungsrechte einem Aktionär zustehen,[758] da in diesem Fall Rechtssicherheit und Transparenz sowie Beteiligung der Hauptversammlung hinreichend sichergestellt sind.

Nicht gefolgt werden kann der These, dass bei Verkleinerung des Aufsichtsrats aufgrund gesetzlich zwingender Vorschriften im Interesse der Entsendungsberechtigten nicht sämtliche Entsendungsrechte erlöschen, sondern Entsendungsrechte in zulässiger Anzahl abgestuft nach Bestandszeit von jung zu alt erhalten bleiben bzw. – wenn Entsendungsrechte zur gleichen Zeit begründet worden sind – eine Einigung der Entsendungsberechtigten über den Fortbestand der Entsendungsrechte erforderlich ist.[759] Die Notwendigkeit einer Einigung mehrerer Entsendungsberechtigter würde wiederum den Anforderungen an Rechtssicherheit und Rechtsklarheit nicht gerecht.[760] Aber auch, wenn Entsendungsrechte in einer aus dem Handelsregister ersichtlichen zeitlichen

[757] *Spindler*, in: Spindler/Stilz, AktG, § 101 Rn. 67; *Habersack*, in: MünchKomm-AktG, § 101 Rn. 56; *Hopt/Roth*, in: Großkomm-AktG, § 101 Rn. 133; *Simons*, in: Hölters, AktG, § 101 Rn. 29; *Meyer-Landrut*, in: Großkomm-AktG (3. Aufl.), § 101 Anm. 13; *Simons*, in: Hölters, AktG, § 101 Rn. 29; *Godin/Wilhelmi*, AktG, § 101 Anm. 3 S. 554; *Geßler*, in: Geßler/Hefermehl/Eckardt/Kropff, AktG, § 101 Rn. 79 f.; *Steinfort*, Entsendungsrechte, S. 31.

[758] *Hopt/Roth*, in: Großkomm-AktG, § 101 Rn. 133; *Habersack*, in: MünchKomm-AktG, § 101 Rn. 57; *Simons*, in: Hölters, AktG, § 101 Rn. 29; *Spindler*, in: Spindler/Stilz, AktG, § 101 Rn. 67; *Bürgers/Israel*, in: Bürgers/Körber, AktG, § 101 Rn. 14; *Geßler*, in: Geßler/Hefermehl/Eckardt/Kropff, AktG, § 101 Rn. 79.

[759] *Mertens/Cahn*, in: KölnKomm-AktG, § 101 Rn. 62 (so auch nur im Fall einer Verkleinerung des Aufsichtsrats kraft Gesetz).

[760] Vgl. die Rechtsfolgen bei Verkleinerung des Aufsichtsrats unmittelbar durch Aufsichtsratsbeschluss oben unter E. II. 1. a. (4).

Reihenfolge begründet worden sind und eine Einigung der Entsendungsberechtigten damit nicht erforderlich wäre, kommt eine Aufrechterhaltung von Entsendungsrechten nicht in Betracht. Hätte die Hauptversammlung eine Aufrechterhaltung der Entsendungsrechte für den Fall einer gesetzlich zwingenden Verkleinerung des Aufsichtsrats gewollt, hätte sie bereits in der Satzung eine Rangfolge festgelegt. Eine allein der zeitlichen Reihenfolge ihrer Begründung folgende Reduzierung der Entsendungsrechte stellt einen Modus der Aufrechterhaltung dar, der willkürlich an ein Unterscheidungsmerkmal der Entsendungsrechte untereinander anknüpft und damit dem Willen der Hauptversammlung zuwider läuft. Allein das Interesse der Entsendungsberechtigten an der Aufrechterhaltung ihres Sonderrechts kann einen derart schweren Eingriff in die Autonomie der Hauptversammlung nicht rechtfertigen.

c. *Mittelbar durch Hauptversammlungsbeschluss herbeigeführte Verkleinerung des Aufsichtsrats*

(1) Zustimmungserfordernis gem. § 35 BGB

Schwieriger zu beantworten ist die Frage nach dem Schicksal von Entsendungsrechten, wenn die Verkleinerung des Aufsichtsrats wie im Fall der Kapitalherabsetzung mittelbar auf einen Hauptversammlungsbeschluss zurückzuführen ist. Zwar ist bei einer Kapitalherabsetzung die Beeinträchtigung von gesetzlichen Voraussetzungen des Entsendungsrechts unmittelbar Produkt der Anwendung zwingender gesetzlicher Vorgaben; Auslöser von deren Anwendung ist jedoch eine Willensbetätigung der Hauptversammlung. Angesichts der zumindest mittelbaren Verantwortlichkeit der Hauptversammlung für die Beeinträchtigung der Voraussetzungen des Entsendungsrechts scheint es gerechtfertigt, auch die Kapitalherabsetzung dem Zustimmungserfordernis des § 35 BGB unterwerfen.[761]

---

[761] So *Spindler*, in: Spindler/Stilz, AktG, § 101 Rn. 68 (abstellend auf „wirtschaftliche Notwendigkeit" und Zustimmungspflicht des Entsendungsberechtigten aufgrund von Treupflicht); mit ähnlicher Begründung auch *Drygala*, in: Schmidt/Lutter, AktG, § 101 Rn. 22; *Meyer-Landrut*, in: Großkomm-AktG (3. Aufl.), § 101 Anm. 13 (für Zustimmungserfordernis bei allen unmittelbar oder mittelbar das Entsendungsrecht beeinträchtigenden Hauptversammlungsbeschlüssen, insbesondere auch bei Kapitalherabsetzung); differenzierender jedoch die Neuauflage mit *Hopt/Roth*, in: Großkomm-AktG, § 101 Rn. 134, 135 (eine Verweigerung der Zustimmung sei in der Regel unvereinbar mit der Treuepflicht des Aktionärs); *Geßler*, in: Geßler/Hefermehl/Eckardt/Kropff, AktG, § 101

(a) Bedenkliche Ausweitung der Gestaltungsmacht von Sonderrechtsinhabern

Zu bedenken ist allerdings, dass eine Kapitalherabsetzung entscheidenden Einfluss auf die korporative Struktur der Gesellschaft und unter Umständen sogar auf ihren ökonomischen Erfolg hat.[762] Zwar ist die Zustimmung des Entsendungsberechtigten zu sonderrechtsbeeinträchtigenden Maßnahmen in Extremfällen aus wichtigem Grund entbehrlich,[763] so dass ein grundsätzliches Zustimmungserfordernis die Gesellschaft nicht in ihrer Existenz bedroht. In Fällen unterhalb der Schwelle zum wichtigen Grund würde der Entsendungsberechtigte aufgrund seiner Sonderstellung jedoch unmittelbar wesentliche korporative und mittelbar wesentliche operative Unternehmensentscheidungen maßgeblich mitbeeinflussen können. Es kann jedoch nicht Sinn des Sonderrechtsschutzes sein, die Geschicke der Gesellschaft insgesamt von der Zustimmung einzelner Sonderrechtsinhaber abhängig zu machen.[764]

(b) Zustimmungspflicht aufgrund von Treupflicht

Bedenken gegen das Zustimmungserfordernis können auch nicht mit Verweis darauf entkräftet werden, dass der Entsendungsberechtigte die Zustimmung zur Herabsetzung des Grundkapitals aufgrund der gesellschaftsrechtlichen Treupflicht nicht aus Eigeninteresse verweigern dürfe.[765] Grundätzlich ist es Aktionären nämlich nicht verwehrt, bei der Ausübung mitgliedschaftlicher (Sonder-)Rechte eigene Interessen zu

---

Rn. 82 (unterscheidend nach Zweck der Kapitalherabsetzung; bei „wirtschaftlich notwendigen Maßnahmen" um „Wertminderungen auszugleichen, Verluste zu decken" bestehe kein Zustimmungserfordernis); *Semler*, in: MünchKomm-AktG (2. Aufl.), § 101 Rn. 118 (für Ausnahme vom Zustimmungserfordernis bei „wirtschaftlich notwendigen Maßnahmen"); siehe auch *Schöpflin*, in: Bamberger/Roth, BGB, § 35 Rn. 8 (ausreichend für das Zustimmungserfordernis sei bereits, wenn „[die] Beeinträchtigung (...) nur eine zwangsläufige mittelbare Folge der [Maßnahme]" ist) sowie *Arnold*, in: MünchKomm-BGB, § 35 Rn. 9 („Es genügt jede mittelbare Beeinträchtigung (...)"); *Hadding*, in: Soergel, BGB, § 35 Rn. 16 („ausreichend ist (...), dass die Beeinträchtigung sich als notwendige (mittelbare) Folge erweist"); *Reichert*, Vereins- und Verbandsrecht, Rn. 874.

762 Vgl. *Habersack*, in: MünchKomm-AktG, § 101 Rn. 57; *Hopt/Roth*, in: Großkomm-AktG, § 101 Rn. 135.

763 Siehe oben unter E. I. 2. b.

764 Vgl. *Hopt/Roth*, in: Großkomm-AktG, § 101 Rn. 135.

765 So *Hopt/Roth*, in: Großkomm-AktG, § 101 Rn. 135; vgl. auch *Drygala*, in: Schmidt/Lutter, AktG, § 101 Rn. 22; *Spindler*, in: Spindler/Stilz, AktG, § 101 Rn. 67.

verfolgen. Treupflichtbasierte Zustimmungspflichten bestehen deshalb nur in seltenen Ausnahmefällen, wenn bei Zustimmungsverweigerung unzumutbare Nachteile zulasten von Gesellschaft oder Mitgesellschaftern zu befürchten sind. Allein die stets vorhandene Bedeutsamkeit einer Kapitalherabsetzung genügt also nicht.

(c) Differenzierung nach Zweck oder Dringlichkeit der Kapitalherabsetzung

Auch kann im Hinblick auf das Zustimmungserfordernis nicht nach Zweck oder Dringlichkeit der Kapitalherabsetzung unterschieden werden. Es würde erhebliche Rechtsunsicherheit hervorrufen,[766] wenn nur bei wirtschaftlich notwendigen Kapitalherabsetzungen die Zustimmung des Entsendungsberechtigten entbehrlich bzw. sein Entschließungsermessen begrenzt wäre.[767]

Würden sämtliche, auch nur indirekt das Entsendungsrecht tangierende Hauptversammlungsbeschlüsse dem Zustimmungserfordernis unterfallen, stände somit mangels tauglicher Begrenzungsmittel eine unhaltbare Lähmung korporativer und infolgedessen auch operativer Aktivitäten der Gesellschaft zu befürchten.

(d) Durchbrechung des Zurechnungszusammenhangs

Gegen einen Zustimmungsvorbehalt zugunsten des Entsendungsberechtigten spricht jedoch neben rechtspolitischen Erwägungen vor allem, dass es sich bei der Kapitalherabsetzung lediglich um eine mittelbar und ungewollt das Entsendungsrecht beeinträchtigende Strukturmaßnahme handelt. Die Verringerung der Aufsichtsratssitze, mithin die Veränderung eines gesetzlichen Zulässigkeitskriteriums des Entsendungsrechts gem. § 101 Abs. 2 Satz 4 AktG, ist das Ergebnis der Anwendung zwingender gesetzlicher Normen unabhängig vom Willen der Hauptversammlung.[768] Die Beeinträchtigung des Entsendungsrechts kann deshalb nicht mehr in hinreichendem Maße der Hauptversammlung als ihrem Urheber zugerechnet werden.

---

[766] Vgl. *Habersack*, in: MünchKomm-AktG, § 101 Rn. 57.

[767] So aber *Spindler*, in: Spindler/Stilz, AktG, § 101 Rn. 68; *Geßler*, in: Geßler/Hefermehl/Eckardt/Kropff, AktG, § 101 Rn. 82; *Semler*, MünchKomm-AktG (2. Aufl.), § 101 Rn. 118.

[768] Vgl. *Godin/Wilhelmi*, AktG, Anm. 3 S. 554.

Mittelbar das Entsendungsrecht beeinträchtigende Hauptversammlungsbeschlüsse wie im Fall der Kapitalherabsetzung bedürfen zu ihrer Wirksamkeit folglich nicht der Zustimmung des Entsendungsberechtigten.[769]

Dies darf andererseits nicht dazu führen, dass die Hauptversammlung die Kapitalherabsetzung nur als Deckmantel dafür missbraucht, das Zustimmungserfordernis zu umgehen. In einem solchen Fall zielt die Hauptversammlung mit der Kapitalherabsetzung nämlich gerade darauf ab, das Entsendungsrecht zu beeinträchtigten bzw. zu beseitigen. Dann ist ihr die Beeinträchtigung des Entsendungsrechts auch hinreichend zurechenbar. In Missbrauchsfällen ist die Zustimmung des Entsendungsberechtigten deshalb weiterhin erforderlich.

(2) Auswirkungen auf Bestand und Umfang von Entsendungsrechten

Wie bei gesetzlich zwingender Verkleinerung des Aufsichtsrats erlöschen auch bei mittelbar statutarisch veranlasster Aufsichtsratsverkleinerung sämtliche Entsendungsrechte, es sei denn, die Satzung sieht eine Rangfolge vor oder alle Entsendungsrechte liegen in einer Hand.[770]

(3) Ausgleichanspruch analog § 5 Abs. 3 EGAktG

Allerdings könnte dem Entsendungsberechtigten wegen Verlusts des Entsendungsrechts ein Ausgleich in Geld analog § 5 Abs. 3 EGAktG zu gewähren sein.[771] Dies setzt voraus, dass ein Ausgleich für den Verlust von Entsendungsrechten im Zuge einer Kapitalherabsetzung planwidrig nicht geregelt worden ist und ein derartiger Verlust von Entsendungs-

---

769 So i.E. auch *Habersack*, in: MünchKomm-AktG, § 101 Rn. 57; *Mertens/Cahn*, in: KölnKomm-AktG, § 101 Rn. 61; *Mertens*, in: KölnKomm-AktG (2. Aufl.), § 101 Rn. 49; *Henssler*, in: Henssler/Strohn, GesellschaftsR, § 101 AktG Rn. 11; *Simons*, in: Hölters, AktG, § 101 Rn. 29; *Godin/Wilhelmi*, AktG, Anm. 3 S. 554; *Bürgers/Israel*, in: Bürgers/Körber, AktG, § 101 Rn. 14.

770 *Simons*, in: Hölters, AktG, § 101 Rn. 29; *Spindler*, in: Spindler/Stilz, AktG, § 101 Rn. 67; *Mertens*, in: KölnKomm-AktG (2. Aufl.), § 101 Rn. 49; *Geßler*, in: Geßler/Hefermehl/Eckardt/Kropff, AktG, § 101 Rn. 82; *Henssler*, in: Henssler/Strohn, GesellschaftsR, § 101 AktG Rn. 7; gegen Zustimmungserfordernis auch *Mertens/Cahn*, in: KölnKomm-AktG, § 101 Rn. 61.

771 So *Habersack*, in: MünchKomm-AktG, § 101 Rn. 57; *Hopt/Roth*, in: GroßkommAktG, § 101 Rn. 135; wohl auch *Steinfort*, Entsendungsrechte, S. 31; ähnlich schon *Godin/Wilhelmi*, AktG, 101 Anm. 3 S. 554.

rechten hinreichend vergleichbar ist mit dem Verlust von Mehrstimmrechten i.S.d § 5 Abs. 3 EGAktG.

§ 5 Abs. 3 EGAktG dient dem Ausgleich von Nachteilen, die Inhaber von Mehrstimmrechtsaktien durch die gesetzliche oder satzungsmäßige Entziehung ihrer Mehrstimmrechte gem. § 5 Abs. 1 und Abs. 2 AktG erleiden.[772] Die Ausgleichspflicht gem. § 5 Abs. 3 EGAktG knüpft also an einen vom Gesetzgeber oder der Hauptversammlung unmittelbar und final herbeigeführten Entzug einer bisher unbeschränkt bestehenden Sonderrechtsposition an.

Bei einer Kapitalherabsetzung wird das Entsendungsrecht jedoch zum einen nicht unmittelbar und final entzogen, sondern lediglich mittelbar und in der Regel als ungewollte Nebenfolge. Zum anderen war das Entsendungssonderrecht bereits bei seiner Entstehung gem. §§ 222 ff., 95 Abs. 1 Satz 4 AktG mit dem Risiko des nachträglichen Erlöschens aufgrund einer den Aufsichtsrat verkleinernden Kapitalherabsetzung behaftet. Deshalb wird dem Entsendungsberechtigten bei Kapitalherabsetzung und damit einhergehender Verkleinerung des Aufsichtsrats keine geschützte Rechtsposition entzogen; es verwirklicht sich vielmehr lediglich ein dem Entsendungsrecht bereits bei Einräumung innewohnendes Risiko.

Es fehlt mithin an einer die analoge Anwendung rechtfertigenden, vergleichbaren Interessenlage. Für eine Ausgleichspflicht analog § 5 Abs. 3 EGAktG ist deshalb kein Raum.

d. Ergebnis

Zur Wirksamkeit einer unmittelbar statutarischen Verkleinerung des Aufsichtsrats ist grundsätzlich die Zustimmung des Entsendungsberechtigten erforderlich. Bei Verkleinerung aufgrund zwingender gesetzlicher Vorschriften wie auch bei einer mittelbar durch einen Hauptversammlungsbeschluss herbeigeführten Verkleinerung des Aufsichtsrats bedarf es der Zustimmung des Entsendungsberechtigten hingegen nicht.

Im Zuge einer wirksamen Aufsichtsratsverkleinerung erlöschen grundsätzlich sämtliche Entsendungsrechte, es sei denn, sie befinden sich alle

---

[772] Vgl. Beschlussempfehlung und Bericht des Rechtsauschusses unter anderem zu dem Gesetzentwurf der Bundesregierung zum KonTraG (BT-Drucks. 13/9712), BT-Drucks. 13/10038, S. 28.

in einer Hand oder in der Satzung bzw. dem satzungsändernden Hauptversammlungsbeschluss ist eine Rangfolge der Entsendungsrechte vorgesehen.

Bei Verlust des Entsendungsrechts steht dem Entsendungsberechtigten kein Anspruch auf Ausgleich analog § 5 Abs. 3 EGAktG zu.

2. Verlust der Rechtspersönlichkeit seitens der Aktiengesellschaft

Wird die rechtliche Existenz der Aktiengesellschaft beendet, verliert die das Entsendungsrecht vermittelnde Satzung wegen Gegenstandslosigkeit ihre Gültigkeit und das Entsendungsrecht erlischt. Entscheidendes Kriterium für den Fortbestand des Entsendungsrechts ist mithin die Kontinuität der Satzung derjeniegen Gesellschaft, in welcher das Entsendungsrecht besteht.[773]

a. Liquidation, Verschmelzung, Aufspaltung, Vermögensvollübertragung, Vermögensteilübertragung durch Aufspaltung

Deshalb erlöschen Entsendungsrechte bei Auflösung und anschließender Abwicklung der Gesellschaft gem. §§ 262 ff. AktG.

Auch bei Verschmelzung (§§ 20 Abs. 1 Nr. 2 Satz 1, 36 Abs. 1 UmwG) durch Aufnahme oder Neugründung, Aufspaltung durch Aufnahme oder Neugründung (§ 123 Abs. 1 UmwG) sowie Vermögensübertragung in Form der Vollübertragung (§ 174 Abs. 1 UmwG) oder Teilübertragung durch Aufspaltung (§ 174 Abs. 2 Nr. 1 UmwG) erlischt die Gesellschaft,[774] so dass die das Entsendungsrecht vermittelnde Satzung gegenstandslos wird und folglich auch eingeräumte Entsendungsrechte erlöschen.[775]

Allerdings können Entsendungsrechte in den Verschmelzungsvertrag (§ 5 Abs. 1 Nr. 7 UmwG) bzw. in den Verschmelzungplan (§ 122c Abs. 2 Nr. 7 UmwG) oder in den Spaltungsplan (§ 126 Abs. 1 Nr. 7 UmwG) auf-

---

773 Vgl. *Hopt/Roth*, in: Großkomm-AktG, § 101 Rn. 112 a.E.

774 *Semler*, in: Semler/Stengel, UmwG, § 1 Rn. 44 ff.; *Hörtnagl*, in: Schmitt/Hörtnagl/Stratz, UmwG, § 1 Rn. 11 ff.; *Decker*, in: Henssler/Strohn, GesellschaftsR, § 1 UmwG Rn. 17 ff.

775 Vgl. *Hopt/Roth*, in: Großkomm-AktG, § 101 Rn. 112; *Godin/Wilhelmi*, AktG, § 103 Anm. 3 S. 567; *Geßler*, in: Geßler/Hefermehl/Eckardt/Kropff, AktG, § 101 Rn. 66.

genommen und beim aufnehmenden bzw. neu gegründeten Rechtsträger erneut eingeräumt werden.[776]

b. Formwechsel

Im Fall des Formwechsels (§ 202 Abs. 1 Nr. 1 UmwG) besteht der formwechselnde Rechtsträger zwar in der im Umwandlungsbeschluss bestimmten Rechtsform weiter; mit Vollzug des Formwechsels verliert die (ehemalige) Satzung des formwechselnden Rechtsträgers jedoch ihr Bezugsobjekt und ist deshalb hinfällig. Auch bei Formwechsel erlöschen Entsendungsrechte deshalb.

c. Abspaltung, Ausgliederung, Vermögensteilübertragung durch Abspaltung, Vermögensteilübertragung durch Ausgliederung

Bei Abspaltung (§ 123 Abs. 2 UmwG), Ausgliederung (§ 123 Abs. 3 UmwG) sowie Vermögensübertragung in Form der Teilübertragung durch Abspaltung (§ 174 Abs. 2 Nr. 2 UmwG) oder durch Ausgliederung (§ 174 Abs. 2 Nr. 1 UmwG) hingegen bleiben die Gesellschaft sowie ihre Satzung und infolgedessen auch die darin verankerten Entsendungsrechte erhalten.

d. Zustimmungserfordernis gem. § 35 BGB

Auflösung, Verschmelzung, Aufspaltung, Formwechsel, Vermögensvollübertragung und Vermögensteilübertragung durch Aufspaltung wirken unmittelbar auf den Bestand der Gesellschaft(ssatzung) und damit unmittelbar auf Voraussetzungen des Entsendungsrechts ein. Nach den zur Verkleinerung des Aufsichtsrats aufgestellten Grundsätzen scheinen deshalb auch diese Strukturmaßnahmen zu ihrer Wirksamkeit der Zustimmung des Entsendungsberechtigten zu bedürfen (§ 35 BGB).[777]

Das Zustimmungserfordernis soll das Entsendungsrecht jedoch lediglich vor beeinträchtigenden Maßnahmen innerhalb der betroffenen Gesellschaft schützen und so den unveränderten Fortbestand des Sonderrechts in der Gesellschaft gewährleisten. Es gewährt dem Entsendungsberechtigten jedoch kein Recht auf Fortbestand der Gesellschaft schlechthin bzw. ihrer Satzung insgesamt. Maßnahmen, die zum Erlöschen der Ge-

---

[776] *Schröer*, in: Semler/Stengel, UmwG, § 126 Rn. 49.

[777] So *Hopt/Roth*, in: Großkomm-AktG, § 101 Rn. 112 (zur formwechselnden Umwandlung).

sellschaft bzw. zur Wirkungslosigkeit ihrer Satzung führen, können deshalb auch ohne Zustimmung des Entsendungsberechtigten wirksam durchgeführt werden.[778]

3. Beseitigung vinkulierter Namensaktien gem. § 101 Abs. 2 Satz 2 AktG

Aktiengebundene Entsendungsrechte erlöschen zudem, wenn die Hauptversammlung die Einziehung[779] von Namensaktien, deren Umwandlung[780] in Inhaberaktien oder die Aufhebung der Vinkulierung[781] beschließt. All diese Maßnahmen bedürfen der Zustimmung des Entsendungsberechtigten, da gesetzliche Voraussetzungen des Entsendungsrechts unmittelbar durch Hauptversammlungsbeschluss beeinträchtigt werden.[782] Werden hingegen das personengebundene Entsendungsrecht vermittelnde Aktien ihrer Art nach umgewandelt, hat dies grundsätzlich keine Auswirkungen auf den Fortbestand des Entsendungsrechts,[783] es sei denn, das personengebundene Entsendungsrecht ist durch Satzungsregelung an die Innehabung einer bestimmten Art von Aktien gekoppelt[784].

---

[778] Vgl. *Steinfort*, Entsendungsrechte, S. 31; abweichend *Hopt/Roth*, in: Großkomm-AktG, § 101 Rn. 135.

[779] *Habersack*, in: MünchKomm-AktG, § 101 Rn. 41; *Hopt/Roth*, in: Großkomm-AktG, § 101 Rn. 117; *Drygala*, in: Schmidt/Lutter, AktG, § 101 Rn. 18; *Bürgers/Israel*, in: Bürgers/Körber, AktG, § 101 Rn. 12; *Simons*, in: Hölters, AktG, § 101 Rn. 26.

[780] *Simons*, in: Hölters, AktG, § 101 Rn. 26; *Spindler*, in: Spindler/Stilz, AktG, § 101 Rn. 62; *Bürgers/Israel*, in: Bürgers/Körber, AktG, § 101 Rn. 12; *Habersack*, in: MünchKomm-AktG, § 101 Rn. 41; *Seeling/Zwickel*, BB 2008, 622, 626.

[781] *Hopt/Roth*, in: Großkomm-AktG, § 101 Rn. 117; *Drygala*, in: Schmidt/Lutter, AktG, §101 Rn. 18; *Habersack*, in: MünchKomm-AktG, § 101 Rn. 41; *Seeling/Zwickel*, BB 2008, 622, 626.

[782] *Habersack*, in: MünchKomm-AktG, § 101 Rn. 41 (bejahend für Einziehung, Umwandlung in Inhaberaktien, Aufhebung der Vinkulierung); so auch *Hopt/Roth*, in: Großkomm-AktG, § 101 Rn. 117; *Spindler*, in: Spindler/Stilz, AktG, § 101 Rn. 62 (ausdrücklich bei Umwandlung in Inhaberaktien; i.Ü.: stets Zustimmung erforderlich); ebenso *Möhring/Schwartz*, Die Aktiengesellschaft und ihre Satzung, S. 129; *Bürgers/Israel*, in: Bürgers/Körber, AktG, § 101 Rn. 12 (ausdrücklich bejahend bei Einziehung und Umwandlung); so auch *Drygala*, in: Schmidt/Lutter, AktG, § 101 Rn. 18; *Steinfort*, Entsendungsrechte, S. 30.

[783] *Hopt/Roth*, in: Großkomm-AktG, § 101 Rn. 114.

[784] BegrRegE zu § 101 AktG bei *Kropff*, Aktiengesetz 1965, S. 138; *Hopt/Roth*, in: Großkomm-AktG, § 101 Rn. 114.

4. Verlust der Aktionärsstellung

Handelt es sich um ein inhabergebundes Entsendungsrecht, geht das Entsendungsrecht mit Aktienübertragung auf den Erwerber über. Da inhabergebundene Entsendungsrechte jedoch mit vinkulierten Namensaktien verknüpft sind, kann das Aktieneigentum nur mit Zustimmung der Gesellschaft gem. § 68 Abs. 2 AktG wirksam übertragen werden. Beim persönlichen Entsendungsrecht führt der Verlust der Aktionärsstellung hingegen grundsätzlich eo ipso zum Erlöschen des Entsendungsrechts.

a. Aktienveräußerung

(1) Grundsatz: Erlöschen des Entsendungsrechts

Veräußert der Entsendungsberechtige sein gesamtes Aktieneigentum an der betroffenen Gesellschaft, erlischt das Entsendungsrecht in der Regel automatisch.[785] Eine Teilveräußerung von Aktien führt nur dann zum Verlust des Entsendungsrechts, wenn die Satzung gleichzeitig einen Mindestbesitz an Aktien fordert.[786]

(2) Ausnahme: Ruhen des Entsendungsrechts

Scheidet der entsendungsberechtigte Aktionär insgesamt bzw. teilweise aus der Gesellschaft aus, kann die Satzung bis zu einem späteren Rückerwerb von Aktien bzw. bis zu einem Rückerwerb in bestimmtem Umfang ein bloßes Ruhen des persönlichen Entsendungsrechts anordnen.[787] Ob die Satzung ein endgültiges Erlöschen oder ein bloßes Ruhen vor-

---

[785] *Habersack*, in: MünchKomm-AktG, § 101 Rn. 36; *Hopt/Roth*, in: Großkomm-AktG, § 101 Rn. 113; *Drygala*, in: Schmidt/Lutter, AktG, § 101 Rn. 17; *Mertens/Cahn*, in: KölnKomm-AktG, § 101 Rn. 56; *Bürgers/Israel*, in: Bürgers/Körber, AktG, § 101 Rn. 11.

[786] *Hopt/Roth*, in: Großkomm-AktG, § 101 Rn. 113; *Habersack*, in: MünchKomm-AktG, § 101 Rn. 36; *Bausch*, NZG 2007, 574, 575.

[787] *Simons*, in: Hölters, AktG, § 101 Rn. 25; *Spindler*, in: Spindler/Stilz, AktG, § 101 Rn. 57; *Habersack*, in: MünchKomm-AktG, § 101 Rn. 36; *Hopt/Roth*, in: Großkomm-AktG, § 101 Rn. 113; *Drygala*, in: Schmidt/Lutter, AktG, § 101 Rn. 17; *Mertens/Cahn*, in: KölnKomm-AktG, § 101 Rn. 56; *Bürgers/Israel*, in: Bürgers/Körber, AktG, § 101 Rn. 11; *Semler*, in: MünchKomm-AktG (2.Aufl.), § 101 Rn. 81, 82.

sieht, ist durch Auslegung zu ermitteln. Es besteht jedoch keine Vermutung zugunsten eines bloßen Ruhens von Entsendungsrechten.[788]

Ruht das Entsendungsrecht wegen (vorübergehenden) Verlusts der Aktionärseigenschaft, besteht das Sonderrecht (vorübergehend) nicht, so dass die Hauptversammlung bei Beschlussfassung über Abänderung oder Streichung des Entsendungsrechts nicht mehr auf die Zustimmung des Entsendungsberechtigten angewiesen ist.[789] Während der Ruhephase ist zudem eine erleichterte Abberufung des entsandten Aufsichtsratsmitglieds durch die Hauptversammlung gem. § 103 Abs. 2 Satz 2 AktG möglich.[790] Frei werdende Aufsichtsratsposten sind während der Ruhephase des Entsendungsrechts wiederum durch Wahl in der Hauptversammlung zu besetzen (§ 101 Abs. 1 AktG).

(3) Sonderfall: Entsendungsberechtigte Gruppe von Aktionären

Ähnlich verhält es sich, wenn das persönliche Entsendungsrecht einer Gruppe von Aktionären zusteht: Veräußert lediglich ein Teil der Gruppe seine Aktien, kann das Entsendungsrecht je nach Auslegung der Satzung zugunsten der verbleibenden Aktionäre erhalten bleiben.[791]

---

788 *Hopt/Roth*, in: Großkomm-AktG, § 101 Rn. 113; *Habersack*, in: MünchKomm-AktG, § 101 Rn. 36; *Semler*, in: MünchKomm-AktG (2. Aufl.), § 101 Rn. 81, 82; *Geßler*, in: Geßler/Hefermehl/Eckardt/Kropff, AktG, § 101 Rn. 67; a.A. *Godin/Wilhelmi*, AktG, § 103 Anm. 3 S. 566.

789 *Spindler*, in: Spindler/Stilz, AktG, § 101 Rn. 57; *Mertens/Cahn*, in: KölnKomm-AktG, § 101 Rn. 56; *Hopt/Roth*, in: Großkomm-AktG, § 101 Rn. 113; *Habersack*, in: MünchKomm-AktG, § 101 Rn. 36; *Bürgers/Israel*, in: Bürgers/Körber, AktG, § 101 Rn. 11; a.A. *Godin/Wilhelmi*, AktG, § 103 Anm. 3 S. 566.

790 *Habersack*, in: MünchKomm-AktG, § 101 Rn. 36; *Hopt/Roth*, in: Großkomm-AktG, § 101 Rn. 113; *Mertens/Cahn*, in: KölnKomm-AktG, § 101 Rn. 56; *Spindler*, in: Spindler/Stilz, AktG, § 103 Rn. 24.

791 Vgl. *Spindler*, in: Spindler/Stilz, AktG, § 101 Rn. 56; *Hopt/Roth*, in: Großkomm-AktG, § 101 Rn. 120; *Habersack*, in: MünchKomm, § 101 Rn. 35; abweichend *Godin/Wilhelmi*, AktG, § 103 Anm. 3 S. 566 (grundsätzlich Aufrechterhaltung des Entsendungsrechts).

b. Tod des Entsendungsberechtigen

(1) Grundsatz: Erlöschen des Entsendungsrechts

Auch bei Tod des Entsendungsberechtigten erlischt das persönliche Entsendungsrecht grundsätzlich automatisch.[792]

(2) Ausnahme: Vererblichkeit

Die Satzung kann das Entsendungsrecht jedoch vererblich stellen und eine Rechtsnachfolge zugunsten des Gesamtrechtsnachfolgers oder eines dritten (nicht erbberechtigten) Aktionärs vorsehen.[793]

Der zukünftig entsendungsberechtigte Gesamtrechtrechtsnachfolger bzw. der nicht erbberechtigte Aktionär muss allerdings bereits in der Satzung namentlich benannt werden. Der bloße Verweis auf den jeweiligen Erben des Entsendungsberechtigten reicht nicht aus,[794] da anderenfalls das Erfordernis einer statutarischen Regelung des Entsendungsrechts umgangen würde. Hinreichende Transparenz der gesellschaftsinternen Bestellungsmacht zugunsten der Kapitalmarktteilnehmer kann nur durch namentliche Nennung des zukünftigen Entsenders in der Satzung sichergestellt werden.

---

[792] *Habersack*, in: MünchKomm-AktG, § 101 Rn. 37; *Hopt/Roth*, in: Großkomm-AktG, § 101 Rn. 111; *Drygala*, in: Schmidt/Lutter, AktG, § 101 Rn. 17; *Mertens/Cahn*, in: KölnKomm-AktG, § 101 Rn. 53; *Bürgers/Israel*, in: Bürgers/Körber, AktG, § 101 Rn. 11; a.A. *Godin/Wilhelmi*, AktG, § 103 Anm. 3 S. 566 (bei Schweigen der Satzung Vererblichkeit).

[793] Allgemeine Ansicht: *Spindler*, in: Spindler/Stilz, AktG, § 101 Rn. 58; *Habersack*, in: MünchKomm-AktG, § 101 Rn. 34, 37; *Hopt/Roth*, in: Großkomm-AktG, § 101 Rn. 111; *Mertens/Cahn*, in: KölnKomm-AktG, § 101 Rn. 53; *Drygala*, in: Schmidt/Lutter, AktG, § 101 Rn. 17; *Bürgers/Israel*, in: Bürgers/Körber, AktG, § 101 Rn. 11; *Godin/Wilhelmi*, AktG, § 101 Anm. 3 S. 553; *Simons*, in: Hölters, AktG, § 101 Rn. 25; *Möhring/Schwartz*, Die Aktiengesellschaft und ihre Satzung, S. 129; *Steinfort*, Entsendungsrechte, S. 25; a.A. jedoch *Henssler*, in: Henssler/Strohn, GesellschaftsR, § 101 AktG Rn. 7.

[794] *Spindler*, in: Spindler/Stilz, AktG, § 101 Rn. 58; *Semler*, in: MünchKomm-AktG (2. Aufl.), § 101 Rn. 86; *Geßler*, in: Geßler/Hefermehl/Eckardt/Kropff, AktG, § 101 Rn. 65; *May*, Die Sicherung des Familieneinflusses auf die Führung der börsengehandelten Aktiengesellschaft, S. 131; a.A. *Hopt/Roth*, in: Großkomm-AktG, § 101 Rn. 111 Fn. 478; *Wahlers*, Die Satzung der kleinen Aktiengesellschaft, S. 26, 119; *Steinfort*, Entsendungsrechte, S. 25; *Habersack*, in: MünchKomm-AktG, § 101 Rn. 37 (der keine namentliche Nennung des im Wege der Gesamtrechtsnachfolge entsendungsberechtigten Erben, wohl aber des nicht erbberechtigten Dritten fordert; letzteres ist jedoch bereits denklogisch erforderlich).

Darüber hinaus zielt das Satzungserfordernis darauf ab, die Aktionäre vor dem überproportionalen Einfluss „unerwünschter" Mitgesellschafter zu schützen. Diese Zielsetzung würde verfehlt, wenn der Entsendungsberechtigte durch testamentarische Verfügung eigenhändig zukünftige Entsender bestimmen könnte. Die Regelung des § 101 Abs. 2 Satz 2 AktG verdeutlicht gerade, dass dem Entsendungsberechtigten eine eigenmächtige Übertragung des Entsendungsrechts verwehrt bleiben soll: Mit dem Vinkulierungserfordernis bringt der Gesetzgeber zum Ausdruck, dass die Entscheidung über die Person des Entsendungsberechtigten aufgrund der mit dem Entsendungsrecht einhergehenden Bestellungsmacht für die Gesellschaft derart bedeutend ist, dass der Entsandte nicht ohne Rückkoppelung an die Gesellschaft über das Entsendungsrecht verfügen darf. Diese Grundentscheidung darf nicht dadurch umgangen werden, dass das aktionärsgebundene Entsendungsrecht ohne weitere Anforderungen an die Individualisierung des Gesamtrechtsnachfolgers vererblich gestellt wird.

c. *Verlust der Rechtspersönlichkeit bei einer entsendungsberechtigten Gesellschaft*

Steht das personengebundene Entsendungsrecht einer juristischen Person oder Personengesellschaft zu, hängt der Fortbestand des Entsendungsrechts vom Fortbestand der Rechtspersönlichkeit sowie der Aktionärseigenschaft der entsendungsberechtigten Gesellschaft ab.

Rechtspersönlichkeit und Rechtsinhaberschaft einer Gesellschaft können durch verschiedene Strukturmaßnahmen beeinträchtigt werden. In Betracht kommen Liquidation, Formwechsel, Verschmelzung, Spaltung und Vermögensübertragung, die sich jeweils unterschiedlich auf den Fortbestand des Entsendungsrechts der Gesellschaft auswirken.

Ob personengebundene Entsendungsrechte durch Strukturmaßnahmen in einer entsendungsberechtigten Gesellschaft erlöschen, hängt also – entsprechend dem Fortleben bzw. dem Aktienverlust einer natürlichen Person – davon ab, ob die entsendungsberechtigte Gesellschaft nach Durchführung der Strukturmaßnahme fortbesteht und weiterhin Aktionärin der Aktiengesellschaft ist. Erlischt die entsendungsberechtigte Gesellschaft oder verliert sie im Zuge der Strukturmaßnahme das Eigentum an den entsendungsberechtigenden Aktien, geht das Entsendungsrecht unter.[795]

(1) Liquidation, Formwechsel

Wird die entsendungsberechtigte Gesellschaft liquidiert, erlöschen mit Beendigung der Gesellschaft ihre Rechtspersönlichkeit und infolgedessen auch ihre Entsendungsrechte. Dagegen bleiben Entsendungsrechte im Fall des Formwechsels erhalten,[796] da auch die Rechtspersönlichkeit der Gesellschaft als solche bestehen bleibt (§ 202 Abs. 1 Nr. 1 UmwG).[797]

(2) Verschmelzung

Wird die entsendungsberechtigte Gesellschaft zur Aufnahme oder zur Neugründung verschmolzen, erlischt ihre Rechtspersönlichkeit (§§ 20 Abs. 1 Nr. 2, 36 Abs. 1 UmwG) und es kommt zur Gesamtrechtsnachfolge zugunsten der übernehmenden Gesellschaft (§§ 20 Abs. 1 Nr. 1, 36 Abs. 1 UmwG).[798] Die Verschmelzung einer Gesellschaft entspricht deshalb ihrem Wesen nach dem Tod einer natürlichen Person, so dass personengebunde Entsendungsrechte der Gesellschaft grundsätzlich erlöschen,[799] es sei denn, die Satzung sieht einen Übergang auf den (hinreichend individualisierten) Gesamtrechtsnachfolger vor.[800]

---

795 Vgl. *Spindler*, in: Spindler/Stilz, AktG, § 101 Rn. 59; *Semler*, in: MünchKomm-AktG (2. Aufl.), § 101 Rn. 87; undifferenziert *Simons*, in: Hölters, AktG, § 101 Rn. 25 (Erlöschen bei „Umwandlung"); zweifelnd *Möhring/Schwartz*, Die Aktiengesellschaft und ihre Satzung, S. 129 f.

796 Allgemeine Ansicht: *Spindler*, in: Spindler/Stilz, AktG, § 101 Rn. 59; *Habersack*, in: MünchKomm-AktG, § 101 Rn. 38; *Drygala*, in: Schmidt/Lutter, AktG, § 101 Rn. 17; *Hopt/Roth*, in: Großkomm-AktG, § 101 Rn. 112; *Meyer-Landrut*, in: Großkomm-AktG (3. Aufl.), § 101 Anm. 10; *Mertens/Cahn*, in: KölnKomm-AktG, § 101 Rn. 55; *Geßler*, in: Geßler/Hefermehl/Eckardt/Kropff, AktG, § 101 Rn. 65; *Möhring/Schwartz*, Die Aktiengesellschaft und ihre Satzung, S. 129.

797 *Semler*, in: MünchKomm-AktG (2. Aufl.), § 101 Rn. 87.

798 *Kübler*, in Semler/Stengel, UmwG, § 20 Rn. 8, 73.

799 *Spindler*, in: Spindler/Stilz, AktG, § 101 Rn. 59; *Habersack*, in: MünchKomm-AktG, § 101 Rn. 38; *Semler*, in: MünchKomm-AktG (2.Aufl.), § 101 Rn. 88; *Bürgers/Israel*, in: Bürgers/Körber, AktG, § 101 Rn. 11; *Godin/Wilhelmi*, AktG, § 103 Anm. 3 S. 566; a.A. *Mertens/Cahn*, in: KölnKomm-AktG, § 101 Rn. 55; *Hopt/Roth*, Großkomm-AktG, § 101 Rn. 112 i.V.m. Fn. 482 a.E.; *Meyer-Landrut*, in: Großkomm-AktG (3. Aufl.), § 101 Anm. 10; wohl auch *Möhring/Schwartz*, Die Aktiengesellschaft und ihre Satzung, S. 129 f.

800 *Habersack*, in: MünchKomm-AktG, § 101 Rn. 38.

(3) Spaltung – Aufspaltung

Bei einer Spaltung ist zunächst zwischen Aufspaltung und Abspaltung bzw. Ausgliederung zu unterscheiden. Im Fall der Aufspaltung erlischt der übertragende Rechtsträger (§ 123 Abs. 1 UmwG); sein Vermögen geht im Wege der Gesamtrechtsnachfolge auf den übernehmenden bzw. neu gegründeten Rechtsträger über. Die rechtliche Existenz der entsendungsberechtigten Gesellschaft wird also beendet, weshalb auch das Entsendungsrecht erlischt.[801] Die Satzung kann allerdings wiederum in Anlehnung an die Vererblichstellung bei natürlichen Personen einen Übergang des Entsendungsrechts auf den übernehmenden bzw. neu gegründeten Rechtsträger vorsehen.[802]

(4) Spaltung – Abspaltung und Ausgliederung

(a) Grundsatz: Erlöschen des Entsendungsrechts

Bei Abspaltung und Ausgliederung hingegen bleibt der übertragende Rechtsträger erhalten und es kommt zu einer partiellen Gesamtrechtsnachfolge des übernehmenden oder neu gegründeten Rechtsträgers in eine vom Gesamtvermögen des übertragenden Rechtsträgers abgrenzbare Gesamtheit von Vermögensgegenständen (§ 123 Abs. 2, 3 UmwG).

Verbleibt das entsendungsrechtsvermittelnde Aktieneigentum beim bisherigen Entsender, ist er weiterhin zur Entsendung berechtigt. Wird allerdings auch das entsendungsrechtsvermittelnde Aktieneigentum durch Aufnahme in den Spaltungs- und Übernahmevertrag (§ 126 Abs. 1 Nr. 9) mit abgespalten bzw. ausgegliedert, verliert der bisherige Entsender seine Aktionärseigenschaft, so dass es grundsätzlich zu einem Untergang des persönlichen Entsendungsrechts kommt.[803]

(b) Problem: Vererblichkeit

Fraglich ist, ob die Satzung auch für diesen Fall einen Übergang des Entsendungsrechts auf den partiellen Gesamtrechtsnachfolger der ursprünglich entsendungsberechtigten Gesellschaft vorsehen kann.

---

801 *Habersack*, in: MünchKomm-AktG, § 101 Rn. 38; a.A. wohl *Steinfort*, Entsendungsrechte, S. 30.

802 *Habersack*, in: MünchKomm-AktG, § 101 Rn. 38.

803 Vgl. wiederum undifferenziert *Habersack*, in: MünchKomm-AktG, § 101 Rn. 38.

Dafür spricht, dass es auch bei Abspaltung und Ausgliederung zu einer – wenn auch nur partiellen – gesetzlich angeordneten Gesamtrechtsnachfolge kommt. Die Übertragung des Aktieneigentums ist mithin nicht rechtsgeschäftlicher Natur.

Dagegen spricht allerdings, dass – anders als beim Tod entsendungsberechtigter natürlicher Personen bzw. bei Verschmelzung und Aufspaltung entsendungsberechtigter Gesellschaften – die ursprünglich entsendungsberechtigte Gesellschaft fortbesteht. Da der von der Hauptversammlung konkret privilegierte Rechtsträger weiterhin vorhanden ist, besteht an sich kein Bedürfnis, die ausnahmsweise zulässige Übertragung personengebundener Entsendungsrechte auch im Wege der lediglich partiellen Gesamtrechtsnachfolge zuzulassen. Könnte das personengebundene Entsendungsrecht durch Aufnahme in den Spaltungs und Übernahmevertrag und anschließender Eintragung auf den übernehmenden bzw. neu gegründeten Rechtsträger übergehen, käme dies faktisch einer rechtsgeschäftlichen Übertragung des unübertragbaren personengebundenen Entsendungsrechts gleich: Der Übergang wird initiiert durch Rechtsgeschäft, der übertragende Rechtsträger besteht fort.

Bei dieser Betrachtungsweise würde jedoch verkannt, dass auch andere auf Gesetz beruhende Übertragungstatbestände rechtsgeschäftlich veranlasst sind, den Übergang des Entsendungsrechts aber nicht hindern. Im Fall testatmentarisch angeordneter Erbfolge fußt die gesetzliche Gesamtrechtsnachfolge auf einseitigem Rechtsgeschäft des Erblassers; bei Verschmelzung und Aufsplatung setzt die gesetzliche Gesamtrechtnachfolge im Anschluss an einen Verschmelzungs- bzw. Aufspaltungsvertrag ein.

Darüber hinaus können personengebunde Entsendungsrechte auch bei Abspaltung und Ausgliederung nur dann auf den jeweiligen Gesamtrechtsnachfolger übergehen, wenn dies in der Satzung vorgesehen und der Rechtsnachfolger hinreichend konkret bezeichnet ist. Der Übergang personengebundener Entsendungsrechte wird damit weiterhin entscheidend von der Hauptversammlung der Gesellschaft kontrolliert, in der das Entsendungsrecht besteht.

Auch bei Aufspaltung und Ausgliederung kann das persönliche Entsendungsrecht also durch Aufnahme in den Spaltungsvertrag auf den partiellen Gesamtrechtsnachfolger übergehen.[804] Verbleibt das Aktieneigentum im Zuge der Abspaltung bzw. Ausgliederung hingegen bei der übertragenden Gesellschaft, bleibt auch das Entsendungsrecht zu ihren Gunsten erhalten.[805]

(5) Vermögensübertragung – Vollübertragung, Teilübertragung durch Aufspaltung

Ebenso wie bei der Spaltung ist bei der Vermögensübertragung danach zu differenzieren, ob der übertragende Rechtsträger bestehen bleibt und weiterhin Aktionär der Aktiengesellschaft ist.[806] Da es bei Vollübertragung und Teilübertragung durch Aufspaltung zum Erlöschen des übertragenden, entsendungsberechtigten Rechtsträgers kommt (§ 174 Abs. 1, Abs. 2 Nr. 1 UmwG), erlischt auch das Entsendungsrecht, es sei denn, es ist in der Satzung vererblich ausgestaltet.[807]

(6) Vermögensübertragung – Teilübertragung durch Abspaltung oder Ausgliederung

Kommt es bei der entsendungsberechtigten Gesellschaft zu einer Teilvermögensübertragung durch Abspaltung oder Ausgliederung (§ 174 Abs. 2 Nr. 2, Nr. 3 UmwG), besteht die übertragende Gesellschaft fort. Wie bei Abspaltung und Ausgliederung ist dann darauf abzustellen, ob die Satzung das Entsendungsrecht vererblich ausgestaltet und ob das entsendungsrechtsvermittelnde Aktieneigentum auf den aufnehmenden Rechtsträger übertragen wird.[808]

5. Zusammenfassung

Zum Wegfall gesetzlicher Voraussetzungen des Entsendungsrechts kommt es entweder durch gesellschaftsinterne Vorgänge in Form von Hauptversammlungsbeschlüssen oder durch sonstige gesellschaftsexterne Ereignisse.

---

804 *Habersack*, in: MünchKomm-AktG, § 101 Rn. 38 a.E.; ebenso wohl *Hopt/Roth*, in: Großkomm-AktG, § 101 Rn. 112.

805 Vgl. *Hopt/Roth*, in: Großkomm-AktG, § 101 Rn. 112.

806 Vgl. wiederum undifferenziert *Habersack*, in: MünchKomm-AktG, § 101 Rn. 38; unklar auch *Hopt/Roth*, in: Großkomm-AktG, § 101 Rn. 112 Fn. 482.

807 Vgl. *Habersack*, in: MünchKomm-AktG, § 101 Rn. 38.

808 Vgl. *Habersack*, in: MünchKomm-AktG, § 101 Rn. 38 a.E.

Die anzahlmäßige Höchstgrenze (§ 101 Abs. 2 Satz 4 AktG) wird entweder unmittelbar aufgrund einer Verkleinerung des Aufsichtsrats durch satzungsändernden Hauptversammlungsbeschluss, als zwingende Folge gesetzlicher Vorgaben oder mittelbar im Zuge eines sonstigen Hauptversammlungsbeschlusses überschritten. Nur im ersten Fall bedarf es dafür der Zustimmung des Entsendungsberechtigten (§ 35 BGB); sie ist insgesamt entbehrlich, wenn ein wichiger Grund vorliegt. Ist die Verkleinerung wirksam, entfallen grundsätzlich alle Entsendungsrechte, es sei denn, sie liegen in einer Hand oder die Satzung sieht eine Rangfolge vor.

Entsendungsrechte erlöschen auch, wenn die Gesellschaft, in der sie bestehen, ihre Rechtspersönlichkeit bzw. die sie einräumende Satzung ihre Kontinuität verliert (so bei Liquidation, Verschmelzung, Aufspaltung, Vermögensvollübertragung, Vermögensteilübertragung durch Aufspaltung, Formwechsel). Der Zustimmung des Entsendungsberechtigten bedarf es dabei nicht.

Aktiengebunde Entsendungsrechte erlöschen zudem durch Einziehung der entsendungsrechtsvermittelnden Namensaktien, durch ihre Umwandlung in Inhaberaktien oder durch Aufhebung ihrer Vinkulierung. Diese Maßnahmen sind gem. § 35 BGB grundsätzlich zustimmungsbedürftig.

Inhabergebunde Entsendungsrechte erlöschen darüber hinaus bei Veräußerung der entsendungsberechtigenden Aktien oder bei Tod des Entsendungsberechtigten bzw. Verlust der Rechtspersönlichkeit der entsendungsberechtigten Gesellschaft, es sei denn, das Entsendungsrecht wurde zulässigerweise auf den Gesamtrechtsnachfolger übertragen.

III. Wegfall satzungsmäßiger Voraussetzungen

Entsendungsrechte erlöschen auch dann, wenn statutarische Voraussetzungen des Entsendungsrechts selbst entfallen. Dabei können in der Satzung nicht nur positive, sondern auch negative Voraussetzungen formuliert werden, die bei Wegfall bzw. Eintritt zum Erlöschen des Entsendungsrechts führen.[809] Es kann sich dabei um Voraussetzungen im Hinblick auf den Entsendungsberechtigten selber oder aber um Anforderungen an außerhalb der Person des Entsendungsberechtigten liegende

[809] *Hopt/Roth*, in: Großkomm-AktG, § 101 Rn. 124; *Meyer-Landrut*, Großkomm-AktG (3. Aufl.), § 101 Anm. 9.

Umstände handeln (bspw. eine gewisse Familienzugehörigkeit oder ein Mindestbesitz an Aktien).

Je nach Inhalt bzw. Auslegung der entsprechenden Satzungspassage führt das Entfallen statutarischer Voraussetzungen jedoch nicht zum Erlöschen, sondern zu einem bloßen Ruhen des Entsendungsrechts. [810]

IV. Auswirkungen auf Wirksamkeit der Entsendung

1. Fortbestand der Entsendung

Erlischt das Entsendungsrecht, hat dies zunächst keine Auswirkungen auf die Organstellung wirksam entsandter Aufsichtsratsmitglieder.[811] Sie sind weiterhin Mitglieder des Aufsichtsrates, können allerdings von der Hauptversammlung bereits mit einfacher Stimmenmehrheit abberufen werden (§ 103 Abs. 2 Satz 2 AktG).

2. Satzungsmäßige Koppelung von Fortbestand der Entsendung an Fortbestand des Entsendungsrechts

Auch die Satzung kann nicht bestimmen, dass das Aufsichtsratsmandat des Entsandten mit Erlöschen des Entsendungsrechts endet. [812] Eine derartige Regelung würde § 103 Abs. 2 Satz 2 AktG zuwiderlaufen. Danach steht es der Hauptversammlung frei, trotz Erlöschens des Entsendungsrechts an dem entsandten Aufsichtsratsmitglied festzuhalten oder

---

810 Vgl. *Habersack*, in: MünchKomm-AktG, § 101 Rn. 36.

811 *Spindler*, in: Spindler/Stilz, AktG, § 101 Rn. 55; *Mertens/Cahn*, in: KölnKomm-AktG, § 101 Rn. 58; *Henssler*, in: Henssler/Strohn, GesellschaftsR, § 101 AktG Rn. 8; *Habersack*, in: MünchKomm-AktG, § 101 Rn. 41; *Hoffmann-Becking*, in: MünchHdbGesR-AG, § 30 Rn. 33, 86; *Hopt/Roth*, in: Großkomm-AktG, § 101 Rn. 151, 154; speziell zum Erlöschen bei Verkleinerung des Aufsichtsrats vgl. *Mertens/Cahn*, in: KölnKomm-AktG, § 95 Rn. 25, § 101 Rn. 58, *Simons*, in: Hölters, § 95 Rn. 14; *Habersack*, in: MünchKomm-AktG, § 95 Rn. 18, § 101 Rn. 35, Rn. 41; *Koch*, in: Hüffer, AktG, § 95 Rn. 5; a.A. noch *Godin/Wilhelmi*, AktG, § 101 Anm. 3 S. 554.

812 *Habersack*, in: MünchKomm-AktG, § 101 Rn. 60, § 103 Rn. 31; vgl. *Mertens/Cahn*, in: KölnKomm-AktG, § 103 Rn. 25 (die das Abberufungsrecht der Hauptversammlung als „nicht abdingbare" Ausnahme begreifen); siehe auch *Hopt/*Roth, in: Großkomm-AktG, § 103 Rn. 45 (die eine derartige Satzungsregelung für „problematisch" halten); a.A. *Semler*, in: MünchKomm-AktG (2. Aufl.), § 103 Rn. 32; *Möhring/Schwartz*, Die Aktiengesellschaft und ihre Satzung, S. 132; wohl auch *Geßler*, in: Geßler/Hefermehl/Eckardt/Kropff, AktG, § 103 Anm. 31.

den Entsandten abzuberufen. Eine Koppelung der Aufsichtsratsmitgliedschaft des Entsandten an den Fortbestand des Entsendungsrechts würde diese Entscheidung vorwegnehmen und so den gesetzlich verankerten Ermessensspielraum der Hauptversammlung entgegen § 23 Abs. 5 AktG unzulässig beschneiden.[813]

Darüber hinaus kann nicht sichergestellt werden, dass die Gesellschaft oder der Entsendungsberechtigte Kenntnis vom Erlöschen des Entsendungsrechts bzw. Kenntnis von den das Erlöschen auslösenden Umständen erhalten.[814] Eine Koppelung des Fortbestands der Entsendung an den Fortbestand des Entsendungsrechts würde deshalb zwangsweise dazu führen, dass dauerhaft zweifelhaft wäre, ob die Bestellung des entsandten Aufsichtsratsmitglieds weiterhin wirksam ist. Dadurch würde die Funktionsfähigkeit des Aufsichtsrats in nicht unerheblicher Weise beeinträchtigt. Auch aus diesem Grund ist eine Koppelung als unzulässig abzulehnen.

3. Fortbestand der Entsendung bei Verkleinerung des Aufsichtsrats

Der Entsandte bleibt auch dann Mitglied des Aufsichtsrats, wenn das Entsendungsrecht aufgrund einer Verkleinerung des Aufsichtsrats erlischt. Zwar besteht ab dem Zeitpunkt der Verkleinerung ein satzungswidriger Zustand; bestellte Aufsichtsratsmitglieder verbleiben jedoch bis zum Ende der Amtszeit in ihrer Organstellung, da der organschaftliche Bestellungsakt von Gesetzes wegen nicht durch Satzungsänderung, sondern nur durch Abberufung aufgehoben werden kann.[815] Die Hauptversammlung ist allerdings aus Gründen der Satzungskonformität[816] gehal-

[813] Vgl. *Habersack*, in: MünchKomm-AktG, § 103 Rn. 31; *Bürgers/Israel*, in: Bürgers/Körber, AktG, § 103 Rn. 7.

[814] *Habersack*, in: MünchKomm-AktG, § 103 Rn. 31; *Hopt/*Roth, in: Großkomm-AktG, § 103 Rn. 45.

[815] *Spindler*, in: Spindler/Stilz, AktG, § 95 Rn. 19, § 97 Rn. 10; *Hopt/Roth*, in: Großkomm-AktG, § 95 Rn. 96; *Simons*, in: Hölters, AktG, § 95 Rn. 14; *Habersack*, in: MünchKomm-AktG, § 95 Rn. 18; *Koch*, in: Hüffer, AktG, § 95 Rn. 5; *Hoffmann-Becking*, in: MünchHdbGesR-AG, § 30 Rn. 89; *Vetter*, in: Marsch-Barner/Schäfer, Hdb börsennotierte AG, § 25 Rn. 70; a.A. noch *Godin/Wilhelmi*, AktG, § 101 Anm. 3 S. 554 (automatisches Erlöschen der Ämter aller entsandter Aufsichtsratsmitglieder).

[816] *Habersack*, in: MünchKomm-AktG, § 95 Rn. 18; *Henssler*, in: GesellschaftsR, § 95 AktG Rn. 2; *Simons*, in: Hölters, AktG, § 95 Rn. 14.

ten, überzählige gewählte Aufsichtsratsmitglieder gem. § 103 Abs. 1 AktG bzw. entsandte Aufsichtsratsmitglieder gem. § 103 Abs. 2 Satz 2 AktG abzuberufen.[817]

Handelt es sich jedoch um einen mitbestimmten Aufsichtsrat, tritt die Verkleinerung des Aufsichtsrats grundsätzlich erst mit Ablauf der Amtsperiode der Arbeitnehmervertreter in Kraft,[818] so dass (überzählige) Entsendungsrechte erst zu diesem Zeitpunkt erlöschen. Sollten die Amtsperioden von Arbeitnehmervertretern sowie gewählten und entsandten Anteilseignervertretern nicht parallel verlaufen und damit gleichzeitig enden, kommt eine Abberufung von Anteilseignervertretern (§ 103 Abs. 1 bzw. Abs. 2 AktG) deshalb frühenstens mit Ablauf der Amtsperiode der Arbeitnehmervertreter in Betracht.

4. Erneute Entsendung nach Erlöschen von Entsendungsrechten

Nimmt der ehemals Entsendungsberechtigte trotz Erlöschen des Entsendungsrechts eine Entsendung vor, ist die Entsendung wegen fehlender Entsendungsberechtigung grundsätzlich nichtig.[819] Allerdings greift auch hier die Lehre vom fehlerhaften Organ:[820] Es kann keinen Unterschied machen, ob der Entsendungsberechtigte lediglich im konkreten Einzelfall nicht zur Entsendung berechtigt ist oder ob er insgesamt unzuständig geworden ist.[821]

---

[817] *Hopt/Roth*, in: KölnKomm-AktG, § 103 Rn. 42; *Mertens/Cahn*, in: KölnKomm-AktG, § 95 Rn. 27; *Habersack*, in: MünchKomm-AktG, § 95 Rn. 18; *Simons*, in: Hölters, AktG, § 95 Rn. 14; *Hoffmann-Becking*, in: MünchHdbGesR-AG, § 30 Rn. 89.

[818] OLG Dresden v. 18.2.1997 – 14 W 1396/96, ZIP 1997 589, 590; OLG Hamburg v. 26.8.1988 – 11 W 53/88, OLGZ 1989, 32 = ZIP 1988, 1191, 1192; *Mertens/Cahn*, in: KölnKomm-AktG, § 95 Rn. 26; *Hopt/Roth*, in: KölnKomm-AktG, § 95 Rn. 96; *Habersack*, in: MünchKomm-AktG, § 95 Rn. 19; *Spindler*, in: Spindler/Stilz, AktG, § 95 Rn. 20; *Koch*, in: Hüfer, AktG, § 95 Rn. 5; *Vetter*, in: Marsch-Barner/Schäfer, Hdb börsennotierte AG, § 25 Rn. 71; *Hoffmann-Becking*, in: MünchHdbGesR-AG, § 28 Rn. 61.

[819] Vgl. oben unter D. II. 2. d.

[820] Vgl. oben unter C. VI. 6. a.

[821] Zur Lehre vom fehlerhaften Organ bei Bestellung durch eine unzuständig gewordene Stelle vgl. BGH v. 20.2.1995 – II ZR 143/93, BGHZ 129, 30, 32 = NJW 1995, 1290, 1291.

F. Amtszeit entsandter Aufsichtsratsmitglieder

I. Reguläre Amtszeit

Die Organstellung des Entsandten beginnt mit Annahme der Entsendung, es sei denn, Satzung oder Entsendungserklärung selber sehen einen späteren Zeitpunkt vor.[822] Die Dauer der Amtszeit entsandter Aufsichtsratsmitglieder richtet sich generell nach den allgemein für bestellte Aufsichtsratsmitglieder geltenden Grundsätzen, § 102 Abs. 1 AktG.[823] Auch entsandte Aufsichtsratsmitglieder können deshalb nur maximal bis zur Beendigung der Hauptversammlung bestellt werden, die über die Entlastung für das vierte Geschäftsjahr nach dem Beginn der Amtszeit beschließt, wobei das Geschäftsjahr, in dem die Amtszeit beginnt, nicht mitgerechnet wird. In der Satzung können davon abweichende, kürzere Amtszeiten auch im Hinblick auf entsandte Aufsichtsratsmitglieder festgelegt werden,[824] da das Entsendungsrecht insgesamt zur Disposition der Hauptversammlung steht.[825] Schweigt die Satzung oder beziehen sich statutarische Amtszeitregelungen nur auf gewählte Aufsichtsratsmitglieder, steht es dem Entsendungsberechtigten frei, die Amtszeit entsandter Aufsichtsratsmitglieder innerhalb der gesetzlich gestatteten Maximalfrist bei Entsendung festzulegen. Äußert auch er sich nicht, bleibt es bei der gesetzlich vorgesehenen Amtszeit gem. § 102 Abs. 1 AktG. Endet die Amtszeit des Entsandten, bedarf es einer erneuten Entsendung durch

---

822 Vgl. *Spindler*, in: Spindler/Stilz, AktG, § 101 Rn. 13; *Mertens/Cahn*, in: KölnKomm-AktG, § 101 Rn. 41, 66

823 *Habersack*, in: MünchKomm-AktG, § 101 Rn. 52, 65 f., § 102 Rn. 8 f., 14; *Koch*, in: Hüffer, AktG, § 102 Rn. 4; *Hopt/Roth*, in: Großkomm-AktG, § 101 Rn. 153 f., § 102 Rn. 21; *Spindler*, in: Spindler/Stilz, AktG, § 101 Rn. 72; *Henssler*, in: Henssler/Strohn, GesellschaftsR, § 101 AktG Rn. 12; *Simons*, in: Hölters, AktG, § 101 Rn. 31; *Drygala*, in: Schmidt/Lutter, AktG, § 101 Rn. 25; *Godin/Wilhelmi*, AktG, § 101 Anm. 3 S. 555; *Hoffmann-Becking*, in: MünchHdbGesR-AG, § 30 Rn. 75; a.A. *Würdinger*, Aktienrecht und das Recht der verbundenen Unternehmen, § 26 II 2 b) S. 130.

824 *Habersack*, in: MünchKomm-AktG, § 101 Rn. 66, § 102 Rn. 14; *Henssler*, in; Henssler/Strohn, GesellschaftsR, § 102 AktG Rn. 5; *Hopt/Roth/Peddinghaus*, in: Großkomm-AktG, § 102 Rn. 21; *Simons*, in: Hölters, AktG, § 101 Rn. 31; *Spindler*, in: Spindler/Stilz, AktG, § 101 Rn. 72; *Geßler*, in: Geßler/Hefermehl/Eckardt/Kropff, AktG, § 101 Rn. 93; *Möhring/Schwartz*, Die Aktiengesellschaft und ihre Satzung, S. 128; a.A. *Hoffmann-Becking*, in: MünchHdbGesR-AG, § 30 Rn. 75; *Mertens/Cahn*, in: KölnKomm-AktG, § 102 Rn. 12; wohl auch *Koch*, in: Hüffer, AktG, § 102 Rn. 4 a.E.

825 So auch *Hopt/Roth/Peddinghaus*, in: Großkomm-AktG, § 102 Rn. 21.

den Entsendungsberechtigten; es reicht nicht aus, dass der Entsendungsberechtigte den Entsandten in seiner Stellung belässt.[826]

II. Abberufung durch den Entsendungsberechtigten

Allerdings verbleibt dem Entsendungsberechtigten die Möglichkeit, die Amtszeit des Entsandten durch Abberufung gem. § 103 Abs. 2 Satz 1 AktG vorzeitig zu beenden. Die Hauptversammlung hingegen kann entsandte Aufsichtsratsmitglieder – anders als gewählte, vgl. § 103 Abs.1 AktG – grundsätzlich nicht abberufen. Mit (rechtsgeschäftlichem oder gesetzlichem) Übergang des Aktieneigentums gehen das Entsendungsrecht und damit auch das Recht zur Abberufung des Entsandten auf den Erwerber über.[827]

Geht das Entsendungsrecht durch Gesamtrechtsnachfolge oder im Wege rechtsgeschäflticher Übertragung auf den Erwerber des Aktieneigentums über, verbleibt der Entsandte in seiner Organstellung. Der neue Entsender kann jedoch von seinem Abberufungsrecht (§ 103 Abs. 2 Satz 1 AktG) Gebrauch machen und anschließend eine Person seines Vertrauens in den Aufsichtsrat entsenden.[828]

1. Unbeschränktes und unbeschränkbares Abberufungsrecht

Der Entsendungsberechtigte kann den Entsandten jederzeit und ohne sachlichen Grund aus seiner Organstellung entfernen. In der Satzung kann das gesetzlich zwingende Abberufungsrecht des Entsenders weder ausgeschlossen noch an zusätzliche Voraussetzungen geknüpft werden.[829]

---

826 *Hopt/Roth*, in: Großkomm-AktG, § 101 Rn. 153; *Mertens/Cahn*, in: KölnKomm-AktG, § 101 Rn. 71; a.A. *Schmidt/Meyer-Landrut*, in: Großkomm-AktG 1937, § 88 Anm. 20; *Würdinger*, Aktienrecht und das Recht der verbundenen Unternehmen, S. 130.

827 *Hopt/Roth*, in: Großkomm-AktG, § 101 Rn. 151.

828 *Spindler*, in: Spindler/Stilz, AktG, § 101 Rn. 74; *Habersack*, in: MünchKomm-AktG, § 101 Rn. 46.

829 *Mertens/Cahn*, in: KölnKomm-AktG, § 103 Rn. 20; *Spindler*, in: Spindler/Stilz, AktG, § 103 Rn. 21; *Hopt/Roth*, in: Großkomm-AktG, § 103 Rn. 33; *Simons*, in: Hölters, AktG, § 103 Rn. 21; *Habersack*, in: MünchKomm-AktG, § 103 Rn. 24; *Henssler*, in: Henssler/Strohn, GesllschaftsR, § 103 AktG Rn. 8; *Bürgers/Israel*, in: Bürgers/Körber, AktG, § 103 Rn. 6; *Drygala*, in: Schmidt/Lutter, AktG, § 103 Rn. 9; *Schlegelberger/Quassowski*, AktG 1937, § 88 Rn. 29.

Deshalb ist der Entsendungsberechtigte an einer Abberufung selbst dann nicht gehindert, wenn die Satzung ihn zur Ausübung des Entsendungsrechts verpflichtet: Auch ohne gleichzeitg erfolgte Neubestellung ist die Abberufung wirksam.[830] Der Entsendungsberechtigte verstößt dann allerdings gegen seine mitgliedschaftliche Bestellungspflicht und macht sich unter Umständen schadensersatzpflichtig.

Beschränkbar ist hingegen das Recht zur erneuten Entsendung.[831] Zwar spricht § 103 Abs. 2 Satz 1 AktG davon, der Entsendungsberechtigte könne das entsandte Aufsichtsratsmitglied „jederzeit abberufen und durch ein anderes [ersetzen]“. Daraus kann jedoch nicht geschlossen werden, Entsendungsrechte könnten nur für eine unbegrenzte Anzahl von Entsendungen eingeräumt werden. Vielmehr verdeutlichen die in § 101 Abs. 2 AktG niedergelegten Zulässigkeitsanforderungen, dass Entsendungsrechte die Bestellungsmacht der Hauptversammlung nicht über Gebühr beschneiden können sollen. Dieser gesetzgeberischen Zielsetzung würde es zuwiderlaufen, könnten Entsendungsrechte in der Satzung nicht auf ein- bzw. mehrmalige Ausübung beschränkt werden. Entsendungsrechte können deshalb ohne Verstoß gegen das zwingende Abberufungsrecht des Entsenders auch zur bloß einmaligen Ausübung verliehen werden.

2. Treubindung

Wie bei der Ausübung von Mitgliedschaftsrechten generell ist der Entsendungsberechtigte auch bei Abberufung entsandter Aufsichtsratsmitglieder dazu verpflichtet, auf schutzwürdige Belange von Gesellschaft und Mitgesellschaftern Rücksicht zu nehmen. Sollten durch die Abberufung nicht anders abwendbare, unzumutbare Nachteile zulasten der Gesellschaft oder zulasten von Mitgesellschaftern hervorgerufen werden, hat der Entsendungsberechtigte von einer Abberufung abzusehen.[832] Eine derartige Fallgestaltung ist jedoch nur in Ausnahmefällen denkbar.

---

[830] A.A. wohl *Habersack*, in: MünchKomm-AktG, § 101 Rn. 44 (im Gegensatz jedoch zu § 103 Rn. 23); *Spindler*, in: Spindler/Stilz, AktG, § 101 Rn. 72; *Hopt/Roth*, in: Großkomm-AktG, § 101 Rn. 151, 167.

[831] *Habersack*, in: MünchKomm-AktG, § 103 Rn. 24 a.E.; *Hopt/Roth*, in: Großkomm-AktG, § 103 Rn. 33.

[832] Vgl. *Habersack*, in: MünchKomm-AktG, § 103 Rn. 25; *Hopt/Roth*, in: Großkomm-AktG, § 103 Rn. 34; *Mertens/Cahn*, in: KölnKomm-AktG, § 103 Rn. 20; *Bürgers/Israel*, in: Bürgers/Körber, AktG, § 103 Rn. 6.

Sollte der Entsendungsberechtigte sein Abberufungsrecht trotzdem treuwidrig ausüben – bspw. wenn er aktienrechtswidrige Zwecke verfolgt oder mit der Abberufung eine unzulässige Weisung durchzusetzen sucht –, ist die Abberufung gleichwohl wirksam.[833] Allerdings ist der Entsendungsberechtigte der Gesellschaft dann ggf. schadensersatzpflichtig.[834]

3. Abberufungspflicht unter Treupflichtgesichtspunkten

Fraglich ist, ob sich das freie Abberufungsrecht des Entsendungsberechtigten unter Umständen aufgrund der gesellschaftsrechtlichen Treupflicht zu einer Abberufungspflicht verdichtet.[835] Dies wäre allerdings nur dann der Fall, wenn der Gesellschaft oder den Mitaktionären bei Verbleib des entsandten Aufsichtsratmitglieds in seiner Organstellung unzumutbare, nicht anders abwendbare Nachteile drohten. In einer solchen Situation liegt aber in der Regel bereits ein wichtiger Grund in der Person des entsandten Aufsichtsratsmitglieds vor, so dass Gesellschaft und Mitaktionäre ausreichend über die Möglichkeit zur gerichtlichen Abberufung auf Antrag des Aufsichtsrats bzw. auf Antrag der Aktionäre geschützt sind, § 103 Abs. 3 AktG. Für eine treupflichtmäßige Abberufungspflicht zulasten des Entsendungsberechtigten ist deshalb kein Raum.

4. Beschränkung durch schuldrechtliche Vereinbarungen

Zwar kann sich der Entsendungsberechtigte schuldrechtlich – bspw. gegenüber dem Entsandten – dazu verpflichten, das Abberufungsrecht nicht auszuüben. Auf korporativer Ebene im Verhältnis zur Gesellschaft hat dies allerdings keine Auswirkungen.[836]

---

[833] *Hopt/Roth*, in: Großkomm-AktG, § 101 Rn. 151; siehe auch *Mertens/Cahn*, in: KölnKomm-AktG, § 103 Rn. 20.

[834] *Mertens/Cahn*, in: KölnKomm-AktG, § 103 Rn. 20.

[835] So *Habersack*, in: MünchKomm-AktG, § 101 Rn. 58; § 103 Rn. 26; *Hopt/Roth*, in: Großkomm-AktG, § 103 Rn. 39; *Spindler*, in: Spindler/Stilz, AktG, § 103 Rn. 20; *Drygala*, in: Schmidt/Lutter, AktG, § 103 Rn. 10; *Bürgers/Israel*, in: Bürgers/Körber, AktG, § 103 Rn. 6; *Henssler*, in: Henssler/Strohn, GesellschaftsR, § 103 AktG Rn. 8 a.E.; *Simons*, in: Hölters, AktG, § 103 Rn. 21; *Mertens/Cahn*, in: KölnKomm-AktG, § 103 Rn. 24; wohl auch *Hoffmann-Becking*, in: MünchHdbGesR-AG, § 30 Rn. 85.

[836] *Simons*, in: Hölters, AktG, § 103 Rn. 20; *Mertens/Cahn*, in: KölnKomm-AktG, § 103 Rn. 22; *Hopt/Roth*, in: Großkomm-AktG, § 103 Rn. 36 ff.; *Drygala*, in:

5. Abberufungserklärung

Die Abberufung ist eine einseitige, empfangsbedürftige Willenserklärung des Entsendungsberechtigten gegenüber dem betroffenen Entsandten.[837] Darüber hinaus muss die Abberufungserklärung zu ihrer Wirksamkeit als actus contrarius der Entsendung auch bei der Gesellschaft, vertreten durch den Vorstand, zugehen.[838]

6. Erlöschen des Abberufungsrechts

Das Abberufungsrecht des Entsendungsberechtigten erlischt, sobald der (ehemals) Entsendungsberechtige nicht mehr zur Entsendung berechtigt ist.[839]

III. Abberufung durch die Hauptversammlung

Entfallen die in der Satzung bestimmten Voraussetzungen des Entsendungsrechts, verbleibt der Entsandte zwar in seiner Organstellung,[840] kann von der Hauptversammlung jedoch – abweichend von § 103 Abs. 1 AktG – bereits mit einfacher Stimmenmehrheit abberufen werden, § 103 Abs. 2 Satz 2 AktG.[841] Sobald die Voraussetzungen des Entsendungsrechts entfallen, geht das Recht zur Abberufung entsandter Aufsichtsratsmitglieder also vom Entsendungsberechtigten auf die Hauptversammlung über.

Schmidt/Lutter, AktG, § 103 Rn. 9; *Koch*, in: Hüffer, AktG, § 103 Rn. 7; *Habersack*, in: MünchKomm-AktG, § 103 Rn. 27; *Hoffmann-Becking*, in: MünchHdb-GesR-AG, § 30 Rn. 85.

837 *Mertens/Cahn*, in: KölnKomm-AktG, § 103 Rn. 12; *Simons*, in: Hölters, AktG, § 103 Rn. 22; *Koch*, in: Hüffer, AktG, § 103 Rn. 5, 7; *Henssler*, in: Henssler/Strohn, GesellschaftsR, § 103 AktG Rn. 8; *Spindler*, in: Spindler/Stilz, AktG, § 103 Rn. 22.

838 *Habersack*, in: MünchKomm-AktG, § 103 Rn. 28; *Simons*, in: Hölters, AktG, § 103 Rn. 22; *Hoffmann-Becking*, in: MünchHdbGesR-AG, § 30 Rn. 85.

839 *Habersack*, in: MünchKomm-AktG, § 103 Rn. 30; wohl auch *Henssler*, in: Henssler/Strohn, GesellschaftsR, § 103 AktG Rn. 9.

840 *Hoffmann-Becking*, in: MünchHdbGesR-AG, § 30 Rn. 86.

841 Zum zwingenden Charakter von § 103 Abs. 2 Satz 2 AktG siehe *May*, Die Sicherung des Familieneinflusses auf die Geschäftsführung der börsengehandelten Aktiengesellschaft, S. 146 m.w.N.

1. Wegfall statutarischer Voraussetzungen des Entsendungsrechts

a. Statutarische Voraussetzungen des Entsendungsrechts

Statutarische Voraussetzungen des Entsendungsrechts sind Voraussetzungen, die zur Entsendungsberechtigung erfüllt sein müssen und in der Satzung niedergelegt sind. Da das Entsendungsrecht – und damit all seine gesetzlichen wie zusätzlichen satzungsmäßigen Voraussetzungen – jedoch zwangsweise in der Satzung zu verankern sind, geht die Abberufungskompetenz im Ergebnis auch bei Wegfall gesetzlicher Voraussetzungen des Entsendungsrechts auf die Hauptversammlung über.[842] § 103 Abs. 2 Satz 2 AktG ist deshalb immer dann einschlägig, wenn der Entsendungsberechtigte gesetzliche oder statutarische Voraussetzungen nicht mehr erfüllt oder wenn sonstige materielle Anforderungen an Umstände außerhalb der Person des Entsendungsberechtigten nicht mehr erfüllt werden und das Entsendungsrecht deshalb erloschen ist.

b. Anfängliches Fehlen statutarischer Voraussetzungen

Erfüllt der Entsendungsberechtigte die statutarischen Voraussetzungen bereits bei Entsendung nicht oder liegen bereits zu diesem Zeitpunkt statutarischen Anforderungen an Umstände außerhalb der Person des Entsendungsberechtigten nicht vor, ist die Entsendung nach der Lehre vom fehlerhaften Organ trotzdem wirksam. Fraglich ist, ob die Hauptversammlung entsandte Aufsichtsratsmitglieder auch dann nach § 103 Abs. 2 Satz 2 AktG abberufen kann, wenn statutarische Voraussetzungen des Entsendungsrechts nicht nachträglich wegfallen, sondern bereits anfänglich fehlen.

Nach der Lehre vom fehlerhaften Organ ist eine fehlerhafte Organbestellung aus Gründen der Rechtssicherheit solange wirksam, bis sie durch einen formalen Beendigungstatbestand beendet wird.[843] Eine fehlerhafte

---

[842] Vgl. *Simons*, in: Hölters, AktG, § 103 Rn. 25; *Hopt/Roth*, in: Großkomm-AktG, § 103 Rn. 41; *Geßler*, in: Geßler/Hefermehl/Eckardt/Kropff, AktG, § 103 Rn. 23 ff; *Schlegelberger/Quassowski*, AktG 1937, § 88 Rn. 31; *Hoffmann-Becking*, in: MünchHdbGesR-AG, § 30 Rn. 86.

[843] *Kort*, in: Großkomm-AktG, § 84 Rn. 97; *Weber*, in: Hölters, AktG, § 84 Rn. 31; *Fleischer*, in: Spindler/Stilz, AktG, § 84 Rn. 21; *Wiesner*, in: MünchHdbGesR-AG, § 20 Rn. 40; *Mertens/Cahn*, in: KölnKomm-AktG, § 84 Rn. 32; *Seibt*, in: Schmidt/Lutter, AktG, § 84 Rn. 22; *Thüsing*, in: HdbVorstR, § 4 Rn. 48; a.A.

Vorstandsbestellung endet deshalb ex nunc mit Widerruf durch den Aufsichtsrat oder mit Amtsniederlegung seitens des betroffenen Vorstandsmitglieds.[844] Die Organzugehörigkeit fehlerhaft bestellter Aufsichtsratsmitglieder endet grundsätzlich, sobald das betroffene Aufsichtsratsmitglied sein Amt niederlegt oder von der Gesellschaft, vertreten durch den Vorstand, aus dem Aufsichtsrat ausgeschlossen wird oder im Fall gewählter Aufsichtsratsmitglieder mit Rechtskraft eines stattgebenden Anfechtungsurteils.[845]

Für den Sonderfall fehlerhaft entsandter Aufsichtsratsmitglieder lässt sich aus § 103 Abs. 2 Satz 2 AktG a maiore ad minus schließen, dass die Organbestellung fehlerhaft entsandter Aufsichtsratsmitglieder zusätzlich durch einen mit einfacher Stimmenmehrheit gefassten Abberufungsbeschluss der Hauptversammlung beendet werden kann. Da die Hauptversammlung entsandte Aufsichtsratsmitglieder schon bei nachträglichem Wegfall statutarischer Voraussetzungen des Entsendungsrechts abberufen kann, muss dies erst recht bei bereits anfänglich fehlerhafter Bestellung gelten. Die Abberufung durch die Hauptversammlung stellt einen ex nunc wirkenden, hinreichend formalisierten und publiken Beendigungstatbestand dar und ist deshalb mit den regulären Verfahren zur Beendigung fehlerhafter Aufsichtsratsbestellungen vergleichbar.

Liegen statutarische Voraussetzungen des Entsendungsrechts bereits zum Zeitpunkt der Entsendung nicht vor, kann die Hauptversammlung derart fehlerhaft entsandte Aufsichtsratsmitglieder folglich analog § 103 Abs. 2 Satz 2 AktG abberufen.

Stein, Das faktische Organ, S. 125, 136 ff. (Beendigung, sobald der Bestellungsmangel den Beteiligten bekannt wird).

[844] *Koch*, in: Hüffer, AktG, § 84 Rn. 13; *Spindler*, in: MünchKomm-AktG, § 84 Rn. 245; *Dauner-Lieb*, in: Henssler/Strohn, GesellschaftsR, § 84 AktG Rn. 13; *Fleischer*, in: Spindler/Stilz, AktG, § 84 Rn. 21; *Weber*, in: Hölters, AktG, § 84 Rn. 31; *Wiesner*, in: MünchHdbGesR-AG, § 20 Rn. 40.

[845] *Habersack*, in: MünchKomm-AktG, § 101 Rn. 73; *Spindler*, in: Spindler/Stilz, AktG, § 101 Rn. 112; *Schürnbrand*, Organschaft im Recht der privaten Verbände, S. 291; vgl. auch *Hopt/Roth*, in: Großkomm-AktG, § 101 Rn. 217; *Mertens/Cahn*, in: KölnKomm-AktG, § 101 Rn. 110; *Simons*, in: Hölters, AktG, § 101 Rn. 50; abweichend *Bayer/Lieder*, NZG 2012, 1, 7 (Beendigung durch Hauptversammlung im Namen der Gesellschaft); a.A. *Stein*, Das fehlerhafte Organ, S. 136 (Beendigung, sobald der Bestellungsmangel den Beteiligten bekannt wird).

c. *Ruhen des Entsendungsrechts*

Fraglich ist, ob die Abberufungskompetenz auch dann vom Entsendungsberechtigten auf die Hauptversammlung übergeht, wenn die Satzung für den Fall, dass der Entsendungsberechtigte zusätzlich statutarisch geforderte Eigenschaften verliert, kein Erlöschen, sondern ein bloßes Ruhen des Entsendungsrechts vorsieht. Auch bei Ruhen des Entsendungsrechts „[sind] die in der Satzung bestimmten Voraussetzungen des Entsendungsrechts weggefallen“ (§ 103 Abs. 2 Satz 2) – wenn auch nur vorrübergehend –, weshalb die Hauptversammlung bereits dem Wortlaut der Norm nach zur Abberufung berechtigt ist.[846]

Für einen Übergang des Abberfungsrechts auf die Hauptversammlung spricht zudem, dass bei Ruhen des Entsendungsrechts nicht sicher ist, ob der Entsendungsberechtigte die statutarisch geforderten Eigenschaften in Zukunft überhaupt wiedererlangen wird. Unter Umständen entspricht das Ruhen des Entsendungsrechts dann faktisch seinem Erlöschen.

d. *Fehlen oder Wegfall statutarischer Voraussetzungen im Hinblick auf den Entsandten*

Besteht das Entsendungsrecht (fort), erfüllt der Entsandte jedoch die statutarisch geforderten Anforderungen von an Anfang an nicht oder fallen diese später weg, steht der Hauptversammlung ein Abberufungsrecht nach dem Wortlaut von § 103 Abs 2 Satz 2 AktG nicht zu.[847]

Zwar spricht das naturgemäß in dieser Situation fehlende Abberufungsinteresse des Entsenders dafür, die Abberungskompetenz der Hauptversammlung auch auf solche Fälle auszuweiten, um die tatsächlichen Gegebenheiten an die statutarischen Anforderungen anzupassen.[848] Der

---

[846] Vgl. *Spindler*, in: Spindler/Stilz, AktG, § 103 Rn. 24; *Drygala*, in: Schmidt/Lutter, AktG, § 103 Rn. 11; *Mertens/Cahn*, in: KölnKomm-AktG, § 103 Rn. 25; *Hopt/Roth*, in: Großkomm-AktG, § 103 Rn. 40; *Habersack*, in: Münch-Komm-AktG, § 103 Rn. 29; *Henssler*, in: Henssler/Strohn, GesellschaftsR, § 103 AktG Rn. 9; *Semler*, in: MünchKomm-AktG (2. Aufl.), § 103 Rn. 31.

[847] *Hopt/Roth*, in: Großkomm-AktG, § 101 Rn. 129, § 103 Rn. 40 a.E.; *Habersack*, in: MünchKomm-AktG, § 101 Rn. 58; § 103 Rn. 29; *Mertens/Cahn*, in: Köln-Komm-AktG, § 101 Rn. 65; *Spindler*, in: Spindler/Stilz, AktG, § 101 Rn. 81; a.A. *Hoffmann-Becking*, in: MünchHdbGesR-AG, § 30 Rn. 86; *Simons*, in: Hölters, AktG, § 103 Rn. 25.

[848] So *Simons*, in: Hölters, AktG, § 103 Rn. 25 a.E.; *Hoffmann-Becking*, in: MünchHdbGesR-AG, § 30 Rn. 86.

satzungswidrige Zustand kann bei Vorliegen eines wichtigen Grundes jedoch bereits durch gerichtliche Abberufung beseitigt werden, § 103 Abs. 3 AktG. Möchte sich die Hauptversammlung eine voraussetzungslose Abberufungskompetenz auch bei Wegfall satzungsmäßiger Voraussetzungen im Hinblick auf den Entsandten sichern, kann und muss sie dies bereits bei Einräumung des Entsendungsrechts in der Satzung tun.[849] Der Hauptversammlung stehen mithin zumutbare Alternativlösungen zur Verfügung, weshalb eine Ausweitung der gesetzlichen Abberufungskompetenz nicht gerechtfertigt ist.

2. Zusätzliches statutarisches Abberufungsrecht der Hauptversammlung

Durch Satzungsregelung kann der Hauptversammlung – ähnlich dem Abberufungsrecht des Entsenders – ein Abberufungsrecht ohne sachlichen Rechtfertigungszwang auch für den Fall gewährt werden, dass das Entsendungsrecht fortbesteht.[850]

Dafür spricht zum einen, dass auf diese Weise das Abberufungsrecht des Entsendungsberechtigten nicht entgegen § 103 Abs. 2 Satz 1 AktG beeinträchtigt, sondern lediglich auf die Hauptversammlung erstreckt wird. Zum anderen steht die Einräumung und Ausgestaltung des Entsendungsrechts als mitgliedschaftliches Sonderrecht grundsätzlich zur Disposition der Hauptversammlung: Sie kann bereits die Entsendung von ihrer Zustimmung abhängig machen. Dann muss es aber auch zulässig sein, den weiteren Verbleib des Entsandten im Aufsichtsrat an die dauerhafte Unterstützung durch die Hauptversammlung zu knüpfen.[851]

Ein zusätzliches, statutarisches Abberufungsrecht der Hauptversammlung würde jedoch leer laufen, könnte der Entsendungsberechtigte das

---

849 Dazu sogleich unten unter F. III. 2.

850 *Spindler*, in: Spindler/Stilz, AktG, § 103 Rn. 24; *Mertens/Cahn*, in: KölnKomm-AktG, § 103 Rn 26; *Hopt/Roth*, in: Großkomm-AktG, § 103 Rn. 44; *Drygala*, in: Schmidt/Lutter, AktG, § 103 Rn. 11; *Koch*, in: Hüffer, AktG, § 103 Rn. 8; *Simons*, in: Hölters, AktG, § 103 Rn. 24; *Henssler*, in: Henssler/Strohn, GesellschaftsR, § 103 AktG Rn. 9; *Bürgers/Israel*, in: Bürgers/Körber, AktG, § 103 Rn. 7; a.A. noch *Geßler*, in: Geßler/Hefermehl/Eckardt/Kropff, AktG, § 103 Rn. 28 f.; *Schlegelberger/Quassowski*, AktG 1937, § 88 Rn. 33; *Möhring/Schwartz*, Die Aktiengesellschaft und ihre Satzung, S. 129.

851 *Habersack*, in: MünchKomm-AktG, § 103 Rn. 32; *Mertens/Cahn*, in: Köln-Komm-AktG, § 103 Rn. 26; *Hopt/Roth*, in: Großkomm-AktG, § 103 Rn. 44.

abberufene Aufsichtsratsmitglied nach Abberufung durch die Hauptversammlung erneut entsenden. Bei gebotener objektiv-sachdienlicher Auslegung derartiger Satzungsbestimmungen ist es dem Entsendungsberechtigten deshalb verwehrt, von der Hauptversammlung abberufene Aufsichtsratsmitglieder erneut zu entsenden.[852] Bei Verstoß ist die Entsendung jedoch trotzdem wirksam, da es sich lediglich um eine zusätzliche, satzungsmäßige Anforderung im Hinblick auf den Entsandten handelt.[853] Möglicherweise anfallende Kosten einer erneuten Abberufung durch die Hauptversammlung hat der Entsender jedoch als Schadensersatz zu ersetzen.[854]

3. Stimmverbot zulasten von Entsendungsberechtigtem und Entsandtem

An der Beschlussfassung über die Abberufung des entsandten Aufsichtsratsmitglieds können sowohl der ehemalige Entsender als auch der Entsandte teilnehmen, wenn sie (noch) Aktionäre der Gesellschaft sind.[855] Das Stimmverbot gem. § 136 Abs. 1 AktG ist nicht einschlägig. Darüber hinaus liegt auch kein Fall des Richtens in eigener Sache vor, da die Abberufung gerade nicht aus wichtigem Grund bzw. aufgrund eines Fehlverhaltens von Entsender oder Entsandtem stattfindet.

IV. Gerichtliche Abberufung gem. § 103 Abs. 3 AktG

Neben den regulären Abberufungsverfahren gem. § 103 Abs. 2 AktG können entsandte Aufsichtsratsmitglieder stets aus wichtigem Grund in der Person des Entsandten auf Antrag des Aufsichtsrats oder einer Aktionärsminderheit durch das Amtsgericht am Sitz der Gesellschaft gem. §§ 103 Abs. 3, 14 AktG, 23a Abs. 1 Nr. 2, Abs. 2 Nr. 4 GVG, 375 Nr. 3 FamFG abberufen werden.

---

852 *Mertens/Cahn*, in: KölnKomm-AktG, § 103 Rn. 27; *Hopt/Roth*, in: Großkomm-AktG, § 103 Rn. 44.

853 Vgl. *Mertens/Cahn*, in: KölnKomm-AktG, § 103 Rn. 27, siehe auch oben unter D. II. 2. c.

854 *Mertens/Cahn*, in: KölnKomm-AktG, § 103 Rn. 27.

855 Vgl. *Koch*, in: Hüffer, AktG, § 103 Rn. 4; *Hopt/Roth*, in: Großkomm-AktG, § 103 Rn. 14; *Bürgers/Israel*, in: Bürgers/Körber, AktG, § 103 Rn. 4; *Simons*, in: Hölters, AktG, § 103 Rn. 13; *Habersack*, in: MünchKomm-AktG, § 103 Rn. 13; *Mertens/Cahn*, in: KölnKomm-AktG, § 103 Rn. 10; *Henssler*, in: Henssler/Strohn, GesellschaftsR, § 103 AktG Rn. 4; *Drygala*, in: Schmidt/Lutter, AktG, § 103 Rn. 4.

1. Wichtiger Grund

Ein wichtiger Grund liegt vor, wenn der Verbleib des entsandten Aufsichtsratsmitglieds in seinem Amt die Funktionsfähigkeit des Aufsichtsrats mehr als unerheblich beeinträchtigt oder für die Gesellschaft aus sonstigen Gründen unzumutbar ist.[856] Eine gerichtliche Abberufung kommt jedoch als ultima ratio nur in besonderen Ausnahmesitutionen in Betracht. Entsprechend der Abberufung von Vorstandsmitgliedern gem. § 84 Abs. 3 Satz 2 AktG sind wichtige Gründe bspw. grobe Pflichtverletzungen oder die Unfähigkeit zur ordnungsgemäßen Wahrnehmung des Aufsichtsratsmandats.[857]

2. Wichtiger Grund bei Fehlen oder Wegfall statutarischer Voraussetzungen im Hinblick auf den Entsandten

Erfüllt der Entsandte die zusätzlichen statutarischen Voraussetzungen bereits von Anfang an nicht oder fallen diese nachträglich weg, hat dies keine Auswirkungen auf die Wirksamkeit der Entsendung. Die Organbestellung des Entsandten kann zwar durch gerichtliche Abberufung aus wichtigem Grund in der Person des entsandten Aufsichtsratsmitglieds gem. § 103 Abs. 3 AktG beendet werden. Allein der Widerspruch zu statutarischen Anforderungen an den Entsandten reicht dafür allerdings nicht aus.[858] Erforderlich ist zudem, dass der Entsandte die zusätzlich statutarisch geforderten Eigenschaften nach dem Willen des Satzungsgebers nicht nur bei Amtsantritt, sondern während der gesamten Organtätigkeit aufzuweisen hat (sog. Dauervoraussetzung).[859] Erst dann handelt

---

856 OLG Frankfurt a.M. v. 1.10.2007 – 20 W 141/07, AG 2008, 456 f.; OLG Stuttgart v. 7.11.2006 – 8 W 388/06, NZG 2007, 72, 73; OLG Hamburg v. 23.1.1990 – 11 W 92/89, NJW-RR 1990, 673, 674; *Mertens/Cahn*, in: KölnKomm-AktG, § 103 Rn. 33; *Habersack*, in: MünchKomm-AktG, § 103 Rn. 39; *Hopt/Roth*, in: Großkomm-AktG, § 103 Rn. 56 f.; *Hoffmann-Becking*, in: MünchHdbGesR-AG, § 30 Rn. 88; *Hoffmann/Kirchhoff*, in: FS Beusch (1993), S. 377, 381 ff.; *Hofmann*, BB 1973, 1081, 1085 ff.

857 *Habersack*, in: MünchKomm-AktG, § 103 Rn. 39 (mit weiteren Fallgruppen unter Rn. 41 f.); *Mertens/Cahn*, in: KölnKomm-AktG, § 103 Rn. 33 (mit weiteren Fallgruppen); *Hoffmann-Becking*, in: MünchHdbGesR-AG, § 30 Rn. 88; *Hofmann*, BB 1973, 1081, 1084; siehe auch *Hopt/Roth*, in: Großkomm-AktG, § 103 Rn. 59 ff zu weiteren Fallgruppen.

858 A.A. wohl *Habersack*, in: MünchKomm-AktG, § 100 Rn. 59.

859 Allgemeine Ansicht: *Spindler*, in: Spindler/Stilz, AktG, § 100 Rn. 72, § 101 Rn. 81; *Mertens/Cahn*, in: KölnKomm-AktG, § 100 Rn. 54; *Hopt/Roth*, in: Großkomm-AktG, § 100 Rn. 129, § 103 Rn. 65; *Drygala*, in: Schmidt/Lutter, AktG,

es sich nämlich um eine derart wichtige Eigenschaft, deren anfängliches Fehlen bzw. nachträgliches Entfallen die Funktionsfähigkeit des Aufsichtsrats zu gefährden vermag.

V. Ergebnis

Die Amtszeit entsandter Aufsichtsratsmitglieder richtet sich vorbehaltlich abweichender statutarischer Regelungen oder Modifikationen im Rahmen der Entsendungserklärung nach § 102 AktG.

Vor Ablauf seiner regulären Amtszeit kann das entsandte Aufsichtsratsmitglied grundsätzlich nur vom Entsendungsberechtigten abberufen werden (§ 103 Abs. 2 Satz 1 AktG), es sei denn, in der Satzung wird neben dem Entsendungsberechtigten auch der Hauptversammlung ein reguläres Abberufungsrecht eingeräumt.

Entfallen allerdings gesetzliche oder statutarische Voraussetzungen des Entsendungsrechts, so dass das Entsendungsrecht erlischt oder ruht, geht das Abberufungsrecht vom Entsendungsberechtigten auf die Hauptversammlung über (§ 103 Abs. 2 Satz 2 AktG). Die Hauptversammlung kann das entsandte Aufsichtsratsmitglied jedoch stets abberufen, wenn statutarische Voraussetzungen des Entsendungsrechts bereits zum Zeitpunkt der Entsendung nicht vorlagen (analog § 103 Abs. 2 Satz 2 AktG). Bei der Beschlussfassung über die Abberufung des Entsandten in der Hauptversammlung können sowohl der entsendungsberechtigte Aktionär als auch das entsandte Aufsichtsratsmitglied in seiner Eigenschaft als Aktionär ihr Stimmrecht ausüben.

Eine gerichtliche Abberufung des entsandten Aufsichtsratsmitglieds aus wichtigem Grund auf Antrag des Aufsichtsrats oder einer Aktionärsminderheit ist jederzeit möglich (§ 103 Abs. 3 AktG).

---

§ 100 Rn. 39; *Koch*, in: Hüffer, AktG, § 100 Rn. 14; zumindest für nachträgliches Entfallen auch *Habersack*, in: MünchKomm-AktG, § 100 Rn. 63, § 101 Rn. 58; i.E. auch *Simons*, in: Hölters, AktG, § 101 Rn. 31; beschränkend auf Ausnahmefälle *Hoffmann-Becking*, in: MünchHdbGesR-AG, § 30 Rn. 79.

G. Die fehlerhafte Entsendung

Fehlerhaft ist die Entsendung einerseits dann, wenn bereits die Einräumung des Entsendungsrechts fehlerhaft und deshalb das Entsendungsrecht an sich mit Mängeln behaftet ist. Fehlerursache kann andererseits auch eine fehlerhafte Ausübung des Entsendungsrechts im Einzelfall sein.

In der bisherigen Untersuchung wurden die Ursachen und Auswirkungen einer fehlerhaften Entsendung jeweils nur punktuell im Zusammenhang mit anderen Problemkreisen erläutert. Zur besseren Verständlichkeit werden deshalb im Folgenden die oben gefundenen Ergebnisse übersichtsartig dargestellt.

I. Fehlerhaftes Entsendungsrecht

Das Entsendungsrecht an sich ist fehlerhaft, wenn (1.) bereits bei Begründung gesetzliche Voraussetzungen gem. § 101 Abs. 2 AktG missachtet wurden oder (2.) die gesetzlichen Voraussetzungen um unzulässige statutarische Anforderungen erweitert wurden.

Der Fall eines fehlerhaften Entsendungsrechts an sich könnte auch dann vorliegen, wenn das Entsendungsrecht wegen nachträglichen Wegfalls gesetzlicher Voraussetzungen erloschen ist, der ehemals Entsendungsberechtigte es aber trotzdem ausübt. Bei einer derartigen Entsendung beruht die Fehlerhaftigkeit der Entsendung nämlich nicht auf der Art oder den Umständen ihrer Ausübung, sondern auf dem Fehlen eines Entsendungsrechts an sich. Tatsächlich steht diese Konstellation dem Fall einer bloß fehlerhaften Ausübung von Entsendungsrechten jedoch deutlich näher: Das Entsendungsrecht an sich ist nicht von Anfang an fehlerhaft; es wurde wirksam eingeräumt und ist erst aufgrund nachträglichen Wegfalls gesetzlicher Voraussetzungen inexistent geworden.[860] Derartige Fallkonstellationen werden deshalb als fehlerhafte Ausübung von Entsendungsrechten behandelt.[861]

---

860 Siehe oben unter E. IV. 4.

861 Siehe unten unter G. II. 3.

1. Anfänglicher Verstoß gegen § 101 Abs. 2 AktG

a. Aufrechterhaltung nach der Lehre von der fehlerhaften Gesellschaft

Werden Entsendungsrechte zugunsten von Nicht-Aktionären eingeräumt oder inhabergebundene Entsendungsrechte nicht mit vinkulierten Namensaktien verbunden oder wird die zulässige Höchstanzahl von Entsendungsrechten bereits bei erstmaliger oder bei wiederholter Einräumung überschritten, sind grundsätzlich sämtliche Entsendungsrechte nichtig. Allerdings greifen hier die Grundsätze der fehlerhaften Gesellschaft:[862] Trotz grundsätzlicher Nichtigkeit wurden Entsendungsrechte wirksam begründet und sind bis zur gerichtlichen Geltendmachung ihrer Fehlerhaftigkeit wirksam.[863]

b. Geltungserhaltende Reduktion bei Verstoß gegen Höchstanzahl

Bei Verstoß gegen die zulässige Höchstanzahl von Entsendungsrechten findet zudem eine geltungserhaltende Reduktion auf das zulässige Höchstmaß statt, wenn sich sämtliche Entsendungsrechte in einer Hand befinden.[864] Werden die überschießenden Entsendungsrechte trotz Nichtigkeit ausgeübt, findet insoweit wiederum die Lehre von der fehlerhaften Gesellschaft Anwendung.

c. Heilung

Trotz anfänglichen Verstoßes gegen gesetzliche Zulässigkeitsvoraussetzungen werden nichtige Entsendungsrechte geheilt, wenn der Einräumungsbeschluss bzw. die Gesellschaft in das Handelsregister eingetragen worden ist und seitdem drei Jahre verstrichen sind (§ 242 Abs. 2 Satz 1 AktG (analog)). Die Lehre von der fehlerhaften Gesellschaft findet dann mangels Fehlerhaftigkeit der Entsendungsrechte keine Anwendung mehr. Auch für eine geltungserhaltende Reduktion überschießender Entsendungsrechte besteht nach Eintritt der Heilung kein Bedarf mehr.

d. Umdeutung

Ist eine Heilung allerdings nicht (mehr) möglich oder werden die nichtigen Entsendungsrechte nach erfolgreicher Fehlergeltendmachung nicht

---

[862] Siehe oben unter C. VI. 6. c.

[863] Siehe oben unter C. VI. 6. d. (7).

[864] Siehe oben unter C. VI. 2. a. (3).

mehr nach der Lehre von der fehlerhaften Gesellschaft aufrechterhalten, sind fehlerhaft eingeräumte Entsendungsrechte endgültig nichtig und können deshalb ggf. in ein anderes schuldrechtliches oder korporatives Rechtsgeschäft umgedeutet werden.[865]

2. Unzulässige zusätzliche statutarische Anforderungen

Die Fehlerhaftigkeit des Entsendungsrechts kann darüber hinaus darauf beruhen, dass bei Einräumung in der Satzung unzulässige zusätzliche statutarische Anforderungen an den Entsendungsberechtigten, den Entsandten oder äußere Umstände formuliert wurden. Derart modifizierte Entsendungsrechte sind grundsätzlich nichtig, es sei denn, die entsprechende Satzungspassage soll nach dem ausdrücklichen oder konkludenten Willen der Hauptversammlung auch ohne den unzulässigen Teil wirksam sein, vgl. § 139 BGB.[866] Es kommt allerdings wiederum eine Aufrechterhaltung der fehlerhaften Entsendungsrechte nach den Grundsätzen der fehlerhaften Gesellschaft in Betracht.

II. Fehlerhafte Ausübung des Entsendungsrechts

1. Anfänglich fehlerhafte Ausübung

a. Anfängliches Fehlen statutarischer Voraussetzungen im Hinblick auf den Entsendungsberechtigten oder äußere Umstände

Die Ausübung des Entsendungsrechts ist anfänglich fehlerhaft, wenn der Entsender zum Zeitpunkt der Entsendung nicht zur Entsendung berechtigt ist, weil er an ihn gerichtete statutarische Anforderungen nicht erfüllt oder sonstige in der Satzung formulierte Anforderungen an äußere Umstände nicht vorliegen. Eine derart fehlerhafte Entsendung ist zwar grundsätzlich nichtig, wird aber in der Regel nach der Lehre vom fehlerhaften Organ bis zur Geltendmachung der Fehlerhaftigkeit aufrechterhalten.[867]

---

[865] Siehe oben unter C. VI. 5.

[866] *Hopt/Roth*, in: Großkomm-AktG, § 101 Rn. 127.

[867] Siehe oben unter D. II. 1. b. (3) sowie unter D. II. 3. a.

b. Anfängliches Fehlen gesetzlicher oder statutarischer Voraussetzungen im Hinblick auf den Entsandten

Eine bereits anfänglich fehlerhafte Entsendung liegt auch dann vor, wenn der Entsender bei der Entsendung gesetzliche oder statutarische Anforderungen im Hinblick auf den Entsandten ignoriert.

Im ersten Fall ist die Entsendung nichtig, kann jedoch nach der Lehre vom fehlerhaften Organ vorübergehend aufrechterhalten werden.[868]

Im letzteren Fall ist die Entsendung wirksam, der Entsandte kann allerdings unter Umständen aus wichtigem Grund gem. § 103 Abs. 3 AktG durch Gerichtsentscheidung abberufen werden.[869]

2. Nachträglich fehlerhafte Ausübung

Eine ursprünglich fehlerfreie Entsendung wird fehlerhaft, wenn statutarische Voraussetzungen im Hinblick auf den Entsender oder äußere Umstände nachträglich entfallen oder wenn der Entsandte gesetzlich oder statutarisch geforderte Eigenschaften nachträglich verliert.

a. Nachträglicher Wegfall statutarischer Voraussetzungen im Hinblick auf den Entsendungsberechtigen oder äußere Umstände

Im ersten Fall bleibt die Entsendung wirksam; der Entsandte kann allerdings von der Hauptversammlung mit einfacher Stimmenmehrheit abberufen werden (§ 103 Abs. 2 Satz 2).[870]

b. Nachträglicher Wegfall gesetzlicher oder statutarischer Voraussetzungen im Hinblick auf den Entsandten

Im zweiten Fall wird die Bestellung des Entsandten zum Organwalter ex nunc nichtig, kann jedoch nach der Lehre vom fehlerhaften Organ aufrechterhalten werden.[871]

Verliert er nachträglich statutarisch geforderte Eigenschaften, bleibt er wirksam bestelltes Mitglied des Aufsichtsrats, kann aber unter Umstän-

[868] Siehe oben unter D. II. 2. c. (1).

[869] Siehe oben unter D. II. 2. c. (2) sowie unter F. IV. 2.

[870] Siehe oben unter D. II. 1. c. (2).

[871] Siehe oben unter D. II. 2. d. (1).

den gem. § 103 Abs. 3 AktG durch gerichtliche Entscheidung abberufen werden.[872]

3. Entsendung trotz Erlöschen des Entsendungsrechts

Entsendungsrechte erlöschen, wenn die gesetzlichen oder statutarischen Voraussetzungen des Entsendungsrechts nachträglich entfallen oder das Entsendungsrecht durch satzungsändernden Hauptversammlungsbeschluss aus der Satzung gestrichen wird.[873] Der Entsandte bleibt allerdings wirksam bestelltes Mitglied des Aufsichtsrats, solange er nicht von der Hauptversammlung abberufen wird, § 103 Abs. 2 Satz 2 AktG.[874] Macht der ehemalige Entsendungsberechtigte trotz Erlöschen des Entsendungsrechts erneut von seiner vermeintlichen Entsendungsberechtigung Gebrauch, ist die Entsendung nichtig, kann aber nach der Lehre vom fehlerhaften Organ aufrechterhalten werden.[875]

---

[872] Siehe oben unter D. II. 2. d. (2) sowie unter F. IV. 2.

[873] Siehe oben unter E.

[874] Siehe oben unter E. IV. 1.

[875] Siehe oben unter E. IV. 4.

H. Rechtsverhältnisse der Beteiligten

Im Zuge der Einräumung und Ausübung von Entsendungsrechten entstehen zwischen der Aktiengesellschaft, dem entsandten Aufsichtsratsmitglied und dem entsendungsberechtigten Aktionär korporative wie auch schuldrechtliche Rechtsbeziehungen. Bereits bestehende Rechtsbeziehungen zwischen den Beteiligten werden anlässlich der Einräumung und Ausübung von Entsendungsrechten teilweise modifiziert. Im Folgenden wird dieses Beziehungsgeflecht in Einzelrechtsverhältnisse aufgegliedert und deren Inhalt und Wirkungsweise erläutert.

I. Rechtsverhältnis zwischen dem Entsandten und der Gesellschaft

Inhaltlich entspricht das Rechtsverhältnis zwischen entsandten Aufsichtsratsmitgliedern und der Gesellschaft dem Rechtsverhältnis zwischen gewählten bzw. gerichtlich bestellten Aufsichtsratsmitgliedern und der Gesellschaft.[876] Mit Annahme der Bestellung tritt der Entsandte also (zumindest)[877] in ein korporatives Schuldverhältnis zur Gesellschaft ein.[878]

---

[876] Vgl. BGH v. 29.1.1962 – II ZR 1/61, BGHZ 36, 296, 306 = NJW 1962, 864, 866; *Koch*, in: Hüffer, AktG, § 101 Rn. 12; *Simons*, in: Hölters, AktG, § 101 Rn. 32; *Spindler*, in: Spindler/Stilz, AktG, § 101 Rn. 75; *Habersack*, in: MünchKomm-AktG, § 101 Rn. 50; *Mertens/Cahn*, in: KölnKomm-AktG, § 101 Rn. 67; *Drygala*, in: Schmidt/Lutter, AktG, § 101 Rn. 24; *Hopt/Roth*, in: Großkomm-AktG, § 101 Rn. 141, 145; *Henssler*, in: Henssler/Strohn, GesellschaftsR, § 101 AktG Rn. 13; *Bürgers/Israel*, in: Bürgers/Körber, AktG, § 101 Rn. 13; *Hoffmann-Becking*, in: MünchHdbGesR-AG, § 30 Rn. 51; *Schiedermair/Kolb*, in: Müller/Rödder, Beck-HdbAG, § 7 Rn. 241; *Vetter*, in: Marsch-Barner/Schäfer, Hdb börsennotierte AG, § 25 Rn. 28.

[877] Vgl. zum Streitstand über das Bestehen eines zusätzlichen schuldrechtlichen Rechtsverhältnisses zwischen Gesellschaft und Aufsichtsratsmitgliedern *Simons*, in: Hölters, AktG, § 101 Rn. 7; *Spindler*, in: Spindler/Stilz, AktG, § 101 Rn. 9; *Koch*, in: Hüffer, AktG, § 101 Rn. 2; *Hopt/Roth*, in: Großkomm-AktG, § 101 Rn. 91 f.; zuletzt offen gelassen von BGH v. 7.7.2008 – II ZR 71/07, NZG 2008, 834.

[878] *Koch*, in: Hüffer, AktG, § 101 Rn. 2; *Spindler*, in: Spindler/Stilz, AktG, § 101 Rn. 8; *Hopt/Roth*, in: Großkomm-AktG, § 101 Rn. 141; *Drygala*, in: Schmidt/Lutter, AktG, § 101 Rn. 2; *Mertens/Cahn*, in: KölnKomm-AktG, § 101 Rn. 5, 67.

1. Gleichheit der Aufsichtsratsmitglieder

Gegenüber der Gesellschaft hat das entsandte Aufsichtsratsmitglied die gleichen Rechte und Pflichten wie gewählte bzw. gerichtlich bestellte Aufsichtsratsmitglieder. [879] Entsandte Aufsichtsratsmitglieder dürfen gegenüber andersartig bestellten Aufsichtsratsmitgliedern also (bspw. durch Satzung, Geschäftsordnung oder Hauptversammlungsbeschluss) weder privilegiert noch diskriminiert werden.[880]

2. Verantwortlichkeit

Dementsprechend sind auch entsandte Aufsichtsratsmitglieder zur pflichtgemäßen Wahrnehmung ihres Mandats und damit in erster Linie auf Wahrung und Förderung des Unternehmenswohls verpflichtet.[881] Bei Zuwiderhandlung macht sich der Entsandte ggf. gem. §§ 116, 93 AktG schadensersatzpflichtig.

3. Vergütung

Die Vergütung entsandter Aufsichtsratsmitglieder richtet sich – wie auch im Fall gewählter oder gerichtlich bestellter Aufsichtsratsmitglieder, vgl. § 104 Abs. 6 Satz 1 AktG – nach § 113 AktG. Danach kann den Mitgliedern des Aufsichtsrats eine Vergütung gewährt werden, wenn dies in der Satzung festgesetzt ist oder durch Hauptversammlungsbeschluss bewilligt wird. Ob entsandte Aufsichtsratsmitglieder eine Vergütung seitens der Gesellschaft erhalten, wird folglich von der Gründer- bzw. Hauptversammlung, nicht durch den Entsendungsberechtigten festgelegt.[882]

---

[879] BGH v. 29.1.1962 – II ZR 1/61, BGHZ 36, 296, 306 = NJW 1962, 864, 866; *Habersack*, in: MünchKomm-AktG, § 101 Rn. 50; *Hopt/Roth*, in: Großkomm-AktG, § 101 Rn. 145; *Koch*, in: Hüffer, AktG, § 101 Rn. 12; *Simons*, in: Hölters, AktG, § 101 Rn. 32; *Spindler*, in: Spindler/Stilz, AktG, § 101 Rn. 75; *Drygala*, in: Schmidt/Lutter, AktG, §101 Rn. 24.

[880] Vgl. *Hopt/Roth*, in: Großkomm-AktG, § 101 Rn. 145.

[881] *Drygala*, in: Schmidt/Lutter, AktG, § 101 Rn. 24; *Habersack*, in: MünchKomm-AktG, § 116 Rn. 11 f.; *Spindler*, in: Spindler/Stilz, AktG, § 116 Rn. 29 ff.; *Lutter/Krieger*, Rechte und Pflichten des Aufsichtsrats, Rn. 893; vgl. zum Begriff des Unternehmesinteresses *Habersack*, in: MünchKomm-AktG, Vor § 95 Rn. 13; *Spindler*, in: MünchKomm-AktG, § 76 Rn. 63 ff.; *Verse*, Der Gleichbehandlungsgrundsatz im Recht der Kapitalgesellschaften, S 253 ff.; zur Rechtslage bei konfligierenden Weisungen des Entsendungsberechtigten siehe unten unter H. II. 2.

[882] *Habersack*, in: MünchKomm-AktG, § 101 Rn. 31, 50; *Hopt/Roth*, in: Großkomm-AktG, § 101 Rn. 142 f.

Dabei darf allerdings nicht zwischen den Aufsichtsratsmitgliedern nach Art ihrer Bestellung differenziert werden, vgl. §§ 104 Abs. 6 Satz 1 AktG, 4 Abs. 3 MontanMitbestG, 5 Abs. 4 MontanMitbestErgG.[883] Vergütungsunterschiede dürfen lediglich mit Blick auf die vom jeweiligen Aufsichtsratsmitglied übernommenen Aufgaben erfolgen.[884]

Darüber hinaus hat die Gesellschaft gewählten, gerichtlich bestellten sowie entsandten Aufsichtsratsmitgliedern analog §§ 670, 675 BGB Aufwendungen und Auslagen zu erstatten, die diese in Ausführung ihrer organschaftlichen Tätigkeit für erforderlich halten dürften.[885]

II. Rechtsverhältnis zwischen dem Entsandten und dem Entsendungsberechtigten

Zwischen dem Entsendungsberechtigten und dem Entsandten besteht in der Regel ein vertragliches Schuldverhältnis in Form eines unentgeltlichen Auftrags oder einer entgeltlichen Geschäftsbesorgung (§§ 662 ff., 675 ff. BGB),[886] es sei denn, es handelt sich um eine hoheitliche Entsendung.[887] Das gesetzlich vertypte Auftrags- bzw. Geschäftsbesorgungsverhältnis wird allerdings aufgrund der organschaftlichen Tätigkeit des entsandten Aufsichtsratsmitglieds teilweise durch zwingendes Aktienrecht überformt.[888] Für die Organstellung des Entsandten kommt es

---

[883] *Habersack*, in: MünchKomm-AktG, § 101 Rn. 50; *Drygala*, in: Schmidt/Lutter, AktG, § 101 Rn. 24; *Mertens/Cahn*, in: KölnKomm-AktG, § 101 Rn. 68; *Hopt/Roth*, in: Großkomm-AktG, § 101 Rn. 142 f.; *Spindler*, in: Spindler/Stilz, AktG, § 101 Rn. 75.

[884] *Hopt/Roth*, in: Großkomm-AktG, § 101 Rn. 142; *Mertens/Cahn*, in: KölnKomm-AktG, § 101 Rn. 68, § 113 Rn. 9; *Habersack*, in: MünchKomm-AktG, § 113 Rn. 39; *Koch*, in: Hüffer, AktG, § 113 Rn. 4; *Hambloch-Gesinn/Gesinn*, in: Hölters, AktG, § 113 Rn. 32.

[885] *Hopt/Roth*, in: Großkomm-AktG, § 101 Rn. 144; *Mertens/Cahn*, in: KölnKomm-AktG, § 101 Rn. 5, § 113 Rn. 12; vgl. *Hoffmann-Becking*, MünchHdbGesR, § 31 Rn. 10, 13; *Vetter*, in: Marsch-Barner/Schäfer, Hdb börsennotierte AG, § 29 Rn. 51; *Lutter/Krieger*, Rechte und Pflichten des Aufsichtsrats, Rn. 845.

[886] *Spindler*, in: Spindler/Stilz, AktG, § 101 Rn. 76; *Simons*, in: Hölters, AktG, § 101 Rn. 32; *Henssler*, in: Henssler/Strohn, GesellschaftsR, § 101 AktG Rn. 13; *Hopt/Roth*, in: Großkomm-AktG, § 101 Rn. 155; *Drygala*, in: Schmidt/Lutter, AktG, § 101 Rn. 26; *Mertens/Cahn*, in: KölnKomm-AktG, § 101 Rn. 72; *Bürgers/Israel*, in: Bürgers/Körber, AktG, § 101 Rn. 13; *Habersack*, in: MünchKomm-AktG, § 101 Rn. 46.

[887] Vgl. Nachweise oben in Fn. 33.

[888] Vgl. *Simons*, in: Hölters, AktG, § 101 Rn. 32; *Drygala*, in: Schmidt/Lutter, AktG, § 101 Rn. 26.

zudem nicht auf den (Fort-)Bestand eines Vertragsverhältnisses zwischen ihm und dem Entsender an.[889]

1. Statutarische Vorgaben

In der Satzung können inhaltliche Anforderungen an das Rechtsverhältnis zwischen Entsendungsberechtigtem und Entsandten aufgestellt werden.[890] In Betracht kommt bspw. ein Verbot zusätzlicher vertraglicher Vergütung des Entsandten durch den Entsender oder der Ausschluss von Auskunftsansprüchen des Entsenders gegenüber dem Entsandten.

Allerdings haben derartige statutarische Vorgaben keine Auswirkungen auf zuwiderlaufende Vertragsgestaltungen zwischen Entsender und Entsandtem. Sie können jedoch je nach Auslegung der Satzung als Ausgestaltung des Entsendungsrechts selbst begriffen werden, so dass bei Missachtung ein Verstoß gegen sonstige materielle Voraussetzungen des Entsendungsrechts vorliegt[891] und der fehlerhaft Entsandte von der Hauptversammlung gem. § 103 Abs. 2 Satz 2 AktG abberufen werden kann.[892]

2. Weisungsgebundenheit

Im Rahmen eines Auftrags- oder Geschäftsbesorgungsverhältnisses ist der Beauftragte gem. §§ 662, 675, 665 BGB grundsätzlich verpflichtet, den Weisungen des Auftraggebers Folge zu leisten.[893] Dementsprechend müsste sich auch das entsandte Aufsichtsratsmitglied bei Ausübung seiner organschaftlichen Tätigkeit den Weisungen des entsendenden

---

[889] *Hopt/Roth*, in: Großkomm-AktG, § 101 Rn. 160; *Habersack*, in: MünchKomm-AktG, § 101 Rn. 46.

[890] *Habersack*, in: MünchKomm-AktG, § 101 Rn. 46; *Mertens/Cahn*, in: Köln-Komm-AktG, § 101 Rn. 73; *Hopt/Roth*, in: Großkomm-AktG, § 101 Rn. 157; *Drygala*, in: Schmidt/Lutter, AktG, § 101 Rn. 26; *Simons*, in: Hölters, AktG, § 101 Rn. 32; *Spindler*, in: Spindler/Stilz, AktG, § 101 Rn. 76; *Bürgers/Israel*, in: Bürgers/Körber, AktG, § 101 Rn. 13.

[891] Vgl. *Spindler*, in: Spindler/Stilz, AktG, § 101 Rn. 76; *Geßler*, in: Geßler/Hefermehl/Eckardt/Kropff, AktG, § 101 Rn. 106; a.A. *Hopt/Roth*, Großkomm-AktG, § 101 Rn. 157 a.E.; vgl. auch *Habersack*, in: MünchKomm-AktG, § 101 Rn. 46 („regelmäßig keine Voraussetzung iSd. § 103 Abs. 2 S. 2“).

[892] Dazu siehe oben unter F. III. 1. b.

[893] *Seiler*, in: MünchKomm-BGB, § 662 Rn. 33, § 665 Rn. 1; *Fischer*, in: Bamberger/Roth, BGB, § 662 Rn. 11, § 665 Rn. 1; *Mansel*, in: Jauernig, BGB, § 665 Rn. 1.

Aktionärs fügen, wenn ein Auftrag oder Geschäftsbesorgungsvertrag zwischen ihnen geschlossen wurde.

a. Primat des Gesellschaftsinteresses

Nach allgemeiner Ansicht ist der Entsandte allerdings – ebenso wie gewählte oder gerichtlich bestellte Aufsichtsratsmitglieder – bei Ausübung seiner organschaftlichen Tätigkeit in erster Linie auf das Unternehmensinteresse verpflichtet.[894] Kollidieren Unternehmensinteressen mit den Interessen des Entsendungsberechtigten, ist der Entsandte verpflichtet, dem Unternehmensinteresse Vorrang einzuräumen bzw. gegenläufige Weisungen des Entsendungsberechtigten zu ignorieren.[895] Handelt er dennoch im Interesse des Entsenders, macht er sich gegenüber der Gesellschaft ggf. schadensersatzpflichtig (§§ 116, 93 AktG). Weisungen, die dem Unternehmenswohl widersprechen, entfalten im Innenverhältnis zwischen Entsender und Entsandtem keine vertraglich bindende Wirkung, so dass der Entsandte bei Nichtbeachtung auch keine Schadensersatzpflicht gegenüber dem Entsender zu befürchten hat.[896]

---

894 BGH v. 18.9.2006 - II ZR 137/05, BGHZ 169, 98 = NJW-RR 2007, 1179, 1181, Rn. 18; v. 29.1.1962 – II ZR 1/61, BGHZ 36, 296, 306 = NJW 1962, 864, 866; *Spindler*, in: Spindler/Stilz, AktG, § 101 Rn. 77; *Drygala*, in: Schmidt/Lutter, AktG, § 101 Rn. 24; *Habersack*, in: MünchKomm-AktG, § 101 Rn. 51; *Mertens/Cahn*, in: KölnKomm-AktG, § 101 Rn. 69; *Hopt/Roth*, in: Großkomm-AktG, § 101 Rn. 146; *Bürgers/Israel*, in: Bürgers/Körber, AktG, § 101 Rn. 13; *Hoffmann-Becking*, in: MünchHdbGesR-AG, § 31 Rn. 1 f.; *Vetter*, in: Marsch-Barner/Schäfer, Hdb börsennotierte AG, § 25 Rn. 28; *Hoffmann/Preu*, Der Aufsichtsrat, Rn. 108, 702; *Lutter/Grunewald*, WM 1984, 385, 394 f.; *Säcker*, in: FS Rebmann (1989), S. 781, 783 ff.; *Habersack*, in: FS Ulmer (2003), S. 151, 161 f.; *Schwintowski*, NJW 1995, 1316, 1318.

895 BGH v. 29.1.1962 – II ZR 1/61, BGHZ 36, 296, 306 = NJW 1962, 864, 866; OLG Hamburg v. 23.1.1990 – 11 W 92/89, AG 1990, 218, 219; *Habersack*, in: MünchKomm-AktG, § 101 Rn. 51; *Spindler*, in: Spindler/Stilz, AktG, § 101 Rn. 77; *Hopt/Roth*, in: Großkomm-AktG, § 101 Rn. 146; *Drygala*, in: Schmidt/Lutter, AktG, § 101 Rn. 26; *Hoffmann/Preu*, Der Aufsichtsrat, Rn. 702; *Säcker*, in: FS Rebmann (1989), S. 781, 783 ff.;*Lutter/Grunewald*, WM 1984, 385, 394 f.; *Raiser*, ZGR 1978, 391, 399 ff.

896 Vgl. *Habersack*, in: MünchKomm-AktG, § 111 Rn. 137; *Hambloch-Gesinn/Gesinn*, in: Hölters, AktG, § 111 Rn. 84; *Mertens/Cahn*, in: KölnKomm-AktG, § 111 Rn. 117; *Hoffmann-Becking*, in: MünchHdbGesR-AG, § 33 Rn. 7 f.; *Lutter/Krieger*, Rechte und Pflichten des Aufsichtsrats, Rn. 822; *Ulmer/Habersack*, in: Ulmer/Habersack/Henssler, MitbestG § 25 Rn. 78 f.; *Raiser*, ZGR 1978, 391, 399 ff.; *Habersack*, in: FS Ulmer (2003), S. 151, 161; *Oetker*, in: Großkomm-MitbestG, § 25 Rn. 27; *Hoffmann/Lehmann/Weinmann*, MitbestG, § 25 Rn. 100; a.A. *Schneider*, ZGR 1977, 335, 339 ff.; wohl auch *Möh-*

b. Beschränkte Weisungsbindung

Möglich erscheint jedoch eine beschränkte Weisungsbindung, wonach der Entsandte Weisungen des Entsenders dann zu befolgen hat, wenn sich Entsender- und Unternehmensinteresse decken bzw. die Wahrnehmung von Entsenderinteressen im Rahmen des jedem Aufsichtsratsmitglied zustehenden Handlungsermessens liegt.[897]

Demnach wären lediglich solche Weisungen unzulässig und mithin unverbindlich, die dem Unternehmenswohl zuwiderlaufen.[898] Dem Entsandten käme allerdings ein weiter Ermessensspielraum bei der Beurteilung des Unternehmensinteresses zugute.[899] Selbst wenn der Entsandte entgegen einer zulässigen Weisung handeln würde, hätte dies keine Auswirkung auf die Wirksamkeit seines korporativen Handelns.[900] Allerdings sähe er sich ggf. im Innenverhältnis gegenüber dem Entsender Schadensersatzforderungen wegen vertraglicher Pflichtverletzung ausgesetzt.

Mit der vorherrschenden Meinung im Schrifttum ist jedoch auch eine durch das Unternehmensinteresse begrenzte Weisungsbindung des Entsandten abzulehnen.[901] Zwar geht der in der herrschenden Literatur

---

ring/Schwartz, Die Aktiengesellschaft und ihre Satzung, S. 132; siehe auch *Koch*, in: Hüffer, AktG, § 111 Rn. 57. Die genannten Autoren schweigen allerdings dazu, aufgrund welcher gesetzlichen Regelung der Entsandte im Kollisionsfall von seiner vertraglichen Weisungsbindung befreit ist. Es erscheint sinnvoll, § 134 BGB heranzuziehen und § 111 Abs. 5 AktG insoweit als Verbotsnorm einzuordnen.

897 *Hopt/Roth*, in: Großkomm-AktG, § 101 Rn. 147, 156; *Drygala*, in: Schmidt/Lutter, AktG, § 101 Rn. 26, 24; *Geßler*, in: Geßler/Hefermehl/Eckardt/Kropff, AktG, § 101 Rn. 105, 99; *Hengeler*, AG 1962, 87, 89 f. (für gemeindliche Weisungen); *Kropff*, in: FS Huber (2006), S. 841, 848 f.; wohl auch *Mertens/Cahn*, in: KölnKomm-AktG, § 101 Rn. 69, 73; wohl auch *Semler*, in: MünchKomm-AktG (2. Aufl.), § 101 Rn. 134 f.; in diese Richtung kann auch die AmtlBegr zu § 88 AktG 1937 verstanden werden, abgedruckt bei *Klausing*, Aktiengesetz 1937, S. 76 („(...) damit diese in besonderem Maße (...) Belange [des Entsenders] wahren könne, soweit mit diesen nicht die Belange der Gesellschaft in Widerspruch stehen“).

898 *Hopt/Roth*, in: Großkomm-AktG, § 101 Rn. 148.

899 *Drygala*, in: Schmidt/Lutter, AktG, § 101 Rn. 24; *Hopt/Roth*, in: Großkomm-AktG, § 101 Rn. 148.

900 *Hopt/Roth*, in: Großkomm-AktG, § 101 Rn. 147.

901 *Mertens/Cahn*, in: KölnKomm-AktG, Vorb § 95 Rn. 14, § 111 Rn. 117; *Henssler*, in: Henssler/Strohn, GesellschaftsR, § 101 AktG Rn. 13; *Spindler*, in: Spindler/Stilz, AktG, § 101 Rn. 73, 79, § 111 Rn. 79; *Simons*, in: Hölters, AktG, § 101 Rn. 32; *Habersack*, in: MünchKomm-AktG, § 101 Rn. 51; *Hoffmann-Becking*, in:

verbreitet bemühte Verweis[902] auf die Rechtsprechung des BGH in BGHZ 36, 296, 306 fehl.[903] Dort wird lediglich festgestellt, dass dem Unternehmensinteresse Vorrang vor den Interessen des Entsenders zukommt. Zur Zulässigkeit von Weisungen im Rahmen des Unternehmensinteresses äußert sich der BGH hingegen nicht. Eine derart beschränkte Weisungsbindung ist aber mit dem Grundsatz der höchstpersönlichen und eigenverantwortlichen Amtsführung von Aufsichtsratsmitgliedern gem. § 111 Abs. 5 AktG nicht vereinbar.[904] Aktienrechtlich ist (auch) das entsandte Aufsichtsratsmitglied dazu verpflichtet, seine Organtätigkeit autonom auszuüben. Dies ist jedoch nur möglich, wenn es dabei nicht an Weisungen Dritter gebunden ist. Entsprechende Vertragsabreden zwischen Entsender und Entsandtem sind deshalb wegen Verstoß gegen § 111 Abs. 5 AktG unwirksam.[905]

Darüber hinaus ist der Begriff des Unternehmensinteresses viel zu weitläufig und unbestimmt, als dass er als praktikables und justiziables Beschränkungselement herangezogen werden könnte.[906] Vielmehr stünde zu befürchten, dass die Eigenständigkeit des Entsandten insgesamt durch Weisungen des Entsenders untergraben werden würde.

MünchHdbGesR-AG, § 29 Rn. 17, § 30 Rn. 51, § 33 Rn. 7; *Schiedermair/Kolb*, in: Müller/Rödder, BeckHdbAG, § 7 Rn. 212, § 22 Rn. 135; *Vetter*, in: Marsch-Barner/Schäfer, Hdb börsennotierte AG, § 25 Rn. 28; *Jaeger*, in: Nirk/Ziemons/Binnewies, Hdb AG, Bd. 1 Rn. 9.76; *Lutter/Krieger*, Rechte und Pflichten des Aufsichtsrats, Rn. 822; *Altmeppen*, NJW 2004, 2561, 2564; vgl. auch BGH v. 18.9.2006 – II ZR 137/05, BGHZ 169, 98 = NZG 2006, 945, 947 Rn. 180; zur Weisungsgebundenheit von Aufsichtsratsmitgliedern, die von öffentlich-rechtlichen Körperschaften entsandt wurden siehe *Hopt/Roth*, in: Großkomm-AktG, § 101 Rn. 149; *Koch*, in: Hüffer, AktG, § 394 Rn. 27 ff.; *Decher*, ZIP 1990, 277, 280 ff.; *Schäfer/Roreger*, Kommunale Aufsichtsratsmitglieder, S. 120 ff.; *Hengeler*, AG 1962, 87 ff.; *Keßler*, GmbHR 2000, 71, 76 f., *Kropff*, in: FS Huber (2006), S. 841, 849 ff.; *Säcker*, in: FS Rebmann (1989), S. 781 ff.; *Schwintowski*, NJW 1995, 1316, 1317 ff.; *Altmeppen*, NJW 2003, 2561, 2564.

902 Bspw. bei *Koch*, in: Hüffer, AktG, § 101 Rn. 12; *Godin/Wilhelmi*, AktG, § 101 Anm. 3 S.555; *Jaeger*, in: Nirk/Ziemons/Binnewies, Hdb AG, Bd. 1 Rn. 9.76; auch der Verweis auf RG v. 12.10.1940 – II 33/40, RGZ 165, 68, 79 ff. geht in der Sache fehl.

903 So auch *Hopt/Roth*, in: Großkomm-AktG, § 101 Rn. 147.

904 *Simons*, in: Hölters, AktG, § 101 Rn. 32; *Henssler*, in: Henssler/Strohn, GesellschaftsR, § 101 AktG Rn. 13; *Spindler*, in: Spindler/Stilz, AktG, § 101 Rn. 79; *Habersack*, in: MünchKomm-AktG, § 101 Rn. 51.

905 Vgl. die Nachweise oben in Fn. 897.

906 *Habersack*, in: MünchKomm-AktG, § 101 Rn. 51.

Dem Entsender ist es jedoch gestattet, durch rechtlich unverbindliche Handlungsrichtlinien oder Empfehlungen auf das entsandte Aufsichtsratsmitglied einzuwirken.[907] Dem Entsandten wiederum steht es frei, die Interessen des Entsenders bei Ermittlung des Unternehmensinteresses im Rahmen seiner eigenverantwortlichen Analyse zu berücksichtigen.[908]

Allerdings wird der Entsandte sich bei Ausübung seiner Organbefugnisse in der Regel faktisch vorwiegend an den Interessen des Entsenders orientieren, da er vom Entsendungsberechtigten jederzeit und ohne Grund gem. § 103 Abs. 2 Satz 1 AktG abberufen werden kann.[909]

c. Ergebnis

Entsandte Aufsichtsratsmitglieder können nicht an Weisungen des Entsenders gebunden werden. Vielmehr sind sie stets dazu verpflichtet, ihre Entscheidungen höchstpersönlich und eigenverantwortlich am Unternehmensinteresse auszurichten. Entspricht die Mandatstätigkeit des entsandten Aufsichtsratsmitglieds nicht den Vorstellungen des Entsendungsberechtigten, kann er den Entsandten jederzeit durch Abberufung aus seiner Organstellung entfernen.

3. Vergütung

Vorbehaltlich anderweitiger Satzungsregelungen[910] kann auch der Entsender neben der Gesellschaft dem Entsandten eine – vertraglich zu vereinbarende – Vergütung gewähren.[911]

4. Haftungsfreistellung

Für den Fall, dass das entsandte Aufsichtsratsmitglied gegenüber der Gesellschaft aufgrund seiner Organtätigkeit auf Schadensersatz haftet,

---

907 *Lutter/Krieger*, Rechte und Pflichten des Aufsichtsrats, Rn. 822.

908 *Spindler*, in: Spindler/Stilz, AktG, § 101 Rn. 79; *Habersack*, in: FS Ulmer (2003), S. 151, 161.

909 Vgl. *Hoffmann-Becking*, in: MünchHdbGesR-AG, § 29 Rn. 117, § 30 Rn. 51; *Mertens/Cahn*, in: KölnKomm-AktG, § 101 Rn. 69; *Schiedermair/Kolb*, in: Müller/Rödder, BeckHdbAG, § 7 Rn. 212.

910 Siehe oben unter H. II. 1.

911 *Hopt/Roth*, in: Großkomm-AktG, § 101 Rn. 143; zur Zulässigkeit der Drittvergütung von Aufsichtsratsmitgliedern siehe *Koch*, in: Hüffer, AktG, § 113 Rn. 3 a.E.; *Kiem*, in: FS Stilz (2014), S. 329, 333 ff.; *Neuhaus/Gellißen*, NZG 2011, 1361; *Semler*, NZG 2007, 881, 886.

kann sich der Entsender dem Entsandten gegenüber vertraglich zur Haftungsübernahme verpflichten.[912] Dies allerdings nur innerhalb der allgemein anerkannten Freistellungsgrenzen.[913]

5. Auskunfts- und Rechenschaftspflicht gem. §§ 666, 675 Abs. 1 BGB

Im Rahmen eines Auftrags- oder Geschäftsbesorgungsverhältnisses ist der Entsandte dem Entsender grundsätzlich gem. §§ 666, 675 Abs. 1 BGB zu Benachrichtigung, Auskunft und Rechenschaft über seine Geschäftsbesorgung verpflichtet.[914] Allerdings dürfen auch entsandte Aufsichtsratsmitglieder Informationen im Zusammenhang mit ihrer Organtätigkeit an Dritte im Allgemeinen und an entsendungsberechtigte Aktionäre im Speziellen nur – außer in dem Sonderfall der §§ 394, 395 AktG[915] – innerhalb der durch die Verschwiegenheitspflicht (§§ 116 Satz 2, 93 Abs. 1 Satz 3 AktG) gesetzten Grenzen weitergeben.[916] Die Verschwiegenheitspflicht bleibt auch über das Ende der Organstellung hinaus bestehen.[917] Ein Verstoß gegen die Verschwiegenheitspflicht kann nicht nur

912 *Hopt/Roth*, in: Großkomm-AktG, § 101 Rn. 161; *Habersack*, in: MünchKomm-AktG, § 101 Rn. 47; *Mertens/Cahn*, in: KölnKomm-AktG, § 101 Rn. 75; *Spindler*, in: Spindler/Stilz, AktG, § 101 Rn. 73; *Geßler*, in: Geßler/Hefermehl/Eckardt/Kropff, AktG, § 101 Rn. 107.

913 *Habersack*, in: MünchKomm-AktG, § 116 Rn. 74; *Spindler*, in: Spindler/Stilz, AktG, § 116 Rn. 183; *Hambloch-Gesinn/Gesinn*, in: Hölters, AktG, § 116 Rn. 64; *Koch*, in: Hüffer, AktG, § 116 Rn. 13; *Habersack*, in: FS Ulmer (2003), S. 151, 163 ff.; abweichend *Westermann*, in: FS Beusch (1993), S. 871, 877 ff.

914 *Hopt/Roth*, in: Großkomm-AktG, § 101 Rn. 158, vgl. *Seiler*, in: MünchKomm-BGB, § 666 Rn. 5 ff.; *Fischer*, in: Bamberger/Roth, BGB, § 666 Rn. 3 ff.; *Mansel*, in: Jauernig, BGB, § 666 Rn. 2 ff.

915 Siehe dazu bspw. *Schürnbrand*, in: MünchKomm-AktG, § 394 Rn. 9 ff.; *Koch*, in: Hüffer, AktG, § 394 Rn. 41 ff.; *Schwintowski*, NJW 1990, 1009 ff.

916 *Simons*, in: Hölters, AktG, § 101 Rn. 32; *Spindler*, in: Spindler/Stilz, AktG, § 101 Rn. 78; *Habersack*, in: MünchKomm-AktG, § 101 Rn. 47; *Hopt/Roth*, in: Großkomm-AktG, § 101 Rn. 158; *Drygala*, in: Schmidt/Lutter, AktG, § 101 Rn. 26; *Mertens/Cahn*, in: KölnKomm-AktG, § 101 Rn. 74; zur Pflicht des Entsandten, über die Organtätigkeit angefertigte Akten herauszugeben siehe RG v. 26.9.1922 – II 745/21, RGZ 105, 392, 395, ablehnend dazu *Hopt/Roth*, in: Großkomm-AktG, § 101 Rn. 159; *Mertens/Cahn*, in: KölnKomm-AktG, § 101 Rn. 74; *Drygala*, in: Schmidt/Lutter, AktG, § 101 Rn. 26.

917 *Habersack*, in: MünchKomm-AktG, § 116 Rn. 50; *Hoffmann-Becking*, in: MünchHdbGesR-AG, § 33 Rn. 57; *Lutter/Krieger*, Rechte und Pflichten des Aufsichtsrats, Rn. 285.

haftungsrechtliche Konsequenzen (§§ 116, 93 AktG), sondern auch strafrechtliche Rechtsfolgen (§ 404 AktG) nach sich ziehen.

Die vertraglichen Auskunfts- und Rechenschaftsansprüche des Entsenders werden mithin weitestgehend aktienrechtlich überlagert und damit erheblich verkürzt.

III. Rechtsverhältnis zwischen dem Entsendungsberechtigten und der Gesellschaft

Aufgrund seiner Verbandszugehörigkeit besteht zwischen dem (entsendungsberechtigten) Aktionär und der Aktiengesellschaft ein mitgliedschaftliches Sonderrechtsverhältnis sui generis, das inhaltlich durch Satzung und Gesetz ausgestaltet wird.[918] Entsendungsberechtigte Aktionäre sind gegenüber der Gesellschaft deshalb grundsätzlich – lediglich mit Ausnahme des Sonderrechts zur Entsendung von Aufsichtsratsmitgliedern – in gleichem Maße berechtigt und verpflichtet wie gewöhnliche Aktionäre.

Durch Entsendung beeinflusst der entsendungsberechtigte Aktionär die Zusammensetzung des Aufsichtsrats und damit die Binnenstruktur der Gesellschaft allerdings in wesentlich höherem Maß als es einem gewöhnlichen Aktionär durch Stimmabgabe in der Hauptversammlung möglich ist. Übt der Entsendungsberechtigte sein Entsendungsrecht aus, geht damit folglich ein gegenüber der Stimmabgabe in der Hauptversammlung gesteigertes Haftungsrisiko einher. Erleidet die Gesellschaft im Zusammenhang mit der Entsendung einen Schaden, kommt eine Haftung des Entsenders sowohl für eigenes als auch für fremdes Verschulden seitens des Entsandten in Betracht.

1. Haftung für eigenes Verschulden

a. Vertragliche Haftung

Zwischen der Gesellschaft und dem Entsendungsberechtigten besteht grundsätzlich kein über die Mitgliedschaft hinausgehendes vertragliches

---

918 Vgl. *Maul*, in: Müller/Rödder, BeckHdbAG, § 4 Rn. 1; *Reichert/Weller*, in: MünchKomm-GmbHG, § 14 Rn. 47; *K. Schmidt*, Gesellschaftsrecht, § 19 S. 547 ff.; *Lutter*, AcP 180 (1980), 84 ff., 97 f., 158.

Schuldverhältnis.[919] Auch ein vertragsähnliches Vertrauensverhältnis, aufgrund dessen der Entsender dazu verpflichtet ist, keinen ungeeigneten Kandidaten zu entsenden oder dem Entsandten keine gesellschaftsschädlichen Weisungen zu erteilen, liegt nicht vor.[920]

b. Haftung wegen Verstoßes gegen mitgliedschaftliche Treupflicht

Ebenso wie gewöhnliche Aktionäre trifft auch den entsendungsberechtigten Aktionär nach Maßgabe von Gesellschaftsstruktur, Gesellschaftszweck und Ausgestaltung der konkreten Mitgliedschaft die Pflicht, den Gesellschaftszweck zu fördern und bei Ausübung seiner (Sonder-)Mitgliedschaftsrechte schützenswerte Interessen von Gesellschaft und Mitgesellschaftern zu berücksichtigen. Deshalb ist der Entsender bereits aufgrund der gesellschaftsrechtlichen Treupflicht dazu verpflichtet, geeignete Aufsichtsratsmitglieder zu entsenden und diese während ihrer Organtätigkeit nicht in gesellschaftsschädlicher Weise zu beeinflussen.[921] Bei Verstoß haftet er der Gesellschaft auf Schadensersatz gem. § 280 Abs. 1 BGB.[922] Eines daneben bestehenden vertragsähnlichen Vertrauensverhältnisses bedarf es deshalb nicht.[923]

c. Haftung wegen Verfolgung von Sondervorteilen gem. § 117 AktG

Der Entsendungsberechtigte haftet gegenüber der Gesellschaft und ihren Aktionären gem. § 117 AktG auch dann, wenn er den Entsandten dazu

---

919 BGH v. 29.1.1962 – II ZR 1/61, BGHZ 36, 296, 309 = NJW 1962, 864, 867; *Mertens/Cahn*, in KölnKomm-AktG, § 101 Rn. 77; *Drygala*, in: Schmidt/Lutter, AktG, § 101 Rn. 27; *Habersack*, in: MünchKomm-AktG, § 101 Rn. 48; *Hopt/Roth*, in: Großkomm-AktG, § 101 Rn. 162.

920 *Spindler*, in: Spindler/Stilz, AktG, § 101 Rn. 73; *Drygala*, in: Schmidt/Lutter, AktG, § 101 Rn. 27; *Hopt/Roth*, in: Großkomm-AktG, § 101 Rn. 162; *Habersack*, in: MünchKomm-AktG, § 101 Rn. 48; *Bürgers/Israel*, in: Bürgers/Körber, AktG, § 101 Rn. 13; a.A. *Mertens*, in: KölnKomm-AktG (2. Aufl.), § 101 Rn. 63 f.; *Semler*, in: MünchKomm-AktG (2. Aufl.), § 101 Rn. 105.

921 *Habersack*, in: MünchKomm-AktG, § 101 Rn. 48; *Simons*, in: Hölters, AktG, § 101 Rn. 32; *Drygala*, in: Schmidt/Lutter, AktG, § 101 Rn. 27; *Bürgers/Israel*, in: Bürgers/Körber, AktG, § 101 Rn. 13; *Hopt/Roth*, in: Großkomm-AktG, § 101 Rn. 162; *Spindler*, in: Spindler/Stilz, AktG, § 101 Rn. 70.

922 *Simons*, in: Hölters, AktG, § 101 Rn. 32.

923 *Hopt/Roth*, in: Großkomm-AktG, § 101 Rn. 162; *Drygala*, in: Schmidt/Lutter, AktG, § 101 Rn. 27; *Habersack*, in: MünchKomm-AktG, § 101 Rn. 48.

bestimmt, zum Schaden der Gesellschaft oder ihrer Aktionäre zu handeln.[924]

d. Haftung wegen Verstoßes gegen gute Sitten gem. § 826 BGB

Darüber hinaus kommt – wenn auch nur in seltenen Extremfällen – eine Haftung wegen vorsätzlicher sittenwidriger Schädigung der Gesellschaft gem. § 826 BGB in Betracht.[925]

e. Haftung wegen Auswahl- und Überwachungsverschuldens gem. § 831 BGB

Fraglich ist, ob der Entsender der Gesellschaft gem. § 831 BGB auf Schadensersatz wegen fehlerhafter Auswahl und Überwachung des Entsandten haftet, wenn der Entsandte bei Ausübung der Organtätigkeit der Gesellschaft widerrechtlich einen Schaden zufügt.

Dann müsste der Entsandte Verrichtungsgehilfe des Entsenders sein. Verrichtungsgehilfe ist, wer eine Tätigkeit ausführt, die ihm von einem anderen übertragen worden ist, in dessen Einflussbereich er sich allgemein oder im konkreten Fall befindet, zu dem er in einer gewissen Abhängigkeit steht und weisungsgebunden ist.[926]

Mit Aufnahme der Organtätigkeit wird der Entsandte jedoch eigenverantwortliches und weisungsfreies Mitglied des Aufsichtsrats. Mangels Weisungsbindung hat der Entsender also keine Möglickeit, auf die Organtätigkeit des Entsandten einzuwirken. Mithin ist der Entsandte nicht Verrichtungsgehilfe des Entsenders, so dass der Entsender nicht für

---

924 So schon AmtlBegr zu § 88 AktG 1937, abgedruckt bei *Klausing*, Aktiengesetz 1937, S. 76; *Koch*, in: Hüffer, AktG, § 117 Rn. 3; *Spindler*, in: Spindler/Stilz, AktG, § 101 Rn. 73; *Habersack*, in: MünchKomm-AktG, § 101 Rn. 48; *Mertens/Cahn*, in: KölnKomm-AktG, § 101 Rn. 78; *Hopt/Roth*, in: Großkomm-AktG, § 101 Rn. 165.

925 BGH v. 29.1.1962 – II ZR 1/61, BGHZ 36, 296, 312 = NJW 1962, 864, 867; *Simons*, in: Hölters, AktG, § 101 Rn. 32; *Koch*, in: Hüffer, AktG, § 101 Rn. 12; *Spindler*, in: Spindler/Stilz, AktG, § 101 Rn. 73; *Habersack*, in: MünchKomm-AktG, § 101 Rn. 48; *Mertens/Cahn*, in: KölnKomm-AktG, § 101 Rn. 78; *Hopt/Roth*, in: Großkomm-AktG, § 101 Rn. 165.

926 BGH v. 6. 11.2012 – VI ZR 174/11, NJW 2013, 1002, 1003 Rn. 15; v. 10.3.2009 – VI ZR 39/08, NJW 2009, 1740, 1741 Rn. 11; *Wagner*, in: MünchKomm-BGB, § 831 Rn. 14; *Krause*, in: Soergel, BGB, § 831 Rn. 18 f.; *Belling*, in: Staudinger, BGB, § 831 Rn. 101 f.; *Sprau*, in: Palandt, BGB, § 831 Rn. 5.

fehlerhafte Auswahl und Überwachung des Entsandten nach § 831 BGB haftet.[927]

2. Haftung für fremdes Verschulden seitens des Entsandten

a. Haftung für den Entsandten als Erfüllungsgehilfen gem. §§ 280 Abs. 1, 278 BGB

Der Entsendungsberechtigte könnte jedoch gegenüber der Aktiengesellschaft gem. §§ 280 Abs. 1, 278 BGB für schuldhaftes Fehlverhalten des Entsandten haften.[928] Eine Einstandspflicht des Entsenders für Fehlverhalten des Entsandten gem. § 280 Abs. 1 Satz 1 BGB setzt voraus, dass zwischen der Gesellschaft und dem entsendungsberechtigten Aktionär ein Schuldverhältnis besteht, innerhalb dessen der Entsandte als Erfüllungsgehilfe des Entsenders tätig wird.

Aufgrund seiner Verbandszugehörigkeit ist der Entsender gegenüber der Gesellschaft korporationsrechtlich zur treupflichtgemäßen Ausübung seiner Mitgliedschaftsrechte verpflichtet. Ein vertragliches Schuldverhältnis besteht mithin nicht.[929] Das entsandte Aufsichtsratsmitglied kann deshalb höchstens im Rahmen des korporationsrechtlichen Schuldverhältnisses zwischen der Gesellschaft und dem Entsender als Erfüllungsgehilfe (§ 278 BGB) des Entsenders tätig werden.

Erfüllungsgehilfe ist, wer nach den tatsächlichen Verhältnissen des gegebenen Falles mit dem Willen des Schuldners bei der Erfüllung der diesem obliegenden Verbindlichkeit als seine Hilfsperson tätig wird.[930] Die Or-

---

927 BGH v. 29.1.1962 – II ZR 1/61, BGHZ 36, 296, 309 = NJW 1962, 864, 867; *Habersack*, in: MünchKomm-AktG, § 101 Rn. 49; *Spindler*, in: Spindler/Stilz, AktG, § 101 Rn. 73; *Drygala*, in: Schmidt/Lutter, AktG, § 101 Rn. 27; *Mertens/Cahn*, in: KölnKomm-AktG, § 101 Rn. 78; so auch i.E. *Henssler*, in: Henssler/Strohn, GesellschaftsR, § 101 AktG Rn. 13; *Simons*, in: Hölters, AktG, § 101 Rn. 32; *Koch*, in: Hüffer, AktG, § 101 Rn. 12; *Bürgers/Israel*, in: Bürgers/Körber, AktG, § 101 Rn. 13.

928 Ablehnend BGH v. 29.1.1962 – II ZR 1/61, BGHZ 36, 296, 312 = NJW 1962, 864, 867; *Henssler*, in: Henssler/Strohn, GesellschaftsR, § 101 AktG Rn. 13; *Simons*, in: Hölters, AktG, § 101 Rn. 32; *Koch*, in: Hüffer, AktG, § 191 Rn. 12; *Drygala*, in: Schmidt/Lutter, AktG, §101 Rn. 27; *Bürgers/Israel*, in: Bürgers/Körber, AktG, § 101 Rn. 13; *Mertens/Cahn*, in: KölnKomm-AktG, § 101 Rn. 78.

929 *Spindler*, in: Spindler/Stilz, AktG, § 101 Rn. 73.

930 BGH v. 21. 4. 1954 - VI ZR 55/53, BGHZ 13, 111 = NJW 1954, 1193; v. 9.10.1986 – I ZR 138/84, BGHZ 98, 330, 332 = NJW 1987, 1323, 1326; v. 4.3.1987 – IV a

gantätigkeit als Aufsichtsratsmitglied liegt jedoch nicht im Pflichtenkreis des entsendungsberechtigten Aktionärs gegenüber der Gesellschaft. Mit Wahrnehmung seines Mandats wird der Entsandte vielmehr in seinem eigenen, korporationsrechtlichen Pflichtenkreis tätig.[931] Mithin ist der Entsandte nicht Erfüllungsgehilfe des Entsenders, weshalb eine Verschuldenszurechnung gem. § 278 BGB ausscheidet.

Dieses Ergebnis deckt sich auch mit dem Willen des historischen Gesetzgebers: Bereits im Gesetzgebungsverfahren zu § 88 AktG 1937 wurde eine Haftung des Entsenders für Fehlverhalten des Entsandten diskutiert, im Ergebnis jedoch mit Blick auf den Grundsatz der unabhängigen und eigenverantwortlichen Amtsführung von Aufsichtsratsmitgliedern abgelehnt.[932]

Eine Einstandspflicht des Entsenders für organschaftliches Fehlverhalten des Entsandten gem. § 278 BGB besteht mithin nicht.

b. Vertragliche Haftungsübernahme

Der Entsendungsberechtigte kann sich allerdings gegenüber der Gesellschaft durch Vertrag dazu verpflichten, für Schäden im Zusammenhang mit der Organtätigkeit des Entsandten aufzukommen.[933]

Gegen die Wirksamkeit einer derartigen Abrede kann nicht eingewendet werden, der Gesetzgeber habe der Normierung einer Entsenderhaftung für Fehlverhalten des Entsandten bewusst eine Absage erteilt.[934] Der bloße gesetzgeberische Verzicht auf eine gesetzlich zwingende Haftungsnorm kann nämlich nicht ohne weitere Anhaltspunkte dahingehend gedeutet werden, der Gesetzgeber wolle auch eine freiwillige Haftungsübernahme durch Dritte unterbinden.

ZR 122/85, BGHZ 100, 117, 118 = NJW 1987, 1815 ,1817; *Stadler*, in: Jauernig, BGB, § 278 Rn. 6 ff.; *Lorenz*, in: Bamberger/Roth, BGB, § 278 Rn. 11; *Grüneberg*, in: Palandt, BGB, § 278 Rn. 7.

[931] *Habersack*, in: MünchKomm-AktG, § 101 Rn. 49.

[932] Vgl. *Schlegelberger/Quassowski*, AktG 1937, § 88 Rn. 28.

[933] *Hopt/Roth*, in: Großkomm-AktG, § 101 Rn. 163; *Geßler*, in: Geßler/Hefermehl/Eckardt/Kropff, AktG, § 101 Rn. 108; *Drygala*, in: Schmidt/Lutter, AktG, § 101 Rn. 27; *Schlegelberger/Quassowski*, AktG 1937, § 88 Rn. 28.; a.A. *Mertens/Cahn*, in: KölnKomm-AktG, § 101 Rn. 79.

[934] So aber *Mertens/Cahn*, in: KölnKomm-AktG, § 101 Rn. 79.

Auch der Grundsatz eigenverantwortlicher und unabhängiger Amtsführung wird dadurch nicht – zumindest nicht mehr als durch grundsätzlich zulässige Freistellungsvereinbarung zwischen dem Entsender und dem Entsandten – beeinträchtigt.[935]

Der Entsender kann mithin im Rahmen der für Freistellungsvereinbarungen geltenden Grenzen gegenüber der Gesellschaft die Haftung für Fehlverhalten des Entsanten übernehmen.

c. *Statutarische Pflicht zur vertraglichen Haftungsübernahme*

Deshalb – und mit Blick auf die Gestaltungsfreiheit der Hauptversammlung – kann das Entsendungsrecht auch bereits in der Satzung an eine Haftungsübernahme des Entsenders gegenüber der Gesellschaft gekoppelt werden.[936] Durch Auslegung ist dann wiederum zu ermitteln, ob es sich bei diesem Erfordernis um eine Voraussetzung des Entsendungsrechts selbst handelt, bei deren Fehlen die Hauptversammlung den Entsandten gem. § 103 Abs. 2 Satz 2 AktG abberufen kann.

3. Haftung entsendungsberechtigter Gesellschaften i.V.m. der Organtheorie entsprechend § 31 BGB

Steht das Entsendungsrecht einer Gesellschaft zu und entsendet sie einen ihrer eigenen Organwalter in den Aufsichtsrat der Aktiengesellschaft, könnte das Verhalten des entsandten Organwalters der entsendenden Gesellschaft möglicherweise nach der Organtheorie entsprechend § 31 BGB als eigenes zugerechnet und auf diese Weise eine Einstandspflicht des Entsenders für eigenes Fehlverhalten konstruiert werden.

Nach der – inzwischen vorherrschenden – Organtheorie ist das Handeln der Organwalter in Ausführung ihrer organschaftlichen Tätigkeit Eigenhandeln der Gesellschaft.[937] Mithin wird der Gesellschaft das Verhalten

---

935 A.A. *Steinfort*, Entsendungsrechte, S. 35.

936 *Hopt/Roth*, in: Großkomm-AktG, § 101 Rn. 163, *Geßler*, in: Geßler/Hefermehl/Eckardt/Kropff, AktG, § 101 Rn. 108; *Schlegelberger/Quassowski*, AktG 1937, § 88 Rn. 28; a.A. *Habersack*, in: MünchKomm-AktG, § 101 Rn. 49; *Bürgers/Israel*, in: Bürgers/Körber, AktG, § 101 Rn. 13; *Mertens/Cahn*, in: Köln-Komm-AktG. § 101 Rn. 79.

937 RG v. 19.2.1912 – VI 291/11, RGZ 78, 347, 353 f.; BGH v. 8.2.1952 – I ZR 92/51, NJW 1952, 137, 138; v. 8.7.1986 – VI ZR 47/85, BGHZ 98, 148 = NJW 1986, 2941 f.; v. 13.1.1987 – VI ZR 303/85, BGHZ 99, 298 = NJW 1987, 1193; *Arnold*, in: MünchKomm-BGB, § 26 Rn 11; *Schöpflin*, in: BeckOK-BGB, § 21 Rn. 14 ff.; *Had-*

von Organwaltern bei Wahrnehmung ihres Mandats entsprechend § 31 BGB als eigenes zugerechnet. Übertragen auf die Entsendung von Organwaltern durch eine entsendungsberechtigte Gesellschaft würde demnach das Fehlverhalten des entsandten Organwalters der entsendenden Gesellschaft als eigenes Fehlverhalten angelastet, so dass die entsendende Gesellschaft im Ergebnis für den entsandten Organwalter haften würde.

Als Aufsichtsratsmitglied nimmt der Entsandte Organfunktionen jedoch ausschließlich gegenüber der aufnehmenden Gesellschaft in eigenverantwortlicher und unabhängiger Weise (§ 111 Abs. 5 AktG) wahr.[938] Da die entsendende Gesellschaft gegenüber dem entsandten Organwalter bei der Wahrnehmung von Organkompetenzen insgesamt nicht weisungsbefugt ist, fehlt es zum einen an einer die Verhaltenszurechnung rechtfertigenden Verhaltenssteuerung durch die entsendende Gesellschaft.[939] Zum anderen können von Gesetzes wegen nur natürliche Personen Mitglied des Aufsichtsrats sein (§ 100 Abs. 1 Satz 1 AktG), weshalb die Aufsichtsratstätigkeit entsandter Organwalter nicht gleichzeitig als Eigenhandeln der entsendenden Gesellschaft eingeordnet werden kann. Zudem hat sich bereits der Gesetzgeber des AktG 1937 gegen eine Einstandspflicht des

ding, in: Soergel, BGB, § 26 Rn. 3, § 31 Rn. 1, 6; *v. Gierke*, Die Genossenschaftstheorie und die deutsche Rechtsprechung, S. 603 ff.; auch – wenn auch im Sprachgebrauch abweichend – *K. Schmidt*, Gesellschaftsrecht, § 10 I 2 S. 250 ff.; *Wiedemann*, Gesellschaftsrecht I, § 4 II 3 a) S. 212 ff.; *Beuthien*, NJW 1999, 1142; abweichend *Weick*, in: Staudinger, BGB, § 31 Rn. 2 f.; *Flume*, Die juristische Person, § 11 I S. 377 ff.

938 BGH v. 29.1.1962 – II ZR 1/61, BGHZ 36, 296, 309 = NJW 1962, 864, 867; v. 26.3.1984 – II ZR 171/83, BGHZ 90, 381, 397 f. = NJW 1984, 1893, 1897; *Habersack*, in: MünchKomm-AktG, § 101 Rn. 49, § 116 Rn. 83; i.E. auch *Spindler*, in: Spindler/Stilz, AktG, § 101 Rn. 73; *Drygala*, in: Schmidt/Lutter, AktG, § 101 Rn. 27; a.A. (begrenzte Einstandspflicht des Entsenders entsprechend § 31 BGB) *Mertens/Cahn*, in: KölnKomm-AktG, § 76 Rn. 70 ff, 76, § 101 Rn. 77; *Hopt/Roth*, in: Großkomm-AktG, § 101 Rn. 164, § 116 Rn. 322; *Koenen*, Zurechnung von Organverhalten bei juristischen Personen, S. 105 ff.; *Noack*, in: FS Hoffmann-Becking (2013), S. 847, 854 ff.; *Schürnbrand*, Organschaft im Recht der privaten Verbände, S. 330 ff.; sogar für generelle Einstandspflicht der entsendenden Gesellschaft *Ulmer*, in: FS Stimpel (1985), S. 705 ff.; *Mestmäcker*, Verwaltung, Konzerngewalt und Rechte der Aktionäre, S. 260 ff.

939 Vgl. BGH v. 29.1.1962 – II ZR 1/61, BGHZ 36, 296, 309 = NJW 1962, 864, 867.

Entsenders für den Entsandten und damit auch gegen eine Zurechnung entsprechend § 31 BGB ausgesprochen.[940]

Folglich haftet die entsendende Gesellschaft nicht für Pflichtverletzungen entsandter Organwalter in Ausführung ihrer Aufsichtsratstätigkeit in der aufnehmenden Gesellschaft.

4. Stimmverbot zulasten des Entsenders bei Entlastung des Entsandten

Da der entsendungsberechtigte Aktionär bei pflichtwidriger Organtätigkeit des Entsandten ggf. haftet,[941] könnte er wegen des damit einhergehenden potenziellen Interessenkonflikts von der Beschlussfassung über die Entlastung des entsandten Aufsichtsratsmitglieds in der Hauptversammlung ausgeschlossen sein.

a. Stimmverbot gem. § 136 Abs. 1 Satz 1 AktG

Da in der Hauptversammlung jedoch nicht über die Entlastung des entsendenden Aktionärs, sondern über die Entlastung des entsandten Aufsichtsratsmitglieds abgestimmt wird, ist der entsendungsberechtigte Aktionär nicht unmittelbar gem. § 136 Abs. 1 Satz 1 Var. 1 AktG von der Abstimmung über die Entlastung des entsandten Aufsichtsratsmitglieds ausgeschlossen.[942]

b. Stimmverbot analog § 136 Abs. 1 Satz 1 AktG

(1) Personenidentität von Entsender und Entsandtem

In entsprechender Anwendung greift das Stimmverbot nach allgemeiner Ansicht allerdings auch dann, wenn der abstimmende Aktionär und das zu entlastende Aufsichtsratsmitglied zwar nicht physisch personenidentisch sind, das zu entlastende Aufsichtsratsmitglied aber von Rechts

---

[940] Vgl. BGH v. 29.1.1962 – II ZR 1/61, BGHZ 36, 296, 312 = NJW 1962, 864, 868; *Schlegelberger/Quassowski*, AktG 1937, § 88 Rn. 28.

[941] Siehe oben unter H. III.

[942] BGH v. 29.1.1962 – II ZR 1/61, BGHZ 36, 296 ff. = NJW 1962, 864 ff.; *Habersack*, in: MünchKomm-AktG, § 101 Rn. 49; *Mertens/Cahn*, in: KölnKomm-AktG, § 101 Rn. 79; *Hopt/Roth*, in: Großkomm-AktG, § 101 Rn. 166; *Spindler*, in: Spindler/Stilz, AktG, § 101 Rn. 80; *Hengeler*, AG 1962, 87, 89, 90 f., 119 ff.

wegen entscheidenden Einfluss auf das Stimmverhalten des abstimmenden Aktionärs nehmen kann.[943]

Bei Entsendung verhält es sich jedoch genau anders herum: Allein der entsendungsberechtigte Aktionär vermag – wenn auch nur faktisch ohne rechtliche Verbindlichkeit – das Verhalten des entsandten Aufsichtsratsmitglieds zu lenken.

Dieser rein faktische Einfluss ist wiederum nicht derart stark, dass – quasi in entgegengesetzter Richtung – der Entsandte mit dem hinter ihm stehenden Entsender gleichzustellen und das Stimmverbot wegen Personenidentität auf den Entsender auszuweiten wäre.[944]

(2) Haftungsgefahr zulasten des Entsenders

Das aktienrechtliche Stimmverbot wird darüber hinaus auch auf Fälle erstreckt, in denen konkrete Anhaltspunkte dafür vorliegen, dass ein grundsätzlich stimmberechtigter Aktionär in seiner Funktion als Aufsichtsratsmitglied möglicherweise an Pflichtverletzungen eines anderen, zu entlastenden Aufsichtsratsmitglieds mitgewirkt hat.[945] Übertragen auf das Verhältnis zwischen Entsender und Entsandtem könnte der Entsendungsberechtigte zumindest dann von der Beschlussfassung über die Entlastung des entsandten Aufsichtsratsmitglieds ausgeschlossen sein, wenn konkrete Anhaltspunkte für eine Haftung des Entsendungsberechtigten im Zusammenhang mit der Organtätigkeit des Entsandten vorliegen.

Die oben beschriebene Ausweitung des Stimmverbots ist jedoch nur mit Blick auf die andernfalls drohende Umgehung des Selbstentlastungsverbots gerechtfertigt: Hat das mitabstimmende Aufsichtsratsmitglied an

---

943 RG v. 22.1.1935, II 198/34, RGZ 146, 385, 391; BGH v. 29.1.1962 – II ZR 1/61, BGHZ 36, 296, 299 = NJW 1962, 864, 865 f.; *Rieckers*, in: Spindler/Stilz, AktG, § 136 Rn. 28 ff.; *Koch*, in: Hüffer, AktG, § 136 Rn. 14; *Schröer*, in: MünchKomm-AktG, § 136 Rn. 43.

944 Vgl. BGH v. 29.1.1962 – II ZR 1/61, BGHZ 36, 296, 300 = NJW 1962, 864, 866 f.; *Hengeler*, AG 1962, 87, 88 f.

945 BGH v. 20.1.1986 – II ZR 73/85, BGHZ 97, 28 = NJW 1986, 2051, 2052 f. (zur GmbH); v. 21.9.2009 – II ZR 174/08, BGHZ 182, 272 = NZG 2009, 1270, 1271 f. Rn. 15; *Koch*, in: Hüffer, AktG, § 136 Rn. 20; *Schröer*, in: MünchKomm-AktG, § 136 Rn. 8; *Rieckers*, in: Spindler/Stilz, AktG, § 136 Rn. 8; *Grundmann*, in: Großkomm-AktG, § 136 Rn. 32; a.A. *Hoffmann*, in: Spindler/Stilz, AktG, § 120 Rn. 20; *Ders.*, NZG 2010, 290, 291 f.

der Pflichtverletzung des zu entlastenden Aufsichtsratsmitglieds mitgewirkt, stimmt es bei dessen Entlastung mittelbar über seine eigene Entlastung ab.[946] Der Entsender ist jedoch in der Regel nicht Mitglied des Aufsichtsrats; er ist deshalb noch nicht einmal mittelbar vom Selbstentlastungsverbot betroffen. Dies gilt selbst dann, wenn konkrete Anhaltspunkte für eine Haftung des Entsenders aufgrund eigenen Verschuldens oder fremden Verschuldens seitens des Entsandten vorliegen.[947] Das Stimmverbot kann deshalb nur auf an der Pflichtverletzung möglicherweise beteiligte und zu entlastende Aufsichtsratsmitglieder, nicht hingegen auf entsendungsberechtigte Aktionäre erstreckt werden

(3) Ergebnis

Da § 136 Abs. 1 AktG auch kein allgemeines Verbot des Richtens in eigener Sache statuiert,[948] kann der Entsender sein Stimmrecht bei Entlastung des Entsandten uneingeschränkt ausüben.

IV. Zusammenfassung

Das korporative Rechtsverhältnis zwischen Gesellschaft und Entsandtem entspricht inhaltlich dem Rechtsverhältnis zwischen gewählten Aufsichtsratmitgliedern und Gesellschaft.

Zwischen Entsender und Entsandtem besteht ein schuldrechtliches Auftrags- oder Geschäftsbesorgungsverhältnis; vertragsrechtliche Gestaltungsmöglichkeiten werden weitgehend durch zwingendes Aktienrecht verdrängt. Insbesondere ist der Entsandte nicht an Weisungen des Entsenders gebunden und hat diesem gegenüber grundsätzlich auch keine Auskunfts- oder Rechenschaftspflicht. Die Vereinbarung einer Vergütung oder Haftungsfreistellung ist möglich.

Gesellschaft und Entsender stehen sich aufgrund der Aktionärseigenschaft des Entsenders in einem mitgliedschaftlichen Sonderrechtsverhältnis sui generis gegenüber. Der Entsender haftet der Gesellschaft im Fall gesellschaftschädigenden Verhaltens des Entsandten weder für eige-

---

[946] Vgl. BGH v. 21.9.2009 – II ZR 174/08, BGHZ 182, 272 = NZG 2009, 1270, 1271 f. Rn. 15; *Hoffmann*, NZG 2010, 290, 291; *Hengeler*, AG 1962, 87, 91.

[947] Vgl. *Hengeler*, AG 1962, 87, 90 f.; a.A. *Spindler*, in: Spindler/Stilz, AktG, § 101 Rn. 80; offen gelassen von BGH v. 29.1.1962 – II ZR 1/61, BGHZ 36, 296, 301 = NJW 1962, 864, 867.

[948] Siehe oben unter C. II. 3. a.

nes noch für fremdes Verschulden des Entsandten. Einem Stimmverbot bei Beschlussfassung über die Entlastung des entsandten Aufsichtsratsmitglieds unterliegt der Entsender nicht.

I. Zusammenfassung

Die bisherige Untersuchung hat gezeigt, dass das aktienrechtliche Entsendungsrecht ein äußerst effizientes Instrumentarium ist, um den Einfluss einzelner Aktionäre auf die Besetzung des Aufsichtsrats und damit mittelbar auf die Entwicklung der Aktiengesellschaft insgesamt erheblich zu stärken.

Im Hinblick auf ihre Einräumung und Ausübung sind Entsendungsrechte im Ergebnis nur wenig fehleranfällig. Selbst bei anfänglichem Verstoß gegen gesetzliche Voraussetzungen sind die eingeräumten Entsendungsrechte sowie die darauf basierende Entsendung grundsätzlich wirksam. Darüber hinaus können fehlerhafte Entsendungsrechte – unabhängig davon, ob sie bereits in der Ursprungssatzung enthalten sind oder erst durch späteren Hauptversammlungsbeschluss eingeräumt werden – sogar geheilt und damit für die Zukunft gesichert werden. Sollte eine Heilung nicht (mehr) möglich sein, verbleibt zumindest stets die Möglichkeit der Umdeutung. Auch ein nachträglicher Verstoß gegen gesetzliche Voraussetzungen bzw. eine anfänglich oder nachträglich fehlerhafte Ausübung von Entsendungsrechten hat in der Regel keine negativen Auswirkungen auf die Wirksamkeit der Entsendung.

Darüber hinaus kann der zukünftige Entsender – vor allem der zukünftig entsendungsberechtigte Großaktionär – die Einräumung und Ausgestaltung von Entsendungsrechten effektiv mitbestimmen. Er unterliegt bei der Beschlussfassung über die Einräumung von Entsendungsrechten keinem Stimmverbot. Es ist ihm wie auch den übrigen Aktionären aber nur begrenzt möglich, sich im Rahmen von Stimmbindungsverträgen zur Einräumung von Entsendungsrechten zu verpflichten.

Mit Einräumung des Entsendungsrechts wird dem Entsender eine relativ gesicherte Rechtsposition zuteil. Unmittelbar kann das Entsendungsrecht nur durch Satzungsänderung und grundsätzlich nur mit Zustimmung des Entsendungsberechtigten entzogen werden. Zudem ist der Entsendungsberechtigte bei Beschlussfassung über den Entzug des Entsendungsrechts stimmberechtigt. Eine Ausnahme vom Zustimmungserfordernis besteht vorbehaltlich anderweitiger Satzungsregelungen nur für den Fall, dass ein wichtiger Grund vorliegt. Mittelbare Beeinträchtigungen des Entsendungsrechts bedürfen zu ihrer Wirksamkeit hingegen nur bedingt der Zustimmung des Entsendungsberechtigten. Eine trotz

Erlöschens des Entsendungsrechts vorgenommene Entsendung ist allerdings in der Regel wirksam.

Das Beeinflussungspotenzial des Entsendungsberechtigten endet nicht mit der bloßen Wahrnehmung seines Bestellungsrechts. Auch auf die organschaftliche Tätigkeit des entsandten Aufsichtsratsmitglieds kann er einwirken. Zwar bleibt es dem Entsendungsberechtigten verwehrt, dem Entsandten rechtlich bindende Weisungen zu erteilen. Er kann aber das Verhalten des Entsandten aufgrund seines unbeschränkbaren Rechts zur jederzeitigen Abberufung zumindest mittelbar steuern. Einer Haftung für Fehlverhalten des entsandten Aufsichtsratsmitglieds ist der Entsendungsberechtigte dagegen in der Regel nicht ausgesetzt.

Die nicht-entsendungsberechtigten Aktionäre können das Entsendungsrecht zwar durch zusätzliche statutarische Voraussetzung im Hinblick auf den Entsender und den Entsandten sowie durch verschiedene Vorbehalte einschränken und damit einer gewissen Kontrolle unterwerfen. Im Ergebnis hindert ein Verstoß gegen gesetzliche oder statutarische Anforderungen die Wirksamkeit der Entsendung allerdings nicht. Gesetzes- oder satzungswidrige Entsendungen können – wenn überhaupt – nur nachträglich mit Wirkung für die Zukunft durch die Aktionäre bzw. durch die Hauptversammlung oder durch Gerichtsentscheidung korrigiert werden. Mit der Einräumung von Entsendungsrechten gehen die nicht-entsendungsberechtigten Aktionäre deshalb auch immer ein hohes Risiko ein.

Dritter Teil

Grundfreiheitliche Grenzen

A. Problemaufriss und Fragestellung

I. Unmittelbare Wirkung europäischer Grundfreiheiten

Seit der EuGH in seiner revolutionären Entscheidung in der Rechtssache „van Gend en Loss“[949] entschieden hat, dass die (europäische Wirtschafts-)Gemeinschaft basierend auf den Gründungsverträgen vom Geist ihrer Vorschriften, von ihrer Systematik und von ihrem Wortlaut her eine neue Rechtsordnung des Völkerrechts darstellt, können sich die Rechtsunterworfenen vor den nationalen Gerichten auf das Gemeinschaftsrecht berufen, ohne dass es eines weiteren Transformationsakts gemeinschaftsrechtlicher Rechtsakte in nationales Recht bedarf.[950] Die unmittelbare Wirkung einer gemeinschaftsrechtlichen Vorschrift im innerstaatlichen Bereich der Mitgliedstaaten setzt allerdings voraus, dass die Vorschrift inhaltlich hinreichend klar, unbedingt und vollständig ist.[951] Liegen diese Voraussetzungen vor, sind sämtliche nationalen Hoheitsträger dazu verpflichtet, im Einklang mit unmittelbar anwendbarem Gemeinschaftsrecht zu handeln (unmittelbare Wirkung).[952] Bei Unverein-

---

[949] EuGH v. 5.2.1963 – C-26/62, Slg. 1963, 3, 24 f. – NV Algemene Transport - en Expeditie Onderneming van Gend & Loos/Niederländische Finanzverwaltung; seit dem st.Rspr., siehe im Anschluss daran EuGH v. 15.7.1964 – C-6/64, Slg. 1964, 1141 – Flaminio Costa/E.N.E.L.; v. 17.12.1970 – C-11/70, Slg. 1970, 1125 – Internationale Handelsgesellschaft mbH/Einfuhr- und Vorratsstelle für Getreide und Futtermittel; v. 9.3.1978 – C-106/77, Slg. 1978, 639 – Staatliche Finanzverwaltung/S.p.A. Simmenthal; v. 15.10.1986 – C-168/85, Slg. 1986, 2945 – Kommission/Italienische Republik; v. 19.6.1990 – C-213/89, Slg. 1990, I-2433 – The Queen/Secretary of State for Transport, ex parte: Factortame Ltd u. a.

[950] Zur unmittelbaren Wirkung des Gemeinschaftsrechts (auch im Hinblick auf Richtlinien, Verordnungen, Komissions- und Ratsentscheidungen bzw. Beschlüsse) siehe *Nettesheim*, in: Grabitz/Hilf/Nettesheim, Das Recht der EU, Art. 288 AEUV Rn. 39 ff.; *Geismann*, in: von der Groeben/Schwarze/Hatje, Europäisches Unionsrecht, Art. 288 AEUV Rn. 10, 14 f.; *Schroeder*, in: Streinz, EUV/AEUV, Art. 288 AEUV Rn. 101 ff.; *Ruffert*, in: Calliess/Ruffert, EUV/AEUV, Art. 288 AEUV Rn. 47 ff.; *Stettner*, in: Dauses, Hdb EU-Wirtschaftsrecht, A. IV. Rn. 16 ff. m.w.N.; *Jarass/Beljin*, JZ 2003, 768 ff.; *Wölker*, EuR 2007, 32, 39 ff.

[951] EuGH v. 5.2.1963 – C-26/62, Slg. 1963, 3, 25 f. – NV Algemene Transport- en Expeditie Onderneming van Gend & Loos/Niederländische Finanzverwaltung; v. 4.12.1974 – 41/74, Slg. 1974, 1337, 1347 – Yvonne van Duyn/Home Office; *Geismann*, in: von der Groeben/Schwarze/Hatje, Europäisches Unionsrecht, Art. 288 AEUV Rn. 12; *Nettesheim*, in: Grabitz/Hilf/Nettesheim, Das Recht der EU, Art. 288 AEUV Rn. 46; *Stettner*, in: Dauses, Hdb EU-Wirtschaftsrecht, A. IV. Rn. 12.

[952] Zur Begrifflichkeit vgl. *Geismann*, in: von der Groeben/Schwarze/Hatje, Europäisches Unionsrecht, Art. 288 AEUV Rn. 14.

barkeit von nationalem mit unmittelbar anwendbarem Gemeinschaftsrecht sind die zuwiderlaufenden mitgliedstaatlichen Vorschriften unangewendet zu lassen (Anwendungsvorrang des Gemeinschaftsrechts).[953] Unmittelbare Anwendung findet das Gemeinschafsrecht nicht nur im Verhältnis zwischen dem einzelnen Mitgliedstaat und den ihm unterworfenen Privatrechtssubjekten, sondern – allerdings nach umstrittener Ansicht – teilweise grundsätzlich auch im Verhältnis Privater untereinander (unmittelbare Drittwirkung).[954]

Zu den unmittelbar anwendbaren Vorschriften des Gemeinschaftsrechts zählen insbesondere die Grundfreiheiten gem. Art. 28 ff. AEUV.[955] Nationale Normen, die grundfreiheitlich geschütztes Verhalten in nicht zu rechtfertigender Weise beschränken, sind daher unanwendbar und von den Mitgliedstaaten – im Umfang des Grundfreiheitsverstoßes – zu beseitigen.[956] Die unmittelbare Wirkung der Grundfreiheiten hat wesentlich zum Abbau von Handelshindernissen zwischen den Mitgliedstaaten der Europäischen Union beigetragen und dadurch die Integration der mit-

---

953 EuGH v. 4.4.1968 – C-34/67, Slg. 1968, 363, 373 – Firma Gebrüder Lück/Hauptzollamt Köln-Rheinau; v. 9.3.1978 – C-106/77, Slg. 1978, 639 Rn. 17/18 – Staatliche Finanzverwaltung/S.p.A. Simmenthal; v. 22.6.1989 – C-103/88, Slg. 1989, 1839 Rn. 31 ff. – Fratelli Costanzo SpA/Comune di Milano; v. 22.10.1998 – C-10/97 bis C-22/97, Slg. 1998, I-6307 Rn. 20 – Ministero delle Finanze/IN.CO.GE.'90 Srl u.a.; BVerfG v. 8.4.1987– 2 BvR 687/85, BVerfGE 75, 223, 224 Rn. 58; *Stettner*, in: Dauses, Hdb EU-Wirtschaftsrecht, A. IV. Rn. 28; *Nettesheim*, in: Grabitz/Hilf/Nettesheim, Das Recht der EU, Art. 288 AEUV Rn. 51 ff.; *Kingreen*, Struktur der Grundfreiheiten, S. 178 f.; *Jarass*, NJW 1990, 2420 (2421); *Jarass/Beljin*, NVwZ 2004, 1 ff.

954 EuGH v. 12.12.1974 – C-36/74, Slg. 1974, 1405 Rn. 16 ff., 19 – B.N.O. Walrave u.a./Association Union cycliste internationale u.a.; EuGH v. 14.7.1976 – C-13/76, Slg. 1976, 1333 Rn. 17 – Gaetano Donà/Mario Mantero; v. 15.12.1995 – C-415/93, Slg. 1995, I-4921 Rn. 82 ff. – Union royale belge des sociétés de football association ASBL u.a./Jean-Marc Bosman u.a.; v. 11.4.2000 – C-51/96, Slg. 2000, I-2549 Rn. 47 – Christelle Deliège/Ligue francophone de judo et disciplines associées ASBL u.a.; *Streinz/Leible*, EuZW 2000, 459 ff.; *Forsthoff*, EWS 2000, 389 ff.; siehe unten unter C. I.

955 EuGH v. 19.12.1968 – C-13/68, Slg. 1968, 679, 690 f. – SpA Salgoil/Außenhandelsministerium der Italienischen Republik (zur Warenverkehrsfreiheit); v. 21.6.1974 – C-2/74, Slg. 1947, 631 Rn. 24/28 – Jean Reyners/Belgischen Staat (zur Niederlassungsfreiheit); v. 3.12.1974 – C-33/74, Slg. 1974, 1299 Rn. 27 – Johannes Henricus Maria van Binsbergen/Bestuur van de Bedrijfsvereniging voor de Metaalnijverheid (zur Dienstleistungsfreiheit); v. 14.12.1995 – C-163/94, Slg. 1995, I-4821 Rn. 40 ff. – Lucas Emilio Sanz de Lera u.a. (zur Kapitalverkehrsfreiheit); *Kingreen*, in: Calliess/Ruffert, EUV/AEUV, Art. 36 AEUV Rn. 9.

956 Vgl. *Kingreen*, in: Calliess/Ruffert, EUV/AEUV, Art. 36 AEUV Rn. 28 ff.

gliedstaatlichen Märkte in den gemeinsamen europäischen Binnenmarkt vorangetrieben.[957]

II. „Goldene Aktien"-Rechtsprechung des EuGH

Auch im Bereich des nationalen Gesellschaftsrechts hat die unmittelbare Wirkung der Grundfreiheiten ihre Spuren hinterlassen.[958] Insbesondere gesellschaftsrechtliche Sonderrechte zugunsten von Mitgliedstaaten waren wegen potenzieller Verstöße gegen Grundfreiheiten wiederholt Gegenstand europagerichtlicher Kontrollverfahren. Diese Verfahren werden aufgrund der ähnlich gelagerten Sachverhalte unter dem Begriff „Goldene-Aktien"-Rechtsprechung[959] zusammengefasst. Die zur Überprüfung vorgelegten Sachverhalte stimmen darin überein, dass Mitgliedstaaten sich nach Teil- oder Vollprivatisierung ehemaliger Staatsunternehmen Sonderrechte zur Beeinflussung der Unternehmenspolitik oder der Anteilseignerstruktur zurückbehielten, die der öffentlichen Hand nach allgemeinem Recht wegen ihrer verhältnismäßig geringen oder insgesamt beendeten Beteiligung oder mangels gesellschaftsrechtlicher Zulässigkeit nicht zugestanden hätten.[960] Teilweise wurden diese staatlichen Sonderrechte verbunden mit der Inhaberschaft einer – in der Regel

---

[957] *Terhechte* , in: Grabitz/Hilf/Nettesheim, Das Recht der EU, Art. 3 EUV Rn. 40; *Kingreen*, in: Calliess/Ruffert, EUV/AEUV, Art. 36 AEUV Rn. 2.

[958] Siehe bspw. EuGH v. 27.9.1988 – C-81/87, Slg. 1988, 5483 – The Queen/H. M. Treasury and Commissioners of Inland Revenue, ex parte Daily Mail and General Trust plc; v. 9.3.1999 – C-212/97, Slg. 1999, I-1459 – Centros Ltd/Erhvervs- og Selskabsstyrelsen; v. 5.11.2002 – 208/00, Slg. 2002, I-9919 – Überseering BV/Nordic Construction Company Baumanagement GmbH (NCC); v. 30.9.2003 – C-167/01, Slg. 2003, I-10155 – Kamer van Koophandel en Fabrieken voor Amsterdam/Inspire Art Ltd; *Demirakou*, Kapitalverkehrsfreiheit, S. 297 ff. (für eine Beschränkung der Kapitalverkehrsfreiheit durch jede zwingende gesellschaftsrechtliche Norm); *Grundmann/Möslein*, BKR 2002, 764 f.; *Spindler*, RIW 2003, 850 ff.; *Oechsler*, NZG 2007, 161, 165 f.; *Ringe*, CLJ 69 (2010), 380 ff.; skeptisch gegenüber einer grundfreiheitlichen Kontrolle nationalen Privatrechts exemplarisch *Mülbert*, ZHR 159 (1995), 2 ff.

[959] Alternativ: „Golden-Shares"-Rechtsprechung; zur weiterreichenden Bedeutung des Begriffs „Golden Shares" siehe *Pießkalla*, Goldene Aktien, S. 15 f.

[960] *Lieder*, ZHR 172 (2008), 306, 310; *Pießkalla*, Goldene Aktien, S. 5 (vgl. S. 13 zu staatlichen Sonderrechten in Gesellschaften anderer Rechtsform); *Lübke*, Der Erwerb von Gesellschaftsanteilen, S. 44; vgl. auch *GA Colomer*, SchlAnt v. 3.7.2001 zu C-483/99, C-367/98, C-503/99, Slg. 2002, I-4733, Rn. 1 – Komission/Französische Republik, Portugiesische Portugal, Königreich Belgien.

unveräußerlichen und gewinnbeteiligungslosen[961] – Sonderaktie an der betroffenen Gesellschaft;[962] teilweise beruhten sie unmittelbar auf nationalen Gesetzen unabhängig von jedweder staatlicher Anteilseignerschaft oder statutarischer Verankerung.[963] Gegenstand staatlicher Sonderrechte waren bisher Zustimmungs-, Genehmigungs- oder Widerspruchsrechte im Hinblick auf Anteilserwerbe,[964] korporative Sondermitverwaltungsrechte bei Änderungen des Gesellschaftszwecks,[965] bei Auflösung bzw. Umwandlung der Gesellschaft,[966] Höchststimm-[967] und Entsendungsrechte[968] sowie operative Sondermitverwaltungsrechte bei Veräußerung

---

961 *Lübke*, Der Erwerb von Gesellschaftsanteilen, S. 45.

962 Vgl. Sachverhalte in den Rechtssachen EuGH v. 4.6.2002 – C-503/99, Slg. 2002, I-4809 – Kommission/Königreich Belgien; v. 4.6.2002 – C-483/99, Slg. 2002, I-4781 – Kommission/Französische Republik.

963 Vgl. Sachverhalte in den Rechtssachen EuGH v. 4.6.2002 – C-367/98, Slg. 2002, I-4731 – Kommission/Portugiesische Republik; siehe auch *Müller-Graff*, in: FS Ulmer (2003), S. 929, 930 ff.; vgl. angesichts der unterschiedlichen Gestaltungsvarianten zur Bildung des Oberbegriffs „Goldene Aktien" *Ruge*, EuZW 2002, 421; *Pießkalla*, Goldene Aktien, S. 7 ff., 12.

964 Vgl. bspw. EuGH v. 13.5.2003 – C-98/01, Slg. 2003, I-4641 – Komission/Vereinigtes Königreich Großbritannien und Nordirland; v. 13.5.2003 – C-463/00, Slg. 2003, I-4581 – Kommission/Königreich Spanien; v. 4.6.2002 – C-367/98, Slg. 2002, I-4731 – Komission/Portugiesische Republik; v. 4.6.2002 – C-483/99, Slg. 2002, I-4781 – Kommission/Französische Republik.

965 Vgl. bspw. EuGH v. 13.5.2003 – C-463/00, Slg. 2003, I-4581 – Kommission/Königreich Spanien.

966 Vgl. bspw. EuGH v. 13.5.2003 – C-98/01, Slg. 2003, I-4641 – Kommission/Vereinigtes Königreich Großbritannien und Nordirland; v. 13.5.2003 – C-463/00, Slg. 2003, I-4581 – Kommission/Königreich Spanien.

967 Vgl. EuGH v. 23.10.2007 – C-112/05, Slg. 2007, I-8995 – Kommission/Bundesrepublik Deutschland.

968 Vgl. bspw. EuGH v. 6.12.2007 – C-463/04, C-464/04, Slg. 2007, I-10419 – Federconsumatori u.a., Associazione Azionariato Diffuso dell'AEM SpA u.a./Comune di Milano; v. 4.6.2002 – C-503/99, Slg. 2002, I-4809 – Kommission/Königreich Belgien; v. 4.6.2002 – C-483/99, Slg. 2002, I-4781 – Kommission/Französische Republik (in den beiden letzten Fällen allerdings ohne Stimmrecht, im belgischen Fall Fall jedoch mit Rügerecht); v. 23.5.2000 – C-58/99, Slg. 2000, I-3811 – Kommission/Italienische Republik.

bedeutender Bestandteile des Aktivvermögens der Gesellschaft[969] oder bei Organbeschlüssen im Allgemeinen[970].

III. Grundfreiheitsprüfung aktienrechtlicher Entsendungsrechte

Mit der Einräumung aktienrechtlicher Entsendungsrechte wird Bestellungsmacht von der Hauptversammlung auf den Entsendungsberechtigten verlagert und so der Einfluss der in der Hauptversammlung versammelten Aktionäre auf die Besetzung des Aufsichtsrats geschmälert. Entsendungsrechte bewirken mithin eine Aufweichung der grundsätzlich proportionalen Korrelation von Stimmrechtsmacht und Kapitalbeteiligung (vgl. § 134 AktG), so dass dem Entsendungsberechtigten eine privilegierte Sonderrechtsstellung unter den Aktionären zukommt. Es war deshalb nur eine Frage der Zeit, bis auch aktienrechtliche Entsendungsrechte – ähnlich den staatlichen Sonderrechten im Rahmen der „Goldene Aktien"-Rechtsprechung – einer gerichtlichen Grundfreiheitsprüfung unterzogen wurden. Den Beginn dieser Entwicklung markiert das von der europäischen Kommission eingeleitete Vertragsverletzungsverfahren gegen die Bundesrepublik Deutschland in der Rechtssache C-112/05.[971] Gegenstand dieses Verfahrens waren verschiedene Regelungen des VW-Gesetzes a.F.,[972] unter ihnen die Einräumung von jeweils zwei Entsendungsrechten zugunsten der Bundesrepublik Deutschland sowie des Landes Niedersachsen in den Aufsichtsrat der VW-AG gem. § 4 Abs. 1 VW-Gesetz a.F. Wie von der Kommission beantragt, sah der Gerichtshof darin eine nicht zu rechtfertigende Beschränkung der Kapitalverkehrsfreiheit und erklärte § 4 Abs. 1 VW-Gesetz a.F. für europarechtswidrig. Bei den streitbefangenen Entsendungsrechten handelte es sich jedoch nicht um aktienrechtliche – also statutarische – Entsendungsrechte i.S.d. § 101 Abs. 2 AktG, sondern um gesetzlich gesondert geregelte Entsendungsrechte in den Aufsichtsrat einer Aktiengesellschaft. Erst dem OLG

---

969 Vgl. bspw. EuGH v. 13.5.2003 – C-98/01, Slg. 2003, I-4641 – Kommission/Vereinigtes Königreich Großbritannien und Nordirland; v. 4.6.2002 – C-503/99, Slg. 2002, I-4809 – Kommission/Königreich Belgien; v. 4.6.2002 – C-483/99, Slg. 2002, I-4781 – Kommission/Französische Republik.

970 Vgl. bspw. EuGH v. 4.6.2002 – C-503/99, Slg. 2002, I-4809 – Kommission/Königreich Belgien.

971 EuGH v. 23.10.2007 – C-112/05, Slg. 2007, I-8995 – Kommission/Bundesrepublik Deutschland.

972 I.d.F. v. 1.1.1964.

Hamm und im Anschluss daran dem BGH[973] bot sich in der Sache „Krupp“ die Möglichkeit, aktienrechtliche Entsendungsrechte auf ihre Grundfreiheitskonformität hin zu überprüfen. Beide Instanzen gingen übereinstimmend davon aus, dass aktienrechtliche Entsendungsrechte zugunsten privater Anteilseigener nicht gegen europäische Grundfreiheiten verstoßen. Zur Begründung verwiesen sie jeweils auf das Urteil des Gerichtshofs zu den Entsendungsrechten des VW-Gesetzes, wobei der BGH mit diesem Verweis zusätzlich eine mögliche Vorlagepflicht im Rahmen eines Vorabentscheidungsverfahrens gem. 267 Abs. 3 AEUV verneinte.[974] Eine europagerichtliche Entscheidung zur grundfreiheitlichen Zulässigkeit aktienrechtlicher Entsendungsrechte steht also weiterhin aus. Die folgende Untersuchung überprüft deshalb unter Rückgriff auf die Rechtsprechung des Gerichtshofs und die europarechtliche Literatur aktienrechtliche Entsendungsrechte auf ihre Vereinbarkeit mit den europarechtlichen Grundfreiheiten.

IV. Gegenstand der Untersuchung

Entsendungsrechte können einerseits in der Satzung der Aktiengesellschaft verankert werden. Dann handelt es sich um ein aktienrechtliches Entsendungsrecht gem. § 101 Abs. 2 AktG. Andererseits ist auch eine Einräumung durch Gesetz wie im Fall des VW-Gesetzes a.F. denkbar. Bei einer derartigen Regelung handelt es sich um ein lex specialis im Verhältnis zu § 101 Abs. 2 AktG und deshalb gerade nicht um ein aktienrechtliches Entsendungsrecht.

Entsendungsrechte können jedoch nicht nur nach ihrer Regelungsgrundlage, sondern auch hinsichtlich der Rechtsnatur des Begünstigten unterschieden werden. Sie können einerseits Privatrechtssubjekte – also natürliche Personen, Personen(handels)gesellschaften oder juristische Personen – privilegieren. Andererseits können sie zugunsten öffentlich-rechtlicher Rechtssubjekte wirken. In beiden Fällen ist eine Einräumung sowohl auf Basis von § 101 Abs. 2 AktG als statutarische Regelung zugunsten eines öffentlich-rechtlichen oder privaten Aktionärs als auch aufgrund eines Spezialgesetzes unabhängig von jedweder Aktionärsstellung denkbar. Allerdings sind gesetzliche Entsendungsrechte zugunsten

[973] BGH v. 8.6.2009 – II ZR 111/08, DStR 2009, 2547.

[974] Kritisch zur Verneinung der Vorlagepflicht *Verse*, ZIP 2008, 1754, 1761; *Weiss*, EWS 2008, 138, 140.

Privater wohl nur hypothetisch vorstellbar, praktisch aber nicht relevant. In der Realtität fernliegend, theoretisch aber denkbar sind zudem statutarische Entsendungsrechte zugunsten Privater, die mit – maßgeblicher, initiierender oder befüwortender – Unterstützung staatlicher Aktionäre eingeräumt werden. Beide Konstellationen – gesetzliche Entsendungsrechte zugunsten Privater sowie statutarisch eingeräumte Entsendungsrechte zugunsten Privater unter Beteiligung des Staates – bleiben deshalb im Rahmen dieser Arbeit außen vor.

Mit dem Terminus „Entsendungsrechte zugunsten Privater“ werden im Folgenden deshalb immer nur statutarische Entsendungsrechte gem. § 101 Abs. 2 AktG bezeichnet, die ohne Stimmabgabe staatlicher Aktionäre begründet wurden. Synonym dazu wird der Begriff „private Entsendungsrechte“ verwendet. „Staatliche Entsendungsrechte“ sowie „Entsendungsrechte zugunsten des Staates“ bezeichnen hingegen sowohl statutarisch als auch spezialgesetzlich verankerte Entsendungsrechte, deren Nutznießer der Staat ist.

Ziel dieser Untersuchung ist es, die Europarechtskonformität aktienrechtlicher Entsendungsrechte zu überprüfen. Prüfungsmaßstab sind die Grundfreiheiten gem. Art. 28 ff. AEUV. Auf eine mögliche Verletzung des allgemeinen Diskriminierungsverbots gem. Art. 18 AEUV[975] durch aktienrechtliche Entsendungsrechte wird nicht eingegangen, da das allgemeine Diskriminierungsverbot im Verhältnis zu den Grundfreiheiten nur subsidiär zur Anwendung gelangt.[976] Auch auf eine Prüfung aktienrechtlicher Entsendungsrechte zugunsten des Staates anhand des speziell für öffentliche oder privilegierte Unternehmen geltenden (Wettbewerbs-)Beschränkungsverbots gem. Art. 106 Abs. 1 AEUV[977] wird verzichtet, da eine solche Prüfung sich im Ergebnis mit einer Grundfreiheitsprüfung deckt.[978]

---

975 Ehem. Art. 12 EGV.

976 *Streinz*, in: Streinz, EUV/AEUV, Art. 18 AEUV Rn. 14; *v. Bogdandy*, in: Grabitz/Hilf/Nettesheim, Das Recht der EU, Art. 18 AEUV Rn. 57 f.; *Ehlers*, in: Ehlers, Europäische Grundrechte und Grundfreiheiten, § 7 Rn. 15; differenzierend *Epiney*, in: Calliess/Ruffert, EUV/AEUV, Art. 18 AEUV Rn. 6.

977 Ehem. Art. 86 EGV.

978 Vgl. zum deklatorischen bzw. lex-specialis-Charakter von Art. 106 Abs. 1 AEUV *Kühling*, in: Streinz, EUV/AEUV, Art. 106 AEUV Rn. 1 ff.; siehe auch *Wernicke*, in: Grabitz/Hilf/Nettesheim, Das Recht der EU, Art. 106 AEUV Rn. 107 f.; *Emmerich/Hoffmann*, in: Dauses, Hdb EU-Wirtschaftsrecht, H. II. Rn. 65; siehe

V. Gang der Untersuchung

Grundfreiheiten sind primär als Abwehrrechte gegen hoheitliche Beschränkungen konzipiert.[979] Der Gerichtshof musste sich in der Folge bisher nur mit Entsendungsrechten zugunsten staatlicher Akteure auseinandergesetzen. Deshalb wird zunächst die Grundfreiheitskonformität von Entsendungsrechten zugunsten staatlicher Stellen diskutiert und die dazu ergangene Rechtsprechung und Literatur ausgewertet. Die gefundenen Ergebnisse werden anschließend für die Untersuchung aktienrechtlicher Entsendungsrechte zugunsten Privater fruchtbar gemacht.

auch *Weiß*, AöR 128 (2003), 91, 103 ff.; mit abweichender Begründung *Kömpf*, Staatseinfluss auf die Volkswagen AG, S. 199 f.

979 Siehe nur *Kingreen*, in: Calliess/Ruffert, EUV/AEUV, Art. 36 AEUV Rn. 104.

B. Aktienrechtliche Entsendungsrechte zugunsten des Staates

Entsendungsrechte zugunsten des Staates verstoßen gegen europarechtliche Grundfreiheiten, wenn ein in den (räumlichen, persönlichen und sachlichen) Schutzbereich der Grundfreiheiten[980] fallendes Verhalten[981] durch eine staatliche Maßnahme[982] in nicht zu rechtfertigender Weise[983] beschränkt[984] wird.

I. Eröffnung grundfreiheitlicher Schutzbereiche

Ziel der europäischen Grundfreiheiten ist es, Handelshindernisse zwischen den Mitgliedstaaten abzubauen und den freien Verkehr von Wirtschaftsfaktoren (Produkte, Arbeit, Kapital)[985] zwischen den Mitgliedstaaten zu ermöglichen, um einen einheitlichen europäischen Binnenmarkt[986] zu schaffen (vgl. Art. 3 Abs. 3 Abs. 1 Satz 1 EUV, Art. 26 AEUV) und das Gemeinwohl[987] in der Union zu fördern.

Die Grundfreiheiten dienen also dazu, Benachteiligungen aufgrund eines Grenzübertritts und divergierender Rechtssysteme in den Mitgliedstaa-

---

[980] Siehe unten unter B. I. 2. – 4.

[981] Siehe unten unter B. I. 1.

[982] Siehe unten unter B. IV.

[983] Siehe unten unter B. V.

[984] Siehe unten unter B. III.

[985] Produkte i.S.d. Ware (Art. 28 ff. AEUV), Arbeit i.S.v. Arbeitnehmern, Niederlassungswilligen und Dienstleistern (Art. 45 ff., 49 ff., 56 ff. AEUV), Kapital i.S.v. Kapital- und Zahlungsströmen (Art. 63 ff.).

[986] *Müller-Graff*, in: von der Groeben/Schwarze/Hatje, Europäisches Unionsrecht, Art. 34 AEUV Rn. 3 f.; *Terhechte*, in: Grabitz/Hilf/Nettesheim, Das Recht der EU, Art. 26 AEUV Rn. 40; *v. Bogdandy*, in: Grabitz/Hilf/Nettesheim, Das Recht der EU, Art. 3 EGV Rn. 9 f.; *van Vormizeele*, in: von der Groeben/Schwarze/Hatje, Europäisches Unionsrecht, Art. 26 AEUV Rn. 21; *Kingreen*, in: Calliess/Ruffert, EUV/AEUV, Art. 36 AEUV Rn. 36; *Rohde*, Freier Kapitalverkehr, S. 73 ff.; *Lübke*; Der Erwerb von Gesellschaftsanteilen, S. 99; *Grabitz*, in: FS Steindorff (1990), S. 1229, 1233 ff.; *Steindorff*, ZHR 158 (1994), 162 f.; *Mülbert*, WM 2001, 2085, 2088.

[987] Dazu mit weiteren Erläuterungen *Müller-Graff*, in: von der Groeben/Schwarze/Hatje, Europäisches Unionsrecht, Art. 34 AEUV Rn. 4; zu den wohlfahrtssteigernden Wirkungen der Kapitalverkehrsfreiheit siehe *Ohler*, Kapital- und Zahlungsverkehrsfreiheit, vor Art. 56 EGV Rn. 39 f.; *Lübke*, Der Erwerb von Gesellschaftsanteilen, S. 120 ff., 140 f.; *Kleinschmit*, Volkswagengesetz, S. 35; *Rohde*, Freier Kapitalverkehr, S. 21 ff.

ten abzustellen.[988] Anders als nationalstaatliche oder – sofern gemeinschaftsrechtliche Bereiche berührt sind – europäische Grundrechte[989] zielen die Grundfreiheiten nicht primär darauf ab, Freiheitsbereiche zugunsten des Einzelnen zu garantieren. Ihr unmittelbares Ziel ist die Verwirklichung des Binnenmarkts; erst als Reflex des Binnenmarktziels ergeben sich individuelle, aber immer noch marktbezogene, Freiheitsrechte des Einzelnen.[990] Das Marktindividuum streitet mithin durch privatautonome Faktorallokationsentscheidungen für die Verwirklichung des Binnenmarktes.[991]

1. Grundfreiheitsrelevantes Verhalten

Im Rahmen dieser Arbeit findet eine abstrakt-generelle Kontrolle aktienrechtlicher Entsendungsrechte anhand europarechtlicher Grundfreiheiten statt, nicht jedoch eine konkret-individuelle Einzelfallprüfung. Die Untersuchung muss deshalb notwendigerweise anhand möglicher fiktiver Konfliktfälle erfolgen. Es stellt sich mithin die Frage, ob und auf welche marktbezogenen Verhaltensweisen aktienrechtliche Entsendungsrechte potenziell einwirken, um im Anschluss daran zu überprüfen, ob das betroffene Marktverhalten dem jeweiligen Schutzbereich der verschiedenen Grundfreiheiten zugeordnet werden kann.

a. Wirkungen aktienrechtlicher Entsendungsrechte

Durch die Einräumung aktienrechtlicher Entsendungsrechte wird Stimmrechtsmacht bei Wahlen zum Aufsichtsrat von den in der Hauptversammlung versammelten Aktionären auf den Entsendungsberechtigten verlagert. Entsendungsrechte beeinträchtigen folglich unmittelbar das Einflusspotenzial nicht-entsendungsberechtigter Aktionäre bei Wahlen zum Aufsichtsrat. Ihr Stimmrecht wird quantitativ beschnitten. Dadurch verringert sich nicht nur ihr Einfluss auf die Aufsichtsratsbesetzung, sondern mittelbar auch auf die – ohnehin bereits mediatisierte – Vorstandsbestellung und die (wenigen) dem Aufsichtsrat obliegenden Mitwirkungsbefugnisse bei der Verwaltung der Aktiengesellschaft. Nicht-

---

[988] *Jarass*, in; FS Everling I (1995), S. 593, 597; *Frenz*, EuR 2002, 603, 608.

[989] Vgl. *Müller-Graff*, in: FS Steinberger (2002), S. 1281, 1285 ff.; *Frenz*, EuR 2002, 603, 608 f.

[990] Vgl. *Lübke*, Der Erwerb von Gesellschaftsanteilen, S. 146 ff.

[991] Vgl. *Kainer*, Unternehmensübernahmen, S. 153 ff.; *Müller-Graff*, in: von der Groeben/Schwarze/Hatje, Europäisches Unionsrecht, Art. 34 AEUV Rn. 7.

entsendungsberechtigte Aktionäre werden also im Vergleich zu entsendungsberechtigten Aktionären hinsichtlich ihrer Einfluss- und Kontrollmöglichkeiten auf korporative und operative Entscheidungen der Gesellschaft benachteiligt. Entsendungsrechte wirken sich folglich positiv auf die Rechtsstellung des Entsendungsberechtigten und negativ auf die Rechtsstellung der übrigen Aktionäre aus.

b. Potenzielle Beeinträchtigung von Beteiligungserwerben

Aufgrund der derart reduzierten Einfluss- und Kontrollmacht besteht die Möglichkeit, dass Investoren von einem Anteilserwerb an Gesellschaften mit Entsendungsrechten absehen. Potenziell beeinflussen aktienrechtliche Entsendungsrechte folglich das Erwerbsverhalten von Investoren auf dem Markt für Gesellschaftsanteile im Hinblick auf den Erwerb von Anteilen an der betroffenen Gesellschaft. Im Folgenden wird deshalb untersucht, ob der Erwerb von Beteiligungen an deutschen Aktiengesellschaften in den Schutzbereich einer oder mehrerer Grundfreiheiten fällt und durch Entsendungsrechte zugunsten des Staates in nicht zu rechtfertigender Weise beschränkt wird.

Der Erwerb von Gesellschaftsanteilen könnte sowohl durch die Warenverkehrsfreiheit (Art. 28 ff. AEUV) als auch durch die Kapitalverkehrsfreiheit (Art. 63 ff. AEUV) und/oder die Niederlassungsfreiheit (Art. 49 ff. AEUV) geschützt werden. Diese Grundfreiheiten bilden folglich den Maßstab, an dem staatliche Entsendungsrechte auf ihre Grundfreiheitskonformität zu überprüfen sind.

2. Grenzüberschreitung

Aufgrund des Binnenmarktbezugs setzt grundfreiheitlicher Schutz allerdings erst ein, wenn ein Sachverhalt mit (ggf. hypothetischem) Bezug zu einem Grenzübertritt vorliegt (sog. räumlicher Schutzbereich).[992]

---

[992] Vgl. EuGH v. 5.5.2011 – C-434/09, Slg. 2011, I-3375 Rn. 44 ff. – McCarthy/Secretary of State for the Home Department; v. 16.05.2006 – C-372/04, Slg. 2006, I-4325 Rn. 90 ff. – Watts/Bedford Primary Care Trust, Secretary of State for Health; v. 31.03.1993 – C-19/92, Slg. 1993, I-1663 Rn. 15 ff. – Kraus/Land Baden-Württemberg; *Becker*, in: Schwarze, EU-Kommentar, Art. 34 AEUV Rn. 19 f.; *Ress/Ukrow*, in: Grabitz/Hilf/Nettesheim, Das Recht der EU, Art. 63 AEUV Rn. 138; *Streinz*, in: Streinz, EUV/AEUV, Art. 6 EUV Rn. 34; *Jarass*, EuR 2000, 705, 706 f.; a.A. *Kingreen*, in: Calliess/Ruffert, EUV/AEUV, Art. 36 AEUV Rn. 16.

Die Warenverkehrsfreiheit setzt deshalb voraus, dass die zu untersuchende hoheitliche Maßnahme eine Beschränkung des Warenverkehrs[993] *zwischen den Mitgliedstaaten* darstellt.[994] Die Kapitalverkehrsfreiheit ist demgegenüber weiter gefasst.[995] Sie umfasst Beschränkungen des Kapitalverkehrs *zwischen den Mitgliedstaaten* sowie zwischen den Mitgliedstaaten und *Drittländern*. Auch die Kapitalverkehrsfreiheit setzt jedoch erst bei grenzüberschreitender Faktormobilität ein.[996] Die Niederlassungsfreiheit schützt die freie Niederlassung von Staatsangehörigen eines Mitgliedstaats im *Hoheitsgebiet eines anderen Mitgliedstaats* und knüpft folglich ebenso an ein grenzüberschreitendes Marktverhalten an.[997]

Beteiligungserwerbe in Gestalt eines Niederlassungs-, Waren- oder Kapitalverkehrsvorgangs sind deshalb nur geschützt, wenn im Zuge dessen nationalstaatliche Grenzen (hypothetisch) überschritten werden[998] bzw. wenn ein wesentliches Element des Erwerbssachverhalts über die Grenzen eines Mitgliedstaats hinausweist.[999] Derart definierte grenzüber-

---

993 Ein- oder Ausfuhrzölle oder Abgaben gleicher Wirkung gem. Art. 30 AEUV bzw. mengenmäßige Ein- oder Ausfuhrbeschränkungen oder Maßnahmen gleicher Wirkung gem. Art. 34 AEUV.

994 *Terhechte*, in: Schwarze, EU-Kommentar, Art. 30 AEUV Rn. 9, 14; *Becker*, in: Schwarze, EU-Kommentar, Art. 34 AEUV Rn. 19 f.; *Schroeder*, in: Streinz, EUV/AEUV, Art. 34 AEUV Rn. 20; *Waldhoff*, in: Calliess/Ruffert, EUV/AEUV, Art. 28 AEUV Rn. 15; *Herrmann*, in: Grabitz/Hilf/Nettesheim, Das Recht der EU, Art. 30 AEUV Rn. 6; *Leible/Streinz*, in: Grabitz/Hilf/Nettesheim, Das Recht der EU, Art. 34 AEUV Rn. 33; zum Schutz des Warenverkehrs aus Drittstaaten i.V.m. Art. 207 AEUV siehe *Kamann*, in: Streinz, EUV/AEUV, Art. 30 AEUV Rn. 4; *Waldhoff*, in: Calliess/Ruffert, EUV/AEUV, Art. 28 AEUV Rn. 14; *Herrmann*, in: Grabitz/Hilf/Nettesheim, Das Recht der EU, Art. 30 AEUV Rn. 7.

995 Vgl. zur einseitigen Öffnung des europäischen Kapitalmarktes zugunsten von Drittländern *Lübke*, Der Erwerb von Gesellschaftsanteilen, S. 100, 189 ff.

996 *Ohler*, Kapital- und Zahlungsverkehrsfreiheit, Art. 56 EGV Rn. 205 ff.; *Frenz*, Hdb EuropaR Grundfreiheiten, Rn. 3604; *Haferkamp*, Kapitalverkehrsfreiheit, S. 50 ff., 106 ff.

997 *Bröhmer*, in: Calliess/Ruffert, EUV/AEUV, Art. 49 AEUV Rn. 9; *Müller-Graff*, in: Streinz, EUV/AEUV, Art. 49 AEUV Rn. 20; *Schlag*, in: Schwarze, EU-Kommentar, Art. 49 AEUV Rn. 32.

998 *Sedlaczek/Züger*, in: Streinz, EUV/AEUV, Art. 63 AEUV Rn. 26 f.; *Ress/Ukrow*, in: Grabitz/Hilf/Nettesheim, Das Recht der EU, Art. 63 AEUV Rn. 133; *Lübke*, Der Erwerb von Gesellschaftsanteilen, S. 205 f.

999 Vgl. EuGH v. 27.1.2009 – C-318/07, Slg. 2009, I-359 Rn. 27 – Hein Persche/Finanzamt Lüdenscheid; v. 17.1.2008 – C-256/06, Slg. 2008, I-123 Rn. 25 – Theodor Jäger/Finanzamt Kusel-Landstuhl; v. 23.2.2006 – C-513/03, Slg. 2006,

schreitende Beteiligungserwerbe sind ohne weiteres vorstellbar. Aktienrechtliche Entsendungsrechte betreffen deshalb potenziell ein Marktverhalten, welches in den räumlichen Schutzbereich der Niederlassungs-, Waren- und Kapitalverkehrsfreiheit fällt.

3. Grundfreiheitsberechtigung

Niederlassungs-, Waren- und Kapitalverkehrsfreiheit unterscheiden sich jedoch mit Blick auf die Anforderungen, die an die grundfreiheitlich tätig werdende Person gestellt werden (sog. persönlicher Schutzbereich).

a. Niederlassungsfreiheit

Die Niederlassungsfreiheit bezieht sich ausdrücklich nur auf Staatsangehörige eines Mitgliedstaats der Europäischen Union und berechtigt folglich ausschließlich Unionsbürger.[1000] Art. 54 AEUV erweitert den persönlichen Schutzbereich der Niederlassungsfreiheit über natürliche Personen hinaus auf Gesellschaften, die nach den Rechtsvorschriften eines Mitgliedstaats gegründet wurden und ihren satzungsmäßigen Sitz, ihre Hauptverwaltung oder ihre Hauptniederlassung innerhalb der Union haben.[1001] Geschützt werden mithin sowohl natürliche als auch juristische Personen und Personengesellschaften, sofern sie eine hinreichend enge Verbindung zu einem Mitgliedstaat aufweisen (Unionsverknüpfung). Im Rahmen der sekundären Niederlassungsfreiheit (Art. 49 Abs. 1 Satz 2 AEUV)[1002] tritt neben das Erfordernis einer hinreichenden Unionsverknüpfung zusätzlich das Erfordernis der Unionsansässigkeit.[1003]

I-1957 Rn. 42 – Erben von M. E. A. van Hilten-van der Heijden/Inspecteur van de Belastingdienst/Particulieren/Ondernemingen buitenland te Heerlen.

1000 *Bröhmer*, in: Calliess/Ruffert, EUV/AEUV, Art. 49 AEUV Rn. 7; *Müller-Graff*, in: Streinz, EUV/AEUV, Art. 49 AEUV Rn. 27; *Schlag*, in: Schwarze, EU-Kommentar, Art. 49 AEUV Rn. 27 f.; *Forsthoff*, in: Grabitz/Hilf/Nettesheim, Das Recht der EU, Art. 49 AEUV Rn. 11.

1001 *Schlag*, in: Schwarze, EU-Kommentar, Art. 49 AEUV Rn. 31; *Forsthoff*, in: Grabitz/Hilf/Nettesheim, Das Recht der EU, Art. 49 AEUV Rn. 13; *Müller-Graff*, in: Streinz, EUV/AEUV, Art. 49 Rn. 29.

1002 Siehe dazu unten unter B. I. 4. d. (1).

1003 *Müller-Graff*, in: Streinz, EUV/AEUV, Art. 49 Rn. 30 ff; *Forsthoff*, in: Grabitz/Hilf/Nettesheim, Das Recht der EU, Art. 49 AEUV Rn. 11; *Schlag*, in: Schwarze, EU-Kommentar, Art. 49 AEUV Rn. 29.

b. *Warenverkehrsfreiheit*

Die Vorschriften über die Warenverkehrsfreiheit treffen hingegen keine Aussage zu möglichen Anforderungen an die geschützte Person. Im Gegensatz zur Niederlassungsfreiheit handelt es sich bei der Warenverkehrsfreiheit nicht um eine personenbezogene[1004], sondern eine objektbezogene Grundfreiheit. Die grenzüberschreitende Mobilität des Wirtschaftsfaktors „Güter" wird gewährleistet. Die Grundfreiheitsberechtigung knüpft demententsprechend auch nicht an bestimmte Eigenschaften der grenzüberschreitenden Person, sondern des mobilisierten Guts an. Es muss sich um eine Ware i.S.d. Art. 28 Abs. 2 AEUV handeln. Jeder, der eine derartige Ware grenzüberschreitend mobilisiert oder eine mobilisierungsrelevante Tätigkeit ausübt, ist folglich geschützt. Darunter fallen mithin auch Drittstaatenangehörige (und Staatenlose) sowie aus- und innereuropäische Gesellschaften bzw. juristische Personen.[1005]

c. *Kapitalverkehrsfreiheit*

Ähnlich verhält es sich mit den Regelungen über die Kapitalverkehrsfreiheit. Geschützt wird der grenzüberschreitende Kapitalverkehr an sich ohne Bezug zu Staatsangehörigkeit oder Rechtsnatur des Handelnden. Auch auf die Kapitalverkehrsfreiheit können sich deshalb sowohl Unionsbürger als auch Drittstaatenangehörige (und Staatenlose) sowie aus- und innereuropäische Gesellschaften bzw. juristische Personen berufen.[1006]

[1004] Der Wirtschaftsfaktor Erwerbstätigkeit durch „Niederlassung" ist unmittelbar mit der erwerbstätigen Person verknüpft. Ebenso verhält es sich bei der Arbeitnehmerfreizügigkeit und der Dienstleistungsfreiheit.

[1005] *Schroeder*, in: Streinz; EUV/AEUV, Art. 34 AEUV Rn. 24; *Becker*, in: Schwarze, EU-Kommentar, Art. 34 AEUV Rn. 6 ff.; *Leible/Streinz*, in: Das Recht der EU, Art. 34 AEUV Rn. 32; *Ehlers*, in: Ehlers, Europäische Grundrechte und Grundfreiheiten, § 7 Rn. 50; *Jarass*, EuR 2000, 705, 708; a.A. im Hinblick auf Drittstaatenangehörige *Kingreen*, in: Calliess/Ruffert, EUV/AEUV, Art. 36 AEUV Rn. 33; *Ders*, Struktur der Grundfreiheiten, S. 79 f.

[1006] *Glaesner*, in: Schwarze, EU-Kommentar, Art. 63 AEUV Rn. 18; *Wojcik*, in: von der Groeben/Schwarze/Hatje, Europäisches Unionsrecht, Art. 63 AEUV Rn. 10; *Ress/Ukrow*, in: Grabitz/Hilf/Nettesheim, Das Recht der EU, Art. 63 AEUV Rn. 120 f.; *Sedlaczek/Züger*, in: Streinz, EUV/AEUV, Art. 63 Rn. 17, Art. 64 AEUV Rn. 9 (allerdings offenlassend bzgl. einer evtl. erforderlichen Ansässigkeit in dem Gebiet eines Mitgliedstaats der europäischen Union); *Frenz*, Hdb EuropaR Grundfreiheiten, Rn. 3620; *Rohde*, Freier Kapitalverkehr, S. 133 f., 137 f.; kritisch auch *Bröhmer*, in: Calliess/Ruffert, EUV/AEUV, Art. 63 Rn. 7; *Ohler*, *d. Ergebnis*

Der persönliche Schutzbereich der Niederlassungsfreiheit ist auf (unionsansässige) Unionsbürger und Unionsgesellschaften beschränkt. Die Warenverkehrs- und die Kapitalverkehrsfreiheit schützten demgegenüber jeden (Unionsbürger, Drittstaatenangehörige, Staatenlose, inner- und außereuropäische Gesellschaften), der eine faktorrelevante Handlung ausführt. Im Hinblick auf Beteiligungserwerbe an deutschen Aktiengesellschaften werden also grundsätzlich sowohl natürliche als auch juristische Personen und Personenhandelsgesellschaften geschützt. Auf die Niederlassungsfreiheit können sich Investoren allerdings nur berufen, wenn sie eine europäische Staatsangehörigkeit besitzen bzw. hinreichend mit der Union verknüpft oder dort ansässig sind.

4. Geschütztes Marktverhalten

Die Grundfreiheiten zielen darauf ab, den freien grenzüberschreitenden Verkehr der Wirtschaftsfaktoren Arbeit, Kapital und Güter auf dem europäischen Binnenmarkt zu ermöglichen. Geschützt wird zum einen die freie Allokation von Arbeitskraft – durch die Arbeitnehmerfreizügigkeit in Form von abhängiger, durch die Niederlassungsfreiheit in Form von selbstständiger und dauerhaft ansässiger und durch die Dienstleistungsfreiheit in Form von selbstständiger und temporär ortsverschiedener Arbeitsleistung in einem anderen Mitgliedstaat.[1007] Durch die Warenverkehrsfreiheit wird zum anderen die freie grenzüberschreitende Platzierung von Waren, durch die Kapitalverkehrsfreiheit wiederum die von Kapital auf jedem mitgliedstaatlichen Markt als Teil des gemeinsamen Binnenmarkts gewährleistet.

Es stellt sich mithin die Frage, welchem der drei Wirtschaftsfaktoren der Erwerb von Gesellschaftsanteilen zuzuordnen ist.

a. Warenverkehr

Durch die Warenverkehrsfreiheit werden die Teilnehmer des Binnenmarkts vor Zöllen und Abgaben gleicher Wirkung (Art. 30 AEUV) sowie vor mengenmäßigen Einfuhrbeschränkungen und Maßnahmen gleicher

WM 1996, 1801, 1806; siehe auch *Mülbert*, WM 2001, 2085, 2090; a.A. im Hinblick auf Drittstaatenangehörige *Kingreen*, in: Calliess/Ruffert, EUV/AEUV, Art. 36 AEUV Rn. 33.

[1007] Vgl. *Streinz*, Europarecht, Rn. 784.

Wirkung (Art. 34 AEUV) geschützt. Zentraler Bezugspunkt der Grundfreiheit ist der Umgang mit Waren (Art. 28 Abs. 1 Satz 1 Halbsatz 1 AEUV). Eine Ware ist jeder körperliche Gegenstand,[1008] der einen Geldwert hat und Gegenstand von Handelsgeschäften sein kann.[1009] Der Erwerb von Beteiligungen an Aktiengesellschaften könnte unter den Begriff des Warenverkehrs fallen. Mit dem Begriff der Beteiligung wird nach deutschem Recht die Summe aller Mitgliedschaftsrechte, mithin die Mitgliedschaft selber bezeichnet. Die Mitgliedschaft in einer Aktiengesellschaft kann auf zwei unterschiedliche Arten erworben werden.

(1) Beteiligungserwerb durch Abtretung der Mitgliedschaft

Einerseits kann die aktienrechtliche Mitgliedschaft durch Abtretung gem. §§ 413, 398 BGB übertragen werden.[1010] In diesem Fall ist Gegenstand des Erwerbsgeschäfts die Mitgliedschaft als subjektives Recht.[1011] Rechte fallen mangels Verkörperung allerdings nicht unter den Begriff der Ware. Beteiligungserwerbe durch Abtretung der Mitgliedschaft werden deshalb nicht durch die Warenverkehrsfreiheit geschützt.

(2) Beteiligungserwerb durch Übereignung der Aktie

Die Mitgliedschaft kann allerdings auch in einer Aktienurkunde[1012] verbrieft (vgl. § 10 Abs. 5 AktG) und infolgedessen durch Übereignung der

---

[1008] Zur Wareneigenschaft von Gas und elektrischem Strom siehe *van Vormizeele*, in: von der Groeben/Schwarze/Hatje, Europäisches Unionsrecht, Art. 28 AEUV Rn. 21 m.w.N.

[1009] EuGH v. 21.10.1999 – C-97/98, Slg. 1999, I-7319 Rn. 30 – Peter Jägerskiöld/Torolf Gustafsson; v. 10.12.1968 – 7/68, Slg. 1968, 627 – Kommission/Italienische Republik; v. 28.3.1995 – C-324/93, Slg. 1995, I-563 Rn. 20 – Queen/Secretary of State for Home Department, ex parte: Evans Medical.

[1010] *Sailer-Coceani*, in: MünchHdbGesR-AG, § 14 Rn. 2; *Solveen*, in: Hölters, AktG, § 10 Rn. 12; *Brändel*, in: Großkomm-AktG, § 10 Rn. 11; *Lutter/Drygala*, in: KölnKomm-AktG, Anh. § 68 Rn. 2.

[1011] *Casper*, in: Spindler/Stilz, AktG, Vorbemerkungen zu §§ 241 ff Rn. 16; *Arnold*, in: MünchKomm-BGB, § 38 Rn. 10; *Verse*, in: Henssler/Strohn, GesellschaftsR, § 14 GmbHG Rn. 34; *Reichert/Weller*, in: MünchKomm-GmbHG, § 14 Rn. 47; *K. Schmidt*, Gesellschaftsrecht, § 19 I 3 S. 549 f.

[1012] Zu den verschiedenen Arten der Verbriefung siehe *Heider*, in: MünchKomm-AktG, § 10 Rn. 14 ff. sowie *Sudmeyer*, in: Schüppen/Schaub, MünchAnwHdb-AktR, § 10 Rn. 78 ff.

Aktie(nurkunde) gem. §§ 929 ff. BGB übertragen werden.[1013] Gegenstand des Erwerbsgeschäfts ist dann die Aktie als Sache i.S.d. § 90 BGB, mithin ein körperlicher Gegenstand. Nach allgemeiner Ansicht findet die Warenverkehrsfreiheit auf Wertpapiere jedoch keine Anwendung, solange durch das Wertpapier tatsächlich Rechte verbrieft werden.[1014] Eigentlicher Bezugspunkt von Wertpapiergeschäften ist nämlich nicht die Aktie als körperlicher Gegenstand bzw. ihr Sachwert, sondern die darin verbrieften Rechte. Daher fallen Beteiligungserwerbe auch dann nicht in den sachlichen Anwendungsbereich der Warenverkehrsfreiheit, wenn sie durch Übereignung der Aktien vollzogen werden.

(3) Ergebnis

Der Erwerb von Beteiligungen an Aktiengesellschaften ist wegen fehlender Wareneigenschaft von Aktien kein Warenverkehr. Eine Verletzung der Warenverkehrsfreiheit durch staatliche Entsendungsrechte scheidet deshalb bereits mangels Eröffnung des sachlichen Schutzbereichs aus.

b. Kapitalverkehr

Anteilserwerbe könnten allerdings in den sachlichen Schutzbereich der Kapitalverkehrsfreiheit fallen. Art. 63 Abs. 1 AEUV verbietet alle Beschränkungen des Kapitalverkehrs zwischen den Mitgliedstaaten sowie zwischen den Mitgliedstaaten und Drittländern. Zu prüfen ist deshalb, ob Beteiligungserwerbe dem europarechtlichen Begriff des Kapitalverkehrs unterfallen.

(1) Primärrechtliche Konkretisierung

Art. 63 Abs. 1 AEUV benennt den Kapitalverkehr als grundfreiheitliches Schutzgut, ohne jedoch den Begriff des Kapitalverkehrs selbst zu definieren. Allerdings lassen sich primärrechtliche Konkretisierungen aus den

---

[1013] *Sailer-Coceani*, in: MünchHdbGesR-AG, § 14 Rn. 5; zu den weiteren Anforderungen bei Übertragung von Namensaktien siehe *Solveen*, in: Hölters, AktG, § 10 Rn. 14; *Sailer-Coceani*, in: MünchHdbGesR-AG, § 14 Rn. 6 ff.

[1014] *Ress/Ukrow*, in: Grabitz/Hilf/Nettesheim, Das Recht der EU, Art. 63 AEUV Rn. 290; *Sedlaczek/Züger*, in: Streinz, EUV/AEUV, Art. 63 AEUV Rn. 39; *Glaesner*, in: Schwarze, EU-Kommentar, Art. 63 AEUV Rn. 10; *Wojcik*, in: von der Groeben/Schwarze/Hatje, Europäisches Unionsrecht, Art. 63 AEUV Rn. 58; *Ohler,* Kapital- und Zahlungsverkehrsfreiheit, Art. 56 EGV Rn. 34, 78.; *Pießkalla*, Goldene Aktien, S. 51 f.; *Kleinschmit*, Volkswagengesetz, S. 49; *Haferkamp*, Kapitalverkehrsfreiheit, S. 162.

für Drittstaatensachverhalte formulierten Schutzbereichsausnahmen in Art. 64 Abs. 1 Satz 1 AEUV folgern.[1015] Daraus ergibt sich, dass Direktinvestitionen einschließlich der Anlagen in Immobilien sowie Kapitalflüsse im Zusammenhang mit der Niederlassung, der Erbringung von Finanzdienstleistungen sowie der Zulassung von Wertpapieren zu den Kapitalmärkten grundsätzlich dem Anwendungsbereich der Kapitalverkehrsfreiheit unterfallen.

(2) Sekundärrechtliche Hinweise

Sekundärrechtlich kann zur Bestimmung des Kapitalverkehrsbegriffs auf die Kapitalverkehrsrichtlinie 88/361/EWG [1016] rekurriert werden. In ständiger Rechtsprechung erkennt der EuGH der (nicht erschöpfenden) Nomenklatur in Anhang I der RL 88/361/EWG Hinweischarakter im Hinblick auf die Definition des primärrechtlichen Kapitalverkehrsbegriffs zu.[1017] Danach umfasst der Kapitalverkehr unter anderem „Geschäf-

---

[1015] *Bröhmer*, in: Calliess/Ruffert, EUV/AEUV, Art. 63 AEUV Rn. 10; *Ress/Ukrow*, in: Grabitz/Hilf/Nettesheim, Das Recht der EU, Art. 63 AEUV Rn. 127; *Ohler*, Kapital- und Zahlungsverkehrsfreiheit, Art. 56 EGV Rn. 16; *Lübke*, Der Erwerb von Gesellschaftsanteilen, S. 171 f.; siehe auch *Kainer*, ZHR 168 (2004), 542, 553.

[1016] Richtlinie des Rates vom 24. Juni 1988 zur Durchführung von Artikel 67 des Vertrages (88/361/EWG), ABl. 1988 Nr. L 178/5. Die Richtlinie stützte sich noch auf Art. 67 ff. EWG, die nicht unmittelbar anwendbar waren und damit keine subjektiv-öffentlichen Rechte vermittelten, siehe *Bröhmer*, in: Calliess/Ruffert, EUV/AEUV, Art. 63 AEUV Rn. 2 f.; *Ress/Ukrow*, in: Grabitz/Hilf/Nettesheim, Das Recht der EU, Art. 63 AEUV Rn. 4; *Sedlaczek/Züger*, in: Streinz, EUV/AEUV, Art. 63 AEUV Rn. 5; *Ohler*, WM 1996, 1801; zu den ursprünglichen Rechtsgrundlagen des europarechtlichen Kapitalverkehrs, zur Entstehung der Kapitalverkehrsrichtlinie sowie zu den Gründen einer verspäteten Liberalisierung des Kapitalverkehrs siehe *Rohde*, Freier Kapitalverkehr, S. 39 ff., 60 ff.

[1017] Mit je weiteren Nachweisen zur Rechtsprechung EuGH v. 16.3.1999 – C-222/97, Slg. 1999, I-1661 Rn. 20 f. – Manfred Trummer und Peter Mayer; v. 4.6.2002 – C-367/98, Slg. 2002, I-4731 Rn. 37 – Kommission/Portugiesische Republik; v. 23.10.2007 – C-112/05, Slg. 2007, I-8995 Rn. 18 – Kommission/Bundesrepublik Deutschland, zustimmend *Sedlaczek/Züger*, in: Streinz, EUV/AEUV, Art. 63 AEUV Rn. 18; *Ress/Ukrow*, in: Grabitz/Hilf/Nettesheim, Das Recht der EU, Art. 63 AEUV Rn. 128; *Glaesner*, in: Schwarze, EU-Kommentar, Art. 63 AEUV Rn. 7; *Bröhmer*, in: Calliess/Ruffert, EUV/AEUV, Art. 63 AEUV Rn. 12; *Schön*, in: GS Knobbe-Keuk (1997), S. 743, 747; *Lübke*, Der Erwerb von Gesellschaftsanteilen, S. 172 ff.; *Spindler*, RIW 2003, 850, 851 f.; zur fortdauernden Relevanz der RL 88/361/EWG siehe *Ress/Ukrow*, in: Grabitz/Hilf/Nettesheim, Das Recht der EU, Art. 63 AEUV Rn. 36 ff.; *Haferkamp*, Kapitalverkehrsfreiheit, S. 28 ff.; *Pießkalla*, Goldene Aktien, S. 42 ff.; *Demirakou*, Kapitalverkehrsfreiheit, S. 36 ff.; *Rohde*, Freier Kapitalverkehr, S. 114 ff.; *Ohler*, WM 1996, 1801.

te mit Wertpapieren“ – insbesondere in Form von Portfolioinvestitionen[1018] – sowie Kapitaltransaktionsgeschäfte in Form von Direktinvestitionen.[1019] In Abgrenzung zur Zahlungsverkehrsfreiheit bezieht sich die Kapitalverkehrsfreiheit auf das Anlage- und Investitionsgeschäft und die damit einhergehende tatsächliche Überlassung von Sach- und Geldkapital; Art. 63 Abs. 2 AEUV erfasst hingegen Zahlungen, die als Gegenleistung für eine (grundfreiheitliche) Markttätigkeit erbracht werden.[1020]

Der Erwerb (und Verkauf)[1021] von Aktien fällt damit als Investitionsgeschäft unabhängig von der Art der Investiton (Portfolio- oder Direktinvestition) in jedem Fall in den sachlichen Schutzbereich der Kapitalverkehrsfreiheit.

(3) Ergebnis

Gestützt auf primär- und sekundärrechtliche Anhaltspunkte kann der Begriff des Kapitalverkehrs i.S.d. Art. 63 AEUV als Übertragung von Geld- oder Sachkapital zu Investitions-, Anlage- oder Finanzierungszwecken definiert werden.[1022] Darunter fallen insbesondere sowohl Portfolio-

---

1018 Siehe EuGH v. 22.10.2013 – C-105/12, EuZW 2014, 61 Rn. 40 – Staat der Nederlanden/Essent NV u.a.; v. 10.11.2011 – C-212/09, Slg 2011, I-10889 Rn. 47 – Kommission/Portugiesische Republik; v. 8.7.2010 – C-171/08, Slg. 2010, I-6817 Rn. 49 – Kommission/Portugiesische Republik; v. 28.9.2006 – C-282/04, Slg. 2006, I-9141 Rn. 19 – Kommission/Königreich der Niederlande.

1019 Siehe Nomenklatur I und III in Anhang I der RL 88/361/EWG, ABl. 1988 Nr. L 178/5, 178/8; in diesem Sinn auch der EuGH in st.Rspr.: v. 4.6.2002 – C-367/98, Slg. 2002, I-4731 Rn. 38 – Kommission/Portugiesische Republik; v. 4.6.2002 – C-503/99, Slg. 2002, I-4809 Rn. 58 f – Kommission/Königreich Belgien; v. 13.5.2003 – C-463/00, Slg. 2003, I-4581 Rn. 52 f. – Kommission/Königreich Spanien; v. 4.6.2002 – C-483/99, Slg. 2002, I-4781 Rn. 37 f. – Kommission/Französische Republik.

1020 Vgl.EuGH v. 31.1.1984 – C-286/82, C-26/83, Slg. 1984, 377 Rn. 21 – Graziana Luisi u. Giuseppe Carbone/Ministero del Tesoro, *Wojcik*, in: von der Groeben/Schwarze/Hatje, Europäisches Unionsrecht, Art. 63 AEUV Rn. 5; *Sedlaczek/Züger*, in: Streinz, EUV/AEUV, Art. 63 AEUV Rn. 22; *Frenz*, Hdb EuropaR Grundfreiheiten, Rn. 3594 ff.; *Demirakou*, Kapitalverkehrsfreiheit, S. 36, 75 ff.

1021 Vgl. *Sedlaczek/Züger*, in: Streinz, EUV/AEUV, Art. 63 AEUV Rn. 20; *Hindelang*, JZ 2009, 829, 834.

1022 *Glaesner*, in: Schwarze, EU-Kommentar, Art. 63 AEUV Rn. 7; *Bröhmer*, in: Calliess/Ruffert, EUV/AEUV, Art. 63 AEUV Rn. 8; *Sedlaczek/Züger*, in: Streinz, EUV/AEUV, Art. 63 AEUV Rn. 20; *Ress/Ukrow*, in: Grabitz/Hilf/Nettesheim, Das Recht der EU, Art. 63 AEUV Rn. 131; *Follak*, in: Dauses, Hdb EU-Wirtschaftsrecht, F. II. Rn. 6; *Lübke*, Der Erwerb von Gesellschaftsanteilen, als auch Direktinvestitionen.[1023] Der Erwerb von Beteiligungen an Aktiengesellschaften wird folglich durch die Kapitalverkehrsfreiheit geschützt. Staatliche Entsendungsrechte wirken sich mithin potenziell auf ein grundfreiheitlich geschütztes – nämlich kapitalverkehrsrelevantes – Verhalten aus.

c. *Unterscheidung zwischen Direkt- und Portfolioinvestitionen*

Im Hinblick auf seinen kapitalverkehrsfreiheitlichen Schutz ist die Klassifizierung eines Beteiligungserwerbs als Direkt- oder Portfolioinvestition grundsätzlich irrelevant. Allerdings ergeben sich aus der Unterscheidung zwischen Direkt- und Portfolioinvestitionen hilfreiche Kriterien für die Abgrenzung des sachlichen Schutzbereichs der Kapitalverkehrs- von der Niederlassungsfreiheit. Auch der Gerichtshof erläutert in ständiger Rechtsprechung – insbesondere zu den „Goldenen Aktien“ – die Unterschiede beider Investitionsarten, um sodann zu diskutieren, ob die Niederlassungs- bzw. die Kapitalverkehrsfreiheit durch die in Rede stehende staatliche Maßnahme beschränkt wird.[1024] Nachfolgend werden Direkt- und Portfolioinvestitionen deshalb zur besseren Verständlichkeit vorab in ihren Grundzügen erläutert; erst im Anschluss daran wird überprüft, ob und unter welchen Bedingungen Beteiligungserwerbe in den Schutzbereich der Niederlassungsfreiheit fallen.

(1) Direktinvestitionenseigenschaften

Der EuGH greift zur Definition von Direkinvestitionen in ständiger Rechtsprechung auf die Nomenklatur in Anhang I der Richtlinie 88/361/EWG zurück. Mit Blick auf die im Rahmen dieser Arbeit zu untersuchende mögliche Beschränkung von Beteiligungserwerben durch staatliche Entsendungsrechte sind vor allem zwei Definitionsansätze relevant.

S. 184 f.; *Schön,* in: GS Knobbe-Keuk (1997), S. 743, 747 f.; *Ohler*, WM 1996, 1801, 1805; i.E. auch *Haferkamp*, Kapitalverkehrsfreiheit, S. 37; *Demirakou*, Kapitalverkehrsfreiheit, S. 37 ff.

[1023] Dies gilt sowohl für Beteiligungen an börsennotierten wie nichtbörsennotierten Aktiengesellschaften, vgl. *Pießkalla*, Goldene Aktien, S. 112 ff.; a.A. wohl nur *Grundmann/Möslein*, ZGR 2003, 317, 334 f.; *Dies.*, ZVglRWiss 102 (2003), 289, 293 f.; ähnlich *Fleischer*, CMLR 40 (2003), 493, 496.

[1024] Vgl. oben Fn. 1018, 1019.

Eine Direktinvestition wird zum einen definiert als „Gründung und Erweiterung von Zweigniederlassungen oder neuen Unternehmen, die ausschließlich dem Geldgeber gehören" sowie als „vollständige Übernahme bestehender Unternehmen".[1025] Diese Variante der Direktinvestition ist also gekennzeichnet durch die Alleineingentümerstellung des Investors.

Als Direktinvestition gilt zum anderen auch die bloße „Beteiligung an neuen oder bereits bestehenden Unternehmen zur Schaffung oder Aufrechterhaltung dauerhafter Wirtschaftsbeziehungen".[1026] In diesem Fall ist der Direktinvestor also nicht Alleineigentümer des Unternehmens; die Investition erfolgt jedoch mit dem Ziel, dauerhafte Wirtschaftsbeziehungen zu dem Investitionsobjekt zu unterhalten. Eine dauerhafte Wirtschaftsbeziehung zu Unternehmen in Form der Aktiengesellschaft besteht nach den Begriffsbestimmungen der Richtlinie 88/361/EWG sowie ständiger Rechtsprechung des EuGH,

> „wenn das im Besitz einer natürlichen Person oder eines anderen Unternehmens oder sonstigen Inhabers befindliche Aktienpaket entweder nach den bestehenden nationalen Rechtsvorschriften für Aktiengesellschaften oder aus anderen Gründen Aktieninhabern die Möglichkeit gibt, sich tatsächlich an der Verwaltung dieser Gesellschaft oder an deren Kontrolle zu beteiligen".[1027]

Wesentliches Charakteristikum einer Direktinvestition durch Anteilserwerb ist demnach laut EuGH und unter Zugrundelegung der Nomenklatur der Richtlinie 88/361/EWG, dass sich der Investor aufgrund seiner Anteilseignerschaft effektiv an der Verwaltung der Gesellschaft oder ihrer Kontrolle beteiligen kann.

In diese Richtung gehen auch die Definitionsansätze von OECD und IWF.[1028] Der internationale Währungsfond sieht Direktinvestitionen „related to control or a significant degree of influence [on the manage-

---

[1025] Siehe Nomenklatur I 1 in Anhang I der RL 88/361/EWG, ABl. 1988 Nr. L 178/5, 178/8.

[1026] Siehe Nomenklatur I 2 in Anhang I der RL 88/361/EWG, ABl. 1988 Nr. L 178/5, 178/8.

[1027] Siehe Begriffsbestimmung zu „Direktinvestitionen" Abs. 3 in Anhang I der RL 88/361/EWG, ABl. 1988 Nr. L 178/5, 178/11; zur st.Rspr. des EuGH siehe oben Fn. 1019.

[1028] Zur weitergehenden Unterscheidung zwischen unmittelbaren und mittelbaren Direktinvestitionen siehe *IWF*, Balance of Payments and International Investment Position Manual, Sixth Edition (BPM6) 2009, S. 101 6.12, 6.14.

ment of an enterprise]“ sowie „[associated] with a lasting relationship“.[1029] Die OECD-Definition zu Direktinvestitionen betont zudem das Ziel von Direktinvestoren, „lasting interest in an enterprise“ aufzubauen, um eine „strategic long-term relationship with the direct investment enterprise“ einzugehen und ein „significant degree of influence (...) in the mangement of the direct investment enterprise“ auszuüben.[1030] Diese Ansätze decken sich mit den in der wirtschaftswissenschaftlichen Literatur verwendeten Begriffsdefinitionen.[1031]

Im Gegensatz zur objektiven Kontrollmöglichkeit ist das subjektive Kontrollmotiv des Investors allerdings kein konstituierendes Merkmal einer Direktinvestition.[1032] Die Investitionsabsicht eines Investors bleibt Dritten – zumindest in der Situation des Anteilserwerb – naturgemäß verborgen und zeigt sich oft erst später bei tatsächlicher Wahrnehmung von Einflusspotenzialen. Die rechts- und wirtschaftswissenschaftliche Untersuchung von Direktinvestitionen würde beim Abstellen auf subjektive Absichten also erheblich verkompliziert. Eine Direktinvestition im europarechtlichen Sinne setzt deshalb (lediglich) voraus, dass der Investor tatsächlich die Möglichkeit besitzt, sich an der Unternehmensleitung durch Kontrolle oder wesentlichen Einfluss zu beteiligen.[1033]

[1029] *IWF*, Balance of Payments and International Investment Position Manual, Sixth Edition (BPM6) 2009, S. 99 6.4., S. 100 6.8., S. 101 6.9.

[1030] *OECD*, OECD Benchmark Definition of Foreign Direct Investment, Fourth Edition 2008, S. 17 Rn. 11.

[1031] *Kutschker/Schmidt*, Internationales Management, S. 84; siehe auch Gabler Wirtschaftslexikon, Bf-E, S. 722 „Direktinvestition“. Zur weiteren Ausdifferenzierung möglicher Kontrollmotive siehe *Kutschker/Schmidt*, Internationales Management, S. 89 ff.

[1032] *Lübke*, Der Erwerb von Gesellschaftsanteilen, S. 103 f. mit zahlreichen Nachweisen zur Gegenansicht.

[1033] *Lübke*, Der Erwerb von Gesellschaftsanteilen, S. 104 m.w.N.; Vgl. auch die vom EuGH in st.Rspr. zitierte Begriffsbestimmung zu „Direktinvestitionen“ Abs. 3 in Anhang I der RL 88/361/EWG, ABl. 1988 Nr. L 178/5, 178/11 (kein Bezug zur Intention des Investors); vgl. zum teilweise als konstitutiv beschriebenen Merkmal der „ausländischen“ Direktinvestition *Kutschker/Schmidt*, Internationales Management, S. 84 ff.; auf dieses Definitionsmerkmal wird in der vorliegenden Arbeit nicht eingegangen, da Direktinvestitionen i.S.d. Art. 63 AEUV ohnehin grenzüberschreitende Bezüge aufweisen müssen.

(2) Direktinvestitionsinstrumente

Damit steht fest, welche Eigenschaften eine Direktinvestition abstrakt-generell aufweisen muss. Klärungsbedürftig ist jedoch, welche rechtlichen oder tatsächlichen Kontroll- bzw. Einflussinstrumente eine Direktinvestition ausmachen. Dieser Frage wird im Folgenden nachgegangen.

(a) Stimmrechtsquote

Verbreitet wird die Stimmrechtsmacht als konstituierendes Merkmal von Direktinvestitionen genannt. So liegt laut OECD und IWF eine Direktinvestition bei Inhaberschaft von mindestens 10 % der Stimmrechte vor.[1034] Bei einer derartigen Stimmrechtsquote sprechen OECD und IWF von „significant degree of influence", während sie bei einer Stimmrechtsquote von mehr als 50 % von „control" ausgehen.[1035] Auch die deutsche Bundesbank nimmt eine Direktinvestition ab einer 10 %-igen Stimmrechtsquote an.[1036] Kontrolle des Managements und wesentlicher Einfluss auf das Management der Gesellschaft unterscheiden sich also nur im Hinblick auf die Anzahl der akkumulierten Stimmrechte. Kontrolle ist mithin ein stimmrechtsquotenmäßiges Mehr im Verhältnis zum wesentlichen Einfluss.

Bei den genannten Schwellenwerten handelt es sich allerdings um sog. Direktinvestitionsannahmen zu primär statistischen Zwecken. Das heißt, im konkreten Einzellfall kann eine Investition auch schon vor Erreichen der genannten Stimmrechtsquoten Kontrolle bzw. wesentlichen Einfluss verschaffen.[1037] Andererseits liegt aufgrund der Umstände des konkreten

---

[1034] *OECD*, OECD Benchmark Definition of Foreign Direct Investment, Fourth Edition 2008, S. 17 Rn. 11 f.; *IWF*, Balance of Payments and International Investment Position Manual, Sixth Edition (BPM6) 2009, S. 101 6.12 (a); nach der OECD-Definition liegt eine Direktinvestition in eine Beteiligungsgesellschaft („associates") bei einer Stimmrechtsquote von 10 %-50 %, eine Direktinvestition in eine Tochertergesellschaft („subsidiaries") bei einer Stimmrechtsquote von mehr als 50 % vor.

[1035] *IWF*, Balance of Payments and International Investment Position Manual, Sixth Edition (BPM6) 2009, S. 101 6.12 (a); vgl. *OECD*, OECD Benchmark Definition of Foreign Direct Investment, Fourth Edition 2008, S. 53 Rn. 133.

[1036] *Deutsche Bundesbank*, Merkblatt Direktinvestitionen, Stand: September 2013, S. 1. Eine mittelbare Direktinvestition liegt laut deutscher Bundesbank auch vor, wenn unmittelbare und zurechenbare mittelbare Stimmrechte des Investors zusammen mehr als 50 % ausmachen.

[1037] Vgl. *IWF*, Balance of Payments and International Investment Position Manual, Sixth Edition (BPM6) 2009, S. 101 6.13.

Einzelfalls trotz Erreichen der genannten Stimmrechtsquoten ggf. tatsächlich keine Kontrolle bzw. wesentlicher Einfluss vor.[1038]

(b) Kapitalbeteiligungsquote

Teilweise wird alternativ zur Stimmrechtsquote auf die Höhe der Kapitalbeteiligung des Investors abgestellt.[1039] Einige Autoren[1040] sowie der EuGH[1041] befürworten einen hinreichenden Einfluss zumindest bei Inhaberschaft einer Sperrminorität i.H.v. 25 % des stimmberechtigten Grundkapitals, da auf diese Weise zwar keine gestalterisch positive, jedoch eine verhindernde negative Kontrolle vermittelt wird. Der Gerichtshof lässt bei hohem Streubesitzanteil jedoch wohl auch geringere Kapitalbeteiligungsquoten von 5 % genügen.[1042] Nach Ansicht der deutschen Bundesbank gelten Beteiligungen an Kapitalgesellschaften als Direktinvestitionen i.S.d. §§ 67 ff. AWV, wenn die unmittelbare Kapitalbeteiligung mindestens 10 % beträgt.[1043]

Die Kapitalbeteiligungsquote kann i.E. jedoch nur ein mögliches, nicht aber ein bestimmendes Merkmal von Direktinvestitionen sein. Zwar sind nach deutschem Aktienrecht Kapitalbeteiligung und Stimmrechtsmacht in der Regel korreliert (vgl. §§ 12, 134, 139 AktG).[1044] In Sonderkonstellationen – bspw. im Fall stimmrechtsloser Vorzugsaktien – weichen sie jedoch voneinander ab. Zur Beteiligung an negativer oder positiver Kon-

---

1038 Vgl. *OECD*, OECD Benchmark Definition of Foreign Direct Investment, Fourth Edition 2008, S. 49 Rn. 117; *Lübke*, Der Erwerb von Gesellschaftsanteilen, S. 106.

1039 Vgl. *Kutschker/Schmidt*, Internationales Management, S. 86 f.

1040 *Pießkalla*, Goldene Aktien, S. 55 f.; *Schön*, in: GS Knobbe-Keuk (1997), S. 743, 751; vgl. *Seger*, Banken, Erfolg und Finanzierung, S. 64, 8 f.

1041 EuGH v. 19.7.2012 – C-31/11, NZG 2012, 1117 Rn. 26 ff. – Marianne Scheunemann/Finanzamt Bremerhaven.

1042 Vgl. EuGH v. 26.3.2009 – C-326/07, Slg. 2009, I-2291, Rn. 38 – Kommission/Italienische Republik; für 25 %-Hürde bei Streubesitz vgl. EuGH v. 21.10.2010 – C-81/09, Slg. 2010, I-10161 Rn. 51 – Idryma Typou AE/Ypourgos Typou kai Meson Mazikis Enimerosis; der Gerichtshof ließ allerdings auch eine Kapitalbeteiligungsquote von weniger als 10 % nicht genügen, vgl. EuGH v. 10.2.2011 – C-436/08, C-437/08, Slg. 2011, I-305 Rn. 36 – Haribo Lakritzen Hans Riegel BetriebsgmbH u. Österreichische Salinen AG/Finanzamt Linz.

1043 *Deutsche Bundesbank*, Merkblatt Direktinvestitionen, Stand: September 2013, S. 1. Eine mittelbare Direktinvestition liegt laut deutscher Bundesbank vor, wenn dem Investor unmittelbar oder mittelbar mehr als 50 % der Kapitalanteile zuzurechnen sind.

1044 Vgl. *Heider*, in: MünchKomm-AktG, § 12 Rn. 8 ff.

trolle bzw. für eine wesentliche Einflussnahme auf das Mangement einer Gesellschaft kommt es deshalb primär auf die Stimmrechtsmacht des Anlegers in der Hauptversammlung an.[1045]

(c) Alternative Eigentümerkontrollinstrumente

Im konkreten Einzelfall ist jedoch auch die grundsätzliche Stimmrechtsmacht eines Investors nicht immer bzw. ausschließlich ausschlaggebend für Bestand und Umfang eines dauerhaften Einflusses auf die Gesellschaft und ihr Management. Es sind mithin alternative Kontrollinstrumente denkbar, durch die Gesellschaftseigentümer auf die Verwaltung der Gesellschaft einwirken.

Nachstehend werden zunächst die im wirtschaftswissenschaftlichen Schrifttum thematisierten Eigentümerkontrollinstrumente und ihre Wirkungsweise allgemein erläutert. Im Anschluss daran wird auf ihre juristische Umsetzung eingegangen. In der wirtschaftswissenschaftlichen Literatur werden Eigentümerkontrollinstrumente in direkte (gesellschaftsinterne) einerseits und indirekte (marktbezogene) Kontrollinstrumente andererseits unterteilt.

(i) Direkte Eigentümerkontrollinstrumente

Direkte Managementkontrolle üben Gesellschaftseigentümer durch Wahrnehmung ihrer (Sonder-)Mitgliedschaftsrechte, also gesellschaftsintern aus.[1046]

Zentrales[1047] *präventives* Kontrollinstrument der Gesellschafter einer Aktiengesellschaft im gesellschaftsinternen Bereich ist die Stimmrechtsausübung in der Hauptversammlung bei Wahlen zum Aufsichtsrat.[1048] Über den Aufsichtsrat und die dort gefassten Beschlüsse nehmen die

---

[1045] Vgl. *IWF*, Balance of Payments and International Investment Position Manual, Sixth Edition (BPM6) 2009, S. 101 6.12 (a), S. 103 6.19; *OECD*, OECD Benchmark Definition of Foreign Direct Investment, Fourth Edition 2008, S. 23 Fn. 10, S. 48 Fn. 26, S. 60 Rn. 149; Vgl. auch *Ridder-Aab*, Die moderne Aktiengesellschaft, S. 113 sowie *Flassak*, Der Markt für Unternehmenskontrolle, S. 148.

[1046] *Seger*, Banken, Erfolg und Finanzierung, S. 37 ff.; *Flassak*, Der Markt für Unternehmenskontrolle, S. 118 ff.

[1047] Zu anderen Kontrollmechanismen via Stimmrechtsausübung in der Hauptversammlung vergleiche den Zuständigkeitskatalog der Hauptversammlung in § 119 Abs. 1 AktG.

[1048] *Ridder-Aab*, Die moderne Aktiengesellschaft, S. 86; vgl. auch *Dieling*, Die Kontrolle des Managements, S. 30.

Aktionäre wiederum mittelbar Einfluss auf die Besetzung des Vorstands [1049] und die operative Unternehmensleitung[1050]. Darüber hinaus setzt der Aufsichtsrat die Vergütung des Vorstands (bspw. in Form eines Aktienoptionsprogramms) und damit dessen unmittelbaren Leistungsanreiz[1051] fest. Neben der durch das „Kontrollvehikel" Aufsichtsrat mediatisierten Managementkontrolle haben die Aktionäre zusätzlich die Möglichkeit, die Unternehmensleitung präventiv im Rahmen ihrer Satzungsänderungskompetenz[1052] zu beeinflussen (bspw. durch Änderung des Unternehmensgegenstands oder Schaffung von Zustimmungsvorbehalten zugunsten des Aufsichtsrats).[1053]

Unmittelbar repressive Kontrolle üben Aktionäre vor allem durch Erhebung von Beschlussmängelklagen[1054] oder Bestellung eines Sonderprüfers[1055], *mittelbar repressive* Managementkontrolle wiederum über den Aufsichtsrat aus (bspw. in Gestalt einer Organhaftungsklage gegen den Vorstand oder einer vorzeitigen Abberufung aus wichtigem Grund).[1056]

(ii) Indirekte Eigentümerkontrollinstrumente

Indirekt können die Aktionäre einer Aktiengesellschaft die Unternehmensleitung durch ihr Transaktionsverhalten am Aktienmarkt[1057] beeinflussen.[1058]

1049 Insbesondere vermittelt durch die Personalkompetenz des Aufsichtsrats gem. § 84 AktG, siehe *Seger*, Banken, Erfolg und Finanzierung, S. 63, 67 ff.

1050 Mittels der Überwachungs-, Beratungs- und bedingten Mitentscheidungskompetenz des Aufsichtsrats gem. § 111 AktG, vgl. *Flassak*, Der Markt für Unternehmenskontrolle, S. 126 f.; *Gottschlich*, Eigentümerkontrolle, S. 91 f., 126 ff. (allerdings mit abweichender Kategorienbildung).

1051 Gem. § 87 AktG; vgl. *Ridder-Aab*, Die moderne Aktiengesellschaft, S. 91 ff.

1052 Gem. § 179 AktG; zu ungeschriebenen Hauptversammlungszuständigkeiten siehe *Bungert*, in: MünchHdbGesR-AG, § 35 Rn. 46 ff.

1053 Vgl. *Dieling*, Die Kontrolle des Managements, S. 30.

1054 Gem. §§ 241 ff. AktG.

1055 Gem. § 142 AktG.

1056 Gem. §§ 112, 93 AktG bzw. gem. § 84 AktG, vgl. *Flassak*, Der Markt für Unternehmenskontrolle, S. 126.

1057 Vgl. zur indirekten Managementkontrolle über den Produkt- und den Managermarkt *Ridder-Aab*, Die moderne Aktiengesellschaft, S. 96 ff., 125 ff.; *Flassak*, Der Markt für Unternehmenskontrolle, S. 131 ff.; *Seger*, Banken, Erfolg und Finanzierung, S. 42 ff.

1058 *Flassak*, Der Markt für Unternehmenskontrolle, S. 136 ff.; *Seger*, Banken, Erfolg und Finanzierung, S. 40 ff.

Sind die Aktionäre mit der Gesellschaftsentwicklung unzufrieden, werden sie ihr Kapital aus der Gesellschaft abziehen, indem sie ihre Anteile veräußern. Dadurch sinkt potenziell der Kurs der Gesellschaftsaktien. Infolgedessen steigt zum einen das Risiko einer Unternehmensübernahme, in deren Verlauf es in der Regel zum Austausch des Managements und damit zu dessen Arbeitsplatzverlust kommt.[1059] Zum anderen wird eine (Re)Finanzierung der Gesellschaft auf dem Eigen- wie Fremdkapitalmarkt durch absinkende Kurse erschwert, weshalb ggf. notwendige Investitionen nicht vorgenommen werden können. Dies führt seinerseits in einem grundsätzlich wachsenden Markt zum Marktausscheiden der Gesellschaft und damit wiederum zum Arbeitsplatzverlust des Managements.[1060] Hat darüber hinaus der Aufsichtsrat ein kursentwicklungsbedingtes Managementvergütungssystem implementiert, ist das Management zusätzlich motiviert, kursabsenkende Aktienverkäufe durch Aktionäre zu verhindern. Die Aussicht auf fallende Aktienkurse hat also aus mehreren Gründen indirekt eine disziplinierende Wirkung auf die Unternehmensleitung: Um eine Unternehmensübernahme sowie Finanzierungshindernisse und damit letztendlich einen Arbeitsplatzverlust zu vermeiden und um den Wert eigener Aktien(optionen) zu steigern, wird das Management seine Unternehmensleitung an den Interessen der Aktionäre – grundsätzlich also an Renditemaximierungsinteressen[1061] – ausrichten.

(iii) Juristische Umsetzung

Indirekte Eigentümerkontrolle basiert auf der Möglichkeit, gehaltene Gesellschaftsanteile zu übertragen. Juristisch besehen kann der Aktionär über seinen Gesellschaftsanteil grundsätzlich frei verfügen, es sei denn, der Anteil ist vinkuliert (§ 68 AktG). Da indirekte Eigentümerkontrollinstrumente allerdings vorrangig auf Marktmechanismen beruhen, ist eine weitergehende gesellschaftsrechtliche Ausgestaltung nicht möglich.

[1059] *Ridder-Aab*, Die moderne Aktiengesellschaft, S. 112 ff.; *Seger*, Banken, Erfolg und Finanzierung, S. 41; *Gottschlich*, Eigentümerkontrolle, S. 90 f.; *Flassak*, Der Markt für Unternehmenskontrolle, S. 158 ff.

[1060] *Flassak*, Der Markt für Unternehmenskontrolle, S. 140; *Seger*, Banken, Erfolg und Finanzierung, S. 40 f.; vgl. *Ridder-Aab*, Die moderne Aktiengesellschaft, S. 110 ff.

[1061] Vgl. *Gottschlich*, Eigentümerkontrolle, S. 25 ff., siehe auch S. 25 Fn. 1.

Direkte Kontrollinstrumente beziehen sich primär auf die Besetzung des Aufsichtsrats und den dadurch vermittelten mittelbaren Einfluss auf die Unternehmensleitung. Die Einflussmacht eines Aktionärs auf die Besetzung des Aufsichtsrats bestimmt sich deshalb neben seiner grundsätzlichen Stimmrechtsquote danach, welche Mehrheitserfordernisse bzw. ob Mehrstimm-, Höchststimm-[1062] oder Entsendungsrechte[1063] in der Gesellschaft bestehen. Auch Zustimmungs-, Genehmigungs- oder Vetorechte bei Wahlen zum Aufsichtsrat oder im Hinblick auf andere korporative Vorgänge in der Gesellschaft können einen wesentlichen Einfluss auf die Unternehmensleitung vermitteln.[1064]

(d) Ergebnis

Mit Blick auf die europagerichtliche Rechtsprechung und unter Berücksichtigung des wirtschaftswissenschaftlichen Schrifttums liegt eine Direktinvestition vor, sobald ein Investor alleine (Autonomie) oder im Zusammenwirken mit anderen Investoren (Teilhabe) wichtige Entscheidungen innerhalb der Gesellschaft herbeiführen (positive Kontrolle) oder verhindern kann (negative Kontrolle).[1065] Eine derartige Einflussmacht des Investors wird vor allem, aber nicht nur durch die Höhe seiner Stimmrechtsquote determiniert. Weitere gesellschaftsrechtlich gestaltbare Einflussfaktoren sind vor allem Mehrstimm-, Höchststimm- und Entsendungsrechte sowie Zustimmungs-, Genehmigungs- oder Vetorechte. Es ist also stets eine Frage des Einzelfalls, ob ein Beteiligungserwerb eine Direktinvestition darstellt.

(3) Portfolioinvestitionseigenschaften

Auch Portfolioinvestitionen können unter Rückgriff auf die Kapitalverkehrsrichtlinie definiert werden. Der EuGH subsumiert Portfolioinvestitionen in ständiger Rechtsprechung unter die Nomenklatur der Richtli-

---

[1062] Von aktienrechtlichen Regelungen abweichende Stimmrechtsquoren sind nur unter den Voraussetzungen gem. § 23 Abs. 5 AktG zulässig. Mehrstimmrechte sind in deutschen Aktiengesellschaften nicht mehr zulässig; Höchststimmrechte nur noch in nicht-börsennotierten Aktiengesellschaften, vgl. § 134 AktG.

[1063] Vgl. EuGH v. 23.10.2007 – C-112/05, Slg. 2007, I-8995 Rn. 62, 65 – Kommission/Bundesrepublik Deutschland.

[1064] Die Gestaltungsmöglichkeiten in deutschen Aktiengesellschaften sind jedoch aufgrund des Grundsatzes der Satzungsstrenge gem. § 23 Abs. 5 AktG äußert limitiert.

[1065] *Lübke*, Der Erwerb von Gesellschaftsanteilen, S. 106 f.

nie 88/361/EWG.[1066] Danach gelten der Handel mit Aktien und anderen Wertpapieren, die Beteiligungscharakter haben, als kapitalverkehrsrelevante „Geschäfte mit Wertpapieren".[1067] Darunter fallen auch Beteiligungserwerbe an Aktiengesellschaften.

In Abgrenzung zu Direktinvestitionen handelt es sich bei Portfolioinvestitionen um den Erwerb von Wertpapieren auf dem Kapitalmarkt ohne die Möglichkeit, beteiligungsgestützt unternehmerische Mitgestaltungsmacht auszuüben.[1068] Subjektiv werden Portfolioinvestitionen primär in der Absicht getätigt, im Rahmen einer (risikodiversifizierenden) Geldanlage eine Rendite durch Mitnahme von Kursgewinnen oder Dividendenzahlungen zu erzielen. Portfolioinvestoren handeln also in der Regel primär rendite- und spekulationsorientiert.[1069] Da subjektive Investitionsabsichten jedoch grundsätzlich nicht objektiv ermittelbar sind, kommt es auch zur Definition von Portfolioinvestitionen nicht auf die subjektive Zielsetzung des Investors an, sondern auf seine objektiven Einflussmöglichkeiten. Solange der Investor die Gesellschaft nicht i.S. einer Direktinvestition beeinflussen kann, hält er lediglich eine Portfolioinvestiton. Beteiligungserwerbe, die nicht zumindest kooperative negative Gesellschaftskontrolle vermitteln, sind deshalb als Portfolioinvestition zu qualifizieren.

(4) Ergebnis

Direkt- und Portfolioinvestitionen in Form des Beteiligungserwerbs unterscheiden sich danach, ob der Investor objektiv in der Lage ist, sich durch Ausübung von Eigentümerkontrollinstrumenten an der negativen oder positiven Kontrolle der Gesellschaft zu beteiligen. Ob ein Beteiligungserwerb eine Direktinvestition darstellt, hängt vor allem, aber nicht

---

1066 Siehe oben unter Fn. 1018.

1067 Siehe Nomenklatur III a) in Anhang I der RL 88/361/EWG, ABl. 1988 Nr. L 178/5, 178/8.

1068 Vgl. EuGH v. 21.10.2010 – C-81/09, Slg. 2010, I-10161 Rn. 48 – Idryma Typou AE/Ypourgos Typou kai Meson Mazikis Enimerosis; v. 17.9.2009 – C-182/08, Slg. 2009, I-8591, Rn. 40 – Glaxo Wellcome GmbH & Co. KG/Finanzamt München II; *Tiedje*, in: von der Groeben/Schwarze/Hatje, Europäisches Unionsrecht, Art. 49 AEUV Rn. 31; *Lübke*, Der Erwerb von Gesellschaftanteilen, S. 107; Gabler Wirtschaftslexikon, P-Sk, S. 2382 „Portfolio-Investition"; *OECD*, OECD Benchmark Definition of Foreign Direct Investment, Fourth Edition 2008, S. 17 Rn. 11, S. 22 f. Rn. 29; *Kutschker/Schmidt*, Internationales Management, S. 85.

1069 *Kutschker/Schmidt*, Internationales Management, S. 85.

ausschließlich, davon ab, welche Stimmrechtsquote ihm bei Wahlen zum Aufsichtsrat zukommt.

d. Niederlassung gem. Art. 49 AEUV[1070]

Nachdem geklärt ist, wann ein Beteiligungserwerb als Direktinvestition zu qualifizieren ist, soll nun überprüft werden, ob der Erwerb von Beteiligungen an deutschen Aktiengesellschaften in den sachlichen Schutzbereich der Niederlassungsfreiheit fällt. Die Niederlassungsfreiheit ist eine Personenverkehrsfreiheit, die den grenzüberschreitenden Verkehr des Wirtschaftsfaktors Arbeit absichern soll.

(1) Formen der Niederlassung

Im Rahmen der Niederlassungsfreiheit wird die Aufnahme und Ausübung selbstständiger Erwerbstätigkeiten sowie die Gründung und Leitung von Unternehmen durch Staatsangehörige eines Mitgliedstaats im Hoheitsgebiet eines anderen Mitgliedstaats nach den Bestimmungen des Aufnahmestaats für seine eigenen Angehörigen garantiert. Erfasst werden mithin grenzüberschreitende Niederlassungsvorgänge durch unmittelbar operative Tätigkeit des betroffenen Handlungsträgers in einem anderen Mitgliedstaat („selbstständige Erwerbstätigkeit", Art. 49 Abs. 2 Alt. 1 AEUV) sowie Niederlassungsvorgänge, die mittelbar über das Vehikel eines Unternehmens ausgeführt werden („Gründung und Leitung von Unternehmen", Art. 49 Abs. 2 Alt. 2 AEUV).[1071] In beiden Fällen werden sowohl natürliche Personen als auch Gesellschaften (vgl. Art. 54 AEUV) bei ihrer (unmittelbaren oder mittelbaren) erwerbswirtschaftlichen Tätigkeit in einem anderen Mitgliedstaat geschützt. Die grenzüberschreitende Niederlassung kann dabei einerseits durch erstmalige Sitznahme oder Sitzverlegung in einen anderen Mitgliedstaat (primäre Niederlassungsfreiheit)[1072] oder andererseits mittels der Gründung von Agenturen, Zweigniederlassungen oder Tochtergesellschaften in einem

---

[1070] Ehem. Art. 43 EGV.

[1071] Vgl. *Müller-Graff*, in: Streinz, EUV/AEUV, Art. 49 AEUV Rn. 14 f.; *Schlag*, in: Schwarze, EU-Kommentar, Art. 49 AEUV Rn. 19.

[1072] *Tiedje*, in: von der Groeben/Schwarze/Hatje, Europäisches Unionsrecht, Art. 49 AEUV Rn. 38; *Fortsthoff*, in: Grabitz/Hilf/Nettesheim, Das Recht der EU, Art. 49 AEUV Rn. 52 ff.; *Müller-Graff*, in: Streinz, EUV/AEUV, Art. 49 AEUV Rn. 22; *Schlag*, in: Schwarze, EU-Kommentar, Art. 49 AEUV Rn. 19.

anderen Mitgliedstaat (sekundäre Niederlassungsfreiheit)[1073] erfolgen. Die sekundäre Niederlassungsfreiheit steht jedoch nur Unionsbürgern und Unionsgesellschaften zu, die zusätzlich in einem anderen Mitgliedstaat ansässig sind.[1074]

(2) Niederlassung durch selbstständige Erwerbstätigkeit

Ein Niederlassungsvorgang setzt stets die Ausübung einer selbstständigen Erwerbstätigkeit mit – wenn auch untergeordnetem – Gewinnerzielungsinteresse[1075] in einem anderen Mitgliedstaat voraus. In Abgrenzung zur Dienstleistungfreiheit (Art. 56 AEUV) sowie zur Arbeitnehmerfreizügigkeit (Art. 45 AEUV) bedarf es zur Niederlassung deshalb einer festen Einrichtung in einem anderen als dem Heimatmitgliedstaat, die in das Wirtschaftsleben des anderen Staates eingegliedert und auf unbestimmte Zeit tatsächlich der selbstständigen Erwerbstätigkeit[1076] zu dienen bestimmt ist.[1077]

[1073] *Schlag*, in: Schwarze, EU-Kommentar, Art. 49 AEUV Rn. 20; *Tiedje*, in: von der Groeben/Schwarze/Hatje, Europäisches Unionsrecht, Art. 49 AEUV Rn. 39; *Müller-Graff*, in: Streinz, EUV/AEUV, Art. 49 AEUV Rn. 23; *Fortsthoff*, in: Grabitz/Hilf/Nettesheim, Das Recht der EU, Art. 49 AEUV Rn. 52 ff.

[1074] *Tiedje*, in: von der Groeben/Schwarze/Hatje, Europäisches Unionsrecht, Art. 49 AEUV Rn. 4, 41; *Müller-Graff*, in: Streinz, EUV/AEUV, Art. 49 AEUV Rn. 32; *Lübke*, Der Erwerb von Gesellschaftsanteilen, S. 204 f. (auch zum Unterschied zwischen Unionszugehörigkeit und Unionsansässigkeit insbesondere bei Gesellschaften).

[1075] *Bröhmer*, in: Calliess/Ruffert, EUV/AEUV, Art. 49 AEUV Rn. 10; *Tiedje*, in: von der Groeben/Schwarze/Hatje, Europäisches Unionsrecht, Art. 49 AEUV Rn. 61; *Ders.*, in: Ehlers, Europäische Grundrechte und Grundfreiheiten, § 10 Rn. 22.

[1076] Dazu siehe *Fortsthoff*, in: Grabitz/Hilf/Nettesheim, Das Recht der EU, Art. 49 AEUV Rn. 17 ff.; *Müller-Graff*, in: Streinz, EUV/AEUV, Art. 49 AEUV Rn. 12 ff.; *Schlag*, in: Schwarze, EU-Kommentar, Art. 49 AEUV Rn. 21 ff.; *Bröhmer*, in: Calliess/Ruffert, EUV/AEUV, Art. 49 AEUV Rn. 10 f.; *Tiedje*, in: von der Groeben/Schwarze/Hatje, Europäisches Unionsrecht, Art. 49 AEUV Rn. 55 ff.

[1077] Vgl. EuGH v. 2.7.1991 – C-221/89, Slg. 1991, I-3905 Rn. 20 – The Queen/Secretary of State for Transport, ex parte Factortame Ltd u.a.; *Forthoff*, in: Grabitz/Hilf/Nettesheim, Das Recht der EU, Art. 49 AEUV Rn. 16 ff; *Müller-Graff*, in: Streinz, EUV/AEUV, Art. 49 AEUV Rn. 11; *Bröhmer*, in: Calliess/Ruffert, EUV/AEUV, Art. 49 AEUV Rn. 10 ff.; *Schlag*, in: Schwarze, EU-Kommentar, Art. 49 AEUV Rn. 15; *Müller-Graff*, in: Streinz, EUV/AEUV, Art. 49 AEUV Rn. 11.

(3) Niederlassung durch (qualifizierten) Beteiligungserwerb

Eine derartige Teilnahme am Wirtschaftsleben eines anderen Mitgliedstaates kann auch durch das Halten von Gesellschaftsanteilen an einem operativ tätigen Unternehmen mit Sitz in einem anderen Mitgliedsstaat erfolgen.[1078]

Der Anleger selbst erbringt im Rahmen seiner Beteiligungsbeziehung zur Gesellschaft allerdings keine wirtschaftliche Tätigkeit auf einem fremden Markt mithilfe einer festen Einrichtung in einem anderen Mitgliedstaat. Auch wenn er mit dem Beteiligungserwerb erwerbswirtschaftliche Zwecke verfolgt, unterfällt das Halten einer Gesellschafsbeteiligung für sich besehen deshalb mangels unmittelbarer wirtschaftlicher Betätigung auf einem fremden Markt nicht der Niederlassungsfreiheit i.S.d. Art. 49 Abs. 2 Alt. 1 AEUV. Allerdings macht es faktisch keinen Unterschied, ob die Marktleistung unmittelbar durch eigene Arbeitskraft oder mittelbar durch Gründung und Leitung eines am Markt tätigen Unternehmens erbracht wird. Funktional besehen ist es der Gesellschafter, der die Markttätigkeit der Gesellschaft aufgrund seiner Einflussmacht ausübt. Die Gesellschaft dient mithin als „Markttätigkeitsvehikel" des Gesellschafters. Ihre Markttätigkeit ist ihm deshalb funktional zuzurechnen. Auch die Gründung und Leitung von Unternehmen stellt daher gem. Art. 49 Abs. 2 Alt. 2 AEUV einen Niederlassungsvorgang dar.

Zur Leitung eines Unternehmens kann eine Gesellschaft einerseits originär gegründet werden. Andererseits kann sich ein Investor die Markttätigkeit einer bereits gegründeten Gesellschaft auch dadurch zu Eigen

---

[1078] EuGH v. 26.6.2008 – C-284/06, Slg. 2008, I-4571 Rn. 69 – Finanzamt Hamburg-Am Tierpark/Burda GmbH; v. 6.12.2007 – C-298/05, Slg. 2007, I-10451 Rn. 30 – Columbus Container Services BVBA & Co./Finanzamt Bielefeld-Innenstadt; v. 13.3.2007 – C-524/04, Slg. 2007, I- 2107 Rn. 27 – Test Claimants in the Thin Cap Group Litigation/Commissioners of Inland Revenue; v. 12.9.2006 – C-196/04, Slg. 2006, I-7995 Rn. 31 – Cadbury Schweppes plc u. a./Commissioners of Inland Revenue; v. 13.4.2000 – C-251/98, Slg. 2000, I-2787 Rn. 22 – C. Baars/Inspecteur der Belastingen Particulieren/Ondernemingen Gorinchem; *Bröhmer*, in: Calliess/Ruffert, EUV/AEUV, Art. 49 AEUV Rn. 9 a.E.; *Fortsthoff*, in: Grabitz/Hilf/Nettesheim, Das Recht der EU, Art. 49 AEUV Rn. 66; *Schlag*, in: Schwarze, EU-Kommentar, Art. 49 AEUV Rn. 20 a.E.; *Müller-Graff*, in: Streinz, EUV/AEUV, Art. 49 AEUV Rn. 15; *Tiedje*, in: von der Groeben/Schwarze/Hatje, Europäisches Unionsrecht, Art. 49 AEUV Rn. 32 f.; *Müller-Graff*, in: FS Ulmer (2003), S. 929, 933 ff.; *Oechsler*, NZG 2007, 161, 162; zum Erfordernis einer zusätzlichen Niederlassungsabsicht siehe *Lübke*, Der Erwerb von Gesellschaftsanteilen, S. 208 ff. m.w.N.

machen, dass er sämtliche oder ausreichend viele Anteile einer bereits bestehenden Gesellschaft erwirbt. Als niederlassungsrelevante Beteiligung definiert der EuGH eine Beteiligung, die es dem Anleger ermöglicht, einen sicheren Einfluss auf die Entscheidungen der Gesellschaft auszuüben und deren Tätigkeiten zu bestimmen. [1079] Es handelt sich dabei um die (derivative) Gründung und nach nationalem Gesellschaftsrecht vermittelte Leitungsmacht im Hinblick auf Unternehmen i.S.d. Art. 49 Abs. 2 Alt. 2 AEUV.[1080] Irrelevant ist, ob der Anteilseigner beabsichtigt, den beteiligungsgestützten Einfluss in der Gesellschaft tatsächlich geltend zu machen.[1081] Bereits der objektiv erkennbare Erwerb sämtlicher sowie der Erwerb einflussqualifizierter Anteile an Gesellschaften in einem anderen Mitgliedstaat unterfällt deshalb i.S.e. Zuzugs in einen anderen Mitgliedstaat der Niederlassungsfreiheit.[1082] Ob ein einflussqualifizierter Anteil mit sicherem Einfluss auf die Entscheidungen der Gesellschaft und ihre Tätigkeiten vorliegt, hängt von den tatsächlichen

---

[1079] St.Rspr., grundlegend EuGH v. 13.4.2000 – C-251/98, Slg. 2000, I-2787 Rn. 22 – C. Baars/Inspecteur der Belastingen Particulieren/Ondernemingen Gorinchem; siehe auch EuGH v. 21.10.2010 – C-81/09, Slg. 2010, I-10161 Rn. 47 – Idryma Typou AE/Ypourgos Typou kai Meson Mazikis Enimerosis; v. 23.10.2007 – C-112/05, Slg. 2007, I-8995 Rn. 13 – Komission/Bundesrepublik Deutschland.

[1080] Vgl. EuGH v. 13.4.2000 – C-251/98, Slg. 2000, I-2787 Rn. 22 – C. Baars/Inspecteur der Belastingen Particulieren/Ondernemingen Gorinchem; *Grundmann*, Europäisches Gesellschaftsrecht, Rn. 177; *Lübke*, Der Erwerb von Gesellschaftsanteilen, S. 207; *Haferkamp*, Kapitalverkehrsfreiheit, S. 170; a.A. (Ausübung der sekundären Niederlassungsfreiheit durch Gründung von Tochtergesellschaften) *Tiedje*, in: von der Groeben/Schwarze/Hatje, Europäisches Unionsrecht, Art. 55 AEUV Rn. 5; wohl auch *Haslehner*, IStR 2008, 565, 567 Fn. 32; die sekundäre Niederlassungsfreiheit ist aber erst einschlägig, wenn der Investor bereits in einem anderen Mitgliedstaat niedergelassen ist und nun durch Anteilserwerb eine Tochtergesellschaft (bzw. unselbstständige Agentur oder Zweigstelle) in einem anderen Mitgliedstaat eröffnet. Da allerdings bereits die primäre anteilsgestützte Niederlassung geschützt wird, ist der qualifizierte Anteilserwerb grundsätzlich unter Art. 49 Abs. 2 Alt. 2 AEUV zu subsumieren.

[1081] *Müller-Graff*, in: Streinz, EUV/AEUV, Art. 49 AEUV Rn. 15; *Lübke*, Der Erwerb von Gesellschaftsanteilen, S. 208 ff.; wohl auch *Ohler*, Kapital- und Zahlungsverkehrsfreiheit, Art. 56 EGV Rn. 120 a.E.; a.A. *Kainer*, Unternehmensübernahmen, S. 61 f.

[1082] Dies gilt auch für den an einen grenzüberschreitenden Erwerb anschließenden oder autonomen Wegzug durch Verkauf einflussqualifizierter Anteile, vgl. zum anschließenden Wegzug *Lübke*, Der Erwerb von Gesellschaftsanteilen, S. 206 f., 208; *Roth*, in: Dauses, Hdb EU-Wirtschaftsrecht, E. I. Rn. 63; zum autonomen Wegzug *Fortsthoff*, in: Grabitz/Hilf/Nettesheim, Das Recht der EU, Art. 49 AEUV Rn. 58; *Müller-Graff*, in: Streinz, EUV/AEUV, Art. 49 AEUV Rn. 27.

Umständen des Einzelfalls bzw. der individuell betroffenen Gesellschaft sowie dem relevanten nationalen Gesellschaftsrecht ab.[1083]

(*a*) Sicherer Einfluss

Unklar ist allerdings, was einen sicheren Einfluss ausmacht. Teilweise wird der niederlassungsrelevante sichere Einfluss mit der Einflussmacht i.S.e. Direktinvestition[1084] gleichgesetzt. Sicherer *Einfluss* besteht demzufolge bereits dann, wenn die Beteiligung dem Investor eine tatsächliche *Teilhabe* an der *positiven oder negativen Kontrolle* der Gesellschaft verschafft.[1085]

Andere lassen eine bloße Teilhabe an der Kontrolle bzw. negative Kontrolle i.S.v. Verhinderungsmacht allerdings nicht genügen. Sie bejahen einen niederlassungsrelevanten *sicheren* Einfluss zur *Bestimmung* der Gesellschaftstätigkeit erst dann, wenn der Investor die Geschicke der Gesellschaft entscheidend – also *positiv* – und ohne die Unterstürzung anderer Teilhaber – also *autonom* – kontrollieren kann.[1086] Eine derarti-

---

1083 *GA Alber*, SchlAnt. v. 14.10.1999 zu C-251/98, Slg. 1999, I-2787 Rn. 33 – C. Baars/Inspecteur der Belastingen Particulieren/Ondernemingen Gorinchem; *Ress/Ukrow*, in: Grabitz/Hilf/Nettesheim, Das Recht der EU, Art. 63 AEUV Rn. 315; *Bröhmer*, in: Calliess/Ruffert, EUV/AEUV, Art. 63 AEUV Rn. 23.

1084 Gemeint ist die Direktinvestition in Form des Anteilserwerbs, nicht bspw. durch langfristige Darlehen, vgl. unter I. 3 der Nomenklatur in Anhang I der RL 88/361/EWG, ABl. 1988 Nr. L 178/5, 178/8.

1085 *Ohler*, Kapital- und Zahlungsverkehrsfreiheit, Art. 56 EGV Rn. 121; *Schön*, in: GS Knobbe-Keuk (1997), S. 743, 750 f.; *Lübke*, Der Erwerb von Gesellschaftsanteilen, S. 210 ff.; *Geurts*, IStR 2000, S. 572, 573; wohl auch *Roth*, in: Dauses, Hdb EU-Wirtschaftsrecht, E. I. Rn. 12 (danach muss der Investor „eine unternehmerische Rolle" spielen); wohl auch *Pießkalla*, Goldene Aktien, S. 241 f. (Sperrrminorität i.H.v. 25 %-iger Beteiligung am stimmberechtigten Kapital); *Jung*, in: Schwarze, EU-Kommentar, Art. 55 AEUV Rn. 2; *Habersack/Verse*, Europäisches Gesellschaftsrecht, § 3 Rn. 2; *Grundmann*, Europäisches Gesellschaftsrecht, Rn. 177; *Zorn*, in: FS Nolz (2008), S. 211, 212; wohl auch *Lutter/Bayer/Schmidt*, Europäisches Unternehmens- und Kapitalmarktrecht, § 4 Rn. 4; vgl. auch *Sedlaczek/Züger*, in: Streinz, EUV/AEUV, Art. 63 AEUV Rn. 34; *Germelmann*, EuZW 2008, 596, 597; a.A. *Haferkamp*, Kapitalverkehrsfreiheit, S. 171 f.; zur Kontrolle durch Zusammenwirken mit anderen Gesellschaftern siehe auch EuGH v. 6.12.2007 – C-298/05, Slg. 2007, I-10451 Rn. 31 – Columbus Container Services BVBA & Co./Finanzamt Bielefeld-Innenstadt.

1086 Vgl. *Tiedje*, in: von der Groeben/Schwarze/Hatje, Europäisches Unionsrecht, Art. 55 AEUV Rn. 5 (allerdings widersprüchlich zu Art. 49 AEUV Rn. 31); *Bröhmer*, in: Calliess/Ruffert, EUV/AEUV, Art. 55 AEUV Rn. 1; *Ress/Ukrow*, in: Grabitz/Hilf/Nettesheim, Das Recht der EU, Art. 63 AEUV Rn. 315 f.; *Müller-Graff*, in: FS Ulmer (2003), S. 929, 935 f.; *Haferkamp*, Kapitalverkehrsfreiheit, ge Kontrollbeteiligung soll typischerweise bei Erwerb einer 50 %-igen Mehrheitsbeteiligung, ggf. aber schon bei Erwerb einer faktischen Kontrollbeteiligung (bspw. eine 20 %-igen Minderheitsbeteiligung) vorliegen.[1087]

Überzeugender ist es allerdings, einen niederlassungsrelevanten Beteiligungserwerb bereits dann anzunehmen, wenn der Investor die Entscheidungen und Tätigkeiten der Gesellschaft i.S.e. Direktinvestition mitbeeinflussen, aber nicht notwendigerweise autonom bestimmen kann. Dafür spricht vor allem, dass eine selbstständige unternehmerische Tätigkeit tatsächlich bereits dann ausgeübt wird, wenn der Grundfreiheitsberechtigte sich mitgestalterisch an der Unternehmensführung beteiligt.[1088] Zudem unterfällt auch die Gründung von Unternehmen nach dem ausdrücklichen Wortlaut des Art. 49 Abs. 2 AEUV der Niederlassungsfreiheit. Die Gründung von Unternehmen vollzieht sich aber in der Regel nicht unter der positiven Kontrolle eines einzelnen Gründungsgesellschafters, sondern durch (gleichberechtigte) Teilhabe eines jeden Gründungsgesellschafters verbunden in der Zielsetzung, gemeinsam einen Zweck zu verfolgen. Das Gemeinschaftsrecht selber geht also davon aus, dass sich eine Niederlassungstätigkeit bereits im Zusammenwirken mit anderen verwirklichen kann.[1089] Darüber hinaus scheint auch der EuGH dazu zu tendieren, niederlassungsrelevanten sicheren Einfluss unterhalb der Schwelle einer entscheidenden Kontrollbeteiligung anzunehmen.[1090]

S. 174 ff.; wohl auch *Pießkalla*, EuZW 2009, 458, 464 (Unterscheidung zwischen „normaler Direktinvestition“ i.S.d. Kapitalverkehrsfreiheit und solcher mit „bestimmendem Einfluss“ i.S.d. Niederlassungsfreiheit). Es wird allerdings nicht immer klar, ob die genannten Autoren darauf abstellen, dass sicherer Einfluss und Direktinvestition von einander abweichen, weil sicherer Einfluss erst bei positiver Kontrolle vorliegt oder aber weil sicherer Einfluss in Form von positiver oder negativer Kontrolle stets eine autonome Entscheidungsgewalt des Investors erfordert.

1087 *Tiedje*, in: von der Groeben/Schwarze/Hatje, Europäisches Unionsrecht, Art. 55 AEUV Rn. 5; *Müller-Graff*, in: FS Ulmer (2003), S. 929, 936.

1088 So i.E. auch *Schön*, in: GS Knobbe-Keuk (1997), S. 743, 751; *Lübke*, Der Erwerb von Gesellschaftsanteilen, S. 212 f.

1089 *Lübke*, Der Erwerb von Gesellschaftsanteilen, S. 212 f.; siehe auch *Grundmann*, Europäisches Gesellschaftsrecht, Rn. 177 Fn. 45.

1090 Vgl. EuGH v. 8.11.2012 – C-244/11, EuZW 2013, 29 Rn. 23 – Kommission/Hellenische Republik; v. 21.10.2010 – C-81/09, Slg. 2010, I-10161 Rn. 51 – Idryma Typou A.E./Ypourgos Typou kai Meson Mazikis Enimerosis;

Im weiteren Verlauf der Untersuchung wird der Begriff „Kontrollbeteiligung“ deshalb synonym mit dem Begriff „Direktinvestition“ verwendet. Beide beziehen sich auf Gesellschaftsanteile, die ihrem Inhaber die Möglichkeit verschaffen, alleine oder im Zusammenwirken mit anderen Gesellschaftern Entscheidungen der Gesellschaft herbeizuführen oder zu verhindern.

(b) Portfolioinvestitionen

Bei Beteiligungserwerben in Form von Portfolioinvestitionen besteht per definitionem kein unternehmerischer Einfluss. In diesem Fall scheidet eine gesellschaftsrechtlich vermittelte selbstständige Erwerbstätigkeit auf einem fremden Markt also aus. Portfolioinvestitionen unterfallen also mangels Eröffnung des sachlichen Schutzbereichs nicht der Niederlassungsfreiheit, sondern nur der Kapitalverkehrsfreiheit.[1091]

(4) Ergebnis

Durch den Erwerb von Gesellschaftsanteilen können sich Investoren in einem anderen Mitgliedstaat niederlassen. Erforderlich ist allerdings, dass die Beteiligung ihnen unter Berücksichtigung der tatsächlichen Umstände des Einzelfalls sowie der Regelungen des nationalen Gesellschaftsrechts einen sicheren Einfluss auf die Entscheidungen der Gesellschaft verschafft, so dass sie auf die Tätigkeiten der Gesellschaft Einfluss nehmen können. Die Niederlassungsfreiheit schützt demzufolge Direktinvestitionen in Aktiengesellschaften, nicht hingegen Portfolioinvestitionen.[1092] Staatliche Entsendungsrechte wirken sich auf grenzüberschrei-

v. 22.12.2008 – C-282/07, Slg. 2008, I-10767 Rn. 28 f. – Belgischer Staat - SPF Finances/Truck Center SA; siehe auch *Ress/Ukrow*, in: Grabitz/Hilf/Nettesheim, Das Recht der EU, Art. 63 AEUV Rn. 316 a.E.

1091 Vgl. EuGH v. 19. 7. 2012 – C-31/11, NZG 2012, 1117 Rn. 23 – Marianne Scheunemann/Finanzamt Bremerhaven; v. 15.9.2011 – C-310/09, Slg. 2011, I-8115 Rn. 32 – Ministre du Budget, des Comptes publics et de la Fonction publique/Accor SA; v. 10.2.2011 – C-436/08, C-437/08, Slg. 2011, I-305 Rn. 35 – Haribo Lakritzen Hans Riegel BetriebsgmbH u. Österreichische Salinen AG/Finanzamt Linz; v. 12.12.2006 – C-446/04, Slg. 2006, I-11753 Rn. 38 – Test Claimants in the FII Group Litigation/Commissioners of Inland Revenue; *Ress/Ukrow*, in: Grabitz/Hilf/Nettesheim, Das Recht der EU, Art. 63 AEUV Rn. 318; *Bröhmer*, in: Calliess/Ruffert, EUV/AEUV, Art. 63 AEUV Rn. 29.

1092 Zu einer möglichen, i.E. aber abzulehnenden Bereichsausnahme gem. Art. 345 AEUV siehe *Lübke*, Der Erwerb von Gesellschaftsanteilen, S. 451.

tende Niederlassungsvorgänge also nur dann potenziell aus, wenn es sich dabei um Beteiligungserwerbe in Form von Direktinvestitionen handelt.

5. Zusammenfassung

Die im Rahmen dieser Untersuchung vorgenommene abstrakt-generelle Überprüfung staatlicher Entsendungsrechte am Maßstab der europarechtlichen Grundfreiheiten macht es erforderlich, ein durch staatliche Entsendungsrechte potenziell betroffenes Marktverhalten auszumachen und dieses dem jeweiligen Schutzbereich der Grundfreiheiten zuzuordnen. Als potenziell von Entsendungsrechten betroffenes Marktverhalten wurde der Erwerb von Beteiligungen an Aktiengesellschaften mit Entsendungsrechten identifiziert. Beteiligungserwerbe lassen sich in Direkt- und Portfolioinvestitionen kategorisieren. Eine Direktinvestition liegt vor, wenn es dem Investor objektiv möglich ist, sich an der negativen oder positiven Kontrolle der Gesellschaft alleine oder im Zusammenwirken mit andern Investoren zu beteiligen. Ist ihm dies nicht möglich, handelt es sich um eine Portfolioinvestition. Grenzüberschreitende Beteiligungserwerbe in Form von Direktinvestitionen in deutsche Aktiengesellschaften fallen grundsätzlich in den räumlichen, persönlichen und sachlichen Anwendungsbereich sowohl der Niederlassungs- als auch der Kapitalverkehrsfreiheit. Portfolioinvestitionen werden wegen ihrer fehlenden Niederlassungsrelevanz hingegen lediglich von der Kapitalverkehrsfreiheit erfasst. Im Vergleich zur Kapitalverkehrsfreiheit ist die Niederlassungsfreiheit allerdings nicht nur hinsichtlich ihres sachlichen, sondern auch in Bezug auf ihren persönlichen Anwendungsbereich wesentlich enger gefasst. Während die Kapitalverkehrsfreiheit jedem Marktteilnehmer ungeachtet seiner Staatsangehörigkeit oder Rechtsnatur den freien grenzüberschreitenden Kapitalverkehr über nationalstaatliche Grenzen hinweg garantiert, schützt die Niederlassungsfreiheit nur (unionsansässige) Unionsbürger und Unionsgesellschaften bei grenzüberschreitenden Niederlassungsvorgängen. Die Warenverkehrsfreiheit ist dagegen weder bei Direkt- noch im Fall von Portfolioinvestitionen einschlägig, solange durch die gehandelten Aktienurkunden tatsächlich Rechte verbrieft werden. Staatliche Entsendungsrechte betreffen potenziell Beteiligungserwerbe sowohl in Form der Direkt- als auch der Portfolioinvestition. Sie könnten deshalb sowohl eine rechtfertigungsbedürftige Beschränkung der Kapitalverkehrs- als auch der Niederlassungsfreiheit darstellen.

II. Konkurrenzverhältnis

Die bisherige Untersuchung hat ergeben, dass staatliche Entsendungsrechte in Aktiengesellschaften potentziell den Erwerb von Gesellschaftsanteilen beeinflussen und dieser Marktvorgang dem Grunde nach sowohl durch die Niederlassungs- als auch durch die Kapitalverkehrsfreiheit geschützt wird. Allerdings unterfallen alleine Beteiligungserwerbe in Form von Direktinvestitionen sowohl der Kapitalverkehrsfreiheit als auch der Niederlassungsfreiheit. Bei Portfolioinvestitionen ist hingegen ausschließlich der Schutzbereich der Kapitalverkehrsfreiheit eröffnet. Portfolioinvestitionen vermitteln keinen wesentlichen Einfluss auf die Unternehmensleitung, so dass sie nicht als selbstständige Erwerbstätigkeit i.S.d. Art. 49 AEUV qualifiziert werden können.

Im Fall von Portfolioinvestitionen stellt sich ein Konkurrenzproblem also von vornherein nicht.[1093] Im Zusammenhang mit Beteiligungstransaktionen in Form von Direkt(des)investitionen unterfällt hingegen derselbe wirtschaftliche Vorgang grundsätzlich dem Schutzbereich verschiedener Grundfreiheiten.[1094] Es stellt sich mithin die Frage, ob zugunsten von Beteiligungserwerben in Form von Direktinvestitionen die Schutzbereiche beider Grundfreiheiten nebeneinander eröffnet sind oder aber die Schutzbereichseröffnung einer Grundfreiheit die Anwendbarkeit der anderen ausschließt.

Diese Frage ist richtigerweise bereits auf der Ebene des Schutzbereichs der grundsätzlich eröffneten Grundfreiheiten aufzuwerfen, nicht hingegen erst bei Überprüfung des Vorliegens einer Beschränkung: Erst wenn geklärt ist, ob eine wirtschaftliche Betätigung gleichzeitig sowohl durch die Kapital- als auch durch die Niederlassungsfreiheit geschützt wird, kann im nächsten Schritt geprüft werden, ob die fragliche staatliche Maßnahme die geschützte wirtschaftliche Betätigung sowohl in ihrer niederlassungs- als auch in ihrer kapitalverkehrsrelevanten Dimension

[1093] Vgl. *GA Bot,* SchlAnt v. 9.07.2009 zu C-182/08, Slg. 2009, I-8591 Rn. 80 – Glaxo Wellcome GmbH & Co./Finanzamt München II; *Müller-Graff,* in: Streinz, EUV/AEUV, Art. 49 AEUV Rn. 117; *Kömpf,* Staatseinfluss auf die Volkswagen AG, S. 208.

[1094] Vgl. *GA Colomer,* verbSchlAnt v. 3.7.2001 zu C-367/98, C-483/99, C-503/99, Slg. 2002, I- 4731 Rn. 28 – Kommission/Portugisiesche Republik, Französische Republik, Königreich Belgien; zur möglichen, aber seltenen Einschlägigkeit nur einer Grundfreiheit beim Erwerb von Direktinvestitionen siehe *Lübke,* Der Erwerb von Gesellschaftsanteilen, S. 452 f.

beschränkt.[1095] Der Fokus der Schutzbereichsprüfung liegt nämlich auf der Frage, ob dieselbe wirtschaftliche Tätigkeit bloß einen oder verschiedene Faktorallokationsvorgänge darstellen und dabei durch verschiedene Grundfreiheiten gleichzeitig geschützt werden kann. Das Konkurrenzproblem ist also Teil der Schutzbereichsprüfung. Erst im Anschluss daran stellt sich die Frage, ob die in Rede stehende staatliche Maßnahme die Grundfreiheitsbetätigung in Gestalt der in Rede stehenden Wirtschaftstätigkeit überhaupt beschränkt.

Teilweise ist das Verhältnis verschiedener Grundfreiheiten zueinander bereits vertraglich geregelt (vgl. Art. 57 Abs. 1 AEUV), teilweise schließen sie einander denklogisch aus.[1096] Dies trifft allerdings nicht auf das Verhältnis von Kapital- und Niederlassungsfreiheit zu.

1. Relevanz der Fragestellung

Das Konkurrenzverhältnis zwischen Niederlassungs- und Kapitalverkehrsfreiheit ist nicht nur auf dogmatischer Ebene, sondern auch im Ergebnis relevant. Während beide Grundfreiheiten unter Rechtfertigungsgesichtspunkten im Wesentlichen gleich strukturiert sind,[1097] divergieren sie auf Schutzbereichsebene erheblich. Die Kapitalverkehrsfreiheit schützt Kapitalverkehrsvorgänge unabhängig von Unionszugehörigkeit oder –ansässigkeit des Marktteilnehmers, während die Niederlassungsfreiheit nur zugunsten von (unionsansässigen) Unionsbürgern und Unionsgesellschaften eingreift. Bei Drittstaatensachverhalten findet die Niederlassungsfreiheit im Unterschied zur Kapitalverkehrsfreiheit also keine Anwendung. Direktinvestiven Beteiligungserwerben von Drittstaatenangehörigen bzw. aus Drittstaaten bliebe grundfreiheitlicher Schutz demzufolge verwehrt, wenn derartige Direktinvestitionen ausschließlich der Niederlassungsfreiheit unterfallen würden. Umgekehrt könnten die Beschränkung des persönlichen Anwendungsbereichs der Niederlas-

---

1095 Vgl. *Lübke*, Der Erwerb von Gesellschaftsanteilen, S. 215 f.; mit abweichender Differenzierung *Wojcik*, in: von der Groeben/Schwarze/Hatje, Europäisches Unionsrecht, Art. 63 AEUV Rn. 61.

1096 Bspw. die Arbeitnehmerfreizügigkeit als abhängige Erwerbstätigkeit und die Niederlassungsfreiheit als selbstständige Erwerbstätigkeit; bspw. die Dienstleistungsfreiheit als temporäre Erwerbstätigkeit in einem anderen Mitgliedstaat und die Niederlassungsfreiheit als dauerhafte Erwerbstätigkeit in einem anderen Mitgliedstaat.

1097 Vgl. *Kömpf*, Staatseinfluss auf die Volkswagen AG, S. 209; *Frenz*, Hdb EuropaR Grundfreiheiten, Rn. 3657; *Grundmann/Möslein*, BKR 2002, 758, 761.

sungsfreiheit auf unionsinterne Sachverhalte möglicherweise umgangen werden, wenn Niederlassungs- und Kapitalverkehrsfreiheit (auf Beteiligungserwerbe in Form von Direktinvestitionen) nebeneinander Anwendung fänden.

Entscheidungsrelevant ist die Konkurrenzfrage allerdings nur, wenn man der Niederlassungsfreiheit im Hinblick auf Anteilserwerbe in Form der Direktinvestition den Vorrang einräumen möchte. Ein Vorrang der Kapitalverkehrsfreiheit gegenüber der Niederlassungsfreiheit ist hingegen aufgrund ihres weitergefassten persönlichen Schutzbereichs für das Ergebnis einer Grundfreiheitsverletzung durch staatliche Entsendungsrechte irrelevant. Auf diese vereinzelt vertretene Ansicht[1098] wird deshalb im Folgenden nicht eingegangen.[1099]

2. Vorliegen einer Konkurrenzsituation

Das Konkurrenzproblem würde sich jedoch von vornherein nicht stellen, wenn die zu überprüfende nationale Maßnahme nicht nur einen, sondern mehrere verschiedene wirtschaftliche Sachverhalte bzw. Betätigungen betrifft. Wirkt sich dieselbe nationale Maßnahme nämlich auf verschiedene wirtschaftliche Sachverhalte aus, die wiederum verschiedenen Grundfreiheiten zuzuordnen sind, ist die Maßnahme an allen einschlägigen Grundfreiheiten zu prüfen. Erfasst die Maßnahme dagegen lediglich einen wirtschaftlichen Sachverhalt, der seinerseits mehreren Grundfreiheiten unterfällt, stellt sich die Frage, ob die betroffene wirtschaftliche Tätigkeit den Schutz mehrerer oder bloß einer Grundfreiheit genießt.[1100]

Im Rahmen dieser Arbeit wurde bisher der Erwerb von Gesellschaftsanteilen als von staatlichen Entsendungsrechten möglicherweise be-

---

[1098] Vgl. Nachweise bei *Lübke*, Der Erwerb von Gesellschaftsanteilen, S. 228 Fn. 146.

[1099] Zur überzeugenden Argumentation gegen einen Vorrang der Kapitalverkehrsfreiheit und für jedenfalls eine Anwendbarkeit der Niederlassungsfreiheit auf Direktinvestitionen siehe *Kleinschmit*, Volkswagengesetz, S. 51; *Lübke*, Der Erwerb von Gesellschaftsanteilen, S. 229 f.; zur Argumentation gegen eine generelle Exklusivität jeder einzelnen Grundfreiheit *Ohler*, Kapital- und Zahlungsverkehrsfreiheit, Art. 56 EGV Rn. 65 m.w.N.

[1100] *Streinz*, Europarecht, Rn. 957; *Lübke*, Der Erwerb von Gesellschaftsanteilen, S. 215; *Ohler*, WM 1996, 1801, 1802 f.; vgl. auch *GA La Pergola*, SchlAnt v. 24.6.1999 zu C-35/98, Slg. 2000, I-4071 Rn. 38 – Staatssecretaris van Financiën/B. G. M. Verkooijen; *Geurts*, IStR 2000, 572; abweichend *Haferkamp*, Kapitalverkehrsfreiheit, S. 190.

schränktes, grundfreiheitlich relevantes Verhalten identifiziert. Möglicherweise lässt sich der wirtschaftliche Sachverhalte „Erwerb von Gesellschaftsanteilen in Form von Direktinvestitionen" allerdings in mehrere wirtschaftliche Einzelsachverhalte unterteilen, die wiederum verschiedenen Grundfreiheiten unterfallen. So könnte argumentiert werden, dem Kapitalverkehr unterfiele der investitionsbedingte Kapitaltransfer als solcher, während die Niederlassungsfreiheit ausschließlich bei Ausübung der dadurch vermittelten unternehmerischen Einflussnahme eingreife. Dadurch würde jedoch ein einheitlicher wirtschaftlicher Vorgang künstlich in Einzelsachverhalte zerteilt.[1101] Zudem geht aus Art. 49 Abs. 2 AEUV hervor, dass auch die bloße Gründung von Unternehmen bereits vor Aufnahme der eigentlichen unternehmerischen Tätigkeit als Niederlassungsvorgang geschützt wird. Im Fall der Niederlassung durch qualifizierten Beteiligungserwerb ist bereits der Kapitaltransfer bzw. Anteilserwerb als solcher als „Gründungsakt" zu qualifizieren, so dass sich bereits der Beteiligungserwerb für sich genommen als Niederlassungstätigkeit darstellt. Selbst bei künstlicher Aufspaltung des Direktinvestitionsvorgangs würde also weiterhin derselbe (nunmehr verkürzte) wirtschaftliche Vorgang „Kapitaltransfer" sowohl von der Kapitalverkehrsfreiheit als auch von der Niederlassungsfreiheit erfasst werden.[1102] Ein Konkurrenzproblem stellt sich also in jedem Fall.

Im Folgenden wird deshalb untersucht, ob direktinvestive Beteiligungserwerbe gleichzeitig durch die Kapitalverkehrs- als auch durch die Niederlassungsfreiheit geschützt werden. Dazu werden zunächst die einschlägige Rechtsprechung des EuGH sowie deren Rezeption in der Literatur aufgegriffen, um anschließend mögliche Pro- und Contraargumente im Hinblick auf ein Parallelitätsverhältnis darzustellen und miteinander abzuwägen.

[1101] *Lübke*, Der Erwerb von Gesellschaftsanteilen, S. 230.

[1102] Vgl. *Ohler*, Kapital- und Zahlungsverkehrsfreiheit, Art. 56 EGV Rn. 113; *Lübke*, der Erwerb von Gesellschaftsanteilen, S. 230; *Demirakou*, Kapitalverkehrsfreiheit, S. 67.

3. Rechtsprechung des EuGH

a. Parallelität

In seiner Rechtsprechung – insbesondere auch zu „Goldenen Aktien“[1103] – tendiert der EuGH zu einem Parallelitätsverhältnis zwischen Niederlassungs- und Kapitalverkehrsfreiheit.[1104] Ausdrücklich bezieht er jedoch keine Position. Vereinzelt stellt er sowohl einen Verstoß gegen die Kapitalverkehrs- als auch gegen die Niederlassungsfreiheit fest.[1105] Teilweise verzichtet er ohne weitere Begründung nach der Feststellung eines Verstoßes gegen eine von beiden Grundfreiheiten auf eine Überprüfung der fraglichen Maßnahme anhand der anderen vorgebrachten Grundfreiheit.[1106] An anderer Stelle verweist der Gerichtshof darauf, dass Beschränkungen der Niederlassungsfreiheit nur unmittelbare Folge

---

1103 Vgl. unten Fn. 1107.

1104 So den EuGH deutend *GA Alber*, SchlAnt v. 14.10.1999 zu C-251/98, Slg. 2000, I-2787 Rn. 22, 11 ff., siehe auch Rn. 50 a.E. – C. Baars/Inspecteur der Belastingen Particulieren/Ondernemingen Gorinchem; so für „ältere“ Rechtsprechung *Ress/Ukrow*, in: Grabitz/Hilf/Nettesheim, Das Recht der Europäischen Union, Art. 63 Rn. 306; *Schürmann*, in: Lenz/Borchardt, EU-Verträge, Art. 63 AEUV Rn. 12; *Bröhmer*, in: Calliess/Ruffert, EUV/AEUV, Art. 63 AEUV Rn. 27; *Sedlaczek/Züger*, in: Streinz, EUV/AEUV, Art. 63 AEUV Rn. 33; *Ohler*, Kapital- und Zahlungsverkehrsfreiheit, Art. 56 EGV Rn. 111; *Frenz*, Hdb EuropaR Grundfreiheiten, Rn. 3646 ff.; *Haferkamp*, Kapitalverkehrsfreiheit, S. 183 ff.; *Lübke*, Der Erwerb von Gesellschaftsanteilen, S. 218, 220, 225 f.; *Kömpf*, Staatseinfluss auf die Volkswagen AG, S. 208 f.; *Demirakou*, Kapitalverkehrsfreiheit, S. 182; *Kleinschmit*, Volkswagengesetz, S. 50; *Schön*, in: FS Wassermeyer (2005), S. 489, 499 f.; *Rühland*, in: Perspektiven des Wirtschaftsrechts, S. 501, 505 f.; *Kainer*, ZHR 168 (2004), 542, 554; *Ruge*, EuZW 2002, 421, 422; *Nohlen/Repasi*, EWS 2008, 424 a.E.; kritisch *Haslehner*, IStR 2008, 565, 569 ff.

1105 EuGH v. 23.5.2000 – C-58/99, Slg. 2000, I-3811 Rn. 20 – Kommission/Italienische Republik.

1106 EuGH v. 8.3.2001 – C-397/98, C-410/98, Slg. 2001, I- 1727 Rn. 75 – Metallgesellschaft Ltd u.a., Hoechst AG u.a./Commissioners of Inland Revenue u. HM Attorney General (Besteuerung Konzern, primär Prüfung anhand von Art. 49 AEUV); v. 13.4.2000 – C-251/98, Slg. 2000, I- 2787 Rn. 20 f., 41 f. – C. Baars/Inspecteur der Belastingen Particulieren/Ondernemingen Gorinchem (Besteuerung Konzern, primär Prüfung anhand von Art. 49 AEUV) sowie zu dieser Rechtssache *GA Alber*, SchlAnt v. 14.10.1999 Rn. 50 (ausdrücklich für Parallelität von Art. 49 u. Art. 63 AEUV, weil ansonsten ein Mehr an Beteiligung ein Weniger an grundfreiheitlichem Schutz bedeuten würde); EuGH v. 18.11.1999 – C-200/98, Slg. 1999, I-8261 Rn. 26, 30 – X AB u.Y AB/Riksskatteverket (Besteuerung Konzern, primär Prüfung anhand von Art. 49 AEUV); v. 1.6.1999 – C-302/97, Slg. 1999, I-3099 Rn. 22 – Klaus Konle/Republik Österreich (Grundstückserwerb; primär Prüfung anhand von Art. 63 AEUV).

von Beschränkungen des freien Kapitalverkehrs seien, mit denen sie untrennbar verbunden seien. Die fragliche Maßnahme brauche also nicht gesondert im Lichte der Niederlassungsfreiheit überprüft zu werden.[1107] Eine Überprüfung beider Grundfreiheiten unterbleibt auch mit dem Verweis darauf, dass eine mögliche Beschränkung der Niederlassungsfreiheit aus den gleichen Gründen wie die bereits überprüfte Beschränkung der Kapitalverkehrsfreiheit gerechtfertigt sei.[1108] Der Gerichtshof nimmt also stets nur Bezug darauf, ob eine Anwendung bzw. Überprüfung anhand der anderen Grundfreiheit erforderlich ist. Zur (parallelen) Anwendbarkeit des Schutzbereichs beider Grundfreiheiten äußert er sich hingegen nicht ausdrücklich. Aus der Vorgehensweise des Gerichtshofs lässt sich jedoch schließen, dass der EuGH Niederlassungs- und Kapitalverkehrsfreiheit dem Grunde nach nebeneinander anwendet bzw. im Hinblick auf ihren Schutzbereich beide nebeneinander für einschlägig hält. Im Einzelfall erachtet er eine Überprüfung der fraglichen Maßnahme anhand beider Grundfreiheit aber nicht als ergebnisrelevant, gerade weil beide Grundfreiheitsprüfungen gleich verlaufen würden. Er wendet mithin beide Grundfreiheiten parallel an.

Die Rechtsprechung des EuGH spricht deshalb dafür, Beteiligungserwerben in Form von Direktinvestitionen sowohl Kapitalverkehrs- als auch Niederlassungsschutz zukommen zu lassen und staatliche Entsendungsrechte deshalb als potenzielle Anteilserwerbsbeeinträchtigung an beiden Grundfreiheiten zu messen.

1107 EuGH v. 11.11.2010 – C-543/08, Slg. 2010, I-11241 Rn. 99 – Kommission/Portugiesische Republik; v. 13.5.2003 – C-463/00, Slg. 2003, I-4581 Rn. 85 f. – Kommission/Königreich Spanien; v. 13.5.2003 – C-98/01, Slg. 2003, I- 4641 Rn. 51 f. – Kommission/Vereinigtes Königreich Großbritannien und Nordirland; v. 4.6.2002 – C-367/98, Slg. 2002, I-4731 Rn. 55 f. – Kommission/Portugiesische Republik; v. 4.6.2002 – C-483/99, Slg. 2002, I-4781 Rn. 55 f. – Kommission/Französische Republik; anders hingegen *GA Colomer*, verbSchlAnt v. 6.2.2003 zu C-463/00, C-98/01, Slg. 2003, I-4581 Rn. 36 – Kommission/Königreich Spanien, Vereinigtes Königreich Grossbritannien und Nordirland (Mitgliedstaaten wollten durch „Goldene Aktien“ stets die Willensbildung der Gesellschafter kontrollieren; dieser Aspekt habe wenig bzw. nur hypothetisch mit Kapitalverkehr zu tun, sondern mit der Niederlassungsfreiheit).

1108 EuGH v. 4.6.2002 – C-503/99, Slg. 2002, I-4809 Rn. 58 f – Kommission/Königreich Belgien.

b. Partielle Exklusivität

Einige Autoren interpretieren die (neuere)[1109] Rechtsprechung des Gerichtshofs jedoch in eine andere Richtung. Sie gehen davon aus, *Direktinvestitionen durch Beteiligungserwerb unterfielen* nach ständiger Rechtsprechung des EuGH ausschließlich dem *Schutzbereich* der Niederlassungsfreiheit.[1110] Andere grenzüberschreitende Marktvorgänge könnten jedoch weiterhin beiden Grundfreiheiten zuzuorden sein.[1111] Zur Begründung verweisen sie auf Entscheidungen, in denen der EuGH konstatiert, dass

> „nach ständiger Rechtsprechung in den sachlichen Geltungsbereich der Bestimmungen des EG-Vertrags[1112] über die Niederlassungsfreiheit nationale Vorschriften [fallen], die anzuwenden sind, wenn ein Angehöriger des betreffenden Mitgliedstaats am Kapital einer Gesellschaft mit Sitz in einem anderen Mitgliedstaat eine Beteiligung hält, die es ihm ermöglicht, einen bestimmenden Einfluss auf die Entscheidungen dieser Gesellschaft auszuüben und deren Tätigkeiten zu bestimmen“[1113]

[1109] Vgl. *Sedlaczek/Züger*, in: Streinz, EUV/AEUV, Art. 63 AEUV Rn. 33; *Schürmann*, in: Lenz/Borchardt, EU-Verträge, Art. 63 AEUV Rn. 14.

[1110] *Bröhmer*, in: Calliess/Ruffert, EUV/AEUV, Art. 63 AEUV Rn. 29; *Ress/Ukrow*, in: Grabitz/Hilf/Nettesheim, Das Recht der EU, Art. 63 AEUV Rn. 313, 317; *Tietje*, in: Ehlers, Europäische Grundrechte und Grundfreiheiten, § 10 Rn. 33 (auf grenzüberschreitende Unternehmensbeteiligungen mit sicherem Einfluss findet ausschließlich die Niederlassungsfreiheit Anwendung); wohl auch *Sedlaczek/Züger*, in: Streinz, EUV/AEUV, Art. 63 AEUV Rn. 33, 35 a.E. (Kapitalverkehrsfreiheit verliert ihre „Schutzwirkung“); *Streinz*, Europarecht, Rn. 958; wohl auch *Wojcik*, in: von der Groeben/Schwarze/Hatje, Europäisches Unionsrecht, Art. 63 AEUV Rn. 65 f. (parallele Eröffnung beider Schutzbereiche bzw. bei Direktinvestitionen Zurücktreten der Kapitalverkehrsfreiheit); *Kainer*, Unternehmensübernahmen, S.63 ff. (demzufolge der Gerichtshof auf den Zweck des grundfreiheitsrelevanten Verhaltens ergo der getätigten Kapitalbewegung abstellt); *v. Wilmowsky*, in: Ehlers, Europäische Grundrechte und Grundfreiheiten, § 12 Rn. 52; anders *Schürmann*, in: Lenz/Borchardt, EU-Verträge, Art. 63 AEUV Rn. 14 ff. (der korrekterweise durchgängig davon spricht, dass der EuGH die „in Prüfung stehende nationale Regelung“ einer Grundfreiheit zuordnet); ähnlich auch *Zorn*, in: FS Nolz (2008), S. 211, 214 (der von einem „Ausschluss des Anwendungsbereichs der Kapitalverkehrsfreiheit durch den Vorrang der Niederlassungsfreiheit“ spricht); für Exklusivität, allerdings ohne Bezug zur EuGH-Rechtsprechung auch *Ohler*, WM 1996, 1801, 1804.

[1111] *Bröhmer*, in: Calliess/Ruffert, EUV/AEUV, Art. 63 AEUV Rn. 29.

[1112] Nun AEUV.

[1113] EuGH v. 18.6.2009 – C-303/07, Slg. 2009, I-5145 Rn. 34 – Aberdeen Property Fininvest Alpha Oy; v. 22.12.2008 – C-282/07, Slg. 2008, I-10767 Rn. 25 – Belgischer Staat - SPF Finances/Truck Center SA; v. 6.12.2007 – C-298/05, Slg. 2007, I-10451 Rn. 29 – Columbus Container Services BVBA &

bzw. auf die Feststellung des Gerichtshofs, dass

„eine nationale Regelung, die nur auf Beteiligungen anwendbar ist, die es ermöglichen, einen sicheren Einfluss auf die Entscheidungen einer Gesellschaft auszuüben und deren Tätigkeiten zu bestimmen, in den Anwendungsbereich von Art. 49 AEUV über die Niederlassungsfreiheit [fällt]“[1114].

Den Vertretern einer partiellen Exklusivität zufolge betont der Gerichtshof, dass

„nach nunmehr gefestigter Rechtsprechung für die Feststellung, ob eine nationale Regelung unter die eine [Art. 49 AEUV] oder unter die andere [Art. 63 AEUV] Verkehrsfreiheit fällt, auf den Gegenstand der betreffenden Regelung abzustellen“ [1115]

sei. In der zitierten Rechtsprechung werde also zwischen unmittelbar und mittelbar die Direktinvestition betreffenden Maßnahmen unterschieden. Nationale Maßnahmen, die unmittelbar und ausschließlich Direktinvestitionen beschränkten, unterfielen danach ausschließlich der Niederlassungsfreiheit. Direktinvestitionen würden also nicht durch die Kapitalverkehrsfreiheit geschützt.[1116]

Co./Finanzamt Bielefeld-Innenstadt; v. 13.3.2007 – C-524/04, Slg. 2007, I-2107 Rn. 27 – Test Claimants in the Thin Cap Group Litigation/Commissioners of Inland Revenue; ebenso v. 12.9.2006 – C-196/04, Slg. 2006, I-7995 Rn. 31 – Cadbury Schweppes plc u. a./Commissioners of Inland Revenue.

[1114] EuGH v. 13.11.2012 – C-35/11, DStRE 2013, 596 Rn. 91 – Test Claimants in the FII Group Litigation/Commissioners of Inland Revenue; i.E. auch v. 13.3.2007 – C-524/04, Slg. 2007, I-2107 Rn. 31 – Test Claimants in the Thin Cap Group Litigation/Commissioners of Inland Revenue.

[1115] EuGH v. 19. 7. 2012 – C-31/11, NZG 2012, 1117 Rn. 20 – Marianne Scheunemann/Finanzamt Bremerhaven; siehe auch EuGH v. 15.9.2011 – C-132/10, Slg. 2011, I-8353 Rn. 17 – Olivier Halley u.a./Belgischer Staat; v. 10.2.2011 – C-436/08, C-437/08, Slg. 2011, I-305 Rn. 34 – Haribo Lakritzen Hans Riegel BetriebsgmbH u. Österreichische Salinen AG/Finanzamt Linz; v. 17.9.2009 – C-182/08, Slg. 2009, I-8591 Rn. 36 – Glaxo Wellcome GmbH & Co. KG/Finanzamt München II; v. 24.5.2007 – C-157/05, Slg. 2007, I-4051 Rn. 22 – Winfried L. Holböck/Finanzamt Salzburg-Land.

[1116] Vgl. *GA Alber*, SchlAnt v. 14.10.1999 zu C-251/98, Slg. 2000, I-2787 Rn. 26 – C. Baars/Inspecteur der Belastingen Particulieren/Ondernemingen Gorinchem; *GA Colomer*, SchlA zu C-326/07, Slg. 2009, I-2291 Rn. 44 ff. – Komission/Italienische Republik; *Sedlaczek/Züger*, in: Streinz, EUV/AEUV, Art. 63 AEUV Rn. 34; *Ress/Ukrow*, in: Grabitz/Hilf/Nettesheim, Das Recht der EU, Art. 63 Rn. 313, 317; *Tiedje*, in: von der Groeben/Schwarze/Hatje, Europäisches Unionsrecht, Art. 49 AEUV Rn. 25, siehe auch Rn. 34 f.; *Müller-Graff*, in: Streinz, EUV/AEUV, Art. 49 AEUV Rn. 117; *Geurts*, IStR 2000, 572, 573 f.; *Hindelang*, IStR 2013, 77, 79 f.; *Freitag*, EWS 1997, 186, 190 f. (allerdings ohne Bezug zur Rechtsprechung); wohl auch *Müller-Graff*, in: FS Ulmer (2003), S. 929,

Die zitierten Entscheidungen des Gerichtshofs werden jedoch fehlinterpretiert.[1117] In den genannten Passagen trifft der EuGH keine Aussage dazu, ob das betroffene Marktverhalten – also grenzüberschreitender Beteiligungserwerb in Form von Direktinvestitionen – (ausschließlich) der Niederlassungsfreiheit unterfällt. Der Gerichtshof setzt sich nicht mit der Zuordnung von Direktinvestitionen zum Schutzbereich der Kapitalverkehrs- oder der Niederlassungsfreiheit auseinander, sondern mit der Zuordnung der in Rede stehenden Beschränkung in Form einer nationalen Maßnahme zu einer der beiden Grundfreiheiten. In den von der Literatur herangezogenen Passagen wird lediglich erläutert, welche der einschlägigen Grundfreiheiten durch die zu überprüfende *nationale Maßnahme tatsächlich beschränkt wird*, weil die staatliche Maßnahme eine Beschränkung i.S.d. Verträge darstellt. Die Anwendbarkeit der Grundfreiheiten i.S. einer Schutzbereichseröffnung zugunsten des betroffenen Marktverhaltens ist hingegen nicht Gegenstand der Auseinandersetzungen. Der Gerichtshof nimmt hier i.E. eine Modifikation des Beschränkungsbegriffs vor, indem er dargelegt, wann welche Grundfreiheit auf eine Beschränkung Anwendung findet. Zur parallelen oder exklusiven Anwendbarkeit des Schutzbereichs von Kapitalverkehrs- und Niederlassungsfreiheit auf direktinvestive Beteiligungserwerbe und damit zur Konkurrenzsituation beider Grundfreiheiten auf Schutzbereichsebene äußert er sich gerade nicht.[1118]

Gegen die in der Literatur vorgebrachte Interpretation spricht zudem, dass der Gerichtshof in den zitierten Entscheidungen nach wie vor erwähnt, dass

> „[beschränkende Auswirkungen auf die Kapitalverkehrsfreiheit] die unvermeidliche Konsequenz einer eventuellen Beschränkung der Niederlassungsfreiheit [seien] und

---

935 f.; vgl. auch *Nohlen/Repasi*, EWS 2008, 424 f.; *Ohler*, WM 1996, 1801, 1804, anders jetzt *Ohler*, Kapitalverkehrs- und Zahlungsfreiheit, Art. 56 EGV Rn. 114; siehe auch *GA Tesauro*, SchlAnt v. 23.9.1997 zu C-118/96, Slg. 1997, I-1899, Rn. 8 ff., 17 (zur Abgrenzung von Dienstleistungs- und Kapitalverkehrsfreiheit).

[1117] Die gewählten Formulierung (vgl. vorgehende Fn.) sind in sich jedoch nicht immer schlüssig: Mal wird fälschlicherweise auf den Schutz(bereich) der Grundfreiheit, mal korrekterweise auf den Prüfungsmaßstab im Hinblick auf die staatliche Maßnahme Bezug genommen. Gemein ist den Autoren jedoch, dass sie die EuGH-Rechtsprechung fälschlicherweise auf Ebene der Grundfreiheitenkonkurrenz und nicht bei der Definition des Beschränkungsbegriffs verorten.

[1118] Vgl. *Lübke*, Der Erwerb von Gesellschaftsanteilen, S. 227 a.E.

(...) jedenfalls keine eigenständige Prüfung der genannten Rechtsvorschriften im Hinblick auf (...) Art. 56 EG [rechtfertigten]".[1119]

Die zur Überprüfung stehende staatliche Maßnahme betrifft also weiterhin ein Marktverhalten, was nach Ansicht des Gerichtshofs dem Grunde nach sowohl Kapitalverkehr als auch Niederlassung ist.

Die genannten Enscheidungen sind daher ein weiterer Beleg dafür, dass der Gerichtshof inzident von einer parallelen Anwendbarkeit der Schutzbereiche von Niederlassungs- und Kapialverkehrsfreiheit ausgeht.[1120] Ohne es audrücklich zu benennen, subsumiert der EuGH das vorgebrachte Marktverhalten unter beide Grundfreiheiten. Aufgrund der Wirkungsweise der staatlichen Maßnahme hält er jedoch i.E. eine weitere Überprüfung nur anhand einer der beiden eröffneten Grundfreiheiten für erforderlich bzw. nur eine der beiden eröffneten Grundfreiheiten für beschränkt. Mit der Unterteilung staatlicher Maßnahmen in solche mit unmittelbarer und solche mit bloß mittelbarer Wirkung auf das geschützte Marktverhalten trägt der Gerichtshof also nicht zur Problematik der Schutzbereichskonkurrenz bei. Er modifiziert vielmehr den Beschränkungsbegriff, indem er nationale Maßnahmen in unmittelbar und mittelbar beeinträchtigende unterteilt und nur bei ersteren eine überprüfungswürdige Beschränkung bejaht.

c. Ergebnis

Der Rechtsprechung des EuGH ist (weiterhin) zu entnehmen, dass der Gerichtshof implizit eine umfassende parallele Anwendbarkeit der Schutzbereiche von Niederlassungs- und Kapitalverkehrsfreiheit bejaht.[1121] Das in der genannten Rechtsprechung entwickelte Unmittelbarkeitskriterium bewirkt eine Modifikation des Beschränkungsbegriffs,[1122]

[1119] EuGH v. 12.9.2006 – C-196/04, Slg. 2006, I-7995 Rn. 33 – Cadbury Schweppes plc u. a./Commissioners of Inland Revenue; i.E. ebenso v. 18.6.2009 – C-303/07, Slg. 2009, I-5145 Rn. 35 – Aberdeen Property Fininvest Alpha Oy; v. 13.3.2007 – C-524/04, Slg. 2007, I-2107 Rn. 34 – Test Claimants in the Thin Cap Group Litigation/Commissioners of Inland Revenue; in diesem Sinne auch v. 17.9.2009 – C-182/08, Slg. 2009, I-8591 Rn. 51 – Glaxo Wellcome GmbH & Co. KG/Finanzamt München II.

[1120] Vgl. auch EuGH v. 23.10.2007 – C-112/05, Slg. 2007, I-8995 Rn. 54 ff. – Kommission/Bundesrepublik Deutschland (der Gerichtshof prüft Direktinvestitionsbeschränkungen anhand von Art. 63 AEUV).

[1121] So i.E. auch *Demirakou*, Kapitalverkehrsfreiheit, S. 66 Fn. 256.

[1122] Dazu siehe unten unter B. III. 7.

taugt aber nicht als Beweis für ein partielles Exklusivitätsverhältnis von Kapitalverkehrs- und Niederlassungsfreiheit im Hinblick auf Anteilserwerbe in Form von Direktinvestitionen. Abweichende Interpretationsansätze in der Literatur vermengen fälschlicherweise Schutzbereich und Beschränkung desselben.[1123] Deshalb gelangen sie zu dem Trugschluss, der Gerichtshof unterstelle direktinvestive Beteiligungserwerbe ausschließlich dem Schutzbereich der Niederlassungsfreiheit. Richtigerweise handelt es sich bei derartigen Direktinvestitionen um einen wirtschaftlichen Vorgang, der sowohl kapitalverkehrsspezifische als auch niederlassungsspezifische Elemente aufweist und deshalb sowohl durch die Niederlassungsfreiheit als auch durch die Kapitalverkehrsfreiheit geschützt wird.

4. Vermeidung ungewollter Drittstaatlerbegünstigung

Gegen eine kumulative Anwendung von Niederlassungs- und Kapitalverkehrsfreiheit auf Beteiligungserwerbe in Form von Direktinvestitionen kann auch nicht eingewendet werden, anderenfalls würde Drittstaatenangehörigen über den Umweg der Kapitalverkehrsfreiheit und damit entgegen dem Willen der Vertragsparteien faktisch die freie Niederlassung im Unionsgebiet garantiert. Dieser Argumentationslinie ist zuzugeben, dass die Unionsverträge Drittstaatenangehörige nur ausnahmsweise und ausschließlich bei Kapitalverkehrsvorgängen schützen und es den Mitgliedstaaten deshalb nicht benommen sein darf, die Niederlassung von Dirttstaatenangehörigen auf ihrem Hoheitsgebiet ohne Bindung an grundfreiheitliche Vorgaben zu regeln. Diesem berechtigten[1124] Anliegen kann allerdings hinreichend durch eine Korrektur des Beschränkungsbegriffs genügt werden.[1125] Im weiteren Verlauf der Prüfung wird sich zeigen, dass die Mitgliedstaaten unter Anwendung eines wohlverstandenen Beschränkungsbegriffs weiterhin die Möglichkeit haben, niederlassungs-

---

[1123] Vgl. auch *Müller-Graff*, in: FS Ulmer (2003), S. 929, 935 (der von der Anwendbarkeit der Kapitalverkehrs- bzw. Niederlassungsfreiheit auf die staatliche Regelung anstatt auf das staatliche gereglete Verhalten spricht).

[1124] *Schürmann*, in: Lenz/Borchardt, EU-Verträge, Art. 63 AEUV Rn. 15 a.E.; *Zorn*, IStR 2010, 190, 194; a.A. *Pießkalla*, EuZW 2009, 458, 464; *Ders.*, Goldene Aktien, S. 60 f. wohl auch *Hindelang*, IStR 2013, 77, 80.

[1125] Vgl. *Kainer*, ZHR 168 (2004), 542, 553 Fn. 56.

spezifische Maßnahme gegenüber Drittstaatlern ohne grundfreiheitlichen Rechtfertigungszwang zu ergreifen.[1126]

5. Ratio der Grundfreiheiten

Für eine parallele Anwendbarkeit beider Schutzbereiche spricht auch die Ratio der Grundfreiheiten. Grundfreiheiten dienen dazu, das allgemeine Wohl in der Union zu steigern, indem den Binnenmarktteilnehmern größtmögliche ökonomische Freiheit gewährt und dadurch eine möglichst effiziente Allokation von Wirtschaftsfaktoren auf dem Binnenmarkt ermöglicht wird. Zur Umsetzung dieses Ziels ist die ungehinderte Mobilität aller Wirtschaftsfaktoren erforderlich; keinem Faktor kommt dabei eine Vorrangstellung zu. Jede wirtschaftliche Betätigung bzw. jede grenzüberschreitende Faktorverbringung wird mithin umfassend geschützt.[1127] Dieser Zielsetzung würde es zuwiderlaufen, wenn Direktinvestitionen ausschließlich der Niederlassungsfreiheit unterfielen.

6. Widerspruch zur Kapitalverkehrsrichtlinie

Dieser Befund wird gestützt durch die Nomenklatur und Begriffsbestimmung in Anhang I der Kapitalverkehrsrichtlinie 88/361/EWG. Dort werden Direktinvestitionen in Form des Anteilserwerbs bzw. Anteilsbesitzes explizit als Kapitalverkehr definiert.[1128] Zwar ergibt sich aus dieser sekundärrechtlichen Definition kein zwingender Rückschluss auf den Inhalt primärrechtlicher Regelungen.[1129] Zudem kam der Kapitalverkehrsfreiheit zum Zeitpunkt des Richtlinienerlasses noch keine unmittelbar subjektive Wirkung zu. Es ließe sich deshalb argumentieren, dass die Definitionen der Richtlinie nicht unbesehen auch für den erweiterten Anwendungsbereich der Kapitalverkehrsfreiheit Geltung beanspruchen können. Allerdings stellen sie immerhin ein Indiz dar.[1130]

1126 Siehe unten unter B III 8.

1127 *Pießkalla*, Goldene Aktien, S. 60; vgl. *Schön*, in: FS Wassermeyer (2005), S. 489, 499; *Haferkamp*, Kapitalverkehrsfreiheit, S. 197 f.; a.A. *Weber* EuZW 1992, 561, 564.

1128 Siehe Abs. I Nr. 3 der Nomenklatur sowie die Begriffsbestimmung zu „Direktinvestitionen“ in Anhang I der RL 88/361/EWG, ABl. 1988 Nr. L 178/5, 178/8, 178/11.

1129 *Ohler*, WM 1996, 1801, 1804; *Freitag*, EWS 1997, 186, 190.

1130 *Schön*, in: GS Knobbe-Keuk (1997), S. 743, 747; *Lübke*, Der Erwerb von Gesellschaftsanteilen, S. 230; *Haferkamp*, Kapitalverkehrsfreiheit, S. 195.

7. Wechselseitige Vorbehaltsklauseln

Auch die wechselseitigen Vorbehaltsklasuseln gem. Art. 49 Abs. 2 AEUV und Art. 65 Abs. 2 AEUV sprechen nicht gegen, sondern vielmehr für eine parallele Anwendbarkeit.[1131] Art. 49 Abs. 2 AEUV formuliert: „Vorbehaltlich des Kapitels über den Kapitalverkehr umfasst die Niederlassungsfreiheit (...)". Art. 65 Abs. 2 AEUV regelt: „Dieses Kapitel[1132] berührt nicht die Anwendbarkeit von Beschränkungen des Niederlassungsrechts, die mit den Verträgen vereinbar sind."

Art. 65 Abs. 2 AEUV beinhaltet also einen Rechtfertigungsvorbehalt: Beschränkungen des Kapitalverkehrs sind gerechtfertigt, wenn sie die Niederlassungsfreiheit zulässigerweise beschränken.[1133] Dies setzt jedoch denklogisch voraus, dass das beschränkte Marktverhalten bereits tatbestandlich auf der Ebene des Schutzbereichs sowohl der Niederlassungs- als auch der Kapitalverkehrsfreiheit unterfällt.[1134]

Der Regelungsgehalt des Art. 49 Abs. 2 AEUV lässt sich hingegen nicht schon aufgrund seiner Formulierung auf der Rechtfertigungsebene verorten. Die Norm regelt dem Wortlaut zufolge, was die Niederlassungsfreiheit „umfasst". Damit kann einerseits die Schutzbereichsebene als solche,[1135] andererseits der Gesamtgrundfreiheitstatbestand bestehend aus Schutzbereichs-, Beschränkungs- und Rechtfertigungsebene insge-

---

[1131] *Sedlaczek/Züger*, in: Streinz, EUV/AEUV, Art. 63 AEUV Rn. 32; *Lübke*, Der Erwerb von Gesellschaftsanteilen, S. 231 ff., 452; *Schön*, in: GS Knobbe-Keuk (1997), S. 743, 749 f.; zur weiteren Argumentation für eine paralle Anwendbarkeit mit Blick auf Art. 64 Abs. 1 AEUV siehe *Ohler*, Kapital- und Zahlungsverkehrsfreiheit, Art. 56 EGV Rn. 116; *Haferkamp*, Kapitalverkehrsfreiheit, S. 195; *Lübke*, Der Erwerb von Gesellschaftsanteilen, S. 230 f.

[1132] Also Kapitel 4 – Der Kapital- und Zahlungsverkehr (Art. 63 - 66).

[1133] *Sedlaczek/Züger*, in: Streinz, EUV/AEUV, Art. 63 AEUV Rn. 32; *Roth*, in: Dauses, Hdb EU-Wirtschaftsrecht, E. I. Rn. 12; *Haferkamp*, Kapitalverkehrsfreiheit, S. 194; *Schön*, in: FS Wassermeyer (2005), S. 489, 500; *Haslehner*, IStR 2008, 565, 568 m.w.N. in Fn. 34; *Weber*, EuZW 1992, 561, 565; wohl auch *Müller-Graff*, in: FS Ulmer (2003), S. 929, 933 f.; a.A. *GA Alber*, SchlAnt v. 14.10.1999 zu C-251/98, Slg. 2000, I-2787 Rn. 25 – C. Baars/Inspecteur der Belastingen Particulieren/Ondernemingen Gorinchem (der den Anwendungsbreich der Vorbehaltsklausel wohl auf Ebene der Beschränkung verortet).

[1134] *Ohler*, Kapital- und Zahlungsverkehrsfreiheit, Art. 56 EGV Rn. 118; *Lübke*, Der Erwerb von Gesellschaftsanteilen, S. 231; vgl. auch *Rohde*, Freier Kapitalverkehr, S. 92 f.

[1135] In diesem Sinn *Tiedje*, in: von der Groeben/Schwarze/Hatje, Europäisches Unionsrecht, Art. 49 AEUV Rn. 23; ebenso *Mülbert*, WM 2001, 2085, 2089.

samt gemeint sein. Bei dem erstgenannten Verständnis könnten Kapitalverkehrsvorgänge wie bspw. Direktinvestitionen durch Anteilserwerb nie der Niederlassungsfreiheit unterfallen, da sie jedenfalls auch immer einen Kapitalverkehrsvorgang darstellen. Aus einer systematischen Zusammenschau mit Art. 65 Abs. 2 AEUV folgt jedoch, dass auch die Vorbehaltsklausel des Art. 49 Abs. 2 AEUV eine Harmonisierung der Rechtfertigungsgründe von Niederlassungs- und Kapitalverkehrsfreiheit bewirkt. Würde man der Vorbehaltsklausel bereits auf Schutzbereichsebene Bedeutung zumessen, würde der zeitlich spätere[1136] Art. 65 Abs. 2 AEUV jeglichen Anwendungsbereich verlieren. [1137] Kapitalverkehrsvorgänge wären aufgrund der tatbestandlichen Vorbehaltsklausel der Niederlassungsfreiheit zugunsten des Kapitalverkehrs nie gleichzeitig auch als Niederlassungsvorgang zu qualifizieren, so dass auf Rechtfertigungsebene gar kein Harmonisierungbedürfnis bestände. Der Vorbehalt des Art. 49 Abs. 2 AEUV kann sich deshalb bereits aus systematischen Gründen nicht auf die Reichweite des Schutzbereichs der Niederlassungsfreiheit beziehen.[1138] Vielmehr ist zu konstatieren, dass mit der (älteren) niederlassungsrechtlichen Vorbehaltsregelung vor der umfangreichen Liberalisierung des Kapitalverkehrs[1139] sichergestellt werden sollte, dass erlaubte Beschränkungen des ohne unmittelbar subjektive Wirkung ausgestatteten Kapitalverkehrs nicht wegen gleichzeitiger Beschränkung der unmittelbar subjektiv priviligierenden Niederlassungsfreiheit beseitigt werden müssen.[1140]

[1136] Art. 65 Abs. 2 AEUV bzw. seine Vorgängernorm Art. 58 Abs. 2 EGV (Amsterdam), der wiederum auf Art. 73d Abs. 2 EGV basiert, trat erstmal mit dem Vertrag von Maastrich mit Wirkung zum 1.11.1993 in Kraft. Die Regelung des Art. 49 Abs. 2 AEUV kann hingegen bis zu den Gründungsverträgen nachverfolgt werden (vgl. Art. 43 Abs. 2 EGV (Amsterdam), Art. 52 Abs. 2 EGV, Art. 52 Abs. 2 EWG).

[1137] Vgl. *Kleinschmit*, Volkswagengesetz, S. 51; *Haferkamp*, Kapitalverkehrsfreiheit, S. 193 f.; *Freitag*, EWS 1997, 186, 190.

[1138] *Lübke*, Der Erwerb von Gesellschaftsanteilen, S. 232, 452; i.E. auch *Demirakou*, Kapitalverkehrsfreiheit, S. 68 f.; a.A. i.E. *Tiedje*, in: von der Groeben/Schwarze/Hatje, Europäisches Unionsrecht, Art. 49 AEUV Rn. 23; *Geurts*, IStR 2000, 572; *Ohler*, WM 1996, 1801, 1802.

[1139] Vgl. oben unter B. I. 4. b. (2) Fn. 1011.

[1140] *Sedlaczek/Züger*, in: Streinz, EUV/AEUV, Art. 63 AEUV Rn. 32; *Müller-Graff*, in: Streinz, EUV/AEUV, Art. 49 AEUV Rn. 117 a.E.; *Pießkalla*, Goldene Aktien, S. 242; *Kömpf*, Staatseinfluss auf die Volkswagen AG, S. 209 f.; *Demirakou*, Kapitalverkehrsfreiheit, S. 68 f.; *Haferkamp*, Kapitalverkehrsfreiheit, S. 194; *Oliver*, ELRev 9 (1984), 401, 418; vgl. auch *Freitag*, EWS 1997, 186, 190; a.A. *GA Alber*, SchlAnt v. 14.10.1999 zu C-251/98, Slg. 2000, I-2787 Rn. 24 – C.

Die gegenseitigen Vorbehalte von Kapitalverkehrs- und Niederlassungsfreiheit dienen also der beiderseitigen Harmonisierung auf Rechtfertigungsebene[1141] und sprechen damit inzident für eine parallele Anwendbarkeit beider Grundfreiheiten.

8. Ergebnis

Die Schutzbereiche von Niederlassung- und Kapitalverkehrsfreiheit können nebeneinander eröffnet sein,[1142] wenn sich das potenziell beschränkte Marktverhalten sowohl als Niederlassungs- als auch als Kapitalverkehrsvorgang darstellt. Dafür spricht vor allem eine systematische Auslegung beider Grundfreiheiten unter Berücksichtigung ihrer jeweiligen Vorbehaltsklauseln. Dieses Ergebnis wird entgegen anders lautenden Stimmen im Schirfttum auch durch die Rechtsprechung des EuGH bestätigt. Beteiligungserwerbe in Form von Direktinvestitionen werden deshalb sowohl durch die Niederlassungs- als auch durch die Kapitalverkehrsfreiheit geschützt. Infolgedessen genießen auch Direktinvestitionen mit drittstaatlicher Auslandsberührung grundsätzlich grundfreiheitlichen Schutz. Staatliche Entsendungsrechte betreffen mithin ein wirtschaftliches Verhalten, welches sowohl durch die Kapitalverkehrs- als auch durch die Niederlassungsfreiheit geschützt wird.

Baars/Inspecteur der Belastingen Particulieren/Ondernemingen Gorinchem (der den Anwendungsbreich der Vorbehaltsklausel wohl auf Ebene des Schutzbereichs verortet).

[1141] Vgl. *Müller-Graff*, in: Streinz, EUV/AEUV, Art. 49 AEUV Rn. 118; *Frenz*, Hdb EuropaR Grundfreiheiten, Rn. 3660; *Kömpf*, Staatseinfluss auf die Volkswagen AG, S. 210; *Rohde*, Freier Kapitalverkehr, S. 97 f.; *Weber*, EuZW 1992, 561, 564; zum Verhältnis der Freiheiten auf Rechtfertigungsebene bzw. zum Inhalt der jeweiligen Verweisungsnorm auf Rechtfertigungsebene siehe *Haferkamp*, Kapitalverkehrsfreiheit, S. 199 ff. m.w.N.

[1142] So i.E. auch *Ohler*, Kapital- und Zahlungsverkehrsfreiheit, Art. 56 EGV Rn. 120; *Streinz*, Europarecht, Rn. 927; *Roth*, in: Dauses, Hdb EU-Wirtschaftsrecht, E. I. Rn. 12; *Kleinschmit*, Volkswagengesetz, S. 52; *Demirakou*, Kapitalverkehrsfreiheit, S. 68 f. *Rohde*, Freier Kapitalverkehr, S. 97; *Haferkamp*, Kapitalverkerhsfreiheit, S. 193 ff.; *v. Wilmowsky*, in: Ehlers, Europäische Grundrechte und Grundfreiheiten, § 12 Rn. 55; *Bayer*, BB 2002, 2289, 2290; *Schön*, in: FS Wassermeyer (2005), S. 489, 499 f.; *Ders.*, in: GS Knobbe-Keuk (1997), S. 743, 749 f.; *Kainer*, ZHR 168 (2004), 542, 553 f.; *Armbrüster*, JuS 2003, 224, 226; a.A. *Ohler* noch (nun jedoch anders), WM 1996, 1801, 1804, *Bachlechner*, ZEuS 1998, 519, 528 f.; *Freitag*, EWS 1997, 186, 190 f.; *Fleischer*, CMLR 40 (2003), 493, 498; *Günes*, IStR 2013, 213, 216.

III. Beschränkung

Die bisherige Untersuchung hat gezeigt, dass Entsendungsrechte zugunsten des Staates möglicherweise Direkt- und Portfolioinvestoren bei (De-)Investitionsentscheidungen beeinflussen und dieses Anlageverhalten sowohl durch die Kapitalverkehrsfreiheit als auch – hinsichtlich Direktinvestitionen – durch die Niederlassungsfreiheit geschützt ist. Europarechtswidrig sind staatliche Entsendungsrechte jedoch erst dann, wenn sie grundfreiheitlich geschütztes Verhalten in nicht zu rechtfertigender Weise beschränken.[1143] Im Folgenden wird deshalb der Frage nachgegangen, ob Direkt- bzw. Portfolioinvestoren bei der Ausübung grenzüberschreitender Niederlassungs- bzw. Kapitalverkehrstätigkeiten tatsächlich durch staatliche Entsendungsrechte beschränkt werden.

1. „Dassonville"-Formel

Der Begriff der Beschränkung wird im europäischen Primärrecht allerdings nicht weiter konkretisiert. Nach der im Bereich der Warenverkehrsfreiheit entwickelten und auf alle Grundfreiheiten übertragenen[1144] sog. Dassonville-Formel[1145] des EuGH liegt eine rechtfertigungsbedürftige Beschränkung vor, wenn eine staatliche Maßnahme geeignet ist, grundfreiheitlich geschütztes Verhalten unmittelbar oder mittelbar, tat-

---

[1143] Vgl. Art. 49 Abs. 1 Satz 1 AEUV: „Die Beschränkungen der freien Niederlassung (...) sind verboten."; Art. 63 Abs. 1 AEUV: „(...) alle Beschränkungen des Kapitalverkehrs (...) [sind] veboten."

[1144] EuGH v. 25.7.1991 – C-76/90, Slg. 1991, I-4221 Rn. 12 – Manfred Säger/Dennemeyer & Co. Ltd. (zur Dienstleistungsfreiheit); v. 15.1.2002 – C-439/99, Slg. 2002, I-305 Rn. 22 – Kommission/Italienische Republik (zur Niederlassungsfreiheit); v. 15.12.1995 – C-415/93, Slg. 1995, I-4921 Rn. 94 ff. – Union royale belge des sociétés de football association ASBL/Jean-Marc Bosman u.a. (zur Arbeitnehmerfreizügigkeit); v. 4.6.2002 – C-367/98, Slg. 2002, I-4731 Rn. 45 – Kommission/Portugiesische Republik (zur Kapitalverkehrsfreiheit); *Kingreen*, in: Calliess/Ruffert, EUV/AEUV, Art. 36 AEUV Rn. 41 ff.; *Skouris*, DöV 2006, 89, 90.

[1145] EuGH v. 11.6.1974 – 8/74, Slg. 1974, 837 Rn. 5 – Staatsanwaltschaft/Benoit u. Gustave Dassonville; seit dem st.Rspr., vgl. EuGH v. 20.2.1979 – 120/78, Slg. 1979, S. 649 Rn. 8 – REWE-Zentral AG/Bundesmonopolverwaltung für Branntwein; v. 11.12.2003 – C-322/01, Slg. 2003, I-14887 Rn. 66 – Deutscher Apothekerverband e.V./0800 DocMoris NV u.a; v. 10.2.2009 – C-110/05, Slg. 2009, I-519 Rn. 33 – Kommission/Italienische Republik; zur Dassonville-Formel siehe *Dauses/Brigola*, in: Dauses, EU-Wirtschaftsrecht, C. I. Rn. 90 ff.; *Müller-Graff*, in: von der Groeben/Schwarze/Hatje, Europäisches Unionsrecht, Art. 34 AEUV Rn. 39 ff.

sächlich oder potenziell zu unterbinden, zu behindern oder weniger attraktiv zu machen.[1146] Irrelevant ist demnach, ob eine Behinderung tatsächlich erfolgt oder beabsichtigt ist.[1147] Eine rechtfertigungsbedürftige Beschränkung scheidet nur dann aus, wenn die beeinträchtigende Wirkung der staatlichen Maßnahme ausnahmsweise zu ungewiss oder zu indirekt und deshalb rein hypothetischer Natur ist.[1148] Die Warenverkehrsfreiheit stellt demnach ein allgemeines Beschränkungsverbot dar.[1149] Rechtfertigungsbedürftig ist demzufolge nicht nur jede offene oder verdeckte, rechtliche oder tatsächliche Diskriminierung[1150] grenzüberschreitender Faktorbewegungen, sondern jedwede – auch unter-

---

[1146] *Kingreen*, in: Calliess/Ruffert, EUV/AEUV, Art. 36 AEUV Rn. 37 ff.; zur Kapitalverkehrsfreiheit *Glaesner*, in: Schwarze, EU-Kommentar, Art. 63 AEUV Rn. 16 f.; *Ress/Ukrow*, in: Grabitz/Hilf/Nettesheim, Das Recht der EU, Art. 63 AEUV Rn. 134.

[1147] EuGH v. 20.2.1975 – 12/74, Slg. 1975, 181 Rn. 14 – Kommission/Bundesrepublik Deutschland; v. 24.11.1982 – 249/81, Slg. 1982, 4005 Rn. 25 – Kommission/Irland; v. 16.12.1986 – 124/85, Slg. 1986, 3935 Rn. 7 – Kommission/Republik Griechenland; siehe auch *Becker*, in: Streinz, EU-Kommentar, Art. 34 AEUV Rn. 39; *Müller-Graff*, in: von der Groeben/Schwarze/Hatje, Europäisches Unionsrecht, Art. 34 AEUV Rn. 55; *Kingreen*, Struktur der Grundfreiheiten, S. 84.

[1148] EuGH v. 7.4.2011– C-291/09, Slg. 2011, I-2685 Rn. 17 – Francesco Guarnieri & Cie/Vandevelde Eddy VOF; v. 28.9.2006 – C-282/04, C-283/04, Slg. 2006, I-9141 Rn. 29 – Kommission/Königreich der Niederlande; v. 21.9.1999 – C-44/98, Slg. 1999, I-6269 Rn. 20 f. – BASF AG/Präsident des Deutschen Patentamts.; v. 14.7.1994 – C-379/92, Slg. 1994, I-3453 Rn. 24 – Matteo Peralta; *Becker*, in: Schwarze, EU-Kommentar, Art. 34 AEUV Rn. 41; zu dem aus dieser Rechtsprechung des EuGH teilweise abgeleiteten Spürbarkeitserfordernis *Thomas*, NVwZ 2009, 1202 ff. sowie unten unter B. III. 4. a. Fn. 1197; kritisch *Schulte Westenberg*, Zur Bedeutung der Keck-Rechtsprechung für die Arbeitnehmerfreizügigkeit, S. 11 ff.

[1149] St.Rspr.; vgl. EuGH v. 7.3.1990 – C-362/8, Slg. 1990, I-667 Rn. 8 – GB-INNO-BM/Confédération du commerce Luxembourgeois; v. 25.7.1991 – C-1/90, Slg. 1991, I-4151 Rn. 10 – Aragonesa de Publicidad Exterior SA u.a./Departamento de Sanidad y Seguridad Social de la Generalitat de Cataluna; v. 18.5.1993 – C-126/91, Slg. 1993, I-2361 Rn. 10 – Schutzverband gegen Unwesen in der Wirtschaft e.V./Yves Rocher GmbH; zustimmend *Müller-Graff*, in: von der Groeben/Schwarze/Hatje, Europäisches Unionsrecht, Art. 34 AEUV Rn. 34, 38, 43.

[1150] Zu den unterschiedlichen Definitionsansätzen im Hinblick auf den grundfreiheitlichen Diskriminierungsbegriff siehe *Ohler*, Kapital-und Zahlungsverkehrsfreiheit, Art. 56 EGV Rn. 262 ff.; *Demirakou*, Kapitalverkehrsfreiheit, S. 60 ff.; *Lübke*, Der Erwerb von Gesellschaftsanteilen, S. 270 ff.; *Kleinschmit*, Volkswagengesetz, S. 126 f.; *Haferkamp*, Kapitalverkehrsfreiheit S. 62 f.; *Jarass*, in; FS Everling I (1995), S. 593, 595 ff.; *Dietz/Streinz*, EuR 2015, 50, 67.

schiedslos wirkende – Maßnahme, die geeignet ist, die Ausübung grundfreiheitlich geschützten Verhaltens zu behindern.

2. Beschränkung der Kapitalverkehrsfreiheit i.S.d. „Dassonville"-Formel

Auch die Kapitalverkehrsfreiheit wird in Rechtsprechung und Literatur grundsätzlich als allgemeines Beschränkungsverbot begriffen.[1151] Erfasst werden daher nicht nur diskriminierende[1152], sondern alle staatlichen Maßnahmen, die geeignet sind, grenzüberschreitenden Kapitalverkehr zu verhindern oder zu beschränken oder aber von grenzüberschreitenden

---

[1151] Vgl. EuGH v. 4.6.2002 – C-483/99, Slg. 2002, I-4781 Rn. 40 – Kommission/Französische Republik; v. 4.6.2002 – C-367/98, Slg. 2002, I-4731 Rn. 44 – Kommission/Portugiesische Republik; zu weiteren Rechtsprechungsnachweisen siehe unten unter B. III. 2. Fn. 1153; *Wojcik*, in: von der Groeben/Schwarze/Hatje, Europäisches Gemeinschaftsrecht, Art. 63 AEUV Rn. 14 f.; *Glaesner*, in: Schwarze, EU-Kommentar, Art. 63 AEUV Rn. 17; *Bröhmer*, in: Calliess/Ruffert, EUV/AEUV, Art. 63 AEUV Rn. 43, 61; *Ress/Ukrow*, in: Grabitz/Hilf/Nettesehim, Das Recht der EU, Art. 63 AEUV Rn. 158; *Sedlaczek/Züger*, in: Streinz, EUV/AEUV, Art. 63 AEUV Rn. 9; *Schön*, in: GS Knobbe-Keuk (1997), S. 743; 755; *Demirakou*, Kapitalverkehrsfreiheit, S. 52 f.; *Müller-Graff*, in: FS Ulmer (2003), S. 929, 937 f.; *Pießkalla*, Goldene Aktien, S. 84 ff.; *Pießkalla*, EuZW 2007, 697, 702; *Hindelang*, JZ 2009, 829, 833; *Oprişiu*, Goldene Aktien, S. 30; *Ohler*, Kapital- und Zahlungsverkehrsfreiheit, Art. 56 EGV Rn. 245; *Kimms*, Kapitalverkehrsfreiheit, S. 181 ff.; *Rohde*, Freier Kapitalverkehr, S. 130 f., 138 f.; *Kleinschmit*, Volkswagengesetz, S. 59 ff.; *Weber*, EuZW 1992, 561, 563; *Ohler*, WM 1996, 1801, 1806; *Freitag*, EWS 1997, 186, 187; *Oechsler*, NZG 2007, 161, 162; *Grundmann/Möslein*, BKR 2002, 758, 761; vgl. auch *Lübke*, Der Erwerb von Gesellschaftsanteilen, S. 287; kritisch demgegenüber *Sander*, EuZW 2005, 106, 107 f.; *Ders.*, EuZW 2008, 33.

[1152] Verbotenes Differenzierungsmerkmal ist in diesem Fall der Grenzübertritt von Kapital, der sich funktional entweder als ein Wechsel von Herkunfts- und anschließendem Anlageort des Kapitals oder als gebietsfremde Ansässigkeit des Kapitalgebers bzw. -empfängers darstellt; die Staatsangehörigkeit des Kapitalinhabers oder –empfängers stellt dann lediglich eine indirekte Diskriminierung dar, überzeugend *Lübke*, Der Erwerb von Gesellschaftsanteilen, S. 275 ff. („Staatsangehörigkeit" des Kapitals); *Hindelang*, JZ 2009, 829, 834; ähnlich *Sedlaczek/Züger*, in: Streinz, EUV/AEUV, Art. 63 AEUV Rn. 8 f.; vgl. auch *Weber*, EuZW 1992, 561, 563; *Haferkamp*, Kapitalverkehrsfreiheit, S. 52 f.; abweichend *Demirakou*, Kapitalverkehrsfreiheit, S. 61 (Staatsangehörigkeit von Kapitalgeber oder –empfänger); ebenso *Ohler*, Kapital- und Zahlungsverkehrsfreiheit, Art. 56 EGV Rn. 261.

Investitionsentscheidungen abzuhalten[1153] bzw. diese weniger attraktiv machen[1154].

a. Diskriminierung durch staatliche Entsendungsrechte

Durch Entsendungsrechte wird Stimmrechtsmacht zur Besetzung des Aufsichtsrats von sämtlichen in der Hauptversammlung versammelten Aktionären auf den Entsendungsberechtigten verlagert. Staatliche Entsendungsrechte wirken also rechtlich wie tatsächlich unterschiedlos auf alle aktuellen und zukünftigen Aktionäre, ohne offen oder verdeckt nach Herkunft des angelegten Kapitals oder Ansässigkeit des Anlegers[1155] zu differenzieren oder den grenzüberschreitenden Kapitalverkehr faktisch stärker zu belasten. Staatliche Entsendungsrechte haben auf den grenzüberschreitenden Kapitalverkehr also keine diskriminierende Wirkung.[1156]

b. Attraktivitätsminderung durch staatliche Entsendungsrechte

Staatliche Entsendungsrechte könnten jedoch eine derart abschreckende Wirkung auf grundsätzlich interessierte Anleger haben, dass sie auf einen Anteilserwerb von vornherein verzichten. Im Folgenden werden deshalb die Auswirkungen staatlicher Entsendungsrechte auf Anlegerinteressen untersucht. Aufgrund der grundsätzlich unterschiedlichen Anlagemotivation wird dabei zwischen Direkt- und Portfolioinvestitionen unterschieden.

(1) Portfolioinvestitionen

Mit Portfolioinvestitionen verfolgen Anleger das Ziel, durch Dividenausschüttung oder Kurssteigerung an einer positiven wirtschaftlichen Ent-

---

[1153] EuGH v. 19.5.2009 – C-531/06, Slg. 2009, I-4103, Rn. 46 – Kommission/Italienische Republik; v. 23.10.2007 – C-112/05, Slg. 2007, I-8995 Rn. 19 – Kommission/Bundesrepublik Deutschland; v. 28.9.2006 – C-282/04, C-283/04, Slg. 2006, I-9141 Rn. 20 – Kommission/Königreich der Niederlande; v. 29.9.2004 – C-463/04, C-464/04, Slg. 2007, I-10419 Rn. 21 – Federconsumatori u.a., Associazione Azionariato Diffuso dell'AEM SpA u.a./Comune di Milano.

[1154] EuGH v. 18. 12. 2007 – C-101/05, Slg. 2007, I-11531 Rn. 42 – Skatteverket/A.; v. 12.12.2006 – C-446/04, Slg. 2006, I-11753 Rn. 64 – Test Claimants in the FII Group Litigation/Commissioners of Inland Revenue; siehe auch m.w.N. *Hindelang*, JZ 2009, 829, 833 Fn. 59.

[1155] Zum verbotenen Differenzierungsmerkmal im Rahmen der Kapitalverkehrsfreiheit siehe oben unter B III. 2. Fn. 1152.

[1156] So auch *Neumann/Ogorek*, NZG 2008, 892, 893.

wicklung der Gesellschaft teilzuhaben, ohne an der Verwaltung der Gesellschaft oder ihrer Kontrolle mitzuwirken. Maßgebliches Kriterium einer renditeorientierten Investitionsentscheidung ist mithin die Möglichkeit, durch Aktienerwerb am Gewinn bzw. am gesteigerten Aktienkurs der Gesellschaft teilzuhaben.

(a) Stimmrechtsbeschränkung bei Bestellung des Aufsichtsrats

Durch Entsendungsrechte wird die Stimmrechtsmacht aller nicht-entsendungsberechtigten Aktionäre bei Wahlen zum Aufsichtsrat, nicht hingegen bei Beschlussfassung über die Verwendung des Bilanzgewinns (§ 174 AktG) beschränkt. Entsendungsrechte betreffen mithin nicht unmittelbar die Möglichkeit, am Gewinn der Gesellschaft teilzuhaben.

(b) Gegenläufige öffentliche Interessen

Staatliche Akteure lassen sich Entsendungsrechte jedoch vor allem mit dem Ziel einräumen, die Entwicklung des Unternehmens in allgemeinwohlfördernder Weise zu beeinflussen. Es besteht mithin die Gefahr, dass staatliche Entsender und in der Folge staatlich entsandte Aufsichtsratsmitglieder (innerhalb des ihnen zustehenden Ermessensspielraums) zugunsten des Gemeinwohls ökonomisch sinnvolle bzw. renditemaximierende Maßnahmen ablehnen.[1157] Staatliche Entsendungsrechte beinhalten also stets das Risiko, dass die Gesellschaft einen geringeren als den möglichen Gewinn erwirtschaftet. Zwar ist es den Anlegern weiterhin möglich, am Gewinn der Gesellschaft teilzuhaben; dieser Gewinn fällt nun jedoch potenziell geringer aus. Infolgedessen wird der Erwerb von Aktien an Gesellschaften mit staatlichen Entsendungsrechten weniger attraktiv, so dass Portfolioinvestoren potenziell von einem Anteilserwerb abgehalten werden. Aufgrund dieser attraktivitätsmindernden Wirkung stellen staatliche Entsendungsrechte mithin eine Beschränkung der Kapitalverkehrsfreiheit i.S.d. „Dassonville"-Formel zulasten von Portfolioinvestoren dar.

(c) Reduziertes kontrollgewichtetes Verlustrisiko

Entsendungsrechte bewirken darüber hinaus, dass der Entsender im Verhältnis zu den nicht-entsendungsberechtigten Aktionären ein geringeres stimm- bzw. kontrollgewichtetes Verlustrisiko trägt. Infolgedessen

---

[1157] Vgl. *Müller-Graff*, in: FS Ulmer (2003), S. 929, 938 f.; *Oechsler*, NZG 2007, 161, 164; *Wellige*, EuZW 2003, 427, 430.

besteht einerseits die Gefahr, dass der Entsender aufgrund seiner im Verhältnis zum möglichen Ertrag gesteigerten Kontrollkosten die ihm zur Verfügung stehenden Kontrollmittel nicht effizient ausübt und das Management deshalb unkontrolliert zum Nachteil der Eigentümer agieren kann.[1158] Andererseits ist potenziell zu befürchten, dass der Entsender aufgrund seines disproportionalen Haftungsriskos erhöhte Risiken eingeht.[1159] Entsendungsrechte verschaffen ihrem Inhaber also eine kapitalinadäquate Einflussmacht auf die Unternehmensführung und schrecken mögliche Portfolionvestoren aufgrund des gesteigerten Verlustrisikos potenziell ab.

(d) Kursabschläge

Zudem ist denkbar, dass Aktionäre aufgrund der Einführung von Entsendungsrechten Kursminderungen hinnehmen müssen, wie es für den Fall der Einführung von Stimmrechtsbeschränkungen angenommen wird.[1160] In beiden Fällen erwartet der Markt aufgrund der disproportional zu ihrem Beteiligungsumfang reduzierten Einflussmacht von Aktionären eine geringere Nachfrage und verbucht deshalb Kursabschläge.[1161] Entsendungsrechtsbedingte Kursminderungen wirken allerdings nur zulasten von Aktionären, die bereits vor Einführung der Entsendungsrechte Anteile besaßen und deshalb aufgrund der Einführung Kursverluste erleiden; Erwerbe nach Einführung der Entsenderechte sind nicht mehr von Kursverlusten betroffen.[1162]

(e) Fehlende „Übernahmephantasie“

Darüber hinaus besteht die Gefahr, dass sich Entsendungsrechte negativ auf übernahmebedingte Kurssteigerungen auswirken. Ähnlich den Höchststimmrechten bzw. Stimmrechtsbeschänkungen führen Entsendungsrechte dazu, dass bei Besetzung des Aufsichtsrats Stimmrechtsmacht und Kapitalbeteiligung nicht proportional korrespondieren, wodurch „Übernahmen behindert werden und damit Übernahmephanta-

---

[1158] Vgl. *Bott*, Aktionärsstruktur, Kontrolle und Erfolg von Unternehmen, S. 70 f.

[1159] Vgl. *Möslein*, ZIP 2007, 208, 211.

[1160] Vgl. zu den Kursauswirkungen von Stimmrechtsbeschränkungen *Baums*, AG 1990, 221, 226, Fn. 49 m.w.N.; kritisch *Schneider*, AG 1990, 56, 57 f.; *Zöllner/Noack*, AG 1991, 117, 121 f.

[1161] Vgl. *Lübke*, Der Erwerb von Gesellschaftsanteilen, S. 57.

[1162] Vgl. *Kömpf*, Staatseinfluss auf die Volkswagen AG, S. 227.

sie fehlt“[1163]. Übernahmebedingte Sondergewinne (Kontrollprämie) bleiben Portfolioanlegern deshalb potenziell verwehrt[1164] und mindern demzufolge potenziell die Attraktivität eines Anteilserwerbs an Gesellschaften mit Entsendungsrechten.[1165]

Aufgrund des reduzierten Übernahmerisikos wird den Aktionären zudem ein indirektes (marktbezogenes) Kontrollinstrument entzogen. Drohende bzw. mögliche Übernahmen haben grundsätzlich einen disziplinierenden Effekt auf das Management, da es bei erfolgreicher Übernahme mit seiner Entlassung rechnen muss. Um mögliche Übernahmen zu verhindern, wird die Unternehmensleitung grundätzlich ihre Unternehmspolitik auf die Maximierung des Unternehmensgewinns und damit indirekt auf die Steigerung des Aktienkurses ausrichten. Bei fehlendem Übernahmerisiko ist eine derartige Effizienzsteigerung des Managements und damit einhergehend eine Steigerung des Unternehmensgewinns jedoch potenziell nicht mehr in gleicher Weise erwartbar. Auch aus diesem Grund werden renditeorientierte Portfolioinvestoren potenziell von einem Anteilserwerb abgehalten.

(2) Direktinvestitionen

Fraglich ist, ob staatliche Entsendungsrechte die Attraktivität eines Beteiligungserwerbs auch zulasten von Direktinvestoren mindern. Nach ständiger Rechtsprechung des EuGH unter Hinweis auf die Kapitalverkehrsrichtlinie 88/361/EWG werden Direktinvestitionen in Aktiengesellschaften mit dem Ziel getätigt, sich

> „nach den bestehenden nationalen Rechtsvorschriften für Aktiengesellschaften oder aus anderen Gründen (...) tatsächlich an der Verwaltung (...) [der] Gesellschaft oder an deren Kontrolle zu beteiligen“.[1166]

Neben das grundsätzlich mit Kapitalinvestitionen verfolgte Renditeziel tritt also ein zusätzliches Kontrollziel.

1163 BegrRegE zu Art. 1 Nr. 18 KonTraG (Abschaffung von Höchststimmrechten in börsennotierten Gesellschaften, vgl. § 134 Abs. 1 Satz 2 AktG n.F.), BT-Drucks. 13/9712, S. 20.

1164 Vgl. *Gottschlich*, Eigentümerkontrolle, S. 192 ff.; *Möslein*, ZIP 2007, 208, 211.

1165 Vgl. *Kömpf*, Staatseinfluss auf die Volkswagen AG, S. 227 f.; *Lübke*, Der Erwerb von Gesellschaftsanteilen, S. 57.

1166 Vgl. Begriffsbestimmung zu „Direktinvestitionen“ Abs. 3 in Anhang I der RL 88/361/EWG, ABl. 1988 Nr. L 178/5, 178/11.

Im Zusammenhang mit Portfolioinvestitionen wurde bereits dargelegt, dass staatliche Entsendungsrechte die Renditeziele von Investoren beeinträchtigen und infolgedessen der Erwerb von Anteilen an Gesellschaften mit Entsendungsrechten weniger attraktiv wird. Dadurch werden sowohl Portfolio- als auch Direktinvestoren potenziell von einem Anteilserwerb abgehalten. Die folgende Prüfung ist deshalb auf die Frage beschränkt, ob staatliche Entsendungsrechte auch direktinvestitionsspezifische Kontrollziele negativ beeinträchtigen.

Direktinvestitionsspezifische Gesellschaftskontrolle ist jede autonome oder gemeinschaftliche Kontrolle i.S.v. positiver Gestaltungs- oder negativer Verhinderungsmacht[1167] im Hinblick auf die nach dem jeweiligen Gesellschaftsrecht zur Verfügung stehenden direkten Eigentümerkontrollinstrumente.[1168] Staatliche Entsendungsrechte beeinflussen das zentrale gesellschaftsinterne Kontrollinstrument der Aktionäre, nämlich die Besetzung des Aufsichtsrats durch Stimmrechtsausübung in der Hauptversammlung und die dadurch vermittelte mittelbare Kontrolle von Aufsichtsratsbeschlüssen im Allgemeinen und der Vorstandsbestellung im Besonderen. Eine rechtfertigungsbedürftige Beschränkung von direktinvestitionsspezifischer Kontrolle liegt also dann vor, wenn staatliche Entsendungsrechte das Kontrollinstrument „Aufsichtsratsbeschlusskontrolle durch Aufsichtsratsbesetzung" negativ beeinträchtigen.

(a) Beschränkung der Aufsichtsratskontrolle

Wahlen zum Aufsichtsrat werden grundsätzlich durch die Mehrheit der abgegebenen Stimmen entschieden (vgl. § 133 Abs. 1 AktG).[1169] Stimmmacht und Kapitalbeteiligung sind dabei grundsätzlich proportional korreliert.[1170] Auch Beschlüsse im Aufsichtsrat werden in der Regel gesetzlich zwingend mit der einfachen Mehrheit der abgegebenen Stimmen

---

[1167] Siehe oben unter B. I. 4. c. (2) (d).

[1168] Siehe oben unter B. I. 4. c. (2).

[1169] Vgl. zu den Gestaltungsmöglichkeiten des Wahlverfahrens bei Vorliegen mehrerer Wahlvorschläge für einen zu besetzten Aufsichtsratsposten in Form der Sukzessiv-, Simultan- oder Alternativwahl sowie zur Möglichkeit der Einzel- oder Listenwahl bei Vorliegen mehrerer zu besetzender Aufsichtsratsposten und zu Modifikationen der erforderlichen Mehrheit bei relativer Mehrheits- oder Verhältniswahl *Rieckers*, in: Spindler/Stilz, AktG, § 133 Rn. 55 ff.; *Henssler*, in: Henssler/Strohn, GesellschaftsR, § 101 AktG Rn. 5 f.; *Schröer*, in: MünchKomm-AktG, § 133 Rn. 76 ff.; *Koch*, in: Hüffer, AktG, § 101 Rn. 5 f.

[1170] Siehe oben unter B. I. 4. c (2) (b).

gefasst.[1171] Der Aktionär kontrolliert die Beschlussfassung im Aufsichtsrat also grundsätzlich dann, wenn er mehr als die Hälfte der Aufsichtsratsposten mit Personen seines Vertrauens besetzen kann. Dadurch erlangt er jedoch keine Kontrolle i.S. einer Weisungsbefugnis.[1172] Gewählte wie entsandte Aufsichtsratsmitglieder sind verpflichtet, ausschließlich im Unternehmensinteresse zu handeln. Zudem können gewählte – anders als entsandte[1173] – Aufsichtsratsmitglieder nur unter erschwerten Bedingungen aus ihrer Position entfernt werden (vgl. § 103 Abs. 1, Abs.3 AktG). Sie sind also grundsätzlich keiner drohenden Abberufung, sondern lediglich einer unterbleibenden Neuwahl nach Ablauf ihrer Amtszeit ausgesetzt. Die mittelbare Unternehmenskontrolle der Aktionäre über das „Kontrollvehikel" Aufsichtsrat beruht also vor allem auf der Auswahlentscheidung an sich: Der Aktionär wählt eine Person, deren unternehmenspolitische Haltung seiner eigenen entspricht und die deshalb im Rahmen des jedem Aufsichtsratsmitglied zustehenden Abwägungsspielraums tendenziell Entscheidungen i.S.d. ihn wählenden Aktionärs trifft. Gleichwohl ist dieses Kontrollinstrument stets mit dem Risiko belastet, dass das gewählte Aufsichtsratsmitglied im Einzelfall nicht im Interesse des Wählers entscheidet. Dieses Risiko sinkt jedoch, je mehr Aufsichtsratsmitglieder ein Aktionär ausgewählt hat. Ein Mehr an Stimmrechtsmacht (bzw. Kapitalbeteiligung) bedeutet also stets ein Mehr an Kontrolle.

Entsendungsrechte ermöglichen es dem begünstigten staatlichen Aktionär hingegen, unabhängig von seiner Stimmrechtsmacht (bzw. Kapital-

---

[1171] *Hambloch-Gesinn/Gesinn*, in: Hölters, AktG, § 108 Rn. 23, 28; zu Besonderheiten bei Beschlüssen über Wahlvorschläge zum Aufsichtsrat in mitbestimmten Aktiengesellschaften siehe § 124 Abs. 3 Satz 4 AktG; weitere Ausnahmen finden sich in §§ 27 Abs. 2 Satz 2, Abs. 3, 31 Abs. 2-4, 32 Abs. 1 Satz 2 MitbestG, §§ 8 Abs. 1, 13 Abs. 1 MontanMitbestG, § 5 Abs. 3 MontanMitbestErgG. Statutarische Abweichmöglichkeiten vom einfachen Mehrheitserfordernis bestehen nur bei Beschlussfassungen in gesetzlich nicht zwingend vorgeschriebenen und damit wenig relevanten Aufgabenbereichen des Aufsichtsrats, siehe *Habersack*, in: MünchKomm-AktG, § 108 Rn. 24; *Koch*, in: Hüffer, AktG, § 108 Rn. 8; *Spindler*, in: Spindler/Stilz, AktG, § 108 Rn. 22; *Hambloch-Gesinn/Gesinn*, in: Hölters, AktG, § 108 Rn. 28; *Hoffmann-Becking*, in: MünchHdbGes-AG, § 31 Rn. 65; zum Streitstand bzgl. einzelner Fallgruppen siehe *Jürgenmeyer*, ZGR 2007, 112, 118 ff.

[1172] Zur Weisungsunabhängigkeit von Aufsichtsratsmitgliedern siehe oben unter ZweiterTeil H. II. 2.

[1173] Dazu siehe oben unter Zweiter Teil F. II. und III.

beteiligung) auf die Besetzung und damit mittelbar auf die Beschlüsse des Aufsichtsrats einzuwirken. Zwar wird auch das entsandte Aufsichtsratsmitglied weisungsunabhängig und im Unternehmensinteresse tätig (§ 111 Abs. 5 AktG).[1174] Mit Blick auf das Recht des Entsenders, entsandte Aufsichtsratsmitglieder jederzeit und ohne Grund abzuberufen (§ 103 Abs. 2 Satz 1 AktG),[1175] muss allerdings von einer gesteigerten faktischen Einflussnahme ausgegangen werden. Es ist also damit zu rechnen, dass staatlich entsandte Aufsichtsratsmitglieder im Rahmen ihres Ermessensspielraums tendenziell gemeinwohlfördernde Entscheidungen treffen werden.

Spiegelbildlich zur erhöhten Bestellungsmacht des Entsenders wird die Stimmrechtsmacht der übrigen Aktionäre durch die Einräumung von Entsendungsrechten reduziert. Bis zu ein Drittel der zu besetzenden Aufsichtsratssitze wird ihrem Votum entzogen. Selbst mit Erwerb der absoluten Stimmrechtsmehrheit können private Aktionäre den Aufsichtsrat also nicht insgesamt nach ihren Vorstellungen besetzten. Dadurch erhöht sich das Risiko, das Aufsichtsratsbeschlüsse entgegen den Interessen des (Mehrheits-)Aktionärs gefasst werden. Zum einen entzieht sich nun bis zu ein Drittel der Aufsichtsratsposten seiner personellen Auswahlentscheidung. Zum anderen sind die gewählten Aufsichtsratsmitglieder nun im Rahmen ihrer vertraulichen Gremienarbeit dem Einfluss tendenziell gemeinwohlorientierter, staatlich entsandter Aufsichtsratsmitglieder ausgesetzt.[1176] Durch die Einräumung staatlicher Entsendungsrechte steigt mithin das Risiko, dass Aufsichtsratsbeschlüsse nicht im Interesse des (Mehrheits-)Aktionärs getroffen werden.

Gesellschaftsanteile an Gesellschaften mit Entsendungsrechten vermitteln dem nicht-entsendungsberechtigten Aktionär mithin keine kapital- bzw. stimmrechtsadäquate Aufsichtsratskontrolle und machen den Anteilserwerb deshalb weniger attraktiv.[1177]

(b) Beschränkung trotz kapitaladäquater Entsendungsmacht

Staatliche Entsendungsrechte könnten jedoch ausnahmsweise dann nicht zu einer Attraktivitätsminderung des Anteilserwerbs aufgrund von

---

[1174] Dazu siehe oben unter Zweiter Teil H. II. 2.

[1175] Dazu siehe oben unter Zweiter Teil F. II.

[1176] Vgl. *Lübke*, Der Erwerb von Gesellschaftsanteilen, S. 57.

[1177] Vgl. *Krause*, NJW 2002, 2747, 2750.

Kontrollreduktion führen, wenn sie dynamisch, also in Abhänigkeit von der aktuellen Beteiligungs- bzw. Stimmrechtsquote des staatlichen Aktionärs eingeräumt werden.[1178] Dann entspräche die Einflussmacht des Entsenders relativ seiner Kapitalbeteiligungsquote. Dies würde jedoch voraussetzen, dass sich die Aufsichtsratsbesetzung nach deutschem Aktienrecht an den jeweiligen Stimmrechtsanteilen der Aktionäre orientiert. Dies ist aber gerade nicht der Fall. Entscheidend ist nicht das relative Stimmgewicht, welches sich in einer Zuteilung von entsprechend vielen Aufsichtsratsposten zum jeweiligen Aktionär niederschlägt, sondern die Mehrheit der abgegebenen Stimmen bei Beschlussfassung in der Hauptversammlung.[1179] Ein Verhältniswahlrecht sieht das deutsche Aktiengesetz per se nicht vor. Entsendungsrechte schränken also selbst bei Koppelung an die Kapital- bzw. Stimmrechtsquote des Entsenders die Kontrollmacht von Direktinvestoren ein und wirken deshalb potenziell abschreckend.[1180]

c. Ergebnis

Obwohl staatliche Entsendungsrechte in- und ausländische Investoren gleichermaßen betreffen, mindern sie die Attraktivität eines Anteilserwerbs und haben damit abschreckende Wirkung auf interessierte Investoren.[1181]

Dies trifft sowohl auf Portfolio- als auch auf Direktinvestoren zu. In Anbetracht staatlicher Entsendungsrechte befürchten sie, dass Unternehmensentscheidungen potenziell nicht mehr an Rendite-, sondern an Allgemeininteressen ausgerichtet werden und sie Kursabschläge hinnehmen müssen. Auch müssen sie potenziell mit dem Ausbleiben möglicher Übernahmeprämien wegen fehlender „Übernahmephantasie“ rechnen. Zudem schreckt sie der Umstand, dass die öffentliche Hand aufgrund ihrer kapitalinadäquaten Einflussmacht potenziell geneigt ist, ihre Kontrollmöglichkeiten nicht effektiv zu nutzen oder irrational hohe Risi-

---

[1178] Vgl. *Kilian*, NJW 2007, 1508, 1509.

[1179] Vgl. *Kömpf*, Staatseinfluss auf die Volkswagen AG, S. 238 f.; *Pießkalla*, Goldene Aktien, S. 303; *Wellige*, EuZW 2003, 427, 429; *Möslein*, AG 2007, 770, 772.

[1180] Vgl. *Pießkalla*, Goldene Aktien, S. 303; *Ders.*, EuZW 2007, 702, 703; *Rühland*, in: Perspektiven des Wirtschaftsrechts, S. 501, 513.

[1181] So i.E. auch EuGH v. 23.10.2007 – C-112/05, Slg. 2007, I-8995 Rn. 65 f. – Kommission/Bundesrepublik Deutschland; *Pießkalla*, Goldene Aktien, S. 103 f.; *Möslein*, AG 2007, 770, 772.

ken einzugehen. Interessierte Portfolio- und Direktinvestoren müssen also aufgrund staatlicher Entsendungsrechte tendenziell mit einer geringeren Rendite rechnen.

Direktinvestoren werden darüber hinaus von einem Anteilserwerb abgehalten, da sie infolge staatlicher Entsendungsrechte keinen bzw. keinen kapitaladäquaten Einfluss auf die Besetzung des Aufsichtsrats und damit mittelbar auf die Verwaltung der Gesellschaft insgesamt erhalten.

Folglich machen staatliche Entsendungsrechte Portfolio- wie auch Direktinvestitionen in die betreffende Gesellschaft weniger attraktiv und stellen deshalb i.S.d. „Dassonville"-Formel eine Beschränkung des freien Kapitalverkehrs dar.

3. Beschränkung der Niederlassungsfreiheit i.S.d. „Dassonville"-Formel

Auch der Schutzgehalt der Niederlassungsfreiheit geht nach allgemeiner Ansicht über ein bloßes Diskriminierungsverbot hinaus. Sie beinhaltet nicht nur ein Gebot der Inländergleichbehandlung[1182] bzw. Verbot der offenen oder verdeckten, rechtlichen oder tatsächlichen Diskriminierung aufgrund der Staatsangehörigkeit,[1183] sondern ein allgemeines Beschränkungsverbot.[1184] Die Niederlassungsfreiheit wird deshalb grundsätzlich

---

[1182] Vgl. *Bröhmer*, in: Calliess/Ruffert, EUV/AEUV, Art. 49 AEUV Rn. 22; *Tiedje*, in: von der Groeben/Schwarze/Hatje, Europäisches Gemeinschaftsrecht, Art. 49 AEUV Rn. 72 f.

[1183] Vgl. bspw. EuGH v. 5.12.1989 – C-3/88, Slg. 1989, I-4035 Rn. 8 – Kommission/Italienische Republik.

[1184] St.Rspr. seit EuGH v. 31.3.1993 – C-19/92, Slg. 1993, I-1663 Rn. 32 – Dieter Kraus/Land Baden-Württemberg; in der Folge bspw. EuGH v. 30.11.1995 – C-55/94, Slg. 1995, I-4165, Rn. 37 – Reinhard Gebhard/Consiglio dell'Ordine degli Avvocati e Procuratori di Milano; v. 15.2.1996 – C-53/95, Slg. 1996, I-703 Rn. 9 ff. – Inasti/Hans Kemmler; v. 4.7.2000 – C-424/93, Slg. 2000, I-5123 Rn. 57 – Salomone Haim/Kassenzahnärztliche Vereinigung Nordrhein; v. 21.4.2005 – C-140/03, Slg. 2005, I-3177 Rn. 27 – Kommission/Republik Griechenland; *Tiedje*, in: von der Groeben/Schwarze/Hatje, Europäisches Unionsrecht, Art. 49 AEUV Rn. 98; *Schlag*, in: Schwarze, EU-Kommentar, Art. 49 Rn. 45 ff.; *Forsthoff*, in: Grabitz/Hilf/Nettesheim, Das Recht der EU, Art. 49 Rn. 88; *Müller-Graff*, in: Streinz, EUV/AEUV, Art. 49 AEUV Rn. 39; *Pießkalla*, Goldene Aktien, S. 243 f.; *Haferkamp*, Kapitalverkehrsfreiheit, S. 75 f.; *Kainer*, Unternehmensübernahmen, S. 69 ff.; *Everling*, in: GS Knobbe-Keuk (1997), S. 607, 608 ff.; *Roth*, in: GS Knobbe-Keuk (1997), S. 729, 731; abweichend *Bröhmer*, in: Calliess/Ruffert, EUV/AEUV, Art. 49 AEUV Rn. 32 f.

bereits dann in rechtfertigungsbedürftiger Weise beschränkt, wenn eine nationale Maßnahme grenzüberschreitende Niederlassungsvorgänge behindert oder weniger attraktiv macht.[1185]

Staatliche Entsendungsrechte beeinflussen Investoren bei dem Erwerb von Gesellschaftsanteilen an Gesellschaften mit Entsendungsrechten. Die Niederlassungsfreiheit schützt allerdings nur Direkt-, nicht Portfolioinvestoren. Wie bereits gezeigt, beeinträchtigen Entsendungsrechte allerdings die Rendite- und Kontrollziele von Direktinvestoren und machen so Direktinvestitionen in Gesellschaften mit staatlichen Entsendungsrechten weniger attraktiv. In diesem Sinne beschränken staatliche Entsendungsrechte also auch die Niederlassungsfreiheit.[1186]

4. Modifikation des Beschränkungsbegriffs in Anlehnung an „Keck"

Die bisherige Untersuchung hat ergeben, dass staatliche Entsendungsrechte den Erwerb von Anteilen an der betroffenen Gesellschaft sowohl für Portfolio- als auch für Direktinvestoren weniger attraktiv machen und deshalb i.S.d. „Dassonville"-Formel sowohl die Kapitalverkehrs- als auch die Niederlassungsfreiheit beschränken. Fraglich ist allerdings, ob eine bloße Attraktivitätsminderung grundfreiheitlicher Marktaktivitäten i.S.d. „Dassonville"-Formel mit Blick auf die Zielsetzung der Grundfreiheiten ausreichen kann, um mitgliedstaatliche Maßnahmen einem Rechtfertigungszwang zu unterwerfen.

a. „Keck"-Rechtsprechung des EuGH

Um die als zu weit empfundene Definition des Beschränkungsbegriffs i.S.d. „Dassonville"-Formel einzugrenzen, entwickelte der EuGH im Jahr 1993 im Bereich der Warenverkehrsfreiheit die sog. Keck-Formel.[1187] Danach sind Verkaufmodalitäten nicht geeignet, den freien Warenverkehr zu beschränken,

> „sofern diese Bestimmungen für alle betroffenen Wirtschaftsteilnehmer gelten, die ihre Tätigkeit im Inland ausüben, und sofern sie den Absatz der inländischen Er-

---

[1185] Siehe Rechtsprechungsnachweise in vorheriger Fn.

[1186] So i.E. auch *Pießkalla*, Goldene Aktien, S. 245.

[1187] EuGH v. 24.11.1993 – C-267/91, Slg. 1993, I-6097 – Bernard Keck und Daniel Mithouard. Zu den Vorläufern zur sog. Keck-Rechtsprechung siehe *Steindorff*, EG-Vertrag und Privatrecht, S. 92 ff. sowie *Matthies*, in: FS Everling I (1995), S. 803, 806 ff.

zeugnisse und der Erzeugnisse aus anderen Mitgliedstaaten rechtlich wie tatsächlich in der gleichen Weise berühren".[1188]

Die Warenverkehrsfreiheit diene dazu, Binnenmarkthindernisse aufgrund fehlender Rechtsharmonisierung zwischen den Mitgliedstaaten zu beseitigen,[1189] um einen gleichberechtigten Marktzugang für in- und ausländische Produkte zum innerstaatlichen Warenmarkt sicherzustellen.[1190] Dem EuGH zufolge regeln Verkaufsmodalitäten als vertriebs- bzw. absatzbezogene Maßnahmen lediglich die Art und Weise des Verkaufs einer Ware auf dem nationalen Markt.[1191] Sie beschränken den grenzüberschreitenden Warenverkehr auf dem europäischen Binnenmarkt deshalb solange nicht, wie sie sich auf in- und ausländische Produkte rechtlich sowie tatsächlich in gleicher Weise auswirken. Produktbezogene Maßnahmen behindern nach Ansicht des Gerichtshofs jedoch den Marktzugang als solchen und stellen deshalb eine rechtfertigungsbedürftige Beschränkung dar.[1192] Diese differenzierende Betrachtungsweise hat der Gerichtshof mittlerweile auch auf andere Grundfreiheiten übertragen[1193] [1194] [1195] und so den weiten Beschränkungsbegriff i.S.d. „Dasson-

---

[1188] EuGH v. 24.11.1993 – C-267/91, Slg. 1993, I-6097 Rn. 16 – Bernard Keck und Daniel Mithouard.

[1189] Vgl. EuGH v. 24.11.1993 – C-267/91, Slg. 1993, I-6097 Rn. 15 – Bernard Keck und Daniel Mithouard.

[1190] Vgl. EuGH v. 24.11.1993 – C-267/91, Slg. 1993, I-06097 Rn. 17 – Bernard Keck und Daniel Mithouard.

[1191] *Rohde*, Freier Kapitalverkehr, S. 127; *Demirakou*, Kapitalverkehrsfreiheit, S. 48.

[1192] Vgl. *GA Van Gerven*, verbSchlAnt v. 16.3.1994 zu C-401/92, C-402/92, Slg. 1994, I-2199 Rn. 20 – Tankstation 't Heukske vof, J. B. E. Boermans; kritisch *Kainer*, Unternehmensübernahmen, S. 118 ff., 162.

[1193] Vgl. zur Arbeitnehmerfreizügigkeit EuGH v. 27.1.2000 – C-190/98, Slg. 2000, I-493 Rn. 23 – Volker Graf/Filzmoser Maschinenbau GmbH.; v. 15.12.1995 – C-415/93, Slg. 1996, I-4921 Rn. 101 ff. – Union royale belge des sociétés de football association ASBL u.a./Jean-Marc Bosman; vgl. zur Dienstleistungsfreiheit EuGH v. 10.5.1995 – C-384/93, Slg. 1995, I-1141 Rn. 33, 38 – Alpine Investments BV/Minister van Financiën; vgl. zur Kapitalverkehrsfreiheit EuGH v. 21.10.2010 – C-81/09, Slg. 2010, I-10161 Rn. 56 – Idryma Typou AE/Ypourgos Typou kai Meson Mazikis Enimerosis; v. 8.7.2010 – C-171/08, Slg. 2010, I-6817 Rn. 65 ff. – Kommission/Portugiesische Republik; v. 13.5.2003 – C-463/00, Slg. 2003, I-4581 Rn. 59 ff. – Kommission/Königreich Spanien; v. 13.5.2003 – C-98/01, Slg. 2003, I-4641 Rn. 47 – Kommission/Vereinigtes Königreich Großbritannien und Nordirland; vgl. wohl auch zur Niederlassungsfreiheit EuGH v. 5.10.2004 – C-442/02, Slg. 2004, I-8983 Rn. 12 – Caixa-Bank France/Ministà de l'Economie, des Finances et de l'Industrie u.a.

ville"-Formel nach herrschender Meinung für alle Grundfreiheiten in eine Diskriminierungs- und Marktzugangprüfung[1196] transformiert.[1197]

Die Unterscheidung zwischen rechtfertigungsfreien Verkaufsmodalitäten und rechtfertigungsbedürftigen Produktregelungen ist in ihrer Begriff-

---

1194 Eine Übertragung auf die Niederlassungsfreiheit bejahend *Forsthoff*, in: Grabitz/Hilf/Nettesheim, Das Recht der Europäischen Union, Art. 49 AEUV Rn. 88; *Roth*, in: GS Knobbe-Keuk (1997), S. 729, 740 f; *Lübke*, Der Erwerb von Gesellschaftsanteilen, S. 444 ff.; *Everling*, in: GS Knobbe-Keuk (1997), S. 607, 620 f.; *Kainer*, Unternehmensübernahmen, S. 164 ff.; *Habersack/Verse*, Europäisches Gesellschaftsrecht, § 3 Rn. 6 f.; *Schön*, ZHR 160 (1996), 221, 247 f.; kritisch *Schulte Westenberg*, Zur Bedeutung der Keck-Rechtsprechung für die Arbeitnehmerfreizügigkeit, S. 64 ff.; a.A. *Rühland*, in: Perspektiven des Wirtschaftsrechts, S. 501, 508.

1195 Eine Übertragung auf die Kapitalverkehrsfreiheit bejahend *Bröhmer*, in: Calliess/Ruffert, EUV/AEUV, Art. 63 AEUV Rn. 43; *Ress/Ukrow*, in: Grabitz/Hilf/Nettesheim, Das Recht der EU, Art. 63 AEUV Rn. 162; *Demirakou*, Kapitalverkehrsfreiheit, S. 55 ff.; *Pießkalla*, Goldene Aktien, S. 88 f.; *Demirakou*, Kapitalverkehrsfreiheit, S. 48 ff.; *Habersack/Verse*, Europäisches Gesellschaftsrecht, § 3 Rn. 31; *Ohler*, WM 1996, 1801, 1806; *Weber*, EuZW 1992, 561, 562 f.; *Rapp-Jung/Bartosch*, BB 2009, 2210, 2214 sprechen von „Handelsmodalität für Kapital"; vgl. auch *Follak*, in: Dauses, Hdb EU-Wirtschaftsrecht, F. II. Rn. 10; *Demirakou*, Kapitalverkehrsfreiheit, S. 189; *Lübke*, Der Erwerb von Gesellschaftsanteilen, S. 325; *Lutter/Bayer/Schmidt*, Europäisches Unternehmens- und Kapitalmarktrecht, § 15 Rn. 10; *Wellige*, EuZW 2003, 427, 432; kritisch *Ruge*, EuZW 2003, 540, 451; *Spindler*, RIW 2003, 851, 853; *Kainer*, ZHR 168 (2004), 542, 556; a.A. *Kimms*, Kapitalverkehrsfreiheit, S. 183; *Oechsler*, NZG 2007, 161, 163; zur (abzulehnenden) Beschränkung der Rechtfertigungspflicht auf Maßnahmen im Hinblick auf börsennotierte Gesellschaften siehe *Demirakou*, Kapitalverkehrsfreiheit, S. 194 ff. m.w.N. sowie *Grundmann/Möslein*, ZGR 2003, 317, 334 f.; *v. Wilmowsky*, in: Ehlers, Europäische Grundrechte und Grundfreiheiten, § 12 Rn. 6; kritisch auch *Schulte Westenberg*, Zur Bedeutung der Keck-Rechtsprechung für die Arbeitnehmerfreizügigkeit, S. 68 ff.

1196 Siehe dazu – mit jedoch im Detail unterschiedlicher inhaltlicher Ausrichtung – *Forsthoff*, in: Grabitz/Hilf/Nettesheim, Art. 49 AEUV Rn. 68, 96 ff., Art. 45 AEUV Rn. 221; *Müller-Graff*, in: Streinz, EUV/AEUV, Art. 49 AEUV Rn. 58 f. m.w.N. in Fn. 213; *Streinz*, Europarecht, Rn. 881 f.; *Kömpf*, Staatseinfluss auf die Volkswagen AG, S. 216; *Demirakou*, Kapitalverkehrsfreiheit, S. 193; *Lübke*, Der Erwerb von Gesellschaftsanteilen, S. 336; *Mülbert*, ZHR 159 (1995), 2, 28 ff.; *Kainer*, Unternehmensübernahmen, S. 100 ff.; *Ders.*, ZHR 168 (2004), 542, 556; *Hindelang*, JZ 2009, 829, 834; wohl auch *Ohler*, WM 1996, 1801, 1806.

1197 Zur teilweise vertretenen zusätzlichen Einschränkung des Schutzbereichs der Grundfreiheiten durch ein sog. Erheblichkeits- oder Spürbarkeitskriterium siehe *Demirakou*, Kapitalverkehrsfreiheit, S. 198 ff.; *Pießkalla*, Goldene Aktien, S. 115 ff.; *Kömpf*, Staatseinfluss auf die Volkswagen AG, S. 250 ff.; *Grundmann/Möslein*, ZGR 2003, 317, 335 f.

lichkeit allerdings auf die Warenverkehrsfreiheit zugeschnitten.[1198] Um die im Rahmen der „Keck"-Rechtsprechung entwickelte Modifikation des Beschränkungsbegriffs auch auf die hier relevante Kapitalverkehrs- und Niederlassungsfreiheit zu übertragen, müssen die Begriffe „Verkaufsmodalität" und „Produktregelung" auf ihren inhaltlichen Kern – nämlich die Verwirklichung des Binnenmarktes – zurückgeführt und in niederlassungs- bzw. kapitalverkehrsspezifischer Weise umformuliert werden.[1199] Der Gerichtshof bleibt allerdings sowohl eine abstrakt-generelle als auch eine grundfreiheitsspezifische Definition des Beschränkungsbegriffs für die im Rahmen dieser Arbeit diskutierten Grundfreiheiten schuldig. Eine Marktzugangsbeschränkung zulasten des freien Kapitalverkehrs hat der EuGH bisher lediglich mit dem Verweis bejaht, dass „die Situation eines Erwerbers einer Beteiligung als solche [berührt]" und die fragliche Maßnahme „daher geeignet [sei], Anleger aus anderen Mitgliedstaaten von (...) Investitionen abzuhalten und damit den Marktzugang zu beeinflussen"[1200]. Ebenso unklar äußert sich der Gerichtshof zu den Kriterien für einen Marktzugangstest im Rahmen der Niederlassungsfreiheit.[1201]

[1198] *Tiedje*, in: von der Groeben/Schwarze/Hatje, Europäisches Unionsrecht, Art. 49 AEUV Rn. 111; *Müller-Graff*, in: Streinz, EUV/AEUV, Art. 49 AEUV Rn. 62 a.E.; *Lübke*, Der Erwerb von Gesellschaftsanteilen, S. 312 f.; *Kainer*, Unternehmensübernahmen, S. 113; *Ohler*, WM 1996, 1801, 1806; siehe auch *Müller-Graff*, in: FS Ulmer (2003), S. 929, 940; kritisch zu dieser Unterscheidung auch im Rahmen der Warenverkehrsfreiheit *Dietz/Streinz*, EuR 2015, 50, 51; siehe zu entsprechenden Umformulierungsbemühungen *Demirakou*, Kapitalverkehrsfreiheit, S. 190; *Oprişiu*, Goldene Aktien, S. 71 f.; *Kömpf*, Staatseinfluss auf die Volkswagen AG, S. 248 f.; *Kleinschmit*, Volkswagengesetz, S. 64 f.; *Spindler*, RIW 2003, 850, 853; *Wellige*, EuZW 2003, 427, 432; insgesamt kritisch zur Begrifflichkeit *Forsthoff*, in: Grabitz/Hilf/Nettesheim, Das Recht der EU, Art. 45 AEUV Rn. 217 ff.

[1199] Vgl. *Forsthoff*, in: Grabitz/Hilf/Nettesheim, Das Recht der Europäischen Union, Art. 45 AEUV Rn. 217 ff.; *Rohde*, Freier, Kapitalverkehr, S. 129; *Demirakou*, Kapitalverkehrsfreiheit, S. 48.

[1200] EuGH v. 13.5.2003 – C-98/01, Slg. 2003, I-4641 Rn. 47 – Kommission/Vereinigtes Königreich Großbritannien und Nordirland; ebenso EuGH v. 13.5.2003 – C-463/00, Slg. 2003, I-4581 Rn. 61 – Kommission/Königreich Spanien; v. 11.11.2010 – C-543/08, Slg. 2010, I-11245 Rn. 68 – Kommission/Portugiesische Republik.

[1201] Vgl. EuGH v. 28.4.2009 – C-518/06, Slg. 2009, I-3491 Rn. 64 – Kommission/Italienische Republik; v. 5.10.2004 – C-442/02, Slg. 2004, I-8983 Rn. 12 – Caixa-Bank France/Ministà de l'Economie, des Finances et de l'Industrie u.a.; v. 14.07.1994 – C-379/92, Slg. 1994, I-3453 Rn. 34 – Matteo Peralta; so auch

Deshalb soll im Folgenden untersucht werden, welche handhabbaren Kriterien sich aus einer teleologischen Auslegung des grundfreiheitlichen Beschränkungsbegriffs[1202] im Zusammenhang mit der Kapitalverkehrsfreiheit und der Niederlassungsfreiheit ergeben.

b. Funktion der Grundfreiheiten

Die Reichweite der grundfreiheitlichen Beschränkungsverbote ist anhand ihrer Funktion zu bestimmen. Sie dürfen in ihrer Wirkung nicht über das hinausgehen, was zur Zweckerreichung erforderlich ist.[1203] Anderenfalls würden die Regelungsbefugnisse der Mitgliedstaaten in vertragswidriger Weise beeinträchtigt.

Die Grundfreiheiten dienen der Binnenmarktintegration (vgl. Art. 3 Abs. 3 UAbs. 1 EUV):[1204] Durch freie Entfaltung eines unionsweiten marktwirtschaftlichen Wettbewerbs soll eine optimale Faktorallokation[1205] (Produkte und Produktionsfaktoren)[1206] erreicht und so die allgemeine Wohlfahrt innerhalb der europäischen Union insgesamt gefördert werden.[1207] Indem einzelne Marktteilnehmer Waren und Dienstleistun-

---

Forsthoff, in: Grabitz/Hilf/Nettesheim, Das Recht der Europäischen Union, Art. 49 AEUV Rn. 68.

1202 Zur Konvergenz der Grundfreiheiten und einem daraus ableitbaren (zumindest abstrakt) einheitlichen Beschränkungsbegriff siehe *Haferkamp*, Kapitalverkehrsfreiheit, S. 59 m.w.N.; *Rohde*, Freier Kapitalverkehr, S. 124 ff.

1203 *Müller-Graff*, in: Streinz, EUV/AEUV, Art. 49 AEUV Rn. 60 ff.; *Schulte Westenberg*, Zur Bedeutung der Keck-Rechtsprechung für die Arbeitnehmerfreizügigkeit, S. 115; *Lübke*, Der Erwerb von Gesellschaftsanteilen, S. 295.

1204 *Müller-Graff*, in: Streinz, EUV/AEUV, Art. 34 AEUV Rn. 3 f.; *Kainer*, Unternehmensübernahmen, S. 90 ff.; *Lübke*, Der Erwerb von Gesellschaftsanteilen, S. 295 f.; zu den Unterschieden zwischen Grundfreiheiten und Grundrechten siehe *Ehlers*, in: Ehlers, Europäische Grundrechte und Grundfreiheiten, § 7 Rn. 13 f.; *Müller-Graff*, in: FS Steinberger (2002), S. 1281 ff. *Schulte Westenberg*, Zur Bedeutung der Keck-Rechtsprechung für die Arbeitnehmerfreizügigkeit, S. 19 ff.; *Skouris*, DöV 2006, 89 ff. Die Binnenmarktintegration dient wiederum dem eigentlichen Ziel der Union, den Frieden, ihre Werte und das Wohlergehen ihrer Völker zu fördern, vgl. Art. 3 Abs. 1 EUV.

1205 Vgl. Art. 120 S. 2 AEUV: „effizienter Einsatz der Ressourcen".

1206 Zur Unterteilung der Wirtschaftsfaktoren in Produkte und Produktionsfaktoren siehe bspw. *Müller-Graff*, in: Streinz, EUV/AEUV, Art. 49 AEUV Rn. 59.

1207 Zum Binnenmarktkonzept der Grundfreiheiten und den wirtschaftstheoretischen Grundlagen eines Binnenmarkts siehe ausführlich *Lübke*, Der Erwerb von Gesellschaftsanteilen, S. 93 ff., 115 ff., 140 ff. sowie *Kainer*, Unternehmensübernahmen, S. 130 ff.

gen, selbstständige und unselbstständige Arbeitsleistungen sowie Kapital in privatautonomer Weise im freien Wettbewerb am Markt anbieten und nachfragen, tragen sie dazu bei, dass Ressourcen innerhalb der Union optimal genutzt werden (vgl. Art. 120 Satz 2 AEUV) und das Wohl der Union(sbürger) insgesamt steigt.[1208]

Eine optimale Faktorallokation innerhalb des Binnenmarkts erfordert jedoch einen barrierefreien Wirtschaftsraum.[1209] Beseitigt werden müssen also diejenigen negativen Folgen für binnenmarktweite Faktorallokationsvorgänge, die sich aus dem Bestand nationalstaatlicher Grenzen ergeben, um eine binnenmarktweite Wettbewerbsfähigkeit der einzelnen Marktteilnehmer zu sichern.[1210] Freie Faktormobilität erfordert jedoch nicht, dass nationalstaatliche Einflüsse auf den Markt insgesamt eleminiert werden.[1211] Nicht der reglementierte Markt an sich muss abgeschafft werden, sondern lediglich der anhand nationalstaatlicher Grenzen segmentierte Markt.[1212] Angesichts des unionsrechtlichen Prinzips der begrenzten Einzelermächtigung gem. Art. 5 Abs. 1 Satz 1, Abs. 2 EUV ist ein Binnenmarkt ohne nationalstaatliche Marktregelungen ohnehin nicht denkbar. [1213] Der gemeinschaftsrechtliche Gesetzgeber kann nur beschränkt tätig werden. Zur unabdingbaren Ausgestaltung bzw. Regelung von Marktverhältnissen muss deshalb aufgrund der strukturellen Konzeption der Union als Staatenbund zwingend auf die Mitgliedstaaten als Regelungsgeber zurückgegriffen werden.[1214] Aufgabe der Grundfreiheiten

---

[1208] Vgl. *Frenz*, Hdb EuropaR Grundfreiheiten, Rn. 5 ff.; *Kainer*, ZHR 2004, 542, 555.

[1209] Vgl. Art. 26 Abs. 2 AEUV: „Raum ohne Binnengranzen"; *Forsthoff*, in: Grabitz/Hilf/Nettesheim, Das Recht der EU, Art. 45 AEUV Rn. 198 f.

[1210] Vgl. *Schulte Westenberg*, Zur Bedeutung der Keck-Rechtsprechung für die Arbeitnehmerfreizügigkeit, S. 21 (nur Maßnahmen mit „spezifisch [marktzersplitternder] Tendenz" seien grundfreiheitsrelevant); *Haferkamp*, Kapitalverkehrsfreiheit, S. 55 ff.

[1211] Vgl. *GA Tesauro*, SchlAnt v. 27.10.1993 zu C-292/92, Slg. 1993, I-6787 Rn. 27 f. – Ruth Hünermund u.a./Landesapothekerkammer Baden-Württemberg; *Kainer*, Unternehmensübernahmen, S. 140 ff.; *Mülbert*, ZHR 159 (1995), 2, 18 ff.; *Classen*, EuR 2004, 416.

[1212] *Lübke*, Der Erwerb von Gesellschaftsanteilen, S. 298.

[1213] *Kainer*, ZHR 2004, 542, 555.

[1214] *Forsthoff*, in: Grabitz/Hilf/Nettesheim, Das Recht der EU, Art. 45 AEUV Rn. 194; *Kingreen*, Struktur der Grundfreiheiten, S. 26 f.; *Schulte Westenberg*, Zur Bedeutung der Keck-Rechtsprechung für die Arbeitnehmerfreizügigkeit, S. 16 (der Autor spricht von einem „[strukturellen] Dilemma zwischen Binnenist also nicht die Markt(de)regulierung, sondern die Marktintegration durch notwendige Deregulierung grenzspezifischer Markthindernisse.[1215]

Deshalb setzt der grundfreiheitliche Schutz auch erst bei Grenzübertritt bzw. Auslandsberührung ein.[1216] Die grenzüberschreitende Faktormobilität kann einerseits dadurch beschränkt werden, dass negative Folgen an den Grenzübertritt selber geknüpft werden. Bei objektbezogenen Faktorfreiheiten (Art. 34, 56 AEUV) entspricht der Grenzübertritt funktional der Herkunft bzw. dem Bestimmungsort des Faktors; bei personenbezogenen Faktorfreiheiten (Art. 45, 49, 56 AEUV) entspricht der Grenzübertritt funktional der Ansässigkeit bzw. Staatsangehörigkeit seines Urhebers. Regelungsunterschiede aufgrund der genannten Kriterien sind deshalb als offene Diskriminierung verboten.[1217] Grenzspezifische Markthindernisse bestehen auch dann, wenn eine Regelung zwar nicht offen an den Grenzübertritt bzw. seine faktorspezifischen Äquivalente anknüpft, jedoch nach typischerweise dem Grenzübertritt entsprechenden Kriterien unterscheidet und grenzüberschreitende Faktorallokationen deshalb verdeckt diskriminiert. Die freie Faktormobilität kann zudem durch Maßnahmen behindert werden, die zwar weder ein offen noch verdeckt diskriminierendes faktorbezogenes Unterscheidungskriterium beinhalten (also unterschiedslos anwendbar sind), in ihrer Wirkung aber tatsächlich grenzüberschreitende Faktorvorgänge stärker belasten als solche innerhalb des nationalen Marktes.[1218] Mitgliedstaatliche Maßnah-

marktziel und förderativer Gemeinschaftsstruktur“); *Frenz*, EuR 2002, 603, 616; *Kluth*, AöR 122 (1997), 557, 565.

[1215] Vgl. *Kingreen*, Struktur der Grundfreiheiten, S. 122 f.; *Lübke*, Der Erwerb von Gesellschaftsanteilen, S. 295 ff.; *Streinz*, Europarecht, Rn. 815; *Matthies*, in: FS Everling I (1995), S. 803, 814 f.; *Hindelang*, JZ 2009, 829, 834; *Bachmann*, AcP 210 (2010), 425, 432.

[1216] Vgl. *Jarass*, in; FS Everling I (1995), S. 593, 595 ff.; *Bachmann*, AcP 210 (2010), 425, 432; *Müller-Graff*, EuR-Beiheft 1/2002, 7, 36 f.; zur Beschränkung des grundfreiheitlichen Liberalisierungsauftrags auf zwischenstaatliche Sachverhalte siehe *Kainer*, Unternehmensübernahmen, S. 146 f.

[1217] Vgl. *Lübke*, Der Erwerb von Gesellschaftsanteilen, S. 269 ff.; *Ohler*, Kapital- und Zahlungsverkehrsfreiheit, Art. 56 EGV Rn. 255, 261 (jedoch mit der Staatsangehörigkeit als von Art. 63 AEUV unmittelbar verbotenes Differenzierungsmerkmal); *Haferkamp*, Kapitalverkehrsfreiheit, S. 60 ff.; *Kainer*, Unternehmensübernahmen, S. 66 f.

[1218] Zur korrekten Abgrenzung tatsächlicher Diskriminierung von Marktzugangshindernissen siehe *Lübke*, Der Erwerb von Gesellschaftsanteilen, S. 281 ff.; allein die Doppelbelastung mit den Anforderungen zweier Rechtssysteme (vgl. sog. Herkunftslandprinzip) stellt allerdings keine faktische Diskriminierung dar, da men, die rechtlich (offen oder verdeckt) oder tatsächlich grenzüberschreitende Faktormobilität im Vergleich zu innerstaatlichen Faktorallokationen schlechterstellen, laufen demnach der Verwirklichung des freien Binnenmarktes zuwider und sind – vorbehaltlich einer Rechtfertigung – verboten.

Nationalstaatliche Marktregelungen, die weder rechtlich noch tatsächlich aufgrund des Grenzübertritts diskriminieren, stellen jedoch das Binnenmarktkonzept grundsätzlich nicht in Frage. Eine rechtfertigungsbedürftige Beschränkung liegt deshalb nicht schon vor, wenn negative bzw. attraktivitätsminderne, aber nicht diskriminierende Auswirkungen auf ein Marktverhalten allein aus dem (Fort-)Bestand marktregelnder Maßnahmen an sich resultieren.[1219] Die Grundfreiheiten sollen lediglich sicherstellen, dass eine binnenmarktweite freie Faktorallokation über nationalstaatliche Grenzen hinweg trotz primär nationalstaatlicher Regelungskompetenz möglich ist. Ziel der Grundfreiheiten ist der freie Wettbewerb auf einem unionsweiten Binnenmarkt durch privatautonome Marktbetätigung, nicht hingegen der ungeregelte Wettbewerb insgesamt.

Dazu ist jedoch neben dem Absehen von Diskriminerung grenzüberschreitender Faktorvorgänge erforderlich, dass die Mitgliedstaaten überhaupt erst einen nationalen Markt für die unionsrechtlich geschützten Wirtschaftsfaktoren bereitstellen und den Zugang[1220] zu diesem ermöglichen.[1221] Nur so können Wirtschaftsfaktoren auf dem Binnenmarkt ins-

---

faktisch nicht Ausländer stärker belastet werden als Inländer, sondern auf mehreren Märkten tätige Wirtschaftsteilnehmer stärker als solche, die nur auf einem Markt tätig sind. Diese Differenzierung entspricht aber nicht typischerweise einer Differenzierung aufgrund der Staatsangehörigkeit. Derartige Doppelbelastungen stellen also höchstens eine Marktzugangssperre dar; vgl. *Roth*, in: GS Knobbe-Keuk (1997), S. 729, 738; *Dietz/Streinz*, EuR 2015, 50, 68.

[1219] Vgl. *Steindorff*, ZHR 158 (1994), 149, 160.

[1220] Teilweise wird eine Verhinderung des Marktzugangs bereits als tatsächliche Diskriminerung gewertet, weil inländische Wirtschaftsfaktoren bzw. Marktteilnehmer sich typischerweise bereits auf dem inländischen Markt bewegten und es für von außen kommende Wettbewerber deshalb schwerer sei, Marktzugangsanforderungen zu erfüllen, siehe bspw. *Kingreen*, Struktur der Grundfreiheiten, S. 123 ff.; *GA Kokott*, SchlAnt v. 3.3.2005 zu C-174/04, Slg. 2005, I-4933 Rn. 30 – Kommission/Italienische Republik. Heranzuziehende Vergleichgruppen sind jedoch nicht inländische etablierte Marktteilnehmer und außländische Marktneulinge, sondern inländische Marktneulinge und ausländische Marktneulinge.

[1221] *Frenz*, EuR 2002, 603, 616; dabei ist nach überzeugender Ansicht auch nicht zwischen Produkt- und Personenfreiheiten zu unterscheiden, siehe *Schulte Wes-*

gesamt überhaupt erst in Wettbewerb treten. Die Grundfreiheiten fordern also, negative Folgen für Faktorallokationsvorgänge aufgrund des Bestehens nationalstaatliche Grenzen zu beseitigen und damit das allgemeine Wohl zu fördern, indem sie die Mitgliedstaaten auf Marktschaffung, Marktzutritt und Marktgleichbehandlung[1222] (Verbot offener, verdeckter und tatsächlicher Diskriminierung) verpflichten.[1223]

Für eine Subsumption unter den grundfreiheitlichen Beschränkungsbegriff muss deshalb differenziert werden, ob die staatliche Maßnahme ausschließlich dazu geeignet ist, das Verhalten im Markt zu regeln, oder sich bereits vor Markteintritt wesentlich auf den eigentlichen Marktzugang auswirkt.[1224] Im ersten Fall liegt eine Beschränkung nur dann vor, wenn es sich um eine rechtlich (offen oder verdeckt) oder tatsächlich diskriminierende Maßnahme handelt. In letzterem Fall stellt die Maßnahme stets – unabhängig von einer möglichen Diskriminierung – eine Beschränkung grenzüberschreitender Faktormobiliät dar. Fraglich ist mithin, wann eine Maßnahme geeignet ist, den Marktzugang grundfreiheitswidrig bzw. wesentlich zu versperren. Eine bloße Beeinflussung oder – negativ konnotiert – eine bloße Beeinträchtigung des Marktzugangs kann dafür in Anbetracht der Funktion der Grundfreiheiten nicht ausrei-

---

tenberg, Zur Bedeutung der Keck-Rechtsprechung für die Arbeitnehmerfreizügigkeit, S. 71 ff.

1222 Vgl. dazu die Begrifflichkeit bei *Jarass*, in; FS Everling I (1995), S. 593 ff. (der die Grundfreiheiten deshalb auch als „Grundgleicheiten" bezeichnet).

1223 Vgl. *Müller-Graff*, in: von der Groeben/Schwarze/Hatje, Europäisches Unionsrecht, Art. 34 AEUV Rn. 250; *Lübke*, Der Erwerb von Gesellschaftsanteilen, S. 301, *Haferkamp*, Kapitalverkehrsfreiheit, S. 84; *Kainer*, Unternehmensübernahmen, S. 110, 118; *Roth,* in: GS Knobbe-Keuk (1997), S. 729, 737 ff.; *Classen*, EuR 2004, 416, 417 (der die Marktschaffung allerdings gerade nicht als Gebot der Grundfreiheiten begreift, siehe S. 424); weiter (für einen allgemeinen Rechtfertigungszwang staatlicher Maßnahmen) *Tietje*, in: Ehlers, Europäische Grundrechte und Grundfreiheiten, § 10 Rn. 55 f.

1224 Vgl. GA Jacobs, SchlAnt v. 24.11.1994 zu C-412/93, Slg. 1995, I-182 Rn. 42 – Société d'importation Edouard Leclerc-Siplec/TF1 Publicité SA und M6 Publicité SA; *Schulte Westenberg*, Zur Bedeutung der Keck-Rechtsprechung für die Arbeitnehmerfreizügigkeit, S. 179. Zum weiterhin erforderlichen Merkmal der „Geeignetheit" siehe *Lübke*, Der Erwerb von Gesellschaftsanteilen, S. 331 f.; *Jaensch*, Die unmittelbare Drittwirkung der Grundfreiheiten, S. 149 ff.

chen.[1225] Im Folgenden wird deshalb erläutert, unter welchen Bedingungen eine Maßnahme als marktzugangserheblich anzusehen ist.

c. Formelle Marktzugangssperre

Die Grundfreiheiten sichern die unionsweite Mobilität der geschützten Wirtschaftsfaktoren. Sie gewährleisten also einerseits die Gleichbehandlung der Marktteilnehmer auf dem jeweiligen nationalen Markt sowie ihren Eintritt in den Wettbewerb auf dem jeweiligen nationalen Markt. Ein unionsweiter Binnenmarkt setzt demzufolge neben dem Absehen von Diskriminierung voraus, dass Wirtschaftsfaktoren überhaupt über mitgliedstaatliche Grenzen verbracht werden und auf dem fremden nationalen Markt angeboten und nachgefragt werden können. Der Marktzugang eines Faktors wird deshalb in rechtfertigungsbedürftiger Weise behindert, wenn die Faktorverbringung in sowie aus einem anderen Mitgliedstaat bzw. die spezifische Faktornutzung durch Angebot und Nachfrage des Faktors auf einem anderen mitgliedstaatlichen Markt an sich insgesamt verhindert – also versperrt – werden (formelle Marktzugangssperre).[1226] Ausschlaggebend ist folglich, ob die grenzüberschreitende Verbringung und Nutzung des Faktors auf dem fremden Markt absolut unmöglich gemacht wird. Es kommt mithin auf die (unmittelbare oder mittelbare) Wirkung der nationalen Maßnahme auf den grenzüberschreitenden Faktormobilitätsvorgang an. Eine rein formalistische Unterscheidung danach, zu welchem Zeitpunkt – vor oder nach Marktzugang – die nationale Maßnahme ansetzt, ist deshalb irrelevant.[1227]

Da jeder Wirtschaftsfaktor gerade einen spezifischen Beitrag zur Wirtschaft auf einem Markt leistet bzw. faktorspezifisch auf dem Markt angeboten und nachgefragt wird, ergeben sich für jeden grundfreiheitlich

---

[1225] Vgl. zu abweichenden Marktzugangstests die Übersicht bei *Dietz/Streinz*, EuR 2015, 50, 52.

[1226] Vgl. *Kainer*, Unternehmensübernahmen, S. 158; *Lübke*, Der Erwerb von Gesellschaftsanteilen, S. 329 (allerdings mit anderer Begrifflichkeit: Unterscheidung zwischen rechtlich und faktisch prohibitiven Marktzugangssperren); *Dietz/Streinz*, EuR 2015, 50, 64 (die von rechtlicher und wirtschaftlicher Unmöglichkeit sprechen); in diesem Sinne wohl auch *Haferkamp*, Kapitalverkehrsfreiheit, S. 86 ff. (Eingriff in den Kernbereich).

[1227] So aber *Demirakou*, Kapitalverkehrsfreiheit, S. 192 f.; *Wellige*, EuZW 2003, 427, 432 ff.; *Kainer*, Unternehmensübernahmen, S. 158 ff.; *Ders.*, ZHR 2004, 542, 556 f.; diesen Ansatz zutreffend ablehnend *Pießkalla*, Goldene Aktien, S. 99 f.

geschützten Wirtschaftsfaktor faktorspezische Marktzugangsanforderungen.[1228] Der faktorspezifische Schutzumfang einer jeden Grundfreiheit determiniert die Anforderungen, die an einen freien Marktzugang zu stellen sind. Im Folgenden werden die faktorspezifischen Eigenschaften des freien Kapitalverkehrs einerseits sowie der freien Niederlassung andererseits erläutert, um daraus Rückschlüsse auf die Anforderungen an einen formell freien Marktzugang des jeweiligen Faktors zu ziehen.

(1) Formelle Marktzugangssperre für Kapitalverkehr durch Anteilserwerb

Die Kapitalverkehrsfreiheit gewährleistet die gemeinschaftsweite freie Allokation des Wirtschaftsfaktors Kapital, die typischerweise in der Absicht vorgenommen wird, eine Rendite zu erzielen.[1229] Gegenstand der Kapitalverkehrsfreiheit ist also im Wesentlichen der Einsatz von Kapital zu Gewinnerzielungszwecken. Darunter fällt auch der Erwerb von Gesellschaftsanteilen in Form der Direkt- oder Portfolioinvestition.

(a) Anteilserwerbsmöglichkeit

Für den anlageinteressierten Marktteilnehmer besteht nur dann die Möglichkeit, sein Kapital durch Anteilserwerb auf einem fremden Markt zu platzieren, wenn er Gesellschaftsanteile überhaupt erwerben kann. Grundvoraussetzung des Marktzugangs für Kapitalallokationsvorgänge durch Anteilserwerb ist also die Möglichkeit, einen Anteil zu erwerben.[1230]

(b) Gewinnerwirtschaftungsmöglichkeit

Kapital wird jedoch typischerweise nur gegen Entgelt bzw. bei Aussicht auf Gewinn vergeben. Dem *Wirtschafts*faktor Kapital ist inhärent, dass er einen Markt nur betritt, wenn dadurch eine Rendite zu erwarten ist. Eine Nutzung von Kapital auf dem Markt setzt also bereits an sich eine Renditechance voraus. Unter Berücksichtigung seiner faktorspezifischen

1228 Vgl. *Schulte Westenberg*, Zur Bedeutung der Keck-Rechtsprechung für die Arbeitnehmerfreizügigkeit, S. 127, 176 ff., insbes. S. 179 („Gegenstand und (...) Bestimmung der grundfreiheitlich geschützten Güter"); *Dietz/Streinz*, EuR 2015, 50, 64.

1229 Zur Gewinnerzielungsabsicht als (nicht) notwendige Bedingung eines Kapitaltransfers i.S.d. Art. 63 AEUV siehe *Hippel*, EuZW 2005, 7 ff.

1230 Vgl. *Pießkalla*, Goldene Aktien, S. 92; *Lübke*, Der Erwerb von Gesellschaftsanteilen, S. 329, 454; *Haferkamp*, Kapitalverkehrsfreiheit, S. 86; *Kainer*, ZHR 2004, 542, 556; *Wellige*, EuZW 2003, 427, 432.

Nutzungsanforderungen kann Kapital durch Anteilserwerb auf einem Markt überhaupt nur dann faktorspezifisch genutzt werden, wenn mit dem erworbenen Anteil auch Gewinn erwirtschaftet werden kann.[1231]

In Ermangelung eines vollharmonisierten europäischen Gesellschaftsrechts[1232] werden Bestand und Umfang anteilsgestützter Gewinnerwirtschaftsmöglichkeiten durch das nationale Gesellschaftsrecht determiniert. Europarechtlich sind die nationalen Gesetzgeber allerdings nicht dazu verpflichtet, einen bestimmten Gesellschaftstypus oder ein bestimmtes Gewinnverteilungssystem anzubieten.[1233] Der Marktzugang für Kapital durch Anteilserwerb ist bereits gesichert, wenn irgendein Gesellschaftstyp mit einem irgendwie gearteten Gewinnverteilungssystem auf dem nationalen Markt besteht. Die Kapitalverkehrsfreiheit garantiert also lediglich den Bestand eines gesellschaftsrechtlichen Gewinnverteilungssystems nach dem jeweiligen nationalen Recht, nicht eine spezielle Ausformung.[1234] Der Marktzugang für Kapital durch Erwerb von Gesell-

---

[1231] Vgl. *Lübke*, Der Erwerb von Gesellschaftsanteilen, S. 329, 454; ähnlich *Haferkamp*, Kapitalverkehrsfreiheit, S. 89 (zur Zinsvergütungsmöglichkeit als „Eingriff in den Kernbereich").

[1232] Europarechtliche Gesellschaftsformen sind bspw. die Societas Europaea sowie die Europäische Genossenschaft, jedoch stets mit Rückbezug zum jeweiligen Recht der Mitgliedstaaten, vgl. SEVO sowie SCEVO. Insbesondere Organeinrichtung und –zuständigkeiten sind im Hinblick auf die im jeweiligen Recht der Mitgliedsaaten vorgesehen Gesellschaftsformen nicht europarechtlich vollharmonisiert, siehe dazu *Lutter/Bayer/Schmidt*, Europäisches Unternehmens- und Kapitalmarktrecht, § 9 Rn. 1 ff.

[1233] Vgl. *Lübke*, Der Erwerb von Gesellschaftsanteilen, S. 462.

[1234] A.A. *Lübke*, Der Erwerb von Gesellschaftsantielen, S. 462, 513. *Lübke* vertritt die These, die europarechtliche Kapitalverkehrsfreiheit schütze neben der mit dem Anteilserwerb verbundenen Gewinnerwirtschaftungsmöglichkeit an sich darüber hinaus die proportionale Gewinnverteilung unter den Gesellschafter (proportional zu der für die jeweilige Gesellschaftsform maßgeblichen Größe, bspw. persönlicher Arbeitseinsatz oder Kapitalanteil). Dieses vermeintliche „Grundkonzept" einer proportionalen Gewinnverteilung ist mangels Nachweisen in den Primärrechtsdokumenten kein europarechtliches, sondern ein deutschrechtliches Phänomen. Bei der proportionalen Gewinnverteilung handelt es sich deshalb nicht um eine faktorspezifische Eigenschaft des grundfreiheitlich geschützten Kapitalverkehrs. Art. 63 AEUV schützt nicht die proportionale Gewinnerwirtschaftungsmöglichkeit oder die nach dem jeweiligen nationalen Recht gängige Gewinnerwirtschaftungsmöglichkeit, sondern lediglich die Möglichkeit, dass mit dem investierten Gesellschaftsanteil überhaupt Gewinn erwirtschaftet werden kann. Geschützt wird also nicht das Prinzip einer proportionalen Korrelation von Kapital- und Gewinnbeteiligungsquote, sondern lediglich die irgendwie geartete Korrelation von Kapital- und Gewinnbeteiligungsquote. Eine nichtschaftsanteilen ist also bereits dann formell gesichert, wenn mit dem Anteilserwerb überhaupt eine Gewinnerwirtschaftungsmöglichkeit einhergeht.

(c) Ergebnis

Die Kapitalverkehrsfreiheit gewährleistet die Möglichkeit durch grenzüberschreitenden Kapitaleinsatz eine Rendite zu erzielen.[1235] Findet Kapitalverkehr durch den Erwerb von Gesellschaftsanteilen statt, kann der derart grundfreiheitlich geschützte Wirtschaftsfaktor Kapital den fremden Markt nur dann überhaupt erst betreten, wenn Gesellschaftsanteile mit Renditechancen erworben werden können. Der Marktzugang für Kapital durch Aktienerwerb wird deshalb bereits formell in rechtfertigungsbedürftiger Weise versperrt, wenn keine Anteilserwerbs- oder Gewinnerwirtschaftungsmöglichkeit besteht.

(2) Formelle Marktzuganssperre für Niederlassungen durch Kontrollanteilserwerb

Die Niederlassungsfreiheit gewährleistet die gemeinschaftsweite freie Allokation des Faktors Arbeit in Form der selbstständigen, dauerhaft ortsansässigen und gewinnorienterten Erwerbstätigkeit.[1236] Niederlassungsfreiheit bedeutet also vor allem Renditeerzielung durch selbstständigen Einsatz der eigenen Arbeitskraft. Für den Faktor niedergelassene Arbeit ist der Marktzugang also nur dann eröffnet, wenn der Arbeitswillige seine Arbeitsleistung in einem anderen Mitgliedstaat überhaupt in selbstständiger und dauerhaft ortsansässiger Weise mit der Möglichkeit zur Gewinnerzielung anbieten kann.

Auch durch den grenzüberschreitenden Erwerb einer Kontrollbeteiligung kann der Faktor niedergelassene Arbeit im Binnenmarkt allokiert wer-

---

proportionale Korrelation kann höchstens ein materielles Marktzugangshindernis aufgrund intensiver Unattraktivität des Anteilserwerbs darstellen. Bei der von *Lübke* vorgeschlagenen Betrachtungsweise wird die autonome Auslegung des Europarecht ungerechtfertigterweise mit nationalrechtlichen Anforderungen vermengt.

1235 Vgl. *Lübke*, Der Erwerb von Gesellschaftsanteilen, S. 459.

1236 Vgl. *Müller-Graff*, in: Streinz, EUV/AEUV, Art. 49 AEUV Rn. 5; *Lübke*, Der Erwerb von Gesellschaftsanteilen, S. 202; *Haferkamp*, Kapitalverkehrsfreiheit, S. 165; *Roth*, in: Dauses, Hdb EU-Wirtschaftsrecht, E I Rn. 2.

den.[1237] Die kontrollierte Gesellschaft dient dann als Tätigkeitsvehikel: Die Gesellschaft leistet durch ihre unmittelbar operative Markttätigkeit den Faktor Arbeit, der funktional den kontrollierenden Gesellschaftern zugerechnet wird.

(a) Anteilserwerbsmöglichkeit

Um anteilsgestützte Niederlassungstätigkeit auf dem Markt eines anderen Mitgliedstaats platzieren zu können, bedarf es deshalb zum einen der Möglichkeit, Gesellschaftsanteile überhaupt zu erwerben. Nur so kann der Niederlassungswillige durch seine Arbeitsleistung – vermittelt über die operative Tätigkeit der (anteilig) erworbenen Gesellschaft – an dem Wettbewerb auf dem fremden Markt teilnehmen.[1238] Ohne jedwede Anteilserwerbsmöglichkeit könnte der Wirtschaftsfaktor Niederlassung den fremden Markt durch Anteilserwerb gar nicht erst betreten.

(b) Gewinnerwirtschaftungsmöglichkeit

Mit Blick auf die grundsätzlich ökonomische Ausrichtung der Grundfreiheiten schützt Art. 49 AEUV vor allem die Niederlassung in Form der erwerbswirtschaftlichen Betätigung.[1239] Der Wirtschaftsfaktor Niederlassung kann den fremden Markt durch Anteilserwerb folglich überhaupt erst betreten, wenn der Anteilserwerb dem Anleger die Möglichkeit verschafft, eine Rendite zu erzielen.[1240]

(c) Kontrollmöglichkeit

Darüber hinaus muss der Anteilserwerb dem niederlassungswilligen Investor unternehmerischen Einfluss auf die Gesellschaft, also auf ihre operative Wirtschaftstätigkeit und damit auf die Willensbildung des

---

[1237] Direktinvestitionen dienen gerade auch zum internationalen Markteintritt, siehe *Niederkorn*, Markteintrittsstrategien in Europa, S. 27 (auch zu Vor- und Nachteilen dieser Markteintrittsstrategie); *Kutschker/Schmid*, Internationales Management, S. 84 3.1.

[1238] Vgl. *Lübke*, Der Erwerb von Gesellschaftsanteilen, S. 447, 454.

[1239] Zum Schutz der Gewinnerzielungsmöglichkeit durch Art. 49 AEUV siehe oben unter B. I. 4 d. (2) Fn. 1075.

[1240] Mit abweichender Begründung i.E. ebenso *Lübke*, Der Erwerb von Gesellschaftsanteilen, S. 447, 454, 459 f. (die allerdings gerade auch die proportionale Gewinnverteilung als europarechtlich geschützt ansieht, siehe dazu oben unter B. III. 4. c. (2) (b) Fn. 1234).

Leitungsorgans verschaffen.[1241] Anderfalls könnte die operative Marktleistung des Unternehmens dem Investor nicht funktional zugerechnet werden, so dass der Investor in der Folge gar keine selbstständige Arbeitsleistung auf dem fremden Markt erbringen würde. Konstituierendes Merkmal einer Niederlassung durch Anteilserwerb ist also zudem der Zugang zu direkten (gesellschaftsinternen) Eigentümerkontrollinstrumenten[1242] im Hinblick auf das Leitungsorgan.

(i) Zugang zu vollständiger Unternehmenskontrolle

Eigentümerkontrollinstrumente sind je nach Mitgliedstaat und Gesellschaftstyp unterschiedlich ausgestaltet. Ob und wie Eigentümerkontrolle in Gesellschaften ausgeübt werden kann, ist mithin abhängig vom nationalen Gesellschaftsrecht. Das Prinzip der Korrelation – nicht notwendig der proportionalen Korrelation[1243] – von Einfluss und Kapitalbeteiligung ist dem Kapitalgesellschaftsrecht allerdings unabhängig von seiner jeweiligen nationalrechtlichen Ausgestaltung inhärent. Haftendes Eigenkapital wird nämlich überhaupt nur bereitgestellt, wenn damit Einflussmöglichkeiten auf die Unternehmensleitung einhergehen. Dieser Einfluss ist im besten, nicht aber im einzig denkbaren oder einzig realistischen Fall auch proportional mit der jeweiligen Kapitalbeteiligungsquote korreliert.[1244] Die einfache Korrelation von Kapitalbeteiligung und Einfluss ist also die Basis jedweder Eigentümerkontrolle.

Andererseits ermöglicht sie bereits die intensivste Form der Niederlassung durch Anteilserwerb, nämlich die „derivative" Gründung und Leitung von Unternehmen durch vollständige Unternehmensübernahme i.S.d. Art. 49 Abs. 2 AEUV. Hält ein Investor alle Kapitalanteile, korreliert damit auch der gesamte Gesellschaftereinfluss, insbesondere auf das Leitungsorgan. Eine anteilsgestützte Niederlassung in einem anderen Mitgliedstaat ist also bereits immer dann möglich, wenn die Gesellschaft durch Erwerb sämtlicher Kapitalanteile vollständig übernommen werden

[1241] Vgl. *Kainer*, ZHR 168 (2004) 542, 557; abweichend *Pießkalla*, EuZW 2006, 724, 725 sowie *Ders.*, EuZW 2007, 702 (Attraktivitätsminderung im Hinblick auf unternehmerischen Einfluss sei (auch) eine Beschränkung des Kapitalverkehrs).

[1242] Dazu siehe oben unter B. I. 4. c. (2).

[1243] Das Prinzip „one share, one vote" ist nämlich gerade kein europarechtlich vorgegebenes Prinzip, Vgl. *Ferrarini*, ECFR 2006, 147 ff.

[1244] Vgl. für den Fall einer nicht proportionalen Korrelation von Einfluss und Kapitalbeteiligung bspw. das Instrument der Vorzugsaktien gem. § 140 AktG.

kann. Dies ist der Fall, sobald das nationale Gesellschaftsrecht eine grundsätzliche Korrelation von Kapitalbeteiligung und Stimmrechtsmacht normiert.

(ii) Zugang zu abgestufter Unternehmenskontrolle

Grundsätzlich denkbar und europarechtlich geschützt sind jedoch auch andere, weniger intensive Formen anteilsgestützter Niederlassungen, bspw. durch negative oder kooperative Unternehmenskontrolle oder aufgrund positiver Unternehmenskontrolle durch einfache Mehrheitsbeteiligung. Allerdings hängt es von der Ausgestaltung des nationalen Gesellschaftsrechts ab, ob und in welcher Gestalt ein abgestufter Kontrollerwerb in der jeweiligen Gesellschaftsform überhaupt möglich ist. Den nationalen Gesetzgebern steht es wiederum frei, welche Gesellschaftstypen und Gesellschaftskontrollinstrumente sie anbieten.[1245] Die Niederlassungsfreiheit garantiert grundsätzlich also nicht den nationalrechtlichen Bestand abgestufter anteilsgestützter Niederlassungsformen, sondern lediglich den Zugang zu vollständiger Unternehmensübernahme.[1246]

Entscheidet sich ein nationaler Gesetzgeber allerdings dafür, den Gesellschaftern eines bestimmten Gesellschaftstyps abgestufte Eigentümerkontrollinstrumente zu gewähren, stellt er gleichzeitig eine weitere anteilsgestützte Niederlassungsform und damit eine weitere Marktzugangsmöglichkeit bereit. Er eröffnet mithin einen zusätzlichen Kanal, durch den anteilsgestützte Niederlassung auf dem nationalen Markt allokiert und selbstständige Arbeitsleistung genutzt werden kann. Jedes zusätzliche

---

1245 Vgl. *Lübke*, Der Erwerb von Gesellschaftsanteilen, S. 462.

1246 A.A. *Lübke*, Der Erwerb von Gesellschaftsanteilen, S. 447. *Lübke* geht im Rahmen des Art. 49 AEUV davon aus, die europarechtlich autonom auszulegende Niederlassungsfreiheit schütze per se das Proportionalitätsverhältnis von Kapitalbeteiligung und Einflussmacht (S. 464 Fn. 115, worin allerdings ohne weitere Erklärung auf das zuvor fälschlicherweise als geschützt angesehene Proportionalitätsverhältnis von Kapital und Gewinnchance verwiesen wird). Auch hier scheint *Lübke* davon auszugehen, dass das deutsche Gesellschaftsrecht dem „Grundkonzept" von „eine Aktie, eine Stimme" folgt und deshalb europarechtlich auch diese Gestaltungsform von Einflussmacht geschützt sei. Dabei werden jedoch wiederum europarechtlich autonome Auslegung und deutschrechtliche Vorgaben vermengt. Dem europäischen Primärrecht ist ein derartiges Grundkonzept nicht zu entnehmen. Die Niederlassungsfreiheit schützt deshalb per se nur die Möglichkeit, Kontrolle – bis hin zur vollständigen Aufsichtsratsbesetzung – zu erhalten. Das Proportionalitätsverhältnis von Stimme und Kapitalbeteiligung wird davon höchstens als Reflex i.S.e. weiteren Marktzugangskanals geschützt, nicht aber grundfreiheitsinhärent.

Kontrollinstrument stellt deshalb eine andere Art anteilsgestützter Niederlassung dar. Der Marktzugang durch Wahrnehmung der zusätzlich angebotenen Niederlassungsformen besteht aber nur, wenn die gesetzlich normierten Eigentümerkontrollinstrumente auch in der vorgesehenen Form ausgeübt werden können. Jede Abweichung bzw. Beeinträchtigung von gesetzlich vorgesehenen Kontrollinstrumenten stellt deshalb eine Behinderung des Marktzugangs mithilfe der jeweiligen Niederlassungsform dar.

Art. 49 AEUV verpflichtet die Mitgliedstaaten also dazu, Gesellschaftstypen bereitzustellen, die Eigentümerkontrolle überhaupt zulassen. Nur dann kann der Wirtschaftsfaktor Niederlassung durch den Erwerb von Gesellschaftsanteilen auf einen anderen Markt überhaupt verbracht werden. Dieser Pflicht wird bereits durch die kapitalgesellschaftsinhärente Korrelation von Kapitalanteil und Einfluss entsprochen. Zur Bereitstellung attraktiverer, abgestufter Eigentümerkontrollinstrumente sind die Mitgliedstaaten hingegen nicht verpflichtet, da der nationale Markt bereits durch vollständige Gesellschaftsübernahme betreten werden kann. Stellen sie jedoch weitere Kontrollinstrumente und damit weitere Niederlassungsformen bereit, werden diese als zusätzliche Marktzugangsmöglichkeit europarechtlich vor Abweichungen geschützt.[1247]

Der so erzielte europarechtliche Schutz nationalgesellschaftsrechtlicher Grundprinzipien darf allerdings nicht verwechselt werden mit einem allgemeinen Bestandsschutz bzw. Änderungsverbot im Hinblick auf das nationale Gesellschaftsrecht. Der einzelne Marktteilnehmer wird nur vor Abweichungen im Einzelfall, nicht vor grundlegender Abschaffung bzw. Überarbeitung des nationalen Gesellschaftsrechts geschützt. Den Mitgliedstaaten steht es weiterhin frei, angebotene Eigentümerkontrollinstrumente insgesamt abzuschaffen oder grundsätzlich anders auszugestalten. Sobald sie sich aber für eine grundsätzliche Bereitstellung abgestufter Niederlassungsformen entscheiden, verhindert jede Abweichung die Nutzung dieser Niederlassungsform als Marktzugangskanal an sich und ist deshalb rechtfertigungsbedürftig.

Nicht übersehen werden darf allerdings, dass eine derartige Definition der wesentlichen Marktzugangskriterien für anteilsgestützte Niederlas-

---

1247 Vgl. *Lübke*, Der Erwerb von Gesellschaftsanteilen, S. 464 f. (allerdings mit abweichender Begründung).

sungsvorgänge dazu führt, dass der Gewährleistungsgehalt der europarechtlichen Niederlassungsfreiheit nicht mehr gesamtautonom bestimmt werden kann. Da jedoch kein einheitliches europäisches Gesellschaftsrecht exisitiert, können Eigentümerkontrollinstrumente nur auf nationalstaatlicher Ebene bereitgestellt werden. Mögliche Niederlassungsformen bzw. mögliche anteilsgestützte Niederlassungszugänge variieren deshalb von Mitgliedstaat zu Mitgliedstaat und können nur unter Rückgriff auf das nationale Gesellschaftsrecht determiniert werden. Die Verquickung der europäischen mit der nationalen Regelungsebene ist also zwangsläufige Folge der europäischen Kompetenzordnung.

(iii) Unternehmenskontrolle nach deutschem Aktienrecht

In der deutschen Aktiengesellschaft vollzieht sich die Unternehmenskontrolle zuvörderst durch den Einfluss auf die Besetzung und die Beschlussfassung des Aufsichtsrats.[1248] Die bloße Stimmabgabe in der Hauptversammlung kann nicht als hinreichendes Kontrollinstrument gewertet werden. Eine funktionale Zurechnung der operativen Unternehmenstätigkeit als eigene Arbeitsleistung des Investors ist nur dann gerechtfertigt, wenn der Investor durch die Besetzung des Aufsichtsrats mittelbar auf die Besetzung des Vorstands und dessen operative Entscheidungen einwirkt. Eine hinreichende Kontrollmöglichkeit besteht also erst bei Zugang zu Aufsichtsratskontrolle.[1249] Nach dem deutschen Aktienrecht wird der Aufsichtsrat durch kapitaladäquate Stimmrechtsausübung bei Beschlussfassung in der Hauptversammlung besetzt.

Als stärkstes Eigentümerkontrollinstrument stellt das deutsche Aktienrecht also die kapitaladäquate Stimmrechtsausübung bei Aufsichtsratswahlen bereit. Dieser Form der anteilsgestützten Niederlassung durch Erwerb von Gesellschaftsanteilen an deutschen Aktiengesellschaften wird der Marktzugang bereits dann verwehrt, sobald die kapitaladäquate Besetzung des Aufsichtsrats beeinträchtigt wird. Gewährleistet wird also

---

[1248] Zur Unternehmenskontrolle durch Aufsichtsratskontrolle siehe oben unter B III. 2. b. (2).

[1249] Vgl. *Lübke*, Der Erwerb von Gesellschaftsanteilen, S. 447; i.E. auch *Kleinschmit*, Volkswagengesetz, S. 104 f.

vor allem die proportionale Korrelation von Kapitalbeteiligung und Stimmrechtsmacht bei Wahlen zum Aufsichtsrat.[1250]

(d) Ergebnis

Konstituierende Merkmale des Wirtschaftsfaktors Niederlassung sind die Renditeerzielung durch selbstständigen Einsatz der eigenen Arbeitskraft. Der Wirtschaftsfaktor Niederlassung kann einen fremden Markt folglich überhaupt erst betreten, wenn dort die eigene Arbeitskraft in selbstständiger Weise gewinnbringend angeboten werden kann. Art. 49 AEUV schützt auch die anteilsgestützte Niederlassung durch vollständige Unternehmensübernahme und – soweit das nationale Recht dies bereithält – durch Erwerb von Kontrollbeteiligungen. Der anteilsgestützten Niederlassung wird der Marktzugang durch Erwerb von Anteilen an deutschen Aktiengesellschaften formell in rechtfertigungsbedürftiger Weise versperrt, wenn entweder die Möglichkeit zum Anteilserwerb oder zur Gewinnerwirtschaftung oder zur (vollständigen) kapitaladäquaten Aufsichtsratsbesetzung verhindert wird.[1251]

d. Materielle Marktzuganssperre

Der Marktzugang eines grundfreiheitlich geschützten Wirtschaftsfaktors wird jedoch nicht nur dann in binnenmarktgefährdender Weise behindert, wenn eine Faktorverbringung und –nutzung an sich unmöglich sind und der Marktzugang damit in formeller Hinsicht bereits versperrt ist. Eine wesentliche Marktzugangssperre liegt auch dann vor, wenn der Marktzugang zwar möglich, aber absolut unattraktiv – nicht nur attraktivitätsgemindert – ist. Dann entspricht eine Attraktivitätsminderung funktional einer Marktzugangssperre. Denn rational ökonomisch orientierte Marktteilnehmer nehmen von einer grenzüberschreitenden Faktorallokation auch dann Abstand, wenn sie zwar möglich, aber absolut unattraktiv ist. Die mit der unionsweiten Integration verschiedener nationalstaatlicher Märkte verfolgten (komparativen) Kostenvorteile können

---

1250 Vgl. auch *Weiss*, EWS 2008, 13, 15 m.w.N. (der in Aussicht stellt, dass das Prinzip „one share, one vote“ möglicherweise europarechtlich geschützt ist, wenn es im nationalen Gesellschaftsrechtssystem vorgesehen ist).

1251 *Lübke*, Der Erwerb von Gesellschaftsanteilen, S. 447, 454, 460; vgl. auch *GA Alber*, SchlAnt v. 14.10.1999 zu C-251/98, Slg. 2000, I-2787 Rn. 32 – C. Baars/Inspecteur der Belastingen Particulieren/Ondernemingen Gorinchem (der jedoch noch zwischen sog. unmittelbaren und mittelbaren Beeinträchtigungen unterscheidet).

nicht mehr erreicht werden;[1252] die nationalen Volkswirtschaften müssten ihre jeweilige kostengünstigere Spezialisierung aufgeben und (komparativ) ineffektive Wirtschaftstätigkeiten wieder aufnehmen. Die durch die Grundfreiheiten angestrebte gemeinschaftsweite Wohlfahrtssteigerung würde verhindert. Absolut unattraktiv ist der Marktzugang mit Blick auf die ökonomische Ausrichtung des Binnenmarkts deshalb, wenn ein Betreten des Marktes unter den dort anzutreffenden Bedingungen wirtschaftlich sinnlos ist bzw. die mit der grenzüberschreitenden Faktorverbringung angestrebten Kostenvorteile insgesamt eliminiert werden. Wirtschaftlich sinnlos ist ein Faktorallokationsvorgang, wenn ein Marktteilnehmer ihn aus ökonomischen Gründen gar nicht erst in Betracht zieht, weil er insgesamt unrentabel ist.[1253] Eine materielle Marktzugangssperre liegt also vor, wenn die nationalstaatlich bedingten Begleitumstände der Faktorverbringung in (bzw. aus) den Markt oder die Begleitumstände der Faktornutzung auf dem Markt den grenzüberschreitenden Faktorallokationsvorgang derart unattraktiv machen, dass er wirtschaftlich sinnlos wird.[1254]

Unter diese Formel kann nicht jede attraktiviätsmindernde Maßnahme subsumiert werden. Ansonsten wäre wiederum jede mitgliedstaatliche Marktregulierung bzw. Marktgestaltung rechtfertigungsbedürftig. Dies widerspräche gerade der Konzeption der Union, wonach die Mitgliedstaaten primäre Normgeber bleiben sollen. Ihre bloß attraktivitätsmindernde Wirkung qualifiziert eine staatliche Maßnahme noch nicht als Marktzugangssperre. [1255] Eine wesentliche Marktzugangsbehinderung

---

[1252] Siehe Erläuterung und Nachweise bei *Kainer*, Unternehmensübernahmen, S. 131 f.

[1253] Vgl. *Lübke*, Der Erwerb von Gesellschaftsanteilen, S. 330, 447.

[1254] Vgl. *Kainer*, ZHR 2004, 542, 556, 557; *Lübke*, Der Erwerb von Gesellschaftsanteilen, S. 329 f., 447; abweichend jedoch *Kainer*, Unternehmensübernahmen, S. 158 ff. (der zwischen unmittelbar den Marktzugang betreffenden und mittelbar prohibitiven Regelungen unterscheidet; Letztere würden umso mehr dem Beschränkungsverbot unterfallen je eher sie unter Wertungsgesichtspunkten im Zusammenhang mit dem Marktzugang ständen. Eine derartige Abwägungsentscheidung ist jedoch mit erheblicher Rechtsunsicherheit belastet und gibt keine justiziablen Abgrenzungstopoi an die Hand).

[1255] Vgl. *Dietz/Streinz*, EuR 2015, 50, 62 f.; so aber EuGH v. 21.10.2010 – C-81/09, Slg. 2010, I-10161 Rn. 56 – Idryma Typou AE/Ypourgos Typou kai Meson Mazikis Enimerosis; siehe auch *Grundmann*, NZG 2005, 122, 125 (der bei Marktzugangsabschreckung durch einfache Attraktivitätsminderung von „indirekter Anteilszugangsbeschränkung" spricht).

durch Attraktivitätsminderung liegt erst dann vor, wenn die Attraktivitätsminderung eine derart hohe Intensität erreicht, so dass sie unter ökonomischen Gesichtspunkten in eine Marktzugangssperre umschlägt.[1256] Erst dann wird die freie Allokation von Wirtschaftsfaktoren binnenmarktspezfisch verhindert.

Der Marktzugang für Kapital durch Anteilserwerb in Form von Portfolio- oder Direktinvestitionen bzw. der Marktzugang für Niederlassungen durch Kontrollanteilserwerb in Form von Direktinvestitionen wird deshalb auch dann versperrt, wenn nationalstaatliche Regelungen dazu geeignet sind, den Anteilserwerb nicht nur weniger attraktiv, sondern insgesamt ökonomisch sinnlos zu machen.

e. Alternative Investitionsmöglichkeiten

Fraglich ist, ob eine Marktzugangssperre auch dann vorliegt, wenn zwar die (Direkt-)Investition in ein bestimmtes Investitionsziel unmöglich bzw. wirtschaftlich unrentabel ist, der Zugang zu anderen Investitionszielen auf dem nationalen Markt aber weiterhin gewährleistet ist.[1257] Bezogen auf die im Rahmen dieser Arbeit zu überprüfende Marktzugangssperre durch staatliche Entsendungsrechte zulasten von Kapital- bzw. Niederlassungsallokationen durch Anteilserwerb stellt sich deshalb die Frage: Ist der Marktzugang für Kapital bzw. anteilsgestützte Niederlassungen trotz staatlicher Entsendungsrechte in einer Gesellschaft solange gewährleistet, wie alternative Portfolio- bzw. Direktinvestitionsmöglichkeiten auf dem nationalen Markt bestehen? Dann wäre zwar eine Kapital- bzw. Niederlassungsallokation nicht durch Anteilserwerb gerade an der Gesellschaft mit Entsendungsrechten möglich, aber durch Investition in andere Gesellschaften ohne Entsendungsrechte.

Eine solche Betrachtungsweise würde aber wiederum dem Ziel der Grundfreiheiten – der Binnenmarktintegration mit dem Fernziel der Wohlstandssteigerung – zuwiderlaufen. Der Marktzugang ist auch versperrt, wenn neben der „versperrten“ Gesellschaft weitere (Direkt-)In-

---

1256 Vgl. *Kingreen*, Struktur der Grundfreiheiten, S. 126 Fn. 243 (der allerdings mit einem abweichenden Diskriminierungsbegriff arbeitet).

1257 In diese Richtung *Grundmann/Möslein*, BKR 2002, 758, 761 f.; ähnlich *Oprişiu*, Goldene Aktien, S. 57 ff., 66 (die die Frage nach alterantiven Investitionsmöglichkeiten allerdings mit dem teilweise postulierten „Spürbarkeitserfordernis“ vermengt).

vestitionsmöglichkeiten auf dem mitgliedstaatlichen Markt bestehen.[1258] Zur Verwirklichung des Binnenmarktes kommt es nämlich nicht (nur) darauf an, dass in dem Mitgliedstaat überhaupt ein Markt für Gesellschaftsanteile bzw. anteilsgestützte Niederlassungen besteht. Ein freier Binnenmarkt erfordert darüber hinaus, dass jeder Marktteilnehmer jeden Wirtschaftsfaktor an der von ihm gewählten Produktionsstätte in den Markt einbringen kann. Anderenfalls wären die effiziente Allokation von Wirtschaftschaftsfaktoren und damit die optimale Ressourcennutzung im Binnenmarkt nicht möglich.[1259] Gerade die in der Regel gewinngetriebene, privatautonome Allokationsentscheidung gewährleistet eine optimale – also ökonomisch sinnvolle – Faktorallokation. Der Binnenmarkt ist zu seiner Verwirklichung also auf die privatautonome Markttätigkeit jedes Marktteilnehmers angewiesen. Gerade deshalb weisen die Grundfreiheiten auch einen subjektiv-rechtlichen Gehalt auf.[1260] Eine privatautonome Allokationsentscheidung ist jedoch bereits dann nicht mehr möglich, wenn einzelne Faktorallokationsziele durch Marktzugangssperren dem freien Markt entzogen werden. Interessierte Kapitalanleger müssen die nach ihrer Einschätzung ökonomisch sinnvollste Investitionsmöglichkeit wahrnehmen können. Die Allokationsfreiheit darf also nicht dadurch verkürzt werden, dass bestimmte Gesellschaften als Allokationsstätte von Niederlassung oder Kapital von vornherein nicht in Betracht kommen. Der Binnenmarkt setzt also voraus, dass jeder Faktorallokationsvorgang grenzüberschreitend ausgeführt werden kann. Nicht ausreichend ist, dass stets eine begrenzte Anzahl an Faktorallokationen möglich bleibt.

Die Gegenauffassung müsste zu dem Schluss gelangen, dass der Marktzugang solange gesichert ist, wie mindestens zwei alternative (Direkt-)Investitionsmöglichkeiten bestehen. Eine derartige Einengung des nationalen Marktes widerspräche aber zutiefst dem Marktliberalisierungsgebot der Grundfreiheiten.[1261]

[1258] I.E. ebenso *Lübke*, Der Erwerb von Gesellschaftsanteilen, S. 292 ff., 463; *Pießkalla*, Goldene Aktien, S. 93 f.

[1259] Vgl. *Lübke*, Der Erwerb von Gesellschaftsanteilen, S. 293 f.; siehe auch *Schön*, in: GS Knobbe-Keuk (1997), S. 489, 503.

[1260] Vgl. *Lübke*, Der Erwerb von Gesellschaftsanteilen, S. 292, 147 ff.

[1261] Vgl. *Pießkalla*, Goldene Aktion, S. 93.

Die Grundfreiheiten gewährleisten also nicht nur eine irgendwie geartete Faktorallokation, sondern – im Hinblick auf die Standortwahl für den Faktor auf dem nationalen Markt – die absolut freie Faktorallokation. Der Marktzugang ist demzufolge nicht erst versperrt, wenn gar keine Eintrittsvariante mehr besteht, sondern bereits, wenn irgendeine Eintrittsvariante versagt wird. Nur auf diese Weise kann eine effektive Faktorallokation und damit optimale Ressourcennutzung innerhalb des Binnenmarkts sichergestellt werden, um letzten Endes das Gemeinwohl größtmöglich zu fördern. Der Zugang zum nationalen Kapital- bzw. Niederlassungsmarkt durch Anteilserwerb besteht also nur, wenn gerade auch der Zugang zu genau dem im Rahmen privatautonomer Entscheidung ausgewählten Investitionsziel gewährleistet ist.[1262]

f. Zusammenfassung

In Anlehnung an die „Keck"-Rechtsprechung des EuGH hat die teleologische Auslegung der Grundfreiheiten ergeben, dass die Definition des Beschränkungsbegriffs i.S.d. „Dassonville"-Formel über das Binnenmarktziel der Grundfreiheiten hinausgeht. Eine rechtfertigungsbedürftige Beschänkung grundfreiheitlichen Marktverhaltens liegt nur dann vor, wenn die staatliche Maßnahme eine rechtliche (offene oder verdeckte) oder tatsächliche Diskriminierung darstellt oder den Marktzugang formell oder materiell versperrt. Eine bloße Attraktivitätsminderung der Ausübung grundfreiheitlich geschützten Verhaltens reicht nicht aus. Allerdings besteht ein Marktzugangshindernis auch dann, wenn der nationale Markt neben dem versperrten alternative Faktorallokationsziele bereithält.

Dem freien Kapitalverkehr durch Erwerb von Gesellschaftsanteilen wird der Marktzugang in faktorspezifischer Weise versperrt, wenn Anteile überhaupt nicht erworben werden können oder die erworbenen Anteile keine Gewinnerwirtschaftungsmöglichkeit verschaffen oder die Umstände des Anteilserwerbs oder seiner Nutzung derart ungünstig sind, dass ein Anteilserwerb wirtschaftlich sinnlos ist.

Der Marktzugang für Niederlassungen durch Anteilserwerb an deutschen Aktiengesellschaften wird versperrt, wenn Anteile überhaupt nicht er-

[1262] Vgl. *Lübke*, Der Erwerb von Gesellschaftsanteilen, S. 292 ff., 463; i.E. ebenso, allerdings mit teilweise abweichender Argumentation *Pießkalla*, Goldene Aktion, S. 93.

worben werden können, die erworbenen Anteile keine Gewinnerwirtschaftungsmöglichkeiten verschaffen, der Investor die Besetzung des Aufsichtsrats nicht kapitaladäquat beeinflussen kann oder die Umstände des Anteilserwerbs oder seiner Nutzung (insbesondere im Hinblick auf die Kontrolle der Gesellschaft) derart ungünstig sind, dass ein Anteilserwerb wirtschaftlich sinnlos ist. Im Vergleich zur Kapitalverkehrsfreiheit schützt die Niederlassungsfreiheit also auch vor Maßnahmen, die den Kontrollerwerb verhindern oder ökonomisch völlig entwerten.

5. Entsendungsrechte als Marktzugangssperre für den Kapitalverkehr

Oben wurde bereits aufgezeigt, dass staatliche Entsendungsrechte auf den grenzüberschreitenden Kapitalverkehr durch Anteilserwerb in Form von Portfolio- oder Direktinvestitionen keine diskriminierende, sondern lediglich eine attraktivitätsmindernde Wirkung haben. Eine bloße Attraktivitätsminderung reicht mit Blick auf die Ratio der Grundfreiheiten allerdings nicht aus, um eine staatliche Maßnahme dem grundfreiheitlichen Rechtfertigungszwang zu unterwerfen. Im Folgenden wird deshalb überprüft, ob staatliche Entsendungsrechte den Marktzugang für derartige Kapitalallokationsvorgänge formell oder materiell versperren.

a. Formelle Marktzugangssperre

Staatliche Entsendungsrechte verhindern weder den Anteilserwerb an sich, noch machen sie eine Renditeerzielung insgesamt unmöglich. Allerdings führen staatliche Entsendungsrechte potenziell dazu, dass Aktionäre mangels „Übernahmephantasie“ nicht in den Genuss einer Kontrollprämie gelangen. Diese Kursgewinnmöglichkeit bleibt den Investoren also insgesamt versperrt. Dadurch werden sie jedoch nicht jedweder Gewinnerwirtschaftungsmöglichkeit i.S. einer formellen Marktzugangssperre beraubt. Zudem schützt die Kapitelverkehrsfreiheit den Wirtschaftsfaktor Kapital nur in seiner allokationsspezifischen Funktion, also als zu nutzende Ressource. Geschützt wird folglich nur die Renditeerwirtschaftung gerade durch Einsatz des Kapitals, mithin die kapitaleigene Gewinnerzielungskraft. Gewinnchancen aufgrund kapitalexogener Marktereignisse wie bei einer Gesellschaftsübernahme werden nicht erfasst.[1263]

[1263] Vgl. *Lübke*, Der Erwerb von Gesellschaftsanteilen, S. 463 f.

Staatliche Entsendungsrechte versperren dem grenzüberschreitenden Kapitalverkehr in Form des Anteilserwerbs den Marktzugang also nicht bereits in formeller Hinsicht.

b. *Materielle Marktzugangssperre*

Allerdings machen staatliche Entsendungsrechte einen Anteilserwerb an der betroffenen Gesellschaft weniger attraktiv, da aufgrund ihrer Einräumung potenziell geringere Renditechancen bestehen. Diese Beeinträchtigung erreicht allerdings nicht eine derart hohe Intensität, als dass eine renditeorientierte Investition in Gesellschaften mit staatlichen Entsendungsrechten wirtschaftlich sinnlos wäre. Auch staatlich entsandte Aufsichtsratsmitglieder sind weiterhin auf das Unternehmenswohl und damit auch auf die Wahrnehmung der Aktionärsinteressen verpflichtet. Allein ihre tendenziell höhere Gewichtung von Allgemeinwohlbelangen macht eine Gewinnerzielung nicht absolut unwahrscheinlich und einen Anteilserwerb deshalb nicht ökonomisch insgesamt unrentabel. Staatliche Entsendungsrechte versperren den Marktzugang für Kapital durch Anteilserwerb an der betroffenen Gesellschaft also auch nicht in materieller Hinsicht.

c. *Ergebnis*

Staatliche Entsendungsrechte verhindern weder den Anteilserwerb noch die Renditeerzielung an sich. Zudem beeinträchtigen sie die Renditechancen von Anlegern nicht derart, dass eine Investition in Gesellschaften mit staatlichen Entsendungsrechten wirtschaftlich absolut irrational wäre. Daher machen staatliche Entsendungsrechte eine Investition in die betroffene Gesellschaft zwar weniger attraktiv, sie versperren dem grenzüberschreitenden Kapital in Form von Portfolio- oder Direktinvestitionen allerdings weder formell noch materiell den Zugang zum nationalen Markt.[1264]

Staatliche Entsendungsrechte sind deshalb nicht als grenzspezifisches Markthindernis für Kapitalbewegungen im grenzfreien Binnenmarkt zu qualifizieren, sondern lediglich als attraktivitätsmindernde nationalstaatliche Marktregelung. Sie stellen folglich keine rechtfertigungsbedürftige

---

1264 Vgl. *Lübke*, Der Erwerb von Gesellschaftsanteilen, S. 496; i.E. auch *Neumann/ Ogorek*, NZG 2008, 892, 894; wohl auch *Nettesheim*, ZHR 172 (2008), 729, 746.

Beschränkung des grenzüberschreitenden Kapitalverkehrs dar und sind daher grundfreiheitskonform.[1265]

6. Entsendungsrechte als Marktzugangssperre für Niederlassungen

Auch auf die Niederlassung durch Erwerb einer Kontrollbeteiligung haben staatliche Entsendungsrechte keine diskriminierende, sondern lediglich eine attraktivitätsmindernde Wirkung. Eine grundfreiheitsrelevante Beschränkung liegt also nur dann vor, wenn staatliche Entsendungsrechte den Marktzugang für Niederlassungen durch Direktinvestitionen formell oder materiell versperren.

a. Formelle Marktzugangssperre

Staatliche Entsendungsrechte verhindern weder den Erwerb von Anteilen an der betroffenen Gesellschaft noch die Möglichkeit zur Renditeerzielung durch Kapitalinvestition und auch nicht die Ausübung unternehmerischen Einflusses an sich.

Allerdings entziehen sie bis zu ein Drittel der Aufsichtsratssitze dem Votum der Aktionäre. In der Folge wird die Stimmrechtsmacht der nichtentsendungsberechtigten Aktionäre bei Wahlen zum Aufsichtsrat reduziert, so dass Stimmrecht und Kapitalbeteiligung nicht mehr proportional korreliert sind. Das deutschrechtlich bereitgestellte und deshalb europarechtlich geschützte Instrument zur abgestuften Unternehmenskontrolle bzw. vollständigen Übernahme von Aktiengesellschaften wird also seiner Funktion beraubt. Mithin führen staatliche Entsendungsrechte dazu, dass anteilsgestützte Niederlassungen in der deutschrechtlich bereitgestellten und deshalb europarechtlichen geschützten Form nicht möglich sind. Der Niederlassung durch abgestuften Kontrollerwerb aufgrund proportionaler Korrelation von Kapitalanteil und Stimmrechtsmacht bei Wahlen zum Aufsichtsrat wird der Marktzugang also bereits formell verwehrt.

b. Ergebnis

Trotz staatlicher Entsendungsrechte ist es dem niederlassungswilligen Investor weiterhin möglich, Anteile an der Gesellschaft mit Entsen-

---

1265 A.A. (jedoch ohne auf „Keck"-Grundsätze einzugehen) *Demirakou*, Kapitalverkehrsfreiheit, S. 248.

dungsrechten zu erwerben, durch die Gesellschaftsbeteiligung einen Gewinn zu erwirtschaften und die Gesellschaft durch vollständige Übernahme zu kontrollieren. Allerdings machen staatliche Entsendungsrechte einen abgestuften Kontrollerwerb durch kapitaladäquate Stimmrechtsmacht bei Wahlen zum Aufsichtsrat unmöglich. Sie verhindern also den Marktzugang für anteilsgestützte Niederlassungen durch abgestuften Kontrollerwerb und stellen deshalb eine rechtfertigungsbedürftige Beschränkung der Niederlassungsfreiheit dar.[1266]

7. Modifikation des Beschränkungsbegriffs durch Unmittelbarkeitskriterium

Nach dem hier vertretenen Beschränkungsbegriff kann eine staatliche Maßnahme entweder kumulativ sowohl die Niederlassungs- als auch die Kapitalverkehrsfreiheit oder exklusiv die Niederlassungsfreiheit beschränken. Ob eine Maßnahme auf Direktinvestitionen kumulativ oder exklusiv beschränkend wirkt, hängt davon ab, ob sie den Zugang zur vollständigen oder nationalgesetzlich bereitgestellten Unternehmenskontrolle versperrt.

Auch der Europäische Gerichtshof geht davon aus, dass eine staatliche Maßnahme auf die Niederlassungs- und Kapitalverkehrsfreiheit sowohl alternativ als auch exklusiv beschränkend wirken kann. Er unterscheidet dabei jedoch nach der Wirkungsweise einer beschränkenden staatlichen Maßnahme und nicht nach dem Ergebnis ihrer Einwirkung.[1267] Nach Ansicht des EuGH scheidet eine Beschränkung beider Grundfreiheiten aus, wenn – gemessen an Inhalt und Zweck der beschränkenden Maßnahme[1268] – eine Grundfreiheit unmittelbar, die andere hingegen bloß

[1266] Vgl. – allerdings mit leicht abweichender Begründung – *Lübke*, Der Erwerb von Gesellschaftsanteilen, S. 496 f.

[1267] Siehe oben unter B. II. 3. b und c.

[1268] Eine unmittelbare Beschränkung nur der Niederlassungsfreiheit liegt danach vor, wenn die staatliche Maßnahme ausschließlich auf Beteiligungen gerichtet ist, die einen sicheren Einfluss auf die Entscheidungen der Gesellschaft vermitteln, vgl. *Ress/Ukrow*, in: Grabitz/Hilf/Nettesheim, Das Recht der Europäischen Union, Art. 63 AEUV Rn. 318; *Forsthoff*, in: Grabitz/Hilf/Nettesheim, Das Recht der EU, Art. 49 AEUV Rn. 101; *Bayer/Ohler*, ZG 2008, 12, 21 ff.; *Haslehner*, IStR 2008, 565, 569, 575; *Kraft/Mengel*, IStR 2014, 309 f.; *Nettesheim*, ZHR 172 (2008), 729, 743 ff.; siehe auch zur inzwischen veralteten EuGH-Rechtsprechung *Wünsche*, IStR 2012, 785 ff.; *Zorn*, IStR 2010, 190 ff.; abweichend *Zorn*, in: FS Nolz (2008), S. 211, 216 ff.; zu Abgrenzungsproblemen bei diesem Ansatz siehe *Grundmann*, Europäisches Gesellschaftsrecht, Rn. 643.

mittelbar beeinträchtigt wird.[1269] Eine Überprüfung staatlicher Maßnahmen an bloß mittelbar beeinträchtigten Grundfreiheiten lehnt der Gerichtshof ab. Eine beeinträchtigende Wirkung nimmt er jedoch bereits bei jeder Attraktivitätsminderung an, ohne zwischen verschiedenen Intensitätsstufen zu unterscheiden.

Dieses Vorgehen ist bereits deshalb abzulehnen, weil nicht jede Attraktivitätsminderung einen grundfreiheitlichen Rechtfertigungszwang auslöst.[1270] Darüber hinaus findet die vom EuGH vertretene Differenzierung zwischen unmittelbar und mittelbar wirkenden Maßnahmen keine Stütze im Recht der Grundfreiheiten.

Für das Vorliegen einer rechtfertigungsbedürftigen Maßnahme kommt es nicht darauf an, wie nah sich die Maßnahme und die daraus hervorgehende Grundfreiheitsbeeinträchtigung innerhalb einer Kausalkette stehen. Eingedenk ihres Binnenmarktziels verbieten die Grundfreiheiten jedwede – auch jede mittelbare – Beschränkung grundfreiheitlichen Marktverhaltens, die aufgrund des Grenzübertritts diskriminiert oder den Marktzugang versperrt. Ein Binnenmarkthindernis ist nicht anhand der Wirkungsweise einer staatlichen Maßnahme (unmittelbar oder mittelbar), sondern anhand ihrer Auswirkung an sich (Diskriminierung, Marktzugangsversperrung oder bloße Attraktivitätsminderung) zu identifizieren. Allein die gleichzeitige, aber unmittelbarere Betroffenheit einer Grundfreiheit kann die beschränkende Wirkung einer staatlichen Maßnahme auf eine andere Grundfreiheit nicht ausschalten.[1271] Anderenfalls könnten die Mitgliedstaaten eine Beschränkung der mittelbar betroffenen Grundfreiheit stets mit dem Argument verneinen, eine andere Grundfreiheit sei bereits unmittelbar betroffen.[1272] Nach der Konzeption der Art. 49 und 63 AEUV soll jedoch die grundsätzliche Betroffenheit beider Grundfreiheiten erst auf Rechtfertigungsebene Berücksichtigung finden, vgl. Art. 65 Abs. 2, 49 Abs. 2 AEUV.[1273] Wirkt eine nichtdiskriminierende Maßnahme nur mittelbar beschränkend, ist dies höchstens bei

---

1269 Dagegen *Ohler*, Kapital- uun Zahlungsverkehrsfreiheit, Art. 56 EGV Rn. 117; *Demirakou*, Kapitalverkehrsfreiheit, S. 66 Fn. 257.

1270 Siehe oben unter B. III. 4.

1271 *Haferkamp*, Kapitalverkehrsfreiheit, S. 102 f.; *Lübke*, Der Erwerb von Gesellschaftsanteilen, S. 335.

1272 *Lübke*, Der Erwerb von Gesellschaftsanteilen, S. 335.

1273 Vgl. *Lübke*, Der Erwerb von Gesellschaftsanteilen, S. 334.

der Prüfung zu berücksichtigen, ob tatsächlich eine Marktzugangssperre vorliegt.[1274]

Das vom EuGH propagierte Unmittelbarkeitskriterium ist deshalb kein taugliches Mittel, um eine mitgliedstaatliche Maßnahme auf ihre grundfreiheitsbeschränkende Wirkung hin zu untersuchen. Allein ein Diskriminierungs- und ökonomisch-rational gewichteter Marktzugangstest vermag den zu weit geratenen Beschränkungsbegriff i.S.d. „Dassonville"-Formel mit der Zweckbestimmung der Grundfreiheiten und der föderativen Kompetenzverteilung zwischen Union und Mitgliedstaaten in Einklang zu bringen.

Tatsächlich weichen die Prüfungsergebnisse unter Anwendung des hier vertretenen Beschränkungsbegriff sowieso nur dann von denen des Gerichtshofs ab, wenn die zur Überprüfung anstehende staatliche Maßnahme lediglich attraktivitätsmindernde, aber keine diskriminierende oder (formell oder materiell) marktzugangsversperrende Wirkung hat. In diesem Fall muss eine Beschränkung nach dem soeben erläuterten, teleologisch modifizierten Beschränkungsbegriff verneint werden. In anderen Fällen kommen beide Ansätze zu dem gleichen Ergebnis: Allein die Niederlassungsfreiheit wird beschränkt, wenn ausschließlich der Kontrollerwerb betroffen ist – in den Worten des Gerichtshofs: unmittelbar ist nur die Niederlassungsfreiheit, die Kapitalverkehrsfreiheit nur als unvermeidliche Konsequenz einer Beschränkung der Niederlassungsfreiheit betroffen.[1275] Hingegen werden die Niederlassungs- und die Kapitalverkehrsfreiheit kumulativ beschränkt, wenn die Anteilserwerbsmöglichkeit oder die damit verbundene Gewinnerwirtschaftungsmöglichkeit – laut EuGH: beide Grundfreiheiten unmittelbar – betroffen sind.[1276]

[1274] Vgl. *Lübke*, Der Erwerb von Gesellschaftsanteilen, S. 335; darüber hinaus ist die Differenzierung nach Unmittelbarkeitskriterien praktisch nur sehr schwer handhabbar, vgl. *Ohler*, Kapital- und Zahlungsverkehrsfreiheit, Art. 56 EGV Rn. 117; *Hindelang*, IStR 2013, 77, 80.

[1275] Vgl. EuGH v. 8.11.2012 – C-244/11, EuZW 2013, 29 Rn. 30 – Kommission/Hellenische Republik; v. 26.3.2009 – C-326/07, Slg. 2009, I-2317 Rn. 36, 39 – Kommission/Italienische Republik; undifferenziert allerdings EuGH v. 11.11.2010 – C-543/08, Slg. 2010, I-11245 Rn. 62, 99 – Kommission/Portugiesische Republik.

[1276] Vgl. EuGH v. 26.3.2009 – C-326/07, Slg. 2009, I-2291 Rn. 36, 38 – Kommission/Italienische Republik; v. 26.6.2008 – C-284/06, Slg. 2008, I-4571 Rn. 71 – Finanzamt Hamburg-Am Tierpark/Burda GmbH; v. 24.5.2007 – C-157/05, Slg. 2007, I-4051 Rn. 23 f. – Winfried L. Holböck/Finanzamt Salzburg-Land;

8. Drittstaatenproblematik

Der hier vertretene Marktzugangstest wird zudem dem primärrechtlichen Anliegen gerecht, Faktormobilitätsvorgängen aus bzw. in Drittstaaten stets, aber ausschließlich kapitalverkehrsspezifischen Schutz zukommen zu lassen. Auch Direktinvestitionen in bzw. aus Drittstaaten unterfallen weiterhin der Kapitalverkehrsfreiheit.[1277] Solange es sich bei der beschränkenden Maßnahme weder um eine diskriminierende noch um eine kapitalverkehrsspezifische Marktzugangsmaßnahme handelt, ist die Kapitalverkehrsfreiheit jedoch nicht betroffen und eine Rechtfertigung daher nicht erforderlich. Drittstaatliche Kapitalverkehrsvorgänge werden demzufolge nur vor solchen nationalen Maßnahmen geschützt, die den drittstaatlichen Kapitalverkehr (rechtlich oder tatsächlich, offen oder verdeckt) diskriminieren oder den Zugang zu Investitionsmöglichkeiten oder damit verbundenen Renditechancen formell oder materiell versperren. Niederlassungsspezifischen – also gesellschaftskontrollspezifischen – staatlichen Maßnahmen sind drittstaatliche Kapitalverkehrsvorgänge hingegen ohne grundfreiheitlichen Schutz ausgeliefert. Genau dieses Ergebnis geben die Verträge vor: Drittstaatliche Kontrollerwerbsvorgänge – aber auch nur diese – können die Mitgliedstaaten ohne Bindung an die Grundfreiheiten nach ihren Vorstellungen beschränken. Den Mitgliedstaaten bleibt es also unbenommen, die Ausübung unternehmerischen Einflusses durch Drittstaatenangehörige besonders zu reglementieren.[1278]

Der hier entwickelte Marktzugangstest[1279] läuft mit Blick auf den Schutz von Direktinvestitionen also nicht auf „Alles-oder-Nichts-Entscheidun-

---

v. 12.12.2006 – C-446/04, Slg. 2006, I-11753 Rn. 36 – Test Claimants in the FII Group Litigation/Commissioners of Inland Revenue.

[1277] Vgl. EuGH v. 19. 7. 2012 – C-31/11, NZG 2012, 1117 Rn. 20 ff. – Marianne Scheunemann/Finanzamt Bremerhaven (hier ging es um den Kapitalallokationsvorgang einer Unionsbürgerin in einen Drittstaat hinein; da die Niederlassungsfreiheit nur Hin- und Wegzug innerhalb des Binnenmarktes schützt, war Art. 49 AEUV von vornherein nicht einschlägig).

[1278] Vgl. *Lübke*, Der Erwerb von Gesellschaftsanteilen, S. 479. Allerdings fallen „ausländische Direktinvestitionen" seit dem Vertrag von Lissabon in die ausschließliche Zuständigkeit der Union gem. Art. 207 AEUV, vgl. dazu *Herrmann*, EuZW 2010, 207 ff.

[1279] Und i.E. größtenteils auch die wohlverstandene Rechtsprechung des EuGH, vgl. oben unter B. II. 3. b.

gen“[1280] oder eine „Paradoxie“[1281] hinaus. In ihrer kapitalverkehrsspezifischen Dimension – also beim Erwerb von Beteiligungen mit Renditechancen – werden Direktinvestitionen weiterhin sowohl durch die Niederlassungs- als auch durch die Kapitalverkehrsfreiheit geschützt, drittstaatliche Direktinvestitionen allerdings ausschließlich durch die Kapitalverkehrsfreiheit. Sobald allerdings ausschließlich die niederlassungsspezifische Kontrolldimension von Direktinvesitionen betroffen ist, wird nur der Schutzbereich der unionsintern privilegierenden Niederlassungsfreiheit beschränkt.

9. Zusammenfassung

Eine rechtfertigungsbedürftige Beschränkung liegt nicht schon dann vor, wenn eine staatliche Maßnahme bloß attraktivitätsmindernde bzw. belästigende Wirkung hat. Erforderlich ist stets eine Diskriminierung oder Marktzugangsversperrung.

Staatliche Entsendungsrechte diskriminieren weder rechtlich noch tatsächlich, weder offen noch verdeckt aufgrund der Staatsangehörigkeit eines Niederlassungswilligen bzw. aufgrund von Herkunft oder Bestimmungsort des bewegten Kapitals. Mithin haben sie auf grenzüberschreitende Niederlassungs- und Kapitalverkehrsvorgänge keine diskriminierende Wirkung. Dem grenzüberschreitenden Kapitalverkehr versperren staatliche Entsendungsrechte weder formell noch materiell den Marktzugang. Anteilserwerb und Gewinnerwirtschaftung sind weiterhin möglich und wirtschaftlich sinnvoll. Allerdings verhindern staatliche Entsendungsrechte, dass Aktionäre kapitaladäquat auf die Besetzung des Aufsichtsrats Einfluss nehmen können. Es wird also von einem deutschrechtlich zur Verfügung gestellten und deshalb europarechtlich geschützten Instrument zur Kontrolle und Übernahme von Aktiengesellschaften abgewichen. Dieser Form der anteilsgestützten Niederlassung wird der Marktzugang mithin versperrt. Staatliche Entsendungsrechte stellen deshalb eine formelle Marktzugangssperre zulasten anteilsgestützter Niederlassungen dar und beschränken die Niederlassungsfreiheit in rechtfertigungsbedürftiger Weise.

1280 Vgl. *Wojcik*, in: von der Groeben/Schwarze/Hatje, Europäisches Unionsrecht, Art. 63 AEUV Rn. 66; a.A. *Haslehner*, IStR 2008, 565, 574 f.

1281 Vgl. *Ress/Ukrow*, in: Grabitz/Hilf/Nettesheim, Das Recht der Europäischen Union, Art. 63 AEUV Rn. 314; zu dieser „Inkonsequenz“ auch *Haferkamp*, Kapitalverkehrsfreiheit, S. 196 f.

IV. Staatliche Maßnahme

Die Grundfreiheiten adressieren primär die Mitgliedstaaten.[1282] Eine rechtfertigungsbedürftige Beschränkung liegt deshalb grundsätzlich nur dann vor, wenn es sich dabei um eine (mitglied)staatliche Maßnahme handelt.[1283] Nachfolgend wird deshalb untersucht, wann eine Maßnahme als staatlich zu qualifizieren ist und ob staatliche Entsendungsrechte diesen Qualifikationsanforderungen entsprechen.

Untersuchungsgegenstand dieser Arbeit ist jedoch kein konkret-individueller Einzelfall staatlicher Entsendungsrechte, sondern abstrakt-generell die Vereinbarkeit staatlicher Entsendungsrechte mit europäischen Grundfreiheiten. Die folgende Untersuchung ist deshalb zwangsläufig zu einem gewissen Grad allgemein gehalten.

1. Begriffsdefinition

Zunächst gilt es, den Begriff „staatliche Maßnahme“ abstrakt-generell zu definieren.

a. Handlungsträger

Grundfreiheitsverpflichtet sind sämtliche Träger staatlicher Hoheitsgewalt des jeweiligen Mitgliedstaats, unabhängig von ihrer Zugehörigkeit zu einer der drei Staatsgewalten (Exekutive, Judikative, Legislative) oder ihrer Stellung im nationalen Staatsaufbau (Zentral- und Regionalgewalten).[1284] Sobald eine staatliche Stelle als Urheber der beschränkenden Maßnahme auftritt, kommt also ein grundfreiheitlicher Rechtfertigungszwang in Betracht.

[1282] Zur Verpflichtung auch der Union auf die Grundfreiheiten siehe *Müller-Graff*, in: von der Groeben/Schwarze/Hatje, Europäisches Unionsrecht, Art. 34 AEUV Rn. 295 ff.

[1283] Vgl. EuGH v. 1.10.1987 – C-311/85, Slg. 1987, I-3801 Rn. 30 – ASBL Vereniging van Vlaamse Reisbureaus/ASBL Sociale Dienst van de Plaatselijke en Gewestelijke Overheidsdiensten (zu Art. 30, 34 EWG); *Kingreen*, in: Calliess/Ruffert, EUV/AEUV, Art. 36 AEUV Rn. 104; *Müller-Graff*, in: von der Groeben/Schwarze/Hatje, Europäisches Gemeinschaftsrecht, Art. 34 AEUV Rn. 288; *Lübke*, Der Erwerb von Gesellschaftsanteilen, S. 236 f.

[1284] *Müller-Graff*, in: von der Groeben/Schwarze/Hatje, Europäisches Unionsrecht, Art. 34 AEUV Rn. 289; *Kingreen*, in: Calliess/Ruffert, EUV/AEUV, Art. 36 AEUV Rn. 105.; *Frenz*, Hdb EuropaR Grundfreiheiten, Rn. 313 f., 317; *Jarass*, EuR 2000, 705, 714.

b. Handlungsformen

Fraglich ist, ob die Qualifizierung einer Maßnahme staatlichen Ursprungs als rechtfertigungsbedürftige mitgliedstaatliche Beschränkung zudem von der Art der gewählten Handlungsform abhängt.

(1) Formell staatliche Maßnahme

Eine rechtfertigungsbedürftige mitgliedstaatliche Beschränkung liegt jedenfalls dann vor, wenn es sich bei der Beschränkung um eine formell staatliche Maßnahme handelt. Formell staatliche Maßnahmen sind Handlungsformen, derer sich ausschließlich Träger öffentlicher Gewalt in ihrer Funktion als Hoheitsträger bedienen können: also Urteil, Gesetz oder Verwaltungsakt.[1285]

(2) Materiell staatliche Maßnahme

Die Mitgliedstaaten und ihre Teilbereiche unterliegen grundfreiheitlicher Bindung allerdings auch dann, wenn sie unmittelbar selbst in Privatrechtsform tätig werden[1286] oder ihnen das beschränkende Verhalten unmittelbar handelnder Privatrechtssubjekte funktional zurechenbar ist[1287]. Für eine Zurechnung fremder Privatrechtshandlungen kommt es entscheidend darauf an, ob der Staat das fremde Privatverhalten wesentlich beeinflussen kann.[1288] Dies ist beispielsweise der Fall, wenn sich der Staat zur Erfüllung öffentlicher Aufgaben privater Dienstleister bedient und diese mit Hoheitsbefugnissen ausstattet[1289] oder aber wenn der Staat

---

[1285] Vgl. *Maurer*, Allgemeines Verwaltungsrecht, § 3 Rn. 12.

[1286] *Müller-Graff*, in: von der Groeben/Schwarze/Hatje, Europäisches Unionsrecht, Art. 34 AEUV Rn. 291; *Kingreen*, in: Calliess/Ruffert, EUV/AEUV, Art. 36 AEUV Rn. 108; *Frenz*, Hdb EuropaR Grundfreiheiten, Rn. 318 ff.; *Lübke*, Der Erwerb von Gesellschaftsanteilen, S. 253 ff.; a.A. *Becker*, in: Schwarze, EU-Kommentar, Art. 34 AEUV Rn. 85.

[1287] *Kingreen*, in: Calliess/Ruffert, EUV/AEUV, Art. 36 AEUV Rn. 105; *Frenz*, Hdb EuropaR Grundfreiheiten, Rn. 325 ff.; vgl. *Roth*, in: Dauses, Hdb EU-Wirtschaftsrecht, E. I. Rn. 12.

[1288] *Lübke*, Der Erwerb von Gesellschaftanteilen, S. 242 ff.; Vgl. *Klotz*, in: von der Groben/Schwarze/Hatje, Europäisches Unionsrecht, Art. 106 AEUV Rn. 11.

[1289] Vgl. EuGH v. 11.8.1995 – C-16/94, Slg. 1995, I-2421 Rn. 19 ff. – Édouard Dubois & Fils SA u.a./Garonor exploitation SA; *Kingreen*, in: Calliess/Ruffert, EUV/AEUV, Art. 36 AEUV Rn. 106.

Mitglieder des handelnden Privatrechtssubjekts ernennt[1290] oder zu dessen Finanzierung beiträgt[1291].

Neben Rechtshandlungen sind auch rein tatsächliche Handlungen an den Grundfreiheiten zu messen, wenn sie unmittelbar durch staatliche Stellen im Rahmen ihrer öffentlichen Aufgabenwahrnehmung ausgeführt oder von hinreichend zurechenbaren Privatrechtssubjekten getätigt werden.[1292]

c. *Ergebnis*

Der grundfreiheitliche Schutz grenzüberschreitender Marktvorgänge hängt mithin nicht von der Rechtsform der beschränkenden Handlung, sondern von der Rechtsnatur des funktional ausführenden Handlungsträgers ab.[1293] Als mitgliedstaatliche Maßnahme sind deshalb all jene Beschränkungen rechtfertigungsbedürftig, die entweder unmittelbar durch eine staatliche Stelle oder funktional zurechenbar durch Privatrechtssubjekte als privatrechtliche, öffentlich-rechtliche oder rein tatsächliche Handlung ausgeführt werden.

2. Staatliche Entsendungsrechte auf gesetzlicher Basis

Denkbar ist einerseits, dass staatliche Entsendungsrechte durch Gesetz begründet werden – vor allem unter Berücksichtigung der europagerichtlich überprüften „Goldene-Aktien"-Sachverhalte, insbesondere mit Blick auf das VW-Gesetzes a.F.

[1290] Vgl. EuGH v. 12.12.1990 – C-302/88, Slg. 1990, I-4625, Rn. 15 f. – Hennen Olie BV/Stichting Interim Centraal Orgaan Voorraadvorming Aardolieprodukten u.a.

[1291] Vgl. EuGH v. 5.11.2002 – C-325/00, Slg. 2002, I-9977 Rn. 13 f. – Kommission/Bundesrepublik Deutschland; v. 13.12.1983 – C-222/82, Slg. 1983, 4083 Rn.17 – Apple and Pear Development Council/K.J. Lewis Ltd u.a.; v. 24.11.1982 – C-249/81, Slg. 1982, 4005 Rn. 15 – Kommission/Irland.

[1292] Vgl. *Müller-Graff*, in: von der Groeben/Schwarze/Hatje, Europäisches Unionsrecht, Art. 34 AEUV Rn. 292; *Kingreen*, in: Calliess/Ruffert, EUV/AEUV, Art. 36 AEUV Rn. 105.

[1293] Vgl. *Kingreen*, in: Calliess/Ruffert, EUV/AEUV, Art. 36 AEUV Rn. 108; *Ehlers*, in: Ehlers, Europäische Grundrechte und Grundfreiheiten, § 7 Rn. 52; *Lübke*, Der Erwerb von Gesellschaftsanteilen, S. 253; *Spindler*, RIW 2003, 850, 853 f; *Forsthoff*, EWS 2000, 389, 391; *Holle*, AG, 2010, 14, 20; *z* 397.

Ein Gesetz ist eine genuin judikative hoheitliche Handlungsform und stellt damit eine rechtfertigungsbedürftige nationale Maßnahme dar.[1294] Allerdings handelt es sich bei spezialgesetzlich eingeräumten Entsendungsrechten angesichts ihres Regelungsortes nicht mehr um aktienrechtliche – nämlich gem. § 101 Abs. 2 Satz 1 AktG statutarisch geregelte – Entsendungsrechte. Nur aktienrechtliche Entsendungsrechte sind jedoch Gegenstand dieser Arbeit. Gesetzlich eingeräumte Entsendungsrechte zugunsten des Staates werden deshalb keiner weiteren Prüfung unterzogen. Im Ergebnis sind sie ebenso wie staatliche Entsendungsrechte auf statutarischer Basis einer europarechtlichen Rechtfertigung zugänglich.

3. Staatliche Entsendungsrechte auf statutarischer Basis

Staatliche Entsendungsrechte können andererseits gem. § 101 Abs. 2 AktG in der Satzung der betroffenen Aktiengesellschaft verankert werden.

a. Gesetzliche Gestattung von Entsendungsrechten durch § 101 Abs. 2 AktG

Bereits die gesetzliche Gestattung von Entsendungsrechten durch § 101 Abs. 2 AktG könnte als staatliche Maßnahme zu qualifzieren sein. Auch nationalstaatliche Privatrechtsnormen sind als Legislativmaßnahmen grundsätzlich an den Grundfreiheiten zu messen.[1295]

Insbesondere besteht keine grundsätzliche Bereichsausnahme für nationales Privatrecht aus dem Anwendungsbereich der Grundfreiheiten, weil nationale Privatrechtsnormen die Grundstrukturen für privatautonomes Marktverhalten bereitstellten und deshalb Grundvoraussetzung jeder

---

1294 Vgl. nur EuGH v. 23.20.2007 – C-112/05, Slg. 2007, I-8995, Rn. 27 – Kommission/Bundesrepublik Deutschland sowie in dieser Rechtssache *GA Colomer*, SchlAnt v. 13.2.2007 Rn. 45; siehe auch *Lieder*, ZHR 172 (2008), 306, 325.

1295 *Müller-Graff*, in: von der Groeben/Schwarze/Hatje, Europäisches Unionsrecht, Art. 34 AEUV Rn. 162; *Kainer*, Unternehmensübernahmen, S. 172 ff.; *Lübke*, Der Erwerb von Gesellschaftsanteilen, S. 248 ff.; *Ganten*, Die Drittwirkung der Grundfreiheiten, S. 24 ff.; *v. Wilmowsky*, JZ 1996, 590 ff.; *Mülbert*, ZHR 159 (1995), 2, 9 ff.; *Kainer*, ZHR 168 (2004), 542, 558 f.; *Forsthoff*, EWS 2000, 389, 391.

privatautonomen Faktorallokation sind.[1296] Auch Privatrechtsnormen können protektionistisch und interventionistisch wirken und damit der Verwirklichung des Binnenmarkts zuwiderlaufen.[1297] Folglich können auch Privatrechtsnormen grundsätzlich als beschränkende staatliche Maßnahme qualifiziert werden. Haben sie jedoch ausschließlich ermöglichende – also weder diskriminierende noch verbietende – Wirkung, stellen sie keine Beschränkung der Privatautonomie und damit keine Beschränkung der Grundfreiheiten dar.

§ 101 Abs. 2 AktG ermöglicht ein Mehr an privatautonomem Gestaltungsspielraum und stellt deshalb keine Grundfreiheitsbeschränkung dar.[1298] Gem. § 23 Abs. 5 AktG sind privatautonome Satzungsgestaltungen im Aktienrecht grundsätzlich untersagt. Indem § 101 Abs. 2 AktG den Aktionären die Möglichkeit zur Begründung von Entsendungsrechten gibt, wird Privatautonomie im eigentlichen Sinne also nicht erweitert, sondern die a priori bestehende Autonomie wiederhergestellt.[1299] Die Norm beseitigt also gerade eine privatrechtliche Beschränkung der privatautonomen Gestaltungsfreiheit. Von § 101 Abs. 2 AktG selbst geht deshalb keine beschränkende Wirkung aus.

Zudem ist die Ursache einer möglichen Belastung durch Entsendungsrechte nicht die Norm selber, sondern erst ihre Nutzung durch staatliche oder private Akteure.[1300] Die Frage, ob der Staat privatrechtliche Gestaltungsräume grundfreiheitswidrig ausnutzt oder dazu verpflichtet ist, die Nutzung privatautonomer Gestaltungsräume durch private Marktteilnehmer zum Schutz der Grundfreiheiten zu unterbinden, stellt sich hingegen auf einer anderen Ebene.

[1296] Vgl. *Steindorff*, EG-Vertrag und Privatrecht, S. 78; *v. Wilmowsky*, JZ 1996, 590, 591 ff.; wohl auch *Demirakou*, Kapitalverkehrsfreiheit, S. 245 f.; *Bachmann*, AcP 210 (2010), 425, 434 ff.

[1297] *Kainer*, Unternehmensübernahmen, S. 177 f.; *Ders.*, ZHR 168 (2004), 542, 558; *Lübke*, Der Erwerb von Gesellschaftsanteilen, S. 250 f.

[1298] Vgl. *Pießkalla*, EuZW 2007, 702; *Kainer*, ZHR 168 (2004), 542, 559; vgl. auch EuGH v. 23.10.2007 – C-112/05, Slg. 2007, I-8995 Rn. 40 – Kommission/Bundesrepublik Deutschland („Befugnis, von der Aktionäre Gebrauch machen können oder auch nicht“).

[1299] Vgl. *Ganten*, Die Drittwirkung der Grundfreiheiten, S. 60 f.; *Neumann/Ogorek*, NZG 2008, 892, 895; siehe auch *Mülbert*, ZHR 159 (1995), 2, 10 f. (dem zufolge die „[beschränkenden] Wirkungen aus dem Fehlen einer nationalen Vorschrift irrelevant sind“).

[1300] Vgl. *Ogorek/von der Linden*, BB 2008, 1139, 1140.

b. *Gesellschaftsrechtliche Begründung statutarischer staatlicher Entsendungsrechte*

Statutarische staatliche Entsendungsrechte können einerseits durch Übereinkunft der Gründungsgesellschafter und Aufnahme in die Gründungssatzung eingeräumt werden, andererseits durch satzungsändernden Hauptversammlungsbeschluss.

Die Gründungssatzung ist Produkt des schuldrechtlichen Gründungsvertrags zwischen den Gründungsgesellschaftern und gleichzeitig Grundlage ihres zukünftigen Zusammenwirkens innerhalb der geschaffenen Organisation. Aufgrund dieser Zwitterstellung werden die Satzung und ihre Einzelbestimmungen als Rechtsgeschäft sui generis bezeichnet.[1301] Daraus lässt sich zumindest folgern, dass statutarische Entsendungsrechte als Bestandteil der Gründungssatzung privatrechtlicher Rechtsnatur sind. Gleiches gilt für statutarische staatliche Entsendungsrechte bei späterer Einräumung durch satzungsändernden Hauptversammlungsbeschluss. Der Form nach handelt es sich bei statutarischen Entsendungsrechten zugunsten des Staates also um privatrechtliche Regelungen. Es gilt mithin zu prüfen, ob bzw. unter welchen Umständen die Begründung staatlicher Entsendungsrechte durch Übereinkunft der Gründungsgesellschafter oder durch satzungsändernden Hauptversammlungsbeschluss hinreichend staatliche Qualität aufweist.

(1) Statutarische staatliche Entsendungsrecht aufgrund gesetzlicher Anordnung

Auch statutarische Entsendungsrechte zugunsten des Staates können – wie bspw. in der VW-Satzung a.F.[1302] – wiederum auf gesetzlicher Anordnung beruhen.[1303] Dann sind sie als zwingende Folge gesetzlicher Regelung zweifellos dem Staat als Handlungsträger zurechenbar und demzufolge als rechtfertigungsbedürftige mitgliedstaatliche Maßnahme

---

1301 *Limmer*, in: Spindler/Stilz, AktG, § 23 Rn. 5.

1302 Vgl. § 4 Abs. 1 VW-Gesetz i.d.F. v. 1.1.1964, aufgehoben durch Art. 1 Nr. 2 des Gesetzes zur Änderung des Gesetzes über die Überführung der Anteilsrechte an der Volkswagenwerk Gesellschaft mit beschränkter Haftung in private Hand v. 8.12.2008, BGBl. I 2008, S. 2369; § 12 VW-Satzung Stand März 2008.

1303 Vgl. auch EuGH v. 3.5.2003 – C-98/01, Slg. 2003, I-4642 – Kommission/Vereinigtes Königreich Großbritannien und Nordirland (die Gesellschaftssatzung bedurfte laut Privatisierungsgesetz mit oder ohne Änderungen der staatlichen Genehmigung).

zu qualifizieren.[1304] Bei staatlichem Zwang zur Einführung einer Regelung liegt nämlich gerade keine privatautonome Entscheidung der nichtstaatlichen Gesellschafter vor.[1305]

(2) Statutarische staatliche Entsendungsrechte im Rahmen von Privatisierungen

Staatliche Entsendungsrechte können auch im Rahmen von Privatisierungmaßnahmen statutarisch verankert werden. Diese Form der Einräumung ist auch in Kombination mit einer gesetzlichen Anordnung zur Begründung staatlicher Entsendungsrechte – bspw. durch Regelung im Privatisierungsgesetz – denkbar. Bisher in öffentlich-rechtlicher Rechtsform betriebene Unternehmen werden in Privatrechtsform überführt; im Anschluss daran behält sich der Staat als alleiniger Gründungsgesellschafter Entsendungsrechte in der Satzung vor und veräußert daraufhin ggf. Teile seines Aktienbesitzes.[1306]

Auch bei dieser Vorgehensweise handelt es sich trotz privatrechtlicher Handlungsform um eine staatliche Maßnahme,[1307] da die Einführung staatlicher Entsendungsrechte unmittelbar und ausschließlich auf die Willensbetätigung staatlicher Stellen zurückzuführen ist.

1304 Vgl. EuGH v. 11.11.2010 – C-543/08, Slg. 2010, I-11241 – Kommission/Portugiesische Republik (Stimmrechtsbegrenzung in Gesellschaftssatzung nur zulasten privater Aktionäre); v. 3.5.2003 – C-98/01, Slg. 2003, I-4642 – Kommission/Vereinigtes Königreich Großbritannien und Nordirland; v. 23.5.2000 – C-58/99, Slg. 2000, I-3811 – Kommission/Italienische Republik (vor Kontrollverlust zulasten des Staates war kraft gesetzlicher Anordnung in der Gesellschaftssatzung ein staatliches Sonderrecht zu verankern); *Pießkalla*, Goldene Aktien, S. 69 ff.; i.E. wohl auch *Verse*, in: FS Klein (2013), S. 701, 718.

1305 Vgl. *Bayer/Schmidt*, BB 2012, 3, 13.

1306 Vgl. EuGH v. 28.9.2006 – C-282/04, C-283/04, Slg. 2006, I-9141 – Kommission/Königreich der Niederlande.

1307 Vgl. EuGH v. 28.9.2006 – C-282/04, C-283/04, Slg. 2006, I-9141 Rn. 22 – Kommission/Königreich der Niederlande; *Demirakou*, Kapitalverkehrsfreiheit, S. 240, 247 f.; *Pießkalla*, Goldene Aktien, S. 75 ff.; *Verse*, in: FS Klein (2013), S. 701, 715 f.; *Grundmann*, Europäisches Gesellschaftsrecht, Rn. 651; *Lieder*, ZHR 172 (2008), 306, 312 f.; *Holle*, AG, 2010, 14, 19; *Verse*, GPR 2008, 31, 36; *Weiss*, EWS 2008, 13, 14 f.; *Möslein*, ZIP 2007, 208, 209; i.E. wohl auch LG Hannover v. 27.11.2008 – 21 O 61/08, ZIP 2009, 666, 669 f. Rn. 106 f.; *Spindler*, RIW 2003, 850, 854; *Ruge*, EuZW 2003, 540, 541; *Teichmann/Heise*, BB 2007, 2577, 2578 f.; abweichend *Wellige*, EuZW 2003, 427, 433 (Satzung bei Verstoß gegen zwingendes Aktienrecht rechtswidrig und aufgrund effet utile ohne Heilungsmöglichkeit insgesamt unwirksam); a.A. *Lutter/Bayer/Schmidt*, Europäisches Unternehmens- und Kapitalmarktrecht, § 15 Rn. 7.

(3) Statutarische staatliche Entsendungsrechte in bereits gemischt-wirtschaftlichen Aktiengesellschaften

Statutarische staatliche Entsendungsrecht können auch begründet werden, wenn die Aktiengesellschaft bereits eine gemischt-wirtschaftliche Aktionärsstruktur aufweist. Ist der Staat allerdings nicht (mehr) Alleineigentümer oder Einzelgründer einer Aktiengesellschaft, können staatliche Entsendungsrechte nur im Zusammenwirken mit den privaten Investoren begründet werden. Bei gemeinsamer Gesellschaftsgründung oder späterer Satzungsänderung ist der Staat also zur Einräumung von Entsendungsrechten unter Umständen auf die Unterstützung der privaten Anteilseigner angewiesen. In diesen Fällen stellt sich folglich die Frage, ob dem Staat ein positives Abstimmungsergebnis hinreichend zurechenbar ist.

(a) Satzungsänderung durch homogen staatliche satzungsändernde Mehrheit

Zu einer Satzungsänderung bedarf es grundsätzlich der Zustimmung von drei Vierteln des bei der Beschlussfassung vertretenen[1308] Grundkapitals (§ 179 Abs. 2 AktG) sowie der einfachen Mehrheit der abgegebenen Stimmen (§ 133 Abs. 1 AktG). Ist der staatliche Aktionär in einem Umfang von 75 % des stimmberechtigten Kapitals an der Gesellschaft beteiligt oder kommt ihm aufgrund niedriger Hauptversammlungspräsenz faktisch eine derartige Stimmrechtsmacht zu, kann er die Satzungsänderung also aus eigener Kraft herbeiführen. Dann handelt es sich bei den eingeräumten Entsendungsrechten zweifellos um eine staatliche Maßnahme.[1309]

[1308] „Vertreten" bezieht sich auf die abgegebenen „ja"- und „nein"-Stimmen; Enthaltungen werden nicht mitgezählt, vgl. *Koch*, in: Hüffer, AktG, § 179 Rn. 14.

[1309] Vgl. *Verse*, in: FS Klein (2013), S. 701, 717; *Grundmann*, Europäisches Gesellschaftsrecht, Rn. 651 („[maßgebliche staatliche] Einflussnahme"); *Lieder*, ZHR 172 (2008), 306, 312, 325 („entscheidender bzw. maßgeblicher Einfluss des Staates"); *van Bekkum/Klossterman/Winter*, ECL 5 (2008), 6, 9 f. („Member State as a majority of factually controlling shareholder"); a.A. *Kilian*, NJW 2003, 2653; wohl auch *Nettesheim*, ZHR 172 (2008), 729, 744 f. (der eine derartige „privatautonome Entscheidung des unternehmerischen Satzungsgebers" nicht in eine „staatliche Maßnahme" umwidmen will, obwohl es sich ja gerade um eine Entscheidung des staatlichen Satzungsgebers handelt).

(b) Satzungsänderung durch heterogen staatlich-private satzungsändernde Mehrheit

Anders verhält es sich, wenn der Staat nicht in der Lage ist, die Satzungsänderung zur Einräumung von Entsendungsrechten autonom zu beschließen. In diesem Fall ist seine Stimmabgabe in der Hauptversammlung nicht monokausal verantwortlich für die Beschränkung, sondern allein im Zusammenwirken mit den privaten Anteilseignern.

Auf die bloße Mitverantwortung Privater kann sich der Staat allerdings nicht berufen, um sein eigenes beschränkendes Handeln zu legitimieren. Die Grundfreiheiten verbieten den Mitgliedstaaten – vorbehaltlich einer Rechtfertigung – Grundfreiheitsbeschränkungen hervorzurufen. Selbst wenn die Beschränkung Produkt eines kumulativen Zusammenwirkens von Staat und Privaten ist, wäre sie ohne das Zutun staatlicher Stellen nicht eingetreten.[1310] Der Mitgliedstaat ist also weiterhin (kumulativ mit-)verantwortlich für die Grundfreiheitsbeschränkung. Eine beschränkende Maßnahme verliert nicht bloß deshalb ihren staatlichen Charakter, weil sie erst unter Zuhilfenahme privater Akteure zustande kommt. Erst wenn die Beschränkung auch ohne Mitwirkung staatlicher Stelle zustande kommt, ist der Staat nicht mehr als ihr Urheber zu qualifizieren. Kumulativ mitkausales staatliches Verhalten reicht folglich aus, um eine Maßnahme als staatlich zu qualifizieren. Ist das staatliche Verhalten allerdings nur alternativ mitkausal, weil die satzungsändernde Mehrheit auch ohne die staatliche Stimmabgabe zustande gekommen wäre, verhält sich der Staat zwar grundsätzlich grundfreiheitswidrig, die Beschränkung ist ihm jedoch in der Regel nicht hinreichend zurechenbar.

Die statutarische Einräumung staatlicher Entsendungsrechte ist deshalb immer dann als staatliche Maßnahme zu qualifizieren, wenn die Stimmen des staatlichen Aktionärs nicht hinweggedacht werden können, ohne dass die satzungsändernde Hauptversammlungsmehrheit verfehlt werden würde.

(c) Satzungsänderung durch homogen private satzungsändernde Mehrheit

Hat die Stimmabgabe des Staates jedoch keinen entscheidenden, also zumindest kumulativ mitkausalen, Einfluss auf das Ergebnis des Sat-

[1310] Vgl. *Verse*, in: FS Klein (2013), S. 701, 717; *Lieder*, ZHR 172 (2008), 306, 324 f.

zungsänderungsbeschlusses, sind die eingeräumten Entsendungsrechte grundsätzlich nicht als ein Werk des staatlichen Aktionärs einzustufen.[1311]

Der Staat kann das Abstimmungsergebnis aber nicht nur unmittelbar durch eigene Stimmabgabe in der Hauptversammlung beeinflussen, sondern auch mittelbar außerhalb der eigentlichen Abstimmung durch sein Verhalten gegenüber privaten Mitaktionären. Je nach Intensität der informellen Beeinflussung ist die Einräumung der Entsendungsrechte dem staatlichen Aktionär dann wiederum funktional zurechenbar.[1312]

(d) Gemeinsame Gründung

Zur Einräumung staatlicher Entsendungsrechte bereits in der Gründungssatzung einer gemischt-wirtschaftlichen Aktiengesellschaft bedarf es eines einvernehmlichen Zusammenwirkens aller Gründungsgesellschafter. Hier wird der staatliche Aktionär also in jedem Fall kumulativ mitursächlich. Staatliche Entsendungsrechte auf Basis der Gründungssatzung, die unter Mitwirkung staatlicher Aktionäre zustandekommen, sind deshalb stets als staatliche Beschränkung zu qualifizieren.

c. *Entsendungsrechte als Instrument des allgemeinen Gesellschaftsrechts*

Sobald sich staatliche Entsendungsrechte als hinreichend zurechenbare staatliche Maßnahme darstellen, unterfallen sie dem grundfreiheitlichen Rechtfertigungszwang. An diesem Ergebnis könnten jedoch Zweifel angebracht sein, weil sich der Staat lediglich eines allgemein gesellschaftsrechtlich zulässigen Gestaltungsinstruments[1313] in seiner Rolle als Aktio-

---

[1311] *Verse*, in: FS Klein (2013), S. 701, 717 f.; a.A. wohl *Holle*, AG 2010, 14, 21 (der eine bloße Beteiligung an der Stimmabgaben ausreichen zu lassen scheint).

[1312] Vgl. *Verse*, in: FS Klein (2013), S. 701, 718 (auch zu möglichen Intensitätsabstufungen); *Holle*, AG, 2010, 14, 21 f.; siehe auch *Lieder*, ZHR 172 (2008), 306, 325 („staatlich initiiertes Entsendungsrecht").

[1313] In Abweichung dazu handelte es sich bei den Entsendungsrechten des VW-Gesetzes gerade nicht um ein gesellschaftsrechtlich zulässiges Instrumentarium, da sowohl dem Bund als auch dem Land Niedersachen je zwei Entsendungsrechte und damit insgesamt mehr als ein Drittel der Sitze der Anteilseigner zustanden (vgl. § 101 Abs. 2 Satz 2 AktG).

när bzw. Gründungsgesellschafter bedient, wie es auch jedem privaten Aktionär möglich ist.[1314]

Allerdings kommt es auf die Regularität eines gesellschaftsrechtlichen Instruments zur Beurteilung ihrer staatlichen Qualität gerade nicht an. Entscheidend ist allein, dass die statutarische Bestimmung staatlich initiiert und der (funktionale) Handlungsträger folglich ein Hoheitsträger ist.[1315] Zudem würden anderenfalls die unterschiedlichen Gegebenheiten der mitgliedstaatlichen Gesellschaftsrechtsordnungen darüber entscheiden, ob eine staatliche Maßnahme vorliegt. Je mehr gesellschaftsrechtliche Gestaltungsmittel zur Verfügung gestellt würden, desto eher könnte sich der Mitgliedstaat einer grundfreiheitlichen Bindung entziehen.

4. Zusammenfassung

Eine staatliche Maßnahme liegt unabhängig von ihrer Rechtsnatur immer dann vor, wenn sie dem Staat oder seinen Teilbereichen hinreichend zurechenbar ist. Dies gilt auch für Normen der Privatrechtsordnung. § 101 Abs. 2 AktG ist jedoch eine rein ermöglichende Privatrechtsnorm und hat deshalb für sich genommen keine beschränkende Wirkung auf grenzüberschreitende Niederlassungsvorgänge durch Anteilserwerb. Beschränkend wirkt hingegen die Satzungspassage, in der staatliche Entsendungsrechte verankert sind. Wird die Satzungsregelung als Folge einer gesetzlichen Anordnung formuliert, handelt es sich dabei um eine staatliche Maßnahme. Gleiches gilt, wenn sich der Staat als Alleineigentümer im Rahmen einer Unternehmensprivatisierung Entsendungsrechte einräumt. Werden staatliche Entsendungsrechte in bereits gemischtwirtschaftlichen Gesellschaften begründet, ist danach zu unterscheiden, ob der Staat entscheidenden Einfluss auf ihre Einräumung ausübt. Dies ist der Fall, wenn der Staat als Gründungsgesellschafter an der statutarischen Begründung von Entsendungsrechten beteiligt ist oder wenn er die Begründung von Entsendungsrechten autonom durch Stimmabgabe in

---

[1314] So *Lutter/Bayer/Schmidt*, Europäisches Unternehmens- und Kapitalmarktrecht, § 15 Rn. 7; wohl auch *Kilian*, NJW 2003, 2653; *Bayer/Schmidt*, BB 2012, 3, 13; dagegen *Pießkalla*, EuZW 2006, 724, 725; *Rühland*, in: Perspektiven des Wirtschaftsrechts, S. 501, 505; *Möslein*, ZIP 2007, 208, 209; *Weiss*, EWS 2008, 13, 15; *Verse*, ZIP 2008, 1754, 1758 f.; *Holle*, AG, 2010, 14, 20; *Lieder*, ZHR 172 (2008), 306, 311 f., 324 f. (mit überzeugender Begründung, warum auch die EuGH-Rechtsprechung kein anderes Ergebnis gebietet).

[1315] *Pießkalla*, Goldene Aktien, S. 71 f., 301.

der Hauptversammlung herbeiführt oder seine Stimmabgabe kumulativ mit, aber nicht alternativ zu privater Stimmabgabe die Satzungsänderung bewirkt oder er mittelbar entscheidenden Einfuss auf die Begründung von Entsendungsrechten nimmt, so dass diese ihm funktional zurechenbar ist.

V. Rechtfertigung

Sobald staatliche Entsendungsrechte dem Staat hinreichend zurechenbar sind, stellen sie eine verbotene Beschränkung der Niederlassungsfreiheit dar, es sei denn, sie sind gerechtfertigt.

Art. 52 Abs. 1 AEUV ermöglicht es den Mitgliedstaaten, Beschränkungen der Niederlassungsfreiheit aus Gründen der öffentlichen Ordnung, der Sicherheit oder der Gesundheit zu rechtfertigen. Nach ständiger Rechtsprechung des Gerichtshofs können staatliche Grundfreiheitsbeschränkungen neben den für jede Grundfreiheit ausdrücklich zugelassenen Gründen auch aus sonstigen „zwingenden Gründen des Allgemeininteresses“ [1316] gerechtfertigt werden.[1317] Stets erforderlich ist allerdings, dass bisher keine abschließende gemeinschaftsrechtliche Regelung zum

---

1316 Vgl. EuGH v. 20.2.1979 – C-120/78, Slg. 1979, 649 Rn. 8 – Rewe-Zentral AG/Bundesmonopolverwaltung für Branntwein; v. 15.3.2001 – C-165/98, Slg. 2001, I-2189 Rn. 25, 27 – André Mazzoleni (Schutz der Arbeitnehmer); v. 28.4.1998 – C-158/96, Slg. 1998, I-1931 Rn. 41 – Raymond Kohll/Union des caisses de maladie (finanzielles Gleichgewicht des Systems der sozialen Sicherheit), v. 9.7.1997 – C-34/95, Slg. 1997, I-3843 Rn. 45 f. – Konsumentombudsmannen (KO)/De Agostini (Svenska) Förlag AB (Lauterkeit des Handelsverkehrs und der Verbraucherschutz); nicht jedoch rein wirtschaftspolitische Ziele, siehe *Müller-Graff*, in: FS Ulmer (2003), S. 929, 951; zur Nicht-Diskriminierung als Voraussetzung der Anwendung ungeschriebener Rechtfertigungsgründe siehe *Altmeppen/Ego*, in: MünchKomm-AktG, Europäisches Aktienrecht B Rn. 154 f. m.w.N.; *Kingreen*, Struktur der Grundfreiheiten, S. 47 ff.; *Weiß*, EuZW 1999, 493, 496 f.; *Müller-Graff*, EuR-Beiheft 1/2002, 7, 53 ff.

1317 Zu der von *GA Colomer* vorgetragenen und vom EuGH überzeugend abgelehnten Rechtfertigungsmöglichkeit gem. Art. 345 AEUV (ehem. Art. 295 EGV) siehe *GA Colomer*, verbSchlAnt v. 3.7.2001 zu C-367/98, C-483/99, C-503/99, Slg. 2002, I-4733 Rn. 40 ff – Kommission/Portugiesische Republik, Französische Republik, Königreich Belgien; *Ders.*, verbSchlAnt v. 6.2.2006 zu C-463/00, C-98/01, Slg. 2003, I-4641 Rn. 37 – Kommission/Königreich Spanien, Vereinigtes Königreich von Großbritannien und Nordirland; EuGH v. 4.6.2003 – C-367/98, Slg. 2002, I-4731 Rn. 48 f. – Kommission/Portugiesische Republik; *Grundmann/Möslein*, ZGR 2003, 317, 338 ff.; ausführlich *Müller-Graff*, in: FS Ulmer (2003), S. 929, 942 ff.; *Pießkalla*, Goldene Aktien, S. 176; i.E. auch ablehnend *Kömpf*, Staaseinfluss auf die Volkswagen AG, S. 257 ff.

Schutz des geförderten (Allgemein)-Interesses besteht,[1318] die mitgliedstaatliche Maßnahme hinreichend bestimmt[1319], zur Zweckerreichung geeignet, das mildeste Mittel[1320] und insgesamt verhältnismäßig ist.[1321]

Die Rechtfertigung einer staatlichen Beschränkung ist also in hohem Maße abhängig von der konkreten Ausgestaltung der staatlichen Maßnahme sowie ihren faktischen Begleitumständen im Einzelfall. Bei der vorliegenden Untersuchung handelt es sich allerdings um eine abstrakt-generelle Betrachtung, so dass eine weitergehende Darstellung möglicher Rechtfertigungsgründe nicht sinvoll ist. Auf sie wird deshalb verzichtet.

VI. Zusammenfassung

Ziel der Untersuchung war es, die Grundfreiheitskonformität staatlicher Entsendungsrechte zu überprüfen. Ausgangspunkt der darauffolgenden Überlegungen war, dass staatliche Entsendungsrechte Investoren potenziell von Anteilserwerben an der betroffenen Aktiengesellschaft abhalten und daher möglicherweise eine verbotene Beschränkung der Warenverkehrs-, der Kapitalverkehrs- oder der Niederlassungsfreiheit darstellen. Als möglicherweise beschränktes grundfreiheitsrelevantes Verhalten wurde der grenzüberschreitende Beteiligungserwerb an Aktiengesellschaften ausgemacht. Beteiligungserwerbe an Aktiengesellschaften unterfallen allerdings nicht der Warenverkehrs-, wohl aber der Kapitalverkehrs- sowie der Niederlassungsfreiheit. Dabei ist zwischen Direkt- und Portfolioinvestitionen zu unterscheiden. Nur Direktinvestitionen genießen den Schutz der Niederlassungsfreiheit, während die Kapitalverkehrsfreiheit beiden Investitionsarten Schutz garantiert. Direktinvestitionen

---

[1318] EuGH v. 28.9.2006 – C-282/04, 283/04, Slg. 2006, I-9141 Rn. 32 f. – Kommission/Königreich der Niederlande; *Müller-Graff*, in: FS Ulmer (2003), S. 929, 949 f.; *Möslein*, ZIP 2007, 208, 211.

[1319] Vgl. EuGH v. 13.5.2003 – C-463/00, Slg. 2003, I-4581 Rn. 74 f. – Kommission/Königreich Spanien m.w.N zur Rechtsprechung.

[1320] Vgl. EuGH v. 4.6.2002 – C-503/99, Slg. 2002, I-4809 Rn. 45 – Kommission/Königreich Belgien.

[1321] Vgl. *Tiedje*, in: von der Groeben/Schwarze/Hatje, Europäisches Unionsrecht, Art. 49 AEUV Rn. 115 ff.; *Frenz*, Hdb EuropaR Grundfreiheiten, Rn. 587 ff.; zu den europagerichtlichen Anforderungen an eine Rechtfertigung im Zusammenhang mit „Goldenen Aktien“ im Detail siehe *Lutter/Bayer/Schmidt*, Europäisches Unternehmens- und Kapitalmarktrecht, § 15 Rn. 13 ff.; *Rühland*, in: Perspektiven des Wirtschaftsrechts, S. 501, 508 ff.; *Oechsler*, NZG 2007, 161, 163 ff.; *Weiss*, EWS 2008, 13, 19 ff.

werden mit Blick auf die Rechtsprechung des EuGH, die Ratio der Grundfreiheiten im Allgemeinen sowie die jeweiligen Vorbehaltsklauseln beider Freiheiten im Besonderen gleichzeitig durch Art. 49 AEUV und durch Art. 63 AEUV geschützt. Beide Grundfreiheiten sind mithin parallel anwendbar. Staatliche Entsendungsrechte sind deshalb wegen ihrer potenziell beeinträchtigenden Wirkung auf grenzüberschreitende Beteiligungserwerbe in Form von Direkt- und Portfolioinvestition sowohl an der Niederlassungsfreiheit als auch an der Kapitalverkehrsfreiheit zu messen. Allerdings wirken staatliche Entsendungsrechte weder verdeckt noch offen, weder rechtlich noch tatsächlich diskriminierend auf den grenzüberschreitenden Beteiligungserwerb. Sie stellen mithin keine diskriminierende Beschränkung grenzüberschreitender Faktormobilität dar. Auch versperren sie den Marktzugang für Kapital weder in formeller noch in materieller Weise. Allerdings machen sie es Investoren unmöglich, abgestufte Eigentümerkontrolle durch kapitaladäquate Einflussmacht auf die Besetzung des Aufsichtsrats auszuüben, und versperren deshalb den Marktzugang für anteilsgestützte Niederlassung durch das deutschrechtlich dafür bereitgestellte gesellschaftsrechtliche Instrument. Staatliche Entsendungsrechte stellen aufgrund ihrer formell marktzugangsversperrenden Wirkung grundsätzlich eine rechtfertigungsbedürftige Beschränkung der Niederlassungsfreiheit dar. Sie sind dem Staat als ihrem Urheber hinreichend zurechenbar, sobald staatliche Stellen entscheidenden Einfluss auf ihre Begründung haben. Ob eine staatliche Beschränkung der Niederlassungsfreiheit zum Schutze der öffentlichen Ordnung, der Sicherheit oder der Gesundheit gem. Art. 52 Abs. 1 AEUV oder aus sonstigen zwingenden Gründen des Allgemeinwohls gerechtfertigt ist, ist eine Frage des konkreten Einzelfalls, die im Rahmen der hier vorgenommen abstrakt-generellen Überprüfung nicht beantwortet werden kann. Die Untersuchung hat allerdings gezeigt, dass staatliche Entsendungsreche mit der Niederlassungsfreiheit grundsätzlich nicht zu vereinbaren sind.

C. Aktienrechtliche Entsendungsrechte zugunsten Privater

Die bisherige Prüfung hat sich mit aktienrechtlichen Entsendungsrechten zugunsten des Staates auseinandergesetzt. Entsendungsrechte werden jedoch nicht nur in gemischt-wirtschaftlichen Aktiengesellschaften eingesetzt, um den Einfluss staatlicher Anteilseigner abzusichern. Sie finden sich auch in (insgesamt) privat gehaltenen Aktiengesellschaften zugunsten privater Anteilseigner.[1322] In diesem Fall stellen aktienrechtliche Entsendungsrechte jedoch regelmäßig keine hinreichend zurechenbare staatliche Maßnahme dar.[1323] Es stellt sich mithin die Frage, ob neben der Union und ihren Mitgliedstaaten auch Private auf die Grundfreiheiten verpflichtet sind, so dass auch rein privat initiierte aktienrechtliche Entsendungsrechte zu ihrer umfassenden Wirksamkeit einer grundfreiheitlichen Überprüfung standhalten müssen.[1324]

[1322] Zur Beschränkung des Prüfungsgegenstands auf private Entsendungsrechte ohne Mitwirkung staatlicher Anteilseigner siehe oben unter A. IV

[1323] Vgl. zur Diskussion einer möglichen „staatlichen Kompetenzdelegation“ durch § 101 Abs. 2 AktG und der damit einhergehenden Einstufung privater Entsendungsrechte als staatliche Maßnahme *Steinfort*, Entsendungsrechte, S. 99.

[1324] Nicht eingegangen wird im Rahmen dieser Arbeit auf eine mögliche mittelbare Drittwirkung der Grundfreiheiten aufgrund mitgliedstaatlicher grundfreiheitsbasierter Schutzpflichten, die die Mitgliedstaaten dazu verpflichten, gegen unzumutbares beschränkendes Privathandeln einzuschreiten, vgl. dazu *Frenz*, Hdb EuropaR Grundfreiheiten, Rn. 372 ff.; *Pießkalla*, Goldene Aktien, S. 138 ff.; *Canaris*, in: Bauer, Umwelt, Wirtschaft, Recht, S. 29, 49 ff.; *Kadelbach/Petersen*, EuGRZ 2002, 213 ff.; *Burgi*, EWS 1999, 327, *Szczekalla*, DVBl. 1998, 219 ff.; *Streinz/Leible*, EuZW 2000, 459, 465 ff. Sowohl im Hinblick auf ihre Funktion als auch bzgl. ihres Prüfungsmaßstabs entsprechen sich unmittelbare und mittelbare Drittwirkung nämlich. Eine Überprüfung privaten Marktverhaltens anhand der Grundfreiheiten im Rahmen der unmittelbaren Drittwirkung kommt deshalb immer zu dem gleichen Ergebnis wie eine Überprüfung im Rahmen der mittelbaren Drittwirkung. Beide dienen dem Schutz privatautonomen Marktverhaltens zur Binnenmarktverwirklichung und verbieten lediglich unzumutbare Privatbeschränkungen grenzüberschreitender Faktorallokation, die sich außerhalb eines gleichgeordneten Privatrechtsverhältnisses bewegen bzw. ihrerseits nicht durch Grundfreiheiten oder Grundrechte gedeckt sind. Es müssen also stets die jeweiligen Grundrechte und Grundfreiheiten der betroffenen Marktteilnehmer miteinander abgewogen werden. Eine eigenständige Überprüfung privater Entsendungsrechte im Rahmen mitgliedstaatlicher Schutzpflichten ist deshalb nicht erforderlich, vgl. zu dieser Argumentation *GA Poiares Maduro*, SchlAnt v. 23.5.2007 zu C-435/05, Slg. 2007, I-779 Rn. 40 – International Transport Workers' Federation u.a./Viking Line ABP u.a.; *Forsthoff*, in: Grabitz/Hilf/Net-

Staatliche wie auch private Entsendungsrechte diskriminieren weder offen noch verdeckt, weder rechtlich noch tatsächlich. Wie bereits oben aufgezeigt machen sie den Anteilserwerb und damit sowohl den grenzüberschreitenden Kapitalverkehr wie auch grenzüberschreitende Niederlassungen zwar weniger attraktiv. Eine bloße Attraktivitätsminderung stellt aber noch keine grundfreiheitsrelevante Beschränkung dar. Attraktivitätsmindernde, diskriminierungsfreie Maßnahmen beschränken die Grundfreiheiten in rechtfertigungsbedürftiger Weise nur bei formeller oder materieller Versperrung des Marktzugangs. Staatliche Entsendungsrechte und demzufolge auch private Entsendungsrechte beschränken daher höchstens die Niederlassungsfreiheit. Sollten die Grundfreiheiten auch Private verpflichten, sind private Entsendungsrechte deshalb allenfalls an der Niederlassungsfreiheit zu messen. Im Folgenden wird deshalb der Frage nachgegangen, ob die Grundfreiheiten im Allgemeinen sowie die Niederlassungsfreiheit im Besonderen auch Private binden.

I. Unmittelbare Drittwirkung der Grundfreiheiten

Ihrem Wortlaut nach adressieren die Grundfreiheiten nur die Mitgliedstaaten; mit Blick auf die Regelungssystematik des AEUV binden sie jedoch auch sämtliche Unionsorgane.[1325] Grenzüberschreitende Faktorallokationsvorgänge können jedoch nicht nur durch (funktional zure-

---

tesheim, Das Recht der EU, Art. 45 AEUV Rn. 171 ff.; *Lübke*, Der Erwerb von Gesellschaftsanteilen, S. 263 f. Fn. 155; *Kadelbach/Petersen*, EuGRZ 2002, 213, 218; vgl. auch *Kingreen*, in: Calliess/Ruffert, EUV/AEUV, Art. 36 AEUV Rn. 116; *Ders.*, Struktur der Grundfreiheiten, S. 199; siehe auch *Verse*, GPR 2008, 31, 35 (der eine staatliche Schutzpflicht bzgl. privater Entsendungsrechte i.E. ablehnt). Zudem hat die Verletzung staatlicher Schutzpflichten durch einen Mitgliedstaat – anders als ein Verstoß gegen unmittelbar drittwirkende Grundfreiheiten, vgl. *Ganten*, Die Drittwirkung der Grundfreiheiten, S. 199 ff. – keine Auswirkungen auf die Wirksamkeit der abzuwendenden privaten Maßnahme. Der verletzte Private hat lediglich einen Anspruch auf ermessensfehlerfreie Schutzpflichtausübung und – bei qualifiziertem Verstoß gegen das Schutzgebot – einen Anspruch auf Schadensersatz gegen den pflichtsäumigen Mitgliedstaat, vgl. *Kadelbach/Petersen*, EuGRZ 2002, 213, 219; *Kainer*, JuS 2000, 431, 435 f.; zum Ermessensspielraum im Hinblick auf privatautonome Entsendungsrechte vgl. *Neumann/Ogorek*, NZG 2008, 892, 879. Auch aus diesem Grund wird im Rahmen dieser Arbeit auf eine Überprüfung privater Entsendungsrechte im Zusammenhang mit mitgliedstaatlichen Schutzpflichten verzichtet.

[1325] Siehe *Leible/Streinz*, in: Grabitz/Hilf/Nettesheim, Das Recht der EU, Art. 34 AEUV Rn. 36; *Ohler*, Kapital- und Zahlungsverkehrsfreiheit, Art. 56 Rn. 237; *Frenz*, Hdb EuropaR Grundfreiheiten, Rn. 333 ff.

chenbare) staatliche Maßnahmen, sondern auch durch genuin privates Verhalten beeinträchtigt werden.

1. Rechtsprechung des EuGH

Deshalb hat der EuGH im Laufe seiner Rechtsprechung[1326] die Bindungswirkung verschiedener Grundfreiheiten trotz ihrer primär staatsgerichteten Verbotswirkung auch auf Private ausgeweitet (sog. unmittelbare Drittwirkung).[1327] Der Gerichtshof misst mit überwiegender Zustimmung in der Literatur[1328] sowohl der Dienstleistungs-[1329] und der Niederlassungsfreiheit[1330] als auch der Arbeitnehmerfreizügig-

---

1326 Vgl. die ausführliche Rechtsprechungsübersicht bei *Demirakou*, Kapitalverkehrsfreiheit, S. 100 ff.; *Jaensch*, Die unmittelbare Drittwirkung der Grundfreiheiten, S. 33 ff.

1327 Zur Begrifflichkeit vgl. *Müller-Graff*, in: von der Groeben/Schwarze/Hatje, Europäisches Unionsrecht, Art. 34 AEUV Rn. 302; *Frenz*, Hdb EuropaR Grundfreiheiten, Rn. 346, 2158; *Canaris*, in: Umwelt, Wirtschaft und Recht, S. 29, 32 ff.; *Schulte Westenberg*, Zur Bedeutung der Keck-Rechtsprechung für die Arbeitnehmerfreizügigkeit, S. 208 f.; siehe auch *Ganten*, Die Drittwirkung der Grundfreiheiten, S. 22 f. (zum teilweise verwendeten Begriff der horizontalen unmittelbaren Anwendbarkeit).

1328 *Forsthoff*, in: Grabitz/Hilf/Nettesheim, Das Recht der EU, Art. 45 AEUV Rn. 165 ff.; *Müller-Graff*, in: Streinz, EUV/AEUV, Art. 49 AEUV Rn. 38; kritisch, *Frenz*, Hdb EuropaR Grundfreiheiten, Rn. 357 ff.; a.A. *Kingreen*, in: Calliess/Ruffert, EUV/AEUV, Art. 36 AEUV Rn. 114 ff., 222; *Schulte Westenberg*, Zur Bedeutung der Keck-Rechtsprechung für die Arbeitnehmerfreizügigkeit, S. 209 ff.; *Canaris*, in: Umwelt, Wirtschaft und Recht, S. 29, 42 ff.; *Jaensch*, Die umittelbare Drittwirkung der Grundfreiheiten, S. 287 f.; *Streinz/Leible*, EuZW 2000, 459, 464 ff.

1329 EuGH v. 12.121974 – C-36/74, Slg. 1974, 1405 Rn. 16 ff., 19 – B.N.O. Walrave u.a./Association Union cycliste internationale u.a.; v. 9.6.1977 – C-90/76, Slg. 1977, 1019 Rn. 28 – S.r.l. Ufficio Henry van Ameyde/S.r.l. Ufficio centrale italiano di assistenza assicurativa automobilisti in circolazione internazionale (UCI); v. 15.12.1995 – C-415/93, Slg. 1995, I-4921 Rn. 82 ff. – Union royale belge des sociétés de football association ASBL u.a./Jean-Marc Bosman u.a.; v. 11.12.2007 – C-438/05, Slg. 2007, I-10779 Rn. 33 ff – International Transport Workers' Federation u.a./Viking Line ABP; v. 18.12.2007 – C341/95, Slg. 2007, 11767 Rn. 98 – Laval un Partneri Ltd/Svenska Byggnadsarbetareförbundet u.a.

1330 EuGH v. 11.12.2007 – C-438/05, Slg. 2007, I-10779 Rn. 33 ff. – International Transport Workers' Federation u.a./Viking Line ABP u.a.; v. 19.2.2000 – C-309/99, Slg. 2000, I-1577 Rn. 120 f. – J. C. J. Wouters u.a./Algemene Raad van de Nederlandse Orde van Advocaten; v. 9.6.1977 – C-90/76, Slg. 1977, 1019 Rn. 28 – S.r.l. Ufficio Henry van Ameyde/S.r.l. Ufficio centrale italiano di assistenza assicurativa automobilisti in circolazione internazionale (UCI).

keit[1331] unmittelbare Wirkung zwischen Privaten zu. Im Hinblick auf die Warenverkehrsfreiheit scheint er eine unmittelbare Drittwirkung trotz anfänglich entgegengesetzter Hinweise[1332] inzwischen wohl insgesamt abzulehnen.[1333]

Allerdings beschränkt der EuGH die grundfreiheitliche Bindung Privater grundsätzlich auf sog. intermediäre Gewalten.[1334] Dabei handelt es sich um private Institutionen, die dem Staat zwar nicht funktional zurechenbar sind, aufgrund ihrer privatrechtlichen Befugnis zur Setzung abstrakt-

---

1331 EuGH v. 14.7.1976 – C-13/76, Slg. 1976, 1333 Rn. 17 – Gaetano Donà/Mario Mantero; v. 11.4.2000 – C-51/96, Slg. 2000, 2549 Rn. 47 – Christelle Deliège/Ligue francophone de judo et disciplines associées ASBL u.a.; v. 6.6.2000 – C-281/98, Slg. 2000, I-4139 Rn. 29 ff, 34, 36 – Roman Angonese/Cassa di Risparmio di Bolzano SpA.

1332 EuGH v. 8.6.1971 – C-78/70, Slg. 1971, 487 Rn. 12 – Deutsche Grammophon Gesellschaft mbH/Metro-SB-Großmärkte GmbH & Co. KG; v. 22.1.1981 – C-58/80, Slg. 1981, 181 Rn. 17 – Dansk Supermarked A/S/A/S Imerco; dazu *Roth*, in: FS Everling II (1995), S. 1231, 1233 ff.; kritisch *Canaris*, in: Umwelt, Wirtschaft und Recht, S. 29, 54 ff.; *Streinz/Leible*, EuZW 2000, 459, 460.

1333 Vgl. EuGH v. 1.10.1987 – C-311/85, Slg. 1987, 3801 Rn. 30 – ASBL Vereniging van Vlaamse Reisbureaus/ASBL Sociale Dienst van de Plaatselijke en Gewestelijke Overheidsdiensten; v. 27.9.1988 – C-65/86, Slg. 1988, 5249 Rn. 11 – Bayer AG und Maschinenfabrik Hennecke GmbH/Heinz Süllhöfer.; mit dieser Schlussfolgerung auch *Kingreen*, in: Calliess/Ruffert, EUV/AEUV, Art. 36 AEUV Rn. 112; *Roth*, in: FS Everling II (1995), S. 1231, 1236 ff.; *Kainer*, Unternehmensübernahmen, S. 219.; *Demirakou*, Kapitalverkehrsfreiheit, S. 105 ff.; *Lübke*, Der Erwerb von Gesellschaftsanteilen, S. 258; allerdings in eine andere Richtung deutend neuerdings EuGH v. 12.7.2012 – C-171/11, EuZW 2012, 797 Rn. 21 ff. – Fra.bo SpA/Deutsche Vereinigung des Gas- und Wasserfaches eV (DVGW) - Technisch-Wissenschaftlicher Verein, dazu *Roth*, EWS 2013, 16 ff.; *Ehlers*, in: Ehlers, Europäische Grundrechte und Grundfreiheiten, § 7 Rn. 57 bezeichnet dieses Urteil gar schon als „Kehrtwende".

1334 EuGH v. 12.12.1974 – C-36/74, Slg. 1974, 1405 Rn. 16 – B.N.O. Walrave u.a./Association Union cycliste internationale u.a.; v. 14.7.1976 – C-13/76, Slg. 1976, 1333 Rn. 17 – Gaetano Donà/Mario Mantero; v. 9.6.1977 – C-90/76, Slg. 1977, 1019 Rn. 28 – S.r.l. Ufficio Henry van Ameyde/S.r.l. Ufficio centrale italiano di assistenza assicurativa automobilisti in circolazione internazionale (UCI); v. 15.12.1995 – C-415/93, Slg. 1995, I-4921 Rn. 82 – Union royale belge des sociétés de football association ASBL u.a./Jean-Marc Bosman u.a.; v. 19.2.2000 – C-309/99, Slg. 2000, I-1577 Rn. 120 – J. C. J. Wouters u.a./Algemene Raad van de Nederlandse Orde van Advocaten; v. 11.12.2007 – C-438/05, Slg. 2007, I-10779 Rn. 33 – International Transport Workers' Federation u.a./Viking Line ABP; *Jaensch*, Die unmittelbare Drittwirkung der Grundfreiheiten, S. 263 ff.; *Röthel*, EuR 2001, 908, 909 ff.; *Streinz/Leible*, EuZW 2000, 459; *Kadelbach/Petersen*, EuGRZ 2002, 213, 218; *Roth*, in: FS Everling II (1995), S. 1231, 1246 f.

genereller Normen zur kollektiven Regelung individuellen Marktverhaltens im Zusammenhang mit ihrer Tätigkeit jedoch über eine staatsähnliche Machtfülle verfügen und damit eine Zwitterstellung zwischen Privatrechtssubjekt und Staat einnehmen. Der Gerichtshof betont wiederholt, dass

„die Beseitigung der Hindernisse für die Freizügigkeit zwischen den Mitgliedstaaten gefährdet wäre, wenn die Abschaffung der Schranken staatlichen Ursprungs durch Hindernisse zunichte gemacht werden könnte, die sich daraus ergeben, daß nicht dem öffentlichen Recht unterliegende Vereinigungen und Einrichtungen von ihrer rechtlichen Autonomie Gebrauch machen“[1335].

Darüber hinaus argumentiert der EuGH, dass bei Ausklammerung privater Kollektivregelungen aus dem Anwendungsbereich der Grundfreiheiten die Gefahr uneinheitlicher Schutzstandards in den verschiedenen Mitgliedstaaten der Union bestünde, da je nach Mitgliedstaat private Gestaltungsmacht und öffentlich-rechtliche Vorgaben unterschiedlich weit reichten.[1336] In der Folge unterzieht er nicht nur diskriminierende, sondern auch attraktivitätsmindernde private Maßnahme einer Grundfreiheitsprüfung.[1337]

Bei der Beurteilung von Beschränkungen der Arbeitnehmerfreizügigkeit durch Private hat der Gerichtshof allerdings auf das Erfordernis privater kollektiver Machtfülle teilweise verzichtet[1338] und arbeitnehmerfreizügig-

---

[1335] Siehe nur EuGH v. 15.12.1995 – C-415/93, Slg. 1995, I-4921 Rn. 83 – Union royale belge des sociétés de football association ASBL u.a./Jean-Marc Bosman u.a.

[1336] EuGH v. 12.121974 – C-36/74, Slg. 1974, 1405 Rn. 19 – B.N.O. Walrave u.a./Association Union cycliste internationale u.a.; v. 15.12.1995 – C-415/93, Slg. 1995, I-4921 Rn. 84 – Union royale belge des sociétés de football association ASBL u.a./Jean-Marc Bosman u.a.; v. 11.4.2000 – C-51/96, Slg. 2000, I-2549 Rn. 47 – Christelle Deliège/Ligue francophone de judo et disciplines associées ASBL u.a; *Forsthoff*, in: Grabitz/Hilf/Nettesheim, Das Recht der EU, Art. 45 AEUV Rn. 177.

[1337] Vgl. EuGH v. 15.12.1995 – C-415/93, Slg. 1995, I-4921 Rn. 82 ff., 95 ff. – Union royale belge des sociétés de football association ASBL u.a./Jean-Marc Bosman u.a.; v. 13.4.2000 – C-176/96, Slg. 2000, I-2681 Rn. 49 – Jyri Lehtonen u.a./Fédération royale belge des sociétés de basketball ASBL (FRBSB).

[1338] EuGH v. 6.6.2000 – C-281/98, Slg. 2000, I-4139 Rn. 34 – Roman Angonese/Cassa di Risparmio di Bolzano SpA; v. 17.7.2008 – C-94/07, Slg. 2008, I-5939 Rn. 41 ff. – Andrea Raccanelli/Max-Planck-Gesellschaft zur Förderung der Wissenschaften eV; kritisch dazu *Streinz/Leible*, EuZW 2000, 459 ff. sowie *Schulte Westenberg*, Zur Bedeutung der Keck-Rechtsprechung für die Arbeitnehmerfreizügigkeit, S. 209 ff. und *Pießkalla*, Goldene Aktien, S. 132 ff.

keitsrelevante private – allerdings tatsächlich diskriminierende und auf einen Tarifvertrag gestützte – Gestaltungen ohne Weiteres anhand von Art. 45 AEUV[1339] überprüft. Auf diese Sonderrechtsprechung zur Arbeitnehmerfreizügigkeit wird im Rahmen dieser Arbeit nicht eingegangen, [1340] da private Entsendungsrechte allenfalls eine Beschränkung der Niederlassungsfreiheit darstellen.

Die Rechtsprechung des Gerichtshofs lässt sich also – mit Ausnahme von Sonderkonstellationen im Rahmen der Arbeitnehmerfreizügigkeit – dahingehend zusammenfassen, dass private Kollektivregelungssetzer aufgrund ihrer privaten Machtfülle und des damit einhergehenden Marktbeeinflussungspotenzials an die Grundfreiheiten gebunden sind.

2. Bestand und Umfang unmittelbarer Drittwirkung

Eine Ausweitung der grundfreiheitlichen Bindung[1341] auf Private in Gestalt intermediärer Gewalten ist gerechtfertigt.[1342] Allen Grundfreiheiten

---

[1339] Ehem. Art. 48 EGV.

[1340] Vgl. zur einschränkenden Auslegung der unmittelbaren Drittwirkung der Arbeitnehmerfreizügigkeit auf diskriminierende Regelungen *Lübke*, Der Erwerb von Gesellschaftsanteilen, S. 259; siehe auch einschränkend *Forsthoff*, in: Grabitz/Hilf/Nettesheim, Das Recht der EU, Art. 45 AEUV Rn. 164; *Bachmann*, AcP 210 (2010), 425, 475 f.; anders hingegen *Frenz*, Hdb EuropaR Grundfreiheiten, Rn. 352 ff., 370 f.; ein weiterer Erklärungsansatz findet sich bei *Kainer*, Unternehmensübernahmen, S. 245 a.E.; siehe auch *Müller-Graff*, EuR 2014, 3, 18 f. sowie *Roth*, in: FS Medicus (2009), S. 393, 408 f.

[1341] Für unmittelbare Drittwirkung grundsätzlich aller Grundfreiheiten *Müller-Graff*, in: Streinz, EUV/AEUV, Art. 49 AEUV Rn. 38; *Ders.*, EuR 2014, 3, 15 f; *Tiedje*, in: von der Groeben/Schwarze/Hatje, Europäisches Unionsrecht, Art. 49 AEUV Rn. 147 ff.; *Ohler*, Kapital- und Zahlungsverkehrsfreiheit, Art. 56 Rn. 244; *Forsthoff*, in: Grabitz/Hilf/Nettesheim, Das Recht der EU, Art. 45 AEUV Rn. 176; *Röthel*, EuZW 2000, 379 f.; *Vieweg/Röthel*, ZHR 166 (2002), 6, 20 f.

[1342] Zustimmend mit überzeugender Widerlegung der Gegenargumente *Lübke*, Der Erwerb von Gesellschaftsanteilen, S. 259 ff. und *Demirakou*, Kapitalverkehrsfreiheit, S. 131 ff. sowie *Kainer*, Unternehmensübernahmen, S. 226 ff.; siehe auch *Forsthoff*, in: Grabitz/Hilf/Nettesheim, Das Recht der EU, Art. 45 AEUV Rn. 177; *Müller-Graff*, in: von der Groeben/Schwarze/Hatje, Europäisches Unionsrecht, Art. 34 AEUV Rn. 304 f.; *Becker*, in: Schwarze, EU-Kommentar, Art. 34 AEUV Rn. 90; *Haferkamp*, Kapitalverkehrsfreiheit, S. 109 ff.; *Jaensch*, Die unmittelbare Wirkung der Grundfreiheiten, S. 263 ff., 285 (der eine unmittelbare Drittwirkung der Grundfreiheiten allerdings auf private intermediäre Gewalten mit öffentlicher Zweckverfolgung beschränkt, siehe S. 278 ff.); *Epiney*, in: Ehlers, Grundrechte und Grundfreiheiten, § 8 Rn. 22; *Pießkalla*, Goldene Aktien, S. 127 ff., 134; 246 f.; *Roth*, in: FS Everling II (1995), S. 1231, 1246 f.; *Jarass*, in: FS Everling I (1995), S. 593, 594; *Ders.*, EuR 2000, 715; *Röthel*, EuR 2001, 908, gemein ist ihre Binnenmarktausrichtung.[1343] Private Marktteilnehmer sollen durch privatautonome Entscheidungen zu einer optimalen grenzüberschreitenden Faktorallokation beitragen. Dieser Mechanismus ist nicht nur durch mitgliedstaatliche Maßnahmen, sondern durch jegliche Maßnahmen mit beschränkender Wirkung auf grundfreiheitliche Betätigung unabhängig von der Rechtsnatur ihres Urhebers gefährdet. Die Beschränkung der unmittelbaren Drittwirkung der Grundfreiheiten auf intermediäre Gewalten greift jedoch zu kurz,[1344] eine voraussetzungslose Ausweitung auf jedwedes Privatverhalten einzelner Marktteilnehmer – wie es in der EuGH-Rechtsprechung zur Arbeitnehmerfreizügigkeit anklingt – ginge hingegen zu weit.[1345]

a. Grundfreiheitsbindung zulasten jeder Privatperson

Die Grundfreiheiten der Marktteilnehmer können zwar vor allem, aber nicht nur durch Private in Gestalt intermediärer Gewalten in einer staatsähnlichen Weise beschränkt werden. Ausschlaggebend für eine wesentliche und damit grundfreiheitsrelevante Beeinträchtigung der Privatautonomie sind nicht die kollektive Wirkung und die rechtliche Gestaltung einer privaten Maßnahme. Entscheidend ist vielmehr, ob sich die privaten Parteien strukturell in einem gleichgeordneten Privatrechtsverhältnis befinden oder ob die private Maßnahme in einem staatsähnli-

---

912; *Vieweg/Röthel*, ZHR 166 (2002), 6, 22; *Kadelbach/Petersen*, EuGRZ 2002, 213, 218; abweichend nun *Roth*, in: FS Medicus (2009), S. 393, 404 ff. (Beschränkung auf am Faktoraustausch nicht beteiligte Dritte); a.A. *Kingreen*, in: Calliess/Ruffert, EUV/AEUV, Art. 36 AEUV Rn. 114 ff.; *Ders.*, Struktur der Grundfreiheiten, S. 195 ff.; *Habersack/Verse*, Europäisches Gesellschaftsrecht, § 3 Rn. 10; *Kluth*, AöR 122 (1997), 557, 572 ff.; *Burgi*, EWS 1999, 327, 331 f.; *Streinz/Leible*, EuZW 2000, 459, 464 ff.

[1343] Vgl. zur unmittelbaren Drittwirkung des Diskriminierungsverbots der Grundfreiheiten sowie gem. Art. 18 AEUV *Forsthoff*, in: Grabitz/Hilf/Nettesheim, Das Recht der EU, Art. 45 AEUV Rn. 165 ff.

[1344] Vgl. *Müller-Graff*, in: von der Groeben/Schwarze/Hatje, Europäisches Unionsrecht, Art. 34 AEUV Rn. 306 (allerdings mit abweichender Schlussfolgerung); *Kainer*, Unternehmensübernahmen, S. 211; *Lübke*, Der Erwerb von Gesellschaftsanteilen, S. 263 f.; a.A. – also auf intermediäre Gewalten beschränkend – *Roth*, in: FS Everling II (1995), S. 1231, 1246 f.; *Haferkamp*, Kapitalverkehrsfreiheit, S. 111 f.; *Jaensch*, Die unmittelbare Drittwirkung der Grundfreiheiten, S. 263 ff.; *Kadelbach/Petersen*, EuGRZ 2002, 213, 218; *Vieweg/Röthel*, ZHR 166 (2002), 6, 22.

[1345] A.A. wohl *Ganten*, Die Drittwirkung der Grundfreiheiten, S. 90 ff. (der die Privatautonomie der grundfreiheitlich gebundenen Marktteilnehmer jedoch im Rahmen möglicher Rechtfertigungsgründe anspricht, S. 174 ff.).

chen Über-/Unterordnungsverhältnis stattfindet, in welchem eine Partei der anderen ihren Willen ohne deren Zustimmung aufzwingen kann.[1346] Eine solche Situation kann unabhängig von der kollektivrechtlichen Gestaltungsmacht eines privaten Marktteilnehmers eintreten. Wo ein Privatrechtssubjekt die Privatautonomie der Marktgegenseite ohne deren Zustimmung beschränken kann, ist ein freier Markt durch freie Ausübung der Privatautonomie gerade nicht mehr möglich. Eine Gleichordnungssituation zwischen Privaten ist also Grundvoraussetzung dafür, dass privatautonome Allokationsentscheidungen getroffen werden können.[1347] Irrelevant ist deshalb, ob es sich um eine diskriminierende[1348] oder lediglich um eine marktzugangsversperrende private Maßnahme handelt.[1349] Erfasst werden zudem sowohl rechtliche als auch rein tatsächliche private Maßnahme, wenn sie in einer die Privatautonomie verdrängenden Über-/Unterordnungssituation getroffen werden.[1350]

b. Grundfreiheitsbindung ausschließlich zulasten bestimmten Privatverhaltens

Allerdings kann nicht jede private Beeinträchtigung dem grundfreiheitlichen Rechtfertigungszwang unterworfen werden, da anderenfalls das Prinzip der Privatautonomie selber und damit freie Faktorallokationen

---

1346 *Demirakou*, Kapitalverkehrsfreiheit, S. 151 ff.; *Jaensch*, Die unmittelbare Drittwirkung der Grundfreiheiten, S. 275 ff. („Das Kriterium der Unentrinnbarkeit"); *Lübke*, Der Erwerb von Gesellschaftsanteilen, S. 263 f.; *Kainer*, Unternehmensübernahmen, S. 199, 240 ff., 249; wohl auch *Grundmann/Möslein*, ZGR 2003, 317, 332 f.; in diese Richtung wohl auch *Frenz*, Hdb EuropaR Grundfreiheiten, Rn. 360, 371, 2169 ff.

1347 Vgl. *Lübke*, Der Erwerb von Gesellschaftsanteilen, S. 263 f.; *Kainer*, Unternehmensübernahmen, S. 184 f.

1348 Zum Diskriminierungsverbot zulasten Privater siehe *Forsthoff*, in: Grabitz/Hilf/Nettesheim, Das Recht der EU, Art. 45 AEUV Rn. 168 f.

1349 *Forsthoff*, in: Grabitz/Hilf/Nettesheim, Das Recht der EU, Art. 45 AEUV Rn. 176; *Kainer*, Unternehmesübernahmen, S. 245; weiter allerdings *Forsthoff*, EWS 2000, 389, 393; vgl. EuGH v. 15.12.1995 – C-415/93, Slg. 1995, I-4921 Rn. 94 ff. – Union royale belge des sociétés de football association ASBL/Jean-Marc Bosman u.a; v. 11.4.2000 – C-51/96, Slg. 2000, I-2549 Rn. 47 – Christelle Deliège/Ligue francophone de judo et disciplines associées ASBL u.a.

1350 *Lübke*, Der Erwerb von Gesellschaftsanteilen, S. 264; vgl. EuGH v. 11.12.2007 – C-438/05, Slg. 2007, I-10779 Rn. 33 ff – International Transport Workers' Federation u.a./Viking Line ABP.

an sich in Frage gestellt würden.[1351] Der grundfreiheitlich auferlegte Rechtfertigungszwang zulasten privater Maßnahmen darf nicht wiederum selbst in eine eigenständige Beschränkung der Privatautonomie ausarten. Im Gegensatz zu den Mitgliedstaaten steht den privaten Marktteilnehmern die Privatautonomie als Ausprägung des Selbstbestimmungsrechts eines jeden Menschen a priori unabhängig von staatlicher Gewährung zu.[1352] Deshalb muss schon bei der Frage nach der Anwendbarkeit der Grundfreiheiten auf Private bzw. nach einer unmittelbaren Drittwirkung der Grundfreiheiten an sich eine Abwägung der widerstreitenden Privatinteressen vorgenommen werden.[1353] Anderenfalls würde

---

[1351] Vgl. *Müller-Graff*, in: von der Groeben/Hatje/Schwarze, Europäisches Unionsrecht, Art. 34 AEUV Rn. 306; *Pießkalla*, Goldene Aktien, S. 131; *Müller-Graff*, in: von der Groeben/Schwarze/Hatje, Europäisches Unionsrecht, Art. 36 AEUV Rn. 306; *Demirakou*, Kapitalverkehrsfreiheit, S. 151; *Grundmann*, NZG 2005, 122, 126; *Kainer*, JuS 2000, 431, 434 (allerdings zum Umfang staatlicher Schutzpflichten); *Jarass*, EuR 2000, 715 f.; siehe auch *Kainer*, Unternehmensübernahmen, S. 244 ff. (der auf S. 242 den privatautonom handelnden Marktteilnehmern eine „Schlüsselfunktion zur Erreichung der Integrationsziele" attestiert und die Privatautonomie deshalb auch als „Integrationsmittel" bezeichnet); abweichend *Ganten*, Die Drittwirkung der Grundfreiheiten, S. 181 ff. *Ganten* misst der grundrechtlichen Privatautonomie des beschränkenden Privaten nur wenig Bedeutung bei und will die grundfreiheitliche Privatautonomie des Beschränkten umfassend gegen private Behinderungen sichern. *Ganten* scheint – entgegen der grundsätzlichen Gleichwertigkeit der Marktteilnehmer bzw. Gleichwertigkeit von Grundfreiheiten und Grundrechten – zumindest bei diskriminierenden Privatbeschränkungen von einem grundsätzlichen Vorrang der grundfreiheitlichen Privatautonomie des Beschränkten auszugehen bzw. die Grundrechte des Beschränkenden nur im Hinblick auf ihren Wesensgehalt schützen zu wollen (S. 177, 179). Dabei übersieht *Ganten* jedoch, dass Grundrechte auch auf europarechtlicher Ebene nicht binnenmarktspezifisch auszulegen sind, sondern ebenso wie im nationalen Recht als allgemeine Freiheitsrechte konzipiert sind (vgl. S. 182). Ein grundsätzlicher Vorrang der Grundfreiheiten vor den Grundrechten besteht also auch europarechtlich nicht (vgl. *Bast*, in: Grabitz/Hilf/Nettesheim, Das Recht der EU, Art. 26 AEUV Rn. 7; anders jedoch *Vieweg/Röthel*, ZHR 166 (2002), 6, 27 f.: Die institutionell gewährleisteten Grundfreiheiten gingen den individuell gewährleisteten Grundrechten sachlogisch vor).

[1352] Vgl. *Isensee*, in: Isensee/Kirchhof, Hdb des Staatsrechts, Bd. VII, § 150 Rn. 5,75 ff.; *Flume*, Das Rechtsgeschäft, § 1 2 S. 2; *Canaris*, AcP 184 (1984), 201, 218 f. m.w.N.; für ein derartiges liberal-staatliches Freiheitsverständnis auf europarechtlicher Ebene spricht Art. 2 EUV, der „Freiheit" als Wert bezeichnet, auf den sich die Union gründet, den die Union also nicht erst gewährleistet, sondern der ihr vorausliegt.

[1353] Vgl. *Vieweg/Röthel*, ZHR 166 (2002), 6, 24 f. (Gemeinschaftsgrundrechte werden bereits gegen den „Wirkungsanspruch der Grundfreiheiten ins Spiel" gebracht, so dass sie zu „immanenten Schranken der Grundfreiheiten avancieren", die grundsätzliche Verteilung der Rechtfertigungslast zwischen Staat und Individuum in ihr Gegenteil verkehrt.[1354] Bereits die grundsätzliche grundfreiheitliche Bindung Privater und die damit einhergehende Unterwerfung unter den grundfreiheitlichen Rechtfertigungszwang bedürfen deshalb ihrerseits der Rechtfertigung. Die unmittelbare Drittwirkung der Grundfreiheiten stellt folglich eine Ausnahme von der grundsätzlich staatsbezogenen Grundfreiheitsbindung zur Verhinderung unzumutbarer Behinderungen privatautonomer Faktorallokationen dar. Private Maßnahmen sind deshalb immer nur dann an den Grundfreiheiten zu überprüfen, wenn zwischen den Privaten ein relevantes Machtgefälle besteht, aufgrund dessen die Privatautonomie des unterlegenen Teils in unzumutbarer Weise beeinträchtigt wird. An ein relevantes Machtgefälle sind also strenge Anforderungen zu stellen. Gerechtfertigt ist eine Grundfreiheitenbindung nur hinsichtlich solcher privater Maßnahmen, die im Rahmen eines wesentlichen Machtungleichgewichts zwischen den Parteien getroffen werden und deshalb staatsähnliche Eingriffsqualität aufweisen.[1355] Nur dann agieren Private aufgrund rechtlicher oder tatsächlicher Umstände aus einer genuin staatlichen Überlegenheitssituation heraus, so dass sich der einzelne Betroffene in einer grundfreiheitstypi-

i.E. verorten die Autoren die Grundrechte des beschränkenden Privaten allerdings dann doch auf Rechtfertigungsebene); abweichend *Müller-Graff*, EuR 2014, 3, 23 (Vermutung zugunsten eines grundfreiheitskonformen Verhaltens bzw. Ausschluss einer Grundfreiheitsbeschränkung bei Behinderungen seitens Privater durch „wettbewerbsimmanente Präferenzentscheidungen“); widersprüchlich allerdings *Ganten*, Die Drittwirkung der Grundfreiheiten, S. 90 ff., 174 ff. (der die Grundrechte des grundfreiheitlich gebundenen Privaten erst unter der Überschrift „Rechtfertigung“ anspricht, dann aber für eine „Tatbestandslösung“ plädiert, S. 192 f.).

1354 Vgl. *Kluth*, AöR 122 (1997), 557, 570 f.

1355 Vgl. *Müller-Graff*, in: von der Groeben/Schwarze/Hatje, Europäisches Unionsrecht, Art. 34 AEUV Rn. 305 f.; *Lübke*, Der Erwerb von Gesellschaftsanteilen, S. 263 ff.; *Jaensch*, Die unmittelbare Drittwirkung der Grundfreiheiten, S. 266; *Kainer*, Unternehmensübernahmen, S. 248 f.; *Haferkamp*, Kapitalverkehrsfreiheit, S. 111 f.; zustimmend wohl auch *Ringe*, CMLR 45 (2008), 537, 543 a.E.; a.A. *Burgi*, EWS 1999, 327, 331 f.; zu abweichenden Ansätzen einer Einschränkung der unmittelbaren Drittwikrkung siehe *Steinfort*, Entsendungsrechte, S. 100 ff. m.w.N.

schen Gefährdungslage wiederfindet. Es muss sich also um eine Situation gestörter Privatautonomie[1356] handeln.

3. Ergebnis

Die Grundfreiheiten und damit auch die Niederlassungsfreiheit sind nur – dann aber zulasten jeder Privatperson – unmittelbar anwendbar, wenn Private auf Private einseitig zwingend einwirken, so dass die Privatautonomie durch den beherrschenden Willen einer Partei im Hinblick auf den angestrebten Faktorallokationsvorgang insgesamt verdrängt wird. Bloß niederlassungshemmende Privatmaßnahmen sind hingegen als Ausdruck der marktkonstituierenden und marktintendierten Privatautonomie in einem marktwirtschaftlichen, gewinnorientierten Wettbewerb hinzunehmen. Eine Überprüfung privater Entsendungsrechte anhand der Niederlassungsfreiheit ist erst gerechtfertigt, wenn ein niederlassungswilliger Marktteilnehmer auf dem Markt insgesamt strukturell derart unterlegen ist, dass die Ausübung von Privatautonomie wesentlich gestört wird.

II. Gestörte Privatautonomie im Fall privater Entsendungsrechte

Durch die Einräumung privater Entsendungsrechte wird bei Wahlen zum Aufsichtsrat von dem aktienrechtlichen Prinzip der proportionalen Korrelation von Stimmgewicht und Kapitalbeteiligung abgewichen, so dass dem niederlassungswilligen Investor der Zugang zu dem deutschrechtlich vorgesehen Instrument abgestufter Unternehmenskontrolle in der betroffenen Gesellschaft verwehrt wird. Fraglich ist jedoch, ob private aktienrechtliche Entsendungsrechte überhaupt an den Grundfreiheiten im Allgemeinen bzw. an der Niederlassungsfreiheit im Speziellen zu messen sind. Dies ist nur dann der Fall, wenn private aktienrechtliche Entsendungsrechte als einseitig zwingende Maßnahme außerhalb eines gleichgeordneten Privatrechtsverhältnisses zu qualifizieren sind.[1357]

[1356] Vgl. *Möllers*, EuR 1998, 20, 36; vgl. auch die Überlegungen zu einer de-minimis-Prüfung bei Beschränkungen durch Private bei *Jaensch*, Die unmittelbare Drittwirkung der Grundfreiheiten, S. 150 f.

[1357] *Grundmann*, NZG 2005, 122, 125 ff. (ähnlich auch *Pläster*, EWS 2008, 173, 175 f.) tendiert dazu, eine unmittelbare Drittwirkung hinsichtlich privater Übernahmehindernisse – wozu auch Entsendungsrechte zählen – von vornherein abzulehnen, da die Marktteilnehmer auf einem effektiven Markt bereits durch Kurs-

1. Verhältnis der einräumenden Gesellschafter untereinander

Die Einräumung privater Entsendungsrechte könnte sich im Verhältnis der einräumenden Gesellschafter untereinander als Maßnahme in einem gestörten Privatautonomieverhältnis darstellen.

a. Einräumung in der Gründungssatzung

In der Gründungssatzung können Entsendungsrechte nur mit der Zustimmung aller Gründungsgesellschafter verankert werden. Jeder Gründungsgesellschafter hat also in gleichem Maße Einfluss darauf, ob durch die Einräumung von Entsendungsrechten Stimmrechtsmacht bei Beschlussfassung über Wahlen zum Aufsichtsrat von den in der Hauptversammlung versammelten Aktionären teilweise auf einen privilegierten Aktionär übertragen wird. Ein Über-/Unterordnungsverhältnis und damit ein Bedürfnis nach grundfreiheitlicher Bindung zur Ermöglichung privatautonomer Entscheidungen liegen mithin nicht vor.[1358] Nach Einräumung von Entsendungsrechten ist zwar jeder Aktionär einseitig zwingend der beschlossenen Satzungsregelung unterworfen; allerdings konnte er als Teil des rechtssetzenden Kollektivs gleichberechtigt auf die Einführung der beschränkenden Satzungsnorm einwirken und hat sich ihr deshalb freiwillig unterworfen. Private Entsendungsrechte der Gründungssatzung sind deshalb nicht wegen gestörter Privatautonomie im Verhältnis der Gründungsgesellschafter untereinander an den Grundfreiheiten zu messen.

b. Einräumung durch satzungsändernden Hauptversammlungsbeschluss

Auch bei späterer Einräumung privater Entsendungsrechte durch satzungsändernden Hauptversammlungsbeschluss wird die privatautonome Entscheidungsfreiheit der abstimmenden Gesellschafter nicht beseitigt,

abschläge hinreichend auf Übernahmehindernisse reagieren könnten und würden. Neue Anleger kämen beim Erwerb von Gesellschaftsanteilen in den Genuss eines Preisnachlasses, neue und alte Anleger könnten aufgrund der reduzierten Übernahmewahrscheinlichkeit von den Erträgen einer längerfristigen Managementplanung profitieren. Allerdings wird ein wesentliches Machtgefälle bzw. eine Situation gestörter Privatautonomie nicht schon deshalb aufgelöst, weil mit der zwingenden Privatmaßnahme auch Vorteile einhergehen.

1358 Vgl. *Demirakou*, Kapitalverkehrsfreiheit, S. 159, 248; *Lübke*, Der Erwerb von Gesellschaftsanteilen, S. 265 f.; a.A. wohl *Pießkalla*, Goldene Aktien, S. 144 f.; *Möslein*, Der Aufsichtsrat 2008, 72, 73.

da jeder Aktionär durch Abgabe seiner Stimme an dem Hauptversammlungsbeschluss mitwirken kann.[1359] Auch nach Einräumung der Entsendungsrechte befinden sich die nicht-entsendungsberechtigten Aktionäre nicht in einem Unterordnungsverhältnis zur Gesellschaft bzw. zum Entsendungsberechtigten, da sie an der Beschlussfassung über die Einräumung der Entsendungsrechte hinreichend mitwirken konnten.

Dagegen spricht auch nicht, dass der überstimmte Aktionär im Gegensatz zur (qualifizierten) Aktionärsmehrheit gerade nicht mit der Einführung von Entsendungsrechten einverstanden ist.[1360] Zwar wird ihm in der konkreten Abstimmungssituation der Wille der Aktionärsmehrheit einseitig aufgezwungen. Er hat sich diesem Abstimmungsprinzip jedoch mit dem Beitritt zur Gesellschaft bereits zuvor bewusst und freiwillig unterworfen,[1361] so dass die Unterwerfung des einzelnen Aktionärs unter den Mehrheitswillen auf seine freie Willensentschließung zurückgeht. Zudem befindet sich der einzelne Aktionär in der konkreten Abstimmungssituation nicht in einem strukturellen Subordinationsverhältnis zur Aktionärsmehrheit, da er bei jeder weiteren Beschlussfassung auch Teil der bestimmenden Mehrheit sein kann.[1362] Mit Beitritt zur Gesellschaft treten die Aktionäre in ein multilaterales gleichgeordnetes Dauerschuldverhältnis ein; ihre mögliche Unterlegenheit bei Beschlussfassungen im Einzelfall entspricht deshalb funktional eher dem Nachgeben eines gleichberechtigten Verhandlungspartners im Hinblick auf einen einzelnen Vertragsgegenstand.[1363] Bei satzungsändernder Beschlussfassung in der Hauptversammlung befinden sich die Aktionäre also nicht in einem Über-/Unterordnungsverhältnis, in welchem die Privatautonomie eines Beteiligten aufgrund eines wesentlichen Machtgefälles zwischen der Parteien verdrängt wird. Eine grundfreiheitliche Bindung der Aktionäre

[1359] Vgl. *Kainer*, Unternehmensübernahmen, S. 359 f. (zu Abwehrmaßnahmen der Hauptversammlung bei drohender Unternehmensübernahme); *Lübke*, Der Erwerb von Gesellschaftsanteilen, S. 266 f., *Demirakou*, Kapitalverkehrsfreiheit, S. 159; *Spindler*, RIW 2003, 850, 854.

[1360] So aber *Möslein*, ZIP 2007, 208, 214 f.

[1361] *Lübke*, Der Erwerb von Gesellschaftsanteilen, S. 266, *Demirakou*, Kapitalverkehrsfreiheit, S. 159 f.; vgl. auch *Spindler*, RIW 2003, 850, 854 („Gefahr der Majorisierung" wohne der jeweiligen Gesellschaftsmitgliedschaft bereits inne); a.A. *Ferrarini*, ECFR 2006, 147, 170; wohl auch *Pießkalla*, Goldene Aktien, S. 144 f.

[1362] *Lübke*, Der Erwerb von Gesellschaftsanteilen, S. 266 f.

[1363] Vgl. *Lübke*, Der Erwerb von Gesellschaftsanteilen, S. 266.

bei Einräumung von Entsendungsrechten ist also nicht – auch nicht aufgrund des aktienrechtlichen Mehrheitsprinzips – gerechtfertigt.

2. Verhältnis der einräumenden Gesellschafter zu späteren Anteilserwerbern

Im Verhältnis der Gründungsgesellschafter untereinander sowie zwischen den an der satzungsändernden Abstimmung beteiligten Aktionären ist die Pirvatautonomie mithin nicht gestört. Fraglich ist jedoch, ob dies auch im Verhältnis zu späteren Anteilserwerbern gilt. Diese haben nämlich gerade keinen Einfluss auf die Begründung von Entsendungsrechten, da sie nicht an der Beschlussfassung über deren Einräumung beteiligt sind.

a. Einräumung von Entsendungsrechten

Daraus ergibt sich jedoch gleichzeitig, dass die grundfreiheitsrelevante private Maßnahme „Einräumung von Entsendungsrechten“ gerade nicht gegenüber Erwerbsinteressenten, sondern lediglich gegenüber den aktuell an der Gesellschaft beteiligten Aktionären getroffen wird. Interessierte Investoren treten der Gesellschaft erst gegenüber, wenn Entsendungsrechte bereits bestehen.

Allerdings könnte argumentiert werden, dass Entsendungsrechte spätestens mit Beitritt des Erwerbsinteressenten zur Gesellschaft auf diesen einseitig zwingend einwirken. Dabei würde jedoch übersehen, dass sich der Anteilserwerber freiwillig dem zum Beitrittszeitpunkt bestehenden Satzungsregime unterwirft.[1364]

b. Anteilserwerb an Gesellschaft mit Entsendungsrechten

Auch in der Erwerbssituation selber ist die Privatautonomie der Beteiligten nicht gestört, da sich der Investor ohne Zwang zum Erwerb von Anteilen an der Gesellschaft mit Entsendungsrechten entscheiden kann, insbesondere da alternative Anlagemöglichkeiten bestehen.[1365] Anders

---

1364 *Lübke*, Der Erwerb von Gesellschaftsanteilen, S. 266 f.; vgl auch *Kainer*, Unternehmensübernahmen, S. 249, 360; *Pläster*, EWS 2008, 173, 175 Fn. 27; a.A. wohl *Pießkalla*, Goldene Aktien, S. 144 ff.

1365 Vgl. *Jaensch*, Die unmittelbare Drittwirkung der Grundfreiheiten, S. 278 a.Anf.; *Lübke*, Der Erwerb von Gesellschaftsanteilen, S. 265, 510; *Demirakou*, Kapitalverkehrsfreiheit, S. 154, 160, 248; siehe auch *Roth*, in: FS Everling II (1995), S. 1231, 1247 (der eine unmittelbare Drittwirkung bejaht, wenn den kollektivals in der Rechtssache *Bosman*[1366] kommt einer Aktiengesellschaft (mit oder ohne Entsendungsrecht) grundsätzlich keine derart umfassende Marktmacht zu, dass ein wesentliches, strukturelles Machtungleichgewicht zwischen den Parteien bestünde. Die private Einräumung von Entsendungsrechten erreicht also grundsätzlich keine staatsähnliche Eingriffsintensität. Allein die Tatsache, dass dem Erwerber eine anteilsgestützte Niederlassung mit Hilfe deutschrechtlich grundsätzlich vorgesehener abgestufter Eigentümerkontrolle in Form kapitalproportionaler Stimmrechtsmacht in einer Aktiengesellschaft mit Entsendungsrechten verwehrt ist, stellt also keine wesentliche Beeinträchtigung seiner Privatautonomie dar.

Dagegen spricht auch nicht, dass bei der Überprüfung staatlicher Entsendungsrechte auf ihre beschränkende Wirkung hin die Existenz alternativer Investitionsmöglichkeiten als Argument ausdrücklich abgelehnt wurde.[1367] Zum einen befasst sich der vorliegende Prüfungsabschnitt mit der Vorfrage nach der Anwendbarkeit der Grundfreiheiten an sich und nicht bereits mit der Einordnung einer grundfreiheitsgebundenen Maßnahme als grundfreiheitswidrige Beschränkung. Darüber hinaus nehmen die Grundfreiheiten die Mitgliedstaaten als Garanten einer optimalen unionsweiten Faktorallokation zur Binnenmarktverwirklichung in die Pflicht, indem sie ihnen sämtliche grundfreiheitswidrige Maßnahmen untersagen. Private sind nach dem Binnenmarktkonzept der europäischen Verträge hingegen nicht verantwortliche Garanten optimaler Faktorallokationen, sondern vielmehr Integrationsmittel durch privatautonome – und damit typischerweise ökonomisch optimale – Faktorallokationsentscheidungen. Anders als die Mitgliedstaaten sind sie jedoch nicht darauf verpflichtet, optimale Faktorallokationen zu tätigen oder zu ermöglichen. Die privatautonome Betätigungsfreiheit privater Marktteilnehmer wird nur durch die Privatautonomie anderer Marktteilnehmer begrenzt, da privatautonome Betätigung insgesamt erwünscht ist. Dahingegen stößt die Betätigungsfreiheit der Mitgliedstaaten bereits bei jeder (relevanten) Beschränkung optimaler Faktorallokationen an ihre

---

rechtlich gesetzten Privatrechtsnormen nicht ausgewichen werden kann); vgl. auch *Ringe*, CLJ 69 (2010), 378, 393; a.A. *Möslein*, ZIP 2007, 208, 214.

1366 EuGH v. 15.12.1995 – C-415/93, Slg. 1995, I-4921 Rn. 94 ff. – Union royale belge des sociétés de football association ASBL/Jean-Marc Bosman u.a.

1367 Für eine derartige Parallele zwischen staatlichen und privaten Entsendungsrechten allerdings *Möslein*, ZIP 2007, 208, 214.

Grenzen. Zusammenfassend lässt sich feststellen: Die Mitgliedstaaten sind Garanten *optimaler* Faktorallokationen, während Private höchstens Garanten *privatautonomer* Faktorallokationen sind.

c. Privatautonome Verkaufsentscheidung

Zudem gilt es zu bedenken, dass die Aktionäre einer Gesellschaft grundsätzlich frei darüber entscheiden können, ob sie ihre Gesellschaftsanteile verkaufen. Dann muss es ihnen erst recht frei stehen, in welcher Gestalt bzw. mit welchen korporativen Eigenschaften sie dies tun.[1368] Mithin ist es nicht gerechtfertigt, zum Schutz der Privatautonomie eines zukünftigen Anteilserwerbers die aktuellen Aktionäre im Hinblick auf die Ausübung ihrer privatautonomen Satzungsgestaltungsmacht an die Grundfreiheiten zu binden.

Aus Sicht eines späteren Anteilserwerbers bilden aktienrechtliche Entsendungsrechte folglich nur ein weiteres Charakteristikum des zu erwerbenden Anteils. Sie stellen sich dem an ihrer Einräumung unbeteiligten Anteilserwerber gegenüber deshalb als „interne Entscheidung der Verkäuferseite"[1369] dar, die gegenüber dem Erwerbsinteressenten gerade nicht in einem Über-/Unterordnungsverhältnis vollzogen wird. Die abstimmenden Aktionäre agieren bei Einräumung von Entsendungsrechten folglich weder untereinander noch im Verhältnis zu späteren Anteilserwerbern aus einer staatsähnlichen Machtposition heraus, weshalb in beiden Fällen keine Situation gestörter Privatautonomie vorliegt. Eine grundfreiheitliche Bindung Privater bei der Einräumung von Entsendungsrechten scheidet deshalb aus.

d. Hinweise der europäischen Rechtsprechung und Gesetzgebung

Diese Auffassung scheinen auch der Europäische Gerichtshof sowie der europäische Gesetzgeber i.E. zu teilen. In seinem Urteil zu gesetzli-

---

[1368] Vgl. *Kainer*, Unternehmensübernahmen, S. 360; *Bachmann*, AcP 210 (2010), 425, 464.

[1369] *Lübke*, Der Erwerb von Gesellschaftsanteilen, S. 267; siehe auch *Kainer*, ZHR 168 (2004), 542, 560 (Gestaltung des Verkaufsgegenstands sei Ausdruck wettbewerblich-privatautonomen Verhaltens); vgl. auch *Ganten*, Die Drittwirkung der Grundfreiheiten, S. 136 (Beschaffenheit des Handelsobjekts stelle i.S.d. Keck-Rechtsprechung keine Beschränkung dar).

chen[1370] staatlichen Entsendungsrechten in den Aufsichtsrat der VW-AG stellt der EuGH fest, dass es sich dabei

„um ein vom allgemeinen Gesellschaftsrecht abweichendes Sonderrecht [handelt], das in einer nationalen gesetzlichen Maßnahme allein zugunsten öffentlicher Akteure vorgesehen ist".[1371]

Der Gerichtshof betont also die Abweichung vom allgemeinen Gesellschaftsrecht. Dies deutet im Umkehrschluss darauf hin, dass er das allgemeine gesellschaftsrechtliche Institut „Entsendungsrechte" gerade nicht als grundfreiheitswidrig einstuft.[1372] Auch der europäische Gesetzgeber scheint gesellschaftsrechtliche Entsendungsrechte inzident als zulässig anzuerkennen, da er in der Übernahmerichtlinie ausdrücklich eine Regelung zu Entsendungsrechten in Übernahmesituationen getroffen hat.[1373]

[1370] Mit den staatlichen statutarischen Entsendungsrechten zugunsten des Bundes sowie des Landes Niedersachsen in der *Satzung* der VW-AG konnte sich der EuGH allerdings nicht befassen, da die Kommission lediglich das VW-Gesetz zum Gegenstand des Vertragsverletzungsverfahren gemacht hatte. Auch in dem auf das VW-Urteil folgenden Nichtumsetzungsverfahren gem. Art. 260 AEUV waren statutarische Entsendungsrechte folglich nicht Verfahrensgegenstand, vgl. dazu EuGH v. 22.10.2013 – C-95/12, Slg. 2013, EuZW 2013, 946 ff. – Kommission/Bundesrepublik Deutschland.

[1371] EuGH v. 23.10.2007 – C-112/05, Slg. 2007, I-8995 Rn. 61, siehe auch die Formulierung in Rn. 69 – Kommission/Bundesrepublik Deutschland; siehe auch EuGH v. 6.12.2007 – C-463/04, Slg. 2007, I-10419 Rn. 17, 31 – Federconsumatori u.a., Associazione Azionariato Diffuso dell'AEM SpA u.a./Comune di Milano sowie EuGH v. 11.11.2010 – C-543/08, Slg. 2010, I-11241 Rn. 62 – Kommission/Portugiesische Republik.

[1372] So den EuGH auch interpretierend BGH v. 8.6.2009 – II ZR 111/08, ZIP 2009, 1566; in der gleichen Sache zuvor schon OLG Hamm v. 31.3.2008 – 8 U 222/07, NZG 2008, 914, 916; *Drygala*, in: Schmidt/Lutter, AktG, § 101 Rn. 15; *Rühland*, in: Perspektiven des Wirtschaftsrechts, S. 501, 517 ff.; *Grundmann*, Europäisches Gesellschaftsrecht, Rn. 655; *Verse*, in: FS Klein (2013), S. 701, 721; *Lieder*, ZHR 172 (2008), 306, 318; *van Bekkum/Klossterman/Winter*, ECL 5 (2008), 6, 11; *Teichmann/Heise*, BB 2007, 2577, 2581; *Bayer/Schmidt*, BB 2008, 454, 460; *Bayer/Ohler*, ZG 2008, 12, 29; *Bachmann*, AcP 210 (2010), 425, 464; *Neumann/Ogorek*, NZG 2008, 892, 894; *Seeling/Zwickel*, BB 2008, 622, 623; *Pläster*, EWS 2008, 173, 174.

[1373] Vgl. Erwägungsgrund (19) sowie Art. 11 Abs. 4 der Richtlinie des Europäischen Parlaments und des Rates vom 21.4.2004 betreffend Übernahmeangebote (2004/25/EG), ABl. 2004, Nr. L 142/12; so auch *Verse*, ZIP 2008, 1754, 1761; so auch *Habersack/Verse*, Europäisches Gesellschaftsrecht, § 3 Rn. 10 a.E.; weitergehend *Pläster*, EWS 2008, 173, 179 f. (der der Übernahmerichtlinie eine partielle Sperrwirkung gegenüber einer Grundfreiheitsprüfung privater statutarischer

III. Ergebnis

Grundsätzlich entfalten alle Grundfreiheiten zulasten jeder Privatperson unmittelbare Drittwirkung. Eine Bindung Privater kommt jedoch von vornherein nur in Betracht, wenn Private gegenüber anderen Privaten in einem Subordinationsverhältnis tätig werden, so dass die Privatautonomie ihres Marktgegenübers wesentlich gestört ist. Private Entsendungsrechte sind deshalb nur dann an der Niederlassungsfreiheit zu messen, wenn sie ohne Zustimmung der Betroffenen einseitig zwingend in einem Über-/Unterordnungsverhältnis begründet werden. Allerdings wirken sowohl die Gründungsgesellschafter bei Einräumung privater Entsendungsrechte in der Gründungssatzung als auch sämtliche Aktionäre bei Einräumung durch satzungsändernden Hauptversammlungsbeschluss an der privaten Maßnahme mit und unterwerfen sich dieser für die Zukunft freiwillig. Es besteht mithin kein wesentliches Machtgefälle zwischen den Beteiligten. Auch gegenüber zunächst außenstehenden, späteren Anteilserwerbern wirken private Entsendungsrechte nicht in einem Verhältnis gestörter Privatautonomie. Zum einen erfolgt die Einräumung von Entsendungsrechten per se nicht gegenüber späteren Anteilserwerbern. Zum anderen können die Anteilserwerber in der Situation des Anteilserwerbs frei darüber entscheiden, ob sie Anteile an der Gesellschaft mit Entsendungsrechten erwerben. Darüber hinaus steht es den Aktionären einer Aktiengesellschaft frei, ob und in welcher Form – mit oder ohne Entsendungsrechte – sie ihre Gesellschaftsanteile veräußern. Mit einer derartigen Verkäuferentscheidung müssen sich interessierte Erwerber auf einem freien Markt abfinden. Private Entsendungsrechte sind deshalb als Folge der privatautonomen Gestaltungsmacht privater Aktionäre nicht an den Grundfreiheiten im Allgemeinen sowie an der Niederlassungsfreiheit im Besonderen zu messen.[1374]

Entsendungsrechte entnimmt und derartige Entsendungsrechte deshalb grundsätzlich für wirksam hält; dagegen ausdrücklich *Steinfort*, Entsendungsrechte, S. 64).

1374 Vgl. BGH v. 8.6.2009 – II ZR 111/08, ZIP 2009, 1566; in der gleichen Sache zuvor schon OLG Hamm v. 31.3.2008 – 8 U 222/07, NZG 2008, 914, 916; vgl. *Koch*, in: Hüffer, AktG, § 101 Rn. 9; *Spindler*, in: Stilz/Spindler, AktG, § 101 Rn. 53; *Drygala*, in: Schmidt/Lutter, AktG, § 101 Rn. 15; *Mertens/Cahn*, in: KölnKomm-AktG, § 101 Rn. 50; *Verse*, in: FS Klein (2013), S. 701, 720 ff.; *Ders.*, ZIP 2008, 1754, 1760 f.; *Teichmann/Heise*, BB 2007, 2577, 2581; *Ogorek/von der Linden*, BB 2008, 1139, 1140; *Neumann/Ogorek*, NZG 2008, 892, 895 f.; *Seeling/Zwickel*, BB 2008, 622, 623; *Bayer/Schmidt*, BB 2008, 454, 460, *Lie-*

D. Zusammenfassung

Die Überprüfung aktienrechtlicher Entsendungsrechte an den Grundfreiheiten des AEUV ergibt ein zweigeteiltes Bild. Staatliche Entsendungsrechte stellen grundsätzlich eine rechtfertigungsbedürftige Beschränkung der Niederlassungsfreiheit in Form einer staatlichen Maßnahme dar und sind deshalb – vorbehaltlich einer gelungenen Rechtfertigung – verboten. Private Entsendungsrechte sind hingegen in der Regel mangels grundfreiheitlicher Bindung Privater noch nicht einmal an den Grundfreiheiten zu prüfen, da sie grundsätzlich nicht in einer Situation gestörter Privatautonomie eingeräumt oder ausgeübt werden. Private Entsendungsrechte sind also grundsätzlich zulässig. Bei ihrer Teilnahme am Wirtschaftsleben unterliegen der Staat und die ihm zurechenbaren Einrichtungen folglich unabhängig von der Rechtsnatur ihres Verhaltens einer strengeren Grundfreiheitsbindung als Private. Dies ist die logische Folge ihrer jeweiligen Funktion bei der Verwirklichung des Binnenmarkts. Als Unterzeichner der europäischen Verträge obliegt es den Mitgliedstaaten, die freie grenzüberschreitende Faktormobilität und in der Folge den optimalen unionsweiten Ressourceneinsatz zu ermöglichen, um auf diese Weise das Allgemeinwohl in der europäischen Union größtmöglich zu steigern. Den Mitgliedstaaten ist deshalb grundsätzlich jegliches mobilitätsbeschränkendes Verhalten verboten. Private Marktteilnehmer sind hingegen wichtigstes Integrationsmittel, indem sie durch privatautonome Entscheidungen gewinnorientierte und damit in der Regel optimale Faktorallokationen tätigen. Ihnen ist daher grundsätzlich jedes Verhalten erlaubt, es sei denn, durch ihr Verhalten wird die privatautonome Entscheidungsfindung anderer Marktteilnehmer wesentlich gestört. Die grundfreiheitlichen Grenzen aktienrechtlicher Entsendungsrechte hängen mithin davon ab, ob ihre Einräumung maßgeblich von Seiten des Staates beeinflusst wird oder auf die im Wesentlichen ungestörte privatautonome Willensentschließung Privater zurückzuführen ist.

---

der, ZHR 172 (2008), 306, 317, 324 ff.; a.A. *Möslein*, AG 2007, 770, 774 ff.; *Ders.*, ZIP 2007, 208, 214; wohl auch *Pießkalla*, Goldene Aktien, S. 152 (zur Schutzpflicht des Staates bei privaten Entsendungsrechten; *Pießkalla* nimmt allerdings keine Abwägung der ggf. beschränkten Grundfreiheiten mit der Privatautonomie der einräumenden Gesellschafter vor).

Vierter Teil
Ergebnis

Die vorangegangene Untersuchung hat gezeigt, dass das aktienrechtliche Entsendungsrecht sowohl im Mikrokosmos des deutschen Gesellschaftsrechts als auch im Makrokosmos der europäischen Rechtsordnung verschiedenartige Probleme aufwirft, die u.a. nur unter Berücksichtigung grundlegender gesellschaftsrechlicher bzw. grundfreiheitlicher Fragestellungen zu lösen sind. Diese Arbeit stellt deshalb nicht nur eine vertiefte Darstellung des aktienrechtlichen Entsendungsrechts dar, sondern darüber hinaus einen Beitrag zu den Rechtsfolgen fehlerhafter Satzungsklauseln im deutschen Gesellschaftsrecht sowie der Grundfreiheitsdogmatik im Bereich grundfreiheitlicher Konkurrenzregeln, der Definition des Beschränkungsbegriffs sowie der Reichweite einer unmittelbaren Drittwirkung.

Abschließend werden die wichtigsten Ergebnisse thesenartig zusammengefasst:

1. Das aktienrechtliche Entsendungsrecht ist ein mitgliedschaftliches Vorzugsrecht, dass weder eine Aktiengattung i.S.d. § 11 AktG begründet, noch stets als Sonderrecht i.S.d. § 35 BGB oder als organschaftliches Recht zu qualifizieren ist.[1375]

2. Das aktienrechtliche Beschlussmängelrecht in Gestalt der Nichtigkeitsgründe (§ 241 AktG), der Nichtigkeitsklage (§ 249 AktG), der Heilung (§ 242 AktG) sowie der Löschung (§ 398 FamFG) ist auf Gründungsmängel analog anzuwenden.[1376]

3. Aktienrechtliche Entsendungsrechte, die unter Verstoß gegen die aktienrechtlichen Vorgaben gem. § 101 Abs. 2 AktG eingeräumt werden, sind wegen Verstoßes gegen eine zumindest überwiegend im öffentlichen Interesse gegebene Vorschrift nichtig (§ 241 Nr. 3 Var. 3 AktG (analog)).[1377]

[1375] Siehe oben unter Zweiter Teil C. I. 1. und 2.

[1376] Siehe oben unter Zweiter Teil C. VI. 1. - 4.

[1377] Siehe oben unter Zweiter Teil C. VI. 1.

4. Bei Verstoß gegen die zulässige Höchstanzahl (§ 101 Abs. 2 Satz 4 AktG) werden die überschießenden Entsendungsrechte auf das noch zulässige Höchstmaß reduziert, wenn alle Entsendungsrechte in einer Hand liegen. Die im Handelsregister erfolgte Eintragung zuvieler, nichtiger Entsendungsrechte kann registerrechtlich durch Amtslöschung (§ 398 FamFG (analog)), aktienrechtlich durch Nichtigkeitsklage (§ 249 AktG (analog)), Satzungsänderung (§ 179 Abs. 1 Satz 1 AktG) oder Fassungsänderung (§ 179 Abs. 1 Satz 2 AktG) korrigiert werden.[1378]

5. Nichtige Entsendungsrechte können geheilt werden (§ 242 AktG (analog)). Ist eine Heilung nicht mehr möglich, kommt zudem je nach Art des Verstoßes gegen § 101 Abs. 2 AktG und je nach Art des Einräumungsakts eine Umdeutung (§ 140 BGB) in Betracht.[1379]

6. Fehlerhafte Strukturänderungen in Kapitalgesellschaften werden bis zur Geltendmachung ihrer Fehlerhaftigkeit als wirksam aufrechterhalten, wenn es sich dabei um einen auf Gesellschafterbeschluss basierenden Organisationsakt handelt, der die korporative Struktur der Gesellschaft prägt, zu seiner Wirksamkeit der konstitutiven Eintragung in das Handelsregister bedarf und vor Eintragung einer formellen wie materiellen registergerichtlichen Kontrolle unterzogen wird.[1380]

7. Nichtige Entsendungsrechte werden als fehlerhafte Strukturänderung bis zur Geltendmachung ihrer Fehlerhaftigkeit als wirksam aufrechterhalten. Für die Zukunft können sie durch Amtslöschung (§ 398 FamFG (analog)), Nichtigkeitsklage (§ 249 AktG (analog)), allgemeine Feststellungsklage (§ 256 ZPO), Satzungs- oder Fassungsänderung (§ 179 Abs. 1 AktG) beseitigt werden. Bereits entsandte Aufsichtsratsmitglieder sind wirksam bestellt, können aber von der Hauptversammlung nach erfolgreicher Fehlergeltendmachung mit einfacher Stimmenmehrheit abberufen werden (§ 103 Abs. 2 Satz 2 AktG).[1381]

1378 Siehe oben unter Zweiter Teil C. VI. 3.

1379 Siehe oben unter Zweiter Teil C. VI. 4. und 5.

1380 Siehe oben unter Zweiter Teil C. VI. 6. c. und Zweiter Teil C. VI. 6. d. (1).

1381 Siehe oben unter Zweiter Teil C. VI. 6. (2) - (7).

8. Die Ausübung des Entsendungsrechts kann über die aktienrechtlichen Vorgaben (§§ 100, 105 AktG) hinaus an zusätzliche satzungsmäßige Voraussetzungen im Hinblick auf den Entsender, den Entsandten oder sonstige Umstände gebunden werden. Ignoriert der Entsender gesetzliche oder statutarische Voraussetzungen, ist die Entsendung je nach Art des Verstoßes insgesamt wirksam oder wird nach der Lehre vom fehlerhaften Organ aufrechterhalten.[1382]

9. Entsendungsrechte erlöschen mit dem Wegfall ihrer gesetzlichen oder statutarischen Voraussetzungen oder durch Entzug kraft Satzungsänderung. Maßnahmen, die unmittelbar auf die Voraussetzungen des Entsendungsrechts einwirken (satzungsmäßiger Entzug, statutarische Verkleinerung des Aufsichtsrats sowie Einziehung, Umwandlung oder Aufhebung der Vinkulierung entsendungsberechtigender Namensaktien) bedürfen grundsätzlich der Zustimmung des Entsendungsberechtigten gem. § 35 BGB, es sei denn, es liegt ein wichtiger Grund vor. Mittelbar auf die Voraussetzungen des Entsendungsrechts wirkende oder die Satzungskontinuität unterbrechende Maßnahmen sind hingegen zustimmungsfrei.[1383]

10. Der Entsandte ist nicht an Weisungen des Entsenders gebunden. Der Entsender haftet im Fall gesellschaftsschädigenden Verhaltens des Entsandten weder für eigenes, noch für fremdes Verschulden des Entsandten.[1384]

11. Staatliche Entsendungsrechte machen den Anteilserwerb an betroffenen Gesellschaften weniger attraktiv und beeinträchtigen deshalb potenziell sowohl die Niederlassungsfreiheit (Art. 49 AEUV) zulasten von Direktinvestoren als auch die Kapitalverkehrsfreiheit (Art. 63 AEUV) zulasten von Direkt- und Portfolioinvestoren. Beide Grundfreiheiten sind nebeneinander anwendbar; insbesondere unterfallen auch Direktinvestitionen dem Schutz der Kapitalverkehrsfreiheit.[1385]

[1382] Siehe oben unter Zweiter Teil D. II.

[1383] Siehe oben unter Zweiter Teil E. I. und II.

[1384] Siehe oben unter Zweiter Teil H. III.

[1385] Siehe oben unter Dritter Teil B. I. und II.

12. Der Beschränkungsbegriff i.S.d. „Dassonville"-Formel ist in Anlehnung an die „Keck"-Rechtsprechung des EuGH teleologisch zu reduzieren. Grundfreiheitlichem Rechtfertigungszwang unterliegen nur solche staatlichen Maßnahmen, die rechtlich (verdeckt oder offen) oder tatsächlich diskriminieren oder den Marktzugang faktorspezifisch formell oder materiell versperren.[1386]

13. Der Marktzugang für Kapital durch Anteilserwerb wird formell faktorspezifisch versperrt, wenn auf dem nationalen Markt keine Anteilserwerbs- oder Gewinnerwirtschaftsmöglichkeit besteht. Eine materielle Marktzugangssperre liegt vor, wenn nationalstaatlich bedingte Begleitumstände den Anteilserwerb derart unattraktiv machen, dass er wirtschaftlich sinnlos wird.[1387]

14. Der Marktzugang für anteilsgestützte Niederlassungen wird formell faktorspezifisch versperrt, wenn auf dem nationalen Markt keine Möglichkeit zum Anteilserwerb, zur Gewinnerwirtschaftung oder zur (vollständigen) kapitaladäquaten Aufsichtsratsbesetzung besteht. Eine materielle Marktzugangssperre liegt vor, wenn nationalstaatlich bedingte Begleitumstände den Anteilserwerb derart unattraktiv machen, dass er wirtschaftlich sinnlos wird.[1388]

15. Staatliche Entsendungsrechte wirken zulasten grenzüberschreitender Kapitalverkehrs- und Niederlassungsvorgänge durch Anteilserwerb nicht diskriminierend. Für anteilserwerbendes Kapital versperren sie den Marktzugang weder formell noch materiell. Hinsichtlich anteilsgestützer Niederlassungen stellen sie hingegen eine rechtfertigungsbedürftige formelle Marktzugangssperre dar.[1389]

16. Staatliche Entsendungsrechte sind als rechtfertigungsbedürftige nationale Maßnahme zu qualifizieren, wenn sie zwingende Folge einer gesetzlichen Anordnung sind oder staatliche Aktionäre bei ihrer gesell-

[1386] Siehe oben unter Dritter Teil B. III. 4. b.

[1387] Siehe oben unter Dritter Teil B. III. 4. c. (1).

[1388] Siehe oben unter Dritter Teil B. III. 4. c. (2).

[1389] Siehe oben unter Dritter Teil B. III. 5. und 6.

schaftsrechtlichen Begründung mittelbar oder unmittelbar notwendig mitursächlich geworden sind.[1390]

17. Die Grundfreiheiten finden unmittelbare Anwendung auf Private in Situationen gestörter Privatautonomie. Im Hinblick auf private Entsendungsrechte ist dies nicht der Fall.[1391]

1390 Siehe oben unter Dritter Teil B. IV.

1391 Siehe oben unter Dritter Teil C.

Literaturverzeichnis

Adolff, Johannes/*Meister*, Burkhardt/*Randell*, Charles/*Stephan*, Klaus-Dieter: Public Company Takeovers in Germany, München 2002

Alpmann & Schmidt Juristische Lehrgänge/F.A. Brockhaus (Hrsg.): Fachlexikon Recht, 2. Auflage Münster und Leipzig 2005: [zit.: *Alpmann/Brockhaus*, Fachlexikon Recht]

Altmeppen, Holger: Die Einflussrechte der Gemeindeorgane in einer kommunalen GmbH, NJW 2003, 2561-2567

Armbüster, Christian: „Golden Shares" und die Grundfreiheiten des EG-Vertrags – EUGH, NJW 2002, 2303, 2305, 2306, JuS 2003, 224-227

Bachlechner, Markus: Liegenschaftserwerb und Kapitalverkehrsfreiheit, ZEuS 1998, 519-534

Bachmann, Gregor: Nationales Privatrecht im Spannungsfeld mit Grundfreiheiten, AcP 210 (2010), 424-488

Bamberger, Heinz Georg/*Roth*, Herbert (Hrsg.): Kommentar zum Bürgerlichen Gesetzbuch: BGB, Band 1 §§ 1-610 CISG, 3. Auflage München 2012 [zit.: Bamberger/Roth, BGB]

Baumbach, Adolf/*Hopt*, Klaus J. (Hrsg.): Handelsgesetzbuch mit GmbH & Co., Handelsklauseln, Börsenrecht, Transportrecht (ohne Seerecht), 36. Auflage München 2014 [zit.: Baumbach/Hopt, HGB]

Baumbach, Adolf/*Hueck*, Alfred (Begr.): GmbHG Gesetz betreffend die Gesellschaften mit beschränkter Haftung, 20. Auflage München 2013 [zit.: Baumbach/Hueck, GmbHG]

Baumbach, Adolf (Begr.)/*Hueck*, Alfred/*Hueck*, Götz (Hrsg.): Aktiengesetz, 13. Auflage München 1968 (fortgeführt durch *Hüffer*, Uwe: Aktiengesetz) [zit.: Baumbach/Hueck, Aktiengesetz]

Baums, Philipp A.: Ausschluss von Minderheitsaktionären, Diss. jur. (Greiswald) Frankfurt a.M. 2001

Baums, Theodor: Der Geschäftsleitervertrag, Habil. jur (Bonn) Köln 1987

Ders.: Eintragung und Löschung von Gesellschafterbeschlüssen, Diss. jur. (Bonn) Bonn 1980

Ders.: Höchststimmrechte, AG 1990, 221-242

Ders./Thoma, Georg F. (Hrsg.): WpÜG Kommentar zum Wertpapiererwerbs- und Übernahmegesetz, Band 2 §§ 29-68, Loseblattsammlung, Köln, Stand: 8. Ergänzungslieferung März 2015 [zit.: Baums/Thoma, WpÜG]

Bausch, Stephan: Schuldrechtliche Vereinbarungen über die Entsendung von Mitgliedern in den Aufsichtsrat im Lichte des § 101 II AktG, NZG 2007, 574-576

Bayer, Walter: Zulässige und unzulässige Einschränkungen der europäischen Grundfreiheiten im Gesellschaftsrecht, BB 2002, 2289-2291

Ders./Lieder, Jan: Die Lehre vom fehlerhaften Bestellungsverhältnis, NZG 2012, 1-10

Ders./Ohler, Christoph: Staatsfonds ante portas, ZG 2008, 12-31

Ders./Schmidt, Jessica: Aktuelle Entwicklungen im Europäischen Gesellschaftsrecht (2004-2007), BB 2008, 454-460

Dies.: BB-Gesetzgebungs- und Rechtsprechungsreport zum Europäischen Unternehmensrecht 2010/2011, BB 2012, 3-14

Becker, Michael: Der Ausschluß aus der Aktiengesellschaft, ZGR 1986, 383-417

van Bekkum, Jaron/*Klossterman*, Joost/*Winter*, Jaap: Golden Shares and European Company Law: the Implications of *Volkswagen*, ECL 5 (2008), 6-12

Beuthien, Volker: Gibt es eine organschaftliche Stellvertretung?, NJW 1999, 1142-1146

Ders./Gätsch, Andreas: Vereinsautonomie und Satzungsrechte Dritter, ZHR 156 (1992), 459-479

Dies.: Einfluß Dritter auf die Organbesetzung und Geschäftsführung bei Vereinen, Kapitalgesellschaften und Genossenschaften, ZHR 157 (1993), 483-512

Bollweg, Hans-Georg: Die Wahl des Aufsichtsrats in der Hauptversammlung der Aktiengesellschaft, Diss. jur. (Bielefeld) Köln u.a. 1995

Bott, Claudia: Aktionärsstruktur, Kontrolle und Erfolg von Unternehmen, Diss. rer. pol. (Hamburg) Wiesbaden 2002

Bürgers, Tobias/*Körber*, Torsten (Hrsg.): Aktiengesetz, 3. Auflage Ulm 2014 [zit: Bürgers/Körber, AktG]

Bürkle, Annegret: Rechte Dritter in der Satzung der GmbH, Diss. jur. (Frankfurt a.M.) Frankfurt a.M. 1991

Burgi, Martin: Mitgliedstaatliche Garantenpflicht statt unmittelbarer Drittwirkung der Grundfreiheiten, EWS 1999, 327-332

Cahn, Andreas: Zum Begriff der Nichtigkeit im Bürgerlichen Recht, JZ 1997, 8-19

Calliess, Christian/*Ruffert*, Matthias (Hrsg.): EUV/AEUV Das Verfassungsrecht der Europäischen Union mit Europäischer Grundrechtecharta, 4. Auflage München 2011 [zit.: Calliess/Ruffert, EUV/AEUV]

Canaris, Claus-Wilhelm: Gesamtunwirksamkeit und Teilungültigkeit rechtsgeschäftlicher Regelungen, in: Bauer, Jürgen F./Hopt, Klaus J./Mailänder, K. Peter (Hrsg.), Festschrift für Ernst Steindorff zum 70. Geburtstag am 13. März 1990, Berlin u.a. 1990, S. 519- 571 [zit.: FS Steindorff (1990)]

Ders.: Drittwirkung der gemeinschaftsrechtlichen Grundfreiheiten, in: Bauer, Hartmut (Hrsg.), Umwelt, Wirtschaft und Recht : Wissenschaftliches Symposium aus Anlaß des 65. Geburtstages von Rainer Schmidt, Tübingen 2002, S. 29-67 [zit.: Umwelt, Wirtschaft und Recht]

Ders.: Grundrechte und Privatrecht, AcP 184 (1984), 201-246

Ders./Larenz, Karl: Methodenlehre der Rechtswissenschaft, 3. Auflage München 1995 [Canaris/Larenz, Methodenlehre]

Casper, Matthias: Die Heilung nichtiger Beschlüsse im Kapitalgesellschaftsrecht, Diss. jur. 1998 (Heidelberg) Köln

Classen, Claus Dieter: Die Grundfreiheiten im Spannungsfeld von europäischer Marktfreiheit und mitgliedstaatlichen Gestaltungskompetenzen, EuR 2004, 416-438

Damm, Reinhard: Kontrolle von Vertragsgerechtigkeit durch Rechtsfolgenbestimmung, JZ 1986, 913-926

Dauner-Lieb, Barbara/*Heidel*, Thomas (Hrsg.): AnwaltKommentar BGB, Band 1: Allgemeiner Teil, EGBGB, 2. Auflage Bonn 2012 [zit.: AnwKomm-BGB]

Dies./Simon, Stefan (Hrsg.): Kölner Kommentar zum UmwG, Köln 2009 [zit.: KölnKomm-UmwG]

Dauses, Manfred A. (Hrsg.): Handbuch des EU-Wirtschaftsrechts, Loseblattsammlung, München, Stand: 37. Ergänzungslieferung April 2015 [zit.: Dauses, Hdb EU-Wirtschaftsrecht]

Decher, Christian E.: Loyalitätskonflikte des Repräsentanten der öffentlichen Hand im Aufsichtsrat, ZIP 1990, 277-288

Demirakou, Maria: Europäische Kapitalverkehrsfreiheit und deutsches Aktienrecht, Diss. jur. (München) Frankfurt a.M. 2011 [zit.: Kapitalverkehrsfreiheit]

Dieling, Gunnar: Die Kontrolle des Managements in den großen börsennotierten Aktiengesellschaften, Diss. jur. (Jena) Jena 2011 [zit.: Die Kontrolle des Managements]

Dietz, Sara/*Streinz*, Thomas: Das Marktzugangskriterium in der Dogmatik der Grundfreiheiten, EuR 2015, 50-73

Dose, Stefan: Die Rechtsstellung der einzelnen Vorstandsmitglieder in einem mehrgliedrigen Vorstand der Aktiengesellschaft unter besonderer Berücksichtigung der Ernennung eines Vorstandsvorsitzenden nach dem neuen Aktiengesetz vom 6 September 1965, 2. Auflage Hamburg 1968 [zit.: Die Rechtsstellung einzelner Vorstandsmitglieder]

Dreher, Meinrad: Treuepflichten zwischen Aktionären und Verhaltenspflichten bei der Stimmrechtsbündelung, Gesellschaftsrechtliche und zivilrechtliche Grundlagen, ZHR 157 (1993), 150-171

Ehlers, Dirk (Hrsg.): Europäische Grundrechte und Grundfreiheiten, 4. Auflage Berlin u.a. 2015

Ehrenberg, Victor (Hrsg.): Handbuch des gesamten Handelsrechts mit Einschluß des Wechsel-, Scheck, See- und Binnenschiffahrtsrechts, des Versicherungsrechts sowie des Post- und Telegraphenrechts, Dritter Band, III. Abteilung, Leipzig 1929 [zit.: Ehrenberg, Hdb HandelsR]

Emde, Raimond: Restitutionsansprüche nach Heilung gem. § 242 Abs. 2 AktG?, ZIP 2000, 1753-1758

Emmerich, Volker/*Habersack*, Mathias: Aktien- und GmbH-Konzernrecht, 7. Auflage München 2013 [zit.: Konzernrecht]

Erman, Walter (Begr.): Bürgerliches Gesetzbuch: Handkommentar mit AGG, EGBGB (Auszug), ERbbauRG, LPartG, ProdHaftG, VBVG, VersAusglG und WEG, Band 1 §§ 1-758, 14. Auflage Köln 2014 [zit.: Erman, BGB]

Everling, Ulrich: Das Niederlassungsrecht in der EG als Beschränkungsverbot : Tragweite und Grenzen, in: Schön, Wolfgang (Hrsg.), Gedächtnisschrift für Brigitte Knobbe-Keuk, Köln 1997, S. 607-625 [zit.: GS Knobbe-Keuk (1997)]

Ferrarini, Guido: One Share One Vote: A European Rule?, ECFR 2006, 147-177

Fischer, Robert: Das Entsendungs- und Weisungsrecht öffentlich-rechtlicher Körperschaften beim Aufsichtsrat einer Aktiengesellschaft, AG 1982, 85-93

Flassak, Hansjörg: Der Markt für Unternehmenskontrolle : eine ökonomische Analyse vor dem Hintergrund des deutschen Gesellschaftsrechts, Diss oec. (Hohenheim) Bergisch Gladbach 1995 [zit.: Der Markt für Unternehmenskontrolle]

Fleischer, Holger: Case C-367/98, Commission of the European Communities v. Portugese Republic (Golden shares); C-483/99, Commission of the European Communities v. French Republic (Golden shares); and C-503/99, Commission of the European Communities v. Kingdom of Belgium (Golden shares. Judgments oft he Full Court of 4 June 2002, CMLR 40 (2003), 493-501

Ders.: Das neue Recht des Squeeze out, ZGR 2002, 757-789

Ders. (Hrsg.): Handbuch des Vorstandsrechts, München 2006 [zit.: HdbVorstR]

Ders./Goette, Wulf (Hrsg.): Münchener Kommentar zum Gesetz betreffend die Gesellschaften mit beschränkter Haftung – GmbHG, Band 1 §§ 1-34, 2. Auflage München 2015 [zit.: MünchKomm-GmbHG]

Dies. (Hrsg.): Münchener Kommentar zum Gesetz betreffend die Gesellschaften mit beschränkter Haftung – GmbHG, Band 2 §§ 35-52, 2. Auflage München 2016 [zit.: MünchKomm-GmbHG]

Dies. (Hrsg.): Münchener Kommentar zum Gesetz betreffend die Gesellschaften mit beschränkter Haftung – GmbHG, Band 3 §§ 53-85, 2. Auflage München 2016 [zit.: MünchKomm-GmbHG]

Flume, Werner: Allgemeiner Teil des Bürgerlichen Rechts, Band 1 Teil 1. Die Personengesellschaft, Berlin u.a. 1977 [zit.: Die Personengesellschaft]

Ders.: Allgemeiner Teil des Bürgerlichen Rechts, Band 1 Teil 2. Die juristische Person, Berlin u.a. 1983 [zit.: Die juristische Person]

Ders.: Allgemeiner Teil des Bürgerlichen Rechts, Band 2. Das Rechtsgeschäft, 3. Auflage Berlin u.a. 1979 [zit.: Das Rechtsgeschäft]

Ders.: Die werdende juristische Person, in: Ballerstedt, Kurt/Hefermehl, Wolfgang (Hrsg.), Festschrift für Ernst Gessler: zum 65. Geburtstag am 5. März 1970, München 1971, S. 3-45 [zit.: FS Geßler (1971)]

Forsthoff, Ulrich: Drittwirkung der Grundfreiheiten: Das EuGH-Urteil Angonese, EWS 2000, 389-397

Freitag, Robert: Mitgliedstaatliche Beschränkungen des Kapitalverkehrs und Europäisches Gemeinschaftsrecht, EWS 1997, 186-195

Frenz, Walter: Grundfreiheiten und Grundrechte, EuR 2002, 603-618

Ders.: Handbuch Europarecht, Band 1: Europäische Grundfreiheiten, 2. Auflage Berlin u.a. 2012 [zit.: Hdb EuropaR Grundfreiheiten]

Friedewald, Rolf: Die personalistische Aktiengesellschaft, Diss. jur. (Bonn) Köln u.a. 1991

Gadow, Wilhelm/*Heinichen*, Eduard/*Schmidt*, Eberhardt/*Schmidt*, Walter/*Weipert*, Otto (Begr.): Aktiengesetz Großkommentar, Erster Band §§ 1-144, 2. Auflage Berlin 1961 [zit.: Großkomm-AktG 1937]

Dies. (Begr.): Aktiengesetz Großkommentar, Band I/2 §§ 76-147, 3. Auflage Berlin 1973 (fortgeführt von Hopt, Klaus/Wiedemann, Herbert) [zit.: Großkomm-AktG (3. Aufl.)]

Ganten, Ted Oliver: Die Drittwirkung der Grundfreiheiten, Diss. jur. (Augsburg) Berlin 2000

Germelmann, Claas Friedrich: Konkurrenz von Grundfreiheiten und Missbrauch von Gemeinschaftsrecht – Zum Verhältnis von Kapitalverkehrs- und Niederlassungsfreiheit in der neueren Rechtsprechung, EuZW 2008, 596-600

Gersdorf, Hubertus: Öffentliche Unternehmen im Spannungsfeld zwischen Demokratie- und Wirtschaftlichkeitsprinzip : eine Studie zur verfassungsrechtlichen Legitimation der wirtschaftlichen Betätigung der öffentlichen Hand, Habil. jur. (Hamburg) Berlin 2000

Gessler, Ernst: Nichtigkeit von Hauptversammlungsbeschlüssen und Satzungsbestimmungen, ZGR 1980, 427-454

Geßler, Ernst/*Hefermehl*, Wolfgang/*Eckardt*, Ulrich/*Kropff*, Bruno (Hrsg.): Aktiengesetz, Band II §§ 76-147, 1. Auflage München 1974 (fortgefürt von Kropff, Bruno/Semler, Johannes als Münchener Kommentar zum Aktiengesetz) zit.: Geßler/Hefermehl/Eckardt/Kropff, AktG]

Geurts, Matthias: Das Konkurrenzverhältnis der EU-Grundfreiheiten : Zugleich eine Anmerkung zu EuGH Baars Rs. C 251/98, IStR 2000, 572-574

v. Gierke, Otto: Die Genossenschaftstheorie und die deutsche Rechtsprechung, Berlin 1887

Godin, Reinhard Freiherr v./*Wilhelmi*, Hans (Begr.): Aktiengesetz vom 6. September 1965, Band I §§ 1-178, 4. Auflage Berlin 1971 [zit.: Godin/Wilhelmi, AktG]

Goette, Wulf: Anmerkung zu BGH v. 8.6.2009 – II ZR 111/08, DStR 2009, 2547

Ders.: Fehlerhafte Personengesellschaftsverhältnisse in der jüngeren Rechtsprechung des Bundesgerichtshofs, DStR 1996, 266-271

Ders.: Zur entsprechenden Anwendung des § 242 Abs. 2 AktG im GmbH-Recht, in: Crezelius, Georg/Hirte, Heribert/Vieweg, Klaus (Hrsg.): Festschrift für Volker Röhricht zum 65. Geburtstag: Gesellschaftsrecht, Rechnungslegung, Sportrecht, Köln 2005, S. 115-128 [zit.: FS Röhricht (2005)]

Ders./Habersack, Mathias/*Kalss*, Susanne (Hrsg.): Münchener Kommentar zum Aktiengesetz, Band 1 §§ 1-75, 3. Auflage München 2008 [zit.: MünchKomm-AktG]

Dies. (Hrsg.): Münchener Kommentar zum Aktiengesetz, Band 2 §§ 76-117 MitbestG DrittelbG, 4. Auflage München 2014 [zit.: MünchKomm-AktG]

Dies. (Hrsg.): Münchener Kommentar zum Aktiengesetz, Band 3 §§ 118-178, 3. Auflage München 2013 [zit.: MünchKomm-AktG]

Dies. (Hrsg.): Münchener Kommentar zum Aktiengesetz, Band 4 §§ 179-277, 3. Auflage München 2008 [zit.: MünchKomm-AktG]

Dies. (Hrsg.): Münchener Kommentar zum Aktiengesetz, Band 5 §§ 278-328 SpruchG ÖGesAusG Österreichisches Konzernrecht, 4. Auflage München 2015 [zit.: MünchKomm-AktG]

Dies. (Hrsg.): Münchener Kommentar zum Aktiengesetz, Band 6 §§ 329-410 WpÜG Österreichisches Übernahmerecht, 3. Auflage München 2011 [zit.: MünchKomm-AktG]

Dies. (Hrsg.): Münchener Kommentar zum Aktiengesetz, Band 7 Europäisches Aktienrecht SE-VO SEBG Europäische Niederlassungsfreiheit, 3. Auflage München 2012 [zit: MünchKomm-AktG]

Gottschlich, Klaus J.: Die Eigentümerkontrolle in der modernen Publikumsgesellschaft, Diss. oec. (Freiburg, Schweiz) München 1996 [zit.: Eigentümerkontrolle]

Grabitz, Eberhard: Über die Verfassung des Binnenmarktes, in: Baur, Jürgen F./Hopt, Klauf J./Mailänder, K. Peter (Hrsg.), Festschrift für Ernst Steindorff zum 70. Geburtstag am 13. März 1990, Berlin u.a. 1990, S. 1229-1245 [zit.: FS Steindorff (1990)]

Ders. (Begr.)/*Hilf*, Meinhard (Fortführer)/*Nettesheim*, Martin (Hrsg.): Das Recht der Europäischen Union, EUV/AEUV, Loseblattsammlung, München, Stand: 56. Ergänzungslieferung 2015 [zit.: Grabitz/Hilf/Nettesheim, Das Recht der EU]

von der Groeben, Hans (Begr.)/*Schwarze*, Jürgen/*Hatje*, Armin (Hrsg.): Europäisches Unionsrecht, 7. Auflage Baden-Baden 2015 [zit.: von der Groeben/Schwarze/Hatje, Europäisches Unionsrecht]

Grundmann, Stefan: Die rechtliche Verfassung des Marktes für Unternehmenskontrolle nach Verabschiedung der Übernahme-Richtlinie, NZG 2005, 122-128

Ders.: Europäisches Gesellschaftsrecht, 2. Auflage Heidelberg u.a. 2011

Ders./*Möslein*, Florian: Die Golden Shares Grunsatzentscheidungen des Europäischen Gerichtshofs : Anmerkung zu den Entscheidungen EuGH, BKR 2002, 773 (Kommission/Frankreich), EuGH, BKR 2002, 778 (Kommision/Belgien), und EuGH, BKR 2002, 783 (Kommission/Portugal), BKR 2002, 758-765

Dies.: Die Goldene Aktie und der Markt für Unternehmenskontrolle im Rechtsvergleich – insbesondere Staatskontrollrechte, Höchst- und Mehrfachstimmtechte sowie Übernahmeabwehrmaßnahmen, ZVglRWiss 102 (2003), 289-345

Dies.: ECLR Die Goldene Aktie : Staatskontrollrechte in Europarecht und wirtschaftspolitischer Bewertung, ZGR 2003, 317-366

Grunewald, Barbara: Der Ausschluß aus Gesellschaft und Verein, Habil. jur. (Bonn), Köln u.a. 1987

Günes, Menderes: Grenzüberschreitende Verschmelzung unter Beteiligung von Kapitalgesellschaften aus Drittstaaten, IStR 2013, 213-219

Habersack, Mathias: Der Finanzplatz Deutschland und die Rechte der Aktionäre, ZIP 2000, 1230-1239

Ders.: Die Freistellung des Organwalters von seiner Haftung gegenüber der Gesellschaft, in: Habersack, Mathias/Hüffer, Uwe/Hommelhoff, Peter/Schmidt, Karsten (Hrsg.), Festschrift für Peter Ulmer zum 70. Geburtstag am 2. Januar 2003, Berlin 2003, S. 151-173 [zit.: FS Ulmer (2003)]

Ders./Verse, Dirk A.: Europäisches Gesellschaftsrecht : Einführung für Studium und Praxis, 4. Auflage München 2011 [zit.: Europäisches Gesellschaftsrecht]

Häsemeyer, Ludwig: Geltungserhaltende oder geltungszerstörende Reduktion? in: Habersack, Mathias/Hommelhoff, Peter/Hüffer, Uwe/Schmidt, Karsten: Festschrift für Peter Ulmer zum 70. Geburtstag am 2. Januar 2003, Berlin 2003, S. 1097-1108 [zit.: FS Ulmer (2003)]

Haferkamp, Ute: Die Kapitalverkehrsfreiheit im System der Grundfreiheiten des EG-Vertrags, Diss. jur. (Bonn) Baden-Baden 2003 [zit.: Kapitalverkehrsfreiheit]

Hahne, Meo-Micaela/*Munzig*, Jörg (Hrsg.): Beck´scher Online-Kommentar FamFG, München, Stand: 1.10.2015, Edition 17 [zit.: BeckOK FamFG]

Happ, Wilhelm: Zur Wirksamkeit von Rechtshandlungen eines fehlerhaft bestellten Aufsichtsrates, in: Kindler, Peter/Koch, Jens/Ulmer, Peter/Winter, Martin, Festschrift für Uwe Hüffer zum 70. Geburtstag, München 2010, S. 293-308 [zit.: FS Hüffer (2010)]

Ders.: Stimmbindungsverträge und Beschlussanfechtung, ZGR 1984, 169-178

Ders./Groß, Wolfgang (Hrsg.): Aktienrecht. Handbuch – Mustertexte – Kommentar, 5. Auflage Köln u.a. 2015 [zit.: Happ, AktienR]

Harbarth, Stephan: Europäische Durchbrechungsregel im deutschen Übernahmerecht, ZGR 2007, 37-70

Haslehner, Werner Christof: Das Konkurrenzverhältnis der Europäischen Grundfreiheiten in der Rechtsprechung des EuGH zu den direkten Steuern, IStR 2008, 565-575

Heidel, Thomas (Hrsg.): Aktienrecht und Kapitalmarktrecht, 4. Auflage Baden-Baden 2014 [zit.: Heidel, AktG]

Heller, Arne: Richten in eigener Sache – Stimmrechtsausschluss bei der Abberufung von Aufsichtsratsmitgliedern?, NZG 2009, 1170-1171

Hengeler, Hans: Probleme der Entlastung und der Sonderprüfung im Aktienrecht, AG 1962, 87-92

Henn, Günter (Begr.)/*Frodermann*, Jürgen/*Jannott*, Dirk (Hrsg.): Handbuch des Aktienrechts, 8. Auflage Heidelberg 2009 [zit.: Henn/Frodermann/Jannott, HdbAktienR]

Henssler, Martin/*Strohn*, Lutz (Hrsg.): Gesellschaftsrecht, 2. Auflage München 2014 [zit.: Henssler/Strohn, GesellschaftsR]

Henze, Hartwig: Die Treupflicht im Aktienrecht, BB 1996, 489-498

Ders.: Treupflichten der Gesellschafter im Kapitalgesellschaftsrecht, ZHR 162 (1998), 186-196

Herfs, Achim: Einwirkungen Dritter auf den Willensbildungsprozeß der GmbH, Diss. jur. (München) Baden-Baden 1993

Herrmann, Christoph: Die Zukunft der mitgliedstaatlichen Investitionspolitik nach dem Vertrag von Lissabon, EuZW 2010, 207-212

Hindelang, Steffen: Die steuerliche Behandlung drittstaatlicher Dividenden und die europäischen Grundfreiheiten : Die teilweise (Wieder-)-Eröffnung des Schutzbereichs der Kapitalverkehrsfreiheit für Dividenden aus drittstaatlichen Direktinvestitionen – zugleich eine Besprechung des Urteils in der Rechtssache Test Claimants in the FII Group Litigation II, IStR 2013, 77-81

Ders.: Direktinvestitionen und die Europäische Kapitalverkehrsfreiheit im Drittstaatenverhältnis, JZ 2009, 829-840

Hippel, Thomas: Fremdnützige Vermögenstransfers - ein Anwendungsfall der Kapitalverkehrsfreiheit?, EuZW 2005, 7-10

Hirte, Heribert/*Mülbert*, Peter O./*Roth*, Markus (Hrsg.): Aktiengesetz Großkommentar, Band 4/1 §§ 76-91, 5. Auflage Berlin 2015 [zit.: Großkomm-AktG]

Dies. (Hrsg.): Aktiengesetz Großkommentar, Band 4/2 §§ 92-94, 5. Auflage Berlin 2015 [zit.: Großkomm-AktG]

Hölters, Wolfgang (Hrsg.): Aktiengesetz Kommentar, 2. Auflage München 2014 [zit.: Hölters, AktG]

Hoffmann, Jochen: Einzelentlastung, Gesamtentlastung und Stimmverbote im Aktienrecht, NZG 2010, 290-292

Hoffmann, Dietrich/*Kirchhoff*, Wolfgang: Zur Abberufung von Aufsichtsratsmitgliedern durch das Gericht nach § 103 Abs. 3 S. 1 AktG, in: Beisse, Heinrich/Lutter, Marcus/Närger, Heribald (Hrsg.), Festschrift für Karl Beusch zum 68. Geburtstag, Berlin u.a. 1993, S. 377-392 [zit.: FS Beusch (1993)]

Ders./Lehmann, Jürgen/*Weinmann*, Heinz: Mitbestimmungsgesetz Kommentar, München 1978 [zit.: MitbestG]

Ders./Preu, Peter: Der Aufsichtsrat: Ein Leitfaden für Aufsichtsräte, 5. Auflage München 2003 [zit.: Der Aufsichtsrat]

Hoffmann-Becking, Michael (Hrsg.): Münchener Handbuch des Gesellschaftsrecht, Band 4 Aktiengesellschaft, 4. Auflage München 2015 [zit.: MünchHdbGesR-AG]

Ders. (Hrsg.): Münchener Handbuch des Gesellschaftsrecht, Band 4 Aktiengesellschaft, 3. Auflage München 2007 [zit.: MünchHdbGesR-AG (3. Aufl.)]

Hofmann, Paul: Der wichtige Grund für die Abberufung von Aufsichtsratsmitgliedern, BB 1973, 1081-1087

Holle, Philipp Maximilian: Der „Fall VW" – ein gemeinschaftsrechtlicher Dauerbrenner, AG 2010, 14-22

Hommelhoff, Peter: 100 Bände BGHZ: Aktienrecht, ZHR 151 (1987), 493-516

Ders.: Zum vorläufigen Bestand fehlerhafter Strukturänderungen in Kapitalgesellschaften, ZHR 158 (1994), 11-34

Hopt, Klaus/*Wiedemann*, Herbert (Hrsg.): Aktiengesetz Großkommentar, Band 1 §§ 1-53, 4. Auflage Berlin 2004 [zit.: Großkomm-AktG]

Dies. (Hrsg.): Aktiengesetz Großkommentar, Band 2 §§ 53a-75, 4. Auflage Berlin 2008 [zit.: Großkomm-AktG]

Dies. (Hrsg.): Aktiengesetz Großkommentar, Band 4 §§ 95-117, 4. Auflage Berlin 2006 [zit.: Großkomm-AktG]

Dies. (Hrsg.): Aktiengesetz Großkommentar, Band 5 §§ 118-149, 4. Auflage Berlin 2008 [zit.: Großkomm-AktG]

Dies. (Hrsg.): Aktiengesetz Großkommentar, Band 6 §§ 150-220, 4. Auflage Berlin 2006 [zit.: Großkomm-AktG]

Dies. (Hrsg.): Aktiengesetz Großkommentar, Band 7/2 §§ 241-277, 4. Auflage Berlin 2007 [zit.: Großkomm-AktG]

Dies. (Hrsg.): Aktiengesetz Großkommentar, Band 8 §§ 278-310, 4. Auflage Berlin 2013[zit.: Großkomm-AktG]

Dies. (Hrsg.): Aktiengesetz Großkommentar, Lieferung 27 §§ 327a-328, 396-398, 4. Auflage Berlin 2007 [zit.: Großkomm-AktG]

Huber, Ulrich: Entstehungsgeschichte und aktuelle Auslegungsprobleme des § 241 Nr. 3 AktG, in: Horn, Norbert (Hrsg.), Europäisches Rechtsdenken in Geschichte und Gegenwart, Festschrift für Helmut Coing zum 70. Geburtstag, Band 2 München 1982, S. 167-192 [zit.: FS Coing (1982) Bd. 2]

Hübner, Heinz: Zum Abbau von Nichtigkeitsvorschriften, in: Behrends, Okko/Dießelhorst, Malte/Lange, Hermann/Liebs, Detlef/Wolf, Joseph Georg/Wollschläger, Christian (Hrsg.), Festschrift für Franz Wieacker zum 70. Geburtstag, Göttingen 1978, S. 399-410 [zit.: FS Wieacker (1978)]

Hueck, Alfred: Anfechtbarkeit und Nichtigkeit von Generalversammlungsbeschlüssen bei Aktiengesellschaften, Berlin u.a. 1924

Ders.: Stimmbindungsverträge bei Personenhandelsgesellschaften, in: Dietz, Rolf/ Hübner, Heinz (Hrsg.), Festschrift für Hans Carl Nipperdey: zum 70. Geburtstag, 21. Januar 1965, Band II, München und Berlin 1965, S. 401-426 [zit.: FS Nipperdey (1965)]

Hüffer, Uwe: Aktiengesetz, 10. Auflage München 2012 [zit.: AktG]

Ders. (Begr.)/*Koch*, Jens (Bearb.): Aktiengesetz, 11. Auflage München 2014 [zit.: Hüffer, AktG]

Isensee, Josef/*Kirchhof*, Paul (Hrsg.): Handbuch des Staatsrechts der Bundesrepublik Deutschland, Band VII Freiheitsrechte, 3. Auflage 2009 [zit.: Hdb des Staatsrechts, Bd. VII]

Jaensch, Michael: Die unmittelbare Drittwirkung der Grundfreiheiten, Diss. jur. (Bonn) Baden-Baden 1996

Jarass, Hans D.: Die Grundfreiheiten als Grundgleichheiten, in: Due, Ole/Lutter, Marcus/Schwarze, Jürgen (Hrsg.), Festschrift für Ulrich Everling, Band I, Baden-Baden 1995, S. 593-609 [zit.: FS Everling I (1995)]

Ders.: Elemente einer Dogmatik der Grundfreiheiten II, EuR 2000, 705-723

Ders.: Voraussetzungen der innerstaatlichen Wirkung des EG-Rechts, NJW 1990, 2420-2425

Ders./Beljin, Sasa: Unmittelbare Anwendung des EG-Rechts und EG-rechtskonforme Auslegung, JZ 2003, 768-777

Dies.: Die Bedeutung von Vorrang und Durchführung des EG-Rechts für die nationale Rechtsetzung und Rechtsanwendung, NVwZ 2004, 1-11

Jauernig, Othmar (Begr.)/*Stürner*, Rolf (Hrsg.): Bürgerliches Gesetzbuch, 16. Auflage München 2015 [zit.: Jauernig, BGB]

Joost, Karlheinz/*Strohn*, Detlev (Hrsg.): Handelsgesetzbuch, Band 1 §§ 1-342e, 3. Auflage München 2014 [zit.: Joost/Strohn, HGB]

Jost, Thomas: Zur Aussagekraft der Direktinvestitionsstatistiken der Deutschen Bank, in: Döhrn, Roland/Heiduk, Günter (Hrsg.), Theorie und Emperie der Direktinvestitionen, Berlin 1999, S. 129-148

Jürgenmeyer, Michael: Satzungsklauseln über qualifizierte Beschlussmehrheiten im Aufsichtsrat der Aktiengesellschaft, ZGR 2007, 112-143

Kadelbach, Stefan/*Petersen*, Niels: Die gemeinschaftsrechtliche Haftung für Verletzungen von Grundfreiheiten aus Anlass privaten Handelns, EuGRZ 2002, 213-220

Kainer, Friedemann: Binnemarktrechtliche Grenzen des Übernahmerechts : Zum Einfluss der Grundfreiheiten auf das Kapitalmarkt- und Gesellschaftsrecht, ZHR 168 (2004), 542-576

Ders.: Grundfreiheiten und staatliche Schutzpflichten – EuGH, NJW 1998, 1931, JuS 2000, 431-436

Ders.: Unternehmensübernahmen im Binnenmarktrecht, Diss. jur. (Heidelberg) Baden-Baden 2004 [zit.: Unternehmensübernehmen]

Keidel, Theodor (Begr.)/*Engelhardt*, Helmut/*Sternal*, Werner (Hrsg.): FamFG Gesetz über das Verfahren in Familiensachen und in Angelgenheiten der freiwilligen Gerichtsbarkeit, 18. Auflage München 2014 [zit.: Keidel, FamFG]

Keßler, Jürgen: Die kommunale GmbH – Gesellschaftsrechtliche Grenzen politischer Instrumentalisierung, GmbHR 2000, 71-78

Kiem, Roger: Drittvergütung von Aufsichtsratsmitgliedern, in: Habersack, Mathias/Huber, Karl/Spindler, Gerald (Hrsg.), Festschrift für Eberhard Stilz zum 65. Geburtstag, München 2014, S. 329-344

Kilian, Wolfgang: Verstößt das VW-Gesetz gegen die Kapitalverkehrsfreiheit?, NJW 2007, 1508-1511

Ders.: Vom sinkenden Wert der „Goldenen Aktien“, NJW 2003, 2653-2655

Kimms, Frank: Die Kapitalverkehrsfreiheit im Recht der europäischen Union, Diss. jur. (Berlin) Fankfurt a.M. 1996 [zit.: Kapitalverkehrsfreiheit]

Kingreen, Thorsten: Die Struktur der Grundfreiheiten des Europäischen Gemeinschaftsrechts, Diss. jur. (Münster) Berlin 1999 [zit.: Struktur der Grundfreiheiten]

Klausing, Friedrich: Gesetz über Aktiengesellschaften und Kommanditgesellschaften auf Aktien (Aktiengesetz) nebst Einführungsgesetz und „Amtlicher Begründung“, Berlin 1937 [zit.: Aktiengesetz 1937]

Kleinschmit, Florian: Deutsches Volkswagengesetz und Europäische Kapitalverkehrsfreiheit, Diss. jur. (Göttingen) Göttingen 2004 [zit.: Volkswagengesetz]

Kluth, Winfried: Die Bindung privater Wirtschaftsteilnehmer an die Grundfreiheiten des EG-Vertrags, AöR 122 (1997), 557-582

Kömpf, Anja: Staatseinfluss auf die Volkswagen AG, Diss. jur. (Heidelberg) Frankfurt a.M. 2010

Koenen, Martin: Die Zurechnung von Organverhalten bei juristischen Personen, Diss. jur. (Köln) Köln 1991

Kort, Michael: Aktien aus vernichteten Kapitalerhöhungen, ZGR 1994, 291-324

Ders.: Bestandsschutz fehlerhafter Strukturänderungen im Kapitalgesellschaftsrecht, Habil. jur. (München) München 1998

Ders.: Das fehlerhaft bestellte Aufsichtsratsmitglied, Der Aufsichtsrat 2011, 84-85

Ders.: Gesellschaftsrechtlicher und registerrechtlicher Bestandsschutz eingetragener fehlerhafter Umwandlungen und anderer Strukturänderungen, DStR 2004, 185-190

Krafka, Alexander/*Kühn*, Ulrich: Registerrecht, 9. Auflage München 2013

Kraft, Gerhard/*Mengel*, Andreas: Anwendbarkeit der Kapitalverkehrsfreiheit auf Drittstaatendividenden in DBA-Situationen, IStR 2014, 309-313

Krampe, Christoph: Die Konversion des Rechtsgeschäfts, Habil. jur. (Mannheim) Frankfurt a. M. 1980

Krause, Hartmut: Prophylaxe gegen feindliche Übernahmeangebote, AG 2002, 133-144

Ders.: Von „goldenen Aktien“, dem VW-Gesetz und der Übernahmerichtlinie, NJW 2002, 2747-2751

Krieger, Gerd: Fehlerhafte Satzungsänderungen: Fallgruppen und Bestandskraft, ZHR 158 (1994), 35-58

Ders.: Der Wechsel vom Vorstand in den Aufsichtsrat, in: Kindler, Peter/Koch, Jens/Ulmer, Peter/Winter, Martin (Hrsg.), Festschrift für Uwe Hüffer zum 70. Geburtstag, München 2010, S. 521-537 [zit.: FS Hüffer (2010)]

Kropff, Bruno: Aktiengesetz, Textausgabe des Aktiengesetzes vom 6.9.1965 (Bundesgesetzbl. I S. 1089) und des Einführungstextes zum Aktiengesetz vom 6.9.1965 (Bundesgesetzbl. I S. 1186), neuaufgelegt von Thölke, Ulrich, Berlin 2005 [zit.: Kropff, Aktiengesetz 1965]

Ders.: Aufsichtsratsmitglieder „im Auftrag“, in: Baums, Theodor/Wertenbruch, Johannes/Lutter, Marcus/Schmidt, Karsten (Hrsg.), Festschrift für Ulrich Huber zum siebzigsten (70.) Geburtstag, Tübingen 2006, S. 841-860 [zit.: FS Huber (2006)]

Ders./Semler, Johannes (Hrsg.): Münchener Kommentar zum Aktiengesetz, Band 3 §§ 76-117 AktG MitbestG § 76 BetrVG 1953, 2. Auflage München 2004 (fortgeführt von Goette, Wulf/Habersack, Mathias/Kalss, Susanne) [zit.: MünchKomm-AktG (2. Aufl.)]

Kutschker, Michael/*Schmid*, Stefan: Internationales Management, 7. Auflage München u.a. 2011

Lange, Oliver: Neues zu Abfindungsklauseln - Anmerkungen zu den Urteilen des OLG Dresden, NZG 2000, 1042 und des BGH, NZG 2000, 1027, NZG 2000, 635-644

Larenz, Karl (Begr.)/*Wolf*, Manfred/*Neuner*, Jörg (Bearb.): Allgemeiner Teil des Deutschen Bürgerlichen Rechts, 10. Auflage München 2012

Lenz, Carl Otto/*Borchardt*, Klaus-Dieter (Hrsg.): EU-Verträge Kommentar, EUV AEUV GRCh, 6. Auflage Köln 2012 [zit.: Lenz/Borchardt, EU-Verträge]

Lettl, Tobias: Der vermögensrechtliche Zuweisungsgehalt der Mitgliedschaft beim Ideal-Verein, AcP 203 (2003), 149-209

Lieder, Jan: Der Aufsichtsrat im Wandel der Zeit, Diss. jur. (Jena) Jena 2006

Ders.: Staatliche Sonderrechte in Aktiengesellschaften – Zulässigkeit nach deutschem Aktienrecht und europäischem Gemeinschaftsrecht, ZHR 172 (2008), 306-342

Lieschke, Uwe: Die Weisungsbindungen der Gemeindevertreter in Aufsichtsräten kommunaler Unternehmen : ein Beitrag zur Beseitigung von Widersprüchen bei der Auslegung des Gesellschafts-, des Kommunal- und des Beamtenrechts, Diss jur. (Berlin) Frankfurt a.M. 2002

von der Linden, Klaus: Haftung für Fehler bei der Leitung der Hauptversammlung, NZG 2013, 208-213

Lockowandt, Peter: Stimmrechtsbeschränkungen im Recht der Personengesellschaften, Kernbereichslehre und Stimmrechtsausschluß, Diss. jur (Bochum) Berlin 1996

Löffler, Joachim: Der Kernbereich der Mitgliedschaft als Schranke für Mehrheitsbeschlüsse bei Personengesellschaften, NJW 1989, 2656-2662

van Look, Frank: Stimmverbot und „körperschaftlicher Sozialakt", NJW 1991, 152-153

Lorz, Rainer/*Pfisterer*, Benedikt/*Gerber*, Olaf (Hrsg.): Beck`sches Formularbuch Aktienrecht, München 2005 [zit.: BeckFB AktR]

Lübbert, Hartmut: Abstimmungsvereinbarungen in den Aktien- und GmbH-Rechten der EWG-Staaten, der Schweiz und Großbritanniens, Baden-Baden 1971 [zit.: Abstimmungsvereinbarungen]

Lübke, Julia: Der Erwerb von Gesellschaftsanteilen zwischen Kapitalverkehrs- und Niederlassungsfreiheit, Diss. jur. (Heidelberg) Baden-Baden 2006 [zit.: Der Erwerb von Gesellschaftsanteilen]

Luther, Martin: § 23 Abs. (5) AktG im Spannungsfeld von Gesetz, Satzung und Einzelentscheidungen der Organe der Aktiengesellschaft, in: Bernhardt, Wolfgang/Hefermehl, Wolfgang/Schilling, Wolfgang (Hrsg.): Freundesgabe für Hans Hengeler: zum 70. Geburtstag am 1. Februar 1972, Berlin u.a. 1972, S. 167-190 [zit.: FG Hengeler (1972)]

Ders.: Die Treupflicht des Aktionärs, ZHR 153 (1989) 446-471

Ders.: Theorie der Mitgliedschaft, AcP 180 (1980), 84-159

Ders.: Treupflichten und ihre Anwendungsprobleme, ZHR 162 (1998), 164-185

Ders.: Verdeckte Leistungen und Kapitalschutz, in: Lutter, Marcus/Oppenhoff, Walter/Sandrock, Otto/Winkhaus, Hanns (Hrsg.), Festschrift für Ernst C. Stiefel zum. 80. Geburtstag, München 1987, S. 505-533 [zit.: FS Stiefel (1987)]

Ders./Bayer, Walter/*Schmidt*, Jessica: Europäisches Unternehmens- und Kapitalmarktrecht, 5. Auflage Berlin u.a. 2012

Ders. (Begr.)/*Bayer*, Walter/*Vetter*, Jochen (Hrsg.): Umwandlungsgesetz, 5. Auflage Köln 2012 [zit.: Lutter, UmwG]

Ders./Grunewald, Barbara: Die Umgehung von Vinkulierungsklauseln in Satzungen von Aktiengesellschaften und Gesellschaften mbH, AG 1989, 109-117

Ders./Grunewald, Barbara: Öffentliches Haushaltsrecht und privates Gesellschaftsrecht, WM 1984, 385-398

Ders./Hommelhoff, Peter (Hrsg.): GmbH-Gesetz: Kommentar, 18. Auflage Köln 2012 [zit.: Lutter/Hommelhoff, GmbHG]

Ders./Hommelhoff, Peter/*Teichmann*, Christoph (Hrsg.): SE-Kommentar, 2. Auflage Köln 2015 [zit.: Lutter/Hommelhoff, SE Komm.]

Ders./Krieger, Gerd/*Verse*, Dirk A.: Rechte und Pflichten des Aufsichtsrats, 6. Auflage Köln 2014

Maier, Thomas: Beamte als Aufsichtsratsmitgliede der öffentlichen Hand in der Aktiengesellschaft: weisungsgebundene Werkzeuge des öffentlichen Gesellschafters?, Diss jur. (München) München 2005

Mann, Thomas: Die öffentlich-rechtliche Gesellschaft: zur Fortentwicklung des Rechtsformenspektrums für öffentliche Unternehmen, Habil. jur. (Köln) Tübingen 2002

Marsch-Barner, Reinhard: Treuepflichten zwischen Aktionären und Verhaltenspflichten bei der Stimmrechtsbündelung, Prinzipienbildung und Differenzierung in der Praxis, ZHR 157 (1993), 172-195

Ders.: Zur Anfechtung der Wahl von Aufsichtsratsmitgliedern, in: Bitter, Georg/Lutter, Marcus/Priester, Hans-Joachim/Schön, Wolfgang/Ulmer, Peter (Hrsg.), Festschrift für Karsten Schmidt zum 70. Geburtstag, Köln 2009, S. 1109-1128 [zit.: FS K. Schmidt (2009)]

Ders./Schäfer, Frank A. (Hrsg.): Handbuch börsennotierte AG, 3. Auflage Köln 2014 [zit.: Marsch-Barner/Schäfer, Hdb börsennotierte AG]

Martens, Klaus-Peter: Die Treupflicht des Aktionärs, in: Schmidt, Karsten (Hrsg.), Rechtsdogmatik und Rechtspolitik, Berlin 1990, S. 251-267

Ders.: Leitfaden für die Leitung der Hauptversammlung einer Aktiengesellschaft, 3. Auflage Köln 2003

Matthies, Heinrich: Artikel 30 EG-Vertrag nach Keck, in: Due, Ole/Lutter, Marcus/Schwarze, Jürgen (Hrsg.), Festschrift für Ulrich Everling, Band I, Baden-Baden 1995, S. 803-816 [zit.: FS Everling I (1995)]

Matthießen, Volker: Stimmrecht und Interessenkollision im Aufsichtsrat, Diss. jur. (Hamburg) Köln u.a. 1988

May, Peter: Die Sicherung des Familieneinflusses auf die Führung der börsengehandelten Aktiengesellschaft, Diss. jur (Hohenheim) Köln 1992

Medicus, Dieter: Allgemeiner Teil des BGB, 10. Auflage Heidelberg 2010

Melchior, Robin/*Schulte*, Christian/*Schneider*, Sandra: Handelsregisterverordnung Kommentar, 2. Auflage Norderstedt 2009 [zit.: HRV]

Mestmäcker, Ernst-Joachim: Verwaltung, Konzerngewalt und Rechte der Aktionäre, Karlsruhe 1958

Michalski, Lutz (Hrsg.): Kommentar zum Gesetz betreffend die Gesellschaften mit beschränkter Haftung (GmbH-Gesetz), Band 1 Systematische Darstellungen §§ 1-34, 2. Auflage München 2010 [zit.: Michalski, GmbHG]

Möhring, Philipp/*Schwartz*, Gustav (Hrsg.)/*Rowedder*, Heinz/*Haberlandt*, Helmut (Bearb.): Die Aktiengesellschaft und ihre Satzung, 2. Auflage Berlin/Frankfurt a.M. 1966 [zit.: Möhring/Schwartz, Die Aktiengesellschaft und ihre Satzung]

Möller, Berenice: Die rechtliche Stellung und Funktion des Aufsichtsrats in öffentlichen Unternehmen der Kommunen, Diss. jur. (Berlin) Berlin 1999

Möllers, Thomas M. J.: Doppelte Rechtsfortbildung contra legem? Zur Umgestaltung des Bürgerlichen Gesetzbuches durch den EuGH und nationale Gerichte, EuR 1998, 20-46

Möslein, Florian: Aufsichtsratsverfassung und Kapitalverkehrsfreiheit, Der Aufsichtsrat 2008, 72-73

Ders.: Kapitalverkehrsfreiheit und Gesellschaftsrecht, ZIP 2007, 208-215

Ders., Florian: Inhaltskontrolle aktienrechtlicher Entsendungsrechte: Europäische Anforderungen und Ausgestaltung im deutschen Aktienrecht, AG 2007, 770-777

Mülbert, Peter O.: Konzeption des europäischen Kapitalmarktrechts für Wertpapierdienstleistungen, WM 2001, 2085-2102

Ders.: Privatrecht, die EG-Grundfreiheiten und der Binnenmarkt, ZHR 159 (1995), 2-33

Müller, Klaus/*Wolff*, Reinmar: Freiwilliger Aufsichtsrat nach § 52 GmbHG und andere freiwillige Organe, NZG 2003, 751-755

Müller, Welf/*Rödder*, Thomas (Hrsg.): Beck`sches Handbuch der AG, 2. Auflage München 2009 [zit.: Müller/Rödder, BeckHdbAG]

Müller-Graff, Peter-Christian: Die horizontale Direktwirkung der Grundfreiheiten, EuR 2014, 3-30

Ders.: Die Verdichtung des Binnenmarktrechts zwischen Handlungsfreiheiten und Sozialgestaltung, EuR-Beiheft 1/2002, 7-73

Ders.: Einflußregulierung in Gesellschaften zwischen Binnenmarktrecht und Eigentumsordnung, in: Habersack, Mathias/Hüffer, Uwe/Hommelhoff, Peter/Schmidt, Karsten (Hrsg.), Festschrift für Peter Ulmer zum 70. Geburtstag am 2. Januar 2003, Berlin 2003, S. 929-954 [zit.: FS Ulmer (2003)]

Ders.: Grundfreiheiten und Gemeinschaftsgrundrechte, in: Cremer, Hans-Joachim/Giegerich, Thomas/Richter, Dagmar/Zimmermann, Andreas, Tradition und Weltoffenheit des Rechts : Festschrift für Helmut Steinberger, Berlin u.a. 2002, S. 1281-1301 [zit.: FS Steinberger (2002)]

Natzel, Benno: Die Bestellung von Aufsichtsratsmitgliedern insbesondere von Arbeitsnehmervertretern, AG 1959, 93-101

Nettesheim, Martin: Unternehmensübernahmen durch Staatsfonds, ZHR 172 (2008), 729-767

Neuhaus, Martin/*Gellißen*, Georg: Drittvergütungen für Aufsichtsratsmitglieder, NZG 2011, 1361-1365

Neumann, Kay-Uwe/*Ogorek*, Markus: Das aktienrechtliche Entsenderecht auf dem Prüfstand der Kapitalverkehrsfreiheit – Überlegungen anlässlich der Entscheidung des OLG Hamm v. 31.3.2008, NZG 2008, 914 – ThyssenKrupp – , NZG 2008, 892-897

Niederkorn, Martine: Markteintrittsstrategien in Europa – eine netzwerkanalytische Betrachtung von Exporten und Direktinvestitionen, Diss. oec. (Mannheim) Berlin 2008 [zit.: Markteintrittsstrategien in Europa]

von Nirk, Rudolf (Begr.)/*Ziemons*, Hildegard/*Binnewies*, Burkhard (Hrsg.): Handbuch der Aktiengesellschaft, Loseblattsammlung, Köln, Stand: 69. Ergänzungslieferung 2015 [zit.: Nirk/Ziemons/Binnewies, Hdb AG]

Noack, Ulrich: Gesellschaftervereinbarungen bei Kapitalgesellschaften, Habil. jur. (Tübingen) Tübingen 1994

Ders.: Haftungsfragen bei Vorstandsdoppelmandaten im Konzern, in: Krieger, Gerd/Lutter, Marcus/Schmidt, Karsten (Hrsg.), Festschrift für Michael Hoffmann-Becking zum 70. Geburtstag, München 2013, S. 847-859 [zit.: FS Hoffmann-Becking (2013)]

Nohlen, Nicolas/*Repasi*, René: EWS-Kommentar zu EuGH (3. Kammer), Urteil vom 17.7.2008 – Rs. 207/07, Kommission der Europäischen Gemeinschaften gegen Königreich Spanien, EWS 2008, 424-426

Odersky, Walter: Stimmbindung in Pool und „Unterpool", in: Schneider, Uwe/Hommelhoff, Peter/Schmidt, Karsten/Timm, Wolfram/Grunewald, Barbara/Drygala, Tim (Hrsg.), Festschrift für Marcus Lutter zum 70. Geburtstag: Deutsches und europäisches Gesellschafts, Konzern- und Kapitalmarktrecht, Köln 2000, S. 557-570 [zit.: FS Lutter (2000)]

Oechsler, Jürgen: Erlaubte Gestaltungen im Anwendungsbereich des Art. 56 I EG – Zugleich zur Entscheidung EuGH, NZG 2006, 942 - Golden Shares VI, NZG 2007, 161-166

Oetker, Hartmut: Das Dauerschuldverhältnis und seine Beendigung, Habil. jur. (Kiel) Tübingen 1994

Ders.: Kommentar zum Handelsgesetzbuch (HGB), 4. Auflage München 2015 [zit.: Oetker, HGB]

Ogorek, Markus/*von der Linden*, Klaus : BB-Kommentar zu OLG Hamm, Urteil 31.3.2008 – 8 U 222/07, BB 2008, 1139-1140

Ohler, Christoph: Die Kapitalverkehrsfreiheit und ihre Schranken, WM 1996, 1801-1808

Ders.: Europäische Kapital- und Zahlungsverkehrsfreiheit : Kommentar zu den Artikeln 56 bis 60 EGV, der Geldwäscherichtlinie und Überweisungsrichtlinie, Berlin u.a. 2002 [zit.: Kapital- und Zahlungsverkehrsfreiheit]

Oliver, Peter: Free Movement of Capital Between Member States: Article 67(1) EEC and the Implementing Directives, ELRev 9 (1984), 401-421

Oprişiu, Raluca-Isabela: Goldene Aktien : Zum Problem der staatlichen Sonderrechte – zwischen Grundfreiheiten und Wirtschaftsprotektionismus unter besonderer Berücksichtigung von Rumänien als EU-Beitrittskandidat, Diss. jur. (Dresden) Dresden 2007 [zit.: Goldene Aktien]

Ostler, Nicolas A.: Stimmrecht ohne Beteiligungsinteresse, Diss. jur. (Frankfurt a.M.) Frankfurt a.M. 2009

Otto, Hans-Joachim: Gebundene Aktien: Vertragliche Beschränkungen der Ausübung und Übertragbarkeit von Mitgliedschaftsrechten zugunsten der AG, AG 1991, 369-380

Palandt, Otto (Begr.): Bürgerliches Gesetzbuch, 74. Auflage München 2015 [zit.: Palandt]

Parleani, Gilbert: Après l'arrêt Volkswagen du 23 octobre 2007, quelle liberté pour les Etats actionnaires?, Revue des sociétés 2007, 874-884

Paschke, Marian: Die fehlerhafte Korporation, ZHR 155 (1991), 1-23

Pierer von Esch, Heinrich: Teilnichtige Rechtsgeschäfte. Das Verhältnis von Parteiwille und Rechtssatz im Bereich des § 139 BGB, Köln u.a. 1968 [zit.: Teilnichtige Rechtsgeschäfte]

Pießkalla, Michael: Anmerkung zu EuGH, Urteil vom 28.9.2006 – C-282/04 u.a. Kommission/Niederlande, EuZW 2006, 724-725

Ders., Michael: Anmerkung zu EuGH, Urteil vom 23.10.2007 – C-112/05 Kommission/Bundesrepublik Deutschland, EuZW 2007, 702-703

Ders., Michael: Goldene Aktien aus EG-rechtlicher Sicht, Diss. jur. (Osnabrück) Hamburg 2006 [zit.: Goldene Aktien]

Ders., Michael: Unzulässige Sonderrechte des Staates bei Ungenauigkeit der Kriterien, Anmerkung zu EuGH v. 26.3.2009 – C-326/07, Slg. 2009, I-2291 – Komission/Italienische Republik, EuZW 2009, 458-464

Pläster, Sebastian: Nach VW und Golden Shares VII: Ein Krake namens Kapitalverkehrsfreiheit? EWS 2008, 173-180

Priester, Hans-Joachim: Beschlussmitwirkung fehlerhaft bestellter Aufsichtsratsmitglieder, GWR 2013, 175-177

Ders.: Drittbindung des Stimmrechts und Satzungsautonomie, in: Hadding, Walther/Immenga, Ulrich/Mertens, Hans-Joachim/Pleyer, Klemens/Schneider, Uwe H. (Hrsg.), Festschrift für Winfried Werner zum 65. Geburtstag am 17.Oktober 1984: Handelsrecht und Wirtschaftsrecht in der Bankpraxis, Berlin 1984, S. 657-677 [zit.: FS Werner (1983)]

Ders.: Nichtkorporative Satzungsbestimmungen bei Kapitalgesellschaften, DB 1979, 681-687

Prütting, Hanns/*Helms*, Tobias (Hrsg.): FamFG Kommentar, 3. Auflage Köln 2013 [zit.: Prütting/Helms, FamFG]

Raiser, Thomas: Weisungen an Aufsichtsratsmitglieder? ZGR 1978, 391-404

Raiser, Thomas/*Veil*, Rüdiger: Recht der Kapitalgesellschaften, 6. Auflage München 2015

Rapp-Jung, Barbara/*Bartosch*, Andreas: Das neue VW-Gesetz im Spiegel der Kapitalverkehrsfreiheit – Droht wirklich ein neues Vertragsverletzungsverfahren?, BB 2009, 2210-2215

Rauscher, Thomas (Hrsg.): Münchener Kommentar zum FamFG, 2. Auflage München 2013 [zit.: MünchKomm-FamFG]

Rauscher, Thomas/*Krüger*, Wolfgang (Hrsg.): Münchener Kommentar zur Zivilprozessordnung mit Gerichtsverfassungsgesetz und Nebengesetzen, Band 1 §§ 1-354, 4. Auflage München 2013 [zit.: MünchKomm-ZPO]

Rammeloo, Stephan F. G.: Past, Present (and Future?) oftt he German Volkswagengesetz under the EC Treaty, ECL 4 (2007), 118-121

Reichert, Bernhard: Vereins- und Verbandsrecht, 12. Auflage Köln 2009

Reinisch, Armin: Der Ausschluß von Aktionären aus der Aktiengesellschaft, Diss. jur. (Darmstadt) Köln 1992

Ridder-Aab, Christa-Maria: Die moderne Aktiengesellschaft im Lichte der Theorie der Eigentumsrechte, Diss. soc. (Konstanz) Frankfurt a.M. 1980 [zit.: Die moderne Aktiengesellschaft]

Rieckers, Oliver: Fortsetzung der Anfechtungsklage gegen Aufsichtsratswahlen nach Rücktritt des Aufsichtsrats. Kommentar zu BGH v. 19.2.2013 – II ZR 56/12, AG 2013, 383-386

Ringe, Wolf-Georg: Case C-112/05, Commission v. Germany („VW law"), Judgement of the Grand Chamber of 23 October 2007, nyr., CMLR 45 (2008), 537-544

Ders.: Company Law and Free Movement of Capital, CLJ 69 (2010), 378-409

Roberts, Laura (Redaktion)/*Mosena*, Riccardo (Schriftleitung)/*Winter*, Eggert (Schriftleitung): Gabler Wirtschaftslexikon, Bf-E, 18. Auflage Wiesbaden 2014

Dies.: Gabler Wirtschaftslexikon, P-Sk, 18. Auflage Wiesbaden 2014

Röthel, Anne: Grundfreiheiten und private Normgebung : Zur unmittelbaren Drittwirkung der Grundfreiheiten auf Verbandsnormen, EuR 2001, 908-921

Dies., Anne: Anmerkung zu EuGH, Urteil vom13.4.2000 – Rs. C-176/96, EuZW 2000, 379-380

Rodemann, Carsten: Stimmbindungsvereinbarungen in den Aktien- und GmbH-Rechten Deutschlands, Englands, Frankreichs und Belgiens, Diss. jur. (Bonn) Köln 1998 [zit.: Stimmbindungsvereinbarungen]

Röhl, Klaus F./*Röhl*, Hans Christian: Allgemeine Rechtslehre, 3. Auflage Köln u.a. 2008 [zit.: Allgemeine Rechtslehre]

Röhricht, Volker/*Grunewald*, Barbara: Der Ausschluß aus gesellschaft und Verein, AcP 189 (1989), 386-395)

Rohde, Andreas: Freier Kapitalverkehr in der Europäischen Gemeinschaft, Diss. jur. (Passau) Frankfurt a.M. 1999 [zit.: Freier Kapitalverkehr]

Roth, Günter H./*Altmeppen*, Holger (Hrsg.): Gesetz betreffend die Gesellschaften mit beschränkter Haftung (GmbHG), 8. Auflage 2015 [zit.: Roth/Altmeppen, GmbHG]

Roth, Herbert: Geltungserhaltende Reduktion im Privatrecht, JZ 1989, 411-419

Roth, Markus: Börsennotierte und geschlossene Aktiengesellschaften, Anwaltsblatt 2008, 580-585

Roth, Wulf-Henning: Die „horizontale" Anwendbarkeit der Warenverkehrsfreiheit (Art. 34 AEUV), EWS 2013, 16-27

Ders.: Die Niederlassungsfreiheit zwischen Beschränkungs- und Diskriminierungsverbot, in: Schön, Wolfgang (Hrsg.), Gedächtnisschrift für Brigitte Knobbe-Keuk, Köln 1997, S. 729-742 [zit.: GS Knobbe-Keuk (1997)]

Ders.: Drittwirkung der Grundfreiheiten?, in: Due, Ole/Lutter, Marcus/Schwarze, Jürgen (Hrsg.), Festschrift für Ulrich Everling, Band II, Baden-Baden 1995, S. 1231-1247 [zit.: FS Everling II (1995)]

Ders.: Privatautonomie und die Grundfreiheiten des EG-Vertrags, in: Beuthien, Volker/Fuchs, Maximilian/Roth, Herbert/Schiemann, Gottfried/Wacke, Andreas (Hrsg.), Perspektiven des Privatrechts am Anfang des 21. Jahrhunderts : Festschrift für Dieter Medicus zum 80. Geburtstag am 9. Mai 2009, S. 393-422 [zit.: FS Medicus (2009)]

Rowedder, Heinz (Begr.)/*Schmidt-Leithoff*, Christian (Hrsg.): Gesetz betreffend die Gesellschaften mit beschränkter Haftung: GmbHG, 5. Auflage München 2013 [zit.: Rowedder/Schmidt-Leithoff, GmbHG]

Rücker, Harald: Die Entziehung von Sonderrechten eines GmbH-Gesellschafters wegen mißbrächlicher Rechtsausübung, Diss. jur. (München) München 1970 [zit.: Die Entziehung von Sonderrechten]

Rühland, Philipp: Die Rechtsprechung des EuGH zu Golden Shares und der Markt für Unternehmenskontrolle, in: Baum, Harald/Fleckner, Andreas M./Hellgardt, Alexander/Roth, Markus (Hrsg.), Perspektiven des Wirtschaftsrechts : Deutsches, europäisches und internationales Handels-, Gesellschafts- und Kapitalmarktrecht : Beiträge für Klaus J. Hopt aus Anlass seiner Emeritierung, Berlin 2008, S. 501-519 [zit.: Perspektiven des Wirtschaftsrechts]

Ruge, Reinhard: Goldene Aktien und EG-Recht, EuZW 2002, 421-424

Ders., Reinhard: Anmerkung zu EuGH, Urteil vom 13.5.2003 – Rs. C-98/01 Kommission der Europäischen Gemeinschaften/Vereinigtes Königreich von Großbritannien und Nordirland, EuZW 2003, 540-542

Säcker, Franz Jürgen: Behördenvertreter im Aufsichtsrat, in: Eyrich, Heinz/Odersky, Walter/Säcker, Franz Jürgen (Hrsg.), Festschrift für Kurt Rebmann zum 65. Geburtstag, München 1989, S. 781-805 [zit.: FS Rebmann (1989)]

Ders.: Zur Beschlussfähigkeit des mitbestimmten Aufsichtsrats, JZ 1980, 82-86

Ders./Rixecker, Roland (Hrsg.): Münchener Kommentar zum Bürgerlichen Gesetzbuch, Band 1 Allgemeiner Teil §§ 1-240 ProstG AGG, 6. Auflage München 2012 [zit.: MünchKomm-BGB (6. Aufl.)]

Dies. (Hrsg.): Münchener Kommentar zum Bürgerlichen Gesetzbuch, Band 5 Schuldrecht Besonderer Teil III §§ 705-853 Partnerschaftsgesellschaftsgesetz Produkthaftungsgesetz, 6. Auflage München 2013 [zit.: MünchKomm-BGB]

Dies./Oetker, Hartmut (Hrsg.): Münchener Kommentar zum Bürgerlichen Gesetzbuch, Band 4 Schuldrecht Besonderer Teil II §§ 611-704, 6. Auflage München 2012 [zit.: MünchKomm-BGB]

Dies./Limperg, Bettina (Hrsg.): Münchener Kommentar zum Bürgerlichen Gesetzbuch, Band 1 Allgemeiner Teil §§ 1-240 ProstG AGG, 7. Auflage München 2015 [zit.: MünchKomm-BGB]

Saenger, Ingo (Hrsg.): Zivilprozessordnung, 6. Auflage Baden-Baden 2015 [zit.: Saenger, ZPO]

Sander, Florian: Höchststimmrechte und Kapitalverkehrsfreiheit nach der VW-Gesetz-Entscheidung – Psychologisiert der EuGH den Schutzbereich des Art. 56 EG?, EuZW 2008, 33

Ders.: Volkswagen vor dem EuGH – der Schutzbereich der Kapitalverkehrsfreiheit am Scheideweg, EuZW 2005, 106-109

Ders.: Case C-112/05, European Commission v. Federal Republic of Germany: The Volkswagen Case and Art. 56 EG – A Proper Result, Yet Also A Missed Opportunity?, Colum. J. Eur. L. 14 (2008), 359-369

Schäfer, Carsten: Die Lehre vom fehlerhaften Verband, Habil. jur. (Heidelberg) Tübingen 2002

Schäfer, Carsten: „Girmes“ wiedergelesen: Zur Treupflicht des Aktionärs im Sanierungsfall, in: Erle, Bernd/Goette, Wulff/Kleindiek, Detlef/Krieger, Gerd/Priester, Hans-Joachim/Schubel, Christian/Schwab, Martin/Teichmann, Christoph/Witt, Carl-Heinz (Hrsg.), Festschrift für Peter Hommelhoff zum 70. Geburtstag, Köln 2012, S. 939-959 [zit.: FS Hommelhoff (2012)]

Ders.: Vom Einstimmigkeitsprinzip zum treupflichtgetragenen Mehrheitsentscheid im Personengesellschaftsrecht, ZGR 2013, 237-272

Schäfer, Roland/*Roreger*, Bernd: Kommunale Aufsichtsratsmitglieder, Rechtsstellung kommunaler Vertreter in Aufsichtsräten privater Unternehmen, Wiesbaden 2014 [zit.: Kommunale Aufsichtsratsmitglieder]

Schneider, Uwe H.: Korreferat zum Referat von Zöllner, Wolfgang, GmbH und GmbH & Co. KG in der Mitbestimmung, ZGR 1977, 335-351

Schlegelberger, Franz/*Quassowski*, Leo/*Herbig*, Gustav/*Geßler*, Ernst/*Hefermehl*, Wolfgang (Hrsg.): Aktiengesetz Gesetz über Aktiengesellschaften und Kommanditgesellschaften auf Aktien vom 30. Januar 1937, 3. Auflage Berlin 1939 [zit.: Schlegelberger/Quassowski, AktG 1937]

Schmidt, Karsten: Gesellschaftsrecht, 4. Auflage Köln 2002

Ders.: Heilung kartellverbotswidriger Satzungsänderungen nach § 242 AktG. Zum Verhältnis zwischen Art. 85 Abs. 2 EGV und § 242 AktG, AG 1996, 385-389

Ders. (Hrsg.): Münchener Kommentar zum Handelsgesetzbuch Band 2 Zweites Buch. Handelsgesellschaften und stille Gesellschaft Erster Abschnitt. Offene Handelsgesellschaft §§ 105-160, 3. Auflage München 2011 [zit.: MünchKomm-HGB]

Ders./Lutter, Marcus (Hrsg.): Aktiengesetz Kommentar, Band 1 §§ 1-149, 3. Auflage Köln 2015 [zit.: Schmidt/Lutter, AktG]

Dies. (Hrsg.): Aktiengesetz Kommentar, Band 2 §§ 150-410 SpruchG, 3. Auflage Köln 2015 [zit.: Schmidt/Lutter, AktG]

Schmitt, Joachim/*Hörtnagl*, Robert/*Stratz*, Rolf-Christian: Umwandlungsgesetz Umwandlungssteuergesetz, 6. Auflage München 2013 [zit.: Schmitt/Hörtnagl/Stratz, UmwG]

Schneider, Uwe H.: Gesetzliches Verbot für Stimmrechtsbeschränkungen bei der Aktiengesellschaft?, AG 1990, 56-63

Schön, Wolfgang: Der Kapitalverkehr mit Drittstaaten und das internationale Steuerrecht, in: Gocke, Rudolf/Gosch, Dietmar/Lang, Michael (Hrsg.): Festschrift für Franz Wassermeyer zum 65. Geburtstag, München 2005, S. 489-521 [zit.: FS Wassermeyer (2005)]

Ders.: Europäische Kapitalverkehrsfreiheit und nationales Steuerrecht, in: Schön, Wolfgang (Hrsg.), Gedächtnisschrift für Brigitte Knobbe-Keuk, Köln 1997, S. 743-777 [zit.: GS Knobbe-Keuk (1997)]

Ders.: Mindestharmonisierung im europäischen Gesellschaftsrecht, ZHR 160 (1996), 221-249

Scholz, Franz (Hrsg.): Kommentar zum GmbH-Gesetz, Band 1 §§ 1-34, 11. Auflage Köln 2012 [zit.: Scholz, GmbHG]

Schubert, Werner (Hrsg.): Quellen zur Aktienrechtsreform der Weimarer Republik (1926-1931), Band 1, Frankfurt a. M. 1999

Ders. (Hrsg.): Quellen zur Aktienrechtsreform der Weimarer Republik (1926-1931), Band 2, Frankfurt a. M. 1999

Ders./Hommelhoff, Peter: Hundert Jahre modernes Aktienrecht, Eine Sammlung von Texten und Quellen zur Aktienrechtsreform 1884 mit zwei Einführungen, Berlin 1985 [zit.: Hundert Jahre modernes Aktienrecht]

Dies.: Die Aktienrechtsreform am Ende der Weimarer Republik, Die Protokolle der Verhandlungen im Aktienrechtsausschuss des Vorläufigen Reichswirtschaftsrats unter dem Vorsitz von Max Hachenburg, Berlin 1987 [zit.: Die Aktienrechtsreform am Ende der Weimarer Republik]

Schüppen, Matthias/*Schaub*, Bernhard (Hrsg.): Münchener Anwaltshandbuch Aktienrecht, 2. Auflage München 2010 [zit.: MünchAnwHdb-AktR]

Schürnbrand, Jan: Noch einmal: Das fehlerhaft bestellte Aufsichtsratsmitglied, NZG 2013, 481-484

Ders.: Organschaft im Recht der privaten Verbände, Habil. jur. (Uni) Tübingen 2007

Ders.: Rechtsstellung und Verantwortlichkeit des Leiters der Hauptversammlung, NZG 2014, 1211-1214

Ders.: Zur fehlerhaften Bestelltung von Aufsichtsratsmitgliedern und fehlerhaften Abberufung von Vorstandsmitgliedern, NZG 2008, 609-612

Schulte-Bunert, Kai/*Weinreich*, Gerd (Hrsg.): Kommentar des FamFG, 4. Auflage Köln 2014 [zit.: Schulte-Bunert/Weinreich, FamFG]

Schulte Westenberg, Hendrik: Zur Bedeutung der Keck-Rechtsprechung für die Arbeitnehmerfreizügigkeit, Diss. jur. (Münster) Tübingen 2009

Schultz, Oliver: Die Behebung einzelner Mängel von Organisationsakten im Kapitalgesellschaftsrecht, Diss. jur. (Köln) Köln u.a. 1997

Schwarze, Jürgen/*Becker*, Ulrich/*Hatje*, Armin/*Schoo*, Johann (Hrsg.): EU-Kommentar, 3. Auflage Baden-Baden 2012 [zit.: Schwarze, EU-Kommentar]

Schwintowski, Hans-Peter: Grenzen der Anerkennung fehlerhafter Gesellschaften, NJW 1988, 937-942

Ders.: Gesellschaftsrechtliche Bindungen für entsandte Aufsichtsratsmitglieder in öffentlichen Unternehmen, NJW 1995, 1316-1321

Ders.: Verschwiegenheitspflicht für politisch legitimierte Mitglieder des Aufsichtsrats, NJW 1990, 1009-1015

Seeling, Otto/*Zwickel*, Martin: Das Entsendungsrecht in den Aufsichtsrat einer Aktiengesellschaft als „Ewigkeitsrecht", BB 2008, 622-627

Seger, Frank: Banken, Erfolg und Finanzierung, Diss. oec. (Mannheim) Wiesbaden 1997

Semler, Johannes: Corporate Governance – Beratung durch Aufsichtsratsmitglieder, NZG 2007, 881-887

Ders.: Leitung und Überwachung der Aktiengesellschaft, 2. Auflage Köln u.a. 1996

Ders./Stengel, Arndt (Hrsg.): Umwandlungsgesetz, 3. Auflage München 2012 [zit.: Semler/Stengel, UmwG]

Ders./Volhard, Rüdiger (Hrsg.): Arbeitshandbuch für Unternehmensübernahmen, Band 2 Das neue Übernahmerecht, München 2003 [zit.: Semler/Volhard, ArbHdb Übernahme]

Semrau, Susanne: Die Dritteinflussnahme auf die Geschäftsführung von GmbH und Personengesellschaften, Diss. jur. (Würzburg) Köln 2001

Skouris, Vassilios: Das Verhältnis von Grundfreiheiten und Grundrechten im europäischen Gemeinschaftsrecht, DöV 2006, 89-97

Soergel, Theodor (Begr.): Bürgerliches Gesetzbuch mit Einführungsgesetz und Nebengesetzen, Band 1 Allgemeiner Teil 1 §§ 1-103, 13. Auflage Stuttgart 2000 [zit.: Soergel, BGB]

Ders. (Begr.): Bürgerliches Gesetzbuch mit Einführungsgesetz und Nebengesetzen, Schuldrecht II (§§ 611-853), 10. Auflage Stuttgart u.a. 1969 [zit.: Soergel, BGB (10. Aufl.)

Ders.(Begr.): Bürgerliches Gesetzbuch mit Einführungsgesetz und Nebengesetzen, Band 11/1 Schuldrecht 9/1 §§ 705-758, 13. Auflage Stuttgart 2012 [zit.: Soergel, BGB]

Ders.(Begr.): Bürgerliches Gesetzbuch mit Einführungsgesetz und Nebengesetzen, Band 12 Schuldrecht 10 §§ 823-853 ProdHG UmweltHG, 13. Auflage Stuttgart 2005 [zit.: Soergel, BGB]

Spindler, Gerald: Deutsches Gesellschaftsrecht in der Zange zwischen Inspire Art und Golden Shares?, RIW 2003, 850-858

Ders./Stilz, Eberhard (Hrsg.): Kommentar zum Aktiengesetz, Band 1 §§ 1-149, 3. Auflage München 2015 [zit.: Spindler/Stilz, AktG]

Dies. (Hrsg.): Kommentar zum Aktiengesetz, Band 2 §§ 150-410 IntGesR SpruchG SE-VO, 3. Auflage München 2015 [zit.: Spindler/Stilz, AktG]

Staub, Hermann (Begr.): Handelsgesetzbuch: HGB Band 3: §§ 105-160, 5. Auflage Berlin u.a. 2009 [zit.: Großkomm-HGB]

von Staudinger, Julius (Begr.): Kommentar zum Bürgerlichen Gesetzbuch mit Einführungsgesetz und Nebengesetzen. Buch 1. Allgemeiner Teil §§ 21-79 (Allgemeiner Teil 2), Berlin u.a. Neubearbeitung 2005 von Habermann, Norbert/Weick, Günther [zit.: Staudinger, BGB]

Ders. (Begr.): Kommentar zum Bürgerlichen Gesetzbuch mit Einführungsgesetz und Nebengesetzen. Buch 1. Allgemeiner Teil §§ 139-163 (Allgemeiner Teil 4 b), Berlin u.a. Neubearbeitung 2015 von Bork, Reinhard/Roth, Herbert [zit.: Staudinger, BGB]

Ders. (Begr.): Kommentar zum Bürgerlichen Gesetzbuch mit Einführungsgesetz und Nebengesetzen. Buch 2. Schuldrecht §§ 705-740 (Gesellschaftsrecht), Berlin u.a. Neubearbeitung 2003 von Habermeier, Stefan [zit.: Staudinger, BGB]

Ders. (Begr.): Kommentar zum Bürgerlichen Gesetzbuch mit Einführungsgesetz und Nebengesetzen. Buch 2. Recht der Schuldverhältnisse §§ 741-764 (Gemeinschaft, Leibrente, Spiel), Berlin u.a. Neubearbeitung 2015 von Eickelberg, Jan/Engel, Norbert/Mayer, Jörg/Freiherr von Proff zu Irnich, Maximilian [zit.: Staudinger, BGB]

Ders. (Begr.): Kommentar zum Bürgerlichen Gesetzbuch mit Einführungsgesetz und Nebengesetzen. Buch 2. Recht der Schuldverhältnisse §§ 830-838 (unerlaubte Handlungen 3), Berlin u.a. Neuberarbeitung 2012 von Belling, Detlev W./Eberl-Borges, Christina [zit.: Staudinger, BGB]

Stein, Ursula: Rechtsschutz gegen gesetzeswidrige Satzungsnormen bei Kapitalgesellschaften, ZGR 1994, 472-493

Dies.: Das faktische Organ, Diss. jur. (Frankfurt a.M.) Köln 1984

Steinbeck, Anja: Vereinautonomie und Dritteinfluss. Dargestellt an den Verbänden des Sports, Habil. jur. (Mainz) Berlin 1999 [zit.: Vereinsautonomie und Dritteinfluss]

Steindorff, Ernst: EG-Vertrag und Privatrecht, Baden-Baden 1996

Ders.: Unvollkommener Binnenmarkt, ZHR 158 (1994), 149-169

Steinfort, Johannes: Entsendungsrechte in den Aufsichtsrat im europäischen Kontext : Privatautonome aktienrechtliche Bestellungskompetenz im Lichte des Übernahmerechts un der Kapitalverkehrsfreiheit, Diss. jur. (Berlin) Berlin u.a. 2015 [zit.: Entsendungsrechte]

Steinmeyer, Roland (Hrsg.): WpüG Wertpapiererwerbs- und Übernahmegesetz Kommentar, 3. Auflage Berlin 2013 [zit.: Steinmeyer, WpÜG]

Stöber, Kurt/*Otto*, Dirk-Ulrich: Handbuch zum Vereinsrecht, 10. Auflage Köln 2012

Streinz, Rudolf: Europarecht, 9. Auflage Heidelberg 2012

Ders.(Hrsg.): EUV/AEUV Vertrag über die Europäische Union und Vertrag über die Arbeitsweise der Europäischen Union, 2. Auflage München 2012 [zit.: Streinz, EUV/AEUV]

Ders./Leible, Stefan: Die unmittelbare Drittwirkung der Grundfreiheiten. Überlegungen aus Anlass von EuGH, EuZW 2000, EUZW Jahr 2000 Seite 468 (in diesem Heft) – Angonese, EuZW 2000, 459-467

Szczekalla, Peter: Grundfreiheitliche Schutzpflichten – eine »neue« Funktion der Grundfreiheiten des Gemeinschaftsrechts, DVBl. 1998, 219-224

Teichmann, Arndt: Die Gesetzesumgehung, Göttingen 1962

Ders.: Gestaltungsfreiheit in Gesellschaftsverträgen, Habil. jur. (Göttingen) München 1970

Teichmann, Christopf/*Heise*, Elisabeth: Das VW-Urteil des EuGH und seine Folgen, BB 2007, 2577-2582

Terbrack, Christoph: Kapitalherabsetzende Maßnahmen bei Aktiengesellschaften, RNotZ 2003, 90-119

Teubner, Gunther: Der Beirat zwischen Verbandssouveränität und Mitbestimmung – Zu den Schranken der Beiratsverfassung einer GmbH, ZGR 1986, 565-579

Thomas, Stefan: Die Haftungsfreistellung von Organmitgliedern, Habil. jur. (Mainz) Tübingen 2010

Ders.: Die Relevanzregel in der europäischen Grundfreiheitendogmatik : Zur Frage eines Spürbarkeitserfordernisses bei der Beeinträchtigung von Grundfreiheiten, NVwZ 2009, 1202-1207

Ulmer, Peter: Aktienrecht im Wandel, AcP 202 (2002), 143-178

Ders.: Die Lehre von der fehlerhaften Gesellschaft – gesicherter Bestand des Gesellschaftsrechts oder methodischer Irrweg?, in: Jakobs, Horst Heinrich/Knobbe-Keuk, Brigitte/Picker, Eduard/Wilhelm, Jan (Hrsg.), Festschrift für Werner Flume zum 70.Geburtstag: 12. September 1978, Band 2, Köln 1978, S. 301-321 [zit.: FS Flume (1978)]

Ders. : Nochmals: Begründung von Rechten für Dritte in der Satzung einer GmbH?, in: Wank, Rolf/Hirte, Heribert/Frey, Kaspar/Fleischer, Holger/Thüsing, Gregor (Hrsg.), Festschrift für Herbert Wiedemann zum 70. Geburtstag, München 2002 S. 1297-1322 [zit.: FS Wiedemann (2002)]

Ders.: Offene Fragen zu § 139 BGB, in: Bauer, Jürgen F./Hopt, Klaus J./Mailänder, K. Peter (Hrsg.), Festschrift für Ernst Steindorff zum 70. Geburtstag am 13. März 1990, Berlin u.a. 1990, S. 799-816 [zit.: FS Steindorff (1990)]

Ders.: Zur Haftung der abordnenden Körperschaft nach § 31 BGB für Sorgfaltsverstöße des von ihr benannten Aufsichtsratsmitglieds, in: Lutter, Marcus/Mertens, Hans-Joachim/Ulmer, Peter (Hrsg.), Festschrift für Walter Stimpel zum 68. Geburtstag am 29. November 1985, Berlin u.a. 1985, S. 705-725 [zit.: FS Stimpel (1985)]

Ders./Habersack, Mathias/*Henssler*, Martin: Mitbestimmungsrecht: Kommentierung des MitbestG, der DrittelbG, des SEBG und des MgVG, 3. Auflage München 2013 [zit.: Mitbestimmungsrecht]

Ders./Habersack, Mathias/*Löbbe*, Marc (Hrsg.): Gesetz betreffend die Gesellschaften mit beschränkter Haftung (GmbHG) Großkommentar, Band I: Einleitung §§ 1-28, 2. Auflage Tübingen 2013 [zit.: Ulmer/Habersack/Löbbe, Großkomm-GmbHG]

Verse, Dirk A.: Aktienrechtliche Entsendungsrechte am Maßstab des Gleichbehandlungsgrundsatzes und der Kapitalverkehrsfreiheit, ZIP 2008, 1754-1761

Ders.: Das VW-Urteil und seine Folgen. Zugleich Besprechung von EuGH, Urteil vom 23.20.2007, Rs. C-112/05 – Kommission./ Deutschland, GPR 2008, 31-38

Ders.: Der Gleichbehandlungsgrundsatz im Recht der Kapitalgesellschaften, Habil. jur. (Mainz) Tübingen 2006

Ders.: Kapitalverkehrsfreiheit, VW-Gesetz und VW-Satzung – eine unendliche Geschichte?, in: Breuer, Marten/Epiney, Astrid/Haratsch, Andreas/Schmahl, Stefanie/Weiß, Norman (Hrsg.), Der Staat im Recht: Festschrift für Eckart Klein zum 70. Geburtstag, Berlin 2013, S. 701-726 [zit.: FS Klein (2013)]

Vetter, Eberhard: Anfechtung der Wahl der Aufsichtsratsmitglieder, Bestandsschutzinteresse der AG und die Verwantwortung der Verwaltung, ZIP 2012, 701-711

Ders.: Neue Vorgaben für die Wahl des Aufsichtsrats durch die Hauptversammlung, in: Grunewald, Barbara/Westermann, Harm Peter (Hrsg.), Festschrift für Georg Maier-Reimer zum 70. Geburtstag, München 2010, S. 795-818 [zit.: FS Maier-Reimer (2010)]

Vieweg, Klaus/*Röthel*, Anne: Verbandsautonomie und Grundfreiheiten, ZHR 166 (2002), 6-34

Vocke, Christian: Einberufung und Durchführung der Hauptversammlung bei fehlerhaften Satzungsbestimmungen, NZG 2010, 1249-1255

Vossestein, Gert-Jan: Volkswagen: the State of Affairs of Golden Shares, General Company Law and European Free Movement of Capital, – A discussion of Case C-112/05 Commission v Germany of 23.10.2007 – , ECFR 2008, 115-133

Vorwerk, Volkert/*Wolf*, Christian (Hrsg.): Beck´scher Online-Kommentar ZPO, München, Stand: 1.9.2015, Edition: 18 [zit.: BeckOK ZPO]

Wälzholz, Eckhard: Besonderheiten der Satzungsgestaltung bei der Familien-AG (Teil I), DStR 2004, 779-782

Wahlers, Henning W.: Die Satzung der kleinen Aktiengesellschaft, 3. Auflage München 2003

Waldenberger, Arthur: Sonderrechte der Gesellschafter einer GmbH – ihre Arten und ihre rechtliche Behandlung, GmbHR 1997, 49-56

Weber, Stefan: Kapitalverkehr und Kapitalmärkte im Vertrag über die Europäische Union, EuZW 1992, 561-566

Weimar, Robert: Die Haftungsverhältnisse bei der Vor-AG in neuerer Sicht, AG 1992, 69-79

Weiss, Michael: Staatlicher Schutz vor Investitionen nach dem Urteil zum VW-Gesetz, EWS 2008, 13-21

Weiß, Wolfgang: Nationales Steuerrecht und Niederlassungsfreiheit : Von der Konvergenz der Grundfreiheiten als Beschränkungsverbote zur Auflösung der Differenzierung zwischen unterschiedslosen und unterschiedlichen Maßnahmen, EuZW 1999, 493-498

Ders.: Europarecht und Privatisierung, AöR 128 (2003), 91-133

Wellige, Kristian: Weg mit dem VW-Gesetz!, EuZW 2003, 427-433

Werner, Rüdiger: Die fehlerhafte Bestellung von Aufsichtsratsmitgliedern und die Handlungsfähigkeit des Aufsichtsrats, WM 2014, 2207-2212

Westermann, Harm Peter: Freistellungserklärungen für Organmitglieder im Gesellschaftsrecht, in: Beisse, Heinrich/Lutter, Marcus/Närger, Heribald (Hrsg.), Festschrift für Karl Beusch zum 68. Geburtstag am 31. Oktober 1993, Berlin u.a. 1993, S. 871-891 [zit.: FS Beusch (1993)]

Wiedemann, Herbert: Die Personengesellschaft – Vertrag oder Organisation?, ZGR 1996, 286-299

Ders.: Gesellschaftsrecht, Band 1 Grundlagen, München 1980 [zit.: Gesellschaftsrecht I]

Ders.: Gesellschaftsrecht, Band 2 Recht der Personengesellschaften, München 2004 [zit.: Gesellschaftsrecht II]

Ders.: Rechte und Pflichten des Personengesellschafters, WM Sonderbeilage 7/1992 zu Heft Nr. 51/52, 1-54

Ders.: Verbandssouveränität und Außeneinfluß, in: Fischer, Robert/Hefermehl, Wolfgang (Hrsg.), Gesellschaftsrecht und Unternehmensrecht, Festschrift für Wolfgang Schilling zum 65. Geburtstag, Berlin u.a. 1973, S. 105-124 [zit.: FS Schilling (1973)]

Wiesner, Georg: Die Lehre von der fehlerhaften Gesellschaft, Diss. jur. (Heidelberg) Heidelberg 1980

Wilhelm, Jan: Rechtsform und Haftung bei der juristischen Person, Habil. jur. (Bonn) Berlin 1981

Ders.: Stimmrechtsausschluß und Verbote des Insichgeschäfts, JZ 1976, 674-678

von Wilmowsky, Peter: EG-Freiheiten und Vertragsrecht, JZ 1996, 590-596

Wölker, Ulrich: Die Normenhierarchie im Unionsrecht in der Praxis, EuR 2007, 32-56

Wolany, Josef: Rechte und Pflichten des Gesellschafters einer GmbH, Köln 1964

Wünsche, Sybille: Die Abgrenzung der Grundfreiheiten bei der Vererbung von Drittstaatenvermögen – Die Entscheidung Scheunemann im Kontext der bisherigen Rechtsprechung, IStR 2012, 785-790

Würdinger, Hans: Aktienrecht und das Recht der verbundenen Unternehmen, 4. Auflage Heidelberg u.a. 1981

Ziemons, Hildegard/*Jaeger*, Carsten (Hrsg.): Beck`scher Online-Kommentar GmbHG, München, Stand: 15.8.2015, Edition: 24 [zit.: BeckOK GmbHG]

Zimmermann, Klaus: Vertrauensentzug durch die Hauptversammlung und Stimmrechtsausübung, in: Pfeiffer, Gerd/Wiese, Günther/Zimmermann, Klaus (Hrsg.), Festschrift für Heinz Rowedder zum 75. Geburtstag, München 1994 S. 593-604 [zit.: FS Rowedder (1994)]

Zöllner, Wolfgang: Folgen der Nichtigerklärung durchgeführter Kapitalerhöhungsbeschlüsse, AG 1993, 68-79

Ders.: Die Bestätigung von Hauptversammlungsbeschlüssen – ein problematisches Rechtsinstitut, AG 2004, 397-404

Ders.: Die Schranken mitgliedschaftlicher Stimmrechtsmacht bei den privatrechtlichen Personenverbänden, Habil. jur. (München) München u.a. 1963 [zit.: Die Schranken]

Ders.: Zu Schranken und Wirkung von Stimmbindungsverträgen, insbesondere bei der GmbH, ZHR 155 (1991), 168-189

Ders. (Hrsg.): Kölner Kommentar zum Aktiengesetz, Band 1 §§ 1-147, Köln u.a. 1985, teilweise Altauflage [zit.: KölnKomm-AktG (1. Aufl.)]

Ders. (Hrsg.): Kölner Kommentar zum Aktiengesetz, Band 1 §§ 1-75, 2. Auflage Köln u.a. 1988 [zit.: KölnKomm-AktG (2. Aufl.)]

Ders. (Hrsg.): Kölner Kommentar zum Aktiengesetz, Band 2 §§ 76-117, 2. Auflage Köln 1996 [zit.: KölnKomm-AktG (2. Aufl.)]

Ders. (Hrsg.): Kölner Kommentar zum Aktiengesetz, Band 2 §§ 148-290, 1. Auflage Köln u.a. 1985, teilweise Altauflage [zit.: KölnKomm-AktG (1. Aufl.)]

Ders. (Hrsg.): Kölner Kommentar zum Aktiengesetz, Band 5/1 §§ 179-220, 2. Auflage Köln u.a. 1995 [zit.: KölnKomm-AktG]

Ders. (Hrsg.): Kölner Kommentar zum Aktigengesetz, Band 5/3 §§ 262-290, 2. Auflage Köln u.a. 2004 [zit.: KölnKomm-AktG]

Ders./Noack, Ulrich: One share – one vote?, AG 1991, 117-131

Dies. (Hrsg.): Kölner Kommentar zum Aktiengesetz, Band 1 §§ 1-75, 3. Auflage Köln 2012 [zit.: KölnKomm-AktG]

Dies. (Hrsg.): Kölner Kommentar zum Aktiengesetz, Band 2/2 §§ 95-117, 3. Auflage Köln u.a. 2013 [zit.: KölnKomm-AktG]

Dies. (Hrsg.): Kölner Kommentar zum Aktiengesetz, Band 5/2 §§ 278-290, 3. Auflage Köln u.a. 2015 [zit.: KölnKomm-AktG]

Dies. (Hrsg.): Kölner Kommentar zum Aktiengesetz, Band 8/1 Art. 1-42 SE-VO, 3. Auflage Köln 2012 [zit.: KölnKomm-SEVO]

Dies. (Hrsg.): Kölner Kommentar zum Aktiengesetz, Band 8/2 Art. 43-70 SE-VO, SEBG, 3. Auflage Köln 2012 [zit.: KölnKomm-SEVO/SEBG]

Zorn, Nikolaus: EG-Grundfreiheiten und dritte Länder, in: Quantschnigg, Peter/Wiesner, Werner/Mayr, Gunter, Steuern im Gemeinschaftsrecht : Festschrift für Wolfgang Nolz, Wien 2008, S. 211-236 [zit.: FS Nolz (2008)]

Dies.: Nochmals: Kapitalverkehrsfreiheit für Drittstaatendividenden : Eine Reaktion auf den Beitrag von Dietmar Völker in IStR 2009, 705 ff., IStR 2010, 190-195

Zumbansen, Peer/*Saam*, Daniel: The ECJ, Volkswagen and European Corporate Law: Reshaping the European Varieties of Capitalism, GLJ 8 (2007), 1027-1052

FSC
www.fsc.org
MIX
Papier | Fördert
gute Waldnutzung
FSC® C083411

Kolibri 360 GmbH
Ferdinand-Jühlke-Straße 7
99095 Erfurt, Deutschland
produktsicherheit@kolibri360.de